법 학 총 서

형 법 총 론

[제16판]

신 동 운 저

法 文 社

제16판 머리말

이번에 『형법총론』 제16판을 내어놓게 되었다. 2023년 9월 『형법총론』 제15판 출간 후 1년 만이다. 독자 여러분들의 지속적인 성원에 감사드린다.

『형법총론』 제16판은 2024년 6월 말까지 공포된 법령과 공간된 판례를 반영하였다. 그러나 원고의 교정작업 기간 중에 새로 공포된 법령이나 공간된 판례들도 최대한 반영하려고 노력하였다.

형법의 경우를 보면 2023년 8월 8일 이후 새로운 개정은 없었다. 특별법의 경우를 보면, 학생들의 징계와 체벌 문제에 대해 「초·중등교육법」과 관련한 규정들이 일부 개정되었다.

판례의 경우를 보면 먼저 2024년 6월 27일 선고된 헌법불합치결정이 주목된다. 이 결정에서 헌법재판소는 가까운 친족 사이의 재산범죄를 형 면제 사유로 규정한 형법 제328조 제1항에 대해 헌법불합치를 선언하고 선고 당일부터 그 적용을 중지하도록 하였다. 형법 개정에 버금가는 중요한 결정이라고 할 수 있다.

대법원판례를 보면 범죄론의 영역에서는, 팬데믹 코로나 사태와 관련한 고시의 적용이 문제된 판례, 미수범과 양벌규정의 관계에 관한 판례, 동일한 의료과실 사안에서 민사책임상의 인과관계와 형사책임상의 인과관계를 달리 판단한 판례, 허위진단서작성죄의 미필적 고의가 문제된 판례, 공중밀집장소 추행죄의 고의 입증이 문제된 판례, 협의의 불능범으로 파악할 여지가 있는 소송비용 사기미수 사건을 다룬 판례, 재심판결과 사후적 경합범의 관계를 다룬 판례 등이 주목된다. 형벌론의 영역에서는 보이스피싱 범죄 피해금품의 독립몰수 여부가 문제된 판례, 동영상 자체에 대한 몰수 및 몰수의 비례성원칙을 다룬 판례, 재심판결과 「특정범죄 가중처벌 등에 관한 법률」상의 누범가중 전과의 관계를 다룬 판례 등이 눈에 뜨인다.

한편 최신 판례가 아니더라도 중요하다고 생각하여 추가한 판례들도 있다. 유리한 유추해석의 적용한계를 제시한 판례, 과실범의 공동정범 여부가 문제된 이중교통사고 판례, 소년범 부정기형을 성인범의 정기형으로 전환할 때 불이익변경금지의 기준에 관한 판례 등이 그것이다.

위에서 거론된 판례들은 독자들의 이해에 도움이 되는 형태로 분석하여 본서의 부록에 추가해 두었다.

『형법총론』제16판의 서술에서는 구판의 본문 말미에 수록되어 있던 소년법의 특례를 형벌론 분야로 전진배치하였다. 형법 제49조는 본문에서 몰수가 부가형임을 선언하면서 단서에서는 유죄의 재판 없이 몰수만을 선고할 수 있도록 하는 독립몰수를 규정하고 있다. 2023년 저자는 형법 제49조 단서의 독립몰수 규정의 성립경위를 단행논문 형태로 발표한 바가 있다. 이 연구성과를 바탕으로 본서에서는 독립몰수에 관한 서술을 보강하였다.

본서가 출간되는 과정에서 여러 분들의 도움을 받았다. 법문사의 김제원 이사님과 유진걸 과장님께 감사를 표하는 바이다. 또한 동국문화사의 이정은 선생님은 편집과정에서 원숙한 기량으로 본서의 완성도를 높여주셨다. 한결같은 친절함과 신속함에 감사드린다.

2024년 8월

영종도에서

저자 씀

제 15 판 머리말

이번에 『형법총론』 제15판을 내어놓게 되었다. 2022년 9월 『형법총론』 제14판의 출간 후 1년 만이다. 독자 여러분들의 지속적인 성원에 감사드린다.

『형법총론』 제15판은 2023년 6월 말까지 공포된 법령과 공간된 판례를 반영하였다. 그러나 원고의 교정작업 기간 중에 새로 공포된 법령이나 공간된 판례들도 최대한 반영하려고 노력하였다.

형법의 경우를 보면, 2023년 8월 8일 형법의 일부개정이 있었다. 사형에 대한 형의 시효를 삭제하고 영아살해죄와 영아유기죄를 폐기하는 내용이다. 영아살해죄와 영아유기죄의 폐기는 6개월의 유예기간을 두었지만, 사형에 대한 형의 시효 삭제는 개정법률의 공포와 함께 시행되었다. 형사특별법의 경우를 보면, 2023년 7월 개정된 「전자장치 부착 등에 관한 법률」이 주목된다. 이 개정법률에 의하여 2021년부터 시행된 「스토킹범죄의 처벌 등에 관한 법률」 위반행위가 전자장치 부착대상인 중대범죄에 포함되었다.

대법원판례의 경우를 보면, 우선 기존의 동기설 입장의 판례들을 전부 폐기하고 새로운 기준을 제시한 2022년의 대법원 전원합의체 판결 및 그에 따른 후속 판례가 주목된다. 이 부분의 판례변경은 사실상 형법 자체의 개정에 준할 정도로 그 파급력이 크다고 생각된다. 인과관계의 영역에서는 형법 제19조와 관련하여 '원인된 행위가 판명되지 아니한 때'의 의미를 사실확정의 관점에서 접근한 대법원판례가 주목된다. 과실범의 영역에서는 의료분야에서의 신뢰의 원칙 적용과 관련하여 특히 수직적 분업관계의 특수성을 반영한 판례가 눈에 뜨인다. 위법성 영역에서는 정당방위의 현재성 요건을 보다 구체화한 판례, 사회상규에 위배되지 아니하는 행위 여부를 판단할 때 기존의 판례들이 제시하였던 판단요소들의 상호관계를 정리한 판례 등이 주목된다.

새로운 판례들을 정리하는 과정에서 본문의 서술에 대한 이해를 높이기 위하여 필요하다고 생각되는 경우 기존의 판례들도 다시 분석하여 수록하였다. 아울러 형사제재론과 관련한 분야에서 중요한 판례 및 새로운 판례들을 분석에 추가하였다. 이미 『판례분석 형법총론』을 통하여 분석이 시도된 판례들에는 '분석 총론'이라는 표시를 붙여두었다. 이 판례들의 판례분석이 궁금한 독자들을 위하여 『판례분석 형법총론』 PDF 파일을 법문사 홈페이지 자료실에 올려두었다.

『형법총론』 제15판에 앞서서 2023년 9월에 『형법각론』 제3판이 출간되었다. 이제 최신의 법령과 판례를 보완한 『형법총론』과 『형법각론』이 동시에 독자들에게 선을 보이게 되었다. 총론과 각론의 상호작용이 분석에서 제시한 판례의 사실관계들을 토대로 생생하게 전달될 수 있기를 바라는 마음이다. 『형법각론』 제3판 서문에서 적은 것처럼, 저자로서는 유기천 교수님의 『형법학 총론강의』 및 『형법학 각론강의』 상·하 이래 숙제로 남아 있던 판례분석이 붙은 형법학 교과서를 마무리하였다는 감회가 크다.

본서가 출간되는 데에 여러 분들의 도움을 받았다. 법문사의 김제원 이사님과 유진걸 과장님은 친절하고 신속하게 본서의 진행을 도와주셨다. 동국문화사의 이정은 선생님은 편집과정에서 원숙한 기량과 치밀함으로 본서의 완성도를 높여주셨다. 이 분들의 따뜻한 도움과 정성에 깊이 감사드린다.

2023년 9월

우면산을 바라보며

저자 씀

제 14 판 머리말

이번에 『형법총론』 제14판을 내어놓게 되었다. 2021년 9월 『형법총론』 제13판의 출간 후 1년 만이다. 독자 여러분들의 지속적인 성원에 감사드린다.

『형법총론』 제14판은 2022년 6월 말까지 공포된 법령과 공간된 판례를 반영하였다. 이번의 개정판에서는 특히 변경된 판례와 새로운 판례의 소개에 주안점을 두었다. 형법총론과 관련한 법률 가운데 특별한 개정이나 변화가 없었기 때문이다. 아래에서 주목되는 판례 몇 가지를 소개한다.

죄형법정주의와 관련해서는, 먼저 음주운전 2회 위반 시부터 가중처벌하도록 한 도로교통법 벌칙규정에 대한 헌법재판소의 위헌결정이 주목된다. 죄형법정주의와 관련하여 헌법재판소가 제시한 위헌판단 이유를 자세히 소개하였다. 현금이 착오로 송금된 경우에 송금받은 사람이 송금된 돈을 임의로 처분하면 횡령죄가 성립한다는 것이 판례의 태도이다. 그런데 가상화폐가 착오로 계좌이체된 경우에 횡령죄 법리를 유추적용하여 착오이체된 가상화폐를 임의처분한 사람을 배임죄로 처벌할 수 있을 것인지가 문제되었다. 대법원은 유추해석금지의 법리를 적용하였는데, 이 사안을 사례문제로 구성하여 상세한 설명을 가하였다.

구성요건 분야에서는, 먼저 양벌규정과 관련한 최근 판례들을 보강하였다. 양벌규정은 형법전에 직접적인 조문이 없지만 행정형법 영역에서는 거의 예외 없이 규정되어 있어서 사실상 총칙규정으로서의 기능을 담당하고 있다. 이와 관련하여 업무관련성 요건, 면책규정의 적용요건, 공소시효의 기준점에 대한 판례들을 상세히 소개하였다. 다음으로 부작위범 영역에서는 부작위에 의한 배임죄의 실행의 착수시점을 제시한 판례가 주목된다. 부진정부작위범의 실행의 착수에 관한 대법원의 선판례라는 점에서 의미가 크다.

공범론 분야에서는, 불법사이트에 연결되는 링크 게시행위와 관련한 판례변경이 특별히 주목된다. 2015년 대법원판례는 불법사이트 링크 게시행위에 대해 저작권 침해죄의 방조범 성립을 부정하였다. 2021년 대법원은 전원합의체 판결로 종전 판례를 폐기하고 저작권 침해죄의 방조범 성립을 인정하였다. 이 판례에서 대법원은 방조범의 성립 가능시점을 확장하는 한편, 방조범의 성립요건을 강화하는 일련의 기준을 제시하였다. 변경된 2021년 대법원판례는 앞으로 방조범의 법리 발전에 중요한 계기를 제공할 것이라고 생각된다. 2021년 판례변경과 관련하여, 종전 판례를 신뢰하여 자신의 행위가 죄로 되지 않는다고 주장한 사안이 있었는데, 이에 관한 대법원판례도 소개하였다.

　이번의 『형법총론』 제14판에서 가장 주목되는 변화는 최신 판례들을 분석하여 부록으로 수록한 점이다. 저자는 출판계의 현실적 여건을 고려할 때 독자적인 판례교재의 출간이 여의치 않다고 판단하였다. 그리하여 저자는 『형법총론』의 본문 서술에 필요한 경우 각주에서 관련 판례를 요약·소개하는 편집을 시도한 바가 있었다. 그러나 한정된 각주의 지면 때문에 판례의 의미가 정확하게 전달되지 못할 뿐만 아니라, 독자들이 본문을 읽어나가는 데에도 상당한 지장이 있겠다고 생각하였다.

　문제를 해소하기 위하여 저자는 2015년 『판례분석 형법총론』 출간 이후에 공간된 판례들을 중심으로, 사실관계 정리, 사건의 경과, 대법원의 판단과 결론이라는 순서로 판례분석 원고를 작성하였고, 이를 『형법총론』 제14판의 부록으로 수록하였다. 부록에는 기존 각주에 길게 소개되어 있던 판례들도 함께 포함시켰다. 이제 독자들께서는 각주에 소개된 판례들 가운데 ☞ 표시가 붙어 있는 판례는 부록의 해당 페이지에서 상세한 내용을 확인할 수 있을 것이다. 그런데 예상 밖으로 작업에 많은 시간이 소요되어 공범론까지만 판례들을 분석하여 수록하였다. 판례분석의 방식은 판례의 가독성에 최우선을 두고, 판례 원문을 대폭적으로 각색하는 형식을 취하였다. 자세한 사항은 부록의 일러두기를 참조하기 바란다.

　『형법총론』 제14판의 출간에도 관계자 여러 분들의 도움을 받았다. 법문사의 김제원 이사님, 유진걸 과장님의 친절하신 도움에 감사를 표한다. 동국문화사의 이정은 선생님은 부록의 추가로 작업의 난이도가 더욱 높아졌음에도 불구하고 전문가의 기량으로 본서의 편집에 완성도를 높여주셨다. 감사의 인사를 전하는 바이다.

2022년 8월

우면산을 바라보며

저자 씀

머 리 말

　형법총론 교과서를 이제 세상에 내어놓게 되었다. 형법학을 전공하는 사람이라면 누구나 자신의 형법학체계를 교과서 형태로 정리해보고 싶어할 것인데, 마침내 필자에게 그러한 행운이 돌아왔다고 생각하니 실로 감개가 깊다.

　사실 필자가 형법총론이라는 이름을 붙여서 집필한 책은 본서가 처음은 아니다. 필자는 이미 1990년에 『사례입문 형법총론』(법문사 간)이라는 책자를 간행한 바 있다. 이 책은 비법학도를 위하여 재미있는 사례를 곁들인 독일의 형법입문서를 보고 흥미를 느껴서 필자가 이 입문서의 사례들을 상당부분 차용하면서 우리 형법의 해설을 간략히 시도한 것이었다. 『사례입문 형법총론』은 개정판을 거쳐서 1994년까지 발간되었으나 필자는 더 이상의 출간을 포기하였다. 그 이유는 독일 사례를 통한 우리 형법의 해설이라는 방식이 너무나 무리스럽고 학자적 양심에 걸맞지 않았기 때문이다.

　『사례입문 형법총론』에서 얻은 교훈은 우리 형법을 해설하기 위하여 우리의 사례를 풍부히 발굴해야 한다는 것이었다. 한국 형법학의 논의대상을 우리의 현실생활에서 구해야 한다는 문제의식을 가지고 필자가 착수한 작업은 우리 판례를 통한 형법총론의 재구성이었다. 그리하여 필자는 1995년 『판례백선 형법총론』(경세원간)이라는 이름으로 형법총론 해설서를 집필하였고 이 책은 현재 개정증보판에 이르고 있다.

　이제 『사례입문 형법총론』의 집필에서 얻은 사례활용의 경험과 『판례백선 형법총론』의 집필에서 얻은 판례정리의 경험을 모아서 아무런 수식어가 붙지 아니한 『형법총론』이라는 제목으로 본서를 출간하게 되었다. 지금까지의 경험을 토대로 필자는 다음의 두 가지 점을 염두에 두고 본서의 집필에 임하였다.

　하나는 초학자들도 형법총론에 쉽게 친숙해질 수 있도록 집필해야 한다는 것이었다. 이를 위해 우리 판례에서 문제된 주요사례들이나 강학상의 사례들을 관련항목의 첫머리에 배치하여 학습동기를 유발하도록 노력하였다. 현실세계에서 발생하는 사례와 이를 둘러싼 법적 쟁점이 뚜렷이 제시되어 있으면 초학자라도 흥미를 가지고 형법총론의 이론을 익힐 수 있다고 보았기 때문이다.

　다른 하나는 알기 쉬운 형법총론의 해설서를 집필해야 한다는 것이었다. 필자는 본서를 집필함에 있어서 최근의 형법총론 이론들이 매우 난해하다는 학생들의 지적에 유념하였다. 필자는 그 이유를 외국 형법이론, 그 가운데에서도 독일 형법학의 무리한 직수입에 있다고 보고 어려운 형법이론을 쉽게 이해하는 방안을 모색해 보았다. 필자는 지난해 이러한 문제의식을 "형법공부 어떻게 할 것인가?"라는 강연을 통하여 학생들에게 피력한 일이 있다. 이 강연문은 본서의 집필의도와 상당부분 관련이 있으므로 본 머리말의 다음에 수록해 두었다. 다소 이례적이고 치기(稚氣) 넘치는 시도라고 하더라도 관심이 있는 독자들께 한번 일독해 보기를 권하는 바이다.

알기 쉬운 형법총론 교과서라는 관점에서 본서가 새롭게 시도한 것은 한국 형법과 독일 형법을 비교한 조문대비표의 활용이다. 독일 형법을 우리 형법과 직접 비교해 보는 것은 크게 두 가지 이점이 있다. 우선, 조문대비표를 참조하게 되면 최근에 논의되는 형법적 쟁점의 애당초 출발점이 어디에 있었는가를 확인할 수 있다. 논의의 출발점을 확인하게 되면 당해 형법이론은 더 이상 어렵지 않게 된다. 뚜렷한 문제의식은 분명한 해결책을 제시해 주기 때문이다.

다음으로, 조문대비표를 활용함으로써 독일 형법의 논의상황을 우리 형법의 해석론으로 도입할 수 있는 여지와 한계를 비판적으로 점검할 수 있다. 비판적 안목을 견지할 때 수입법학의 틀을 벗어나 한국 형법학의 독자적 이론구성이 가능해진다고 믿기 때문이다.

이와 같은 본서의 집필의도가 어느 정도 독자들로부터 공감될 것인지 필자로서는 궁금하기도 하고 두렵기도 하다. 두렵고 조심스러운 만큼 본서의 집필과 편집과정에 많은 수정과 보완이 필요하였다. 이 과정에서 상례를 훨씬 넘는 편집의 수정과 변경이 요구되었다. 까다로운 필자의 주문을 성심껏 실현시켜 주신 법문사 편집부의 인내와 노고에 그저 감사할 따름이다. 특히 전문가의 원숙한 기량으로 본서의 출간을 끝까지 도와주신 편집부의 현근택 과장님께 각별한 인사의 말씀을 전하고자 한다.

본서가 형법총론의 이론체계를 익히는 데에 법학도 여러 분들에게 작은 도움이 된다면 필자로서는 큰 기쁨과 보람이 될 것이다. 나아가 본서가 한국 형법학의 수립에 조금이라도 자극제와 밑거름이 된다면 필자에게 기대 이상의 소득이라고 할 것이다. 본서에 제시된 필자의 분석과 견해에 대하여 독자 여러 분들과 학계 제위의 많은 비판과 가르침을 기대하면서 머리말을 맺는 바이다.

2001년 6월 초순
사당동에서 관악산을 바라보며,
필자 씀

형법공부 어떻게 할 것인가?

1. 서 론

여러분 안녕하십니까. 본인은 법과대학에서 형법과 형사소송법을 담당하고 있는 신동운 교수입니다. 오늘의 논제는 "형법공부 어떻게 할 것인가?"입니다. 이 논제를 검토해 가기에 앞서서 우선 제시된 논제를 한번 찬찬히 뜯어보도록 합시다.

"형법공부 어떻게 할 것인가?"라는 논제는 "공부 어떻게 할 것인가?", 그리고 "법학공부 어떻게 할 것인가?"라는 질문이 점차적으로 구체화된 끝에 설정된 문항입니다. 이렇게 보면 "공부 어떻게 할 것인가?"라는 물음에 대하여는 "공부는 열심히 해야 한다. 예습, 복습을 철저히 해야 한다."라는 대답을, "법학공부 어떻게 할 것인가?"라는 질문에 대해서는 "법률요건과 법적 효과의 양 측면을 항상 생각하라. 구체적 사실관계를 추상적인 법규범에 대입하는 훈련을 하라. 쟁점을 추출하는 훈련을 하라. 상대방을 설득하기 위한 논지전개를 시도하라."는 등등의 답변을 얼른 생각할 수 있습니다.

"공부 어떻게 할 것인가?", "법학공부 어떻게 할 것인가?" 하는 물음에 대해서는 이미 이번 강연 시리즈의 도처에서 여러 교수님들이 되풀이하여 나름대로의 방책을 제시한 것으로 알고 있습니다. 오늘의 강연에서는 "형법공부 어떻게 할 것인가?"라는 논제를 중심으로 분석을 시도해 보기로 합시다. "형법공부 어떻게 할 것인가?" 하는 발제의 특징은 바로 "형법"에 있습니다. 따라서 우선 형법이란 무엇인가 하는 부분을 검토해야 할 것입니다.

그런데 "형법공부 어떻게 할 것인가?"라는 질문에는 "형법공부가 너무 어렵다. 도대체 형법공부는 어떻게 해야 하는가?" 하는, 긴 한숨과 함께 법학도의 입에서 터져나오는 질문이 깃들어 있습니다. 그래서 형법이란 무엇 때문에 그렇게도 어려운 것인가 하는 점에 대한 분석도 함께 필요하게 됩니다.

이러한 문제의식을 가지고 아래에서는 형법에 관하여, 그리고 형법공부가 어려운 이유에 관하여 검토해 보도록 하겠습니다. 지피지기(知彼知己)이면 백전불태(百戰不殆)라는 말이 있습니다. 형법이 무엇인지, 왜 어려운 것인지를 알게 된다면 처방은 비교적 쉽게 내릴 수 있습니다. 따라서 본 강연의 마지막 부분은 형법공부의 요령을 정리하는 것에 할애하기로 하겠습니다.

2. 형법이란 무엇인가?

형법이란 범죄와 형벌에 관한 규범체계입니다. 범죄는 사회공동체를 유지함에 있어서 해서는 아니 될 행위의 유형입니다. 형벌이란 국가가 강제적으로 부과하는 해악입니다. 우리나라의 경우에는 사형제도가 있어서 국가가 강제적으로 부과하는 해악 가운데에는 생명의 박탈도 들어 있습니다. 형벌은 국가가 가지고 있는 강제적 제재장치 가운데 가장 강력한 것입니다.

사회공동체를 유지함에 있어서 사람들이 해서는 아니 될 행위는 많이 있습니다. 그렇지만 이러한 행위들 가운데에서도 국가가 형벌을 동원해서라도 저지하지 않으면 안 되는 것이 범죄입니다. 예컨대 직장에서 사람들이 동료 여직원에 대하여 성적인 농담을 하는 것이 얼마전까지는 범죄로 되지 아니하였습니다. 소위 성희롱으로 불리는 일련의 행위는 단순히 손해배상이나 징계처분의 대상이 될 뿐이었습니다. 그러나 이제 정도가 심한 성희롱행위는 성폭력법(약칭입니다)에 의하여 범죄로 되고 있습니다.

범죄는 형벌이라는 법적 효과를 발생시키는 조건이 됩니다. 범죄는 사회적으로도 강력한 윤리적 비난을 수반합니다. 범죄자라는 표찰이 붙게 되는 사람은 형벌에 의한 불이익을 받을 뿐만 아니라 사회적으로도 각종의 법 외적인 불이익을 감내해야 합니다. 이렇게 볼 때 어느 사람에게 "범죄인"이라는 표찰을 붙이고 "형벌"이라는 강제적 제재를 가하는 데에는 신중에 신중을 기하여야 한다는 점을 알 수 있습니다. 형법은 사회공동체의 유지를 위하여 범죄에 강력하게 대처해야 하지만 동시에 범죄인이 양산되지 않도록 신중한 통제장치를 갖추고 있지 않으면 안 됩니다.

국가형벌권의 남용을 방지하고 형벌권을 신중하게 행사하도록 하기 위하여 형법학은 오랜 세월에 걸쳐서 각종의 안전장치를 발전시켜 왔습니다. 그 가운데에서도 대표적인 것이 범죄론체계입니다. 범죄론체계란 어느 행위가 최종적으로 "범죄"라고 판단되기 위하여 거쳐야 하는 검토의 시스템입니다.

범죄론체계는 통조림 공장의 콘베이어 벨트에 비견할 수 있습니다. 이 통조림 공장의 원자재는 사람들의 행위입니다. 이 통조림 공장의 완제품은 "범죄"라는 표찰이 붙은 통조림 캔입니다. 이 통조림 공장에는 3개의 작업조가 편성되어 있습니다. 3개조는 완제품으로 가공되는 과정에서 굳이 "범죄"라는 표찰을 붙일 필요가 없는 원자재를 찾아서 부지런히 건져냅니다. 3개 작업조의 이름은 구성요건해당성, 위법성, 책임입니다. 이 3개조가 포진하고 있는 콘베이어 벨트를 거치면서 걸러진 원자재에는 "범죄"라는 표찰이 붙지 않습니다.

범죄론체계를 통조림 공장의 컨베이어 벨트에 비유하였습니다만, 이 범죄론체계가 정밀하게 잘 구성되어 있으면 억울하게 범죄자로 되는 사람을 구제할 수 있습니다. 또 공통의 범죄론체계를 사용함으로써 다종다양한 인간의 행위들을 통일적으로 균질하게 판단하여 범죄성립 또는 범죄불성립의 결론을 제시할 수 있습니다. 범죄론체계를 사용하면 법적 판단에 있어서 법 앞의 평등, 법적 안정성 및 예측가능성을 도모할 수 있습니다.

형법학의 주된 임무는 이 범죄론체계를 잘 가꾸고 다듬는 일입니다. 형법강의의 임무는 수강생들이 이 범죄론체계를 잘 이해하고 이 체계를 실제사건의 처리에 구사할 수 있는 기량을 갖추도록 하는 것입니다. 형법공부를 하려는 사람들은 형법학에서 범죄론체계가 가지고 있는 중요성을 십분 이해하고 이 체계를 익히는 일에 힘을 기울이지 않으면 안 됩니다.

3. 형법공부는 왜 어려운가?

(1) 범죄론체계의 복잡성

범죄론체계는 정밀할수록 범죄성립 여부를 면밀하게 점검할 수 있습니다. 그런데 이 정밀성이 지나치게 되면 너무 번잡해져서 운용을 할 수 없는 상황에 이를 수 있습니다. 이것은 안전장치가 많이 달린 고급차의 경우를 생각해 보면 알 수 있습니다. 운전자의 생명을 지키기 위하여 각종 안전장치를 부착한 승용차들이 시장에 출고되고 있습니다. 그런데 소비자에게 이 고급차를 운영할 경제적인 능력이 없다면 이 고급차는 우리나라의 도로 위를 달릴 수 없게 됩니다.

현재 형법학계에서는 법률선진국의 범죄론체계를 열심히 소개하는 양상이 전개되고 있습니다. 정밀한 범죄론체계를 소개하는 것은 마치 한국의 도로 위를 달리는 차는 이 정도의 고급사양을 갖추어야 한다고 외치는 것과 같습니다. 그러나 한국의 법학도들은 이와 같은 복잡한 범죄론체계를 구사할 수 있을 정도로 법학적 지식이 충분하지 않습니다. 아직 밑천이 짧아서 고급승용차를 구입할 수 없는 영세상인과 같은 처지입니다.

법학적 지식이 짧은 사람이 처음부터 고급승용차의 매뉴얼과 같은 복잡한 범죄론체계를 익히려고 한다면 자연히 어려울 수밖에 없습니다. "아, 형법공부는 너무 어려워!"라는 탄식은 자신의 실력에 걸맞지 않는 범죄론체계의 학습에 매달릴 때 자연스럽게 나오는 반응입니다.

(2) 전문용어의 생소함

범죄론체계는 한국의 사회현실에 알맞게 간결하면서도 핵심을 빠뜨리지 않는 시스템이어야 합니다. 이와 같이 실용성과 안정성을 갖춘 범죄론체계를 개발해 내는 것이 한국 형법학의 과제입니다. 그런데 범죄론체계는 금방 창안해 낼 수 있는 것이 아닙니다. 범죄론체계는 오랜 기간에 걸쳐서 발전되어 온 것입니다. 그 동안 전수되어 온 범죄론체계를 보다 세련되게 다듬는 것이 형법학계에 주어진 임무입니다.

현재 우리나라에서 사용되고 있는 범죄론체계는 여러 가지 역사적 계기를 통하여 독일 형법학의 범죄론체계에 뿌리를 두고 있습니다. 독일 형법학계는 오랜 세월에 걸쳐서 학설과 판례, 그리고 필요한 경우에는 입법적 결단을 통하여 범죄론체계를 다듬어 왔습니다. 독일 형법학계는 우리보다 오랜 경험을 가지고 있으며 우수한 법학자를 다수 보유하고 있습니다. 그래서 우리나라 형법학자들 가운데 많은 사람들이 최신 독일 형법의 범죄론체계를 높이 평가하여 그 이론적 성과를 우리 형법학계에도 수용하려 하고 있습니다.

그런데 문제는 독일 형법학계가 개발한 범죄론체계의 매뉴얼이 우리말로 충분히 소화되지 아니한 상태에서 매우 생경한 용어로 소개되고 있다는 것입니다. 독일 형법학계가 사용하고 있는 독일어의 전문용어는 독일 사회의 언어감각을 토대로 개발된 것입니다. 그런데 이 독일어 전문용어가 우리 형법학계에 들어 올 때에는 한글 아니면 한자로 전환되지 않으면 안 됩니다. 독일어를 그대로 쓴다면 알아듣는 사람이 별로 없을 것입니다. 문제는 독일어 전문용어를 우리말로 전환할 때 "학술용어는 반드시 한자어로 표기하여야 한다"는 고정관념이 작용하고 있다는 사실입니다. 독일어 학술용어를 한자를 동원하여 축어적으로 번역할 때 이상야릇하고 생경한 단어들이 등장하게 됩니다.

예를 한 가지 들어봅시다. 범죄론체계의 첫머리에 행위론이 있습니다. 범죄인가 아닌가를 판단하려면 그 소재로서 인간의 행위가 전제되어야 합니다. 이 행위가 도대체 어떠한 구조를 가지고 있는가를 따져보는 이론이 행위론입니다. 행위론 가운데 소위 "인격적 행위론"(personale Handlungslehre)이라는 것이 있습니다. 이 이론은 "인격적"(personal)이라는 수식어가 붙을 수 있는 행위만이 형법적 판단의 대상이 되는 행위라고 봅니다. 이 이론에 의하면 범죄란 "인격적 행위"입니다.

우리의 언어감각에 비추어 볼 때 "인격적"이라는 말은 매우 높은 가치를 함유하는 긍정적인 표현입니다. 그런데 범죄는 정반대의 성질을 갖습니다. 가장 해서는 아니 될 행위가 범죄입니다. 이러한 범죄를 가리켜서 "인격적 행위"라고 형법학자들은 설명하고 있습니다. 우리의 일상적인 언어관행과 동떨어진 용어사용법이 횡행하는 곳이 한국의 형법학입니다. 그래서 형법학은 어렵게 느껴집니다.

현재 독일 형법학의 범죄론체계를 수용하면서 우리의 언어감각과 가장 큰 괴리를 보이고 있는 예로 불법과 가벌성이라는 용어를 들 수 있습니다. 범죄론체계에 의할 때 범죄란 구성요건에 해당하고 위법하며 유책한 행위라고 정의됩니다. 구성요건해당성, 위법성, 책임의 각 단계별로 특수한 법적 효과가 발생합니다. 형법의 관련이론을 설명하면서 되풀이되는 표현을 피하고 언어의 경제를 꾀하기 위하여 입법자나 학자들은 압축된 전문용어를 사용합니다. 이것은 학생들이 자신들끼리 신속하게 의사를 소통하기 위하여 예컨대 "중앙도서관"을 "중도"로, 법학도서관을 "법도"로 부르는 것과 비슷합니다.

독일 형법의 범죄론체계에 의할 때 불법(Unrecht)은 구성요건에 해당하고 위법한 행위를 말합니다. 즉 행위가 구성요건해당성의 관문을 통과하고 위법성의 관문을 통과했을 때 그 행위를 가리켜서 불법이라고 말합니다. 불법이 책임단계까지 통과하게 되면 이제 형벌을 과할 수 있는 요건이 갖추어진 것입니다. 이러한 상황을 가리켜서 독일 형법은 가벌성(Strafbarkeit)이라는 표현을 사용하고 있습니다.

환언하면 불법이란 구성요건에 해당하고 위법한 행위입니다. 네 단어로 구성된 표현을 두 글자로 줄인 것이 불법입니다. 가벌성이란 구성요건에 해당하고 위법하며 유책한 행위가 존재한다는 말을 세 글자로 줄인 것입니다. 그런데 이와 같은 설명이 제시되지 아니한 채 형법교과서는 그냥 "불법"과 "가벌성"이라는 표현을 사용하고 있습니다. 재판 업무에 종사한지 20여년이 지난 중견법관을 찾아가서 형법교과서에 빈번히 등장하고 있는 "불법"과 "가벌성"이라는 말을 보이면서 그 뜻을 물어보기 바랍니다. 과연 이 전문용어의 뜻을 바로 설명할 수 있는 법관이 얼마나 될지 궁금합니다. 현직법관들에게도 형법학의 전문용어가 생경한데 새로이 형법을 공부하려는 학생들에게는 오죽하겠습니까.

(3) 형법총론의 추상성

형법학의 중요임무가 범죄론체계의 정비라는 점은 앞에서 설명하였습니다. 형법학도의 임무는 이 범죄론체계를 잘 익혀서 언제든지 운용할 수 있는 기량을 비축하는 일입니다. 이 범죄론체계는 구체적인 사건에 적용하기 위하여 개발된 것입니다. 그런데 형법학을 공부하다 보면 이 범죄론체계가 추상적인 체계 그 자체로 인식되는 일이 적지 않습니다. 구체적인 특성이나 상태는 전부 제거해 버리고 일반론으로 일관하는 것이 범죄론체계가 아닌가 하는 생각이 들 정도입니다. 그래서 형법총론 교과서는 형법에 관한 철학 교과서와 같은 인상을 줍니다. 사변적이고 일반론적인 글을 읽을 때 사람들은 어렵다고 말합니다. 형법학 교과서가 어렵게 느껴지는 것도 마찬가지 이치입니다.

여기에서 형법총론의 특징을 잠시 이야기해 보도록 하겠습니다. 원래 총론(Allgemeine Lehre)이라고 하는 것은 독일 형법학의 소산입니다. 미국의 대학에 연구차 갈 일이 있어서 담당강좌명을 영어로 번역할 필요가 있었습니다. 그런데 형법총론과 형법각론을 영어로 표현할 마땅한 단어가 떠오르지 않았습니다. Criminal Law General Part, Criminal Law Special Part 등으로 번역해 보기는 하였으나 미국 교수들이 이 단어의 뜻을 잘 알아듣지 못하는 것 같았습니다. 위의 영어표현은 마치 형법전과 특별형법의 관계를 나타내는 것처럼 이해되기 때문입니다.

총론이론이 독일에서 발전하게 된 것은 근대적 통일국가를 형성하기에 앞서서 수다한 영주국가들이 존재하였던 독일의 역사적 상황에 기인한 것이라고 생각합니다. 수많은 영주국가들이 근대에 들어오면서 법전편찬운동을 전개하였습니다. 이 법전들을 운용하는 과정에서 각 영주국가들이 독자적인 전문학자를 보유할 수는 없었습니다. 주요한 영주국가들이 대학을 설립하였고, 이 대학에서 학자들이 로마법의 일반법원리를 연구하여 사법(私法) 분야에서 소위 판덱텐체계를 발전시켰습니다. 이 체계론적 접근방법을 활용하여 독일의 법학자들은 주변의 여러 영주국가들이 제정한 법전을 해석하기 위한 공통의 이론을 개발하였습니다. 여기에서 총론이론이 개별법전을 염두에 두면서 해석의 공통적인 지침으로 개발되었다는 사실에 주목할 필요가 있습니다.

우리나라는 단일국가입니다. 여러 개의 형법전이 지역별로 제정되어 있어서 이 법전들에 대하여 공통적으로 적용될 기준을 마련해야 할 필요는 없습니다. 그렇지만 단일국가체제 하에서도 형법총론의 이론체계는 여전히 필요합니다. 개개의 형벌법규는 형법전뿐만 아니라 각종 특별형법과 행정규제법률에 산재하고 있습니다. 다종다양한 형태의 형벌법규를 해석함에 있어서 공통의 준칙을 미리 마련해 놓는다면 형벌법규의 운용에 매우 편리할 것입니다. 현재 형법총론의 임무는 이와 같은 공통의 준칙을 마련하는 것입니다. 형법총론의 새로운 임무를 이와 같이 이해하더라도 반드시 명심해야 할 것은 구체적인 형벌법규를 전제로 해 놓고 형법총론의 준칙을 적용해야 한다는 것입니다.

(4) 서술체계의 무비판적 수용

형법총론 자체를 위한 이론은 존재하지 않습니다. 형법총론은 구체적인 형벌법규를 항상 염두에 두면서 일단 유사시에 대비하여 출동대기상태에 있는 공통의 준칙일 뿐입니다. 구체적인 형벌법규를 염두에 두지 않고 형법총론 이론 자체만을 공부하는 사람은 형법공부에 신이 나지 않습니다. 어딘가 커다란 공허감이 있습니다. 이론이 있다고 하니

까 그것을 학습할 뿐입니다. 도대체 이 이론을 어떠한 경우에 적용해야 할 것인지 전혀 감이 오지 않습니다. 그렇다면 형법공부는 자연히 어렵게 느껴질 것입니다.

최근 들어 우리나라 형법교과서들이 종전과는 다른 형태의 편제를 취하는 경향을 보이고 있습니다. 새로운 형태의 교과서들은 주변에서 가장 많이 접할 수 있는 고의작위범을 중심으로 범죄론체계를 상세히 소개한 다음에 고의부작위범, 과실범 순으로 범죄론체계를 다시 검토하고 있습니다. 이와 같은 서술체계는 독일 형법교과서의 편제를 상당부분 수용한 것입니다. 독일 교과서가 이렇게 편제를 취하는 데에는 매우 현실적인 이유가 있습니다.

독일 학생들은 법과대학을 마치면서 법률가가 되기 위한 국가고사를 치릅니다. 이 시험은 장문의 사실관계를 제시하면서 5시간 내에 법전만을 활용하여 법적 분석과 결론을 제시하라는 형태로 출제되고 있습니다. 수험생은 형법시험의 경우 주어진 사실관계에서 주목되는 범죄형태가 고의작위범인가, 고의부작위범인가, 아니면 과실범인가를 먼저 검토합니다. 주어진 사안이 이 세 가지 가운데 어느 하나의 범죄유형이라고 판단되면 이제 형법총론 교과서가 제시한 해당유형의 범죄론체계를 동원하여 법적 분석을 해가기 시작합니다.

그런데 우리나라 사법시험은 독일식의 방식을 따르고 있지 않습니다. 시험시간은 2시간입니다. 다른 문제를 감안할 때 사례가 출제되어도 수험생은 1시간 정도밖에는 사용할 수 없습니다. 충분한 시간이 주어지지 아니한 상황에서 고의작위범, 고의부작위범, 과실범의 범죄론체계를 구사할 여유가 없습니다. 사법시험의 출제방식이 다른 상황에서 독일식 형법교과서의 편제를 그대로 따라가는 데에 형법교과서가 난해해지는 또 하나의 계기가 있습니다.

4. 형법공부 쉽게 하는 방법은 무엇인가?

지금까지 형법공부가 어렵게 느껴지는 계기들을 나름대로 분석해 보았습니다. 이제 이 요소들을 제거하는 방안을 생각해 보면 형법공부를 쉽게 하는 방법을 어느 정도 찾아낼 수 있을 것입니다.

(1) 기본개념의 충실한 이해

앞에서도 설명하였습니다만, 형법공부를 하는 사람에게 주어진 과제는 간결하면서도 안정적인 범죄론체계를 습득하는 일입니다. 범죄론체계는 일련의 시스템입니다. 이 시스템은 언어로 구성되어 있습니다. 개개의 전문용어들이 얽혀서 작은 체계를 이루고 작은 체계들이 다시 모여 큰 시스템을 이룹니다.

범죄론체계가 개념의 체계라고 할 때 범죄론체계를 쉽게 익히는 방법은 이 체계의 구성인자라고 할 수 있는 전문용어의 의미를 정확하게 이해하는 일입니다. 전문용어를 처음 접하였을 때 이 용어를 손으로 적어보고 이어서 "A는 B이다."라는 명제형식으로 개념정의를 붙여보아야 합니다. 이 작업은 눈이나 머리 속으로 하는 것이 아닙니다. 반드시 자신의 손으로 지면에 초출(初出)용어의 개념정의를 적어보아야 합니다. 법학은 개념의 체계라는 사실을 명심해야 합니다.

(2) 생경한 전문용어의 토착화

범죄론체계는 독일식 전문용어를 매개로 구성되고 있습니다. 이 과정에서 우리의 언어감각과 괴리되는 용어들이 자주 등장합니다. 이 전문용어들은 이미 학계에 상당부분 수용되어 있어서 알기 쉬운 우리말로 변환수용될 가능성은 별로 없습니다. 새로이 형법공부를 하는 학생들은 이 전문용어를 구사하여 법적 분석과 결론을 제시하지 않으면 안 됩니다. 그렇지만 이해하기 어려운 용어를 무조건 암기할 수도 없는 노릇입니다. 여기에서 아직 학계에 정착되지는 아니하였지만, 이해를 돕기 위하여 형법학에서 자주 쓰이는 전문용어를 쉽게 풀어볼 필요가 있습니다. 아래에서 몇 가지 요령을 들어보겠습니다.

(1) "불법"이라는 단어가 나오면 "구성요건에 해당하고 위법한 행위"라고 풀어서 읽어본다.

(2) "가벌성"이라는 단어가 나오면 "구성요건에 해당하고 위법하며 유책한 행위"라고 풀어서 읽어본다.

(3) "귀속"이라는 단어가 나오면 "……의 탓이다"라는 우리말로 풀어서 읽어본다.

(4) "무가치" 또는 "반가치"라는 단어가 나오면 "나쁘다" 또는 "옳지 않다"라는 우리말로 풀어서 읽어본다.

(5) "인적"이라는 말은 "그 사람에게만"이라는 뜻으로 풀어서 읽어본다.

(3) 총칙과 각칙의 지속적인 연결

형법공부를 하는 사람들은 범죄론체계가 어디까지나 실용적인 검토의 시스템이라는 점을 명심하여야 합니다. 고의, 과실, 착오 등 형법총론의 여러 문제를 검토할 때 항상 구체적인 형벌법규를 염두에 두면서 해당되는 서술부분을 읽어갈 필요가 있습니다.

예컨대 미수범을 공부하면서 실행의 착수에 관하여 배웁니다. 실행의 착수와 관련하여 여러 학설들이 제시되고 있습니다. 이 학설들만 읽으면 그 말이 그 말 같아서 구체적인 차이를 발견하기가 쉽지 않습니다. 형법총론이 추상화되는 것을 방지하려면 절도죄, 사기죄, 강도죄 등과 같은 구체적인 조문을 염두에 두면서 이 조문과 형법총론의 실행의 착수에 관한 이론들을 접목시켜 읽어볼 필요가 있습니다. 그리고 이 과정에서 논의의 실익이 무엇인가를 늘 확인하여야 합니다. 형법총론의 이론은 구체적인 형벌법규의 적용을 위한 보조적 장치라는 점을 항상 유념해야 합니다.

(4) 구체적 사실관계의 설정

형법총론의 이론을 공부할 때 구체적인 형벌법규를 염두에 두라는 말을 하였습니다. 그런데 이것만으로는 충분하지 않습니다. 구체적인 형벌법규는 구체적인 사실관계에 적용하기 위하여 지목된 조문입니다. 구체적 형벌법규의 전제는 바로 구체적인 사실관계입니다. 우리는 독일 형법학이 매우 관념적이라고 생각하고 있습니다. 「형법총론을 읽어보니 매우 관념적이다. 형법총론의 이론체계를 발전시킨 나라는 독일이다. 따라서 독일의 형법이론은 매우 관념적이고 추상적이다.」 이러한 삼단논법이 많은 학생들에게 퍼져 있는 것 같습니다.

그렇지만 막상 독일의 형법총론 교과서를 보면 우리처럼 그렇게 관념적이지 않습니다. 독일의 형법총론 교과서 대부분은 형법총론의 각 해당부분에 구체적인 사실관계를 소개해 놓고 있습니다. 독일의 학생들은 구체적인 사실관계를 일단 전제로 해 놓고 여기에 적용될 구체적인 형벌법규를 지목합니다. 그리고 이 조문을 적용할 때 문제되는 형법총론의 이론들을 읽어가게 됩니다.

그런데 아쉽게도 우리나라 형법총론 교과서는 아직 이 단계까지 와 있지는 않은 것으로 보입니다. 이러한 상황에서 형법을 공부하는 사람들로서는 독일처럼 사례를 모두(冒頭)에 설정하고 형법총론 이론을 설명하는 교과서가 나오기를 마냥 기다릴 수만은 없는 형편입니다. 이제는 스스로 자구책을 구해 나서야 합니다. 이러한 상황에서 주목되는 것은 판례의 분석입니다.

(5) 판례의 중요성

판례는 구체적인 사실관계를 놓고 법원이 이 사실관계를 추상적인 법규범에 대입하여 얻은 결론을 문장으로 구성해 놓은 것입니다. 따라서 판례는 구체적인 사실관계와 추상적인 법규범의 해석이라는 두 가지 부분으로 이루어져 있습니다. 현재 상당수의 교과서들에서는 판례가 제시한 법리해석의 부분을 판례라고 소개하고 있습니다. 이러한 서술방식이 틀린 것은 아닙니다만, 판례의 생명이라고 할 수 있는 사실관계를 빠뜨린다는 점에서 크게 아쉬운 점이 있습니다.

형법을 공부하는 사람들은 해당되는 이론체계의 앞머리에 우리나라 대법원이 다룬 대표적인 사례들을 먼저 배열해 놓을 필요가 있습니다. 나아가 이 사실관계에 적용된 개개의 형법조문을 확인할 필요가 있습니다. 그리고 이러한 현실상황을 토대로 추상적인 형법총론의 이론을 읽어가야 합니다. 새로운 판례가 소개되면서 중요한 의미를 가지는 것이라고 평가되면 그 판례의 사실관계를 적재적소에 삽입할 필요가 있습니다.

판례의 중요성은 비단 형법뿐만 아니라 모든 법분야에서 강조되고 있습니다. 그런데 최근 들어 판례는 더욱 커다란 의미를 가지게 되었습니다. 사법시험 1차시험은 객관식 시험입니다. 여기에는 변별력이 중요합니다. 원래 법학적 사고는 맞다(true), 틀리다(false)라는 틀로 붙잡아 놓을 수 없는 것입니다. 오히려 이러이러한 결론이 옳다(right), 옳지 않다(wrong)는 형태로 이루어지는 설득작업이 법학의 본래 모습입니다. 그런데 이렇게 되면 견해가 갈리는 일이 많습니다. 대법원도 의견이 갈리는 일이 있어서 전원합의체 판결이 나옵니다.

이러한 법학적 사고는 구조적으로 객관식 시험에 친숙하지 않습니다. 얼마든지 다른 법률논리를 전개할 수 있습니다. 문제는 설득력의 다과(多寡)일 뿐이지요. 그런데 이렇게 되면 수많은 사람들이 응시하는 사법시험 1차시험에서 무수히 많은 분쟁이 발생하게 됩니다. 한번 1차시험을 치르고 나면 소송사태가 빚어질 염려가 있습니다. 이러한 상황에서 해결책은 다양한 법적 견해 가운데 가장 유권적인 것을 지목하여 이 견해를 중심으로 하나의 답을 설정하는 것입니다. 이러한 현실적 필요 때문에 최근의 문제들에서는 "단, 판례에 따른다."라고 하는 단서를 붙이는 경향이 부쩍 늘고 있습니다. 이와 같은 현실적 필요성 때문에도 판례의 분석은 중요한 의미를 가지게 됩니다.

5. 결 론

지금까지 형법공부의 방법에 관하여 몇 가지 사항을 언급하였습니다. 통상의 법학논문과 달리 이 강연문에서는 여러 가지 비유적 설명을 사용하였습니다. 이렇게 접근하는 이유는 학생들이 좀더 친숙하게 형법공부에 다가오도록 하기 위함이었습니다. 그런데 글을 마무리하려고 보니 별다른 묘책을 제시한 것이 없어 보입니다.

형법공부를 좀더 쉽게 하는 방법은 없을까 하고 찾아온 학생들에게는 본 강연의 내용이 실망스러운 것일 수 있습니다. 그렇지만 이에 대해서는 "모든 공부에 왕도는 없다"

는 점을 내세워서 방어의 논리로 삼고자 합니다. 형법공부도 공부의 일종입니다. 부단한 노력이 있어야 합니다. 자만심에 빠지는 일을 극력 경계해야 합니다.

　형법공부는 법학공부의 일종입니다. 법학은 실천적인 학문입니다. 구체적인 사건을 놓고 자신이 옳다고 생각하는 해결책을 상대방에게 설득하는 작업이 법학의 과제입니다. 형법학도 구체적인 사건을 놓고 범죄론체계를 적용하여 옳다고 생각하는 결론을 모색한 다음 이를 상대방에게 설득해야 하는 과제를 안고 있습니다. 이 때문에 형법학을 공부하는 사람들에게는 공부해야 할 항목분야에 언제나 함께 생각할 수 있는 사실관계가 먼저 제공되어야 합니다. 사실관계의 제시를 통하여 법학의 실천성을 늘 확인하도록 해야 합니다. 만일 교과서에 좋은 사례가 만족할 만큼 제시되어 있지 않다면 공부를 하는 사람이 스스로 찾아서 보충해야 합니다.

　형법은 "범죄"라는 낙인의 강렬함과 "형벌"이라는 제재의 엄중함을 깊이 느낄 때 공부하는 사람에게 배울 만한 대상으로 다가오게 됩니다. 사회현실에 대한 치열한 문제의식, 옳고 그름에 대한 분명한 판단, 자신의 판단을 상대방에게 설득하려는 진지한 자세 등은 모든 법학도에게 공통적으로 요구되는 소양입니다만, 형법의 경우 소재의 강렬함 때문에 이러한 덕목은 더욱 강조됩니다. 정밀한 범죄론체계를 통하여 시민을 "범죄자"라는 낙인으로부터, 그리고 "형벌"이라는 해악으로부터 보호하는 것이 형법학의 임무임을 깊이 인식하는 것으로부터 형법공부의 첫걸음은 시작됩니다. 본 강연이 형법공부에 뜻을 둔 여러 학생들에게 작은 도움이 되기를 기대하며 이만 발표를 마칩니다.

차   례

제2편 범 죄 론

제1장 범죄의 성립요소　　　　　　　　　　　　　　　　　　(91~98)

제2장 행 위 론　　　　　　　　　　　　　　　　　　　　　(99~113)

제3장 구성요건

제 7 장 미 수 범 (505~605)

제3편 형사제재론

제1장 형벌론 (847~943)

약 어 표

교과서

권오걸, 형법총론 (제3판) (2009)	권오걸
김성돈, 형법총론 (제5판) (2017)	김성돈
김성천 · 김형준, 형법총론 (제8판) (2018)	김성천 · 김형준
김일수 · 서보학, 새로쓴 형법총론 (제13판) (2018)	김일수 · 서보학
김혜정 · 박미숙 · 안경옥 · 원혜욱 · 이인영, 형법총론 (2018)	김혜정 외 4인
박상기, 형법학 [총론 · 각론 강의] (제3판) (2016)	박상기
배종대, 형법총론 (제13판) (2017)	배종대
성낙현, 형법총론 (제2판) (2011)	성낙현
손동권 · 김재윤, 새로운 형법총론 (2011)	손동권 · 김재윤
신동운, 신판례백선 (형법총론) (제2판) (2011)	백선 총론
신동운, 판례분석 형법총론 (2015)	분석 총론
신동운, 형법각론 (제2판) (2018)	각론
신동운, 판례분석 형법각론 (증보판) (2014)	분석 각론
신동운, 신형사소송법 (제5판) (2014)	신형소
신동운, 판례분석 신형사소송법 (2007)	분석 신형소 I
신동운, 판례분석 신형사소송법 II (증보판) (2014)	분석 신형소 II
신동운, 판례분석 신형사소송법 III (증보판) (2017)	분석 신형소 III
오영근, 형법총론 (제4판) (2018)	오영근
이용식, 형법총론 (2018)	이용식
이재상 · 장영민 · 강동범, 형법총론 (제9판) (2017)	이재상 · 장영민 · 강동범
이정원, 형법총론 (2012)	이정원
임 웅, 형법총론 (제10정판) (2018)	임 웅
정성근 · 정준섭, 형법강의 총론 (2016)	정성근 · 정준섭
정영일, 신형법총론 (2018)	정영일

판례집

법원행정처, 대법원판결(례)집	집
법원행정처, 법원공보	공
법원행정처, 판례공보	공
헌법재판소, 헌법재판소판례집	헌집
헌법재판소사무처, 헌법재판소공보	헌공
청림각, 판례총람	총람

법령약어표

형법	법
형사소송법	형소법
성폭력범죄의 처벌 등에 관한 특례법	성폭력처벌법
아동·청소년의 성보호에 관한 법률	청소년성보호법
치료감호 등에 관한 법률	치료감호법
특정경제범죄 가중처벌 등에 관한 법률	특정경제범죄법
특정범죄 가중처벌 등에 관한 법률	특정범죄가중법
전자장치 부착 등에 관한 법률	전자장치부착법
폭력행위 등 처벌에 관한 법률	폭력행위처벌법

판례표기

▌판례표기는 다음의 방법에 의하였다.

- 1968. 4. 30. 68도400, 집 16①, 형50이라 함은 1968년 4월 30일 선고된 사건번호 68도400 대법원판결로서 대법원판결집 제16권 1집 형50면 이하에 수록된 것을 말한다.

- 1984. 5. 22. 84도39, 공 1984, 1163이라 함은 1984년 5월 22일 선고된 사건번호 84도39 대법원판결로서 법원공보 1984년분 1163면 이하에 수록된 것을 말한다.

- 2011. 2. 24. 2010오1, 2010전오1, 공 2011상, 696이라 함은 2011년 2월 24일 선고된 사건번호 2010오1, 2010전오1 대법원판결로서 판례공보 2011년 상반기분 696면 이하에 수록된 것을 말한다.

- 2010. 1. 14. 2009도12109, 2009감도38, [공보불게재]라 함은 2010년 1월 14일 선고된 사건번호 2009도12109, 2009감도38 대법원판결로서 판례공보에는 수록되지 않았으나 법원도서관 홈페이지 종합법률정보 사이트에서 검색된 것을 말한다.

- 2023. 3. 16. 2022도15319, 판례속보라 함은 2023년 3월 16일 선고된 사건번호 2022도15319 대법원판결로서, 대한민국 법원 홈페이지 → 대국민서비스 → 판결 → 판례속보 항목에 수록된 것을 말한다.

- 1995. 2. 23. 93헌바43, 헌집 7-1, 222라 함은 1995년 2월 23일 선고된 사건번호 93헌바43 헌법재판소결정으로서 헌법재판소판례집 제7권 1집 222면 이하에 수록된 것을 말한다.

- 1960. 10. 31. 4293형상494, 카드 No. 5103이라 함은 1960년 10월 31일 선고된 사건번호 4293형상494 대법원판결로서 대법원의 판례카아드 5103번으로 수록된 것을 말한다.

- 1966. 3. 22. 65도1164, 총람 형법 33조 7번이라 함은 1966년 3월 22일 선고된 사건번호 65도1164 대법원판결로서 청림각 편, 판례총람 형법 제33조 항목에 수록된 7번 판례를 가리킨다. 판례총람의 권수 및 면수에 의한 인용은 번잡을 피하기 위하여 사용하지 않았다.

- 판례의 이해와 활용을 돕기 위하여 각각의 판례에 사건명과 수록된 판례교재의 출처를 밝혀두었다.

제 1 편 형법의 기초이론

제1장 서 론

제1절 형법의 기본개념

제1 형법의 개념정의

1. 실질적 의미의 형법

형법이란 형벌에 관한 법규범을 말한다. 형벌이란 범죄에 대하여 가해지는 법적 제재이다. 따라서 형법이란 범죄와 형벌에 관한 법규범이라고 정의된다.

형법을 범죄와 형벌에 관한 법규범이라고 말할 때 형법은 실질적 의미의 형법을 가리킨다. 이 경우 형법은 그 외형을 떠나서 범죄와 형벌을 규정하고 있다는 내용을 기준으로 명칭이 부여되기 때문이다.

2. 형식적 의미의 형법

형식적 의미의 형법은 「형법」이라는 명칭이 붙은 법률을 말한다. 형법전은 범죄와 형벌에 관한 법규범들 가운데 주요한 것들을 추출하여 한 개의 법전으로 모아 놓은 것이다.

형법전은 총칙과 각칙으로 구성된다. 형법총칙은 형벌법규에 공통적으로 적용되는 원칙들을 규정해 놓은 것이다. 이에 대하여 형법각칙은 총칙 이외의 개별적인 형벌법규들을 가리킨다.

3. 형법총칙과 형법총론

형법총칙은 형법전에 규정된 개별 형벌법규들뿐만 아니라 다른 법영역에 산재(散在)해 있는 형벌법규들에 대해서도 공통적으로 적용되는 특징을 갖는다. 형법 제8조는 이러한 점을 밝혀서 "본법 총칙은 타법령에 정한 죄에 적용한다. 단, 그 법령에 특별한 규정이 있는 때에는 예외로 한다."라고 규정하고 있다.

형법총론은 형법총칙을 연구하는 학문분야이다. 형법총칙은 각종 형벌법규에 공통적으로 적용되는 원칙이다. 형법총론 강의를 통하여 형법총칙을 정확하게 이해하게 되면 다양한 형벌법규들을 실제 사건에 적용할 수 있는 기량이 생긴다.

제2 형법의 성질

1. 법규범으로서의 형법

형법은 법규범이다. 규범은 인간의 행동을 규율하는 준칙이다. 규범은 어떠한 행동은 하지 말라, 또는 어떠한 행동은 반드시 하여야 한다는 형태로 나타난다.

규범은 일정한 목적을 위하여 설정된다. 법규범은 법공동체의 평화를 유지하기 위하여 부과된 것으로서 강제력을 수반한다. 형법은 여러 법규범 가운데에서도 가장 강렬한 것이므로 신중하게 규정되어야 한다.

2. 법익보호와 형법

사회가 평화롭게 발전하기 위하여 필요한 요소들이 있다. 이러한 요소들을 가리켜서 생활이익이라고 한다. 생활이익 가운데 특별히 법공동체가 지키고자 하는 것을 가리켜서 법익이라고 한다. 법익은 법질서가 보호하는 생활이익이다.

법공동체가 평화롭게 발전하기 위하여 반드시 지켜야 할 법익들이 있다. 생명, 신체의 완전성, 국가의 기본질서 등은 단편적인 예이다. 형법은 여러 법익들 가운데에서도 가장 기본적인 것들에 대하여 보호를 제공한다.

3. 보충적 수단으로서의 형법

법공동체는 법익을 보호하기 위하여 법규범을 설정한다. 법규범은 강제수단을 동원할 수 있는 규범이다. 강제수단의 측면에서 볼 때 형법은 가장 강력한 법규범이다. 우리 형법은 사형까지도 과할 수 있는 규범체계이다.

형법은 규범위반에 대한 강제수단의 강렬함을 특징으로 한다. 이 때문에 형법은 법익 가운데에서도 가장 기본적인 것들을 보호대상으로 삼는다. 형벌을 동원하지 아니하여도 보호할 수 있는 법익이라면 형법은 개입을 하지 않는 것이 원칙이다.

다른 규범체계를 동원하여도 법익을 보호할 수 없는 상황에 이를 때 형법은 개입한다. 이를 가리켜서 형법의 최후수단성, 형법의 제2의성(第二義性) 또는 형법의 보충성이라고 한다. 또한 형법은 다른 규범체계가 법익보호를 달성할 수 있다고 생각되면 개입을 자제하여야 한다. 이를 가리켜서 형법의 겸억성(謙抑性)이라고 한다.

제3 형벌론

1. 형벌론의 의의

형법은 범죄와 형벌에 관한 법규범이다. 형법이 가지는 중요성은 특히 형벌의 강력함에서 나타난다. 형벌론은 형벌을 어떠한 관점에서 운용해야 할 것인가를 다루는 이론적 모색 작업이다.

형벌론은 입법자가 형벌법규를 제정함에 있어서 어느 정도의 형량을 규정해야 할 것인가 하는 문제에 지침을 제공한다. 나아가 형벌론은 법관이 구체적인 형사사건에서 부과해야 할 형량을 결정하는 데에 기준을 제시한다는 점에서 실천적 의미가 크다.

2. 형벌의 본질

형벌은 범죄행위자에게 과하는 해악(害惡)이다. 해악으로서의 형벌을 과하려면 범죄행위자에게 책임이 인정되어야 한다. 책임은 비난가능성이다. 즉 책임은 범죄행위자를 꾸짖을 수 있다는 성질을 가리킨다. 다시 말하자면 "너 때문이다!"라고 손가락질 할 수 있는 상황이다.

범죄행위자를 꾸짖을 수 있는 것은 범죄자가 지나간 시점에 나쁜 짓을 하였기 때문이다. 나쁜 짓을 가리켜서 근래에 형법학계에서는 '불법'이라는 용어를 사용하고 있다. 이 때 불법이란 법에 위반되고 있다는 '성질'을 가리키는 것이 아니라 나쁜 '짓'이라는 실체를 지칭한다.

형벌은 범죄행위자의 책임을 기초로 한다. 행위자의 책임은 그 전제로서 불법을 요구한다. 불법은 기왕에 저질러진 나쁜 짓이며 책임은 이러한 나쁜 짓에 대하여 구체적 행위자에게 "너 때문이다!"라고 비난을 가하는 것이다. 이러한 상황에서 범죄행위자는 자신이 행한 불법에 대하여 책임을 지고 죄값을 치루어야 한다.

이와 관련하여 헌법재판소는 "형벌은 범인에 의하여 저질러진 규범침해를 이유로 그 범인에게 내려지는 공적·사회윤리적 반가치판단이다. 그러나 국가작용으로서의 형벌인 만큼 범죄와는 질적으로 다른 도덕적 우월성을 지녀야 한다."고 판시한 바가 있다.[1]

---

1) 2004. 12. 16. 2003헌가12, 헌집 16-2하, 446(457) = 백선 총론 1. 『야간협박죄 위헌결정 사건』.

3. 응보형론

속죄란 범죄인 스스로 죄값을 치룬다는 의미이다. 응보란 범죄인으로 하여금 죄값을 치루도록 한다는 뜻이다. 형벌은 죄를 범하였기 때문에 부과된다. 이러한 관점에서 보면 형벌은 그 자체가 목적이며 별도로 외적인 정당성 부여를 필요로 하지 않는다. 이와 같이 형벌을 범죄에 대한 속죄 내지 응보라고 보는 견해를 가리켜서 **응보형론**이라고 한다.

인류의 역사를 돌아 볼 때 형벌은 응보형론에서 출발했다고 할 수 있다. 서양법제사를 보면, 응보형의 초기에는 "눈에는 눈, 이에는 이"(성서 출애굽기 21장 24절)라는 동해보복(同害報復)의 사고가 지배하였다. 탈리오의 법칙이라고도 불리는 동해보복의 사고는 그 후 '반영적 신체형'의 형태로 다소 확장되었다. 이 때 '반영적'이라 함은 형의 집행에 있어서 발생된 범죄의 성질을 반영하게 하는 것을 말한다.

독일의 중세법에 의하면 예컨대 위증을 한 자는 선서를 한 손이나 손가락을 잘랐다고 한다. 독일의 각 소읍법에 따르면 경계훼손행위자에 대해서는 이동된 경계석의 원위치에 범인의 허리 또는 목까지 차는 깊이의 구덩이를 파서 범인을 이곳에 묻은 후 지상으로 나온 신체부위를 구타하도록 하는 법규가 널리 채택되고 있었다고 한다.[1]

엄격한 응보형론은 형벌의 자기목적성을 주장한다. 이와 같은 관점을 가리켜 절대적 형벌이론이라고 한다. 절대적 관점에서 형벌의 자기목적성을 주장한 대표적인 학자는 칸트(Kant)이다. 그는 『도덕형이상학』에서 다음과 같이 말하고 있다.[2]

「국가가 스스로 해체하는 경우라 할지라도 살인자는 마지막 범인까지 이를 처벌하지 않으면 안 된다. 이것은 그 범죄인을 처형하도록 촉구하지 아니한 국민들에게 피의 책임이 돌아가지 않도록 하기 위함이다.」

4. 상대적 형벌이론

응보형론은 형벌을 자기목적적인 것으로 파악한다. 이에 대하여 형벌의 목적을 상대적으로 파악하는 견해가 있는데, 이를 가리켜 상대적 형벌이론이라고 한다. 상대적 형벌이론은 범죄가 있기 때문에 그 자체로 형벌을 가하는 것이 아니라 형벌로부터 일정한 교육목적을 기대하는 입장이다. 상대적 형벌이론은 다시 특별예방론과 일반예방론으로 나누어진다.

---

1) 중세 독일의 반영형에 관여허는, 박상기, 독일형법사, (1993), 82면 이하 참조.
2) Kant, Die Metaphysik der Sitten, (1797), S. 455.

(1) 특별예방론

특별예방론이란 범죄행위자 자신에게 영향을 가하여 앞으로 다시는 범죄인이 되지 않고 정상인으로 생활할 수 있도록 하는 데에 형벌의 목적을 구하는 견해이다.

특별예방의 관점은 특히 행형법의 영역에서 주목된다. 행형법은 징역이나 금고(禁錮)와 같은 자유형의 집행을 규율하는 법체계이다. 행형법의 영역을 규율하기 위하여 「형의 집행 및 수용자의 처우에 관한 법률」이 제정되어 있다. 행형법의 분야에서는 특별예방이 재사회화라는 형태로 활발히 논의된다. 재사회화란 범죄인으로 하여금 앞으로 법을 준수하는 모범시민으로 변화하게 하는 노력을 말한다.

재사회화는 특별예방론자들의 목표이자 꿈이다. 그러나 실증조사의 결과를 보면 그렇게 낙관할 수만은 없다. 자유형의 집행과정을 보면 행형을 통하여 범죄인이 새로운 사람으로 변화하기보다는 오히려 범죄에 물들 확률이 더 높다는 것이다. 이 때문에 근래에 들어와서는 형법개정에 있어서 단기자유형을 제한하려는 움직임이 각국에서 강하게 나타나고 있다.

(2) 일반예방론

일반예방론이란 범죄행위자를 처벌함으로써 다른 법공동체 구성원들에게 범죄행위를 단념하도록 경각심을 불러일으키는 데에 형벌의 목적이 있다고 보는 견해이다. 소위 일벌백계의 사고방식이다.

일반예방의 효과를 거두려면 형벌의 집행을 일반인들에게 널리 알릴 것이 요구된다. 이러한 관점에서 보면 유죄판결과 형집행의 상황을 지속적으로 홍보할 필요가 있다. 또 중형을 선고하거나 공개처형하는 것도 일반예방의 효과를 올릴 수 있는 방안으로 생각할 여지가 있다.

그러나 일반예방은 기본적 인권의 보호라는 점에서 문제가 적지 않다. 다른 사람들이 범죄를 범하지 않도록 하기 위한 수단으로 범죄인을 처벌하는 것은 목적을 위하여 존엄성을 가진 인간을 수단으로 사용하는 결과가 되기 때문이다. 이러한 폐단은 특히 다른 사람들에게 경각심을 불러일으키기 위하여 범죄인에게 자기책임의 한도를 넘어서는 가혹한 형벌을 과하는 경우에 뚜렷이 나타난다.

한편 실증적인 관점에서 일반예방론을 비판하는 견해도 있다. 이에 따르면 대부분의 범죄인들은 자기 자신만은 잡히지 않을 것이며 따라서 형벌을 피해갈 수 있을 것이라고 믿기 때문에 형벌에 대하여 경각심을 갖지 않는다는 것이다.

5. 결 합 설

형벌은 응보형론, 특별예방론, 일반예방론의 세 가지 관점을 종합적으로 고려하여 운용해야 한다. 세 가지 관점을 종합적으로 고려하려고 한다는 점에서 이 입장을 결합설이라고 부른다. 결합설은 형벌의 운용에 있어서 일단 책임형법을 그 출발점으로 삼는다. 응보형적 관점에서 형벌부과의 근거를 확보한 다음 특별예방과 일반예방의 관점을 고려하자는 것이다.

우리 형법 제51조는 양형조건을 규정하고 있다. 양형조건은 법관이 구체적인 사건에 대하여 형을 결정할 때 고려해야 할 사유들이다. 형법 제51조에 따르면 법관은 형을 정함에 있어서 (가) 범인의 연령, 성행, 지능과 환경, (나) 피해자에 대한 관계, (다) 범행의 동기, 수단과 결과, (라) 범행 후의 정황 등을 참작하여야 한다.

우리 형법은 독일 형법과 달리 양형의 기초가 책임이라는 점을 명시하고 있지 않다. 이러한 관점에서 보면 우리 형법은 상대적 형벌이론, 그 가운데에서도 특별예방에 상당히 기울어져 있다고 생각할 수 있다. 그렇지만 반드시 그렇게 볼 것은 아니다.

"책임 없는 자에게 형벌을 부과할 수 없다."는 원칙을 가리켜서 책임주의라고 한다.[1] 책임주의는 근대형법의 기본원칙이다. 책임형법이란 책임을 형벌의 기초로 삼는 형법체계이다. 우리 입법자는 책임주의원칙을 자명한 것으로 전제하고 책임형법의 테두리 안에서 특별예방과 일반예방의 요소들을 고려한 것이라고 생각된다.

이러한 해석의 실정법적 근거는 우리 헌법 제10조에서 찾을 수 있다. 헌법 제10조 제1문 전단은 "모든 국민은 인간으로서의 존엄과 가치를 가[진다.]"라고 규정하고 있다. 이 헌법조문은 인간을 특정목적을 위한 수단으로 사용하지 말라고 하는 당위적 명제를 담고 있다. 국가가 보유하고 있는 강제수단으로서의 형벌도 이러한 당위명제의 요구에서 벗어날 수 없다.[2][3]

제4 보안처분

1. 사회방위

범죄행위자 가운데에는 아무리 노력을 기울이더라도 재사회화시킬 가능성이 매우 적거나 현저히 곤란한 경우가 있다. 만일 이러한 범죄인을 자유로운 상태로 사회 속에 놓아둔다

---

1) 2007. 11. 29. 2005헌가10, 헌공 2007, 1289(1292) = 백선 총론 10-2. 『치과기공소 직원 사건』.
2) 2007. 11. 29. 2005헌가10, 헌공 2007, 1289(1292) = 백선 총론 10-2. 『치과기공소 직원 사건』.
3) 후술 129면 참조.

면 또 다시 새로운 범죄를 범하게 될 것이므로 이들로부터 사회를 지속적으로 보호할 필요가 있다. 이 때 범죄자로부터 사회를 지킨다는 관점을 가리켜서 사회방위라고 한다. 형벌의 부과도 어느 정도 이러한 범죄인으로부터 사회를 보호하는 효과를 가져올 수 있다. 예컨대 형법 제35조의 누범 가중처벌규정이나 형법각칙 또는 기타 특별법에 규정된 상습범 가중처벌조항은 사회방위의 효과를 아울러 겨냥하고 있다.

그러나 형벌의 부과만으로는 사회방위의 효과가 충분하지 못한 경우가 있다. 범죄인들 가운데에는 형벌을 가중하더라도 사회방위의 효과를 충분히 기대할 수 없는 사람들이 있다. 사물의 선악이나 시비를 가려낼 능력이 없어서 전혀 형벌을 부과할 수 없는 범죄행위자들이 여기에 속하는 대표적인 예이다. 이들에 대해서는 형벌과 성질을 달리하는 별도의 조치를 통하여 사회방위를 강구할 필요가 있게 된다.

2. 보안처분

형벌 이외에 범죄로부터 사회를 방위하기 위한 수단을 가리켜서 보안처분이라고 한다. 보안처분은 '보안과 개선의 처분'을 줄여서 표현한 말이다. 이 때 보안이란 또 다시 범죄를 범할 위험성이 있는 자로부터 사회를 안전하게 지킨다는 의미이다. 이어서 사용되는 개선이라는 말은 범죄인에게 적절한 처우(treatment)를 행하여 올바른 사람으로 만든다는 말이다.

사회방위는 범죄로부터 사회를 지킨다는 의미이며 보안처분은 사회방위를 위한 수단을 가리킨다. 이에 대하여 보안과 개선의 처분은 범죄인의 개선과 사회복귀까지도 도모한다는 의미에서 인도주의적 성격을 가진다. 1975년의 독일 신형법은 종래 '보안과 개선의 처분'이라는 표현을 '개선과 보안의 처분'으로 바꾸었다. 인도주의적 지향점을 더욱 강하게 나타내기 위한 것이다. 이와 같이 철저한 사회방위사고에서 벗어나 범인의 개선까지 지향하는 사고를 가리켜서 신사회방위론이라고 한다.[1]

보안처분을 형식적으로 이해하면 형벌(법41)로 명시된 것 이외에 범죄인에 대해 가해지는 일체의 조치라고 정의할 수 있다. 그러나 실질적 관점에서 보면 보안처분은 재범의 위험성 있는 범죄인으로부터 사회를 지키기 위한 처분이라는 점에 특색이 있다. 입법자는 범죄에 대한 대처방안으로 형벌 이외에 여러 가지 장치를 강구하고 있다. 그런데 경우에 따라서는 재범의 위험성이라는 부정적 측면보다 사회복귀의 가능성이라는 긍정적 측면에 주목하는 경우가 있다. 이러한 경우의 조치는 형벌이 아니라는 점에서 형식적으로 보안처분으로 분류될 수 있으나 실질적 측면에서는 전형적인 보안처분과 다른 특성을 보인다.

---

1) Marc Ancel 저, 이수성 · 이영란 역, 신사회방위론 -인도주의적 형사정책-, (1985) 참조.

보안처분을 도입할 것인가 하는 문제는 입법정책에 속하는 사항이다. 각국은 이 점에 대하여 상이한 입장을 취하고 있다. 우리 헌법은 형벌 이외에 보안처분제도를 예정하고 있다(헌법12①). 우리 입법자는 보안처분을 형법전에 형벌과 함께 규정하지 아니하고 각종 특별법에 근거규정을 마련하는 방식을 취하고 있다.

3. 사회보호법의 폐지와 새로운 보안처분의 등장

종래 보안처분을 규정하는 특별법 가운데 대표적인 법률은 「사회보호법」이었다. 「사회보호법」은 재범의 위험성이 있는 범죄자로부터 사회를 보호함을 목적으로 제정된 법률이었는데, 이 경우 '사회보호'는 사회방위를 가리키고 있었다. 「사회보호법」은 동시에 범죄인의 개선도 목적으로 설정하고 있었다. 따라서 「사회보호법」이 지향하였던 처분은 '보안과 개선의 처분'이다.

「사회보호법」은 보호감호, 치료감호, 보호관찰의 세 가지 보안처분을 규정하고 있었다. 보호감호는 재범의 위험성이 있는 전과자를 사회로부터 격리시켜서 범죄인의 개선을 도모하는 처분이다. 치료감호는 책임무능력이나 약물중독 등에 의하여 형벌의 의미를 이해하지 못하는 자를 치료시설에 격리하여 범죄행위자의 개선을 도모하는 처분이다. 보호관찰은 재범의 위험성이 있는 범죄인을 사회 내에 놓아두면서 재범을 범하지 않도록 지도하고 정상인이 되도록 원호하는 처분이다. 보호감호와 치료감호가 시설 내에 범죄인을 격리수용하는 처분이라면 보호관찰은 사회 내에서 실시하는 처분이라는 점에서 구별된다.

보안처분은 인간행동에 관한 실증과학의 성과를 바탕으로 인간의 행동을 교정할 수 있다는 믿음에서 출발한다. 특히 시설 내에 피처분자를 수용하여 행하는 보호감호처분에는 인간행동의 교정에 관한 다양한 프로그램과 국가의 재정지원이 필요하다. 이와 같은 개선처분으로서의 노력이 부족하다면 보호감호처분은 징역 또는 금고 등의 자유형과 사실상 다를 바가 없다. 그렇게 되면 한 개의 범죄행위에 대하여 자유형과 보안처분이라는 두 번의 자유박탈이 행해지게 되어 과잉입법금지의 원칙(헌법37②)에 반하게 된다.

우리 입법자는 종래의 「사회보호법」이 지나치게 사회방위의 측면에 치우쳤으며 과잉입법금지의 원칙에 위배되어 위헌의 소지가 있다는 이유로 2005년 8월 「사회보호법」을 폐지하였다. 「사회보호법」을 폐지한 것은 특히 보호감호처분의 남용 때문이었다. 그러나 치료감호처분 및 그에 수반되는 보호관찰에 대해서는 이를 보완하여 유지할 필요가 있다는 이유로 입법자는 대체입법으로서 「치료감호 등에 관한 법률」을 제정하여 실시하고 있다.

한편 입법자는 사회내 처분과 관련하여 다양한 형태의 보안처분을 확충해 가고 있다. 개별법률에 의하여 규정되고 「보호관찰 등에 관한 법률」에 의하여 집행되는 보호관찰,

「전자장치 부착 등에 관한 법률」에 의한 전자장치부착제도, 「성폭력범죄의 처벌 등에 관한 특례법」에 의한 신상정보 등록제도, 「아동·청소년의 성보호에 관한 법률」에 의한 성범죄자의 신상정보 공개명령·고지명령 및 취업제한명령, 「성폭력범죄자의 성충동 약물치료에 관한 법률」에 의한 약물치료명령제도 등은 사회내 보안처분의 예들이다. 치료감호를 위시한 일련의 보안처분에 대해서는 후술하기로 한다.[1]

4. 형벌 · 보안처분 이원주의

형벌과 보안처분을 함께 인정하는 입법주의를 형벌·보안처분 이원주의라고 한다. 우리나라는 형벌과 보안처분의 이원주의를 채택하고 있다(헌법12①). 「사회보호법」이 폐지되기 전에 비하여 보안처분의 영역이 축소되었으나 치료감호제도가 계속 실시되어 이원주의는 여전히 유지되고 있는 셈이다.

이에 대하여 보안처분 일원주의가 있다. 보안처분 일원주의란 범죄에 대한 제재를 보안처분의 단일체계로 편성하는 입법주의를 말한다. 일원주의를 취하는 사람들은 인간에게 자기의 범죄행위에 대하여 책임을 지는 본성이 있다고 보지 않는다. 이러한 관점에 서게 되면 범죄는 인간의 의사와는 관계가 없으며 순전히 범죄를 불러일으키는 인과적 요인의 소산으로 파악된다.

범죄를 범죄요인에 기인한 기계적 소산이라고 보게 되면 책임에 근거를 둔 형벌체계는 부정된다. 따라서 형벌과 보안처분의 이원주의도 인정할 수 없게 된다. 이탈리아, 스페인 등 라틴계통의 국가에서는 사회방위론이 주창되고 있다. 철저한 사회방위론의 진용에서는 책임에 기초한 형벌은 이제 가치중립적인 보안처분에 의하여 대체되어야 한다고 주장한다. 즉 보안처분 일원주의로 범죄에 대한 대처방안을 재편성해야 한다는 것이다.

제2절   형법의 해석

【사례 1】 32세 된 주부 갑녀는 슈퍼마켓의 진열대에서 식용유 한 병을 집어 쇼핑바구니에 넣었다. 갑녀는 계산대에서 식용유 값을 치르지 아니하고 슈퍼마켓을 빠져나왔다. 갑녀의 죄책은?

  (형법 제329조를 반드시 읽어 볼 것. 위의 조문을 요건과 효과의 부분으로 나누어 보라.)

---

1) 후술 944면 이하 참조.

제 1 형법조문의 구조와 포섭

1. 형법조문의 구조

완결된 형태의 법조문은 요건과 효과의 두 부분으로 구성된다. 예컨대 절도죄를 규정한 형법 제329조도 두 부분으로 이루어져 있다. 이를 보면, 앞 부분에는 특정한 인간의 행위가 기술된다(구성요건). 그리고 뒷 부분에는 특정한 법적 효과가 연결된다(법적 효과).

(구성요건)	(법적 효과)
형법 제329조 : 타인의 재물을 절 취한 자는 ⇨	6년 이하의 징역 또는 1천만원 이 하의 벌금에 처한다.
일반화하면 : …… 을 한 자는 ⇨	…… 의 형에 처한다.
또는 : A이면 ⇨	B이다.

2. 형법조문과 배후의 규범

형법 제329조를 살펴보면 일견 무색·무취한 조건문(條件文)처럼 보인다. 이 조문에 따르면 타인의 재물을 절취한다는 조건을 충족시킨 자는 국법상의 강제처분인 형벌을 수인(受忍)할 의무를 진다.

이와 같이 형법조문은 조건문으로 구성되어 있다. 이 점에 착안하여 후반부의 법적 효과를 받아들이겠다고 작정하기만 하면 전반부에 규정된 행위를 얼마든지 해도 무방하지 않은가 하는 생각을 할 가능성도 있다. 그러나 이와 같은 사고방식은 용납되지 않는다.

법적 효과로 규정된 형벌을 수인할 용의가 있다고 해서 예컨대 절도나 사기 또는 살인까지 마음대로 할 수는 없다. 형벌법규의 배후에는 명령 또는 금지의 형태로 구성된 당위명제가 존재한다. 이 당위명제는 무조건적으로 준수하지 않으면 안 되는 규범이다.

형법 제329조 〔절도죄〕: 도둑질하지 말라.

형법 제250조 〔살인죄〕: 살인하지 말라.

형법 제271조 〔유기죄〕: 위험에 처한 사람을 구조하라.

3. 사실관계와 구성요건요소

형법조문의 전반부를 구성하는 것은 구성요건이다. 구성요건은 예컨대 살인이나 절도와 같이 인간의 위법행위를 규정해 놓은 것이다. 구성요건을 정하는 것은 입법자의 임무이다. 입법자는 구성요건을 규정하면서 여러 가지 개념요소들을 사용한다. 구성요건에 사용되는 개념요소들을 가리켜서 **구성요건요소**라고 한다.

살인이나 절도 등의 행위는 일어나서는 안 될 일이지만 현실사회를 보면 이러한 일들이 적지 않게 일어나고 있다. 실제생활에서 일어나는 구체적 사건의 내용을 가리켜서 사실관계라고 한다.

판사, 검사, 변호사 등 법조인은 법의 적용을 임무로 한다. 법을 적용하는 사람의 주요 임무는 실제생활에서 일어난 사건(사실관계)을 입법자가 구성요건을 규정하면서 사용한 개념들(구성요건요소)에 대입시킬 수 있는가 하는 문제를 검토하는 데에 있다. 사실관계를 구성요건요소에 대입시킬 수 있는가를 검토하는 작업을 가리켜서 **포섭**(包攝) 또는 추론이라고 한다.

〈사례 해설〉 위의 〔사례 1〕을 가지고 보면 법의 적용은 다음의 과정을 거친다.

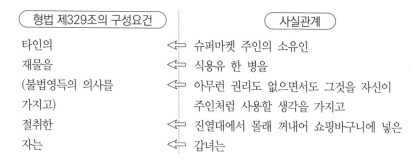

형법 제329조의 구성요건	사실관계
타인의	⇐ 슈퍼마켓 주인의 소유인
재물을	⇐ 식용유 한 병을
(불법영득의 의사를 가지고)	⇐ 아무런 권리도 없으면서도 그것을 자신이 주인처럼 사용할 생각을 가지고
절취한	⇐ 진열대에서 몰래 꺼내어 쇼핑바구니에 넣은
자는	⇐ 갑녀는

〔사례 1〕의 사실관계는 형법 제329조에 규정되어 있는 개개의 구성요건요소에 전부 포섭되고 있다. 여기에서 우리는 갑녀의 행위가 절도죄의 구성요건을 충족시키고 있다는 결론을 내리게 된다.

4. 형법조문의 불완전성

현실의 세계에서는 비슷비슷한 사건들이 되풀이하여 일어난다. 입법자는 무수히 발생할 수 있는 같은 종류의 사실관계를 가능한 한 통일적으로 규율하지 않으면 안 된다. 이 때문에 입법자는 구성요건을 규정함에 있어서 일반개념이나 추상적인 개념을 사용하지 않을 수 없다.

또한 입법자가 최선을 다하여 분명한 개념으로 구성요건을 규정하였다고 하여도 현실사회에서는 기술혁신이나 사회변동이 급속하게 진행된다. 변화된 사회상황에 비추어 볼 때 제정 당시 명백하였던 개념도 현재의 적용시점에서 보면 불충분한 것으로 되는 경우가 적지 않다.

법률은 일단 제정되면 쉽사리 이를 개정할 수 없다는 특성을 가진다. 아무리 기술혁신이나 사회변동이 급속하게 진행된다 하더라도 법률은 쉽게 고칠 수 없다. 그러므로 법률을 적용하려면 그에 앞서서 반드시 구성요건요소의 개념내용을 현재의 시점에 맞추어 분명하게 확정해 두지 않으면 안 된다.

5. 학설과 판례

법적용의 통일을 위하여 때때로 구성요건요소의 개념내용을 입법자 스스로 정의조항의 형태로 규정해 놓는 경우가 있다. 이를 법적 정의(定義)라고 한다.

형법전 가운데에서 찾아 볼 수 있는 정의조항의 예로는 형법 제91조가 있다. 이 조문은 내란죄(법87)의 핵심적 구성요건요소인 '국헌문란'의 개념을 정의해 놓고 있다. 때때로 구성요건요소의 정의조항이 형법 이외의 법영역에 존재하는 경우도 있다. 예컨대 '물건'의 개념을 정의한 민법 제98조는 형법의 적용에 있어서도 중요한 의미를 가진다.

그러나 입법자가 구성요건요소의 개념을 직접 정의하는 일은 극히 드물다. 일반적인 경우에 있어서 구성요건요소의 개념내용을 구체적으로 확정하는 작업은 학계와 실무계에 맡겨져 있다. 이러한 작업 가운데 학계의 견해를 학설이라 하고 유권적 판단기관인 법원의 견해를 가리켜서 판례라고 한다.

제2 법적용과 법해석

1. 법적용의 순서

구체적 사건에 법을 적용하는 작업은 언제나 다음의 세 단계를 거쳐 수행된다.

(가) 판단의 대상이 될 사실관계를 확정해야 한다. 사실관계의 확정은 증인신문, 검증, 서증 및 기타 증거물의 조사, 피고인신문 등을 통하여 이루어진다.

(나) 다음으로는, 사실관계에 대한 법적 판단을 함에 있어서 검토대상이 되는 범죄구성

요건의 내용을 확정해야 한다.

(다) 마지막으로, 당해 사실관계가 그 구성요건 내에 포섭되는가를 검토하여야 한다(포섭작용).

2. 법해석의 방법

(1) 법해석의 의미와 방법

법의 해석이란 법규 내지 법조문이 가지고 있는 표준적인 의미내용을 명확히 밝히는 작업이다. 법해석의 방법으로 다음과 같은 기법들이 사용되고 있다.

(가) 문리적 해석방법　　법규를 문법적으로 분석하거나 어의적으로 검토하는 기법이다. 법적용자는 일반인의 언어관용이나 법률용어의 사용법에 비추어 일정한 표현에 부여될 수 있는 의미내용을 확정하고자 한다. 문리해석은 다음에 서술하는 여타 해석방법의 출발점이 된다는 점에 그 의미가 크다. 형벌법규는 문언에 따라 엄격하게 해석·적용해야 하는 것이 원칙이다.[1][2]

법령의 어느 조항(A)이 특정 사항에 관하여 규율하고 있는 다른 조항(B)을 준용한다고 규정할 때 이 조항(A)을 준용규정이라고 한다. 준용규정에서 '준용'한다는 취지는 특정 사항에 관한 다른 조항을 기계적으로 그대로 적용한다는 뜻이 아니라 규율의 내용과 성질에 반하지 않는 범위 안에서 그 다른 조항을 적용한다는 의미이다. 준용규정이 형벌법규와 관련된 경우 그 해석은 엄격해야 한다. 준용규정을 피고인에게 불리한 방향으로 확장해석하거나 유추해석하는 것은 죄형법정주의의 원칙에 어긋나는 것으로서 허용되지 않는다.[3]

(나) 역사적 해석방법　　법률을 제정할 당시에 입법자가 의도하였던 구상이 무엇이었는가를 밝히는 기법이다. 이를 위해서는 법률안초안, 입법이유서, 국회속기록 등 여러 가지 입법자료를 동원하여 법률제정의 경위를 규명하여야 한다. 역사적 해석을 보다 넓게 이해하게 되면 어떠한 법률제정의 배후에 자리잡고 있는 사상적 흐름을 조망하고 평가하는 작업도 여기에 포함될 것이다.[4]

---

1) "형법은 제329조에서 절도죄를 규정하고 곧바로 제330조에서 야간주거침입절도죄를 규정하고 있을 뿐, 야간절도죄에 관하여는 처벌규정을 별도로 두고 있지 아니하다. 이러한 형법 제330조의 규정형식과 그 구성요건의 문언에 비추어 보면, 형법은 야간에 이루어지는 주거침입행위의 위험성에 주목하여 그러한 행위를 수반한 절도를 야간주거침입절도죄로 중하게 처벌하고 있는 것으로 보아야 한다. 따라서 주거침입이 주간에 이루어진 경우에는 야간주거침입절도죄가 성립하지 않는다고 해석함이 상당하다."
2011. 4. 14. 2011도300, 공 2011상, 977 = 분석 각론 『주간 방실침입 절도 사건』.
2) 2011. 8. 25. 2011도7725, 공 2010하, 1993 = 분석 총론 『오토바이 무면허운전죄 사건』.
3) 2016. 8. 30. 2015도13103, 공 2016하, 1577 = 『임시마약류 알킬 니트리트 수입 사건』 ☞ 977면.
4) 역사적 해석방법을 적용한 예로, 2012. 9. 13. 2010도1763, 공 2012하, 1696 = 분석 총론 『라식수술

(다) 논리적 해석방법   개개의 법규나 법조문을 개별적으로 보지 아니하고 그것이 차지하고 있는 해당 법체계 내의 지위를 분석하는 기법이다. 해당 법조문이 특정한 장(章) 또는 절(節)에 속하고 있다는 점, 특정한 구성요건들과 인접하여 규정되어 있다는 점, 해당 법률이 법체계상 특정한 위치(공법, 사법, 소송법 등)를 차지하고 있다는 점 등은 논리적 해석의 주요자료가 된다. 어느 법규가 차지하고 있는 법체계상의 위치는 법해석에 있어서 매우 중요한 근거를 제공한다.[1]

(라) 합목적적 해석방법   해당 법규범이 실현시키고자 하는 목적을 해석의 지침으로 삼는 기법이다. 합목적적 해석방법은 목적론적 해석방법이라고도 한다. 해석을 통하여 법률의 적용범위가 법문(法文)에 비하여 축소되는 경우를 제한적 해석이라 하고 그 반대의 경우를 확장적 해석이라고 한다. 형벌법규의 목적론적 해석은 해당 법률문언의 통상적인 의미 내에서만 가능하다.[2]

(2) 헌법합치적 해석방법

헌법합치적 해석방법은 헌법에 합치되는지 여부가 의문시되는 법규가 있을 때 가능하면 헌법에 부합하는 쪽으로 의미를 부여하려는 기법을 말한다. 이 기법은 국민의 대표기관인 국회가 다수결을 통하여 제정한 법률을 가능한 한 존중하려는 취지에서 나온 것이다.[3]

그러나 법문(法文)과 그 의미내용에 있어서 명백히 헌법에 위반된 법률을 헌법합치적 해석방법을 동원하여 무리하게 합헌으로 의미를 부여해서는 안 된다. 국회의 다수결로 제정된 법률일지라도 위헌임이 명백한 경우에는 해당 법률은 위헌무효가 된다(헌법111①i, 헌법재판소법47②). 헌법재판소가 담당하는 위헌법률심사는 소수자보호의 관점에서 다수결의 횡포를 견제하는 중요한 장치이다.

3. 해석방법의 우선순위

일반적인 법해석의 기법으로는 문리적 해석방법, 역사적 해석방법, 논리적 해석방법, 합목적적 해석방법이 많이 사용된다. 헌법합치적 해석방법은 법률이 헌법에 위반된다고 의심되

이벤트 사건』참조.

1) 2007. 6. 14. 2007도2162, 공 2007, 1118 = 백선 총론 1. 참고판례 1.『사망자 주민번호 사건』.

2) "검사가 주장하는 형벌법규의 목적론적 해석도 해당 법률문언의 통상적인 의미 내에서만 가능한 것으로, 다른 사람의 신체 이미지가 담긴 영상도 [성폭력처벌법 제13조 제1항]의 '다른 사람의 신체'에 포함된다고 해석하는 것은 법률문언의 통상적인 의미를 벗어나는 것이므로 죄형법정주의 원칙상 허용될 수 없다."

2013. 6. 27. 2013도4279, 공 2013하, 1436 = 분석 총론『화상채팅 촬영 사건』.

3) 2011. 4. 14. 2008도6693, 공 2011상, 953 = 분석 총론『자가용화물자동차 임대 사건』.

는 이례적인 상황에서 사용되는 기법이므로 일반적인 경우에는 그다지 논의되지 않는다.

위에서 문리적, 역사적, 논리적, 합목적적 해석방법을 순차적으로 설명하였다. 그러나 이러한 설명순서가 이들 해석방법 사이에 존재하는 우선순위를 의미하지는 않는다. 다만 일반적으로 역사적 해석방법보다는 논리적 해석방법이나 합목적적 해석방법이 우선한다는 인식이 널리 퍼져 있다. 여기에서 한 가지 분명한 것은 법규나 법조문의 의미를 바르게 파악하려면 위에서 말한 네 가지 해석방법이 모두 사용되어 조화를 이루어야 한다는 사실이다.

해석이 올바르게 이루어졌는가를 판단함에 있어 최후에 주목해야 할 척도는 법문언(法文言)의 의미한계이다. 문리적 해석방법은 법해석의 출발점을 제공하지만 동시에 여타 해석방법에 대하여 최후의 한계로 기능하기도 한다. 해석을 통하여 얻어진 법적 표현의 의미내용은 어떠한 형태로든지 법문언과 조화를 이루지 않으면 안 되기 때문이다.

형벌법규를 해석할 때 입법 취지와 목적, 제정·개정 연혁, 법질서 전체와의 조화, 다른 법령과의 관계 등을 고려하는 체계적·논리적 해석방법을 사용할 수 있다. 그러나 문언 자체가 비교적 명확한 개념으로 구성되어 있다면 원칙적으로 이러한 해석방법은 활용할 필요가 없거나 제한될 수밖에 없다.[1]

4. 입법의 흠결

법해석은 만능이 아니며 한계가 있다. 해석작업을 통하여 해당 법률에 표현된 기본사고를 훼손하는 순간 법해석자는 해석의 한계점을 벗어나게 된다. 법해석자가 여러 가지 해석방법을 아무리 동원하더라도 규제의 필요성이 있고 법적으로도 중요한 특정 사실관계를 어느 법규에 포섭시킬 수 없는 경우가 있다. 이와 같이 법해석을 통하여 사실관계를 법규범에 포섭시킬 수 없는 상황을 가리켜서 입법의 흠결이라고 한다.

입법의 흠결은 어떠한 성문법체계에서도 존재하기 마련이다. 입법의 흠결은 입법자가 문제점을 간과한 경우(비의도적 흠결)에 일어나는 것이 보통이다. 그렇지만 법률문제의 판단을 학설·판례에 맡기기 위하여 입법자가 의도적으로 흠결부분을 보완하지 아니한 경우(의도적 흠결)에도 입법의 흠결은 발생한다.

입법의 흠결에 대처하기 위한 방법으로 유추해석의 기법이 사용된다.[2] 유추해석이란 아직 법적으로 규율되고 있지 아니한 개별사건에 대하여 비슷한 개별사건에 적용되는 기존의 법규를 차용하여 적용하는 기법을 말한다. 민법의 경우를 보면 "민사에 관하여 법률에

---

1) 2022. 3. 17. 2019도9044, 공 2022상, 737 =『어린이집 원장 영상정보 훼손 사건』☞ 978면.
2) 2024. 4. 16. 2023도13333, 공 2024상, 827 =『상관명예훼손 유추해석 사건』☞ 980면.

규정이 없으면 관습법에 의하고 관습법이 없으면 조리에 의한다."라고 규정하여(민법1) 유추해석을 허용하고 있다. 그러나 형법의 경우에는 유추해석이 제한적으로만 허용된다. 피고인에게 불리한 유추해석은 엄격히 금지된다. 이에 대해서는 죄형법정주의와 관련하여 유추해석금지의 항목에서 자세히 고찰하기로 한다.[1]

---

1) 후술 28면 이하 참조.

제 2 장   죄형법정주의

제 1 절   죄형법정주의의 의의

한국헌법	독일기본법
제12조 ① 모든 국민은 신체의 자유를 가진다. 누구든지 법률에 의하지 아니하고는 체포·구속·압수·수색 또는 심문을 받지 아니하며, 법률과 적법한 절차에 의하지 아니하고는 처벌·보안처분 또는 강제노역을 받지 아니한다.	**제103조** ② 어느 행위가 행하여지기 전에 법률로 그의 가벌성(可罰性)이 특정되지 아니하면 그 행위를 처벌할 수 없다.
제13조 ① 모든 국민은 행위시의 법률에 의하여 범죄를 구성하지 아니하는 행위로 소추되지 아니하며, 동일한 범죄에 대하여 거듭 처벌받지 아니한다.	**제103조** ③ 누구든지 일반적 형벌법률에 기하여 동일한 행위로 거듭 처벌받지 아니한다.

제 1   죄형법정주의의 의의

1. 죄형법정주의의 의미

범죄와 형벌은 법률로써 규정되어 있어야 한다는 원칙을 가리켜서 죄형법정주의라고 한다. 죄형법정주의는 라틴어로 "Nullum crimen, nulla poena sine lege"로 표현된다. 이 라틴어 명제는 "법률 없으면 범죄 없고 법률 없으면 형벌 없다."는 의미를 가진다. 이때 '법률 없다'는 말은 법률에 명문으로 규정되어 있지 않다는 뜻이다.

범죄와 형벌은 법률로써 규정해야 한다는 원칙은 새로운 형벌법규를 제정할 때뿐만 아니라 기존의 형벌법규를 더욱 강화하는 경우에도 적용된다. 죄형법정주의는 국가의 형벌권으로부터 국민의 자유와 권리를 가능한 한 폭넓게 보호하기 위한 원칙이기 때문이다.

2. 죄형법정주의의 헌법적 근거

죄형법정주의는 단순히 형벌법규의 규정원리라는 차원을 넘어서 헌법적 지위를 가지는 대원칙이다. 이 점을 밝혀서 우리 헌법은 "누구든지 …… 법률과 적법한 절차에 의하지 아니하고는 처벌·보안처분 또는 강제노역을 받지 아니한다."고 규정하고 있다(헌법12① 2문 후단). 그리고 헌법은 한걸음 더 나아가 "모든 국민은 행위시의 법률에 의하여 범죄를 구성하지 아니하는 행위로 소추되지 아니[한다.]"고 규정하고 있다(헌법13① 전단).

죄형법정주의는 단순한 헌법원칙이 아니라 기본권의 지위를 갖는다. 따라서 개개의 시민은 죄형법정주의의 대원칙을 국가에 대하여 권리로서 주장할 수 있으며, 국가는 개개의 시민이 죄형법정주의를 통하여 보호받는 기본적 인권을 확인하고 이를 보장할 의무를 진다(헌법10 2문 참조).

죄형법정주의에서 벗어나는 형벌법규는 위헌이며 무효이다. 따라서 입법자가 아무리 의욕적으로 형벌법규를 제정하더라도 죄형법정주의에 위반하면 그 법률은 효력이 없다. 죄형법정주의에 위반된 형벌법규를 적용하여 내리는 형사재판도 또한 재판으로서 효력이 유지되지 않는다.

제2 죄형법정주의의 이론적 기초

1. 권력분립론

죄형법정주의의 이론적 기초로 권력분립의 사상과 심리강제설이 제시되고 있다. 죄형법정주의는 개인의 자유와 권리를 보장하기 위하여 나온 자유주의적 원칙이다. 죄형법정주의는 국가권력 가운데에서도 가장 강력한 힘을 발휘하는 형벌로부터 개개의 국민을 지켜주기 위하여 마련된 원칙이다. 이와 같은 죄형법정주의의 원칙은 권력분립의 원칙에서 유래한다.

권력분립의 원칙이란 국가권력은 분립되어 견제와 균형을 이루어야 한다는 요청을 말한다. 입법부는 국민이 선출한 국회의원들에 의하여, 사법부는 직업법관에 의하여, 행정부는 직업공무원에 의하여 각각 구성된다. 입법부는 법률의 제정을, 사법부와 행정부는 법률의 집행을 담당한다. 서로 다른 조직원리를 가진 입법부, 사법부, 행정부는 상호 견제를 행하여 권한행사의 남용을 방지한다.

형벌법규의 제정은 입법부의 몫이다. 따라서 법집행기관인 사법부나 행정부는 임의로 형벌법규를 제정하여 시민을 처벌하지 못한다. 시민들은 성문의 법률로써 범죄와 형벌이 규정되어 있지 않는 한 형사처벌로부터 자유롭다. 설사 개개의 행위가 도덕적으로 커다란 비난과 지탄의 대상이 되더라도 법률에 처벌규정이 없으면 그 행위자를 처벌할 수 없다. 죄형법정주의는 시민의 법적 안정성을 보장해 주는 대원칙이다.

2. 심리강제설

죄형법정주의의 또 다른 이론적 배경은 심리강제설이다. 심리강제설이란 범죄로 나아가지 않도록 심리적으로 강제하기 위하여 형벌법규를 명시적으로 규정해 두어야 한다는 견해이다. 심리강제설은 일찍이 독일의 형법학자 포이에르바하(Feuerbach)가 주창한 학설이다.

(가) 심리강제설의 내용   심리강제설은 합리적이고 공리적(功利的)인 인간상을 전제로 설정하고 있다. 합리적인 인간은 자신의 행위가 가져올 즐거움과 괴로움을 비교할 줄 안다. 입법자는 형벌법규를 제정하여 범죄행위에 얼마만큼의 괴로움이 가해질 것인가를 분명하게 해 둘 필요가 있다. 범죄자는 자신이 범죄행위를 통하여 얻게 될 즐거움과 형사처벌을 통하여 받게 될 괴로움을 비교한다. 만일 형벌의 괴로움이 더 크다고 판단된다면 범죄인은 내심으로 범죄행위에 나아갈 것을 포기하게 될 것이다.

형벌법규의 제정을 통하여 사람들의 내심에 범죄로 나아갈 것을 포기하게 만드는 작용을 가리켜서 심리강제라고 한다. 심리강제의 효과를 거두려면 형벌법규를 법률로써 분명하게 규정해 둘 필요가 있다. 이 때 규정되는 형벌법규는 일반인들이 쉽게 이해할 수 있는 평이한 문장으로 구성되어야 한다.

(나) 심리강제설의 한계   심리강제설은 합리적이고 공리적인 인간상을 전제로 하여 제시된 이론이다. 그런데 범죄는 때때로 지극히 비합리적인 동기에 의하여 범해지기도 한다. 또한 범죄인은 범죄를 범하더라도 자신만은 발각되지 않을 것이라고 믿고 범죄행위에 나아가기도 한다.

이러한 문제점들이 인식되면서 심리강제설은 현재 그 설득력을 크게 잃고 있다. 그럼에도 불구하고 심리강제설은 범죄와 형벌이 성문의 법률로 명확하게 규정되어야 할 필요성을 역설한 학설로서 학설사적으로 중요한 의미를 갖는다.

3. 죄형법정주의의 파생원칙

죄형법정주의의 원칙은 다음의 몇 가지 파생원칙으로 구체화된다.

(가) 성문법률주의

(나) 명확성의 원칙

(다) 유추해석금지의 원칙

(라) 적정성의 원칙

(마) 소급효금지의 원칙

이 가운데 (가)부터 (라)까지의 파생원칙은 헌법 제12조 제1항으로부터 도출된다. 이에 대하여 (마)의 소급효금지의 원칙은 헌법 제13조 제1항에 별도로 규정되어 있다. 아래에서는 헌법 제12조 제1항에서 도출할 수 있는 죄형법정주의의 파생원칙을 먼저 살펴보고 이어서 헌법 제13조 제1항이 규정하고 있는 소급효금지의 원칙을 검토하기로 한다.

제2절 헌법 제12조와 죄형법정주의

제1 성문법률주의

【사례 2】 지방자치가 실시된 이후 P시 시의회는 「증언·감정 등에 관한 조례」를 제정하였다. 이 조례의 벌칙조항은 다음과 같이 규정되어 있었다. "증인이 본회의 또는 위원회에 출석하여 증언함에 있어 폭행, 협박, 기타 모욕적인 언행으로 의회의 권위를 훼손한 때에는 3개월 이하의 징역에 처한다."

죄형법정주의의 관점에서 볼 때 이 조례의 효력이 인정될 수 있겠는가? (1995. 6. 30. 93추83, 공 1995, 2613 = 백선 총론 2-1. 참고판례 2. 『벌칙조례 사건』)

【사례 3】 갑은 자기 소유 M건축물의 회의장을 예식장으로 허가 없이 변경하였다. 갑의 행위 당시 「건축법」의 관련규정은 다음과 같다.

제78조 (벌칙) 도시계획구역 안에서 제8조 제1항의 규정에 위반하여 건축물을 건축한 건축주는 3년 이하의 징역 또는 5천만원 이하의 벌금에 처한다.

제8조 (건축허가) ① 건축물을 건축하고자 하는 자는 미리 시장·군수·구청장의 허가를 받아야 한다.

제14조 (용도변경) ① 건축물의 용도를 변경하는 행위는 대통령령이 정하는 바에 의하여 이를 건축물의 건축으로 본다.

이러한 경우에 갑을 「건축법」 위반죄로 처벌할 수 있을 것인가? (1997. 5. 29. 94헌바22, 헌집 9-1, 529 = 백선 총론 2-1. 『무허가 용도변경 사건』)

1. 성문법률주의의 의미

성문법률주의란 범죄와 형벌을 성문의 법률로 규정해 두어야 한다는 원칙을 말한다. 이 원칙에 의할 때 형사처벌을 가하려면 반드시 성문법률에 처벌의 근거가 있어야 한다.

성문법률주의에서 말하는 성문법률은 형식적 의미의 법률을 말한다. 형식적 의미의 법률은 헌법에 의하여 입법기관으로 인정된 국회가 헌법이 규정한 입법절차에 따라서 제정한 성문의 법규범이다. 국회가 제정한 성문법률은 국가기관과 국민을 모두 기속하는 일반적 구속력을 갖는다.

2. 위임입법의 한계

(1) 위임입법의 일반적 한계

성문법률은 국회가 헌법에 규정된 절차에 맞추어 제정한 법률을 가리킨다. 다만 입법자는 경우에 따라서 법률에서 구체적으로 범위를 정하여 행정부 등에 하위법규의 제정을 위임할 수 있다(헌법75, 95 참조). '법률에서 구체적으로 범위를 정하여 위임받은 사항'이란 법률에 이미 대통령령 등으로 규정될 내용 및 범위의 기본사항이 구체적으로 규정되어 있어서 누구라도 해당 법률로부터 대통령령 등에 규정될 내용의 대강을 예측할 수 있는 것을 의미한다.[1]

허용되는 위임입법의 형식은 원칙적으로 헌법 제75조, 제95조에서 예정하고 있는 대통령령, 총리령 또는 부령 등의 법규명령의 형식을 벗어나서는 아니 된다. 법인의 정관은 위임입법의 형식에 포함되지 않는다. 정관은 법인의 조직과 활동에 관하여 단체 내부에서 자율적으로 정한 자치규범으로서, 대내적으로만 효력을 가질 뿐 대외적으로 제3자를 구속하지는 않는 것이 원칙이고, 그 생성과정 및 효력발생요건에 있어 법규명령과 성질상 차이가 크기 때문이다.[2]

(2) 형벌법규 위임의 한계

일반적 위임입법에 비하여 형벌법규의 위임입법은 더욱 엄격히 제한된다. 죄형법정주의가 지니고 있는 법치주의, 국민주권 및 권력분립원리의 의미를 고려할 때 무엇이 범죄이며 그에 대한 형벌이 어떠한 것인가는 입법부가 제정한 형식적 의미의 법률로써 확정해야 한다. 그러므로 형벌법규는 원칙적으로 위임입법이 허용되지 않는다.[3] [4]

---

1) 1997. 5. 29. 94헌바22, 헌집 9-1, 529(535) = 백선 총론 2-1. 『무허가 용도변경 사건』.

2) 2010. 7. 29. 2008헌바106, 헌공 2010, 1391 = 분석 총론 『농협정관 벌칙위임 사건』.

3) 2010. 7. 29. 2008헌바106, 헌공 2010, 1391 = 분석 총론 『농협정관 벌칙위임 사건』.

4) 2017. 2. 16. 2015도16014 전원합의체 판결, 공 2017상, 665 = 『당직의료인 시행령 사건』 ☞ 981면.

예외적으로 형벌법규의 입법을 위임하는 경우에는 일반적인 위임입법에 비하여 범죄의 성립요건과 형벌의 종류 및 범위가 보다 엄격하게 제한되어야 한다.[1] 국가형벌권의 행사로부터 개인의 자유와 권리를 최대한 보장하려는 죄형법정주의의 요청 때문이다. 이러한 제한에 반하는 위임법률과 이 위임에 근거하여 제정된 하위의 형벌법규는 헌법 제12조 제1항의 죄형법정주의에 위반하여 무효가 된다.[2] [3]

형벌법규의 위임에 관하여 헌법재판소는 다음과 같은 기준을 제시하고 있다. 첫째, 형벌법규의 위임은 특히 긴급한 필요가 있거나 미리 법률로써 자세히 정할 수 없는 부득이한 사정이 있는 경우로 한정되어야 한다. 둘째, 이러한 경우에도 법률에서 범죄의 구성요건은 처벌대상행위가 어떠한 것일 것이라고 예측할 수 있을 정도로 구체적으로 정하여야 한다. 셋째, 형벌의 종류 및 그 상한과 폭을 명백히 규정하여야 한다.[4]

〈사례 해설〉 위의 〔사례 2〕에 있어서 P시의 시의회는 형벌법규를 제정할 수 없다. 1994년에 개정되기 전의 「지방자치법」 제20조는 조례에 의하여 3개월 이하의 징역이나 벌금 등의 형벌을 과할 수 있도록 규정하고 있었다. 그러나 개정된 「지방자치법」 제20조는 형벌권을 삭제하였다. 그 결과 지방자치단체는 「지방자치법」 제27조 제1항에 기하여 조례로써 조례 위반행위에 대하여 1천만원 이하의 과태료만을 부과할 수 있게 되었다. 여기에서 말하는 과태료는 행정벌의 일종일 뿐 형벌은 아니다. 따라서 〔사례 2〕에서 3개월 이하의 징역 등을 규정한 P시의 조례는 위헌무효가 될 것이다.

〈사례 해설〉 〔사례 3〕의 사안에서 「건축법」은 관계당국의 허가 없이 건축물을 건축하는 행위를 처벌하고 있다. 또한 '용도변경'을 '건축'과 같이 취급하고 있다. 따라서 무허가 용도변경은 무허가 건축과 같이 취급되어 「건축법」 위반죄로 처벌된다. 그런데 일체의 '용도변경'이 '건축'으로 취급되는 것이 아니라 '대통령령이 정하는 바에 따른 용도변경'이 '건축'으로 취급된다. 이렇게 보면 「건축법」의 벌칙규정은 "도시계획구역 안에서 관계당국의 허가 없이 대통령령이 규정한 용도변경을 한 건축주는 3년 이하의 징역 또는 5천만원 이하의 벌금에 처한다."는 내용으로 읽히게 된다. 이러한 상황을 놓고 갑은 헌법재판소에 위헌법률심판을 제기하였다. 갑은 그 이유로 「건축법」의 벌칙규정이 범죄의 구성요건을 대통령령에 백지위임하고 있어 죄형법정주의에 위반된다고 주장하였다.

헌법재판소는 법률에 의한 형벌법규의 위임은 보통의 위임보다 그 요건과 범위가 더 엄격

1) 1997. 5. 29. 94헌바22, 헌집 9-1, 529(534) = 백선 총론 2-1. 『무허가 용도변경 사건』.
2) 1991. 10. 22. 91도1617, 공 1991, 2870 = 백선 총론 2-1. 참고판례 2. 『행복호 사건』.
3) 2010. 9. 30. 2009헌바2, 헌공 2010, 1654 = 분석 총론 『수산업법 벌칙위임 사건』.
4) 1997. 5. 29. 94헌바22, 헌집 9-1, 529(536) = 백선 총론 2-1. 『무허가 용도변경 사건』.

하게 제한적으로 적용되어야 한다고 강조하면서 「건축법」의 벌칙규정 중 용도변경과 관련한 부분에 대해 위헌이라고 판단하였다. 헌법재판소에 의하여 위헌으로 결정된 형벌법규는 소급하여 효력을 상실한다. 다만 해당 형벌법규에 대하여 종전에 합헌으로 결정한 사건이 있는 경우에는 그 결정이 있는 날의 다음 날로 소급하여 효력을 상실한다(헌법재판소법47③ 본문·단서). 위헌으로 판단된 형벌법규로 기소된 피고인에게는 무죄판결이 선고된다.[1]

3. 관습법의 금지

성문법률주의를 뒤집어 보면 성문법률이 아닌 관습법을 이유로 시민을 처벌할 수 없다는 결론이 나온다. 이와 같이 범죄행위자에게 불리한 관습법은 금지된다는 원칙을 가리켜서 관습법금지의 원칙이라고 한다. 관습법에 의한 형벌법규의 신설이나 형의 가중은 허용되지 않는다. 가령 동성연애가 사회관습적으로 아무리 비난된다고 하더라도 관습법을 이유로 처벌할 수는 없다.

죄형법정주의는 형사처벌로부터 시민을 보호하기 위한 원칙이다. 그러므로 시민에게 유리한 경우에는 굳이 이 원칙을 적용할 필요가 없다. 이러한 관점에서 볼 때 관습법이 형벌법규 해석의 지침이 되거나 행위자에게 유리한 범죄성립조각사유로 기능하는 경우에는 이를 금지할 이유가 없다. 우리 형법 제20조는 위법성을 조각(阻却)하는 사유로 '사회상규(社會常規)'를 규정하고 있다. 이 사회상규 개념을 해석함에 있어서 관습은 특히 중요한 의미를 가지게 된다.

제 2 명확성의 원칙

【사례 4】 아래 갑의 행위 당시 「전기통신기본법」 제47조 제1항은 "공익을 해할 목적으로 전기통신설비에 의하여 공연히 허위의 통신을 한 자는 5년 이하의 징역 또는 5천만원 이하의 벌금에 처한다."고 규정하고 있었다.

갑은 인터넷포털사이트 P카페에 접속한 후, 경찰이 미국산 쇠고기 수입반대집회 진압 과정에서 시위여성을 강간하였다는 등의 허위의 글을 기재하고 갑이 직접 조작한 합성사진을 게재함으로써 공익을 해할 목적으로 전기통신설비에 의하여 공연히 허위의 통신을 하였다는 공소사실로 「전기통신기본법」 제47조 제1항 위반죄로 기소되었다.

법원은 위 규정을 적용하여 갑을 처벌할 수 있겠는가? (2010. 12. 28. 2008헌바157, 2009헌바88(병합), 헌공 2011, 132 = 분석 총론 『전기통신기본법 공익 사건』)

---

1) 1992. 5. 8. 91도2825, 공 1992, 1918 = 분석 신형소 I 『투전기 40대 사건』.

【사례 5】 4·19 혁명 후 새로운 사회적 분위기 속에서 가장 시급한 과제는 3·15 부정선거의 관련자를 처벌하는 일이었다. 국회는 이를 위하여 다음과 같은 법률을 제정하였다. "3·15 부정선거에 있어서 시위대에 대한 발포행위를 예비 또는 음모한 자는 이를 처벌한다."

갑은 마산시의 중요직책에 있던 사람으로 마산시청 앞의 시위가 격렬해지자 사태 진압을 위하여 관계자들이 모인 자리에서 "저 자들은 빨갱이들이니 쏘아버립시다!" 라고 발언하였다.

갑에 대한 형사처벌의 가능성을 검토해보라. (1977. 6. 28. 77도251, 공 1977, 10157 = 백선 총론 61. 『마산시위 발포 사건 1』)

---

1. 명확성원칙의 의미

형벌법규는 명확하게 규정되어야 한다는 원칙을 가리켜서 명확성의 원칙이라고 한다. 헌법 제12조 제1항이 규정하고 있는 죄형법정주의의 원칙은 범죄와 형벌을 입법부가 제정한 형식적 의미의 법률로 규정하는 것을 그 핵심적 내용으로 한다. 그렇지만 죄형법정주의의 원칙은 성문법률의 존재 자체만을 요구하는 것은 아니다. 헌법 제12조 제1항의 죄형법정주의는 한걸음 더 나아가 형식적 의미의 법률로 범죄와 형벌을 규정하더라도 그 법률조항이 처벌하고자 하는 행위가 무엇이며 그에 대한 형벌이 어떠한 것인지를 누구나 예견할 수 있고 그에 따라 자신의 행위를 결정할 수 있도록 구성요건을 명확하게 규정할 것을 요구하고 있다.[1]

그러나 형벌법규의 구성요건이 명확하여야 한다고 하여 모든 구성요건을 단순한 서술적 개념으로 규정해야 하는 것은 아니다. 다소 광범위하여 법관의 보충적인 해석을 필요로 하는 개념을 사용하였다고 하더라도 건전한 상식과 통상적인 법감정을 가진 사람이 통상의 해석방법에 의하여 해당 형벌법규의 보호법익과 금지된 행위 및 처벌의 종류와 정도를 알 수 있도록 규정하였다면 헌법이 요구하는 처벌법규의 명확성에 배치되는 것이 아니다. 그렇지 않으면 처벌법규의 구성요건이 지나치게 구체적이고 정형적이 되어 부단히 변화하는 다양한 생활관계를 제대로 규율할 수 없게 될 것이기 때문이다.

2. 명확성원칙의 내용

형벌법규는 일정한 법익을 보호하기 위하여 규정된다. 입법자는 법익을 보호하기 위하

---

[1] 2003. 11. 14. 2003도3600, 공 2003, 2414 = 백선 총론 3. 참고판례 1. 『과실저장고 사건』.

여 일정한 행위를 금지하거나 명령한다. 그리하여 형벌법규는 일정한 행위를 규율대상으로 설정하고 있다. 또한 형벌법규는 법규범이므로 일정한 법적 효과를 규정하고 있다. 이와 같은 특성에 비추어 볼 때 명확성의 원칙과 관련하여 입법자는 성문의 형벌법규에 다음의 사항을 분명하게 규정하여야 한다.

우선, 입법자는 어떠한 행위가 범죄를 구성하는지 형벌법규에 명확히 규정하여야 한다. 이것은 구성요건의 명확성을 의미한다. 그런데 형벌법규의 구성요건이 명확해야 한다고 하여 모든 구성요건을 단순한 서술적 개념으로 규정해야 하는 것은 아니다. 다소 광범위하여 법관의 보충적인 해석을 필요로 하는 개념을 사용하였다고 하더라도 명확성의 원칙에 배치되지 않는다.

다음으로, 입법자는 그 범죄로 인하여 범죄인이 어떠한 처벌을 받는지를 형벌법규에 명확히 규정하여야 한다. 이것은 법적 효과의 명확성을 의미한다. 구성요건과 법적 효과는 형벌법규에 명시되고 있으므로 명확성 여부를 판단하기가 비교적 용이하다. 그러나 법익의 명확성은 반드시 용이하지는 않다. 법익은 관념적 가치이며 형벌법규에 명시되지 않는 것이 보통이기 때문이다.

헌법재판소는 법규범이 명확한지를 판단하는 기준으로 (가) 그 법규범이 수범자에게 법규의 의미내용을 알 수 있도록 공정한 고지를 하여 예측가능성을 주고 있는지 여부(예측가능성) 및 (나) 그 법규범이 법을 해석·집행하는 기관에게 충분한 의미내용을 규율하여 자의적인 법해석이나 법집행이 배제되는지 여부(자의적 법집행 배제)를 제시하고 있다.[1]

3. 형벌의 규정과 명확성의 원칙

명확성의 원칙과 관련하여 볼 때 입법자는 형벌법규를 제정함에 있어서 규율할 필요가 있는 행위와 그에 부과될 형벌을 가능하면 상세히 규정하도록 최대한의 노력을 기울여야 한다.

명확성의 원칙은 형벌법규의 구성요건과 형벌이 모두 명확하게 규정될 것을 요구한다. 그러나 형벌법규의 법적 효과부분인 형벌을 규정함에 있어서는 명확성의 원칙이 다소 후퇴한다. 구체적인 피고인에게 적절한 양형을 할 수 있도록 법관에게 재량이 부여되지 않으면 안 되기 때문이다. 구성요건과 달리 형벌의 경우에는 입법자가 형의 종류 및 범위(상한 및 하한)를 확정해 놓고 법관에게 양형의 순서와 기준(법51 이하 참조)을 제시해 놓는다면 명확성의 원칙은 준수된다고 보아야 할 것이다.[2]

---

1) 2021. 11. 25. 2019헌바446, 헌집 33권 2집 587 = 『음주 2회 가중처벌 위헌 사건』 ☞ 982면.
2) 양형위원회와 양형기준제에 관하여는, 후술 853면 참조.

〈사례 해설〉 위의 〔사례 4〕에서 문제된 「전기통신기본법」 제47조 제1항은 "공익을 해할 목적"의 허위 통신을 금지하고 있다. 그런데 '공익' 개념의 명확성과 관련하여 논란이 제기되고 있다. 헌법재판소는 문제된 형벌법규가 표현의 자유에도 관련된다는 점에 주목하면서, 표현의 자유 및 죄형법정주의라는 두 가지 관점에서 명확성의 원칙을 심사하였다. 헌법재판소는 '공익' 개념의 명확성에 대해 다음과 같은 분석을 제시하면서 문제의 벌칙규정은 헌법에 위반된다고 판단하였다.

「여기서의 "공익"은 [헌]법 제37조 제2항의 "국가의 안전보장·질서유지"와 헌법 제21조 제4항의 "공중도덕이나 사회윤리"와 비교하여 볼 때 '동어반복'이라고 할 수 있을 정도로 전혀 구체화되어 있지 아니하다. 형벌조항의 구성요건으로서 구체적인 표지를 정하고 있는 것이 아니라, 헌법상 기본권제한에 필요한 최소한의 요건 또는 헌법상 언론·출판자유의 한계를 그대로 법률에 옮겨 놓은 것에 불과할 정도로 그 의미가 불명확하고 추상적이다.」

〈사례 해설〉 실제로 〔사례 5〕의 사안에서 대법원은 갑의 행위가 예비·음모에 해당한다고 인정하면서도 문제의 법률이 그 법적 효과에 대하여 명확한 규정을 두고 있지 않다는 점에 주목하였다. 그리하여 대법원은 문제의 형벌법규가 죄형법정주의에 반하는 법률이라는 이유로 그 적용을 거부하고 유죄의 원심판결을 파기 환송하였다.

제3 유추해석금지의 원칙

【사례 6】 갑은 캠핑을 하던 중 옆의 텐트에 있던 A가 잠시 자리를 뜬 사이에 그 텐트에 있던 부탄가스 연료통을 가지고 와서 자기 버너에 넣고 음식을 조리하였다. 그리고 A가 돌아오기 전에 다시 연료통을 원위치에 돌려놓았다.
  갑에 대하여 형법 제329조의 절도죄가 성립할 것인지 검토해 보라.

【사례 7】 갑은 셋방에 살고 있는데 그 방에는 독립된 전기계량기가 부착되어 있다. 집주인 A가 몇 주간 여행을 가게 된 것을 기화로 갑은 주인집 전기코드에 전기선을 꽂아 자기 방에서 각종 전열기구를 사용하였다. 사용된 전기는 주인집 전기계량기에 전부 기록되었다.
  갑에 대하여 형법 제329조의 절도죄가 성립할 것인지 검토해 보라.

【사례 8】 갑은 P가상화폐 거래소에 ㉠, ㉡계정을 가지고 있다. A는 P가상화폐 거래소에 ㉢계정을 가지고 있다. 알 수 없는 경위로 A의 ㉢계정으로부터 갑의 ㉠계정으

로 M분량의 비트코인이 착오이체되었다. 갑은 착오로 이체된 것임을 알면서도 M비트코인을 자신의 ㉠계정에서 ㉡계정으로 이체하였다.

　은행간 현금을 송금하거나 계좌이체하는 과정에서 착오로 송금이나 계좌이체를 하는 경우가 있다. 착오송금의 경우 계좌명의인에게는 신의칙상 송금의뢰인을 위하여 송금받거나 이체된 돈을 보관하는 지위가 인정된다. 계좌명의인이 착오송금받은 돈을 반환하지 않고 임의로 소비하거나 처분하면 횡령죄가 성립한다(2010. 12. 9. 2010도891).

　형법 제355조는 제1항에서 횡령죄를, 제2항에서 배임죄를 각각 규정하고 있다. 횡령죄와 배임죄는 신임관계를 기본으로 하는 같은 죄질의 재산범죄이다. 횡령죄는 재물을 객체로 하고 있음에 대하여 배임죄는 재산상 이익을 객체로 하고 있다. 형법상 법정화폐인 돈은 재물로 취급된다. 이에 반해 가상화폐는 재산상 이익으로 취급된다.

　위의 사례에서 갑을 배임죄로 처벌할 수 있겠는가? (2021. 12. 16. 2020도9789, 공 2022상, 223 =『비트코인 착오이체 사건』).

【사례 9】 우리 형법 제247조는 영리의 목적으로 도박을 하는 장소나 공간을 개설한 사람을 5년 이하의 징역 또는 3천만원 이하의 벌금으로 처벌하고 있다. 한국인 갑은 베트남에서 베트남 법령에 따라 베트남 당국의 허가를 받아 P카지노를 개장·운영하였다. 갑은 한국 국내에서 유치한 관광객들을 상대로 P카지노에서 바카라 등 도박을 하게 하였다.

　검사는 갑의 행위가 형법 제3조가 규정한 내국인의 국외범에 해당한다고 판단하였다. 검사는 형법 제247조 및 제3조를 적용하여 갑을 도박장소 개설죄로 기소하였다. 갑은 P카지노가 베트남 법령에 의하여 적법하게 허가받은 것이므로 자신의 행위는 위법성이 조각되어 무죄라고 주장하고 있다.

　이러한 상황에서 법원은 갑을 형법 제247조의 도박장소 개설죄로 처벌할 수 있겠는가? 만일 갑이 P카지노에 유치한 관광객들이 중국인이었다면 어떻게 될 것인가? (2018. 8. 30. 2018도10042, 법률신문 2018. 9. 13. 1면 =『베트남 카지노 개설 사건』참조)

---

1. 유추해석의 의미

(1) 입법의 흠결과 유추해석

　법관은 구체적 사실관계에 법규범을 적용하여 유권적 판단을 내려야 한다. 법관은 법적용의 권한이 있을 뿐만 아니라 사법판단을 내려야 할 책무를 부담한다. 그런데 경우에 따라서는 입법의 흠결이라는 상황이 발생한다. 입법의 흠결이란 적용할 법규범이 없어서 법관이 구체적인 사실관계를 법규범에 포섭시킬 수 없는 상황을 가리킨다.

문외한의 입장에서 보면 입법의 흠결이 법관에게 재판을 회피할 수 있는 좋은 구실이 될 것이라고 생각할 여지가 있다. 그러나 법관은 반드시 사법판단을 내려야 하기 때문에 입법의 흠결을 구실로 내세워 재판을 피해갈 수 없다. 만일 입법의 흠결을 이유로 재판을 하지 않는 법관이 있다면 그 법관은 행정상의 제재뿐만 아니라 직무유기죄(형법122)로 형사처벌을 받게 될 것이다.

법관은 입법의 흠결이 발견될 때 이를 해결하기 위한 방안을 찾지 않으면 안 된다. 여기에서 입법의 흠결을 보완하는 방안으로 유추해석의 기법이 주목된다.

(2) 유추해석의 의미와 종류

유추해석이란 아직 법적으로 규율되고 있지 아니한 개별사건에 대하여 비슷한 개별사건에 적용되는 기존의 법규를 차용하여 적용하는 기법을 말한다. 유추해석에는 (가) A사건에 대하여 A′라는 규범이 존재하지 않을 것, (나) B사건에 대하여 B′라는 기존의 규범이 존재할 것, (다) A사건과 B사건이 유사할 것이라는 조건이 구비되어야 한다.

유추해석은 개별적 유추해석과 종합적 유추해석으로 나누어 볼 수 있다. 개별적 유추해석은 개개의 법규를 아직 법적으로 규율되고 있지 아니한 유사한 개별사건에 차용하는 것을 말한다. 이에 대하여 종합적 유추해석은 상응하는 일련의 법규들을 지도하는 기본사고를 아직 법적으로 규율되고 있지 아니한 유사사건에 적용하는 것을 말한다.

유추해석은 '해석'이라는 단어가 붙어 있음에도 불구하고 해석이 아니다. 해석은 법률에 내재되어 있는 의미내용을 명확히 하는 작업이다. 이에 대하여 유추해석은 새로운 규범을 창설하는 작업이다. 유추해석의 이러한 특성을 분명히 하기 위하여 근래에는 유추해석이라는 용어 대신에 단순히 '유추' 또는 '유추적용'이라는 표현이 사용되기도 한다.

(3) 확장해석과 유추해석

(가) 확장해석   유추해석과 비슷하지만 구별되어야 할 것으로 확장해석이 있다. 확장해석은 이미 존재하고 있는 법규범을 전제로 하면서 당해 법규가 지향하는 목표나 방향설정의 테두리 내에서 그 법규의 의미내용을 넓혀가는 것이다.

(나) 유추해석   이에 대하여 유추해석은 기존의 법규범이 존재하지 않는 영역에서 의미를 가진다. 유추해석과 달리 통상의 해석에는 해석의 한계가 존재한다. 그 한계는 문언의 가능한 범위이다.[1] 이 한계를 벗어나는 순간 그 결론은 기존의 법규범이 존재하지 않는

---

1) 1997. 3. 20. 96도1167 전원합의체 판결, 공 1997, 1039 = 백선 총론 2-2. 『공직선거법 자수 사건 1』.

영역에 위치한다. 그리고 그 순간 그 결론은 해석이 아니라 유추가 된다.

해석의 한계를 준수하는 확장해석은 소위 정당한 확장해석으로서 해석의 영역에 위치한다. 그렇지만 해석의 한계를 벗어나는 확장해석은 허용되지 않는 확장해석으로서 '해석'이라는 이름에도 불구하고 유추해석의 범주로 넘어가게 된다.[1]

(다) 형법과 유추해석   유추해석은 입법의 흠결을 보완하는 수단으로 널리 사용되고 있다. 이러한 사정은 민법, 행정법 등 다른 법영역의 경우에 그러하다. 그렇지만 형법의 경우에는 사정이 전혀 다르다. 형법의 영역에서는 죄형법정주의라는 헌법상의 대원칙에 의하여 피고인에게 불리한 유추해석이 금지되고 있다는 점을 명심할 필요가 있다.[2]

〈사례 해설〉   〔사례 6〕의 『부탄가스 사례』에서 사실관계를 절도죄의 조문에 포섭시키는데 별다른 어려움은 없다. 가스도 형법 제329조에서 규정한 '재물'에 해당하기 때문이다. 고체, 액체, 기체와 같은 물건의 성상(性狀)은 재물 개념을 파악함에 있어서 중요하지 않다.

〈사례 해설〉   그런데 〔사례 7〕의 『전열기 사례』에서 나타나는 바와 같이 에너지를 재물로 보아야 할 것인가에 대해서는 의문이 있다. 오늘날 자연과학의 입장에서 에너지를 물건의 개념에 포함시키는 데 대해서는 대체로 의견이 일치되어 있지만 20세기 초까지만 하더라도 아직 그러한 공통의 인식은 성립되어 있지 않았다.

19세기 말의 독일 형법은 (현재에도 그러하지만) 절도죄의 객체를 '동산'이라고 규정하고 있었다. 전기를 동산이라고 볼 수 없었기 때문에 독일 제국법원은 권원 없이 타인의 전기를 사용한 자에 대하여 무죄를 선고할 수밖에 없었다. 이 무죄판결을 계기로 독일의 입법자는 1900년에 특별법을 제정하여 전기절도죄를 처벌하기로 하였고 그것이 오늘날 독일 형법 제248조의c로 자리잡게 되었다.

한편 일본에서도 동일한 전기절도의 문제가 20세기 초에 발생하였다. 그런데 일본 대심원은 독일 제국법원과 달리 관리가능한 자연력은 '물건'에 해당한다는 소위 관리가능성설을 전개하여 해석으로써 과학기술의 발전에 따른 새로운 유형의 범죄에 대처하려고 하였다. 이후 일본의 입법자는 "본장(절도죄 및 강도죄)의 죄에 대하여는 전기는 이를 재물로 간주한다."는 규정을 마련하여 논란의 소지를 제거하였다(동법245).

전기절도의 문제에 대하여 우리 형법은 제346조에서 "본장(절도죄 및 강도죄)의 죄에 있어서 관리할 수 있는 동력은 재물로 간주한다."는 명문의 규정을 두어 처음부터 문제를 입법적으로 해결하고 있다.

---

1) 1994. 12. 20. 94모32 전원합의체 결정, 공 1995, 538 = 백선 총론 2. 『과수원 실화 사건』 참조.
2) 2009. 8. 20. 2009도4590, 공 2009, 1591 = 분석 총론 『등급미분류 영업 사건』.

위의 독일 제국법원 판결과 일본 대심원의 판결에서 유추해석의 문제를 잘 살펴볼 수 있다. 독일 제국법원은 전기절도에 대하여 동산절도죄의 조문을 적용하는 것은 동산절도죄의 문언을 벗어나는 것으로서 유추해석이 된다고 보았다. 이에 대하여 일본 대심원은 일본 형법상 절도죄의 객체가 '재물'로 규정되어 있음에 주목하면서 전기를 재물에 포함시켜서 해석하는 것은 허용된 확장해석의 영역에 속하는 것으로 보았다.

거의 동일한 사실관계에서 독일의 법원과 일본의 법원이 상이한 판단을 내리는 것을 보면 유추해석과 확장해석의 경계선이 매우 모호하다는 것을 알 수 있다.

2. 유추해석금지의 이론적 기초

범죄와 형벌은 성문의 법률로써만 규정되어야 한다(헌법12① 2문, 법1①). 앞에서도 설명한 바와 같이 유추해석은 해석이 아니라 법규의 창설이다.[1] 해석이란 이미 존재하는 법규의 의미내용을 구체화하는 작업이다. 이에 대하여 유추해석은 규범이 존재하지 않을 때 기존의 다른 법규를 빌려서 규범을 보충하는 작업이다.

유추해석은 법규의 창설에 해당한다. 헌법 제12조 제1항과 형법 제1조 제1항이 규정하고 있는 바와 같이 범죄와 형벌에 관한 법규범은 성문의 법률로써만 규정될 수 있다. 법관이 유추해석의 기법을 동원하여 법규범을 창설·보충하는 것은 허용되지 않는다. 범죄의 성립 및 처벌의 정도는 법적용자가 아니라 입법자가 결정해야 하기 때문이다.

〈사례 해설〉 〔사례 8〕의 『비트코인 착오이체 사건』에서 제1심법원은 횡령죄의 착오송금 법리에 주목하였다. 착오송금의 경우 송금받은 계좌명의인에게는 신의칙상 송금의뢰인을 위하여 송금받거나 이체된 돈을 보관하는 지위가 인정된다. 제1심법원은 착오이체를 받은 갑이 신의칙상 계좌이체인 A에 대해 착오이체된 비트코인을 보관하는 지위에 있다고 판단하였다. 제1심법원은 갑이 A의 재산을 보호하고 관리할 임무를 부담하므로 배임죄의 주체로서 '타인의 사무를 처리하는 자'에 해당하여 배임죄가 성립한다고 판단하였다. 갑은 불복 항소하였으나 항소법원은 제1심판결을 유지하였다. 갑은 불복 상고하였다.

대법원은 다음과 같이 판단하여 원심판결을 파기 환송하였다. (가) 비트코인과 같은 가상자산에 대해서는 현재까지 관련 법률에 따라 법정화폐에 준하는 규제가 이루어지지 않고 있다. (나) 비트코인과 같은 가상자산은 법정화폐와 동일하게 취급되고 있지 않고 그 거래에 위험이 수반된다. (다) 형법을 적용하면서 가상화폐를 법정화폐와 동일하게 보호해야 하는 것은 아니다. (라) 원인불명으로 재산상 이익인 가상자산을 이체받은 자가 가상자산을

---

1) 전술 30면 참조.

사용·처분한 경우 이를 형사처벌하는 명문의 규정이 없는 것이 현재의 상황이다. (마) 이러한 상황에서 착오송금 시 횡령죄 성립을 긍정한 판례(2010. 12. 9. 2010도891)를 유추하여 신의칙을 근거로 피고인을 배임죄로 처벌하는 것은 죄형법정주의에 반한다.

3. 유추해석금지의 적용범위

(1) 불리한 유추해석의 금지

형벌법규는 성문법률에 의해서만 창설될 수 있다. 또한 형사처벌의 가중도 성문법률에 의해서만 가능하다. 법관법이나 관습법에 의한 범죄구성요건의 창설이나 형의 가중은 인정되지 않는다. 따라서 구성요건과 형벌에 관한 사항에 대해 행위자에게 불리한 유추해석은 허용되지 않는다.

유추해석금지의 원칙은 죄형법정주의의 파생원칙이다. 죄형법정주의는 국가형벌권으로부터 최대한 개인의 자유와 권리를 확보하려는 취지에서 마련된 원칙이다. 이러한 관점에서 보면 구성요건이나 형벌에 직접 관련되지 아니한 경우에도 유추해석금지의 원칙은 적용된다. 따라서 위법성이나 책임, 나아가 소추조건에 관하여 그 범위를 제한적으로 해석하여 행위자의 가벌성의 범위를 확장하는 것은 유추해석금지의 원칙에 반하여 허용되지 않는다.[1] [2] 보안처분의 요건을 확대해석하는 것도 허용되지 않는다.[3]

(2) 유리한 유추해석의 허용

이러한 관점에서 보면 피고인에게 유리한 유추해석을 시도하는 것은 전혀 죄형법정주의에 반하지 않는다. 법관이 피고인에게 유리하도록 하기 위하여 유추해석의 기법을 동원하는 것은 금지되지 않는다.[4] [5] 법관이 유추해석의 방법으로 형의 감경을 꾀하거나 범죄성립을 조각시키는 것은 유추해석금지의 원칙과 관련이 없다.

유리한 유추해석이라고 할지라도 법관에게 유추해석이 무한정 허용되는 것은 아니다. 유리한 유추해석이라고 할지라도 유추해석은 문리를 넘어서는 해석이다. 유리한 유추해석은 그렇게 해석하지 아니하면 그 결과가 현저히 형평과 정의에 반하거나 심각한 불합리가 초래되는 경우에 한하여 허용되어야 한다. 그러한 경우가 아니라 입법자가 그 나름대로의

---

1) 1997. 3. 20. 96도1167 전원합의체 판결, 공 1997, 1039 = 백선 총론 2-2. 『공직선거법 자수 사건 1』.
2) 2010. 9. 30. 2008도4762, 공 2010하, 2025 = 분석 신형소Ⅱ『리니언시 고발 사건』 ☞ 983면.
3) 2012. 3. 22. 2011도15057, 2011전도249 전원합의체 판결, 공 2012상, 722 = 분석 총론 『소년보호 전력 부착명령 사건』.
4) 2004. 1. 27. 2001도3178, 공 2004, 411 = 백선 총론 2-2. 참고판례 2. 『경합범 경과규정 사건』.
5) 2024. 4. 16. 2023도13333, 공 2024상, 827 = 『상관명예훼손 유추해석 사건』 ☞ 980면.

근거와 합리성을 가지고 입법한 경우라면 법관은 입법자의 재량을 존중해야 한다.[1]

〈사례 해설〉　〔사례 9〕를 살펴본다. 형법 제3조는 "본법은 대한민국 영역 외에서 죄를 범한 내국인에게 적용한다."고 규정하고 있다. 이 규정을 그대로 적용하면 갑은 대한민국 영역 밖인 베트남에서 도박장소 개설죄를 범하였더라도 우리 형법 제247조에 의하여 처벌된다.

그런데 우리 형법 제3조는 다른 나라 형법의 경우와 달리 아무런 예외조항을 두고 있지 않다. 그리하여 예컨대 외국에서 영주권을 가지고 생활하는 대한한국 국적의 사람이 해당 외국의 법령에 따라 적법하다고 판단되는 행위를 하더라도 그 행위가 우리 형법에 위반하는 것이기만 하면 우리 법원에 의하여 모두 처벌받게 된다. 형법 제3조의 이와 같은 입법태도를 가리켜서 절대적 속인주의라고 한다.

형법 제3조의 절대적 속인주의에 대해서는 내국인의 국외범을 대한민국 국내법 위반으로 무제한하게 처벌하면 해외에서 거주하는 우리나라 국민의 기본권이 심각하게 침해된다는 비판이 제기되어 왔다. 이러한 문제점에 대해 2018년 대법원은 유리한 유추해석의 허용이라는 관점에서 형법 제3조의 적용범위를 제한하기에 이르렀다.

우리 형법 제20조는 정당행위라는 표제어 아래 (가) 법령에 의한 행위, (나) 업무로 인한 행위, (다) 기타 사회상규에 위배되지 아니하는 행위에 대해 위법성을 조각하고 있다. 이 가운데 (가)의 법령에 의한 행위는 대한민국의 법령에 의한 행위를 말하며, (다)의 사회상규는 대한민국 법공동체에서 인정되는 사회상규를 말한다.

〔사례 9〕의 토대가 된 판례에서 대법원은 유리한 유추해석의 관점에서 형법 제3조의 적용범위를 다음과 같이 제한하였다.

「내국인이 외국에서 한 행위가 국내법에 위반되더라도 행위지에서 법령이나 사회상규에 의해 당연히 허용되는 행위이고 국내법이 보호하고자 하는 법익을 침해하지 않아 우리나라의 국가안전보장, 질서유지 또는 공공복리와는 무관한 경우에는 형법 제20조의 '법령에 의한 행위' 또는 '사회상규에 반하지 아니하는 행위'에 관한 규정을 유추적용해 위법성이 조각되는 것으로 해석하는 것이 헌법에 부합한다.」

새로운 판단기준은 피고인에게 유리한 유추해석을 허용하고 있다. 이제 새로운 판단기준에 의할 때 갑의 행위에 대해 위법성이 조각될 것인지 문제된다. 이에 대해서는 다음과 같은 추론을 제시할 수 있다. (가) 갑의 베트남 도박장은 주로 한국인 관광객을 유치하여 운영되고 있다. (나) 갑의 도박장소 개설행위는 대한민국 국민의 건전한 근로의욕을 해치는 것으로서 대한민국의 질서유지에 관련되는 문제이다. (다) 갑의 도박장 운영이 베트남 법령

---

1) 2004. 11. 11. 2004도4049, 공 2004, 2065 =『공선법 '다른 처벌규정' 사건』☞ 984면.

에 따라 적법하게 운영되는 것이라고 하더라도 형법 제20조를 갑에게 유리하게 유추적용할 수 없다. (라) 결국 갑은 형법 제3조가 규정하는 바에 따라 형법 제247조의 도박장소 개설죄로 처벌되어야 한다. 대법원 또한 〔사례 9〕의 토대가 된 판례에서 갑의 위법성조각 주장을 배척하고 갑에게 유죄를 인정하였다.

이제 〔사례 9〕의 사안을 변형하여 갑이 유치한 카지노 고객이 중국인 관광객들이라고 생각해 본다. 이 경우에는 다음과 같은 추론이 가능하다. (가) 갑의 베트남 도박장은 주로 중국인 관광객들을 유치하여 운영되고 있다. (나) 갑의 도박장소 개설행위는 대한민국 국민의 건전한 근로의욕을 해치는 것이 아니어서 대한민국의 질서유지와 관련이 없다. (다) 그렇다면 형법 제20조를 피고인에게 유리하게 유추적용하여 형법 제3조의 적용범위를 제한할 수 있다. (라) 갑의 도박장 운영은 베트남 법령에 따라 적법하게 이루어진 것이다. (마) 형법 제20조의 '법령에 의한 행위' 부분을 피고인에게 유리하게 유추적용할 때 갑의 행위는 위법성이 조각된다. (바) 내국인의 국외범 처벌을 규정한 형법 제3조에도 불구하고 갑에게는 형법 제247조의 도박장소 개설죄가 성립하지 않는다.

제4   적정성의 원칙

1. 적법절차의 의미

(1) 절차적 적법절차와 실질적 적법절차

죄형법정주의는 범죄와 형벌이 성문의 법률로써 규정되어야 한다는 원칙이다. 헌법 제12조 제1항은 죄형법정주의를 규정하면서 "누구든지 법률과 적법한 절차에 의하지 아니하고는 처벌…… 받지 아니한다."고 규정하고 있다. 여기에서 사용된 '적법절차'의 개념은 절차적 적법절차와 실질적 적법절차로 구분된다.

절차적 적법절차는 국가권력에 의하여 불이익한 처분을 받게 될 사람에게 자신의 처지를 변해(辯解)하고 유권기관이 이를 청문(聽聞)하는 절차를 보장해 주어야 한다는 원칙을 말한다.

이에 대하여 실질적 적법절차는 국가권력이 개인의 자유와 권리를 제한할 때에는 정당한 내용을 가진 법률에 근거를 두어야 한다는 원칙을 말한다. 우리 헌법 제12조 제1항은 실체형법의 구성원리인 죄형법정주의를 규정하면서 의도적으로 '적법절차'의 요청도 함께 확인하고 있다. 이러한 입법태도는 바로 적정성의 원칙을 죄형법정주의의 내용에 포함시킨 것이라고 할 수 있다.

(2) 적법절차와 적정성의 원칙

적정성의 원칙이란 형벌법규의 내용이 정당해야 한다는 요청을 말한다. 적정성의 원칙을 죄형법정주의의 파생원칙으로 포함시킬 것인가 하는 문제에 대하여 의견이 나뉘고 있다.

(가) 불포함설   적정성의 원칙을 죄형법정주의의 파생원칙으로 포함할 수 없다고 보는 견해이다.[1] 이 입장에서는 헌법의 기타 원칙들이 성문법률의 내용형성에 관여하기 때문에 굳이 적정성의 원칙을 죄형법정주의의 내용 가운데 포함시킬 필요가 없다고 본다. 죄형법정주의는 내용상의 적정성을 묻지 아니하고 전통적인 관점에서 파악할 때 그 모습을 분명하게 드러낸다는 것이다.

(나) 포함설   적정성의 원칙을 죄형법정주의의 파생원칙으로 포함하는 견해이다.[2] 생각건대 불포함설은 죄형법정주의를 규정한 우리 헌법 제12조 제1항의 조문체계를 정확하게 포착하지 못한 것이라고 생각된다. 헌법 제12조 제1항 제2문 전단은 형사절차와 관련하여 형사절차법률주의를 규정하고 있다. 한편 헌법 제12조 제3항은 수사절차상 영장주의와 관련하여 또다시 적법절차의 원칙을 명시적으로 강조하고 있다.

헌법 제12조 제3항과 비교해 볼 때 헌법 제12조 제1항 제2문 후단의 적법절차는 "법률에 의하지 아니하고는 형사처벌을 가할 수 없다."는 죄형법정주의의 기본원칙을 천명하는 자리에 함께 등장하고 있다. 우리 헌법이 '법률과 적법절차에 의하지 아니하고'라는 중첩적 표현을 사용한 것은 바로 형벌법규의 내용이 실질적 적법절차의 원칙에 부응해야 한다는 요청을 밝힌 것이라고 하겠다.

2. 적정성원칙의 내용

(1) 가혹한 형벌의 금지

실질적 적법절차의 원칙은 권위주의 · 법률만능주의를 배격하기 위해 마련된 것이다. 적정성의 원칙은 실질적 적법절차에서 유래한다. 적정성의 원칙에 따라 형벌법규의 목적과 내용은 인간의 존엄과 가치를 존중하는 헌법이념과 자연적 정의에 합치되어야 한다.[3]

적정성의 원칙에 비추어 볼 때 형벌법규의 구성요건과 형벌은 내용상 합리성을 갖추어

---

1) 김일수 · 서보학, 55면; 성낙현, 70면.

2) 권오걸, 43면; 김성돈, 73면; 김혜정 외 4인, 28면; 박상기, 19면(비례성원칙); 배종대, 70면; 손동권 · 김재윤, 32면; 오영근, 40면; 이용식, 18면; 이재상 · 장영민 · 강동범, 34면; 임웅, 40면; 정성근 · 정준섭, 13면; 정영일, 54면.

3) 1993. 3. 11. 92헌바33, 헌공 1993, 31 = 백선 총론 3. 『기타행위 사건』.

야 한다. 인위적인 정책목적을 위해 함부로 범죄구성요건을 제정하거나 지나치게 가혹한 형벌을 규정하는 것은 적정성의 원칙에 반한다.[1][2] 이 점과 관련하여 헌법재판소가 판시한 다음의 기준은 의미가 깊다.[3][4]

「우리 헌법은 국가권력의 남용으로부터 국민의 기본권을 보호하려는 법치국가의 실현을 기본이념으로 하고 있고, 법치국가의 개념은 범죄에 대한 법정형을 정함에 있어 죄질과 그에 따른 행위자의 책임 사이에 적절한 비례관계가 지켜질 것을 요구하는 실질적 법치국가의 이념을 포함하고 있다. 따라서 어떤 행위를 범죄로 규정하고 어떠한 형벌을 과할 것인가 하는 데 대한 입법자의 입법형성권이 무제한으로 인정될 수는 없다. 즉, 법정형의 종류와 범위를 정할 때는 형벌의 위협으로부터 인간의 존엄과 가치를 존중하고 보호하여야 한다는 헌법 제10조의 요구에 따라야 하고, 헌법 제37조 제2항이 규정하고 있는 과잉입법금지의 정신에 따라 형벌개별화 원칙이 적용될 수 있는 범위의 법정형을 설정하여 실질적 법치국가의 원리를 구현하도록 하여야 하며, 형벌이 죄질과 책임에 상응하도록 적절한 비례성을 지켜야 한다.」

(2) 책임과 형벌 간의 비례원칙

형사법상 책임원칙은 (가) 형벌은 범행의 경중과 행위자의 책임 사이에 비례성을 갖추어야 하고, (나) 특별한 이유로 형을 가중하는 경우에도 형벌의 양은 행위자의 책임의 정도를 초과해서는 안 된다는 것을 의미한다.[5]

형사법상 범죄행위의 유형이 다양한 경우에는 그 다양한 행위 중에서 특히 죄질이 불량한 범죄를 무겁게 처벌해야 한다는 것은 책임주의의 원칙상 당연히 요청된다. 그렇지만 그 다양한 행위 유형을 하나의 구성요건으로 포섭하면서 법정형의 하한을 무겁게 책정하여 죄질이 가벼운 행위까지를 모두 엄히 처벌하는 것은 책임주의에 반한다.[6]

---

1) 2008. 12. 26. 2007헌가10, 2007헌가16(병합), 헌집 20-2하, 523(536) = 분석 총론 『특강법 제3조 강도상해 사건』.
2) 2010. 2. 25. 2008헌가20, 헌공 2010, 408 = 분석 총론 『특강법 제3조 강도강간 사건』.
3) 2004. 12. 16. 2003헌가12, 헌집 16-2하, 446(457) = 백선 총론 1. 『야간협박죄 위헌결정 사건』.
4) 2019. 2. 28. 2016헌가13, 헌집 31-1, 1 = 『특가법 밀수입예비죄 위헌 사건』 ☞ 1145면.
5) 2021. 11. 25. 2019헌바446, 헌집 33권 2집 587 = 『음주 2회 가중처벌 위헌 사건』 ☞ 982면.
6) 2021. 11. 25. 2019헌바446, 헌집 33권 2집 587 = 『음주 2회 가중처벌 위헌 사건』.

제3절 헌법 제13조와 소급효금지의 원칙

제1 소급효금지의 원칙

【사례 10】 형법은 제69조 이하에서 벌금 미납자에 대한 노역장유치를 규정하고 있다. 노역장유치기간은 1일 이상 3년 이하이다(형법 제69조 제1항). 2014년 5월 형법이 일부 개정되기까지는 노역장유치기간의 하한은 설정되지 않았다. 2010년 무렵 모 기업 회장에 대해 법원이 벌금 250억원을 선고하면서 일당 5억원으로 계산하여 노역장유치 50일을 선고하는 일이 있었다. 이를 계기로 경제적 자력이 충분한 피고인들이 단기간의 노역장유치로 고액의 벌금을 면제받는 사례가 '황제노역'이라는 이름으로 사회문제화되었다.

2014. 5. 14. 형법이 일부 개정되어 공포되었다. 개정법은 공포한 날부터 시행되었다. 개정법은 소위 황제노역의 문제점을 개선하기 위하여 노역장유치기간의 하한을 설정하는 형법 제70조 제2항을 신설하였다. 형법 제70조 제2항에 따르면 법원은 (가) 선고하는 벌금이 1억원 이상 5억원 미만인 경우에는 300일 이상, (나) 5억원 이상 50억원 미만인 경우에는 500일 이상, (다) 50억원 이상인 경우에는 1,000일 이상의 유치기간을 정하여야 한다.

개정법 부칙조항에 따르면 형법 제70조 제2항은 개정법 시행 후 최초로 공소가 제기되는 경우부터 적용된다. 개정법 부칙조항에 따르면 2014. 5. 14. 이전에 범죄행위가 있었더라도 2014. 5. 14. 이후에 공소가 제기되면 형법 제70조 제2항이 적용된다.

갑은 2006. 10. 25.부터 2007. 4. 25.에 걸쳐 거액의 허위 매입처별세금계산서합계표를 작성하여 세무관청에 제출하였다. 2015. 6. 11. 검사는 갑을 "피고인은 2006. 10. 25.[부터] (중략) 합계 약 1,034억원의 허위 매입처별세금계산서합계표를 작성하여 정부에 제출하는 등 약 8억원의 조세를 포탈하였다."는 범죄사실로 기소하였다. 2015. 9. 11. 제1심 법원은 "피고인을 징역 2년 6개월 및 벌금 120억원에 처하고, 벌금을 납입하지 아니하는 경우 1,200만원을 1일로 환산한 기간 노역장에 유치한다."는 내용의 판결을 선고하였다.

갑은 관련 절차를 거쳐 형법 제70조 제2항 및 관련 부칙에 대해 헌법재판소에 헌법소원심판을 청구하였다. 갑은 형법 제70조 제2항 및 관련 부칙이 형벌불소급원칙에 반하여 위헌·무효라고 주장한다. 갑의 주장은 타당한가? (헌재 2017. 10. 26. 2015헌바239 등, 헌법재판소판례집 29-2하, 17 = 『노역장유치 부칙 위헌 사건』).

1. 소급효금지원칙의 의미

(1) 소급효금지원칙의 의미

우리 헌법은 "모든 국민은 행위시의 법률에 의하여 범죄를 구성하지 아니하는 행위로 소추되지 아니[한다.]"고 규정하고 있다(헌법13① 전단). 행위 당시에는 형사처벌의 대상이 되지 아니하였으나 행위 후에 그 행위를 처벌하기 위하여 법률을 제정하는 것을 가리켜서 소급입법이라고 한다. 이러한 소급입법을 금지하는 법리를 가리켜서 소급효금지의 원칙 또는 형벌불소급의 원칙이라고 한다.

소급입법이 발생시키는 소급효는 진정소급효와 부진정소급효로 구분된다. 진정소급효란 이미 과거에 완성된 사실관계 또는 법률관계를 규율대상으로 하여 사후에 그 전과 다른 법적 효과를 생기게 하는 것을 말한다. 이에 대하여 부진정소급효는 과거에 이미 개시되었지만 아직 완결되지 않고 진행과정에 있는 사실관계 또는 법률관계와 그 법적 효과에 장래적으로 개입하여 법적 지위를 사후에 침해하는 것을 말한다.[1]

헌법 제13조 제1항은 소급효금지의 원칙을 천명하고 있다. 소급효금지의 원칙은 소급입법이 진정소급효를 가지는가 부진정소급효를 가지는가에 따라서 그 내용이 달라진다. 진정소급효를 가지는 형벌법규는 헌법 제13조 제1항에 의하여 절대적으로 금지된다. 이에 대하여 부진정소급효를 가지는 형벌법규는 헌법상 절대적으로 허용되지 않는 것은 아니다. 이 경우의 소급입법은 법치주의원칙의 중요 요소인 법적 안정성의 요청에 따른 제한을 받을 뿐이다.[2]

(2) 소급효금지원칙의 적용범위

헌법 제13조 제1항은 가벌성을 결정하는 범죄구성요건과 그 법적 효과인 형벌의 영역에서 소급입법의 절대적 금지를 천명하고 있다. 소급효금지의 원칙은 시민들에게 법적 안정성을 담보하기 위하여 마련된 대원칙이다. 행위 당시에는 형사처벌의 대상이 아니었으나 행위 후에 새로이 제정된 법률에 의하여 처벌받을 가능성이 상존한다면 시민들은 불안에

---

1) 1996. 2. 16. 96헌가2, 96헌바7·13(병합), 헌집 8-1, 51(85) = 분석 총론 『5·18 특별법 공소시효정지 사건』:
   소위 신군부 군인들의 군사반란행위에 대한 당시의 공소시효 15년이 경과된 후 공소시효완성을 배제하는 소위 「5·18 특별법」이 제정되었다. 헌법재판소는 이 법률에 대한 위헌법률심판에 임하였던바 5 대 4로 위헌의견이 많았다. 그러나 위헌심판의 정족수인 6인의 찬성(헌법113①)을 얻지 못하여 이 법률은 합헌으로 판단되었다.
2) 1996. 2. 16. 96헌가2, 96헌바7·13(병합), 헌집 8-1, 51(86) = 분석 총론 『5·18 특별법 공소시효정지 사건』.

떨게 될 것이다. 이러한 불안을 제거하고 법적 안정성을 도모하기 위한 장치가 소급효금지의 원칙이다.[1]

형벌과 관련된 소급효금지의 원칙을 형벌불소급의 원칙이라고 한다. 형벌불소급의 원칙은 (가) 범죄행위시의 법률에 의해 범죄를 구성하지 않는 경우뿐만 아니라, (나) 범죄행위시의 법률보다 형을 가중한 경우에도 적용된다. (나)의 경우, 형벌불소급의 원칙은 (ㄱ) 범죄행위시의 법률보다 형의 상한 또는 하한을 높인 경우에도 적용되며, (ㄴ) 주형을 가중한 경우 외에 부가형·병과형을 가중한 경우에도 적용된다.[2]

(3) 형벌불소급원칙의 확장

형벌불소급의 원칙에서 의미하는 '처벌'은 단지 형법에 규정되어 있는 형식적 의미의 형벌(법41 참조)에 국한되지 않는다.[3] 형벌불소급의 원칙이 적용되는 '처벌'의 범위를 형법이 정한 형벌의 종류에만 한정되는 것으로 보게 되면 형법이 정한 형벌 외의 형태로 가해질 수 있는 형사적 제재나 불이익에 대해 소급입법을 허용하는 결과가 된다. 이렇게 되면 법적 안정성과 예측가능성을 보장하여 자의적 처벌로부터 국민을 보호하고자 하는 형벌불소급원칙의 취지가 몰각될 수 있다.

범죄행위에 따른 제재의 내용이나 실제적 효과가 가중되거나 부수효과가 불이익하게 변경되는 경우에는 행위시법을 적용함이 바람직하다(독일형법2① 참조). 특히 범죄행위에 따른 제재의 내용이나 실제적 효과가 형벌적 성격이 강하여, 신체의 자유를 박탈하거나 이에 준하는 정도로 신체의 자유를 제한하는 경우에는 법적 안정성, 예측가능성 및 국민의 신뢰를 보호하기 위하여 형벌불소급의 원칙이 적용되어야 한다.[4]

벌금(법45)을 납입하지 아니한 자는 1일 이상 3년 이하, 과료(법47)를 납입하지 아니한 자는 1일 이상 30일 미만의 기간 노역장에 유치하여 작업에 복무하게 한다(법69②). 이를 가리켜서 **노역장유치**라고 한다. 노역장유치는 벌금이나 과료의 형에 부수적으로 부과되는 환형처분으로서, 그 실질은 신체의 자유를 박탈하여 징역형과 유사한 형벌적 성격을 가지고 있다. 그러므로 노역장유치는 형벌불소급원칙의 적용대상이 된다.[5]

---

1) "……「게임산업진흥에 관한 법률」시행령 조항 각 호에 규정된 게임머니의 환전, 환전 알선, 재매입 영업행위가 처벌되므로, 그 시행일 이전에 위 시행령 조항 각 호에 규정된 게임머니를 환전, 환전 알선, 재매입한 영업행위를 처벌하는 것은 형벌법규의 소급효금지 원칙에 위배된다." 2009. 4. 23. 2008도11017, 공 2009, 788 = 분석 총론 『게임머니 환전 사건』.
2) 2017. 10. 26. 2015헌바239, 헌공 253, 1079 =『노역장유치 부칙 위헌 사건』.
3) 2017. 10. 26. 2015헌바239, 헌공 253, 1079 =『노역장유치 부칙 위헌 사건』.
4) 2017. 10. 26. 2015헌바239, 헌공 253, 1079 =『노역장유치 부칙 위헌 사건』.
5) 2017. 10. 26. 2015헌바239, 헌공 253, 1079 =『노역장유치 부칙 위헌 사건』.

2. 행위시법주의

(1) 소급효금지의 원칙과 행위시법주의

소급효금지의 원칙은 형법전의 영역으로 들어오면서 행위시법주의로 구체화된다. 행위시법주의란 범죄인이 행위하던 시점에 유효한 형벌법규를 적용하여 재판하는 원칙을 말한다.

범죄사건이 발생하면 수사절차와 공판절차를 거쳐서 유죄판결의 형태로 국가형벌권이 구체적으로 선언된다. 국가형벌권은 범죄행위의 시점에서 시작하여 판결선고 시점에 이르는 일련의 시간적 흐름 속에서 구체화된다. 이러한 시간의 흐름 속에서 당해 형사사건에 적용할 형벌법규가 변경되는 일이 종종 발생한다. 이때 변경되는 일련의 형벌법규 가운데 어느 것을 적용하여 재판해야 하는가 하는 문제가 제기된다. 이 문제에 대하여 우리 입법자는 "범죄의 성립과 처벌은 행위 시의 법률에 따른다."는 기본입장을 천명하고 있다(법1①).

(2) 행위시법주의의 의의

일반적으로 민법이나 행정법 등 다른 법영역에서는 새로운 법률이 재판의 기준이 된다. 새로운 법률이 재판기준으로 채용되는 것은 새로운 법률이 보다 합리적일 것이라는 일반인들의 인식 때문이다. 그런데 형법의 경우에는 신법(新法)이 보다 합리적이라는 인식은 통용되지 않는다. 아무리 합리적일지라도 신법이 시민에게 새로운 형사처벌을 가하거나 기존의 형사처벌을 가중하는 것이라면 시민들은 불안에 떨게 된다. 시민들에게 법적 안정성을 보장하려면 신법의 적용을 배제하지 않으면 안 된다.

이러한 관점에서 형사사건을 담당하는 법관은 행위 당시에 유효한 형벌법규를 재판의 기준으로 삼는다. 형사재판에서 법원이 행위 당시에 유효한 형벌법규를 적용하여 재판하는 원칙을 가리켜서 행위시법주의라고 한다. 형법 제1조 제1항이 규정한 행위시법주의는 단순히 형사재판의 준칙이라는 차원을 넘어서서 헌법 제13조 제1항이 규정한 소급효금지의 원칙을 구체화한 것이다.

형벌법규에 대한 소급효금지의 요청은 구성요건의 영역과 법적 효과의 영역에 모두 적용된다. 따라서 소급효가 부여되는 구성요건의 창설이 금지될 뿐만 아니라 기존의 형벌을 소급하여 가중하는 것도 금지된다.

〈사례 해설〉 위의 〔사례 10〕에서 볼 때 행위시점(2006. 10. 25) 당시에는 노역장유치기간의 하한이 설정되어 있지 않았다. 헌법재판소는 형법 제70조 제2항과 관련된 부칙조항에 대해 다음 요지의 이유를 들어서 위헌으로 판단하였다.

헌법재판소는 형법 제70조 제2항의 소급적용 여부에 대해 다음과 같이 판단하였다. (가) 노역장유치는 벌금형에 부수적으로 부과되는 환형처분으로서 실질은 신체의 자유를 박탈하여 징역형과 유사한 형벌적 성격을 가지고 있다. (나) 노역장유치와 관련된 법률의 개정으로 동일한 벌금형을 선고받은 사람에게 노역장유치기간이 장기화되는 등 불이익이 가중되는 때가 있다. (다) 그러한 때에는 범죄행위시의 법률에 따라 벌금을 납입하지 아니하는 경우의 유치기간을 정하여 선고하여야 한다. (라) 형법 제70조 제2항의 노역장유치조항은 1억원 이상의 벌금을 선고받은 자에 대하여 노역장유치기간의 하한이 중하게 변경된 것이다. (마) 그러므로 형법 제70조 제2항 시행 전에 행한 범죄행위에 대해서는 범죄행위 당시에 존재하였던 법률을 적용하여야 한다.

헌법재판소는 형법 제70조 제2항과 관련된 부칙조항에 대해 다음과 같이 판단하였다. (가) 형법 제70조 제2항 관련 부칙조항은 형법 제70조 제2항의 시행 전에 행해진 범죄행위에 대해서도 공소제기의 시기가 형법 제70조 제2항의 시행 이후이면 이를 적용하도록 하고 있다. (나) 형법 제70조 제2항 관련 부칙조항은 범죄행위 당시 보다 불이익한 법률을 소급하여 적용하도록 하는 것이라고 할 수 있으므로, 헌법상 형벌불소급원칙에 위반된다.

3. 법치주의와 민주주의

소급효금지의 원칙은 법치주의에서 유래하고 있다. 법치주의는 권력분립을 통하여 개개인의 기본적 인권을 최대한 보장하려는 헌법상의 대원칙이다. 그런데 이 소급효금지의 원칙이 민주주의의 기본원리인 다수결원칙과 충돌하는 경우가 종종 발생한다.

한국의 사법사를 돌아볼 때 우리는 진정소급효를 가진 소급입법을 여러 차례 제정한 경험을 가지고 있다. 해방 후 반민족행위자의 처벌이나 4·19 혁명 후 3·15 부정선거관련자의 처벌을 위하여 제정한 각종 특별법이 그 예이다. 이러한 특별법은 헌법의 제정이나 개정에 의하여 그 합헌성이 뒷받침되었으며, 입법 당시의 사회상황에 비추어 볼 때 정의의 요청에서 비롯된 것이라고 설명되고 있다.

헌법재판소는 「헌정질서파괴범죄의 공소시효 등에 관한 특례법」(소위 5·18 특별법)의 위헌 여부와 관련하여 다음과 같이 판시하였다.[1]

「기존의 법에 의하여 형성되어 이미 굳어진 개인의 법적 지위를 사후입법을 통하여 박탈하는 것 등을 내용으로 하는 진정소급입법은 개인의 신뢰보호와 법적 안정성을 내용으로

---

1) 1996. 2. 16. 96헌가2, 96헌바7·13(병합), 헌집 8-1, 51(87) = 분석 총론 『5·18 특별법 공소시효정지 사건』. 본문에 소개한 판시사항 부분은 4인의 합헌의견 가운데 일부이다.

하는 법치국가원리에 의하여 헌법적으로 허용되지 않는 것이 원칙이지만, 특단의 사정이 있는 경우, 즉 기존의 법을 변경하여야 할 공익적 필요는 심히 중대한 반면에 그 법적 지위에 대한 개인의 신뢰를 보호하여야 할 필요가 상대적으로 적어 개인의 신뢰이익을 관철하는 것이 객관적으로 정당화될 수 없는 경우에는 예외적으로 허용될 수 있다.」

소급입법이 제정되는 그때그때의 상황에 비추어 볼 때 소급입법의 취지에 공감하지 않는 것은 아니다. 그러나 한 가지 우려할 점은 당시의 다수자가 주장하는 소위 정의의 요청이 그때그때의 시대상황이나 정치적 요청에 따라서 쉽사리 변할 수 있다는 사실이다. 여기에서 시민생활의 법적 안정성이 크게 훼손될 가능성이 생기며 시민은 형사처벌의 위험지대에 방치되는 것이다. 이러한 위험성에 비추어 볼 때 헌법이 규정한 소급효금지의 원칙은 가능한 한 그 의미를 지켜나가야 할 것이다.

제2 소급효금지원칙에 대한 예외

1. 재판시법주의의 예외

【사례 11】 갑은 1973년 9월분 물품세 250만원을 포탈하였다.

당시 「조세범 처벌법」 자체는 금액의 많고 적음을 묻지 않고 조세포탈행위에 대하여 일률적으로 3년 이하의 징역에 처한다고 규정하고 있었다. 이에 대하여 「특정범죄 가중처벌 등에 관한 법률」(특가법)은 200만원 이상의 조세포탈범은 5년 이상 10년 이하의 징역에 처한다고 규정하고 있었다.

1975년 12월 갑은 조세포탈사실이 적발되어 기소되었다.

1976년 5월 정부는 당시의 급격한 인플레를 감안하여 특가법상의 가중처벌대상을 200만원 이상에서 500만원 이상으로 상향조정하였다. 한편 같은 날 정부는 조세수입을 확보하기 위하여 「조세범 처벌법」을 개정, 그 공소시효를 종전의 2년에서 3년으로 연장하였다.

1977년 1월 A판사는 갑에 대한 재판을 하려고 한다. A판사가 내려야 할 판단은? (1987. 12. 22. 87도84, 공 1988. 373 = 분석 신형소 I 『물품세 포탈 사건』)

---

(1) 형벌법규와 재판시법주의

소급효금지의 원칙에서 행위시법주의가 도출된다. 행위시법주의에 대응하는 원리로 재판시법주의가 있다. 재판시법주의란 행위시에 유효한 형벌법규와 재판시에 유효한 형벌법규가 서로 다른 경우에 재판시점에 유효한 법규를 적용하는 방식을 말한다. 일반적으로 신법이 구법에 우선한다는 원칙은 동일한 형식의 성문법규인 법률이 상호 모순·저촉되는 경우에 적용된다. 이때 법률이 상호 모순·저촉되는지 여부는 법률의 입법목적, 규정사항 및 적용범위 등을 종합적으로 검토하여 판단해야 한다.[1]

형법은 제1조 제1항에서 행위시법주의를 원칙으로 설정하고 있다. 그렇지만 시민에게 유리할 경우에는 예외적으로 재판시법주의를 인정하고 있다. 이 점을 밝혀서 형법 제1조 제2항은 "범죄 후 법률이 변경되어 그 행위가 범죄를 구성하지 아니하게 되거나 형이 구법보다 가벼워진 경우에는 신법에 따른다."라고 규정하고 있다.

형법이 재판시법주의의 예외를 인정한 것은 죄형법정주의의 정신을 보다 충실하게 구현하기 위함이다. 소급효금지의 원칙이나 그로부터 파생되는 행위시법주의는 새로운 형벌법규가 범죄인에게 불리한 경우에만 적용된다. 죄형법정주의는 국가의 형사처벌로부터 시민의 자유와 권리를 최대한 보장하기 위한 장치이기 때문이다. 범죄행위 시와 재판 시 사이에 여러 차례 법령이 개정되어 형의 변경이 있는 경우에는 형법 제1조 제2항에 의하여 그 전부의 법령을 비교하여 그중 가장 형이 가벼운 법령을 적용하여야 한다.[2]

(2) 2022년 판례변경과 동기설의 폐기

형법 제1조 제2항이 규정한 재판시법주의는 범죄 후 '법률의 변경'에 의하여 행위가 범죄를 구성하지 아니하거나 형이 구법보다 경하게 되는 때에 적용된다. 검사가 공소를 제기한 사건이 형법 제1조 제2항이 적용되는 사건이라면 법원은 형사소송법 제326조 제4호를 적용하여 면소판결로써 피고사건을 종결해야 한다.[3] 범죄 후 법률의 변경이 있더라도 형이 중하게 변경되는 경우나 형의 변경이 없는 경우에는 형법 제1조 제1항에 따라 행위시법을 적용하여야 한다.[4]

그런데 형법 제1조 제2항이 규정한 '법률의 변경' 범위가 어디까지 미치는지 문제된다. 종래 판례는 소위 동기설에 의하여 '법률의 변경' 여부를 판단하였다. 여기에서 동기설이란 관련 법률의 변경이 형벌법령 제정의 이유가 된 법률이념의 변천에 따라 과거에 범죄로 보던 행위에 대하여 그 평가가 달라져서 이를 범죄로 인정하고 처벌한 그 자체가 부당하였다

---

1) 2016. 11. 25. 2014도14166, 공 2017상, 58 = 『운전면허관리단 이양 사건』. ☞ 986면.
2) 2012. 9. 13. 2012도7760, 공 2012하, 1718 = 분석 총론 『특강법 재차 개정 사건』.
3) **형사소송법 제326조**(면소의 판결) 다음 경우에는 판결로써 면소의 선고를 하여야 한다.
  1. 확정판결이 있은 때
  2. 사면이 있은 때
  3. 공소의 시효가 완성되었을 때
  4. 범죄 후의 법령개폐로 형이 폐지되었을 때
4) 1992. 6. 23. 92도954, 공 1992, 2321 = 백선 총론 4. 참고판례 1. 『특경가법 개정 사건』.

거나 또는 과형이 과중하였다는 반성적 고려에서 법령을 개폐하였을 경우에만 형법 제1조 제2항의 '법률의 변경'으로 보는 견해이다.

그런데 동기설에 대해서는 다음과 같은 비판이 제기되고 있었다. 종전 판례가 취하고 있는 동기설의 문제점은 무엇보다도 구체적인 관련 법률의 변경이 법률이념의 변경에 기한 것인지 사실상태의 호전에 의한 것인지 구별하기가 쉽지 않고, 따라서 형벌법규의 적용에 있어 법적 안정성을 위태롭게 한다는 점에 있다.

종전 판례는 특히 형벌법규 자체가 변경된 경우에도 동기설을 취하고 있었는데, 이러한 태도는 문제가 크다고 하지 않을 수 없었다. 입법자가 형벌법규 자체를 변경하였음에도 불구하고 사법부가 그 변경이 법률이념의 변경에 기한 것인가 아닌가를 따지는 것은 사실상의 입법작용에 해당하기 때문이다. 이러한 비판을 고려하여 대법원은 2022년 전원합의체 판결을 통하여 동기설을 폐기하고 새로운 기준을 제시하기에 이르렀다.[1]

(3) 2022년 판례의 새로운 기준

(가) 경과규정   첫 번째로, 입법자가 경과규정을 마련한 경우가 있다. 범죄 후 피고인에게 유리하게 법령이 변경된 경우라도 입법자는 경과규정을 둠으로써 재판시법의 적용을 배제하고 행위시법을 적용하도록 할 수 있다. 피고인에게 유리하게 형벌법규를 개정하면서 부칙에서 신법 시행 전의 범죄에 대하여는 종전 형벌법규를 적용하도록 규정한다고 하여 헌법상의 형벌불소급원칙이나 신법우선주의에 반한다고 할 수 없다는 것이 판례의 태도이다.[2] 입법자는 (가) 구성요건을 규정한 형벌법규 자체의 부칙조항에 경과규정을 두거나, (나) 형벌법규가 하위 법령에 구성요건의 일부를 수권 내지 위임한 경우 그 수권의 범위 내에서 하위 법령에 경과규정을 두는 등으로 위임입법의 한계를 벗어나지 않는 한 다양한 입법기술을 활용하여 경과조치를 할 수 있다.

그런데 실무상 문제가 되는 것은 경과규정이 없는 경우들이다. 아래에서는 이 경우들에 대한 판례의 기준을 살펴본다.

(나) 형벌법규 자체의 변경   두 번째로, 범죄의 성립과 처벌에 관하여 규정한 형벌법규 자체의 변경에 따라 범죄를 구성하지 아니하게 되거나 형이 가벼워진 경우가 있다. 이 경우에는 종전 법령이 범죄로 정하여 처벌한 것이 부당하였다거나 과형이 과중하였다는 반성적 고려에 따라 변경된 것인지 여부를 따지지 않고 원칙적으로 형법 제1조 제2항과 형사

---

[1] 2022. 12. 22. 2020도16420 전원합의체 판결, 공 2023상, 318 = 『전동킥보드 음주운전 사건』 ☞ 987면.

[2] 2011. 7. 14. 2011도1303, [미간행] = 『세금체납 처벌규정 폐지 사건』 ☞ 995면.

소송법 제326조 제4호가 적용된다.

(다) 형벌법규 위임규정의 변경   세 번째로, 범죄의 성립과 처벌에 관하여 규정한 형벌법규로부터 수권 내지 위임을 받은 법령(대통령령, 총리령, 부령 등)의 변경에 따라 범죄를 구성하지 아니하게 되거나 형이 가벼워진 경우가 있다. 이 경우에도 종전 법령이 범죄로 정하여 처벌한 것이 부당하였다거나 과형이 과중하였다는 반성적 고려에 따라 변경된 것인지 여부를 따지지 않고 원칙적으로 형법 제1조 제2항과 형사소송법 제326조 제4호가 적용된다.

(라) 고시 등의 변경   네 번째로, 형벌법규가 대통령령, 총리령, 부령과 같은 법규명령이 아닌 고시 등 행정규칙·행정명령, 조례 등에 구성요건의 일부를 수권 내지 위임한 경우가 있다. 이러한 고시 등의 규정은 위임입법의 한계를 벗어나지 않는 한 형벌법규와 결합하여 법령을 보충하는 기능을 하는 것이므로, 고시 등의 변경에 따라 범죄를 구성하지 아니하게 되거나 형이 가벼워졌다면 마찬가지로 형법 제1조 제2항과 형사소송법 제326조 제4호가 적용된다.

(마) 한시법의 추급효   다섯 번째로, 법령이 개정 내지 폐지된 경우가 아니라, 스스로 유효기간을 구체적인 일자나 기간으로 특정하여 효력의 상실을 예정하고 있던 법령(소위 한시법)이 그 유효기간을 경과함으로써 더 이상 효력을 갖지 않게 된 경우가 있다. 이 경우에는 형법 제1조 제2항과 형사소송법 제326조 제4호에서 말하는 법령의 변경에 해당한다고 볼 수 없다.

(바) 다른 법령의 변경   여섯 번째로, 해당 형벌법규 자체 또는 그로부터 수권 내지 위임을 받은 법령이 아닌 다른 법령이 변경된 경우가 있다. 이 경우에 형법 제1조 제2항과 형사소송법 제326조 제4호를 적용하려면, 해당 형벌법규에 따른 범죄의 성립 및 처벌과 직접적으로 관련된 형사법적 관점의 변화를 주된 근거로 하는 법령의 변경에 해당해야 한다. 그러므로 이와 관련이 없는 법령의 변경으로 인하여 해당 형벌법규의 가벌성에 영향을 미치게 되는 경우에는 형법 제1조 제2항과 형사소송법 제326조 제4호가 적용되지 않는다.

이때 해당 형벌법규의 가벌성과 직접적으로 관련된 형사법적 관점의 변화가 있는지 여부는 종래 대법원판례가 기준으로 삼은 반성적 고려 유무와는 구별되는 것이다. 이는 입법자에게 과거의 처벌이 부당하였다는 반성적 고려가 있었는지 여부를 추단하는 것이 아니라, 법령의 변경이 향후 문제된 형사처벌을 더 이상 하지 않겠다는 취지의 규범적 가치판단을 기초로 한 것인지 여부를 판단하는 것이다. 이는 입법자의 내심의 동기를 탐지하는 것이 아니라, 객관적으로 드러난 사정을 기초로 한 법령해석을 의미한다.

(4) 보안처분에 관한 법률과 재판시법주의

한편 보안처분에 대해서는 원칙적으로 행위시법주의가 적용되지 않는다. 형벌은 과거에 일어난 범죄에 대한 비난의 표현이다. 형벌의 근거가 되는 비난은 행위 당시에 행위자가 적법행위로 나아갈 수 있었음에도 불구하고 법질서가 금지하는 행위로 나아갔다는 데에 있다.

형식적 관점에서 볼 때 보안처분은 형벌 이외에 범죄인에 대해 가해지는 일체의 조치를 의미한다. 그러나 실질적 관점에서 보면 보안처분은 재범의 위험성이 있는 범죄인으로부터 사회를 방위하기 위한 처분이다. 이 경우 보안처분에 관한 법률은 장래를 향하여 범죄인으로부터 재범의 위험성을 제거하기 위하여 제정되거나 개정된다. 이러한 의미에서 보안처분에 관한 법률에는 소급효금지의 원칙이 적용되지 않는 것이 원칙이다(독일형법2⑥ 참조).[1]

판례는 보안처분에 관한 법률에는 소급효가 인정된다는 입장을 취하면서도,[2] 소급적용에 관하여 경과규정이 특별히 마련되어 있는 경우에는 그 규정에 따라 소급효를 인정하고 그 밖의 규정에 대해서는 소급효를 제한하고 있다.[3] 나아가 판례는 보안처분이라고 할지라도 상대방에게 의무적 노동을 부과하고 여가시간을 박탈하여 실질적으로는 신체적 자유를 제한하게 되는 경우에는 원칙적으로 형벌불소급의 원칙에 따라 행위시법을 적용해야 한다는 입장을 취하고 있다.[4]

행위시법주의와 재판시법주의의 상호관계에 관하여는 후술하는 형법의 시간적 적용범

---

1) 보안처분과 소급효의 문제는 후술 946면 이하 참조.

2) "[개정형법 제62조의2 제1항]에서 말하는 보호관찰은 형벌이 아니라 보안처분의 성격을 갖는 것으로서, 과거의 불법에 대한 책임에 기초하고 있는 제재가 아니라 장래의 위험성으로부터 행위자를 보호하고 사회를 방위하기 위한 합목적인 조치이므로, 그에 관하여 반드시 행위 이전에 규정되어 있어야 하는 것은 아니며, 재판시의 규정에 의하여 보호관찰을 받을 것을 명할 수 있다고 보아야 할 것이고, 이와 같은 해석이 형벌불소급의 원칙 내지 죄형법정주의에 위배되는 것이라고 볼 수 없다."
  1997. 6. 13. 97도703, 공 1997, 2109 = 백선 총론 100-5 『보호관찰 소급효 사건』.

3) "[전자장치부착법 부칙 제2조 제2항]은 이와 달리 19세 미만의 사람에 대하여 특정범죄를 저지른 경우 부착기간 하한을 2배 가중하도록 한 위 법 제9조 제1항 단서에 대하여는 그 소급적용에 관한 명확한 경과규정을 두지 않았는바, 전자장치 부착명령에 관하여 피고인에게 실질적인 불이익을 추가하는 내용의 법개정이 있고, 그 규정의 소급적용에 관한 명확한 경과규정이 없는 한 그 규정의 소급적용은 이를 부정하는 것이 피고인의 권익 보장이나, 위 법 부칙에서 일부 조항을 특정하여 그 소급적용에 관한 경과규정을 둔 입법자의 의사에 부합한다고 할 것이다."
  2013. 7. 25. 2013도6181, 공 2013하, 1645 = 분석 총론 『13세 대 19세 사건』.

4) "가정폭력처벌법이 정한 보호처분 중의 하나인 사회봉사명령은 가정폭력범죄를 범한 자에 대하여 환경의 조정과 성행의 교정을 목적으로 하는 것으로서 형벌 그 자체가 아니라 보안처분의 성격을 가지는 것이 사실이나, 한편으로 이는 가정폭력범죄행위에 대하여 형사처벌 대신 부과되는 것으로서, 가정폭력범죄를 범한 자에게 의무적 노동을 부과하고 여가시간을 박탈하여 실질적으로는 신체적 자유를 제한하게 되므로, 이에 대하여는 원칙적으로 형벌불소급의 원칙에 따라 행위시법을 적용함이 상당하다."
  2008. 7. 24. 2008어4, 공 2008, 1489 = 분석 총론 『가정폭력 사회봉사 사건』.

위와 관련하여 상세히 검토하기로 한다.[1]

2. 절차법규범과 소급효금지의 원칙

(1) 절차법규범과 소급효금지원칙의 적용문제

(가) 문제의 소재　　　헌법 제13조 제1항은 소급효금지의 원칙을 천명하고 있다. 앞에서도 검토한 바와 같이 소급효금지의 원칙은 소급입법이 진정소급효를 가지는가 부진정소급효를 가지는가에 따라서 그 내용이 달라진다. 진정소급효를 가지는 형벌법규는 헌법 제13조 제1항에 의하여 절대적으로 금지된다. 이에 대하여 부진정소급효를 가지는 형벌법규는 헌법상 절대적으로 허용되지 않는 것은 아니다. 이 경우의 소급입법은 법치주의원칙의 중요 요소인 법적 안정성의 요청에 따른 제한을 받을 뿐이다.[2]

소급효금지의 원칙은 기본적으로 범죄와 형벌을 규정하는 형사실체법에 대해 적용되지만, 범죄행위에 따른 제재의 내용이나 실제적 효과가 형벌적 성격이 강하여 신체의 자유를 박탈하거나 이에 준하는 정도로 신체의 자유를 제한하는 경우에도 적용된다.[3] 법적 안정성의 관점에서 볼 때 시민에게 행위결정의 기준이 되는 것은 기본적으로 행위 당시에 유효한 구성요건과 법적 효과이다. 이렇게 볼 때 형벌권 자체가 아니라 형벌권 실현의 절차를 규정하는 형사절차법에는 소급효금지의 원칙이 적용되지 않는다고 볼 수 있다.

그런데 공소시효와 같은 형사절차적 문제는 형벌권의 발동과 밀접불가분의 관계에 있다. 이 때문에 공소시효를 정지하거나 연장하거나 또는 아예 배제하는 규정을 신설할 때 소급효금지의 원칙을 적용해야 하지 않는가 하는 의문이 제기될 수 있다. 이 문제는 두 가지 경우로 나누어 검토할 필요가 있다.

(나) 명문의 규정이 있는 경우　　　하나는 입법자가 소급적용 여부와 관련하여 명문의 규정을 두는 경우이다. 이 경우에는 입법자의 결단에 따르면 된다. 절차법적 규정의 신설이나 변경이므로 형사실체법에 적용되는 소급효금지의 원칙에 얽매일 필요가 없기 때문이다.

(다) 명문의 규정이 없는 경우　　　다른 하나는 입법자가 소급적용과 관련하여 명문의 규정을 두지 않은 경우이다. 절차법적 사항이라는 관점에서 보면 이 경우에 소급효를 인정하는 데에 별반 문제가 없어 보인다.[4] 그러나 판례는 다음과 같은 기준을 제시하여 보다 신중한 입장을 취하고 있다.

---

1) 후술 57면 이하 참조.

2) 1996. 2. 16. 96헌가2, 96헌바7·13(병합), 헌집 8-1, 51(86) = 분석 총론 『5·18 특별법 공소시효정지 사건』.

3) 2017. 10. 26. 2015헌바239, 헌공 253, 1079 = 『노역장유치 부칙 위헌 사건』.

4) 배종대, 61면; 임웅, 25면.

(라) 판례의 입장   「(전략) 공소시효를 정지·연장·배제하는 내용의 특례조항을 신설하면서 소급적용에 관한 명시적인 경과규정을 두지 아니한 경우에 그 조항을 소급하여 적용할 수 있다고 볼 것인지에 관하여는 이를 해결할 보편타당한 일반원칙이 존재할 수 없는 터이므로 적법절차원칙과 소급금지원칙을 천명한 헌법 제12조 제1항과 제13조 제1항의 정신을 바탕으로 하여 법적 안정성과 신뢰보호원칙을 포함한 법치주의 이념을 훼손하지 아니하도록 신중히 판단하여야 한다.」[1) 2)]

판례는「성폭력범죄의 처벌 등에 관한 특례법」(성폭력처벌법) 개정을 통하여 피고인에게 불리한 내용의 공소시효 배제조항을 신설하면서 신법을 적용하도록 하는 경과규정을 두지 아니한 경우에 대해 개정된 공소시효배제 조항을 소급하여 적용할 수 없다고 판단하였다.[3)]

이에 반해 판례는「아동학대범죄의 처벌 등에 관한 특례법」(아동학대처벌법) 개정을 통하여 피고인에게 불리한 내용의 공소시효 정지조항을 신설하면서 신법을 적용하도록 하는 경과규정을 두지 아니한 경우에 대해 개정된 공소시효정지 조항을 소급하여 적용할 수 있다고 판단하였다.[4)]

판례는 이와 같이 엇갈리는 판단의 이유에 대해 공소시효의 배제를 규정한 성폭력처벌법의 개정조항은 공소시효의 적용을 영구적으로 배제하는 것이어서 소급적용이 불허됨에 반하여 아동학대처벌법의 개정조항은 공소시효의 진행을 장래에 향하여 정지시키는 데 불과한 것이어서 소급적용이 허용된다고 판단하였다.[5)]

(마) 사 견   판례에 따르면 형사절차적 사항에 관한 규정의 소급효 문제는 해당 조항의 성격에 따라 개별적으로 판단하게 된다. 그러나 이렇게 된다면 법적 예측가능성이 크게 흔들리게 된다.

이 문제는 형사실체법과 형사절차법을 엄격하게 구별하여 판단하는 것이 타당하다고 본다. 이에 따르면 고소기간이나 공소시효에 관한 규정은 설사 그것이 구체적 사건에서 형사처벌 여부를 결정하는 데 중요한 작용을 할지라도 절차법적 사항이므로 원칙적으로 소급효금지의 대상이 되지 않는다고 보아야 할 것이다.

예컨대 친고죄의 고소기간은 6개월로 되어 있는데(형소법230) 이를 개정하여 1년으로 연장하면서 소급효 문제를 명시하지 않은 경우에 고소기간이 경과하지 않은 사건에 대해 그 소급효를 인정하더라도 소급효금지의 원칙에 저촉되지 않는다고 볼 것이다. 또한 발생한

---

1) 2015. 5. 28. 2015도1362, 공 2015하, 933 =『장애인 준강간 공소시효 사건』☞ 996면.
2) 2016. 9. 28. 2016도7273, 공 2016하, 1650 =『아동학대처벌법 공소시효 사건』☞ 997면.
3) 2015. 5. 28. 2015도1362, 공 2015하, 933 =『장애인 준강간 공소시효 사건』.
4) 2016. 9. 28. 2016도7273, 공 2016하, 1650 =『아동학대처벌법 공소시효 사건』.
5) 2021. 2. 25. 2020노3694, 공 2021상, 728 =『아동학대처벌법 공소시효 사건 2』☞ 997면.

범죄에 대해 공소시효의 완성이 임박한 시점에서 공소시효기간을 범인에게 불리하게 연장하면서 소급효 부여를 명시하지 않았다고 하여도 그 소급효(소위 부진정소급효)를 인정하는데에 지장이 없다.[1]

(2) 형사소송법상 공소시효의 연장과 배제

입법자가 절차법 규범의 소급효 여부에 대해 명문의 규정을 두는 경우에는 그에 따르면 된다. 입법자는 2007년 형사소송법 개정을 통하여 형소법 제249조 이하에 규정된 공소시효기간을 연장하였다. 개정 형소법은 부칙 제3조에서 "이 법 시행 전에 범한 죄에 대하여는 종전의 규정을 적용한다."고 정하여 소급효를 부정하였다.

한편 입법자는 2015년 형사소송법 개정시에 형소법 제253조의2를 신설하여 사람을 살해한 범죄(종범은 제외한다)로 사형에 해당하는 범죄에 대해 공소시효를 적용하지 않기로 하는 결단을 내렸다. 이 개정규정은 개정 법 시행 전에 범한 범죄로 아직 공소시효가 완성되지 아니한 범죄에 대해 적용된다(부칙2). 살인범죄에 대해 부진정소급효를 인정하기로 한 것이다.

(3) 절차법규범과 소급효금지의 예외적 인정

그런데 이미 고소기간이 도과하였거나 공소시효가 완성된 범죄에 대해서 시효기간을 연장(소위 진정소급효)하는 소급입법은 허용되지 않는다. 엄밀한 의미에서 볼 때 고소기간의 도과와 공소시효완성의 문제는 헌법 제13조 제1항이 규율하고 있는 소급효금지원칙의 적용대상이 아니다. 헌법 제13조 제1항은 범죄구성요건과 형벌에 대해서 적용되는 조문이기 때문이다.

그러나 예컨대 공소시효가 완성되어 형사소추를 할 수 없게 된 상황에서 뒤늦게 소추가 가능하도록 하는 새로운 법률을 제정하는 것은 새로운 범죄구성요건의 제정과 실질에 있어서 다를 바가 없다. 이러한 점을 고려하여 우리 헌법 제13조 제1항은 소급효금지원칙의 법적 효과에 대해 '소추되지 아니한다'는 표현을 사용하고 있다.

우리 헌법이 '처벌되지 아니한다'는 표현 대신에 '소추되지 아니한다'고 표현한 것은 형사처벌 그 자체뿐만 아니라 형사처벌을 가능하게 하기 위한 수사, 공소제기, 공소유지 등의 활동을 모두 포함하기 위한 배려라고 생각된다. 공소시효완성은 그 자체로 범죄의 성립이나 형벌 여하에 영향을 미치는 것은 아니지만 수사나 공소제기에 중요한 장애사유로서 '소추'와 관련된 것이다. 따라서 공소시효가 완성된 경우에는 예외적으로 소급효금지의 원칙이

---

1) 2016. 9. 28. 2016도7273, 공 2016하, 1650 = 『아동학대처벌법 공소시효 사건』.

적용된다고 볼 것이다.

〈사례 해설〉 〔사례 11〕의 사안에서 먼저 특가법의 적와 A판사의 재판시 사이에 특가법의 개정이 있었고 그 변경은 피고인 갑에게 유리한 것이다. 그렇다면 재판시에 유효한 법률이 갑의 형사처벌 여부를 판단하는 기준이 된다(법1②). 여기에서 재판시에 유효한 법률은 갑에게 유리한 「조세범 처벌법」이다. 그렇다면 갑에게는 일단 「조세범 처벌법」 위반죄가 성립할 여지가 있다(3년 이하의 징역).

이제 「조세범 처벌법」 위반죄의 성립 여부를 검토할 차례이다. 그런데 여기에서 「조세범 처벌법」 위반죄의 공소시효 문제에 주목할 필요가 있다. 재판시점을 기준으로 볼 때 〔사례 11〕의 사안에서 갑의 공소시효는 2년에서 3년으로 불리하게 변경되고 있다. 여기에서 개정된 「조세범 처벌법」의 공소시효가 소급적용될 것인지 문제된다.

공소시효는 절차법적 사항이다. 따라서 원칙적으로 신법이 기준이 된다. 다만 이미 공소시효가 완성된 사건에 대해서는 법적 안정성의 보장을 위하여 예외적으로 신법의 소급효가 금지된다.

한편 공소시효의 완성 문제와 관련하여 유념해야 할 사항은 공소제기와 함께 공소시효의 진행이 정지된다는 사실이다(형소법253①). 그렇기 때문에 공소시효의 완성 여부는 재판시가 아니라 공소제기의 시점을 기준으로 판단해야 한다.

피고인 갑의 조세포탈행위는 1973년 9월에 일어나고 있다. 검사가 갑을 기소한 것은 1975년 12월이다. 공소제기시점을 기준으로 놓고 볼 때 조세포탈행위의 공소시효는 2년으로 되어 있다. 그렇다면 검사의 기소 당시 갑의 피고사건은 이미 공소시효가 완성되었다고 판단하지 않으면 안 된다.

정부가 공소시효를 종전의 2년에서 3년으로 변경한 것은 1976년 5월이다. 이에 대하여 검사가 공소를 제기한 것은 1975년 12월이다. 여기에서 다음과 같은 논리를 생각해 볼 수 있다. 「공소시효에 관한 규정은 절차법규로서 소급효를 가진다. 절차법규에는 소급효금지의 원칙이 적용되지 않기 때문이다. 이 사건의 경우 범죄 후 2년 3개월이 경과한 시점에서 공소가 제기되고 있다. 그러므로 이 사건에는 공소시효가 완성되지 않는다.」 그러나 이러한 방식의 해석은 타당하지 않다.

공소제기의 시점을 기준으로 놓고 볼 때 피고인 갑에 대한 공소시효기간은 당시의 「조세범 처벌법」이 기준으로 제시한 2년이다. 따라서 갑의 피고사건은 이미 공소시효가 완성되고 있다. 일단 공소시효가 완성된 사건에 대해서는 공소시효를 연장하는 법률에 소급효가 인정되지 않는다.

공소시효가 완성된 사건이 기소되면 법원은 면소판결로써 피고사건을 종결해야 한다(형소법326 iii). 〔사례 11〕에서 갑에 대한 피고사건은 공소시효가 완성되고 있으므로 A판사는 피고인 갑에게 면소판결을 선고해야 한다.

3. 판례변경과 소급효금지의 원칙

【사례 12】 P건설회사는 M아파트를 시공하고 있었다. 그런데 P건설회사의 현장소장 갑은 공사편의를 위하여 M아파트의 지하주차장 시공의 순서와 방법을 임의로 변경 하였다. 그 결과 M아파트는 준공 후 얼마 안가서 건물 전체가 비스듬하게 기울어져 안전성이 크게 위협받는 상황에 이르게 되었다. 이에 검사는 현장소장 갑을 「건축법」 위반죄로 기소하였다.

그런데 종전의 판례에 의하면 「건축법」의 관련 처벌규정은 사용자인 '건축주'에게만 적용되고 '종업원'인 현장소장에게는 적용되지 않았다. 대법원은 이러한 종전의 해석 이 적절하지 않다고 보고 판례를 변경하여 '종업원'도 처벌대상에 포함하기로 하였다.

현장소장 갑의 입장에서 볼 때 갑의 행위 당시에는 범죄성립을 부정하는 대법원 판례가 지속되고 있었다. 그러나 이제 재판 시점에 이르러 범죄성립을 긍정하는 쪽 으로 판례가 변경될 상황이 대두되었다.

이러한 상황변화에 대해 피고인 갑은 범죄성립을 긍정하는 신판례를 이 판례가 나오기 전에 일어난 자신의 사건에 적용하는 것은 헌법 제13조가 규정한 소급효금지 의 원칙에 위반되는 것이라고 주장한다.

피고인 갑의 주장은 타당한 것인가? (1999. 7. 15. 95도2870 전원합의체 판결. 공 1999, 1696 = 백선 총론 6-1. 『기울어진 아파트 사건 1』)

---

(1) 문제의 소재

소급효금지의 원칙과 관련하여 판례변경의 효력이 문제된다. 판례는 구체적인 사실관계 를 추상적인 법규범에 대입하여 얻어낸 결론을 말한다. 판례는 구체적인 사건을 전제로 내 려진 규범적 판단이다. 이에 대하여 **법률**은 어느 누구에게나 적용되는 일반적 법규범이다. 판례는 사법부가 나타내는 공권적 의사표시임에 대하여 법률은 입법부가 발하는 공권적 의 사표시이다. 이와 같이 형식적 관점에서 관찰하면 판례는 법률과 명백히 구별된다.

한편 소급효금지의 원칙을 선언한 헌법 제13조는 소급효금지의 대상을 '법률'로 한정하 고 있다. 행위시법주의를 규정한 형법 제1조 제1항도 '행위시의 법률'이라는 표현을 사용하 고 있다. 이렇게 볼 때 소급효금지의 원칙은 '법률'만을 금지의 대상으로 규정하고 있으므 로 판례변경에 대해서는 적용이 없다고 말할 수 있을 것이다.

그러나 피고인의 입장에서 보면 판례의 변경이 사실상 법률의 변경에 준하는 의미를 가진다. 먼저, 판례가 불리하게 변경되는 경우가 있다. 이 경우 불리하게 변경된 새로운 판례는 피고인에게 마치 불리한 소급입법이 이루어진 것과 같은 의미를 가진다. 신뢰보호라는 관점에서 볼 때 피고인은 불리한 판례변경에 소급효금지의 원칙이 적용되지 아니하는 이유를 납득하기 어려울 것이다. 여기에서 판례변경에 소급효금지의 원칙을 적용해야 한다는 주장이 나오게 된다.

다음으로, 행위 시점에 피고인에게 불리하였던 종전의 판례가 재판 시점에 유리하게 변경되는 경우가 있다. 피고인에게 적용되는 형벌법규 자체의 해석에 관한 판례가 유리하게 변경되었다면 새로운 판례에 따라서 해당 형벌법규를 적용하면 된다. 그런데 형벌법규 자체는 그대로 유지되면서 관련되는 판례가 유리하게 변경된 경우에 그 판례변경을 법률의 변경에 준하는 것으로 본다면 재판시법에 준하여 새로운 판례에 따라 형벌법규를 적용해야 한다는 주장이 나오게 된다.

(2) 불리한 판례변경과 소급효금지원칙의 적용 여부

먼저, 판례가 불리하게 변경되는 경우에 그 판례변경에 소급효금지를 인정할 것인가에 대해 몇 가지 견해가 제시되고 있다.

(가) 소급효긍정설　　　불이익하게 변경된 판례에 소급효금지의 원칙은 적용하지 않는 견해이다. 이에 따르면 불이익한 판례변경에 소급효를 인정한다.[1] 판례는 구체적 사건에 대한 법적 판단에 지나지 않으며 일반적 구속력을 갖는 법률과 구별된다는 것이 그 이유이다. 소급효긍정설의 입장에서는 헌법 제13조 제1항이 금지하고 있는 것은 '법률'에 소급효를 부여하는 것이며, 법률의 적용에 불과한 판례에는 소급효금지의 원칙이 적용되지 않는다고 본다. 소급효긍정설은 현재 대법원판례의 입장이다.[2]

(나) 금지착오원용설　　　판례변경으로 인하여 새롭게 형사처벌을 받거나 또는 가중된 처벌을 받게 될 피고인을 구제하기 위하여 금지착오의 법리를 원용하자는 주장이다.[3] 금지착오원용설은 소급효긍정설의 연장선상에 있다고 말할 수 있다. 금지착오란 자신의 행위가 법에 의하여 금지되고 있음을 알지 못하는 것을 말한다. 형법 제16조는 "자기의 행위가 법령에 의하여 죄가 되지 아니하는 것으로 오인한 행위는 그 오인에 정당한 이유가 있는 때에 한하여 벌하지 아니한다."고 규정하고 있다. 금지착오원용설을 취하는 사람들은 피고인이 변경 전의 판례가 앞으로도 계속 유효하리라고 신뢰한 것은 형법 제16조가 요구하고 있

---

1) 권오걸, 34면; 박상기, 21면.

2) 1999. 7. 15. 95도2870 전원합의체 판결 다수의견, 공 1999, 1696 = 백선 총론 6-1. 『기울어진 아파트 사건 1』.

3) 김성천·김형준, 31면; 김일수·서보학, 46면; 성낙현, 40면; 손동권·김재윤, 39면; 이재상·장영민·강동범, 23면; 임웅, 28면.

는 '정당한 이유'에 해당한다고 본다.

(다) 소급효부정설   불이익하게 변경되는 판례에 대해 소급효를 인정할 수 없다고 보는 견해이다.[1][2] 이 입장에서는 판례의 일관된 태도에 의하여 범죄성립이 지속적으로 부정되어 오던 행위나 또는 가벼운 처벌에 그치던 행위에 대해서는 변경된 판례에 소급효를 부여해서는 안 된다고 주장한다. 지속적인 판례는 이미 국민들 사이에 사실상 구속력이 있는 법규범으로 인식되고 있으며, 법적 안정성과 예측가능성이라는 관점에서 볼 때 국민들의 이러한 신뢰를 보호해야 한다는 것이다.

(라) 사 견   이제 각 학설을 검토해 본다. 대법원판례가 지지하는 소급효긍정설은 지나치게 형식논리에 집착하고 있으며 법적 안정성과 국민의 신뢰보호를 소홀히 취급하는 흠이 있다. 금지착오원용설은 피고인의 처지를 배려하려는 취지에서 주장된 것이기는 하지만 소급효금지의 문제를 정면에서 대처하지 못하는 흠이 있다. 자신의 행위가 죄가 되는지 몰랐다고 하는 금지착오의 주장은 형법 제16조의 법리에 따라서 해결되는 것이며 소급효금지의 법리와는 무관하다.

시민들에게 법적 안정성을 보장하고 신뢰보호가 깨지는 상황을 방지하려면 역시 소급효금지의 원칙에 입각하여 판례변경의 소급효를 부정하는 것이 타당하다고 본다. 여기에는 피고인에게 유리한 유추해석은 허용된다는 법리도 함께 고려할 필요가 있다. 소급효부정설에 의하면 신판례는 판결선고 이후에 발생한 범죄에 대하여 적용되게 될 것이다.

⟨사례 해설⟩   〔사례 12〕의 사안에서 쟁점은 변경된 판례를 기준으로 삼아 판례변경 이전에 이루어진 행위를 처벌할 수 있을 것인가 하는 점이다. 이와 관련하여 대법원 다수의견은 형사처벌의 근거가 되는 것은 법률이지 판례가 아니라는 점, 「건축법」상 처벌규정에 관한 판례변경은 그 법률조항의 내용을 확인하는 것에 지나지 아니하여 문제의 처벌규정 자체가 변경된 것이라고 볼 수는 없다는 점 등을 들어서 변경된 판례의 소급효를 긍정하였다.

이에 대하여 대법원 소수의견은 소급효 부정의 논거로 지금까지 대법원판례가 「건축법」상의 양형규정이 행위자처벌의 근거규정이 될 수 없다고 일관되게 해석하여 왔다는 점, 국민의 법의식상 그러한 해석이 사실상 구속력이 있는 법률해석으로 자리잡게 되었다고 말할 수 있다는 점 등을 지적하였다. 소수의견은 이를 근거로 판례변경에 소급효를 인정하는 것은 형사법의 영역에서 국민에게 법적 안정성과 예측가능성을 보장하기 위하여 소급입법금

---

1) 김성돈, 71면; 배종대, 65면; 이정원, 34면.
2) 1999. 7. 15. 95도2870 전원합의체 판결 소수의견, 공 1999, 1696 = 백선 총론 6-1. 『기울어진 아파트 사건 1』.

지의 원칙을 선언하고 있는 헌법의 정신과 상용될 수 없다고 주장하여 피고인의 처벌에 반대하였다.

(3) 유리한 판례변경과 재판시법 적용 여부

판례변경과 관련한 또 다른 문제로 유리한 판례변경과 재판시법의 관계가 논의된다. 당해 형벌법규는 그대로 유지되면서 그 적용범위와 관련된 판례가 재판 시점에 유리하게 변경된 경우에 법원이 새로운 판례에 따라 판단할 수 있을 것인지가 여기에 해당하는 문제이다.

유리한 판례변경의 사례로 대물변제와 배임죄의 관계에 관한 판례의 변경을 들 수 있다. 본래의 채무이행(예컨대 1억원의 금전지급)에 갈음하여 다른 급여(예컨대 아파트의 소유권이전)를 하는 것을 가리켜서 대물변제라고 한다(민법466). 배임죄(법355②)의 성립과 관련하여 종래 판례는 "채권담보로 부동산에 관한 대물변제예약[민법466, 564, 567]을 체결한 채무자가 대물로 변제하기로 한 부동산을 처분한 경우 배임죄가 성립한다."는 입장을 취하였으나, 2014년 대법원은 전원합의체 판결로 위의 경우에 배임죄가 성립하지 않는다는 입장으로 판례를 변경하였다.[1]

형법의 경우로 돌아와서 보면, 죄로 되는 사실이 없음에도 불구하고 죄가 되는 사실이 있다고 허위사실을 수사기관에 신고하면 무고죄(법156)가 성립한다. 행위자 갑은 2014년 판례변경 이전의 시점에서 대물변제(민법466)의 예약(민법564, 567)을 한 사실이 없음에도 불구하고 "채권담보로 부동산에 관한 대물변제예약을 체결한 채무자 A가 대물로 변제하기로 한 부동산을 제3자에게 처분하였다."고 수사기관에 허위사실을 신고하여 무고죄(법156)로 기소되었다. 재판은 2014년 판례변경 이후의 시점에 이루어졌다. 이러한 경우에 법원이 행위자 갑을 무고죄(법156)로 처벌할 수 있을 것인지 문제된다.

이 경우 행위자 갑의 입장에서는 재판 시점을 기준으로 볼 때 고소한 사실이 배임죄(법355②)에 해당하지 아니하여 허위사실이 아니므로 무고죄(법156)가 성립하지 않는다고 주장할 여지가 있다. 그러나 이에 대해 판례는 다음과 같이 판단하여 무고죄의 성립을 인정하고 있다.

「허위로 신고한 사실이 무고행위 당시 형사처분의 대상이 될 수 있었던 경우에는 국가의 형사사법권의 적정한 행사를 그르치게 할 위험과 부당하게 처벌받지 않을 개인의 법적 안정성이 침해될 위험이 이미 발생하였으므로 무고죄는 기수에 이르고, 이후 그러한 사실이 형사범죄가 되지 않는 것으로 판례가 변경되었다고 하더라도 특별한 사정이 없는

---

1) 2014. 8. 21. 2014도3363 전원합의체 판결, 공 2014하, 1923 = 『대물변제예약 배임죄 사건』 ☞ 998면.

한 이미 성립한 무고죄에는 영향을 미치지 않는다.」[1]

만일 관련된 '판례의 변경'을 '법률의 변경'에 준하는 것으로 본다면 대법원의 결론은 이해하기 어렵다. 판례변경을 형벌법규의 적용과 관련된 다른 법률이 변경된 것으로 본다면 전체로서의 형벌법규가 변경된 것으로 보아 유리한 재판시법(법1②)을 적용할 수 있기 때문이다. 그러나 위의 인용 판례에서 대법원은 이와는 다른 결론에 이르고 있다.

이러한 대법원의 결론은 판례는 법률이 아니라는 전제에서 얻어진 것이라고 생각된다. 재판시점을 기준으로 볼 때 판례변경이 있을 뿐 적용법률에는 아무런 변경이 없으므로 무고죄가 성립한다는 논리구성이 암묵적으로 전제되어 있다고 보이기 때문이다.

---

1) 2017. 5. 30. 2015도15398, 공 2017하, 1411 = 『대물변제 허위고소 사건』 ☞ 999면.

제3장 형법의 적용범위

제1절 형법의 시간적 적용범위

제1 행위시법과 재판시법의 관계

한국형법	독일형법
제1조〔범죄의 성립과 처벌〕① 범죄의 성립과 처벌은 행위시의 법률에 따른다.	**제2조** ① 형벌과 그 부수효과는 행위시에 유효한 법률에 의하여 정한다.
(해당 조항 없음)	② 행위 도중에 법정형이 변경된 때에는 행위 종료시에 유효한 법률을 적용한다.
② 범죄 후 법률이 변경되어 그 행위가 범죄를 구성하지 아니하게 되거나 형이 구법보다 가벼워진 경우에는 신법에 따른다.	③ 행위 종료 당시에 유효한 법률이 재판 전에 변경된 때에는 가장 가벼운 법률을 적용한다.
(해당 조항 없음)	④ 일정 기간에 한하여 유효한 법률은 그 법률이 실효된 때에도 그 유효기간 중 범하여진 행위에 대하여 이를 적용한다. 다만, 법률이 달리 규정하고 있는 경우에는 그러하지 아니하다.
(해당 조항 없음)	⑤ 제1항 내지 제4항의 규정은 범죄영득물몰수, 범죄생성물몰수 및 폐기에 관하여 이를 준용한다.
(해당 조항 없음)	⑥ 보안처분에 관하여는 법률에 특별한 규정이 없을 경우 재판시에 유효한 법률에 의하여 이를 선고한다.
③ 재판이 확정된 후 법률이 변경되어 그 행위가 범죄를 구성하지 아니하게 된 경우에는 형의 집행을 면제한다.	(해당 조항 없음)

한국형법	독일형법
(해당 조항 없음)	**제8조** 범죄의 시점은 정범 또는 공범이 행위를 한 때 또는 부작위범의 경우 일정한 행위를 행하였어야 한 때가 된다. 결과의 발생시점은 그 기준이 되지 아니한다.

1. 행위시법주의와 재판시법주의

(1) 행위시법주의의 원칙

행위시점과 재판시점 사이에 법률의 변경이 생길 경우에 어떠한 법률을 적용해야 할 것인지 문제된다. 신법우선의 원칙이라는 법의 일반원칙에 입각하여 본다면 법관은 자신이 재판을 하는 시점에 유효한 법률을 적용해야 할 것이다.

그러나 헌법 제13조 제1항 전단과 형법 제1조 제1항은 실체형법의 영역에서 이와 같은 일반원칙의 적용을 금지한다(절차법의 영역에서는 그렇지 않다). 헌법과 형법은 범죄와 형벌을 규정하는 실체형법의 경우에 행위시법주의를 원칙으로 설정하고 있다.

행위시법주의란 범죄인이 행위하던 시점에 유효한 형벌법규를 적용하여 재판하는 원칙을 말한다. 행위시법주의는 시민의 법적 안정성과 예측가능성을 보장하기 위하여 도출된 원칙이다. 행위시법주의에 대해서는 죄형법정주의의 파생원칙인 소급효금지의 원칙과 관련하여 이미 살펴본 바 있다.[1]

(2) 피고인보호와 재판시법주의

죄형법정주의에서 도출되는 행위시법주의는 어디까지나 행위자에게 불이익이 발생하는 사태를 막기 위하여 인정되는 원칙이다. 따라서 만일 행위시점 이후에 개정된 신법이 행위자에게 유리하다면 신법에 의하는 것이 죄형법정주의의 정신에 부합하며, 신법우선이라는 법의 일반원칙에도 어긋나지 않는다.

이러한 점을 고려하여 형법 제1조 제2항은 "범죄 후 법률이 변경되어 그 행위가 범죄를 구성하지 아니하게 되거나 형이 구법보다 가벼워진 경우에는 신법에 따른다."고 규정하고 있다. 행위자에게 유리한 경우에 예외적으로 재판시법을 적용하도록 한 것이다.

종래 판례는 형벌법규 변경의 경우에도 동기설을 취하여 개정 법률이 법률이념의 반성

---

1) 전술 41면 이하 참조.

적 고찰에 기초한 것인가를 따지고 있었다.[1] 이에 대해서는 입법적 결단을 사법부가 수정하는 것으로서 문제가 크다고 하는 비판이 있었다. 2022년 대법원이 전원합의체 판결[2]을 통하여 동기설의 입장을 폐기하였다는 점과 그 내용에 대해서는 앞에서 언급하였다.[3]

형법 제1조 제2항에 따르면 재판시법이 적용되는 경우는 (가) 범죄 후 법률이 변경되어 그 행위가 범죄를 구성하지 아니하게 된 경우와 (나) 범죄 후 법률이 변경되어 형이 구법보다 가벼워진 경우로 나누어진다.

(가) 범죄를 구성하지 아니하는 경우　　법률이 개정되어 그 행위가 범죄를 구성하지 아니하게 된 경우가 행위자에게 유리한 것임은 물론이다. 이 경우에 행위자가 법원에 기소되었다면 법원은 '범죄 후의 법령개폐로 형이 폐지되었을 때'에 해당함을 이유로 면소판결로써 당해 형사절차를 종결하게 된다(형소법326iv).

(나) 형이 가벼워진 경우　　법률이 개정되어 형이 가벼워진 경우에는 신법을 적용하여야 한다.[4] 법률이 변경되었더라도 형의 경중에 변화가 없을 때에는 행위시법주의의 원칙에 따라 구법을 적용하여야 한다.[5]

(다) 법률이 여러 차례 변경된 경우　　행위 후 재판까지의 사이에 법률이 여러 차례에 걸쳐서 개정되는 일이 있다. 이 경우에 대해 우리 형법은 특별한 규정을 두고 있지 않다. 그러나 독일 형법을 보면 "행위 종료 당시에 유효한 법률이 재판 전에 변경된 때에는 가장 가벼운 법률을 적용한다."고 규정하여(동법2③) 피고인에 대한 배려를 극대화하고 있다. 죄형법정주의의 관철이라는 의미에서 여러 차례에 걸친 개정법률이 있을 경우에 형이 가장 가벼운 법률에 의하는 것이 우리 형법의 해석론으로도 타당하다고 본다. 판례도 같은 태도이다.[6] [7]

(3) 재판확정 후의 법률변경

형법 제1조 제3항은 "재판이 확정된 후 법률이 변경되어 그 행위가 범죄를 구성하지 아니하게 된 경우에는 형의 집행을 면제한다."고 규정하고 있다. 이 조문은 엄밀한 의미에서 행위시법과 재판시법에 관한 규정은 아니다. 이 조문은 행위시점 및 재판시점을 지나

---

1) 2013. 7. 11. 2013도4862, 2013전도101, 공 2013하, 1553 = 분석 총론 『특가법 유인죄 삭제 사건』.
2) 2022. 12. 22. 2020도16420 전원합의체 판결, 공 2023상, 318 =『전동킥보드 음주운전 사건』 ☞ 987면.
3) 전술 44면 이하 참조.
4) 2022. 12. 22. 2020도16420 전원합의체 판결, 공 2023상, 318 =『전동킥보드 음주운전 사건』.
5) 1992. 6. 23. 92도954, 공 1992, 2321 = 백선 총론 4. 참고판례 1.『특경가법 개정 사건』.
6) 1968. 12. 17. 68도1324, 집 16③, 형81 = 백선 총론 4. 참고판례 3.『관세법 대 특가법 사건 2』.
7) 2012. 9. 13. 2012도7760, 공 2012하, 1718 = 분석 총론 『특강법 재차 개정 사건』.

유죄판결이 확정된 이후의 시점에서 법률의 변경이 일어나는 경우를 규율하고 있기 때문이다.

행위시와 재판시 사이에 행위자에게 유리한 방향으로 법률의 변경이 있게 되면 행위자는 변경된 법률로 인한 혜택을 입게 된다. 그러나 재판이 확정되어 버리면 법관은 유리하게 변경된 법률을 적용할 수 없다. 유죄의 재판이 확정되면 법관에게 판단할 대상은 더 이상 존재하지 않는다. 이 단계에서는 형의 집행만 남게 된다. 형집행은 검사의 직무에 속한다(형소법459, 460 참조). 이러한 상황에서 입법자가 형평의 관점에서 마련한 규정이 형법 제1조 제3항이다. 재판이 확정된 후 법률이 변경되어 유죄판결을 받은 행위가 더 이상 범죄를 구성하지 아니하게 된 경우에는 수형인에 대한 형의 집행이 면제된다.

2. 행위시점의 결정

(1) 행위시점의 판단방법

형법의 시간적 효력범위를 결정하려면 행위시점을 확정하여야 한다. 행위시점에 유효한 형벌법규가 비교의 척도로 등장하기 때문이다. 그런데 우리 형법은 행위시점을 결정하는 기준에 대하여 명시적인 규정을 두고 있지 않다. 이에 비해 독일 형법 제8조는 행위시점의 판단기준을 명시해 놓고 있다. 이제 이 조문을 참조하면서 행위시점의 판단기준을 모색해 보기로 한다.

행위시점을 판단하는 것은 행위시법주의를 적용하기 위함이다. 행위시법주의는 죄형법정주의에서 파생하는 것으로서 피고인을 보호하기 위한 장치이다. 따라서 피고인에게 유리한 경우에는 재판시법이 적용된다. 그런데 행위시점을 판단함에 있어서 비교되는 것이 있다. 그것은 형법의 장소적 적용범위와 관련하여 검토하는 범죄지의 판단기준이다. 양자는 동일한 행위의 시간과 장소라는 점에서 밀접한 연관성을 가진다. 그렇지만 행위시점의 판단기준은 범죄지의 판단기준과 상당히 다른 모습을 나타낸다.

'범죄지'의 경우 형법의 적용범위에 빈틈이 생기지 않도록 하기 위하여 행위와 결과가 모두 기준으로 작용한다(소위 보편기준설). 이에 반해 '행위시점'의 경우에는 피고인보호를 위하여 행위시점을 가능한 한 좁게 설정한다. 특히 행위 당시의 법률을 기준으로 행동을 결정하는 행위자를 보호하기 위하여 '행위시점'은 기본적으로 행위 자체를 기준으로 판단하게 된다. 따라서 사후의 결과발생은 '행위시점'의 판단기준에서 제외된다(독일형법8 2문 참조).

(2) 행위시점의 구체적 판단기준

행위시점은 행위가 종료하는 시점이다. 행위가 종료한 후 그 행위로 인하여 발생하는 결과는 행위시점을 결정하는 기준이 아니다. 이 점은 결과발생지가 범죄지로서 형법의 장소적 적용범위를 결정하는 기준이 되는 것과 구별되는 부분이다.

(가) 작위범과 부작위범　　작위범의 경우에는 실행행위의 시점이 행위시점이 된다. 부작위범의 경우에는 요구되는 작위를 수행해야 할 시점이 행위시점이 된다.

(나) 넓은 의미의 공범　　공동정범의 경우 공동의 범행결의에 기초하여 실행행위를 분담하는 행위를 할 때가 행위시점이 된다. 교사범과 방조범의 경우에 행위시점은 정범자의 행위가 아니라 공범자의 행위를 기준으로 판단한다. 간접정범의 경우에는 이용자가 피이용자를 이용하는 시점이 아니라 피이용자가 실행에 착수하는 시점을 행위시점으로 보아야 할 것이다.

(다) 포괄일죄　　행위는 한 개의 신체동작으로 일어날 수도 있지만 계속적, 반복적으로 수행될 수도 있다. 다수의 행위가 범죄의 상습성이나 업무성과 같은 일정한 특징에 의하여 하나로 묶이는 범죄를 가리켜서 포괄일죄라고 한다.[1] 포괄일죄는 여러 개의 행위로 이루어져 있지만 형법상으로는 한 개의 범죄이다.

포괄일죄의 경우에 포괄일죄로 묶이는 일련의 행위들이 진행되는 동안에 기존의 형벌법규가 변경되는 일이 있다. 이러한 경우에 행위시점은 일련의 행위가 종료하는 최종시점이다. 따라서 포괄일죄의 중간에 개정되어 재판 시점에 유효한 법률은 재판시법으로서가 아니라 처음부터 행위시법으로 적용된다.[2]

그런데 포괄일죄에 관한 기존의 형벌법규에 대하여 그 표현이나 형량과 관련한 개정을 하는 경우가 아니라, 애초에 죄가 되지 않던 행위를 구성요건의 신설을 통하여 포괄일죄의 처벌대상으로 삼는 경우가 있다. 이러한 경우에는 형법 제1조 제2항에 따라 신설된 포괄일죄 형벌법규가 시행되기 이전의 행위에 대하여는 신설된 법규를 적용하여 처벌할 수 없다.[3] 이는 신설된 형벌법규가 상습범을 처벌하는 구성요건인 경우에도 마찬가지이다.[4]

「특정범죄 가중처벌 등에 관한 법률」(특정범죄가중법) 제2조 위반죄(뇌물)나 「특정경제범죄 가중처벌 등에 관한 법률」(특정경제범죄법) 제3조 위반죄(사기 등) 등의 경우에는 뇌물액수나 이득액을 기준으로 처벌의 정도가 달라진다. 이때 뇌물액수나 이득액은 여러 개의 행위에서 취득한 액수를 합산한 것이다. 특가법상의 뇌물죄나 특경가법상의 사기죄 등의 포괄일죄에서 여러 개의 행위 도중에 형을 가중하는 개정이 있었다면 소급효금지의 원칙에 따라 형의 산정 기준이 되는 수뢰액이나 이득액은 법 개정 이후의 행위로 수수한 금

---

1) 포괄일죄에 대해서는 후술 794면 이하 참조.
2) 1992. 12. 8. 92도407, 공 1993, 488 = 백선 총론 4. 『페놀 방류 사건』 참조.
3) 2022. 12. 29. 2022도10660, 공 2023상, 414 = 『상습성착취물제작 공소장변경 사건』. ☞ 1001면.
4) 2022. 12. 29. 2022도10660, 공 2023상, 414 = 『상습성착취물제작 공소장변경 사건』.

액을 합산한 것으로 한정된다.[1]

포괄일죄로 묶이는 여러 개의 행위 도중에 필요적 몰수·추징을 부과하는 형벌법규가 입법되었다면 형벌법규 불소급의 원칙에 따라 당해 형벌법규가 시행된 이후의 행위로 취득한 금액이나 이익만이 몰수·추징의 대상이 된다.[2]

(라) 계속범　　　포괄일죄와 마찬가지로 취급할 것으로 계속범이 있다. 계속범은 첫 번째의 행위로 범죄가 성립하였으나 이 행위가 지속되는 동안 계속 범죄가 성립하는 범죄유형을 말한다. 계속범의 대표적인 예로 감금죄(법276①)를 들 수 있다. 최초의 감금행위에 의하여 신체의 자유가 제한된 상황에서 이후 감금행위가 종료할 때까지 감금죄는 계속 성립한다. 이 경우 감금행위는 외관상 한 번만 있는 것처럼 보이지만 실질적으로는 감금행위가 끊임없이 되풀이되는 것과 같은 구조를 갖는다.

계속범은 포괄일죄와 마찬가지로 형법상 한 개의 범죄를 이룬다. 따라서 행위시점은 최종행위가 종료하는 시점이 된다. 그리하여 계속범에 대해서는 실행행위가 종료되는 시점의 법률이 행위시법으로 적용된다. 예컨대 청소년성보호법이 규정한 성착취물소지죄는 계속범이다. 성착취물소지행위 도중에 처벌을 강화하는 형벌법규 개정이 있었다면, 개정된 형벌법규가 행위시법으로 적용된다.[3]

3. 형의 경중의 비교

【사례 13】 갑은 암달러상이다. 갑은 여행자수표(환가하여 3백만원 상당)를 한화로 매입하여 취득하고도 국내의 외국환은행에 매각하지 아니한 채 이를 홍콩교포 A에게 매도하였다. 갑은 「외국환관리법」의 관련조문 위반혐의로 기소되었다.

갑에 대한 재판이 진행되던 도중에 「외국환관리법」의 벌칙조항이 개정되었다. 개정 전 벌칙조항은 갑의 행위에 적용될 형에 관하여 "10년 이하의 징역 또는 1,000만원 이하의 벌금에 처하되 위반행위 목적물의 가액이 1,000만원을 초과하는 경우에는 그 벌금은 목적물 가액의 3배 이하로 한다."라고 규정하고 있었다. 이에 대하여 개정 후의 벌칙조항은 형을 "3년 이하의 징역 또는 2,000만원 이하의 벌금에 처한다."라고 규정하고 있다.

갑의 피고사건을 심리하는 재판부는 갑에게 1,500만원의 벌금을 선고하려고 한다.

---

1) "포괄일죄인 뇌물수수 범행이 위 신설 규정의 시행 전후에 걸쳐 행하여진 경우에 있어 위 특가법 제2조 제2항[벌금의 필요적 병과]에 규정된 벌금형 산정의 기준이 되는 수뢰액은 위 규정이 신설된 2008. 12. 26. 이후에 수수한 금액으로 한정된다고 보아야 한다."

2011. 6. 10. 2011도4260, 공 2011하, 1433 = 분석 각론 『특가법 벌금 병과 사건』.

2) 2020. 10. 15. 2020도7307, 공 2020하, 2203 = 『법무사법 필요적 몰수 사건』 ☞ 1002면.

3) 2023. 3. 16. 2022도15319, [미간행] = 『성착취물소지죄 개정 사건』 ☞ 1003면.

법원은 이러한 액수의 벌금형을 선고할 수 있을 것인가? (1992. 11. 13. 92도2194, 공 1993, 166 = 백선 총론 4. 참고판례 4.『외환관리법 벌금변경 사건』)

(1) 형의 비교와 형의 양정

행위시법과 재판시법 가운데 어느 것을 적용할 것인가를 결정하려면 두 법률 사이에 존재하는 형의 경중을 비교하여야 한다. 형의 경중을 비교하는 기법에 관하여 형식적 기준설과 실질적 기준설의 두 가지 견해가 제시되고 있다. 그런데 이 견해를 살피기에 앞서서 형의 양정(量定)에 관하여 알아둘 필요가 있다.

법원은 피고사건에 대하여 형을 결정할 때 법정형, 선택형, 처단형, 선고형의 순서로 형량을 구체화해 간다. 법정형은 적용할 형벌법규에 규정되어 있는 형량이다. 선택형은 법정형에 규정된 여러 종류의 형벌 가운데 특정한 종류의 형을 선택한 것을 말한다. 처단형은 법정형에 수정을 가할 사유가 있을 때 이를 반영하여 계산해 놓은 형의 범위이다. 선고형은 처단형의 범위 내에서 특정한 형량을 결정해 놓은 것이다.[1]

(2) 형식적 기준설과 실질적 기준설

형의 경중을 비교하는 기법에 관하여 형식적 기준설과 실질적 기준설의 두 가지 견해가 제시되고 있다.

(가) 형식적 기준설   구법과 신법이 규정한 법정형을 비교해서 형의 경중을 판단해야 한다고 보는 견해이다. 단순히 법정형을 기준으로 신법과 구법의 경중을 비교한다는 점에서 '형식적'이다.

(나) 실질적 기준설   구체적이고 개별적인 사정을 고려하여 당해 사건에서 피고인에게 보다 가벼운 판단을 가능하게 하는 법률이 무엇인가를 살펴야 한다고 주장하는 견해이다. 실질적 기준설의 입장에서는 법정형뿐만 아니라 선택형이나 처단형 또는 선고형의 단계에서 일어나는 형량의 변화도 함께 형의 경중에 반영한다.

(다) 판 례   현재 대법원은 형식적 기준설을 취하고 있다. 대법원은 형의 경중의 비교는 원칙적으로 법정형을 표준으로 할 것이고, 처단형 또는 선고형에 의할 것이 아니라고 본다. 나아가 대법원은 법정형의 경중을 비교함에 있어서 법정형 중 병과형 또는 선택형이 있을 때에는 이 중 가장 무거운 형을 기준으로 하여 다른 형과 경중을 비교하는 것이 원칙이라고 판시하고 있다.[2]

---

1) 법정형, 선택형, 처단형, 선고형에 관하여는 후술 871면 이하 참조.
2) 1992. 11. 13. 92도2194, 공 1993, 166 = 백선 총론 4. 참고판례 4.『외환관리법 벌금변경 사건』.

(라) 사 견   생각건대 대법원이 제시하는 형식적 기준설이 타당하다고 본다. 형식적 기준설은 형의 경중을 비교함에 있어서 명확한 기준을 제시하는 장점이 있다. 피고인에 대한 실질적 배려는 양형단계에서 제공할 수 있다고 본다.

⟨사례 해설⟩   대법원의 기준에 따르면 위의 〔사례 13〕은 다음과 같이 해결된다. 먼저 구법과 신법의 법정형을 비교해 본다. 구법의 법정형은 10년 이하의 징역 또는 1천만원 이하의 벌금이다. 이에 대하여 신법의 법정형은 3년 이하의 징역 또는 2천만원 이하의 벌금이다. 징역형과 벌금형 가운데 징역형은 가벼워졌으나 벌금형은 오히려 무거워지고 있다. 이러한 상황을 놓고 형이 경하게 되었다고 말할 수 있을지 의문시된다.

이러한 경우에 대해 대법원은 법정형에 규정되어 있는 여러 가지 형 가운데 가장 무거운 것을 기준으로 삼도록 요구하고 있다. 위의 「외국환관리법」 벌칙조항에 규정된 형은 징역형과 벌금형이다. 징역이 벌금보다 무거운 형이므로(법50, 41 참조) 기준이 되는 것은 징역형이다. 징역형만을 놓고 볼 때 신법이 구법보다 가볍다. 그렇다면 재판시에 법원이 적용해야 할 형벌법규는 개정된 「외국환관리법」이다.

이제 법원은 개정된 「외국환관리법」의 벌칙조항을 적용하여 피고인을 재판하여야 한다. 신법에 따르면 관련규정의 법정형은 3년 이하의 징역 또는 2천만원 이하의 벌금이다. 그러므로 법원은 암달러상 갑에게 1천5백만원의 벌금을 선고할 수 있다.

제2 한시법과 백지형법

【사례 14】 M지역에 소요가 발생하여 계엄령이 선포되었다고 가정하자. 계엄사령부는 7월 1일부터 7월 31일까지 한 달 동안 정치적 집회를 금지하는 계엄포고를 발하고 이에 위반하는 자는 1년 이하의 징역에 처하기로 하였다. 갑은 위 포고령에도 불구하고 7월 25일 정치집회에 참가하였다. 갑의 집회참가사실은 8월 20일에 발각되었다.

이 경우 갑을 계엄포고령 위반죄로 처벌할 수 있겠는가? (1985. 5. 28. 81도1045, 공 1985, 954 = 백선 총론 5. 참고판례 1.『계엄포고 위반 사건』)

---

1. 한 시 법

(1) 한시법의 의미

한시법(限時法)이란 일정한 시간적 범위에 한정하여 유효한 법률을 말한다. 한시법 가운데에는 종료일을 확정일자로 명시한 경우도 있지만 월 또는 년과 같은 역산단위(曆算單位)를 사용하는 경우도 있다. 또 유효기간을 명시하지 아니한 채 일정한 상황이 제거될 때 효력이 종료할 것으로 규정하는 경우도 있다. 이 가운데 유효기간이 명시된 법률을 가리켜서 협의의 한시법이라 한다. 유효기간의 명시 없이 일정한 상황을 기준으로 유효한 법률을 가리켜서 임시법이라고 부르기도 한다.

한시법은 일시적인 특수상황에 대처하기 위하여 제정되는 일이 많다. 천재지변이나 전시상황 또는 재정경제상의 위기상황이나 전염병의 만연사태 등이 그 예이다. 한시법의 특성은 법률 자체에 명시될 수도 있지만 위임입법에 의하여 명령 · 규칙 등의 형태로 나타날 수도 있다.

(2) 한시법의 추급효

한시법이 종료한 후에 한시법 유효 당시에 범해진 위반행위를 처벌할 수 있겠는가 하는 문제가 있다. 실효된 법률이 실효 전에 행해진 행위에 효력을 미치는 것을 가리켜서 추급효라고 한다.

한시법의 추급효를 인정할 것인가에 대하여 독일 형법은 "일정 기간에 한하여 유효한 법률은 그 법률이 실효된 때에도 그 유효기간 중 범하여진 행위에 대하여 이를 적용한다. 다만, 법률이 달리 규정하고 있는 경우에는 그러하지 아니하다."고 규정하여(동법2④) 처리기준을 명확히 하고 있다. 그러나 우리 형법은 이 문제에 대하여 침묵하고 있다. 여기에서 한시법의 추급효 문제에 대하여 긍정설, 부정설, 동기설이 대립하고 있다.

(가) **추급효긍정설**   한시법이 특수한 목적을 달성하기 위하여 제정된 법률이므로 실효 후에도 행위시의 법률을 적용하여 처벌해야 한다는 견해이다.[1]

(나) **추급효부정설**   재판시에 법률이 실효되어 있으므로 범인에게 유리한 재판시법에 따라 판단해야 한다는 견해이다.[2] 이에 따르면 행위시법은 폐지된 법률이므로 당해 사건이 기소되면 법원은 피고인에게 면소판결을 선고해야 한다(형소법326ⅳ). 추급효부정설은 면소판결설이라고도 불린다.

(다) **동기설**   한시법이 실효된 계기를 기준으로 추급효 여부를 결정하자는 견해이다. 동기설의 입장에서는 한시법의 실효사유가 일시적 위급상태의 호전이라는 사실상태의 변화에 의한 것인가 아니면 한시법을 제정한 것이 애당초 잘못되었던 것이므로 법이념의 반성

---

1) 이재상 · 장영민 · 강동범, 45면; 이정원, 46면. 이들 견해는 한시법을 "일시적 사실관계에 대처하기 위하여 유효기간이 정해져 있는 법률"이라고 정의하여 처음부터 제한적으로 파악하고 이러한 의미의 한시법에는 추급효를 인정할 수 있다고 본다. 이러한 견해는 사실상 동기설과 같은 입장이라고 생각된다.

2) 권오걸, 51면; 김성돈, 86면; 김성천 · 김형준, 45면; 김일수 · 서보학, 29면; 김혜정 외 4인, 36면; 박상기, 24면; 배종대, 85면; 성낙현, 42면; 손동권 · 김재윤, 51면; 오영근, 49면; 이용식, 20면; 임웅, 74면; 정성근 · 정준섭, 26면; 정영일, 66면.

적 고찰에 기하여 실효시킨 것인가를 묻는다. 그리하여 전자의 경우에는 한시법에 추급효를 인정하되 후자의 경우에는 이를 부인하여 불처벌의 결론을 내린다. 종래 대법원은 동기설을 지지하고 있었다.[1]

(라) 판 례　　2022년 대법원은 전원합의체 판결을 통하여 동기설을 폐기하였다. 그와 함께 대법원은 "법령 제정 당시부터 또는 폐지 이전에 스스로 유효기간을 구체적인 일자나 기간으로 특정하여 효력의 상실을 예정하고 있던 법령이 그 유효기간을 경과함으로써 더 이상 효력을 갖지 않게 된 경우[는] 형법 제1조 제2항과 형사소송법 제326조 제4호의 적용 대상인 법령의 변경에 해당한다고 볼 수 없다."고 판시하여 한시법의 추급효를 명시적으로 긍정하였다.[2]

대법원은 추급효를 긍정하는 이유로 다음의 점을 제시하였다. 첫 번째로, 한시법 자체가 명시적으로 예정한 유효기간의 경과에 따른 효력 상실은 일반적인 법령의 개정이나 폐지 등과 같이 애초의 법령이 변경되었다고 보기 어렵고, 어떠한 형사법적 관점의 변화 내지 형사처벌에 관한 규범적 가치판단의 변경에 근거하였다고 볼 수도 없다.

두 번째로, 유효기간을 명시한 입법자의 의사를 보더라도 유효기간 경과 후에 형사처벌 등의 제재가 유지되지 않는다면 유효기간 내에도 법령의 규범력과 실효성을 확보하기 어려울 것이므로, 특별한 사정이 없는 한 유효기간 경과 전의 법령 위반행위는 유효기간 경과 후에도 그대로 처벌하려는 취지라고 보는 것이 합리적이다.

(마) 사 견　　생각건대 추급효긍정설은 행위시법주의가 피고인의 보호를 위하여 죄형법정주의원칙에서 파생된 원리라는 점을 간과하고 있다. 동기설의 경우에는 한시법의 실효원인이 법이념의 반성적 고찰인지 사실상태의 호전인지 구별하기가 쉽지 않다. 법적 안정성과 형사처벌의 절제라는 관점에 비추어 볼 때 추급효부정설이 타당하다고 본다. 다만 입법자가 한시법의 추급효를 명시한 규정을 둔 경우에는 예외적으로 추급효를 인정해야 할 것이다(독일형법2④ 참조).

〈사례 해설〉　위의 〔사례 14〕의 사안에 대하여 종래 대법원이 취하고 있는 동기설을 적용해 본다. 이 사례에서 계엄령 해제는 일시적 위급사태의 호전에 의한 것이므로 계엄포고의 추급효는 긍정된다. 따라서 갑의 집회참가행위는 처벌대상이 된다. 2022년 전원합의체 판결에 의하여 대법원이 채용한 추급효긍정설에 의한다면 갑의 집회참가행위는 처벌대상이 된다. 이에 대해 추급효부정설에 의한다면 추급효를 명시한 조문이 엿보이지 아니하므로 법원은 피고인 갑에게 면소판결을 선고해야 할 것이다.

2. 백지형법

(1) 백지형법과 보충규범

한시법과 비슷하면서도 구별해야 할 개념으로 백지형법이 있다. 백지형법(白地刑法)이란 입법자가 형벌법규를 제정함에 있어서 구성요건이나 법적 효과를 빠짐없이 규정하지 아니하고 일부를 남겨두어 다른 법규에 의하여 보충되도록 한 법률을 말한다. 백지형법에서 백지(白地)라 함은 채워지지 않고 비어 있다는 뜻이다. 백지형법의 경우에 구성요건이나 법적 효과의 빈 부분을 보충하는 법규를 가리켜서 **보충규범**이라고 한다.

백지형법 문제는 형벌법규와 관련된 법률의 변경 문제와도 구별된다. 백지형법은 입법자가 형벌법규에 구성요건이나 법적 효과를 빠짐없이 규정하지 아니하고 일부를 남겨두어 다른 법규에 의하여 보충되도록 한 법률이다. 이에 대해 '관련 법률'의 변경은 형벌법규 자체는 완결되어 있고 그 적용대상과 관련한 법률에만 변경이 있는 경우를 가리킨다.

형법전에 나타난 백지형법의 예로는 중립명령위반죄(법112)가 유일하다. '중립에 관한 명령'은 별도의 법령에 의하여 보충을 기다리는 표지이기 때문이다. 백지형법은 기술적이고 전문적인 분야를 규율하는 형벌법규에서 자주 발견된다. 전문적이고 기술적인 사항을 입법자가 직접 규정하지 아니하고 대통령령, 부령 등의 순으로 하위법령에 위임하는 경우가 많기 때문이다.

백지형법은 두 가지 형태로 나누어 볼 수 있다. 하나는 형벌법규가 대통령령, 총리령, 부령과 같은 법규명령에 구성요건의 일부를 수권 내지 위임한 경우이다. 다른 하나는 형벌법규가 대통령령, 총리령, 부령과 같은 법규명령이 아닌 고시 등 행정규칙·행정명령, 조례 등에 구성요건의 일부를 수권 내지 위임한 경우이다.[1] 후자의 경우 하위법령에 규정된 백지형법의 보충규범을 가리켜서 고시(告示)라고 한다.

(2) 백지형법과 한시법의 구별

백지형법의 경우에 고시의 변경이나 폐지가 있을 때 백지형법의 효력이 문제된다. 고시의 변경은 한시법과 비슷한 문제를 야기한다. 실효된 고시를 근거로 실효 전의 고시위반행위를 처벌할 수 있는가 하는 문제가 한시법의 추급효 문제와 유사하기 때문이다.

그러나 백지형법에 있어서 고시의 변경과 한시법의 문제는 구별되어야 한다. 백지형법

---

[1] 2022. 12. 22. 2020도16420 전원합의체 판결, 공 2023상, 318 = 『전동킥보드 음주운전 사건』 ☞ 987면.

의 경우에는 근거되는 형벌법규의 효력이 계속 유지되면서 고시가 변경·폐지되는 상황이 문제되는 것임에 대하여 한시법은 형벌법규 자체가 실효되는 경우이기 때문이다.

(3) 백지형법과 고시의 변경

백지형법은 유지되면서 고시가 폐지되거나 경하게 변경된 경우에 행위시법과 재판시법 가운데 어느 것을 적용해야 할 것인가 하는 문제가 생긴다. 행위시에는 유효한 고시에 의하여 범죄로 되었던 행위가 재판시에는 고시의 변경·폐지에 의하여 범죄로 되지 않는 경우가 생기기 때문이다. 이 문제에 대해서는 형법 제1조 제2항의 적용과 관련하여 법률변경긍정설, 법률변경부정설, 법률변경절충설, 동기설이 각각 제시되고 있다.

(가) 법률변경긍정설   고시의 변경을 형법 제1조 제2항에서 규정한 '법률의 변경'에 해당한다고 보는 견해이다.[1] 이 견해는 백지형법에서 보충규범인 고시도 상위규범과 합하여 전체로서 형벌법규를 이룬다는 점을 강조한다. 법률변경긍정설에 의하면 법원은 고시의 변경이 있는 피고사건을 '범죄 후 법령개폐로 형이 폐지되었을 때'에 해당한다고 보아 면소판결을 선고하게 된다(형소법326 iv).

(나) 법률변경부정설   고시의 변경이 형법 제1조 제2항에서 말하는 '법률이 변경[된 것]'에 해당하지 않는다고 보는 견해이다. 이 견해는 백지형법보다 하위규범인 고시는 법률이 아니며, 전문성·기술성이 요구되는 분야에서 고시의 변경을 법률의 변경과 같이 취급한다면 백지형법의 실효성이 크게 약화된다고 주장한다.

(다) 법률변경절충설   보충규범의 성질에 따라 범죄성립 여부 및 처벌정도에 직접 관계되는 보충규범은 법률의 변경으로, 기타의 보충규범은 법률의 변경에 해당하지 않는 것으로 보는 견해이다.[2] 이 견해에 따르면 가벌성의 존부와 정도에 관계된 보충규범의 개폐는 법률의 변경에 해당한다고 본다. 그렇지만 이와 직접 관련되지 않은 비형법적 사실에 관한 규율의 변경이나 당해 구성요건의 보호목적에 직접 관련되지 않고 간접적으로만 영향을 미치는 관련규범의 변경은 법률의 변경으로 볼 수 없다고 주장한다.

(라) 동기설   고시가 변경된 동기를 따져서 고시의 변경이 규율대상이 되는 사태가 호전된 데에 따른 경우에는 법률의 변경으로 보지 아니하되 고시의 변경이 "애당초 잘못된 것이었다."는 법이념상의 반성적 고찰에 기인한 경우에는 법률의 변경으로 보는 견해이다. 동기설은 종래 대법원판례의 입장이었다.[3]

---

1) 김성돈, 90면; 김일수·서보학, 31면; 김혜정 외 4인, 37면; 박상기, 25면; 배종대, 87면; 성낙현, 68면; 오영근, 48면; 임웅, 76면; 정성근·정준섭, 28면; 정영일, 68면.

2) 권오걸, 54면; 손동권·김재윤, 54면.

3) 1989. 4. 25. 88도1993, 공 1989, 839 - 배선 총론 6. 『밀링머신 사건』

(마) 사 견　　　생각건대 고시의 변경은 형법 제1조 제2항의 해석과 관련하여 법률이 변경된 것으로 취급하는 것이 타당하다고 본다. 법률변경부정설은 형사처벌의 범위를 가능하면 축소하기 위하여 마련된 형법 제1조 제2항의 입법취지에 반하는 흠이 있다. 법률변경 절충설은 직접적 보충규범과 그 밖의 보충규범을 구별하는 기준이 불분명하다는 난점이 있다. 동기설 또한 단순한 사실상태의 호전에 기인한 것인지 법이념의 반성적 고찰에 기인한 것인지를 판단하기가 쉽지 아니하여 법적 안정성을 제공하지 못하는 단점이 있다.

한편 보충규범의 개폐가 법률이 변경된 것에 해당한다고 하면서도 한시법의 동기설적 관점에서 처벌을 긍정하는 견해가 있다.[1] 그러나 고시가 변경된 경우라도 모법인 백지형법 자체는 폐지되지 아니한 것이므로 한시법의 이론을 적용하는 것은 문제가 있다고 생각된다. 형법 제1조 제2항이 죄형법정주의의 정신을 보다 충실하게 구현하기 위하여 마련되었다는 점에 비추어 볼 때 법률변경긍정설이 타당하다고 본다.

(바) 판 례　　　2020년 대법원은 전원합의체 판결을 통해 동기설을 폐기하면서 백지형법과 관련한 문제의 해결책을 명확하게 제시하였다.[2]

첫 번째로, 백지형법 가운데 형벌법규가 대통령령, 총리령, 부령과 같은 법규명령에 구성요건의 일부를 수권 내지 위임한 경우가 있다. 이 경우 범죄의 성립과 처벌에 관하여 규정한 형벌법규로부터 수권 내지 위임을 받은 법령의 변경에 따라 범죄를 구성하지 아니하게 되거나 형이 가벼워진 경우에는, 종전 법령이 범죄로 정하여 처벌한 것이 부당하였다거나 과형이 과중하였다는 반성적 고려에 따라 변경된 것인지 여부를 따지지 않고 원칙적으로 형법 제1조 제2항과 형사소송법 제326조[면소판결] 제4호의 '법령의 변경'에 해당한다.

두 번째로, 백지형법 가운데 형벌법규가 대통령령, 총리령, 부령과 같은 법규명령이 아닌 고시 등 행정규칙·행정명령, 조례 등에 구성요건의 일부를 수권 내지 위임한 경우가 있다. 이 경우 고시가 위임입법의 한계를 벗어나지 않는 한 형벌법규와 결합하여 법령을 보충하는 기능을 하는 것이므로, 그 변경에 따라 범죄를 구성하지 아니하게 되거나 형이 가벼워졌다면 마찬가지로 형법 제1조 제2항과 형사소송법 제326조[면소판결] 제4호의 '법령의 변경'에 해당한다.

세 번째로, 백지형법의 보충규범인 법규명령이나 법규명령 아닌 고시가 제정 당시부터 또는 폐지 이전에 스스로 유효기간을 구체적인 일자나 기간으로 특정하여 효력의 상실을 예정하고 있는 경우가 있다. 그러한 경우에 그 보충규범이 유효기간을 경과함으로써 더 이

---

1) 이재상·장영민·강동범, 46면; 이정원, 48면.
2) 2022. 12. 22. 2020도16420 전원합의체 판결, 공 2023상, 318 =『전동킥보드 음주운전 사건』☞ 987면.

상 효력을 갖지 않게 되었다면 형법 제1조 제2항과 형사소송법 제326조[면소판결] 제4호의 적용 대상인 '법령의 변경'에 해당하지 않는다.[1]

3. 관련 법령의 변경

해당 형벌법규 자체 또는 그로부터 수권 내지 위임을 받은 법령이 아닌 다른 법령, 즉 관련 법령이 변경된 경우 형법 제1조 제2항과 형사소송법 제326조 제4호의 적용 여부가 문제된다. 이와 관련하여 생각해 볼 수 있는 사례의 하나로 횡령죄가 있다. 횡령죄(법355①)는 행위자가 타인 소유의 재물을 횡령할 때 성립하는 범죄이다. 횡령죄가 성립하려면 범행의 목적물이 타인의 소유에 속해야 한다. 그런데 소유권을 결정하는 다른 법령의 규정이 변경되어 행위시에는 목적물이 타인의 소유에 속하였으나 재판시에는 자기의 소유에 속하게 되는 상황이 있다. 이러한 때에 횡령죄의 성립을 인정해야 할 것인지가 문제된다.

비슷한 문제상황은 친족관계가 문제되는 존속살해죄(법250②)이나 존속상해죄(법257②) 등에서도 찾아볼 수 있다. 친족관계를 정하는 민법 등이 변경될 때 동일한 문제상황이 발생할 수 있기 때문이다. 이 문제에 대해서는 견해가 나뉘고 있다.

(가) 한정설　　　소유권이나 친족관계 등을 결정하는 관련 법령은 형벌법규 자체가 아니므로 관련 법령의 변경이 있더라도 형법 제1조 제2항이 규정한 재판시법주의는 적용되지 않는다고 본다. 위의 횡령죄 사안을 놓고 보면, 한정설의 입장에서는 관련 법령의 변경에 의하여 재판 시점에 목적물이 자기의 소유에 속하게 되었다고 하여도 이는 형법 제1조 제2항의 '법률이 변경[된 것]'에 해당하지 아니하여 횡령죄가 성립한다고 본다.

(나) 동기설　　　동기설의 입장에서는 관련 법령의 변경이 형벌법령 제정의 이유가 된 법률이념의 변천에 따라 과거에 범죄로 보던 행위에 대하여 그 평가가 달라져서 이를 범죄로 인정하고 처벌한 그 자체가 부당하였다거나 또는 과형이 과중하였다는 반성적 고려에서 법령을 개폐하였을 경우에만 형법 제1조 제2항이 적용된다고 본다. 위의 횡령죄 사안에서 보면, 소유권 귀속에 관한 관련 법률의 변경이 형사처벌에 대한 반성적 고찰에 기초한 것이 아니라고 판단되면 행위시법에 따라 횡령죄의 성립을 긍정하게 된다. 종전 판례는 동기설의 입장을 취하고 있었다.[2]

(다) 확장설　　　형벌법규 적용의 전제가 되는 관련 법령까지 포함하여 해석하는 견해이다. 당해 형벌법규 및 관련 법령을 종합하여 하나의 전체적인 형벌법규로 보아 형법 제1조 제2항의 적용을 긍정한다. 이에 따르면 위의 횡령죄 사안에서 관련 법률의 변경은 형법

---

1) 2024. 1. 4. 2023도2836, 공 2024상, 417 = 『마스크 매점매석 사건』 ☞ 1004면.
2) 2013. 2. 28. 2012도13737, 공 2013상, 615 = 분석 총론 『규석 광산 골프장 사건』.

제1조 제2항의 '법률이 변경[된 것]'에 해당하게 되어 횡령죄는 성립하지 않게 된다.

(라) 사 견   생각건대 확장설이 타당하다고 본다. 종전 판례가 취하고 있던 동기설의 문제점은 무엇보다도 구체적인 관련 법령의 변경이 법률이념의 변경에 기한 것인지 사실상태의 호전에 의한 것인지 구별하기가 쉽지 않고, 따라서 형벌법규의 적용에 있어 법적 안정성을 위태롭게 한다는 점에 있다. 죄형법정주의는 국가의 형사처벌로부터 시민의 자유와 권리를 최대한 보장하기 위한 장치이다. 이러한 관점에서 보면 형벌법규 자체의 변경은 물론 관련 법령이 변경된 경우에도 형법 제1조 제2항 및 형사소송법 제326조 제4호를 적용하는 것이 타당하다고 본다.

(마) 판 례   2022년 대법원은 전원합의체 판결을 통하여 동기설을 폐기하면서, 관련 법률의 개정과 형법 제1조 제2항의 관계에 대해 새로운 기준을 제시하였다.[1]

① 새로운 기준   대법원은 먼저, 해당 형벌법규 자체 또는 그로부터 수권 내지 위임을 받은 법령이 아닌 다른 법령(관련 법률)이 변경된 경우 형법 제1조 제2항과 형사소송법 제326조 제4호를 적용하려면, 해당 형벌법규에 따른 범죄의 성립 및 처벌과 직접적으로 관련된 형사법적 관점의 변화를 주된 근거로 하는 법령의 변경에 해당해야 한다는 제한원리를 제시하였다.

이어서 대법원은 해당 형벌법규에 따른 범죄의 성립 및 처벌과 직접적으로 관련이 없는 법령의 변경으로 인하여 해당 형벌법규의 가벌성에 영향을 미치게 되는 경우에는 형법 제1조 제2항과 형사소송법 제326조 제4호가 적용되지 않는다고 판시하였다.

② 동기설과의 구별   대법원이 제시한 새로운 기준은 관련 법률의 개정이 해당 형벌법규의 가벌성과 직접적으로 관련된 형사법적 관점의 변화를 가져오는지를 따지는 것이다. 이 기준은 종래 대법원판례가 동기설에 기초하여 기준으로 삼았던 반성적 고려 유무와는 구별된다. 새로운 기준은 입법자에게 과거의 처벌이 부당하였다는 반성적 고려가 있었는지 여부를 추단하는 것이 아니라, 법령의 변경이 향후 문제된 형사처벌을 더 이상 하지 않겠다는 취지의 규범적 가치판단을 기초로 한 것인지 여부를 판단하는 것이다. 이는 입법자의 내심의 동기를 탐지하는 것이 아니라, 객관적으로 드러난 사정을 기초로 한 법령해석을 의미한다.

③ 적용되는 경우   새로운 기준에 따르면, 관련 법률의 변경이 해당 형벌법규에 따른 범죄 성립의 요건과 구조, 형벌법규와 변경된 관련 법령과의 관계, 관련 법령 변경의 내용·경위·보호목적·입법취지 등을 종합적으로 고려하여, 관련 법령의 변경이 해당 형벌

---

1) 2022. 12. 22. 2020도16420 전원합의체 판결, 공 2023상, 318 =『전동킥보드 음주운전 사건』☞ 987면.

법규에 따른 범죄의 성립 및 처벌과 직접적으로 관련된 형사법적 관점의 변화를 주된 근거로 한다고 해석할 수 있을 때에는 형법 제1조 제2항과 형사소송법 제326조 제4호를 적용할 수 있다.

이 경우 입법자는 해당 형벌법규와 직접 관련이 없는 다른 법령을 변경할 때 해당 형벌법규에 따른 범죄의 성립 및 처벌에 대하여 신법을 적용한다는 취지의 경과규정을 둠으로써, 관련 법령의 변경이 해당 형벌법규에 관한 형사법적 관점의 변화에 근거하는 것이라는 취지를 분명하게 밝혀 신법에 따르도록 할 수 있다.

④ 적용되지 않는 경우   새로운 기준에 따르면, (가) 해당 형벌법규와 수권 내지 위임관계에 있지 않고 보호목적과 입법취지를 달리하는 민사적·행정적 규율의 변경이나,[1] (나) 형사처벌에 관한 규범적 가치판단의 요소가 배제된 극히 기술적인 규율의 변경 등에 따라 해당 형벌법규가 간접적인 영향을 받는 것에 불과한 경우는 형법 제1조 제2항과 형사소송법 제326조 제4호에서 말하는 법령의 변경에 해당한다고 볼 수 없다.

제 2 절   형법의 장소적 적용범위

한국형법	독일형법
제2조〔국내범〕 본법은 대한민국 영역 내에서 죄를 범한 내국인과 외국인에게 적용한다.	**제3조** 독일형법은 국내에서 행하여진 범죄에 대하여 이를 적용한다.
제3조〔내국인의 국외범〕 본법은 대한민국 영역 외에서 죄를 범한 내국인에게 적용한다.	**제7조** ② 국외에서 행하여진 기타의 범죄에 대하여는 행위지에서 그 범죄에 관한 처벌규정을 두고 있거나 행위지에 어떠한 형벌권도 미치지 아니한 경우로서 다음 각호의 1에 해당하는 때에는 독일형법을 적용한다. 1. 행위자가 행위시에 독일인이었거나 행위 이후에 독일인이 된 경우
(해당 조항 없음)	**제7조** ② 2. 행위자가 행위시에 외국인으로서 국내

---

1) 2023. 2. 23. 2022도4610, 공 2023상, 636 = 『개인파산 법무사법 개정 사건』 ☞ 994면.

한국형법	독일형법
	에서 체포되어 범죄의 성격상 범죄인인 도법에 의하여 인도가 허용됨에도 불구하고, 인도청구가 제기되지 않았거나 거절되었다는 이유로 또는 인도의 이행이 불가능하다는 이유로 인도되지 아니한 경우
제4조〔국외에 있는 내국선박 등에서 외국인이 범한 죄〕 본법은 대한민국 영역 외에 있는 대한민국의 선박 또는 항공기 내에서 죄를 범한 외국인에게 적용한다.	**제4조** 독일형법은 독일연방공화국의 연방국기 또는 국적표지를 게양할 권한이 있는 선박이나 항공기 내에서 행하여진 범죄에 대하여 행위지의 법에 독립하여 이를 적용한다.
제5조〔외국인의 국외범〕 본법은 대한민국 영역 외에서 다음에 기재한 죄를 범한 외국인에게 적용한다. (이하 생략)	**제5조** 독일형법은 국외에서 행하여진 다음의 범죄에 대하여 행위지의 법에 독립하여 이를 적용한다. (이하 생략)
제6조〔대한민국과 대한민국국민에 대한 국외범〕 본법은 대한민국 영역 외에서 대한민국 또는 대한민국국민에 대하여 전조에 기재한 이외의 죄를 범한 외국인에게 적용한다. 단, 행위지의 법률에 의하여 범죄를 구성하지 아니하거나 소추 또는 형의 집행을 면제할 경우에는 예외로 한다.	**제7조** ① 독일형법은 국외에서 행하여진 독일인에 대한 범죄에 대하여 행위지에서 그 범죄에 관한 처벌규정을 두고 있거나 행위지에 어떠한 형벌권도 미치지 아니한 경우에는 이를 적용한다.
(해당 조항 없음)	**제6조** 독일형법은 국외에서 행하여진 다음의 범죄에 대하여 행위지법에 독립하여 이를 적용한다. 1. 인종학살 (중략) 9. 범죄가 국외에서 실행된 경우에도 독일연방공화국에 대한 구속력을 갖는 국가간 조약에 의거하여 형사소추 될 수 있는 범죄

한국형법	독일형법
(해당 조항 없음)	**제9조** ① 범죄의 장소는 정범이 행위를 하였거나 부작위범의 경우 일정한 행위를 행하였어야 할 장소 또는 구성요건에 해당하는 결과가 발생하였거나 정범의 표상에 따라 그 결과가 발생하였어야 할 장소가 된다. ② 공범의 범죄장소는 본범의 실행장소뿐만 아니라 공범이 행위한 장소 또는 부작위범의 경우 일정한 행위를 행하였어야 할 장소나 공범의 표상에 따라 본범이 행해졌어야 할 장소가 된다. 국외범에 대한 공범이 국내에서 행위한 때에는 그 행위가 행위지법에 의하여 처벌되지 아니하는 경우에도 그 공범에 대하여 독일형법을 적용한다.

제1 형법의 장소적 적용범위와 재판권

1. 형법의 효력과 재판권

(1) 형사재판권의 의미

법률의 효력을 실현시키는 것은 사법부의 임무이다. 사법부는 이를 위하여 재판권을 갖는다. 재판권이란 사법판단을 내릴 수 있는 권한을 말한다. 장소적으로 볼 때 대한민국 형법의 효력은 기본적으로 대한민국 영토에서 일어난 범죄에 미치며 예외적으로 대한민국 바깥에서 일어난 범죄에도 미칠 수 있다.

형법의 효력은 범죄를 기준으로 하므로 대한민국 외에서 범해진 국외범도 우리 형법의 적용대상이 될 수 있다. 그렇지만 형법이 발생시키는 국가형벌권을 구체적으로 실현하는 데에는 제한이 따른다. 형벌권을 실현시킬 수 있는 사법판단의 권한을 **형사재판권**이라고 한다. 형법의 효력을 실현시키기 위한 대한민국 법원의 재판권은 대한민국 영토로 한정된다. 재판권은 주권의 일부로서 영토 내에서 행사되기 때문이다.

역으로 외국법원의 재판권은 우리 영토 내에서는 인정되지 않는다. 예컨대 일본의 어느 형사재판부가 한국에 출장을 와서 일본인 관광객이 우리나라 안에서 범한 범죄행위에 대하여 재판하는 것은 허용되지 않는다.

(2) 재판권의 제한

외국인의 범죄를 국내에서 외국기관이 재판할 수 있는 권한을 가리켜서 **영사재판권**이라고 한다. 영사재판권은 불평등조약의 전형적인 특징을 이룬다. 우리나라는 1876년 일본과 맺은 강화도조약 이래 이와 같은 불평등조약의 체결을 강요받은 역사적 경험이 있다. 국제사회에서 각국은 대등한 지위를 누리기 때문에 영사재판권은 더 이상 인정되지 않는다.

다만 국가간의 평등한 조약에 의하여 대한민국의 사법고권에 예외를 인정할 수 있다. 주한미군의 법적 지위에 관한 소위 「한·미행정협정(SOFA)」은 이에 해당하는 예이다.[1] 「한·미행정협정」에 의하여 미국 측은 대한민국 영토 안에서 일어난 일정한 범죄에 대하여 재판권을 가진다.

외국의 재판권은 우리나라에 효력이 미치지 않는다. 같은 원리에서 외국의 형사판결은 우리나라 안에서 집행력이 없다. 국제간의 협력을 위하여 범죄인인도나 외국과의 형사사법에 관한 공조가 필요한 경우가 있다. 이러한 경우에 대비하여 「범죄인 인도법」 및 「국제형사사법 공조법」이 제정되어 있다. 그렇지만 이러한 법률들은 외국과의 협조를 위한 것이지 외국의 재판권을 우리나라에서 실현시키기 위한 것은 아니다.

2. 형법의 인적 효력범위의 문제

형사재판권은 주권의 표현이므로 대한민국의 영토 내에 있는 모든 사람에게 미치는 것이 원칙이다. 그런데 이와 관련하여 대통령의 불소추특권, 국회의원의 면책특권, 외교사절의 면책특권 등이 논의되고 있다. 대통령은 내란 또는 외환의 죄를 범한 경우를 제외하고는 재직중 형사상의 소추를 받지 아니한다(헌법84). 또 국회의원은 국회에서 직무상 행한 발언과 표결에 관하여 국회 외에서 책임을 지지 아니한다(헌법45). 「외교관계에 관한 원 협약」 제31조에 따르면 외교관은 접수국의 형사재판관할권으로부터 면제를 향유한다.

대통령, 국회의원, 외교사절 등에 대한 일련의 특권을 형법의 인적 적용범위에 관한 문제로 파악하는 학자들이 있다.[2] 그러나 형법의 적용범위에 관한 문제와 불소추특권이나

---

1) 정확한 명칭은 「대한민국과 아메리카 합중국간의 상호방위조약 제4조에 의한 시설과 구역 및 대한민국에서의 합중국군대의 지위에 관한 협정」이다. 「한미행정협정」 제22조는 우리나라와 미합중국 군 당국이 각각 전속적으로 재판권을 행사할 수 있는 경우 및 양국의 재판권이 경합하는 경우에 관하여 규정하고 있다.
2) 권오걸, 59면; 김일수·서보학, 36면; 박상기, 30면; 배종대, 91면; 성낙현, 47면; 손동권·김재윤, 64면; 이용식, 24면; 이재상·장영민·강동범, 50면; 이정원, 54면; 정영일, 74면.

면책특권의 문제는 엄격히 구별하여야 한다.[1] 형법의 적용범위는 어느 범죄에 대하여 우리 형법을 적용할 수 있는가 하는 문제이다. 이에 대하여 불소추특권이나 면책특권은 어느 사람에 대하여 우리나라 형벌권을 실현시킬 때 어느 정도의 절제를 가할 것인가 하는 문제이다.

형법의 적용범위에서 벗어나는 범죄가 기소되면 대부분의 경우 당해 피고인에게 재판권이 없다는 이유로 공소기각의 판결이 선고된다(형소법327ⅰ). 그러나 불소추특권이나 면책특권이 있다고 하여 그 사람이 반드시 우리 형법의 적용대상에서 배제되는 것은 아니다. 또한 재판권 없음을 이유로 공소기각판결의 대상이 되는 것도 아니다.[2] 예컨대 면책특권(헌법45)의 대상이 되는 발언을 이유로 국회의원을 기소하였다면 법원은 재판권 없음을 이유로 공소기각판결(형소법327ⅰ)을 할 수는 없다. 이 경우 법원은 '공소제기의 절차가 법률의 규정을 위반하여 무효일 때'임을 이유로 공소기각판결(형소법327ⅱ)을 해야 한다.[3]

제2 장소적 적용범위의 결정기준

【사례 15】 중국 국적의 갑은 중국 산둥성에서 마약밀매업을 하던 중 한국인 관광객 A와 A의 일본인 친구 B를 살해하였다. 그 후 갑은 한국에서 유학생활을 할 목적으로 방콕에서 인천행 KAL비행기를 타고 여행하게 되었다. 비행기가 아직 태국 상공을 지나고 있을 때 갑은 인도네시아인 C를 구타하여 실신시켰다.

갑이 범한 일련의 범죄에 대하여 한국 법원은 갑을 처벌할 수 있는가? 이 경우 적용해야 할 형법은 어느 나라 형법인가?

【사례 16】 한국인 갑은 여러 해 동안 일본에서 잡지의 정기구독자 모집인으로 일하고 있었다. 그런데 갑은 도쿄 지방재판소에서 외판행위와 관련된 사기사건으로 1년의 유기징역을 선고받았다. 갑은 일본에서 1년간의 수형생활을 마친 후 한국으로 추방되었다.

이 경우 한국 법원은 갑을 재차 사기죄로 처벌할 수 있는가?

(문제의 해결을 위하여 형법 제2조 내지 제7조, 헌법 제13조 제1항 후단을 참조할 것)

---

1) 김성돈, 102면; 오영근, 51면; 임웅, 82면; 정성근·정준섭, 32면.
2) 형사재판권의 범위에 관하여는, 신동운, 간추린 신형사소송법, 제15판, (2023), 465면 이하 참조.
3) 1992. 9. 22. 91도3317, 공 1992, 3038 = 『국시 논쟁 사건』 ☞ 1006면.

【**사례 17**】 (한국과 중국이 아직 수교하기 전의 일이다. 당시의 중국을 '중공'이라고 불렀다.) 중국인 갑은 서방세계로 탈출하고자 비행기납치를 계획하였다. 갑이 탑승한 중국 국적의 M민항기가 상하이 상공을 지나던 중 갑은 M민항기의 기내 보안관인 중국인 A에게 총격을 가하여 총상을 입혔다. 이어서 갑은 조종사 B에게 M민항기의 기수를 서울로 돌리게 하여 서울공항에 착륙하였다.
　　이 경우 중국인 갑이 기내 보안관 중국인 A에게 총상을 입힌 행위에 대해 한국 법원이 한국 형법의 상해죄를 적용하여 처벌할 수 있겠는가? (1984. 5. 22. 84도39, 공 1984, 1163 = 백선 총론 7. 『중공 민항기 사건』)

1. 국제형법

　　국제형법이란 두 나라 이상이 관련된 범죄사건에서 적용할 형법을 가리킨다. 민사법의 경우에 국제사법 내지 섭외사법에 대응하는 개념이다. 엄밀한 의미에서 볼 때 국제형법이란 국제사회에서 공통의 규범으로 인정된 형벌법규를 의미한다. 그러나 아직 엄밀한 의미의 국제형법이 본격적으로 국제사회에 제정되거나 승인되어 있지 아니하므로 국제형법은 섭외형법의 의미로 이해된다.

　　근래에는 여러 나라가 조약을 통하여 국제형사재판소를 설치하여 전쟁범죄나 반인도적 범죄 등에 대한 국제사회의 대응을 현실화해 가고 있다. 그러나 국제형사재판소는 국내법에 의한 처벌이 없을 때 보충적으로 기능한다는 한계를 가지고 있다.

　　국제형법은 외국이 관련되어 있는 범죄사건에 대하여 어느 나라 형법을 적용할 것인가 하는 문제를 다룬다. 민사법의 영역에서 외국과의 관계가 문제되면 「국제사법」이 다양한 해결준칙을 제시한다. 그러나 국제형법의 영역에 있어서는 원칙적으로 이러한 기준이 마련되어 있지 않다. 한국의 형사법원은 민사법원과 달리 한국 형법만을 적용해야 하기 때문이다.[1] 우리 형법이 적용되는 범위에 관하여 형법 제2조 이하에 일정한 준칙이 마련되어 있다.

〈사례 해설〉　위의 〔사례 15〕와 〔사례 16〕은 소위 국제형법의 문제를 담고 있다. 그런데 위의 〔사례 15〕와 〔사례 16〕에 나타난 문제를 가리켜서 '국제형법'의 문제라고 지칭하는 것은 그다지 정확한 용어사용례는 아니다. 엄밀한 의미에서 볼 때 '국제형법'이란 국제사회에서 공통의 규범으로 인정된 형벌법규를 의미하기 때문이다.

---

1) 2011. 4. 28. 2010도15350, 공 2011상, 1107 = 분석 각론 『미국 리스차량 사건』 ☞ 1007면.

〈사례 해설〉 〔사례 15〕에서 우리나라 형사법원이 적용해야 할 법은 한국 형법이 된다. 민사사건의 경우에는 「국제사법」이 있어서 외국법의 적용을 가능하게 하지만 형사사건의 경우에는 이러한 가능성이 없다.

2. 국내범과 국외범

(1) 국제형법의 범죄유형

국제형법의 관점에서 볼 때 한국 형법이 적용될 수 있는 범죄유형은 다음의 네 가지이다.

(가) 내국인의 국내범

(나) 내국인의 국외범

(다) 외국인의 국내범

(라) 외국인의 국외범

위의 유형분류에서 내국인은 대한민국 국적보유자 이외에 이중국적자를 포함한다. 역으로 외국인은 외국국적 보유자뿐만 아니라 무국적자도 포함한다. 국내범과 국외범의 결정기준은 범죄지이다.

(2) 범죄지의 결정기준

국내범과 국외범을 구별하기 위하여 범죄지의 개념을 규명할 필요가 있다. 범죄지의 결정기준과 관련하여 행위기준설, 결과기준설, 보편기준설 등이 제시되어 왔다.

(가) 행위기준설　　행위자가 행위를 한 장소 또는 부작위범의 경우 행위자가 행위를 하였어야 할 장소를 범죄지로 보는 견해를 말한다.

(나) 결과기준설　　구성요건에 해당하는 결과가 발생한 장소를 범죄지로 보는 견해를 말한다. 행위지와 결과발생지가 다른 범죄를 가리켜서 이격범(離隔犯)이라고 한다.

(다) 보편기준설　　범죄실현을 위한 행위가 이루어진 장소와 범죄행위의 결과가 발생한 장소를 모두 범죄지로 보는 견해이다.

행위와 결과가 범죄실현과정에서 대등한 의미를 가진다는 점과 형법의 적용범위에 빈틈이 생겨서는 안 된다는 관점에서 볼 때 보편기준설이 범죄지를 결정하는 기준이 되어야 한다. 이 점에 대해서는 별다른 이론(異論)이 없다.[1]

---

1) 2000. 4. 21. 99도3403, 공 2000, 1333 =『미국변호사 병역 청탁 사건』☞ 1008면.

(3) 범죄지의 구체적 판단기준

우리 형법은 범죄지의 결정기준에 관하여 명시적인 규정을 두고 있지 않다. 이와 관련하여 참고가 되는 것이 독일 형법이다. 독일 형법은 제9조에서 범죄지의 결정기준을 명시하고 있다. 이를 참고로 하면서 범죄지의 결정기준을 검토해 본다.

(가) 작위범과 부작위범   범죄지란 기본적으로 범죄의 실행행위가 행해진 장소를 말한다. 작위범의 경우에는 범죄행위가 현실적으로 일어난다. 따라서 작위범의 경우에는 그 실행행위지가 범죄지로 된다. 부작위범의 경우에는 외형상 범죄의 실행행위가 눈에 뜨이지 않는다. 부작위범의 경우에는 작위의무가 이행되어야 했던 장소가 범죄지가 된다.

(나) 결과범과 미수범   범죄지는 범죄의 실행행위가 일어난 장소를 의미한다. 그렇지만 추가적으로 범죄지의 범위에 포함되는 경우가 있다. 결과범의 경우에는 구성요건에 속하는 결과가 발생한 장소가 범죄지가 된다. 미수범의 경우에는 실행행위가 있었던 장소뿐만 아니라 행위자의 범행계획에 비추어 볼 때 범죄결과가 발생할 것으로 예정되었던 장소도 범죄지로 파악된다.

(다) 넓은 의미의 공범   공동정범의 경우에는 실행행위를 분담하여 실행한 곳이 범죄지가 된다. 한편 공모공동정범의 경우에는 공모가 이루어진 곳도 범죄지에 해당한다.[1] 교사범이나 방조범의 경우는 정범의 실행행위지 이외에 교사나 방조의 행위가 행해진 곳도 범죄지에 포함된다. 이 경우 정범의 실행행위지는 일종의 결과발생이라고 볼 수 있다. 간접정범의 경우에는 피이용자의 실행행위지 이외에 이용자의 이용행위지도 범죄지에 포함된다. 이처럼 범죄지를 넓게 파악하는 이유는 우리나라의 형벌권 행사에 누락되는 부분이 없도록 하기 위함이다.

3. 속지주의

우리 형법은 대한민국 영역 내에서 죄를 범한 내국인과 외국인에게 적용된다(법2). 이와 같이 영토를 중심으로 형법의 적용범위를 결정하는 태도를 가리켜서 속지주의라고 한다. 우리 형법은 대한민국 영역 외에 있는 대한민국의 선박 또는 항공기 내에서 죄를 범한 외국인에게 적용된다(법4). 이를 가리켜 기국주의(旗國主義)라고 한다. 기국주의에 의하여 대한민국의 선박 또는 항공기 내에까지 영토개념이 확장된다고 볼 수 있다. 따라서 기국주의는 넓은 의미의 속지주의에 속한다.

속지주의의 기준이 되는 대한민국의 영역은 한반도와 그 부속도서(헌법3) 및 영해를 의

---

1) 1998. 11. 27. 98도2734, 공 1999, 87 = 백선 총론 7. 참고판례 1.『히로뽕 구입 공모 사건』.

미한다. 종전에 판례는 북한지역을 대한민국의 통치권이 사실상 미치지 아니하는 지역으로 보아 외국에 준하여 취급하고 있었다.[1] 이후 판례는 헌법 제3조를 근거로 북한도 대한민국의 영토에 속한다고 판단하여 속지주의의 적용을 인정하였으나[2] 다시 태도를 변경하여 종전의 입장으로 선회하였다.[3]

생각건대 헌법은 제3조에서 대한민국의 영토를 한반도와 그 부속도서로 한다고 규정하면서 동시에 제4조에서 평화통일의 정책을 천명하고 있다. 양 조문의 상호관계에 비추어 볼 때 북한의 지위는, 형법의 장소적 적용범위에 관한 한, 변경된 판례의 관점에 따라 외국에 준하여 취급하는 것이 타당하다고 본다.[4] [5] 만일 북한지역에 대해 속지주의를 전면적으로 적용한다면 역으로 외국에서 외국인이 북한주민에 대해 범하는 범죄에 대해서도 보호주의(법5, 6)를 적용하지 않으면 안 된다. 그러나 이러한 보호의 제공은 현실적으로 불가능하다. 형법의 적용범위를 기능적 관점에서 접근하여 제한하는 것은 헌법 제3조의 영토조항에 반하지 않는 해석이라고 생각된다.

〈사례 해설〉 위의 〔사례 15〕에서 우리 법원은 기국주의에 입각하여 대한민국 국적기 내에서 인도네시아인 C를 구타한 중국인 갑에게 한국 형법을 적용하여 처벌할 수 있다.

4. 속인주의

우리 형법은 대한민국 영역 외에서 죄를 범한 대한민국 국민에게 적용된다(법3). 이와 같이 국적을 기준으로 형법의 적용범위를 결정하는 태도를 가리켜서 속인주의라고 한다. 대한민국 국적을 가지기만 하면 그 범죄가 국외에서 행해진 경우에도 우리 형법이 적용된다. 속인주의를 규정한 형법 제3조는 내국인의 국외범만을 규정하고 있다. 내국인의 국내범에 대해서는 속지주의를 규정한 형법 제2조에 의하여 형법이 적용되고 있기 때문이다.[6] 형법 제3조의 적용에 있어서 문제된 범죄행위가 대한민국 국민이 체재하는 외국에서도 범죄로 되는가 하는 점은 고려할 필요가 없다.[7]

---

1) 1976. 5. 11. 76도720, 공 1976, 9168 = 분석 총론 『일본인 입북 사건』.
2) 1997. 11. 20. 97도2021 전원합의체 판결, 공 1997, 3720 = 분석 총론 『캐나다 교포 입북 사건』.
3) 2008. 4. 17. 2004도4899 전원합의체 판결, 공 2008, 740 = 백선 총론 7-1. 『재독 철학자 사건』.
4) 박상기, 27면.
5) 신동운, "형법의 장소적 적용범위", 의당 김인선 교수 화갑기념논문집, (2007), 26면 이하 참조.
6) 2022. 11. 30. 2022도6462, 공 2023상, 223 = 『해외 도박사이트 방조범 사건』 ☞ 1008면.
7) 2004. 4. 23. 2002도2518, 공 2004, 932 = 백선 총론 8. 참고판례 1. 『외국 카지노 도박 사건』.

형법 제3조는 속인주의를 규정하면서 아무런 예외규정을 두고 있지 않다. 이와 같은 입법태도를 가리켜서 절대적 속인주의라고 한다. 형법 제3조의 절대적 속인주의에 대해서는 내국인의 국외범을 대한민국 국내법 위반으로 무제한하게 처벌하면 해외에서 거주하는 우리나라 국민의 기본권이 심각하게 침해된다는 비판이 제기되어 왔다. 이러한 문제점에 대해 판례는 여러 가지 관점에서 제한적인 해석을 시도하고 있다.

먼저, 해당 형벌법규의 구성요건을 축소해석하는 방법이 있다. 예컨대 「의료법」는 무면허의료행위를 처벌하는 형벌법규를 두고 있다(동법87의2 참조). 「의료법」의 무면허의료행위 처벌규정은 대한민국 영역 외에서 의료행위를 하려는 사람에게까지 보건복지부장관의 면허를 받을 의무를 부과하고 나아가 이를 위반한 자를 처벌하는 규정이라고 보기는 어렵다. 따라서 내국인이 대한민국 영역 외에서 의료행위를 하는 경우에는 무면허의료행위 처벌규정의 구성요건해당성이 없다.[1]

다음으로, 위법성조각사유를 유추적용하는 방법이 있다. 대법원은 유리한 유추해석의 허용이라는 관점에서 형법 제3조의 적용범위를 다음과 같이 제한하였다.[2]

「내국인이 외국에서 한 행위가 국내법에 위반되더라도 행위지에서 법령이나 사회상규에 의해 당연히 허용되는 행위이고 국내법이 보호하고자 하는 법익을 침해하지 않아 우리나라의 국가안전보장, 질서유지 또는 공공복리와는 무관한 경우에는 형법 제20조의 '법령에 의한 행위' 또는 '사회상규에 반하지 아니하는 행위'에 관한 규정을 유추적용해 위법성이 조각되는 것으로 해석하는 것이 헌법에 부합한다.」[3]

5. 보호주의

(1) 보호주의의 의미

보호주의란 대한민국이 보호할 가치가 있다고 판단한 법익에 대하여 외국인이 국외에서 범한 범죄도 우리 형법을 적용하여 처벌하는 원칙을 말한다. 형법 제5조와 제6조는 보호주의를 천명하고 있다.

원래 외국인이 대한민국 영역 바깥에서 죄를 범할 경우에 우리 형법을 적용하여 그 외국인을 처벌할 필요는 없다. 자국민보호라는 관점에서 볼 때 자칫하면 당해 외국과 불필요한 외교적 마찰을 불러일으킬 것이기 때문이다. 그렇지만 외국인의 국외범이 우리나라나 우리 국민과 관련된 것일 때는 우리 형법을 적용하여 외국인을 처벌할 필요가

---

1) 2020. 4. 29. 2019도19130, 공 2020상, 1049 = 『베트남 무면허의료 사건』 ☞ 1010면.
2) 전술 34면 사례 9 해설 참조.
3) 2018. 8. 30. 2018도10042, 법률신문 2018. 9. 13. 1면 = 『베트남 카지노 개설 사건』.

생긴다.

(2) 형법 제5조와 보호주의

형법 제5조는 일정한 유형의 범죄에 대하여 외국인이 국외에서 죄를 범하더라도 우리 형법을 적용하여 처벌하기로 하고 있다. 내란죄, 외환죄 등과 같이 중대한 법익을 침해하는 범죄의 경우에는 제한사유 없이 우리 형법을 적용하여 처벌하기로 한 것이다.

형법 제5조의 적용대상이 되는 범죄는 (가) 내란의 죄, (나) 외환의 죄, (다) 국기에 관한 죄, (라) 통화에 관한 죄, (마) 유가증권, 우표와 인지에 관한 죄, (바) 문서에 관한 죄 중 제225조 내지 제230조[공문서 관련 범죄], (사) 인장에 관한 죄 중 제238조[공인장에 관한 죄]이다. 각종 특별법에 규정된 범죄는 형법 제5조의 적용대상이 되지 않는다.

형법 제5조는 이 조문에서 열거한 범죄에 대하여 당연히 우리 형법을 적용하기로 하고 있다. 절대적인 적용력을 가진다는 점에서 형법 제5조는 우리 형법을 적용할 수 있는 근거를 제공하면서도 그 적용력에 제한을 가하고 있는 형법 제6조와 구별된다.

특별법에 의하여 보호주의가 규정되는 경우가 있다. 「정보통신망 이용촉진 및 정보보호 등에 관한 법률」(정보통신망법) 제5조의2는 "이 법은 국외에서 이루어진 행위라도 국내 시장 또는 이용자에게 영향을 미치는 경우에는 적용한다."고 규정하고 있다. 입법자가 2020년 개정을 통해 정보통신망법에 신설한 위의 보호주의 규정은 형법 제6조 단서와 같은 상호주의를 채택하고 있지 않다는 점에서 주목된다.

(3) 형법 제6조와 보호주의

형법 제6조는 대한민국 영역 외에서 대한민국 또는 대한민국 국민에 대하여 형법 제5조에 기재한 이외의 죄를 범한 외국인에게 우리 형법을 적용하기로 하고 있다.[1] 형법 제5조가 일정유형의 범죄에 우리 형법을 적용하기로 한 조문이라면 형법 제6조는 대상범죄가 비유형적이라는 점에 차이가 있다.

형법 제6조 단서는 우리 형법의 적용범위가 지나치게 확장되는 것을 방지하기 위하여 일정한 제한사유를 설정하고 있다. 즉 외국인이 국외에서 대한민국 또는 대한민국 국민에 대하여 죄를 범하더라도 (가) 그 행위가 행위지의 법률에 의하여 범죄를 구성하지 아니하는 경우,[2] (나) 소추가 면제되는 경우, (다) 형의 집행이 면제되는 경우에는 우리 형법을 적용하지 않기로 하고 있다.

---

1) 2017. 3. 22. 2016도17465, 공 2017상, 911 =『홍콩 특수목적법인 사건』☞ 1010면.
2) 2008. 7. 24. 2008도4085, [미간행] = 분석 총론『뉴질랜드 학원분양 사건』.

한편 판례는 형법 제6조의 적용범위를 대한민국 또는 대한민국 국민의 법익이 직접적으로 침해되는 결과를 야기하는 죄로 한정하는 태도를 취하고 있다.[1][2] 그러나 이와 같이 좁게 새기는 것은 문제가 있다고 본다. 판례와 같은 입장을 취하게 되면 국가적 법익을 해치는 죄나 개인적 법익을 해치는 죄의 경우에는 우리 형법을 적용할 수 있지만 사회적 법익을 해치는 죄의 경우에는 형법의 적용범위가 지나치게 축소되기 때문이다. 형법 제6조 단서가 형법의 지나친 확대적용을 방지하는 장치라는 점에 비추어 볼 때 본문 적용에 관한 판례의 입장은 수정되어야 한다고 본다.

6. 세계주의

세계주의란 특정한 범죄에 대해서 범죄지나 범인의 국적 여하를 묻지 않고 우리 형법을 적용하여 처벌하는 원칙을 말한다. 예컨대 모든 나라들이 공동으로 대처할 필요가 있는 항공기납치범죄나 대규모 범죄조직에 의하여 국제적으로 이루어지는 위조지폐범죄 · 인신매매범죄 · 마약밀매범죄 등은 설사 대한민국이나 대한민국 국민의 법익에 어떠한 영향을 미치지 않더라도 처벌할 필요가 있다. 우리 형법은 총칙에서 세계주의에 관하여 아무런 조문을 마련하고 있지 않다. 그러나 형법 각칙 및 특별법에는 세계주의가 일부 명문화되어 있다.

(가) 인신매매죄 등　　2013년 형법 일부개정으로 인신매매죄가 새롭게 다시 규정되면서 약취 · 유인 및 인신매매의 죄 가운데 주요한 범죄에 대해 세계주의가 선언되었다. 형법 제296조의2는 형법 제287조[미성년자약취 · 유인], 제288조[추행등목적 약취 · 유인], 제289조[인신매매], 제290조[약취 · 유인등 상해 · 치상], 제291조[약취 · 유인등 살해 · 치사], 제292조[약취 · 유인 · 매매 · 이송된 사람의 수수 · 은닉등], 제294조[미수범]의 조문은 "대한민국 영역 밖에서 죄를 범한 외국인에게도 적용한다."고 선언하고 있다. 이 규정은 우리나라가 서명한 「국제연합국제조직범죄방지협약」 및 「인신매매방지의정서」의 국내적 이행을 위한 입법으로서의 성격을 갖는다.

(나) 국제형사재판소 관할범죄　　우리나라가 「국제형사재판소에 관한 로마규정」에 가입함에 따라 국제형사재판소의 관할범죄를 처벌하고 대한민국과 국제형사재판소 간의 협력에 관한 절차를 정하기 위하여 「국제형사재판소의 관할 범죄의 처벌 등에 관한 법률」이 제정되었다(동법1 참조). 이 법률은 집단살해죄, 인도에 반한 죄, 각종 전쟁범죄 등을 규정하면서(동법8~16 참조) 그 적용범위에 관하여 속인주의, 속지주의, 보호주의, 세계주의를 모

---

1) 2002. 11. 26. 2002도4929, 공 2003, 285 = 백선 총론 8. 참고판례 3. 『중국인 사인위조 사건』.
2) 2011. 8. 25. 2011도6507, 공 2011하, 1987 = 분석 신형소Ⅱ 『캐나다 교포 선물투자 사건』 ☞ 1012면.

두 채택하고 있다(동법3 참조). 특히 이 법률 제3조 제5항은 "이 법은 대한민국 영역 밖에서 집단살해죄등을 범하고 대한민국영역 안에 있는 외국인에게 적용한다."고 규정하여 세계주의를 명시하고 있다.

(다) 테러 관련 범죄　　2016년부터 「국민보호와 공공안전을 위한 테러방지법」(테러방지법)이 시행되고 있다. 테러방지법 제17조는 테러단체의 구성·가입(동조①)이나 자금지원(동조②) 등 일련의 행위를 처벌하고 있는데, 여기에는 형법 등 국내법에 죄로 규정된 행위가 테러방지법 제2조의 테러에 해당하는 경우(동조⑥)도 포함된다. 테러방지법 제19조는 "제17조의 죄는 대한민국 영역 밖에서 범한 외국인에게도 국내법을 적용한다."고 규정하여 세계주의를 천명하고 있다.

(라) 범죄수익은닉죄　　「범죄수익은닉의 규제 및 처벌 등에 관한 법률」(범죄수익은닉규제법)은 범죄수익등의 은닉 및 가장죄를 처벌하는 규정을 두고 있는데, 그 대상범죄는 이 법률에 열거된 주요범죄(특정범죄)들이다. 범죄수익은닉규제법은 제2조 제1호에서 "외국인이 대한민국 영역 밖에서 한 행위가 대한민국 영역 안에서 행하여졌다면 [특정범죄]에 해당하고 행위지의 법령에 따라 죄에 해당하는 경우 그 죄를 포함한다."라고 규정하여 세계주의를 도입하고 있다.

판례는 범죄수익은닉규제법 제2조 제1호의 대상범죄와 관련하여 (가) 외국인이 대한민국 영역 밖에서 한 행위가 그대로 대한민국 법률에 따라 '특정범죄'에 해당하는 경우에만 '특정범죄'로 볼 것이 아니라, (나) 외국인이 대한민국 영역 밖에서 한 행위를 대한민국에서의 행위로 가정적으로 구성하여 평가하면 대한민국 법률에 따라 '특정범죄'에 해당하는 경우에도 '특정범죄'로 보고 있다.[1]

(마) 외국통화위조죄 여부　　한편 우리 형법은 외국에서 통용되는 외국통화 위조죄(법207③)를 처벌함으로써 간접적으로 세계주의 정신을 나타내고 있다. 그러나 형법은 외국통화위조죄를 보호주의의 적용대상(법5 iv)으로 규정할 뿐 세계주의를 직접적으로 천명하고 있지 않다. 그렇기 때문에 외국통화위조죄의 경우 관련 국제조약이 체결되지 않은 현 상황에서 대한민국이나 대한민국 국민의 법익과 무관한 외국인의 국외범을 형법 제207조 제3항을 적용하여 처벌할 수는 없다.

(바) 조 약　　앞에서 소개한 바와 같이 세계주의는 형법각칙이나 특별법의 일부조항에서만 규정되어 있다. 형법총칙은 아직 세계주의를 채택하고 있지 않다. 우리 헌법 제6조 제1항은 조약에 대해 국내법과 동일한 효력을 부여하고 있다. 현재 판례는 헌법 제6조 제1

---

1) 2018. 10. 25. 2016도11429, 공 2018하, 2288 =『미국 군무원 뇌물수수 사건』☞ 1013면.

항에 근거하여 각종 조약을 매개로 세계주의적 요청에 대처하고 있다.[1] 입법론적으로는 세계주의에 관한 명문의 조항을 형법총칙에 도입하는 것이 바람직하다고 하겠다(독일형법6 ix 참조).

〈사례 해설〉 〔사례 17〕에서 중국인 갑은 중국 영공에서 중국인에게 상해죄를 범하고 있으므로 외국인의 국외범이다. 그런데 갑의 행위는 대한민국이나 대한민국 국민에 대하여 아무런 해를 끼치는 것이 아니다. 따라서 보호주의를 규정한 형법 제5조 및 제6조가 적용될 여지는 없다. 이제 세계주의를 생각해 볼 차례이다.

그런데 우리 입법자는 형법의 적용범위와 관련하여 세계주의를 규정한 조문을 두고 있지 않다. 이러한 상황에서 우리 대법원은 항공기납치방지를 위한 소위 「도쿄협약」(현재는 「국제민간항공협약」)에 주목하였다. 우리나라는 이 협약에 가입하고 있으며 국내법으로 「항공보안법」을 제정해 놓고 있다. 대법원은 이러한 조약을 매개로 하여 형법의 적용범위를 확장하였다. 참고로 일본 형법은 세계주의를 수용하기 위하여 '조약'을 형법의 적용범위를 결정하는 기준으로 명시하고 있다(동법4의2). 우리도 이러한 총칙규정을 마련할 필요가 있다.

7. 대리형사사법의 원칙

형법의 적용범위에 관한 원칙으로 대리형사사법의 원칙이라는 것이 있다. 우리 형법은 이 원칙을 채택하고 있지 않으나 예컨대 독일 형법은 이를 규정하고 있다(독일형법7② 참조).

대리형사사법의 원칙이란 범죄인인도의 요건이 갖추어졌음에도 불구하고 범죄인을 인도하지 않고 자국의 형법을 적용하여 대신 처벌하는 방식이다. 대리형사사법의 원칙은 외국인의 국외범이 국내에 있을 경우에 범죄인인도의 난점을 피하기 위한 수단으로 사용된다.

〈사례 해설〉 위의 〔사례 15〕의 사례에 있어서 자국민이 살해된 일본 정부는 한국에 체재하고 있는 중국인 갑의 인도를 요구할 가능성이 있다. 이러한 상황에서 대리형사사법의 원칙을 채택하게 되면 한국 법원은 중국인 갑이 일본인 B를 중국에서 살해한 범죄에 대하여 한국 형법을 적용하여 갑을 처벌할 수 있을 것이다.

그러나 우리 형법은 대리형사사법의 원칙을 채택하고 있지 않다. 일본인 B를 중국에서 살해한 중국인 갑의 행위를 분석해 볼 때 우리나라나 우리 국민의 법익에 대한 침해가 엿보이지 않는다. 그렇다면 일본인 B를 중국에서 살해한 중국인 갑의 행위에 대하여 우리 법원

---

1) 1984. 5. 22. 84도39, 공 1984, 1163 = 백선 총론 7. 『중공 민항기 사건』 참조.

은 한국 형법을 적용하여 갑을 처벌할 수 없다는 결론에 이르게 된다.

8. 외국 형사판결의 효력

(1) 외국 유죄판결의 효력

내국인의 국외범이나 외국인의 국외범에 대하여 해당 외국이 형사처벌을 하는 경우가 있다. 이 때 문제의 사안이 한국 형법이 적용되는 경우임을 들어 우리 법원이 외국에서 처벌받은 범인에 대해 다시 우리 형법을 적용하여 처벌할 수 있겠는가 하는 의문이 제기된다. 생각건대 원칙적으로 외국의 형사판결은 우리 법원을 기속하지 않는다. 외국의 형사처벌에 대한 규범체계가 우리나라의 규범체계를 대신할 수 없기 때문이다. 따라서 우리 형법은 외국에서 범인이 처벌받은 경우에도 그대로 적용된다.[1]

그렇지만 여기에서 국외범에 대한 이중처벌의 문제가 생긴다. 우리 형법은 내국인·외국인을 가리지 않고 국외범에 대한 이중처벌의 가능성을 배제하지 않고 있다. 즉 어느 범죄로 외국에서 형의 전부 또는 일부의 집행을 받더라도 우리 법원은 우리 형법을 적용하여 범인을 처벌할 수 있다.

2016년 개정 전 형법 제7조는 "범죄에 의하여 외국에서 형의 전부 또는 일부의 집행을 받은 자에 대하여는 형을 감경 또는 면제할 수 있다."라고 규정하고 있었다. 2015년 헌법재판소는 이 조문에 대해 헌법불합치결정을 내렸다. 외국에서 실제로 형의 집행을 받았음에도 불구하고 우리 형법에 의하여 처벌할 때 이를 전혀 고려하지 않는다면 신체의 자유에 대한 과도한 제한이 될 수 있으므로 외국에서 형을 집행받은 사정은 어느 범위에서든 반드시 반영되어야 한다는 것이 그 이유였다.[2]

입법자는 헌법재판소의 결정 취지에 따라 형법 제7조를 "죄를 지어 외국에서 형의 전부 또는 일부가 집행된 사람에 대해서는 그 집행된 형의 전부 또는 일부를 선고하는 형에 산입한다."는 형태로 개정하였다. 외국에서 집행된 형은 그것이 형의 전부집행이든 형의 일부집행이든 모두 우리나라 법원이 선고하는 형에 반드시 산입하도록 한 것이다.

형법 제7조가 일사부재리의 원칙을 규정한 헌법 제13조 제1항에 위반되는 것은 아닌가 하는 의문이 생길 수 있다. 그러나 헌법이 규정하고 있는 일사부재리의 원칙은 외국 법원의 판결에는 적용이 없으며 우리 법원이 행한 판결에 대해서만 적용된다.[3]

---

1) 2017. 8. 24. 2017도5977 전원합의체 판결, 공 2017하, 1887 = 『필리핀 무죄 미결구금 사건』 ☞ 1014면.
2) 2015. 5. 28. 2013헌바129, 헌공 224, 866 = 『형법 7조 헌법불합치 사건』.
3) 2015. 5. 28. 2013헌바129, 헌공 224, 866 = 『형법 7조 헌법불합치 사건』.

〈사례 해설〉 앞의 〔사례 16〕에서 한국 법원은 잡지 외판원 갑에 대하여 다시 유죄판결을 선고할 수 있다. 이 경우 갑은 죄를 지어 외국에서 그 형의 전부(1년 징역)가 집행된 사람에 해당한다. 따라서 우리 법원은 갑에 대해 형을 선고할 때 개정된 형법 제7조에 따라 외국에서 집행된 징역 1년을 반드시 산입해야 한다.

(2) 외국 무죄판결의 효력

형법 제7조는 '죄를 지어 외국에서 형의 전부 또는 일부가 집행된 사람'에 관하여 규정하고 있다. 형법 제7조는 외국에서 유죄판결이 선고된 상황을 전제하고 있다. 그런데 외국에서 미결구금 상태로 재판을 받던 사람이 무죄를 선고받은 경우 이를 어떻게 반영할 것인지 문제된다.

외국에서 무죄판결을 받더라도 우리나라 법원은 유죄판결을 선고할 수 있다. 앞에서 언급한 바와 같이 형사법의 영역에서 외국의 규범체계를 우리나라의 규범체계로 대체할 수는 없다. 이 때문에 외국의 무죄판결에 대해 일사부재리의 원칙(헌법13① 후단)은 적용되지 않는다.

문제되는 것은 외국에서 무죄판결이 나오기까지 구금된 일수를 우리나라 법원이 유죄판결을 선고하면서 어느 정도로 반영할 것인가 하는 점이다. 형법 제7조는 이에 대해 아무런 언급을 하고 있지 않다. 이 문제에 대해 대법원에서는 유추해석의 허용 여부를 놓고 견해가 대립하였다.

유추해석을 허용하게 되면 형법 제7조를 근거로 "외국에서 무죄판결을 받는 과정에서 미결구금된 사람에 대해서는 그 미결구금 일수의 전부 또는 일부를 [국내법원이] 선고하는 형에 산입한다."는 법규범이 도출된다.

유추해석 허용설의 논거를 요약해 보면 다음과 같다. 첫째로, 형법 제7조의 입법취지는 국내외에서의 실질적 이중처벌로 인하여 피고인이 입을 수 있는 불이익을 완화함으로써 피고인의 신체의 자유를 최대한으로 보장한다는 것이다. 둘째로, 이러한 입법취지는 외국에서 유죄판결에 의하여 형의 집행을 받은 피고인뿐만 아니라 외국에서 미결구금되었다가 무죄판결을 받은 피고인에 대하여도 충분히 고려되어야 할 사항이다. 셋째로, 피고인이 동일한 행위로 국내에서 형을 선고받게 되었다면 외국에서 유죄판결을 받은 피고인과 외국에서 무죄판결을 받은 피고인을 동등하게 대우해 주는 것이 형평의 원칙에 부합한다.

유추해석 불허설의 논거를 요약해 보면 다음과 같다. 첫째로, 외국에서 무죄판결을 받고 석방되기까지의 미결구금은 우리나라 형벌법규에 따른 공소(公訴)의 목적을 달성하기 위하여 이루어진 강제처분으로 볼 수 없다. 둘째로, 외국에서의 미결구금으로 인해 피고인이

받는 불이익의 양상과 정도를 국내에서의 미결구금이나 형의 집행과 그 효과 면에서 서로 같거나 유사하다고 단정할 수 없다. 셋째로, 피고인의 종전 미결구금에 따른 불이익은 선고형을 결정하는 단계에서 적정한 양형을 통해 해소할 수 있다. 대법원은 다수의견에 따라 유추해석을 불허하는 입장을 취하였다.[1]

---

1) 2017. 8. 24. 2017도5977 전원합의체 판결, 공 2017하, 1887 = 『필리핀 무죄 미결구금 사건』.

제2편 범죄론

제1장 범죄의 성립요소

제1절 범죄개념의 분류

제1 실질적 범죄개념과 형식적 범죄개념

1. 실질적 범죄개념

형벌을 과하려면 범죄가 존재하여야 한다. 그런데 형벌의 전제인 범죄의 실질이 무엇인가 하는 의문이 제기된다. 이에 대해서는 법공동체가 지향하는 이념적 가치를 침해하는 행위를 범죄라고 보는 견해, 또는 사람들이 구체적으로 보유하고 있는 권리를 침해하는 행위를 범죄라고 보는 견해 등 다양한 관점을 생각할 수 있다.

실질적 범죄개념은 범죄를 그 내용적인 실질을 기준으로 정의한 것이다. 실질적 관점에서 비교적 널리 통용되는 견해는 범죄를 사회공동체의 유지에 필수적인 법익을 침해하는 행위라고 보는 시각이다.

범죄를 실질적 관점에서 포착하게 되면 접근방법의 다양성 때문에 통일적이고 일관된 범죄개념을 얻기가 어렵다. 이렇게 되면 형사재판의 실제에 있어서 균질(均質)하고 공정한 판단을 내릴 수가 없게 된다. 이 때문에 범죄개념을 형식적으로 통일해 놓을 필요가 있다.

2. 형식적 범죄개념

형식적 범죄개념은 범죄의 내용적 실질을 묻지 아니하고 일정한 조건을 갖추었을 때 범죄로 인정하는 견해를 말한다. 형식적 관점에 입각할 때 범죄는 다음과 같이 정의된다.

「범죄란 구성요건에 해당하고 위법하며 유책한 인간의 행위이다.」

형식적 의미의 범죄개념은 오랜 세월에 걸쳐서 형법학계가 논의·발전시킨 학문적 소산이다. 현재 독일, 일본, 한국의 형사재판은 이러한 형식적 범죄개념에 입각하여 이루어지고 있다.

형식적 범죄개념을 전제로 할 때 범죄를 몇 가지 유형으로 나누어 볼 수 있다. 대표적인 유형분류로 (가) 작위범과 부작위범,[1] (나) 고의범과 과실범,[2] (다) 거동범과 결과범,[3] (라) 위험범과 침해범,[4] (마) 즉시범 · 상태범 · 계속범,[5] (바) 신분범과 비신분범[6] 등을 들 수 있다. 이들 범죄유형에 대해서는 해당되는 항목에서 상세히 설명하기로 한다.

제2 형식적 범죄개념의 구성요소

【사례 18】 30세 된 갑은 A를 제거할 목적으로 권총을 정조준 발사하여 A를 살해하였다.

【사례 19】 갑은 A가 아무런 이유 없이 총을 뽑아 자기에게 쏘려고 하자 A의 공격을 제압하려고 먼저 총을 쏘아 A를 살해하였다.

【사례 20】 정신병자 갑은 히죽히죽 웃으면서 A를 살해하였다.

【사례 21】 갑은 35년 전에 A를 몰래 살해하였다.

위의 사안들에서 갑의 죄책은?
(문제해결을 위한 조문으로 형법 제250조 제1항, 제21조, 제10조, 「치료감호 등에 관한 법률」 제2조, 형사소송법 제249조, 제253의2를 각각 참조할 것)

1. 인간의 행위

범죄란 구성요건에 해당하고 위법하며 유책한 인간의 행위이다. 이 개념정의에는 여러 가지 용어들이 사용되고 있다. 국어문법적으로 분석해 볼 때 위의 명제에서 주어는 '범죄'이며 술어는 '인간의 행위'이다. 나머지는 인간의 행위를 꾸며주는 수식어들이다.

---

1) 후술 141면 이하 참조.
2) 후술 202면 이하 참조.
3) 후술 176면 이하 참조.
4) 후술 155면 이하 참조.
5) 후술 513면 이하 참조.
6) 후술 120면 이하 참조.

범죄가 성립하려면 먼저 문제되는 사안이 '인간의 행위'인가를 살펴야 한다. 그런데 인간의 행위인가 아닌가는 우리의 일상적인 경험을 통하여 대부분 확인할 수 있다. 이 때문에 '인간의 행위'는 굳이 인간이라는 말을 붙일 필요 없이 '행위'라고만 표현하여도 무방하다. 본격적인 법적 판단은 이 행위를 수식하는 개념들을 중심으로 이루어진다.

2. 구성요건해당성

범죄의 개념정의에 비추어 볼 때 범죄는 구성요건에 해당하는 행위이다. 구성요건은 형벌법규에 규정되어 있는 위법행위의 정형(定型)이다. 입법자가 일정한 틀을 설정하여 그려 놓은 위법행위의 유형이 구성요건이다.

구성요건 자체는 범죄가 아니다. 범죄가 되려면 행위가 구성요건에 해당하여야 한다. 일정한 행위가 일정한 구성요건의 틀 속에 들어오는 것을 가리켜서 "구성요건에 해당한다."고 말한다. 구성요건해당성이란 행위가 구성요건에 해당한다는 성질을 말한다.

형벌법규를 적용하려면 첫 번째로 문제된 행위에 구성요건해당성이 인정되는가를 살펴야 한다. 구성요건해당성의 문제는 특정한 행위가 형벌법규에 규정되어 있는 구성요건요소를 충족하고 있는가를 검토하는 작업이다.

3. 위 법 성

범죄는 위법한 행위이어야 한다. 위법이란 법질서에 위반한다는 의미이다. 위법은 어느 특정한 형벌법규에 위반하였다는 뜻이 아니라 법질서 전체에 위반한다는 넓은 의미로 이해된다. 위법성이란 행위가 위법하다는 성질, 다시 말하여 법질서에 반한다는 성질을 가리킨다.

어느 행위에 구성요건해당성이 인정되면 일단 그 행위에는 위법성이 징표된다. '위법성이 징표된다'는 말은 구성요건에 해당하는 행위는 일단 위법하다고 판단될 여지가 있다는 뜻이다. 왜냐하면 형벌법규는 언제나 사회적으로 바람직하지 않은 반사회적 행위태양을 문제 삼고 있기 때문이다.

그러나 행위의 위법성은 구체적인 경우에 제거될 수 있다. 행위가 구성요건에 해당하더라도 그 행위가 위법하다고 말할 수 없는 상황들이 있다. 예컨대 정당방위는 여기에 해당하는 현저한 예이다. 정당방위가 인정되면 구성요건에 해당하는 행위에 붙어 있었던 '위법성'이라는 징표는 떨어져 나가게 된다. 여기에서 위법성이 떨어져 나간다는 것을 가리켜서 강학상 위법성조각(違法性阻却)이라고 한다.

4. 책 임

범죄는 유책한 행위이다. 유책이란 책임이 있다는 뜻이다. 책임은 비난가능성이다. 다시 말하자면 책임은 "너 때문이다!"라고 행위자를 꾸짖을 수 있는 성질이다.

책임은 구성요건해당성과 위법성을 전제로 하여 논해진다. 즉 어느 행위가 구성요건에 해당하고 위법할 때 비로소 책임 여부를 검토하게 된다. 책임을 가리켜서 비난가능성이라고 한다. 책임이 있다는 말은 구성요건에 해당하고 위법한 행위를 한 행위자에게 "이러한 행위는 바로 너 때문이다!"라고 꾸짖는 것을 말한다.

구성요건에 해당하고 위법한 행위에는 일반적으로 책임도 인정된다. 그렇지만 정신병자에 의한 살인과 같이 예외적으로 책임을 물을 수 없는 경우가 있다. 구성요건에 해당하고 위법하지만 책임을 묻지 않겠다는 것을 가리켜서 **책임조각**(責任阻却)이라고 한다.

5. 기타의 범죄성립요소

형사재판의 실무에서는 형식적 범죄개념이 사용된다. 형식적 범죄개념에 의하면 어느 행위에 구성요건해당성, 위법성, 책임이 인정되면 범죄가 성립한다. 그렇지만 입법자가 이 세 가지 요건에 만족하지 아니하고 예외적으로 추가사유를 설정하여 범죄성립의 범위에 제한을 가하는 일이 있다. 이러한 예외적 사유에 해당하는 것으로 객관적 처벌조건과 인적 처벌조각사유가 있다.

(가) 객관적 처벌조건　　객관적 처벌조건이란 구성요건해당성, 위법성, 책임 이외에 범죄성립을 위하여 적극적으로 갖추어져야 할 객관적인 조건을 말한다.

형법 제129조 제2항이 규정하고 있는 사전수뢰죄의 예를 본다. 사전수뢰죄는 아직 공무원이 되지 아니한 사람이 앞으로 담당하게 될 직무와 관련하여 뇌물을 수수할 때 성립하는 범죄이다. 그러나 뇌물수수행위가 있다고 해서 곧바로 뇌물죄가 성립하지는 않는다. 뇌물수수한 사람이 "공무원이 되었다."는 객관적인 사정이 존재해야 그 사람을 처벌할 수 있다.

(나) 인적 처벌조각사유　　인적 처벌조각사유는 어느 사람에게만 존재하는 특별한 사정이 범죄성립을 저지시키는 경우에 찾아 볼 수 있다. 이때 범죄성립을 조각하는 특별한 인적 사유를 가리켜서 인적 처벌조각사유라고 한다. 인적 처벌조각사유에 해당하는 예는 범인은닉죄나 증거인멸죄에 있어서 소위 '친족간의 특례'에서 찾아볼 수 있다. '친족이나 동거의 가족'이 범인을 위하여 범인은닉죄나 증거인멸죄를 범하는 경우에 형법은 이러한 친족 등에 대해 '처벌하지 아니한다'는 법적 효과를 부여하고 있다(법151②, 155④). 이 경우 친족 등의 사유는 그 사람에게만 존재하는 특별한 사정이 범죄성립을 저지한다는 점에서 인적

처벌조각사유로 파악된다.

〈사례 해설〉 위의 〔사례 18〕의 사안에서 갑은 형법 제250조 제1항이 규정한 살인죄의 구성요건을 실현시키고 있다. 즉 갑의 행위는 살인죄의 구성요건에 해당한다. 살인죄의 구성요건해당성이 인정된다고 하여 살인죄가 곧바로 성립하는 것은 아니다. 〔사례 19〕와 〔사례 20〕은 이러한 사정을 보여주고 있다.

〈사례 해설〉 〔사례 19〕의 사안에서 갑은 정당방위(법21)로 행위하고 있다. 따라서 갑의 행위는 살인죄의 구성요건에 해당하지만 위법성이 없다. 범죄는 구성요건에 해당하고 위법하며 유책한 행위이다. 이 개념정의에 따를 때 갑의 행위에는 위법성이 인정되지 아니하여 살인죄가 성립하지 않는다.

〈사례 해설〉 〔사례 20〕의 사안에서 갑의 행위는 살인죄의 구성요건에 해당하고 위법한 행위이다. 특별한 위법성조각사유가 없기 때문이다. 그런데 갑은 정신병자이어서 사물이나 시비를 변별(辨別)할 능력이 없다. 책임능력(법10①)이 없는 것이다. 그리하여 갑에 대해 책임비난을 가할 수 없다. 책임이 없으므로 갑의 행위는 구성요건에 해당하고 위법함에도 불구하고 살인죄는 성립하지 않는다.

〈사례 해설〉 〔사례 21〕의 사안에서 갑의 행위는 살인죄의 구성요건에 해당하고 위법하며 유책하다. 특별한 위법성조각사유나 책임조각사유가 보이지 않기 때문이다. 그런데 갑의 행위는 35년 전에 일어난 것이다. 형사소송법은 원칙적으로 사형에 해당하는 범죄라 할지라도 25년의 공소시효를 규정하고 있다(형소법249 참조). 35년 전에 일어난 행위라고 하여도 형사실체법적으로는 살인죄가 성립한다. 즉 국가에게 형벌권이 생기는 것이다.

그러나 절차법적으로 볼 때 공소시효제도가 마련되어 있어서 형벌권의 실현을 저지한다. 공소시효제도는 일정한 시간의 경과에 따라 일반인의 처벌욕구가 감소하였다는 이유로, 또는 증거가 흩어지거나 없어짐에 따라 오판이 행해질 염려가 있다는 이유로 마련된 장치이다. 이러한 공소시효제도는 형사실체법의 영역 바깥에 위치하고 있다. 이와 같이 형벌권의 실현을 절차법적으로 저지하는 사유를 가리켜서 소송장애사유라고 한다.

그런데 2015년 우리 입법자는 형사소송법 제253조의2를 신설하여 "사람을 살해한 범죄(종범은 제외한다)로 사형에 해당하는 범죄에 대하여는 제249조부터 제253조까지에 규정된 공소시효를 적용하지 아니한다."는 입법적 결단을 내렸다. 고의의 살인범죄에 대해 특별히 소송장애사유를 제기하기로 한 것이다. 따라서 국가는 여전히 유효하게 형벌권을 행사할 수 있다.

제 2 절 범죄론체계

제 1 범죄론의 의의와 체계

1. 범죄론체계의 의의

범죄가 성립하는가를 살피려면 일정한 단계를 밟아 검토를 진행하여야 한다. 범죄성립 여부를 논하는 일련의 검토과정 내지 시스템을 가리켜서 범죄론체계라고 한다.

범죄론체계는 범죄성립 여부를 판단함에 있어서 다양한 사실관계들에 대하여 통일적으로 적용할 수 있는 검증도구를 제공한다. 범죄론체계가 있기 때문에 다종다양한 사실관계에 대하여 형벌법규의 통일적인 적용이 가능해진다.

법적용에 있어서 균질성과 통일성은 시민들에게 법적 평등을 보장하고 자의적(恣意的)인 형사처벌을 방지하기 위하여 요구되는 기본조건이다. 범죄론체계는 바로 이와 같은 기본조건의 충족을 위하여 발전된 것이다.

2. 범죄론삼원론

현재 사용되고 있는 범죄론체계는 구성요건해당성, 위법성, 책임의 삼단계로 이루어져 있다. 객관적 처벌조건이나 인적 처벌조각사유는 입법자가 예외적으로 설정해 놓은 것이므로 통상적인 경우에는 검토의 대상으로 등장하지 않는다.

구성요건해당성, 위법성, 책임의 삼단계를 거쳐서 범죄성립 여부를 검토하는 범죄론체계를 가리켜서 범죄론삼원론이라고 한다. 범죄론삼원론은 오랜 학설사적 발전과정을 거쳐서 수립된 체계이다. 현재 사용되고 있는 범죄론삼원론의 기본골격은 독일의 형법학자 벨링(Beling)에 의하여 20세기 초엽에 정리된 것으로서 오늘날에도 표준적인 체계로 존중되고 있다.

제 2 전문용어와 일상용어

1. 불법과 가벌성

근자에 들어와서 전통적인 삼원론 범죄론체계에 대신하여 불법과 책임으로 범죄론체계를 구성하려는 시도가 나오고 있다. 이 이론체계를 설명하기에 앞서서 먼저 사용되는 용어들을 정리해 놓을 필요가 있다.

다른 학문영역에서도 마찬가지이지만 형법학계에서는 의사소통의 원활과 언어경제를 도모하기 위하여 전문용어가 많이 사용되고 있다. 전문용어는 여러 단어로 길게 풀어서 설명해야 하는 개념을 간결한 용어로 축약한 것이다. 이러한 전문용어를 강학상 용어라고 말하기도 한다.

전문용어는 전문가들 사이에서 의사소통을 신속하고 원활하게 해 준다는 의미에서 편리하다. 그러나 일반인들의 입장에서 보면 전문용어가 일상적인 언어관용례를 벗어나는 것으로 비춰지는 일이 종종 발생한다. 독일 형법학을 계수(繼受)하여 사용하고 있는 우리 형법학계의 경우에는 전문용어와 일상용어 사이의 괴리가 상당히 심하게 일어나고 있다.

(가) 불 법   독일 형법학에서 유래하여 전문용어화하였으나 아직 우리의 일상언어에까지는 정착하지 못한 개념들 가운데 대표적인 것이 불법(不法)이다. 우리의 일상용어에 의할 때 '불법'은 수식어로 생각된다. '불법행위'의 경우가 그 대표적인 예이다. '불법행위'라는 말 속에는 "행위가 불법하다."는 의미가 들어 있으며 이때 '불법'은 행위가 위법하다는 성질을 가리킨다.

이에 대하여 형법학에서 말하는 불법은 수식어가 아니라 실체이다. 형법에서 말하는 불법은 '구성요건에 해당하고 위법한 행위'를 하나의 단어로 축약하기 위하여 사용된 전문용어이다. 이 경우 불법은 독일어의 Unrecht를 그대로 번역해 온 것이다.

범죄론체계를 논하면서 우리는 앞으로 수없이 '구성요건에 해당하고 위법한 행위'라는 말을 하게 될 것이다. 그런데 똑같은 말을 계속 반복한다는 것은 번거롭기 짝이 없다. 이러한 상황에서 긴 말을 '불법'이라는 짧은 단어로 표현한다면 매우 편리할 것이다.

(나) 가별성   같은 맥락에서 사용되는 전문용어로 '가별성'이라는 말이 있다. 가별성(Strafbarkeit)은 글자 그대로 풀이하면 '형벌을 가할 수 있음'이라는 뜻이다. 형벌을 가할 수 있으려면 그 전제로 범죄가 성립하고 있어야 한다. 범죄란 구성요건에 해당하고 위법하며 유책한 행위이다. 그렇다면 가별성은 어느 행위가 구성요건에 해당하고 위법하며 책임이 인정된다는 뜻이다. 독일 형법학에서 빌려온 가별성이라는 용어는 '행위가 구성요건에 해당하고 위법하며 유책하다'는 말을 한 단어로 줄여서 표현한 것이다.

근래의 형법교과서들이 이해하기 어렵다는 말들이 나오고 있다. 이러한 상황에 이르게 된 계기의 일단은 아직 전문용어를 이해하지 못하는 초학자들에게 곧바로 독일식 전문용어를 동원하여 형법이론을 설명하는 데에 있다.

초학자들도 이해할 수 있도록 용어사용에 주의를 기울이지 아니한 형법문헌이 있다고 하자. 이러한 상황에서 초학자들이 자구책으로 강구할 수 있는 방법은 다소 번거롭더라도 독일식 전문용어를 우리의 일상용어로 바꾸어서 읽는 것이다.

불법이나 가벌성이라는 용어가 사용되는 문장이 나오게 되면 불법은 '구성요건에 해당하는 위법한 행위'로, 가벌성은 '구성요건에 해당하고 위법하며 유책한 행위'로 각각 바꾸어서 읽어보면 비교적 쉽게 의미를 이해할 수 있을 것이다.

2. 불법·책임 이원론

범죄론삼원론은 범죄성립 여부를 구성요건해당성, 위법성, 책임의 세 단계로 나누어 검토하는 범죄론체계이다. 이에 대하여 구성요건해당성과 위법성을 하나로 묶어서 불법으로 파악하고 뒤이어서 책임을 검토하는 범죄론체계가 있다. 이를 불법·책임 이원론이라고 한다.

불법은 구성요건에 해당하고 위법한 행위를 줄여서 말한 것이다. 구성요건해당성이나 위법성은 모두 어느 행위를 전제로 한다. 불법·책임 이원론의 입장에서는 구성요건해당성이나 위법성의 단계가 모두 행위의 속성을 분석한다는 점에 주목하고 양자를 하나로 묶어서 불법의 문제로 파악한다. 이에 대하여 책임은 구체적인 행위자를 놓고 일단 확인된 불법에 대하여 그 행위자에게 비난을 가할 수 있을 것인가 하는 문제를 다룬다.

불법·책임 이원론의 범죄론체계에 의하면 불법단계에서는 행위주체의 개성을 무시하고 행위 자체에 대한 범죄성립요소를 검토한다. 이에 대하여 책임단계에서는 개성이 뚜렷이 부각된 구체적인 행위자를 놓고 그가 범한 불법에 대하여 책임을 물을 수 있는가를 검토의 대상으로 삼는다.

3. 본서의 체계

체계상으로 볼 때 범죄론삼원론과 불법·책임 이원론은 분명하게 구별된다. 그러나 두 체계의 실질적 차이점은 그다지 크지 않다. 미묘한 차이점은 해당 분야에서 검토하기로 하고 본서에서는 전통적 범죄론체계인 범죄론삼원론의 구도에 따라 검토를 진행하기로 한다.

제2장 행 위 론

제1절 행위론의 의의와 필요성

제1 행위론의 유용성 논의

1. 행위론의 의의

범죄란 구성요건에 해당하고 위법하며 유책한 행위이다. 구성요건해당성, 위법성, 책임은 모두 행위의 속성을 가리키는 말이다. 법률적 판단은 주로 이 세 가지 속성의 존부에 모아지고 있다. 그런데 이들 속성이 붙게 되는 실체는 '행위'이다. 여기에서 이 행위의 실질과 구조를 밝히려는 이론적 시도를 가리켜서 행위론이라고 한다.

2. 행위론 무용론

【사례 22】 국가 자격시험을 준비 중인 A는 학교 선배인 B판사를 만났다. B판사는 자신의 학창시절을 회고하면서 형법총론 가운데 특히 행위론 부분은 형사재판에서 아무런 쓸모도 없는 이론이라고 말하였다.
　　B판사의 주장에 대하여 여러분은 어떻게 생각하는가?

그 동안 형법학계에서는 행위론을 둘러싸고 많은 논쟁이 있어 왔다. 형법총론의 강의에서도 행위론에 대하여 많은 시간과 노력이 할애되고 있다. 그러나 형사실무계를 보면 행위론은 실무가들의 관심을 거의 끌지 못한다. 구체적인 형사사건을 대상으로 법리적 쟁점을 규명해 나가는 형사재판의 특성상 이러한 사정을 이해 못할 바는 아니다.

　(가) 행위론무용론의 내용　　　그런데 비단 실무가뿐만 아니라 형법학계에서도 행위론의 존재가치에 대하여 의문을 제기하는 사람들이 나타나고 있다. 이들은 형법적 이론규명의 대상은 형사재판에 필요한 법리이지 추상적이고 관념적인 행위 자체의 분석은 아니라고 주장한다. 이와 같이 행위론 자체의 존재의의를 부정하는 논의를 가리켜서 행위론 무용론이

라고 한다.[1]

(나) 행위론 무용론의 논거   행위론 무용론의 입장에서 논거를 정리해 보면 다음과
같다. 첫째로 인간행위의 다양성이다. 인간행위는 실로 다양한 형태로 나타난다. 이 때문에
이를 하나로 묶어 통일적으로 설명하는 것이 과연 가능한가 하는 의문이 제기된다. 범죄의
경우에도 작위범, 부작위범, 고의범, 과실범 등 다양한 행위유형이 존재한다. 그렇다면 이들
을 총괄하는 행위개념의 수립이 과연 가능하겠는가 하는 질문이 나오지 않을 수 없다.

두 번째로 행위론의 실용성이다. 형법적 고찰의 중점은 구성요건해당성, 위법성, 책임과
같은 법리적 영역에 집중되어야 한다. 형법학계는 전법률적(前法律的)인 행위개념에 쓸데없
는 노력을 낭비할 필요가 없다. 지금까지 형법학계가 기울인 노력에 비하여 얻어낸 성과가
미미한 것은 바로 이 때문이다. 행위론의 문제점은 구성요건해당성이나 불법(구성요건에 해
당하고 위법한 행위)의 문제를 살필 때 함께 검토하면 족하지 이를 독립시킬 필요는 없다.

3. 행위론의 필요성

이러한 행위론 무용론에 대하여 아직도 많은 사람들은 행위론의 필요성을 긍정하고 있
다.[2] 다수설은 행위론의 규명이 필요한 이유로 다음의 점들을 들고 있다.

첫 번째로 형법전은 여러 곳에서 '행위'라는 용어를 사용하고 있다(예컨대 형법1, 13, 14
참조). 따라서 실정법에서 사용되고 있는 이 개념의 정의를 꾀할 필요가 있다. 두 번째로 범
죄의 개념정의상 행위개념의 규명이 필요하다. 전통적인 범죄론체계에 의할 때 범죄는 구
성요건에 해당하고 위법하며 유책한 행위라고 정의된다. 이러한 범죄개념의 정의에 따르면
구성요건해당성, 위법성, 책임이라는 형법적 판단 내지 수식이 붙게 될 대상이 문법구조상
반드시 필요하게 된다. 수식의 대상이 규명되지 아니한 상태에서 내리는 형법적 판단은 무
의미하다. 세 번째로 행위개념을 정립할 때 형법적 고찰의 대상이 될 수 없는 현상들을 처
음부터 비행위(非行爲)로 포착하여 논의에서 배제할 수 있다.

4. 사   견

생각건대 다수설의 논거에 따라서 행위론의 필요성은 일단 이를 인정해야 할 것이다.
그러나 한 가지 유의할 점이 있다. 행위론의 검토는 그 자체로서 완결된 이론적 완성체를

---

1) 박상기, 40면; 성낙현, 102면; 오영근, 74면.
2) 권오걸, 86면; 김성돈, 136면; 김성천 · 김형준, 70면; 김일수 · 서보학, 77면(제한적 효용론); 배종대,
116면(제한적 효용론); 손동권 · 김재윤, 82면; 이용식, 42면; 이재상 · 장영민 · 강동범, 79면; 이정원, 69면;
임웅, 111면; 정성근 · 정준섭, 57면; 정영일, 103면.

추구하는 작업이 아니다. 행위론은 앞으로 진행될 본격적인 형법적 고찰의 토대를 제공할 뿐이다.

행위론은 형법형이상학적 체계의 완결이 아니라 형법적 법리규명에 도움을 주기 위한 이론으로 남아야 한다. 행위론의 절대성을 부정하고 행위론을 실정형법의 법리규명에 유용한 도구라고 보는 견해를 가리켜서 기능적 행위론이라고 한다.

〈사례 해설〉 위의 〔사례 22〕에서 B판사의 비판은 학계와 실무계의 괴리현상을 지적한 점에서 타당하다. 그렇지만 범죄론체계의 이해와 구체적인 법률문제의 규명에 있어서 행위론의 검토가 전혀 무의미한 것은 아니다. 이 점은 앞으로 자주 확인하게 될 것이다.

제2 유용한 행위개념의 구비조건

행위론은 인간의 행위를 포괄적이고 통일적으로 파악하기 위한 이론적 시도이다. 행위론은 유용한 행위개념의 제시를 목적으로 하고 있다. 형법학계에서는 지금까지 여러 가지 유형의 행위론들이 전개되어 왔다. 이러한 여러 이론들 가운데 어떠한 것이 가장 우수한 것으로 평가될 수 있을까 하는 물음이 제기된다. 어느 행위론이 제시하는 행위개념의 우수성을 판단하는 기준으로 형법학계는 다음의 몇 가지 기준을 설정하고 있다.

(가) 분류기능　첫 번째로, 행위개념은 분류기능을 충분히 수행할 수 있어야 한다. 인간의 행위는 극히 다양하지만 이를 크게 나누면 작위(적극적 행위), 부작위(소극적 행위), 고의행위, 과실행위로 분류할 수 있다. 어느 행위론이 제시하는 행위개념은 이러한 행위유형을 충분히 그 안에 파악할 수 있어야 한다. 어느 행위개념이 작위, 부작위, 고의행위, 과실행위를 분류할 수 있는 역량을 가리켜서 행위개념의 분류기능이라고 한다.

(나) 정의기능　두 번째로, 행위개념은 앞으로 진행될 구성요건해당성, 위법성, 책임 등의 법적 고찰에 있어서 기초로 사용될 수 있는 실질적 내용들을 담고 있어야 한다. 형법적 법리분석은 구성요건해당성, 위법성, 책임의 문제에 집중된다. 앞으로의 법리규명에 대비하여 행위개념은 충분한 내용적 실체를 담고 있어야 한다. 어느 행위개념이 구성요건해당성, 위법성, 책임을 규명함에 있어서 실질을 제공할 수 있는 역량을 가리켜서 행위개념의 정의기능(定義機能)이라고 한다.

(다) 종합기능　세 번째로, 유용한 행위개념은 구성요건해당성, 위법성, 책임이라는 형법적 판단을 미리 앞당기는 우를 범하여서는 안 된다. 행위개념은 구성요건해당성, 위법성, 책임에 대한 검토의 논리적 출발점으로서, 그리고 단계적 발전의 기초로서 기능할

수 있어야 한다. 어느 행위개념이 앞으로 진행될 구성요건해당성, 위법성, 책임의 검토과정에 공통의 토대를 제공할 수 있는 역량을 가리켜서 행위개념의 종합기능이라고 한다.

(라) 한계설정기능   네 번째로, 유용한 행위개념은 형법적 고찰의 대상이 되지 않는 현상들을 형법의 세계에서 제외하는 기능을 충분히 수행할 수 있어야 한다. 어느 행위개념이 형법적 고찰의 대상이 될 여지가 없는 행위태양들을 미리 제거하는 역량을 가리켜서 행위개념의 한계설정기능이라고 한다.

행위개념이 수행해야 하는 기능에 비추어 볼 때 이를 모두 충족하는 행위개념을 모색하는 일은 결코 쉽지 않은 작업이다. 행위론에 관한 논쟁이 계속되고 좀처럼 견해의 일치를 보지 못하고 있는 것은 바로 이 때문이다.

제2절   행위론과 행위개념

제1   행위론의 임무

행위론은 행위자에게 행위가 과연 존재하는가, 나아가 언제부터 행위가 인정되는가 하는 문제를 다룬다. 형법학에서 '행위'라는 개념은 형법적 고찰의 대상이 될 수 있는 일체의 현상을 지칭하기 위하여 사용된다. 바꾸어 말하자면 행위란 "범죄이다."라고 판단될 수 있는 일체의 인간활동을 나타내기 위하여 사용되는 개념이다.

인간이 저지르는 범죄는 그 형태가 실로 다종다양하다. 이러한 다양성에 비추어 볼 때 범죄의 분석에 하나의 통일적인 관점을 정립하는 작업은 결코 쉬운 일이 아니다. 행위론은 다양한 범죄형태의 전제로서 단일한 행위개념을 정립하고자 하는 이론적 시도이다. 아래에서는 행위론 가운데 주요한 학설들을 간단히 소개한다.

제2   인과적 행위론

1. 인과적 행위론의 의의

(가) 인과적 행위론의 내용   인과적 행위론은 행위를 정신작용에서 비롯된 신체동작이라고 보는 견해이다. 인과적 행위론에 의하면 "행위란 인간의 정신작용에서 비롯된 신체적 동작이다."라고 정의된다. 신체적 동작은 그 자체로 그치지 않고 때때로 결과도 발생시킬 수 있다. 그렇다면 "행위란 인간의 정신작용에서 비롯된 신체적 동작과 그로 인한 결과이

다."라고 정의할 수 있다. 인과적 행위론을 취한 대표적인 독일 학자는 리스트(v. Liszt)
이다.

(나) 인과적 행위론의 논거   인과적 행위론은 다음과 같은 분석을 거쳐서 행위개념
을 도출한다. 「행위가 일어나려면 정신작용이 필요하다. 이 정신작용은 인식과 의지로 구성
된다. 인식과 의지에 바탕을 둔 정신작용은 인과적 작용력을 가지고 사람 몸의 신경활동에
자극을 가한다. 신경활동에 자극을 받은 사람의 몸은 동작을 나타내게 되고 외부에 결과를
발생시킨다.」

(다) 인과적 행위론의 특징   인과적 행위론에 의할 때 행위는 정신작용에 의한 신체
적 동작이다. 단순한 기계적 움직임에 비하여 행위는 사고(思考)에 의하여 결정된다는 점에
차이가 있다. 이와 같이 행위는 정신적 동기에서 비롯되었다는 특징이 있다. 그리하여 인과
적 행위론자는 반사작용이나 또는 전혀 의사에 기하지 않는, 절대적 폭력에 기한 외적 작용
을 행위에서 제외한다(이 점은 여타의 행위론도 마찬가지이다).

2. 인과적 행위론에 대한 비판

인과적 행위론의 가장 큰 특징은 행위개념에서 주관적 요소를 거의 배제해 버리는 점
에 있다. 인과적 행위론에 의하면 행위는 '정신작용에서 비롯된 신체동작'이다. 이 때 '정신
작용'과 '신체동작' 사이에는 '비롯된'이라는 매개체가 존재한다.

그런데 인과적 행위론은 '비롯된' 신체동작이라는 점에 의미를 둘 뿐 '정신작용'의 내
용에는 거의 비중을 두지 않는다. 행위자가 정신적으로 어떠한 목표를 설정하여 신체동작
에 나아갔는가 하는 점은 행위론 단계에서는 아무런 의미가 없다. '정신작용'에 대한 의미
내용은 구성요건해당성, 위법성, 책임 등 법리적 고찰의 무대에서 밝히면 충분하다는 것
이다.

인과적 행위론은 행위론의 학설사에 있어서 전통적인 위치를 차지하고 있었다. 인과적
행위론이라는 명칭은 이 행위론을 비판하는 학자들이 이 이론을 비판하면서 외부에서 붙여
준 것이다. 이 때 인과적이라는 표현은 '정신작용'과 '신체동작' 사이의 연결고리만을 중시
한다는 점을 강조한 것이며, 맹목적(blind)이라는 부정적 의미를 갖는다.

인과적 행위론에 대한 비판과 그에 대한 반론을 여기에서 일일이 소개할 여유는 없다.
또한 기능적 행위론의 관점에서 볼 때 이론적 완결점에 이를 때까지 이를 논구할 필요도
없다. 다만 한 가지 확인할 점은 범죄성립 여부를 검토할 때 사용하는 범죄론체계의 구도정
립에 있어서 행위론 논쟁이 중요한 변환점을 제공하고 있다는 사실이다.

다음 표에서는 고의범을 중심으로 인과적 행위론의 범죄론체계를 소개한다.

3. 인과적 행위론의 범죄론체계

Ⅰ. 구성요건해당성
  (1) 객관적 구성요건
    가) 행위주체의 특별요소
    나) 실행행위
    다) 행위객체
    라) 결과발생 및 인과관계 (결과범의 경우)
  (2) 특별한 주관적 구성요건 (목적, 불법영득의사 등)

Ⅱ. 위 법 성
위법성조각사유의 부존재

Ⅲ. 책 임
  (1) 책임능력
  (2) 책임고의
    가) 객관적 구성요건요소에 대한 인식
    나) 위법성의 인식
  (3) 책임조각사유의 부존재

Ⅳ. 기타의 범죄성립요건
  (1) 객관적 처벌조건의 존재
  (2) 인적 처벌조각사유의 부존재

제 3 목적적 행위론

1. 목적적 행위론의 의의

(가) 목적적 행위론의 내용　　목적적 행위론은 행위를 인간의 목적적 조종활동이라고 보는 견해이다. 목적적 행위론에 의하면 "행위란 목적적 조종활동이다."라고 정의된다. 목적적 행위론의 주창자는 독일의 형법학자 벨첼(Welzel)이다. 목적적 행위론은 신체동작에 의하여 표현되는 의사의 내용을 중시한다.

(나) 목적적 조종활동　　목적적 행위론자는 인간의 행위가 목표의 설정, 수단의 선택, 수단의 투입이라는 세 가지 단계를 통하여 이루어진다고 본다. 일정한 목적을 향하여 계획적으로 나아가는 일련의 과정을 목적적 행위론사들은 목석석 조종활동이라고 부른다. 행위

는 바로 이 목적적 조종활동이라는 것이다.

(다) 목적적 행위론의 논거   목적적 행위론자에 의하면 목적적 조종활동은 다음과 같은 단계를 거쳐서 이루어진다고 한다. 첫째로, 행위자는 일정한 목표를 설정한다. 둘째로, 행위자는 자신이 가지고 있는 인과지식을 바탕으로 목적달성에 적합한 수단을 선택한다. 셋째로, 행위자는 적절한 시기에 선택된 수단을 투입한다. 이 때 수단의 투입은 신체동작이라는 형태로 나타난다.

(라) 목적적 행위론의 특징   앞에서 본 바와 같이 인과적 행위론은 신체동작의 계기가 된 정신작용을 행위론에서 다루지 않는다. 인과적 행위론자들은 정신작용의 주요요소인 고의와 과실을 범죄론체계상 책임의 단계에서 검토하고 있다.

이에 대하여 목적적 행위론자들은 정신작용의 내용을 처음부터 행위개념 자체에 포함시킨다. 목적적 행위론은 형사처벌의 대상이 되는 결과발생이 있고 그 원인을 이루는 인간의 정신작용이 있는 것만으로는 아직 행위개념이 제대로 포착되지 아니하였다고 본다. 정신작용의 내용이 고려되지 아니한 행위개념은 구성요건해당성을 논하기 위한 전제로서의 행위가 될 수 없다는 것이다.

목적적 행위론의 범죄론체계는 특히 구성요건해당성과 책임의 단계에 있어서 인과적 행위론과 현저한 차이를 보이고 있다. 목적적 행위론자는 행위를 목적적 조종활동이라고 본다. 목적적 조종활동에는 일정한 목표의 설정이라는 정신작용이 핵심적 요소가 된다. 따라서 목적적 행위론자는 정신작용의 내용을 범죄론체계의 첫머리에서부터 검토하지 않으면 안 된다고 주장한다.

아래에서는 고의범을 중심으로 목적적 행위론의 범죄론체계를 소개한다.

2. 목적적 행위론의 범죄론체계

Ⅰ. 구성요건해당성
  (1) 객관적 구성요건
    가) 행위주체의 특별요소
    나) 실행행위
    다) 행위객체
    라) 결과발생 및 인과관계 (결과범의 경우)
  (2) 주관적 구성요건
    가) 일반적 주관적 구성요건 = 구성요건적 고의
    나) 특별한 주관적 구성요건 (목적, 불법영득의사 등)

Ⅱ. 위 법 성
위법성조각사유의 부존재

Ⅲ. 책 임
(1) 책임능력
(2) 위법성의 인식
(3) 책임조각사유의 부존재

Ⅳ. 기타의 범죄성립요건
(1) 객관적 처벌조건의 존재
(2) 인적 처벌조각사유의 부존재

제4 사회적 행위론

1. 작위, 부작위, 행태

(가) 작위와 부작위 　　사회적 행위론을 설명하기에 앞서서 작위, 부작위, 행태의 개념
을 이해할 필요가 있다. 일상적인 언어감각에 의하면 작위란 신체동작을 가리키며 부작위
란 아무 것도 하지 않는 것을 말한다. 그러나 형법적 관점에서 보면 작위와 부작위는 단순
히 신체동작과 그렇지 아니한 것을 넘어서는 의미를 갖는다. 형법적 의미에서 작위는 해서
는 아니 될 일을 하는 것이며 부작위는 반드시 해야 할 일을 하지 아니하는 것이다.

(나) 행 태 　　행태라는 말도 일상용어와 전문용어 사이에 의미의 차이가 있다. 일상
용어에 따르면 행태란 행위태양의 준말로서 여러 가지 행동거지를 가리킨다. 그러나 형법
의 경우로 들어오면 행태가 전문용어화하여 특별한 의미로 사용된다. 형법에서 행태라고
할 때에는 작위와 부작위를 함께 일컫는 말로 이해된다.

2. 사회적 행위론의 의의

사회적 행위론이란 행위를 사회적으로 의미가 있다고 생각되는 인간의 행태라고 보는
견해이다.[1][2] 사회적 행위론의 입장에서는 행태, 즉 작위 또는 부작위에 부여되는 사회적
의미를 중시한다. 어느 행태가 사회적으로 의미를 가지는가 아닌가 하는 판단은 쉽사리 내

---

1) 김성돈, 142면; 김성천 · 김형준, 70면; 손동권 · 김재윤, 88면; 이재상 · 장영민 · 강동범, 92면; 이정원,
72면; 임웅, 116면; 정성근 · 정준섭, 60면; 정영일, 107면.
2) 김성돈, 142면 및 김성천 · 김형준, 70면은 "인간의 의사에 의해 지배되거나 지배가능한 사회적으로 중
요한 행태"라는 개념정의를 제시하고 있다.

릴 수 있는 것이 아니다.

사회적 행위론자들은 행위를 '사회적으로 의미 있는 인간의 행태'라고 정의한다. 이 정의 가운데 "사회적으로 의미 있다."는 말은 형법이 보호하려는 법익을 침해하는 객관적 경향이 있다는 뜻으로 이해된다. 그렇다면 행위란 형법이 보호하려는 법익을 침해하는 객관적 경향을 띤, 사회적으로 중요한 인간의 행태라고 말할 수 있다.

3. 사회적 행위론에 대한 평가

(가) 행태 개념   사회적 행위론은 어느 행태에 부여되는 사회적 의미를 중시한다. 인과적 행위론은 외부에 나타난 신체동작이 정신작용에 '기인한 것인가'를 묻는다. 목적적 행위론은 외부에 나타난 신체동작이 '목적적 조종활동'이라고 볼 수 있는가를 중시한다. 인과적 행위론이나 목적적 행위론은 모두 신체적 동작에서 논의를 시작한다.

인과적 행위론이나 목적적 행위론은 행위자의 내면세계와 구별되는 외부세계에 일정한 신체동작이 일어난다는 것을 공통적으로 전제한다. 그렇기 때문에 외형적으로 아무런 신체동작을 수반하지 아니하는 상황에 대해서는 행위개념을 설정하기가 곤란하다. 외형적으로 볼 때 무(無)라고 할 수 있는 부작위에 대하여 이것이 정신작용에 '기인한 것'이라고 하거나 '목적적 조종활동'의 일환으로 수단이 투입된 것이라고 말하기는 곤란하다.

사회적 행위론은 이와 같은 애로사항에 대하여 적절한 설명을 제공한다. 사회적 행위론은 어느 행태가 있을 때 그에 대하여 부여되는 사회적 의미를 중시한다. 즉 사회적 의미를 어느 행태에 부여할 것인가 아닌가를 먼저 묻는다. 이와 같이 사회적 의미에서 논의를 시작하게 되면 의미부여의 대상이 현실적으로 일어나는 신체동작에 국한될 필요가 없다. 반드시 해야 할 일을 하지 아니하는 상황에 대해서도 사회적 의미는 충분히 부여될 수 있다. 사회적 행위론이 행위개념을 제시하면서 사회적으로 의미 있는 인간의 '행태'라고 하여 작위와 부작위를 모두 포함하는 것은 바로 이 때문이다.

(나) 작 위   인간의 행태 가운데 외부적으로 신체동작이 일어나는 작위에 사회적 의미가 부여되는 것은 쉽게 이해할 수 있다. 작위의 경우에는 목적적 조종활동이 그 바탕에 자리잡고 있다. 이 목적적 조종활동 자체에 대하여 사람들은 충분히 사회적 의미를 부여할 수 있다.

(다) 부작위   다음으로 부작위에 대해서도 사회적 의미를 부여할 수 있다. 부작위의 경우에는 요구되는 일을 할 수 있는 가능성이 존재한다. 작위로 나아갈 수 있음에도 불구하고 이를 하지 않는다는 점에서 '옳지 않다'라고 하는 규범적 판단이 개입한다. 이 규범적 판단에 기초하여 부작위에 사회적 의미가 부여된다. 이러한 과정을 통하여 부작위는 사회

적으로 의미 있는 행태로서 행위개념에 포함된다.

4. 합일태적 범죄론체계

사회적 행위론은 사회적으로 의미 있는 인간의 행태를 모두 행위로 파악한다. 그 결과 사회적 행위론은 인과적 행위론이 포착하였던 행위유형과 목적적 행위론이 포착하였던 행위유형을 모두 행위개념에 포괄한다. 이러한 과정에서 사회적 행위론은 인과적 행위론의 범죄론체계와 목적적 행위론의 범죄론체계를 중첩적으로 사용한다.

사회적 행위론의 입장에서는 소위 합일태적 범죄론체계가 주장되고 있다. 여기에서 합일태적(合一態的)이라 함은 두 가지를 합하여 하나로 만들었다는 뜻이다. 사회적 행위론에 기초한 합일태적 범죄론체계는 인과적 행위론의 범죄론체계와 목적적 행위론의 범죄론체계를 종합하여 하나로 구성한 것이다.

합일태적 범죄론체계의 주된 특징은 첫째로 고의, 과실을 구성요건단계와 책임단계에서 각각 이중적으로 파악하며, 둘째로 위법성의 인식에 독자적 지위를 부여하는 점에서 찾아볼 수 있다.

아래에서는 고의범을 중심으로 사회적 행위론의 범죄론체계를 소개한다.

5. 사회적 행위론의 범죄론체계

Ⅰ. 구성요건해당성
  (1) 객관적 구성요건
    가) 행위주체의 특별요소
    나) 실행행위
    다) 행위객체
    라) 결과발생 및 인과관계 (결과범의 경우)
  (2) 주관적 구성요건
    가) 일반적 주관적 구성요건요소 = 구성요건적 고의
    나) 특별한 주관적 구성요건요소 (목적, 불법영득의사 등)
Ⅱ. 위 법 성
  위법성조각사유의 부존재
Ⅲ. 책 임
  (1) 책임능력
  (2) 위법성의 인식

(3) 책임고의
　　가) 객관적 구성요건요소에 대한 인식
　　나) 위법성의 인식 (위의 (2) 위법성의 인식과 중첩됨)
(4) 책임조각사유의 부존재
Ⅳ. 기타의 범죄성립요건
　(1) 객관적 처벌조건
　(2) 인적 처벌조각사유의 부존재

제 5 기타의 행위개념

1. 소극적 행위개념론

지금까지 행위론의 주요이론으로 인과적 행위론, 목적적 행위론, 사회적 행위론을 소개하였다. 이와 같은 주요학설 이외에 거론되는 것으로 소극적 행위개념론과 인격적 행위론이 있다. 이해를 돕기 위하여 이 학설들을 간략히 소개한다.

(가) 소극적 행위개념론의 내용　　소극적 행위개념론이란 행위를 소극적인 관점에서 정의하는 견해이다. 행위론을 구성함에 있어서 난제는 작위와 부작위를 어떻게 통일적으로 이해할 것인가 하는 문제이었다. 이 점에 대하여 소극적 행위개념론은 작위를 긍정으로, 부작위를 부정으로 파악하면서 작위를 이중부정의 형태로 재구성하면 작위와 부작위에 공통된 행위개념을 추출할 수 있다고 본다.

이중부정이라는 관점에서 보면 작위는 부작위의 부작위가 된다. 부작위란 무엇인가를 하지 않는 것이다. 그런데 그 부작위는 할 수 있음에도 불구하고 하지 않는 것이다. 이와 같은 논리적 조작과정을 거친 후 소극적 행위개념론의 입장에서는 "행위란 회피할 수 있었음에도 불구하고 회피하지 않는 것이다."라는 개념정의를 제시한다.

(나) 소극적 행위개념의 문제점　　그러나 형법적 분석의 출발점이 되는 행위를 회피가 기대되는 어떤 것을 '하지 않는 것'이라고 소극적으로 파악하게 되면 더 이상의 형법적 고찰을 진행할 수 없게 된다. 형법적 판단은 대상의 존부확인과 그에 대한 규범적 평가로 이루어지는데 소극적 행위개념론은 존부확인의 과정을 모두 포기하지 않으면 안 된다. 이와 같은 문제점은 특히 결과발생을 요구하는 결과범의 경우에 뚜렷이 부각된다. 소극적 행위개념론은 논리체계의 지나친 완결성을 추구한 나머지 행위란 기본적으로 '행해지는 것'이라고 하는 일반인의 상식과 괴리를 빚어내는 대표적인 예라고 할 수 있다.

2. 인격적 행위론

(가) 인격적 행위론의 내용　　　인격적 행위론이란 행위를 인간의 인격이 발현된 것으로 보는 견해이다. 인간이 자연계의 삼라만상과 구별되는 이유는 인격이 있기 때문이다. 인격적 행위론에서 말하는 인격이란 인간의 심리적 · 정신적 활동중심체를 의미한다. 이 인격은 자아의 통제를 받는다. 인격적 행위론은 자아의 통제하에 놓여 있는 인격의 발현이라고 볼 수 없는 물질적 · 생물학적인 제반작용은 행위가 아니라고 본다.

(나) 인격적 행위론의 문제점　　　인격적 행위론은 사회적 행위론의 일종으로 볼 수 있다. 인간의 행태 가운데 자아의 통제하에 놓여 있는 인격의 발현활동은 사회적으로 의미 있는 행태의 대표적인 예라고 볼 수 있기 때문이다. 그러나 인격적 행위론은 적어도 우리나라의 법생활에 있어서 사회적으로 의미 있는 행태를 충분히 포착하지 못하는 흠이 있다.

우리나라는 양벌규정을 통하여 법인의 형사처벌을 인정하고 있다. 이에 대하여 독일의 입법자는 법인을 형사처벌의 대상에서 제외하고 그 대신 형벌은 아니면서 형벌과 유사한 제재인 범칙금으로 법인을 규율하고 있다. 이러한 법상황하에서는 법인을 형법적 고찰대상에서 처음부터 배제하는 것이 가능하다. 인간의 자아에 착안하여 행위를 인격의 발현활동으로 파악하는 인격적 행위론은 독일식의 법상황을 전제로 할 때 가능한 이론이다.

우리나라는 비록 양벌규정을 매개로 하기는 하지만 법인에 대한 형사처벌을 인정하고 있다.[1] 형벌은 범죄를 전제로 한다. 범죄는 구성요건에 해당하고 위법하며 유책한 행위이다. 그렇다면 법인에게 형사처벌을 과할 때 빠뜨릴 수 없는 전제는 행위이다. 법인에 대한 제재방안이 만족할 만큼 정비되지 아니한 우리나라의 현상황에서 법인의 활동은 형법적으로 볼 때 아직도 "사회적으로 의미 있는 행태이다."라고 파악하지 않을 수 없다.[2] 이렇게 볼 때 인격적 행위론은 우리 사회의 현실인식에 바탕을 두지 아니한 일면적 견해라고 생각된다.

제6　본서의 체계

작위와 부작위를 하나의 행위개념에 포괄하여 설명할 수 있다는 점에서 사회적 행위론이 타당하다고 본다. 그렇다면 범죄론체계도 합일태적 범죄론체계에 따라서 분석하는 것이 효율적이다.

---

1) 후술 123면 이하 참조.
2) 임웅, 96면.

여기에서 한 가지 확인해 둘 점이 있다. 이론적인 측면에서 보면 범죄론체계를 정밀하게 구성하는 것이 학문적 완결성을 추구하는 태도라고 생각할 여지가 있다. 또 고의와 과실을 구성요건단계와 책임단계에서 이중적으로 검토하는 것이 인권보장에 효율적이라고 생각할 수 있다.

그러나 지나치게 세분화된 범죄론체계는 그 운용이 쉽지 않다. 이러한 사정은 업무량이 폭주하는 실무계에서 더욱 두드러진다. 또 대부분의 사안에서는 구성요건단계에서 고의가 인정되면 책임단계에서도 고의가 인정된다. 책임고의를 논해야 하는 것은 극히 소수의 이례적인 상황일 뿐이다.[1]

본서에서는 이러한 점을 감안하여 일단 목적적 행위론의 범죄론체계에 입각하여 서술을 진행하기로 한다. 사회적 행위론에 입각하면서도 목적적 행위론식의 범죄론체계를 취하는 것은 어디까지나 서술의 편의를 도모하기 위함이다. 본서에서도 책임고의는 암묵적으로는 전제되고 있다. 그러나 한국 형사재판의 실무에서 고의의 이중적 지위를 검토하는 일은 극히 드물다. 이러한 점을 고려하여 책임고의에 대한 독립적 고찰을 생략한 것이다. 그 결과 본서의 범죄론체계는 목적적 행위론의 그것과 매우 유사한 형태를 취하고 있다.

제7 행위개념의 구체적 기능

【사례 23】 노숙자 갑은 다른 노숙자 을과 몸싸움을 하던 중 을을 길엮 M상점의 진열대로 밀어붙였다. 이로 인하여 진열대 유리창이 산산조각이 났다.
　　이 경우 유리창을 직접 깨뜨린 을을 손괴죄(법366)로 처벌할 수 있겠는가?

1. 행위개념의 한계설정기능

범죄는 구성요건에 해당하고 위법하며 유책한 행위이다. 따라서 범죄성립 여부를 검토할 때에는 행위를 전제로 해 놓고 구성요건해당성, 위법성, 책임의 순서로 논의를 진행하게 된다.

형벌법규를 구체적인 사실관계에 적용하는 사람들은 어느 행태가 범죄를 성립시키는가 하는 문제를 검토할 때 행위라고 할 수 있는 것이 과연 존재하고 있는가를 먼저 살펴야 한다(행위개념의 한계설정기능).

---

1) 위법성조각사유의 전제사실에 관한 착오와 관련한 논의는 후술 468면 이하 참조.

2. 행위의 한계적 유형

사실관계의 검토에 있어서 문제되는 어느 행태(즉 작위와 부작위)에 형법상 의미가 부여되는가를 판단하려면 다음의 점들을 고려하여야 한다. 서술의 편의와 이해를 도모하기 위하여 아래에서는 작위와 부작위를 포함하는 '행태'를 '행위'라고 표현하기로 한다.

(가) 행위는 인간의 그것이어야 한다. 동물이나 자연력(예컨대 천둥·번개)에 의한 불행한 결과는 형법상 의미가 없다.

(나) 행위는 의사(意思)에 의하여 뒷받침된 것이어야 한다. 따라서 반사적인 동작, 수면상태나 실신상태하의 몸놀림 등은 형법적 고찰의 대상에서 제외된다.

(다) 절대적 폭력에 의한 신체동작도 행위라고 할 수 없다. 절대적 폭력이란 예컨대 완력이 강한 사람이 다른 사람의 손을 강제로 끌어다가 동작하게 하는 경우와 같이, 저항이 물리적으로 불가능한 폭력이다. 절대적 폭력에 의하여 강제된 행위는 의사가 개입하지 아니하여 행위가 아니며 따라서 형법적 고찰대상에서 배제된다.

(라) 반사적 동작과 비슷하지만 구별되는 것으로 부지불식간에 하는 성급한 행동이나 격정상태하에서의 행위가 있다. 예컨대 피를 보고 자기도 모르게 흥분하여 살인행위에 나아간 사람이 있다고 하자. 이러한 사람의 행위도 자세히 들여다보면 인간의 정신작용에 기초한 것임을 알 수 있다. 따라서 그의 신체동작에 대해서는 사회적 의미를 충분히 부여할 수 있다.

이렇게 볼 때 성급한 행동이나 격정상태하의 행위는 형법적으로 의미를 가진다. 이러한 행위에 대해서는 때때로 형법 제10조(책임무능력, 한정책임능력)의 문제가 발생할 수 있다. 그러나 이에 대한 검토는 행위론 단계가 아니라 범죄론체계 내부에서 이루어진다.

(마) 고도로 숙련되어 거의 반사적으로 이루어지는 신체동작이 행위인가 아닌가 문제된다. 예컨대 숙련된 자동차 운전자는 변화하는 교통상황에 거의 자동적으로 반응하면서 신체동작을 수행한다. 그러나 이러한 경우에도 목적적 조종활동은 일어나고 있다. 다만 고도로 숙련되어 순간적으로 빠르게 일어날 뿐이다. 따라서 숙련된 운전자의 자동차 운전행위와 같이 거의 자동적으로 수행되는 행위도 형법상으로는 의미를 갖는다.

〈사례 해설〉 위의 [사례 23]에서 노숙자 을에게 행위를 인정할 수는 없다. 을은 절대적 폭력에 의하여 신체동작을 일으켰기 때문이다. 이 경우에는 다른 노숙자 갑의 행위만이 존재한다.

3. 행위론의 실천적 역할

구체적인 형사재판의 실제를 보면 형사재판에서 행위에 해당하지 않는다는 이유로 형법적 분석을 포기하는 일은 거의 일어나지 않는다. 형사재판에서 문제되는 사안들은 대체로 사회적 의미가 있다고 생각되는 행태들을 담고 있기 때문이다.

행위론 단계에서는 신체동작에 이르게 된 정신작용의 내용을 본격적으로 문제 삼지 않는다. 행위의사는 단순히 외부적 신체거동과 관련되기만 하면 일단 그것으로 족하다. 행위자가 자기의 행위를 통하여 달성하려고 한 최종목적은 행위론 단계에서는 검토의 대상이 되지 않는다. 이 부분의 검토는 구성요건, 위법성, 책임으로 이루어지는 범죄론체계의 몫이다.

제 3 장 구성요건

제 1 절 구성요건 일반론

제 1 구성요건의 의의

1. 광의의 구성요건과 협의의 구성요건

(1) 광의의 구성요건

일상용어에 의할 때 구성요건은 구비되어야 할 조건을 의미한다. 구비되어야 할 조건은 일정한 효과를 발생시키기 위하여 요구되는 전제조건이다. 법적 판단의 영역에 있어서 구성요건은 법적 효과를 발생시키기 위하여 갖추어야 할 조건을 말한다.

형법학에 있어서 구성요건은 넓은 의미와 좁은 의미로 사용된다. 광의의 구성요건은 형벌이라는 법적 효과를 발생시키기 위하여 갖추어야 할 조건들의 총체를 말한다. 형벌이라는 법적 효과를 발생시키기 위하여 갖추어야 할 조건의 총체라는 의미에서 광의의 구성요건을 총체적 구성요건이라고도 부른다. 광의의 구성요건은 후술하는 협의의 구성요건 이외에 위법성과 책임에 관한 범죄성립요소들을 모두 포함한다.

죄형법정주의의 원칙에 의하여 광의의 구성요건은 성문법률에 의해서만 규정된다. 또 소급입법금지의 원칙에 의할 때 구성요건이 제정되거나 개정되는 경우에도 행위자에게 불리한 소급효는 인정되지 않는다. 광의의 구성요건에 부여되는 이러한 효과를 구성요건의 보장적 기능이라고 한다.

(2) 협의의 구성요건

협의의 구성요건은 위법행위의 정형(定型; type)을 말한다. 협의의 구성요건은 형법상 중요한 의미가 있는 행위를 기술(記述; describe)해 놓고 있다. 달리 말하자면 구성요건은 '행위의 틀'이라고 할 수 있다. 빚어 놓은 틀이라는 의미에서 구성요건은 위법행위의 '정형'이다. 현실세계에서 일어나는 구체적인 행위들이 이 '틀' 내지 '정형'에 들어오지 않는 한 시민들은 형사처벌로부터 자유롭다.

협의의 구성요건은 행위정형이다. 형법각칙이 규정하고 있는 개개의 형벌법규들은 그

속에 최소한 한 개의 행위정형을 담고 있다. 형벌법규에 따라서는 한 개의 조문에 여러 개의 행위정형들이 규정되는 경우도 있다.

협의의 구성요건은 행위정형을 제시함으로써 형사처벌의 대상이 되는 행위와 처벌되지 않는 행위 사이의 한계선을 제시한다. 협의의 구성요건이 처벌대상으로 되는 행위정형과 그렇지 아니한 행위정형 사이에 한계를 설정하는 기능을 가리켜서 구성요건의 선별기능이라고 한다.

협의의 구성요건은 위법행위의 정형이다. 성문법률에 규정된 구성요건은 단순히 행위의 유형을 그려놓은 것일 뿐만 아니라 기술된 행위의 불법내용도 함께 표현하고 있다. 형법은 사회적으로 바람직하지 아니한 행위양태들만을 문제 삼고 있다. 이 때문에 행위가 어떠한 구성요건을 충족시켰다면 이로부터 일단 "그 행위는 위법하다."는 판단을 내릴 수 있다. 협의의 구성요건이 위법성판단의 추론근거를 제시하는 기능을 가리켜서 구성요건의 징표기능이라고 한다.

2. 일반적 구성요건과 특별구성요건

구성요건은 위법행위의 정형이다. 입법자는 법공동체의 존속과 평화유지를 위하여 여러 가지 행위정형을 위법하다고 판단하고 각 행위정형별로 구성요건을 설정한다. 이 개별적 구성요건은 개개의 형벌법규를 통하여 나타난다. 이 때 개개의 형벌법규에 구체적으로 명시된 구성요건을 가리켜서 특별구성요건이라고 한다. 그리고 특별구성요건이 규정되어 있는 개개의 조문을 각칙의 해당 죄라고 한다(법29 참조).

형법총칙은 다양한 특별구성요건들에 대하여 공통적으로 적용되는 준칙을 규정한 것이다(법8 참조). 형법총론은 형법총칙이 규정한 공통의 준칙을 이론적 · 체계적으로 설명하려고 하는 이론적 작업이다. 일반론으로 설명을 하기 위해서는 개개의 특별구성요건들을 추상화하여 일반적으로 지칭할 필요가 생긴다. 이러한 필요에서 추상화 · 일반화된 구성요건을 가리켜서 일반적 구성요건이라고 한다.

형법총론은 일반적 이론규명을 시도하지만 그것은 어디까지나 개개의 특별구성요건을 적용하기 위하여 필요한 작업이다. 추상적으로 존재하는 일반적 구성요건은 그 자체로서 아무런 실천적 의미가 없다. 형법총론의 구성요건론에서 일반적 구성요건을 분석하더라도 형법총론을 익히는 사람은 언제나 이 일반적 구성요건에 개개의 특별구성요건을 대입할 수 있는 태세와 기량을 갖추지 않으면 안 된다.

아래에서는 협의의 구성요건에 대하여 좀더 살펴보기로 한다.

제2 구성요건요소

1. 구성요건요소의 의미

구성요건은 위법행위의 정형을 규정해 놓은 것이다. 입법자는 위법행위의 정형을 그려내기 위하여 다양한 개념들을 사용하고 있다. 이 개념들은 위법행위의 경계선을 나타내는 표지판의 역할을 한다.

구성요건을 만들기 위하여 사용되는 개념을 구성요건요소라고 한다. 위법행위의 한계를 나타낸다는 점에서 구성요건요소를 구성요건표지라고 부르기도 한다. 또한 독일 형법학의 영향을 받아 독일어 표현인 메르크말(Merkmal)이라는 표현이 원어 그대로 쓰이기도 한다.

입법자는 개개의 위법행위유형을 기술하기 위하여 형벌법규에서 다양한 개념요소 내지 표지(標識)들을 사용하고 있다. 이러한 요소들을 가리켜 우리 형법은 '죄의 성립요소'라고 표현하고 있다(법13, 14).

2. 객관적 구성요건요소와 주관적 구성요건요소

구성요건은 구성요건요소들로 이루어신다. 이러한 점에서 구성요건은 구성요건요소의 총체라고 말할 수 있다. 구성요건요소들은 이를 몇 가지 유형으로 분류해 볼 수 있다.

객관적 구성요건요소란 행위정형의 외관을 나타내는 구성요건요소이다. 객관적 구성요건요소에는 행위주체, 실행행위, 행위객체, 행위수단, 결과발생 등이 있다. 이에 대하여 주관적 구성요건요소는 행위자가 행위에 대하여 가지고 있는 내면적 관계를 나타내는 구성요건요소이다. 주관적 구성요건요소의 예로는 고의, 과실, 목적 등을 들 수 있다.

3. 기술적 구성요건요소와 규범적 구성요건요소

기술적 구성요건요소란 구성요건요소 가운데 객관적인 대상을 있는 그대로 보여주는 요소를 말한다. 기술적 구성요건요소에서 기술적(記述的)이라 함은 '있는 그대로 그려낸다'는 뜻이다. 기술적 구성요건요소의 예로는 예컨대 형법 제250조 제1항이 살인죄의 객체로 규정하고 있는 '사람'을 들 수 있다. 내심에 존재하는 대상이라 할지라도 있는 그대로를 나타내는 표지는 기술적 구성요건요소이다.

규범적 구성요건요소는 평가적 · 정서적 판단을 요하는 구성요건요소이다.[1] 규범적 구

---

1) 2008. 12. 24. 2008도9581 = 분석 총론 『불안감 문자 발송 사건』 ☞ 1017면.

성요건요소는 도덕규범이나 기타 규범을 통한 가치평가를 해야만 비로소 그 의미내용이 구체화되는 요소이다.

규범적 구성요건요소의 예로 '음란'의 개념을 들 수 있다. 형법 제244조는 '음란'한 물건의 제조행위를 처벌하고 있다. 어느 소설작품이 음란하다고 하여 작가가 음란물제조죄로 기소된 경우를 생각해 보자. 작가는 자신의 소설이 예술작품이라고 주장한다. 이에 대하여 다른 사람들은 포르노그라피라고 비판한다. 이러한 상황에서 관건이 되는 구성요건표지는 '음란성'이다. 이 음란성 표지는 있는 그대로를 그려내는 것이 아니다. 음란성은 사회 일반인들의 건전한 성도덕을 바탕으로 한 가치평가의 관점에서 판단된다. 따라서 음란성의 표지는 규범적 구성요건요소로 파악된다.

4. 성문의 구성요건요소와 불문의 구성요건요소

형벌법규는 죄형법정주의에서 유래하는 명확성의 원칙을 준수하여야 한다. 따라서 형벌법규를 제정할 때에는 구성요건요소를 가능한 한 분명하게 빠짐없이 규정해 두어야 한다. 대부분의 구성요건에서는 입법자가 구성요건요소를 빠짐없이 규정해 놓고 있다. 이 때 구성요건에 명시된 구성요건요소를 성문의 구성요건요소라고 부를 수 있다.

그러나 상당수의 구성요건에서는 구성요건요소가 학설·판례의 해석작업에 의하여 보완되어야 할 필요가 생긴다. 이 경우 학설·판례에 의하여 해석으로 보완되는 구성요건요소를 가리켜서 불문의 구성요건요소라고 한다. 불문구성요건요소의 대표적인 예로 '불법영득의사'를 들 수 있다.

재물에 대하여 타인의 권리를 함부로 배제하고 자신이 권리자인 것처럼 행세하려는 의사를 가리켜서 불법영득의사라고 한다. 형법 제329조는 절도죄의 구성요건을 규정하면서 '타인의 재물을 절취한 자'라는 표현을 사용하고 있다. 그런데 형법 제331조의2에 규정된 자동차등부정사용죄를 보면 권리자를 배제하지 아니한 채 타인의 재물을 함부로 이용하면 절도죄보다 가벼운 형으로 처벌된다. 그렇다면 자동차등부정사용죄보다 무거운 범죄유형을 규정한 절도죄는 당연히 타인의 권리를 배제하려는 의사를 구성요건요소로 요구한다고 새기지 않을 수 없다. 형법 제329조는 불법영득의사를 명시하고 있지 않지만 학계의 통설과 대법원의 판례[1]는 불법영득의사를 절도죄의 불문의 구성요건요소로 인정하고 있다.

---

1) 예컨대 2000. 10. 13. 2000도3655, 공 2000, 2369 = 백선 총론 25. 참고판례 2. 『지갑 소각 사건』.

제 2 절 행위주체

한국법	독일형법
환경범죄 등의 단속 및 가중처벌에 관한 법률 **제10조**〔양벌규정〕법인의 대표자나 법인 또는 개인의 대리인, 사용인, 그 밖의 종업원이 그 법인 또는 개인의 업무에 관하여 제5조부터 제7조까지의 어느 하나에 해당하는 위반행위를 하면 그 행위자를 벌하는 외에 그 법인 또는 개인에게도 해당 조문의 벌금형을 과한다. 다만, 법인 또는 개인이 그 위반행위를 방지하기 위하여 해당 업무에 관하여 상당한 주의와 감독을 게을리하지 아니하였을 경우에는 그러하지 아니하다.	**제14조**〔타인을 위한 행위〕① 행위자가 다음 각호의 자격으로 행위한 때에는 특별한 인적 성질·관계·상태(특별한 인적 표지)가 가벌성의 기초를 이루는 법률을 적용함에 있어서 그와 같은 표지가 대리인에게는 존재하지 아니하고 본인에게만 존재하는 경우에도 그 대리인에 대하여 이 법률을 적용한다. 1. 법인의 대표기관 또는 이 기관의 구성원 2. 인적 회사의 대표권한 있는 사원 3. 타인의 법정대리인 ② 사업주 또는 기타 사업권한을 가진 자로부터 다음 각호의 1의 위임을 받고 그 위임에 근거하여 행위한 때에는 특별한 인적 표지가 가벌성의 기초를 이루는 법률을 적용함에 있어서 그와 같은 표지가 수임자(受任者)에게는 존재하지 아니하고 사업주에게만 존재하는 경우에도 그 수임자에 대하여 이 법률을 적용한다. 1. 사업소의 전부 또는 일부의 경영에 관한 책임 2. 사업주의 책임에 속한 임무를 자기 책임으로 담당하도록 하기 위한 명시적 위임 기업은 제1문에 의한 사업소로 본다. 제1문은 해당 위임을 근거로 하여 공적

한국법	독일형법
	행정업무를 담당하는 관서를 위하여 행위한 경우에도 준용된다. ③ 제1항 및 제2항은 대리권 또는 위임관계의 기초가 된 법적 행위가 무효로 된 경우에도 적용된다.

제1 행위주체와 신분범

1. 행위주체의 의미

(1) 행위주체와 범죄능력

구성요건은 위법행위의 정형이다. 위법행위의 정형은 행위주체, 실행행위, 행위객체, 행위수단, 결과발생 등 일련의 표지들로 구성된다. 이 때 위법행위의 정형에 행위의 주인공으로 등장할 수 있는 사람을 가리켜서 행위주체라고 한다.

형법에서 논의되는 행위는 범죄로 될 수 있는 행위이다. 따라서 구성요건에 행위의 주체로 등장할 수 있는 자격을 가리켜서 형법상 범죄행위능력이라는 말을 사용할 수 있다. 범죄행위능력은 더 줄여서 범죄능력이라고 표현한다. '행위능력'이라는 약칭도 생각할 수 있으나 행위능력은 민법에서 다른 의미를 가지고 사용되고 있으므로 형법에서는 '행위주체' 또는 '범죄능력'이라는 말이 사용된다.

(2) 범죄능력과 책임능력

모든 자연인은 형법상 구성요건의 행위주체가 될 수 있다. 어린아이나 정신병자도 행위주체가 될 수 있다. 행위주체가 될 수 있는 자격을 범죄능력이라고 할 때 이 범죄능력과 구별해야 할 개념으로 책임능력이 있다.

형법상 책임능력은 행위자가 비난을 받을 만한 자격이 있음을 말한다. 행위자에게 비난을 가하려면 최소한 행위자에게 사물을 이해하고 선악을 변별(辨別)할 수 있는 능력이 있어야 한다. 책임능력은 책임론의 단계에서 검토된다(법10 참조). 이에 반하여 행위주체 내지 범죄능력의 문제는 구성요건 단계에서 논의된다.

2. 신 분 범

(1) 신분과 신분범

원칙적으로 모든 사람은 형법상 행위주체가 될 수 있다. 대부분의 형벌법규는 "…… 한 자는 …… 의 형에 처한다."는 형식으로 규정되어 있어서 모든 사람을 행위자로 예정하고 있다. 그러나 상당수의 구성요건에서는 행위자에게 일정한 신분이 갖추어질 것이 요구된다. 이 경우 신분은 행위자에게 특별히 존재하는, 인적인 성질이나 관계 또는 상태를 말한다.

행위주체에 일정한 신분을 요하는 범죄유형을 가리켜서 신분범이라고 부른다. 신분범의 중요한 예로 각종의 공무원범죄를 들 수 있다(법122 이하 참조). 신분범은 다시 진정신분범과 부진정신분범으로 나누어진다.

신분범은 한 개의 범죄에 신분자와 비신분자가 관여할 때 특히 문제 된다. 이러한 경우의 문제상황을 가리켜서 공범과 신분이라고 한다. 공범과 신분에 대해서는 공범론에서 상론하기로 한다.[1]

(2) 진정신분범

진정신분범이란 신분이 있어야 비로소 범죄가 성립하는 범죄유형을 말한다(법33 본문). 진정신분범의 경우에는 신분 있는 자만이 행위주체가 될 수 있다. 신분을 갖추지 못한 일반인을 행위주체로 설정해 놓은 구성요건은 별도로 존재하지 않는다.

예컨대 업무상비밀누설죄를 규정한 형법 제317조는 의사 등 일정한 신분자만을 행위주체로 설정하고 있다. 일반인은 아무리 타인의 비밀을 누설한다고 하더라도 업무상 비밀누설죄의 구성요건에 해당하지 않기 때문에 이 죄로 형사처벌을 받지 않는다.

(3) 부진정신분범

부진정신분범이란 신분 때문에 형의 경중이 달라지는 범죄유형을 말한다(법33 단서). 형법 제355조 제1항은 횡령죄를 규정하면서 "5년 이하의 징역 또는 1천 5백만원 이하의 벌금"으로 처벌하고 있다. 이에 대하여 형법 제356조는 업무상의 임무에 위배하여 횡령죄를 범한 자를 "10년 이하의 징역 또는 3천만원 이하의 벌금"으로 처벌한다.

이와 같은 형의 가중은 업무자라는 신분 때문에 발생한다. 그렇지만 업무자라는 신분이 없어도 행위자가 처벌을 완전히 면하지는 않는다. 형법 제355조 제1항의 단순횡령죄가 있

---

1) 후술 745면 이하 참조.

기 때문이다. 이와 같이 신분 없는 자도 처벌될 여지가 남아 있다는 점에서 이러한 범죄유
형을 '부진정'신분범이라고 부른다.

제2 법인의 형사책임 서설

【사례 24】 P상가 주식회사는 상가를 분양하기 위하여 건물을 신축하고 있었다. P
상가 주식회사의 대표이사 갑은 건축자금을 마련하기 위하여 A 등에게 건축중인 상
가의 일부분을 분양하기로 하는 계약을 체결하고 분양금을 미리 받았다. 그런데 P회
사에 건축자금이 모자라게 되자 갑은 대표이사 자리에서 물러나고 을이 새로이 대표
이사가 되었다.

새로운 대표이사 을은 자금난을 타개하기 위하여 전 대표이사 갑이 P회사의 명의로
A 등에게 이미 분양해 준 상가를 B 등에게 이중으로 분양하여 대금을 받은 후 건축완
료와 동시에 B 등에게 등기를 이전해 주었다. 이러한 사실이 알려지자 A 등 피해자는
새로운 대표이사 을과 P회사를 부동산이중매매를 이유로 하여 배임죄로 고소하였다.

P회사와 대표이사 을을 배임죄로 처벌할 수 있겠는가? (1984. 10. 10. 82도2595, 공
1984. 1816 = 백선 총론 9. 『상가 이중분양 사건』 참조)

---

1. 법인의 행위능력과 범죄능력

(1) 사법상의 행위능력과 형법상의 행위능력

법인이란 법률에 의하여 법인격이 부여된 사단 또는 재단을 말한다. 민사법의 영역에서
는 인격(人格)이 권리와 의무의 주체가 될 수 있는 자격을 의미한다. 사법(私法)상의 인격개
념을 형법으로 가지고 오게 되면 인격은 특히 의무의 주체라는 의미로 이해된다. 그리하여
형법상 인격은 형벌을 받을 수 있는 자격으로서의 의미를 갖는다. 형벌은 범죄를 전제로
한다. 그렇다면 형법상 인격은 범죄능력이라고도 말할 수 있다.

(가) 사법상의 행위능력   사법상의 인격개념은 형법의 경우에 범죄능력이라고 표현
된다. 형법상 범죄능력과 구별해야 할 개념으로 행위능력이 있다. 다시 민법의 용어를 사
용한다면 인격은 권리와 의무의 주체가 될 수 있는 자격을 말한다. 사법상으로는 인격을
권리능력이라고 표현한다. 사법의 영역에서 권리능력과 구별되는 개념으로 행위능력이 있
다. 사법상 권리와 의무를 발생시키려면 유효한 의사표시가 있어야 한다. 이를 위해서는
일정 수준 이상의 판단능력과 표현능력이 행위자에게 갖추어져야 한다. 여기에서 유효한
의사표시를 할 수 있는 자격 내지 능력을 가리켜서 사법의 영역에서는 행위능력이라는 용

어가 사용된다.

(나) 형법상의 행위능력　　그런데 형법의 경우에는 행위능력이 다른 의미로 사용된다. 형법에 있어서 관심사는 범죄의 성립과 형벌의 부과에 있다. 범죄는 구성요건에 해당하고 위법하며 유책한 행위이다. 이 개념정의에서 기본이 되는 실체는 행위이다. 형법에서 행위능력이라고 할 때 그 개념은 행위를 할 수 있는 지위 내지 자격을 말한다. 사법상 행위능력이 유효한 의사표시를 할 수 있는 능력임에 대하여 형법상 행위능력은 범죄의 전제가 되는 행위 자체를 할 수 있는 능력을 가리킨다.

이미 행위론의 설명에서 검토한 바와 같이 형법에서 말하는 행위는 사회적으로 의미 있는 인간의 행태이다. 이 경우 인간에 자연인이 포함됨은 물론이다. 그런데 자연인이 아닌 법인에게 형법상 행위능력이 인정되는가 하는 점에 대하여 논란이 있다. 후술하는 것처럼 법인의 행위능력 자체를 부인하는 견해도 있으나,[1] 현재 법인에 대한 형사처벌의 여지를 열어두고 있는 우리나라 상황에서 법인의 행위능력을 인정하지 않을 수 없다. 법인의 활동이나 행태는 우리나라의 경우에 아직도 사회적으로 의미 있는 인간의 행태로 포착되고 있는 것이다.

(2) 법인의 범죄능력

(가) 행위주체의 개념　　행위론 단계에서 법인의 행위능력을 인정하게 되면 이제 구성요건해당성, 위법성, 책임으로 이루어지는 범죄론체계 내에서 법인의 행위가 가지는 의미를 분석해 보아야 한다. 구성요건 단계에서는 행위주체가 문제된다. 이 경우 행위주체란 구성요건이 설정한 위법행위의 정형을 실행시키는 사람을 말한다.

자연인이 구성요건에 설정된 위법행위의 실행주체가 될 수 있다는 점에는 아무런 의문이 없다. 그런데 문제는 법인이 구성요건에 설정된 위법행위의 실행주체가 될 수 있는가 하는 점이다.

(나) 법인의 범죄능력문제　　법인이 구성요건상의 행위주체로 등장할 수 있는가 하는 문제를 가리켜서 법인의 범죄능력문제라고 한다. 법인이 구성요건상 행위주체로 등장할 수 있다고 보는 견해를 법인의 범죄능력긍정설이라고 한다. 이에 대하여 법인은 구성요건상 행위주체로 등장할 수 없다는 견해를 가리켜서 법인의 범죄능력부정설이라고 한다.

자연인은 당연히 범죄능력을 가진다. 자연인은 구성요건의 행위주체가 될 수 있다. 그런데 법률이 법인격을 부여한 법인에게 범죄능력이 인정될 것인가? 이 문제에 대하여는 견해가 일치되어 있지 않다. 법인이 구성요건의 행위주체로 등장할 수 있는가 하는 점에 대해

---

1) 후술 137면 이하 참조.

서는 다양한 견해들이 제시되고 있다.[1]

2. 법인처벌의 필요성

법인 가운데 주요한 것으로 회사가 있다. 회사는 영리를 목적으로 하여 설립된 법인이다(상법169 참조). 현대의 사회생활에서 법인은 중요한 역할을 담당한다. 법인 가운데에서도 회사는 경제활동의 주역이라고 할 수 있다. 회사가 기업활동을 수행하는 과정에서 범죄도 적지 않게 일어나고 있다.

그런데 법인이 관련된 범죄에 대해서는 형사처벌이 여의치 않다. 형벌법규는 원칙적으로 자연인을 대상으로 하여 제정된다. 형벌은 비난가능성을 전제로 한다. 비난가능성은 시비와 선악을 변별할 줄 아는 자연인에게만 논할 수 있는 것이다. 법인에 대해서는 시비선악의 변별능력을 요구할 수 없다. 비난가능성을 논할 수 없는 법인에게 형벌을 부과한다면 그것은 형벌의 본질을 훼손시키는 것이다.

전통적인 입장에서는 형벌의 본질상 법인을 처벌할 수 없다고 본다. 그렇지만 현대의 사회생활을 보면 법인이 여러 가지 사회활동을 담당하고 있으며 그로부터 부와 명예를 축적하고 있다. 이러한 상황에서 법인이 이익은 누리면서 형사처벌의 위험은 지지 않는다는 것은 불합리하다. 이러한 상황을 그대로 방치한다면 교활한 범죄자들은 법인불처벌이라는 법의 맹점을 악용하게 될 것이다.

제3 양벌규정

1. 양벌규정의 의의

(1) 양벌규정의 의미와 기능

(가) 양벌규정의 의미   우리 입법자는 각종 행정형법의 영역에서 양벌규정이라는 입법기술을 사용하고 있다. 행정형법이란 특정한 행정목적을 달성하기 위하여 제정된 법률에 규정되어 있는 형벌법규를 말한다.

각종 행정형법에서 빈번하게 등장하고 있는 것이 양벌규정이다. 양벌규정이란 형벌법규를 직접 위반한 행위자를 벌하는 외에 그 행위자와 일정한 관계를 맺고 있는 다른 사람도 함께 처벌하는 규정을 말한다. 양벌규정에서 양벌이라 함은 한 개의 범죄행위에 대하여 실제 행위자와 제3자를 함께 처벌한다는 의미이다. 양벌규정은 위법행위로 인한 이익의 귀속

---

[1] 후술 137면 이하 참조.

주체를 실제 행위자와 함께 처벌함으로써 특정 행정목적에 반하는 위법행위의 근절을 도모하기 위하여 입법된다.

(나) 양벌규정의 기능 　양벌규정은 일정한 사업주에게 의무를 부과하고 그 이행을 확보하기 위하여 형사처벌을 가하는 경우에 활용된다. 사업주를 주체로 하는 형벌법규는 일종의 신분범이라고 할 수 있다. 그런데 사업주가 아니면서 당해 업무를 실제로 집행하는 자가 있을 수 있다. 이 경우 실제 업무집행자는 직접 의무를 부담하는 자가 아니므로 사업주라는 신분이 없어서 형사처벌을 면할 가능성이 있다. 역으로 사업주는 직접 실행행위를 하지 아니하였다는 이유를 들어서 형사처벌을 피해갈 수 있다.

양벌규정은 이러한 상황에 대비하기 위한 법적 장치이다. 먼저, 양벌규정은 사업주가 아니면서 당해 업무를 실제로 집행하는 자가 있을 경우 사업주에 대한 벌칙규정의 실효성을 확보하기 위하여 그 적용대상자를 당해 업무를 실제로 집행하는 자에게까지 확장한다. 그리하여 실제 업무집행자가 업무집행과 관련하여 사업주에 대한 벌칙규정에 위반하는 행위를 한 경우에 양벌규정은 실제 업무집행자를 처벌하는 행위자 처벌규정이 된다.[1]

다음으로, 양벌규정은 실제 업무집행자의 위반행위로 발생하는 이익의 귀속주체인 사업주에 대해 처벌을 가능하게 한다. 이 경우 양벌규정은 사업주에 대한 처벌규정이 된다.[2] 양벌규정은 특히 사업주가 법인인 경우에 의미가 크다. 후술하는 바와 같이 우리 형법상 법인은 범죄능력이 없어서 원칙적으로 형사처벌의 대상이 되지 않는다. 그러나 양벌규정은 법인에 대한 형사처벌의 근거를 제공한다.

(2) 양벌규정의 세부유형

(가) 양벌규정의 규정형식 　양벌규정은 일반적으로 "법인의 대표자 또는 법인이나 개인의 대리인, 사용인 그 밖의 종업원이 그 법인 또는 개인의 업무에 관하여 ……(벌칙규정)의 위반행위를 한 때에는 행위자를 벌하는 외에 그 법인 또는 개인에 대하여도 ……(벌칙규정)의 형을 과한다."는 형식을 취하고 있다.

일반적인 양벌규정을 분석해 보면 그 안에 세 가지 유형의 양벌규정이 있음을 알 수 있다. 위의 예시조항을 세분하면 (가) "법인의 대표자가 그 법인의 업무에 관하여 ……의 위반행위를 한 때에는 행위자를 벌하는 외에 그 법인에 대하여도 …… 의 형을 과한다."는 양벌규정, (나) "법인의 대리인, 사용인 기타 종업원이 그 법인의 업무에 관하여 ……의 위반행위를 한 때에는 행위자를 벌하는 외에 그 법인에 대하여도 ……의 형을 과한다."는 양

---

1) 1999. 7. 15. 95도2870 전원합의체 판결, 공 1999, 1696 = 백선 총론 10-1. 『기울어진 아파트 사건 2』.
2) 1999. 7. 15. 95도2870 전원합의체 판결, 공 1999, 1696 = 백선 총론 10-1. 『기울어진 아파트 사건 2』.

벌규정, (다) "개인의 대리인, 사용인 기타 종업원이 그 개인의 업무에 관하여 ……의 위반 행위를 한 때에는 행위자를 벌하는 외에 그 개인에 대하여도 ……의 형을 과한다."는 양벌 규정으로 나누어 볼 수 있다. 기업범죄와 관련하여 본다면 (가)와 (나)의 경우는 법인기업에 대한 양벌규정이며, (다)의 경우는 개인기업에 대한 양벌규정이라고 할 수 있다.

(나) 법인처벌과 양벌규정　　　양벌규정의 세 가지 유형 가운데 (다)의 자연인에 대한 양벌규정은 형사실무에 있어서 상대적으로 의미가 적다. 기업관련 범죄에서 다수 관련자가 모두 자연인인 경우에는 형법 제30조 이하의 공범규정에 의하여도 문제를 해결할 가능성이 있기 때문이다. 그리하여 양벌규정의 실제적 의미는 (가)와 (나)의 법인기업의 경우에 뚜렷이 나타난다. 그렇지만 개인기업에 대한 처벌의 경우처럼 개인에 대해 양벌규정이 의미를 가지는 경우도 없지는 않다.

양벌규정은 특히 기업범죄의 처벌을 위한 근거규정으로서 중요한 의미를 갖는다. 현대 사회에서 경제거래의 주체, 그 가운데에서도 기업에 대한 규제의 필요성은 날로 높아지고 있다. 그와 함께 법인처벌의 필요성도 크게 증가하고 있다. 그러나 우리 입법자는 형법총칙에서 법인처벌의 근거규정을 마련해 놓고 있지 않다. 법인과 개인을 모두 대상으로 하고 있는 양벌규정은 개개의 행정형법에서 단편적으로 규정되고 있을 뿐이다.

그렇지만 양벌규정의 설치가 점점 늘어가면서 양벌규정은 행정형법에서 공통적인 입법 형식의 하나로 자리 잡아가고 있다. 양벌규정은 행정형법에 관한 한 사실상 총칙규정으로서의 위치를 구축하고 있는 셈이다(법8 참조).

2. 양벌규정의 요건

(1) 양벌규정의 행위주체

(가) 사용인 등　　　양벌규정에는 이익의 귀속주체와 실제 행위자라는 두 행위주체가 등장한다. 이 가운데 주된 행위주체는 어디까지나 자연인인 실제 행위자이다. 양벌규정의 세 가지 유형 가운데 (가) 유형의 법인의 대표자, (나) 유형의 법인의 대리인·사용인·종업원, (다) 유형의 개인의 대리인·사용인·종업원은 모두 자연인으로서 구성요건을 실제로 실현하는 행위주체이다.

위의 세 가지 유형 가운데 특히 (나)와 (다)의 경우에 실제 행위자는 법인 또는 개인의 대리인·사용인·종업원이다. 대리인·사용인·종업원의 범위에는 사업주와 정식 고용계약이 체결되어 근무하는 자뿐만 아니라 그 법인 또는 개인의 업무를 직접 또는 간접으로 수행하면서 사업주의 통제·감독 하에 있는 자도 포함된다.[1]

---

1) 2006. 2. 24. 2003도4966, 공 2006, 547 = 백선 총론 10. 참고판례 1.『다단계 오가피 판매 사건』.

대리인·사용인·종업원은 본인인 사업주를 대리 또는 대행하여 업무행위를 하는 사람이다. 사업주의 업무행위를 대리·대행하는 것이 아니라 사업주와 제3자 사이에 서서 업무행위를 중개 또는 알선함에 그치는 사람은 사업주의 대리인·사용인·종업원에 해당하지 않는다. 예컨대 여행사를 운영하는 여행업자가 렌터카 회사를 위하여 단순히 렌터카 회사와 여행객 사이의 자동차 대여계약을 중개 또는 알선함에 그친 경우라면 그 여행업자는 렌터카 회사의 대리인·사용인·종업원에 해당하지 않아 양벌규정으로 처벌할 수 없다.[1]

(나) 사업주   양벌규정에서 등장하는 또 하나의 행위주체는 위법행위로 인한 이익의 귀속주체인 법인 또는 개인이다. 이 경우 이익의 귀속주체를 지칭하여 **사업주**라고 한다. 양벌규정에서 '법인 또는 개인'은 단지 형식상의 사업주가 아니라 자기의 계산으로 사업을 경영하는 실질적인 사업주를 의미한다.[2]

국가는 양벌규정의 사업주에 해당하지 않는다.[3] 형벌부과의 주체인 국가가 동시에 형벌부과의 대상이 될 수는 없기 때문이다. 그러나 지방자치단체는 형벌부과의 주체가 아니므로 양벌규정의 적용대상이 된다.

국가가 국가사무의 일부를 지방자치단체의 장에게 위임하여 그 사무를 처리하게 하는 경우를 가리켜서 기관위임사무라고 한다. 기관위임사무의 경우 지방자치단체는 국가기관의 일부로 볼 수 있어서 양벌규정의 적용대상이 되지 않는다. 이에 반해 지방자치단체가 그 고유의 자치사무를 처리하는 경우가 있다. 자치사무를 처리하는 경우에 지방자치단체는 국가기관의 일부가 아니라 국가기관과는 별도의 독립한 공법인이다. 따라서 이 경우 지방자치단체는 양벌규정의 적용대상이 되는 법인에 해당한다.[4]

양벌규정에서 이익의 귀속주체인 법인 또는 개인은 실제 행위자인 대리인·사용인·종업원에게 범죄가 인정될 때 비로소 처벌된다. 다만 실제 행위자인 대리인·사용인·종업원에게 존재하는 책임조각사유들은 사업주의 형사처벌에 영향을 미치지 못한다. 책임조각사유는 구체적인 행위자를 놓고 그 사람에 대한 비난가능성을 배제하는 사유이기 때문이다.

(다) 업무관련성   양벌규정이 있다고 하여 사업주가 대리인·사용인·종업원의 위법행위를 이유로 무조건 처벌되는 것은 아니다. 마찬가지로 양벌규정이 있다고 하여 대리인·사용인·종업원이 무조건 처벌되는 것도 아니다. 양벌규정은 대리인·사용인·종업원이 사업주의 업무에 관하여 행위를 할 때 비로소 사업주나 대리인·사용인·종업원에게 적용된다.

---

1) 2014. 5. 29. 2012도14130, 공 2014하, 1360 = 『여행사 렌터카 예약 사건』 ☞ 1017면.
2) 2023. 7. 13. 2021도2761, 판례속보 = 『어린이집 위탁경영 사건』 ☞ 1018면.
3) 2009. 6. 11. 2008도6530, 공 2009, 1153 = 분석 총론 『항만관리 순찰차 사건』.
4) 2009. 6. 11. 2008도6530, 공 2009, 1153 = 분석 총론 『항만관리 순찰차 사건』.

대리인·사용인·종업원의 행위가 '사업주의 업무에 관하여' 행한 것으로 보기 위하여는 (가) 객관적으로 사업주의 업무를 위하여 하는 것으로 인정할 수 있는 행위가 있어야 하고, (나) 주관적으로 대리인·사용인·종업원이 사업주의 업무를 위하여 한다는 의사를 가지고 행위를 하여야 한다.[1] [2]

대리인·사용인·종업원이 개인적인 목적으로 위법행위를 한 경우에 그 대리인·사용인·종업원을 양벌규정을 매개로 처벌하는 것은 허용되지 않는다. 양벌규정을 매개로 대리인·사용인·종업원의 개인적인 행위까지 사업주 처벌조항으로 처벌하게 된다면 양벌규정은 단순히 당해 처벌조항의 주체를 확장시키는 정도를 넘어 전혀 다른 새로운 구성요건을 창출하는 것이 되어 죄형법정주의에 위반되기 때문이다.[3]

(라) 법인의 대표자　　양벌규정의 세 가지 세부유형 가운데 (가) 유형의 법인의 대표자는 (나) 유형의 법인의 대리인·사용인·종업원 및 (다) 유형의 개인의 대리인·사용인·종업원과 구별되는 특수한 위치에 있다.

법인의 행위는 법인을 대표하는 자연인인 대표기관의 의사결정에 따른 행위에 의하여 실현된다. 그러므로 법인의 책임 유무는 자연인인 대표기관의 의사결정 및 행위에 따라 판단할 수 있다. 즉, 법인은 기관을 통하여 행위하기 때문에 법인이 대표자를 선임한 이상 대표자의 행위로 인한 법률효과는 법인에게 귀속된다. 그리하여 법인 대표자의 위법행위에 대하여는 법인 자신이 자신의 행위에 대한 책임을 부담하게 된다.[4]

법인 대표자의 법규위반행위에 대한 법인의 책임은 법인 자신의 법규위반행위로 평가될 수 있는 행위에 대한 법인의 직접책임이다. 따라서 (가) 대표자의 고의에 의한 위반행위에 대하여는 법인 자신의 고의에 의한 책임을, (나) 대표자의 과실에 의한 위반행위에 대하여는 법인 자신의 과실에 의한 책임을 져야 한다. 양벌규정 중 법인의 대표자 관련 부분은 대표자의 책임을 요건으로 하여 법인을 처벌하는 것이다. 이때 법인 대표자의 처벌까지 법인 처벌의 전제조건이 되는 것은 아니다.[5]

법인과 실제 행위자인 법인의 대표자는 양벌규정에 의하여 각각 처벌된다. 법인의 대표자가 한 의사결정에 따라서 법인의 대리인·사용인·종업원이 실제로 위법행위를 하였다면 법인, 법인의 대표자, 법인의 대리인·사용인·종업원이 모두 처벌될 수 있다. 이 경우에는 한 개의 위법행위에 대해 양벌(兩罰)을 넘어 삼벌(三罰)이 이루어지게 된다.

---

1) 1997. 2. 14. 96도2699, 공 1997, 847 = 백선 총론 9-1. 『페더럴 익스프레스 사건』.
2) 2021. 5. 7. 2018도12973, 공 2021하, 1211 =『보호의무자 확인서류 사건 양벌규정 부분』☞ 1020면.
3) 2009. 5. 28. 2009도988, 공 2009, 1063 = 분석 총론 『평가위원 양벌규정 사건』.
4) 2010. 7. 29. 2009헌가25, 헌공 2010, 1343 = 분석 총론 『원산지 허위표시 사건』.
5) 2022. 11. 17. 2021도701, 공 2023상, 90 =『웹하드 음란물 방조 대표이사 사건』.

법인의 대표자에는 그 명칭 여하를 불문하고 당해 법인을 실질적으로 경영하면서 사실상 대표하고 있는 자도 포함된다.[1] 주식회사의 주식이 사실상 1인의 주주에게 귀속하는 경우를 가리켜서 1인회사라고 한다. 1인회사의 경우에도 회사와 주주는 별개의 인격체이다. 1인회사의 재산이 곧바로 1인주주의 소유라고 할 수 없다. 그렇기 때문에 1인주주인 법인의 대표자도 양벌규정에 따른 책임을 피할 수 없다.[2]

(2) 사업주의 처벌근거에 관한 종래의 논의

양벌규정의 세 가지 세부유형 가운데 (나) 유형의 경우, 즉 법인의 대리인 · 사용인 · 종업원의 경우와 (다) 유형의 경우, 즉 개인의 대리인 · 사용인 · 종업원의 경우에는 실제 행위자인 대리인 · 사용인 · 종업원의 위법행위가 있을 때 사업주는 양벌규정을 통하여 형사처벌을 받게 된다. 이 경우 사업주의 처벌근거를 둘러싸고 종래 과실책임설, 무과실책임설, 과실추정설 등이 대립하고 있었다. 이 문제는 우선 구체적인 양벌규정의 조문 자체에서 해결의 실마리를 구할 수 있었다. 양벌규정에 따라서는 과실책임이나 공범방식의 처벌을 명시하고 있는 경우가 있었기 때문이다.

그런데 문제는 구체적인 양벌규정에 이와 같은 명문의 규정이 없을 때 사업주의 처벌근거를 어디에서 구할 것인가 하는 점이었다. 이에 대해서는 과실책임설, 무과실책임설, 과실추정설 등이 제시되었다.

(가) 과실책임설　　사업주가 대리인 · 사용인 · 종업원의 선임 · 감독을 게을리한 점에서 사업주처벌의 근거를 구하는 견해이다. 과실책임설은 사업주에게 과실책임이 인정되는 경우에 형사처벌을 인정하므로 과실책임보다 무거운 고의책임이 인정되는 경우에는 당연히 사업주처벌을 인정하게 된다. 과실책임설에 의하면 검사가 대리인 · 사용인 · 종업원의 선임 · 감독에 대한 사업주의 고의 · 과실을 증명할 때 비로소 사업주에게 형사처벌을 과할 수 있다.

(나) 무과실책임설　　사업주의 과실 여부를 묻지 않고 위법행위로 인한 이익의 귀속주체를 규제한다는 정책적 관점에서 사업주를 처벌하는 것이라고 보는 견해이다. 무과실책임설에 의하면 검사가 사업주의 대리인 · 사용인 · 종업원에 대한 선임 · 감독상의 과실을 증명할 필요가 없다.

(다) 과실추정설　　대리인 · 사용인 · 종업원의 위법행위가 있을 때 사업주에 대해 선임 · 감독상의 과실을 추정하되 사업주가 과실 없음을 증명하면 형사처벌을 면할 수 있다고

---

1) 1997. 6. 13. 96도1703, 공 1997, 2090 = 분석 총론 『조세범처벌법 양벌규정 사건』.
2) 2018. 4. 12. 2013도6962, 공 2018상, 932 = 『물량 잠그기 투자자문 사건』 ☞ 1020면.

보는 견해이다.

(라) 종래의 판례   종래 대법원은 개별적인 양벌규정의 특성에 따라서 과실책임설,[1] 과실추정설,[2] 무과실책임설[3] 등을 취해오고 있었다. 따라서 판례의 입장은 일관되어 있다고 말할 수 없었다. 이와 같은 상황하에서 헌법재판소는 양벌규정에 의한 사업주의 처벌근거를 과실책임설에서 구해야 한다는 판례를 제시하여 종래의 논란을 정리하였다.

3. 양벌규정과 책임주의

(1) 책임주의의 선언

"책임 없는 자에게 형벌을 부과할 수 없다."는 원칙을 가리켜서 책임주의라고 한다. 헌법재판소는 책임주의는 형사법의 기본원리로서 헌법상 법치국가의 원리에 내재하는 원리인 동시에 국민 누구나 인간으로서의 존엄과 가치를 가지고 스스로의 책임에 따라 자신의 행동을 결정할 것을 보장하고 있는 헌법 제10조의 취지로부터 도출되는 원리임을 강조하였다.[4]

(2) 개인 사업주와 책임주의

양벌규정의 세 가지 세부유형 가운데 (다) 유형은 개인 사업주가 고용한 대리인·사용인·종업원이 그 업무와 관련하여 범죄행위를 한 경우의 양벌규정이다. (다) 유형의 양벌규정에 대해 헌법재판소는 대리인·사용인·종업원의 위법행위에 대해 개인 사업주에게 비난받을 만한 행위가 있었는지 여부와 전혀 관계없이 대리인·사용인·종업원의 위법행위가 있으면 자동적으로 개인 사업주도 처벌하도록 하는 양벌규정은 책임주의에 반하여 위헌이라고 선언하였다.[5]

헌법재판소는 개인 사업주가 비난을 받아야 할 것인지 여부를 판단하는 기준으로 (가) 사업주가 대리인·사용인·종업원의 범죄행위에 실질적으로 가담하였거나 지시 또는 도움을 주었는가, (나) 사업주가 사업주의 업무와 관련한 대리인·사용인·종업원의 행위를 지도하고 감독하는 노력을 게을리 하였는가 하는 두 가지 점을 제시하였다.[6]

---

1) 1977. 5. 24. 77도412, 공 1977, 10121 = 백선 총론 10-2. 참고판례 1.『동궁다방 양벌규정 사건』.
2) 1982. 6. 22. 82도777, 공 1982, 722 = 백선 총론 10-2. 참고판례 2.『새한병원 양벌규정 사건』.
3) 1982. 9. 14. 82도1439, 공 1982, 977 = 백선 총론 10-2. 참고판례 3.『도로교통법 양벌규정 사건』.
4) 2007. 11. 29. 2005헌가10, 헌공 2007, 1289(1292) = 백선 총론 10-2.『치과기공소 직원 사건』.
5) 2007. 11. 29. 2005헌가10, 헌공 2007, 1289(1292) = 백선 총론 10-2.『치과기공소 직원 사건』.
6) 2007. 11. 29. 2005헌가10, 헌공 2007, 1289(1292) = 백선 총론 10-2.『치과기공소 직원 사건』.

(3) 법인 사업주와 책임주의

양벌규정의 세 가지 세부유형 가운데 (나) 유형은 법인 사업주가 고용한 대리인 · 사용인 · 종업원이 그 업무와 관련하여 위법행위를 한 경우의 양벌규정이다. (나) 유형의 양벌규정에 대해서도 책임주의 준수를 요구할 것인지 문제된다.

자연인인 개인 사업주의 경우에는 그 개인에게 비난받을 만한 행위가 있었는지가 책임주의 준수에 대한 판단기준이 된다. 그런데 법인 사업주의 경우에 법인에게도 비난받을 만한 행위를 요구할 수 있을 것인지 의문이 제기된다. 자연인의 경우 비난가능성은 도덕적 · 윤리적 가치판단을 토대로 하는데 법인에게 자연인과 같은 의미의 비난가능성을 요구할 수 있을 것인지 논란되기 때문이다.

이 문제에 대해 헌법재판소는 다음의 이유를 들어서 사업주가 자연인인 (다) 유형의 경우를 넘어서서 사업주가 법인인 (나) 유형의 경우에 대해서도 책임주의가 관철되어야 한다는 입장을 분명히 하였다.[1]

「형벌권은 국가가 가지고 있는 가장 강력한 제재수단이므로 형벌권을 중요한 사회가치를 보호하기 위한 수단으로만 사용하여야 하는바, 입법자가 일단 법인의 일정한 반사회적 활동에 대한 대응책으로 가장 강력한 제재수단인 형벌을 선택한 이상, 그 적용에 있어서는 형벌에 관한 헌법상 원칙, 즉 법치주의와 죄형법정주의로부터 도출되는 책임주의원칙이 준수되어야 한다. 결국, 법인의 경우도 자연인과 마찬가지로 '책임 없으면 형벌 없다'는 책임주의원칙이 적용된다고 할 것이다.」

이제 법인 사업주가 고용한 대리인 · 사용인 · 종업원이 그 업무와 관련하여 위법행위를 한 (나) 유형의 경우에 대리인 · 사용인 · 종업원의 위법행위에 대해 법인 사업주에게 비난받을 만한 행위가 있었는지 여부와 전혀 관계없이 대리인 · 사용인 · 종업원의 범죄행위가 있으면 자동적으로 법인 사업주도 처벌하도록 하는 양벌규정은 책임주의에 반하여 위헌 · 무효의 법령이 된다.

개인 사업주 및 법인 사업주의 처벌과 관련한 헌법재판소의 위헌결정이 나온 이래, 각종 양벌규정에 책임주의를 명확히 하기 위한 입법적 정비작업이 진행되고 있다.[2] 그 구체적인 모습은 자연인, 법인을 가리지 않고 사업주의 대리인 · 사용인 · 종업원에 대한 선임 · 감독의무를 명시한 단서 조항의 추가라는 형태로 나타나고 있다.[3]

---

1) 2009. 7. 30. 2008헌가16, 헌집 21-2, 97 = 분석 총론 『의료법인 양벌규정 사건』.
2) 헌법재판소의 위헌결정이 나온 당시 시점을 기준으로 480여개의 양벌규정이 있다고 보고되었다. 그러나 이 수치는 지속적으로 변동될 것이다. 제정 · 개정 · 폐지되는 행정형법이 다수 있기 때문이다.
3) 예컨대, 전술 118면 참조조문 참조.

(4) 법인 설립 전 자연인의 행위와 양벌규정

자연인이 법인 사업주의 기관으로서 범죄행위를 한 경우 행위자인 자연인이 그 범죄행위에 대한 형사책임을 지는 것이 원칙이다. 다만 법률이 그 목적을 달성하기 위하여 특별히 규정하고 있는 경우(양벌규정)에만 그 행위자를 벌하는 외에 법률효과가 귀속되는 법인 사업주에 대하여도 벌금형을 과할 수 있다.

법인이 설립되기 전에 한 자연인의 행위에 대하여는 법인 사업주에게 어떠한 선임 · 감독상의 과실이 있다고 할 수 없다. 그러므로 특별한 근거규정이 없는 한 법인이 설립되기 전에 자연인이 한 행위에 대하여 양벌규정을 적용하여 법인 사업주를 처벌할 수는 없다.[1] 이러한 사정은 법인의 설립이 예정되어 있었고, 자연인의 행위가 실질적으로 조만간 설립될 법인 사업주의 영업을 위하여 한 것이라고 하더라도 마찬가지이다.[2]

(5) 법인 대표자와 책임주의

양벌규정의 세 가지 세부유형 가운데 (가) 유형은 법인의 대표자와 관련된 양벌규정이다. (가) 유형의 양벌규정은 "법인의 대표자가 그 법인의 업무에 관하여 ……의 위반행위를 한 때에는 행위자를 벌하는 외에 그 법인에 대하여도 …… 의 형을 과한다."는 형태를 취하고 있다.

헌법재판소는 책임주의에 근거하면서도, 법인의 대표자와 관련된 (가) 유형의 양벌규정에 대해서는 해당 양벌규정이 법인의 면책가능성을 규정하지 않더라도 헌법 위반이 아니라고 판단하고 있다. 그 이유로 헌법재판소는 다음의 점을 들고 있다.[3]

첫째로, 법인의 행위는 법인을 대표하는 자연인인 대표기관의 의사결정에 따른 행위에 의하여 실현되므로, 자연인인 대표기관의 의사결정 및 행위에 따라 법인의 책임 유무를 판단할 수 있다. 즉, 법인은 기관을 통하여 행위하기 때문에 법인이 대표자를 선임한 이상 대표자의 행위로 인한 법률효과는 법인에게 귀속되어야 하고, 법인 대표자의 범죄행위에 대하여는 법인 자신이 자신의 행위에 대한 책임을 부담한다.

둘째로, 일정한 법적 의무를 법인이 부담하는 경우에도 법인은 직접 범행의 주체가 될 수 없고 대표자의 행위를 매개로 하여서만 범행을 실현할 수 있다. 이 때문에 대표자의 행위를 곧 법인의 행위로 보고 법인을 처벌하는 것이다.

셋째로, 더 이상의 감독기관이 없는 대표자의 행위에 대하여는 누군가의 감독상 과실을

---

1) 2018. 8. 1. 2015도10388, 공 2018하, 1886 =『무허가 의료기기 광고 사건』☞ 1021면.
2) 2018. 8. 1. 2015도10388, 공 2018하, 1886 =『무허가 의료기기 광고 사건』.
3) 2010. 7. 29. 2009헌가25, 헌집 22-2, 183 = 분석 총론 『원산지 허위표시 사건』.

인정할 수도 없고, 달리 대표자의 책임과 분리된 법인만의 책임을 상정하기도 어렵다.

이상의 논거에 입각하여 헌법재판소는 구체적으로 다음의 결론을 제시하고 있다. 즉, (가) 법인 대표자의 법규위반행위에 대한 법인의 책임은 법인 자신의 법규위반행위로 평가될 수 있는 행위에 대한 법인의 직접책임이다. (나) 대표자의 고의에 의한 위반행위에 대하여는 법인은 법인 자신의 고의에 의한 책임을 부담한다. (다) 대표자의 과실에 의한 위반행위에 대하여는 법인은 법인 자신의 과실에 의한 책임을 부담한다.[1]

(6) 면책규정과 준법경영 프로그램

(가) 면책규정의 정비　　헌법재판소가 양벌규정에도 책임주의가 적용되어야 한다고 결정한 이래 양벌규정의 입법적 정비가 이루어지고 있다. 그 방법으로 "다만, 법인 또는 개인이 그 위반행위를 방지하기 위하여 해당 업무에 관하여 상당한 주의와 감독을 게을리하지 아니하였을 경우에는 그러하지 아니하다."라는 면책규정이 양벌규정의 단서조항으로 추가되고 있다.

형벌의 자기책임원칙에 비추어 볼 때 양벌규정은 법인 또는 개인이 사용인 등에 의하여 위반행위가 발생한 그 업무와 관련하여 상당한 주의 또는 관리감독 의무를 게을리한 때에 한하여 적용된다. 이러한 양벌규정에 따라 법인 또는 개인은 위반행위가 발생한 그 업무와 관련하여 법인 또는 개인이 상당한 주의 또는 관리 · 감독 의무를 게을리한 과실로 인하여 처벌된다.[2]

이제 사업주를 양벌규정으로 처벌하려면 검사는 사업주의 선임 · 감독의무 위반을 증명해야 한다. 역으로 사업주의 입장에서는 선임 · 감독의무를 다하였음을 입증하여 양벌규정에 의한 형사책임을 벗어날 수 있다.

이때 사용자인 법인 또는 개인이 상당한 주의 또는 감독 의무를 게을리하였는지는 해당 위반행위와 관련된 모든 사정, 즉 법률의 입법 취지, 처벌조항 위반으로 예상되는 법익침해의 정도, 그 위반행위에 관하여 양벌규정을 마련한 취지 등은 물론 위반행위의 구체적인 모습과 그로 인하여 실제 야기된 피해 또는 결과의 정도, 법인 또는 개인의 영업 규모, 행위자에 대한 감독가능성 또는 구체적인 지휘감독 관계, 법인 또는 개인이 위반행위 방지를 위하여 실제 행한 조치 등을 전체적으로 종합하여 판단해야 한다.[3]

(나) 준법경영 프로그램　　그런데 형사재판의 실제에 있어서는 사업주의 대리인 · 사

---

1) 2010. 7. 29. 2009헌가25, 헌집 22-2, 183 = 분석 총론 『원산지 허위표시 사건』.
2) 2018. 7. 12. 2015도464, 공 2018하, 1670 = 『디스플레이 광학검사장비 사건』 ☞ 1022면.
3) 2021. 9. 30. 2019도3595, 공 2021하, 2144 = 『주택조합 감정평가 부정 사건』 ☞ 1023면.

용인·종업원에 대한 선임·감독의무 이행 여부를 증명하는 것이 쉽지 않다. 여기에서 미국 형법의 영향을 받아 준법경영 프로그램(compliance program)의 법리가 주장되고 있다. 미국은 「1991년 조직체에 대한 연방양형기준」을 통해 준법경영 프로그램의 이행을 기업체에 대한 벌금형의 감경요소로 인정하였다. 미국의 준법경영 프로그램의 법리는 다른 나라에서도 유력한 입법모델로 주목받고 있다.

준법경영 프로그램의 내용은 기업체의 특성에 따라 다양한 모습을 취할 수 있다. 그렇지만 크게 보아 (가) 대리인·사용인·종업원의 준법 업무수행을 위한 명문의 가이드라인 작성과 운영, (나) 준법경영 프로그램의 실시를 위한 준법경영 책임부서의 설치, (다) 대리인·사용인·종업원의 위법행위가 발각된 경우 기업 내의 처리절차 정비 등이 주된 내용을 이루고 있다.

(다) 준법경영 프로그램의 법적 성질   기업체 내에 준법경영 프로그램을 완비할 경우 사업주의 대리인·사용인·종업원에 대한 선임·감독의무가 이행된 것으로 보아 사업주의 형사책임이 면제된다고 주장하는 견해를 생각할 수 있다. 그러나 준법경영 프로그램의 준수 여부는 그 자체로 곧바로 사업주의 형사책임을 면제하는 사유로 인정할 수는 없다고 본다.

다만, 준법경영 프로그램의 완비와 이행은 사업주의 대리인·사용인·종업원에 대한 선임·감독의무의 이행과 관련하여 구체적 사실관계를 확인하는 강력한 정황증거로 사용될 수 있다. 또한 법인이나 개인 사업주의 양형과 관련하여 유리한 양형조건(법51 참조)으로도 평가될 수 있을 것이다.

4. 양벌규정 사안의 형사소추

(1) 행정형법의 조문체제

양벌규정은 각종 행정형법에서 공통적으로 등장하는 규율형식이다. 행정형법은 전반부에 일정한 의무규범이나 금지규범을 설정해 놓고(요건규정), 후반부에 의무규범이나 금지규범을 위반하는 사람을 처벌하는 규정을 두고 있다(벌칙규정). 양벌규정은 벌칙규정의 말미에 위치한다. 앞에서 검토한 바와 같이 양벌규정은 선행하는 벌칙규정에 위반하는 행위가 있는 경우에 그 실제 행위자와 그 행위로 인한 이익의 귀속주체를 모두 처벌대상으로 삼고 있다.

양벌규정은 선행하는 벌칙규정 가운데 양벌규정 자체에 명시된 규정에 대해서만 적용된다. 예컨대 선행하는 벌칙규정이 기수범과 미수범을 모두 처벌하고 있으나 양벌규정에는 기수범 처벌규정만 명시되어 있다면, 미수범 처벌규정에 대해서는 양벌규정을 적용

할 수 없다.[1]

(2) 양벌규정 사안과 적용법조의 기재

각종 행정형법의 요건규정은 일정한 사업주를 대상으로 특정 행정목적을 달성하기 위한 의무규범이나 금지규범을 설정하고 있다. 벌칙규정은 그 사업주를 행위주체로 한다. 이 점에서 벌칙규정은 신분범으로서의 성질을 가진다. 의무규범이나 금지규범을 위반하는 실제 행위자는 벌칙규정의 행위주체에 포함되지 않는다.[2]

이러한 상황에서 실제 행위자에게 벌칙규정의 행위주체성을 확장하는 것이 양벌규정이다. 따라서 의무규범이나 금지규범을 위반한 실제 행위자를 처벌하려면 그 적용법조에 해당 행정형법의 요건규정, 벌칙규정, 양벌규정의 3자를 모두 기재하지 않으면 안 된다. 양벌규정의 매개 없이 벌칙규정을 바로 적용하여 실제 행위자를 처벌하는 것은 허용되지 않는다.[3]

벌칙규정은 각종 사업주를 행위주체로 설정하고 있다. 이 점에서 벌칙규정은 신분범이다. 그런데 벌칙규정의 행위주체인 사업주가 법인인 경우가 있다. 법인 사업주의 경우에 행정형법의 벌칙규정을 바로 적용하여 처벌하는 것은 허용되지 않는다. 후술하는 바와 같이 우리 형법은 법인의 범죄능력을 인정하지 않고 있다. 그러므로 법인을 형사처벌하려면 특별한 법적 근거를 제시하지 않으면 안 된다. 이때 필요한 것이 양벌규정이다. 따라서 법인 사업주를 처벌할 경우에도 적용법조로 해당 행정형법의 요건규정, 벌칙규정, 양벌규정의 3자를 모두 기재하지 않으면 안 된다.

동일한 사정은 개인 사업주의 경우에도 마찬가지이다. 개인 사업주의 경우에 실제 행위자 외에 이익의 귀속주체인 개인 사업주를 처벌할 경우에도 적용법조로 해당 행정형법의 요건규정, 벌칙규정, 양벌규정의 3자를 모두 기재하여야 한다.

(3) 양벌규정 사안의 소추와 관련된 문제

(가) 소추재량   벌칙규정과 양벌규정에 의하여 사업주와 대리인 · 사용인 · 종업원이 모두 처벌대상으로 되는 경우에 검사가 사업주와 대리인 · 사용인 · 종업원 가운데 어느 한쪽만 기소하고 나머지 한쪽은 기소하지 아니하였다 하여도 그와 같은 공소제기가 법률의 규정에 위반된 것(형소법327ⅱ)이라고는 볼 수 없다. 검사에게는 소추재량권이 부여되어 있

---

1) 2023. 12. 14. 2023도3509, 판례속보 =『영업비밀 부정사용 미수범 사건』☞ 1031면.
2) 2017. 6. 29. 2017도3005, 공 2017하, 1598 =『불법 외국인 근로자 사건』☞ 1024면.
3) 2017. 11. 14. 2017도7492, 공 2017하, 2413 =『폐기물매립장 전무이사 사건』☞ 1025면.

기 때문이다.

이러한 사정은 수소법원의 경우에도 마찬가지이다. 검사가 사업주와 대리인·사용인·종업원 가운데 어느 한쪽만 기소하고 나머지 한쪽은 기소하지 아니하였다 하여도 법원이 그와 같은 사유로 공소제기된 사업주나 대리인·사용인·종업원을 처벌할 수 없게 되는 것은 아니다.

(나) 상습범　　　양벌규정의 적용대상인 벌칙규정과 관련하여 '상습범'이 공소제기의 요건으로 설정되는 경우가 있다. 그리고 벌칙규정의 전제가 되는 요건규정이 법인 사업주를 의무주체로 설정하고 있는 경우가 있다. 이러한 경우에 상습성 유무는 자연인인 실제 행위자, 즉 법인의 대표자 또는 법인의 대리인·사용인·종업원을 기준으로 판단한다.[1] 상습성은 범죄의 습벽을 말한다. 범죄의 습벽은 행위자의 속성이다. 범죄의 습벽을 의미하는 상습성은 자연인을 대상으로 해서만 논할 수 있다.

(다) 친고죄　　　친고죄란 피해자의 명예보호나 침해이익의 경미성을 감안하여 피해자가 처벌을 원한다는 의사표시를 할 때 비로소 공소를 제기할 수 있도록 한 범죄이다. 「저작권법」상 저작재산권 침해범죄는 원칙적으로 친고죄이다(동법140① 본문). 그러나 영리를 목적으로 하거나 상습적으로 저작재산권 침해행위를 한 경우는 친고죄에서 제외된다(동법140① 단서 i). 「저작권법」은 양벌규정을 두고 있다(동법141). 양벌규정을 적용할 때에는 행위자인 법인의 대표자나 법인 또는 개인의 대리인·사용인 그 밖의 종업원을 기준으로 친고죄인지 여부를 판단해야 한다.[2]

(라) 공소시효　　　양벌규정을 적용할 때 양벌규정의 전제가 되는 형벌법규의 법정형을 기준으로 공소시효를 계산할 것인지 아니면 양벌규정에 규정된 법정형을 기준으로 계산할 것인지 문제된다. 예컨대 양벌규정의 전제가 되는 형벌법규에 5년 이하의 징역형이, 양벌규정에는 5천만원 이하의 벌금형만이 각각 법정형으로 규정되어 있는 경우를 생각해 본다. 형사소송법 제249조 제1항에 의하면 장기 10년 미만의 징역형에 해당하는 범죄의 공소시효는 7년이고(제4호), 벌금에 해당하는 범죄의 공소시효는 5년이다(제5호).

이 문제에 대하여 헌법재판소는 양벌규정의 법정형을 기준으로 공소시효를 결정하는 입장을 취하고 있다.[3] 대법원은 아직까지 이 문제에 대한 입장을 표명하고 있지 않다. 생각건대 양벌규정의 공소시효은 양벌규정의 전제가 되는 형벌법규의 법정형을 기준으로 하는 것이 타당하다고 본다. 양벌규정의 취지는 종업원의 위법행위로 인한 이익

---

1) 2013. 9. 26. 2011도1435, 공 2013하, 2014 = 분석 총론 『영화 불법 다운로드 사건』.
2) 2013. 9. 26. 2011도1435, 공 2013하, 2014 = 분석 총론 『영화 불법 다운로드 사건』.
3) 헌재 2021. 5. 27. 2019헌마1135, [결정문] = 『비의료인 병원 인수 사건』 ☞ 1026면.

이 사업주에게 귀속되는 것을 방지하기 위하여 사업주와 종업원을 함께 처벌한다는 점에 있다. 위의 친고죄 고소나 상습범 항목에서 살펴본 바와 같이 양벌규정 사안에서는 자연인인 종업원의 행위를 출발점으로 삼아 사업주의 형사처벌을 검토하게 된다. 이 점은 공소시효의 경우에도 마찬가지라고 보아야 한다. 따라서 양벌규정 사안에서 공소시효 기간은 사업주에 대해서도 종업원에게 적용되는 형벌법규의 법정형을 기준으로 정해야 할 것이다.

5. 법인격 없는 단체와 양벌규정

(1) 양벌규정의 적용 배제

법인격 없는 사단이나 재단은 법인과 마찬가지로 사법(私法)상 권리의무의 주체가 될 수 있다. 그렇지만 법률에 특별한 명문의 규정이 없는 한 법인과 마찬가지로 범죄능력이 없다. 양벌규정이 있다고 하더라도 당해 양벌규정에 법인격 없는 사단이나 재단이 명시되어 있지 않으면 죄형법정주의의 원칙에 비추어 양벌규정을 적용하여 법인격 없는 단체를 처벌할 수 없다.[1]

또한 법인격 없는 사단에 고용된 사람이 벌칙규정에 위반하는 행위를 하였더라도, 법인격 없는 사단의 구성원 개개인을 양벌규정의 개인 사업주로 보아 이를 근거로 실제 위반행위자를 처벌할 수도 없다.[2]

(2) 대표자의 직접 처벌

여기에서 법인격 없는 단체 및 그 대리인·사용인·종업원에 대해서는 법인 사업주에 대한 양벌규정이나 개인 사업주에 대한 양벌규정을 적용할 수 없다는 한계점이 노정된다. 이러한 경우에 벌칙규정 위반행위를 처벌하지 못한다면 특정한 행정목적의 달성에 커다란 공백이 생기게 된다. 이 문제에 대해 판례는 행정형법의 해당 벌칙규정을 직접 적용하여 법인격 없는 단체의 대표자를 처벌하는 방안을 제시하고 있다.

법인격 없는 단체의 업무는 단체를 대표하는 대표기관의 의사결정에 따른 대표행위에 의하여 실현된다. 이때 대표기관은 자연인이다. 따라서 법인격 없는 단체가 '소유자'나 '관리자' 등의 지위에서 관련법규(요건규정)에 저촉되는 경우 당해 형벌법규(벌칙규정)에 위반한 행위자는 법인격 없는 단체의 대표기관인 자연인이 된다.[3] 따라서 법인격 없는 단체의 대

---

1) 1995. 7. 28. 94도3325, 공 1995, 3029 = 백선 총론 9-1. 참고판례 2.『은하아파트 버스 사건』.
2) 2017. 12. 28. 2017도13982, 공 2018상, 463 =『교회 창고 증축 사건』 ☞ 1027면.
3) 2009. 5. 14. 2008도11040, 공 2009상, 930 = 분석 신형소Ⅱ『비례대표 공천헌금 사건』 ☞ 1027면.

표기관인 자연인이 직접 당해 형벌법규(벌칙규정)에 따라서 처벌된다.[1] 이 경우 법인격 없는 단체에 고용된 실제 행위자는 사안에 따라 법인격 없는 단체의 대표자(자연인)의 범죄행위에 가담한 공범으로서 죄책을 질 수 있다.

제4 법인의 범죄능력

1. 문제의 소재

양벌규정이 각종 행정형법에 널리 규정되어 사실상 총칙의 지위를 점하고 있다 하더라도 모든 행정형법에 빠짐없이 양벌규정이 마련되어 있는 것은 아니다. 또한 형법과 그 밖의 전형적인 특별형법에는 양벌규정이 규정되어 있지 않다.

독일 형법의 경우를 보면 법인과 관련된 위법행위에 대해 법인의 대표자 등에게 형사책임을 지우는 총칙상의 규정이 마련되어 있다(독일형법14).[2] 이 조문은 우리나라의 양벌규정이 반전된 것과 같은 구조를 가지고 있다. 그리고 총칙의 규정이므로 모든 범죄행위에 적용된다.

독일 형법의 경우와 달리 우리 형법은 법인의 처벌에 대한 총칙규정을 두고 있지 않다. 양벌규정에 대해서도 총칙상의 규정이 마련되어 있지 않다. 개별 행정형법에 양벌규정들이 상당수 마련되어 있지만 총칙규정이 아니어서 그 밖의 경우에는 여전히 법인처벌의 문제가 발생한다.

각종 행정형법의 조문 가운데에는 구성요건의 행위주체를 예컨대 '사업자' 또는 '기업'이라고 표현하는 경우가 있다. 이러한 조문의 경우에는 자연인뿐만 아니라 법인도 행위주체로 해석될 여지가 있다. 그러나 대법원판례는 이러한 경우에 있어서도 법인을 행위주체에 포함시키지 않고 있다.[3]

이러한 상황에서 자연인을 전제로 규정된 형벌법규를 양벌규정을 매개하지 아니하고 곧바로 법인에게 적용할 수는 없겠는가 하는 물음이 제기된다. 법인의 범죄능력이 본격적으로 논란되는 영역은 양벌규정이 없는 바로 이 부분이다.

---

1) 1997. 1. 24. 96도524, 공 1997, 698 = 백선 총론 9-1. 참고판례 3. 『캔버러타운 사건』 ☞ 1028면.
2) 전술 118면 조문대비표 참조.
3) 1997. 2. 14. 96도2699, 공 1997, 847 = 백선 총론 9-1. 『페더럴 익스프레스 사건』.

2. 학설의 검토

(1) 범죄능력긍정설

법인에게 형벌법규를 바로 적용하여 처벌할 수 있겠는가 하는 논의가 법인의 범죄능력 문제이다. 법인의 범죄능력에 대해서는 긍정설, 부정설, 부분적 긍정설이 각각 제시되고 있다.

범죄능력 긍정설은 법인에 대해서도 자연인과 마찬가지로 범죄능력을 인정하자는 견해이다.[1] 헌법재판소는 법인 사업주의 양벌규정에 관한 것이기는 하지만, 긍정설의 입장에서 다음과 같은 논거를 제시한 바 있다.[2]

「형사적 책임은 순수한 윤리적 비난이 아니라 국가적 규범의 침해에 대한 법적인 책임이므로 자연인에 대한 [윤리적 비난과] 같은 책임개념을 법인의 책임에 대하여도 동일하게 적용할 필요가 없을 뿐 아니라, 법인의 행위는 이를 대표하는 자연인인 대표기관의 의사결정에 따른 행위에 의하여 실현되므로 자연인인 대표기관의 의사결정 및 행위에 따라 법인의 책임 유무를 판단하지 못할 바도 아니다.」

법인의 범죄능력을 긍정하는 입장에서는 사형이나 징역, 금고 등의 형벌은 성질상 법인에게 과할 수 없지만 사형은 법인해산으로, 징역이나 금고는 법인의 업무정지 등의 방법으로 전환하여 실현시킬 수 있다고 본다.

「특정경제범죄 가중처벌 등에 관한 법률」(특정경제범죄법)은[3] 이 법률에 규정된 일정

---

1) 김성천 · 김형준, 79면; 김일수 · 서보학, 88면; 정성근 · 정준섭, 49면.

2) 2009. 7. 30. 2008헌가16, 헌집 21-2, 97 = 분석 총론 『의료법인 양벌규정 사건』. 이 판례에서 헌법재판소는 "입법자가 일단 법인의 일정한 반사회적 활동에 대한 대응책으로 가장 강력한 제재수단인 형벌을 선택한 이상"이라는 표현을 사용하여 입법자가 양벌규정이라는 입법적 결단을 내린 경우를 전제로 설정하고 있다. 이 점에서 이 판례를 전면적 긍정설의 예로 보기에는 다소 의문이 있다.

3) **특정경제범죄 가중처벌 등에 관한 법률 제14조** (일정 기간의 취업제한 및 인가 · 허가 금지 등) ① 제3조, 제4조 제2항(미수범을 포함한다), 제5조 제4항 또는 제8조에 따라 유죄판결을 받은 사람은 다음 각 호의 기간 동안 금융회사등, 국가 · 지방자치단체가 자본금의 전부 또는 일부를 출자한 기관 및 그 출연(出捐)이나 보조를 받는 기관과 유죄판결된 범죄행위와 밀접한 관련이 있는 기업체에 취업할 수 없다. 다만, 대통령령으로 정하는 바에 따라 법무부장관의 승인을 받은 경우에는 그러하지 아니하다.

1. 징역형의 집행이 종료되거나 집행을 받지 아니하기로 확정된 날부터 5년
2. 징역형의 집행유예기간이 종료된 날부터 2년
3. 징역형의 선고유예기간

② 제1항에 규정된 사람 또는 그를 대표자나 임원으로 하는 기업체는 제1항 각 호의 기간 동안 대통령령으로 정하는 관허업(官許業)의 허가 · 인가 · 면허 · 등록 · 지정 등(이하 이 조에서 "허가등"이라 한다)을 받을 수 없다. 다만, 대통령령으로 정하는 바에 따라 법무부장관의 승인을 받은 경우에는 그러하지 아니하다.

③~⑤ (생략)

⑥ 제1항, 제2항 또는 제5항을 위반한 자는 1년 이하의 징역 또는 500만원 이하의 벌금에 처한다.

한 범죄행위로 유죄판결을 받은 사람에 대해 유죄판결된 범죄행위와 밀접한 관련이 있는 기업체에 취업할 수 없도록 규정하고 있다(동법14① 참조).[1] 특정경제범죄법은 나아가 (가) 이 법률에 규정된 일정한 범죄행위로 유죄판결을 받은 사람 또는 (나) 그를 대표자나 임원으로 하는 기업체로 하여금 일정 기간 동안 대통령령으로 정하는 관허업의 허가·인가·면허·등록·지정 등을 받을 수 없도록 규정하고 있다(동조②). 이 경우 '기업체'에는 법인도 포함된다. 법인의 범죄능력을 긍정하는 입장에서는 특정경제범죄법의 법인 기업체에 대한 인허가 금지규정을 법인의 범죄능력을 인정하는 실정법적 근거로 제시할 여지가 있다.

(2) 범죄능력 부정설

범죄능력 부정설은 법인에게 구성요건의 행위주체성을 전면적으로 부정하는 견해이다.[2] 대법원판례는 법인의 범죄능력을 인정하지 않고 있다. 대법원은 부동산 이중분양으로 인한 배임죄 사건에서 다음과 같이 판시한 바가 있다.

「형법 제355조 제2항의 배임죄에 있어서 타인의 사무를 처리할 의무의 주체가 법인이 되는 경우라도 법인은 다만 사법상의 의무주체가 될 뿐 범죄능력이 없는 것이며 그 타인의 사무는 법인을 대표하는 자연인인 대표기관의 의사결정에 따른 대표행위에 의하여 실현될 수밖에 없어 그 대표기관은 마땅히 법인이 타인에 대하여 부담하고 있는 의무내용대로 사무를 처리할 의무가 있다 할 것이므로 법인이 처리할 의무를 지는 타인의 사무에 관하여는 법인이 배임죄의 주체가 될 수 없고, 그 법인을 대표하여 사무를 처리하는 자연인인 대표기관이 바로 타인의 사무를 처리하는 자, 즉 배임죄의 주체가 되는 것이라고 새겨야 할 것이다.」[3]

법인의 범죄능력을 부정하는 입장에서는 법인의 범죄능력긍정설에 대해 비난가능성을 전제로 하는 형벌의 본질에 반하는 이론구성이라고 비판한다. 법인의 범죄능력을 전면적으로 비판하는 입장에서는 다음과 같은 논지를 전개한다.

사형이나 징역, 금고 등의 형벌은 강력한 사회윤리적 비난에 바탕을 둔 것이다. 법인은 그 자체로서 사회윤리적 비난의 의미를 깨닫지 못한다. 법인은 단지 경제적 손실만을 입을 뿐인데, 그것도 법인의 운영비용으로 충당하면 그만이다. 결국 법인에 대한 형벌은 무의미해질 뿐이다. 우리 형법이 법인처벌에 관한 총칙규정을 두지 아니한 것은 바로 이 때문이다.

---

1) 2022. 10. 27. 2022두44354, 공 2022하, 2324 =『그룹 회장 취업제한 사건』☞ 1029면.
  2) 권오걸, 109면; 김성돈, 151면(수형능력 긍정); 박상기, 42면; 배종대, 138면; 성낙현, 106면; 손동권·김재윤, 108면; 이재상·장영민·강동범, 100면; 이정원, 74면; 정영일, 88면.
  3) 1984. 10. 10. 82도2595 전원합의체 판결, 공 1984, 1816 = 백선 총론 9.『상가 이중분양 사건』.

(3) 범죄능력 부분적 긍정설

생각건대 법인의 범죄능력 부정설은 형벌의 본질에 착안하는 것으로서 기본적으로 타당하다고 본다. 그러나 법인의 범죄능력을 전면적으로 부정하는 것은 우리 실정법에서 양벌규정을 두어 법인을 처벌하는 현실을 도외시하는 흠이 있다.

법인의 범죄능력을 전면적으로 부정하는 학자들도 실정법상 법인에 대한 처벌규정이 있음을 부인하지 않는다. 실정법에 법인에 대한 처벌규정이 있는 경우 법인에 대해 범죄능력을 인정하지 않을 수 없다. 범죄란 구성요건에 해당하고 위법한 행위이다. 법인이 행위를 할 수 없다면 범죄는 성립하지 않는다. 범죄가 성립하지 않는다면 법인에 대해 형벌도 부과할 수 없다. 이렇게 볼 때 양벌규정이 있는 경우에는 법인에게 예외적으로 범죄능력이 인정된다. 그렇지만 양벌규정이 없는 경우에는 전면적으로 법인의 범죄능력이 부정된다.

한편 법인처벌의 필요성이 있다고 해서 해석론으로 법인의 범죄능력을 긍정하여 이를 해결할 것은 아니다. 입법자는 사회윤리적 비난과 비교적 거리가 있는 행정형법의 영역에서 양벌규정의 형태로 법인처벌의 가능성을 확보하고 있다. 입법자도 이와 같이 신중한 접근방법을 취하고 있는 상황에서 법인의 범죄능력을 해석론으로 전면 긍정하는 것은 위험한 발상이라고 하지 않을 수 없다.

이와 같은 상관관계에 주목하면서 법인의 범죄능력을 제한적으로 인정하는 견해를 가리켜서 법인의 범죄능력 부분적 긍정설이라고 한다.[1] 부분적 긍정설이 우리 실정법을 기초로 한 이론구성으로 타당성이 있다고 본다.

〈사례 해설〉 위의 〔사례 24〕 『상가 이중분양 사건』 판례에서 대법원 다수의견은 P회사의 대표이사 을에게 배임죄의 성립을 인정하였다. 대법원은 이 판례에서 P회사가 법인이기 때문에 범죄능력이 없어서 배임죄로 처벌할 수 없다는 것을 논리적 출발점으로 삼았다. 그러나 법인형태를 이용한 각종 범죄를 수수방관할 수는 없다는 이유에서 사법(私法)상 의무주체인 P회사의 자리에 새로운 대표이사 을을 위치시켜 놓았다. 그리하여 P회사를 배임죄로 처벌할 수는 없지만 대표이사 을은 배임죄로 다스릴 수 있다는 결론에 이르렀다.

위 판례의 대법원 다수의견은 법인을 이용한 범죄에 대처해야 한다는 현실론에 입각하고 있다. 그러나 P회사의 지위에 대표이사 을이 들어가게 하는 명시적인 근거가 없는 상황에서 을을 배임죄로 처벌하는 것은 죄형법정주의에 반한다는 소수의견이 이 판례에서 강력하게 전개되고 있다.

---

1) 임웅, 96면.

제3절 부작위

한국형법	독일형법
제18조(부작위범) 위험의 발생을 방지할 의무가 있거나 자기의 행위로 인하여 위험발생의 원인을 야기한 자가 그 위험발생을 방지하지 아니한 때에는 그 발생된 결과에 의하여 처벌한다.	**제13조**(부작위에 의한 실행) ① 형벌법률의 구성요건에 속하는 결과를 방지하지 아니한 자는 결과가 발생하지 않도록 법적으로 보증할 책임이 있고 그 부작위가 법률상의 구성요건을 작위에 의하여 실현하는 것에 준하는 경우에 한하여 이 법률에 따라 처벌한다. ② 그 형은 제49조 제1항(기속적 감경규정; 저자 주)에 따라 감경할 수 있다.
(해당 조항 없음)	**제323조의c**(구조불이행) 사고, 공공위험 또는 긴급상황 발생시에 제반사정에 비추어 기대 가능하고 필요한 구조행위, 특히 자신에 대한 현저한 위험 및 기타 중요한 의무의 위반 없이도 가능한 구조행위를 하지 아니한 자는 1년 이하의 자유형 또는 벌금형에 처한다.

제1 작위범과 부작위범

구성요건은 위법행위의 정형이다. 위법행위의 정형은 행위주체, 실행행위, 행위객체, 결과발생 등의 표지로 그 외관이 구성된다. 앞에서 살펴본 법인의 범죄능력 문제는 각종 구성요건에서 행위주체와 관련하여 공통적으로 논의되는 사항이다. 마찬가지 관점에서 각종 구성요건의 실행행위와 관련하여 공통적으로 논의되는 쟁점이 부작위(不作爲)의 문제이다.

일반적으로 구성요건의 실행행위는 외부에서 포착할 수 있는 신체동작의 형태로 표현되고 있다. 그런데 이러한 실행행위를 부작위의 형태로 실현시킬 수 있겠는가 하는 의문이 제기된다. 이와 같은 문제의식은 대부분의 구성요건에 공통되는 것이다. 이러한 문제의식에 대비하여 우리 형법은 총칙편 제18조에서 '부작위'라는 표제하에 공통의 준칙을 마련하고 있다.

대부분의 범죄는 적극적인 신체동작을 통하여 이루어진다. 즉 작위의 형태로 실현된다. 작위의 형태로 범해지는 범죄를 가리켜서 작위범이라고 한다. 대부분의 구성요건은 작위범의 형식으로 규정되어 있다.

작위범 형식의 형벌법규는 사람들에게 일정한 행위를 하지 못하도록 금지한다. 이 때 금지되는 것은 다른 사람의 법익을 침해하는 것이다. 요컨대 작위범 형식의 형벌법규는 사람들에게 타인의 법익을 침해하는 행위를 금지한다. 이러한 점에서 작위범의 구성요건은 금지규범을 전제로 하고 있다.

> 형법 제250조 1항 : "사람을 살해한 자는 ……"
>
> ⇒ "살인하지 말라!"
>
> ⇒ 금지규범

대부분의 범죄는 작위범의 형태로 이루어진다. 이에 대하여 일부 범죄는 부작위범의 형태로 일어난다. 부작위범이란 부작위의 형태로 범해지는 범죄유형을 말한다. 부작위범의 경우에는 일정한 작위의 수행이 요구된다.

> 형법 제319조 제2항 : "[주거 등]의 장소에서 퇴거요구를 받고 응하지 아니한 자는 ……"
>
> ⇒ "퇴거요구를 받으면 퇴거하도록 하라!"
>
> ⇒ 명령규범

제 2 작위범 사안과 부작위범 사안의 구별

【사례 25】 P철도공사와 Q철도노동조합 사이에 노사분규가 발생하였다. 단체교섭이 여의치 않자 갑을 비롯한 Q철도노동조합 집행부는 당국의 직권중재회부결정에도 불구하고 예정대로 파업에 돌입하여 이를 지속할 것을 지시하였다. 이에 Q철도노동조합 조합원들은 3일간 전국 600여개 사업장에서 일제히 출근하지 아니하였다. 조합원들의 업무 거부로 P철도공사의 다수의 열차 운행이 중단되었고, 이로써 P철도공사는 영업수익 손실과 대체인력 보상금 등 총 135억원 상당의 손해를 입었다. 검사는 갑을 위력에 의한 업무방해죄(법314 참조)로 기소하였다.

위의 사안을 작위범 사례로 볼 것인가, 부작위범 사례로 볼 것인가? 양자의 구별 실익은 무엇인가? (2011. 3. 17. 2007도482 전원합의체 판결, 공 2011상, 865 = 분석 각론 『철도노조 출근거부 사건』)

【사례 26】 갑은 P화약회사의 직원이다. 갑의 업무는 폭약을 실은 화차에 함께 타고 가면서 폭약의 안전한 운송을 감시하는 일이다. 화약운송의 안전수칙에 의하면 화약을 실은 화차 내에서는 일체의 화기사용이 금지되고 있다.

갑은 폭약을 호송하던 중 화차 내에서 사용이 금지된 촛불을 켜 놓은 채 잠이 들었다. 촛불은 점차 타들어 갔고 마침내 폭약상자 표면에 불이 붙는 단계에 이르렀다. 갑은 폭약상자에 불이 붙는 순간 잠에서 깨어나 이를 발견하였다. 갑은 덮고 있던 담요로 불을 끄려고 하였으나 불은 쉽게 꺼지지 아니하였다. 당황한 갑은 불을 그대로 둔 채 화차 밖으로 도망쳐 버렸다. 불이 붙은 폭약상자는 마침내 폭발하였고 화차의 다른 폭약에 연쇄폭발을 일으켜서 수많은 사람들이 죽거나 다쳤다.

갑에 대한 죄책은? (1978. 9. 26. 78도1996, 총람 형법 18조 3번 판례 = 백선 총론 11. 참고판례 1.『화약열차 폭발 사건』)

1. 작위범과 부작위범의 구별실익

어느 구체적인 사실관계를 놓고 이를 통상의 작위범으로 파악해야 할 것인지 부작위범으로 파악해야 할 것인지 망설여지는 경우가 많다. 양자의 구별은 인과관계의 판단을 비롯하여 부진정부작위범의 성립요건 등에서 구체적인 실익을 나타낸다. 그러나 우리 형법은 통상의 작위범과 부작위범을 구별하는 기준에 대해 아무런 언급을 하고 있지 않다.

어느 사실관계가 작위범인가 부작위범인가 하는 판단은 범죄성립 여부를 검토함에 있어서 첫 출발점이 된다. 예컨대 작위범임이 확인되면 그 다음으로 고의범인가 과실범인가를 따져보게 된다. 작위범은 작위를, 부작위범은 부작위를 행위태양으로 하는 범죄유형이다. 여기에서 작위와 부작위의 구별기준이 필요하게 된다.

2. 작위범과 부작위범의 구별방법

대부분의 사실관계에서 사람들은 자연적인 관찰을 통해 당해 사안이 작위범인지 부작위범인지 쉽게 알 수 있다. 그러나 때로는 양자의 구별이 쉽지 아니한 경우도 있다. 이러한 경우에 작위와 부작위를 구별하는 기준에 대해 두 가지 견해가 제시되고 있다.

(가) 자연적 관찰방법　　　이 견해는 아무런 평가를 개입시키지 않고 작위와 부작위를 구별하려는 시도이다. 이 입장에서는 다음과 같은 단계적 방법으로 작위와 부작위를 구별한다. 먼저, 고의이든 과실이든 사람의 의사에 기초한 신체동작, 즉 에너지 투입으로 인해 결과가 야기되었는가를 묻는다. 만일 작위행위로 인하여 결과가 발생하였음이 긍정된다면 이 사실관계는 작위범의 사안이다. 이와 같이 인과관계를 중심으로 작위범 사안과 부작위

범 사안을 구별하는 방법을 가리켜서 자연적 관찰방법이라고 한다.[1]

그런데 자연적 관찰방법에 의할 때 작위행위 자체에 위법성조각사유나 책임조각사유가 있어서 범죄가 성립하지 않는 경우가 있다. 자연적 관찰방법에 따르는 사람들은 이 경우에 예외적으로 기대되는 작위행위를 하였더라면 결과가 발생하지 않았을 것인가 하는 의문을 제기한다. 그리고 사실관계에 대한 분석이 이러한 단계에 이르는 경우에 비로소 부작위를 인정한다.

(나) 평가적 관찰방법　　이 견해는 작위와 부작위의 구별을 사회적 의미 내지 평가의 문제라고 본다. 사실관계에 가해질 사회적 비난의 경중을 따져서 작위범과 부작위범을 비교하는 방법을 가리켜서 평가적 관찰방법이라고 한다.[2] 평가적 관찰방법이라는 말에서 평가적이라 함은 사회적 비난의 경중을 따져본다는 의미이다. 평가적 관찰방법을 취하는 입장에서는 다양한 개별적 사실관계들 속에서 인과관계만을 주목하여서는 적절한 형법적 평가를 확보할 수 없다는 점을 강조한다.

(다) 판 례　　근래 대법원은 작위와 부작위의 구별에 대하여 자연적 관찰방법에 입각한 판단기준을 다음과 같이 제시한 바 있다.

「어떠한 범죄가 적극적 작위에 의하여 이루어질 수 있음은 물론 결과의 발생을 방지하지 아니하는 소극적 부작위에 의하여도 실현될 수 있는 경우에, 행위자가 자신의 신체적 활동이나 물리적·화학적 작용을 통하여 적극적으로 타인의 법익상황을 악화시킴으로써 결국 그 타인의 법익을 침해하기에 이르렀다면, 이는 작위로 인한 범죄로 봄이 원칙이[다.]」[3]

그러나 대법원은 이 판단기준을 채택하게 된 이유에 대해서는 아무런 이유를 제시하고 있지 않다.

(라) 사 견　　생각건대 작위와 부작위의 구별은 평가적 관찰방법에 의하는 것이 타당하다고 본다. 평가적 관찰방법에 대해 자연적 관찰방법을 취하는 사람들은 법적 비난의 중점이 어디에 있는가는 법적 판단의 결과에 의하여 비로소 얻어질 수 있는 것이므로, 이를 처음부터 요구하는 것은 비합리적 감정판단이 되지 않을 수 없다고 비판한다.

그러나 작위와 부작위의 구별은 법적 판단 그 자체는 아니다. 적절한 법적 판단을 얻기 위한 출발점을 확보하는 것이다. 여기에는 사회의 관심과 평가가 중요한 역할을 한다고 보지 않을 수 없다. 적정한 사회적 관심과 비난을 두고 비합리적 감정판단이라고는 말

---

1) 김성돈, 527면; 박상기, 53면; 배종대, 520면; 손동권·김재윤, 395면; 오영근, 162면; 이재상·장영민·강동범, 125면.

2) 권오걸, 415면; 김일수·서보학, 348면; 성낙현, 445면; 이정원, 437면; 임웅, 576면; 정성근·정준섭, 364면.

3) 2004. 6. 24. 2002도995, 공 2004, 1255 = 백선 총론 11. 『보라매 병원 사건 1』.

할 수 없다.

〔사례 25〕의 사안에서 문제된 업무방해죄는 위계 또는 위력으로써 사람의 업무를 방해한 경우에 성립한다(법314①). 이때 위력은 사람의 자유의사를 제압·혼란케 할 만한 일체의 세력을 말한다. 문제는 조합원들이 일제히 출근하지 아니하여 업무를 거부하는 쟁의행위가 위력에 해당할 것인가 하는 점이다. 이와 관련하여 대법원은 근로자가 노무제공을 거부하는 경우를 두 가지로 나누었다.

먼저, 쟁의행위로서의 파업이 단순히 노무의 제공을 거부하는 부작위에 그치는 경우가 있다. 이 경우가 위력에 해당하지 않는다는 점에 대해서는 대법관들 사이에 의견이 일치하였다. 이를 바탕으로 대법원은 단순한 노무제공 거부도 위력에 해당한다고 판단하였던 종전의 판례를 변경하였다.

다음으로, 쟁의행위로서의 파업이 사용자에게 압력을 가하여 근로자의 주장을 관철하고자 집단적으로 노무제공을 중단하는, 소위 실력행사의 경우가 있다. 파업이 실력행사로 이루어지는 경우 그 파업은 위력에 해당하여 업무방해죄에 해당할 여지가 있다.

〔사례 25〕의 사안은 실력행사의 경우에 해당한다. 그런데 그렇다고 곧바로 위력에 의한 업무방해죄가 성립한다고 판단할 것은 아니다. 조합원들의 집단적 출근거부를 작위로 볼 것인가 부작위로 볼 것인가에 따라 결론이 달라지기 때문이다.

대법원 다수의견은 집단적 출근거부가 실력행사로서 작위에 해당한다고 보고, 이를 업무방해죄의 위력에 해당한다고 판단하였다. 그러나 다수의견은 그러한 판단에 대하여 명확한 근거를 제시하지 않았다.

이에 대해 대법원 소수의견은 집단적 출근거부라고 해도 사실적 측면에서 볼 때(소위 자연적 관찰방법) 근로자가 아무런 일도 하지 않는 것에 불과하여 부작위에 해당한다고 보았다. 노무제공의 거부가 집단적으로 이루어지는 경우라고 해도 신체적 활동 등 적극적 행위가 없다는 점에서 단순한 노무제공 거부와 차이가 없다는 것이다. 소수의견은 집단적 노무거부가 부작위에 해당한다는 판단을 전제로, 작위범인 업무방해죄의 경우에 행위자를 부작위범으로 처벌하려면 행위자에게 부작위를 작위와 같이 평가할 수 있는 보증인적 지위가 필요하다고 보았다.

이어서 소수의견은 보증인적 지위를 인정하기 위해서는, (가) 법익의 주체가 법익침해의 위협에 스스로 대처할 보호능력이 없고, (나) 부작위 행위자가 그 법익침해의 위험으로부터 상대방의 법익을 보호해 주어야 할 법적 의무, 즉 작위의무가 있어야 하며, (다) 부작위 행위자가 이러한 보호자의 지위에서 법익침해를 일으키는 사태를 지배하고 있을 것을 요한다는 추가적 범죄성립요소가 필요하다고 판단하였다. 결론적으로 소수의견은 〔사례 25〕의 구체적 사실관계에서 (가)와 (다)의 요소가 갖추어지지 않았다고 판단하여 무죄 의견을 제시하였다.

〈사례 해설〉 〔사례 26〕의『화약열차 폭발 사건』을 작위범의 사례로 볼 것인가 부진정부작위범의 사례로 볼 것인가 하는 문제가 있다. 앞에서 설명한 것처럼 작위범인가 부작위범인가 하는 문제는 평가적 관찰방법을 사용하여 판단해야 한다. 만일 자연적 관찰방법을 사용한다면 폭약상자 위에 촛불을 켜놓는 작위로 인하여 폭발사고가 일어난 것이므로 작위범으로 포착된다. 이제부터는 고의를 논하여야 할 것인데 폭발의 점에 대한 고의는 인정되지 않는다. 그렇다면 갑은 업무상 과실치사상죄(법268)의 죄책을 지게 될 것이다.

이에 반하여 평가적 관찰방법을 사용한다면『화약열차 폭발 사건』에서 검토해야 할 점은 폭약상자 위에 촛불을 켜놓은 행위에 사회적 비난의 초점이 모아지는가 아니면 불이 붙은 폭약상자를 보고도 아무런 조치를 취하지 아니한 데에 비난의 핵심이 있는가 하는 것이다.

만일 촛불을 켜놓는 작위행위에 비난의 중점이 있다고 판단된다면 이 사안은 작위범의 사례로 다루어야 한다. 이제 검토해야 할 사항은 문제의 작위행위가 고의에 의한 것인가 과실에 의한 것인가를 살피는 것이다. 안전수칙을 무시하고 화차 내에서 촛불을 켠 행위는 주의의무에 위반한 것이다. 이렇게 볼 때 화약호송원 갑은 과실로 촛불을 켠 것이며, 이 과실행위로 인하여 인명살상의 결과가 발생하고 있다. 그렇다면 갑은 업무상 과실치사상죄(법268)로 처벌될 것이다.

이에 반하여 불이 붙은 폭약상자를 보고 아무런 조치를 취하지 아니한 점에 비난의 초점이 모아진다면 사안은 다른 방법으로 해결해야 한다. 아무런 조치를 취하지 아니한 점이 주목의 대상으로 등장한다면 문제의 사안은 부작위범의 사안이다. 이 때에는 적용할 구성요건을 먼저 확인할 필요가 있다. 이와 관련하여 떠오르는 구성요건은 형법 제172조 제1항의 폭발성물건파열죄이다.

형법 제172조 제1항은 "보일러, 고압가스 기타 폭발성 있는 물건을 파열시켜 사람의 생명, 신체 또는 재산에 대하여 위험을 발생시킨 자"라는 구성요건을 설정하고 있다. 이 구성요건은 '파열시킨다'는 실행행위를 설정함으로써 작위범의 형식을 취하고 있다. 갑이 불붙은 폭약상자를 그대로 둔 채 현장을 떠나는 것을 가리켜서 폭발성 있는 물건을 파열하는 행위라고 볼 수 없다. 그러나 화약열차의 호송책임을 지고 있는 갑은 이 폭발성물건파열죄의 구성요건이 실현되지 않도록 담보해야 하는 보증인적 지위에 있다. 그렇다면 갑이 현장을 떠나는 행위는 부작위에 의한 폭발성물건파열죄에 해당한다.

『화약열차 폭발 사건』에서 대법원은 부작위에 의한 폭발성물건파열죄를 인정하였다. 이러한 판단은 문제의 사실관계에서 갑이 화약이 실린 화차에 촛불을 켰다는 점에 비난의 중점이 있는 것이 아니라 불붙은 화약상자를 두고 아무런 조치를 취하지 아니하였다는 점에 형사처벌의 실질적 근거가 있음을 보여준 것이다. 이와 같이 사실관계에 대하여 부여되는 비난가능성의 초점을 중심으로 작위범과 부진정부작위범을 구별하는 방법을 평가적 관찰방법이라고 한다.

제3 진정부작위범과 부진정부작위범

【사례 27】 갑은 A의 주거에 평온하게 들어갔으나 모욕적인 언사를 사용함으로써 A와 크게 언쟁을 벌이게 되었다. 갑은 A가 몹시 싫어하는 것을 모른 체하고 A의 주거에 머물러 있었다.

    이 경우 문제되는 형법 제319조를 부작위범과 관련하여 분석해 보라.

---

1. 진정부작위범과 부진정부작위범의 의미

    행위자에게 요구되는 작위는 구성요건 자체에 규정되어 있는 경우와 그렇지 아니한 경우로 나누어 볼 수 있다. 요구되는 작위를 하지 않는 것이 부작위이다. 부작위가 구성요건에 명시되어 있는 범죄를 진정부작위범이라고 한다. 형법 제319조 제2항이 규정한 퇴거불응죄는 형법전에서 발견할 수 있는 진정부작위범의 예이다. 우리 입법자가 형법전에서 진정부작위범으로 규정한 또 다른 예로는 형법 제116조의 다중불해산죄를 들 수 있다.[1]

    진정부작위범에 대립하는 것으로 부진정부작위범이 있다. 부진정부작위범이란 부작위가 구성요건에 명시되어 있지 아니함에도 불구하고 부작위범으로 처벌되는 범죄를 말한다. 부진정부작위범은 작위범이면서 동시에 부작위범이라는 이중적 성격을 갖는다. 부진정부작위범이 문제되는 구성요건을 보면 어디까지나 작위범의 구성요건형식을 취하고 있다. 이에 대하여 실행행위의 모양새를 보면 부진정부작위범은 외형상 아무런 신체동작을 수반하지 않는다.

    부진정부작위범은 구성요건의 형식상으로는 작위범이지만 사실관계에 나타난 실행행위의 방식을 보면 부작위범이다. 부진정부작위범에서 부진정이라는 표현이 사용되는 것은 문제의 부작위가 당해 구성요건에 직접 규정되어 있지 않기 때문이다. 거의 모든 작위범 구성요건은 부진정부작위범의 형태로 실현될 수 있다.

2. 진정부작위범과 부진정부작위범의 구별

    진정부작위범과 부진정부작위범의 구별에 관하여 실질설과 형식설이 나뉘고 있다.

    (가) 형식설   어느 형벌법규의 조문구성형식을 검토하여 진정부작위범과 부진정부작위범을 구별하는 견해이다.[2] 어느 범죄행위가 진정부작위범인가 부진정부작위범인가 하는

---

1) 진정부작위범의 공동정범 성립요건에 관하여는, 후술 636면 참조.

2) 권오걸, 419면; 김성돈, 532면; 김일수 · 서보학, 353면(실질설로 보완); 배종대, 522면; 손동권 · 김재윤,

판단은 그 행위에 적용될 형벌법규의 조문형식을 검토해야만 내릴 수 있다는 것이다. 판례의 입장이라고 생각된다.[1]

(나) 실질설   구성요건을 실현시키는 행위를 실질적으로 파악하여 진정부작위범과 부진정부작위범을 구분하려는 견해이다.[2] 이에 따르면 어느 범죄가 구성요건이 규정하고 있는 행위를 하지 아니하는 것만으로 실현되면 진정부작위범이라고 본다. 원래 요구되는 행위는 구성요건적 결과발생을 방지하기 위하여 요구되는 것이지만 입법자가 별도로 구성요건적 결과발생을 형벌법규에 명시해 놓지 아니한 것이 진정부작위범이라는 것이다.

이에 대하여 부진정부작위범은 범죄성립의 요건으로 단순한 부작위뿐만 아니라 결과발생까지도 형벌법규에 규정된 범죄유형이라고 본다. 이렇게 접근하면 진정부작위범은 신체동작만 있으면 범죄가 성립하는 거동범에 대응하는 개념이며, 부진정부작위범은 결과발생을 요구하는 결과범에 대응하는 개념이 된다.

(다) 사 견   생각건대 실질설은 구성요건에 따라서 단순한 신체동작의 부존재뿐만 아니라 결과발생까지도 요구하는 진정부작위범이 있을 수 있다는 점을 간과하고 있다. 따라서 형식설이 타당하다고 본다.

형식설에 따를 때 당해 조문에 '……하지 아니한 자'처럼 부작위가 실행행위로 명시되어 있으면 그 범죄행위는 진정부작위범이다. 이에 대하여 실행행위가 '……한 자'처럼 작위범의 형식으로 규정되어 있으면 진정부작위범이 아니다. 이 때에는 부진정부작위범의 성립이 문제된다.[3]

진정부작위범이나 부진정부작위범이나 사실관계에서 나타나는 실행행위의 구체적인 모습은 모두 부작위의 형태로 나타난다. 이 경우 부작위는 단순한 무위(無爲)를 가리키는 것이 아니다. 진정부작위범이나 부진정부작위범이나 모두 "요구되는 어떤 것을 하지 아니하였다."는 점에 실질이 있다. 요구되는 일정한 작위행위를 하지 아니하였다는 점이 부작위범의 실체이다. 이 때 요구되는 일정한 작위행위를 가리켜서 작위의무라고 한다.

〈사례 해설〉 〔사례 27〕에서 문제된 형법 제319조는 제1항과 제2항으로 이루어져 있다. 형법 제319조 제1항은 "사람의 주거 …… 에 침입한 자"를 구성요건으로 규정하고 있다. 이 구성요건에서 실행행위는 '침입하다'이다. 침입은 적극적인 신체동작을 나타내고 있으므로 형법 제319조 제1항이 규정한 범죄는 작위범이다.

393면; 오영근, 165면; 이재상 · 장영민 · 강동범, 127면; 임웅, 578면; 정성근 · 정준섭, 366면; 정영일, 109면.
1) 2011. 11. 10. 2010도11631, 공 2011하, 2597 = 분석 총론 『크레인 게임기 사건』 ☞ 1031면.
2) 성낙현, 449면; 이정원, 435면.
3) 2012. 8. 17. 2012도5862, 공 2012하, 1570 = 분석 총론 『전자장치 분실 방치 사건』 ☞ 1032면.

그러나 주거침입죄는 부작위의 형태로도 실현시킬 수 있다. [사례 27]의 사안에서 갑은 고의 없이 A의 주거에 들어갔으나 나중에 그것이 위법한 침입으로 변질되고 있다. A의 주거에 들어간 갑은 별도의 퇴거요구가 없더라도 A와 언쟁을 벌이게 되었다는 선행행위에 기하여 퇴거의무를 지게 된다. 이 경우 퇴거의무에도 불구하고 A의 주거에 그대로 머물러 있다면 갑은 주거침입죄의 부진정부작위범이 된다.

형법 제319조 제2항은 퇴거불응죄를 규정하고 있다. 퇴거불응죄의 구성요건은 "주거 등의 장소에서 퇴거요구를 받고 응하지 아니한 자"이다. '응하지 아니하다'라는 부작위가 구성요건 자체에 명시되어 있다는 점에서 퇴거불응죄는 진정부작위범이다.

제 4 작위의무와 작위의무자

【사례 28】 학생 갑은 시내 어느 술집에 들렀다가 옆자리의 두 남자가 반정부활동의 일환으로 저명한 정치인 A를 암살하기 위하여 상세히 범행계획을 짜고 있는 것을 우연히 엿듣게 되었다. 그러나 갑은 정치인 A의 생사는 상류층 사람들의 문제로서 자기와는 상관없는 일이라고 생각하여 아무런 신고나 조치를 취하지 아니하였다. 그런데 실제로 정치인 A는 암살되었다.

갑의 죄책은? ─「국가보안법」 제4조 제3항, 제10조를 검토해 보라.

【사례 29】 만일 정치인 A의 부인 을녀가 암살계획을 알게 되었으면서도 유산을 노려서 아무런 조치를 취하지 않았다면 을녀의 죄책은?

---

1. 진정부작위범과 작위의무자

부작위범은 작위의무를 핵심적 요소로 한다. 이 때 작위의무를 지는 사람을 작위의무자라고 한다. 작위의무자의 범위는 문제의 부작위범이 진정부작위범인가 부진정부작위범인가에 따라서 달라진다.

진정부작위범의 경우에는 일반인 모두가 작위의무자가 된다. 일정한 작위행위를 수행해야 할 의무는 일반인 누구나 부담한다. 작위의무에 위반하는 사람은 누구든지 처벌대상이 된다. 예컨대 형법 제319조 제2항은 퇴거불응죄를 규정하고 있다. 퇴거불응죄의 구성요건은 "주거 등의 장소에서 퇴거요구를 받고 응하지 아니한 자"이다. '응하지 아니하다'라는 부작위가 구성요건에 명시되어 있다는 점에서 퇴거불응죄는 진정부작위범이다. 이 때 퇴거요구에 따라서 퇴거해야 할 작위의무는 일반인 모두가 진다.

2. 부진정부작위범과 작위의무자

부진정부작위범의 경우에는 작위의무자의 범위가 한정된다. 일정한 요건을 갖춘 사람에게 대해서만 일정한 작위행위가 요구되기 때문이다. 부진정부작위범의 경우에는 부작위가 있다고 해서 진정부작위범처럼 곧바로 처벌할 수 있는 것이 아니다. 부작위가 있고 그로 인한 결과발생이 있다고 하더라도 작위범의 구성요건을 적용하여 처벌할 수 있는가 하는 문제를 별도로 더 검토해야 한다.

〈사례 해설〉 〔사례 28〕에서 문제되는 형벌법규는 불고지죄를 규정한「국가보안법」제10조이다.「국가보안법」은 일정한 반국가행위를 처벌하고 있다.「국가보안법」은 반국가단체의 구성원 등이 꾀하는 살인음모행위도 처벌대상에 포함시키고 있다(국가보안법4①ⅲ, ③). 한편「국가보안법」제10조는 국가보안법이 규정한 일정한 죄를 범한 자라는 정(情)을 알면서 신고하지 아니한 사람을 불고지죄로 처벌한다. 이 불고지죄의 신고대상에는 반국가단체의 구성원 등이 도모하는 살인음모행위도 포함된다.

「국가보안법」제10조는 불고지죄를 처벌하고 있는데, 그 구성요건은 "[일정한 국가보안법 위반의] 죄를 범한 자라는 정(情)을 알면서 수사기관 또는 정보기관에 고지하지 아니한 자"라고 규정되어 있다. 이 구성요건에서 실행행위는 '고지하지 아니하다'이나. 따라서「국가보안법」제10조의 불고지죄는 진정부작위범이다. 진정부작위범의 경우에는 일반인 누구나 작위의무자가 된다. 따라서 학생 갑은 반국가활동을 신고할 작위의무를 지게 된다.

〈사례 해설〉 〔사례 29〕에서 정치인 A의 부인 을녀도 일반인으로서 불고지죄로 처벌될 여지가 있다. 그러나 부인 을녀에게 불고지죄를 적용하여 5년 이하의 징역 또는 200만원 이하의 벌금에 처하도록 한다면 그것은 을녀의 죄질에 부합하는 처벌이 되지 못할 것이다.

정치인 A의 부인 을녀는 학생 갑과는 달리 남편 A의 사망이라는 목전의 위험을 방지해야 할 의무가 있다. 부인 을녀는 민법 제826조 제1항에 규정된 부부 상호간의 보호의무에 기초하여 남편 A의 생명침해라는 결과발생을 방지하여야 한다. 생명을 보호법익으로 하고 있는 구성요건은 형법 제250조 제1항의 살인죄이다. 이제 부인 을녀는 학생 갑과는 달리 살인죄의 구성요건이 실현되지 않도록 노력하여야 한다.

법익침해가 일어나지 않도록 담보하는 지위를 가리켜서 보증인적 지위라고 한다. 부인 을녀는 살인죄의 구성요건이 실현되지 않도록 해야 하는 보증인적 지위에 서 있다. 따라서 테러범들을 신고하지 아니하여 남편 A가 살해되도록 방치하는 부인 을녀의 부작위는 형법 제250조 제1항의 살인죄를 구성한다. 형법 제250조 제1항은 '살해하다'를 실행행위로 규정하고 있어서 살인죄가 작위범임을 알 수 있다. 부인 을녀는 테러범의 계획을 알고 있으면서 이를 신고하지 아니하는 부작위를 통하여 작위범인 살인죄의 구성요건을 실현시키고 있다. 그렇다면 을녀의 행위는 부진정부작위범에 해당한다.

부인 을녀는 민법 제826조 제1항에 근거하여 보증인적 지위에 서게 된다. 따라서 불고지라는 을녀의 부작위는 형법 제250조 제1항과 부진정부작위범을 규정한 형법 제18조에 기하여 살인죄를 구성한다. 을녀의 불고지는 동시에 「국가보안법」 제10조의 구성요건도 충족시키고 있다. 진정부작위범과 부진정부작위범이 경합하는 경우에는 원칙적으로 부진정부작위범이 우선한다. 부진정부작위범은 작위범에서 출발한 것이다. 작위범과 부작위범이 같은 평가를 받으면서 동시에 성립할 경우 작위범이 우선한다. 그렇다면 을녀는 형법 제250조 제1항, 제18조에 기하여 살인죄로 처벌될 것이다.

〔사례 29〕에서 볼 수 있는 것처럼 부진정부작위범의 경우에는 작위의무자가 일정한 범위의 사람으로 한정된다. 부진정부작위범에서 작위의무자로 등장하는 사람은 작위범의 구성요건이 실현되지 아니하도록 담보하는 자, 즉 보증인적 지위에 있는 자이다.

제5 형법 제18조와 부진정부작위범

한국형법	일본개정형법가안
제18조(부작위범) 위험의 발생을 방지할 의무가 있거나 자기의 행위로 인하여 위험발생의 원인을 야기한 자가 그 위험발생을 방지하지 아니한 때에는 그 발생된 결과에 의하여 처벌한다.	**제13조** ① 죄로 될 사실의 발생을 방지할 법률상 의무 있는 자가 그 발생을 방지하지 아니한 때에는 작위로 인하여 그 사실을 발생하게 한 자와 동일하게 이를 벌한다. ② 작위로 인하여 사실발생의 위험을 발생하게 한 자는 그 발생을 방지할 의무를 진다.

1. 부진정부작위범의 구조에 관한 학설의 발전

(1) 초기 독일 형법학의 논의상황

부진정부작위범에 있어서 핵심적인 과제는 결과발생을 방지하지 아니한 부작위를 어떠한 경우에 작위에 의하여 결과를 발생시킨 경우와 동일하게 취급할 것인가 하는 점에 있다. 이 문제와 관련하여 결과발생을 방지하기 위한 법적 의무를 어떻게 포착할 것인가가 논란되었다. 이 점을 둘러싸고 학설사적으로 작위의무의 설정으로부터 보증인적 지위의 확인이라는 인식의 전환이 이루어져 왔다.[1]

독일 형법학의 경우 포이에르바하는 당시의 계몽주의사상의 영향을 받아 법률과 계약에 근거가 있을 때에만 시민이 작위의무를 지는 것으로 보았다. 이후 부부관계나 친족관계와 같은 긴밀한 생활관계가 작위의무의 근거로 추가되었고, 나아가 위험한 선행행위로부터 결과발생 방지의무를 도출하는 단계에까지 작위의무의 범위가 확장되었다.

이후 자연과학의 발전에 영향을 받아 결과발생과 부작위 사이의 인과관계를 규명함으로써 작위의무의 근거를 확인하려는 노력이 경주되었다. 그러나 부작위(무)와 결과발생(유) 사이에 자연과학적 인과관계를 확인할 수 없음이 인식되면서 작위의무의 근거를 규범적 관점에서 찾아내려는 시도가 활발히 행해졌다. 이 입장에서는 다음과 같은 설명을 제시하였다. 「사회 일반인들이 어느 사람의 작위행위를 통하여 법익이 보호될 것으로 신뢰하여 특별한 보호조치를 취하지 않는 경우가 있다. 만일 그러한 경우에 그 사람이 아무런 조치를 취하지 아니하여 법익침해의 결과가 발생한다면 그 사람의 부작위는 법익을 직접 침해하는 것과 마찬가지 의미를 가지게 된다.」

이와 같이 작위와 부작위를 평가의 관점에서 바라보게 되면 부작위범의 실질은 위법성의 문제로 전환하게 된다.[2] 왜냐하면 사회적으로 기대하는 것을 하지 않는 부작위는 전체 법질서의 관점에서 요구되는 바를 이행하지 않는 것이 되기 때문이다. 이렇게 되면 부작위범의 실질은 어떠한 경우에 작위의무를 요구할 것인가 하는 점에 놓여지게 되며, 작위의무 부과의 기준은 건전한 국민감정이나 사회상규 내지 조리가 되게 된다.[3]

---

1) 아래의 학설사 소개는, Jescheck/Weigend, Lehrbuch des Strafrechts Allgemeiner Teil, 5. Auflage, (1996), S. 600 ff. 참조.

2) 이러한 입장에 선 학자로는 가인 김병로가 있다. 자세한 내용에 대해서는, 신동운, "가인 김병로 선생과 법전편찬 – 형법과 형사소송법을 중심으로", 전북대학교 법학연구소, 법학연구, 통권 제25집, (2007. 10), 9면 이하, 특히 15면 참조.

3) 1953년 제정형법의 총칙조문은 가인 김병로가 기초(起草)하였다. 부작위범에 관한 형법 제17조의 입법배경에는 다음과 같은 김병로의 구상이 작용하고 있는 것으로 생각된다. 아래에 소개하는 인용문은 원문을 본서의 저자가 현대어로 고쳐 적은 것이다.

"그러나 내가 믿는 바에 의하면 부작위로 인한 행위의 위법은 외계변동의 발생을 방지할 수 있는 경우에 있음에도 불구하고 이를 방지하지 아니함으로써 일정한 법익의 [침]해 또는 위험을 발생하게 한 표현사실이 반상규적(反常規的) 특별성 즉 위법성이 부대(附帶)되는 것을 요할 뿐이요 그 외계변동의 발생을 방지할 작위의 의무가 반드시 법령 또는 계약에 따라 발생된 경우에만 한정되지 않는 것이라고 논정(論定)한다."

김병로, "범죄구성의 요건되는 위법성을 논함", 법학계, 제3호, (1915. 12.), 7면 이하. 한국형사법학회, 형사법연구, 제31권 제2호(2019 여름), 215면 이하에 원문이 영인본 형태로 전재되어 있다. 이 글에 대한 연구로는, 신동운, "가인 김병로 선생과 법전편찬 – 형법과 형사소송법을 중심으로", 전북대학교 법학연구소, 법학연구, 통권 제25집, (2007. 10.), 15면 참조.

그런데 부진정부작위범의 본질을 위법성에서 구하게 되면 범죄론체계상 작위범의 경우와 모순이 생기게 된다. 작위범의 경우에는 어느 행위의 구성요건해당성을 확인하고 이어서 위법성판단에 들어가게 된다. 그런데 부진정부작위범의 경우에는 위법성판단의 대상을 확인하지 아니한 채 곧바로 위법성판단으로 들어가게 되는 것이다.

(2) 보증인설의 등장

이러한 문제의식 아래 부작위범의 본질을 위법성의 문제로부터 구성요건의 문제로 전환시킨 것은 독일의 형법학자 나글러(Nagler)였다. 1938년에 발표된 "부진정부작위범의 문제"라는 논문에서 그는 부진정부작위범의 본질을 구성요건의 보충이라는 측면에서 접근하였다. 그는 부진정부작위범을 작위범과 동일하게 취급하는 것은 부진정부작위범에 추가적인 구성요건요소가 구비될 때 가능하다고 보았다. 그는 이 때 요구되는 추가적 구성요건요소를 보증인적 지위라고 칭하였다.

보증인이란 법적대적인 에너지를 무해하게 하여 구성요건이 실현되지 않도록 담보하는 사람을 가리킨다. 그는 이 보증인적 지위에 있는 사람의 부작위만 작위와 동일한 구성요건적 의미를 갖는다고 보았다. 이와 같이 보증인적 지위를 중심으로 부진정부작위범의 본질을 구성요건의 문제로 파악하는 견해를 가리켜서 보증인설이라고 한다.

(3) 형법 제18조와 일본개정형법가안의 영향

우리 형법 제18조는 1931년에 성안된 일본개정형법가안 제13조로부터 많은 영향을 받고 있다. 나글러의 학설이 나온 것이 1938년이라는 점에 비추어 볼 때 우리 형법 제18조는 부진정부작위범의 본질을 위법성의 관점에서 접근하던 당시의 상황을 반영하고 있다. 그것은 우리 형법 제18조가 독일 형법 제13조와 달리 보증인적 지위의 측면에서 조문이 성안되어 있지 않고 '작위의무'를 중심으로 구성되어 있다는 점에서 찾아볼 수 있다.[1]

---

1) 일본개정형법가안 제13조의 입법이유는 다음과 같다.

"본조는 부작위범에 관한 규정이다. 현행법(일본형법, 즉 의용형법; 저자 주)은 부작위범에 관하여 특별히 규정한 바가 없지만 이를 인정해야 한다는 점에 관하여 학설 및 판례는 일치하고 있다. 그러나 그 이론적 견해에 있어서 구구함을 면치 못한다. 그러므로 본안은 이 점에 대해 명문으로 규정할 필요를 인정한 것이다.

제1항은 부작위범성립의 조건을 명확히 하였다. 죄로 될 사실의 발생을 방지할 법률상의 의무 있는 자가 그 발생을 방지하지 아니한 때에 한하여 부작위범으로서 작위로 인하여 그 사실을 발생시킨 자와 동일한 책임을 진다. 이것은 대체로 이미 학설 및 판례가 인정한 것을 성문(成文)으로 표현한 것에 지나지 않는다.

제2항은 부작위범의 성립에 관하여 사실의 발생을 방지할 의무 있는 특수한 경우에 관하여 규정한다. 자기의 작위로 인하여 사실발생의 위험을 발생하게 한 자는 그 위험을 방지할 의무를 지는 것은 조리상 당연

그러나 보증인설의 시도는 우리 형법 제18조에도 일부 나타나고 있다. 그것은 형법 제 18조 후문이 규정하고 있는 선행행위로 인한 작위의무 부분이다. 선행행위로 인한 작위의 무는 일정한 객관적 상황을 중심으로 보증인적 지위를 확인하는 경우라고 할 수 있다. 이 것은 형법 제18조 전단이 순수한 평가적 관점에서 작위의무자를 포착하는 것과 크게 구별 된다.[1]

학설사적으로 볼 때 우리 형법 제18조는 부진정부작위범을 위법성의 문제로 보는 단계 로부터 보증인적 지위로 넘어가는 과도기적 형태를 취하고 있다고 볼 수 있다. 이에 대해 1975년의 독일 신형법은 보증인설을 전면적으로 채택하여 보증인적 지위를 부진정부작위 범의 핵심적 성립요건으로 명시하고 있다.[2] 현재 우리 학계에서는 이와 같은 학설발전을 반영하여 우리 형법 제18조가 규정한 '작위의무자'를 '보증인적 지위에 있는 자'로 바꾸어서 해석하는 데에 견해가 일치되어 있다.

2. 위험발생

(1) 형법 제18조의 부작위범

부작위범은 진정부작위범과 부진정부작위범으로 나누어진다. 진정부작위범은 개별구성 요건에서 직접 부작위를 규정하고 있기 때문에 형법총칙에서 일반적인 준칙을 정해 놓을 필요가 없다. 이에 대하여 부진정부작위범의 경우에는 형법총칙에서 그 성립에 관한 공통 의 준칙을 마련해 놓을 필요가 있다.

부진정부작위범은 부작위의 형태로 작위범의 구성요건을 실현시키는 범죄유형이다. 부 진정부작위범은 진정부작위범과 달리 작위의무자의 범위가 제한된다. 우리 형법 제18조는 어느 범위까지 부진정부작위범의 주체를 인정할 것인가 하는 점에 관하여 규정하고 있다. 형법 제18조는 '부작위범'이라는 표제를 사용하고 있지만 이 때의 부작위범은 부진정부작 위범만을 가리킨다. 진정부작위범은 이미 개개의 특별구성요건에서 그 요건이 명시되고 있 기 때문이다.

한 일에 속하지만 그가 법률상 의무를 지는 것인지 아닌지 반드시 명확하지는 않다. 그리하여 본항은 그것 이 법률상의 의무임을 명확히 하고, 따라서 만일 그 의무에 반하여 사실의 발생을 방지하지 아니한 때에는 부작위범의 성립이 있을 것임을 명확하게 하였다."

(일본 司法省), 刑法改正案理由書, (1931), 8면 이하.

1) 우리 형법의 제정에 직접 관여하였던 효당 엄상섭은 형법 제18조 전단과 후단의 모순성을 지적하고 있다. 엄상섭, "일원적 행위개념과 부작위범", 신동운 · 허일태 편저, 효당 엄상섭 형법논집, (2003), 89면 이 하, 특히 100면 이하 참조.

2) 전술 141면 조문대비표 참조.

(2) 형법 제18조의 구조

형법 제18조는 부진정부작위범의 성립과 관련하여 "위험의 발생을 방지할 의무가 있거나 자기의 행위로 인하여 위험발생의 원인을 야기한 자가 그 위험발생을 방지하지 아니한 때에는 그 발생된 결과에 의하여 처벌한다."고 규정하고 있다.[1] 형법 제18조는 이를 법률요건 부분과 법률효과 부분으로 나누어 볼 수 있다.

법률요건의 부분을 보면 주체로서 (가) 위험의 발생을 방지할 의무가 있는 자와 (나) 자기의 행위로 인하여 위험발생의 원인을 야기한 자라는 두 가지 유형이 설정되어 있다. 주체가 수행하는 행위는 '그 위험발생을 방지하지 아니하는 것'이다. 법률효과 부분을 보면 "그 발생된 결과에 의하여 처벌한다."는 법적 효과가 규정되어 있다.

요건부분과 효과부분에서 주목되는 두 가지 개념은 '위험발생'과 '발생된 결과'이다. 형법 제18조와 부진정부작위범의 관계를 검토하기에 앞서서 먼저 '위험'과 '결과'의 개념에 대하여 살펴볼 필요가 있다.

(3) 위험범과 침해범

부작위범의 이론과 직접 관계되는 것은 아니지만 '위험'의 개념과 관련하여 위험범과 침해범의 구별을 알아둘 필요가 있다. 위험이란 법익이 침해될 가능성을 말한다. 이에 대해 침해란 법익이 현실적으로 파괴되었음을 말한다.

(가) 위험범과 침해범   위험범은 법익침해의 위험성만 있으면 성립하는 범죄를 말한다.[2] 위험범은 위태범이라고도 한다. 이에 대해 침해범은 법익이 현실적으로 침해되어야 성립하는 범죄를 말한다.[3] 침해범은 실해범이라고도 한다. 침해범의 전형적인 예는 살인죄 (법250①)에서 찾아볼 수 있다. 사람의 생명이라는 법익이 파괴될 때 살인죄는 성립하기 때

---

1) '위험발생'이라는 표현은 인과관계에 관한 형법 제17조의 '죄의 요소되는 위험발생'과도 관련이 있다. '죄의 요소되는 위험발생'이라는 표현은 형법총칙의 기초(起草)를 담당하였던 김병로 선생의 이론체계에서 비롯되고 있다. 아래에 소개하는 인용문은 원문을 본서의 저자가 현대어로 고쳐 적은 것이다.

"범죄의 객관적 요건되는 행위의 위법은 특별준칙이 된 법의 명령·금지에 반하여 법익을 침해한 사실, 즉 적극적 범죄사실과 법이 인허(認許) 또는 방임하는 행위가 되지 아니하는 사실, 즉 소극적 범죄사실의 존재로 인하여 완성되는 것이요, 범죄의 의(意)는 범죄의 사실을 인식함으로 인하여 성립되는 것이니(일본형법 제38조 제1항, 구[일본]형법 제77조 제2항, 독일[구]형법 제59조 참조) 적극적 범죄사실, 즉 위험성이 범의의 내용을 이룸에 있어서는 종래 이의(異議)가 없는 것이나 소극적 범죄사실, 즉 위법성이 범의 내용을 이루는가 아닌가 한에 있어서는 종래의 통론(通論)은 이를 부인함으로 돌아가는 것이다. (후략)"

김병로, "범죄구성의 요건되는 위법성을 논함", 법학계, 제4호, (1916. 2.), 1면 이하. 한국형사법학회, 형사법연구, 제31권 제2호(2019 여름), 215면 이하에 원문이 영인본 형태로 전재되어 있다.

2) 2010. 10. 14. 2010도4940, 공 2010하, 2130 = 분석 각론『음성유도기 입찰 사건』☞ 1033면.

3) 1996. 10. 11. 96도312, 공 1996, 3368 =『송달주소 허위신고 사건』☞ 1034면.

문이다.

(나) 구체적 위험범과 추상적 위험범   위험범은 다시 구체적 위험범과 추상적 위험범으로 나누어진다. 구체적 위험범은 법익침해의 위험성이 구성요건에 구체적으로 명시된 범죄를 말한다. 이에 대하여 추상적 위험범은 법익침해의 위험성이 구성요건에 명시되어 있지 않으나 구성요건에 해당하는 행위가 있으면 입법자가 바로 법익침해의 위험성이 있는 것으로 인정하는 범죄를 말한다.[1]

구체적 위험범의 예로는 일반물건방화죄(법167①)를 들 수 있다. 이에 대해 추상적 위험범의 예로는 현주건조물방화죄(법164①)를 들 수 있다. 방화죄의 보호법익은 불특정 또는 다수인의 생명, 신체, 재산 등으로 구성된다. 일반물건방화죄의 구성요건을 보면 '공공의 위험을 발생하게 한 자'라는 표현을 사용하여 법익침해의 위험성이 구성요건요소로 명시되어 있다. 그렇기 때문에 일반물건방화죄는 구체적 위험범으로 분류된다.

이에 대해 현주건조물방화죄는 현주건조물 등에 불을 놓아 목적물을 불태운 결과가 발생하기만 하면 바로 범죄가 성립한다. 현주건조물방화죄에 법익침해의 위험성을 명시하지 않은 것은 불을 놓는 행위 등이 있으면 바로 불특정 또는 다수인의 생명, 신체, 재산권 등에 침해의 위험성이 발생하는 것으로 입법자가 처음부터 인정하였기 때문이다. 그리하여 현주건조물방화죄는 추상적 위험범으로 분류된다.

(4) 형법 제18조와 위험발생의 의미

형법 제18조는 부진정부작위범에 관하여 "위험의 발생을 방지할 의무가 있거나 자기의 행위로 인하여 위험발생의 원인을 야기한 자가 그 위험발생을 방지하지 아니한 때에는 그 발생된 결과에 의하여 처벌한다."고 규정하고 있다. 이 조문을 이해하기 위해서는 우선 이 조문의 핵심개념이라고 할 수 있는 '위험발생'의 의미를 파악하여야 한다.

위험발생이란 구성요건적 결과발생의 위험이 구체화한 상황을 가리킨다.[2] 부진정부작위범은 작위범의 구성요건을 부작위의 형태로 실현시키는 것이다. 그렇다면 형법 제18조에서 규정한 '위험발생'은 '작위범의 구성요건이 실현될 가능성이 구체화하였다'라는 의미를 갖는다. 앞에서 본 것처럼 원래 위험이란 법익이 침해될 가능성을 말한다. 위험발생이란 법익침해의 가능성이 생겼다는 의미이다. 개개의 특별구성요건은 법익의 보호를 목적으로 하고 있다. 구성요건이 실현된다 함은 법익이 위태롭게 되거나 침해됨을 의미한다. 따라서 위험발생이란 법익의 위태화 내지 침해를 의미함과 동시에 부진정부작위범의 경우에는 작위

---

1) 2015. 3. 26. 2014도13345, 공 2015상, 662 =『신호대기 중 목조르기 사건』☞ 1034면.
2) 2021. 5. 27. 2020도15529, 공 2021하, 1265 =『개발계획 변경 직후 사임 사건』☞ 1036면.

범의 구성요건이 실현될 가능성이 구체화되었다는 뜻으로도 이해된다.

(5) 결과발생의 의미

(가) 결과와 결과범　　위험에 대립하는 개념으로 결과가 있다. 원래 가장 좁은 의미에서 결과라고 하면 시간적·공간적으로 행위자의 내심세계 바깥에서 일어나는 변화를 말한다. 이와 같은 의미의 결과를 필요로 하는 범죄를 가리켜서 결과범이라고 한다. 결과범의 경우에는 후술하는 것처럼 실행행위와 결과발생 사이에 인과관계가 요구된다(법17).

(나) 구성요건적 결과　　그러나 결과는 때때로 객관적 구성요건의 실현이라는 의미로 사용되기도 한다. 이러한 경우의 결과를 가리켜서 구성요건적 결과라고 한다. 범죄 가운데에는 거동범이 있다. 거동범은 신체동작만 있으면 성립하는 범죄이다. 예컨대 폭행죄(법260①)는 사람의 신체에 대한 유형력의 행사(즉 폭행)가 있기만 하면 성립한다. 따라서 폭행죄는 거동범으로 파악된다. 이러한 경우에는 예컨대 주먹을 피하여 시간적·장소적으로 변화(즉 결과)가 발생하지 않더라도 폭행죄는 성립한다. 즉 구성요건적 결과가 발생한 것이다. 이와 같이 거동범과 결과범의 경우를 가리지 않고 객관적 구성요건이 실현되는 것을 가리켜서 '구성요건적 결과'라고 한다.

(6) 형법 제18조와 결과발생

형법 제18조가 규정한 '결과발생'이란 구성요건적 결과가 발생하는 것을 가리킨다. 즉 객관적 구성요건이 실현된다는 것이다. 만일 이와 같이 새기지 않는다면 형법 제18조가 규정한 부진정부작위범은 소위 결과범의 경우에만 성립한다는 불합리한 결론에 이르게 될 것이다. 부진정부작위범은 부작위의 형태로 범하는 작위범이다. 이론상 모든 작위범에 대하여 부작위에 의한 범죄성립이 가능하다. 이 작위범에는 결과범뿐만 아니라 거동범도 모두 포함된다.

3. 위험발생의 방지의무자

(1) 위험발생 방지의무자

형법 제18조는 부진정부작위범의 성립요건에 관하여 두 가지 사항을 규정하고 있다. 하나는 작위의무자에 관한 것이며 다른 하나는 부작위 자체에 관한 것이다. 이 가운데 먼저 작위의무자에 관하여 살펴본다. 작위의무자에 관하여 형법 제18조는 (가) 위험의 발생을 방지할 의무 있는 자와 (나) 자기의 행위로 인하여 위험발생의 원인을 야기한 자라는 두 가지 유형을 규정하고 있다.

전술한 바에 따라서 '위험발생'을 '작위범의 구성요건을 실현시킬 가능성'으로 바꾸어 읽는다면 (가)의 '위험의 발생을 방지할 의무 있는 자'는 '작위범의 구성요건이 실현되지 않도록 방지할 의무 있는 자'라고 새길 수 있다. 작위범의 구성요건이 실현되지 않도록 방지해야 할 의무 있는 자를 가리켜서 보증인이라고 한다. 그리고 보증인으로 등장하게 되는 위치를 가리켜서 보증인적 지위라고 한다.

그런데 형법 제18조는 언제 어떠한 요건하에 보증인적 지위가 발생하는가에 관하여는 아무런 언급을 하고 있지 않다. 보증인적 지위의 발생 여부는 순전히 학설·판례가 검토해야 할 몫으로 남아 있다. 이러한 점에서 형법 제18조는 일반조항으로서의 성질을 가진다.

(2) 선행행위자

형법 제18조가 규정한 작위의무자의 또 다른 유형은 '자기의 행위로 인하여 위험발생의 원인을 야기한 자'이다. '위험발생'을 '작위범의 구성요건을 실현시킬 가능성'으로 바꾸어 읽는다면 이 두 번째의 유형은 '자기의 행위로 인하여 작위범의 구성요건이 실현될 가능성을 야기한 자'이다. 이 경우에는 작위범의 구성요건이 실현되기에 앞서서 일정한 행위가 존재하게 되는데, 이 행위를 가리켜서 선행행위라고 한다. 작위범의 구성요건이 실현되지 않도록 담보해야 할 보증인적 지위는 이 선행행위를 근거로 해서도 발생한다.

선행행위로 인한 보증인적 지위는 형법 제18조 전단에서 규정한 '위험의 발생을 방지할 의무 있는 자'의 경우에 비하여 훨씬 구체적이다. 일반조항에 기초한 보증인적 지위에 비하여 선행행위로 인한 보증인적 지위는 법적 안정성의 측면에서 볼 때 확대적용의 위험이 적다. 그러나 선행행위가 어느 범위에까지 미칠 것인가 하는 문제는 여전히 학설·판례의 과제로 남아 있다.

4. 위험발생을 방지하지 아니한 때

형법 제18조가 부진정부작위범의 성립요건과 관련하여 밝히고 있는 또 하나의 기준은 '그 위험발생을 방지하지 아니한 때'라는 표지이다. 형법 제18조가 사용한 '…… 하지 아니한 때'라는 표현은 바로 부작위를 나타낸 것이다.

주지하는 바와 같이 부작위는 단순한 무위가 아니다. 요구되는 무엇인가를 하지 않는 것이 부작위이다. 형법 제18조는 요구되는 그 무엇을 '위험발생을 방지[하는 것]'이라고 표현하고 있다. 즉 작위범의 구성요건이 실현되지 않도록 방지하는 것이 작위의무의 내용이다. 그러나 형법 제18조는 작위범의 구성요건이 실현되지 않도록 어떻게 방지할 것인가 하는 점에 대해서는 아무런 언급도 하고 있지 않다. 작위의무의 구체적인 내용 또한 학설·판례가 구체화해 나가야 할 대상이다.

제6 부진정부작위범의 성립요건

【사례 30】 삼촌 갑은 10살짜리 조카 A를 물속에 밀어넣어 살해할 생각으로 A를 M 저수지로 데리고 갔다. 갑은 조카 A를 인적이 드물고 경사가 급하여 미끄러지기 쉬운 제방 쪽으로 유인하여 걷고 있었다. 그런데 그만 조카 A가 가파른 물가에서 미끄러져 수심이 약 2미터나 되는 M저수지 물속으로 빠졌다. 갑은 조카 A가 물에 빠져서 허우적대고 있는 것을 보고도 아무런 조치를 취하지 아니하였다. 조카 A는 결국 익사하였다.

법정에서 갑은 "원래 계획에 의하면 조카 A를 물에 밀어넣어 죽일 생각이었는데 그 계획을 실현하기에 앞서서 A가 자기 잘못으로 물에 빠져 죽은 것이므로 살인죄의 예비에 해당할 수는 있어도 살인죄의 부진정부작위범은 성립하지 않는다."고 주장하였다.

이 경우 갑에 대한 살인죄의 성립 여부를 검토하라. (1992. 2. 11. 91도2951, 공 1992, 1077 = 백선 총론 13. 『조카 익사 사건』)

---

1. 성립요건의 검토순서

형법 제18조는 부진정부작위범의 성립요건을 규정하고 있다. 형법 제18조를 분석해 보면 다음의 세 가지 요건이 요구됨을 알 수 있다.

(가) 위험이 발생하였다.

　　(암묵적으로 전제됨)

(나) 보증인적 지위가 인정되어야 한다.

　　('위험을 방지할 의무가 있는 자')

　　(또는 '자기의 행위로 인하여 위험발생의 원인을 야기한 자')

(다) 구성요건적 결과의 발생을 방지하지 아니한 부작위가 있어야 한다.

　　('그 위험발생을 방지하지 아니한 때')

형법 제18조는 위의 세 가지 요건을 역순으로 규정하고 있다. 그러나 부진정부작위범의 사실관계를 분석함에 있어서는 위에서 제시한 순서에 따르는 것이 편리하다. 순서를 변경하는 이유는 입증의 용이성 때문이다.

2. 구성요건적 상황

형법 제18조는 주체로 '위험의 발생을 방지할 의무 있는 자'를 예정하고 있다. 주체를
이렇게 설정한 것은 '위험발생'의 구체적 상황이 대두되었음을 전제로 한다.[1] 원래 '위험발
생'이란 법익침해의 가능성이 생겼음을 말한다. 그렇지만 법익을 보호하기 위하여 설정된
구성요건과 관련하여 보면 '위험발생'은 작위범의 구성요건이 실현될 가능성이 구체적으로
생기게 되었음을 의미한다. 이와 같이 구성요건이 실현될 가능성이 구체적으로 존재하게
된 상황을 가리켜서 구성요건적 상황이라고 한다. 이 경우 구성요건적이라 함은 구성요건에
명시되어 있다는 뜻이 아니라 구성요건이 실현될 가능성이 있다는 의미이다.

진정부작위범의 경우에 구성요건적 상황은 당해 구성요건에 명시되어 있다. 그러나 부
진정부작위범의 경우에는 구성요건적 상황이 명시되어 있지 않다. 예컨대 살인죄는 일반적
으로 작위를 내용으로 하는 범죄이다. 이러한 범죄를 부작위에 의하여 범하는 것이 부진정
부작위범이다. 부진정부작위범의 경우에는 보호법익의 주체가 법익에 대한 침해위협에 대
처할 보호능력이 없는 상태가 구성요건적 상황에 해당한다.[2] 구성요건적 상황의 존재 여부
는 주어진 여러 사정들을 종합하여 합리적으로 판단하여야 한다.[3]

〈사례 해설〉　　〔사례 30〕의 사안을 작위범의 관점에서 분석하면 아직 구성요건적 상황
이 존재하지 않는다고 말할 수 있을지 모른다. 살인죄(법250①)는 "사람을
살해한 자"를 구성요건으로 설정하고 있다. 이 사안에서 삼촌 갑은 범행장소로 조카 A를
데리고 가는 도중이므로 아직 '살해'라는 실행행위에 착수한 것은 아니다. 단지 살인죄의
예비단계에 불과하여 살인예비죄(법255)로 처벌될 뿐이다.

그러나 이와 같이 접근하면 〔사례 30〕 사안의 본질에 접근하지 못한다. 이 사안에서 조
카 A는 물에 빠져 생명을 잃게 되는 구체적인 상황에 처해 있다. 생명을 보호하기 위하여
설정된 형벌법규가 살인죄(법250①)이다. 〔사례 30〕의 사실관계에서 수심 2미터의 깊은 물
이라는 점, 상대방이 10세의 어린아이라는 점, 물에 빠져서 허우적대고 있다는 점 등은 생
명이 위태롭게 된 구체적인 상황을 나타내고 있다. 이것은 바로 살인죄의 보호법익인 생명
이 침해될 위험성이 있는 구체적 상황이다. 즉 살인죄의 구성요건이 곧 실현될 수 있는 구
체적 상황을 가리킨다. 다시 말하자면 살인죄의 '위험발생'이 인정되는 구체적 상황인 것
이다.

---

1) 2021. 5. 27. 2020도15529, 공 2021하, 1265 =『개발계획 변경 직후 사임 사건』.
2) 2015. 11. 12. 2015도6809 전원합의체 판결, 공 2015하, 1915 =『세월호 사건 살인죄 부분』 ☞ 1037면.
3) 부진정 부작위범의 실행의 착수 시점에 관하여는, 후술 576면 참조.

3. 부 작 위

(1) 개별적 행위가능성

부진정부작위범은 부작위로써 작위범의 구성요건을 실현시키는 범죄유형이다. 이 때 부작위는 요구되는 작위행위를 하지 아니하는 것이다. 그런데 '부작위'라는 것을 관념할 수 없어서 부진정부작위범의 성립이 부정되는 경우가 있다. 부작위 자체와 관련되는 성립요건은 진정부작위범의 경우에도 공통되는 사항이다.

(가) 개별적 행위가능성　　부작위범이 성립하려면 우선 작위행위의 수행이 행위자에게 구체적으로 가능한 것이어야 한다. 작위행위가 행위자에게 구체적으로 가능한 것을 가리켜서 개별적 행위가능성이라고 한다. 행위자에게 개별적 행위가능성이 없는 경우에는 부작위가 부정된다. 개별적 행위가능성은 부작위범의 구성요건에 속하는 사항이다.

(나) 일반적 행위가능성과의 구별　　부작위의 구성요소인 개별적 행위가능성은 일반적 행위가능성과 구별된다. 일반적 행위가능성이란 작위행위의 수행이 일반적으로 누구에게나 가능한 것을 말한다. 부작위의 전제가 되는 작위행위는 그 수행이 기대가능한 것이어야 한다. 작위행위의 수행을 일반인들에게 도저히 기대할 수 없다면 처음부터 아예 행위라는 것을 관념할 수 없다. 어느 누구에게도 작위행위의 수행이 불가능하다면 그것은 사회적으로 의미 있는 행태라고 말할 수 없다. 이러한 경우는 행위론 단계에서부터 행위성이 부정된다.

일반적 행위가능성이 없어서 행위를 논할 수 없다면 부작위도 논할 수 없다. 예컨대 홍수피해를 TV로 생중계하는 상황에서 계곡물이 불어나 익사에 직면한 사람이 화면에 나타났다고 하자. 안방에서 TV를 시청하는 시청자는 그 사람을 구해야겠다고 마음을 먹더라도 구출할 수 있는 방법이 없고 그저 바라만 보고 있을 뿐이다. 이러한 상황하에서는 어느 누구도 작위행위를 수행할 수 없다. 이와 같은 경우에는 일반적 행위가능성이 없어서 행위 자체를 논할 수 없으며 부작위범 또한 논의의 대상이 되지 않는다.

(다) 개별적 행위가능성의 판단기준　　개별적 행위가능성이 부작위의 구성요소라고 할 때 개별적 행위가능성의 판단기준이 문제된다. 개별적 행위가능성의 유무는 행위자가 처한 외적 여건과 행위자의 내적 능력에 의하여 판단된다. 작위행위수행의 장소적 근접성, 적절한 실행수단의 확보 등은 외적 여건의 예이다. 이에 대하여 체력이나 지력, 전문적 기량 등은 내적 능력의 예이다.

수행해야 할 작위행위는 행위자의 인식범위에 들어오거나 주의를 기울이면 인식대상에 들어 올 수 있는 것이어야 한다. 작위행위가 행위자의 인식대상에 들어 올 수 없는 것인 때에는 개별적 행위가능성이 부인된다. 작위행위가 행위자의 인식대상에 들어 올 수 있는

가 하는 문제는 객관적 관찰자의 입장에서 부작위의 시점을 기준으로 장래전망적으로 판단
하여야 한다.

(2) 결과발생방지의 가능성

부작위가 성립하려면 두 번째로 결과발생방지의 가능성이 남아 있어야 한다. 결과발생
을 방지할 가능성이 없거나[1] 결과발생을 방지하기 위한 노력이 더 이상 필요하지 않게 된
경우에는 부작위가 부정된다. 예컨대 제3자가 이미 결과발생 방지조치를 효과적으로 취해
놓은 경우 또는 피보증회사가 이미 사실상 도산해 버려서 채권회수를 위한 노력이 아무런
변화를 가져올 수 없는 경우가 여기에 해당한다.[2] 이러한 상황하에서는 결과발생을 방지하
도록 기대하는 것이 무의미하다.

판례는 임금 체불 또는 퇴직금 체불 사안에 대해 모든 성의와 노력을 다했어도 임금이
나 퇴직금의 체불이나 미불을 방지할 수 없었다는 것이 사회통념상 긍정할 정도가 되어 사
용자에게 더 이상의 적법행위를 기대할 수 없거나 불가피한 사정이었음이 인정되는 경우
이러한 사유는 「근로기준법」이나 「근로자퇴직급여 보장법」에서 정하는 임금 및 퇴직금 등
의 기일 내 지급의무 위반죄의 책임조각사유가 된다는 입장을 취하고 있다. 즉 부작위범의
구성요건해당성과 위법성을 인정하되 책임만을 조각한다는 것이다.[3]

일반적으로 볼 때 결과발생방지 가능성은 부작위범의 구성요건요소가 된다. 이 점에서
볼 때 판례의 입장은 이례적이라고 생각된다. 그러나 임금체불 등에 대한 근로자의 정당한
노동쟁의행위가 위법성을 조각시킬 수 있다는 관점에서 보면,[4] 대법원이 사용자의 임금체
불·퇴직금체불행위에 책임만을 조각하는 것은 사용자와 근로자의 특수관계를 염두에 둔
판단으로서 예외적으로 그 타당성을 긍정할 수 있다고 생각된다.

(3) 결과발생 방지행위의 불이행

부작위가 성립하려면 세 번째로 결과발생 방지행위를 수행하지 아니하여야 한다. 일단
결과발생 방지행위를 수행한 경우에는 부작위가 존재하지 않는다.[5] 부작위란 기대되는 작
위행위를 하지 않는 것이다.[6] 일단 작위행위를 하였다면 설사 그 행위가 결과발생 방지의

---

1) 2010. 1. 14. 2009도12109, [공보불게재] = 분석 총론 『모텔 방 화재 사건』 ☞ 1041면.
2) 1983. 3. 8. 82도2873, 공 1983, 680 = 백선 총론 12. 『은행장 배임 사건』.
3) 2015. 2. 12. 2014도12753, 공 2015상, 510 = 『임금체불 책임조각 사건』 ☞ 1121면.
4) 후술 375면 참조.
5) 1993. 7. 13. 92도2089, 공 1993, 2328 = 백선 총론 11-1. 『퇴직금 체불 사건』.
6) 부진정부작위범에서 실행의 착수시점에 대해서는, 후술 590면 참조.

효과를 거두지 못하였다고 할지라도 부작위는 성립하지 않는다.

4. 부작위의 동가치성

(1) 동가치성의 의미

부진정부작위범에서 문제되는 부작위는 작위범의 구성요건이 규정하고 있는 작위의 실행행위와 동일한 것이라고 평가될 수 있는 것이어야 한다.[1] 부진정부작위범에 있어서 부작위가 작위범 구성요건의 작위와 동일한 정도로 평가되는 것을 가리켜서 부작위의 동가치성이라고 한다. 문제되는 부작위가 작위범의 구성요건에 규정된 실행행위(작위)와 사회적으로 동일한 의미내용을 가지고 있을 때 부작위의 동가치성은 인정된다.

(2) 동가치성 요건의 법적 근거

부진정부작위범을 규정한 독일 형법 제13조 제1항은 부작위의 동가치성 요건을 명시하고 있다. 이에 반하여 우리 형법 제18조는 이 문제에 관하여 아무런 언급을 하고 있지 않다. 그렇지만 우리 학계의 통설은 부작위의 동가치성을 부진정부작위범의 필수적 요건이라고 해석하고 있다. 우리 판례도 부작위의 동가치성 요건을 요구하고 있다.[2]

명문의 규정이 없다고 하더라도 동가치성의 요건은 부진정부작위범의 필수적 요건이다. 만일 동가치성의 요건을 부과하지 않는다면 부진정부작위범의 행위정형은 포착할 수 없게 된다. 부진정부작위범이라는 법형상은 부작위의 무정형성 때문에 죄형법정주의와 상충되는 것이 아닌가 하는 의문을 야기한다. 부작위의 동가치성 요건은 이와 같은 헌법상의 의문을 제거하는 필수적 장치이다.

부작위의 동가치성은 추상적인 요건이다. 동가치성이라는 추상적 요건에 구체적인 의미내용을 불어넣는 작업은 매우 어려운 일이다. 형법학에서 부진정부작위범이 난제의 하나로 등장하는 것은 바로 이 때문이다. 현재까지 부작위의 동가치성을 부여하는 주된 근거로 학계에서 제시된 것이 보증인적 지위이다. 보증인적 지위에 있는 자의 부작위는 작위범의 작위와 동가치의 것으로 평가된다. 보증인적 지위에 대해서는 항을 바꾸어 후술한다.

(3) 동가치성 요건에 대한 판례의 기준

대법원은 소위 『세월호 사건』을 계기로 동가치성 요건에 대해 다음과 같은 판단기준을 제시하였다.

---

1) 2017. 12. 22. 2017도13211, 공 2018상, 402 = 『형틀 방치 업무방해 사건』 ☞ 1042면.
2) 1992. 2. 11. 91도2951, 공 1992, 1077 = 백선 총론 13. 『조카 익사 사건』.

「살인죄와 같이 일반적으로 작위를 내용으로 하는 범죄를 부작위에 의하여 범하는 이른바 부진정 부작위범의 경우에는 보호법익의 주체가 그 법익에 대한 침해위협에 대처할 보호능력이 없고, 부작위행위자에게 그 침해위협으로부터 법익을 보호해 주어야 할 법적 작위의무가 있을 뿐 아니라, 부작위행위자가 그러한 보호적 지위에서 법익침해를 일으키는 사태를 지배하고 있어 그 작위의무의 이행으로 결과발생을 쉽게 방지할 수 있어야 그 부작위로 인한 법익침해가 작위에 의한 법익침해와 동등한 형법적 가치가 있는 것으로서 범죄의 실행행위로 평가될 수 있다.」[1]

대법원 판시내용에 따르면, 부진정부작위범의 동가치성 요건은 (가) 보호법익의 주체가 그 법익에 대한 침해위협에 대처할 보호능력이 없고(구성요건적 상황), (나) 부작위행위자에게 그 침해위협으로부터 법익을 보호해 주어야 할 법적 작위의무가 있을 뿐 아니라(작위의무), (다) 부작위행위자가 그러한 보호적 지위에서 법익침해를 일으키는 사태를 지배하고 있어 그 작위의무의 이행으로 결과발생을 쉽게 방지할 수 있어야 한다(사태지배)라는 세 가지 세부요건으로 구성된다. 이 가운데 (나)의 작위의무는 법령, 법률행위, 선행행위로 인한 경우는 물론이고, 신의성실의 원칙이나 사회상규 혹은 조리상 작위의무가 기대되는 경우에도 인정된다.[2]

위의 대법원 판시내용 가운데 "부작위행위자가 [작위의무자]의 지위에서 법익침해를 일으키는 사태를 지배하고 있어[야]" 부작위의 동가치성이 인정된다고 판시한 부분은 부진정부작위범의 지나친 확대적용을 억제하는 장치로 특별히 중요한 의미를 가진다.[3]

동가치성의 판단기준 가운데 하나인 '사태의 지배가능성'은 법익침해의 결과나 그에 이르는 사태의 핵심적 경과를 계획적으로 조종하거나 저지·촉진하는 등 사태를 지배할 수 있음을 의미한다. 이 점과 관련하여 주목되는 판례의 사안으로 퇴선조치 불이행이 있다. 퇴선조치란 승선자로 하여금 사고 선박에 계속 머물게 하는 것보다 퇴선하게 하는 것이 오히려 안전하다고 판단되는 최악의 비상상황에서 선박공동체의 안전을 위하여 부득이하게 행하여지는 극단의 조치이다.[4] 퇴선조치를 취하지 아니한 부작위로 사망의 결과가 발생한 경우에 부작위에 의한 살인죄의 성립이 문제된다. 이에 대해 대법원은 다음 요지의 판단기준을 제시하였다.

「퇴선조치의 필요성이나 시기·방법 등은 선박공동체의 총책임자인 선장의 전문적인 판단과 지휘에 따라야 하고, 다른 선원들이 함부로 이를 방해하거나 간섭하여서는 안 된다.

---

1) 2015. 11. 12. 2015도6809 전원합의체 판결, 공 2015하, 1915 =『세월호 사건 살인죄 부분』☞ 1037면.
2) 2015. 11. 12. 2015도6809 전원합의체 판결, 공 2015하, 1915 =『세월호 사건 살인죄 부분』.
3) 2015. 11. 12. 2015도6809 전원합의체 판결, 공 2015하, 1915 =『세월호 사건 살인죄 부분』.
4) 2015. 11. 12. 2015도6809 전원합의체 판결, 공 2015하, 1915 =『세월호 사건 살인죄 부분』.

이에 반해 1등 항해사 등 간부 선박직원은 선장과 함께 조타실에 있었다는 등의 사정만 가지고 선장과 마찬가지로 선내 대기 중인 승객 등의 사망 결과나 그에 이르는 사태의 핵심적 경과를 계획적으로 조종하거나 저지·촉진하는 등 사태를 지배하는 지위에 있었다고 보기 어렵다」.[1]

5. 보증인적 지위의 의의

(1) 보증인적 지위의 의미

부진정부작위범은 결과발생을 방지할 법적 의무 있는 자에 대해서만 성립한다. 결과발생이란 작위범의 구성요건을 실현시킨다는 뜻이다. 작위범의 구성요건이 실현되지 않도록 방지할 법적 의무 있는 자를 가리켜서 보증인이라고 한다. 형법 제18조는 보증인을 가리켜서 '위험의 발생을 방지할 의무가 있는 자'라고 표현하고 있다.

작위범의 구성요건이 실현되지 않도록 방지해야 할 법적 의무 있는 자를 보증인이라고 한다면 보증인으로 등장하게 되는 위치를 가리켜서 보증인적 지위라고 한다. 부진정부작위범의 주체는 보증인적 지위에 있는 자로 한정된다.

(2) 보증인적 지위의 분석방법

보증인적 지위가 어떠한 경우에 발생하는가 하는 문제가 있다. 이 문제에 대하여 형법 제18조는 선행행위로 인한 보증인적 지위에 대해서만 구체적으로 규정하고 있을 뿐 나머지에 대해서는 침묵하고 있다. 보증인적 지위의 발생근거는 해석을 통하여 보충하여야 한다.

보증인적 지위의 발생 여부를 확인하는 방법으로 형식적 분석방법과 실질적 분석방법이 있다.

(가) 형식적 분석방법　　외형적 특성을 중심으로 보증인적 지위의 발생근거를 검토하는 기법이다.[2] 형식적 분석방법에 의할 때 보증인적 지위의 발생근거는 법령, 계약, 관습, 조리 등으로 분류된다.

(나) 실질적 분석방법　　보증인이 보호법익에 대하여 어떠한 관계에 있는가를 중심으

---

1) 2015. 11. 12. 2015도6809 전원합의체 판결, 공 2015하, 1915 =『세월호 사건 살인죄 부분』:
　퇴선조치를 취하지 아니한 선장의 부작위에 대해 살인의 동가치성을 인정하는 점에는 대법관들의 견해가 일치하였다. 그러나 퇴선조치를 취하지 아니한 1등 항해사 등 간부 선박직원들의 부작위에 대해 살인의 동가치성을 인정할 것인가에 대해서는 10 대 3으로 대법관들의 의견이 나뉘었다. 대법원은 다수의견에 따라 간부 선박직원들에 대한 살인죄의 성립을 부정하였다. 이에 대해 소수의견은 사실관계의 특성을 분석하면서 간부 선박직원들의 '사태 지배가능성'을 긍정하였다.
2) 배종대, 525면; 이용식, 71면; 정영일, 117면.

로 보증인적 지위의 발생근거를 분석하는 방법이다.[1] 실질적 분석방법을 기능설이라고 부르기도 한다.

실질적 분석방법에 의할 때 작위의무는 크게 보아 위험발생 방지의무와 위험원(危險源) 감시의무로 나누어진다. 위험발생 방지의무란 법익주체에게 위험이 발생하지 않도록 방지하는 의무이다. 이에 대하여 위험원 감시의무는 법익침해의 위험원 자체를 감시·감독하여 위험발생을 방지하는 의무이다.

위의 두 가지 분석방법 가운데 형식적 분석방법으로는 보증인적 지위의 발생근거를 충분히 포착할 수 없다. 형식적 분석방법은 일단 보증인적 지위의 발생을 확인한 후 그 체계상의 위치를 부여하는 방법이라고 말할 수 있기 때문이다. 이러한 논리적 난점을 피하기 위하여 제시된 분석방법이 실질적 분석방법이다.

실질적 분석방법을 취하는 입장에서는 어떠한 경우에 결과발생의 위험을 방지할 의무가 요구되는가 하는 점에 주목한다. 그런데 현실세계에서 일어나는 결과발생의 위험은 실로 다종다양하다. 이 때문에 실질적 분석방법은 매우 다양한 기준을 제시하게 되며 그 결과 통일성을 갖춘 기준을 마련하지 못하고 있다. 나아가 실질적 분석방법에 의하면 보증인적 지위의 발생근거가 지나치게 확장될 위험도 있다.

(다) 종합적 분석방법　　형식적 분석방법과 실질적 분석방법의 문제점을 상호 보완하기 위하여 두 분석방법을 결합시켜 사용하는 방법이다.[2] 종합적 분석방법은 근래에 들어 각광을 받고 있다. 아래에서는 종합적 분석방법에 입각하여 보증인적 지위의 발생근거를 검토해 보기로 한다.

6. 보증인적 지위의 발생근거

(1) 법령에 의한 보증인적 지위

법령에 의하여 보증인적 지위가 발생하는 경우가 있다. 보증인적 지위를 발생시키는 법규범은 법체계 전반에 걸쳐서 존재한다. 따라서 모든 법원(法源)이 보증인적 지위의 발생근거가 될 수 있다. 법령은 공법, 사법을 가리지 않으며, 성문의 법률규정뿐만 아니라 명령, 규칙을 모두 포함한다.

법령에 의한 위험발생 방지의무의 예로 부부간의 보호의무(민법826① 참조), 부모의 자녀 보호의무(민법913 참조) 등을 들 수 있다. 법령에 의한 위험원 감시의무의 예로는 자녀에 대

---

1) 성낙현, 465면; 이정원, 448면.
2) 권오걸, 425면; 김성돈, 540면; 김성천·김형준, 163면; 김일수·서보학, 361면; 김혜정 외 4인, 79면; 손동권·김재윤, 401면; 오영근, 167면; 이재상·장영민·강동범, 132면; 정성근·정준섭, 373면.

한 부모의 감독의무(민법913 참조), 고용운전사에 대한 차주의 감독의무(도로교통법56 참조), 동물에 대한 점유자의 감시의무(민법759 참조), 공작물에 대한 점유자·소유자의 감시의무(민법758 참조) 등을 들 수 있다.

(2) 계약에 의한 보증인적 지위

【사례 31】 P술집의 주인 갑은 단골손님 A에게 연말에 술을 마시러 오도록 권하였다. A는 12. 31. 22 : 50경부터 1. 3. 오전까지 계속하여 양주 5병, 소주 8병 및 맥주 30여 병을 마셨다. 1. 3. 19 : 00경 가족들의 실종선고를 받은 경찰관들은 추운 날씨에 난방이 제대로 되지 아니한 주점 내 소파에서 잠을 자면서 정신을 잃은 상태의 A를 발견하였다. A는 병원으로 옮겨졌으나 1. 4. 23 : 40경 저체온증 및 대사산증으로 사망하였다.

갑에 대해 형법 제275조 제1항의 유기치사죄 성립이 문제되고 있다. A의 사망에는 의문이 없으므로 갑에 대한 유기죄의 성립이 관건이 된다. 갑에 대하여 형법 제268조, 제18조의 적용가능성을 검토해 보라. (2011. 11. 24. 2011도12302, 공 2012상, 103 = 분석 각론『만취 손님 방치 사건』)

(가) 계약의 의미　　　보증인적 지위는 계약에 의하여도 발생한다. 이 경우 계약이란 타인의 법익에 대한 보호책임을 인수한다는 의사표시이다. 보호책임의 인수는 의사표시의 합치(즉 계약)에 의하여 발생하는 것이 보통이지만 사법상의 계약형태가 아닌 의사표시로도 가능하다.

보증인적 지위를 발생시키는 계약은 반드시 유상일 필요가 없다. 때로는 단순한 호의적 행동도 보증인적 지위를 발생시킬 수 있다. 예컨대 부모가 외출하면서 어린아이를 보아달라고 이웃집에 부탁했을 때 그 이웃사람이 "염려 말라."고 답하는 것 자체가 보증인적 지위의 발생근거가 될 수 있다.

보증인적 지위를 발생시키는 계약은 반드시 명시적인 계약이나 주된 계약에 한정되지 않는다. 계약의 해석상 계약관계의 목적이 달성될 수 있도록 상대방의 생명 또는 신체에 대하여 주의와 배려를 한다는 부수적 의무의 형태로도 계약은 인정될 수 있다. 다만 이 경우 계약은 형사책임 여부를 결정하는 것이므로 부수적 의무를 인정하는 데에는 신중을 기하여야 한다.[1]

(나) 보호책임의 인수　　　계약에 의한 보증인적 지위의 발생은 보호책임의 인수라는 사고에 기초하고 있다. 보호책임의 인수란 법익보호의 책임을 원래의 의무자로부터 이어받

---

1) 2011. 11. 24. 2011도12302, 공 2012상, 103 = 분석 각론『만취 손님 방치 사건』.

는 것을 말한다. 의사표시를 통하여 법익보호의 책임을 인수하게 되면 다른 사람들은 보호책임 인수자가 법익보호의 의무를 잘 수행할 것이라고 믿어 더 이상 보호조치를 강구할 필요가 없다고 생각하게 된다. 이와 같은 타인의 신뢰를 근거로 하여 계약상의 보호책임 인수자는 보증인적 지위에 서게 된다.

(다) 보호책임의 발생시점　　계약에 의한 보증인적 지위는 의사표시의 시점이 아니라 현실적으로 보호의무가 인수될 때 발생한다. 역으로 사법상 계약이 무효가 되더라도 보증인적 지위가 발생할 수 있다. 계약이 무효로 되더라도 보호책임 인수자는 상대방 계약자가 적절한 조치를 취하도록 배려할 의무가 있기 때문이다. 그러나 보호책임 인수자에게 이 배려의무가 면제된 경우에는 보증인적 지위가 발생하지 않는다.

(라) 보호책임의 이전　　보호책임을 인수한 사람은 다시 다른 사람에게 보호책임을 이전할 수 있다. 이 경우 원래의 보증인은 새로운 보호책임을 인수한 사람이 보호책임을 적절히 이행하도록 감독할 의무를 진다.[1] 원래의 보증인이 새로운 보호책임 인수자의 불성실한 의무이행 사실이나 이행불능의 사실을 알게 되었다면 이 때에는 새로운 위험원이 발생한 것으로 보아야 한다. 따라서 보호책임을 다른 사람에게 이전하였던 원래의 의무자는 보증인으로서 다시금 발생된 결과에 대하여 부작위범의 죄책을 부담하게 된다.

〈사례 해설〉　앞의 〔사례 31〕『만취 손님 방치 사건』에서 대법원은 술집 주인 갑에 대해 유기죄를 인정할 수 있을 것인지 검토하였다. 대법원은 이와 관련하여 먼저 계약상 부조의무의 범위와 관련하여 다음과 같이 판단하였다.

「유기죄에 관한 형법 제271조 제1항은 그 행위의 주체를 "노유, 질병 기타 사정으로 부조를 요하는 자를 보호할 법률상 또는 계약상 의무 있는 자"라고 정하고 있다. 여기서의 '계약상 의무'는 간호사나 보모와 같이 계약에 기한 주된 급부의무가 부조를 제공하는 것인 경우에 반드시 한정되지 아니하며, 계약의 해석상 계약관계의 목적이 달성될 수 있도록 상대방의 신체 또는 생명에 대하여 주의와 배려를 한다는 부수적 의무의 한 내용으로 상대방을 부조하여야 하는 경우를 배제하는 것은 아니라고 할 것이다.」

대법원은 이어서 부수적 계약에 의한 의무의 인정에 신중을 기해야 한다는 점을 다음과 같이 강조하였다.

「그러나 그 의무 위반의 효과로서 주로 손해배상책임이 문제되는 민사영역에서와는 달리 유기죄의 경우에는 당사자의 인적 책임에 대한 형사적 제재가 문제된다는 점 등을 고려하여 보면, 단지 위와 같은 부수의무로서의 민사적 부조의무 또는 보호의무가 인정된다고 해서 위 형법 제271조 소정의 '계약상 의무'가 당연히 긍정된다고는 말할 수 없고, 당

---

1) 2004. 6. 24. 2002도995, 공 2004, 1255 = 백선 총론 11. 『보라매 병원 사건 1』 판례평석 참조.

해 계약관계의 성질과 내용, 계약당사자 기타 관련자들 사이의 관계 및 그 전개양상, 그들의 경제적·사회적 지위, 부조가 필요하기에 이른 전후의 경위, 필요로 하는 부조의 대체가능성을 포함하여 그 부조의 종류와 내용, 달리 부조를 제공할 사람 또는 설비가 있는지여부 기타 제반 사정을 고려하여 위 '계약상의 부조의무'의 유무를 신중하게 판단하여야한다.」

대법원은 이상의 기준을 근거로 다음과 같이 판단하여 갑에 대한 유기죄의 성립을 인정하였다.

「피고인이 운영하는 주점의 손님인 피해자가 피고인의 지배 아래 있는 위 주점에서 3일 동안에 걸쳐 과도하게 술을 마셔 추운 날씨에 난방이 제대로 되지 아니한 주점 내 소파에서 잠을 자면서 정신을 잃은 상태에 있었다면 피고인으로서는 위 주점의 운영자로서 피해자에게 생명 또는 신체에 대한 위해가 발생하지 아니하도록 피해자를 위 주점 내실로 옮기거나 인근에 있는 여관에 데려다 주어 쉬게 하거나 피해자의 지인 또는 경찰에 연락하는 등의 필요한 조치를 강구하여야 할 계약상의 부조의무를 부담한다.」

(3) 사회상규에 의한 보증인적 지위

【사례 32】 주정뱅이이고 폭군인 가장 A가 있다. A의 부인 갑녀와 장남 을은 더 이상 A의 횡포를 참을 수 없다고 하여 마침내 A를 독살하기로 하였다. 막내아들 병은 이 일에 아무런 적극적 기여도 하지 않았다. 다만 병은 갑녀와 을의 독살계획을 알면서도 사태진행을 그대로 내버려 두었다.
이 경우 병을 부작위에 의한 존속살해죄(법250②, 18)로 처벌할 수 있을 것인가?

보증인적 지위는 사회상규 내지 조리에 기하여도 발생할 수 있다. 사회상규란 사회의 일반인들이 언제나 지켜야 할 것으로 인정되는 행동준칙을 말한다. 사회상규를 조리라고도 한다. 사회상규는 법적 의무를 발생시킨다는 점에서 단순한 도덕률과 구별된다. 단순히 도덕적 의무만을 발생시키는 규범은 보증인적 지위의 발생근거가 될 수 없다.

사회상규는 보증인적 지위를 발생시키는 일반적 근거로서 주목된다. 다양한 생활관계에 적절히 대처할 수 있는 가능성을 사회상규는 제공하고 있기 때문이다. 그러나 사회상규는 추상적이고 불특정한 개념이기 때문에 이를 근거로 할 경우 보증인적 지위의 인정범위가 지나치게 확대될 우려가 있다. 이러한 폐단을 방지하려면 사회상규의 구체적인 유형을 정립해 나가는 작업이 필요하다.

사회상규와 관련된 보증인적 지위의 발생근거로 긴밀한 생활관계가 논의되고 있다. 긴밀한 생활관계란 가족공동체나 사실혼의 동거관계 등과 같이 생활을 함께 하는 사람들 사이의 공동체적 관계를 말한다.

긴밀한 생활관계에 해당하는 그 밖의 예로서 위험한 일을 하기 위하여 함께 모인 사람들(탐험대, 등반대) 등이 거론되고 있다. 그러나 우연히 공동으로 위험상황에 직면하게 된 사람들 사이에는 보증인적 지위가 인정되지 않는다. 그러므로 사막에 불시착한 비행기의 생존자들, 같은 사업장의 동료들, 또는 단순히 술자리에 함께 어울리게 된 사람들 사이에는 보증인적 지위가 인정되지 않는다.

〈사례 해설〉 〔사례 32〕의 사안에서 막내아들 병의 보증인적 지위를 법령에 근거하여 도출하는 것은 불가능하다. 민법 제913조의 친권규정은 부모의 자녀에 대한 보호의무만을 발생시킬 뿐 자식의 부모에 대한 보호의무는 성립시키지 않는다. 직계혈족 간의 부양의무를 규정한 민법 제974조를 근거로 하는 보증인적 지위의 도출도 불가능하다. 민법 제974조는 자기의 자력(資力) 또는 근로에 의하여 생활을 유지할 수 없는 경우에 한하여 부과되는 부양의무를 규정한 조문이기 때문이다(민법975 참조).

〔사례 32〕의 사안에서는 계약에 의한 보호책임의 인수도 인정되지 않는다. 나아가 선행행위에 기한 보증인적 지위의 발생가능성도 엿보이지 않는다. 〔사례 32〕의 기초가 된 사례에서 독일 연방대법원은 부자가 가족으로서 함께 살고 있다는 공동의 생활관계에 착안하여 보증인적 지위를 도출한 바 있다.[1]

(4) 사회상규와 유기죄와의 관계

> **【사례 33】** 갑은 1. 26. 16 : 00경 A(41세)와 함께 '마차4리'를 향하여 가던 중 술에 취하였던 탓으로 실족하여 A와 함께 2미터 아래의 개천으로 미끄러 떨어져 잠이 들었다.
> 5시간 가량 잠을 자다가 술과 잠에서 깨어난 갑과 A는 각자 도로 위로 올라가려고 하였다. 그러나 야간이었으므로 도로 위로 올라가는 길을 발견하지 못한 채 개천을 아래위로 헤매던 중 A는 후두부 타박상을 입어서 정상적으로 움직일 수 없게 되었다.
> 한편 갑은 도로로 나오는 길을 발견하고 혼자 도로 위로 올라왔다. 당시는 영하 15도의 추운 날씨였고 40미터 가량 떨어진 곳에는 민가가 있었다. A는 갑이 혼자 떠난 후 약 4시간 후에 심장마비로 사망하였다.
> 이 경우 갑의 죄책은? (1977. 1. 11. 76도3419, 공 1977, 9876 = 백선 총론 14. 참고판례 1. 『마차4리 사건』)

---

1) BGH 19, 167.

앞에서도 말한 바와 같이 사회상규는 보증인적 지위를 발생시키는 일반적 근거로서 주목된다. 사회상규는 다양한 생활관계에 적절히 대처할 수 있는 가능성을 제공하고 있기 때문이다. 그런데 사회상규에 기한 보증인적 지위의 발생을 입법자가 성문법률에 의하여 제한하는 경우가 있다. 그 대표적인 예가 형법 제271조의 유기죄이다.

1953년 우리 형법이 제정·시행되기 전에 사용되었던 의용형법(依用刑法)은 유기죄의 주체에 아무런 제한을 가하지 아니하였다. 명문의 제한이 없다면 유기죄의 작위범 구성요건이 실현되지 않도록 담보할 보증인적 지위는 법령, 계약뿐만 아니라 사회상규에 기하여도 발생할 것이다. 그런데 우리 입법자는 유기죄에 있어서 보증인적 지위의 발생근거를 법률과 계약으로 한정하였다. 이러한 입법적 결단은 형법 제정 당시 사람들이 직면하였던 전시상황하의 열악한 사회실정을 반영한 것으로서, 유기죄의 경우에 사회상규에 기한 구조의무를 법적 의무로 파악하지 않겠다는 뜻이 담겨 있다.[1]

위험에 처한 사람을 구조해 주는 것은 사회공동체가 널리 인정하는 도덕적 의무이다. 이러한 구조의무를 법적 의무로 파악하여 법적인 강제력을 부여하는 규범체계를 가리켜서 선한 사마리아인의 법이라고 한다(독일형법323의c 참조). 현재 우리 형법은 선한 사마리아인의 법리를 채택하고 있지 않다. 다만 판례가 부수적 계약관계에 기초한 부조의무를 인정하기 시작하였다는 점은 중요한 변화라고 생각된다.[2]

〈사례 해설〉 〔사례 33〕에서 갑은 A와 함께 동행하여 가고 있다가 동행자 A가 부상당하는 상황을 만나고 있다. 중상을 입은 A는 자력(自力)으로는 생명의 위험으로부터 벗어날 수 없다. 이러한 경우에는 누군가가 도와주어야 한다.

생명이나 신체의 안전이 위협을 받지 않도록 하기 위하여 마련된 구성요건이 형법 제271조 이하에 규정된 유기죄이다. 형법 제271조 제1항은 구성요건을 규정하면서 그 실행행위를 '유기한 때'라고 표현하고 있다. '유기(遺棄)하다' 함은 생명이나 신체의 안전이 위태롭게 되는 장소로 요부조자를 함부로 옮기는 행위를 말한다. 유기는 장소이동을 가져오는 신체동작을 가리키므로 작위이다. 따라서 유기죄 구성요건은 전형적인 작위범이다.

그런데 이 작위범의 구성요건은 부작위로도 실현시킬 수 있다. 보증인적 지위에 있는 자가 요부조자를 구조하는 작위행위를 하지 않는 경우에는 부작위의 형태로도 유기죄가 성립한다. 〔사례 33〕에서 갑은 구조를 요하는 A를 보고서도 아무런 조치를 취하지 아니한 채 현장을 떠나버렸다. 이러한 갑의 행위는 부작위에 해당한다. 문제는 이 경우 갑의 부작위가 유기죄의 구성요건이 실현되지 않도록 할 '법적 의무'를 이행하지 아니한 것인가 하

---

1) 신동운 편저, 형법 제·개정 자료집, 한국형사정책연구원, (2009), 318면 이하 참조.
2) 2011. 11. 24. 2011도12302, 공 2012상, 103 = 분석 각론 『만취 손님 방치 사건』.

는 점이다.

보증인적 지위는 사회상규에 기하여도 발생한다. 법공동체 구성원들의 일반적 인식에 의
하면 생명이나 신체의 안전이 위협받는 사람이 있으면 그 사람을 구조해 주어야 한다. 공동
체 구성원들이 부담하는 이와 같은 도리는 일단 도덕적 의무라고 할 수 있다. 〔사례 33〕에
서 사람들은 갑에게 이러한 도덕적 의무를 요구할 수 있다. 그런데 문제는 이러한 의무가
법적인 것인가 하는 점이다.

〔사례 33〕의 근거가 된 판례에서 대법원은 갑이 동행자 A를 구조해야 할 의무는 법적인
의무가 아니라고 판시하였다. 대법원은 그 근거로 우리 형법 제271조가 '법률상 또는 계약
상 의무 있는 자'만을 유기죄의 주체로 규정하고 있다는 점을 들었다. 대법원의 입장은 유기
죄의 경우에 사회상규에 기한 보호책임을 인정할 수 없다는 것이다.

(5) 선행행위에 기한 보증인적 지위

【사례 34】 기술자 갑은 직장동료 A와 함께 술을 마셨다. 귀가 길에 A는 이유 없이
갑자기 갑에게 덤벼들었다. 갑은 자기보다 덩치가 크고 힘이 센 A에게 대항하기 위
하여 가슴에 품고 다니던 칼을 꺼내어 A를 찔렀다. 갑은 의식을 잃고 쓰러진 A가 죽
을지도 모른다고 생각하면서도 A를 그대로 방치하였다.
　이 경우 갑의 죄책은? — 이 때 갑이 칼로 을을 찌른 행위는 정당방위(법21)에 해당
하여 위법성이 조각된다고 하자.

(가) 선행행위의 의미　　보증인적 지위가 발생하는 근거로 선행행위가 있다. 선행행위
(先行行爲)란 작위범의 구성요건이 실현될 위험에 앞서서 먼저 이루어진 행위를 말한다. 형
법 제18조는 보증인적 지위가 발생하는 사람의 하나로 '자기의 행위로 인하여 위험발생의
원인을 야기한 자'를 규정하고 있다. 이 표현에 의하면 선행행위는 위험발생의 원인이 된 행
위이다. 형법 제18조에 의할 때 선행행위를 한 자는 보증인적 지위에 서게 된다.

작위범의 구성요건실현에 앞서서 일어난 행위는 무수히 많다. 따라서 보증인적 지위를
발생시키는 선행행위를 일정한 범위 내로 제한할 필요가 있다. 선행행위의 범위를 제한하
는 척도는 일반인의 생활경험이다. 선행행위는 일반인의 생활경험에 비추어 볼 때 법익침
해에 대하여 직접적이고 상당한 위험을 야기할 수 있는 범위 내에 속하여야 한다. 이 범위
를 벗어나는 선행행위는 보증인적 지위를 발생시키는 선행행위라고 할 수 없다.

(나) 선행행위의 범위　　선행행위는 반드시 형법상의 구성요건에 해당하는 행위일
필요는 없다. 형벌법규에 의하여 포착되지 아니하는 행위들도 보증인적 지위를 발생시키는

선행행위가 될 수 있다. 선행행위는 위법한 행위이어야 한다. 이 경우 위법은 구성요건에 해당하는 행위에 대하여 가해지는 위법성 판단과는 구별된다. 위법한 선행행위라고 할 때 위법은 법질서 전체의 관점에서 볼 때 용납되지 아니함을 말한다. 이를 가리켜서 객관적 위법이라고 한다.

위법하지 아니한 선행행위도 보증인적 지위를 발생시킬 수 있는지 문제된다. 이에 대하여 보증인적 지위의 발생을 긍정하는 견해도 생각할 수 있다. 이 입장에서는 자신의 행위에 의하여 위험상황을 야기한 자는 그 자체로 보증인적 지위에 들어서게 된다고 주장하게 될 것이다. 그러나 이러한 견해에 따를 경우 선행행위가 무한정으로 소급할 위험이 있다.

선행행위는 객관적으로 위법한 행위이면 족하다. 반드시 책임까지 인정될 필요는 없다. 따라서 구체적인 선행행위자에게 그를 비난할 만한 사정이 갖추어지지 않더라도 선행행위가 위법하기만 하면 그 선행행위는 보증인적 지위를 발생시킨다.

〈사례 해설〉 선행행위는 법질서가 용납하지 아니하는 행위로 한정되지 않으면 안 된다. 따라서 〔사례 34〕에서 정당방위로서 위법성이 조각되는 갑의 행위는 보증인적 지위를 발생시키지 않는다. 갑은 칼로 찌르는 선행행위를 하였으나 그의 행위는 객관적으로 위법한 행위가 아니어서 갑은 A의 생명이 파괴되지 않도록 할 보증인적 지위에 들어서지 않는다.

7. 제2의 동가치성 요건

작위범의 구성요건은 언제나 작위형태의 실행행위를 규정해 놓고 있다. 작위의 실행행위는 대부분 객관적인 행위유형을 그대로 나타내는 표지들로 그 외관이 표현되고 있다. '살해'나 '절취' 등과 같은 표지가 그 예이다. 그런데 실행행위에 따라서는 단순한 행위유형의 기술(記述)을 넘어서서 실행행위에 특별한 의미부여가 필요한 경우가 있다.

여기에 해당하는 예로 사기죄에 있어서 '기망'을 들 수 있다. 일반적으로 기망은 사람을 착오에 빠지게 하는 작위행위를 가리킨다. 그러나 사기죄에 있어서의 기망은 단순히 착오를 불러일으킨다는 것을 넘어서서 그 행위가 거래사회에 있어서 신의칙에 반하는 것이라고 평가될 수 있어야 한다.

사기죄의 구성요건은 작위범의 형태를 취하고 있다. 그런데 사기죄가 부작위의 형태로 행해지는 경우가 있다. 소위 고지의무불이행에 의한 사기죄가 여기에 해당한다. 그렇지만 단순한 고지의무의 불이행이 곧바로 기망이 되는 것은 아니다. 고지의무불이행이 사기죄의 실행행위로서 '기망'이 되려면 그 불고지가 거래사회에서 신의칙에 위반하는 것이라고 평가

될 수 있는 정도에 이르러야 한다.[1]

이와 같이 작위범의 개별구성요건이 실행행위의 특징으로 요구한 성질은 부진정부작위범의 경우에도 그대로 구비되어야 한다(독일형법13① 후단 참조). 부작위에 동가치성 요건이 인정되려면 이러한 특수성질까지도 함께 갖추어야 한다. 보증인적 지위에서 유래하는 통상적인 동가치성 이외에 개별구성요건이 규정한 실행행위의 특수성질에 대해서도 부작위의 동가치성이 인정되어야 한다는 것을 가리켜서 제2의 동가치성 요건이라고 한다.

제 7 부작위범의 법적 효과

1. 처벌의 정도에 관한 입법례

부작위범의 법적 효과는 진정부작위범과 부진정부작위범 사이에 차이가 있다. 진정부작위범의 경우에는 당해 부작위범의 형벌법규에 법정형이 규정되어 있다. 이에 대하여 부진정부작위범의 경우에는 그 법정형이 동가치성이 인정되는 작위범 구성요건에 명시되어 있다. 이러한 사정을 가리켜서 우리 형법 제18조는 "발생된 결과에 의하여 처벌한다."라고 표현하고 있다.

비교법적으로 볼 때 독일 형법은 부진정부작위범의 형을 임의적으로 감경할 수 있도록 규정하고 있다(독일형법13②). 독일 형법학계에서는 이와 같은 형의 임의적 감경조치에 대하여 논란이 제기되고 있다. 독일 학자들 가운데에는 입법자가 부작위범의 구성요건을 헌법원칙이 명하는 바에 따라서 명확하게 규정하지 못하였음을 솔직하게 시인하고 이로 인한 양심상의 갈등을 덜기 위하여 입법자가 형의 임의적 감경규정을 마련하였다고 설명하는 사람들도 있다.

이에 대하여 독일 형법 제13조의 임의적 감경가능성을 비판하는 사람들이 있다. 이들은 동가치성의 요건을 엄밀하게 적용하게 되면 작위와 부작위는 법적 효과의 측면에서도 동일하게 취급되어야 한다고 주장한다. 동가치성요건의 관점에서 보면 비판론자의 관점이 논리적으로 더 타당하다고 생각된다. 한국 형법의 경우를 보면 우리 입법자는 부진정부작위범의 처벌에 관하여 형의 감경가능성을 전혀 인정하고 있지 않다. 동가치성의 요건을 중시하는 입법태도라고 할 수 있다.

---

1) 2017. 4. 26. 2017도1405, 공 2017상, 1222 = 『교통사고 후 보험가입 사건』 ☞ 1042면.

2. 처벌에 관한 입법론과 해석론

입법론적으로 볼 때 부진정부작위범의 처벌에는 형의 임의적 감경을 허용하는 것이 바람직하다고 본다. 반대론자는 동가치성의 요건을 엄밀하게 새기면 충분하다고 주장하지만 동가치성 여부의 판단은 결코 쉬운 일이 아니다. 부진정부작위범의 불명확성 때문에 형사처벌이 지나치게 확대되는 것을 방지한다는 의미에서도 형의 임의적 감경은 필요하다고 생각된다.

그런데 이와 같은 논의는 어디까지나 입법론에 불과하다. 우리 형법은 현재 부진정부작위범에 대하여 형의 임의적 감경을 인정하고 있지 않다. 현행 형법하에서 부진정부작위범은 작위범의 법정형으로 처벌된다. 작위범이 부작위의 형태로 실현되었다는 사정은 정상참작감경(법53 참조)의 사유로 고려될 수 있을 뿐이다.[1]

제 4 절   인과관계

한국형법	독일형법
제17조〔인과관계〕 어떤 행위라도 죄의 요소되는 위험발생에 연결되지 아니한 때에는 그 결과로 인하여 벌하지 아니한다.	(해당 조항 없음)
제19조〔독립행위의 경합〕 동시(同時) 또는 이시(異時)의 독립행위가 경합한 경우에 그 결과발생의 원인된 행위가 판명되지 아니한 때에는 각 행위를 미수범으로 처벌한다.	(해당 조항 없음)
제263조〔동시범〕 독립행위가 경합하여 상해의 결과를 발생하게 한 경우에 있어서 원인된 행위가 판명되지 아니한 때에는 공동정범의 예에 의한다.	제227조〔격투참가〕 격투 또는 여러 명이 행한 공격에 의하여 사람의 사망 또는 중상해(제224조)를 야기한 때에는 격투 또는 공격에 참가한 자는 그 가담행위를 이유로 3년 이하의 자유형 또는 벌금형에 처한다.

---

1) 부작위범의 미수에 관하여는, 후술 589면 이하 참조.

제1 인과관계의 의의

1. 거동범과 결과범

(1) 거동범과 결과범의 구별

앞에서 살펴본 것처럼 범죄유형의 분류법 가운데 거동범과 결과범의 구별이 있다. 거동범이란 실행행위를 하기만 하면 구성요건이 전부 실현되는 범죄유형을 말한다. 예컨대 형법 제136조 제1항의 공무집행방해죄나 제319조 제1항의 주거침입죄는 거동범에 해당한다. 이 경우에는 직무를 집행하는 공무원에게 폭행을 가하거나 타인의 주거에 침입하는 행위만으로 구성요건은 실현된다.

이에 대하여 결과범은 행위자의 신체거동 이외에 일정한 결과발생을 요구하는 범죄유형이다. 예컨대 형법 제250조 제1항의 살인죄나 제267조의 과실치사죄의 경우에는 '사망'이라는 결과가 발생하여야 살인죄 또는 과실치사죄의 구성요건이 충족된다. 결과범은 거동범과 달리 구성요건요소로 인과관계를 요구한다.

(2) 결과범과 인과관계

결과범의 경우에는 행위자의 실행행위 이외에 결과가 별도로 존재한다. 결과는 행위자의 내심세계 바깥에 일어난 변화이다. 이 결과는 시간, 장소, 형태 등에 의하여 특정된다. 결과범이 성립하려면 행위자의 실행행위와 발생된 결과 사이에 연결고리가 존재하여야 한다. 형법 제17조는 이 점을 소극적인 방식으로 표현하여 "어떤 행위라도 죄의 요소되는 위험발생에 연결되지 아니한 때에는 그 결과로 인하여 벌하지 아니한다."고 규정하고 있다.

결과범에 있어서 요구되는 행위와 결과 사이의 연결고리를 일반적으로 인과관계라고 한다. 형법 제17조는 결과범에 있어서 인과관계의 요건을 규정한 조문이다. 결과범의 경우에 인과관계가 인정되지 않으면 아무리 중대한 결과가 발생하였다고 하더라도 구성요건요소가 전부 충족되었다고 할 수 없다. 따라서 이 결과를 포함한 전체범위에서 형사처벌을 가할 수는 없다. 형법 제17조가 '그 결과로 인하여 벌하지 아니한다'고 규정한 것은 이러한 의미이다.

(3) 결과범의 유형

결과범은 결과발생을 요구하는 범죄유형이다. 결과범은 살인죄와 같이 고의범의 형식으로 나타날 뿐만 아니라 과실치사죄와 같이 과실범의 형태로도 나타난다. 또한 상해치사죄와 같이 고의범과 과실범이 결합된 결과적 가중범의 형태를 취하기도 한다. 사기죄와 같은 경우에는 기망, 착오, 재산적 처분행위 사이에 이중의 인과관계가 요구되기도 한다.[1] 일단 어느 특별구성요건이 결과발생을 요구하게 되면 그 실행행위와 발생된 결과 사이에 인과관계의 유무를 반드시 검토하여야 한다. 형법 제17조는 이 점을 명시하고 있다.

결과범의 경우에 인과관계가 인정되지 않으면 당해 구성요건이 전부 다 실현된 것은 아니다. 이러한 경우에는 원칙적으로 구성요건해당성이 인정되지 않는다. 그렇지만 입법자가 예외적으로 미수범 처벌규정을 마련해 놓고 있으면 결과를 제외한 나머지 부분의 구성요건실현행위에 대하여 미수범이 성립하게 된다(법29). 우리 입법자는 미수범의 처벌을 고의범에 한정하고 있다. 따라서 과실범의 경우에 인과관계가 인정되지 않으면 구성요건해당성이 인정되지 않으며 범죄 또한 성립하지 않는다.

2. 인과관계의 개념

형법학에 있어서 인과관계는 실행행위와 발생된 결과 사이의 연결관계를 의미한다. 이러한 인과관계의 존부판단은 용이하지 않다. 인과관계의 판단에 관한 척도를 마련하려는 이론적 시도를 인과관계론이라고 한다.

(가) 자연과학적 인과관계　　　인과관계의 판단에 관한 학설들을 검토하기에 앞서서 인과관계와 관련된 용어를 먼저 정리해 두고자 한다. 일반적인 언어사용법에 의하면 인과관계란 원인과 결과의 관계를 의미한다. 시간적으로 볼 때 원인이 있고 뒤이어서 결과가 발생한다. 인과관계는 존재하는 것과 또 다른 존재하는 것과의 선후관계를 의미한다. 즉 유(有)와 유(有)의 관계를 의미한다. 이러한 경우에 자연과학적으로 확인되는 인과관계를 가리켜서 자연과학적 인과관계라고 한다.

(나) 형법적 인과관계　　　그런데 형법학에 있어서는 때때로 존재하지 아니하는 것과 존재하는 것과의 관계를 검토해야 할 경우가 있다. 형법학에서 '존재하지 아니하는 것'이 논의되는 대표적인 예는 부작위이다. 부작위에 의한 살인죄의 예에서 보는 것처럼 형법학에서는 부작위로부터 사망이라는 결과가 발생하였는가를 검토한다. 이 경우에는 마치 무(無)와 유(有)의 관계가 규명의 대상이 되는 것처럼 보인다.

그렇지만 엄밀한 의미에서 볼 때 무와 유의 관계를 논할 수는 없다. 자연과학적으로 보면 무와 유의 관계는 확인할 수 없다. 다만 동가치성의 관점에서 부작위와 결과 사이의 관계를 작위와 결과 사이의 관계와 같은 것으로 보아줄 수 있을 뿐이다. "같은 것으로 보아준

---

1) 2011. 2. 24. 2010도17512, 공 2011상, 692 = 분석 총론 『목디스크 보험사기 사건』 ☞ 1044면.

다."는 말은 단순한 관계의 확인이 아니다. '보아준다'는 말에서 나타나는 것처럼 이 말 속
에는 "그렇게 보는 것이 옳다(또는 옳지 않다)!"라고 하는 규범적 평가가 들어 있다. 그렇지
만 형법학에서는 이러한 경우에도 부작위와 결과발생 사이에 "인과관계가 존재한다."는 표
현을 사용한다.

이와 같이 형법에서는 인과관계의 개념이 단순한 존부확인을 넘어서서 평가의 요소까
지도 포함하는 의미로 사용된다. 존부확인과 평가의 의미가 함께 들어 있는 인과관계를 가
리켜서 형법적 인과관계라고 한다. 형법 제17조가 표제어로 사용하고 있는 '인과관계'는 바
로 형법적 인과관계를 가리킨다.

3. 인과관계개념의 이중적 의미

(1) 자연과학적 인과관계와 객관적 귀속

독일 형법학계에서는 자연과학적 인과관계를 Kausalität라고 표현하고 형법상의 인과
관계를 Zusammenhang 또는 Kausalzusammenhang이라고 표현하여 양자를 구별하고
있다. 독일 학계에서는 형법상의 인과관계를 파악함에 있어서 고려의 대상이 되는 평가적
요소를 가리켜서 객관적 귀속(objektive Zurechnung)이라는 표현을 사용한다.

객관적 귀속이란 발생된 결과를 어느 행위(부작위 포함)의 탓으로 돌릴 수 있다는 성질이
다. '탓으로 돌린다'(즉 귀속시킨다)는 말 속에는 "그렇게 보는 것이 옳다(또는 옳지 않다)!"라
고 하는 의미에서의 평가적 요소가 들어 있다. 요컨대 독일의 경우에는 Zusammenhang이
Kausalität와 objektive Zurechnung의 두 가지 측면에서 분석된다.

현재 우리나라에서는 인과관계의 개념이 이중적 의미로 사용되고 있다. 종래 학계의 용
어관용례에 의하면 인과관계는 자연과학적 인과관계와 형법적 인과관계를 모두 지칭하는
의미로 구별 없이 사용되었다. 앞에서 언급한 바와 같이 우리 형법 제17조가 표제어로 사
용하고 있는 '인과관계'는 형법적 인과관계라는 의미로 사용된 것이다. 독일식으로 말하자
면 이 때의 인과관계는 Zusammenhang에 해당한다.

그런데 근래 독일법학의 영향을 받은 형법학자들은 독일 학계에서 Kausalität로 표
현하는 것을 곧바로 '인과관계'라는 말로 번역하여 사용하고 있다. 이렇게 되면 "인과관계
(Zusammenhang)는 인과관계(Kausalität)와 객관적 귀속(objektive Zurechnung)으로 구성
된다."라고 하는 기묘한 명제가 성립하게 된다. "A＝A+B"라는 등식이 성립한다는 것이
다. 이와 같은 모순을 피하기 위하여 인과관계론의 표제를 아예 '인과관계와 객관적 귀속'
으로 표기하여 '인과관계'와 '객관적 귀속'을 분리하여 설명하는 학자들도 있다.[1]

---

1) 권오걸, 123면; 김일수 · 서보학, 101면; 박상기, 66면; 성낙현, 132면; 손동권 · 김재윤, 116면; 이용식,

(2) 형법적 인과관계

인과관계에 관한 학설을 이해함에 있어서 먼저 익혀 두어야 할 것은 올바른 용어사용법이다. 인과관계는 자연과학적 인과관계와 형법적 인과관계라는 두 가지 의미를 가지고 있다. 본서에서는 '인과관계'를 형법적 인과관계라는 의미로 사용하기로 한다. 이 때 형법적 인과관계란 존부확인과 평가의 의미가 함께 들어 있는 인과관계를 가리킨다.[1]

이러한 용어사용법은 전통적인 입장을 존중한 것이다. 이에 대하여 본서에서 좁은 의미의 인과관계(Kausalität)를 지칭할 때에는 '자연과학적 인과관계'라는 용어를 사용하기로 한다. 이 점은 다른 학자들이 자연과학적 인과관계(Kausalität)를 단순히 '인과관계'라고 부르는 것과 크게 구별된다.

형법은 인간의 행위에서 비롯된 결과를 문제 삼는다. 이렇게 본다면 형법에서 논하는 인과관계는 행위와 결과 사이의 연결관계이다. 아래에서는 앞에서 정리한 용어법에 따라서 인과관계의 판단에 관한 각종 학설들을 검토해 보기로 한다. 이 때 '인과관계'는 물론 형법적 의미의 인과관계이다.[2] [3]

제 2 자연과학적 인과관계

【사례 35】 갑녀와 상인 A는 부부 사이이다. A는 중요한 상담(商談)을 하기 위하여 거래선 K와 면담일시를 정하였다. 이 약속시간은 꼭 지켜야 하는 것이었다. A는 시간에 늦지 않도록 하기 위하여 부인 갑녀에게 자명종을 6시에 맞추어 놓도록 부탁하였다. 그런데 부인 갑녀가 그만 실수로 7시에 자명종을 맞추어 놓았기 때문에 A는 1시간 늦게 일어나게 되었다.

잃어버린 시간을 만회하기 위하여 A는 자동차를 몰고 커브길을 초고속으로 질주하였다. 커브길을 도는 순간 타이어의 마찰로 찢어지는 듯한 파열음이 발생하였다. 이 소리 때문에 5층 상가건물의 창가에서 유리창을 닦던 청소부 B녀는 놀라서 들고 있던 물통을 창 밖으로 놓쳐버렸다. 물통은 거꾸로인 상태로 떨어지면서 지나가던 행인 C의 머리에 씌워져 버렸다.

행인 C는 눈앞이 갑자기 캄캄해지자 놀라서 차도로 뛰어 들었다. 마침 그곳을 지

51면; 이재상·장영민·강동범, 141면; 이정원, 91면; 임웅, 139면; 정성근·정준섭, 72면.

1) 김성돈, 184면도 '형법상의 인과관계'라는 표현을 사용하여 같은 입장이라고 생각된다.

2) 정영일, 126면; 김혜정 외 4인, 88면은 '인과관계'라는 표제어를 사용하면서 인과관계와 객관적 귀속을 설명하고 있다. 이 경우 표제어로 사용된 인과관계는 형법적 인과관계를 의미한다고 생각된다.

3) 배종대, 145, 152면; 오영근, 103, 113면은 '인과관계'와 '객관적 귀속'에 관하여 분석하고 있으나 '상당인과관계설'을 지지하는 것으로 보아서 형법적 인과관계의 관점에 서 있다고 생각된다.

나던 운전자 D는 C를 치지 않기 위하여 급브레이크를 밟았다. 그 바람에 D의 차에 타고 있던 E는 앞으로 몸이 급속히 쏠리면서 전면 유리창에 머리가 부딪쳐 중상을 입었다. E는 병원에 입원하였다. 그런데 E는 병원에서 다른 환자 F로부터 홍콩 독감에 감염되었고 그 때문에 사망하였다.

이 경우 차량동승자 E의 사망에 대하여 원인을 이루는 사정은 무엇인가? 갑녀를 E의 사망에 원인을 야기한 자로 보아 과실치사죄(법267)로 처벌할 수 있겠는가?

1. 조 건 설

(1) 조건설의 의미

조건설이란 조건관계에 있는 행위는 모두 발생된 결과에 대하여 형법적 인과관계가 있다고 보는 견해이다. 조건관계란 "그 행위가 없었더라면 그 결과도 발생하지 않았을 것"이라고 판단되는 관계를 말한다. 조건설은 형법적 인과관계의 판단척도로 가장 오래된 것이다. 또한 조건설은 인과관계 판단의 출발점을 제시한다는 점에서도 중요한 의미를 갖는다.

조건설은 자연과학적, 철학적 인과관계를 일단 형법적 인과관계 판단의 기초로 채택한다. 자연과학적 인과관계에 의하면 존재하는 섯(작위)과 존재하는 것(결과)이 있음을 먼저 확정한다. 이어서 "어느 행위(작위)가 없었더라면 문제의 결과는 발생하지 않았을 것인가?"라는 질문을 제기한다. 존재하는 어느 것을 제거할 때 존재하는 다른 것도 사라질 것인가를 묻는 것이다. 소위 sine qua non(그것이 없다면 …… 이 없다)으로 표현되는 이 질문에 대하여 긍정의 답변이 제시되면 그 행위와 결과는 서로 조건관계(conditio sine qua non)에 있는 것이다. 조건설의 입장에서는 조건관계가 인정되면 형법적 인과관계를 긍정한다.

(2) 조건설과 부작위

조건설의 입장에서 설명하기 곤란한 것은 부작위의 인과관계이다. 부작위의 경우에는 무(無)와 유(有)의 관계를 논해야 하기 때문이다. 조건설은 부작위범에 대하여 작위범의 경우에 사용하였던 소위 소거(消去)의 공식을 투입의 공식으로 대체한다. 그리하여 조건설은 "요구되는 행위(작위)를 하였더라면 문제의 결과는 발생하지 않았을 것인가?"라는 질문을 제기한다. 이 질문에 긍정적인 답변이 제시되면 논란되는 부작위와 발생된 결과 사이에 조건관계가 인정되고 따라서 형법적 인과관계도 긍정된다.

그런데 부작위범의 경우에 '투입되는 행위'는 실제로 존재하는 것이 아니라 가상적인 것이다. 따라서 "요구되는 작위를 하였을 때 결과가 발생하지 않았을 것이다."라고 누구도 단언하여 말할 수가 없다. 그렇기 때문에 부작위범의 경우에는 "요구되는 행위(작위)를 하였더라면 문제의 결과가 발생하지 않았을 것이 거의 확실하다."라는 판단이 설 때 부작위와 결과 사이에 인과관계가 긍정된다.

(3) 조건설의 장점

조건설에 의하면 "그 행위가 없었더라면 결과발생은 없었을 것이다."라고 판단되는 행위는 발생한 결과에 대하여 조건관계에 서게 된다. 조건관계가 인정되는 모든 행위는 발생된 결과에 대하여 형법적 인과관계가 긍정된다. 조건관계가 인정되는 행위들 사이에 우열은 없다. 결과발생으로부터 아무리 멀리 떨어진 행위라 할지라도 조건관계가 인정되는 행위는 모두 인과력을 갖는다. 또한 모든 조건은 결과발생에 대하여 동일한 값을 갖는다. 각 조건들이 발생한 결과에 기여한 값이 동등하다고 보는 점에서 조건설을 등가설이라고도 부른다.

조건설의 장점은 그 적용상의 편의성에 있다. 아무리 복잡한 사태진행이 있더라도 sine qua non의 공식을 적용하면 인과관계를 간단히 검증해 낼 수 있다.

〈사례 해설〉 예컨대 위의 〔사례 35〕에서 A의 부인 갑녀의 행위와 사고차량 동승자 E의 사망 사이에 인과관계가 인정되는가 하는 문제를 본다. sine qua non의 공식에 의할 때 갑 부인의 행위(자명종을 7시로 잘못 맞추어 놓은 것)가 없었더라면 E의 사망이라는 결과는 발생하지 않았을 것이라는 관계가 성립한다. 그렇다면 갑 부인의 행위와 동승자 E의 사망 사이에는 인과관계가 인정된다. 이와 같은 적용상의 편리함 때문에 조건설은 각국의 형사재판에서 인과관계의 판단척도로 애용된다.

(4) 조건설의 단점

조건설의 장점은 동시에 단점이 되기도 한다. 조건설에 의하면 인과관계의 범위가 무한히 확장된다. 예컨대 총에 맞아 사망한 사람 A가 있다고 하자. A의 사망에 대하여 인과관계가 인정되는 사람은 저격자 B에 한정되지 않는다. 총을 판매한 C, 총을 제작한 D에 대해서도 인과관계가 긍정된다. 나아가서 저격범 B를 출산한 부모는 물론이고 멀리 거슬러 올라가 B의 시조에게까지도 인과관계가 미치게 될 것이다.

조건설은 인과관계의 범위를 무한정 확대하는 폐단을 가져온다. 이러한 조건설의 폐단을 시정하기 위하여 원인설이 주장된 바 있다. 원인설이란 결과에 대하여 원인을 이루는 행위에 대해서만 인과관계를 인정하는 이론이다. 이 때 원인이란 조건관계에 있는 행위들 가운데 주요한 것을 가리킨다. 원인설은 조건관계에 있는 행위들로부터 원인을 구별해 내는 기준에 따라 다시 최종조건설, 필연조건설, 최유력조건설 등으로 분류된다.

원인설은 조건설의 폐단을 시정하려는 노력으로서 학설사적 의미를 가지고 있다. 그러나 조건관계에 있는 행위로부터 원인행위를 구별해 내는 뚜렷한 기준을 제시하지 못한다는 점에서 현재 원인설을 주장하는 학자는 없다.

인과관계가 지나치게 확장되면 그에 따라서 형사처벌이 과도하게 확대될 우려가 생긴다. 조건설을 취하는 사람들은 이러한 처벌확장의 폐단은 여타의 범죄성립요소들을 통하여 적절하게 시정할 수 있다고 본다.

〈사례 해설〉 조건설의 관점에서는 다음과 같은 설명을 제시한다. 「위의 〔사례 35〕에서 갑녀의 행위에 인과관계가 인정된다고 하더라도 곧바로 갑녀에 대한 처벌이 긍정되는 것은 아니다. 고의 또는 과실이 존재하여야만 갑녀를 처벌할 수 있다. 〔사례 35〕에서 갑녀의 처벌을 인정하려면 갑녀가 결과발생을 예견할 수 있었어야 한다. 즉 D의 동승자 E의 사망이라는 최종결과의 발생에 대해서 갑녀가 예견할 수 있어야만 처벌할 수 있다. 〔사례 35〕의 사안에서는 이와 같은 예견가능성을 인정할 수 없으므로 인과관계가 인정되더라도 과실이 없어서 갑녀를 처벌할 수 없다.」

2. 합법칙적 조건설

(1) 합법칙적 조건설의 배경

조건설의 단점은 무엇보다도 sine qua non의 공식을 무조건적으로 적용하는 점에 있다. 자연과학적 인과관계에 의할 때 우선 존재하는 행위와 존재하는 결과를 확정해 두어야 한다. 여기에 "그 행위가 없었더라면 그 결과는 발생하지 않았을 것인가?"라는 공식을 대입한다. 그런데 이러한 공식을 대입하려면 그러한 판단의 기초가 되는 인과법칙이 먼저 확정되어 있어야 한다.

이 문제와 관련하여 독일에서 발생한 『콘터간 사건』을 사례의 하나로 소개한다. P제약회사는 '탈리도미드'라는 신물질을 개발하여 「콘터간」이라는 제품명으로 수면제를 판매하였다. P회사의 수면제 「콘터간」을 복용한 A녀는 그 후 기형아를 출산하였다. 비슷한 사례가 여러 차례 보고되자 검사는 P제약회사의 경영진을 과실상해죄로 기소하였다. 이 사건에서 P회사 측의 수면제 발매행위와 A녀의 기형아출산 사이에 인과관계가 인정되는가 하는 문제가 제기되었다.[1]

이 사건에서 조건설을 단순히 적용하면 P회사 측의 수면제 발매행위와 A녀의 기형아

---

1) LG Aachen, JZ 1971, 510 ff.

출산 사이에 인과관계는 쉽게 긍정된다. P회사가 수면제를 발매하지 않았으면 A녀는 수면제를 복용하지 않았을 것이며, A녀가 수면제를 복용하지 않았더라면 기형아는 출산되지 않았을 것이기 때문이다. 그렇지만 신물질 탈리도미드가 기형아출산이라는 부작용을 낳는가 하는 문제는 아직 관련학계에서 검증되어 있지 않았다. 이러한 경우에도 P회사 측의 수면제 발매행위와 A녀의 기형아출산 사이에 인과관계를 인정해야 할 것인가?

독일에서는 위의 소위 『콘터간 사건』을 계기로 조건설의 맹목적적인 적용에 비판이 제기되었다. 『콘터간 사건』은 "그 행위가 없었더라면 그 결과가 발생하지 않았을 것인가?"라는 공식을 적용하기에 앞서서 그 판단의 전제가 되는 인과법칙을 확정해 두어야 한다는 반성을 불러일으켰다. 그 결과 제기된 것이 합법칙적 조건설이다.

(2) 합법칙적 조건설의 의미

인과법칙을 먼저 확정해 두고 그에 따라서 sine qua non 공식을 적용하는 조건설을 가리켜서 합법칙적 조건설이라고 한다. 이 때 합법칙적이란 "확인된 인과법칙에 따라서"라는 의미이다. 합법칙적 조건설이 전제로 삼는 인과법칙은 때로는 『콘터간 사건』처럼 고도의 학술적 검증을 요하는 경우가 있다. 그러나 대부분의 경우에는 사람들이 일상생활 가운데에서 경험으로 체득한 인과법칙이 sine qua non 공식의 전제가 된다.

합법칙적 조건설은 sine qua non 공식의 무비판적 적용을 반성하고 인과법칙의 확정을 요구하였다는 점에 장점이 있다. 그러나 합법칙적 조건설도 sine qua non 공식을 사용한다는 점에서 종래의 조건설과 마찬가지로 인과관계의 지나친 확장을 가져올 우려가 있다. 이러한 문제점을 극복하기 위하여 합법칙적 조건설을 따르는 사람들은 후술하는 객관적 귀속이론을 사용하여 형법적 인과관계의 범위를 제한하고 있다.[1]

본서 또한 합법칙적 조건설에 의하여 자연과학적 인과관계를 확정하고 객관적 귀속이론에 의하여 그 범위를 수정함으로써 형법적 인과관계를 판단하는 방법을 사용하기로 한다. 이와 같은 순서로 형법적 인과관계를 판단하게 되면 먼저 합법칙적 조건설에 의하여 자연과학적 인과관계가 인정되지 않는 경우에는 형법적 인과관계가 부정된다. 합법칙적 조건설에 의하여 자연과학적 인과관계가 긍정되면 이제 객관적 귀속이론에 의하여 형법적 인과관계의 범위를 검토하게 된다.

---

1) 김성돈, 193면; 김성천·김형준, 87면; 김혜정 외 4인, 94면; 김일수·서보학, 114면; 박상기, 77면; 손동권·김재윤, 125면; 이용식, 53면; 이재상·장영민·강동범, 163면; 이정원, 102면; 임웅, 151면; 정성근·정준섭, 77면.

(3) 자연과학적 인과관계의 특수형태

【사례 36】 의사 갑은 불치의 병에 걸려 불과 몇 시간밖에는 살 수 없는 환자 A에게 그의 고통시간을 다소나마 단축시켜 주기 위하여 다량의 마취제를 주사하여 사망하게 하였다(소위 적극적 안락사).

갑의 행위는 환자 A의 사망에 대하여 인과관계가 있는가?

【사례 37】 A는 사창가의 기둥서방이다. A에게는 경쟁자이면서 적대관계에 있는 갑과 을이 있다. 어느 날 갑은 A에게 치사량에 충분한 독을 투여하였다. 그런데 그 독이 약효를 나타내기 전에 을이 A를 사살해 버렸다.

이 경우 A의 사망에 대하여 인과관계가 있는 것은 갑, 을 중 누구의 행위인가?

(가) 가설적 인과관계　　〔사례 36〕의 사안에서 의사 갑의 행위와 환자 A의 사망 사이에는 자연과학적 인과관계가 인정된다. "환자 A에게 마취제를 투여하지 않았더라도 어차피 몇 시간 후에는 사망할 것이다."라는 점은 인과관계 판단에 있어서 별다른 의미가 없다. 자연과학적 인과관계의 판단에 있어서 중요한 것은 현실적으로 발생한 결과이지 가설적(假設的)으로 발생가능한 결과는 아니기 때문이다. 만일 이와 같은 관점을 취하지 않는다면 피고인들은 모두 "피살자는 어차피 어느 날엔가는 사상하게 되어 있다."라는 변명을 내세울 것이며 이를 통하여 결과발생에 대한 책임을 면하게 될 것이다.[1]

자연과학적 인과관계는 기본적으로 존재하는 것(有)과 존재하는 것(有) 사이의 관계이다. 따라서 의사 갑이 다량의 마취제를 주사한 실제의 행위와 환자 A의 사망이라는 실제의 결과 사이에 연결관계가 인정되는가 하는 점이 고찰의 중심이 된다. 가설적으로 발생가능한 결과는 자연과학적 인과관계의 판단에서는 고려되지 않는다.

〈사례 해설〉　〔사례 36〕에서 의사 갑의 행위는 환자 A의 사망에 대하여 자연과학적 인과관계가 있다.

(나) 추월적 인과관계　　〔사례 37〕의 사례에서 객관적으로 확정되는 사태는 갑의 독약투입행위, 을의 총격행위, A의 사망이라는 결과이다. 여기에서 먼저 갑의 행위와 A의 사망 사이에 인과관계가 인정되는가를 살펴본다. 합법칙적 조건설의 관점에서 볼 때 "갑의 독약투입행위가 없었다면 A의 사망은 일어나지 않았을 것"이라는 관계가 인정된다. 그렇다

---

1) 2004. 6. 24. 2002도995, 공 2004, 1255 = 백선 총론 15. 참고판례 1. 『보라매 병원 사건 2』.

면 일단 갑의 행위와 A의 사망 사이에 자연과학적 인과관계를 인정할 여지가 있다.

다음으로 을의 총격행위와 A의 사망 사이의 자연과학적 인과관계를 본다. 여기에는 "을의 총격행위가 없었더라면 A의 사망은 일어나지 않았을 것"이라는 관계가 인정된다. 그렇다면 을의 행위와 A의 사망이라는 결과 사이에 자연과학적 인과관계가 인정된다. 중간에 다른 사유가 개입하고 있지 않기 때문에 자연과학적 인과관계의 인정에는 의문의 여지가 없다.

이제 갑과 A, 을과 A 사이의 인과관계를 대비해 본다. 갑과 A 사이의 자연과학적 인과관계에서는 독약이라는 수단의 특성 때문에 인과과정이 느리게 진행된다. 이에 대하여 을과 A 사이의 자연과학적 인과관계에서는 총격이라는 수단에 의하여 인과과정이 신속하게 진행된다. 시간적으로 보면 갑의 독약투입이 을의 총격행위에 앞서고 있지만 인과과정의 진행속도 때문에 을의 총격행위가 먼저 A의 사망이라는 결과를 발생시키고 있다.

뒤에 시작된 을의 총격행위가 이미 사망의 결과를 발생시켰으므로 갑의 독약투입행위는 A의 사망이라는 결과에 연결되지 않는다. 그렇다면 갑의 독약투입행위와 A의 사망 사이에는 인과관계가 인정되지 않는다. 자연과학적 인과관계가 인정되는 것은 을의 총격행위와 A의 사망 사이에서 뿐이다. 이와 같이 선행의 인과진행을 후발의 인과진행이 파괴시킬 때 후발의 인과진행을 가리켜서 추월적 인과관계라고 한다.

(다) 공동의 인과관계　　〔사례 37〕의 사안을 다소 바꾸어서 갑이 투입한 독약이 A의 몸에 퍼지는 상황에서 을이 총격을 가하였다고 해 보자. 이 경우 A가 독약 때문에 몸을 마음대로 움직이지 못하여 을의 총구를 피하지 못한 채 총에 맞아 사망하였다면 갑의 독약투입행위와 A의 사망 사이에는 자연과학적 인과관계가 인정된다. 이 때에는 갑의 행위와 A의 사망, 을의 행위와 A의 사망 사이에 각각 자연과학적 인과관계가 인정된다. 한 개의 결과발생에 여러 개의 인과관계가 인정될 때 이들 인과관계를 공동의 인과관계라고 한다.[1]

〈사례 해설〉　〔사례 37〕에서 추월적 인과관계로 인하여 갑에게 자연과학적 인과관계가 부정된다고 하여도 갑이 형사처벌을 완전히 면하는 것은 아니다. 살인죄는 사망이라는 결과발생을 요구하는 결과범이다. 그런데 〔사례 37〕에서는 갑의 행위와 A의 사망이라는 결과 사이에 자연과학적 인과관계가 인정되지 않는다. 그리고 그 때문에 형법적 인과관계도 인정되지 않는다. 그렇다면 갑의 행위는 살인죄의 구성요건을 남김없이 충족하지는 못한다. 즉 살인죄의 기수범은 성립하지 않는다. 그렇지만 형법은 살인죄의 미수범을 처벌하고 있다(법254). 갑은 A의 사망이라는 결과에 대해서까지 책임을 지지는

---

1) 1984. 6. 26. 84도831, 공 1984, 1331 = 백선 총론 17. 『수술지연 사건』 참조.

않지만 살인죄의 미수범으로는 처벌된다.

(4) 독립행위의 경합

(가) 독립행위의 의미   형법 제19조는 "동시 또는 이시(異時)의 독립행위가 경합한 경우에 그 결과발생의 원인된 행위가 판명되지 아니한 때에는 각 행위를 미수범으로 처벌한다."고 규정하고 있다. 이 때 독립행위란 서로 다른 행위자들 사이에 의사의 연락이 없이 이루어지는 행위를 말한다. 독립행위에 있어서 독립이란 다른 사람과의 의사연락으로부터 독립하였다는 의미이다. 즉 다른 사람의 의사와 무관하다는 것이다.

(나) 경합의 의미   독립행위의 경합에 있어서 경합이란 여러 개의 행위가 병존하고 있는 상태를 가리킨다. 각 행위들은 결과를 향하여 나아가고 있으므로 독립행위의 경합은 결과발생을 향한 선두다툼을 의미한다. 독립행위의 경합은 동시의 독립행위가 경합하는 경우와 이시의 독립행위가 경합하는 경우로 나누어진다.

(다) 형법 제19조   우리 형법 제19조는 독립행위가 경합하는 경우에 결과발생의 원인된 행위가 판명되지 아니하는 때에는 동시의 독립행위경합인가 이시의 독립행위경합인가를 가리지 않고 각 행위를 미수범으로 처벌하도록 규정하고 있다. 형법 제19조는 다른 나라의 형법에서 유사한 예를 찾아볼 수 없는 우리 형법의 독특한 규정이다.

형법 제19조가 이례적인 이유는 '원인행위가 판명되지 아니한다'는 요건을 설정하고 있기 때문이다. 인과관계는 법률적 판단의 문제이다. 법률적 판단의 영역에서는 '판명되지 아니한다'는 상황은 상정되지 않는다. 법률적 판단은 옳고 그름을 선언하는 규범적 결단이다. 법률적 판단의 영역에서는 법적 안정성의 요청 때문에 '판명되지 아니한다'는 불확정 상태를 용인할 수 없다.

형법 제19조가 상정하고 있는 법적 효과는 '미수범으로 처벌한다'는 것이다. 이 부분과 관련하여 특히 문제되는 것이 과실범의 독립행위 경합이다. 예컨대 갑과 을이 부주의하게 각각 담배꽁초를 던져서 화재의 결과가 발생한 경우를 상정해 본다. 갑이 던진 담배꽁초와 을이 던진 담배꽁초 가운데 어느 것에 의하여 화재가 발생하였는지 판명되지 않았다고 하자. 우리 형법은 과실범의 미수범을 처벌하는 규정을 두고 있지 않다. 형법 제19조를 무비판적으로 적용하게 되면, 갑과 을의 행위 가운데 어느 행위로 인하여 화재의 결과가 발생하였는지 판명되지 않았다는 이유로 화재의 결과가 명백히 발생했음에도 불구하고 갑과 을 모두 처벌할 수 없다는 결론에 이르게 된다. 그런데 이러한 결론은 분명히 우리의 정의감과 사회통념에 반한다.

형법 제19조가 불러일으키기 쉬운 오해 상황은 이를 사실관계 확정의 문제로 접근하면 손쉽게 해결된다. 우리 헌법과 형사소송법은 무죄추정의 원칙을 선언하고 있다(헌법27④, 형소법275의2). 헌법과 형사소송법의 조문들은 형법 제19조가 입법화된 이후의 시점에 명문화되었다. 형법 제19조는 무죄추정의 원칙을 형법의 영역에서 천명한 조문이라고 볼 수 있다.

무죄추정의 원칙에 따르면 범죄사실의 증명은 원칙적으로 검사가 수행해야 한다. 검사가 합리적 의심을 배제할 정도로 사실관계를 증명하지 못하면 법원은 '의심스러운 때에는 피고인에게 유리하게'라는 대원칙에 따라 검사에게 불리한 사실관계를, 역으로 피고인에게 유리한 사실관계를 인정해야 한다. 형법 제19조가 '그 결과발생의 원인된 행위가 판명되지 아니한 때에는 각 행위를 미수범으로 처벌한다'라고 규정한 것은 바로 이러한 상황을 염두에 둔 것이다.

2023년 대법원은 위에 소개한 담배꽁초 사안에서 "다만 원심판단 중 이 사건 화재가 피고인들(갑과 을) 중 누구의 행위에 의한 것인지 인정하기에 부족하다는 취지의 부분은 결과발생의 원인행위가 판명되지 않았다는 뜻으로 오해할 여지가 있기는 하다. 그러나 이는 '피고인들 중 누구의 담배꽁초로 인하여 이 사건 화재가 발생하였는지 인정할 증거가 부족하다.'는 의미로 선해(善解)할 수 있다."라고 판시하여 형법 제19조와 관련한 오해의 소지를 분명하게 해소하였다.[1]

대법원은 위의 담배꽁초 사안에서 "실화죄에 있어서 공동의 과실이 경합되어 화재가 발생한 경우 적어도 각 과실이 화재의 발생에 대하여 하나의 조건이 된 이상은 그 공동적 원인을 제공한 사람들은 각자 실화죄의 책임을 면할 수 없다."고 판시하였다. 이로써 대법원은 종래 형법 제19조가 오해를 불러일으키고 있던 과실범의 미수범 불처벌 문제를 제거하였다.[2] [3]

(라) 형법 제263조　　　형법 제19조는 "동시 또는 이시의 독립행위가 경합한 경우에 그 결과발생의 원인된 행위가 판명되지 아니한 때에는 각 행위를 미수범으로 처벌한다."고 규정하고 있다. 그런데 우리 입법자는 집단범죄의 위험성에 대처하기 위하여 상해죄에 대해 특칙규정을 두고 있다. 형법 제263조는 "독립행위가 경합하여 상해의 결과를 발생하게 한 경우에 있어서 원인된 행위가 판명되지 아니한 때에는 공동정범의 예에 의한다."고 규정하고 있다. 이 규정을 가리켜서 동시범의 특례라고 한다.

형법 제263조는 상해죄에 독립행위로 관여한 각 행위자를 기수범으로 처벌하기 위하여 마련된 것이다. 이 조문은 표제어에 '동시범'이라는 표현을 사용하고 있으나 판례는 형

---

1) 2023. 3. 9. 2022도16120, 공 2023상, 680 =『분리수거장 옆 담배꽁초 사건』☞ 1045면.
2) 2023. 3. 9. 2022도16120, 공 2023상, 680 =『분리수거장 옆 담배꽁초 사건』.
3) 과실범의 공동정범과 과실범의 독립행위 경합에 관하여는, 후술 646면 이하 참조.

법 제263조의 독립행위에는 동시의 독립행위와 이시의 독립행위가 모두 포함된다고 보고
있다.[1]

〈사례 해설〉 〔사례 37〕의 사안에서 갑이 투약한 독약이 A의 몸에 퍼지기 전에 A가 을
의 총에 맞아 사망한 것인지 아니면 을의 총이 명중하기 전에 A가 갑의
독에 중독되어 사망한 것인지 판단하기 곤란한 상황이 생길 수 있다. 이러한 문제상황에 대
비하여 우리 입법자는 형법 제19조에서 독립행위의 경합에 관한 규정을 두고 있다.

형법 제19조가 규정한 독립행위는 행위자들 사이에 의사연락이 없이 일어나는 행위를
말한다. 〔사례 37〕의 사례에서 A의 사망을 의도하여 각각 행위를 한 갑과 을 사이에는
아무런 의사연락이 없으므로 갑의 행위와 을의 행위는 독립행위가 경합하는 경우에 해당
한다.

〔사례 37〕의 사례에서 갑이 A에게 독약을 투여하는 행위와 을이 A에게 총을 발사하는
행위가 동시에 일어났다면 그것은 동시의 독립행위가 경합하는 경우이다. 이에 대하여 갑이
A에게 독약을 투입한 이후에 을이 A에게 총을 발사하였다면 그것은 이시의 독립행위가 경
합하는 경우이다.

3. 상당인과관계설

【사례 38】 약종상 갑은 수년간 상거래로 친교가 있는 A를 저녁에 자기 집으로 초대
하였다. 갑은 밤 8:30경부터 상거래를 논의하면서 밤 9:30경까지 A와 술을 마시고
있었다. A는 갑에게 냉수를 청하여 마신 후 변소에 갔다. 10여분 뒤 변소에서 이상한
소리가 났다. 갑이 A를 부르면서 변소 문을 열고 보니 A는 "어어" 하고 신음하면서
입에 거품을 내고 안색이 변하여 의식불명의 상태에 있었다.

약종상 갑은 독살혐의를 받지 않으려는 일념에서 환자 A를 즉시 병원으로 옮기기
를 주저하고 있었다. 갑은 주위 사람들의 독촉으로 마지못하여 옆집에서 리어카를
빌려 A를 태우고 병원으로 출발하였다. 갑은 자기 집을 출발한 후에도 1시간 넘게 4
킬로미터의 거리를 방황하던 끝에 마침내 병원에 도착하였으나 A는 병원에 도착하
기 전인 밤 10:50경 이미 사망하였다. 사체부검에서 A의 사인은 청산가리중독으로
판명되었다.

갑은 유기치사죄(법275)로 기소되었다. 공판절차에서는 갑의 유기행위와 A의 사망
사이의 인과관계가 문제되었다.

전문가 B는 청산가리중독환자의 사망률은 95%이고 나머지 5%는 소생할 여지가

---

1) 2000. 7. 28. 2000도2466, 공 2000, 1978 = 백선 총론 97. 참고판례 1. 『벤치 밀쳐내기 사건』.

있으며 음독한 지 1시간 이내에 죽지 아니하였다면 소생할 가능성이 있다고 진술하였다. 전문가 C는 음독환자가 1시간 이상 사망하지 아니하고 있었다면 음독한 양은 극히 소량이었을 것이고 따라서 다른 일반적인 약물중독환자에 대한 응급가료방법에 의하여서라도 그 환자를 소생시킬 가능성이 많다고 진술하였다. 전문가 D는 청산염중독시의 치사량은 0.2 내지 0.3그램인데 그의 30배를 먹어도 죽지 않았다는 보고가 있으며, 음독하여 중독이 된 후 사망하는 경우와 회복하는 경우가 있는데 중독량과 치사량은 명확히 구분할 수 없고 다만 이 경우와 같이 환자가 1시간 이상 살아 있었다면 그 음독량은 극히 소량일 것이고 따라서 곧 종합병원에 입원시켜 일반적인 응급가료(위세척, 호흡촉진제 및 강심제의 주사 등)를 하였다면 생명을 연장할 수 있었을 것이라고 진술하였다.

이에 대하여 다른 전문가 E 등은 청산가리의 치사량은 0.1 내지 0.3그램의 극소량으로서 이것을 음독했을 경우 미처 인체에 흡수되기 전에 지체 없이 병원에서 위세척을 하는 등 응급치료를 받으면 혹 소생할 가능성은 있을지 모르나 이미 이것이 혈관에 흡수되어 갑이 A를 발견했을 때의 A의 증상처럼 환자의 안색이 변하고 의식을 잃었을 때에는 우리의 의학기술과 의료시설로는 그 치료가 불가능하여 결국 사망하게 되는 것이고 또 일반적으로 병원에서 음독환자에게 위세척, 호흡촉진제, 강심제 주사 등으로 응급가료를 하나, 이것이 청산가리중독인 경우에는 아무런 도움도 되지 못한다고 진술하였다.

위의 사안에서 갑에게 유기행위가 인정된다고 할 때 갑의 유기행위와 A의 사망 사이에 인과관계를 인정할 수 있겠는가? (1967. 10. 31. 67도1151, 집 15③, 형37 = 백선 총론 16.『약종상 사건』)

(1) 상당인과관계설의 배경

형법의 영역에는 책임주의 원칙이 지배한다. 책임주의란 책임 없으면 형벌 없다는 원칙이다. 책임비난을 가하려면 그 전제로 고의·과실이 인정되어야 한다. 고의·과실은 형법상 책임인정에 있어서 불가결의 기초가 된다.

그러나 민사법의 영역에서는 전혀 고의·과실이 없어도 책임이 인정되는 경우가 있다. 소위 무과실책임 또는 위험책임이 그것이다. 예컨대 차주(車主)의 손해배상책임을 규정한 「자동차손해배상 보장법」 제3조, 동물 점유자의 책임을 규정한 「민법」 제759조 등의 경우에는 일단 손해가 발생하면 차주 또는 동물 점유자가 배상책임을 진다. 다만 차주 또는 동물 점유자 본인이 자신에게 고의·과실이 없었음을 입증한 경우에만 예외적으로 책임이 면제된다. 그러나 실제에 있어서 고의·과실의 부존재를 입증하는 것은 극히 어렵다.

무과실책임이나 위험책임의 사안에서는 인과관계의 확장에 따른 폐단을 방지하는 방법으로 고의·과실의 개념을 활용하는 방법은 통하지 않는다. 그렇기 때문에 책임범위를 제한하기 위하여 민사법의 영역에서는 상당인과관계설이 등장하게 되었고 현재 일반적인 기준으로 통용되고 있다.

(2) 상당인과관계설의 의미

상당인과관계설이란 행위와 결과 사이에 상당인과관계가 인정되면 형법적 인과관계를 긍정하는 이론을 말한다.[1] 이 경우 상당인과관계란 어느 행위로부터 어느 결과가 발생하는 것이 상당하다고 판단될 때 인정되는 인과관계를 말한다. 상당인과관계설은 현재 우리 판례의 주류적 입장이다.[2] [3]

상당인과관계설에 따르면 '상당한' 인과관계인가 아닌가 하는 문제는 사람들의 일상적인 경험에 비추어 판단된다. 일정한 행위가 있으면 문제의 구체적인 결과가 발생한다고 통상적으로 인정될 경우에 상당인과관계가 인정된다. 조건설은 "그 행위가 없으면 그 결과는 발생하지 않는가?"라는 소극적 판단공식을 사용한다. 이에 대하여 상당인과관계설은 "그 행위가 있으면 통상 그 결과가 발생하는가?"라는 적극적 판단공식을 사용한다고 말할 수 있다.

상당인과관계설을 형법에서 사용하게 되면 일상적인 생활경험의 범위 내에 속하지 않는 사태진행은 모두 형법적 인과관계의 고찰대상에서 제외된다. 결과발생에 대하여 이례적인 조건이나 희귀한 조건, 또는 통상적인 사태진행과정에 속한다고 볼 수 없는 조건들은 발생된 결과에 대하여 인과관계가 부정된다.

〈사례 해설〉 〔사례 38〕의 사안은 상당인과관계의 이론과 관련된 것이다. 상당인과관계설은 행위와 결과 사이에 상당인과관계가 있을 때 형법적 인과관계를 인정하는 견해이다. 이 때 상당인과관계란 어느 행위로부터 어떠한 결과가 발생하는 것이 일반인의 경험상 상당하다고 판단될 때 인정되는 인과관계이다. 이 경우 "경험상 상당하다."는 말은 어느 행위로부터 어느 결과가 발생하는 것이 통상적이라고 판단되는 것을 말한다.

상당인과관계설은 행위와 결과 사이에 조건설에 의한 자연과학적 인과관계(조건관계)가 인정되더라도 그것으로 바로 형법적 인과관계를 인정하지는 않는다. 상당인과관계설은 조건관계가 인정되는 경우에도 다시 사람들의 전체적 경험지식에 입각하여 그 행위가

---

1) 배종대, 152면; 오영근, 113면.
2) 1995. 5. 12. 95도425, 공 1995, 2156 = 백선 총론 18. 참고판례 1. 『속셈학원 강사 사건』.
3) 1990. 5. 22. 90도580, 공 1990, 1405 = 백선 총론 18. 참고판례 2. 『후행차량 역과 사건』.

결과를 야기하는 것이 일반적으로 적당(상당)하다고 생각되는가를 묻는다. 이 질문에 긍정적인 대답이 나올 때 행위와 결과 사이에 상당인과관계가 있다고 판단한다. 상당인과관계설은 이렇게 판단된 상당인과관계를 형법적으로 중요한 인과관계라고 본다. 역으로 상당인과관계의 범위 내에 속하지 않는 결과는 중요한 것이 아니므로 형법상 이를 고려하지 않는다.

(3) 상당인과관계설의 유형

상당인과관계설은 상당성 판단을 함에 있어서 어느 범위까지의 사정을 판단의 기초로 삼을 것인가 하는 문제를 놓고 세 가지 학설로 나누어지고 있다.

(가) 주관적 상당인과관계설   행위 당시에 행위자가 인식한 사정 및 인식할 수 있었던 사정을 기초로 해서 상당인과관계의 유무를 판단해야 한다는 견해이다. 행위 후에 새롭게 일어나거나 새로이 밝혀진 사정은 상당인과관계의 판단대상으로 고려하지 않는다.

(나) 객관적 상당인과관계설   행위 당시에 객관적으로 확인된 사정 및 행위 후에 발견된 새로운 사정을 모두 판단의 기초로 삼아 상당인과관계의 유무를 판단하는 견해이다. 의료계의 용어로 '예후'라는 말이 있다. 예후(豫後)는 환자의 상태를 진찰한 의사가 일정 기간 후에 환자의 병세가 어떻게 진행될 것인가를 예측하는 것을 말한다. 인과관계를 판단함에 있어서도 이와 비슷한 사고를 할 수 있다.

형법적 의미의 인과관계는 법률적 개념이다. 인과관계의 존부판단은 법관이 행한다. 법관은 행위자가 행위하는 당시로 거슬러 올라가서 행위자의 행위로부터 앞으로 어떠한 결과가 발생할 것인가를 예측한다. 이미 결과가 일어났음에도 불구하고 행위의 시점으로 거슬러 올라가서 내리는 예후판단을 사후예후라고 한다. 그리고 행위자가 아니라 제3자인 법관이 예후판단을 행한다는 점에서 이를 객관적 사후예후라고 한다. 객관적 사후예후를 행함에 있어서 법관은 행위자가 행위할 당시에 알려진 사정과 행위 후에 새로이 알려진 사정을 모두 고려의 대상에 넣는다.

(다) 절충적 상당인과관계설   행위 당시에 일반인이 알고 있거나 예견할 수 있었던 일반적 사정과 행위자가 실제로 알고 있었던 특별한 사정을 기초로 하여 상당인과관계를 판단하는 견해이다(일반인이 아니라 사려 깊은 사람을 기준으로 해야 한다는 주장도 있다).

절충적 상당인과관계설은 행위 시점에 나타난 사정을 판단의 대상으로 삼는다는 점에서 주관적 상당인과관계설과 공통된다. 따라서 행위 이후에 새로이 알려진 사정은 고려의 대상에 넣지 않는다. 한편 절충적 상당인과관계설은 행위 당시 일반인이 알고 있거나 예견 가능한 사정도 판단대상에 포함시킨다는 점에서 주관적 상당인과관계설과 구별된다.

〈사례 해설〉 〔사례 38〕의 사안에서 주목되는 사정은 다음과 같은 점들이다. ① 청산가리의 치사량은 0.1 내지 0.3그람의 극소량이다. ② 청산가리를 음독했을 경우 미처 인체에 흡수되기 전에 지체 없이 병원에서 위세척을 하는 등 응급치료를 받으면 혹 소생할 가능성이 있다. ③ 청산가리가 이미 혈관에 흡수되어 환자의 안색이 변하고 의식을 잃었을 때에는 우리의 의학기술과 의료시설로는 그 치료가 불가능하여 결국 사망하게 된다. ④ 일반적으로 병원에서 음독환자에게 위세척, 호흡촉진제, 강심제 주사 등으로 응급가료를 하나 이것이 청산가리 음독인 경우에는 아무런 도움이 되지 못한다.

여기에서 ①~④의 사정에 대한 일반인의 입장과 행위자 갑의 입장을 대비해 본다.

	①	②	③	④
일 반 인	○	○	○	○
행 위 자	?	○	?	?

위의 사례에서 ②의 점에 대해서는 행위자의 행위시점에 행위자 갑의 인식과 일반인의 인식이 알려져 있으나 나머지 점에 대해서는 갑이나 일반인의 인식 또는 예견을 알 수 없다. 결국 위의 〔사례 38〕의 사안은 객관적 상당인과관계설에 의하여서만 인과관계를 판단할 수 있다고 보인다. 〔사례 38〕의 기초가 된 판례에서 대법원은 상당인과관계가 존재하지 않는다고 판시하였다.

(4) 상당인과관계설의 문제점

상당인과관계설은 우리 대법원이 일관하여 지지하는 학설이다. 원래 상당인과관계설이 독일에서 주장될 때에는 자연과학적인 접근방법을 취하고 있었다. 즉 어느 행위로부터 결과가 발생할 가능성이 어느 정도인가를 묻고 결과발생의 가능성이 상당히 높을 때, 즉 결과발생의 개연성이 있을 때 이를 상당인과관계라고 지칭하였다.

이에 대하여 우리 판례가 사용하고 있는 상당인과관계는 그 판단기준으로 우리의 일반적 생활경험을 사용하고 있다. 예컨대 〔사례 38〕의 기초가 된 『약종상 사건』 판례에서 대법원은 '우리의 의학기술과 의료시설'을 판단의 기준으로 설정하고 있다. 이러한 기준은 사람들이 어떻게 보는가를 중시하는 것으로서 규범적 성격을 갖는다.

대법원처럼 상당인과관계를 파악하게 되면 이제 상당인과관계는 순전히 자연과학적인 확률의 차원을 넘어서서 규범적 판단의 성격을 띠게 된다. 이러한 사정 때문에 상당인과관계설에 대해서는 이질적 요소들을 하나의 척도로 결합하는 무리를 범하고 있다는 비판이 가해지고 있다. 자연과학적으로 파악되어야 할 인과관계를 규범적 기준을 가지고 제한하는 것은 무리라는 것이다.

상당인과관계설은 인과관계를 일상적인 생활경험의 범위내로 제한함으로써 형사처벌의 확장을 방지하는 장점이 있다. 그러나 일상적인 생활경험에 비추어 '상당하다'라는 판단은 지나치게 모호하여 법적 안정성을 해칠 우려가 있다. 또한 인과관계가 문제되는 대부분의 사례가 이례적인 사건이라는 사실에 비추어 보면 상당인과관계설은 대부분의 사건에서 형법적 인과관계를 부인하는 결론에 이르기 쉽다.

4. 중요성설

상당인과관계설의 난점을 극복하기 위한 노력으로 중요성설이 주장되었다. 중요성설은 개개의 특별구성요건에서 중요시되는 인과진행에 대해서만 인과관계를 인정하자는 주장이다. 중요성설은 자연과학적인 인과관계와 규범적인 귀속의 문제를 준별한다. 중요성설의 입장에서는 자연과학적 인과관계의 존부는 조건설의 관점에서 판단하고 그 범위는 개개의 특별구성요건이 중요시하는 것으로 한정한다. 이 때 '개개의 특별구성요건에 비추어 본 중요성'이라는 기준은 단순한 확인작업의 도구가 아니라 규범적 판단의 척도이다.

인과관계에 관한 학설을 대비해 보면 조건설은 전형적인 자연과학적 접근방법을 사용하고 있다. 이에 대하여 중요성설은 본격적으로 규범적 척도를 사용하고 있다. 자연과학적 관점을 출발점으로 한 조건설로부터 상당인과관계설을 거쳐서 중요성설에 이르는 과정에서 인과관계의 판단은 점점 더 규범적 색채를 띠게 된다. 형법적 인과관계의 판단에서 이러한 규범적 관점을 자연과학적 접근방법에서 분리시켜 독자적인 판단기준으로 정립하려고 하는 이론적 시도가 있는데 이것이 바로 객관적 귀속이론이다.

제3 객관적 귀속이론

1. 객관적 귀속과 주관적 귀속

(가) 주관적 귀속　　귀속이란 "무엇을 어느 누구의 탓으로 돌린다."는 뜻을 가지고 있다. 원래 귀속은 책임귀속을 의미한다. 구성요건에 해당하고 위법한 행위를 한 행위자에게 그의 불법(구성요건에 해당하고 위법한 행위)은 "바로 너 때문이다!"라고 비난할 수 있을 때 이를 가리켜서 "책임이 귀속된다."고 한다. 책임비난은 구체적인 행위자에게 그의 불법을 귀속시키는 것이다. 특정한 행위자를 전제로 한다는 점에서 이 경우의 귀속을 주관적 귀속이라고 한다.

(나) 객관적 귀속　　객관적 귀속은 주관적 귀속에 대응하는 말이다. 주관적 귀속은

구체적 행위자를 대상으로 하는 책임판단의 단계에서 논의된다. 이에 대하여 객관적 귀속은 구성요건의 단계에서 논의되는 개념이다. 구성요건 단계에서는 일반적 행위자를 전제하고 있기 때문에 책임판단의 경우와 달리 구체적 행위자가 등장하지 않는다. 오직 행위와 결과 사이의 연결관계가 문제될 뿐이다. 귀속이란 "탓으로 돌린다."는 뜻이다. 발생된 결과를 어느 행위의 탓으로 돌릴 수 있다면 그 결과는 그 행위에 귀속된다. 구체적인 행위자를 염두에 두지 아니하고 결과를 행위에 귀속시킨다는 점에서 행위와 결과 사이에 일어나는 귀속을 객관적 귀속이라고 한다.

객관적 귀속은 발생된 결과를 행위의 탓으로 돌릴 수 있음을 말한다. 행위의 탓으로 돌린다는 말 속에는 "그렇게 보는 것이 옳다(또는 옳지 않다)!"라고 하는 규범적 판단이 들어 있다. 객관적 귀속은 행위와 결과 사이의 연결관계에서 규범적 요소를 본격적으로 부각시킨다. 이 점에서 객관적 귀속의 기법은 자연과학적 인과관계를 규명하는 조건설과 정반대의 위치에 서있다.

2. 형법적 인과관계의 범위조절

객관적 귀속이론을 주장하는 사람들은 자연과학적 인과관계를 파악하는 것만으로 형법적 인과관계의 문제가 해결되는 것은 아니라고 주장한다. 자연과학적 인과관계는 인과관계를 파악함에 있어서 필요조건이기는 하지만 충분조건은 아니라는 것이다. 객관적 귀속론자들은 자연과학적 인과관계는 규범적 귀속판단에 의하여 보완되어야 한다고 주장한다.[1]

조건설에 기초한 자연과학적 인과관계는 무한소급의 위험성을 내포하고 있다. 또한 무(無)와 유(有)의 관계를 논해야 하는 부작위범의 경우에 적절한 설명을 제시하지 못한다. 이와 같은 자연과학적 인과관계의 난점은 규범적 관점에 의하여 보완되어야 한다. 이러한 문제의식은 형법상의 인과관계를 규정한 우리 형법 제17조에 이미 나타나 있다.

3. 형법 제17조의 의미

(1) 법률요건과 법률효과

형법 제17조는 "어떤 행위라도 죄의 요소되는 위험발생에 연결되지 아니한 때에는 그 결과로 인하여 벌하지 아니한다."고 규정하고 있다. 형법 제17조는 여타의 법조문과 마찬가지로 법률요건과 법률효과의 두 부분으로 구성되어 있다.

---

1) 상당인과관계설을 주장하는 배종대, 152면; 오영근, 113면의 견해를 제외하면 현재 학계의 전반적인 추세는 자연과학적 인과관계의 존부를 확인하고 이어서 객관적 귀속의 관점에서 형법적 인과관계의 범위를 조절하는 방식을 취하고 있다.

법률요건의 부분은 '어떤 행위라도 죄의 요소되는 위험발생에 연결되지 아니한 때'이다.[1] 이에 대해 법률효과 부분은 '그 결과로 인하여 벌하지 아니한다'이다. 후자의 경우 '그 결과'란 '어떤 행위로 인한 결과'를 가리킨다. 결과범에 있어서 결과란 선행하는 원인행위 없이는 발생할 수 없기 때문이다.

(2) 형법 제17조의 실천적 의미

우리 입법자는 형법전을 제정함에 있어서 학설상 논란이 많은 부분을 입법적으로 해결한다는 방침을 천명한 바 있다.[2] 인과관계에 관한 형법 제17조의 규정도 이러한 노력의 일환으로 볼 수 있다.

형법 제17조가 규정됨으로써 그 동안의 논의 가운데 무의미해진 것이 있다. 인과관계부정론이 그것이다. 인과관계부정론이란 인과관계의 존부에 대한 법률적 판단을 할 필요가 없다고 보는 견해이다. 이 입장에서는 결과발생 여부에 대한 사실판단을 충실히 하면 결과범의 문제는 해결된다고 본다.

인과관계부정론에 따르면 인과관계는 사실판단의 문제이므로 인과관계의 판단오류를 대법원에 상고이유로 주장할 수 없다. 법률심인 대법원은 원칙적으로 법령위반의 문제만을 상고이유로 다루기 때문이다(형소법383 i 참조). 그러나 우리 입법자는 형법 제17조에서 인과관계를 범죄성립의 요건으로 명시함으로써 인과관계부정론을 입법적으로 배제하였다. 형법 제17조가 명시됨으로써 인과관계의 판단오류는 법령위반의 문제로서 상고이유에 해당한다.

한편 같은 맥락에서 인과관계를 불문의 구성요건요소라고 표현하는 것도 적절하지 못하다. 독일 형법의 경우에는 인과관계에 관한 조문이 없다. 인과관계의 문제는 학설·판례에 전적으로 맡겨져 있다. 이에 대해 우리 형법은 인과관계를 결과범에 있어서 범죄성립의 요건으로 명시하고 있다. 따라서 우리 형법상 인과관계는 성문의 구성요건요소에 속한다.

(3) 형법 제17조의 법률요건

(가) 자연과학적 인과관계의 확인　　　이와 같은 관점에서 형법 제17조가 규정한 법률요건 부분을 다시 본다. 이 요건은 "어떤 행위가 존재하고 그로부터 자연과학적 인과관계가 인정되는 결과가 존재한다."는 상황을 전제하고 있다. 즉 자연과학적 인과관계가 인정되는 상황을 예정하고 있는 것이다.

---

1) '위험발생'이라는 표현은 부작위범에 관한 형법 제18조에도 사용되고 있다. 이 표현은 형법총칙의 기초(起草)를 담당하였던 가인 김병로의 이론체계에서 비롯되고 있다. 전술 155면 참조.

2) 신동운 편저, 형법 제·개정 자료집, 한국형사정책연구원, (2009), 116면 참조.

자연과학적 인과관계의 판단기준에 대하여 형법 제17조는 언급하고 있지 않다. 이 부분에 대한 기준모색은 학설·판례의 몫이다. 이미 앞에서 살펴본 것처럼 자연과학적 인과관계의 판단기준으로는 합법칙적 조건설이 가장 무난하다고 생각된다.

(나) 형법적 인과관계의 범위조정　　시간적으로 선후관계에 있는 행위와 결과 사이에 자연과학적 인과관계가 인정된다면 이제 형법 제17조가 법률요건으로 설정하고 있는 표지들이 충족되는가를 살펴보아야 한다. 형법 제17조가 제시한 법률요건은 '죄의 요소', '위험발생', 그리고 '연결된다'는 세 가지 구성요소로 이루어져 있다. '죄의 요소'는 범죄의 성립요소를 의미한다. '위험발생'이란 법익침해의 가능성이 생겼음을 의미한다. '연결된다' 함은 죄의 요소되는 위험발생과 행위 사이에 연결고리가 존재함을 의미한다.

구성요건은 법익보호를 위하여 설정된다. 구성요건은 법익이 침해되거나 위태롭게 되지 않도록 하기 위하여 입법자가 설정해 놓은 위법행위의 정형이다. 구성요건요소는 구성요건을 설정할 때 사용되는 표지이다. 이 구성요건요소를 가리켜서 형법은 '죄의 요소' 또는 '죄의 성립요소'라는 표현을 사용하고 있다(법13, 14 참조).

'죄의 요소되는 위험발생'이란 당해 구성요건이 보호대상으로 삼고 있는 법익이 위태롭게 되었음을 의미한다. 이러한 위험발생이 어느 행위 때문에 야기되었다면 그 위험발생은 그 행위의 탓으로 돌아간다. 죄의 요소되는 위험발생이 어느 행위의 탓으로 돌아간다면 그 행위와 죄의 요소되는 위험발생은 서로 연결된다. 행위가 죄의 요소되는 위험발생에 연결되면 이를 매개로 하여 발생된 결과를 행위에 귀속시킬 수 있게 된다. 여기에서 객관적 귀속의 판단척도가 필요하게 되는데 형법 제17조는 이에 관하여 구체적인 언급을 하고 있지 않다. 이 기준의 모색 또한 학설·판례의 몫이다. 이에 대해서는 항목을 바꾸어서 살펴보기로 한다.

(4) 형법 제17조의 법률효과

형법 제17조는 그 법률효과에 대하여 "그 결과로 인하여 벌하지 아니한다."고 규정하고 있다. 여기에서 '그 결과'란 어느 행위와 자연과학적 인과관계를 맺고 있는 결과를 의미한다. 따라서 이를 반대해석하면 시간적으로 선후관계에 있는 행위와 결과 사이에 자연과학적 인과관계가 인정되지 않는다면 당연히 발생된 결과로 인하여 벌하지 아니한다는 결론이 도출된다.

한편 시간적으로 선후관계에 있는 행위와 결과 사이에 자연과학적 인과관계가 인정된다고 하여도 형법 제17조가 규정한 법률요건이 구비된 경우에는 발생된 결과로 인하여 벌하지 아니한다. 즉 결과범의 기수범으로 처벌하지 않는다는 것이다. 이제 형법 제17조가 법률요건으로 요구하고 있는 객관적 귀속의 척도를 살펴보아야 한다.

4. 객관적 귀속의 구체적 기준

(1) 객관적 귀속의 척도

객관적 귀속이론의 공헌은 형법적 인과관계의 판단에 있어서 규범적 척도가 불가결의 요소임을 확인한 점에 있다. 그런데 객관적 귀속이론은 규범적 척도를 논의하면서도 통일된 기준을 제시하지 못한다. 규범적 척도는 이를 논하는 사람들의 규범적 시각에 따라서 서로 차이가 날 수 있기 때문이다. 이러한 관계로 현재 객관적 귀속을 판단하는 통일적 기준은 아직 제시되어 있지 않다. 객관적 귀속의 통일적인 판단기준은 앞으로 학설·판례가 모색해야 할 과제이다.

(가) 회피가능성이론　　객관적 귀속의 척도에 관한 학설의 하나로 회피가능성이론이 제시되고 있다. 회피가능성이론이란 행위자가 회피할 수 있었음에도 불구하고 회피하지 아니한 결과는 행위자에게 귀속시킬 수 있다는 이론이다. 결과발생이 인간의 의사활동의 표현이라는 점에 주목하는 견해이다. 인간의 의사활동에 의하여 지배가능한 범위에서 객관적 귀속을 인정한다는 점에서 이 이론을 지배가능성이론이라고도 한다.

(나) 위험증대이론　　객관적 귀속의 판단기준으로 현재 주목받고 있는 이론의 하나로 위험증대의 이론이 있다. 위험증대이론이란 행위가 당해 구성요건이 보호하고 있는 법익을 위태롭게 하는 상황을 야기할 때 발생된 결과를 행위에 귀속시키도록 하자는 주장이다.[1]

위험증대의 이론에 따르면 행위가 있더라도 그로부터 당해 구성요건의 보호법익이 오히려 더 안전하게 지켜지거나 또는 동일한 상태를 유지한다면 발생된 결과를 그 행위에 귀속시킬 수 없다고 본다. 법익침해의 위험이 감소하거나 전후 동일한 경우에는 행위와 결과 사이에 자연과학적 인과관계가 인정되더라도 객관적 귀속이 부인되어 형법적 인과관계는 긍정되지 않는다는 것이다.

위험증대이론은 우리 형법 제17조의 해석과 관련하여 상당한 설득력을 가지고 있다. 형법 제17조는 '어느 행위라도 죄의 요소되는 위험발생에 연결되지 아니한 때'를 법률요건으로 설정하고 있다. 형법 제17조가 명시적으로 언급하고 있는 '위험발생'은 당해 구성요건이 보호하려는 법익침해와 관련하여 의미가 있다. 즉 새로운 법익침해가능성의 대두나 법익침해가능성의 증대가 있을 때 객관적 귀속을 인정하겠다는 의미로 해석되기 때문이다.

(2) 객관적 귀속이론에 대한 평가

(가) 일반적 평가　　객관적 귀속이론은 구체적인 개개의 행위자를 전제로 하는 책임

---

1) 의료과실의 민사책임과 인과관계 문제에 대해서는, 후술 272면.

귀속과 달리 구성요건 단계에서 통일적인 귀속의 기준을 모색하려고 노력한다. 다종다양한 사건들에 대하여 언제나 적용이 가능한 규범적 척도를 찾아내려는 시도가 객관적 귀속의 이론이다. 객관적 귀속이론은 범죄성립 여부를 검토하는 범죄론의 초입단계, 즉 객관적 구성요건 단계에서 결과범의 성립범위를 제한한다는 장점을 가지고 있다. 이러한 장점 때문에 객관적 귀속이론은 근래 급속히 그 지지자를 넓혀가고 있다.

(나) 비판론   그런데 우리 형법 제17조의 해석과 관련하여 객관적 귀속이론을 원용하는 것은 맹목적인 독일 형법이론의 번안이라는 비판이 있다. 이 입장에서는 우리 형법이 제정된 시점과 독일에서 객관적 귀속이론이 등장하게 된 시점의 시간적 선후관계를 지적한다. 우리 입법자가 형법 제17조를 제정할 당시에는 객관적 귀속이론이란 존재하지 아니하였으므로 우리 형법의 해석론으로 객관적 귀속이론을 원용하는 것은 앞뒤가 맞지 않는다는 것이다.[1]

(다) 비판론에 대한 반론   그러나 단순히 시간적 선후관계를 가지고 판단하는 것은 성급하다고 생각된다. 형법에 있어서 인과관계는 필연적으로 규범적 평가의 속성을 지닌다. 자연과학적 관점에서 인과관계를 객관적으로 확정하려고 하여도 인간의 행위에 대한 평가이기 때문에 규범적 요소를 동원하지 않을 수 없는 것이다. 우리 입법자는 이와 같은 형법적 인과관계의 특성에 주목하면서 형법 제17조를 통하여 형법적 관점에서 인과관계의 인정범위를 조절하려고 한 것이다. 이러한 규범적 측면을 조금 더 구체화하고 체계화한 것이 객관적 귀속이론이라고 할 수 있다. 따라서 형법 제17조를 해석하면서 객관적 귀속이론을 원용하는 것은 결코 논리적으로 모순되는 작업이 아니다.

〈사례 해설〉 앞에서 〔사례 38〕을 상당인과관계설의 입장에서 분석해 보았다. 이제 객관적 귀속이론을 적용하여 〔사례 38〕의 사안을 분석해 본다. 주어진 사안에서 갑의 행위는 부작위에 의한 유기행위라고 전제되어 있다. 갑의 유기행위에 뒤이어서 A의 사망이라는 결과가 발생하고 있다. 갑의 유기행위(부작위)와 A의 사망을 놓고 볼 때 양자 사이에는 조건설에 기한 자연과학적 인과관계가 인정된다(소위 투입공식의 적용). 이제 객관적 귀속의 관점에서 발생된 결과를 유기행위(부작위)의 탓으로 돌릴 수 있는가를 검토해야 한다.

객관적 귀속에 관한 이론 중 위험증대의 이론에 의하여 볼 때 〔사례 38〕의 사안에서 일견 갑의 유기행위(부작위)가 A의 생명에 대한 위험을 새롭게 야기한 것처럼 보인다. 그러나 자세히 보면 A의 사망을 갑의 유기행위(부작위) 탓으로 돌리기는 곤란하다. 갑의 유기행위 이전에 A는 이미 청산가리 중독상태에 있었다. 중독된 A는 "어어"하고 신음하면

---

1) 배종대, 155면; 오영근, 116면.

서 입에 거품을 내고 안색이 변하여 의식불명의 상태에 있어서 생명이 극도로 위태로운 상태에 있었다. 이러한 상황이라면 갑의 유기행위는 A의 생명과 관련하여 법익침해의 위험상태를 새로이 증가시킨다고 볼 수 없다. A의 사망이라는 결과는 갑의 부작위에 선행하는 고도의 위험상태에 귀속시킬 수 있을 뿐이다.

객관적 귀속이론의 관점에서 〔사례 38〕의 사안에 접근하면 A의 소생가능성을 둘러싼 여러 전문가들의 논쟁(예컨대 5%의 소생가능성 유무)을 피할 수 있다. 자연과학적 확률론에 휘말리지 아니하고 규범적 관점에서 적절한 결론에 이를 수 있기 때문이다.

(3) 과실범과 객관적 귀속이론

결과범의 처벌이 특히 문제되는 것은 과실범이다. 이론적으로 볼 때 과실범은 예외적인 범죄현상이다. 따라서 고의범에 비하여 과실범의 경우에 형사처벌의 확장을 막아야 할 필요성은 더욱 커진다. 이러한 관점에서 과실범의 경우에 특별히 제시되는 객관적 귀속의 척도로 적법한 대체행위의 이론과 규범의 보호범위의 이론이 있다.

(가) 적법한 대체행위의 이론　　　적법한 대체행위란 과실행위에 대신하여 주의의무를 다한 행위를 말한다. 과실행위 대신에 적법한 행위를 하였다고 할 때 그래도 결과가 발생할 것이라고 판단되면 객관적 귀속이 부인된다고 보는 견해를 가리켜서 적법한 대체행위의 이론이라고 한다.

과실은 주의의무위반을 의미한다. 과실행위는 주의의무에 위반하는 행위이다. 주의의무위반행위와 결과발생이 있으면 조건설은 sine qua non의 공식을 사용하여 인과관계를 판단하게 될 것이다. 그러나 적법한 대체행위의 이론은 주의의무를 다하여 적법한 행위를 하였을 때에도 결과발생이 일어날 것인가 하는 점을 추가로 묻는다. 만일 적법한 대체행위를 하였을 경우에도 결과가 여전히 일어난다고 판단된다면 발생된 결과를 과실행위의 탓으로 돌릴 수 없다. 이 경우에는 과실범의 형법적 인과관계가 부정된다. 과실범은 대부분 결과범이며 우리 형법상 과실범의 미수를 처벌하는 규정은 없다. 그렇다면 인과관계가 부정되는 과실행위는 결국 형사처벌의 대상이 되지 않는다.

(나) 규범의 보호범위 이론　　　과실범의 형법적 인과관계를 제한하는 또 다른 이론으로 규범의 보호범위의 이론이 있다. 개개의 과실범 구성요건에는 원래 그 구성요건이 보호하려는 법익이 있다. 이 법익에는 일정한 한계가 설정되어 있는데 이를 가리켜서 규범의 보호범위라고 한다. 규범의 보호범위의 이론은 과실범 구성요건이 설정한 보호범위 바깥에 존재하는 행위에 대하여 객관적 귀속을 부인하는 이론이다.

규범의 보호범위의 이론에 의하면 과실행위와 발생된 결과 사이에 자연과학적 인과관

계가 인정되더라도 문제의 과실행위가 당해 과실범 구성요건의 보호범위 바깥에 존재한다
면 객관적 귀속이 부정된다. 그 결과 형법적 인과관계도 부인된다. 과실범과 관련한 객관적
귀속의 이론은 후술하는 과실범의 설명부분에서 상세히 검토하기로 한다.[1]

제 5 절　고　　의

한국형법	독일형법
제13조〔고의〕 죄의 성립요소인 사실을 인식하지 못한 행위는 벌하지 아니한다. 다만, 법률에 특별한 규정이 있는 경우에는 예외로 한다.	제16조〔행위상황에 관한 착오〕 ① 행위를 할 때 법률상의 구성요건에 속하는 상황을 인식하지 못한 자는 고의로 행위한 것이 아니다. 과실을 이유로 하는 가벌성은 위와 관계가 없다.

제 1　고의의 체계적 지위

1. 구성요건적 고의와 책임고의

고의란 범죄실현의 인식과 의욕이다. 범죄의 실현은 작위 또는 부작위의 형태로 외부에
표현된다. 범죄실현은 단순한 신체동작이나 무위(無爲)가 아니라 일정한 정신작용에 기초한
작위 또는 부작위이다. 정신작용에서 비롯되지 아니한 작위 또는 부작위는 범죄라고 말할
수 없다.

(가) 책임고의　　범죄를 실현한다는 인식과 의욕을 가리켜서 일반적으로 고의라고
말한다. 범죄론체계와 관련하여 인과적 행위론자들은 고의를 책임단계에서 검토하였다. 인
과적 행위론자들은 일단 정신작용에 기초한 신체동작이 있으면 그것으로 행위를 인정한다.
구성요건 단계에서는 그 행위가 위법행위의 정형, 즉 구성요건에 해당하는가를 확인한다.
그 행위를 유발한 정신작용의 내용은 묻지 않는다. 행위에 구성요건해당성이 인정되면 다
음으로 그 행위의 위법성을 검토한다. 위법성은 구성요건에 해당하는 행위가 법질서 전체
에 비추어 볼 때 용납되지 않는다는 성질이다.

---

1) 후술 270면 이하 참조.

행위에 대하여 구성요건해당성과 위법성이 인정되면 인과적 행위론자들은 이 때부터 그 행위가 어떠한 정신작용에 기초하여 행해졌는가를 검토한다. 구성요건에 해당하고 위법한 행위(즉 불법)를 낳게 한 정신작용의 내용은 책임단계에서 검토된다. 인과적 행위론자들은 범죄의 실현에 이르게 한 정신작용을 책임판단의 중심요소라고 본다. 그리하여 고의는 책임요소로 파악된다. 이와 같이 책임요소로 파악되는 고의를 가리켜서 책임고의라고 한다.

(나) 구성요건적 고의　　이에 대하여 목적적 행위론자들은 목적적 조종활동이라는 정신작용이 인간행위의 본질적 속성이라고 본다. 목적적 조종활동은 행위의 불가분리적 요소이므로 위법행위의 정형을 논하는 구성요건 단계에서부터 목적적 조종활동의 내용은 검토되어야 한다. 어느 행위가 구성요건에 해당하는가를 살피려면 외부적으로 나타난 실행행위가 어떠한 정신작용에 근거를 둔 것인가를 반드시 확인하여야 한다. 그리하여 목적적 행위론자들은 고의를 구성요건의 요소로 파악한다. 이와 같이 구성요건요소로 파악되는 고의를 가리켜서 구성요건적 고의라고 한다.

(다) 고의의 이중적 지위　　사회적 행위론자들은 소위 합일태적 범죄론체계를 취한다. 인과적 행위론과 목적적 행위론의 범죄론체계를 모두 수용하려는 체계가 합일태적 범죄론체계이다. 사회적 행위론은 사회적으로 의미 있는 인간의 행태를 행위라고 본다. 사회적으로 의미 있는 인간의 행태에는 여러 가지가 있지만 그 가운데에서도 가장 현저한 것은 목적적 조종활동이다. 이렇게 보면 사회적 행위론은 목적적 행위론과 마찬가지로 구성요건적 고의를 인정하게 된다. 사회적 행위론자는 인과적 행위론과 목적적 행위론의 범죄론체계를 중첩적으로 사용하기 때문에 고의가 구성요건적 고의와 책임고의라는 형태로 두 번 검토된다. 고의가 구성요건적 고의와 책임고의의 두 가지 성격을 가지고 있다는 것을 가리켜서 고의의 이중적 지위라고 한다.

2. 고의와 고의범

(1) 객관적 구성요건요소와 주관적 구성요건요소

고의란 범죄실현을 인식하고 의욕하는 정신작용이다. 구성요건 단계에서 보면 구성요건적 고의는 구성요건의 실현을 인식하고 의욕하는 정신작용이다. 구성요건은 위법행위의 정형이다. 이 행위정형은 객관적 표지들을 통하여 그 모습을 드러내게 된다. 이 때 위법행위의 정형을 외부적으로 나타내 주는 표지들을 객관적 구성요건요소라고 한다.

구성요건적 고의는 구성요건의 객관적 요소들이 실현되는 것을 인식하고 의욕하는 것이다. 구성요건적 고의는 객관적 구성요건요소들에 상응하는 구성요건의 주관적 요소이다.

목적적 행위론이나 사회적 행위론의 범죄론체계에 의하면 구성요건은 객관적 구성요건요소와 주관적 구성요건요소로 이루어진다. 행위를 낳게 한 정신작용은 구성요건 단계에서부터 중시되기 때문이다. 구성요건을 이루는 주관적 요소를 가리켜서 주관적 구성요건요소라고 한다. 고의는 주관적 구성요건요소의 대표적인 예이다.

(2) 고의범처벌의 원칙

고의는 범죄를 실현시키는 정신작용 가운데 가장 강력한 것이다. 고의를 가지고 실현하는 범죄를 가리켜서 고의범이라고 한다. 우리 형법은 원칙적으로 고의범만을 처벌한다. 형벌이라는 최강의 강제수단은 신중하게 운용되어야 한다. 따라서 고의를 가지고 범죄행위를 하는 경우에만 형사처벌을 과하는 것이 원칙이다. 이 점은 민사상 손해배상책임이 고의뿐만 아니라 과실에 의한 행위에도 인정되는 것(민법750)과 크게 구별되는 특징이다.

고의범처벌의 원칙은 형법 제13조에 규정되어 있다. 형법 제13조 본문은 "죄의 성립요소인 사실을 인식하지 못한 행위는 벌하지 아니한다."라고 규정하고 있다. 이 규정을 뒤집어서 해석하면 죄의 성립요소인 사실을 인식하고 의욕한 행위만을 벌한다는 의미로 새길 수 있다. 즉 고의를 가지고 나아간 행위만을 처벌한다는 것이다.

이러한 원칙에 대해서는 예외가 인정된다. 형법 제13조 단서는 "다만, 법률에 특별한 규정이 있는 경우에는 예외로 한다."라고 규정하고 있다. 고의가 없어서 원칙적으로는 처벌되지 않지만 법률에 특별한 규정이 있어서 처벌되는 경우로 과실범(법14)과 결과적 가중범(법15②)이 있다. 이러한 경우에는 고의가 인정되지 않더라도 예외적으로 형사처벌이 가능하게 된다.

3. 고의의 개념정의

형법 제13조는 기본적으로 고의범만을 처벌한다는 원칙을 천명한 규정이다. 형법 제13조로부터 고의의 개념정의를 추출해 볼 수 있다. 형법 제13조는 '죄의 성립요소인 사실을 인식하지 못한 행위'라는 표현을 사용하고 있다.[1] 이 말을 '고의 없이 한 행위'라는 의미로 새긴다면 "고의란 죄의 성립요소인 사실을 인식하는 것이다."라고 정의된다. 그러나 이 개념정의는 충분하지 않다.

구성요건 단계에서 볼 때 '죄의 성립요소인 사실'이란 객관적 구성요건요소를 가리킨다. 구성요건의 객관적 요소를 실현시킨다는 점을 아는 것이 '죄의 성립요소인 사실을 인식'하

---

1) '죄의 성립요소인 사실'이라는 표현은 형법총칙의 기초(起草)를 담당하였던 가인 김병로의 이론체계 중 '적극적 범죄사실, 즉 위험성'이라는 표현에서 비롯되고 있다. 전술 155면 참조.

는 것이다. 구성요건의 객관적 요소를 실현시킨다는 점을 알면서 구성요건을 실현시키는 경우로 고의행위 이외에 과실행위가 있다. 구성요건적 결과를 발생시킬 수 있다는 것을 알면서 그러한 결과가 발생하지 아니할 것으로 믿고 행위하는 경우가 여기에 해당한다. 소위 인식 있는 과실이 바로 그것이다. 구성요건요소가 실현될 것을 알면서 행위하였다고 하여 그 행위를 곧바로 고의행위라고 말할 수는 없다. 고의는 인식 이외에 의욕이라는 요소를 본질적 속성으로 요구하고 있기 때문이다.

고의범처벌의 원칙을 규정한 형법 제13조가 '죄의 성립요소인 사실의 인식'이라는 표현만을 사용하였다고 하여 이 조문이 잘못 만들어진 것은 아니다. 고의의 본질적 요소인 인식과 의욕 가운데 인식이 없다면 당연히 고의범으로 처벌할 수 없기 때문이다. 형법 제13조에서 다소 아쉬움이 남는 것은 '의욕'의 측면을 명시하지 아니하였다는 점이다. 이 부분은 해석을 통하여 보충하여야 한다. 따라서 형법 제13조 본문은 "죄의 성립요소인 사실을 인식하지 못하였거나 그 실현을 의욕하지 아니한 행위는 벌하지 아니한다."라고 읽어야 한다 (미필적 고의의 문제는 뒤에서 상론한다).

제2 고의의 인식대상

【사례 39】 갑은 자신을 피하는 A를 만나 시시비비를 따지려고 마음을 먹었다. 갑은 A가 집에 있는지를 확인하기 위하여 A의 집 담벽에 발을 딛고 창문을 열고 안으로 얼굴을 들이밀었다. 이 순간 갑은 순찰중인 경찰관 B에 의하여 체포되었다.

위의 사안에서 갑에 대한 주거침입죄의 성립 여부를 검토해 보라. (1995. 9. 15. 94도2561, 공 1995, 3473 = 백선 총론 22. 『"얼굴만 침입" 사건』)

---

1. 고의의 인식대상

(1) 객관적 구성요건요소의 총체와 행위상황

구성요건적 고의는 구성요건의 객관적 요소들이 실현됨을 인식하고 의욕하는 것이다. 따라서 고의의 인식대상은 객관적 구성요건요소이다. 구성요건의 객관적 요소는 행위주체, 실행행위, 행위객체, 결과발생, 인과관계, 특수한 행위사정 등의 여러 표지들로 구성된다. 구성요건의 객관적 요소들을 통틀어서 독일 형법학계에서는 행위상황(Tatumstände)이라고 지칭한다.

구성요건은 위법행위의 정형이다. 이 행위정형은 구성요건표지들로 그 외관이 표시된다. 이 외관을 나타내는 표지들을 독일어로 메르크말(Merkmal)이라고 한다. 행위상황이라는 말에서 '상황'(Umstände)은 대상을 둘러싸고 있는 외곽이라는 의미를 갖는다. 이러한 관점에서 독일 형법학계에서는 고의의 인식대상을 가리켜서 행위상황이라고 말한다.

그러나 행위상황이라는 용어는 우리의 언어관용례에 의할 때 적절하지 못한 번역어이다. 우리의 언어관용례에 의할 때 행위상황이란 주간·야간 등과 같이 행위가 실행될 때 부수되는 외부적 사정을 가리키기 때문이다. 이러한 점에서 행위상황(Tatumstände)이라는 독일 형법상의 표현(독일형법16 참조) 대신에 다소 길더라도 객관적 구성요건요소의 총체라는 표현을 사용하는 것이 타당하다고 본다. 요컨대 구성요건적 고의의 인식대상은 객관적 구성요건요소의 총체이다.

구성요건적 고의의 인식대상은 객관적 구성요건요소의 총체이다. 따라서 행위주체, 실행행위, 행위객체, 결과발생, 인과관계, 특수한 행위사정 등 구성요건의 외관을 이루는 모든 표지는 고의의 인식대상이 된다.[1] 부진정부작위범의 경우에는 보증인적 지위를 발생시키는 상황이 구성요건적 고의의 인식대상에 포함된다.

구성요건적 고의가 성립하려면 객관적 구성요건요소의 총체에 대한 인식과 의욕(인용)이 인정되어야 한다. 객관적 구성요건요소를 남김없이 인식·의욕(인용)해야 하는 것이다.[2] 역으로, 객관적 구성요건요소 가운데 일부라도 인식하지 않으면 구성요건적 고의는 성립하지 않는다. 따라서 고의범으로 처벌할 수 없다. 기수범은 물론이고 미수범으로도 처벌되지 않는다. 다만 과실범 처벌규정이 있다면 별문제이지만, 이 경우에는 과실범의 핵심적 표지인 주의의무위반이 인정되어야 한다.

〈사례 해설〉 〔사례 39〕의 사안에서 문제되고 있는 것은 주거침입죄이다. 형법 제319조는 "사람의 주거 …… 에 침입한 자"를 주거침입죄의 구성요건으로 설정하고 있다. 〔사례 39〕의 사안에서 A의 집이 '사람의 주거'에 해당함에는 의문이 없다. A가 일상생활에 사용하는 건조물이기 때문이다.

이제 문제가 되는 주거침입죄의 객관적 구성요건요소는 '침입'이다. 침입이란 거주자가 주거에서 누리는 사실상의 평온상태를 해치는 행위태양으로 주거에 들어가는 것을 의미한다(2021. 9. 9. 2020도12630 전원합의체 판결). 위의 사안에서 갑이 A의 주거에 들어가는 행

---

1) "허위사실을 유포하는 방법에 의하여 타인의 업무를 방해함으로써 성립하는 업무방해죄에 있어, 허위사실을 유포한다고 함은 실제의 객관적 사실과 서로 다른 사항을 내용으로 하는 사실을 불특정 다수인에게 전파시키는 것을 말하고, 특히 이러한 경우 그 행위자에게 행위 당시 자신이 유포한 사실이 허위라는 점을 적극적으로 인식하였을 것을 요한다."

2008. 11. 27. 2008도6728, [공보불게재] = 분석 각론『소주 불매 권유 사건』.

2) 미필적 고의의 문제는 후술 215면 이하 참조.

위가 A가 주거에서 누리는 사실상의 평온상태를 해치는 행위태양으로 주거에 들어가는 것임은 두말할 필요도 없다. 이제 남은 문제는 갑이 어느 정도 들어가야 '침입'에 해당할 것인가 하는 점이다.

보통 '침입'이라고 하면 행위자의 신체가 주거에 들어가는 것을 말한다. 그리고 일반적으로 신체의 전부가 주거에 들어가는 것을 의미한다(소위 전부침입설). 만일 '침입'을 이러한 의미로 이해한다면 주거침입죄의 구성요건적 고의는 '신체의 전부가 주거에 들어간다'는 것을 그 인식내용으로 하게 된다. 고의는 구성요건요소를 남김없이 인식·의욕(인용)하는 것이기 때문이다.

그런데 〔사례 39〕의 사안에서 갑은 "신체의 전부가 들어갈 생각은 없었고 얼굴만 들이밀었을 뿐이다."라고 주장하고 있다. 그리고 이러한 주장을 부인할 객관적인 증거는 없다. 사실관계를 확정할 때 "의심스러울 때에는 피고인에게 유리하게" 판단해야 하므로 갑이 신체의 일부만을 주거에 들여놓는다는 생각을 가졌다고 인정해야 한다.

고의범이 성립하려면 구성요건적 고의가 인정되어야 한다. 주거침입죄의 경우에는 "신체의 전부가 들어간다."는 점에 대한 고의가 필요하다. 그런데 갑에게는 "신체의 일부만 들어간다."는 인식이 있을 뿐이다. 그렇다면 주거침입죄의 고의는 성립하지 않는다. 주거침입죄는 과실범을 처벌하는 규정도 없다. 그러니 갑은 완전히 무죄이다.

이러한 결론은 매우 부당하다. 위의 판례 사안에서 검사는 애당초 갑을 주거침입죄의 미수범으로 기소하였다. 그러나 미수범의 경우에도 구성요건적 고의는 기수범의 경우와 전혀 다르지 않다. 객관적 구성요건요소의 총체를 인식하고 의욕(인용)하여야 한다. 그렇기 때문에 갑을 주거침입죄의 미수범으로도 처벌할 수 없다. 고의가 인정되지 않기 때문이다.

이와 같은 상황에서 대법원은 주거침입죄의 객관적 구성요건요소인 '침입'의 개념정의를 다음과 같이 제시하였다. 「신체의 일부만 타인의 주거 안으로 들어갔다고 하더라도 거주자가 누리는 사실상의 주거의 평온을 해할 수 있는 정도에 이르렀다면 범죄구성요건을 충족하는 것이라고 보아야 할 것이[다.]」(소위 일부침입설)

주거침입죄의 객관적 구성요건요소인 '침입'이 이와 같이 좁게 해석된다면 주거침입죄의 주관적 구성요건요소인 고의도 좁게 파악된다. 그리하여 "얼굴만 들여놓겠다."는 갑의 인식과 의욕(인용)은 객관적 구성요건요소인 '침입'을 완전하게 실현시키고 있다. 그 결과 갑은 주거침입죄의 미수를 넘어서서 주거침입죄의 기수로 처벌된다. "얼굴만 들여놓았다."는 객관적 사실이 존재하고 "얼굴만 들여놓겠다."는 내심의 표상이 정확하게 일치하고 있기 때문이다.

(2) 구성요건적 고의와 인과관계

구성요건적 고의의 인식대상에는 인과관계도 포함된다. 그런데 인과관계가 구성요건적 고의의 인식대상이 아니라고 보는 견해가 있다.[1] 이 입장에서는 인과관계가 이미 일어난 행위와 이미 발생된 결과 사이의 연결관계라는 점에 주목한다. 그리하여 '이미 일어난' 행위와 결과 사이의 인과관계를 행위자가 "앞을 내다 보고" 인식 · 의욕을 할 수 없다는 것이다. 이와 같이 인과관계를 구성요건적 고의의 인식대상에서 제외하게 되면 종전에 소위 인과관계의 착오로 논의되던 문제상황은 논의의 의미가 없어지게 된다. 그리하여 이 입장에서는 종전에 논의되던 인과관계의 착오문제는 객관적 구성요건 단계에서 객관적 귀속의 이론으로 해결하면 족하다고 본다.

그러나 인과관계를 구성요건적 고의의 인식대상에서 제외하려는 시도는 객관적 구성요건과 주관적 구성요건의 판단시점을 혼동하는 오류를 범하고 있다고 생각된다. 범죄성립 여부를 검토할 때에는 객관적 구성요건을 먼저 살피고 이어서 주관적 구성요건을 검토하게 된다. 객관적 구성요건의 단계에서는 주어진 증거를 가지고 행위주체, 실행행위, 행위객체, 결과발생, 행위와 결과 사이의 인과관계 등을 확정해 나간다. 이 단계에서는 주어진 증거를 가지고 과거에 일어난 사실을 재현하는 작업이 주가 되기 때문에 객관적 구성요건요소의 존부를 확인하는 일은 자연히 재판시점에서 행하는 사후판단의 작업이 된다.

이에 대하여 주관적 구성요건의 단계에서는 일반적 행위자의 내면적 활동이 문제된다. 구성요건의 실현에 대한 인식과 의욕이라는 행위자의 내면적 활동은 행위시점을 기준으로 판단하지 않으면 안 된다. 목적적 조종활동이라는 관점에서 볼 때 목표의 설정과 수단의 선택, 그리고 선택된 수단의 투입이라는 일련의 과정은 모두 장래지향적인 의미를 갖는다. 이러한 과정에서 구성요건적 고의의 인식대상인 인과관계는 행위시점을 기준으로 하여 앞으로 전개될 것이라고 행위자가 인식 · 의욕한 인과관계를 말한다.

이와 같이 객관적 구성요건의 영역에 위치하는 인과관계와 구성요건적 고의의 인식대상이 되는 인과관계는 판단의 기준시점이 서로 다르다. 전자의 인과관계는 사후판단을 요하는 것이라면 후자의 인과관계는 행위시점에서 요구되는 것이다. 이와 같은 기준시점의 차이만 염두에 둔다면 구성요건적 고의의 인식대상에 객관적 구성요건의 요소인 인과관계가 포함되지 아니할 이유는 아무 것도 없다.

결과범에 있어서 인과관계의 구체적인 진행을 행위자가 빠짐없이 인식하는 것은 흔한 일이 아니다. 이러한 사정을 감안할 때 인과관계의 진행은 행위자가 행위시점에 기본이 되는 중요한 줄거리를 인식하기만 하면 구성요건적 고의는 인정된다. 그러나 기본적으로 중요한 흐름조차 인식하지 못하였다면 인과관계에 대한 구성요건적 고의는 부정된다.

---

1) 이정원, 116면 이하.

(3) 객관적 처벌조건과 소송조건

구성요건은 위법행위의 정형을 나타내는 표지들로 이루어져 있다. 그런데 구성요건을 규정한 형벌법규가 때로는 그 밖의 요소들을 함께 규정하고 있는 경우도 있다. 이에 해당하는 것으로 객관적 처벌조건이나 소송조건 등을 생각할 수 있다. 이러한 사유들은 설사 동일한 형벌법규 내에 규정되어 있다고 하더라도 엄밀한 의미에서 구성요건(즉 위법행위의 정형)의 객관적 요소라고 할 수 없다. 따라서 이러한 사유들은 구성요건적 고의의 인식대상이 되지 않는다.

사전수뢰죄를 규정한 형법 제129조 제2항은 뇌물을 수수한 자가 '공무원 또는 중재인이 된 때'를 범죄성립의 요건으로 설정하고 있다. 그런데 '공무원 또는 중재인이 된 때'란 객관적인 사정일 뿐 고의의 인식대상이 되지 않는다. 이러한 사정은 입법자가 정책적 이유에서 설정해 놓은 객관적 사유, 즉 객관적 처벌조건이기 때문이다.

형법 제311조는 모욕죄를 규정하고 있다. 한편 형법 제312조 제1항은 "…… 제311조의 죄는 고소가 있어야 공소를 제기할 수 있다."고 규정하여 모욕죄를 친고죄로 하고 있다. 형법 제312조 제1항이 규정한 고소의 요건은 피해자를 보호하기 위해 정책적으로 설정된 것이다. 이 경우 친고죄의 고소는 검사가 유효하게 공소를 제기하기 위해 설정된 요건으로서 소송조건을 이룬다. 고소는 소송조건이므로 구성요건적 고의의 인식대상이 되지 않는다.

2. 초과주관적 구성요건요소

(1) 초과주관적 구성요건요소와 초과객관적 구성요건요소

구성요건은 위법행위의 정형이다. 구성요건은 객관적 구성요건과 주관적 구성요건으로 이루어진다. 주관적 구성요건의 요소인 구성요건적 고의는 객관적 구성요건요소의 총체를 인식대상으로 한다. 그렇다면 객관적 구성요건요소의 총체와 구성요건적 고의는 그 범위가 일치하는 것이 원칙이다.

그런데 이러한 원칙에 대하여 예외가 인정되는 경우가 있다. 한 가지는 객관적 구성요건요소가 구성요건적 고의의 인식범위를 초과하는 경우이다. 이러한 경우에 구성요건적 고의의 인식범위를 초과하여 구성요건의 객관적 요소로 요구되는 표지를 가리켜서 초과객관적 구성요건요소라고 한다. 초과객관적 구성요건요소의 예로는 앞에서 살펴본 객관적 처벌조건이 있다.

다른 하나의 예외는 주관적 구성요건의 범위가 객관적 구성요건요소의 총체를 넘어서는 경우이다. 이 경우에는 구성요건적 고의 이외에 추가적 요소가 주관적 구성요건요소로 요구된다. 이 때 구성요건적 고의 이외에 추가적으로 요구되는 주관적 구성요건요소를 가리켜서 초과주관적 구성요건요소라고 한다. 초과주관적 구성요건요소는 행위자가 실현시키는 불법(즉 구성요건에 해당하는 위법한 행위) 가운데 결과불법보다 행위불법을 더욱 강조하려고 할 때 입법자가 사용하는 표지이다.

(2) 목적범, 경향범, 표현범

(가) 목적범　　초과주관적 구성요건요소의 예로는 목적범에 있어서의 목적, 경향범에 있어서의 경향성, 표현범에 있어서의 표현성 등이 거론되고 있다. 목적범이란 일정한 목적의 달성을 의욕하는 범죄를 말한다. 그렇지만 반드시 그 목적을 달성하지 아니하여도 구성요건해당성이 인정되는 범죄이다. 내란죄(법87)는 '국토를 참절할 목적'이나 '국헌을 문란할 목적'을 가지고 다수자가 단체를 이루어 폭동에 나아갈 때 성립하는 범죄이다. 이 내란목적이 달성되면 내란행위를 처단할 법공동체는 더 이상 존재하지 않게 된다. 따라서 내란죄에 있어서 내란목적은 처음부터 객관적 구성요건의 영역 내에 위치할 수 없으며 초과주관적 구성요건요소로 규정될 수밖에 없다.

(나) 경향범　　초과주관적 구성요건요소의 다른 예로 경향범이 있다. 경향범이란 구성요건을 실현함에 있어서 일정한 방향으로 나아가려는 주관적 경향성이 요구되는 범죄를 말한다. 경향범의 예로는 각종 성범죄를 들 수 있다.

강제추행죄(법298)의 경우에 구성요건의 실행행위는 폭행 또는 협박으로 사람에 대하여 추행을 하는 것이다. 추행이란 사회의 건전한 성풍속에 반하는 행위이다. 그런데 사회 일반인들의 건전한 성풍속에 반하여 보통사람들이 눈살을 찌푸리는 행위를 한다고 하여도 그 행위가 곧바로 추행에 해당하지는 않는다. 추행에 해당하려면 그 행위가 건전한 성풍속에 반할 뿐만 아니라 피해자의 성적 자기결정권을 침해하려는 경향성이 그 행위에 나타나 있어야 한다. 만일 어느 행위가 이러한 경향성을 띠지 않는다면, 경우에 따라서 공연음란죄(법245)가 성립되는 것은 몰라도, 강제추행죄(법298)는 성립하지 않는다.[1]

경향범의 또 다른 예로 공연음란죄가 있다. 공연음란죄(법245)는 공연(公然)히 음란한 행위를 하는 것이다. 음란한 행위는 일반 보통인의 성욕을 자극하여 성적 흥분을 유발하고 정상적인 성적 수치심을 해하여 성적 도의관념에 반하는 행위를 말한다. 음란한 행위는 추행과 달리 행위자에게 성욕의 흥분이나 만족 등의 성적인 목적을 요하지 않는다. 역으로 단순히 알몸을 지나치게 노출하는 것만으로는 음란한 행위에 해당하지는 않는다. 일반인에게 성적 흥분을 유발하여 성적 도의관념에 반하지 않는다면 음란한 행위라고 볼 수 없

---

1) 2012. 7. 26. 2011도8805, 공 2012하, 1527 = 분석 총론 『온천동 성기노출 사건』.

기 때문이다.[1]

(다) 표현범   초과주관적 구성요건요소의 또 다른 예로 표현범이 있다. 표현범이란 내심의 의사를 외부에 표현하는 범죄를 말한다. 내면의 인식상태를 외부에 일정한 방식으로 전하는 범죄유형이다. 표현범의 예로 국기비방죄(법106)를 들 수 있다. 국기비방죄는 국기를 비방하는 죄이다. '비방'은 헐뜯어서 말한다는 의미를 가지고 있다. 따라서 단순히 국기에 대한 배례를 거부한 것만으로는 국기비방죄가 성립하지 않는다.[2]

표현범의 다른 예로 위증죄(법152)를 들 수 있다. 위증죄는 "기억나는 대로 진실하게 진술하겠다."고 선서한 증인이 자신의 기억에 반하여 다른 사실을 진술할 때 성립하는 범죄이다. 선서를 통하여 내심의 인식상태와 외부의 표현 사이에 어긋남이 없도록 하려는 것이 위증죄의 본질이라고 보면 위증죄는 표현범에 해당한다. 이 때문에 설사 거짓 증언한 증인의 진술내용이 우연히 객관적 진실과 맞아 떨어진다고 하여도 위증죄는 여전히 성립하게 된다(소위 주관설).[3]

목적범, 경향범 및 표현범은 초과주관적 구성요건요소를 포함하고 있는 범죄유형으로 분류된다. 그런데 이 가운데 목적범은 당해 구성요건에서 '……할 목적으로'라는 표지가 명시되어 있다. 이에 대해 경향범이나 표현범은 그와 같은 별도의 구성요건표지가 명시되어 있지 않다. 이 때문에 경향범이나 표현범의 경우에 일정한 경향성이나 표현성이 초과주관적 구성요건요소인가에 대하여 의문이 제기된다.

엄밀하게 말하자면 객관적 구성요건요소는 행위자의 내심상태에 관계없는 순수한 객관적 요소를 말한다. 이렇게 본다면 일정한 경향성이나 표현성은 순수하게 행위자의 내심세계에 존재하는 요소이므로 개념정의상 초과주관적 요소라고 하지 않을 수 없다. 그러나 경향범이나 표현범의 경우에 경향성이나 표현성은 객관적 구성요건요소와 밀접불가분하게 관련을 맺고 있다. 그리하여 문제의 경향성이나 표현성은 그 자체로 독자성을 가지기보다는 그와 관련을 맺고 있는 개개의 객관적 구성요건요소에 대한 해석지침으로 작용하게 된다.

(3) 목적의 증명

목적범의 목적은 초과주관적 구성요건요소로서 객관적 구성요건요소의 총체를 넘어서는 범위에서 요구되는 것이다. 그러므로 목적이 객관적으로 실현됨을 요하지 않는다. 그러나 목적의 실현에 대한 인식과 의욕은 구성요건적 고의와 마찬가지로 요구된다.

---

1) 2004. 3. 12. 2003도6514, 공 2004, 673 = 백선 총론 25. 참고판례 1. 『"술은 어디로 먹나" 사건』.
2) 1975. 5. 13. 74도2183, 판례월보 1975년 59호 63면 = 분석 각론 『국기 배례 사건』.
3) 1996. 8. 23. 95도192, 공 1996, 2931 = 분석 각론 『역삼동 대지 사건』.

목적범에 있어서 목적은 고의와 별도로 요구됨은 물론 엄격한 증명의 대상이 된다. 목적에 대한 증명책임은 고의와 마찬가지로 검사에게 있다. 행위자가 목적범의 객관적 구성요건에 해당하는 행위를 하였다는 사실만으로 목적을 추정할 수는 없다. 다만 행위자에게 목적이 있음을 증명할 직접증거가 없는 경우에도 간접사실을 종합적으로 고려하여 목적 유무를 판단할 수 있다.[1)]

(4) 목적의 인식 정도

목적범의 경우에 목적의 실현에 대한 인식이 어느 정도에 이르러야 할 것인지 문제된다. 이 문제는 특히 목적의 입증 정도와 관련하여 중요한 의미를 가지고 있다.

(가) 미필적 인식설　　　목적범에 있어서 목적의 인식 정도에 대해 적극적 의욕이나 확정적 인식까지는 필요 없고 미필적 인식으로 족하다고 보는 견해이다.[2)] 지금까지 판례의 주류적 견해였다고 할 수 있다.[3) 4)] 구성요건적 고의에서 미필적 고의가 고의로 인정되는 것처럼 목적범의 목적에 있어서도 목적의 미필적 인식으로 족하다는 것이다.

(나) 유형적 검토설　　　구체적인 목적범의 특성에 따라 목적의 인식과 입증 정도를 달리 판단해야 한다는 견해이다.[5)] 이 입장에서는 목적범에서 목적으로 규정된 효과 발생의 가능성에 대한 미필적 인식이 있으면 바로 그 목적의 존재를 인성할 수 있다고 해석되는 경우와 미필적 인식에서 더 나아가서 목적하는 효과 발생을 적극적으로 의욕 또는 추구할 때에만 목적의 존재를 인정할 수 있다고 해석되는 경우 사이에는 목적의 존재를 인정하기 위하여 필요한 증명의 정도 등에서 실질적인 차이가 있다고 본다.[6)]

유형적 검토설의 입장에서는 목적범 중에서도 타인을 비방할 목적의 명예훼손죄(법309), 체포를 면탈할 목적 등의 준강도죄(법335) 등과 같이, 객관적 구성요건요소인 행위가 이루어지면 별도의 다른 행위가 없어도 바로 목적으로 규정된 효과가 발생할 수 있는 경우에는 목적의 미필적 인식으로 족하다고 본다.

이에 반해 행사할 목적을 요구하는 문서위조죄(법225, 231 등), 추행등 목적의 약취·유

---

1) 2024. 1. 4. 2023도2836, 공 2024상, 417 = 『마스크 매점매석 사건』 ☞ 1004면.

2) 2010. 7. 23. 2010도1189 전원합의체 판결 다수의견, 공 2010하, 1696 = 백선 총론 25. 『실천연대 자료집 사건』.

3) 1992. 3. 31. 90도2033, 공 1992, 1466 = 백선 총론 25. 『새벽 6호 사건』.

4) 2009. 5. 28. 2009도1446, 공 2009, 1072 = 분석 총론 『시세조정 목적 사건』.

5) 2010. 7. 23. 2010도1189 전원합의체 판결 소수의견, 공 2010하, 1696 = 백선 총론 25. 『실천연대 자료집 사건』.

6) 2010. 7. 23. 2010도1189 전원합의체 판결 소수의견, 공 2010하, 1696 = 백선 총론 25. 『실천연대 자료집 사건』.

인죄(법288), 판매 목적의 아편 등 소지죄(법198), 누설 목적의 외교기밀 탐지·수집죄(법113②) 등과 같이 객관적 구성요건 행위 외에 행위자나 제3자의 별개 행위가 추가되어야 목적이 달성되는 경우에는 미필적 인식을 넘어서서 목적의 확정적 인식이 필요하다고 본다.

또한 별도의 행위 없이 목적하는 효과가 발생할 수 있는 경우라고 하여도 내란목적살인(법88), 모해위증(법152②) 등과 같이 그 목적으로 된 효과가 통상적으로 수반되는 것이 아니라 여러 개의 발생 가능한 효과 중 하나에 불과한 경우라면 목적의 확정적 인식이 필요하다고 본다.

(다) 사 견   목적범의 목적은 초과주관적 구성요건요소로서 해당 구성요건의 지나친 확대적용을 방지하기 위하여 요구되는 경우가 많다. 이 점에서 볼 때 목적범의 유형에 따라 목적의 인식 정도와 입증 정도를 달리 취급하려는 시도는 어느 정도 타당성이 있다.

그러나 지극히 다양한 형태의 목적범에 대해 개별적·구체적으로 목적의 인식 정도와 입증 정도를 다르게 판단하는 것은 법적용의 균질성과 통일성 담보라는 관점에서 논란의 여지가 없지 않다. 고의범의 경우 다양한 범죄형태를 상정할 수 있음에도 불구하고 입법자가 특별히 고의의 형태를 제한하지 않는 한 미필적 인식으로 족하다고 판단하는 것도 법적용의 균질성을 담보하기 위한 노력의 표현이라고 할 수 있다. 이 점에서 볼 때 목적범에 있어서 목적의 인식 정도는 미필적 인식으로 족하다고 판단된다.

3. 구성요건적 고의와 불법인식

구성요건적 고의의 인식대상은 객관적 구성요건요소의 총체이다. 구성요건에 해당하는 행위가 전체법질서에 위반된다는 점은 구성요건적 고의의 인식대상이 되지 않는다. 구성요건에 해당하고 위법한 행위를 가리켜서 **불법**이라고 한다. 행위가 구성요건에 해당하고 위법하다는 인식을 불법인식이라고 한다. 불법인식은 일단 구성요건에 해당하며 위법하다고 판단된 행위가 존재할 때 그 행위가 전체법질서에 위반한다는 점을 구체적 행위자가 인식하는 것이다. 행위가 구성요건에 해당하는가를 판단하는 단계에서는 아직 불법인식이 논의될 여지가 없다. 불법인식은 구성요건적 고의의 영역에 속하지 않는다. 불법인식은 책임의 요소이다.

경험적으로 볼 때 구성요건적 고의를 가지고 행위에 나아갈 때에는 구체적 행위자에게 불법인식이 있는 것이 보통이다. 그러나 이와 같은 통계적 수치를 이유로 구성요건적 고의가 불법인식을 그 내용으로 하고 있다고 말할 수는 없다. 예컨대 살인죄의 경우에 행위자가 살인행위를 하면서 "나의 행위는 법령에 의하여 죄가 되지 않는다."고 오인할 수도 있기 때문이다(법16 참조). 이 경우 오인은 구성요건에 해당하는 행위가 전체법질서에 위반함에도 불구하고 행위자 자신은 자기의 행위가 법질서에 반하지 않는다고 생각하는 것이다.

구성요건적 고의는 객관적 구성요건요소의 총체를 인식대상으로 삼는다. 만일 이 인식대상 가운데 어느 하나라도 인식하지 못하면 구성요건적 고의는 인정되지 않는다. 구성요건적 고의가 인정되지 않으면 고의범으로 처벌할 수 없다. 형법 제13조 본문은 "죄의 성립요소인 사실을 인식하지 못한 행위는 벌하지 아니한다."고 규정하여 이 점을 분명히 밝히고 있다.

이에 대하여 불법인식은 설사 그 인식이 없더라도 곧바로 처벌이 부정되는 것은 아니다. 형법 제16조는 "자기의 행위가 법령에 의하여 죄가 되지 아니하는 것으로 오인한 행위는 그 오인에 정당한 이유가 있는 때에 한하여 벌하지 아니한다."고 규정하고 있다. 형법 제16조는 형법 제13조와 달리 무조건적으로 처벌하지 않는 것이 아니라 "정당한 이유가 있는 때에 한하여" 형사처벌을 하지 않는다. '정당한 이유'와 '한하여'라는 이중의 제한장치가 설정되어 있는 것이다.

4. 기술적 구성요건요소와 규범적 구성요건요소

구성요건의 객관적 요소들은 기술적(記述的) 요소와 규범적 요소로 나누어진다. 기술적 구성요건요소란 행위의 외관을 있는 그대로 나타내는 구성요건표지이다. 예컨대 사람, 상해, 공무원 등이 그것이다. 이에 대하여 규범적 구성요건요소는 단순한 외관이 아니라 그 의미내용이 문제되는 구성요건표지이다. 규범적 구성요건요소의 예로 형법 제244조에 규정된 '음란'의 표지가 있다.

형법 제244조는 판매할 목적을 가지고 음란한 물건을 제조하는 행위를 처벌하고 있다. 예컨대 성적 자극이 심한 소설작품을 집필한 소설가 갑이 음란물제조죄로 기소되었다고 하자. 이 경우 소설가 갑은 자신의 작품이 기존의 고정관념을 탈피하여 문학의 새로운 지평을 연 것이라고 주장한다. 이에 대하여 다른 사람들은 그 소설이 건전한 성적 도의감정 내지 성풍속에 비추어 볼 때 도저히 용납할 수 없는 것이라고 생각하고 있다. 이러한 상황에서 행위자에게 '음란'이라는 구성요건요소에 대한 인식이 있다고 할 것인지 문제된다.

형법 제244조는 음란물제조죄의 구성요건을 설정하면서 '음란'이라는 표지를 사용하고 있다. 이 음란성 표지는 객관적 구성요건요소이다. 그런데 행위자는 자신의 작품이 음란하지 않다고 생각하고 있다. 그렇다면 행위자는 음란성이라는 객관적 구성요건요소를 인식하지 못한 것이 된다. 이 경우 행위자는 형법 제13조를 내세워 범죄불성립을 주장할 가능성이 있다. 그러나 이러한 결론은 지나치게 성급한 것이다.

음란성이라는 표지는 규범적 구성요건요소이다. 규범적 구성요건요소는 사회 일반인들이 부여하는 의미내용을 특징으로 하는 구성요건표지이다. 음란성은 객관적 · 자연적으로 존재하는 행위의 외관이 아니다. 사회 일반인의 건전한 성적 도의감정에 비추어 볼 때 지나치게 성욕을 자극하거나 흥분시킨다는 성질이다.[1]

음란성의 예에서 보는 것처럼 규범적 구성요건요소의 경우에는 행위자가 어떠한 인식을 가졌는가 하는 점은 중요시되지 않는다. 이 경우에는 사회 일반인들이 부여하는 의미내용이 중요하다. 규범적 구성요건요소의 인식 여부를 판단할 때에는 사회 일반인을 구체적 행위자의 위치에 두고 그 일반인은 어떠한 인식을 가졌을 것인가 하는 점을 검토하여야 한다.[2] 이와 같이 보통의 일반인을 구체적 행위자의 위치에 놓고 규범적 구성요건요소에 대한 인식을 판단하는 과정을 가리켜서 문외한의 평행한 평가라고 한다.

제3 고의의 종류

1. 확정적 고의와 불확정적 고의

구성요건적 고의는 구성요건의 객관적 요소를 실현시킨다는 점에 대한 인식과 의욕이다(미필적 고의의 문제는 후술한다). 구성요건적 고의를 의욕의 측면에서 분석하면 확정적 고의와 불확정적 고의로 나누어 볼 수 있다.

확정적 고의는 구성요건의 실현을 확실히 인식하면서 이를 적극적으로 의욕하는 것이다. 확정적 고의는 다시 두 가지 하위유형으로 세분된다. 하나는 행위자가 구성요건의 실현 그 자체를 자기 행위의 목표로 삼는 경우이다. 예컨대 아버지 A를 살해한 B에게 복수를 하기 위하여 아들 갑이 B를 죽이는 사례가 여기에 해당한다. 이 경우 B를 살해하는 것이 갑의 범행목표이다.

다른 하나는 행위자가 구성요건의 객관적 요소를 실현시킨다는 점을 확실히 인식하고 의욕하지만 구성요건의 실현 자체는 목표가 아닌 경우이다. 예컨대 택시강도 갑이 택시기사 A에게서 돈을 빼앗은 뒤 A를 살해하는 경우를 생각해 보자. 택시강도 갑은 자신이 택시기사 A를 살해한다는 점을 확실히 인식하고 또한 의욕하고 있다. 그러나 A의 살해는 그 자체가 갑의 범행목적은 아니다. 돈을 빼앗거나 증거를 인멸하는 것이 목적일 뿐이다.

위의 두 경우는 모두 구성요건의 실현을 확실히 인식하고 의욕하였다는 점에서 확정적 고의로 분류된다. 독일 형법학에서는 전자를 제1도 직접고의, 후자를 제2도 직접고의라고 부르기도 한다. 그러나 우리 입법자는 독일의 경우와 같이 확정적 고의를 제1도 직접고의

---

1) 2004. 3. 12. 2003노6514, 공 2004, 673 = 백선 총론 25. 참고판례 1. 『"술은 어디로 먹나" 사건』.
2) 2017. 6. 8. 2016도21389, 공 2017하, 1499 =『동업자 나체사진 전송 사건』☞ 1047면.

와 제2도 직접고의로 세분하여 구성요건을 만들지 않는다.

확정적 고의에 대립하는 것이 불확정적 고의이다. 불확정적 고의는 구성요건의 실현을 적극적으로 인식하거나 의욕하지 않는 경우이다. 구성요건의 실현을 적극적으로 의욕하지 않지만 구성요건이 실현될 수도 있다는 점을 인식하면서 이를 소극적으로 용인(容認)하는 것이다. '용인한다' 함은 구성요건의 실현을 받아들인다는 말이다.

2. 택일적 고의와 개괄적 고의

불확정적 고의의 예로 갑이 A와 B가 함께 있는 자리에 총을 쏘면서 A와 B 어느 쪽이 맞아도 상관없다고 생각하는 경우를 들 수 있다. 이 사례에서 살인죄의 행위객체는 구체적으로 특정되어 있지 않다. 이러한 불확실성 때문에 이와 같은 사례군을 가리켜서 '불확정적 고의'라고 설명한다. 그렇지만 엄밀한 의미에서 행위객체가 꼭 불확실한 것은 아니다. A와 B라는 대상은 이미 특정되어 있으나 그중 어느 사람에게 결과가 발생할 것인가를 특정해 놓지 아니하였을 뿐이다. 이와 같이 여러 개의 행위객체가 특정되기는 하였으나 구체적으로 결과가 발생할 행위객체가 특정되지 아니한 상태의 고의를 가리켜서 택일적 고의라고 한다. 택일적 고의는 양자택일적 고의와 다자택일적 고의로 나눌 수 있다.

택일적 고의를 개괄적 고의라고 표현하는 사람들이 있다. 여러 개의 행위객체를 함께 묶어서 고의의 인식대상으로 삼고 있다는 점을 나타내기 위하여 '개괄적 고의'라는 표현을 사용하는 것이라고 생각된다. 그러나 개괄적 고의는 후술하는 인과관계의 착오문제에서 논하는 것처럼 여러 개의 순차적인 행위를 함께 묶어서 고의의 인식대상으로 삼는 경우를 지칭하는 것이 더 적당하다고 생각된다. 그러므로 본서에서는 택일적 고의의 사안에 대해서는 개괄적 고의라는 표현을 사용하지 않기로 한다.

3. 미필적 고의와 지정고의

불확정적 고의의 대표적인 예는 미필적 고의이다. 미필적 고의에서 미필적(未必的)이라 함은 "반드시 그렇지는 않다."는 의미이다. 구성요건의 실현이 반드시 이루어진다고 인식하고 의욕하면 그것은 확정적 고의이다. 이에 대하여 반드시 구성요건이 실현되는 것은 아니라는 생각을 가지고 범행에 나아간다면 그것은 미필적 고의이다.

확정적 고의와 불확정적 고의는 양자 모두 고의라는 점에서 같다. 따라서 불확정적 고의가 인정되더라도 고의범이 성립하는 데에는 지장이 없다.[1] 다만 입법자가 특정한 형벌법규를

---

1) 2004. 6. 24. 2002도995, 공 2004, 1255 = 백선 총론 23. 참고판례 1. 『보라매 병원 사건 3』.

제정하면서 미필적 고의는 배제하고 확정적 고의만을 처벌대상으로 삼는 경우가 있다. 예컨대 국가보안법 제5조 제1항은 반국가단체의 구성원 등을 지원할 목적으로 '자진하여' 일정한 목적수행행위를 한 자를 처벌하고 있다. 국가보안법 제5조 제1항이 설정하고 있는 '자진하여'라는 표지는 이 조문의 적용범위를 확정적 고의의 경우로 한정하기 위하여 사용된 것이다.

미필적 고의를 배제하고 확정적 고의만을 주관적 구성요건요소로 요구하는 경우에 그 고의를 가리켜서 지정고의(知情故意)라고 한다. 지정고의의 형태로 고의범의 성립범위가 제한되는 것은 매우 이례적이다. 어떠한 경우가 여기에 해당하는가는 일률적으로 말할 수 없다. 이 문제는 개별적인 조문을 놓고 해석을 통하여 구별해야 할 사항이다. 지정고의와 같은 예외적인 경우를 제외하면 확정적 고의와 불확정적 고의 사이에는 원칙적으로 아무런 차이가 없다. 양자 모두 고의로서 고의범의 성립요소가 된다.[1]

4. 미필적 고의와 인식 있는 과실

【사례 40】 갑은 (연도 생략) 11. 13. 17 : 00경 금품을 갈취할 목적으로 [13세 미만] 중학생 A를 아파트에 유인하여 양 손목과 발목을 묶고 입에는 반창고를 붙이고 얼굴에는 모포를 씌워 포박, 감금한 후 수 차례 그 방에 출입하였다.

11. 15. 07 : 30경 갑이 다시 그 아파트에 들어갔을 때 A는 탈진상태에 빠져 있었다. 갑은 A에게 박카스를 먹여보려고 하였으나 입에서 흘려버릴 뿐 마시지 못하기에 A의 얼굴에 모포를 다시 덮어 씌워놓고 그대로 아파트에서 나와 버렸다. 그 때 갑은 A를 그대로 두면 죽을 것 같은 생각이 들어 병원에 옮기고 자수할 것인가 아니면 스스로 자살할 것인가 등을 두루 고민하다가 결국 병원에 옮기고 자수할 용기가 나지 않아 그대로 나와 버렸던 것이다. 그런데 갑은 A 및 A의 부모와 면식이 있는 사이였다. 갑이 직장에 갔다가 같은 날 14 : 00경에 돌아와 보니 A는 이미 죽어 있었다.

갑은 「특정범죄 가중처벌 등에 관한 법률」 제5조의2에 규정된 [13세 미만] 미성년자유괴살인죄로 기소되었다. 갑의 변호인은 피고인에게 유괴살인죄가 아니라 미성년자약취죄(법287)와 유기치사죄(법275)의 실체적 경합이 성립할 뿐이라고 주장하였다. [13세 미만] 미성년자유괴살인죄(특가법5의2② ii)가 인정되면 법정형이 사형 또는 무기징역임에 반하여 미성년자약취유인죄와 유기치사죄의 실체적 경합이 인정되면 사형이나 무기징역은 피할 수 있기 때문이었다.

[13세 미만] 미성년자유괴살인죄가 성립하려면 유괴뿐만 아니라 살인의 점에 대한 고의도 인정되어야 한다. 검사는 갑에게 살인의 고의가 있다고 주장하였고 갑의 변호인은 피고인에게 A의 살해에 대한 고의가 없으므로 사망의 부분에 대해서는 유기

---

[1] 사전고의와 사후고의에 관하여는 후술 249면 참조.

치사죄가 성립할 뿐이라고 다투었다.

갑에 대한 [13세 미만] 미성년자유괴살인죄의 인정은 가능한가? (1982, 11, 23, 82도 2024, 공 1983, 238 = 백선 총론 14,『주교사 사건』)

(1) 미필적 고의와 인식 있는 과실의 구별실익

미필적 고의와 유사하지만 구별되는 것으로 인식 있는 과실이 있다. 인식 있는 과실은 구성요건이 실현될 여지가 있음을 인식하면서도 자신의 경우에는 구성요건이 결코 실현되지 않을 것이라고 신뢰하는 경우이다. 인식 있는 과실은 구성요건의 실현가능성을 인식한다는 점에서 미필적 고의와 유사하다. 그러나 인식 있는 과실은 미필적 고의와 달리 고의가 아니다. 이 때문에 인식 있는 과실이 인정되는 경우에는 고의범이 성립하지 않는다. 과실범 처벌규정이 있는 경우에 예외적으로 처벌될 뿐이다.

〈사례 해설〉 〔사례 40〕의 사안에서 관건은 갑에게 A의 사망에 대한 고의가 인정되는가 하는 점에 있다. 사안에서 갑은 사망의 결과발생을 의욕한 바 없다. 따라서 확정적 고의는 인정되지 않는다. 그러나 갑은 결과발생의 가능성을 내심으로 인정하면서 그럼에도 불구하고 A의 구조(작위의무)를 다하지 아니한 부작위로 나아가고 있다. 갑의 부작위는 살인죄의 객관적 구성요건요소인 '살해'에 해당한다(여기에서 부진정부작위범의 문제는 별도로 다루지 않기로 한다). 이러한 상황에서 만일 갑에게 미필적 고의가 인정된다면 유괴살인죄가 성립할 것이다. 미필적 고의도 고의임에는 변함이 없기 때문이다. 이에 대하여 미필적 고의가 부정된다면 갑의 행위는 유기치사죄에 그치게 될 것이다.

(2) 가능성과 개연성

미필적 고의와 인식 있는 과실의 구별에 관하여 가능성설, 개연성설, 용인설, 감수설 등의 학설이 주장되고 있다. 각 학설의 대립은 고의의 구성요소인 인식과 의욕의 양 측면 가운데 어느 것을 어느 정도로 중시할 것인가 하는 점을 둘러싸고 발생한다. 이 학설들을 검토하기에 앞서서 먼저 정리해 놓아야 할 개념들이 있다.

구성요건이 실현될 것인가 아닌가 하는 점을 놓고 통계적 관점에서 확률을 추산해 볼수 있다. 확률의 정도를 보면 (가) 구성요건이 실현될 여지가 전무한 경우, (나) 구성요건이 실현될 여지가 다소라도 있는 경우, (다) 구성요건이 실현될 여지가 상당히 높은 경우, (라) 구성요건이 실현될 것이 거의 확실한 경우 등으로 나누어진다. 이 때 (나)의 "구성요건이 실현될 여지"를 가리켜서 가능성이라고 한다. 그리고 구성요건이 실현될 여지가 있는 경우를 가리켜서 구성요건이 실현될 "가능성이 있다."고 한다.

(다)의 경우는 구성요건이 실현될 여지, 즉 '가능성'이 상당히 높은 경우이다. 가능성이 상당히 높다는 성질을 가리켜서 개연성이라고 한다. "가능성이 상당히 높다."는 말을 줄여서 표현하면 "개연성이 있다."는 말로 된다. 그런데 우리의 언어관용례에 의하면 "개연성이 있다."는 말보다는 "개연성이 높다."는 표현이 많이 사용된다. 이 말은 "높은 가능성이 높다."는 것으로서 중복된 표현이라고 할 수 있다.

(3) 가능성설과 개연성설

이러한 용어사용례를 가지고 미필적 고의와 인식 있는 과실의 구별기준을 살펴보기로 한다. 미필적 고의와 인식 있는 과실의 구별기준으로 먼저 가능성설을 생각할 수 있다. 가능성설이란 구성요건이 실현될 가능성이 있음을 인식하기만 하면 미필적 고의를 인정하는 견해이다. 가능성설은 구성요건의 실현에 대한 인식의 측면만을 중시한다. 이 점에서 가능성설은 인식과 의욕으로 구성되는 고의의 본질적 구조에 반한다는 비난을 면하기 어렵다. 이 때문에 가능성설은 독자적인 학설로 주장되지 않는다.

가능성설을 좀더 발전시킨 학설이 개연성설이다. 개연성설은 구성요건이 실현될 가능성이 상당히 높다(즉 개연성이 있다)고 인식하면 미필적 고의를 인정하는 견해이다. 개연성이란 구성요건의 실현가능성이 상당히 높은 수준에 이르고 있음을 의미한다. 개연성설의 입장에서는 구성요건의 실현이 단순히 가능하다고 인식하는 정도를 넘어서 개연성의 단계에 이르렀음을 행위자가 인식하면 그것으로 미필적 고의를 인정한다. 행위자가 구성요건의 실현에 대하여 가지는 내면적 태도는 이를 묻지 않는다. 개연성설은 가능성설과 마찬가지로 고의의 인식적 측면만을 중시하는 입장이다.[1]

〈사례 해설〉 위의 〔사례 40〕의 사안을 가능성설과 개연성설의 입장에서 분석해 본다. 갑은 피해자 A를 방치하면 사망할 가능성이 있다고 인정하고 있다. 가능성설에 의하면 갑에게 살인죄에 대한 미필적 고의가 인정된다. 그런데 〔사례 40〕의 사안에서 그 사망의 가능성이 상당히 높은 수준, 즉 개연성의 단계에 이르렀는지는 분명하지 않다. 만일 사실관계의 불분명을 "의심스러울 때에는 피고인에게 유리하게"라는 법원칙에 따라서 해결한다면 결국 갑에게 살인죄에 대한 미필적 고의를 인정할 수는 없을 것이다.

개연성설에 대해서는 이 견해가 가능성설과 마찬가지로 고의의 의적(意的) 측면을 도외

---

1) 성낙현, 180면은 "예상되는 결과에 대해 행위자가 어떠한 감정적 태도를 가지는가 하는 부분은 양형에서 고려될 수 있을지언정 고의성립 여부와는 무관한 것이라는 점에서 인식설의 새로운 논의는 의미가 있다."고 하고 있으나, 구체적으로 어떠한 견해를 취하고 있는지는 분명하지 않다.

시하고 있다는 비판이 제기된다. 다음으로 개연성설에 따르면 인식 있는 과실의 범위가 대폭 축소되고 대부분 미필적 고의로 파악된다. 그렇게 되면 형사처벌이 지나치게 확장될 위험이 있다. 여기에 더하여 개연성설은 개연성 판단의 명확한 기준을 제시하지 못한다는 난점이 지적되고 있다. 개연성이란 가능성이 상당히 높다는 것을 의미한다. 이 때 어느 정도에 이르러야 구성요건실현의 가능성이 "상당히 높다."는 판단을 내릴 수 있을 것인가 하는 난제가 제기된다.

(4) 용인설

가능성설이나 개연성설에 대립하는 것으로 용인설이 있다. 용인설은 가능성설이나 개연성설과 달리 인식의 측면뿐만 아니라 의욕의 측면도 중시한다. 용인설(容認說)은 행위자가 (가) 구성요건이 실현될 여지가 있다(=가능하다)고 인식하고 (나) 구성요건이 실현되는 사태가 일어나더라도 이를 받아들이겠다(=용인하겠다)고 한다면 미필적 고의가 인정된다고 보는 견해이다.[1] 용인설은 인용설(認容說)이라고 부르기도 한다. 용인설은 대법원의 주류적 판례가 취하고 있는 입장이다.[2] [3]

용인설은 구성요건의 실현에 대한 행위자의 내면적 태도, 다시 말하자면 의욕적 측면을 중시한다. 따라서 미필적 고의가 인정되려면 행위자가 구성요건의 실현에 대하여 어떠한 형태로든지 긍정적으로 동의할 것이 요구된다.

용인설에 대해서는 행위자의 내면적 태도, 즉 심정적 요소를 지나치게 중시한다는 비난이 제기된다. 행위자의 내면적 태도는 책임 단계에서 비난가능성을 판단할 때 검토해도 족하다는 것이다. 이와 함께 용인설에 의하면 법질서에 대하여 아주 무관심한 태도를 취하는 행위자를 과실범으로밖에 다스릴 수 없다는 문제점도 지적되고 있다. 행위자에게 긍정적인 내적 태도가 없다는 이유로 미필적 고의를 부인하고 그 행위자를 과실범으로밖에 처벌할 수 없다는 것은 불합리하다는 것이다.

〈사례 해설〉 용인설의 관점에서 〔사례 40〕의 사안을 본다. 〔사례 40〕의 사안에서 갑은 A가 사망할지도 모른다는 사실을 알고 있다. 즉 살인죄의 구성요건이 실현될 가능성을 인식하고 있다. 이제 검토해야 할 것은 갑에게 "A가 죽어도 좋다."라는 내적 태도가 존재하는가 하는 점이다. 즉 고의의 의욕적 측면과 관련하여 긍정적인 내적 태도가

---

1) 김성돈, 207면; 김성천·김형준, 111면; 김혜정 외 4인, 109면; 배종대, 171면; 정성근·정준섭, 90면; 정영일, 149면.

2) 예컨대, 1987. 2. 10. 86도2338, 공 1987, 481 = 백선 총론 23.『도미니카 공화국 사건』.

3) 2009. 9. 10. 2009도5075, 공 2009, 1710 = 분석 총론『다단계 상품권 사건』.

존재하는가 하는 점이 관건이다. 이 점과 관련하여 볼 때 갑이 A에게 박카스를 먹이려고 하였고 모포를 덮어주었다는 사실은 중요한 의미를 갖는다. 이러한 사정은 "피해자 A가 사망해도 좋다."라는 내적 태도를 부인할 수 있는 좋은 자료가 되기 때문이다. 그렇다면 갑에게는 미필적 고의가 인정되지 않는다고 보아야 할 것이다.

(5) 감수설

용인설과 비슷하면서도 구별되는 견해로 감수설이 있다. 감수설은 행위자가 (가) 구성요건이 실현될 가능성을 인식하면서, (나) 구성요건의 실현을 어쩔 수 없는 것으로 받아들이는 내적 태도가 있을 때 미필적 고의를 인정하는 견해이다.[1] 감수설은 묵인설이라고 부르기도 한다.

감수설에서 감수(甘受)라 함은 "쓴 것이지만 마치 단 것처럼 삼킨다."는 반어법적 의미가 들어 있다. 내키지 않지만 어쩔 수 없이 한다는 것이다.[2] 근래에 용인설과 감수설이 같은 내용의 학설이라고 보는 견해가 주장되고 있다.[3] 이 입장은 감수설이 포착하려는 영역을 수용한다는 점에서 감수설에 속한다고 할 수 있다. 그러나 앞에서 본 것처럼 '용인(容認)'과 '감수(甘受)'는 그 기준에 분명한 차이가 있다는 점에서 이 견해는 지지하기가 어렵다.

감수설은 고의의 인식적 측면에 있어서 가능성설과 비슷하다. 일단 구성요건이 실현될 가능성만 있어도 미필적 고의가 성립될 여지를 인정한다. 그러나 감수설은 행위자가 (가) 성요건적 결과발생이 가능하다고 진지하게 생각하고, (나) 그럼에도 불구하고 결과발생을 어쩔 수 없는 것이라고 받아들일 때(＝감수할 때) 미필적 고의가 인정된다고 본다. 감수설은 현재 독일 형법학계에서 주도적 지위를 점하고 있다.

감수설은 인식의 측면에서 볼 때 구성요건실현의 가능성을 인식하는 것으로 족하다고 보는 점에서 용인설과 같다. 다만 이 경우 그 가능성을 진지하게 고려해야 한다는 점에 약간의 차이가 있다. 그러나 용인설과 감수설은 의욕의 측면에서 볼 때 뚜렷하게 구별된다. 감수설은 행위자에게 구성요건의 실현을 어쩔 수 없는 것이라고 받아들이는 소극적 태도만 있어도 미필적 고의를 인정한다. 이에 대하여 용인설은 어쩔 수 없는 것이라고 받아들이는 소극적 태도를 넘어서서 구성요건이 실현되어도 좋다는 보다 긍정적 태도가 있어야 미필적 고의를 인정한다.

---

1) 김일수 · 서보학, 131면; 손동권 · 김재윤, 157면; 이재상 · 장영민 · 강동범, 176면.

2) 이 점에서 '감수(甘受)'를 "(불만없이) 달게(甘) 받아들인다(受)"는 뜻으로 이해하는 오영근, 119면은 의문이 있다.

3) 권오걸, 151면; 김혜정 외 4인, 109면; 오영근, 119면; 이정원, 127면; 임웅, 168면.

〈사례 해설〉 〔사례 40〕의 사안을 감수설의 관점에서 분석해 본다. 〔사례 40〕의 경우에 행위자 갑은 피해자 A가 탈진상태에 있어 박카스를 먹여보려고 해도 입에서 흘려버릴 뿐 마시지 못하기에 얼굴에 모포를 다시 덮어 씌워놓고 그대로 아파트에서 나와버리고 있다. 이 때 갑은 A를 그대로 방치하면 사망할 가능성이 있다는 점을 진지하게 인식하고 있다. 그러나 이 인식이 반드시 개연성의 정도에까지 이를 필요는 없다.

다음으로 갑은 A를 그대로 두면 죽을 것 같은 생각이 들어 병원에 옮기고 자수할 것인가, 그대로 두어 A가 죽으면 시체를 처리하고 범행을 계속할 것인가 아니면 스스로 자살할 것인가 등을 두루 고민하다가 결국 병원에 옮기고 자수할 용기가 생기지 아니하여 그대로 외출하고 있다. 이것은 구성요건의 실현가능성을 인식하면서도 자포자기적인 심정에서 구성요건의 실현을 그대로 받아들이기로 한(=감수한) 것이라고 볼 수 있다. 이렇게 보면 〔사례 40〕의 사안에서 갑에게 살인죄의 미필적 고의가 인정될 여지가 있어 보인다.

〔사례 40〕 사안의 기초가 된 판례에서 대법원은 피고인 갑에게 살인에 대한 미필적 고의를 인정하고 있다. 대법원의 판시사항을 그대로 옮겨보면 다음과 같다. 「피고인이 위와 같은 결과발생의 가능성을 인정하고 있었으면서도 피해자를 병원에 옮기고 자수할 용기가 생기지 않았다는 이유로 사경에 이른 피해자를 그대로 방치한 소위에는 그로 인하여 피해자가 사망하는 결과가 발생하더라도 용인할 수밖에 없다는 내심의 의사 즉 살인의 미필적 고의가 있었다고 볼 수 있다.」

대법원은 여기에서 "……할 수밖에 없다."는 표현을 사용하면서 미필적 고의를 인정하는 결론에 이르고 있다. 행위자의 소극적인 내적 태도를 강조하는 대법원의 접근방식은 감수설의 입장을 연상시킨다. 그런데 대법원은 이 판례에서 "용인할 수 밖에 없다는 내심의 의사"라는 표현을 사용하여 마치 용인설을 따르는 듯한 느낌을 주고 있다. 그러나 엄밀한 의미에서 볼 때 대법원은 이 사안에서 사실상 감수설의 입장을 취한 것이라고 생각된다.

(6) 사 견

현재 미필적 고의와 인식 있는 과실을 구별하는 기준으로는 용인설과 감수설이 유력하다. 다른 학설들은 이 두 견해의 특징을 부각시킨다는 점에서 보조적 의미가 있을 뿐이다. 용인설과 감수설 가운데 어느 것이 우수한가 하는 판단은 쉽사리 내릴 수 없다. 논리적으로 보면 양설 모두 타당성을 가지고 있기 때문이다. 이 문제는 두 기준 가운데 어느 것을 채택할 때 형사정책적으로 보다 나은 결론에 이를 수 있는가 하는 점에서 해결책을 구하여야 한다.

생각건대 인식 있는 과실과 미필적 고의는 용인설의 기준에 따라서 구별하는 것이 타당하다고 본다. 우선 감수설에 의하면 용인설에 비하여 고의범의 처벌범위가 확장되는 위험이 있다. 다음으로 "어쩔 수 없다."라고 받아들이는 소극적인 태도보다는 "그렇게 되더라도 좋다."라는 긍정적인 내적 태도가 입증에 보다 용이하다. 적극적인 내적 태도를 기준으로 할 때 미필적 고의와 인식 있는 과실의 한계는 보다 분명하고도 적절하게 구획될 수 있다고 본다.

용인설에 대해서는 행위자의 내면적 태도, 즉 심정적 요소를 지나치게 중시한다는 비판이 제기된다. 이 심정적 요소는 책임단계에서 구체적 행위자에 대한 비난가능성의 판단과정에서 고려하면 족하므로 용인설처럼 구성요건적 고의의 인정범위를 제한해서는 안 된다는 것이다. 그러나 구성요건단계에서 어느 정도로 고의를 인정할 것인가 하는 것과 책임단계에서 어느 정도 비난가능성을 고려할 것인가 하는 것은 별개의 문제이다. 일반적 행위자에게 고의범의 성립범위를 제한하는 용인설은 구체적 행위자를 놓고 책임을 제한해 들어가려고 하는 감수설에 비하여 형사정책적으로 더 우수하다고 생각된다.

용인설에 대하여 가해지는 또 하나의 비판으로 법질서에 대하여 아주 무관심한 태도를 취하는 행위자를 과실범으로밖에 처벌할 수 없다는 주장이 있다. 그러나 법질서에 대하여 아주 무관심한 태도를 취하는 행위자는 이미 "구성요건이 실현되어도 좋다."고 하는 적극적 태도를 취한 것이라고 생각할 수 있다. "이래도 좋고 저래도 좋다."라고 하는 무관심한 태도는 감수설에서 말하는 "어쩔 수 없다."는 내적 태도에 비하여 훨씬 강력한 것이라고 판단되기 때문이다.

미필적 고의와 인식 있는 과실의 구별을 위하여 독일의 실무계에서 사용된 것으로 프랑크의 공식이 있다. 프랑크의 공식은 용인설의 관점에서 독일 판례가 사용한 판단기준이다. 프랑크의 공식에 의하면 다음과 같은 가상적인 질문을 제기한다. 즉, "구성요건의 실현이 확실하다는 것을 행위자가 알았다고 가정하자. 그럼에도 불구하고 행위자는 행위를 하겠는가?" 이 때 행위자가 "좋다. 그래도 행위를 하겠다."라고 답할 것으로 판단된다면 미필적 고의가 인정된다. 이에 대하여 "아니다. 그렇다면 행위를 하지 않겠다."라고 답할 것으로 판단된다면 인식 있는 과실에 그치게 될 것이다.

고의는 범죄실현에 대한 인식과 의욕이라고 정의된다. 구성요건적 고의는 객관적 구성요건요소를 실현시킨다는 인식과 의욕이다. 이제 용인설에 따라서 구성요건적 고의를 파악한다면 구성요건적 고의는 객관적 구성요건요소의 실현에 대한 인식과 의욕은 물론 객관적 구성요건요소의 실현에 대한 인식과 인용(認容)도 포함한다. 이러한 점을 시각적으로 나타내기 위하여 이하에서는 구성요건적 고의를 "구성요건의 실현에 대한 인식과 의욕(인용)"이라고 표현하기로 한다.

(7) 고의의 증명 문제

위에서 검토한 바와 같이 판례는 용인설을 취하고 있다. 이에 따르면 고의는 구성요건적 결과발생의 가능성을 인식하고 그러한 위험을 용인하는 내심의 의사를 말한다. 고의를 증명하는 방법으로 자백이 있다. 자백은 범죄사실을 인정하는 피고인의 진술이다. 그런데 피고인이 범죄구성요건의 주관적 요소인 고의를 부인하는 경우 고의를 어떠한 방법으로 증명할 것인지 문제된다.

범죄구성요건의 주관적 요소인 고의는 그 자체를 객관적으로 증명할 수 없다. 그러므로 사물의 성질상 고의와 관련성이 있는 간접사실 또는 정황사실을 증명하는 방법으로 고의를 증명할 수밖에 없다. 이때 무엇이 관련성이 있는 간접사실 또는 정황사실에 해당하는지를 판단할 때에는 정상적인 경험칙에 바탕을 두고 치밀한 관찰력이나 분석력으로 사실의 연결상태를 합리적으로 판단하는 방법으로 하여야 한다.[1]

고의의 일종인 미필적 고의는 범죄사실의 발생 가능성에 대한 인식이 있고 나아가 범죄사실이 발생할 위험을 용인하는 내심의 의사가 있어야 한다. 행위자가 범죄사실이 발생할 가능성을 용인하고 있었는지 여부는 행위자의 진술에 의존하지 않고 외부에 나타난 행위의 형태와 행위의 상황 등 구체적인 사정을 기초로 일반인이라면 해당 범죄사실이 발생할 가능성을 어떻게 평가할 것인지를 고려하면서 행위자의 입장에서 그 심리상태를 추인하여야 한다.[2]

행위자가 범죄사실이 발생할 가능성을 용인하고 있었는지 여부는 행위 당시를 기준으로 판단해야 한다. 예컨대 허위진단서작성죄(법233) 사안에서 부검 결과로써 확인된 최종적 사인이 이보다 앞선 시점에 작성된 사망진단서에 기재된 사망 원인과 일치하지 않는다는 사정만으로 사망진단서의 기재가 객관적으로 진실에 반한다거나, 작성자가 그러한 사정을 인식하고 있었다고 함부로 단정하여서는 안 된다.[3]

예컨대 공중밀집장소 추행죄(성폭력처벌법11) 사안에서 지적 장애를 가진 피고인이 추행의 고의를 부인하는 경우에 추행의 고의는 고의와 상당한 관련성이 있는 간접사실을 증명하는 방법에 따를 수밖에 없다. 이 경우 피고인의 장애 정도, 지적·판단능력 및 행동양식 등 객관적 사정을 종합하여 판단해야 하고, 피고인이 고의로 추행을 하였다고 볼 만한 징표와 어긋나는 사실의 의문점이 해소되어야 한다. 외관상 드러난 피고인의 언행이 비장애인의 관점에서 이례적이라거나 합리적이지 않다는 이유만으로 함부로 고의를 추단하거나 이를 뒷받침

---

1) 2019. 3. 28. 2018도16002 전원합의체 판결, 공 2019상, 1005 = 『준강간 불능미수 사건 고의 부분』☞ 1049면.
2) 2019. 3. 28. 2018도16002 전원합의체 판결, 공 2019상, 1005 = 『준강간 불능미수 사건 고의 부분』.
3) 2024. 4. 4. 2021도15080, 공 2024상, 751 = 『범혈구감소증 사망진단서 사건』☞ 1050면.

하는 간접사실로 평가하여서는 안 된다. 전문가의 진단이나 감정 등을 통해 피고인의 장애 정도, 지적·판단능력 및 행동양식 등을 구체적으로 심리한 후 피고인이 행위 당시 특정 범행의 구성요건(추행) 해당 여부에 관한 인식을 전제로 이를 용인하는 내심의 의사까지 있었다는 점에 관하여 합리적인 의심을 할 여지가 없을 정도의 확신에 이르러야 한다.[1]

제 6 절 구성요건적 착오

한국형법	독일형법
제13조〔고의〕 죄의 성립요소인 사실을 인식하지 못한 행위는 벌하지 아니한다. 다만, 법률에 특별한 규정이 있는 경우에는 예외로 한다.	**제16조**〔행위상황에 관한 착오〕 ① 행위를 할 때 법률상의 구성요건에 속하는 상황을 인식하지 못한 자는 고의로 행위한 것이 아니다. 과실을 이유로 하는 가벌성은 위와 관계가 없다.
제15조〔사실의 착오〕 ① 특별히 무거운 죄가 되는 사실을 인식하지 못한 행위는 무거운 죄로 벌하지 아니한다.	② 행위를 할 때 가벼운 법률상의 구성요건을 실현시킬 상황이 존재하는 것으로 오인한 자는 고의의 행위를 이유로 해서는 가벼운 법률에 의해서만 처벌할 수 있다.

제 1 착오론의 기초개념

1. 착오의 의의

(1) 착오의 유형

착오론은 형법이론 가운데에서도 가장 어려운 부분의 하나이다. 착오론을 정확하게 이해하려면 먼저 착오의 개념부터 정립해 두어야 한다. 일반적으로 말할 때 착오란 현실과 인식의 불일치라고 정의되고 있다. 착오가 논의되는 무대에는 두 가지 요소가 반드시 존재한다. 하나는 실제로 외부에 나타난 상황이며 다른 하나는 외부적 상황에 대하여 행위자가 가지고 있는 내적 표상이다. 이 때 표상(表象)이란 머리 속으로 그려본 모습을 의미한다.

---

1) 2024. 1. 4. 2023도13081, 공 2024상, 430 =『전동차 안 상동행위 사건』☞ 1052면.

착오란 외적 상황과 내적 표상이 일치하지 않는 것이다. 착오는 다시 두 가지 경우로 나누어진다. 하나는 외적 상황은 존재하지만 내적 표상에는 그 존재가 인식되지 아니하는 경우이다. 다른 하나는 외적 상황은 존재하지 않지만 내적 표상에는 그것이 존재하는 것으로 인식되는 것이다. 형법에서 착오론의 이름 아래 논해지는 것은 전자이다. 후자의 경우는 미수범이나 불능범이라는 별도의 논제로 다루어진다.

(2) 구성요건적 착오

착오는 범죄론체계의 각 단계별로 나타날 수 있다. 구성요건은 객관적 구성요건요소와 주관적 구성요건요소로 이루어져 있다. 객관적 구성요건요소가 외부에 존재하는 것이라면 그에 대한 주관적 인식은 구성요건적 고의이다. 그런데 객관적으로는 구성요건요소가 존재하지만 주관적으로 그에 대한 인식이 없는 경우가 있다. 객관적으로 존재하지만 주관적인 표상(表象)의 면에서는 존재하지 않는 경우에는 객관과 주관의 불일치가 일어난다. 그것은 다름 아닌 착오이다. 구성요건 단계에서 발생하는 착오를 가리켜서 구성요건적 착오라고 한다.

객관적 구성요건요소는 존재하지만 주관적인 표상의 면에서 존재하지 않는다면 그것은 구성요건의 객관적 요소를 인식하지 못한 것이다. 그렇다면 구성요건적 고의는 인정되지 않는다. 고의는 인식과 의욕(인용)으로 구성되기 때문이다. 구성요건적 고의가 인정되지 않으면 고의범으로 처벌할 수 없다(법13 본문). 이제부터는 과실범의 처벌규정이 있을 때 예외적으로 처벌될 뿐이다(법13 단서, 14 참조).

구성요건 단계에서는 구성요건적 착오가 문제된다. 그런데 위법성의 단계에서는 착오의 문제가 일어나지 않는다. 위법성판단은 법질서 전체의 입장에서 객관적으로 내리는 것이기 때문에 외부에 존재하는 것과 내적 표상이 불일치하는 현상은 생기지 않는다.

(3) 금지착오

책임 단계에서는 다시 착오가 문제된다. 책임은 구체적 행위자에 대한 비난가능성이다. 책임의 전제는 구성요건에 해당하는 위법한 행위(=불법)이다. 구체적인 행위자를 꾸짖으려면 객관적으로 존재하는 불법을 그 구체적인 행위자가 내적으로 인식하고 있어야 한다. 객관적으로 불법이 존재하는데 구체적 행위자의 내적 표상에 불법이 존재하지 않는다면 그것은 착오이다.

책임의 전제는 구성요건에 해당하는 위법한 행위이다. 구성요건에 해당하고 위법한 행위를 줄여서 불법이라고 표현한다. 자신의 행위가 구성요건에 해당하며 위법하다고 인식하는 구체적 행위자의 내적 표상을 불법인식이라고 한다. 불법은 법질서 전체의 입장에서 볼 때 위법하다고 판단된 행위를 말한다. 이를 바꾸어 말하면 불법은 법질서 전체의 입장에서 볼 때 해서는 아니 될 것으로 판단된 행위를 말한다. 요컨대 불법은 법질서 전체에 의하여 금지된 행위이다. 이에 대하여 불법인식은 자신의 행위가 법질서에 의하여 금지되었음을 인식하는 것이다.

그런데 객관적으로는 불법이지만 구체적 행위자의 내적 표상에 의하면 불법이 아닌 경우가 있다. 객관적으로는 법질서 전체가 금지하는 행위이지만 구체적 행위자의 내면세계에서는 그 행위가 법질서 전체가 금지하지 않는 행위라고 생각되는 경우이다. 법질서 전체가 금지함에도 불구하고 구체적 행위자 자신은 금지되지 않는다고 오인한다면 그것은 착오이다. 이 때 객관적으로는 행위가 법질서 전체에 의하여 금지되어 있음에도 불구하고 구체적 행위자 자신은 그 행위가 금지되어 있지 않다고 오인하는 것을 가리켜서 금지착오라고 한다.

금지착오는 객관적으로 행위가 위법함에도 불구하고 구체적 행위자의 내면세계에서는 위법하지 않다고 생각되는 경우이다. 이 점에서 금지착오를 위법성의 착오라고 부르기도 한다. 금지착오는 객관적으로는 불법이 존재하지만 주관적으로는 불법인식이 없는 경우이다. 금지착오는 불법이라는 실체를 전제로 한 개념이다. 이에 대하여 위법성의 착오는 객관적으로는 위법하다는 성질이 인정되지만 주관적으로는 위법하지 않다고 생각하는 것이다. 성질 자체에 대한 착오라는 점에서 위법성의 착오는 한정된 부분만을 가리킨다. 이에 대하여 금지착오는 불법이라는 실체 전체에 대하여 논의되는 착오를 가리킨다.

불법이 실체를 나타내며 불법인식은 이러한 실체에 대한 인식이라는 관점에서 본서에서는 위법성의 착오 대신에 금지착오라는 용어를 사용하기로 한다.

2. 구성요건적 고의의 인식대상

【사례 41】 주의력이 산만한 갑녀는 식당에서 다른 손님 A녀의 밍크코트를 자기 것인 줄 알고 들고 나왔다.
　　갑녀에 대하여 절도죄(법329)가 성립할 것인가?

【사례 42】 갑녀는 식당에서 다른 손님 A녀의 밍크코트를 들고 나왔다. 갑녀가 밍크코트를 들고 나오는 순간 갑녀는 A녀에 의하여 발각되었다. 그러자 갑녀는 "밍크코트가 내 것인 줄 잘못 알았다."라고 변명하였다. 이 때 갑녀의 행위를 지켜보던 다른 손님 B녀가 "갑녀가 A녀의 밍크코트를 자기 것과 바꿔치기 하는 것을 보았다."라고 말하였다.
　　갑녀에 대하여 절도죄가 성립할 것인가?

【사례 43】 갑녀는 식당에서 다른 손님 A녀의 밍크코트를 들고 나왔다. 갑녀가 밍크
코트를 들고 나오는 순간 갑녀는 A녀에 의하여 발견되었다. 그러자 갑녀는 "밍크코
트가 내 것인 줄 잘못 알았다."라고 변명하였다. 갑녀의 변명이 사실인지 아닌지는
목격자가 없어서 아무리 살펴보아도 판단할 수 없었다.
　　갑녀에 대하여 절도죄가 성립할 것인가?

　　구성요건적 고의를 인식의 측면에서 고찰하면 객관적 구성요건요소의 총체에 대한 인
식이라고 정의할 수 있다. 객관적 구성요건요소를 남김없이 인식할 때 구성요건적 고의는
인정된다.[1][2] 객관적 구성요건요소의 대부분을 인식하고 극히 일부분만 인식하지 못하였
다고 하더라도 구성요건적 고의는 전체로서 인정되지 않는다. 따라서 고의범은 성립하지
않는다.[3]
　　형법 제13조 본문은 "죄의 성립요소인 사실을 인식하지 못한 행위는 벌하지 아니한
다."고 규정하고 있다. 이 조문에서 '죄의 성립요소인 사실'이란 객관적 구성요건요소이다.
객관적 구성요건요소를 인식하지 못한 행위는 구성요건적 고의 없이 행위한 것이다. 따라
서 형법 제13조 본문에서 '벌하지 아니한다' 함은 고의범으로 처벌하지 아니한다는 의미를
갖는다.
　　한편 형법 제13조 단서는 "다만, 법률에 특별한 규정이 있는 경우에는 예외로 한다."라

---

　　1) "설사 [13세 미만 미성년자 강간죄] 법조항이 원심이 이해하는 대로 신체적 또는 정신적으로 미숙한
단계인 13세 미만 미성년자의 정상적인 성적 발달을 특별히 보호하기 위한 규정이라고 하더라도, 그것이 13
세 미만의 여자라는 사실에 대한 피고인의 인식에 관한 검사의 입증책임을 완화하기에 충분한 이유가 되지
아니하는 것이다.
　　따라서 13세 미만의 여자에 대한 강간죄에 있어서 피해자가 13세 미만이라고 하더라도 피고인이 피해자
가 13세 미만인 사실을 몰랐다고 [고]의를 부인하는 경우에는 다른 범죄의 경우와 마찬가지로 상당한 관련
성이 있는 간접사실 또는 정황사실에 의하여 그 입증 여부가 판단되어야 한다."
　　2012. 8. 30. 2012도7377, 공 2012하, 1650 = 분석 총론 『12세 여중생 강간 사건』.
　　2) 판례는 보안처분의 요건에 대한 인식에 대해서는 착오 주장을 인정하지 않는 입장이다. 후술 947면
참조.
　　"(전략) 이러한 전자감시제도의 목적과 성격, 그 운영에 관한 위 법률의 규정 내용 및 취지 등을 종합해
보면, 전자감시제도는 범죄행위를 한 자에 대한 응보를 주된 목적으로 그 책임을 추구하는 사후적 처분인
형벌과 구별되어 그 본질을 달리한다. 따라서 성폭력범죄를 다시 범할 위험성이 있는 사람에 대한 전자장치
부착명령의 청구 요건의 하나로 위 법률 제5조 제1항 제4호에서 규정한 '16세[현행법은 19세임; 저자 주]
미만의 사람에 대하여 성폭력범죄를 저지른 때'란 피부착명령청구자가 저지른 성폭력범죄의 피해자가 16세
미만의 사람인 것을 말하고, 더 나아가 피부착명령청구자가 자신이 저지른 성폭력범죄의 피해자가 16세 미
만이라는 점까지 인식하여야 하는 것은 아니라고 할 것이다."
　　2011. 7. 28. 2011도5813, 2011전도99, 공 2011하, 1897 = 분석 총론 『17세 미만자 간음 사건』.
　　3) 1995. 9. 15. 94도2561, 공 1995, 3473 = 백선 총론 22. 『"얼굴만 침입" 사건』 참조.

고 규정하고 있다. 이 단서조항은 구성요건적 고의가 없더라도 예외적으로 고의범으로 처벌할 수 있다는 뜻을 담고 있는 것이 아니다. 구성요건적 고의가 없어서 고의범으로 처벌하지 못하는 경우라 할지라도 예외적으로 과실범 또는 고의범과 과실범의 결합형태인 결과적 가중범으로 처벌할 수 있다는 것을 밝히고 있을 뿐이다. 과실범의 경우에 국한하여 볼 때 형법 제13조 단서는 '법률에 특별한 규정이 있는 경우에만' 과실범을 처벌하기로 한 형법 제14조와 중복된다고 할 수 있다.

〈사례 해설〉 〔사례 41〕의 사안에서 문제되는 구성요건은 형법 제329조의 절도죄이다. 절도죄는 "타인의 재물을 절취한다."는 행위를 객관적 구성요건요소로 설정하고 있다. 〔사례 41〕의 사안에서 갑녀에게는 '타인'의 재물이라는 점에 대한 인식이 없다. 따라서 절도죄의 구성요건적 고의는 부정된다. 그렇다면 갑녀를 절도죄의 고의범으로 처벌할 수 없다. 이제 과실범처벌규정이 있는가를 살펴볼 차례이다. 그런데 절도죄는 고의범만을 처벌한다. 과실범처벌규정은 없다(법329 이하 참조). 따라서 〔사례 41〕의 사안에서 부주의한 갑녀는 처벌을 받지 않을 것이다.

〈사례 해설〉 〔사례 42〕에서 갑녀의 변명은 또 다른 손님 B녀의 진술에 의하여 거짓임이 판명되고 있다. 그렇다면 〔사례 42〕의 사실관계는 갑녀가 다른 손님 A녀의 것인 줄 알면서 밍크코트를 들고 나온 것으로 된다. 갑녀의 행위는 객관적으로 볼 때 "타인의 재물을 절취한다."는 절도죄의 객관적 구성요건요소를 충족시키고 있다. 그리고 갑녀는 (그녀의 변명에도 불구하고) 이러한 사정을 인식하고 있으므로 절도죄의 구성요건적 고의도 인정된다.

〈사례 해설〉 법정에서는 여러 가지 거짓변명들이 주장되고는 한다. 이러한 경우 법관은 자유심증주의(형소법308)에 기하여 변명의 진위를 합리적 이성을 동원하여 판단한다. 이 작업은 형사소송법의 영역에 속한다. 〔사례 42〕의 경우에는 착오의 문제가 생기지 않는다. 사실관계 자체가 "갑녀가 다른 손님 A녀의 것임을 알면서 밍크코트를 들고 나왔다."라는 것으로 확정되어 객관적 사실과 주관적 인식 사이에 불일치가 발생할 여지가 없기 때문이다.

〔사례 43〕의 사안에서는 변명의 진위를 판단할 수 없다. 법관이 최선의 노력을 다하였음에도 불구하고 변명의 거짓 여부를 밝힐 수가 없다. 이러한 경우에 법관은 사실상 재판을 할 수 없는 상황에 봉착하게 된다. 이러한 한계상황에서 문제해결의 돌파구를 제공하는 것이 "의심스러울 때에는 피고인에게 유리하게(in dubio pro reo)"의 법리에 바탕을 둔 거증책임의 이론이다(형소법307② 참조). 변명의 진위를 판단할 수 없는 한계상황에서는 일단 갑녀의 주장이 진실이라고 보아서 사실관계를 확정한다. 그렇다면 이제 사실관계는 "갑녀가

다른 손님 A녀의 밍크코트를 자기의 것인 줄 잘못 알고 들고 나왔다."는 것이 된다. 이렇게 되면 착오의 문제가 발생한다. 착오문제의 해결은 실체형법의 영역에 속한다.

3. 기본적 구성요건과 가중적 구성요건

【사례 44】 절도범 갑은 저녁 무렵 그날의 사업(?)을 시작하고자 집을 나서려고 하였다. 갑은 훔친 물건을 담아오려고 부인 을녀에게 가방을 달라고 하였다. 을녀가 건네준 가방은 예상 밖으로 묵직하였다. 갑은 가방 속에 부인 을녀가 밤참거리를 넣어준 것으로 알았다. 물건을 훔친 후 갑은 도품을 넣기 위하여 가방을 열었다. 그런데 가방 속에는 부인 을녀가 만일의 상황에 대비하라는 뜻으로 넣어준 권총이 들어 있었다.
　　이 경우 갑을 형법 제331조 제2항의 특수절도죄(흉기휴대절도)로 처벌할 수 있을 것인가?

구성요건 가운데에는 형을 가중하기 위하여 마련된 것들이 있다. 예컨대 형법 제250조 제2항의 존속살해죄는 형법 제250조 제1항의 보통살인죄를 가중처벌하기 위하여 마련된 규정이다. 이 경우 원래의 구성요건을 기본적 구성요건, 가중처벌을 규정한 구성요건을 가중적 구성요건이라고 한다. 가중적 구성요건은 기본적 구성요건의 객관적 요소들 이외에 형을 가중하기 위하여 추가적으로 설정된 객관적 표지들을 담고 있다. 존속살해죄의 예에서 보면 '직계존속'이 추가적 표지이다.

행위자가 객관적으로는 가중적 구성요건을 실현시켰지만 주관적으로는 가중적 구성요건요소를 인식하지 못하는 경우가 있다. 이러한 상황은 객관과 주관이 일치하지 않는 경우이므로 착오에 해당한다. 가중적 구성요건과 관련하여 발생하는 착오문제를 해결하기 위하여 마련된 규정이 형법 제15조 제1항이다.

형법 제15조 제1항은 "특별히 무거운 죄가 되는 사실을 인식하지 못한 행위는 무거운 죄로 벌하지 아니한다."고 규정하고 있다. 여기에서 '특별히 무거운 죄'란 가중적 구성요건을 말한다. '특별히 무거운 죄가 되는 사실'이란 가중적 구성요건요소를 말한다. 객관적으로는 가중적 구성요건요소가 실현되었으나 행위자가 가중적 구성요건요소를 인식하지 못한 경우는 착오이다.

이러한 상황에 대하여 형법 제15조 제1항은 "무거운 죄로 벌하지 아니한다."는 법적 효과를 부여한다. 이 때 '무거운 죄'란 가중적 구성요건이다. '무거운 죄로 벌하지 아니한다' 함은 가중적 구성요건을 적용하여 처벌할 수 없다는 의미이다. 그러나 이 경우에도 객관적 구성요건과 주관적 구성요건이 일치하는 한도 내에서는 고의범이 성립한다. 따라서 기본적 구성요건에 근거한 고의범처벌은 부정되지 않는다.

〈사례 해설〉 〔사례 44〕의 사안에서 갑은 도품을 넣어 오기 위하여 휴대한 가방 속에 부인 을녀가 먹을 것을 넣어 준 것으로 알고 있었다. 그런데 사실상 그 가방 속에는 부인 을녀가 넣어준 권총이 들어 있었다. 객관적 측면에서 보면 갑은 흉기를 휴대하고 절도범행을 한 것이다. 그러나 절도범 갑은 권총이 들어 있는 줄 몰랐으므로 흉기휴대라는 '특별히 무거운 죄가 되는 사실'을 인식하지 못한 것이다. 그렇다면 갑을 형법 제334조 제2항 전단의 특수절도죄라는 '무거운 죄'로 처벌할 수 없다. 갑은 형법 제329조의 단순절도죄로 처벌될 것이다.

4. 구성요건적 착오론의 임무

어느 행위가 구성요건에 해당하려면 객관적 구성요건요소가 실현될 뿐만 아니라 주관적 구성요건요소도 함께 인정되어야 한다. 행위에 구성요건적 고의가 인정되지 않으면 고의범으로 처벌할 수 없다. 구성요건적 고의는 객관적 구성요건요소들을 실현시킨다는 인식과 의욕(인용)이다. 구성요건적 고의가 인정되려면 행위자가 객관적 구성요건요소의 총체를 남김없이 인식하고 있어야 한다. 그런데 실제의 사례들을 보면 객관적으로 일어난 일을 주관적으로 빠짐없이 인식하는 일은 드물다.

이러한 상황에서 만일 사소한 불일치가 있어도 구성요건적 고의를 부인한다면 형벌법규의 실효성은 크게 약화될 것이다. 반대로 형벌법규의 실효성을 높이기 위하여 객관과 주관의 불일치를 무시하고 고의범의 성립을 인정한다면 책임주의의 대원칙에 반하게 된다. 책임주의란 책임이 인정될 때에만 형벌을 가할 수 있다는 원칙이다. 조금 더 부연하면 책임주의란 책임에 상응하는 형벌만을 가할 수 있다는 원칙이다. 구성요건적 고의는 고의범의 책임비난을 가하기 위한 출발점이 된다.

현실세계에서는 객관과 주관의 불일치가 빈번하게 일어난다. 형사사건의 경우도 예외는 아니다. 또한 형사재판에서는 사실관계를 확정할 때 "의심스러울 때에는 피고인에게 유리하게(in dubio pro reo)"의 법원칙이 적용된다. 그 결과 진위가 불분명한 변명을 일단 액면 그대로 받아들여야 할 경우도 적지 않다. 이러한 상황에서 어느 정도의 불일치를 무시하고 어느 정도의 불일치부터 법적인 의미를 부여해야 할 것인가 하는 문제가 제기된다. 구성요건적 고의를 둘러싼 착오론의 임무는 바로 이 문제를 해결하기 위한 기준을 제시하는 것이다.

제2 구성요건적 착오의 유형

【사례 45】 갑은 자기의 채권자 A를 살해하려고 A가 다니는 길목에 숨어 있었다. 저녁 어스름이 짙게 깔릴 무렵 길에 어떤 사람이 나타났다. 갑은 그 사람을 A라고 생각하고 사살하였다. 그러나 시체를 뒤집어 놓고 보니 그것은 A가 아니라 행인 B였다.

　　이 경우 갑의 죄책은?

【사례 46】 갑은 형수 A에게 불만을 품고 형수 A를 살해하려고 몽둥이를 휘둘렀다. 그러나 몽둥이는 빗나가서 형수 A가 업고 있던 젖먹이 B에게 맞았다. B는 그 자리에서 사망하였다.

　　이 경우 갑의 죄책은? (1984. 1. 24. 83도2813, 공 1984, 408 = 백선 총론 27. 『형수조카 가격 사건』)

【사례 47】 갑은 자기의 채권자 A를 살해하려고 A가 다니는 길목에 숨어 있었다. 저녁 어스름이 짙게 깔릴 무렵 길에 어떤 사람이 나타났다. 갑은 그 사람을 A라고 생각하고 총격을 가하여 명중시켰다. 그런데 총알이 관통한 것은 상품배달원 B가 운반하던 행사용 마네킹이었다.

　　이 경우 갑의 죄책은?

---

1. 구성요건적 착오의 유형분류

착오란 객관과 주관이 일치하지 않는 것이다. 착오론에서 말하는 착오는 특히 객관적으로는 존재하지만 주관적으로 이를 인식하지 못한 경우를 가리킨다. 이러한 착오는 구성요건의 단계에서도 발생한다. 객관적 구성요건요소가 실현되었으나 주관적으로 이를 인식하지 못한 경우가 그것이다. 구성요건 단계에서 일어나는 이와 같은 착오를 가리켜서 **구성요건적 착오**라고 한다.

구성요건적 착오는 여러 가지 형태로 나타난다. 착오는 객관과 주관의 불일치이므로 구성요건의 객관적 요소들을 중심으로 착오의 유형도 나누어 볼 수 있다. 구성요건의 객관적 요소는 행위주체, 실행행위, 행위객체, 행위수단, 결과발생, 인과관계 등으로 구성된다. 이 가운데 실무상 자주 문제되는 것으로 객체의 착오, 방법의 착오, 인과관계의 착오가 있다.

객체의 착오란 실제로 존재하는 행위객체와 행위자가 인식한 행위객체 사이에 성질상 불일치가 존재하는 경우이다. 방법의 착오란 실제로 사용된 범행방법이 발생시킨 효과와 행위자가 인식한 범행방법의 효과 사이에 불일치가 존재하는 경우이다. 방법의 착오는 타격의 착오라고도 한다.

객체의 착오와 방법의 착오는 행위자가 주관적으로 인식한 객체 자체에 결과가 발생하였는가 아닌가 하는 점에서 차이가 있다. 객체의 착오 사안에서는 행위자가 인식한 객체 자체에 결과가 발생한다. 다만 객체의 성질이 행위자가 인식한 내용과 다를 뿐이다. 이에 비하여 방법의 착오 사안에서는 아예 행위자가 인식한 객체 자체에 결과가 발생하지 않는다.

구성요건적 착오의 또 다른 유형으로 인과관계의 착오가 있다. 인과관계의 착오란 객관적으로 진행된 인과과정과 행위자가 주관적으로 인식한 인과과정 사이에 불일치가 존재하는 경우이다. 인과관계의 착오에 관하여는 항목을 바꾸어 후술하기로 한다.[1]

〈사례 해설〉 예컨대 갑이 A를 죽인다고 죽였는데 시체를 뒤집어 보니 B였다고 하는 〔사례 45〕의 사안은 객체의 착오에 해당하는 경우이다. 행위자 갑은 목표물인 사람을 정확하게 명중시켜서 사살하고 있다. 행위자가 의도한 객체에 결과가 현실적으로 발생한 것이다. 그런데 피살자의 신원을 보니 채권자 A가 아니라 행인 B이다. 이러한 경우는 객체 자체는 객관과 주관이 일치하지만 성질에 있어서는 차이가 있다. 그렇다면 이 사안은 객체의 착오에 해당한다.

〈사례 해설〉 형수 A를 살해하기 위하여 몽둥이를 휘둘렀으나 빗나가서 형수가 업고 있던 조카 B가 맞아 사망한 〔사례 46〕의 경우를 생각해 본다. 이 경우 행위자가 범행목적을 위하여 투입한 수단이 현실적으로 발생시킨 효과는 조카 B에 대한 가격이다. 이에 대하여 행위자 갑은 자신의 행위에 의하여 형수 A가 가격당할 것으로 인식하고 있다. 실제의 범행방법이 발생시킨 효과와 주관적으로 인식한 범행방법으로 인한 효과가 일치하지 않는다는 점에서 이 사안은 방법의 착오에 해당한다.

2. 구성요건적 착오와 사실의 착오

(1) 사실의 착오

구성요건적 착오는 객관적 구성요건요소의 실현을 행위자가 인식하지 못한 경우에 발생한다. 객관적 구성요건요소와 구성요건적 고의가 일치하지 않는 경우가 구성요건적 착오이다. 그런데 구성요건적 착오를 '사실의 착오'라고 부르는 학자들이 있다.[2] 사실의 착오라

---

1) 후술 246면 이하 참조.

2) 권오걸, 153면; 배종대, 176면; 오영근, 146면; 이재상·장영민·강동범, 178면; 이정원, 128면.

는 용어는 우리 형법 제15조의 표제어로 사용되고 있다. 사실의 착오라는 용어를 사용하는 사람들은 우리 형법전이 사용하는 개념을 굳이 독일 형법학에서 유래하는 구성요건적 착오라는 말로 바꾸어 표현할 필요가 없다는 생각을 가지고 있다.

형법 제13조 본문은 '죄의 성립요소인 사실'이라는 표현을 사용하고 있다. 또 형법 제15조 제1항은 '특별히 무거운 죄가 되는 사실'이라는 표현을 사용한다. 객관적으로 존재하는 사실을 주관적으로 인식하지 못한 것을 가리켜서 사실의 착오라고 한다. 형법 제15조는 기본적 구성요건에 대한 인식과 가중적 구성요건의 실현 사이에 발생하는 불일치를 가리켜서 '사실의 착오'라는 표제어를 사용하고 있다. 그러나 이 표제어는 정확한 것이 아니다. 형법 제13조 본문이 규정하고 있는 상황도 사실의 착오에 포함되기 때문이다.

(2) 구성요건적 착오

구성요건 단계에서 범죄성립 여부를 검토할 때 사실의 착오라는 용어를 사용하는 것은 적절하지 못하다. 입법자가 구성요건을 설정할 때 위법행위의 정형을 나타내기 위하여 사용하는 표지들이 있다. 이러한 표지들을 구성요건요소라고 한다. 또 독일어의 원어를 그대로 차용하여 메르크말(Merkmal)이라고 부르기도 한다. 우리 입법자는 이러한 구성요건요소를 가리켜서 '죄의 성립요소인 사실'이라고 표현하고 있다.

그런데 '구성요건요소'와 '죄의 성립요소인 사실'이라는 말이 반드시 같은 것은 아니다. 위법행위의 정형을 나타내는 구성요건요소 가운데에는 객관적으로 존재하는 사실을 나타내는 표지도 있지만 일정한 가치판단을 함유하는 표지도 있다. 소위 규범적 구성요건요소로 불리는 표지가 그것이다. 음란성의 표지는 여기에 해당하는 대표적인 예이다. 따라서 죄의 성립요소인 사실이라는 표현은 구성요건요소의 일부만을 지칭한다.

객관적 구성요건요소를 주관적으로 인식하지 못하여 발생하는 구성요건적 착오는 '사실'인 구성요건요소 이외에 규범적 구성요건요소의 경우에도 발생한다. 구성요건적 착오는 구성요건 단계에서 발생하는 착오 전체를 가리킨다. 이에 대하여 사실의 착오는 구성요건적 착오 가운데 일부분만을 가리킨다.[1] 이러함에도 불구하고 일부 학자는 형법 제15조에서 사용된 '사실의 착오'라는 표제어에 집착하여 구성요건적 착오와 사실의 착오를 같은 의미의 말로 사용하고 있다. 본서에서는 의미내용이 같지 않은 말을 같은 말로 사용하는 무리를 범하지 않기 위하여 구성요건적 착오라는 용어를 사용하기로 한다.[2]

---

1) 독일 형법상 구성요건적 착오와 금지착오의 표현이 정착하게 된 경위에 관하여는, 신동운, 백선 총론 26.『평원닭집 고양이 사건』판례평석 참조.

2) 김성돈, 218면; 김성천·김형준, 113면; 김일수·서보학, 139면; 김혜정 외 4인, 110면; 박상기, 88면; 성낙현, 190면; 손동권·김재윤, 143면; 이용식, 58면; 임웅, 176면; 정성근·정준섭, 91면; 정영일, 151면.

3. 구체적 사실의 착오와 추상적 사실의 착오

(1) 구체적 사실의 착오

사실의 착오라는 용어를 사용하는 학자들은 구체적 사실의 착오와 추상적 사실의 착오라는 용어도 함께 사용한다. 착오란 객관과 주관이 일치하지 않는 것이다. 구성요건 단계에서는 객관적으로 존재하는 행위유형과 주관적으로 인식한 행위유형을 비교하여 불일치가 발생할 때 착오가 있다고 말한다. 객관적 행위유형과 주관적 행위유형을 비교할 때 양자가 동일한 구성요건에 해당하는 경우가 있다. 사실의 착오라는 용어를 사용하는 학자들은 이러한 경우를 구체적 사실의 착오라고 표현한다.

예컨대 갑이 A의 물건을 훔친다고 훔쳤으나 사실은 B의 물건인 경우를 생각해 본다. 이 경우 객관적으로 존재하는 행위유형은 형법 제329조의 절도죄이다. 그리고 주관적으로 인식한 행위유형도 형법 제329조의 절도죄이다. A의 물건을 B의 물건으로 잘못 알고 훔치는 것은 분명히 착오에 해당한다. 그러나 행위정형이라는 관점에서 보면 양자는 "타인의 재물을 절취하였다."는 점에서 동일하다. 이와 같이 동일한 구성요건 사이에서 일어나는 객관과 주관의 불일치를 가리켜서 구체적 사실의 착오라고 한다.

(2) 추상적 사실의 착오

사실의 착오라는 용어를 사용하는 사람들은 구체적 사실의 착오에 대립하는 개념으로 추상적 사실의 착오라는 표현을 사용하고 있다. 추상적 사실의 착오는 객관적으로 일어난 사실과 주관적으로 인식한 사실이 서로 다른 구성요건에 해당하는 경우를 말한다. 즉 서로 다른 구성요건 사이에서 일어나는 객관과 주관의 불일치가 추상적 사실의 착오이다.

예컨대 갑이 A를 죽이려고 총을 쏘았으나 상품배달원 B가 운반하던 행사용 마네킹에 맞은 〔사례 47〕의 경우를 본다. 객관적으로 발생한 것은 마네킹의 파손이다. 형법적으로 볼 때 마네킹은 재물이다. 그리고 마네킹의 파손은 재물의 손괴에 해당한다. 그렇다면 객관적으로 실현된 것은 재물손괴죄의 구성요건(법366)이다. 이에 대하여 갑이 주관적으로 인식한 것은 A의 사망이다. A의 사망은 사람을 살해하는 것에 해당한다. 그렇다면 갑이 주관적으로 인식한 것은 살인죄의 구성요건(법250①)이다. 사실의 착오라는 용어를 사용하는 사람들은 이와 같이 서로 다른 구성요건 사이에서 발생하는 객관과 주관의 불일치를 가리켜서 추상적 사실의 착오라고 부른다.

제3 구성요건적 착오의 해결방법

1. 부합설의 의의

(1) 해결기준의 필요성

객관적으로 발생하는 사실을 주관적으로 정확하게 인식하는 일은 흔하지 않다. 형사재판의 실제를 보면 피고인이 착오를 주장하는 경우가 적지 않다. 착오의 주장을 넓게 받아준다면 자칫 형벌법규가 실효성을 잃기 쉽다. 이에 대하여 착오의 주장을 무리하게 배척하면 책임주의의 원칙에 반할 위험이 있다. 여기에서 착오의 주장을 적절한 범위 내로 한정하여 수용해야 한다는 현실적 필요성이 발생한다.

구성요건 단계에서 논의되는 착오는 구성요건적 착오이다. 이 구성요건적 착오의 해결기준에 대하여 우리 입법자는 형법 제15조 제1항을 규정해 놓고 있다. 즉 "특별히 무거운 죄가 되는 사실을 인식하지 못한 행위는 무거운 죄로 벌하지 아니한다."는 기준이 그것이다. 그런데 형법 제15조 제1항은 특별히 무거운 죄가 되는 부분을 고의기수범으로 처벌하지 못한다는 점만을 밝히고 있을 뿐 여타의 기준에 대해서는 침묵하고 있다. 이 때문에 구성요건적 착오의 해결기준은 학설·판례를 통하여 모색하지 않으면 안 된다.

(2) 부합설의 의미

구성요건적 착오 가운데에서도 실무상 빈번하게 문제되는 것이 객체의 착오와 방법의 착오이다. 이 두 경우에 대한 해결기준으로 그 동안 학설로 제시된 것이 구체적 부합설, 법정적 부합설, 추상적 부합설이다. 이에 반하여 인과관계의 착오에 대해서는 별도의 기준이 모색된다.

구체적 부합설, 법정적 부합설, 추상적 부합설이라는 학설명칭에서 공통적으로 사용되고 있는 표현은 '부합설'이다. 부합설이란 일정한 범위에서 객관과 주관이 부합하면 구성요건적 고의를 인정하는 이론이다. 부합설이라는 명칭에서 사용되는 부합(符合)이라는 표현은 "딱 들어맞는다."는 의미이다.

부합설은 객관과 주관 사이에 다소 차이가 있더라도 일정한 범위에서 들어맞기만 하면 (즉 '부합'하기만 하면) 객관과 주관이 일치하는 것으로 보겠다는 견해이다. 일단 부합한다고 인정되면 착오의 문제는 발생하지 않는다. 객관적 구성요건요소가 존재하는 상황에서 주관적으로도 구성요건적 고의가 인정되기 때문이다. 이 경우에는 고의기수범이 성립한다. 요컨대 부합설은 일정한 범위에서 객관적 구성요건요소와 주관적 인식(즉 구성요건적 고의)이 부합하면 고의기수범의 성립을 인정하는 이론이다.

(3) 구체적 부합설, 법정적 부합설, 추상적 부합설의 용어정리

부합설의 계열에 속하는 학설로 구체적 부합설, 법정적 부합설, 추상적 부합설이 있다. 이 학설들을 설명하기에 앞서서 여기에 사용되는 '구체적', '법정적', '추상적'이라는 용어의 의미를 정리해 둘 필요가 있다.

법적 판단은 삼단논법의 추론기법을 사용한다. 적용할 법규는 대전제이다. 법규는 사람의 행동준칙을 정해 놓은 일반적인 기준이다. 이 법규가 적용될 대상은 사람들이 살아가면서 일으키는 각종의 사건·사고이다. 법적 판단의 대상이 되는 사건의 진행을 가리켜서 사실관계라고 한다. 법관은 대전제인 법규에 구체적인 사실관계를 대입하여 법적 판단을 내린다. 이 때 법규에 구체적 사실관계를 대입시키는 작업을 가리켜서 포섭 또는 추론이라고 한다.

형법의 경우로 들어와서 보면 사실관계는 구체적인 범죄사실이다. 사실관계에는 구체적인 행위가 등장한다. 사실관계에 적용할 법규는 구성요건을 담고 있는 형벌법규이다. 구성요건은 입법자가 정해 놓은 위법행위의 정형이다. 사실관계에 나타난 구체적 행위에 비하여 구성요건은 보다 일반적인 행위유형이다. 구성요건은 형벌법규에 정해져 있다. 구성요건은 형벌법규의 수만큼이나 다양하게 존재한다. 그런데 다양한 구성요건의 특성들을 배제하고 구성요건을 전반적으로 바라보게 되면 위법행위의 정형이라는 구성요건은 결국 '범죄' 또는 '죄'로 된다. 각종 부합설에서 말하는 구체적, 법정적, 추상적이라는 용어는 구체적 사실관계에서 출발하여 입법자가 정해 놓은 행위정형을 거쳐 범죄 내지 죄의 단계로 진행되는 일반화작업에서 유래하는 표현이다.

2. 구체적 부합설

(1) 구체적 부합설의 의미

구체적 부합설이란 객관적으로 실현된 구성요건요소와 주관적으로 인식한 구성요건요소가 구체적으로 부합할 때 고의기수범의 성립을 인정하는 견해이다.[1] 이 때 구체적이라 함은 사실관계의 구체적 특성에 주목한다는 의미이다. 구체적 부합설은 객관적으로 실현된 사실관계의 구체적 특성과 주관적으로 인식한 사실관계의 구체적 특성이 서로 일치하는 경우에 한하여 고의기수범의 성립을 인정한다.

---

1) 권오걸, 167면; 김성돈, 226면; 김성천·김형준, 119면; 김일수·서보학, 153면; 김혜정 외 4인, 115면; 배종대, 182면; 성낙현, 197면; 손동권·김재윤, 148면; 오영근, 155면; 이용식, 60면; 이정원, 132면; 정영일, 110면.

구체적 부합설은 독일 형법학계가 지지하는 이론이다. 구체적 부합설은 구성요건적 착오의 범위를 넓게 인정한다. 실현된 사실관계와 인식한 사실관계의 구체적 특성이 서로 일치하는 경우란 그렇게 많지 않기 때문이다. 구성요건적 착오의 범위를 넓게 인정하면 할수록 고의범의 성립범위는 그만큼 줄어든다. 이 때문에 구체적 부합설의 입장에서는 구성요건적 착오의 인정범위가 지나치게 넓어지는 것을 방지하기 위하여 착오의 유형을 객체의 착오와 방법의 착오로 나눈다.

(2) 객체의 착오

먼저 객체의 착오가 있다. 객체의 착오란 실현된 사실관계에서의 객체와 인식한 사실관계에서의 객체 사이에 성질상 불일치가 있는 경우를 말한다. 객체의 착오는 일단 행위자가 인식한 객체 자체에 대하여 현실적으로 결과가 발생하고 있다는 점에서 방법의 착오와 구별된다.

객체의 착오는 다시 동일한 구성요건 간의 착오(소위 구체적 사실의 착오)와 서로 다른 구성요건 간의 착오(소위 추상적 사실의 착오)로 나누어 볼 수 있다. 애당초 구체적 부합설은 착오의 허용범위를 가능하면 넓게 인정하려는 견해이다. 그렇지만 동일한 구성요건 사이에 발생하는 객체의 착오에 대해서는 엄격한 태도를 취한다. 그리하여 다음과 같은 분석을 제시한다.

「원래 객체의 착오란 인식한 객체 자체에 결과가 발생한 경우이다. 다만 객체의 성질에 차이가 있을 뿐이다. 이러한 점에 비추어 볼 때 발생한 사실의 구성요건과 인식한 사실의 구성요건이 동일한 경우의 객체의 착오(소위 구체적 사실의 착오)에 대해서는 특별히 착오의 법적 효과를 인정할 필요가 없다.」

구체적 부합설의 입장에서는 동일한 구성요건 간의 객체의 착오에 대하여 착오로서 형법적 의미를 부여하지 않는다. 객체에 부여된 성질상의 불일치는 중요한 것이 아니며 무시해도 좋을 정도의 사소한 착오에 불과하다는 것이다. 그 결과 구체적 부합설의 입장에서는 동일한 구성요건 간의 객체의 착오에 대하여 고의기수범을 인정한다.

〈사례 해설〉　　예컨대 〔사례 45〕에서 갑은 자기의 채권자 A인 줄 알고 지나가던 행인 B를 살해하고 있다. 이 경우가 객체의 착오에 해당함은 앞에서 설명하였다. 그런데 실제로 발생한 B의 사망은 보통살인죄(법250①)에 해당한다. 갑이 의도하였던 것은 채권자 A의 사망이다. A의 사망 또한 보통살인죄에 해당한다. 양자의 구성요건은 동일하다. 동일한 구성요건에 해당하지만 행인 B와 채권자 A라는 성질상의 차이가 있을 뿐이다. 이러한 경우에 대해서까지 형법적 배려를 가할 필요는 없다. 따라서 보통살인죄의 고의범으로 다스려도 무방하다. B의 사망이라는 결과가 이미 발생하였으므로 이제 갑은 보통살인죄의 기수범으로 처벌된다.

동일한 구성요건 간의 객체의 착오를 제외하면 구체적 부합설은 구성요건적 착오를 폭넓게 인정한다. 서로 다른 구성요건 간에 일어나는 객체의 착오(소위 추상적 사실의 착오)에 대하여 구체적 부합설은 구성요건적 착오의 법적 효과를 너그럽게 인정한다. 이 경우에 구체적 부합설은 발생된 결과에 대하여 고의기수범의 성립을 부정하는 것은 물론이다.

그러나 고의범의 성립이 부정된다고 하여 형사처벌을 완전히 면하는 것은 아니다. 발생된 결과에 대하여 과실범처벌규정이 있는 경우에는 과실범이 성립한다(법14). 또한 인식한 사실에 대하여 미수범처벌규정이 있으면 미수범이 성립한다(법29). 만일 과실범 처벌규정과 미수범 처벌규정이 동시에 존재하고 있다면 발생한 사실의 과실범과 인식한 사실의 미수범은 서로 상상적 경합의 관계에 서게 된다. **상상적 경합**이란 한 개의 행위가 여러 개의 죄에 해당하는 경우를 말한다. 여러 개의 죄가 상상적 경합관계에 있는 경우에는 가장 무거운 죄에 정한 형으로 처벌한다(법40).[1]

〈**사례 해설**〉 〔사례 47〕의 사안에서 갑이 자기의 채권자 A라고 생각하여 총으로 맞춘 물체는 실제로는 상품배달원 B가 들고 가던 행사용 마네킹이었다. 이 경우 객관적으로 발생된 사실은 재물손괴죄에 해당한다. 이에 대하여 주관적으로 인식한 사실은 살인죄에 해당한다. 그렇다면 이 경우는 서로 다른 구성요건 간의 객체의 착오에 해당한다. 구체적 부합설의 입장에서는 이 경우에 착오의 주장에 귀를 기울여야 한다고 본다. 그렇다면 고의의 기수범을 인정할 수는 없다.

그렇다면 이제 차선책을 생각해야 한다. 객관적으로 발생한 사실에 관하여 보면 손괴죄에는 과실범처벌규정이 없다. 이에 대하여 주관적으로 인식한 사실은 살인죄에 해당한다. 살인죄에는 미수범처벌규정이 있다(법254). 그렇다면 갑은 살인미수죄로 처벌될 것이다.

(3) 방법의 착오

방법의 착오란 행위자가 구성요건의 실현을 위하여 투입한 수단이 인식한 객체와는 다른 객체에 효과를 발생시키는 경우를 말한다. 구체적 부합설은 방법의 착오 사안에 대하여 고의기수책임을 인정하지 않는다. 발생한 사실에 대하여 구성요건적 고의가 인정되지 않는다고 보기 때문이다.

이러한 결론은 발생한 사실과 인식한 사실이 동일한 구성요건에 속하는 경우(소위 구체

---

1) 상상적 경합에 관하여는, 후술 822면 참조.

적 사실의 착오)와 서로 다른 구성요건에 속하는 경우(소위 추상적 사실의 착오)에 모두 적용
된다. 구체적 부합설에 의하면 방법의 착오라고 인정될 경우에는 어떠한 경우에도 고의기
수책임을 인정하지 않는다. 고의범이 성립하지 않으면 차선책으로 발생한 사실에 대하여
과실범처벌규정이 있는가, 인식한 사실에 대하여 미수범처벌규정이 있는가를 각각 살펴야
한다.

〈사례 해설〉　　이제 구체적 부합설의 관점에서 〔사례 46〕의『형수조카 가격 사건』을 분
석해 본다. 이 사안은 행위자가 의도한 객체에 결과가 발생하지 아니하였
으므로 방법의 착오에 해당한다. 그렇다면 살인죄의 고의기수범은 성립하지 않는다. 발생
된 결과에 고의범이 인정되지 않는다면 과실범의 성립 여부를 살펴보아야 한다. 과실에 의
한 사망의 결과발생을 문제삼는 처벌규정으로 과실치사죄를 규정한 형법 제267조가 있다.
여기에서 일단 발생한 사실에 대하여 과실치사죄의 형량을 확보한다.

이제 검토할 것은 구성요건의 주관적 측면이다. 〔사례 46〕의 사안에서 행위자 갑은 형
수인 A를 살해하려는 고의를 가지고 있다. 그런데 사건의 진행과정에서 형수 A는 살아
있다. 형법은 원칙적으로 기수범만을 처벌한다. 다만 법률에 특별한 규정이 있으면 미수범
을 처벌한다(법29 참조). 살인죄의 경우에는 미수범처벌규정이 있다(법254). 그렇다면 형수
A를 살해하려고 한 주관적 측면에 대해서는 살인미수죄의 형량이 확보된다.

이제 객관적 구성요건과 주관적 구성요건을 모두 합쳐본다. 구체적 부합설에 따르면 발
생한 사실의 측면에서는 과실범의 처벌이 확보되고 주관적 인식의 측면에서는 미수범의
처벌이 확보된다. 이 때 주관과 객관은 한 개의 행위로 결합되어 있다. 그렇다면 과실범과
미수범은 한 개의 동일한 행위에 의하여 범해진 죄이다.

형법 제40조는 한 개의 행위가 여러 개의 죄에 해당하는 경우에 대하여 형량산정의 기
준을 제시하고 있다. 한 개의 자연적 행위가 여러 개의 죄에 해당하는 경우를 가리켜서 상
상적 경합이라고 한다. 형법 제40조는 상상적 경합의 경우에 가장 무거운 죄에 정한 형으
로 처벌하기로 하고 있다. 이 때 '가장 무거운 죄'란 상상적으로 경합하는 여러 개의 죄 가
운데 상한이 가장 무거운 죄를 말한다. 그런데 상상적 경합관계에 있는 다른 죄가 하한을
더 무겁게 규정하고 있으면 그 죄가 규정한 형의 하한이 기준이 된다.[1]

일단 상상적 경합을 통하여 형의 상한과 하한이 정해지면 이를 토대로 형의 종류를 선
택한 후 형법 제25조 제2항이 규정한 미수감경을 행한다(법54, 56 참조). 이 경우 미수범에
대한 형의 경감은 필요적이 아니라 임의적이라는 점에 주목할 필요가 있다.

---

1) 후술 822면 이하 참조.

(4) 구체적 부합설에 대한 평가

이제 이상의 분석을 종합해 본다. 구체적 부합설은 서로 다른 구성요건 간의 객체의 착오(소위 추상적 사실의 착오)와 방법의 착오 전반(소위 구체적 사실의 착오 및 추상적 사실의 착오)에 대하여 고의기수범을 인정하지 않는다. 구체적 부합설의 입장에서는 이러한 경우에 발생된 사실에 대하여는 과실범을, 인식한 사실에 대하여는 미수범을 인정하고 양자를 상상적 경합으로 처리한다. 다만 이 때 전제되어야 할 것은 과실범처벌규정과 미수범처벌규정이 존재해야 한다는 점이다. 구체적 부합설은 착오의 주장을 되도록 넓게 언정함으로써 과도한 형사처벌을 억제한다는 장점을 가지고 있다.

그러나 구체적 부합설에 대해서는 무엇보다도 객체의 착오와 방법의 착오를 달리 취급하는 이유가 분명하지 않다는 비판이 제기되고 있다. 양자 모두 주관과 객관의 불일치라는 점에서 동일함에도 불구하고 동일한 구성요건 간의 착오에 있어서 객체의 착오에 대해서는 고의기수범을, 방법의 착오에 대해서는 과실범과 미수범의 상상적 경합을 인정할 특별한 이유가 없다는 것이다. 다음으로 구체적 부합설에 의하면 착오를 인정하는 범위가 너무 넓어져서 고의범의 처벌범위가 크게 줄어든다는 형사정책상의 문제점이 제기된다.

3. 법정적 부합설

(1) 법정적 부합설의 의미

법정적 부합설이란 실현된 사실과 인식한 사실이 법정적(法定的)으로 부합할 때 고의기수범을 인정하자는 견해이다.[1] 이 때 법정적이라 함은 입법자가 정해 놓은 행위정형을 기준으로 삼는다는 의미이다. 입법자가 정해 놓은 행위정형은 구성요건이다. 법정적 부합설은 실현된 사실이 어느 구성요건에 해당하는가, 그리고 인식한 사실이 어느 구성요건에 해당하는가를 살핀 후 양자의 일치 여부를 검토한다. 앞에서 본 구체적 부합설은 실현된 사실관계와 인식한 사실관계의 동일성 여부를 살핀다. 이에 대하여 법정적 부합설은 실현된 구성요건과 인식한 구성요건을 대비시켜서 양자의 부합(符合) 여부를 결정한다.

법정적 부합설은 실현된 사실의 구성요건과 인식한 사실의 구성요건이 일치하는 경우(소위 구체적 사실의 착오)에 고의기수범의 성립을 인정한다. 이에 대하여 실현된 사실의 구성요건과 인식한 사실의 구성요건이 일치하지 않는 경우(소위 추상적 사실의 착오)에는 실현된 사실에 대해서는 과실범의 성립을, 인식한 사실에 대해서는 미수범의 성립을 각각 인정한다(물론 과실범처벌규정과 미수범처벌규정이 있어야 한다). 실현된 사실과 인식한 사실은 한 개의 행위로 결합되므로 양자는 상상적 경합범으로 처리된다.

---

1) 이재상 · 장영민 · 강동범, 185면; 임웅, 184면; 정성근 · 정준섭, 99면.

(2) 객체의 착오와 방법의 착오

법정적 부합설의 입장에서는 착오문제를 해결함에 있어서 객체의 착오와 방법의 착오를 달리 취급하지 않는다. 이 점은 구체적 부합설이 양자를 달리 취급하는 것과 구별된다. 특히 동일한 구성요건 내에서의 방법의 착오 사안에서 두 학설은 결론을 달리한다. 법정적 부합설의 입장에서는 이 경우 고의기수범을 인정하지만 구체적 부합설의 입장에서는 과실범과 미수범의 상상적 경합을 인정한다.

〈사례 해설〉 〔사례 45〕는 객체의 착오에 해당하는 예이다. 이 사례에서 갑은 자기의 채권자 A인 줄 알고 상대방을 살해하였는데 살펴보니 죽은 사람은 지나가던 행인 B였다. 이 경우 발생된 사실에 적용되는 구성요건은 형법 제250조 제1항의 보통살인죄이다. 한편 인식한 사실에 적용되는 구성요건도 형법 제250조 제1항의 보통살인죄이다. 양자의 구성요건이 동일하므로 채권자 A를 죽이려고 하였는데 행인 B가 죽었다는 불일치는 중요한 의미를 갖지 못한다. 이 경우에는 살인죄의 구성요건이 규정한 바, '사람을 살해'하려고 하였는데 '사람이 살해'되었다는 관계(소위 구체적 사실의 착오)가 된다. 그렇다면 갑에 대해서는 행인 B(채권자 A가 아니다)에 대한 살인죄의 기수범이 성립한다. 발생된 사실에 대하여 구성요건적 고의가 인정되기 때문이다.

〈사례 해설〉 〔사례 46〕은 방법의 착오에 해당하는 예이다. 이 사례에서 실현된 사실은 조카 B의 사망이다. 이에 대하여 인식한 사실은 형수 A의 사망이다. 실현된 사실에 대하여 적용되는 구성요건은 형법 제250조 제1항의 살인죄이다. 인식한 사실에 대하여 적용되는 구성요건도 형법 제250조 제1항의 살인죄이다. 양자의 구성요건은 동일하다(소위 구체적 사실의 착오). 법정적 부합설의 입장에서는 이러한 경우에 대하여 언제나 고의기수범을 인정한다. 그렇다면 갑은 조카 B의 사망에 대하여 살인죄의 기수범으로 처벌된다.

〈사례 해설〉 〔사례 47〕을 보면 갑은 A를 살해하려고 총을 쏘았는데 행인 B가 들고 가던 행사용 마네킹에 맞았다. 이 경우 실현된 사실에 적용될 구성요건은 재물손괴죄(법366)이다. 이에 대하여 인식한 사실에 적용될 구성요건은 살인죄(법250①)이다. 양자는 구성요건적으로 불일치하므로(소위 추상적 사실의 착오) 법정적 부합설의 입장에서는 고의기수범을 인정할 수 없다. 이제 실현된 사실에 대하여 과실범처벌규정이 있는가를 살핀다. 재물손괴죄에는 과실범처벌규정이 없다. 다음으로 인식한 사실에 대하여 미수범처벌규정이 있는가를 살핀다. 살인죄는 미수범을 처벌한다(법254). 그렇다면 채권자 A를 살해하려다가 행사용 마네킹을 파손한 갑은 살인미수죄로 처벌된다.

(3) 법정적 부합설에 대한 평가

법정적 부합설은 우리나라 대법원이 취하고 있는 입장이다.[1] 법정적 부합설은 입법자가 정해 놓은 행위정형(즉, 구성요건)을 기준으로 삼아 객관과 주관의 일치 여부를 가리기 때문에 법적 판단에 명확성을 기할 수 있다. 나아가 구체적 부합설이 착오의 인정범위를 지나치게 넓게 허용하는 폐단을 방지할 수 있다.

〈사례 해설〉 예컨대 〔사례 46〕의 사안에서 구체적 부합설은 방법의 착오라는 이유를 내세워 조카 B에 대한 과실치사죄와 형수 A에 대한 살인미수죄의 상상적 경합을 인정한다. 그런데 사람을 죽이려고 하다가 사람을 죽였는데 살인미수죄가 성립하는 데에 그친다고 하는 것은 일반인의 법감정에 비추어 이해하기 곤란하다. 법정적 부합설은 이러한 경우에 살인죄의 기수범을 인정함으로써 법감정에 부합하는 결론을 제시한다.

(4) 구성요건부합설과 죄질부합설

(가) 구성요건부합설 법정적 부합설을 취하는 학자들 가운데 법정적 부합설을 구성요건부합설과 죄질부합설로 나누는 사람들이 있다. 구성요건부합설은 발생된 사실과 인식한 사실이 구성요건적으로 부합하면 고의기수범의 성립을 인정하는 견해이다. 이 때 구성요건은 위법행위의 정형이다. 구성요건부합설은 발생한 사실과 인식한 사실에 적용될 구성요건을 각각 비교한다. 발생한 사실과 인식한 사실이 동일한 구성요건에 해당한다면 구성요건적 착오를 인정하지 아니하고 고의기수범을 인정한다.

구성요건부합설은 행위정형을 중시한다. 구성요건부합설은 기본적 구성요건과 가중적 구성요건, 기본적 구성요건과 감경적 구성요건 사이의 중첩되는 부분에서 행위정형의 동일성을 인정한다. 그러나 이러한 관계가 설정되지 않는 상이한 구성요건들 사이에는 행위정형의 동일성을 인정하지 않는다.

(나) 죄질부합설 이에 대하여 죄질부합설은 발생된 사실과 인식한 사실이 죄질에 있어서 부합하면 고의기수범을 인정하는 견해이다.[2] 이 때 죄질이라 함은 범죄의 성질을 말한다. 보통 죄질은 보호법익과 법전상의 위치에 따라서 판단된다. 예컨대 절도죄(법329)와 재물강취를 내용으로 하는 강도죄(법333 전단)는 모두 소유권을 보호법익으로 하고 있다는 점에서 공통된다. 또 양자는 형법각칙 제38장 '절도와 강도의 죄'라는 동일한 장(章)에 편별되어 있다는 점에서 같다. 그리하여 양자의 죄질이 부합한다고 말할 수 있다.

구성요건부합설이 행위정형의 동일성을 중시한다면 죄질부합설은 행위정형에 집착하지

---

1) 1984. 1. 24. 83도2813, 공 1984, 408 = 백선 총론 27. 『형수조카 가격 사건』.
2) 이재상·장영민·강동범, 186면; 임웅, 184면; 정성근·정준섭, 99면.

않는다. 그 대신 범죄의 성질만 같다면 고의기수범을 인정할 수 있다고 본다. 예컨대 죄질부합설의 입장에서는 절도죄(법329)와 점유이탈물횡령죄(법360)와 같이 서로 이질적인 구성요건들 사이에서도 중첩되는 한도에서는 고의기수범의 성립을 인정한다.[1] 양죄는 모두 타인 소유의 재물을 불법하게 영득한다는 점에서 죄질이 같다는 것이다.

(5) 죄질부합설에 대한 평가

(가) 죄질개념의 모호성   본서에서 제시한 법정적 부합설의 설명은 소위 구성요건부합설의 입장에서 전개한 것이다. 죄질부합설을 가리켜서 법정적 부합설의 일종이라고 말하는 사람들이 있으나 이것은 타당하지 않다. 엄밀한 의미에서 죄질부합설은 법정적 부합설이라고 할 수 없다. 법정적 부합설이라고 할 때 법정적이란 입법자가 정해 놓은 행위정형을 기준으로 삼는다는 의미이다. 이에 대하여 죄질은 범죄의 성질 내지 특질을 의미한다.

죄질을 기준으로 삼는다고 할 때 죄질의 내용이 무엇인지 분명하지 않다. 죄질의 같고 다름을 판단하는 객관적 기준은 제시되어 있지 않다. 죄질은 보기에 따라서 같은 것으로도, 다른 것으로도 해석될 수 있다. 위의 절도죄와 점유이탈물횡령죄를 예로 들어 본다면 타인 소유의 재물을 불법하게 영득한다는 점에서는 죄질이 같다고 할 수 있다. 이러한 분석은 독일 형법의 경우를 보면 쉽게 알 수 있다. 독일 형법은 절도죄와 횡령죄를 '절도와 횡령'이라는 같은 장(章)에 규정해 놓고 있다(독일형법 제19장 참조). 두 죄는 객체를 '타인의 동산'으로 한다는 점에서 보호법익이 '소유권'으로 공통된다.

그러나 우리 입법자가 범죄의 특질을 고려하여 배치해 놓은 조문의 위치를 보면 절도죄와 점유이탈물횡령죄는 전혀 다른 장(章)에 자리하고 있다. 우리 형법상 절도죄는 '절도와 강도의 죄'의 장(형법 제38장)에, 점유이탈물횡령죄는 '횡령과 배임의 죄'의 장(형법 제40장)에 각각 규정되어 있다. 절도죄와 점유이탈물횡령죄가 '소유권'을 보호법익으로 한다고 할지라도 두 죄의 법전상 위치가 상이하다는 점에서 보면 죄질이 부합한다고 말할 수 없다.

(나) 추상적 부합설과의 유사성   절도죄와 점유이탈물횡령죄의 예에서 보는 바와 같이 죄질이 같은가 다른가 하는 죄질부합설의 관심사는 결국 어느 정도의 형량을 확보하면 타당한가 하는 문제로 귀착된다. 이렇게 되면 죄질부합설은 후술하는 추상적 부합설과 매우 비슷해진다. '죄질'이 부합한다고 하는 것과 구성요건의 정형성을 배제한 채 단순히 '죄'가 부합한다고 하는 것 사이에는 별다른 차이가 엿보이지 않기 때문이다.

죄질부합설에 대해서는 추상적 부합설에 대하여 가해지는 비판이 그대로 적용된다. 입

---

1) 이재상 · 장영민 · 강동범, (제8판), 178면. 이재상 · 장영민 · 강동범, (제9판), 186면에서는 위의 설례가 제시되어 있지 않다.

법자가 정해 놓은 행위정형(즉, 구성요건)을 떠나서는 객관적으로 같고 다름을 판단할 수 있는 기준을 구할 수 없기 때문이다. 이러한 점에서 본서는 죄질부합설을 지지하지 않는다. 본서에서 법정적 부합설이라고 할 때에는 구성요건부합설만을 가리킨다.

4. 추상적 부합설

【사례 48】 갑은 깜깜한 밤중에 난동을 부리던 중 사람을 살해하였다. 그런데 살해된 사람은 갑을 말리던 갑의 장모 '둥글댁'이었다. 범행 당시 갑은 피살자가 장모 '둥글댁'이라는 사실을 전혀 알지 못하였다.

　이 경우 갑에 대해 존속살해죄(법250②)가 성립할 수 있을 것인가? (1960. 10. 31. 4293형상494, 대법원판례카드 No. 5103 = 백선 총론 28. 『둥글댁 사건』.)

---

(1) 추상적 부합설의 의미

추상적 부합설이란 발생한 사실과 인식한 사실이 추상적으로 부합할 때 고의기수범을 인정하는 견해를 말한다. 이 때 추상적이란 사실관계의 구체적 특성이나 개개 구성요건의 특성을 사상(捨象)해 버린다는 뜻이다. 구성요건은 위법행위의 정형이다. 개개의 특별구성요건은 나름대로의 위법행위정형을 나타내기 위하여 일정한 개성을 갖추고 있다. 여러 구성요건들이 담고 있는 개성들을 추상(抽象)해 버리면 남는 것은 '죄'라는 일반적인 성질뿐이다.

추상적 부합설에서 말하는 '추상적'이라는 표현은 소위 추상적 사실의 착오에서 말하는 '추상적'이라는 표현과 구별되어야 한다. 추상적 부합설에서 말하는 '추상적'이라는 말은 개별 구성요건의 구체적 특성을 떼어내 버리는 것을 의미한다. 이에 대하여 소위 추상적 사실의 착오에서 말하는 '추상적'이라는 말은 비교되는 구성요건이 서로 다르다는 의미를 갖는다.

이러한 사정은 구체적 부합설에서 사용하는 '구체적'이라는 표현과 소위 구체적 사실의 착오에서 말하는 '구체적'이라는 표현에도 그대로 적용된다. 구체적 부합설에 말하는 '구체적'이란 사실관계의 구체적 특성에 주목한다는 의미이다. 이에 대하여 소위 구체적 사실의 착오에서 말하는 '구체적'이란 비교되는 구성요건이 서로 같다는 의미를 갖는다.

(2) 가벼운 죄의 인식과 무거운 죄의 실현

추상적 부합설은 발생한 사실이 '죄'를 구성하고 인식한 사실이 '죄'를 구성하면 설사 구체적 사실관계나 개별 구성요건에 차이가 있더라도 일단 고의기수범을 인정한다. 그러나 이렇게 되면 형사처벌의 범위가 지나치게 넓어지기 때문에 추상적 부합설은 형량에 일정한 제한을 모색한다. 추상적 부합설은 문제의 해결을 위하여 무거운 죄와 가벼운 죄라는 척도를 사용한다.

추상적 부합설은 발생한 사실과 인식한 사실 간의 죄의 경중을 비교한다. 먼저, 발생한 사실이 무거운 죄이고 인식한 사실이 가벼운 죄인 경우가 있다. 예컨대 재물을 손괴할 고의로 행위하였는데 사람이 사망한 경우가 여기에 해당한다. 추상적 부합설은 이 경우에는 일단 중첩되는 범위에서 고의기수범의 형을 확보한다. 그리고 발생하였으나 중첩되지 아니한 부분에 대해서는 과실범을 인정한다. 두 개의 죄는 한 개의 행위에서 비롯되었으므로 상상적 경합의 관계에 있다. 재물손괴의 고의로 사람을 사망하게 한 사례에서 추상적 부합설은 재물손괴죄의 기수범(법366)과 과실치사죄(법267)의 상상적 경합을 인정한다.

(3) 무거운 죄의 인식과 가벼운 죄의 실현

추상적 부합설이 다루는 두 번째의 유형은 발생한 사실이 가벼운 죄이고 인식한 사실이 무거운 죄인 경우이다. 이 경우에도 일단 양자가 중첩하는 한도에서 고의기수범의 형을 확보한다. 그리고 인식한 무거운 죄에 대해서는 미수범을 인정한다. 그런데 미수범으로 처벌되는 무거운 죄의 고의와 기수범으로 처벌되는 가벼운 죄의 고의는 동일한 행위자가 의욕한 것이다. 따라서 양자는 대(大)와 소(小)의 관계에 있다. 그 결과 전체적으로는 무거운 죄의 미수범 하나만 성립한다. 다만 가벼운 죄의 기수범은 양형단계에서 형의 하한을 제시하는 기준으로 작용하게 될 것이다.

무거운 죄를 범하려고 하였으나 가벼운 죄를 실현시킨 경우의 예로 〔사례 47〕의 사안을 생각할 수 있다. 〔사례 47〕의 사안에서 갑은 자신의 채권자 A를 살해하는 것으로 생각하였는데 실제로는 행사용 마네킹을 파손하고 있다. 추상적 부합설의 입장에서는 이 경우 일단 가벼운 죄의 고의기수범의 형을 확보한다. 즉 재물손괴죄(법366)의 형량을 확보한다. 이어서 무거운 죄의 미수범을 인정한다. 위의 예에서는 살인미수죄(법254)가 성립한다. 재물손괴죄의 기수범과 살인죄의 미수범은 모두 고의범이다. 대는 소를 포함한다는 관점에서 볼 때 살인의 고의는 재물손괴의 고의를 포함한다. 그렇다면 〔사례 47〕의 사례에서 살인죄의 미수범 하나만 성립한다.

살인죄는 법정형이 사형, 무기 또는 5년 이상의 징역이다(법250①). 살인미수죄는 처벌된다(법254). 미수범은 형이 임의적으로 감경된다(법25②). 만일 형의 감경을 허용한다면 그에 앞서서 선택형을 결정해야 한다(법54). 그 결과 (가) 사형을 선택할 때에는 무기징역 또는 20년 이상 50년 이하의 징역이나 금고로, (나) 무기징역을 선택할 때에는 10년 이상 50년 이하의 징역으로, (다) 5년 이상의 유기징역을 선택할 때에는 2년 6개월 이상 15년 이하의 징역으로 각각 감경된다(법55, 42 참조). 임의적 감경을 한다고 가정할 때 살인미수죄에 대하여 예상되는 형의 상한은 무기징역이고 하한은 2년 6개월의 징역이다.

재물손괴죄의 법정형은 3년 이하의 징역 또는 700만원 이하의 벌금이다(법366). 유기징역형의 하한은 1개월, 벌금형의 하한은 5만원이다(법42, 45 참조). 따라서 재물손괴죄에 대하여 확보할 수 있는 형의 상한은 징역 3년, 하한은 벌금 5만원이다.

위의 사례에서 무거운 살인죄를 범하려고 하였으나 가벼운 재물손괴죄를 실현시킨 경우에 추상적 부합설은 무거운 살인죄의 미수범 하나만을 인정하되 가벼운 재물손괴죄의 기수범의 형을 하한으로 확보하고자 한다. 그런데 살인미수죄의 하한은 재물손괴죄의 기수범에 대한 형량보다 높다. 결국 위의 사안에서 피고인은 살인미수죄의 형량의 범위 내에서 처벌될 것이다.

〈사례 해설〉 〔사례 48〕의 사안에서 갑은 존속살해죄(법250②)이라는 무거운 죄를 범하고 있다. 그러나 갑은 이러한 점을 인식하지 못한 채 보통살인죄(법250①)를 범한다는 고의를 가지고 있다. 이러한 상황은 가벼운 죄를 인식하였으나 무거운 죄를 실현시킨 경우에 해당한다.

추상적 부합설의 입장에서는 위의 사안에서 인식한 사실과 실현된 사실이 모두 '죄'에 해당한다는 점에 주목한다. 그러나 이어서 제시되는 해결방법은 반드시 하나로 통일되어 있지는 않다.[1] 『둥글댁 사건』에서 대법원이 취한 방식은 일단 존속살해죄의 기수범을 인정하는 것이었다. 즉 착오의 주장을 인정하지 않으면서 다만 형량이 지나치게 높아지는 것을 방지하기 위하여 존속살해죄의 법정형인 '사형, 무기 또는 7년 이상의 징역' 대신에 보통살인죄의 법정형인 '사형, 무기 또는 5년 이상의 징역'으로 처단하는 방식이었다. 결국 대법원은 추상적 부합설적 접근방법에 따라서 〔사례 48〕의 토대가 된 판례에서 갑에게 존속살해죄의 성립을 인정하고 보통살인죄의 형량을 적용하였다(대법원이 판단하던 당시의 존속살해죄의 법정형은 사형 또는 무기징역이었다).

(4) 추상적 부합설에 대한 평가

추상적 부합설은 일본 학계에서 일부 학자에 의하여 주장된 이론이다. 우리나라에서도 대법원이 한때 추상적 부합설을 적용한 예가 있다.[2][3] 일본 형법은 과실범처벌이 극히 미

---

1) 이에 대해서는, 1960. 10. 31. 4293형상494, 카드 No. 5103 = 백선 총론 28. 『둥글댁 사건』 판례평석 참조.

2) 1960. 10. 31. 4293형상494, 카드 No. 5103 = 백선 총론 28. 『둥글댁 사건』.

3) 1977. 1. 11. 76도3871, 총람 형법 13조 54번 = 백선 총론 28. 참고판례 1. 『고자질 행패 사건』. 이재상·장영민·강동범, 181면은 이 판례를 보통살인죄를 범하려 하였으나 존속살해죄를 범한 사안으로

약하고 미수범처벌규정이 미비된 경우가 많다. 이러한 상황에서 실무상 발생하는 처벌불비의 난점을 방지하기 위하여 일본에서 안출된 이론이 추상적 부합설이다. 추상적 부합설에 의하면 가벼운 죄와 무거운 죄 사이의 중첩되는 부분에 대해서는 최소한 고의기수범의 형량을 확보할 수 있기 때문에 실무상 매우 편리하다.

우리 형법의 해석과 관련하여 추상적 부합설은 그 타당성의 근거를 형법 제15조 제1항에서 구한다. 형법 제15조 제1항은 "특별히 무거운 죄가 되는 사실을 인식하지 못한 행위는 무거운 죄로 벌하지 아니한다."고 규정하고 있다. 추상적 부합설은 형법 제15조 제1항이 가벼운 죄를 범하려고 하였다가 무거운 죄를 실현시킨 경우를 규율한 규정이라고 본다. 이 경우는 일단 죄를 범하려고 하였다가 죄를 실현시킨 것이므로 가장 넓은 범위에서 고의기수범을 인정한다. 그러나 형량이 지나치게 무거워지는 폐단이 발생할 수 있으므로 그 형을 적절히 조정할 필요가 있다. 그리하여 추상적 부합설은 형법 제15조 제1항을 '무거운 형으로' 처벌하지 못하도록 제한하는 근거규정이라고 본다.

추상적 부합설에 대해서는 무엇보다도 구성요건이 가지는 행위정형의 특성을 무시한다는 점에 비판이 가해지고 있다. 막연히 '죄'와 '죄'를 비교하는 기법은 행위정형이 제시하는 법적 안정성을 크게 손상시킨다. 다음으로, 우리 형법은 과실범의 형량을 적절히 확보하고 미수범처벌규정도 정비하였으므로 일본 형법에서와 같은 폐단은 크게 염려할 필요가 없다.

나아가 형법 제15조 제1항 자체도 추상적 부합설의 근거가 되지 못한다. 형법 제15조 제1항은 "특별히 무거운 죄가 되는 사실을 인식하지 못한 행위는 무거운 죄로 벌하지 아니한다."고 규정하고 있다. 이 조문에서 우리 입법자는 추상적 부합설이 주장하는 바와 같이 일단 '죄'를 확보해 놓고 '형'을 조절하는 방식을 취하고 있지 않다. 형법 제15조 제1항은 곧바로 '무거운 죄로' 벌하지 아니한다고 규정하고 있기 때문이다. 이 점은 공범과 신분에 관하여 규정한 형법 제33조 단서가 '무거운 형으로' 벌하지 아니한다고 규정한 것과 대비해 보면 더욱 분명해진다.

5. 인과관계의 착오

【사례 49】 갑은 A가 평소에 약간 저능아인 자신의 부인 B녀를 희롱하는 것에 분개하고 있었다. A가 또 다시 자기 부인 B녀를 희롱하였다는 말을 들은 갑은 A의 머리

파악하고 있다. 그러나 이 판례는 상해죄를 범하려 하였으나 존속살해죄를 범한 사안으로 파악하는 것이 보다 정확하다고 본다.

를 돌멩이로 내리쳐서 고꾸라뜨렸다.

땅바닥에 쓰러진 A를 보고 갑은 A가 사망한 것으로 생각하였다. 갑은 범행을 은
폐하기 위하여 모래사장에 구덩이를 파고 A의 시체(?)를 묻어버렸다. 그 후 A의 시
체가 발견되었다. 사체를 부검한 결과 A의 기도(氣道)에서 모래가 발견되었다. A는
암매장에 따른 산소 부족으로 질식사한 것이었다.

이 경우 갑에 대하여 살인죄(법250①)의 기수범을 인정할 수 있을 것인가? (1988.
6. 28. 88도650, 법률신문 1988. 8. 25. = 백선 총론 24. 『배우자 희롱 사건』)

(1) 인과관계의 착오의 의미

〔사례 49〕에서 객체의 착오나 방법의 착오와 같은 객관적 구성요건요소 자체에 대한 착
오는 엿보이지 않는다. 착오가 논의될 수 있는 것은 전체적인 사건의 진행과정이다. 행위자
갑은 A의 시체를 암매장하는 것으로 생각하였으나 실제에 있어서는 암매장 행위를 통하여
A는 질식사에 이르고 있다. 객관적인 측면에서 볼 때 피해자 A의 사망은 돌멩이 가격, 암매
장, 질식사 등의 순서로 진행된다. 그러나 주관적 인식의 측면에서 보면 A의 사망은 돌멩이
가격과 이에 따른 즉시사망의 순서로 진행되고 있다. 이와 같이 실제로 진행된 인과과정과
행위자가 인식한 인과과정이 불일치하는 경우를 가리켜서 인과관계의 착오라고 한다.

인과관계도 구성요건적 고의의 인식대상이다. 따라서 인과관계의 착오도 구성요건적
착오의 하나로 형법상 고려의 대상이 된다.[1] 구성요건적 고의는 여타의 객관적 구성요건요
소와 마찬가지로 인과관계도 인식의 대상에 포함하고 있기 때문이다. 이러한 생각에 대하
여 인과관계는 구성요건적 고의의 인식대상이 아니며 따라서 인과관계의 착오문제 자체를
논할 필요가 없다는 견해가 주장되고 있다.[2] 그러나 이러한 주장은 객관적 구성요건의 판
단시점과 주관적 구성요건의 판단시점을 혼동한 데에서 기인한 오해를 담고 있다는 점은
앞에서 언급하였다.[3]

인과관계가 객관적 구성요건요소라고 한다면 인과관계의 착오가 인정되는 경우에는 구
성요건적 고의를 부인해야 하는 것이 원칙일 것이다. 그런데 인간의 능력에 비추어 볼 때
인과관계의 진행과정을 세세한 부분까지 인식하는 것은 불가능하다. 이와 같은 인식능력의
불완전성에도 불구하고 인과관계의 착오를 구성요건적 착오로 전면 인정하여 고의범의 성
립을 부정하는 것은 타당하지 않다. 인과관계의 착오에 일정한 제한을 가해야 하는 것은

---

1) 전술 205면 이하 참조.
2) 이정원, 138면 이하 참조.
3) 전술 205면 이하 참조.

바로 이러한 사정 때문이다.

(2) 인과관계의 착오와 개괄적 고의

인과관계의 착오를 통상의 구성요건적 착오와 같이 취급하게 되면 구성요건적 고의의 인정범위가 크게 줄어들게 된다. 이와 같은 문제점에 대비하여 제시된 이론 가운데 하나로 개괄적 고의의 이론이 있다. 개괄적 고의란 결과발생이 행위자의 제1행위와 제2행위 등의 순으로 순차적 단계를 거쳐서 이루어질 때 제1행위에 인정된 고의가 제2행위와 그 이후의 행위에 모두 걸쳐서 고의로 인정되는 경우를 말한다.[1]

개괄적 고의라는 표현은 두 가지 상이한 의미로 사용되고 있다. 위에서 본 인과관계의 착오와 관련된 것이 하나이며 소위 택일적 고의와 관계된 것이 다른 하나이다. 택일적 고의란 여러 개의 행위객체 가운데 어느 하나에만 결과가 발생해도 좋다는 인식을 가지고 행위할 때 인정되는 고의의 형태이다. 이 경우 고의가 여러 개의 행위객체를 모두 묶어서 인식의 대상으로 삼는다는 점에서 개괄적 고의라는 용어가 사용되기도 한다. 그러나 용어의 통일을 위하여 본서에서는 이러한 경우를 택일적 고의라고 표현하기로 하고 개괄적 고의는 인과관계의 진행과 관련된 사안에서 사용하기로 하였음은 앞에서 언급하였다.[2]

〈사례 해설〉 개괄적 고의란 결과의 발생이 행위자의 제1행위와 제2행위 등을 거쳐서 이루어질 때 제1행위에 대한 고의가 제2행위에 대하여도 함께 고의로 작용하는 경우를 말한다. 〔사례 49〕의 사안을 놓고 보면 갑의 A에 대한 가격행위가 제1행위이고 늘어진 A의 시체(?)를 암매장하는 행위가 제2행위이다. A의 사망이라는 결과발생은 갑의 제1행위(가격행위)와 제2행위(암매장행위)를 거쳐서 이루어진다.

이와 같은 사안에서 개괄적 고의를 인정하게 되면 갑의 A에 대한 돌멩이 가격시의 살인의 고의(즉, 제1행위에 대한 고의)는 A를 암매장하는 행위(즉, 제2행위)에 대한 살인의 고의로 인정된다. 결국 갑의 행위는 제1행위와 제2행위 전부에 걸치는 살인의 고의에 기초한 것이므로 이들 행위의 결과로 발생한 A의 사망에 대하여는 살인의 기수범이 성립하게 된다.

(3) 행위와 책임의 동시존재의 원칙과 개괄적 고의

개괄적 고의를 인정하게 되면 행위자의 제1행위 이후에 행위자의 제2행위 등이 개입하

---

1) 임웅, 192면은 제1 부분행위와 제2 부분행위는 형법상 행위로서의 독자성이 없는 '동작'에 불과하다고 보고 두 부분행위를 형법상 1개의 행위로 평가함이 타당하다고 보면서 이 전체행위에 고의가 있다고 본다. 그러나 이러한 이론구성은 개괄적 고의의 이론과 매우 흡사하다고 생각된다.

2) 전술 214면 이하 참조.

는 사안에서 고의기수범을 인정하기가 쉽다. 그러나 개괄적 고의를 인정하게 되면 행위와 책임의 동시존재의 원칙이라는 형법의 기본적 요청이 흔들리게 된다. 형벌의 기초는 책임이다. 책임은 비난가능성이다. 책임비난을 가하려면 행위자가 행위시점에 자신의 행위가 무엇을 실현하는 것이며 그 행위의 옳고 그름은 어떠한가를 판단할 수 있어야 한다. 이와 같이 책임판단의 기초가 되는 고의는 행위시점에 존재해야 한다는 요청을 가리켜서 행위와 책임의 동시존재의 원칙이라고 한다. 구성요건적 고의는 비록 구성요건의 단계에 위치하고 있기는 하지만 책임판단의 출발점을 제공한다. 따라서 구성요건적 고의에 대해서도 행위와 책임의 동시존재의 원칙이 준수되지 않으면 안 된다.

행위와 책임의 동시존재의 원칙에 비추어 볼 때 구성요건적 고의는 행위자의 행위시점에 존재하지 않으면 안 된다. 행위시점을 기준으로 놓고 볼 때 사전고의나 사후고의는 인정되지 않는다. 사전고의란 앞으로 일어날 행위에 대한 인식과 의욕(인용)을 말한다. 이에 대하여 사후고의란 이미 일어난 행위에 대한 사후의 인식과 의욕(인용)을 말한다. 전자는 행위가 아직 없다는 점에서, 후자는 이미 행위가 이루어졌다는 점에서 각각 고의로 인정되지 않는다.[1]

〔사례 49〕의 사안에서 대법원은 소위 개괄적 고의를 인정하여 A에 대한 사망의 결과를 초래한 갑을 살인죄의 기수범으로 처벌하였다.[2] 그러나 개괄적 고의란 제1행위에 대한 고의를 제2행위 등의 고의로 원용하는 이론구성으로서 사전고의를 용인하는 흠이 있다. 이와 같이 사전고의를 용납하는 개괄적 고의는 행위와 책임의 동시존재의 원칙을 깨뜨리는 중대한 결함을 안고 있다.

원래 개괄적 고의의 이론은 독일의 보통법시대(중세 후기부터 근세 초기까지)에 있었던 원인에 있어서 불법한 행위의 이론에 영향을 받은 것이라고 할 수 있다. 일단 불법한 행위를 한 자는 그로 인한 이후의 모든 결과에 대하여 형사책임을 져야 한다는 이론이 원인에 있어서 불법한 행위의 이론이다. 이 이론은 결과책임을 묻는다는 점에서 가혹한 처벌을 가져올 뿐만 아니라 행위와 책임의 동시존재의 원칙이라는 근대형법의 대원칙에 반하는 흠을 안고 있다. 그리하여 개괄적 고의의 이론은 학설사의 무대로 사라졌으며 현재 이를 주장하는 학자는 거의 없다.

그런데 〔사례 49〕의 기초가 되는 판례에서 대법원이 개괄적 고의를 인정하여 고의기수

---

1) "…… 사기죄가 성립하는지 여부는 그 행위 당시를 기준으로 판단하여야 하므로, 소비대차 거래에서 차주가 돈을 빌릴 당시에는 변제할 의사와 능력을 가지고 있었다면 비록 그 후에 변제하지 않고 있다 하더라도 이는 민사상의 채무불이행에 불과하며 형사상 사기죄가 성립하지는 아니한다."
2016. 4. 28. 2012도14516, 공 2016상, 714 = 분석 각론 『차용금 사기 사건』.
2) 1988. 6. 28. 88도650, 법률신문 1988. 8. 25. = 백선 총론 24. 『배우자 희롱 사건』.

범 처벌을 확보한 것은 크게 문제라고 하지 않을 수 없다. 아무리 형사처벌을 확보하기 위함이라고 하여도 행위와 책임의 동시존재의 원칙을 함부로 깨뜨릴 수는 없다. 개괄적 고의의 사례는 인과관계의 착오문제로 해결하여도 충분하다.[1)

(4) 본질적 착오와 비본질적 착오

인과관계의 착오는 본질적인 착오와 비본질적인 착오로 나누어진다. 인과관계의 본질적 착오란 객관적으로 진행된 인과과정과 주관적으로 인식한 인과과정 사이에 현저한 불일치가 존재하는 경우를 말한다. 이에 대하여 현저한 불일치의 정도에 이르지 아니한 경우가 비본질적 착오이다. '본질적', '비본질적'이라는 표현은 독일어에서 유래한 것이다. 그러나 이 용어는 우리의 일상용어와 친숙하지 않다. 우리의 언어감각에 따르면 독일어의 '본질적(wesentlich)'이라는 말은 '현저한'이라는 말에 대응한다.

인간의 인식능력은 불완전하다. 인간은 인과과정의 세부적인 진행을 빠짐없이 인식할수는 없다. 그렇다면 세부적인 인과적 진행을 인식하지 못한 경우는 비본질적 착오로서 이정도의 착오는 무시하여도 무방하다. 이에 반하여 인과진행의 기본적 줄거리는 행위자가언제나 인식하고 있어야 한다. 이 경우에 대해서까지 착오의 주장을 무시하는 것은 책임주의에 반한다. 인과과정의 기본적인 줄거리조차 인식하지 못한 행위자를 고의범으로 처벌하는 것은 비난의 대상이 될 수 없는 행위를 처벌하는 것과 같다.

요컨대 인과관계의 착오에 있어서 비본질적 착오는 고려의 대상이 되지 않는다. 이 경우에는 구성요건적 고의가 인정된다. 이에 대하여 인과관계의 본질적 착오는 구성요건적 고의를 배제한다. 인과관계에 있어서 본질적 착오라 함은 객관적으로 진행된 인과과정과 주관적으로 인식한 인과과정 사이에 현저한 불일치가 있는 경우를 말한다. 본질적 착오의 경우에는 객관적 구성요건요소로서의 인과관계를 인식하지 못한 것이므로 구성요건적 고의는 부정된다.

인과관계의 착오가 본질적 착오에 해당하면 고의의 기수범은 성립하지 않는다. 이 경우에는 발생된 사실과 인식한 사실을 분리하여 각각 형사처벌의 가능성을 검토해야 한다. 먼저 발생된 결과에 대하여 과실범이 성립하는가를 살펴보아야 한다. 이 경우 반드시 과실범 처벌규정이 있는가를 확인하여야 한다(법14). 다음으로 인식한 사실에 대하여 미수범이 성립하는가를 살펴야 한다. 이 경우에도 미수범처벌규정이 있는가를 반드시 확인하여야 한다(법29). 만일 발생된 결과에 대하여 과실범, 인식한 결과에 대하여 미수범이 각각 인정된다

---

1) 권오걸, 173면; 김성천 · 김형준, 121면; 김혜정 외 4인, 122면; 박상기, 96면; 배종대, 191면; 손동권 · 김재윤, 160면; 오영근 160면; 이재상 · 장영민 · 강동범, 190면; 정성근 · 정준섭, 103면; 정영일, 112면.

면 양자는 상상적 경합의 관계에 서게 된다(법40).

(5) 현저한 불일치의 판단기준

인과관계의 착오에 있어서 문제되는 것은 어떠한 경우에 인과관계의 착오가 본질적 착오로 되는가 하는 점이다. 즉 객관적으로 진행된 인과과정과 주관적으로 인식한 인과과정의 불일치가 어느 정도에 이르면 현저한 불일치라고 말할 수 있겠는가 하는 점이 관건이다. 생각건대 인과관계의 착오에 있어서 본질적 착오와 비본질적 착오의 구별기준은 일반인의 생활경험에서 구해야 한다고 본다. 인과관계의 불일치가 일반인들의 생활경험에 비추어 볼 때 통상적으로 일어나는 것이어서 형법적 배려를 특별히 필요로 하지 않는 경우라면 그러한 인과관계의 착오는 비본질적 착오에 해당한다.

〈사례 해설〉 〔사례 49〕의 사안에서 논의되는 것은 인과관계의 착오이다. 이 사안에서 문제되는 인과관계의 착오는 비본질적 착오에 불과하다. 갑이 A의 머리를 돌멩이로 가격하는 행위가 사망의 결과를 곧바로 발생시킨 것은 아니다. 그러나 갑의 가격 행위에 기초하여 이후의 사태가 진행되었고 급기야 A의 사망이라는 결과에 이르렀다. 이와 같이 전개된 일련의 인과과정은 사람들의 일반적인 생활경험에 비추어 볼 때 통상적으로 진행되는 사태진행의 범위 내에 속한다고 판단된다. 그렇다면 문제된 인과관계의 착오는 비본질적 착오에 해당한다. 여기에 피살자의 사체를 유기·은닉하는 행위가 갑의 범행 계획 속에 포함되어 있다는 점을 함께 감안하면 〔사례 49〕에서 문제된 인과관계의 착오가 비본질적 착오에 해당한다는 점은 더욱 분명해진다고 하겠다.

(6) 개괄적 고의사례와 소위 미수범설

그런데 〔사례 49〕의 사안에서 갑을 살인죄의 기수범으로 처벌하는 데에 의문을 제기하는 학자들이 있다. 이 입장에서는 A가 사망하는 시점에 갑에게는 살인의 고의가 없었다는 점을 중시한다. 그리하여 이 입장에서는 A를 돌멩이로 가격하는 제1행위에 대하여 살인미수죄를, A의 질식사 결과를 초래한 제2행위, 즉 암매장 행위에 대하여 과실치사죄를 인정하고 양자를 실체적 경합범으로 처리해야 한다고 주장한다. 이와 같이 개괄적 고의 사례에서 고의기수범 성립을 부인하고 미수범처벌을 주장하는 견해를 가리켜서 미수범설이라고 한다.[1]

그러나 소위 미수범설의 문제제기에 대해서는 고의의 존재시점을 분명히 함으로써 의

---

1) 김성돈, 234면; 이용식, 60면.

문을 해소할 수 있다. 고의는 구성요건의 실행행위 시점에 존재해야 하며 또한 그것으로 족하다. 군이 결과발생의 시점에까지 고의가 계속 유지될 필요는 없다. 그렇다면 갑을 살인 죄의 기수범으로 처벌하는 데에 별다른 문제는 없다.

(7) 인과관계의 착오와 객관적 귀속이론

지금까지 인과관계의 착오에 관한 처리방안을 살펴보았다. 그런데 이러한 접근방법과 는 달리 인과관계의 착오를 구성요건적 착오의 문제로 처리할 필요 없이 아예 객관적 구성 요건 단계에서 객관적 귀속의 문제로 해결하면 족하다고 보는 견해가 있다.[1] 인과관계의 착오는 사실은 인과과정의 착오로서 고의와는 관계없는 순수한 사태진행의 문제라는 것이 다. 그러나 이 견해는 객관적 구성요건과 주관적 구성요건의 구조적 차이를 간과하는 흠이 있다.

객관적 구성요건의 영역에서는 수집된 증거를 가지고 객관적인 사실들을 확인하여 객 관적 구성요건요소의 존부를 확인한다. 객관적 구성요건요소의 하나인 인과관계는 이렇게 하여 확인된 것으로서 실행행위와 결과 사이의 연결관계를 말한다. 이러한 인과관계의 판 단은 이미 존재가 확인된 실행행위와 또한 존재가 확인된 결과발생을 놓고 사후적으로 그 연결관계를 확인하는 작업이다.

이에 대하여 주관적 구성요건의 영역에 속하는 구성요건적 고의는 행위불법의 핵심으로 서 책임비난의 출발점을 이룬다. 구성요건적 고의는 행위와 책임의 동시존재의 원칙에 따라 서 행위시점을 기준으로 그 존부를 판단한다. 행위불법의 핵심을 이루는 구성요건적 고의는 행위시점을 기준으로 객관적 구성요건요소의 총체를 그의 인식대상으로 삼는다. 이때 객관 적 구성요건요소의 하나인 인과관계가 구성요건적 고의의 인식대상이 됨은 물론이다.

일단 객관적 구성요건의 단계에서 객관적 귀속이론에 의하여 형법적 인과관계의 존재 가 인정된다고 하자. 지금까지의 검토가 사후적 판단이었다면 이제 행위시점을 기준으로 한 또 다른 판단이 요구된다. 구성요건적 착오의 이론은 주관적 구성요건 단계에서 행위시 점을 기준으로 구성요건적 고의의 존부를 따지는 것을 그 임무로 한다. 객관적 귀속 여부를 가지고 인과관계의 착오문제를 대치(代置)하려는 시도는 주관적 구성요건 단계에서 범죄성 립의 범위를 한번 더 제한하려는 구성요건적 착오론의 임무를 도외시하는 것이다. 인과관 계의 착오문제는 행위자의 행위시점을 기준으로 주관적 구성요건의 단계에서 다시 한번 검 토되지 않으면 안 된다.[2]

---

1) 김일수 · 서보학, 157면; 이정원, 138면.
2) 성낙현, 198면.

제 **7** 절 과 실

한국형법	독일형법
제14조 〔과실〕 정상적으로 기울여야 할 주의(注意)를 게을리하여 죄의 성립요소인 사실을 인식하지 못한 행위는 법률에 특별한 규정이 있는 경우에만 처벌한다.	**제15조** 〔고의 및 과실의 행위〕 법률이 명문으로 과실행위에 형을 규정하고 있지 아니한 때에는 고의의 행위만을 처벌한다.

제1 과실범의 기초개념

1. 과실과 과실범

과실이란 주의의무에 위반하는 것을 말한다. 형법 제14조는 이러한 사정을 가리켜 '정상적으로 기울여야 할 주의(注意)를 게을리하여'라고 표현하고 있다. 주의의무는 구성요건이 실현되지 않도록 주의해야 할 의무를 말한다. 구성요건은 법익이 침해되지 않도록 하기 위하여 설정된 행위유형이다. 결국 과실이란 법익이 침해되지 않도록 주의해야 할 의무에 위반하는 것을 말한다.

과실은 고의와 함께 주관적 구성요건요소를 이룬다. 고의는 구성요건의 실현에 대한 인식과 의욕(인용)이다. 이에 대하여 과실은 구성요건이 실현되지 않도록 주의해야 할 의무에 위반하는 것을 말한다.

형법은 원칙적으로 고의범만을 처벌한다. 그러나 예외적으로 법률에 규정이 있는 경우에는 고의 없이 구성요건을 실현하더라도 행위자를 처벌할 수 있다(법13 단서 참조). 이러한 예외의 대표적인 예가 과실범이다. 형법 제14조는 과실범이 예외적으로 처벌되는 것임을 나타내기 위하여 '법률에 특별한 규정이 있는 경우에만'이라는 표현을 사용하고 있다.

과실범이란 과실을 범죄성립의 요소로 하는 범죄유형이다. 산업사회에 접어든 이래 고속교통기관 등의 보급에 따라 교통사고나 그 밖의 사고들이 급증하고 있다. 교통사고의 예에서 보듯이 현대사회에서 각종 문명의 이기가 보급됨에 따라 그만큼 생명·신체 등에 대한 위험발생의 소지도 높아지고 있다. 각종 사고의 급증과 함께 오늘날 과실범이 형사실무에서 차지하는 비중 또한 날로 높아지고 있다.

2. 형법 제14조

(1) 형법과 과실범 처벌

우리 형법 제14조는 "정상적으로 기울여야 할 주의를 게을리하여 죄의 성립요소인 사실을 인식하지 못한 행위는 법률에 특별한 규정이 있는 경우에만 처벌한다."고 규정하고 있다.[1] 형법 제14조는 세 가지 점을 밝히고 있다. 첫째로 과실범은 법률에 특별한 규정이 있는 경우에만 처벌된다는 점이다. 따라서 과실범에 대한 검토를 하려면 먼저 특정한 과실범 처벌규정을 확인해 두어야 한다.

다음으로 형법 제14조는 고의범과 과실범의 관계를 밝히고 있다. 형법 제14조는 '정상적으로 기울여야 할 주의를 게을리하여 죄의 성립요소인 사실을 인식하지 못한 행위'라는 표현을 사용하고 있다. '죄의 성립요소인 사실'이란 객관적 구성요건요소를 말한다. 원래 이 객관적 구성요건요소는 고의의 인식대상이다. 객관적 구성요건요소를 인식하지 못한 경우에는 고의범이 성립하지 않는다. 고의가 없는 행위는 과실범으로 처벌할 수 있을 뿐이다.[2]

세 번째로 형법 제14조는 과실의 개념요소를 밝히고 있다. 형법 제14조는 '정상적으로 기울여야 할 주의를 게을리하여'라는 표현을 사용하고 있다. 주의의무위반이 과실이라는 것이다. 구성요건이 실현되지 않도록 주의해야 할 의무는 다양한 형태로 나타날 수 있다. 사람의 능력이나 처지에 따라서 주의의무의 정도는 달라질 수 있다. 그러나 형법은 '성상적으로 기울여야 할 주의'라는 표현을 사용하여 사회 일반인에게 가해지는 평균적인 주의의무를 과실판단의 기준으로 제시하고 있다.

(2) 행정형법과 과실범 처벌

행정상의 단속을 주안으로 하는 형벌법규를 가리켜서 행정형법이라고 부른다. 그런데 행정형법의 경우 과실범을 처벌한다는 명문규정이 없더라도 해석상 과실범을 처벌할 수 있을 것인지 문제된다. 이에 대해서는 몇 가지 견해가 제시되고 있다.

(가) 명문규정설　　　명문규정에 의하여 과실범 처벌이 명백, 명료한 경우에 한하여 행정형법의 처벌규정으로 과실범을 처벌할 수 있다는 견해이다.[3] 해석에 의한 과실범 처벌은 인정하지 않는다. 이 입장에서는 다음과 같은 설명을 제시한다. 형법 제14조는 형법 제8조

---

1) '죄의 성립요소인 사실'이라는 표현은 고의에 관한 형법 제13조에도 사용되고 있다. 이 표현은 형법총칙의 기초(起草)를 담당하였던 가인 김병로의 이론체계에서 비롯되고 있다. 전술 155면 참조.

2) 고의범과 과실범의 결합형식인 결과적 가중범에 대해서는 후술 275면 이하에서 상론하기로 한다.

3) 1983. 12. 13. 83도2467, 공 1984, 232 = 백선 총론 29. 참고판례 1. 『통신설비 손괴 사건』.

에 의하여 행정형법에도 적용된다(법8 본문 참조). 총칙규정인 형법 제14조의 적용을 배제하는 것은 행정형법에 특별한 규정이 있을 때에 가능하다(법8 단서 참조). 따라서 행정형법이라고 하여 명문의 근거 없이 해석상 과실범처벌을 긍정할 수는 없다.

(나) 입법취지설　　해당 행정형법의 입법목적이나 제반 관계규정의 취지를 고려하면 과실범 처벌을 명문으로 규정하고 있지 않아도 과실범을 처벌할 수 있다는 견해이다.[1] 이 입장에서는 다음과 같은 설명을 제시한다. 행정형법은 법익보호를 목적으로 하는 전형적인 형벌법규와 달리 행정목적의 달성을 주안점으로 삼고 있다. 법익보호가 아니라 행정목적의 달성이라는 관점에서 보면 행정법규 위반행위가 고의범인가 과실범인가는 중요하지 않다.

(다) 해석상 과실설　　해당 행정형법에 명문규정이 있거나 해석상 과실범도 벌할 뜻이 명확한 경우에는 과실범을 처벌할 수 있다는 견해이다.[2] 이 견해는 행정형법의 입법취지를 넘어서서 해석상 과실범도 벌할 뜻이 명확한 경우로 처벌범위를 한정한다는 점에서 입법취지설보다 제한적이다. 그러나 명문규정이 없더라도 해석상 명백한 경우에는 과실범 처벌을 인정할 수 있다고 보는 점에서 명문규정설보다 완화된 입장이다. 이 견해는 형법의 기본원칙을 존중하면서도 행정목적의 달성이라는 행정형법의 특수성을 고려한 절충적 입장이라고 할 수 있다.

(라) 사　견　　입법취지설과 해석상 과실설은 다양한 형태의 행정형법에 대해 일일이 과실범 처벌 여부를 명문규정으로 밝히는 것이 입법기술상 어렵다는 현실론을 배경으로 하고 있다고 생각된다. 또한 구체적인 행정형법이 예컨대 6개월 이하의 징역이나 벌금 등과 같이 법정형을 경미하게 규정하고 있는 경우라면 그 처벌규정은 법익침해의 경중보다 행정목적의 달성에 주안점을 두고 있으며, 따라서 위반행위가 고의범인가 과실범인가는 그다지 중요한 의미가 없다는 인식을 전제하고 있는 것으로 보인다.

그러나 행정상의 단속을 주된 목적으로 하는 처벌규정이라고 하여 죄형법정주의의 대원칙을 벗어날 수는 없다. 우리 형법은 제14조에서 '법률에 특별한 규정이 있는 경우에만' 과실범을 처벌할 수 있다고 규정하고 있다. 이 원칙에 대해서는 형법 제8조 단서에 의하여 예외를 인정할 수 있지만 이 때에도 당해 법률에 "특별한 규정"이 있어야 한다. 이와 같이 우리 입법자가 과실범의 처벌과 관련하여 거듭하여 '특별한 규정'을 확인하도록 요구하고 있는 상황에서 법원이 해당 행정형법의 입법취지나 해석을 통하여 명문 규정 없이 과실범을 처벌하는 것은 사법부의 권한범위를 넘어선 것이라고 하지 않을 수 없다.

---

1) 1993. 9. 10. 92도1136, 공 1993, 2832 = 백선 총론 29. 참고판례 2.『베스타 배기가스 사건』.
2) 2010. 2. 11. 2009도9807, 공 2010상, 601 = 백선 총론 29.『찜질방 사망 사건』.

연혁적으로 볼 때, 형법 제14조가 '특별한 규정'을 요구한 것은 어느 구체적인 행정형법 규정이 과실범 처벌까지 포함하고 있는가를 일일이 해석론으로 검토해야 하는 번거로움을 법관으로부터 덜어주기 위함이었다.[1] 또한 경미한 행정법규 위반행위에 대해 과태료의 도입 등으로 비범죄화가 진행되고 있는 근래의 움직임에 비추어 보더라도 해석을 통한 행정형법의 과실범 처벌의 필요성은 크지 않다고 생각된다. 결론적으로 과실범의 처벌은 형법범의 경우이든 행정형법 위반사범의 경우이든 법률에 특별한 규정이 있을 때 한하여 가능하다고 본다.

3. 인식 있는 과실과 인식 없는 과실

형법 제14조는 '정상적으로 기울여야 할 주의(注意)를 게을리하여 죄의 성립요소인 사실을 인식하지 못한 행위'를 과실범으로 처벌한다고 규정하고 있다. 이 규정의 내용은 그 자체로서 잘못된 것은 없다. 주의의무에 위반하여 구성요건이 실현될 것을 인식하지 못한 것은 분명히 과실에 해당하기 때문이다. 이와 같이 주의의무에 위반하여 구성요건이 실현될 것을 인식하지 못한 경우를 가리켜서 인식 없는 과실이라고 한다.

형법 제14조의 규율내용은 잘못된 점이 없지만 규정의 내용이 충분하지는 않다. 정상적으로 기울여야 할 주의를 게을리하여 '죄의 성립요소인 사실을 인식하면서 행위하는 경우'도 과실범으로 처벌될 여지가 있기 때문이다.

형법 제14조에서 규정하고 있는 '죄의 성립요소인 사실'은 객관적 구성요건요소이다. 구성요건이 실현될 수 있음을 인식하면서도 정상적으로 기울여야 할 주의를 게을리하여 구성요건이 실현되지 않을 것이라고 신뢰하고 행위에 나아가는 경우가 있다. 구성요건이 실현될 수 있음을 인식하면서 주의의무에 위반하여 구성요건이 실현되지 않을 것으로 신뢰하고 행위에 나아가는 경우를 가리켜서 인식 있는 과실이라고 한다.

인식 있는 과실은 구성요건의 실현가능성에 대한 인식이 있다는 점에서 미필적 고의와 유사한 면이 있다. 그러나 구성요건이 실현되지 않을 것이라고 신뢰한 점에서 인식 있는 과실은 구성요건의 실현을 용인하는 미필적 고의와 구별된다. 미필적 고의는 고의의 영역에 속한다. 따라서 원칙적으로 형사처벌의 대상이 된다. 이에 대하여 인식 있는 과실은 과실의 영역에 속한다. 과실은 법률에 규정이 있을 때에만 예외적으로 처벌된다. 양자의 구별은 원칙적 처벌인가 예외적 처벌인가 하는 점에서 중요한 의미를 갖는다. 인식 있는 과실과 미필적 고의의 구별기준으로 가능성설, 개연성설, 용인설, 감수설 등이 제시되고 있음은 전

---

1) 자세한 분석은, 신동운, "행정형법과 과실범의 처벌", 서울대학교 법학, 제52권 제1호, (2011. 3.), 129면 이하 참조.

술하였다.[1)]

인식 있는 과실은 인식 없는 과실과 마찬가지로 과실의 범주에 속한다. 양자는 모두 과실이며 과실범의 성립요소로서 동등한 지위를 갖는다. 인식 있는 과실과 인식 없는 과실은 양자 모두 과실범이 성립한다는 점에서 별다른 차이가 없다. 양자의 차이는 주로 양형의 무대에서 나타난다.

주의의무에 위반하여 구성요건이 실현되는 것을 인식조차 하지 못하였다는 점에서 보면 인식 없는 과실의 경우에 형량이 더 높아질 여지가 있다. 그러나 역으로 구성요건이 실현될 수 있음을 인식하고 있으면서도 주의의무에 위반하여 구성요건이 실현되지 않을 것으로 함부로 신뢰한 점에서 인식 있는 과실의 경우에 비난의 여지가 더 높아지는 상황도 배제할 수 없다. 결국 인식 있는 과실과 인식 없는 과실의 구별을 기준으로 하는 양형의 경중은 구체적인 사정을 토대로 할 때 판단할 수 있는 것이며, 양자의 양형상 차이를 일률적으로 말할 수는 없다.

4. 경과실, 중과실, 업무상 과실

형법 제14조는 '정상적으로 기울여야 할 주의를 게을리하여'라는 표현을 사용하고 있다. 이것은 평균적인 보통사람이 기울여야 할 주의의무를 다하지 아니한 것을 의미한다. 이와 같이 사회의 일반인이 기울여야 할 주의의무를 다하지 아니한 것을 가리켜서 보통의 과실 또는 경과실이라고 한다. 형벌법규에서 '과실'이라 함은 이 경과실을 의미한다.

형벌법규 가운데에는 단순히 '과실'이라는 표현을 사용하지 아니하고 '중과실' 또는 '업무상 과실'이라는 표현을 사용하는 것들이 있다. 예컨대 형법 제171조는 업무상 과실 또는 중대한 과실로 인하여 실화죄를 범한 사람을 보통의 실화죄(법170)에 비하여 무겁게 처벌하고 있다. 또 형법 제268조는 업무상 과실 또는 중대한 과실로 사람을 사망이나 상해에 이르게 한 자를 보통의 과실로 사람을 사상에 이르게 한 자(법266, 267)보다 무겁게 처벌하고 있다.

중과실이란 주의의무를 현저하게 게을리하는 것을 말한다. 중과실은 아주 조금만 주의를 기울였더라도 구성요건의 실현을 예견할 수 있거나 또는 그 실현을 회피할 수 있었던 경우에 성립한다. 조금만 주의를 기울였더라면 구성요건의 실현을 방지할 수 있었을 것인데 주의의무를 다하지 아니하여 구성요건이 실현된 경우가 중과실이다.

업무상 과실이란 업무에 기하여 발생하는 주의의무에 위반하는 것이다. 업무란 사람이

---

1) 전술 215면 이하 참조.

사회생활상의 지위에서 계속적·반복적으로 행하는 일을 말한다. 사회생활상의 지위에서 계속적·반복적으로 일을 행하는 사람이 그에게 부과된 주의의무를 다하지 아니하는 것이 업무상 과실이다.

업무상 과실이 보통의 과실에 비하여 중하게 처벌되는 이유가 무엇인가 하는 점에 대하여 견해가 나뉘고 있다. 이 문제에 대해서 보통의 과실이나 업무상 과실이나 주의의무는 모두 동일하다고 보는 견해가 있다. 이 입장에서는 다음과 같은 설명을 제시한다.

「구성요건 단계에서 논해지는 주의의무위반은 보통의 과실과 업무상 과실 사이에 차이가 없다. 구성요건 단계에서는 양자 사이에 주의의무의 내용이나 정도가 동일하다. 그러나 책임 단계에 들어서면 사정이 달라진다. 책임판단은 구체적 행위자를 대상으로 한다. 업무상 과실의 경우에 구체적 행위자는 업무자이다. 구체적 행위자인 업무자에게는 보통 사람과 다른 예견의무가 부과된다. 그리하여 업무자의 주의의무위반은 책임가중사유로 파악된다.」

이러한 견해에 따르면 업무상 과실은 책임요소로 파악된다.[1] 그러나 업무상 과실을 책임요소로 파악하는 것은 적절하지 않다고 본다. 우리 형법은 업무상 과실을 보통의 과실에 대한 가중처벌의 형태로만 규정하고 있지는 않다. 우리 형법에는 업무상 과실 자체를 기본적 구성요건요소로 인정하는 경우가 있다. 형법 제364조의 업무상 과실장물취득죄는 여기에 해당하는 예이다. 이러한 경우에는 업무상 과실이 구성요건 단계에서 주관적 구성요건요소로 나타난다. 이렇게 본다면 업무상 과실은 보통의 과실에 비하여 구성요건 단계에서 주의의무 그 자체가 강화된 경우로 보아야 할 것이다.[2]

제2 과실범의 범죄론체계

1. 인과적 행위론의 과실범체계

과실범의 범죄론체계에 관하여 학설상 다툼이 있다. 종래의 인과적 행위론에 의하면 과실범의 핵심적 요소인 주의의무위반은 책임 단계에서 검토되었다. 인과적 행위론의 입장에서는 구성요건에 해당하는 결과가 있고 그것이 위법하다고 판단된 이후에 구체적 행위자를 놓고 그에게 주의의무위반이 있었는가를 검토한다. 책임 단계에서 책임요소로 논의되는 과실을 책임과실이라고 한다. 과실을 책임 단계에서 검토하는 범죄론체계를 구과실론이라고 한다.

1) 이재상·장영민·강동범, 192면; 정성근·정준섭, 341면.
2) 김일수·서보학, 318면(불법 및 책임가중); 이정원, 405면; 임웅, 539면.

책임판단의 단계에서는 구체적 행위자를 놓고 그에 대한 비난가능성의 유무를 논한다. 책임 단계에서 주의의무위반을 검토하게 되면 구체적 행위자의 주관적인 능력이 중요한 판단요소로 작용한다. 그 결과 구체적 행위자가 일반인에 비하여 지식이나 능력이 부족하다면 주의의무도 그만큼 줄어들게 된다. 이에 대하여 구체적 행위자가 특별한 지식이나 능력을 가지고 있다면 주의의무는 그만큼 확장된다. 이와 같이 구체적 행위자의 지식과 능력을 바탕으로 판단되는 주의의무를 가리켜서 주관적 주의의무라고 한다.

2. 목적적 행위론의 과실범체계

인과적 행위론자들의 과실범체계에 상반되는 것이 목적적 행위론자들의 과실범체계이다. 목적적 행위론자들은 목적적 조종활동을 행위의 본질적 요소라고 본다. 목적적 조종활동은 인간행위의 구조가 원래부터 그러한 모습으로 되어 있다는 인식에 근거하고 있다. 원래부터 구조가 그렇게 결정되어 있다면 법규범은 이 부분에 대하여 변경을 지시할 수 없다. 법질서가 일단 주어진 조건으로 파악할 수밖에 없다고 보는 이 부분을 가리켜서 존재론적 구조라고 한다. 목적적 행위론자들은 인간의 행위에 있어서 목적적 조종활동을 존재론적 구조에 속하는 것이라고 본다.

고의범의 경우에는 이와 같은 목적적 조종활동을 쉽게 인정할 수 있다. 그러나 과실범에 있어서 문제되는 과실행위는 '일정한 목적을 설정하고' 수단을 투입하는 것이 아니기 때문에 목적적 조종활동을 발견할 수 없다. 이러한 문제점 때문에 목적적 행위론자들은 과실범의 설명에 있어서 존재론적 접근방법인 목적적 조종활동의 관점을 포기한다.

목적적 행위론자들은 과실범의 분석에 있어서 존재론적 접근방법을 포기하는 대신에 규범적 관점에서 '수단의 투입'에 주목한다. 그리하여 목적적 행위론자는 사회생활상 일반적으로 지켜야 할 행위수행의 방식에서 과실범의 본질을 구한다. 이렇게 볼 때 고의범의 핵심적 요소가 '목적적 조종활동'이라면 과실범의 핵심적 요소는 '행위수행의 방식'이 된다. 사회 일반인들이 준수해야 하는 행위수행의 방식 가운데 중요한 것이 법익이 침해되지 않도록 주의를 기울이는 것이다. 주의의무는 목적적 행위론자들이 주목하는 행위수행의 방식과 관련된 것이다.

목적적 행위론에 의하면 고의범에 있어서 목적적 조종활동은 구성요건적 고의라는 형태로 구성요건 단계에서 포착된다. 과실범에 있어서 행위수행의 방식도 그에 상응하여 구성요건 단계에서 포착된다. 주의의무위반으로서의 과실은 고의와 함께 주관적 구성요건요소를 이룬다. 이 때 구성요건의 주관적 요소로 파악되는 주의의무위반을 가리켜서 구성요건적 과실이라고 한다. 그리고 과실을 구성요건의 주관적 요소로 파악하는 과실범체계를 가리켜서 신과실론이라고 한다.

구성요건은 개성이 부각되지 아니한 일반적인 행위자를 대상으로 하는 행위유형이다. 개성이 부각되지 아니한 일반적인 행위자는 사회 일반인이다. 사회 일반인들은 평균적인 지식과 능력의 범위 내에서 구성요건이 실현되지 않도록 할 주의의무를 부담한다. 평균인의 지식과 능력을 기준으로 판단되는 주의의무를 가리켜서 객관적 주의의무라고 한다. 목적적 행위론에 기한 과실범의 판단기준은 객관적 주의의무이다.

3. 사회적 행위론과 과실의 이중적 지위

인과적 행위론의 범죄론체계와 목적적 행위론의 범죄론체계를 하나로 결합한 것이 사회적 행위론이 주장하는 합일태적 범죄론체계이다. 과실범의 경우에 합일태적 범죄론체계는 합일태적 과실범체계로 나타난다. 합일태적 과실범체계에 따르면 과실은 구성요건적 과실과 책임과실의 두 가지 형태로 나타난다. 이를 가리켜서 과실의 이중적 지위라고 한다.

합일태적 과실범체계에 의하면 구성요건 단계에서는 사회 일반인의 평균적 지식과 능력을 바탕으로 주의의무위반 여부를 판단한다. 구성요건적 과실이 인정되는 위법한 행위가 있으면 이어서 책임판단을 행하게 된다. 이 단계에서는 구체적 행위자의 개별적인 지식과 능력을 토대로 책임과실이 검토된다. 이러한 체계에 의하면 객관적 주의의무와 주관적 주의의무라는 이중의 통제장치를 통하여 과실범의 성립범위가 단계적으로 제한된다.

4. 특별지식과 업무상 과실

그런데 합일태적 과실범체계에 의할 때 모순되는 상황이 발생할 수 있다. 어느 구체적인 행위자에게 구성요건의 실현을 예견하고 회피할 수 있는 특별한 지식과 능력이 있는 경우가 바로 그것이다. 구체적인 행위자가 사회 일반인에 비하여 구성요건의 실현을 예견하고 회피할 수 있는 우월한 지식과 능력을 갖추었을 때 이를 가리켜서 **특별지식**(Sonderwissen)이라고 약칭한다.[1]

특별지식이 있는 행위자의 행위를 통상의 합일태적 과실범체계에 따라서 검토하면 구성요건 단계에서 모순이 발생한다. 일반인의 평균적 지식과 능력에 비추어 판단하면 구성요건이 실현될 것을 예견할 수 없거나 그 실현을 회피할 수 없는 경우가 있다. 이러한 경우에 일반론에 따라 범죄성립 여부를 검토하면 구성요건 단계에서부터 과실범의 성립이 부정된다. 그러나 특별지식을 갖춘 구체적 행위자는 일반인이 예견·회피할 수 없는 경우에도

---

1) 2010. 10. 28. 2008도8606, 공 2010하, 2200 − 분서 총론 『활력징후 검사 사건』 ☞ 1053면 참조.

그의 특별한 능력에 기초하여 구성요건의 실현을 예견하고 회피할 수 있다.

현대의 위험사회에서는 구성요건이 실현되지 않도록 모든 사람들이 협력하여야 한다. 그렇다면 특별지식을 갖춘 행위자에게 구성요건이 실현되지 않도록 주의의무를 부과하지 않을 수 없다. 그런데 문제는 이와 같은 주의의무를 어떠한 법적 근거에서 부과할 수 있겠는가 하는 점이다. 만일 법적 근거가 확보된다면 구체적 행위자에게 속해 있던 특별지식은 과실범의 구성요건요소로 그 위치를 앞당기게 된다. 그리고 특별지식에 관한 한 주의의무는 구성요건 단계에서 논의되면서도 주관적 주의의무의 모습을 띠게 될 것이다.

우리 입법자는 과실을 '정상적으로 기울여야 할 주의를 게을리하는 것'이라고 정의하고 있다(법14). 이와 함께 우리 입법자는 독일 형법의 경우에는 없는 업무상 과실이라는 표지를 사용하고 있다(예컨대 법268). 이 업무상 과실은 특별지식을 갖춘 행위자의 주의의무를 특별히 포착하기 위하여 사용된 개념이라고 할 수 있다. 사회생활상의 지위에서 계속적·반복적으로 일을 행하는 사람은 평균인에 비하여 우수한 지식과 능력을 가지게 된다. 현대의 위험사회에서 이러한 사람들이 보유하는 특별지식은 구성요건 단계에서부터 고려되어야 한다. 따라서 소위 특별지식은 우리 형법이 사용하고 있는 업무상 과실의 표지를 매개로 하여 과실범의 구성요건요소로 파악되어야 한다.

제3 주의의무의 내용과 한계

【사례 50】 갑은 P제빵회사의 공장장이다. P회사는 제품을 M창고에 보관하고 주문에 따라 소요량을 출하하고 있다. 제품의 출하에 관하여 P회사는 소위 선입선출(先入先出)의 원칙을 안전수칙에 규정하고 있다. 그런데 P회사의 종업원들이 이러한 안전수칙을 어기고 일하기에 편하다는 이유로 출입구 근처에 있던 빵들을 먼저 출하하였다. 그 결과 유통기간이 지난 빵들이 M창고 안쪽에 쌓이게 되었다.

어느 날 다량의 주문이 오자 갑은 M창고 안에 있는 모든 빵들을 출하하도록 지시하였다. 유통기간이 지난 빵은 소비자들에게 배달되었고, 마침내 여러 사람이 식중독에 걸려 병원에 입원하는 사고가 발생하였다.

이러한 사안에서 갑을 업무상 과실치상죄(법268)로 처벌할 수 있겠는가?

---

1. 정상적으로 기울여야 할 주의

과실은 주의의무위반이다. 주의의무위반이란 정상적으로 기울여야 할 주의를 게을리하는 것이다(법14). 이 때 주의의무는 과실범의 구성요건이 실현되지 않도록 주의해야 할 의무를 말한다. 형법은 여러 가지 과실범 구성요건을 규정하고 있다. 그렇지만 예컨대 과실치사죄를 규정한 형법 제267조의 예에서 보는 바와 같이 형벌법규 자체는 '과실로 인하여'라는 표현만을 사용하고 있을 뿐 주의의무의 구체적인 내용을 밝히고 있지 않다.

우리 형법이 과실과 관련하여 명확히 하고 있는 것은 '정상적으로 기울여야 할 주의를 게을리하는 것'이 과실이라는 점이다. 정상적으로 기울여야 할 주의란 사회공동생활을 함에 있어서 구성원이라면 누구나 지켜야 할 주의의무를 말한다. 이 경우 '정상적으로 기울여야 할 주의'에 해당하는가 아닌가는 규범적 관점에서 판단해야 한다. 주의의무에 위반하는 행위가 다반사로 행해져서 대부분의 사람들이 위반행위를 한다고 하자. 그렇다고 할지라도 그 행위는 정상적으로 기울여야 할 주의를 게을리하는 것이 될 수 있다. 실생활을 보면 많은 사람들이 교통신호를 잘 지키지 않는다. 실제가 그렇다고 해도 교통안전을 위하여 요구되는 교통신호 준수의무는 교통사고와 관련한 과실범에 있어서 여전히 '정상적으로 기울여야 할 주의'에 해당한다.

사회구성원들에게 주의의무를 높이 부과하게 되면 법익보호에 도움이 될 수 있다. 그러나 그렇다고 하여 지나치게 과도한 주의의무를 부과해서는 안 된다. 사람들의 일상생활은 어느 정도 다른 사람의 법익에 위험발생을 야기하기 마련이다. 법익보호를 지나치게 강조하면 사회생활에 꼭 필요한 활동들이 크게 위축될 우려가 있다. 이러한 사정은 원자력발전소나 고속교통기관과 같은 문명의 이기를 활용하는 경우에 더욱 분명해신다.

이러한 관점에서 사람들이 사회생활을 함에 있어서 서로 감내할 것으로 양해된 최소한의 법익침해의 위험성을 가리켜서 허용된 위험이라고 한다. 형법 제14조가 '정상적으로 기울여야 할 주의'라고 할 때 '정상적으로'라는 말 속에는 허용된 위험의 사고가 깃들어 있다고 생각된다. 이러한 의미에서 주의의무위반은 허용된 위험의 한계를 벗어나는 영역에서 일어나게 된다.[1]

2. 예견의무

과실의 핵심요소인 주의의무는 예견의무와 회피의무로 나누어 볼 수 있다. 예견의무란 법익이 침해될 위험성을 예견해야 할 의무이다. 구성요건은 법익침해를 방지하기 위하여 설정된 행위유형이다. 따라서 예견의무는 구성요건이 실현될 위험성을 예견해야 할 의무라고 말할 수 있다. 법익침해의 위험성을 예견할 때 비로소 법익침해가 일어나지 않도록 대비할 수 있다. 예견의무는 외부적으로 취해야 할 법익침해 방지조치의 전제가 된다. 이러한

---

1) 1993. 9. 10. 93도196, 공 1993, 2834 = 백선 총론 30. 『연탄가스 중독 사건』 참조.

점을 나타내기 위하여 예견의무를 내적 주의의무라고 부르기도 한다.

예견의무에 있어서 예견의 대상은 행위시의 여건, 행위의 진행과정, 상황변화의 가능성, 행위가 야기할 위험의 유무 및 정도 등이다. 예견대상에 대한 예견의 강약은 침해될 법익의 경중 및 침해발생시점의 완급 등에 의하여 좌우된다.

예견의무는 법익침해의 위험성을 예견해야 하는 의무이다. 예견의무의 준수 여부는 행위자가 속하는 법공동체에서 양심적이고 상식적인 사람을 기준으로 판단한다. 양심적이고 상식적인 사람이라면 행위자가 처한 상황에서 과연 법익침해의 위험성을 예견할 것인가 하는 점이 예견의무의 판단기준이다. 법관은 예견의무위반 여부를 판단함에 있어서 행위자의 행위시점을 기준으로 삼아 장래전망적으로 검토를 행하여야 한다. 발생된 결과를 놓고 소급하여 이를 판단의 대상에 포함시켜서는 안 된다.

예견의무를 판단함에 있어서 행위자가 가지고 있는 특별지식을 고려해야 할 경우가 있다. 원래 '정상적으로 기울여야 할 주의'라는 관점에서 보면 양심적이고 상식적인 사람이 가지고 있는 능력을 발휘하는 것으로 족하다. 그러나 입법자가 '업무상 과실'이라는 표지를 사용하고 있는 경우에는 업무의 계속적·반복적 수행을 통하여 얻게 된 특별한 지식 또한 예견의무의 판단대상에 포함된다.

〈사례 해설〉 〔사례 50〕의 사안에서 볼 때 양심적이고 상식적인 사람이라면 유통기간이 지난 빵을 소비자가 먹을 경우 식중독을 일으켜 생명·신체에 위해가 발생할 수 있음을 예견할 수 있으며 또한 예견하여야 한다. 사안에서 문제된 빵의 출하시점을 기준으로 놓고 볼 때 공장장 갑에게 이러한 예견의무는 충분히 인정된다.

〔사례 50〕의 사안에서 볼 때 공장장 갑은 빵의 출하에 관한 사무를 계속적·반복적으로 수행하고 있다. 따라서 공장장 갑은 업무자에 해당한다. 공장장 갑은 자신의 공장에서 생산하는 빵의 품질과 부패 여부에 대하여 보통사람보다도 훨씬 많은 지식을 보유하고 있다. 따라서 공장장 갑에 대하여는 일반인들보다 고도의 예견의무가 부과된다.

3. 회피의무

법익침해의 위험성을 예견하게 되면 행위자는 법익이 침해되지 않도록 적절한 조치를 취하여야 한다. 법익침해의 결과가 일어나지 않도록 방지해야 할 의무를 가리켜서 **회피의무**라고 한다. 법익보호를 위하여 설정된 것이 구성요건이다. 구성요건을 실현하는 행위에 의하여 법익이 침해된다. 이렇게 볼 때 회피의무는 구성요건의 실현을 회피해야 할 의무라고 말할 수 있다. 예견의무가 내적으로 구성요건의 실현가능성을 예견해야 하는 의무라고 한다면 회피의무는 외적으로 구성요건의 실현을 회피해야 하는 의무이다. 이러한 점을 나타내기 위하여 회피의무를 외적 주의의무라고 부르기도 한다.

회피의무의 판단은 예견의무와 마찬가지로 행위자의 행위시점을 기준으로 삼아 장래전 망적으로 행하여야 한다. 회피의무는 몇 가지 형태로 나타난다. 우선 회피의무가 부작위의 무의 형태로 나타나는 경우가 있다. 구성요건의 실현이 예견될 때 가장 확실한 회피방법은 문제의 행위를 아예 처음부터 하지 않는 것이다. 즉 구성요건을 실현시킬 수도 있는 위험한 행위를 포기하고 부작위 상태로 있어야 하는 것이다.

부작위의무의 특수한 형태로 유책한 위험인수의 문제가 있다. 질병의 치료, 고속교통 기관의 운행 등과 같이 법익침해의 가능성이 특히 높은 행위는 기량이 검증된 유자격자에 의해서만 행해지도록 법질서가 제한을 가하고 있다. 이러한 경우에는 무면허자가 의료행 위를 하거나 운전행위를 하는 것 자체가 회피의무위반에 해당한다. 이와 같이 무자격자가 부작위의무에도 불구하고 위험업무에 함부로 관여하는 것을 가리켜서 유책한 위험인수라고 한다.

법익침해의 위험성을 원천적으로 제거하려면 아무런 행위를 하지 않는 것이 상책이다. 그러나 사회생활을 함에 있어서는 위험한 행위임을 알면서도 그 행위를 하지 않을 수 없는 경우가 많다. 이러한 경우에는 회피의무가 단순한 부작위의무가 아니라 적절한 조치를 취 해야 하는 작위의무의 형태로 나타나게 된다. 고속교통기관의 운행이나 산업시설의 운영 등의 경우에는 일정한 안전조치를 강구한 다음 위험업무를 행하게 된다. 이 경우 회피의무 는 사전안전조치와 사후점검조치라는 작위형태로 구체화된다.

〈사례 해설〉 [사례 50]의 사안을 보면 빵의 출하는 그만둘 수 있는 성질의 것이 아니 다. 빵의 출하는 계속하되 법익침해가 일어나지 않도록 안전조치를 강구하 는 것이 중요하다. 이와 관련하여 P제빵회사는 선입선출이라는 안전수칙을 마련하고 있다. 이 사안에서 회피의무는 선입선출의 원칙을 준수하면서 빵을 출하해야 한다는 작위형태로 나타난다. 그런데 [사례 50]에서는 선입선출의 안전수칙이 준수되지 아니한 채 빵의 출하 가 이루어지고 있다. 이것은 바로 회피의무위반에 해당하는 것이며 나아가 주의의무위반을 구성한다.

회피의무가 작위형태로 나타나는 경우의 하나로 조회의무가 있다. 조회의무란 법익침해 의 위험성을 수반하는 행위를 함에 있어서 사전에 필요한 정보와 기량을 확보해야 할 의무 를 말한다. 예컨대 의료행위를 수행함에 있어서 환자의 병력을 미리 조사해 두거나 치료에 필요한 의료기법을 충분히 익혀두는 것이 조회의무에 해당하는 예이다.

회피의무의 발현형태는 지금까지 살펴본 것처럼 크게 부작위의무와 작위의무로 나누어 볼 수 있다. 그렇지만 구체적인 회피의무의 모습은 침해의 위험성에 노출된 법익과 행위자가 처한 상황 등에 따라서 극히 다양한 형태로 나타나게 된다. 따라서 회피의무의 위반 여부는 구체적인 사안을 토대로 개별적으로 결정되지 않으면 안 된다. 여기에서는 문제의 행위가 행해지는 생활영역이 중요한 의미를 가진다. 도로교통, 의료행위, 산업활동 등 생활관계의 각 영역별로 마련되고 있는 각종의 안전수칙들은 회피의무의 판단에 있어서 중요한 지침을 제공하게 된다.

4. 신뢰의 원칙

(1) 신뢰의 원칙의 의미

형법 제14조는 과실개념을 정의하면서 '정상적으로 기울여야 할 주의를 게을리[한다]'는 표현을 사용하고 있다. '정상적으로 기울여야 할 주의'란 법공동체의 구성원들이 사회생활을 함에 있어서 누구나 지켜야 할 주의의무를 말한다. '정상적으로 기울여야 할 주의'라는 표현 속에는 공동생활을 함에 있어서 필요한 생활이익을 누리기 위하여 어느 정도의 위험은 공동체 구성원들이 서로 감내하기로 한다는 허용된 위험의 사고가 깃들어 있다.

그런데 허용된 위험의 법리를 고속교통기관의 운행과 관련된 생활영역에 적용하여 주의의무의 범위를 한층 더 제한하려는 이론적 시도가 있다. 신뢰의 원칙이 바로 그것이다. 신뢰의 원칙이란 교통규칙을 준수하면서 교통에 참여하는 사람은 다른 교통참여자도 규칙을 준수하여 행동할 것이라고 신뢰해도 좋다는 원칙을 말한다. 교통규칙을 준수한 사람은 상대방도 교통규칙을 준수할 것이라고 믿어도 되기 때문에 보통의 경우에 기울여야 할 주의의무를 다하지 아니하고 그보다 적은 주의를 기울여도 무방하다.

현대 사회에 있어서 고속교통기관의 이용은 필수적이다. 고속교통기관의 보급에 따라 많은 사람들이 교통에 참여하여 그 편의함을 향유하고 있다. 그러나 그에 상응하여 생명·신체 등의 법익 또한 위험에 더 많이 노출된다. 여기에서 고속교통기관의 이용이라는 혜택과 생명·신체 등 법익의 보호라는 두 가지 요청을 적절히 조절해야 할 필요가 생긴다.

(2) 교통사고처리 특례법의 의의와 한계

이 점과 관련하여 우리 입법자는 우선 「교통사고처리 특례법」이라는 특별법을 마련하여 절차법적 차원에서 조절책을 마련하고 있다. 이 법률 제3조는 차의 교통으로 업무상 과실치상죄 또는 중과실치상죄와 「도로교통법」상의 업무상 과실재물손괴죄 또는 중과실재물손괴죄(동법151)를 범한 운전자에 대하여는 피해자의 명시적인 의사에 반하여 공소를 제기할 수 없도록 제한하고 있다. 또한 이 법률 제4조는 일정한 보험 등에 가입하여 피해변상이

충분히 확보되는 경우에도 공소제기를 할 수 없도록 제한하고 있다.[1]

그런데 「교통사고처리 특례법」이 규정한 특례는 어디까지나 차의 운전자에 대한 공소제기의 조건을 정한 것이다.[2] 주의의무위반을 암묵적으로 전제하면서 형사절차의 진행을 차단하고 있을 뿐이다. 또한 사망사고의 경우를 비롯하여 불구·불치·난치의 질병이 발생한 경우 및 일정한 유형의 중대한 주의의무위반이 인정되는 경우에는 「교통사고처리 특례법」의 특례조항이 적용되지 않는다(동법3② 단서, 4① 단서 참조).

또한 판례는 소위 직접적 원인관계의 법리를 설정하여 「교통사고처리 특례법」상 특례조항의 적용범위를 조절하고 있다. 「교통사고처리 특례법」은 중대한 업무상 주의의무위반 행위를 특례조항의 제외사유로 열거하고 있다. 이때 특례조항의 적용제외 여부는 열거된 업무상 주의의무 위반행위와 교통사고(상해의 결과) 사이에 직접적인 원인관계가 존재하는지 여부에 따라 결정된다.[3]

(3) 의료분쟁조정법의 의의와 한계

고속교통기관의 이용과 유사한 맥락에서 논의되는 것으로 의료제도의 이용이 있다. 의료인의 적극적인 의료시술 제공은 사회 전체적으로 보아 필수적이고 유익한 것이지만 동시에 환자의 생명·신체에 대한 법익보호의 요청도 외면할 수 없다. 양자의 조화점을 모색하기 위하여 2012년 우리 입법자는 「의료사고 피해구제 및 의료분쟁 조정 등에 관한 법률」(의료분쟁조정법)을 제정하였다. 의료분쟁조정법은 2013년부터 시행되고 있는데, 의료분쟁의 조정 및 중재 등에 관한 사항을 규정함으로써 의료사고로 인한 피해를 신속·공정하게 구제하고 보건의료인의 안정적인 진료환경을 조성함을 목적으로 하고 있다(동법1).

의료분쟁조정법은 의료사고의 과실범 처벌과 관련하여 「교통사고처리 특례법」처럼 절차법적인 특례를 규정하고 있다. 즉, 의료사고로 인하여 업무상 과실치상죄(형법268)를 범한 의료인에 대하여 이 법률이 규정한 조정이나 중재가 성립한 경우에는 피해자의 명시한 의사에 반하여 공소를 제기할 수 없다(동법51① · ② 참조). 그러나 피해자가 신체의 상해로 인하여 생명에 대한 위험이 발생하거나 장애 또는 불치나 난치의 질병에 이르게 된 경우에는 그러하지 아니하다(동조① 단서 · ②).

---

1) "위 특례법상 형사처벌 등 특례의 적용대상이 되는 '보험 또는 공제에 가입된 경우'란, '교통사고를 일으킨 차'가 위 보험 등에 가입되거나 '그 차의 운전자'가 차의 운행과 관련한 보험 등에 가입한 경우에 그 가입한 보험에 의하여 특례법 제4조 제2항에서 정하고 있는 교통사고 손해배상금 전액의 신속·확실한 보상의 권리가 피해자에게 주어지는 경우를 가리킨다고 할 것이다."

2012. 10. 25. 2011도6273, 공 2012하, 1988 = 분석 총론 『자전거 일반보험 사건』.

2) 2017. 5. 31. 2016도21034, 공 2017하, 1440 =『오리 상하차 작업 사건』 ☞ 1055면.

3) 2011. 4. 28. 2009도12671, 공 2011상, 1092 = 분석 총론 『횡단보도 바깥 보행자 사건』 ☞ 1056면.

의료분쟁조정법의 특례조항은 반의사불벌죄를 규정하고 있다는 점에서 「교통사고처리
특례법」의 특례조항과 비슷한 구조를 가지고 있다. 그러나 보험이나 공제조합에의 가입만
으로 특례를 인정하지 아니하고 전문기관에 의한 조정이나 중재를 거친 후에 비로소 특례
가 인정된다는 점에서 차이가 있다. 환자의 생명·신체에 대한 법익 보호가 의료인의 안정
적인 진료환경 조성보다 우선한다는 입법적 결단의 표현이라고 생각된다.

(4) 신뢰의 원칙의 내용과 한계

절차법적 차원을 넘어서서 주의의무의 성립범위 자체를 제한함으로써 고속교통기관의
이용을 증진시키려는 이론적 시도가 있는데 이것이 바로 신뢰의 원칙이다. 신뢰의 원칙에
의하면 교통참여자는 자신이 교통규칙을 지키는 한 다른 교통참여자도 교통규칙을 지킬 것
이라고 믿어도 된다. 따라서 그만큼 주의의무의 부담도 줄어들게 된다.

신뢰의 원칙에 의하게 되면 다른 교통참여자의 생명·신체 등 법익이 침해되지 않도록
주의해야 할 부담이 덜어지기 때문에 보다 많은 사람들이 형사처벌의 두려움에서 벗어나
안심하고 고속교통기관의 이용에 참여할 수 있게 된다. 현재 대법원판례는 도로교통과 관
련하여 신뢰의 원칙을 채택하고 있다.[1]

신뢰의 원칙을 채택하게 되면 그렇지 아니한 경우에 비하여 법익보호의 정도가 훨씬
떨어지게 된다. 그리하여 생명·신체 등 중요한 법익이 더 넓게 침해의 위험에 노출되게
된다. 여기에서 신뢰의 원칙이 지나치게 확대적용되는 것을 견제할 필요가 생긴다. 이와 관
련하여 다음의 점들이 주목된다.

첫째로, 신뢰의 원칙에 의하여 주의의무를 제한하려면 이 원칙을 주장하는 교통참여자
자신이 교통규칙을 준수하고 있어야 한다. 교통규칙을 준수하지 아니한 사람은 상대방이
교통규칙을 준수하여 운행하리라고 신뢰할 자격이 없다. 이러한 관점에서의 제약은 신뢰의
원칙 자체에 내재하고 있는 조건이므로 엄밀한 의미에서 신뢰의 원칙을 제한하는 경우라고
말하기는 어렵다.

둘째로, 자신은 교통규칙을 준수하고 있더라도 일단 상대방이 교통규칙을 준수하지 않
고 있음을 알게 된 때에는 신뢰의 원칙을 주장할 수 없다. 상대방이 교통규칙을 준수하지
않고 있음을 알게 되면 행위자는 법익침해의 위험발생을 예견한 것이다. 이러한 경우에는
다시 통상적인 주의의무의 수준으로 돌아가서 법익침해의 위험발생에 대비하여야 한다(소
위 방어운전).

셋째로, 어린이나 노약자 등과 같이 처음부터 상대방에게 교통규칙의 준수를 기대하기

---

1) 1993. 1. 15. 92도2579, 공 1993, 777 = 백선 총론 19. 『삼거리 사건』.

힘든 경우가 있다. 이러한 경우에는 이들의 생명·신체 등을 보호하기 위하여 원래 수준의 주의의무가 요구된다.

넷째로, 평소의 경험지식에 비추어 볼 때 위험상황이 예견되는 경우에는 신뢰의 원칙을 주장할 수 없다. 교통참여자가 가지고 있는 특수한 경험지식은 생명·신체 등 중요법익의 보호를 위하여 모두 동원되어야 한다. 이 경우에는 특수한 경험지식까지 동원하여 법익침해의 위험발생에 대처하는 것이 주의의무의 내용이 된다.

(5) 신뢰의 원칙의 확대적용 문제

(가) 의료업무와 신뢰의 원칙   신뢰의 원칙은 원래 고속교통기관의 보급과 함께 도로교통의 생활영역에서 발전되어 온 법리이다. 그러나 현재에는 그 밖의 위험업무에 대해서도 신뢰의 원칙이 점차로 확대적용되는 추세에 있다. 대법원판례 또한 의료업무의 경우에 일부 신뢰의 원칙을 인정하는 듯한 경향을 보이고 있다.[1]

신뢰의 원칙을 확대적용하는 문제와 관련하여 논의되는 대표적인 분야로 의료진의 수술행위를 들 수 있다. 수술과 같이 고도의 기량을 요하는 위험업무는 전문가들이 협동하여 분업적으로 수행하지 않으면 안 된다. 수술참여자는 분업의 원리에 입각할 때 자신의 기량을 최고도로 발휘할 수 있기 때문이다. 신뢰의 원칙에 의할 때 수술참여자는 자신이 맡은 분야에서 주의의무를 다하기만 하면 다른 수술참여자도 주의의무를 다할 것이라고 신뢰해도 좋다. 다른 수술참여자의 담당업무가 적절히 수행되도록 감시·감독해야 할 주의의무까지 부담하지는 않는다. 의료분야에서 신뢰의 원칙 적용은 수평적 분업관계와 수직적 분업관계로 나누어 살펴볼 필요가 있다.

(나) 수평적 분업관계   의사(갑)가 환자에 대하여 주된 의사의 지위에서 진료하는 경우라도, (가) 자신(갑)은 환자의 수술이나 시술에 전념하고 마취과 의사(을)로 하여금 마취와 환자 감시 등을 담당토록 하거나, (나) 특정 의료영역에 관한 진료 도중 환자에게 나타난 문제점이 자신(갑)이 맡은 의료영역 내지 전공과목에 관한 것이 아니라 그에 선행하거나 병행하여 이루어진 다른 의사(병)의 의료영역 내지 전공과목에 속하는 등의 사유로 다른 의사(병)에게 그 관련된 협의진료를 의뢰한 경우가 있다. 이러한 경우처럼 서로 대등한 지위에서 각자의 의료영역을 나누어 환자 진료의 일부를 분담하는 경우를 수평적 분업관계라고 한다. 수평적 분업관계에서는 진료를 분담받은 다른 의사의 전적인 과실로 환자에게 발생한 결과에 대하여 주된 의사에게 책임을 인정할 수는 없다.[2]

---

1) 1994. 4. 26. 92도3283, 공 1994, 1558 = 백선 총론 31.『마취회복담당 사건』.
2) 2022. 12. 1. 2022도1499, 공 2023상, 231 =『장정결 시행 승인 사건』☞ 1057면.

(다) 수직적 분업관계   수평적 분업관계에 대비되는 것으로 수직적 분업관계가 있다. 의료기관 내의 직책상 주된 의사의 지위에서 지휘·감독 관계에 있는 다른 의사나 간호사에게 특정 의료행위를 위임하는 경우를 가리켜서 수직적 분업관계라고 한다. 수직적 분업관계의 예로는 수련병원의 전문의와 전공의의 관계[1]나 의사와 간호사의 진료보조행위의 관계[2] 등을 들 수 있다.

수직적 분업관계의 경우 원칙적으로 신뢰의 원칙이 적용되지 않는다. 예컨대 수련병원의 전문의(갑)와 전공의(을)의 관계처럼 의료기관 내의 직책상 주된 의사(갑)가 그 지위에서 지휘·감독 관계에 있는 다른 의사(을)에게 특정 의료행위를 위임하는 경우를 본다. 전문의와 전공의 등의 관계처럼 수직적 분업의 경우에는 (가) 그 다른 의사(을)에게 전적으로 위임된 것이 아닌 이상 (나) 주된 의사(갑)는 자신이 주로 담당하는 환자에 대하여 다른 의사(을)가 하는 의료행위의 내용이 적절한 것인지 여부를 확인하고 감독해야 할 업무상 주의의무가 있다.[3]

수직적 분업관계의 경우에는 제한된 범위에서 신뢰의 원칙이 인정된다. 즉, 주된 의사(갑)가 다른 의사(을)에게 해당 의료행위를 전적으로 위임한 경우가 그것이다. 이 경우 해당 의료행위가 지휘·감독 관계에 있는 다른 의사(을)에게 전적으로 위임된 것으로 볼 수 있으려면 다음의 요건을 갖추어야 한다. 즉, (가) 해당 의료행위가 위임을 통해 분담 가능한 내용의 것이고 (나) 실제로도 그에 관한 위임이 있었으며, (다) 그 위임 당시 구체적인 상황하에서 위임의 합리성을 인정할 수 있어야 한다.

해당 의료행위를 전적으로 위임할 당시 구체적인 상황하에서 (가) 위임의 합리성을 인정하기 어려운 사정이 존재하고 (나) 이를 인식하였거나 인식할 수 있었다고 볼 만한 다른 사정에 대한 증명이 없는 한, 위임한 의사(갑)는 위임받은 의사(을)의 과실로 환자에게 발생한 결과에 대한 책임이 있다고 할 수 없다.[4]

(라) 신중한 접근의 필요   의료업무 분야에서 신뢰의 원칙을 지나치게 넓게 인정하면 생명이나 신체 등과 같은 중대한 법익이 크게 침해의 위험에 노출되게 된다. 환자에 대한 수술행위나 주사행위의 경우에 신뢰의 원칙을 함부로 인정하게 되면 환자의 생명·신체에 대한 보호는 크게 약화될 것이다.

이러한 점에 비추어 볼 때 신뢰의 원칙을 원래의 출발점인 도로교통 이외의 생활영역에 확대적용하는 데에는 신중을 기하지 않으면 안 된다. 신뢰의 원칙은 개별적인 생활영역

---

1) 2022. 12. 1. 2022도1499, 공 2023상, 231 = 『장정결 시행 승인 사건』.
2) 2003. 8. 19. 2001도3667, 공 2003, 1905 = 백선 총론 31. 참고판례 1. 『간호실습생 사건』.
3) 2022. 12. 1. 2022도1499, 공 2023상, 231 = 『장정결 시행 승인 사건』.
4) 2022. 12. 1. 2022도1499, 공 2023상, 231 = 『장정결 시행 승인 사건』.

의 특성을 살펴서 여러 사람들에게 혜택이 돌아갈 수 있는 중요한 생활이익이 확인될 때 예외적으로 신중하게 허용되지 않으면 안 된다. 의료활동의 경우에 신뢰의 원칙을 전면적으로 인정할 수 없는 것은 환자의 생명·신체라는 법익이 워낙 중요하기 때문이다. 주치의와 간호사 사이의 관계에 관한 판례에서 대법원이 이 판례의 일반화를 경계하면서 "여러 사정을 참작하여 개별적으로 결정하여야 할 것이다."라고 판시한 것도[1] 같은 맥락이라고 할 것이다. 요컨대 신뢰의 원칙은 신중하게 적용되어야 한다. 또한 신뢰의 원칙을 인정하는 경우에도 그 제한의 법리를 언제나 유념할 필요가 있다.

제 4 과실범의 인과관계

【사례 51】 자동차 운전자 갑은 ㅏ자형 삼거리를 통과하고 있었다. 갑은 직진신호를 보고 주행하였는데 제한속도 시속 60킬로미터를 10킬로미터 정도 초과하여 진행하고 있었다. 이때 갑자기 맞은쪽에서 오토바이를 탄 A가 중앙선을 침범하여 좌회전하면서 교차로에 진입하였다. 갑은 급제동을 하였으나 A를 충격하였고 A는 현장에서 즉사하였다.
　　갑을 업무상 과실치사죄(법268)로 처벌할 수 있겠는가? (1993. 1. 15. 92도2579, 공 1993, 777 = 백선 종론 19.『삼거리 사건』)

---

1. 과실결과범과 객관적 귀속이론

주의의무에 위반하면 과실이 인정된다. 그러나 과실이 인정된다고 하여 곧바로 과실범이 성립하는 것은 아니다. 우리 형법상 과실범은 결과범으로 구성되어 있다. 과실행위 이외에 결과가 발생하여야 과실범이 성립한다. 과실결과범의 경우에 과실행위와 발생된 결과 사이에 형법적 인과관계가 인정되어야 범죄가 성립한다.[2]

과실결과범의 지나친 처벌을 억제하기 위하여 형법적 인과관계를 엄격하게 제한할 필요가 있다. 이와 관련하여 논의되는 것이 적법한 대체행위의 이론과 규범의 보호범위의 이론이다. 이러한 이론들은 과실행위와 결과발생 사이에 자연과학적 인과관계가 인정된다고 할지라도 객관적 귀속의 관점에서 형법적 인과관계의 범위를 제한하려는 시도이다.

---

1) 2003. 8. 19. 2001도3667, 공 2003, 1905 = 백선 종론 31. 참고판례 1.『간호실습생 사건』.
2) 2011. 4. 14. 2010도10104, 공 2011상, 960 = 분석 총론『봉독 검사 사건』☞ 1060면.

2. 적법한 대체행위의 이론

(1) 적법한 대체행위 이론의 의미

주의의무를 다하였더라도 동일한 결과가 발생하였을 것이라고 판단되면 과실범의 형법적 인과관계를 부인하려는 이론이 적법한 대체행위의 이론이다. 과실은 주의의무위반이다. 과실행위는 주의의무에 위반한 행위이다. 이에 대하여 주의의무를 다한 행위는 적법한 행위이다. 주의의무를 다한 행위는 주의의무위반행위에 대응하는 것이다. 이와 같이 주의의무를 다한 행위를 가리켜서 적법한 대체행위라고 한다. 적법한 대체행위는 어디까지나 가상적으로 설정된 행위이다. 주의의무위반행위는 현실세계에서 이미 일어나고 있기 때문이다.

적법한 대체행위의 이론은 "적법한 대체행위를 하였더라면 어떠했을 것인가?"라는 가상의 질문을 제기한다.[1] 이에 대하여 "그럼에도 불구하고 동일한 결과가 발생했을 것이다."라고 판단되면 발생된 결과를 과실행위의 탓으로 돌리지 않는다.[2] 자연과학적 인과관계가 인정됨에도 불구하고 발생된 결과를 과실행위에 귀속시키지 않기 때문에 형법적 인과관계의 범위는 그만큼 줄어든다.

(2) 적법한 대체행위 이론과 인과관계 판단

적법한 대체행위의 이론은 과실결과범의 처벌범위를 제한하는 장점이 있다. 그러나 가상적인 질문방법을 사용하기 때문에 확실한 대답을 제공할 수 없다는 난점을 안고 있다. 적법한 대체행위이론의 입장에서는 적법한 대체행위를 하였더라도 동일한 결과가 발생하였을 것이 "거의 확실하다."라고 판단되면 형법적 인과관계의 성립을 부정한다.

적법한 대체행위의 이론을 적용할 때 적법한 대체행위를 수행한 결과가 구성요건의 실현으로 나타날 것인지 아닌지 불분명한 경우가 있다. 이러한 상황의 해결책으로 무죄추정설, 위험증대설, 절충설 등이 제시되고 있다.

무죄추정설은 이러한 경우에 "의심스러운 때에는 피고인에게 유리하게"의 법원칙을 적용하여 과실범의 성립을 부정하는 견해이다.[3] [4] 무죄추정설은 대법원판례의 입장이

---

1) "(전략) 피고인들이 1시간 간격으로 활력징후를 측정하였더라면 출혈을 조기에 발견하여 수혈, 수술 등 치료를 받고 사망하지 않았을 가능성이 충분하다고 보인다."
   2010. 10. 28. 2008도8606, 공 2010하, 2200 = 분석 총론 『활력징후 검사 사건』 ☞ 1053면.
2) 1991. 2. 26. 90도2856, 공 1991, 1124 = 백선 총론 20. 『트럭 왼쪽바퀴 사건』 참조.
3) 김성돈, 496면; 정영일, 173면.
4) 과실이 결과 속에 실현되었음이 확실에 가까운 정도로 확인되지 않는 한 결과발생에 대한 책임을 물을 수 없다는 김일수·서보학, 120면도 같은 입장이라고 생각된다.

다.[1] 위험증대설은 적어도 주의의무위반행위가 인정되면 당해 과실범의 구성요건이 보호하려는 법익에 침해의 위험이 증대한 것이므로 인과관계를 인정해야 한다고 보는 견해이다.[2] 이에 대하여 절충설은 주의의무위반행위가 행위객체에 대하여 상당한 정도로 위험을 증대시켰을 때 그 때부터 주의의무위반행위와 결과발생 사이의 인과관계를 인정할 수 있다고 보는 견해이다. 생각건대 법익의 충실한 보호와 피고인의 방어권을 적절히 조화시킨다는 점에서 절충설이 타당하다고 본다.

(3) 의료과실과 인과관계 판단

(가) 형사재판　　의사에게 의료행위로 인한 업무상과실치사상죄(법268)를 인정하기 위해서는, (가) 의료행위 과정에서 업무상과실의 존재는 물론 (나) 그러한 업무상과실로 인하여 환자에게 상해·사망 등 결과가 발생한 점에 대하여도 형법적 인과관계가 인정되어야 한다.

대법원은 무죄추정설의 관점에 따라 형법적 인과관계가 엄격한 증거에 따라 합리적 의심의 여지가 없을 정도로 증명이 이루어져야 한다는 입장이다. 이에 따르면 검사는 공소사실에 기재한 업무상과실과 상해·사망 등 결과 발생 사이에 인과관계가 있음을 합리적인 의심의 여지가 없을 정도로 증명하여야 한다. 의사의 업무상과실이 증명되었다는 사정만으로 인과관계가 추정되거나 증명 정도가 경감되는 것은 아니다.[3]

(나) 민사재판　　의료과실과 관련한 형사재판에서는 대법원이 인과관계 증명에 있어서 '합리적인 의심이 없을 정도'의 증명을 요하고 있다(무죄추정설). 그러나 의료과실과 관련한 민사재판에 대해 대법원은 인과관계 판단이 동일 사안의 형사재판과 달라진다는 입장을 취하고 있다. 2023년 대법원은 의료과실 민사재판과 관련한 인과관계 판단에서 인과관계추정설을 천명하였다. 대법원은 민사재판에서 인과관계의 판단기준이 달라지는 이유에 대해 다음의 점을 제시하였다.[4]

진료상 과실로 인한 손해배상책임(민법750)이 성립하기 위해서는 (가) 손해가 발생하는 것 외에 (나) 주의의무 위반, (다) 주의의무 위반과 손해 사이의 인과관계가 인정되어야 한다. 그런데 의료행위는 고도의 전문적 지식을 필요로 하는 분야로서 환자 측에서 의료진의 과실을 증명하는 것이 쉽지 않다. 현대의학지식 자체의 불완전성 등 때문에 진료상 과실과 환자 측에게 발생한 손해(기존에 없던 건강상 결함 또는 사망의 결과가 발생하거나, 통상적으로 회

---

1) 1990. 12. 11. 90도694, 공 1991, 513 = 백선 총론 21. 『할로테인 마취 사건』.

2) 손동권·김재윤, 358면.

3) 2023. 8. 31. 2021도1833, 공 2023하, 1764 =『마취의사 수술실 이탈 사건 - 형사』☞ 1064면.

4) 2023. 8. 31. 2022다219427, 공 2023하, 1731 =『마취의사 수술실 이탈 사건 - 민사』☞ 1062면.

복가능한 질병 등에서 회복하지 못하게 된 경우 등) 사이의 인과관계는 환자 측뿐만 아니라 의료진 측에서도 알기 어려운 경우가 많다.

이러한 증명의 어려움을 고려하면, 환자 측이 (가) (ㄱ) 의료행위 당시 임상의학 분야에서 실천되고 있는 의료수준에서 (ㄴ) 통상의 의료인에게 요구되는 주의의무의 위반 즉 진료상 과실로 평가되는 행위의 존재를 증명하고, (나) 그 과실이 환자 측의 손해를 발생시킬 개연성이 있다는 점을 증명한 경우에는, 진료상 과실과 손해 사이의 인과관계를 추정하여 인과관계 증명책임을 완화하는 것이 타당하다.

여기서 손해 발생의 개연성은 자연과학적, 의학적 측면에서 의심이 없을 정도로 증명될 필요는 없다. 그러나 (가) 해당 과실과 손해 사이의 인과관계를 인정하는 것이 의학적 원리 등에 부합하지 않거나 (나) 해당 과실이 손해를 발생시킬 막연한 가능성이 있는 정도에 그치는 경우에는 손해 발생의 개연성이 증명되었다고 볼 수 없다. 한편 진료상 과실과 손해 사이의 인과관계가 추정되는 경우에도 의료행위를 한 측에서는 환자 측의 손해가 진료상 과실로 인하여 발생한 것이 아니라는 것을 증명하여 추정을 번복시킬 수 있다.

3. 규범의 보호범위의 이론

과실결과범의 형법적 인과관계를 제한하는 또 하나의 이론적 기법으로 규범의 보호범위의 이론이 있다. 규범의 보호범위의 이론이란 발생된 결과가 문제된 규범의 보호범위 바깥에 위치하는 것일 때에는 형법적 인과관계를 인정하지 않는다는 이론이다. 과실행위와 발생된 결과 사이에 자연과학적 인과관계가 긍정된다고 할지라도 발생된 결과가 규범의 보호범위 바깥에 위치한다면 그 결과를 주의의무 위반행위의 탓으로 돌릴 수 없다는 것이다.

결과범에 있어서 결과란 법익침해의 위험이 현실적인 모습으로 나타난 것이다. 결과는 내재되어 있던 법익침해의 위험성이 현실화된 것이다. 과실행위는 주의의무에 위반하는 행위이다. 주의의무를 발생시키는 것은 규범이다. 이 규범은 일정한 법익을 보호하기 위하여 사회공동체가 설정해 놓은 것이다. 여기에서 발생된 결과에 내재되어 있던 법익침해의 위험성과 문제된 규범이 예정한 법익침해의 위험성을 비교할 필요가 있다. 만일 전자의 위험성이 후자의 위험성 범위 안에 들어오지 않는다면 그 결과는 규범의 보호범위 바깥에 위치하는 것이 된다.

〈사례 해설〉 [사례 51]의 사안에서 운전자 갑은 제한속도가 시속 60킬로미터인 교차로에서 시속 70킬로미터로 주행하던 중 갑자기 중앙선을 넘어서 좌회전하는 오토바이 운전자 A를 치어서 사망에 이르게 하고 있다. 이 사안에서 갑의 운전행위와 A의 사망 사이에 자연과학적 인과관계가 존재하는 것은 분명하다. 갑이 교차로를 주행하지 아니하였더라면 을의 사망은 없었을 것이기 때문이다. 이제 객관적 귀속의 관점에서 형법적 인과관계를 제한할 필요가 있다.

〔사례 51〕의 사안에서 갑은 분명히 제한속도를 위반하고 있다. 제한속도 시속 60킬로미터인 교차로에서 시속 70킬로미터로 주행하였기 때문이다. 조건설적인 관점에서 보면 다음과 같은 분석을 제시할 수 있다. 「갑이 시속 70킬로미터로 주행하지 아니하였더라면 갑은 사고지점을 1, 2분 늦게 통과하였을 것이다. 1, 2분 일찍 통과하는 일이 없었더라면 A는 그 사이에 사고지점을 무사히 통과하였을 것이다. 그렇다면 A는 사망하지 아니하였을 것이다. 이렇게 보면 갑의 과속운전행위와 A의 사망 사이에는 자연과학적 인과관계가 인정된다. 그렇다면 형법적 인과관계도 긍정된다.」

이러한 분석에 대해서는 객관적 귀속의 관점에서 다음과 같은 반론을 제시할 수 있다. 「과속주행은 물론 주의의무에 위반한 행위이다. 과속주행은 도로교통법 제17조 제3항이 금지하고 있다. 도로교통법 제17조 제3항은 교통의 안전을 보호법익으로 하고 있다. 긴급한 돌발사태가 발생할 때 이에 대처할 수 있는 정도의 속도를 유지함으로써 교통사고를 예방하려는 것이 속도제한규정의 입법취지이다. 속도제한규정은 교통사고방지를 목적으로 한다. 그렇지만 이 규정은 일정한 시점에 일정한 지점을 통과하도록 하기 위하여 설정된 규범은 아니다.」

갑이 과속운전을 함으로써 사고의 시점에 사고지점을 통과하여 A가 사망한 것은 사실이다. 만일 갑이 제한속도를 준수하여 1, 2분만 늦게 그 지점을 통과하였더라면 A는 사망하지 아니하였을 것이다. 그러나 갑이 위반한 속도제한규정은 일정한 시간간격을 두고 일정한 지점을 지나도록 하는 것을 규범의 목적으로 설정하고 있지 않다. 속도제한규정은 긴급한 돌발사태에 대처할 수 있는 안전속도를 유지함으로써 교통사고를 방지하는 것이 목적일 뿐이다. 그렇다면 갑이 사고의 시점에 사고지점을 통과하였기 때문에 A를 사망에 이르게 하였더라도 A의 사망은 갑이 위반한 속도제한규정의 보호범위 바깥에 위치한다.

요컨대 갑의 운전행위와 A의 사망 사이에 자연과학적 인과관계가 인정되는 것은 사실이지만 A의 사망을 갑의 과속운전 탓으로 돌릴 수는 없다. 갑의 과속운전과 A의 사망 사이에는 형법적 인과관계가 없다. 결국 갑은 업무상 과실치사죄로 처벌되지 않는다. 그러나 갑이 처벌을 완전히 면하는 것은 아니다. 속도제한이라는 주의의무를 준수하지 아니한 부분에 대해서는 「도로교통법」의 처벌규정에 따라 처벌될 것이다. 「도로교통법」 제17조 제3항과 제156조에 따르면 속도위반행위는 20만원 이하의 벌금이나 구류 또는 과료로 처벌된다.

제 8 절   결과적 가중범

한국형법	독일형법
제15조 ② 결과 때문에 형이 무거워지는 죄의 경우에 그 결과의 발생을 예견할 수 없었을 때에는 무거운 죄로 벌하지 아니한다.	**제18조**〔무거운 범죄결과에 대한 가중처벌〕법률이 행위의 특별한 결과에 대하여 보다 무거운 형을 정하고 있는 때에는 그 결과에 관하여 적어도 과실이 인정되는 경우에 한하여 그 무거운 형으로 정범 또는 공범을 처벌한다.
(해당 조항 없음)	**제11조**〔사람 및 물건의 개념〕② 행위에 대하여는 고의를 요하나 이로 인하여 야기된 특별한 결과는 과실만으로도 충분한 법률상의 구성요건을 실현시킨 경우에 그 행위는 이 법에서 의미하는 고의행위로 본다.

제 1   결과적 가중범의 의의와 구조

【사례 52】 갑은 A와 시비를 벌이다가 A를 떠밀었다. A는 엉덩방아를 찧으면서 땅에 넘어지더니 곧 이어 심장마비로 사망하였다. 평소에 A는 외관상 건강하고 병약한 흔적이 없었으나 사실은 관상동맥경화 및 협착증세를 가지고 있었다. 이와 같은 특수체질은 A의 처 B녀도 알지 못하는 것이었다.

이러한 경우에 갑을 폭행치사죄(법262)로 처벌할 수 있겠는가? (1985. 4. 23. 85도303, 공 1985. 814 = 백선 총론 32. 『엉덩방아 사건』)

1. 결과적 가중범의 의의

결과적 가중범이란 결과로 인하여 더욱 무겁게 처벌되는 범죄유형을 말한다(법15② 참조). 결과적 가중범은 기본범죄를 전제로 한다. 기본범죄의 형에 비하여 결과발생을 이유로 형을 가중하는 것이 결과적 가중범이기 때문이다. 결과적 가중범의 기본범죄는 고의범이다.

형법은 원칙적으로 고의범만을 처벌한다. 과실범은 예외적으로 처벌된다. 이러한 관계로 과실범의 결과적 가중범은 인정되지 않는다.

결과적 가중범은 결과로 인하여 형이 더욱 가중되는 범죄유형이다. 생명의 파괴와 같은 무거운 결과발생만을 놓고 본다면 형의 가중처벌을 수긍하기가 쉽다. 이 때문에 결과적 가중범의 조문은 지나치게 무거운 형벌을 규정하는 경우가 많다. 그리하여 결과적 가중범의 가혹함을 완화하려는 노력이 일찍부터 경주되어 왔다.

결과적 가중범의 성립범위를 제한하려는 노력은 우선 인과관계의 영역에서 시도되었다. 상당인과관계설이 결과적 가중범의 영역에서 조건설의 폐단을 완화하기 위하여 제시된 학설임은 널리 알려진 사실이다. 그렇지만 결과적 가중범의 성립범위를 인과관계이론으로 제한한다고 하여도 그것으로 충분한 것은 아니다. 무거운 결과의 범위를 줄이더라도 줄어든 범위 내에서는 여전히 결과 자체로 형을 무겁게 가중하기 때문이다.

결과만을 가지고 형을 가중하는 것은 책임주의에 반한다. 책임주의란 비난가능성이 인정될 때 비난가능성의 정도에 상응한 형벌만을 부과하여야 한다는 원칙이다. 무거운 결과 자체는 책임비난의 대상이 되지 못한다. 무거운 결과를 발생시킨 행위에 대하여 비난의 요소가 인정되어야 한다.

책임주의에 반대되는 것으로 결과책임이 있다. 결과책임이란 결과가 발생하였다는 사실만으로 형사처벌을 인정하는 것이다. 결과책임을 묻게 되면 무거운 결과가 발생하지 않도록 다른 사람에게 경고를 발할 수 있다. 그러나 순전히 경고의 효과를 거둘 목적으로 책임비난을 가할 수 없는 사람에게 형벌을 가하는 것은 책임주의의 원칙에 반하는 것으로서 허용되지 않는다. 경고의 효과라는 목적을 위하여 비난가능성이 없는 사람을 처벌하는 것은 목적을 위하여 사람을 수단으로 사용하는 것이다. 결과책임은 헌법 제10조가 보장하고 있는 인간의 존엄과 가치에 반한다.

결과적 가중범의 이론은 무거운 결과발생에 대하여 형벌가중의 필요성을 인정하면서도 책임주의의 테두리를 벗어나지 않도록 하는 방안을 모색하는 작업이다. 이 점과 관련하여 우리 형법 제15조 제2항은 "결과 때문에 형이 무거워지는 죄의 경우에 그 결과의 발생을 예견할 수 없었을 때에는 무거운 죄로 벌하지 아니한다."라고 규정하고 있다. 형법 제15조 제2항에서 말하는 '결과 때문에 형이 무거워지는 죄'는 바로 결과적 가중범이다. 결과적 가중범에서 무거운 결과가 발생하였다고 곧바로 무거운 형으로 처벌할 수는 없다. 형법 제15조 제2항이 '그 결과의 발생을 예견할 수 없었을 때'에는 무거운 죄로 처벌할 수 없다는 제한을 설정하고 있기 때문이다.

2. 결과적 가중범의 인과관계

결과적 가중범은 객관적 구성요건의 단계에서 인과관계이론에 의하여 일차적으로 그 성립범위가 제한된다. 이미 인과관계론에서 언급한 바와 같이 합법칙적 조건설에 의하여 자연과학적 인과관계를 확인하고 객관적 귀속의 척도에 의하여 형법적 인과관계의 범위를 조절하면 된다. 우리 대법원은 결과적 가중범의 인과관계 판단기준으로 상당인과관계설을 적용해 오고 있다.[1] 근래 학계에서는 한걸음 더 나아가 결과적 가중범의 인과관계를 직접적 인과관계로 제한하려는 시도도 나오고 있다.[2]

결과적 가중범은 고의의 기본범죄에서 무거운 결과가 발생할 때 문제되는 범죄유형이다. 고의의 기본범죄가 실행되면 법익침해의 위험성이 증가한다. 법익침해의 위험성은 다방면에 미칠 수 있으며 여러 가지 결과로 현실화될 수 있다. 이 가운데에서도 고의의 기본범죄가 야기하는 전형적인 위험 내지 제일차적 위험이 있다. 직접적 인과관계란 기본범죄와 이 기본범죄가 야기하는 전형적 위험이 현실화된 결과 사이에 존재하는 인과관계를 말한다. 이 때 직접적이란 전형적 위험이 결과발생으로 현실화된다는 뜻이다. 시간적으로 직접적인 선후관계를 의미하는 것은 아니다. 인과관계의 직접성을 강조하게 되면 제3자나 피해자의 행위가 중간에 개입하게 되면 인과관계는 부정된다.

직접적 인과관계의 주장은 결과적 가중범의 지나친 처벌을 완화하려는 노력으로 주목된다. 그러나 이러한 시도는 형법의 조문체계 내에서 그 근거를 구하지 않으면 안 된다. 우리 입법자는 결과적 가중범의 인과관계를 특별히 제한하는 명문의 규정을 두고 있지 않다. 그 대신에 '예견가능성'이라는 주관적 표지를 제한의 척도로 설정하고 있다.[3] 결과적 가중범에 있어서 인과관계(즉 형법적 인과관계)는 통상적인 판단에 따르면 족하다고 본다.[4]

판례 또한 "[기본범죄] 행위가 피해자의 사상이라는 결과를 발생하게 한 유일하거나 직접적인 원인이 된 경우만이 아니라, 그 행위와 결과 사이에 피해자나 제3자의 과실 등 다른 사실이 개재된 때에도 그와 같은 사실이 통상 예견될 수 있는 것이라면 상당인과관계를 인정할 수 있다."고 판시하여 직접적 인과관계를 요구하지 않고 있다.[5]

---

1) 1967. 10. 31. 67도1151, 집 15③, 형37 = 백선 총론 16.『약종상 사건』.

2) 권오걸, 405면; 김성돈, 514면; 김일수 · 서보학, 340면; 김혜정 외 4인, 140면; 박상기, 203면; 배종대, 501면; 성낙현, 430면; 손동권 · 김재윤, 379면; 이재상 · 장영민 · 강동범, 212면; 이정원, 422면; 임웅, 569면; 정성근 · 정준섭, 356면; 정영일, 186면.

3) 1988. 4. 12. 88도178, 공 1988, 865 = 백선 총론 32. 참고판례 1.『작부 탈출 사망 사건』.

4) 오영근, 138면.

5) 2014. 7. 24. 2014도6206, 공 2014하, 1759 = 분석 총론『고속도로 급정차 사건』☞ 1064면.

3. 결과적 가중범과 예견가능성

(1) 예견가능성의 의미

결과적 가중범에 있어서 무거운 결과에 대한 인과관계를 제한한다고 하여도 그것으로 충분하지는 않다. 책임비난의 근거가 확보되지 않으면 가중처벌의 범위가 결과의 측면에서 다소 제한되었다고 할지라도 여전히 결과책임의 흠을 면할 수 없기 때문이다.

결과적 가중범의 성립범위는 주관적 구성요건 단계에서 다시 한번 제한된다. 책임비난을 가하려면 불법이 전제되어야 한다. 불법(不法)은 구성요건에 해당하고 위법한 행위이다. 구성요건의 주관적 요소는 불법의 요소이다. 그렇다면 구성요건의 주관적 요소는 책임판단의 전제가 되기도 한다. 구성요건의 주관적 요소는 기본적으로 고의와 과실이다. 결과적 가중범의 처벌이 책임주의에 반하지 않으려면 무거운 결과 부분에 대하여 고의 또는 과실이 인정되어야 한다. 그런데 무거운 결과에 대하여 고의가 인정된다면 그 자체는 전형적인 고의범이다. 별도로 결과적 가중범을 논할 필요가 없다. 결국 무거운 결과에 상응하는 주관적 구성요건요소는 구성요건적 과실이 된다.

과실은 주의의무위반이다. 주의의무는 구성요건이 실현된다는 것을 예견하고 이를 회피해야 할 의무이다. 결과적 가중범에 있어서 주의의무는 무거운 결과의 실현을 예견하고 이를 회피해야 할 의무가 된다. 그런데 무거운 결과발생은 고의의 기본범죄에서 비롯된 것이다. 무거운 결과발생을 회피하려면 처음부터 고의의 기본범죄를 범하지 말았어야 한다. 일단 고의의 기본범죄를 범하였다면 그 자체가 이미 무거운 결과발생에 대한 회피의무를 위반한 것이다. 이제 남는 부분은 무거운 결과발생을 예견해야 할 의무이다.

무거운 결과발생에 대한 예견의무는 예견가능성을 전제로 한다. 예견가능성이 없는 경우에는 예견의무를 부과할 수 없다. 결국 결과적 가중범에 대한 책임판단의 토대는 무거운 결과에 대한 예견가능성으로 집중된다. 우리 형법 제15조 제2항은 이러한 사정을 밝혀서 "결과 때문에 형이 무거워지는 죄의 경우에 그 결과의 발생을 예견할 수 없었을 때에는 무거운 죄로 벌하지 아니한다."고 규정하고 있다.

(2) 객관적 예견가능성과 주관적 예견가능성

무거운 결과발생에 대한 예견가능성은 객관적 예견가능성과 주관적 예견가능성으로 나누어 볼 수 있다. 객관적 예견가능성은 평균적 일반인을 기준으로 무거운 결과의 발생을 예견할 수 있었음을 말한다. 이에 대하여 주관적 예견가능성은 구체적인 행위자가 무거운 결과발생을 예견할 수 있었음을 말한다.

결과적 가중범의 구성요건 단계에서는 무거운 결과발생에 대한 객관적 과실이 요구된다. 객관적 과실이란 평균적 일반인을 기준으로 파악된 예견의무와 회피의무의 위반이다. 결과적 가중범에 있어서 무거운 결과발생에 대한 객관적 과실은 객관적 예견가능성의 모습으로 나타난다. 따라서 결과적 가중범의 구성요건 단계에서는 평균적 일반인을 기준으로 하여 무거운 결과의 실현을 예견할 수 있었는가를 검토해야 한다.

결과적 가중범은 무거운 결과발생 때문에 형을 가중하는 범죄유형이다. 지나친 가중처벌을 견제하려면 객관적 예견가능성만으로는 충분하지 않다. 구체적 행위자가 무거운 결과의 실현을 예견할 수 없는 특수한 사정이 있는 경우에는 이를 반영하지 않으면 안 된다. 무거운 결과발생을 예견할 수 없는 사람에게 무거운 결과발생을 이유로 형을 가중하는 것은 책임비난의 근거 없이 가중처벌하는 것이 된다.

이렇게 볼 때 결과적 가중범에 있어서 무거운 결과발생의 예견가능성은 객관적 예견가능성과 주관적 예견가능성을 모두 포함해야 한다. 객관적 예견가능성과 주관적 예견가능성은 이중적으로 결과적 가중범의 성립범위를 제한한다. 이 경우 주관적 예견가능성은 책임 단계에서 책임과실이 구체화된 것이다(소위 과실의 이중적 지위).

그러나 대법원은 2014년 판례를 통해 일반교통방해치사죄(법188) 사안에서 결과발생에 대한 예견가능성은 일반인을 기준으로 판단되어야 한다고 하면서, 설령 피고인이 결과발생을 구체적으로 예견하지는 못하였다고 하더라도 결과적 가중범의 성립을 인정할 수 있다는 입장을 천명하였다.[1] 책임주의의 철저화라는 관점에서 볼 때 판례의 태도는 재고될 필요가 있다고 생각된다.

(3) 예견가능성과 특별지식의 문제

예견가능성이 객관적 예견가능성과 주관적 예견가능성을 모두 포함한다고 할 때 행위자가 가지고 있는 특별지식이 예견가능성 가운데 포함될 것인가 하는 문제가 있다. 과실범의 항목에서 설명한 바와 같이[2] 특별지식(Sonderwissen)이란 구체적인 행위자가 가지고 있는, 사회 일반인에 비하여 구성요건의 실현을 예견하고 회피할 수 있는 우월한 지식과 능력을 말한다.

생각건대 과실범의 성립요건으로 검토되는 특별지식은 위험사회에서 법익보호를 보다 충실하게 달성하기 위하여 요구되는 요건이다. 이에 대하여 결과적 가중범의 성립요건으로 요구되는 예견가능성은 결과책임으로 흐르기 쉬운 결과적 가중범의 성립범위에 적절한 조

---

1) 2014. 7. 24. 2014도6206, 공 2014하, 1759 = 분석 총론 『고속도로 급정차 사건』.
2) 전술 260면 이하 참조.

절을 가하기 위하여 설정된 것이다. 이렇게 볼 때 결과적 가중범의 요건으로서 예견가능성에는 특별지식이 포함되지 않는 것으로 새기는 것이 타당하다고 본다.

〈사례 해설〉 〔사례 52〕의 사안에 있어서 갑은 A를 떠다미는 행위를 하고 있다. 갑의 행위는 사람의 신체에 대한 유형력의 행사로서 형법 제260조 제1항의 폭행죄를 구성한다. 갑의 행위에 이어서 A의 사망이라는 결과가 발생한다. 사람의 생명이라는 중대한 법익이 침해된 것이다. 이러한 상황에서 갑을 폭행치사죄(법262)라는 결과적 가중범으로 처벌할 수 있을 것인지 문제된다.

결과적 가중범의 성립을 검토하려면 먼저 객관적 구성요건 단계에서 형법적 인과관계의 존부를 논하여야 한다. 갑의 행위와 A의 사망 사이에는 자연과학적 인과관계가 인정된다. 합법칙적 조건설의 관점에서 볼 때 갑이 A를 떠밀지 않았더라면 A는 죽지 않았을 것이라는 관계가 설정되기 때문이다. 상당인과관계의 관점에서 보더라도 갑의 행위와 A의 사망 사이에는 인과관계가 인정된다. 사람을 떠다밀면 사망의 결과가 발생할 수 있다는 것은 우리의 생활경험에 비추어 볼 때 극히 이례적인 일은 아니기 때문이다. 자연과학적 인과관계가 확인되면 다음으로 객관적 귀속의 문제를 검토하여야 한다. 〔사례 52〕의 사안에서 객관적 귀속을 부인할 만한 뚜렷한 사정은 엿보이지 않는다. 결국 갑의 폭행행위와 A의 사망 사이에는 형법적 인과관계가 긍정된다.

갑의 행위로 인하여 A의 사망이라는 무거운 결과가 발생하였다. 이제 검토해야 할 것은 주관적 구성요건 단계에 위치하고 있는 과실이다. 과실은 주의의무위반이다. 주의의무는 예견의무와 회피의무로 구성된다. 먼저 회피의무의 측면을 본다. 사람의 몸을 함부로 떠다미는 행위를 해서는 안 된다. 사람의 신체에 중대한 변화가 일어날 여지가 있기 때문이다. A를 떠다민 갑의 행위(즉 폭행)는 그 자체로 사망의 결과발생을 회피하기 위한 의무를 다하지 아니한 것이다.

그러나 예견의무의 측면으로 오면 사정이 조금 다르다. 일반인의 입장에서 볼 때 A는 외관상 건강한 사람이다. 갑의 행위시점을 기준으로 놓고 볼 때 외관상 건강한 A를 떠밀었다고 하여 그가 심장마비로 사망할 것이라고 보통사람들은 예견할 수 없다. A가 외관상 건강하였다는 사정은 사망한 A의 부인 B녀도 인정할 정도이다. 그렇다면 〔사례 52〕에서 객관적 예견가능성은 부인된다. 여기에 더하여 갑 자신도 자신의 행위로 A가 사망하리라고 예견할 수 없었다. 그렇다면 형법 제15조 제2항이 규정한 예견가능성이 없어 갑은 형법 제262조의 폭행치사죄로 처벌되지 않는다. 다만 이 경우 갑을 기본범죄인 형법 제260조 제1항의 폭행죄로 처벌하는 것은 별개의 문제이다.

제 2   결과적 가중범의 종류

【사례 53】 갑은 자기 가족이 그 동안 살고 있던 '은봉암'으로부터 쫓겨난 데 원한을 품고 주지인 A를 살해하기로 마음을 먹었다. 갑은 밤중에 A의 집에 침입하였는데 A는 없고 A의 부인 B녀가 있었다. B녀가 자신을 알아보자 갑은 B녀를 절구방망이로 강타하여 실신시킨 후 그 집에 석유를 뿌려 불을 질렀다. 집은 전소되었고 B녀는 현장에서 불에 타 숨졌다.

이 경우 갑의 죄책을 논하고 예상되는 형량을 계산해 보라. (1983. 1. 18. 82도2341, 공 1983, 463 = 백선 총론 33. 『은봉암 방화 사건』)

【사례 54】 갑은 아버지 A가 용돈도 잘 주지 않고 야단만 치는 것에 앙심을 품고 아버지 A를 살해하기로 마음을 먹었다. 갑은 두루마리 화장지를 장롱의 뚫어진 구멍 사이로 집어넣고 이를 풀어 도화선으로 만든 다음 바깥에서 불을 붙였다. 불은 장롱에 옮겨 붙었고 아버지 A는 연기에 질식하여 사망하였다.

이 경우 갑의 죄책을 논하고 예상되는 형량을 계산해 보라. (1996. 4. 26. 96도485, 공 1996, 1782 = 백선 총론 33. 참고판례 1. 『두루마리 화장지 사건』)

---

1. 진정 결과적 가중범과 부진정 결과적 가중범

(1) 결과적 가중범의 유형

결과적 가중범은 진정 결과적 가중범과 부진정 결과적 가중범으로 나누어 볼 수 있다. 진정 결과적 가중범은 고의의 기본범죄에 과실의 무거운 결과가 결합된 범죄유형이다. 이에 대하여 부진정 결과적 가중범은 고의의 기본범죄에 고의의 무거운 결과까지 결합될 수 있는 범죄유형이다. 부진정 결과적 가중범은 적절한 형량의 확보라는 형사정책적 이유에서 논의되는 이례적인 법형상이다.

결과적 가중범은 고의의 기본범죄에 무거운 결과가 결합된 것이다.[1] 무거운 결과와 책임요소와의 관계를 보면 무거운 결과발생에 대해 (가) 전혀 책임요소가 발견되지 않는 경우, (나) 과실이 인정되는 경우, (다) 고의까지 인정되는 경우로 나누어 볼 수 있다. 이 가운데 전혀 고의·과실을 발견할 수 없는 (가)의 경우에 무거운 결과는 형벌가중의 근거가 될 수 없다. 무거운 결과에 대하여 책임요소가 발견되는 경우는 과실과 고의가 발견되는 (나)

---

1) 2009. 7. 23. 2009도1934, 공 2009, 1496 = 분석 총론 『술값시비 이중상해 사건』.

와 (다)의 경우이다.

원래 결과적 가중범은 고의의 기본범죄와 과실의 무거운 결과가 결합된 범죄유형이다. 만일 무거운 결과에 고의가 인정된다면 무거운 결과 자체에 대한 고의범이 성립한다. 이러한 경우에는 고의의 기본범죄와 무거운 결과부분에 대한 고의범이라는 두 가지 고의범이 존재한다. 무거운 결과부분은 한 개의 자연적 행위에서 비롯되고 있다. 그렇다면 고의의 기본범죄와 무거운 결과에 대한 고의범은 상상적 경합(법40)의 관계에 서게 된다.

(2) 상상적 경합과 부진정 결과적 가중범

상상적 경합은 한 개의 자연적 행위가 두 개 이상의 구성요건을 동시에 실현시키는 경우를 말한다.[1] 상상적 경합관계에 있는 여러 개의 범죄는 한 개의 자연적 행위에서 비롯된 것이므로 한 개의 형으로 벌하는 것이 자연스럽다. 이러한 사정을 반영하여 우리 형법 제40조는 "한 개의 행위가 여러 개의 죄에 해당하는 경우에는 가장 무거운 죄에 대하여 정한 형으로 처벌한다."라고 규정하고 있다. 이 경우 '가장 무거운 죄에 대하여 정한 형으로 처벌한다' 함은 '가장 무거운 죄에 대하여 정한 한 개의 형으로 처벌한다'는 의미이다.

상상적 경합에 있어서 '가장 무거운 죄에 대하여 정한 형'의 의미가 논의된다. 가장 무거운 죄에 대하여 정한 형은 상상적 경합관계에 있는 여러 개의 죄를 놓고 그 법정형을 비교하여 결정한다. 이 때 기준이 되는 것은 형량의 상한이 가장 높은 죄로서 이것이 '가장 무거운 죄'가 된다. 그리하여 이 죄에 규정된 형의 상한과 하한이 일단 기준으로 작용한다. 그런데 상상적 경합관계에 있는 다른 죄의 형의 하한이 기준이 되는 무거운 죄의 형의 하한을 초과하는 경우가 있다. 이러한 경우에는 기준이 되는 무거운 죄의 형의 하한은 다른 죄가 규정한 보다 높은 형의 하한으로 상향조정된다. 형량을 최대한 확보하자는 것이다.

고의의 기본범죄와 고의의 무거운 결과발생을 상상적 경합으로 처리하면 일정한 형의 범위가 산정된다. 그런데 이렇게 확보된 형량의 범위가 때때로 전형적인 결과적 가중범의 형량범위보다 낮은 경우가 있다. 이러한 상황이 발생하면 형량의 확보를 위하여 결과적 가중범의 구조를 수정할 필요가 생긴다. 이 때 수정의 방법은 간단하다. 고의의 기본범죄와 과실의 무거운 결과가 결합된 것으로 파악되는 결과적 가중범의 조문을 고의의 기본범죄와 고의의 무거운 결과가 결합된 경우까지도 규율하는 조문으로 새기면 된다.

결과적 가중범의 조문을 고의의 기본범죄에 고의의 무거운 결과가 결합된 경우에까지 적용하는 것은 결과적 가중범의 본질에 맞지 않는다. 이 경우는 본래적 의미의 결과적 가중범이 아니기 때문이다. 이러한 의미에서 고의의 기본범죄에 고의의 무거운 결과까지 포함

---

1) 상상적 경합에 대하여는, 후술 822면 이하 참조.

하는 결과적 가중범의 형태를 가리켜서 부진정 결과적 가중범이라고 한다.

2. 부진정 결과적 가중범과 죄수론

부진정 결과적 가중범은 형량의 확보를 위하여 이례적으로 설정된 법형상이다. 형량의 확보를 위하여 고의의 무거운 결과가 고의의 기본범죄와 함께 한 개의 결과적 가중범으로 결합된 것이다. 결과적 가중범은 고의의 기본범죄와 과실의 무거운 결과가 결합된 소위 결합범으로서 기본적으로 단순일죄를 이룬다.[1]

그렇지만 형량의 확보라는 형사정책적 고려가 전면에 등장할 때에는 상황이 반전되어 상상적 경합이 인정될 경우가 있다. 고의의 무거운 결과에 인정되는 형량이 결과적 가중범의 형량에 비하여 무거워서 이 형량을 특별히 확보할 필요가 생길 수 있기 때문이다. 이러한 상황하에서는 부진정 결과적 가중범의 구성요소로 파악되었던 무거운 결과의 고의범은 결과적 가중범의 단순일죄와 상상적 경합의 관계에 서게 된다.[2]

부진정 결과적 가중범을 계기로 하여 제기되는 결과적 가중범의 미수 문제에 대해서는 미수범의 항목에서 검토하기로 한다.[3]

<table>
<tr><td>〈사례 해설〉</td><td>〔사례 53〕의 사안에서 얼른 생각되는 구성요건은 살인죄와 현주건조물방화죄이다(주거침입죄는 여기에서 논외로 한다). 불을 질러서 A를 죽이는</td></tr>
</table>

행위는 한 개의 행위로 살인죄와 현주건조물방화죄를 범한 것이다. 그렇다면 살인죄와 현주건조물방화죄는 상상적 경합의 관계에 있다. 형법 제250조 제1항에 의할 때 살인죄의 법정형은 사형, 무기 또는 5년 이상의 징역이다. 형법 제164조 제1항이 규정한 현주건조물방화죄의 법정형은 무기 또는 3년 이상의 징역이다. 살인죄와 현주건조물방화죄의 상상적 경합을 인정할 때 기준이 되는 무거운 죄는 살인죄이며 그 법정형은 사형, 무기 또는 5년 이상의 징역이다. 그리하여 예상되는 형량은 상한이 사형, 하한이 5년의 징역이라는 계산이 나온다.

그런데 우리 형법은 현주건조물방화죄의 결과적 가중범으로 현주건조물방화치사죄를 규정하고 있다. 형법 제164조 제2항 제2문이 규정하고 있는 현주건조물방화치사죄는 현주건조물방화죄라는 고의의 기본범죄에 사람의 사망이라는 무거운 결과가 결합되어 있는 결과적 가중범이다. 이 때 사람의 사망은 과실에 의하여 발생한 것이다. 고의의 현주건조물방화죄와 과실에 의한 사망이 결합되어 있는 형법 제164조 제2항 제2문의 현주건조물방화치사

---

1) 2008. 11. 27. 2008도7311, 공 2008, 1849 = 백선 총론 33. 참고판례 2. 『경찰관 들이받기 사건』 ☞ 1066면.

2) 2008. 11. 27. 2008도7311, 공 2008, 1849 = 백선 총론 33. 참고판례 2. 『경찰관 들이받기 사건』.

3) 후술 581면 이하 참조.

죄는 그 법정형이 사형, 무기 또는 7년 이상의 징역이다.

이제 여기에서 두 경우를 비교해 본다. 살인의 고의를 가지고 고의로 방화행위를 하여 살해의 결과를 발생시킨 행위자는 사형, 무기 또는 5년 이상의 유기징역으로 처벌된다. 이에 대하여 방화의 고의로 행위를 하여 과실로 사람의 사망이라는 결과를 발생시킨 행위자는 사형, 무기 또는 7년 이상의 유기징역으로 처벌된다. 양자를 비교해 보면 고의로 결과를 발생시킨 경우보다 과실로 결과를 발생시킨 경우가 보다 더 무겁게 처벌됨을 알 수 있다. 이러한 결론은 분명히 불합리하다.

이러한 상황에서 불합리성을 해소하는 방안은 결과적 가중범인 현주건조물방화치사죄의 규정을 살인의 고의를 가지고 방화를 한 경우에도 직접 적용하는 것이다. 현주건조물방화치사죄라는 결과적 가중범을 인정하게 되면 살인죄와 현주건조물방화죄의 상상적 경합을 인정하는 경우에 비하여 보다 높은 형의 하한을 확보할 수 있다. 현주건조물방화치사죄는 원래 고의의 기본범죄와 과실의 무거운 결과가 결합된 것이지만 이 경우에는 이례적으로 고의의 기본범죄와 고의의 무거운 결과까지도 그 적용대상에 포함하게 된다. 이러한 의미에서 형법 제164조 제2항 제2문이 규정한 현주건조물방화치사죄는 부진정 결과적 가중범으로 분류된다.

〈사례 해설〉 부진정 결과적 가중범은 형량을 확보해야 할 필요성이 있을 때 예외적으로 등장하는 법형상이다. 형량의 확보가 상상적 경합의 기법을 통하여 충분히 가능할 때에는 부진정 결과적 가중범의 형태를 인정할 필요가 없다. 원래 〔사례 54〕의 기초가 된 판례는 1995년 말의 개정형법이 시행되기 전에 나온 것이다(1996. 7. 1.부터 시행됨). 개정 전의 형법은 존속살해죄의 법정형을 사형 또는 무기징역으로 규정하고 있었다. 이러한 상황에서 대법원은 두 가지 분석을 제시하였다. (가) 사람을 살해할 목적으로 현주건조물에 방화하여 사망에 이르게 한 경우에는 현주건조물방화치사죄로 의율하여야 하고 이와 더불어 살인죄와의 상상적 경합범으로 의율할 것은 아니다. (나) 다만 존속살인죄와 현주건조물방화치사죄는 상상적 경합범 관계에 있으므로 법정형이 무거운 존속살해죄로 의율함이 타당하다.[1]

이제 〔사례 54〕의 사안이 현행 형법하에서 일어났다고 생각해 보자. 〔사례 54〕의 사안에서 갑은 자기 아버지 A를 죽이려고 집에 불을 놓아 아버지 A를 죽게 하고 있다. 형법 제250조 제2항이 규정한 존속살해죄의 법정형은 사형, 무기 또는 7년 이상의 징역이다. 형법 제164조 제1항이 규정한 현주건조물방화죄의 법정형은 무기 또는 3년 이상의 징역이다. 양자를 상상적 경합으로 처리하면 형의 범위는 사형, 무기 또는 7년 이상의 징역이 된다.

그런데 여기에서 한 가지 문제가 있다. 〔사례 54〕의 사안은 현주건조물방화치사죄에도

---

1) 1996. 4. 26. 96도485, 공 1996, 1782 = 백선 총론 33. 참고판례 1. 『두루마리 화장지 사건』.

해당한다. 〔사례 53〕에서 보았듯이 형법 제164조 제2항 제2문이 규정한 현주건조물방화치사죄는 고의의 기본범죄에 과실의 무거운 결과뿐만 아니라 고의의 무거운 결과도 포함하는 부진정 결과적 가중범이기 때문이다. 고의의 무거운 결과에는 존속의 사망도 포함된다.

현주건조물방화치사죄의 법정형은 사형, 무기 또는 7년 이상의 징역이다. 존속살해죄의 법정형도 사형, 무기 또는 7년 이상의 징역이다. 이러한 경우에 형의 최대한을 확보하는 방법은 형법 제164조 제1항이 규정한 현주건조물방화죄와 존속살해죄의 상상적 경합을 인정하는 것이 아니라 형법 제164조 제2항 제2문이 규정한 현주건조물방화치사죄와 존속살해죄의 상상적 경합을 인정하는 것이다.

여기에서 〔사례 54〕의 사안을 현주건조물방화치사죄의 단순일죄로 처리하는 것이 타당하지 않는가 하는 의문을 제기할 수 있다. 〔사례 54〕의 사안에서 현주건조물방화치사죄와 존속살해죄의 상상적 경합을 인정하거나 현주건조물방화치사죄의 단순일죄로 처리하거나 형량의 범위는 사형, 무기 또는 7년 이상의 징역으로 동일하다. 그렇다면 현주건조물방화치사죄 한 개의 죄만을 인정하는 것이 타당하지 않는가 하는 것이 의문의 골자이다. 판례는 이와 같은 관점에서 "고의범에 대하여 더 무겁게 처벌하는 규정이 없는 경우에는 결과적 가중범이 고의범에 대하여 특별관계에 있다고 해석되므로 결과적 가중범만 성립하고 이와 법조경합의 관계에 있는 고의범에 대하여는 별도로 죄를 구성한다고 볼 수 없다."는 입장을 취하고 있다.[1]

그러나 이러한 의문에 대해서는 형법이 고의범처벌을 원칙으로 하며 부진정 결과적 가중범은 이례적이고 예외적인 현상이라는 점에 주목할 필요가 있다. 설사 현주건조물방화치사죄라는 부진정 결과적 가중범에 의하여 동일한 형량이 확보된다고 하더라도 동일한 형량의 존속살해죄는 독립성을 유지하여 별도의 범죄로 파악되어야 한다. 부진정 결과적 가중범은 고의의 기본범죄와 무거운 결과의 고의범을 상상적 경합으로 처리할 경우에 오히려 형의 하한이 낮아지는 불합리를 극복하기 위하여 예외적으로 개입할 뿐이다. 결국 〔사례 54〕의 사안에서 갑은 현주건조물방화치사죄와 존속살해죄의 상상적 경합으로 처리되어야 할 것이다.

이제 〔사례 54〕의 사안에서 갑에게 과할 수 있는 형량의 범위를 계산해 본다. 현주건조물방화치사죄의 법정형은 형법 제164조 제2항 제2문이 규정한바 사형, 무기 또는 7년 이상의 유기징역이다. 존속살해죄의 법정형은 형법 제250조 제2항이 규정한바 사형, 무기 또는 7년 이상의 유기징역이다. 두 개의 죄의 상한과 하한을 비교하면 모두 사형과 7년 이상의 유기징역이다. 그렇다면 〔사례 54〕의 사안에서 갑은 사형, 무기 또는 7년 이상의 유기징역의 범위 내에서 처벌될 것이다.

---

1) 2008. 11. 27. 2008도7311, 공 2008, 1849 = 백선 총론 33. 참고판례 2. 『경찰관 들이받기 사건』.

제4장 위법성

제1절 구성요건해당성과 위법성의 관계

제1 구성요건해당성과 위법성

1. 구성요건의 충족과 구성요건해당성

범죄는 구성요건에 해당하고 위법하며 유책한 행위이다. 뒤집어서 말한다면 어느 행위가 구성요건에 해당하고 위법하며 책임이 인정될 때 비로소 범죄가 성립한다. 어느 행위가 구성요건의 객관적 요소와 주관적 요소를 모두 갖춘 경우를 가리켜서 구성요건의 충족이라고 한다.

고의범 또는 과실범의 객관적 구성요건요소가 전부 갖추어지고 주관적 구성요건요소도 구비되면 기수범이 성립한다. 객관적 구성요건요소를 전부 충족시키지 못한 상태에서 고의범의 주관적 구성요건요소만 전부 깃추어진 경우에는 미수범이 성립한다. 미수범의 경우까지 모두 포함하여 어느 행위가 구성요건의 전부 또는 일부를 실현하는 성질을 가리켜서 구성요건해당성이라고 한다.

2. 위법과 위법성

범죄가 성립하려면 어느 행위가 구성요건에 해당하고 위법하여야 한다. 이 경우 위법이란 구성요건에 해당하는 행위가 법질서 전체에 반한다는 뜻이다. 구성요건에 해당하는 행위가 법질서 전체에 반하는 성질을 가리켜서 위법성이라고 한다.

구성요건은 위법행위의 정형이다. 입법자는 법공동체의 유지를 위하여 해서는 아니 될 행위와 반드시 해야 할 행위를 규정해 놓는다. 이러한 금지규범과 명령규범에 위반하는 행위들은 위법행위이다. 구성요건은 이러한 위법행위의 정형을 규정한 것이다. 구성요건에 해당하는 행위는 위법행위의 정형을 실현한 것이므로 대체로 위법하다는 성질을 가지고 있다. 구성요건에 해당한다는 성질이 인정되면 위법하다는 성질도 대체로 인정된다. 구성요건해당성이 인정될 때 위법성도 대체로 인정된다는 성질을 가리켜서 구성요건의 징표적 기능이라고 한다.

그러나 어느 행위에 구성요건해당성이 인정된다고 하여 반드시 위법성이 있다고 말할 수는 없다. "구성요건해당성은 위법성을 징표한다."는 일반원칙은 각종 예외에 의하여 제한된다. 이러한 제한은 불가피하다. 구성요건은 위법행위의 정형을 규정해 놓은 것이다. 구성요건은 다양한 사실관계를 포섭하기 위하여 넓은 범위에 걸쳐서 위법행위의 정형을 설정한다. 이 때문에 개별적인 경우에 처벌해서는 아니 될 적법한 행위까지도 위법행위의 정형 안에 들어올 수 있다.

예컨대 칼로 다른 사람의 배를 긋는 사람을 생각해 보자. 칼을 가지고 다른 사람의 배를 가르는 행위는 형법 제257조 제1항이 규정한 상해죄의 구성요건을 충족시킨다. 이 경우 사람의 신체를 상해한다는 객관적 구성요건이 실현될 뿐만 아니라 객관적 구성요건을 실현시킨다는 인식과 의욕(인용)도 함께 인정되고 있기 때문이다.

이러한 사정은 예컨대 맹장수술을 하고 있는 집도의에게도 그대로 해당될 수 있다. 수술에 임하는 의사의 행위는 상해죄의 구성요건에 해당한다. 그러나 그의 행위를 놓고 구성요건해당성이 인정되므로 위법하다고 말할 수는 없다. 이러한 예에서 보는 것처럼 개별사건을 놓고 보면 구성요건에 해당하는 행위이지만 위법하지 아니한 행위라고 인정해야 할 경우가 불가피하게 생긴다.

제2 위법성의 제한기법

1. 구성요건해당성조각사유

구성요건에 해당하는 행위이지만 위법하지 아니한 행위로 인정하는 기법은 기본적으로 입법기술의 문제이다. 그런데 입법자가 구성요건에 해당하는 행위의 위법성을 조각시키기에 앞서서 구성요건해당성 자체를 조각시키는 경우가 있다. 예컨대 형법 제122조는 공무원이 '정당한 이유 없이' 그 직무수행을 거부하거나 그 직무를 유기할 때 직무유기죄로 처벌하고 있다. 또한 예컨대 「병역법」 제88조 제1항은 현역입영 또는 소집통지서를 받고도 '정당한 사유 없이' 이에 응하지 않은 사람을 처벌하고 있다.[1] 「병역법」 위반죄의 경우 정당한 사유가 없다는 사실은 범죄구성요건이다. 그러므로 정당한 사유가 없다는 사실은 검사가 증명해야 한다.[2]

이처럼 개별 구성요건이 소극적 표지로 규정하고 있는 '정당한 이유'나 '정당한 사유'는

---

1) '정당한 이유'가 구성요건의 소극적 표지로 규정된 형벌법규는 「군형법」에서 많이 찾아볼 수 있다.
2) 2020. 7. 9. 2019도17322, 공 2020하, 1622 = 『침례 안한 여호와의 증인 사건』 ☞ 1071면.

실정법의 엄격한 적용으로 생길 수 있는 불합리한 결과를 막고 구체적 타당성을 실현하기 위하여 설정된 것이다. 이를 가리켜서 구성요건해당성조각사유라고 한다. 구성요건해당성조각사유는 개별 구성요건에 명시되어야 한다.[1]

'정당한 이유' 또는 '정당한 사유'는 구체적인 사안에서 법관이 개별적으로 판단해야 하는 불확정개념이다. 판례는 「병역법」 제88조 제1항의 '정당한 사유'를 구성요건해당성을 조각하는 사유로 보고, 형법상 위법성조각사유인 정당행위(법20)나 책임조각사유인 기대불가능성과는 구별된다는 입장을 취하고 있다.[2] 판례가 「병역법」 위반죄 사안에서 제시한 기준은 형법 제122조의 직무유기죄나 각종 「군형법」 위반죄의 경우에도 그대로 적용될 것이다.

2. 개별적 위법성조각사유

개별구성요건을 규정하면서 위법성의 인정범위를 제한하는 또 다른 기법으로 개별적인 위법성조각사유를 규정하는 방법이 있다. 여기에 해당하는 예로 도박죄와 명예훼손죄를 들 수 있다. 형법 제246조 제1항은 단순도박죄를 규정하면서 그 단서에서 "단, 일시 오락정도에 불과한 때에는 예외로 한다."고 규정하고 있다. 이 단서조항은 도박죄의 위법성 인정범위를 제한하는 규정이라고 해석되고 있다.

한편 명예훼손죄의 경우를 보면, 우리 입법자는 형법 제307조 제1항에서 명예훼손죄의 기본적 구성요건을 설정하고 있다. 동시에 입법자는 별도의 조문인 형법 제310조에서 "제307조 제1항의 행위가 진실한 사실로서 오로지 공공의 이익에 관한 때에는 처벌하지 아니한다."라고 규정하고 있다. 이 조문은 명예훼손행위에 있어서 특별히 위법성의 인정범위를 제한하기 위하여 마련된 규정이다.

입법자가 이와 같이 개별적으로 위법성의 범위를 제한하는 경우가 있지만 이러한 입법기술을 사용하는 것은 매우 번잡스럽다. 개개의 형벌법규마다 위법성 제한을 위하여 단서조항이나 특별조항을 만드는 것은 입법기술적으로 쉬운 일이 아니다. 한편 현실세계를 들여다보면 위법성을 배제하지 않으면 안 될 사정들 또한 극히 다종다양하다. 이러한 사정에 비추어 볼 때 개별상황을 반영하여 일일이 단서조항이나 특별조항을 만들 수도 없는 노릇이다.

3. 일반적 위법성조각사유

위법성에 관한 요건을 개별구성요건의 내부에 명시하거나 또는 당해 조문에서 위법성

---

1) 2016. 1. 28. 2014도2477, 공 2016상, 392 = 『로트와일러 전기톱 살해 사건』 ☞ 1067면.
2) 2018. 11. 1. 2016도10912 전원합의체 판결, 공 2018하, 2401 =『양심적 병역거부 무죄 사건』 ☞ 1069면.

자체에 관한 정의조항을 별도로 두는 방안은 입법기술상으로 매우 번잡스러운 일이다. 그뿐만 아니라 이러한 특칙을 두는 방식은 입법자의 권위에 반하는 것이어서 바람직하지도 않다. 입법자는 위법행위의 정형을 구성요건의 형식으로 규정한다. 그런데 입법자가 어느 형벌법규에서 위법행위의 정형을 규정하면서 곧이어 위법하지 아니한 경우를 설정하는 것은 공적 권위에 부합하는 태도가 아니다.

이러한 상황에서 사용할 수 있는 입법기술은 여러 구성요건에 공통적으로 적용될 수 있는 일반적 기준을 설정하는 것이다. 즉 원래는 위법한 행위이지만 예외적인 경우에 이를 적법한 것으로 선언해 주는 공통의 규범을 마련하는 방법이다. 개별구성요건에서 하나하나 위법성판단을 해가는 것은 사실상 불가능하다. 이러한 상황에서 현실적으로 사용가능한 방법은 구성요건해당행위가 있을 때 그로부터 일반적으로 징표되는 위법성을 개별적·구체적인 경우에 조각(阻却)시키는 일련의 검토항목을 설정하는 것이다. 이를 위하여 입법자가 마련한 일반적 규정이 위법성조각사유이다.

제3 위법성조각과 정당화

1. 위법성조각과 정당화의 의미

구성요건에 해당하는 행위에 대하여 개별적·구체적인 경우에 위법성을 배제하기 위하여 특별히 마련된 규정들을 가리켜서 위법성조각사유라고 한다. 위법성조각이라는 표현은 구성요건해당행위에 징표되는 위법성을 깎아내버린다는 뜻을 가지고 있다.[1] 그런데 근래에는 위법성조각사유라는 말에 대신하여 정당화사유라는 표현이 사용되고 있다.

'정당화'라는 표현은 구성요건에 해당하는 행위가 징표하는 위법성은 결코 깎아내버릴 수 있는 것이 아니라는 인식에서 비롯된 것이다. 구성요건해당행위는 위법행위의 정형에 들어맞는 행위이기 때문에 기본적으로 위법하다는 성질을 가지고 있다. 다만 개별적·구체적인 경우에 그 위법이 겉으로 드러나지 않게 차단할 수 있을 뿐이라는 것이다. 일단 위법한 행위이지만 법공동체에 대하여 위법한 것으로 보이지 않도록 하는 작용을 가리켜서 독일 형법학계에서는 정당화(Rechtfertigung)라는 용어를 사용하고 있다. 그리고 이와 같은 정당화의 효력을 부여하는 근거사유를 가리켜서 정당화사유라고 부른다.

---

1) 위법성조각이라는 말에서 조각(阻却)은 험상궂은 모습을 깎아낸다는 뜻을 갖는다. 조각(阻却)에서 '조(阻)'는 '험상(險狀)궂다'라고 할 때의 '험(險)'과 같은 뜻을 갖는 한자이다.

2. 용어의 정리

'정당화사유' 내지 '정당화'라는 표현은 근래 우리 형법학계에서도 즐겨 사용되고 있다. 그 이유는 위법성조각사유 내지 위법성조각이라는 표현보다 정당화사유 내지 정당화라는 표현이 언어경제에 유리하기 때문이라고 생각된다. 그러나 이러한 용어사용법은 적절한 것이 아니라고 본다.

우리말의 '정당화'라는 표현은 정(正)과 당(當)이 합하여 이루어진 말이다. 정당화라는 표현 속에는 긍정적인 뜻이 중첩적으로 들어 있다. 그리하여 '정권의 정당성'과 같은 말에서 나타나는 것처럼 정당화라는 용어에는 도덕적 호소력을 수반하는 적극적 의미내용이 강하게 들어 있다.

그러나 독일 형법학계에서 말하는 정당화는 매우 소극적인 의미를 가지고 있다. 독일 형법학의 발전과정을 보면 구성요건해당행위의 위법성을 배제하는 것을 가리켜서 처음에는 위법성조각이라는 말이 사용되었다. 이 말은 앞에서도 설명한 것처럼 위법행위의 정형에 들어맞는 행위(즉 구성요건해당행위)의 위법한 성질을 깎아낸다는 의미로 사용되었다. 그러나 기본적으로 위법한 행위에서 위법성을 깎아낼 수는 없는 노릇이므로 외부적으로 위법하게 보이지 않도록 덧칠한다는 의미에서 정당화(Rechtfertigung)라는 말이 새롭게 사용되기 시작하였다.

이와 같은 용어사용례의 변화에도 불구하고 독일의 전문용어가 축어적으로 번역된 상태에서 '정당화' 내지 '정당화사유'라는 용어로 한국 형법학계에서 사용되기 시작하였다. 그러나 이러한 용어사용례는 독일 형법학계에서 새로운 용어법이 나오게 된 계기를 전혀 고려하지 않은 것이라고 하지 않을 수 없다. 이러한 이유에서 본서에서는 근래에 사용되고 있는 정당화 내지 정당화사유라는 용어를 가능한 한 사용하지 않기로 한다. 그 대신 종전의 용어례에 따라 '위법성조각' 또는 '위법성조각사유'라는 표현을 활용하고자 한다. 위법성조각이라는 표현이 정당화라는 표현보다 구성요건해당성과 위법성의 관계를 보다 더 정확하게 나타낸다고 생각하기 때문이다.

판례 또한 "어떠한 행위가 범죄구성요건에 해당하지만 정당행위라는 이유로 위법성이 조각된다는 것은 그 행위가 적극적으로 용인, 권장된다는 의미가 아니라 단지 특정한 상황 하에서 그 행위가 범죄행위로서 처벌대상이 될 정도의 위법성을 갖추지 못하였다는 것을 의미한다."고 설시하여[1] 위법성조각의 관점에서 접근하는 입장이라고 생각된다.

---

1) 2021. 12. 30. 2021도9680, 공 2022상, 303 = 『입주자회의 공고문 훼손 사건』 ☞ 1073면.

제 2 절   위법성조각사유의 체계

제 1   위법성조각사유의 개관

1. 위법성조각사유와 형법 제20조

위법성조각사유는 법질서 전체에 흩어져 있다. 형법 제20조 이하에 규정된 각종의 위법
성조각사유는 대표적인 것들이지만 위법성조각사유가 여기에 한정되지는 않는다. 앞에서
본 도박죄(법246① 단서)나 명예훼손죄(법310)의 특칙은 우리 입법자가 개별구성요건에 대하
여 인정한 위법성조각사유이다. 위법성조각사유는 형법 이외의 법영역에서도 발견될 수 있
다. 정당한 노동쟁의행위의 위법성을 조각한 「노동조합 및 노동관계조정법」 제4조, 적법한
인공임신중절수술의 위법성을 조각한 「모자보건법」 제14조 등은 그 예이다.

전체법질서를 놓고 볼 때 위법성조각사유는 끊임없이 생성되고 소멸한다. 입법자는
수많은 법령의 제정·개폐를 통하여 개개 시민의 행위를 새로이 규제하거나 지금까지 금
지되었던 행위를 허용한다. 이러한 과정에서 위법성조각사유도 함께 생성·소멸한다. 예
컨대 낙태죄에 대한 위법성조각사유를 규정한 「모자보건법」 제14조는 1973년에 비로소
입법화된 것이다. 이와 같이 부침하는 위법성조각사유를 입법자가 일일이 목록화·성문화
할 수는 없다. 위법성조각사유는 때때로 사회 일반인의 법적 확신에 근거하여 인정되기도
한다.

법질서 전체에서 다양하게 인정되는 위법성조각사유들을 통일적으로 파악하는 일은 결
코 쉽지 않다. 그렇지만 그와 동시에 범죄성립의 기본요소인 위법성과 그의 배제사유인 위
법성조각사유를 통일적으로 파악해야 할 필요성도 부인할 수 없다. 이러한 상충관계 속에
서 우리 입법자는 형법 제20조라는 일반조항을 통하여 조화점을 모색하고 있다.

형법 제20조는 "법령에 의한 행위 또는 업무로 인한 행위 기타 사회상규에 위배되지
아니하는 행위는 벌하지 아니한다."고 규정하고 있다. 이 조문에서 '법령'이란 형법 이외
의 법영역에서 위법성조각사유로 인정된 각종 근거법규를 가리킨다. 나아가 형법 제20조
는 '업무'와 '사회상규'를 위법성조각사유로 인정하고 있다. 이 사유들은 사회의 발전에
따라서 대두되는 위법성조각의 인정범위를 적절히 조절하기 위하여 우리 입법자가 마련
한 것이다.

2. 법질서단일의 원칙

(1) 법질서단일의 원칙의 의미

형법 제20조는 법질서 전체에 걸쳐서 다양하게 존재하는 위법성조각사유들을 '법령'과 '업무' 및 '사회상규'라는 표현을 통하여 하나의 체계로 묶고 있다. 형법 제20조가 이와 같이 공통의 연결고리를 제공하는 것은 형법총칙으로서의 임무 때문만은 아니다. 다양한 위법성조각사유들 사이에는 법질서단일의 원칙이 지배하고 있기 때문이다.

법질서단일의 원칙이란 어느 한 부분법질서에서 위법하지 않다고 판단되는 행위는 다른 부분법질서에서도 동일하게 판단되어야 한다는 원칙을 말한다. 전체법질서는 여러 부분법질서들로 이루어진다. 이 부분법질서들은 상호 조화를 이루면서 전체법질서를 구성한다. 그런데 어느 부분법질서에서 위법하지 않다고 판단된 행위에 대하여 다른 부분법질서가 위법하다고 판단한다면 법질서 전체의 통일성이 저해된다. 전체법질서의 관점에서 볼 때 한편에서는 위법하지 않다고 하면서 다른 한편에서는 위법하다고 판단하는 것은 모순이기 때문이다.

법질서단일의 원칙에 비추어 볼 때 어느 부분법질서에서 위법성조각사유로 인정된 것은 다른 법질서에서도 존중되지 않으면 안 된다. 이러한 사정에 비추어 볼 때 위법성은 단순히 '법질서'에 반한다는 성질을 넘어서서 '전체'법질서에 반한다는 성질을 갖는다. 특히 '사회상규'라는 위법성조각사유를 규정하고 있는 형법 제20조는 법질서단일의 원칙을 표현한 조문이라고 할 수 있다.

(2) 형법 제20조의 성립경위

사회상규(社會常規)의 개념을 최초로 사용한 우리 학자는 가인(街人) 김병로(金炳魯) 선생이다. 그는 1915년에 『법학계』라는 법률잡지에 "범죄구성의 요건되는 위법성을 논함"이라는 제목으로 4회에 걸쳐서 위법성의 본질 및 위법성조각사유 전반에 관한 고찰을 행하였다. 그는 이 글에서 "위법성은 즉 반상규적(反常規的) 특별성을 말함이요 사회적 상규는 공(公)의 질서와 선량의 풍속을 말함이니 공서양속(公序良俗)은 위법성의 가치판단의 기초됨은 물론이요 사회공존의 관계에 대한 비행을 판단함에 유일한 병삼(明鑑)이 되나니 공법과 사법을 물론하고 일반법률의 목표된 것이라 말하지 아니하지 못할 것이다."라고 적고 있다.[1]

---

1) 김병로, "범죄구성의 요건되는 위법성을 논함", 법학계, 제3호, (1915. 12.), 3면 이하. 한국형사법학회, 형사법연구, 제31권 제2호(2019 여름), 215면 이하에 원문이 영인본 형태로 전재되어 있다. 본문에 소개한 인용문은 원문을 본서의 서사가 현대어로 고쳐 적은 것이다.

이 글에서 그는 공법과 사법에 통일된 위법성 판단기준이 독일, 프랑스, 일본의 실정형법에 명문으로 규정되어 있지 않음을 지적하고 일반기준의 규정 필요성을 역설하였다. 김병로 선생은 해방 후 법전편찬위원회 위원장으로서 형법전 가운데 총칙부분의 기초를 담당하였다.[1] 1915년에 밝힌 그의 구상은 우리 형법 제20조에 '기타 사회상규에 위배되지 아니하는 행위'라는 형태로 실정법의 일부가 되었다. 사회상규라는 위법성조각사유는 독일 형법이나 일본 형법에는 존재하지 않는 것으로서 한국 형법의 독자적 특징을 이루고 있다.

(3) 형법 제20조와 기타의 위법성조각사유

형법 제20조는 총칙규정으로서 부분법질서의 다양한 위법성조각사유들을 연결하는 매개체 역할을 담당한다. 특히 형법 제20조가 규정하고 있는 '기타 사회상규에 위배되지 아니하는 행위'는 그 포괄성과 일반성으로 인하여 광범위한 매개기능을 담당한다.

그런데 바로 이러한 임무 때문에 형법 제20조는 일반적 · 추상적 규범의 모습을 취하지 않을 수 없다. 일반조항은 자칫하면 법적 안정성을 해칠 우려가 있다. 우리 입법자는 이 점을 고려하여 형법 제21조 이하에서 보다 분명한 형태로 몇 가지 위법성조각사유들을 규정하고 있다.

논리적으로 볼 때 형법 제21조 이하의 위법성조각사유들은 형법 제20조에 비하여 특별법의 지위를 갖는다. 따라서 위법성조각사유를 점검할 때에는 형법 제21조 이하의 사유들이 먼저 검토의 대상이 된다. 이들 사유가 적용되지 않을 때 형법 제20조는 보충적으로 기능하게 된다.[2]

어떠한 행위가 위법성조각사유로서 정당행위나 정당방위 등이 되는지 여부는 구체적인 경우에 따라 합목적적 · 합리적으로 가려야 한다.[3] 또한 행위의 적법 여부는 국가질서를 벗어나서 이를 가릴 수 없다.[4]

3. 위법성조각사유의 일반원리

(1) 일반원리에 관한 학설

법질서 속에는 다양한 위법성조각사유들이 인정되고 있다. 이 사유들은 그 체계상의 위치에도 불구하고 법질서단일의 원칙에 의하여 통일적으로 파악된다. 여기에서 각종의 위법

---

1) 신동운, "제정형법의 성립경위", 형사법연구, 제20호, (2003 겨울), 9면 이하, 특히 22면 참조.
2) 1983. 3. 8. 82도3248, 공 1983, 695 = 백선 총론 45. 『최신부 사건』 참조.
3) 2018. 12. 27. 2017도15226, 공 2019상, 420 = 『포교활동 메신저 대화 사건』 ☞ 1074면.
4) 2018. 12. 27. 2017도15226, 공 2019상, 420 = 『포교활동 메신저 대화 사건』.

성조각사유들을 관통하는 공통의 일반원리를 추출해 보려는 시도가 나오게 된다.

지금까지 형법학계에서는 각종의 위법성조각사유들을 지도하는 기본원리의 모색에 많은 노력을 기울여 왔다. 그 대표적인 것으로 목적설, 법익교량설, 이익흠결설 등을 들 수 있다. 목적설이란 어느 행위가 정당한 목적을 위한 상당한 수단이라고 인정될 때 위법성이 조각된다고 보는 견해이다. 법익교량설이란 어느 행위를 통하여 침해된 법익과 그 행위를 통하여 구제된 법익을 비교하여 구제된 법익이 더 클 경우에 위법성이 조각된다고 보는 견해이다. 이익흠결설이란 법질서가 굳이 보호에 나설 만한 이익이 존재하지 않는 경우에는 위법하다는 판단을 내릴 필요가 없다는 이론이다.

이러한 이론들은 위법성조각사유들의 개별적 특성을 설명하는 데에 도움을 주지만 여러 위법성조각사유들을 통일적으로 설명하는 기준으로는 부족하다. 다양하고 이질적인 각종의 위법성조각사유들을 하나의 지도원리로 묶어보는 것은 불가능하기 때문이다. 현재 학계에서는 지금까지의 체계화작업이 실패로 돌아갔다고 보고 있다.

하나의 지도원리는 대체적인 분석을 가능하게 해 줄 수는 있다. 그러나 구체적 사안에 들어가게 되면 서로 이질적인 위법성조각사유들이 경합하는 경우가 적지 않다. 따라서 지금까지 확인되어 온 개별적 위법성조각사유들에 대하여 나름대로의 독자성을 인정하지 않으면 안 된다.

(2) 긴급행위와 상당한 이유의 요건

우리 입법자는 형법총칙에서 대표적인 위법성조각사유로 정당방위(법21), 긴급피난(법22), 자구행위(법23), 피해자의 승낙(법24)을 규정하고 있다. 이 사유들에 대하여 형법 제20조는 일반조항으로서 보충적 지위에 서있다. 구성요건에 해당하는 행위의 위법 여부를 판단할 때에는 그 외관이 뚜렷한 정당방위, 긴급피난, 자구행위, 피해자의 승낙 등을 먼저 검토해야 한다. 이들 사유가 적용되지 않을 때 일반조항인 형법 제20조를 적용하는 것이 순서이다.

정당방위, 긴급피난, 자구행위는 긴급상황을 전제로 하는 행위이다. 여기에서 이 세 가지 경우를 합쳐서 긴급행위라고 부른다. "긴급은 법을 가지지 않는다(Necessitas non habet legem)"는 법률격언처럼 긴급행위는 그 긴급성으로 인하여 위법성조각의 기초를 확보한다. 우리 입법자는 정당방위, 긴급피난, 자구행위의 3자가 가지는 공통적 특성을 부각시키기 위하여 '상당한 이유'라는 공통의 성립요건을 규정하고 있다.[1]

그러나 입법자가 형식적 관점에서 공통의 성립요건을 규정하였다고 할지라도 '상당한

---

1) 엄상섭, "긴급행위에 대한 시론 - 긴급행위의 통일적 인식 및 책임성과의 관계에 대하여", 신동운·허일태 편저, 효당 엄상섭 형법논집, (2003), 101면 이하, 특히 107면 참조.

이유'의 요건은 실질적 관점에서 파악되어야 한다. 정당방위, 긴급피난, 자구행위가 가지는 본질적 특성에 비추어 '상당한 이유'의 요건은 각각의 위법성조각사유에 걸맞는 내용으로 의미가 부여되지 않으면 안 된다.

제 2   결과불법과 행위불법

【사례 55】 (가상의 나라 P국이 있다고 하자.) 갑은 을이 있는 자리에서 대통령 A를 살해하였다. 갑은 을에게 국무회의가 열리면 전국비상계엄을 선포하도록 건의하라고 말하였다. 을은 갑이 권력을 장악하기 위하여 전국비상계엄의 선포를 원한다는 점을 알고 있었다. 을은 갑이 권력을 장악할 때 한 자리를 차지할 수 있다는 생각을 가지고 국무회의에서 비상계엄선포를 건의하였다. 국무회의는 을의 건의를 받아들였고 마침내 비상계엄이 선포되었다.

한편 대통령 A가 살해되자 P국과 인접한 Q국에서는 이 기회에 P국을 침공하려고 병력을 국경에 집중시켰다. 그런데 P국에서 비상계엄을 선포하였다는 사실을 알게 된 Q국은 침공계획을 포기하였다. 만일 P국이 비상계엄을 선포하지 아니하였더라면 Q국은 분명히 P국을 침공할 상황이었다.

상황이 수습국면에 들어선 이후 갑과 을은 체포되었다. 을은 내란죄의 주요임무종사자(법87 참조)로 기소되었다. 을은 자신이 계엄선포를 건의함으로써 Q국의 침공을 막을 수 있었으므로 자신의 행위는 긴급피난에 해당하여 무죄라고 주장하였다.

여러분은 P국의 법관이다. 여러분은 을을 처벌할 수 있겠는가? (1980. 5. 20. 80도 306, 대법원전원합의체판례집 형사편Ⅱ, 49면, 특히 129면 이하 = 백선 총론 39.『계엄선포 건의 사건』)

1. 결과불법과 행위불법의 의미

(1) 결과불법의 의미

어느 행위가 구성요건에 해당하고 위법할 때 그 행위를 가리켜서 불법이라고 한다. 즉 불법은 구성요건에 해당하고 위법한 행위이다. 불법은 구성요건해당행위에 위법성조각사유가 인정되지 않을 때 인정된다. 구성요건에 해당하는 행위는 객관적 구성요건요소와 주관적 구성요건요소를 실현시킨 행위이다. 구성요건해당행위를 객관적 측면과 주관적 측면으로 분리하면 객관적 구성요건요소를 실현시킨 행위와 주관적 구성요건요소를 실현시킨 행위로 나누어진다.

객관적 구성요건요소를 실현시킨 행위를 가리켜서 흔히 구성요건적 결과라고 말한다.

이 때 '결과'는 인과관계를 논할 때 사용되는 '결과'의 개념과 구별된다. 인과관계를 논할 때의 '결과'는 시간적·공간적으로 나타난 외부적 변화를 말한다. 이에 대하여 구성요건적 결과라고 할 때의 '결과'는 객관적 구성요건을 실현시킨 행위라는 의미를 갖는다.

구성요건적 결과에 특별히 위법성조각사유가 인정되지 않으면 그 구성요건적 결과는 위법한 것이다. 구성요건에 해당하고 위법한 행위를 가리켜서 불법이라고 한다. 객관적 구성요건요소를 실현시키고 위법한 행위(즉 위법한 구성요건적 결과)를 가리켜서 결과불법이라고 한다.

(2) 행위불법의 의미

목적적 행위론자에 의하면 행위의 본질은 목적적 조종활동이다. 목적적 조종활동은 구성요건적 고의라는 형태로 나타난다. 외부에 나타나는 객관적 구성요건의 실현은 우연한 것이며 부차적인 것이다. 행위의 실질은 구성요건적 고의에 있다. 객관적 구성요건을 실현시킨 행위를 가리켜서 구성요건적 결과라고 한다. 그리고 이 구성요건적 결과가 위법할 때 그 결과를 결과불법이라고 한다. 목적적 행위론을 철저히 밀고가는 사람들은 이 결과불법을 무의미한 것이라고 본다. 목적적 행위론자는 결과불법에 대응한 것으로 행위불법이라는 개념을 사용한다.

행위불법이란 주관적 구성요건에 해당하는 위법한 행위이다. 주관적 구성요건에 해당한다 함은 구성요건적 고의(또는 과실)가 인정된다는 의미이다. 행위불법은 불법의 주관적 측면을 말한다. 주의할 것은 행위불법이 주관과 객관의 합체인 '행위' 자체의 불법이 아니라는 점이다. 행위불법은 불법의 실질이 구성요건적 고의(또는 과실)와 그에 대한 위법성판단에 있음을 강조하기 위하여 목적적 행위론자들이 사용한 용어이다.

목적적 행위론자들 가운데에는 불법의 실질이 목적적 조종활동에만 집중되어 있다는 점을 강조하기 위하여 '인적 불법'이라는 용어를 사용하는 사람들이 있다. 이 경우 인적 불법이란 전체법질서에 반하는 목적적 조종활동을 의미한다. 결과발생과 같은 여타의 사정은 불법의 실체에 들어오지 않는다. 불법을 이와 같이 목적적 조종활동의 관점에서만 파악하는 견해를 가리켜서 인적 불법론이라고 한다. 인적 불법 또는 인적 불법론이라고 할 때 '인적'이라는 표현은 "사람에게만 고유한"이라는 의미를 담고 있다. 사람만이 목적적 조종활동을 할 수 있다는 것이다.

사회적 행위론자들은 합일태적 범죄론체계를 사용한다. 합일태적 범죄론체계는 인과적 행위론과 목적적 행위론의 범죄론체계를 중첩해 놓은 것이다. 합일태적(合一態的) 범죄론체계에 의하면 불법은 결과불법과 행위불법으로 구성된다. 인과적 행위론자들은 객관적 구성요건을 위법하게 실현시킨 행위가 불법의 전부인 것으로 보았다. 목적적 행위론자들은 외부적으로 실현된 것은 우연적인 것이며 구성요건적 고의(또는 과실)를 가지고 위법하게 행위에 나아가는 것에 불법의 실질이 있다고 보았다. 사회적 행위론자들은 양 측면이 모두 의미가 있다고 보고 불법이 결과불법과 행위불법으로 이루어진다고 설명한다.

2. 결과반가치와 행위반가치

(1) 불법과 반가치의 관계

불법은 구성요건에 해당하고 위법한 행위이다. 불법은 실체이다. 이에 대하여 위법성은 구성요건에 해당하는 행위가 전체법질서에 반한다는 성질을 가리킨다. 위법성은 실체가 아니라 수식어이며 관계개념이다. 구성요건에 해당하는 행위의 객관적 측면이 위법할 때 그 실체를 결과불법이라고 한다. 이에 상응하여 구성요건에 해당하는 행위의 객관적 측면이 위법하다는 성질을 가리켜서 결과무가치 내지 결과반가치라고 한다. 이때 무가치 내지 반가치라는 말은 법질서 전체에서 볼 때 "나쁘다(옳지 않다)"라는 부정적 판단을 가리킨다.

결과불법 및 결과반가치(결과무가치)의 개념을 사용하게 되면 이에 대응하는 개념으로 행위불법 및 행위반가치(행위무가치)라는 개념이 성립한다. 행위불법이란 구성요건에 해당하는 행위의 주관적 측면이 위법할 때 그 실체를 말한다. 이에 대하여 행위무가치 내지 행위반가치란 구성요건에 해당하는 행위의 주관적 측면이 위법하다는 성질을 가리킨다.

(2) 반가치의 의미내용

무가치 내지 반가치라는 말은 독일 형법학에서 유래한 말이다. 무가치 내지 반가치라는 말은 '가치(wert)'라는 말을 부정하기 위하여 사용된 것이다. 무가치 내지 반가치에서 '무'나 '반'은 부정의 의미를 나타내기 위하여 덧붙인 접두사이다. 독일 형법학에서 사용한 '가치(wert)'라는 말의 조각은 원래 형용사로서 '옳다'라는 뜻을 가지고 있다. 이 wert라는 표현의 반대말을 만들기 위하여 부정의 접두사를 붙일 때 unwert라는 말이 나온다. 이 unwert는 '옳지 않다'는 의미 내지 '나쁘다'라는 의미를 갖는다.

한국 형법학계에서 독일 형법학의 unwert를 번역해서 사용할 때 처음에는 일본 학계의 번역례에 따라서 '무가치'라는 표현을 사용하였다. 그러나 '무가치'라는 표현은 '가치'를 부정한다는 의미가 뚜렷하게 부각되지 않는다는 이유로 '반가치'라는 말이 널리 사용되기 시작하였다. 본서에서도 이 점을 인정하여 이하에서는 '반가치'라는 용어를 사용하기로 한다.

독일어에서 unwert는 수식어로서 '위법하다'라는 말을 달리 표현하기 위하여 사용된 것이다. 그런데 이 unwert가 우리말로 번역되면서 '무가치' 내지 '반가치'라는 말로 전환되었다. 이 과정에서 무가치(無價値) 내지 반가치(反價値)라는 한자말은 명사로 잘못 인식되기에 이르렀다. 그러나 '무가치' 내지 '반가치'는 수식어 내지 관계개념으로 이해되지 않으면 안 된다. 불법은 실체이며 위법은 관계개념이다. 마찬가지 맥락에서 결과불법과 행위불법은 실체이며 결과반가치와 행위반가치는 관계개념이다. 결과반가치는 객관적 구성요건에 해당하는 행위가 위법하다는 성질을, 행위반가치는 주관적 구성요건에 해당하는 행위가 위법하다는 성질을 각각 가리킨다.

3. 주관적 정당화요소

(1) 위법성조각사유의 구조

행위불법과 결과불법의 이분법은 위법성조각사유를 분석함에 있어서 중요한 시사점을 제공하였다. 구성요건에 해당하는 행위는 대체로 위법하다. 즉 구성요건에 해당하는 행위는 대체로 불법이 된다. 이 불법은 결과불법과 행위불법으로 이루어진다. 위법성조각사유는 구성요건에 해당하는 행위의 위법성을 배제한다. 위법하지 않다고 판단되려면 불법의 실질이 소멸되어야 한다. 불법의 실질은 결과불법과 행위불법으로 이루어져 있다. 그렇다면 위법성조각사유도 결과불법과 행위불법을 모두 소멸시킬 수 있는 근거를 갖추지 않으면 안 된다.

위법성조각사유는 결과불법을 제거하는 근거와 행위불법을 제거하는 근거를 함께 갖추고 있어야 한다. 따라서 위법성조각사유는 객관적 측면과 주관적 측면으로 구성된다. 위법성조각사유의 외형은 객관적 표지들로 구성된다. 이러한 사정은 구성요건이 객관적 표지들로 이루어진 것과 같은 이치이다. 위법성조각사유의 주관적 측면은 위법성조각사유의 객관적 요소를 실현하려는 인식과 의욕이다. 이러한 사정은 고의범 구성요건의 주관적 측면(즉 구성요건적 고의)이 객관적 구성요건요소를 실현시키려는 인식과 의욕이라는 점에 그대로 대응한다.

(2) 주관적 정당화사유의 필요성

구성요건의 주관적 요소는 구성요건적 고의(또는 과실)이다. 위법성조각사유의 주관적 요소는 이를 가리켜서 주관적 위법성조각사유라고 할 수 있다. 그런데 현재 우리 학계에서는 독일 형법학의 영향을 받아서 위법성조각사유의 주관적 요소를 주관적 정당화요소라고 부른다. 우리말에 있어서 '정당화(正當化)'라는 표현은 지나칠 정도로 긍정적인 의미 내용을 강하게 담고 있어서 적절하지 않다는 점은 앞에서 설명하였다.[1] 그러나 현재 '주

---

1) 전술 289면 이하 참조.

관적 위법성조각사유'라는 긴 표현 대신에 '주관적 정당화요소'라는 비교적 짧은 표현이 언어경제상 선호되고 있다. 본서에서도 같은 이유로 주관적 정당화요소라는 표현을 사용하기로 한다. 그러나 그 의미내용은 어디까지나 주관적 위법성조각사유로 이해해야 할 것이다.

주관적 정당화요소를 발견한 것은 목적적 행위론자들의 공로이다. 주관적 정당화요소는 행위불법에 상응하는 것이다. 행위불법을 소멸시키는 근거는 주관적 정당화요소에 있다. 합일태적 범죄론체계를 취하는 사회적 행위론자들도 행위불법과 주관적 정당화요소라는 개념을 인정하고 있다.

주관적 정당화요소를 발견함에 따라 위법성조각사유의 존부를 논할 때에는 반드시 주관적 정당화요소의 존부를 확인하여야 한다. 위법성조각사유는 객관적 표지를 통하여 그 외관을 드러낸다. 위법성조각사유가 인정되려면 객관적 위법성조각사유 이외에 주관적으로 객관적 위법성조각사유를 실현시킨다는 점에 대한 인식과 의욕이 인정되어야 한다. 이것은 객관적 구성요건을 실현시킨다는 점에 대한 인식과 의욕이 구성요건적 고의로 요구되는 것과 같은 이치이다. 이제 모든 위법성조각사유의 성립에는 필수적 요건으로 주관적 정당화요소가 반드시 갖추어지지 않으면 안 된다.

〈사례 해설〉 〔사례 55〕의 사안에서 적용될 구성요건은 형법 제87조의 내란죄이다. 형법 제87조는 (가) 대한민국 영토의 전부 또는 일부에서 국가권력을 배제할 목적으로 폭동하는 행위와 (나) 국헌을 문란하게 할 목적으로 폭동하는 행위의 두 가지 위법행위정형을 담고 있다. 〔사례 55〕에서 문제되는 구성요건은 후자이다.

'국헌을 문란하게 할 목적으로 폭동한다'는 구성요건은 '국헌을 문란하게 할 목적'이라는 초과주관적 구성요건요소와 '폭동한다'는 객관적 구성요건요소로 이루어져 있다. '폭동한다'는 구성요건요소에는 반드시 이를 인식, 의욕(인용)한다는 구성요건적 고의가 인정되어야 한다. 내란죄의 구성요건이 실현되려면 객관적으로는 '폭동한다'라는 구성요건요소가, 주관적으로는 '폭동한다'는 점에 대한 구성요건적 고의가, 그리고 '국헌을 문란하게 할 목적'이라는 초과주관적 구성요건요소가 각각 존재해야 한다.

〔사례 55〕의 사안에서 일단 문제되는 것은 '폭동한다'라는 구성요건표지이다. 내란죄에서 '폭동'이란 내란을 목적으로 구성된 단체가 행하는 폭행 또는 협박이다. 이 경우 '폭동'의 표지에는 협박도 포함된다는 점에 주목할 필요가 있다. 〔사례 55〕에서 문제된 전국비상계엄선포는 국민의 자유와 권리를 중대하게 제한하는 조치이다. 국민들은 이 조치에 의하여 자신들의 법익을 위협받게 된다. 따라서 전국비상계엄선포는 '협박'에 해당하며 나아가 내란죄의 '폭동'에 해당한다.

'폭동한다'라는 객관적 구성요건요소가 실현됨과 아울러서 을에게는 구성요건적 고의도 인정된다. 비상계엄선포를 건의할 때 국민의 자유와 권리에 중대한 제한이 가해질 수 있다는 것을 을은 알고 있기 때문이다. 나아가 을은 갑이 대통령 A를 살해하는 것이 비정상적으로 권력을 탈취하려는 것이며 자신도 그에 편승하여 한 몫을 차지하려는 것임을 알고 있다. 따라서 을에게는 국헌문란의 목적도 인정된다(국헌문란의 개념정의는 형법 제91조 참조).

요컨대 을의 계엄선포건의행위는 내란죄의 구성요건에 해당한다. 만일 별단의 위법성조각사유가 없다면 을의 행위는 내란죄의 구성요건에 해당하고 위법한 행위가 될 것이다. 즉 을의 행위는 내란죄의 불법(구성요건에 해당하고 위법한 행위)이 된다. 내란죄의 불법은 객관적 측면과 주관적 측면으로 이루어져 있다. 객관적 측면인 결과불법은 계엄선포건의를 통하여 폭동에 나아갔다는 사실이다. 주관적 측면인 행위불법은 국헌문란의 목적을 가지고 있는 것 외에 계엄선포건의를 함으로써 폭동의 실현을 인식, 의욕하고 있다는 점이다.

〔사례 55〕의 사안에서 을은 자신이 계엄선포를 건의하여 전국비상계엄이 선포되었기 때문에 Q국의 침공을 막을 수 있었다는 점을 지적한다. 그리고 Q국의 침공을 방지한 결과가 있으므로 자신은 무죄라고 주장한다. 을 주장의 골자는 다음과 같다. 「Q국의 침공은 P국의 존립 자체를 위태롭게 하는 비상사태이다. 긴급피난을 규정한 형법 제22조에 비추어 볼 때 Q국의 침공은 P국의 존립이라는 법익에 대한 현재의 위난이다. 비상계엄선포를 통하여 국민들이 일시적 제약을 감수해야 하는 자유와 권리는 P국의 존립 자체에 비하면 훨씬 가치가 떨어진다. P국의 존립 자체를 지켜냈으므로 비상계엄선포 건의행위를 내란죄로 처벌할 수 없다.」

객관적으로만 보면 을의 주장에는 타당성이 있다. 폭동이라는 내란죄의 결과불법보다 Q국의 침공으로부터 P국의 존립 자체를 지켜냈다는 적극적 기여가 훨씬 크기 때문이다. 그러나 주관적 측면에서 볼 때 을의 행위에는 내란죄의 행위불법을 상쇄할 만한 계기가 보이지 않는다. 을은 갑이 권력을 탈취할 때 한 자리를 차지하려는 생각을 가지고 있었기 때문이다. 결과불법이 없어진다고 해서 구성요건에 해당하는 행위의 불법내용이 전부 사라지는 것은 아니다.

을에게는 P국을 Q국의 침공으로부터 구하려는 피난의사가 없다. 을에게는 주관적 정당화요소를 찾아볼 수 없다. 결과불법이 상쇄되더라도 주관적 정당화요소가 없으면 행위불법은 그대로 남는다. 그렇다면 을은 긴급피난이라는 위법성조각사유를 주장하여 내란죄의 처벌을 면할 수 없다. 〔사례 55〕에서 내란죄의 결과불법은 사라지고 행위불법만이 남아 있다. 행위불법만을 처벌하는 범죄유형은 미수범이다. 내란죄는 미수범을 처벌한다(법89). 그렇다면 을은 내란미수죄로 처벌되어야 할 것이다.

제3절 정당방위

한국형법	독일형법
제21조〔정당방위〕 ① 현재의 부당한 침해로부터 자기 또는 타인의 법익(法益)을 방위하기 위하여 한 행위는 상당한 이유가 있는 경우에는 벌하지 아니한다.	**제32조**〔정당방위〕 ① 정당방위로 요구되는 행위를 한 자는 위법하게 행위한 것이 아니다. ② 정당방위는 자기 또는 타인에 대한 현재의 위법한 공격을 방지하기 위하여 필요한 방위행위이다.
② 방위행위가 그 정도를 초과한 경우에는 정황(情況)에 따라 그 형을 감경하거나 면제할 수 있다.	(해당 조항 없음)
③ 제2항의 경우에 야간이나 그 밖의 불안한 상태에서 공포를 느끼거나 경악(驚愕)하거나 흥분하거나 당황하였기 때문에 그 행위를 하였을 때에는 벌하지 아니한다.	**제33조**〔과잉방위〕 행위자가 당황, 공포 또는 경악으로 인하여 정당방위의 한도를 초과한 때에는 벌하지 아니한다.
폭력행위 등 처벌에 관한 법률 제8조〔정당방위〕 ① 이 법에 규정된 죄를 범한 사람이 흉기나 그 밖의 위험한 물건 등으로 사람에게 위해(危害)를 가하거나 가하려 할 때 이를 예방하거나 방위(防衛)하기 위하여 한 행위는 벌하지 아니한다.	(해당 조항 없음)
② 제1항의 경우에 방위행위가 그 정도를 초과한 때에는 그 형을 감경한다.	(해당 조항 없음)
③ 제2항의 경우에 그 행위가 야간이나 그 밖의 불안한 상태에서 공포·경악·흥분 또는 당황으로 인한 행위인 때에는 벌하지 아니한다.	(해당 조항 없음)

제1 정당방위의 의의와 지도원리

【사례 56】 갑녀는 호젓한 골목길을 따라 집으로 돌아가고 있었다. 갑녀의 미모를 탐하던 A는 갑녀를 기다리고 있다가 갑녀가 골목길 모퉁이를 도는 순간 갑녀를 껴안고 강제키스를 시도하였다. 이 순간 갑녀는 A의 행패를 피하기 위하여 A의 혀를 깨물어버렸다. 그 결과 A는 반벙어리가 되는 중상을 입었다. 검사는 갑녀를 중상해죄(법258②)로 기소하였다.

갑녀는 법정에서 정당방위를 주장하였다. 갑녀에게 중상해죄가 인정될 것인가?
(1989. 8. 8. 89도358, 공 1989, 1388 = 백선 총론 34.『혀절단 사건』)

---

1. 정당방위의 의의

정당방위란 위법한 공격에 대항하여 행하는 정당한 방위행위를 말한다. 정당방위는 위법성조각사유이다. 구성요건에 해당하는 행위가 정당방위에 해당하면 불법이 성립하지 않는다. 따라서 정당방위라고 인정되는 구성요건해당행위는 범죄를 구성하지 않는다.

형법 제21조 제1항은 "현재의 부당한 침해로부터 자기 또는 타인의 법익(法益)을 방위하기 위하여 한 행위는 상당한 이유가 있는 경우에는 벌하지 아니한다."고 규정하고 있다. 이 규정은 요건과 효과의 두 부분으로 구성되어 있다. 정당방위의 법률요건은 '현재의 부당한 침해로부터 자기 또는 타인의 법익(法益)을 방위하기 위하여 한 행위가 상당한 이유가 있는 경우'이다. 이에 대하여 정당방위의 법률효과는 '벌하지 아니한다'이다. 이 때 '벌하지 아니한다' 함은 위법성이 조각된다는 뜻이다. 구성요건에 해당하는 행위이지만 위법성이 조각되어 범죄가 성립하지 않는다는 것이다.

2. 정당방위의 지도원리

(1) 자기보존의 원리

정당방위는 두 가지 측면을 가지고 있다. 하나는 자기보존의 원리이다. 현재의 위법한 공격행위를 즉시 저지하지 않으면 개개인은 공동체에서 스스로 존립할 수 없다. 이때 최소한의 존립을 확보해 주는 것이 자기방어권이다. 이러한 측면에서 정당방위는 자연권적 측면을 갖는다.

여기에서 **자연권적**(自然權的)이라 함은 구체적인 실정법체계가 개입하기 이전에 이미 권리로서 인정되고 있다는 뜻이다. 자기보존의 자연권적 측면을 가지고 있기 때문에 정당방위가 위법성조각사유로 인정된다는 특성을 가리켜서 자기보존의 원리라고 한다.

(2) 법질서수호의 원리

정당방위의 또 다른 측면은 법질서의 수호이다. 인간은 사회적인 존재이다. 사람들은 공동체를 이루면서 살아간다. 공동체가 없으면 개개의 사람은 존립할 수 없다. 공동체가 유지되려면 법질서가 필수적으로 요구된다. 공동체의 유지는 법질서의 유지를 전제로 한다. 법질서가 유지되지 않으면 공동체는 존립하지 못한다. 법질서가 유지되지 않으면 개개인도 존립할 수 없다.

원래 법질서의 유지는 국가의 책무에 속한다. 국가는 군대, 경찰, 사법기관 등을 통하여 법질서를 유지한다. 그런데 상황에 따라서는 국가가 법질서유지에 나서도록 기다릴 여유가 없는 경우가 있다. 긴급한 상황임에도 불구하고 국가의 개입만을 기다린다면 법질서는 붕괴한다. 이러한 경우에는 개개인이 국가에 대신하여 국가가 개입할 때까지 법질서를 지켜내야 한다. 이때 개개인이 법질서유지에 나서는 것을 가리켜서 법질서수호라고 한다. 정당방위가 법질서수호의 측면을 가지고 있기 때문에 위법성조각사유로 인정되는 것을 가리켜서 법질서수호의 원리라고 한다.

(3) 양자의 관계

정당방위는 자기보존의 원리와 법질서수호의 원리를 양대 축으로 하여 인정되는 위법성조각사유이다. 정당방위의 양면적 성격은 형법 제21조 제1항에도 그대로 나타난다. 형법 제21조 제1항은 '현재의 부당한 침해로부터 자기 또는 타인의 법익을 방위하기 위하여 한 행위'라는 표현을 사용하고 있다. 이 표현은 (가) 현재의 부당한 침해로부터 자기의 법익을 방위하기 위하여 한 행위와 (나) 현재의 부당한 침해로부터 타인의 법익을 방위하기 위하여 한 행위로 나누어 볼 수 있다. 전자는 자기보존의 원리를 확인한 것이며 후자는 법질서수호의 원리를 나타낸 것이다.

정당방위의 두 가지 유형 가운데 타인을 보호하기 위한 정당방위는 후술하는 타인을 보호하기 위한 긴급피난과 비슷한 측면이 있다. 긴급상황에 놓여 있는 타인을 보호한다는 점에서 타인을 위한 정당방위와 타인을 위한 긴급피난을 합하여 긴급구조라고 부른다.

정당방위에 내재되어 있는 자기보존의 원리와 법질서수호의 원리는 반드시 병립하는 것은 아니다. 양자는 때때로 상호 갈등관계에 놓일 수 있다. 법질서를 국가가 완벽하게 유지하고 있다고 생각하는 권위주의적 법공동체에서는 정당방위에 내재하는 자기보존의 원리에 별다른 의미를 부여하지 않는다. 이에 대하여 자기보존의 원리만을 강조하는 개인주의적 법공동체에서는 법질서를 유지하기 위한 국가의 개입을 기다리는 여유가 크게 부족하다. 양자의 조화점을 모색하는 일은 구체적 법공동체가 그 공동체의 역사적·문화적 배경을 바탕으로 달성해야 할 과제이다.

〈사례 해설〉 〔사례 56〕의 사안에서 갑녀가 정당방위를 주장하는 것은 지나친 것이 아닌가 하는 의문을 가질 수 있다. 갑녀에게 강제키스를 하려고 하였던 A는 평생을 불구로 지내야 하는 중상해를 입었기 때문이다. 그러나 정당방위는 자기보존의 자연권적 성질을 갖는다. 국가가 개입할 수 없는 긴급한 상황에서 위법한 공격으로부터 자신을 지켜내기 위한 방위행위는 일단 정당하다고 보아야 한다. 다만 방위행위의 정도는 꼭 필요한 범위를 넘어서는 아니 될 것이다.

제 2 정당방위의 요건

【사례 57】 영화인 갑은 외국영화사가 우리나라에 영화를 직접 수입하여 배급하면 국내 영화계가 고사(枯死)할 것이라고 생각하였다. 갑은 국내영화의 보호는 우리 문화와 영화계의 앞날에 절대적인 과제라고 보고 소위 직배(直配)영화의 상영을 극력 저지하기로 결심하였다. 마침내 갑은 직배영화를 상영하는 P영화관에 들어가서 뱀을 풀어 놓았다. 그 결과 영화상영은 중단되고 말았다.

갑은 업무방해죄(법314)로 기소되었다. 법정에서 갑은 외국의 거대자본에 맞서서 우리 문화를 보존하고 국내 영화계를 보호하는 것은 실로 중대한 일이므로 자신의 행위는 정당방위에 해당한다고 주장하였다. 갑의 주장은 타당한가?

1. 공격행위

정당방위는 공격행위와 방위행위, 그리고 양자의 상호관계라는 세 가지 측면에서 검토해야 한다. 먼저 공격행위의 측면을 본다.

(1) 공격의 행위성

정당방위의 전제가 되는 공격행위는 우선 인간의 행위이어야 한다. 형법 제21조 제1항은 공격행위를 가리켜서 단순히 '침해'라고 표현하고 있다. 원래 침해(侵害)란 법익이 깨어진 상태를 의미한다. 그러나 형법 제21조 제1항에서 말하는 침해는 단순한 상태가 아니라 법익을 깨뜨리는 행위를 말한다.

침해는 공격행위이다. 이 공격행위는 반드시 인간의 행위에 의한 것이어야 한다. 동물에 대해서는 정당방위를 할 수 없다. 동물의 움직임을 가리켜서 행위라고 할 수 없기 때문이다. 동물이 법익침해의 위험을 야기하는 상황이 있다. 이러한 상황에 대해서는 정당방위 이외의 다른 위법성조각사유가 개입한다. 그러나 예컨대 성난 맹견을 시켜서 덤벼들도록 하는 경우처럼 사람이 동물을 공격의 수단으로 사용하는 때에는 공격행위가 인정된다. 이러한 경우는 형법 제21조 제1항이 규정한 '침해'에 해당한다.

공격행위는 행위의 일종이다. 행위는 사회적으로 의미 있는 인간의 행태이다. 따라서 공격행위는 작위와 부작위를 모두 포함한다. 부작위가 정당방위의 전제인 공격행위가 될 수 있는가 하는 의문이 있다. 그러나 부작위도 일정한 보증인적 지위가 인정되는 한 작위와 동가치성을 가질 수 있으며 공격행위에 해당할 수 있다. 어머니가 어린아이에게 먹을 것을 주지 않는다면 어머니의 부작위는 어린아이의 건강, 나아가 생명에 대한 공격행위가 될 수 있다.

(2) 공격대상으로서의 법익

공격행위는 법익을 침해하는 행위이다. 법익침해라는 점을 강조하여 우리 형법 제21조 제1항은 공격행위를 '침해'라고 표현하고 있다. 침해란 법익의 파괴를 의미하는 것이기 때문이다. 침해의 대상이 되는 법익은 자기의 법익과 타인의 법익으로 나누어 볼 수 있다. 그러나 형법 제21조는 '자기 또는 타인의 법익'이라고 표현하여 양자의 구별에 별다른 의미를 부여하지 않는다. 침해의 대상이 되는 법익 또한 종류를 묻지 않는다. 생명, 신체, 성적 자기결정권, 명예, 재산 등 그 형태를 가리지 않는다. 반드시 형벌법규에 의하여 보호되는 법익일 필요도 없다.

법익은 그 주체에 따라서 개인적 법익, 사회적 법익, 국가적 법익으로 나누어 볼 수 있다. 법익의 귀속주체와 관련하여 볼 때 정당방위는 (가) 자기의 법익을 보호하기 위한 정당방위와 (나) 타인의 법익을 보호하기 위한 정당방위로 나누어진다.

(가) 자기의 법익　　　이 가운데 자기의 법익을 보호하기 위한 정당방위는 공격행위의 대상이 개인적 법익인 경우로 한정된다. 정당방위는 위법한 공격행위가 있을 때 논해진다. 자기의 법익을 보호하기 위한 경우에 그 정당방위는 공격당하는 개개의 행위자를 전제로 한 위법성조각사유이다. 따라서 사회 일반인이나 국가 스스로가 정당방위의 방위행위자로 등장할 수는 없다.

(나) 타인의 법익　　　타인의 법익을 보호하기 위한 정당방위의 경우에는 구체적인 행위자가 다른 사람의 법익을 보호하기 위하여 방위행위에 나서게 된다(소위 긴급구조). 형법

제21조 제1항은 '타인의 법익'에 아무런 제한을 가하고 있지 않다. 그러나 정당방위의 본질적 특성상 해석론으로 '타인의 법익'에 대한 제한이 논해진다.

타인의 법익은 개인적 법익, 사회적 법익, 국가적 법익으로 나누어 볼 수 있다. 우선 다른 사람의 개인적 법익은 제한 없이 정당방위의 보호대상이 된다.[1] 이에 대하여 사회적 법익은 정당방위의 보호대상이 되지 않는다.[2] 공공의 안녕질서, 건전한 성풍속 등과 같은 추상적인 법익은 정당방위의 보호대상이 아니다. 사회적 법익의 주체는 불특정 다수인이다. 사회적 법익은 구체적인 사람에게 개별적으로 귀속되어 있지 않기 때문에 정당방위의 대상이 될 수 없다. 개개인이 가지는 정당방위의 권한은 국가의 기능을 대신하는 것이 아니다.

(3) 국가를 위한 정당방위

법익의 귀속주체는 자연인인가 법인인가를 묻지 않는다. 이와 관련하여 국가를 위한 정당방위의 문제가 제기된다. 이 문제는 두 가지 경우로 나누어 살펴볼 필요가 있다.

먼저 국가가 법인격을 가지고 사법상 소유권이나 기타 권리를 향유하는 경우가 있다. 이러한 한도에서 국가는 개인과 같은 법익주체가 된다. 국가가 사법상 권리의 귀속주체로 등장할 때 이 경우의 국가를 국고(國庫)라고 한다. 국가가 국고로서 법익의 주체가 될 경우 그 법익은 정당방위의 보호대상이 된다.

그러나 '국가의 기본질서' 등과 같이 국가가 추상적인 법익의 주체가 될 때 그 추상적 법익이 정당방위의 보호대상이 될 것인가 하는 점에는 의견이 일치되어 있지 않다. 국가가 보유하는 추상적 법익을 지키기 위한 정당방위를 가리켜서 국가를 위한 정당방위라고 한다. 이 문제에 대해서는 견해가 나뉘고 있다.

(가) 전면적 불허설　　'국가의 기본질서' 등과 같은 추상적 법익은 정당방위의 보호대상이 되지 못한다고 보는 견해이다.[3] 국고작용 이외의 영역에서 국가는 공권력의 주체로서 자신의 법익을 스스로 지켜내기 때문에 개개인이 국가의 기본질서를 지킨다는 명분을 내세워서 국가의 경찰작용을 대신할 수는 없다는 것이다.

(나) 예외적 허용설　　국가를 위한 정당방위를 기본적으로 부정하면서도 다만 개인이 나서서라도 구제하지 않으면 국가의 존립에 치명적인 영향이 오게 될 긴급상황의 경우에는 극히 예외적으로 국가를 위한 정당방위가 허용된다고 보는 견해이다.[4] 예컨대 국가기밀을

Footnotes

1) 2017. 3. 15. 2013도2168, 공 2017상, 802 =『접견요구 변호사 체포 사건』☞ 1076면.
2) 이용식, 139면은 현주건조물방화죄와 같은 사회적 법익에 대한 정당방위를 인정하고 있다.
3) 권오걸, 193면; 김성돈, 274면; 김혜정 외 4인, 154면; 박상기, 113면; 배종대, 233면; 손동권·김재윤, 187면; 오영근, 195면; 이정원, 151면; 정성근·정준섭, 115면.
4) 김성천·김형준, 207면; 이재상·장영민·강동범, 236면; 임웅, 256면; 정영일, 206면.

탐지하여 막 국경을 넘어 탈출하려는 사람을 폭력으로 저지하거나 기밀문서를 탈취하는 행위는 정당방위로 위법성이 조각된다는 것이다.

(다) 사 견   생각건대 예외적 허용설이 타당하다고 본다. 정당방위의 본질이 자기보존의 원리와 법질서수호의 원리로 구성된다고 할 때 법질서수호의 원리가 요청되는 극단적인 상황을 배제할 수는 없기 때문이다. 그러나 국가는 스스로 자신의 법익을 지켜낼 수 있는 조직과 능력을 가지고 있으므로 예외적 허용의 상황은 극히 제한적으로 인정되어야 할 것이다.

〈사례 해설〉 [사례 57]에서 국내 영화산업의 보호라는 이익은 그것이 법공동체에 의하여 인정될 때 법익이 된다. 그러나 이 법익의 귀속주체는 사회 일반인이다. 이 경우에는 개개의 특정된 법익주체가 등장하지 않는다. 그렇기 때문에 국내영화산업의 보호를 이유로 외국영화를 상영하는 P영화관에 뱀을 풀어 놓는 영화인 갑의 행위는 정당방위가 되지 못한다.

(4) 공격행위의 위법성

공격행위는 위법하여야 한다. 이와 관련하여 형법 제21조 제2항은 '부당한 침해'라는 표현을 사용하고 있다. '부당한 침해'라고 할 때 부당은 위법함을 의미한다. '부당'이란 표현은 행정법에서 널리 사용되고 있다. 행정소송의 대상이 되려면 행정처분이 위법하여야 한다(행정소송법1, 4 참조). 부당한 행정처분은 행정심판의 대상은 될 수 있어도(행정심판법5 i) 행정소송의 대상은 되지 않는다. 그러나 형법 제21조 제1항에서 말하는 부당은 행정법학에서 논하는 위법·부당의 '부당'이 아니다.

형법 제21조 제1항에서 말하는 부당은 공격행위가 법질서 전체에 반한다는 의미를 갖는다. 즉 위법하다는 뜻이다. 이와 같이 새기는 이유는 "법은 불법을 회피할 필요가 없다."는 정당방위의 본질적 특성에서 구할 수 있다. 형법 제21조 제1항에서 말하는 부당은 구성요건에 해당하는 행위에 대하여 내리는 위법성의 판단과 같은 의미이다. 그러나 위법판단의 대상이 되는 공격행위는 형벌법규의 구성요건에 해당하지 아니하는 행위일 수도 있다. 이와 같이 공격행위가 형벌법규의 구성요건에 해당하는 행위에 국한되지 않는다는 의미에서 우리 입법자는 '위법'이라는 표현 대신에 '부당'이라는 용어를 사용하고 있다. 형법 제21조 제1항에서 말하는 부당은 소위 객관적 위법의 의미로 이해된다.

공격행위가 형벌법규의 구성요건에 해당하는 행위인 경우에는 그 행위의 구성요건해당성에서 일반적으로 위법성을 추론할 수 있다. 공격행위가 형벌법규에 해당하지 않는 경우에는 법질서 전체의 관점에서 그 행위의 위법 여부를 판단하여야 한다. 어느 행위가 구성요

건해당성 여부를 떠나서 법질서 전체에 비추어 위법하다고 판단될 때 이를 가리켜 객관적
위법이라고 한다.

한편 공격행위가 형벌법규의 구성요건에 해당하지만 위법성이 조각되는 경우에는 그
행위는 위법한 것이 아니다. 따라서 이러한 경우에는 그 행위에 대하여 정당방위를 할 수
없다. 이러한 관점에서 정당방위에 대한 정당방위는 인정되지 않는다.

공격행위는 위법하면 그것으로 족하다. 반드시 책임의 요소까지 갖출 필요는 없다. 책
임무능력자도 공격행위를 할 수 있다. 따라서 책임무능력자에 대한 정당방위도 가능하다.
다만 이 경우에는 정당방위의 범위가 제한된다. 이 점에 대해서는 '상당한 이유'의 요건과
관련하여 후술한다.

(5) 공격행위의 현재성

정당방위는 현재의 공격행위에 대해서만 인정된다. 형법 제21조 제1항은 이 점을 가리
켜서 '현재의 부당한 침해'라고 표현하고 있다. 공격행위가 일단 종료하면 정당방위는 허용
되지 않는다. 이 때부터는 국가의 사법기관이 정해진 절차에 따라 국가형벌권을 실현시키
면 된다. 공격행위가 아직 행해지지 아니한 경우에도 정당방위는 허용되지 않는다. 이 때에
는 범죄예방을 위하여 국가가 경찰력을 동원하면 된다.

(가) 현재성의 범위   공격행위의 현재성은 법익이 침해될 위험성이 발생한 때로부터
새로운 사실상태가 정착될 때까지의 사이에 인정된다. 공격행위의 현재성이 인정되기 위하
여 반드시 공격행위가 실제로 진행 중일 필요는 없다. 공격행위가 목전에 임박한 경우에도
현재성이 인정된다.[1]

(나) 지속적 위험의 문제   그러나 소위 지속적 위험의 경우에는 침해의 현재성이
인정되지 않는다. 지속적 위험(Dauergefahr)이란 아직 법익침해의 위험성이 현실화되어 있
지 않으나 이전에 계속적으로 반복되었던 사정에 비추어 볼 때 언제든지 법익침해의 위험
성이 현실화할 수 있는 상황을 말한다.[2]

(다) 현재성과 범죄완료   공격행위가 범죄행위인 경우에는 기수의 시점을 넘어서서
범죄완료의 시점까지 공격행위의 현재성이 인정된다. 이때 '침해의 현재성'은 (가) 침해행
위가 형식적으로 기수에 이르렀는지에 따라 결정되는 것이 아니라 (나) 자기 또는 타인의
법익에 대한 침해상황이 종료되기 전까지를 의미한다.

먼저, 일련의 연속되는 행위로 인해 침해상황이 중단되지 아니하였으면 아직 침해상황

---

1) 1968. 5. 7. 68도370, 집 16②, 형1 = 백선 총론 37. 『배희칠랑 사건』.
2) 후술 332면 참조.

이 종료되지 않은 것이다. 다음으로, 침해행위가 일시 중단되더라도 추가 침해가 곧바로 발생할 객관적인 사유가 있는 경우에는 그중 일부 행위가 범죄의 기수에 이르렀더라도 전체적으로 침해상황이 종료되지 않은 것으로 볼 수 있다.[1]

예컨대 갑이 A에게 폭행을 가하여 갑과 A가 뒤엉켜 넘어진 상황에서 을이 A의 법익을 보호하기 위하여 갑에게 폭행을 가한 상황을 생각해 본다. 이 경우 을이 갑에게 폭행을 가할 당시 갑의 A에 대한 가해행위가 이미 종료되었음을 이유로 정당방위를 부인할 여지가 있다. 그러나 갑이 회사 대표이고 A와 을이 근로자들인데, 장기간의 노사갈등이 격화된 상태에서 다수의 근로자들이 있는 상황에서 갑과 을의 폭행행위가 이루어졌다면 침해의 현재성 판단에 차이가 생길 수 있다. 갑의 침해행위가 일시 중단되었더라도 추가 침해가 곧바로 발생할 객관적인 사유가 있으므로 갑의 일부 행위가 폭행의 기수에 이르렀더라도 전체적으로 침해상황이 종료되지 않은 것으로 볼 수 있다.[2]

침해의 현재성 요건과 관련하여 또 다른 사례로 물건을 훔쳐서 도망하는 절도범 A에게 폭행을 가하여 물건을 되찾아 오는 사안을 생각해 본다. 이 사안에서 절도범 A가 물건을 훔치는 순간 A의 절도죄는 기수에 이른다(소위 취득설). 그러나 절도죄가 완료에 이른 것은 아니다. 절도범이 도품에 대하여 새로운 점유를 안전하게 확보하는 시점에 절도죄는 완료된다. 따라서 훔친 물건을 가지고 도망하는 절도범의 행위는 현재성이 인정되는 공격행위이다. 그 결과 도망하는 절도범에 대하여 가한 폭행은 정당방위가 될 수 있다.[3]

(6) 폭력행위처벌법의 특례

입법자가 특별한 형사정책적 목적을 위하여 공격행위의 현재성 요건을 완화하는 경우가 있다. 「폭력행위 등 처벌에 관한 법률」(폭력행위처벌법)은 그 한 예이다. 폭력행위처벌법 제8조 제1항은 "이 법에 규정된 죄를 범한 사람이 흉기나 그 밖의 위험한 물건 등으로 사람에게 위해(危害)를 가하거나 가하려 할 때 이를 예방하거나 방위(防衛)하기 위하여 한 행위는 벌하지 아니한다."고 규정하고 있다.

폭력행위처벌법 제8조 제1항은 두 가지 유형의 정당방위를 규정하고 있다. 하나는 폭처법에 규정된 죄를 범한 사람이 흉기나 그 밖의 위험한 물건 등으로 사람에게 위해를 가할 때 이를 방위하기 위하여 한 행위이다. 다른 하나는 폭처법에 규정된 죄를 범한 사람이 흉기나 그 밖의 위험한 물건 등으로 사람에게 위해를 가하려 할 때 이를 예방하기 위하여

---

1) 2023. 4. 27. 2020도6874, 공 2023상, 968 = 『라벨스티커 회사 폭행 사건』 ☞ 1078면.
2) 2023. 4. 27. 2020도6874, 공 2023상, 968 = 『라벨스티커 회사 폭행 사건』.
3) 미수, 기수, 완료의 구별에 관하여는, 후술 511면 이하 참조.

한 행위이다. 이 가운데 후자의 정당방위는 형법 제21조 제1항의 정당방위에 비하여 현재성의 요건이 크게 완화된 것이다.

2. 방위행위

(1) 방위행위의 유형과 상대방

(가) 방위행위의 유형   정당방위는 공격행위에 대항하여 정당하게 행해진 방위행위이다. 방위행위는 작위, 부작위를 묻지 않는다. 방위행위에는 수비적 방어뿐만 아니라 적극적 반격을 포함하는 반격방어의 형태도 포함된다.[1]

(나) 방위행위의 상대방   방위행위는 반드시 공격행위자를 상대로 하여야 한다. 정당방위는 필요한 범위에서 위법성을 조각시키는 강렬한 법적 장치이다. 강력한 조치인 만큼 그 대상은 한정되어야 한다. 공격행위를 피하기 위하여 관련 없는 제3자의 법익을 침해하는 행위는 정당방위가 되지 않는다. 그러나 이 경우에 긴급피난 등 다른 범죄성립조각사유가 인정될 수 있음은 물론이다.

(2) 방위의사

정당방위는 자기 또는 타인의 법익을 방위하기 위한 것이어야 한다. 즉 방위행위는 방위의사에 기초한 것이어야 한다. 이 때 방위의사는 주관적 정당화요소로서 정당방위의 성립을 위하여 반드시 요구된다. 방위의사는 방위행위에 나아가게 된 유일한 동기일 필요는 없다. 방위의사가 존재하는 한 증오나 분노 등과 같은 다른 주관적 동기가 개입하더라도 상관이 없다.

종래의 인과적 행위론에 의하면 범죄성립을 위한 주관적 요소들은 모두 책임단계에 위치하였다. 그리하여 주관적으로 방위의사가 없더라도 객관적으로 정당방위의 요건이 갖추어졌다면 정당방위를 인정하였다. 예컨대 사냥꾼 갑이 숲 속에서 곰이 움직이는 줄 알고 움직이는 물체에 총을 쏘았더니 마침 사냥꾼 갑을 살해하려고 총을 겨누고 있던 경쟁자 을이 맞아서 사망한 경우를 생각해 본다. 이러한 사안에 대해 인과적 행위론자들은 방위의사를 요구하지 않는다는 이유로 정당방위를 인정하였다. 이와 같이 방위의사 없이 결과적으로 정당방위의 결과에 이르는 경우를 가리켜서 우연방위라고 한다. 그러나 주관적 정당화요소가 확인된 후 이와 같은 우연방위는 더 이상 정당방위로 인정되지 않는다.

타인을 위한 정당방위의 경우에는 이중의 방위의사가 필요하다. 우선 방위행위자에게 타인의 법익에 대한 공격행위를 방위한다는 방위의사가 있어야 한다. 나아가 보호받는 타

---

1) 2023. 4. 27. 2020도6874, 공 2023상, 968 =『라벨스티커 회사 폭행 사건』.

인에게도 공격행위로부터 자신의 법익을 방위하겠다는 방위의사가 있어야 한다. 타인이 자신의 법익을 포기하거나 스스로 나서서 방어하려는 의사를 표시하는 경우에 제3자는 정당방위를 할 수 없다. 법익보호의 필요성이 없는 곳에 정당방위는 성립하지 않기 때문이다. 그러나 타인의 방위의사는 반드시 명시적일 필요가 없다. 묵시적인 의사로도 족하다.[1]

3. 상당한 이유

【사례 58】 부부싸움 끝에 남편 A는 부인 갑녀를 주먹으로 때렸다. 갑녀는 남편의 구타를 피하기 위하여 옆에 있던 우산을 집어들고 우산 끝의 뾰족한 부분으로 남편 A의 머리를 찔렀다. 그런데 우산은 남편 A의 눈에 박혔고 그 결과 A는 사망하였다.
　　이 경우 부인 갑녀에게 정당방위를 인정할 수 있겠는가?

【사례 59】 갑은 늙고 병들어서 휠체어에 의지해야 겨우 거동할 수 있는 형편이다. 갑은 자기 집 과수원에 동네 어린아이들이 몰래 들어와서 사과를 따가는 사실을 알고 있었지만 아이들을 붙잡을 수는 없었다. 어느 날 10살 짜리 동네꼬마 A가 사과를 따다가 들키자 사과 2개를 집어들고 도망가기 시작하였다. 갑은 도망가는 A를 향하여 옆에 있던 사냥총으로 쏘았던바 동네꼬마 A는 총에 맞아 중상을 입었다.
　　갑의 상해행위(법257)는 형법 제21조의 정당방위로 위법성이 조각될 수 있겠는가?

(1) 상당한 이유의 특성

정당방위는 현재의 위법한 공격행위를 방위하기 위한 행위로서 상당한 이유가 있을 때 인정되는 위법성조각사유이다(법21①). '상당한 이유'의 요건은 공격행위 및 방위행위와 함께 정당방위의 3대 요건을 이룬다.

형법 제21조 제1항이 설정한 '상당한 이유'라는 요건은 매우 추상적이다. 상당한 이유의 요건은 해석을 통하여 구체화하지 않으면 안 된다. 상당한 이유는 정당방위의 본질을 분석할 때 보다 구체화된다. 정당방위는 공격행위를 방위하기 위하여 필요한 방위행위이다. 그러나 필요한 방위행위라고 하여 무한정 허용되는 것은 아니다. 여기에는 사회윤리적 조정이 필요하다. 요컨대 형법 제21조 제1항이 규정한 '상당한 이유'는 필요성과 사회윤리적 조정이라는 두 가지 요건으로 구체화된다.

---

1) 타인을 위한 정당방위의 예로, 1986. 10. 14. 86도1091, 공 1986, 3063 = 백선 총론 34. 참고판례 1. 『후문통행 시비 사건』 참조. 그러나 이 사안에서 방위의사의 문제는 다루어지지 않았다.

(2) 필요성의 요건

기본적으로 방위행위는 공격행위를 저지하기 위하여 필요한 최소한의 것이어야 한다. 먼저, 방위행위는 공격행위를 확실하게, 그리고 종국적으로 저지할 수 있는 한도 내에서 허용된다. 유효하고도 종국적으로 공격행위를 저지할 수 있는 수단을 사용할 수 있다는 점에서 정당방위는 매우 강렬한 성격을 갖는다. 예컨대 강도에게 가방을 빼앗기게 된 사람은 달리 적절한 수단이 없는 경우에는 강도행위를 유효하고도 종국적으로 차단하기 위하여 강도를 살해할 수도 있다. 필요성의 관점에서 볼 때 강도를 살해하는 행위는 정당방위로 인정될 여지가 있다.

그러나 공격행위를 저지하기 위한 방위행위는 공격자에게 최소한의 침해를 가하는 것이어야 한다. 공격을 방위하기 위하여 필요한 한도를 넘어서는 행위는 정당방위로 되지 않는다. 필요성을 넘는 방위행위는 경우에 따라서 과잉방위로 형이 감경 또는 면제될 수 있을 뿐이다(법21②). 한편 폭처법은 동법상의 과잉방위에 대하여 형의 필요적 감경을 인정하고 있다(폭처법8②).

공격자에게 최소의 침해를 가하는 방위행위인가 아닌가는 법익교량의 방법으로 판단되지 않는다. 공격행위로 인한 법익침해와 방위행위로 인한 법익침해를 비교하여 우열을 비교하는 것은 정당방위의 접근방법이 아니다. 정당방위를 판단할 때에는 공격행위 자체를 유효하고도 종국적으로 차단할 수 있는가 아닌가가 주된 관심사가 된다.

방위행위가 공격행위를 방위하기 위한 필요최소한의 행위인가 아닌가는 구체적 사정을 종합하여 판단할 문제이다. 공격행위의 완급, 피침해법익의 중대성, 다른 방어방법의 존부 등은 고려해야 할 사항의 대표적인 예이다. 방위행위의 필요성과 최소성은 방위행위 당시의 시점을 기준으로 장래전망적으로 판단한다. 방위행위가 일어난 이후에 사후적으로 과거를 돌아보면서 방위행위의 필요성과 최소성을 논하는 것은 허용되지 않는다.

(3) 사회윤리적 조정

(가) 필요성과 상당한 이유   정당방위는 위법한 공격행위를 저지하기 위하여 필요한 한도에서 허용되는 방위행위이다. 필요한 한도에서 허용된다는 점에서 정당방위는 매우 강렬한 성격을 갖는다. 정당방위는 "법은 불법을 회피할 필요가 없다."는 원칙에 근거하고 있기 때문이다.

그러나 다른 한편으로 정당방위의 강렬한 성격을 억제할 필요가 있다는 점도 간과할 수 없다. 우리 헌법은 과잉입법금지의 원칙을 선언하고 있다(헌법37②). 마찬가지 관점에서 과잉금지의 원칙은 정당방위의 경우에도 경청할 필요가 있다. "법은 불법을 회피할 필요가 없다."는 법원리에 대해서는 "빈대 잡으려고 초가삼간 태울 수는 없다."는 생활의 지혜를 떠올릴 필요가 있다.

정당방위의 엄혹성을 완화하기 위하여 우리 입법자는 공격행위와 방위행위 사이에 '상당한 이유'라는 연결고리를 요구하고 있다. 독일 형법 제32조 제2항은 정당방위의 요건을 규정하면서 방위행위의 필요성을 명시하고 있다. 이에 대하여 우리 형법은 '필요성' 대신에 '상당한 이유'라는 표현을 사용하고 있다.

(나) 상당한 이유의 입법취지   애당초 우리 입법자가 '상당한 이유'라는 표현을 사용한 것은 정당방위의 신축적 적용을 가능하게 하기 위함이었다. '필요성'의 요건을 지나치게 강조하게 되면 자기보존의 원리가 전면에 등장하여 정당방위의 허용범위가 비대해질 우려가 있다. 그렇지만 역으로 국가가 법질서를 제대로 유지하지 못하여 치안부재의 상황이 대두하게 될 때에는 종전의 '필요성' 요건만으로 정당방위의 허용범위가 충분하지 못할 경우도 있다. 이러한 양극단을 적절히 조화하면서 정당방위의 올바른 운용을 도모하려는 것이 '상당한 이유'의 요건이다.[1]

소위 "밤길을 걷기가 두렵다."고 말할 정도로 치안질서가 교란되는 상황이라면 '상당한 이유'는 정당방위의 허용범위를 넓히는 방향으로 해석될 것이다. 그러나 대부분의 경우에는 법질서가 확립되어 있으므로 '상당한 이유'의 중점은 자연히 '필요성' 요건이 가져오는 정당방위의 엄혹성을 완화하는 쪽으로 옮겨가게 된다.

(다) 상당한 이유의 실천적 기능   '상당한 이유'의 요건은 필요성의 요건을 사회윤리적 관점에서 신축적으로 조정하기 위하여 설정된 것이라고 할 수 있다. 정당방위는 사회윤리적 관점에서 조정될 수 있다. 치안질서가 정상적으로 유지되는 상황에서는 '상당한 이유'의 기능이 주로 '필요성'의 요건을 제한하는 방향으로 그 모습을 드러낸다. 비록 방위행위가 필요최소한의 것이라고 인정되더라도 사회윤리적 관점에서 방위행위의 자제가 요청되는 상황이 그것이다.

(라) 판례의 입장   판례는 "정당방위가 성립하려면 …… 방위행위가 사회적으로 상당한 것이어야 한다."는 입장을 취하고 있다.[2] 판례의 입장은 사회윤리적 조정을 강조하는 입장이라고 생각된다. 판례는 방위행위가 사회적으로 상당한 것인가를 판단함에는 "침해행

---

[1] 1951년 형법전 정부원안은 '필요성' 요건을 명시하고 있었다. 그러나 1952년 국회 법사위수정안은 '필요성' 요건의 경직성을 완화하기 위하여 '상당한 이유'의 요건을 채택하였다. 치안부재 등 정당방위가 일어나게 되는 사회상황을 함께 고려하기 위함이었다. 이 법사위수정안은 국회 본회의 심의를 통과하여 현행 형법이 되었다. 신동운 편저, 형법 제·개정 자료집, 한국형사정책연구원, (2009), 144면 이하 참조.

[2] 2017. 3. 15. 2013도2168, 공 2017상, 802 =『접견요구 변호사 체포 사건』☞ 1076면.

　　2018. 12. 27. 2017도15226, 공 2019상, 420 =『포교활동 메신저 대화 사건』☞ 1074면.

위에 의하여 침해되는 법익의 종류, 정도, 침해의 방법, 침해행위의 완급과 방위행위에 의
하여 침해될 법익의 종류, 정도 등 일체의 구체적 사정들을 참작할 것"을 요구하고 있다.[1]

(4) 사회윤리적 조정의 사례

방위행위자는 방위행위를 통하여 자기의 구체적인 법익을 지켜낸다(자기보존의 원리). 한
편 방위행위자는 방위행위를 통하여 타인의 법익을 보호하고 전체로서의 법질서를 수호하
기도 한다(법질서수호의 원리). 방위행위에 자기보존과 법질서수호의 성격이 모두 인정되면
그 방위행위는 사회윤리적 조정을 받지 않고 정당방위로 인정된다. 대부분의 정당방위는
이러한 경우에 해당할 것이다.

정당방위는 경우에 따라 법질서수호의 기능을 발휘할 수 없는 경우가 있다. 또 때로는
법익보호의 정도가 극히 미약하여 자기보존의 기능조차 찾아보기 힘든 경우도 있다. 이러
한 경우에는 정당방위에 사회윤리적 조정을 가할 여지가 생긴다. 정당방위에 사회윤리적
조정을 가할 것인가 아닌가는 일률적으로 답할 수 있는 사항이 아니다. 이 문제는 사회상황
의 변화와 함께 개개의 구체적인 사안을 놓고 판단해야 할 사항이다. 지금까지 사회윤리적
조정의 예로 거론되는 몇 가지 유형을 살펴본다.

(가) 책임무능력자

(가) 책임무능력자   먼저, 책임무능력자에 대한 정당방위의 사회윤리적 조정이 있다.
공격행위가 어린아이나 술 취한 사람, 또는 정신병자 등에 의하여 행해지는 경우에는 사회
윤리적 조정을 고려할 필요가 있다. 정신병자 등에 의하여 행해지는 공격행위라 할지라도
그 행위가 방위행위자의 법익을 침해하는 점 자체에서는 차이가 없다. 그렇다면 자기보존
의 원리는 존중되어야 한다. 이러한 사정은 공격자가 타인의 법익을 침해하는 경우에도 비
슷하다. 그러나 어린아이나 정신병자 등과 같은 책임무능력자의 공격행위에 대하여 그 때
문에 사회공동체의 법질서가 교란된다고 생각하는 사람은 별로 없다. 이러한 상황이라면
법질서수호의 요청은 후퇴하지 않을 수 없다.

공격행위가 정신병자 등에 의하여 행해지는 경우에 방위행위자가 할 수 있는 방위행위
의 범위는 사회윤리적으로 조정을 받게 된다. 공격행위를 유효하고도 종국적으로 방위할
수 있다는 이유에서 직접적인 반격행위를 하는 것은 허용되지 않는다. 방위행위자는 이러
한 경우에 다른 방어방법을 먼저 강구해 보아야 한다. 예컨대 정신병자 등에 대한 직접적
방위행위를 하기에 앞서서 공격행위가 일어나는 자리를 피하거나 공격자에게 먼저 타이르
는 행위가 필요하다. 직접적 반격행위는 이러한 수단을 강구한 이후에 비로소 정당방위로

---

1) 2017. 3. 15. 2013도2168, 공 2017상, 802 =『접견요구 변호사 체포 사건』.
   2018. 12. 27. 2017도15226, 공 2019상, 420 =『포교활동 메신저 대화 사건』.

인정될 수 있다(소위 보충성).

(나) 근소한 법익   다음으로, 침해되는 법익이 극히 사소할 경우에 방위행위에 사회윤리적 조정이 가해질 수 있다. 예컨대 근소한 가치의 재산적 법익에 대하여 공격행위가 가해지는 경우에 공격행위자의 생명·신체를 침해하면서까지 방위행위를 하는 것은 사회윤리적으로 허용되지 않는다.

(다) 가족공동체   사회윤리적 조정이 가해지는 또 하나의 상황으로 가족공동체 내에서의 방위행위가 있다. 가족공동체는 사랑의 공동체이며 사회의 기본적 구성단위를 이룬다. 가족공동체 내에서 법과 불법을 논하고 정당방위라는 강렬한 조치를 허용하는 것은 가능한 한 자제되어야 한다. 이러한 관점에서 독일 연방대법원은 위의 〔사례 58〕의 토대가 된 사안에서 부부싸움 도중에 남편의 구타를 막기 위하여 우산으로 남편의 눈을 찌른 부인에 대하여 정당방위의 성립을 부정하는 판례를 내어놓은 바 있다.[1]

사회윤리적 조정은 구체적 법공동체의 문화적, 역사적 체험을 바탕으로 사회구성원들이 요구하는 것이다. 한국 사회에서 차지하는 여성의 사회적 지위 등 독일 사회와 구별되는 여러 요소들을 생각할 때 〔사례 58〕의 토대가 된 독일 법원의 판례태도를 곧바로 우리 사회의 판단기준으로 채용할 수는 없다. 다만 가족공동체 내에서 정당방위는 가능한 한 제한하는 쪽으로 조정되지 않으면 안 된다는 요청은 한국 사회에서도 경청해야 할 사항이다.

(라) 도발에 의한 정당방위   정당방위에 사회윤리적 조정이 가해지는 또 하나의 유형으로 소위 도발에 의한 정당방위가 있다. 도발에 의한 정당방위란 공격행위를 유발한 후 유발된 공격행위를 저지하기 위하여 하는 방위행위를 말한다. 도발에 의한 정당방위는 의도적인 도발의 경우와 미필적인 도발의 경우로 나누어 볼 수 있다.

의도적 도발이란 정당방위 상황을 이용할 목적으로 처음부터 공격자의 공격행위를 유발하는 경우를 말한다. 이 경우는 방위행위를 인정할 수 없다. 처음부터 공격행위를 이용할 목적이 있었을 뿐 방위의사가 존재하지 않기 때문이다. 따라서 의도적 도발의 경우에는 정당방위가 성립하지 않는다.

도발에 의한 정당방위의 또 다른 유형으로 미필적인 도발의 경우가 있다. 미필적 도발이란 의도적으로 공격행위를 유발하는 것은 아니지만 공격행위를 유발할지도 모른다는 인식하에 행위를 하고 그 결과 공격행위를 야기하는 경우이다. 이러한 상황을 의도적인 도발과 동일한 것으로 인정할 수는 없다. 만일 미필적 도발을 의도적인 도발과 동일한 것으로 새긴다면 행위자에게서 정당방위권을 전면적으로 박탈하는 결과를 초래하게 된다. 미필적 도발의 경우에는 방위행위를 함에 있어서 사회윤리적 조정이 가해지는 정도로 새기는 것이

---

1) BGH MDR 1958, 13.

타당하다고 본다. 미필적 도발의 경우에 공격의 원인을 제공한 사람은 직접적 반격행위를 할 수 없다는 제한을 받는다. 일단 다른 수단을 강구해 보고 그것이 여의치 아니한 최후의 단계에서 방위행위를 할 수 있을 뿐이다(소위 보충성).

(5) 폭처법 제8조의 정당방위

'상당한 이유'는 형법 제21조 제1항이 정당방위의 인정을 위하여 설정한 필수적 요건이다. 그런데 입법자가 이 요건을 완화하는 경우가 있다. 「폭력행위 등 처벌에 관한 법률」(폭처법) 제8조 제1항은 "이 법에 규정된 죄를 범한 사람이 흉기나 그 밖의 위험한 물건 등으로 사람에게 위해(危害)를 가하거나 가하려 할 때 이를 예방하거나 방위(防衛)하기 위하여 한 행위는 벌하지 아니한다."라고 규정하고 있다.

폭처법 제8조 제1항은 형법 제21조 제1항과 달리 '상당한 이유'의 요건을 명시하고 있지 않다. 그렇다고 하여 폭처법 제8조 제1항이 공격행위와 방위행위 사이에 존재하는 '상당한 이유'의 요건을 배제한 것은 아니라고 생각된다. 폭처법 제8조 제1항에 기한 방위행위도 정당방위의 일종이기 때문이다. 폭처법 제8조 제1항은 이 규정이 설정한 일정한 요건이 충족되면 일단 '상당한 이유'의 요건이 갖추어진 것으로 인정하는 규정이라고 보아야 할 것이다.

(6) 경찰관 직무집행법상 정당방위

「경찰관 직무집행법」(경직법) 제10조의4는 무기사용의 경우에 정당방위의 요건을 보다 구체적으로 규정하고 있다. 경직법상 무기는 사람의 생명이나 신체에 위해를 끼칠 수 있도록 제작된 권총·소총·도검 등을 말한다(경직법10의4②). 경찰관은 (가) 범인의 체포, (나) 범인의 도주 방지, (다) 자신이나 다른 사람의 생명·신체의 방어 및 보호, (라) 공무집행에 대한 항거의 제지를 위하여 필요하다고 인정되는 상당한 이유가 있을 때에는 그 사태를 합리적으로 판단하여 필요한 한도에서 무기를 사용할 수 있다. 상황이 형법에 규정된 정당방위에 해당할 때에는 사람에게 위해를 끼치는 무기사용이 허용된다(경직법10의4① 본문·단서 i).

4. 과잉방위

(1) 과잉방위의 요건

공격행위와 방위행위 사이에 '상당한 이유'라는 연결관계가 인정되지 않으면 정당방위는 성립하지 않는다. 방위행위가 공격행위를 저지하기 위한 필요최소한의 범위를 넘거나 사회윤리적 조정에서 벗어나는 경우에는 정당방위로 인정되지 않는다.

　방위행위가 정당방위로 되지 않는 경우는 필요성의 요건을 구비하지 못한 경우와 사회윤리적 조정에 저촉되는 경우로 나누어 볼 수 있다. 이 가운데 사회윤리적 조정에는 저촉되지 않지만 필요최소한의 범위를 초과하는 방위행위를 가리켜서 과잉방위라고 한다. 이에 반해 필요성의 요건과 사회윤리적 조정에 모두 저촉되는 방위행위는 과잉방위로도 되지 않는다. 사회윤리적 조정은 정당방위가 허용되는 최대한의 범위를 설정하는 것이므로 이 범위 내에 들어오지 아니하는 방위행위는 과잉방위로 법적 배려를 받을 수 없다.

　우리 형법 제21조 제2항은 "방위행위가 그 정도를 초과한 경우에는 정황(情況)에 따라 그 형을 감경하거나 면제할 수 있다."고 규정하고 있다. 과잉방위에 대하여 법률상 형의 임의적 감경 또는 면제를 인정한 것은 우리 형법의 특색 가운데 하나이다. 그러나 법적 배려의 정도는 형의 면제가 최대한이다. 형면제는 유죄판결의 일종이다.[1] [2]

　과잉방위의 특칙이 적용되려면 '방위행위가 그 정도를 초과한 경우'에 해당하여야 한다. '그 정도를 초과하였다' 함은 그 정도만을 초과하였음을 의미한다. 방위행위가 사회윤리적 조정의 허용범위 내에 있어서 정도의 문제만 제외한다면 정당방위로 인정할 수 있는 상황을 가리킨다.

　폭처법 제8조 제2항은 폭처법이 규정한 방위행위가 "그 정도를 초과한 때에는 그 형을 감경한다."고 규정하고 있다. 폭처법이 규정한 과잉방위행위는 형이 필요적으로 감경된다는 점에 특색이 있다. 그러나 형의 면제에 대해서는 언급이 없다. 폭처법 제8조는 형법 제21조에 비하여 정당방위의 요건을 완화한 것이므로 폭처법상의 과잉방위에 대하여도 형법 제21조 제2항에 따라 형의 임의적 면제를 인정하는 것은 물론 가능하다.

(2) 야간 등의 과잉방위

　형법 제21조 제3항은 "제2항의 경우[과잉방위]에 야간이나 그 밖의 불안한 상태에서 공포를 느끼거나 경악(驚愕)하거나 흥분하거나 당황하였기 때문에 그 행위를 하였을 때에는 벌하지 아니한다."고 규정하고 있다. 과잉방위는 정당방위가 아니므로 위법성이 조각되지 않는다. 그러나 과잉방위가 야간이나 그 밖의 불안한 상태에서 공포를 느끼거나 경악하거나 흥분하거나 당황하였기 때문에 이루어진 때에는 책임이 조각된다. 야간이나 그 밖의 불안한 상태에서 공포를 느끼거나 경악하거나 흥분하거나 당황하였기 때문에 과잉방위에 나

---

　1) 후술 896면 이하 참조.
　2) 1997. 3. 20. 96도1167 전원합의체 판결, 공 1997, 1039 = 백선 총론 36. 참고판례 1.『공직선거법 자수 사건 2』참조.

아가는 사람에 대해서는 적법행위를 기대할 수 없기 때문이다.[1]

정당방위를 규정한 형법 제21조 제1항과 야간 등의 과잉방위를 규정한 형법 제21조 제
3항은 그 법적 효과를 모두 '벌하지 아니한다'라고 규정하고 있다. 문언상으로 동일한 표현
이지만 형법 제21조 제1항은 위법성조각으로 인한 범죄불성립을, 제21조 제3항은 책임조
각으로 인한 범죄불성립을 규정한 것이라는 점에 유의할 필요가 있다.

양자의 차이는 특히 정당방위에 대한 정당방위의 경우에 나타난다. 형법 제21조 제1항
의 정당방위에 대하여 정당방위는 허용되지 않는다. 정(正) 대 정(正)의 관계에서 정당방위
를 상정할 수 없기 때문이다. 이에 반하여 야간 등의 과잉방위에 대해서는 정당방위가 가능
하다. 야간 등의 과잉방위는 위법성이 아니라 책임이 조각될 뿐이기 때문이다.

폭처법 제8조 제3항은 야간 등의 과잉방위에 대하여 규정하고 있는데 그 요건은 형법
제21조 제3항의 경우와 실질적으로 동일하다. 그렇지만 폭처법상의 과잉방위 요건이 형법
제21조 제2항의 과잉방위 요건보다 완화되어 있으므로 이 부분에 관한 한 폭처법 제8조 제
3항은 독자적 의미를 가지고 있다고 생각된다.

5. 오상방위

과잉방위와 구별되는 개념으로 오상방위가 있다. 과잉방위는 정당방위의 객관적 상황
이 존재함을 전제로 하면서 방위행위가 '상당한 이유'의 요건을 충족하지 못한 경우이다.
이에 대하여 오상방위란 정당방위의 객관적 상황이 존재하지 아니함에도 불구하고 행위자
가 그러한 상황이 존재한다고 오신하여 방위행위로 나아간 경우이다.

오상방위는 객관적으로 정당방위의 상황이 존재하지 않음에도 불구하고 주관적으로 정
당방위의 상황이 존재한다고 오인하는 경우이다. 객관과 주관이 일치하지 아니하므로 오상
방위는 착오의 일종이다. 오상방위는 정당방위의 객관적 성립요건에 대하여 행위자가 착오
를 일으킨 경우이다. 이와 같이 어느 위법성조각사유의 객관적 성립요건에 관한 착오를 가
리켜서 위법성조각사유의 전제사실에 관한 착오라고 한다.

위법성조각사유는 구성요건에 해당하는 행위에 대하여 전체 법질서가 이를 허용한다(즉
'위법성을 조각한다')는 법적 효과를 발생시킨다. 그리하여 위법성조각사유를 허용구성요건이
라고 부르기도 한다. 그리고 이 점에서 위법성조각사유의 전제사실에 관한 착오를 허용구성
요건적 착오라고 한다. 오상방위는 바로 위법성조각사유의 전제사실에 관한 착오(즉 허용구
성요건적 착오)의 일종이다. 오상방위가 제기하는 허용구성요건적 착오에 관해서는 책임판

---

1) 1986. 11. 11. 86도1862, 공 1987, 48 = 백선 총론 36. 『오빠 살해 사건』 참조.

단의 단계에서 자세히 검토하기로 한다.[1]

〈사례 해설〉

〔사례 59〕의 사안에서 10세 된 동네꼬마 A는 형법 제9조에 의한 형사미성년자이다. 형사미성년자의 행위라 할지라도 A의 행위는 갑의 소유권을 침해하는 행위로서 위법한 것이다. 따라서 A의 행위는 갑의 법익을 침해하는 위법한 공격행위에 해당한다. 다음으로 사과를 가지고 도망가는 A의 행위에 대하여 공격행위의 현재성을 인정할 수 있는지 문제된다. 생각건대 아직은 A를 쫓아가서 사과를 되찾아 올 수 있는 상황이므로 A의 절도범행은 기수에 이르렀지만 완료에는 이르렀다고 할 수 없다. 따라서 공격행위의 현재성도 인정된다.

다음으로 방위행위의 측면을 본다. 갑은 자신의 소유권이 침해되지 않도록 방위할 의사를 가지고 총을 발사하고 있다. 방위행위는 주관적 정당화요소인 방위의사에 기초하여 행해지고 있다.

이상에서 볼 때 '현재의 위법한 공격행위'의 요건과 '방위의사에 기한 방위행위'의 요건은 충족되었다. 이제 공격행위와 방위행위 사이에 '상당한 이유'의 요건이 충족되는지 살펴볼 차례이다. 먼저 상당한 이유의 요건 가운데 첫 번째 요소인 필요성의 요건을 본다.

갑의 총격행위는 A의 공격행위를 방위하기에 필요한 최소한의 행위이어야 한다. 휠체어에 앉아 있는 갑에게 사과도둑을 유효하게 종국적으로 막을 수 있는 방법은 총을 쏘는 것이다. 주어진 상황을 놓고 볼 때 갑에게 A의 공격행위를 저지할 다른 수단은 보이지 않는다. 따라서 방위행위의 필요성은 긍정된다. 방위행위의 필요성을 판단함에 있어서 침해되는 법익과 방어되는 법익 상호간에 이익형량을 통한 비례관계는 요구되지 않는다. 방위행위는 주어진 방어수단 가운데 공격자에게 가장 피해를 적게 발생시키는 수단이면 된다.

지금까지의 검토과정을 살펴보면 일단 갑의 행위에 대하여 정당방위를 인정할 여지가 있는 것처럼 보인다. 그러나 정당방위를 인정하는 결론은 어딘가 법감정에 반한다는 느낌이 든다. 여기에서 사회윤리적 조정의 측면을 생각해 볼 필요가 있다.

사회윤리적 조정의 관점에서 볼 때 설사 방위행위의 필요성이 인정된다고 하더라도 방위행위자에게 다른 행위를 하도록 하거나 아예 방위행위를 하지 말도록 요구할 수 있는 사정이 존재한다면 그 방위행위에 대해 '상당한 이유'의 요건은 인정되지 않는다. 이러한 상황은 특히 방위행위가 권리남용의 단계에 이를 경우에 그러하다.

술 취해서 주정하는 사람을 피하는 것은 결코 비겁한 행위가 아니다. 방위행위자는 위법한 공격행위를 저지하기 위하여 적극적인 반격행위를 할 수 있겠지만 명예를 잃지 않고 그 자리를 피할 수 있다면 차선책을 택하는 것이 옳다. 어린아이나 정신병자의 공격행위에 대

---

1) 후술 468면 이하 참조.

해서는 법공동체가 방위행위자에게 아예 방위행위를 포기하거나 수세적 방위행위(예컨대 몸을 피하거나 문을 걸어 잠그는 행위 등)를 기대할 수 있다. 이러한 경우에는 정당방위가 성립하지 않는다.

필요성의 관점에서 볼 때 〔사례 59〕의 사안에서 과수원 주인 갑은 동네꼬마 A의 공격행위를 총격이라는 방위행위를 통하여 저지할 수 있다. 그러나 몇 푼 되지 않는 사과의 소유권 상실과 어린아이 A가 입은 중상을 비교해 볼 때 현저한 법익의 불균형이 있음을 부인할 수 없다. 이러한 경우에는 사회윤리적 관점에서 정당방위에 조정이 가해진다. 갑의 총기발사행위는 권리남용의 관점에서 용납할 수 없다. 결국 갑의 행위에는 형법 제21조가 규정한 '상당한 이유'가 없어 정당방위는 성립하지 않는다고 할 것이다.

6. 싸움과 정당방위

【사례 60】 상병 갑은 야간에 초소근무를 하라는 명령을 받고 근무를 서고 있었다. 갑은 다음 번 초소근무자 상병 A가 교대시간에 늦게 왔기 때문에 이를 이유로 언쟁을 하다가 A를 구타하였다. 얻어맞던 A는 갑자기 소지하고 있던 카빙소총을 갑의 등 뒤에 겨누며 실탄을 장전하는 등 발사할 듯이 위협하였다. 갑은 당황하여 먼저 A를 사살하지 않으면 위험하다고 느낀 나머지 뒤로 돌아서면서 소지하고 있던 카빙소총을 A의 복부를 향하여 발사하였다. 총에 맞은 A는 현장에서 사망하였다.

갑은 살인죄로 기소되었다. 갑은 정당방위를 주장할 수 있겠는가? (1968. 5. 7. 68도370, 집 16②, 형1 = 백선 총론 37. 『배희칠랑 사건』)

원래 싸움을 함에 있어서 격투자의 행위는 서로 상대방에 대하여 공격을 하는 동시에 방위를 하는 것이므로 그중 일방 당사자의 행위만을 위법한 공격행위라 하고 다른 당사자의 행위만을 정당방위에 해당하는 방위행위라고 할 수 없다. 따라서 싸움의 경우에는 원칙적으로 정당방위가 인정되지 않는다.[1][2]

그러나 예외적으로 싸움을 하는 자 중의 한 사람이 그 싸움에서 당연히 예상할 수 있는 정도를 초과하여 살인의 흉기 등을 사용하여 온 경우에는 이를 위법한 공격행위라고 하지 않을 수 없다.[3] 이와 같이 상황이 변화한 경우에는 싸움일지라도 예외적으로 정당방위가 인정될 수 있다.[4]

---

1) 1968. 5. 7. 68도370, 집 16②, 형1 = 백선 총론 37. 『배희칠랑 사건』.
2) 2011. 5. 13. 2010도16970, 공 2011상, 1244 =『부동산중개소 폭행 사건』 ☞ 1080면.
3) 1968. 5. 7. 68도370, 집 16②, 형1 = 백선 총론 37. 『배희칠랑 사건』.
4) 싸움과 소극적 방어행위의 이론에 관하여는, 후술 389면 참조.

〔사례 60〕의 사안에서 갑이 정당방위를 주장하려면 먼저 자기 또는 타인의 법익에 대한 위법한 공격행위가 존재하여야 한다. 그런데 갑은 A와 싸움을 하고 있었으므로 A의 행위를 가리켜 위법한 공격행위라고 말할 수는 없다.

그런데 〔사례 60〕의 사안에서 A는 처음에는 단순히 주먹다짐의 싸움을 하다가 실탄이 장전되어 있는 카빙소총을 갑의 등 뒤에 겨누며 발사할 것 같이 위협하고 있다. 이 경우 A의 공격행위는 처음의 싸움에서 갑이 당연히 예상하였던 정도를 훨씬 넘어서고 있다. 그렇다면 이제 A의 공격행위는 단순한 싸움이라고 할 수 없고 본격적으로 위법한 공격행위가 된다.

다음으로 갑이 총을 쏘기까지 A가 자신의 총을 발사하지 아니한 것을 놓고 갑의 생명에 대한 공격행위에 현재성이 없는 것은 아닌가 하는 의문을 품어 볼 수 있다. 그러나 침해의 현재성은 침해가 실제로 개시되었거나 진행 중인 경우뿐만 아니라 목전에 임박한 경우도 포함한다. 만일 A가 갑의 등 뒤에서 카빙총의 실탄을 발사할 때까지 갑이 기다려야 한다면 이미 A의 공격행위는 종료될 것이며 갑의 정당방위도 처음부터 생각할 여지가 없게 된다. 침해의 현재성을 부인하는 견해의 부당성은 명백하다.

세 번째로 갑의 방위행위는 공격자 A를 향해 이루어지고 있으며 방위의사에 기초하고 있다. 그런데 갑의 A에 대한 총격행위가 과연 A의 공격행위를 방어하기 위하여 '상당한 이유'를 가진 것인가를 검토할 필요가 있다. 대법원은 상당한 이유의 유무와 관련하여 "정당방위가 성립하려면 침해행위에 의하여 침해되는 법익의 종류·정도, 침해의 방법, 방위행위에 의하여 침해될 법익의 종류·정도 등 일체의 구체적 사정들을 참작하여 방위행위가 사회적으로 상당한 것이었다고 인정할 수 있는 것이라야 한다."는 기준을 지속적으로 제시하고 있다.[1]

대법원이 제시한 기준은 '상당한 이유'를 판단함에 있어서 주어진 구체적 사정들을 종합적으로 참작해야 한다는 점을 밝힌 것이다. 그러나 판례는 '상당한 이유'의 판단기준 자체에 대해서는 언급하고 있지 않다.

'상당한 이유'의 요건은 필요성과 사회윤리적 조정으로 구성된다. 상당한 이유 가운데 먼저 필요성의 요건을 살펴보면 갑이 총을 쏠 당시에 달리 A의 총격을 확정적이고도 유효하게 저지할 수단이 엿보이지 않는다. 그렇다면 일단 갑의 총격행위는 A의 공격행위를 방위하기 위하여 필요한 행위라고 생각된다.

'상당한 이유'의 두 번째 요건은 사회윤리적 조정이다. 〔사례 60〕의 사안에서 갑에게 정당방위를 인정하더라도 사회윤리적으로 문제삼을 만한 특별한 사정은 엿보이지 않는다. 책임무능력자나 법익의 현격한 차이 등 특단의 사유는 이 사안에서 찾아 볼 수 없다. 갑이 A의 도발을 유도하였다는 등의 특별한 사정은 보이지 않는다. 우발적인 싸움 끝에 일어난 사건이기 때문이다.

---

1) 1992. 12. 22. 92도2540, 공 1993, 657 = 백선 총론 35. 『의붓아버지 살해 사건』.

결국 갑이 생명의 위협을 느낀 나머지 뒤로 돌아서면서 소지중인 카빙소총을 발사하는 행위는 현재의 급박하고도 위법한 공격행위를 방위하기 위한 행위로서 상당한 이유가 있는 행위라고 보여진다. 그렇다면 갑의 행위는 정당방위로 인정된다. 갑은 총을 쏘아 A를 사망에 이르게 하였지만 살인죄로 처벌되지 않는다. 갑의 행위는 정당방위로서 위법성이 조각되는 행위이기 때문이다.

제 4 절 위법성조각사유로서의 긴급피난

한국형법	독일형법
제22조〔긴급피난〕 ① 자기 또는 타인의 법익에 대한 현재의 위난을 피하기 위한 행위는 상당한 이유가 있는 때에는 벌하지 아니한다.	제34조〔정당화적 긴급피난〕 생명, 신체, 자유, 명예 또는 기타의 법익에 대한, 다른 방법으로 피할 수 없는 현재의 위험 속에서 자기 또는 타인을 그 위험으로부터 구하기 위하여 행위한 자는 대립되는 이익, 특히 당해 법익 및 그 법익에 대한 위험의 임박성의 정도를 교량하여 보호되는 이익이 침해되는 이익보다도 현저하게 우월한 경우에는 위법하게 행위한 것이 아니다. 다만 그 행위가 위험을 피하는 데 적절한 수단인 경우에 한한다.
② 위난을 피하지 못할 책임이 있는 자에 대하여는 전항의 규정을 적용하지 아니한다.	제35조〔면책적 긴급피난〕 ① 생명, 신체 또는 자유에 대하여 다른 방법으로 회피할 수 없는 현재의 위험 속에서 자기, 친족 또는 기타 자기와 밀접한 관계에 있는 자를 그 위험으로부터 구하기 위하여 위법행위를 한 자는 책임 없이 행위한 것이다. 상황에 비추어 볼 때 행위자가 그 위험을 스스로 야기하였거나 특별한 법적 관계에 있기 때문에 그 위험을 감수할 것이 행위자에게 기대될 수 있었던 경우에는 그러하지 아니하다. 다만, 행위자가 특별한 법적 관계를 고

한국형법	독일형법
	려하여 그 위험을 감수해야만 하였던 경우 외에는 그 형을 제49조 제1항(기속적 감경규정; 저자 주)에 의하여 감경할 수 있다.
(해당 조항 없음)	② 행위자가 행위를 함에 있어서 제1항에 의하여 자기를 면책시킬 사정이 있다고 오신하였을 때에는 그 착오가 회피할 수 있었던 경우에 한하여 벌한다. 그 형은 제49조 제1항(기속적 감경규정; 저자 주)에 의하여 감경한다.
③ 전조 제2항과 제3항의 규정은 본조에 준용한다.	(해당 조항 없음)

한국민법	독일민법
제761조〔정당방위・긴급피난〕 ① 타인의 불법행위에 대하여 자기 또는 제삼자의 이익을 방위하기 위하여 부득이 타인에게 손해를 가한 자는 배상할 책임이 없다. / 그러나 피해자는 불법행위에 대하여 손해의 배상을 청구할 수 있다. ② 전항의 규정은 급박한 위난을 피하기 위하여 부득이 타인에게 손해를 가한 경우에 준용한다.	**제228조**〔긴급피난〕 타인의 물건에 의하여 자기 또는 다른 사람에게 발생한 임박한 위험을 회피하기 위하여 그 물건을 훼손하거나 파괴한 사람은 훼손 또는 파괴행위가 위험의 회피에 필요하고 또 그 손해가 위험에 비하여 비례관계를 벗어나지 아니한 경우에는 위법하게 행위한 것이 아니다. / 행위자가 위험에 대하여 책임이 있는 경우에는 그는 손해배상의 의무를 진다.
	제904조 타인이 현재의 위험을 피하기 위하여 물건에 간섭하는 것이 불가피하고 임박한 손해가 그 간섭으로 인하여 소유자에게 발생할 손해보다 과도하게 큰 경우에는 물건의 소유자는 물건에 대한 간섭을 금지할 권리를 가지지 아니한다. 소유자는 그에게 발생하는 손해의 보상을 청구할 수 있다.

제1 긴급피난의 의의

【사례 61】 갑은 A의 개를 계속 성나게 만든 후 그 개가 자기에게 사납게 덤벼들자 개를 때려 죽였다.
　　갑에게 재물손괴죄(법366)가 성립하겠는가?

---

1. 정당방위와 긴급피난의 구별

정당방위는 현재의 위법한 공격행위로부터 법익침해의 위험을 제거하기 위하여 인정되는 위법성조각사유이다. 그런데 법익침해의 위험은 사람의 위법한 공격행위에 의하여 일어날 뿐만 아니라 물건이나 자연력 또는 사람의 적법한 행위에 의해서도 발생할 수 있다. 이와 같이 법익침해의 위험을 발생시키는 일련의 사유를 가리켜서 위난이라고 한다.

형법 제22조 제1항은 "자기 또는 타인의 법익에 대한 현재의 위난을 피하기 위한 행위는 상당한 이유가 있는 때에는 벌하지 아니한다."고 규정하고 있다. 법익에 대한 현재의 위난을 피하기 위한 행위를 가리켜서 긴급피난이라고 한다. 형법 제22조 제1항은 긴급피난을 위법성조각사유의 하나로 인정하고 있다. 형법 제22조 제1항이 '벌하지 아니한다'라고 규정한 것은 그 주요부분에 있어서 정당방위의 경우와 마찬가지로 위법성이 조각되기 때문에 범죄가 성립하지 아니하여 벌하지 아니한다는 의미를 갖는다.

긴급피난의 대상이 되는 법익침해의 위험발생은 물건이나 자연력으로 인한 경우가 많다. 그런데 법익침해의 위험발생은 사람의 행위에 의하여도 발생할 수 있다. 긴급피난은 정 대 정의 관계에서 허용되는 위법성조각사유이다. 그러므로 부정 대 정의 관계에서는 보다 용이하게 그 성립을 긍정할 수 있다. 그렇다면 위난의 개념은 이러한 경우까지도 포함하기 위하여 넓게 해석되지 않으면 안 된다. 이렇게 볼 때 위난은 물건, 자연력 및 사람의 행위에 의하여 발생하는 법익침해의 위험발생을 모두 포함한다.

물건이나 자연력 등에 의하여 발생하는 법익침해의 위험상태에 대해서는 적법·위법을 논할 수 없다. 적법·위법의 판단은 옳고 그름을 논할 수 있는 인간의 행위에 대해서만 가능하기 때문이다. 이에 대하여 법익침해의 위험상태를 야기하는 사람의 행위는 위법한 것이 아닌 한 적법한 것으로 판단된다. 부정 대 정의 관계에서만 정당방위가 성립한다고 볼 때 긴급피난은 그 적용영역이 매우 넓은 위법성조각사유라고 할 수 있다.

그러나 긴급피난이 인정되는 것은 정당방위에 비하여 용이하지 않다. 정당방위는 현재의 위법한 공격행위에 대하여 인정되는 적법한 방위행위이다. 즉 공격행위에 대하여 정당 방위는 부정 대 정의 관계에 있다. 이에 대하여 긴급피난은 주로 위법하지 아니한 법익침해 의 위험상황에 대하여 인정되는 적법한 피난행위이다. 위난에 대하여 긴급피난은 대부분 정 대 정의 관계에 있다. 따라서 긴급피난은 정당방위에 비하여 훨씬 더 엄격한 요건하에 인정되는 위법성조각사유라고 할 수 있다.

2. 방어적 긴급피난과 공격적 긴급피난

(1) 방어적 긴급피난과 공격적 긴급피난의 구별

긴급피난은 정당방위와 달리 반드시 법익침해의 위험을 야기하는 위험원(危險源)에 대 하여 행해질 필요가 없다. 긴급피난은 위난의 발생원(發生源)인 물건이나 사람에 대하여 행 해지는 경우와 위난을 피하기 위하여 제3의 사람이나 물건 등에 대하여 행해지는 경우로 나누어 볼 수 있다.

법익침해의 위험원 자체에 대한 긴급피난행위는 정당방위에 있어서 공격자에 대한 방위 행위와 비슷한 외관을 갖는다. 이러한 점에서 법익침해의 위험원 자체에 대한 긴급피난행위 를 가리켜 방어적 긴급피난이라고 한다. 이에 대하여 법익침해의 위험원 자체가 아니라 다른 물건이나 제3자에 대하여 행해지는 긴급피난을 공격적 긴급피난이라고 한다. 자기 또는 타인 의 법익을 보호하기 위하여 무관한 제3자의 법익을 침해하는 피난행위이기 때문이다.

방어적 긴급피난과 공격적 긴급피난의 구별은 침해되는 법익과 보호되는 법익의 비교 교량에서 중요한 의미를 가진다. 위난의 발생과 무관한 사람이나 물건에 대하여 가해지는 긴급피난행위는 법익교량에 있어서 훨씬 더 엄격하게 판단되지 않으면 안 되기 때문이다.

〈사례 해설〉 〔사례 61〕에서 달려드는 개를 죽이는 행위는 방어적 긴급피난의 유형에 해 당한다. 다만 후술하는 바와 같이 자초위난의 문제는 별도로 고려해야 할 사항이다.[1]

(2) 법익교량과의 관계

(가) 대물방위 방어적 긴급피난과 공격적 긴급피난의 구별에서 특히 의미가 있는 것은 소위 대물방위의 경우이다. 대물방위란 위난의 발생원이 물건인 경우에 위난을 피하기 위하여 그 물건 자체에 침해를 가하는 행위이다. 대물방위는 물건에 대하여 가해지는 것이 므로 정당방위처럼 부정 대 정의 관계를 논할 수 없다. 그러나 자기 또는 제3자의 법익을

---

1) 후술 494면 참조.

보호하기 위하여 방위의사를 가지고 위난의 발생원인 물건에 침해가 행해진다는 점에서 대물방위는 정당방위와 유사한 구조를 갖는다.

(나) 독일법상의 비교교량   이러한 특성과 관련하여 독일의 입법례는 주요한 시사점을 제공한다. 대물방위는 정당방위와 유사한 외관을 가지고 있다. 이 때문에 독일의 입법자는 대물방위의 경우에 피난행위에 의하여 보호하려는 법익과 피난행위에 의하여 침해되는 법익 사이에 법익보호의 측면이 다소라도 우세하면 긴급피난을 인정하고 있다(독일민법228 참조). 이에 대하여 대물방위가 아닌 물건에 대한 공격적 긴급피난에 대해서는 법익 사이에 보다 큰 차이를 요구한다(독일민법904 참조).

물건에 대한 독일 민법의 긴급피난규정(독일민법228, 904)은 독일 형법상의 긴급피난규정에 대해 특별법의 지위를 갖는다. 독일 형법 제34조 제1항은 위법성조각사유로서의 긴급피난에 관하여 규정하고 있다. 이 규정은 피난행위에 의하여 보호되는 법익이 피난행위에 의하여 침해되는 법익에 비하여 현저히 우월할 것을 요구하고 있다(독일형법34, 독일민법904 참조). '현저히 우월하다' 함은 법익 간의 차이가 훨씬 크다는 것을 의미한다.

(다) 상당한 이유의 해석   독일법의 경우에 나타나는 법익교량의 차이는 우리 형법의 해석과 관련해서도 중요한 의미를 가진다. 긴급피난은 그 본질에 있어서 법익교량의 원칙에 입각하고 있다. 침해되는 법익과 보호되는 법익을 비교교량하여 우월한 이익을 보호하는 데에서 위법성조각의 실질을 구하는 것이 긴급피난의 본질이기 때문이다. 따라서 우리 형법상 긴급피난의 요건 가운데 하나인 '상당한 이유'를 해석함에 있어서 독일법상의 단계적 접근방법을 중요한 척도로 참고해야 할 것이다.

제2 독일 형법상 긴급피난규정의 연혁

1. 독일 형법상 긴급피난규정의 출발점

사람들이 살다 보면 둘 이상의 법익 가운데 어느 하나를 포기하지 않으면 다른 법익을 지킬 수 없는 갈등상황에 부딪칠 수 있다. 또 부과되고 있는 여러 개의 법적 의무 가운데 어느 하나밖에 이행할 수 없는 경우도 생긴다. 이러한 경우에 어느 하나를 선택한 행위에 대하여 형법적으로 어떠한 판단을 내려야 할 것인가 하는 문제가 발생한다.

계수사적 관계로 인하여 우리 형법에 큰 영향을 미치고 있는 입법례가 독일 형법이다. 우리 형법의 긴급피난을 이해하려면 그에 앞서 긴급피난과 관련한 독일 형법의 발전과정을 살펴볼 필요가 있다.

독일 형법의 역사를 보면 긴급피난은 법익과 법익이 충돌하거나 법적 의무와 법적 의무가 충돌하는 경우에 야기되는 갈등상황을 해소하기 위한 장치로 출발하였다. 애당초 긴급피난의 법리가 발전할 때 그 배후에 자리잡고 있던 기본적 사고는 행위자가 모든 법익을 동시에 보호하거나 모든 의무를 동시에 이행하는 것은 불가능하다는 인식이었다. 그리하여 다수의 법익이나 법적 의무가 서로 같은 값을 가지는 경우에는 어느 한 법익이나 법적 의무를 선택하여 행위한 자에게 비난을 가할 수 없는 것으로 보았다. 고도의 내면적 갈등상황에 처한 사람에게 달리 선택의 가능성이 없다는 것이 그 이유이었다.

이러한 관점에서 독일의 입법자는 일단 일정한 범위의 법익을 둘러싸고 발생하는 갈등상태를 해소하기 위하여 소위 책임조각사유로서의 긴급피난규정을 마련하였다(독일 구형법54 참조). 그러나 갈등상황을 모두 배려한다면 형벌법규의 규범력이 크게 약화될 것이므로 자기 또는 친족 등의 생명, 신체와 같이 극히 제한된 범위 내에서만 긴급피난의 적용을 인정하였다.

2. 초법규적 긴급피난의 등장

독일 구형법상의 긴급피난규정은 적용범위가 제한되어 있었기 때문에 독일의 형사실무에서는 여러 가지 어려움이 발생하였다. 대표적인 사례로 1927년의 낙태죄 판례가 있다. 독일 형법상 낙태행위는 범죄로 규정되어 있다(독일형법218). 여기에서 다음의 상황을 설정해 본다. 「만삭인 임부가 생명이 위독한 상태로 병원에 실려 온다. 의사는 태아를 낙태시키지 않으면 임부의 생명을 구할 수 없다고 판단한다. 임부의 생명이냐 태아의 생명이냐를 놓고 의사는 갈등상태에 빠진다. 이윽고 의사는 결단을 내려서 낙태시술을 단행한다. 그 결과 임부는 생명을 건진다.」

이러한 사안에서 의사를 낙태죄로 처벌하는 처사는 납득하기 어렵다. 의사의 행위가 범죄를 구성하지 않는다고 판단할 때 문제가 되는 것은 그에 대한 법적 근거이다. 당시 독일 형법상의 긴급피난규정은 책임조각사유로서 자기 또는 친족 등의 생명·신체를 구하기 위한 경우에만 적용되었다.[1] 임부는 의사의 친족이 아니다. 따라서 긴급피난규정은 적용할 수 없다. 이와 같은 애로사항에 직면하자 독일 제국법원은 소위 초법규적 위법성조각사유로서의 긴급피난을 인정하기에 이르렀다.[2]

위의 사안에서 임부의 생명과 태아의 생명을 비교해 본다. 생명 대 생명은 비교할 수 없는 것이지만 살아서 활동하고 있는 사람의 생명과 어머니 몸속에서 생성중인 생명 사이에는 우열을 인정할 수 있다. 임부의 생명은 태아의 생명에 비하여 우월하다. 보다 상위의 법익을 지키기 위하여 하위의 법익을 희생한 것이므로 법공동체는 이를 나쁘다고 탓할 수

---

1) 후술 480면 조문대비표 참조.
2) 1927. 3. 11. RG 61, 242.

없다. 어차피 둘 중에 하나는 포기해야 할 상황에서 보다 큰 법익을 지켰다면 포기한 법익을 상쇄하고도 남는 것이 있어서 법공동체에 이롭기 때문이다.

1927년의 낙태죄 판결을 통하여 독일 법원은 초법규적 긴급피난을 인정하기 시작하였다. 이 경우 '초법규적'이라 함은 실정법을 초월하는 절대강자의 의미를 갖는 것은 아니다. 초법규적이라 함은 실정법에 근거가 없다는 의미이다. 요컨대 초법규적 긴급피난이란 명문으로 규정되지 아니한 긴급피난이라는 것이다.

3. 1975년 독일 신형법

독일의 입법자는 1969년 독일 형법의 총칙부분을 개정하면서 종래의 초법규적 긴급피난을 실정법으로 명문화하였다. 그리고 1975년에 신형법을 제정하면서 종전의 긴급피난규정을 독일 형법 제35조에, 새로이 마련된 긴급피난규정을 독일 형법 제34조에 각각 배치하였다. 이제 독일 형법에 있어서 초법규적 긴급피난은 존재하지 않는다. '초법규적'이 아닌 실정법상의 긴급피난이 있을 뿐이다.

여기에서 독일형법의 긴급피난규정에 관한 소개를 좀더 계속하기로 한다. 독일 형법 제34조는 위법성조각사유로서의 긴급피난을 규정하고 있다. 이 조문은 법익이 충돌하는 경우를 해결하기 위하여 마련된 것이다. 독일의 입법자는 1975년 신형법을 제정하면서 의무의 충돌에 관한 규정도 신설하려고 하였다. 그러나 조문작성에 많은 난점이 있어서 명문의 조문을 고집하게 될 경우 그 내용이 공허한 규정으로 전락해 버릴 것이라는 인식이 공감을 얻게 되었다. 그리하여 독일의 입법자는 의무의 충돌에 관한 조문의 입법화를 포기하였다.

현재 독일에서는 의무의 충돌이 여전히 초법규적 긴급피난의 일종으로 이해되고 있으며 그 내용의 구체화는 학설·판례의 몫으로 남겨져 있다. 그러나 법익충돌에 관한 독일 형법 제34조의 명문규정은 의무의 충돌에 관한 해석작업에 대해서도 많은 기준을 제시해 주고 있다고 한다.

제 3   한국 형법상 긴급피난규정에 관한 일원설과 이원설

【사례 62】 A, B 두 어린아이의 어머니 갑녀는 극도로 기근이 든 지역에 살고 있었다. 갑녀에게는 한 아이를 먹일 수 있는 식량밖에 가진 것이 없었다. 이 경우 갑녀는 한 아이 A라도 살리기 위하여 다른 아이 B를 굶어죽도록 내버려 둘 수 있겠는가?

---

1. 문제의 소재

독일 형법의 연혁을 염두에 두면서 긴급피난의 법적 성질에 관한 일원설과 이원설을 살펴볼 필요가 있다. 우리 형법 제22조는 긴급피난을 실정법의 규정으로 설정하고 있다. 이 조문의 성질을 놓고 이것이 위법성조각사유로서의 긴급피난을 규정한 것인가, 위법성조각사유로서의 긴급피난과 책임조각사유로서의 긴급피난을 함께 규정한 것인가에 대하여 의견이 나뉘고 있다.

논리적으로 보면 우리 형법 제22조를 초기의 독일 형법처럼 책임조각사유로서의 긴급피난을 규정한 조문만으로 새길 여지도 있으나 긴급피난이 법익교량의 관점에서 주목된 이래 이 견해는 더 이상 주장되고 있지 않다.

2. 일원설과 이원설

긴급피난에 있어서 기본이 되는 조문은 형법 제22조 제1항이다. 일원설은 형법 제22조 제1항의 긴급피난을 위법성조각사유로만 보는 견해이다. 일원설은 우리 형법 제22조 제1항을 독일 형법 제34조에 대응하는 조문으로 본다. 이에 대하여 이원설은 우리 형법 제22조 제1항이 위법성조각사유를 규정한 것일 뿐만 아니라 책임조각사유까지도 함께 규정한 조문이라고 본다. 긴급피난을 이원설적으로 보는 견해는 우리 형법 제22조 제1항이 독일 형법 제34조와 제35조의 두 조문을 사실상 하나로 합쳐 놓은 것이라고 새긴다.

(가) 일원설   우리 형법 제22조 제1항이 위법성조각사유만을 규정한 것이라고 보는 견해이다.[1] 일원설을 취하는 학자들은 우선 우리 형법의 긴급피난조항이 정당방위, 자구행위, 피해자의 승낙 등과 함께 규정되어 있어서 법전체계상 위법성조각사유의 하나로 배치되어 있다는 점을 지적한다. 이어서 이들 위법성조각사유들에 대하여 공통적으로 요구되는 '상당한 이유'라는 표지가 긴급피난의 경우에도 성립요건으로 규정되어 있다는 점을 강조한다.

(나) 이원설   우리 형법 제22조 제1항이 위법성조각사유로서의 긴급피난뿐만 아니라 책임조각사유로서의 긴급피난을 함께 규정한 것이라고 보는 견해이다.[2] 이원설을 취하는 학자들은 다음의 논거를 제시한다.

「상당한 이유'라는 표현도 사용되는 문맥에 따라서 다양하게 해석되는 것이어서 굳이

---

1) 권오걸, 213면; 김성천·김형준, 224면; 김혜정 외 4인, 165면; 박상기, 126면; 손동권·김재윤, 210면; 오영근, 204면; 이재상·장영민·강동범, 250면; 임웅, 261면; 정성근·정준섭, 125면; 정영일, 223면.

2) 김성돈, 292면; 김일수·서보학, 210면; 배종대, 255면; 성낙현, 253면; 이정원, 168면.

위법성조각사유에 공통된 표지라고 볼 필요는 없다. 나아가 형법 제22조 제2항은 '위난을 피하지 못할 책임 있는 자'에 대하여 규정하고 있는데, 이것은 책임비난의 요소인 기대가능성을 반영한 것이다. 더욱이 형법 제22조 제2항의 '위난을 피하지 못할 책임 있는 자'라는 표지는 책임조각사유로서의 긴급피난을 규정한 독일 형법 제35조가 사용하고 있는 표지이다. 그렇다면 우리 형법 제22조를 위법성조각사유와 책임조각사유를 함께 규정하고 있는 조문으로 보아도 무방하다.」

(다) 사 견   생각건대 우리 형법은 이원설적 관점에서 긴급피난규정을 입법화하였다고 볼 것이다. 형법 제22조 제2항의 '위난을 피하지 못할 책임 있는 자'라는 표지가 기대가능성의 관점을 나타내고 있는 점은 분명하다. 현재 대법원판례를 위시하여 많은 사람들이 초법규적 책임조각사유로서 기대가능성의 이론을 인정하고 있다.[1] 그런데 기대가능성의 이론에는 외부적으로 객관화할 수 있는 아무런 표지가 제시되어 있지 않다. 따라서 그 적용범위와 관련하여 예측가능성을 확보할 수가 없다. 이러한 상황에서 기대가능성의 이론을 반영하면서 실정법에 근거를 확보할 수 있는 조문이 형법 제22조이다.

이와 같은 이유에서 본서에서는 우리 형법상의 긴급피난규정을 이원설적 관점에서 분석하기로 한다. 먼저 아래에서는 위법성조각사유로서의 긴급피난을 살펴보기로 한다. 책임조각사유로서의 긴급피난은 책임론 단계에서 검토하기로 한다.[2]

〈사례 해설〉 〔사례 62〕의 사안에서 어머니 갑녀는 한 아이 A를 먹여 살리기 위하여 다른 아이 B를 먹여 살려야 하는 의무를 저버리고 있다. 이러한 갑녀의 행위를 두고 형법 제22조 제1항이 규정한 긴급피난규정을 들어서 위법성이 조각된다고 말할 수는 없다. 왜냐하면 어머니 갑녀가 저버리는 의무와 이행하는 의무는 모두 같은 값을 가지고 있기 때문이다.

이러한 경우에 어머니 갑녀의 행위는 형법 제22조 제1항의 긴급피난 가운데 책임조각사유로서의 긴급피난에 해당하는 것으로 보아야 한다. 어머니 갑녀의 행위는 단순히 책임조각의 대상이 될 뿐이다. 만일 어머니 갑녀의 행위에 대하여 위법성을 조각시킨다면 음식을 받지 못하는 어린아이 B에게는 자기의 생명을 보전하기 위하여 정당하게 투쟁할 수 있는 길이 봉쇄되어 버릴 것이다. 책임조각사유로서의 긴급피난을 인정하게 되면 이와 같은 부당한 결과를 방지할 수 있다.

---

1) 후술 482면 이하 참조.
2) 후술 490면 이하 참조.

제4 위법성조각사유로서의 긴급피난의 요건

【사례 63】 A부인은 갑작스럽게 출산의 진통을 느껴서 병원으로 가려고 하였으나 택시를 잡을 수 없었다. 이 경우 남편 갑은 이웃사람 B의 자동차를 몰고 부인 A를 병원에 데려갈 수 있는가?

【사례 64】 P건강공단의 책임자 갑은 Q지방경찰청으로부터 A의 운전면허결격사유에 관한 질문을 받고 다음과 같이 회신하였다. "귀청의 질문에 대하여 다음과 같이 알려드립니다. 환자의 승낙이 없는 한 환자의 증세에 관한 상세한 정보를 제공할 수는 없습니다……. 그러나 교통안전이라는 공적 이익을 보다 두텁게 보호해야 한다는 관점에서 귀청에 A의 병세가 운전면허 받기에 적합하지 아니한 중증의 정신병력이 있음을 알려드리는 바입니다."

갑은 이와 같은 회신을 하여도 좋은 것인가?

【사례 65】 저녁 늦은 시간에 A는 여러 술집을 전전하면서 소주를 거나할 정도로 마셨다. A는 상당히 취하였고 다른 손님들도 A가 술 취한 것을 쉽게 알아볼 정도가 되었다. 밤 11시 30분경이 되자 A는 부근에 주차해 둔 자신의 승용차를 몰고 집으로 돌아가려고 일어섰다.

때마침 A의 옆 테이블에 앉아서 술을 마시고 있던 육군장교 갑은 A에게 대리운전을 시키든지 아니면 택시를 타고 가라고 충고하였다. A는 갑에게 차를 들이받든지 말든지 그것은 자기의 일이니 간섭하지 말라고 큰소리를 쳤다. A는 대리운전을 시키지 않고 직접 운전석에 앉은 후 시동을 걸어 차를 출발시키려고 하였다. 이 때 장교 갑은 가까스로 A의 자동차 문을 열고 A의 턱을 한 대 후려갈긴 후 A로부터 자동차 열쇠를 빼앗아 버렸다.

갑은 이러한 행위를 하여도 좋은 것인가?

---

1. 현재의 위난

(1) 위난의 개념과 범위

형법 제22조 제1항은 "자기 또는 타인의 법익에 대한 현재의 위난을 피하기 위한 행위는 상당한 이유가 있는 때에는 벌하지 아니한다."고 규정하고 있다. 이 조문은 긴급피난의 법적 요건과 긴급피난의 법적 효과를 각각 규정하고 있다. 먼저 법적 효과의 면을 보면 '벌하지 아니한다'는 표현이 사용되고 있다. 이 표현은 위법성조각사유로서의 긴급피난의 경우 피난행위에 위법성이 조각되어 범죄가 성립하지 않는다는 뜻을 담고 있다.

(가) 위난의 개념   긴급피난의 법적 요건은 '위난', '피난행위', '상당한 이유'의 세 가지로 나누어 볼 수 있다. 먼저 위난의 요건을 본다. 앞에서 본 것처럼 위난은 법익침해의 위험을 발생시키는 사유이다. 위난에는 물건, 자연력 이외에 사람의 행위도 포함된다.[1]

(나) 법익의 범위   위난은 법익에 대한 것이어야 한다. 자기의 법익, 타인의 법익을 모두 포함한다. 개인적 법익, 사회적 법익, 국가적 법익을 가리지 않는다. 정당방위의 경우에는 추상적 법익에 대한 정당방위가 제한되었으나 긴급피난의 경우에는 이러한 제한이 없다.

(2) 위난의 현재성

(가) 위난의 현재성   위난은 자기 또는 타인의 법익에 대한 현재의 위난이어야 한다. 법익의 침해가 목전에 임박한 경우, 법익의 침해가 실제로 진행중인 경우, 법익침해행위가 기수에 이르렀으나 아직 범죄의 완료에 이르지 아니한 경우 등은 모두 위난의 현재성 요건을 충족한다. 이 점에서 보면 긴급피난의 현재성 요건은 정당방위의 그것과 비슷하다.

(나) 지속적 위험   긴급피난의 현재성 요건과 관련하여 정당방위의 그것과 구별되는 것으로 지속적 위험이 있다. 지속적 위험(Dauergefahr)이란 아직 법익침해의 위험성이 현실화되어 있지 않으나 이전에 계속적으로 반복되었던 사정에 비추어 볼 때 언제든지 법익침해의 위험성이 현실화할 수 있는 상황을 말한다. 예컨대 술만 먹고 들어오면 부인을 구타하는 남편 A가 있다고 하자. A가 술을 먹고 귀가한 날 부인 갑녀는 언제 남편의 구타가 시작될지 몰라서 불안해 한다(소위 매맞는 여성의 증후군). 부인 갑녀가 향유하는 신체의 완전성이라는 법익은 아직 현실적으로 침해될 위험에 직면한 것은 아니다. 그렇지만 언제든지 침해가 현실화될 가능성이 있다.

지속적 위험에 대하여 정당방위는 인정되지 않는다.[2] 정당방위는 원칙적으로 필요한 한도에서 행할 수 있는 위법성조각사유이다. 이 점에서 정당방위는 매우 강렬한 장치이다. 지속적 위험을 저지하기 위하여 정당방위를 인정한다면 술에 취해 잠들어 있는 남편 A를 부인 갑녀가 살해하더라도 범죄가 성립하지 않는다는 결론에 이를 것이다. 이러한 결론은 지나친 것이다.

이러한 상황에서는 보다 엄격한 요건하에 인정되는 긴급피난의 법리를 동원하는 것이

---

1) 전술 324면 이하 참조.
2) 판례는 이를 긍정하는 듯한 표현을 사용하고 있으나 분명하지는 않다. 1992. 12. 22. 92도2540, 공 1993, 657 = 백선 총론 35. 『의붓아버지 살해 사건』 참조.

바람직하다. 지속적 위험은 긴급피난의 경우에 현재성 요건을 충족시킨다. 위의 사례에서 부인 갑녀는 정당방위를 주장할 수는 없지만 긴급피난행위는 할 수 있다. 다만 이 때에는 후술하는 바와 같이 균형성, 보충성 및 적합성의 요건이 부과된다.

2. 피난행위

긴급피난의 두 번째 요건은 피난행위이다. 피난행위가 이미 구성요건에 해당하는 행위임은 물론이다. 피난행위는 작위는 물론 부작위로도 가능하다. 피난행위는 위난의 발생원에 대한 방어적 피난행위와 제3자에 대한 공격적 피난행위를 모두 포함한다.

피난행위는 피난의사를 가지고 행해져야 한다. 피난의사는 자기 또는 타인의 법익에 대한 위난을 피하려는 의사를 말한다. 법익을 구하려고 자신의 행위를 목적적으로 조종하려는 주관적 요소가 피난의사이다. 피난의사는 긴급피난에 있어서 주관적 정당화사유로서 반드시 요구된다. 형법 제22조 제1항은 '위난을 피하기 위한 행위'라는 표현을 사용하여 피난의사를 요구하고 있다.

피난의사는 법익을 구하려고 나아가는 의사이면 족하다. 피난행위로 나아감에 있어서 행위자에게 소위 양심적 심사의무를 다하도록 요구할 필요는 없다. 하나의 법익을 포기하지 않으면 다른 법익을 구할 수 없는 객관적 상황 자체에 긴급피난의 중점이 놓여있기 때문이다.

3. 상당한 이유

(1) 상당한 이유의 구성요소

긴급피난의 세 번째 요건은 '상당한 이유'이다. 이 '상당한 이유'의 요건은 정당방위의 '상당한 이유'와 문언이 동일하다. 그러나 긴급피난과 정당방위의 구조적 차이 때문에 양자는 전혀 다른 의미를 가지게 된다.

위법성조각사유로서의 긴급피난은 법익충돌의 상황을 전제로 한다. 긴급피난의 기본전제는 법익 상호간에 실제로 충돌이 발생하여 어느 하나를 침해하지 않으면 그 갈등상황을 해소할 수 없고 또 달리 특별한 노력을 기울이더라도 그 충돌상황을 회피할 수 없다는 점에 있다. 이러한 상황하에서는 충돌되는 법익 가운데 어느 하나를 희생하여 다른 법익을 지켜내지 않으면 안 된다. 판례는 긴급피난의 '상당한 이유' 요건에 대해 다음과 같이 판시하고 있다.[1] [2]

---

1) 2013. 6. 13. 2010도13609, 공 2013하, 1266 = 분석 총론 『외통위 출입문 사건』.
2) 2015. 11. 12. 2015도6809 전원합의체 판결, 공 2015하, 1915 = 『세월호 사건 긴급피난 부분』☞

「[형법 제22조 제1항의 긴급피난에서] '상당한 이유 있는 행위'에 해당하려면, 첫째 피난행위는 위난에 처한 법익을 보호하기 위한 유일한 수단이어야 하고, 둘째 피해자에게 가장 경미한 손해를 주는 방법을 택하여야 하며, 셋째 피난행위에 의하여 보전되는 이익은 이로 인하여 침해되는 이익보다 우월해야 하고, 넷째 피난행위는 그 자체가 사회윤리나 법질서 전체의 정신에 비추어 적합한 수단일 것을 요하는 등의 요건을 갖추어야 한다.」

(2) 보충성의 요건

긴급피난의 요건으로서 보충성이란 달리 법익침해의 위난을 피할 방법이 없음을 말한다. 긴급피난은 법익과 법익이 충돌하여 어느 하나를 침해하지 않으면 다른 하나를 보호할 수 없는 긴박한 갈등상태를 전제로 한다. 이러한 상황에서 달리 선택할 방법이 없다는 점을 고려하여 위법성조각의 효과가 부여된 것이 긴급피난이다. 긴급피난에 있어서 보충성 요건은 다른 방법으로 법익침해의 위험성에 대처할 수 없다는 긴급피난 특유의 상황에서 비롯된 것이다.

긴급피난은 정당방위의 경우와는 달리 정 대 정의 관계에 있다. 자신이나 타인의 법익을 지킨다는 이유로 다른 사람의 정당한 법익을 함부로 침해해서는 안 된다. 긴급피난은 긴박한 갈등상황을 전제로 인정된 위법성조각사유이다. 따라서 달리 법익을 보호할 수 있는 수단이 있다면 긴급피난은 허용되지 않는다. 보충성의 원칙에 의하여 제약을 받는 긴급피난은 필요성의 원리에서 출발하는 정당방위에 비하여 훨씬 더 그 성립범위가 제한된다.

(3) 침해최소성의 요건

상당한 이유가 있는 긴급피난에 해당하려면 해당 긴급피난행위가 피해자에게 가장 경미한 손해를 주는 방법을 택한 것이어야 한다. 이를 가리켜서 침해최소성의 요건이라고 한다. 침해최소성의 요건은 보충성의 요건과 마찬가지로 정 대 정의 관계에 있는 긴급피난의 특성에서 요청된다.

(4) 법익균형성의 요건

긴급피난이 위법성조각사유로 인정되려면 침해된 법익과 구제되는 법익 사이에 우열이 인정되어야 한다. 구제되는 법익이 침해되는 법익에 비하여 우월한 것이어야 한다는 요청을 가리켜 법익균형성의 요건이라고 한다. 보호되는 법익이 침해되는 법익보다 우월하면 결과적으로 법공동체에 적극적 기여를 한 것이 되어 위법성이 조각된다. 그러나 침해

1082면.

되는 법익과 보호되는 법익이 동가치이거나 비교불가능한 경우에는 위법성조각사유로서의 긴급피난을 인정할 수 없다. 이 경우에는 책임조각사유로서의 긴급피난을 논할 수 있을 뿐이다.

(가) 법익교량과 이익교량　　　법익균형성의 요건을 검토할 때 출발점을 이루는 것은 침해되는 법익과 구제되는 법익 사이의 비교교량이다. 이와 같이 법익과 법익을 비교하는 기준을 가리켜서 법익교량의 원칙이라고 한다. 그러나 법익균형성의 요건을 검토함에 있어서 단순히 법익만을 대비시키는 것은 지나치게 형식적이고 기계적이다. 이러한 문제점에 대비하여 예컨대 독일의 입법자는 '법익 및 그에 대한 위험의 임박성의 정도' 등을 폭넓게 포함하여 소위 이익과 이익을 비교교량하도록 요구하고 있다(독일형법34 참조).

이처럼 법익만을 단순히 비교하지 않고 법익침해의 임박성 등 여타의 사정까지 함께 고려하여 판단하는 기준을 가리켜서 이익교량의 원칙이라고 한다. 우리 형법상의 긴급피난을 논함에 있어서도 단순한 법익교량이 아니라 이익교량의 차원에서 법익균형성의 요건이 검토되어야 함은 물론이다.

(나) 이익교량의 방법　　　침해되는 법익과 구제되는 법익 사이에 어느 정도의 우열이 있을 때 위법성조각사유로서의 긴급피난이 인정되는가 하는 문제가 있다. 이 문제는 방어적 긴급피난과 공격적 긴급피난의 구별에서 설명한 것처럼 피난행위의 유형에 따라서 결정해야 할 것이다.[1]

먼저 소위 대물방위의 경우에는 법익간에 우열의 차이가 크게 요구되지 않는다. 대물방위란 위난의 발생원(發生源)인 동물이나 물건 자체에 대하여 피난행위를 하는 경우이다. 대물방위는 방어적 긴급피난의 일종이다. 대물방위의 경우에는 원칙적으로 자기 또는 제3자의 법익에 미치는 위험을 제거하기에 필요한 만큼 피난행위를 할 수 있다. 요컨대 대물방위의 경우에는 피난행위에 의하여 보호된 법익이 위난의 발생원인 물건에 대하여 가해진 법익침해와 어느 정도의 비례관계를 유지하는 우월성으로 족하다(독일민법228 참조). 그러나 비례관계를 아주 잃게 될 정도에 이르러서는 안 된다.

대물방위 이외의 경우에는 법익을 교량함에 있어서 보다 신중을 기해야 한다. 공격적 긴급피난의 경우에는 대물방위의 경우와 달리 위난이 침해의 대상이 되는 물건에서 곧바로 나오는 것이 아니다. 공격적 긴급피난의 경우에는 피난행위를 하지 않을 때 행위자에게 발생될 법익침해가 피난행위를 통하여 그 물건이나 사람에게 발생시키는 법익침해보다 현저히 클 경우에만 그 피난행위의 위법성이 조각된다고 보아야 할 것이다(독일형법34 참조).

---

1) 전술 325면 이하 참조.

〈사례 해설〉 〔사례 63〕에서 법익침해의 위험은 긴급피난행위의 대상이 되는 물건(즉 이웃사람 B의 자동차) 그 자체에서 나오고 있지 않다. 이 사안은 부인 A의 생명·신체에 미치는 위험발생을 피하기 위하여 이 위난과는 무관한 B의 소유물에 대하여 남편 갑이 침해행위를 하는 경우이다. 이러한 의미에서 〔사례 63〕에서 갑의 자동차 무단사용행위는 공격적 긴급피난에 해당한다. 〔사례 63〕에서 산모와 태어날 아기에게 가해지는 위험은 이웃사람이 잠시 자동차를 사용하지 못할 때 발생하는 손해에 비하여 현저히 크다고 보아야 할 것이다.

〈사례 해설〉 〔사례 64〕에서 문제되는 업무상비밀누설행위(법317①)는 현저한 결격자의 운전으로부터 교통참여자들의 생명·신체를 지키기 위한 것이다. 마찬가지로 〔사례 65〕에서 자동차의 시동키를 빼앗는 행위는 사람의 생명·신체를 보호하기 위한 것으로서 술 취한 사람의 신체의 완전성에 비하여 훨씬 우월하다. 이렇게 보면 〔사례 64〕의 업무상비밀누설행위나 〔사례 65〕의 폭행행위는 모두 법익간에 현저한 차이가 인정되는 경우라고 보아야 할 것이다.

(5) 적합성의 요건

긴급피난은 피난행위가 위난을 피함에 있어서 상당한 이유가 있을 때 인정된다. 상당한 이유는 보충성의 원칙과 법익균형성의 원칙으로 구체화되지만 그것으로 충분한 것은 아니다. 피난행위는 구체적인 사안에 비추어 볼 때 합리적이고 타당한 것이라고 법질서가 평가할 만한 것이어야 한다. 판례는 "피난행위는 그 자체가 사회윤리나 법질서 전체의 정신에 비추어 적합한 수단일 것을 요한다."는 입장을 취하고 있다.[1] 피난행위가 법질서 전체의 입장에서 볼 때 합당한 것이어야 한다는 요청을 적합성의 요건이라고 한다.

독일 형법은 긴급피난행위의 적합성 요건을 명시하고 있다(독일형법34 단서). 우리 형법에는 적합성의 요건이 명시되어 있지 않으나 긴급피난이 법질서 전체의 관점에서 인정되는 위법성조각사유의 하나라는 점에 비추어 볼 때 '적합성'은 형법 제22조 제1항이 규정한 '상당한 이유'의 요건에 당연히 포함된다고 본다.

(6) 경찰관 직무집행법상 긴급피난

「경찰관 직무집행법」(경직법) 제10조의4는 무기사용의 경우에 긴급피난의 요건을 보다 구체적으로 규정하고 있다. 경직법상 무기는 사람의 생명이나 신체에 위해를 끼칠 수 있도록 제작된 권총·소총·도검 등을 말한다(경직법10의4②). 경찰관은 (가) 범인의 체포,

---

1) 2013. 6. 13. 2010도13609, 공 2013하, 1266 = 분석 총론 『외통위 출입문 사건』.

(나) 범인의 도주 방지, (다) 자신이나 다른 사람의 생명·신체의 방어 및 보호, (라) 공무집행에 대한 항거의 제지를 위하여 필요하다고 인정되는 상당한 이유가 있을 때에는 그 사태를 합리적으로 판단하여 필요한 한도에서 무기를 사용할 수 있다. 상황이 형법에 규정된 긴급피난에 해당할 때에는 사람에게 위해를 끼치는 무기사용이 허용된다(경직법10의4 ① 본문·단서 i).

4. 과잉긴급피난과 오상긴급피난

(1) 과잉긴급피난

형법 제22조 제3항은 "전조 제2항과 제3항의 규정은 본조에 준용한다."고 규정하고 있다. 즉 정당방위에 있어서 과잉방위와 야간 등의 과잉방위에 관한 규정이 위법성조각사유로서의 긴급피난의 경우에도 준용된다는 것이다. 준용규정을 풀어서 읽어보면 다음과 같다.

"피난행위가 그 정도를 초과한 경우에는 정황에 따라 그 형을 감경하거나 면제할 수 있다."(법22③, 21②). 나아가 "제2항의 경우에 야간이나 그 밖의 불안한 상태에서 공포를 느끼거나 경악하거나 흥분하거나 당황하였기 때문에 그 행위를 하였을 때에는 벌하지 아니한다."(법22③, 21③). 이 경우 '벌하지 아니한다' 함은 책임이 조각되어 범죄가 성립하지 아니한다는 의미이다.

(2) 오상긴급피난

오상긴급피난이란 위법성조각사유로서의 긴급피난을 위한 객관적 상황이 존재하지 아니함에도 불구하고 행위자가 그러한 상황이 존재한다고 오신하여 피난행위로 나아간 경우이다.

오상긴급피난은 객관적으로 긴급피난의 상황이 존재하지 않음에도 불구하고 주관적으로 긴급피난의 상황이 존재한다고 오인하는 경우이다. 객관과 주관이 일치하지 아니하므로 오상긴급피난은 착오의 일종이다. 오상긴급피난은 긴급피난의 객관적 성립요건에 대하여 행위자가 착오를 일으킨 경우이다. 오상긴급피난은 위법성조각사유의 전제사실에 관한 착오(즉 허용구성요건적 착오)의 일종이다. 오상긴급피난이 제기하는 허용구성요건적 착오에 관해서는 책임판단의 단계에서 자세히 검토하기로 한다.[1]

---

1) 후술 468면 이하 참조.

5. 민법상 정당방위와 긴급피난

(1) 민법상 정당방위와 손해배상책임

민법 제761조 제1항은 정당방위라는 제목 아래 "타인의 불법행위에 대하여 자기 또는 제삼자의 이익을 방위하기 위하여 부득이 타인에게 손해를 가한 자는 배상할 책임이 없다. 그러나 피해자는 불법행위에 대하여 손해의 배상을 청구할 수 있다."고 규정하고 있다.

민법 제761조 제1항은 표제어에도 불구하고 정당방위와 긴급피난의 상황을 동시에 규정하고 있다. 이해를 돕기 위하여 갑, 을, A, B가 등장하는 상황에서 위의 조문을 구체화해 보면, "타인(을)의 불법행위에 대하여 자기(갑) 또는 제삼자(A)의 이익을 방위하기 위하여 부득이 타인(을)에게 손해를 가한 자는 배상할 책임이 없다. 그러나 [그로 인한] 피해자(B)는 불법행위[자](을)에 대하여 손해의 배상을 청구할 수 있다."로 정리할 수 있다.

갑과 을의 관계를 보면, 갑은 을에 대해 정당방위를 한 것이므로 법질서 단일의 원칙에 따라 손해배상책임이 없다. 갑과 B의 관계를 보면, 갑은 긴급피난을 한 것이므로 역시 법질서 단일의 원칙에 따라 손해배상책임이 없다. 민법 제761조 제1항은 이 두 가지 상황을 모두 정당방위라는 이름으로 지칭하고 있다. 그러나 갑과 B의 관계는 전형적인 긴급피난이므로 정확한 용어 사용례는 아니라고 할 수 있다. 을과 B의 관계를 보면, 을의 행위는 위법하지 아니한 갑의 행위를 매개로 하고 있으므로 간접정범 형태의 불법행위라고 할 수 있다. 그리하여 피해자(B)는 불법행위자(을)에 대하여 손해배상을 청구할 수 있다.

(2) 민법상 긴급피난과 손해배상책임

민법 제761조 제2항은 긴급피난이라는 제목 아래 "전항의 규정은 급박한 위난을 피하기 위하여 부득이 타인에게 손해를 가한 경우에 준용한다."고 규정하고 있다. 민법 제761조 제2항은 "자기 또는 제삼자의 이익에 대한 급박한 위난을 피하기 위하여 부득이 타인에게 손해를 가한 자는 배상할 책임이 없다. 그러나 피해자는 위난[제공자]에 대하여 손해의 배상을 청구할 수 있다."로 재구성할 수 있다.

이를 갑, 을, A, B의 상황으로 구체화해 보면, "자기(갑) 또는 제삼자(A)의 이익에 대한 급박한 위난을 피하기 위하여 부득이 타인(B)에게 손해를 가한 자는 배상할 책임이 없다. 그러나 피해자(B)는 위난제공자(을)에 대하여 손해의 배상을 청구할 수 있다."로 정리할 수 있다.

그런데 위난제공자(을)의 행위는 불법행위가 아니다. 만일 불법행위라면 민법 제761조 제1항 단서로 돌아갈 것이기 때문이다. 이렇게 본다면 피해자(B)의 위난제공자(을)에 대한 손해배상청구권은 전형적인 불법행위 책임이 아니라 형평성의 관점에서 손해보전을 인정하는 특별한 책임에 근거한 권리라고 생각된다.

제5 의무의 충돌

1. 의무의 충돌의 의의

형법 제22조 제1항은 '자기 또는 타인의 법익에 대한 현재의 위난을 피하기 위한 행위'만을 긴급피난으로 규정하고 있다. 법익은 법질서가 보호하는 생활이익이다. 법익은 관념적 실재로서 침해의 대상이 된다. 형법 제22조는 법익이 상호충돌하는 상황에 대비하기 위한 조문이다.

그런데 법익이 아니라 의무가 서로 충돌하는 경우가 있다. 예컨대 의사에게는 환자의 생명을 구해야 할 법적 의무가 있다. 의사가 이 의무에 위반하면 업무상 과실치사죄(법268)가 성립한다. 다른 한편으로 의사는 환자의 자기결정권을 존중해야 할 의무를 진다. 환자의 자기결정권은 경우에 따라 수혈거부의 형태로도 나타날 수 있다. 여기에서 환자로부터 무수혈 수술을 요구받은 의사는 갈등상황에 봉착하게 된다. 환자의 자기결정권을 존중하면서 동시에 환자의 생명을 구해야 하기 때문이다.

또 다른 예로 의사의 비밀준수의무와 보고의무의 충돌 사례를 들 수 있다. 의사는 업무상 비밀을 준수해야 할 법적 의무를 진다. 의사가 이 의무에 위반하면 업무상비밀누설죄(법317①)로 처벌된다. 한편 의사는 감염병을 발견한 경우처럼 일정한 경우에 소속 의료기관의 장이나 관계당국에 해당 사항을 보고할 법적 의무를 진다(감염병의예방및관리에관한법률11 참조). 이 보고의무에 위반하면 의사는 또한 관계법령에 의하여 처벌된다(동법79의4 i, ii, 80 i, ii). 여기에서 감염병을 발견한 의사는 비밀유지의무와 신고의무를 동시에 이행해야 하는 갈등상황에 봉착하게 된다.

이상의 예에서 보는 같이 하나의 의무를 포기하지 않으면 다른 의무를 이행할 수 없는 경우를 가리켜서 의무의 충돌이라고 한다. 현재 우리 형법은 의무와 의무가 동시에 충돌하는 갈등상황에 대하여 명문의 규정을 두고 있지 않다.

2014년 대법원은 의사가 환자의 요구에 따라 무수혈 수술(자가수혈) 등 위험성이 높은 진료를 하다가 환자가 사망한 사안에서 업무상 과실치사죄로 기소된 의사에 대해 범죄불성립을 인정하였다. 대법원은 환자의 자기결정권 행사가 유효하다고 하더라도 예외적인 경우에 한해 자기결정권이 생명과 대등한 가치를 가지는 것으로 평가될 수 있다는 신중한 태도를 취하면서도, "환자의 생명과 자기결정권을 비교형량하기 어렵거나 적어도 동등한 가치가 있을 때에는 의사가 어느 하나를 존중하는 방향으로 행위했다면, 그 행위는 처벌할 수 없다."고 판시하였다.[1]

이러한 대법원의 태도는 일견 의무의 충돌 상황을 정면에서 다룬 것으로 보여 특히 주목된다. 그러나 대법원은 "이 사건에서는 망인의 생명과 자기결정권을 비교형량하기 어려운 특별한 사정이 있으므로, 타가수혈하지 아니한 사정만을 가지고 피고인이 의사로서 진료상의 주의의무를 다하지 아니하였다고 할 수 없다."고 판단하여 무수혈 수술 사안을 주의의무의 한계 문제로 다루고 있다.

그러나 환자의 자기결정권을 비록 예외적인 경우이기는 하나 환자의 생명과 대등한 가치를 가지는 것으로 평가할 수 있다는 대법원의 입장은 생명보호의 관점에서 납득하기가 곤란하다. 이 문제는 오히려 의무의 충돌이라는 관점에서 접근하는 것이 타당하다고 생각된다.

여기에서 우리 형법상 의무의 충돌을 규율하는 법적 근거가 무엇인지 문제된다. 생각건대 의무의 충돌은 법익충돌에 관한 긴급피난의 규정(법22①)을 준용하여 해결하면 족하다고 본다. 다만 법익의 충돌과 의무의 충돌 사이에 나타나는 차이점을 반영하여 해결의 준칙을 조절하면 될 것이다.

2. 의무의 충돌의 요건

(가) 법적 의무의 충돌   의무의 충돌을 검토함에 있어서 먼저 확인해 놓아야 할 사항이 있다. 우선 충돌하는 의무는 모두 법적 의무이어야 한다. 단순한 도덕적 의무나 종교적 의무가 문제되는 경우에는 의무의 충돌이 있다고 할 수 없다.[2]

(나) 의무의 실질적 충돌   다음으로, 의무의 충돌은 실질적인 것이어야 한다. 외관상 의무가 충돌하는 것처럼 보이더라도 두 의무 사이의 논리적 관계에 비추어 볼 때 하나의 의무를 이행한 후 다른 의무를 이행할 수 있거나 두 의무를 동시에 이행할 수 있는 경우에는 의무의 충돌이 있다고 말할 수 없다.

먼저, 의무와 의무가 충돌하더라도 법질서가 충돌하는 의무 사이에 우열을 명시하는 경우가 있다. 이 때에는 그 우선순위에 따라서 판단하면 된다. 다음으로, 우선순위가 명시되어 있지 아니한 경우에는 종합적으로 판단하여야 한다. 의무이행을 통하여 보호하려는 법익, 상충하는 이해관계, 추구하는 최종목적, 사회 일반인의 가치관 등은 이 경우에 고려해야 할 주요사항들이다.

---

1) 2014. 6. 26. 2009도14407, 공 2014하, 1504 = 분석 총론 『무수혈 수술 사건』.
2) 1983. 3. 8. 82도3248, 공 1983, 695(705) = 백선 총론 45. 『최신부 사건』.

(다) 법익충돌과의 비교   의무와 의무가 충돌하는 경우에는 법익충돌의 경우와 달리 현저한 우연의 차이를 요하지 않는다. 사소한 차이가 인정되어도 우월한 의무를 이행한 행위는 긴급피난에 준하여 위법성이 조각된다. 의무의 이행은 법익침해를 금지하는 경우와 달리 보다 적극적인 행위자의 기여를 요하기 때문이다.

충돌하는 의무와 의무가 비교불가능하거나 동등한 가치를 가지는 경우에 하나의 의무를 이행한 행위에 대하여 위법성을 조각시킬 것인가 책임을 조각시킬 것인가가 문제된다. 의무의 이행은 적극성을 요한다. 이러한 관점에서 볼 때 대등한 가치 사이의 의무이행행위는 위법성을 조각시킨다고 보아야 할 것이다.

그러나 생명 대 생명의 경우에는 비교불가능한 상황이므로 책임조각의 문제로 처리해야 한다고 본다. 대법원은 무수혈 수술 사안에서 "환자의 생명과 자기결정권을 비교형량하기 어렵거나 적어도 동등한 가치가 있을 때에는 의사가 어느 하나를 존중하는 방향으로 행위했다면, 그 행위는 처벌할 수 없다."고 판시하였다.[1] 이때 '처벌할 수 없다'는 의미에 대해 대법원은 의사의 주의의무가 없어지기 때문이라는 이유를 들고 있으나, 무수혈 수술의 경우는 생명 대 생명의 관계에서 일어나는 의무의 충돌 상황에 대한 것이라고 생각되므로 '처벌할 수 없다'의 의미는 책임조각으로 이해해야 할 것이다.

제 5 절 자구행위

한국형법	독일형법
제23조〔자구행위〕① 법률에서 정한 절차에 따라서는 청구권을 보전(保全)할 수 없는 경우에 그 청구권의 실행이 불가능해지거나 현저히 곤란해지는 상황을 피하기 위하여 한 행위는 상당한 이유가 있는 때에는 벌하지 아니한다.	(해당 조항 없음)
② 제1항의 행위가 그 정도를 초과한 경우에는 정황에 따라 그 형을 감경하거나 면제할 수 있다.	(해당 조항 없음)

---

1) 2014. 6. 26. 2009도14407, 공 2014하, 1504 = 분석 총론 『무수혈 수술 사건』.

한국민법	독일민법
제209조〔자력구제〕① 점유자는 그 점유를 부정히 침탈 또는 방해하는 행위에 대하여 자력으로써 이를 방위할 수 있다.	제859조 ① 점유자는 금지된 사력(私力)에 대하여 실력으로 방어할 수 있다.
② 점유물이 침탈되었을 경우에 부동산일 때에는 점유자는 침탈 후 직시(直時) 가해자를 배제하여 이를 탈환할 수 있고 동산일 때에는 점유자는 현장에서 또는 추적하여 가해자로부터 이를 탈환할 수 있다.	② 점유자가 동산의 점유를 금지된 사력에 의하여 탈취당하는 때에는, 그는 현장에 있는 탈취자로부터 또는 탈취자를 추격하여 그로부터 실력으로 물건을 회수할 수 있다. ③ 점유자가 금지된 사력에 의하여 부동산의 점유를 침탈당하는 때에는, 그는 침탈 후 즉시 가해자를 배제하여 점유를 회복할 수 있다. ④ (생략)

【사례 66】 갑은 화랑주인 A에게 16만원 어치의 석고를 납품하였다. A는 대금의 지급을 지체하여 오다가 급기야는 화랑을 폐쇄하고 도주하였다. 이에 갑은 야간에 폐쇄된 화랑의 문을 뜯어내고 화랑 안에 있던 물건을 들고 나왔다.

갑은 야간주거침입절도죄(법330)로 기소되었다. 갑은 자구행위(법23)를 이유로 자신의 행위에 위법성이 조각된다고 주장할 수 있겠는가? (1984. 12. 26. 84도2582, 공 1985, 299 = 백선 총론 40. 『석고상 사건』)

제1 자구행위의 의의와 요건

1. 자구행위의 의의

형법 제23조 제1항은 "법률에서 정한 절차에 따라서는 청구권을 보전(保全)할 수 없는 경우에 그 청구권의 실행이 불가능해지거나 현저히 곤란해지는 상황을 피하기 위하여 한 행위는 상당한 이유가 있는 때에는 벌하지 아니한다."고 규정하고 있다. 우리 형법이 제정되기 전에 시행되었던 의용형법(依用刑法)에는 자구행위에 관한 규정이 없었다. 이 때문에 정당방위제도를 넓게 해석하여 입법상의 결함을 피하려는 시도가 있었다. 우리 입법자는

이러한 방법으로는 충분하지 않다고 판단하여 형법 제23조에 자구행위의 규정을 두기에 이르렀다.[1]

일반적으로 권리를 자력(自力)으로 실현시키는 행위를 가리켜서 자구행위라고 한다. 우리 「민법」 제209조는 자력구제라는 표제 아래 점유와 관련한 자구행위의 규정을 두고 있다. 「민법」 제209조의 자력구제는 물건에 대한 직접적 '지배권'인 점유로부터 발생한다. 이에 대해 형법 제23조의 자구행위는 상대방에 대해 일정한 작위 또는 부작위를 요구하는 '청구권'을 토대로 하고 있다. 이러한 차이점에서 볼 때 「민법」 제209조의 자력구제는 형법 제20조의 법령에 기한 위법성조각사유의 일종으로 파악할 수 있다(법20 참조).[2]

2. 자구행위의 요건

(1) 청구권의 보전불능

형법은 청구권의 보전과 관련한 자구행위에 대하여 위법성조각의 효과를 부여하고 있다. 청구권은 타인에 대하여 일정한 작위 또는 부작위를 요구할 수 있는 권리이다. 청구권은 어느 권리를 기초로 하여 발생한다. 청구권의 기초가 되는 권리로는 채권, 물권, 신분권 등이 있다.

위법성조각사유로서의 자구행위는 매우 엄격한 요건하에 인정된다. 자구행위는 법률에서 정한 절차에 따라서는 청구권을 보전(保全)할 수 없는 경우를 전제로 한다. 청구권의 보전이 불가능하게 되는 상황은 상대방의 위법한 행위에 근거하고 있다.

이러한 점에서 자구행위는 정당방위와 비슷한 외관을 가진다. 그러나 자구행위는 사법상의 청구권을 보전하는 것이 불가능하게 된 때에 사후적으로 인정되는 청구권의 보전수단이라는 점에서 현재의 침해에 대한 정당방위와 명백히 구별된다.

(2) 청구권의 보전행위

자구행위는 법률에서 정한 절차에 따라서는 청구권을 보전할 수 없는 경우에 그 청구권의 실행이 불가능해지거나 현저히 곤란해지는 상황을 피하기 위하여 한 행위이다. 자구행위는 국가가 제공하는 법률에 정한 절차에 의하여 청구권을 보전하기 불가능하거나 현저히 곤란한 경우에 행하는 것으로서 일종의 국가권력의 대위행사라고 볼 수 있다. 예외적으로 국가권력을 대위행사한다는 점에 비추어 볼 때 자구행위의 범위는 청구권의 보전에 그

---

1) 자구행위 조문의 성립경위에 대해서는, 신동운, "형법 제23조 자구행위규정의 성립경위", 심당 김일수 교수 화갑기념논문집 한국형법학의 새로운 지평, (2006), 41면 이하 참조.
2) 2017. 9. 7. 2017도9999, 공 2017하, 1937 =『재건축아파트 직시 탈환 사건』☞ 1083면.

치고 청구권의 이행강제에까지는 미치지 않는다.

청구권의 보전이란 청구권을 실제로 실현하는 것이 아니라 실현가능한 상태로 유지하는 것을 말한다. 자구행위는 청구권의 실행불능 또는 현저한 실행곤란을 피하려는 자구의 사를 가지고 행해져야 한다. 자구의사는 주관적 정당화요소로서 요구된다.

(3) 자구행위의 보충성

자구행위는 법률에서 정한 절차에 따라서는 청구권을 보전할 수 없는 경우에 그 청구권의 실행이 불가능해지거나 현저히 곤란해지는 상황을 피하기 위하여 한 행위로서 위법성 조각사유이다.[1] 이 경우 법률에서 정한 절차란 국가의 사법작용을 가리킨다. 자구행위는 청구권의 보전불능 사태를 국가의 사법작용에 의하여 제거할 수 없는 급박한 경우에 한하여 인정되는 것이다. 이 점에서 자구행위는 보충적 성격을 갖는다. 따라서 자구행위가 인정되려면 우선 청구권의 보전불능이라는 위험이 존재하여야 하고, 다음으로 국가의 사법작용에 의하여 적시에 구제를 받을 수 없는 긴급한 사정이 있어야 한다.

보충성이라는 관점에서 볼 때 자구행위는 긴급피난과 유사하다. 그러나 긴급피난은 자기 또는 타인의 법익에 대한 현재의 위난을 피하기 위한 행위로서 대상법익에 제한이 없다. 이에 대하여 자구행위는 오로지 청구권이라는 법익의 보전에 한정된다는 점에서 그 적용범위가 크게 제한된다.

제2 과잉자구행위

자구행위는 재물의 취거, 손괴, 체포·감금, 강요, 주거침입 등 여러 가지 형태로 나타날 수 있다. 자구행위의 위법성을 조각시키는 한계는 청구권의 실행이 불가능해지거나 현저히 곤란해지는 상황을 피하려는 자구행위의 목적에서 구할 수 있다. 자구행위자는 자신의 행위를 어디까지나 잠정적인 것으로 생각하여야 한다. 정상적인 사법작용에 의하여 자기의 청구권을 보전할 수 있는 상태에 이르면 즉시 그 절차로 이행해야 한다.

자구행위자가 객관적 기준에 비추어 보아 필요 이상의 행위를 한 경우를 가리켜서 과잉자구행위라고 한다. 과잉자구행위는 위법성이 조각되지 않는다. 다만 정황에 따라 형을 감경하거나 면제할 수 있을 뿐이다(법23②).

과잉자구행위에는 과잉방위나 과잉긴급피난의 경우와 달리 야간이나 그 밖의 불안한 상태에서 공포를 느끼거나 경악하거나 흥분하거나 당황하였기 때문에 그 행위를 하였을 때

---

1) 2007. 12. 28. 2007도7717, [미간행] = 분석 총론 『화정동 아스팔트 도로 사건』.

의 특례(법21③, 22③ 참조)가 인정되지 않는다. 자구행위는 법률에서 정한 절차에 따라서는 청구권을 보전할 수 없는 경우에 인정되는 것으로 행위자의 구체적인 심리상태와 무관하기 때문이다.

〈사례 해설〉   위의 〔사례 66〕에서 갑의 행위는 채권추심을 목적으로 하고 있다. 단순히 청구권의 보전에 그치는 것이 아니다. 자구행위에 요구되는 보충성의 요건도 인정되지 않기 때문에 갑의 석고상 취거행위는 위법성이 조각되지 않는다고 하겠다.

제 6 절 피해자의 승낙

한국형법	독일형법
제24조〔피해자의 승낙〕 처분할 수 있는 자의 승낙에 의하여 그 법익을 훼손한 행위는 법률에 특별한 규정이 없는 한 벌하지 아니한다.	(해당 조항 없음)
(해당 조항 없음)	**제228조**〔승낙〕 피해를 당한 사람의 승낙에 의하여 상해행위를 한 자는 그 행위가 선량한 풍속을 침해한 때에 한하여 위법하게 행위한 것이다.

제1 피해자의 승낙의 의의

1. 긴급행위와 피해자의 승낙의 차이

우리 형법은 제20조 이하에서 정당행위, 정당방위, 긴급피난, 자구행위, 피해자의 승낙을 위법성조각사유로 규정해 놓고 있다. 이 가운데 정당행위는 '사회상규'라는 불특정개념을 담고 있어서 다른 위법성조각사유에 대하여 다소 보충적인 지위에 서 있다. 이에 대하여 정당방위, 긴급피난, 자구행위, 피해자의 승낙은 각각 그 성립요건이 뚜렷하게 규정되어 있다.

위법성조각사유 가운데 정당방위, 긴급피난, 자구행위는 소위 긴급행위라는 점에서 공통된 특징을 가진다. 우리 입법자는 이들 세 가지 사유를 규정하면서 긴급행위라는 특성에 착안하여 '상당한 이유'라는 공통의 표지를 사용하고 있다. 그러나 각각의 위법성조각사유가 가지는 특질 때문에 '상당한 이유'의 의미가 달라진다는 점은 앞에서 설명하였다.[1]

정당방위, 긴급피난, 자구행위가 소위 긴급행위를 규정한 것이라면 피해자의 승낙은 긴급상황을 전제로 하지 않고 인정되는 위법성조각사유이다. 우리 입법자는 피해자의 승낙에 대하여 '상당한 이유'라는 표지를 사용하고 있지 않다. 이와 관련하여 '상당한 이유'라는 요건을 해석론으로 보충할 것인가 하는 문제는 후술하기로 한다.[2]

2. 피해자의 승낙의 의의

'피해자의 승낙'이라는 개념은 '피해자'와 '승낙'의 두 부분으로 구성되어 있다. 피해자란 법익이 침해된 사람을 의미한다. 피해자의 개념 속에는 침해의 대상이 되는 법익과 그 법익의 주체라는 요소가 들어 있다. 승낙이란 법익침해를 받아들이겠다는 법익주체의 의사표시이다. 구성요건에 해당하는 행위를 한 사람은 피해자로부터 승낙의 의사표시가 있기 때문에 행위에 나아간 것이다.

형법 제24조는 "처분할 수 있는 자의 승낙에 의하여 그 법익을 훼손한 행위는 법률에 특별한 규정이 없는 한 벌하지 아니한다."고 규정하고 있다. 형법 제24조의 이면에는 "원하는 자에게는 불법이 행해지지 않는다."는 법원칙이 작용하고 있다. 피해자가 포기하기를 원하는 법익은 처음부터 피해자로부터 박탈할 수 없다는 것이다. 법질서 전체의 관점에서 볼 때 이러한 경우에 대해서까지 굳이 위법하다는 판단을 내릴 필요는 없다. 그리하여 우리 입법자는 피해자의 승낙을 위법성조각사유의 하나로 규정하고 있다.

3. 피해자의 승낙과 고소취소

(1) 친고죄와 반의사불벌죄

정당방위, 긴급피난, 자구행위는 긴급상황을 전제로 하고 있다. 이에 대하여 피해자의 승낙은 평시상황을 전제로 하고 있다. 따라서 피해자의 승낙은 일상생활에서 자주 눈에 띄는 위법성조각사유라고 할 수 있다. 그러나 이러한 이치에도 불구하고 실제의 형사재판에서 위법성조각사유로서의 피해자의 승낙은 그다지 자주 주장되지 않는다. 그 이유의 일단은 우리 형법이 친고죄와 반의사불벌죄라는 범죄유형을 인정하고 있다는 점에서 찾아 볼 수 있다.

우리 형법은 친고죄와 반의사불벌죄를 인정하고 있다. 친고죄란 피해자의 고소를 기다

---

1) 전술 294면 이하 참조.
2) 후술 364면 이하 참조.

려서 처벌하는 범죄유형이다. 예컨대 모욕죄(법311, 312①)나 사자명예훼손죄(법308, 312①)는 고소가 있어야 공소를 제기할 수 있다는 점에서 친고죄이다. 반의사불벌죄란 피해자의 의사에 반하여 공소를 제기할 수 없는 범죄유형이다. 예컨대 폭행죄(법260③), 협박죄(법283③), 명예훼손죄(법307, 312②), 출판물에 의한 명예훼손죄(법309, 312②) 등은 반의사불벌죄이다.

친고죄의 경우에는 국가기관이 수사와 공소제기를 하려면 "처벌을 원한다."는 피해자의 의사표시가 반드시 필요하다. 한편 반의사불벌죄의 경우에는 국가기관이 수사와 공소제기를 통하여 일단 형벌권의 실현절차에 나아갈 수 있지만 "처벌을 원하지 않는다."는 피해자의 의사표시가 있으면 당해 형사절차를 중단하지 않으면 안 된다. 친고죄의 경우에도 "처벌을 원한다."는 원래의 의사표시가 철회되면 국가기관은 더 이상 형벌권의 실현절차에 나아갈 수 없다.

친고죄나 반의사불벌죄는 "처벌을 원한다." 또는 "처벌을 원하지 않는다."라고 하는 피해자의 의사표시가 피의자·피고인의 형사처벌을 좌우한다는 특징을 가지고 있다. 이 경우 "처벌을 원하지 않는다."는 피해자의 의사표시를 가리켜서 고소취소라고 한다(형소법232 참조). 친고죄나 반의사불벌죄에 있어서 고소취소는 형사처벌에 영향을 미칠 수 있다는 점에서 형법 제24조가 규정한 피해자의 승낙과 비슷하다.

(2) 고소취소와 피해자의 승낙과의 구별

형법 제24조의 피해자의 승낙과 형사소송법 제232조가 규정한 고소취소는 명확히 구별된다. 친고죄나 반의사불벌죄의 고소취소는 범죄의 실행행위가 종료한 이후에 피해자가 사후적으로 발하는 의사표시이다. 즉 법익침해가 이미 일어난 이후에 피해자가 처벌불원의 의사표시를 발하는 경우이다. 이에 대하여 형법 제24조의 피해자의 승낙은 범죄의 실행행위 당시에 피해자로부터 표출된 의사표시이다. 여기에서는 피해자의 의사표시가 법익침해행위의 원인이 되고 있다.

법적 효과의 측면에서도 피해자의 승낙과 고소취소는 구별된다. 형법 제24조의 피해자의 승낙은 구성요건에 해당하는 행위의 위법성을 조각시킨다. 피해자의 승낙에 해당하면 행위가 구성요건에 해당하더라도 위법성이 조각되어 범죄를 구성하지 않는다. 만일 그 행위가 법원에 기소되었다면 법원은 실체재판인 무죄판결(형소법325)을 선고해야 한다. 이에 대하여 친고죄나 반의사불벌죄에서 고소취소가 있다면 무죄판결이 아니라 형식재판을 통하여 형사절차를 종결해야 한다. 친고죄나 반의사불벌죄의 피고사건에서 고소취소가 있다면 법원은 공소기각의 판결(형소법327 ⅴ·ⅵ)을 선고해야 한다.

제2 양해와 승낙

1. 양해의 의미

피해자의 승낙은 범죄론체계상 반드시 위법성의 영역에서만 의미가 있는 것은 아니다. 법익침해에 대한 법익주체의 의사표시는 구성요건 단계에서 문제되기도 한다. 예컨대 절도죄(법329)에 있어서 '절취', 강간죄(법297)에 있어서 '강간', 공문서위조죄(법225) 및 사문서위조죄(법231)에 있어서 '위조' 등과 같은 구성요건요소의 경우에는 피해자의 의사표시가 중요한 기능을 하고 있다.

절도죄에 있어서 '절취'란 기존 점유자의 의사에 반하여 재물에 대한 사실상 지배를 깨뜨리고 새로운 사실상 지배를 설정하는 행위를 말한다. 강간죄에 있어서 '강간'은 피해자(사람)의 의사에 반하여 피해자와 성관계를 가지는 행위이다. 문서위조죄에 있어서 '위조'는 작성명의인의 의사에 반하여 작성명의인의 명의를 함부로 사용하는 행위이다.

절취, 강간, 위조 등의 구성요건표지에서 공통되는 요소는 피해자의 의사에 반한다는 점이다. 여기에서 피해자가 처음부터 그러한 행위를 하여도 좋다는 의사를 표시하였다면 이러한 구성요건표지들은 아예 성립하지 않는다. 예컨대 재물의 점유자가 재물을 가져가도록 허용하거나, 상대방과 합의하여 성관계를 가지거나, 문서의 작성명의인이 자신의 이름을 사용해도 좋다고 상대방에게 허용하는 경우에는 피해자의 승낙이 있다고 말할 수 있다.[1]

그러나 이러한 경우의 피해자의 승낙은 형법 제24조에서 말하는 피해자의 승낙과는 구별된다. 절취, 강간, 위조 등에서 논의되는 피해자의 의사표시는 구성요건 단계에서 논의되는 피해자의 승낙이다. 이러한 피해자의 의사표시는 사회적 법익에 관한 죄인 문서위조죄의 예에서 보는 것처럼 반드시 개인적 법익을 침해하는 범죄가 아닌 경우에도 법적인 의미를 가질 수 있다.

절취, 강간·추행,[2] 위조 등의 경우에 피해자로부터 승낙이 있다면 그에 기초하여 이루어진 행위는 처음부터 구성요건해당성이 없다. 문제의 구성요건표지가 애당초 실현될 수 없기 때문이다. 따라서 이러한 경우에는 당해 행위에 대하여 위법성조각을 논할 필요도 없다. 이와 같이 구성요건 단계에서 논의되는 피해자의 승낙을 가리켜서 양해라고 한다.

양해는 상대방의 의사표시라는 점에서 형법 제24조가 규정하고 있는 피해자의 승낙과

---

1) 2011. 9. 29. 2010도14587, 공 2011하, 2280 = 분석 각론 『결혼정보회사 월급통장 사건』 ☞ 1083면.
2) 2019. 6. 13. 2019도3341, 공 2019하, 1413 = 『필로폰 후 성적 학대 사건』 ☞ 1085면.

공통된다. 사자(死者)는 양해의 주체가 될 수 없다. 사자는 의사표시를 할 수 없기 때문이다. 예컨대 문서작성과 관련하여 생전에 명의사용에 대해 양해의 의사표시를 하였더라도 그 사람이 사망하였다면 이후 명의사용에 대한 양해는 더 이상 존재하지 않는다.[1]

2. 양해와 승낙의 구별

어느 법익주체가 발하는 승낙의 의사표시가 단순히 구성요건 단계에서 논의되는 양해에 해당하는가 아니면 위법성조각사유로 기능하는가 하는 문제는 일률적으로 결정할 사항이 아니다. 이 문제는 일단 개개의 구성요건이 가지고 있는 특성을 살핀 후 개별적으로 판단하여야 한다.

일반적으로 볼 때 구체적인 구성요건표지가 처음부터 법익주체의 자유로운 자기결정권을 전면에 내세우지 아니하는 경우에는 일단 형법 제24조가 규정한 피해자의 승낙으로 보아야 할 것이다. 우선 당해 행위의 구성요건해당성을 인정하고 위법성 판단단계에서 위법성조각을 논하는 것이 법익보호에 보다 충실하다고 생각되기 때문이다.

관련된 예를 한 가지 들어본다. 「아동·청소년의 성보호에 관한 법률」은 아동·청소년성착취물(동법2 v)을 제작·수입 또는 수출하는 자를 처벌하고 있다(동법11①). 객관적으로 아동·청소년이 등장하여 성적 행위를 하는 내용을 표현한 영상물을 제작하는 한, 대상이 된 아동·청소년의 동의하에 촬영한 것이라거나 사적인 소지·보관을 1차적 목적으로 제작한 것이라고 하여 위 조항의 '아동·청소년성착취물'에 해당하지 아니한다거나 이를 '제작'한 것이 아니라고 할 수 없다.[2]

다만, 아동·청소년인 행위자 본인이 사적인 소지를 위하여 자신을 대상으로 '아동·청소년성착취물'에 해당하는 영상 등을 제작하거나 그 밖에 이에 준하는 경우로서, 영상의 제작행위가 헌법상 보장되는 인격권, 행복추구권 또는 사생활의 자유 등을 이루는 사적인 생활 영역에서 사리분별력 있는 사람의 자기결정권의 정당한 행사에 해당한다고 볼 수 있는 예외적인 경우에는 위법성이 없다.[3]

양해와 피해자의 승낙은 구별해야 한다. 양해는 개별적 구성요건요소와 관련된 의사표시이다. 양해가 있다고 오인하는 것은 구성요건적 착오에 해당한다. 이에 대해 형법 제24조의 피해자의 승낙은 위법성조각사유이다. 피해자의 승낙이 있다고 착오하는 것은 위법성조각사유의 전제사실에 대한 착오(즉 허용구성요건적 착오)이다. 이 경우에는 단순한 구성요건

---

1) 2011. 9. 29. 2011도6223, 공 2011하, 2284 = 분석 총론 『망부 명의 위임장 사건』 ☞ 1086면.
2) 2015. 2. 12. 2014도11501, 공 2015상, 505 = 『아동 동의 음란물 제작 사건』 ☞ 1087면.
3) 2015. 2. 12. 2014도11501, 공 2015상, 505 = 『아동 동의 음란물 제작 사건』.

적 착오에 비하여 착오의 주장이 법적으로 수용될 여지가 크게 줄어든다.

3. 위법성조각사유설과 구성요건해당성배제설

(1) 학설의 검토

지금까지 형법 제24조의 피해자의 승낙을 위법성조각사유로 설명하였다. 형법 제24조를 위법성조각의 문제로 보는 견해를 가리켜서 위법성조각사유설이라고 한다.[1]

이에 대하여 형법 제24조의 피해자의 승낙을 구성요건해당성을 배제하는 사유로 보는 견해가 있다.[2] [3] 이 견해를 구성요건해당성배제설이라고 지칭할 수 있을 것이다. 이 입장에서는 피해자의 의사표시를 구성요건 단계로 전진배치함으로써 개개인의 자유영역에 보다 강력한 법적 보호를 제공할 수 있다고 주장한다. 그리고 구성요건 단계에서 피해자의 승낙을 포착할 때 착오의 주장을 더 넓게 수용할 수 있다고 본다.

그러나 이러한 주장에는 찬성할 수 없다. 피해자의 승낙을 구성요건해당성배제사유로 보려는 견해는 독일 형법학계에서 주장되고 있는 이론이다. 독일 형법에는 피해자의 승낙에 관한 규정이 총칙부분에 마련되어 있지 않다. 독일 형법전에 실정법적 근거가 없음에도 불구하고 피해자의 승낙을 총론적인 위법성조각사유로 인정하는 다수견해에 반대하여 독일 학계에서 제시된 학설이 구성요건해당성배제설이다.

(2) 우리 형법의 태도

우리 형법은 제24조에서 피해자의 승낙에 관한 명문의 규정을 두고 있다. 따라서 실정법적 근거를 확보하기 위하여 이와 같이 무리하게 이론을 구성할 필요가 없다. 우리 입법자는 형법 제20조부터 제24조에 걸쳐서 위법성조각사유들을 체계적으로 배열해 놓고 있다. 피해자의 승낙을 규정한 형법 제24조는 실질적 위법성의 관점에서 설정된 위법성조각사유의 하나로 파악하는 것이 우리 형법전의 체계에 비추어 논리적이다.

나아가 피해자의 승낙을 위법성조각사유로 파악할 때 오히려 시민들에게 형벌로부터 자유로운 영역을 보다 많이 확보해 줄 수 있다. 일단 구성요건 단계에서 피해자의 승낙을 양해의 문제로 걸러낸 다음에 다시 한번 위법성의 영역에서 피해자의 승낙을 위법성조각사유로 검토할 수 있기 때문이다.

---

1) 권오걸, 241면; 박상기, 142면; 배종대, 277면; 성낙현, 281면; 손동권 · 김재윤, 239면; 오영근, 223면; 이재상 · 장영민 · 강동범, 274면; 이정원, 182면; 임웅, 281면; 정성근 · 정준섭, 142면; 정영일, 242면.
2) 김일수 · 서보학, 166면.
3) 김성돈, 309면은 형법 제24조가 구성요건해당성배제사유와 위법성조각사유의 이원적 구조를 가지고 있다고 본다.

4. 피해자의 승낙의 법적 근거

피해자의 승낙이 위법성을 조각시키는 근거에 대하여 독일 형법학계에서는 몇 가지 학설이 제시되고 있다. 독일 형법학에서 이러한 학설대립이 나타나게 되는 계기는 피해자의 승낙에 관하여 독일의 입법자가 형법총칙에서 아무런 규정을 두고 있지 않기 때문이다.

명문의 근거가 없는 상황에서도 독일 형법학계의 많은 사람들은 피해자의 승낙을 위법성조각사유로 인정하고 있다. 피해자의 승낙이 위법성조각의 효력을 발생시키는 근거에 대하여 독일 형법학계에서는 법률행위설, 이익흠결설, 보호객체흠결설, 입법정책설 등이 제시되고 있다. 현재 우리 학계에도 독일 형법학의 영향을 받아 유사한 내용의 학설들이 제시되고 있다.

(가) 법률행위설　　법률행위설은 피해자의 승낙이 의사표시라는 점에 주목한다. 의사표시를 본질적 요소로 하는 법률요건이 **법률행위**이다. 사법상 법률행위는 권리와 의무를 발생시킨다. 이러한 관점에서 피해자의 승낙이라는 의사표시가 상대방에게 법익침해를 가능하게 하는 권리를 발생시킨다고 보는 견해가 **법률행위설**이다. 권리행사는 법질서가 허용하는 것이므로 피해자의 승낙에 기초한 법익침해행위는 위법성이 조각된다는 것이다.

(나) 이익흠결설　　이익흠결설은 법익주체의 처분권에 주목한다. 이익흠결설은 다음과 같은 논지를 전개한다. 「법질서가 일정한 법익을 법익주체에게 허용하는 경우에 법익주체는 그 법익에 관하여 무제한의 처분권을 향유한다. 이 처분권의 내용에는 법익포기까지도 포함된다. 피해자의 승낙은 법익포기의 의사표시이다. 따라서 피해자의 승낙에 의한 행위에 법질서가 관심을 기울일 필요가 없다.」 이와 같이 피해자의 승낙에 의하여 법질서가 보호할 만한 이익이 존재하지 않게 되어 위법성이 조각된다는 견해를 가리켜서 이익흠결설이라고 한다.[1]

(다) 보호객체흠결설　　이익흠결설과 비슷하지만 구별되는 것으로 보호객체흠결설이 있다. 보호객체흠결설은 법익주체의 의사를 최대한 존중해야 한다고 주장한다. 구성요건에 해당하는 위법한 행위(즉 불법)는 단순히 법익 그 자체를 침해하거나 위태롭게 하는 것을 넘어서 법익주체의 법익에 대한 자율적 처분권을 존중하지 않겠다는 태도의 표현이기도 하다. 그런데 피해자가 법익침해를 승낙한다면 구성요건해당행위는 법익주체의 자율적 처분권을 침해하지 않은 것이 된다. 요컨대 존중해야 할 법익주체의 의사가 존재하지 않기 때문에 위법성이 조각된다고 보는 견해가 **보호객체흠결설**이다.[2]

---

1) 권오걸, 250면; 손동권·김재윤, 240면(입법정책설＋이익포기설); 이정원, 187면.
2) 오영근, 222면.

(라) 상당성설　　상당성설은 사회질서 전체의 이념에 비추어 승낙과 그에 기한 법익
침해행위가 상당성을 갖기 때문에 침해행위의 위법성이 조각된다고 보는 견해이다.[1] 우리
형법 제20조가 위법성판단의 실질적 기준이 사회상규임을 명시하고 있다는 점에 착안한 이
론구성이다. 그리하여 피해자의 승낙이 있더라도 그것이 사회상규에 위배될 때에는 위법성
이 조각되지 않는다고 새긴다. 상당성설은 사회상규설이라고도 한다.

(마) 입법정책설　　이상의 학설에 대하여 입법정책설이 제기되고 있다. 법익의 처분
에 대한 자율권은 법익의 최대한 유지라는 공익과 대립하는 경우가 많다. 그러나 개개인이
자신의 자질과 능력을 최대한 발휘할 수 있도록 하는 것도 공익의 일부에 속한다. 따라서
개개인이 자신의 법익을 처분하는 것에 대하여 이를 무조건적으로 금지할 일은 아니다. 이
러한 상황에서 개개인의 자유로운 법익처분과 법공동체의 법익유지요청을 조절하는 것은
입법자의 몫이다. 피해자의 승낙은 결국 입법자가 공익유지의 테두리 안에서 개인에게 법
익처분의 자율권을 인정한 것이다. 입법자가 인정한 한도 내에서 피해자의 승낙이 위법성
조각사유로 인정된다는 견해를 가리켜서 **입법정책설**이라고 한다.[2]

(바) 관습법설　　한편 피해자의 승낙이 위법성조각사유로 작용하는 법적 근거를 발견
하기 위하여 독일 법원은 관습법설을 주장하고 있다. 관습법이란 사회적으로 널리 승인되
어 규범력을 가지게 된 관행을 말한다. 관습법설은 지금까지의 관행과 법적 확신에 비추어
볼 때 피해자의 승낙에 기인한 행위는 위법성이 조각된다고 보는 견해이다.

(사) 사 견　　독일 형법학계에서 제시된 이상의 다양한 견해들은 피해자의 승낙을
설명함에 있어서 여러 가지 관점들을 부각시켜 준다. 그러나 이러한 학설들은 피해자의 승
낙이라는 위법성조각사유가 실정법에 근거를 확보하지 못한 독일 형법전의 조문체계를 전
제로 할 때 의미 있는 견해들이다.

한편 상당성설은 우리 형법 제20조의 사회상규에 주목하는 점에서 독일 형법학에서 유
래한 다른 견해들과 구별된다. 그러나 이 견해는 형법 제20조가 규정한 '기타 사회상규에
위배되지 아니하는 행위'라는 일반적 위법성조각사유 이외에 별도로 형법 제24조에서 피해
자의 승낙을 위법성조각사유로 독립시켜 놓은 이유를 설명하지 못하고 있다.

우리 입법자는 형법 제24조에서 피해자의 승낙에 관한 명문의 규정을 두고 있다. 실정
법의 조문이 이미 마련되어 있다는 관점에서 볼 때 피해자의 승낙은 입법정책설의 관점에
따라서 설명하는 것이 가장 타당하다고 본다.

---

1) 정영일, 244면.
2) 김혜정 외 4인, 184면; 성낙현, 282면; 이재상·장영민·강동범, 277면; 임웅, 282면; 정성근·정준섭,
143면.

형법 제24조는 "처분할 수 있는 자의 승낙에 의하여 그 법익을 훼손한 행위는 법률에 특별한 규정이 없는 한 벌하지 아니한다."고 규정하고 있다. 이 규정에 따르면 피해자의 승낙이 위법성조각사유로 작용하기 위한 요건은 (가) 피해자의 승낙, (나) 법익침해행위, (다) 양자 사이의 인과관계, (라) 법률상 특별한 규정의 유무 등으로 이루어진다.

제3 피해자의 승낙의 요건

【사례 67】 우리나라 국가대표 축구팀은 월드컵 본선 8강전에서 마침내 숙적 P국 국가대표팀과 맞붙게 되었다. 시합이 시작되자마자 우리나라 국가대표팀 선수 갑은 P국 대표팀의 스타플레이어 A에게 강력한 태클을 가하였다. 이 파울로 A선수는 심한 통증 때문에 2, 3분 동안 일어나서 뛸 수 없었다.

이 경우 갑에 대하여 폭행죄(법260①)의 죄책을 물을 수 있겠는가?

【사례 68】 A는 친구 갑이 얼큰히 취해 있는 것을 알면서 갑이 운전하는 차에 동승하였다. 그런데 갑은 술에 취하였기 때문에 일단정지 신호판을 제때에 보지 못하여 다른 차와 충돌하였다. 이 사고로 A는 부상을 입었다.

이 경우 갑을 업무상 과실치상죄(법268) 및 「도로교통법」상의 음주운전죄(동법148의 2① i, ②)로 처벌할 수 있겠는가?

---

1. 피해자의 승낙행위

(1) 법익의 주체

승낙은 법익침해를 받아들이겠다는 법익주체의 의사표시를 말한다. 따라서 승낙을 할 수 있는 자는 법익의 주체로 한정된다. 형법 제24조는 이 점을 나타내기 위하여 '처분할 수 있는 자'라는 표현을 사용하고 있다. 원래 처분이란 권리의무에 변동을 가져오는 일체의 행위를 가리킨다. 예컨대 소유권자는 소유권의 객체인 물건을 사용, 수익, 처분할 수 있다(민법 211 참조). 이 때 처분은 물건의 소유권을 다른 사람에게 넘기거나 또는 물건을 망가뜨려서 아예 소유권을 소멸시키는 것 등을 모두 포함한다. 이러한 처분행위는 원칙적으로 권리의 주체만이 할 수 있다.

사법상의 처분은 '권리'의 변동을 가져오는 행위를 말한다. 이에 대하여 형법은 '법익'의 보호를 목적으로 한다. 법익은 법질서가 중요하다고 판단한 생활이익이다. 이 법익은 때때로 권리의 형태로 격상되어 권리자가 이를 주장할 수 있는 법적인 힘을 수반하기도 한다.

그러나 아직 권리로 격상되지 아니한 형태의 생활이익이 법익으로 보호받는 일도 있다. 형법은 '권리보호'에 국한하지 아니하고 '법익보호'에까지 관심을 갖는다. 이러한 의미에서 형법 제24조가 규정한 '처분할 수 있는 자'란 법익에 변동을 가할 수 있는 자, 즉 법익주체를 말한다.

〈사례 해설〉 〔사례 67〕의 사안에서 우리나라의 온 국민이 갑의 태클행위에 환호하면서 박수를 보낸다고 해 보자. 온 국민이 "잘 했어!"라고 말해도 갑의 행위를 두고 곧바로 위법성이 조각된다고 말할 수는 없다. 왜냐하면 우리나라 전국민의 의사를 법익주체인 상대편 선수 A의 의사표시와 동일시할 수는 없기 때문이다.

(2) 법익의 종류와 제한

(가) 국가적 법익   법익은 그 주체에 따라 개인적 법익, 사회적 법익, 국가적 법익으로 분류할 수 있다. 형법 제24조는 승낙의 대상이 되는 법익을 '처분할 수 있는 법익'으로 한정하고 있다. 그렇다면 피해자의 승낙이 적용되는 법익은 개인적 법익에 국한된다. 사회적 법익이나 국가적 법익의 경우에는 개개인이 이를 처분할 수 없기 때문이다.

형법 제156조의 무고죄는 국가의 형사사법권 또는 징계권의 적정한 행사를 주된 보호법익으로 하고, 개인이 부당하게 처벌 또는 징계받지 아니한 이익을 부수적으로 보호하는 죄이다. 그러므로 설사 무고에 있어서 피무고자의 승낙이 있었다고 하더라도 무고죄의 성립에는 영향을 미치지 못한다.[1]

(나) 사회적 법익   어느 사람이 여러 사람이 이용하는 공원 내에 주차해 놓은 자동차 안에서 상대방과의 성행위에 동의한 경우를 생각해 본다. 그 사람이 성행위에 동의하였다면 형법 제297조의 강간죄는 구성요건 단계에서에서부터 논의될 여지가 없다. 소위 양해가 존재하기 때문이다. 그러나 형법 제245조가 규정한 공연음란죄는 성립한다. 왜냐하면 그 사람은 건전한 성적 풍속이라는 사회적 법익의 주체가 아니어서 법익포기의 승낙을 할 자격이 없기 때문이다.[2]

사회적 법익이나 국가적 법익을 보호하는 구성요건의 경우에 개개인이 범행의 객체로 등장하는 일이 있다. 이 경우 실행행위의 직접적 상대방이 된 자가 범행을 승낙한다 하더라도 피해자의 승낙으로 위법성이 조각되지 않는다. 이 경우 문제되는 법익은 범행 상대방이 처분할 수 있는 법익이 아니기 때문이다.

---

1) 2005. 9. 30. 2005도2712, 공2005. 11. 1.(237), 1753 = 분석 각론 『합의 주선용 고소장 사건』.
2) 2017. 10. 26. 2016도16031, 공 2017하, 2229 = 『표지갈이 사건』 ☞ 1089면.

(다) 개인적 법익　　개인적 법익은 처분할 수 있는 법익이다. 그렇다고 개인적 법익에 대하여 피해자의 승낙이 무제한적으로 인정되는 것은 아니다. 형법 제24조는 법률에 특별한 규정이 있으면 개인적 법익의 경우에도 피해자의 승낙을 배제하고 있기 때문이다. 이와 관련되는 형법규정의 예로 촉탁·승낙에 의한 살인죄(법252①)를 들 수 있다.

환자가 의사에게 치사량이 넘는 진통제를 주사해 달라고 간청하는 경우를 생각해 본다. 이 경우 환자는 생명이라는 개인적 법익의 주체로서 법익의 침해를 승낙하고 있다(엄밀하게 말하면 촉탁이다). 그러나 입법자는 고의적인 살인행위를 엄격하게 금지하고 있다. 따라서 만일 의사가 환자의 요청에 따라 치사량이 넘는 진통제를 주사하였다면 그 의사는 형법 제252조 제1항의 촉탁살인죄로 처벌될 것이다.

「성폭력범죄의 처벌 등에 관한 특례법」은 카메라나 그 밖에 이와 유사한 기능을 갖춘 기계장치를 이용하여 성적 욕망 또는 수치심을 유발할 수 있는 사람의 신체를 촬영대상자의 의사에 반하여 촬영한 자를 처벌하고 있다(동법14①). 촬영대상자의 의사에 반하지 않을 것을 요건으로 하므로 촬영대상자의 동의나 승낙이 있어서 그의 의사에 반하지 않는 경우는 처벌되지 않는다. 그렇지만 위의 촬영이 촬영 당시에는 촬영대상자의 의사에 반하지 아니한 경우(자신의 신체를 직접 촬영한 경우를 포함한다)에도 사후에 그 촬영물 또는 복제물을 촬영대상자의 의사에 반하여 반포 등의 행위를 한 자는 처벌된다(동조②).

(3) 승낙의 시점과 표시방법

(가) 승낙의 시점　　피해자의 승낙은 행위자가 구성요건을 실현하는 시점에 현실적으로 존재하여야 한다. 반드시 사전에 승낙이 이루어질 필요는 없으나 적어도 실행행위의 시점에는 승낙이 존재하여야 한다. 한편 피해자의 승낙은 언제든지 자유롭게 철회할 수 있고,[1] 그 철회의 방법에는 아무런 제한이 없다.[2]

사후(事後)의 승낙은 유효한 승낙이 될 수 없다.[3] 형법 제24조가 예정하는 피해자의 승낙에는 예컨대 민법 제130조와 같은 추인은 인정되지 않는다. 사후승낙은 친고죄나 반의사불벌죄의 경우에 소송법적으로 의미를 가질 수 있을 뿐이다.

(나) 승낙의 표시방법　　승낙은 법익침해를 받아들이겠다는 법익주체의 의사표시이다. 이 의사표시는 어떠한 방법으로든지 외부에 표시되어야 한다. 구두나 서면에 의한 명시적 의사표시가 꼭 이루어져야 하는 것은 아니다. 묵시적 의사표시도 가능하다. 여러 가지

---

1) 2019. 6. 13. 2019도3341, 공 2019하, 1413 = 『필로폰 후 성적 학대 사건』.
2) 2011. 5. 13. 2010도9962, [미간행] = 『인테리어 공사 도끼 사건』☞ 1090면.
3) 2012. 1. 27. 2010도11884, 공 2012상, 403 = 분석 총론 『6급공무원 근무평정 사건』.

사정을 종합하여 승낙의 의사표시를 인정할 수 있으면 족하다.

승낙의 의사표시가 구성요건을 실현시키는 행위자에게 전달되어야 하는가 하는 문제가 있다. 민법의 규정에 의하면 의사표시는 외부적으로 표시되어 상대방에게 도달되어야 효력이 발생한다(민법111①). 이 문제에 대하여 피해자의 승낙이라는 의사표시가 민법의 경우처럼 외부적으로 표시되고 전달되어야 한다고 보는 견해가 있다. 이를 가리켜서 의사전달설이라고 한다. 이에 대하여 피해자의 승낙이라는 의사표시는 의사표시가 존재하는 것으로 족하고 반드시 외부에 표현될 필요가 없다고 보는 견해가 있다. 이를 가리켜서 의사방향설이라고 한다.

형법상 피해자의 승낙은 반드시 민법의 의사표시이론에 따를 필요는 없다. 그렇다고 외부적으로 표현되지 아니한 의사표시를 기준으로 삼을 수도 없다. 여기에서 절충적인 견해로서 의사확인설이 제시되고 있다. 의사확인설은 의사표시가 민법상 의사표시처럼 행위자에게 전달될 필요는 없으나 외부적으로 피해자의 의사표시를 확인할 수 있는 객관적 사유가 있으면 유효한 승낙으로 보는 견해이다.[1] 의사확인설이 타당하다고 본다.

〈사례 해설〉 〔사례 67〕의 사안에서 축구시합에 참가한 갑 선수는 상대팀 선수 A에게 강력한 태클을 가하고 있다. 이 경우 갑에게 형법상 폭행죄(법260①)가 성립할 것인가를 살펴본다. 운동경기에 참여하는 사람들은 "이 운동에 수반되는 전형적인 사고나 부상은 이를 감수하겠다."는 의사를 묵시적으로 표시하였다고 볼 수 있다. 이 때 승낙의 대상이 된 사고나 부상은 공정하게 진행되는 경기에 통상적으로 수반될 수 있는 정도의 것이다. 따라서 단순한 태클로 가하는 폭행은 이미 피해자의 승낙이 있어서 위법한 행위라고 할 수 없다. '마지막 저지선'을 구축하기 위하여 과감한 태클이 행해지는 경우도 마찬가지이다.

그런데 공정한 경기진행에 수반하여 일어나는 파울 때문에 시합하는 양팀의 실력에 우열이 뒤바뀔 경우가 있다. 이 경우 양팀의 우열을 재조정하는 것은 심판의 몫이다. 심판은 프리킥, 페널티킥 등과 같은 판정을 통하여 양팀의 우열을 재조정한다. 그러나 운동장 안에서의 주먹다짐과 같은 중대한 파울은 이제 심판의 권한에 속하는 문제가 아니다. 이 경우에는 피해자의 승낙을 거론할 수 없다. 본격적인 주먹다짐은 공정한 경기진행에 수반되는 통상적인 것이 아니어서 승낙의 의사표시 속에 처음부터 포함되지 않는다. 이제 문제는 심판이 아니라 사법당국이 해결해야 할 차원으로 넘어가게 된다.

---

1) 김성천 · 김형준, 245면; 김일수 · 서보학, 171면; 박상기, 151면; 배종대, 283면; 성낙현, 285면; 손동권 · 김재윤, 233면; 이재상 · 장영민 · 강동범, 281면; 이정원, 193면; 정성근 · 정준섭, 144면.

〈사례 해설〉 〔사례 68〕의 사안에서 A에게 부상을 입힌 갑의 행위는 업무상 과실치상죄의 구성요건에 해당한다. 그런데 A는 운전자 갑이 술에 취하여 있다는 사실을 알면서도 그 차에 동승하였다. 이러한 사실로부터 법익주체인 A가 "나의 신체에 침해가 있더라도 나는 이를 받아들이겠다."는 의사표시를 한 것이라고 새길 여지가 있다. 그러나 묵시적 행동에 의한 피해자의 승낙은 아주 제한된 범위에서만 인정된다.

동승행위가 피해자의 승낙으로 작용하여 위법성이 조각되려면 동승행위가 피해자의 승낙으로 인정될 만한 특수사정이 존재하여야 한다. 예컨대 객관적으로 볼 때 운전자 갑의 음주상태나 차량의 정비불량 등과 같은 이례적 사정으로 인하여 동승행위가 매우 높은 위험을 수반하고 있으며, 또한 주관적으로 동승자 A가 이러한 사실을 인식하고 있어야 한다. 이와 같은 위험증대의 사정이 특별히 존재하지 않는 한 보통의 동승행위만 있을 뿐이다. 단순한 동승행위를 가리켜서 신체침해에 대한 피해자의 승낙이라고 말할 수는 없다.

〔사례 68〕의 사안에서 동승행위가 매우 위험한 것임을 알면서 A가 만취한 갑의 차량에 굳이 동승하였다고 생각해 보자. 신체의 완전성이라는 법익은 법익주체의 처분권에 속한다. 그러므로 위에서 본 바와 같은 특별한 사정이 존재한다면 A의 묵시적인 승낙은 유효한 것으로 인정될 수 있다. 이 경우 업무상 과실치상죄의 구성요건에 해당하는 행위는 위법성이 조각된다. 그러나 그렇다고 하여 「도로교통법」이 규정한 음주운전죄까지 위법성이 조각되는 것은 아니다.

음주운전죄를 처벌하는 「도로교통법」 제148조의2는 직접적으로 법익침해의 위험에 처해진 사람을 포함하여 사회의 일반인 전체를 보호법익의 주체로 예정하고 있다. 동승자 A는 교통의 안전이라는 사회적 법익을 단독으로 처분할 수 없다. 그러므로 갑은 음주운전죄 부분에 대하여 피해자의 승낙을 이유로 위법성조각을 주장하지 못한다.

(4) 피해자의 승낙과 행위능력

(가) 의사능력과 행위능력　　승낙은 법익의 침해를 받아들이겠다는 법익주체의 의사표시이다. 사자(死者)는 승낙의 의사표시를 할 수 없다.[1] 승낙의 의사표시는 의사능력 있는 사람에 의하여 자유롭고 진지하게 이루어져야 한다. 의사능력이란 상대방의 행위에 의하여 자신의 법익 가운데 어느 법익이 침해되는지를 내적으로 인식할 수 있고 이 인식에 기초하여 법익포기의 의사를 외부에 유효하게 표시할 수 있는 능력을 말한다.

사법상으로 볼 때 사람들 사이에 권리와 의무를 발생시키는 계기 가운데 가장 빈번한 것이 법률행위이다. 법률행위는 의사표시를 본질적 요소로 하는 법률요건이다. 법률요건이란 법률효과를 발생시키기 위하여 갖추어야 할 조건이다. 사법상 유효하게 권리와 의무가

---

1) 2011. 9. 29. 2011도6223, 공 2011하, 2284 = 분석 총론 『망부 명의 위임장 사건』 참조.

발생하려면 우선 행위주체에게 의사능력이 있어야 한다.

그런데 의사능력은 사람마다 차이가 있어서 일일이 이를 분간하기가 곤란하다. 이러한 사정 때문에 일정한 기준을 세워서 유효하게 의사표시를 할 수 있는가 아닌가를 표시할 필요가 있다. 이 때 사용되는 기준이 미성년자, 제한능력자 등과 같은 외부적 표지이다(민법5 이하 참조). 유효하게 의사표시를 발할 수 있는 능력을 가리켜서 사법상 행위능력이라고 한다. 유효하게 법률행위를 할 수 있는 능력이라는 말을 줄여서 표현한 것이다.

(나) 법익보호와 의사표시   형법 제24조에서 말하는 피해자의 승낙도 의사표시이다. 이 의사표시가 유효하게 위법성조각이라는 법적 효과를 발생시키려면 의사능력 있는 자에 의하여 승낙의 의사가 외부에 표시되어야 한다. 여기에서 형법상 의사표시를 발하는 능력과 민법상 의사표시를 발하는 능력 사이에 어떠한 차이가 있는가를 살펴볼 필요가 있다.

형법은 법익보호를 임무로 한다. 법익은 법공동체의 유지에 필요한 생활이익을 말한다. 형법상 보호되는 법익은 형벌을 동원해서라도 보호할 필요가 있다고 입법자가 판단한 생활이익이다. 형법 제24조에서 규정하고 있는바 법익침해를 받아들이겠다는 승낙의 의사표시는 형법상 보호되는 법익을 대상을 하고 있다. 이에 대하여 민법의 의사표시는 일반인들의 통상적인 생활관계에서 문제되는 권리와 의무를 대상으로 하고 있다.

형법상의 법익은 형벌을 동원해서라도 보호해야 할 생활이익이다. 이 때문에 형법상 법익침해에 대한 의사표시는 개개인의 법익주체를 중심으로 신중하게 판단하지 않으면 안 된다. 형법상 법익포기에 관한 의사표시는 진지하고도 자유롭게 이루어져야 한다. 그래야만 형법은 그 의사표시에 대하여 위법성조각이라는 법적 효과를 부여할 수 있다. 형법상 보호되는 법익의 중요성에 비추어 볼 때 민법의 의사표시에 관한 규정은 형법상 피해자의 승낙에 관한 기준으로 그대로 쓰일 수는 없다.

(다) 유효한 승낙과 행위능력   여기에서 먼저 승낙과 행위능력의 관계를 본다. 민법 제4조 이하의 행위능력에 관한 규정은 형법상 피해자의 승낙에 적용되지 않는다. 형법에서는 현실적이고 구체적인 판단능력(인식능력과 평가능력)이 문제될 뿐이다. 이러한 판단능력은 개별적·구체적으로 확인해야 한다. 경우에 따라서는 미성년자에게도 승낙의 의사표시를 유효하게 발할 수 있는 능력이 인정될 수 있다.[1] 반대로 성년인 사람이라도 예컨대 술에 만취한 사람은 형법상 자신의 법익을 침해하는 행위에 대하여 유효한 승낙을 할 수 없다.

어린아이는 사법상 행위능력이 없다. 이 경우에는 형법적으로도 승낙의 의사표시를 할 수 없음은 물론이다. 그러나 이 때 어린아이에게 민법상 행위능력이 없다는 이유로 형법상 유효한 승낙이 부인되는 것은 아니다. 개별적·구체적으로 판단해 볼 때 어린아이에게는 처음부터

---

[1] 2015. 2. 12. 2014도11501, 공 2015상, 505 =『아동 동의 음란물 제작 사건』☞ 1087면.

법익포기에 관한 의사능력을 인정할 수 없기 때문에 유효한 승낙이 부인되는 것이다.[1] [2]

(라) 아동·청소년의 성적 자기결정권 행사   아동·청소년의 성적 자기결정권 행사와 관련하여 유효한 승낙 여부가 문제된다. 아동·청소년은 사회적·문화적 제약 등으로 아직 온전한 성적 자기결정권을 행사하기 어렵다. 뿐만 아니라, 아동·청소년은 인지적·심리적·관계적 자원의 부족으로 타인의 성적 침해 또는 착취행위로부터 자신을 방어하기 어려운 처지에 있다. 또한 아동·청소년은 성적 가치관을 형성하고 성 건강을 완성해가는 과정에 있으므로 아동·청소년에 대한 성적 침해 또는 착취행위는 아동·청소년이 성과 관련한 정신적·신체적 건강을 추구하고 자율적 인격을 형성·발전시키는 데에 심각하고 지속적인 부정적 영향을 미칠 수 있다. 따라서 아동·청소년이 외관상 성적 결정 또는 동의로 보이는 언동을 하였다 하더라도, 그것이 타인의 기망이나 왜곡된 신뢰관계의 이용에 의한 것이라면, 이를 아동·청소년의 온전한 성적 자기결정권의 행사에 의한 것이라고 평가하기 어렵다.[3]

「아동복지법」상 아동매매죄(동법71 i, 17 i)에 있어서는 설령 아동 자신이 동의하였더라도 유죄가 인정된다.[4] 「아동복지법」상 아동에 대한 성적 학대행위(동법71 i의2, 17 ii)에 해당하는지를 판단함에 있어서는 아동이 명시적인 반대의사를 표시하지 아니하였더라도 성적 자기결정권의 행사가 자신을 보호할 능력이 부족한 상황에 기인한 것인지 가려보아야 한다.[5] 아동·청소년이 자신을 대상으로 아동·청소년성착취물을 제작하는 데에 동의하였더라도 원칙적으로 「아동·청소년의 성보호에 관한 법률」(청소년성보호법)상 아동·청소년성착취물 제작죄(동법11①)를 구성한다.[6]

(5) 피해자 승낙의 대리

(가) 대리의 의의   다음으로, 피해자의 승낙과 의사표시의 대리에 관하여 살펴본다. 대리란 본인이 직접 의사표시를 하지 아니하고 타인이 대신하여 의사표시를 하는 것을 가리킨다. 민법상 대리는 그 자체가 의사표시로서 본인에게 권리와 의무를 발생시킨다. 이 경우 의사표시는 대리인이 발하였음에도 불구하고 발생된 권리와 의무는 본인에게 귀속된다. 민법은 법정대리와 임의대리라는 두 가지 형태의 대리를 인정하고 있다. 법정대리는 법

---

1) 1980. 9. 24. 79도1387, 공 1980, 13244 = 분석 각론 『여호와의 증인 수혈거부 사건』 ☞ 1090면.
2) 2015. 8. 27. 2015도6480, 공 2015하, 1454 = 『동의 아동매매 사건』 ☞ 1091면.
3) 2022. 7. 28. 2020도12419, 공 2022하, 1809 = 『아동 음란 영상통화 사건』 ☞ 1092면.
4) 2022. 7. 28. 2020도12419, 공 2022하, 1809 = 『아동 음란 영상통화 사건』.
5) 2022. 7. 28. 2020도12419, 공 2022하, 1809 = 『아동 음란 영상통화 사건』.
6) 2022. 7. 28. 2020도12419, 공 2022하, 1809 = 『아동 음란 영상통화 사건』.

률의 규정에 근거하여 대리권이 인정되는 것이다. 이에 대하여 임의대리는 본인의 대리권
수여에 기초하여 대리인에게 의사표시의 권능이 인정되는 것이다.

(나) 피해자 승낙의 대리   형법상 승낙의 의사표시는 원칙적으로 법익주체 자신의
의사가 표시된 것이어야 한다. 형법이 보호하는 법익은 중대한 법익이기 때문에 법익주체
의 의사표시가 결정적으로 중요하다. 이러한 관점에서 볼 때 법익주체가 법익포기의 의사
표시를 다른 사람이 대신 발하도록 맡기는 것은 허용되지 않는다. 따라서 형법상 피해자의
승낙에 있어서 임의대리는 허용되지 않는다.

이에 대하여 법정대리는 한정된 범위에서 허용된다. 법익주체가 사리판단을 제대로 하
기에 너무 어리거나 사리판단을 제대로 할 수 없는 사정이 있다면 스스로 유효한 법익포기
의 의사표시를 할 수 없다. 이 때에는 부득이 부모(민법911)나 보호자(민법938) 등이 법익주
체를 대리하여 승낙의 의사표시를 하지 않을 수 없다. 이러한 경우에는 형법상으로도 법정
대리인에 의한 승낙의 대리가 허용된다.

형법상 피해자의 승낙이 법정대리인에 의하여 행해지더라도 대리인의 의사표시는 가능
한 한 법익주체의 추정된 진의에 부합하여야 한다. 예컨대 법정대리인인 아버지가 종교적
인 이유를 들어서 미성년자인 자녀에게 의사가 수혈하는 것을 반대하는 상황을 생각해 볼
수 있다. 수혈의 시기를 놓쳐서 자녀의 건강에 중대한 장애가 초래될 것임에도 불구하고
법정대리인이 승낙을 거부한다면 이 경우는 법정대리권의 남용에 해당한다.[1] 같은 관점에
서 법정대리인이 경제적 이유만을 들어서 중대한 후유장애가 염려되는 자녀의 퇴원을 결정
하는 것도 법정대리권의 남용이 될 수 있다. 이러한 경우에 법정대리인에 의한 승낙의 의사
표시는 형법상 유효한 의사표시가 되지 못한다.

(6) 승낙과 흠 있는 의사표시

(가) 승낙의 취소   형법상 피해자의 승낙은 법익주체가 법익침해를 받아들이겠다는
의사표시이다. 이 의사표시가 위법성조각이라는 법적 효과를 발생시키려면 그 의사표시는
진지하고도 자유롭게 결정된 것이어야 한다. 착오, 사기, 강박 등에 의하여 승낙의 의사표
시가 진지하고도 자유롭게 결정되지 못하였다면 그 의사표시는 형법상 유효한 승낙으로 인
정되지 않는다.

민법상으로 볼 때 착오, 사기, 강박에 의한 의사표시는 처음부터 무효가 되는 것이 아니
라 취소할 수 있을 뿐이다(민법109①, 110① 참조). 이 경우 의사표시는 취소될 때까지 일단
유효하되 취소가 있으면 소급하여 그 효력이 상실된다. 여기에서 형법상 승낙의 의사표시

---

1) 1980. 9. 24. 79도1387, 공 1980, 13244 – 분석 각론 『여호와의 증인 수혈거부 사건』.

에도 취소의 이론을 적용할 수 있는가 하는 의문이 생긴다.

결론부터 말한다면 민법상의 취소이론을 형법상 피해자의 승낙에 그대로 적용할 수는 없다. 취소란 일단 유효한 의사표시로 인정하였다가 취소가 있을 때 소급하여 처음부터 효력이 없는 것으로 만드는 새로운 의사표시이다. 취소에 따르는 소급효를 형법의 영역에서 인정하게 되면 사인이 발하는 취소의 의사표시 여하에 따라서 구성요건해당행위에 대한 적법·위법의 판단이 좌우된다. 행위 당시에 피해자의 승낙에 의하여 위법성이 조각되었던 행위가 피해자의 승낙취소라는 의사표시에 의하여 사후적으로 다시 위법한 행위로 반전되기 때문이다. 그렇기 때문에 형법상 승낙의 의사표시에 착오, 사기, 강박 등의 흠결이 개입하고 있는 경우에 그 의사표시는 처음부터 유효한 승낙으로 인정되지 않는다.

(나) 사소한 착오에 의한 승낙   승낙의 의사표시가 착오에 의하여 이루어진 경우에는 원칙적으로 형법상 유효한 승낙이 되지 못한다. 법익주체의 진지한 의사표시가 존중되어야 하기 때문이다. 다만 착오에 의하여 승낙이 행해졌다 하더라도 예외적으로 승낙이 유효한 것으로 인정되는 경우가 있다. 승낙의 의사표시가 중요부분의 착오가 아니라 사소한 착오에 기초하여 이루어진 경우가 그것이다. 이러한 경우에는 예외적으로 문제의 승낙을 위법성조각사유로 인정할 수 있다.

예컨대 환자 A가 의과대학 학생 갑을 정규의사로 오인하여 환부에 연고 살포 등의 경미한 치료행위를 하도록 승낙한 경우를 생각해 본다. 환자는 상대방을 의사로 오인하였기 때문에 치료행위를 승낙한 것이다. 그러나 주어진 사정을 합리적으로 판단할 때 문제의 치료행위에는 그 착오가 없었더라도 승낙을 하였을 정도의 사소한 착오가 개입되어 있다고 생각된다. 그렇다면 이 경우의 착오는 승낙내용의 중요부분에 착오(민법109① 참조)가 있는 것이 아니어서 당해 치료행위에 대해 형법상 유효한 승낙을 인정하여도 아무런 지장이 없다고 볼 것이다.

(다) 의사의 설명의무   법익주체가 발하는 승낙의 의사표시는 진의(眞意)에 기초한 것이어야 한다. 착오나 부지(不知)에 의한 의사표시는 유효한 승낙이 되지 못한다. 이 점과 관련하여 특히 의사의 설명의무가 논의된다. 의사의 설명의무란 위험한 수술이나 처치행위를 하는 경우에 의사가 환자에게 발생할 가능성이 있는 모든 결과와 부작용을 설명해 주어야 하는 의무를 말한다.

「의료법」은 의사(이하 치과의사, 한의사 포함)가 사람의 생명 또는 신체에 중대한 위해를 발생하게 할 우려가 있는 수술, 수혈, 전신마취를 하는 경우에 원칙적으로 ① 환자에게 발생하거나 발생 가능한 증상의 진단명, ② 수술, 수혈, 전신마취의 필요성, 방법과 내용, ③ 환자에게 설명을 하는 의사 및 수술, 수혈, 전신마취에 참여하는 주된 의사의 성명, ④ 수술, 수혈, 전신마취에 따라 전형적으로 발생이 예상되는 후유증 또는 부작용, ⑤ 수술, 수혈, 전신마취 전후 환자가 준수하여야 할 사항 등 5가지 사항을 환자(환자가 의사결정능력이 없는 경우 환자의 법정대리인)에게 설명하고 서면으로 그 동의를 받아야 한다고 규정하고 있다(동법24의2① 본문·②).

이에 따라 의사는 응급환자의 경우나 그 밖에 특별한 사정이 없는 한 환자에게 수술·수혈·전신마취와 같이 인체에 위험을 가하는 의료행위를 할 경우 그에 대한 승낙을 얻기 위한 전제로서 환자에게 (가) 질병의 증상, (나) 치료방법의 내용 및 필요성, (다) 발생이 예상되는 생명, 신체에 대한 위험과 부작용 등에 관하여 당시의 의료수준에 비추어 환자가 의사결정을 함에 있어 중요하다고 생각되는 사항을 구체적으로 설명하여 환자로 하여금 수술 등의 의료행위에 응할 것인지 스스로 결정할 기회를 가지도록 할 의무가 있다.[1]

의사의 설명의무는 그 의료행위가 행해질 때까지 적절한 시간적 여유를 두고 이행되어야 한다. 환자가 의료행위에 응할 것인지를 합리적으로 결정할 수 있기 위해서는 그 의료행위의 필요성과 위험성 등을 환자 스스로 숙고하고 필요하다면 가족 등 주변 사람과 상의하고 결정할 시간적 여유가 환자에게 주어져야 하기 때문이다.[2]

의사가 환자에게 의사를 결정함에 충분한 시간을 주지 않고 의료행위에 관한 설명을 한 다음 곧바로 의료행위로 나아간다면 이는 환자가 의료행위에 응할 것인지 선택할 기회를 침해한 것으로서 의사의 설명의무가 이행되었다고 볼 수 없다.[3] 이때 적절한 시간적 여유를 두고 설명의무를 이행하였는지는 의료행위의 내용과 방법, 그 의료행위의 위험성과 긴급성의 정도, 의료행위 전 환자의 상태 등 여러 가지 사정을 종합하여 개별적·구체적으로 판단하여야 한다.[4]

의사가 설명의무를 다하지 아니한 채 환자로부터 수술에 대한 동의를 받았다면 이 때 환자의 의사표시는 유효한 승낙이 되지 못한다.[5] 다만, 의사가 설명의무를 위반한 채 의료행위를 하였고 환자에게 상해가 발생하였다고 하더라도, 의사가 업무상 과실로 인한 형사책임을 지기 위해서는 환자의 상해와 의사의 설명의무 위반 내지 승낙취득 과정에서의 잘못 사이에 인과관계가 존재하여야 한다.[6]

의사의 설명의무가 예외적으로 제한되는 경우가 있다. 「의료법」은 설명 및 동의 절차로

---

1) 2022. 1. 27. 2021다265010, 공 2022상, 446 =『설명 30분 후 수술 사건』☞ 1093면.
2) 2022. 1. 27. 2021다265010, 공 2022상, 446 =『설명 30분 후 수술 사건』.
3) 2022. 1. 27. 2021다265010, 공 2022상, 446 =『설명 30분 후 수술 사건』.
4) 2022. 1. 27. 2021다265010, 공 2022상, 446 =『설명 30분 후 수술 사건』.
5) 1993. 7. 27. 92도2345, 공 1993, 2469 = 백선 총론 43.『자궁적출 사건』.
6) 2011. 4. 14. 2010도10104, 공 2011상, 960 = 분석 총론『봉독 검사 사건』☞ 1060면.

인하여 (가) 수술, 수혈, 전신마취가 지체되면 환자의 생명이 위험해지거나 (나) 심신상의 중대한 장애를 가져오는 경우에는 설명의무의 예외를 인정하고 있다(동법24의2① 단서). (나)의 경우로 의사가 환자에게 수술의 진행과정이나 부작용 등을 설명하는 것이 환자에게 심리적 충격을 가하여 오히려 병세를 악화시키는 사태를 생각할 수 있다. 보통의 경우 환자는 이성적인 판단능력을 소유하고 있으므로 이러한 사태는 일어나지 않을 것이다. 그러나 의사가 설명의무를 다하는 것이 오히려 환자의 병세를 악화시킬 우려가 있는 때에는 예외적으로 의사에게 설명의무가 면제된다. 이와 같이 이례적인 경우에는 설명의무를 다하지 아니하고 받아낸 수술동의서도 유효한 승낙으로 인정될 수 있다.

2. 행위자의 법익침해행위

(1) 법익침해행위와 인과관계

형법 제24조가 규정한 피해자의 승낙이 성립하려면 두 번째의 요건으로 행위자의 법익침해행위가 존재하여야 한다. 행위자의 법익침해행위는 이미 구성요건에 해당하는 행위이다. 피해자의 승낙은 행위 이전에 이미 존재하고 있거나 행위 시점에 존재하여야 한다. 행위자의 법익침해행위는 이러한 피해자의 승낙에 기초한 것이어야 한다. 피해자의 승낙과 법익침해행위 사이에는 인과관계가 인정되어야 한다.

피해자의 승낙은 위법성조각사유이다. 여타의 위법성조각사유와 마찬가지로 피해자의 승낙에도 주관적 정당화요소가 갖추어져야 한다. 따라서 법익침해행위를 하는 행위자는 법익주체에게 법익침해를 받아들이겠다는 의사표시가 있음을 알고 이에 기초하여 법익침해행위에 나아간다는 주관적 의사를 가지고 있어야 한다.

이 경우 인식의 대상이 된 법익주체의 의사표시가 반드시 행위자에게 전달될 필요는 없다. 그렇다고 하여 법익주체의 내심에 승낙이 있음을 알고 그에 기초하여 행위하는 것만으로는 충분하지 않다. 적어도 법익주체의 의사표시를 외부적으로 확인할 수 있는 객관적 근거가 존재하여야 한다(의사확인설).

(2) 법익침해행위와 착오

객관적으로 피해자의 승낙이 있음에도 불구하고 행위자가 이를 알지 못하고 행위에 나아가는 경우가 있다. 이 경우에는 객관적으로 피해자의 승낙에 관한 요건이 구비되어 있으나 주관적 정당화사유가 존재하지 않는다. 그렇다면 결과불법은 탈각되고 행위불법은 그대로 남는다. 이러한 상황은 미수범의 구조와 비슷하다. 따라서 미수범에 준하여 처벌하는 것이 타당하다고 본다. 미수범은 행위불법은 그대로 인정되면서 결과불법이 줄어들거나 탈각되는 범죄유형이기 때문이다.

한편 피해자의 승낙이 없음에도 불구하고 승낙이 있는 것으로 오인하여 법익침해행위
를 한 경우가 있다. 이때 그 처리가 문제된다. 이 경우는 피해자의 승낙에 관한 객관적 전
제사실에 착오가 있는 것이다. 이러한 착오는 오상방위 등과 마찬가지로 위법성조각사유의
전제사실에 관한 착오에 해당한다. 소위 허용구성요건의 착오라고 불리는 이 착오유형의
처리방법에 대해서는 후술하는 책임론의 금지착오 항목에서 자세히 검토하기로 한다.[1]

3. 피해자의 승낙과 상당한 이유

【사례 69】 갑은 병을 앓고 있는 A에게 몸속에 있는 잡귀 때문에 병이 생긴 것이라
고 말하였다. A는 자신의 몸으로부터 잡귀를 물리쳐 달라고 부탁하였다. 갑은 잡귀
를 내쫓는다며 A의 몸 위로 올라가 A의 배와 가슴을 심하게 압박하였다. A는 갑의
심한 압박행위 때문에 내출혈을 일으켜 결국 사망하였다.
　　이 경우 갑에 대하여 형법 제262조의 폭행치사죄가 성립할 수 있겠는가? (1985.
12. 10. 85도1892, 공 1986, 280 = 백선 총론 42.『잡귀 사건』)

---

(1) 문제의 소재

형법 제24조는 "처분할 수 있는 자의 승낙에 의하여 그 법익을 훼손한 행위는 법률에
특별한 규정이 없는 한 벌하지 아니한다."고 규정하고 있다. 이 조문은 다른 위법성조각사
유의 규정들과 달리 '상당한 이유'라는 요건을 명시하고 있지 않다.

정당방위의 경우에는 공격행위와 방위행위가, 긴급피난의 경우에는 위난과 피난행위가,
자구행위의 경우에는 청구권의 보존불능상황과 청구권보존행위가, 피해자의 승낙의 경우에
는 피해자의 승낙과 법익침해행위가 각각 대응한다. 그런데 정당방위, 긴급피난, 자구행위
의 경우에는 '상당한 이유'라는 요건이 부가되어 있음에 대하여 피해자의 승낙에 대해서는
이 요건이 명시되어 있지 않다.

피해자의 승낙이 위법성조각사유라는 관점에서 볼 때 입법자가 '상당한 이유'를 명시하
지 아니하였음에도 불구하고 해석상으로는 피해자의 승낙에도 '상당한 이유' 내지 이에 준
하는 요건이 부과되어 있다고 보아야 할 것이 아닌가 하는 의문이 제기된다. 그리고 만일
'상당한 이유' 내지 이에 준하는 요건을 피해자의 승낙이 유효하기 위한 요건으로 인정한다
면 그 내용이 무엇인가 하는 점이 문제된다.

---

1) 후술 468면 이하 참조.

(2) 학설의 대립

(가) 상당성불요설   피해자의 승낙에 '상당한 이유'의 요건이 부과되지 않는다고 보는 견해이다.[1] 이 견해는 먼저 형법 제24조를 형법 제21조 내지 제23조와 비교할 때 조문의 구성방식에 차이가 있다는 점을 강조한다. 나아가 입법자가 이와 같이 '상당한 이유'의 요건을 명시하지 아니한 것은 우리 입법자가 법익주체에게 자율적인 처분권을 최대한 보장하기 위함이라고 본다.

(나) 제한적 필요설   독일 형법 제228조의 영향을 받아 신체침해의 경우에만 피해자의 승낙에 '선량한 풍속'의 요건을 부과하려는 견해이다.[2] 그러나 왜 신체침해의 경우에만 이러한 제한이 부과되어야 하는지는 명확하지 않다.

(다) 상당성필요설   '상당한 이유'의 요건을 피해자의 승낙에도 요구하는 견해이다.[3] 생각건대 상당성 필요설이 타당하다고 본다. 피해자의 승낙은 법질서 전체와의 관련하에서 논의되어야 한다. 피해자의 승낙도 여타의 위법성조각사유와 마찬가지로 실질적 위법성의 관점에서 논해지는 위법성조각사유이다. 실질적 위법성의 관점에서 본다면 피해자의 승낙에 대하여 '상당한 이유의 요건' 내지 사회상규의 요건을 통하여 제한을 가하는 것은 가능하면서도 당연한 이치라고 생각된다.

(라) 판례의 태도   대법원은 피해자의 승낙이 도덕적 · 윤리적으로 사회상규에 반하는 것이 아니어야 한다는 점을 분명히 하고 있다. 〔사례 69〕의 기초가 된 판례에서 피고인 갑은 피해자의 승낙을 주장하여 자신의 무죄를 주장하였다. 그러나 대법원은 "그 승낙이 윤리적, 도덕적으로 사회상규에 반하는 것이 아니어야 한다."고 판시하여 피고인의 주장을 배척하였다.[4]

대법원이 형법 제20조에 규정된 '사회상규'의 표지에 주목한 것은 실질적 위법성의 관점에서 피해자의 승낙문제를 판단해야 한다는 점을 밝힌 것이라고 하겠다. '상당한 이유'의 요건은 실질적 위법성의 관점을 나타내는 요건이라고 볼 때 판례의 태도는 상당성필요설의 관점에 입각한 것이라고 생각된다.

(3) 상당한 이유의 적용대상

피해자의 승낙이 위법성조각사유로 인정되려면 도덕적 · 윤리적으로 사회상규에 반하지

---

1) 김성돈, 320면.

2) 성낙현, 286면; 손동권 · 김재윤, 242면; 이재상 · 장영민 · 강동범, 279면; 이정원, 190면.

3) 권오걸, 256면; 김일수 · 시보학, 170면; 박상기, 150면; 배종대, 281면; 오영근, 228면; 임웅, 285면; 정성근 · 정준섭, 144면; 정영일, 249면.

4) 1985. 12. 10. 85도1892, 공 1986, 280 = 백선 총론 42. 『잡귀 사건』.

아니한다는 요건이 충족되어야 한다. 그런데 여기에서 주목해야 할 점이 있다. 사회상규에 의하여 제한이 가해지는 것은 피해자가 발하는 승낙의 의사표시 자체가 아니다. 제한의 대상은 승낙에 기초하여 행해지는 법익침해행위이다.

예컨대 보험금을 타내기 위하여 자동차 소유자 A가 멀쩡한 자기 자동차를 햄머로 망가뜨리도록 갑에게 부탁하고, 갑이 돈을 받기로 하고 이에 응하기로 하였다고 생각해 보자. A와 갑 사이에는 의사표시의 합치가 일어나고 있다. 민사법적으로 보면 과연 이 의사표시에 기초하여 A와 갑 사이에 권리·의무가 발생할 것인가 하는 점이 관심의 대상이 된다. 민사법의 영역에서는 이 때 민법 제103조가 의사표시의 내용을 통제한다. A와 갑 사이에 이루어진 의사표시의 합치는 보험사기라는 범죄를 목적으로 하는 것이다. 따라서 이 의사표시는 민법 제103조가 규정하는바 선량한 풍속 기타 사회질서에 반하는 행위이다. 따라서 그 의사표시의 합치는 무효이며 A나 갑은 의사표시의 합치를 내세워서 상대방에게 권리를 주장할 수 없다.

이에 대하여 형법 제24조의 운용에 있어서는 현실적으로 일어난 법익침해행위를 중심으로 사회윤리적 제한이 논의된다. 갑이 햄머로 자동차를 망가뜨린 행위는 재물손괴죄(법 366)의 구성요건에 해당한다. 갑의 행위는 자동차 소유자 A의 승낙에 근거하여 행해지고 있다. 그런데 여기에서 갑이 사법상 무효인 의사표시에 근거하여 A의 자동차를 망가뜨리고 있으므로 갑은 피해자의 승낙을 주장할 수 없다고 생각할 여지가 있다.

그러나 이러한 생각은 타당하지 않다. 형법 제24조에서 규정한 피해자의 승낙은 현실적으로 일어난 법익침해행위를 중심으로 논의되는 것이기 때문이다. 자동차를 망가뜨린 갑의 행위는 손괴죄의 구성요건에 해당하는 행위로서 피해자의 승낙에 근거한 것이다. 법익침해행위 자체만을 놓고 보면 특별히 도덕적·윤리적으로 사회상규에 반한다고 말할 수 없다.

피해자의 승낙에 기초한 법익침해행위에 상당한 이유가 인정되는가 하는 문제는 그 판단이 쉽지 않다. 이 문제는 결국 개개 법익의 성질을 고려하여 구체적으로 판단해야 할 사항이다. 그러므로 예컨대 승낙이 있다 하더라도 보험금을 타내기 위하여 피해자를 불구로 만드는 행위는 위법성이 조각되지 않는다. 법익의 중대성에 비추어 볼 때 법익침해행위가 도덕적·윤리적으로 사회상규에 반하는 것으로 판단되기 때문이다.[1]

(4) 피해자의 승낙과 승낙의무

경우에 따라 피해자에게 사법상 승낙의무가 존재하는 때가 있다. 채권자와 채무자가 합의하여 일정한 조건이 갖추어지면 채무자가 자신의 재산(즉 법익)을 포기하기로 하는 경우

---

1) 2008. 12. 11. 2008도9606, [미간행] = 분석 총론 『보험사기 상해 사건』.

가 하나의 예이다. 그러나 사법상 승낙의무가 발생한다고 해도 그것이 형법상 피해자의 승낙을 대체할 수는 없다. 만일 사법상의 승낙의무를 형법상 피해자의 승낙으로 인정한다면 사적인 실력행사가 빈발하게 될 것이며 법적 평화는 크게 손상될 것이다.

예컨대 외상값을 갚지 못한 손님 A가 술집주인 갑에게 "나에게 현금이 있는 현장을 보면 언제든지 그 돈을 가져가도 좋다."라는 내용의 각서를 써주었다고 하자. 이후 술집주인 갑이 거리를 지나던 중 마침 거액의 현금을 가지고 은행을 향하고 있던 손님 A와 마주쳤다고 하자. 이러한 상황에서 술집주인 갑이 A로부터 약속한 외상값을 완력으로 빼앗아 간다면 어떻게 될 것인가?

이 경우 술집주인 갑의 행위는 공갈죄(법350)의 구성요건에 해당한다. 공갈죄의 범죄성립과 관련하여 갑은 손님 A가 써준 각서를 근거로 내세워서 형법 제24조의 피해자의 승낙을 주장할 여지가 있다. 그러나 사법상의 승낙의무는 형법상 피해자의 승낙을 대체하지 못한다. 위의 사안에서 공갈죄의 구성요건에 해당하는 갑의 행위는 피해자의 승낙을 이유로 그 위법성이 조각되지 않는다.

4. 추정적 승낙

【**사례 70**】 세입자 A가 바캉스를 떠난 사이에 급한 속달편지가 A에게 배달되어 왔다. 속달편지는 A가 공채에 응모한 B회사로부터 온 것이었다. 집 주인 갑녀는 그 편지의 내용을 알아보기 위하여 편지를 뜯어보았다.
이 경우 갑녀에 대하여 형법 제316조의 비밀침해죄가 성립하겠는가?

(1) 추정적 승낙의 의의

피해자의 승낙은 법익주체의 진지하고도 자유로운 법익포기의 의사표시가 있을 때 위법성조각사유로 기능한다. 그런데 법익주체의 의사표시를 확인할 수 없는 경우가 있다. 법익주체의 연락처를 모르거나 법익주체가 사고를 당하여 의식불명이 되거나 또는 장기간 출장을 가거나 하는 등의 사유로 인하여 자신의 이해관계에 관한 사항을 스스로 처리할 수 없는 경우가 그 예이다. 이러한 경우에 불가피하게 법익침해행위를 하는 행위자는 피해자로부터 유효한 승낙을 받아낼 가능성이 없다.

여기에서 법익주체의 의사표시가 없음에도 불구하고 법익주체의 의사표시를 추정하여 위법성조각의 법적 효과를 확보할 필요가 생긴다. 이 경우에는 법익주체의 의사표시가 없음에도 불구하고 제3자가 법익주체의 의사표시를 추정하여 문제를 해결하여야 한다. 이 때

법익주체의 의사표시는 아니지만 제3자가 추정한 법익포기의 의사표시를 가리켜서 추정적
승낙이라고 한다. 다만 추정적 승낙의 법리는 사망자의 경우에는 적용되지 않는다. 처음부
터 의사표시를 기대할 수 없는 경우이기 때문이다.[1]

(2) 추정적 승낙의 법적 근거

추정적 승낙이 위법성조각사유로 인정되어야 한다는 점에는 다툼이 없다. 그런데 추정
적 승낙의 실정법적 근거를 어디에서 구해야 할 것인가 하는 점이 문제된다. 이 문제는 특
히 피해자의 승낙에 대하여 아무런 명문의 근거를 두고 있지 아니한 독일 형법학에서 크게
다투어지고 있다. 이와 관련하여 독일 학계에서는 추정적 승낙을 두고 긴급피난의 일종으
로 보는 견해, 피해자의 승낙의 대용물로 보는 견해, 민법상의 사무관리에 해당한다고 보는
견해, 독자적인 위법성조각사유로 보는 견해 등 여러 가지 견해들이 제시되고 있다.

그러나 독일 형법의 논쟁은 우리 형법의 경우에 별다른 의미가 없다. 우리 형법은 제24
조에서 피해자의 승낙에 관한 명문의 규정을 두고 있다. 또 형법 제20조에는 '기타 사회상
규에 위배되지 아니하는 행위'라는 일반조항도 마련되어 있다. 문제는 추정적 승낙을 형법
제24조의 문제로 볼 것인가[2] 형법 제20조의 문제로 볼 것인가[3] 하는 것으로 돌아간다.
그렇지만 독일 형법의 영향을 받아 추정적 승낙을 독자적인 위법성조각사유로 보는 선해도
여전히 주장되고 있다.[4]

생각건대 형법 제24조는 형법 제20조에 비하여 보다 구체화된 위법성조각사유를 규정
하고 있다. 특별법이 일반법에 우선한다는 관점에서 볼 때 추정적 승낙은 형법 제24조를
준용하여 해결하면 족하다고 본다.

(3) 추정적 승낙의 유형

(가) 법익주체에게 유리한 경우　　　추정적 승낙은 두 가지 경우에 인정될 수 있다.
하나는 추정적 승낙이 법익주체에게 유리한 경우이다. 작은 법익을 포기하여 법익주체에게
보다 큰 법익을 유지하도록 하는 경우가 여기에 해당한다. 이 경우는 추정적 승낙이 제3자
를 위한 긴급피난과 비슷한 외관을 갖는다.

---

1) 2011. 9. 29. 2011도6223, 공 2011하, 2284 = 분석 총론 『망부 명의 위임장 사건』 ☞ 1086면.
2) 박상기, 152면; 배종대, 285면.
3) 권오걸, 259면; 김성돈, 322면; 김성천·김형준, 249면; 김일수·서보학, 227면; 손동권·김재윤, 249
면; 정성근·정준섭, 145면; 정영일, 251면.
4) 성낙현, 289면; 이재상·장영민·강동범, 282면; 이정원, 196면; 임웅, 288면.

〈사례 해설〉 〔사례 70〕에서 집주인 갑녀의 행위는 세입자 A의 직장확보라는 보다 큰 법익을 지키기 위하여 신서(信書)의 비밀이라는 작은 법익을 침해한 것이다. 이와 같이 보호될 법익이 침해될 법익보다 현저히 큰 경우에는 A가 법익침해를 받아들이겠다는 의사표시를 할 것으로 충분히 추정된다.

(나) 다른 사람에게 유리한 경우　　추정적 승낙의 다른 하나는 법익주체 본인이 아니라 법익침해행위자 또는 제3자에게 유리한 경우이다. 추정적 승낙에 기한 행위가 법익주체에게 이익이 되는 것은 아니지만 법익주체가 표할 것으로 예상되는 의사표시를 충실히 구현하는 경우이다. 이 때에는 법익주체의 자율적 처분권을 현실화하는 것이기 때문에 법익의 우열을 논할 필요가 없다.

예를 들어 주부 A가 묵은 옷들을 정리하여 자선단체에 기부할 목적으로 아파트 입구에 옷가지를 정리해서 쌓아 놓았다고 해 보자. 이 옷들을 아파트 경비원 갑이 마침 옷을 구하러 왔던 노숙자 B에게 주었다고 생각해 보자. 이러한 경우에 경비원 갑의 행위는 일단 절도죄의 구성요건에 해당할 여지가 있다. 그렇지만 주부 A의 본래 생각을 실현한 것이므로 추정적 승낙에 기하여 위법성이 조각될 여지가 있다.

(4) 추정적 승낙의 요건

(가) 추정적 승낙의 판단시점　　추정적 승낙은 법익주체의 의사표시를 확인할 수 없는 상황을 전제로 한다. 법익주체의 의사표시를 확인할 수 있는 상황이라면 추정적 승낙에 기한 위법성조각의 문제는 처음부터 논할 필요가 없다. 추정적 승낙에 의하여 위법성이 조각되려면 실제로 피해자의 승낙이 있었던 것에 준하는 요건이 구비되어야 한다. 추정적 승낙 여부는 행위 당시를 기준으로 판단되어야 한다. 나중에 승낙을 얻을 수 있으리라는 기대는 추정적 승낙으로 볼 수 없다.

(나) 추정적 승낙과 의사능력　　원래 법익의 주체인 피해자는 승낙의 의사표시가 법익에 미치는 의미를 이해하고 이를 외부에 표현할 수 있는 의사능력을 가지고 있어야 한다. 따라서 추정적 승낙도 이와 같은 의사능력자를 전제로 판단되어야 한다.[1] 만일 피해자에게 의사능력이 없다면 그의 법정대리인의 추정적 의사를 기준으로 삼아야 할 것이다.

(다) 상당한 이유　　추정적 승낙은 형법 제24조의 피해자의 승낙에 준하여 인정되는 위법성조각사유이다. 따라서 추정적 승낙의 경우에도 상당한 이유의 요건이 구비되어야 한다.

---

1) 2011. 9. 29. 2011도6223, 공 2011하, 2284 = 분석 총론 『망부 명의 위임장 사건』.

(라) 양심적 심사의무 추정적 승낙은 타인의 법익에 대해 행위자의 승낙 없이 침해를 가하는 것이다. 피해자가 일정한 사정을 알았더라면 승낙을 하였을 것이라는 가정적 판단에 기초한 것이 추정적 승낙이다. 이러한 추정에는 언제나 법익주체의 의사와 일치하지 않을 수도 있다는 위험이 수반된다. 추정적 승낙의 법리는 이러한 위험부담을 일종의 허용된 위험으로 전제하면서 인정되는 위법성조각사유이다. 따라서 이러한 위험을 최소화하기 위하여 행위자는 양심적 심사의무를 다하지 않으면 안 된다. 이 때 양심적 심사의무는 일종의 주관적 정당화사유에 해당한다.

제 7 절 정당행위

한국형법	독일형법
제20조〔정당행위〕 법령에 의한 행위 또는 업무로 인한 행위 기타 사회상규에 위배되지 아니하는 행위는 벌하지 아니한다.	(해당 조항 없음)

한국형법	일본형법
제20조〔정당행위〕 법령에 의한 행위 또는 업무로 인한 행위 기타 사회상규에 위배되지 아니하는 행위는 벌하지 아니한다.	제35조〔정당행위〕 법령 또는 정당한 업무로 인하여 한 행위는 벌하지 아니한다.

제1 정당행위의 의의와 유형

우리 형법 제20조는 "법령에 의한 행위 또는 업무로 인한 행위 기타 사회상규에 위배되지 아니하는 행위는 벌하지 아니한다."고 규정하고 있다. 형법 제20조에 근거하여 위법성이 조각되는 행위를 가리켜서 정당행위라고 한다.

정당행위는 이를 (가) 법령에 의한 행위, (나) 업무로 인한 행위, (다) 기타 사회상규에 위배되지 아니하는 행위로 나누어 볼 수 있다. 형법 제20조는 '사회상규'의 개념을 가장 기본적인 위법판단의 기준으로 설정하고 있다. 법령에 의한 행위와 업무로 인한 행위는 사회상규에 위배되지 아니하는 행위가 정형성을 가지고 구체화된 경우라고 할 수 있다.

제 2 법령에 의한 행위

【사례 71】 보석상 갑은 침입한 도둑 A를 붙잡아서 경찰관이 도착할 때까지 지하실
에 가두어 놓았다.
  갑에 대하여 체포감금죄(법276①)가 성립하겠는가?

---

1. 법령에 의한 행위의 의미

형법 제20조가 규정한 첫 번째의 정당행위는 법령에 의한 행위이다. 법령에 의한 행위
란 법령에 근거하여 권리의 행사 또는 의무의 이행으로 행하여진 행위를 말한다. 법령에
의하여 행해지는 행위는 설사 그 행위가 타인의 법익을 침해하여 구성요건에 해당하더라도
위법성이 조각된다.

법령에 의하여 인정된 권리를 행사하거나[1] 법령에 의하여 부과된 의무를 이행하는 행
위는[2] 법질서를 실현시키는 것이다. 그런데 그로 인하여 법익침해의 결과가 발생하였다고
이를 위법하다고 평가한다면 법질서의 통일을 깨뜨리는 것이 된다. 법령에 의한 행위가 위
법성조각사유로 파악되는 것은 법질서의 통일을 기하기 위함이다.

입법자는 아동·청소년 대상 디지털 성범죄를 예방하고 증거를 수집하기 위하여 사법
경찰관리가 신분을 비공개하거나 신분을 위장하여 수사할 수 있도록 수사 특례 규정을
「아동·청소년의 성보호에 관한 법률」(청소년성보호법)에 신설하였다. 사법경찰관리가 신
분비공개수사(동법25의2① 참조) 또는 신분위장수사(동법25의2② 참조) 중 부득이한 사유로 위
법행위를 한 경우 그 행위에 고의나 중대한 과실이 없는 경우에는 벌하지 아니한다(동법25
의8①).[3]

2. 공무원의 직무집행행위

법령에 의한 행위 가운데 대표적인 것이 공무원의 직무집행행위이다. 헌법은 개개의 시
민에게 각종의 자유권을 인정하고 있다. 이 자유권은 법률에 의해서만 제한할 수 있다(헌법
12①, 37②). 자유권을 제한하는 법률 가운데 전형적인 것이 공무원에게 강제처분권을 인정

---

1) 민법 제209조의 점유에 기한 자력구제와 자구행위의 관계에 대해서는, 진술 343면 참조.
2) 2021. 10. 14. 2017도10634, 공 2021하, 2208 = 『산양삼 감정평가 사건』 ☞ 1094면.
3) 후술 673면 참조.

하는 법률들이다. 이와 관련하여 형사소송법은 체포, 구속, 압수, 수색, 검증 등의 권한을 수사기관에게 부여하고 있다. 또한 민사소송법은 압류나 구인 등의 강제처분권을 규정하고 있다.

공무원의 직무행위가 법령에 의한 행위로 위법성이 조각되려면 적법성의 요건을 갖추어야 한다. 공무원의 직무수행행위가 적법성의 요건을 구비하려면 (가) 추상적으로 공무원의 권한범위에 속하며, (나) 구체적으로 직무집행의 범위 내에 있어야 하며, (다) 직무수행 방식이 법률이 정한 절차를 준수하여야 한다.

3. 명령복종행위

공무원의 직무행위 가운데 명령에 의한 행위가 있다. 명령이란 상관이 직무상 발하는 지시를 말한다.[1] 군대나 경찰 등의 국가조직은 긴급상황에 대비하기 위하여 일사불란한 지휘체계가 요구된다. 그리고 이와 같은 지휘체계를 유지하기 위하여 엄격한 명령복종의 관계가 법령에 규정되어 있다. 이러한 조직체계의 특수성에 비추어 볼 때 상관의 명령을 수행한 행위는 법령에 의한 행위로서 위법성이 조각된다고 볼 여지가 있다.

그러나 엄격한 명령복종의 관계가 관련법령에 규정되어 있다고 해서 상관의 명령을 수행한 행위가 전부 위법성이 조각된다고 말할 수는 없다. 명령수행행위가 적법한 것으로 판단되려면 무엇보다도 상관의 명령이 먼저 적법한 것이어야 한다. 상관의 명령이 명백하게 불법한 때에는 그 명령은 이미 직무상의 지시명령이라고 할 수 없으므로 명령수행행위 또한 위법성이 조각되지 않는다.[2]

상관의 위법한 명령을 부하가 적법한 명령이라고 오인하여 그 명령을 수행하는 경우가 있다. 이러한 경우는 위법성조각사유의 전제사실에 관한 착오(즉 허용구성요건적 착오)의 문제로 해결해야 할 것이다. 다만 판례 가운데에는 그 오인에 정당한 이유가 있는 경우에 위법성조각을 인정한 예가 있다.[3] 이 판례는 군대조직의 특성을 반영한 것으로 보이지만 위법성조각의 법적 효과를 부여함에는 극히 신중을 기해야 한다고 본다.

4. 사인의 행위

법령에 의한 행위는 공무원이 행하는 직무행위에 한정되지 않는다. 공무원이 직무행위로 할 수 있지만 일반 사인도 행할 수 있는 것이 있다. 현행범의 체포행위는 대표적인 예이

---

1) 2021. 3. 11. 2018도12270, 공 2021상, 780 =『분대장 상관모욕 사건』☞ 1095면.
2) 1988. 2. 23. 87도2358, 공 1988, 623 = 백선 총론 56.『박종철씨 고문치사 사건』.
3) 1986. 10. 28. 86도1406, 공 1986, 3152 = 백선 총론 44.『여우고개 사건』.

다(형소법212). 〔사례 71〕은 여기에 해당하는 사례이다.

「정신건강증진 및 정신질환자 복지서비스 지원에 관한 법률」(정신건강복지법)은 정신질환자의 정신의료기관에의 입원에 관하여 규정하고 있다. 정신건강복지법은 입원의 형태로 (가) 환자의 신청에 의한 자의입원(동법41), (나) 보호자의 동의와 환자의 신청에 의한 동의입원(동법42), (다) 환자의 신청 없는 보호의무자에 의한 입원(동법43), (라) 지방자치단체장에 의한 입원(동법44), (마) 경찰관에 의한 응급입원(동법50)의 다섯 가지를 규정하고 있다. 이 가운데 (다), (라), (마)는 강제입원으로서, (다)는 사인의 행위로서 위법성이 조각되는 경우이고, (라)와 (마)는 공무원의 직무집행행위로서 위법성이 조각되는 경우이다.

사인의 행위이면서 법령에 의한 행위로서 위법성조각이 인정되는 예의 하나로 인공임신중절수술과 관련하여 위법성조각사유를 규정한 「모자보건법」 제14조를 들 수 있다. 또한 각종 법령에 근거를 둔 복표의 발행행위도 사인의 행위로서 법령에 의하여 위법성이 조각되는 예라고 할 수 있다.

「저작권법」은 온라인서비스제공자에 대한 면책조항을 규정하고 있다(동법102① · ②, 103⑤). 이와 관련하여 「저작권법」은 '책임을 지지 아니한다'든가 '책임을 면제한다'는 표현을 사용하고 있다. 판례는 「저작권법」상의 면책조항이 형사상 책임에도 적용된다는 태도를 취하고 있다.[1] 이에 따른다면 「저작권법」상의 면책조항은 단순히 형법상 책임조각사유의 차원을 넘어서서 형법 제20조의 '법령'에 해당한다고 볼 수 있다. 개별적인 온라인서비스제공자의 구체적인 사정을 넘어서서 일반적인 범죄불성립 사유를 규정하고 있는 것으로 보이기 때문이다.

5. 징계와 체벌

(1) 미성년자 자녀의 징계와 체벌

친권자는 미성년자인 자를 보호하고 교양할 권리의무가 있다(민법909① 1문, 913). 2021년 개정 전의 민법 제915조는 "친권자는 그 자를 보호 또는 교양하기 위하여 필요한 징계를 할 수 있고 법원의 허가를 얻어 감화 또는 교정기관에 위탁할 수 있다."라고 규정하고 있었다. 이 규정과 관련하여 친권자가 미성년자 자녀에 대해 징계권행사를 이유로 체벌을 할 수 있는지 논란되었다.

이와 관련하여 친권자의 징계권을 규정한 민법 제915조가 아동학대 가해자인 친권자

---

1) "[저작권법상 면책에 관한] 각 조항의 입법 취지나 위 각 조항의 해당 문구상 별다른 제한이 없는 점 등에 비추어 보면, 위 각 조항은 형사상 책임에도 적용된다고 봄이 상당하다."
2013. 9. 26. 2011도1435, 공 2013하, 2014 = 분석 총론 『영화 불법 다운로드 사건』.

의 항변사유로 이용되는 등 아동학대를 정당화하는 데 악용될 소지가 있다는 비판이 제기되었다. 2021년 입법자는 이러한 악용의 소지를 방지하고 아동의 권리와 인권을 보호하기 위하여 친권자의 자녀에 대한 징계권을 규정한 민법 제915조를 삭제하였다. 이제 친권자가 미성년자 자녀에 대해 징계를 이유로 체벌을 가하는 행위에 대해서는 위법성조각 여부를 논할 여지가 없게 되었다.

(2) 학생의 징계와 체벌

「초·중등교육법」과 그 시행령은 학생의 징계에 관하여 일련의 규정을 두고 있다. 학교의 장은 교육을 위하여 필요한 경우에는 법령과 학칙이 정하는 바에 따라 학생을 징계할 수 있다. 다만, 의무교육을 받고 있는 학생은 퇴학시킬 수 없다(초·중등교육법18① 본문·단서). 학교의 장과 교원은 학생의 인권을 보호하고 교원의 교육활동을 위하여 필요한 경우에는 법령과 학칙으로 정하는 바에 따라 학생을 지도할 수 있다(동법20의2①).

학교의 장과 교원은 「초·중등교육법」 제20조의2에 따라 (가) 학업 및 진로, (나) 보건 및 안전, (다) 인성 및 대인관계, (라) 그 밖에 학생생활과 관련되는 분야와 관련하여 조언, 상담, 주의, 훈육·훈계 등의 방법으로 학생을 지도할 수 있다(초·중등교육법시행령40① 1문). 교육부장관은 「초·중등교육법시행령」 제40조 제1항에 따른 지도의 범위, 방식 등에 관한 기준을 정하여 고시한다(동조②). 이와 관련하여 2023년 「교원의 학생생활지도에 관한 고시」가 제정·시행되었다. 「초·중등교육법」 제20조의2 제1항에 따른 교원의 정당한 학생생활지도에 대해서는 「아동복지법」 제17조 제3호[신체적 학대행위], 제5호[정서적 학대행위] 및 제6호[방임행위]의 금지행위 위반으로 보지 아니한다(초·중등교육법20의2②).[1]

학교의 장과 교원은 「초·중등교육법」 제20조의2에 따라 학생을 지도할 경우 도구, 신체 등을 이용하여 학생의 신체에 고통을 가하는 방법을 사용해서는 안 된다(초·중등교육법시행령40① 2문). 「아동복지법」은 신체적 학대행위를 금지하고 있다. 신체적 학대행위란 아동의 신체에 손상을 주거나 신체의 건강 및 발달을 해치는 행위를 말한다(동법17 iii). 신체적 학대행위는 형사처벌의 대상이 된다(동법71 ii, 17 iii). 「아동학대범죄의 처벌 등에 관한 특례

---

1) **아동복지법 제17조**(금지행위) 누구든지 다음 각 호의 어느 하나에 해당하는 행위를 하여서는 아니 된다.
　3. 아동의 신체에 손상을 주거나 신체의 건강 및 발달을 해치는 신체적 학대행위
　5. 아동의 정신건강 및 발달에 해를 끼치는 정서적 학대행위(생략)
　6. 자신의 보호·감독을 받는 아동을 유기하거나 의식주를 포함한 기본적 보호·양육·치료 및 교육을 소홀히 하는 방임행위
　제71조(벌칙) ① 제17조를 위반한 자는 다음 각 호의 구분에 따라 처벌한다.
　2. 제3호부터 제8호까지에 해당하는 행위를 한 자(생략)는 5년 이하의 징역 또는 5천만원 이하의 벌금에 처한다.

법」(아동학대처벌법)에 따르면 「초ㆍ중등교육법」 제2조에 따른 학교의 장과 그 종사자가 보호하는 아동에 대하여 아동학대범죄를 범한 때에는 그 죄에 정한 형의 2분의 1까지 가중처벌된다(아동학대처벌법7, 10② 20호).

교사가 학생에게 「초ㆍ중등교육법 시행령」과 관련 고시에서 금지하는 수단과 방법을 사용하여 체벌을 하였다면 훈육 또는 지도 목적으로 행하여졌다고 할지라도 허용될 수 없다. 교사의 체벌행위가 아동학대처벌법이 가중처벌하는 '아동의 신체에 손상을 주거나 신체의 건강 및 발달을 해치는 신체적 학대행위'에 해당하는지를 판단함에 있어서도 「초ㆍ중등교육법 시행령」과 관련 고시가 적용된다. 따라서 위 법령과 고시에서 금지하는 수단과 방법을 사용하여 체벌을 하였다면 훈육 또는 지도 목적으로 행하여졌다고 할지라도 신체적 학대행위에 해당한다.[1]

6. 노동쟁의행위

(1) 목적의 정당성과 수단의 상당성

「노동조합 및 노동관계조정법」 제4조는 "형법 제20조의 규정은 노동조합이 단체교섭ㆍ쟁의행위 기타의 행위로서 제1조의 목적을 달성하기 위하여 한 정당한 행위에 대하여 적용된다. 다만, 어떠한 경우에도 폭력이나 파괴행위는 정당한 행위로 해석되어서는 아니 된다."고 규정하고 있다.

판례는 노동조합의 활동이 정당행위로 인정되기 위하여 다음의 네 가지 요건을 갖출 것을 요구하고 있다.[2] 첫째, 주체의 측면에서 행위의 성질상 노동조합의 활동으로 볼 수 있거나 노동조합의 묵시적인 수권 혹은 승인을 받았다고 볼 수 있는 것이어야 한다. 둘째, 목적의 측면에서 근로조건의 유지ㆍ개선과 근로자의 경제적 지위의 향상을 도모하기 위하여 필요하고 근로자들의 단결 강화에 도움이 되는 행위이어야 한다.[3] 셋째, 시기의 측면에서 취업규칙이나 단체협약에 별도의 허용규정이 있거나 관행이나 사용자의 승낙이 있는 경우 외에는 원칙적으로 근무시간 외에 행해져야 한다. 넷째, 수단ㆍ방법의 측면에서 사업장

---

1) 2022. 10. 27. 2022도1718, [미간행] =『중학생 머리 체벌 사건』☞ 1096면.

2) 2020. 7. 29. 2017도2478, 공 2020하, 1748 =『산업안전 증거수집 사건』☞ 1097면.

3) "정리해고나 사업조직의 통폐합 등 기업의 구조조정의 실시 여부는 경영주체의 고도의 경영상 결단에 속하는 사항으로서 이는 원칙적으로 단체교섭의 대상이 될 수 없고, 그것이 긴박한 경영상의 필요나 합리적 이유 없이 불순한 의도로 추진되는 등의 특별한 사정이 없는 한, 노동조합이 실질적으로 그 실시 자체를 반대하기 위하여 쟁의행위에 나아간다면, 비록 그 실시로 인하여 근로자들의 지위나 근로조건의 변경이 필연적으로 수반된다고 하더라도 그 쟁의행위는 목적의 정당성을 인정할 수 없다."

2011. 1. 27. 2010도11030, 공 2011상, 532 = 분석 각론『정리해고 사전 합의 사건』.

내 조합활동에서는 사용자의 시설관리권에 바탕을 둔 합리적인 규율이나 제약에 따라야 하
며 폭력과 파괴행위 등의 방법에 의하지 않는 것이어야 한다.

노동조합의 활동 가운데 쟁의행위에 대해 판례는 다음의 사항을 정당행위 인정의 요건
으로 설정하고 있다. 근로자의 쟁의행위가 형법상 정당행위에 해당하려면, (가) 주체가 단체
교섭의 주체로 될 수 있는 자이어야 하고, (나) 목적이 근로조건의 향상을 위한 노사 간의
자치적 교섭을 조성하는 데에 있어야 하며, (다) 사용자가 근로자의 근로조건 개선에 관한
구체적인 요구에 대하여 단체교섭을 거부하였을 때 개시하되 특별한 사정이 없는 한 조합
원의 찬성결정 등 법령이 규정한 절차를 거쳐야 하고, (라) 수단과 방법이 사용자의 재산권
과 조화를 이루어야 함은 물론 폭력의 행사에 해당되지 아니하여야 한다는 조건을 모두 구
비하여야 한다.[1]

이러한 기준은 쟁의행위의 목적을 알리는 등 적법한 쟁의행위에 통상 수반되는 부수적
행위가 형법상 정당행위에 해당하는지 여부를 판단할 때에도 동일하게 적용된다.[2]

(2) 쟁의행위와 사회상규

근로자의 쟁의행위가 형법 제20조의 법령에 의한 정당행위로 위법성이 조각되는 것은
사용자에 대한 관계에서 인정된다. 그러므로 근로자의 쟁의행위가 제3자의 법익을 침해한
경우에는 원칙적으로 정당성이 인정되지 않는다.[3] 그러나 쟁의행위가 형법상 보호되는 제
3자의 법익을 침해한 경우에 그것이 항상 위법하다고 볼 것은 아니다. 근로자의 쟁의행위
가 법질서 전체의 정신이나 그 배후에 놓여있는 사회윤리 내지 사회통념에 비추어 용인될
수 있는 행위에 해당하는 경우에는 형법 제20조의 '사회상규에 위배되지 아니하는 행위'로
서 위법성이 조각된다.[4] [5]

(3) 파업과 업무방해죄의 관계

노동쟁의를 둘러싼 수단의 상당성과 관련하여 파업이 문제된다. 파업이란 근로자가 그
주장을 관철할 목적으로 근로의 제공을 거부하여 업무의 정상적인 운영을 저해하는 쟁의행
위이다(노동조합및노동관계조정법2 vi). 쟁의행위로서의 파업과 관련하여 위력에 의한 업무방해
죄(법314)의 성립 여부가 문제된다. '위력'이란 사람의 자유의사를 제압·혼란케 할 만한 일

---

1) 2022. 10. 27. 2019도10516, 공 2022하, 2338 =『노조 방송실 무단사용 사건』☞ 1098면.
2) 2022. 10. 27. 2019도10516, 공 2022하, 2338 =『노조 방송실 무단사용 사건』.
3) 2020. 9. 3. 2015도1927, 공 2020하, 2044 =『청소용역 근로자 파업 사건』☞ 1100면.
4) 2020. 9. 3. 2015도1927, 공 2020하, 2044 =『청소용역 근로자 파업 사건』.
5) 후술 393면 참조.

체의 세력을 말한다.

종래 대법원은 근로자들이 집단적으로 근로 제공을 거부하여 사용자의 정상적인 업무
운영을 저해하고 손해를 발생하게 하면 그 파업행위를 당연히 위력에 해당한다고 보았다.
그리하여 위력에 의한 업무방해죄의 구성요건에 해당함을 전제로, 노동관계 법령에 따른
정당한 쟁의행위로서 위법성이 조각되는 경우가 아닌 한 파업행위를 업무방해죄를 구성한
다는 입장을 취하고 있었다. 그러나 2011년 대법원은 근로자가 원칙적으로 헌법상 보장된
기본권으로서 근로조건 향상을 위한 자주적 단결권·단체교섭권 및 단체행동권을 가진다
는 점(헌법33①)을 강조하여 종래의 판례를 변경하였다.[1]

대법원의 새로운 기준에 따를 때, 쟁의행위로서의 파업이 언제나 '위력'으로서 업무방해
죄에 해당하는 것으로 볼 것은 아니다. 근로자가 그 주장을 관철할 목적으로 근로의 제공을
거부하여 업무의 정상적인 운영을 저해하는 쟁의행위로서의 파업도 단순히 근로계약에 따
른 노무의 제공을 거부하는 부작위에 그치는 경우에는 위력에 의한 업무방해죄가 성립하지
않는다.

이에 반해 파업이 전후 사정과 경위 등에 비추어 사용자가 예측할 수 없는 시기에 전
격적으로 이루어져 사용자의 사업운영에 심대한 혼란 내지 막대한 손해를 초래하는 등으
로 사용자의 사업계속에 관한 자유의사가 제압·혼란될 수 있다고 평가할 수 있는 경우
에 이르게 되면 비로소 그 집단적 노무제공의 거부가 위력에 해당하여 업무방해죄가 성립
한다.[2] [3]

7. 연명의료 중단결정과 그 이행

(1) 연명의료결정법의 제정과 시행

생명은 개인적 법익이면서도 처분할 수 없는 법익이다. 우리 입법자는 촉탁·승낙에 의
한 살인죄(법252①)를 규정하여 피해자의 승낙이 있더라도 생명의 인위적인 단축행위를 처
벌하고 있다. 그러나 현실세계를 보면 무의미한 연명치료를 무기한 강제할 수 없는 것도
사실이다.[4] 생명보호와 존엄사에 대한 환자의 자기결정권이 충돌하는 상황에서 대법원은
2009년 인공호흡장치의 제거 등 연명의료 중단행위에 대해 예외적으로 이를 허용하는 판

---

1) 2011. 3. 17. 2007도482 전원합의체 판결, 공 2011상, 865 = 분석 각론 『철도노조 출근거부 사건』.
2) 2011. 3. 17. 2007도482 전원합의체 판결 다수의견, 공 2011상, 865 = 분석 각론 『철도노조 출근거
부 사건』.
3) 근로자가 그 주장을 관철할 목적으로 근로의 제공을 거부하여 업무의 정상적인 운영을 저해하는 쟁의
행위로서의 파업이 작위인가 부작위인가에 대해서는, 전술 145면 참조.
4) 안락사의 문제에 대해서는, 신동운, 형법각론, 제3판, (2023), 597면 이하 참조.

례를 내어놓기에 이르렀다.[1]

이 판례를 계기로 입법자는 2016년 2월에 「호스피스·완화의료 및 임종과정에 있는 환자의 연명의료결정에 관한 법률」(연명의료결정법, 속칭 '웰다잉법')을 제정하였다. 연명의료결정법은 호스피스·완화의료와 임종과정에 있는 환자의 연명의료와 연명의료 중단결정 및 그 이행에 필요한 사항을 규정함으로써 환자의 최선의 이익을 보장하고 자기결정을 존중하여 인간으로서의 존엄과 가치를 보호하는 것을 목적으로 하고 있다(동법1).

연명의료결정법은 준비기간을 거쳐 2017년 8월부터 발효되었고, 연명의료 중단결정에 관한 부분은 2018년 2월부터 시행되었다(부칙1 본문·단서). 연명의료결정법이 시행되면서 종래 피해자의 승낙 문제로 다루어져 왔던 연명의료 중단행위에 대한 논의는 이제 형법 제20조의 법령에 의한 행위로 다루어지게 되었다.

(2) 연명의료결정법의 적용대상

(가) 말기환자　　연명의료결정법이 규율의 대상으로 삼는 것은 호스피스·완화의료 및 임종과정에 있는 환자의 연명의료 중단결정이다. 연명의료결정법의 적용대상자는 말기환자와 임종과정에 있는 환자이다.

말기환자는 (가) 적극적인 치료에도 불구하고 근원적인 회복의 가능성이 없고 점차 증상이 악화되어 (나) 보건복지부령으로 정하는 절차와 기준에 따라 담당의사와 해당 분야의 전문의 1명으로부터 수개월 이내에 사망할 것으로 예상되는 진단을 받은 환자를 말한다(동법2 iii). 말기환자는 호스피스·완화의료의 대상이 되지만 연명의료결정의 대상에서는 제외된다.

(나) 임종과정에 있는 환자　　형법적 관점에서 연명의료결정법이 주목되는 이유는 이 법률이 임종과정에 있는 환자의 연명의료결정에 관하여 규정하고 있기 때문이다. 여기에서 임종과정이란 (가) 회생의 가능성이 없고, (나) 치료에도 불구하고 회복되지 아니하며, (다) 급속도로 증상이 악화되어 사망에 임박한 상태를 말한다(동법2 i).

임종과정에 있는 환자란 연명의료결정법 제16조에 따라 담당의사와 해당 분야의 전문의 1명으로부터 임종과정에 있다는 의학적 판단을 받은 자를 말한다(동법2 ii).

(다) 호스피스·완화의료　　호스피스·완화의료는 특정 질환(동법2 vi 각호 참조)으로 말기환자로 진단을 받은 환자 또는 임종과정에 있는 환자와 그 가족에게 통증과 증상의 완화 등을 포함한 신체적, 심리사회적, 영적 영역에 대한 종합적인 평가와 치료를 목적으로 하는 의료를 말한다(동법2 vi). 호스피스·완화의료는 정상적인 의료행위의 하나로서 형법적으로

---

1) 2009. 5. 21. 2009다17417 전원합의체 판결, 공 2009, 849 = 백선 총론 43-1. 『연명치료중단 사건』.

문제될 것이 없다.

(라) 연명의료　연명의료란 임종과정에 있는 환자에게 하는 심폐소생술, 혈액 투석, 항암제 투여, 인공호흡기 착용 및 그 밖에 대통령령으로 정하는 의학적 시술로서 치료효과 없이 임종과정의 기간만을 연장하는 것을 말한다(동법2 iv). 연명의료 문제는 말기환자는 관계가 없다.

(마) 연명의료 중단결정　연명의료 중단결정이란 임종과정에 있는 환자에 대한 연명의료를 시행하지 아니하거나 중단하기로 하는 결정을 말한다(동법2 v). 연명의료 중단결정은 (가) 시행하고 있던 연명의료를 도중에 중단하기로 하는 결정뿐만 아니라, (나) 처음부터 환자에 대한 연명의료를 시행하지 않기로 하는 결정을 모두 포함한다.

(3) 연명의료 중단결정과 환자의 의사확인

연명의료 중단결정은 환자의 의사에 기초하여 이루어져야 한다. 환자의 의사는 (가) 사전연명의료의향서, (나) 연명의료계획서, (다) 환자가족의 진술, (라) 환자의사의 의제 등의 형태로 확인된다.

(가) 사전연명의료의향서　사전연명의료의향서란 19세 이상인 사람이 자신의 연명의료중단결정 및 호스피스에 관한 의사를 직접 문서(전자문서를 포함한다)로 작성한 것을 말한다(동법2 ix).

(나) 연명의료계획서　연명의료계획서는 말기환자 또는 임종과정에 있는 환자의 의사(意思)에 따라 담당의사가 환자에 대한 연명의료중단등결정 및 호스피스에 관한 사항을 계획하여 문서(전자문서를 포함한다)로 작성한 것을 말한다(동법2 viii).

연명의료계획서의 작성에는 필요한 정보의 제공, 환자의 의사(意思)의 확인, 담당의사의 서명 날인 등이 요구된다(동법10 참조). 사전연명의료의향서는 환자가 아닌 일반인의 상태에서 작성하는 것임에 대하여 연명의료계획서는 담당의사가 환자의 의사를 확인하여 작성하는 것이라는 점에서 구별된다.

(다) 환자가족의 진술　연명의료 중단결정을 내리기 위한 환자의 의사를 환자가족의 진술에 의하여 추정하는 경우가 있다. 이 경우 진술을 할 수 있는 환자가족은 배우자, 직계비속, 직계존속이며 이에 해당하는 사람이 없는 경우에는 형제자매이다(동법17① iii).

환자가족의 진술로 환자의 의사를 확인하기 위한 요건은 다음과 같다. (가) 19세 이상의 환자가 의사를 표현할 수 없는 의학적 상태인 경우에, (나) 환자의 연명의료 중단결정에 관한 의사로 보기에 충분한 기간 동안 일관하여 표시된 연명의료중단에 관한 의사에 대하여, (다) 19세 이상인 환자가족 2명 이상의 일치하는 진술(환자가족이 1명인 경우에는 그

1명의 진술)이 있으면, (라) 담당의사와 해당 분야의 전문의 1명의 확인을 거쳐 이를 환자의 의사로 본다. 다만, 그 진술과 배치되는 내용의 다른 환자가족의 진술 또는 보건복지부령으로 정하는 객관적인 증거가 있는 경우에는 그러하지 아니하다(동법 17① iii 본문·단서 참조).

(라) 환자의사의 의제　　사전연명의료의향서, 연명의료계획서, 환자가족의 진술의 방식으로 환자의 의사를 확인할 수 없고 환자가 의사표현을 할 수 없는 의학적 상태인 경우가 있다. 이 때에는 환자가 미성년자인 경우와 그렇지 아니한 경우로 나누어서 판단한다.

먼저, 환자가 미성년자인 경우가 있다. 이 경우에는 (가) 환자의 법정대리인(친권자에 한정한다)이 연명의료 중단결정의 의사표시를 하고, (나) 담당의사와 해당 분야 전문의 1명이 확인하면 해당 환자를 위한 연명의료중단결정이 있는 것으로 본다(동법18① 본문 i).

다음으로, 환자가 미성년자가 아닌 경우가 있다. 이 경우에는 환자가족 중 (가) 배우자, (나) 1촌 이내의 직계 존속·비속 전원의 합의로 연명의료중단결정의 의사표시를 하고 담당의사와 해당 분야 전문의 1명이 확인한 경우에는 해당 환자를 위한 연명의료 중단결정이 있는 것으로 본다. 위의 (가) 및 (나)에 해당하는 사람이 없는 경우에는 (다) 2촌 이내의 직계 존속·비속 전원의 합의가, (가)부터 (다)까지에 해당하는 사람이 없는 경우에는 (라) 형제자매 전원의 합의가 각각 있어야 한다. 합의할 수 있는 친족은 19세 이상인 사람에 한정하며, 행방불명자 등 대통령령으로 정하는 사유에 해당하는 사람은 제외한다(동법18① 본문 ii 참조).

이상의 두 가지 경우에 해당한다고 할지라도 담당의사 또는 해당 분야 전문의 1명이 환자가 연명의료중단결정을 원하지 아니하였다는 사실을 확인한 경우는 해당 환자를 위한 연명의료중단결정이 있는 것으로 보지 않는다(동법18① 단서 참조).

(4) 연명의료 중단결정의 이행

(가) 환자의사의 확인　　담당의사는 환자에 대한 연명의료 중단결정을 이행하기 전에 해당 환자가 임종과정에 있는지 여부를 해당 분야의 전문의 1명과 함께 판단하고 그 결과를 보건복지부령으로 정하는 바에 따라 기록(전자문서로 된 기록을 포함한다)하여야 한다(동법16).

연명의료 중단결정을 원하는 환자의 의사는 (가) 의료기관에서 작성된 연명의료계획서가 있는 경우(동법17① i), (나) 담당의사가 사전연명의료의향서의 내용을 환자에게 확인하는 경우(동항 ii 전단), (다) 담당의사 및 해당 분야의 전문의 1명이 (ㄱ) 환자가 사전연명의료의향서의 내용을 확인하기에 충분한 의사능력이 없다는 의학적 판단과 (ㄴ) 사전연명의료의

향서가 일정한 범위와 절차에 따라 작성되었다는 사실을 모두 확인한 경우(동항ⅱ 후단 참조), (라) 환자가족 2명 이상의 일치된 진술이 있는 경우(동항ⅲ), (마) 연명의료 중단결정이 의제되는 경우(동법18)의 어느 하나에 해당하는 방법으로 확인한다.

(나) 연명의료 중단결정의 이행　　담당의사는 위의 방법으로 의사가 확인되는 환자에 대하여 즉시 연명의료 중단결정을 이행하여야 한다(동법19①, 15 참조). 연명의료 중단결정 이행 시 통증 완화를 위한 의료행위와 영양분 공급, 물 공급, 산소의 단순 공급은 시행하지 아니하거나 중단되어서는 안 된다(동법19②).

담당의사가 연명의료 중단결정의 이행을 거부할 때에는 해당 의료기관의 장은 윤리위원회의 심의를 거쳐 담당의사를 교체하여야 한다. 이 경우 의료기관의 장은 연명의료 중단결정의 이행 거부를 이유로 담당의사에게 해고나 그 밖에 불리한 처우를 하여서는 안 된다(동법19③). 담당의사는 연명의료중단결정을 이행하는 경우 그 과정 및 결과를 기록(전자문서로 된 기록을 포함한다)하여야 한다(동조④).

(다) 법적 효과　　연명의료 중단결정의 이행은 환자의 사망시점을 앞당기는 결과를 초래한다. 이 때문에 형법적 관점에서 연명의료중단결정의 이행행위는 살인죄(법250①) 또는 촉탁·승낙에 의한 살인죄(법252①)의 구성요건에 해당할 여지가 있다. 그러나 연명의료 중단결정의 이행은 연명의료결정법에 따른 행위이므로 형법 제20조에 따라 법령에 의한 행위로서 위법성이 조각된다.

제3　업무로 인한 행위

【사례 72】 의사 갑은 A녀에게 소파수술을 해 주었다. A녀는 8일 후에 다시 복통을 호소하면서 병원에 찾아왔다. 의사 갑은 A녀의 복통이 최초수술의 후유증(자궁내의 잔류물) 때문이라고 진단하여 제2차 소파수술을 하였다. A녀는 수술의 여파로 건강이 크게 악화되었다. 그런데 갑의 진단은 자궁외임신을 오진한 것이었다.

이 경우 갑에게 업무상 과실치상죄가 성립할 것인가? (1986. 6. 10. 85도2133, 공 1986, 895 = 백선 총론 43. 참고판례 1.『재차 소파수술 사건』)

1. 업무로 인한 행위의 의미

형법 제20조는 정당행위의 두 번째 유형으로 업무로 인한 행위를 규정하고 있다. 업무로 인한 행위란 사회통념상 정당하다고 인정되는 업무를 수행하기 위하여 상당한 수단으로 행한 행위를 말한다. 업무로 인한 행위는 법령에 명시적인 근거가 없더라도 정당행위로서 위법성이 조각된다. 업무로 인한 행위에 적법성이 부여되는 것은 그것이 업무자의 행위이기 때문이 아니라 그 업무로 인한 행위에 정당, 적법성이 인정되기 때문이다.[1]

여기에서 업무라 함은 사람이 사회생활상의 지위에 기하여 계속적·반복적으로 행하는 일을 가리킨다. 업무로 인한 행위로서 위법성이 조각되려면 업무 그 자체가 정당하여야 하고 나아가 행위가 업무의 정당한 범위 내에서 상당한 방법으로 행해져야 한다.

2. 업무로 인한 행위의 예

업무로 인한 행위의 예로는 보통 의사의 치료행위, 변호사의 변론행위, 종교인의 종교행위, 언론인의 취재행위 등이 거론되고 있다.

(1) 의사의 치료행위

의사의 치료행위는 질병의 진행과 환자 상태의 변화에 대응하여 이루어지는 가변적 성질을 가지고 있다. 그리하여 의료인은 환자의 건강상태 등과 당시의 의료수준 그리고 자기의 지식경험에 따라 적절하다고 판단되는 진료방법을 선택할 수 있는 상당한 범위의 재량을 가진다.[2] 〔사례 72〕의 기초가 된 판례에서 대법원은 의사 갑의 오진행위를 사회적 상당성이 인정되는 의사의 통상적인 진료행위에 지나지 않는 것이라고 판단하여 업무상과실치상죄의 성립을 부인하였다.

그렇지만 환자의 수술과 같이 신체를 침해하는 진료행위를 하는 경우에는 질병의 증상, 치료방법의 내용 및 필요성, 발생이 예상되는 위험 등에 관하여 당시의 의료수준에 비추어 상당하다고 생각되는 사항을 설명하여 당해 환자가 그 필요성이나 위험성을 충분히 비교해보고 그 진료행위를 받을 것인지의 여부를 선택하도록 함으로써 그 진료행위에 대한 동의를 받아야 한다.[3]

신체를 침해하는 진료행위의 단계에 이르면 의사의 치료행위는 업무로 인한 행위 차원을 넘어서서 피해자의 승낙 문제로 전환된다. 신체침해 진료행위에 대한 환자의 동의는 헌법 제10조에서 규정한 개인의 인격권과 행복추구권에 의하여 보호되는 자기결정권을 보장하기 위한 장치로서 주목되기 때문이다.[4]

---

1) 1983. 3. 8. 82도3248, 공 1983, 695 = 백선 총론 45.『최신부 사건』참조.
2) 2009. 5. 21. 2009다17417 전원합의체 판결, 공 2009, 849 = 백선 총론 43-1.『연명치료중단 시긴』.
3) 2009. 5. 21. 2009다17417 전원합의체 판결, 공 2009, 849 = 백선 총론 43-1.『연명치료중단 사건』.
4) 2009. 5. 21. 2009다17417 전원합의체 판결, 공 2009, 849 = 백선 총론 43-1.『연명치료중단 사건』.

(2) 종교인의 종교행위

종교인의 종교행위가 범인도피죄 등의 구성요건에 해당하는 경우가 있다. 이러한 경우에 업무로 인한 행위로 위법성이 조각될 것인지 문제된다. 이에 대해 판례는 다음과 같은 판단기준을 제시한 바가 있다.

「성직자라 하여 초법규적인 존재일 수 없다. 성직자의 직무상 행위가 사회상규에 반하지 아니한다 하여 그에 적법성이 부여되는 것은 그것이 성직자의 행위이기 때문이 아니라 그 직무로 인한 행위에 정당, 적법성을 인정하기 때문이다. 죄지은 자를 맞아 회개하도록 인도하고 그 갈길을 이르는 것은 사제로서의 소임이라 할 것이나 적극적으로 은신처를 마련하여 주고 도피자금을 제공하는 따위의 일은 이미 그 정당한 직무의 범위를 넘는 것이며 이를 가리켜 사회상규에 반하지 아니하여 위법성이 [조]각되는 정당행위라고 할 수 없다. 사제가 죄지은 자를 능동적으로 고발하지 않는 것은 종교적 계율에 따라 그 정당성이 용인되어야 한다고 할 수 있을 것이나 그에 그치지 아니하고 적극적으로 은닉 도피케 하는 행위는 어느 모로 보나 이를 사제의 정당한 직무에 속하는 것이라고 할 수 없다.」[1]

(3) 변호사의 변론행위

변호사는 공공성을 지닌 법률 전문직으로서 독립하여 자유롭게 그 직무를 수행하여야 하고(변호사법2), 그 직무를 수행함에 있어 진실을 은폐하거나 거짓 진술을 하여서는 아니된다(동법24②). 형사변호인의 기본적인 임무가 피의자·피고인을 보호하고 그의 이익을 대변하는 것이라고 하더라도, 그러한 이익은 법적으로 보호받을 가치가 있는 정당한 이익으로 제한된다. 변호인이 의뢰인의 요청에 따른 변론행위라는 명목으로 수사기관이나 법원에 대하여 적극적으로 허위의 진술을 하거나 피의자·피고인으로 하여금 허위진술을 하도록 하는 것은 허용되지 않는다.[2]

(4) 언론인의 취재행위

신문 및 인터넷신문은 헌법상 보장되는 언론자유의 하나로서 정보원에 대하여 자유로이 접근할 권리와 그 취재한 정보를 자유로이 공표할 자유를 가진다(신문등의진흥에관한법률 3② 참조). 그러므로 그 종사자인 신문기자가 기사 작성을 위한 자료를 수집하기 위해 취재 활동을 하면서 취재원에게 취재에 응해줄 것을 요청하고 취재한 내용을 관계 법령에 저촉되지 않는 범위 내에서 보도하는 것은 신문기자로서의 일상적인 업무 범위 내에 속하는 것

---

1) 1983. 3. 8. 82도3248, 공 1983, 695 = 백선 총론 45. 『최신부 사건』.
2) 2012. 8. 30. 2012도6027, 공 2012하, 1641 = 분석 총론 『보이스피싱 허위자백 사건』.

으로서, 특별한 사정이 없는 한, 사회통념상 용인되는 행위라고 보아야 한다.[1] 동일한 법리
는 방송 등 다른 형태의 언론에도 적용될 것이다.

제4 기타 사회상규에 위배되지 아니하는 행위

【사례 73】 P시 전매서장 갑은 홍삼판매의 할당량을 충실히 소화함으로써 국고수입
을 늘린다는 일념에서 다른 사람도 많이 따르는 편법을 사용하였다. 그리하여 전매서
장 갑은 관계법령이 금지하고 있음에도 불구하고 지정판매인 이외의 사람에게 홍삼
을 판매하고 이를 법령에 규정된 절차와 부합시키기 위하여 관계서류를 허위로 작성
하였다.
　　이 경우 갑의 죄책은? (1983. 2. 8. 82도357, 공 1983, 531 = 백선 총론 47.『광주 홍
삼 사건』)

---

1. 형식적 위법성과 실질적 위법성

(1) 사회상규 개념의 특색

　　형법 제20조는 '기타 사회상규에 위배되지 아니하는 행위'라는 일반조항을 두고 있다.
이러한 입법형식은 계수사적으로 우리나라에 영향을 미치고 있는 독일 형법이나 일본 형법
에서는 찾아 볼 수 없는 것으로서 우리 형법의 특징 가운데 하나를 이룬다.[2] 사회상규는
실질적 위법성의 개념을 실정법에 연결시키는 고리라고 할 수 있다. 즉 사회적으로 유해한
것으로서 위법하다고 판단되는 행위와 그렇지 아니한 행위의 경계를 사회상규 개념이 제시
해 준다.

　　법규범은 생활이익의 보호를 그 임무로 한다. 형법은 생활이익 가운데에서도 특히 필수
불가결한 것, 즉 법익의 보호를 위하여 노력한다. 그런데 형법상 보호대상이 되는 법익을
선별함에 있어서 여러 가지 이해관계가 상충하게 된다. 인간의 평화로운 공동생활을 가능
하게 하고 또한 이를 유지하려는 것을 목적으로 하고 있는 형법규범은 소수자의 이해관계
라고 하여 보호를 게을리하거나 무시하여서는 안 된다. 법익의 침해나 위태화를 발생시키
는 행위가 있더라도 그것이 인간의 평화로운 공동생활이라는 기본목적에 반하지 않을 때에
는 실질적 위법성이 없다고 보아야 한다.

---

1) 2011. 7. 14. 2011도639, 공 2011하, 1672 = 분석 각론『신문기자 취재 요청 사건』.
2) 전술 292면 참조.

(2) 형식적 위법성

입법자는 형벌법규를 통하여 위법행위의 정형을 설정해 놓는다. 형벌법규의 이면에는 일정한 행위유형을 위법하다고 판단하는 규범이 전제되어 있다. 구성요건에 해당하는 행위가 있으면 일단 구성요건의 배후에 있는 규범이 위반된 것이다. 구성요건해당행위에 의하여 개별구성요건의 배후에 있는 규범이 위반되는 것을 가리켜서 형식적 위법성이라고 한다.

(3) 실질적 위법성

이에 대하여 구성요건에 해당하는 행위가 법질서 전체의 관점에서 위법하다고 판단될 때 이를 가리켜서 실질적 위법성이라고 한다. 법질서 전체의 관점에서 위법하다고 판단되지 아니하면 구성요건해당행위라 할지라도 위법성은 인정되지 않는다. 그런데 입법자가 설정해 놓은 개별적인 위법성조각사유는 입법기술의 한계 때문에 실질적 위법성의 존부를 완벽하게 나타내지는 못한다. 여기에서 실질적 위법성의 범위를 최종적으로 제시하는 판단기준이 필요하게 된다. 우리 형법 제20조가 규정한 사회상규의 개념은 실질적 위법성의 한계를 제시하는 연결고리이다.

2. 사회상규의 의미내용

형법 제20조가 규정한 사회상규의 개념은 전형적인 불확정개념이다.[1][2] 문언적으로 볼 때, 사회상규란 사회생활을 함에 있어서 사람들이 언제나 지켜야 할 규범을 말한다. 단순한 사회적 관행은 사회상규에 해당하지 않는다. 편법적 관행이 아무리 널리 행해지고 있다 해도 이를 사회상규라고 말할 수는 없다.

사회상규 개념을 최초로 사용한 가인 김병로 선생은 정당행위가 위법성이 조각되는 이유에 대해 다음과 같이 설명하였다. 「무릇 위법성의 관념은 공서양속(公序良俗)에 위반하는 비상규성(非常規性)이 되는 까닭에 일정한 행위가 위법조각의 사유되는 이유는 공공질서와 선량[한] 풍속에 위반하지 아니하는 상규적(常規的) 행위 되는 소이라 말하지 아니할 수 없다 할 것이다.」[3] 그의 설명에 의하면 사회상규란 공서양속을 의미한다.

---

1) 사회상규 규정의 성립경위에 대해서는, 신동운 "형법 제20조 사회상규 규정의 성립경위", 서울대학교 법학, 제47권 제2호, (2006. 6.), 189면 이하 참조.

2) 사회상규 규정의 문제점을 지적한 글로, 김영환, "법과 도덕의 관계—특히 한국형법을 중심으로", 한양대학교 법학연구소, 법학논총, 제25집 제4호(2008), 5면 이하; 김성돈, "한국 형법의 사회상규조항의 계보와 그 입법적 의의", 형사법연구, 제24권 제4호(2012. 12), 3면 이하; 김성돈, "한국 형법의 사회상규조항의 기능과 형법학의 과제", 성균관법학, 제24권(2012. 12), 247면 이하 참조.

3) 김병로, "범죄구성의 요건되는 위법성을 논함", 법학계, 제6호, (1916. 6.), 3면 이하. 한국형사법학회, 형사법연구, 제31권 제2호(2019 여름), 215면 이하에 원문이 영인본 형태로 전재되어 있다. 본문에 소개한 인

대법원은 대체로 두 가지 관점에서 사회상규의 개념을 제시하고 있다. 하나는 사회윤리적 관점에서의 접근이다. 대법원은 형법 제20조가 정당행위의 하나로 인정한 '사회상규에 위배되지 아니하는 행위'를 가리켜 "법질서 전체의 정신이나 그 배후에 놓여 있는 사회윤리 내지 사회통념에 비추어 용인될 수 있는 행위"라고 정의한 바 있다.[1] 이러한 개념정의에 따르면 '사회상규'는 "법질서 전체의 정신이나 그 배후에 놓여 있는 사회윤리 내지 사회통념"이라고 정리할 수 있다.

다른 하나는 객관적 사회질서라는 관점에서의 접근이다. 대법원은 "[일정한] 구성요건에 해당하는 행위라 하더라도 그것이 지극히 정상적인 생활형태의 하나로서 역사적으로 생성된 사회질서의 범위 안에 있는 것이라고 볼 수 있는 경우에는 일종의 의례적 행위나 직무상의 행위로서 사회상규에 위배되지 아니하여 위법성이 조각되는 경우가 있을 수 있[다.]"고 판단한 바 있다. 이에 따르면 '사회상규'는 "지극히 정상적인 생활형태의 하나로서 역사적으로 생성된 사회질서"라고 정리할 수 있다.[2]

이와 같이 사회상규 개념은 사회윤리적 관점과 객관적 사회질서의 양 측면에서 접근할 수 있지만, 그럼에도 불구하고 사회상규는 전형적인 불확정개념이므로 학설·판례를 통하여 지속적으로 유형화되고 구체화되어야 한다.

〈사례 해설〉 〔사례 73〕의 기초가 된 판례에서 대법원은 사회상규에 관하여 다음과 같이 설시하고 있다. "행위가 법규정의 문언상 일응 범죄구성요건에 해당된다고 보이는 경우에도 그것이 극히 정상적인 생활형태의 하나로서 역사적으로 생성된 사회생활질서의 범위 안에 있는 것이라고 생각되는 경우에 한하여 그 위법성이 조각되어 처벌할 수 없게 되는 것이며, 어떤 법규정이 처벌대상으로 하는 행위가 사회발전에 따라 일반적으로 전혀 위법하지 않다고 인식되고 그 처벌이 무가치할 뿐 아니라 사회정의에 배반된다고 생각될 정도에 이를 경우나, 자유민주주의사회의 목적가치에 비추어 이를 실현하기 위해 사회적 상당성이 있는 수단으로서 행해졌다는 평가가 가능한 경우에 한하여 이를 사회상규에 위배되지 아니한다고 할 것이다."[3]

〔사례 73〕의 사안에서 대법원은 위에 소개한 기준을 제시한 다음 갑의 행위가 일반화된 관례에 따른 것이었고 상급관청이 이를 묵인하였다고 하더라도 이를 전혀 정상적인 행위라고 하거나 그 목적과 수단의 관계에서 보아 사회적 상당성이 있다고는 볼 수 없다고 판시하여 갑에게 허위공문서작성죄(법227)의 성립을 인정하였다.

원문은 원문을 본서의 저자가 현대어로 고쳐 적은 것이다.

1) 2000. 4. 25. 98도2389, 공 2000, 1345 = 백선 총론 47-1. 『수지침 사건』.
2) 2017. 4. 28. 2015도6008, 공 2017상, 1236 = 『지방의원 식사대접 사건』 ☞ 1110면.
3) 1983. 2. 8. 82도357, 공 1983, 531 = 백선 총론 47. 『광주 홍삼 사건』.

3. 사회상규의 개별성과 보충성

(1) 사회상규 적용사안의 구체성 · 개별성

대법원은 사회상규에 의한 위법성조각의 판단에 있어서 "어떠한 행위가 사회상규에 위배되지 아니하는 정당한 행위로서 위법성이 조각되는 것인지는 구체적인 사정 아래서 합목적적, 합리적으로 고찰하여 개별적으로 판단되어야 할 것"이라고 판시하고 있다.[1] [2] 이것은 사회상규 개념이 구체적 · 개별적으로 판단되어야 함을 밝힌 것이다. 동시에 사회상규 개념을 통하여 법관이 일종의 입법활동을 전개하게 되는 상황을 방지하기 위한 고려의 표현이라고 생각된다.

사회상규에 의한 위법성조각의 판단은 사회변동에 따른 법적 판단의 구체적 · 개별적 보완이라는 관점에서도 주목된다. 컴퓨터 사용이 일상화되고 인터넷이 널리 보급된 현대생활에서 사이버상의 범죄피해는 급속하고 광범위하게 확산될 가능성이 있다. 이 점과 관련하여 판례가 타인의 이메일 계정에 대한 검색행위에 대해 사회상규를 이유로 위법성조각을 인정한 점은 매우 주목할 만한 변화라고 생각된다.[3] 그러나 이러한 경우에도 판례의 태도를 일반화할 것은 아니며, 언제나 사안의 개별성 · 구체성에 기초한 판단이라는 점에 유의해야 할 것이다.

(2) 사회상규 개념의 보충성

형법 제20조가 규정한 '사회상규에 위배되지 아니하는 행위'는 형법 제21조부터 제24조까지의 개별적 위법성조각사유가 인정되지 않고, 법령이나 업무로 인한 행위로 포섭되기 어려운 경우에 적용되는 일반적 위법성조각사유이다. 따라서 정당행위를 인정하기 위한 기준은 (가) 이와 같이 다른 개별적 위법성조각사유에 해당하지 않는 경우에 사회상규에 의한 위법성조각사유 규정이 보충적으로 적용되도록 정한 형법의 규율체계, (나) 법령에 정해지지 않았더라도 사회통념과 건전한 상식에 기초한 일반적 위법성조각사유를 별도로 인정하는 입법 취지에 부합하도록 해석되어야 한다.[4]

형법 제20조의 '사회상규에 위배되지 아니하는 행위'는 특히 (가) 법률관계를 규율할 입법이 마련되지 않아 제도적 뒷받침이 없을 때 (나) 현행 법령체계 안에서 법률적인 방법으

---

1) 2000. 4. 25. 98도2389, 공 2000, 1345 = 백선 총론 47-1. 『수지침 사건』.
2) 2001. 2. 23. 2000도4415, 공 2001, 813 = 백선 총론 47-1. 참고판례 3. 『남편 강제입원 사건』.
3) 2009. 12. 24. 2007도6243, 공 2010상, 287 = 분석 각론 『어헤드원 검색 사건』.
4) 2023. 5. 18. 2017도2760, 공 2023하, 1103 = 『구재단 총장 사퇴 요구 사건』 ☞ 1102면.

로는 실효성 있는 손해보전이 불가능한 상황에서 한 행동에 대하여 (다) 설령 개별적 위법
성조각사유에 해당하지 않더라도 (라) 사회통념과 전체 법질서의 관점에서 평가하여 사회
상규에 의한 정당행위를 수긍할 여지가 있는지 판단할 때 중요하게 고려되어야 한다.[1]

(3) 사회상규의 구체적 판단요소

대법원은 일관된 판례를 통하여 사회상규에 기한 정당행위를 인정하기 위한 요건으로,
(가) 그 행위의 동기나 목적의 정당성, (나) 행위의 수단이나 방법의 상당성, (다) 보호이익
과 침해이익과의 법익권형성, (라) 긴급성, (마) 그 행위 외에 다른 수단이나 방법이 없다는
보충성 등의 요건이 모두 갖추어질 것을 요구하고 있다.[2] [3]

위의 (가) 목적의 정당성, (나) 수단의 상당성, (다) 피해법익과 보호법익의 균형, (라) 긴
급성과 (마) 보충성의 다섯 가지 요건은 일반원칙으로서 추상적이고 포괄적인 요건인 '사회
상규'의 의미를 구체화하여 사회상규가 통일적이고 예측 가능한 재판규범으로 기능하는 역
할을 할 수 있도록 하는 기준이다. 이 다섯 가지 요건은 '사회상규'의 의미를 축소하거나
적용 범위를 제한하기 위한 것이 아니다.[4]

위의 (가) 목적 · 동기의 정당성, (나) 수단의 상당성, (다) 보호이익과 침해이익과의 법
익권형성, (라) 긴급성, (마) 그 행위 외에 다른 수단이나 방법이 없다는 보충성 등의 요건들
은 불가분적으로 연관되어 하나의 행위를 이루는 요소들로 종합적으로 평가되어야 한다.
판례는 사회상규 적용 여부를 판단하는 위의 다섯 가지 요건들 상호관계를 다음과 같이 정
리하고 있다.

(가) '목적의 정당성'과 (나) '수단의 상당성' 요건은 행위의 측면에서 사회상규의 판단
기준이 된다. 사회상규에 위배되지 아니하는 행위로 평가되려면 (가) 행위의 동기와 목적을
고려하여 그것이 법질서의 정신이나 사회윤리에 비추어 용인될 수 있어야 한다. 사회상규
에 위배되지 아니하는 행위로 평가되려면 (나) 수단의 상당성 · 적합성도 고려되어야 한다.
또한 (다) 보호이익과 침해이익 사이의 법익균형은 결과의 측면에서 사회상규에 위배되는
지를 판단하기 위한 기준이다.[5]

이에 비하여 (라) 행위의 긴급성과 (마) 행위의 보충성은 수단의 상당성을 판단할 때 고

---

1) 2023. 5. 18. 2017도2760, 공 2023하, 1103 =『구재단 총장 사퇴 요구 사건』.
2) 1983. 3. 8. 82도3248, 공 1983, 695(705) = 백선 총론 45.『최신부 사건』.
   2000. 4. 25. 98도2389, 공 2000, 1345 = 백선 총론 47-1.『수지침 사건』.
   2018. 12. 27. 2017도15226, 공 2019상, 420 =『포교활동 메신저 대화 사건』.
3) 2000. 4. 25. 98도2389, 공 2000, 1345 = 백선 총론 47-1.『수지침 사건』.
4) 2023. 5. 18. 2017도2760, 공 2023하, 1103 =『구재단 총장 사퇴 요구 사건』.
5) 2023. 5. 18. 2017도2760, 공 2023하, 1103 =『구재단 총장 사퇴 요구 사건』.

려요소의 하나로 참작하여야 하고 이를 넘어 독립적인 요건으로 요구할 것은 아니다. (라) 행위의 긴급성과 (마) 행위의 보충성의 내용은 다른 실효성 있는 적법한 수단이 없는 경우를 의미한다. (라) 행위의 긴급성과 (마) 행위의 보충성의 내용이 '일체의 법률적인 적법한 수단이 존재하지 않을 것'을 의미하는 것은 아니다.[1] [2]

(4) 사회상규에 위배되는 사례

이상의 기준에 비추어 볼 때 사람을 살해하는 행위는 어떠한 수단이나 목적을 위하여도 결코 정당화될 수 없다.[3] 군대 · 경찰 내의 얼차려도 엄격한 절차와 지침에 따라 실시되어야 한다. 결정권자나 집행자는 얼차려를 받는 사람의 육체적 · 정신적 능력을 고려하여야 하며, 무리한 반복동작의 실시나 폭언 · 폭설 등 인격모독행위는 금지된다. 절차를 준수하지 않거나 한계를 넘어선 얼차려는 사회상규에 위배되지 않는 행위로 정당화되지 않는다.[4]

불법 감청 · 녹음 등에 관여하지 아니한 언론기관이 그 통신 또는 대화의 내용이 불법 감청 · 녹음 등에 의하여 수집된 것이라는 사정을 알면서도 그것이 공적인 관심사항에 해당한다고 판단하여 이를 보도하여 공개하는 행위는 정당행위에 해당하지 않는다.[5]

4. 사회상규에 위배되지 아니하는 행위의 사례

(1) 소극적 방어행위의 이론

사회상규의 개념은 전형적인 불확정개념이므로 그 적용을 위하여 유형화 · 구체화를 지속적으로 시도하여야 한다. 사회상규의 적용 영역은 다양할 것이며 그 판단 또한 구체적 · 개별적이므로 유형화가 쉽지 않다. 아래에서는 몇 가지 사례를 예시적으로 검토한다.

현재 대법원이 판례의 집적을 통하여 사회상규 개념의 유형화에 성공한 것으로 소위 '소극적 방어행위의 이론'이 있다. 대법원은 폭행이나 가벼운 상해 등의 사안에서 형사처벌이 지나치게 확대되는 것을 방지하기 위하여 이 이론을 전개하고 있다. 소극적 방어행위란 상대방의 부당한 행패를 저지하기 위한 본능적인 소극적 방어행위에 지나지 아니하여 사회통념상 용인될 수 있는 정도의 상당성이 인정되는 행위를 말한다. 소극적 방어행위에 해당하는 경우는 형법 제20조의 '사회상규에 위배되지 아니하는 행위'로서 위법성이 조각

---

1) 2023. 5. 18. 2017도2760, 공 2023하, 1103 = 『구재단 총장 사퇴 요구 사건』.
2) 2023. 11. 2. 2023도10768, 공 2023하, 2156 = 『복싱클럽 몸싸움 사건』 ☞ 1124면.
3) 1997. 11. 14. 97도2118, 공 1997, 3914 = 백선 총론 47-1. 참고판례 1. 『암살범 응징 사건』.
4) 2006. 4. 27. 2003도4151, 공 2006, 975 = 백선 총론 47-1. 참고판례 2. 『얼차려 상사 사건』.
5) 2011. 3. 17. 2006도8839 전원합의체 판결 다수의견, 공 2011상, 846 = 분석 신형소 II 『안기부 X파일 사건』.

된다.[1]

(2) 무면허의료행위와 사회상규

일반적으로 면허 또는 자격 없이 의료행위를 하는 것은 「의료법」상의 무면허 의료행위 (한방의료행위 포함)에 해당되어(동법27①) 형사처벌의 대상이 된다(동법87의2② ii). 그런데 판례는 소위 수지침 시술행위에 대해 사회상규에 위배되지 않는 행위로서 위법성이 조각된다고 판시한 바가 있다. 수지침 시술행위는 손등과 손바닥에만 하는 것으로서 피부에 침투하는 정도가 아주 경미하여 부작용이 생길 위험이 극히 적은 의료행위이다.

판례는 수지침 시술행위에 대해 한방의료행위 가운데 침술행위의 일종으로서 「의료법」에서 금지하고 있는 의료행위에 해당한다고 보고, 수지침 시술행위가 광범위하고 보편화된 민간요법이고, 그 시술로 인한 위험성이 적다는 사정만으로 그것이 바로 사회상규에 위배되지 아니하는 행위에 해당한다고 보기는 어렵다고 판시하였다.[2]

그렇지만 판례는 (가) 수지침이 시술부위나 시술방법 등에 있어서 예로부터 동양의학으로 전래되어 내려오는 체침의 경우와 현저한 차이가 있고, (나) 일반인들의 인식도 수지침 시술에 대해 대한 관용의 입장에 기울어져 있으며, (다) 시술자의 시술의 동기, 목적, 방법, 횟수, 시술에 대한 지식수준, 시술경력, 피시술자의 나이, 체질, 건강상태, 시술행위로 인한 부작용 내지 위험발생 가능성 등을 종합적으로 고려해 볼 때, 수지침 시술행위가 구체적인 경우에 있어서 개별적으로 보아 법질서 전체의 정신이나 그 배후에 놓여 있는 사회윤리 내지 사회통념에 비추어 용인될 수 있는 행위에 해당한다고 인정되는 경우 형법 제20조 소정의 사회상규에 위배되지 아니하는 행위로서 위법성이 조각된다고 판단하였다.[3] 그러나 판례는 그 밖의 무면허 의료행위에 대해서는 사회상규에 위배되지 아니하는 행위로 인정하지 않는 추세가 뚜렷하다.[4]

(3) 모욕죄와 사회상규

사람의 명예를 보호하기 위하여 형법 제33장에 '명예에 관한 죄'가 설정되어 있다. 여기에는 명예훼손죄와 모욕죄가 규정되어 있다. 명예훼손죄는 사실적시를 내용으로 하는 범죄임에 대하여 모욕죄는 경멸의 감정을 표시하는 범죄라는 점에서 구별된다. 형법은 명예훼손죄와 관련하여 특별한 위법성조각사유를 제310조에 규정하고 있다. 그런데 같은 명예에

---

1) 2008. 8. 21. 2008도2695, 공 2008, 1310 = 백선 총론 47-1. 참고판례 6. 『눈 부위 누르기 사건』.
2) 2000. 4. 25. 98도2389, 공 2000, 1345 = 백선 총론 47-1 『수지침 사건』 ☞ 1105면.
3) 2000. 4. 25. 98도2389, 공 2000, 1345 = 백선 총론 47-1 『수지침 사건』.
4) 2022. 12. 29. 2017도10007, 공 2023상, 401 =『호스피스 간호사 사망진단서 사건』 ☞ 1106면.

관한 죄이면서 그보다 죄질이 가볍다고 할 수 있는 모욕죄에 대해서는 별도의 위법성조각
사유가 규정되어 있지 않다. 형법 제310조의 특칙은 '진실한 사실'이 적시될 것을 요건으로
하고 있기 때문에 모욕죄에 적용할 수가 없는 것이다. 이러한 상황하에서 대법원은 모욕죄
에 대해 사회상규에 기한 위법성조각을 인정하였다.[1]

(4) 음란물과 사회상규

형법은 음란물판매죄(법243), 음란물제조죄(법244), 공연음란죄(법245)를 규정하고 있다.
또한 입법자는 각종 특별법을 통해 음란물 또는 음란 표현과 관련한 처벌규정을 마련하고
있다. 그런데 그 적용범위와 관련하여 사회적인 논란이 제기되어 왔다. 2017년 대법원은 음
란물 또는 음란 표현이 해당 형벌법규의 구성요건에 해당하는 경우에도 사회상규에 위배되
지 아니하여 위법성이 조각되는 경우를 인정함으로써 논란에 대한 해결기준을 제시하였다.

어떠한 물건이나 표현이 그 자체로는 하등의 문학적 · 예술적 · 사상적 · 과학적 · 의학
적 · 교육적 가치를 지니지 아니하여 음란물이나 음란 표현에 해당하는 경우가 있다. 그런
데 음란물 또는 음란 표현이라 하더라도 음란성에 관한 논의의 특수한 성격 때문에 그에
관한 논의의 형성 · 발전을 위해 해당 음란물이나 음란 표현이 문학적 · 예술적 · 사상적 ·
과학적 · 의학적 · 교육적 표현 등과 결합되는 경우가 있다.

이러한 경우 음란 표현의 해악이 이와 결합된 문학적 · 예술적 · 사상적 · 과학적 · 의학
적 · 교육적 표현 등을 통해 상당한 방법으로 해소되거나 다양한 의견과 사상의 경쟁메커니
즘에 의해 해소될 수 있는 정도라는 등의 특별한 사정이 있다면, 이러한 결합 표현물에 의
한 표현행위는 공중도덕이나 사회윤리를 훼손하는 것이 아니어서, 법질서 전체의 정신이나
그 배후에 놓여 있는 사회윤리 내지 사회통념에 비추어 용인될 수 있는 행위로서 사회상규
에 위배되지 아니하는 행위에 해당된다.[2]

(5) 풍속영업법과 사회상규

「풍속영업의 규제에 관한 법률」(풍속규제법)은 여관 등 풍속영업을 경영하는 사람으로
하여금 도박을 하지 못하도록 금지하고 있다(동법3 iv). 그리고 이 금지규범에 위반하는 사람
에 대하여 형사처벌을 가하고 있다(동법10). 형법도 도박죄를 규정하고 있으나 형법상의 단
순도박죄에는 소위 '일시오락'이라는 위법성조각사유가 규정되어 있다(법246① 본문 · 단서).
이에 대해 풍속규제법에는 이와 같은 위법성조각사유가 명시되어 있지 않다.

---

1) 2003. 11. 28. 2003도3972, 공 2004, 84 = 백선 총론 47-1. 참고판례 4. 『'엄마의 싸움' 사건』.
2) 2017. 10. 26. 2012도13352, 공 2017하, 2217 = 『심의위원 블로그 사건』 ☞ 1108면.

보호법익의 관점에서 볼 때 풍속규제법의 도박죄는 형법상의 도박죄와는 별개의 범죄
이다. 일시오락의 특례를 명시하지 아니한 것도 그 때문이라고 볼 여지가 있다. 그러나 대
법원은 풍속규제법 위반죄의 구성요건해당성을 인정하면서 사회상규에 위배되지 아니하는
행위를 인정하였다.[1] 이 판단에는 형법 제246조 제1항 단서가 규정한 일시오락이라는 위
법성조각사유가 중요한 고려요소로 작용하고 있다.

(6) 불법 감청 · 녹음의 보도행위와 정당행위의 요건

불법 감청 · 녹음 등에 관여하지 아니한 언론기관이 불법 감청 · 녹음 등으로 취득한 통
신이나 대화의 내용을 보도하는 것이 사회상규에 위배되지 아니하는 행위로서 위법성이 조
각될 수 있을 것인지 문제된다.

이에 대해 판례는 언론기관의 보도가 통신의 비밀이 가지는 헌법적 가치와 이익을 능
가하는 우월적인 가치를 지님으로써 법질서 전체의 정신이나 사회윤리 내지 사회통념에 비
추어 용인될 수 있다면, 그 행위는 사회상규에 위배되지 아니하는 행위로서 위법성이 조각
될 수 있다는 입장을 취하고 있다. 그러나 판례가 요구하는 요건은 다음과 같이 대단히 엄
격하다.[2]

「불법 감청 · 녹음 등에 관여하지 아니힌 언론기관이 그 통신 또는 대화의 내용이 불법
감청 · 녹음 등에 의하여 수집된 것이라는 사정을 알면서도 그것이 공적인 관심사항에 해당
한다고 판단하여 이를 보도하여 공개하는 행위가 형법 제20조의 정당행위로서 위법성이
조각된다고 하려면, 적어도 다음과 같은 요건을 충족할 것이 요구된다.

첫째, 그 보도의 목적이 불법 감청 · 녹음 등의 범죄가 저질러졌다는 사실 자체를 고발
하기 위한 것으로 그 과정에서 불가피하게 통신 또는 대화의 내용을 공개할 수밖에 없는
경우이거나, 불법 감청 · 녹음 등에 의하여 수집된 통신 또는 대화의 내용이 이를 공개하지
아니하면 공중의 생명 · 신체 · 재산 기타 공익에 대한 중대한 침해가 발생할 가능성이 현저
한 경우 등과 같이 비상한 공적 관심의 대상이 되는 경우에 해당하여야 한다.

국가기관 등이 불법 감청 · 녹음 등과 같은 범죄를 저질렀다면 그러한 사실을 취재하고
보도하는 것은 언론기관 본연의 사명이라 할 것이고, 통신비밀보호법 자체에 의하더라도 '국
가안보를 위협하는 음모행위, 직접적인 사망이나 심각한 상해의 위험을 야기할 수 있는 범죄
또는 조직범죄 등 중대한 범죄의 계획이나 실행 등 긴박한 상황'에 있는 때에는 예외적으로
법원의 허가 없이 긴급통신제한조치를 할 수 있도록 허용하고 있으므로(제8조), 이러한 예외

---

1) 2004. 4. 9. 2003도6351, 공 2004, 840 = 백선 총론 47-1. 참고판례 5. 『어판주인 홀라 도박 사건』.
2) 2011. 3. 17. 2006도8839 전원합의체 판결, 공 2011상, 846 = 분석 신형소Ⅱ 『안기부 X파일 사건』.

적인 상황 아래에서는 개인 간의 통신 또는 대화의 내용을 공개하는 것이 허용된다.

둘째, 언론기관이 불법 감청·녹음 등의 결과물을 취득함에 있어 위법한 방법을 사용하거나 적극적·주도적으로 관여하여서는 아니 된다.

셋째, 그 보도가 불법 감청·녹음 등의 사실을 고발하거나 비상한 공적 관심사항을 알리기 위한 목적을 달성하는 데 필요한 부분에 한정되는 등 통신비밀의 침해를 최소화하는 방법으로 이루어져야 한다.

넷째, 언론이 그 내용을 보도함으로써 얻어지는 이익 및 가치가 통신비밀의 보호에 의하여 달성되는 이익 및 가치를 초과하여야 한다. 여기서 그 이익의 비교·형량은, 불법 감청·녹음된 타인 간의 통신 또는 대화가 이루어진 경위와 목적, 통신 또는 대화의 내용, 통신 또는 대화 당사자의 지위 내지 공적 인물로서의 성격, 불법 감청·녹음 등의 주체와 그러한 행위의 동기 및 경위, 언론기관이 그 불법 감청·녹음 등의 결과물을 취득하게 된 경위와 보도의 목적, 보도의 내용 및 그 보도로 인하여 침해되는 이익 등 제반 사정을 종합적으로 고려하여 정하여야 한다.」

(7) 공직선거법상 기부행위와 사회상규

「공직선거법」은 후보자 등의 기부행위를 엄격히 금지하면서 이에 위반하는 행위를 형사처벌하고 있다(동법113, 257 참조). 「공직선거법」은 금지되는 기부행위를 규정하면서(동법112①) 허용되는 경우를 한정적으로 열거하고 있다(동조② 참조). 그런데 공직선거법의 예외규정에 열거되지 않은 경우에 대해 판례는 다음의 기준을 제시하여 위법성이 조각될 수 있음을 인정하고 있다.

「공직선거법 제112조 제1항에 해당하는 금품 등 제공행위가 같은 법 제112조 제2항 등에 규정된 의례적 행위나 직무상 행위에 해당하지 않더라도, 그것이 지극히 정상적인 생활형태의 하나로서 역사적으로 생성된 사회질서의 범위 안에 있는 것이라면 의례적 행위나 직무상의 행위로서 사회상규에 위배되지 아니하여 위법성이 조각된다.」[1]

(8) 쟁의행위와 사회상규

근로자의 쟁의행위가 정당행위로 위법성이 조각되는 것은 사용자에 대한 관계에서 인정되는 것이므로, 제3자의 법익을 침해한 경우에는 원칙적으로 정당성이 인정되지 않는다.[2] 그러나 2020년 대법원은 근로자의 쟁의행위가 제3자의 법익을 침해한 경우에도 그것

---

1) 2017. 4. 28. 2015도6008, 공 2017상, 1236 =『지방의원 식사대접 사건』☞ 1110면.
2) 2020. 9. 3. 2015도1927, 공 2020하, 2044 =『청소용역 근로자 파업 사건』☞ 1100면.

이 항상 위법하다고 볼 것은 아니고, 법질서 전체의 정신이나 그 배후에 놓여있는 사회윤리 내지 사회통념에 비추어 용인될 수 있는 행위에 해당하는 경우에는 형법 제20조의 '사회상규에 위배되지 아니하는 행위'로서 위법성이 조각된다는 입장을 천명하였다.[1] [2]

대법원은 사내하청업체 소속 근로자들이 사용자인 하청업체를 상대로 한 쟁의행위의 일환으로 원청업체 사업장에서 집회·시위를 한 사안에 대해 다음과 같이 판시하였다.[3]

「수급인 소속 근로자들이 집결하여 함께 근로를 제공하는 장소로서 도급인의 사업장은 수급인 소속 근로자들의 삶의 터전이 되는 곳이고, 쟁의행위의 주요 수단 중 하나인 파업이나 태업은 도급인의 사업장에서 이루어질 수밖에 없다. 또한 도급인은 비록 수급인 소속 근로자와 직접적인 근로계약관계를 맺고 있지는 않지만, 수급인 소속 근로자가 제공하는 근로에 의하여 일정한 이익을 누리고, 그러한 이익을 향수하기 위하여 수급인 소속 근로자에게 사업장을 근로의 장소로 제공하였으므로 그 사업장에서 발생하는 쟁의행위로 인하여 일정 부분 법익이 침해되더라도 사회통념상 이를 용인하여야 하는 경우가 있을 수 있다. 따라서 사용자인 수급인에 대한 정당성을 갖춘 쟁의행위가 도급인의 사업장에서 이루어져 형법상 보호되는 도급인의 법익을 침해한 경우, 그것이 항상 위법하다고 볼 것은 아니고, 법질서 전체의 정신이나 그 배후에 놓여있는 사회윤리 내지 사회통념에 비추어 용인될 수 있는 행위에 해당하는 경우에는 형법 세20조의 '사회상규에 위배되지 아니하는 행위'로서 위법성이 조각된다.」

제 5 위법성조각사유의 경합

1. 위법성조각사유 경합의 의미

한 개의 행위가 여러 개의 위법성조각사유에 해당하는 경우가 있다. 예컨대 사람의 위법한 행위에 의하여 법익침해의 위험상태가 발생하는 경우를 생각해 본다. 이 경우에 법익의 주체는 정당방위를 할 수 있을 뿐만 아니라 긴급피난행위도 할 수 있다. 긴급피난은 기본적으로 정(正) 대 정(正)의 관계에서 허용되는 위법성조각사유이므로 부정(不正) 대 정(正)의 관계에서는 보다 더 용이하게 그 성립이 긍정된다. 이와 같이 한 개의 구성요건에 해당하는 행위가 여러 개의 위법성조각사유를 성립시키는 경우를 가리켜서 **위법성조각사유의 경합**이라고 한다.

---

1) 2020. 9. 3. 2015도1927, 공 2020하, 2044 = 『청소용역 근로자 파업 사건』.
2) 전술 376면 참조.
3) 2020. 9. 3. 2015도1927, 공 2020하, 2044 = 『청소용역 근로자 파업 사건』.

여러 개의 위법성조각사유가 경합하는 경우에 그 우선순위가 문제된다. 원칙적으로 여러 개의 위법성조각사유는 독립적으로 기능한다. 여러 개의 위법성조각사유는 각각 그의 고유한 기능영역을 가지고 있기 때문이다.

2. 사회상규의 보충성

위법성조각사유의 경합과 관련하여 한 가지 제한이 있다. 형법 제20조가 규정한 정당행위 가운데 '기타 사회상규에 위배되지 아니하는 행위'는 사회상규라는 일반조항에 근거하여 인정되는 위법성조각사유이다. 사회상규는 그 외관이 뚜렷하게 정형화되어 있는 다른 위법성조각사유들과 달리 비유형적이며 포괄적이다.

사회상규에 위배되지 아니하는 행위는 그의 비유형성 때문에 정형성을 구비하고 있는 여타의 위법성조각사유에 대하여 일반법과 특별법의 관계에 서게 된다. 따라서 형법 제20조의 '기타 사회상규에 위배되지 아니하는 행위'는 다른 위법성조각사유가 기능하지 않는 경우에 보충적으로 작용하게 된다.[1] [2]

예컨대 싸움의 경우를 살펴본다. 싸움의 경우에는 정당방위가 원칙적으로 인정되지 않는다. 싸움에 있어서 각자의 행위는 공격행위임과 동시에 방어행위라는 이중적 성격을 가지고 있기 때문이다. 그러나 싸움이 통상적으로 예상되는 범위를 벗어나는 경우에는 예외적으로 정당방위가 가능하게 된다.[3]

나아가 싸움은 소위 소극적 방어행위의 이론에 의해서도 위법성이 조각될 수 있다. 그런데 소극적 방어행위의 이론은 '사회상규에 위배되지 아니한 행위'의 한 유형으로 판례에 의하여 구체화된 것이다. 만일 어느 한 개의 행위가 정당방위와 소극적 방어행위의 요건을 모두 갖추었다면 정당방위를 규정한 형법 제21조를 적용해야 할 것이다. 형법 제20조의 사회상규에 위배되지 않는 행위는 어디까지나 보충적 지위에 서 있기 때문이다.

---

1) 1983. 3. 8. 82도3248, 공 1983, 695(705) = 백선 총론 45. 『최신부 사건』.
2) 2001. 2. 23. 2000도4415, 공 2001, 813 = 백선 총론 47-1. 참고판례 3. 『남편 강제입원 사건』.
3) 전술 320면 이하 참조.

제5장 책 임

제1절 책임의 의의

제1 형벌의 근거와 책임주의

형법은 범죄와 형벌에 관한 법규범이다. 형벌은 국가가 보유하고 있는 강제수단 가운데 가장 강력한 제재이다. 형벌법규는 법익보호를 위하여 설정된 것이다. 형벌을 과하는 최종목적은 법공동체의 평화질서를 유지하고 진작시키는 것이다. 이러한 목적을 위하여 형벌법규는 실효성을 확보하여야 한다. 형법은 단순한 종이조각에 그쳐서는 안 된다.

법공동체의 구성원인 개개인들은 형벌법규의 배후에 있는 규범을 존중하지 않으면 안된다. 형벌법규의 이면에는 법공동체의 평화질서를 유지하기 위하여 설정된 금지규범이나 명령규범이 존재한다. 공동체의 구성원들은 형법이 불법(즉 구성요건에 해당하고 위법한 행위)으로 평가해서 금지해 놓은 행위를 하여서는 아니 된다. "불법을 범하지 말라!"는 요청을 준수하지 않는 사람은 법질서의 교란을 초래하는 자이다. 이러한 사람은 불법을 범하지 않을 능력이 있는 한 자신이 범한 불법에 대하여 책임을 져야 한다. 책임은 형벌에 정당성을 부여하기 위한 토대가 된다. 책임이 인정될 때, 그리고 책임의 한도 내에서 형벌을 부과해야 한다는 원칙을 가리켜서 책임주의라고 한다.

책임주의는 형사법의 기본원리로서 헌법상 법치국가의 원리에 내재하는 원리인 동시에 국민 누구나 인간으로서의 존엄과 가치를 가지고 스스로의 책임에 따라 자신의 행동을 결정할 것을 보장하고 있는 헌법 제10조의 취지로부터 도출된다.[1] 책임비난 이외의 특정목적을 위하여 형사처벌을 동원하는 것은 허용되지 않는다. 함부로 형사처벌을 동원하는 것은 인간을 특정 목적을 위한 수단으로 전락시켜서 인간의 존엄과 가치를 침해하는 일이기 때문이다.

---

1) 2007. 11. 29. 2005헌가10, 헌공 2007, 1289(1292) = 백선 총론 10-2. 『치과기공소 직원 사건』.

제2 책임의 근거

1. 결정론과 비결정론의 대립

(1) 결정론의 주장

책임주의의 원칙은 그 자체로서 아직 책임이 무엇인지를 말해 주는 바 없다. 우리 입법자는 책임에 대하여 명문으로 규정해 놓고 있지 않다. 또 입법자가 실정법으로 책임이 무엇인가를 규정하지 아니한 것은 현명한 처사이기도 하다. 책임의 개념은 인간의 자유의지에 관한 법철학적 기본입장에 따라서 사람마다 그 이해를 달리하기 때문이다.

인간의 자유의지에 대해서는 결정론과 비결정론이 대립하고 있다. 결정론이란 인간의 행동이 외적 요인에 의하여 결정된다고 보는 견해이다. 결정론자는 인간에게 자유의지가 없다고 본다. 인간의 행위는 소질·환경·교육 등과 같은 제반 요인에 의하여 타율적으로 결정된다는 것이다. 결정론의 입장에서 보면 인간에게는 다른 행위를 할 수 있는 가능성이 없다. 결정론에 의하면 불법(즉 구성요건에 해당하고 위법한 행위)을 범하지 않고 적법한 행위로 나아갈 수 있는 여지는 처음부터 존재하지 않는다. 이 때문에 결정론의 관점에서는 책임의 개념이 인정되지 않는다. 책임을 근거로 한 형벌은 더 이상 존재하지 않으며 형벌은 장래지향적인 보안과 개선의 처분(즉 보안처분)에 흡수된다(소위 일원주의).

(2) 비결정론의 주장

비결정론은 인간의 행동이 외적 요인에 의하여 결정되지 않는다고 보는 견해이다. 비결정론자는 인간의 자유의지를 긍정한다. 비결정론자들은 인간에게 선악을 구별할 수 있는 능력과 그 판단에 따라서 행위할 수 있는 능력이 있다고 본다. 시비변별과 의사결정의 능력이 있음에도 불구하고 해야 할 행위를 하지 않거나 그릇된 행위를 한 자는 비난을 받아 마땅하다. 여기에서 비결정론자는 책임의 개념을 인정하게 된다.

책임주의를 철저하게 견지한 예로 1952년에 나온 독일 연방대법원의 판례를 들 수 있다.[1] 여기에서 그 일부를 소개하기로 한다.

「형벌은 책임을 전제로 한다. 책임은 비난가능성이다. 책임이라는 반가치(즉 옳지 않다; 저자 주) 판단을 통하여 행위자에게 그가 적법하지 않게 행위하였으며, 적법하게 행위하고 법을 택할 수 있었음에도 불구하고 불법을 선택하였다는 점에 대하여 비난이 가해진다. 책

---

1) BGH 2, 194, 200.

임비난의 내적 근거는 인간이 자유롭고 책임질 줄 알며, 윤리적으로 자기결정을 할 수 있는 바탕을 가지고 있으며 그렇기 때문에 법을 선택하고 불법을 택하지 않을 수 있는 능력을 가지고 있다는 점에 있다.」

우리 대법원 또한 의사자유를 간접적으로 긍정하는 판례를 내어 놓은 바 있다. 대법원은 책임판단의 기초가 되는 책임능력과 관련하여 "형법 제10조에서 말하는 사물을 변별할 능력 또는 의사를 결정할 능력은 자유의사를 전제로 한 의사결정의 능력에 관한 것[이다]" 라고 판시함으로써 비결정론의 관점을 천명하고 있다.[1]

(3) 입장의 정리

인간의 자유의지에 관한 철학적 논쟁은 역사적으로 오래된 것이다. 이 논쟁은 종국적으로 그 해명이 불가능할 뿐만 아니라 형법이론상 반드시 필요한 것도 아니다. 형법은 시민들이 일상생활을 통하여 경험적으로 조절이 가능하다고 생각되는 행위들을 규율의 대상으로 삼고 있다. 슈퍼마켓에서 진열대에 참치깡통이 진열되어 있는 것을 보고 있는 손님은 그 깡통을 몰래 옷 속에 집어넣을 것인가, 정상적으로 계산대에서 요금을 지불할 것인가 아니면 둘 다 모두 포기해 버릴 것인가를 쉽게 결정할 수 있을 것이다. 시민들의 일반적인 경험에 비추어 볼 때 형법의 영역에서 일단 인간에게 자유의지가 있는 것으로 취급하여도 크게 무리를 범하는 일은 아니다.

2. 도의적 책임론, 사회적 책임론, 인격적 책임론

인간의 자유의지와 책임과의 관계에 관하여 종래부터 논란이 있어 왔다. 이와 관련한 견해로서 도의적 책임론, 사회적 책임론, 인격적 책임론이 각각 제시되고 있다.

(가) 도의적 책임론　　책임을 행위에 대하여 가해지는 도덕적·윤리적 비난이라고 보는 견해이다. 도의적 책임론의 입장에서는 인간의 자유의지를 긍정한다. 자유의지를 가진 인간은 그의 자유로운 의사로써 적법행위와 위법행위(즉, 불법)를 구별하고 적법행위로 나아갈 수 있다. 이와 같이 자유로운 의지와 그에 근거한 적법행위의 가능성이 있음에도 불구하고 위법한 행위를 한 때에는 행위자에게 도덕적·윤리적으로 비난을 가할 수 있으며, 이 때의 도덕적·윤리적 비난가능성이 책임이라는 것이다.

(나) 사회적 책임론　　범죄행위에 대하여 사회가 내보이는 반응을 책임이라고 보는 견해이다. 사회적 책임론은 도의적 책임론에 상반되는 견해이다. 사회적 책임론의 입장에서

---

1) 1968. 4. 30. 68도400, 집 16①, 형50 = 백선 총론 49. 『경찰서장 조카 사건』.

는 인간의 자유의지를 실증되지 아니한 것으로서 일종의 주관적 환상이라고 본다. 이러한 관점에서 보게 되면 범죄행위란 일종의 질병과 같이 사회적으로 유해한 현상이다.

사회적 책임론의 관점에서 보면 범죄행위란 범죄인의 주관적 악성이 외부에 나타난 징표이다. 질병을 치유하려면 병의 근원을 제거해야 하는 것처럼 범죄라는 사회적으로 유해한 현상을 치유하려면 범죄인의 주관적 악성을 제거하기 위한 처분이 필요하게 된다. 이 경우 사회를 범죄로부터 지켜내기 위하여 범죄자에게 일정한 처우를 가할 수 있는 근거가 바로 책임이라는 것이다. 형벌을 범죄로부터 사회를 지켜내기 위한 일종의 조치로 보게 되면 형벌의 근거인 책임은 도덕적·윤리적으로 무색·무취의 중립적인 것이 된다.

(다) 인격적 책임론   책임을 행위자의 인격에 대하여 가해지는 도덕적·윤리적 비난이라고 보는 견해이다. 도의적 책임론과 사회적 책임론의 중간에 위치하는 견해이다. 인격적 책임론에서 말하는 인격이란 어느 구체적인 행위자가 구축해 놓은 가치판단의 체계를 말한다. 인격적 책임론을 취하는 입장에서는 다음과 같은 설명을 제시한다.

「인간은 대개의 경우에 자유의지를 가지고 자신의 행동을 결정한다. 그러나 때로는 소질과 환경의 영향을 받아서 자유롭게 자신의 행동을 결정할 수 없게 되는 경우도 적지 않다. 이와 같이 한편에서는 자유롭게, 다른 한편에서는 소질과 환경에 의한 제약을 받으면서 인간은 삶을 살아가게 되고 이 과정에서 나름대로의 인격을 구축하게 된다. 범죄행위란 구체적 행위자가 자신의 인격적 체계를 외적으로 발현시킨 것이며, 책임은 이러한 인격적 체계구축에 대한 비난이다.」

인격적 책임론은 인간의 자유의지를 긍정함과 동시에 소질과 환경에 의한 제약을 인정한다는 점에서 결정론과 비결정론의 혼합체라고 할 수 있다.

(라) 학설의 검토   책임의 근거를 어디에서 구할 것인가 하는 문제는 궁극적으로는 개개인의 인생관·세계관의 문제라고 하겠지만, 법공동체의 질서와 평화를 유지해야 하는 형법의 영역에서 그 판단은 일차적으로 입법자의 몫이라고 하지 않을 수 없다. 우리 입법자는 「치료감호 등에 관한 법률」 등을 통하여 일부 보안처분제도를 도입하고 있다.

보안처분이란 범죄로부터 사회를 방위하기 위한 처분으로서 형벌 이외의 것을 말한다. 이와 같이 보안처분제도가 별도로 마련되어 있는 법체계하에서는 형벌의 기초가 되는 책임을 사회적 책임론의 관점에서 포착하는 것은 지나치다고 하지 않을 수 없다. 이렇게 볼 때 책임의 근거는 인간의 자유의지를 긍정하는 도의적 책임론과 인격적 책임론의 관점에서 일단 모색해 보아야 할 것이다.

3. 행위책임과 행상책임

(1) 행위책임과 행상책임의 의미

책임은 비난가능성이다. 책임은 구체적 행위자가 범한 구성요건에 해당하고 위법한 행위(즉 불법)를 놓고 그 행위에 대한 행위자의 옳고 그름의 판단을 비난의 대상으로 한다. 구체적인 행위자의 개별행위를 대상으로 논하여지는 책임을 가리켜서 행위책임이라고 한다. 행위책임은 자유의지를 가진 사람을 전제로 하는 개념이다.

그런데 사람들이 살다보면 의사결정이 때때로 쉽지 아니한 경우도 생긴다. 특히 행위자가 지금까지 계속적으로 범죄행위를 범해 옴으로써 선악에 대한 감각이 극히 무디어졌을 때에는 자유의지가 있는지 크게 의문시된다. 이러한 상황에 대하여 개개의 행위별로 옳고 그름의 판단을 내리는 행위책임의 원칙이 수정될 필요가 있다고 보는 견해가 있다. 소위 인격적 책임론이 그것이다. 이 입장에서는 행상책임이라는 개념구성을 통하여 행위책임의 개념을 제한해야 한다고 주장한다.

행상책임(行狀責任)이란 구체적 행위자가 문제된 범죄를 범할 때 그 때까지 행위자가 살아온 삶의 모습 자체를 비난의 대상으로 삼아 논하는 책임을 말한다. 예컨대 개별적이고 단편적인 구체적 절도행위보다는 범인이 그릇된 삶을 살아왔다는 사실 자체가 형사처벌의 근거가 된다는 것이다.

(2) 행위책임의 원칙

행상책임의 관점은 우리 형법이 지향하는 행위책임의 원칙에 비추어 볼 때 배척하지 않을 수 없다. 우선 방법론적으로 볼 때 행상책임의 기초를 이루는 인격적 책임론에 문제가 있다. 인격적 책임론은 인간은 스스로 결정하면서 동시에 결정된다고 하는 모순적 명제에서 출발하고 있다. 만일 이 명제를 원칙과 예외의 관계로 바꾸어 놓는다면 원칙과 예외의 경계가 과연 어디에 있는가 하는 의문이 제기된다.

우리 형법은 원칙적으로 개개의 구성요건과 관련한 개별적 행위책임만을 묻는다. 형법은 기본적으로 행위자유형을 형사처벌의 근거로 고려하고 있지 않다. 다만 입법자가 예외적으로 특별한 유형의 행위자들에게 법에 대한 성실성을 촉구할 목적으로 중형을 부과하는 경우가 있다. 우리 형법은 총칙의 영역에서는 누범가중(법35)을, 각칙의 영역에서는 상습범가중(법264, 332 등 참조)을 각각 인정하여 행상책임의 관점을 일부 반영하고 있다.

그러나 이와 같은 약간의 예외를 제외하면 우리 입법자가 채택한 대원칙은 역시 행위

책임의 원칙이라고 하지 않을 수 없다. 형법전의 체계, 보안처분제도의 도입 등에 비추어 볼 때 우리 입법자는 자유의지의 관점에서 도의적 책임론에 근거한 책임개념을 채택하고 있다고 생각된다.

제3 책임의 본질

1. 심리적 책임론과 규범적 책임론

(1) 행동결정과 객관적 부수사정

범죄란 구성요건에 해당하고 위법하며 유책한 행위이다. 유책(有責)한 행위란 행위자에게 책임비난을 가할 수 있는 행위를 말한다. 책임비난의 근거는 행위자가 자신의 행위가 법질서에 반한다는 점을 인식하거나 인식할 수 있었음에도 불구하고 굳이 범법의 세계로 나아갔다는 데에 있다. 이러한 판단의 근저에는 인간에게 자유의지가 있어서 적법행위 쪽으로 자기의 행동을 결정할 수 있다는 기본인식이 자리잡고 있다.

사람들은 구성요건에 해당하고 위법한 행위(즉 불법)를 하면서 자신의 행위가 위법하다는 점을 일반적으로 인식하고 있다. 그리고 불법인식을 가지고 있는 상태에서는 행위자가 적법행위로 나아갈 수 있는 것도 보통이다. 그런데 경우에 따라서는 행위자의 외부에 존재하는 객관적 사정이 행위자의 행동결정에 영향을 미치는 경우가 있다. 행위자가 행위를 할 때 외부적으로 존재하는 여타의 사정을 가리켜서 객관적 부수사정이라고 한다.

(2) 심리적 책임론

종전의 범죄론체계에 의하면 책임의 본질은 구성요건에 해당하고 위법한 행위에 대하여 행위자가 내심으로 어떠한 태도를 취하고 있었는가 하는 점에 대한 판단이라고 보았다. 이 입장에서는 구성요건에 해당하고 위법한 행위(즉 불법)에 대하여 구체적 행위자가 고의(책임고의)를 가지고 있거나 행위자에게 과실(책임과실)이 인정되는 경우에 책임비난을 가할 수 있는 것으로 보았다. 자유의지를 가지는 인간에게 행동결정의 순간에 고의 또는 과실이 인정된다면 그가 행한 불법에 대하여 행위자에게 비난을 가할 수 있다는 것이었다.

이렇게 보면 책임의 본질적 요소는 행위자의 내심세계에 존재하는 고의 또는 과실이라는 심적 상태가 된다. 책임의 본질을 행위자의 내심세계에 존재하는 심적 상태에서 구하는 견해를 가리켜서 심리적 책임론이라고 한다.

(3) 규범적 책임론

책임의 본질을 행위자의 심적 상태에서 구하는 입장은 행위자를 중심축으로 하여 행위자로부터 외부에로 시야를 돌리는 접근방법이라고 할 수 있다. 이에 대하여 행위자가 처한 외부적 사정으로부터 행위자 쪽으로 접근하여 책임의 본질을 함께 파악하려는 견해가 있다. 이 입장에서는 행위자가 행위를 할 때 객관적으로 존재하는 부수사정이 행위결정의 요인으로 작용하는 경우가 있다는 사실에 주목한다. 이러한 입장에서는 객관적 부수사정까지 감안하여 행위자에게 행위 당시 적법행위로 나아갈 가능성이 있었는가 하는 점에 큰 의미를 부여한다. 이러한 관점에서 보면 행위자가 내심의 세계에서 어떠한 태도를 취하였는가 하는 점도 중요하지만 외부적으로 주어진 상황도 함께 고려하여 법공동체가 행위자에게 어떠한 행위를 기대할 수 있었는가 하는 점이 중요한 의미를 갖는다.

법공동체가 행위자에게 적법행위를 기대할 수 있었는가 아닌가를 기준으로 책임의 본질을 파악하려는 견해를 가리켜서 규범적 책임론이라고 한다. 규범적 책임론이라고 할 때 규범적이란 이렇게 보는 것이 "옳다(또는 옳지 않다)"라는 판단을 내린다는 뜻이다. 규범적 책임론이라는 표현은 법공동체가 행위자에게 적법행위를 기대해도 좋다고 판단할 때 책임 비난을 인정한다는 취지를 담고 있다. 규범적 책임론은 행위자의 내면세계에만 시야를 한정하지 아니하고 행위지가 처한 객관적 사정도 책임판단시에 함께 고려한다는 점에서 책임의 본질을 적절하게 설명하는 견해로 폭넓은 지지를 받고 있다.

2. 도의적 책임개념과 기능적 책임개념

(1) 도의적 책임개념

범죄는 구성요건에 해당하고 위법하며 유책한 행위이다. 범죄성립이 인정되면 그 법적 효과로 국가에게 형벌권이 발생한다. 책임은 형벌권이 발생하기 직전 단계에 위치하는 범죄성립의 요건이다.

책임은 비난가능성이다. 책임은 구성요건에 해당하고 위법한 행위(즉 불법)를 한 구체적인 행위자를 대상으로 놓고 그가 적법행위로 나아갈 수 있었음에도 불구하고 불법을 범하였다는 점을 꾸짖는 것이다. 자유의지를 가진 행위자에게 불법으로 나아갔음을 꾸짖는다는 점에서 책임은 도덕적 · 윤리적 비난이라고 할 수 있다. 물론 이 경우 도덕적 · 윤리적 비난은 개인의 윤리차원에서 논해지는 것이 아니라 법질서 전체의 입장에서 가하는 옳고 그름의 비난 내지 선 또는 악의 비난을 의미한다. 그리하여 책임비난은 단순한 윤리적 비난의 차원을 넘어서서 법적 책임의 성격을 가지게 된다.

책임을 이와 같이 도덕적 · 윤리적 비난으로 파악하는 견해를 가리켜서 도의적 책임론이라고 한다. 그리고 이렇게 도덕적 · 윤리적으로 파악된 책임개념을 도의적 책임개념이라고 한다. 그런데 근자에 들어 도의적 책임개념에 비판을 가하면서 책임비난을 종래처럼 과거회귀적 · 응보적이 아니라 미래지향적 · 예방적으로 파악해야 한다는 주장이 유력하게 제기되고 있다. 도의적 책임개념에 대립하여 새로이 제시되는 책임개념은 기능적 책임개념이다.

(2) 기능적 책임개념

기능적 책임론이란 책임을 형벌목적을 달성하기 위한 하나의 수단으로 파악하는 견해를 말한다. 그리고 이렇게 목적과 수단의 관점에서 파악된 책임개념을 가리켜서 기능적 책임개념이라고 한다. 기능적 책임론의 입장에서는 다음과 같은 설명을 제시한다.

「책임은 범죄론체계에 있어서 형벌권의 발동 여부를 결정하는 최후의 관문이다. 형벌권의 발동은 형벌목적에 의하여 좌우된다. 형벌목적은 과거에 일어난 불법에 대한 비난가능성(즉, 도의적 책임)뿐만 아니라 앞으로 형벌이 달성하게 될 일반예방과 특별예방에 의하여도 영향을 받는다.」

이와 같은 관점에서 보게 되면 책임 자체는 전체 형벌목적을 달성함에 있어서 부분적인 고려요소에 지나지 않게 된다. 도의적 책임개념이 책임을 형벌권 발동의 본질적 근거라고 보았다면 기능적 책임개념은 책임을 형벌목적의 실현을 위한 수단이라고 파악한다. 기능적 책임개념이라는 말에서 기능적이라 함은 형벌목적 달성을 위한 수단이라는 의미이다.

기능적 책임개념의 관점에서 보게 되면 형벌의 근저에는 책임 이외에 일반예방과 특별예방의 요청이 자리 잡고 있다. 일반예방이란 사회일반인들이 범죄로 나아가지 않도록 하는 목적을 말한다. 특별예방이란 구체적인 범죄인이 다시 범죄로 나아가지 않도록 하는 목적을 말한다. 이에 반해 전통적인 책임은 도덕적 · 윤리적 관점에서 가해지는 비난가능성이다. 기능적 책임론의 관점에서는 책임 이외에 일반예방과 특별예방의 관점을 모두 포함하여 형벌의 근거를 이루는 토대를 가리켜서 답책성(答責性) 또는 벌책성(罰責性)이라고 지칭한다.[1]

기능적 책임개념을 더욱 철저하게 밀고 나가게 되면 책임(즉 도의적 책임개념)을 자유의지라는 주관적 환상의 소산물로 보아 이를 부인하고 미래지향적 · 예방적 관점에서만 형벌목적을 파악하려는 시도가 나오게 된다. 이 관점에서는 형벌의 목적을 사회구성원들에게 규범의 실효성을 확인시키는 데에 있다고 보고 여타의 형벌목적을 부차적인 것으로 취급한다. 이와 같이 형벌목적을 사회일반인의 규범준수에 대한 신뢰성 확보로 보는 견해를 가리켜서 적극적 일반예방론이라고 한다.

---

1) 김일수 · 서보학, (제11판), 367면.

3. 기능적 책임론에 대한 검토

(1) 기능적 책임론의 지향점

형벌목적에서 예방적 관점을 강조하면 강조할수록 전통적 의미의 도의적 책임개념은 배후로 후퇴하게 된다. 도의적 책임개념이 완전히 후퇴하게 되면 형벌은 과거의 불법에 대한 제재장치가 아니라 미래지향적·예방적 관점에서 사회질서를 운용하기 위한 수단이 된다. 이렇게 되면 형벌은 책임을 근거로 책임의 범위 내에서 가해진다는 책임주의의 요청은 포기되고 그 자리에 비례성의 원칙이 들어서게 된다. 형벌은 사회질서의 유지를 위한 통제수단으로서 필요한 만큼 과할 수 있는 제재장치라는 것이다. 이 경우 형벌을 제약하는 원리는 목적달성에 필요한 만큼만 사용한다는 비례성의 원칙과 필요한 범위를 넘어서서는 아니된다는 과잉금지의 원칙이 된다.[1]

종래의 도의적 책임개념에 대해서는 이 개념이 과거회귀적이고 응보적인 관점에서 형벌을 지나치게 엄격하게 운용하도록 하는 계기가 되었다는 점에서 비판의 대상으로 지적되어 왔다. 기능적 책임론은 이러한 점을 반성하여 형벌의 운용에 인도주의적 시각을 도입하려는 시도로서 주목된다. 그러나 기능적 책임론에는 몇 가지 문제점이 있다.

(2) 기능적 책임론에 대한 비판적 검토

우선, 기능적 책임론은 책임주의의 대원칙을 깨뜨리는 흠이 있다. 책임주의의 관점에서 볼 때 책임은 형벌의 근거이면서 동시에 형벌의 한계를 제시하는 기준이 된다. 소위 답책성 내지 벌책성의 개념에서 형벌의 근거를 구해야 한다는 입장에서는 일반예방이나 특별예방의 관점이 책임주의원칙의 엄격성을 완화한다고 주장한다. 그러나 이것은 지나치게 낙관적인 전망에 근거한 분석이라고 생각된다. 일반예방 내지 특별예방은 도의적 책임개념에 비하여 그 내용이 극히 추상적이다. 이 예방론의 귀결점은 때로는 전체주의 사회가 될 수도 있다.

다음으로, 기능적 책임개념은 형벌과 보안처분의 구별, 나아가 형벌과 기타 제재의 차이점을 흐리게 한다. 그리고 이 개념을 극단적으로 밀고 나가게 되면 급기야는 형벌 자체의 존재를 부인하게 된다. 비례의 원칙에 지배되는 제재장치에는 보안처분이 있다. 나아가 행정법의 영역에서 기능하는 각종의 행정벌도 비례의 원칙에 따르는 제재장치이다. 기능적 책임개념은 형벌과 여타 제재와의 차이점을 부각시키지 못한다.

---

1) 배종대, 301면.

끝으로, 기능적 책임론이 도의적 책임개념에 대하여 제기하는 비판은 지나친 점이 있다. 기능적 책임론은 일반예방이나 특별예방의 측면을 고려하지 아니하면 형벌의 운용이 지나치게 엄격해진다고 비판한다. 그러나 이러한 비판에 대해서는 우리 입법자가 형벌의 예방목적을 고려할 수 있도록 여러 가지 장치를 마련하고 있다는 점을 지적할 수 있다.[1] 비록 충분하다고는 말할 수 없지만 우리 입법자는 예방목적을 달성하기 위하여 여러 가지 장치들을 강구하고 있다. 수사종결단계에서는 기소유예제도(형소법247)를 인정하고 있으며, 재판단계에서는 형의 선고유예(법59 이하)와 형의 집행유예(법62 이하)를 인정하고 있다. 또한 개개의 형벌법규에서는 형의 면제도 허용할 수 있도록 하고 있다(예컨대 형법328 ① 참조).

전통적인 도의적 책임개념과 새로운 기능적 책임개념 가운데 어느 것이 어느 구체적인 법공동체에 보다 정의로운 결론을 제공할 것인가 하는 판단은 결국 그 법공동체의 입법자의 몫이라고 할 수 있다. 형벌과 보안처분을 준별하고 각종 유예제도 등을 통하여 예방목적의 고려를 가능하게 하고 있는 것이 우리 입법자의 판단이다. 이렇게 볼 때 범죄론체계에서 형벌권 발동의 마지막 관문을 점검하는 책임판단은 기본적으로 도의적 책임개념에 입각하여 진행하는 것이 현행 형법의 태도에 부합한다고 하겠다.

제4 책임의 요소

1. 책임과 비난가능성

범죄는 구성요건에 해당하고 위법하며 책임이 있는 행위이다. 구성요건에 해당하고 위법한 행위는 불법이다. 불법은 일반적인 행위자를 전제로 한다. 이에 대하여 책임은 비난가능성이다. 책임은 구체적인 행위자를 대상으로 한다. 구체적인 행위자에 대하여 그가 범한 불법을 이유로 비난을 가할 수 있는가 하는 판단이 책임판단이다.

책임은 구체적 행위자와 구성요건에 해당하는 위법한 행위(즉, 불법)와의 관계에 관한 문제이다. 불법을 범한 구체적 행위자에 대하여 법질서가 비난을 가할 수 있는 상태를 가리켜서 "책임이 있다."고 한다. 요컨대 책임은 구체적 행위자에 대한 비난가능성이다.

2. 책임비난의 요건

법질서가 불법을 범한 구체적 행위자에게 비난을 가하려면 몇 가지 조건이 구비되어야

---

1) 임웅, 305면.

한다.

먼저 구체적 행위자에게 자신의 행위에 대하여 시비변별(是非辨別)을 행하고 그에 따라 행동할 수 있는 일반적인 능력이 있어야 한다. 책임판단의 출발점을 이루는 시비변별과 의사결정의 능력을 가리켜서 책임능력이라고 한다.

일반적인 책임능력이 확인되면 이어서 불법(구성요건에 해당하는 위법한 행위)과 관련된 구체적 요건이 구비되어야 한다. 책임비난은 구체적 행위자가 행위를 함에 있어서 자신의 행위가 위법함을 인식하거나 인식할 수 있어야 비로소 가할 수 있다. 위법 여부를 인식할 수 있어야만 구체적 행위자에게 적법한 행위로 나아갈 것을 기대할 수 있기 때문이다.

일반적으로 책임능력이 있고 행위의 위법성을 인식할 수 있으면 구체적 행위자에게 책임이 인정된다. 그런데 예외적으로 특수한 외적 사정이 존재하여 행위자가 적법한 행위로 나아갈 수 없는 경우가 있다. 이러한 경우에는 객관적 부수사정을 고려하여 행위자에게 책임을 조각시켜 주지 않으면 안 된다.

제 5 책임의 전단계에서 인정되는 법적 효과

1. 보안처분의 부과

형법은 평화질서의 유지를 궁극적인 목표로 하고 있다. 이러한 관점에서 볼 때 형법은 책임이 인정되지 않는다고 하여 곧바로 개입을 전부 포기할 수는 없다. 책임이 인정되지 않는다고 해도 행위가 구성요건에 해당하고 위법하다고 판단되어 불법으로 인정되는 경우에는 예외적으로 적절한 조치를 취해야 할 필요가 있다.

예컨대 정신병자인 살인범을 책임능력이 없다고 그대로 방치할 수는 없다. 재범의 위험성이 있는 정신병자는 격리수용해서 치료를 해야 한다. 마찬가지 이치로 마약류에 중독되어 범죄행위를 한 사람은 재범의 위험성이 있는 한 치료시설에 수용하여 치유해 주어야 한다.

정신병자나 마약중독자가 아직 구성요건에 해당하는 위법한 행위(즉 불법)를 하지 아니한 경우에는 형법이 개입할 여지가 없다. 이러한 경우에는 시·도지사 등 관련 행정당국이 적절한 보호대책을 강구해야 한다. 이를 위한 관계법령으로 「정신건강증진 및 정신질환자 복지서비스 지원에 관한 법률」이 마련되어 있다.

그러나 일단 구성요건에 해당하고 위법한 행위가 존재하는 경우에는 사법당국이 개입할 필요가 있다. 정신병자나 마약중독자와 같은 행위자에게 책임이 인정되지 않는다고 하더라도 재범의 위험성이 인정되는 한 법원은 이들을 그대로 방면하지 않는다. 이러한 경우에 대비하여 「치료감호 등에 관한 법률」이 제정되어 있다. 법원은 검사의 청구에 기하여 치료감호청구사건의 절차(동법4 이하 참조)에 따라 치료감호의 처분을 부과하게 된다. 이 경우 치료감호처분은 보안처분의 일종이다.

우리 입법자는 형벌과 보안처분의 이원적 제재체계를 채택하고 있다. 우리 입법자는 이 이원적 체계를 근거법령의 측면에서도 그대로 유지하고 있다. 형벌부과의 요건과 형벌권실현의 절차는 형법과 형사소송법에 각각 규정되어 있다. 이에 반하여 치료감호를 위시한 보안처분의 요건과 보안처분의 실현절차는 「치료감호 등에 관한 법률」 및 그 밖의 특별법에 규정되어 있다.

2. 기타의 법적 효과

구성요건에 해당하고 위법한 행위가 인정되면 일단 보안처분의 근거가 확보된다. 그러나 구성요건에 해당하고 위법한 행위(즉 불법)에 대해서는 그 밖에도 다른 법적 효과가 발생한다. 구성요건에 해당하고 위법한 행위에 대해서는 우선 정당방위(법21)가 가능하다. 정당방위는 부정 대 정의 관계에서 인정되는 위법성조각사유이므로 굳이 책임까지 갖춘 공격행위를 대상으로 할 필요가 없다.

다음으로 공범은 최소한 정범의 행위가 구성요건에 해당하고 위법할 때 그 처벌 여부를 논할 수 있다(소위 제한적 종속형식).[1] 일단 정범의 행위가 구성요건에 해당하고 위법하다고 판단되면 교사범(법31) 및 방조범(법32)에 대한 형사처벌의 제일차적 근거가 확보된다.

제 2 절 형사미성년자

한국형법	독일형법
제9조〔형사미성년자〕 14세 되지 아니한 자의 행위는 벌하지 아니한다.	**제19조**〔미성년자의 책임무능력〕 행위를 할 때 아직 14세가 되지 아니한 자는 책임무능력자이다.
제11조〔청각 및 언어 장애인〕 듣거나 말하는 데 모두 장애가 있는 사람의 행위에 대해서는 형을 감경한다.	(해당 조항 없음)

---

1) 공범의 종속형식에 관하여는, 후술 666면 이하 참조.

【사례 74】 13세 된 갑 소년은 계속 도둑질을 하고 돌아다닌다.
갑을 절도죄(법329) 또는 상습절도죄(법332)로 처벌할 수 있겠는가?

1. 형사미성년자의 의의

구성요건에 해당하고 위법한 행위를 한 구체적 행위자를 비난하려면 그에게 적법행위로 나아갈 수 있는 기본능력이 갖추어져 있어야 한다. 구체적인 행위자에게 시비변별의 능력과 그에 따라 행위할 수 있는 능력이 있을 때 비로소 그 행위자를 적법행위로 나아가지 아니하였다고 비난할 수 있다.

자신의 행위에 대하여 옳고 그름을 판단하고 그 판단에 따라서 행위할 수 있는 능력을 가리켜서 책임능력이라고 한다. 책임능력의 유무는 구체적 행위자의 여러 가지 여건을 고려하여 개별적으로 판단하는 것이 원칙이다. 그런데 입법자는 판단의 편의를 위하여 일정한 연령을 설정해 놓고 이 연령에 미달하는 사람에 대해서는 처음부터 책임능력을 부정하기로 하고 있다. 이 경우 일정 연령에 미달하여 책임능력이 없다고 입법자가 판단한 사람을 가리켜서 형사미성년자라고 한다.

형법 제9조는 "14세 되지 아니한 자의 행위는 벌하지 아니한다."고 규정하고 있다. 즉 만 14세 미만자는 형사미성년자이다. 형사미성년자는 책임능력이 없다. 형사미성년자에 대해서는 책임비난을 가할 수 없으며 따라서 형사처벌을 과할 수도 없다. 형사미성년자인가 아닌가는 행위 당시를 기준으로 판단한다.[1]

〈사례 해설〉 〔사례 74〕의 사안에서 갑 소년에 대하여 형벌을 과할 수는 없다. 최후 범행의 시점에서 볼 때 갑 소년은 아직 14세에 달하고 있지 않기 때문이다. 이러한 사정은 갑 소년이 매우 조숙하여 성인에 버금가는 판단능력을 가지고 있다고 해도 마찬가지이다. 입법자는 14세라는 연령을 획일적인 기준으로 설정하고 있기 때문이다. 따라서 〔사례 74〕의 사안에서 갑 소년이 범죄인들 사이에 잔뼈가 굵어서 성인범죄자와 같은 정도의 사리판단능력을 가지고 계획적으로 범행을 할 수 있다고 하더라도 형벌을 과할 수는 없다.

2. 우범소년, 촉법소년, 범법소년

(1) 우범소년과 촉법소년

14세 미만자는 모두 형사미성년자이다. 「소년법」은 19세 미만의 자를 '소년'으로 규정

---

1) 1991. 12. 10. 91도2478, 공 1992, 557 = 분석 총론 『14세 미만자 상습절도 사건』.

하면서(소년법2) 소년에 대한 보호처분과 형사처분에 관하여 규정하고 있다. 먼저, 아직 형벌법령에 저촉되는 행위를 하지 아니하였으나 일정한 사유가 있고 앞으로 형벌법령에 저촉되는 행위를 할 우려가 있는 10세 이상의 소년을 우범소년이라고 한다(소년법4①ⅲ 참조). 다음으로, 형사미성년자 가운데 형벌법령에 저촉되는 행위를 한 10세 이상 14세 미만의 소년을 가리켜 촉법소년이라고 한다(소년법4①ⅱ).

우범소년 및 촉법소년에 대해서는 형벌을 과할 수 없지만 소년법상의 보호처분을 과할 수는 있다. 보호처분은 반사회성 있는 소년에 대하여 그 환경의 조정과 성행의 교정을 하기 위하여 가정법원소년부 또는 지방법원소년부(이하 '소년부'라고 한다)가 내리는 처분이다(소년법3②, 4, 32 참조). 소년법상의 보호처분은 형벌과 보안처분이라는 양대 제재 이외에 존재하는 제3의 처우유형이다.

(2) 범법소년

14세 이상 19세 미만의 자에게는 책임능력이 인정된다. 14세 이상 19세 미만의 소년으로서 형벌법규에 저촉되는 행위를 한 자를 가리켜 범법소년이라고 한다(소년법4①ⅰ, 2). 범법소년은 형사책임능력이 인정되는 자이므로 그에게는 원칙적으로 형벌을 과할 수 있다. 그러나「소년법」은 해당 범죄가 보호처분에 해당하는 사유가 있다고 인정할 때에는 소년부에서 보호처분을 행할 수 있도록 하고 있다(동법49, 50 참조).

사건의 동기와 죄질에 비추어 볼 때 소년에게 금고 이상의 형사처분을 할 필요가 있다고 인정될 때에는 일반법원이 형사절차에 따라 당해 소년을 재판하여 형벌을 부과한다(소년법7, 49② 참조).「소년법」은 소년에 대한 형벌부과에 대해 사형 및 무기형의 완화(동법59), 부정기형(동법60①), 소년감경(동법60②) 등의 특례를 규정하고 있다.[1] 소년감경 시에 소년인지 여부는 원칙적으로 심판시 즉 사실심 판결선고시를 기준으로 판단한다.[2]

3. 청각 및 언어장애인에 대한 특례

청각 및 언어장애인은 청각기능과 언어기능이 동시에 부족한 사람이다. 청각 및 언어장애인이라 할지라도 시비변별의 능력과 그에 따른 행동결정능력을 가지고 있다. 따라서 청각 및 언어장애인은 보통 사람과 마찬가지로 책임능력을 갖는다. 그러나 우리 입법자는 청각 및 언어장애인의 신체적 결함을 고려하여 책임비난의 정도를 완화하고 있다.

우리 형법 제11조는 "듣거나 말하는 데 모두 장애가 있는 사람의 행위에 대해서는 형

---

1) 특례의 자세한 내용은 후술 927면 이하 참조.
2) 1991. 12. 10. 91도2393, 공 1992, 556 = 분석 총론『범행시 소년 감경 사건』.

을 감경한다."고 규정하고 있다. 형법 제11조가 청각 및 언어장애인에 대하여 형을 필요적으로 감경하도록 한 점은 주목된다. 신체적 결함으로 인하여 시비변별과 행동결정의 기준에 관한 사회적 학습이 용이하지 아니하였음을 우리 입법자가 고려한 것이라고 생각된다. 그러나 2010년 입법자는 일정한 성폭력범죄의 경우에 청각 및 언어장애인의 특례를 제한할 수 있도록 하였다. 음주 또는 약물로 인한 심신장애 상태에서 일정한 성폭력범죄를 범한 때에는 형법 제11조를 적용하지 아니할 수 있도록 규정한 「성폭력범죄의 처벌 등에 관한 특례법」 제20조가 그것이다.

입법론적으로 볼 때 형법 제11조의 청각 및 언어장애인에 대한 특례는 삭제하는 것이 바람직하다고 본다. 시각장애인 등 다른 신체장애인들과의 관계에서 볼 때 청각 및 언어장애인에 대해서만 형의 필요적 감경을 인정하는 것은 합리적 이유가 없는 차별에 해당한다. 또한 청각 및 언어장애인에 대한 교육시설이나 복지제도가 확충되고 있다는 사회적 변화도 간과할 수 없다. 청각 및 언어장애인이라는 신체장애는 그것이 형법 제10조 제1항 및 제2항이 규정하고 있는 심신장애와 연결될 정도에 이를 때 형법적인 배려를 해도 무방하다고 본다.

제 3 절 책임능력

한국형법	독일형법
제10조〔심신장애인〕 ① 심신장애(心神障碍)로 인하여 사물을 변별할 능력이 없거나 의사를 결정할 능력이 없는 자의 행위는 벌하지 아니한다.	**제20조**〔정신장애로 인한 책임무능력〕 행위를 할 때 병적 정신장애, 심한 의식장애, 정신박약 또는 중한 정신변성으로 인하여 행위의 불법을 인식하거나 이러한 인식에 따라서 행위할 능력이 없는 자는 책임 없이 행위한 것이다.
② 심신장애로 인하여 전항의 능력이 미약한 자의 행위는 형을 감경할 수 있다.	**제21조**〔한정책임능력〕 행위의 불법을 변별하거나 이러한 변별에 따라 행위할 행위자의 능력이 범행 당시에 제20조에서 규정한 사유로 인하여 현저히 미약한 경우에는 제49조 제1항(기속적 감경 규정; 저자 주)에 의하여 형을 감경할 수 있다.

한국형법	독일형법
③ 위험의 발생을 예견하고 자의로 심신장애를 야기한 자의 행위에는 전2항의 규정을 적용하지 아니한다.	(해당 조항 없음)
(해당 조항 없음)	제323조a〔완전명정〕 ① 고의 또는 과실로 알코올 음료나 기타 명정제(酩酊劑)를 복용하여 명정상태에 빠진 자가 그 상태에서 위법행위를 범하고 명정상태로 인하여 책임능력이 없다는 이유 또는 책임무능력의 여지를 배제할 수 없다는 이유로 행위자를 처벌할 수 없는 경우에는 5년 이하의 자유형 또는 벌금형에 처한다. ② 그 형량은 명정상태에서 범하여진 행위에 대하여 가해지는 형량의 범위를 넘을 수 없다.

제1 책임능력의 의의

1. 책임능력의 요소

(1) 책임능력과 주관적 귀속

형법 제10조 제1항은 "심신장애(心神障碍)로 인하여 사물을 변별할 능력이 없거나 의사를 결정할 능력이 없는 자의 행위는 벌하지 아니한다."고 규정하고 있다. 사물을 변별하고 그에 따라 행동할 수 있는 능력을 가리켜서 책임능력이라고 한다. 책임능력이 없는 자를 책임무능력자라고 한다.

책임은 구성요건에 해당하는 위법한 행위와 구체적 행위자와의 관계를 논하는 것이다. 구성요건에 해당하는 위법한 행위(즉 불법)를 구체적 행위자의 탓으로 돌릴 수 있는가를 묻는 것이 책임판단이다. 구체적 행위자의 탓으로 돌린다는 의미에서 책임판단을 주관적 귀속이라고 부르기도 한다. 이 경우 주관적이라 함은 '구체적 행위자에 대한'이라는 뜻을 갖는다. 책임능력은 주관적 귀속을 인정하기 위한 기본적 요건이다. 책임능력이 인정되어야 이후의 책임요소들을 검토할 수 있다.

(2) 시비변별능력과 의사결정능력

책임능력은 시비변별능력과 의사결정능력으로 구성된다. 책임비난을 가하려면 우선 구체적 행위자에게 시비변별능력이 있어야 한다. 형법 제10조 제1항은 이를 가리켜서 '사물을 변별(辨別)할 능력'이라고 표현하고 있다. 시비변별능력은 행위자가 자신이 의도하는 행위가 자연적 의미에서 어떠한 성질을 가지는가, 그리고 그 행위가 옳은 것인가 그른 것인가를 판단할 수 있는 능력을 말한다.[1]

책임능력의 두 번째 요소는 의사결정능력이다. 의사결정능력이란 행위자가 시비변별의 판단에 따라서 의사를 결정하고 이를 실천에 옮길 수 있는 능력을 말한다.

2. 형법범과 행정범

범죄의 분류방법 가운데 형법범과 행정범의 구별이 있다. 이 분류방법은 저촉된 형벌법규에 어느 정도 사회윤리적 비난의 요소가 깃들어 있는가를 표준으로 한 것이다. 살인, 강도, 강간 등의 범죄는 사회윤리적으로 강력한 비난이 개재되어 있는 범죄유형이다. 강력한 비난의 징표는 이러한 범죄들이 형법전에 수록되어 있다는 사실 자체에서 이미 발견할 수 있다. 대표적인 범죄유형들을 추출해서 한 곳에 모아 놓은 것이 형법전(刑法典)이기 때문이다. 사회윤리적 비난의 정도가 강한 범죄는 형법전 이외에 각종 특별형법에서도 찾아 볼 수 있다. 형법전이나 기타 특별형법에서 규정한 범죄유형을 가리켜서 **형법범**이라고 한다. 형법범은 사회윤리적 비난이 강한 범죄유형이다.

형법범에 대립하는 개념으로 행정범이 있다. 행정범은 일정한 정책목표를 달성하기 위하여 형벌을 강제수단으로 규정해 놓은 법령에 위반된 범죄유형을 말한다. 행정범은 사회윤리적 비난보다는 특정한 정책목표의 달성이 전면에 등장한다. 행정범은 법정범이라고 부르기도 한다. 이 경우 법정범은 사회윤리적 비난을 바탕으로 한 것이 아니라 입법자의 인위적 결정에 근거한 범죄유형이라는 뜻을 갖는다. 이에 반해 형법범은 특별한 인위적 개입을 요구하지 않는다. 입법자의 인위적 개입 없이 일반인의 사회윤리적 비난에 기초하고 있다는 점에서 형법범을 자연범이라고 부르기도 한다.

형법범과 행정범의 구별은 획일적인 것이 아니다. 사회윤리적 비난의 강약을 일률적으로 판단할 수 없기 때문이다. 책임판단의 출발점이 되는 책임능력의 영역에 있어서는 형법범과 행정범의 구별이 별다른 의미를 갖지 않는다. 양자의 구별은 책임능력 이후의 단계에서 위법성의 인식이나 금지착오의 문제를 판단할 때 의미를 가질 수 있다.

---

1) 2015. 3. 20. 2014도17346, 공 2015상, 659 = 『장애 아동 간음 사건』 ☞ 1112면.

3. 책임능력과 심신장애

일반적으로 행위자에게 시비변별능력이 결여되는 사태는 별로 일어나지 않는다. 절도, 살인, 강도 등의 행위를 해서는 안 된다는 사실을 대부분의 사람들은 잘 알고 있고 또한 알 수 있기 때문이다. 그러나 행위자에게 의사결정능력이 결여되는 경우는 시비변별능력의 경우에 비하여 발생빈도가 높다. 예컨대 행위자가 백화점 등에서 좀도둑질을 해서는 안 된다는 점을 잘 알면서도 자신의 행동을 자제할 수 없는 경우를 생각해 볼 수 있다.

대부분의 사람들은 무엇이 옳고 그른지 쉽게 판단할 수 있다. 또 옳고 그름의 판단에 따라서 자신의 의사를 결정하고 이를 외부적으로 실천하여 행동으로 나타낼 수 있다. 일반적으로 사람들은 시비변별능력과 의사결정능력을 가지고 있다. 입법자가 연령을 기준으로 처음부터 이러한 능력이 없다고 판단해 놓은 형사미성년자를 제외하면 행위자에게 일단 책임능력이 인정되는 것으로 보아도 무방하다. 그러나 이례적으로 책임능력이 부정되는 사람들이 있다. 형법 제10조는 '심신장애'로 인하여 책임능력이 없게 된 사람들을 책임비난의 대상에서 제외하고 있다.

제2 심신장애사유

【사례 75】 갑은 도서관에만 들어가면 물건을 훔치는 버릇이 있다. 갑은 이 때문에 절도죄로 여러 번 유죄판결을 받은 바 있다. 그런데 갑은 또 다시 P대학교 도서관에 들어가 이 학교 학생들의 지갑을 훔쳤다. 갑은 상습절도죄(법329, 332)로 기소되었다.

갑에 대한 공판절차에서 갑의 정신상태를 감정한 감정인 A는 다음과 같은 감정의견을 제출하였다. "갑은 충동조절장애에 의한 병적 도벽성이 있음. 갑은 성장기의 불우한 가정환경으로 인하여 심리적 손상을 받았거나 소홀히 취급된 결과로 인하여 성격적 결함인 충동조절장애가 발생한 것으로 생각됨." 이러한 감정의견을 바탕으로 갑의 변호인은 갑의 무죄를 주장하고 있다.

이에 대하여 법원은 어떠한 판단을 내려야 할 것인가. (1995. 2. 24. 94도3163, 공 1995. 1515 = 백선 총론 49. 참고판례 1.『도서관 상습절도 사건』)

1. 심신장애와 심신상실

심신장애(心神障碍)란 시비변별능력이나 의사결정능력에 지장이 있는 상태를 말한다. 심신장애를 초래하는 사유를 심신장애사유라고 한다. 심신장애사유로 인하여 책임능력이

없는 상태를 가리켜 심신상실(心神喪失)이라고 부른다. 심신상실에 해당하는 사람은 책임무
능력자이다. 책임무능력자는 형사처벌의 대상이 되지 않는다(법10①).

심신장애는 행위자의 내면세계에 존재하는 장애이다. 이 점에서 심신장애라는 말 대신
에 정신장애라는 표현의 사용이 제안되기도 한다. 그러나 '정신장애'라는 말은 심리적 요인
에 의한 심신장애를 포함하지 못한다는 점에서 적절한 표현이라고 생각되지 않는다. 판례
는 형법 제10조에 규정된 심신장애는 생물학적 요소로서 정신병 또는 비정상적 정신상태와
같은 정신적 장애가 있는 외에 심리학적 요소도 포함한다고 보고 있다.[1] [2]

어떠한 경우가 심신장애에 해당하는가에 대하여 우리 형법은 아무런 규정을 두고 있지
않다. 심신장애사유를 구체화하는 일은 학설·판례의 임무이다. 심신장애사유는 행위자의
시비변별능력이나 의사결정능력에 장애를 초래하는 사유이다. 시비변별능력이나 의사결정
능력은 인간의 두뇌활동에 근거한다. 두뇌활동이 제대로 이루어지지 못하는 경우에는 시비
변별이나 의사결정을 제대로 할 수 없다. 두뇌활동을 저해하는 사유는 병적인 것과 그렇지
아니한 것으로 나누어 볼 수 있다.

2. 심신장애사유

심신장애는 행위자의 내면세계에 존재하는 상태이다. 심신장애를 가져오는 사유를 가
리켜서 심신장애사유라고 한다. 그런데 우리 형법은 심신장애사유를 구체적으로 규정하고
있지 않다. 심신장애사유를 밝히는 것은 학설·판례의 몫이다. 이 점과 관련하여 주목되는
입법례가 독일 형법이다. 독일 형법 제20조는 심신장애의 사유를 구체적으로 명시하고 있
기 때문이다. 독일 형법 제20조를 참조하면서 심신장애사유를 분석해 보면 다음과 같다.

(1) 심신장애사유의 분류

(가) 생물학적·심리학적 질병개념　　심신장애사유로 우선 생각할 수 있는 것은 병적
인 장애사유이다. 이와 관련하여 먼저 뇌조직의 손상을 들 수 있다. 외부적인 충격이나 감
염, 유전 등에 의하여 뇌기능이 저하된 경우이다. 이 경우에는 신경외과적 질환이 심신장애
사유로 등장하고 있다.

다음으로, 뇌조직의 손상은 발견되지 않지만 병적인 심신장애로 인정되는 경우가 있다.
여기에 해당하는 대표적인 예로 정신병이 있다. 나아가 정신병 단계에까지 이른 것은 아니
지만 심리적 요인에 의하여 발생한 중증의 신경쇠약 등이 여기에 해당할 수 있다. 이러한

---

1) 2007. 2. 8. 2006도7900, 공 2007, 462 = 백선 총론 50.『소아기호증 운전사 사건』.
2) 2018. 9. 13. 2018도7658, 공 2018하, 2024 =『변장 사진 살인 사건』☞ 1114면.

경우를 정신의학상으로는 정신병질이라는 용어로 표현하기도 한다.

정신병을 포함하여 중증의 신경쇠약 등은 넓게 보아 질병의 일종이라고 할 수 있다. 이와 같이 전통적인 질병의 관점에서 출발하여 심신장애사유로 파악되는 경우에 그 질병개념을 가리켜서 생물학적 · 심리학적 질병개념이라고 한다.

자신의 충동을 억제하지 못하여 범죄를 저지르게 되는 현상은 정상인에게서도 얼마든지 찾아볼 수 있는 일이다. 특단의 사정이 없는 한 성격적 결함을 가진 자에 대하여 자신의 충동을 억제하고 법을 준수하도록 요구하는 것이 기대할 수 없는 행위를 요구하는 것이라고는 할 수 없다. 그러므로 원칙적으로 충동조절장애와 같은 성격적 결함은 심신장애에 해당하지 않는다. 그렇지만 충동조절장애와 같은 성격적 결함이라 할지라도 그것이 매우 심각하여 원래 의미의 정신병을 가진 사람과 동등하다고 평가할 수 있는 경우에는 그로 인한 범행은 심신장애로 인한 범행으로 보아야 한다.[1][2]

(나) 법적 질병개념　　한편 질병의 일종으로 볼 수 없으면서도 심신장애사유로 파악되는 것들이 있다. 음주만취하였거나 약물중독상태에 있는 사람은 정상적인 시비변별능력이나 의사결정능력이 없다. 그러나 이러한 경우는 질병으로 인한 심신장애사유라고 볼 수 없다. 음주만취상태가 지나가거나 약물중독상태에서 깨어나면 문제의 행위자는 건강한 사람으로 되돌아오기 때문이다. 그럼에도 불구하고 이러한 경우를 앞에서 본 질병에 기한 심신장애사유와 대등한 것으로 취급할 필요가 있다. 생물학적 · 심리학적 질병은 아니지만 법적으로 생물학적 · 심리학적 질병에 준하는 것으로 취급하는 경우에 그 질병개념을 가리켜서 법적 질병개념이라고 한다.

그런데 음주 또는 약물로 인한 심신장애 상태에서 사회적으로 비난가능성이 높은 성폭력범죄 등 강력범죄를 저지른 경우에까지 이를 심신장애사유로 인정하여 책임을 조각하거나 형을 필요적으로 감경하는 것은 타당하지 않다는 비판이 제기되어 왔다. 이러한 비판을 반영하여 2010년 입법자는 「성폭력범죄의 처벌 등에 관한 특례법」 제20조를 통하여 행위자가 음주 또는 약물로 인한 심신장애 상태에서 일정한 성폭력범죄를 범한 때에는 심신상실(법10①) 및 심신미약(법10②)의 규정을 적용하지 않을 수 있도록 제한을 가하였다. 일정한 성폭력범죄의 경우에 소위 법적 질병개념을 인정하지 않을 수 있도록 한 것이다.

(다) 음주로 인한 심신장애　　음주로 인한 심신장애와 관련하여 알코올 블랙아웃과 알코올 의식상실의 구별이 있다. 의학적 개념으로서의 알코올 블랙아웃(black out)은 중증도 이상의 알코올 혈중농도, 특히 단기간 폭음으로 알코올 혈중농도가 급격히 올라간 경우 그

---

1) 1995. 2. 24. 94도3163, 공 1995, 1515 = 백선 총론 49. 참고판례 1.『도서관 상습절도 사건』.
2) 2013. 1. 24. 2012도12689, [미간행] = 분석 총론『여성 속옷 절취범 사건』.

알코올 성분이 외부 자극에 대하여 기록하고 해석하는 인코딩 과정(기억형성에 관여하는 뇌의 특정 기능)에 영향을 미침으로써 행위자가 일정한 시점에 진행되었던 사실에 대한 기억을 상실하는 것을 말한다.[1] 알코올 블랙아웃은 인코딩 손상의 정도에 따라 단편적인 블랙아웃과 전면적인 블랙아웃이 모두 포함한다.

이에 대해 알코올 의식상실은 알코올의 심각한 독성화와 전형적으로 결부된 형태로서의 의식상실의 상태, 즉 알코올의 최면진정작용으로 인하여 수면에 빠지는 의식상실(passing out)을 말한다.[2]

범행 당시 알코올이 기억형성의 실패만을 야기한 알코올 블랙아웃 상태였다면 행위자는 기억장애 외에 인지기능이나 의식상실의 장애에 이르렀다고 인정하기 어렵다. 그렇지만 행위자가 술에 취해 수면상태에 빠지는 등 의식을 상실한 패싱아웃 상태였다면 심신상실의 상태에 있었음을 인정할 수 있다.[3]

(2) 판례의 입장

(가) 심신장애사유의 중첩적 판단　심신장애사유는 생물학적 질병사유, 심리학적 질병사유, 법적 질병사유의 순서로 순차 확장해 볼 수 있다. 그런데 판례는 형법 제10조의 심신장애를 인정함에 있어 생물학적 질병사유와 심리학적 질병사유를 중첩적으로 요구하고 있다.

판례는 "형법 제10조에 규정된 심신장애는 생물학적 요소로서 정신병 또는 비정상적 정신상태와 같은 정신적 장애가 있는 외에 심리학적 요소로서 이와 같은 정신적 장애로 말미암아 사물에 대한 변별능력과 그에 따른 행위통제능력이 결여되거나 감소되었음을 요하므로, 정신적 장애가 있는 자라고 하여도 범행 당시 정상적인 사물변별능력이나 행위통제능력이 있었다면 심신장애로 볼 수 없다."는 입장을 취하고 있다.[4]

그리하여 판례는 예컨대 피고인이 자폐성 스펙트럼 장애의 일종인 아스퍼거 증후군을 갖고 있었다고 하더라도, 그것이 피고인의 살인범행 당시 사물변별능력이나 의사결정능력에 영향을 미쳤다고 볼 수 없다면 형법 제10조의 심신장애를 인정하지 않는다.[5]

(나) 심신장애사유의 존부 판단　심신장애의 유무는 법원이 형벌제도의 목적 등에 비추어 판단하여야 할 법률문제이다. 심신장애의 유무 판단에 전문감정인의 정신감정결과

---

1) 2021. 2. 4. 2018도9781, 공 2021상, 567 = 『블랙아웃 대 패싱아웃 사건』 ☞ 1116면.
2) 2021. 2. 4. 2018도9781, 공 2021상, 567 = 『블랙아웃 대 패싱아웃 사건』.
3) 2021. 2. 4. 2018도9781, 공 2021상, 567 = 『블랙아웃 대 패싱아웃 사건』 참조.
4) 2018. 9. 13. 2018도7658, 공 2018하, 2024 = 『변장 사진 살인 사건』.
5) 2018. 9. 13. 2018도7658, 공 2018하, 2024 = 『변장 사진 살인 사건』.

가 중요한 참고자료가 되기는 하나, 법원이 반드시 그 의견에 구속되는 것은 아니다. 법원은 그러한 감정결과뿐만 아니라 범행의 경위, 수단, 범행 전후의 피고인의 행동 등 여러 자료를 종합하여 독자적으로 심신장애의 유무를 판단하여야 한다.[1]

심신장애의 유무 판단과 달리 심신장애 여부를 판단하기 위한 기초자료의 수집은 사실 판단의 문제이다. 전문가의 조력을 충분히 구하지 아니한 상태에서 법관이 심신장애사유의 기초자료를 함부로 확정한다면 이것은 심리미진의 위법에 해당한다.[2]

(3) 심신장애사유의 판단 순서

행위자에게 책임능력이 있는가 하는 문제는 일단 책임능력이 있다는 것을 전제로 하여 검토해 들어가야 한다. 책임능력은 예외적으로만 그 존재가 부인되기 때문이다. 책임능력의 존부에 관하여 의심이 제기되면 신경과전문의, 정신과전문의, 심리학자 등 감정인의 조력을 받아 이를 규명하여야 한다.

그러나 이러한 노력을 다해도 행위시점에 행위자에게 심신장애사유가 있었는지 없었는지 밝힐 수 없는 경우가 있다. 바로 심신상실이나 심신미약의 판단을 위한 기초적 사실관계가 불분명한 상황이다. 이러한 경우에는 "의심스러운 때에는 피고인에게 유리하게(in dubio pro reo)"의 법원칙에 따라서 심신장애사유의 존부를 판단해야 한다. 따라서 심신장애사유의 존부가 불분명한 경우에는 피고인에게 유리하게 심신장애의 존재를 인정해야 할 것이다.

제3 심신상실과 심신미약

1. 의의와 법적 효과

(1) 심신상실

형법 제10조 제1항은 "심신장애로 인하여 사물을 변별할 능력이 없거나 의사를 결정할 능력이 없는 자의 행위는 벌하지 아니한다."고 규정하고 있다. 이때 사물을 변별(辨別)할 수 있는 능력을 가리켜서 시비변별능력이라 하고, 시비변별에 따라 의사를 결정할 수 있는 능력을 가리켜서 의사결정능력이라고 한다. 여기에서 '사물을 변별한다' 함은 단순히 사물의 존부에 대한 판단을 넘어서서 사물의 옳고 그름을 판단할 수 있음을 의미한다.

심신장애로 인하여 시비변별능력이 결여되거나 의사결정능력이 결여된 경우를 가리켜서 심신상실이라고 한다. 심신상실에 이르면 책임능력이 부정되어 행위자를 처벌하지 않는

---

1) 2018. 9. 13. 2018도7658, 공 2018하, 2024 =『변장 사진 살인 사건』.
2) 1989. 3. 14. 89도94, 공 1989, 644 = 분석 신형소 I 『우울증 군인 사건』.

다. 심신상실로 책임능력이 부정되기 위해서는 심신장애사유와 심신상실 사이에 인과관계가 존재하여야 한다.

심신상실의 법적 효과가 특별법에 의하여 제한되는 경우가 있다. 행위자가 음주 또는 약물로 인한 심신장애 상태에서 일정한 성폭력범죄를 범한 때에는 법관은 「성폭력범죄의 처벌 등에 관한 특례법」 제20조에 기하여 심신상실(법10①)의 규정을 적용하지 않을 수 있다. 음주로 인한 심신장애 상태에서 의료현장의 의료인에게 폭행·협박의 죄를 범한 때에는 법관은 「의료법」 제90조의2에 기하여 형법 제10조 제1항을 적용하지 않을 수 있다.

(2) 심신미약

형법 제10조 제2항은 "심신장애로 인하여 전항의 능력이 미약한 자의 행위는 형을 감경할 수 있다."고 규정하고 있다. 심신장애로 인하여 시비변별능력 또는 의사결정능력이 미약한 상태를 가리켜 심신미약이라고 한다. 그리고 심신미약에 해당하는 사람을 한정책임능력자라고 한다. 한정책임능력자에게는 일단 책임능력이 인정된다. 다만 시비변별능력이나 의사결정능력이 떨어지기 때문에 형을 감경할 수 있을 뿐이다.

2018년 개정 전의 형법 제10조 제2항은 심신미약자에 대해 '형을 감경한다'라고 규정하여 형의 필요적 감경을 인정하고 있었다. 그러나 심신미약을 감형의 수단으로 악용하려는 일부 범죄자들의 시도에 대해 사회적 비판이 강하게 대두되었다. 이에 입법자는 2018년 형법 일부개정을 통해 심신미약자에 대한 형의 필요적 감경규정을 임의적 감경규정으로 전환하였다. 형법상 책임원칙을 부정하지 않으면서 감형 여부는 법관의 재량과 사건의 경중 등에 따라 유연하게 적용할 수 있도록 한 것이다.

심신미약의 법적 효과가 특별법에 의하여 제한되는 경우가 있다. 행위자가 음주 또는 약물로 인한 심신장애 상태에서 일정한 성폭력범죄를 범한 때에는 법관은 「성폭력범죄의 처벌 등에 관한 특례법」 제20조에 기하여 심신미약(법10②)의 규정을 적용하지 않을 수 있다.

2. 책임능력에 관한 착오

책임 단계에서 논해지는 착오 가운데 하나로 책임능력에 관한 착오가 있다. 책임능력에 관한 착오란 행위자가 자신은 책임능력이 없는 사람이라고 생각하고 범행에 나아가는 경우를 말한다. 그러나 책임능력에 관한 착오는 형법상 아무런 배려를 받지 못한다.

책임능력은 옳고 그름에 대한 기본적 판단능력이다. 이 책임능력은 입법자가 형식적·객관적 관점에서 결정해 놓은 기준이다. 입법자가 정해 놓은 이 기준은 행위자의 주관적 인식 여하에 영향을 받는 성질의 것이 아니다. 따라서 행위자가 자신은 심신장애상태에 있다고 믿더라도 객관적으로 책임능력이 있다고 판단되면 그 행위자는 책임비난을 면할 수 없다.

3. 책임무능력과 치료감호처분 · 치료명령

심신상실로 판단되어 형사처벌을 받지 않게 되거나 심신미약으로 판단되어 형벌이 임의적으로 감경되는 경우에 국가의 형사제재가 그것으로 그치는 것은 아니다. 「치료감호 등에 관한 법률」(치료감호법)은 일정한 사유에 해당하는 자로서 치료감호시설에서 치료를 받을 필요가 있고 재범의 위험성이 있는 자를 치료감호대상자로 규정하고 있는데, 그 대상자의 하나로 심신상실로 벌할 수 없거나 심신미약으로 형이 감경되는 심신장애인으로서 금고 이상의 형에 해당하는 죄를 지은 자가 포함되어 있다(동법2① i).

또한 「치료감호 등에 관한 법률」은 통원치료를 받을 필요가 있고 재범의 위험성이 있는 자를 치료명령대상자로 규정하고 있는데, 그 대상자의 하나로 심신미약으로 형이 감경되는 심신장애인으로서 금고 이상의 형에 해당하는 죄를 지은 자가 포함되어 있다(동법2의3 i).

치료감호처분 및 치료명령은 일반적인 형사절차가 아니라 치료감호사건절차에 의하여 부과된다(동법4 이하 및 44의2 이하 각 참조). 검사의 공소제기에 의하여 진행되는 일반적인 형사절차는 '형벌'의 부과를 위한 절차이기 때문이다. 치료감호절차는 검사의 치료감호청구에 의하여 개시된다(동법4①). 한편 법원은 공소제기된 사건의 심리결과 치료감호를 할 필요가 있다고 인정할 때에는 검사에게 치료감호 청구를 요구할 수 있다(동법4⑦).[1]

〈사례 해설〉 〔사례 75〕의 사안에서 갑은 도서관에만 들어가면 물건을 훔치는 버릇이 있다. 갑의 변호인은 갑에게 병적인 도벽이 있다고 주장하면서 갑에게 정상적인 의사결정능력이 없어 심신상실에 해당하므로 무죄를 선고해야 한다는 주장을 전개하고 있다.

이러한 주장에 대하여 〔사례 75〕의 기초가 된 판례에서 대법원은 다음과 같은 순서로 갑의 변호인의 주장을 검토하고 있다. 「(가) 변호인의 주장대로 갑이 절도의 충동을 억제하지 못하는 성격적 결함(소위 정신병질)으로 인하여 이 사건 범행에 이르렀다고 해 보자. (나) 이와 같이 자신의 충동을 억제하지 못하여 범죄를 저지르는 현상은 정상인에게서도 얼마든지 찾아 볼 수 있는 일로서 이는 정도의 문제에 불과한 것이다. (다) 따라서 특단의 사정이 없는 한 위와 같은 성격적 결함을 가진 자에 대하여 자신의 충동을 억제하고 법을 준수하도록 요구하는 것이 기대할 수 없는 행위를 요구하는 것이라고는 할 수 없다. (라) 따라서 원칙적으로 충동조절장애와 같은 성격적 결함은 형의 감면사유인 심신장애사유에 해당하지 않는다. (마) 다만 그러한 성격적 결함이 매우 심각하여 원래 의미의 정신병을 가진 사

람과 동등하다고 평가할 수 있다든지, 또는 다른 심신장애사유와 경합된 경우에는 심신장애를 인정할 여지가 있다.」

위의 논지전개 과정을 보면 병적 도벽이라는 충동조절장애가 심신장애에 해당하는가 하는 점이 핵심적 쟁점이 되고 있다. 이 문제에 대하여 대법원은 두 가지 점을 분명히 하고 있다. (가) 충동조절장애는 정상인에게도 일어나는 것으로서 전형적 질병인 정신병의 일종이라고 볼 수 없다. (나) 다만 성격적 결함이 매우 심각하여 원래 의미의 정신병을 가진 사람과 동등하게 평가할 수 있으면 예외적으로 심신장애에 해당할 수 있다.

여기에서 주목되는 것은 (나)의 부분이다. 이것은 충동조절장애가 전형적 질병인 정신병에 해당하지 않지만 평가적 관점에서 정신병을 가진 사람과 '동등하게 평가할 수 있으면' 정신병과 같은 질병으로 취급할 여지가 있음을 밝힌 부분이다. 소위 심리학적 질병개념을 염두에 둔 판단이라고 할 수 있다. 이와 같은 사고를 발전시키게 되면 결국 법적 질병개념에까지 이르게 된다. 〔사례 75〕의 기초가 된 판례에서 대법원은 심리학적 질병개념을 인정할 만한 특별한 사정이 보이지 않는다는 이유에서 갑의 변호인이 제기한 심신상실의 주장을 배척하였다.

제4 원인에 있어서 자유로운 행위

한국형법	독일형법
제10조 ③ 위험의 발생을 예견하고 자의로 심신장애를 야기한 자의 행위는 전2항의 규정을 적용하지 아니한다.	(해당 조항 없음)
(해당 조항 없음)	**제323조a**〔완전명정〕 ① 고의 또는 과실로 알코올 음료나 기타 명정제(酩酊劑)를 복용하여 명정상태에 빠진 자가 그 상태에서 위법행위를 범하고 명정상태로 인하여 책임능력이 없다는 이유 또는 책임무능력의 여지를 배제할 수 없다는 이유로 행위자를 처벌할 수 없는 경우에는 5년 이하의 자유형 또는 벌금형에 처한다. ② 그 형량은 명정상태에서 범하여진 행위에 대하여 가해지는 형량의 범위를 넘을 수 없다.

【사례 76】 탤런트 갑은 동료 연예인과 함께 야외촬영을 마친 후 회식을 하게 되었다. 자동차를 몰고 촬영장에 나왔던 갑은 술 생각이 나서 딱 한잔만 하고 운전하여 귀가하겠다고 생각하였다. 그런데 한잔 술이 두잔 되고 두잔 술이 석잔 되던 끝에 결국 갑은 몹시 취하게 되었다.

갑은 정신을 차릴 수 없을 정도로 음주대취하였음에도 불구하고 자동차를 운전하여 집으로 돌아가다가 행인 A를 치었다. 그러나 갑은 중상을 입은 A를 구호하지 아니한 채 그대로 도주해 버렸다. A는 그 사고로 사망하였다.

갑의 죄책은? (1992. 7. 28. 92도999, 공 1992, 2698 = 백선 총론 51. 『음주 뺑소니 사건』)

1. 행위와 책임의 동시존재의 원칙

(1) 동시존재원칙의 의의

행위자를 처벌하려면 행위 당시에 옳고 그름을 판단할 수 있는 능력(시비변별능력)이 있어야 하고 그 판단에 따라 의사를 결정하고 이를 실천에 옮길 수 있는 능력(의사결정능력)이 있어야 한다. 행위 당시를 기준으로 하여 책임판단의 요소가 모두 갖추어질 때 행위자를 비난할 수 있다는 원칙을 가리켜서 행위와 책임의 동시존재의 원칙이라고 한다.

독일 형법 제20조는 책임능력에 관하여 규정하면서 '행위를 할 때'라는 표현을 사용하고 있다. 이것은 행위와 책임의 동시존재의 원칙을 명시한 것이다. 우리 형법 제10조는 행위와 책임의 동시존재의 원칙을 명시하고 있지 않다. 그러나 책임주의의 원칙에 비추어 볼 때 이 요건은 당연한 원리로 인정된다고 할 것이다.

(2) 형법 제10조의 구조

행위 당시에 행위자에게 책임능력이 없다면 그 행위자는 책임이 조각되어 처벌받지 않는다(법10①). 또 행위 당시 행위자에게 한정책임능력만 인정된다면 그 행위자를 감경된 형으로 처벌할 수 있다(법10②). 그러나 행위자가 유책하게 심신상실이나 심신미약의 상태를 야기한 경우에 대해서까지 이러한 배려를 해야 한다면 형사정책상 문제가 있다고 하지 않을 수 없다. 우리 형법 제10조 제3항은 이러한 문제점을 해결하기 위하여 "위험의 발생을 예견하고 자의로 심신장애를 야기한 자의 행위에는 전2항의 규정을 적용하지 아니한다."고 규정하고 있다. 이 조항이 적용되면 책임무능력자나 한정책임능력자도 보통사람들처럼 책임능력이 있는 사람으로 취급된다.

일반적인 사건의 경우 행위자에게 책임능력이 인정되는 것이 보통이다. 통계적으로 볼

때 책임능력이 있는 것이 상례(常例)라면 형법 제10조 제1항의 책임무능력이나 제10조 제2
항의 한정책임능력으로 인정되는 경우는 예외이다. 이 예외에 대한 또 다른 예외를 규정한
것이 형법 제10조 제3항이다. 예외의 예외가 인정되어 다시 원칙으로 돌아가게 하는 규정
이 형법 제10조 제3항인 것이다.

2. 원인에 있어서 자유로운 행위의 의미

(1) 원인행위와 실행행위

형법 제10조 제3항이 적용되려면 먼저 책임능력이 있는 상태에서 심신장애를 야기하는
행위가 있어야 한다. 그리고 이 심신장애로 인하여 심신상실이나 심신미약의 상태에 이르
러야 한다. 다음으로 심신상실이나 심신미약의 상태하에서 구성요건에 해당하는 위법한 행
위가 행해져야 한다. 끝으로 심신장애 야기행위와 구성요건에 해당하는 위법한 행위 사이
에 연결관계가 존재하여야 한다.

이러한 일련의 과정을 살펴보면 행위자에게 두 가지 행위가 전제되고 있다. 하나는 심
신장애를 야기하는 행위이며 다른 하나는 구성요건에 해당하는 위법한 행위이다. 이 경우
심신장애를 야기하는 행위를 가리켜서 원인행위라고 한다. 그리고 원인행위에 이어서 일어
나는 구성요건에 해당하고 위법한 행위를 실행행위라고 한다.

(2) 원인행위와 실행행위의 관계

원인행위는 시비변별능력과 의사결정능력이 있는 상태하에서 이루어진다. 즉 자유롭게
의사를 결정할 수 있는 상태에서 원인행위가 행해진다. 이에 대하여 실행행위는 시비변별
과 의사결정의 능력이 없는 상태에서 이루어진다. 즉 자유롭게 의사를 결정할 수 없는 상태
에서 실행행위가 행해진다. 양자를 종합해 보면 원인행위는 자유로운 상태에서 이루어지지
만 실행행위는 자유롭지 못한 상태에서 이루어진다. 이러한 상황을 하나의 학술용어로 나
타낸 것이 '원인에 있어서 자유로운 행위'라는 표현이다.

'원인에 있어서 자유로운 행위'라는 표현 속에는 원인행위는 자유로우나 실행행위는 자
유롭지 못하다는 의미가 담겨 있다. '원인에 있어서 자유로운 행위'라는 말을 사용할 때에
는 '원인'을 '원인행위'로, '행위'를 '실행행위'로, 그리고 '자유롭다'는 말은 '책임능력이 있다'
는 말로 각각 바꾸어서 의미를 파악할 필요가 있다. 요컨대 심신장애를 야기하는 원인행위
는 책임능력이 있는 상태하에서 이루어졌지만 실행행위는 책임능력이 없는 상태하에서 이
루어진 경우에 그 실행행위를 가리켜서 원인에 있어서 자유로운 행위(actio libera in causa)
라고 표현한다. 원인에 있어서 자유로운 행위는 '원인에 있어서만 자유로운 실행행위'라고

바꾸어 말할 수도 있을 것이다.

3. 구성요건모델론과 책임모델론

(1) 논의의 계기

행위와 책임의 동시존재의 원칙은 책임판단에 있어서 기본이 되는 대원칙이다. 구성요건에 해당하는 위법한 행위가 있을 때 그 행위를 하는 당시에 행위자가 옳고 그름을 판단하지 못하였다면 그 행위자를 형벌로써 꾸짖을 수 없다. 옳고 그름을 판단할 수 있는 사람에 대해서만 비난가능성에 기초한 형벌을 과할 수 있기 때문이다.

그런데 원인에 있어서 자유로운 행위의 경우에는 행위와 책임의 동시존재의 원칙을 유지할 수 없다. 책임능력이 있는 원인행위의 시점에는 아직 구성요건에 해당하고 위법한 행위(즉 실행행위)가 존재하지 않는다. 반대로 구성요건에 해당하고 위법한 행위가 행해지는 시점에는 행위자에게 책임능력이 없다. 그렇다면 행위와 책임의 동시존재의 원칙에 비추어 볼 때 행위자에게 형사책임을 물을 수 없게 된다. 그렇지만 이것은 분명히 사리에 맞지 않는다. 여기에서 행위와 책임의 동시존재의 원칙을 최대한 존중하면서 형사처벌을 적절히 확보하는 방안은 무엇인가 하는 질문이 제기된다.

원래 이 문제는 원인에 있어서 자유로운 행위에 관하여 아무런 규정도 두고 있지 아니한 독일 형법을 전제로 제기되었다. 독일 형법을 토대로 놓고 볼 때 실행행위 당시에 행위자에게 책임능력이 없는 것은 분명하다. 그렇지만 심신상실(또는 심신미약) 상태를 스스로 야기한 자에 대해서까지 형사처벌을 면하게 하는 것은 불합리하다. 이 불합리를 극복하기 위하여 취할 수 있는 방법이 무엇인가 하는 것이 독일 형법상 논의된 원인에 있어서 자유로운 행위 이론의 관건이다.

(2) 구성요건모델론

이 문제에 대하여 독일 형법학에서는 소위 구성요건모델론과 책임모델론이라는 두 가지 해결방식이 제시되어 왔다. 독일 형법학에서 전개된 이론구성들은 우리나라 학자들에게 수용되어 한국 형법상 원인에 있어서 자유로운 행위의 문제를 검토함에 있어서 중요한 학설로 제시되고 있다.

구성요건모델론이란 원인행위 자체를 구성요건에 해당하는 행위라고 보는 견해이다.[1] '원인에 있어서 자유로운 행위'라는 개념 속에는 원인행위와 실행행위라는 두 가지 행위가

---

1) 김일수·서보학, 271면; 성낙현, 342면.

포함되어 있다. 그런데 이 가운데 원인행위를 아예 구성요건 실행행위로 보아버리면 행위와 책임의 동시존재의 원칙과 관련하여 아무런 충돌이 생기지 않는다. 새롭게 구성요건 실행행위로 파악된 원인행위는 행위자에게 책임능력이 구비된 시점에서 이루어지고 있기 때문이다.[1]

구성요건모델을 취하는 사람들은 원인에 있어서 자유로운 행위가 간접정범과 비슷한 구조를 가지고 있다고 본다. 간접정범이 타인을 도구로 이용하여 자신의 범죄를 실현시키는 것이라면 심신상실상태(또는 심신미약)에 빠진 자기 자신을 이용하여 범죄를 실현시키는 것이 원인에 있어서 자유로운 행위라는 것이다. 이 경우 도구로 사용될 자기 자신을 심신상실(또는 심신미약)에 빠뜨리는 원인행위가 바로 실행행위가 될 수 있다는 것이다.

(3) 책임모델론

책임모델론이란 원인에 있어서 자유로운 행위를 어디까지나 책임 단계에서의 문제로 보는 견해이다.[2] 이 입장에서는 다음과 같이 논리를 전개한다. 「원인에 있어서 자유로운 행위는 책임능력의 요소를 빼고 나면 통상적인 범죄실행행위와 다를 바가 없다. 당해 행위가 구성요건에 해당하고 위법한 행위임에는 아무런 변함이 없다. 부족한 것은 단지 책임요소일 뿐이다. 부족한 책임요소는 원인행위가 실행행위와 불가분적 연관관계에 있다는 점에서 보충할 수 있다. 실행행위와 불가분적 연관관계에 있는 원인행위에 유책성이 발견된다면 실행행위에 부족한 책임요소를 메울 수 있다.」

이러한 논리전개과정에서 책임모델을 취하는 사람들은 행위와 책임의 동시존재의 원칙을 과감히 포기한다. 형사처벌의 불비를 막아야 한다는 형사정책적 필요성 때문에 원인에 있어서 자유로운 행위의 경우에 행위와 책임의 동시존재의 원칙에 예외를 인정한다는 것이다. 행위와 책임의 동시존재의 원칙에 대하여 예외를 인정한다는 의미에서 책임모델이론을 예외모델론이라고 부르기도 한다.

(4) 소위 반무의식상태설

(가) 반무의식상태설의 개요　　　한편 원인에 있어서 자유로운 행위를 설명하는 이론으로 소위 반무의식상태에 주목하는 견해가 제시된 바 있다.[3] 이 견해를 가리켜서 반무

---

1) 원인에 있어서 자유로운 행위의 실행의 착수시점에 관하여는, 후술 588면 이하 참조.
2) 권오걸, 325면; 김성돈, 372면; 김성천·김형준, 274면; 김혜정 외 4인, 223면; 박상기, 163면; 배종대, 307면; 손동권·김재윤, 300면; 이용식, 179면; 이재상·장영민·강동범, 327면; 임웅, 320면; 정성근·정준섭, 174면; 정영일, 290면.
3) 유기천, 개정 형법학 총론강의, (1984), 138면.

의식상태설이라고 부를 수 있다. 이 견해를 취하는 입장에서는 다음과 같은 설명을 제시한다.

「행위는 내면적 의사와 외부적 표현으로 이루어지지만 양자가 반드시 시간적으로 일치해야 한다는 점은 의문이다. 현대심리학상 의식과 무의식의 관계는 일도양단적인 관계가 아니라 일종의 반무의식 상태하에 있다. 원인행위는 때로는 실행행위의 예비단계에 불과한 경우도 있다. 그렇지만 다른 한편으로는 원인행위를 무의식 상태에서 행한 실행행위로 볼 수도 있다. 후자의 경우는 특히 행위자가 자신은 무의식의 행동같이 착각하고 있으나 행위자가 나중에 자신의 행동에 대하여 명료하게 기억하지 못한 경우에 나타난다. 이 경우는 반무의식 상태하의 행위로서 원인행위를 실행행위로 볼 수 있다.」

(나) 반무의식상태설에 대한 평가　여기에서 소위 반무의식상태설의 타당성을 살펴본다. 이 학설은 인간의 행위가 무의식상태, 반무의식상태, 의식상태의 세 가지 형태로 나누어져 내부적 의사와 외부적 표현 사이에 서로 시간적 차이가 나타날 수 있다고 주장한다. 그러나 현대심리학을 표방하여 주장되는 이 견해에 대하여 과연 과학적인 검증이 이루어진 것인지 판단이 쉽지 않다.

나아가 소위 반무의식상태라는 것의 입증이 형사재판의 실제에 있어서 적지 않은 난제를 제기할 것이다. 그리고 무엇보다도 원인행위가 단순히 실행행위의 예비에 그치는 경우와 그 자체가 실행행위로 판단되는 경우를 구별하는 객관적 기준이 제시되어 있지 않다.

소위 반무의식상태설은 우리나라 학자에 의하여 독창적으로 제시된 학설이라는 점에서는 주목되지만, 그 과학적 근거의 불명료성과 판단기준의 모호성으로 인하여 실제의 운용 가능성이 매우 적은 이론이라고 할 수 있다.

4. 구성요건모델론과 책임모델론에 대한 검토

(1) 독일 형법과의 비교

현재 독일 형법학계에서는 구성요건모델이 다수의견의 위치에 있다. 독일 형법은 책임무능력을 규정한 제20조와 한정책임능력을 규정한 제21조에서 '행위를 할 때'라는 표지를 통하여 행위와 책임의 동시존재의 원칙을 명시하고 있다. 이에 반하여 원인에 있어서 자유로운 행위에 관한 직접적 규정은 독일 형법에 없다. 이러한 조문체계의 제약성 때문에 독일 형법학계에서는 가능한 한 행위와 책임의 동시존재의 원칙을 존중하는 방향으로 해석론을 전개하는 견해가 유력하다.

그러나 우리 형법의 경우를 보면 책임무능력을 규정한 형법 제10조 제1항이나 한정책임능력을 규정한 형법 제10조 제2항이 '행위를 할 때'와 같은 표지를 명시하고 있지 않다.

오히려 우리 입법자는 형법 제10조 제3항에서 원인에 있어서 자유로운 행위에 관한 명문의 규정을 두고 있다. 이와 같은 우리 형법의 조문체계를 보면 행위와 책임의 동시존재의 원칙을 둘러싼 논쟁에 있어서 우리 입법자는 책임모델론 내지 예외모델론을 채택하였다고 생각된다.

(2) 구성요건모델론의 문제점

(가) 행위정형의 문제점　　　조문체계의 특성을 제외하더라도 구성요건모델론은 적지 않은 문제점을 내포하고 있다. 우선 구성요건모델론은 원인행위를 실행행위와 같은 것으로 취급하는 무리를 범하고 있다. 예컨대 일부러 음주대취하여 사람을 살해하는 경우에 구성요건모델을 취하는 사람들은 음주행위를 곧 살해행위라고 본다. 이러한 접근방법은 구성요건이 가지는 위법행위의 정형성을 포기하는 폐단을 안고 있다. 술을 마시는 행위, 약물을 복용하는 행위 등은 우리의 일상생활에서 자주 보는 행위이다. 이러한 행위를 가리켜서 위법행위의 정형 가운데 하나라고 말할 수는 없다.

(나) 간접정범구조의 문제점　　　다음으로, 구성요건모델론은 범인이 자신을 도구로 이용하여 범죄를 범한다는 구상에 입각하고 있으나 그 타당성을 인정하기 곤란하다. 우리 형법상 간접정범은 "어느 행위로 인하여 처벌되지 아니하는 자 또는 과실범으로 처벌되는 자를 교사 또는 방조하여 범죄행위의 결과를 발생하게 한 자"로 정의된다(법34①). 이 경우 피이용자는 이용자와 별개의 인격체이다. 구성요건모델론은 행위자가 자기 자신을 범행도구로 이용한다는 논리구조에 입각하고 있다. 그러나 피이용자와 이용자가 별개의 인격체이어야 한다는 관점에서 보면 이러한 논리구조는 납득하기 곤란하다.

나아가 한정책임능력자가 심신미약상태를 야기하여 실행행위에 나아가는 경우에는 이를 간접정범의 구조로 설명할 수 없다. 한정책임능력자는 비록 형이 임의적으로 감경되기는 하지만(법10②) 어디까지나 '어느 행위로 인하여 처벌되는 자'에 해당하기 때문이다.

(다) 미수범확장의 문제점　　　구성요건모델론은 원인행위의 시점을 구성요건의 실행행위 시점으로 본다. 예컨대 음주대취하여 살인행위에 나아가는 경우에 음주행위 시점에 살인죄의 실행의 착수가 있다고 새긴다. 그 결과 구성요건모델론에 의하면 미수범의 성립시점이 훨씬 앞당겨지게 되어 미수범의 처벌범위가 대폭 확장된다. 이러한 문제상황은 원인행위의 비정형성과 결합할 때 그 심각성이 훨씬 증폭된다.

우리 입법자가 형법 제10조 제3항을 통하여 학설상의 대립을 입법적으로 해결하였다는 점과 구성요건모델론의 이상과 같은 난점에 비추어 볼 때 원인에 있어서 자유로운 행위의 처벌근거는 책임모델론에 따라 포착하는 것이 타당하다고 본다.

5. 독일 형법상의 완전명정죄

(1) 한국 형법과 독일 형법의 차이점

현재 원인에 있어서 자유로운 행위의 이론과 관련하여 독일 학계에서 전개된 여러 학설들이 우리 형법학계에 대폭적으로 수용되고 있다. 독일 형법학계에서는 실정법에 명문의 근거가 없는 상황에서 원인에 있어서 자유로운 행위의 이론이 전개되고 있다. 이에 반하여 우리의 경우에는 형법 제10조 제3항에 근거하여 원인에 있어서 자유로운 행위의 이론을 전개하여야 한다. 양자를 평면적으로만 비교하면 원인에 있어서 자유로운 행위라는 공통의 문제점을 다루고 있기 때문에 독일 학계의 논의상황을 한국 형법 제10조 제3항의 해석론으로 차용하더라도 별다른 무리는 없을 것이라고 생각할 여지가 있다.

그런데 독일 형법학계에서 논하는 원인에 있어서 자유로운 행위의 이론은 독일 형법 제323조a가 규정한 소위 완전명정죄를 전제로 하고 있음에 유의할 필요가 있다. 완전명정죄를 두고 있지 아니한 한국 형법의 경우에 독일 형법학계에서 전개된 원인에 있어서 자유로운 행위의 이론을 가감 없이 차용하여 해석론으로 전개하는 것은 문제가 아닐 수 없다. 한국 형법의 해석상 원인에 있어서 자유로운 행위의 이론은 우리 입법자가 설정해 놓은 테두리 안에서 전개되지 않으면 안 된다.

(2) 완전명정죄의 의미내용

앞에서도 언급한 바와 같이 구성요건모델론은 독일 형법학계에서 유력한 지위를 점하고 있다. 이렇게 되는 계기의 중요한 요인의 하나가 독일 형법 제323조a가 규정한 완전명정죄이다. 완전명정죄에서 말하는 완전명정이란 시비변별을 완전히 불가능하게 할 정도의 심신장애상태를 가리킨다. 독일의 실무가들은 중한 범죄실행행위가 음주나 명정제 복용 등을 이유로 책임능력이 없는 상태하에서 행해지면 일단 원인에 있어서 자유로운 행위의 이론을 적용하여 형사처벌을 확보하려고 시도한다.

예컨대 독일 형법상 특별히 저열한 동기에서 행해진 살인죄(이를 모살죄라고 한다)는 그 법정형이 무기의 자유형이다(독일형법211). 모살의 실행행위가 책임무능력 상태하에서 행해지더라도 원인에 있어서 자유로운 행위의 이론이 적용되면 독일 형법 제211조가 규정한 무기자유형의 형량이 확보된다. 그러나 원인에 있어서 자유로운 행위의 요건이 갖추어지지 아니하면 모살죄의 형량을 확보하지 못한다. 이러한 경우에 대비하기 위하여 일반적·보충적으로 마련된 조문이 독일 형법 제323조a이다.

독일 형법 제323조a는 '완전명정(Vollrausch)'이라는 표제하에 제1항에서 "고의 또는 과실로 알코올 음료나 기타 명정제를 복용하여 명정상태에 빠진 자가 그 상태에서 위법행위를 범하고 명정상태로 인하여 책임능력이 없다는 이유 또는 책임무능력의 여지를 배제할 수 없다는 이유로 그 행위자를 처벌할 수 없는 경우에는 5년 이하의 자유형 또는 벌금형에 처한다."고 규정하고 있다. 그리고 같은 조 제2항은 "그 형량은 명정상태에서 범하여진 행위에 대하여 가해지는 형량의 범위를 넘을 수 없다."고 규정하고 있다.

독일 형법 제323조a는 요컨대 원인에 있어서 자유로운 행위의 이론이 적용되지 아니하는 책임무능력자에 대해서는 최소한 5년 이하의 자유형 또는 벌금형을 확보하겠다는 독일 입법자의 결단을 담고 있다. 다만 이 경우의 형량에는 책임능력이 갖추어졌더라면 부과되었을 형량을 넘지 못한다는 제한이 가해지고 있다. 예컨대 재물손괴죄가 음주 등을 이유로 책임능력이 없는 상태에서 행해졌다면 독일 형법 제323조a 제1항이 규정한 5년 이하의 자유형 또는 벌금형이 아니라 재물손괴죄(독일형법303)의 법정형인 2년 이하의 자유형이나 벌금형으로 행위자를 처벌한다는 것이다.

(3) 완전명정죄의 구조

독일 형법 제323조a 제1항의 완전명정죄는 특이한 구조를 가지고 있다. 완전명정죄의 객관적 구성요건을 보면 "알코올 음료나 기타 명정제를 복용하여 명정상태에 빠진 자가 그 상태에서 위법행위를 범한다."는 것이 주된 표지를 이루고 있다. 완전명정죄의 또 다른 표지는 "명정상태로 인하여 책임능력이 없다는 이유 또는 책임무능력의 여지를 배제할 수 없다는 이유로 행위자를 처벌할 수 없는 경우"라는 부분이다. 이 부분의 표지는 완전명정죄가 원인에 있어서 자유로운 행위의 이론이 적용되지 아니할 때 보충적으로 적용되는 것임을 나타낸 것이다.

완전명정죄의 객관적 구성요건을 분석해 보면 (가) 알코올 음료나 기타 명정제를 복용하여 명정상태에 빠지는 행위와 (나) 명정상태에서 범한 위법행위라는 두 부분으로 이루어져 있음을 알 수 있다. 이러한 객관적 구성요건에 대하여 독일 형법 제323조a는 주관적 구성요건으로 '고의 또는 과실로'라는 표지를 사용하고 있다. 한 개의 형벌법규에 주관적 구성요건요소로 고의와 과실이 병렬적으로 규정되어 있다는 것부터 독일 형법 제323조a의 조문은 매우 이례적이다.

그런데 이 '고의 또는 과실'이라는 주관적 구성요건요소는 앞에서 본 객관적 구성요건요소 가운데 (가)의 '알코올 음료나 기타 명정제를 복용하여 명정상태에 빠지는 행위'만을 받는다. (나)의 '명정상태에서 범한 위법행위'는 완전명정죄의 주관적 구성요건요소의 대상이 되지 않는다. 어느 형벌법규의 객관적 요소로 규정되어 있으면서 주관적 구성요건요소의 대상이 되지 않는 요소를 가리켜서 객관적 처벌조건이라고 한다.[1] (나)의 '명정상태에서 범한 위법행위'는 바로 객관적 처벌조건이다. 이와 같은 구조적 특성 때문에 독일 형법상 완전명정죄는 객관적 처벌조건을 수반하는 범죄유형이라고 설명된다.

(4) 원인행위의 고의 · 과실과 실행행위의 고의 · 과실

독일 형법 제323조a의 완전명정죄는 명정상태에 빠지는 행위와 그 결과로 범해지는 위법행위(즉 구성요건에 해당하는 위법한 행위)를 예정하고 있다. 원인에 있어서 자유로운 행위의 관점에서 보면 명정상태에 빠지는 행위는 원인행위이며 명정상태의 결과로 범해지는 위법행위는 실행행위이다. 완전명정죄의 경우에 명정상태에 빠지는 원인행위에 대해서는 고의 · 과실이 주관적 구성요건요소로 대응한다. 그렇지만 명정상태하의 위법행위(즉 실행행위) 자체에 대해서는 고의 · 과실이 대응하지 않는다. 이 실행행위 부분은 단순히 객관적 처벌조건일 뿐이다.

원래 고의란 구성요건의 실현을 인식하고 의욕(인용)하는 것이다. 과실이란 구성요건이 실현됨을 예견하거나 회피해야 할 주의의무에 위반하는 것이다. 구성요건은 위법행위의 정형이다. 따라서 고의나 과실은 위법행위의 정형을 설정한 이후에 사용할 수 있는 개념이다.

원인에 있어서 자유로운 행위의 이론을 논함에 있어서 '고의의 원인행위' 또는 '과실의 원인행위'라는 용어가 사용되고 있다. 독일의 경우에는 독일 형법 제323조a의 특수한 구조 덕분에 원인행위에 대한 고의, 원인행위에 대한 과실이라는 용어를 쉽게 사용할 수 있다. 명정상태에 빠지는 원인행위에 대하여 독일의 입법자가 '고의 또는 과실로'라는 주관적 구성요건요소를 결합시키고 있기 때문이다.

독일 형법 제323조a가 객관적 처벌조건으로 규정한 '위법행위'는 본래 구성요건에 해당하고 위법한 행위이다. 예컨대 술에 만취하여 재물손괴행위를 한 경우를 보면 재물손괴행위는 재물손괴죄의 구성요건에 해당하고 위법한 행위이다. 이 '위법행위'는 실현된 범죄의 유형에 따라서 구성요건적 고의에 의하여 행해진 것일 수도 있고 구성요건적 과실에 의하여 행해진 것일 수도 있다. 원인에 있어서 자유로운 행위의 이론과 관련하여 볼 때 독일 형법 제323조a에서 말하는 '위법행위'는 '실행행위'로 바꾸어 말할 수 있다. 그렇다면 이 실행행위는 고의에 의하여 행해진 것일 수도 있고 과실에 의하여 행해진 것일 수도 있다.

---

1) 객관적 처벌조건에 관하여는, 후술 498면 이하 참조.

6. 고의의 원인행위와 과실의 원인행위

(1) 구성요건적 고의·과실

지금까지 거의 불필요하다 싶을 정도로 독일 형법 제323조a가 규정한 완전명정죄의 구조를 설명하였다. 이와 같은 설명이 필요한 것은 우리 형법학계가 원인에 있어서 자유로운 행위의 유형을 논하면서 아무런 사전설명 없이 '고의의 원인행위' 또는 '과실의 원인행위'라는 말을 사용하고 있기 때문이다.

앞에서도 언급한 바와 같이 '고의' 또는 '과실'이라는 말은 구성요건을 전제로 하여 사용되는 개념이다. 구성요건은 위법행위의 정형이다. 일정한 위법행위의 정형을 이루는 객관적 구성요건요소의 실현을 인식, 의욕(인용)하는 것이 고의이며 객관적 구성요건요소의 실현을 예견하거나 회피해야 할 주의의무에 위반하는 것이 과실이다.

(2) 원인행위의 고의·과실

우리 형법에는 독일 형법 제323조a와 같은 완전명정죄의 조문이 없다. 우리 입법자는 술을 마셔서 심신상실(또는 심신미약) 상태에 빠지거나 약물 등을 복용하여 심신상실(또는 심신미약) 상태에 빠지더라도 그러한 행위 자체를 위법행위의 정형으로 포착하고 있지 않다. 자신을 심신상실에 빠뜨리는 원인행위가 구성요건으로 포착되어 있지 아니한 것이다. 이러한 상황에서 원인행위가 고의로 이루어졌다거나 과실로 이루어졌다고 표현하는 것은 앞뒤가 맞지 않는 일이다.

독일식으로 "고의의 원인행위로 인하여 과실의 실행행위가 행해졌다."고 말할 때 한국의 법학도는 '고의'나 '과실'을 위법행위의 정형과 관련하여 이해한다. 한국의 법학도가 보는 관점에서 '고의'나 '과실'을 논할 수 있는 것은 일정한 위법행위의 정형(즉 구성요건)을 전제로 한 '실행행위'에 대해서 뿐이다. 그 결과 "고의의 원인행위로 인하여 과실의 실행행위가 행해졌다."는 표현은 한국의 법학도들에게 "실행행위를 고의로 하려는 생각을 가지고 심신상실상태에 빠져서 과실로 실행행위를 하였다."는 의미로 이해된다.

이해를 돕기 위하여 음주만취한 끝에 갑이 A를 실수로 살해한 사안을 설정해 보자. 그리고 이 사안에서 원인에 있어서 자유로운 행위의 유형 가운데 "고의의 원인행위로 인하여 과실의 실행행위가 행해진 경우"가 문제된다고 해 보자. 독일의 법학도들 같으면 갑이 일부러 술을 마셔서 책임무능력상태에 빠지고(완전명정의 고의) 그 책임무능력상태하에서 실수로 A를 죽였다(사망에 대한 과실)고 하는 상황을 연상하게 될 것이다. 이에 대하여 한국의 법학도들은 A를 처음부터 죽일 생각을 가지고(살인의 고의) 술을 마셔서 실수로 A를 죽였다(사망의 과실)는 상황을 떠올리게 된다. 매우 기묘하고 우스꽝스러운 상황설정이라고 하지 않을 수 없다.

(3) 한국 형법과 원인행위의 자의성

우리 형법은 원인에 있어서 자유로운 행위에 있어서 원인행위 자체를 위법행위의 정형으로 포착하는 구성요건을 두고 있지 않다. 그렇기 때문에 엄밀한 의미에서 볼 때 원인행위에 대하여 '고의'나 '과실'을 운위하는 것은 논리적으로 성립될 수 없다. 이러한 사정을 반영하여 우리 입법자는 형법 제10조 제3항에서 원인에 있어서 자유로운 행위를 규율하면서 '자의로 심신장애를 야기한 자'라는 표현을 사용하고 있다. '자의(自意)로'라는 표현을 독일식으로 분석해 보면 원인행위에 대한 '고의'와 '과실'을 모두 포함하는 개념이라고 할 수 있다.

(4) 네 가지 유형분류

현재 우리 학계에서는 원인에 있어서 자유로운 행위를 논할 때 독일식으로 네 가지 유형을 분류하고 있다. 네 가지 세부유형이란 (가) 고의의 원인행위와 고의의 실행행위, (나) 고의의 원인행위와 과실의 실행행위, (다) 과실의 원인행위와 고의의 실행행위, (라) 과실의 원인행위와 과실의 실행행위를 말한다. 고의 · 과실의 원인행위와 고의 · 과실의 실행행위가 엮어내는 네 가지 유형론이 지금 우리 학계에서 널리 사용되고 있다.[1]

학계의 용어관용례가 굳어진 상황에서 굳이 '고의'와 '과실'의 본래 뜻을 강조하여 우리 형법의 해석상 '고의의 원인행위', '과실의 원인행위'라는 표현을 사용하지 못하도록 말릴 수는 없다. 다만 이 용어를 사용할 때에는 우리 형법상 원인행위 자체는 위법행위의 정형(즉 구성요건)에 해당하는 것이 아니지만 마치 위법행위의 정형성을 갖추고 있는 것처럼 취급하고 있다는 점에 유의할 필요가 있다.[2]

이렇게 볼 때 '원인행위의 고의'란 심신상실(또는 심신미약)의 상태에 빠지는 것을 인식, 의욕(인용)하는 것이다. '원인행위의 과실'이란 심신상실(또는 심신미약)의 상태에 빠지는 것을 예견하거나 회피해야 할 주의의무에 위반하는 것이다. '고의의 원인행위'란 심신장애에 빠지는 것을 인식, 의욕(인용)하면서 음주만취하거나 약물 등을 복용하는 행위이다. '과실의 원인행위'란 심신장애상태에 빠진다는 것을 예견하거나 회피해야 할 주의의무에 위반하여 음주만취하거나 약물 등을 복용하는 행위이다.

---

1) 임웅, 324면은 8유형설을 주장하고 있다.
2) 이러한 문제점을 의식하여 김성돈, 376면 이하는 아예 고의 · 과실이라는 용어를 사용하지 않는다.

7. 형법 제10조 제3항의 분석

(1) 형법 제10조 제3항의 법적 효과

원인에 있어서 자유로운 행위의 사안은 행위와 책임의 동시존재의 원칙과 관련하여 어려운 문제를 야기한다. 이 문제를 해결하기 위하여 구성요건모델론과 책임모델론이 독일 형법학계에서 제시되고 있음은 앞에서 설명하였다. 그리고 우리 입법자가 이러한 문제점을 입법적으로 해결하기 위하여 형법 제10조 제3항을 두었음을 지적하였다.

우리 형법 제10조 제3항은 원인에 있어서 자유로운 행위의 사안에서 행위와 책임의 동시존재의 원칙을 유지할 수 없음을 솔직하게 인정하고 책임모델론의 관점에 서서 문제점을 해결하고자 한 조문이다. 즉 행위자에게 일정한 귀책사유가 인정될 경우에 책임무능력의 상태를 책임능력의 상태로 인정하기로 한 조문이라고 할 수 있다. 따라서 원인에 있어서 자유로운 행위의 사안에서 핵심적인 관심사는 우리 입법자가 어떠한 요건하에 책임무능력자를 책임능력자로 취급하기로 하였는가를 살피는 일이다.

(2) 형법 제10조 제3항의 구조

우리 형법 제10조 제3항은 원인에 있어서 자유로운 행위의 처리와 관련하여 "위험의 발생을 예견하고 자의로 심신장애를 야기한 자의 행위에는 전2항의 규정을 적용하지 아니한다."고 규정하고 있다. 이 조문은 법률요건의 부분과 법률효과의 부분으로 나누어 볼 수 있다.

서술의 편의상 법률효과의 부분을 먼저 살펴본다. 형법 제10조 제3항은 "전2항의 규정을 적용하지 아니한다."고 규정하고 있다. 이 부분은 형법 제10조 제3항이 규정한 요건이 구비될 경우에는 심신상실자라 할지라도 책임을 조각하지 않으며 심신미약자라고 할지라도 형의 임의적 감경을 허용하지 않는다는 의미를 가지고 있다. 즉 심신상실자나 심신미약자에게 통상적인 책임능력자의 행위와 마찬가지로 형사처벌을 가하겠다는 것이다.

(3) 실행행위의 요건

이제 이러한 효과를 발생시키기 위하여 형법 제10조 제3항이 규정한 법률요건을 분석해 본다. 형법 제10조 제3항이 규정한 요건은 '위험의 발생을 예견하고 자의로 심신장애를 야기한 자의 행위'이다. 앞에서 분석한 바와 같이 원인에 있어서 자유로운 행위는 원인행위와 실행행위의 두 가지 측면으로 구성된다. 여기에서 먼저 실행행위의 측면을 검토해 본다.

형법 제10조 제3항이 '행위'라고 표현한 것은 실행행위를 가리킨다. 이 실행행위는 구성요건에 해당하고 위법한 행위이다. 이 실행행위는 구성요건적 고의에 의한 것일 수도 있고 구성요건적 과실에 의한 것일 수도 있다.[1] 다만 이 실행행위는 행위자에게 책임능력이 없거나 한정책임능력만 인정되는 상태에서 행하여진 행위이다.[2]

(4) 원인행위의 요건

(가) 원인행위의 의미　　　형법 제10조 제3항이 규정한 '행위'가 실행행위라면 이 실행행위에 선행하는 원인행위는 '위험의 발생을 예견하고 자의로 심신장애를 야기한 [행위]'이다. 이 경우 '심신장애를 야기한다' 함은 음주나 약물복용 등에 의하여 심신장애를 일으키고 그 결과 심신상실 또는 심신미약의 상태에 빠진다는 의미이다.

(나) 원인행위의 유책성　　　실행행위에 결부되어 있는 심신상실(또는 심신미약)은 원래 책임조각(또는 감경)의 사유로 기능한다. 그런데 이 심신상실(또는 심신미약)의 사유가 책임조각(또는 감경)사유로 작용하지 않게 하려면 원인행위에 일정한 유책성이 인정되어야 한다. 원인행위의 유책성이 인정될 때 심신상실(또는 심신미약)로부터 발생하는 책임조각(또는 감경)의 효과를 저지할 수 있다.

이와 같은 원인행위의 유책성에 대하여 형법 제10조 제3항은 두 가지 요건을 설정하고 있다. 하나는 '위험의 발생을 예견'하는 것이며 다른 하나는 '자의(自意)'로 심신장애를 야기하는 것이다. 설명의 편의를 위하여 자의성 요건을 먼저 검토하기로 한다.

(5) 원인행위의 자의성

앞에서 분석한 바와 같이 형법 제10조 제3항에서 말하는 '자의(自意)'는 원인행위에 '고의' 또는 '과실'이라는 용어를 사용할 수 없다는 점을 감안하여 우리 입법자가 채택한 표지이다. 이 경우 자의(自意)는 '행위자가 책임능력 있는 상태에서 스스로'라는 의미로 이해된다.[3]

그렇지만 음주만취행위나 약물복용행위 등과 같이 심신상실(또는 심신미약)에 빠지게 하는 행위 자체를 위법행위의 정형(즉 구성요건)에 해당하는 것으로 가정한다면 고의에 의한 원인행위와 과실에 의한 원인행위를 관념적으로 설정할 수 있다.[4] 형법 제10조 제3항에서 말하는 '자의(自意)'의 의미에 대하여 해석자들 사이에 견해가 나뉘고 있다.

(가) 고의한정설　　　'자의'가 표현하는 의지적 요소에 착안하여 '자의'를 '고의'로만 새

1) 1995. 6. 13. 95도826, 공 1995, 2434 = 분석 각론 『야간 주취운전 사건』 ☞ 1117면.
2) 원인에 있어서 자유로운 행위의 실행의 착수시기에 관하여는, 후술 588면 이하 참조.
3) 권오걸, 332면; 김성돈, 376면; 김일수 · 서보학, 274면; 박상기, 166면; 손동권 · 김재윤, 306면; 임웅, 325면; 정성근 · 정준섭, 179면; 정영일, 292면.
4) 박상기, 166면은 원인행위와 관련하여 고의행위 · 과실행위로 분류할 필요가 없다고 주장한다.

기는 견해이다.[1] 이에 따르면 형법 제10조 제3항에 의하여 책임무능력(또는 한정책임능력)의 법적 효과가 저지당하는 원인행위는 고의의 원인행위로 한정된다. 과실의 원인행위에 대해서는 형법 제10조 제3항이 적용되지 않는다는 결론이다.

(나) 과실포함설   형법 제10조 제3항의 '자의'에 고의뿐만 아니라 과실도 포함된다고 보는 견해이다.[2][3] 생각건대 과실포함설이 타당하다고 본다.

우리 형법은 독일 형법 제323조a의 완전명정죄와 같은 보충적 구성요건을 두고 있지 않다. 이러한 상황에서 과실의 원인행위에 대하여 곧바로 책임무능력(또는 한정책임능력)을 이유로 형사책임을 면제(또는 감경)한다는 것은 형사정책적으로 커다란 문제가 아닐 수 없다. 또한 문언상으로 볼 때에도 '자의'를 '고의'로 한정해야 할 이유는 없다.

이렇게 볼 때 우리 형법 제10조 제3항이 규정하고 있는 '자의로'의 표지는 '책임능력이 있는 상태에서 자유롭게'라는 의미로 해석하지 않으면 안 된다. 이와 같이 자유로운 상태하에서 이루어지는 과실의 원인행위가 있다면 그 '과실'에는 유책성이 충분히 인정된다. 행위자가 자신이 심신상실(또는 심신미약)에 빠질 수 있다는 점을 예견하고 이를 회피해야 할 주의의무에 위반하고 있기 때문이다. 이렇게 본다면 형법 제10조 제3항이 규정하는 '자의'의 요건에는 원인행위가 고의로 행해진 경우와 원인행위가 과실로 행해진 경우가 모두 포함된다고 해석해야 할 것이다.

(6) 위험발생의 예견과 소위 특정구성요건실현설

원인행위의 유책성과 관련하여 형법 제10조 제3항이 규정하고 있는 또 하나의 요건은 '위험의 발생을 예견'하는 것이다. 이 표지의 해석과 관련하여 견해가 나뉘고 있다.

(가) 특정구성요건실현설의 내용   '위험의 발생'을 심신상실(또는 심신미약) 상태에서 행해질 '특정한 구성요건의 실현'으로 보는 견해가 있다. 이 견해를 가리켜서 **특정구성요건실현설**이라고 부를 수 있다. 특정구성요건의 실현을 현실적으로 예견하는 것은 구성요건적 고의가 있는 경우이다. 이에 대하여 특정구성요건이 실현될 수도 있음을 예견하는 것은 구성요건적 과실이 인정되는 경우이다.

형법 제10조 제3항은 '위험발생을 예견하고'라고 규정하고 있다. 이 '예견하고'의 요건과 관련하여 특정구성요건실현설을 취하고 있는 입장에서는 특정구성요건이 현실적으로 실현될 것을 예견하는 경우(고의범)와 특정구성요건이 실현될 수도 있음을 예견하는 경우(과실

---

1) 배종대, 310면; 오영근, 269면; 이재상 · 장영민 · 강동범, 332면; 이정원, 220면.
2) 김일수 · 서보학, 274면; 성낙현, 346면; 손동권 · 김재윤, 306면; 임웅, 325면.
3) '자의'의 요건과 관련하여 고의 · 과실의 구별을 부인하는 박상기, 166면의 견해도 결론에 있어서는 동일한 취지라고 생각된다.

범)를 모두 '예견하고'의 요건에 해당하는 것으로 보고 있다.[1]

(나) 특정구성요건실현설의 문제점   그러나 이와 같은 해석론은 문제가 있다고 생각된다. 먼저 '위험의 발생을 예견한다'는 의미를 특정 구성요건의 실현에 대한 고의로 새기는 경우에는 원인에 있어서 자유로운 행위가 간접정범의 구조를 가지고 있는 것으로 파악된다. 이렇게 되면 앞으로 실현할 범죄에 대한 고의를 가지고 자의로 심신상실(또는 심신미약)에 빠지는 경우에만 형법 제10조 제3항이 적용된다.

형사재판의 실제를 보면 앞으로 범하게 될 범죄를 염두에 두면서 예컨대 담력을 키우기 위하여 음주하거나 약물을 복용하여 심신상실(심신미약)에 빠지는 사안은 극히 이례적이다. 오히려 평소 난폭해지는 성질이 있음을 알고 있으면서 음주하거나 약물을 복용하여 심신상실(심신미약) 상태에 빠진 후 예상 밖의 실행행위를 하는 경우가 보통이다.

원인에 있어서 자유로운 행위가 일어나는 통상의 상황과 함께 고려해야 할 것은 우리 형법에 독일 형법 제323조a와 같은 완전명정죄의 구성요건이 없다는 사실이다. 완전명정죄라는 보충적 구성요건이 없는 상황에서 '위험의 발생을 예견한다'는 표지를 실행행위에 대한 고의로 새기는 것은 형사정책적 관점에서 볼 때 형법 제10조 제3항의 적용범위를 지나치게 축소하는 것이라고 하지 않을 수 없다.

(다) 음주뺑소니 사건의 처벌불능   이와 같은 문제점은 한국 형사재판의 실제에서 빈번하게 발생하고 있는 소위 음주뺑소니 사건의 경우에 특히 두드러진다. 「특정범죄 가중처벌 등에 관한 법률」(특가법) 제5조의3은 소위 뺑소니 운전죄를 처벌하고 있다. 사망사고를 전제로 할 때 이 조문이 예정하고 있는 범죄의 구조를 보면 (가) 업무상 과실치상죄, (나) 현장이탈에 의한 유기죄, (다) 사망의 결과발생이라는 세 가지 요소가 결합되어 있다.

이러한 조문의 예를 보면 원인행위를 하는 시점에 실행행위의 '고의'를 요하게 될 경우 형법 제10조 제3항에 의한 형사처벌의 확보가 불가능하게 됨을 곧 알 수 있다. 음주만취하여 심신상실(또는 심신미약)의 상태에 빠지는 순간에 특히 (나)의 현장이탈에 의한 유기죄의 고의를 행위자가 미리 가지고 있다고는 생각할 수 없다. 교통사고를 냈을 때 담대히 도망갈 것을 인식·의욕(인용)하면서 음주한다고 새기는 것은 우리의 상식에 도저히 부합하지 않기 때문이다.

원인행위를 하는 시점에 실행행위의 '과실'을 요하게 되는 경우에도 마찬가지 문제가 발생한다. 음주만취하여 심신상실(또는 심신미약)의 상태에 빠지는 순간에 (나)의 현장이탈에 의한 유기죄의 성립가능성을 행위자가 미리 예견하였다고는 생각할 수 없기 때문이다.

---

1) 김일수·서보학, 273면; 박상기, 167면; 배종대, 309면; 성낙현, 345면; 손동권·김재윤, 306면; 이재상·장영민·강동범, 332면; 임웅, 321면.

(라) 판례의 태도   위험발생의 예견과 관련하여 대법원은 소위 『음주 뺑소니 사건』에서 다음과 같이 판시한 바가 있다.[1]

「형법 제10조 제3항은 '위험의 발생을 예견하고 자의로 심신장애를 야기한 자의 행위에는 전2항의 규정을 적용하지 아니한다'고 규정하고 있는바, 이 규정은 고의에 의한 원인에 있어서 자유로운 행위만이 아니라 과실에 의한 원인에 있어서 자유로운 행위까지도 포함하는 것으로서 위험의 발생을 예견할 수 있었는데도 자의로 심신장애를 야기한 경우도 그 적용대상이 된다고 할 것이다.」

대법원의 판시사항이 의미하는 바가 구체적으로 무엇인지 정확하게 파악하기는 어려우나, 문맥상 '과실에 의한 원인에 있어서 자유로운 행위까지 포함'하기 때문에 '위험의 발생을 예견할 수 있었는데도 자의로 심신장애를 야기한 경우'가 형법 제10조 제3항의 적용대상에 포함된다고 새기는 것으로 보인다. 대법원의 판례를 이렇게 읽어가게 되면 '위험발생을 예견할 수 있었던 경우'는 '과실에 의한 경우'에 상응하게 된다. 요컨대 판례는 앞으로 실현할 범죄에 대해 반드시 고의를 요구하고 있지는 않음을 알 수 있다.[2] 이것은 판례가 특정구성요건실현설을 지지하고 있지 않음을 의미한다.

(7) 위험발생의 예견과 소위 전형적 위험설

(가) 위험발생의 일반적 의미   일반적으로 볼 때 위험이란 법익침해의 가능성을 의미한다. 위험의 발생이란 법익침해의 가능성이 새로이 생기거나 기존의 위험상태가 악화되는 것을 말한다. 형법 제10조 제3항이 규정한 '위험의 발생'이라는 표지에는 법익이 전제되어 있다. 일정한 법익을 보호하기 위하여 입법자가 설정한 위법행위의 정형이 구성요건이다. 이러한 관점에서 볼 때 '위험의 발생을 예견한다'는 표지는 일단 일정한 구성요건이 실현될 것을 예견한다는 의미로 새길 여지가 있다.

(나) 형법 제10조 제3항의 취지   그렇지만 이렇게 새기게 되면 앞에서 살펴본 바와 같이 형법 제10조 제3항이 의도한 형사정책적 목표를 달성할 수 없다. 유책하게 심신상실(또는 심신미약)을 야기한 사람에 대해서까지 범죄불성립의 효과를 부여하는 것은 지나치다. 형법 제10조 제3항의 입법취지를 살리려면 우리 입법자가 설정한, '위험의 발생을 예견하고'의 표지를 보다 폭넓게 새겨야 한다. 이 표지를 지나치게 엄격히 해석하여 '일정한 구성요건의 실현을 예견하고'라고 새길 필요는 없다.

(다) 원인행위의 전형적 위험성   형법 제10조 제3항에서 규정한바 '위험의 발생을

---

1) 1992. 7. 28. 92도999, 공 1992, 2698 = 백선 총론 51.『음주 뺑소니 사건』.
2) 1995. 6. 13. 95도826, 공 1995, 2434 = 분석 각론『야간 주취운전 사건』.

예견하고'라는 표지는 '위험'이 '법익침해의 가능성'이라는 관점에서 법익과 관련하여 해석하여야 한다. 음주나 약물복용 등과 같이 심신상실(또는 심신미약)을 야기하는 원인행위는 전형적으로 일정한 법익침해의 위험성을 수반하는 행위이다. 형법 제10조 제3항은 원인행위에 수반되는 전형적인 위험성을 행위자가 원인행위시에 예견할 때 원인행위에 유책성을 인정하겠다는 취지에서 마련된 규정이라고 보아야 한다.[1]

과도한 음주나 약물복용 등의 행위는 사람의 시비변별능력과 의사결정능력을 극도로 저감(低減)시켜서 다른 사람들에게 피해를 주는 일이 적지 않다. 다른 사람의 생명·신체 등 법익에 대한 침해는 과도한 음주나 약물복용행위에 전형적으로 수반되는 것이다. 형법 제10조 제3항이 규정한 '위험의 발생을 예견하고'의 표지 가운데 '위험'은 심신상실(또는 심신미약)에 빠지는 원인행위에 전형적으로 수반되는 법익침해의 가능성을 말한다고 새겨야 할 것이다.

(라) 전형적 위험성설   이렇게 볼 때 형법 제10조 제3항이 규정한 '위험의 발생을 예견하고'의 표지를 군이 심신상실(또는 심신미약) 상태하에서 행하는 특정한 구성요건의 실행행위와 관련지어 해석할 필요는 없다. '위험의 발생을 예견하고'의 표지는 '실행행위에 적용될 구성요건의 실현을 예견하고'의 의미가 아니다. '위험의 발생을 예견하고'는 "원인행위에 전형적으로 수반되는 법익침해의 가능성을 예견하고"라는 의미로 이해해야 한다.

이와 같이 원인행위가 초래하는 전형적 위험성에 착안하여 원인행위의 유책 여부를 검토하는 견해를 전형적 위험성설이라고 부를 수 있을 것이다. 전형적 위험성설에 따르면 원인행위시에 앞으로의 실행행위가 '일정한 구성요건'을 실현시킨다는 점을 행위자가 예견하였는가 하는 문제를 둘러싸고 벌어지는 '고의', '과실'의 논쟁은 별다른 의미가 없게 된다.

우리 대법원이 형법 제10조 제3항을 가리켜 "이 규정은 고의에 의한 원인에 있어서 자유로운 행위만이 아니라 과실에 의한 원인에 있어서 자유로운 행위까지도 포함하는 것으로서 위험의 발생을 예견할 수 있었는데도 자의로 심신장애를 야기한 경우도 그 적용대상이 된다고 할 것이다."라고 판시한 것은 전형적 위험성설의 관점에서 내린 판단이라고 볼 수 있다.[2]

〈사례 해설〉 〔사례 76〕의 사안에서 먼저 객관적으로 발생한 사실을 분석해 본다. 갑의 구성요건 실행행위는 소위 뺑소니 운전죄(특가법 제5조의3)에 해당한다. 갑의 실행행위는 특가법 제5조의3에 규정된 구성요건에 해당하고 위법한 행위이다. 이제 책임 단계에서 범죄성립 여부를 검토할 차례이다. 갑은 범행 당시 정신을 차릴 수 없을 정

---

[1] 김성돈, 375면은 '예견'을 "장래의 사실을 예상하는 행위자의 적극적인 심리적 태도"로 해석한다.
[2] 1992. 7. 28. 92도999, 공 1992, 2698 = 백선 총론 51. 『음주 뺑소니 사건』.

도로 만취하였으므로 갑의 행위는 일단 심신상실(또는 심신미약) 상태하에서의 범행에 해당한다.

이제 심신상실(또는 심신미약)이라는 책임조각(또는 감경)사유를 배제할 수 있을 정도로 원인행위에 유책성이 있는가를 살펴본다. 원인행위의 유책성은 행위자가 '위험의 발생을 예견하고 자의로' 심신상실(또는 심신미약) 상태에 빠졌다는 점에 있다. 갑은 술을 계속 마시게 되면 거의 의식불명상태에 빠질 정도가 되어 심신상실(또는 심신미약)의 상태에 이르게 된다는 점을 알면서 술을 계속적으로 마시고 있다. 그렇다면 갑의 술 마시는 행위는 고의의 원인행위에 해당한다. 즉 '자의성'의 요건을 충족한다.

이제 '위험의 발생을 예견하고'의 요건에 관하여 본다. 특가법 제5조의3이 규정한 뺑소니 운전죄는 업무상과실치상죄를 범한 자가 피해자를 구조하지 아니하고 현장을 이탈하여 피해자를 사상에 이르게 하는 경우에 성립하는 범죄이다. 뺑소니 운전죄의 구성요건이 보호하려는 법익은 사람의 생명, 피해자의 신속한 구조 등이다. 사람들은 음주만취할 경우 교통사고를 낼 수 있으며 판단력이 흐려져서 교통사고를 당한 사람의 구조를 제대로 하지 못함으로써 피해자를 커다란 위험에 빠뜨릴 수 있다는 점을 알고 있다. 이와 같이 음주만취의 상황이 초래하게 될 전형적인 법익침해의 위험성을 갑은 음주만취에 이르는 동안 충분히 예견하고 있다.

이렇게 볼 때 갑의 원인행위는 '위험의 발생을 예견하고' 또한 '자의로' 심신상실(또는 심신미약) 상태를 야기한 것이다. 그렇다면 원인행위의 유책성이 인정된다. 그 결과 갑은 심신상실(또는 심신미약) 상태하에서 뺑소니 운전죄의 실행행위를 하였음에도 불구하고 형법 제10조 제3항에 의하여 마치 심신상실(또는 심신미약) 상태가 없는 상황에서 뺑소니 운전죄의 실행행위를 한 것처럼 취급된다.

이상의 분석에 대하여 일견 다음과 같은 반론이 가능하다고 생각된다. 「(가) 원인에 있어서 자유로운 행위의 이론이 적용되려면 고의의 원인행위와 고의의 실행행위가 인정되어야 한다. (나) '고의의 원인행위'란 뺑소니하려는 고의를 가지고 술을 만취하도록 마시는 행위이다. (다) 일반적인 경우에 교통사고를 발생시켰을 때 뺑소니하려는 생각을 가지고 술을 먹는다는 것은 생각하기 어렵다. (라) 그렇다면 '고의의 원인행위'를 상정하기 곤란하다.'(마) 그렇다면 뺑소니 운전행위는 과실에 의한 원인행위와 고의의 뺑소니운전 실행행위가 결합한 것으로 된다. (바) 그런데 뺑소니 운전죄에는 과실범처벌규정이 없다. (사) 그러므로 결론적으로 갑의 행위는 범죄불성립이다.」

그러나 이러한 분석은 잘못된 것이다. 위의 추론과정에서 크게 문제되는 대목은 '고의의 원인행위'라고 할 때 '고의'의 의미를 잘못 새긴 부분이다. '고의의 원인행위'라고 할 때 '고의'는 심신상실(또는 심신미약)을 초래한다는 점을 인식하고 의욕(인용)하는 것이다. [사례 76]의 사안에서 이 점이 인정됨에는 의문이 없다. 그런데 위의 반론이 제시하는 분석에서는 '고의의 원인행위'가 특정한 구성요건(뺑소니 운전죄)의 실행행위를 고의로 하려는 생각을 가지고 나아간 원인행위라는 의미로 사용되고 있다. 실행행위에 대한 고의의 고려는 형법 제10조 제3항이 규정한바 '위험의 발생을 예견하고'의 표지에서 검토되어야 한다.

〔사례 76〕의 사례풀이를 보면서 이런 식으로 해석하면 원인행위에는 고의의 원인행위만 있으며 과실의 원인행위는 존재할 여지가 없다고 생각할 수 있다. 그러나 반드시 그러한 것은 아니다. 예컨대 갑이 피로회복제인 줄로 알고 드링크류를 마신 후 운전에 임하였는데 갑이 마신 드링크류가 사실은 멀미약으로서 신경계를 마비하여 운전불능상태에 빠지게 하는 것이었다고 생각해 보자.

이러한 사안에서 갑의 드링크 복용행위는 운전능력을 마비하게 할 정도의 심신장애를 초래하는 원인행위이다. 이에 대하여 행위자의 주관적 요소를 보면 갑이 이러한 상태를 인식, 의욕(인용)하는 것은 엿보이지 않는다. 그렇다면 갑의 행위를 가리켜서 고의의 원인행위라고 할 수 없다. 그러나 자동차 운전에 임하고 있는 사람은 운전능력을 마비하게 할 정도의 심신장애를 초래하는 것인가 아닌가를 살피면서 드링크류를 복용하여야 한다. 갑은 이러한 주의의무를 다하지 아니한 끝에 드링크류를 복용하여 심신상실상태에 빠진 것이므로 이 경우는 원인행위가 과실에 의하여 행해진 것이라고 할 수 있다.

제 4 절 위법성의 인식

한국형법	독일형법
제16조〔법률의 착오〕 자기의 행위가 법령에 의하여 죄가 되지 아니하는 것으로 오인한 행위는 그 오인에 정당한 이유가 있는 때에 한하여 벌하지 아니한다.	**제17조**〔금지착오〕 행위를 할 때 행위자에게 불법을 행한다는 인식이 결여된 경우에 행위자가 그 착오를 회피할 수 없었던 때에는 그는 책임 없이 행위한 것이다. 행위자가 그 착오를 회피할 수 있었던 때에는 제49조 제1항(기속적 감경규정; 저자 주)에 따라 그 형을 감경할 수 있다.
제13조〔고의〕 죄의 성립요소인 사실을 인식하지 못한 행위는 벌하지 아니한다. 다만, 법률에 특별한 규정이 있는 경우에는 예외로 한다.	**제16조**〔행위상황에 관한 착오〕 ① 행위를 할 때 법률상의 구성요건에 속하는 상황을 인식하지 못한 자는 고의로 행위한 것이 아니다. 과실행위를 이유로 하는 가벌성은 위와 관계가 없다.

한국형법	독일형법
제15조〔사실의 착오〕 ① 특별히 무거운 죄가 되는 사실을 인식하지 못한 행위는 무거운 죄로 벌하지 아니한다.	② 행위를 할 때 가벼운 법률상의 구성요건을 실현시킬 상황이 존재하는 것으로 오인한 자는 고의의 행위를 이유로 해서는 가벼운 법률에 의해서만 처벌할 수 있다.
제324조〔강요〕 폭행 또는 협박으로 사람의 권리행사를 방해하거나 의무 없는 일을 하게 한 자는 5년 이하의 징역에 처한다.	**제240조**〔강요〕 ① 폭행 또는 상당한 해악을 고지한 협박에 의하여 사람에게 위법하게 작위, 수인(受忍) 또는 부작위를 강요한 자는 3년 이하의 자유형 또는 벌금형에 처한다.
	② 추구한 목적에 비하여 폭행을 가하거나 해악을 고지한 행위가 비난받아야 할 것으로 인정되는 때에는 그 행위는 위법하다.
제324조의5〔미수범〕 제324조 내지 제324조의4의 미수범은 처벌한다.	③ 미수범은 처벌한다.

제1 불법인식과 위법성의 인식

1. 주관적 귀속의 의미

범죄란 구성요건에 해당하고 위법하며 유책한 행위이다. 구성요건에 해당하고 위법한 행위를 줄여서 불법이라고 표현한다. 구성요건과 위법성의 단계를 거치면서 범죄성립의 요건이 갖추어지면 "불법이 인정된다."는 판단을 내린다. 이제 객관적으로 존재하는 불법을 놓고 이 불법을 구체적인 행위자의 탓으로 돌릴 수 있는가를 검토해야 한다.

객관적으로 존재하는 불법을 구체적인 행위자의 탓으로 돌리는 것을 가리켜서 주관적 귀속이라고 한다. 책임판단은 주관적 귀속 여부를 검토하는 작업이다. 주관적 귀속이 인정되면 행위자에게 불법에 대한 비난을 가할 수 있다. 책임은 비난가능성이다.

2. 불법인식과 위법성의 인식

책임비난을 가하려면 구체적 행위자가 구성요선에 해당하고 위법한 행위(즉 불법)가 있

음을 알고 이를 피하여 적법행위로 나아갈 것을 그 구체적 행위자에게 기대할 수 있어야
한다. 이러한 구조에 비추어 볼 때 구체적 행위자가 자신의 행위가 '불법'에 해당한다는 것
을 인식하거나 인식할 수 있어야만 그 구체적 행위자에게 책임비난을 가할 수 있다. 여기에
서 구체적 행위자가 가지는바, 자신이 행하는 행위가 '불법'에 해당한다는 인식을 가리켜서
불법인식이라고 한다.

불법인식이란 자신의 행위가 '불법'에 해당한다는 인식을 말한다. '불법'이란 구성요건
에 해당하고 위법한 행위이다. 그렇다면 불법인식이란 자신의 행위가 구성요건에 해당하고
위법한 행위임을 인식하는 것이다. 여기에서 자신이 행한바, 구성요건에 해당하는 행위가
위법하다는 인식을 가리켜서 위법성의 인식이라고 한다.

위법성이란 구성요건에 해당하는 행위가 전체법질서에 반한다는 성질을 가리킨다. 따
라서 위법성의 인식은 구체적 행위자가 자신의 행위가 전체법질서에 반하는 것임을 인식하
는 것을 말한다. 위법성의 인식이 범죄론체계와 관련하여 어느 곳에 위치하는가를 놓고 학
설은 고의설과 책임설로 나뉜다.

3. 고의설과 책임설

고의설은 위법성의 인식을 고의의 구성요소라고 보는 견해이다. 이 경우 고의는 책임
단계에서 구체적 행위자를 중심으로 논해지는 책임고의를 말한다. 이에 대하여 책임설은
위법성의 인식을 고의와는 무관한 책임의 독자적 요소로 보는 견해이다. 책임설은 목적적
행위론의 영향을 받은 이론이다.

'불법'은 구성요건에 해당하는 위법한 행위이다. '불법인식'은 자신의 행위가 구성요건
에 해당하는 위법한 행위임을 구체적 행위자가 인식하는 것이다. 이러한 인식을 분석해 보
면 그 가운데에는 행위가 구성요건에 해당하는 행위임을 인식하는 것이 들어 있음을 알 수
있다. 구체적 행위자가 아니라 일반적 행위자의 입장에서 행위가 구성요건에 해당하는 행
위임을 인식하고 의욕(인용)하는 것을 가리켜서 구성요건적 고의라고 한다.

구성요건적 고의를 범죄론체계상 구성요건의 단계, 그 가운데에서도 주관적 구성요건
의 단계에 전진배치하게 되면 위의 불법인식에서 남는 것은 구성요건에 해당하는 행위가
"위법하다."는 것을 인식하는 부분이다. 이 위법성의 인식은 책임 단계에 그대로 남아 있다.
즉 위법성의 인식은 책임요소가 된다.

독일의 경우를 보면 1952년 독일 연방대법원 형사대연합부(우리 식으로 말하면 대법원 전
원합의체)가 위법성의 인식과 관련하여 종래의 고의설을 버리고 책임설로 전환한 것이 범죄
론체계상 일대 변화의 계기가 되었다. 1952년의 독일 연방대법원 판례 이후 독일의 입법자

는 1969년의 총칙개정을 거쳐 1975년 신형법총칙을 시행하는 과정에서 독일 형법 제17조
에 책임설을 입법화하였다. 독일 형법의 조문체계를 이해하려면 먼저 1952년 독일 연방대
법원의 판례를 알아 둘 필요가 있다.

제 2 1952년 독일 연방대법원 판결

【사례 77】 A부인은 횡령죄로 기소되어 재판을 받게 되었다. A부인은 변호사 갑을
찾아 갔다. 갑은 A부인에게 변호사 보수규정에 정한 것보다 훨씬 높은 액수의 보수
를 요구하였다. A부인은 처지가 다급하였기 때문에 보수약정서에 서명을 하지 않을
수 없었다.

이윽고 A부인에 대한 형사재판이 열렸다. A부인에 대한 공판이 진행되는 도중에
재판부는 일시 휴정을 선언하였다. 막간의 휴정시간에 변호사 갑은 A부인에게 요구
한 보수를 즉시 현금으로 지급하지 않으면 변론을 계속할 수 없다고 말하였다. 이에
A부인은 보수를 지급하지 않을 수 없었다.

갑은 강요죄로 기소되었다. 법정에서 피고인 갑은 자신의 행위가 강요죄에 해당하
지 않는 것으로 생각하였다고 주장하였다. 갑에 대하여 강요죄가 성립할 것인가?
(BGH 2, 194, 200)

1. 1952년 독일 판례의 소개와 분석

(1) 사실관계 및 사건의 경과

〔사례 77〕의 실제사례에서 갑 변호사의 행위는 물의를 불러일으켰다. 독일 검찰은 갑
변호사를 독일 형법상의 강요죄로 기소하였다. 독일 형법 제240조는 제1항에서 강요죄의
구성요건을 "폭행 또는 상당한 해악을 고지한 협박에 의하여 사람에게 위법하게 작위, 수인
(受忍) 또는 부작위를 강요한 자"라고 규정하고 있다.

독일 형법 제240조 제2항은 제1항이 사용한 '위법하게'의 표지를 보다 구체화하여 "추
구한 목적에 비하여 폭행을 가하거나 해악을 고지한 행위가 비난받아야 할 것으로 인정되
는 때에는 그 행위는 위법하다."라고 규정하고 있다. 요컨대 독일 형법상 강요죄의 구성요
건은 위법하게 폭행 또는 협박을 가하여 사람에게 권리행사를 방해하거나 의무 없는 일을
강요하는 행위라고 말할 수 있다(한국 형법 제324조와 비교해 볼 것).

협박이란 객관적으로 보아 사람에게 겁을 먹게 할 만한 정도의 해악을 고지하는 행위이

다. 해악이란 법익이 침해되는 것을 말한다. A부인은 변호사 갑이 변론을 하지 않으면 형사처벌을 받게 될 위험에 처해 있다. "요구한 보수를 즉시 현금으로 지급하지 않으면 변론을 계속할 수 없다."라고 말하는 것은 A부인에게 형사처벌의 위험을 알리는 것이므로 협박에 해당할 여지가 충분하다.

변호사 갑에 대한 강요죄 공판절차에서 갑은 자신이 A부인에게 보수를 요구한 행위가 위법한 것이 아니라고 주장하였다. 변호사가 사건의뢰인에게 보수를 달라고 요구하는 것은 위법하지 않다고 주장한 것이다. 갑의 주장은 요컨대 설사 자신의 행위가 협박에 해당한다고 하더라도 최소한 '위법하게' 강요한 것은 아니라는 것이다.

(2) 쟁점의 분석

이러한 주장에 대하여 먼저 확인해야 할 것은 행위의 객관적 측면이다. 변호사 갑이 법정에서 재판을 받고 있는 사건의뢰인 A부인에게 보수약정표를 초과하는 과다한 보수를 요구하면서 "이 요구에 응하지 않을 때에는 형사변호를 즉시 그만두겠다."는 식으로 협박하는 행위는 객관적으로 볼 때 위법한 강요행위에 해당한다. 이제는 행위의 주관적 측면을 검토할 차례이다. 여기에서 문제는 갑이 객관적으로 위법한 강요행위를 주관적으로 위법하지 않다고 생각하였다는 점에 있다.

갑은 자신의 무죄를 주장하기 위하여 그 논거로서 '위법한 강요행위'라고 할 때 '위법하다'는 표지가 독일 형법상 강요죄 구성요건의 일부를 이루고 있다는 점을 지적하였다. 구성요건의 실현에 대한 인식과 의욕(인용)이 고의이다. 독일 형법상 강요죄의 경우에는 이례적으로 이 고의의 인식대상에 '위법하다'는 성질, 즉 위법성(違法性)이 들어 있다. 고의 속에 위법성의 인식이 들어 있다고 생각한다면, 자신의 행위가 위법하지 않다고 오인하여 사건의뢰인 A부인에게 지나친 보수를 즉시 현금으로 줄 것을 요구한 갑에게 강요죄의 고의를 인정할 수 없다. 한편 독일 형법상 강요죄의 과실범은 처벌되지 않는다. 그렇다면 갑은 결국 무죄가 된다.

이러한 주장에 대하여 독일 연방대법원은 종래 모호한 상태로 판례가 나뉘고 있던 상황을 정리하였다. 1952년의 전원합의체 판결에서 독일 연방대법원은 위법성의 인식은 고의와는 별도의 책임요소라고 판시하였다. 이 기준에 따르면 위법성의 인식은 고의와는 별개의 요소이므로 갑이 아무리 자신에게 강요죄의 고의가 없었다고 주장하더라도 그 자체로 곧바로 범죄불성립에 이르지는 않는다.

2. 1952년 독일 판례의 의의

(1) 책임주의원칙의 천명

1952년의 독일 연방대법원 판례는 두 가지 점에서 커다란 의미를 가지고 있다. 하나는 책임주의의 대원칙을 천명한 것이다.[1] 로마법 이래의 전통적인 법원칙 가운데 "법률의 부지(不知)는 용서받지 못한다."는 원칙이 있다. 이러한 전통적 인식에 따르면 설사 개개인이 자신의 행위가 전체법질서에 위반하지 않는 것으로 오인한다고 하여도 이러한 오인에 형법적 의미를 부여할 필요는 없다. 어느 행위가 전체법질서의 관점에서 "옳다.", 또는 "그르다."라고 판단하는 것은 전체 법공동체 구성원들의 몫이라는 것이다.

독일 연방대법원은 "법률의 부지는 용서받지 못한다."는 전통적 인식을 과감히 수정하면서 구체적 행위자에게 자신의 행위가 전체법질서에 반한다는 인식(즉 위법성의 인식)이 없다면 그 행위자를 처벌할 수 없다는 결론을 제시하기에 이르렀다. 독일 연방대법원은 그 이유에 대해 책임은 비난가능성인데 책임비난을 가하려면 구체적 행위자가 법과 불법을 판단할 수 있었음에도 불구하고 불법을 택하였다는 점이 인정되어야 한다고 판시하였다.

(2) 회피가능성 기준의 제시

독일 연방대법원이 1952년의 판례에서 제시한 두 번째의 기준은 소위 회피가능성이다. 1952년의 판례에서 독일 연방대법원은 위법성의 인식이 결여된 것을 놓고 구체적 행위자에게 이 위법성의 인식결여를 회피할 수 있었는가 아닌가를 묻기로 하였다. 고의의 경우에는 "고의가 있다." 또는 "고의가 없다."라고 하는 양자택일의 판단만이 가능하다. 이에 대하여 위법성의 인식에 대해서는 구체적 행위자에게 위법성의 인식결여라는 사태를 "어느 정도 회피할 수 있었는가?" 하고 물을 수 있다.

위법성의 인식이 결여되는 사태를 전혀 회피할 수 없었다면 구체적 행위자에게 책임비난을 가할 수 없다. 이러한 경우에는 구체적 행위자에게 불법을 피하고 법으로 나아갈 수 있는 선택의 여지가 없기 때문이다. 이에 대하여 위법성의 인식결여를 충분히 회피할 수 있었다면 구체적 행위자에게 전형적인 책임비난을 가할 수 있다. 그리고 양자의 중간에 위치하는 사안에 대해서는 위법성의 인식결여를 어느 정도 회피할 수 있었는가에 따라서 구체적 행위자에 대한 비난가능성의 정도를 조절할 수 있다. 독일 연방대법원은 이러한 구상에 입각하여 새로운 판단기준을 제시하면서 "법률의 부지는 용서받지 못한다."는 전통적 법원칙을 수정하였던 것이다.

---

1) 그 내용에 대해서는 전술 397면 이하 참조.

제 3   금지착오와 회피가능성

1. 위법성의 착오와 금지착오

(1) 회피가능성

일반적으로 시비변별능력과 의사결정능력을 가진 사람(즉 책임능력자)이라면 위법성의 인식을 할 수 있는 것이 보통이다. 구체적 행위자에게 위법성의 인식이 결여되는 것은 오히려 이례적이다. 여기에서 위법성의 인식이 결여되었다고 할 때 왜 위법성의 인식이 결여되었는가 하는 물음과 함께 그 위법성의 인식결여가 회피할 수 있었던 것인가 아닌가 하는 물음이 따라 나오게 된다. 이 경우 위법성의 인식결여라는 사태를 피할 수 있는 가능성을 가리켜서 회피가능성이라고 한다.

(2) 위법성의 착오

위법성은 구성요건에 해당하는 행위를 놓고 전체법질서의 입장에서 내리는 부정적인 판단이다. 위법성 판단은 객관적으로 내려지는 것이다. 이에 대하여 위법성의 인식은 구체적 행위자가 자신의 행위가 전체법질서에 반하는 것임을 인식하는 것이다. 그런데 객관적인 위법성 판단과 구체적 행위자의 위법성 인식이 일치하지 않는 경우가 있다. 이 때 객관적으로는 위법하지만 구체적 행위자는 주관적으로 위법하지 않다고 인식하는 상황의 처리가 특히 문제된다. 객관과 주관의 불일치를 가리켜서 착오라고 한다. 객관적으로는 위법하지만 구체적 행위자는 위법하지 않다고 생각하는 경우를 가리켜서 위법성의 착오라고 한다.

(3) 금지착오

구성요건에 해당하고 위법한 행위를 가리켜서 불법(不法)이라고 한다. 불법은 실체이다. 불법은 전체법질서에 의하여 옳지 않다고 판단된 행위이다. 옳지 않은 행위는 전체법질서가 금지하는 행위이다. 그렇다면 불법은 전체법질서에 의하여 금지된 행위이다. 객관적으로 볼 때 전체법질서에 의하여 금지된 행위이지만 구체적 행위자는 그렇지 않다고 생각하는 경우가 있다. 전체법질서에 의하여 금지된 행위(즉 불법)이지만 구체적 행위자는 금지된 행위가 아니라고 생각하는 착오의 경우를 가리켜서 금지착오라고 한다.

구체적 행위자가 자신의 행위가 전체법질서에 의하여 금지된 것이 아니라고 생각하는 경우에는 위법성의 인식결여가 있다. 이 위법성의 인식결여가 바로 금지착오이다. 위법성의 인식결여는 다름 아니라 금지착오이다.

2. 회피가능성

(1) 회피가능성의 의미와 경중

위법성을 인식할 수 있는 가능성이 있다는 말은 달리 표현하면 위법성의 인식결여를 회피할 수 있는 가능성이 있다는 말이다(소위 이중부정). 위법성을 인식할 수 있는 가능성, 달리 말하여 위법성의 인식결여를 회피할 수 있는 가능성을 가리켜서 회피가능성이라고 한다. 위법성의 인식결여는 금지착오이다. 그렇다면 회피가능성이란 금지착오를 회피할 수 있는 가능성을 말한다.

위법성을 인식할 수 있는 가능성이 있다면 회피가능성이 있다고 한다. 위법성을 인식할 가능성이 전무(全無)하다면 회피가능성이 전혀 없다고 한다. 위법성을 완전히 인식하고 있다면 회피가능성은 100퍼센트 인정된다. 이 경우에는 전형적인 책임비난을 가할 수 있다. 이에 대하여 회피가능성이 전무하다면 책임비난을 할 수 없다. 책임주의의 관점에서 볼 때 자신의 행위가 위법하다는 것을 전혀 알지 못하는 사람을 형벌로 꾸짖을 수는 없다. 이러한 경우에는 책임이 조각되어 범죄가 성립하지 않는다. 한편 위법성의 인식결여가 양자의 중간에 위치하는 경우들이 있다. 이 때에는 회피가능성의 크고 작음에 따라서 책임비난의 정도도 변화할 수 있다.

(2) 독일 연방대법원의 판례

1952년의 판례에서 독일 연방대법원은 위법성의 인식결여에 대한 회피가능성, 다시 말하여 금지착오에 대한 회피가능성을 기준으로 책임비난의 정도를 조절할 수 있다는 입장으로 그 태도를 선회하였다. 갑이 "사건의뢰인에게 보수를 즉시 현금으로 달라고 요구하는 것은 위법하지 않다."라고 주장한 것은 객관적으로 위법한 강요행위를 갑 자신만 위법하지 아니한 행위라고 오인한 것이다. 이것은 위법성의 착오이다. 위법성이 없다고 오인하였으므로 위법성의 인식결여가 있다. 객관적으로는 위법하지만 주관적으로는 위법성의 인식이 결여되었으므로 이것은 금지착오이다. 이제 이 금지착오가 회피가능한 것인가를 판단해 보아야 한다.

독일 연방대법원은 고의설에 입각하여 자신의 무죄를 주장한 갑의 주장을 받아들이지 않았다. 갑의 주장은 위법성의 인식이 결여되었다고 하는 주장이다. 이 위법성의 인식결여는 금지착오이다. 독일 연방대법원이 제시한 기준에 의하면 이제 이 금지착오가 어느 정도 회피가능한 것인가에 따라서 갑의 형사처벌 여부 및 정도가 결정될 것이다. 만일 갑에게 위법성의 인식결여(즉 금지착오)에 대한 회피가능성이 전무하였다면 갑은 무죄로 될 것이다. 이에 대하여 어느 정도 회피가능성이 있었다면 갑은 처벌을 면하지 못할 것이다. 다만 회피가능성의 정도에 따라서 그 형량의 높낮이에 차이가 있게 될 뿐이다. (1952년 독일 연방대법원의 판례 자체에는 변호사 갑에 대한 금지착오의 회피가능성 정도와 그에 따른 책임의 유무 및 형량에 대한 판단은 나타나 있지 않다. 이에 대한 판단은 사건을 환송받은 원심법원이 내려야 할 것이었기 때문이다.)

제 4 금지착오와 독일 형법 제17조

1. 독일 형법 제17조

(1) 조문의 내용

1952년 독일 연방대법원이 책임설을 취한 이래 독일 법원은 위법성의 인식과 관련한 착오, 즉 금지착오를 회피가능성의 관점에서 판단하기 시작하였다. 독일의 입법자는 1969년 독일 형법의 총칙규정을 전면개정하면서 독일 연방대법원이 판례를 통하여 제시한 판단기준을 실정법으로 채택하였다. 이후 독일의 입법자는 1975년 새로이 공포한 독일 신형법에서 금지착오에 관한 규정을 제17조에 규정하기에 이르렀다.

독일 형법 제17조는 '금지착오'라는 표제하에 "행위를 할 때 행위자에게 불법을 행한다는 인식이 결여된 경우에 행위자가 그 착오를 회피할 수 없었던 때에는 그는 책임 없이 행위한 것이다. 행위자가 그 착오를 회피할 수 있었던 때에는 [독일 형법] 제49조 제1항에 따라 그 형을 감경할 수 있다."라고 규정하고 있다.[1]

(2) 조문의 표제어

독일 형법 제17조를 보면서 우선 주목할 점은 '불법(不法)'이라는 용어이다. 이 '불법'은 구성요건에 해당하고 위법한 행위를 가리킨다. 한편 독일 형법 제17조는 '불법을 행한다는 인식'이라는 표현을 사용하고 있다. 이를 줄여서 말하면 불법인식이다. 객관적으로는 불법이지만 주관적으로는 불법인식이 없는 경우를 가리켜서 금지착오라고 한다. 그리하여 독일 입법자는 독일 형법 제17조의 표제어를 '금지착오'라고 붙이고 있다.

---

1) 독일 형법 제49조는 형을 감경하는 방법에 관하여 규정하고 있다. 제1항(기속적 감경규정)은 일정하게 정해진 범위 내에서 형이 감경되는 경우를 규정하고 있다. 이에 대하여 제2항(재량적 감경규정)은 제1항에서 제시된 감경의 하한보다 더 낮추어 형을 감경할 수 있는 경우를 규정하고 있다.

(3) 법적 효과

독일 형법 제17조에서 다음으로 주목되는 점은 그 법적 효과이다. 독일 형법 제17조 제1문은 금지착오에 회피가능성이 전혀 없는 경우에 대하여 "책임 없이 행위한 것이다." 라고 규정하여 책임조각이라는 법적 효과를 인정하고 있다. 이에 대하여 독일 형법 제17 조 제2문은 "형을 감경할 수 있다."고 하는 법적 효과를 규정하고 있다. 이 때 형의 감경은 금지착오에 대한 회피가능성의 정도에 따라서 결정된다. 독일 형법 제17조 제2문이 규정 한 형의 임의적 감경은 법률상 감경사유에 해당한다. 독일의 경우 피고인 측이 독일 형법 제17조에 근거하여 금지착오를 주장하면 법원은 반드시 이에 대한 판단을 내리지 않으면 안 된다.

2. 독일 형법 제16조

(1) 조문의 내용

독일 형법 제17조는 독일 형법 제16조와 대비할 때 더욱 그 의미가 두드러진다. 독일 형법 제16조는 '행위상황에 관한 착오'라는 제목하에 조문을 규정하고 있다. 이 경우 행위 상황(Tatumstände)이란 객관적 구성요건요소의 총체를 말한다. 따라서 행위상황에 관한 착 오란 바로 구성요건적 착오를 의미한다.[1]

독일 형법 제16조는 제1항에서 "행위를 할 때 법률상의 구성요건에 속하는 상황을 인 식하지 못한 자는 고의로 행위한 것이 아니다. 과실행위를 이유로 하는 가벌성은 위와 관계 가 없다."라고 규정하고 있다. 이어서 독일 형법 제16조 제2항은 "행위를 할 때 가벼운 법 률상의 구성요건을 실현시킬 상황이 존재하는 것으로 오인한 자는 고의의 행위를 이유로 해서는 가벼운 법률에 의해서만 처벌할 수 있다."라고 규정하고 있다.

(2) 조문의 표지

독일 형법 제16조에서 사용하고 있는 '상황(Umstand)'이라는 말은 개별적인 객관적 구 성요건요소를 가리킨다. '법률상의 구성요건에 속하는 상황'이나 '가벼운 법률상의 구성요건 을 실현시킬 상황'은 각각 어느 형벌법규에 규정된 객관적 구성요건요소나 가벼운 형벌법 규에 규정된 객관적 구성요건요소를 가리킨다. 우리 형법상의 표현과 비교하면 '죄의 성립 요소인 사실'(법13), '특별히 무거운 죄가 되는 사실'(법15①)에 각각 대비되는 표현이라고 할 수 있다.

---

1) 전술 203면 참조.

(3) 법적 효과

독일 형법 제16조는 구성요건적 착오를 규정한 조문이다. 독일 형법 제16조는 구성요건적 착오에 대하여 아무런 조건을 붙이지 아니하고 고의범의 처벌을 부정한다(이 점은 우리 형법 제13조와 제15조 제1항의 경우에도 동일하다). 다만 과실범의 처벌은 별개의 문제로 남는다.

이에 반하여 독일 형법 제17조는 금지착오를 규정하고 있다. 독일 형법 제17조는 금지착오에 대하여 구체적 행위자가 불법인식의 결여를 회피할 수 있었는가를 묻는다. 그리고 회피가능성의 정도에 따라서 책임조각, 책임감경, 책임의 완전인정이라는 단계적 평가를 설정한다. 요컨대 독일 형법 제17조는 회피가능성이라는 조건을 붙여서 책임조각의 문제를 판단한다.

제5 독일 형법 제17조와 한국 형법 제16조의 비교

1. 독일 형법 제17조와 한국 형법 제16조의 유사점

(1) 성립요건의 비교

독일 형법 제17조에 상응하는 우리 조문은 형법 제16조이다. 우리 형법 제16조는 "자기의 행위가 법령에 의하여 죄가 되지 아니하는 것으로 오인한 행위는 그 오인에 정당한 이유가 있는 때에 한하여 벌하지 아니한다."고 규정하고 있다. 이 조문에서 '법령에 의한다' 함은 "법질서 전체의 입장에서 판단한다."는 의미를 가지고 있다.

'법령에 의하여 죄가 되지 아니한다' 함은 "법질서 전체의 입장에서 죄가 되지 아니한다."는 것을 말한다. 이것은 다시 "법질서 전체의 입장에서 볼 때 나쁘지 않기 때문에 죄가 되지 아니한다."는 것을 의미한다. 법질서 전체의 입장에서 나쁘다(옳지 않다)라고 판단하는 것은 위법성의 판단이다.

'법령에 의하여 죄가 되지 아니하는 것으로 오인한다' 함은 객관적으로 볼 때 법령에 의하여 죄가 되지만 주관적으로는 법령에 의하여 죄가 되지 아니하는 것으로 잘못 인식한다는 의미이다. 즉 객관적으로는 위법하지만 주관적으로는 위법하지 않다는 것이다. 이것은 다름 아니라 위법성의 착오이다.

(2) 법적 효과의 비교

형법 제16조는 위법성의 착오에 대하여 "그 오인에 정당한 이유가 있는 때에 한하여 벌하지 아니한다."고 규정하고 있다. 우리 형법 제16조가 위법성의 착오에 대하여 '그 오인에 정당한 이유가 있는 때에 한하여'라는 제한을 붙인 것은 독일 형법 제17조가 '회피가능성'이라는 제한을 붙인 것과 유사하다. 우리 형법 제16조나 독일 형법 제17조는 모두 위법성의 착오에 대하여 제한적으로만 형법상의 배려를 허용하겠다는 입법자의 결단을 담고 있다. 여기에서 우리는 "법률의 부지는 용서받지 못한다."는 전통적 법원칙이 미약하기는 하지만 양국의 법체계에서 아직도 작용하고 있음을 알 수 있다.

2. 독일 형법 제17조와 한국 형법 제16조의 차이점

우리 형법 제16조와 독일 형법 제17조는 모두 위법성의 착오 내지 금지착오를 규율하는 조문이다. 양 조문은 구성요건적 착오의 경우와 달리 위법성의 착오 내지 금지착오에 대하여 일정한 제한하에 착오의 주장을 받아들인다는 점에서 공통된다. 그러나 우리 형법 제16조와 독일 형법 제17조는 착오의 주장을 어느 정도 받아들일 것인가 하는 점과 관련하여 법적 효과의 측면에서 중요한 차이점을 보이고 있다.

(1) 회피가능성의 특성

독일 형법 제17조는 금지착오에 대하여 회피가능성의 정도에 따라서 형을 신축적으로 조절하고 있다. 회피가능성이 전무하면 책임조각을, 회피가능성이 100퍼센트이면 책임의 완전한 인정을, 그 중간단계이면 회피가능성의 정도에 따라서 형량을 임의적으로 감경한다. 이 때 형의 임의적 감경은 법률상 감경사유에 해당한다.

(2) 양자택일의 방식

이에 대하여 우리 형법 제16조는 위법성의 착오가 '정당한 이유가 있는 때에 한하여' '벌하지 아니한다'는 법적 효과만을 부여하고 있다. 우리 형법 제16조에 따르면 '정당한 이유'는 있거나 없거나의 두 가지 판단만 가능하다. 위법성의 착오에 정당한 이유가 있다면 위법성의 인식이 결여되어 행위자에게 책임비난을 가할 수 없다. 그렇다면 책임이 조각된 행위자는 처벌되지 아니한다. 이에 대하여 위법성의 착오에 정당한 이유가 없다면 '벌하지 아니한다'는 법적 효과를 부여할 수 없다. 이 경우에는 당연히 책임비난이 가해지고 형벌의 기초인 범죄가 성립할 수 있게 된다.

우리 형법은 '정당한 이유'의 유무에 주목하는 양자택일의 방식을 취하고 있다. 형법 제16조는 독일 형법과 같은 형의 임의적 감경을 인정하고 있지 않다. 우리 형법 제16조는 독일 형법 제17조와 달리 법률상 형의 감경사유가 아니다. 정당한 이유가 인정되지 않는 금지착오는 단지 정상참작감경(법53)의 사유에 불과할 뿐이다.

(3) 소송법적 차이

한국의 피고인은 우리 형법 제16조가 '법률상 범죄의 성립을 조각하는 이유'임을 들어 법원에 판단을 요구할 수 있다. 그러나 형법 제16조가 '법률상 형의 감경을 규정한 조문이다'라고 주장하여 법원의 판단을 요구할 수는 없다(형소법323② 참조). 이 점에서 우리 형법 제16조는 독일 형법 제17조에 비하여 위법성의 착오에 대한 배려가 다소 인색하다. 이것은 옳고 그름에 대한 법공동체의 객관적 판단에 보다 무게를 두겠으며 개개인이 가진 위법성의 인식에 대해서는 상대적으로 적은 의미를 부여하겠다는 우리 입법자의 결단이 표현된 것이다.

그런데 '정당한 이유'의 유무에 따른 양자택일 방식을 취한 우리 입법자의 결단을 두고 '회피가능성'을 기준으로 제시한 독일 형법의 결단보다 후퇴한 것이라고 평가할 필요는 없다. 독일 형법에는 우리 형법이 인정하고 있는 정상참작감경(법53)의 규정이 없다. 회피가능성 정도에 따른 형의 감경은 정상참작감경 규정의 적용을 통하여 어느 정도 달성할 수 있다. 나아가 '정당한 이유' 여하에 따른 양자택일 방식은 법관이 임의적 형의 감경으로 도피하는 사태를 방지하여 피고인에게 무죄의 영역을 보다 넓게 확보해 준다.

제 6 한국 형법 제16조와 책임설

1. 형법 제16조의 성립경위

(1) 정부원안과 법사위수정안

우리 형법 제16조는 1952년 제2대 국회의 법제사법위원회 수정안에서 유래한 조문이다. 1951년의 정부원안 제16조는 위법성의 착오에 대한 법적 효과를 "형을 감경 또는 면제할 수 있다."라고만 규정하고 있었다.[1]

그러나 6·25 전쟁의 와중에서 전시 형사재판의 가혹함을 목격하였던 제2대 국회의 국회의원들은 정부원안을 수정하였고, 법사위수정안으로 제16조의 법적 효과를 "벌하지 아니한다."로 규정하여 형법적 배려의 정도를 가일층 강화하였다.[2] "법률의 부지는 용서받지

---

1) 1953년까지 의용되었던 일본 형법은 다음의 규정을 두고 있었다.

일본형법 제38조 ③ 법률을 알지 못함을 가지고 죄를 범할 뜻이 없다고 할 수 없다. 단, 정상에 따라 그 형을 감경할 수 있다.

2) 6·25 전쟁이 발발한 1950년 후반부 6개월 동안에만 단독판사에 의한 단심제 군법회의에서 무려 1,902건의 사형선고가 내려진 바 있다. 한인섭, "한국전쟁과 형사법", 서울대학교 법학, 제41권 제2호, (2000. 9.), 142면 각주 14번; 고석, 한국 군사재판 제도의 성립과 개편과정에 관한 연구, 서울대학교 박사학위논문, (2006), 193면 참조.

못한다."는 전통적 법원칙을 과감히 벗어난 법사위수정안의 입법적 결단은 당시 다른 나라의 입법례나 초안례들에서 모델을 별로 찾아 볼 수 없었던 독자적인 것으로서 우리 형법의 자유주의적 · 인도주의적 성격을 잘 나타내고 있다.[1]

(2) 형법 제16조의 구상

위법성의 착오문제를 규율하고 있는 우리 형법 제16조가 책임설을 취한 것인지 고의설을 취한 것인지 분명하게 말할 수는 없다. 1951년 정부원안을 바탕으로 하고 1952년 국회 법사위수정안을 반영하여 제정된 우리 형법은 1953년에 공포 · 시행되었다. 독일 연방대법원이 고의설로부터 책임설로 전환한 것이 1952년이며, 독일의 입법자가 책임설의 관점에서 금지착오를 규정한 독일 신형법이 시행된 것은 1975년이다.

이러한 시간적 선후관계에 비추어 볼 때 우리 형법의 역사적 입법자가 독일 형법의 모델에 따라서 책임설을 취하였다고 단정하기는 곤란하다. 그러나 역사적 입법자가 설정해 놓은 조문들은 형법이론의 발전에 따라 새로운 의미를 부여받게 된다. 이제 지금까지 본서에서 사용해 온 구성요건적 착오와 금지착오의 개념을 가지고 우리 형법의 조문체계를 살펴본다.

2. 형법 제16조와 책임설

(1) 형법 제13조와 제16조

우리 형법은 제13조 및 제15조 제1항에서 구성요건적 착오를 규정하고 제16조에서 금지착오를 규정하고 있다. 양자의 차이를 보면, 형법 제13조의 경우 구성요건적 착오는 구성요건 단계에서 구성요건적 결과와 구성요건적 고의가 일치하지 아니하면 다른 조건을 붙이지 아니하고 곧바로 고의범의 성립을 부정한다. 다만 과실범으로 처벌하는 것은 별개의 문제이다.

이에 대하여 형법 제16조가 규정한 금지착오의 경우에는 '정당한 이유가 있는 때에 한하여' 제한적으로 착오의 주장이 범죄성립에 영향을 미친다. 이러한 구조는 제16조에서 구성요건적 착오를, 제17조에서 금지착오를 각각 규정한 1975년 독일 신형법의 태도와 결과적으로 매우 유사한 것이라고 하지 않을 수 없다. 이와 같은 조문체계의 특성으로부터 우리 형법 제16조는 책임설에 근거하여 제정된 조문이라는 결론을 추론해 낼 수 있다.

---

1) 엄상섭, "우리 형법전에 나타난 형법민주화의 조항", 신동운 · 허일태 편저, 효당 엄상섭 형법논집, (2003), 75면 참조.

(2) 고의설에서 책임설로의 전환

원래 고의설로부터 책임설로의 전환은 두 가지 상반된 관점에서 분석할 수 있다. 하나는 "법률의 부지는 용서받지 못한다."는 전통적 법원칙의 준엄함을 완화하기 위한 것이라는 측면이다. 자신의 행위가 전체법질서에 의하여 죄가 되는 것을 알지 못한 사람에게 적법행위로 나아가지 아니하였음을 이유로 형사처벌을 가할 수는 없다는 것이다(책임주의의 요청).

다른 하나는 고의설이 초래할 수 있는 형사처벌의 무력화를 방지하기 위한 것이라는 측면이다. 고의를 책임고의로 파악하면서 위법성의 인식이 고의의 구성요소가 된다고 보는 견해가 고의설이다. 그리고 고의의 내용 가운데 위법성의 인식이 현실적으로 들어 있어야 한다고 보는 견해를 가리켜서 엄격고의설이라고 한다. 엄격고의설에 의하면 구체적 행위자가 위법성의 인식이 없었다고 주장하면 고의를 부정해야 하고 고의범처벌을 포기해야 한다. 위의 〔사례 77〕의 사안에서 변호사 갑의 주장은 엄격고의설에 기초한 것이라고 할 수 있다. 책임설은 위법성의 인식을 고의의 요소로 파악할 경우에 지나치게 고의범의 성립범위가 줄어든다는 난점을 해결하기 위하여 나온 것이기도 하다.

책임설은 책임주의의 원칙에 충실한 이론이다. 동시에 책임설은 엄격고의설에 비하여 형사처벌의 가능성을 보다 넓게 확보하려는 이론적 시도이다. 책임설은 위법성의 인식을 책임의 독자적 요소로 파악하는 견해이다. 이렇게 함으로써 옳고 그름의 판단을 근거로 한 책임비난의 본질을 보다 분명히 하였다는 점에 책임설의 이론적 우월성이 있다.

제 7 위법성인식의 내용과 정도

1. 위법성인식의 의미와 내용

(1) 위법성인식의 의미

위법성의 인식은 행위자가 자신이 행한바, 구성요건에 해당하고 위법한 행위(즉 불법)가 전체법질서에 반한다는 점을 인식하는 것이다. 이 때 위법성의 인식정도는 문제의 행위가 사회정의와 조리에 어긋난다는 것을 인식하는 것으로 족하다.[1] 그러나 자신이 행하는 행위가 윤리적 비난의 대상이 되고 있음을 구체적 행위자가 인식한다고 해서 곧바로 그에게 위법성의 인식이 있다고 말할 수는 없다. 단순히 윤리적 비난을 받는다는 정도의 인식만으로는 아직 일반적 구속력을 가지고 있는 전체법질서를 침해한다는 인식이라고 말할 수 없기

---

1) 1987. 3. 24. 86도2673, 공 1987, 758 = 백선 총론 52. 『호병계장 사건』.

때문이다.

위법성의 인식은 전체법질서에 반한다는 인식이면 그것으로 족하다. 굳이 행위자가 자신이 행하는 행위에 붙여지는 죄명이나 그 행위에 적용될 구체적인 적용법조까지 인식함을 요하지 않는다. 적용법조가 어느 법률 제몇조인가를 인식할 필요가 없으므로 행위자가 자신의 행위에 구체적으로 어느 정도의 법정형이 규정되어 있는가를 인식하는 것은 더욱 필요하지 않다.

(2) 위법성인식의 내용

위법성의 인식은 자신이 행하는 작위 또는 부작위의 행위가 공익을 해치고 공동생활의 유지에 필수불가결하게 요구되는 전체법질서를 침해하는 것임을 구체적 행위자가 인식하는 것이다. 전체법질서는 다양한 법규범의 체계들로 구성된다. 이 때 법규범의 체계는 형법, 공법, 사법 등 각 분야의 법규범을 망라한다.

위법성의 인식은 형법범의 경우에 분명하게 부각된다. 형법범의 배후에는 강력한 사회윤리적 비난이 자리잡고 있다. 이러한 사회윤리적 비난에 상응하여 행위자는 형법범의 경우에 법익침해를 가져오는 자신의 행위가 전체법질서에 위반된다는 점을 쉽게 알 수 있다. 그러나 입법자가 일정한 정책목적을 달성하기 위하여 인위적으로 설정해 놓은 행정범 내지 법정범의 경우에는 위법성의 인식이 그렇게 뚜렷이 부각되지는 않는다. 전형적인 형법범으로부터 멀어질수록 위법성의 인식은 전체법질서에 반한다는 것보다는 특정한 형벌법규에 위반한다는 인식의 모습을 취하기 쉽다. 그러나 이러한 경우에도 위법성의 인식은 여전히 인정된다.

위법성의 인식은 적극적인 측면보다는 소극적인 측면에서 주로 문제된다. 실제 형사재판의 실무와 관련하여 볼 때 위법성의 인식문제는 위법성의 인식결여라는 형태로 나타난다. 왜냐하면 이미 시비변별능력과 의사결정능력이 인정된 행위자(즉 책임능력 있는 사람)에 대하여 위법성의 인식이 결여되는 사태는 예외적으로만 일어날 수 있기 때문이다.

2. 위법성의 인식정도와 판례의 태도

(1) 대법원의 태도

이러한 사정을 반영하여 우리 대법원은 형법 제16조와 관련하여 매우 제한적인 해석론을 내놓고 있다. 대법원은 형법 제16조가 "일반적으로 범죄가 되는 행위이지만 자기의 특수한 경우에는 법령에 의하여 허용된 행위로서 죄가 되지 아니한다고 그릇 인식하고 그와 같이 그릇 인식함에 있어서 정당한 이유가 있는 경우에는 벌하지 아니한다는 취지"를 가진

규정이라고 해석하고 있다.[1] [2]

　이러한 대법원의 판단은 보통의 경우에 행위자에게 위법성의 인식이 있다는 것을 전제로 하고 있는 태도라고 할 수 있다. 그리고 이를 토대로 구체적 행위자가 '자기의 특수한 경우'에는 행위가 위법하지 않다고 오인하는 경우만을 형법 제16조의 적용대상으로 고려해 보겠다는 태도라고 할 수 있다.

(2) 고의설의 유형

　형법 제16조를 적용하는 대법원의 태도는 매우 신중하지만 이것을 가리켜서 대법원이 소위 위법성인식불요설을 취하였다고 해석할 필요는 없다. 위법성인식불요설이란 원래 고의설의 일종이다. 고의설은 고의를 책임의 요소로 파악하는 인과적 행위론의 범죄론체계에서 주장된 이론이다. 이 이론에 의하면 고의는 책임고의를 의미한다. 책임고의와 위법성인식과의 관계에 대하여 종래 여러 가지 견해가 제시되었다. 당시 견해대립의 계기는 위법성의 인식을 고의에 포함하게 될 때 고의범의 성립범위가 크게 줄어들 위험이 있는데, 이 점을 어떻게 대처할 것인가 하는 점에 있었다.

　고의설은 위법성의 인식을 책임고의와 관련하여 파악하는 견해이다. 고의설은 엄격고의설, 위법성인식가능성설, 위법성인식불요설 등으로 나누어 볼 수 있다. 엄격고의설이란 위법성의 인식을 책임고의의 구성요소로 보는 견해이다. 이에 따르면 위법성의 인식이 없으면 고의는 인정되지 않으며 고의범처벌 또한 불가능하게 된다. 위법성인식가능성설이란 위법성의 인식이 현실적으로 존재하지 않더라도 위법성을 인식할 가능성만 있으면 고의를 인정하는 견해이다. 위법성인식불요설이란 책임고의를 인정함에 있어서 위법성의 인식이 전혀 필요하지 않다고 보는 견해이다. 이에 따르면 위법성의 인식이 없다는 것은 고의의 성립에 아무런 영향을 미치지 못한다. 따라서 고의범의 처벌범위는 그만큼 확장된다.

(3) 책임설의 의미

　엄격고의설, 위법성인식가능성설, 위법성인식불요설은 고의를 책임 단계에서 논하는 인과적 행위론의 범죄론체계에서 의미를 가지는 이론이다. 그러나 고의를 구성요건 단계에서 검토하고 위법성의 인식을 책임의 독자적 요소로 파악하게 되면(책임설) 이러한 이론들은 의미가 없어지게 된다. 위에서 우리 형법 제16조는 책임설의 입장에서 규정된 것으로 보아야 한다고 설명하였다. 이러한 관점에서 보게 되면 엄격고의설, 위법성인식가능성설, 위법

---

1) 1985. 4. 9. 85도25, 공 1985, 764 = 백선 총론 53.『천지창조 사건』.
2) 2013. 1. 10. 2011도15497, 공 2013상, 366 = 분석 총론『사측 순회 설명회 사건』.

성인식불요설은 형법 제16조의 해석에 별다른 의미를 가지지 못한다.

대법원은 형법 제16조를 구체적 행위자가 '자기의 특수한 경우'에 위법하지 않다고 오인하는 경우에 한정하여 적용하려는 듯한 태도를 보이고 있다. 그러나 이것이 구체적 행위자의 위법성인식을 전혀 고려하지 않겠다는 태도표명은 아니다. 대법원의 견해는 보통의 경우 구체적 행위자에게 위법성의 인식이 있다는 현실인식을 나타낸 것이라고 할 수 있으며 대법원의 이러한 접근방법은 우리의 일상적인 생활경험에도 부합하는 것이라고 생각된다.

제 5 절 금지착오

제 1 금지착오와 허용착오

【사례 78】 등산애호가 갑은 산을 오르고 있던 중 키가 2미터 넘는 거한 A가 왜소한 체구의 B를 두들겨 패고 있는 현장을 목격하였다. 이에 갑은 들고 있던 등산지팡이로 A를 후려쳤던바 A는 뇌진탕을 입고 쓰러졌다. 그런데 사실 그 현장은 영화 로케 촬영 장면이었으며 A의 B에 대한 주먹디짐은 연기의 일부였다.

〔사례 78〕의 사안은 착오의 문제를 담고 있다. 갑이 인식한 것과 실제로 발생한 것 사이에 불일치가 일어나고 있기 때문이다. 범죄론체계에서 착오는 구성요건적 착오와 금지착오의 두 가지 형태로 일어난다. 구성요건적 착오는 구성요건 단계에서, 금지착오는 책임 단계에서 각각 일어나는 것이다.[1] 그런데 〔사례 78〕은 전형적으로 구성요건에서 문제되거나 전형적으로 책임단계에서 문제되는 착오유형은 아니다. 〔사례 78〕에서 문제되는 것은 정당방위가 아님에도 불구하고 정당방위로 행위한다고 오인하여 행위자가 구성요건에 해당하는 위법한 행위를 실행한 경우이다(소위 오상방위).

〔사례 78〕과 같은 유형의 착오는 위법성조각사유와 관련된 착오라고 할 수 있다. 이러한 착오는 비단 정당방위에 한정되지 아니하고 각종의 위법성조각사유들에 대하여도 공통적으로 일어날 수 있는 것이다. 〔사례 78〕과 같은 상황에서 행위자는 자신의 폭행행위가 원래는 법질서 전체의 입장에서 볼 때 금지되는 것임을 인식하고 있다. 즉 행위자는 위법성의 인식을 가지고 있다. 그렇지만 '자신의 특수한 경우'에는 정당방위라는 위법성조각사유

---

1) 전술 223면 이하 참조.

가 인정되어서 예외적으로 전체법질서가 이를 허용해 준다고 생각하고 있다.

〔사례 78〕의 사안을 볼 때 객관적으로는 문제의 행위에 대하여 법질서 전체가 이를 금지하고 있다. 이에 대하여 행위자 자신은 주관적으로 자신의 행위가 법질서 전체에 의하여 허용되고 있다고 생각한다. 객관적으로는 금지되지만 주관적으로는 허용된다는 불일치가 여기에 존재한다. 이러한 불일치를 객관적 측면을 기준으로 지칭할 때 금지착오라고 한다. 역으로 이러한 불일치를 주관적 측면을 기준으로 지칭할 때 이를 허용착오라고 한다. "법질서에 의하여 허용된다."고 행위자가 오인한 착오라는 의미이다.

금지착오와 허용착오는 객관적 측면을 기준으로 하는가, 주관적 측면을 기준으로 하는가에 따라서 명칭이 달라진 것일 뿐이며 그 내용의 실질은 동일하다. 여기에서 금지착오는 동시에 허용착오가 된다. 그와 동시에 '금지'는 곧 '허용'이 된다는 기묘한 어법이 등장한다. 그러나 이것은 주관과 객관의 불일치라는 착오의 특성에서 유래한 언어의 유희일 뿐이다. 동일한 착오상황이라 하더라도 객관적 법질서를 기준으로 말할 때에는 금지착오로, 행위자의 주관적 인식을 기준으로 할 때에는 허용착오로 각각 지칭된다.

제 2 직접적 금지착오와 간접적 금지착오

1. 직접적 금지착오와 간접적 금지착오의 의미

(1) 직접적 금지착오

금지착오는 직접적 금지착오와 간접적 금지착오로 나누어진다. 직접적 금지착오란 자신의 행위를 위법하다고 평가하는 금지규범이 없어서 위법하지 않다고 생각하거나 당해 금지규범이 효력이 없는 것이어서 위법하지 않다고 생각하는 경우이다. 이러한 상황하에서는 행위자에게 처음부터 위법성의 인식이 없다. 객관적으로는 위법하지만 주관적으로는 처음부터 위법하지 않다고 인식하였다는 점을 나타내기 위하여 '직접적'이라는 수식어를 사용한다. 이와 같이 객관적으로는 위법하지만 주관적으로 처음부터 위법하지 않다고 오인하는 것을 가리켜서 직접적 금지착오라고 부른다.

(2) 간접적 금지착오

직접적 금지착오에 대응하는 것이 간접적 금지착오이다. 간접적 금지착오란 일단 자신의 행위가 위법하다는 것을 행위자가 인식하고 있지만 특별히 자신의 경우에는 법질서가 그 행위를 허용해 준다고 생각하는 경우이다.

객관적으로 행위는 위법하다. 주관적으로 보아도 행위자는 일단 그 행위가 위법한 것임을 인식한다. 그러나 자신의 경우에는 원래 위법함에도 불구하고 법질서가 허용하기 때문에 위법하지 않다고 생각한다. 이와 같이 위법성의 인식결여가 "원래는 안 되지만 특별히 허용된다."는 판단과정을 거쳐서 일어나는 경우를 나타내기 위하여 '간접적'이라는 수식어가 사용된다. 그리하여 이러한 경우를 간접적 금지착오라고 부른다.

2. 간접적 금지착오의 유형

(1) 독일 형법상의 유형분류

독일 형법학에서는 간접적 금지착오를 (가) 존재하지 않는 위법성조각사유를 존재하는 것으로 보아 자신의 행위가 특별히 허용된다고 오인한 경우, (나) 존재하는 위법성조각사유의 적용범위 밖에 있는 행위를 위법성조각사유의 적용범위 내에 있는 것으로 오인한 경우, (다) 위법성조각사유의 전제사실이 갖추어지지 아니하였음에도 불구하고 전제사실이 갖추어졌다고 오인하여 행위한 경우의 세 가지로 나누고 있다.

독일 형법학은 간접적 금지착오를 세 가지 유형으로 나누고 있으나 우리 형법의 경우로 오면 두 가지 유형으로 축소된다. 우리 형법은 제20조에서 '기타 사회상규에 위배되지 아니하는 행위'라는 포괄적 위법성조각사유를 인정하고 있다. 이에 대하여 독일 형법은 정당방위와 긴급피난 등 위법성조각사유가 특정된 몇 가지 유형으로 한정된다. 이러한 관계로 독일 형법학에서는 '존재하지 아니하는 위법성조각사유'라는 개념의 설정이 가능하다.

(2) 한국 형법상의 유형분류

이에 대하여 우리 형법의 경우에는 '기타 사회상규에 위배되지 아니하는 행위'라는 포괄적 위법성조각사유가 있다.[1] 그러므로 '존재하지 아니하는 위법성조각사유'를 중심으로 하는 간접적 금지착오의 유형을 별도로 설정할 필요가 없다. 따라서 우리 형법의 경우로 오면 간접적 금지착오는 (가) 존재하는 위법성조각사유의 적용범위 밖에 있는 행위를 위법성조각사유의 적용범위 내에 있는 것으로 오인하는 경우와 (나) 위법성조각사유의 전제사실이 갖추어지지 아니하였음에도 불구하고 전제사실이 갖추어진 것으로 오인하는 경우의 두 가지로 나누어진다.

금지착오는 그것이 직접적 금지착오이든 간접적 금지착오이든 원칙적으로 형법 제16조에 의하여 처리된다. 따라서 금지착오에 "정당한 이유가 있는 경우에 한하여 [책임조각으로] 벌하지 아니한다." 금지착오에 정당한 이유가 없다면 책임비난을 면할 수 없다.

---

1) 2022. 12. 29. 2017도10007, 공 2023상, 401 = 『호스피스 간호사 사망진단서 사건』 ☞ 1106면 참조.

제3 허용구성요건적 착오의 특수성

1. 허용구성요건과 불법구성요건

형법 제16조는 금지착오에 대해 정당한 이유가 있는 경우에 한하여 벌하지 아니한다는 효력을 부여하고 있다. 그런데 이러한 원칙에 대하여 예외적인 경우가 있다. 간접적 금지착오의 두 가지 유형 가운데 (나)의 경우, 즉 '위법성조각사유의 전제사실에 관한 착오'가 그것이다.

위법성조각사유는 '위법성조각'이라는 법적 효과를 발생시키는 사유이다. 법적 효과는 법률요건을 구비할 때 발생한다. 법률효과를 발생시키기 위하여 갖추어야 할 조건을 가리켜서 일반적으로 구성요건이라고 한다. '위법성을 조각한다' 함은 법질서 전체의 관점에서 허용된다는 의미를 갖는다. '허용된다'는 법적 효과를 발생시키기 위하여 갖추어야 할 구성요건을 가리켜서 허용구성요건이라고 한다. 허용구성요건은 위법성조각사유의 또 다른 이름이다.

허용구성요건에 대립하는 개념은 불법구성요건이다. 구성요건에 해당하고 위법한 행위가 불법이다. 불법이라는 실체를 인정하기 위하여 제1단계에서 검토해야 할 것이 구성요건 해당성이다. 불법판단의 기초가 되는 구성요건을 가리켜서 불법구성요건이라고 한다. 구성요건론에서 논하였던 구성요건적 착오는 불법구성요건에 대한 착오를 의미한다.

2. 문제제기의 계기

허용구성요건이나 불법구성요건이나 모두 객관적 요소와 주관적 요소로 구성된다. 불법구성요건의 경우에는 객관적 요소가 구비되었음에도 불구하고 주관적으로 이를 인식, 의욕(인용)하지 않으면 조건 없이 구성요건적 고의의 성립을 부정한다. 객관적 요소에 대해서는 이를 인식하거나 인식하지 않거나의 두 가지 선택만 가능하다. 객관적 요소를 인식하지 못한 사유에 "정당한 이유가 있었는가?" 하는 물음은 아무런 의미가 없다.

불법구성요건의 객관적 요소에 대한 양자택일의 선택은 허용구성요건의 경우에도 이를 그대로 대입할 여지가 있다. 허용구성요건의 객관적 사실은 인식하거나 인식하지 아니하거나의 두 가지 중 하나이다. 그렇다면 허용구성요건의 착오에 대해서도 '정당한 이유'의 존부를 묻지 아니하고 곧바로 착오에 일정한 법적 효과를 부여할 가능성이 있다. 이러한 가능성에 착안하여 '정당한 이유'를 요구하고 있는 형법 제16조의 적용범위를 제한해 보려고 나타난 이론적 시도가 위법성조각사유의 전제사실에 관한 착오의 이론이다.

3. 허용구성요건적 착오의 의미

위법성조각사유를 달리 말하여 허용구성요건이라고 한다. 허용구성요건은 객관적 요건과 주관적 요건으로 구성된다. 위법성조각사유의 전제사실은 허용구성요건의 객관적 요소이다. 위법성조각사유의 전제사실이 존재하지 아니함에도 불구하고 전제사실이 존재한다고 오인하는 것을 가리켜서 위법성조각사유의 전제사실에 관한 착오라고 한다. 위법성조각사유의 전제사실이 존재한다고 오인한 것은 허용구성요건의 객관적 요소를 오인한 것이다. 따라서 위법성조각사유의 전제사실에 관한 착오는 허용구성요건적 착오가 된다. 위법성조각사유의 전제사실에 관한 착오와 허용구성요건적 착오는 같은 말이다.

위법성조각사유의 전제사실에 관한 착오도 금지착오의 일종이다. 그러나 일반적인 금지착오에 비하여 특별히 취급할 여지가 있다. 이 때문에 위법성조각사유의 전제사실에 관한 착오는 통상의 금지착오와 달리 별도의 항목에서 검토할 필요가 있다. 아래에서는 우선 위법성조각사유의 전제사실에 관한 착오를 제외한 일반적인 금지착오에 대하여 살펴보기로 한다. 위법성조각사유의 전제사실에 관한 착오는 허용구성요건적 착오의 처리방법이라는 제목하에 별도로 고찰하기로 한다.

제4 일반적 금지착오의 처리방법

【사례 79】 제빵공 갑은 부인 A녀를 구타하였다. 갑은 폭행죄(법260①)로 기소되었다. 법정에서 갑은 성서의 창세기 3장 16절 "남편은 너를 다스릴 것이니라"라는 구절과 에베소서 5장 22절 "아내들이여 자기 남편에게 복종하기를 주께 하듯 하라"라는 구절을 들어 남편의 부인에 대한 징계권을 주장하였다.

1. 범죄론체계의 전환과 책임설

범죄의 성립요건을 일정한 순서에 맞추어 검토하는 시스템을 범죄론체계라고 한다. 현재 범죄론체계는 구성요건에 해당하고 위법하며 유책한 행위를 범죄라고 보는 형식적 범죄개념에 입각하여 구축되어 있다. 이 범죄론체계는 독일 형법학에서 발전시킨 것인데, 일본의 영향을 매개로 하여 우리 입법자가 범죄성립의 검토장치로 채택하고 있다.

독일식의 범죄론체계가 발전함에 있어서 결정적 전환점을 제공한 것은 1952년 독일 연방대법원의 판결이다.[1] 앞에서 상세히 검토한 바와 같이 이 판결은 불법인식(위법성의 인식)이 독자적인 책임요소이며 고의와 별개의 요소라는 점을 인정한 최초의 판결로 유명하다. 책임설로 불리는 이 판결의 입장은 1969년 독일 형법총칙의 개정에 이어 1975년 독일의 신형법에 제17조로 명문화되기에 이르렀다.

2. 한국 형법과 책임설

위법성의 인식을 책임의 독자적 요소로 보는 견해가 책임설이다.[2] 책임설에 따르면 구체적 행위자에게 불법인식이 없으면 행위자가 고의를 가지고 행위하고 있더라도 고의범으로 처벌할 수 없다. 형벌의 전제는 책임인데 책임은 책임요소 전부가 갖추어질 때 비로소 인정되기 때문이다. 우리 형법 제16조는 불법인식(위법성의 인식)에 관하여 독일 형법 제17조가 규정한 바, '불법을 행한다는 인식'과 같은 명문의 표현을 두고 있지 않다. 그러므로 불법인식이 과연 책임요소인가 하는 문제는 해석을 통하여 규명할 수밖에 없다.

현재 우리나라에서도 독일과 마찬가지로 책임설이 유력하게 지지되고 있다.[3] 형법 제16조는 "자기의 행위가 법령에 의하여 죄가 되지 아니하는 것으로 오인한 행위는 그 오인에 정당한 이유가 있는 때에 한하여 벌하지 아니한다."고 규정하고 있다. 이에 대하여 형법 제13조는 '죄의 성립요소인 사실'을 인식하지 못한 행위는 정당한 이유의 유무를 묻지 아니하고 고의범으로 벌하지 않는다. 또 형법 제15조 제1항은 '특별히 무거운 죄가 되는 사실'을 인식하지 못한 행위를 정당한 이유의 존부를 따지지 않고 무거운 죄로 벌하지 아니한다.

우리나라의 많은 학자들은 우리 형법 제16조를 해석함에 있어서 이 조문이 불문(不文)의 원칙으로 불법인식이 책임요소임을 천명하고 있다고 새기고 있다. 즉 형법 제16조는 '자기의 행위가 죄가 되는 것으로 인식'하는 것(즉 불법인식)이 책임의 독자적 요소라는 점을 당연히 전제하고(책임설), 다만 실제적용의 측면을 고려하여 위법성의 착오가 있는 경우만을 명시적으로 규정하고 있다고 본다.

3. 형법 제16조와 정당한 이유

우리 형법 제16조는 "자기의 행위가 법령에 의하여 죄가 되지 아니하는 것으로 오인한

---

1) BGHSt 2, 194.
2) 김성돈, 391면은 위법성의 인식을 자기행위의 규범위반성에 대한 행위자의 심리적 태도이기 때문에 평가 그 자체인 책임의 요소가 될 수 없다고 본다.
3) 권오걸, 342면; 김일수 · 서보학, 284면; 박상기, 169면; 배종대, 313면; 성낙현, 354면; 손동권 · 김재윤, 317면; 오영근, 289, 298면; 이용식, 182면; 이재상 · 장영민 · 강동범, 341면; 정성근 · 정준섭, 185면; 정영일, 305면.

행위는 그 오인에 정당한 이유가 있는 때에 한하여 벌하지 아니한다."고 규정하고 있다. 형법 제16조는 형법 제13조나 제15조 제1항과 달리 위법성의 착오에 '정당한 이유'가 있었는가를 묻는다. 앞에서도 검토한 바와 같이 우리 형법 제16조는 위법성의 착오를 구성요건적 착오에 비하여 훨씬 엄격한 조건하에 범죄불성립의 사유로 고려하고 있다. 이 점은 독일 형법 제17조와 맥을 같이한다. 이러한 유사점에 비추어 볼 때 우리 형법은 책임설의 입장을 택한 것이라고 해석할 수 있다.[1]

우리 형법 제16조에 의할 때 위법성의 착오(금지착오)에 정당한 이유가 없으면 범죄는 그대로 성립한다. 이 때 독일 형법 제17조와 달리 우리 형법 제16조는 법률상 형의 감경을 인정하지 않는다. 법관은 형법 제51조 제3호 및 제53조에 의하여 정상참작감경으로 형을 감경할 수 있을 뿐이다. 그러나 정상참작감경은 법관이 개개의 구체적인 사정을 고려하여 어느 경우에나 단행할 수 있는 것이며 금지착오에만 특별히 인정되는 것은 아니다.

〈사례 해설〉 〔사례 79〕의 사안은 금지착오에 해당한다. 남편 갑은 부인 A녀를 구타하면서 자신의 행위가 남편의 처에 대한 징계권에 근거한 것이라고 생각하고 있다. 남편의 부인에 대한 징계권을 규정한 위법성조각사유는 우리나라 전체 법체계 내에서 독립된 조문으로 존재하지 않는다. 남편 갑은 형법 제20조가 규정한 사회상규를 포괄적인 위법성조각사유로 제시할 가능성이 있다. 그러나 이것은 사회상규라는 위법성조각사유의 적용범위에 관한 착오로서 전형적인 금지착오의 일종이다.

금지착오에는 형법 제16조가 적용된다. 형법 제16조는 '정당한 이유가 있는 때에 한하여' 금지착오에 책임조각의 효과를 인정한다. 〔사례 79〕의 사안에서 '정당한 이유'는 엿보이지 않는다. 폭력을 휘두르기 좋아하는 남편 갑은 검찰청에 간단히 전화 한 통화만 걸어 보았더라도 자신이 옳다고 믿는 성서의 해석방법이 다른 사람들이 일반적으로 생각하는 것과 크게 차이가 있다는 점을 쉽게 알 수 있었을 것이다. 그렇다면 갑은 폭행죄의 고의범처벌을 면할 수 없다.

제5 정당한 이유의 판단기준

1. 양심적 심사의무와 조회의무

형법 제16조는 "자기의 행위가 법령에 의하여 죄가 되지 아니하는 것으로 오인한 행위는 그 오인에 정당한 이유가 있는 때에 한하여 벌하지 아니한다."고 규정하고 있다. 판례는

---

1) 전술 447면 이하 참조.

형법 제16조를 일반적으로 범죄가 성립하지만 자신의 특수한 사정에 비추어 법령에 따라 허용된 행위로서 죄가 되지 않는다고 그릇 인식하고 그러한 인식에 정당한 이유가 있는 경우에는 벌하지 않는다는 취지로 엄격하게 해석하고 있다.[1]

형법 제16조에 의할 때 위법성의 착오가 범죄불성립의 사유로 작용하려면 위법성의 착오에 '정당한 이유'가 반드시 인정되어야 한다. '정당한 이유'가 있는지 여부는, (가) 행위자에게 자기 행위의 위법 가능성에 대해 심사숙고하거나 조회할 수 있는 계기가 있고, (나) 자신의 지적능력을 다하여 이를 회피하기 위한 진지한 노력을 다하였더라면 스스로의 행위에 대하여 위법성을 인식할 수 있는 가능성이 있었으며, (다) 그럼에도 회피를 위한 진지한 노력을 다하지 못한 결과 자기 행위의 위법성을 인식하지 못한 것인가 아닌가에 따라 판단해야 한다.[2] [3] 이때 개인적인 역량을 최대한 성실하게 발휘하여 판단을 내려야 한다는 요청을 가리켜서 양심적 심사의무라고 한다.

그리고 이러한 위법성의 인식에 필요한 노력의 정도는 구체적인 행위정황과 행위자 개인의 인식능력 그리고 행위자가 속한 사회집단에 따라 달리 평가하여야 한다.[4] [5]

2. 정당한 이유의 준거점

행위의 옳고 그름을 확인하기 위한 조회작업은 적법과 위법을 확인할 수 있는 능력과 자격을 가진 사람을 상대로 이루어져야 한다. 우리 사회에서 옳고 그름에 관한 판단의 주체는 제1차적으로 법원이다. 법원의 판례를 신뢰한 경우에는 위법성의 착오에 정당한 이유를 인정할 가능성이 있다.

판례가 최근에 변경되었음에도 불구하고 종전의 판례를 유효한 것으로 잘못 믿고 자기의 행위가 옳은 것으로 판단하였다면 행위자는 조회의무를 이행하였다고 볼 여지가 있다. 따라서 이러한 경우에는 위법성의 착오에 정당한 이유를 인정할 가능성이 있다. 그러나 판례변경이 행위자가 위치하는 생활영역에 이미 널리 알려져 있다면 정당한 이유는 부인될 여지가 크다.[6]

법률 위반 행위가 계속되던 도중에 일시적으로 판례에 따라 그 행위가 처벌대상이 되지 않는 것으로 해석되었던 적이 있었다고 하더라도 그것만으로 자신의 행위가 처벌되지

---

1) 2017. 3. 15. 2014도12773, 공 2017상, 806 =『외국인학교 교비 대여 사건』 ☞ 1118면.
2) 2006. 3. 24. 2005도3717, 공 2006, 766 = 백선 총론 54. 참고판례 1. 『낙천대상자 의정보고서 사건』.
3) 2009. 12. 24. 2007도1915, 공 2010상, 281 = 분석 총론 『장례식장 식당증축 사건』.
4) 2006. 3. 24. 2005도3717, 공 2006, 766 = 백선 총론 54. 참고판례 1. 『낙천대상자 의정보고서 사건』.
5) 2009. 12. 24. 2007도1915, 공 2010상, 281 = 분석 총론 『장례식장 식당증축 사건』.
6) 판례변경의 소급효 문제에 대해서는 전술 52면 이하 참조.

않는 것으로 믿은 데에 정당한 이유가 있다고 할 수 없다.[1]

행위의 옳고 그름에 대한 조회의무는 사법판단의 역량과 자격을 갖춘 사람을 상대로 이루어져야 한다. 검찰의 무혐의 결정을 신뢰한 경우에는 정당한 이유가 인정될 여지가 높다.[2] 변호사에게 법률적 조언을 구한 결과 자신의 행위가 위법하지 아니한 것으로 오인하였다면 그 오인에 정당한 이유가 있는 것으로 판단될 여지가 있다.[3]

이에 대하여 단순히 행정상 단속의 권한을 가진 기관은 행위의 적법과 위법을 판단할 수 있는 능력과 자격이 없다. 따라서 행정기관의 유권해석을 신뢰하여 자신의 행위가 위법하지 않다고 행위자가 오인하는 경우에는 정당한 이유가 쉽사리 인정되지 않는다.[4]

이상에서 제시한 단계적 접근방법은 어디까지나 대체적인 것이다. 개별사건의 구체적인 특성에 따라서 비슷한 유형의 사건임에도 불구하고 결론이 달라질 수 있다. 이것은 '정당한 이유'라는 판단기준이 전적으로 규범적인 표지이어서 객관적인 예측을 쉽사리 허용하지 않기 때문이다.[5]

제 6 정당한 이유의 한계상황

1. 불특정개념과 유형화의 필요성

형법 제16조가 규정한 '정당한 이유'는 전형적인 불특정개념이다. 정당한 이유의 요건은 다종다양한 사안을 통하여 구체화된다. 정당한 이유와 관련한 법운용의 객관성을 담보하려면 금지착오의 사례들을 유형화할 필요가 있다. 그러나 유형화는 하나의 준거점이 될 뿐이며 절대적 기속력을 갖지는 않는다.

형법 제16조의 '정당한 이유'의 요건과 관련하여 특별히 언급할 것으로 법률의 부지와 부진정부작위범에 있어서 작위의무의 오인을 들 수 있다.

2. 단순한 법률의 부지

금지착오가 단순히 법률의 부지(不知)에 근거하는 경우가 있다. 전형적인 형법범의 경우에는 법률의 부지라는 사태가 거의 일어나지 않는다. 예컨대 절도나 사기 또는 살인을

---

1) 2021. 11. 25. 2021도10903, 공 2022상, 135 =『불법사이트 링크 착오주장 사건』☞ 1120면.
2) 1995. 8. 25. 95도717, 공 1995, 3310 = 백선 총론 54. 참고판례 2.『가감삼십전대보초 사건』.
3) 1976. 1. 13. 74도3680, 공 1976, 9011 = 백선 총론 54. 참고판례 3.『기업사채 미신고 사건』.
4) 1985. 4. 9. 85도25, 공 1985, 764 = 백선 총론 53.『천지창조 사건』참조.
5) 2002. 5. 17. 2001도4077, 공 2002, 1468 = 백선 총론 54. 참고판례 4.『비디오감상실 사건』.

해서는 안 된다는 것은 모든 사람이 다 알고 있기 때문이다.

판례는 형법 제16조를 (가) 일반적으로 범죄가 성립하지만, (나) 자신의 특수한 사정에 비추어 법령에 따라 허용된 행위로서 죄가 되지 않는다고 그릇 인식하고, (다) 그러한 인식에 정당한 이유가 있는 경우에는 벌하지 않는다는 취지의 규정이라고 보고 있다.[1] 그리하여 단순히 법률의 부지를 주장한 데 그치는 경우에 대해서는 형법 제16조의 적용을 인정하지 않는다.[2] 판례는 한 걸음 더 나아가 법률의 부지에 대한 피고인 측의 주장은 법원이 유죄판결의 이유부분(형소법323② 참조)에서 이를 굳이 판단하지 않더라도 잘못이 아니라는 입장을 취하고 있다.[3]

대법원의 태도는 전형적인 형법범의 경우에 어느 정도 설득력이 있다고 생각된다. 그러나 행정범 내지 법정범의 경우에는 법률의 부지임을 이유로 곧바로 '정당한 이유'를 부인할 수는 없다. 특정한 정책목적을 달성하기 위하여 제정되는 형벌법규는 사회 일반인들이 그 법규의 존재 자체를 인식하지 못하는 경우가 많다. 나아가 사회윤리적 비난의 여부도 형법범처럼 분명하지도 않다. 이러한 경우에는 구체적 사정을 고려하여 '정당한 이유'의 유무를 검토할 수 있는 여지를 남겨 놓아야 한다.

3. 부진정부작위범과 작위의무의 착오

부진정부작위범의 경우에 보증인적 지위를 발생시키는 모든 사정은 객관적 구성요건요소에 속한다. 형법 제13조의 용어를 빌린다면 '죄의 성립요소인 사실'에 해당한다. 해수욕장에서 물에 빠져 죽어가고 있는 어린아이 A를 보고도 자기 아들이 아니라고 잘못 생각하여 아무런 구조행위를 하지 아니한 아버지 갑의 사례를 생각해 보자. 아버지 갑은 자신에게 보증인적 지위를 발생시키는 객관적 상황이 발생하였음에도 불구하고 주관적으로 그러한 상황이 존재하지 않는다고 생각하고 있다. 이 경우 갑은 구성요건적 착오를 일으키고 있는 것이다. 구성요건적 고의가 없기 때문에 갑의 부작위는 살인죄(법250①)라는 고의범을 성립시키지 않는다.

고의범이 성립하지 않는다면 이제 과실범의 성립을 검토해 보아야 한다. 아버지 갑이 보다 신중하게 주의를 기울였다면 그 어린아이가 자기 아들임을 알 수 있었던 경우가 있을 수 있다. 이러한 경우에는 형법 제267조의 과실치사죄가 성립하게 될 것이다.

부진정부작위범에 있어서 보증인적 지위를 발생시키는 객관적 사정은 구성요건적 고의

---

1) 2017. 3. 15. 2014도12773, 공 2017상, 806 = 『외국인학교 교비 대여 사건』.
2) 1995. 12. 22. 94도2148, 공 1996, 618 = 백선 총론 54. 참고판례 5. 『대학명칭 사용 사건』.
3) 1976. 8. 24. 76도1774, 공 1976, 9334 = 백선 총론 54. 참고판례 6. 『입회인 대 매수인 사건』.

의 인식대상이다. 그러나 보증인적 지위가 인정되는 상황에서 보증인적 지위에서 발생하는 작위의무는 더 이상 객관적 구성요건요소에 속하지 않는다. 작위의무 그 자체에 관한 착오는 불법인식과 관련되기 때문이다. 따라서 작위의무의 내용이나 범위에 관하여 착오가 발생하는 경우에는 형법 제16조에 의하여 그 착오에 '정당한 이유'가 있는 때에 한하여 처벌되지 아니한다. 정당한 이유가 없다면 범죄성립이 조각되지 않는다. 이러한 경우에는 법관은 형법 제51조, 제53조에 의하여 양형상 정상참작감경을 할 수 있을 뿐이다.

예컨대 남편 갑이 부인 A가 익사의 위험에 직면해 있는 것을 알면서도 새로 산 양복을 망치면서까지 물에 뛰어들어 부인을 구조할 의무는 없다고 생각하였다고 해보자. 남편 갑이 제때에 뛰어들지 아니하여 부인 A가 결국 익사하였다고 하는 경우에 남편 갑은 형법 제16조를 내세워서 범죄불성립을 주장할 수는 없다. 남편이라는 보증인적 지위로부터 부인 A를 구조해야 할 의무가 발생한다. 이 구조의무는 더 이상 구성요건적 요소가 아니다. 남편 갑은 양복을 망치면서까지 물에 뛰어들어 구조할 의무는 없다고 주장하고 있다. 그러한 오인은 전체법질서에 의하여 그렇게 넓은 범위까지 작위의무가 부과되고 있는지 몰랐다고 주장하는 것일 뿐이다. 즉 그 정도의 작위의무 불이행은 전체법질서에 의하여 허용되는 것이라고 오인하였던 것이다.

이 경우에는 그러한 오인에 '정당한 이유'가 있는가를 살펴야 한다. 사안에서 남편 갑이 그렇게 오인하게 된 별다른 사정은 엿보이지 않는다. 그렇다면 남편 갑은 형법 제16조를 내세워 처벌을 피해가지 못하게 될 것이다. 남편 갑은 형법 제250조 제1항, 제18조, 제16조에 의하여 살인죄의 고의범으로 처벌될 것이다.

4. 확신범과 양심범

확신범이란 행위자가 정치적, 종교적 또는 윤리적 확신에 의하여 행위할 의무가 있다고 생각하여 실정법에 위배되는 행위를 함으로써 성립하는 범죄이다. 확신범 가운데 특히 양심의 갈등에서 비롯된 것을 가리켜서 양심범이라고 부른다. 행위자의 양심적 결단을 높이 사는 것이 아니라 외부로부터 가부(可否)를 판단하기 어려운 내면의 고유한 결단에 기초한 행위라는 점을 나타내기 위하여 양심범이라고 부른다.

확신범 내지 양심범의 형사처벌에 대해서는 많은 논란이 있다. 정치적, 종교적 또는 윤리적 확신에 의하여 자신이 옳다고 믿는 바를 전인격적으로 결단한 사람에 대해 그의 행위가 실정법에 위반하였다고 해서 처벌할 수 있겠는가 하는 것이 문제의 초점이다. 행위자의 입장에서 보면 자신이 내리는 옳고 그름에 대한 판단은 자신의 인격을 확인하는 것이다. 그러므로 그러한 판단이 존중되지 않는다면 자신의 존재가치 자체가 부인되는 것과 마찬가지이다.

이러한 상황에서 여러 가지 해결책이 모색되고 있다. 확신범 또는 양심범을 형법 제20조의 사회상규에 위배되지 아니하는 행위로 포착하려는 시도,[1] 형법 제12조의 강요된 행위의 하나로 포착하려는 시도,[2] 확신범 또는 양심범의 행위에 대해 전체법질서의 입장에서 내리는 위법·적법의 판단을 유보하려는 시도(이러한 유보영역을 소위 '법으로부터 자유로운 영역'이라고 부른다),[3] 확신범 내지 양심범의 행위를 작위와 부작위로 나누어서 작위의 경우에는 책임비난을 가하지만 부작위의 경우에는 책임비난을 가하지 아니하려는 시도,[4] 확신범 가운데 특히 양심범에 대해 책임조각을 인정하려는 시도,[5] 형법 제16조에서 규정한 바, 정당한 이유 있는 금지착오의 일종으로 포착하려는 시도 등 여러 가지 방안을 생각할 수 있다.

그러나 이러한 시도는 기본적으로 긍정하기 곤란하다. 비난가능성을 의미하는 책임은 법적 책임을 말한다. 책임비난의 대상은 구체적 행위자가 가지고 있는 법적대적인 심적 태도이다. 이 법적대적인 심적 태도를 가리켜서 심정반가치라고 한다. 즉 심정반가치 때문에 그 행위자에게 책임비난을 가하는 것이다. 법질서는 개인의 동의를 전제로 하여 효력을 발생하지 않는다. 만일 개개인의 동의를 전제로 한다면 그 법질서가 설정한 형벌법규는 단순히 권고적 효력을 가지는 규정에 불과하게 될 것이다. 따라서 법공동체를 구성하는 각각의 구성원은 노골적인 부정의·불법이 실정법의 모습을 띠면서 등장한 소위 '무효의 법률'이 아닌 한 법질서를 존중하여야 한다. 자신이 가지는 개개의 정치적·종교적·윤리적 의무를 법질서존중이라는 법적 의무보다 앞세울 수는 없다.

이러한 점에서 확신범 내지 양심범에 대한 책임비난의 조각을 쉽게 허용할 수 없다. 문제의 해결은 확신범이나 양심범의 문제가 일어나지 않도록 법공동체가 관용의 지대를 넓게 인정하는 데에서 구해야 한다.[6] 그러나 일단 형법의 영역으로 들어오게 되면 범죄성립을 인정하지 않을 수 없다.[7]

금지착오의 문제와 관련해서 볼 때 개개의 확신범이나 양심범은 자신의 행위가 실정법질서에 반한다는 점을 알고 있기 때문에 형법 제16조의 금지착오를 주장할 수 없다.[8] 다만

---

1) 1983. 3. 8. 82도3248, 공 1983, 695(705) = 백선 총론 45. 『최신부 사건』.
2) 1990. 3. 27. 89도1670, 공 1990, 1017 = 백선 총론 57. 『KAL기 폭파 사건』.
3) 1983. 3. 8. 82도3248, 공 1983, 695(705) = 백선 총론 45. 『최신부 사건』 판례평석 참조.
4) 손동권, (제2개정판), 317면.
5) 김일수·서보학, 306면.
6) 이 점과 관련하여 엄상섭의 다음 글이 주목된다. 엄상섭, "확신범에 대한 대책", 신동운·허일태 편저, 효당 엄상섭 형법논집, (2003), 157면 이하 참조.
7) 임웅, 326면.
8) 김성돈, 383면; 손동권·김재윤, 342면; 오영근, 284면.

형집행의 영역에서 집행의 정도를 완화하는 방법은 강구할 수 있을 것이다. 특히 무비판적인 사회윤리적 비난에 기초한 모멸적인 처우는 삼가해야 할 것이다.

제7 허용구성요건적 착오의 처리방법

【사례 80】 갑은 소속대의 경비병으로 근무하는 사병이다. 갑은 7. 28. 오후 10시부터 같은 날 오후 12시까지 초소근무를 하라는 명령을 받고 근무를 서고 있었다. 그 이튿날인 7. 29. 오전 1시 30분 경 다음번 초소근무자 A가 술에 취하여 나타났다. 갑은 A가 1시간 반이나 교대시간에 늦었다는 이유로 언쟁을 하다가 A를 구타하였다.

갑의 구타로 코피를 흘리게 된 A는 실제로 갑을 살해할 생각은 전혀 없으면서도 갑에게 겁을 주어 기선(機先)을 제압할 생각으로 "월남에서 사람 하나 죽인 것은 파리를 죽인 것이나 같았다. 너 하나 못 죽일 줄 아느냐!"라고 말하면서 갑의 등 뒤에 카빙총을 겨누어 실탄을 장전하는 등 발사할 듯이 위협하였다. 이에 갑은 먼저 A를 사살하지 않으면 자신의 목숨이 위험하다고 느껴 뒤로 돌아서면서 소지하고 있던 카빙소총을 A의 복부를 향하여 발사하였다. 총에 맞은 A는 현장에서 즉사하였다.

갑의 범죄성립 여부는? (1968. 5. 7. 68도370. 집 16②. 형1 = 백선 총론 37. 『배희칠랑 사건』)

1. 허용구성요건적 착오의 의미

〔사례 80〕의 사례는 오상방위에 관한 것이다. A가 실제로 갑을 살해할 의사를 가지고 있었다면 A의 행위는 갑의 생명에 대한 현재의 위법한 공격행위에 해당한다. 이 경우에는 통상의 정당방위가 성립할 수 있다.[1] 그러나 〔사례 80〕의 사안에서 A의 행위는 갑을 살해할 의사 없이 단지 겁을 주기 위하여 행해진 것이었다. 따라서 A의 행위를 가리켜 갑의 생명에 대한 현재의 위법한 공격행위라고 말할 수는 없다. 객관적으로 정당방위의 전제사실이 결여되기 때문에 갑의 행위에 대해 위법성조각이라는 법적 효과를 인정할 수 없다. 그러나 갑은 A가 자기의 생명에 대하여 현재의 위법한 공격행위를 감행한다고 오인하여 행위하고 있다. 이러한 상황에서 오상방위의 문제가 생긴다.

위의 사안에서도 나타나는 바와 같이 오상방위는 정당방위라는 위법성조각사유의 객관적 성립요건에 관한 착오이다. 위법성조각사유를 가리켜서 허용구성요건이라고 한다. 위법성조각사유의 전제사실에 관한 착오를 가리켜서 허용구성요건적 착오라고 한다. 정당방위라

---

1) 선술 320면 이하 참조.

는 위법성조각사유에서 출발하는 오상방위는 허용구성요건적 착오의 일종이다. 우리 형법은 독일 형법과 달리 '기타 사회상규에 위배되지 아니하는 행위'를 위법성조각사유로 인정하고 있다(법20). 객관적으로는 사회상규에 위배되지 아니하는 행위에 해당하지 않지만 주관적으로 행위자가 사회상규에 위배되지 아니하는 행위라고 오인하였다면 이는 위법성조각사유의 전제사실에 대한 착오 또는 허용구성요건적 착오에 해당한다.[1]

허용구성요건적 착오는 위법성조각사유의 성립요건 가운데 사실면에 관한 착오의 성질을 가지는 동시에 위법성인식의 결여를 초래하는 계기가 된다. 여기에서 허용구성요건적 착오를 어떻게 처리할 것인가를 놓고 여러 가지 학설이 주장되고 있다. 〔사례 80〕에서 논란되고 있는 오상방위의 문제도 허용구성요건적 착오에 관한 학설에 따라 그 결론이 달라지게 된다.

2. 허용구성요건적 착오에 관한 학설개관

허용구성요건적 착오에 대하여 형법적으로 어느 정도의 의미를 부여할 것인가 하는 문제가 있다. 이 문제를 놓고 크게 보아 고의설과 책임설이 대립하고 있다.

(1) 엄격고의설

고의설이란 위법성의 인식을 고의의 구성요소로 보는 견해이다. 이 경우 고의는 책임고의를 말한다. 고의설의 진영은 다시 엄격고의설, 위법성인식가능성설, 위법성인식불요설 등으로 나누어진다.[2] 이해의 편의를 위하여 엄격고의설의 관점을 중심으로 고의설을 분석해 본다.

엄격고의설이란 불법인식을 고의의 인식대상으로 파악하는 견해를 말한다. 엄격고의설의 입장에서 보면 구성요건에 해당하고 위법한 행위가 있다는 인식(즉 불법인식)은 책임고의의 구성인자이다. 따라서 불법인식이 결여되면 언제나 고의가 부정된다(법13 참조). 고의가 부정되면 고의범으로 처벌하는 것은 불가능하다. 이제 과실범을 처벌하는 규정이 있는가를 살펴서 과실범의 성립 여부를 검토하여야 한다.

〈사례 해설〉 〔사례 80〕에서 문제된 오상방위행위에서 행위자에게는 불법인식이 없다. 갑은 A의 행위가 현재의 위법한 공격행위에 해당한다고 오인하고 있다. 따라서 갑에게는 자기의 행위에 대한 불법인식이 없다고 판단된다. 불법인식이 없으므로

---

1) 2023. 11. 2. 2023도10768, 공 2023하, 2156 = 『복싱클럽 몸싸움 사건』 ☞ 1124면.
2) 전술 454면 이하 참조.

책임고의 또한 성립하지 않는다. 엄격고의설의 입장에서는 갑에 대하여 살인죄의 고의범 성립을 부정하고 다만 과실치사죄의 성립 여부를 검토하게 될 것이다.

(2) 엄격책임설

엄격고의설과 정반대의 입장에 서 있는 것이 엄격책임설이다. 엄격책임설은 위법성의 인식이 고의와는 무관한 책임의 독자적 요소라고 보는 견해이다.[1] 엄격책임설은 위법성의 인식을 독자적인 책임요소라고 본다. 그리하여 불법인식이 결여되더라도 고의는 여전히 존재한다고 본다. 위법성의 인식결여 문제는 고의와는 아무런 상관없이 형법 제16조에 따라서 해결하면 된다고 새긴다. 이러한 접근법에 따르면 위법성을 인식하지 못하게 된 데에 '정당한 이유'가 인정되는 경우에 한하여 책임조각을 이유로 행위자를 벌하지 않는다. 대법원은 〔사례 80〕의 기초가 된 사안에서 '정당한 사유'의 유무를 검토하였다. 그러므로 판례의 태도는 엄격책임설의 입장에 있는 것으로 생각된다.[2][3]

〈사례 해설〉 엄격책임설은 일반적으로 불법인식이 존재하는 것을 원칙으로 설정한다. 그리고 예외적으로 위법성의 인식결여에 정당한 이유가 있는가 하는 점을 묻는다. 〔사례 80〕의 사안에서 기선을 제압하려고 총을 겨눈 A에게는 갑을 살해할 의사가 없다. 따라서 객관적으로 볼 때 급박하고 위법한 공격행위가 없다. 보통의 경우라면 이 때 행위자에게 위법성의 인식이 인정될 것이다.

그러나 A가 술에 취한 채 구타로 코피를 흘리게 되자 흥분하여 "월남전에서는 사람 하나 죽인 것은 파리를 죽인 것 같았다. 너 하나 못 죽일 줄 아느냐!"라고 하면서 갑의 등 뒤에서 카빙총을 겨눈 것은 극히 이례적인 상황이다. 이러한 경우에는 예외적으로 갑이 현재의 급박하고도 위법한 공격행위가 있는 것으로 오인하는 데에 정당한 이유가 있다고 생각된다. 정당한 이유가 인정되기 때문에 갑은 형법 제16조에 기한 책임조각을 이유로 처벌되지 않는다.

(3) 유추적용책임설

(가) 제한적 책임설의 의미   제한적 책임설은 위법성의 인식을 책임요소로 보면서도 책임요소로서의 독자성을 엄격책임설에 비하여 제한하는 학설이다. 제한적 책임설은 위법성의 인식을 독자적인 책임요소로 인정한다. 이 점에서 제한적 책임설은 엄격책임설과 입

---

1) 권오걸, 342면; 오영근, 298면; 정성근·정준섭, 195면.
2) 1968. 5. 7. 68도30, 집 16②, 형1 – 백선 총론 37. 『배희칠랑 사건』.
3) 2023. 11. 2. 2023도10768, 공 2023하, 2156 = 『복싱클럽 몸싸움 사건』 ☞ 1124면.

장을 같이 하며 '책임설'의 범주에 속한다. 그러나 제한적 책임설은 엄격책임설처럼 형법 제16조를 곧바로 적용하여 '정당한 이유'의 유무를 따지지 않는다. 이 점에서 제한적 책임설은 엄격책임설에 비하여 '제한적'이다.

(나) 허용구성요건적 착오의 의미   제한적 책임설은 허용구성요건적 착오가 불법구성요건적 착오와 비슷한 구조를 가지고 있다는 점에 주목한다. 위법성조각사유는 법질서 전체의 관점에서 허용되는 것으로 보아도 좋은 행위의 유형들을 정형화해 놓은 것이다. 법질서가 허용해도 좋은 것으로 판단한 행위정형이라는 의미를 강조하여 위법성조각사유를 허용구성요건이라고 부르기도 한다.

법질서에 의하여 인정된 위법성조각사유의 전제사실이 존재하지 아니함에도 불구하고 행위자가 위법성조각사유의 전제사실이 존재한다고 오인하는 것이 허용구성요건적 착오이다. 한편 객관적 구성요건요소가 존재함에도 불구하고 존재하지 않는 것으로 오인하는 것이 불법구성요건적 착오이다. 불법구성요건적 착오는 단순히 구성요건적 착오라고도 한다. 허용구성요건적 착오는 구성요건적 착오가 반전된 구조를 갖는다. 이러한 특성에 착안하여 제한적 책임설의 일부에서는 구성요건적 착오를 규율하고 있는 형법 제13조를 허용구성요건적 착오의 경우에 유추적용하자고 주장한다.

(다) 유추적용책임설의 의미   형법 제13조를 적용하게 되면 형법 제16조가 요구하고 있는 '정당한 이유'의 유무를 따질 필요가 없다. '정당한 이유'라는 엄격한 요건을 배제한 가운데 결론을 도출하는 것은 피고인에게 유리한 해석이다. 따라서 허용구성요건적 착오에 대하여 형법 제13조를 유추적용하는 것은 유추해석금지의 원칙에 저촉되지 않는다. 제한적 책임설의 일부에서는 유추해석의 기법을 동원하여 허용구성요건적 착오를 형법 제13조에 근거하여 해결하려고 한다. 이와 같이 형법 제13조를 유추적용하여 책임설의 엄격성을 제한하려는 학설을 가리켜서 유추적용책임설이라고 한다.[1]

유추적용책임설의 입장에서 보면 허용구성요건적 착오의 경우에는 구성요건적 착오의 경우처럼 구성요건적 고의의 성립이 부정된다. 유추해석의 근거가 되는 형법 제13조가 고의의 성립을 부정하고 있기 때문이다. 유추적용책임설에 따르면 형법 제16조가 규정한 '정당한 이유'의 요건에 구애받을 필요가 없다. 허용구성요건적 착오가 있으면 형법 제13조 본문을 유추하여 구성요건적 고의를 부정하면 된다. 이제 검토해야 할 것은 형법 제13조 단서에 의하여 과실범처벌규정이 있는가를 살피는 일이다. 과실범처벌규정이 있다면 과실범의 성립 여부를 검토해야 한다.

---

1) 이정원, 236면.

〈사례 해설〉 〔사례 80〕에서 오상방위를 한 갑에 대해서 고의범인 살인죄는 성립하지
않는다. 갑은 허용구성요건적 착오를 범하고 있다. 위법성조각사유의 전제
사실에 관한 착오에 해당하므로 형법 제13조를 유추적용한다. 그 결과 갑에게는 살인죄의
고의가 인정되지 않는다. 고의범이 성립하지 않으므로 이제 과실범 처벌규정이 있는가를
본다. 형법 제267조는 과실치사죄를 규정하고 있다. 갑에게는 과실치사죄의 성립이 문제될
뿐이다.

(4) 법효과제한책임설

법효과제한책임설은 구성요건적 고의는 인정하되 책임고의를 부인함으로써 '법효과를
제한하는' 책임설이다.[1] 법효과제한책임설은 법효과이전책임설이라고도 불리며 제한적 책
임설을 변용·발전시킨 것이다.

법효과제한책임설은 위법성의 인식을 책임요소로 보는 점에서 제한적 책임설과 마찬가
지로 '책임설'의 범주에 속한다. 법효과제한책임설은 또한 제한적 책임설과 같이 형법 제13
조를 근거로 삼아 허용구성요건적 착오의 문제를 해결하려고 한다. '정당한 이유'를 요구하
는 형법 제16조의 적용을 제한하고 형법 제13조를 유추적용하려고 한다는 점에서 법효과
제한책임설은 제한적 책임설과 마찬가지로 '제한적'이다.

앞에서 살펴본 유추적용책임설은 허용구성요건적 착오에 대하여 형법 제13조를 유추적
용한다. 유추적용책임설은 형법 제13조의 '벌하지 아니한다'는 법적 효과는 '고의가 없다'라
는 법률요건 부분의 미비를 근거로 발생한 것이라고 본다. 법효과제한책임설도 유추적용책
임설과 마찬가지로 형법 제13조를 유추적용하여 '벌하지 아니한다'는 법적 효과를 인정한
다. 그러나 유추적용책임설과 달리 '고의가 없다'라는 법률요건 부분의 미비를 인정하지 않
는다.

법효과제한책임설에 의하면 허용구성요건적 착오의 경우에도 구성요건적 고의는 그대
로 인정된다. 따라서 고의범이라는 법률요건은 불법 단계에서 일단 구비된다. 법효과제한책
임설은 단지 법률효과의 측면에서 '고의범의 형으로' 벌하지 아니할 뿐이다. 이러한 법적
효과의 제한은 책임 단계에서 책임고의를 부인함으로써 일어난다.

〈사례 해설〉 〔사례 80〕의 사안을 법효과제한책임설의 입장에서 검토해 본다. 〔사례
80〕의 사안에서 갑은 오상방위로 행위하고 있다. 갑은 허용구성요건적 착
오를 일으킨 것이다. 법효과제한책임설의 입장에서 보면 갑에게 살인죄의 구성요건적 고의

---

1) 김성천·김형준, 285면; 김혜정 외 4인, 239면; 박상기, 178면; 배종대, 320면; 이재상·장영민·강동범, 347면; 임웅, 354면; 정영일, 311면.

는 부정되지 않는다. 다만 책임고의가 없어서 살인죄의 형으로 책임을 지지 않을 뿐이다. 갑을 살인죄의 고의범으로 처벌할 수는 없지만 과실치사죄의 범위 내에서 갑에게 형사책임을 묻는 것은 별개의 문제이다. 이를 위해서는 갑에게 책임 단계에서 주의의무위반이 인정되어야 한다. 이제 [사례 80]에 나타난 이례적인 상황을 토대로 갑에 대하여 과실치사죄의 성립 여부를 검토해야 한다.

(5) 소극적 구성요건요소의 이론

(가) 소극적 구성요건요소의 의미　　소극적 구성요건요소의 이론을 취하는 사람들은 허용구성요건적 착오의 사안에 대하여 고의설 및 책임설의 분석과는 전혀 다른 경로로 분석을 시도한다. 원래 구성요건이란 법적 효과를 발생시키기 위하여 갖추어야 한 조건을 의미한다. 구성요건을 이루는 개개의 표지들을 가리켜서 구성요건요소라고 한다. 보통의 경우 구성요건은 적극적으로 존재해야만 하는 표지들로 구성된다. 이에 대하여 소극적 구성요건요소란 그것이 없어야만 구성요건이 구비되는 표지들이다.[1]

(나) 총체적 불법구성요건　　소극적 구성요건요소의 이론이란 위법성조각사유를 총체적 불법구성요건의 한 구성분자로 보는 견해이다. 이 입장을 취하는 사람들은 다음과 같은 설명을 제시한다.

「총체적 불법구성요건이란 '불법'을 인정하기 위하여 갖추어야 할 요건의 전부를 말한다. 불법이란 구성요건에 해당하고 위법한 행위이다. 불법이 인정되려면 구성요건해당성이 '있어야' 하고 위법성조각사유가 '없어야' 한다. 불법을 발생시키기 위한 구성요건의 총체 가운데 위법성조각사유는 그것이 없어야만 하는 소극적 구성요건요소이다.」

(다) 형법 제13조의 직접적용　　소극적 구성요건요소의 이론을 취하는 사람들은 위법성조각사유가 총체적 불법구성요건의 일부를 이루는 요소라는 점에 주목한다. 비록 '없어야 한다'는 의미에서 소극적 구성요건요소이기는 하지만 위법성조각사유는 어디까지나 구성요건요소의 일부라는 것이다. 위법성조각사유를 구성요건요소의 일부라고 보게 되면 위법성조각사유의 전제사실 또한 구성요건요소의 일부가 된다. 이렇게 되면 위법성조각사유의 전제사실에 관한 착오는 곧바로 구성요건적 착오가 된다.

소극적 구성요건요소의 이론에 의하면 위법성조각사유의 전제사실에 관한 착오는 구성요건적 착오의 일종이다. 그리하여 구성요건적 착오를 규율하는 형법 제13조가 위법성조각사유의 전제사실에 관한 착오에 대하여 직접적으로 적용된다. 유추적용책임설이나 법효과제한책임설이 형법 제13조를 유추적용한다면 소극적 구성요건요소의 이론은 형법 제13조

---

[1] 소극적 구성요건요소는 구성요건해당성조각사유로 기능한다. 이에 대해서는, 전술 287면 참조.

를 직접 적용한다는 점에 차이가 있다.

〈사례 해설〉 〔사례 80〕의 사안을 소극적 구성요건요소의 이론이라는 관점에서 살펴본다. 비록 소극적이기는 하지만 위법성조각사유도 형법 제13조가 규정하고 있는 '죄의 성립요소인 사실'이다. 그렇다면 갑은 죄의 성립요소인 사실을 인식하지 못하고 행위한 것이므로 살인의 고의는 부인된다. 살인의 고의범이 성립하지 않는다면 이제 형법 제13조 단서에 의하여 과실범처벌의 문제를 살펴야 한다.

3. 학설의 검토

(1) 소극적 구성요건요소의 이론에 대한 검토

여기에서 위에 소개된 각 학설의 타당성을 검토해 보기로 한다. 먼저 소극적 구성요건요소의 이론을 본다. 이 이론은 보통의 구성요건적 착오와 허용구성요건적 착오를 형법 제13조에 의하여 통일적으로 해결하는 논리적 명쾌성을 가지고 있다. 이 견해는 총체적 불법구성요건의 개념을 전제로 하고 있으며 범죄론체계를 불법과 책임으로 양분하는 이분설에 기초하고 있다.

그러나 불법·책임의 이분설은 구성요건과 위법성조각사유의 본질적인 차이를 간과하는 흠이 있다. 구성요건은 위법행위의 정형이다. 구성요건은 일반적·객관적으로 위법행위의 정형을 설정하는 기능을 담당한다. 이에 대하여 위법성조각사유는 구체적인 사정을 전제로 하여 구성요건에 해당하는 행위의 위법성을 예외적으로 조각시켜 주는 기능을 담당한다.

범죄론체계를 구성요건해당성, 위법성, 책임으로 구분하는 전통적인 삼분법은 이러한 일반론과 예외의 관계를 정확하게 반영한다. 이에 반하여 범죄론체계를 불법과 책임으로 양분하는 이분설은 구성요건해당성과 위법성의 기능적 차이를 포착하지 못한다. 따라서 전통적인 삼분법은 여전히 그 이론적 설득력이 있으며 불법·책임 이분설에 근거한 소극적 구성요건요소의 이론은 긍정될 여지가 없다.

(2) 엄격고의설의 검토

문제는 여기에서 고의설을 취할 것인가 책임설을 취할 것인가로 압축된다. 먼저 우리 형법의 조문을 살펴본다. 형법 제13조와 제16조는 범죄성립요소에 대한 인식대상을 규정하면서도 위법성의 인식 그 자체에 대해서는 언급을 하고 있지 않다. 그러나 우리 형법은 '자기의 행위가 법령에 의하여 죄가 되지 아니하는 것으로 오인한 행위'와 단순히 '죄의 성립요소되는 사실을 인식하지 못한 행위'를 명백히 구별하고 있다. 전자의 경우에는 형법 제16조가 '정당한 이유'가 인정되는 때에 한하여 착오의 주장에 의미를 부여한다. 이에 대하여 후자의 경우에는 형법 제13조가 '정당한 이유' 여부를 묻지 않고 착오를 범죄불성립의 사유로 인정한다.

이와 같이 형법 제16조와 제13조를 분리하여 규정한 것은 우리 입법자가 위법성의 인식에 특별한 지위를 부여하였기 때문이라고 생각된다. 이 때 특별한 지위의 부여는 위법성의 인식을 책임의 독자적인 요소로 파악하는 형태로 나타난다. 그렇다면 위법성의 인식결여가 문제된 사안은 일단 책임설의 관점에서 해결하는 것이 타당하다고 본다.

(3) 엄격책임설의 검토

(가) 엄격책임설과 판례의 태도   우리 입법자가 책임설을 취하였다고 할 때 그것이 어떠한 형태의 책임설인지 문제된다. 책임설의 여러 유형 가운데 가장 철저한 것은 엄격책임설이다. 우리 대법원은 〔사례 80〕의 근거가 된 오상방위 사안에 대하여 그 오인에 '정당한 사유'가 존재한다고 보아 살인죄의 고의범이 성립하지 않는 것으로 판단하였다.[1] 대법원의 입장은 허용구성요건적 착오의 경우에도 '정당한 이유'의 유무를 검토해야 한다는 것이며 엄격책임설을 취한 것이라고 생각된다.

(나) 논의의 초점   그러나 우리 입법자가 책임설을 지지하였다고 해서 허용구성요건적 착오에 대해서까지 곧바로 형법 제16조가 적용된다고 속단할 수는 없다. 이미 앞에서 검토한 바와 같이 위법성의 인식결여를 가져오는 금지착오에는 여러 가지 형태가 있다. 위법성조각사유와 관련하여 논의되는 간접적 금지착오는 (가) 위법성조각사유는 인정되고 있지만 그 적용범위와 한계를 오인하는 경우와 (나) 위법성조각사유의 전제사실에 관하여 이를 오인하는 경우로 나누어 볼 수 있다(독일 형법의 경우에는 이 두 가지에 앞서서 존재하지 않는 위법성조각사유를 존재한다고 오인하는 경우도 또 하나의 유형으로 포착된다).

(가)의 위법성조각사유의 적용범위와 한계에 관한 착오는 허용착오임에 대하여 (나)의 위법성조각사유의 전제사실에 관한 착오는 허용구성요건적 착오이다. 허용착오와 허용구성요건적 착오의 취급을 동일하게 할 것인가 아니면 달리할 것인가는 다시 이론적 검토를 거쳐야 할 문제이다.

(다) 엄격책임설의 내용   엄격책임설의 입장에서는 허용착오와 허용구성요건적 착오 모두 행위의 구성요건해당성과는 무관한 착오라고 본다. 그 대신에 엄격책임설은 허용착오나 허용구성요건적 착오 모두 자신의 행위가 예외적으로 허용된다고 행위자가 오인한 끝에

---

1) 1968. 5. 7. 68도370, 집 16②, 형1 = 백선 총론 37. 『배희칠랑 사건』.

위법성의 인식이 결여된 것이라고 본다. 이와 같이 양자가 성질을 같이한다고 본다면 평등 처우의 관점에서 양자를 같은 기준으로 처리하는 것이 바람직하다. 엄격책임설은 이와 같은 논리에 근거하여 허용구성요건적 착오도 형법 제16조에 기하여 균일하게 처리하는 것이 바람직하다고 주장한다.

(라) 엄격책임설의 문제점   그러나 엄격책임설은 허용구성요건적 착오의 독특한 성질을 정확하게 포착하지 못하는 흠을 안고 있다. 허용구성요건적 착오의 경우에 구체적 행위자는 법질서 전체에 대하여 잘못된 인식을 가지고 있는 것은 아니다. 행위자는 전체법질서가 금하는 바가 무엇인지를 전반적으로 인식하고 있다. 그럼에도 불구하고 행위자는 위법성조각사유의 발동을 가능하게 하는 객관적 사정이 존재한다고 오인하여 행위에 나아가고 있다.

구체적 행위자는 법적인 금지규범 또는 명령규범을 잘 알고 있다. 그러나 행위자는 구체적이고 객관적 사정에 대하여 오인하고 있으며 그로 인하여 자신의 행위가 불법이 된다는 점을 인식하지 못하고 있다. 이렇게 보면 허용구성요건적 착오는 형법 제16조보다는 오히려 형법 제13조에 가깝게 위치하고 있다.

이와 같은 성질상의 차이 이외에 허용구성요건적 착오에 형법 제16조를 적용하게 될 경우 범죄성립의 범위가 지나치게 확대된다는 점 또한 주목하지 않을 수 없다. 형법 제16조가 요구하는 '정당한 이유'의 요건은 예외적으로만 긍정된다. 또 형법 제16조에 의하면 정당한 이유의 유무에 따라 책임인정 또는 책임조각의 양자택일만이 가능하다. 이러한 경직성은 곧 양형상의 불합리성을 초래할 염려가 있다. 이상의 점들에 비추어 볼 때 엄격책임설은 이를 지지하기 곤란하다.

(4) 유추적용책임설의 검토

이제 문제는 유추적용책임설을 취할 것인가 아니면 법효과제한책임설을 취할 것인가 하는 점으로 압축된다. 생각건대 구성요건적 고의의 조각까지 인정하는 유추적용책임설은 타당하지 않다고 본다. 허용구성요건적 착오 아래 행위하는 행위자는 비록 착오 상태하에 있더라도 자신의 행위가 구성요건을 실현시킨다는 점을 인식하고 있다. 따라서 허용구성요건적 착오하의 행위자에게는 여전히 구성요건적 고의가 인정된다고 보아야 한다.

그리고 무엇보다도 유추적용책임설에 의하면 공범의 처벌에 커다란 결함이 생기게 된다. 유추적용책임설의 입장에서는 허용구성요건적 착오에 대하여 형법 제13조를 유추적용하여 구성요건적 고의의 성립을 부정한다. 그런데 문제는 다수자가 범행에 관여하는 사안에서 정범에게 고의가 부정될 경우에 발생한다.

교사범과 방조범은 협의의 공범으로서 정범의 범행에 종속하여 처벌된다. 교사범과 방조범은 정범의 행위가 최소한 구성요건에 해당하고 위법할 때 비로소 처벌가능성이 확보된다(소위 제한적 종속형식. 그러나 저자는 책임까지도 갖추어야 된다고 보는 극단적 종속형식을 취하고 있다).[1] 이러한 상황에서 유추적용책임설에 따라 정범의 고의를 부인하게 되면 교사범이나 방조범은 전혀 처벌할 수가 없다.

교사범이나 방조범은 고의범만을 처벌하며 과실범은 처벌하지 않는다. 정범에게 고의가 부정되면 교사범이나 방조범을 처벌할 수 있는 가능성은 존재하지 않는다. 유추적용책임설은 공범의 처벌과 관련하여 결정적인 결함을 안고 있다.

(5) 법효과제한책임설의 채택

유추적용책임설은 공범처벌에 있어서 감내하기 어려운 결함을 안고 있다. 공범처벌의 불비라는 실무상의 문제점을 극복하기 위하여 제안된 것이 바로 법효과제한책임설이다. 법효과제한책임설은 유추적용책임설과 마찬가지로 허용구성요건적 착오에 대하여 형법 제13조를 유추적용한다. 이를 통하여 '정당한 이유'의 요건을 반드시 요구하는 형법 제16조의 엄중함을 완화할 수 있다.

법효과제한책임설은 유추적용책임설과 비슷한 구조를 가지고 있지만 유추적용책임설처럼 고의의 성립을 전면 부정하지는 않는다. 구성요건적 고의의 성립은 인정하되 책임 단계에서 고의범으로서의 비난가능성만을 제한할 뿐이다. 법효과제한책임설에 의하면 구성요건 단계에 있어서 정범의 고의는 그대로 유지된다. 정범에게 구성요건적 고의가 인정되면 교사범이나 방조범을 처벌할 수 있는 기본적 요건의 하나가 확보된다. 교사범이나 방조범은 최소한 정범에게 구성요건에 해당하고 위법한 고의행위가 인정될 때 성립하는 범죄유형이기 때문이다.

이상의 점들을 종합해 볼 때 허용구성요건적 착오의 문제는 법효과제한책임설에 따라서 해결하는 것이 타당하다고 본다.

〈사례 해설〉 이제 〔사례 80〕의 사안으로 다시 돌아가 정리해 본다. 〔사례 80〕에서 문제된 것은 오상방위이다. 오상방위는 허용구성요건적 착오의 일종이다. 허용구성요건적 착오는 법효과제한책임설에 따라 해결하는 것이 타당하다.

법효과제한책임설에 의할 때 구성요건 단계에서 갑에게는 살인의 고의가 인정된다. 그러나 책임 단계에서 갑에게 살인죄의 책임비난을 가할 수는 없다. 이제 남는 것은 과실범

---

1) 후술 672면 이하 참조.

으로서의 책임비난을 검토하는 일이다. 그러나 〔사례 80〕과 같은 이례적이고 급박한 상황 아래에서 갑에게 책임과실을 인정할 근거는 보이지 않는다. 갑에게 고의의 책임비난도, 과실의 책임비난도 과할 수 없다면 갑의 책임은 조각된다. 갑의 오상방위행위는 살인죄는 물론 과실치사죄도 구성하지 않는다.

4. 허용구성요건의 이중적 착오

【사례 81】 중학교 교사 갑은 학생 A가 자기 의자에 젖은 스폰지를 몰래 놓아 둔 장난을 하였다고 생각하고 교구통으로 학생 A의 머리를 두세 차례 세차게 후려갈겼다. 이러한 교사 갑의 체벌행위로 인하여 학생 A의 머리가 크게 부어올랐다.

교사 갑은 학생들이 지나친 장난을 할 경우에 교사로서 이 정도의 징계는 가할 권리가 있다고 생각하였다. 그런데 실제로 젖은 스폰지를 선생님 의자에 몰래 갖다 놓았던 학생은 A가 아니라 B였다.

〔사례 81〕의 사안에서 문제되는 위법성조각사유는 교사의 징계권이다. 초·중등교육법 제18조는 학교장에게 징계권을 인정하고 있다. 교사 갑은 징계권의 행사와 관련하여 이중의 착오를 범하고 있다. 첫째로, 교사 갑은 젖은 스폰지를 갖다 놓은 학생이 A라고 생각하고 있다. 그러나 실제에 있어서 스폰지를 갖다 놓은 학생은 B이다. 여기에서 교사 갑은 A에 대한 징계권 행사를 허용하는 객관적 사실관계가 존재하지 아니함에도 불구하고 그러한 사실관계가 존재하는 것으로 오인하고 있다. 이러한 오인은 허용구성요건적 착오에 해당한다.

두 번째로, 교사 갑은 징계권의 적용범위와 한계를 오인하고 있다. 교사의 학생에 대한 체벌(體罰)이 징계권의 범위에 속하는가 하는 점에 대하여는 논란이 많다.[1] 여기에서 체벌의 근거를 형법 제20조 '기타 사회상규에 위배되지 아니하는 행위'에서 구해 올 여지가 있다. 그러나 설사 체벌의 근거를 사회상규에서 구한다고 할지라도 체벌이라는 징계권은 적절한 범위 내에서만 허용된다. 정도에 관계없이 체벌이 무조건 징계권의 행사로 허용된다고 생각하는 것은 허용착오에 해당한다.

만일 교사 갑이 징계권 발동의 기초사실에 대해서만 착오를 일으키고 적절한 범위 내에서 징계행위를 하였다면 어떻게 될 것인가? 이러한 경우는 전형적인 허용구성요건적 착오에 해당한다. 법효과제한책임설에 의할 때 구성요건적 고의는 인정되지만 고의범의 책임비난을 가할 수는 없다. 따라서 교사 갑에 대하여 상해죄(법257①)의 고의책임을 물을 수는 없다.

---

1) 전술 373면 참조.

이제 남는 것은 과실범의 성립을 검토하는 일이다. 상해죄는 과실범을 처벌하고 있다 (법266). 제시된 사안에서 과실치상죄가 성립하려면 교사 갑이 조금만 살펴보았더라면 정말로 장난한 학생이 누구인지 알아낼 수 있었는데 부주의하여 이를 알지 못한 과실이 인정되어야 한다. 이러한 과실이 인정되는 경우에 한하여 교사 갑은 형법 제13조 단서, 제266조에 의하여 과실치상죄로 처벌될 것이다.

그런데 〔사례 81〕의 사안에서 교사 갑은 징계권의 전제사실에 관해서뿐만 아니라 징계권의 범위와 한계에 대해서도 착오를 일으키고 있다. 이러한 상황하에서는 형법 제13조를 유추적용할 여지가 없다. 설사 학생 A가 실제로 학교교칙에 위반하는 행위를 하였다고 하더라도 교사 갑에게 교구통을 들어서 학생의 머리를 세차게 후려갈기는 따위의 지나친 징계행위를 할 권한은 없다. 이러한 경우에는 금지착오의 기본규정인 형법 제16조를 적용하여야 한다.

형법 제16조를 적용하려면 위법성의 인식이 결여된 데에 대하여 '정당한 이유'가 인정되는가를 살펴야 한다. 갑이 징계권의 행사와 관련하여 허용착오를 범한 것은 그의 직업상의 위치에서 볼 때 정당한 이유가 있다고 생각되지 않는다. 따라서 이중의 착오를 범한 갑은 형법 제257조 제1항의 상해죄로 처벌받게 될 것이다.

제 6 절   책임조각사유

제 1   책임조각사유의 의의

1. 책임비난과 자유의지

범죄는 구성요건에 해당하고 위법하며 유책한 행위이다. 형벌권 발동의 최종관문은 책임이다. 책임은 비난가능성이다. 책임은 구체적 행위자에게 그가 범한 불법(즉 구성요건에 해당하고 위법한 행위)을 놓고 적법행위로 나아가지 아니하였음을 꾸짖는 것이다. 이와 같은 책임비난에는 인간의 자유의지가 전제되어 있다.

자유의지를 철저하게 밀고 나갈 때 사람들은 경우에 따라 초인적인 일도 해낼 수 있다. 그러나 법질서는 사람들에게 초인적 행위를 요구하지 않는다. 사람들은 외부로부터 생명의 위협을 받게 되면 어떠한 수단을 동원해서라도 자신의 생명을 보존하려고 노력한다. 때로는 다른 사람의 목숨을 희생해 가면서까지 자기의 목숨을 지키려고 한다. 마찬가지 사정은 동일한 무게를 가지고 있는 법익과 법익 사이에 충돌이 발생하는 경우에도 찾아 볼 수 있다. 이러한 경우에 행위자는 부득이 어느 하나를 택하지 않을 수 없다. 이와 같은 객관적 갈등상황이 존재할 경우에는 행위자에게 달리 다른 적법한 행위를 기대할 수 없다. 그렇다면 행위자에게 책임비난을 가할 수 없다.

2. 책임조각사유의 의미

책임비난을 가하려면 책임능력, 불법인식, 적법행위에의 기대가능성 등 여러 가지 요건들이 구비되어야 한다. 이 때 책임비난을 가하지 못하도록 저지하는 사유를 가리켜서 책임조각사유라고 한다. 책임무능력이나 금지착오는 책임조각사유의 예이다. 그런데 적법행위에의 기대가능성이 없다는 것은 행위자의 외부에 존재하는 사정에 기인하는 것이다. 구체적 행위자의 외부에 존재하는 객관적 사정을 가리켜서 객관적 부수사정이라고 한다. 객관적 부수사정을 고려하여 책임비난을 배제하는 사유들을 여타의 책임조각사유와 구별하여 면책사유라고 부르기도 한다.

행위자에게 책임을 조각시키는 사유가 존재한다고 하여 행위자의 행위가 곧바로 적법하게 되는 것은 아니다. 책임조각사유는 구성요건에 해당하고 위법한 행위(즉 불법)를 한 구체적 행위자에게 책임비난만을 배제할 뿐이다. 행위자의 행위(즉 불법)로 인하여 피해를 입게 되는 사람에게 구체적 행위자가 처한 특이한 사정으로 인하여 불이익을 감수하라고 요구할 이유는 없다. 책임이 조각되는 행위로 피해를 받게 되는 사람은 행위자의 위법한 행위에 대하여 정당방위를 할 수 있다.

제2 기대가능성의 이론

한국형법	독일구형법
제12조〔강요된 행위〕 저항할 수 없는 폭력이나 자기 또는 친족의 생명, 신체에 대한 위해를 방어할 방법이 없는 협박에 의하여 강요된 행위는 벌하지 아니한다.	**제52조**〔강요상태〕 ① 행위자가 저항할 수 없는 폭력이나 자기 자신 또는 친족의 생명 또는 신체에 대한 현재의 달리 피할 수 없는 위험과 결부된 협박에 의하여 행위를 하도록 강요된 경우에는 가벌적인 행위는 존재하지 않는다. ② (생략: 친족의 범위에 관한 규정임; 저자 주)

한국형법	독일구형법
제22조〔긴급피난〕 ① 자기 또는 타인의 법익에 대한 현재의 위난을 피하기 위한 행위는 상당한 이유가 있는 때에는 벌하지 아니한다. ② 위난을 피하지 못할 책임이 있는 자에 대하여는 전항의 규정을 적용하지 아니한다. ③ 전조 제2항과 제3항의 규정은 본조에 준용한다.	**제54조**〔긴급피난〕 행위가 정당방위의 경우 이외에 행위자 또는 친족의 생명 또는 신체에 대한 현재의 위험을 배제하기 위하여 귀책사유 없고 달리 피할 수 없는 긴급피난 상황에서 행해진 때에는 가벌적인 행위는 존재하지 않는다.

1. 책임조각사유의 체계

규범적 책임론의 관점에서 볼 때 행위자에게 행위 당시 적법행위로 나아갈 수 없게 하는 객관적 부수사정이 있었는가 하는 점은 책임비난을 결정함에 있어서 중요한 의미를 갖는다. 의무는 가능을 전제로 하기 때문이다. 그런데 객관적 부수사정은 행위자가 처한 상황에 따라 각양각색의 형태로 존재할 수 있다. 그렇기 때문에 입법자는 일정한 상황을 정형화하여 책임조각사유(즉 면책사유)로 설정하고 이를 통하여 법생활의 안정성을 도모하려고 한다.

우리 입법자는 책임조각사유를 설정함에 있어서 강요된 행위의 법리를 규정한 형법 제12조 한 조문만을 정면에서 규정하고 있다. 야간 등의 과잉방위(법21③), 야간 등의 과잉긴급피난(법22③) 등도 책임조각사유를 규정한 것이기는 하지만 우리 입법자는 조문배열상 이들 사유를 정당방위나 긴급피난의 변형으로 파악하여 위법성조각사유의 항목에 배치하고 있다.

우리 입법자가 본격적인 책임조각사유로서 강요된 행위의 법리를 규정한 형법 제12조의 한 조문만을 둔 것은 매우 이례적이다. 이러한 사정은 입법자가 위법성조각사유를 규정함에 있어서 형법 제20조 내지 제24조에 걸쳐서 정당행위, 정당방위, 긴급피난, 자구행위, 피해자의 승낙 등 여러 가지 사유를 인정한 것과 크게 구별된다. 또한 위법성조각사유의 경우에는 형법 제20조에 '기타 사회상규에 위배되지 아니하는 행위'라는 포괄적 사유도 인정되고 있다. 그러나 책임조각사유의 경우에는 이와 같은 명문의 일반조항이 없다.

2. 초법규적 책임조각사유와 기대불가능성

책임조각사유가 형법 제12조의 한 조문으로 제한되어 있는 것 때문에 적법행위의 기대가능성이 없는 행위자를 형법상 충분히 배려하지 못할 위험이 있다. 여기에서 성문법률에는 근거가 없지만 해석을 통하여 일반적인 책임조각사유를 모색하려는 노력이 나오게 된다. 성문법률에는 근거가 없으나 해석상 추론되는 책임조각사유를 가리켜서 초법규적 책임조각사유라고 한다. 이 경우 초법규적이란 실정법에 규정되어 있지 않다는 의미이다.

초법규적 책임조각사유로 논의되는 것에 기대가능성의 이론이 있다. 기대가능성의 이론이란 행위자가 행위를 할 당시에 적법행위로 나아갈 것을 기대할 수 없는 경우에는 책임비난을 하지 않는다는 이론을 말한다. 기대가능성이란 적법행위로 나아갈 수 있는 가능성을 말한다. 기대가능성이 있는 경우에는 책임비난을 가할 수 있다. 이에 반해 적법행위에로의 기대가능성이 없는 경우에는 책임이 조각된다. 책임조각이라는 법적 효과의 측면에서 보면 '기대가능성의 이론'이라는 표현보다는 '기대불가능성의 이론'이 더 적절한 용어라고 생각된다. 그렇지만 적법행위의 기대가능성이 결정기준이 된다는 점에서 '기대가능성의 이론'이라는 용어를 그대로 사용하기로 한다.[1]

입법자가 명문의 근거를 마련하지 아니하였음에도 불구하고 해석을 통하여 초법규적으로 기대가능성이라는 일반적 책임조각사유를 인정할 수 있는가 하는 문제에 대하여 견해의 대립이 있다.

3. 형법 제12조의 체계상 위치

(1) 강요된 행위의 입법례

우리 입법자는 본격적인 책임조각사유로서 형법 제12조의 한 조문을 마련하고 있다. 형법 제12조는 "저항할 수 없는 폭력이나 자기 또는 친족의 생명, 신체에 대한 위해를 방어할 방법이 없는 협박에 의하여 강요된 행위는 벌하지 아니한다."고 규정하고 있다. 소위 강요된 행위의 책임조각을 규정한 것이다.

우리 형법 제12조는 원래 독일 구형법 제52조의 모델을 따른 것이다. 1969년의 총칙부분 개정을 거쳐 1975년의 독일 신형법에 의하여 대체될 때까지 적용되었던 독일 구형법은 책임조각사유의 규정으로 책임조각사유로서의 긴급피난(독일구형법54)과 강요된 행위(독일구형법 52)의 두 조문을 두었다. 독일 구형법에는 위법성조각사유로서의 긴급피난에 관한 조

---

1) 6·25 당시 「비상조치령」의 단심제 재판이라는 특수상황에서 기대가능성이론을 형사재판의 실무에 적용하였던 유병진 판사의 기록이 있다. 신동운 편저, 유병진 법률논집 재판관의 고민, (2008) 참조.

문이 규정되어 있지 않았다. 그리고 강요된 행위(독일구형법52)는 책임조각사유로서의 긴급피난(독일구형법54)에 대한 예시규정으로 해석되었다. 그런데 우리 형법은 원칙조항인 책임조각사유로서의 긴급피난규정을 명시하지 아니한 채 예시조항이라고 할 수 있는 강요된 행위의 법리만을 실정법으로 규정하였다.

(2) 초법규적 책임조각사유에 대한 검토

여기에서 우리 형법 제12조가 책임조각사유의 체계에서 차지하는 위치를 어떻게 파악해야 할 것인가 하는 물음이 나오게 된다. 이 문제에 대하여 학계의 견해는 나뉘고 있다.

(가) 기대가능성 긍정설　　초법규적 기대가능성이론을 긍정하는 견해이다.[1] 이 입장에서는 우리 형법 제12조에는 이미 기대가능성의 이론이 초법규적 책임조각사유로 전제되어 있다고 본다. 우리 입법자는 "일정한 갈등상태하에 있는 행위자에게 적법행위를 기대할 수 없는 상황이 발생할 수 있으며 이 때에는 그 행위자에게 책임을 조각시켜 준다."는 기본적 결단을 암묵적으로 행하였다는 것이다. 우리 입법자는 기대가능성의 이론을 인정하면서도 조문화작업의 어려움을 감안하여 형법 제12조라는 예시조항만을 명문화하였다고 보는 것이다.

우리 대법원 또한 기대가능성의 이론을 근거로 책임조각을 인정한 일이 있다.[2] [3] 또한 근래 대법원은 증인이 증언거부권을 고지받지 못한 채 행한 허위진술에 대해 "적법행위의 기대가능성이 없다고 할 수 없다."는 이유로 위증죄의 성립을 인정하였던 종전의 판례를 변경하여 위증죄를 부정할 수 있는 여지를 열어놓았다.[4]

나아가 판례는 임금 체불 또는 퇴직금 체불 사안에 대해, 기업이 불황이라는 사유만으로 사용자가 근로자에 대한 임금이나 퇴직금을 체불하는 것은 허용되지 아니하지만, 모든

---

1) 권오걸, 365면; 김성돈, 408면; 김성천·김형준, 303면; 김일수·서보학, 291면; 김혜정 외 4인, 251면; 손동권·김재윤, 333면; 오영근, 281면; 이용식, 187면; 이재상·장영민·강동범, 361면; 임웅, 360면; 정성근·정준섭, 201면.

2) 1966. 3. 22. 65도1164, 총람 형법 314조 14번 = 백선 총론 55. 참고판례 1. 『채점기준표 암기 사건』.

3) "(전략) 피고인들이 무장공비의 탈출시간으로 추정되는 1978. 12. 4. 24:00경까지 만 4일 6시간 동안 불과 3시간 또는 5시간의 수면을 취한 상태에서 2시간씩 교대로 수면을 취한 행위 자체에는 특단의 사정이 없는 한 비난가능성이 있다고 단정할 수는 없는 것이므로 원심판결은 이 점에 관하여 심리를 다하지 아니하고 판단하므로써 기대가능성에 관한 법리를 오해한 위법이 있어 논지는 이유 있다."

1980. 3. 11. 80도141, 공 1980, 12717 = 분석 총론 『전투준비태만죄 사건』.

4) "헌법 제12조 제2항에 정한 불이익 진술의 강요금지 원칙을 구체화한 자기부죄거부특권에 관한 것이거나 기타 증언거부사유가 있음에도 증인이 증언거부권을 고지받지 못함으로 인하여 그 증언거부권을 행사하는 데 사실상 장애가 초래되었다고 볼 수 있는 경우에는 위증죄의 성립을 부정하여야 할 것이다."

2010. 1. 21. 2008도942 전원합의체 판결, 공 2010상, 465 = 백선 총론 58. 『쌍방상해 위증 사건』.

성의와 노력을 다했어도 임금이나 퇴직금의 체불이나 미불을 방지할 수 없었다는 것이 사회통념상 긍정할 정도가 되어 사용자에게 더 이상의 적법행위를 기대할 수 없거나 불가피한 사정이었음이 인정되는 경우에는 그러한 사유는 「근로기준법」이나 「근로자퇴직급여 보장법」에서 정하는 임금 및 퇴직금 등의 기일 내 지급의무 위반죄의 책임조각사유로 된다고 판단하여 기대가능성 이론의 적용을 긍정하고 있다.[1][2]

(나) 기대가능성 부정설   초법규적인 기대가능성이론을 부정하는 견해이다.[3] 생각건대 형법 제12조의 규정에 선재(先在)하는 초법규적 책임조각사유로서 기대가능성의 이론을 도출하는 견해는 찬성하기 곤란하다. 기대가능성이론의 취지를 인정하더라도 그 요건을 명백히 밝혀 두지 않으면 행위자의 개별사정이나 개인적 성격에 지나치게 영향을 받아 법의 운용에 불평등과 불합리가 생길 염려가 있다. 그뿐만 아니라 행위자가 처한 구체적 부수상황에 책임판단이 좌우되어 법질서가 지나치게 주관화, 무력화될 우려가 있다.[4] 우리 입법자가 예시조항에 해당하는 형법 제12조를 규정하면서 원칙조항을 천명하지 않은 것은 이 점을 의식하였기 때문이라고 생각된다.

(3) 책임조각사유의 근거조문

책임이 비난가능성이라는 관점에서 볼 때 기대가능성이론의 취지를 부정할 수는 없다. 그러나 기대가능성의 이론을 인정하더라도 그 실정법적 근거를 확보하기 위한 노력을 게을리 하여서는 안 된다. 생각건대 기대가능성이론의 실정법적 근거는 무엇보다도 형법 제22조 제1항의 긴급피난조문에서 구할 수 있다고 본다. 형법 제22조 제1항을 이원적으로 파악하여 책임조각사유로서의 긴급피난을 인정하게 되면 기대가능성이론의 근거를 실정법적으로 확보할 수 있다. 이렇게 되면 형법 제12조는 형법 제22조 제1항에서 규정한 책임조각사유로서의 긴급피난에 대한 특별규정으로 새길 수 있다.

형법 제22조 제1항과 제12조를 비교하여 볼 때 전자는 그 성립요건으로 '상당한 이유'를 요구하고 있다. 이에 대하여 후자에는 그러한 요건이 부과되어 있지 않다. 이러한 차이를 놓고 형법 제22조 제1항이 책임조각사유로서의 긴급피난을 인정한 것이 아니라고 새길 필요는 없다. 형법 제12조의 요건이 갖추어질 때 형법 제22조 제1항이 규정한 '상당한 이

---

1) 2015. 2. 12. 2014도12753, 공 2015상, 510 =『임금체불 책임조각 사건』☞ 1121면.

2) 부작위범과의 관련에 대하여는 전술 162면 참조.

3) 박상기, 180면; 배종대, 332면; 성낙현, 370면; 이정원, 257면.

4) 초법규적 기대가능성이론의 문제점을 날카롭게 지적한 글로는, 문인구, "기대가능성과 실정법의 한계", 「법정」, 제12권 제7호, (1957. 7.), 22면 이하, 신동운 · 허일태 편저, 효당 엄상섭 형법논집, (2003), 241면 이하 전재 참조.

유'의 요건도 당연히 충족된다고 해석할 수 있기 때문이다.

한편 긴급피난에 관한 우리 형법 제22조는 제2항에서 '위난을 피하지 못할 책임 있는 자'에 관하여 특별한 규정을 두고 있다. 형법 제22조 제2항은 기대가능성의 관점에서 마련된 것이다. 이 규정은 책임조각사유로서의 긴급피난을 규정한 독일 형법 제35조 제1항 제2문에 상응하는 것이다.[1] 그렇다면 긴급피난을 규정한 우리 형법 제22조는 그 자체에 기대가능성의 이론을 함께 규정한 조문이라고 할 수 있다.

기대가능성의 이론을 초법규적으로 긍정하게 되면 구체적인 운용준칙이 제시되지 아니하여 법운용에 자의(恣意)와 주관성이 개입할 위험이 크다. 기대가능성의 이론은 입법자가 정형성을 부여해 놓은 형법 제22조 제1항을 근거로 이를 운용하는 것이 타당하다고 하겠다.

제 3 기대가능성의 판단척도

1. 판단척도에 관한 학설개관

기대가능성의 이론은 적법행위에의 기대가능성이 없음을 이유로 책임조각이라는 법적 효과를 인정하려는 이론이다. 기대가능성의 이론을 책임조각사유로 인정할 것인가 하는 문제에 대해서 논란이 있음은 앞에서 설명하였다. 만일 책임조각사유로 인정한다면 기대가능성의 이론은 소위 초법규적 책임조각사유라고 할 수 있다.

기대가능성의 이론은 비정형적이고 비유형적이어서 그 적용 여부를 가늠하기가 매우 곤란하다. 여기에서 기대가능성이론을 초법규적 책임조각사유로 인정하는 사람들은 기대가능성의 판단척도를 객관화하기 위한 노력을 하게 된다. 적법행위에의 기대가능성을 판단하는 척도로는 행위자표준설, 평균인표준설, 국가표준설이 각각 제시되고 있다. 원래 이 학설들은 초법규적 책임조각사유를 운용하는 기준으로 제시된 것이지만 실정법상 인정된 경우만을 책임조각사유로 인정하는 입장에서도 경청할 만한 기준점을 제시하고 있다. 실정법상의 책임조각사유들도 기본적으로는 기대가능성의 이론이라는 공통의 토대 위에서 개별화, 유형화된 것이기 때문이다.

(가) 행위자표준설   행위 당시에 행위자가 처하고 있던 객관적 부수사정을 행위자의 입장에서 고찰하여 기대가능성의 유무를 논하여야 한다는 주장이다.[2][3] 행위자표준설은

---

1) 전술 480면 조문대비표 참조.
2) 김성천 · 김형준, 301면; 배종대, 340면.
3) 손동권 · 김재윤, 331면은 행위자표준설과 평균인표준설을 함께 고려한다.

기대가능성이론의 본래 취지에 가장 충실한 견해라고 할 수 있다. 책임비난을 가하려면 행동을 결정하는 행위자 자신에게 적법행위로 나아갈 수 있는 가능성이 있어야 하기 때문이다. 그러나 구체적인 행위자를 기준으로 적법행위의 기대가능성을 논하게 되면 개개의 행위자별로 책임비난의 여부와 정도가 달라질 염려가 있다. 그 결과 법규범의 통일적인 실현이 저해되고 형벌법규의 무력화가 초래된다.

(나) 국가표준설   행위 당시에 행위자가 처하고 있던 객관적 부수사정을 법질서 유지의 책무를 지고 있는 국가의 관점에서 고찰하여 기대가능성의 유무를 결정해야 한다는 주장이다. 국가표준설은 기대가능성을 판단함에 있어서 통일적인 기준을 제시한다는 장점이 있다. 그러나 국가표준설은 법질서의 유지라는 국가의 책무를 강조하는 나머지 행위자가 처한 객관적 부수사정이 가지는 개성과 의미를 무시하기 쉽다. 그 결과 기대가능성의 이론이 작용할 수 있는 영역이 사실상 봉쇄되어 버릴 염려가 있다.

(다) 평균인표준설   행위 당시 행위자가 처하고 있던 객관적 부수사정을 법공동체의 양심적인 일반적 평균인의 관점에서 평가하여 기대가능성의 유무를 결정해야 한다는 견해이다.[1] 판례는 평균인표준설을 취하고 있다.[2][3] 평균인표준설은 행위자표준설과 국가표준설의 중간에서 양자의 결함을 중화시키려는 노력이라고 할 수 있다. 책임비난의 지나친 주관화와 기대가능성이론의 사실상 봉쇄라는 양 극단의 중간에 서서 기대가능성이론의 적용범위를 확보하려는 노력이라고 할 수 있다.

(라) 사   견   기대가능성의 이론이라는 본래의 취지에 비추어 보면 평균인표준설도 비난의 여지를 안고 있다. 행위자에게 적법행위를 기대할 수 있는가 아닌가 하는 문제는 행위를 결정하는 구체적 행위자를 떠나서는 판단할 수 없기 때문이다. 그러나 기대가능성의 문제는 행위자 스스로 판단하는 것이 아니라 제3자에 의하여 판단되어야 하는 사항이다. 초법규적 책임조각사유를 긍정한다는 가정하에 판단기준을 모색한다면 일단 제3자의 평균적 관점을 고려하는 평균인표준설이 보다 타당한 견해라고 생각된다. 평균인표준설은 또한 형벌법규의 운용이 지나치게 주관화하는 폐단도 방지할 수 있다.

2. 책임조각사유의 유형화 필요성

기대가능성이론은 성문법률이 제시하는 표지에 구속받지 아니하는 초법규적 책임조각

---

1) 권오걸, 367면; 김성돈, 409면; 김일수 · 서보학, 293면; 김혜정 외 4인, 248면; 성낙현, 372면; 오영근, 277면; 이재상 · 장영민 · 강동범, 363면; 임웅, 359면; 정성근 · 정준섭, 202면; 정영일, 316면.

2) 2008. 10. 23. 2005도10101, 공 2008, 1620 = 백선 총론 58. 참고판례 2. 『황제룸주점 사건』.

3) 2015. 11. 12. 2015도6809 전원합의체 판결, 공 2015하, 1915 = 『세월호 사건 긴급피난 부분』 ☞ 1082면.

사유를 인정하려는 이론이다. 여기에 평균인표준설을 채택하여 기대가능성의 유무를 판단하게 되면 평균인이라고 하는 불특정개념이 적법행위의 기대가능성을 판단하는 기준점으로 등장한다. '평균인' 이외의 객관적인 표지는 존재하지 않는다. 이와 같이 불특정개념에 의존하는 결과로 기대가능성이론은 전혀 그 적용 여부를 예측할 수 없는 이론으로 전락하게 되고 법관에게 자의적인 법운용의 구실만을 제공할 소지가 크다.

이러한 위험성을 제거하는 방법은 입법자가 정해 놓은 실정법의 규범을 최대한 활용하여 기대가능성의 이론을 구체화하는 일이다. 강요된 행위를 규정한 형법 제12조는 대표적인 근거조문이다. 그 밖에도 야간 등의 과잉방위를 규정한 형법 제21조 제3항, 야간 등의 과잉긴급피난을 규정한 형법 제22조 제3항 등은 기대가능성이론을 구체화한 조문이다. 그리고 최종적으로 책임조각사유로서의 긴급피난을 위법성조각사유로서의 긴급피난과 함께 규정한 형법 제22조 제1항을 기대가능성이론의 일반적 근거조문으로 활용할 수 있다. 초법규적 책임조각사유로서의 기대가능성이론은 입법자가 규정해 놓은 실정법 조문에 양보하지 않으면 안 된다.

제4 강요된 행위

【사례 82】 선장 갑은 동해안 어로한계선 부근에서 고기잡이를 하다가 다른 선원들과 함께 북한 경비정에 피납되었다. 갑은 북한의 공작요원 A 등이 짜놓은 일정에 따라 교육을 받고 공개석상에 나와 남쪽을 비난하는 기자회견을 하였다. 그런데 사실 갑은 A 등의 말을 듣지 않으면 고향에 돌아가지 못하는 것은 물론 목숨도 부지하지 못할 것이라고 생각하여 그러한 행위를 한 것이었다.

(1969. 3. 25. 69도94, 집 17①, 형96 = 백선 총론 55. 참고판례 3. 『납북어부 기자회견 사건』)

---

1. 강요상황

형법 제12조는 "저항할 수 없는 폭력이나 자기 또는 친족의 생명, 신체에 대한 위해를 방어할 방법이 없는 협박에 의하여 강요된 행위는 벌하지 아니한다."고 규정하고 있다. 소위 강요된 행위의 책임조각을 규정한 것이다. 우리 형법 제12조와 유사한 입법례로 독일 구형법 제52조가 있다. 당시 독일 형법학계에서는 이 조문의 적용영역을 가리켜서 강요된 긴급피난(Nötigungsnotstand)이라는 표현을 사용하였다.

형법 제12조에 의하여 책임조각이 인정되려면 일정한 강요상황이 외부적으로 존재하고 그로 인하여 강요된 행위가 행해진다는 두 가지 요건이 갖추어져야 한다. 일정한 강요상황은 다른 사람의 강요행위에 의하여 이루어진 것이어야 한다. 어떤 사람의 성장교육과정을 통하여 형성된 내재적인 관념 내지 확신으로 인하여 행위자 스스로의 의사결정이 사실상 강제되는 결과를 낳게 하는 경우는 강요상황에 해당하지 않는다.[1] [2]

(1) 저항할 수 없는 폭력

형법 제12조를 적용하려면 먼저 구체적 행위자가 저항할 수 없는 폭력이나 자기 또는 친족의 생명, 신체에 대한 위해를 방어할 방법이 없는 협박에 의하여 자유로운 의사결정을 할 수 없는 강요된 상황에 처해 있어야 한다. 강요된 상황의 첫 번째 유형은 저항할 수 없는 폭력에 의한 경우이다.

(가) 폭력개념　　일반적으로 폭력이란 유형력의 행사라고 정의된다. 폭력은 상대방의 자유로운 의사활동을 제압하기 위하여 가해지는 유형력의 행사이다. 폭력은 다시 절대적 폭력과 심리적 폭력으로 나누어진다.

(나) 절대적 폭력　　상대방의 의사활동이 전혀 개입하지 못하는 상태에서 일어나는 유형력의 행사를 가리켜서 절대적 폭력이라고 한다. 예컨대 연약한 갑녀가 완력이 센 A남에게 손을 강제로 붙잡혀 다른 사람 B를 밀어 고층건물에서 떨어지게 하는 경우를 생각해 본다. 외관상으로만 볼 때 이 경우 갑녀는 B를 밀어서 B를 고층건물로부터 떨어지게 하고 있다. 그러나 갑녀의 신체동작에는 갑녀의 의사가 전혀 개입되어 있지 않다. 이와 같이 상대방의 의사활동이 전혀 개입하지 아니한 상태에서 일어나는 유형력의 행사가 절대적 폭력이다.

(다) 심리적 폭력　　절대적 폭력은 형법 제12조에서 말하는 폭력에 해당하지 않는다. 따라서 형법 제12조가 규정한 저항할 수 없는 폭력에도 해당하지 않는다. 절대적 폭력에 의하여 일어난 신체동작(예컨대 갑녀가 B를 손으로 미는 것)은 전혀 의사활동에 의하여 뒷받침되지 아니한 것으로서 단순한 신체의 움직임에 불과하다. 따라서 형법상 행위로서의 의미도 인정되지 않는다. 이 때문에 형법 제12조의 저항할 수 없는 폭력은 절대적 폭력을 제외한 나머지 형태의 유형력의 행사를 의미하게 된다. 절대적 폭력에 반하여 상대방의 의사활동에 영향을 미치는 유형력의 행사를 가리켜서 심리적 폭력이라고 한다.[3] 형법 제12조의 폭력은 심리적 폭력을 의미한다.

---

1) 1990. 3. 27. 89도1670, 공 1990, 1017 = 백선 총론 57. 『KAL기 폭파 사건』.
2) 확신범 및 양심범의 문제에 대해서는, 전술 466면 이하 참조.
3) 1983. 12. 13. 83도2276, 공 1984, 225 = 백선 총론 55. 『고소장 사건』 참조.

강요된 행위의 기초가 되는 폭력은 저항할 수 없는 폭력이어야 한다. 물리적으로 완력이 약해서 쉽사리 저항할 수 없는 폭력이 여기에 해당함은 물론이다. 그 밖에도 폭력을 제거할 수 있는 힘은 있지만 그 힘을 현실적으로 행사하여 폭력을 거부하지 못하게 될 사정이 있는 경우(소위 윤리적 의미에 있어서 강압된 경우)도 저항할 수 없는 폭력에 해당한다. 유형력의 행사가 저항할 수 없는 폭력에 해당하는가 아닌가는 평균인의 관점에서 구체적인 사정을 종합적으로 검토하여 판단해야 할 것이다.

(2) 방어할 방법이 없는 협박

강요된 상황의 두 번째의 유형은 자기 또는 친족의 생명, 신체에 대한 위해를 방어할 방법이 없는 협박이 가해지는 경우이다. 협박이란 사람에게 공포심을 불러일으킬 정도의 해악을 고지(告知)하는 것을 말한다. 사람에게 공포심을 불러일으키려면 그 해악의 발생을 좌우할 수 있는 힘이 있다는 것을 상대방에게 보일 수 있어야 한다. 해악의 발생을 좌우할 수 있음을 알린다는 점에서 협박은 경고와 구별된다. 경고는 길흉화복 등 단순한 해악의 고지만을 말하기 때문이다. 협박의 구체적 형식은 이를 묻지 않는다. 협박은 유형·무형을 묻지 않는다. 구두나 서면 또는 무언의 거동으로도 이루어질 수 있다.

협박은 해악의 고지를 내용으로 한다. 해악이란 법익의 침해를 말한다. 현실적으로 법익이 침해되지 아니하였으나 장차 침해될 위험이 있는 상태를 가리켜서 위해라고 한다. 형법 제12조는 위해의 대상이 되는 법익을 자기 또는 친족의 생명·신체로 한정하고 있다. 이와 같이 형법 제12조가 협박의 범위를 제한하고 있기 때문에 자기 또는 친족의 생명·신체 이외의 법익에 대한 위해를 내용으로 하는 협박의 상황에서 유래하는 행위에 대해서는 또 다른 책임조각사유가 필요하게 된다. 형법 제22조 제1항이 규정한 책임조각사유로서의 긴급피난은 이 점에서 중요한 보완규정이 된다.

형법 제12조의 협박은 방어할 방법이 없는 협박이어야 한다. 방어할 방법이 없다 함은 달리 생명 또는 신체에 대한 위해를 저지하거나 회피할 수 없고 강요된 행위를 하는 것만이 위해를 피하기 위한 유일한 수단임을 의미한다.

〈사례 해설〉 〔사례 82〕에서 선장 갑은 자기의 생명에 대한 위해를 내용으로 하는 협박을 받고 있다. 또 신체의 자유가 제한되어 있는 상황에서 선장 갑에게는 자기의 생명에 가해지는 위해를 방어할 방법이 달리 없다. 설사 북한공작원 A가 명시적인 위압행위를 보이지 않는다 하더라도 선장 갑은 방어할 방법이 없는 협박 아래 놓여 있다.

형법 제12조는 행위자가 스스로 강요상태를 자초한 경우에는 적용되지 않는다. 예컨대 〔사례 82〕에서 선장 갑이 일부러 어로한계선을 넘어서 어로행위를 하다가 납북되었다면 갑

은 형법 제12조를 근거로 강요된 행위의 법리를 주장할 수 없다.[1] 이 점에서 형법 제12조
의 운용에 대해서도 형법 제22조 제2항이 기대가능성의 관점에 근거하여 규정해 놓은 긴급
피난제한의 법리가 적용된다고 할 수 있다.

2. 강요된 행위

형법 제12조의 적용을 위한 두 번째 요건은 강요된 행위이다. 저항할 수 없는 폭력과
방어할 방법이 없는 협박은 행위자에 대한 강요행위이다. 강요행위로 말미암아 일어난 행
위가 강요된 행위이다. 이 때 강요된 행위가 구성요건에 해당하고 위법한 행위임은 물론이
다. 강요된 행위의 법리는 책임 단계에서 비로소 기능하는 책임조각사유이기 때문이다. 절
대적 폭력에 의한 신체동작은 형법상 행위로서의 성질도 부정된다. 따라서 절대적 폭력으
로 인하여 일어난 신체동작은 형법 제12조에서 말하는 강요된 행위에 포함되지 않는다.

저항할 수 없는 폭력이나 방어할 방법이 없는 협박을 수단으로 하는 강요행위와 강요
된 행위 사이에는 인과관계가 인정되어야 한다. 저항할 수 없는 폭력이나 방어할 방법이
없는 협박은 상대방에게 의사결정의 자유나 의사활동의 자유를 침해한다. 강요된 행위는
이와 같이 강제된 의사에 기초하여 행해진 것으로서 일단 구성요건에 해당하고 위법한 행
위이다. 그렇지만 강요된 행위라고 판명되면 그 행위는 구성요건에 해당하고 위법한 것임
에도 불구하고 책임이 조각되어 범죄가 성립되지 않는다.

강요된 행위의 경우 강요자는 '어느 행위로 인하여 처벌되지 아니하는 자'를 교사하여
범죄행위의 결과를 발생시킨 자에 해당하므로 형법 제34조 제1항에 기하여 강요된 행위로
인하여 발생한 범죄(예컨대 살인죄)의 간접정범으로 처벌된다. 한편 강요자의 행위는 그 자
체로 형법 제324조의 강요죄에 해당한다. 강요된 행위로 인하여 발생한 범죄와 강요죄는
상상적 경합관계에 있다고 생각된다. 따라서 강요자는 두 죄 가운데 무거운 죄에 정한 형으
로 처벌되어야 할 것이다(법40).

제5 책임조각사유로서의 긴급피난

한국형법	독일형법
제22조〔긴급피난〕 ① 자기 또는 타인의 법익에 대한 현재의 위난을 피하기 위	**제35조**〔면책적 긴급피난〕 ① 생명, 신체 또는 자유에 대하여 다른 방법으로 회

1) 1971. 2. 23. 70도2629, 집 19①, 형66 = 백선 총론 55. 참고판례 4. 『재차 월선조업 사건』.

한국형법	독일형법
한 행위는 상당한 이유가 있는 때에는 벌하지 아니한다. ② 위난을 피하지 못할 책임이 있는 자에 대하여는 전항의 규정을 적용하지 아니한다.	피할 수 없는 현재의 위험 속에서 자기, 친족 또는 기타 자기와 밀접한 관계에 있는 자를 그 위험으로부터 구하기 위하여 위법행위를 한 자는 책임 없이 행위한 것이다. 상황에 비추어 볼 때 행위자가 그 위험을 스스로 야기하였거나 특별한 법적 관계에 있기 때문에 그 위험을 감수할 것이 행위자에게 기대될 수 있었던 경우에는 그러하지 아니하다. 다만, 행위자가 특별한 법적 관계를 고려하여 그 위험을 감수해야만 하였던 경우 외에는 그 형을 제49조 제1항(기속적 감경규정; 저자 주)에 의하여 감경할 수 있다.
③ 전조 제2항과 제3항의 규정은 본조에 준용한다.	(해당 조항 없음)
(해당 조항 없음)	② 행위자가 행위를 함에 있어서 제1항에 의하여 자기를 면책시킬 사정이 있다고 오신하였을 때에는 그 착오가 회피할 수 있었던 경우에 한하여 벌한다. 그 형은 제49조 제1항(기속적 감경규정; 저자 주)에 의하여 감경한다.

【사례 83】 한국의 P프로축구 선수단이 비행기를 타고 전지훈련을 가다가 비행기 고장으로 안데스 산맥에 불시착하였다. 조난자들을 구출하는 데 3주일이 걸렸는데 그 사이에 일행 중 두 사람이 살해되었다. 살해당한 사람들의 인육으로 다른 사람들은 목숨을 연명하였다.

【사례 84】 건축공사현장의 조장 갑은 옹벽장치를 하지 아니한 지하공사장에서 인부들에게 작업을 시키고 싶지 않았다. 그러나 갑의 고용주 A는 만일 작업을 신속하게 진행하지 않으면 갑을 해고해 버리겠다고 으름장을 놓았다. 얼마 후 비가 쏟아지

자 지하굴착작업 현장에서 일하던 인부 B와 C 두 사람이 무너진 흙더미에 깔려 사
망하였다.

　이 경우 갑을 과실치사죄로 처벌할 수 있겠는가?

1. 책임조각사유로서의 긴급피난의 요건

(1) 위법성조각사유로서의 긴급피난과의 구별

　형법 제22조 제1항으로부터 책임조각사유로서의 긴급피난의 법리를 도출할 수 있다 함
은 앞에서 설명하였다. 책임조각사유로서의 긴급피난을 인정하기 위한 요건은 위법성조각
사유로서의 긴급피난과 대부분 중복된다. 따라서 법익의 범위와 종류, 위난의 현재성 등에
관한 설명은 위법성조각사유로서의 긴급피난의 항목에서 논한 것으로 대신한다.[1]

　위법성조각사유로서의 긴급피난의 경우와 달리 책임조각사유로서의 긴급피난의 경우에
는 충돌하는 법익 사이에 현저한 우열의 차이가 요구되지 않는다. 동가치의 법익이나 비교
불가능한 법익이 충돌하는 경우에는 위법성조각사유로서가 아니라 책임조각사유로서의 긴
급피난을 인정하여야 한다.

　생명 대 생명이 충돌하는 경우에는 법익 사이에 우열을 논할 수 없다. 이러한 경우에는
책임조각사유로서의 긴급피난이 인정된다. 다만 임부의 생명을 구하기 위하여 태아의 생명
을 파괴하는 경우에는 예외적으로 생명간에 우열을 논할 수 있다. 이 경우에는 위법성조각
사유로서의 긴급피난이 인정될 수 있다.

　책임조각사유로서의 긴급피난이 인정되려면 행위자가 달리 해결할 수 없는 갈등상황에
처하고 있음을 인식하여야 한다. 책임조각사유로서의 긴급피난의 성립에 주관적 요소가 필
요한 것이다. 이것은 위법성조각사유로서의 긴급피난의 성립에 있어서 주관적 정당화요소
가 필요한 것과 마찬가지이다.

(2) 책임조각사유로서의 긴급피난의 적용범위

　강요된 행위를 규정한 형법 제12조에 비추어 볼 때 생명과 신체는 책임조각사유로서의
긴급피난의 대상이 되는 법익에 당연히 포함된다. 그러나 그 밖의 법익에 대해서는 형법
제22조 제1항이 아무런 제한을 두고 있지 않다. 이 점은 독일 형법 제35조가 책임조각사유
로서의 긴급피난을 규정하면서 대상법익의 범위를 생명, 신체, 자유로, 법익의 주체를 자기,
친족 기타 밀접한 관계에 있는 자로 한정하고 있는 것과 크게 구별된다.

---

1) 전술 331면 이하 참조.

우리 형법 제22조 제1항은 책임조각사유로서의 긴급피난을 규정하면서 법익에 제한을 두고 있지 않다. 이 때문에 아무리 사소한 법익이라도 책임조각사유로서의 긴급피난의 대상이 될 수 있다고 생각할 여지가 있다. 그러나 책임조각사유로서의 긴급피난의 본질이 현저한 우열의 차이를 논하기 어려운 법익들 사이에 일어나는 충돌을 고려하여 책임비난을 배제한다는 점에 비추어 볼 때 어느 정도 법익의 범위에 제한을 가하지 않을 수 없다고 본다. 적법행위의 기대가능성을 배제할 정도의 강력한 갈등상황을 불러일으키는 법익간에 충돌이 있는 때 비로소 책임조각사유로서의 긴급피난을 고려할 수 있을 것이다.

이러한 관점에서 생각할 때 생명, 신체의 완전성, 장소이동의 자유, 성적(性的) 자기결정권 등은 책임조각사유로서의 긴급피난규정의 적용대상이 된다고 본다. 이에 대하여 경미한 재산상의 이익이나 명예 등은 그 적용대상에서 배제되어야 할 것이다. 사소한 법익간의 충돌상황에 대해서까지 일일이 책임조각사유로서의 긴급피난을 인정하는 것은 법질서의 무력화를 초래할 것이기 때문이다.

대법원은 입학시험을 앞둔 수험생이 부정하게 입수된 모범답안을 암기하여 응시한 결과 시험에 합격한 사안에 대하여 기대불가능성을 인정하여 업무방해죄(법314①)의 성립을 부정한 바 있다.[1] 이 판례는 생명, 신체의 완전성, 장소이동의 자유 등과 같은 중대한 법익을 보호하기 위한 경우가 아니더라도 기대가능성이 없음을 이유로 책임조각을 인정한 예로 주목된다.

본 판례에서 부정한 방법으로라도 응시하려는 수험생의 절박한 상황을 이해할 수 없는 것은 아니다. 그렇지만 명문학교에의 입학이라는 명예나 수업받을 권리라는 사소한 법익을 보호하기 위하여 업무방해죄의 구성요건에 해당하고 위법한 행위를 범한 행위자에게 책임을 조각시킨 대법원의 판단은 지나친 결론이라고 생각된다.

〈사례 해설〉 〔사례 83〕의 경우는 생명 대 생명이 충돌하는 경우이다. 따라서 책임조각사유로서의 긴급피난이 적용될 여지가 충분하다. 그러나 〔사례 84〕의 경우에는 해고의 위험만으로는 책임조각사유로서의 긴급피난을 내세워 책임비난을 면할 수는 없다고 하겠다.

2. 위난을 피하지 못할 책임 있는 자

책임조각사유로서의 긴급피난을 인정할 경우에 제한이 가해지는 상황이 있다. 우리 형법 제22조 제2항은 '위난을 피하지 못할 책임이 있는 자'에 대하여는 긴급피난의 규정을

---

1) 1966. 3. 22. 65도1164, 총람 형법 314조 14번 = 백선 총론 55. 참고판례 1.『채점기준표 암기 사건』.

적용하지 않기로 하고 있다. 형법 제22조 제2항은 일반적인 경우라면 적법행위의 기대가능성이 없어서 책임을 조각시킬 만한 긴급피난행위라 할지라도 위난을 피하지 못할 책임 있는 자에게는 적법행위의 기대가능성이 있는 것으로 취급하는 조문이다.

위난을 피하지 못할 책임 있는 자의 예로는 위난을 자초한 자와 군인, 소방관, 경찰관 등 특수한 위험업무종사자, 그리고 일반적 수인의무의 세 가지 경우를 생각할 수 있다.

(가) 자초위난　　　스스로 원인을 제공하여 위난상태가 초래된 경우를 가리켜서 자초위난이라고 한다. 자초위난의 경우 원인제공자는 그로 인한 위험을 스스로 감당해야 한다는 것이다.[1] 그러나 원인제공자라는 사실만으로 긴급피난을 무조건 제한하는 것은 타당하지 못하다. 자초위난으로 긴급피난이 제한되는 것은 고의 또는 과실로 원인제공행위에 유책성이 인정될 경우에 한한다.

(나) 위험업무종사자　　　위난을 피하지 못할 책임 있는 자의 또 다른 경우로 소위 위험업무종사자가 있다. 경찰관, 소방관, 선장·선원과 같이 일정한 직업에 종사하는 사람들은 위험을 감수해야 할 의무가 있다. 위험업무종사자는 자신에게 위난이 닥친다고 해서 직무상 의무를 게을리할 수 없다. 법공동체가 위험업무를 담당하는 제도와 조직을 마련할 때 법공동체는 그 업무에 종사하는 사람들이 이미 그러한 위험을 감내할 것으로 기대하고 있기 때문이다.

경찰관이 범인을 발견하였으나 범인으로부터 얻어맞는 것을 두려워해서 범인을 도망가도록 내버려두었다면 직무유기죄(법122)가 성립하게 될 것이다. 선장이 선박 침몰의 현장에서 자신도 익사할 것을 두려워하여 승객들을 그대로 두고 침몰되는 선박에서 탈출하였다면 살인죄가 성립할 수도 있다.[2] 이러한 경우에 경찰관이나 선장은 위난을 피하지 못할 책임 있는 자이기 때문에 긴급피난을 주장할 수 없다.

(다) 일반적 수인의무　　　위난을 피하지 못할 책임 있는 자에 준하는 상황으로 일반적인 수인의무가 있다. 국가기관 등이 적법하게 직무를 수행하여 시민이 일반적인 수인의무를 부담하는 경우에는 그 시민은 자신의 법익보호를 내세워서 긴급피난행위를 할 수 없다. 일반적인 수인의무를 이행하는 것은 누구에게나 기대되는 것이기 때문이다. 따라서 경제사정이 갑자기 악화되어 생필품 품귀소동이 빚어진다고 해도 시민들은 물건탈취 등의 피난행위를 할 수 없다. 경제사정의 악화에 따른 법익침해의 위험은 시민들 모두가 참고 받아들여야 할 상황인 것이다.

---

1) 2015. 11. 12. 2015도6809 전원합의체 판결, 공 2015하, 1915 =『세월호 사건 수난구호법 부분』☞ 1122면.

2) 2015. 11. 12. 2015도6809 전원합의체 판결, 공 2015하, 1915 =『세월호 사건 살인죄 부분』☞ 1037면.

제 6 과잉방위와 과잉긴급피난

1. 한국 형법의 특징

우리 형법은 과잉방위에 대하여 형의 임의적 감경 또는 면제를 인정하고 있다(법21②). 나아가 과잉방위행위가 야간 기타 불안스러운 상태하에서 공포, 경악, 흥분 또는 당황으로 인한 때에는 벌하지 않는다(법21③). 이 경우 '벌하지 아니한다' 함은 책임이 조각되어 벌하지 않는다는 의미이다.

한편 우리 형법은 위법성조각사유로서의 긴급피난행위가 그 정도를 초과한 때에는 정황에 의하여 그 형을 감경 또는 면제할 수 있도록 하고 있다(법22③, 21②). 과잉긴급피난에 형의 임의적 감면을 인정한 것은 우리 형법의 특징 가운데 하나이다. 형의 임의적 감면은 기대가능성의 관점에서 책임비난이 감경된다는 인식에 근거한 것이라고 생각된다.

우리 형법은 과잉방위에 관한 규정을 과잉긴급피난에 준용하고 있다(법22③, 21③). 준용의 결과 과잉긴급피난행위가 야간 기타 불안스러운 상태하에서 공포, 경악, 흥분 또는 당황으로 인한 때에는 벌하지 아니한다. 이 경우 '벌하지 아니한다' 함은 책임이 조각되어 벌하지 아니한다는 의미이다. 야간 등의 과잉긴급피난에 대하여 책임조각을 인정하는 것은 우리 형법의 특징 가운데 하나에 속한다.

2. 정당방위 및 위법성조각사유로서의 긴급피난과의 관계

형법 제21조 제2항에 의하여 형의 감경·면제가 인정되는 과잉방위는 정당방위의 일반적 요건은 구비하였으나 방위행위에 필요한 정도만을 초과한 경우이다. 또한 형법 제21조 제3항에 의하여 책임이 조각되는 야간 등 과잉방위는 과잉방위의 성립요건을 충족한 경우에 비로소 인정된다.

한편 형법 제22조 제3항은 긴급피난에 대해 과잉방위 및 야간 등 과잉방위의 규정을 준용하도록 하고 있다. 이 경우 준용에 의하여 형의 감면이 인정되거나 책임이 조각되는 과잉긴급피난은 위법성조각사유로서의 긴급피난의 일반적인 요건은 구비하였으나 피난행위에 필요한 정도만을 초과한 경우이다.

이에 반하여 긴급피난의 상황이 아직 도래하지 아니하였거나 이미 도과한 경우에는 과잉긴급피난에 대한 형법 제22조 제3항의 특례가 적용되지 않는다. 형법은 긴급피난행위가 '그 정도를 초과한 때'에 한하여 특례를 인정하고 있기 때문이다(법22③, 21② 참조).

3. 오상방위 및 오상긴급피난과의 구별

정당방위의 객관적 상황이 존재하지 않음에도 불구하고 이를 오인한 경우를 가리켜서 오상방위라고 한다. 또한 위법성조각사유로서의 긴급피난을 인정하기 위한 객관적 상황이 존재하지 않음에도 불구하고 이를 오인한 경우를 오상긴급피난이라고 한다.

오상방위나 오상긴급피난은 기대가능성의 관점에서 인정되는 책임조각사유가 아니다. 오상방위나 오상긴급피난은 위법성조각사유의 전제사실에 대한 착오 내지 허용구성요건의 착오에 관한 문제이다. 이 부분에 대해서는 소위 불법인식 및 금지착오와 관련하여 형법 제16조 및 제13조의 적용이 문제된다. 소위 책임설과 고의설의 대립에 대해서는 앞에서 설명하였다.[1]

4. 책임조각사유로서의 긴급피난과 착오

【사례 85】 태평양 횡단에 나섰던 요트가 뒤집혀 그 배에 타고 있던 갑과 A는 바닷물 위를 표류하게 되었다. 갑과 A는 오랫동안 수영을 하던 끝에 물 위에 떠다니던 구명대 하나를 발견하고 죽을 힘을 다하여 그 구명대를 붙들었다. 이 때 갑은 그 구명대가 한 사람만을 지탱할 수 있다고 생각하여 A를 물 속으로 떠밀어 버렸다. 그런데 사실 그 구명대는 두 사람을 지탱하기에 충분한 것이었다. 구명대에서 밀려난 A는 결국 익사하였다.

【사례 86】 〔사례 85〕에 대한 역의 경우이다. 갑은 구명대가 2인용으로 충분할 것이라고 생각하면서도 A를 오래 전부터 제거하고 싶었기 때문에 A를 물 속으로 밀어 넣었다. 그런데 사실 그 구명대는 한 사람만을 간신히 지탱할 수 있는 것이었다.

위법성조각사유의 경우와 마찬가지로 책임조각사유의 경우에도 책임조각사유의 전제사실에 관한 착오가 문제될 수 있다. 〔사례 85〕의 사안에서 갑은 두 사람을 충분히 지탱할 수 있는 구명대임에도 불구하고 한 사람밖에 지탱할 수 없는 것으로 오인하고 있다. 만일 구명대가 실제로 한 사람밖에 지탱할 수 없는 것이었다면 자신의 목숨을 건지기 위하여 A를 밀어낸 갑의 행위는 형법 제22조 제1항이 규정한 책임조각사유로서의 긴급피난에 해당하여 범죄로 되지 않을 것이다.

---

1) 전술 468면 이하 참조.

그러나 갑은 책임조각사유로서의 긴급피난상황이 존재하지 아니함에도 불구하고 그 사유가 존재하는 것으로 오인하고 있다. 이러한 경우에 대비하여 독일 형법은 회피가능성이라는 기준을 제시하여 명문으로 문제를 해결하고 있다(독일형법35② 참조). 그러나 우리 형법은 아무런 규정을 두고 있지 않으므로 해석에 의하여 이 문제를 해결해야 할 필요가 있다.

생각건대 이 문제는 형법 제16조를 준용하여 처리하는 것이 타당할 것이다. 위법성조각사유의 전제사실에 관한 착오에 대해서는 소위 유추적용책임설이나 법효과제한책임설이 유력하다. 이러한 학설은 형법 제16조 대신에 형법 제13조를 유추적용함으로써 형법 제16조의 '정당한 이유가 있는 때에 한하여'라는 요건을 완화하려는 시도라고 할 수 있다.[1]

그러나 책임조각사유의 경우에 대해서까지 이러한 배려를 할 필요는 없다고 본다. 책임조각사유에서 문제되는 착오는 이미 법질서 전체에 의하여 위법하다는 판단을 받고 있으며 행위자도 또한 자신의 행위가 위법하다는 점을 인식하고 있는 사안을 대상으로 하고 있기 때문이다. 이러한 경우에는 우리 입법자가 마련하고 있는 착오의 해결기준 가운데 보다 엄격한 기준을 사용해야 할 것이다. 따라서 형법 제16조가 규정한 바에 따라서 '그 오인에 정당한 이유가 있는 때에 한하여' 책임이 조각되는 것으로 새겨야 할 것이다.

책임조각사유의 전제사실에 관한 착오에 대해 이와 같이 엄격한 제한을 가한다면 단순한 책임조각사유의 착오에 대해서는 더욱 엄격한 태도를 취하지 않을 수 없다. 따라서 구체적인 행위자가 법질서에 의하여 인정되지 아니한 책임조각사유가 존재한다고 오인하더라도 그 착오주장은 형법상 아무런 배려를 받지 못한다.

〈사례 해설〉 〔사례 85〕의 사안에서 갑이 오인한 것에 '정당한 이유'가 엿보이지 아니하므로 갑에게 책임조각을 인정할 수는 없다.

〈사례 해설〉 〔사례 86〕의 사안에서 갑은 '위난을 피하기 위하여' A를 살해한 것이 아니다. 갑에게는 주관적 책임조각사유가 결여되어 있다. 책임조각사유가 인정되려면 위법성조각사유의 경우와 마찬가지로 주관적 책임조각사유가 구비되어야 한다. 〔사례 86〕의 사안에서는 주관적 책임조각사유가 결여되어 있다. 그렇다면 갑에게 책임조각의 효과를 인정할 수는 없다.

---

1) 전술 469면 이하 참조.

제6장 기타 범죄성립요소

제1 일반적 범죄성립요건과 특수한 범죄성립요건

범죄는 구성요건에 해당하고 위법하며 유책한 행위이다. 구성요건해당성, 위법성, 책임은 어떠한 형태의 범죄에도 언제나 요구되는 범죄성립의 기본조건이다. 모든 범죄에 요구되는 조건이라는 의미에서 구성요건해당성, 위법성, 책임을 일반적 범죄성립요건이라고 부를 수 있다.

그런데 어느 행위가 구성요건해당성, 위법성 및 책임의 요건을 모두 충족시켰다고 하더라도 그것만으로 아직 범죄성립을 인정할 수 없는 경우가 있다. 입법자가 별도의 범죄성립요건을 추가로 요구하고 있기 때문이다. 구성요건해당성, 위법성, 책임 이외에 입법자가 별도로 설정해 놓은 범죄성립요건을 가리켜서 특수한 범죄성립요건이라고 부를 수 있다. 특수한 범죄성립요건이 설정되어 있는 경우에는 이 요건이 구비되지 않는 한 범죄가 성립하지 않는다. 따라서 형벌도 부과할 수 없다.

구성요건해당성, 위법성, 책임은 모든 형사사건에서 범죄가 성립하기 위하여 갖추어져야 할 기본조건이다. 여기에서 더 나아가 입법자가 개별적인 사건에 있어서 범죄성립에 영향을 미치는 사유로 규정한 것에 객관적 처벌조건과 인적 처벌조각사유가 있다.

제2 객관적 처벌조건

1. 객관적 처벌조건의 의미

구성요건은 객관적 요소와 주관적 요소로 구성된다. 구성요건의 객관적 요소는 구성요건적 고의의 인식대상이 된다. 구성요건의 객관적 요소와 구성요건적 고의는 서로 대응관계에 있다. 그런데 일정한 표지가 구성요건의 객관적 요소로 규정되어 있음에도 불구하고 그 표지가 구성요건적 고의의 인식대상으로 포착되지 아니하는 경우가 있다. 구성요건적 고의의 인식대상이 되지 아니하면서도 구성요건의 객관적 요소로 규정된 표지를 가리켜서 객관적 처벌조건이라고 한다.

객관적 처벌조건은 입법자가 특별한 입법목적을 달성하기 위하여 예외적으로 설정해 놓은 것이다. 구성요건의 규정형식만으로는 어떤 표지가 통상의 구성요건요소인지 객관적 처벌조건인지 구별하기 곤란한 경우가 많다. 그 구별은 결국 당해 구성요건을 설정한 입법 자의 의도에 따라서 판단하게 된다.

2. 객관적 처벌조건의 예

객관적 처벌조건의 대표적인 예로 회생절차개시결정의 확정 및 파산선고의 확정을 들 수 있다. 「채무자 회생 및 파산에 관한 법률」 제643조 제1항은 "채무자가 자기 또는 타 인의 이익을 도모하거나 채권자를 해할 목적으로 다음 각호의 어느 하나에 해당하는 행 위를 하고, 채무자에 대하여 회생절차개시 또는 간이회생절차개시의 결정이 확정된 경우 그 채무자는 10년 이하의 징역 또는 1억원 이하의 벌금에 처한다."라고 규정하고 있다. 또 한 같은 법 제650조는 "채무자가 파산선고의 전후를 불문하고 자기 또는 타인의 이익을 도모하거나 채권자를 해할 목적으로 다음 각호의 어느 하나에 해당하는 행위를 하고, 그 파산선고가 확정된 때에는 10년 이하의 징역 또는 1억원 이하의 벌금에 처한다."라고 규 정하고 있다.

이들 조문에서 문제되는 구성요건적 행위는 '다음 각호의 어느 하나에 해당하는 행위' 라고 지시된 일련의 사기회생 및 사기파산의 범죄행위들이다. 「채무자 회생 및 파산에 관 한 법률」이 규정한 일련의 사기회생 및 사기파산의 범죄행위는 그 자체로서 범죄행위를 구 성한다. 그러나 우리 입법자는 '회생절차개시 또는 간이회생절차개시의 결정이 확정된 경 우' 및 '파산선고가 확정된 때' 비로소 당해 행위자를 처벌하도록 규정하고 있다. 이 경우 회생절차개시결정의 확정이나 파산선고의 확정 여부는 당해 행위자가 이를 인식할 필요가 없다. 고의의 인식대상이 되지 아니한다는 의미에서 회생절차개시결정의 확정이나 파산선 고의 확정은 사기회생범죄 및 사기파산범죄의 객관적 처벌조건이 된다.

객관적 처벌조건의 또 다른 예로는 사전수뢰죄에 있어서 '공무원 또는 중재인이 된 때' (법129②)를 들 수 있다. 객관적 처벌조건이 결여된 사건에 대하여 공소가 제기된 때에는 법 원은 무죄판결을 선고하여야 한다(형소법325). 객관적 처벌조건은 실체형법의 영역에 속하는 범죄성립의 조건이기 때문이다.

제3 인적 처벌조각사유

1. 인적 처벌조각사유의 의미

(1) 인적 처벌조각사유와 객관적 처벌조건

인적 처벌조각사유란 형사처벌을 저지하는 사유로서 행위자 개인에게 속하는 것을 말한다. 인적 처벌조각사유는 처벌에 관한 사유이다. 형벌권의 발동을 좌우한다는 점에서 인적 처벌조각사유는 객관적 처벌조건과 비슷하다. 그러나 인적 처벌조각사유는 그 사유가 존재하면 형벌권을 배제한다는 점에서 그 사유가 인정될 때 비로소 형벌권의 발동을 인정하는 객관적 처벌조건과 구별된다.

인적 처벌조각사유는 인적 사유이다. 이 때 인적이라 함은 행위자 본인에게만 인정되는 성질이라는 뜻을 갖는다. 인적 처벌조각사유는 인적 사유이므로 그 법적 효과는 당해 사유가 인정되는 행위자 본인에게 한정된다.

(2) 친족간의 특례와 인적 처벌조각사유

인적 처벌조각사유의 대표적인 예로 범인은닉죄(법151②)나 증거인멸죄(법155④)에 있어서 '친족 등의 신분'을 들 수 있다. 예컨대 형법 제151조 제1항은 벌금 이상의 형에 해당하는 죄를 범한 자를 은닉 또는 도피하게 한 자를 처벌하고 있다. 그런데 형법 제151조 제2항은 친족 또는 동거의 가족이 범인 본인을 위하여 범인은닉행위를 한 때에는 처벌하지 아니하는 것으로 규정하고 있다. 이 경우 범인을 은닉해 주는 행위자는 범인에 대하여 '친족 또는 동거의 가족'이라는 특별한 관계를 가지고 있다.

'친족 또는 동거의 가족'이라는 행위자의 개인적 성질이 형사처벌을 저지한다는 점과 관련하여 그 법적 성질이 문제된다. 판례는 친족 간의 특례에 대해 이를 책임조각사유로 파악하고 있다.[1] 그러나 친족 간의 특례는 친족 간의 정의(情誼)를 고려하고 가정의 보호를 위하여 정책적으로 마련된 것이므로 인적 처벌조각사유로 파악해야 할 것이다.

학설대립의 실익은 공범과 신분의 문제(법33) 및 친족관계의 착오문제 해결에서 나타난다. 먼저 형법 제33조와 관련하여 볼 때, 친족관계를 책임조각사유로 파악하게 되면 그 친족관계는 일종의 책임신분이 된다. 형법 제33조 본문은 신분의 확장을 인정하고 있는데 이 때 신분은 위법신분인가 책임신분인가를 가리지 않는다.[2] 그러나 친족간의 특례를 인적

---

1) 2007. 11. 29. 2007도7062, 공 2008, 2084 = 백선 총론 58-1. 『사촌형 정치자금 사건』.
2) 후술 751면 이하 참조.

처벌조각사유로 본다면 형법 제33조는 적용될 여지가 없다. 이 경우의 친족관계는 입법자가 특별히 정책적으로 설정한 '인적' 사유이므로 그 사유가 인정되는 사람에게만 특례가 인정된다.

다음으로, 친족관계의 특례에서 친족관계를 책임조각사유로 파악하게 되면 특례를 주장하는 행위자에게 친족관계에 대한 인식이 있어야 한다. 친족 간의 관계임을 인식할 때 적법행위로 나아갈 수 있는 기대가능성이 없다고 판단되기 때문이다. 이에 반해 친족관계에 있음을 인식하지 못한 경우에는 친족 간의 특례를 주장할 수 없다. 친족관계에 있음을 알지 못하였으므로 행위시점에 기대가능성이 없다고 말할 수 없기 때문이다. 이에 반해 친족 간의 특례에서 친족관계를 인적 처벌조각사유로 파악한다면 착오의 문제를 논할 필요가 없다. 친족 간의 특례는 입법자가 정책적 이유에서 마련한 불처벌 사유이므로 그 사유가 객관적으로 존재하는가 아닌가를 확인하면 그것으로 족하기 때문이다.

(3) 국회의원의 면책특권

헌법 제45조가 인정한 국회의원의 면책특권은 의회민주주의의 발전을 위하여 우리 입법자가 정책적으로 설정해 놓은 것이다. 국회의원이 국회에서 직무상 행한 발언과 표결이 설사 명예훼손이나 국가기밀누설에 해당한다고 할지라도 대의제 민주주의하에서 정치적 의사형성의 자유를 최대한 보장하기 위하여 형사실체법의 영역에서 이를 문제 삼지 않기로 한 것이다. 따라서 국회의원에 대한 면책특권은 인적 처벌조각사유로 파악된다.[1]

그러나 대법원은 국회의원의 면책특권을 형사실체법이 아닌 형사절차법의 영역에 위치하는 사유로 파악하고 있다. 그리하여 국회의원의 발언과 표결행위가 국회의원의 면책특권에 해당하면 이를 공소사실로 한 공소제기는 '공소제기의 절차가 법률의 규정에 위반하여 무효인 때'에 해당한다고 보아 공소기각판결(형소법327 ii)을 선고해야 한다는 입장을 취하고 있다. 그러나 그 이론적 근거에 대해서는 아무런 설명을 제시하고 있지 않다.[2]

2. 형면제사유와의 구별

인적 처벌조각사유가 인정되는 사건이 기소되면 법원은 무죄판결을 선고하여야 한다(형소법325). 인적 처벌조각사유는 실체형법이 규정하고 있는 범죄불성립의 사유이기 때문이다.

---

1) 김성돈, 102면; 김일수 · 서보학, 312면; 임웅, 82면; 정성근 · 정준섭, 32면.

2) 1992. 9. 22. 91도3317, 공 1992, 3038 = 백선 총론 58-2. 『국시 논쟁 사건』☞ 1006면.

이 판례에 대한 분석은, 신동운, "국회의원의 면책특권과 그 형사법적 효과", 서울대학교 법학, 제34권 제2호, (1993. 8.), 204면 이하 참조.

인적 처벌조각사유와 구별되는 것으로 형면제사유가 있다.

형면제사유란 법원이 형벌권의 발생요건을 확인한 후 형을 대외적으로 선언하는 것만을 면제하는 사유이다. 형벌권은 범죄성립이 인정될 때 발생한다. 범죄가 성립하였음을 인정하는 법원의 공권적 판단을 유죄판결이라고 한다. 유죄의 판단에 근거하여 형을 대외적으로 선언하는 것을 가리켜서 형의 선고라고 한다. 형의 면제는 범죄가 성립하였다는 유죄의 판단을 유지하면서 형의 선고만을 면제하는 것이다. 형의 면제는 우리 형사소송법상 유죄판결의 일종으로 명시되어 있다(형소법321, 322 참조).[1]

형을 선고하지 않는다는 점에서 형면제사유는 인적 처벌조각사유와 비슷하다. 그러나 인적 처벌조각사유는 범죄성립 자체를 저지하는 사유이다. 이 때문에 인적 처벌조각사유가 인정되는 경우에 법원은 피고인에게 무죄판결을 선고하게 된다. 무죄판결의 영역에 속하는 인적 처벌조각사유와 유죄판결의 영역에 속하는 형면제사유는 명확하게 구별하지 않으면 안 된다.

형면제사유의 예로 형법 제26조가 규정한 중지범의 특례가 있다. 형법 제26조는 "범인이 실행에 착수한 행위를 자의(自意)로 중지하거나 그 행위로 인한 결과의 발생을 자의로 방지한 경우에는 형을 감경하거나 면제한다."고 규정하고 있다. 중지범에 대하여 형의 면제를 인정하더라도 범죄가 성립하였다는 사실 자체에는 전혀 변함이 없다.

친족간의 재산범죄 처벌에 관한 특례를 가리켜서 친족상도례라고 한다. 형법은 제328조에서 친족상도례를 규정하고, 이 조문을 절도죄(법344), 사기죄(법354), 횡령죄(법361), 배임죄(법361), 장물죄(법365①)에 각각 준용하고 있다. 재산범죄 가운데 강도죄와 손괴죄에는 친족상도례가 준용되지 않는다.

형법 제328조 제1항은 "직계혈족, 배우자, 동거친족, 동거가족 또는 그 배우자간의 제323조[권리행사방해]의 죄는 그 형을 면제한다."고 규정하여 가까운 친족간의 재산범죄를 형면제사유로 규정하고 있다. 2024년 헌법재판소는 일률적으로 형 면제를 규정하고 있는 형법 제328조 제1항에 대해 형사피해자의 재판절차진술권을 침해한다는 이유로 헌법불합치결정을 내렸다. 헌법재판소는 헌법불합치결정을 선고한 2024년 6월 27일을 기준으로 "법원 기타 국가기관 및 지방자치단체는 2025. 12. 31.을 시한으로 입법자가 개정할 때까지 [형법 제328조 제1항]의 적용을 중지하여야 한다."고 결정하였다.[2]

---

1) 1997. 3. 20. 96도1167 전원합의체 판결, 공 1997, 1039 = 백선 총론 36. 참고판례 1. 『공직선거법 자수 사건 2』.

2) 2024. 6. 27. 2020헌마468, 헌공 333, 1182 = 『친족상도례 형면제 헌법불합치 사건』 ☞ 1218면.

제4 특수한 범죄성립요건에 대한 착오

【사례 87】 독신으로 사는 갑녀에게 어느 날 밤 40세 가량의 남자 A가 나타나서 자신은 30년 전에 행방불명되었던 오빠라고 말하였다. 갑녀는 A를 오빠라고 굳게 믿고 크게 기뻐하면서 A를 맞이하였다. 그런데 사실 A는 갑녀의 오빠가 아니었으며 은행강도를 하다가 경비원에게 들켜서 도망하던 중이었다. A는 갑녀의 집에 몸을 숨겼다. 그 후 갑녀는 A의 범행을 알면서 A를 일본으로 밀항하도록 도와주었다.

이 경우 갑녀는 형법 제151조 제1항의 범인도피죄로 처벌될 것인가?

객관적 처벌조건과 인적 처벌조각사유는 구성요건해당성, 위법성, 책임의 영역 바깥에 위치하는 범죄성립요건이다. 이 사유들은 입법자가 특별한 입법목적을 달성하기 위하여 이례적으로 설정해 놓은 범죄성립요건이다. 이들 사유는 입법자가 개별적으로 설정해 놓은 사유라는 점에서 특수한 범죄성립요건으로 분류된다.

객관적 처벌조건과 인적 처벌조각사유는 입법자가 일정한 입법목적을 달성하기 위하여 설정한 사유이다. 이 사유들은 처음부터 고의의 인식대상이 되지 않는다. 입법자는 입법목적을 달성하기 위하여 그 사유의 존부만을 문제삼고 있기 때문이다. 따라서 특수한 범죄성립요건에 대해서는 착오의 주장이 허용되지 않는다.

객관적 처벌조건이나 인적 처벌조각사유는 행위자가 그 사유의 존재를 알지 못하였더라도 그 착오가 불리하게 작용하지 않는다. 역으로, 존재하지 않는 사유를 존재하는 것으로 오인하였더라도 유리하게 판단되지 않는다.

〈사례 해설〉 〔사례 87〕에서 갑녀는 형법 제151조 제1항이 규정한 범인도피죄를 범하고 있다. 그런데 갑녀는 자신이 범인 A의 친족이라고 오인하고 있다. 형법 제151조 제2항이 특례를 인정한 '친족'의 표지는 인적 처벌조각사유이다. 형법 제151조 제2항은 "법은 가정 안에 들어가지 아니한다."는 입법자의 특별한 배려를 반영한 조문이다. 이러한 입법자의 입법목적은 행위자의 주관적 인식 여부와 상관없이 추구되어야 한다.

이렇게 볼 때 〔사례 87〕에서 갑녀는 자신과 A 사이에 친족관계가 존재한다고 오인하더라도 처벌을 면할 수 없다. 친족관계는 인적 처벌조각사유이기 때문이다. 역으로, 갑녀가 전혀 낯선 사람 A를 도와서 밀항을 시켰는데 사실은 오빠였다고 생각해 보자. 인적 처벌조각사유는 객관적으로 그 존부만을 판단하게 되므로 갑녀는 처벌되지 않을 것이다. 갑녀가 인적 처벌조각사유의 존재를 주관적으로 인식할 필요는 없다. 인적 처벌조각사유는 입법자가 입법정책적으로 설정한 사유이기 때문이다.

이러한 해석에 대해 범인은닉죄(법151)나 증거인멸죄(법155)에 인정된 친족간의 특례(법 151②, 155④)를 책임조각사유라고 보는 견해가 있다. 이 입장에 따르면 친족에 대한 착오는 책임조각사유에 대한 착오로 취급될 것이다. 책임조각사유에 대한 착오는 형법 제16조를 유추적용하여 '정당한 이유' 여부에 따라 판단해야 할 것이다.[1]

그러나 범인은닉죄나 증거인멸죄의 경우에 인정된 친족간의 특례를 책임조각사유라고 보기는 어렵다고 생각된다. 형법 제151조 제2항이나 제155조 제4항은 이 경우 친족간의 특례에 대해 '처벌하지 아니한다'는 법적 효과를 부여하고 있다. 이것은 예컨대 전형적 책임조각사유인 강요된 행위에 대해 형법 제12조가 단순히 '벌하지 아니한다'는 법적 효과를 부여하고 있는 것과 구별된다. 이와 같이 입법자가 법적 효과를 구별한 것은 범인은닉죄나 증거인멸죄의 경우에 인정된 친족간의 특례가 입법정책적 배려에서 마련된 특칙임을 보여주기 위한 것이라고 생각된다. 일단 친족간의 특례가 입법정책적 관점에서 마련된 것이라면 앞에서 언급한 것처럼 그에 대한 착오의 주장은 허용되지 않는다.

---

1) 전술 496면 이하 참조.

제7장 미수범

제1절 구성요건의 수정형식과 미수범

한국형법	독일형법
제25조〔미수범〕① 범죄의 실행에 착수하여 행위를 종료하지 못하였거나 결과가 발생하지 아니한 때에는 미수범으로 처벌한다.	**제22조**〔개념규정〕행위자의 행위에 대한 표상(表象)에 따를 때 구성요건의 실현을 직접적으로 개시한 자는 미수에 이른 것이다.
제25조 ② 미수범의 형은 기수범보다 감경할 수 있다.	**제23조**〔미수의 가벌성〕② 미수는 기수의 범죄보다 가볍게 벌할 수 있다(제49조 제1항). (제49조 제1항은 기속적 감경규정임; 저자 주)
(해당 조항 없음)	**제11조**〔사람 및 물건의 개념〕① 이 법에서 사용하는 용어의 정의는 다음과 같다. 6. 범죄의 기도 : 범죄의 미수 및 기수
제28조〔음모, 예비〕범죄의 음모 또는 예비행위가 실행의 착수에 이르지 아니한 때에는 법률에 특별한 규정이 없는 한 벌하지 아니한다.	(해당 조항 없음)
제29조〔미수범의 처벌〕미수범을 처벌할 죄는 각칙의 해당 죄에서 정한다.	**제23조**〔미수의 가벌성〕① 중죄의 미수는 언제나, 경죄의 미수는 법률에 명문의 규정이 있는 경우에 한하여 이를 벌한다.
(해당 조항 없음)	**제12조**〔중죄 및 경죄〕① 중죄는 법정형의 하한이 1년 이상의 자유형으로 규정되어 있는 위법행위를 말한다.

한국형법	독일형법
(해당 조항 없음)	**제12조** ② 경죄는 법정형의 하한이 제1항보다 가벼운 자유형 또는 벌금형으로 규정되어 있는 위법행위를 말한다.
(해당 조항 없음)	**제12조** ③ 총칙규정에 의한 형의 가중이나 감경 또는 특히 무거운 사안이나 가벼운 사안에 대하여 규정되어 있는 형의 가중이나 감경은 중죄 및 경죄의 구별기준이 되지 아니한다.

제1 구성요건의 수정형식과 미수범

1. 기수범과 미수범

구성요건은 위법행위의 정형이다. 구성요건은 객관적 구성요건과 주관적 구성요건으로 이루어진다. 구성요건은 기본적으로 고의범의 형식을 취한다(법13 본문 참조). 구성요건의 원칙적인 실현형태는 객관적 구성요건과 구성요건적 고의가 일치하는 모습으로 나타난다.

구성요건은 수정된 형태로 실현될 수 있다. 구성요건적 고의는 인정되지만 객관적 구성요건요소가 전부 다 충족되지는 못하는 경우가 그 하나이다. 다른 하나는 객관적 구성요건요소는 전부 충족되었으나 주관적으로 구성요건적 고의가 인정되지 아니하는 경우이다. 세 번째로는 객관적 구성요건요소가 전부 다 갖추어지지는 못한 상태에서 주관적으로 구성요건적 고의도 인정되지 아니하는 경우이다.

이러한 수정형식 가운데 첫 번째의 것이 미수범이다. 미수(未遂)란 어의적으로 볼 때 "아직 다 이루지 못하였다."라는 의미를 갖는다. 이 경우 '이룬다'는 동사의 목적어는 객관적 구성요건요소이다. 이렇게 볼 때 미수란 객관적 구성요건요소를 아직 다 이루지 못한 것을 말한다. 미수범이란 미수의 형태로 범해지는 범죄유형을 말한다. 미수범은 개개의 형벌법규에 이를 처벌하기로 하는 규정이 있을 때 비로소 처벌된다(법29).

미수에 대립하는 개념은 기수이다. 기수란 객관적 구성요건요소를 모두 다 실현한 것을 말한다. 기수의 형태로 범해지는 범죄유형을 기수범이라고 한다. 형법이 설정한 구성요건의 기본형태는 기수범이다.

2. 과실범의 미수

위에 소개한 구성요건의 수정형식 가운데 두 번째의 경우는 과실범이다. 이 경우에는 객관적으로 구성요건의 객관적 요소가 전부 실현되고 있다. 그러나 주관적으로는 구성요건적 고의가 인정되지 않는다. 이러한 경우에 구성요건적 고의 대신에 주의의무위반을 주관적 구성요건으로 설정한 것이 과실범이다. 과실범은 법률에 특별한 규정이 있는 경우에만 처벌된다(법13 단서, 14).

위에 소개한 구성요건의 수정형식 가운데 세 번째의 것은 소위 과실범의 미수이다. 이 경우에는 객관적 구성요건요소가 전부 다 실현된 것이 아니므로 미수이다. 그리고 주관적 구성요건의 측면에서 구성요건적 고의가 없으므로 이제는 과실개념을 설정할 여지가 있을 뿐이다. 이러한 상황에서 생각되는 것이 과실범의 미수이다. 그런데 우리 입법자는 아직 과실범의 미수에 대해서까지 형사처벌을 가하고 있지는 않다.

외국의 입법례 가운데에는 과실범의 미수까지 형사처벌을 가하는 예가 있다. 자동차운전자 갑이 부주의하여 A의 옆을 과속으로 아슬아슬하게 스쳐지나 갔다고 생각해 보자. A가 자동차에 치이지 아니하였으므로 상해나 사망이라는 객관적 구성요건요소는 실현되고 있지 않다. 그러나 갑에게는 전방주시의무위반이나 제한속도위반이라는 주의의무위반이 인정되고 있다.

이러한 경우에 독일의 입법자는 주의의무에 위반하여 법익침해의 위험('침해'가 아니다)을 발생시켰다는 이유로 아직 결과가 발생하지 아니한 경우에 대해서도 행위자에게 형사처벌을 가하고 있다(예컨대 독일 형법 제315조의c 제3항). 그렇지만 우리 입법자는 아직은 이러한 경우에까지 형사처벌을 가할 필요성을 느끼고 있지 않다. 현재로서 과실범의 미수를 처벌하는 규정은 우리 형법상 발견되고 있지 않다.

3. 범행결의의 중요성

【사례 88】 37세 된 노숙자 갑은 공원을 배회하면서 밤에는 공원벤치에서 잠을 자고는 하였다. 어느 날 23세 된 A녀가 핸드백을 팔에 걸치고 갑의 옆을 지나가자 갑은 갑자기 A녀의 뒤에서 덤벼들어 팔로 A녀의 목을 조르면서 동시에 다리를 걸어 A녀를 땅바닥에 쓰러뜨렸다. A녀가 놀라서 "사람살려!" 하고 소리를 지르자 근처에 있던 행인들이 몰려들었다. 갑은 도망하려고 하였으나 체포되었다. 위의 사안에서 갑에 대한 형사책임을 검토해 보라.

〔사례 88〕의 사안에서 갑에 대한 범죄성립 여부를 검토해 보자. 여기에서 먼저 부딪치는 난점은 도대체 갑이 A녀에게 무엇을 하려고 했는지가 분명하지 않다는 점이다. 갑이 시도했던 범행은 강도(법333)인가 강간(법297)인가?

분명한 것은 갑이 A녀의 목을 조르는 동작을 통하여 A녀에게 폭행(법260①)을 가하였다는 사실이다. 그렇다면 폭행죄의 구성요건은 충족되고 있다. 여기까지만 보면 외부적으로 나타나지 아니한 행위자의 의사는 그다지 중요하지 않은 것처럼 보인다. "갑이 궁극적으로 의도한 바가 무엇이었는가는 상관할 바가 아니다. 어찌되었든지 간에 갑을 형법 제260조 제1항의 폭행죄로 처벌할 수 있다."라고 하는 식의 논변이 가능할 것이기 때문이다. 이러한 식의 논리를 계속 밀고 나가게 되면 행위자가 상대방을 칼로 찌른 경우에도 같은 이야기를 할 수 있다. 행위자가 살인을 하려고 한 것인지 아닌지 불분명한 경우에도 행위자는 어찌되었든 형법 제257조 제1항의 상해죄로 처벌하면 그만이라는 것이다.

그런데 이와 같은 논리전개에 찬성하는 사람은 별로 없을 것이다. 외부에 나타난 범죄만을 문제 삼아 처벌할 때 그것으로 충분하다고 생각하는 사람은 거의 없다. 행위자는 자신에게 내재하는 범죄적 에너지를 분출하기 위하여 범행에 나아간 것이다. 행위자가 시도한 행위는 법질서에 위반되는 것이다. 그 행위가 비록 의도한 결과를 달성하지 못한 채 실패로 끝났다고 할지라도 그 행위의 이면에 있는 범죄적 에너지에 주목하여 형법적 규제를 가하려는 생각은 누구나 가지고 있을 것이다.

사냥총을 가지고 있는 갑이 자기 집 울타리에 목표물인 빈병을 세워 놓고 총을 쏘는 사안을 생각해 보자. 갑이 사격하는 재미에 빠져서 목표물 옆을 지나가는 A를 보지 못한 채 사격하는 경우와 평소에 원한이 있던 A가 마침 목표물 옆을 지나가자 A를 정조준하여 사격하는 경우를 생각해 보자. 그리고 두 경우 모두 다 총알이 A 옆을 비껴 지나갔다고 가정하자. 외형상으로 보면 두 경우는 총소리가 나고 총알이 A의 옆을 스쳐 지나갔다는 점에서 동일하다. 그러나 지나가던 사람을 보지 못하고 사격한 경우를 정조준하여 사격한 경우와 비교해 보면 후자의 경우에 범죄적인 내심의 태도가 훨씬 더 강렬하게 깃들어 있다는 점은 부인할 수 없다.

이상의 분석을 통하여 다음의 점을 알 수 있다. 행위자가 행위시점에 무엇을 생각하였는가 하는 점이 범죄의 성격을 좌우한다. 위의 『사냥총 연습 사례』에서 갑에게 살인미수죄(법250①, 254)가 성립하는가 아니면 단순히 「총포ㆍ도검ㆍ화약류 등의 안전관리에 관한 법률」위반죄(동법73ⅰ, 17②)가 성립하는가 하는 점은 행위자 갑의 범행결의에 의하여 좌우된다.

제 2 실행의 착수와 예비 · 음모

1. 범행의사의 불처벌

부자가 되거나 유명해지고 싶어하는 것은 인간 누구에게나 존재하는 꿈이다. 상상력을 계속 동원하다 보면 이러한 꿈을 이루기 위해 '한탕' 해 보고 싶은 생각이 들 때도 있다. 이와 같이 범행의사를 가지는 것은 윤리적으로 볼 때 그 자체로 매우 비도덕적이이다.

그렇지만 형법상으로는 그러한 생각이 외부로 표현되지 않는 한 원칙적으로 아무런 문제가 되지 않는다. "생각은 자유롭다(Gedanken sind frei)"라는 서양의 격언이 있다. 이 때 '자유롭다' 함은 대가를 지불하지 않아도 된다는 뜻이다. '관세자유지역'이라고 할 때 '자유'는 이러한 의미로 사용된 것이다. 이 서양의 격언을 형법의 경우로 가지고 오면 "범행의사는 형사처벌로부터 자유롭다."는 의미로 이해된다.

2. 범행결의와 실행의 착수

범죄를 범하려는 생각을 가리켜서 범행결의라고 한다. 범행결의라는 생각 자체는 형법상 문제가 되지 않는다. 범행결의는 행위자가 계획된 범죄의 실행에 착수할 때 비로소 형법상 문제로 되기 시작한다. 범행계획을 실현에 옮기기 위하여 행위에 나아가는 것을 가리켜서 실행의 착수라고 한다. 우리 형법은 행위형법을 원칙으로 택하고 있다. 행위를 시발점으로 하여 구성요건해당성, 위법성, 책임 등의 판단을 행한다. 따라서 범행결의가 본격적으로 형법적 고찰의 대상이 되는가 아닌가 하는 문제는 실행의 착수가 인정되는가 아닌가에 좌우된다.

우리 형법은 실행의 착수를 기준으로 하여 실행의 착수가 있는 경우를 미수범으로, 실행의 착수가 없는 경우를 예비 · 음모로 구별한다. 실행의 착수가 있는 경우에는 결과가 발생하지 아니한 때에도 미수범으로 처벌한다(법25①). 다만 미수범이라고 하여 모두 처벌되는 것은 아니다. 미수범을 처벌할 죄는 각칙의 해당 죄에서 정해 두어야 한다(법29).

각칙의 해당 죄라 함은 각칙에서 위법행위의 정형을 규정한 각각의 형벌법규를 말한다. 즉 구체적으로 구성요건을 규정해 놓은 각칙의 개개 형법조문이다. 이 경우 '해당 죄'는 기수범의 구성요건을 가리킨다. 미수범을 처벌할 경우에는 언제나 미수범처벌규정에 각칙의 '해당 죄'를 지시해 두어야 한다(법29). 입법기술적으로 볼 때 미수범처벌규정은 개별적인 기수범의 특별구성요건에 직접적으로 규정해 두는 것이 원칙이다. 예컨대 불법체포 · 감금죄의 경우를 보면, 형법 제124조는 제1항에서 기수범을 '해당 죄'로 규정해 놓고, 같은 조 제2항에서 "전항의 미수범은 처벌한다."는 방식으로 미수범 처벌규정을 마련하고 있다.

그런데 이와 같은 입법형식은 때때로 번거로울 수가 있다. 그리하여 우리 입법자는 여러 개의 각 '해당 죄'를 묶어서 미수범 처벌규정을 마련하는 입법기술을 자주 사용하고 있다. 예컨대 살인미수죄의 경우에 "전4조의 미수범은 처벌한다."라는 표현(법254)은 그에 해당하는 예이다. 이 때 형법 제254조의 미수범 처벌규정이 지시한 형법 제250조부터 제253조까지의 각 조문들은 '해당 죄'를 규정하고 있다. 형법 제250조는 제1항에서 보통살인죄를, 같은 조 제2항에서 존속살해죄를 각각 규정하고 있다. 한 개의 조문에 두 개의 '해당 죄'가 규정되어 있다. 이 가운데 보통살인죄의 '해당 죄'를 중심으로 조문을 풀어서 적어본다면, "사람을 살해한 자는 사형, 무기 또는 5년 이상의 징역에 처한다. 그 미수범은 처벌한다."로 구체화된다.

3. 미수범에 대한 처벌태도

우리 형법은 범죄를 그 죄질에 따라 중죄(重罪), 경죄(輕罪), 위경죄(違警罪) 등으로 분류하는 방식을 취하고 있지 않다. 외국의 경우에는 죄질의 경중에 따라 미수범의 처벌규정을 달리하는 예가 있다. 예컨대 독일 형법의 경우를 보면, 법정형의 하한이 1년 이상의 형으로 규정되어 있는 중죄(Verbrechen)의 경우에는 별도의 미수범처벌규정이 없더라도 미수범을 처벌한다. 이에 대하여 법정형의 하한이 1년 아래로 내려가는 경죄(Vergehen)의 경우에는 미수범을 처벌한다는 명문의 규정이 있을 때에만 미수범을 처벌한다(독일형법23①).

이에 대하여 우리 형법은 중죄 · 경죄 등과 같은 분류방법을 사용하고 있지 않다. 우리 형법의 경우에는 어느 범죄든지 간에 미수범을 처벌한다는 명문의 규정이 있을 때에만 미수범을 처벌할 수 있다. 이 점에서 우리 형법은 독일 형법에 비하여 미수범처벌이 관대하다고 말할 수 있다.

4. 예비 · 음모와 실행의 착수

범행결의를 실천에 옮기는 행위를 하는 것이 실행의 착수이다. 그런데 아직 실행의 착수가 없는 단계에서 범행결의를 외부에 나타내는 행위가 있다. 예비 또는 음모가 그것이다. 예비란 범행결의를 실천에 옮기기 위하여 물적으로 준비하는 행위이다. 범행도구를 물색하거나 범행자금을 마련하는 등의 행위가 그 예이다. 음모란 두 명 이상이 범행의 결의를 상호 합의하는 것이다. 음모는 "범행을 하기로 한다."는 의사표시의 합치이다. 예비와 비교해 볼 때 음모의 경우에는 객관적으로 별다른 준비행위가 없고 단순히 의사의 합치만 있을 뿐이다.

예비와 음모는 실행의 착수 이전 단계에서 일어나는 것이므로 원칙적으로 형사처벌의 대상이 되지 않는다. 우리 형법 제28조는 이 점을 밝혀서 "범죄의 음모 또는 예비행위가 실행의 착수에 이르지 아니한 때에는 법률에 특별한 규정이 없는 한 벌하지 아니한다."고 규정하고 있다.

형법 제28조는 예비와 음모의 형사처벌을 전적으로 부인한 조문이 아니다. 법률에 특별한 규정이 있으면 예비와 음모도 예외적으로 처벌될 수 있다. 내란죄(법90), 외환죄(법101), 살인죄(법255), 강도죄(법343) 등과 같이 중대한 법익을 침해하는 범죄의 경우에 범행계획이 구체화되는 초기단계에서부터 형법적 규제를 가하려고 할 때 입법자는 예비·음모의 처벌규정을 사용한다.

예비·음모를 처벌할 때에는 반드시 '법률에 특별한 규정'이 있어야 한다. 미수범의 경우에도 '해당 죄'라는 개별적 형벌법규에 처벌 여부를 밝혀두면 미수범의 처벌이 가능하다. 그러나 예비·음모의 경우에는 단순히 '예비·음모를 처벌한다'고 규정하는 것만으로는 충분하지 않다. 예비·음모를 처벌할 경우에는 실현하려는 범죄를 규정한 '해당 죄'를 지시하는 것을 넘어 예비·음모행위에 대한 법정형도 함께 규정하여야 한다.[1]

제3 미수, 기수 및 완료

1. 미수와 기수 및 완료의 구별

범죄는 범행결의를 가지게 된 때로부터 시작하여 일련의 단계를 거쳐서 실현된다. 범행결의가 외부에 표현되기 시작하는 것은 예비·음모이다. 이후 범행결의는 실행의 착수에 이르러서 보다 구체화되고 형법은 이 단계부터 본격적인 관심을 기울이기 시작한다. 그러나 실행의 착수만으로는 아직 구성요건이 완전히 실현된 것이 아니다. 이러한 의미에서 실행의 착수에 이르렀으나 객관적 구성요건을 완전히 충족시키지는 못한 것을 가리켜서 미수라고 한다. 이에 반해 실행의 착수에 이어서 객관적 구성요건을 완전히 충족시킨 것을 기수라고 한다. 어느 범죄가 기수에 이르렀는가 아닌가는 객관적 구성요건요소가 전부 실현되었는가 아닌가를 기준으로 형식적으로 판단된다. 범죄가 기수에 이른 후에 발생한 사정은 범죄의 성립에 영향을 미치지 않는다.[2]

보통의 경우 범행이 기수단계에 이르면 범행결의는 실현된 것이다. 그러나 범죄유형에

---

1) 1977. 6. 28. 77도251, 공 1977, 10157 = 백선 총론 61. 『마산시위 발포 사건 1』.
2) 2011. 6. 9. 2010도17886, 공 2011하, 1424 = 분석 총론 『후원금 현금카드 사건』.

따라서는 형식적으로 판단되는 기수의 단계를 넘어서서 실질적으로 범죄의 실현을 요구하는 경우가 있다. 범죄가 실질적으로 실현되었다는 것을 가리켜서 범죄의 완료 또는 범죄의 완성이라고 한다. 범죄의 완료는 행위자가 가졌던 범행결의가 실질적으로 실현된 경우를 가리킨다. 기수와 완료의 구별은 때때로 중요한 의미를 가질 수 있다.

2. 기수와 완료의 구별실익

(1) 정당방위와 긴급피난의 현재성

첫째는 정당방위 및 긴급피난의 '현재성' 요건과 관련하여 의미가 있다. 절도죄의 경우 기수시점은 타인의 재물을 '절취'한 때이다. 절취라는 구성요건표지는 기존 점유자의 의사에 반하여 재물에 대한 사실상의 지배를 깨뜨리고 자기 또는 제3자에게 새로이 사실상의 지배를 설정하는 행위를 가리킨다. 형식적 관점에서 볼 때 절도범이 도품을 훔쳐서 가지고 나오는 순간 절도죄는 기수에 이른다. 물건을 가지고 나오는 순간 범인에게 새로운 지배가 설정되기 때문이다.

그러나 범인이 도품에 대한 원소유자의 권리를 배제하고 자신이 권리자인 것처럼 도품을 사용 · 수익 · 처분하려면 범인이 소유권자의 추적을 피할 수 있는 안전한 상태에 이르러야 한다. 절도범이 소유자처럼 도품을 안전하게 사용 · 수익 · 처분할 수 있는 상태에 이를 때 절도죄는 완료에 이른다. 절도죄와 관련하여 볼 때 정당방위에 있어서 공격행위의 현재성은 절도죄의 실행의 착수로부터 시작하여 기수의 단계를 거쳐 완료에 이르기까지의 전과정에서 인정된다.

(2) 공범의 성립 여부

다음으로 기수와 완료의 구별은 공범의 성립과 관련하여 의미가 있다. 위의 절도범 사례에서 도품을 훔쳐서 도망가는 범인 갑을 친구 을이 발견하고 도품의 은닉을 도와주었다고 하자. 이 경우 친구 을은 절도죄의 기수 이후의 시점에서 갑의 절도행위에 관여하고 있다. 절도죄는 이미 기수에 이르렀으므로 을은 절도범행의 실행을 분담할 수 없다. 단지 사후적으로 범죄실현을 용이하게 할 뿐이다. 이러한 상황하에서는 절도죄의 방조범이 성립한다. 그러나 아직 완료에는 이르지 아니하였으므로 장물취득죄에는 해당하지 않는다.

장물취득죄(법362①)는 도품의 원소유자가 소유물을 되찾아올 수 있는 권리(이를 '추구권'이라고 한다)를 침해하는 범죄이다. 이미 소유권이 침해된 상태에서 원래의 권리를 회복하지 못하도록 하는 것이 장물죄의 핵심이다. 그런데 도품을 가지고 도망가는 행위는 아직 소유권자의 최초 소유권을 완전하게 침해한 것은 아니다. 따라서 아직 추구권을 논할 단계는 아니다. 추구권을 논할 수 있는 단계는 절도범의 범행이 완료에 이른 때, 즉 절도범이 안전하게 도품을 사용·수익·처분할 수 있는 때이다.

(3) 공소시효와 일반사면

범죄의 기수와 완료가 의미를 가지는 그 밖의 경우로 공소시효의 완성과 일반사면의 발효시점을 들 수 있다. 공소시효는 일정한 시간의 경과에 주목하여 국가로 하여금 형사소추권을 행사할 수 없도록 하는 장치이다. 공소시효는 범죄행위가 종료한 때로부터 진행한다 (형소법252①). 이 경우 범죄행위의 종료시점은 기수시점이 아니라 완료시점이다. 기수 이후 완료의 시점에 이르기까지 범죄에 대한 증거수집의 가능성이 계속 존재하기 때문이다.

일반사면이란 일정한 죄의 종류를 정해 놓고 그에 대해 국가형벌권을 행사하지 않겠다고 선언하는 것이다(사면법8 후단). 일반사면은 어느 시점을 정하여 그 시점까지 범해진 일정한 종류의 범죄행위에 대하여 형사소추권을 행사하지 않겠다고 하는 일반적 의사표시이다. 일반사면은 대통령령으로 행한다(사면법8 전단). 일반사면의 기준시점 또한 공소시효와 마찬가지로 범죄의 완료를 기준으로 결정한다. 형사소추와 관련된 증거수집의 가능성이 완료시점까지 계속 존재하기 때문이다.

3. 즉시범, 상태범, 계속범

어느 범죄가 기수라는 형식적 차원을 넘어서서 완료라는 실질적 차원에까지 이르러야 하는가 하는 문제는 일률적으로 답할 수 있는 것이 아니다. 이와 관련하여 즉시범, 상태범, 계속범의 구별이 있다.

(1) 즉시범

범죄가 기수에 이름과 동시에 완료되는 범죄유형을 말한다.[1] 즉시범의 대표적인 예로 도주죄(법145①)를 들 수 있다. 도주죄는 범인이 간수자의 실력적 지배를 이탈한 상태에 이를 때 기수가 된다. 그리고 그와 동시에 도주죄는 완료된다. 그리하여 도주죄가 기수에 이른 후에 범인의 도피를 도와주는 행위는 도주죄의 공동정범이나 방조범으로 처벌할 수 없다. 따라서 도주원조죄(법147)도 성립하지 않는다. 도주원조죄는 도주죄의 방조범을 독립된 구성요건으로 규정해 놓은 것이기 때문이다.[2]

---

1) 2009. 4. 16. 2007도6703 전원합의체 판결, 공 2009, 775 = 분석 총론 『농지전용 공소시효 사건』 ☞ 1126면.

2) 1991. 10. 11. 91도1656, 공 1991, 2762 = 백선 각론1 42. 『형제 탈주 사건』.

(2) 상태범

첫 번째의 행위로 인하여 객관적 구성요건이 전부 충족되어 기수에 이르렀으나 이 행위가 야기시킨 법익침해의 상태가 일정한 시점까지 유지될 것을 예정하고 있는 범죄유형이다. 상태범의 대표적인 예로 절도죄(법329)를 들 수 있다. 상태범의 경우에는 계속범과 달리 한 개의 행위만 존재한다. 이후 법익침해의 상태가 일정 시점까지 계속될 것을 예정하고 있으나, 그 위법상태는 첫 번째의 행위로 인한 것이다. 상태범의 경우에는 기수 이후 위법상태가 계속하는 시점에 공동정범이 성립하지 않는다.[1] 새로운 구성요건 실현행위가 없기 때문이다. 그러나 방조범의 성립은 가능하다.

(3) 계속범

첫 번째의 행위로 인하여 객관적 구성요건이 전부 충족되어 기수에 이르렀으나 이 행위와 동일한 행위가 되풀이되는 동안 계속 범죄가 성립하는 범죄유형을 말한다. 계속범의 대표적인 예로 체포·감금죄(법276①)를 들 수 있다.

체포죄(법276①)에서 말하는 '체포'는 사람의 신체에 대하여 직접적이고 현실적인 구속을 가하여 신체활동의 자유를 박탈하는 행위를 의미하는 것으로서 그 수단과 방법을 불문한다. 체포죄는 계속범으로서 체포의 행위에 확실히 사람의 신체의 자유를 구속한다고 인정할 수 있을 정도의 시간적 계속이 있어야 한다.[2] 체포의 고의로써 타인의 신체적 활동의 자유를 현실적으로 침해하는 행위를 개시할 때 체포죄의 실행의 착수가 인정된다.[3]

감금죄(법276①)의 경우, 최초의 감금행위에 의하여 신체의 자유가 제한된 상황에서 이후 감금행위가 종료할 때까지 감금죄는 계속 성립한다. 감금죄의 경우 외관상으로 보면 한 개의 감금행위만 있는 것처럼 보이지만 실질에 있어서는 감금상태가 종료할 때까지 신체의 자유를 박탈하기 위한 행위가 되풀이되는 것이다. 계속범의 구조는 첫 번째의 범죄행위가 기수에 이르렀지만 제2, 제3의 행위가 반복되고 있는 것과 같다. 따라서 제2, 제3의 행위부분에 대해서 공동정범의 성립이 가능하다. 새로이 구성요건을 공동으로 실현할 가능성이 있기 때문이다.

계속범의 또 다른 예로 일반교통방해죄를 들 수 있다. 일반교통방해죄(법185)의 경우 교통방해 행위는 계속범의 성질을 가지고 있어서 교통방해의 상태가 계속되는 한 가벌적인 위법상태가 계속 존재한다. 따라서 신고 범위를 현저히 벗어나거나 「집회 및 시위에 관한

---

1) 2008. 10. 23. 2008도6080, 공 2008, 1651 = 백선 총론 71. 참고판례 1. 『영산홍 절취 사건』.
2) 2018. 2. 28. 2017도21249, 공 2018상, 665 = 『엘리베이터 쫓아가기 사건』 ☞ 1127면.
3) 2018. 2. 28. 2017도21249, 공 2018상, 665 = 『엘리베이터 쫓아가기 사건』.

법률」 제12조에 따른 조건을 중대하게 위반함으로써 교통방해를 유발한 갑 등의 집회에 을이 참가한 경우, 참가 당시 이미 다른 참가자 갑 등에 의해 교통의 흐름이 차단된 상태였다고 하더라도, 을이 교통방해를 유발한 다른 참가자 갑 등과 암묵적·순차적으로 공모하여 교통방해의 위법상태를 지속시켰다고 평가할 수 있다면 일반교통방해죄의 공동정범이 성립한다.[1]

제4 미수범의 처벌근거

1. 미수범의 처벌근거에 관한 학설

독일 형법과의 비교에 의해서도 알 수 있는 것처럼 미수범의 처벌에 대해서는 입법례마다 그 입장이 조금씩 다르다. 미수범을 처벌한다는 기본입장에서는 각국의 입법례가 공통된다. 그러나 세부적인 측면에서는 적지 않은 차이를 보인다. 여기에서 미수범을 처벌하는 근거는 무엇이며 어느 선에서 기준을 세워야 할 것인가 하는 질문이 제기된다. 미수범의 규율에 관한 접근방식으로 몇 가지 학설이 제시되고 있다.

(1) 객관설
객관적 구성요건이 실현될 위험성에서 미수범의 처벌근거를 구하는 견해이다. 객관설은 다음과 같은 설명을 제시한다.

「어느 구성요건을 실현하려면 예비·음모, 실행의 착수, 기수 등 일련의 과정을 거쳐야 한다. 이 전체과정에서 구성요건을 실현하려는 의사(즉 고의)는 모두 동일하다. 차이를 보이는 것은 객관적 측면에서 나타나는 구성요건실현의 정도이다. 그러므로 미수범의 처벌근거는 객관적 구성요건의 실현가능성에서 구해야 한다. 객관적 구성요건이 실현되는 것을 가리켜서 구성요건적 결과라고 한다. 미수범을 처벌하는 것은 이 구성요건적 결과발생의 가능성이 현저히 높아졌기 때문이다.」

객관설에 의하면 구성요건적 결과발생의 가능성이 현저히 높아지는 시점은 실행의 착수에 이르는 순간이다. 한편 착수된 실행행위는 구성요건적 결과발생을 가능하게 할 수 있는 것이어야 한다. 이러한 점에 착안하여 객관설은 미수와 예비·음모를 구별하여 취급한다. 나아가 결과발생이 처음부터 불가능한 경우라면 아예 미수범처벌을 인정하지 않는다. 객관설을 철저히 밀고나가게 되면 미수범의 경우는 구성요건적 결과가 완전한 형태로 실현

---

1) 2018. 1. 24. 2017도11408, 공 2018상, 539 = 『불법집회 추가 참가자 사건』 ☞ 1128면.

되지 아니한 것이므로 미수범에 대한 형의 필요적 감경을 인정하게 된다.

(2) 주관설

미수범의 처벌근거를 행위자의 범죄실현 의사에서 구하는 견해이다. 주관설은 다음과 같은 설명을 제시한다.

「행위에 의하여 구성요건적 결과발생의 가능성이 얼마나 높아졌는가는 중요하지 않다. 외부에 나타난 구성요건적 결과발생의 가능성은 우연적 요소일 뿐이다. 관건이 되는 것은 행위자가 내심에 가지고 있는 범죄실현의 의사이다. 행위자의 범죄실현의사는 법질서에 대한 행위자의 적대적인 내적 태도를 나타낸다. 구체적 행위자가 가지는 내적 태도를 가리켜서 심정(心情)이라고 부른다. 미수범의 처벌근거는 바로 행위자의 범죄실현의사 및 법적대적 심정에서 구하여야 한다.」

주관설에 의하면 미수와 예비 · 음모의 구별은 별다른 의미가 없다. 양자 모두 범죄실현의사 및 법적대적 심정의 발로라는 점에서 동일하기 때문이다. 그리하여 미수범의 성립영역은 예비 · 음모에까지 확장된다. 또한 결과발생이 처음부터 불가능한 소위 불능범이라 할지라도 통상의 미수범으로 처벌된다. 주관설을 철저히 밀고나가게 되면 미수범과 기수범 사이에 처벌의 차이를 인정하지 않게 된다.

(3) 인상설

미수범의 행위가 사회일반인에 대하여 불러일으키는 사회심리적 영향에서 미수범의 처벌근거를 구하는 견해이다.[1] 인상설에서 말하는 인상이란 미수행위로 인해 법질서가 교란되었다고 느끼는 사회심리적 변화를 의미한다. 인상설은 주관설의 입장에서 출발하면서 법질서에 대한 행위자의 순수한 내적 태도를 사회심리적인 인상을 기준으로 다소 객관화한 이론이다. 이 때문에 인상설을 가리켜서 절충설이라고 부르는 학자들도 있다.

인상설은 기본적으로 주관설에서 출발한 견해이므로 제시하는 결론도 대체로 주관설과 비슷하다. 다만 결과발생이 처음부터 불가능한 소위 불능범에 대해서는 주관설과 다소 다른 설명을 제시한다. 즉 주관설은 행위자가 결과발생의 가능성을 중대한 무지로 인하여 알지 못한 경우라 할지라도 행위자의 주관적 심정을 문제 삼아 통상의 미수범으로 처벌해야 한다고 주장한다.

이에 대하여 인상설은 결과발생이 처음부터 불가능한 불능범의 경우에 대해 행위자의

---

1) 권오걸, 447면; 김성천 · 김형준, 320면; 김일수 · 서보학, 378면; 박상기, 214면; 손동권 · 김재윤, 430면; 오영근, 306면; 이정원, 263면; 임웅, 379면.

주관적 심정 때문이 아니라 사회일반인에게 미치는 법질서교란의 인상 때문에 형사처벌을 가한다고 본다. 사회심리적 인상은 행위자의 순주관적인 내적 심정에 비하여 보다 객관적이다. 이 점에 착안하여 인상설은 불능범에 대한 형사처벌에는 더 신중을 기해야 한다고 보고 통상의 미수범에 비하여 처벌을 일층 완화하는 입장을 취하게 된다.

(4) 강화된 절충설

미수범의 처벌근거를 구성요건적 결과발생의 측면과 행위자의 범죄실현의사를 함께 고려하여 미수범의 처벌근거를 구하는 견해이다.[1] 이 학설은 원래 '절충설'이라고 불러야 할 것이지만 인상설을 절충설과 동일시하는 학계의 용어법을 고려하여 '강화된 절충설'이라고 표시하기로 한다. 강화된 절충설은 다음과 같은 설명을 제시한다.

「미수범에 있어서 본질적 요소가 되는 것은 행위자의 범죄실현의사이다. 이 점에서 주관설은 타당한 측면을 가지고 있다. 그러나 행위자의 내적인 심적 태도에만 주목하는 것은 타당하지 않다. 행위자의 범죄실현의사는 외부에 표현되어야 한다. 즉 행위자의 범죄실현의사라는 주관적 요소는 이를 외부적으로 표현하는 행위를 통하여 구체화되어야 한다. 지나친 주관화의 문제점은 인상설의 경우에도 마찬가지이다. 인상설은 행위자의 내적 태도를 사회심리적 인상을 통하여 객관화하려고 한다. 그렇지만 그것만으로 충분하지는 않다. 범죄실현의사를 객관적으로 표출하는 행위 자체에 대한 고려가 제시되어 있지 않기 때문이다.」

강화된 절충설은 행위자의 범죄실현의사를 중요시한다는 점에서 기본적으로 주관설과 비슷한 문제의식을 가지고 있다. 그러나 범죄의사의 실행행위라는 객관적 요소를 함께 고려한다는 점에서 주관설 및 인상설과 구별된다. 특히 강화된 절충설은 구성요건적 결과발생이 처음부터 불가능한 소위 불능범에 대하여 보다 많은 배려를 부여한다. 그리하여 특별한 경우에는 미수범으로서의 처벌을 포기하는 결론에까지 이른다.

2. 미수범의 처벌근거에 관한 한국 형법의 태도

(1) 학설대립의 의미

미수범의 처벌근거에 관한 위의 학설대립은 올바른 형법적 규율을 확보하기 위한 모색 작업이라고 할 수 있다. 객관설과 주관설은 미수범의 규율에 대한 기본적 접근방법을 제시한 것이며 인상설과 강화된 절충설은 양자의 중간에 위치하고 있는 학설이라고 할 수 있다.

---

1) 배종대, 350면; 이재상 · 장영민 · 강동범, 375면; 정성근 · 정준섭, 215면(절충설).

그런데 이러한 학설들은 그 자체로서 논리적 완결성을 가지고 있어서 우열을 비교하기가 힘들다. 결국 논의의 핵심은 미수범처벌의 지나친 확장을 방지할 것인가 아니면 범죄실현의 출발점이 되는 범죄실현의사를 가능한 한 앞당겨서 차단할 것인가 하는 정책결단의 문제로 돌아간다.

이 점에서 볼 때 미수범의 처벌근거에 관한 학설대립은 이론구성 그 자체에 의하여 우열을 결정할 것이 아니다. 미수범의 처벌근거는 우리 입법자가 어떠한 입법적 결단을 내려서 미수범의 규율체계를 정비하였는가 하는 관점에서 살펴보아야 한다. 이러한 문제의식에서 바라볼 때 우리 형법은 다음의 점에 비추어 미수범의 처벌근거를 강화된 절충설의 관점에서 포착하였다고 생각된다.

(2) 입법적 결단의 내용

(가) 형의 임의적 감경   우선 우리 형법은 미수범에 대하여 형의 필요적 감경을 인정하지 않는다. 미수범은 기수범에 비하여 감경처벌할 수 있을 뿐이다. 소위 형의 임의적 감경만을 인정한 것이다(법25②). 이것은 기본적으로 미수범과 기수범을 동일하게 처벌하겠다는 입법적 결단으로서 주관설의 입장이 반영된 것이라고 할 수 있다.

그러나 우리 형법은 구성요건적 결과발생의 가능성에 상당히 큰 비중을 두고 있다. 객관설적 관점에서 미수범의 성립범위를 제한한 내용을 보면 다음과 같다.

(나) 예비·음모와의 준별   우선 우리 형법은 미수범과 예비·음모를 준별하고 있다. 미수범과 예비·음모 모두 형법상 명시적인 근거규정이 있어야 처벌할 수 있다는 점에서 공통된다(법28, 29). 그러나 예비·음모의 경우에는 보다 구체적으로 법정형이 규정되어 있으며 그 처벌의 정도는 미수범에 비하여 훨씬 가볍다.

(다) 미수범처벌규정의 명시   다음으로 비교법적으로 볼 때 우리 형법은 미수범의 성립범위를 보다 제한하고 있다. 독일의 경우를 보면 중죄의 경우에는 미수범처벌규정이 특별히 명시되어 있지 않더라도 중죄의 미수범을 처벌한다(독일형법23①). 이에 대하여 우리 형법은 범죄의 경중을 가리지 아니하고 미수범처벌규정이 있을 때에만 미수범을 처벌한다(법29). 이러한 입법적 결단은 구성요건적 결과발생의 가능성이 특히 문제되는 영역만을 골라서 미수범처벌을 가하겠다고 하는 것으로서 우리 입법자가 보다 객관적인 관점에서 입법적 결단을 행하였음을 보여주고 있다.

(라) 불능범의 불처벌   다음으로 우리 입법자는 불능범에 관한 규정을 보다 객관적인 입장에서 규율하고 있다.[1] 불능범이란 결과발생이 처음부터 불가능한 미수범을 말한

---

1) 불능범에 관한 자세한 설명은 후술 561면 이하 참조.

다. 우리 형법 제27조는 "실행의 수단 또는 대상의 착오로 인하여 결과의 발생이 불가능하더라도 위험성이 있는 때에는 처벌한다. 단, 형을 감경 또는 면제할 수 있다."라고 규정하고 있다. 형법 제27조 본문은 처음부터 결과발생이 불가능한 불능범이라도 위험성이 있을 때에는 처벌한다는 입법적 결단을 나타내고 있다. 그와 동시에 형법 제27조 단서는 처벌을 하되 그 형을 감경 또는 면제할 수 있도록 하여 불능범에 대한 처벌의 정도를 완화하고 있다.

그런데 형법 제27조 본문을 반대해석하면 "불능범에 위험성이 없는 경우에는 불능범을 처벌하지 아니한다."는 결론이 도출된다. 이러한 입법적 결단은 독일 입법자의 그것과 사뭇 다르다. 독일 형법은 처음부터 결과발생이 불가능한 불능범에 대하여 위험성 유무에 관계없이 원칙적으로 통상의 미수범으로 처벌한다. 다만 행위자가 중대한 무지로 인하여 결과발생이 불가능함을 알지 못한 경우에 한하여 예외적으로 형의 감경 또는 면제를 인정한다(독일형법23③).

우리 형법에 비하여 볼 때 독일 형법은 처음부터 결과발생이 불가능한 소위 불능범에 대하여 범죄불성립의 효과를 인정하지 않는다. 처벌을 포기하지 아니하는 이유는 불능범이 사회심리적으로 야기하는 법질서교란의 인상 때문이다. 그러나 우리 입법자는 처음부터 결과발생이 불가능하고 위험성도 없다면 굳이 형법적 개입을 할 필요가 없다는 결단을 내리고 있다. 그 정도라면 구성요건적 결과발생의 가능성이 전혀 없다고 판단하였기 때문이다. 이 점에서 우리 형법의 입법자는 독일 입법자가 취한 인상설의 관점을 떠나서 보다 객관적 색채가 강한 강화된 절충설의 입장을 취하고 있다고 생각된다.

제 5   실행의 착수에 관한 학설

1. 객관설과 주관설

(1) 문제의 소재

실행의 착수와 예비·음모는 범행결의를 외부에 나타내는 행위라는 점에서 공통된다. 그러나 실행의 착수가 있으면 미수범으로서 본격적인 형사처벌의 대상이 되는데 반하여(법25①) 예비·음모는 원칙적으로 불벌이며 극히 예외적인 경우에만 처벌된다(법28). 여기에서 동일한 범행결의를 가지고 있더라도 형사처벌의 대상이 되는 경우와 형사처벌의 대상이 되지 않는 경우로 나누는 기준이 실행의 착수라는 점을 알 수 있다.

우리 형법은 미수범에 관한 규정들을 마련하면서 '실행의 착수'라는 용어를 사용하고 있다(법25①, 26, 28). 그러나 실행의 착수 자체에 대해서는 아무 것도 밝히고 있지 않다. '실행의 착수'의 의미와 관련하여 이를 구체화하고 그 판단기준을 제시하는 작업은 학설과 판례의 몫이다.

범죄란 범행결의를 구체적으로 외부에 실현한 것이다. 즉 주관적 의사가 객관적으로 표현된 것이다. 이러한 관점에서 볼 때 실행의 착수에 관한 학설은 일단 객관적인 측면을 중시하는 객관설과 주관적인 측면을 중시하는 주관설로 대별할 수 있을 것이다. 객관설과 주관설은 다시 다양한 형태로 세분화된다.

(2) 형식적 객관설

실행의 착수에 관한 학설로 형식적 객관설이 있다. 형식적 객관설이란 구성요건을 일부라도 실현하기 시작할 때 실행의 착수가 있다고 보는 견해이다. 형식적 객관설은 다음과 같은 논거를 제시한다.

「범행결의란 범죄를 실현하려는 의사이다. 이 때 범죄는 개별적인 구성요건을 실현하는 행위를 말한다. 실행의 착수란 범행결의를 실천에 옮기는 행위이다. 그렇다면 개별구성요건의 일부를 실현시킬 때 실행의 착수가 있다.」

구성요건은 위법행위의 정형이다. 형식적 객관설은 구성요건이라는 행위정형에 착안함으로써 객관적이고 형식적인 판단기준을 확보한다. 이 점에서 형식적 객관설은 법적 안정성을 확보하는 장점이 있다. 그렇지만 형식적 객관설에 의하면 미수범의 성립범위가 지나치게 좁아지는 단점이 있다. 예컨대 갑이 A를 살해하기 위하여 A에게 총을 쏘는 경우를 생각해 본다. 형식적 객관설에 의하면 갑이 A를 향하여 총의 방아쇠를 당기는 시점에 살인죄의 실행의 착수를 인정하게 될 것이며, 이후 총상으로 A가 사망할 때 갑은 살인죄의 기수범이 된다고 본다. 이 견해에 따르면 갑이 A에게 총을 겨누는 시점에는 아직 살인죄의 실행의 착수가 인정되지 않는다. 그러나 이러한 분석은 명백히 부당하다.

(3) 실질적 객관설

형식적 객관설의 단점을 보완하기 위하여 객관설의 진영에서 나온 것이 실질적 객관설이다. 실질적 객관설이란 구성요건이 보호하려는 법익에 직접적으로 위험이 발생할 때 실행의 착수를 인정하는 견해이다. 구성요건 자체를 일부라도 실현하였는가 하는 형식적·기계적 관점보다 구성요건이 보호하려는 법익을 기준으로 삼는다는 점에서 보다 실질적이다. 그러나 실질적 객관설은 범행결의의 실현이라는 주관적 측면보다는 법익 자체에 대한 직접적 위험을 강조하는 점에서 여전히 객관설의 진영에 속한다.

(4) 주관설

실행의 착수를 가장 넓은 범위에서 인정하는 것이 주관설이다. 주관설은 행위자가 범행 결의를 실현하기 위하여 필요하다고 생각하는 행위를 하는 최초의 시점에 실행의 착수를 인정하는 견해이다. 행위자는 자신의 범행결의를 실현하기 위하여 일련의 행위들을 하게 된다. 주관설은 이러한 일련의 행위들이 범죄자의 범죄적 에너지를 표출한 것으로서 동일한 의미를 가진다고 본다. 따라서 범행결의를 표현하는 최초의 시점이 실행의 착수가 인정되는 시점이라고 본다.

그런데 주관설에 의하면 우선 미수와 예비·음모의 구별이 모호해진다. 예비·음모도 범행결의를 실현하기 위한 행위임에는 차이가 없기 때문이다. 다음으로 주관설에 의하면 실행의 착수시점이 대폭 앞당겨짐으로써 미수범의 처벌범위가 지나치게 확장된다.

2. 개별적 객관설과 독일 형법 제22조

(1) 개별적 객관설의 의미

객관설과 주관설의 단점을 제거하고 양설의 타협점을 모색하고자 제시된 학설이 개별적 객관설이다. 개별적 객관설이란 구체적 행위자가 가지고 있는 범행결의에 비추어 볼 때 구성요건의 실현에 직접적으로 나아가는 행위가 있을 때 실행의 착수를 인정하는 견해이다. 개별적 객관설은 주관설과 객관설의 절충안이다. 개별적 객관설에서 개별적이라 함은 구체적 행위자의 범행결의를 기준으로 삼는다는 의미이다. 이 점에서 개별적 객관설은 주관설과 맥을 같이 한다.

한편 개별적 객관설은 구성요건의 실현을 실행의 착수에 관한 판단요소로 함께 설정한다. 구성요건을 여전히 중시한다는 점에서 개별적 객관설은 객관설에 속한다. 개별적 객관설은 구성요건을 중시하지만 구성요건 자체에 집착하지 않는다. 구성요건 자체의 실현이 아니라 구성요건의 실현에 직접적으로 나아가는 행위가 있으면 실행의 착수를 인정한다. 이 점에서 개별적 객관설은 실질적 객관설의 접근방법을 받아들이고 있다.

개별적 객관설은 실행의 착수에 관한 객관설과 주관설의 단점을 제거하고 양설을 타협하기 위하여 제시된 견해이다. 이 점에서 개별적 객관설을 주관적 객관설 또는 절충설이라고 부르기도 한다.

(2) 독일 형법 제22조

개별적 객관설은 1969년 독일 형법의 총칙개정시에 채택되어 1975년 독일 신형법 제22조에서 실행의 착수에 관한 기준으로 명시된 기준이다. 독일 형법 제22조는 "행위자의 행위에 대한 표상(表象)에 따를 때 구성요건의 실현을 직접적으로 개시한 자는 미수에 이른 것이다."라고 규정하고 있다. 이 조문에서 사용되고 있는 **표상(表象)**이라는 말은 행위자가 내심으로 그리고 있는 그림이라는 의미이다. '행위에 대한 표상'이란 행위자가 내심으로 그리고 있는 범죄의 진행과정을 가리킨다.

요컨대 독일 형법 제22조가 규정한 '행위에 대한 표상'은 개별적 행위자가 가지고 있는 주관적 범행계획이다. 그리고 '구성요건의 실현을 직접적으로 개시하는 것'은 실질적 객관설의 입장에서 중시되는 범행결의의 외부적 실현행위이다.

3. 한국 형법과 실행의 착수시점

독일 형법 제22조는 실행의 착수에 관하여 입법적으로 개념정의를 설정해 놓은 조문으로 주목된다. 독일 형법 제22조가 채택한 개별적 객관설은 주관설과 객관설의 지나친 점을 배제하고 미수범의 성립범위를 적절히 확보한다는 장점을 가지고 있다. 이러한 장점 때문에 개별적 객관설은 실행의 착수에 관한 정의조항이 없는 우리나라의 경우에 많은 형법학자들에 의하여 지지되고 있다.[1] 본서도 이러한 장점을 인정하여 개별적 객관설의 관점에서 실행의 착수 여부를 판단하기로 한다.

한편 실행의 착수와 관련하여 일반적인 기준을 모색하기보다는 개별구성요건별로 실행의 착수 여부를 검토해야 한다고 주장하는 견해가 있다.[2] 생각건대 실행의 착수에 관한 일반적 기준은 언제나 특정한 범죄구성요건과 관련하여 의미를 가진다. 총칙적인 규정은 그 자체로 존립의미가 없기 때문이다. 이 점에서 실행의 착수에 관한 기준을 개별구성요건 별로 검토하자는 주장에는 일리가 있다. 그렇지만 무수한 개별구성요건을 해석한다고 할 때 그 전제로 총칙적인 일반기준을 모색하는 작업은 반드시 필요하다. 이 점에서 개별적 객관설은 논의의 출발이 되는 일반적 기준으로 합리성이 있다고 생각된다.

제 6 미수범의 성립요건

1. 미수범처벌규정의 존재

미수범은 구성요건의 수정형식이다. 미수범은 구성요건의 객관적 요소가 하나라도 충

---

1) 김성돈, 429면; 김성천 · 김형준, 325면; 김일수 · 서보학, 379면; 김혜정 외 4인, 267면; 박상기, 224면; 성낙현, 489면; 손동권 · 김재윤, 434면; 오영근, 310면; 이재상 · 장영민 · 강동범, 381면; 이정원, 268면; 임웅, 374면; 정성근 · 정준섭, 219면; 정영일, 331면.
2) 배종대, 360면.

족되지 아니할 때 성립하는 범죄유형이다. 그러나 주관적 측면에서 보면 기수범과 동일한 형태의 구성요건적 고의가 그대로 구비되고 있어야 한다.[1] [2]

미수범을 처벌하려면 무엇보다도 각칙의 해당 죄에 미수범 처벌규정이 있어야 한다 (법29). 이 경우 '각칙'은 형법전의 각칙은 물론이고 특별형법도 포함한다.[3] 양벌규정의 적용대상 벌칙조항에 기수범만 규정되고 미수범이 명시되지 않은 경우 종업원이 미수범으로 처벌되더라도 해당 양벌규정으로 사업주를 처벌할 수 없다.[4]

독일 형법은 범죄를 중죄와 경죄로 나누고 중죄의 경우에는 언제나, 경죄의 경우에는 법률에 명문의 규정이 있을 때 한하여 미수범을 처벌한다(독일형법23①). 중죄·경죄의 구별을 하고 있지 아니한 우리 형법은 모든 범죄에 대하여 법률에 명문의 규정이 있을 때 한하여 미수범을 처벌한다. 이 점에서 우리 형법은 독일 형법에 비하여 보다 객관설적인 입장을 취하고 있다.

미수범처벌규정이 있다고 확인될 때 미수범처벌을 위하여 다음으로 요구되는 것이 범행결의와 실행의 착수이다.

2. 범행결의

미수범이 성립하려면 우선 범행결의가 인정되어야 한다. 범행결의란 구성요건적 고의이다. 미수범의 경우에 특히 문제되는 구성요건적 고의를 가리켜서 **범행결의**라고 한다. 범행결의의 내용은 통상적인 구성요건적 고의의 그것과 같다. 따라서 범행결의는 객관적 구성요건요소의 총체에 대한 인식과 의욕(인용)이다. 범행결의는 반드시 확정적 고의임을 요하지 않는다. 고의의 일반이론에 따라 미필적 고의로도 족하다. 범행결의는 구성요건적 고의이므로 과실범의 미수는 인정되지 않는다.

범행결의는 그 인식의 대상과 관련하여 볼 때 미필적 고의로도 족하다. 그러나 범행결의 자체는 확정적이어야 한다. 조건부의 범행의사나 불확정한 범행의사는 범행결의로 볼 수 없다. 불확정적 범행의사란 범죄수행의 조건을 따져보는 의사로서 아직 범행을 하겠다는 확정적 결의에 이르지 아니한 것이다. 불확정적 범행의사가 있음에 그치는 경우에는 미수범이 성립하지 않는다.

일단 범행결의를 가진 후에 행위자의 의사와 무관한 일정조건이 충족되기를 기다려서 실행에 착수하려는 경우는 불확정적 범행의사에 해당하는 경우가 아니다. 이 경우에는 일

1) 전술 506면 이하 참조.
2) 1995. 9. 15. 94도2561, 공 1995, 3473 = 백선 총론 22.『"얼굴만 침입" 사건』참조.
3) 2011. 5. 13. 2010도16970, 공 2011상, 1244 =『부동산중개소 폭행 사건』☞ 1080면.
4) 2023. 12. 14. 2023도3509, 판례속보 =『영업비밀 부정사용 미수범 사건』☞ 1031면.

단 확정적인 범행결의가 존재하고 있으므로 미수범의 제일차적 요건은 충족된다. 범행결의를 가졌으나 언제든지 범행으로부터 물러나려는 용의를 가지고 있는 경우에도 범행결의는 인정된다. 일단 범행결의를 가진 후에 범행을 중지하는 것은 미수범의 유형 가운데 하나인 중지범(법26)에 해당할 여지가 있을 뿐이다.

구성요건 가운데에는 초과주관적 구성요건요소를 요구하는 경우가 있다. 목적범의 경우에 목적, 영득범죄의 경우에 불법영득의사 등이 그 예이다. 초과주관적 구성요건요소를 요구하는 구성요건의 경우에는 범행결의 이외에 초과주관적 구성요건요소도 함께 구비되어야만 미수범이 성립한다. 초과주관적 구성요건요소는 범행결의와 함께 당해 구성요건의 주관적 성립요소를 이루고 있기 때문이다.

3. 실행의 착수

(1) 착수미수와 실행미수

미수범의 객관적 성립요건은 실행의 착수이다. 개별적 객관설에 의할 때 실행의 착수시점은 행위자가 구성요건의 실현을 위한 직접적 개시행위를 하는 때이다. 구성요건의 실현을 위한 '직접적 개시행위'인가 아닌가 하는 점은 구체적 행위자의 범행계획을 기준으로 판단한다.

(가) 착수미수　　형법 제25조 제1항은 "범죄의 실행에 착수하여 행위를 종료하지 못하였거나 결과가 발생하지 아니한 때에는 미수범으로 처벌한다."고 규정하고 있다. 이 조문에 따르면 실행의 착수는 두 가지 형태로 나누어 볼 수 있다. 하나는 '범죄의 실행에 착수하여 행위를 종료하지 못한 경우'이다. 실행행위에 착수하였으나 그 실행행위를 아직 다 종료하지 못한 경우를 가리켜서 착수미수라고 한다. 착수미수는 실행에 착수한 행위 자체를 전부 다 실현시키지 못한 경우를 말한다.

(나) 실행미수　　형법 제25조 제1항이 규정한 두 번째의 실행의 착수는 '범죄의 실행에 착수하여 행위를 종료하였으나 결과가 발생하지 아니한 경우'이다. 일단 실행행위 자체는 종료하였으나 그로 인한 결과가 발생하지 아니한 경우를 가리켜서 실행미수라고 한다. 실행행위는 종료하였으나 결과가 아직 발생하지 아니하였다는 의미에서 이 경우를 실행미수라고 부른다.

착수미수와 실행미수는 모두 실행의 착수에 해당한다. 따라서 미수범의 성립요건으로서 차이가 없다. 다만 양자는 후술하는 중지범의 경우에 결과발생을 방지하는 방법에서 차이를 나타낸다.

(2) 개별적 객관설의 의미

【사례 89】 전문절도범 갑은 A 소유의 연립주택을 털려고 한다. 갑은 A의 집 안에 침입하기 위하여 사람들이 모두 외출하고 없는 밤중에 1층 창문의 철창을 절단할 계획을 세웠다. 이 경우 절도죄의 실행의 착수가 인정되기 시작하는 시점은 다음 중 어느 것인가? (단, 검토조문은 형법 제329조, 제331조 제1항, 제342조, 제25조이다.)

① 범행기회를 조사할 때
② 범행도구인 절단기를 장만할 때
③ 자동차로 범행장소에 절단기를 운반해 갈 때
④ 자동차에서 절단기를 꺼내어 연립주택의 창문가에 옮겨 놓을 때
⑤ 길가에서 연립주택 내부의 등불이 전부 꺼지기를 기다릴 때
⑥ 절단기를 창문철창에 갖다 댈 때

실행의 착수는 범죄를 실현하기 위하여 실행에 나아가는 것이다. 범죄의 실행에 착수하려면 보통 준비행위가 필요하다. 그러나 보통의 준비행위는 아직 실행의 착수라고 볼 수 없다. 행위자가 자신의 범행계획에 따라서 문제의 구성요건을 실현하기 위한 직접적 개시행위를 하는 단계에 이르러야 실행의 착수가 인정된다. 행위가 실행의 착수에 이르지 아니한 때에는 원칙적으로 처벌되지 않는다(법28 참조).

행위자가 행하는 개개의 부분행위는 범죄실현이라는 최종목표를 향하여 이루어지고 있다. 이러한 행위들을 모두 실행의 착수라고 본다면(소위 주관설) 미수범의 성립범위가 지나치게 확장되는 폐단이 발생한다. 여기에서 실행의 착수시점을 적절히 조절할 필요가 생긴다. 이를 위하여 주관적으로는 행위자의 범행계획을 토대로 하면서 객관적으로는 실질적 객관설이 제시한 기준을 적용할 필요가 있다(개별적 객관설).

실질적 객관설이란 어느 행위가 당해 구성요건이 보호하는 법익에 직접적인 위험상황을 발생시킬 때 실행의 착수를 인정하는 견해이다. 여기에 행위자의 범행계획을 추가한 것이 개별적 객관설이다. 개별적 객관설에 따르면 '행위자의 범행계획에 비추어 볼 때' 어느 행위가 당해 구성요건이 보호하는 법익에 직접적인 위험상황을 발생시키는 순간 그 행위를 실행의 착수라고 보게 된다. 이 행위는 반드시 구성요건의 일부를 실현시키는 행위일 필요는 없다.[1]

---

1) 2009. 12. 24. 2009도9667, 공 2010상, 292 = 분석 각론 『주간 시정장치 손괴 사건』 ☞ 1129면.

(3) 직접적 개시행위의 시점

실행의 착수가 인정되려면 행위자의 범행계획에 비추어 볼 때 '직접적 개시행위'가 있어야 한다. 행위자에게 범행결의가 있다고 전제할 때 직접적 개시행위가 있다고 인정되는 상황으로 다음의 경우를 들 수 있다.

(가) 구성요건의 일부실현　　우선 행위자가 당해 구성요건의 일부를 직접 실행하는 경우이다. 예컨대 권총의 방아쇠를 당기는 행위는 이미 형법 제250조 제1항이 규정한 '살해'라는 실행행위의 일부를 실현하는 것이다. 발사된 탄환이 빗나갔다고 하여도 실행의 착수는 인정된다.

(나) 구성요건의 미실현　　문제가 생기는 것은 실행행위자의 행위가 아직 구성요건에 직접 해당하는 행위라고 볼 수 없는 경우이다. 예컨대 권총을 구입하거나 또는 주머니에서 권총을 꺼내는 행위는 범행상대방에게 직접적인 가해를 하는 것이 아니다. 따라서 이러한 행위를 아직 '살해'의 행위라고는 볼 수 없다. 권총을 구입하는 행위와 권총을 주머니에서 꺼내는 행위는 서로 다른 의미를 가지고 있다. 그럼에도 불구하고 실행의 착수에 이르지 아니하였다는 점에서 보면 양자는 같다.

실행의 착수를 인정하기 위한 결정적 기준은 '직접적 개시행위'이다. 직접적 개시행위는 구성요건의 일부를 실현시키는 행위일 필요는 없다. 구성요건을 실현시키는 행위에 직접적으로 선행(先行)하고 있어서 자연적인 관찰방법에 의할 때 아무런 중간행위가 개입할 필요 없이 구성요건의 실현에 이르게 되는 행위는 구성요건의 실현을 위한 직접적 개시행위가 된다. 예컨대 권총을 상대방에게 겨누는 행위는 아무런 중간행위 없이 바로 구성요건의 실현에 이를 수 있는 행위이므로 실행의 착수를 인정할 수 있다.[1]

예컨대 보험사기의 경우 피보험자 본인임을 가장하는 등의 방법으로 보험계약을 체결하는 행위는 단지 장차의 보험금 편취를 위한 예비행위에 지나지 않는다.[2] 이후 보험사고를 이유로 보험금을 청구할 때 기망행위의 실행의 착수가 인정된다. 그러나 보험계약 체결 당시에 이미 보험사고가 발생하였음에도 이를 숨겼다거나 보험사고의 구체적 발생 가능성을 예견할 만한 사정을 인식하고 있던 경우 또는 고의로 보험사고를 일으키려는 의도를 가지고 보험계약을 체결한 경우와 같이 보험사고의 우연성과 같은 보험의 본질을 해칠 정도라고 볼 수 있는 특별한 사정이 있는 때에는 하자 있는 보험계약을 체결한 행위만으로도 보험금을 편취하려는 의사에 의한 기망행위의 실행에 착수한 것으로 볼 수 있다.[3]

---

1) 2015. 3. 20. 2014도16920, 공 2015상, 657 =『필로폰 대금 명목 사건』☞ 1130면.
2) 2013. 11. 14. 2013도7494, 공 2013하, 2290 = 분석 총론『생명보험 위장 가입 사건』.
3) 2013. 11. 14. 2013도7494, 공 2013하, 2290 = 분석 총론『생명보험 위장 가입 사건』.

〈사례 해설〉 〔사례 89〕에서 문제되는 구성요건은 특수절도죄이다. 특수절도죄를 규정한 형법 제331조는 그 유형의 하나로 야간에 건조물의 일부를 손괴하고 건조물에 침입하여 타인의 재물을 절취하는 행위를 규정하고 있다. 특수절도죄는 손괴죄, 주거침입죄, 절도죄의 3자가 한 개의 범죄로 파악된 것으로서 결합범의 일종이다. 특수절도죄는 미수범을 처벌한다(법342). 결합범의 경우에 실행의 착수는 결합된 첫 번째의 범죄를 기준으로 판단한다.

〔사례 89〕에서 갑이 창문의 철창을 훼손한다면 그의 행위는 건조물의 일부를 손괴하는 것으로서 형법 제331조 제1항이 규정한 구성요건의 일부를 실현하는 행위가 된다. 그러나 사안에서 갑은 아직 철창을 손괴하는 행위를 하고 있지 않다. 구성요건의 일부를 실현하는 행위가 없으므로 이제 구성요건의 실현에 선행하는 '직접적 개시행위'가 있는가를 살펴야 한다.

직접적 개시행위의 유무는 실질적 객관설의 관점에서 법익에 직접적인 침해의 위험을 발생시키는 행위가 있는가 하는 점에서 살펴야 한다. 특수절도죄의 주된 보호법익은 타인의 재물이다. 좀더 구체적으로 말한다면 재물의 소유권 및 점유이다. 〔사례 89〕에서 ①부터 ⑤까지 진행된 갑의 행위는 아직 A의 소유에 속하는 재물을 직접적으로 위태롭게 하는 것이 아니다. ①부터 ⑤까지의 행위와 특수절도죄(법331①)의 구성요건이 규정하고 있는 '손괴'의 실행행위 사이에 중간행위가 개입하지 않으면 특수절도죄는 실현되지 않는다.

행위자가 범행도구인 절단기를 가지고 범행현장에 이미 가 있다고 하더라도 구성요건의 실행행위인 '손괴'가 일어나려면 최소한 한 개의 중간행위가 개입하지 않으면 안 된다. 이 행위는 바로 ⑥의 행위, 즉 절단기를 창문의 철창에 갖다 대는 일이다. 이 단계에 이를 때 비로소 갑의 행위는 '아직도 모든 것이 미결'인 예비의 영역을 벗어나게 된다. 절단기를 창문의 철창에 갖다 대는 갑의 행위는 A의 소유권이라는 법익을 직접적으로 위태롭게 한다. 이 때부터 갑의 행위는 형사처벌이 예정되어 있는 미수범의 영역으로 들어오게 된다.

제7 미수범의 형량

1. 행위불법과 결과불법

(1) 임의적 감경과 필요적 감경

우리 형법 제25조 제2항은 "미수범의 형은 기수범보다 감경할 수 있다."고 규정하고 있다. 미수범의 임의적 감경은 모든 범죄에 적용된다. 미수범의 형을 어느 정도로 할 것인가 하는 문제는 입법정책적인 사항이다.

1871년의 독일 구형법은 미수범의 형을 필요적으로 감경하였다. 그러나 소위 의사형법

(意思刑法)을 강조한 1939년 및 1943년 나치스의 형법개정에 의하여 임의적 감경으로 변경한 이래 1975년 독일 신형법에 이르러서도 독일의 입법자는 임의적 감경의 원칙을 유지하고 있다. 우리 형법은 독일 형법이나 일본 형법과 마찬가지로 미수범의 형을 임의적으로 감경하는 방침을 취하고 있다.

(2) 행위불법과 결과불법

구성요건에 해당하고 위법한 행위를 가리켜서 불법이라고 한다. 행위는 객관과 주관의 합일체이다. 구성요건의 객관적 요소를 실현시킨 행위가 전체법질서에 위반된다는 판단을 받을 때 그 행위를 가리켜서 결과불법이라고 한다. 구성요건의 주관적 요소를 실현시킨 행위가 전체법질서에 위반된다는 판단을 받을 때 그 행위를 가리켜서 행위불법이라고 한다. 불법은 결과불법과 행위불법으로 이루어진다.

미수범의 경우에는 객관적 구성요건요소가 전부 다 실현된 것은 아니다. 여기에서 결과불법이 남김없이 실현된 것은 아님을 알 수 있다. 이에 반하여 주관적 구성요건요소는 미수범의 경우에도 빠짐없이 갖추어져 있다. 행위불법은 모두 실현된 것이다. 종래의 인과적 행위론자들은 결과불법을 중시하였다. 그리하여 결과불법이 제대로 갖추어지지 아니한 미수범의 경우에는 형을 필요적으로 감경하여야 마땅하다고 주장하였다. 이에 대하여 목적적 행위론자들은 인간의 목적적 조종활동이 표출된 행위를 중심으로 불법의 실질을 포착해야 한다고 주장한다.

목적적 행위론을 철저히 밀고 나가게 되면 불법의 실질은 목적적 조종활동을 중심으로 하는 행위불법에 있으며 외부적으로 발생한 결과는 우연한 사정에 불과한 것이어서 형법상 의미가 없다고 보게 된다. 인간의 행위가 불법으로 판단되는 근본이유는 인간만이 가지고 있는 목적적 조종활동 때문이라고 보는 견해를 가리켜서 인적 불법론이라고 한다. 인적 불법론의 입장에서는 행위불법이 온전히 인정되는 미수범에 대하여 형을 감경할 필요가 전혀 없다고 주장하게 된다.

2. 미수범과 형의 감경

(1) 형의 임의적 감경

우리 입법자는 미수범의 경우에 행위불법을 인정하면서 그와 동시에 결과불법이 감소된다는 점을 긍정한다. 그러나 결과불법이 전혀 없다고는 보지 않는다. 법익침해의 위험성이 발생했다는 사실 자체가 이미 어느 정도 결과불법에 해당한다고 보는 것이다. 그리하여 우리 형법 제25조 제2항은 미수범의 형을 기수범의 형보다 감경할 수 있도록 정하고 있다.

형의 임의적 감경은 형을 감경할 수 있지만 반드시 감경해야 한다는 것은 아니다. 따라서 미수범의 경우라 할지라도 전혀 형의 감경이 행해지지 아니할 수도 있다.

법익이 특별히 무거운 경우에는 그 법익을 보다 두텁게 보호할 필요가 있다. 이러한 경우를 위하여 우리 입법자는 실행의 착수 이전 단계에서 이미 형사처벌을 가하는 경우가 있다. 예비·음모를 처벌하는 규정이 그것이다. 예비·음모를 처벌하는 경우에는 그 처벌법규에 구체적인 법정형이 규정되어 있어야 한다. 만일 법정형이 명시되지 아니한 예비·음모 처벌규정이 있다면 그 형벌법규는 명확성의 원칙에 반하여 무효가 된다.[1]

(2) 특별법에 의한 감경배제

예비·음모의 처벌 이외에 법익을 강하게 보호하기 위하여 우리 입법자가 미수범의 감경처벌을 배제하는 경우가 있다. 미수범에 인정되는 형의 임의적 감경을 배제하고 미수범을 기수범의 형과 동일한 형으로 처벌하는 것이다. 우리 형법전 자체에는 그 예가 없으나 특별법 위반죄에서 그에 해당하는 사례를 찾아볼 수 있다.

「관세법」 제271조 제2항은 "제268조의2[전자문서 위조·변조죄 등], 제269조[밀수출입죄], 제270조[관세포탈죄 등]의 미수범은 본죄에 준하여 처벌한다."고 규정하고 있다. 이 규정에 따라서 일정한 「관세법」 위반죄의 미수범은 본죄에 준하여 처벌된다. 이 경우 '본죄에 준하여 처벌한다'는 의미는 기수범과 마찬가지로 처벌한다는 뜻이다. 기수범과 동일하게 취급되므로 형법 제25조 제2항이 규정한 형의 임의적 감경은 물론 형법 제26조가 규정한 중지범의 특례도 인정되지 않는다.

제8 미수범의 종류

1. 장애미수, 중지범, 불능범

미수범은 구성요건의 수정형식이다. 미수범은 구성요건적 고의가 있으나 구성요건의 객관적 요소를 전부 다 실현시키지는 못한 경우에 성립하는 범죄유형이다. 미수범은 각칙의 해당죄에 처벌규정이 있을 때 비로소 성립한다(법29조). 이 경우 각칙은 형법전의 각칙은 물론이고 특별형법도 포함한다. 처벌대상이 되는 미수범에 대해서는 형법 제25조 제2항에 따라 형을 임의적으로 감경한다.

그런데 미수범 가운데에는 몇 가지 표지가 더 추가되는 것들이 있다. 소위 중지범과 불

---

1) 1977. 6. 28. 77도251, 공 1977, 10157 = 백선 총론 61. 『마산시위 발포 사건 1』.

능범이 그것이다. 중지범이란 행위자가 자의(自意)로 실행행위를 중지하였기 때문에 구성요건의 객관적 요소가 다 실현되지는 못할 때 인정되는 미수범이다. 이에 대하여 불능범은 구성요건의 객관적 요소를 실현시키는 것이 처음부터 불가능한 경우에 인정되는 미수범이다.

우리 입법자는 중지범에 대해서 '형을 감경 또는 면제한다'는 법적 효과를 부여한다(법26조). 한편 불능범에 대해서는 위험성이 없으면 처벌하지 않기로 하고 있다(법27 본문 반대해석). 또 위험성이 인정되더라도 '형을 감경 또는 면제할 수 있다'는 법적 효과를 부여하고 있다(법27 단서). 중지범이나 불능범 이외의 일반적인 미수범을 가리켜서 장애미수라고 한다. 장애미수에 대해서는 '형을 감경할 수 있다'는 정도의 법적 효과만 부여된다(법25②). 장애미수에 대해서는 형의 면제가 허용되지 않는다.

2. 각종 미수범의 검토순서

미수범에 부여되는 법적 효과의 경중을 놓고 볼 때 장애미수, 중지범, 불능범의 형태로 순위를 부여할 수 있다. 장애미수는 형의 임의적 감경을, 중지범은 형의 필요적 감경·면제를, 불능범은 형의 임의적 감경·면제와 함께 범죄불성립이라는 법적 효과도 불러올 수 있기 때문이다. 일단 미수범이 성립한다고 판단되는 사안이 있으면 기수범에 비하여 일차적으로 형의 임의적 감경이라는 법적 효과가 확보된다. 그러나 여기에 만족하지 말고 형의 필요적 감경·면제나 범죄불성립의 효과가 추가적으로 인정되는가를 살펴보아야 한다.

미수범의 기본형태로 형의 임의적 감경이 인정되는 장애미수에 대해서는 미수범의 일반적 성립요건과 관련하여 앞에서 검토하였다. 아래에서는 법적 효과의 경중에 따라서 중지범을 먼저 검토하고 이어서 불능범을 살펴보기로 한다. 중지범은 형의 필요적 감경·면제가 인정되지만 불능범은 위험성이 없다고 판단될 경우 범죄불성립으로 될 수 있기 때문이다.

제2절 중지범

한국형법	독일형법
제26조〔중지범〕 범인이 실행에 착수한 행위를 자의(自意)로 중지하거나 그 행위로 인한 결과의 발생을 자의로 방지한 경우에는 형을 감경하거나 면제한다.	제24조〔중지미수〕 ① 자의(自意)로 범죄의 계속 실행을 포기하거나 그 범죄의 기수를 방지한 자는 미수로 벌하지 아니한다.

한국형법	독일형법
(해당 조항 없음)	범행이 중지자의 기여 없이 기수에 이르지 아니한 경우에 중지자가 자의로 진지하게 그 기수를 방지하려고 노력한 때에는 벌하지 아니한다.
(해당 조항 없음)	**제24조** ② 여러 명이 범행에 관여한 경우에 자의로 그 기수를 방지한 자는 미수로 벌하지 아니한다. / 다만, 범행이 중지자의 기여 없이 기수에 이르지 않거나 중지자의 이전의 행위분담과 관계없이 기수에 이른 때에는 범행의 기수를 방지하기 위한 자의적이고 진지한 노력이 있으면 그 중지자를 벌하지 아니한다.
(해당 조항 없음)	**제31조** 〔공범미수의 중지〕 ① 자의로 1. 타인으로 하여금 중죄를 결의하도록 하는 시도를 포기하고 또한 그 타인이 행위를 수행할 현존의 위험을 방지한 자, 2. 중죄를 범할 의사를 표명한 후 그 계획을 포기한 자 또는 3. 중죄의 합의를 하거나 중죄를 범하라는 타인의 제의를 수락한 후 그 범행을 방지한 자는 제30조(공범의 기도 : 저자 주)에 따른 처벌을 받지 아니한다.
(해당 조항 없음)	**제31조** ② 행위가 중지자의 기여 없이 행하여지지 아니하거나 행위가 중지자의 이전의 행위와 관련 없이 행하여진 때에는 그 범행을 방지하려는 자의적이고 진지한 노력이 있으면 중지자를 벌하지 아니한다.

【사례 90】 갑은 이른 아침 등산로를 산책하고 집으로 돌아가던 중 낯모르는 26세의 가정주부 A와 마주쳤다. 몇 마디 말을 주고받은 다음 갑은 갑자기 A를 껴안고 땅바닥에 넘어뜨린 후 성교를 하려고 하였다. 갑은 먼저 A에게 키스와 애무를 하려고 하였다.

갑자기 습격을 당한 A는 힘이 모자랐기 때문에 저항하려 하지 않고 다만 갑에게 폭력만은 사용하지 말아달라고 부탁하였다. A는 갑에게 우선 숨을 좀 돌리자고 말하고 그래도 갑이 성교를 원한다면 폭력을 사용하지 않더라도 그에 응해 줄 수 있다고 말하였다. A는 이렇게 함으로써 어느 정도 시간을 벌 생각이었다.

이에 갑은 A를 놓아주었고, 두 사람은 땅바닥에서 일어났다. 이 때 A는 저쪽에서 등산로를 산책하던 등산객 두 사람을 발견하고 구조를 요청하는 비명을 질렀다. 갑은 도주하였다.

이 경우 갑에 대하여 예상되는 형량을 계산해 보라. 검토할 조문은 형법 제297조, 제298조, 제300조, 제26조이다.

제1 중지범의 의의

1. 중지범의 의미

미수범은 구성요건의 객관적 요소가 전부 다 충족되지는 못한 형태의 범죄유형이다. 보통의 경우(즉 장애미수) 구성요건적 결과가 발생하지 아니하면 형의 임의적 감경이라는 법적 효과가 부여된다(법25②). 이에 대하여 구성요건적 결과발생이 처음부터 불가능한 경우(즉 불능범) 위험성이 없을 때에는 범죄가 성립하지 않게 되고, 위험성이 있을 때에는 형의 임의적 감경 또는 형의 임의적 면제라는 법적 효과가 발생한다(법27).

이와 같은 법적 효과에 대하여 범죄불성립까지는 아니지만 형의 필요적 감경 또는 형의 필요적 면제가 인정되는 미수범의 유형이 있다. 형법 제26조가 규정한 중지범이 바로 그것이다. 중지범은 범인이 자의로 실행에 착수한 행위를 중지하거나 그 행위로 인한 결과의 발생을 방지한 경우의 미수범을 가리킨다. 중지범은 중지미수라고 부르기도 한다.

형법 제26조는 "범인이 실행에 착수한 행위를 자의(自意)로 중지하거나 그 행위로 인한 결과의 발생을 자의로 방지한 경우에는 형을 감경하거나 면제한다."고 규정하고 있다. 중지범은 범인이 실행에 착수한 행위를 자의로 중지한 경우와 범인이 실행행위로 인한 결과의 발생을 자의로 방지한 경우로 나누어진다. 전자를 착수미수의 중지범이라 하고 후자를 실행미수의 중지범이라고 한다.

2. 중지범의 취지

중지범에 대하여 형의 필요적 감경 또는 형의 필요적 면제라는 법적 효과를 특별히 부여하는 이유는 범죄인에게 실행에 착수한 행위를 중도에 그만 두도록 계기를 부여하기 위함이다. 만일 중간에 범행을 그만두는 경우에도 통상의 미수범과 마찬가지로 형의 임의적 감경만 인정된다면 범죄인은 특별히 범행을 중지할 계기를 발견하지 못하게 될 것이다. 그렇다면 범죄인은 범행을 계속하여 범죄를 완성하게 될 것이며 범죄로 인한 피해는 더욱 확산될 것이다. 중지범은 범죄인을 정상인의 세계로 되돌리기 위한 유인책이며 범죄피해의 확산을 방지하기 위한 안전장치이다.

제2 중지범의 법적 성질

1. 중지범의 법적 성질에 관한 학설

(1) 독일 형법상의 논의계기

중지범의 법적 성질에 대해서 독일 형법학계에서는 여러 가지 학설이 제시되고 있다. 이와 같은 학설대립이 생기게 되는 계기는 독일 형법이 중지범에 대하여 부여한 '범죄불성립'의 법적 효과 때문이다.

독일 형법은 중지범과 관련하여 "자의(自意)로 범죄의 계속 실행을 포기하거나 그 범죄의 기수를 방지한 자는 미수로 벌하지 아니한다."고 규정하고 있다(독일형법24① 제1문). 독일 형법이 중지범에 부여한 법적 효과는 '미수로 벌하지 아니한다'는 것이다. 이 경우 '벌하지 아니한다'는 의미는 범죄가 성립하지 않는다는 의미이다. 만일 중지범의 사안이 기소되었다면 독일 법원은 미수범 부분에 대하여 피고인에게 범죄불성립을 이유로 무죄를 선고하여야 한다.

미수범처벌규정이 있다고 전제할 때 범인이 실행의 착수에 나아가는 순간 국가에게 형벌권이 발생한다. 실행의 착수가 있으면 그 자체로 일단 범죄가 성립한다. 그런데 독일 형법의 중지범 조문에 따르면 중지범의 경우에 법원은 일단 발생한 범죄에 대하여 범죄불성립을 이유로 무죄를 선고하지 않으면 안 된다. 여기에서 일단 발생한 범죄가 범죄불성립으로 되는 계기가 어디에 있는가 하는 의문이 제기된다.

(2) 독일 형법상의 학설 개관

이 점을 놓고 독일 형법학계에서는 은사설, 보상설, 형벌목적설, 법률설, 형사정책설 등의 여러 견해가 제시되고 있다. 이러한 독일의 논의는 우리 형법의 중지범 논의에도 그대로 차용되어 한국 형법의 해석론으로 제시되고 있다. 다만 형의 감경 또는 면제라는 법적 효과를 반영하기 위하여 설명상 약간의 수정이 가해지고 있을 뿐이다.

(가) 은사설　　　중지범에 부여되는 특별한 법적 효과를 일종의 은사 때문이라고 보는 견해이다. 이 경우 은사는 사면과 같은 의미이다. 원래 사면이란 사면권자가 법공동체 구성원 전체의 화합을 도모하기 위하여 조건 없이 부여하는 은전이다. 은사설은 중지범이 있을 때 실행의 착수로 인하여 일단 발생한 형벌권을 입법자가 무조건적으로 불문에 붙이기로 하였다고 보는 견해이다.

(나) 보상설　　　중지범에 부여되는 특별한 법적 효과를 일종의 보상이라고 보는 견해이다. 보상설은 이를 포상설이라고도 부른다. 국가는 범죄인을 적발하거나 범행을 저지한 시민에게 일정한 포상을 수여한다. 이러한 관계는 범죄를 범하는 자 본인에 대해서도 적용할 수 있다. 범인이 실행에 착수하였으나 도중에 스스로 범행을 중단하는 경우에 국가는 범죄불성립이라는 보상을 부여할 수 있다. 보상설은 실행의 착수에 의하여 일단 성립한 범죄가 중지범에 의하여 범죄불성립으로 변화하는 것은 입법자가 부여한 일종의 보상 때문이라고 본다.

(다) 형벌목적설　　　중지범에 부여되는 특별한 법적 효과를 형벌목적에서 구하는 견해이다. 형벌을 과하는 것은 예방적 목적을 달성하기 위함이다. 형벌의 부과는 사회 일반인에게는 일반예방을, 범죄인 자신에게는 재차 범죄를 범하지 않도록 하는 특별예방을 그 목적으로 한다. 그런데 실행에 착수한 범인이 자의로 범행을 중지하는 것은 범인의 범죄적 에너지가 크게 감소하였음을 의미한다. 형벌목적설의 입장에서는 일반예방이나 특별예방의 관점에서 볼 때 범죄적 에너지가 사라진 중지범에게 군이 형벌권을 발동시킬 필요가 없다고 본다. 형벌목적설은 중지범의 경우에 추구할 형벌목적이 없어서 범죄불성립이 된다고 본다.

(라) 법률설　　　범죄론체계 내에서 중지범의 특별한 법적 효과를 구해내는 이론이다. 범죄론체계에 내재하는 법률적 효과로 인하여 중지범의 특례가 인정된다고 보기 때문에 이 견해에 법률설이라는 명칭이 부여된다. 범죄는 구성요건에 해당하고 위법한 행위(즉 불법)이며 또한 유책한 행위이다. 법률설의 입장에서는 자의로 자신의 범행을 중지하여 결과발생을 방지한 행위는 불법을 감경·소멸시키거나 책임을 감경·소멸시킨다고 본다. 불법 또는 책임이 소멸하게 되면 범죄는 불성립으로 된다는 것이다.

(마) 형사정책설　　　중지범에 부여되는 특별한 법적 효과를 형사정책적 이유에서 구하는 이론이다. 실행에 착수한 범인에게 법공동체는 다시 정상인의 세계로 되돌아 올 수 있는 계기를 제공하여야 한다. 만일 정상인의 세계로 되돌아 올 수 있는 통로가 없다면 범인은

범행을 계속하여 범죄의 피해를 더욱 확산시킬 것이다. 범죄인이 정상인의 세계로 되돌아 오는 통로를 비유적으로 가리켜서 황금의 다리라고 한다. 형사정책설은 중지범에 특별한 법 적 효과가 인정되는 이유를 범죄인에게 황금의 다리를 제공하기 위함에 있다고 본다. 이러 한 의미에서 형사정책설을 황금의 다리 이론이라고 부르기도 한다.

2. 중지범의 법적 성질에 관한 학설 검토

(1) 한국 형법과 독일 형법의 구별

지금까지 중지범의 법적 성질에 관하여 독일 형법학계에서 제시되는 여러 학설들을 살 펴보았다. 현재 우리나라 형법학계에서도 은사설, 보상설,[1] 형벌목적설,[2] 법률설,[3] 형사정 책설[4] 등이 독일의 학설들과 거의 동일한 내용으로 주장되고 있다. 또한 이러한 학설들을 결합하여 다양한 형태의 결합설이 제시되고 있다. 생각건대 중지범의 법적 성질에 관한 설 명은 형사정책설의 관점에서 구하는 것이 타당하다고 본다. 그 이유는 다음과 같다.

독일 형법의 경우를 보면 중지범의 법적 효과는 '미수로 벌하지 아니한다'는 것이다. 이 것은 곧 미수범에 대한 범죄불성립을 의미한다. 독일의 입법자는 중지범의 경우에 일단 미 수범으로 형벌권이 발생하였음에도 불구하고 사후적으로 범죄불성립이라는 법적 효과를 부 여한다. 사후적으로 범죄불성립이 되는 논리적 구조를 설명하기 위하여 제시된 학설이 은 사설, 보상설, 형벌목적설, 법률설 등이다.

그런데 우리 형법 제26조는 중지범의 법적 효과를 형의 필요적 감경 또는 필요적 면제 로 규정하고 있다. 형의 감경은 일단 범죄성립을 전제로 하면서 발생한 형의 크기를 줄여주 는 조치이다. 형의 면제는 범죄성립을 전제로 하면서 발생한 형을 외부적으로 선언하지 않 는 조치이다. 형의 면제는 우리 형사소송법에 의할 때 유죄판결의 일종이다(형소법321①, 322).[5] 판례는 이 점을 분명히 하여 "형의 면제는 범죄가 성립하여 형벌권은 발생하였으나

---

1) 박상기, 228면(보상설+형벌목적설); 이재상·장영민·강동범, 393면(보상설+형사정책설); 정성근·
   정준섭, 224면(보상설).
2) 김성천·김형준, 334면(형벌목적설); 김일수·서보학, 397면(형벌목적론적 책임감소설); 성낙현, 499면
   (형벌목적설); 손동권·김재윤, 445면(형벌목적설).
3) 권오걸, 459면(법률설+보상설); 김성돈, 444면(책임감소소멸설); 오영근, 319면(법률설+형사정책설);
   임웅, 392면(법률설+형사정책설).
4) 김혜정 외 4인, 272면(형사정책설+법률설), 272면; 정영일, 338면(형사정책설+법률설); 이정원, 275면.
5) 임웅, 392면은 범죄가 성립하지 않는 무죄의 경우에도 '형을 면제'한다는 표현을 사용하는 경우가 있
   다고 하면서 형법 제21조 제2항의 과잉방위와 제27조의 불능미수를 예로 들고 있다. 그러나 형이 면제되는
   과잉방위나 불능미수는 유죄에 해당한다. 형의 면제가 유죄판결의 일종임은 형사소송법 제321조 제1항 및
   제322조에 의하여 명백하다. 입법자는 형사절차법에 규정되어 있는 유죄·무죄의 공권적 의사표시를 전제
   로 하면서 형사실체법에 법적 효과를 규정하고 있다.

일정한 사유로 형벌을 과하지 않는 것, 즉 유죄판결이지만 형을 선고하지 않는 것"이라고
판시하고 있다.[1]

유죄판결은 범죄성립이 인정될 때 법원이 내리는 재판이다.[2] 요컨대 우리 형법에 의하
면 중지범의 경우에 미수범으로서의 범죄는 여전히 존재한다. 단지 그 형만을 필요적으로
감경하거나 면제할 뿐이다.[3]

(2) 다른 학설에 대한 검토

우리 입법자가 중지범에 대하여 범죄성립을 긍정하는 이상 범죄불성립의 이유를 설명
하기 위하여 독일 형법학에서 제시되었던 은사설, 보상설, 형벌목적설, 법률설은 우리 형법
제26조의 해석지침으로 사용할 수 없다.

(가) 법률설의 검토　　　독일에서 제시되었던 학설 가운데 법률설이 우리 학계에서도
유력하게 주장되고 있다. 불법 또는 책임의 감경에서 형의 감경 또는 면제를 이끌어낼 수
있다는 것이다. 그러나 법률설은 행위와 책임의 동시존재의 원칙을 간과하는 흠을 안고 있
다. 불법과 책임은 행위의 시점에 결정된다. 행위 이후의 시점에서 발생한 다른 사정이 이
미 성립한 불법이나 책임에 소급효를 미칠 수는 없다.[4]

(나) 우리 입법자의 결단　　　중지범의 설명근거로 가장 오래된 것이 소위 황금의 다리
이론이다. 입법자는 범죄인이 더 이상 범행을 계속하지 아니하고 정상인의 세계로 되돌아
오도록 일정한 계기를 제공할 필요가 있다. 제시하는 계기의 강도는 범죄불성립일 수도 있
고 그보다 약한 형의 면제일 수도 있다. 그 정도와 강약은 입법자가 당해 법공동체의 실정
에 비추어 입법재량으로 결정한다. 우리 입법자는 중지범에 대하여 일단 범죄성립을 인정
하면서 그 법적 효과를 형의 면제 수준까지 허용하는 방식을 취하고 있다.

제 3　중지범의 주관적 성립요건 – 자의성

【사례 91】 강원도 두메산골에서 온 실업자 갑은 가정방문판매를 해서 생계를 꾸려
갈 생각을 하였다. 이 장사를 하려면 우선 물건을 장만해야 하는데 여기에는 50만원
의 밑천이 필요하였다. 어느 날 밤 갑은 평소에 자주 가서 내부를 잘 알고 있는 A의

---

1) 2019. 4. 18. 2017도14609 전원합의체 판결, 공 2019상, 1134 =『마약사범 분리기소 사건』☞ 1131면.
2) 1997. 3. 20. 96도1167 전원합의체 판결, 공 1997, 1039 = 백선 총론 36. 참고판례.『공직선거법 자수
사건 2』.
3) 형의 면제에 대해서는 후술 896면 참조.
4) 이정원, 275면.

술집에서 현금을 훔치려고 그곳에 들어갔다. 갑은 마침내 A의 금고를 열었으나 그 금고 속에는 갑이 원하였던 50만원이 아니라 5만원의 현금밖에 없었다. 너무나 실망한 갑은 화가 나서 한푼도 가지지 않고 그냥 나와 버렸다.

이 경우 갑의 죄책은?

1. 자의성의 의미

(1) 자의성에 대한 학설의 개관

형의 필요적 감경 또는 형의 필요적 면제라는 중지범의 특례는 범인이 자의(自意)로 범행을 중지한 경우에 한하여 인정된다(법26). 자의성의 판단기준에 관하여 상이한 견해들이 제시되고 있다.

(가) 객관설   일반인의 경험에 비추어 볼 때 범행을 중지하게 된 계기가 통상적으로 범죄의 기수를 저지할 수 있는 것인가 아닌가를 기준으로 자의성을 판단하는 견해이다. 범행중지가 통상 범죄의 기수를 방해할 정도의 것이라면 자의성을 인정하는 것이다. 이 견해가 제시하는 기준은 마치 상당인과관계설의 판단에 있어서 어느 행위로부터 어느 결과가 발생하는 것이 일반인의 경험에 비추어 상당한가를 판단하는 것과 같은 구조를 갖는다. 즉 어느 중지행위로부터 어느 결과의 발생이 저지되는 것이 경험상 일반적이라고 판단되면 자의성을 인정하는 것이다.

(나) 주관설   행위자의 내심에 주목하여 후회나 동정 기타 윤리적 동기에 의하여 중지하는 경우에 자의성을 인정하고 그와 같은 윤리적 요소를 인정할 수 없는 때에는 자의성을 부정하는 견해이다.

주관설과 객관설을 절충하는 입장으로 절충설이 있다. 절충설은 행위자의 내심에 주목하지만 반드시 윤리적 동기에 기한 것에 한정하지 아니하고 보다 중립적인 요인도 자의성으로 인정하는 견해이다.[1]

(다) 심리적 절충설   절충설은 다시 그 판단의 척도와 관련하여 심리적 측면을 강조하는 견해와 규범적 측면을 강조하는 견해로 나누어진다. 심리적 측면을 강조하는 쪽에서는 중지행위자의 내면적 결단의 자주성을 강조한다. 이러한 형태의 절충설을 심리적 절충설이라고 부를 수 있다.[2]

(라) 규범적 절충설   이에 대하여 규범적 측면을 강조하는 쪽에서는 중지행위자의

---

1) 오영근, 322면.

2) 권오걸, 462면; 김성천 · 김형준, 337면; 김혜정 외 4인, 275면; 배종대, 364면; 손동권 · 김재윤, 448면; 이재상 · 장영민 · 강동범, 396면; 이정원, 278면; 정영일, 341면.

내심적 결단에 대해 형벌을 감경하거나 면제할 정도의 의미 부여를 할 수 있는가 아닌가를 고려한다. 이 때 고려의 요소로 여러 가지를 생각할 수 있다. 한 가지 예로서 '범죄인의 이성'을 들 수 있다. 범인이 보다 나은 기회를 포착하기 위하여 중지하였다면 그것은 '범죄인의 이성'에 비추어 볼 때 합리적이다. 이 경우에는 자의성이 부인된다. 이에 반하여 범행을 중지하는 내심의 결단이 '범죄인의 이성'에 비추어 비합리적이라면 자의성이 인정된다. 이와 같이 규범적 측면을 강조하는 절충설을 가리켜서 규범적 절충설이라고 부를 수 있다.[1] 심리적 측면과 규범적 측면을 결합하려는 시도도 규범적 절충설의 범주에 속한다고 볼 수 있다.[2]

(마) 판 례   판례는 "그 자의에 의한 중지가 일반 사회통념상 장애에 의한 미수라고 보여지는 경우가 아니면 이는 중지미수에 해당한다[.]"는 입장을 취하고 있다.[3] 판례의 태도가 위의 학설 중 어느 입장을 따른 것인지는 분명하지 않다. 그러나 '일반 사회통념'을 강조하는 것으로 보아서 객관설에 가까운 입장이라고 생각된다. 판례에 따르면 범행이 발각될 것이 두려워 범행을 중지하는 것은 일반 사회통념상 범죄를 완수함에 장애가 되는 사정에 해당한다.[4]

(2) 자의성에 대한 학설의 검토

(가) 객관설의 문제점   생각건대 자의성의 판단기준은 심리적 절충설의 관점에서 파악하는 것이 타당하다고 본다. 범죄는 행위불법과 결과불법으로 구성된다. 결과가 발생하지 아니한 미수범의 경우에 불법의 중심은 행위불법에 있다. 따라서 자의성의 판단 또한 범행결의의 측면에서 접근하지 않으면 안 된다. 이 점에서 객관설은 미수범의 본질을 정확하게 포착하지 못하는 흠이 있다.

(나) 주관설의 문제점   한편 주관설은 지나치게 윤리적 측면을 강조하고 있다. 행위불법의 핵심은 목적적 조종활동이라고 할 수 있다. 목적적 조종활동이라는 측면에서 보면 목적달성을 위한 수단의 선택과 투입이 중요하다. 그 과정에 윤리적으로 어떠한 의미가 부여되는가는 중요한 의미가 없다.

(다) 규범적 절충설의 문제점   이와 같은 관점에서 보면 규범적 절충설도 유사한 문제점을 안고 있다. 행위자의 주관에 대한 외부로부터의 평가가 자의성을 결정한다는 점에서 규범적 절충설은 주관설과 구조가 동일하기 때문이다.

(라) 심리적 절충설의 지지   행위불법의 중심을 이루는 것은 행위자의 범행결의이다.

---

1) 박상기, 231면; 성낙현, 507면.
2) 김일수 · 서보학, 400면; 정성근 · 정준섭, 227면.
3) 1993. 10. 12. 93도1851, 공 1993, 3129 = 백선 총론 64. 『"친해지면" 사건』.
4) 2011. 11. 10. 2011도10539, [미간행] = 분석 총론 『은행 문 앞 돌아가기 사건』.

범행결의란 행위자가 범죄실현과 관련하여 가지고 있는 내심의 표상이다. 이 내심의 표상은 행위자의 상황인식을 가리키며 바로 행위자의 심리적 측면을 나타낸다. 객관적인 심리상태를 기준으로 자의성을 판단할 때 중립적인 척도를 확보할 수 있다. 이렇게 볼 때 자의성의 판단기준은 심리적 절충설의 입장에서 파악해야 할 것이다.

2. 자의성의 내용

심리적 절충설에 의할 때 자의성(自意性)이란 행위자에게 자주적인 동기설정이 인정되는 것을 말한다. 이 자의성의 판단기준은 착수미수의 중지범과 실행미수의 중지범 모두에 대하여 공통적으로 적용된다.

중지행위의 자의성은 자주적 동기에 기초하면 족하다. 자주적 동기가 후회나 반성과 같이 윤리적으로 높이 평가할 수 있는 성찰에 기초한 것일 필요는 없다. 그 밖의 다른 계기에서 비롯된 것이라도 족하다. 예컨대 행위자가 단순히 "나는 더 이상 그 일에 흥미가 없다."고 생각하여 범행을 중지하는 경우에도 자의성은 인정된다.

자의성이 부인되는 것은 행위자에게 자주적인 동기가 존재하지 않는 경우이다. 외부로부터 오는 이질적인 영향 때문에 행위자가 범행을 단념하게 되는 경우가 여기에 해당한다. 예컨대 상대방이 행위자 자신보다 더 힘이 세어서 범행이 불가능하게 된 경우는 자의성이 부정될 것이다.

중지범의 자의성이 인정되는 경우로는 처벌에 대한 일반적인 두려움, 용기 없음, 부끄러움, 피해자에 대한 연민과 동정, 피해자의 설득[1] 등을 들 수 있다. 자의성이 부정되는 예로서는 피해자가 행위자를 알아보기 때문에 처벌이 두려워서 중지하는 경우, 찾아낸 도품이 기대에 미치지 못하여 가져가지 않는 경우, 도주로가 차단될 것을 두려워하여 그만둔 경우, 행위자가 쇼크를 받아 범행의 계속이 불가능하게 된 경우 등을 들 수 있다.

3. 프랑크의 공식

자의성의 판단과 관련하여 독일의 형법학자 프랑크(Frank)에 의하여 제시된 소위 프랑크의 공식이 있다. 프랑크의 공식은 심리적 절충설의 관점에서 원용할 수 있는 기준이다.[2]

자의성과 관련한 프랑크의 공식은 제1공식과 제2공식으로 나뉜다. 프랑크의 제1공식은 "나는 할 수 있지만 더 이상 하지 않겠다."는 것이며, 프랑크의 제2공식은 "나는 하고 싶지

---

1) 1993. 10. 12. 93도1851, 공 1993, 3129 = 백선 총론 64. 『"친해지면" 사건』.

2) 임웅, 396면은 프랑크의 공식을 지지하면서 심리적 절충설과 구별하고 있다. 그러나 프랑크의 공식은 심리적 절충설을 운용하기 위한 점검장치로 이해된다.

만 더 이상 할 수 없다."는 것이다. 제1공식이 성립하는 경우에는 중지범의 자의성을 인정한다. 그러나 제2공식이 성립하는 경우에는 자의성이 부인된다.

프랑크의 제2공식이 성립하는 경우에는 행위자가 객관적으로 아직도 범죄를 수행할 수 있으나 외부적 상황이 행위자에게 불리하게 변화하여 더 이상 행위를 계속하지 않는 것이 합리적이라고 판단하고 있다. 이 때에는 행위자의 중지행위가 외부적 요인에 의하여 강제된 것이다. 따라서 이 경우에는 중지행위의 자의성이 부정된다.

〈사례 해설〉 앞의 〔사례 90〕에서 갑남의 중지행위는 자의에 기한 것이다. 갑은 신체적으로 열세인 A를 상대로 곧이어 성관계에 응하겠다고 한 A의 약속에 만족하지 않고 강간범행을 하려면 할 수 있었다. 그렇지만 A의 약속을 듣고 더 이상 범행에 나아가지 아니한 것이다. 따라서 갑의 중지행위에는 자의성이 인정된다.[1]

이에 대하여 만일 갑이 고도의 흥분상태 때문에 몸이 말을 듣지 아니하여 강간행위를 그만 두었다면 중지행위의 자의성은 인정되지 않는다. 행위수행이 객관적으로 불가능하였기 때문이다. 〔사례 90〕의 사례에서 갑의 범행이 시작되는 초기에 두 사람의 산보객이 범행현장에 다가왔다고 가정해 보자. 산보객이 나타나기 전의 상황이라면 갑은 범행결의에 따라서 계속 행위를 할 수 있었을 것이다. 그러나 이제 상황은 결정적으로 행위자에게 불리하게 변화하고 있다. 이러한 사안에서 갑이 범행을 중지하는 것을 가리켜서 자의성에 기초한 중지행위라고 할 수는 없다. 따라서 갑에게 중지범을 이유로 한 형의 필요적 감경 또는 면제는 인정되지 않는다.

〈사례 해설〉 〔사례 91〕에서 검토의 대상이 되는 조문은 형법 제329조, 제330조, 제342조, 제26조이다. 갑은 야간주거침입절도죄의 고의를 가지고 야간에 주거에 침입하여 A의 금고를 뒤지고 있다. 그런데 갑은 아무 것도 가지고 나온 것이 없으므로 야간주거침입절도죄는 기수에 이르고 있지 않다. 야간주거침입절도죄는 미수범을 처벌한다(법 342). 이 경우 갑에 대하여 형법 제26조를 근거로 형의 필요적 감면이라는 혜택을 인정할 것인지 문제된다.

그러나 〔사례 91〕의 사안에서 갑의 중지행위에는 자의성이 인정되지 않는다. 금고에 겨우 5만원이 들어 있었다는 점과 5만원이 갑이 애당초 의도하였던 액수에 크게 못 미치는 돈이라는 점은 갑의 의사와는 무관한 사정이다. 갑의 범행계획에 비추어 볼 때 갑은 50만원의 돈을 필요로 하고 있었다. 갑은 자신의 의사와 무관한 사정 때문에 의도한 범행을 끝까지 수행하지 아니한 것이다. 결국 갑의 중지행위에는 자의성이 없으므로 갑에 대하여 형법

---

1) 같은 관점에서 중지범의 자의성을 인정한 판례로, 1993. 10. 12. 93도1851, 공 1993, 3129 = 백선 총론 64. 『"친해지면" 사건』 참조.

제26조가 규정한 형의 필요적 감경 또는 면제를 인정할 수는 없다.

4. 자의성과 행위자의 착오

행위자가 실재하는 상황에 관하여 착오를 일으킴으로써 오인된 상황을 기초로 범행을 중지하는 경우가 있다. 이 경우에는 다시금 자의성의 문제가 대두된다. 중지범에 대한 형감면의 특례는 '인적 형감면사유'이다. 이 경우 인적이란 '그 사람에게만'이라는 성질을 의미한다.

중지범은 인적 사유로서 구체적인 행위자에게만 인정되는 특례이다. 이렇게 볼 때 행위자가 원래의 범행결의를 포기하였는가 아닌가 하는 행위자의 내면적 특성을 기준으로 중지범의 특례를 고려하지 않으면 안 된다. 요컨대 중지행위의 자의성은 행위자의 범행에 대한 표상(表象)을 기준으로 결정해야 한다.

예컨대 행위자 갑이 범죄의 실행을 하고 있는데 경찰관 A가 갑의 범행을 몰래 감시하고 있는 경우를 생각해 볼 수 있다. 이 때 범인 갑이 경찰관 A가 보고 있는 줄 모르고 범행을 중지한다면 중지범의 자의성은 인정된다. 이에 반하여 범인 갑이 어두움 속에서 공범자 을을 경찰관으로 오인하여 범행현장에서 도주하였다면 이 경우에는 중지범의 자의성이 인정되지 않는다.

제4 중지범의 객관적 성립요건

1. 중지범과 결과의 불발생

중지범은 미수범의 일종이다. 따라서 구성요건의 객관적 요소가 전부 다 충족되지 못한 경우에 한하여 중지범이 논의될 수 있다. 즉 구성요건적 결과가 발생하지 않아야 중지범을 논할 수 있다. 또한 범행결의와 실행의 착수라는 미수범의 기본요건을 갖추어야 한다.

그런데 중지범은 미수범의 일반적 요건을 넘어서서 추가적 요건을 구비하여야 한다. 행위로 인한 결과의 발생을 방지하는 것(법26)이 바로 그것이다. 이 경우 '행위로 인한 결과'란 인과관계를 수반하는 결과를 의미한다. 즉 결과는 시간적·공간적으로 실행행위와 원인결과의 관계에서 일어나는 변화를 의미한다. 중지범이 인정되려면 이러한 의미의 결과가 발생하지 아니하여야 한다.

일단 결과가 발생한 경우에는 중지범을 논할 수 없다. 이미 범죄의 결과가 발생한 상황에서 행위자에게 정상인의 세계로 되돌아오도록 황금의 다리를 놓아주어야 할 계기는 더 이상 존재하지 않기 때문이다.

2. 착수미수와 실행미수의 구별

(1) 착수미수의 중지범

중지범은 두 가지 유형으로 나누어 볼 수 있다. 하나는 범인이 단순히 실행에 착수한 행위를 중지함으로써 결과의 발생을 방지하는 경우이다(법25① 전단, 26 전단). 실행에 착수하였으나 실행행위를 끝까지 수행하지 아니한 경우의 미수를 가리켜서 착수미수라고 한다. 그리고 실행행위에 착수하였으나 실행행위를 아직 완수하지 못한 상황에서 범행을 중지하는 것을 가리켜서 착수미수의 중지범이라고 한다.

착수미수의 경우에는 실행행위가 아직 완료되지 아니하였기 때문에 행위로부터 결과에 대한 인과력이 발생하지 않는다. 실행행위의 인과력이 작용하기 전의 단계라면 단순히 실행의 착수로 나아가는 행위를 그만두는 것으로도 결과발생을 방지할 수 있다. 이와 같이 착수미수의 경우에는 단순한 부작위가 있으면 그것으로 결과발생의 방지가 가능하다.

(2) 실행미수의 중지범

중지범의 다른 하나는 범인이 실행에 착수한 행위를 끝까지 수행하였으나 결과가 발생하기 전에 결과발생을 방지하는 경우이다(법25① 후단, 26 후단). 범인이 실행에 착수한 행위를 끝까지 수행하였으나 결과가 발생하지 아니한 형태의 미수범을 가리켜서 실행미수라고 한다. 그리고 실행행위는 완수하였으나 결과가 발생하기 전 단계에서 결과발생을 방지하는 것을 가리켜서 실행미수의 중지범이라고 한다.

실행미수의 경우에는 행위자가 실행행위를 끝까지 수행하였으므로 그 행위는 결과발생에 대하여 인과력을 발휘하기 시작한다. 이러한 상황에서 행위자는 이미 개시된 인과적 진행의 중간에 적극적으로 개입하여 결과발생을 차단하지 않으면 안 된다. 착수미수의 중지행위가 단순한 부작위로 족한 것에 대하여 실행미수의 중지행위는 결과발생을 방지하기 위한 적극적 기여와 노력을 요구한다.

(3) 양자의 구별에 관한 학설

중지범의 구체적 사안이 착수미수의 중지범인지 실행미수의 중지범인지 불분명한 경우가 있다. 만일 사안이 실행미수의 중지범이라면 단순한 부작위를 넘어서서 결과발생의 방지를 위한 적극적 작위행위가 행위자에게 요구된다. 양자의 구별에 관하여 몇 가지 학설이 제시되고 있다.

(가) 객관설   행위가 그 자체로 구성요건적 결과를 발생시킬 수 있는 힘이 있는가

없는가를 기준으로 착수미수와 실행미수를 구별하는 견해이다. 행위자의 주관과는 상관없이 행위 자체를 중심으로 고찰한다는 점에서 객관적이다. 객관설에 따르면 만일에 행위가 그 자체의 힘으로 구성요건적 결과를 발생시킬 수 없다면 그것은 착수미수이다. 이에 반해 행위자와 무관한 제3의 요인이 개입하지 않는 한 그 행위로부터 구성요건이 전부 실현될 수 있다고 판단되면 그것은 실행미수이다.

(나) 주관설   행위자의 구체적인 범행계획을 중심으로 착수미수와 실행미수를 구별하는 견해이다.[1] [2] 주관설에 따르면 행위자가 행위를 하는 최후의 시점에서 구성요건을 실현하기 위하여 필요한 행위가 아직 남아 있다고 생각하면 그것은 착수미수이다. 그러나 행위자가 구성요건을 실현하기 위하여 필요한 행위를 전부 실행하였다고 생각하고 그 결과발생만을 기다리고 있다면 그것은 실행미수이다. 주관설에 따르면 행위자의 계획에 오류가 있더라도 행위자의 범행계획만을 기준으로 착수미수와 실행미수를 구별하게 된다.

(다) 절충설   행위 당시의 객관적 상황과 이에 대한 행위자의 인식을 종합하여 착수미수와 실행미수를 구별하자는 견해이다.[3] 이 견해에 따르면 행위시의 객관적 상황과 행위자의 주관적 인식을 종합하여 구성요건적 결과발생에 필요한 행위가 끝났으면 그것은 실행미수라고 본다. 이에 반해 아직 필요한 행위가 끝나지 않았다고 판단되면 착수미수라고 본다.

(라) 사 견   생각건대 착수미수와 실행미수의 구별은 주관설에 따라서 판단하는 것이 타당하다고 본다. 객관설은 미수범의 본질이 행위불법에 있다는 점을 간과하고 있다. 중지범도 미수범의 일종이므로 착수미수와 실행미수의 구별도 행위자의 범행계획을 중심으로 파악되어야 한다. 한편 절충설은 행위가 결과발생에 충분한 것인가 아닌가 하는 점에 대하여 객관적 사정과 행위자의 인식이 다른 경우에 적절한 결론을 도출할 수가 없다.[4]

중지범의 특례는 중지행위자에게만 특별히 인정되는 인적 사유이다. 인적인 특례를 인정하게 되는 것은 구체적 행위자가 결과발생의 방지를 위하여 투입하는 중지행위 때문이다. 결과발생의 방지를 위하여 어떠한 중지행위를 할 것인가는 구체적 행위자의 범행계획을 떠나서 판단할 수 없다. 따라서 착수미수와 실행미수의 구별은 구체적 행위자의 범행계획을 중심으로 판단하여야 한다.

---

1) 김성천 · 김형준, 343면; 성낙현, 510면; 손동권 · 김재윤, 451면; 이재상 · 장영민 · 강동범, 400면.

2) 김성돈, 446면은 행위자가 일정한 행위를 하다가 중지하고 실제로 다른 행위로 나아간 경우와 일정한 행위를 하다가 중지하고 다른 행위로 나아가지 않은 경우를 나누어 분석하면서, 전자에 대해서는 전후 행위를 전체적으로 관찰하여 한 개의 단일행위로 평가할 수 있는가 하는 판단기준을 제시하고 있다(수정된 주관설).

3) 권오걸, 466면; 김일수 · 서보학, 403면; 배종대, 368면; 오영근, 324면; 임웅, 401면; 정성근 · 정준섭, 229면; 정영일, 343면.

4) 김성천 · 김형준, 342면.

주관설에 의할 때 착수미수의 중지범인지 실행미수의 중지범인지는 행위자의 구체적인 범행계획을 토대로 판단한다. 행위자의 주관적인 범행계획에 비추어 볼 때 실행행위가 종료하였고 결과발생만을 기다리고 있는 상황이라면 문제의 사안은 실행미수의 중지범 사안이다. 이에 대하여 행위자가 몇 단계의 세부적인 행위를 더 진행해야 실행행위가 완수된다고 생각하고 있다면 이는 착수미수의 중지범 사안에 해당한다.

3. 범행결의의 포기

중지범에 있어서 중지행위는 행위자가 범행을 중지할 의사가 있음을 외부에 표시하는 것이다. 이러한 중지행위는 행위자가 진지하게 범행을 중지할 의사를 가지고 행한 것이어야 한다. 행위자의 범행결의는 확정적으로 포기되어야 한다. 단순히 범행결의의 실현을 차후의 기회로 미루거나 보다 나은 기회를 참고 기다리는 것은 결과방지를 위한 중지행위에 해당하지 않는다. 범행결의의 포기는 구체적인 구성요건의 실현행위를 확정적으로 중지하는 것으로 족하다. 반드시 이후 일체 범행을 하지 않겠다는 총체적 포기일 필요는 없다.

주말에 빈집을 털려는 절도범 갑이 범행대상으로 점찍어 둔 집에 들어갔더니 그 집이 친구 A의 집인 것을 알고 그만두었다는 사안을 생각해 보자. 이 사안에서 갑은 진지한 의사에 기하여 확정적으로 범행결의를 포기한 것이다. 이러한 사정은 설사 절도범 갑이 친구 A의 집을 터는 것을 포기하고 곧이어 이웃하는 B의 집에서 범행을 하였더라도 변함이 없다. 적어도 A에 대한 절도죄는 확정적으로 포기되었으므로 이 부분에 관한 한 중지범이 인정된다.

〈사례 해설〉 〔사례 90〕의 사안에서 갑은 종국적으로 강간의 범행결의를 포기하고 있다. 중지행위 이후의 시점에 A와의 성관계를 의도한 것이 범행결의의 확정적 포기를 부정하게 하는 것이 아닌가 하는 의문을 가져볼 수 있다. 그러나 갑이 의도한 A와의 성관계는 합의에 기한 것이므로 애당초 강간죄의 구성요건에 해당할 여지가 없다. 〔사례 90〕에서 갑은 A에 대한 강간죄의 범행결의를 전면적으로 포기하고 있다.

4. 결과발생의 방지

(1) 실행미수와 결과발생의 방지

착수미수의 중지행위는 범행결의의 확정적 포기로 족하다. 그러나 앞에서 검토한 것처럼 실행미수의 중지범이 성립하려면 행위자가 범행결의를 포기하는 것을 넘어서서 행위가 결과발생을 야기하는 것을 적극적으로 방지하지 않으면 안 된다. 실행미수의 중지범은 자신의 행위로 인한 결과의 발생을 방지하여야 하기 때문이다(법26 후단).

실행미수의 경우에 행위자는 적극적으로 결과방지를 위한 노력을 하여야 한다. 다만 결과발생 방지조치를 행위자가 직접 취할 필요는 없다. 결과방지를 위하여 행위자가 의사 등 전문가의 도움을 받을 수 있음은 물론이다.

착수미수의 중지범과 실행미수의 중지범을 구별하기 위하여 갑이 A에게 독을 먹여 살해하려고 하는 사안을 생각해 보자. 갑이 생각할 때 자신이 사용하는 독의 치사량이 10알이라면 갑은 9알의 독을 투입할 때까지 아직 착수미수의 단계에 있다. 이 단계에서는 착수미수의 예에 따라서 더 이상의 투약을 중지하는 단순한 부작위로 A의 사망이라는 결과발생을 방지할 수 있다. 그러나 10알의 독이 일단 투입된 경우에는 더 이상 착수미수의 사안이라고 볼 수 없다. 이제부터 문제의 사안은 실행미수의 사안에 해당한다.

치사량에 충분한 독이 투입된 이후의 시점에는 단순한 부작위의 중지행위로는 충분하지 않다. 갑은 적극적인 작위행위를 통하여 사망이라는 결과발생을 방지하지 않으면 안 된다. 만일 결과발생의 방지에 성공하지 못하였다면 행위자가 아무리 진지하게 결과발생 방지의 노력을 기울였다고 할지라도 중지범의 특례는 인정되지 않는다. 행위자는 이제 형의 필요적 감면이라는 혜택을 받지 못하고 기수범으로 처벌된다. 뒤늦게 나타난 범행결의의 포기는 양형 단계에서 행위자에 대한 정상참작감경의 사유로 고려될 수 있을 뿐이다.

(2) 중지행위와 행위자의 착오

행위자가 범행수단의 효능에 착오를 일으킴으로써 그 범행수단을 포기하기만 하면 결과발생을 방지할 수 있다고 오인하여 적극적으로 결과방지에 나아가지 아니하는 경우가 있다. 이러한 경우에 대해 비록 결과가 발생하였다고 할지라도 행위자가 결과발생을 방지하기 위하여 진지한 노력을 하였다면 중지범의 특례를 인정하자는 견해를 생각할 수 있다.

그러나 우리 형법 제26조는 중지범의 특례가 인정되기 위한 요건으로 결과의 발생을 방지할 것을 요구하고 있다. 명문의 근거가 없는 상황에서 중지범의 특례를 함부로 확장할 수 없다. 입법자는 특별한 경우에 소위 사후중지의 특례규정을 마련하고 있다. 인질강요죄의 사후중지(법324의6) 등의 예가 그것이다.[1] 이와 같은 개별적 예외규정은 결과가 발생한 경우에 중지범의 특례인정을 부정하는 전제하에서 마련된 것이라고 할 수 있다. 이렇게 볼 때 행위자가 결과발생을 방지하지 못한 이상 설사 단순한 부작위의 중지행위로 족하다고 오인하더라도 오인한 행위자는 기수범으로서의 처벌을 면할 수 없다.

이해를 돕기 위하여 사례를 설정해 본다. 행위자 갑이 피해자 A를 사망에 이르게 하기 위해서는 아직도 더 많은 양의 독을 추가로 투입해야 한다고 생각하면서 이제 추가분의 투

---

1) 사후중지에 관하여는 후술 553면 참조.

약을 그만 두기만 하면 A의 생명에 지장이 없을 것이라고 믿었다고 하자. 그런데 실제로는 이미 투입한 독의 양이 충분하여 A가 사망하는 결과가 발생하였다고 해 보자. 이러한 사안에서 행위자 갑은 살인의 고의를 가지고 실행행위에 나아간 것이며 그 행위에 의하여 사망의 결과를 발생시킨 것이다. 따라서 갑은 살인죄의 기수범으로 처벌되어야 한다.

이 경우 행위자 갑의 착오를 형법적으로 배려해 주어야 하는 것이 아닌가 하는 의문이 제기될 수 있다. 그러나 행위자 갑이 일으킨 착오를 보면 인식한 범행경과와 실현된 범행경과 사이에 불일치가 존재하지만 그것은 현저한 불일치라고 볼 수 없다. 인과관계의 착오에 있어서 실제의 인과진행과 인식한 인과진행 사이에 불일치가 있더라도 그것이 현저한 불일치가 아닌 한 형법상 고려의 대상이 되는 착오라고 볼 수 없다. 만일 이러한 경우에도 형법적 배려를 허용한다면 기수범에 대해서도 중지범의 특례를 인정하는 결과가 될 것이다. 그러나 이러한 결론은 결과발생의 방지를 중지범의 성립요건으로 명시하고 있는 형법 제26조의 문언에 비추어 볼 때 용납하기 어렵다.

제5 중지범과 인과관계

한국형법	독일형법
제26조〔중지범〕 범인이 실행에 착수한 행위를 자의(自意)로 중지하거나 그 행위로 인한 결과의 발생을 자의로 방지한 경우에는 형을 감경하거나 면제한다.	**제24조**〔중지미수〕 ① 자의(自意)로 범죄의 계속 실행을 포기하거나 그 범죄의 기수를 방지한 자는 미수로 벌하지 아니한다.
(해당 조항 없음)	범행이 중지자의 기여 없이 기수에 이르지 아니한 경우에 중지자가 자의로 진지하게 그 기수를 방지하려고 노력한 때에는 벌하지 아니한다.

【사례 92】 갑은 A를 살해할 생각으로 맥주병을 들어 A의 머리를 후려쳤던바 A는 땅바닥에 고꾸라졌다. 얼마가 지난 후 갑은 A를 그대로 내버려 두어 출혈로 죽게 해서는 안 되겠다고 생각하고 구급차를 범행현장으로 불렀다. 그러나 갑이 전화를 걸기 전에 이미 지나가던 행인 B가 피투성이가 된 A를 보고 응급구조단에 연락을 해 놓고 있었다. 다행히 구급차가 제시간 안에 도착하여 A는 목숨을 건질 수 있었다.
갑에게 중지범의 특례를 인정할 수 있겠는가?

【사례 93】 갑녀는 몽고병에 걸린 두 살짜리 아들 A에게 사과쥬스에 탄 수면제를 먹여서 A를 죽이려고 하였다. 갑녀는 어린아이 A에게 수면제 두 알을 먹였는데 갑녀는 그것으로 치사에 충분한 양이라고 생각하였다. 그러나 실제로 그 수면제는 애당초 두 알 가지고 두 살짜리 어린아이를 살해할 수는 없는 성분의 약이었다. 다음날 아침 어린아이 A가 아직도 숨을 쉬고 있자 그 때까지는 아이가 죽었을 것이라고 생각하였던 갑녀는 급히 병원에 연락하였다. 다행히 어린아이 A의 생명은 구할 수 있었다.

　　이 경우 갑녀에게 중지범의 특례를 인정할 수 있겠는가?

1. 문제의 소재

　　형법 제26조가 규정한 중지범의 특례가 인정되려면 중지행위와 결과발생의 방지 사이에 인과관계가 있어야 한다. 그런데 중지행위와 결과발생의 방지 사이에 인과관계가 없는 경우에도 중지범의 특례를 인정할 수 있을 것인지 문제된다.

　　이러한 경우에 대하여 독일 형법은 명문의 규정을 통하여 해결책을 제시하고 있다. "범행이 중지자의 기여 없이 기수에 이르지 아니한 경우에 중지자가 자의로 진지하게 그 기수를 방지하려고 노력한 때에는 벌하지 아니한다."고 규정한 것이 그것이다(독일형법24① 제2문). 이에 반하여 우리 형법은 아무런 규정을 두고 있지 않다. 여기에서 독일 형법의 관계조문을 우리 형법의 해석에 지침으로 삼을 수 있을 것인지 문제된다.

　　중지행위를 하였으나 중지행위와 관계없이 결과가 발생하지 않는 경우는 두 가지로 나누어 볼 수 있다. 하나는 제3자의 개입에 의하여 결과가 발생하지 아니한 경우이고 다른 하나는 처음부터 결과발생이 불가능한 불능범의 경우이다.

　　〈사례 해설〉　〔사례 92〕의 사안에서 실제로 결과발생을 방지한 것은 실행자 갑이 아니라 길을 가다가 우연히 피투성이가 된 A를 발견한 행인 B이다. 그러나 갑도 스스로 결과발생을 방지하기 위한 노력을 하였으므로 어느 정도 중지행위를 하였다고 말할 수 있다. 갑은 자신의 범행계획을 확정적으로 포기하고 있으며 결과발생의 방지를 위한 조치도 취하고 있다. 〔사례 92〕의 사안을 보면 설사 지나가던 행인 B의 구조행위가 없었더라도 갑의 노력에 의하여 피해자 A는 목숨을 건질 수 있었을 것이라는 관계가 성립한다. 〔사례 92〕의 특징은 행위자의 중지행위가 존재하고 결과발생도 방지되었으나 양자 사이에 인과관계가 없다는 점에 있다.

2. 제3자의 개입과 결과불발생

(1) 학설의 개관

행위자가 결과발생을 방지하기 위하여 진지한 노력을 하였으나 중지행위와 관계없이 제3자의 개입에 의하여 결과발생이 방지된 경우에 중지범의 특례를 인정할 것인지 문제된다. 이에 대해서는 부정설과 긍정설이 나뉘고 있다.

부정설은 중지행위와 결과발생의 방지 사이에 인과관계가 없는 경우에 중지범의 특례를 인정할 수 없다고 본다.[1] 명문의 규정이 없다는 것이 그 이유이다. 긍정설은 행위자가 범행의 중지에 나아갔으나 제3의 요인에 의하여 결과발생이 방지된 경우에도 중지범의 특례를 인정한다.[2]

(2) 학설의 검토

생각건대 중지범긍정설이 타당하다고 본다. 우선 독일 형법의 관련조문을 유추적용하더라도 그 결론이 피고인에게 유리한 것이라면 유추해석금지의 원칙에 저촉되지 않는다. 나아가 우리 형법 제26조는 독일 형법처럼 '벌하지 아니한다'는 범죄불성립의 효과가 아니라 단순히 형의 필요적 감경 또는 면제의 효과만을 인정한다. 따라서 지나치게 형사처벌이 줄어든다는 비난도 염려할 필요가 없다.

이렇게 볼 때 행위자가 자의에 기한 중지행위를 하고 제3의 요인에 의하여 결과발생이 방지된 경우에 대해서도 형법 제26조를 적용할 수 있다고 새겨야 할 것이다. 이러한 경우에는 이미 결과발생이 방지되었으므로 행위자가 자의에 기한 진지한 노력을 다하였다면 그것으로 인과관계에 갈음할 수 있다고 보아도 무방하다.

다만 이 때 주의할 점은 단순한 자의성 이외에 결과발생의 방지를 위한 행위자의 진지한 노력이 존재해야 한다는 사실이다. 단순히 결과발생을 방지하려고 노력하였다는 것만으로는 형법 제26조의 적용사유로 충분하지 못하다. 만일 단순한 자의성과 결과발생의 방지만을 요구한다면 행위자는 중지범의 특례를 인정받기 위하여 언제라도 그럴듯한 변명을 꾸며댈 수 있을 것이다. 그러므로 행위자는 결과발생의 방지를 위한 일련의 행위를 통하여 자신의 노력이 진지하다는 점을 외부적으로 드러내지 않으면 안 된다.

---

1) 권오걸, 468면; 김성돈, 452면; 김일수·서보학, 404면; 배종대, 370면; 손동권·김재윤, 454면; 이용식, 124면; 이재상·장영민·강동범, 403면; 임웅, 402면; 정성근·정준섭, 229면.
2) 박상기, 237면; 성낙현, 512면; 오영근, 327면; 이정원, 285면; 정영일, 345면.

〈사례 해설〉 [사례 92]의 사안에서 갑이 구급차를 부르지 않고 있다가 이미 구급차가 현장에 와 있는 것을 보고 전화를 걸 생각이 나서 응급구조대에 연락하였다고 해 보자. 이러한 상황은 다른 사람의 결과발생 방지노력을 보고 행위자가 뒤늦게 결과발생의 방지에 나서는 경우이다. 이 때에는 결과발생의 방지에 선행하여 행위자에게 진지한 결과발생 방지행위가 존재하고 있지 않다. 또 앞으로 더 이상 결과발생 방지행위를 할 수도 없다. 이러한 상황에 대해서는 행위자 갑에게 중지범의 특례를 인정할 수 없다.

3. 불능범과 결과불발생

(1) 학설의 개관

중지행위와 결과방지 사이의 인과관계가 문제되는 두 번째의 경우로 불능범의 사안이 있다. 불능범이란 처음부터 결과발생이 불가능한 범죄를 말한다. 그런데 행위자가 결과가 발생하는 것으로 알고 진지하게 중지행위를 한 경우에 인과관계를 요구하게 되면 중지범의 특례를 인정할 수 없게 된다. 결과가 발생하지 않은 것은 중지행위 때문이 아니라 처음부터 결과발생이 불가능한 불능범의 특성 때문이다.

이와 같은 사안에 대하여 중지범의 특례를 인정할 것인가 하는 문제에 대하여 긍정설과 부정설이 대립하고 있다. 부정설은 중지행위와 결과발생 사이에 인과관계가 있어야 하기 때문에 불능범의 경우에는 중지범의 특례를 인정할 수 없다고 본다.[1] 이에 대해 긍정설은 불능범이어서 처음부터 결과발생이 불가능하였다고 할지라도 결과발생을 방지하려는 진지한 중지행위가 있었다면 중지범의 특례를 인정해야 한다고 본다.[2]

(2) 문제의 소재

생각건대 이 문제는 중지범에 대한 법적 효과와 불능범에 대한 법적 효과를 비교하여 피고인에게 유리한 방향으로 결론을 도출해야 한다고 본다. 우리 형법은 중지범에 대하여 '형을 감경 또는 면제한다'는 법적 효과를 부여하고 있다(법26). 한편 불능범에 대해서는 위험성이 없으면 범죄불성립을, 위험성이 있으면 '형을 감경 또는 면제할 수 있다'는 법적 효과를 부여하고 있다(법27).

한편 독일 형법의 경우를 보면 중지범에 대해서는 '처벌하지 아니한다'는 법적 효과를(독일형법24), 불능범에 대해서는 '형을 감경 또는 면제할 수 있다'는 법적 효과를 부여하고

1) 김성돈, 456면.
2) 권오걸, 469면; 김성천 · 김형준, 345면; 김일수 · 서보학, 404면; 박상기, 237면; 배종대, 370면; 성낙현, 513면; 손동권 · 김재윤, 456면; 오영근, 327면; 이재상 · 장영민 · 강동범, 403면; 이정원, 287면; 임웅, 403면; 정성근 · 정준섭, 230면.

있다(독일형법23③). 독일 형법의 해석론으로는 불능범의 사안에 대하여 불능범보다 유리한
중지범의 특례를 인정하기 위하여 중지행위와 결과불발생 사이의 인과관계를 굳이 요구할
필요가 없다는 주장들이 제기되고 있다.

(3) 중지범특례의 인정

독일 형법과 비교해 볼 때 우리 형법상 불능범의 법적 효과는 중지범의 법적 효과에
비하여 보다 관대하다고 할 수 있다. 그렇다면 굳이 중지범의 법적 효과를 얻어내기 위하여
중지행위와 결과불발생 사이의 인과관계를 포기할 필요는 없다는 주장을 생각해 볼 수 있
다. 중지범부정설이 바로 그러한 견해이다.

그렇지만 위험성이 인정되는 불능범의 경우 그에 대한 법적 효과는 형의 임의적 감경 ·
면제이다. 이에 대해 중지범의 법적 효과는 형의 필요적 감경 · 면제이다. 그렇다면 불능범
의 사안에서 중지범의 특례를 확보할 필요는 여전히 인정된다. 앞에서 살펴본 것처럼 제3
자 개입의 경우에 중지행위와 결과불발생 사이의 인과관계를 요구할 필요는 없다. 마찬가
지 관점에서 불능범의 경우에도 진지한 중지행위가 있었다면 중지행위와 결과불발생 사이
에 인과관계가 인정되지 않더라도 중지범의 특례를 인정하는 것이 타당하다고 본다.

〈사례 해설〉 〔사례 93〕의 사안에서는 불능범의 중지범이 문제되고 있다. 갑녀가 행한
적극적인 결과발생 방지조치는 결과발생 방지에 대하여 인과관계가 없다.
왜냐하면 실행수단의 불능 때문에 결과는 어차피 발생할 수 없었기 때문이다. 이러한 경우
에도 앞에서 살펴본 바와 같이 자의에 기한 진지한 결과발생 방지의 노력이 있으면 그것으
로 인과관계를 대체할 수 있다고 보아야 할 것이다. 따라서 중지미수의 특례는 이 경우에
도 인정된다고 보아야 할 것이다.

제 6 중지범의 법적 효과

1. 형법 제26조의 법적 효과

우리 형법 제26조는 중지범에 대해 '형을 감경하거나 면제한다'는 법적 효과를 부여하
고 있다. 즉 형의 필요적 감경 또는 면제이다. 중지범에 대해 최대한의 배려를 하였을 경우
우리나라의 법관은 형면제의 선고를 할 수 있다.[1] 이 형면제는 중지범의 법적 성질에 관한

---

1) 중지범에 대해 형을 면제한 사례로는, 1986. 3. 11. 85도2831, 공 1986, 661 = 백선 총론 65.『천광상
회 사건』참조.

항목에서 설명한 바와 같이 유죄판결의 일종이다. 우리 형사소송법 제321조 제1항은 형의 면제를 유죄판결의 일종으로 규정하고 있기 때문이다.

이에 반해 독일 형법은 중지범에 대해 '미수범으로 벌하지 아니한다'는 법적 효과를 부여하고 있다(독일형법24① 제1문). 이와 같은 차이가 발생하는 것은 중지범에 대한 특례인정의 정도가 각국 입법자의 재량에 맡겨져 있기 때문이다.

중지범의 특례는 인적 사유이다. 이 경우 인적이라 함은 '그 사람에게만'이라는 뜻이다. 즉 중지미수의 특례는 중지행위를 한 사람에게만 미친다. 우리 형법은 중지범에 대해 형의 감경 또는 면제만을 인정하고 있다. 따라서 중지범의 특례는 인적 형벌감경·면제사유라고 할 수 있다.

2. 독일 형법과 가중적 미수

독일 형법에 의하면 중지범의 요건이 갖추어지면 '미수로 벌하지 아니한다'는 법적 효과가 발생한다. 즉 중지범이 인정되면 문제된 미수범이 범죄불성립으로 되어 무죄가 된다는 것이다. 그런데 이러한 법적 효과가 지나치게 관대하다고 생각되는 경우에 대비하여 독일 형법학에서는 중지범 이전까지 실현된 범죄행위에 대하여 해석상으로 그 처벌을 인정하고 있다.

중지범이 인정되어 일단 문제의 미수범을 범죄불성립으로 처리하기로 하였으나 이미 실행된 범행부분이 그 자체로 기수범을 구성하는 경우가 있다. 이러한 경우를 가리켜서 독일 형법학계에서는 가중적 미수라는 표현을 사용하고 있다. 가중적 미수의 경우에 독일 법원은 이미 실현된 부분에 대하여 기수범의 처벌을 가한다.

독일 형법학계의 가중적 미수의 이론을 우리 형법의 해석론으로 도입하려는 시도가 있다. 그러나 이러한 독일식의 해석론은 우리 형법의 경우에 도입할 필요가 없다고 본다. 우리 형법 제26조는 중지범에 대하여 형의 필요적 감경 또는 형의 필요적 면제만을 인정하고 있다. 우리 형법은 중지범에 범죄불성립이라는 법적 효과를 부여하고 있지 않으므로 중지행위 이전 단계에서 일어난 범행을 별도로 포착할 필요가 없다.[1]

〈사례 해설〉 〔사례 90〕의 사안에 대하여 독일 형법을 적용하게 되면 갑의 강간미수행위는 중지범으로 되어 범죄불성립이 될 것이다. 그러나 강간범행을 중지하기 전 단계에서 이미 일어난 행위는 그 자체로 강제추행에 해당한다. 따라서 〔사례 90〕의 사안에서 독일 법원은 갑을 강제추행죄로 처벌하게 될 것이다.

그러나 우리 형법에 의할 때 〔사례 90〕의 사안에서 우리나라 법관은 갑을 강간미수죄의

1) 성낙현, 513면; 임웅, 405면.

중지범으로 처벌하면 족하다. 강제추행죄의 기수범은 강간미수죄의 중지범에 흡수되어 독자적으로 성립하지 않는다.

3. 가중적 미수 긍정론에 대한 검토

(1) 가중적 미수 긍정론의 내용

한국 형법의 해석론으로 소위 가중적 미수의 형태를 긍정하는 견해가 있다.[1] 이 입장에서는 가중적 미수의 사안을 법조경합의 경우와 상상적 경합의 경우로 나누어서 설명한다. 이 견해에 따르면 가중적 미수의 사안은 다음과 같이 처리된다.

우선 법조경합의 경우에 가중적 미수를 구성하게 되는 범죄실현 부분은 무거운 죄에 흡수되기 때문에 이 부분을 독립하여 처벌할 수 없다. 예컨대 살인행위를 중지하였으나 상해의 결과가 발생한 경우에 상해죄는 살인죄에 법조경합으로 흡수되어 독자적으로 처벌되지 않는다.

이에 대하여 가중적 미수의 기(旣)실현부분이 중지범과 상상적 경합관계에 있는 경우에는 형법 제26조가 규정한 중지범의 특례가 상상적 경합관계에 있는 다른 죄의 처벌에 영향을 미치지 않는다. 가중적 미수를 인정하는 입장에서는 다음과 같은 설명을 제시한다.[2]

「예컨대 공무집행방해의 의사로 공무원의 상해에 착수하였다가 중지한 경우를 생각해 본다. 이 경우 공무집행방해죄(법136①; 5년 이하의 징역 또는 1천만원 이하의 벌금)와 상해죄(법257①; 7년 이하의 징역, 10년 이하의 자격정지 또는 1천만원 이하의 벌금)는 상상적 경합관계에 있다. 상상적 경합범은 '가장 무거운 죄'에 대하여 정한 형으로 처벌한다(법40). 무거운 죄(상해죄)의 중지미수의 형은 3년 6개월 이하의 징역, 5년 이하의 자격정지 또는 5백만원 이하의 벌금이 된다. 이에 대해 공무집행방해죄의 형은 5년 이하의 징역 또는 1천만원 이하의 벌금이다. 그렇다면 이제 공무집행방해죄가 '가장 무거운 죄'가 되어 공무집행방해죄의 형, 즉 5년 이하의 징역 또는 1천만원 이하의 벌금으로 처벌해야 한다.」

(2) 가중적 미수 긍정론에 대한 검토

생각건대 위의 두 가지 처리방법 가운데 법조경합은 특별한 것이 없다. 법조경합관계에 있는 여러 개의 죄는 외형상 여러 개의 죄일 뿐 실체법상 단순일죄이므로 법조경합관계에 있는 기(旣)실현부분은 별도로 검토할 필요가 없다. 그러나 상상적 경합관계에 있는 기실현

---

1) 배종대, 370면; 손동권·김재윤, 455면; 이재상·장영민·강동범, 404면; 이정원, 287면; 정성근·정준섭, 231면; 정영일, 346면.
2) 임웅, 405면.

범죄 부분의 처리방법에는 문제가 있다.

우리 형법 제56조는 형의 산정방법에 관하여 기준을 제시하고 있다.[1] 형법 제56조가 제시한 기준과 형사실무에서 발전된 기준에 의하면 상상적 경합의 사안은 먼저 형법 제40조가 규정한 바에 따라서 형의 상한과 하한을 정한다. 그리고 이어서 형법 제55조가 제시한 기준에 따라서 법률상 감경을 행하게 된다.

형법 제26조가 규정한 중지범의 특례는 분명히 법률상 감경사유의 하나이다. 그렇다면 상상적 경합관계에 있는 여러 개의 죄 가운데 일부만이 중지범에 해당한다고 하더라도 형의 계산에 있어서는 상상적 경합관계에 있는 여러 개의 죄 전체가 형법 제26조의 적용대상이 된다고 하지 않을 수 없다.[2]

위에서 제시된 사례, 즉 공무집행방해의 의사로 공무원의 상해에 착수하였다가 중지한 경우를 생각해 본다. 공무집행방해죄(법136①)의 법정형은 5년 이하의 징역 또는 1천만원 이하의 벌금이다. 상해죄(법257①)의 법정형은 7년 이하의 징역, 10년 이하의 자격정지 또는 1천만원 이하의 벌금이다. 두 죄는 상상적 경합관계(법40)에 있다. 두 죄를 비교해 보면 '가장 무거운 죄'는 상해죄이다. 따라서 기준이 되는 형은 7년 이하의 징역, 10년 이하의 자격정지 또는 1천만원 이하의 벌금이다.

우리 형법상 중지미수에 기한 법률상 감경은 상상적 경합에 의한 형의 범위가 정해진 후에 이루어진다(법56 참조). 이제 중지미수(법26)로 필요적으로 법률상 감경을 하면 처단형은 3년 6개월 이하의 징역, 5년 이하의 자격정지 또는 5백만원 이하의 벌금이 된다(법55 참조). 독일 형법에서 논의되는 가중적 미수의 이론을 원용하여 상상적 경합범을 별도로 취급하려는 시도는 우리 형법의 양형절차를 무시한 것으로서 그 타당성이 크게 의심된다.

4. 사후중지

중지범은 미수범의 일종이다. 따라서 실행행위가 기수에 이르면 중지범은 성립하지 않는 것이 원칙이다. 그런데 입법자는 범행이 기수에 이른 후에도 범죄의 피해확산을 방지하기 위하여 범인의 중지행위에 배려를 가하는 경우가 있다. 범죄가 기수에 이른 후에도 중지범의 특례를 인정하는 경우를 가리켜서 **사후중지**라고 한다.

사후중지의 대표적인 예로 인질관련 범죄를 들 수 있다. 형법 제31장은 약취·유인 및 인신매매의 죄에 관하여 규정하고 있다. 형법 제295조의2는 형법 제31장에 규정된 죄를 범한 자가 약취·유인·매매 또는 이송된 자를 안전한 장소로 풀어준 때에는 '그 형을 감

---

1) 형의 산정방법에 관하여는 후술 871면 이하 참조.
2) 오영근, 329면.

경할 수 있다'고 규정하고 있다. 같은 취지의 규정은 인질강요죄와 관련해서도 찾아 볼 수 있다. 형법 제324조의6은 인질강요죄 또는 인질상해·치상죄를 범한 자 및 그 죄의 미수범이 인질을 안전한 곳으로 풀어준 때에는 '그 형을 감경할 수 있다'고 규정하고 있다.

형법 제295조의2 및 제324조의6은 각종 약취·유인죄나 인질강요죄가 기수에 이른 후에도 인질의 안전한 석방을 위하여 사후중지의 특례를 인정한 조문들이다. 그러나 형법 제26조의 중지범에 비해 볼 때 형의 필요적 감경이나 필요적 면제가 아니라 형의 임의적 감경에 한정된다는 점에서 이들 사후중지의 법적 효과는 훨씬 제한된다.

사후중지에 준하는 것의 하나로 위증죄의 자수·자복에 관한 특례가 있다. 형법 제153조는 "[위증의] 죄를 범한 자가 그 공술한 사건의 재판 또는 징계처분이 확정되기 전에 자백 또는 자수한 때에는 그 형을 감경 또는 면제한다."고 규정하고 있다. 선서위반을 본질로 하는 위증죄(법152)는 미수범이 처벌되지 않는다. 그 대신 허위진술을 한 당해 증인신문절차가 종료하면 위증죄는 기수에 이른다.[1] 그러나 공술한 사건의 재판 또는 징계처분이 확정되기 전에 자백 또는 자수하여 허위진술임을 밝히면 형법 제26조의 중지범처럼 필요적으로 형이 감경 또는 면제된다. 일종의 사후중지 특례를 인정한 것이라고 할 수 있다.

제7 예비·음모죄의 중지

1. 학설의 개관

중지범은 미수범의 일종이다. 따라서 실행의 착수가 있어야 중지범을 논할 수 있다. 그런데 예비·음모 단계에도 형법 제26조가 규정한 중지범의 특례를 준용(準用)하는 것이 타당하지 않는가 하는 의문이 제기된다. 이에 대해서는 여러 학설이 제시되고 있다.

(1) 긍정설

(가) 전면적 긍정설   미수범에 대하여 중지범의 특례를 인정한다면 그보다 가벼운 예비·음모에 대해서는 당연히 중지범의 특례를 준용해야 한다고 보는 견해이다.[2] 이 입장에서는 예비·음모가 미수에 비하여 법익침해의 위험성이 훨씬 적다는 점에 주목하면서 예비·음모 단계에서부터 범죄인에게 정상인의 세계로 돌아오도록 소위 황금의 다리를 놓아주어야 할 필요가 있다는 점을 강조한다.

---

1) 2010. 9. 30. 2010도7525, 공 2010하, 2052 = 분석 각론 『종전 선서 위증 사건』 ☞ 1135면.
2) 권오걸, 471면; 성낙현, 534면; 오영근, 332면; 임웅, 388면; 정영일, 348면.

(나) 형량비교 긍정설   예비·음모의 형이 중지범의 형보다 무거운 때에만 중지범의 특례를 인정하는 견해이다.[1] 예비죄의 형과 중지범의 형 사이에 균형을 맞추기 위하여 중지범의 규정을 제한적으로 준용하자는 입장이다. 그러나 형의 균형이 문제되지 않는 경우에는 예비·음모에 중지범의 특례를 인정하지 않는다.

(2) 부정설

(가) 자수규정 준용설   예비·음모행위자가 자수에 이르렀거나 능동적 후회의 표현에 이르렀을 때에만 예비·음모죄의 자수에 관한 필요적 감면규정(법90① 단서, 101① 단서)을 유추적용하자는 견해이다.[2]

(나) 전면적 부정설 – 판례   예비·음모죄의 경우에는 아직 실행의 착수가 없으므로 미수범에 적용되는 형법 제26조를 근거조문으로 사용할 수 없다고 주장하는 견해이다.[3] 판례는 부정설의 입장을 취하고 있다.[4] 전면적 부정설의 입장에서는 예비·음모의 중지에 대해 자수규정이나 정상참작감경규정을 통하여 충분히 배려할 수 있다고 본다.

2. 학설에 대한 검토

(1) 학설의 검토

(가) 전면적 긍정설   예비·음모에 중지범의 특례를 전면적으로 인정하자는 전면적 긍정설은 결과적으로 모든 예비·음모를 중지미수로 취급할 우려가 있다. 예비·음모는 실행의 착수와 달리 정형성이 없어서 그 시작과 종료의 시점을 확인하기가 어렵다. 전면적 긍정설은 이 점을 간과하고 있다.

(나) 형량비교 긍정설   형량비교 긍정설은 비교의 대상이 동일하지 않다는 점에서 문제가 있다. 예비·음모죄는 각칙에 규정되어 있다. 미수범의 경우와 달리 각각의 법정형이 구체적으로 명시되어 있다. 이에 반해 형법 제26조가 규정한 중지범의 특례는 총칙의 규정으로서 단지 형을 필요적으로 감경 또는 면제한다는 효과를 규정하고 있을 뿐이다. 필요적 감경 또는 면제의 대상이 되는 형은 개별적인 구성요건이 확정될 때 비로소 구체화된다. 이처럼 총칙의 규정과 각칙의 규정 사이에 형을 비교하는 것은 곤란하다.

(다) 자수규정 준용설   자수규정 준용설은 왜 자수의 정도에 이를 때에만 자수규정

---

1) 김혜정 외 4인, 281면; 박상기, 241면; 배종대, 371면; 이재상·장영민·강동범, 406면; 이정원, 314면; 정성근·정준섭, 212면.

2) 김일수·서보학, 411면.

3) 김성돈, 469면; 김성천·김형준, 348면; 손동권·김재윤, 459면.

4) 1999. 4. 9. 99도424, 공 1999, 947 = 백선 총론 65. 참고판례 1. 『녹두 770톤 사건』.

을 준용해야 하는지 그 이유가 분명하지 않다. 후술하는 바와 같이 예비·음모에 대한 자수 규정은 우리 입법자가 특별히 마련해 놓은 것이다. 입법자의 개별적 결단을 일반화하여 이를 준용한다는 것은 입법자의 결단을 우회하는 처사라고 하지 않을 수 없다.

(2) 전면적 부정설의 지지

여기에서 결론을 말한다면 현행 형법의 체계에 비추어 볼 때 예비·음모죄에 대한 중지범의 특례는 인정하지 않는 것이 타당하다고 본다. 우리 형법은 중대한 법익을 침해하는 범죄의 경우에는 초기부터 범죄실현을 차단하기 위하여 예비·음모를 처벌하고 있다. 내란예비·음모(법90), 외환예비·음모(법101), 폭발물사용예비·음모(법120), 도주원조예비·음모(법150), 방화예비·음모(법175), 일수예비·음모(법183), 교통방해예비·음모(법191), 먹는 물의 사용방해예비·음모(법197), 통화위조예비·음모(법213), 유가증권위조예비·음모(법224), 살인예비·음모(법255), 강도예비·음모(법343) 등은 여기에 해당하는 예이다.

그런데 동일한 예비·음모죄이면서도 입법자가 자수의 특례를 인정하는 경우가 있다. 자수란 범인 스스로 수사기관에 범죄사실을 신고하여 처벌을 구하는 의사표시이다. 예컨대 내란예비·음모죄의 경우를 보면 "단, 그 목적한 죄의 실행에 이르기 전에 자수한 때에는 그 형을 감경 또는 면제한다."고 규정하고 있다(법90① 단서). 내란예비·음모죄와 같이 자수의 특례가 인정되는 것으로는 외환예비·음모(법101① 단서), 폭발물사용예비·음모(법120① 단서), 방화예비·음모(법175 단서), 통화위조예비·음모(법213 단서) 등이 있다.

여기에서 주목되는 것은 예비·음모죄에 자수의 특례를 인정할 경우 그에 부여되는 법적 효과가 '형의 필요적 감경 또는 면제'라는 사실이다. 입법자는 중대한 법익을 침해하는 범죄를 초기에 차단하기 위하여 각종 예비·음모죄를 규정하고 있다. 그리고 그 가운데에서도 피해의 급속한 확산이 우려되는 일정한 예비·음모죄에 대하여 제한적으로 자수의 특례를 인정하고 있다. 이러한 우리 입법자의 구상은 일단 특별한 예비·음모죄의 경우에 대해서만 형의 필요적 감면을 인정하겠다는 취지라고 생각된다.

예비·음모죄가 미수범에 비하여 가볍다는 이유로 예비·음모죄에 중지범의 특례를 인정해야 한다는 주장은 우리 입법자의 구상을 정확하게 포착하지 못하는 흠을 안고 있다. 예비·음모죄에 일반적으로 중지범의 특례를 인정하게 되면 "목적한 죄의 실행에 이르기 전에 자수한다."는 제한을 굳이 걸 필요도 없이 형법 제26조를 근거로 하여 '형의 필요적 감경 또는 면제'라는 법적 효과를 확보할 수 있을 것이다. 그러나 이와 같은 해석은 우리 입법자가 예비·음모죄에 자수의 특례를 별도로 인정한 것과 배치된다. 실정법의 명문규정을 무의미한 주의규정으로 격하시킬 수는 없다. 우리 형법에 나타난 예비·음모죄의 구조에 비추어 볼 때 예비·음모죄의 중지범은 판례와 마찬가지로 이를 인정하지 않는 것이 타당하다고 생각된다.

제8 다수관여자의 행위와 중지

한국형법	독일형법
(해당 조항 없음)	제24조 ② 여러 명이 범행에 관여한 경우에 자의로 그 기수를 방지한 자는 미수로 벌하지 아니한다.
(해당 조항 없음)	다만, 범행이 중지자의 기여 없이 기수에 이르지 않거나 중지자의 이전의 행위분담과 관계없이 기수에 이른 때에는 범행의 기수를 방지하기 위한 자의적이고 진지한 노력이 있으면 그 중지자를 벌하지 아니한다.

1. 문제의 소재

한 개의 범죄실현에 여러 사람이 관여하는 경우가 있다. 소위 넓은 의미의 공범이 그것이다. 여기에는 공동정범, 교사범, 방조범, 간접정범이 모두 포함된다. 그런데 다수자가 관여하여 범죄를 실현시키는 과정에서 당해 범죄가 기수에 이르지 못하고 미수에 그치는 경우가 있다. 이러한 경우를 가리켜서 다수관여자의 미수범이라고 부를 수 있다. 다수관여자의 미수범은 다수관여자가 여러 개의 미수범을 범한 것이 아니라 한 개의 미수범에 여러 명이 관여한 경우를 가리킨다.

다수관여자의 미수범 또한 미수범의 일종이다. 따라서 이 경우에도 중지범의 특례는 적용될 수 있다. 그런데 형법 제26조의 중지범규정은 단독범이 범죄를 실현하는 과정에서 미수범에 그쳤을 때를 전제로 하여 마련된 것이다. 형법 제26조가 인정한 중지범의 특례는 인적 형벌감경·면제사유이다. 즉 중지범 개인에게만 적용되는 특례이다. 따라서 일견 개개의 중지행위자를 중심으로 중지범의 성립요건을 검토하면 되는 것이 아닌가 하는 의문이 제기될 수 있다.

그러나 사정은 그렇게 간단하지 않다. 범죄는 다수자가 관여할 때 그 실현가능성이 기하급수적으로 증가한다. 그리고 그에 따라 법익침해의 위험성도 급속히 증가한다. 따라서 다수관여자의 행위에 대해서는 보다 강력한 대처가 필요하다. 이러한 사정은 다수관여자의 미수범의 경우에도 그대로 해당된다. 여기에서 단독범을 전제로 마련된 형법 제26조의 중지범의 특례를 다수관여자의 미수범에 대해 어느 정도로 수정해서 적용해야 할 것인가 하는 문제가 제기된다.

2. 독일 형법 제24조 제2항

이 문제에 대해 우리 입법자는 아무런 규정을 두고 있지 않다. 이에 대해 독일 형법 제24조 제2항은 다수관여자의 미수범에 대한 중지범의 규정을 별도로 마련하고 있다. 여기에서 독일 입법자가 마련한 해결책을 살펴보고 그 해결기준을 우리 형법의 해석론으로 차용해 올 수 있겠는가 하는 문제를 검토할 필요가 있다.

독일 형법 제24조 제2항은 다수관여자의 미수범에 대한 중지범의 특례에 관하여 세 가지 경우를 규정하고 있다.

(1) 직접 결과발생을 방지하는 경우

첫째는 여러 명이 미수범에 관여한 경우에 중지행위자가 자의로 그 기수를 방지하는 경우이다(독일형법24② 본문). 이 경우 개개의 행위자는 자신의 범행중지만으로 충분한 것이 아니라 다수관여자 전체의 행위로부터 범행이 기수에 이르지 않도록 방지하지 않으면 안 된다. 만일 다른 행위자의 행위로 인하여 범행이 기수에 이르렀다면 중지행위자는 설사 자신이 관여한 부분에 대해 진지한 중지행위를 하였더라도 중지범의 특례를 인정받지 못한다.

(2) 다른 요소로 결과발생이 방지된 경우

두 번째는 다수자가 관여한 범행이 중지행위자의 기여 없이 기수에 이르지 않는 경우이다. 이러한 경우는 다른 행위자의 중지행위에 의하여 범행이 기수에 이르지 않았거나 당해 범행이 불능범인 경우에 일어난다. 독일의 입법자는 이러한 경우에 대해 범행이 중지행위자의 기여 없이 기수에 이르지 않더라도 범행이 기수에 이르지 않도록 하기 위하여 중지행위자가 자의적이고 진지한 노력을 다하였으면 중지범의 특례를 인정한다(독일형법24② 단서 전단).

(3) 결과가 발생한 경우

세 번째는 다수관여자가 관여한 범행이 기수에 이른 경우이다. 이러한 경우에는 이미 기수범에 이르렀으므로 중지범의 특례가 인정되지 않는 것이 원칙이다. 그렇지만 독일의 입법자는 범행이 기수에 이르렀다고 할지라도 그것이 중지행위자가 이전에 담당하였던 행위부분과 관계없이 이루어진 것이고 나아가 중지행위자가 범행이 기수에 이르지 않도록 자의적이고 진지한 노력을 하였으면 중지범의 특례를 인정한다(독일형법24② 단서 후단).

이제 이와 같은 세 가지 유형의 해결책을 참고로 하면서 우리 형법의 해석론으로 다수관여자의 미수범에 대한 중지범의 문제를 검토해 보기로 한다.

3. 한국 형법의 해석론

(1) 중지범이 직접 결과발생을 방지한 경우

먼저, 중지행위자의 중지행위로 결과발생이 방지되는 경우를 본다. 이 경우에 중지행위자는 자신이 담당하였던 관여부분에 대한 중지행위만으로 족하지 않다. 자신의 중지행위뿐만 아니라 다른 관여자의 행위로 인한 결과가 발생하지 않도록 노력하지 않으면 안 된다. 다수관여자의 관여행위로 인하여 범죄실현이 용이해지고 범죄피해가 급속히 확산되는 점을 감안할 때 다른 관여자의 행위로 인한 결과발생의 방지를 요구하는 것은 타당하다고 생각된다.[1] 판례도 또한 같은 입장이다.[2]

(가) 공동정범   이렇게 볼 때 공동정범의 경우 자신의 중지행위 이외에 다른 공동정범으로 인한 결과발생까지 방지하지 않으면 중지행위자에게 중지범의 특례가 인정되지 않는다.[3] [4]

(나) 교사범   교사범의 경우에는 정범의 범행으로 인한 결과발생을 방지하여야 교사범에게 중지범의 특례를 인정할 수 있다.

(다) 방조범   관여의 정도가 미약한 방조범의 경우에도 정범의 범죄실현을 방지해야 하는가 하는 의문을 표시하는 견해가 있다. 이 입장에서는 중지범의 특례를 인정하기 위하여 단순히 방조행위를 철회하는 것만으로 족하고 정범의 결과발생을 방지할 필요가 없다고 새긴다.[5]

그러나 다수관여자의 관여행위로 범죄실현이 용이해지고 범죄피해가 크게 확산된다는 점에 비추어 볼 때 방조범의 경우에도 정범의 범죄실현을 방지해야 중지범의 특례가 인정된다고 본다.

---

1) 오영근, 329면은 우리 형법에 독일 형법 제24조 제2항과 같은 규정이 없다는 이유를 들어서 개개의 관여자 별로 형법 제26조의 요건을 충족하기만 하면 중지범의 특례를 인정할 수 있다고 본다.

2) 1969. 2. 25. 68도1676, 집 17①, 형50 = 백선 총론 65. 참고판례 2. 『송증 정리 사건』.

3) "[갑이 천광상회 주인 A에게 공동정범 을의] 침입사실을 알려 그와 함께 을을 체포하여서 그 범행을 중지하여 결과발생을 방지하였다는 것이므로 피고인의 소위는 중지미수의 요건을 갖추었다고 할 것이[다.]" 1986. 3. 11. 85도2831, 공 1986, 661 = 백선 총론 65. 『천광상회 사건』.

4) 2005. 2. 25. 2004도8259, [미간행] = 『텐트 속 강간 중지 사건』 ☞ 1136면.

5) 배종대, 374면; 이재상 · 장영민 · 강동범, 408면.

(라) 간접정범   간접정범의 경우는 '교사 또는 방조의 예에 의하여' 처리해야 하므로 (법34①) 이용자가 피이용자의 행위로 인한 결과발생을 적극적으로 방지하여야 중지범의 특례가 인정된다. 피이용자가 스스로 중지하거나 이용자가 사후에 피이용자의 중지행위를 추인하더라도 중지범의 특례는 인정되지 않는다.

이상과 같은 상황에서 다수관여자의 일부에 대해 중지범이 인정되는 경우에도 그 혜택은 중지행위자에게만 부여된다. 중지범의 특례는 인적 형벌감경·면제사유이기 때문이다. 따라서 다른 관여자는 통상의 미수범(즉 장애미수)으로 처벌된다.

(2) 다른 요인에 의하여 결과발생이 방지된 경우

다음으로, 중지행위자의 중지행위로 결과가 방지된 것은 아니지만 다른 요인에 의하여 결과발생이 방지된 경우를 본다. 이 경우는 독일 형법의 경우처럼 중지행위자가 결과발생을 방지하기 위하여 진지한 방지행위를 하면 중지범의 특례를 인정할 수 있다고 본다(독일 형법24② 단서 전단 참조). 제3의 요인에 의하여 결과발생이 방지되었거나 불능범의 사안이어서 처음부터 결과발생이 불가능한 경우가 여기에 해당한다. 또한 다수관여자의 일부가 결과발생을 방지한 경우도 여기에 포함된다. 진지한 중지행위는 그 자체로 범행이 기수에 이르지 않도록 하기에 충분한 것이어야 한다.

(3) 기수의 결과가 발생한 경우

세 번째로, 중지행위자의 행위와 관계없이 기수의 결과가 발생한 경우이다. 이 경우에도 중지범의 성립을 인정하는 견해가 있다(독일형법24② 단서 후단 참조).[1] 그러나 우리 형법의 해석상 이러한 경우에 중지범의 특례를 인정할 수는 없다고 본다. 원래 기수에 이르면 중지범의 특례는 인정되지 않는다. 다만 입법자가 명시적인 근거를 제시할 경우에 한하여 예외적으로 사후중지의 특례를 인정할 수 있을 뿐이다. 그런데 우리 입법자는 이에 대하여 아무런 근거규정을 마련하고 있지 않다. 따라서 결과가 발생한 경우에는 설사 중지행위자가 진지한 중지행위를 하였다고 하더라도 중지범의 특례는 인정되지 않는다.

(4) 공모관계의 이탈

앞에서 본 것처럼 다수관여자가 미수범에 관여한 경우에 중지범의 특례가 인정될 여지는 대폭적으로 축소된다. 공동정범의 경우 중지행위자는 자신이 분담한 행위를 중지하는

---

1) 박상기, 257면; 정영일, 345면은 결과가 행위자에게 귀속될 수 없는 원인으로 발생되었을 때 중지미수를 인정한다.

것으로 족하지 않고 더 나아가 다른 공동정범의 행위로 범행이 기수에 이르지 않도록 방지하는 조치를 취하지 않으면 안 된다. 이와 같은 가혹한 상황에 대비하기 위하여 판례를 통해 발전된 것이 소위 공모관계의 이탈 이론이다.

공모관계의 이탈이란 범행을 공동으로 실현하기로 모의한 자가 당해 범죄의 실행에 착수하기 전에 그 공모관계로부터 벗어나는 것을 말한다. 이 경우에 그 이탈자는 이탈한 이후의 다른 공모자의 행위에 관하여 공동정범의 죄책을 지지 않는다.[1] 공모관계로부터 이탈하였으므로 예비·음모죄로도 처벌되지 않는다.

그런데 공모관계에서의 이탈이 인정되려면 공모자가 공모에 의하여 담당한 기능적 행위지배를 해소하는 것이 필요하다. 그러므로 공모자가 공모에 주도적으로 참여하여 다른 공모자의 실행에 영향을 미친 때에는 범행을 저지하기 위하여 적극적으로 노력하는 등 실행에 미친 영향력을 제거하지 아니하는 한 공모관계에서 이탈하였다고 할 수 없다.[2] [3]

한편, 다른 공모자에 의하여 범행이 실행의 착수에 이른 후에는 공모관계의 이탈이 인정되지 않는다.[4] 이 경우에는 형법 제26조의 중지범의 특례에 의지할 수밖에 없다. 이를 위하여 중지행위자는 자신의 분담행위를 중지하고 그로 인한 결과를 방지해야 할 뿐만 아니라 다른 공동정범자의 행위로 인한 결과발생까지도 모두 방지하지 않으면 안 된다.[5]

제3절 불 능 범

한국형법	독일형법
제27조〔불능범〕 실행의 수단 또는 대상의 착오로 인하여 결과의 발생이 불가능하더라도 위험성이 있는 때에는 처벌한다. 단, 형을 감경 또는 면제할 수 있다.	**제23조** ③ 범죄가 행하여지려는 객체 또는 범행에 사용되는 수단의 성질상 미수가 결코 기수에 이를 수 없음을 행위자가 현저한 무지로 인하여 알지 못한 때에는 법원은 형을 면제하거나 재량에 의하여 형을 감경할 수 있다(제49조 제2항). (제49조 제2항은 재량적 감경규정임; 저자 주).

---

1) 1986. 1. 21. 85도2371, 공 1986, 404 = 백선 총론 72. 『저수지 사건』.

2) 2008. 4. 10. 2008도1274, 공 2008, 708 = 백선 총론 72. 참고판례 2. 『비대한 체격 사건』.

3) 2010. 9. 9. 2010도6924, 공 2010하, 1960 = 분석 총론 『홍보용 나체사진 사건』.

4) 1984. 1. 31. 83도2941, 공 1984, 465 = 백선 총론 72. 참고판례 1. 『담배생각 사건』.

5) 공동정범과 공모관계의 이탈에 관하여는, 후술 625면 참조.

제 1 불능범의 의의와 유형

> **【사례 94】** 갑녀는 남편 A에게 쥐약을 먹여 A를 살해할 마음을 먹었다. 갑녀는 쥐약
> 을 사려고 남편 A의 친구인 약사 B를 찾아 갔다. 약사 B는 갑녀의 계획을 간파하고
> 갑녀에게 쥐약 대신 설탕을 쥐약이라고 주었다. 다음날 아침 남편 A는 평상시보다 더
> 달콤한 커피를 마셨다. 남편 A에게는 아무 일도 일어나지 않았다.

1. 불능범의 의의

미수범은 구성요건의 수정형식이다. 주관적 구성요건요소는 모두 갖추어져 있으나 객관적 구성요건요소가 전부 다 갖추어지지는 못한 경우가 미수범이다. 구성요건의 객관적 요소를 총칭하여 구성요건적 결과라고 한다. 이 경우 '결과'는 결과범에서 말하는 '결과'와 구별된다. 결과범에서 말하는 결과는 인과관계를 논할 때 원인행위와 연결되는 것으로서 외부적으로 발생한 변화를 의미한다. 이에 대하여 구성요건적 결과라고 할 때의 결과는 객관적 구성요건요소의 총체를 말한다.

미수범은 구성요건적 결과가 전부 다 실현되지는 못한 범죄유형이다. 구성요건적 결과가 갖추어지지 못한 상황은 크게 두 가지로 나누어 볼 수 있다. 하나는 객관적 구성요건요소를 전부 실현시킬 수 있었으나 외부적인 사정이나 행위자의 자의(自意)에 의하여 객관적 구성요건요소가 전부 다 실현되지는 못한 경우이다. 다른 하나는 객관적 구성요건요소를 아예 처음부터 실현시킬 수 없는 경우이다. 구성요건적 결과가 처음부터 발생할 수 없는 경우의 미수범을 가리켜서 불능범이라고 한다.

2. 불능범의 유형

(1) 불능범의 구조

미수범은 넓은 의미에서 착오의 일종이라고 할 수 있다. 주관적으로는 구성요건을 실현하려는 인식과 의욕(인용)이 있었으나 객관적으로는 구성요건의 객관적 요소가 전부 다 실현되지는 아니하였기 때문이다. 미수범의 이러한 구조는 구성요건적 착오와 상반된 것이다. 구성요건적 착오는 객관적으로 구성요건의 객관적 요소가 전부 구비되었으나 주관적으로 구성요건을 실현하려는 인식과 의욕(인용)이 없는 경우이다. 이러한 사정에 비추어 볼 때 미수범을 가리켜 구성요건적 착오의 반전된 형태라고 말할 수 있다.

구성요건의 객관적 요소들은 실행행위를 중심으로 볼 때 다시 실행행위의 주체, 실행행위의 수단, 실행행위의 객체 등으로 나누어 볼 수 있다. 이에 상응하여 불능범도 몇 가지 경우로 나누어 볼 수 있다. 불능범도 미수범의 일종이며 넓은 의미에서 착오유형의 하나이다. '착오'라는 용어를 사용하여 불능범의 경우를 나누어 보면 다음과 같다.

(2) 불능범의 세부유형

(가) 실행주체의 착오　　우선, 실행행위의 주체가 될 수 없는 사람이 구성요건의 객관적 요소를 실현시키려고 하는 경우가 있다. 실행행위의 주체가 될 수 없는 사람이 자신은 실행행위의 주체가 될 수 있다고 생각하여 구성요건의 실현에 나아가는 경우를 가리켜서 실행주체의 착오라고 한다. 실행주체의 착오를 줄여서 단순히 주체의 착오라고도 한다.

실행주체의 착오는 신분범의 경우에 문제가 된다. 신분범이란 일정한 신분이 범죄의 성립이나 형의 가중·감경에 영향을 미치는 범죄유형이다(법33 참조). 신분범은 진정신분범과 부진정신분범으로 구별된다. 진정신분범은 일정한 신분이 있어야 성립하는 범죄이다(법33 본문). 이에 대하여 부진정신분범은 일정한 신분 때문에 형의 경중이 달라지는 범죄이다(법 33 단서). 예컨대 각종 공무원범죄에 있어서 행위주체는 공무원으로 한정된다. 따라서 공무원범죄는 진정신분범이다. 그런데 공무원 아닌 자가 자신이 공무원에 해당한다고 생각하면서 뇌물을 수수하는 사안을 생각할 수 있다. 이러한 경우가 바로 실행주체의 착오에 해당하는 예이다.

(나) 실행수단의 착오　　다음으로, 실행행위의 수단이 졸렬하여 처음부터 구성요건의 객관적 요소를 전부 다 실현시킬 수 없는 경우가 있다. 이러한 경우를 가리켜서 실행수단의 착오라고 한다. 살인 미수 사안에서 처음부터 발사가 불가능한 불발탄으로 사람을 살해하려는 경우, 치사의 효과를 도저히 거둘 수 없는 극소량의 약물을 투여하는 경우, 소송사기의 미수범 사안에서 소명자료 등을 조작하거나 허위의 소명자료 등을 제출함이 없이 단지 실제 사실과 다른 비용액에 관한 주장만 하는 경우[1] 등이 여기에 해당하는 예이다.

(다) 실행대상의 착오　　끝으로, 실행행위의 객체에 부여된 성질상 처음부터 구성요건의 객관적 요소가 실현될 수 없는 경우가 있다. 이러한 경우를 가리켜서 실행대상의 착오라고 한다. 이미 사망한 사람을 살아 있는 사람이라고 오인하여 총격을 가하는 경우, 자기 소유의 물건인데 타인 소유의 물건으로 잘못 알고 절취하는 경우, 피고인이 피해자가 심신상실 또는 항거불능의 상태에 있다고 인식하고 그러한 상태를 이용하여 간음할 의사로 피해자를 간음하였으나 피해자가 실제로는 심신상실 또는 항거불능의 상태에 있지 않

---

1) 2024. 6. 27. 2021도2340, 판례속보, 『가처분 소송비용 청구 사건』☞ 1137면.

은 경우[1] 등이 여기에 해당한다.

〈사례 해설〉 위의 〔사례 94〕에서 갑녀는 설탕을 가지고 남편 A를 살해하려 하고 있다. 그러나 설탕을 가지고는 아무도 독살할 수 없다. 즉 〔사례 94〕의 사안은 실행수단의 착오에 해당하는 사례이다. 갑녀의 행위는 살인죄의 불능범이지만 형법 제250조 제1항, 제254조, 제27조에 의하여 처벌될 여지가 있다. 이 점에 대해서는 뒤에서 살펴보기로 한다.[2]

3. 실행주체의 착오와 형법 제27조

불능범의 근거규정은 형법 제27조이다. 형법 제27조는 "실행의 수단 또는 대상의 착오로 인하여 결과의 발생이 불가능하더라도 위험성이 있는 때에는 처벌한다. 단, 형을 감경 또는 면제할 수 있다."라고 규정하고 있다. 이 조문은 명시적으로 실행수단의 착오 및 실행대상의 착오라는 표현을 사용하고 있다. 형법 제27조에 따르면 불능범 가운데 실행수단의 착오나 실행대상의 착오의 경우에는 위험성이 인정되면 불능범이라 할지라도 형사처벌의 대상이 된다. 이에 반하여 형법 제27조는 실행주체의 착오에 대하여 아무런 언급을 하고 있지 않다. 여기에서 실행주체의 착오에 대하여 형법 제27조를 적용할 수 있는가 하는 문제가 제기된다. 이에 대해서는 긍정설과 부정설이 대립하고 있다.

(가) 처벌긍정설 실행주체의 착오에 대해서 불능범규정의 적용을 긍정하는 견해이다.[3] 이 입장에서는 형법 제27조의 조문을 "실행의 주체, 수단 또는 대상의 착오로 인하여 결과의 발생이 불가능하더라도 위험성이 있는 때에는 처벌한다. 단, 형을 감경 또는 면제할 수 있다."라고 읽는다. 처벌긍정설은 실행주체, 실행수단, 실행대상은 모두 객관적 구성요건 요소로서 대등한 무게를 지니며, 서로 간에 구별하여 취급할 아무런 차이가 없다고 본다.

또한 처벌긍정설은 불능범이 구성요건적 착오의 반전된 형태라는 점을 강조한다. 구성요건적 착오에서는 객관적 구성요건요소에 대한 인식이 없으면 구성요건적 고의를 부인한다. 이를 반전시킨다면 객관적 구성요건요소가 실현되지 않더라도 구성요건적 고의가 있으면 불능범으로 취급하는 것이 타당하다. 실행의 주체에 대한 착오라고 하여 이를 달리 취급할 이유는 없다는 것이다.

(나) 처벌부정설 실행주체의 착오에 대하여 불능범규정의 적용을 부정하는 견해

---

1) 2019. 3. 28. 2018도16002 전원합의체 판결, 공 2019상, 1005 = 『준강간 불능미수 사건 - 심신상실 부분』 ☞ 1138면.
2) 후술 566면 이하 참조.
3) 박상기, 245면; 이정원, 298면.

이다.[1] 이 입장에서는 형법 제27조가 '실행의 수단 또는 대상의 착오로 인하여' 결과의 발생이 불가능한 경우만을 처벌대상으로 들고 있다는 점을 강조한다. 입법자가 명시하지 아니한 부분은 아예 처벌대상으로 삼지 않겠다는 것이 입법자의 결단이라는 것이다.

처벌부정설을 취하는 학자들은 실행주체의 착오가 형법 제27조의 적용대상이 되지 않는 이유에 대해 환각범에 해당하기 때문이라고 보거나 또는 구성요건흠결의 이론이 적용되기 때문이라고 본다. 환각범에 해당하는 경우로 보는 입장에서는 실행주체의 착오를 금지착오의 반전된 형태라고 본다. 자신에 대해 금지규범이 설정되어 있지 않음에도 불구하고 금지규범이 있는 것으로 오인하고 있다는 것이다.

한편 구성요건흠결의 이론을 주장하는 입장에서는 실행주체의 착오가 구성요건흠결의 이론이 적용되는 경우라고 본다. 객관적 구성요건요소에는 실행행위의 주체, 실행행위의 객체, 실행행위 등이 있으며 결과범의 경우에는 결과도 여기에 포함된다. 구성요건의 흠결이란 객관적 구성요건요소가 빠짐없이 갖추어지지는 못한 경우를 말한다.

구성요건흠결의 이론이란 구성요건의 흠결 사례 가운데 결과범에 있어서 '결과'가 흠결된 경우에 대해서만 입법자가 미수범으로 처벌하기로 한 것이며, 구성요건이 흠결된 나머지 경우에는 원칙적으로 이를 불문에 부치기로 하였다고 보는 견해이다. 다만 구성요건의 흠결 가운데 '실행의 수단 또는 대상의 착오'에 대해서는 우리 입법자가 형법 제27조를 통하여 예외적으로 불능범을 처벌할 여지를 남겨 놓은 것이라고 본다. 이렇게 본다면 실행주체의 착오는 원칙으로 돌아가서 처벌대상에서 제외되어야 한다는 결론이 나오게 된다.

(다) 사 견   생각건대 실행주체의 착오는 형법 제27조의 적용대상에서 제외하는 것이 타당하다고 본다. 실행주체의 착오는 신분범의 사안에서 신분 없는 자가 실행행위에 나아가는 경우에 발생한다. 신분범은 일정한 신분 있는 사람에 한정하여 일정한 법적 의무를 부과하는 범죄유형이다. 예컨대 뇌물죄의 경우 공무원은 직무수행의 청렴성에 대한 국민의 신뢰를 유지하고 직무행위의 불가매수성(不可買收性)을 담보해야 할 법적 의무를 부담한다.

이와 같이 법적 의무를 내용으로 하는 신분범의 경우에는 객관과 주관의 불일치라는 불능범의 차원을 넘어서서 일정한 범위의 신분자에게만 법적 책임을 묻겠다는 입법자의 결단이 나타나 있다. 그렇다면 특별히 입법자가 신분범에 대한 불능범을 처벌하겠다는 의지를 명문의 규정으로 표시하지 않는 한 실행주체의 착오는 처벌할 수 없다고 보아야 할 것이다.

---

1) 권오걸, 481면; 김성돈, 435면; 김성천·김형준, 354면; 김일수·서보학, 390면; 김혜정 외 4인, 285면; 배종대, 377면; 성낙현, 520면; 손동권·김재윤, 468면; 오영근, 337면; 이용식, 126면; 이재상·장영민·강동범, 416면; 임웅, 409면; 정성근·정준섭, 235면; 정영일, 358면.

제2 불능범의 성립요건

정부원안	국회수정안(현행형법)
제27조〔불능범〕 실행의 수단 또는 대상의 착오로 인하여 결과의 발생이 불가능한 때에는 형을 감경 또는 면제할 수 있다.	제27조〔불능범〕 실행의 수단 또는 대상의 착오로 인하여 결과의 발생이 불가능하더라도 위험성이 있는 때에는 처벌한다. 단, 형을 감경 또는 면제할 수 있다.

【사례 95】 M토지는 등기부에 A의 소유로 등기되어 있다. 그런데 A는 오래 전에 사망하였고, A의 상속인은 B이다. 갑은 M토지에 대한 종합토지세가 자기 앞으로 계속 나오자 M토지를 차지하기로 마음을 먹었다.

갑은 관할 지방법원에 갑을 원고로, A를 피고로 하여 "피고는 원고에게 M토지에 대해 매매를 원인으로 한 소유권이전등기절차를 이행하라."는 청구취지의 소유권이전등기청구의 소를 제기하였다. 한편 갑은 피고 A의 주소를 자기 집 주소로 거짓 기재하여 관할 지방법원이 송달하는 소환장 등 관련서류를 중간에서 가로채버렸다. 관할 지방법원은 원고 갑에게 승소판결을 내렸고, 갑은 이 승소판결을 근거로 갑 명의로 M토지에 대한 소유권이전등기를 경료하였다.

위의 사안에서 갑에 대한 사기죄 및 사기미수죄의 성립 여부를 검토하라. (2002. 1. 11. 2000도1881, 공 2002, 499 = 백선 총론 66-1. 참고판례 1. 『사망자 소송사기 사건』)

1. 형법 제27조의 성립요건

불능범은 미수범의 한 유형이다. 따라서 불능범에 해당하려면 일반적인 미수범의 성립요건을 먼저 갖추어야 한다. 미수범처벌규정의 존재, 범행결의 및 실행의 착수는 불능범의 경우에도 당연히 요구되는 세 가지 요건이다.

불능범은 미수범 가운데에서도 범죄불성립의 효과까지 인정될 수 있는 특수유형이다. 또한 불능범은 그 위험성이 인정되더라도 형의 임의적 감면이 허용된다. 이와 같은 법적 효과를 확보하려면 불능범에 특별히 요구되는 요건을 추가로 갖추어야 한다.

형법 제27조는 "실행의 수단 또는 대상의 착오로 인하여 결과의 발생이 불가능하더라도 위험성이 있는 때에는 처벌한다. 단, 형을 감경 또는 면제할 수 있다."라고 규정하고 있다. 법규범은 일반적으로 법률요건과 법적 효과의 두 부분으로 구성된다. 형법 제27조 또한 법률요건을 규정한 부분과 법률효과를 규정한 부분으로 나누어 볼 수 있다. 형법 제27조에서 법률요건을 규정한 부분은 "실행의 수단 또는 대상의 착오로 인하여 결과의 발생이 불가능하더라도 위험성이 있는 때"이다. 아래에서는 이 법률요건 부분을 먼저 살펴보기로 한다.

불능범의 법률요건은 결과발생의 불가능성과 위험성으로 나누어진다. 불능범의 불법은 기수범의 경우와 마찬가지로 결과불법과 행위불법으로 나누어 볼 수 있다. 형법 제27조에서 규정하고 있는 결과발생의 불가능성은 불능범의 결과불법에 관련된 요건이다. 이에 대하여 위험성은 불능범의 행위불법에 관련된 요건이다. 전자가 불능범의 객관적 성립요건이라면 후자는 불능범의 주관적 성립요건이다.

2. 결과발생의 불가능성

(1) 결과발생 불가능성의 의미

형법 제27조가 설정한 불능범의 첫 번째 요건은 '결과발생의 불가능성'이다. 결과발생이 가능하다면 불능범은 성립할 수 없다.[1] 형법 제27조의 '결과발생'은 객관적 구성요건요소가 전부 실현되는 것, 즉 기수에 이르는 것을 말한다.[2] 결과발생의 불가능성은 처음부터 구성요건이 충족될 가능성이 없는 경우를 가리킨다.[3] 결과발생의 불가능성은 다시 실행수단의 착오로 인하여 결과발생이 불가능한 경우와 실행대상의 착오로 인하여 결과발생이 불가능한 경우로 나누어진다.

불능범에 있어서 결과발생이 불가능한가 아닌가는 법관이 객관적·사후적으로 판단한다. 이 경우 일단 실행행위가 있은 이후에 밝혀진 여러 가지 사정들이 고려의 대상에 모두 포함된다. 그리하여 객관적으로 "결과발생이 처음부터 불가능하였다."고 판단될 때 형법 제27조의 불능범 조문이 개입할 여지가 생긴다. 결과발생이 처음부터 불가능하였다는 점에서 불능범의 결과불법은 소멸한 것이라고 말할 수 있다.

(2) 결과발생 불가능성의 효과

일단 결과발생이 애당초 불가능하였다는 점이 확인되면 미수범에 대하여 일반적으로 인정되는 형의 임의적 감경(법25②)을 넘어서서 형법 제27조 단서가 규정한 형의 임의적 면제까지도 허용받을 수 있는 여지를 확보하게 된다. 미수범의 결과불법이 전혀 존재하지 않기 때문이다.

---

1) 2012. 11. 15. 2012도9603, 공 2012하, 2098 = 분석 총론 『신축빌라 유치권 사건』.

2) 2019. 3. 28. 2018도16002 전원합의체 판결, 공 2019상, 1005 = 『준강간 불능미수 사건 - 심신상실 부분』. ☞ 1138면.

3) 2019. 3. 28. 2018도16002 전원합의체 판결, 공 2019상, 1005 = 『준강간 불능미수 사건 - 심신상실 부분』.

법원은 결과발생의 불가능성이 논의될 여지가 있는 경우에는 반드시 형법 제27조의 적용 여부를 검토하여야 한다.[1] 그렇지만 실행행위 후에 객관적으로 살펴보더라도 결과발생의 여지가 있었다고 판단되면 형의 임의적 면제, 나아가 범죄불성립까지 허용한 형법 제27조는 개입할 여지가 없다. 요컨대 형법 제27조가 규정한바 '결과의 발생이 불가능하다' 함은 사후적으로 판단하여 처음부터 결과발생의 가능성이 없었음을 의미한다.

3. 위 험 성

(1) 불능범과 불능미수의 구별문제

형법 제27조가 규정한 불능범의 두 번째 요건은 위험성이다. 실행수단의 착오 또는 실행대상의 착오로 결과발생이 불가능하더라도 위험성이 있으면 형법 제27조에 의하여 처벌된다. 만일 실행수단의 착오 또는 실행대상의 착오로 결과발생이 불가능하고 위험성도 없다면 이 때에는 형법 제27조를 근거로 내세워 행위자를 처벌할 수 없다. 이 경우 형법 제27조가 발휘하는 실질적 기능은 범죄성립조각사유로 작용하는 점에 있다.

불능범이란 실행수단 또는 실행대상의 착오로 인하여 결과의 발생이 처음부터 불가능한 미수범을 통칭한다. 이 경우의 불능범을 광의의 불능범이라고 할 수 있다. 이와 같은 불능범의 일반적 개념정의를 넘어서서 불능범의 개념을 보다 제한적으로 사용하는 경우가 있다. 현재 학계에서는 객관적으로 결과발생이 불가능하고 주관적으로도 행위자에게 위험성이 인정되지 않는 경우를 가리켜서 불능범이라고 지칭하고 있다. 이와 같이 불능범의 개념을 제한적으로 사용하는 경우에 그 불능범을 본서에서는 협의의 불능범이라고 부르기로 한다.

불능범의 개념을 학계에서 이와 같이 제한적으로 사용하는 이유는 불능범에 부여되는 법적 효과를 분명하게 나타내기 위함이다. 학계에서 현재 널리 사용되고 있는 불능범(협의의 불능범)이라는 표현은 형사처벌의 대상이 되지 않는 불능범을 의미한다. 이 경우의 불능범에는 결과불법도 없고 행위불법도 없다.

학계에서는 이 점에 착안하여 불능범을 범죄불성립으로 되는 불능범과 형의 임의적 감경 또는 면제의 효력을 발생시키는 데에 그치는 불능범으로 구별하고 있다. 그리고 양자 가운데 후자의 불능범을 불능미수라고 지칭한다. 불능범 개념을 광의와 협의로 나누어 사용할 때 결과발생의 불가능성이라는 요건은 통상의 미수범과 광의의 불능범을 구별하는 기준이 된다. 이에 대하여 위험성은 광의의 불능범 가운데 불능미수와 좁은 의미의 불능범을 구별하는 기준이 된다.

---

1) 1984. 2. 14. 83도2967, 공 1984, 543 = 백선 총론 67. 『농약 배추국 사건』.

(2) 결과발생의 불가능성과 위험성

원래 위험성이란 법익침해의 가능성을 의미한다. 형법 제27조에서 설정한 객관적 요건은 결과발생의 불가능성이다. 결과발생이란 구성요건적 결과를 말한다. 구성요건은 법익보호를 위하여 설정된 위법행위의 정형이다. '결과발생이 불가능하다' 함은 구성요건이 실현될 가능성이 전무하다는 것이며, 나아가 법익침해의 가능성이 전혀 없다는 것을 의미한다.[1] 그렇다면 형법 제27조가 결과발생의 불가능성을 요건으로 설정하면서 동시에 법익침해의 가능성을 의미하는 '위험성'을 또 하나의 요건으로 설정한 것은 모순이 아닌가 하는 의문이 제기된다.

그렇지만 이러한 의문은 미수범의 불법구조가 결과불법과 행위불법으로 구성되어 있다는 점에서 접근하면 쉽게 해소된다. 결과불법의 측면에서 볼 때 불능범은 실행수단의 착오 또는 실행대상의 착오로 인하여 결과의 발생이 처음부터 불가능한 경우이다. 이에 대하여 행위불법의 측면에서 보면 불능범은 행위자의 범행결의에 위험성이 있는가가 문제되는 경우이다. 결과발생의 불가능성이라는 요건과 위험성이라는 요건은 불법의 객관적 측면과 주관적 측면이라는 서로 다른 영역에서 각각 논해지고 있다.

결과불법의 영역에서 논해지는 결과발생의 불가능성은 객관적 · 사후적 판단에 의하여 그 유무가 결정된다. 즉 실행행위가 행해진 이후의 시점에서 발견되는 여러 사항들도 함께 고려하여 이루어지는 객관적 · 사후적 판단의 소산이 결과발생의 불가능성이다. 이에 대하여 행위불법의 영역에서 논해지는 위험성은 행위시점을 기준으로 삼아 장래적 판단에 의하여 그 유무를 결정한다. 즉 행위자의 실행행위 시점을 기준으로 삼아 이루어지는 장래적 판단의 소산이 위험성이다. 판단의 기준시점이 다르기 때문에 결과발생의 불가능성과 위험성 사이에 모순은 일어나지 않는다.

(3) 위험성 판단에 관한 학설

형법 제27조에서 규정하고 있는 위험성은 행위자의 범행결의를 중심으로 판단되는 요건이다. 이 경우 행위자의 위험성은 행위자가 실행행위로 나아갈 당시를 기준으로 어떠한 계획하에 어떠한 사정을 인식하였는가 하는 점을 중심으로 판단된다. 여기에서 행위자가 어느 정도의 범행결의를 가졌을 때 위험성이 인정될 것인가 하는 문제가 대두된다.

(가) 절대적 불능 · 상대적 불능설　　불능범을 결과발생이 절대적으로 불가능한 경우

---

1) "불능범은 범죄행위의 성질상 결과발생 또는 법익침해의 가능성이 절대로 있을 수 없는 경우를 말하는 것이다."
2007. 7. 26. 2007도3687, 공 2007, 1419 = 백선 총론 67. 참고판례 1. 『초우뿌리 사건』.

와 상대적으로 불가능한 경우를 나누어서 전자에는 범죄불성립을, 후자에는 통상의 미수범 처벌을 각각 인정하는 학설이다. 이 때 절대적 불능이란 어떠한 경우에도 결과발생이 불가 능한 것이며, 상대적 불능이란 상황의 변화에 따라서 결과발생이 가능할 수도 있는 경우이 다. 절대적 불능·상대적 불능설을 구객관설이라고 부르기도 한다. 학설사적으로 볼 때 위 험성 판단과 관련하여 가장 먼저 제시된 것이 절대적 불능·상대적 불능설과 법률적 불 능·사실적 불능설이다.

(나) 법률적 불능·사실적 불능설   불능범을 결과발생이 법률상의 이유로 불가능한 경우와 사실상의 이유로 불가능한 경우로 나누어 전자의 경우에는 범죄불성립을, 후자의 경우에는 통상의 미수범처벌을 인정하는 학설이다. 이 경우 **법률적 불능**이란 자기 소유 재 물에 대한 절도행위와 같이 법률적 요건을 처음부터 충족할 수 없어서 결과발생이 불가능 한 경우를 말하며, 사실적 불능은 그 밖의 경우를 말한다.

절대적 불능·상대적 불능설과 법률적 불능·사실적 불능설은 모두 그 구별기준이 상 대적이고 유동적이라는 점에 비판이 가해진다. 그리고 무엇보다도 이 학설에 의할 때 범죄 불성립의 범위가 지나치게 넓어진다는 점과 이러한 폐단을 제거하기 위하여 제시된 것이 바로 불능범의 이론이라는 점에 주목할 필요가 있다. 형사정책상 불합리성을 노정하여 극 복의 대상이 된 위의 두 학설이 우리 형법 제27조의 위험성 표지에 대한 판단기준이 될 수 없음은 물론이다.

형사정책상 타당한 결론의 제시와 관련하여 순주관설, 추상적 위험설, 인상설, 구체적 위험설 등의 견해가 제시되고 있다.

(다) 순주관설   행위자가 자신의 범행계획에 의할 때 구성요건적 결과를 실현할 수 있다고 생각하였다면 그 자체로 위험성이 있다고 보는 견해이다. 순전히 행위자의 범행계획 만을 기준으로 위험성 여부를 판단한다는 점에서 이 견해를 '순(純)'주관설이라고 부른다.

(라) 추상적 위험설   평범한 일반인의 입장에서 볼 때 행위자의 범행결의대로 진행 된다면 구성요건적 결과발생이 가능하다고 판단될 때 위험성을 인정하는 견해이다.[1] 즉 행 위자가 인식한 내용을 판단대상으로 삼아 일반인의 입장에서 위험성을 판단하자는 것이 다.[2] 개성을 사상(捨象)해버린 일반인의 입장에서 위험성을 판단한다는 점에서 이 견해를

---

1) 권오걸, 485면; 김성돈, 440면; 김성천·김형준, 358면; 성낙현, 526면; 손동권·김재윤, 472면(구체적 위험설+추상적 위험설); 정성근·정준섭, 239면; 정영일, 357면.
2) 임웅, 411면 이하는, 형법 제27조가 규정하는 불능미수가 성립하자면 착오로 인한 결과발생불가능(제1 요건)과 위험성(제2요건)이 갖추어져야 한다고 하면서, 제1요건에서는 판단의 기초를 행위자가 인식한 사정 과 전문가로서의 과학적 일반인이 인식할 수 있었던 사정에 두고 판단기준은 전문가로서의 과학적 일반인으 로 설정하고, 제2요건에서는 행위자가 인식한 사정만을 판단의 기초로 하면서 판단기준은 전문가로서의 과

'추상적' 위험설이라고 부른다.

(마) **인상설**　　행위자의 범행결의가 법질서의 평화를 교란시키기에 충분하다는 사회심리적 인상을 줄 때 위험성을 인정하는 견해이다. 평범한 일반인의 입장에서 실행행위 시점에 행위자의 범행결의를 판단하면 구성요건적 결과를 발생시킬 것으로 생각되는 경우가 있다. 그렇지만 법공동체가 행위자의 범행결의에서 별다른 인상을 받지 아니하여 법적 평화에 동요를 일으키지 않는다면 위험성은 인정되지 않는다. 인상설은 추상적 위험설과 맥을 같이하면서 조금 더 엄격하게 위험성을 판단하는 견해라고 할 수 있다.

(바) **구체적 위험설**　　행위 당시에 행위자가 인식한 사실과 일반인이 인식할 수 있었던 사정을 기초로 일반적 경험법칙에 따라 위험성을 판단하는 견해이다.[1] [2] 이 경우 객관적·사후적 예후의 방법에 의하여 위험성을 판단하자는 주장도 제시되고 있다. 구체적 위험설은 행위자가 인식한 사실 이외에 일반인이 인식할 수 있었던 사정도 판단대상에 포함된다는 점에서 추상적 위험설과 구별된다. 그러나 일반인을 기준으로 판단을 행한다는 점에서는 추상적 위험설과 공통된다.

(사) **강화된 구체적 위험설**　　실행행위의 시점을 기준으로 행위자의 범행결의를 과학적 일반인의 관점에서 평가할 때 구성요건적 결과발생의 가능성이 있다고 인정되면 위험성을 인정하는 견해이다. 이 견해는 평범한 일반인의 관점이 아니라 과학적 전문지식을 갖춘 일반인을 평가의 기준점으로 설정한다는 점에서 '강화된' 구체적 위험설이라고 부를 수 있다.

(아) **판 례**　　판례는 "불능범과 구별되는 불능미수의 성립요건인 '위험성'은 피고인이 행위 당시에 인식한 사정을 놓고 일반인이 객관적으로 판단하여 결과 발생의 가능성이 있는지 여부를 따져야 한다."는 입장을 취하고 있다.[3] 판례의 입장은 일견 추상적 위험설에 따르고 있는 것처럼 보인다. 그런데 대법원은 불능범의 사안에서 '과학적 일반인'을 기준으로 위험성을 판단하도록 요구하고 있다.[4] [5] 이 점에서 대법원의 입장은 강화된 구체적 위험설에 입각한 것이라고 말할 수 있다.

학적 지식이 없는 사회일반인으로 설정하였다는 내용으로 자신의 견해를 정리하고 있다.

1) 김일수·서보학, 394면; 김혜정 외 4인, 288면; 박상기, 246면; 배종대, 380면; 이재상·장영민·강동범, 418면.
2) 이정원, 295면은 행위 이전의 행위자의 위치에 있는 신중한 인간의 판단에 따라 그 행위가 구체적으로 위험하지 않은 범행의 시도라면 결과발생의 위험성이 부정된다고 본다.
3) 2019. 3. 28. 2018도16002 전원합의체 판결, 공 2019상, 1005 =『준강간 불능미수 사건 - 심신상실 부분』.
4) 1978. 3. 28. 77도4049, 공 1978, 10761 = 백선 총론 66.『염산메칠에페트린 사건』.
5) 2005. 12. 8. 2005도8105, 공 2006, 141 = 백선 총론 66-1.『소송비용 청구 사건』.

(4) 사 견

형법 제27조는 위험성의 판단기준에 관하여 아무런 언급을 하고 있지 않다. 위험성의 판단기준을 모색하는 일은 학설·판례의 임무이다. 생각건대 형법 제27조의 위험성 판단은 강화된 구체적 위험설에 의하는 것이 타당하다고 본다.

(가) 입법경위   우선, 우리 형법 제27조의 배후에는 형법의 보충성 원칙이 작용하고 있다고 생각된다.[1] 원래 1951년의 형법전 정부원안 제27조는 불능범에 대하여 "실행의 수단 또는 대상의 착오로 인하여 결과의 발생이 불가능한 때에는 형을 감경 또는 면제할 수 있다."라고 규정하고 있었다. 그러나 6·25 전쟁 중에 행해진 전시(戰時) 형사사법의 가혹함을 목격한 제2대 국회의 국회의원들은 형법의 보충성을 강조하는 방향으로 법제사법위원회의 수정안을 마련하였으며, 이 과정에서 불능범의 성립요건으로 '위험성'의 표지를 형법 제27조에 삽입하기에 이르렀다.[2]

이와 같은 입법경위를 살펴볼 때 불능범처벌의 영역을 가능한 한 제한하려는 것이 우리 입법자의 구상이라고 생각된다. 처벌범위의 제한이라는 관점에서 볼 때 과학적 일반인을 기준으로 위험성을 판단하는 강화된 구체적 위험설이 위험성 요건의 인정범위를 축소하는 장점이 있다.

(나) 구체적 위험설과의 구별   강화된 구체적 위험설은 종전의 구체적 위험설과 구별된다. 종래의 구체적 위험설에 의하면 행위 당시에 행위자가 인식한 사실 이외에 '일반인이 인식할 수 있었던 사정'을 기초로 일반적 경험법칙에 따라 위험성을 판단한다. 그러나 구체적 위험설의 설명은 판단의 기준이 일반적 경험법칙, 즉 일반인들이 가지고 있는 생활경험에 의한다는 점에서 추상적 위험설과 구별되는 바가 없다.

또한 구체적 위험설이 주장하는 것처럼 '일반인들이 인식할 수 있었던 사정'을 판단의 기초로 삼는 것은 위험성판단의 본질에 맞지 않는다. 형법 제27조가 규정한 위험성의 요건은 불능범에 있어서 행위불법을 판단하기 위하여 설정된 것이다. 행위불법은 행위자의 범행결의를 중심으로 평가된다. 따라서 위험성의 판단도 일단 행위자의 범행결의를 중심으로

이 판례에서 대법원은 "법률적 지식을 가진 일반인의 판단으로 보아"라는 표현을 사용하고 있는데, 이 대목은 대법원이 강화된 구체적 위험설을 취하고 있음을 다시 한번 확인시켜 주고 있다.

1) 1948년 7월에 발표된 형법요강과 관련하여 엄상섭은 1948년 9월에 형법요강해설을 발표하였다. 여기에서 그는 "불능범에 대하여 그 행위가 위험치 아니하면 처벌치 아니한다는 취지를 명백히 규정하여서 불능범에 관한 해석상의 학설이 구구함을 정리할 것"이라고 적고 있다. 엄상섭, "형법요강해설", 신동운·허일태 편저, 효당 엄상섭 형법논집, (2003), 51면 참조.

2) 형법 제27조의 입법연혁에 관하여는, 신동운, "불능범에 관한 형법 제27조의 성립경위", 서울대학교 법학, 제41권 제4호, (2001. 2.), 39면 이하 참조.

내리지 않으면 안 된다.[1]

구체적 위험설은 추상적 위험설에 비하여 위험성 판단의 요건을 보다 강화하려는 견해이다. 이러한 입장을 좀더 심화하면 구체적 위험설에 있어서 위험성 판단의 기준은 일반적 경험법칙이 아니라 과학적 일반인의 경험법칙이 되어야 할 것이다. 이 점에서도 강화된 구체적 위험설은 종래의 구체적 위험설과 구별된다.

요컨대 구체적 위험설에 비하여 강화된 점은 위험성의 판단대상에서 범행 당시 '일반인들이 인식할 수 있었던 사정'을 제외한다는 점과 위험성의 판단기준이 '과학적 일반인의 경험범칙'으로 엄격화된다는 점이다. 이처럼 과학적 일반인이라는 기준을 설정함으로써 문외한들의 자의적인 위험성 판단을 견제하고 형법 제27조의 위험성 판단에 보다 객관성을 확보할 수 있다고 생각된다. 우리 대법원이 "'위험성'은 피고인이 행위 당시에 인식한 사정을 놓고 일반인이 객관적으로 판단하여 결과 발생의 가능성이 있는지 여부를 따져야 한다."고 하면서도,[2] 불능범 사안에서 '과학적 일반인'을 기준으로 위험성을 판단하도록 요구해 오고 있음은 앞에서 언급하였다.[3] [4]

〈사례 해설〉 〔사례 95〕의 사안에서 검사는 갑을 사기죄의 기수범으로 기소하였다. 형법 제347조가 규정한 사기죄 중 재물편취의 구성요건을 보면 "사람을 기망하여 재물의 교부를 받은 자"로 되어 있다. 이 구성요건에서 '기망'은 사람을 착오에 빠뜨리게 하는 행위를 말한다. 사기죄가 성립하려면 기망으로 인한 착오상태에서 재산상의 처분행위를 하여야 한다. '처분행위'란 재산의 변동을 가져오는 행위이다. 처분행위가 인정되려면 흠이 있더라도 그 행위가 의사표시에 기초한 것이어야 한다. '재물의 교부'는 처분행위의 일종이다.

〔사례 95〕의 사안에서 M부동산은 '재물'이다. '교부'란 점유의 이전을 말한다. 부동산의 경우에 '교부'는 등기명의의 이전이라는 형태로 일어난다. 이제 검토해야 할 것은 이 등기명의의 이전이 과연 의사표시에 기초한 것으로서 처분행위라고 볼 수 있는가 하는 부분이다.

〔사례 95〕의 사안에서 등기명의자 A는 이미 사망하였으므로 의사표시를 할 수 없다. 따라서 처분행위를 할 수 없음은 물론이다. 그런데 관할 지방법원의 승소판결에 기초하여 M

---

1) 오영근, 340면은 위험성의 판단을 보다 강화하기 위하여 "행위 당시 일반인이 인식할 수 있었던 사정만을 기초로 하여 일반인의 입장에서 결과발생의 가능성 유무를 판단하여 위험성 유무를 결정해야 할 것"이라고 하면서 자신의 견해를 '신객관설'이라고 칭하고 있다. 문제의식은 강화된 구체적 위험설과 비슷하지만 판단대상의 면에서 양자는 구별된다.

2) 2019. 3. 28. 2018도16002 전원합의체 판결, 공 2019상, 1005 = 『준강간 불능미수 사건 - 심신상실 부분』.

3) 1978. 3. 28. 77도4049, 공 1978, 10761 = 백선 총론 66. 『염산메칠에페트린 사건』.

4) 2005. 12. 8. 2005도8105, 공 2006, 141 = 백선 총론 66-1. 『소송비용 청구 사건』.

토지에 대한 등기명의의 이전이 이루어지고 있다. 그렇다면 관할 지방법원의 승소판결을 A 의 처분행위에 갈음하는 처분행위라고 말할 수 있을 것인가?

이 점에 대하여 판례는 "소송사기에 있어서 피기망자인 법원의 재판은 피해자의 처분행 위에 갈음하는 내용과 효력이 있는 것이어야 한다."고 하면서 "그렇지 아니하는 경우에는 착오에 의한 재물의 교부행위가 있다고 할 수 없어서 사기죄는 성립되지 아니한다."고 판시 하였다. 대법원은 여기에서 사기죄의 객관적 구성요건 가운데 '처분행위'라는 구성요건표지 가 충족되지 않음을 확인하고 있다. 그러므로 검사가 주장한 바, 사기죄의 기수범은 성립하 지 않는다.

[사례 95]의 사안에서 갑에게는 사기죄의 구성요건적 고의가 인정된다. 그렇지만 '처분 행위'라는 객관적 구성요건요소가 충족되지 않고 있다. 이러한 경우는 소위 미수범의 사례 에 해당한다. 이제 사기죄의 미수범처벌규정이 있는지 살펴본다. 형법 제352조는 형법 제 347조의 미수범을 처벌한다고 규정하고 있다. 그렇다면 이제는 사기죄의 미수범처벌 여부 를 살펴볼 차례이다.

그런데 [사례 95]의 사안에서 특징을 이루는 것은 갑의 소송사기행위의 상대방이 사망 자 A라는 사실이다. 사망자는 의사표시를 할 수 없다. 따라서 사망자는 아예 처음부터 처 분행위를 할 수 없다. 그렇다면 이 사안은 '실행대상의 착오'로 인하여 사기죄의 결과발생이 처음부터 불가능한 경우에 해당한다. 소위 넓은 의미의 불능범에 해당하는 것이다. 여기까 지 분석하면 갑의 행위는 통상의 장애미수(법25①)를 넘어서 형법 제27조의 불능범에 해당 함을 알 수 있다. 그리하여 사기죄의 불능범으로 갑에게 형의 임의적 감경 또는 면제를 인 정할 여지가 있다. 이제 한 걸음 더 나아가 갑의 행위에 '위험성'이 있는지 살펴보아야 한 다. '위험성'마저 없다면 갑은 좁은 의미의 불능범으로서 사기죄에 대해 범죄불성립으로 무 죄가 된다.

형사처벌의 대상이 되지 않는 불능범이 성립하기 위한 요건은 '위험성'이 인정되지 않아 야 한다는 것이다. '위험성'의 판단기준으로 순주관설, 추상적 위험설, 인상설, 구체적 위험 설 등이 제시되고 있다. 순주관설의 입장에서 보면 갑은 위의 소송사기행위를 통하여 M토 지에 대한 소유권이전등기를 얻을 수 있을 것으로 생각하고 있다. 갑의 입장에서 보면 분명 히 사기죄의 실현에 대한 위험성이 인정된다. 추상적 위험설이나 인상설은 일반인을 기준으 로 한다. 일반인이 사기죄의 결과발생이 있을 것으로 느낄 것인가 아닌가 하는 점이 관건이 된다. 이 사안에서 일반인들은 결과발생의 위험성을 느낄 것이라고 생각된다. 특히 A의 상 속인 B의 입장에서 보면 그러한 위험성은 더욱 강하게 느껴질 것이다. 이러한 분석은 종래 의 구체적 위험설에 대해서도 그대로 적용된다.

그렇지만 강화된 구체적 위험설에 의하면 결론이 달라신다. 강화된 구체적 위험설에서 기준으로 삼는 사람은 과학적 일반인이다. 이 사안의 경우 '과학적 일반인'은 법률상식을 갖춘 일반인을 의미한다. 법률판단에 어느 정도 조예가 있는 사람이라면 죽은 사람은 의사표시를 할 수 없으며 따라서 처분행위도 할 수 없다는 점을 잘 알고 있다. 그렇다면 갑의 행위는 객관적으로 사기죄의 결과발생이 불가능할 뿐만 아니라 주관적으로도 위험성이 없다.

〔사례 95〕의 사안에서 검사는 먼저 사기죄의 기수범 성립을 주장하였다. 나아가 검사는 갑의 행위가 사기죄의 기수범에 해당하지 않더라도 적어도 사기죄의 불능미수(넓은 의미의 불능범)로는 처벌되어야 한다고 주장하였다. 그러나 대법원은 "갑의 행위가 소송사기죄의 불능미수에 해당한다고 볼 수도 없다."고 판시하여 검사의 두 번째 주장도 배척하였다. 〔사례 95〕의 판례사안에서 대법원은 강화된 구체적 위험설의 분석방법을 상세하게 제시하지 아니하였으나 결론의 측면에서 볼 때 강화된 구체적 위험설의 입장에 서 있다고 생각된다.

제3 불능범의 법적 효과

1. 형법 제27조 단서의 특이성

형법 제27조는 "실행의 수단 또는 대상의 착오로 인하여 결과의 발생이 불가능하더라도 위험성이 있는 때에는 처벌한다. 단, 형을 감경 또는 면제할 수 있다."라고 규정하고 있다. 형법 제27조를 보면 본문과 단서의 구조를 취하고 있음을 알 수 있다.

일반적으로 법조문은 법률요건을 규정한 부분과 법률효과를 규정한 부분으로 구성된다. 형법 제27조를 보면 본문에서는 결과발생의 불가능성과 위험성이라는 법률요건 이외에 "처벌한다."라는 법적 효과가 규정되어 있다. 이에 대하여 형법 제27조의 단서를 보면 "단, 형을 감경 또는 면제할 수 있다."라고 하여 법적 효과만 규정되어 있을 뿐 법률요건에 대해서는 아무런 언급이 없다. 이 점에서 형법 제27조는 매우 이례적인 법조문이라고 할 수 있다.

여기에서 이 이례적인 법조문을 어떻게 하면 통상의 법조문과 같은 형식으로 바꾸어서 읽어낼 수 있겠는가 하는 문제가 생긴다. 이 문제는 다시 형법 제27조 단서를 독자적인 법규범으로 인정할 것인가 아닌가 하는 형태로 구체화된다.

2. 독자규범 부정설

형법 제27조를 일반적인 법규범과 같은 구조로 바꾸어서 읽는 방법에는 두 가지가 있다. 하나는 형법 제27조 단서를 본문에서 규정한 "처벌한다."라는 법적 효과를 부연설명한 것으로 새기는 방법이다. 이에 따르면 형법 제27조 단서는 독자적인 법규범성을 상실한다. 형법 제27조 단서의 독자적인 법규범성을 부인하는 입장에서는 형법 제27조를 "실행의 수단 또는 대상의 착오로 인하여 결과의 발생이 불가능하더라도 위험성이 있는 때에는(법률요건 부분) 형을 감경 또는 면제할 수 있다(법적 효과 부분)."라고 읽게 된다.[1]

형법 제27조 단서에 독자성을 부인하는 입장에서는 형법 제27조에 미수범의 성립범위를 가능한 한 제한하려는 우리 입법자의 배려가 깃들어 있다고 본다. 이 견해에 따르면 우리 입법자는 (가) 실행의 수단 또는 대상의 착오로 인하여 결과의 발생이 불가능하다면 원칙적으로 처벌하지 않기로 하되, (나) 다만 위험성이 있는 때에는 예외적으로 처벌하지만, (다) 이 경우에도 그 형은 통상적인 미수범에 대하여 인정되는 형의 임의적 감경(법25②)을 넘어서서 형의 임의적 면제까지 인정하기로 결단하였다는 것이다.

3. 독자규범 긍정설

한편 형법 제27조 단서를 독자적인 법규범으로 파악하려는 견해를 생각해 볼 수 있다. 이 입장에 따르면 형법 제27조 본문은 불능범을 통상적인 미수범으로 취급하여 처벌하겠다는 입법자의 의지를 천명한 것이라고 본다. "실행의 수단 또는 대상의 착오로 인하여 결과의 발생이 불가능하더라도 위험성이 있는 때에는 처벌한다."는 형법 제27조 본문의 규정을 "실행의 수단 또는 대상의 착오로 인하여 결과의 발생이 불가능하더라도 위험성이 있는 때에는 통상적인 미수범의 형으로 처벌한다."는 의미로 이해하는 것이다.

이에 반하여 형법 제27조 단서에 대해서는 이 단서조항이 통상적인 미수범의 형으로 처벌되는 불능범 가운데 일정한 요건을 추가적으로 갖춘 경우에 보다 관대한 법적 효과를 부여하기 위하여 마련된 규정이라고 본다. 일정한 요건을 갖춘 경우에는 형의 임의적 감경(법25②)이라는 미수범의 통상적인 법적 효과를 넘어서서 예외적으로 "형을 면제할 수 있다."는 법적 효과까지 부여하기 위하여 마련된 규정이 형법 제27조 단서라는 것이다.

형법 제27조 단서에 독자적 법규범성을 인정하려면 법률요건의 부분을 해석을 통하여 보충하여야 한다. 이를 위하여 독자규범 긍정설의 입장에서는 불능범을 규정한 독일 형법 제23조 제3항에 주목한다. 독일 형법 제23조 제3항은 "범죄가 행하여지려는 객체 또는 범행에 사용되는 수단의 성질상 미수가 결코 기수에 이를 수 없음을 행위자가 현저한 무지로 인하여 알지 못한 때에는 법원은 형을 면제하거나 재량에 의하여 형을 감경할 수 있다."라고 규정하고 있다.

---

1) 권오걸, 485면; 김일수 · 서보학, 395면; 박상기, 249면; 배종대, 381면; 성낙현, 526면; 손동권 · 김재윤, 473면; 이재상 · 장영민 · 강동범, 421면; 임웅, 425면; 정성근 · 정준섭, 240면; 정영일, 357면.

독자규범 긍정설은 우리 형법 제27조 단서가 독일 형법 제23조 제3항과 정확히 같은 취지에서 마련된 규정이라고 보는 입장이다. 현재 형법 제27조의 위험성 요건을 독일의 다수설인 인상설에 입각하여 해석하고 있는 입장은 우리 형법 제27조 단서와 독일 형법 제23조 제3항이 같은 구조를 취한다고 보는 견해라고 할 수 있다.[1] 인상설의 입장에서는 실행수단의 착오 또는 실행대상의 착오로 인하여 결과발생이 처음부터 불가능한 미수범이라 할지라도 감히 실행행위로 나아갔다는 사실 자체가 법질서를 교란시킨다는 인상을 주기에 충분하다고 본다. 다만 독일 형법 제23조 제3항이 규정하고 있는 '현저한 무지'의 요건이 구비된 경우에는 법질서 교란의 인상이 크게 약화되기 때문에 형의 임의적 감경을 넘어서 형의 임의적 면제까지도 인정한다는 것이다.[2]

4. 사 견

형법 제27조 단서를 독자적인 법규범으로 볼 것인가 아닌가에 따라서 불능범의 법적 효과는 크게 달라진다. 형법 제27조 단서의 독자적 법규범성을 부정하는 견해에 따르면 위험성이 인정되는 불능범의 법적 효과는 언제나 형의 임의적 감경 내지 임의적 면제이다. 이에 대하여 독자적 법규범성을 긍정하는 견해에 따르면 불능범의 법적 효과는 기본적으로 형의 임의적 감경뿐이다(법27 본문, 25②). 형의 임의적 면제는 행위자가 현저한 무지로 인하여 실행수단의 착오 또는 실행대상의 착오를 일으켜서 결과발생의 가능성을 알지 못한 경우로 한정된다(법27 단서).

생각건대 형법 제27조 단서는 독자적 법규범으로서의 성질을 갖지 않는다고 보아야 할 것이다. 독자규범 긍정설은 유추해석의 흠을 안고 있기 때문이다. 독자규범 긍정설은 우리 형법 제27조 단서를 독일 형법 제23조 제3항과 같은 것으로 새기려고 한다. 이와 같은 해석방법은 우선 위험성이 인정되는 불능범(소위 불능미수)의 경우에 인정되는 형의 임의적 면제라는 법적 효과를 '행위자의 현저한 무지'에 기인하여 일어나는 불능미수의 경우로 한정한다는 점에서 독자규범 부정설에 비하여 피고인에게 불리하다.

여기에 더하여 독자규범 긍정설은 형법 제27조 단서에서 규정하고 있지 아니한 법률요건의 부분을 다른 나라 법체계의 유사한 법률규정으로부터 차용해 오는 방법을 사용한다는 점에서 문제가 있다. 법률요건이 명시적으로 규정되어 있지 않다고 해서 다른 법체계로부

---

1) 인상설을 취하는 국내 학자들이 형법 제27조 단서에 대해 독자규범성을 인정하지 않는 것은 논리모순이라고 생각된다.
2) 독일 형법 제23조 제3항이 인정한 형의 재량적 감면(독일형법49②)에 따르면 독일의 법관은 독일 형법 제49조 제1항(기속적 감경규정)이 설정한 하한의 제한을 넘어서서 훨씬 더 자유롭게 형을 낮출 수 있다. 우리 형법은 이와 같은 형의 재량적 감면은 인정하고 있지 않다(법55 참조).

터 그 요건을 빌려온다면 그것은 유추해석이다. 그리고 그로 인하여 얻어진 법적 효과는 위에서 본 것처럼 피고인에게 불리한 것이다.

형법 제27조 단서에 독자규범성을 인정하는 해석방법은 피고인에게 불리한 유추해석이다. 피고인에게 불리한 유추해석은 형법의 세계에서 엄격하게 금지된다. 형법 제27조 단서를 가리켜서 형법 제27조 본문이 부여하는 법적 효과를 부연하여 규정한 것이라고 새기는 독자규범 부정설이 타당하다고 본다.

제4 미신범과 환각범

1. 미신범

【사례 96】 심술궂은 농부 갑녀는 이웃집 A녀의 송아지에 주술을 걸어 강아지로 만들고 싶었다. 뜻을 이루기 위하여 갑녀는 초승달이 처음 떠오른 날 밤 자정에 검은 고양이 한 마리의 사체를 A녀 집 외양간 벽 바로 앞에 파묻었다.

〈사례 해설〉 〔사례 96〕의 사안에서 갑녀는 과학적 설명이 불가능한 초월적 힘을 빌려서 손괴죄(법366)의 구성요건을 실현시키려고 하고 있다. 갑녀는 행위 당시에 이미 초월적 힘을 이용하여 실행행위를 시도한다는 사실을 알고 있다. 그러나 이러한 초월적 힘은 존재하지 않는다. 갑녀의 행위는 전형적인 미신범의 사례에 해당한다.

미신범은 주술이나 미신적인 방법을 동원하여 구성요건적 결과를 실현시키려는 범죄유형이다. 미신범에 대하여 형사처벌을 가할 수 없다는 점에는 견해가 일치되어 있다. 이 때 불처벌의 결론에 이르는 이론구성에는 고의를 부인하는 방법과 불능범으로 파악하는 방법이 있다.

(가) 고의결여설 구성요건적 고의 자체를 부정하는 견해이다.[1] 이 견해에 따르면 미신적인 방법을 동원하는 것은 처음부터 실행행위의 요소라고 볼 수 없으므로 미신적 방법을 이용하여 구성요건적 결과를 실현시키려는 인식과 의욕(인용)은 아예 구성요건적 고의로 될 수 없다는 것이다.

(나) 불능범설 미신범을 불능범으로 파악하는 견해이다.[2] 이 견해에 따르면 일단

---

1) 배종대, 375면; 손동권·김재윤, 473면; 이정원, 288면.
2) 김성천·김형준, 350면; 성낙현, 517면.

미신범에 대해서도 구성요건적 고의를 인정한다. 이렇게 보게 되면 미신범에 대해서도 미수범으로 처벌할 가능성이 생긴다. 그러나 미신범은 실행수단의 착오로 인하여 결과의 발생이 애당초 불가능한 경우이다. 그렇다면 미신범은 넓은 의미의 불능범의 한 유형이라고 생각된다. 그렇지만 주술이나 미신적 방법을 동원하는 사람을 놓고 위험성이 있다고 판단하는 사람은 거의 없을 것이다. 과학적 일반인이라면 더욱 그러할 것이다. 따라서 미신범은 전형적인 협의의 불능범이 된다. 그 결과 미신범은 범죄불성립이라는 결론에 이른다.

(다) 사 견　　구성요건적 고의를 부정하여 미신범의 불처벌에 이르는 이론구성은 독일 형법학계에서 유력한 견해이다. 독일 형법에 의하면 실행수단의 착오 또는 실행대상의 착오로 인하여 결과발생이 처음부터 불가능하더라도 시도된 실행행위는 법질서 교란의 인상을 야기하기 때문에 일단 처벌의 대상이 된다(소위 인상설). 다만 '현저한 무지'로 인하여 실행행위에 나아갔다면 법원은 재량에 의하여 그 형을 감경하거나 면제할 수 있을 따름이다. 이러한 상황에서는 불능범이라 할지라도 범죄성립 자체는 언제나 긍정된다. 일단 범죄성립을 긍정하되 형을 임의적으로 감경하거나 면제할 뿐이다.

이와 같이 독일 형법이 규정한 불능범의 법리에 따라 미신범을 처리하게 되면 미신범의 경우에도 일단 범죄가 성립한다고 보게 된다. 그러나 이러한 결론은 지나치다고 하지 않을 수 없다. 여기에서 독일 형법학계에서는 초자연적인 힘을 이용하려는 생각을 가지고 범행에 나아가는 사안의 경우에 처음부터 구성요건적 고의를 부인함으로써 미신범의 불처벌이라는 결론을 도출해 내고 있다.

그러나 이와 같은 이론구성은 우리 형법의 경우로 들어오면 그다지 필요한 것이 아니다. 우리 형법 제27조는 불능범처벌의 요건으로 '위험성' 표지를 규정하고 있다. 과학적 일반인은 물론이고 평균적인 일반인이라 할지라도 미신범에 대하여 위험성을 인정하는 일은 없을 것이다. 따라서 우리나라의 경우에 미신범은 형법 제27조 자체에 의하여 범죄불성립이 된다고 보아야 할 것이다.

2. 환 각 범

【사례 97】 일본인 갑에게는 혼인신고한 부인 A가 있다. 일본 형법에 의하면 중혼죄(重婚罪)는 형사처벌의 대상이 된다(동법184). 일본인 갑은 일본 형법이 중혼죄를 처벌한다는 사실을 잘 알고 있었다. 그런데 갑은 한국에 와서 다시 B와 결혼하여 혼인신고를 하였다. 혼인신고 당시 갑은 자신의 행위가 한국 형법상으로도 중혼죄를 구성한다고 생각하고 있었다.

미신범과 구별되는 것으로 환각범이 있다. 환각범이란 객관적으로 형사처벌의 대상이 되지 않는 행위임에도 불구하고 행위자가 주관적으로 형사처벌의 대상이 된다고 생각하는 경우이다.

환각범은 객관적으로 처벌법규가 존재하지 아니함에도 불구하고 주관적으로 처벌법규가 존재하는 것으로 오인한다는 점에서 착오의 한 유형이다. 환각범은 객관적으로 볼 때 처벌법규의 실현이 처음부터 불가능하지만 행위자가 주관적으로 처벌법규의 실현이 가능하다고 생각하는 점에서 불능범과 비슷한 외관을 지닌다.

그렇지만 환각범은 불능범과 엄격하게 구별된다. 불능범은 구성요건적 결과가 처음부터 실현되지 아니함에도 불구하고 주관적으로 구성요건적 결과가 실현된다고 생각하는 경우이다. 불능범의 구조와 반대되는 것으로 구성요건적 착오가 있다. 구성요건적 착오는 구성요건적 결과가 발생하였음에도 불구하고 구성요건적 고의가 없는 경우이다. 불능범은 구성요건적 착오가 반전된 구조를 갖는다.

이에 대하여 환각범은 구성요건의 배후에 놓여 있는 법질서 자체에 대하여 착오를 일으키는 경우이다. 환각범은 객관적으로는 행위가 법질서 전체에 비추어 볼 때 허용되는 것임에도 불구하고 주관적으로는 법질서가 금지하는 것으로 행위자가 오인하는 경우이다. 이렇게 볼 때 환각범은 금지착오가 반전된 구조를 갖는다.

환각범에 대해서는 위험성의 유무를 묻지 않고 범죄성립을 인정하지 않는다. 이 점에서 환각범은 위험성의 유무에 따라 형사처벌 여부가 달라지는 불능범과 구별된다. 법규범의 효력발생 여부는 행위자의 주관적 인식에 좌우되지 않는다. 법규범의 효력 여부는 법공동체가 결정할 문제이기 때문이다. 환각범은 형사처벌을 결정하는 법질서 자체에 대하여 행위자가 착오를 일으키는 경우이다. 따라서 환각범의 경우에는 불능범과 달리 형사처벌의 가능성이 존재하지 않는다.

〈사례 해설〉 〔사례 97〕에서 문제되는 것은 중혼죄이다. 일본인 갑에게는 부인 A가 있다. 그런데 갑은 한국에 와서 B녀와 다시 혼인신고를 하고 있다. 일본 형법에 의하면 배우자 있는 사람이 그 혼인이 유효한 상태에서 다시 다른 사람과 혼인관계를 이루게 되면 중혼죄로 처벌된다(일본형법184).

일본인 갑이 우리나라에 와서 B녀와 다시 혼인신고를 할 때 갑은 한국 형법상으로도 중혼죄가 성립한다고 생각하고 있다. 그런데 실상 한국 형법은 중혼죄를 처벌하는 규정을 두고 있지 않다. 〔사례 97〕에서 일본인 갑은 한국 형법상 객관적으로는 형사처벌의 대상이 되지 않는 행위임에도 불구하고 주관적으로 형사처벌의 대상이 된다고 생각하면서 이중으로 혼인신고를 하고 있다. 그렇다면 갑의 행위는 환각범에 해당한다.

이렇게 볼 때〔사례 97〕에서 일본인 갑의 거듭된 혼인신고행위는 갑 스스로 형사처벌의 대상이 된다고 생각하면서 행위한 것임에도 불구하고 한국 형법상으로는 범죄를 구성하지 않는다.

제 4 절 미수범의 특수형태

제 1 결과적 가중범의 미수

한국형법	독일형법
제15조 ② 결과 때문에 형이 무거워지는 죄의 경우에 그 결과의 발생을 예견할 수 없었을 때에는 무거운 죄로 벌하지 아니한다.	제18조〔무거운 범죄결과에 대한 가중처벌〕법률이 행위의 특별한 결과에 대하여 보다 무거운 형을 규정하고 있는 때에는 그 결과에 관하여 적어도 과실이 인정되는 경우에 한하여 그 무거운 형으로 정범 또는 공범을 처벌한다.
(해당 조항 없음)	제11조〔사람 및 물건의 개념〕① 이 법에서 사용하는 용어의 정의는 다음과 같다. 6. 범죄의 기도 : 범죄의 미수 및 기수
(해당 조항 없음)	② 행위에 대하여는 고의를 요하나 이로 인하여 야기된 특별한 결과는 과실만으로도 충분한 법률상의 구성요건을 실현시킨 경우에 그 행위는 이 법에서 의미하는 고의행위로 본다.
제25조〔미수범〕① 범죄의 실행에 착수하여 행위를 종료하지 못하였거나 결과가 발생하지 아니한 때에는 미수범으로 처벌한다.	제22조〔개념규정〕행위자의 행위에 대한 표상(表象)에 따를 때 구성요건의 실현을 직접적으로 개시한 자는 미수에 이른 것이다.
제25조 ② 미수범의 형은 기수범보다 감경할 수 있다.	제23조〔미수의 가벌성〕② 미수는 기수의 범죄보다 가볍게 벌할 수 있다(제49조 제1항) (기속적 감경규정임; 저자 주).

한국형법	독일형법
제29조〔미수범의 처벌〕미수범을 처벌할 죄는 각칙의 해당 죄에서 정한다.	**제23조**〔미수의 가벌성〕① 중죄의 미수는 언제나, 경죄의 미수는 법률에 명문의 규정이 있는 경우에 한하여 이를 벌한다.
(해당 조항 없음)	**제12조**〔중죄 및 경죄〕① 중죄는 법정형의 하한이 1년 이상의 자유형으로 규정되어 있는 위법행위를 말한다.
(해당 조항 없음)	**제12조** ② 경죄는 법정형의 하한이 제1항보다 가벼운 자유형 또는 벌금형으로 규정되어 있는 위법행위를 말한다.
(해당 조항 없음)	**제12조** ③ 총칙규정에 의한 형의 가중이나 감경 또는 특히 무거운 사안이나 가벼운 사안에 대하여 규정되어 있는 형의 가중이나 감경은 중죄 및 경죄의 구별기준이 되지 아니한다.

1. 결과적 가중범과 미수범처벌규정

(1) 결과적 가중범의 예

결과적 가중범에 대하여 미수범이 인정될 수 있는가 하는 점이 우리 학계에서 다투어지고 있다. 형법은 여러 곳에서 결과적 가중범을 규정하고 있다. 현주건조물방화치사상죄(법164②), 연소죄(법168), 현주건조물일수치사상죄(법177②), 교통방해치사상죄(법188), 먹는물혼독치사상죄(법194), 상해치사죄(법259), 폭행치사죄(법281), 강간치상죄(법301), 강간치사죄(법301의2), 인질치상죄(법324의3), 인질치사죄(법324의4 제2문), 강도치상죄(법337), 강도치사죄(법338), 해상강도치사상죄(법340② · ③) 등이 그 예이다. 그 밖에도 체포감금치상 · 치사죄(법124, 125, 특가법4의2① · ②) 등 각종 특별법에서 결과적 가중범을 규정하고 있다.

우리 입법자는 원칙적으로 사람의 생명이나 신체의 완전성이 침해되는 것을 무거운 결과로 파악하여 결과적 가중범을 규정하고 있다. 그러나 형법 제168조가 규정한 연소죄(延燒罪)의 경우에는 예외적으로 자기소유 일반건조물이나 자기소유 일반물건에 방화하여 타인소유의 각종 건조물이나 타인소유 일반물건에 불이 옮겨 붙는 경우를 가중처벌하고 있다. 연소죄의 경우에는 생명 · 신체의 침해가 아니라 각종 건조물이나 일반물건을 불태웠다는 것이 무거운 결과로 파악된다.

(2) 결과적 가중범과 미수범처벌규정

우리 형법전을 보면 결과적 가중범의 조문들은 원칙적으로 미수범처벌규정의 적용대상에 포함되어 있지 않다. 각종의 미수범처벌규정을 보면 결과적 가중범은 의도적으로 처벌대상에서 제외되고 있다. 이것은 결과적 가중범의 경우에 무거운 결과가 이미 발생하고 있기 때문에 미수범의 관념을 설정할 수 없다는 인식에 기초하고 있는 것으로 보인다.

한편 판례는 결과적 가중범의 경우에 기본범죄인 고의범이 미수에 그치더라도 무거운 결과가 발생하면 결과적 가중범의 성립을 인정한다. 예컨대 강간을 위하여 폭행을 가하였으나 성관계에는 이르지 못한 상황에서 피해자가 강간을 피하기 위하여 고층건물에서 뛰어내리다가 사망하였다면 강간치사죄가 성립한다.[1]

2. 문제의 소재

(1) 결과적 가중범의 미수범처벌규정

그런데 형법 규정을 보면 미수범 처벌규정에 결과적 가중범 조문이 규율대상으로 지시되는 경우가 일부 발견된다. 일수죄(溢水罪)의 미수범을 규정한 형법 제182조는 미수범 처벌대상으로 형법 제177조를 지시하고 있다. 형법 제177조는 제1항에서 현주건조물일수죄를, 제2항에서 현주건조물일수치사상죄를 각각 규정하고 있다. 형법 제182조와 제177조를 모아보면 현주건조물일수치사상죄의 미수범을 처벌한다는 해석론이 도출될 여지가 있다.

동일한 문제상황은 인질치상죄와 인질치사죄 및 강도치상죄와 강도치사죄의 경우에도 나타난다. 형법 제324조의5는 각종 강요죄의 미수범을 처벌하면서 인질상해·치상죄와 인질살해·치사죄가 규정되어 있는 형법 제324조의3 및 제324조의4를 적용대상으로 적시하고 있다. 또한 형법 제342조는 각종 절도죄와 강도죄의 미수범을 처벌하면서 강도상해·치상죄와 강도살인·치사죄가 규정되어 있는 형법 제337조 및 제338조를, 그리고 해상강도·해상강도치사상죄가 규정되어 있는 제340조를 그 적용대상인 '각칙의 해당 죄'로 적시하고 있다.

(2) 학설대립의 현황

(가) 미수범긍정설   형법 제182조, 제324조의5, 제342조를 글자 그대로 해석하면 결과적 가중범에 대한 미수범이 성립하는 것처럼 보인다. 실제로 이러한 문리해석에 근거하여 미수범에 부여되는 형의 임의적 감경(법25②)을 확보하려는 시도가 나타나고 있다. 미

---

1) 1995. 5. 12. 95도425, 공 1995, 2156 = 백선 총론 18. 참고판례 1. 『속셈학원 강사 사건』.

수범처벌규정이 있을 때 결과적 가중범의 미수범을 인정하는 견해를 가리켜 미수범긍정설이라고 부를 수 있을 것이다.[1]

(나) 미수범부정설   한편 이와는 반대로 결과적 가중범의 미수범은 이론적으로 성립할 수 없으며, 형법 제182조, 제324조의5, 제342조는 결과적 가중범을 제외한 전형적인 고의범만을 미수범 처벌대상으로 규정한 것으로 축소해석해야 한다는 견해도 제시되고 있다. 이러한 견해를 미수범부정설이라고 부를 수 있을 것이다.[2] 이 학설은 결과적 가중범은 결과가 이미 발생한 범죄이므로 미수범이 성립할 수 없다고 새기는 종래의 해석방법에 따른 견해라고 할 수 있다.

(다) 결과적 가중범 해체설   결과적 가중범의 구성요건에 기본범죄의 미수범이 명시되어 있는 경우(예컨대 강간미수죄를 규정한 형법 제300조를 기본범죄로 명시한 형법 제301조의 경우)에는 결과적 가중범의 기수를 인정하지만, 기본범죄에 미수범이 명시되어 있지 아니한 경우에는 기본범죄의 미수와 무거운 결과에 대한 과실행위를 별도의 범죄로 인정하여 처벌하자는 주장이다.[3]

3. 독일 형법과 결과적 가중범의 미수

(1) 독일 형법의 관련규정

결과적 가중범의 미수범을 인정하여 형의 임의적 감경을 확보하려는 미수범긍정설은 독일 형법의 해석론에 영향을 받은 이론구성이라고 생각된다. 독일 형법 제18조는 "법률이 행위의 특별한 결과에 대하여 보다 무거운 형을 규정하고 있는 때에는 그 결과에 관하여 적어도 과실이 인정되는 경우에 한하여 그 무거운 형으로 정범 또는 공범을 처벌한다."라고 규정하고 있다. 또한 독일 형법 제11조 제2항은 "행위에 대하여는 고의를 요하나 이로 인하여 야기된 특별한 결과는 과실만으로도 충분한 법률상의 구성요건을 실현시킨 경우에 그 행위는 이 법에서 의미하는 고의행위로 본다."라고 규정하고 있다. 즉 결과적 가중범을 고의범의 일종으로 취급한다는 것이다.

(2) 중죄와 경죄의 구별

한편 독일 형법은 범죄를 중죄와 경죄로 나누고 있다. 독일 형법상 중죄는 법정형의

---

1) 권오걸, 409면; 김혜정 외 4인, 141면; 박상기, 208면; 성낙현, 442면; 손동권·김재윤, 383면; 이용식, 68면; 임웅, 571면; 정영일, 187면.
2) 김성돈, 520면; 김일수·서보학, 345면; 배종대, 514면; 오영근, 140면; 이재상·장영민·강동범, 389면; 이정원, 427면; 정성근·정준섭, 359면.
3) 김성천·김형준, 148면.

하한이 1년 이상의 자유형에 해당하는 범죄이며, 경죄는 법정형의 하한이 그 아래로 내려
가는 범죄이다(독일형법12① · ②). 독일 형법상 중죄와 경죄의 구별은 법정형에서뿐만 아니
라 미수범의 처벌에서도 중요한 의미를 갖는다. 독일 형법에 의하면 중죄의 미수는 언제
나 처벌됨에 대하여 경죄의 미수는 법률에 명문의 규정이 있는 경우에 한하여 처벌한다
(독일형법23①).

독일 형법에 의할 때 결과적 가중범이 성립하려면 무거운 결과의 발생에 적어도 과실
이 있어야 한다(독일형법18). 이 요건에 의하면 세 가지 형태의 결과적 가중범을 설정할 수
있다. 즉 (가) 고의의 기본범죄와 보통의 과실에 의한 무거운 결과의 발생, (나) 고의의 기본
범죄와 중과실에 의한 무거운 결과의 발생,[1] (다) 고의의 기본범죄와 고의에 의한 무거운
결과의 발생이 그것이다. 그런데 독일의 입법자는 이 세 가지 형태의 결과적 가중범을 모두
고의범으로 취급하기로 하고 있다(독일형법11②).

한편 이 세 가지 형태의 결과적 가중범에 법정형의 하한으로 1년 이상의 자유형이 규
정되어 있으면 중죄로 되어 그 죄는 명문의 규정이 없더라도 미수범처벌이 가능해진다. 그
결과 독일 형법하에서는 결과적 가중범의 미수범처벌이 별다른 문제없이 가능해진다. 특히
세 번째 유형의 결과적 가중범은 고의의 기본범죄와 고의에 의한 무거운 결과발생이 결합
한 경우이므로 특별한 문제없이 결과적 가중범의 미수가 성립한다고 새길 수 있다.

4. 한국 형법과 결과적 가중범의 미수

(1) 한국 형법의 태도

그러나 결과적 가중범의 미수를 긍정하는 독일 형법의 해석론을 우리 형법의 해석론으
로 도입할 필요는 없다고 본다. 우선, 우리 형법은 미수범처벌규정을 각칙의 해당 죄에서
개별적으로 정하기로 하고 있다(법29). 이 점에서 우리 형법은 중죄의 경우에 명문의 규정
이 없어도 당연히 미수범을 처벌하는 독일 형법과 입법태도를 근본적으로 달리하고 있다.
다음으로, 우리 입법자는 결과적 가중범을 미수범처벌규정의 적용대상에서 의도적으로 배제
하고 있다고 생각된다. 이것은 결과적 가중범의 경우에 무거운 결과가 이미 발생하고 있어
서 미수범으로서의 처벌을 상정하는 것은 의미가 없다고 우리 입법자가 판단한 결과라고
보인다.

한편 이례적으로 결과적 가중범조문이 미수범처벌규정의 적용대상에 포함되는 경우가
있다. 그러나 이러한 경우는 조문 편집상의 부주의에 기인한 것일 뿐이다. 따라서 해석상으

---

[1] 독일 형법의 경우에는 업무상 과실의 개념이 사용되지 않는다.

로는 결과적 가중범의 부분을 제외하고 이러한 조문을 적용해야 한다.[1]

(2) 미수범긍정설에 대한 검토

이와 같은 분석에 대하여 결과적 가중범의 규정을 미수범처벌규정에 넣어 둔 것이 입법자의 의도적 조치에 기인한 것이라고 보는 견해가 있다.[2] 미수범처벌규정에 결과적 가중범의 규정을 대상조문으로 삽입함으로써 입법자가 형의 임의적 감경을 허용하려고 한다는 것이다. 그러나 이러한 해석은 우리 형법이 기수범처벌을 원칙으로 하고 있으며, 미수범처벌은 입법자가 형사처벌을 확장할 필요가 있다고 판단할 때 예외적으로 인정되는 법형상임을 간과한 견해라고 생각된다.

미수범처벌규정은 형사처벌을 완화하기 위한 장치가 아니다. 미수의 기본범죄로 무거운 결과가 발생한 경우에 대한 형법적 배려는 양형상의 고려로 족하다. 결과적 가중범의 미수범긍정설은 이미 발생한 결과를 마치 발생하지 아니한 것처럼 취급하는 무리를 범하고 있다. 이와 같은 무리한 이론은 인정할 필요가 없다고 생각한다.

한편 결과적 가중범의 기본범죄에 미수범이 명시되어 있는 경우에는 미수감경 없는 결과적 가중범을 인정하고, 기본범죄의 미수범이 명시되지 아니한 경우에는 처음부터 결과적 가중범을 부정하여 기본범죄의 미수범과 무거운 결과의 과실범으로 처벌하자는 주장이 제기되고 있다.[3] 그러나 이 견해는 미수범 처벌규정에 결과적 가중범이 포함되어 있는 경우에 그 결과적 가중범에 대해 미수 감경을 인정할 것인가 하는 문제의 핵심을 도외시하고 있다. 논의의 관건은 기본범죄에 미수범 규정이 명시되어 있는지 여부가 아니라 미수범 처벌규정에 결과적 가중범이 명시되어 있어서 임의적 감경을 허용해야 할 것인가 아닌가 하는 점이기 때문이다.

(3) 부진정 결과적 가중범의 미수범처벌 문제

독일 형법의 해석론 가운데 특히 주목되는 것은 부진정 결과적 가중범에 대한 미수범처벌이다. 독일 형법의 해석론에 의하면 모든 결과적 가중범에는 고의로 무거운 결과를 발생시킨 경우가 포함된다. 독일 형법상으로는 결과적 가중범의 요건으로 '적어도 과실'이라는 표지가 설정되어 있기 때문이다(독일형법18). 그러나 우리 형법은 이와 같은 입법형식을 취하고 있지 않다.

---

1) 이재상·장영민·강동범, 389면.
2) 권오걸, 409면.
3) 김성천·김형준, 148면.

우리 형법상 결과적 가중범은 어디까지나 고의의 기본범죄에 과실로 무거운 결과가 발생하는 범죄유형이다. 이에 대해 부진정 결과적 가중범은 고의로 무거운 결과를 발생시키는 경우이다. 부진정 결과적 가중범은 양형의 불합리를 극복하기 위하여 예외적으로 인정된 범죄유형이다.[1] 무거운 형을 확보하기 위하여 이례적으로 인정된 부진정 결과적 가중범에 대하여 미수범을 이유로 형의 임의적 감경(법25②)을 인정한다는 것은 앞뒤가 맞지 않는다. 진정 결과적 가중범의 경우에는 과실의 미수가 없다는 이유로 형을 감경하지 않으면서 그보다 무거운 형태의 부진정 결과적 가중범에 대해서 형의 임의적 감경을 인정할 수는 없기 때문이다.

(4) 결과적 가중범의 미수범의 처리

요컨대 우리 형법의 해석론으로는 결과적 가중범의 미수를 인정하지 않는 것이 타당하다고 생각된다. 여기에서 결론을 정리해 본다. 우선, 미수범처벌규정을 정하는 각칙의 해당 죄에 결과적 가중범의 조문이 명시되지 아니한 경우에는 결과적 가중범의 미수범처벌을 논할 필요가 없다(법29).

다음으로, 설혹 결과적 가중범의 조문이 해당 죄에서 미수범처벌규정의 적용대상으로 명시되어 있다고 하더라도 결과적 가중범의 미수범으로 형의 임의적 감경(법25②)을 인정할 수는 없다고 생각된다. 무거운 결과가 이미 발생한 상황에서 미수를 논할 수는 없기 때문이다.

이론상 결과적 가중범의 미수는 고의의 기본범죄가 미수에 그치고 이 미수행위로부터 무거운 결과가 발생한 경우에 상정할 수 있다. 그러나 이러한 경우는 어디까지나 전형적인 결과적 가중범에 해당하는 것이며 결과적 가중범의 미수는 아니다.[2] 결과적 가중범의 기본범죄에 미수범처벌규정이 언급되지 않았다고 하여 미수범이 기본범죄에 포함되지 않는 것은 아니다. 기본범죄를 정하는 각칙의 해당 죄에 미수범 처벌규정이 별도로 마련되어 있다면 형법 제29조를 매개로 하여 각칙의 해당 죄에 미수범 처벌규정이 함께 규정되어 있다고 볼 수 있기 때문이다.[3]

---

1) 전술 281면 이하 참조.

2) "강간이 미수에 그치거나 간음의 결과 사정을 하지 않은 경우라도 그로 인하여 피해자가 상해를 입었으면 강간치상죄가 성립하는 것이고, 강간치상죄에 있어 상해의 결과는 강간의 수단으로 사용한 폭행으로부터 발생한 경우뿐 아니라 간음행위 그 자체로부터 발생한 경우나 강간에 수반하는 행위에서 발생한 경우도 포함하는 것이[다.]"

1999. 4. 9. 99도519, 공 1999, 950 = 분석 각론 『문신 협박 사건』.

3) 전술 509면 참조.

제2 원인에 있어서 자유로운 행위와 미수

1. 문제의 소재

원인에 있어서 자유로운 행위의 사안에서 실행의 착수시점이 문제된다. 미수범은 구성요건의 수정형식이며 특히 고의범의 수정형식이다. 따라서 원인에 있어서 자유로운 행위의 여러 유형 가운데 고의범으로 처리되는 경우에 한하여 실행의 착수시점이 논의될 수 있다. 원인에 있어서 자유로운 행위의 구조에 대해서는 앞에서 상세히 검토하였으므로 여기에서는 실행의 착수와 관련된 내용만을 정리하기로 한다.[1] 원인에 있어서 자유로운 행위의 사안에서 고의범처벌이 문제되는 것은 소위 고의의 원인행위와 고의의 실행행위가 결합된 경우이다. 이 경우에 원인행위의 시점을 실행의 착수시점으로 볼 것인가 아니면 구성요건의 실현행위 시점을 실행의 착수시점으로 볼 것인가 문제된다. 이에 대해서는 구성요건모델론과 책임모델론이 견해를 달리한다.

2. 구성요건모델론과 책임모델론

(가) 구성요건모델론　　　원인행위 자체를 구성요건의 실현행위로 보는 견해이다. 구성요건모델론은 행위와 책임의 동시존재의 원칙을 유지하기 위하여 심신상실의 상태를 야기하는 원인행위의 시점을 실행의 착수시점으로 보는 것이다.[2]

(나) 책임모델론　　　책임능력의 부족부분을 원인행위의 유책성으로 보전(補塡)하려는 견해이다. 책임모델론의 입장에서는 구성요건의 실현행위를 기준으로 실행의 착수시점을 결정한다.[3][4] 책임모델론에 의하면 원인에 있어서 자유로운 행위의 사안은 책임능력의 요소가 결여되었을 뿐 나머지는 보통의 범죄행위와 다른 점이 없다고 본다.

(다) 사　견　　　생각건대 원인에 있어서 자유로운 행위의 사안에서 실행의 착수시점은 구성요건의 실현행위를 기준으로 판단해야 한다고 본다. 구성요건모델론에 의하면 음주나 약물복용 등과 같이 심신상실(또는 심신미약)상태에 빠지는 행위를 할 때 이 행위를 실행의 착수로 보게 된다. 그러나 이렇게 되면 실행의 착수시점이 앞당겨져서 미수범의 성립범위

---

1) 전술 420면 이하 참조.

2) 성낙현, 493면은 구성요건모델론을 취하면서도 실행행위시를 착수시점으로 본다.

3) 권오걸, 336면; 김성돈, 372면; 김성천·김형준, 275면; 김혜정 외 4인, 228면; 배종대, 308면; 손동권·김재윤, 300면; 오영근, 266면; 이재상·장영민·강동범, 330면; 임웅, 320면.

4) 이정원, 226면; 정영일, 294면은 실행의 착수에 관한 일반이론에 따라 실행의 착수시점을 결정해야 한다고 주장한다. 일반적인 실행행위의 시점을 모색하는 것이므로 이 견해도 같은 입장이리고 생각된다.

가 지나치게 확장된다. 나아가 음주나 약물복용 등과 같은 일상적인 행위를 구성요건의 실현행위로 파악하는 것은 구성요건이 가지고 있는 행위정형을 포기하여 법적 안정성을 해칠 위험성을 안고 있다.

구성요건모델론은 원인에 있어서 자유로운 행위의 법리에 대하여 실정법적 근거가 명시되지 아니한 독일 형법에서 유력한 견해이다. 그러나 우리 형법은 제10조 제3항에서 명문으로 원인에 있어서 자유로운 행위의 법리를 입법화하고 있다. 그렇다면 책임모델론에 따라 구성요건의 실현행위를 기준으로 삼는 것이 타당하다고 본다. 원인에 있어서 자유로운 행위의 경우에 실행의 착수시점은 구성요건의 실현행위를 기준으로 판단하는 것이 법적 안정성의 관점에서 보다 바람직하다고 본다.

제3 부작위범과 미수

1. 진정부작위범과 미수범처벌

부작위범에 대하여 미수범이 성립할 수 있는가 하는 문제가 있다. 이 문제는 진정부작위범과 부진정부작위범으로 나누어 고찰할 필요가 있다. 우선 진정부작위범의 경우를 본다.

(가) 미수범긍정설　　진정부작위범의 경우에도 미수범 성립이 가능하다고 새기는 견해이다.[1] 이 입장에서는 작위범의 경우에 거동범과 결과범이 있는 것처럼 진정부작위범의 경우에도 단순한 부작위만 요하는 범죄 이외에 결과발생을 요하는 진정부작위범이 있을 수 있다고 본다. 그리고 작위의무의 이행에 일정한 시간을 요하는 경우가 있는데 이러한 경우에 미수범 처벌을 생각할 여지가 있다고 새긴다.

(나) 미수범부정설　　진정부작위범의 경우에는 미수범을 논할 수 없다고 보는 견해이다.[2] 생각건대 미수범부정설이 타당하다고 본다. 진정부작위범에 있어서는 작위의무가 구성요건 자체에 표현되어 있다. 구성요건이 규정해 놓은 작위의무에 위반하는 순간 당해 구성요건은 남김없이 충족된다. 이렇게 보면 진정부작위범은 처음부터 반전된 거동범이라고 할 수 있다. 따라서 진정부작위범에 있어서 미수범은 생각할 여지가 없다.

2. 퇴거불응죄와 미수범처벌 문제

형법 제319조 제2항은 주거침입죄의 일종으로 퇴거불응죄를 규정하고 있다. 퇴거불응

---

1) 김성천·김형준, 327면; 박상기, 225면; 배종대, 537면; 임웅, 596면.
2) 권오걸, 435면; 손동권·김재윤, 441면(불능미수 제외); 이재상·장영민·강동범, 386면(불능미수 제외); 정성근·정준섭, 378면.

죄의 구성요건은 "주거 등의 장소에서 퇴거요구를 받고 응하지 아니한 자"로 되어 있다. 퇴거불응죄의 구성요건에는 "퇴거요구를 받으면 이에 순응하라!"라고 하는 작위의무가 표현되어 있다. 따라서 퇴거불응죄는 진정부작위범이다. 그런데 형법 제322조는 "본장의 미수범은 처벌한다."라고 규정하고 있다.

이와 관련하여 진정부작위범의 미수를 인정하는 입장에서는 형법 제322조를 글자 그대로 읽어서 진정부작위범인 퇴거불응죄도 미수범처벌의 대상이 된다고 본다.[1] 그렇지만 퇴거요구를 받고 응하지 아니하는 순간 퇴거불응죄의 구성요건이 전부 충족되므로 미수범의 성립은 생각할 수 없다.[2] 형법 제322조가 적용대상으로 형법 제319조 제2항을 지시한 것은 입법적 실수라고 생각된다. 해석론상으로는 퇴거불응죄의 조항을 미수범처벌규정에서 제외하여 해석하는 것이 타당하다고 본다.

3. 부진정부작위범과 미수범처벌

다음으로 부진정부작위범의 경우에 미수범이 성립하는지 문제된다. 부진정부작위범은 부작위의 형태로 행해지는 작위범이다. 따라서 작위범에서와 마찬가지로 미수범의 성립이 가능하다. 이제 부진정부작위범에 있어서 실행의 착수시점이 문제된다. 이에 대해서는 작위의무의 이행이 가능한 최초시점, 구성요건적 결과발생의 위험이 구체화한 상황,[3] 당해 구성요건이 보호하는 법익에 현저한 위험이 발생하기 시작하는 시점,[4] 작위의무의 이행이 가능한 최후시점 등이 기준으로 제시되고 있다.

예컨대 젖먹이를 굶겨죽이겠다는 생각으로 어린아이에게 젖을 주지 아니하는 어머니의 사안을 생각해 본다면 젖을 주지 아니하는 시점, 계속 젖을 먹지 못한 어린아이가 생명의 위험에 처해지는 시점, 다시 젖을 먹여서 생명을 구해낼 수 있는 마지막 시점 등의 단계에 상응하는 견해라고 할 수 있다.

생각건대 부진정부작위범의 경우에는 외형상으로 볼 때 단순한 무위(無爲)만 존재하기 때문에 구성요건의 실현을 위한 '직접적 개시행위'라는 것을 설정하기가 곤란하다. 따라서 당해 구성요건이 보호하는 법익을 중심으로 하여 법익침해의 위험성이 급격히 증가할 때 실행의 착수가 있는 것으로 보아야 할 것이다.

판례는 구성요건적 결과발생의 위험이 구체화한 상황의 도래를 부진정부작위범의 실행

---

1) 임웅, 596면.

2) 이재상·장영민·강동범, 386면; 정성근·정준섭, 378면.

3) 2021. 5. 27. 2020도15529, 공 2021하, 1265 = 『개발계획 변경 직후 사임 사건』 ☞ 1036면.

4) 권오걸, 436면; 김성돈, 555면; 김혜정 외 4인, 86면; 박상기, 225면; 성낙현, 490면; 손동권·김재윤, 417면; 이용식, 72면; 이재상·장영민·강동범, 387면; 이정원, 461면; 임웅, 597면; 정성근·정준섭, 378면.

의 착수시점으로 보고 있다. 판례는 부작위에 의한 배임죄 사안에서 부작위를 배임죄의 실행의 착수로 볼 수 있기 위해서는 작위의무가 이행되지 않으면 사무처리의 임무를 부여한 사람이 재산권을 행사할 수 없으리라고 객관적으로 예견되는 등으로 구성요건적 결과 발생의 위험이 구체화한 상황에서 부작위가 이루어져야 한다고 판단하였다.[1]

부진정부작위범의 경우에도 중지범의 특례(법26)는 적용이 가능하다. 다만 부진정부작위범의 경우에는 작위범의 경우와 달리 착수미수와 실행미수를 가리지 아니하고 반드시 적극적인 작위행위에 의하여 결과발생을 방지하여야만 중지범의 특례가 인정된다고 볼 것이다.

제 5 절 예비 · 음모죄

제 1 예비 · 음모죄의 의의

1. 미수와 예비 · 음모의 구별

우리 형법은 고의기수범만을 처벌하는 것을 원칙으로 한다(법13 본문 참조). 과실범이나 결과적 가중범의 처벌은 예외적인 현상이다(법13 단서 참조). 고의범의 경우에 구성요건적 고의가 인정된다고 하더라도 객관적 구성요건요소가 남김없이 실현되지 않으면 고의범으로 처벌할 수 없다는 것이 형법의 기본태도이다. 그런데 입법자는 구성요건적 고의가 인정되는 상황에서 객관적 구성요건요소가 전부 다 충족되지는 못하였더라도 처벌을 긍정하는 경우가 있다. 이러한 경우에는 두 가지 형태가 있는데, 미수범과 예비 · 음모가 그것이다.

미수범은 객관적 구성요건요소가 전부 다 충족되지는 못하였다 하더라도 행위가 실행의 착수에는 이른 경우이다. 이에 대하여 예비 · 음모는 행위가 아직 실행의 착수에도 이르지 못한 경우이다. 미수와 예비 · 음모는 모두 법률에 처벌규정이 있을 때 한하여 형사처벌의 대상이 된다는 점에서 공통된다(법28, 29 참조). 그러나 미수범은 예비 · 음모에 비하여 기수범에 더 가깝게 위치하고 있다. 또한 구성요건의 실현에 직접적으로 나아가는 실행의 착수가 있다는 점에서 위법행위의 정형을 드러내고 있다.

이에 대하여 예비 · 음모는 아직 실행의 착수가 없다는 점에서 위법행위의 정형성을 나타내지 못하고 있다. 이러한 차이점 때문에 우리 입법자는 극히 예외적인 경우에만 예비 · 음모를 처벌하고 있으며, 그 처벌형식에 있어서도 단순히 "예비 · 음모를 처벌한다."는 차원

---

1) 2021. 5. 27. 2020도15529, 공 2021하, 1265 = 『개발계획 변경 직후 사임 사건』.

을 넘어서서 일정한 범위의 법정형을 구체적으로 명시하여야 한다.[1] [2]

2. 예비와 음모의 구별

우리 입법자는 범죄실현에 나아가는 행위로서 실행의 착수 이전 단계에 위치하는 행위를 예비와 음모로 표현하고 있다. 이 경우 예비란 범죄실현을 위한 물적 준비행위를 말한다. 이에 대하여 음모란 두 명 이상이 범죄실현에 합의하는 행위를 말한다. 음모는 일종의 심리적 준비행위라고 말할 수 있다.

음모는 두 명 이상의 사람들 사이에 의사의 합치가 있는 것으로 족하며 특별히 외부적으로 물적 준비행위에 나아갈 것을 요하지 않는다. 이에 대해 예비는 물적 준비행위가 반드시 필요하다. 두 명 이상이 범죄실현의 의사합치가 있은 후 범죄실현을 위한 물적 준비행위에 나아간다면 이것은 예비에 해당한다. 이 경우에는 음모가 예비에 선행한다고 할 수 있다. 그렇지만 예비는 1인 단독으로 행해질 수도 있으므로 음모가 반드시 예비에 선행하는 것이라고 말할 수는 없다. 개별 형벌법규에서 약간의 예외가 없는 것은 아니지만,[3] 우리 입법자는 기본적으로 예비와 음모를 동일하게 취급하고 있다.

3. 예비 · 음모의 규율방식

범죄실현을 위한 일련의 행위들 가운데 아직 실행의 착수에도 이르지 아니한 행위는 범죄실현의 가능성이 그만큼 적다. 이 때문에 우리 입법자는 예비 · 음모를 원칙적으로 처벌하지 않고 있다. 그렇지만 법익이 중대한 경우에는 가능한 한 초기에 범죄실현을 차단하기 위하여 예외적으로 입법자가 예비 · 음모를 벌하기로 하는 경우가 있다. 이 경우 예비 · 음모를 처벌하는 입법형식으로 대략 세 가지 형태를 생각할 수 있다.

(1) 독립적 구성요건형태

한 개의 범죄실현을 위한 준비행위를 독자적인 구성요건으로 포착하여 처벌하는 방법이다. 이 경우에는 예비 · 음모가 독자적인 위법행위의 정형으로 설정된다. 일종의 예비행위

---

1) 1977. 6. 28. 77도251, 공 1977, 10157 = 백선 총론 61.「마산시위 발포 사건 1」.

2) 이례적으로「관세법」제271조 제3항은 "제268조의2[전자문서 위조 · 변조죄 등], 제269조[밀수출입죄] 및 제270조[관세포탈죄 등]의 죄를 범할 목적으로 그 예비를 한 자는 본죄의 2분의 1을 감경하여 처벌한다."는 형식을 취하고 있다.

3) 예비만을 처벌하는 예로서 위의「관세법」제271조 제3항이 주목된다.「밀항단속법」은 1961년 제정 당시 예비 · 음모의 처벌규정을 두지 않았다. 이후 1964년의 개정에 의하여 예비를 처벌하는 규정이 추가되었고, 2013년의 개정에 의하여 예비 외에 음모까지 처벌대상에 포함되었다. 예비만을 처벌하던 당시의 판례로서, 1986. 6. 24. 86노437, 공 1986, 969 = 백선 총론 62.「밀항도항비 사건」참조.

가 독자적 구성요건으로 포착된 예의 하나로 내란목적살인죄(법88)를 들 수 있다. 내란목적
살인죄의 경우에 실현하려는 범죄는 내란죄(법87)이다. 내란죄의 궁극적인 목적은 국가의
기본질서를 붕괴시키는 것이다. 내란목적살인죄는 살인을 통하여 내란행위를 촉발시킴으로
써 국가의 기본질서를 붕괴시키려는 것이다. 이와 같이 내란목적살인죄는 내란죄와의 관계
에서 볼 때 예비행위에 해당하는 것이지만 우리 입법자는 독자적인 구성요건으로 포착하여
내란목적살인죄를 규정하고 있다.

일종의 음모행위가 독자적인 구성요건으로 포착된 예로 범죄단체조직죄를 들 수 있다.
형법 제114조가 규정한 범죄단체조직죄는 사형, 무기 또는 장기 4년 이상의 징역에 해당하
는 범죄를 목적으로 하는 단체 또는 집단을 조직하거나 이에 가입 또는 그 구성원으로 활동
할 때 성립하는 범죄이다. 이 경우 실현을 의도한 범죄와의 관계에서 볼 때 범죄단체나 집
단의 조직·가입·활동의 죄가 성립하려면 다수자들 사이에 범죄실현의사의 합치와 함께
일정한 조직의 구성·가입·활동이 요구된다. 목적범죄와의 관계에서 볼 때 범죄단체나 집
단의 조직·가입·활동 행위는 목적범죄의 음모와 예비가 결합된 것이라고 할 수 있다.

「폭력행위 등 처벌에 관한 법률」(폭처법) 제7조는 "정당한 이유 없이 이 법에 규정된
범죄에 공용(供用)될 우려가 있는 흉기나 그 밖의 위험한 물건을 휴대하거나 제공 또는 알
선한 사람은 3년 이하의 징역 또는 300만원 이하의 벌금에 처한다."라고 규정하고 있다.
이 조항은 집단 또는 상습 및 특수폭력범죄 등을 저지를 우려가 있는 사람(우범자)을 처벌
함으로써 공공의 안녕과 질서를 유지하기 위한 규정이다. 폭처법 제7조 위반죄는 폭처법이
대상범죄로 설정한 '이 법에 규정된 범죄'의 예비죄로서의 성격을 지니고 있다.[1]

(2) 단순예비·음모형태

다른 하나는 범죄실현을 위한 준비행위를 일정한 목적범죄의 '예비 또는 음모'로만 규
정하여 처벌하는 방법이다. 이 경우에 예비·음모는 목적범죄와의 관계에서 포착되는 다양
한 발현형태에 지나지 않으며 예비·음모가 독자적인 위법행위의 정형으로 포착되지 않는
다. 예비·음모는 그 자체로 행위정형성을 갖지 않으며 실현을 의도한 목적범죄의 구성요
건이 위법행위의 정형을 제시한다.

(3) 중간형태

세 번째의 방안으로는 '예비 또는 음모'에 일정한 표지를 추가하여 범죄실현의 준비행
위를 보다 구체적으로 제시한 다음 이러한 예비·음모행위만을 처벌하는 방법이다. 우리

---

1) 2017. 9. 21. 2017도7687, 공 2017하, 2047 = 『폭처법 우범자 규정 사건』 ☞ 1140면.

형법에는 그 예가 없으나 예컨대 독일 형법은 통화위조죄의 예비행위를 처벌하면서 '원판 등을 제작하는 등의 방법'으로 통화위조를 예비한 자를 처벌하고 있다(독일형법146, 149 참조).[1] 이러한 경우에는 예비 또는 음모행위가 독립적 구성요건형태와 다양한 발현형태의 중간적 성격을 가진다고 말할 수 있다.

실현하려는 범죄(즉, 목적범죄)와의 관계에서 볼 때 예비·음모의 규율방식은 위의 세 가지로 나누어 볼 수 있으나 이 가운데 우리 형법상 예비·음모죄의 처벌과 관련하여 의미를 가지는 것은 (2)의 단순예비·음모형태뿐이다. 우선 (1)의 독자적 구성요건형태는 이미 그 자체로 독자적인 위법행위의 정형성을 갖추고 있어서 통상적인 범죄와 다를 것이 없다. 다음으로 (3)의 중간형태도 별다른 의미가 없다. 우리 입법자는 예컨대 독일 형법의 경우처럼 예비·음모에 특별한 표지를 추가하여 제한된 형태의 예비·음모행위를 처벌하는 입법형식을 사용하고 있지 않기 때문이다.

4. 예비·음모의 법적 성질

(1) 학설의 검토

지금까지 예비·음모의 형태에 관하여 살펴보았다. 여기에서 확인할 수 있는 것은 우리 형법상 예비·음모죄가 "일정한 죄를 범할 목적으로 예비 또는 음모한 자"라는 형식으로 규정되어 있다는 사실이다. 우리 형법이 규정한 예비·음모죄의 법적 성질에 대하여는 발현형태설, 독립구성요건설, 이분설이 각각 제시되고 있다.

(가) 발현형태설   우리 형법상 예비·음모죄가 위법행위의 정형성을 갖추고 있지 아니한 다양한 형태의 발현(發現)형태를 형사처벌의 대상으로 삼고 있다고 보는 견해이다.[2] 예비·음모는 실행의 착수에 이르기 전에 일어나는 각종의 준비행위로서 아직 행위 정형성을 갖추지 못한 행위라는 것이다.

(나) 독립구성요건설   예비·음모죄를 기본범죄로부터 어느 정도 거리를 두고 독자적으로 설정된 구성요건이라고 보는 견해이다.[3] 효과적인 범죄투쟁을 위하여 몇 가지 중요한 구성요건의 경우에 그 준비행위를 처벌하기 위하여 독자적으로 만들어진 구성요건이 예비·음모죄라는 것이다.

(다) 이분설   예비·음모죄를 단순히 기본범죄의 발현형태를 규정한 경우와 독립된

---

1) 독일 형법상 통화위조죄의 구조에 관하여는, 백선 총론 84.『손도끼 구입 사건』판례평석 참조.

2) 권오걸, 491면; 김성돈, 462면; 김성천·김형준, 362면; 김혜정 외 4인, 294면; 박상기, 216면; 손동권·김재윤, 478면; 오영근, 346면; 이재상·장영민·강동범, 425면; 이정원, 310면; 임웅, 383면; 정성근·정준섭, 209면; 정영일, 363면.

3) 김일수·서보학, 407면; 배종대, 384면; 성낙현, 529면.

구성요건으로 설정된 경우로 나누어 보는 견해이다.

(라) 사 견   생각건대 우리 형법상 예비·음모죄의 법적 성질은 발현형태설의 관점에서 파악하는 것이 타당하다고 본다. 앞에서 살펴본 바와 같이 예비·음모를 규율하는 방식에는 독자적 구성요건형태, 단순예비·음모형태, 중간형태의 세 가지가 있다. 이 가운데 우리 형법이 사용하고 있는 것은 두 번째의 단순예비·음모형태이다. 우리 입법자는 필요에 따라서 예비·음모죄를 독자적 구성요건으로 설정해 놓는다. 형법 제114조가 규정한 범죄단체조직죄는 대표적인 예이다.

이미 독자적 구성요건이 존재하는 상황에서 해석론으로 단순한 예비·음모를 또 다시 독자적 구성요건으로 파악하는 것은 문제이다. 만일 '예비 또는 음모한 자'라는 구성요건이 독자적 구성요건으로 파악될 수 있다면 입법자는 굳이 별도의 구성요건을 설정할 필요가 없었을 것이기 때문이다. 이 점에서 독립구성요건설은 타당성이 없다. 한편 이분설은 현재 우리 입법자가 예비·음모에 추가적 표지를 사용하여 별도의 예비·음모죄를 규정하는 기법을 사용하고 있지 않다는 점에서 찬성할 수 없다.

예비·음모죄의 법적 성질을 분석함에 있어서는 무엇보다도 목적범죄가 실행의 착수 단계에 이르기 전에는 행위의 정형성이 객관적으로 드러나지 않는다는 점에 주목할 필요가 있다. 예비·음모는 목적범죄가 실행의 착수에 이르기 전에 행해지는 각종의 준비행위일 뿐이다.

(2) 예비·음모의 실행행위성

발현형태설의 관점에서 볼 때 예비·음모는 목적범죄가 실행의 착수에 이르기 전에 행해지는 각종의 준비행위로서 다종다양한 형태로 나타나게 된다. 여기에서 예비·음모죄의 처벌이 함부로 확장되지 않도록 이론적 장치들을 강구할 필요가 있다. 이러한 문제의식은 위법행위의 정형(즉, 구성요건)을 중심으로 전개되어 왔던 범죄론체계가 예비·음모죄의 경우에 어떠한 형태로 어느 범위에서 수정되어야 하는가 하는 물음으로 구체화된다.

이와 관련하여 예비·음모행위에 대해 실행행위성을 인정할 수 있을 것인가 하는 문제가 제기된다. 예비·음모를 수정된 형태의 실행행위라고 보게 되면 통상적인 범죄론체계를 원용할 가능성이 보다 넓어진다. 이에 대하여 예비·음모를 구성요건의 실행행위와 별개의 것으로 보게 되면 통상의 범죄론체계를 원용할 가능성은 대폭 축소된다.

이 문제와 관련하여 예비·음모에 대해 독립구성요건의 성질을 전부 또는 일부 인정하는 입장에서는 당연히 실행행위싱을 인정하게 된다.[1] 이를 전면 부인하는 발현형태설의 입

---

1) 김일수·서보학, 407면; 성낙현, 530면.

장에서는 견해가 나뉘고 있다. 발현형태설의 입장에서 두 견해를 살펴본다.

(가) 실행행위부정설　　예비·음모에 대해 실행행위성을 인정하지 않는 견해이다.[1] 이 입장에서는 기본범죄에 대해 정범이 실행에 착수하는 경우만을 실행행위라고 본다. 따라서 실행의 착수 이전에 위치하는 예비·음모는 실행행위의 성질을 가질 수 없다는 것이다. 특히 음모의 경우에는 외부적으로 표현되는 행위도 없다. 단지 의사의 합치만이 있을 뿐이다.

(나) 실행행위긍정설　　예비·음모에 대해 실행행위성을 인정하는 견해이다.[2] 예비·음모를 구성요건의 수정형식으로 보는 입장이다. 미수범이나 공범이 기본범죄의 처벌범위를 확장하기 위하여 인정된 기본범죄의 수정형식인 것처럼 예비·음모도 같은 관점에서 인정된 기본범죄의 수정형식이라는 것이다.

(다) 사　견　　생각건대 실행행위부정설이 타당하다고 본다. 우리 형법은 기본적으로 예비와 음모를 동일하게 취급하고 있다. 그 이유는 기본범죄가 실행의 착수 단계에 이르기 전에 일어나는 다양한 발현형태를 포착할 수 있도록 하기 위함이다. 특히 음모는 두 명 이상의 범행의사의 합치만 있으면 성립한다. 이 경우에는 객관적인 행위를 찾아볼 수 없다. 이러한 경우에 대해서까지 실행행위성을 인정할 수는 없다고 생각된다.

제2　예비·음모죄의 구조

1. 예비·음모죄와 목적

(1) 학설 및 판례

예비·음모죄의 구성요건은 일정한 기본범죄를 범할 것을 목적으로 설정하고 있다. 예컨대 내란예비·음모죄는 "제87조 또는 제88조의 죄를 범할 목적으로 예비 또는 음모한 자는 3년 이상의 유기징역이나 유기금고에 처한다."는 형태로 규정되어 있다(법90① 본문). 이러한 규정형식은 일정한 목적하에 일정한 실행행위를 한 자를 처벌하는 것 같은 외관을 취하고 있다. 여기에서 예비·음모죄의 구조와 관련한 견해대립이 있다.[3]

(가) 목적범구조긍정설　　개별적인 예비·음모죄의 조문형식에 착안하여 예비·음모죄를 일종의 목적범과 같은 형태로 파악하는 견해이다.[4] 이렇게 보게 되면 예비·음모 자

---

1) 오영근, 347면; 이정원, 309면; 임웅, 384면; 정영일, 364면.
2) 권오걸, 492면; 김성돈, 463면; 이재상·장영민·강동범, 426면; 정성근·정준섭, 210면.
3) 목적범구조에 관한 자세한 검토는, 본서 구판(초판), 508면 이하 참조.
4) 권오걸, 492면; 김성돈, 467면; 김성천·김형준, 364면; 김일수·서보학, 409면; 성낙현, 531면; 손동

체를 일종의 수정된 실행행위로 설정하게 되고, 예비·음모 자체에 대한 고의를 인정하게 된다.

(나) 목적범구조부정설   예비·음모가 그 자체로 위법행위의 정형성을 갖추고 있지 못하다는 점에 착안하여 예비·음모죄가 목적범구조를 가질 수 없다고 보는 견해이다.[1] 이 견해에 따르면 예비·음모 자체에 대한 고의는 인정할 수 없게 되고, 고의는 기본범죄에 대한 고의를 의미하게 된다.

(다) 판 례   판례는 살인예비죄와 관련하여 "형법 제255조, 제250조의 살인예비죄가 성립하기 위하여는 형법 제255조에서 명문으로 요구하는 살인죄를 범할 목적 외에도 살인의 준비에 관한 고의가 있어야 [한다]"고 판시함으로써 목적범구조긍정설의 입장을 피력한 바 있다.[2]

(2) 사 견

생각건대 목적범구조부정설이 타당하다고 본다. 예비·음모 자체를 수정된 구성요건 (즉, 위법행위의 정형)이라고 하거나 독자적인 실행행위로 파악할 수는 없기 때문이다. 예비·음모죄는 어디까지나 기본범죄를 규율하고 있는 구성요건을 전제로 하면서 그에 부수하여 보충적으로 성립하는 범죄유형이다. 예비·음모는 기본범죄의 구성요건이 제시하고 있는 위법행위의 정형이 실현되기 전단계, 즉 실행의 착수 이전 단계에서 나타나는 다종다양한 발현형태를 가리키고 있을 뿐이다.

2. 범행계획과 예비·음모의 정도

(1) 범행계획

예비·음모죄는 어디까지나 실현을 도모하는 기본범죄의 초기형태라는 관점에서 파악하지 않으면 안 된다. 예비·음모죄에 있어서 일정한 범죄를 범할 '목적'이란 당해 범죄의 실현에 대한 구성요건적 고의를 의미한다. 구성요건적 고의는 당해 기본범죄의 객관적 구성요건요소를 남김없이 실현시키고자 하는 인식과 의욕(인용)이다.

이 구성요건적 고의는 미수범 및 그 이전 단계에 위치하는 예비·음모죄의 경우에는 범행계획이라는 형태로 나타난다. 범죄실현을 위한 계획은 실행의 착수 단계에서부터 객관적으로 위법행위의 정형성을 나타내기 시작한다. 이에 대하여 실행의 착수 이전 단계에서

권·김재윤, 480면; 오영근, 350면; 이재상·장영민·강동범, 427면; 임웅, 384면; 정영일, 365면.
  1) 박상기, 217면; 정성근·정준섭, 210면.
  2) 2009. 10. 29. 2009도7150, 공 2009, 2067 = 분석 총론 『살인대가 약정 사건』.

는 위법행위의 정형성이 객관적으로 드러나지 않는다. 그렇지만 이 단계에서도 범행계획은
수립되어 있으며 이 범행계획에 따라서 준비행위가 수행된다.

(2) 범행계획의 인식정도

이렇게 볼 때 예비·음모 자체에 대한 독자적인 고의는 인정할 필요가 없다. 예비·음
모에 대한 인식은 구성요건적 고의로 표현되는 범행계획에 이미 포함되어 있기 때문이다.
예비·음모에 대한 인식은 목적범죄에 대한 구성요건적 고의를 확인하는 것으로 족하다.

예비·음모죄의 처벌범위가 확장되는 것을 막기 위하여 '목적'으로 표현되는 범행계획
에 대한 인식이 확정적 인식의 정도에 이르러야 한다고 보는 견해가 있다.[1] 그러나 예비·
음모, 미수, 기수의 전과정에 걸쳐서 통일적으로 작용하는 구성요건적 고의에 비추어 볼 때
예비·음모 단계에서의 '목적', 즉 범행계획은 고의의 일반원리에 따라서 확정적 인식은 물
론 미필적 인식으로도 족하다고 본다.[2]

(3) 예비와 음모의 정도

(가) 음모의 정도   음모는 두 명 이상의 사람들 사이에 범죄실행 의사의 합치가 있
는 것으로 족하며 특별히 외부적으로 물적 준비행위에 나아갈 것을 요하지 않는다. 그러나
범죄실행의 합의가 있다고 하기 위하여는 단순히 범죄결심을 외부에 표시·전달하는 것만
으로는 부족하고 객관적으로 보아 특정한 범죄의 실행을 위한 준비행위라는 것이 명백히
인식되고 그 합의에 실질적인 위험성이 인정되어야 한다.[3] [4]

(나) 예비의 정도   예비죄가 성립하기 위하여는 실행의 착수까지에는 이르지 아니하
는 범죄실현을 위한 준비행위가 있어야 한다. 여기서의 준비행위는 범행도구의 준비와 같
은 물리적인 것에 한정되지 아니하며, 범행대가의 지급을 약속하는 것도 예비에 해당한다.
예비에는 특별한 정형이 존재하지 않는다. 그렇지만 단순히 범행의 의사 또는 계획만으로
는 예비가 있다고 할 수 없고, 객관적으로 보아서 범죄의 실현에 실질적으로 기여할 수 있
는 외적 행위가 필요하다.[5]

---

1) 배종대, 384면; 성낙현, 531면; 손동권·김재윤, 481면; 오영근, 351면; 이재상·장영민·강동범, 427면;
임웅, 385면.
2) 김성돈, 467면; 김성천·김형준, 364면.
3) 1999. 11. 12. 99도3801, 공 1999, 2570 = 분석 총론 『전역후 한탕 하자 사건』.
4) 2015. 1. 22. 2014도10978 전원합의체 판결, 공 2015상, 357 = 『당원집회 내란음모 사건』 ☞ 1141면.
5) 2009. 10. 29. 2009도7150, 공 2009, 2067 = 분석 총론 『살인대가 약정 사건』.

제3 예비·음모죄와 범죄성립 범위의 제한

1. 예비·음모죄와 미수범처벌

한국형법	독일형법
제25조〔미수범〕 ① 범죄의 실행에 착수하여 행위를 종료하지 못하였거나 결과가 발생하지 아니한 때에는 미수범으로 처벌한다.	**제22조**〔개념규정〕 행위자의 행위에 대한 표상(表象)에 따를 때 구성요건의 실현을 직접적으로 개시한 자는 미수에 이른 것이다.
제25조 ② 미수범의 형은 기수범보다 감경할 수 있다.	**제23조**〔미수의 가벌성〕 ② 미수는 기수의 범죄보다 가볍게 벌할 수 있다(제49조 제1항). (기속적 감경규정임; 저자 주)
(해당 조항 없음)	**제11조**〔사람 및 물건의 개념〕 ① 이 법에서 사용하는 용어의 정의는 다음과 같다. 6. 범죄의 기도 : 범죄의 미수 및 기수
제28조〔음모, 예비〕 범죄의 음모 또는 예비행위가 실행의 착수에 이르지 아니한 때에는 법률에 특별한 규정이 없는 한 벌하지 아니한다.	(해당 조항 없음)
제29조〔미수범의 처벌〕 미수범을 처벌할 죄는 각칙의 해당 죄에서 정한다.	**제23조**〔미수의 가벌성〕 ① 중죄의 미수는 언제나, 경죄의 미수는 법률에 명문의 규정이 있는 경우에 한하여 이를 벌한다.
(해당 조항 없음)	**제12조**〔중죄 및 경죄〕 ① 중죄는 법정형의 하한이 1년 이상의 자유형으로 규정되어 있는 위법행위를 말한다.
(해당 조항 없음)	**제12조** ② 경죄는 법정형의 하한이 제1항보다 가벼운 자유형 또는 벌금형으로 규정되어 있는 위법행위를 말한다.

한국형법	독일형법
(해당 조항 없음)	**제12조** ③ 총칙규정에 의한 형의 가중이나 감경 또는 특히 무거운 사안이나 가벼운 사안에 대하여 규정되어 있는 형의 가중이나 감경은 중죄 및 경죄의 구별기준이 되지 아니한다.

(1) 문제의 소재

예비 · 음모죄의 검토와 관련하여 통상적인 범죄론체계를 어느 정도까지 수정할 것인가 하는 문제가 있다. 통상적인 범죄론체계에 의하면 1인이 범하는 고의기수범을 전제로 범죄성립 여부를 논하고 경우에 따라서 미수범이나 공범론을 통하여 형사처벌의 범위를 확대해 간다. 이 때 미수범이나 공범론은 1인을 전제로 설정된 구성요건의 수정형식이라고 말할 수 있다.

미수범과 공범론을 통하여 형사처벌의 범위를 확장한다고 할 때 예비 · 음모죄의 경우에도 이를 적용할 수 있는가 하는 문제가 생긴다. 이 점과 관련하여 먼저 미수범처벌의 가능성을 검토해 본다.

예비 · 음모죄의 미수범처벌에 관한 논의는 원래 독일 형법학에서 유래한 것이다. 독일형법은 법정형의 하한이 1년 이상의 자유형으로 규정되어 있는 범죄를 중죄(重罪)로 규정하고, 중죄의 경우에는 별도의 명문규정이 없더라도 미수범을 처벌하기로 하고 있다(독일형법 12①, 23①). 이 때문에 예비 · 음모죄의 법정형의 하한이 1년 이상의 자유형으로 규정되어 있으면 예비 · 음모죄에 대한 미수범의 처벌이 이론상 가능하게 된다. 실제로 독일 형법 제83조는 내란예비죄를 1년 이상 10년 이하의 자유형으로 처벌하고 있어서 예비죄의 미수범처벌이 문제될 여지가 있다. 이러한 조문들의 해석과 관련하여 독일 형법학계에서는 미수범처벌 여부가 논란의 대상이 되고 있다.

(2) 한국 형법의 태도

그러나 예비 · 음모죄의 미수범처벌에 관한 논란은 우리 형법의 경우로 들어오면 그 의미가 없어진다. 한국 형법은 미수범을 처벌할 경우에 명문의 규정을 두기로 하고 있다(법29). 그런데 우리 입법자는 예비 · 음모죄의 미수범을 처벌하는 규정을 두고 있지 않다. 이와 같이 예비 · 음모죄의 미수범처벌이라는 입법기술을 채택하고 있지 아니한 한국 형법의 체계 하에서 예비 · 음모죄의 미수범처벌은 생각할 수 없다. 요컨대 예비 · 음모죄의 미수범은 인

정되지 않는다.[1]

　이러한 관점에서 볼 때 예비·음모죄의 중지범 또한 인정할 수 없다. 판례 또한 같은 입장이다.[2] 형법 제26조가 규정한 중지범은 미수범 단계에서 인정되는 특례이기 때문이다.[3]

2. 예비·음모죄와 공범처벌

한국형법	독일형법
제28조〔음모, 예비〕 범죄의 음모 또는 예비행위가 실행의 착수에 이르지 아니한 때에는 법률에 특별한 규정이 없는 한 벌하지 아니한다.	(해당 조항 없음)
제29조〔미수범의 처벌〕 미수범을 처벌할 죄는 각칙의 해당 죄에서 정한다.	**제23조**〔미수의 가벌성〕 ① 중죄의 미수는 언제나, 경죄의 미수는 법률에 명문의 규정이 있는 경우에 한하여 이를 벌한다.
(해당 조항 없음)	**제12조**〔중죄 및 경죄〕 ① 중죄는 법정형의 하한이 1년 이상의 자유형으로 규정되어 있는 위법행위를 말한다. ② 경죄는 법정형의 하한이 제1항보다 가벼운 자유형 또는 벌금형으로 규정되어 있는 위법행위를 말한다. ③ 총칙규정에 의한 형의 가중이나 감경 또는 특히 무거운 사안이나 가벼운 사안에 대하여 규정되어 있는 형의 가중이나 감경은 중죄 및 경죄의 구별기준이 되지 아니한다.
제31조 ② 교사를 받은 자가 범죄의 실행을 승낙하고 실행의 착수에 이르지 아니한 때에는 교사자와 피교사자를 음모	**제30조**〔공범의 미수〕 ② 중죄의 실행을 할 용의 또는 중죄의 교사를 할 용의가 있음을 표명한 자, 타인의 이와 같은 제

---

1) 박상기, 219면; 손동권·김재윤, 485면; 이재상·장영민·강동범, 431면; 이정원, 309면.
2) 1999. 4. 9. 99도424, 공 1999, 947 = 백선 총론 65. 참고판례 1.『녹두 770톤 사건』.
3) 자세한 내용은 전술 554면 이하 참조.

한국형법	독일형법
또는 예비에 준하여 처벌한다.	의를 수락한 자 또는 타인과 이를 합의한 자도 위(제1항; 저자 주)와 같이 처벌한다.
제31조 ③ 교사를 받은 자가 범죄의 실행을 승낙하지 아니한 때에도 교사자에 대하여는 전항과 같다.	제30조 ① 타인으로 하여금 중죄의 실행 또는 중죄의 교사를 결의하도록 시도하여 미수에 그친 자는 중죄의 미수에 관한 규정에 따라 처벌한다. 다만, 그 형은 제49조 제1항(기속적 감경규정; 저자 주)에 따라서 감경한다. 제23조 제3항(불능미수규정; 저자 주)은 이를 준용한다.

(1) 예비·음모죄와 공동정범

예비·음모죄에 대하여 공범성립이 가능한가 하는 문제가 있다. 이 문제는 예비·음모죄에 제3자가 공동정범으로 관여하는 경우와 단순히 교사범·방조범으로 관여하는 경우로 나누어 볼 수 있다.

우선 공동정범의 문제에 대해서 본다. 예비·음모죄의 공동정범을 부정하는 견해도 있으나[1] 예비·음모죄의 공동정범을 인정하는 데에 대체로 견해가 일치하고 있다.[2] 판례도 예비·음모죄의 공동정범을 긍정하는 입장이다.[3] 예비·음모행위에 실행행위성을 부여하는 목적범구조긍정설의 입장에서는 예비·음모죄의 공동정범을 당연히 인정하게 된다. 이에 대하여 목적범구조부정설의 입장에서는 예비·음모죄의 공동정범 성립에 대하여 의문을 품을 여지가 있다. 그러나 목적범구조부정설의 입장에서도 예비·음모죄의 공동정범은 이를 긍정하는 것이 타당하다고 본다.

공동정범이란 두 명 이상이 공동하여 죄를 범하는 것이다(법30). 공동정범의 성립에는 공동의 의사연락과 공동의 실행행위분담이 요구된다. 예비·음모죄의 공동정범 성립에는 목적범죄의 실현에 대한 공동의 의사연락과 함께 목적범죄의 실현을 위한 준비행위의 분담이 요구될 것이다. 그런데 우리 형법은 목적범죄의 실현을 위한 의사합치만 있어도 그

---

1) 이정원, 310면(각자 예비의 단독범); 오영근, 352면; 임웅, 386면(음모죄 인정); 정영일, 367면.
2) 권오걸, 494면; 김성천·김형준, 368면; 김일수·서보학, 411면; 박상기, 218면; 배종대, 387면; 성낙현, 535면; 손동권·김재윤, 483면; 이재상·장영민·강동범, 429면; 정성근·정준섭, 213면.
3) 1975. 5. 25. 75도1549, 공 1976, 9169 = 백선 총론 84. 『손도끼 구입 사건』.

자체를 '음모죄'로 처벌한다. 그렇다면 공동의 의사연락을 넘어서서 목적범죄의 준비행위를 공동으로 분담한 자를 '예비죄'의 공동정범으로 처벌하는 것은 당연하다고 하지 않을 수 없다.

(2) 예비·음모죄와 교사범

예비·음모죄에 제3자가 교사범으로 관여할 수 있는지 문제된다. 예컨대 갑이 아직 범행계획을 가지고 있지 아니한 을에게 A를 살해하는 데에 효과적일 터이니 저격용 소총을 장만하라고 부추기는 경우를 생각할 수 있다. 또 판례에 나타난 예로는 부정선거를 항의하는 시위대의 진압방법을 논의하던 중에 회의 참석자가 시위진압 책임자에게 총기사용을 건의한 경우가 있다.[1]

예비·음모죄에 제3자가 교사범으로 관여하는 경우에 대해서는 우리 형법이 입법적으로 해결책을 제시하고 있다. 형법 제31조 제2항은 "교사를 받은 자가 범죄의 실행을 승낙하고 실행의 착수에 이르지 아니한 때에는 교사자와 피교사자를 음모 또는 예비에 준하여 처벌한다."고 규정하고 있다. 또 형법 제31조 제3항은 "교사를 받은 자가 범죄의 실행을 승낙하지 아니한 때에도 교사자에 대하여는 전항과 같다."고 규정함으로써 교사자를 음모 또는 예비에 준하여 처벌하도록 하고 있다.

(가) 승낙이 있는 경우   원래 교사자와 피교사자가 있을 때 교사를 받은 자가 범죄의 실행을 승낙한다면 그 자체는 아직 음모에 해당하지 않는다. 음모란 범죄실현을 위한 쌍방간의 의사합치이다. 음모는 공동정범에 있어서 공동의 의사연락과 같은 구조를 갖는다. 이에 대하여 교사범의 경우에는 의사표시가 일방적으로 전달되고 피교사자가 이에 대하여 승낙의 의사를 표시하는 것이다. 이 점에서 피교사자가 교사자에 대하여 승낙의 표시를 하는 경우는 엄밀한 의미에서 음모라고 말할 수 없다. 그렇지만 이 경우는 교사자와 피교사자가 사실상 의사연락을 가지는 경우라고 할 수 있으므로 우리 형법은 양자를 '음모에 준하여' 처벌하도록 하고 있다. 또한 우리 형법은 음모와 예비를 동일하게 처벌하고 있으므로 결국 이 경우는 '음모 또는 예비에 준하여' 처벌된다.

(나) 승낙이 없는 경우   한편 교사자가 피교사자에게 범행결의를 가지도록 교사하였으나 피교사자가 이를 승낙하지 아니한 경우는 교사자와 피교사자 쌍방간에 범죄실현에 대한 의사합치가 존재하지 않는다. 따라서 이 경우는 엄밀한 의미에서 음모라고 말할 수 없

---

1) 1977. 6. 28. 77도251, 공 1977, 10157 = 백선 총론 61. 『마산시위 발포 사건 1』, 81. 『마산시위 발포 사건 2』. 이 사건에서 대법원은 발포명령을 건의한 피고인에게 부정선거관련자처벌법이 규정한 발포예비·음모죄에 해당한다고 판시하면서도 당해 예비·음모죄의 처벌규정에 구체적인 법정형이 규정되어 있지 않다는 이유로 무죄를 인정하였다.

다. 그렇지만 우리 입법자는 이 경우를 교사자가 스스로 범죄실현을 위하여 물적 준비행위
에 나아간 것과 마찬가지로 보아 교사자를 '예비에 준하여' 처벌하도록 하고 있다. 우리 형
법은 예비와 음모를 동일하게 처벌하고 있으므로 결국 이 경우는 '음모 또는 예비에 준하
여' 처벌된다.

(3) 예비·음모죄와 방조범

예비·음모죄에 대하여 제3자가 방조의 형태로 관여할 수 있는가 하는 문제가 있다. 교
사의 경우에는 형법 제31조 제2항과 제3항이 처리방법을 제시하고 있으나 방조의 경우에
는 아무런 규정이 없다. 예비·음모죄에 제3자가 방조범으로 관여한 경우의 처리방법에 대
하여 목적범구조긍정설과 목적범구조부정설이 서로 견해를 달리한다.

(가) 방조범긍정설　　목적범구조긍정설의 입장을 철저하게 밀고나가게 되면 예비·음
모죄는 예비·음모의 고의를 바탕으로 하는 기본범죄에 목적범죄에 대한 목적이 결합되어
있는 형태로 파악된다. 이렇게 보게 되면 예비·음모는 사실상 독자적인 위법행위정형을
확보하고 있는 것처럼 취급된다. 그리하여 이 위법행위의 정형을 토대로 예비·음모죄의
방조를 인정하게 될 것이다.[1] 그러나 예비·음모죄의 방조범처벌에 대해서는 목적범구조
긍정설의 입장에서도 부정적 견해를 표시하는 사람들이 적지 않다.[2]

(나) 방조범부정설　　생각건대 예비·음모죄의 방조범처벌은 찬성할 수 없다.[3] 우선,
예비·음모는 그 자체로 행위의 정형성을 확보하지 못한다는 점에 주목할 필요가 있다. 예
비·음모는 원래 실현을 의도한 범죄의 구성요건이 제시하고 있는 행위정형을 전제로 한
다. 예비·음모는 구성요건에 대한 실행의 착수가 행해지기 전 단계에서 일어나는 여러 가
지 발현형태를 총칭한 것이다. 이와 같이 행위정형성을 확보하지 못한 예비·음모를 토대
로 방조의 성립을 인정하는 것은 형사처벌의 지나친 확대를 가져오게 될 뿐만 아니라 시민
생활의 법적 안정성에 심각한 손상을 초래하게 될 것이다.

나아가, 만일 예비·음모행위를 독자적인 행위정형성이 있는 것처럼 취급한다면 이
예비·음모에 대한 또 다른 예비·음모도 이론상 가능하게 될 것이다. 그리고 이러한 확
대반복은 예측할 수 없는 범위에까지 예비·음모의 성립범위를 확장시키게 될 것이다.
예비·음모의 예외적 처벌이라는 관점에서 볼 때 이와 같은 무한확장은 허용될 수 없다.

---

1) 김일수·서보학, 413면; 성낙현, 536면.
2) 권오걸, 495면; 배종대, 387면; 손동권·김재윤, 484면; 오영근, 353면; 이재상·장영민·강동범, 430
면; 임웅, 387면; 정영일, 368면.
3) 김성천·김형준, 369면; 박상기, 219면; 이정원, 310면; 정성근·정준섭, 213면.

대법원도 또한 예비죄의 무정형성을 우려하여 예비죄에 대한 방조범의 성립을 부정한 바 있다.[1]

3. 예비 · 음모죄와 죄수론

한 개의 범죄실현을 위하여 여러 개의 물적 · 심리적 준비행위가 행해지는 경우가 있다. 이 경우에는 외관상 여러 개의 예비행위 또는 음모행위가 존재하는 것처럼 보인다. 그러나 목적범죄의 실행의 착수 이전 단계에서 다양한 모습으로 나타나는 발현형태가 예비 또는 음모이다. 이러한 관점에서 보면 이 여러 개의 예비 또는 음모행위는 개별적으로 독자적 의미를 갖지 못한다. 따라서 여러 개의 예비 또는 음모행위는 전체로서 한 개의 준비행위로 파악되어 한 개의 예비 또는 음모죄를 구성하게 된다.

예비 · 음모죄는 목적범죄가 일단 실행의 착수 단계로 발전할 때에는 독자적인 의미를 잃는다. 이 경우에는 예비 · 음모죄가 미수범의 내용 속에 흡수되어 미수범 한 개의 죄만 성립하게 된다.

4. 예비 · 음모죄와 처벌의 정도

형법 제28조는 "범죄의 음모 또는 예비행위가 실행의 착수에 이르지 아니한 때에는 법률에 특별한 규정이 없는 한 벌하지 아니한다."라고 규정하여 원칙적으로 예비 · 음모를 처벌하지 않는다. 다만 예비 · 음모라도 범죄의 완성에 상당하는 실질적인 위험성을 가지는 경우에는 예외적으로 특별한 규정을 두어 처벌할 수 있으나, 형법은 예비 · 음모를 처벌하는 경우에도 본범에 대한 처벌조항과는 별도로 보다 가벼운 처벌조항을 두고 있다. 이는 예비 · 음모가 법익침해의 결과나 법익침해의 위험을 초래한 기수와는 형사상 책임이 동일할 수 없고, 그 가벌성도 달리 평가되기 때문이다.[2]

그러므로 예비 · 음모가 본죄(기수범)와 비교하여 불법성과 책임의 정도가 다름에도 예비 · 음모를 본죄에 준하여 처벌하도록 하는 형벌법규가 있다면, 그 형벌법규는 지나치게 과중한 형벌을 규정함으로써 책임과 형벌 간의 비례원칙에 반하고 형벌체계상의 균형성 및 평등원칙에 비추어보아도 합리적인 입법근거를 찾을 수 없는 입법으로서 헌법에 위반된다.[3]

---

1) 1975. 5. 25. 75도1549, 공 1976, 9169 = 백선 총론 84. 『손도끼 구입 사건』.
2) 2019. 2. 28. 2016헌가13, 헌집 31-1, 1 = 『특가법 밀수입예비죄 위헌 사건』 ☞ 1145면.
3) 2019. 2. 28. 2016헌가13, 헌집 31-1, 1 = 『특가법 밀수입예비죄 위헌 사건』.

제8장 공 범 론

제1절 단독정범과 다수자의 관여형태

제1 넓은 의미의 공범과 좁은 의미의 공범

1. 단독범과 공범

범죄란 구성요건에 해당하고 위법하며 유책한 행위이다. 구성요건을 가리켜서 위법행위의 정형이라고 한다. 이 위법행위의 정형은 기본적으로 한 사람의 행위자가 실현하는 것을 전제로 하여 규정되고 있다. 한 사람이 한 개의 구성요건을 실현시킬 때 그 사람을 가리켜서 단독범 또는 단독정범이라고 한다.

그런데 한 사람의 행위자가 실현하기로 예정되어 있는 한 개의 구성요건이 여러 사람에 의하여 실현되는 경우가 있다. 이 경우 한 개의 구성요건을 실현시키는 여러 명의 행위자를 가리켜서 공범이라고 한다. 이 경우 '공범(共犯)'의 공(共)은 '함께'라는 뜻으로서 '공범'은 "함께 죄를 범한다."는 일반적인 의미로 사용되고 있다. '함께 죄를 범하는 사람'이라는 일반적 의미로 사용되고 있는 공범개념을 가리켜서 넓은 의미의 공범이라고 한다. 우리 형법은 총칙 제3편의 제목을 '공범'이라고 지칭하고 있는데 이 때의 공범은 넓은 의미의 공범을 가리킨다.

2. 임의적 공범과 필요적 공범

공범은 단독범의 형태로 규정되어 있는 구성요건을 여러 사람이 실현시키는 경우이다. 이 구성요건은 한 사람에 의해서 실현될 수도 있고 여러 사람에 의해서도 실현될 수 있다. 이러한 구성요건에서 나타나는 넓은 의미의 공범을 임의적 공범이라고 한다.

이에 반해 어느 구성요건의 실현에 반드시 두 명 이상의 사람이 관여해야만 하는 경우가 있다. 이러한 경우의 넓은 의미의 공범을 가리켜서 필요적 공범이라고 한다. '필요적 공범'에서 필요적이라 함은 '반드시'라는 의미이다. 필요적 공범의 대표적인 예로 뇌물수수죄와 뇌물공여죄(법129①, 133①)를 들 수 있다. 뇌물죄는 뇌물을 주는 사람과 뇌물을 받는 사람이 있을 때 성립하는 범죄이기 때문이다. 넓은 의미의 공범 가운데 필요적 공범은 예외적인 현상이다. 대부분의 공범은 임의적 공범의 형태로 나타난다.

3. 넓은 의미의 공범과 좁은 의미의 공범

공범은 단독범에 비하여 변칙적인 범죄유형이라고 할 수 있다. 이러한 점에서 공범은 구성요건의 수정형식이라고 말해진다. 이러한 표현은 미수범이 구성요건의 수정형식이라고 불리는 것과 같은 맥락에서 비롯된 것이다.

공범은 단독범에 대립하는 다수관여자의 범죄형태를 의미한다. 앞에서 검토한 것처럼 한 개의 구성요건을 여러 사람이 실현시키는 경우를 통칭하여 넓은 의미의 공범이라고 한다. 그런데 공범의 개념이 좁은 의미로 사용되는 경우가 있다.

한 개의 범죄실현에 여러 사람이 관여할 때 주도적 위치에 있는 사람을 정범이라고 한다. 그리고 정범에 대하여 보조적 · 종속적 지위에 있는 사람을 가리켜서 공범이라고 한다. 이 경우의 공범을 넓은 의미의 공범과 구별하기 위하여 좁은 의미의 공범이라고 한다. 독일 형법은 한 개의 범죄에 여러 사람이 관여하는 경우에 관한 규정을 마련하면서 그 장의 제목을 '정범과 공범'으로 하고 있다. 이 때의 '공범'은 협의의 공범을 의미한다.

4. 단일정범 방식의 채택 여부

한 개의 범죄에 여러 사람이 관여할 때 모든 관여자를 동일하게 취급할 것인가 아니면 관여형식에 따라서 차등취급할 것인가 하는 문제가 있다. 이 문제는 원칙적으로 각 법공동체의 입법자가 자유롭게 결정할 사항이다. 이 문제와 관련하여 우선 다수자의 관여형태를 구별하지 않고 모두 동일하게 정범으로 취급하는 방식을 생각할 수 있다. 이러한 입법형식을 가리켜서 단일정범의 방식이라고 한다. 단일정범의 방식을 취한 입법례로 오스트리아 형법을 들 수 있다.[1] 2008년부터 시행된 우리의 「질서위반행위규제법」도 단일정범 방식을 취하고 있다(동법12①).

단일정범의 방식을 취하게 되면 한 개의 범죄에 관여하는 다수자는 모두 정범으로 취급된다. 이렇게 되면 다수관여자는 범죄성립의 단계에서 모두 정범이 되고 양형단계에 들어와서 각자의 관여형태 및 관여정도가 비로소 고려된다. 그러나 이렇게 되면 각 관여자별로 고유한 불법과 책임이 범죄성립단계에서 적절하게 평가되지 못한다. 그 결과 각 관여자에 대한 형사처벌의 범위가 지나치게 확장되는 폐단이 나타나게 된다.

---

1) **오스트리아 형법 제12조** 직접적 행위자뿐만 아니라 타인에게 가벌적 행위의 실행을 결의시키거나 그 실행에 기여하는 자는 누구라도 가벌적 행위를 범하는 것이다.

이러한 문제점을 고려하여 많은 나라들은 단일정범의 방식을 채택하지 않고 있다. 독일 형법이나 일본 형법은 정범과 공범을 구별하는 방식을 취하고 있다. 우리 입법자 또한 단일정범의 입법형식을 취하지 않고 있다. 우리 형법은 다수자의 관여행위에 관하여 공동정범, 교사범, 방조범, 간접정범이라는 여러 가지 공범형태를 인정하면서 그에 부여되는 법적 효과를 조금씩 달리 규정하고 있다.

이러한 공범형태의 명칭들에서 나타나는 바와 같이 우리 입법자는 '정범'을 기준으로 설정하면서 그와 구별되는 다른 형태의 공범형식을 규정하고 있다. 우리 형법의 이와 같은 입법태도는 단일정범의 방식에 따를 때 나타나는 처벌의 확장을 우려한 것이라고 할 수 있다.

제2 정범과 공범의 구별실익

1. 정범과 공범의 형량 비교

우리 형법은 여러 가지 형태의 공범유형을 규정하고 있다. 그런데 다수관여자(넓은 의미의 공범)에 대한 법적 제재의 측면에서 보면 일견 여러 가지 공범형태에 별다른 차이가 없어 보인다. 단독정범의 형을 기준으로 볼 때 공동정범은 "그 죄의 정범으로 처벌한다."(법30). 이 경우 '정범으로 처벌한다'는 말은 '단독정범과 마찬가지로 처벌한다'는 의미를 갖는다. 교사범의 경우를 보면 교사범은 "죄를 실행한 자와 동일한 형으로 처벌한다."(법31①). 이 때 '죄를 실행한 자'란 기본적으로 단독정범을 가리킨다. 간접정범의 경우에는 "교사 또는 방조의 예에 의하여 처벌한다."(법34①). 이 때 '교사의 예에 의하여' 처벌하게 되면 간접정범은 다시 죄를 실행한 자와 동일한 형으로 처벌받게 된다.

여러 공범형태 가운데 법적 효과에 특별한 차이가 있는 것은 방조범이다. 방조범의 경우에는 형을 "정범의 형보다 감경한다."(법32②). 이 때에는 형이 필요적으로 감경된다. 한편, 간접정범은 "교사 또는 방조의 예에 의하여 처벌한다."(법34①). 간접정범을 '방조의 예에 의하여' 처벌하게 되면 이 경우에도 형의 필요적 감경이 인정된다.

방조범이나 '방조범의 예에 의하여' 처벌되는 간접정범의 경우를 제외하면 여러 공범형식은 사실상 동일한 법적 효과를 발생시킨다. 공동정범, 교사범, 교사의 예에 의하는 간접정범은 모두 단독정범의 형을 기준으로 처벌되기 때문이다. 여러 가지 공범형태가 사실상 거의 대등하게 취급되는 상황을 놓고 개개의 공범형태를 세밀하게 분석하는 작업이 별다른 실익을 가져오지 않는다고 생각할 여지도 있다.

2. 정범과 공범의 구체적 구별실익

그러나 정범과 공범은 명확하게 구별해 두어야 한다. 그리고 그 논의의 실익 또한 분명하다. 우선 방조범의 경우를 보면 방조범의 형은 정범의 형보다 감경된다(법32②). 방조범의 형을 결정하려면 먼저 '정범'이 누구인지 확인하고 정범에 과해지는 형을 확정해 두지 않으면 안 된다.

나아가 좁은 의미의 공범은 후술하는 바와 같이 정범에 종속하여 성립한다는 중요한 특징을 가지고 있다. 따라서 여러 사람이 한 개의 구성요건을 함께 실현시킨 경우에 법관은 정범을 먼저 확인하고 이어서 그 정범을 근거로 공범을 포착해 내야 한다. 협의의 공범은 정범에 종속하여 성립하기 때문에 공범 자체의 성립요소뿐만 아니라 정범의 성립요소도 상당부분 갖추어야 한다. 범죄성립요건이 늘어나는 만큼 공범의 성립 여지는 그만큼 줄어든다.

정범과 공범의 구별은 소송법적 측면에서도 중요한 의미를 갖는다. 협의의 공범을 기소할 때 검사는 공범뿐만 아니라 정범의 행위도 공소장에 기재하여야 한다. 법관이 공범에 대하여 유죄판결을 선고할 때에는 정범의 행위도 판결이유에 함께 기재하여야 한다.[1] 이상의 점들에 비추어 볼 때 정범과 공범의 구별은 범죄론체계에서뿐만 아니라 실무적으로도 매우 중요한 의미가 있음을 알 수 있다.

제3 정범과 공범의 구별기준

한국형법	독일형법
(단독정범 조문 없음)	제25조〔정범〕 ① 범죄를 스스로 실행하거나 또는 타인을 통하여 실행한 자는 정범으로 처벌한다.
제30조〔공동정범〕 2인 이상이 공동하여 죄를 범한 때에는 각자를 그 죄의 정범으로 처벌한다.	제25조〔정범〕 ② 여러 명이 공동으로 범죄행위를 한 때에는 각자를 정범으로 처벌한다(공동정범).
제34조〔간접정범, 특수한 교사·방조에 대한 형의 가중〕 ① 어느 행위로 인하	제25조〔정범〕 ① 범죄를 스스로 실행하거나 또는 타인을 통하여 실행한 자는

[1] 1981. 11. 24. 81도2422, 공 1982, 89 = 백선 총론 83. 『밀항자 인솔 사건』.

한국형법	독일형법
여 처벌되지 아니하는 자 또는 과실범으로 처벌되는 자를 교사 또는 방조하여 범죄행위의 결과를 발생하게 한 자는 교사 또는 방조의 예에 의하여 처벌한다.	정범으로 처벌한다.
제34조 ② 자기의 지휘, 감독을 받는 자를 교사 또는 방조하여 전항의 결과를 발생하게 한 자는 교사인 때에는 정범에 정한 형의 장기 또는 다액에 그 2분의 1까지 가중하고 방조인 때에는 정범의 형으로 처벌한다.	(해당 조항 없음)

【사례 98】 미혼인 갑녀가 아기를 분만하였다. 분만 직후 갑녀가 아직 침대에 누워 있는 동안 갑녀의 언니 을녀는 갓난아기를 목욕물통에 빠뜨려 숨지게 하였다. 을녀의 행위는 처녀인 갑녀가 사생아를 낳았다는 소문이 세상에 퍼지지 않도록 하기 위함이었다. 이 경우 언니 을녀의 죄책은?

1. 정범개념의 우월성

여러 가지 공범형태를 분석함에 있어서 기준점이 되는 것은 정범(正犯)이다. 정범을 확정해 두어야 그에 종속하여 성립하는 협의의 공범을 논할 수 있기 때문이다. 정범을 먼저 확정하고 이를 바탕으로 공범을 논한다는 성질을 가리켜서 정범개념의 우월성이라고 한다.

넓은 의미의 공범은 구성요건의 수정형식이다. 이 때 수정의 대상이 된 것은 단독의 행위자를 전제로 한 개별구성요건이다. 개별구성요건을 실현하는 단독의 행위자를 가리켜서 단독정범이라고 한다. 그런데 한 개의 범죄실현에 여러 사람이 관여하는 경우가 있다. 한 개의 구성요건 실현에 다수자가 관여하는 범죄형태를 가리켜서 다수자의 관여형태라고 한다. 다수자가 범죄실현에 관여한 사안에서는 자연히 누구를 정범으로 보아야 할 것인가 하는 문제가 생긴다.

2. 독일 형법상 정범의 결정기준

정범과 공범의 구별기준을 정하는 것은 원래 입법자의 임무이다. 예컨대 독일 형법 제

25조는 정범의 형태를 실행정범(동조① 전단), 간접정범(동조① 후단), 공동정범(동조②)의 세 가지로 명시하고 있다. 이 가운데 가장 기본이 되는 것은 '범죄행위를 스스로 실행한 자'이다. 어느 구성요건을 스스로 전부 실현시키는 자를 가리켜서 실행정범이라고 한다. 실행정범을 단독정범이라고도 부른다.

독일의 입법자는 실행정범을 기본으로 하면서 정범의 개념을 단계적으로 확장해 나간다. 실행정범 다음으로 등장하는 것이 간접정범이다. 독일 형법상 간접정범은 '타인을 통하여 범죄행위를 한 자'라고 정의된다. 그 다음으로 등장하는 정범은 공동정범이다. 독일 형법상 공동정범은 '여러 명이 공동으로 범죄행위를 한 자'라고 정의된다.

3. 한국 형법상 정범의 결정기준

우리 형법은 독일 형법과 달리 정범개념에 대하여 아무런 기준을 제시하고 있지 않다. 우리 입법자가 정범의 기준이나 형태를 명시하지 아니한 것은 정범의 개념정의에 관한 유권적 결단을 유보하고 학설·판례의 발전에 맡긴 것이라고 할 수 있다. 이제 우리 형법상 정범개념의 정의는 학설·판례의 몫으로 남겨져 있다. 정범개념의 척도에 대해서는 객관설, 의사설, 행위지배설 등의 학설이 제시되고 있다.

(1) 객관설

객관설은 '구성요건을 스스로 실현시키는 사람'을 정범으로 보는 견해이다. 구성요건을 직접 실현시키는가 아닌가를 외부적으로 확인할 수 있다는 점에서 '객관설'이라고 불린다. 객관설은 다시 형식적 객관설과 실질적 객관설로 나눈다. 형식적 객관설은 구성요건의 표지를 전부 실현시킨 사람만을 정범으로 보는 견해이다. 구성요건의 실현에 기여한 실질적 내용은 전혀 고려하지 않고 구성요건을 전부 실현시켰는가 아닌가 하는 점만을 기준으로 삼는다는 점에서 '형식적' 객관설로 불린다.

실질적 객관설은 형식적 객관설이 정범의 범위를 지나치게 제한하는 폐단을 수정하기 위하여 제시된 견해이다. 실질적 객관설은 구성요건의 실현에 관여한 행위가 어느 정도 위험하였는가, 구성요건의 실현으로 나아가는 인과적 진행에 어느 정도 강력하게 개입하였는가를 기준으로 정범을 결정하는 견해이다. 단순히 구성요건의 표지를 전부 실현시켰는가 하는 것이 아니라 객관적인 법익침해의 위험성이나 인과력의 강약 등을 판단기준으로 제시한다는 점에서 '실질적' 객관설로 불린다.

형식적 객관설이나 실질적 객관설은 모두 구성요건이 위법행위의 정형이라는 점에 주목한다. 구성요건은 위법행위의 정형이므로 그 정형성을 바탕으로 정범을 결정하는 명확한 기준을 확보할 수 있다는 것이다. 객관설은 위법행위의 정형성을 강조함으로써 과도한 형사처벌의 확장을 저지하려고 한다. 시민사회의 자유를 최대한 보장하기 위하여 형법을 방어적 관점에서 이해하는 태도라고 할 수 있다.

그러나 객관설은 정범의 성립범위를 지나치게 한정하는 폐단이 있다. 객관설에 따르면 예컨대 공동정범의 경우에 공동정범으로 관여하는 자가 구성요건의 전부 또는 일부를 반드시 실현시키지 않으면 안 된다. 그러나 공동정범을 이와 같이 좁게 파악하면 분업형태를 이용하여 범죄를 효율적으로 수행하려는 다수관여자들에 대해 적절한 형법적 대책을 강구하기가 어렵다. 분업의 형태 가운데에는 구성요건의 일부실현 이외의 방법으로 행해지는 것이 있을 수 있기 때문이다.

(2) 의사설

객관설에 대립하는 것으로 의사설이 있다. 의사설은 자신을 위한다는 의사를 가지고 범행에 관여하는 자를 정범으로, 타인을 위한다는 의사를 가지고 범행에 관여하는 자를 공범으로 보는 견해이다. 의사설은 구성요건의 실현이라는 외관이 아니라 구성요건을 실현시키는 행위자의 내면세계를 중시한다. 외형상 동일하게 보이는 행위일지라도 관여자의 의사에 따라서 형법적 대처를 달리해야 한다는 것이다.

〈사례 해설〉 의사설은 과거 독일 제국법원에 의하여 중시된 견해이다. 독일 법원은 독일 형법상 정범으로 처벌할 경우에 가혹한 형벌이 가해지는 상황을 방지하기 위하여 종래 의사설을 활용하여 왔다. 위의 〔사례 98〕에서 미혼모 갑녀의 언니 을녀의 행위는 구성요건의 실현이라는 외관만 가지고 보면 독일 형법 제211조의 모살죄(謀殺罪)에 해당한다. 이 사건이 발생할 당시 독일 형법상 모살죄에는 사형만 규정되어 있었다.

이러한 상황에서 언니 을녀의 행위를 정범으로 파악하게 되면 독일 법원은 피고인에게 형을 감경할 수 없고 사형만을 선고해야 한다. 이러한 문제상황에 직면하여 독일 법원은 을녀가 범행에 관여할 때 가졌던 의사를 기준으로 삼아 '동생을 위하여' 아이를 살해한 것이라는 이유로 모살죄의 방조범을 인정하였다. 방조범을 인정하게 되면 형의 필요적 감경이 가능하게 되기 때문이었다.

의사설은 다수관여자 각각의 의사에 따라서 적절한 형을 확보할 수 있다는 이점 때문에 독일 법원에 의하여 애용되었다. 그러나 의사설은 외관상 특별한 기준이 없이 행위자의 의사만을 기준으로 정범 여부를 결정하기 때문에 예측가능성이나 법적 안정성이 크게 위협받게 된다. 또한 스스로 구성요건을 전부 실현시켰음에도 불구하고 '타인을 위하여' 행위하였다는 이유만으로 그 행위자를 정범에서 제외한다는 것은 일반인의 법감정과 크게 동떨어진 처사라고 하지 않을 수 없다.

여기에 더하여 의사설은 우리나라의 경우로 오면 정범의 성립범위를 크게 확장하는 계기로도 작용한다. 우리 판례는 종래 공모공동정범을 인정하고 있었는데, 이는 자신의 범행실현을 위하여 서로 다른 사람의 실행행위를 이용한다는 공모의 의사가 있기만 하면 인정되는 정범형태이다. 이러한 형태의 공모공동정범은 당연히 정범의 성립범위를 크게 확장시킨다. 이것뿐만 아니라 공모라는 행위자의 내면상태를 기준으로 정범 여부를 판단하기 때문에 의사설은 자칫하면 자백 위주의 형사절차로 나아가는 계기를 제공하기 쉽다.

(3) 행위지배설

객관설과 의사설을 절충한 것으로 행위지배설이 있다. 행위지배설이란 범죄의 실현에 나아갈 때 그 진행 여부를 좌우할 수 있는 지위에 있는 사람을 정범으로 보는 견해이다. 행위지배설은 범행지배설이라고 불리기도 한다.

행위지배설은 객관설에 비해 볼 때 구성요건의 전부 또는 일부실현이라는 객관적 요소에 집착하지 않는다. 반드시 구성요건의 실현을 직접 담당하지 않더라도 범죄실현을 좌우할 수 있는 결정적 역할을 담당하는 사람은 정범으로 포착된다.

행위지배설은 또한 행위자의 의사에만 주목하지 않는다. 비록 자신을 위하여 범행에 관여하는 사람이라 할지라도 범죄의 실현에 객관적인 기여를 하지 않는 사람은 정범으로 포착되지 않는다. 역으로 타인을 위한다는 의사로 범행에 관여하는 사람일지라도 구성요건을 직접 실현시키는 사람은 범죄실현을 좌우할 수 있는 위치에 있는 사람이므로 정범으로 파악된다.

이상에서 정범과 공범의 구별기준을 살펴보았다. 이상의 기준 가운데 어느 것을 택할 것인가 하는 문제는 각국의 입법자가 결정할 사항이다. 앞에서 살펴본 독일 형법상의 세 가지 정범개념은 행위지배설에 입각한 것으로 평가되고 있다. 객관설과 주관설의 지나침을 경계하면서 두 입장의 조화를 시도한 입법적 결단이라는 것이다.

근래의 입법적 결단으로 주목된다는 점에서 아래에서는 먼저 독일 형법에서 논의되고 있는 행위지배설을 구체적으로 점검해 보기로 한다. 그리고 이를 비교의 척도로 삼아 우리 형법의 정범기준을 모색해 보기로 한다.

제4 행위지배의 각종 유형

1. 독일 형법상 행위지배의 유형

(1) 직접적 행위지배와 실행정범

행위지배설은 객관설과 의사설이 지나치게 한 쪽 면만을 강조함으로써 정범 결정시에 불합리한 결과를 초래하였다는 점을 반성하여 제시된 이론이다. 현재 독일의 입법자는 행위지배설을 채택한 것으로 보인다.

독일 형법은 정범과 공범의 조문체계를 설정하면서 첫 번째로 "범죄를 스스로 실행한 자는 정범으로 처벌한다."라고 규정하고 있다(독일형법25① 전단). 구성요건을 직접 실현시킨 사람을 가리켜서 실행정범이라고 한다. 행위지배의 관점에서 볼 때 실행정범은 범죄의 실현 여부를 직접적으로 좌우한다. 실행정범이 직접 범죄실행에 임하고 있기 때문이다. 실행정범이 범죄의 실현 여부를 직접 좌우할 수 있는 지위에 있음을 가리켜서 직접적 행위지배라고 한다.

1975년의 독일 신형법은 실행정범을 '정범'이라고 명시하였다(독일형법25①). 이로써 [사례 98]의 사안과 같은 예에서 의사설을 기준으로 방조범을 인정하였던 종전의 독일 판례는 더 이상 유지될 수 없게 되었다.

(2) 우월적 의사지배와 간접정범

독일 형법은 정범의 두 번째 형태로 간접정범을 인정하고 있다. 독일 형법상 간접정범이란 다른 사람을 이용하여 범죄행위를 하는 사람을 말한다. 이때 다른 사람을 마치 범행을 위한 물적 도구처럼 이용한다는 점에 간접정범의 특색이 있다. 독일 형법은 간접정범을 '타인을 통하여 범죄를 실행한 자'라고 표현하면서 간접정범을 "정범으로 처벌한다."고 규정하고 있다(독일형법25① 후단). 독일 형법학에서는 간접정범이 우월한 의사지배를 가지고 있는 정범이라고 설명된다.

간접정범의 경우에 도구처럼 이용되는 타인을 가리켜서 피이용자라고 한다. 그리고 배후에서 피이용자를 도구처럼 이용하여 범죄를 실현시키는 사람을 이용자 또는 배후자라고 한다. 피이용자는 직접 범죄를 실현시키려고 하는 사람은 아니다. 피이용자는 외관상 구성요건을 직접 실현시키지만 여러 가지 범죄성립요건이 구비되지 아니하여 실행정범으로 처벌되지 않는다.

실질적으로 범죄성립을 좌우하는 사람은 배후에서 피이용자를 도구처럼 이용하여 자신의 범죄실현에 나아가는 이용자이다. 이 때 배후의 이용자는 범죄실현의 전체과정을 파악함으로써 전체사태를 파악하지 못하는 피이용자보다 우월한 의사와 인식을 가지고 범죄실현 여부를 좌우한다. 배후의 이용자가 피이용자보다 우월한 지위에서 도구로 이용되는 사람을 좌우하는 것을 가리켜서 우월한 의사지배라고 한다. '우월한 의사지배'라는 표현에서 우월하다 함은 사태진행에 대한 의사와 인식이 월등하다는 의미이다.

(3) 기능적 행위지배와 공동정범

독일 형법은 정범의 세 번째 형태로 공동정범을 인정하고 있다(독일형법25②). 공동정범은 여러 명이 공동으로 범죄행위를 할 때 문제된다. 이 때 공동으로 범죄행위를 하는 각자(各自)를 가리켜서 공동정범이라고 한다. 공동정범은 한 개의 범죄를 실현하기 위하여 여러 사람이 분업적으로 범죄실행에 관여할 때 성립한다.

분업적으로 역할분담이 이루어지는 상황에서는 부분행위를 담당한 개개인이 자신의 역할을 제대로 수행하지 않으면 전체범죄는 실현되지 않는다. 이러한 점에서 부분행위를 담당하는 개개인은 전체범죄의 성립 여부를 좌우하는 위치에 서게 된다. 한 개의 범죄를 달성하기 위하여 여러 명이 분업적으로 협력하는 관계에 있을 때 역할분담자가 전체범행을 좌우할 수 있는 지위에 있음을 가리켜서 기능적 행위지배라고 한다. '기능적 행위지배'라는 표현에서 기능적이라 함은 범죄실현의 목적달성에 이바지하는 수단이라는 의미이다.

(4) 행위지배설의 한계

행위지배설은 독일 형법이 입법적으로 결단한 정범유형을 놓고 전개되는 학설이다. 그런데 이 행위지배설은 모든 정범유형을 빠짐없이 설명할 수 있는 이론이 아니다. 행위지배설에서 행위지배란 사태진행을 좌지우지할 수 있는 지위를 말한다. 이러한 행위지배는 일정한 사실상태가 변화·발전해가는 범죄유형에서 찾아볼 수 있는 특성이다. 이와 같이 사실상태의 변화·발전과정에서 사태의 진행을 좌우할 수 있는 특성을 가진 범죄유형을 가리켜서 지배범이라고 한다.

그런데 범죄의 특성이 사태의 진행에 있는 것이 아니라 일정한 의무의 이행에 놓여 있는 범죄유형이 있다. 이와 같이 의무이행이 범죄의 중점을 이루는 범죄유형을 가리켜서 의무범이라고 한다. 의무범의 구체적인 사례는 특히 각종 신분범에서 찾아볼 수 있다. 예컨대 「조세범 처벌법」 제10조가 규정하고 있는 세금계산서 교부의무 위반죄의 주체는 사업자등록을 한 사업자이다. 사업자등록을 한 A의 위임을 받지 아니하고 사업자등록이 없는 갑이 A 명의의 허위세금계산서를 교부하였다면 갑은 범행에 대한 직접적 행위지배를 하였다고 할지라도 세금계산서 허위교부죄의 정범이 될 수 없다. 갑은 사업자등록을 한 자라는 의무

범의 신분을 갖추고 있지 못하기 때문이다.[1]

한편 범인이 스스로 자신의 몸을 이용해야만 범할 수 있는 범죄유형이 있다. 이를 가리켜서 자수범(自手犯)이라고 한다. 자수범의 경우에는 범인 스스로만 범죄실현을 좌우할 수 있다. 공동정범이나 간접정범의 형태로는 해당 범죄를 범할 수 없다. 이와 같이 의무범이나 자수범의 경우에는 위에서 말한 행위지배설의 설명이 한계를 드러낸다.

2. 한국 형법과 행위지배설

(1) 행위지배설과 입법자의 결단

행위지배설은 정범과 공범의 구별에 관한 객관설과 의사설의 폐단을 극복하면서 양자의 조화를 시도하는 학설이다. 그리고 1975년 독일 신형법총칙의 정범개념이 행위지배설에 입각한 것으로 인정되면서 그에 대한 평가와 신뢰도 매우 높다. 그리하여 행위지배설은 우리나라 형법학계에서도 크게 지지를 받고 있다.[2]

그런데 여기에서 한 가지 유의할 점이 있다. 정범과 공범의 구별기준은 기본적으로 어느 구체적인 법공동체의 입법자가 결단해야 할 사항이라는 점이다. 예컨대 오스트리아 형법이 다수관여자의 범죄참여 형태를 '정범과 공범'이라는 두 가지 유형으로 나누지 아니하고 단일정범의 형태로 포착하고 있는 것은 대표적인 예이다(동법12).[3]

따라서 정범과 공범을 구별함에 있어서는 입법자가 설정해 놓은 관련규정들을 토대로 그 규정의 상호관계 속에서 양자의 구별기준을 모색하지 않으면 안 된다. 나아가 행위지배설을 정범판단의 기준으로 채택한다고 하더라도 어느 정도의 행위지배가 있을 때 정범을 인정할 것인가 하는 문제 또한 궁극적으로 개별 법공동체의 입법자가 결단할 문제이다.

독일 형법학계에서는 실행정범, 공동정범, 간접정범을 정범으로 파악하는 데에 의견이 일치되어 있다. 이와 같은 견해의 일치는 형법형이상학적인 보편원리에 기인한 것이 아니라 독일의 입법자가 실행정범, 공동정범, 간접정범을 정범으로 처벌하기로 입법적 결단을 내렸기 때문이다.

(2) 한국 형법과 행위지배설의 한계

현재 우리 형법전은 공동정범만을 "정범으로 처벌한다."고 명시하고 있다(법30). 한편

---

1) 2012. 5. 10. 2010도13433, 공 2012상, 1037 = 분석 총론 『타인 명의 세금계산서 사건』 ☞ 1148면.
2) 권오걸, 514면; 김성돈, 573면; 김성천·김형준, 378면; 김일수·서보학, 420면; 배종대, 393면; 오영근, 360면; 이재상·장영민·강동범, 444면; 이정원, 327면; 정성근·정준섭, 247면; 정영일, 381면.
3) 전술 607면 참조.

입법자가 명시하고 있지 않더라도 실행정범이 정범이 된다는 점에는 별다른 의문이 없다. 위법행위의 정형을 규정한 개개의 구성요건은 당연히 그 구성요건을 직접 실현시키는 행위자를 정범으로 예정하고 있기 때문이다. 이러한 점은 우리 형법이 교사범을 규정하면서 교사의 상대방인 정범을 '죄를 실행한 자'로 표현하고 있는 점(법31① 참조)에서도 간접적으로 확인할 수 있다.

그런데 우리 입법자는 간접정범의 경우에 독일의 입법자와 다른 결단을 내리고 있다.[1] 우리 입법자는 간접정범에 대해서 설사 우월한 의사지배가 인정된다고 하더라도 아직 이를 정범으로 인정하지 않는다. 우리 입법자는 형법 제34조 제1항을 통하여 간접정범을 "교사 또는 방조의 예에 의하여 처벌한다."라고 규정하고 있다. 독일 형법상 간접정범은 '정범'으로 명시되어 있다. 그러나 우리 형법으로 오게 되면 간접정범은 정범이 아니다. 간접정범이 정범이라면 공동정범의 경우처럼 "정범으로 처벌한다."고 규정해야 할 것이기 때문이다(법30 참조).

(3) 간접정범의 정범성 논의

요즈음 우리 형법학계를 보면 간접정범을 독일 형법의 경우처럼 '정범'으로 파악하려는 견해가 유력하다.[2] 이 견해에 따르면 간접정범은 공동정범과 마찬가지로 '정범'으로 처벌해야 한다. 그런데 우리 입법자는 형법 제34조 제1항을 통하여 간접정범을 '교사 또는 방조의 예에 의하여' 처벌하도록 명시하고 있다. 독일 형법처럼 우리 형법상의 간접정범을 정범으로 파악한다면 특히 '방조의 예'에 의할 때 얻을 수 있는 형의 필요적 감경(법32② 참조)이라는 법적 효과를 포기하지 않으면 안 된다. 이러한 해석은 피고인에게 분명히 불리한 것이다.

---

1) 연혁적으로 볼 때 우리 형법의 간접정범 조문은 일본 개정형법가안(1931년)의 영향을 받고 있으며, 일본 개정형법가안은 일본 형법개정예비초안(1927년)을 논의의 출발점으로 하고 있다. 일본 형법개정예비초안의 작성과정에서 참고자료로 사용되었던『刑法改正豫備草案と內外法對照』(上卷)(1928, 유인물. 일본 中央大學 泉二文庫 소장)에 따르면, 당시 예비초안의 간접정범 조문의 비교입법례로 1918년 스위스 형법초안 제18조가 주목되었고, 그 밖의 나라에는 유사 입법례가 없었다고 한다.
일본 형법개정예비초안 제30조 전5조의 규정[공동정범, 교사범, 실패한 교사, 방조범, 공범과 신분]은 책임무능력자, 범죄의 고의 없는 자 또는 항거불능의 상태에 있는 자 기타 자기의 행위에 대하여 죄책을 지지 아니하는 자를 행위에 가공하게 하거나 또는 가공하게 하려고 한 경우에 대하여 또한 이를 적용한다.
1918년 스위스 형법초안 제25조 고의로 타인으로 하여금 죄로서 형이 과해지는 행위를 고의에 의하지 아니하고 행위하게 한 자는 고의에 의한 죄의 형으로 이를 벌한다.
2) 권오걸, 600면; 김성돈, 635면; 김성천·김형준, 401면; 김일수·서보학, 431면; 박상기, 288면; 배종대, 441면; 성낙현, 589면; 손동권·김재윤, 506면; 오영근, 407면; 이용식, 96면; 이재상·장영민·강동범, 453면; 이정원, 332면; 임웅, 479면; 정성근·정준섭, 309면; 정영일, 434면.

우리 형법상의 간접정범(법34①)을 독일 형법의 간접정범(독일형법25① 후단)과 동일한 것으로 새기는 것은 일종의 유추해석이다. 근래 유력해지고 있는 해석방법은 간접정범의 성립요건이 양국 형법간에 비슷하다는 점에 착안하여 법적 효과도 동일한 것으로 새기려는 태도라고 할 수 있다. 그러나 이러한 접근방법은 방조범의 예에 의할 때 인정되는 형의 필요적 감경을 배제한다는 점에서 피고인에게 불리한 추론방법이다. 즉 피고인에게 불리한 유추해석인 것이다.

죄형법정주의에서 파생하는 유추해석금지의 원칙에 비추어 볼 때 우리 형법상의 간접정범을 독일 형법처럼 '정범'으로 파악하는 것은 해석론상 허용되지 않는다고 본다.[1] 현재 우리 형법상의 간접정범은 교사 또는 방조에 준하는 범죄형태일 뿐 아직 본격적인 정범은 아니다.[2] 우리 형법상 간접정범을 정범으로 포착하는 일은 입법자의 몫이지 해석론자의 몫은 아니다.[3] [4]

제 5 다수자의 관여형태

1. 독립행위의 경합

(1) 독립행위경합의 의미

공범론은 한 개의 범죄실현에 여러 사람이 관여할 때 요구되는 범죄성립의 요건들을 규명하는 이론적 작업이다. 한 개의 범죄실현에 다수인이 관여하는 형태를 가리켜서 다수자의 관여형태라고 한다. 다수자의 관여형태는 여러 가지 모습으로 나타난다.

다수관여자의 관여형태로 먼저 독립행위의 경합이 있다. 독립행위의 경합이란 두 명 또는 그 이상의 사람이 상호간에 전혀 의사연락 없이 동일한 객체에 대하여 동일한 범죄를 실현시키는 경우를 말한다. 여러 개의 행위가 서로 상대방 행위자의 의사와 무관한 경우에 그 행위를 가리켜서 독립행위라고 한다. 이 경우 독립이란 상대방의 의사로부터 자유롭다는 의미를 나타낸다. 한편 여러 개의 독립행위들이 한 개의 범죄실현을 향하여 병렬적으로 진

---

1) 상세한 검토는 후술 672면 이하 참조.
2) 차용석, "간접정범", 양촌 신동욱 박사 정년기념논문집 형사법의 제문제, (1983), 141(158)면 이하.
3) 우리 형법전의 공범론체계에 관한 역사적 입법자의 구상에 대해서는, 엄상섭, "우리 형법전과 공범이론", 법정, 제10권 제5호(1955. 5.), 3면 이하, 신동운·허일태 편저, 효당 엄상섭 형법논집, (2003), 167면 이하 재수록 참조. 이 문헌은 형법제정 과정에서 국회 법제사법위원장 등으로 활동하였던 효당 엄상섭 선생이 새로이 제정·공포된 형법전의 공범론체계를 해설한 글로서 중요한 의미를 갖는다.
4) 우리 형법상 공범론규정의 생성경위에 관한 연혁적 분석으로는, 신동운, "공범론 조문체계의 성립에 관한 연혁적 고찰", 우범 이수성 선생 화갑기념논문집 인도주의적 형사법과 형사정책, (2000), 69면 이하 참조. 이 글은 지지기 엄상섭의 "우리 형법전과 공범이론"을 발견하기 전에 집필한 것이다.

행되고 있다는 점을 나타내어 경합이라고 한다.

예컨대 6·25 전쟁과 같이 물자난이 극심한 가운데 M마을에 석탄을 실은 화물열차가 정거하였다고 해 보자. 그리고 이 마을에 사는 여러 사람들이 서로 아무런 의사연락도 없이 동시에 나와 가지고 석탄을 훔쳐 연료를 장만하였다고 생각해 보자. 이 때 각 사람은 모두 자기를 위하여 행위하고 있으며 자기의 행위에 대하여 절도범으로 처벌을 받는다. 이 사안에서 석탄을 훔친 마을 사람들 사이에는 아무런 의사연락이 없다. 그렇다면 이들의 행위는 서로 독립행위라고 할 수 있다.

(2) 독립행위경합사건의 처리

다수의 독립행위가 경합하더라도 그것을 가리켜 공동정범이나 협의의 공범이라고 하지 않는다. 독립행위의 경합은 다수의 단독정범이 우연히 병존하고 있는 것에 지나지 않는다. 따라서 독립행위의 경합은 다수의 단독정범으로 처리하면 족하다. 다만 우리 형법은 독립행위가 경합하는 경우에 대해 몇 가지 특칙을 두고 있다.

(가) 형법 제19조 　　형법 제19조는 "동시 또는 이시(異時)의 독립행위가 경합한 경우에 그 결과발생의 원인된 행위가 판명되지 아니한 때에는 각 행위를 미수범으로 처벌한다." 라고 규정하고 있다. 이 조문은 한 개의 구성요건이 실현된 상황을 전제로 하면서 구성요건의 실현과정에 우연히 여러 개의 독립행위가 경합하였을 때 인과관계의 기초되는 사실관계가 증명되지 아니하는 경우 각각의 독립행위를 미수범으로 처벌하라는 취지를 담고 있다.[1]

(나) 형법 제263조 　　독립행위의 경합과 관련한 또 하나의 특칙은 상해죄에 있어서 동시범의 특례이다. 형법 제263조는 "독립행위가 경합하여 상해의 결과를 발생하게 한 경우에 있어서 원인된 행위가 판명되지 아니한 때에는 공동정범의 예에 의한다."라고 규정하고 있다. 이 경우 '공동정범의 예에 의한다' 함은 이미 상해의 결과가 발생한 상황을 전제하고 있으므로 공동정범에 준하여 기수범으로 처벌한다는 의미를 갖는다.

공동정범이 성립하려면 두 명 이상 사이에 반드시 의사연락이 있어야 한다. 그런데 독립행위가 경합하는 경우에는 '독립행위'라는 용어의 개념정의 자체에서 이미 의사연락이 불가능하다는 점을 알 수 있다. 형법 제263조는 독립행위의 경합시에 의사연락이 결여된 것을 입법자의 권위에 의하여 의사연락이 있는 것으로 취급하는 조문이다.

형법 제263조는 상해의 결과가 이미 발생한 상황을 전제로 하고 있다. 이때 원인된 행위가 판명되지 않았다면 결과의 발생에도 불구하고 각 행위자를 미수범으로 처벌하는 것이 원칙이다(법19). 그러나 집단범죄의 형태로 행해지는 상해죄의 폐해를 방지하기 위하여 형

---

1) 상세한 검토는 전술 186면 이하 참조.

법 제263조는 각각의 독립행위를 결과발생의 원인된 행위로 이미 판명된 것처럼 취급하여 기수범으로 처벌하고 있다.

2. 형법상의 공범형태

(1) 독립행위의 경합과 공범

한 개의 범죄실현에 여러 개의 독립행위가 경합하는 것은 엄격한 의미에서 공범이라고 할 수 없다. 독립행위의 경합은 한 개의 범죄실현에 여러 명의 행위자가 우연히 함께 관여하는 것일 뿐이기 때문이다.

우리 형법상 다수관여자의 본격적인 형태는 공동정범, 교사범, 방조범, 간접정범 등으로 나타나고 있다. 이 네 가지 다수자의 관여형태는 넓은 의미의 공범에 해당한다. 이 가운데 교사범, 방조범이 좁은 의미의 공범에 해당한다는 점에 대해서는 이론(異論)이 없다. 그러나 간접정범이 정범인가 공범인가에 대해서는 학계에서 논의가 있다.

(2) 공범의 형태

(가) 공동정범 공동정범은 '2인 이상이 공동하여 죄를 범한 때'에 성립하는 범죄유형이다(법30). 두 명 이상이 공동하여 죄를 범할 때 각각의 관여자를 공동정범이라고 한다. 공동정범은 "각자(各自)를 그 죄의 정범으로 처벌한다."(법30). 즉 공동정범은 정범의 일종이다.

(나) 교사범 우리 형법은 공동정범에 이어서 교사범을 규정하고 있다. 교사범이란 '타인을 교사하여 죄를 범하게 한 자'이다(법31). 이 때 교사(敎唆)란 타인에게 범행결의를 불러일으키는 행위를 말한다. 따라서 교사범은 타인에게 범행결의를 불러일으켜서 죄를 범하게 한 자를 말한다. 교사범은 정범이 아니라 공범이다. 이 경우 공범은 좁은 의미의 공범을 말한다.

교사범은 피교사자를 상정하고 있다. 일반적 교사범을 규정한 형법 제31조 제1항은 피교사자를 '죄를 실행한 자'로, 특수교사범을 규정한 형법 제34조 제2항은 피교사자를 '범죄행위의 결과를 발생하게 한 자'라고 각각 표현하고 있다. 특수교사를 규정한 형법 제34조 제2항은 또한 '범죄행위의 결과를 발생하게 한 자'를 '정범'으로 표현하고 있다. 일반적 교사범을 규정한 형법 제31조 제1항은 '죄를 실행한 자'를 '정범'이라고 직접 표현하지 않고 있으나, 그 성격이 정범임은 분명하다.

일반적 교사범의 경우 교사범은 죄를 실행한 자(즉, 정범)와 "동일한 형으로 처벌한다."(법31①). 한편 자기의 지휘, 감독을 받는 사람을 교사하여 범죄행위의 결과를 발생하게 한

자(소위 특수교사범)는 '정범'에 정한 형의 장기 또는 다액에 그 2분의 1까지 가중한 형으로 처벌한다(법34②).

(다) 방조범　　　우리 형법이 세 번째로 규정한 공범형태는 방조범이다. 방조범이란 '타인의 범죄를 방조한 자'이다(법32①). 이 때 방조(幇助)란 타인의 범죄실행을 물질적 또는 정신적으로 돕는 행위를 말한다. 따라서 방조범은 타인의 범죄실행을 물질적 또는 정신적으로 돕는 자를 말한다.

방조범은 범죄를 범하는 타인을 상정한다. 이 경우 범죄를 범하는 타인은 정범이다. 방조범의 형은 '정범의 형보다 감경한다'(법32②). 이 경우 형의 감경은 반드시 허용해야 한다는 의미에서 '필요적'이다. 한편 자기의 지휘, 감독을 받는 자를 방조하여 범죄행위의 결과를 발생하게 한 자(소위 특수방조범)는 정범의 형으로 처벌된다(법34②).

(라) 간접정범　　　우리 형법이 마지막으로 규정한 공범형태는 간접정범이다. 우리 형법상 간접정범은 '어느 행위로 인하여 처벌되지 아니하는 자 또는 과실범으로 처벌되는 자를 교사 또는 방조하여 범죄행위의 결과를 발생하게 한 자'이다(법34①). 간접정범은 '사람을 도구로 이용하여 범죄를 실행하는 자'라고 정의되기도 한다. 우리 형법상 간접정범은 정범으로 처벌되지 않는다. 간접정범은 "교사 또는 방조의 예에 의하여 처벌한다."고 규정되어 있기 때문이다(법34①).

제 2 절　공동정범

한국형법	독일형법
제30조〔공동정범〕 2인 이상이 공동하여 죄를 범한 때에는 각자를 그 죄의 정범으로 처벌한다.	**제25조**〔정범〕 ② 여러 명이 공동으로 범죄행위를 한 때에는 각자를 정범으로 처벌한다(공동정범).
제34조 ② 자기의 지휘, 감독을 받는 자를 교사 또는 방조하여 전항의 결과를 발생하게 한 자는 교사인 때에는 정범에 정한 형의 장기 또는 다액에 그 2분의 1까지 가중하고 방조인 때에는 정범의 형으로 처벌한다.	(해당 조항 없음)

한국형법	일본형법
제30조〔공동정범〕 2인 이상이 공동하여 죄를 범한 때에는 각자를 그 죄의 정범으로 처벌한다.	제60조〔공동정범〕 2인 이상이 공동하여 범죄를 실행한 자는 모두 정범으로 한다.
제34조 ② 자기의 지휘, 감독을 받는 자를 교사 또는 방조하여 전항의 결과를 발생하게 한 자는 교사인 때에는 정범에 정한 형의 장기 또는 다액에 그 2분의 1까지 가중하고 방조인 때에는 정범의 형으로 처벌한다.	(해당 조항 없음)

【사례 99】 갑과 을은 돈이 필요하였다. 갑과 을은 밤중에 외딴 곳에 위치한 A의 단독주택을 털어서 훔친 돈과 물건을 반반씩 나누기로 하였다. 갑은 A의 집 담장을 넘어 집 안에 들어가서 돈과 그 밖의 귀중품을 훔쳐가지고 나왔다. 이 때 을은 집 밖에서 망을 보고 있었다. 갑과 을을 절도죄의 공동정범으로 처벌할 수 있는가?

제1 공동성범의 의의와 싱립요건

1. 공동정범의 의의와 효과

(1) 공동정범의 의의

공동정범은 '2인 이상이 공동하여 죄를 범한 때'에 성립하는 범죄유형이다(법30). 이 경우 공동하여 죄를 범하는 다수관여자를 가리켜서 공동정범이라고 부르기도 한다. 공동정범의 배후에는 분업의 원리가 작용하고 있다. 분업의 원리에 입각하여 다수관여자에게 역할을 분담시키면 범죄를 대규모적으로 신속하게 실현시킬 수 있다. 분업의 원리가 작용하는 공동정범의 경우에는 범죄피해가 급속하게 확산될 우려가 있다.

공동정범의 이러한 특징에 착안할 때 공동정범을 효과적으로 차단하는 방법은 공동의 범죄실현에 관여한 각 사람에게 실현된 범죄 전체에 대하여 형사책임을 묻는 것이다. 공동정범은 담당한 역할의 수행 여하에 따라서 각자가 전체범죄의 실현을 좌우할 수 있는 지위에 있다. 공동정범의 이와 같은 지위를 가리켜서 기능적 행위지배라고 한다.[1] 이 경우 기능적이라 함은 전체범죄의 실현이라는 목표를 향하여 도움이 되는 수단으로 쓰인다는 의미를

---

1) 2010. 1. 28. 2009도10139, 공 2010상, 476 = 분석 총론 『임대계약 확인 사건』.

갖는다. 공동정범은 기능적 행위지배를 통하여 전체범죄의 실현 여부를 좌우할 수 있다. 이러한 관계로 각각의 공동정범자는 그 죄의 정범으로 처벌된다.

(2) 공동정범의 효과

형법 제30조는 "2인 이상이 공동하여 죄를 범한 때에는 각자(各自)를 그 죄의 정범으로 처벌한다."고 규정하고 있다. '각자를 정범으로 처벌한다' 함은 공동정범으로 관여한 사람 각각에 대해 전체 범행에 대한 정범으로 처벌한다는 의미이다. 공동정범으로 관여한 각 사람별로 보면 범행 관여의 정도가 서로 다른 것이 보통이다. 그렇지만 공동의 의사연락 아래 공동으로 범행을 한 경우에는 관여자 각각을 전체 범행에 대한 정범으로 취급하는 것이다.

공모자들이 그 공모한 범행을 수행하거나 목적 달성을 위해 나아가는 도중에 부수적인 다른 범죄가 파생되리라고 예상하거나 충분히 예상할 수 있는데도 그러한 가능성을 외면한 채 이를 방지하기에 족한 합리적인 조치를 취하지 아니하고 공모한 범행에 나아갔다가 결국 그와 같이 예상되던 범행들이 발생하였다면, 비록 그 파생적인 범행 하나하나에 대하여 개별적인 의사의 연락이 없었다 하더라도 당초의 공모자들 사이에 그 범행 전부에 대하여 암묵적인 공모는 물론 그에 대한 기능적 행위지배가 존재하며, 파생범죄에 대하여도 공동정범이 성립한다.[1]

공동정범으로 관여한 자가 기수에 이르지 않고 미수에 그쳤더라도 다른 공동정범이 기수에 이르렀다면 관여자 전원이 발생시킨 결과에 대해 기수의 정범으로 처벌된다. 이 경우 자신의 행위가 미수에 그쳤음을 이유로 미수감경(법25①)을 주장하는 것은 허용되지 않는다.[2]

〈사례 해설〉 위의 〔사례 99〕에서 망을 본 을은 형법 제330조, 제30조에 의하여 정범으로 처벌된다. 을은 실제로 주거에 침입하였거나 재물을 절취한 바 없다. 그럼에도 불구하고 을은 야간주거침입절도죄 전체에 대한 정범으로 처벌된다.

2. 공동정범의 주관적 성립요건

(1) 공동의 의사연락

(가) 공 모   공동정범이 성립하려면 두 명 이상이 공동하여 죄를 범하여야 한다(법30조). '공동하여 죄를 범한다' 함은 주관적으로 두 명 이상의 관여자들 사이에 의사연락이 있고 객관적으로 실행행위의 분담이 있다는 말이다.

---

1) 2010. 12. 23. 2010도7412, 공 2011상, 271 = 분석 총론 『외부인 지휘부 참가 사건』.
2) 다수관여자의 중지범 특례에 관하여는, 전술 557면 이하 참조.

먼저 공동정범이 성립하려면 두 명 이상의 관여자들 사이에 범죄실현을 위한 공동의 의사연락이 있어야 한다. 두 명 이상의 사람들 사이에 일어나는 공동의 의사연락을 줄여서 공모라고 한다. 공모는 특정한 구성요건을 실현시키기 위한 두 명 이상의 의사연락이다. 따라서 공모자들 사이에 상호 의사연락이 있어야 한다.

공동가공의 의사는 타인의 범행을 인식하면서도 이를 제지하지 아니하고 용인하는 것만으로는 부족하고, 공동의 의사로 특정한 범죄행위를 하기 위해 일체가 되어 서로 다른 사람의 행위를 이용하여 자기의 의사를 실행에 옮기는 것을 내용으로 하는 것이어야 한다.[1]

공동가공의 의사는 위와 같은 상호이용의 관계가 합리적인 의심을 할 여지가 없을 정도로 증명될 때 인정된다. 그와 같은 증명이 없다면 설령 피고인에게 유죄의 의심이 간다고 하더라도 피고인의 이익으로 판단할 수밖에 없다.[2] 이러한 경우 방조범의 고의를 인정할 여지가 있다.

범죄의 실행에 가담한 사람이라고 할지라도 그가 공동의 의사에 따라 다른 공범자를 이용하여 실현하려는 행위가 자신에게는 범죄를 구성하지 않는다면, 특별한 사정이 없는 한 공동정범의 죄책을 진다고 할 수 없다.[3] 예컨대 자기 자신을 무고하기로 제3자와 공모하고 이에 따라 무고행위에 가담하였다고 하더라도 이는 자기 자신에게는 무고죄의 구성요건에 해당하지 않아 범죄가 성립할 수 없는 행위를 실현하고자 한 것에 지나지 않아 무고죄의 공동정범으로 처벌할 수 없다.[4]

그러나 자기무고 사안에서 피무고자가 공동정범이 아니라 교사·방조의 형태로 가담하였다면 사정은 다르다. 피무고자의 교사·방조 하에 제3자가 피무고자에 대한 허위의 사실을 신고한 경우 제3자의 행위는 무고죄의 구성요건에 해당하여 무고죄를 구성한다. 그러므로 제3자를 교사·방조한 피무고자는 무고죄의 교사·방조범으로서 죄책을 부담한다.[5]

한 사람만 일방적으로 범행의사를 가지고 참여하는 경우를 가리켜서 편면적 공동정범이라고 한다. 편면적 공동정범은 의사연락이 없는 경우이다. 따라서 '공동정범'이라는 표현에도 불구하고 편면적 공동정범은 공동정범으로 인정되지 않는다.

(나) 공모의 방법   공모는 법률상 어떠한 정형을 요구하지 않는다. 두 명 이상이 어느 특정범죄에 공동으로 가공(加功)하여 그 범죄를 실현하려는 의사의 합치만 있으면 된다. 공모

---

1) 2015. 10. 29. 2015도5355, 공 2015하, 1850 = 『Y일병 사망 사건』 ☞ 1149면.
2) 2018. 9. 13. 2018도7658, 공 2018하, 2024 = 『변장 사진 살인 사건』 ☞ 1114면.
3) 2017. 4. 26. 2013도12592, 공 2017상, 1208 = 『자기무고 공동정범 사건』 ☞ 1153면.
4) 2017. 4. 26. 2013도12592, 공 2017상, 1208 = 『자기무고 공동정범 사건』.
5) 2008. 10. 23. 2008도4852, 공 2008, 1647 = 백선 총론 83. 참고판례 1. 『자기무고 방조 사건』 ☞ 1154면.

는 공모자들 사이에 전체적인 모의과정이 없어도 성립할 수 있다. 공모는 여러 사람 사이에 순차적으로 일어날 수 있다. 공모는 명시적으로 일어날 필요가 없다. 여러 명의 의사가 암묵적으로 상통하거나 순차적으로 의사의 결합이 이루어지더라도 공모관계는 성립한다.[1]

(다) 공모의 입증　　공동정범이 성립한다고 판단하기 위해서는 범죄실현의 전 과정을 통하여 행위자들 각자의 지위와 역할, 다른 행위자에 대한 권유 내용 등을 구체적으로 검토하고 이를 종합하여 위와 같은 공동가공의 의사에 기한 상호 이용의 관계가 합리적인 의심을 할 여지가 없을 정도로 증명되어야 한다.[2] 그와 같은 증명이 없다면 설령 피고인에게 유죄의 의심이 간다 하더라도 피고인의 이익으로 판단할 수밖에 없다.[3]

피고인이 범죄의 주관적 요소인 공모의 점을 부인하는 경우에는, 사물의 성질상 이와 상당한 관련성이 있는 간접사실 또는 정황사실을 증명하는 방법에 의하여 이를 입증할 수밖에 없다. 이때 무엇이 상당한 관련성이 있는 간접사실에 해당할 것인가는 정상적인 경험칙에 바탕을 두고 치밀한 관찰력이나 분석력에 의하여 사실의 연결상태를 합리적으로 판단하는 방법에 의하여야 한다.[4]

(2) 공모관계의 이탈

(가) 의 의　　두 명 이상의 사람들 사이에 공동범행의 의사연락이 있는 것을 가리켜서 공모관계라고 한다. 공모관계는 실행행위의 시점에 반드시 유지되고 있어야 한다. 실행의 착수 이전단계에서 관여자 중의 한 명 또는 여러 명이 공동의 의사연락을 파기하는 경우가 있다. 실행의 착수시점 이전에 공모관계를 파기하는 것을 가리켜서 공모관계의 이탈이라고 한다.[5]

공모관계에서 이탈한 사람에게는 실행의 착수시점에 범행에 대한 공동의 의사연락이 없다. 따라서 공모관계에서 이탈한 자는 공동정범으로 처벌되지 않는다.[6] 그러나 일단 실행의 착수시점에 공모관계가 인정된다면 나중에 공모관계에서 이탈하여도 공동정범은 그대로 인정된다.

공모관계에서의 이탈이 인정되려면 공모자가 공모에 의하여 담당한 기능적 행위지배를 해소하는 것이 필요하다. 공모자가 공모에 주도적으로 참여하여 다른 공모자의 실행에 영

---

1) 1988. 9. 13. 88도1114, 공 1988, 1294 = 백선 총론 77.『가정파괴범 사건』.
2) 2015. 10. 29. 2015도5355, 공 2015하, 1850 =『Y일병 사망 사건』.
3) 2023. 12. 21. 2018도20415, 판례속보 =『코스피 200지수 조종 사건』☞ 1152면.
4) 2011. 12. 22. 2011도9721, 공 2012상, 207 = 분석 총론『딱지어음 대표이사 사건』.
5) 공모관계의 이탈과 중지범의 관계에 관하여는, 전술 560면 참조.
6) 1986. 1. 21. 85도2371, 공 1986, 404 = 백선 총론 72.『저수지 사건』.

향을 미친 때에는 범행을 저지하기 위하여 적극적으로 노력하는 등 실행에 미친 영향력을 제거하지 아니하는 한 공모관계에서 이탈되었다고 할 수 없다.[1] [2]

(나) 포괄일죄　　피고인이 포괄일죄의 관계에 있는 범행의 일부를 실행한 후 공범관계에서 이탈하였으나 다른 공범자에 의하여 나머지 범행이 이루어진 경우, 피고인은 관여하지 않은 부분에 대하여도 죄책을 부담한다.[3] [4] 그런데 직권남용죄의 경우에는 공모관계 이탈의 법리가 반전된다.

직권남용죄는 공무원이 직권을 남용하여 사람으로 하여금 의무 없는 일을 하게 하거나 사람의 권리행사를 방해한 때에 성립한다(법123). 공무원들이 공모하여 다수의 직권남용권리행사방해행위를 하여 이들 행위가 포괄일죄를 이루는 경우에 공모관계의 이탈 여부가 문제될 수 있다.

직권남용권리행사방해죄는 공무원에게 직권이 존재하는 것을 전제로 하는 범죄이다. 직권은 국가의 권력 작용에 의해 부여되거나 박탈되는 것이므로, 공무원이 국가의 명에 따라 공직에서 퇴임하면 해당 직무에서 벗어나고 대외적으로도 공표된다. 공무원이 공직에서 퇴임한 이후에는 직권이 존재하지 않는다. 그러므로 퇴임 후에도 실질적 영향력을 행사하는 등으로 퇴임 전 공모한 범행에 관한 기능적 행위지배가 계속되었다고 인정할 만한 특별한 사정이 없는 한, 퇴임 후의 범행에 관하여는 공범으로서 책임을 지지 않는다.[5]

3. 공동정범의 객관적 성립요건

공동정범은 공동가공의 의사라는 주관적 요건 외에 그 공동의사에 의한 실행행위의 분담이라는 객관적 요건을 충족할 때 성립한다. 실행행위를 실제로 분담한 공동정범을 가리켜서 실행공동정범이라고 한다.

그런데 공모자 중 구성요건행위를 직접 분담하여 실행하지 않은 사람도 공동정범으로서 죄책을 질 것인지 문제된다. 공모라는 주관적 요건이 갖추어지기만 하면 공동정범의 성립을 인정하는 견해를 공모공동정범이론이라고 하고, 이 경우 인정되는 공동정범을 공모공동정범이라고 한다. 공모공동정범을 인정할 것인지에 대해서는 견해의 대립이 있다. 이에 대해서는 후술한다.

공모의 시점과 관련하여 공동정범을 분류하면 예모적 공동정범, 우연적 공동정범, 승계

---

1) 2008. 4. 10. 2008도1274, 공 2008, 708 = 백선 총론 72. 참고판례 2.『비대한 체격 사건』.
2) 2010. 9. 9. 2010도6924, 공 2010하, 1960 = 분석 총론『홍보용 나체사진 사건』.
3) 2011. 1. 13. 2010도9927, 공 2011상, 376 = 분석 총론『시세조종 공모이탈 사건』.
4) 포괄일죄에 대해서는, 후술 818면 참조.
5) 2020. 1. 30. 2018도2236 전원합의체 판결, 공 2020상, 545 =『문화예술계 지원배제 사건』☞ 1155면.

적 공동정범으로 나누어 볼 수 있다. 예모적 공동정범이란 범죄의 실행에 착수하기 전에 공동의 의사연락이 미리 이루어진 공동정범을 말한다. 우연적 공동정범이란 예모(豫謀)가 없었으나 우연히 실행의 착수시점에 공동의 의사연락이 이루어지는 공동정범을 말한다.

승계적 공동정범이란 일단 일부 행위자에 의한 실행의 착수가 있고 실행행위가 어느 정도 진행되었으나 아직 범죄가 완성되기 전의 중간단계에서 다른 행위자가 의사연락을 이루면서 참여하는 공동정범을 말한다. 승계적 공동정범에서 승계적이라 함은 의사연락이 일어나기 전에 타인이 행한 범죄부분까지도 뒤에 참가한 행위자가 의사연락을 통하여 이어받는다는 것을 의미한다. 승계적 공동정범을 형법 제30조가 규정한 공동정범의 한 유형으로 인정할 것인가 하는 점에 대해서는 논란이 있다.

제2 승계적 공동정범

【사례 100】 갑은 1월 초순경부터 히로뽕 제조행위를 계속하고 있었다. 갑이 제조행위를 하던 도중인 2. 9.경 을은 갑의 히로뽕 제조사실을 알고 갑의 제조행위에 가담하여 2월 말까지 범행을 계속하였다.

　이 경우 을의 범죄가 인정되는 범위는 언제부터 언제까지인가? (1982. 6. 8. 82도884, 공 1982, 664 = 백선 총론 73. 참고판례 1.『히로뽕 제조기구 사건』)

---

1. 승계적 공동정범 긍정설

(1) 긍정설의 내용

승계적 공동정범이란 실행행위가 개시된 이후의 시점에서 이미 범행에 착수한 다른 사람과 의사연락이 되어 범행에 새로이 관여하는 사람을 말한다. 승계적 공동정범을 형법 제30조에서 말하는 공동정범으로 인정할 것인가 하는 문제에 대하여 긍정설과 부정설이 나뉘고 있다.

승계적 공동정범 긍정설은 실행행위가 개시된 이후에 의사연락이 이루어진 사람에 대해서도 전체범죄에 대한 공동정범의 성립을 인정하는 견해를 말한다.[1] 승계적 공동정범 긍정설의 입장에서는 공동정범의 성립요건인 공동의 의사연락이 구성요건의 실행행위를 개시하기 이전의 시점이나 실행행위 개시 당시의 시점에 반드시 존재해야 할 필요는 없다고 본다. 그리하여 다른 행위자의 행위가 범죄의 기수 단계에 이르기 전까지의 전과정에서 공동정범

---

1) 김성돈, 602면.

이 인정될 수 있다고 본다.

승계적 공동정범은 이미 실행행위가 진행된 상황을 알면서 이를 이어받아 범행에 관여한다는 의사연락이 있는 경우에 논의된다. 실행행위가 진행되는 도중에 의사연락이 있더라도 개입 이후의 범행부분에 대해서만 공동정범의 죄책을 인정한다면 그것은 엄밀한 의미에서 승계적 공동정범이라고 할 수 없다.[1] 승계적 공동정범의 이론은 바로 의사연락이 있기 전부터 진행되고 있었던 실행행위까지도 이어받아(즉 승계하여) 전체범죄에 대한 공동정범의 성립을 인정하려고 하는 점에 본질적 특색이 있기 때문이다.

(2) 긍정설의 요구조건

승계적 공동정범을 긍정하는 입장에서는 두 가지 요건을 설정한다. 첫째로, 실행행위가 진행되는 도중에 새로이 범행에 개입하는 사람은 지금까지 진행되었던 범행을 인식하고 있어야 한다. 두 번째로, 도중의 개입자는 범행의 전체계획에 동의하여야 한다.

승계적 공동정범 긍정설의 입장에서는 이 두 가지 요소가 충족되면 범죄의 진행 도중에 일어난 의사연락이라 할지라도 공모라고 보아 공동정범을 인정한다. 중간의 의사연락일지라도 위의 두 가지 요건을 구비한 의사연락은 의사연락의 시점 이전까지를 포함하는 전체과정을 한 개의 단일한 범죄로 묶어서 형사처벌의 대상으로 만들 수 있는 '힘'이 있다고 본다. 다만 이미 범죄가 완성·완결되어 더 이상 범죄가 진행되지 않는 부분이 있다면 이 부분에 대해서는 예외적으로 승계적 공동정범이 성립하지 않는다고 한다.

2. 승계적 공동정범 부정설

승계적 공동정범 부정설은 기존의 범행부분을 알면서 새로이 관여하는 자를 전체범죄에 대한 공동정범으로 볼 수 없다는 견해이다.[2] 생각건대 승계적 공동정범의 이론은 이를 별도로 인정할 필요가 없다고 본다.

승계적 공동정범의 이론에 대해서는 우선 의사연락의 시점 이전에 일어난 범행부분에 대하여 사후의 의사연락이 소급하여 인과력을 가질 수는 없다는 점을 지적할 수 있다. 다음으로 형사정책적 필요성을 들어 의사연락이 없는 부분까지 소급하여 처벌하는 것은 책임주의에 반한다고 하지 않을 수 없다. 자신의 의사와 무관하게 타인이 실행한 범행부분에 대하여 책임을 묻는 것은 책임개별화의 원칙에 반한다. 책임개별화의 원칙은 각각의 구체적 행

---

1) 계속범의 경우 중간 참여자에 대해 공동정범이 성립할 수 있다. 이에 대해서는, 전술 514면 참조.
2) 권오걸, 537면; 김성천·김형준, 396면; 김일수·서보학, 451면; 박상기, 268면; 배종대, 408면; 성낙현, 561면; 오영근, 373면; 이용식, 91면; 이정원, 356면; 정영일, 392면.

위자별로 비난가능성을 따져보아야 한다는 요청을 말한다.

한편 승계적 공동정범 형태의 공동정범을 인정하면서 그 책임범위를 제한하려는 견해가 있다.[1] 이 입장에서는 승계 이후의 부분에 대해서만 공동정범으로서의 책임을 인정한다. 그런데 이러한 이론구성은 선행자가 실현한 범죄행위 부분에 대한 책임을 인정하지 않는다는 점에서 승계적 공동정범 부정설과 다름없다. 승계적 공동정범에서 '승계적'이란 선행자의 기(旣)실현부분을 이어받는다는 의미이기 때문이다. 따라서 무용한 혼란을 피하기 위하여 이러한 이론구성은 승계적 공동정범 부정설로 분류하는 것이 바람직하다고 생각된다.

3. 판례의 태도

승계적 공동정범은 독일의 판례가 인정하는 공동정범의 형태이다.[2] 그러나 우리 대법원은 승계적 공동정범을 인정하지 않는다.[3] 우리 대법원은 승계적 공동정범의 이론을 부인하면서 도중에 타인의 범행에 관여한 자에 대하여 두 가지 해결방안을 제시하고 있다.

하나는 보통의 공동정범을 인정하는 방법이다. 연속된 범죄행위의 도중에 공동정범으로 범행에 가담한 자는 비록 그가 그 범행에 가담할 때에 이미 이루어진 종전의 범행을 알았다 하더라도 그 가담 이후의 범행에 대하여서만 공동정범으로 책임을 진다는 것이다. 위의 〔사례 100〕의 기초가 된 판례에서 대법원은 의사연락 이후의 부분에 대해서만 공동정범을 인정하였다.

다른 하나의 방법은 의사연락 이전의 부분까지 포함한 전체범죄에 대하여 방조범의 성립을 인정하는 것이다.[4] 방조범은 정범의 실행행위 이전의 시점에서뿐만 아니라 정범의 범죄행위가 기수에 달한 후 완료에 이르기 전의 시점에서는 그 성립이 가능하기 때문이다.

의사연락 이후의 공동정범으로만 처벌할 것인가 아니면 전체범죄의 방조범으로 처벌할 것인가 하는 문제는 도중에 관여한 자의 의사연락의 내용을 기준으로 결정해야 할 것이다. 다만 이 경우 의사연락 이후의 공동정범으로서 부과될 형량의 범위와 전체범죄에 대한 방조범으로서 필요적으로 감경한 형량의 범위를 비교하여 무거운 쪽으로 해석하는 것이 형사정책적으로 타당하다고 본다.

---

1) 김혜정 외 4인, 317면; 손동권 · 김재윤, 541면; 이재상 · 장영민 · 강동범, 477; 임웅, 455면; 정성근 · 정준섭, 269면.
2) BGH 2, 344.
3) 1982. 6. 8. 82도884, 공 1982, 664 = 백선 총론 73. 참고판례 1. 『히로뽕 제조기구 사건』.
4) 1982. 11. 23. 82도2024, 공 1983, 238 = 백선 총론 73. 『여고생 협박전화 사건』 참조.

제 3 공모공동정범

【사례 101】 갑과 을은 P국에 대한 정치적 항의의 표시로 P국 문화원에 불을 지르고 그 취지를 유인물로 알리기로 하였다. 범행의 계획을 총괄한 갑은 방화용 휘발유를 구입·운반하고 이를 P국 문화원 내부에 살포하여 불을 질렀다. 을은 이에 때를 맞추어 P국 문화원 맞은 쪽 Q백화점 건물 옥상에 올라가서 이 방화의 의의와 목적 및 방화선언 등의 뜻이 담긴 유인물을 살포하였다.

　이 경우 직접 불을 지르는 데에 가담하지 아니한 을을 현주건조물방화죄의 공동정범으로 처벌할 수 있겠는가? (1983. 3. 8. 82도3248, 공 1983, 695 = 백선 총론 68. 참고판례 1.『부산 미문화원 방화 사건』)

1. 실행행위의 분담과 공모공동정범

(1) 공동정범의 요건과 실행행위의 분담

공동정범은 두 명 이상이 공동하여 죄를 범할 때에 성립한다(법30). 공동정범의 성립에는 '공동가공의 의사'라는 주관적 요건과 '공동가공의 사실'이라는 객관적 요건이 구비되어야 한다. 공동가공의 사실은 실행행위의 분담이라는 형태로 나타난다. 공모자들이 의도하는 전체범행을 다수자가 분담하여 실행하는 것이 공동정범의 본질이다. 다수자들이 분업의 원리에 의하여 범행을 분담할 때 범죄를 효율적으로 실행할 수 있기 때문이다.

실행행위의 분담은 원칙적으로 구성요건의 일부를 실행하는 것을 말한다. 실행행위의 분담은 결합범의 경우에 그 모습이 보다 뚜렷해진다. 예컨대 강간죄의 경우에 공모자 갑이 폭행을 가하고 다른 공모자 을이 피해자 A와 성관계를 가지는 경우를 생각할 수 있다. 이 경우 갑은 강간죄의 구성요건요소 가운데 일부인 '폭행'의 실행을 분담하고 있다. 따라서 갑은 성관계를 가지지 않더라도 강간죄의 공동정범이 된다.

(2) 문제의 소재

그런데 위의 [사례 101]에서 보는 바와 같이 공동의 의사연락은 있으나 범죄의 실행행위에 직접 가담하지 아니한 자를 공동정범으로 처벌할 수 있는지 문제된다. 공동의 의사연락만 있고 실행행위의 분담이 없음에도 불구하고 공동정범을 인정하는 이론을 가리켜서 공모공동정범의 이론이라고 한다. 그리고 공동의 의사연락만 있는 상태에서 공동정범으로 인정되는 사람을 가리켜서 공모공동정범이라고 한다.

우리 형법이 제정되기 전에 시행되고 있었던 의용형법은 공동정범에 관하여 "2인 이상이 공동하여 범죄를 실행한 자는 모두 정범으로 한다."고 규정하고 있었다(동법60). 우리 입법자는 일본개정형법가안의 입법모델에 따라 공동정범의 조문을 "2인 이상이 공동하여 죄를 범한 때에는 각자를 그 죄의 정범으로 처벌한다."는 형태로 규정하였다(법30). 두 조문의 비교를 통해서 알 수 있는 것은 종전의 공동정범이 '2인 이상이 공동하여 범죄를 실행한 자'로 되어 있었음에 반하여 새로운 공동정범은 '2인 이상이 공동하여 죄를 범한 [자]'로 변화되었다는 사실이다. 즉 '범죄의 실행'을 공동으로 한 것으로부터 '죄를 범하는 것'을 공동으로 하는 형태로 변경된 것이다. 이와 같이 조문형태가 변경된 것은 의용형법하에서 판례로 인정되고 있었던 공모공동정범의 논의에 대한 실정법상의 해석근거를 마련하기 위함이었다.[1]

그러나 우리 형법 제30조가 채택한 조문형식에 대해 이를 정면에서 공모공동정범을 인정하기 위한 것이라고 볼 수는 없다. 어디까지나 해석론의 여지를 남겨놓기 위한 조문변화일 뿐이다. 공모공동정범을 형법 제30조에서 규정한 공동정범으로 인정할 것인가 하는 해석상의 문제는 여전히 남아 있다. 학설대립의 계기는 다수자의 분업적인 범죄실행을 효율적으로 차단해야 한다는 형사정책적 요청과 공동가공이라는 객관적 요건을 배제함으로써 공동정범의 성립범위가 지나치게 넓어지는 폐단을 어떻게 하면 조화할 수 있는가 하는 점에 있다. 아래에서는 공모공동정범과 관련하여 전개되고 있는 주요 학설들을 살펴본다.

2. 공동의사주체설

(1) 공동의사주체설의 내용

공모공동정범을 인정하는 대표적인 학설로 공동의사주체설이 있다. 공동의사주체설은 공동의사주체의 일원인 공모자에게 공동정범의 성립을 인정하는 이론이다.[2] 이 경우 공동의사주체란 공동의 범죄를 실현하려는 목적으로 여러 명이 결합된 하나의 주체를 말한다. 공동의사주체설의 입장에서는 다음과 같은 방식으로 공모공동정범의 성립근거를 제시한다.

---

1) 일본개정형법가안에 대해서는 심의위원회 내부 심의용의 간략한 이유서가 작성되어 있다. 이 이유서는 공동정범에 대하여 아래와 같이 설명하고 있다. (일본 사법성), 형법개정안이유서, (1931), 17면.

"…… 판례 또한 이(공모공동정범; 저자 주)를 인정하고 있는 바이다. 그런데 현행법(의용형법; 저자 주)의 규정에 의할 때에는 현실로 실행행위를 분담하지 않은 자는 공동정범이 아닌 것처럼 해석되는 의문이 있어 본안은 '범죄의 실행'으로 하지 않고 '죄를 범한'으로 고쳐서 이러한 의문을 피하려고 하였다."

2) 1983. 3. 8. 82도3248, 공 1983, 695(704) = 백선 총론 68. 참고판례 1. 『부산 미문화원 방화 사건』.

「두 명 이상의 사람들 사이에 공동으로 범죄를 실현하려는 의사연락이 있으면 공동의 사주체가 형성된다. 공동의사주체란 공동의 범죄실현을 목적으로 결합된 하나의 주체이다. 공동의 범행의사로 연결된 개개인은 공동의사주체의 지체(肢體)가 된다. 공동의사주체의 지체를 이루는 한 사람이 실행행위를 하면 그 행위는 공동의사주체 전체의 행위가 된다. 이 행위는 공동의사주체를 형성한 전체공모자에게 귀속된다. 따라서 공모자는 의사연락만 있고 실행행위를 분담하지 않더라도 전체 범행에 대하여 정범으로서 책임을 진다.」

(2) 공동의사주체설의 성립배경

공동의사주체설은 일본의 판례에 의하여 발전된 이론이다. 일본의 경우 공동의사주체설은 애당초 자신은 배후에 있으면서 다른 사람을 전면에 내세워서 범행하는 자를 처벌하기 위하여 안출(案出)되었다. 공동의사주체설은 처음에는 사기죄 등 지능범을 중심으로 발전하였으나 이후 방화죄나 강도죄와 같은 실력범에도 확대 적용되었다.

공동의사주체설의 입장에서는 범죄의 집단화현상에 비추어 볼 때 범행의 모의만 하고 실행행위를 분담하지 않았다고 하더라도 그 범행에 중요한 소임을 담당한 자를 결코 간과해서는 안 된다고 주장한다. 그리하여 모의에 참여한 배후자를 단순한 공범이 아니라 정범으로 처벌해야 한다고 본다.

(3) 공동의사주체설의 폐단

연혁적으로 볼 때 공동의사주체설은 공모공동정범의 이론을 수립하는 토대로서 주목된다. 공동의사주체설에 따르게 되면 위의 〔사례 101〕에서 을은 방화현장에서 방화에 직접 관여하지 않았다고 할지라도 현주건조물방화죄의 공모공동정범으로 처단될 것이다. 실제로 〔사례 101〕의 기초가 된 판례에서 대법원은 공동의사주체설을 원용하여 동일한 결론에 이르렀다.

그러나 공동의사주체설에 입각하여 공모공동정범을 인정하게 되면 단순히 공모가 있었다는 이유만으로 공동정범이 성립하게 되어 공동정범의 처벌범위가 지나치게 확장될 우려가 있다. 나아가 공모공동정범을 인정하게 되면 자칫 자백편중 및 자백강요의 수사관행을 낳기 쉽다. 공모는 공모자들 사이에 존재하는 내심의 의사연락이다. 내심의 사정을 인정하는 유력한 방법은 자백이다. 이 때문에 공모를 입증하기 위하여 수사기관이 자백을 강요하는 사태가 빚어질 수 있다.

이러한 난점을 해결하기 위한 시도로서 몇 가지 수정안이 제시되고 있다. 공모공동정범의 폐단을 완화하려는 시도는 크게 보아 공동정범의 주관적 요건을 강화하는 방식과 객관적 요건을 요구하는 방식으로 나뉜다. 전자는 공모공동정범의 형태를 그대로 유지하면서 공모의 요건을 엄격하게 해석하자는 입장이다. 이에 대하여 후자는 공모공동정범이 처음부터 무시하였던 실행행위의 분담이라는 객관적 요건을 회복시켜야 한다는 입장이다.

3. 간접정범유사설

(1) 간접정범유사설의 내용

공모공동정범을 유지하면서 그 성립범위를 제한하려는 이론적 시도로 우선 간접정범유사설을 들 수 있다. 간접정범유사설은 공모자들 사이의 의사연락이 간접정범에 있어서 이용자와 피이용자 사이의 관계에 준할 정도로 강력한 경우에만 공모공동정범을 인정하자는 견해이다.[1] 간접정범이란 처벌받지 않는 다른 사람을 이용하여 자신의 범죄를 실행하는 범죄유형이다. 간접정범은 다른 사람을 도구로 이용하여 자신의 범죄를 실행한다는 점에 특색이 있다. 간접정범유사설은 공모자들 사이에 서로 다른 사람을 이용하여 자신의 범죄를 실행한다는 강력한 의사연락이 있을 때에 비로소 공모공동정범을 인정하는 이론이다.

어느 행위로 처벌받지 않는 다른 사람을 이용하여 자신의 범죄를 실행하는 것이 간접정범이다(법34①). 간접정범유사설은 다른 사람을 이용하여 자신의 범죄를 실행한다는 점에서 간접정범과 비슷한 구조를 갖는다. 그러나 처벌받지 않는 사람을 이용하는 것이 아니라 함께 처벌받는 다른 사람을 이용한다는 점에서 공모공동정범은 간접정범과는 구별된다. 이러한 점 때문에 이 견해를 간접정범'유사설'이라고 부른다.

(2) 판례의 경향

대법원의 판례를 보면 근래에 들어 공모공동정범의 성립범위를 제한하기 위하여 주관적 요건의 측면에서 간접정범유사설을, 객관적 요건의 측면에서 후술하는 기능적 행위지배설을 취하는 예들이 늘고 있다.

간접정범유사설의 입장에 선 판례의 예를 보면, 판례는 "두 사람 이상이 공동의 의사로 특정한 범죄행위를 하기 위하여 일체(一體)가 되어 서로가 다른 사람의 행위를 이용하여 각자 자기의 의사를 실행에 옮기는 것을 내용으로 하는 모의"가 있을 때 공모공동정범의 성립을 인정하고 있다.[2]

---

1) 1980. 5. 20. 80도306, 소수의견, 대법원전원합의체판례집 형사편 Ⅱ, 49(112) 이하 = 백선 총론 68. 『고개 끄덕끄덕 사건』, 540면.
2) 1988. 4. 12. 87도2368, 공 1988, 965 = 백선 총론 69. 『국유지 사기 사건』.

(3) 간접정범유사설의 공모내용

간접정범유사설을 취하는 대법원판례를 보면 공모는 두 가지 요소로 구성된다. 하나는 "두 사람 이상이 공동의 의사로 특정한 범죄행위를 하기 위하여 일체가 되기로 한다는 모의"이다. 이것은 공동의사주체설에서 말하는 일반적인 공모와 내용이 같다. 특히 "일체(一體)가 되기로 한다."는 의사연락은 공동의사주체설을 연상시킨다.

판례가 설시한 공모의 두 번째 구성요소는 "서로가 다른 사람의 행위를 이용하여 각자 자기의 의사를 실행에 옮기는 것을 내용으로 하는 모의"이다. 이 두 번째 부분이 공동의사주체설에 비하여 간접정범유사설이 추가로 요구하는 공모의 구성요소이다. 다른 사람의 행위를 이용한다는 추가적 요소에 의하여 공모공동정범의 성립범위를 제한하려는 것이 간접정범유사설이다.

4. 적극이용설

공모공동정범을 인정하면서 그 성립범위를 제한하려는 두 번째의 견해는 적극이용설이다. 적극이용설은 공모공동정범이 배후의 주모자를 처벌하기 위하여 극히 예외적으로 인정된 공동정범의 형식이라고 보는 견해이다.[1] 적극이용설은 실행정범의 배후에서 하수인인 실행정범을 적극적으로 이용하여 자신의 범행을 실현시키는 주범만을 공모공동정범으로 포착하려고 한다. 이 점에서 이 학설의 명칭에 '적극이용'이라는 표현이 사용되고 있다.

적극이용설은 다음과 같은 논리를 제시한다. 「사회의 실정에 비추어 볼 때 다수인에 의한 범죄 가운데에는 실질상 주범이 배후에서 범죄를 계획하고 그 실행행위는 부하나 또는 주범의 지배력하에 있는 사람으로 하여금 실행하게 하는 경우가 있다. 그런데 이러한 배후의 주범을 단순한 교사나 방조만으로써는 처리할 수 없는 경우가 있다. 공모공동정범은 이러한 애로사항을 타개하기 위하여 재판상 필요에서 나온 이론일 뿐이다. 공모공동정범의 원래의 취지에 충실하려면 공모공동정범의 성립범위는 배후의 주모자로 한정해야 한다.」

이상과 같은 논리구조에 입각하여 적극이용설은 공모자가 범죄의 주모자로서 자신의 범죄를 행한다는 적극적이고 주체적인 의사가 있는 경우에 한하여 공모공동정범을 인정하려고 한다.

---

1) 1980. 5. 20. 80도306, 소수의견, 대법원전원합의체판례집 형사편 Ⅱ, 49(112) 이하 = 백선 총론 68. 『고개 끄덕끄덕 사건』, 542면.

5. 기능적 행위지배설

(1) 객관적 요건의 강화 필요성

공동의사주체설, 간접정범유사설, 적극이용설은 실행공동정범의 행위가 있다는 전제하에 공모가 인정되기만 하면 실행행위를 전혀 분담하지 않더라도 공모자에게 공동정범의 성립을 인정하는 이론이었다. 이에 대하여 공동정범이 성립하려면 공모 이외에 객관적 측면에서 어떠한 형태로든지 공동가공의 행위가 있어야 한다고 보는 견해가 있다.

객관적 요건을 강조하는 견해에 따르면 공모공동정범이라는 범죄형식은 처음부터 인정할 여지가 없다. 단순히 공모가 있는 것만으로는 공동가공의 행위가 없어서 공동정범이 성립하지 않는다는 것이다. 이 입장에 따르게 되면 공모공동정범의 폐단은 처음부터 염려할 필요가 없게 된다. 공모공동정범의 이론을 공동정범의 객관적 요건의 측면에서 제한하려는 이론은 다시 기능적 행위지배설과 실행행위분담설로 나누어진다.

(2) 기능적 행위지배설의 내용

기능적 행위지배설은 공모 이외에 기능적 행위지배를 나타내는 객관적 행위기여가 있을 때 공동정범을 인정하는 견해이다.[1] 기능적 행위지배설은 공모만으로 공동정범을 인정하지 않고 기능적 행위지배 형태의 행위기여를 요구한다.[2]

'기능적 행위지배'라고 할 때 기능적이라는 말은 특정한 목표달성을 위한 수단이라는 의미를 갖는다. 기능적 행위지배란 특정한 범죄실현의 목표달성을 위하여 수단으로 사용되는 행위를 통하여 범죄실현을 좌우할 수 있는 지위를 말한다. 수단의 여하에 따라서 목표달성도 영향을 받기 때문에 부분행위를 하는 자에게도 행위지배가 인정된다.

기능적 행위지배설에 의하면 공동의 범죄실현을 좌우하는 부분행위는 반드시 구성요건의 실행행위를 일부 실현하는 행위일 필요가 없다. 구성요건의 실현에 이르기 전의 단계에서 일어나는 행위라 할지라도 공동범행의 실현을 위한 행위기여로 인정되면 족하다. 그러나 단순한 인과적 원인력을 가진 행위로는 족하지 않고 공동범행의 실현을 좌우할 정도의

---

1) 권오걸, 549면; 김성돈, 617면; 김성천·김형준, 391면; 김일수·서보학, 455면; 김혜정 외 4인, 325면; 배종대, 422면; 성낙현, 565면; 손동권·김재윤, 546, 552면; 오영근, 375면; 이정원, 359면; 임웅, 464면; 정성근·정준섭, 280면.
2) 이재상·장영민·강동범, 486면은 "공모공동정범이란 2인 이상의 자가 공모하여 그 공모자 가운데 일부가 공모에 따라 범죄의 실행에 나아간 때에는 직접 실행행위를 담당하지 아니한 공모자에게도 공동정범이 성립한다는 이론이다."라고 정의하면서, 기능적 행위지배의 형태로 관여하는 공동정범을 공모공동정범이라고 부르고 있다.

기여가 있어야 한다. 그리하여 기능적 행위지배설의 입장에서는 단순한 공모만으로는 기능적 행위지배를 인정할 수 없다고 보아 공모공동정범의 개념을 부인한다.

(3) 판례의 경향

근래에 들어서 우리 대법원은 공모공동정범의 성립범위를 제한하기 위하여 주관적 요건으로 간접정범유사설에 입각한 고도의 공동가공 의사와 객관적 요건으로 기능적 행위지배를 요구하고 있다.[1]

(가) 공모의 정도　먼저, 주관적 요건과 관련하여 대법원은 보다 강도 높은 공동가공의 의사를 요구한다. 즉 "여기서 공동가공의 의사란 타인의 범행을 인식하면서도 이를 제지함이 없이 용인하는 것만으로는 부족하고 공동의 의사로 특정한 범죄행위를 하기 위하여 일체가 되어 서로 다른 사람의 행위를 이용하여 자기의 의사를 실행에 옮기는 것을 내용으로 하는 것이어야 한다."고 판시하여 간접정범유사설이 요구하는 정도의 강도 높은 공모를 요구하고 있다.[2]

(나) 기능적 행위지배　다음으로, 객관적 요건과 관련하여 대법원은 기능적 행위지배를 요구한다. 이 경우 기능적 행위지배란 범행의 결과나 그에 이르는 사태의 핵심적 경과를 공모자들이 계획적으로 조종하거나 저지·촉진하는 등으로 지배히는 것을 말한다.[3] 이 때 행위지배의 정도에 관하여 대법원은 "구성요건행위를 직접 분담하여 실행하지 아니한 공모자가 공모공동정범으로 인정되기 위하여는 전체 범죄에 있어서 그가 차지하는 지위·역할이나 범죄경과에 대한 지배 내지 장악력 등을 종합하여 그가 단순한 공모자에 그치는 것이 아니라 범죄에 대한 본질적 기여를 통한 기능적 행위지배가 존재하는 것으로 인정되어야 한다."는 입장을 취하고 있다.[4] [5]

판례는 "공모자 중 구성요건에 해당하는 행위 일부를 직접 분담하여 실행하지 않은 사람도 전체 범죄에서 그가 차지하는 지위, 역할이나 범죄 경과에 대한 지배나 장악력 등을

---

1) 2004. 6. 24. 2002도995, 공 2004, 1255 = 백선 총론 70-1. 『보라매 병원 사건 4』.

2) 2004. 6. 24. 2002도995, 공 2004, 1255 = 백선 총론 70-1. 『보라매 병원 사건 4』.

3) 2004. 6. 24. 2002도995, 공 2004, 1255 = 백선 총론 70-1. 『보라매 병원 사건 4』.

4) "피고인이 [P]회사를 유일하게 지배하는 자로서 회사 대표의 지위에서 장기간에 걸쳐 현장소장들의 뇌물공여행위를 보고받고 이를 확인·결재하는 등의 방법으로 현장소장들의 뇌물공여행위에 관여하였다면, 비록 피고인이 사전에 현장소장들에게 구체적인 대상 및 액수를 정하여 뇌물공여를 지시하지 아니하였다고 하더라도 이 사건 뇌물공여의 핵심적 경과를 계획적으로 조종하거나 촉진하는 등으로 현장소장들의 뇌물공여행위에 본질적 기여를 함으로써 기능적 행위지배를 하였다고 봄이 상당하다고 할 것이다."

2010. 7. 15. 2010도3544, 공 2010하, 1613 = 분석 총론 『현장소장 뇌물 결재 사건』.

5) 2011. 11. 10. 2010도11631, 공 2011하, 2597 = 분석 총론 『크레인 게임기 사건』 ☞ 1031면.

종합해 볼 때, 단순한 공모자에 그치는 것이 아니라 범죄에 대한 본질적 기여를 통한 기능적 행위지배가 존재하는 것으로 인정되는 경우 이른바 공모공동정범으로서의 죄책을 질 수 있다."고 판시하여,[1] 이러한 경우의 공동정범을 '공모공동정범'이라고 지칭하고 있다. 이러한 용어사용법은 원래 '공모'만 있으면 공동정범을 인정하기로 한다는 '공모공동정범'의 본래 의미를 벗어나는 것이라고 할 수 있다.

(다) 파생범죄와 기능적 행위지배　　판례는 기능적 행위지배에 의한 공모공동정범을 인정하면서 기능적 행위지배의 범위를 다음과 같이 넓게 해석하고 있다.

「[범죄에 대한 본질적 기여를 통한 기능적 행위지배가 존재하는 것으로 인정되는] 경우, 범죄의 수단과 태양, 가담하는 인원과 그 성향, 범행 시간과 장소의 특성, 범행과정에서 타인과의 접촉 가능성과 예상되는 반응 등 제반 상황에 비추어, 공모자들이 그 공모한 범행을 수행하거나 목적 달성을 위해 나아가는 도중에 부수적인 다른 범죄가 파생되리라고 예상하거나 충분히 예상할 수 있는데도 그러한 가능성을 외면한 채 이를 방지하기에 족한 합리적인 조치를 취하지 아니하고 공모한 범행에 나아갔다가 결국 그와 같이 예상되던 범행들이 발생하였다면, 비록 그 파생적인 범행 하나하나에 대하여 개별적인 의사의 연락이 없었다 하더라도 당초의 공모자들 사이에 그 범행 전부에 대하여 암묵적인 공모는 물론 그에 대한 기능적 행위지배가 존재한다고 보아야 할 것이다.」[2] [3]

6. 실행행위분담설

(1) 실행행위분담설의 내용

실행행위분담설은 공모자가 구성요건의 실행행위를 일부 분담할 때 비로소 공동정범이 성립한다고 보는 견해이다.[4] 실행행위분담설은 기능적 행위지배설과 마찬가지로 공모공동정범의 개념 자체를 부인하는 견해이다. 그러나 단순한 기능적 행위지배 형태의 행위분담을 넘어서서 구성요건의 실현을 분담할 것을 요구한다. 실행행위분담설의 입장에서는 공모공동정범 자체를 부인하는 이유를 다음과 같이 설명한다.

(가) 실행행위 분담의 필요　　공동정범이 성립하려면 주관적으로 공동의 의사연락이 있어야 하고 객관적으로 실행행위의 분담이 있어야 한다. 그런데 공모공동정범의 경우에는 아무런 실행행위의 분담이 없다. 그러므로 공모만 있는 경우에는 공동정범이 성립하지 않

---

1) 2017. 1. 12. 2016도15470, 공 2017상, 427 = 『장애인 특기장학생 사건』 ☞ 1158면.
2) 2010. 12. 23. 2010도7412, 공 2011상, 271 = 분석 총론 『외부인 지휘부 참가 사건』 ☞ 1159면.
3) 2018. 4. 19. 2017도14322 전원합의체 판결, 공 2018상, 1002 = 『국정원 댓글 사건』 ☞ 1160면.
4) 박상기, 278, 419면; 정영일, 398면.

는다.

(나) 기능적 행위지배의 모호성   실행행위분담설은 기능적 행위지배설에 기초한 공동정범의 확장에도 다음과 같은 논거를 들어 반대한다. 「공동의 실행행위는 구성요건을 공동으로 실현하는 행위이다. 구성요건은 위법행위의 정형이다. 구성요건이 제시하는 정형성을 유지할 때 공동정범의 지나친 확장을 막을 수 있다. 기능적 행위지배설은 구성요건의 행위정형성을 포기하기 때문에 충분한 방지책이 되지 못한다.」

(2) 실행행위분담설의 접근방법

이러한 문제의식에서 출발하여 실행행위분담설의 입장에서는 실행행위와 관련하여 공동정범자의 행위분담을 검토한다. 그리하여 예비단계에서의 공동작용은 단순히 범죄실현에 영향을 미칠 수는 있으나 범죄실현을 좌우하는 것이라고는 볼 수 없다고 새긴다. 범죄실현을 좌우하는 지위에 서려면 구성요건의 실행행위의 단계에서 작업을 분담하는 공동작용이 있어야 공동정범이 성립한다고 본다.

실행행위분담설은 이 설에 의할 때 자칫하면 형사정책적으로 불합리한 결과에 이를 수 있다는 비판을 의식하고 있다. 이 점과 관련하여 실행행위분담설은 우리 형법이 범죄의 주모자로서 실행정범의 배후에 있는 자에 대하여 특별한 가중처벌규정을 두고 있다는 점에 주목한다. 그리하여 실행행위분담설은 다음과 같은 논지를 전개한다.

「형법 제34조 제2항은 자기의 지휘 또는 감독을 받는 자를 교사 또는 방조하여 범죄행위의 결과를 발생하게 한 자를 교사인 때에는 정범에 정한 형의 장기 또는 다액에 그 2분의 1까지 가중하고, 방조인 때에는 정범의 형으로 처벌하기로 하고 있다. 이와 같은 가중처벌규정을 가지고 있는 우리 형법 아래에서 배후자를 처벌하기 위하여 굳이 공모공동정범을 인정할 필요는 없다. 배후의 주모자를 강력히 처벌하려면 오히려 형법 제34조 제2항의 특수교사방조의 조문을 적용하여야 한다. 이를 위해서는 구성요건의 정형성을 중심으로 실행행위의 분담을 판단해야 한다.」

7. 사   견

(1) 실행행위분담설의 지지

이상에서 공모공동정범의 인정 여부를 둘러싼 여러 학설들을 살펴보았다. 이제 이들 학설에 대한 당부를 검토해 보기로 한다. 결론부터 말한다면 공모공동정범의 성립 여부는 실행행위분담설에 입각하여 판단하는 것이 타당하다고 본다. 실행행위분담설의 적극적인 논거는 위에 설명하였으므로 아래에서는 다른 학설의 문제점을 검토해 보기로 한다.

(2) 공동의사주체설에 대한 검토

(가) 조합이론의 원용   공동의사주체설은 민법의 조합이론을 차용한 것이라고 설명되고 있다. 민법상 조합은 두 명 이상이 상호 출자하여 공동사업을 경영할 것을 약정함으로써 성립하는 계약이다(민법703①). 이 조합계약에 의하여 성립된 인적 결합체를 또한 조합이라고 한다. 공동의사주체설은 조합이론을 원용하여 다음과 같은 설명을 제시한다.

「공동의 사업을 하기 위하여 다른 사람과 함께 조합을 결성하여 일정 지분(持分)을 출자한 사람은 그 조합활동에서 발생하는 수익을 공동으로 향유할 뿐만 아니라 의무 또한 공동으로 부담하여야 한다. 이러한 이치는 공동의 범죄실현을 목적으로 결합한 공동의사주체에도 그대로 적용된다.」

(나) 조합이론 원용의 문제점   그러나 민법의 조합이론을 형법의 이론구성으로 차용하는 데에는 문제가 없지 않다. 우선 민법의 조합이론 자체에 의하더라도 조합원의 책임은 출자액의 한도를 기본으로 하는 것이 원칙이다(민법711① 참조).

다음으로 민법의 이론을 형법의 세계에 그대로 차용할 수는 없다. 민법은 손해 또는 이익의 공평한 배분을 목적으로 하지만 형법에는 책임개별화의 원칙이 지배한다. 공모만 있는 사람에게 실행정범의 행위 전부에 대하여 '정범'으로 책임을 지우는 것은 책임개별화의 원칙에 반한다.

(3) 간접정범유사설 및 적극이용설에 대한 검토

간접정범유사설은 공동정범과 간접정범의 본질적 차이점을 간과하고 있다. 간접정범을 도구설의 관점에서 파악한다고 가정할 때 간접정범은 처벌받지 않는 사람을 도구로 이용하여 범죄를 실현하는 것이다(법34①). 이 경우 정범은 이용자 한 사람뿐이다. 그런데 간접정범유사설은 공동정범이 서로 상대방을 이용하여 자신의 범죄를 실현하는 것이라고 본다. 이러한 이론구성은 정범이 동시에 다른 사람의 도구가 된다는 것으로서 서로 양립할 수 없는 두 개념을 공동정범으로 묶으려 하고 있다.

간접정범유사설에 대한 비판은 적극이용설에도 그대로 적용된다. 적극이용설은 이용자인 주모자가 통상의 경우에 비하여 피이용자인 실행정범을 한층 더 적극적으로 이용할 것을 요구하는 이론구성이라고 할 수 있다. 이 점에서 적극이용설은 가중된 형태의 간접정범유사설이라고 볼 수 있다. 그리하여 간접정범유사설에 대한 비판은 적극이용설에도 그대로 해당된다.

(4) 기능적 행위지배설에 대한 검토

(가) **행위기여의 불명확성**   기능적 행위지배설은 전체범행의 진행과정에서 범죄의 목표달성을 위한 행위기여가 있을 때 공동정범을 인정한다. 그런데 전체범죄의 달성을 위한 행위기여를 어느 범위에서 인정할 것인지 명확하지가 않다. 기능적 행위지배설은 자칫하면 지극히 일상적인 행위에 대해서도 기능적 행위지배를 인정할 여지가 있다.

기능적 행위지배설에 의하면 예비 단계에 속하는 대부분의 행위들이 공동정범의 객관적 성립요소인 실행행위의 분담으로 인정될 가능성이 높다. 이 때문에 판례는 '본질적 기여'를 통한 행위지배를 요구하고 있다.[1] 그러나 '본질적 기여'의 해당 여부를 판별하는 것도 결코 용이하지 않다. 그리하여 기능적 행위지배설은 객관적 성립요소를 전혀 요구하지 않는 공동의사주체설이나 간접정범유사설에 비하여 공동정범의 인정범위에 실질적으로 별다른 차이를 보이지 않게 된다. 이러한 폐단은 기능적 행위지배설이 구성요건에 내재되어 있는 '위법행위의 정형성'을 쉽사리 포기하는 데에서 비롯된 것이다.

(나) **실행행위의 분담**   공동정범은 두 명 이상의 사람들 사이에 공동의사의 연락뿐만 아니라 실행행위의 분담이 있어야 성립하는 범죄유형이다. 실행행위의 분담은 실행의 착수로부터 기수에 이를 때까지 범죄실행의 기능적 분담을 의미한다. 이 경우 '기능적 분담'은 기능적 행위지배설에서 말하는 '기능적 행위지배'와 다소 구별된다. '기능적 분담'은 분업의 원리에 기초한 실행행위의 분담이라는 뜻이다. 구성요건이라는 '위법행위의 정형'을 중심으로 한 분업적 수행을 의미한다. 따라서 실행행위의 분담은 구성요건을 중심으로 판단하여야 한다.

(다) **특수교사방조의 규정**   구성요건을 중시하는 견해에 대하여 실행행위의 분담에 집착할 때 범죄의 배후에 있는 주모자를 처벌하지 못할 우려가 있다는 비판을 예상할 수 있다. 그러나 우리 입법자는 형법 제34조 제2항에서 특수교사방조를 인정하고 있다. 우리 입법자는 배후의 주모자에 대하여 단순한 정범 수준의 형을 넘어서서 오히려 더 무거운 형사처벌을 요구하고 있다. 실정법에 나타난 입법자의 결단을 충실하게 구현하는 방법은 실행행위의 분담을 공동정범의 성립요건으로 설정하는 길이다.

〈**사례 해설**〉   이제 위의 〔사례 101〕로 돌아가 본다. 공동의사주체설, 간접정범유사설, 적극이용설, 기능적 행위지배설의 입장에서는 을에 대하여 현주건조물방화죄의 공동정범성립을 인정하게 될 것이다. 그러나 실행행위분담설의 입장에서는 공동정범의 성립을 부정하게 될 것이다. 실행행위분담설의 입장에서 보면 범행계획을 총괄하고

---

1) 2010. 7. 15. 2010도3544, 공 2010하, 1613 = 분석 총론 『현장소장 뇌물 결재 사건』.

방화행위로 나아간 사람은 갑이다. 을은 현주건조물방화죄의 실행행위를 분담하지 않고 갑의 범죄실현을 정신적으로 돕고 있을 뿐이다. 따라서 을은 현주건조물방화죄의 방조범으로 처벌되어야 할 것이다.

제4 과실범의 공동정범

【사례 102】 정기관사 갑과 부기관사 을은 함께 열차를 운행하고 있었다. 운행 중 전방에 장애물이 나타나자 갑과 을은 열차를 퇴행(退行)시킬 것인가 말 것인가를 서로 논의하였다. 정기관사 갑은 열차를 뒤로 운행하자고 제안하였고 마침내 부기관사 을도 정기관사 갑의 퇴행운전 제안에 동의하였다. 그런데 퇴행운전 중 후방에서 예기치 못한 다른 열차가 달려와서 두 열차가 충돌, 전복되었다.
정기관사 갑에 대하여 업무상과실기차전복죄(법189) 등의 과실범이 성립한다고 할 때 부기관사 을을 갑의 과실범에 대한 공동정범으로 처벌할 수 있겠는가? (1982. 6. 8. 82도781, 공 1982, 660 = 백선 총론 75. 참고판례 2. 『경산 열차추돌 사건』)

1. 문제의 소재

(1) 독일 법원의 태도

형법 제30조는 "2인 이상이 공동하여 죄를 범한 때에는 각자(各自)를 그 죄의 정범으로 처벌한다."고 규정하고 있다. 그런데 이 조문을 "2인 이상이 공동하여 과실범의 죄를 범한 때에는 각자를 그 죄의 정범으로 처벌한다."고 읽을 수 있는지 문제된다.

과실범의 공동정범을 인정할 것인가 하는 문제를 놓고 독일 법원과 한국 법원은 입장을 달리하고 있다. 독일 법원은 과실범에 있어서 공동의 범행결의라는 것을 생각할 수 없다고 본다. 과실범의 경우에는 고의가 존재하지 아니하므로 공동의 범행결의도 생각할 수 없다는 것이다. 독일의 판례는 과실범의 경우에는 다수의 정범이 각각 독립행위로서 경합할 수 있을 뿐이며, 공동정범은 물론이고 협의의 공범도 성립할 수 없다고 보고 있다.[1]

(2) 한국 법원의 태도

우리나라 판례도 초기에는 과실범의 공동정범을 인정하지 아니하였다. "과실에 있어서는 의사연락의 관념을 논할 수 없으므로 고의범과 같이 공동정범이 있을 수 없다."는 것이

---

[1] BGH VRS 18, 415(421 f.).

그 이유였다.[1] 독일 법원의 이론구성과 대단히 비슷한 입장이라고 할 것이다. 그러나 그 후 대법원은 판례변경의 절차를 거치지 아니한 채 과실범의 공동정범을 인정하는 쪽으로 방침을 선회한 이래 최근까지 이 입장을 유지해 오고 있다.[2]

과실범의 공동정범을 인정하는 대법원판례는 우선 형법 제30조가 '2인 이상이 공동하여 죄를 범한 때'라고 규정하고 있음에 주목한다. 판례는 형법 제30조가 규정한 '죄'에 대해 "고의범이고 과실범이고를 불문한다."고 새긴다. 이를 바탕으로 판례는 "공동정범의 주관적 요건인 공동의 의사도 고의를 공동으로 가질 의사임을 필요로 하지 않고 고의행위이고 과실행위이고 간에 그 행위를 공동으로 할 의사이면 족하다."고 본다.[3]

이러한 추론을 바탕으로 현재 판례는 두 명 이상이 어떠한 과실행위를 서로의 의사연락 아래 하여 범죄되는 결과를 발생하게 한 경우에는 과실범의 공동정범이 성립한다고 본다.

2. 논쟁의 실익

과실범의 공동정범에 대한 문제를 검토하기에 앞서서 먼저 긍정설과 부정설 사이에 어떠한 차이가 있는가를 확인해 둘 필요가 있다. 위의 〔사례 102〕의 사실관계를 예로 들어 이 점을 검토해 본다.

(1) 과실범의 공동정범을 부정하는 경우

〔사례 102〕의 사안에서 우선 생각할 것은 도대체 부기관사 을을 굳이 갑의 과실범에 대한 공동정범으로 처벌할 필요가 있겠는가 하는 점이다. 뒤집어서 말하자면 부기관사 을을 정기관사 갑의 과실범과는 별도로 자신의 주의의무위반을 이유로 업무상과실기차전복죄라는 과실범의 단독범으로 처벌하면 족한 것이 아닌가 하는 점이다.

부기관사 을을 독자적인 과실범으로 처벌하려면 을에 대하여 주의의무위반, 결과발생, 양자간의 형법적 인과관계 등을 검토해야 할 것이다. 〔사례 102〕의 사안에서 결과가 발생하였다는 점에는 의문이 없다. 그렇다면 논의의 중심은 을에게 주의의무위반이 인정되는가, 주의의무위반이 인정된다면 그것과 발생된 결과와의 사이에 형법적 인과관계가 인정되는가 하는 점에 모아지게 된다. 이러한 검토를 거쳐서 만일 을에게 과실범이 성립한다면 갑과 을의 행위는 독립행위의 경합으로 취급될 것이다.

---

1) 1956. 12. 21. 4289형상276, 집 4②, 형8 = 백선 총론 74. 『태신호 사건』.
2) 1997. 11. 28. 97도1740, 공 1998, 184 = 백선 총론 75-1. 『성수대교 붕괴 사건』.
3) 1962. 3. 29. 4294형상598, 집 10①, 형30 = 백선 총론 75. 『"그대로 가자" 사건』.

(2) 과실범의 공동정범을 인정하는 경우

이에 대하여 정기관사 갑과 부기관사 을을 과실범의 공동정범으로 처리하는 경우를 본다. 과실범이 성립하려면 주의의무위반, 결과발생, 양자간의 형법적 인과관계가 인정되어야한다. 〔사례 102〕의 사안에서 결과가 발생한 점에는 다툼이 없다. 이제 남는 것은 주의의무위반과 형법적 인과관계이다.

과실범의 공동정범을 긍정하는 입장에서는 우선 갑과 을이 행한 전(前)법률적·자연적행위에 주목한다. 여기에서 **전법률적·자연적**이라 함은 아무런 법적 평가를 개입시키지 않고 사실상태를 있는 그대로 바라본다는 의미이다. 이 입장에서는 (가) 2인 이상 행위자가상호의사 연락 하에 과실행위를 공동으로 하거나, (나) 특정한 공동의 목표가 있고 그에 대한 의사연락이 있는 다수인이 저지른 각자의 과실이 합쳐져서 동일한 사고의 원인이 된 경우에 과실범의 공동정범을 긍정한다.[1]

〔사례 102〕의 사안에서 갑과 을이 행한 전법률적·자연적 행위는 기차를 운행하는 일이다. 갑과 을 사이에는 기차를 운행한다는 점에 대하여 공동의 의사연락이 있다. 또 갑과을은 정기관사 및 부기관사로서 기차의 운행행위를 분담하고 있다. 이렇게 보면 갑과 을은공동으로 전법률적·자연적 행위를 행하는 하나의 주체가 된다.

일단 하나의 행위주체가 확인되면 다음으로 이 주체에 대하여 가해지는 주의의무를 검토한다. 하나의 행위주체는 공동의 주의의무를 부담한다고 보기 때문이다. 기차를 운행함에있어서 주의해야 할 사항은 전방주시의무, 후방확인의무 등 다양한 형태로 나타난다. 하나의 행위주체를 중심으로 주의의무위반이 인정되면 이어서 이 주의의무위반과 결과발생 사이의 형법적 인과관계를 확인한다. 〔사례 102〕의 사안에서 갑과 을은 하나의 주체로 묶여있으므로 형법적 인과관계의 확정은 한번으로 족하다.

(3) 두 견해의 차이점

과실범의 공동정범을 부정하는 견해와 이를 긍정하는 견해를 비교해 보면 결국 차이는두 가지로 나타난다. 하나는 주의의무위반을 개개의 행위자 별로 검토할 것인가 아니면 하나의 행위주체를 중심으로 전체적으로 검토할 것인가 하는 차이점이다.

다른 하나는 개개의 행위자별로 형법적 인과관계를 검토할 것인가 아니면 하나의 주체를 중심으로 하나의 형법적 인과관계를 검토하면 족할 것인가 하는 차이점이다.

이러한 차이점을 염두에 두면서 과실범의 공동정범에 관한 긍정설과 부정설을 검토해보기로 한다.

---

1) 2007. 10. 26. 2005도8822, 공 2007하, 1891 =『이중 교통사고 사건』☞ 1163면.

3. 행위공동설과 범죄공동설

(1) 두 학설의 대립계기

앞에서 본 것처럼 우리나라 대법원의 판례는 과실범의 공동정범을 인정하고 있다. 공동
정범에 있어서 공동의 의사는 "고의행위이고 과실행위이고 간에 그 행위를 공동으로 할 의
사이면 족하다."는 것이 그 논거이다. 이러한 판례의 태도는 소위 행위공동설의 입장을 취
한 것이다.

여기에서 대법원판례가 주된 논거로 삼고 있는 행위공동설의 개념을 살펴본다. 원래
범죄공동설과 행위공동설은 프랑스 형법학의 공범설명에 관한 이론에서 비롯한 것으로서
일본의 형법학자들이 공동정범의 성립범위에 관하여 이를 원용함으로써 의미를 가지게 된
이론이다. 독일 형법학에서는 이 이론 자체가 보이지 않는다. 일본에서 행위공동설이 특히
관심을 끌게 된 것은 범죄를 반사회적 악성의 징표라고 보는 주관주의 범죄론에 힘입은 바
크다.

(2) 행위공동설의 의미

행위공동설이란 공동정범을 전법률적 · 자연적 의미의 행위를 공동으로 행하여 범죄를
실행하는 경우로 보는 견해이다. 행위공동설에 의하면 구성요건(즉 위법행위의 정형)이라는
법률적 기본단위에 의한 제한을 받지 않는다. 전법률적 · 자연적 관점을 취하기 때문에 법
률적 판단의 출발점인 구성요건에 의미를 부여하지 않는다.

이와 같이 법적인 판단의 단위에 구애받지 않기 때문에 행위공동설은 다양한 형태의
공동정범을 인정할 수 있게 된다. 행위공동설에 따르게 되면 (가) 서로 다른 여러 개의 범죄
사실 간의 공동정범, (나) 승계적 공동정범, (다) 과실범의 공동정범 등을 쉽게 설명할 수 있
게 된다.[1]

(3) 범죄공동설의 의미

행위공동설에 대립하는 것으로 범죄공동설이 있다. 범죄공동설이란 형법 제30조를 '2인
이상이 공동하여 범죄를 범한 때'라고 읽는 견해이다. 여러 사람이 한 개의 범죄실현에 관
여하는 경우에 각 사람은 '그 범죄'(즉 특정범죄)를 공동으로 실현한다는 의사연락 아래 맡은
바 분담행위를 수행하게 된다. 이렇게 보게 되면 특정한 범죄를 공동으로 실현한다는 의사
연락은 공동정범의 필수적인 요소가 된다.

---

1) 정영일, 389면은 행위공동설에 입각하여 과실범의 공동정범을 인정한다.

'특정한 범죄를 실현한다는 의사'는 바로 고의이다. 그렇다면 공동정범에 있어서 '공동 가공의 의사가 있다' 함은 '고의를 공동으로 한다'는 뜻이 된다. 그리하여 형법 제30조의 '2 인 이상이 공동하여 죄를 범한 때'는 '2인 이상이 공동하여 고의범의 죄를 범한 때'로 읽히 게 된다. 이러한 견해에 의하면 과실범의 공동정범은 성립할 여지가 없다.

(4) 행위공동설의 검토

(가) 행위공동설의 장점 　여기에서 행위공동설의 장단점을 검토해 본다. 행위공동설 은 일상생활에서 일어나는 다양한 행위들에 대하여 과실범의 공동정범을 쉽게 인정할 수 있다는 장점이 있다. 또한 전법률적·자연적 행위를 공동으로 하기만 하면 하나의 행위주 체를 인정하여 인과관계의 판단이 용이하게 된다.

특히 형사재판의 실제에 있어서는 여러 명의 피고인을 과실범의 공동정범이라는 하나 의 주체로 묶어서 유죄판결에 범죄사실을 한번만 적시하면 된다. 이러한 기재방식은 개개 의 피고인을 과실범의 단독정범으로 처리할 때 여러 번 범죄사실을 기재해야 하는 것에 비 하여 소송경제의 효과가 크다.

(나) 행위공동설의 단점 　그러나 행위공동설은 전법률적·자연적 행위개념을 연결점 으로 사용함으로써 구성요건이 제공하는 보장적 기능을 근본적으로 뒤흔드는 위험을 안고 있다. 입법자는 위법행위를 정형화한 구성요건을 통하여 사회생활의 기본질서를 유지하고 자 한다. 이 구성요건은 법공동체의 구성원들에게 예측가능성과 법적 안정성을 제공한다. 전법률적·자연적 행위개념에 의하게 되면 일상적이고 정상적인 행위를 하더라도 범죄의 결과가 발생하는 한 모두 공동정범으로 처벌될 우려가 생긴다.

(5) 범죄공동설의 채택과 과실범의 공동정범 부정

행위공동설은 일본 형법학계에서 소위 주관주의를 주장한 학자들에 의하여 전개된 이 론이다. 주관주의를 표방한 학자들은 외부에 나타난 행위 및 그 결과는 범죄인의 주관적 악성이 바깥으로 드러난 징표의 일부에 불과하다고 보았다. 외적인 행위와 결과는 주관적 악성의 징표에 불과한 것이기 때문에 행위공동설의 입장에서는 외부에 나타난 행위의 정형 에 관심을 기울이지 아니하였다.

그러나 이러한 접근방법은 위법행위의 정형을 구성요건으로 규정하여 법생활에 있어서 예측가능성과 법적 안정성을 담보하고자 하는 행위형법의 기본원칙에 반한다고 하지 않을 수 없다.

형법의 보장적 기능에 비추어 볼 때 구성요건적 고의를 단위로 하여 공동정범의 성립 여부를 결정하는 범죄공동설이 타당하다고 본다. 이러한 관점에서 보게 되면 행위공동설에 기초한 과실범의 공동정범 긍정론은 수긍하기 어렵다고 하지 않을 수 없다. 공동의 범행결의가 없다는 점을 이유로 과실범의 공동정범을 부정하는 견해 또한 동일한 문제의식에 서 있다고 볼 수 있을 것이다.[1]

(6) 기능적 행위지배설과 과실범의 공동정범 부정

기능적 행위지배설의 관점에서 과실범의 공동정범을 부정하는 견해가 있다.[2] 이 견해도 넓은 의미에서 범죄공동설의 범주에 속하는 것으로 보인다. 기능적 행위지배설의 입장에서는 특정한 범죄의 실행을 위하여 기능적으로 행위를 지배하는 자를 공동정범으로 본다. 반드시 구성요건의 일부를 실현할 필요가 없다는 점에서 범죄공동설과 구별되지만 일정한 범죄의 실현을 목표로 한다는 점에서 범죄공동설과 공통된다. 기능적 행위지배설의 입장에서는 과실범의 경우에 일정한 범죄의 실현을 위한 의사연락이나 기능적 행위분담이 없다는 점에 주목하여 과실범의 공동정범을 부정한다.

〈사례 해설〉 범죄공동설의 입장에서 보면 위의 〔사례 102〕의 사례에서 과실범의 공동정범은 인정할 수 없다. 이 사례에서는 갑의 과실행위와 별도로 을의 과실범 성립 여부를 검토해야 하고 을에게 과실범의 성립이 인정되면 양자를 독립행위의 경합으로 처리해야 할 것이다.

(7) 과실범과 독립행위의 경합

과실범의 공동정범을 부정하고 독립행위의 경합을 인정할 경우에 형법 제19조와 관련하여 문제가 생기는 것이 아닌가 하는 의문이 제기될 수 있다.[3] 형법 제19조에 의하면 독립행위가 경합한 경우에 결과발생의 원인된 행위가 판명되지 아니할 때 미수범으로 처벌하게 된다. 그렇다면 과실범이 독립행위로 경합하는 경우에 과실범의 미수가 되어 불처벌의 흠이 발생하는 것이 아닌가 하는 의문이 생길 수 있다.[4]

그러나 이에 대해서는 형법 제19조가 '원인행위가 판명되지 아니한 때'라는 요건을 설정하고 있음에 주목할 필요가 있다. 피고사건의 사실관계를 확정함에 있어서 여러 개의 독립행위 사이에 시간적 선후나 우열관계가 밝혀지지 않는 때가 있다. 이러한 경우에는 '의심

---

1) 김성천·김형준, 400면; 성낙현, 574면; 손동권·김재윤, 544면; 이정원, 354면.
2) 권오걸, 553면; 김성돈, 608면; 박상기, 271면; 배종대, 414면; 임웅, 459면.
3) 과실범의 독립행위 경합 문제에 대해서는, 전술 186면 참조
4) 1997. 11. 28. 97노1740, 공 1998, 184 = 백선 총론 75-1. 『성수대교 붕괴 사건』.

스러운 때에는 피고인에게 유리하게'라는 증거법의 대원칙에 따라 인과관계 판단의 출발점이 되는 원인행위가 존재하지 않는 것처럼 취급해야 한다. 인과관계 판단의 출발점이 없으므로 결과가 발생하더라도 기수책임은 물을 수 없게 된다. '미수범으로 처벌한다'는 형법 제19조는 바로 이러한 사정을 표현한 조문이다.

이에 반해 일단 독립행위 사이에 시간적 선후나 우열관계가 밝혀지고 결과발생이 확인된다면 이 때에는 통상적인 경우와 마찬가지 방법에 의하여 양자간의 형법적 인과관계를 검토해야 한다. 형법적 인과관계의 검토는 법적 판단이다. 여기에는 사실관계의 확정시에 적용되는 '의심스러운 때에는 피고인에게 유리하게(in dubio pro reo)'의 법원칙이 적용되지 않는다.

여러 개의 과실행위가 각각 존재하고 있음이 판명되면 이제부터 인과관계를 따져보아야 한다.[1] 이러한 경우까지 결과발생의 원인된 행위가 판명되지 아니한 경우에 해당한다고 할 수는 없다. 여러 개의 과실행위가 독립행위로서 경합하고 있는 경우에 각각의 과실행위가 합쳐져서 결과가 발생하였다면 각각의 과실행위와 발생된 결과 사이에는 인과관계가 인정된다.[2]

〈사례 해설〉 　〔사례 102〕의 사안에서 정기관사 갑의 행위와 부기관사 을의 행위는 분명하게 입증되고 있다. 사실관계를 확정함에 있어서 '의심스러운 때'라는 사정은 보이지 않는다. 이제 갑과 을의 과실행위와 열차전복이라는 결과발생 사이에 형법적 인과관계를 판단해야 한다. 이 인과관계의 판단은 법적 판단이다.

법적 판단에 있어서 '의심스러운 때'라는 상황은 존재하지 않는다. 법적 판단을 함에 있어서 '의심스러운 때'라고 생각된다면 법원은 그 의심을 제거하여 명백한 법적 결론을 제시하여야 한다. 법적 판단은 법원의 몫이기 때문이다. 부기관사 을의 주의의무위반행위와 열차전복이라는 결과발생 사이에는 충분히 인과관계를 인정할 수 있다.

4. 과실공동·행위공동설과 기능적 행위지배설

(1) 과실공동·행위공동설에 대한 검토

지금까지 범죄공동설의 입장에서 과실범의 공동정범을 인정할 수 없다는 점에 관하여 설명하였다. 그런데 판례가 긍정하는 과실범의 공동정범을 이론적으로 뒷받침하기 위하여 제시되는 견해들이 있다. 아래에서는 이 견해들에 대하여 살펴본다.

---

1) 2007. 10. 26. 2005도8822, 공 2007하, 1891 = 『이중 교통사고 사건』 ☞ 1163면.
2) 2023. 3. 9. 2022도16120, 공 2023상, 680 = 『분리수거장 옆 담배꽁초 사건』 ☞ 1045면.

(가) 과실공동·행위공동설의 내용　　과실범의 공동정범을 긍정하는 견해로 먼저 소위 과실공동·행위공동설을 들 수 있다. 과실공동·행위공동설이란 의무의 공동이 있고 행위의 공동이 있으면 과실범의 공동정범이 성립한다고 보는 견해이다.[1]

과실이란 주의의무위반이다. 따라서 과실공동이란 주의의무위반의 공동을 말한다. 결국 과실공동이란 의무의 공동을 의미한다. 한편 과실공동·행위공동설은 '행위공동설'이라는 명칭을 사용하고 있다. 이 표현은 일상적인 전법률적·자연적 행위를 공동으로 하는 사람들은 의무 또한 공동으로 부담한다는 인식을 나타내고 있다. 이러한 점에서 이 견해는 행위공동설의 일종이라고 말할 수 있다.

그런데 과실공동·행위공동설을 주장하는 입장에서는 자신의 견해가 행위공동설에 속하지 않는다고 주장한다. 그리고 그 이유로서 "행위공동설이라 하여 반드시 전법률적 행위개념에 집착할 필요는 없으며 행위의 공동이라고 할 때의 행위도 범죄행위(Straftat), 즉 구성요건에 해당하는 행위의 의미로 이해하여야 한다."는 논거를 제시한다.[2]

(나) 과실공동·행위공동설에 대한 비판　　과실공동·행위공동설은 종래 행위공동설에서 말하는 '행위'의 공동을 '구성요건에 해당하는 행위'에의 공동으로 보아야 한다고 주장한다. 그런데 구성요건이란 위법행위의 정형이다. 이 '위법행위의 정형'에 해당하는 행위를 공동으로 한다는 것은 바로 범죄행위를 공동으로 한다는 의미이다.

과실공동·행위공동설은 대법원판례와 마찬가지로 행위공동설에서 출발하여 논지를 전개하였으나 결론에 있어서는 범죄공동설과 동일한 구조로 귀착된다. 결국 과실공동·행위공동설은 행위공동설이라는 명칭을 차용한 범죄공동설이라고 하지 않을 수 없다.

이와 같은 문제점을 의식한 듯, 과실공동·행위공동설의 입장에서는 공동정범에 있어서 공동의사의 내용을 "정범을 공동으로 할 의사"로 해석하면 된다는 견해가 새로이 제시되고 있다. 이에 따르면 고의범에 있어서 공동의 의사는 고의의 공동을 의미하지만 과실범에 있어서는 주의의무위반의 공동을 말한다고 본다. 고의를 전제로 하는 행위지배 또는 기능적 행위지배를 과실범의 정범요소로 요구할 때에는 과실범의 정범이란 있을 수 없으므로, 과실범의 정범요소는 주의의무위반에서 찾지 않을 수 없다는 것이다.[3]

그러나 이와 같은 논리구성은 공동정범의 경우 정범 여부의 통일적 판단기준이 되는 행위지배의 척도를 포기하는 것이라고 하지 않을 수 없다. 과실범의 본질적 요소가 주의의무위반에 있음은 틀림이 없다. 그러나 그러한 주의의무위반이 공동으로 부과되는 근거에 대해

---

1) 김혜정 외 4인, 320면; 이재상·장영민·강동범, 483면; 정성근·정준섭, 283면.
2) 이용식, 85면; 이재상, (제4판), 438면.
3) 이재상·장영민·강동범, 483면.

과실공동·행위공동설은 적극적으로 제시하는 바가 없다. 행위지배의 척도를 가지고는 과실범을 공동정범으로 포착할 수 없기 때문에 주의의무를 공동으로 파악해야 한다는 설명은 결론을 가지고 추론과정을 대체하는 흠이 있다고 생각된다.

나아가 과실공동·행위공동설은 과실의 공동이라는 개념을 사용함으로써 개인책임·개별책임을 원칙으로 하는 형사법의 대원칙에 반하는 흠이 있다. 과실공동을 인정함으로써 형사처벌의 범위를 확장할 뿐만 아니라, 어디까지 형사처벌이 미치는지 그 한계를 구분할 수 없게 한다는 점에서 과실공동·행위공동설은 종래의 행위공동설이 안고 있는 난점을 그대로 이어받고 있다.

(2) 기능적 행위지배설에 대한 검토

대법원이 인정하는 과실범의 공동정범을 이론적으로 뒷받침하기 위한 또 다른 시도로 기능적 행위지배설이 있다.

(가) 기능적 행위지배설의 내용　　과실범의 공동정범과 관련한 기능적 행위지배설이란 과실범의 실현에 기능적으로 행위기여를 한 사람을 과실범의 공동정범으로 인정하자는 견해이다.[1] '과실범'이라는 범죄를 실현시키는 전체 과정에서 범죄결과의 발생에 불가결한 전제를 이루는 행위기여를 한 사람은 과실범의 공동정범으로 처벌할 수 있다고 보는 것이다.

(나) 기능적 행위지배설에 대한 비판　　그러나 과실범의 공동정범과 관련한 기능적 행위지배설은 기능적 행위지배의 개념을 정확하게 파악하지 못하는 흠이 있다. 기능적 행위지배란 범죄실현이라는 목표를 미리 설정하고 그 목표를 달성하기 위하여 필수불가결하게 도움이 되는 행위를 할 수 있는 지위를 의미한다. 따라서 기능적 행위지배를 논하려면 먼저 특정한 범죄행위를 전제하고 이를 실현시키기 위한 범행계획이 설정되어야 한다. 단순히 일상적인 목표를 설정하고 그 목표의 달성에 필요한 행위기여를 하는 것을 가리켜서 '기능적 행위지배'라고 하지 않는다. 이렇게 볼 때 과실범의 공동정범을 설명하기 위하여 기능적 행위지배의 이론을 원용하는 것은 그 전제가 결여되었다고 하지 않을 수 없다.[2]

---

1) 김일수·서보학, 462면.

2) 김일수·서보학, 462면은 과실범의 경우에 기능적 행위지배를 별도로 이해하여 전법률적 사실행위에 대한 '기능적인 역할 분담' 또는 '기능적인 분업 수행'으로 이해한다. 그러나 필요에 따라 행위지배의 개념정의가 달라지는 것은 문제가 있다고 생각된다.

제5 결과적 가중범의 공동정범

1. 행위공동설과 범죄공동설의 대립

결과적 가중범은 고의의 기본범죄와 과실에 의한 무거운 결과가 결합된 구조를 가지고 있다. 이러한 결과적 가중범에 대하여 공동정범이 성립할 수 있는가 하는 점을 놓고 긍정설[1]과 부정설[2]이 나뉘고 있다. 각 학설의 논증방법은 다양하지만 아래에서는 행위공동설과 범죄공동설의 대비를 통하여 결과적 가중범의 공동정범 성립 여부를 살펴본다.

(1) 행위공동설의 입장

행위공동설의 입장에서는 결과적 가중범에 대한 공동정범을 인정한다.[3] 행위공동설은 전법률적·자연적 행위에의 공동에 주목하는 관계로 고의의 기본범죄에 대하여 공동정범의 성립을 긍정하는 것은 물론 과실범에 대한 공동정범도 인정하기 때문이다. 결과적 가중범의 공동정범을 인정하게 되면 예컨대 "갑, 을, 병은 공동하여 상해치사죄를 범하였다."라는 명제를 사용할 수 있게 된다. 대법원판례는 결과적 가중범의 공동정범을 인정하고 있다.[4] [5]

(2) 범죄공동설의 입장

이에 대하여 범죄공동설의 입장에서는 결과적 가중범에 대한 공동정범을 부정한다. 범죄공동설의 입장에서는 고의의 기본범죄에 대하여 공동정범이 성립하는 것은 물론 인정한다. 그러나 무거운 결과 부분에 대해서는 과실범의 공동정범 성립을 부정한다. 그 대신에 무거운 결과 부분에 대해서 각 공동정범자 별로 무거운 결과에 대한 형법적 인과관계와 예견가능성을 논해야 한다고 본다.

기능적 행위지배설을 취하는 입장에서도 범죄공동설과 동일한 결론을 제시한다. 기능적 행위지배가 인정되는 것은 고의범에 한정된다. 결과적 가중범은 고의의 기본범죄와 무거운 결과의 과실범이 결합한 것이다. 그러므로 기본범죄에 대해서만 공동정범이 성립하고 무거운 결과에 대해서는 공동정범이 성립하지 않는다.

---

1) 김일수·서보학, 343면; 손동권·김재윤, 556면; 이재상·장영민·강동범, 214면; 정성근·정준섭, 360면.
2) 권오걸, 556면; 박상기, 207면; 배종대, 510면; 이정원, 425면; 임웅, 470면.
3) 이용식, 69면.
4) 1978. 1. 17. 77도2193, 공 1978, 10620 = 백선 총론 76. 『패싸움 사건』.
5) 1997. 10. 10. 97도1720, 공 1997, 3537 = 백선 총론 76. 참고판례 1. 『종합관 사수대 사건』.

2. 결과적 가중범의 공동정범 검토순서

과실범의 공동정범과 관련하여 범죄공동설의 입장이 타당함을 살펴보았다. 생각건대 범죄공동설에 기초하여 과실범의 공동정범을 인정하지 않는다고 할 때 결과적 가중범의 공동정범도 이를 인정하지 않는 것이 타당하다고 본다. 범죄공동설의 입장에 따라 결과적 가중범의 공동정범을 부정하게 되면 다음과 같은 순서로 검토를 진행하게 된다.

설명의 편의를 위하여 갑, 을, 병이 공동으로 상해하여 A에게 사망의 결과가 발생한 상해치사죄 사안을 생각해 본다. 이 경우 먼저 "갑, 을, 병은 공동하여 상해죄를 범하였다."라고 하여 기본범죄의 공동정범을 확인한다. 이어서 갑의 상해죄와 피해자 A의 사망 사이에 형법적 인과관계와 예견가능성을 검토한다. 다음으로 을의 상해죄와 피해자 A의 사망 사이에 인과관계와 예견가능성을 검토한다. 이어서 병의 경우도 을과 같은 요령으로 검토한다.

제 6 부작위범의 공동정범

1. 진정부작위범의 공동정범

부작위범의 공동정범이 성립할 수 있는지 문제된다. 논의는 외계에 아무런 변화를 주지 않는 부작위 사안에서 공동정범의 핵심적 표지인 기능적 행위지배를 인정할 수 있을 것인가 하는 의문에서 비롯된다. 이에 대해서는 진정부작위범과 부진정부작위범으로 나누어 살펴볼 필요가 있다.

진정부작위범의 경우에는 구성요건에 일정한 작위의무가 명시되어 있다. 진정부작위범은 구성요건이 부작위에 의하여서만 실현될 수 있는 범죄이다. 진정부작위범의 공동정범과 관련하여 판례는 "부작위범 사이의 공동정범은 다수의 부작위범에게 공통된 의무가 부여되어 있고 그 의무를 공통으로 이행할 수 있을 때에만 성립한다."는 입장을 취하고 있다.[1] [2]

그러나 판례의 태도에는 의문이 제기된다. 공동정범의 핵심적 표지인 기능적 행위지배의 관점에서 보면 진정부작위범의 경우 외부에서 현실적인 사태진행을 좌우하는 행위지배 상황을 상정할 수 없다. 따라서 진정부작위범 사안에 관여하는 각각의 행위자를 놓고 개별적으로 의무위반을 확인하는 것으로 족하며, 굳이 공동정범의 형태를 빌려올 필요가 없다.

판례의 기준에 따르면 진정부작위범의 경우에 공동정범이 성립하기 위한 요건은 (가) 다수의 부작위범에게 공통된 의무가 부여되어 있을 것, (나) 부여된 의무를 공통으로 이행

---

1) 2008. 3. 27. 2008도89, 공 2008, 641 = 백선 총론 73-1. 『케어코리아 사건』.
2) 2021. 5. 7. 2018도12973, 공 2021하, 1211 = 『보호의무자 확인서류 사건 공동정범 부분』 ☞ 1162면.

할 수 있을 것으로 정리된다. 그런데 (나)의 요건을 요구하게 될 경우 부여된 의무를 다수의 부작위범이 '공통으로 이행할 수 있을 때'에만 공동정범이 성립하게 된다는 결론에 이르러서 진정부작위범의 정범 성립범위가 현저히 축소되는 문제가 발생한다. 요컨대 진정부작위범의 경우에 굳이 공동정범의 형태를 인정할 필요가 없으며, 작위의무자 별로 단독정범으로 처리해도 충분하다.

2. 부진정부작위범의 공동정범

부진정부작위범의 공동정범이 성립할 수 있는지 문제된다. 이에 대해서는 진정부작위범의 공동정범 성립요건에 관한 판례의 기준을 부진정부작위범의 경우에도 그대로 적용할 수 있다고 보는 견해가 있다. 그러나 부진정부작위범의 경우에도 외부에서 사태진행을 현실적으로 좌지우지하는 행위지배를 찾아볼 수 없다. 따라서 부진정부작위범의 경우에도 공동정범의 성립을 논할 것이 아니라 부작위범 사안에 관여한 다수자를 각각 나누어서 부진정부작위범의 단독정범 성립 여부를 따져야 할 것이다.

판례는 부진정부작위범의 경우에 공동정범의 성립을 부정하는 입장이라고 생각된다. 소위 『세월호 사건』에서 선장과 1등항해사 및 2등항해사는 승객들에게 퇴선명령을 내리지 아니한 채 함께 퇴선하였고, 이로 인해 다수의 희생자가 발생하였다. 선장에 대해서는 부작위에 의한 살인죄가 인정되었는데, 함께 퇴선한 1등항해사 및 2등항해사를 선장의 부작위에 의한 살인죄의 공동정범으로 처벌할 수 있을 것인지 문제되었다.

이 문제에 대해 대법원 소수의견은 진정부작위범 사안에서 제시된 기준, 즉 "부작위범 사이의 공동정범은 다수의 부작위범에게 공통된 의무가 부여되어 있고 그 의무를 공통으로 이행할 수 있을 때에만 성립한다."는 기준을 제시하면서 1등항해사 및 2등항해사에 대해 공동정범이 성립한다고 주장하였다.[1]

이에 대해 대법원 다수의견은 선장과 1등항해사 및 2등항해사를 각각 분리하여 고찰하였다. 다수의견은 선장에 대해 "(전략) 승객 등의 선내 대기 상태가 그대로 유지되도록 하는 등 퇴선할 무렵까지 선박의 안전에 관한 선장으로서의 포괄적이고 절대적인 권한을 가지고 이 사건 사고 이후의 사태 변화를 주도하거나 조종하고 있었음을 알 수 있다."는 이유를 들어서 부작위에 의한 살인죄의 정범을 인정하였다.[2]

그러나 대법원 다수의견은 "승객 등의 퇴선을 위한 선장의 아무런 지휘·명령이 없는 상태에서 1등항해사와 2등항해사가 단순히 비상임무 현장에 미리 가서 추가 지시에 대비하

---

1) 2015. 11. 12. 2015도6809 전원합의체 판결, 공 2015하, 1915 = 『세월호 사건 살인죄 부분』☞ 1037면.
2) 2015. 11. 12. 2015도6809 전원합의체 판결, 공 2015하, 1915 = 『세월호 사건 살인죄 부분』.

지 아니한 채 선장과 함께 조타실에 있었다[는] 사정만으로, 선장과 마찬가지로 선내 대기 중인 승객 등의 사망 결과나 그에 이르는 사태의 핵심적 경과를 계획적으로 조종하거나 저지 · 촉진하는 등 사태를 지배하는 지위에 있었다고 보기 어렵다."고 판단하여 부작위에 의한 살인죄의 정범성을 부정하였다.[1]

이러한 대법원 다수의견은 부진정부작위범 사안에 관여한 다수 행위자를 분리하여 각각의 행위자 별로 부작위범 성립 여부를 검토하는 입장으로 보인다. 생각건대 부작위범의 사안에서는 '부작위' 자체에 현실적인 행위지배의 요소를 발견할 수 없으므로 부진정부작위범에서 공동정범은 성립할 수 없다고 본다. 대법원 다수의견이 "사태의 핵심적 경과를 계획적으로 조종하거나 저지 · 촉진하는 등 사태를 지배하는 지위에 있었다."는 표현을 사용하고 있으나, 이것은 현실적으로 진행되는 행위지배가 아니라 결과발생의 방지 가능성을 내용으로 하는 보증인적 지위를 가리킨다고 볼 것이다.

제7 공동정범의 미수

한국형법	독일형법
제26조〔중지범〕범인이 실행에 착수한 행위를 자의(自意)로 중지하거나 그 행위로 인한 결과의 발생을 자의로 방지한 경우에는 형을 감경하거나 면제한다.	**제24조**〔중지미수〕① 자의로 범죄의 계속 실행을 포기하거나 그 범죄의 기수를 방지한 자는 미수로 벌하지 아니한다. 범행이 중지자의 기여 없이 기수에 이르지 아니한 경우에 중지자가 자의로 진지하게 그 기수를 방지하려고 노력한 때에는 벌하지 아니한다.
(해당 조항 없음)	**제24조** ② 여러 명이 범행에 관여한 경우에 자의로 그 기수를 방지한 자는 미수로 벌하지 아니한다. 다만, 범행이 중지자의 기여 없이 기수에 이르지 않거나 중지자의 이전의 행위분담과 관계없이 기수에 이른 때에는 범행의 기수를 방지하기 위한 자의적이고 진지한 노력이 있으면 그 중지자를 벌하지 아니한다.

---

1) 2015. 11. 12. 2015도6809 전원합의체 판결, 공 2015하, 1915 = 『세월호 사건 살인죄 부분』.

1. 공동정범과 실행의 착수시점

공동정범에 있어서 실행의 착수시점이 문제된다. 공동정범은 각자 공동의 범행결의를 가지고 기능적·분업적으로 실행행위를 분담한다. 이렇게 볼 때 공동정범에 있어서 실행의 착수시점은 공동정범 사이에 존재하는 공동의 범행결의를 기준으로 판단해야 한다. 공동의 범행결의를 기준으로 고찰할 때 공동정범 중 어느 한 사람이 구성요건의 실현을 위한 직접적 개시행위를 하는 순간 전체 공동정범에 대하여 실행의 착수가 인정된다.

그러나 이 경우 의사연락만으로 나머지 공동정범을 미수범으로 처벌할 수는 없다. 순수한 형태의 공모공동정범은 인정할 수 없기 때문이다. 따라서 나머지 공동정범은 실행행위에 착수한 공동정범의 행위와는 별도로 전체범죄를 수행하기 위하여 자신이 실행행위와 관련하여 분담한 행위기여를 수행할 때 미수범으로 처벌된다.

2. 공동정범과 중지범의 특례

(1) 문제의 소재

공동정범의 미수범이 성립할 경우에 중지범이 문제된다. 이 문제와 관련하여 독일 형법 제24조 제2항은 "여러 명이 범행에 관여한 경우에 자의(自意)로 그 기수를 방지한 자는 미수로 벌하지 아니한다. 다만, 범행이 중지자의 기여 없이 기수에 이르지 않거나 중지자의 이전의 행위분담과 관계없이 기수에 이를 때에는 범행의 기수를 방지하기 위한 자의적이고 진지한 노력이 있으면 그 중지자를 벌하지 아니한다."라고 규정하고 있다. 중지미수를 규정한 독일 형법 제24조는 공동정범뿐만 아니라 간접정범이나 교사범, 방조범의 경우에 모두 적용되는 조문이다.

우리 형법은 넓은 의미의 공범과 관련하여 중지범 규정을 별도로 두고 있지 않다. 이 문제의 해결은 학설·판례에 맡겨져 있다. 독일 형법 제24조 제2항을 참고로 하면서 다수 관여자의 중지미수에 대한 해결책을 모색해 보면 다음과 같다.

(2) 결과가 발생하지 아니한 경우

우선, 여러 명이 공동정범으로 범행에 관여한 경우에 자의(自意)로 그 범행이 기수에 이르지 않도록 방지한 공동정범자에 대해서는 형을 감경 또는 면제해야 한다(법26 참조).[1] 그러나 다른 공동정범자의 범행이 기수에 이르는 것을 방지하지 못하였다면 설사 중지의 노

---

[1] 1986. 3. 11. 85도2831, 공 1986, 661 = 백선 총론 65. 『천광상회 사건』 참조. 중지범에 대하여 형의 면제를 인정한 사례로 주목된다.

력을 기울였더라도 형법 제26조가 규정한 형의 필요적 감면의 혜택은 인정되지 않는다.

다음으로, 공동정범자가 자의(自意)로 다른 공동정범자들의 범행이 기수에 이르지 않도록 노력하였으나 그의 노력과 상관없는 다른 이유로 범행이 기수에 이르지 아니한 경우가 있다. 이 경우에 대해서 독일 형법은 범행의 기수를 방지하기 위한 자의적이고 진지한 노력을 기울인 공동정범자에 대하여 중지범의 특례를 인정한다(독일형법24② 단서 전단).

우리 형법의 해석과 관련하여 볼 때, 자의에 기한 중지의 노력을 하고 범행도 기수에 이르지 아니하였다면 중지행위와 결과발생의 방지 사이에 인과관계가 인정되지 않는다고 하여 굳이 통상의 미수범으로 처벌할 이유는 없다고 생각된다. 따라서 이 경우에도 중지범의 특례(법26 참조)를 인정하는 것이 타당하다고 본다.

(3) 결과가 발생한 경우

중지자가 수행한 이전의 행위분담과 전혀 관계없이 범행이 다른 공동정범자에 의하여 기수에 이를 때 중지범의 특례를 인정할 수 있을 것인지 문제된다. 독일 형법은 이러한 경우에도 "중지자의 이전의 행위분담과 관계없이 기수에 이를 때에는 범행의 기수를 방지하기 위한 자의적이고 진지한 노력이 있으면 그 중지자를 벌하지 아니한다."(독일형법24② 단서 후단)라고 규정하고 있다. 이 때 독일 형법은 불처벌의 조건으로 '중지자의 이전의 행위분담과 관계없이' 범행이 기수에 이를 것을 요구하고 있다.

우리 형법은 이러한 상황에 대하여 명문의 규정을 두고 있지 않다. 생각건대 결과가 이미 발생한 상황에 대해서는 우리 형법상 중지범의 특례를 인정할 수 없다고 본다. 우리 형법 제26조가 규정한 중지범의 특례는 미수범에 대한 특칙규정으로 설정되어 있다. 범행이 이미 기수에 이르고 있는 상황에서 별도의 명문규정 없이 형법 제26조를 확대적용할 수는 없다고 본다.

제8 공동정범의 과잉

1. 공동정범의 과잉의 의미

결과적 가중범의 공동정범과 유사하지만 구별해야 할 것으로 공동정범의 과잉이 있다. 예컨대 갑과 을이 피해자 A로부터 재물을 강탈하기로 모의하고 폭행을 가하던 중 공동정범자 을이 애당초의 공모범위를 초과하여 피해자 A를 살해하는 경우를 생각할 수 있다. 이와 같이 공동의 범행결의를 넘어서서 다른 공동정범자가 고의로 무거운 범죄를 실현시키는 경우를 가리켜서 공동정범의 과잉이라고 한다.

공동정범의 과잉은 결과적 가중범의 공동정범과 구별된다. 결과적 가중범의 공동정범은 고의의 기본범죄를 공동으로 하던 중 과실로 무거운 결과가 발생한 경우이다. 이에 대하여 공동정범의 과잉은 애당초 공모하였던 범행을 하던 중 공동정범자의 일부가 공모의 범위를 넘어서서 고의로 더 무거운 범죄를 실현시키는 경우를 말한다. 이 때 다른 공동정범자는 무거운 고의범이 실현된다는 사실을 알지 못하고 있다. 이 경우 이 공동정범자에게는 주관과 객관이 일치하지 아니하는 상태가 발생한다. 이와 같이 무거운 고의범의 실현부분에 대한 인식이 없는 경우를 가리켜서 공동정범의 착오라고 한다. 공동정범의 과잉과 공동정범의 착오는 같은 의미로 이해된다.

2. 공동정범의 질적 과잉과 양적 과잉

공동정범의 과잉은 질적 과잉과 양적 과잉으로 구분된다. 공동정범의 질적 과잉은 애당초 공모하였던 범죄와 이를 초과하여 실현된 고의범이 그 성질을 전혀 달리하는 경우이다. 질적 과잉의 예로는 갑과 을이 피해자 A에 대하여 강도범행을 하기로 모의하고 범행에 착수하였으나 공동정범자 을이 공모의 범위를 넘어서서 피해자 A를 강간하는 경우를 생각할 수 있다. 이 경우 애당초 공모하였던 강도죄와 초과범행인 강간죄는 법익의 종류와 행위방식 등에 있어서 질적으로 구별된다.

이에 대하여 공동정범의 양적 과잉은 애당초 공모하였던 범죄와 이를 초과하여 실현된 고의범이 그 성질을 같이하면서 그 정도가 좀더 강화된 경우이다. 양적 과잉의 예로는 갑과 을이 피해자 A에 대하여 강도범행을 하기로 모의하고 범행에 착수하였으나 공동정범자 을이 공모의 범위를 넘어서서 피해자 A를 살해한 경우를 생각할 수 있다. 이 경우 강도죄의 수단이 되는 폭행·협박은 사람의 생명을 위태롭게 할 수도 있는 것이어서 법익의 측면과 행위방식 등에 있어서 소(小)와 대(大)의 관계에 있다고 말할 수 있다.

3. 공동정범의 과잉에 대한 처리기준

공동정범은 원칙적으로 공동의 의사연락이 있는 부분에 한하여 공동의 책임을 지는 것이 원칙이다. 공동정범은 분업의 원리에 따라 실행행위를 기능적으로 분담하는 범죄유형이다. 이 경우 분업을 가능하게 하는 것이 공동의 의사연락이다. 따라서 공모를 초과한 부분에 대한 무거운 처벌은 일단 초과된 고의범을 행한 공동정범자에게만 인정되어야 한다.

그러나 공동정범자가 다른 공동정범자에 의하여 초과실현된 부분의 법익침해에 대해 예견할 수 있었던 경우에는 이 원칙을 제한할 필요가 있다. 이 경우는 결과적 가중범의 공동정범과 유사한 구조를 가지기 때문이다. 이러한 맥락에서 대법원은 의사연락이 있는 범

위 내에서 공동정범을 처벌한다는 기본원칙을 공동정범의 질적 과잉의 경우로 한정하여 적용하고 있다.[1]

공동정범의 과잉이 양적 과잉에 해당하는 경우에는 공모범죄의 보호법익과 초과되는 범죄의 보호법익 사이에 소(小)와 대(大)의 관계가 성립한다. 그렇다면 애당초의 공모범죄를 범할 때 그로부터 초과되는 범죄의 법익에 영향을 미칠 가능성이 존재한다. 이러한 관계를 감안하여 대법원은 공동정범의 양적 과잉의 사안에 대해 초과범행을 한 자를 무거운 초과범죄의 고의범으로, 초과범행을 하지 아니한 공동정범자를 예견가능성이 인정됨을 조건으로 초과범죄에 대한 결과적 가중범으로 처벌한다.[2]

위의 사례에서 볼 때 갑과 을이 피해자 A의 재물을 강취하던 중 을이 공모의 범위를 넘어 A를 강간하였다면 갑은 강도죄의 공동정범(법333, 30)으로, 을은 강도강간죄(법339)로 각각 처벌받게 될 것이다. 이에 대하여 갑과 을이 피해자 A의 재물을 강취하던 중 을이 공모의 범위를 넘어 A를 살해하였다면 을은 강도살인죄(법338 1문)로, 갑은 강도치사죄(법338 2문)로 각각 처벌받게 될 것이다.

제 3 절 협의의 공범

제 1 정범과 공범

1. 다수관여자에 대한 규율형식

우리 형법은 총칙 제2장 제3절의 제목을 '공범'이라고 붙이고 있다. 이 경우 공범은 한 개의 범죄실현에 여러 사람이 관여하는 것을 말한다. 한 개의 범죄실현에 관여하는 여러 사람을 통칭하여 다수관여자라고 한다. 한 개의 범죄실현과 관련된 다수관여자 가운데 독립행위가 경합하는 경우를 제외한 나머지를 가리켜서 넓은 의미의 공범이라고 한다. 형법 제1편 제2장 제3절의 제목에 사용된 '공범'은 넓은 의미의 공범을 가리킨다.

한 개의 범죄에 여러 사람이 관여할 때 이들 다수관여자를 어떻게 처벌할 것인가 하는 문제가 발생한다. 이와 관련한 입법형식으로 다수관여자를 전부 정범으로 포착하는 방식(소위 단일정범개념)과 주된 역할을 수행하는 사람을 '정범'으로, 나머지 사람을 '좁은 의미의 공

---

1) 1988. 9. 13. 88도1114, 공 1988, 1294 = 백선 총론 77. 『가정파괴범 사건』 참조.
2) 1990. 11. 27. 90도2262, 공 1991, 295 = 백선 총론 77. 참고판례 1. 『노상강도 사건』 참조.

범'으로 포착하는 방식이 있다. 우리 형법은 '정범'과 '공범'을 구별하여 취급하고 있다 함은 앞에서 설명하였다.[1] 아래에서는 서술의 편의를 위하여 '좁은 의미의 공범'을 단순히 '공범' 으로 표현하기로 한다.

2. 확장적 정범개념과 제한적 정범개념

어느 법공동체의 입법자가 정범과 공범을 구별하여 다수관여자의 범죄실현행위를 규율 하기로 결단한다고 할 때 정범과 공범의 관계를 어떻게 설정할 것인가 하는 문제가 생긴다. 정범과 공범의 관계에 대해서는 확장적 정범개념과 제한적 정범개념이라는 두 가지 접근방 법을 생각할 수 있다.

확장적 정범개념이란 한 개의 범죄실현에 관여하는 다수자를 일단 모두 정범으로 파악 하는 방법이다. 다수관여자를 모두 정범으로 포착하되 각자가 기여한 인과력의 크고 작음 에 따라 처벌의 정도를 달리한다는 것이다. 그리하여 입법자가 특별히 명시적으로 규정해 놓은 공범규정은 형벌제한사유로 이해된다.

이에 대하여 제한적 정범개념이란 일정한 범위의 관여자만을 정범으로 포착하고 나머지 사람은 정범에 종속시켜서 공범으로 처벌하는 방법이다. 이 경우 공범은 형벌확장사유가 된다.

3. 한국 형법과 확장적 공범개념

단일정범개념을 택할 것인가 아닌가 하는 문제와 마찬가지로 정범과 공범의 관계를 어 떻게 설정할 것인가 하는 문제도 역시 기본적으로 각 법공동체의 입법자가 결단할 문제이 다. 정범과 공범의 관계에 관하여 우리 입법자는 제한적 정범개념의 방식을 채택하고 있다 고 생각된다.

우선 한국 형법은 '정범'이라는 개념을 사용하면서(법30, 32②, 34②) 이 정범개념을 전제 로 교사범(법31) 및 방조범(법32)의 처벌을 규정하고 있다. 교사범과 방조범은 정범으로 처 벌할 수 없는 자에 대해 정범의 범행에 종속적으로 관여하였다는 점을 중시하여 형사처벌 을 확장한 것이다.

다음으로 한국 형법은 '교사 또는 방조의 예에 의하여' 처벌하는 간접정범(법34①)을 규 정하고 있다. 간접정범은 그 명칭에서 '정범'이라는 표현이 사용되고 있음에도 불구하고 교 사범 또는 방조범으로 처벌할 수 없는 경우에 대비하기 위하여 마련된 다수자의 관여형태

---

1) 전술 606면 이하 참조.

이다. 이 점을 분명히 하기 위하여 우리 입법자는 형법 제34조 제1항에서 간접정범을 "교사 또는 방조의 예에 의하여 처벌한다."고 규정하고 있다.[1]

　이상의 조문구조에서 볼 수 있는 것처럼 우리 입법자는 정범개념을 엄격하게 설정하고 이를 토대로 교사범, 방조범, 간접정범의 순서로 형사처벌의 범위를 확장해 가고 있다. 특히 간접정범을 교사 또는 방조의 예에 의하여 처벌하도록 함으로써 공범의 성립범위를 확장해 가고 있다. 이와 같이 정범을 좁게 설정하고 공범의 성립범위를 확장하는 태도를 가리켜서 확장적 공범개념내지 확장적 공범론이라고 한다.[2]

제2 공범의 처벌근거

한국형법	독일형법
제31조〔교사범〕① 타인을 교사하여 죄를 범하게 한 자는 죄를 실행한 자와 동일한 형으로 처벌한다.	**제26조**〔교사범〕고의로 타인으로 하여금 고의의 위법행위를 하도록 결의시킨 자는 교사범으로서 정범과 동일하게 처벌한다.
제31조 ② 교사를 받은 자가 범죄의 실행을 승낙하고 실행의 착수에 이르지 아니한 때에는 교사자와 피교사자를 음모 또는 예비에 준하여 처벌한다.	**제30조** ② 중죄의 실행을 할 용의 또는 중죄의 교사를 할 용의가 있음을 표명한 자, 타인의 이와 같은 제의를 수락한 자 또는 타인과 이를 합의한 자도 위(제1항; 저자 주)와 같이 처벌한다.
제31조 ③ 교사를 받은 자가 범죄의 실행을 승낙하지 아니한 때에도 교사자에 대하여는 전항과 같다.	**제30조**〔공범의 기도〕① 타인으로 하여금 중죄의 실행 또는 중죄의 교사를 결의하도록 시도하여 미수에 그친 자는 중죄의 미수에 관한 규정에 따라 처벌한다. / 다만, 그 형은 제49조 제1항(기속적 감경규정; 저자 주)에 따라서 감경한다. 제23조 제3항(불능미수규정; 저자 주)은 이를 준용한다.

---

1) 2007. 9. 6. 2006도3591, 공 2007, 1596 = 『소송사기 간접정범 사건』 ☞ 1164면.
2) 엄상섭, "우리 형법전과 공범이론", 신동운·허일태 편저, 효당 엄상섭 형법논집, (2003), 174, 182면 참조.

1. 공범의 처벌근거에 관한 학설개관

제한적 정범개념에 의할 때 공범은 형벌확장사유에 해당한다. 따라서 공범을 처벌하려면 형벌확장의 근거를 제시하여야 한다. 형벌확장의 근거를 분명히 할 때 정범과 공범의 관계가 확립된다. 또 공범의 형벌확장근거를 명확히 할 때 더 이상 형사처벌이 가해지지 않는 불처벌의 영역을 확보할 수 있다.

공범의 처벌근거와 관련하여 제시되는 학설로 책임가담설, 불법가담설, 촉진설 내지 야기설 등이 제시되고 있다.

(가) 책임가담설　　정범이 구성요건에 해당하고 위법하며 유책한 행위를 실현할 때 공범이 이에 가담하기 때문에 처벌된다고 보는 견해이다.[1] 즉 정범이 책임까지도 인정되는 범죄행위로 나아가는 과정에서 정범 아닌 사람이 그 범죄의 실현에 관여한다는 점에서 공범처벌의 근거를 구하는 것이다.

(나) 불법가담설　　정범이 구성요건에 해당하고 위법한 행위(즉 불법)를 실현할 때 공범이 이에 가담하기 때문에 처벌된다고 보는 견해이다. 정범이 유책한 행위를 실현할 것까지는 요구하지 않는다는 점에서 책임가담설과 구별된다.

(다) 촉진설　　정범의 범죄실현에 공범이 촉진제 역할을 하였다는 점에서 공범이 처벌된다고 보는 견해이다. '촉진설'에서 촉진이라는 표현은 범죄실현을 향하여 밀고나간다는 의미를 갖는다. 이 경우 범죄실현은 위법행위의 정형에 해당하는 행위가 실현되는 것이다. 위법행위의 정형이 실현되는 데에 공범이 원인을 제공하였다는 점에 주목하여 공범의 처벌근거를 구한다는 의미에서 촉진설을 야기설이라고도 부른다.[2]

촉진설 내지 야기설은 책임가담설이나 불법가담설과 달리 공범의 행위 자체에서 공범의 처벌근거를 구한다. 책임가담설이나 불법가담설은 정범의 주도적인 범죄행위를 먼저 설정해 놓고 공범이 그에 가담한다는 논리구조를 취한다. 가담설의 입장에서는 위법행위의 정형을 뚜렷이 드러내는 정범의 범죄행위에 공범이 가담하는 것으로 이론을 구성함으로써 비유형적·비정형적인 공범의 처벌에 한계를 설정할 수 있다고 본다.

이에 반하여 촉진설 내지 야기설은 공범이 독자적으로 정범의 범죄실현에 원인을 제공하거나 촉진제 역할을 하였다는 논리를 구성한다. 정범이 책임 단계 또는 불법 단계의 범죄를 실현하였는가 하는 점은 차후의 문제라는 것이다. 촉진설 내지 야기설의 입장에서는 '야

1) 오영근, 388면은 교사범과 방조범에 대해서는 책임가담설을, 실패한 교사의 경우에는 순수야기설을 제시하고 있다.
2) 박상기, 262면.

기'와 그 '결과' 사이의 시간적 선후관계를 중시한다. 시간적으로 볼 때 선행하는 공범의 행위로 인하여 정범이라는 결과가 발생하였다는 점에 주목하여 공범의 처벌근거를 파악한다.

책임가담설이나 불법가담설은 정범의 범죄실현을 앞세우는 견해이다. 이에 대하여 촉진설 내지 야기설은 공범의 행위에서부터 출발하는 견해이다. 양자의 절충형으로 종속적 야기설과 혼합적 야기설이 있다. 종속적 야기설과 혼합적 야기설은 앞에서 말한 야기설을 다소 수정한 것이다. 수정되기 전의 야기설을 순수야기설이라고 한다.

(라) 종속적 야기설　　정범이 불법(즉 구성요건에 해당하고 위법한 행위)을 행하는 데에 원인을 제공하였다는 점에 공범처벌의 근거가 있다고 보는 견해이다.[1] 종속적 야기설은 공범이 정범의 불법실현에 원인을 제공하였다는 점에 주목함으로써 야기설의 접근방법을 유지한다. 그러나 공범의 정범야기행위에 독자성을 인정하지 않고 어디까지나 정범의 불법실현에 종속하여 공범이 처벌된다고 본다. 이 점에서 이 학설의 명칭에 '종속적'이라는 수식어가 부여된다.

(마) 혼합적 야기설　　혼합적 야기설도 공범의 처벌근거를 종속적 야기설처럼 일단 불법야기의 관점에서 설명한다. 즉 정범의 불법실현에 관여하기 때문에 공범이 처벌된다는 것이다. 그러나 혼합적 야기설은 여기에 그치지 않고 예외적으로 공범이 그 자체로 정범의 범죄실현에 원인을 제공하거나 촉진제 역할을 하기도 한다는 점에서 공범처벌의 근거를 별도로 구한다. 불법가담설의 설명과 순수야기설의 설명을 종합하고 있다는 점에서 이 견해를 혼합적 야기설이라고 한다.[2]

(바) 행위반가치 · 결과반가치설　　공범의 불법 중 행위반가치는 공범 자신의 교사 · 방조행위에서 독립적으로 인정되고 결과반가치는 정범에 종속한다고 보는 견해이다.[3] 혼합적 야기설의 변형이라고 할 수 있다. 이 견해는 공범의 행위불법과 정범의 결과불법을 결합시킨다는 점에서 '혼합적'이다. 이 경우 혼합적이란 주관과 객관의 혼합이라는 의미를 갖는다.

한편 '혼합적'이라는 표현은 혼합적 야기설이라는 명칭에서도 사용되고 있다. 이 경우의 혼합적이라는 표현은 정범의 불법에 관여한다는 점에 공범의 처벌근거가 있기도 하지만 공범행위 자체에도 독자적 처벌근거가 발견될 수 있음을 인정하는 의미에서 사용된 것이다. 이 점에 행위반가치 · 결과반가치설에서 사용하는 '혼합적'이라는 표현과 혼합적 야기설에서 말하는 '혼합적'이라는 말은 그 뜻이 서로 다르다는 점에 유의할 필요가 있다.

---

1) 김성천 · 김형준, 383면; 배종대, 402면; 이재상 · 장영민 · 강동범, 451면; 이정원, 320면; 정영일, 378면.
2) 권오걸, 519면; 김일수 · 서보학, 476면; 손동권 · 김재윤, 572면.
3) 김성돈, 592면; 성낙현, 610면; 이용식, 82면; 임웅, 445면; 정성근 · 성준섭, 262면.

공범의 처벌근거에 관한 학설로 가장 오래된 것은 책임가담설이다. 이에 대하여 불법가 담설, 순수야기설, 혼합적 야기설 등은 근래에 들어 독일 형법학계에서 제시된 이론들이다. 그런데 이와 같은 학설들은 모두 독일 입법자가 설정해 놓은 독일 실정법의 체계를 모순 없이 설명하기 위하여 제안된 견해들이라는 점에 주목할 필요가 있다.

2. 독일 형법과 공범처벌의 근거

(1) 독일 형법의 조문체계

독일 형법의 조문체계를 보면 교사범과 방조범은 정범에게 고의의 위법한 행위가 인정 될 때 성립한다(독일형법26, 27①). 정범의 성립요건으로 고의의 위법행위를 명시적으로 요구 한 것은 독일 입법자의 입법적 결단에 기초한 것이다. 교사범과 방조범의 조문만을 놓고 보면 공범은 정범의 불법(즉, 구성요건에 해당하고 위법한 행위)에 종속하여 성립하는 범죄이 다. 그런데 독일 형법은 소위 실패한 교사를 미수범으로 처벌하는 규정을 두고 있다.

독일 형법은 범죄를 중죄(Verbrechen)와 경죄(Vergehen)로 구별하고 있다. 법정형의 하한이 1년 이상의 자유형으로 규정되어 있으면 그 범죄는 중죄이다(독일형법12 참조). 독일 의 입법자는 중죄에 대하여 특별히 강력한 대처방안을 강구하고 있다. 중죄는 우선 1년 이 상의 무거운 형으로 처벌된다(독일형법12). 나아가 중죄는 미수범을 처벌한다는 명문의 규정 이 없더라도 그 미수범이 처벌된다(독일형법23①). 그리고 중죄의 경우에는 소위 실패한 교 사도 미수범으로 처벌된다(독일형법30① · ②).

(2) 실패한 교사와 독일 형법의 태도

실패한 교사란 교사범이 정범에게 범행결의를 불러일으키도록 시도하였으나 피교사자 가 범죄실행에 나아가지 아니한 경우를 말한다. 실패한 교사는 이를 기도된 교사라고 부르 기도 한다. 일단 교사를 시도해 보았다는 점에서 '기도된 교사'라고 표현하는 것이다.

'기도된 교사'라는 표현의 '기도(企圖)'는 독일어의 Versuch를 번역한 말이다. 단독정범 의 경우에 이 '기도(Versuch)'는 '미수'라는 말로 번역되고 있다. 요컨대 교사를 하려고 나아 가는 것을 가리켜서 기도라고 하는 것이다. '기도(Versuch)'라는 표현은 교사범을 일종의 독립한 범죄유형이라고 가정할 때 그 범죄의 실행의 착수를 의미한다.

다른 사람으로 하여금 범죄를 범하도록 교사하였으나 피교사자가 범죄의 실현에 나아 가지 아니하였다면 그 교사는 실패한 것이다. 이 경우 교사는 기도(Versuch)되었으나 정범 의 실행행위는 존재하지 않는다. 실패한 교사 내지 기도된 교사의 사안에 대하여 독일의 입법자는 두 가지 해결기준을 제시하고 있다.

먼저, 중죄(Verbrechen)의 교사가 실패한 경우가 있다. 이 경우에 대하여 독일 입법자는 중죄의 실행을 교사하였다는 것 자체, 즉 교사를 기도(Versuch)하였다는 것 자체를 문제삼아 교사자를 중죄의 미수범으로 처벌하고 있다(독일형법30①). 나아가 독일의 입법자는 실패한 교사가 미수범으로 처벌되는 상황과 관련하여 미수범 불처벌의 효과를 부여하는 중지범의 특례를 별도로 마련하고 있다(독일형법31 참조).[1)]

다음으로, 경죄(Vergehen)의 교사가 실패한 경우가 있다. 그런데 독일 형법은 경죄의 교사가 실패한 경우에는 아무런 처벌규정을 두고 있지 않다. 이 경우는 형사처벌의 대상으로 삼지 않고 불문에 부치기로 한 것이다.

한편 방조가 실패한 경우에 대해서는 중죄·경죄를 가리지 않고 독일 형법에 아무런 처벌규정이 없다. 이것은 방조범의 경우 실패한 방조에 대하여 아무런 조치를 취하지 않겠다는 입법적 결단의 표현이라고 할 수 있다.

(3) 야기설의 성립계기

중죄를 교사하였으나 정범이 전혀 범죄의 실행에 나아가지 아니한 경우에 독일의 입법자는 교사자를 중죄의 미수범으로 처벌한다(독일형법30①). 이 경우 정범은 전혀 범죄실행에 나아가지 아니하였다. 정범에게는 실행의 착수조차 없는 것이다. 따라서 공범이 가담할 정범의 범죄는 처음부터 존재하지 않는다. 그럼에도 불구하고 이러한 경우 중죄의 교사자는 미수범으로 처벌된다. 교사자는 공범이다. 정범이 존재하지 않음에도 불구하고 중죄의 실패한 교사자는 공범이면서 미수범으로 처벌되는 것이다.

정범이 존재하지 않음에도 불구하고 공범이 처벌되는 상황을 설명하기 위하여 독일 형법학자들은 야기설이라는 이론을 고안해 내고 있다. 즉 정범의 범죄실현에 앞서서 정범의 범죄실현이 일어나도록 원인을 제공하였다는 사실 자체에서 형사처벌의 근거를 구하는 것이다. 공범의 원인제공 자체에 주목한다는 점에서 이 견해를 순수야기설이라고 한다.

독일 형법의 실정법 테두리 내에서 볼 때 일반적으로 공범은 정범의 구성요건에 해당하고 위법한 행위(즉 불법)에 종속하여 성립한다(독일형법26, 27①).[2)] 여기에서 불법가담설이라는 견해가 제시된다. 그런데 중죄의 경우에는 이례적으로 중죄의 교사가 실패하여 정범이 중죄의 실현에 나아가지 않더라도 교사자는 중죄의 미수범으로 처벌된다. 여기에서 순수야기설이라는 견해가 제시된다. 독일 형법에서 공범이 처벌되는 경우를 모두 설명하려면 불법가담설과 순수야기설을 결합하지 않으면 안 된다. 그리하여 두 견해를 종합한 견해로

서 혼합적 야기설이 등장하게 된다.

3. 한국 형법과 공범처벌의 근거

(1) 각종 야기설의 검토

지금까지 장황하게 독일 형법의 학설현황을 설명하였다. 그런데 이와 같은 논의가 한국 형법의 공범론체계를 설명함에 있어서 과연 의미 있는 것인가 하는 근본적인 의문을 제기할 필요가 있다.

(가) 방법론적 문제점　　먼저, 야기설의 접근방법에 문제가 있다. 야기설의 입장에서는 범죄실현의 진행과정을 자연과학적으로 고찰하여 원인제공행위의 독자성을 강조한다. 이에 따르면 공범의 야기행위는 언제나 정범의 범죄실현행위보다 선행하고 있어야 한다. 정범의 범죄실현행위가 기수에 이른 후에는 공범을 논할 여지가 없다. 이미 정범이 기수에 이른 후에는 공범이 변화를 야기할 대상이 더 이상 존재하지 않기 때문이다.

그러나 이러한 접근방법은 대단히 평면적이며 비법률적이다. 예컨대 방조범의 경우에는 방조행위가 정범의 실행행위 이전 단계와 진행 도중에 가능하지만 정범이 기수에 이른 후에도 가능하다. 정범이 기수에 이르렀다고 하더라도 정범의 범죄가 완료단계에 이르지 않았다면 방조범의 성립이 가능하다.[1] 나아가 방조범의 경우에는 승계적 방조도 가능하다.[2] 그러나 야기설의 입장에서는 이러한 경우에 방조범의 성립을 설명할 수 없다. 시간의 흐름과 관련해서 볼 때 공범의 야기행위가 정범의 범죄실현에 소급하여 영향을 미칠 수 없기 때문이다.

법익보호와 관련하여 볼 때 정범의 기수시점 이후에도 방조범의 처벌은 필요하다. 다만 방조행위가 다종다양하기 때문에 일정한 한계설정이 필요하다. 그 한계는 정범이 제시하는 위법행위의 정형을 통하여 가능하다. 책임가담설이나 불법가담설이 정범에서 공범의 처벌 근거를 구해오는 것은 위법행위의 정형성을 통하여 시민들에게 법적 안정성을 보장해 주기 위함이다. 이에 대해 야기설은 지극히 평면적으로 시간적 선후관계만을 따지고 있다. 공범처벌의 문제가 형법적 가치판단의 문제라는 점을 도외시하고 있는 것이다.

(나) 입법적 결단의 차이　　다음으로, 야기설은 이 학설이 주장되는 독일 형법과 우리 형법 사이에 입법적 결단에 차이가 있다는 점을 간과하고 있다. 우리 형법은 중죄와 경죄를 구별하지 않는다. 또 교사가 실패로 돌아가서 정범이 범죄의 실행에 나아가지 않은 경우에도 우리 형법은 교사자를 미수범으로 처벌하지 않는다. 단지 예비 또는 음모에 준하여 처벌

---

1) 후술 704면 이하 참조.
2) 1982. 11. 23. 82도2024, 공 1983, 238 = 백선 총론 73.『여고생 협박전화 사건』참조.

할 뿐이다(법31② · ③). 예비 · 음모는 그 자체로 위법행위의 정형성을 갖추고 있지 않다. 특정한 위법행위의 정형을 전제로 관념되는 다종다양한 발현형태일 뿐이다. 실패한 교사를 예비 또는 음모에 준하여 처벌하려면 특별히 예비 · 음모를 처벌하는 조문이 개별적으로 규정되어 있어야 한다. 이 조문에는 미수의 경우와 달리 예비 · 음모의 법정형이 또한 명시되어 있어야 한다.[1]

실패한 교사 내지 기도된 교사를 미수범으로 처벌하지 아니하는 우리 형법의 체계 하에서 야기설을 논하는 것은 무의미하다. 독일 형법에 의하면 중죄의 교사를 기도(Versuch)하였다가 실패로 돌아갈 경우 교사자는 중죄의 미수범(Versuch)으로 처벌된다. 교사행위 자체가 독자적인 실행의 착수로 인정되는 것이다. 실행의 착수로 인정된다 함은 입법자가 이를 일정한 행위정형으로 설정하였음을 의미한다. 입법자는 위법행위의 유형을 뚜렷이 제시함으로써 법공동체의 구성원들에게 법적 안정성을 보장해 준다. 독일의 경우에는 중죄의 경우에 실패한 교사가 독자적인 실행행위로 인정되기 때문에 위법행위의 정형성이 뚜렷이 부각되며, 교사행위에 '야기'라는 독자적 의미부여가 가능하다.

그렇지만 우리 형법은 실패한 교사를 단순히 '예비 또는 음모에 준하여' 처벌할 뿐이다(법31②, ③). 예비 또는 음모는 독자적인 실행행위가 아니다. 그 자체로 독자적인 위법행위의 정형을 나타내지 못한다. 독자적 실행행위가 아닌 것에 대하여 행위불법이니 결과불법이니 하는 것을 논할 수는 없다. 행위불법이나 결과불법은 행위가 실행의 착수라는 단계를 넘어갔을 때 비로소 구체화되는 것이기 때문이다. 예비 또는 음모를 가리켜서 위법행위의 정형에 이르는 독자적 원인이라고 말할 수는 없다.

이상의 점들에 비추어 볼 때 우리 형법상 공범의 처벌근거로 야기설은 채택할 수 없다. 같은 이유에서 종속적 야기설 또는 혼합적 야기설도 지지할 수 없다.

(2) 행위반가치 · 결과반가치설에 대한 검토

한편 공범의 처벌근거로 소위 행위반가치 · 결과반가치설이 제시되고 있다. 이 견해는 공범의 불법 중 행위반가치는 공범 자신의 교사 · 방조행위에서 독립적으로 인정되고 결과반가치는 정범에 종속한다고 본다. 그러나 이 견해는 결과반가치와 행위반가치가 한 개의 단일한 행위에 속하는 두 가지 서로 다른 속성임을 간과하고 있다.

정범과 공범은 별개의 행위주체이다. 따라서 서로 다른 행위 중 일부행위에서는 결과반가치를, 다른 일부행위에서는 행위반가치를 분리하여 양자를 결합시킬 수는 없다. 여러 명

---

1) 1977. 6. 28. 77도251, 공 1977, 10157 = 백선 총론 61.『마산시위 발포 사건 1』, 81.『마산시위 발포 사건 2』.

의 행위주체가 하나의 행위주체로 결합하는 경우는 공동정범이다. 이 경우 결합의 계기는 공동의 의사연락이다. 그러나 정범과 공범의 경우에는 공동의 의사연락이 존재하지 않는다. 만일 그러한 의사연락이 존재한다면 그것은 공범이 아니라 공동'정범'이 되어버린다.

이렇게 볼 때 우리 형법의 공범론 조문체계상 공범의 처벌근거로 검토할 여지가 있는 견해는 책임가담설과 불법가담설이다. 이에 대해서는 공범의 종속형식과 관련하여 검토를 계속하기로 한다.

제3 공범의 종속형식

한국형법	독일형법
제31조〔교사범〕① 타인을 교사하여 죄를 범하게 한 자는 죄를 실행한 자와 동일한 형으로 처벌한다.	**제26조**〔교사범〕고의로 타인으로 하여금 고의의 위법행위를 하도록 결의시킨 자는 교사범으로서 정범과 동일하게 처벌한다.
(해당 조항 없음)	**제11조**〔사람 및 물건의 개념〕이 법에서 사용하는 용어의 정의는 다음과 같다. 5. 위법행위라 함은 형법상의 구성요건을 실현하는 행위만을 말한다.
(해당 조항 없음)	**제29조**〔관여자 처벌의 독립성〕각 관여자는 타인의 책임과 관계없이 각자의 책임에 따라 처벌한다.
제31조 ② 교사를 받은 자가 범죄의 실행을 승낙하고 실행의 착수에 이르지 아니한 때에는 교사자와 피교사자를 음모 또는 예비에 준하여 처벌한다.	**제30조** ② 중죄의 실행을 할 용의 또는 중죄의 교사를 할 용의가 있음을 표명한 자, 타인의 이와 같은 제의를 수락한 자 또는 타인과 이를 합의한 자도 위(제1항; 저자 주)와 같이 처벌한다.
제31조〔③ 교사를 받은 자가 범죄의 실행을 승낙하지 아니한 때에도 교사자에 대하여는 전항과 같다.	**제30조**〔공범의 기도〕① 타인으로 하여금 중죄의 실행 또는 중죄의 교사를 결의하도록 시도하여 미수에 그친 자는 중죄의 미수에 관한 규정에 따라 처벌한다. 다만, 그 형은 제49조 제1항(기속적 감

한국형법	독일형법
	경규정; 저자 주)에 따라서 감경한다. 제23조 제3항(불능미수규정; 저자 주) 은 이를 준용한다.
제32조〔종범〕 ① 타인의 범죄를 방조한 자는 종범으로 처벌한다.	제27조〔종범〕 ① 고의로 타인의 고의의 위법행위에 조력한 자는 종범으로 처벌한다.
제32조 ② 종범의 형은 정범의 형보다 감경한다.	제27조 ② 종범에 대한 형은 정범의 형에 따른다. 그 형은 제49조 제1항에 따라서 감경한다.
(해당 조항 없음)	제11조〔사람 및 물건의 개념〕 이 법에서 사용하는 용어의 정의는 다음과 같다. 5. 위법행위라 함은 형법상의 구성요건을 실현하는 행위만을 말한다.
(해당 조항 없음)	제29조〔관여자 처벌의 독립성〕 각 관여자는 타인의 책임과 관계없이 각자의 책임에 따라 처벌한다.

1. 공범독립성설과 공범종속성설

우리 형법은 정범과 공범의 형태를 구별하여 규율하고 있다. 형법 제30조가 공동정범을 "정범으로 처벌한다."고 규정한 것과 형법 제31조 제1항이 교사범을 "죄를 실행한 자와 동일한 형으로 처벌한다."고 규정한 것은 정범과 공범의 구별취급을 뚜렷이 보여주고 있다. 그런데 여기에서 정범과 공범의 상호관계를 어떻게 설정할 것인지가 문제된다. 이에 대해 공범독립성설과 공범종속성설이 대립하고 있다.

(1) 공범독립성설

공범독립성설은 공범이 정범으로부터 독립하여 성립한다고 보는 견해이다. 이 입장에서는 공범이 독자적으로 성립한다고 보기 때문에 공범의 정범에 대한 종속성을 부인한다. 공범독립성설은 종래 주관주의 범죄론의 입장에서 주장된 견해이다. 주관주의의 관점에 따르면 범죄의 실질은 행위자의 반사회적 악성에 있다. 공범의 경우에 반사회적 악성이 드러나는 것은 교사 또는 방조라는 공범행위 그 자체이며 이로부터 전개되는 정범의 실행행위는 공범의 범죄성립과 무관하다고 본다.

공범독립성설에 따르면 정범을 단지 미수에 그치도록 하려는 고의, 즉 미수의 고의를 가지고 교사 또는 방조를 하였더라도 교사행위 자체는 미수범으로 파악된다. 또 정범의 범죄성립과 무관하게 공범이 성립하게 되므로 정범에게 범죄성립요건이 결여되는 경우라 하더라도 공범 자체로 범죄가 성립할 여지가 있게 된다.

(2) 공범종속성설

공범종속성설은 반드시 정범에 종속하여야만 공범이 성립할 수 있다고 보는 견해이다. 즉 공범의 독자적인 성립가능성을 부정하는 견해이다. 이 견해는 객관주의 범죄론의 입장에서 주장되고 있다. 객관주의 입장에서는 형법의 보장적 기능을 강조하여 행위의 객관성을 중시한다. 행위의 객관성은 구성요건을 통하여 나타난다. 구성요건은 위법행위의 정형이다. 이 구성요건을 직접 실현시킨 사람은 정범이다. 구성요건은 다른 사람과 공동으로 실현시킬 수도 있다. 정범은 이와 같이 행위의 객관성 내지 정형성을 갖추고 있다.

그러나 그 밖의 경우에 대해서도 입법자가 형사처벌을 가할 필요를 인정할 때가 있다. 이러한 경우에는 정범에 종속하여 그 처벌범위를 확장해 가게 된다. 이 때 처벌의 확장근거는 정범이다. 이와 같이 정범에 종속하여서만 성립하는 범죄유형을 가리켜서 공범이라고 한다. 이렇게 접근하면 공범의 성립에는 반드시 정범의 범죄성립이 요구된다. 공범은 교사행위 또는 방조행위 자체로 바로 범죄가 성립하는 것이 아니라 정범의 실행의 착수가 있을 때 비로소 성립하게 된다.

(3) 입법자의 태도

공범독립성설과 공범종속성설은 각각 나름대로 논리의 일관성을 가지고 있다. 그런데 정범과 공범의 관계를 어떻게 설정할 것인가 하는 문제는 어디까지나 각 법공동체의 입법자들이 결단할 사항이다.

예컨대 독일 형법은 중죄(Verbrechen)의 경우에 한하여 공범이 교사행위에 나아갔으나 정범이 실행행위에 이르지 아니한 때에 교사자를 미수범으로 처벌하고 있다(독일형법30 ①). 이에 대해 일본의 개정형법가안은 공범이 교사행위에 나아갔으나 정범이 실행행위에 이르지 아니한 경우에 처벌을 가하지 않기로 하되 각칙의 규정을 통하여 보완을 시도하려 하고 있다.[1]

---

1) 일본개정형법가안의 이유서는 아래와 같이 설명하고 있다. (일본 사법성), 형법개정안이유서, (1931), 17면.

우리 형법은 중간적 입장을 취하여 이러한 경우에 교사자를 예비 또는 음모에 준하여 처벌하기로 하고 있다(법31②, ③). 우리 형법 제31조 제2항과 제3항을 놓고 공범독립성설을 취하는 입장에서는 주의적 규정이라고 볼 것이고 공범종속성설을 취하는 입장에서는 예외 규정이라고 새기게 될 것이다.[1] 이 규정의 성질을 어떻게 파악하던지 간에 그 해결기준은 입법적으로 제시된 것이다.

비교법적으로 볼 때 우리 형법은 공범종속성설을 기본입장으로 하면서 공범독립성설의 성격을 극히 일부 가미하는 태도를 취하였다고 생각된다. 독일 형법은 교사범이 독립적으로 성립하는 경우에 미수범으로 처벌하기로 하고 있다. 미수범은 형법총칙이 규정하고 있는 일반적 범죄유형이다. 이에 대해 우리 형법은 교사 자체를 독립적으로 파악하는 경우에도 예비 또는 음모에 준하여 처벌하도록 하고 있다. 예비·음모는 각칙의 개별규정을 통하여 법정형까지 규정되어 있을 때에만 처벌이 가능하다.[2] [3]

이렇게 볼 때 우리 형법은 공범종속성설에 따라 입법된 것이라고 생각된다. 판례 또한 공범종속성설의 관점에 입각하고 있다.[4]

2. 공범종속형식의 유형

(1) 공범종속성의 개념

앞에서 본 것처럼 공범은 정범에 종속하여 성립한다. 우리 형법의 총칙규정에 의할 때 공범이 독자적으로 처벌대상이 되는 경우는 없다. 단지 정범의 예비 또는 음모에 준하여 처벌될 여지가 있을 뿐이다(법31① · ②). 공범은 정범에 종속하여 성립한다는 성질을 가리켜서 공범종속성이라고 한다. 그런데 여기에서 공범이 어느 정도 정범에 종속되어 성립하는가 하는 문제가 제기된다.

정범이 어느 정도 범죄성립의 요건을 갖출 때 공범이 성립하는가 하는 문제를 가리켜

"타인이 범죄를 실행하지 아니한 때에는 교사범이 성립하지 않는 것이지만 교사와 관련된 범죄의 종류에 따라서는 교사의 종속성을 관철할 수가 없다. 이에 독립성을 인정하여 교사를 교사로서 처벌할 필요가 있다. 그리고 그 필요가 있는 경우는 범죄의 종류에 따라야 하는 것이기 때문에 이를 총칙적으로 규정하는 것은 곤란하다. 그렇기 때문에 교사의 독립성을 각칙에 정함과 동시에 이와 유사한 법령위반행위를 찬양, 장려, 선동하는 행위를 처벌하는 규정도 각칙에서 이를 규정하려고 한다."

1) 법전편찬위원회, "형법초안 이유설명서", 신동운 편저, 형법 제·개정 자료집, 한국형사정책연구원, (2009), 36면 참조. 또한 엄상섭, "우리 형법전과 공범이론", 신동운·허일태 편저, 효당 엄상섭 형법논집, (2003), 167면 참조.

2) 1977. 6. 28. 77도251, 공 1977, 10157 = 백선 총론 61.『마산시위 발포 사건 1』.

3) 1977. 6. 28. 77도251, 공 1977, 10157 = 백선 총론 81.『마산시위 발포 사건 2』.

4) 1982. 4. 27. 82도274, 공 1982, 548 = 백선 총론 80.『석유난로 은닉 사건』.

서 공범의 종속형식이라고 한다. 공범은 정범의 범죄성립에 근거하여 처벌되는 범죄유형이
다. 이 때문에 공범의 성립요건을 검토하려면 정범의 범죄성립 정도를 먼저 살피지 않으면
안 된다.

(2) 공범의 종속형식

공범의 종속형식은 범죄론체계에 따라서 네 가지 유형으로 나눌 수 있다. 정범의 범죄
는 구성요건해당성, 위법성, 책임의 3단계를 거쳐서 성립한다. 여기에 입법자가 예외적으로
객관적 처벌조건이나 인적 처벌조각사유를 추가로 설정하는 경우가 있다. 독일의 형법학자
엠·에·마이어(M. E. Mayer)는 정범의 네 가지 성립단계에 상응하여 공범의 종속형식을
네 가지로 분류한 바 있다. 우리 학자들도 동일한 분류방식에 따라 공범의 종속형식을 나누
면서 자신의 입장을 밝히고 있다.

(가) 최소한 종속형식　　정범의 행위가 구성요건에 해당하기만 하면 공범은 이에 종
속하여 성립한다고 보는 견해가 있다. 이 견해를 가리켜서 최소한 종속형식이라고 한다.[1]

(나) 제한적 종속형식　　이에 대하여 정범의 행위가 구성요건에 해당하고 위법할 때
공범이 성립한다고 보는 견해가 있다. 이 견해를 제한적 종속형식이라고 한다.[2]

(다) 극단적 종속형식　　세 번째로, 정범의 행위가 구성요건에 해당하고 위법하며 책
임이 인정될 때 공범이 이에 종속하여 성립한다고 보는 견해가 있다. 이 견해를 가리켜서
극단적 종속형식이라고 한다.[3]

(라) 확장적 종속형식　　여기에서 한 걸음 더 나아가 정범의 행위가 구성요건에 해당
하고 위법하며 책임이 인정될 뿐만 아니라 객관적 처벌조건이나 인적 처벌조각사유가 설정
될 경우 이 요건까지도 정범이 모두 갖추어야 공범이 성립한다고 보는 견해가 있다. 이 견
해를 가리켜서 확장적 종속형식이라고 한다. 확장적 종속형식은 초과극단적 종속형식으로
불리기도 한다.

3. 독일 형법과 공범종속형식

(1) 공범종속형식의 변화계기

이상의 네 가지 종속형식 가운데 어느 것을 취할 것인가 하는 점은 각 법공동체의 입법

---

1) 김성돈, 589면; 김종원, "공범의 구조", 형사법강좌 II, 680면.

2) 김성천·김형준, 381면; 김일수·서보학, 478면; 김혜정 외 4인, 308면; 박상기, 261면; 배종대, 401
면; 성낙현, 614면; 손동권·김재윤, 569면; 이재상·장영민·강동범, 448면; 이정원, 322면; 임웅, 443면;
정성근·정준섭, 259면; 정영일, 385면.

3) 권오걸, 526면; 오영근, 383면.

자가 결정할 사항이다. 1940년대 이전까지는 공범의 종속형식을 극단적 종속형식에 따라 결정하는 것이 일반적이었다. 정범에게 구성요건해당성, 위법성 및 책임이 갖추어지면 통상적인 범죄가 성립한다. 1940년대에 이르기까지 독일의 학설·판례는 공범을 이와 같은 통상적인 정범을 전제로 하면서 그에 종속하여 성립하는 범죄라고 보았다. 객관적 처벌조건이나 인적 처벌조각사유도 예외적으로는 정범의 성립요건이 되지만 이 사유들은 입법자가 이례적·정책적으로 설정하는 것이므로 일반적인 경우에 특별히 고려할 필요가 없다고 생각하였던 것이다.

그런데 이와 같은 사고방식은 독일의 경우에 커다란 수정을 보게 되었다. 극단적 종속형식에 의하면 정범의 행위가 구성요건에 해당하고 위법하더라도 책임이 인정되지 않으면 공범이 성립하지 않게 된다. 정범에게 책임능력이 없거나 책임조각사유 등이 인정되는 경우에는 교사범이나 방조범이 성립하지 않는다. 종속의 근거가 되는 정범이 성립하지 않기 때문이다. 이러한 경우에는 정범도 처벌하지 못하고 공범도 처벌하지 못하는 문제상황이 발생한다. 여기에서 극단적 종속형식에 대해 공범처벌을 제대로 하지 못하는 결함을 안고 있다는 비판이 제기되기에 이르렀다.

(2) 1943년의 독일 형법 개정

이러한 문제점을 극복하기 위하여 독일은 1943년 나치스 치하의 형법개정을 통하여 공범의 종속형식을 극단적 종속형식으로부터 제한적 종속형식으로 전환하였다. 그리하여 정범의 행위가 구성요건에 해당하고 위법하기만 하면 공범은 이에 종속하여 성립하는 것으로 되었다. 나아가 각 관여자는 타인의 책임과 관계없이 각자의 책임에 따라 처벌한다는 책임개별화의 원칙을 형법총칙에 명시하였다.

극단적 종속형식으로부터 제한적 종속형식으로의 전환은 독일의 입법자에 의하여 결단된 것이었다. 이후 1975년의 독일 신형법에서도 독일의 입법자는 제한적 종속형식의 입법적 결단을 유지하여 공범성립의 전제가 되는 정범의 행위가 '고의의 위법한 행위'일 것을 요구하고 있다(독일형법26, 27①, 11ⅴ). 그리고 나아가 책임개별화의 원칙을 계속 유지하고 있다(독일형법29).[1]

(3) 불법연대와 책임개별화의 원칙

독일 입법자의 결단은 소위 불법연대와 책임개별화의 원칙에 입각하고 있다. 불법은 구

---

1) 전술 666면 이하 참조.

성요건에 해당하고 위법한 행위이다. 불법 단계에서는 구체적 행위자가 아닌 일반적 행위자가 범죄의 주체로 등장한다. 이 단계에서는 다수관여자 사이에 공통적으로 불법을 부담하게 하여도 문제는 없다. 또 다른 사람의 불법을 근거로 그 불법을 물려받을 수도 있다. 다수관여자 개개인의 개성에 관계없이 모두가 불법의 주체로 될 수 있기 때문이다. 불법 단계에서는 다수관여자가 공통적으로 불법을 함께 부담한다는 원칙을 가리켜서 **불법연대의 원칙**이라고 한다.

이에 대하여 책임판단은 구체적인 행위자를 놓고 그에게 그가 범한 불법에 대하여 비난을 가할 수 있는가를 따지는 것이다. 책임 단계에서는 개성이 부각된 구체적인 행위자가 등장한다. 개개의 구체적 행위자에게 가해지는 책임비난의 요소는 그 사람의 개별적인 몫으로 돌아간다. 이 비난가능성의 요소는 구체적인 행위자별로 검토되는 것이기 때문에 이 요소를 다른 관여자에게 돌려서는 안 된다. 책임 단계에서 발생하는 비난가능성의 요소를 다른 사람에게 돌려서는 아니 된다는 원칙을 가리켜서 **책임개별화의 원칙**이라고 한다. 독일 형법 제29조는 책임개별화의 원칙을 명문으로 규정한 조문이다.

불법연대와 책임개별화의 원칙은 범죄론체계의 구성원리에 기초하고 있지만 이 원칙을 실정법상의 규제원리로 설정하는 데에는 입법자의 명시적인 결단이 필요하다. 독일 형법 제26조, 제27조, 제29조는 독일 입법자의 결단이 구체적으로 명시된 예이다.

4. 한국 형법과 공범종속형식

한국형법	일본개정형법가안
제30조〔공동정범〕 2인 이상이 공동하여 죄를 범한 때에는 각자를 그 죄의 정범으로 처벌한다.	**제25조** 2인 이상 공동으로 죄를 범한 자는 모두 정범으로 한다.
제31조〔교사범〕 ① 타인을 교사하여 죄를 범하게 한 자는 죄를 실행한 자와 동일한 형으로 처벌한다.	**제26조** ① 사람을 교사하여 죄를 범하게 한 자는 교사범으로 한다. ② 교사범은 정범의 형으로 처단한다.
제31조 ② 교사를 받은 자가 범죄의 실행을 승낙하고 실행의 착수에 이르지 아니한 때에는 교사자와 피교사자를 음모 또는 예비에 준하여 처벌한다.	(해당 조항 없음)

한국형법	일본개정형법가안
第31조 ③ 교사를 받은 자가 범죄의 실행을 승낙하지 아니한 때에도 교사자에 대하여는 전항과 같다.	(해당 조항 없음)
第32조〔종범〕 ① 타인의 범죄를 방조한 자는 종범으로 처벌한다.	第27조 ① 타인의 범죄를 방조한 자는 종범으로 한다.
第32조 ② 종범의 형은 정범의 형보다 감경한다.	第27조 ② 종범의 형은 정범의 형에 비추어 감경한다.
第33조 신분이 있어야 성립되는 범죄에 신분 없는 사람이 가담한 경우에는 그 신분 없는 사람에게도 제30조부터 제32조까지의 규정을 적용한다. / 다만, 신분 때문에 형의 경중이 달라지는 경우에 신분이 없는 사람은 무거운 형으로 벌하지 아니한다.	第28조 ① 범인의 신분으로 인하여 구성될 범죄행위에 가공한 때에는 그 신분 없는 자라 할지라도 또한 공범으로 한다.
	第28조 ② 신분으로 인하여 특히 형의 경중이 있는 때에는 그 신분 없는 자에게는 통상의 형을 과한다.
第34조 ① 어느 행위로 인하여 처벌되지 아니하는 자 또는 과실범으로 처벌되는 자를 교사 또는 방조하여 범죄행위의 결과를 발생하게 한 자는 교사 또는 방조의 예에 의하여 처벌한다.	第29조 전4조의 규정은 자기의 행위에 대하여 처벌받지 아니하는 자 또는 과실범으로 처벌됨에 그치는 자를 행위에 가공시킨 경우에도 또한 이를 적용한다.
第34조 ② 자기의 지휘, 감독을 받는 자를 교사 또는 방조하여 전항의 결과를 발생하게 한 자는 교사인 때에는 정범에 정한 형의 장기 또는 다액에 그 2분의 1까지 가중하고 방조인 때에는 정범의 형으로 처벌한다.	(해당 조항 없음)

(1) 문제의 소재

현재 우리 학계에서는 불법연대와 책임개별화의 원칙이 범죄론체계의 특성을 잘 반영하였다는 점을 들어 이를 자명한 원칙으로 받아들이는 경향이 있다. 또 이를 바탕으로 공범의 종속형식을 제한적 종속형식으로 파악하는 견해가 절대 다수를 점하고 있다. 그런데 문제는 이러한 해석방법이 과연 우리 입법자의 결단에 근거하고 있는가 하는 점이다.

우리 형법전을 보면 공범론의 여러 규정들 가운데 공범의 종속형식을 제한적 종속형식으로 확정한다고 명시한 조문은 어느 곳에도 없다. 또 책임개별화의 원칙을 선언하는 규정도 없다. 불법연대와 책임개별화의 한계를 어떻게 그을 것인가, 공범의 종속형식을 어떠한 형태로 파악할 것인가 하는 문제들은 모두 학설과 판례의 몫으로 남겨져 있다.

우리 형법의 공범론 조문은 독일 형법의 공범론 조문과 여러 가지 점에서 상이한 특징을 보이고 있다. 우리 형법의 공범론 조문체계의 특성을 고려하지 아니한 채 독일 형법학계에서 제시된 공범론체계를 그대로 수용한다면 자칫 우리의 공범론조문을 독일 형법의 공범론조문으로 대체하는 결과를 가져올 수 있다. 그리고 그 해석의 결과가 피고인에게 불리한 것이라면 독일식의 해석방법은 피고인에게 불리한 유추해석으로서 죄형법정주의에 반하게 될 위험이 있다. 여기에서 우리 형법의 조문체계를 최대한 존중하면서 공범의 종속형식을 파악해야 한다는 한국 형법학 고유의 요청이 나오게 된다.

(2) 일본 개정형법가안의 종속형식

우리 형법의 공범론체계는 일본의 개정형법가안에 영향을 받고 있다. 일본의 개정형법가안은 1907년에 제정된 일본 형법을 개정하기 위하여 마련된 시안의 하나로서 아직 정식으로 개정안으로 채택되지는 아니한 단계의 것이다. 이러한 점을 나타내기 위하여 표제에 가안(假案)이라는 명칭이 사용되고 있다. 일본개정형법가안은 그 총칙부분이 1931년에, 각칙부분이 1940년에 공개되었다. 우리 형법의 공범론조문은 1931년의 일본개정형법가안 총칙으로부터 많은 영향을 받고 있다.

(3) 한국 형법상 공범론규정의 특성

우리 형법상 정범에 종속하여 성립하는 전형적인 범죄로서 교사범과 방조범이 있다. 형법 제31조 제1항은 교사범과 관련하여 "타인을 교사하여 죄를 범하게 한 자는 죄를 실행한 자와 동일한 형으로 처벌한다."고 규정하고 있다. 이 조문에 따르면 정범은 '죄를 실행한 자'이다. 그리고 교사범은 '타인으로 하여금 죄를 범하게 한 자'이다. 그렇다면 정범의 행위는 '죄'이다. 이 '죄'가 범죄성립의 3단계인 구성요건해당성, 위법성, 책임 가운데 어디까지를 충족시킨 것인가에 대해서는 우리 입법자가 아무런 해석의 지침을 제공하고 있지 않다.

한편 특수교사범을 규정한 형법 제34조 제2항은 "자기의 지휘, 감독을 받는 자를 교사……하여 전항의 결과를 발생하게 한 자는 교사인 때에는 정범에 정한 형의 장기 또는 다액에 그 2분의 1까지 가중[한다.]"고 규정하고 있다. 이 경우 '전항의 결과'는 형법 제34조 제1항에 규정된 '범죄행위의 결과'이다. 요컨대 특수교사의 경우에 정범은 '범죄행위'를 한 자이다.

공범의 또 다른 유형은 방조범이다. 형법 제32조는 제1항에서 "타인의 범죄를 방조한 자는 종범으로 처벌한다."고 규정하고 제2항에서 "종범의 형은 정범의 형보다 감경한다."라고 규정하고 있다. 방조범의 조문에서 방조범이 종속하여 성립하는 정범의 행위는 '범죄'라고 표현되고 있다.

일반적으로 범죄란 구성요건에 해당하고 위법하며 책임 있는 행위이다. 그렇다면 우리 입법자는 적어도 특수교사범 및 방조범의 경우에 관한 한 극단적 종속형식을 채택하였다고 말할 수 있다.

이와 같은 해석의 타당성은 두 가지 면에서 확인할 수 있다. 우선 우리 형법의 공범론조문체계는 1931년에 공표된 일본의 개정형법가안 총칙으로부터 커다란 영향을 받고 있다. 1931년도 일본의 개정형법가안의 총칙은 공범론조문체계를 구성함에 있어서 당시에 통설·판례로 인정되고 있었던 극단적 종속형식을 기초로 삼고 있었다. 우리 형법의 공범론조문체계는 1931년 일본개정형법가안총칙의 구도를 대부분 그대로 수용한 것이라고 말할 수 있다.[1]

우리 형법이 극단적 종속형식을 취하고 있음은 우리 형법이 1953년에 제정되었다는 역사적 사실을 통해서도 어느 정도 뒷받침할 수 있다. 독일은 1943년 나치스 치하에서 극단적 종속형식으로부터 제한적 종속형식으로 공범의 종속형식을 전환하였다. 이러한 독일 형법의 입법적 결단이 겨우 10년이 지난 시점에서 우리 입법자에 의하여 곧바로 채택되었다고 해석하는 것은 상당한 무리가 있다고 생각된다.

(4) 한국 입법자의 결단과 간접정범

1953년 형법전을 제정하면서 우리 입법자는 당시에 풍미하고 있었던 극단적 종속형식을 공범론체계의 기초로 삼았다고 생각된다. 이러한 입법적 결단의 증좌는 특히 간접정범을 규정한 형법 제34조 제1항에서 뚜렷하게 찾아볼 수 있다. 형법 제34조 제1항은 "어느

---

1) 법전편찬위원회가 제시한 아래의 설명이 주목된다. 법전편찬위원회, "형법초안 이유설명에 가름하여", 신동운 편저, 형법 제·개정 자료집, 한국형사정책연구원, (2009), 35면; 엄상섭, "우리 형법전과 공범이론", 신동운·허일태 편저, 효당 엄상섭 형법논집, (2003), 167면 참조.

"7. 형법학설의 화려기발함에 편파(偏頗)됨을 피하고 그 건전중정(健全中正)함을 택하여서 현실에 적합하도록 하였다. 따라서 세계 각국의 입법례와 특히 새로운 형법초안을 광범위로 참고하였다."

행위로 인하여 처벌되지 아니하는 자 또는 과실범으로 처벌되는 자를 교사 또는 방조하여 범죄행위의 결과를 발생하게 한 자는 교사 또는 방조의 예에 의하여 처벌한다."고 규정하고 있다.[1]

극단적 종속형식을 취할 때 항상 문제되는 것은 공범처벌의 불비(不備)였다. 책임 단계에서 범죄성립요소가 결핍되었다는 이유로 정범이 처벌되지 아니할 때 공범도 함께 형사처벌을 면하는 것이 과연 합리적인가 하는 점이 비판의 표적이었다. 이와 같이 공범처벌의 불비가 문제되는 상황에서 등장한 보완책이 간접정범이었다.

애당초 간접정범은 정범을 교사 또는 방조하였으나 정범이 범죄성립요소의 결핍으로 인하여 처벌되지 아니하거나 과실범으로 처벌됨에 그치는 경우에 대처하기 위하여 학설·판례에서 안출된 다수관여자의 범죄형태였다. 우리 입법자는 이와 같은 간접정범의 원래 취지를 충실히 반영하여 정범이 처벌되지 않거나 과실범으로 처벌됨에 그치는 경우에도 교사자나 방조범을 교사 또는 방조의 예에 의하여 처벌하기로 결단하고 이를 형법 제34조 제1항을 통하여 명문화하였던 것이다.[2]

(5) 판례의 태도

우리 대법원은 형법 제34조 제1항의 적용과 관련하여 책임무능력자나 책임이 조각되기 때문에 처벌되지 아니하는 사람을 교사·방조하여 죄를 범하게 한 자를 이 조문의 규율대상으로 인정하고 있다.[3] 이와 같은 대법원의 태도는 우리 형법이 극단적 종속형식을 채택하고 있다는 인식을 보여주고 있다. 만일에 제한적 종속형식을 취하였다고 본다면 책임무능력자나 책임이 조각되는 자를 교사·방조하는 자를 교사범(법31①) 또는 방조범(법32①)으로 처벌할 것이기 때문이다. 판례의 태도가 보여주는 바와 같이 우리 형법은 극단적 종속형식에 입각하여 공범론의 관련규정들을 정비하였다고 생각된다.

---

1) 우리 형법 제34조 제1항은 일본개정형법가안 제29조로부터 영향을 받고 있다. 일본개정형법가안의 이유서는 이 조문에 대해 다음과 같은 설명을 제시하고 있다.
"소위 간접정범에 관한 규정이다. 소위 책임무능력자 또는 고의 없는 자를 범죄행위에 가공시킨 경우에 공범의 규정을 이에 적용할 수 있는가 없는가에 대해 학설이 나뉘고 있으므로 특히 본조를 두어 적용상의 의문을 제거하려고 한 것이다." (일본 司法省), 刑法改正案理由書, (1931), 18면.
2) 신동운, "공범론 조문체계의 성립에 관한 연혁적 고찰", 우범 이수성 선생 화갑기념논문집 인도주의적 형사법과 형사정책, (2000), 69면 이하 참조. 이 글은 저자가 엄상섭의 "우리 형법전과 공범이론" 및 일본개정형법가안에 대한 이유서를 발견하기 전에 집필된 것이다.
3) 1983. 6. 14. 83도515 전원합의체 판결, 공 1983, 1112 = 백선 총론 88. 『콘트롤 데이타 사건』.

(6) 독일 신형법의 입법적 결단

독일은 1975년 신형법을 통하여 비로소 간접정범을 정범으로 처벌하기로 하는 입법적 결단을 행하였다(독일형법25①). 사람을 도구로 이용하여 범죄를 실행하는 배후자는 자신이 직접 범죄를 실행하는 직접정범과 다를 바가 없다는 것이 독일 신형법을 제정한 입법자의 판단이었던 것이다.

그런데 이와 같은 변화는 제한적 종속형식에 의하여 형사처벌의 불비를 크게 걱정하지 않아도 되는 독일 형법의 상황에서 행위지배설의 기준을 적용하여 얻어진 결과라는 점에 주목할 필요가 있다. 즉 배후에서 사람을 도구로 이용하여 범죄실행 여부를 좌우하는 사람은 그의 우월한 의사지배 때문에 자신이 직접 범죄를 실행함으로써 범죄실행 여부를 좌우하는 직접정범과 마찬가지로 평가된다는 것이다.

(7) 간접정범 정범론의 논거에 대한 검토

(가) 논의의 계기   독일의 입법자가 내린 판단은 우리나라의 경우에도 폭넓은 공감대를 형성하고 있다. 직접정범이나 간접정범 모두 범죄실행을 실질적으로 좌우한다는 점에서 정범이라는 것이다. 그런데 우리 형법의 해석론으로서 간접정범을 정범으로 파악할 때 가장 문제가 되는 것은 실정법의 근거이다.

우리 형법은 어느 범죄유형을 정범으로 파악할 때 "정범으로 처벌한다."는 표현을 사용하고 있다. 형법 제30조는 "각자를 그 죄의 정범으로 처벌한다."라고 규정하고 있고, 형법 제32조 제2항은 "종범의 형은 정범의 형보다 감경한다."라고 규정하고 있다. 형법 제34조 제2항은 특수교사에 대해 "정범에 정한 형의 장기 또는 다액에 그 2분의 1까지 가중[한다]"라고 규정하고, 특수방조에 대해 "정범의 형으로 처벌한다."라고 규정하고 있다.

이러한 입법형식에 비추어 볼 때 간접정범을 정범이라고 파악하였다면 "정범으로 처벌한다."는 표현을 사용하였을 것인데, 우리 형법 제34조 제1항은 "교사 또는 방조의 예에 의하여 처벌한다."는 형식을 사용하고 있다. 여기에서 간접정범을 정범으로 파악하는 입장에서는 정범의 실정법적 근거를 찾는 데 고심을 하게 된다.

이와 관련하여 정범성을 주장하는 입장에서는 두 가지 근거를 제시하고 있다. 하나는 간접정범이 정범이기 때문에 용어 자체에서 간접'정범'으로 표현되고 있다는 것이다. 다른 하나는 사물의 본성상 간접정범은 정범이 될 수밖에 없다는 것이다. 아래에서는 이 두 가지 근거에 대하여 비판적으로 살펴보기로 한다.

(나) 용어의 규범성   우리 형법 제34조는 '간접정범'이라는 표제어를 사용하고 있다. 이 표제어에 주목하여 우리 입법자가 간접정범에 '정범'이라는 표현을 사용하였으므로 간접

정범은 정범이라는 견해가 제시되고 있다.[1] 그러나 이러한 주장은 조문의 표제어가 실질적 규범력을 가지지 못한다는 점을 간과하고 있다. 만일 조문의 표제어에 규범력이 인정된다면 형법총칙 제2장 제3절의 표제어로 사용되고 있는 '공범' 또한 규범력을 가지게 될 것이다. 그렇게 된다면 정범의 한 형태인 공동정범도 '공범'이 되지 않을 수 없다.

또 다른 예로 필요적 공범이라는 개념이 있다. 한 개의 범죄실현에 반드시 두 명 이상이 관여해야 하는 범죄유형이 필요적 공범이다. 이 경우 관여하는 각각의 사람은 모두 '정범'으로 파악된다.[2] 이들은 '정범'으로 파악됨에도 불구하고 용어상으로는 필요적 '공범'으로 표기된다. 이렇게 볼 때 간접정범이라는 용어 자체에서 '정범'의 법적 근거를 도출한다는 것은 너무나 무모한 시도라고 하지 않을 수 없다. 용어는 어디까지나 실질을 표시하기 위한 표찰에 지나지 않는다.

(다) 사물논리적 구조론　　간접정범의 정범성을 실정법에서 구하기 어렵게 되자 그 정범성을 사물논리적 구조[3] 내지 간접정범의 본질에 기초하여 도출해 내려는 시도가 있다. 예컨대 법률로써 남자를 여자로 바꿀 수 없는 것처럼 본질이 정범인 간접정범을 공범으로 파악할 수 없다는 것이다. 정범이 공범의 예에 의하여 처벌된다고 하여 정범이 공범으로 되는 것은 아니라는 주장[4]도 동일한 접근방법이라고 할 수 있다.

간접정범의 본질을 우월한 의사지배의 관점에서 설명하는 견해 또한 본질론의 입장이라고 생각된다.[5] 아무리 입법자가 간접정범을 "교사 또는 방조의 예에 의하여 처벌한다."고 규정하여도 의사지배를 본질로 하는 간접정범의 구조상 그것은 정범이 될 수밖에 없다는 것이다.

그러나 이러한 시도는 공범론체계 전반이 입법자의 결단에 기초한 것임을 간과하고 있다. 한 개의 범죄에 다수자가 관여하여 그 범죄를 실현시킨 경우에 그 관여자들을 모두 정범으로 포착할 것인지, 아니면 일부의 중요한 사람을 정범으로 포착하고 나머지 사람을 공범으로 포착할 것인지에 관한 문제는 어디까지나 어느 법공동체의 입법자가 결단할 문제이다. 예컨대 오스트리아 입법자는 다수의 관여자를 모두 정범으로 포착하는 소위 단일정범 형식을 취하고 있다(오스트리아형법12).[6] 그렇다고 오스트리아 입법자의 결단을 두고 사물논

---

1) 박상기, 288면; 배종대, 442면; 손동권·김재윤, 506면.
2) 필요적 공범에 관하여는, 후술 769면 참조.
3) 김성돈, 635면.
4) 이재상·장영민·강동범, 453면.
5) 권오걸, 600면; 김성돈, 635면; 김성천·김형준, 401면; 박상기, 288면; 배종대, 442면; 성낙현, 592면; 손동권·김재윤, 470면; 이정원, 332면; 임웅, 479면; 정영일, 434면.
6) 전술 607면 참조.

리적 구조에 반하는 것이라고 공박하는 사람은 없다.

마찬가지 관점에서 간접정범의 법적 성질을 정범으로 파악할 것인가, 아니면 공범으로 파악할 것인가 하는 문제도 입법자의 결단에 속하는 사항이다. 만일에 정범으로 결단하였다면 우리 입법자는 공동정범의 경우와 마찬가지로 "정범으로 처벌한다."고 명시하였을 것이다(법30). 그러나 현행 형법에는 그와 같은 입법적 결단이 나타나 있지 않다. 입법자의 결단사항을 사물의 본성론을 근거로 우회하려는 시도는 실정형법의 해석론으로는 성립할 수 없다. 해석자가 입법자의 지위를 찬탈하는 결과가 되기 때문이다.

(8) 해석론과 입법론의 준별

1975년 독일 신형법의 입법자는 간접정범을 정범으로 포착하였다. 입법적 결단을 내린 것이다. 독일 입법자의 판단은 우리나라의 경우에도 폭넓은 공감대를 형성하고 있다. 그렇지만 이러한 인식의 변화는 우리 입법자의 결단을 통하여 실정법으로 확정되지 않으면 안 된다. 정부가 2011년 국회에 제출하였으나 회기 만료로 폐안된 형법개정안에 따르면 간접정범은 '정범'으로 파악되고 있다(형법일부개정법률안31②).[1] 개정안에 의하면 간접정범은 더 이상 '교사 또는 방조의 예에 의하여' 처벌되는 다수관여자의 범죄형태가 아니다.

간접정범을 정범으로 포착하려는 형법개정안은 1992년과 1996년에도 국회에 제출된 바가 있었다. 그러나 그때마다 국회의 회기종료로 폐안(廢案)되고 말았다. 아직 독일식의 개정안이 우리의 실정법으로 효력을 얻지 못한 현 상황에서는 종전의 입법자가 명시적으로 결단한 기준이 그대로 통용될 수밖에 없다. 형법을 해석하는 사람들은 입법자의 명시적 결단을 존중하지 않으면 안 된다. 입법론을 전개하는 것은 자유이지만 해석법학을 시도하는 한 실정법의 규범 테두리를 벗어나서는 안 된다.

현행 형법의 공범론체계에 의할 때 공범의 종속형식은 극단적 종속형식에 입각해 있다고 생각된다. 교사범이나 방조범이 정범의 행위를 '죄' 또는 '범죄'로 규정한 것이 하나의 근거이다. 이러한 관점에서 볼 때 우리 대법원이 극단적 종속형식의 관점에서 출발하여 간접정범의 성립범위를 살핀 것[2]은 결코 무지의 소치가 아니다. 극단적 종속형식에 의하더라도 공범처벌의 불비를 염려할 필요는 없다. 우리 형법에 의하면 정범이 처벌되지 않는 경우에도 정범을 교사하거나 정범을 방조한 자는 교사 또는 방조의 예에 의하여 처벌되기 때문이다(법34①).

---

1) 형법 일부개정법률안 제31조 ① 스스로 범죄를 실행한 자는 정범으로 처벌한다.
　② 어느 행위로 인하여 처벌되지 아니하는 자 또는 과실범으로 처벌되는 자를 이용하여 범죄의 결과를 발생하게 한 자는 정범으로 처벌한다.
2) 1983. 6. 14. 83도515 전원합의체 판결, 공 1983, 1112 = 백선 총론 88. 『콘트롤 데이타 사건』.

제4절 교사범

한국형법	독일형법
제31조〔교사범〕① 타인을 교사하여 죄를 범하게 한 자는 죄를 실행한 자와 동일한 형으로 처벌한다.	**제26조**〔교사범〕고의로 타인으로 하여금 고의의 위법행위를 행하도록 결의시킨 자는 교사범으로서 정범과 동일하게 처벌한다.
(해당 조항 없음)	**제11조**〔사람 및 물건의 개념〕이 법에서 사용하는 용어의 정의는 다음과 같다. 5. 위법행위라 함은 형법상의 구성요건을 실현하는 행위만을 말한다.
(해당 조항 없음)	**제29조**〔관여자 처벌의 독립성〕각 관여자는 타인의 책임과 관계 없이 각자의 책임에 따라 처벌한다.
제31조 ② 교사를 받은 자가 범죄의 실행을 승낙하고 실행의 착수에 이르지 아니한 때에는 교사자와 피교사자를 음모 또는 예비에 준하여 처벌한다.	**제30조** ② 중죄의 실행을 할 용의 또는 중죄의 교사를 할 용의가 있음을 표명한 자, 타인의 이와 같은 제의를 수락한 자 또는 타인과 이를 합의한 자도 위(제1항; 저자 주)와 같이 처벌한다.
제31조 ③ 교사를 받은 자가 범죄의 실행을 승낙하지 아니한 때에도 교사자에 대하여는 전항과 같다.	**제30조**〔공범의 기도〕① 타인으로 하여금 중죄의 실행 또는 중죄의 교사를 결의하도록 시도하여 미수에 그친 자는 중죄의 미수에 관한 규정에 따라 처벌한다. 다만, 그 형은 제49조 제1항(기속적 감경규정; 저자 주)에 따라서 감경한다. 제23조 제3항(불능미수규정; 저자 주)은 이를 준용한다.
제34조 ② 자기의 지휘, 감독을 받는 자를 교사 또는 방조하여 전항의 결과를	

한국형법	독일형법
발생하게 한 자는 교사인 때에는 정범에 정한 형의 장기 또는 다액에 그 2분의 1까지 가중하고 방조인 때에는 정범의 형으로 처벌한다.	(해당 조항 없음)

제1 교사범의 의의와 정범의 성립요건

1. 교사범의 의의

(1) 교사와 교사범

형법 제31조 제1항은 "타인을 교사하여 죄를 범하게 한 자는 죄를 실행한 자와 동일한 형으로 처벌한다."고 규정하고 있다. 여기에서 '죄를 실행한 자'는 정범이다. 그리고 타인을 교사하여 죄를 범하게 한 자는 교사범이다. 형법 제31조 제1항은 '교사하여'라는 말을 사용하고 있으나 그 의미에 대해서는 아무런 규정도 하고 있지 않다. 여기에서 '교사하다'라는 말의 의미를 밝힐 필요가 있다.

교사(敎唆)란 정범에게 범행결의를 불러일으키는 행위이다. 범행결의란 구성요건을 실현시키려는 의사, 즉 고의를 말한다. 이와 같은 교사의 개념정의에 따르면 형법 제31조 제1항은 "타인에게 범행결의를 불러일으켜서 죄를 범하게 한 자는 죄를 실행한 자(즉 정범)와 동일한 형으로 처벌한다."는 의미를 가지게 된다. 교사범은 교사행위를 핵심적 내용으로 하는 다수관여자의 범죄형태이다. 교사범의 경우 교사자의 교사행위가 있고 이어서 정범자의 범죄실행행위가 이루어지는 순서로 범죄가 실현된다.

(2) 선동 · 선전과의 구별

교사와 비슷하지만 구별되어야 할 개념으로 선동 · 선전이 있다. 우리 입법자는 내란죄, 외환죄 등에서 선동 · 선전 등의 행위를 처벌하고 있다(법90②, 101②). 예컨대 내란선동 · 선전은 내란이 실행되는 것을 목표로 하여 피선동 · 선전자들에게 내란행위를 결의, 실행하도록 충동하고 격려하거나 논리적으로 설득하는 일체의 행위를 말한다. 선동 · 선전은 다음의 점에서 교사와 구별된다.

먼저, 선동 · 선전은 특별히 위험성이 높은 개별 범죄에 사용되는 개념으로서 총칙상의 개념인 교사와 구별된다. 다음으로, 교사범의 경우에는 정범과 동일한 형으로 처벌되지만

(법31①), 선동·선전죄의 경우에는 예비·음모죄에서 규정한 형으로 처벌된다(법90②, 101②). 그리고 무엇보다도 선동·선전행위는 선동·선전자에 의하여 일방적으로 행해지고, 그 이후 선동·선전에 따른 범죄의 결의 여부 및 그 내용은 선동·선전자의 지배영역을 벗어나 피선동·선전자에 의하여 결정될 수 있으며, 선동·선전을 처벌하는 근거가 선동·선전행위 자체의 위험성과 불법성에 있다는 점에서 교사와 차이가 있다.[1]

(3) 교사범의 종속형식

교사범은 정범에 종속하여 성립한다. 이 때 정범의 범죄성립요건에 관하여 제한적 종속형식과 극단적 종속형식의 견해대립이 있음은 앞에서 설명하였다. 정범의 범죄성립요건에 관하여 제한적 종속형식을 취하는 입장에서는 정범의 행위가 구성요건해당성과 위법성의 요건을 갖출 것을 요구한다. 이에 대하여 극단적 종속형식을 취하는 입장에서는 구성요건과 위법성 이외에 책임의 요건까지도 갖출 것을 요구하고 있다.[2]

공범종속형식의 유형에 따라서 교사의 개념정의는 약간씩 달라진다. 제한적 종속형식에 의하면 교사란 타인에게 구성요건에 해당하고 위법한 행위를 하려는 범행결의를 불러일으키는 행위를 말한다. 이에 대하여 극단적 종속형식에 의하면 교사란 타인에게 구성요건에 해당하고 위법하며 유책한 행위를 하려는 범행결의를 불러일으키는 행위를 말한다.

(4) 형사실무와 교사범의 활용 영역

교사범은 외형에서 공모공동정범과 대단히 비슷하다. 교사범은 범행결의를 불러일으키기 위한 교사행위만을 할 뿐 정범의 실행행위에는 관여하지 않는다. 공모공동정범의 경우에도 공동의 의사연락이 있을 뿐 실행행위를 분담하지 않는다. 객관적으로는 기능적 행위지배만을 담당하면 되지만, 그 형태는 다종다양하며 정형성이 없다.

형사실무에서는 공모공동정범의 이론이 널리 활용되며 교사범의 사례는 별로 눈에 뜨이지 않는다. 공모공동정범으로 사안을 구성하면 검사는 공소장에 한 번의 공소사실을 적으면 되고, 법관은 유죄판결에 한 번의 범죄사실을 적는 것으로 족하다. 이에 반해 교사범으로 사안을 구성하면 정범과 교사범의 공소사실 또는 정범과 교사범의 범죄사실을 각각 별도로 적어야 한다. 이것은 정범개념의 우월성과 공범종속성의 원칙에서 나오는 당연한 요청이다. 이러한 부담 때문에 실무상으로는 공모공동정범의 이론이 널리 활용되고 있으며, 교사범의 사례는 별로 찾아볼 수가 없다.

---

1) 2015. 1. 22. 2014도10978 전원합의체 판결, 공 2015상, 357 = 『당원집회 내란음모 사건』 ☞ 1141면.
2) 전술 669면 이하 참조.

그런데 예외적인 상황이 있다. 범인(갑)이 다른 사람(을)을 개입시켜서 자신의 범죄를 은폐하려고 하는 경우이다. 이러한 사안에서 범인(갑)과 다른 사람(을)을 공동정범으로 포착하게 되면 정범 스스로 자신의 범죄를 은폐하는 것이 되어 별도로 범죄가 성립하지 않는다.[1] 이에 대해 다른 사람(을)을 정범으로 포착하게 되면 정범개념 우선의 원칙과 공범종속성의 원칙에 따라 범인(갑)은 다른 사람(을)에 대한 교사범이 될 수 있다.

범인(갑) 스스로 자신의 범죄를 은폐하는 경우는 본능적인 자기비호의 발로로 인정되어 처벌대상에서 제외된다. 범인(갑)이 도피를 위하여 타인(을)에게 도움을 요청하는 행위 역시 도피행위의 범주에 속하는 한 처벌되지 아니하는 것이며, 범인(갑)의 요청에 응하여 범인을 도운 타인(을)의 행위가 범인도피죄에 해당한다고 하더라도 마찬가지이다.[2] 그러나 범인이 타인으로 하여금 허위의 자백을 하게 하는 등으로 범인도피죄를 범하게 하는 경우와 같이 그것이 방어권의 남용으로 볼 수 있을 때에는 범인도피교사죄에 해당할 수 있다.[3] [4] 유사한 상황은 위증죄와 증거인멸죄 등에서 전형적으로 찾아볼 수 있다.[5]

2. 정범의 성립요건

교사범을 보면 교사자의 교사행위에 이어서 정범의 범죄실현행위가 일어난다. 시간적 관점에서 보면 교사자의 교사행위를 먼저 검토하는 것이 합리적인 것처럼 보이지만 반드시 그렇지는 않다. 공범종속성의 원칙에 비추어 보면 정범의 성립 여부를 먼저 확인하고 이어서 공범의 성립을 논하는 것이 논리적이고 체계적이다.

교사범에 있어서 정범의 범죄성립요건은 형법총칙의 일반이론에 따라서 판단된다. 제한적 종속형식을 지지하는 입장에서는 정범의 행위가 구성요건에 해당하고 위법하면 정범의 성립요건을 충족하였다고 본다. 이에 대하여 극단적 종속형식을 취하는 입장에서는 정범의 행위가 구성요건에 해당하고 위법하며 책임도 인정되어야 정범의 성립요건이 충족된다고 본다.

어떠한 종속형식을 취하던지 간에 정범의 행위는 교사자의 교사행위에 기인한 것이어야 한다. 즉 교사행위와 정범의 실행행위 사이에는 인과관계가 인정되어야 한다.[6] 교사자의 교사행위에도 불구하고 피교사자가 범행을 승낙하지 아니하거나 피교사자의 범행

---

1) 2011. 7. 14. 2009도13151, [미간행] =『조합 회계서류 폐기 사건』☞ 1167면.
2) 2014. 4. 10. 2013도12079, 공 2014상, 1082 = 분석 총론『대포폰 구해주기 사건』.
3) 2014. 4. 10. 2013도12079, 공 2014상, 1082 = 분석 총론『대포폰 구해주기 사건』.
4) 교사자와 피교사자가 공범인 사안에서 간접정범 성립 여부에 대해서는 후술 719면 참조.
5) 2011. 2. 10. 2010도15986, 공 2011상, 610 = 분석 각론『풍어제 의혹 사건』☞ 1168면.
6) 2013. 9. 12. 2012도2744, 공 2013하, 1860 = 분석 총론『전공의 낙태 권유 사건』.

결의가 교사자의 교사행위에 의하여 생긴 것으로 보기 어려운 경우에는 이른바 실패한 교사로서 형법 제31조 제3항에 의하여 교사자를 음모 또는 예비에 준하여 처벌할 수 있을 뿐이다.

이제 정범성립의 요건이 갖추어졌음을 전제로 하여 아래에서는 교사행위를 중심으로 교사범의 성립요건을 검토해 보기로 한다.

제2 교사범의 성립요건

1. 교사의 방법

(1) 작위와 부작위

교사란 정범에게 심리적으로 영향을 미쳐서 범죄행위의 결의를 하게 하는 행위이다. 단지 범죄의 유혹에 빠질 수 있도록 객관적 여건을 마련해 놓는 것만으로는 아직 교사행위라고 말할 수 없다. 교사는 정범으로 하여금 범행결의를 일으키도록 정범의 심리상태에 영향을 미치는 행위를 하여야 한다. 이를 위해서는 정범의 내심세계에서 범행결의를 일으키도록 하는 수단의 투입이 반드시 있어야 한다. 따라서 단순한 부작위만으로 교사는 성립하지 않는다.

(2) 교사의 형태

우리 형법은 교사의 방법으로 투입되는 수단에 대하여 아무런 언급을 하고 있지 않다. 교사의 수단방법에는 제한이 없다.[1] 선물의 제공, 이익의 약속, 지위의 이용, 폭행, 협박, 설득, 회유, 간청 등이 모두 교사의 방법으로 사용될 수 있다. 본범에 의한 각종 범인비호죄의 교사범도 가능하다.[2] 교사의 방법에는 여러 가지 형태가 있을 수 있으나 모두 교사자의 진정한 의사가 외부에서 인식할 수 있을 정도로 표현되어 있어야 한다.

교사는 간접적인 방법으로도 가능하다. 교사자가 다른 사람을 교사하였던바 그 사람이 또 다른 사람을 교사하는 경우를 가리켜서 재교사라고 한다. 또 교사자가 중간의 제3자를 이용하여 타인에게 범행을 교사하는 경우를 가리켜서 간접교사라고 한다. 재교사나 간접교사는 모두 교사의 한 형태이다. 재교사나 간접교사의 경우에 교사범과 정범 사이를 매개하는 중간자의 인원수나 성명을 교사자가 구체적으로 알지 못하여도 교사범의 성립에 지장이

---

1) 1991. 5. 14. 91도542, 공 1991, 1683 = 백선 총론 78. 『일제 드라이버 사건』.
2) 1982. 4. 27. 82도274, 공 1982, 548 = 백선 총론 80. 『석유난로 은닉 사건』.

없다. 교사자는 자신이 범행결의를 발생시키고자 하는 정범의 범죄행위를 인식하고 있으면
족하다.

교사는 두 명 이상이 교사의 의사를 서로 연락하여 제3자에게 범행결의를 불러일으키
게 하는 공동교사의 형태로 행해질 수 있다. 또 교사는 두 명 이상이 서로 의사연락 없는
상태에서 독립행위경합의 형태로 행해질 수도 있다.

(3) 교사범의 인과관계

교사범의 교사행위와 정범의 실행행위 사이에는 인과관계가 인정되어야 한다. 피교사
자가 범죄의 실행에 착수한 경우에 있어서 그 범행결의가 교사자의 교사행위에 의하여 생
긴 것인지 여부는 교사자와 피교사자의 관계, 교사행위의 내용 및 정도, 피교사자가 범행에
이르게 된 과정, 교사자의 교사행위가 없더라도 피교사자가 범행을 저지를 다른 원인의 존
부 등 제반 사정을 종합적으로 고려하여 사건의 전체적 경과를 객관적으로 판단하는 방법
에 의하여 결정해야 한다.[1]

이러한 판단 방법에 의할 때 피교사자가 교사자의 교사행위 당시에는 일응 범행을 승
낙하지 아니한 것으로 보여진다 하더라도 이후 그 교사행위에 의하여 범행을 결의한 것으
로 인정되면 교사범의 성립에는 영향이 없다.[2]

2. 교사자의 고의

(1) 교사자의 이중적 고의

교사자는 교사의 고의를 가지고 있어야 한다. 교사의 고의는 미필적 고의로도 족하다.
과실에 의한 교사는 정범에 대한 교사범 그 자체로는 처벌되지 않는다. 다만 과실범의 정범
으로 처벌될 여지는 남아 있다.

교사자의 고의는 두 가지 내용을 갖는다. 하나는 정범에게 범행결의를 불러일으킨다는
점에 대한 고의이다. 다른 하나는 정범이 구성요건적 고의를 가지고 구성요건적 결과를 발
생시킨다는 점에 대한 고의이다. 이러한 의미에서 교사자의 고의는 이중적 고의로서의 성
질을 갖는다.

(2) 교사자 고의의 특정성

교사자의 고의는 특정되어야 한다. 교사자의 고의는 정범이 행하는 일정한 '범죄행위'와

---

1) 2013. 9. 12. 2012도2744, 공 2013하, 1860 = 분석 총론 『전공의 낙태 권유 사건』.
2) 2013. 9. 12. 2012도2744, 공 2013하, 1860 = 분석 총론 『전공의 낙태 권유 사건』.

그 범죄를 범하는 자, 즉 '정범'의 두 가지 측면에서 모두 특정되어야 한다. 불특정한 범위의 사람들을 상대로 범죄실행을 권유하는 행위는 아직 정범이 특정되지 아니한 경우이다. 그러므로 교사의 특정성 요건을 충족하지 못한다.

다만 입법자가 개별구성요건에서 이러한 행위를 처벌하는 경우가 있다. 내란선동 · 선전죄(법90②), 외환선동 · 선전죄(법101②), 폭발물사용선동죄(법120②) 등은 그 예이다. 이 경우 선동은 사람의 감정적 판단에 호소하여 일정한 범죄에 나아가도록 충동 · 격려하는 행위이며, 선전은 사람의 이성적 판단작용에 호소하여 일정한 범죄행위로 나아가도록 설득 · 설복하는 행위이다.[1] 선동이나 선전은 불특정 다수인에게 특정 범죄활동의 내용이나 취지를 주지시켜 이해 또는 공감을 구하는 것이어서 아직 정범이 특정되어 있지 않으므로 교사에는 해당하지 않는다.

(3) 특정성의 정도

교사자의 고의는 정범이 행하는 특정한 범죄행위를 내용으로 하여야 한다. 이 때 정범행위의 특정성은 구체적인 위법행위의 정형이 확인될 수 있는 정도에 이르러야 하며, 또한 그것으로 족하다. 정범의 범죄실행과 관련하여 범행의 시간 · 장소, 상대방, 구체적인 실행방법 등은 교사자의 고의내용에 포함될 필요가 없다.[2] 범행의 구체적인 시간과 장소, 상대방이나 실행방법 등은 정범의 범죄실현 과정에서 수시로 변화될 수 있는 사항이기 때문이다.

교사자의 고의는 정범이 행하는 범죄실현의 지엽말단까지 그의 인식대상으로 할 필요가 없다. 그렇지만 교사자의 고의는 적어도 정범이 수행하는 범죄실행의 주요한 흐름과 일치하는 것이어야 한다. 이 요건을 과하지 않으면 교사의 특정성은 사실상 확보될 수 없을 것이기 때문이다.

3. 함정수사와 교사범

(1) 함정수사의 의미

교사자의 고의는 정범이 기수에 이를 것을 내용으로 한다. 정범이 단순히 미수에 그치

---

1) "국가보안법 제7조 제1항의 반국가단체 등 활동 선전 · 동조죄의 구성요건으로서 '선전'은 불특정 또는 다수인에게 반국가단체 등의 활동 내용이나 취지를 주지시켜 이해 또는 공감을 구하는 것을, '동조'는 반국가단체 등의 선전 · 선동 및 그 활동과 동일한 내용의 주장을 하거나 이에 합치되는 행위를 하여 반국가단체 등의 활동에 호응 · 가세하는 것을 의미하며, 이때 '선전' 또는 '동조' 행위는 국가의 존립 · 안전이나 자유민주적 기본질서에 실질적 해악을 끼칠 명백한 위험성이 있는 정도에 이르러야 한다."
 2013. 2. 15. 2010도3504, 공 2013상, 528 = 분석 총론 『통일학교 자료집 사건』.
 2) 1991. 5. 14. 91도542, 공 1991, 1683 = 백선 총론 78. 『일제 드라이버 사건』.

게 하려는 의사를 가지고 정범으로 하여금 범행에 나아가도록 하는 행위는 교사자의 고의 요건을 충족시키지 못한다. 정범이 기수에 이르지 아니하고 단순히 미수에 그치게 하려는 의도를 가지고 다른 사람에게 범행결의를 불러일으키는 경우를 가리켜서 미수에의 교사라 고 한다.

미수에의 교사는 특히 범죄수사의 현장에서 문제된다. 피교사자가 범죄의 기수에 이르 지 못한 채 단순히 미수에만 그치도록 하면서 피교사자에게 범행결의를 불러일으키는 사람 을 가리켜서 비밀수사관이라고 한다. 비밀수사관의 투입은 마약범죄, 무기밀매범죄, 디지털 성범죄 등의 척결을 위하여 불가피한 수사기법이라고 평가된다.

수사기관이 사술이나 계략을 써서 범죄인을 검거하는 수사기법을 함정수사라고 한다. 비밀수사관을 투입하여 행하는 수사활동은 함정수사의 일종이다. 그러나 유인자가 수사기 관과 직접적인 관련을 맺지 아니한 상태에서 피유인자를 상대로 단순히 여러 차례 반복 적으로 범행을 교사하였을 뿐, 수사기관이 사술이나 계략 등을 사용하였다고 볼 수 없는 경우는, 설령 그로 인하여 피유인자의 범의가 유발되었다 하더라도 위법한 함정수사에 해 당하지 아니한다.[1]

(2) 함정수사와 비밀수사관의 책임

함정수사의 기법이 사용된 사안에서 교사자인 비밀수사관과 그 상대방인 피교사자의 형사책임이 각각 문제된다. 우선 비밀수사관의 경우를 본다. 이에 대해서는 교사범의 성립 을 긍정하는 견해도 생각해 볼 수 있다. 그러나 교사자인 비밀수사관이 가지고 있는 교사의 고의는 처음부터 정범이 미수에 그칠 것을 내용으로 하고 있다. 따라서 비밀수사관에게는 교사범이 성립하지 않는다고 보아야 할 것이다.[2] [3]

비밀수사관이 미수의 고의를 가지고 교사하였으나 피교사자가 기수에 이른 경우에 교 사자의 책임이 문제된다. 이에 대해서는 정범의 범행에 대한 방조범으로 처벌하자는 견해[4] 와 정범의 실현부분에 대한 과실범으로 처벌하자는 견해[5]가 제시되고 있다. 생각건대 교사

---

1) 2008. 3. 13. 2007도10804, 공 2008상, 549 =『군수 함정 뇌물 사건』☞ 1168면.
2) 권오걸, 572면; 김성돈, 664면; 김성천·김형준, 417면; 김일수·서보학, 485면; 박상기, 310면; 배종 대, 458면; 손동권·김재윤, 580면; 이재상·장영민·강동범, 500면; 이정원, 369면; 정성근·정준섭, 291면; 정영일, 412면.
3) 성낙현, 630면; 임웅, 500면은 피교사자가 기수에 이르더라도 범죄의 완료에 이르기 전에 범인을 검거 한다면 교사범의 성립을 부인하는 견해를 제시하고 있다.
4) 박상기, 310면; 배종대, 458면; 성낙현, 630면.
5) 권오걸, 573면; 김성돈, 665면; 김일수·서보학, 486면; 손동권·김재윤, 582면; 오영근, 393면; 이재상· 장영민·강동범, 500면; 이정원, 371면; 정성근·정준섭, 291면.

자가 미수의 고의를 가지고 있었다면 설사 정범이 기수에 이르렀다고 하더라도 교사로서의 고의는 인정되지 않는다. 따라서 교사범은 성립하지 않는다고 보아야 할 것이다. 다만 경우에 따라서 발생된 결과에 대해 과실범이 성립할 가능성은 있다.

(3) 디지털 성범죄와 위장수사관의 책임

입법자는 아동·청소년 대상 디지털 성범죄를 사전에 예방하고 증거능력 있는 자료를 확보하기 위하여 사법경찰관리가 신분을 위장하여 수사할 수 있는 법적 근거를「아동·청소년의 성보호에 관한 법률」(청소년성보호법) 제25조의2 이하에 마련하였다. 디지털 성범죄에 대해 새로운 수사방법을 규정한 신설 규정들은 2021년 9월부터 시행되었다.

사법경찰관리는 일정한 디지털 성범죄(동법25의2① i, ii 참조)에 대하여 신분을 비공개하고 범죄현장(정보통신망을 포함한다) 또는 범인으로 추정되는 자들에게 접근하여 범죄행위의 증거 및 자료 등을 수집할 수 있다(동법25의2①). 이러한 수사방법을 신분비공개수사라고 한다.

사법경찰관리는 디지털 성범죄를 계획 또는 실행하고 있거나 실행하였다고 의심할 만한 충분한 이유가 있고, 다른 방법으로는 그 범죄의 실행을 저지하거나 범인의 체포 또는 증거의 수집이 어려운 경우에 한정하여 수사 목적을 달성하기 위하여 부득이한 때에는 ① 신분을 위장하기 위한 문서, 도화 및 전자기록 등의 작성, 변경 또는 행사, ② 위장 신분을 사용한 계약·거래, ③ 아동·청소년성착취물 또는「성폭력범죄의 처벌 등에 관한 특례법」제14조 제2항의 촬영물 또는 복제물(복제물의 복제물을 포함한다)의 소지, 판매 또는 광고를 할 수 있다(동법25의2②). 이러한 수사방법을 신분위장수사라고 한다.

신분비공개수사나 신분위장수사는 청소년성보호법이 규정한 절차에 따라 이루어져야 한다(동법25의3 참조). 사법경찰관리가 신분비공개수사나 신분위장수사에 의하여 수집한 증거 및 자료 등은 형사절차에서 신분비공개수사 또는 신분위장수사의 목적이 된 디지털 성범죄나 이와 관련되는 범죄를 수사·소추하거나 그 범죄를 예방하기 위하여 사용하는 경우 외에는 사용할 수 없다(동법25의5 i).

신분비공개수사나 신분위장수사를 하는 사법경찰관리는 신분비공개수사 또는 신분위장수사 중 부득이한 사유로 위법행위를 한 경우에도 그 행위에 고의나 중대한 과실이 없는 경우에는 벌하지 아니한다(동법25의8①). 전술한 바와 같이 일반적인 비밀수사관은 정범이 미수에 그칠 것을 내용으로 하는 고의를 가지고 있을 때 교사범의 성립이 부정된다. 그러나 청소년성보호법이 명시하고 있는 면책규정의 취지에 비추어 볼 때 신분비공개수사나 신분위장수사를 하는 사법경찰관리의 경우에는 일반적인 비밀수사관과 달리 정범이 미수에 그치는 것을 넘어서서 기수에 이르도록 하는 고의를 가지고 있더라도 면책이 인정된다고 보아야 할 것이다.

(4) 함정수사와 피교사자의 책임

범행결의를 일으킨 함정수사의 상대방은 함정수사의 유형에 따라서 그 책임이 달라진다. 함정수사는 두 가지 유형으로 나누어진다. 하나는 범의유발형이며 다른 하나는 기회제공형이다.

범의유발형 함정수사는 피교사자가 전혀 범행의사를 가지고 있지 아니하였으나 수사기관의 일원인 비밀수사관이 함정을 파놓음으로써 범행결의를 가지게 된 경우이다. 이에 대하여 기회제공형 함정수사는 범죄실현의 태세를 이미 갖추고 있는 사람에게 적절한 범죄실현의 기회를 제공함으로써 잠재적으로 존재하던 범행결의를 현실화시킨 경우이다.[1]

이 두 가지 유형 가운데 기회제공형 함정수사에 대해 피교사자에게 정범의 책임을 물어야 한다는 데에 별다른 이론(異論)은 없다.[2] 이에 대하여 범의유발형 함정수사의 경우에는 선량한 시민을 수사기관이 범죄의 함정에 빠뜨렸다는 점에 비난이 가해진다. 이 문제에 대해서는 피교사자가 기소되었을 경우 법원이 어떠한 판단을 내려야 할 것인가를 놓고 공소기각판결설, 유죄판결설, 무죄판결설 등이 제시되고 있다.

(가) 공소기각판결설　　범의유발형 함정수사에 기한 공소제기가 있으면 공소기각판결로써 형사절차를 종결하여야 한다고 보는 견해이다(형소법327ⅱ). 범의유발형 함정수사는 위법하므로 그에 기한 공소제기는 공소권남용에 해당한다는 것이다. 그리하여 이 경우의 공소제기는 그 절차가 법률의 규정에 위반하여 무효이어서 공소기각판결을 해야 한다고 본다. 근래에 대법원은 범의유발형 함정수사 사안에 대해 공소기각판결로써 형사절차를 종결해야 한다는 판단을 내어놓은 바 있다.[3]

(나) 유죄판결설　　조직범죄에 대한 효율적 수사가 절실하게 요청된다는 이유를 들어서 유죄판결을 인정하자는 견해이다. 유죄판결을 지지하는 입장에서는 범의유발형 함정수사에 빠진 피교사자에게 형을 감경하는 정도로도 충분한 배려를 할 수 있다고 주장한다.

(다) 무죄판결설　　범의유발형 함정수사로 기소된 피고인에게 무죄판결을 선고해야 한다고 보는 견해이다. 생각건대 선량한 시민을 새로이 범죄의 세계로 끌어들이는 범의유발형 함정수사 기법은 조직범죄의 척결이라는 목적의 정당성을 감안하더라도 목적달성을 위한 수단으로서 지나치다고 하지 않을 수 없다. 범의유발형 함정수사의 경우에 시민이 수

---

1) 자세한 내용은, 신동운, 간추린 신형사소송법, 제15판, (2023), 94면 이하 참조.
2) 1982. 6. 8. 82도884, 공 1982, 664 = 백선 총론 73. 참고판례『히로뽕 제조기구 사건』.
3) 2005. 10. 28. 2005도1247, 공 2005, 1899 = 백선 총론 80. 참고판례 1.『공적 사항 준비 사건』.

사기관 측에 의하여 의도적으로 제공된 범죄의 유혹을 뿌리치는 것은 극히 곤란하리라고 생각된다. 따라서 범의유발형 함정수사의 상대방이 기소되었다면 법원은 피교사자가 일종의 위난상태에 빠진 것으로 보아 적법행위에의 기대가능성이 없다는 이유로 무죄판결을 선고하는 것이 타당하다고 본다(법22① 참조).

제3 효과 없는 교사와 실패한 교사

【사례 103】 갑은 자기 친구 을에게 강도를 한탕 하려 한다고 말하였다. 그러자 을은 갑에게 만일의 상황에 대비하여 권총을 휴대하라고 조언하였다. 갑은 을이 시키는 대로 권총을 휴대하고 강도짓을 하였다.
　이 경우 을을 특수강도죄(법334②)의 교사범으로 처벌할 수 있을 것인가?

1. 효과 없는 교사

(1) 효과 없는 교사의 처리방법

교사범이 성립하려면 교사행위에 의하여 정범에게 범행결의가 발생하여야 한다. 피교사자에게 이미 범행결의가 존재하고 있어서 교사행위가 처음부터 효과를 발생할 수 없는 경우를 가리켜서 효과 없는 교사라고 한다. 효과 없는 교사는 정범에게 범행결의를 발생시키지 못하였다는 점에서 '효과가 없다'고 할 수 있지만 정범이 자신의 범행결의를 실현시키고 있다는 점에서는 구성요건적 결과가 발생하고 있다. 효과 없는 교사는 일단 정범에 대한 심리적 방조가 될 수 있다.

한편 효과 없는 교사는 정범에게 범행결의를 불러일으키지 못하였다는 점에서 볼 때 실패한 교사와 서로 비슷한 구조를 갖는다. 여기에서 효과 없는 교사도 실패한 교사와 마찬가지로 정범의 예비 또는 음모에 준하여 처벌하면 족한 것이 아닌가 하는 생각을 해 볼 수 있다(법31②·③ 참조). 그러나 방조범이 성립하는 상황에서 예비·음모죄는 독자적으로 존재할 수 없다. 결국 정범에게 이미 범행결의가 존재하고 구성요건적 결과도 발생하고 있는 '효과 없는 교사'는 정범의 방조범으로 처리해야 할 것이다.

(2) 가중적 범죄에 대한 교사의 처리방법

기본범죄를 범하려는 범행결의를 이미 가지고 있는 정범자에게 가중적 범죄를 범하도록 교사한 자의 처벌이 문제된다. 〔사례 103〕은 이 문제에 해당하는 사안이다. 〔사례

103]에서 갑은 이미 단순강도죄(법333)의 범행결의를 하고 있다. 그런데 갑의 친구 을은 그보다 한 걸음 더 나아가서 흉기휴대 특수강도죄(법334②)를 범하도록 교사하였고 피교사자는 그 범죄를 실현시키고 있다. 이러한 경우의 처리방안을 놓고 몇 가지 견해가 제시되고 있다.

(가) 가중부분교사설   가중적 사유를 구성하는 부분이 독자적인 범죄를 이룰 때 그 부분에 국한하여 교사범을 인정하자는 견해이다.[1] 이 견해에 따르면 [사례 103]의 사안에서 갑에게 권총휴대를 권고한 친구 을은 「총포·도검·화약류 등의 안전관리에 관한 법률」 위반죄의 교사범으로만 처벌될 것이다.

(나) 전체범죄방조설   가중적 범죄 전체에 대한 심리적 방조로 처리하자는 견해이다.[2] 위의 [사례 103]의 사안에서 보면, 흉기휴대 특수강도죄에 대한 심리적 방조로 처리하자는 것이다.

(다) 전체범죄교사설   기본범죄를 범하려는 범행결의를 이미 가지고 있는 정범자에게 가중적 범죄를 범하도록 교사한 자는 가중적 범죄 전체에 대한 교사범으로 처벌해야 한다는 견해이다.[3] 위의 [사례 103]의 사안에서 친구 을을 가중적 구성요건의 전체에 대한 교사범으로 처벌함이 타당하다고 보는 것이다.

(라) 사 견   생각건대 전체범죄교사설이 타당하다고 본다. 가중적 사유가 추가될 때 불법의 실질은 기하급수적으로 증가한다. 따라서 정범에게 가중적 구성요건을 실현하도록 범행결의를 불러일으킨 교사범은 가중적 범죄 전체에 대한 정범의 형으로 처벌되어야 한다고 본다.

(3) 감경적 범죄에 대한 교사의 처리방법

한편 이와는 반대로 가중적 구성요건을 실현시키려는 범행결의를 가지고 있는 자에게 감경적 구성요건을 실현시키도록 교사하여 피교사자가 감경적 구성요건을 실현한 경우를 어떻게 처리할 것인가 하는 문제가 있다.

이에 대해서는 위험감소를 이유로 객관적 귀속을 부인하여 범죄불성립을 긍정하는 견해도 있다.[4] 또한 감경적 구성요건에 대한 방조범의 성립을 긍정하는 견해도 있다.[5] 그러

---

1) 김성천·김형준, 415면.
2) 손동권·김재윤, 576면; 오영근, 394면.
3) 권오걸, 575면; 김성돈, 661면; 김일수·서보학, 483면; 박상기, 307면; 성낙현, 620면; 이재상·장영민·강동범, 497면; 임웅, 501면; 정영일, 411면.
4) 손동권·김재윤, 577면.
5) 권오걸, 575면; 오영근, 395면; 이재상·장영민·강동범, 497면; 정영일, 411면.

나 이 경우는 가중적 구성요건의 실현에 대한 방조범으로 처벌하는 것이 타당하다고 본다.[1] 전체 범죄의 형량범위 내에서 필요적 감경을 인정함으로써 적절한 형의 확보가 가능하다고 보기 때문이다.

2. 실패한 교사

(1) 실패한 교사의 유형

교사범이 성립하려면 정범의 행위가 원칙적으로 기수에 이르러야 한다. 다만 미수범 처벌규정이 있는 경우에는 정범의 행위가 미수에 그쳐도 그 미수범에 대한 교사범이 성립한다. 정범의 행위가 미수 단계에도 이르지 아니하였다면 그 교사행위는 실패로 돌아간 것이다. 교사범이 정범에게 범행결의를 불러일으키려고 시도하였으나 피교사자가 범행을 승낙하지 아니하거나 범죄실행에 나아가지 아니한 경우를 가리켜서 실패한 교사라고 한다.

교사가 실패로 돌아가는 경우는 (가) 교사행위를 하였던바 피교사자가 범죄를 실행하기로 합의해 놓고 실행의 착수에 이르지 아니한 경우, (나) 교사행위를 하였으나 피교사자가 처음부터 전혀 범행결의를 하지 아니한 경우, (다) 피교사자의 범행결의가 교사자의 교사행위에 의하여 생긴 것으로 보기 어려운 경우로 나누어 볼 수 있다.[2] 이러한 경우를 어떻게 처리할 것인가 하는 문제가 생기는데 그 처리방법은 어디까지나 입법자가 결정할 사항이다.

(2) 실패한 교사의 처리방법

독일의 입법자는 교사가 실패로 돌아가더라도 대상범죄가 중죄인 경우에는 교사자를 중죄의 미수범으로 처벌하기로 하고 있다(독일형법30① · ②). 그 대신 대상범죄가 경죄인 경우에는 교사자를 처벌하지 않는다.

이에 대하여 우리 입법자는 실패한 교사를 예비 또는 음모에 준하여 처벌하는 선에 그치고 있다.[3] 형법 제31조 제2항은 "교사를 받은 자가 범죄의 실행을 승낙하고 실행의 착수에 이르지 아니한 때에는 교사자와 피교사자를 예비 또는 음모에 준하여 처벌한다."고 규정하고 있다. 그리고 형법 제31조 제3항은 "교사를 받은 자가 범죄의 실행을 승낙하지 아

---

1) 김일수 · 서보학, 484면은 단순히 '방조'를 인정한다고 하여 전체범죄에 대한 방조인지 기본범죄에 대한 방조인지를 분명하게 밝히고 있지 않다. 일단 전체범죄에 대한 방조를 인정하는 견해로 파악하기로 한다.
2) 2013. 9. 12. 2012도2744, 공 2013하, 1860 = 분석 총론 『전공의 낙태 권유 사건』.
3) 전술 680면 이하 조문대비표 참조.

니한 때에도 교사자에 대하여는 전항과 같다."고 규정하고 있다.

이 경우 '예비 또는 음모에 준하여 처벌한다' 함은 예비 또는 음모를 처벌하는 특별규정이 있을 때 한하여 그 조문에 규정된 법정형에 따라서 처벌한다는 의미이다.[1][2] 실패한 교사의 처벌문제에 대해서는 공범의 처벌근거와 관련하여 상세히 논한 바 있으므로 이 자리에서는 설명을 생략하기로 한다.[3]

제 4 피교사자의 과잉과 착오

1. 피교사자의 과잉

(1) 질적 초과와 양적 초과

교사범의 교사내용과 정범의 실행행위 사이에 불일치가 생기는 경우가 있다. 이러한 경우에 교사범은 교사의 고의와 정범의 실행행위가 부합(符合)하는 한도에서 고의기수범의 책임을 지는 것이 원칙이다. 정범이 교사자의 고의를 넘어서는 범위에서 범죄를 실현시킨 경우를 가리켜서 피교사자의 과잉이라고 한다. 피교사자의 과잉은 질적 초과와 양적 초과로 구별된다.

피교사자의 질적 초과는 교사자의 고의와 정범의 실행행위가 질적으로 서로 다른 구성요건에 해당하는 경우를 말한다. 이에 대하여 피교사자의 양적 초과는 교사자의 고의와 정범의 실행행위가 동일한 법익을 보호대상으로 하면서 양자의 구성요건 사이에 양적인 경중을 부여할 수 있는 경우를 말한다.

(2) 피교사자 과잉의 처리

피교사자의 질적 초과에 해당하는 경우로 강도를 교사하였으나 정범이 강간죄를 범하는 경우를 들 수 있다. 이 경우에는 교사자의 고의와 정범의 실행행위가 부합하지 아니하므로 교사자에게 강간죄의 교사범 죄책을 지울 수 없다. 교사자는 실패한 교사(법31③)로서 강도예비죄로 처벌될 것이다. 강도죄는 예비·음모를 처벌하는 규정을 두고 있기 때문이다(법343). 그러나 예비·음모를 처벌하는 규정이 없는 사안의 경우에는 교사자의 행위는 범죄를 구성하지 않게 될 것이다.

피교사자의 양적 초과에 해당하는 예로 상해(법257①)를 교사하였는데 정범이 살인죄(법

---

1) 1977. 6. 28. 77도251, 공 1977, 10157 = 백선 총론 61. 『마산시위 발포 사건 1』.
2) 1977. 6. 28. 77도251, 공 1977, 10157 = 백선 총론 81. 『마산시위 발포 사건 2』.
3) 전술 660면 이하 참조.

250①)를 범하는 경우를 들 수 있다. 이 경우 교사자에게는 정범이 행한 살인의 점에 대하여 고의가 없으므로 살인죄의 교사범은 성립하지 않는다. 그러나 상해의 기본범죄를 교사할 때 사망의 결과를 예견할 수 있었다고 판단되고 사망의 결과에 형법적 인과관계가 인정되면 교사자는 상해치사죄(법259①)의 교사범으로 처벌된다.[1]

2. 피교사자의 착오

【사례 104】 학생 갑은 다액의 부채를 A에 대하여 지고 있었다. 학생 갑은 채권자 A의 빚 독촉을 면하기 위하여 A를 살해하려고 마음먹었다. 학생 갑은 하인 을에게 채권자 A가 산책 다니는 시간과 장소 및 A의 인상착의를 알려주었다. 하인 을은 지정된 시간과 장소에 A의 복장을 하고 나타난 사람에 대하여 지시받은 대로 총격을 가하여 살해하였다. 그런데 죽은 사람을 살펴보니 그것은 채권자 A가 아니라 지나가던 행인 B였다.
　　이 경우 갑에 대한 죄책은?

---

(1) 피교사자의 착오의 의미

교사자는 사태진행을 정확하게 파악하였으나 피교사자가 착오를 일으키는 경우가 있다. 교사자가 정범에게 범행결의를 일으켰던바 피교사자가 범죄를 실현하면서 범행결의와 다른 결과를 발생시킨 경우를 가리켜서 피교사자의 착오라고 한다. 피교사자가 착오를 일으킨 경우에 교사자를 어떻게 처벌할 것인지 문제된다.

정범의 착오 가운데 주요한 것으로 객체의 착오와 방법의 착오가 있다. 공범종속성의 관점에서 볼 때 정범의 착오는 결국 교사자의 착오로도 볼 수 있다. 따라서 교사자의 고의와 피교사자의 실행행위를 비교한 후 각종 부합설을 적용하여 결론을 도출할 필요가 있다.

(2) 독일 형법과 피교사자의 착오

먼저 구체적 부합설에 따를 때의 처리방안에 관하여 살펴본다. 이미 구성요건적 착오의 문제를 논의하는 자리에서 언급한 것처럼 독일은 구체적 부합설에 입각하고 있다.[2] 독일의 경우를 보면 피교사자의 착오와 관련한 사례로 『학생 채권자 살해 사건』이 주목된

---

1) 1993. 10. 8. 93도1873, 공 1993, 3117 = 백선 종론 82. 『경호원 살인 사건』.
2) 전술 235면 이하 참조.

다.〔사례 104〕의 사안은 일찍이 프로이센 최고법원이 다루었던 이 사건의 개요를 정리한
것이다.

구체적 부합설에 입각하고 있는 독일에서는〔사례 104〕사안의 처리를 놓고 견해가 나
뉘고 있다. 우선 정범인 하인 을을 중심으로 해서 보면 이 사안은 객체의 착오, 그 가운데
에서도 동일한 구성요건 사이의 객체의 착오(소위 구체적 사실의 착오)이다. 따라서 하인 을
에게는 살인죄의 고의기수범이 인정된다. 이 점에는 다툼이 없다.

(가) 객체의 착오설   문제는 교사범 갑의 처벌을 둘러싸고 발생한다. 이와 관련하여
정범 을의 경우와 마찬가지로 교사범 갑도 단순히 객체의 착오로 처리할 것인가 하는 점을
놓고 견해가 나뉘고 있다. 프로이센 최고법원은 문제의 사안을 동일한 구성요건 사이에 일
어난 객체의 착오로 보아 교사자 갑에게 고의의 기수범을 인정하였다. 이 견해는 공범의
종속성을 충실하게 따르는 입장이라고 하겠다.

(나) 방법의 착오설   이에 대하여 이러한 착오는 정범을 중심으로 보면 객체의 착오
이지만 교사자를 중심으로 보면 방법의 착오에 해당한다고 하는 반론이 독일 학계에서 강
력하게 제기되고 있다. 교사자가 의도하였던 범죄의 결과가 실행정범의 잘못으로 다른 객
체에게 실현된 경우는 교사자의 입장에서 볼 때 범죄실현의 방법이 잘못된 경우라는 것이
다. 방법의 착오라고 보게 되면 구체적 부합설에 의할 때, 발생된 결과의 과실범과 교사자
가 의도한 고의범의 미수범으로 처리하되 양자의 상상적 경합을 인정하게 될 것이다. 위의
〔사례 104〕에서는 과실치사죄와 살인미수죄의 상상적 경합이 될 것이다.

(3) 한국 형법과 피교사자의 착오

(가) 구체적 부합설의 입장   한국 형법의 해석론상〔사례 104〕와 같은 사안을 어떻
게 처리해야 할 것인지 문제된다. 이 점에 대해서는 우리나라에서 구체적 부합설을 취하는
학자들 사이에 의견이 일치되어 있지 않다. 독일의 경우와 마찬가지로 이 문제의 해결에
관하여 객체의 착오를 인정하는 입장[1]과 방법의 착오를 인정하는 입장[2]이 각각 제시되고
있다. 전자에 의하면〔사례 104〕의 사안에서 교사자 갑은 살인기수의 죄책을 질 것임에 대
하여 후자에 의하면 과실치사죄와 살인미수죄의 상상적 경합을 인정하게 될 것이다.

(나) 법정적 부합설의 입장   생각건대 이러한 사안은 한국 형법의 경우에 별다른
문제를 발생시키지 않는다고 본다. 한국 형법의 경우 법정적 부합설에 의하게 되면 동일한
구성요건 간의 착오가 문제되는 경우는 객체의 착오이건 방법의 착오이건 모두 고의기수범

---

1) 김성돈, 670면; 배종대, 461면; 손동권 · 김재윤, 588면.
2) 권오걸, 577면; 김일수 · 서보학, 488면; 박상기, 305면; 성낙현, 635면; 오영근, 398면; 이정원, 383면.

을 인정하게 되기 때문이다.[1]

또한 구체적 부합설에 의하더라도 정범의 객체의 착오는 교사범의 관계에서 방법의 착오가 아니라 객체의 착오로 해결하는 것이 타당하다고 본다. 우리 형법의 관점에서 볼 때 교사범은 어디까지나 정범에 종속하여 성립하는 범죄이다. 교사자의 행위를 독자적으로 파악하여 교사자를 중심으로 착오의 문제를 논하는 것은 우리 형법상 허용되지 않는다고 본다.

3. 피교사자에 대한 착오

(1) 책임무능력자인 피교사자에 대한 착오

교사자가 피교사자의 책임능력에 대해 착오를 일으키는 경우를 생각할 수 있다. 여기에는 두 가지 경우가 있다. 하나는 피교사자가 책임능력자인 줄로 알고 교사하였으나 사실은 책임무능력자인 경우이다. 다른 하나는 피교사자가 책임무능력자인 줄로 알고 교사하였으나 사실은 책임능력자인 경우이다. 이 두 가지 경우 가운데 먼저 전자의 경우를 살펴보기로 한다.

피교사자가 책임능력자인 줄로 알고 교사하였는데 사실은 책임무능력자인 경우에 교사자의 책임이 문제된다. 이에 대해서는 공범의 종속형식 여하에 따라서 견해가 나누어진다.

(가) 제한적 종속형식의 입장　　제한적 종속형식을 취하는 입장에서는 정범에게 구성요건해당성과 위법성이 인정되기만 하면 교사범이 성립한다고 본다.[2][3] 이러한 관점에서 보면 교사자가 책임무능력자인 피교사자를 책임능력자로 오인하였다고 하더라도 교사범의 성립에 아무런 영향이 없다. 정범에게 구성요건해당성이나 위법성이 인정되는 것은 분명하기 때문이다.

(나) 극단적 종속형식의 입장　　이에 대하여 극단적 종속형식을 취하는 입장에서는 정범에게 구성요건해당성과 위법성 및 책임이 갖추어져야 교사범이 성립한다고 본다. 이러한 관점에서 보면 교사자가 책임무능력자인 피교사자를 책임능력자로 오인하여 교사한 경우는 '어느 행위로 인하여 처벌되지 아니하는 자'를 교사하는 것이 된다. 그리하여 교사자

---

1) 이재상·장영민·강동범, 503면; 임웅, 505면; 정성근·정준섭, 296면.
2) 김성돈, 668면(최소한 종속형식설); 김성천·김형준, 412면; 김일수·서보학, 489면; 박상기, 303면; 배종대, 459면; 손동권·김재윤, 585면; 이용식, 105면; 이재상·장영민·강동범, 501면; 이정원, 382면; 임웅, 496면.
3) 권오걸, 580면; 오영근, 398면은 극단적 종속형식을 취하면서도 교사범의 결론을 지지한다.

는 형법 제34조 제1항에 의하여 '교사의 예에 따라' 처벌되는 간접정범이 된다.

공범의 종속형식과 관련하여 검토한 바와 같이 우리 형법의 입법자는 극단적 종속형식을 선택한 다음 처벌불비의 흠이 발생하는 것을 방지하기 위하여 확장적 공범의 형태로 간접정범을 규정한 것으로 보인다.[1] 이렇게 보면 교사자가 책임무능력자인 피교사자를 책임능력자로 오인하여 교사한 경우는 간접정범으로서 '교사의 예에 따라' 처벌하게 된다.

(2) 책임능력자인 피교사자에 대한 착오

다음으로 피교사자가 책임무능력자인 줄로 알고 교사하였는데 사실은 책임능력자인 경우에 교사자의 책임이 문제된다. 예컨대 갑이 을을 정신병자인 줄로 알고 A를 살해하도록 교사하여 을이 A를 살해하였으나 사실은 을이 정상인인 경우에 이러한 문제가 발생한다. 이에 대해서도 공범의 종속형식에 관한 입장에 따라서 견해가 나누어진다.

(가) 제한적 종속형식의 입장　　　제한적 종속형식의 입장에서는 교사범이 성립하기 위하여 정범에게 구성요건해당성과 위법성이 인정되면 족하다고 본다. 책임능력에 관한 착오는 교사범의 성립에 영향을 미치지 않는다고 본다. 그리하여 책임능력자를 책임무능력자로 오인하고 교사한 경우에 대해서도 교사범의 성립을 인정한다.[2]

(나) 극단적 종속형식의 입장　　　극단적 종속형식의 입장에서는 원칙적으로 책임능력 유무가 교사범의 성립에 영향을 미칠 수 있다고 본다. 그러나 이 경우에는 교사범의 성립을 인정한다. 정범을 기준으로 볼 때 피교사자는 완전하게 범죄를 성립시키고 있다. 일단 실행정범이 성립하는 상황에서 교사자의 책임능력에 관한 착오는 의미가 없다. 교사범은 정범에 종속하여 성립하는 범죄이기 때문이다. 이러한 사정은 단독정범의 경우에 책임능력에 관한 착오가 범죄성립에 영향을 미치지 않는 것과 마찬가지이다.

4. 교사범과 신분

정범이 신분범인 경우에 교사범에게 신분이 없을 때 그 처리방안이 문제된다. 형법 제33조 본문에 따르면 신분이 있어야 성립되는 범죄에 신분 없는 사람이 교사범으로 가담한 경우에는 그 신분 없는 사람에게도 교사범에 관한 형법 제31조의 규정이 적용된다.

---

1) 전술 672면 이하 참조.
2) 김성돈, 668면; 김일수 · 서보학, 489면; 박상기, 305면; 배종대, 460면; 손동권 · 김재윤, 589면; 이재상 · 장영민 · 강동범, 504면; 임웅, 507면; 정성근 · 정준섭, 298면.

제5 보통의 교사범과 특수교사범

1951년 정부원안	1953년 형법전
제30조 ① 2인 이상 공동하여 죄를 범한 때에는 각자를 그 죄의 정범으로 처벌한다.	**제30조**〔공동정범〕 2인 이상이 공동하여 죄를 범한 때에는 각자를 그 죄의 정범으로 처벌한다.
제30조 ② 범죄를 목적으로 한 단체의 조직자, 가입자 및 지도의 임무에 있는 자는 전항과 같다	(해당 조항 없음)
제30조 ③ 전항을 적용할 죄는 각 본조에 정한다.	(해당 조항 없음)
제33조 신분관계로 인하여 성립될 범죄를 교사 또는 방조한 행위는 신분관계 없는 자에게도 전2조의 규정을 적용한다. / 단, 신분관계로 인하여 형의 경중이 있는 경우에는 중한 형으로 처벌하지 않는다.	**제33조**〔공범과 신분〕 신분관계로 인하여 성립될 범죄에 가공한 행위는 신분관계가 없는 자에게도 전3조의 규정을 적용한다. / 단, 신분관계로 인하여 형의 경중이 있는 경우에는 중한 형으로 벌하지 아니한다. (2020년 개정 조문) **제33조**〔공범과 신분〕 신분이 있어야 성립되는 범죄에 신분 없는 사람이 가담한 경우에는 그 신분 없는 사람에게도 제30조부터 제32조까지의 규정을 적용한다. / 다만, 신분 때문에 형의 경중이 달라지는 경우에 신분이 없는 사람은 무거운 형으로 벌하지 아니한다.
제34조 자기의 행위에 대하여 처벌되지 않는 자, 과실범으로 처벌될 자 또는 자기의 지휘감독에 복종하는 자의 행위를 교사 또는 방조한 자는 정범에 정한 형의 장기 또는 다액의 2분의 1을 가중한다.	**제34조**〔간접정범, 특수한 교사, 방조에 대한 형의 가중〕 ① 어느 행위로 인하여 처벌되지 아니하는 자 또는 과실범으로 처벌되는 자를 교사 또는 방조하여 범죄행위의 결과를 발생하게 한 자는 교사 또는 방조의 예에 의하여 처벌한다.

1951년 정부원안	1953년 형법전
(해당 조항 없음)	**제34조** ② 자기의 지휘, 감독을 받는 자를 교사 또는 방조하여 전항의 결과를 발생하게 한 자는 교사인 때에는 정범에 정한 형의 장기 또는 다액에 그 2분의 1까지 가중하고 방조인 때에는 정범의 형으로 처벌한다.

1. 형법 제31조 제1항과 제34조 제2항

교사범은 형법 제31조 제1항에 기하여 '죄를 실행한 자'(즉, 정범)와 동일한 형으로 처벌된다. 경우에 따라서는 교사범에게 구체적으로 선고된 형이 정범의 형보다 높을 수도 있다. 정범에 비하여 교사자가 범죄실현의 전과정을 보다 충실하게 파악하고 있는 경우가 있을 수 있기 때문이다.

교사범의 형량과 관련하여 소위 특수교사의 문제를 검토할 필요가 있다. 우리 입법자는 교사범 또는 방조범이 피교사자 또는 피방조자에 비하여 보다 실질적으로 범죄실현에 기여하는 경우를 규율하기 위하여 특수교사 및 특수방조라는 공범형태를 인정하고 있다. 특수교사란 자기의 지휘·감독을 받는 자를 교사하여 범죄행위의 결과를 발생시키는 것이다. 특수방조란 자기의 지휘·감독을 받는 자를 방조하여 범죄행위의 결과를 발생시키는 것이다.

자기의 지휘·감독을 받는 자를 교사하여 범죄행위의 결과를 발생하게 한 자는 정범에 정한 형의 장기 또는 다액에 그 2분의 1까지 가중된 형으로 처벌된다(법34②). 자기의 지휘·감독을 받는 자를 방조하여 범죄행위의 결과를 발생하게 한 자는 정범의 형으로 처벌된다(법34②).

그런데 형법 제34조 제2항의 적용범위와 관련하여 해석상 의문이 제기된다. 형법 제34조 제2항은 특수교사·특수방조를 규정하면서 '전항의 결과'라는 표현을 사용하고 있다. 여기에서 '전항의 결과'라는 지시어가 형법 제34조 제1항의 표지들 가운데 무엇을 지시하는 것인지 밝혀내야 할 필요가 있다.

2. 간접정범특칙설과 교사방조특칙설

(가) 간접정범특칙설   이 점에 대해서는 두 가지 해석론이 가능하다. 하나는 형법 제34조 제2항을 간접정범에 대한 특칙으로 새기는 방법으로서, 이를 간접정범특칙설이라고

부를 수 있다. 간접정범특칙설에 따르면 형법 제34조 제2항이 규정한 '전항의 결과'는 '어느 행위로 인하여 처벌되지 아니하는 자 또는 과실범으로 처벌되는 자'를 교사 · 방조하여 실행시킨 범죄행위의 결과를 의미하게 된다.[1] 이 견해에 따르게 되면 정범이 통상적인 고의범으로 처벌되는 경우에는 교사 · 방조범에 대하여 형법 제34조 제2항에 의한 가중처벌이 허용되지 않는다.

(나) 교사방조특칙설   이러한 견해에 대해 형법 제34조 제2항이 지시한 '전항의 결과'를 보다 넓게 해석하는 견해를 생각할 수 있다. 이 입장에서는 '전항의 결과'가 형법 제34조 제1항이 규정한 표지 가운데 단순히 '범죄행위의 결과'만을 지시하는 것으로 본다. 이렇게 새기게 되면 형법 제34조 제2항은 '자기의 지휘 · 감독을 받는 자를 교사 또는 방조하여 범죄행위의 결과를 발생하게 한 자'를 가중처벌하기 위한 규정이 된다.[2]

형법 제34조 제2항을 이렇게 해석하면 이 조문은 교사범의 형량을 규정한 형법 제31조 제1항 및 방조범의 형량을 규정한 형법 제32조 제2항에 대한 특칙이 된다. 이러한 특성을 고려하여 이 견해를 교사방조특칙설이라고 부를 수 있다. 형법 제34조 제2항을 교사 · 방조에 대한 특칙으로 새기게 되면 '교사 또는 방조의 예에 의하여' 처벌되는 형법 제34조 제1항의 간접정범에 대해서도 이 규정이 적용되게 된다.

간접정범특칙설과 교사방조특칙설이라는 두 가지 해석가능성 가운데 어느 것이 보다 타당한 견해인가 문제된다. 생각건대 특수교사 · 방조에 관한 형법 제34조 제2항은 다음과 같은 이유에서 통상적인 교사 · 방조의 특칙으로 새기는 것이 타당하다고 본다.

3. 형법 제34조 제2항의 입법경위

(1) 소위 의제공범의 취지

원래 형법 제34조 제2항은 소위 의제공범(擬制共犯)과 관련하여 마련된 규정이었다. 1951년 정부제출 형법원안은 의제공범규정을 두고 있었다. 의제공범이란 범죄단체 구성원들 사이에 의사연락이 있는 것으로 의제하여 실행행위에 관여하였음이 판명되지 아니한 자도 공동정범으로 처벌하려는 취지에서 구상된 장치였다. 의제공범의 보다 정확한 표현은 의제공동정범이라고 할 수 있다.

1951년 정부제출 형법원안은 의제공범의 규정을 공동정범의 특칙으로 마련하면서 범죄단체의 수뇌부 등을 보다 강력하게 처벌하기 위하여 현행 형법 제34조 제2항과 비슷한 가

---

1) 김일수 · 서보학, 444면.
2) 권오걸, 576면; 박상기, 307면; 배종대, 464면; 손동권 · 김재윤, 586면; 이재상 · 장영민 · 강동범, 504면; 임웅, 504면; 성성근 · 성준섭, 294면; 성영일, 416면.

중처벌규정을 형법원안 제34조에 함께 규정하였다.[1]

(2) 의제공범규정의 삭제

그러나 국회 법제사법위원회의 심사과정에서 의제공범규정은 개별책임의 원칙에 반한다는 점이 지적되어 1952년도의 국회 법사위수정안에서는 의제공범규정이 삭제되기에 이르렀다. 그러나 단체형 범죄에 강력히 대처해야 할 필요성은 여전히 인정되어 의제공범과 함께 마련되었던 정부원안 제34조의 가중처벌규정은 간접정범을 규정한 법사위수정안 형법 제34조에 제2항으로 재편성되기에 이르렀다.[2] 국회 본회의에서는 의제공동정범을 삭제하고 형법 제34조 제2항에 의하여 처벌불비를 보완하는 법사위수정안이 가결되었다.[3]

(3) 특수교사 및 특수방조의 입법취지

의제공범이 삭제된 상황에서 의제공범에 해당하는 사안은 통상의 교사범 또는 방조범으로 처리되게 된다. 그렇다면 원래 의제공범과 함께 마련되었던 형법 제34조 제2항 또한 교사·방조에 대한 특칙으로 기능한다고 새기지 않을 수 없다. 한편 형법 제34조 제1항에 의할 때 간접정범은 '교사 또는 방조의 예에 의하여' 처벌하게 되므로 특수교사·방조에 관한 형법 제34조 제2항은 간접정범의 경우에도 그대로 적용된다.

이렇게 볼 때 자기의 지휘·감독을 받는 자를 교사하여 범죄행위의 결과를 발생하게 한 자는 특수교사로서 형법 제34조 제2항이 규정한 바에 따라서 정범에 정한 형의 장기 또는 다액에 그 2분의 1까지 가중한 형으로 처벌된다고 새겨야 할 것이다.

제 5 절 방 조 범

한국형법	독일형법
제32조〔종범〕① 타인의 범죄를 방조한 자는 종범으로 처벌한다.	**제27조**〔종범〕① 고의로 타인의 고의의 위법행위에 조력한 자는 종범으로 처벌한다.

1) 신동운 편저, 형법 제·개정 자료집, 한국형사정책연구원, (2009), 36면 이하 참조.
2) 신동운 편저, 형법 제·개정 자료집, 한국형사정책연구원, (2009), 83면 이하 참조.
3) 신동운 편저, 형법 제·개정 자료집, 한국형사정책연구원, (2009), 151면 이하 참조.

한국형법	독일형법
第32조 ② 종범의 형은 정범의 형보다 감경한다.	第27조 ② 종범에 대한 형은 정범의 형에 따른다. 그 형은 제49조 제1항(기속적 감경규정; 저자 주)에 따라서 감경한다.
(해당 조항 없음)	第11조〔사람과 물건의 개념〕이 법에서 사용하는 용어의 정의는 다음과 같다. 5. 위법행위라 함은 형법상의 구성요건을 실현하는 행위만을 말한다.
(해당 조항 없음)	第29조〔관여자 처벌의 독립성〕각 관여자는 타인의 책임과 관계 없이 각자의 책임에 따라 처벌한다.

제1 방조범의 의의

【사례 105】 소매치기 갑은 A의 양복 주머니에서 지갑을 몰래 끄집어내었다. 갑이 A의 지갑을 가지고 현장을 떠나려는 순간 A는 이 사실을 알고 "도둑이야!" 하고 소리를 지르면서 갑의 뒤를 쫓아갔다. 갑은 도망하던 중 친구 을과 마주치게 되었다. 갑은 친구 을에게 훔친 지갑을 맡기면서 "잘 부탁한다."라고 말하였다. 을은 갑이 맡긴 지갑이 도품인 줄 알면서 이를 맡아주었다.
이 경우 을의 죄책은?

타인의 범죄를 방조하는 다수관여자의 형태를 가리켜서 방조범이라고 한다(법32①). 방조범은 또한 종범으로 지칭되기도 한다. 우리 형법은 조문의 표제어로 '종범'이라는 표현을 사용하고 있다. 우리 입법자는 방조범을 규정하면서 단순히 '타인의 범죄를 방조하는 자'라는 표현을 사용하여 방조의 개념정의에 대하여 아무런 기준을 제시하고 있지 않다. 따라서 방조의 개념을 정의하는 일은 학설·판례에 맡겨져 있다.

방조(幇助)란 정범의 범죄실현을 도와주는 행위를 말한다. 방조는 범죄실현을 좌우하지 아니하면서 범죄실현에 관여하는 행위이다. 실행행위의 분담이 없다는 점에서 방조범은 교사범과 마찬가지로 좁은 의미의 공범에 속한다. 방조범은 공동정범과 구별된다. 공동정범에는 공동의 범행결의에 기초한 실행행위의 기능적 분담이 있음에 대하여 방조범에는 이러한 행위분담이 없다. 방조범에는 공동의 범행의사를 필요로 하지 않는다. 범죄실현에 조력하겠다는 일방적 의사를 가지고 범죄의 실현에 관여하는 자를 편면적 방조범이라고 한다. 편면적 방조범도 방조범의 일종이다.

방조범의 구조는 교사범의 구조와 비슷하다. 방조범의 범죄성립요건은 정범의 요건과 방조의 요건으로 나누어 볼 수 있다. 제한적 종속형식에 의하면 정범의 행위는 구성요건에 해당하고 위법한 행위이어야 한다. 이에 대하여 극단적 종속형식에 의하면 정범의 행위는 구성요건에 해당하고 위법하며 유책한 것이어야 한다. 정범의 성립요건은 일반이론에 의하여 판단하면 족하므로 아래에서는 방조의 요건을 살펴보기로 한다.

제 2 방조범의 성립요건

1. 방조의 방법

(1) 작위와 부작위

방조는 정범의 범죄실현을 도와주는 행위이다. 우리 형법은 방조의 형태에 관하여 아무런 규정을 두고 있지 않다. 정범의 범죄실현을 도와주는 행위라면 어느 것이나 방조가 될 수 있다.[1] 방조의 형태는 다양한 모습으로 나타난다. 작위뿐만 아니라 부작위에 의한 방조도 가능하다.[2] 부작위에 의한 방조의 경우에는 방조범에게 보증인적 지위가 인정되어야 한다. 부작위에 의한 방조도 가능하다는 점에서 방조는 교사와 구별된다. 교사는 적극적인 행위를 통하여서만 정범에게 범행결의를 불러일으킬 수 있다. 따라서 부작위에 의한 교사는 인정되지 않는다. 그러나 방조는 부작위에 의하여도 가능하다.

정범의 범죄실현을 도와주는 과정에서 조력자가 구성요건의 표지를 남김 없이 다 실현시키는 경우가 있다. 이 경우에는 방조범이 아니라 정범이 된다. 자신이 직접 구성요건의 표지를 전부 실현시킨 사람은 공범이 아니라 정범이기 때문이다.

(2) 물질적 방조와 정신적 방조

방조의 형태는 물질적 방조와 정신적 방조로 나누어 볼 수 있다. 물질적 방조란 정범의 범죄실현을 물리적·객관적으로 도와주는 행위이다. 이에 대하여 정신적 방조는 정범에게 존재하는 범행결의를 더욱 강화시켜 주는 행위이다.

정신적 방조는 특히 물질적 방조가 실패로 돌아갈 때 인정되는 경우가 많다. 예컨대 방

---

1) 2008. 10. 23. 2008도4852, 공 2008, 1647 = 백선 총론 83. 참고판례 1. 『자기무고 방조 사건』 ☞ 1154면.
2) 1984. 11. 27. 84도1906, 공 1985, 105 = 백선 총론 86. 『영동개발 사건』.

조범이 정범에게 범행도구를 제공하였으나 정범이 이 범행도구를 사용하지 아니하는 경우를 생각해 볼 수 있다. 이 경우 정범이 자기에게 제공된 범행도구를 사용하지는 아니하였으나 방조범의 도움을 받으면서 범행결의를 더욱 강화하였다면 방조범의 행위는 정신적 방조에 해당한다.

2. 방조의 시기

(1) 예비와 실행행위 단계에서의 방조

방조는 정범이 실현되는 전과정에서 가능하다. 먼저, 방조는 정범이 실행행위에 착수하여 범행을 실행하는 과정에서 일어날 수 있다. 나아가 방조는 정범이 예비 단계에 있을 때에도 가능하다. 이 경우 방조범은 정범에 종속하여 성립하기 때문에 정범은 반드시 실행의 착수에 이르러야 한다.[1] [2]

예비 단계의 정범에 방조범으로 관여하는 것 자체만으로는 형사처벌의 대상이 되지 않는다.[3] 예비행위는 아직 위법행위의 정형에 이르지 못한 발현형태로서 다종다양한 모습으로 나타난다. 방조행위 또한 여러 가지 형태로 일어날 수 있다. 예비죄의 방조범을 인정한다면 형사처벌의 한계를 획정할 수 없어서 법적 안정성을 크게 해치게 될 것이다. 따라서 예비죄의 방조행위는 처벌되지 않는다.

(2) 기수 후의 방조

정범의 범죄가 기수에 이른 후에도 방조범이 성립할 수 있는지 문제된다. 종래 판례는 "형법상 방조행위는 정범이 범행을 한다는 정을 알면서 그 실행행위를 용이하게 하는 직접·간접의 모든 행위를 가리[킨다.]"고 하면서, "종범은 정범의 실행행위 중에 이를 방조하는 경우뿐만 아니라, 실행 착수 전에 장래의 실행행위를 예상하고 이를 용이하게 하는 행위를 하여 방조한 경우에도 성립한다."는 입장을 취하고 있었다.[4]

종전 판례의 태도를 좁게 해석하면 방조는 (가) 정범의 실행의 착수 전에 장래의 실행행위를 예상하고 이를 용이하게 하는 행위와 (나) 정범의 실행행위 도중에 이를 도와주는 행위에 한정되며, (다) 실행행위가 기수에 이른 후에는 방조의 대상이 되는 실행행위가 더 이상 존재하지 않으므로 방조범이 성립하지 않는다는 결론이 도출될 수 있다. 그러나 반드시 그렇게 볼 것은 아니다.

---

1) 1983. 3. 8. 82도2873, 공 1983, 680 = 백선 총론 85.『신촌할머니 사건』.
2) 2013. 11. 14. 2013도7494, 공 2013하, 2290 = 분석 총론『생명보험 위장 가입 사건』.
3) 1975. 5. 25. 75도1549, 공 1976, 9169 = 백선 총론 84.『손도끼 구입 사건』.
4) 2018. 9. 13. 2018도7658, 공 2018하, 2024 =『변장 사진 살인 사건』☞ 1114면.

2021년 대법원은 정범의 범죄가 기수에 도달하였으나 아직 범죄의 완료(종료)에 이르지 아니한 단계에서도 방조범의 성립을 인정하였다. 저작권을 침해한 불법영상물을 게시한 사이트에 링크를 제공하여 이용자들로 하여금 불법영상물을 시청할 수 있도록 한 사안에서 저작권법 위반죄의 방조범 성립이 문제되었다. 종전의 판례는 정범이 불법영상물을 업로드할 때 저작권 침해행위는 기수에 이르며, 링크 제공자는 정범의 실행행위와 무관하게 불법영상물이 게시된 위법상태를 이용하였을 뿐이므로 방조범이 성립하지 않는다는 입장을 취하였다. 그러나 대법원은 2021년 전원합의체 판결을 통하여 종전 판례를 폐기하고 방조범의 성립을 인정하는 쪽으로 방향을 선회하였다.

대법원은 정범이 불법영상물을 업로드할 때 저작권법 위반죄(공중송신권 침해)는 기수에 이른다는 점을 확인하였다. 이어서 대법원은 "정범이 침해 게시물을 서버에서 삭제하는 등으로 게시를 철회하지 않으면 이를 공중의 구성원이 개별적으로 선택한 시간과 장소에서 접근할 수 있도록 이용에 제공하는 가벌적인 위법행위가 계속 반복되고 있어 공중송신권 침해의 범죄행위가 종료되지 않았으므로, 그러한 정범의 범죄행위는 방조의 대상이 될 수 있다."고 판시하여, 정범의 실행행위가 기수에 이른 후 범죄행위가 종료하기 전까지 방조범이 성립할 수 있음을 분명히 하였다.[1][2]

〔사례 105〕의 사안을 살펴보면, 절도범 갑은 A의 물건을 훔쳐 달아나다가 추격하는 A를 따돌리기 위하여 때마침 만난 친구 을에게 도품을 맡기고 있다. 절도범 갑은 도품을 훔쳐서 수중에 가지고 있으므로 절도죄는 이미 기수에 이르고 있다. 그러나 절도범 갑은 아직까지는 훔친 물건을 자신이 주인인 것처럼 사용할 수 있는 상태에 이르고 있지 않다.

절도죄는 영득범죄이다. 영득범죄의 경우에 입법자는 구성요건을 설정하면서 범인이 재물을 소유권자인 것처럼 사용·수익·처분하는 상황을 예정하고 있다. 아직 이러한 단계에 이르지 아니하였다면 절도죄는 완성되었다고 말할 수 없다. 〔사례 105〕의 사안에서 도주하는 절도범 갑의 도품을 맡아주는 친구 을의 행위는 절도범이 기수에 이르렀으나 아직 완료(종료)되지 아니한 단계에서 정범 갑의 범죄행위에 관여한 것이다. 따라서 친구 을은 절도범 갑의 방조범이 된다.[3]

---

1) 2021. 9. 9. 2017도19025 전원합의체 판결, 공 2021하, 1881 =『불법사이트 링크 판례변경 사건』☞ 1169면.

2) 이 판례를 가리켜서 공중송신권 침해행위를 상태범으로 보던 것을 계속범으로 파악하는 입장으로 선회한 것이라고 이해할 수도 있다. 이러한 입장에서는 판례의 사안을 계속범의 실행행위 도중에 방조를 하는 것이라고 볼 수도 있다. 그러나 이 판례에서 대법원은 '범죄의 실현'이라는 표현을 사용함으로써 방조의 대상을 보다 넓게 해석할 수 있는 여지를 제공하고 있다.

3) 기수와 완료의 구별실익에 대해서는, 전술 512면 이하 참조.

3. 방조범과 인과관계

(1) 실패한 방조

방조는 정범의 범죄실현을 도와주는 행위이다. 여기에서 방조행위가 어느 정도에 이를 때 방조범이 성립하는가 하는 문제가 있다. 이와 관련하여 문제되는 유형들을 분석해 보면 (가) 방조를 시도했으나 정범이 범죄실현에 나아가지 아니한 경우, (나) 방조를 시도했으나 정범이 방조행위와 무관하게 범죄실현에 나아간 경우, (다) 방조를 시도하였던바 정범이 방조범의 도움을 받아 범죄실현에 나아간 경우 등으로 나누어 볼 수 있다.

이 가운데 (가)의 경우, 즉 방조를 시도했으나 정범이 범죄실현에 나아가지 아니한 경우를 가리켜 실패한 방조라고 한다. 실패한 방조는 일단 방조를 시도해 보았다는 의미에서 기도된 방조라고 부르기도 한다. 실패한 방조의 경우는 형사처벌의 대상이 되지 않는다. 실패한 교사의 경우에는 예비 또는 음모에 준하여 처벌한다는 명문의 규정이 있지만 (법31② · ③) 실패한 방조의 경우는 아무런 처벌규정이 없기 때문이다.[1]

(2) 방조범의 인과관계에 관한 학설

방조를 시도하였던바 정범이 물질적 또는 정신적으로 도움을 받아 범죄실현에 나아간 경우에 방조범이 성립한다는 점에는 다툼이 없다. 문제는 방조를 시도하였으나 정범이 방조행위와 무관하게 범죄실현에 나아간 경우이다. 예컨대 방조범이 범행도구를 정범에게 제공하였으나 정범이 다른 도구를 이용하여 범죄를 실현한 경우가 여기에 해당한다. 이러한 경우의 처리에 관하여 학설이 대립하고 있다.

(가) 인과관계필요설　　　방조행위와 정범의 범죄실현 사이에 인과관계가 인정되어야 방조범이 성립한다고 보는 견해이다.[2] 이 입장에 따르면 위의 사안에서 인과관계의 불비를 이유로 방조범의 성립을 인정하지 않게 된다.

(나) 인과관계불요설　　　방조행위가 정범의 범죄실현을 가능하게 하거나 촉진하는 정도이면 인과관계의 확인이 없어도 방조범이 성립한다고 보는 견해이다.[3]

(다) 적성범설　　　방조행위 자체가 이미 정범의 범죄실현을 돕기에 적합한 성질을 가

---

1) 실패한 교사에 대해서는, 전술 692면 이하 참조.
2) 권오걸, 589면; 김성돈, 679면; 김일수 · 서보학, 493면; 박상기, 320면; 배종대, 467면; 성낙현, 641면; 손동권 · 김재윤, 599면; 오영근, 403면; 이재상 · 장영민 · 강동범, 512면; 이정원, 386면; 임웅, 514면; 정성근 · 정준섭, 305면; 정영일, 425면.
3) 김성천 · 김형준, 425면; 김혜정 외 4인, 362면.

지고 있다면 방조행위가 정범의 범죄실현에 실제로 기여하였는가를 묻지 않고 곧바로 방조범의 성립을 긍정할 수 있다고 보는 견해이다.

(라) 판 례   판례는 인과관계필요설을 지지하고 있다. 판례는 다음과 같은 기준을 제시하여 단순한 인과관계가 아니라 방조행위가 정범의 범죄 실현과 밀접한 관련성이 있을 것을 요구하고 있다.

방조범은 정범에 종속하여 성립하는 범죄이므로 방조행위와 정범의 범죄 실현 사이에는 인과관계가 필요하다. 방조범이 성립하려면 (가) 방조행위가 정범의 범죄 실현과 밀접한 관련이 있고 (나) (ㄱ) 정범으로 하여금 구체적 위험을 실현시키거나 (ㄴ) 범죄 결과를 발생시킬 기회를 높이는 등으로 정범의 범죄 실현에 현실적인 기여를 하였다고 평가할 수 있어야 한다. (다) 정범의 범죄 실현과 밀접한 관련이 없는 행위를 도와준 데 지나지 않는 경우에는 방조범이 성립하지 않는다.[1] [2]

(3) 방조범의 인과관계에 관한 사건

생각건대 방조범의 성립요건으로 인과관계의 요건을 유지하는 것이 타당하다고 본다. 방조범은 정범에 종속하여 성립하는 범죄이다. 방조행위가 정범의 범죄실현을 촉진하는 데에 적합하였는가 하는 점만을 기준으로 삼는다면(소위 적성범설) 이것은 방조범을 일종의 위험범으로 파악하는 태도라고 할 수 있다. 방조행위 자체의 성질을 기준으로 방조범의 성립 여부를 결정하는 것은 방조범에 독립성을 인정하는 것과 같다.

그런데 우리 형법은 좁은 의미의 공범에 독자성을 인정하지 않는다. 교사범의 경우에도 실패한 교사를 단지 예비 또는 음모에 준하여 처벌하고 있을 뿐이다(법31② · ③). 방조범의 경우에는 예비 · 음모에 준하여 처벌한다는 규정조차 없다. 이러한 방조범의 경우에 방조행위의 정범실현 적합성을 기준으로 내세워 인과관계를 논하지 않는 것은 우리 형법전의 체계에 반하는 흠이 있다.

(4) 정신적 방조와 인과관계

방조범의 인과관계가 특히 문제되는 것은 정신적 방조의 경우이다. 정신적 방조행위가 정범에게 범행결의를 강화하거나 범행에의 부담을 덜어준 경우에는 방조와 정범의 범죄실현 사이에 인과관계가 존재하는 것이 분명하다.

그러나 정신적 방조의 경우에 조건설의 공식을 적용하여 인과관계를 판단할 수는 없다.

---

1) 2021. 9. 16. 2015도12632, 공 2021하, 2073 = 『생산라인 점거 방조 사건』 ☞ 1172면.
2) 2023. 6. 29. 2017도9835, [미간행] = 『조명탑 농성 방조 사건』 ☞ 1174면.

조건설은 "그 행위가 없었더라면 그 결과도 발생하지 않았을 것인가?"라는 공식을 사용한다. 만일 이 기준에 따른다면 "방조행위가 없었더라면 정범의 범죄실현이 일어나지 않았을 것인가?"라는 질문을 하게 될 것이다.

그런데 이와 같이 조건설의 공식을 엄격히 적용하게 되면 방조범의 성립범위는 현저히 축소될 위험이 있다. 단순한 조력이 없이도 정범이 범죄실현에 나아가는 경우는 얼마든지 상정할 수 있기 때문이다. 따라서 정신적 방조는 (가) 방조행위가 정범의 범죄 실현과 밀접한 관련이 있고 (나) (ㄱ) 정범으로 하여금 구체적 위험을 실현시키거나 (ㄴ) 범죄 결과를 발생시킬 기회를 높이는 등으로 정범의 범죄 실현에 현실적인 기여를 하였다고 평가할 수 있을 때 인정해야 한다.[1] [2]

이와 같이 방조범이 정범의 범죄실현에 있어서 범죄실현의 구체적 가능성을 높이는 정도의 현실적 기여를 하여야 방조와 정범 사이에 인과관계를 인정하는 이론을 가리켜서 기회증대설이라고 한다.[3] 기회증대설은 인과관계필요설의 일종이다.

4. 방조범의 고의

(1) 방조범의 이중적 고의

방조행위는 고의행위이다. 따라서 방조행위에 대한 고의가 인정되어야 방조범이 성립한다. 과실에 의한 방조행위는 방조범을 성립시키지 않는다. 다만 이 경우 과실범의 정범으로 처벌될 여지는 남아 있다. 방조행위의 고의는 미필적 고의로도 족하다. 방조범의 고의는 내심적 사실이므로 피고인이 이를 부정하는 경우에는 사물의 성질상 고의와 상당한 관련성이 있는 간접사실을 증명하는 방법에 의하여 증명할 수밖에 없다.[4]

방조행위는 정범이 범행을 한다는 정을 알면서 그 실행행위를 용이하게 하는 직접·간접의 행위를 말한다. 그러므로 방조범은 (가) 정범의 실행을 방조한다는 이른바 방조의 고의와 (나) 정범의 행위가 구성요건에 해당하는 행위인 점에 대한 정범의 고의가 있어야 한다.[5] (나)의 방조범에서 요구되는 정범의 고의는 정범에 의하여 실현되는 범죄의 구체적 내용을 인식할 것을 요하는 것은 아니고 미필적 인식이나 예견으로 족하다.[6]

---

1) 2021. 9. 9. 2017도19025 전원합의체 판결, 공 2021하, 1881 =『불법사이트 링크 판례변경 사건』.
2) 2023. 6. 29. 2017도9835, [미간행] =『조명탑 농성 방조 사건』.
3) 김성돈, 680면; 김일수·서보학, 493면; 박상기, 320면; 성낙현, 641면; 손동권·김재윤, 600면; 이정원, 388면; 임웅, 514면; 정성근·정준섭, 305면.
4) 2018. 9. 13. 2018도7658, 공 2018하, 2024 =『변장 사진 살인 사건』☞ 1114면.
5) 2018. 9. 13. 2018도7658, 공 2018하, 2024 =『변장 사진 살인 사건』.
6) 2018. 9. 13. 2018도7658, 공 2018하, 2024 =『변장 사진 살인 사건』.

정범의 행위가 초과주관적 위법요소로서 일정한 목적을 범죄성립요건으로 하는 목적범인 경우가 있다. 이 경우 방조범에게도 정범이 일정한 목적하에 범죄행위를 한다는 점에 관한 고의가 있어야 한다. 그러나 방조범이 정범의 목적의 구체적인 내용까지 인식할 것을 요하지 않는다.[1]

방조범의 착오는 교사범의 착오와 마찬가지로 처리된다. 교사범의 착오에 대하여는 앞에서 설명한 바 있다.[2]

(2) 방조범 고의의 특정성

방조행위는 특정성을 갖추어야 한다. 즉 방조는 특정한 정범의 범죄행위를 대상으로 하여야 한다. 다만 정범에 의하여 실행되는 행위에 대한 미필적 고의가 있는 것으로 충분하다. 정범의 행위가 실행되는 일시, 장소, 객체 등을 구체적으로 인식할 필요가 없으며, 나아가 정범이 누구인지 확정적으로 인식할 필요도 없다.[3] [4] 방조행위의 고의는 반드시 정범의 범죄실현에 적극 찬동함을 요하지 않는다. 방조행위의 고의는 교사범의 경우와 마찬가지로 정범이 기수에 이를 것을 내용으로 하여야 한다. 처음부터 정범의 행위가 미수에 그칠 것을 알면서 정범의 범죄실현에 조력하는 경우에는 방조범이 성립하지 않는다.

제3 방조범의 처벌

1. 보통의 방조범과 특수방조범

(1) 형의 필요적 감경

방조범의 형은 정범의 형보다 감경한다(법32②). 이 경우 형의 감경은 필요적 감경이다. 방조범에 대하여 형의 필요적 감경이 인정되는 것은 정범이 이미 범행결의를 가지고 있다는 점과 방조행위가 정범의 범죄실현에 간접적으로 관여하는 데 그친다는 점에 그 이유가 있다. 정범의 행위가 미수에 그친 경우에는 미수범감경(법25②)과 종범감경(법32②)이 이중으로 가능하다(법55② 참조).

---

1) 2022. 10. 27. 2020도12563, 공 2022하, 2346 = 『보이스피싱 차명거래 방조 사건』 ☞ 1176면.
2) 전술 693면 이하 참조.
3) 2007. 12. 14. 2005도872, 공 2008, 91 = 백선 총론 83-1. 『소리바다 사건』.
4) 2013. 9. 26. 2011도1435, 공 2013하, 2014 = 분석 총론 『영화 불법 다운로드 사건』.

(2) 특수방조

방조범의 경우에 형법 제34조 제2항을 근거로 형을 가중할 수 있는지 문제된다. 형법 제34조 제2항은 자기의 지휘·감독을 받는 자를 방조하여 형법 제34조 제1항의 결과를 발생하게 한 자를 정범의 형으로 처벌한다. 이와 같이 자신의 지휘·감독을 받는 자를 대상으로 그의 범죄실현을 방조하는 행위를 가리켜서 특수방조라고 한다.

특수교사·특수방조와 관련하여 간접정범특칙설과 교사 방조특칙설이 대립하고 있다는 점과 교사 방조특칙설이 타당하다는 점은 교사범의 항목에서 이미 설명하였다.[1] 결론적으로 말하자면 통상적인 방조범의 경우에도 형법 제34조 제2항에 의한 형의 가중이 인정된다고 본다.

2. 실패한 방조 및 기타 문제

(1) 실패한 방조

방조의 대상이 되는 정범의 행위는 기수에 이르러야 하는 것이 원칙이다. 다만 미수범처벌규정이 있는 경우에는 정범에게 실행의 착수가 인정되는 것으로 족하다. 방조를 시도하였으나 실패로 돌아간 경우에는 교사범의 경우와 달리 방조자는 예비 또는 음모로도 처벌되지 않는다. 실패한 교사(법31②·③)에 준하는 규정이 방조범의 경우에는 존재하지 않기 때문이다.

(2) 방조범의 독립적 구성요건

입법자가 방조행위 자체를 독립적인 구성요건으로 포착하는 경우가 있다. 예컨대 간첩방조죄(법98① 후단)나 자살방조죄(법252②)가 여기에 해당한다. 이러한 경우에도 방조범의 기본구조는 유지된다.[2] 따라서 정범에 해당하는 자는 본범의 실행에 착수하여야 한다.[3]

그러나 이와 같은 기본구조가 유지되는 한 독립적 구성요건으로 포착된 방조범은 독자적인 의미를 갖는다. 따라서 독자적 방조범에 대해서는 필요적 감경(법32②)이 인정되지 않는다. 또 정범이 기수에 이르렀는가 미수에 그쳤는가를 묻지 않고 방조행위를 기준으로 기

1) 전술 698면 참조.
2) 1967. 1. 31. 66도1661, 집 15①, 형15 = 백선 총론 87. 참고판례 1. 『간첩 숙식제공 사건』.
3) 김일수·서보학, 493면; 배종대, 468면; 이재상·장영민·강동범, 512면은 위의 66도1661 『간첩 숙식제공 사건』 판례를 방조범의 인과관계에 관한 예로 제시하고 있다. 그러나 위 판례는 방조범의 성립요건으로 요구되는 정범의 실행행위가 존재하지 아니하는 사안을 전제로 하고 있다. 방조범의 인과관계는 방조행위와 정범의 실행행위가 존재하는 상황에서 양자의 연결관계를 문제 삼는 것이라는 점에서 위의 예는 적절하지 않나고 생각된다.

수와 미수를 결정한다. 간첩방조죄의 미수범을 처벌하는 형법 제100조, 자살방조죄의 미수범을 처벌하는 형법 제254조는 방조행위 자체에 대한 미수범처벌규정의 예이다.

(3) 방조범과 신분

정범의 범죄가 신분범인 경우에 방조범에게 신분이 없는 경우가 있다. 이러한 경우에는 형법 제33조 본문에 의하여 신분 없는 방조범도 신분범인 정범의 종범으로 처벌된다.

(4) 피방조자의 과잉

정범이 방조의 범위를 초과하여 범죄를 실현시키는 경우는 피방조자의 과잉이다. 피방조자의 과잉은 질적 초과와 양적 초과로 구별된다. 방조범은 정범이 초과하여 실현시킨 범죄부분에 대하여 책임을 지지 않는 것이 원칙이다.[1] 그러나 양적 초과의 경우에는 초과된 부분에 대하여 예견가능성이 인정될 때 초과부분을 포함한 전체범죄에 대하여 방조범이 성립한다고 본다.

3. 연쇄방조와 공범의 경합

(1) 연쇄방조의 처리

방조는 교사에 대한 방조 또는 방조에 대한 방조의 형태로도 가능하다. 교사에 대한 방조 또는 방조에 대한 방조는 모두 방조로 파악된다. 이와 같이 정범에 이르는 연결고리가 다수 존재하는 방조를 가리켜서 연쇄방조라고 한다. 연쇄방조는 한 개의 방조행위로 파악되므로 예컨대 방조에 대한 방조의 경우에 형의 감경은 이중으로 일어나지 않는다.

(2) 공범의 경합

동일한 사람이 동일한 범죄에 정범과 교사범으로 관여하거나 교사범과 방조범으로 관여하는 경우가 있다. 이러한 경우를 가리켜서 공범의 경합이라고 한다. 예컨대 갑이 을에게 공동으로 범죄를 실행하자고 제안한 후 공동으로 범죄를 실현하는 과정에서 추가로 방조행위를 하는 경우를 생각할 수 있다.

동일한 주체를 중심으로 다수관여자의 여러 범죄형태가 경합하는 경우에 가벼운 관여형태는 무거운 관여형태의 배후로 후퇴한다. 따라서 정범이 성립한다면 교사범이나 방조범은 독자적인 의미를 가지지 못한다. 마찬가지로 교사범이 성립하는 경우에 방조범은 별도

---

1) 1985. 2. 26. 84도2987, 공 1985, 527 = 백선 총론 87. 『밀수품 부탁 사건』.

로 성립하지 않는다.

　한편 한 개의 방조행위를 가지고 다수 정범자의 범죄실현을 도운 경우에는 각각의 정범 별로 방조범이 성립한다. 이 경우에는 공범형태가 서로 경합하는 것이 아니라 여러 개의 공범행위가 독자적으로 존재한다. 이 때 각각의 방조범은 한 개의 동일한 방조행위에 기인한 것이므로 서로 상상적 경합의 관계에 서게 된다.

제 6 절　간접정범

한국형법	독일형법
제34조〔간접정범, 특수한 교사·방조에 대한 형의 가중〕 ① 어느 행위로 인하여 처벌되지 아니하는 자 또는 과실범으로 처벌되는 자를 교사 또는 방조하여 범죄행위의 결과를 발생하게 한 자는 교사 또는 방조의 예에 의하여 처벌한다.	제25조〔정범〕 ① 범죄를 스스로 실행하거나 또는 타인을 통하여 실행한 자는 정범으로 처벌한다.
제34조 ② 자기의 지휘 또는 감독을 받는 자를 교사 또는 방조하여 전항의 결과를 발생하게 한 자는 교사인 때에는 정범에 정한 형의 장기 또는 다액에 그 2분의 1까지 가중하고 방조인 때에는 정범의 형으로 처벌한다.	(해당 조항 없음)

한국형법	일본 개정형법가안
제34조〔간접정범, 특수한 교사·방조에 대한 형의 가중〕 ① 어느 행위로 인하여 처벌되지 아니하는 자 또는 과실범으로 처벌되는 자를 교사 또는 방조하여 범죄행위의 결과를 발생하게 한 자는 교사 또는 방조의 예에 의하여 처벌한다.	제29조 전(前)4조〔공동정범, 교사범, 방조범, 공범과 신분〕의 규정은 자기의 행위에 대하여 처벌받지 아니하는 자 또는 과실범으로 처벌됨에 그치는 자를 행위에 가공시킨 경우에 또한 이를 적용한다.

제1 간접정범의 의의

1. 간접정범의 의미

일반적으로 타인을 이용하여 범죄를 실현하는 자를 가리켜서 간접정범이라고 한다. 이 경우 범죄에 이용되는 사람을 피이용자라 하고 타인을 범죄에 이용하는 사람을 이용자 또는 배후자라고 한다. 피이용자는 달리 '도구'라고 불리기도 한다. 도구는 사람이 물건처럼 범죄의 실현에 이용된다는 점을 나타내기 위하여 사용되는 용어이다.

간접정범의 이론은 원래 교사범 또는 방조범으로 처벌할 수 없는 경우에 대처하기 위한 보완책으로 발전한 것이다. 다른 사람을 매개하여 범죄를 실현하는 자를 처벌하는 공범유형으로 교사범과 방조범이 있다. 그런데 교사범이나 방조범이 성립하려면 정범에게 범죄성립의 요건이 먼저 구비되어야 한다. 좁은 의미의 공범은 정범의 범죄에 종속하여 성립하는 범죄이기 때문이다. 따라서 어느 행위로 인하여 처벌되지 않는 사람을 이용하여 범죄를 실현하는 사람은 정범에게 범죄가 성립하지 않기 때문에 좁은 의미의 공범으로도 처벌받지 않는다. 이러한 불합리에 대처하기 위하여 등장한 것이 간접정범이다.

2. 간접정범의 구조

(1) 도구설의 의미

그런데 행위지배설이 등장하면서 간접정범을 정범으로 파악하는 견해가 유력해지기 시작하였다. 물리적인 도구를 이용하여 범죄를 범하는 사람은 자기가 원하는 바대로 도구를 조종하여 범죄 성립 여부를 좌지우지한다. 물리적인 도구를 이용하는 사람은 자신이 범죄 성립을 좌우할 수 있기 때문에 직접적으로 정범이 된다. 마찬가지 이치에서 다른 사람을 물리적인 도구처럼 이용하여 자기가 원하는 바대로 범죄를 실현시키는 사람도 정범으로 보아야 한다는 이론이 등장하게 되었다. 사람을 물리적인 도구에 준하여 포착한다는 점에서 이 견해를 도구설이라고 한다.

(2) 정범설과 공범설

(가) 정범설   도구설의 입장에 따르면 간접정범은 다른 사람을 마치 물리적인 도구처럼 이용하여 범죄를 실현시키는 범죄유형으로 파악된다. 이 점에서 간접정범은 피이용자에 대하여 우월한 의사지배를 가지고 있는 정범이라고 설명된다. 그리고 이와 같이 간접정

범을 정범으로 파악하는 견해를 가리켜서 정범설이라고 한다.[1]

비교법적으로 볼 때 1975년의 독일 신형법은 간접정범을 '정범'으로 명시하고 있다(독일 형법25① 후단). 그러나 우리 형법은 '간접정범'이라는 표제어를 사용하고 있으면서도 간접정범을 '정범'으로 규정하고 있지 않다. 오히려 우리 형법 제34조 제1항은 "어느 행위로 인하여 처벌되지 아니하는 자 또는 과실범으로 처벌되는 자를 교사 또는 방조하여 범죄행위의 결과를 발생하게 한 자는 교사 또는 방조의 예에 의하여 처벌한다."고 규정하고 있다.

(나) 공범설   우리 입법자는 간접정범을 "교사 또는 방조의 예에 의하여 처벌한다."고 명시함으로써 우리 형법상 간접정범이 아직은 정범으로 파악되고 있지 않다는 점을 밝히고 있다.[2] 동시에 우리 입법자는 이 표현을 통하여 협의의 공범처벌에 불비점이 생기는 것을 방지하기 위하여 간접정범을 보완책으로 마련하였다는 점을 분명히 하고 있다.[3][4] 간접정범을 공범처벌의 불비를 방지하기 위한 보완책으로 보는 견해를 가리켜서 공범설이라고 한다. 이 때 교사범·방조범 이외에 간접정범까지 공범의 영역에 포함하는 이해방법을 가리켜서 확장적 공범개념 내지 확장적 공범론이라고 한다.[5]

(다) 도구형·공범형이분설   근래에 간접정범을 도구형 간접정범과 공범형 간접정범으로 나누어 설명하는 견해가 제시되고 있다. 정범형과 공범형으로 간접정범을 나눈다는 점에서 이 견해를 도구형·공범형이분설이라고 부를 수 있을 것이다.[6]

이 입장에서는 간접정범을 도구형 간접정범과 공범형 간접정범으로 나눈다. 이 때 도구형 간접정범이란 타인을 생명 있는 도구로 사용하는 경우의 간접정범을 가리킨다. 그리고 독일 형법 제25조 제1항이 규정하고 있는 형태의 간접정범이 바로 여기에 해당하는 것이라고 본다.

이에 대해 공범형 간접정범이란 극단적 종속형식 때문에 교사범·방조범으로 처벌할

---

1) 김성천·김형준, 401면; 김일수·서보학, 431면; 김혜정 외 4인, 336면; 박상기, 287면; 배종대, 442면; 성낙현, 592면; 손동권·김재윤, 506면; 이용식, 96면; 이재상·장영민·강동범, 454면; 이정원, 332면; 임웅, 479면; 정성근·정준섭, 308면.

2) 형법 제34조 제1항은 일본 개정형법가안 제29조의 영향을 받고 있다. 일본 개정형법가안의 심의과정에서 핵심적 역할을 담당하였던 牧野英一은 가안 제29조에 대해 다음과 같이 적고 있다. "[개정형법가안]은 제29조에서 소위 간접정범을 공범으로 본다는 취지의 규정을 두었다. 즉 '전4조[공동정범, 교사범, 방조범, 공범과 신분]의 규정은 자기의 행위에 대해 처벌받지 아니하는 자 또는 과실범으로 처벌됨에 그치는 자를 행위에 가공시킨 경우에 또한 이를 적용한다.'라는 것이다." 牧野英一, 「刑法改正案と共犯の獨立性」, 『刑法研究』第七, (1939), 145頁.

3) 2007. 9. 6. 2006도3591, 공 2007, 1596 =『소송사기 간접정범 사건』☞ 1164면.

4) 전술 658면 이하 참조.

5) 엄상섭, "우리 형법전과 공범이론", 신동운·허일태 편저, 효당 엄상섭 형법논집, (2003), 182면 참조.

6) 오영근, 417면 이하 참조.

수 없는 것이 불합리하다고 판단되는 경우에 이를 정범으로 포착하기 위하여 인정된 경우의 간접정범을 의미한다고 본다. 우리 형법 제34조 제1항은 바로 공범형 간접정범을 규정한 조문이라는 것이다.

(라) 사 견   우리 형법의 공범론체계에 비추어 볼 때 간접정범의 구조는 공범설의 관점에서 파악해야 한다는 점은 입법연혁과 관련하여 앞에서 상세히 검토하였다.[1] 아래에서는 근래에 주장된 도구형·공범형이분설에 대해서만 살펴본다.

도구형·공범형이분설은 우리 형법 제34조 제1항에 독자적 의미를 부여하려고 하였다는 점에서 주목된다. 그러나 이 견해는 간접정범의 성질을 여전히 정범으로 파악하고 있다는 점에서 형법 제34조 제1항이 간접정범을 "교사 또는 방조의 예에 의하여 처벌한다."고 규정한 태도를 설명하지 못한다. 또한 같은 간접정범이면서도 공범형 간접정범에는 실정법적 근거가 제시되고 도구형 간접정범에는 실정법적 근거가 필요하지 아니한 이유를 제시하지 못하고 있다.

제 2   간접정범의 성립요건

1. 이용행위

(1) 형법 제34조 제1항의 구조

형법 제34조 제1항은 "어느 행위로 인하여 처벌되지 아니하는 자 또는 과실범으로 처벌되는 자를 교사 또는 방조하여 범죄행위의 결과를 발생하게 한 자는 교사 또는 방조의 예에 의하여 처벌한다."고 규정하고 있다. 이 조문에서 법률요건에 해당하는 부분을 추려보면 (가) 어느 행위로 인하여 처벌되지 아니하는 자 또는 과실범으로 처벌되는 자(피이용자), (나) 교사 또는 방조하는 행위(이용행위), (다) 범죄행위의 결과발생이라는 세 가지 요소를 추출할 수 있다. 이 가운데 (가)의 피이용자 부분에 대해서는 순서를 바꾸어 뒤에서 설명하기로 하고 먼저 (나)의 이용행위와 (다)의 결과발생 부분에 대하여 검토하기로 한다.

(2) 형법 제34조 제1항과 교사·방조

형법 제34조 제1항은 간접정범에 있어서 이용행위를 '교사 또는 방조'라고 표현하고 있다. 이 표현은 우리 형법의 간접정범규정이 교사범 및 방조범 처벌의 연장선상에서 마련된 것임을 뚜렷하게 나타내고 있다.

---

1) 전술 672면 이하 참조.

본래적 의미에서 볼 때 교사는 범행결의를 불러일으키는 행위를, 방조는 범죄실현을 돕는 행위를 각각 의미한다. 그러나 교사 또는 방조의 개념이 간접정범의 성립요건으로 사용되는 경우에는 피이용자를 이용하는 일련의 행위를 포괄하는 의미로 보다 넓게 이해된다. 처벌되지 아니하는 타인의 행위를 적극적으로 유발하고 이를 이용하여 자신의 범죄를 실현한 자는 형법 제34조 제1항이 규정한 간접정범으로서의 죄책을 지게 된다. 그 과정에서 타인의 의사를 부당하게 억압해야만 간접정범에 해당하게 되는 것은 아니다.[1]

2. 범죄행위의 결과발생

(1) 거동범과 결과범

간접정범이 성립하려면 이용자가 피이용자를 이용하여 범죄행위의 결과를 발생하게 하여야 한다. 이 경우 범죄행위의 결과는 결과범에서 말하는 결과를 의미하는 것이 아니다. 형법 제34조 제1항에서 말하는 범죄행위의 결과는 이용자를 통상의 교사범 또는 방조범으로 처벌할 수 없게 만드는 사유가 제거될 때 범죄행위로 판단될 수 있는 상황을 가리킨다.

그러한 의미에서 형법 제34조 제1항의 '범죄행위의 결과'는 객관적 구성요건이 실현되었다는 의미에서 '구성요건적 결과'를 의미한다. 따라서 형법 제34조 제1항에서 말하는 범죄행위의 결과는 결과범뿐만 아니라 거동범의 형태로도 나타날 수 있다.

(2) 인과관계

범죄행위의 결과는 피이용자의 행위에 의하여 발생하여야 한다. 피이용자에 의한 범죄행위의 결과발생은 나아가 이용자의 이용행위에 기인한 것이어야 한다. 이용자의 이용행위와 피이용자에 의한 결과발생 사이에는 인과관계가 인정되어야 한다.

간접정범의 성립요건 가운데 피이용자에 대한 부분은 항을 바꾸어 설명하기로 한다. 피이용자의 유형에 따라 간접정범의 성립범위가 달라지기 때문이다.

제3 간접정범의 성립범위

1. 간접정범의 유형

(1) 어느 행위로 인하여 처벌되지 아니하는 자

우리 형법 제34조 제1항은 간접정범을 크게 두 가지 형태로 나누어 규정하고 있다. 하

---

[1] 2008. 9. 11. 2007도7204, 공 2008, 1402 = 백선 총론 88. 참고판례 3. 『오일회사 기부금 사건』.

나는 어느 행위로 인하여 처벌되지 아니하는 자를 교사 또는 방조하여 범죄행위의 결과를 발생하게 하는 경우이다. 다른 하나는 과실범으로 처벌되는 자를 교사 또는 방조하여 범죄행위의 결과를 발생하게 하는 경우이다.

간접정범이 논의되는 전형적인 경우는 어느 행위로 인하여 처벌되지 아니하는 자를 이용하는 경우이다. '어느 행위로 인하여 처벌되지 아니하는 자'란 범죄성립요건인 구성요건해당성, 위법성, 책임의 각 요소 가운데 어느 요소가 갖추어지지 아니하였기 때문에 범죄성립이 부정된 사람을 말한다. 이미 앞에서 검토한 바와 같이 우리 형법의 공범론체계에 비추어 볼 때 공범의 종속성에 관하여 우리 입법자는 극단적 종속형식을 택하고 있다고 해석된다. 우리 대법원 또한 극단적 종속형식을 지지하고 있다.[1]

극단적 종속형식에 의하면 어느 행위로 인하여 처벌되지 아니하는 자는 구성요건해당성과 위법성의 단계뿐만 아니라 책임의 단계에서도 발생한다. 그러나 인적 처벌조각사유나 객관적 처벌조건이 개입하여 처벌되지 아니하는 자는 형법 제31조 제1항에서 말하는 '어느 행위로 인하여 처벌되지 아니하는 자'에 해당하지 않는다. 이 부분의 사유는 정책적 관점에서 정범에게 인정된 것으로서 공범에게까지 영향을 미치지는 않기 때문이다.

(2) 과실범으로 처벌되는 자

형법 제34조 제1항은 간접정범의 두 번째 유형으로 과실범으로 처벌되는 자를 이용하는 경우를 들고 있다. 이 경우 '과실범으로 처벌되는 자'란 과실범으로밖에 처벌되지 않는 사람이라는 뜻을 갖는다. '과실범으로 처벌되는 자를 교사 또는 방조하여 범죄행위의 결과를 발생시킨 자'란 원래 고의범으로 처벌되어야 할 경우이지만 과실범으로 처벌됨에 그치는 자를 이용하여 고의범을 실현시키는 사람을 말한다. 이렇게 볼 때 과실범으로 처벌되는 자를 이용하는 경우는 결국 고의범으로 처벌되지 아니하는 자를 이용하는 범주 속에 다시 포함된다고 말할 수 있다.

(3) 피이용자를 상대로 한 범죄 성립 여부

간접정범을 통한 범행에서 피이용자는 간접정범의 의사를 실현하는 수단으로서의 지위를 가질 뿐이다. 예컨대 피해자에 대한 사기범행을 실현하는 수단으로서 타인(B)을 기망하여 그를 피해자(A)로부터 편취한 재물이나 재산상 이익을 전달하는 도구로서만 이용한 경우가 있다. 이러한 경우에는 편취의 대상인 재물 또는 재산상 이익에 관하여 피해자(A)에 대한 사기죄가 성립할 뿐 도구로 이용된 타인(B)에 대한 사기죄는 별도로 성립하

---

1) 전술 672면 이하 참조.

지 않는다.[1]

아래에서는 형법 제34조 제1항이 예정하고 있는 간접정범의 세부유형들을 구체적으로 검토해 보기로 한다.

2. 구성요건해당성이 없는 행위자를 이용한 경우

【사례 106】 군인 갑은 자신과 동거한 사실이 있는 A 여인을 찾아가서 자신을 탈영병이라고 헌병대에 신고한 이유를 따지고 다른 남자와 정을 통한 사실이 있는 것 아니냐고 추궁하였다. A 여인이 이를 부인하자 갑은 A 여인을 하숙집 뒷산으로 데리고 가서 계속 부정을 추궁하였다. 갑이 A 여인의 상대 남자를 말하자 A 여인은 당황해 하였다. 이에 갑은 A 여인에게 소지 중이던 면도칼 1개를 꺼내주면서, "네가 네 코를 자르지 않을 때에는 돌로 때려 죽이겠다."고 협박하였다. 자신의 생명에 위협을 느낀 A 여인은 생명을 보존하기 위하여 면도칼로 콧등의 일부를 절단하였다. A 여인은 이 때문에 전치 3개월의 상처를 입고 안면불구가 되었다.

검사는 갑을 중상해죄(법258②)로 기소하였다. 이 경우 법원은 갑을 중상해죄로 처벌할 수 있을 것인가? (1970. 9. 22. 70도1638, 집 18③, 형25 = 백선 총론 88. 참고판례 1. 『콧등 절단 사건』)

---

(1) 객관적 구성요건요소가 결여된 경우

(가) 행위의 부존재   피이용자의 신체동작을 전혀 형법상의 행위라고 말할 수 없는 경우가 있다. 예컨대 최면술에 걸린 사람을 이용하여 살인을 하도록 하는 경우가 여기에 해당한다. 아예 행위론 단계에서 배제되는 사람의 신체동작을 이용하여 범죄를 실현시킨 자는 간접정범으로 처벌된다.

(나) 객관적 표지의 부존재   피이용자가 당해 구성요건의 객관적 표지를 전혀 실현시킬 수 없는 경우가 있다. 이러한 피이용자를 이용하여 범죄를 실현시킨 사람은 간접정범으로 처벌된다. 몇 가지 예를 살펴본다.

상해죄(법257①)나 중상해죄(법258①)는 '사람'을 행위객체로 하는 범죄이다. 이 경우 '사람'은 범인 이외의 다른 자연인을 말한다. 따라서 범인이 다른 자연인에 대하여 자상(自傷)행위를 하도록 하는 경우에 그 타인은 구성요건해당성이 없어서 처벌받지 아니하는 자가 된다. 이 경우 다른 자연인에게 자상행위를 하도록 한 범인은 간접정범으로 처벌된다.

강제추행죄(법298)는 사람의 성적 자유 내지 성적 자기결정의 자유를 보호하기 위한 죄

---

1) 2017. 5. 31. 2017도3894, 공 2017하, 1452 =『보이스피싱 이중기망 사건』☞ 1178면.

이다. 강제추행죄는 정범 자신이 직접 범죄를 실행하여야 성립하는 자수범이라고 볼 수 없다. 그러므로 처벌되지 아니하는 타인을 도구로 삼아 피해자를 강제로 추행하는 간접정범의 형태로도 강제추행죄를 범할 수 있다. 강제추행에 관한 간접정범의 의사를 실현하는 도구로서의 타인에는 피해자 자신도 포함된다. 피해자를 도구로 삼아 피해자의 신체를 이용하여 추행행위를 한 경우에는 강제추행죄의 간접정범이 성립한다.[1]

이중기망 형태에 의한 사기죄(법347①·②)에서 간접정범의 성립 여부가 문제된다. 범인(갑)이 피해자(A)에 대한 사기범행을 실현하는 수단으로 타인(B)을 기망하여 그를 피해자(A)로부터 편취한 재물이나 재산상 이익을 전달하는 도구로 이용한 경우에 피해자(A)에 대한 사기죄 외에 타인(B)에 대해 사기죄의 간접정범이 성립할 것인지 문제된다.

이 문제에 대해 판례는 다음의 논거를 제시하여 타인(B)에 대한 사기죄의 간접정범 성립을 부정하고 있다. 즉, 간접정범을 통한 범행에서 피이용자는 간접정범의 의사를 실현하는 수단으로서의 지위를 가질 뿐이다. 범인(갑)이 피해자(A)에 대한 사기범행을 실현하는 수단으로서 타인(B)을 기망하여 그를 피해자(A)로부터 편취한 재물이나 재산상 이익을 전달하는 도구로서만 이용한 경우에는 편취의 대상인 재물 또는 재산상 이익에 관하여 피해자(A)에 대한 사기죄가 성립할 뿐이다. 도구로 이용된 타인(B)에 대해 사기죄의 간접정범이 별도로 성립하는 것은 아니다.[2]

신분이 있어야 성립되는 범죄를 진정신분범이라고 한다(법33 본문). 진정신분범의 경우에 피이용자가 신분이 없으면 범죄는 성립하지 않는다. 이러한 경우에 신분 있는 이용자가 비신분자를 이용하여 범죄행위의 결과를 발생시킨다면 그 이용자는 간접정범으로 처벌된다.

(다) 증거인멸죄와 간접정범　　증거인멸죄(법155①)는 '타인'의 형사사건 또는 징계사건에 관한 증거를 인멸, 은닉, 위조 또는 변조하거나 위조 또는 변조한 증거를 사용할 때 성립하는 범죄이다. '자기'의 형사사건 또는 징계사건에 관한 증거를 인멸하는 등의 행위를 하는 경우에는 구성요건해당성이 없어 증거인멸죄가 성립하지 않는다.

갑과 을이 같은 형사사건의 공범에 해당하는 경우에 을이 당해 형사사건의 증거를 인멸하는 행위는 '자기'의 형사사건에 관한 증거인멸 행위로서 을에게 증거인멸죄가 성립하지 않는다. 여기에서 갑이 처벌받지 아니하는 을을 교사하여 같은 형사사건의 증거를 인멸하도록 하는 행위가 증거인멸죄의 간접정범으로서 처벌될 것인지 문제된다.

일반적으로 행위자(갑)가 '자기'의 형사사건에 관한 증거를 인멸하기 위하여 타인(을)을

---

1) 2018. 2. 8. 2016도17733, 공 2018상, 593 = 『자기 촬영 후 전송 사건』 ☞ 1179면.
2) 2017. 5. 31. 2017도3894, 공 2017하, 1452 = 『보이스피싱 이중기망 사건』.

교사하여 증거를 인멸하도록 하고 그 교사행위가 자기 방어권의 남용에 해당하는 경우에는 증거인멸죄의 교사범으로 처벌된다.[1] 그런데 피교사자인 타인(을)이 같은 형사사건의 공범에 해당하여 증거인멸죄로 처벌되지 않는 경우는 통상의 교사범을 처벌하는 경우와 성질을 달리한다. 공범자 사이의 증거인멸 교사행위는 행위자(갑)가 자기 방어권 행사를 위해 제3자(을)로 하여금 새로운 범죄를 저지르게 함으로써 자기 방어권의 한계를 일탈하여 새로이 국가의 형사사법기능을 침해한 경우라고 보기 어렵기 때문이다. 따라서 공범자 간의 증거인멸 교사행위 사안에서 교사자(갑)는 형법 제34조 제1항의 간접정범으로 처벌할 수 없다.[2]

〈사례 해설〉 〔사례 106〕에서 직접 상처를 낸 A녀는 자기 자신에 대하여 상해를 입힌 것이다. 따라서 A녀의 행위는 형법 제258조 제2항 중상해죄의 구성요건에 해당하지 않는다. 이러한 경우에는 피이용자 A녀에게 중상해죄의 결과를 발생시키도록 한 갑이 중상해죄의 간접정범으로 처벌된다. 그러나 대법원은 〔사례 106〕 사안에서 갑에게 중상해죄의 직접정범을 인정하였다. 대법원이 간접정범을 규정한 형법 제34조 제1항을 적시하지 아니한 것은 다소 의문이다.

(2) 주관적 구성요건요소가 결여된 경우

(가) 고의의 결여   구성요건적 고의가 없는 피이용자를 이용하여 범죄를 실현시킨 사람은 간접정범으로 처벌된다. 이와 관련된 몇 가지 사례를 살펴본다.

인신구속에 관한 직무를 행하는 자 또는 이를 보조하는 자가 피해자를 구속하기 위하여 진술조서 등을 허위로 작성한 후 이를 기록에 첨부하여 구속영장을 신청하고, 진술조서 등이 허위로 작성된 정을 모르는 검사와 영장전담판사를 기망하여 구속영장을 발부받은 후 그 영장에 의하여 피해자를 구금하였다면 간접정범 형태의 직권남용감금죄(법124①)가 성립한다.[3]

자기에게 유리한 판결을 얻기 위하여 소송상의 주장이 사실과 다름이 객관적으로 명백하거나 증거가 조작되어 있다는 정을 인식하지 못하는 제3자를 이용하여 그로 하여금 소송의 당사자가 되게 하고 법원을 기망하여 소송 상대방의 재물 또는 재산상 이익을 취득하려 하였다면 간접정범의 형태에 의한 소송사기죄가 성립한다.[4]

고의의 결여와 관련된 또 다른 예로 허위공문서작성죄(법227)의 간접정범을 들 수 있다.

---

1) 전술 682면 참조.
2) 2011. 7. 14. 2009도13151, [미간행] =『조합 회계서류 폐기 사건』 ☞ 1167면.
3) 2006. 5. 25. 2003도3945, 공 2006, 1196 = 분석 각론『PC방 갈취 사건』.
4) 2007. 9. 6. 2006도3591, 공 2007, 1596 =『소송사기 간접정범 사건』.

허위공문서작성의 주체는 직무상 그 문서를 작성할 권한이 있는 공무원에 한하고 작성권자를 보조하는 직무에 종사하는 공무원은 허위공문서작성죄의 주체가 되지 못한다.[1] 또한 일반인이 정을 모르는 작성권한이 있는 공무원으로 하여금 허위의 공문서를 작성하게 한 경우에도 공정증서원본불실기재죄(법228)와의 관계 때문에 허위공문서작성죄의 간접정범이 성립하지 않는다.[2]

그러나 공문서 작성권한이 있는 공무원의 직무를 보좌하는 사람이 그 직위를 이용하여 행사할 목적으로 허위의 내용이 기재된 문서 초안을 그 정을 모르는 상사에게 제출하여 결재하도록 하는 등의 방법으로 작성권한이 있는 공무원으로 하여금 허위의 공문서를 작성하게 한 경우에는 허위공문서작성죄의 간접정범이 성립한다.[3] [4]

(나) 과실범으로만 처벌되는 경우   구성요건적 착오가 있어서 구성요건적 고의가 부정되는 경우에 과실범처벌규정이 있으면 피이용자는 과실범으로 처벌될 수 있다. 또 처음부터 피이용자에게 고의가 없고 단지 과실만 존재하는 경우도 있다. 착오나 단순한 과실의 경우에 피이용자는 과실범으로 처벌된다. 과실범으로만 처벌되는 피이용자를 이용하여 범죄를 실현시킨 사람은 간접정범으로 처벌된다.

예컨대 의사 갑이 환자 A를 살해하려는 고의로 간호사 을에게 다른 환자 B에게 놓아야 할 주사액을 슬며시 환자 A에게 주사하도록 지시하는 경우를 생각할 수 있다. 이 경우 간호사 을은 의사 갑의 지시 여하에 불구하고 자신이 주사하는 주사액이 어느 환자의 것인지를 확인해야 할 주의의무가 있다. 따라서 간호사 을이 확인조치를 다하지 않고 환자 A에게 주사액을 주사하여 사망에 이르게 하였다면 간호사 을은 업무상 과실치사죄로 처벌된다.

피이용자가 과실범으로 처벌되는 경우에 그 피이용자는 엄밀한 의미에서 '어느 행위로 인하여 처벌되지 아니하는 자'에 해당하지 않는다. 이러한 경우에 대비하여 우리 입법자는 '과실범으로 처벌되는 자'도 피이용자의 범위에 포함시키고 있다(법34①). 따라서 과실범으로 처벌되는 간호사 을을 이용하여 범죄를 실현시킨 의사 갑은 살인죄의 간접정범으로 처벌된다.

(다) 목적범과 목적의 결여   피이용자에게 구성요건적 고의가 있으나 당해 구성요건이 요구하고 있는 초과주관적 요소가 결여되는 경우가 있다. 고의는 가지고 있으나 여타의 주관적 요소를 구비하지 못한 피이용자를 가리켜서 특히 고의 있는 도구라고 한다. 고의 있

---

1) 2017. 5. 17. 2016도13912, 공 2017상, 1331 = 『전투비행단 체력단련장 사건』 ☞ 1180면.
2) 1961. 12. 14. 4292형상645 전원합의체 판결, 집 9, 형193 = 백선 총론 90. 『도민증 사건』.
3) 1992. 1. 17. 91도2837, 공 1992, 948 = 백선 총론 92. 『훈련확인서 사건』.
4) 2011. 5. 13. 2011도1415, 공 2011상, 1250 = 『검토조서 대 검토보고 사건』 ☞ 1181면.

는 도구를 이용하여 범죄를 실현시킨 자는 간접정범으로 처벌된다.

고의 있는 도구의 예로 먼저 목적범이 있다. 목적범의 예로 내란죄(법87) 및 내란목적살인죄(법88)를 들 수 있다. 예컨대 『5·18 광주항쟁 사건』을 보면, 대법원은 양민에게 총격을 가한 군인들에게 내란죄의 초과주관적 구성요건요소인 내란목적이 없었다는 점을 들어서 발포명령을 내린 지휘관들에게 내란죄 및 내란목적살인죄의 간접정범을 인정하였다.[1][2]

(라) 부진정목적범과 간접정범　　목적범은 진정목적범과 부진정목적범으로 나누어 볼 수 있다. 진정목적범이란 목적이 없으면 별도로 범죄가 성립하지 않는 목적범을 말한다. 예컨대 허위공문서작성죄(법227)는 '행사할 목적'을 요구하는 목적범이다. 그런데 '행사할 목적'이 구비되지 않으면 허위공문서작성죄는 성립하지 않는다. 별도의 범죄 또한 성립할 여지가 없다.

이에 대해 부진정목적범이란 목적이 없더라도 별도의 범죄가 성립하는 목적범을 말한다. 예컨대 내란목적살인죄(법88)를 교사하였던바 피교사자가 단순살인죄(법250①)를 범한 경우나 모해위증죄(법152②)를 교사하였던바 피교사자가 단순위증죄(법152①)를 범한 경우는 부진정목적범에 해당한다.

진정목적범의 경우에 목적 없는 자를 이용하여 범죄를 실현시키는 자가 형법 제34조 제1항에 의하여 간접정범이 되는 것은 물론이다. 목적 없는 자는 '어느 행위로 인하여 처벌되지 아니하는 자'에 해당하기 때문이다. 그런데 부진정목적범의 경우에는 상황이 달라진다. 이 경우에는 목적이 없더라도 피이용자가 다른 범죄로 처벌될 여지가 있다. 예컨대 내란목적살인죄의 경우에는 피이용자를 살인죄로, 모해위증죄의 경우에는 피이용자를 단순위증죄로 각각 처벌할 수 있다. 이러한 상황에서 형법 제34조 제1항을 적용하여 이용자를 내란목적살인죄의 간접정범이나 모해위증죄의 간접정범으로 처벌할 수 있을 것인지 문제된다.

생각건대 부진정목적범의 경우에는 형법 제34조 제1항의 적용이 없다고 보아야 할 것이다. 간접정범을 공범처벌의 불비를 방지하기 위한 장치로 이해할 경우에 부진정목적범에 대해서도 처벌을 확보해야 할 것이 아닌가 하는 의문이 제기될 수 있다.[3] 그러나 공범설이 지향하는 바는 정범에 종속하여 형사처벌을 확보할 수 없을 경우에 예외적으로 개입하자는

---

1) 1997. 4. 17. 96도3376, 공 1997, 1303, 특히 1329 = 백선 총론 88. 참고판례 2. 『5·18사건 - 폭동』.

2) 이 판례의 사안에서 특히 내란목적살인죄는 부진정 목적범이다. 이 점에 착안하여 발포한 군인들을 살인죄로, 발포명령자를 살인죄의 교사범으로 처리하는 방안을 생각해 볼 수 있다. 그러나 발포한 군인들에 대해서는 그 밖에도 위법성조각사유나 책임조각사유가 인정될 여지가 있다. 만일에 이러한 사유가 인정된다면 발포명령자는 형법 제34조 제1항에 의하여 내란목적살인죄의 간접정범으로 처단해야 할 것이다.

3) 저자는 종래 이러한 견해를 취한 바가 있다. 백선 총론, (구판) 93-1. 『모해위증 교사 사건』, 611면 이하 참조.

것이다(소위 확장적 공범개념). 부진정목적범의 경우에는 피이용자를 다른 범죄의 정범으로 처벌할 수 있고 이용자를 그 정범에 대한 교사범 내지 방조범으로 처벌할 수 있다. 그렇다면 정범우선의 원칙에 따라 부진정목적범 자체에 대한 간접정범의 성립은 부정하지 않으면 안 된다.[1][2]

(마) **불법영득의사의 결여**   고의 있는 도구의 또 다른 예로 불법영득의사 없는 피이용자를 이용하여 영득범죄를 범하는 경우를 생각할 수 있다. 예컨대 갑이 을을 시켜서 A의 집 마당에 떨어져 있는 A 소유의 공을 들고 오게 한 후 갑 자신이 이 공을 차지하는 사안을 상정해 본다. 이 사안에서 피이용자 을은 A 소유의 공에 대한 점유를 침해한다는 점을 알면서 공을 취거해 오고 있다. 그렇지만 피이용자 을에게는 그 공에 대한 불법영득의사가 없다. 불법영득의 의사가 있는 사람은 을에게 공을 가지고 오도록 한 갑이다. 따라서 갑은 절도죄(법329)의 간접정범이 된다.[3]

3. 위법성이 조각되는 행위자를 이용한 경우

【사례 107】 장모 갑녀는 사위 A가 가정을 돌보지 않자 A를 혼내주기 위하여 A가 마약밀매자라고 경찰에 허위신고를 하였다. 갑녀의 진술이 그럴 듯 하였기 때문에 경찰관 을은 사위 A를 긴급체포하였다. 이틀 후 A는 혐의 없음이 밝혀져서 석방되었다.
    이 경우 갑녀의 죄책은?

위법성이 조각되는 피이용자의 행위를 이용하여 범죄를 실현시킨 사람은 간접정범으로 처벌된다. 위법성조각사유에는 정당행위(법20), 정당방위(법21), 긴급피난(법22), 자구행위(법23), 피해자의 승낙(법24)이 있다.

(가) **법령에 의한 행위**   예컨대 〔사례 107〕에서 경찰관 을은 A의 장모 갑녀가 행한 허위의 범죄신고를 진실한 것으로 믿고 사위 A를 범인으로 긴급체포하고 있다. 이 경우 경찰관 을의 행위는 불법체포·감금죄(법276①)의 구성요건에 해당하지만 형법 제20조의 법

---

1) 여기에서 부진정 목적범에 대해 형법 제34조 제1항의 적용을 전면적으로 긍정하였던 종전의 견해를 수정하기로 한다. 특히 위증죄는 자수범이므로 모해위증죄의 간접정범이 성립할 수 없다는 점은 더욱 분명하다.

2) 임웅, 485면은 의사지배가 없다는 이유를 들어 목적 없는 고의 있는 자의 행위를 이용한 경우에 이용자는 간접정범이 아니라 교사범이 된다고 본다.

3) 원래 이 사례는 독일의 판례사안에서 유래한 것이다. 그러나 독일은 근래에 형법을 개정하여 불법영득의사의 내용을 '자기 또는 제3자에게 불법하게 영득하게 할 목적'으로 확대하였다. 독일의 경우 개정법에 의하면 위의 사안에서 을은 절도죄의 실행정범으로 처벌될 것이며 갑은 절도죄의 교사범이 될 것이다.

령에 의한 행위(형소법200의3)에 해당하기 때문에 위법성이 조각된다.

이 사안에서 경찰관 을이 갑녀의 허위신고를 함부로 진실한 것이라고 믿은 점에 잘못이 있어서 법령에 의한 행위(법20 전단)에 해당하지 않는다고 생각할 여지가 있다. 그러나 경찰관 을이 범죄신고를 받고 조치를 취하는 시점에 주어진 상황을 면밀히 심사하여 A가 범인이라고 판단하였다면 사후에 그 판단이 잘못된 것으로 밝혀지더라도 경찰관 을의 체포행위는 적법한 행위라고 평가된다. 이러한 경우에는 A를 범인으로 지목하여 행한 신고가 허위임을 알면서 경찰관 을의 적법한 직무행위를 이용한 갑녀가 불법체포·감금죄의 간접정범이 된다.

(나) 정당방위 위법성이 조각되는 행위를 이용하는 경우로서 이용자가 피이용자에게 정당방위상황을 야기하여 범죄를 실현하게 하는 경우가 있다. 예컨대 갑이 의도적으로 을과 A 사이에 정당방위상황을 연출한 후 피이용자 을의 정당방위행위를 이용하여 공격자 A에게 상해를 가하게 하는 사례가 그것이다.

이러한 경우에 피이용자 을의 정당방위행위를 이용한 갑은 A에 대한 상해죄의 간접정범이 된다. 다만 갑을 A에 대한 상해죄의 간접정범으로 처벌하려면 갑이 피이용자 을의 정당방위행위뿐만 아니라 그 전제가 되는 A의 공격행위에 대하여도 원인을 제공하여야 한다.

4. 책임이 조각되는 행위자를 이용한 경우

(1) 극단적 종속형식과 제한적 종속형식

간접정범이 성립하려면 피용자가 '어느 행위로 인하여 처벌되지 아니하는 자'이어야 한다. '어느 행위로 인하여 처벌'하려면 범죄의 성립요건인 구성요건해당성, 위법성, 책임이 모두 갖추어져야 한다.

그런데 공범의 처벌과 관련하여 볼 때 제한적 종속형식에 의하면 정범의 행위에 구성요건해당성과 위법성의 요건이 충족되기만 하면 교사범이나 방조범의 성립이 가능하게 된다. 이에 대하여 극단적 종속형식에 의하면 피이용자에게 책임조각이 인정되는 경우에도 간접정범의 성립이 인정된다.[1] 판례는 책임조각이 인정되는 경우에 간접정범의 성립을 긍정하고 있다.[2]

(2) 제한적 종속형식과 간접정범 긍정 논리

그런데 제한적 종속형식을 입법적으로 채택한 독일 형법의 해석론을 보면 피이용자에

---

1) 권오걸, 607면.
2) 1983. 6. 14. 83도515 전원합의체 판결, 공 1983, 1112 = 백선 총론 88. 『콘트롤 데이타 사건』.

게 책임조각이 인정되는 경우에도 때에 따라 간접정범의 성립을 인정하고 있다. 독일 형법에 따르면 간접정범은 정범이다(독일형법25①). 한편 다수관여자의 책임을 논할 때에는 정범개념의 우월성이라는 원칙이 지배한다. 정범개념의 우월성이란 정범의 성립을 먼저 검토하고 이어서 협의의 공범을 따져보아야 한다는 것이다.

독일 형법학에서는 정범우선의 원칙에 따라 책임조각의 영역에서도 간접정범의 성립가능성을 인정하고 있다. 이 경우 이용자는 책임판단이 부정되는 피이용자에 대하여 우월한 의사지배를 가지고 있어야 한다. 현재 이와 같은 독일식 해석론은 우리 형법학계에도 폭넓게 수용되어 있다.[1]

(3) 책임조각과 간접정범

간접정범의 본질을 정범으로 보든지 공범처벌의 보완책으로 보든지 간에 책임이 조각되는 피이용자의 행위를 이용하여 범죄를 실현시키는 사람을 간접정범으로 처벌하는 데에는 이제 이견이 없다. 책임판단의 영역에서 간접정범이 인정되는 경우를 보면 다음과 같다.

(가) 책임능력 없는 자　　　책임능력이 없는 피이용자를 이용하여 범죄를 실현하는 사람은 간접정범으로 처벌된다. 형사미성년자, 심신상실자 등을 이용하여 범죄를 실현시키는 경우가 여기에 해당한다. 그러나 심신미약자를 이용하여 범죄를 범하게 하는 경우에는 간접정범이 성립하지 않는다. 심신미약자는 어디까지나 '어느 행위로 인하여 처벌되는 자'로서 단지 형벌이 임의적으로 감경되는 데에 그치는 사람이기 때문이다(법10②).

(나) 금지착오　　　금지착오를 일으킨 피이용자를 이용하여 범죄를 실현시킨 사람은 간접정범으로 처벌될 여지가 있다. 피이용자가 금지착오를 일으키게 되는 전형적인 형태는 이용자가 의도적으로 피이용자를 착오에 빠뜨리는 경우이다. 그렇지만 이미 착오에 빠져있는 것을 알면서 이를 이용하는 경우에도 간접정범이 성립할 수 있다.

피이용자가 금지착오에 빠진 경우에 위법성의 인식결여(즉 금지착오)에 정당한 이유가 있는 경우에는 피이용자에게 책임이 조각된다(법16). 이 경우에는 피이용자의 금지착오를 이용한 이용자가 간접정범으로 처벌된다. 이에 반하여 피이용자의 위법성 인식결여에 정당한 이유가 없다면 피이용자에게 책임이 조각되지 않는다. 이 경우 피이용자를 교사 또는 방조한 자는 간접정범이 아니라 통상의 교사범 또는 방조범으로 처벌된다.

(다) 강요된 행위　　　강요된 행위(법12)에 해당하기 때문에 책임이 조각되는 행위자를

---

1) 김성돈, 640면; 김성천 · 김형준, 407면; 김일수 · 서보학, 437면; 박상기, 293면; 배종대, 446면; 성낙현, 596면; 손동권 · 김재윤, 515면; 이용식, 96면; 이재상 · 장영민 · 강동범, 458면; 이정원, 338면; 임웅, 487면; 정성근 · 정준섭, 315면; 정영일, 437면.

이용하여 범죄를 실현시킨 사람은 간접정범으로 처벌된다. 또 피이용자에게 기대가능성이론을 바탕으로 하는 특별한 책임조각사유가 인정되는 경우(법22 참조)에 그러한 피이용자를 이용하여 범죄를 실현시킨 사람도 간접정범으로 처벌된다.

5. 소위 정범 배후의 정범

(1) 문제의 소재

우리 형법 제34조 제1항은 간접정범에 있어서 피이용자의 범위를 '어느 행위로 인하여 처벌되지 아니하는 자'와 '과실범으로 처벌되는 자'로 한정하고 있다. 이 가운데 '과실범으로 처벌되는 자'는 과실범으로밖에 처벌되지 아니하는 자로 이해되므로 넓게 보면 '어느 행위로 인하여 처벌되지 아니하는 자'에 포함된다 함은 앞에서 설명하였다.

그런데 피이용자가 전형적인 정범으로 처벌되는 경우에 피이용자를 배후에서 이용한 자를 다시 간접정범으로 처벌할 수 있을 것인가 하는 문제가 있다. 이 경우 피이용자는 '어느 행위로 인하여 처벌되는 자'이기 때문에 형법 제34조 제1항이 곧바로 적용될 수는 없다. 만일 이러한 경우에 처벌되는 자의 배후자에게 정범으로의 처벌을 긍정한다면 피이용자인 정범의 배후에 또 다른 정범이 존재하는 것으로 된다. 이 경우 정범인 피이용자의 배후에 있는 정범을 가리켜서 정범 배후의 정범이라고 한다.

(2) 독일 형법과 정범 배후의 정범 유형

원래 정범 배후의 정범을 인정하는 이론은 독일 형법학에서 유래한 것이다. 독일 형법은 간접정범을 '타인을 통하여 범죄를 실행한 자'라고 정의하고 있다(독일형법25①). 독일 형법은 간접정범을 타인을 통하여 범죄를 실행하는 경우라고 규정하고 있으므로 피이용자가 정범으로 처벌되는 경우에도 이를 '타인을 통하여' 범죄를 실현시킨 것으로 파악하여 간접정범의 사안으로 포착할 여지가 있다.

이와 같은 분석에 기초하여 독일 형법학계에서는 정범 배후의 정범으로 (가) 피이용자가 고의를 조각하지 않는 객체의 착오를 일으킨 경우에 이를 이용한 자, (나) 피이용자가 회피가능한 금지착오를 일으킨 경우에 이를 이용한 자, (다) 불법적인 권력기구나 범죄조직의 수족이 되어 기계적으로 범죄를 수행하는 자가 있는 경우에 그 하부조직원을 이용한 자, (라) 과실범으로 처벌되는 자를 이용한 자 등이 거론되고 있다.

(3) 한국 형법과 정범 배후의 정범 이론

그런데 이와 같은 독일 형법학계의 이론을 수용하여 우리나라 형법의 해석에 있어서도 정범 배후의 정범이라는 형태로 간접정범이 성립할 수 있을 것인지 문제된다. 이에 대해서는 긍정설과 부정설이 대립하고 있다.

(가) 정범배후정범 긍정설   이 견해는 우리 형법의 해석론으로도 정범 배후의 정범이라는 법형상을 긍정할 수 있다고 본다.[1] 긍정설의 입장에서는 정범개념의 우월성에 주목한다. 즉 배후에 있는 자의 간접정범 성립 여부는 배후자에게 행위지배가 있었는가 아닌가를 기준으로 판단해야 하며 단순히 피이용자가 처벌되는가 아닌가에 좌우되어서는 안 된다고 보는 것이다.

(나) 정범배후정범 부정설   이 견해는 우리 형법의 해석론으로 정범 배후의 정범이라는 법형상을 인정할 수 없다고 본다.[2] 생각건대 우리 형법의 해석론으로는 정범 배후의 정범이라는 형태로 간접정범을 인정할 수 없다고 본다.

우선 우리 형법 제34조 제1항이 간접정범을 독일 형법처럼 단순히 '타인을 통하여' 범죄를 실현하는 경우로 규정하지 않고 '어느 행위로 인하여 처벌되지 아니하는 자'를 이용하는 경우로 파악하고 있다는 점을 지적할 수 있다. '어느 행위로 인하여 처벌되는 자'까지 간접정범으로 파악하는 것은 분명히 형법 제34조 제1항의 문언에 반할 뿐만 아니라 우리 형법상의 간접정범규정이 공범처벌의 불비에 대처하기 위한 보완책으로 마련되었다는 점을 간과하는 흠이 있다.

또한 형사정책적으로 보더라도 '정범 배후의 정범'이라는 법형상을 인정할 필요가 없다. 우리 형법 제34조 제2항은 범죄조직의 배후에서 범죄를 실질적으로 조종하는 자를 엄중하게 다스리기 위하여 특수교사·특수방조를 가중처벌하고 있다. 우리 형법상으로는 정범의 배후에 있는 자를 간접정범으로 포착하는 것보다는 특수교사·특수방조로 다스리는 것이 법논리적으로 더 타당할 뿐만 아니라 형사처벌의 범위도 충분히 확보할 수 있다.

제4 간접정범과 착오

1. 착오의 요인이 피이용자 측에 있는 경우

간접정범의 사례에서 착오가 문제로 등장하는 경우가 있다. 간접정범과 관련한 착오의 첫 번째 유형은 이용자가 피이용자에게 구성요건적 고의와 책임능력 등 범죄성립요소가 모두 갖추어져 있다고 오인하면서 교사 또는 방조를 하는 경우이다. 예컨대 갑이 정상인으로

---

1) 김일수·서보학, 437면; 박상기, 205면; 손동권·김재윤, 518면; 정영일, 449면.
2) 권오걸, 610면; 김성돈, 646면; 김성천·김형준, 408면; 김혜정 외 4인, 339면; 배종대, 448면; 성낙현, 597면; 오영근, 412면; 이재상·장영민·강동범, 460면; 이정원, 341면; 임웅, 483면; 정성근·정준섭, 317면.

보이는 을에게 A를 살해하도록 교사하여 범행에 이르게 하였으나 알고 보니 을이 정신병자인 경우가 여기에 해당하는 사례이다.[1]

이러한 경우에 이용자의 행위 자체는 전형적인 교사 또는 방조에 해당한다. 다만 정범에게 구성요건적 고의나 책임능력 등이 없기 때문에 정범은 '어느 행위로 인하여 처벌되지 아니하는 자'에 해당된다. 그렇다면 이러한 착오의 경우에 이용자는 '어느 행위로 인하여 처벌되지 아니하는 자를 교사 또는 방조하여 범죄행위의 결과를 발생하게 한 자'로 되어 형법 제34조 제1항에 따라 교사 또는 방조의 예에 의하여 처벌된다.

2. 착오의 요인이 이용자 측에 있는 경우

간접정범과 관련한 착오의 두 번째 유형은 첫 번째 유형과 정반대의 경우이다. 즉 이용자는 피이용자에게 구성요건적 고의나 책임능력 등 범죄성립요소가 결여되어 있다고 생각하고 있으나 실제로 피이용자는 이러한 범죄성립요소를 모두 갖춘 상황에서 범죄를 실현하는 경우이다. 예컨대 갑이 을을 정신병자인 줄로 생각하고 A를 살해하도록 교사하여 을이 A를 살해하였으나 실제로는 을이 정상인인 경우이다.[2]

이러한 경우에 범죄성립요소를 모두 갖추고 직접 범죄를 실현한 자는 직접정범이 된다. 이 때에는 '어느 행위로 인하여 처벌되지 아니하는 자'가 등장하지 아니하므로 형법 제34조 제1항은 적용되지 않는다. 그리고 일단 실행정범이 존재하기 때문에 정범을 이용하려고 한 자는 통상의 교사범(법31①) 또는 방조범(법32)으로 처벌된다. 이용자가 피이용자에게 구성요건적 고의가 없거나 책임능력이 없다고 오인하여도 교사범 또는 방조범의 성립에 영향을 미치지 않는다. 정범이 일단 성립하게 되면 그에 종속하여 교사범 또는 방조범이 성립하기 때문이다.

3. 피이용자가 객체의 착오에 빠진 경우

(1) 문제의 소재

간접정범과 관련한 착오의 세 번째 유형은 피이용자가 객체의 착오를 일으킨 경우이다. 일반적으로 구체적 부합설에 의하면 객체의 착오를 일으킨 경우에 같은 종류의 구성요건 간에 착오가 발생하면 고의기수범을 인정한다. 이에 대하여 방법의 착오를 일으킨 경우에는 발생된 결과에 대한 과실범과 의도한 결과에 대한 미수범을 인정한다.

---

1) 전술 696면 이하 참조.
2) 전술 697면 참조.

피이용자가 방법의 착오를 일으킨 경우에 이용자에게도 방법의 착오를 인정하는 데에는 구체적 부합설을 취하는 학자들 사이에 견해대립이 없다. 그런데 피이용자가 객체의 착오를 일으킨 경우에도 이용자에게 이를 그대로 적용하여 고의기수범을 인정할 것인가에 대해서는 구체적 부합설을 취하는 학자들 사이에 학설의 대립이 있다.

구체적 부합설을 기준으로 삼고 있는 독일 형법학에서는 간접정범과 관련한 객체의 착오에 관하여 견해가 나뉘고 있다. 우리 학계의 경우에도 구체적 부합설을 취하는 학자들 사이에 동일한 견해대립이 나타나고 있다. 문제의 이해를 돕기 위하여 먼저 관련되는 사례를 한 가지 소개한다.

(가) 고의 사례　　　갑은 말을 듣지 않으면 죽여버리겠다고 저격병 을을 협박한 후 을에게 갑의 원수 A를 사살하라고 말하였다. 두려움에 떨던 을은 어쩔 수 없이 A를 향하여 사격을 가하였고 총탄은 목표한 사람에게 명중되었다. 그런데 죽은 사람을 살펴보니 그것은 A가 아니라 A와 비슷하게 생긴 B였다. 이 『저격병 사례』는 피이용자가 고의로 행위하여 객체의 착오를 일으킨 경우이다.

(나) 과실 사례　　　또 다른 사례를 본다. 갑은 가정부 을녀에게 손님 A에게 커피를 가져다주라고 말하였다. 그런데 이 커피 속에는 갑이 A를 살해하기 위하여 미리 타놓은 독이 들어 있었다. 이러한 사실을 알지 못하는 가정부 을녀는 무심코 커피를 손님 A가 아니라 손님 B 앞에 내려 놓았다. 손님 B는 이 독이 든 커피를 마시고 사망하였다. 이 『가정부 커피 사례』는 피이용자가 고의 없이 객체의 착오를 일으킨 경우이다.

(2) 구체적 부합설에 기초한 처리방법

(가) 고의 · 과실 기준설　　　이제 간접정범과 객체의 착오에 관한 학설을 살펴본다. 첫번째 견해는 착오를 일으킨 피이용자가 고의로 행위하였는가 과실로 행위하였는가를 묻는 입장이다. 이 견해를 고의 · 과실 기준설이라고 부를 수 있다. 고의 · 과실기준설의 입장에서는 피이용자가 고의로 행위한 경우에는 이용자 자신이 고의로 행위한 것과 마찬가지로 보아서 객체의 착오로 취급한다. 그리하여 이용자에게 고의기수범의 책임을 인정한다.[1]

이에 대하여 피이용자가 고의 없이 행위한 경우에는 피이용자가 객체의 착오를 범하였더라도 이용자에 대해서는 방법의 착오를 인정한다. 피이용자에게 고의가 없는 경우는 마치 이용자가 사용한 범행도구가 오작동을 일으킨 경우와 마찬가지라는 것이다. 이에 따르

---

1) 김성돈, 648면은 "피이용자가 동일종류에 관해 객체의 착오를 일으킨 경우에는 피이용자에 대해 고의 · 기수책임이 인정되므로 '정범배후의 정범이론'을 인정하지 않는 한 이용자의 간접정범성립은 배제되고 공범성립여부만 문제된다."고 하고 있다.

면 이용자는 발생된 결과에 대한 과실범과 의도한 결과에 대한 미수범의 상상적 경합으로 처벌된다. 위의 사례에서 보면 『저격병 사례』의 경우에 이용자 갑은 살인기수의 간접정범이 된다. 이에 대하여 『가정부 커피 사례』의 경우에 이용자 갑은 과실치사죄와 살인미수죄의 상상적 경합으로 처벌될 것이다.

(나) 방법의 착오 기준설　　두 번째 견해는 피이용자가 고의로 행위하였는가 과실로 행위하였는가를 묻지 아니하고 언제나 이용자에게 방법의 착오를 인정하는 입장이다. 이 입장을 방법의 착오 기준설이라고 부를 수 있을 것이다.[1] 이 입장에서는 간접정범이 사람을 도구로 이용하는 것일 뿐 물건을 도구로 이용하여 범죄를 행하는 것과 다를 바가 없다고 본다. 피이용자가 객체의 착오를 일으킨 것은 예컨대 범행도구인 총이 제 성능을 발휘하지 못하여 원래의 목표물에 명중시키지 못한 것과 마찬가지라는 것이다.

방법의 착오 기준설은 이용자에게 방법의 착오를 인정함으로써 미수범감경을 폭넓게 인정하려고 한다. 위의 사례에서 보면 『저격병 사례』이든 『가정부 커피 사례』이든 이용자 갑은 어느 경우에나 과실치사죄와 살인미수죄의 상상적 경합으로 처벌될 것이다.

(3) 법정적 부합설에 기초한 처리방법

간접정범의 사안에서 피이용자가 객체의 착오를 일으킨 경우에 이용자를 방법의 착오로 처리해야 할 것인가 아닌가 하는 문제는 독일 형법학의 경우에 의미 있는 논쟁거리이다. 간접정범과 객체의 착오문제는 독일 형법학계처럼 구체적 부합설을 취할 때 비로소 논쟁의 실익이 나타난다. 구체적 부합설을 취하게 되면 객체의 착오와 방법의 착오 사이에 취급방법이 달라지기 때문이다.

그러나 법정적 부합설의 관점에서 보면 간접정범과 객체의 착오문제는 특별한 의미를 가지지 않는다. 법정적 부합설의 입장에서는 객체의 착오와 방법의 착오를 달리 취급하지 않는다.[2] 설사 방법의 착오라고 인정되더라도 같은 종류의 구성요건에 속하는 객체에 결과가 발생하고 있으면 고의기수범을 인정하기 때문이다.

현재 우리 대법원은 법정적 부합설을 취하고 있다.[3] 법정적 부합설이 타당하다 함은 이미 구성요건적 착오의 부분에서 설명하였다.[4] 법정적 부합설의 관점에 비추어 볼 때 피이용자가 같은 종류의 구성요건 사이에 객체의 착오를 범한 경우에는 이용자에게 고의기수

---

1) 권오걸, 621면; 김일수 · 서보학, 441면; 박상기, 296면; 성낙현, 606면; 손동권 · 김재윤, 526면; 오영근, 415면; 이정원, 346면.
2) 이재상 · 장영민 · 강동범, 463면; 정성근 · 정준섭, 320면.
3) 1984. 1. 24. 83도2813, 공 1984, 408 = 백선 총론 27. 『형수조카 가격 사건』.
4) 전술 239면 이하 참조.

범의 책임을 묻는 것이 타당하다고 본다.

4. 피이용자의 과잉

간접정범의 착오에 준하는 것으로 피이용자의 과잉이 있다. 피이용자의 과잉이란 이용자가 애당초 교사 또는 방조한 범위를 넘어서서 피이용자가 범죄행위의 결과를 발생시킨 경우를 말한다. 피이용자가 초과하여 실현시킨 범죄실현 부분은 이용자의 교사 또는 방조의 고의에 포함되어 있지 않다. 따라서 이용자는 피이용자가 초과실현한 부분에 대하여 책임을 지지 않는 것이 원칙이다. 다만 초과부분이 상해와 살인의 관계처럼 양적 초과에 해당하는 경우에는 인과관계와 예견가능성의 유무를 검토하여 이용자에게 초과부분에 대한 결과적 가중범의 책임을 물을 수 있다.[1]

제5 간접정범의 미수

1. 간접정범의 실행의 착수에 관한 학설

(1) 범죄행위의 결과발생에 대한 해석

간접정범은 미수범의 형태로도 나타날 수 있다. 형법 제34조 제1항은 간접정범을 '어느 행위로 인하여 처벌되지 아니하는 자 또는 과실범으로 처벌되는 자를 교사 또는 방조하여 범죄행위의 결과를 발생하게 한 자'라고 규정하고 있다. 형법 제34조 제1항은 특히 '범죄행위의 결과를 발생하게 한 자'라는 표현을 사용하여 기수범의 경우에만 간접정범이 성립하는 것과 같은 외관을 취하고 있다.

그러나 '범죄행위의 결과'란 객관적 구성요건의 실현을 의미한다. 소위 '구성요건적 결과'를 가리키는 것이다. 따라서 구성요건의 객관적 요소가 전부 실현되지 아니하여도 미수범처벌규정이 있으면 '구성요건적 결과'로 포착된다. 그리하여 미수범처벌규정이 있는 경우에는 간접정범 형태에 의한 미수범의 성립도 얼마든지 가능하다.

---

1) 1993. 10. 8. 93도1873, 공 1993, 3117 = 백선 총론 82. 『경호원 살인 사건』 참조.
　이 판례는 교사자 갑이 피교사자인 경호원 을에게 A에 대한 중상해를 교사하였는데 을이 A를 살해한 사건이다. 법원은 이 사건에서 피교사자 을을 살인죄로, 교사자 갑을 상해치사죄의 교사범으로 처벌하였다. 이 판례는 피교사자 을이 처벌되지 아니하여 교사자 갑을 간접정범으로 처벌하는 경우에도 원용할 수 있다고 생각된다.

(2) 간접정범의 실행의 착수에 관한 학설

문제는 간접정범의 미수에 있어서 실행의 착수시점을 어떻게 결정할 것인가 하는 점이다. 이에 대해서는 이용자기준설, 피이용자기준설, 이분설, 개별화설이 각각 제시되고 있다.

(가) 이용자기준설　　간접정범의 실행의 착수시점을 이용자의 이용행위시로 보는 견해이다.[1] 간접정범의 본질에 관하여는 정범설과 공범설이 대립하고 있다. 정범설은 간접정범을 행위지배의 일종인 우월한 의사지배를 특징으로 하는 정범이라고 본다. 정범설의 입장에서는 이용자가 우월한 의사지배의 지위를 이용하여 피이용자에게 영향력을 발휘하는 시점을 실행의 착수시점으로 본다. 즉 피이용자에 대한 이용의 시점에 실행의 착수가 있다는 것이다.

(나) 피이용자기준설　　간접정범의 실행의 착수시점을 피이용자의 행위를 기준으로 결정하자는 견해이다. 피이용자기준설은 특히 공범설의 관점에서 주장된다. 그러나 정범설을 취하면서 이 견해를 지지하는 학자도 있다.[2] 공범설은 간접정범을 통상의 교사범 또는 방조범으로 처벌하지 못하는 경우에 대비하기 위한 보완장치라고 본다. 공범설의 입장에서는 간접정범이 교사범 또는 방조범 성립의 불비를 보완하기 위한 장치이므로 기본형태인 교사범 또는 방조범의 예에 따라서 실행의 착수시점을 결정해야 한다고 본다. 그 결과 원래 정범으로 파악되었어야 할 피이용자의 행위를 기준으로 실행의 착수시점을 결정해야 한다는 것이다.

(다) 이분설　　피이용자의 성질을 두 가지로 나누어 간접정범의 실행의 착수시점을 결정하자는 이론이다. 이분설은 피이용자의 성질을 고의 있는 도구와 그렇지 아니한 도구로 나눈다. 고의 있는 도구란 구성요건의 실현에 대한 고의는 있으나 목적이나 불법영득의사 등 기타 주관적 사유가 존재하지 아니하여 처벌되지 아니하는 피이용자를 말한다.

피이용자가 고의 없는 도구에 해당하는 경우에는 이용자가 물건을 도구로 이용하는 경우와 마찬가지로 생명 있는 도구를 이용하기 시작하는 순간에 실행의 착수가 있다고 본다. 이에 대하여 피이용자가 고의 있는 도구에 해당하는 경우에는 피이용자가 실행의 착수에 나아가는 시점에 이용자에게 실행의 착수가 인정된다고 본다. 고의 있는 도구의 경우에는 피이용자가 이용자의 영향권을 떠나서 사태의 진행 여부를 결정할 수 있기 때문이라는 것이 그 이유이다.

(라) 개별화설　　보호법익에 대한 위험야기행위가 어느 때에 직접적 위험야기의 단계

---

1) 권오걸, 617면; 김일수·서보학, 439면; 김혜정 외 4인, 341면; 박상기, 296면; 이재상·장영민·강동범, 384면; 임웅, 489면.

2) 김성돈, 650면.

에 이르는가 하는 점을 고려하여 개별 구성요건별로 간접정범의 실행의 착수시기를 결정하자는 이론이다.[1] 이에 따르면 우선 이용자가 더 이상 아무런 조치를 취하지 않더라도 피이용자의 행위에 의하여 독자적으로 구성요건이 실현될 상황에 이를 때 간접정범의 실행의 착수를 인정한다. 그러나 이용행위만으로 구성요건의 실현이 확실시되는 경우에는 이용행위 시점에 실행의 착수를 인정한다.

2. 학설의 검토

(가) 개별화설의 검토　　　생각건대 우선 개별화설은 간접정범의 실행의 착수라는 문제를 개별 구성요건의 해석문제로 돌려버림으로써 총론적인 기준모색을 포기한다는 결함을 안고 있다.

(나) 이분설의 검토　　　이분설 또한 실행의 착수에 관한 판단기준을 통일적으로 파악하지 못하는 흠이 있다. 미수범의 일반이론에 의할 때 실행의 착수 여부는 개별적 객관설에 의하여 판단하는 것이 타당함은 이미 앞에서 설명한 바 있다.[2] 이 개별적 객관설에 의할 때 실행의 착수는 구체적인 행위자의 범행계획에 비추어 구성요건의 실현에 직접적으로 나아갈 때 인정된다. 이 실행의 착수기준은 통일적으로 적용되지 않으면 안 된다. 이분설처럼 피이용자의 고의 유무에 따라서 간접정범의 실행의 착수시점을 달리 파악하는 것은 합리적이지 못하다.

(다) 이용자기준설의 검토　　　한편 이용자기준설도 명확한 기준을 제시하지 못하는 난점을 안고 있다. 이용자가 피이용자에게 영향을 미치는 행위는 여러 가지 형태로 나타날 수가 있다. 이용자기준설에 의하면 피이용자를 이용하려는 의사가 어떠한 형태로든지 외부에 발로되기만 하면 실행의 착수가 인정된다. 이렇게 되면 간접정범의 실행의 착수시점이 크게 앞당겨지게 되고 미수범의 성립범위가 대폭 확장되는 폐단이 발생한다.

(라) 사　견　　　우리 형법은 간접정범을 "교사 또는 방조의 예에 의하여 처벌한다."고 규정함으로써 간접정범의 본질을 공범설의 관점에서 파악하고 있다. 그렇다면 간접정범의 실행의 착수시점은 피이용자의 행위를 기준으로 삼는 피이용자기준설에 따라 결정하는 것이 타당하다고 생각된다. 피이용자의 행위는 구성요건과 직접 관련되어 있다. 피이용자기준설은 구성요건이 제시하는 위법행위의 정형성에 근거하여 법적 안정성을 확보해 주는 장점이 크다고 할 것이다.

---

1) 배종대, 451면; 성낙현, 491면; 손동권 · 김재윤, 522면; 오영근, 413면; 이정원, 343면; 정영일, 441면.
2) 전술 519면 이하 참조.

3. 부작위에 의한 간접정범

(1) 부작위에 의한 간접정범의 성립 여부

부작위에 의한 간접정범이 성립할 수 있는가 하는 문제가 있다. 부작위의 경우에는 이용자의 행위를 외부적으로 포착할 수 없으므로 실행의 착수시점을 판단하는 것도 용이하지 않다. 부작위에 의한 간접정범의 문제는 특히 정범설의 입장에서 논의된다.

(가) 간접정범긍정설   이용자가 피이용자의 범죄실현을 방지해야 할 보증인적 지위에 있는 경우에 부작위에 의한 간접정범의 성립이 가능하다고 보는 견해이다.[1] 이 견해에 따르면 예컨대 정신병동에서 환자를 돌보는 간호사 갑이 정신병자인 환자 을이 다른 환자 A에게 가해하는 것을 보면서도 아무런 조치를 취하지 않는 소위 『정신병동 사례』의 경우에 부작위에 의한 상해죄의 간접정범이 성립한다고 본다.

(나) 간접정범부정설   부작위에 의한 간접정범의 성립을 부정하는 견해이다.[2] 이 입장에서는 간접정범을 논하기보다 바로 직접정범을 검토해야 한다고 본다. 만일 '정범'으로서 간접정범이 성립하지 않는다면 이어서 교사범 또는 방조범의 성립 여부를 검토하게 된다.

간접정범부정설의 입장에서는 예컨대 위의 『정신병동 사례』의 경우 간호사 갑을 부작위에 의한 상해죄의 직접정범으로 처리하면 족하다고 본다. 간호사 갑은 환자 A의 신체가 침해되지 않도록 보호해야 할 보증인적 지위에 있으므로 갑의 부작위는 갑의 A에 대한 상해행위와 동가치성을 가지게 되며, 따라서 갑은 간접정범이 아니라 직접정범으로 규율되어야 한다는 것이다.

(다) 사   견   부작위에 의한 간접정범을 인정할 것인가 하는 문제는 '정범'으로서의 간접정범을 인정할 것인가 하는 점에 중점이 있다. 공범설의 관점에서는 간접정범에 정범성을 인정하지 아니하므로 자연히 간접정범부정설과 결론을 같이하게 된다. 즉 부작위에 의한 간접'정범'의 문제는 부작위에 의한 직접정범의 문제로 처리하면 족하다.

(2) 부작위에 의한 교사 · 방조와 간접정범

부작위에 의한 간접정범의 사례는 앞에서 본 것처럼 직접정범으로 처리해야 할 경우가 있다. 다음으로 부작위에 의한 직접정범을 제외한 영역에서 부작위에 의한 간접정범형태의 처리방안이 문제된다. 생각건대 이러한 경우 부작위에 의한 간접정범의 문제는 간접정범이

---

1) 정영일, 439면.
2) 김성돈, 655면(부작위에 의한 방조범 인정); 김일수 · 서보학, 439면; 배종대, 450면; 성낙현, 601면; 정성근 · 정준섭, 318면.

교사범 또는 방조범의 보완책이라는 관점에서 검토해야 한다고 본다.

우리 형법에 의하면 간접정범은 정범의 개념을 암묵적으로 전제하면서 정범이 처벌되지 아니하거나 과실범으로만 처벌되는 경우에 보완책으로 등장한다. 그렇다면 부작위에 의한 간접정범의 형태는 부작위에 의한 교사범 및 부작위에 의한 방조범의 문제로 재구성할 수 있다.

(가) 부작위에 의한 교사　　이미 교사범 및 방조범의 항목에서 검토한 바와 같이 교사범의 경우에는 부작위에 의한 교사를 생각할 수 없다. 부작위에 의하여 다른 사람에게 범행결의를 생기게 할 수는 없기 때문이다.[1]

(나) 부작위에 의한 방조　　이에 대하여 방조범의 경우에는 부작위에 의한 방조가 가능하다. 방조는 정범의 범죄실현이 용이하도록 도와주는 것이면 작위·부작위를 모두 포함하기 때문이다. 따라서 부작위에 의한 간접정범은 방조의 형태로 나타나는 간접정범의 경우에 한하여 가능하다고 할 것이다.[2]

제6 간접정범의 처벌

1. 형법전의 규정형식

형법 제34조 제1항은 "어느 행위로 인하여 처벌되지 아니하는 자 또는 과실범으로 처벌되는 자를 교사 또는 방조하여 범죄행위의 결과를 발생하게 한 자는 교사 또는 방조의 예에 의하여 처벌한다."고 규정하고 있다. 이 규정에 의하면 간접정범의 처벌은 '교사 또는 방조의 예'에 따르게 된다.

한편 형법 제34조 제2항은 "자기의 지휘, 감독을 받는 자를 교사 또는 방조하여 전항의 결과를 발생하게 한 자는 교사인 때에는 정범에 정한 형의 장기 또는 다액에 그 2분의 1까지 가중하고 방조인 때에는 정범의 형으로 처벌한다."고 규정하고 있다. 형법 제34조 제2항은 법관이 형을 가중·감경할 때 반드시 고려해야 하는 사항이다. 형의 가중·감경의 순서를 규정한 형법 제56조는 이 점을 분명하게 밝히고 있다(법56ⅱ).

전술한 바와 같이 형법 제34조 제2항의 규정은 1951년 형법전 정부원안에 규정되었던 소위 의제공범의 조문이 삭제되면서 독립된 항의 지위를 차지하게 된 것으로서 교사·방조에 대한 특칙을 이룬다.[3] 그런데 형법 제34조 제1항은 간접정범의 처벌을 교사·방조의

---

1) 전술 684면 이하 참조.
2) 권오걸, 613면; 김성돈, 655면; 이재상·장영민·강동범, 140면; 임웅, 597면.
3) 전술 698면 이하 참조.

예에 의하도록 하고 있다. 따라서 특수교사·방조에 관한 형법 제34조 제2항은 간접정범의 경우에도 또한 적용된다.

2. 간접정범의 처리방법

(1) 교사의 예에 의하는 경우

이제 형법 제34조 제1항과 제34조 제2항을 모아 보면 간접정범의 처벌은 다음과 같이 처리됨을 알 수 있다. 첫째로, 간접정범이 교사의 방식으로 피이용자에게 범죄를 실현시키도록 하는 경우가 있다. 이 때에는 비록 정범에게 범죄가 성립하지 않거나 정범이 과실범으로 처벌됨에 그치더라도 마치 정범에게 완전한 범죄성립이 있는 것처럼 취급하여 간접정범을 교사범의 형으로 처벌한다. 교사범은 정범과 동일한 형으로 처벌되므로(법31①) 결국 교사범 형태에 의한 간접정범은 정범의 형으로 처벌된다.[1]

한편 자기의 지휘, 감독을 받는 피이용자를 교사하여 범죄행위의 결과를 발생하게 한 때에는 간접정범을 정범에 정한 형의 장기 또는 다액에 그 2분의 1까지 가중한 형으로 처벌한다(법34② 전단).

(2) 방조의 예에 의하는 경우

다음으로, 간접정범이 방조의 방식으로 피이용자에게 범죄를 실현시키도록 하는 경우가 있다. 이 때에는 비록 정범에게 범죄가 성립하지 않거나 정범이 과실범으로 처벌됨에 불과하더라도 마치 정범에게 완전한 범죄성립이 인정되는 것처럼 취급하여 간접정범을 방조범의 형으로 처벌한다. 이 때에는 형의 필요적 감경이 인정된다(법32②).

한편 자기의 지휘, 감독을 받는 피이용자를 방조하여 범죄행위의 결과를 발생하게 한 때에는 간접정범을 정범의 형으로 처벌한다(법34② 후단). 이 경우에는 형의 필요적 감경이 허용되지 않는다.

제 7 자 수 범

【사례 108】 사채업자 갑녀는 돈이 쪼들리는 을에게 현금을 빌려주면서 담보를 요구하였다. 갑녀는 을로부터 한달 동안 은행에 제시하지 않는다는 조건으로 가계수표를 교부받았다. 그런데 갑녀는 수표할인을 위하여 이 수표를 A에게 교부하였고, 아

---

1) 2011. 5. 13. 2011도1415, 공 2011상, 1250 =『검토조서 대 검토보고 사건』☞ 1181면.

무런 사정을 모르는 A는 은행에 현금인출을 위하여 수표를 제시하였다. 은행은 을에게 예금부족을 통보하였고 을은 「부정수표 단속법」이 규정한 부정수표발행죄로 처벌받을 위험에 직면하게 되었다.

을은 갑녀에게 이러한 사실을 알리면서 강력히 항의하였다. 갑녀는 책임을 모면할 생각으로 을에게 문제의 가계수표가 분실되었다고 거짓말하면서 을에게 은행에 분실신고를 하라고 말하였다. 이에 을은 은행에 수표분실신고를 하였다. 이후 모든 사정이 밝혀졌다. 갑녀는 「부정수표 단속법」에 규정된 허위신고죄의 간접정범으로 기소되었다.

이 경우 갑녀를 허위신고죄의 간접정범으로 처벌할 수 있을 것인가? (1992. 11. 10. 92도1342, 공 1993, 162 = 백선 총론 89.『가계수표 허위신고 사건』)

1. 자수범의 의의

(1) 자수범의 의미

간접정범과 관련하여 검토해야 할 논점으로 자수범이 있다. 자수범(自手犯)이란 범인이 스스로 구성요건을 실현시켜야 성립하는 범죄유형이다. 자수범의 경우에는 스스로 구성요건을 직접 실현시킨 사람만이 정범이 된다.

이 때문에 자수범의 경우에는 타인을 이용하여 범죄를 실현하는 간접정범이 성립하지 않는다.[1] 또 자수범의 경우에는 공동정범도 인정되지 않는다.[2] 자수범은 범인 스스로 직접 구성요건을 실현시켜야 하기 때문에 다른 사람과 공동하여 범죄를 실현시킬 수는 없다. 이러한 관계로 자수범을 소극적으로 정의하면 "자수범은 간접정범 또는 공동정범의 형태로 범할 수 없는 범죄이다."라는 개념정의가 나오게 된다.

(2) 자수범의 기능

어느 범죄가 자수범이라고 판단되면 그 범죄에 대해서는 공범처벌의 범위가 크게 줄어든다. 간접정범은 어느 행위로 인하여 처벌되지 아니하는 사람을 교사 또는 방조하여 범죄를 실현시키는 범죄유형이다. 우리 형법상 간접정범은 이용자를 통상의 교사범이나 방조범으로 처벌할 수 없는 경우에 비로소 등장하는 확장적 공범형식이다.

그런데 문제의 범죄가 자수범에 해당한다면 배후의 이용자를 간접정범으로 처벌할 수 없다. 자수범은 간접정범이 성립하지 아니하는 범죄유형이기 때문이다. 이러한 경우에는 이

---

1) 1992. 11. 10. 92도1342, 공 1993, 162 = 백선 총론 89.『가계수표 허위신고 사건』.
2) 2003. 6. 13. 2003도889, 공 2003, 1564 = 백선 총론 89. 참고판례 1.『호별방문 사건』.

용자를 교사범이나 방조범으로 처벌할 수 없을 뿐만 아니라 간접정범으로 처벌하는 것도 불가능하다. 자수범은 결국 입법자가 공범형식의 지나친 확장을 제한한 영역이라고 말할 수밖에 없다.

예컨대 A라는 범죄가 자수범이라고 하자. 갑이 을을 교사하여 A범죄를 실현하도록 하였으나 을에게 구성요건적 고의가 없다면 을을 A범죄의 정범으로 처벌할 수 없다. 정범이 성립하지 아니하므로 갑을 A범죄의 교사범으로 처벌할 수도 없다. 이제 을을 교사한 갑은 A범죄의 간접정범으로 처벌되어야 할 것이다. 그런데 A범죄는 자수범이어서 간접정범이 성립하지 않는다. 그렇다면 을을 교사한 갑은 A죄의 교사범으로는 물론 간접정범으로도 처벌되지 않는다.

이와 같이 자수범의 경우에는 공범처벌의 범위가 크게 줄어든다. 여기에서 두 가지 의문이 제기된다. 하나는 우리 형법상 도대체 자수범이라는 범죄유형을 인정할 필요가 있는가 하는 점이며, 다른 하나는 일단 자수범을 인정한다고 할 때 과연 어떠한 범죄가 자수범에 해당하는가 하는 점이다.

2. 자수범부정론

(1) 형법이론적 관점에서 자수범을 부정하는 견해

자수범을 부정하는 견해는 두 가지 방면에서 제시되고 있다. 하나는 형법이론 자체의 관점에서 자수범을 부정하는 이론이며, 다른 하나는 우리 형법의 조문체계에 기초한 자수범부정론이다.

먼저 형법이론적 관점에서 전개되는 자수범부정론을 살펴본다. 이 견해는 실체형법에 내재하는 제약 때문에 자수범이 성립할 수 없다고 본다. 이 견해는 다시 자연과학적 인과론을 근거로 하는 견해와 확장적 정범개념을 근거로 하는 견해로 나누어진다.

(가) 자연과학적 인과론　　인과법칙의 관점에서 형법을 고찰하는 견해이다. 자연과학적 인과론의 입장에서는 자신이 스스로 범죄구성요건을 실현시키지 않더라도 범죄실현이라는 결과에 원인을 제공하기만 하면 곧바로 정범으로 인정된다고 본다.

그러나 자연과학적 인과론의 관점에 대해서는 이 견해가 자연과학적인 인과진행에 관심을 두는 나머지 형법이 가지고 있는 규범적인 측면을 무시하고 있다는 비판이 제기된다.

(나) 확장적 정범개념론　　구성요건적 결과발생에 대하여 조건을 제공한 사람은 모두 정범이라고 보는 견해이다. 이와 같이 정범의 성립을 넓게 인정하게 되면 간접정범이나 공동정범의 성립을 배제하는 자수범의 개념은 굳이 설정할 필요가 없다.

그렇지만 확장적 정범개념론은 우리 형법이 정범과 공범을 명확하게 구별하고 있다는 점에서 그 타당성을 긍정하기 곤란하다. 나아가 이 견해는 정범의 핵심요소를 정확하게 제시하지 못하며, 정범개념을 지나치게 확장함으로써 형사처벌의 범위를 과도하게 넓힌다는 비판을 받고 있다.

(2) 형법의 조문체계에 기초하여 자수범을 부정하는 견해

(가) 조문체계설의 내용　　　우리 형법상 공범론 조문의 특수성에 기초하여 자수범의 성립을 부정하는 견해가 있다. 이 견해를 조문체계설이라고 부를 수 있을 것이다.[1]

우리 형법 제33조는 공범과 신분에 관한 규정을 두면서 본문에서 "신분이 있어야 성립되는 범죄에 신분 없는 사람이 가담한 경우에는 그 신분 없는 사람에게도 제30조부터 제32조까지의 규정을 적용한다."고 규정하고 있다. 이에 따르면 신분이 없는 사람도 신분 있는 정범의 교사범 또는 방조범이 될 수 있을 뿐만 아니라 신분 있는 정범과 공동하여 공동정범으로 범죄를 실현할 수도 있다.

한편 형법 제34조 제1항은 간접정범을 "교사 또는 방조의 예에 의하여 처벌한다."고 규정하고 있다. 교사 또는 방조의 예에 의하게 되면 피이용자에게만 신분이 있고 이용자에게는 신분이 없더라도 교사범 또는 방조범에 적용되는 형법 제33조에 의하여 간접정범의 성립이 가능하게 된다.

우리 형법의 조문체계에 기초하여 자수범의 성립을 부정하는 견해는 형법 제33조 및 제34조 제1항에 의하여 결국 공동정범이 성립하지 않는 범죄 또는 간접정범이 성립하지 않는 범죄란 존재할 수 없다는 결론에 이른다. 자수범이란 공동정범 또는 간접정범의 형태로 범할 수 없는 범죄이다. 그렇다면 우리 형법상 자수범은 존재할 수 없게 된다는 것이다.

(나) 정범적격흠결설의 비판과 재비판　　　조문체계설의 입장에 대해서는 두 가지 관점에서 비판이 제기되고 있다. 하나는 공동정범이나 간접정범의 경우에 정범적격(正犯適格)을 확장할 수 없다는 주장이다. 자수범이란 스스로 범죄를 실현시키는 사람을 정범으로 설정한 것인데 이 정범적격은 신분 없는 자에게 함부로 확장되지 않는다는 것이다.[2] 정범적격이 없는 자는 처음부터 정범이 될 수 없다는 주장을 가리켜서 정범적격흠결설이라고 한다.

그런데 이와 같은 정범적격흠결설은 신분 없는 자에게 공동정범이나 간접정범의 성립을 인정하지 않는 독일 형법 제28조 제1항을 전제로 하여 주장되는 견해이다. 그렇지만 우리 형법 제33조는 명문으로 신분 없는 자에게 공동정범의 성립을 긍정하고 있다. 실정법의 규범체계가 독일과 다른 상황에서 제시되는 정범적격흠결설은 자수범부정론에 대하여 타당

---

1) 차용석, "간접정범", 형사법강좌 II, 717면.
2) 이재상·장영민·강동범, 464면.

한 비판이라고 할 수 없다. 조문체계설에 대한 비판은 다른 관점에서 구해야 한다.

(다) 자수범과 신분개념의 불일치　　우리 형법의 조문체계를 근거로 자수범을 부정하는 조문체계론에 대해서는 다른 각도에서 비판을 가할 수 있다. 무엇보다 자수범의 개념과 신분범의 개념이 반드시 일치하지는 않는다는 점을 지적할 필요가 있다. 형법 제33조가 규정하는 신분은 범인에게만 존재하는 특별한 인적 성질·관계·상태를 의미한다.

자수범에 있어서 스스로 직접 범죄를 실현시킨다는 성질은 신분과 비슷한 외관을 지니지만 신분 그 자체는 아니다. 자수범은 '스스로' 범죄를 실현한다는 행위특성을 중시하는 범죄유형이기 때문이다. 우리 형법 제33조와 제34조 제1항이 신분 없는 자도 공동정범이나 간접정범으로 처벌할 수 있는 여지를 열어주는 것은 사실이지만 그것이 자수범을 언제나 부정하는 근거라고 볼 필요는 없다.

3. 자수범긍정론

(1) 자수범부정론에 대한 검토

자수범부정론에 대한 비판의 출발점은 무엇보다도 자수범의 개별성·특수성에서 구해야 한다고 본다. 형법총칙은 다양한 형벌법규들에 대하여 일반적·기본적으로 적용되는 공통의 준칙을 규정해 놓은 것이다. 그런데 구성요건에 따라서는 형법총칙의 공통적인 준칙을 배제하여 형사처벌의 범위를 조절해야 할 이례적인 경우들이 있다. 자수범의 이론은 이와 같은 특수상황을 해결하기 위하여 당해 형벌법규에 내재하는 제약을 긍정하자는 주장이다.

자수범은 다수관여자에 대한 처벌범위가 지나치게 넓다고 판단될 때 구체적·개별적인 형벌법규를 전제로 논의되는 개념이다. 간접정범에서의 도구나 손발처럼 이용하는 것이 원천적으로 불가능한 범죄유형이 있음은 이미 우리 판례가 인정해 오고 있다.[1] 이제 자수범에 대한 검토는 긍정·부정의 문제가 아니라 자수범 여부의 판단기준에 집중되어야 한다.

(2) 문언설

자수범의 판단기준으로 문언설, 거동범설, 진정자수범·부진정자수범설, 삼유형설의 네 가지 학설이 제시되고 있다. 자수범의 판단기준으로 제시된 견해 가운데 가장 오래된 것으로 문언설이 있다.

(가) 문언설의 내용　　문언설은 형벌법규의 문언을 기준으로 자수범 여부를 결정하자는 이론이다.[2] 문언설은 개개의 특별구성요건이 제시하는 문언을 분석하여 제3자의 행위

---

1) 1983. 6. 14. 83도515 전원합의체 판결, 공 1983, 1112 = 백선 총론 88. 『콘트롤 데이타 사건』.
2) 손동권·김재윤, 529면; 오영근, 417면.

가 당해 구성요건을 충족시킬 수 있는가를 묻는다.

문언설의 관점에서 자수범의 예로 제시되는 것에 소위 육욕범이 있다. 육욕범이란 육체적인 성적 쾌락을 내용으로 하는 범죄를 말한다. 예컨대 강간죄의 경우를 보면 구성요건의 실행행위는 폭행 또는 협박으로 사람을 강간하는 행위이다. 이 경우 문언설의 입장에서는 '강간하다'라는 문언에 주목한다. 그리하여 다른 사람을 이용하여 피해자에 대한 강간을 실현시키는 사람은 그 자신이 스스로 육체적 쾌락을 즐길 수 없으므로 강간죄의 정범이 될 수 없다고 보고 이를 바탕으로 강간죄를 자수범이라고 새긴다.

(나) 문언설의 문제점　　그러나 문언설은 입법자가 형벌법규의 문언을 선택할 때 우연과 자의(恣意)가 개입되는 일이 많다는 점을 간과하고 있다. 입법자는 구성요건을 설정함에 있어서 언제나 형사정책적 고려하에 문언을 선별하지는 않는다. 예컨대 '강간하다'라는 문언을 보더라도 이 표현이 반드시 직접적으로 성관계를 가진 자만을 처벌하기 위하여 사용된 것이라고 보이지는 않는다. 강간죄의 보호법익을 피해자의 성적 자기결정권이라고 본다면 피해자의 성적 자기결정권을 침해하는 자가 직접 성관계를 가지지 않더라도 그 자를 얼마든지 공동정범[1] 또는 간접정범으로 처벌할 수 있다.

판례 또한 "강제추행죄는 사람의 성적 자유 내지 성적 자기결정의 자유를 보호하기 위한 죄로서 정범 자신이 직접 범죄를 실행하여야 성립하는 자수범이라고 볼 수 없으므로, 처벌되지 아니하는 타인을 도구로 삼아 피해자를 강제로 추행하는 간접정범의 형태로도 범할 수 있다."는 입장을 취하고 있다.[2]

(3) 거동범설

(가) 거동범설의 내용　　거동범설은 범죄를 거동범과 결과범으로 나눈 뒤 거동범을 자수범으로 보는 견해이다. 거동범이란 범죄를 실현시킴에 있어서 결과발생을 요하지 않고 단순히 신체동작만으로 족한 범죄유형이다. 거동범설은 다음과 같이 논리를 전개한다.

「거동범의 경우에는 신체동작이 구성요건실현의 핵심적 요소이다. 행위자의 신체동작이 구성요건의 핵심적 요소라면 다른 사람을 중간에 내세워서 간접적으로 범죄를 실현시킨다는 것은 생각할 수 없다. 그러므로 거동범은 자수범이다.」 거동범의 신체동작에 주목하여 자수범을 인정한다는 의미에서 거동범설은 신체동작설이라고도 불린다.

(나) 거동범설의 문제점　　거동범설에 대해서는 이 견해가 거동범의 불법실질을 제대로 파악하지 못하고 있다는 비판이 제기되고 있다. 불법이란 구성요건에 해당하고 위법한

---

1) 1998. 2. 27. 97도1757, 공 1998, 951 = 분석 각론 『초등학교 여자 친구 사건』.

2) 2018. 2. 8. 2016도17733, 공 2018상, 593 = 『자기 촬영 후 전송 사건』 ☞ 1179면.

행위이다. 불법은 단순히 위법행위의 정형에 해당하는 행위(즉 구성요건해당성)라는 차원을 넘어서서 법질서 전체의 관점에서 "옳지 않다."라는 부정적인 판단을 받은 행위이다. 거동범이 법질서에 의하여 불법으로 판단되는 이유는 신체동작이 행해지고 있다는 점 때문이 아니다. 거동범은 그 신체동작이 법익을 침해하거나 법익침해의 위험성을 야기하기 때문에 사회적으로 유해한 행위라고 파악되고 있다.

사회적으로 유해한 행위라는 관점에서 접근하게 되면 비록 신체동작을 직접적으로 수행하지 아니하는 사람이라 할지라도 거동범을 범할 여지가 생긴다. 예컨대 주거침입죄는 신체의 일부가 주거 내에 들어갈 때 성립하는 거동범이다. 갑이 허위신고를 하였던바 출동한 경찰관 을이 범인 검거를 위하여 A의 주거에 들어가는 경우를 생각해 본다. 이 경우에 갑은 처벌받지 아니하는 다른 사람 을을 교사하여 타인의 주거에 들어가게 하고 있다. 이 사안에서 갑은 주거의 사실상 평온이라는 주거침입죄의 보호법익을 침해한다. 따라서 배후에 있는 갑은 거동범인 주거침입죄의 간접정범으로 처벌받게 된다. 요컨대 거동범의 경우에도 간접정범은 성립할 수 있다.

(4) 진정자수범·부진정자수범설

진정자수범·부진정자수범설은 범죄유형을 지배범과 의무범으로 나누어서 그 특성별로 자수범의 판단을 달리하는 이론이다.

(가) 지배범과 의무범　　　행위지배설의 관점에서 볼 때 범죄는 크게 보아 지배범과 의무범으로 나누어진다. 지배범은 범죄실현에 있어서 일련의 현실적인 사태진행이 일어나는 범죄유형이다. 지배범의 경우에 현실적인 사태진행 여부를 좌우할 수 있는 지위를 가리켜서 행위지배라고 한다. 이때 행위지배를 인정할 수 있는 범죄를 가리켜서 지배범이라고 한다. 이에 대하여 의무범은 현실적인 사태진행보다는 일정한 의무의 준수 여부가 불법의 실질을 이루는 범죄유형이다.

지배범의 경우에는 행위지배의 위치에 있는 자가, 의무범의 경우에는 의무를 부담하는 자가 각각 정범이 된다. 그런데 지배범의 경우에 스스로 범죄를 실현시키는 자에 한정하여 행위지배가 인정되는 경우가 있다. 또 의무범의 경우에 그 의무의 성질이 극히 일신전속적이어서 다른 사람이 의무의 주체로 등장할 수 없는 경우가 있다.

(나) 진정자수범과 부진정자수범　　　원래 자수범이란 스스로 구성요건을 실현시키는 사람만이 정범으로 파악되는 범죄유형이다. 이 때 '스스로 실현시킨다'는 말은 현실적으로 범죄실현을 좌우한다는 의미를 갖는다. 현실적으로 범죄를 실현시킨다는 말은 곧 지배범의 상황을 의미한다. 그렇다면 원래 의미의 자수범은 지배범의 영역에서만 설정할 수 있다. 이러

한 의미에서 지배범의 경우에 인정되는 자수범을 가리켜서 진정자수범이라고 한다.

이에 대하여 의무범의 경우에는 현실적인 범죄의 실현과정을 요하지 않는다. 의무범의 경우에 의무가 특정한 사람에게만 인정되고 다른 사람에게는 의무를 부과할 수 없는 상황이 생길 수 있다. 이 경우에는 특정한 의무자만 당해 의무범을 범할 수 있다. 이것은 지배범의 경우에 자수범만이 정범이 될 수 있는 상황이 발생하는 것과 마찬가지 경우이다. 이러한 사정을 고려하여 특정한 사람만이 의무범의 주체로 등장할 수 있는 경우를 가리켜서 부진정자수범이라고 한다.[1]

(5) 삼유형설

(가) 삼유형설의 내용   삼유형설은 세 가지 경우에 자수범의 성립을 인정하는 견해이다.[2] 삼유형설은 (가) 구성요건 자체에서 정범이 자신의 신체를 행위의 객체나 수단으로 사용할 것으로 규정된 범죄, (나) 신체적 행위가 아니더라도 구성요건상 일신적인 범죄적·인격적 행위를 요구하는 범죄, (다) 예컨대 위증죄와 같이 소송법이나 기타의 법률이 행위자가 스스로 행위할 것을 요구하는 범죄의 세 가지 유형이 자수범에 해당한다고 본다.

삼유형설은 어떤 범죄가 자수범인가 아닌가 하는 문제는 개별적인 구성요건을 대상으로 체계적·합리적인 해석에 따라 판단해야 한다고 주장한다. 삼유형설은 진정자수범·부진정자수범으로 분류하는 방법에 대하여 이것은 개별적 구성요건의 특성을 떠나서 행해지는 무의미한 구분이라고 비판한다. 그리고 이와 같은 도식적 분류방법 때문에 자수범의 인정범위가 대폭적으로 제한될 염려가 있다고 주장한다.

(나) 삼유형설의 문제점   그러나 삼유형설에 대해서는 다음과 같은 문제점을 지적할수 있다. 우선 삼유형설이 거론하는 첫 번째 유형을 본다. 삼유형설의 입장에서는 구성요건자체에서 정범이 자신의 신체를 행위의 객체나 수단으로 사용하는 것으로 규정된 범죄가있다고 본다. 그런데 행위주체의 신체 자체를 행위의 객체나 수단으로 사용하는 방식은 소위 재귀동사(再歸動詞)를 사용하는 언어권에서나 찾아 볼 수 있는 것이다.

삼유형설이 이러한 첫 번째 유형의 예로 들고 있는 것이 군무이탈죄이다. 독일 군형법을 보면 군무이탈죄는 구성요건 자체에서 "자신을 이탈시킨다(sich entziehen)"는 표현을 사용하고 있다(독일군형법18①). 즉 당해 구성요건 자체에서 행위자 자신(sich)이 구성요건적

---

1) 진정자수범과 부진정자수범의 구체적인 내용에 관하여는, 백선 총론 89. 『가계수표 허위신고 사건』판례평석 참조 바람.

2) 권오걸, 626면; 김성돈, 580면; 배종대, 454면; 성낙현, 604면; 이재상·장영민·강동범, 467면; 임웅, 494면; 정성근·정준섭, 321면(수정된 삼유형설).

행위의 객체 내지 수단으로 명시되어 있다. 그러나 이러한 방식의 조문은 우리말의 어법에 비추어 볼 때 설정하기가 매우 곤란하다. 예컨대 우리 군형법상의 군무이탈죄(군형법30)를 보면 군무이탈죄의 실행행위는 단순히 '부대 또는 직무를 이탈한 [행위]'라고 규정되어 있을 뿐이며 행위자 자신의 신체가 이탈행위의 객체나 수단으로 명시되어 있지 않다.

삼유형설에 대한 또 다른 비판점은 세 번째 유형에서 발견할 수 있다. 삼유형설은 예컨대 위증죄의 경우와 같이 소송법이나 다른 법률이 스스로의 신체동작에 의하여 범죄를 실현시키는 행위자만을 정범으로 한정해 놓은 범죄유형이 있다고 본다. 그러나 이와 같은 접근방법은 형법외적 요소를 가지고 정범의 성립범위를 제한하려는 것으로서 형법적 접근방법의 동질성을 깨뜨리는 흠을 안고 있다. 형법외적 요소를 고려의 대상으로 삼게 되면 고려해야 할 요소가 급격히 확대될 우려가 있다.

(6) 사 견

이상에서 검토한 바에 의하면 자수범의 성립 여부는 일단 진정자수범·부진정자수범의 분류방법에 따라서 점검해 들어가는 것이 타당하다고 본다. 자수범은 원래의 개념정의상 범인 자신의 신체동작을 필요로 하는 범죄유형이다. 그렇기 때문에 지배범에서 그 전형이 나타난다. 다만 의무범인 경우에도 지배범의 자수범에 상응하는 경우를 규범적으로 설정할 수 있을 것이다.

자수범의 성립은 궁극적으로 개별적이고 구체적인 구성요건 해석의 문제이다.[1] 자수범은 지배범·의무범이라는 대강의 분류방법에 의하여 그 자체로 판단되는 문제는 아니다. 위에서 검토한 각종 학설들은 총론적 관점에서 일반기준을 모색해 본 것이다. 그러나 그 기준에는 언제나 어느 구체적인 특별구성요건이 야기시키는 문제점들이 전제되어 있음을 유념할 필요가 있다.

자수범은 한 개의 범죄에 여러 사람이 관여했을 때 다수관여자의 처벌범위가 지나치게 확장될 상황에 직면하여 처벌범위를 적절히 조절하고자 안출된 개념이다. 따라서 자수범의 성립 여부는 개별적인 구성요건을 놓고 다수관여자의 처벌범위가 감내할 수 없을 정도로 지나친 것인가 아닌가 하는 관점에서 검토해 들어가야 한다.

〈사례 해설〉 위의 [사례 108]의 기초가 된 판례에서 대법원은 정을 모르는 수표발행자 을에게 허위의 분실신고를 하도록 교사한 갑녀를 「부정수표 단속법」상 허위신고죄의 간접정범으로 처벌할 수 없다고 판시하였다.[2] 이 판례는 간접정범의 형

---

1) 이정원, 348면.
2) 1992. 11. 10. 92도1342, 공 1993, 162 = 백선 총론 89. 『가계수표 허위신고 사건』.

태로 범할 수 없는 범죄를 인정하였다는 점에서 자수범의 대표적인 사례로 손꼽힌다. 판례가 「부정수표 단속법」상의 허위신고죄에 대하여 간접정범이 성립할 수 없다고 판단한 것은 현행 「부정수표 단속법」의 처벌범위가 감내할 수 없을 정도로 지나치다는 인식에 근거한 것이라고 생각된다.

제 7 절   공범과 신분

한국형법	독일형법
(해당 조항 없음)	**제14조**〔타인을 위한 행위〕 ① 행위자가 다음 각호의 자격으로 행위한 때에는 특별한 인적 성질·관계·상태(특별한 인적 표지)가 가벌성의 기초를 이루는 법률을 적용함에 있어서 그와 같은 표지가 대리인에게는 존재하지 아니하고 본인에게만 존재하는 경우에도 그 대리인에 대하여 이 법률을 적용한다. 1. 법인의 대표기관 또는 이 기관의 구성원 2. 인적 회사의 대표권한 있는 사원 3. 타인의 법정대리인
(해당 조항 없음)	**제14조** ② 사업주 또는 기타 사업권한을 가진 자로부터 다음 각호의 1의 위임을 받고 그 위임에 근거하여 행위한 때에는 특별한 인적 표지가 가벌성의 기초를 이루는 법률을 적용함에 있어서 그와 같은 표지가 수임자(受任者)에게는 존재하지 아니하고 사업주에게만 존재하는 경우에도 그 수임자에 대하여 이 법률을 적용한다. 1. 사업소의 전부 또는 일부의 경영에 관한 책임

한국형법	독일형법
	2. 사업주의 책임에 속한 임무를 자기 책임으로 담당하도록 하기 위한 명시적 위임 기업은 제1문에 의한 사업소로 본다. 제1문은 해당 위임을 근거로 하여 공적 행정업무를 담당하는 관서를 위하여 행위한 경우에도 준용된다.
(해당 조항 없음)	**제14조** ③ 제1항 및 제2항은 대리권 또는 위임관계의 기초가 된 법적 행위가 무효로 된 경우에도 적용된다.
제33조〔공범과 신분〕 신분이 있어야 성립되는 범죄에 신분 없는 사람이 가담한 경우에는 그 신분 없는 사람에게도 제30조부터 제32조까지의 규정을 적용한다. / 다만, 신분 때문에 형의 경중이 달라지는 경우에 신분이 없는 사람은 무거운 형으로 벌하지 아니한다.	**제28조**〔특별한 인적 표지〕 ① 정범의 범죄성립의 기초가 되는 특별한 인적 표지(제14조 제1항)가 공범(교사범 또는 방조범)에게 존재하지 아니한 때에는 그에 대한 형은 제49조 제1항(기속적 감경규정; 저자 주)에 따라서 감경한다.
	제28조 ② 법률이 특별한 인적 표지를 형의 가중·감경 또는 조각의 사유로 규정하고 있는 때에는 이는 그 인적 표지가 존재하는 관여자(정범 또는 공범)에 대해서만 적용한다.

한국형법	일본형법
제33조〔공범과 신분〕 신분이 있어야 성립되는 범죄에 신분 없는 사람이 가담한 경우에는 그 신분 없는 사람에게도 제30조부터 제32조까지의 규정을 적용한다. / 다만, 신분 때문에 형의 경중이 달라지는 경우에 신분이 없는 사람은 무거운 형으로 벌하지 아니한다.	**제65조**〔공범과 신분〕 ① 범인의 신분으로 인하여 구성될 범죄행위에 가공한 때에는 그 신분 없는 자라고 할지라도 또한 공범으로 한다.
	제65조 ② 신분으로 인하여 특별히 형의 경중이 있는 때에는 그 신분이 없는 자에게는 통상의 형을 과한다.

【사례 109】 가정주부 갑녀는 술만 먹으면 폭언과 폭행을 일삼는 남편 A에게 시달리고 있었다. 하루는 마침내 참다못하여 갑녀는 장남 을과 함께 남편 A를 살해하였다. 이 경우 갑녀의 죄책은? (1961. 8. 2. 4294형상286, 총람 형법 33조 7번 = 백선 총론 93. 참고판례 1.『모자 남편 살해 사건』)

제1 신분범의 의의와 종류

1. 신분범의 의의

사람은 어떠한 범죄나 다 범할 수 있는 것은 아니다. 경우에 따라서는 정범이 되기 위해서 행위자에 특별한 신분이 요구되는 때가 있다. 또 신분의 유무로 인하여 동일한 행위임에도 불구하고 형사처벌의 정도가 달라지는 경우도 있다. 이와 같이 신분이 범죄의 성립 여부나 형사처벌의 경중에 영향을 미치는 범죄를 가리켜서 신분범이라고 한다.

2. 신분범의 종류

형법 제33조는 신분범에 여러 사람이 관여한 경우에 대하여 규율하고 있다. 형법 제33조는 본문과 단서로 이루어져 있다. 형법 제33조 본문은 "신분이 있어야 성립되는 범죄에 신분 없는 사람이 가담한 경우에는 그 신분 없는 사람에게도 제30조부터 제32조까지의 규정을 적용한다."고 규정하고 있다. 이에 대하여 형법 제33조 단서는 "신분 때문에 형의 경중이 달라지는 경우에 신분이 없는 사람은 무거운 형으로 벌하지 아니한다."고 규정하고 있다.

(가) 진정신분범   형법 제33조는 본문과 단서를 통하여 두 가지 형태의 신분범을 예정하고 있다. 형법 제33조 본문이 예정하고 있는 신분범은 '신분이 있어야 성립되는 범죄'이다. 즉 신분 있는 사람이 범할 때 비로소 범죄로 성립하는 경우이다. 이와 같이 신분 있는 자가 범할 때 비로소 성립하는 범죄를 진정신분범이라고 한다.

진정신분범에서 요구되는 신분을 가리켜서 구성적 신분이라고 한다. 신분이 있을 때 비로소 범죄가 성립된다는 점을 나타내기 위하여 구성적이라는 표현이 사용되고 있다(일본형법65① 참조).

(나) 부진정신분범   형법 제33조 단서가 규정하고 있는 신분범은 '신분 때문에 형의 경중이 달라지는 범죄'이다. 이와 같이 신분에 때문에 형의 경중이 달라지는 범죄를 가리켜서 부진정신분범이라고 한다. 여기에서 부진정이라 함은 신분이 없어도 범죄는 일단 성립한다는 점을 나타내고 있다.

부진정신분범에서의 신분을 가리켜서 가감적 신분이라고 한다. 이 경우 가감적이라 함은 형의 가중 또는 감경을 의미한다.

제2 신분의 의의

1. 신분과 특별한 인적 표지

(1) 문제의 소재

신분범에 있어서 핵심적 표지는 신분이다. 원래 신분이란 중세의 봉건사회에서 각 사람이 소속하는 계급이나 계층을 나타내는 징표이었다. 그러나 시민사회가 대두하면서 신분은 종래의 계급사회에서 사용되는 의미를 넘어서서 새로운 의미를 가지게 되었다. 신분의 개념은 형법의 영역에 사용되면서 다시 그 의미내용을 넓혀가고 있다. 이것은 형법이 임무로 삼는 법익보호를 충실히 실현하기 위함이다.

우리 형법 제33조는 '공범과 신분'이라는 표제하에 신분범에 관한 규정을 두고 있으나 정작 신분 자체에 대해서는 아무런 개념정의를 제시하고 있지 않다. 신분의 개념정의는 학설과 판례에 맡겨져 있다. 신분의 개념정의와 관련하여 비교법적으로 살펴볼 때 독일 형법 제28조가 주목된다.

(2) 신분과 특별한 인적 표지

독일 형법 제28조는 우리 형법 제33조에 대응하는 조문이라고 할 수 있는데, 이 조문은 '특별한 인적 표지'라는 표현을 사용하고 있다. 독일 형법 제28조는 이 '특별한 인적 표지'라는 표현의 구체적인 내용을 나타내기 위하여 독일 형법 제14조 제1항을 지시하고 있다.

독일 형법 제14조 제1항은 우리나라의 양벌규정에 대응하는 기능을 가진 규정으로서[1] 법인이 사용자로 되어 있는 형벌법규의 경우에 자연인인 행위자에게 신분을 확장하는 조문이다. 독일 형법의 조문편제를 보면 신분과 관련된 규정이 독일 형법 제14조에 먼저 나온다. 이에 대해 공범과 신분에 관한 규정은 독일 형법 제28조에 위치하여 나중에 나오고 있다.

그리하여 독일의 입법자는 독일 형법 제14조에서 신분과 관련한 '특별한 인적 표지'를 '특별한 인적 성질·관계·상태'라고 정의해 두고 나중에 나오는 독일 형법 제28조에서는 제14조를 지시하면서 단순히 '특별한 인적 표지'라는 표현을 사용하고 있다.

우리 형법 제33조에서 규정한 '신분'을 독일 형법 제28조의 '특별한 인적 표지'에 대응

---

1) 양벌규정의 기능에 관하여는 전술 123면 이하 참조.

하는 것으로 새기게 되면 신분은 '특별한 인적 성질·관계·상태'라고 정의된다. 우리 대법원은 신분을 "남녀의 성별, 내·외국인의 구별, 친족관계, 공무원인 자격과 같은 관계뿐만 아니라 널리 일정한 범죄행위에 관련된 범인의 인적 관계인 특수한 지위 또는 상태를 지칭 [하는 것]"이라고 판시한 바 있다.[1]

이와 같은 개념정의에서 공통적으로 사용되는 것은 '인적'이라는 표현이다. 이 경우 인적이란 '그 사람에게만 인정되는'이라는 의미, 즉 일신전속적이라는 의미를 갖는다.

2. 특별한 인적 표지의 하위유형

(1) 특별한 인적 성질·관계·상태

(가) 인적 성질　　우리 판례가 제시한 신분의 개념정의를 분석해 보면 세 가지 점을 추출해 낼 수 있다. 하나는 남녀의 성별과 같이 행위자에게 일신전속적으로 존재하는 성질이다. 남녀의 성별에 준하는 것으로 연령 등을 생각할 수 있다. 성별이나 연령 등은 행위자 자신에게 불가분리적으로 붙어 다니는 성질이다. 이와 같이 행위자 자신에게만 인정되는 특수한 성질을 가리켜서 특별한 인적 성질이라고 한다.

(나) 인적 관계　　위의 판례에서 추출할 수 있는 두 번째의 사항은 친족관계, 공무원인 자격과 같은 소위 '인적 관계'이다. 판례는 이 두 가지 관계를 예시하면서 더 나아가 '널리 일정한 범죄행위에 관련된 범인의 인적 관계인 특수한 지위'라는 표현을 사용하고 있다. 원래 관계란 사람과 사람 사이에 존재하는 연결고리를 말한다. 친족관계, 공무원인 지위, 발기인이나 대표이사의 지위[2] 그 밖의 특수한 지위 등은 행위자와 다른 사람과의 상호관계에서 의미를 갖는 표지이다. 여기에서 다른 사람과의 관계에서 행위자만이 가지는 특수한 지위를 가리켜서 특별한 인적 관계라고 한다.

(다) 인적 상태　　위의 판례에서 추출할 수 있는 세 번째 사항은 소위 '특별한 인적 상태'이다. 위의 대법원판례는 친족관계의 개념정의에서 전반부에 일정한 예를 제시한 후 '널리 일정한 범죄행위에 관련된 범인의 인적 관계인 특수한 지위 또는 상태'라는 표현을 사용하고 있다. 이 설시 부분에서 인적 관계의 부분을 제거한다면 위의 설시부분은 '널리 일정한 범죄행위에 관련된 범인의 인적 상태'라는 표현으로 정리된다.

특별한 인적 상태란 특별한 인적 표지 가운데에서 특별한 인적 성질과 특별한 인적 관

---

1) 1994. 12. 23. 93도1002, 공 1995, 735 = 백선 총론 93-1. 『모해위증 교사 사건』.

2) "상법 제628조 제1항 소정의 납입가장죄는 상법 제622조 소정의 지위에 있는 자만이 주체가 될 수 있는 신분범이다."

　2011. 7. 14. 2011도3180, 공 2011하, 1686 = 분석 총론 『사채업자 납입가장죄 사건』.

계를 제외한 나머지 사정을 말한다. 특별한 인적 표지에 속하는 사정 가운데 행위자 자신에게 불가분리적으로 붙어 있는 성질이나 다른 사람과 맺어진 특수한 관계 등을 제외한 나머지 사정이 특별한 인적 상태이다. 여기에 해당하는 것으로 상습범, 누범, 임부 등의 사정을 생각할 수 있다. 한편 강도강간죄(법339) 등의 결합범에서 볼 수 있는 바와 같이 일정한 범죄를 행한 자만이 범죄의 주체로 등장하는 경우가 있다. 이 경우 일정한 범죄를 범한 자라는 것 또한 일종의 특별한 인적 상태라고 말할 수 있다.

(2) 특별한 인적 상태와 계속성 요건

(가) 문제의 소재　　특별한 인적 상태와 관련하여 논의되는 것으로 이 인적 상태가 계속성 내지 지속성을 지니고 있어야 하는가 하는 문제가 있다. 형법 제33조가 규율의 핵심으로 삼고 있는 것은 신분이다. 일반적으로 신분은 어느 정도 지속적인 요소를 예정하고 있다. 이와 관련하여 예컨대 상습성과 같은 인적 상태는 지속적 성질을 가지고 있어서 이를 신분으로 포착하는 데에 별다른 어려움이 없다. 그런데 이와는 반대로 일회적이거나 우발적으로 발생하는 인적 상태가 과연 형법 제33조의 신분에 해당할 수 있겠는가 하는 의문이 제기된다.

(나) 독일 형법의 태도　　독일 형법학계에서는 일시적인 인적 상태도 '특별한 인적 표지'에 포함된다고 보는 데에 별다른 이견이 없다. 이렇게 새기게 되는 배경에는 '특별한 인적 표지'(즉 신분)의 정의영역을 좀더 넓게 잡음으로써 비신분자에게 형사처벌을 완화하려는 배려가 깃들어 있다.

독일 형법 제28조 제1항을 보면 신분 없는 자에게 공범과 신분의 규정을 적용하여 형사처벌을 확장하는 경우에 비신분자에게 필요적으로 형을 감경하도록 규정되어 있다. 이 조항의 적용대상은 협의의 공범인 교사범과 방조범이다. 교사범과 방조범의 경우에는 공범종속성의 원칙에 의하여 정범에 대한 처벌이 공범처벌의 출발점이 된다.

이러한 상황에서 비신분자인 교사범 또는 방조범의 형을 완화해 주는 장치가 바로 독일 형법 제28조 제1항이다. 이 규정은 비신분자인 교사범 또는 방조범에 대하여 형을 필요적으로 감경하고 있다. 형의 감경이라는 법적 효과에 착안하여 독일 형법학계에서는 일시적 사정까지도 '특별한 인적 상태'에 포함시키는 해석론이 유력하게 전개되고 있다.

(다) 한국 형법의 특성　　일시적 인적 상태를 신분에 포함시키는 독일의 해석론을 우리 형법의 해석론으로 도입하려는 견해가 근래에 제시되고 있다.[1] 그러나 이러한 시도는

---

1) 권오걸, 629면; 김일수 · 서보학, 498면; 김혜정 외 4인, 366면; 배종대, 473면; 성낙현, 649면; 이재상 · 장영민 · 강동범, 518면; 이정원, 394면; 정성근 · 정준섭, 326면; 정영일, 452면.

받아들이기 어렵다. 피고인에게 불리한 유추해석이라고 생각되기 때문이다.

우리 형법의 경우로 오면 독일 형법과 달리 신분이 형사처벌을 확장하는 계기로 작용하고 있다. 우리 형법의 경우에는 독일 형법 제28조 제1항이 규정한 바와 같은 형의 필요적 감경은 전혀 인정되지 않는다. 그렇다면 우리 형법상 신분의 정의영역은 가능한 한 축소해석할 필요가 있다. 이와 같은 목적론적 관점에 비추어 볼 때 신분의 하위영역으로 '특별한 인적 상태'는 지속적 성질을 갖는 사정만을 포함하며 일시적 · 우발적인 상태는 배제된다고 보아야 할 것이다.[1]

3. 신분과 행위자관련적 요소

신분은 특별한 인적 성질 · 관계 · 상태이다. 이 때 주목되는 것은 '인적'이라는 표현이다. 이 경우 인적이란 행위자 자신에게만 인정된다는 의미를 갖는다. 즉 행위자를 중심으로 하여 그 행위자에게만 인정되는 성질 · 관계 · 상태가 신분인 것이다. 이러한 관점에서 신분은 행위자관련적 요소라고 불린다.

우리 대법원은 모해위증죄(법152②)와 관련하여 '모해할 목적'을 신분에 포함되는 것으로 해석하였다.[2] 그러나 위증죄에 있어서 모해할 목적은 행위자에게 특유한 성질이 아니라 위증의 상대방에게 보다 많은 해악을 끼칠 목적이라는 점에서 불법(즉 구성요건에 해당하고 위법한 행위)에 영향을 미치는 사유이다. 불법 자체에 영향을 미치는 요소를 가리켜서 행위관련적 요소라고 한다. 위증죄에서 '모해할 목적'은 위증죄의 불법에 영향을 미치는 요소이므로 행위관련적 요소이다. 따라서 '모해할 목적'을 신분으로 파악하는 판례의 태도는 타당하다고 할 수 없다.[3]

제3 신분범의 처리방법

1. 문제의 소재

비교법적으로 볼 때 우리 형법은 물론 독일 형법이나 일본 형법도 모두 신분범을 진정신분범과 부진정신분범으로 나누어 규정하고 있다. 진정신분범이란 신분이 있어야 비로소 성립하는 범죄유형이다. 이에 대하여 부진정신분범이란 신분이 없더라도 기본적으로 범죄가

---

1) 김성돈, 684면; 오영근, 424면; 임웅, 521면.
2) 1994. 12. 23. 93도1002, 공 1995, 735 = 백선 총론 93-1. 『모해위증 교사 사건』.
3) 권오걸, 628면; 김일수 · 서보학, 499면; 박상기, 327면; 손동권 · 김재윤, 610면; 오영근, 424면; 이정원, 395면; 임웅, 521면; 정영일, 452면.

성립하되 신분의 유무에 따라서 형의 경중이 달라지는 범죄유형이다.

신분범 자체는 이와 같이 쉽게 분류되지만 한 개의 신분범에 비신분자가 넓은 의미의 공범으로 관여하는 경우에 이 비신분자를 어떻게 처리해야 할 것인가 하는 문제는 그다지 쉽게 해결되지 않는다. 다수관여자가 동일한 범죄실현에 가담한 경우에 신분자와 비신분자를 어떻게 처리해야 할 것인가 하는 논의를 가리켜서 공범과 신분의 문제라고 한다. 신분범의 실현에 비신분자가 가담한 경우에 그 처리방법을 둘러싸고 진정신분범·부진정신분범설, 불법신분·책임신분설, 본문·단서설이 각각 제시되고 있다.

2. 진정신분범·부진정신분범설

진정신분범·부진정신분범설은 신분범을 진정신분범과 부진정신분범으로 나누어서 진정신분범의 경우에는 비신분자에게도 신분을 확대 인정하되 부진정신분범의 경우에는 신분의 확대를 인정하지 않는 견해이다.[1] 이에 따르면 진정신분범의 경우에는 비신분자도 신분자와 함께 신분범의 공동정범, 교사범, 방조범으로 처벌된다. 그러나 부진정신분범의 경우에는 비신분자에게 신분이 확장되지 아니하므로 비신분자는 통상의 기본범죄에 대한 공동정범, 교사범, 방조범으로 처벌된다.

〈사례 해설〉 진정신분범·부진정신분범설을 위의 〔사례 109〕의 사안에 적용해 본다. 형법 제250조는 제1항에서 보통살인죄를, 제2항에서 존속살해죄를 각각 규정하고 있다. 존속살해죄는 '직계존·비속'이라는 특별한 인적 관계(즉 신분)가 인정되는 행위자만이 범할 수 있는 범죄라는 점에서 신분범이다. 그렇지만 '직계존·비속'이라는 신분이 보통살인죄에 대하여 형을 가중하는 요소라는 점에서 존속살해죄는 부진정신분범에 속한다.

〔사례 109〕에서 볼 때 직계존·비속이라는 신분을 갖춘 사람은 장남 을이다. 살해된 A의 부인 갑녀는 A에 대한 관계에서 직계존·비속이라는 신분을 가지고 있지 않다. 이 점에서 갑녀는 존속살해죄에 있어서 비신분자이다.

이러한 상황에서 진정신분범·부진정신분범설은 신분이 있는 장남 을에 대해서는 형법 제250조 제2항의 존속살해죄를, 부인 갑녀에 대해서는 형법 제250조 제1항의 보통살인죄의 성립을 인정한다. 장남 을에 대해서는 형법 제250조 제2항의 범죄가 성립하므로 을의 죄명은 존속살해죄, 그에 대하여 형사처벌이 가능한 범위는 사형, 무기 또는 7년 이상의 징역이 된다. 이에 대하여 부인 갑녀에 대해서는 형법 제250조 제1항의 범죄가 성립하므

---

1) 권오걸, 637면; 김성천·김형준, 433면; 박상기, 330면; 배종대, 475면; 성낙현, 656면, 손동권·김재윤, 613면; 이재상·장영민·강동범, 520면; 이정원, 397면; 임웅, 525면; 정영일, 455면.

로 갑녀의 죄명은 보통살인죄, 형사처벌이 가능한 범위는 사형, 무기 또는 5년 이상의 징역이 된다.

3. 불법신분 · 책임신분설

불법신분 · 책임신분설은 구체적인 신분범을 전제로 해 놓고 당해 신분범의 핵심표지인 신분이 불법 단계(즉 구성요건해당성과 위법성의 영역)에 위치하는 것인가 책임 단계에 위치하는 것인가를 살펴서 판단하는 견해이다. 이 입장에서는 신분이 불법 단계에 위치하는 경우에 그 신분을 불법신분이라고 부른다. 이에 대하여 신분이 책임 단계에 위치하는 경우에는 그 신분을 책임신분이라고 부른다.

불법신분 · 책임신분설은 신분범을 진정신분범과 부진정신분범으로 나누는 것에 반대한다. 불법신분 · 책임신분설은 구체적인 신분을 불법신분과 책임신분으로 나눈 후에 소위 불법연대 · 책임개별화의 원칙을 적용하는 이론이다.[1] 불법판단의 단계에서는 구체적인 행위자의 개성이 중요시되지 않는다. 이 영역에서는 일반적 행위자를 전제로 하기 때문에 다른 사람의 불법에 연대하여 범죄가 성립할 수 있다. 즉 불법의 연대가 가능하다(불법연대의 원칙). 이에 대하여 책임판단의 단계에서는 구체적인 행위자를 전제로 하여 그 사람에게 그가 범한 불법을 이유로 책임비난을 가할 수 있는가를 묻는다. 따라서 이 경우에 구체적인 행위자에게만 존재하는 사정은 다른 관여자에게 영향을 미칠 수 없다. 즉 책임판단은 행위자별로 개별화된다(책임개별화의 원칙).

불법신분 · 책임신분설은 불법연대와 책임개별화의 원칙을 비신분자에 대한 처리의 기준으로 삼는다. 즉 구체적인 신분이 불법신분에 해당하는 경우에는 불법연대의 원칙을 적용하여 비신분자에게도 신분범의 공동정범, 교사범, 방조범을 인정한다. 이에 대하여 구체적인 신분이 책임신분에 해당하는 경우에는 책임개별화의 원칙을 적용하여 신분자는 신분범으로 처벌하되 비신분자는 신분범으로 처벌하지 않는다. 다만 이때 비신분범을 처벌하는 조문이 별도로 규정되어 있으면 그 조문으로 처벌하는 것은 별개의 문제이다(부진정신분범).

〈사례 해설〉 위의 〔사례 109〕의 사안을 불법신분 · 책임신분설에 따라서 분석해 본다. 이 학설에 따를 경우 우선 이 사안에서 핵심적 요소가 되는 '직계존 · 비속'이라는 신분이 불법신분인가 책임신분인가를 살펴야 한다. 직계비속이 직계존속을 살해할 때 무겁게 처벌하는 이유를 직계비속의 패륜적인 동기에서 구한다면 직계존 · 비속이라는 신분은 책임신분이 된다. 이에 대하여 객관적인 가족제도 내에서 직계존속이 차지하는 역

---

1) 정성근 · 정준섭, 329면.

할과 위치를 중시하여 직계존속에 대한 살해행위를 무겁게 처벌하는 것으로 본다면 직계 존 · 비속이라는 신분은 불법신분이 된다. 만일 전자의 분석을 채택하여 직계존 · 비속이라 는 신분을 책임신분으로 본다면 위의 〔사례 109〕에서 장남 을은 존속살해죄로, 부인 갑녀 는 보통살인죄로 각각 처벌될 것이다.

4. 본문 · 단서설

우리 형법은 독일 형법이나 일본 형법의 경우와는 달리 공범과 신분에 관한 규정을 두 면서 본문 · 단서의 구조를 취하고 있다.[1] 본문 · 단서설은 우리 형법 제33조가 본문 · 단서 의 구조를 취하고 있다는 점에 주목하여 공범과 신분의 문제를 해결하려는 견해이다.[2] 본 문 · 단서설은 대법원이 취하고 있는 입장이다.[3]

본문 · 단서설은 형법 제33조 본문을 신분범에 비신분자가 관여한 경우에 일단 비신분 자에게 신분을 확장하는 원칙규정이라고 본다. 원칙규정이므로 본문에 위치하고 있다는 것 이다. 그 결과 신분의 확장은 진정신분범과 부진정신분범 모두에게 적용된다.

이에 대하여 형법 제33조 단서는 신분 때문에 지나치게 형사처벌이 무거워지는 것을 방지하기 위한 완충장치라고 본다. 본문 · 단서설은 형법 제33조 단서가 부진정신분범의 경 우에 대하여 '무거운 형으로 벌하지 아니한다'는 법적 효과를 부여한 점에 주목한다. 비신 분자를 처벌할 수 있는 근거조문이 마련되어 있는 경우에는 신분을 이유로 굳이 형사처벌 을 가중할 필요가 없다는 것이다.

〈사례 해설〉 본문 · 단서설에 의하면 위의 〔사례 109〕에서 부인 갑녀는 존속살해죄의 관계에서 비신분자임에도 불구하고 형법 제33조 본문에 기하여 일단 존속 살해죄라는 신분범으로 파악된다. 그런데 존속살해죄는 보통살인죄에 비하여 볼 때 형이 가 중된 것으로서 부진정신분범이다. 이 경우에는 비신분범을 처벌할 수 있는 근거가 이미 마 련되어 있으므로 형의 지나친 가중을 방지할 필요가 있다. 그 결과 갑녀는 형법 제33조 단 서에 근거하여 존속살해죄의 무거운 형으로 처벌되지 아니한다.

존속살해죄와 관련하여 '무거운 형으로 벌하지 아니한다' 함은 존속살해죄의 법정형인 사 형, 무기 또는 7년 이상의 징역이 아니라 보통살인죄의 법정형인 사형, 무기 또는 5년 이상 의 징역의 범위 내로 형사처벌의 정도를 완화한다는 의미이다. 결국 갑녀는 그 죄명이 존속

---

1) 형법 제33조를 본문 · 단서의 구조로 규정한 것은 우리 입법자의 고유한 결단에 의한다. 일본개정형법 가안은 일본형법(의용형법)의 조문을 그대로 따르고 있다.
2) 김성돈, 694면; 오영근, 431면.
3) 1961. 8. 2. 4294형상284, 총람 형법 33조 7번 = 백선 총론 93. 참고판례 1. 『모자 남편 살해 사건』.

살해죄로 되고, 형량은 보통살인죄에 규정된 사형, 무기 또는 5년 이상의 징역의 범위 내에서 결정된다.

대법원은 공범과 신분을 규정한 형법 제33조를 본문·단서설에 입각하여 적용하고 있다. 〔사례 109〕의 기초가 된 판례에서 대법원은 피고인 갑녀에 대하여 존속살해죄의 공동정범을 인정하면서 그 처단형의 범위를 보통살인죄의 형으로 제한한 바 있다.[1]

5. 각 학설의 검토

(1) 진정신분범·부진정신분범설에 대한 검토

먼저 진정신분범·부진정신분범설을 본다. 이 학설은 형법 제33조가 '신분이 있어야 성립되는 범죄'(진정신분범)와 단순히 '신분 때문에 형의 경중이 달라지는 범죄'(부진정신분범)로 나누고 있다는 점을 중시한다. 그리하여 형법 제33조의 본문과 단서가 각각 진정신분범과 부진정신분범에 대응하는 규정이라고 본다. 이렇게 새기게 되면 형법 제33조 본문은 부진정신분범에는 적용이 없다는 결론에 이르게 된다.

이와 같은 추론은 진정신분범과 부진정신분범을 제1항과 제2항으로 나누어 별도의 조문으로 규정하는 경우에 가능한 해석방법이다. 독일 형법이나 일본 형법은 공범과 신분을 규정하면서 제1항·제2항의 방식을 사용하고 있다. 이러한 규정형식 하에서라면 진정신분범·부진정신분범설이라는 학설구성이 가능하다. 그렇지만 우리 형법의 태도는 그렇지 않다. 우리 입법자는 본문·단서의 방식을 취하여 본문에서 비신분자에게도 신분을 확장한다는 원칙을 천명하고 단서에서 양형의 과다함을 방지하는 조문 구성방식을 채택하고 있다. 진정신분범·부진정신분범설은 우리 형법 제33조의 구성방식을 도외시하는 흠이 있다.

(2) 불법신분·책임신분설에 대한 검토

다음으로 불법신분·책임신분설을 본다. 이 학설은 불법연대와 책임개별화라는 양대 원칙을 근거로 신분을 개별적으로 파악하려고 한다. 그러나 이 학설은 형법 제33조의 독자성을 설명하지 못하는 흠이 있다. 신분을 불법요소인 경우와 책임요소인 경우로 나누어서 검토하려는 시도는 형법 제33조가 없어도 불법연대와 책임개별화라는 원칙이 인정되면 당연히 거쳐야 하는 검토과정이기 때문이다.

나아가 불법신분·책임신분설은 구체적인 신분범을 전제로 신분의 특성을 일일이 검토해야 하기 때문에 법적 안정성을 도모하기가 어렵다. 위의 〔사례 109〕의 검토에서 나타난 것처럼 예컨대 직계존·비속의 관계가 불법신분인지 책임신분인지 판단하기가 용이하지

---

1) 1961. 8. 2. 4294형상284, 총람 형법 33조 7번 = 백선 총론 93. 참고판례 1. 『모자 남편 살해 사건』.

않다. 불법신분 · 책임신분설은 신분에 관한 총론적 검토를 포기하고 개별조문의 해석문제로 후퇴하는 흠이 있다.

(3) 본문 · 단서설에 대한 검토

생각건대 형법 제33조는 본문 · 단서설에 입각하여 해석하는 것이 타당하다고 본다. 우선, 우리 형법은 독일 형법이나 일본 형법과 달리 공범과 신분에 관한 규정을 본문 · 단서의 방식으로 규정해 놓고 있다. 다음으로, 우리 형법 제33조 단서가 '무거운 형으로 벌하지 아니한다.'는 표현을 사용하고 있음에 주목할 필요가 있다. 형법 제33조 단서의 이 표현은 형법 제15조 제1항이 구성요건적 착오의 일종을 규정하면서 '무거운 죄로 벌하지 아니한다.'는 표현을 사용한 것과 대비된다.

형법 제15조 제1항은 객관적으로 무거운 죄를 실현하였으나 주관적으로 가벼운 죄의 고의만 있는 경우에 무거운 '죄(罪)'로 벌하지 아니한다는 규정이다. 예컨대 객관적으로 존속살해죄(법250②)를 범하였으나 주관적으로 보통살인죄(법250①)의 고의만 있었다면 형법 제15조 제1항에 의하여 보통살인죄만이 성립한다.

이에 대하여 형법 제33조 단서는 무거운 '형(刑)'으로 벌하지 아니할 뿐이다. '형(刑)'은 '죄(罪)'를 전제로 한다. 형법 제33조 단서는 일단 무거운 '죄(罪)'의 성립을 전제하면서 그 죄에 대하여 인정되는 무거운 '형(刑)'으로 처벌하는 것을 방지하는 뜻을 갖는다. 예컨대 존속살해죄에 비신분자가 관여하였다면 비신분자에게는 존속살해죄(법250②)의 '죄(罪)'가 성립하지만 존속살해죄의 '형(刑)'(사형, 무기 또는 7년 이상의 징역)으로 벌하지 않는다. 이 경우에는 비신분범인 보통살인죄(법250①)의 형(사형, 무기 또는 5년 이상의 징역)으로 처벌이 완화된다.

(4) 본문 · 단서설에 대한 비판과 반론

(가) 성립될 범죄의 범위   본문 · 단서설에 대해 비판론자는 무엇보다도 형법 제33조 본문이 신분이 있어야 '성립되는' 범죄라는 표현을 사용하고 있다는 점을 비판의 근거로 제시하고 있다. 그리하여 다음과 같은 논지를 주장한다. 「신분이 있어야 '성립'되는 범죄는 진정신분범이다. 이러한 개념정의에 비추어 볼 때 신분 때문에 단순히 형의 경중이 달라지는 부진정신분범을 형법 제33조 본문의 적용대상으로 삼는 것은 문리해석의 범위를 넘는다.」

그러나 신분이 있어야 '성립'되는 범죄라는 표현을 반드시 이와 같이 좁게 해석할 필요는 없다고 본다. 특히 형법 제33조 단서를 함께 고려하여 형법 제33조 본문을 읽게 되면 '성립되는'이라는 표현도 충분히 사용할 수 있다고 본다. '무거운 형', '가벼운 형'을 논하려면 그 전제로 무거운 신분범, 즉 '죄'가 일단 '성립'하고 있어야 하기 때문이다.

(나) 과형의 근거   다음으로 형법 제33조 본문을 부진정신분범에 대하여 적용하게 되면 진정신분범에 대하여 적용할 과형의 근거가 없게 된다는 비판점을 본다.[1] 이 부분의 비판은 전혀 근거가 없다. 진정신분범의 경우에 형법 제33조 본문은 비신분자에게 단순히 신분을 확장할 뿐만 아니라 비신분자에게 신분자와 같은 범위의 형을 과하기로 한다는 이중적 의미를 가지고 있다. 형법 제33조 본문이 그 법적 효과에 관하여 '제30조부터 제32조까지의 규정을 적용한다'고 표현한 것은 바로 진정신분범에 대한 과형의 근거까지도 제시한 것이다.

(5) 학설대립의 실익

형법 제33조의 적용방법과 관련하여 여러 학설들을 살펴보았다. 그런데 여기에서 이들 학설이 구체적으로 어떠한 경우에 결론을 달리하는가를 살펴볼 필요가 있다. 만일 결론이 달라지지 않는다면 군이 학설을 비교검토할 필요가 없다.[2] 예컨대 위의〔사례 109〕를 보면 진정신분범·부진정신분범설이나 본문·단서설이나 부인 갑녀에 대하여 보통살인죄의 형량(사형, 무기 또는 5년 이상의 징역)으로 처벌해야 한다는 점에 결론이 일치하고 있다. 그렇다면 두 학설을 군이 구별할 필요가 있겠는가 하는 의문이 제기된다.

생각건대 형법 제33조에 관한 각종 학설대립은 분명한 실익이 있다. 학설대립의 실익은 특히 일반사면의 범위나 공소시효의 계산 등에서 구체적으로 드러난다. 일반사면은 죄의 종류를 정하여 행하는 사면이다(사면법8 전문). 일반사면의 경우에는 예컨대 존속살해죄(법250②), 단순살인죄(법250①) 등과 같은 죄명이 특히 중요한 의미를 갖는다. 만일 죄의 종류를 '단순살인죄'로 해서 일반사면의 대상을 정한다면 '존속살해죄'의 죄명이 인정된 범인은 사면의 혜택을 받지 못한다.

다음으로, 형법 제33조에 관한 학설대립은 공소시효의 계산과 관련하여 의미가 크다. 공소시효는 문제된 범죄에 규정된 법정형을 기준으로 시효기간을 계산한다. 형법에 의하여 형을 가중 또는 감경할 경우에는 가중 또는 감경하지 아니한 형에 의하여 공소시효의 기간을 계산한다(형소법251 참조).

〈사례 해설〉 예컨대 위의〔사례 109〕를 변용하여 갑녀가 장남 을과 함께 남편 A를 상해하였다고 해 보자. 이 경우 본문·단서설에 의하면 갑녀에게 인정되는 죄명은 존속상해죄이지만(10년 이하의 징역 등) 형은 단순상해죄의 범위(7년 이하의 징역 등)

---

1) 이재상·장영민·강동범, 520면.
2) 이러한 관점에 서 있는 견해로는, 김일수·서보학, 503면; 배종대, 475면.

내로 조절된다. 이 경우 공소시효계산(형소법249 참조)의 기준이 되는 것은 존속상해죄의 법정형이다(공소시효 10년). 이에 대하여 단순상해죄의 형은 형법 제33조 단서에 의하여 감경된 형에 불과하다. 따라서 단순상해죄의 법정형(공소시효 7년)은 공소시효계산의 기준이 되지 않는다(형소법251 참조).

이에 대하여 진정신분범 · 부진정신분범설에 의하면 특히 부진정신분범의 경우에 그 자체로 죄명과 법정형이 결정된다. 예컨대 위의 〔사례 109〕를 변용한 사례에서 장남 을과 함께 남편 A를 상해한 갑녀는 부진정신분범으로서 단순상해죄의 죄명 및 단순상해죄의 법정형으로 처벌된다. 이 경우 만일 단순상해죄에 대한 일반사면이 행해진다면 갑녀는 사면대상에 포함된다. 또 갑녀에 대한 공소시효기간의 계산은 단순상해죄의 법정형을 기준으로 하게 된다(공소시효 7년).

제4 형법 제33조의 적용범위

1. 전3조의 의미

본문 · 단서설에 의할 때 공범과 신분의 규정에 있어서 중요한 것은 원칙을 설정한 형법 제33조 본문이다. 형법 제33조 본문은 "신분이 있어야 성립되는 범죄에 신분 없는 사람이 가담한 경우에는 그 신분 없는 사람에게도 제30조부터 제32조까지의 규정을 적용한다."고 규정하고 있다. 이 조문의 해석에 있어서 '신분이 있어야 성립되는 범죄'란 진정신분범과 부진정신분범을 모두 포함하는 의미로 해석해야 한다 함은 앞에서 설명하였다.

형법 제33조 본문이 사용하고 있는 표현 가운데 '가담'이 있다. 이 경우 가담이란 한 개의 신분범 실현에 여러 사람이 관여하는 것을 말한다. 즉 '가담한 경우'란 다수관여자의 행위가 있다는 뜻이다. 형법 제33조 본문은 그 법적 효과에 관하여 "그 신분 없는 사람에게도 제30조부터 제32조까지의 규정을 적용한다."고 규정하고 있다. 이 경우 '제30조부터 제32조까지의 규정'은 공동정범(법30), 교사범(법31), 방조범(법32)의 규정을 가리킨다.

이와 관련하여 특히 주목할 것은 우리 형법이 정범의 일종인 공동정범의 경우에도 비신분자에게 신분을 확장하기로 하고 있다는 사실이다.

2. 독일 형법 제28조 제1항

(1) 신분과 정범적격

비교법적으로 볼 때 독일 형법은 진정신분범의 경우에 신분이 바로 정범적격을 나타내는 표지라고 본다. 이 경우 정범적격이란 정범이 될 수 있는 자격을 말한다. 공범과 신분을 규정한 독일 형법 제28조는 진정신분범을 규정한 제1항에서 교사범과 방조범의 경우에 한하여 비신분자에게 신분을 확장하기로 하고 공동정범은 그 규율대상에서 제외하고 있다. 정범적격이 없는 자를 공범과 신분의 규정을 통하여 정범적격이 있는 자로 만들 수는 없다는 것이 독일 입법자의 판단이다.

(2) 신분과 공범종속성의 원칙

사실 독일 형법 제28조 제1항이 교사 · 방조의 경우에 비신분자에게 신분을 확장하는 것은 실질적 의미가 없다. 공범종속성의 원칙에 의할 때 비신분자인 교사범 · 방조범은 어차피 신분범인 정범에 종속되어 처벌될 것이기 때문이다. 독일 형법 제28조 제1항의 실제적 기능은 비신분자이면서도 교사범 · 방조범으로 처벌받게 된 사람에게 형의 필요적 감경을 인정한 점에 있다.

이러한 감경가능성 때문에 독일 형법상 '특별한 인적 표지'에 '일시적 인적 상태'도 포함하는 것으로 해석되고 있다 함은 앞에서 설명하였다.[1] 어쨌든 우리 형법 제33조 본문에 상응하는 독일 형법 제28조 제1항은 명문의 표현을 통하여 협의의 공범인 교사 · 방조에 한해서만 진정신분범의 신분을 확장하고 있다.

3. 한국 형법 제33조 본문

(1) 정부원안과 의제공범의 신설

원래 1951년 형법전 정부원안 제33조 본문은 "신분관계로 인하여 성립될 범죄를 교사 또는 방조한 행위는 신분관계 없는 자에게도 전2조의 규정을 적용한다."라고 규정하고 있었다. 즉 정부원안은 현행 형법 제33조의 적용범위를 '전2조'라고 표현하여 교사범 · 방조범 만을 그 적용대상으로 삼고 있었다. 정부원안은 1953년 국회 본회의 심의과정에서 수정 없이 의결되었다.[2]

국회 본회의는 의결된 형법안에 대한 자구수정 작업을 법제사법위원회에 위임하였는데, 자구수정 과정에서 형법 제33조 본문이 "신분관계로 인하여 성립될 범죄에 가공한 행위는 신분관계가 없는 자에게도 전3조의 규정을 적용한다."로 변경되었다.[3] 정부원안에 비하여 공동정범이 형법 제33조의 적용대상으로 추가된 것이다. 이후 2020년 형법 일부개정에 의

---

1) 전술 750면 이하 참조.
2) 신동운 편저, 형법 제 · 개정 자료집, 한국형사정책연구원, (2009), 153면 참조.
3) 형법 제33조의 '전3조'는 본회의에서 가결된 정부원안의 '전2조'에 대한 자구수정 단계에서 들어갔던 것이다. 여기에서 '전3조'로 표현된 형법 제33조가 법사위수정안의 하나로 국회 본회의를 통과하였다고 서술한 구판(제10판), 655면의 내용을 수정하기로 한다.

하여 형법 제33조 본문은 조문의 평이화라는 관점에서 "신분이 있어야 성립되는 범죄에 신분 없는 사람이 가담한 경우에는 그 신분 없는 사람에게도 제30조부터 제32조까지의 규정을 적용한다."는 형태로 변경되었다.

법제사법위원회에 의한 조문의 변화는 분명히 '자구수정'의 범위를 크게 벗어나는 실질적 수정에 해당하는데, 변경의 이유에 대해서는 관련되는 입법자료를 아직 찾아볼 수가 없다. 추측건대 국회 법제사법위원회가 자구수정 단계에서 형법 제33조의 적용범위를 '전2조'에서 '전3조'로 수정한 것은 정부원안이 도입하려고 하였던 소위 의제공범이 폐지된 것과 무관하지 않다고 생각된다.[1]

1951년 정부원안 제30조 제2항은 당시의 혼란한 치안상황에 대처하기 위하여 소위 의제공범을 공동정범으로 처벌하기로 하였다. 이 경우 의제공범이란 범죄를 목적으로 한 단체의 조직자, 가입자 및 지도의 임무에 있는 자를 공동정범으로 간주한 것이다. 즉 자기 이외의 단체원이 행한 범행사실의 인식 유무를 불문하고 범죄조직의 구성원을 공동정범으로 처벌하기로 한 것이 의제공범이다. 1951년 정부원안은 의제공범이라는 특단의 장치를 마련하면서 그 적용대상은 형법각칙의 개별조문에서 밝히기로 하였다.

(2) 법사위의 수정안과 자구수정

그러나 국회 법사위는 의제공범 규정이 형법이 지향하는 형사책임개별화의 요청에 반하는 것이라고 하여 이를 삭제하였다. 그 대신 국회 법사위수정안은 형법 제34조 제2항에 소위 특수교사·특수방조에 대한 가중처벌규정을 유지함으로써 집단범죄의 위험성에 대처하려고 하였다.

이에 반해 국회 법제사법위원회는 수정안 작성 당시 형법 제33조에 대해 별다른 문제의식이 없었던 것으로 생각된다. 자구수정 단계에 이르러 법사위는 공동정범 처벌의 축소에 대한 문제의식을 가지고 그 대비책으로 본회의를 통과한 정부원안의 '전2조'를 '전3조'로 수정하여 공동정범까지 형법 제33조의 적용대상에 포함시킨 것으로 보인다.

1953년 형법전 공포 직전에 변칙적으로 수정된 형법 제33조는 2020년 조문의 평이화 작업의 일환으로 표현에 일부 수정이 가해졌으나 내용상으로는 별다른 문제의식 없이 그대로 현행 형법에 유지되고 있다. 그러나 형법 제33조 본문은 '자구수정' 단계에서 수정된 것으로 입법적 정당성이 극히 의문시된다. 형사실무에서 공동정범이 형사처벌 대상으로 빈번히 등장하는 점에 비추어 보면 '전2조'에서 '전3조'('제30조부터 제32조까지의 규정')으로 변화한 것은 형사처벌을 급격히 확대하는 것이며, 국가권력의 비대화라고 하지 않을 수 없다.

---

1) 전술 700면 참조.

(3) 형법 제33조 본문의 입법취지

이상과 같은 입법경위에도 불구하고 현행 형법 제33조 본문이 '제30조부터 제32조까지의 규정'이라는 표현을 사용하여 공동정범을 적용대상으로 적시하고 있음은 부인할 수 없다. 판례 또한 공동정범을 형법 제33조의 적용대상에 포함시키고 있다.[1]

공동정범을 포함하는 조문구성 때문에 공범과 신분 규정에서 우리 입법자는 독일 입법자와 전혀 다른 입법적 결단을 내리고 있다는 추론이 가능하다. '제30조부터 제32조까지의 규정'을 적용대상으로 하는 형법 제33조 본문을 선해(善解)한다면 다음과 같은 입법취지를 추론해 볼 수 있다. 한 개의 범죄에 여러 사람이 가담하게 되면 범죄로 인한 피해확산이 크게 우려된다. 이러한 문제의식에 입각하여 신분범의 실현에 공동정범으로 관여하는 비신분자에게도 형사처벌을 가함으로써 다수관여자의 범죄실현에 강력히 대처하고자 한 것이 우리 입법자의 구상이요 결단이다.

그러나 그와 동시에 입법절차의 정당성이라는 관점에서 생각해 보면 공동정범 영역에 대한 형법 제33조의 적용에는 최대한의 신중과 자제를 기하지 않으면 안 된다.

(4) 공동정범과 형법 제33조

우리 형법은 독일 형법과 달리 공동정범에 대해서도 신분의 확장을 인정하고 있다. 따라서 신분이 없는 사람도 신분이 있는 사람의 범행에 가담한 경우에 공동정범이 될 수 있다. 그러나 이 경우에도 공동가공의 의사와 그 공동의사에 기한 기능적 행위지배를 통한 범죄의 실행이라는 주관적·객관적 요건이 충족되어야 공동정범으로 처벌할 수 있다.[2] [3] 다만 자수범의 경우에는 행위자의 신체를 수단으로 하거나 행위자의 인격적 요소가 중요한 의미를 가지기 때문에 형법 제33조를 통하여도 공동정범은 성립하지 않는다.[4]

(5) 뇌물죄의 공동정범과 형법 제33조

(가) 문제의 소재　　　형법 제33조는 비신분자에게 신분을 확장하는 기능을 하지만 비신분자에게 신분을 창설하는 규정은 아니다.[5] 이 점과 관련하여 논의되는 문제로 뇌물수

---

1) 2010. 1. 28. 2008도7312, 공 2010상, 471 = 분석 총론 『광역수사대 사건이첩 사건』 ☞ 1182면.
2) 2011. 7. 14. 2011도3180, 공 2011하, 1686 = 분석 총론 『사채업자 납입가장죄 사건』.
3) 2017. 5. 30. 2017도4578, 공 2017하, 1433 = 『사실혼 배우자 에쿠우스 사건』 ☞ 1184면.
4) 2012. 6. 14. 2010도14409, 공 2012하, 1246 = 분석 총론 『별정직 공무원 집단행위 사건』 ☞ 1184면.
5) 예컨대 「도시 및 주거환경정비법」은 다음과 같은 신분창설 규정을 두고 있다.
　제134조(벌칙 적용에서 공무원 의제) 추진위원장·조합임원·청산인·전문조합관리인 및 정비사업전문관리업자의 대표자(법인인 경우에는 임원을 말한다)·직원 및 위탁지원자는 형법 제129조부터 제132조[수뢰, 사전수뢰, 제3자뇌물제공, 수뢰후 부정처사, 사후수뢰, 알선수뢰]까지의 규정을 적용할 때에는 공무원으로

수죄의 공동정범과 형법 제33조의 문제가 있다. 공무원이 뇌물을 직접 수수하면 뇌물수수죄(법129①)가 성립한다. 공무원이 직접 뇌물을 받지 않고 다른 사람이 공무원의 사자(使者) 또는 대리인으로서 뇌물을 받는 경우에도 공무원에게 뇌물수수죄(법129①)가 성립한다. 문제는 공무원과 공무원의 사자나 대리인이 아닌 비공무원이 공모하여 비공무원만이 뇌물을 수수한 경우에 공무원과 비공무원을 뇌물죄의 공동정범으로 처벌할 수 있을 것인가 하는 점이다.

형법 제130조는 공무원이 그 직무에 관하여 부정한 청탁을 받고 제3자에게 뇌물을 공여하게 한 경우에 공무원을 제3자뇌물제공죄로 처벌한다. 제3자뇌물제공죄로 처벌하려면 공무원이 '부정한 청탁'을 받아야 한다. 이에 반해 공무원과 비공무원을 형법 제33조를 적용하여 형법 제129조 제1항 뇌물수수죄의 공동정범으로 처벌하면 '부정한 청탁'의 유무를 판단할 필요 없이 공무원을 처벌할 수 있다.

(나) 긍정설   이 문제에 대해 대법원은 견해가 나뉘었다. 다수의견은 "공무원이 뇌물공여자로 하여금 공무원과 뇌물수수죄의 공동정범 관계에 있는 비공무원에게 뇌물을 공여하게 한 경우에는 공동정범의 성질상 공무원 자신에게 뇌물을 공여하게 한 것으로 볼 수 있다."는 입장을 취하고 있다.[1]

다수의견의 태도는 형법 제33조가 비공무원에게 공무원의 지위를 부여하는 기능을 하고 있다는 것으로 이해할 수 있다. 비공무원이 형법 제33조에 의하여 공무원의 신분을 부여받아 뇌물을 수수하였으므로 공무원 자신에게 뇌물을 공여한 것과 동일하게 볼 수 있다는 것이다.

(다) 부정설   이에 대해 대법원 소수의견은 "[뇌물을] 비공무원이 전적으로 사용하거나 소비할 것임이 명백한 경우에 공무원이 증뢰자로 하여금 비공무원에게 뇌물을 공여하게 하였다면 형법 제130조의 제3자뇌물[제공]죄의 성립 여부가 문제될 뿐이며, 공무원과 비공무원에게 형법 제129조 제1항의 뇌물수수죄의 공동정범이 성립한다고 할 수는 없다."는 입장이다.[2]

소수의견은 형법 제33조가 예외적인 형벌확장사유를 규정하고 있으므로 공무원이 뇌물을 수수하는 경우를 놓고 이에 비신분자가 공동정범으로 관여할 때에만 형법 제33조를 적용할 수 있다는 입장으로 보인다. 환언하면, 뇌물을 전적으로 비공무원이 수수한다면 공무원 자신이 뇌물을 수수하는 것을 구성요건으로 하는 형법 제129조 제1항의 뇌물수수죄는

본다.

1) 2019. 8. 29. 2018도2738 전원합의체 판결 다수의견, 공 2019하, 1853 = 『승마지원 요구 사건』. ☞ 1186면.

2) 2019. 8. 29. 2018도2738 전원합의체 판결 소수의견, 공 2019하, 1853 = 『승마지원 요구 사건』.

성립할 수 없고, 설사 비공무원에게 형법 제33조를 적용하더라도 공무원과 비공무원을 뇌물수수죄의 공동정범으로 처벌할 수 없다는 것이다.

(라) 사 견　　생각건대 소수의견이 타당하다고 본다. 공동정범에서 공동가공의 의사는 공동의 의사로 특정한 범죄행위를 하기 위하여 일체가 되어 서로 다른 사람의 행위를 이용하여 자기의 의사를 실행에 옮기는 것을 내용으로 한다. 위의 뇌물수수 사안에서 '특정한 범죄행위'는 공무원 자신이 뇌물을 수수하는 것이다. 비공무원만이 뇌물을 수수하기로 공무원과 비공무원이 공모하였다면 그것은 형법 제129조 제1항의 뇌물수수죄라는 특정한 범죄행위에 대한 의사연락이라고 할 수 없다. 이 점은 형법 제33조를 적용하더라도 변함이 없다. 형법 제33조는 신분창설의 규정이 아니라 예외적인 형벌확장사유이기 때문이다.

4. 간접정범과 형법 제33조

형법 제33조 본문은 '제30조부터 제32조까지의 규정을 적용한다'고 규정하고 있다. 이와 관련하여 '제30조부터 제32조까지의 규정'에 포함되지 아니한 간접정범(법34)의 경우에도 공범과 신분의 규정을 확대적용할 수 있는가 하는 의문이 제기된다.

(가) 적용부정설　　신분이 정범적격이며 간접정범은 정범이라는 전제하에 형법 제33조의 적용을 부정하는 견해이다.[1] 부정설은 다음과 같은 논지를 전개한다.

「간접정범은 사람을 도구로 이용한다는 점에서 차이가 있을 뿐 단독정범과 차이가 없다. 그렇다면 간접정범의 경우에도 정범적격인 신분이 요구된다. 형법 제33조 본문은 공동정범의 경우에만 비신분자에게 신분을 확장하고 있다. 따라서 단독정범과 마찬가지인 간접정범의 경우에는 정범적격인 신분을 확장할 수 없다.」

(나) 적용긍정설　　간접정범의 경우에도 형법 제33조의 적용을 긍정하는 견해이다. 판례 또한 적용긍정설의 입장이다.[2] [3] 생각건대 형법 제33조는 간접정범의 경우에도 적용된다고 보아야 할 것이다.

우선 적용부정설이 주장하는 것과는 달리 우리 형법은 간접정범을 정범으로 규정하고 있지 않다. 형법 제34조 제1항은 전형적인 교사범이나 방조범으로 처벌할 수 없는 경우에 대비하기 위하여 마련된 보완장치이다(소위 확장적 공범개념). 형법 제34조 제1항은 간접정범의 형태로 관여한 자를 처벌해야 할 경우에 "교사 또는 방조의 예에 의하여 처벌한다."고

---

1) 김성돈, 699면; 김성천·김형준, 434면; 김일수·서보학, 504면; 배종대, 476면; 손동권·김재윤, 615면; 이재상·장영민·강동범, 522면; 이정원, 347면; 임웅, 527면; 정성근·정준섭, 331면; 정영일, 456면.

2) 1992. 1. 17. 91도2837, 공 1992, 948 = 백선 총론 92. 『훈련확인서 사건』.

3) 2011. 5. 13. 2011도1415, 공 2011상, 1250 = 『검토조서 대 검토보고 사건』 ☞ 1181면.

규정하고 있다. '교사 또는 방조의 예에 의한다' 함은 교사범 또는 방조범의 처벌시에 적용되는 관련규정을 적용한다는 의미이다. 교사범 또는 방조범의 경우에는 형법 제33조가 적용된다. 그렇다면 간접정범의 경우에도 형법 제33조가 적용된다고 새기지 않을 수 없다.

한편 적용부정설처럼 간접정범을 정범으로 본다고 하더라도 간접정범의 경우에 형법 제33조를 적용하는 것은 충분히 가능하다고 본다. 신분범에 있어서 신분은 정범적격이다. 우리 입법자는 형법 제33조 본문을 통하여 정범의 일종인 공동정범에 대해서 정범적격이 없는 비신분자에게 신분을 확장하고 있다. 그렇다면 간접정범의 경우에도 정범적격이 없는 비신분자에게 신분을 확장하는 것은 얼마든지 가능하다고 본다. 만일 간접정범과 공동정범을 모두 정범으로 파악한다면 양자를 구별하여 취급해야 할 이유가 없기 때문이다.

제 5 신분자가 비신분범에 가공한 경우

1. 문제의 소재

본문·단서설에 의할 때 형법 제33조는 비신분자에게 신분을 확장하는 근거조문이 된다. 형법 제33조는 신분범의 범죄실현에 비신분자가 가담할 경우에 일단 비신분자에게도 신분을 확장하되(법33 본문) 가벼운 형으로 비신분자를 처벌할 가능성이 있으면 가벼운 형으로 처벌하라는 뜻을 가지고 있다(법33 단서).

그런데 여기에서 역의 경우가 문제된다. 예컨대 비신분범이 범죄를 실현하는 경우에 신분 있는 자가 관여하는 경우가 있다. 이 때 만일 신분 있는 자가 당해 범죄를 단독으로 실현시켰다고 가정한다면 신분자는 처음부터 신분범으로 처벌될 것이다. 그렇지만 비신분자가 범죄를 실현하는 데에 신분자가 비로소 관여하였다는 점에 사안의 특이성이 있다.

형법 제33조는 일단 신분범을 전제로 이에 비신분자가 관여하는 경우를 상정하여 마련된 조문이다. 이 조문을 비신분범을 전제로 해 놓고 이에 신분자가 관여하는 사안에 적용할 수 없음은 분명하다. 그렇다면 이 문제는 해석을 통하여 해결해야 한다.

2. 공동정범의 경우

비신분범의 범죄실현에 신분자가 관여한 사안은 경우를 나누어 고찰할 필요가 있다. 우선 생각할 수 있는 것은 비신분범의 범죄실현에 신분 있는 자가 공동정범으로 관여하는 경우이다. 예컨대 위의 [사례 109]를 약간 변형하여 부인 갑녀가 먼저 남편 A를 살해하려고 하였는데 장남 을이 나중에 합세하여 공동으로 A를 살해한 경우를 생각해 보자. 이러한 사례가 바로 비신분범에 신분자가 공동정범으로 가공한 경우에 해당한다.

공동정범은 두 명 이상이 공동하여 죄를 범하는 다수관여자의 범죄형태이다. 이 경우 비신분자가 먼저 범죄실현에 나섰는지 신분자가 먼저 나섰는지는 중요하지 않다. 중요한 것은 비신분자와 신분자가 행위시점에 서로 의사연락을 가지면서 공동으로 범죄를 실현시켰다는 점이다. 비신분범에 신분자가 공동정범으로 관여한 경우는 신분범에 비신분자가 공동정범으로 관여한 경우와 동일하게 취급해야 한다. 따라서 이 경우에는 비신분범에 신분자가 관여하였음에도 불구하고 그 순서에 관계없이 형법 제33조가 그대로 적용된다고 보아야 한다.

3. 교사 · 방조의 경우

(1) 진정신분범이 반전된 경우

비신분범에 신분자가 관여하는 두 번째 형태는 협의의 공범이다. 비신분범을 신분자가 교사 또는 방조하여 범죄의 실현에 나아가게 하는 경우가 바로 그것이다. 이러한 경우는 전혀 처벌되지 아니하는 비신분범을 전제로 하면서 신분범이 교사 및 방조의 형태로 관여한다. 이 점에서 이 경우는 형법 제33조 본문이 규정하고 있는바 진정신분범에 비신분자가 교사 · 방조의 형태로 관여하는 경우의 반전된 형태라고 할 수 있다.

원래 진정신분범의 사안에서 신분 없는 자는 신분범을 범할 수 없다. 범죄성립의 요소인 신분이 없기 때문이다. 그렇다면 이 경우 비신분자는 형법 제34조 제1항에서 말하는 '어느 행위로 인하여 처벌되지 아니하는 자'에 해당한다. 그 결과 비신분자를 교사 · 방조하여 범죄행위의 결과를 발생하게 한 자는 형법 제34조 제1항에 의하여 간접정범으로 처벌된다.

(2) 부진정신분범이 반전된 경우

(가) 문제의 제기　　그런데 신분 때문에 형이 무거운 범죄(즉 부진정신분범)의 경우에 신분자가 신분 없는 자를 교사 · 방조하여 범죄행위의 결과를 발생시키는 경우가 있다. 이 경우는 형법 제33조 단서를 반전시킨 구조를 취하고 있다. 이러한 경우에 신분자를 어떻게 처리할 것인지 문제된다.

(나) 모해위증 사안　　판례에 나타난 예로 소위 『모해위증 교사 사건』이 있다.[1] 위증죄는 단순위증죄(법152①)와 모해위증죄(법152②)로 나누어진다. 모해위증죄는 단순위증죄에 '모해할 목적'이라는 초과주관적 구성요건요소가 추가되어 가중처벌되는 범죄유형이다. 여기에서 만일 '모해할 목적'을 신분으로 파악한다면[2] 모해위증죄는 단순위증죄에 대하여 부

---

1) 1994. 12. 23. 93도1002, 공 1995, 735 = 백선 총론 93-1. 『모해위증 교사 사건』.

2) 이러한 분석이 부당함은 앞에서 설명하였다. 전술 751면 참조. 그러나 이해를 돕기 위하여 판례와 마

진정신분범의 관계에 서게 된다. '모해할 목적'이라는 신분이 단순위증죄에 대하여 형의 가중을 가져오기 때문이다.

모해위증죄를 부진정신분범이라고 볼 때 단순위증죄의 정범을 교사하여 모해위증죄를 범하게 하는 자를 어떻게 처벌할 것인가 하는 문제가 생긴다. 즉 비신분범인 단순위증죄의 실현에 모해목적을 가진 신분자가 교사범으로 가담하는 경우에 모해목적을 가진 신분자를 어떻게 처벌할 것인가 하는 문제가 등장하게 되는 것이다. 이 문제는 형량의 경중을 넘어서서 특히 공소시효의 계산과 관련하여 의미가 있다. 만일 교사범을 단순위증죄(법152①; 5년 이하 징역 또는 1천만원 이하 벌금)의 교사범으로 처벌한다면 공소시효는 7년이다(형소법249① iv). 이에 반해 교사범을 모해위증죄(법152②; 10년 이하 징역)의 교사범으로 처벌한다면 공소시효는 10년이다(형소법249① iii).

모해위증죄의 사례를 조금 더 일반화하면 신분이 형의 경중에 관한 사유로 작용하는 경우에 비신분범에 신분자가 교사범 또는 방조범으로 관여할 때 신분자를 어떻게 처벌할 것인가 하는 문제가 대두하게 된다.

이에 대해서는 형법 제33조 단서의 원용을 부정하는 견해와 이를 긍정하는 견해가 각각 제시되고 있다.

(다) 단서원용 부정설   단서원용 부정설은 비신분범에 신분자가 교사범 또는 방조범으로 관여하는 경우에 형법 제33조 단서의 원용을 부정한다.[1] 이 견해는 공범종속성의 원칙에 따라서 문제를 처리하자는 입장이다.

이에 따르면 신분자는 비신분범인 정범에 종속하여 비신분범의 교사범이나 방조범으로 처벌된다. 만일 단독으로 범죄를 실현시켰더라면 신분으로 인하여 무겁게 처벌받게 되었을 지라도 비신분자인 정범이 존재하는 경우에는 공범종속성의 원칙 때문에 비신분범의 교사범이나 방조범으로만 처벌된다는 것이다.

다만 이 경우 추가적으로 고려할 사항이 있다. 무거운 신분범을 교사하였으나 정범에게 신분이 없어서 정범이 가벼운 범죄만을 실현시킨 경우에는 실패한 교사와 마찬가지로 취급하여 무거운 신분범의 예비 또는 음모에 준하여 처벌하는 방안을 함께 고려하여야 한다(법31② · ③). 그렇다면 이 경우에는 가벼운 비신분범에 대한 교사범과 무거운 신분범에 대한 예비 · 음모죄(처벌규정이 있는 경우에 한함)가 상상적으로 경합한다고 새겨야 할 것이다.

그러나 무거운 신분범을 방조하였으나 정범에게 신분이 없어서 정범이 가벼운 범죄만을 실현시킨 경우에는 형법 제31조 제2항 및 제3항에 대응하는 특칙이 없으므로 단순히 비

찬가지로 이 표지를 일단 신분으로 상정하기로 한다.

1) 오영근, 432면.

신분범의 방조범으로 처벌하면 족하다.

위의 『모해위증 교사 사건』을 예로 들어본다면 위증을 범한 비신분자는 단순위증죄의 정범으로, 모해위증을 교사한 신분자는 단순위증죄의 교사범으로 처벌될 것이다. 공소시효는 단순위증죄의 법정형에 따라 7년이 될 것이다. 위증죄의 경우에는 예비·음모를 처벌하는 규정이 없으므로 상상적 경합을 논할 여지는 없다.

(라) 단서원용 긍정설　　단서원용 긍정설은 비신분범의 범죄실현에 신분자가 교사 또는 방조의 형태로 가공한 경우에 형법 제33조 단서를 원용한다.[1] 판례는 이 입장을 취하고 있다.[2]

이 입장에서는 비신분범의 범죄실현에 신분자가 교사 또는 방조의 형태로 가공하는 것도 넓은 의미에서 신분범의 일종이라고 본다. 그리고 이 경우를 신분범 가운데에서도 부진정신분범에 속하는 것이라고 본다(반전된 부진정신분범).

부진정신분범에 대하여 적용되는 조문은 형법 제33조 단서이다. 판례는 형법 제33조 단서가 공범종속성의 원칙을 해체하는 힘이 있다고 본다. 만일 형법 제33조 단서에 근거하여 공범종속성의 원칙에 구속받지 않게 된다면 피교사자 또는 피방조자인 비신분자는 비신분범의 정범으로, 신분자인 교사범이나 방조범은 신분범의 교사범 또는 방조범으로 각각 처벌받게 된다.

위의 『모해위증 교사 사건』을 예로 들어 본다면 위증을 범한 정범은 단순위증죄(법152①)로, 모해위증을 교사한 신분자는 모해위증죄(법152②)의 교사범으로 각각 처벌된다. 공소시효 또한 정범은 단순위증죄의 법정형을 기준으로 7년, 교사자는 모해위증죄의 법정형을 기준으로 10년이 된다.

(마) 사 견　　이제 위 두 견해의 우열을 비교해 본다. 생각건대 부진정신분범에 있어서 비신분범에 신분자가 교사 또는 방조의 형태로 가공한 경우 형법 제33조 단서를 원용하는 것은 타당하지 않다고 본다. 무엇보다도 공범종속성의 원칙은 공범론체계를 관통하는 대원칙이다. 이 원칙은 최대한 존중되어야 하며 함부로 완화할 수 없다. 대원칙에 예외를 인정하려면 법률에 명문의 규정이 있어야 한다.

다음으로, 형법 제33조 단서는 '무거운 형으로 벌하지 아니한다'는 표현을 사용하여 이 조문이 형사처벌의 완화장치임을 밝히고 있다는 점에 주목할 필요가 있다. 이 표현에도 불구하고 형법 제33조 단서를 공범종속성의 원칙을 파괴하여 형사처벌을 확대하는 장치로 새

---

1) 권오걸, 638면; 김성돈, 697면(일부원용설); 김성천·김형준, 436면; 김일수·서보학, 504면; 박상기, 331면; 배종대, 477면; 성낙현, 659면; 손동권·김재윤, 619면; 이재상·장영민·강동범, 525면; 이정원, 401면; 정성근·정준섭, 333면; 정영일, 457면.

2) 1994. 12. 23. 93도1002, 공 1995, 735 = 백선 총론 93-1. 『모해위증 교사 사건』.

기는 것은 문리해석의 한계를 넘어서는 것이라고 하지 않을 수 없다.

(바) 형법 제34조 제1항과의 관계　단서원용 부정설을 취할 경우 신분자는 비신분자인 정범에 종속하여 가벼운 형으로 처벌된다. 여기에서 신분범의 무거운 형을 확보하기 위하여 형법 제34조 제1항을 적용할 수는 없는가 하는 의문이 제기된다. 그러나 이러한 시도는 허용되지 않는다고 본다.

형법 제34조 제1항은 피교사자 · 피방조자에게 범죄성립의 요건이 갖추어지지 아니할 때 형사처벌을 확보하기 위하여 보충적으로 마련된 규정이다(소위 확장적 공범개념).[1] 이미 비신분자인 피교사자 · 피방조자에게 정범의 범죄가 성립되어 있다면 교사범 · 방조범은 이 정범에 종속하여 처벌된다. 이 경우에는 군이 형법 제34조 제1항을 동원하여 추가적으로 형사처벌을 확보할 필요가 없다. 결국 비신분자를 교사 · 방조하여 가벼운 비신분범을 실현시킨 신분자는 비신분범의 교사범 · 방조범으로 처벌되어야 할 것이다.

제6 소극적 신분

1. 소극적 신분의 의미

신분이란 행위자 자신에게만 존재하는 특별한 인적 성질, 관계 또는 상태를 말한다. 이 신분은 범죄의 성립 자체에 영향을 미치는 경우와 형의 경중에만 영향을 미치는 경우로 나누어진다. 이 때 전자를 진정신분범이라 하고 후자를 부진정신분범이라고 한다. 진정신분범이나 부진정신분범이나 모두 일정한 신분이 적극적으로 존재하고 있다는 점에서 공통된다.

범죄유형에 따라서는 일정한 신분이 없는 자가 행위할 때 비로소 범죄가 성립하는 경우가 있다. 예컨대 무면허의료행위를 보면 의료인면허 없는 자가 의료행위를 할 때 「의료법」 위반죄(동법27①, 87의2② ii)가 성립한다. 이 경우 의료인면허는 일정한 신분을 나타내는 표지이다. 의료인면허가 있는 사람은 처음부터 「의료법」 위반죄의 주체가 되지 않는다.

이러한 사안에서 보는 바와 같이 일정한 신분이 존재하지 않을 때 범죄가 성립하는 경우에 그 신분을 가리켜서 소극적 신분이라고 한다. 소극적 신분에서 소극적이라 함은 문제의 신분이 존재하지 않아야 한다는 의미를 나타내고 있다.

소극적 신분이 규정되어 있는 범죄유형을 가리켜서 소극적 신분범이라고 부를 수 있다. 소극적 신분범은 그 표현에서 비록 '신분'이 언급되고 있다고 해도 형법 제33조가 적용되지 않는다. 형법 제33조는 일정한 신분이 적극적으로 존재해야 할 때 개입하는 조문이기

---

1) 전술 672면 이하 참조.

때문이다.

2. 소극적 신분과 공범

소극적 신분을 규정하고 있는 범죄(즉 소극적 신분범)에 신분자가 관여하는 경우가 있다. 예컨대 의사가 무면허자를 고용하여 의료행위를 시킨 경우가 여기에 해당하는 사례이다. 이러한 경우에 신분을 가지고 있는 자(의사)는 신분 있음을 들어서 불처벌을 주장할 수 없다.

신분자의 관여행위는 신분 없는 자의 범죄실현에 가담하였다는 점에서 통상의 범죄실현에 관여하는 것과 다를 바가 전혀 없다. 예컨대 소극적 신분을 규정하고 있는 무면허 의료행위의 범죄에 신분자인 의사가 교사의 형태로 관여하였다면 그 의사는 무면허자의 무면허 의료행위에 대하여 교사범으로 처벌된다.[1] 의료인이 비의료인의 의료기관 개설행위에 공모하여 가공하면 「의료법」 위반죄(동법33②, 87의2② ii)의 공동정범에 해당한다.[2]

제8절   다수관여자의 특수형태

제1   필요적 공범

【사례 110】 P국의 대사관직원 갑은 대사관 업무용으로 면세수입된 M고급승용차를 소유하고 있었는데 이 차를 고가에 처분하고자 하였다. 부유층 자제 을은 수입이 금지된 외제 고급승용차를 가지고 싶었다. 대사관직원 갑은 잘 아는 브로커 병에게 이 자동차의 처분을 의뢰하였다. 소문을 들은 부유층 자제 을은 브로커 병에게 접근하였고 마침내 M고급승용차의 판매가 성사되었다. 브로커 병은 자동차 매매대금을 갑에게 전달해 주었다.

한편 「관세법」의 관계 벌칙규정을 보면, 대사관 용도로 수입된 물품에 대하여 "용도 외에 사용하기 위하여 이를 양수할 수 없다. 이에 위반한 자는 3년 이하의 징역 또는 감면된 관세액의 3배 이하에 상당하는 벌금에 처한다."라고 규정되어 있다.

이러한 경우에 갑, 을, 병의 죄책은? (1988. 4. 25. 87도2451, 공 1988, 928 = 백선 총론 96. 『외제차 알선 사건』)

---

[1] 1986. 7. 8. 86도749, 공 1986, 1024 = 백선 총론 91. 참고판례 『치과병원장 사건』.
[2] 2017. 4. 7. 2017도378, 공 2017상, 1065 = 『무면허 의료기관 개설 사건』 ☞ 1189면.

1. 필요적 공범의 의의와 유형

(1) 임의적 공범의 의미

한 개의 범죄실현에 여러 사람이 관여하는 경우를 가리켜서 넓은 의미의 공범이라고 한다. 이에 대하여 정범에 종속하여 성립하는 교사범이나 방조범을 가리켜서 좁은 의미의 공범이라고 한다. 또한 우리 형법상 교사 또는 방조의 예에 의하여 처벌되는 간접정범(법34①)도 좁은 의미의 공범에 준한다고 볼 수 있다(소위 확장적 공범개념).

입법자가 구성요건을 설정할 때에는 기본적으로 1인의 행위자가 당해 위법행위의 정형을 실현시킬 것으로 예정하고 있다. 형법전의 총칙편 제2장 제3절 '공범'의 제목 하에 규정된 각종 다수관여자의 범죄형태는 1인에 의하여 실현될 범죄에 이례적으로 여러 사람이 관여하는 경우이다. 원래 1인에 의하여 실현될 범죄이지만 때로는 여러 사람에 의하여 실현될 수도 있다는 점에서 형법 총칙 제2장 제3절 이하의 '공범'을 임의적 공범이라고 한다. 이 경우 임의적이라 함은 그럴 수도 있고 그렇지 않을 수도 있다는 의미이다. 임의적 공범에 있어서의 '공범'은 넓은 의미의 공범을 가리킨다.

(2) 필요적 공범의 의미

임의적 공범에 대립하는 개념으로 필요적 공범이 있다. 필요적 공범이란 어느 구성요건(즉 위법행위의 정형)을 실현함에 있어서 반드시 두 명 이상이 관여해야 하는 범죄유형을 말한다. 이 경우 필요적이란 '반드시'라는 의미를 가지며 공범이란 두 명 이상의 관여자를 말한다. 필요적 공범의 성립에는 행위의 공동을 필요로 할 뿐이다. 반드시 협력자 전부가 책임이 있음을 요하는 것은 아니다.[1] '필요적 공범'에서 '공범'은 일단 넓은 의미의 공범으로 이해될 것이지만, 두 명 이상의 자가 반드시 관여하여 구성요건을 실현시켜야 한다는 의미에서 각 관여자는 정범의 지위에 있다. 필요적 공범은 엄밀한 의미에서 '필요적 정범'을 의미하게 된다.

(3) 필요적 공범의 유형

(가) 집합범　　필요적 공범은 집합범과 대향범의 두 가지 유형으로 나누어진다. 집합범은 다수의 관여자가 공동목표를 향하여 같은 방향에서 법익침해로 나아가는 경우이다. 집합범의 예로는 내란죄(법87), 소요죄(법115) 등을 들 수 있다. 집합범은 군집범이라고 부르

---

1) 2008. 3. 13. 2007도10804, 공 2008, 549 = 백선 총론 96. 참고판례 2.『군수 함정 뇌물 사건』☞ 1168면.

기도 한다.

(나) 대향범   집합범에 대응하는 것으로 대향범이 있다. 대향범이란 두 명 이상의 관여자가 동일한 목표를 추구하되 서로 다른 방향에서 서로 다른 행위를 행함으로써 한 개의 범죄실현에 관여하는 경우이다. 대향범의 예로는 도박죄(법246①), 음화등 판매죄(법243), 뇌물수수죄(법129 이하)와 뇌물공여죄(법133①) 등을 들 수 있다. 예컨대 도박죄의 경우에는 도박에 참가하는 여러 사람이, 음화판매죄의 경우에는 음화판매자와 음화구입자가, 뇌물죄의 경우에는 뇌물공여자와 뇌물수수자가 각각 등장하게 된다.

2. 필요적 공범의 특성

(1) 필요적 공범의 처벌유형

집합범이나 대향범은 구성요건의 실현에 반드시 두 명 이상의 관여자를 요구한다는 점에서 필요적 공범에 속한다. 필요적 공범의 경우에 입법자는 두 명 이상의 관여자를 염두에 두면서 각각의 관여자별로 형사책임의 정도를 결정하게 된다.

(가) 집합범의 경우   집합범의 경우를 보면 내란죄의 경우에 우리 입법자는 다수관여자를 수괴(법87 i), 중요임무종사자(법87 ii), 부화수행자(법87iii) 등으로 나누어 각각의 지위에 상응하는 형벌을 과하고 있다. 이에 대하여 소요죄(법115)의 경우에는 우리 입법자가 다수관여자의 관여정도를 묻지 아니하고 각각의 관여자들을 모두 동일한 법정형으로 처벌하고 있다.

(나) 대향범의 경우   대향범의 경우를 보면 세 가지 가능성을 설정할 수 있다. 하나는 대향범의 마주보는 두 상대방을 모두 동일한 형으로 처벌하는 방법이다. 도박죄의 경우 도박에 참가하는 사람은 모두 1천만원 이하의 벌금으로 처벌된다(법246①).

다른 하나는 대향범의 마주보는 상대방 사이에 형의 차등을 두는 방법이다. 각종 뇌물수수죄와 뇌물공여죄가 여기에 해당하는 예이다. 예컨대 단순수뢰죄(법129①)는 5년 이하의 징역 또는 10년 이하의 자격정지의 형으로 처벌된다. 이에 대하여 뇌물공여죄(법133①)는 5년 이하의 징역 또는 2천만원 이하의 벌금으로 처벌된다. 이때 뇌물공여죄의 경우에는 벌금형의 선고가 가능하나 뇌물수수죄의 경우에는 벌금형을 선고할 수 없다는 점이 특히 주목된다.

세 번째는 대향범의 마주보는 두 상대방 사이에 한쪽 당사자만을 처벌하고 다른 당사자는 불문에 부치는 방법이다. 공무상 비밀누설죄(법127)와[1] 음화판매죄(법243)가 여기에

---

1) 2017. 6. 19. 2017도4240, 공 2017하, 1590 =『정보통신망 비밀누설 사건』☞ 1191면.

해당하는 예이다. 예컨대 음화판매죄의 실현무대에는 음화(淫畵)를 판매하는 사람과 음화를 구입하는 사람이 반드시 등장한다. 우리 입법자는 음화판매자를 1년 이하의 징역 또는 500만원 이하의 벌금으로 처벌한다. 그러나 음화구입자에 대해서는 아무런 처벌규정을 두고 있지 않다.[1]

(2) 필요적 공범 상호간의 공범규정 적용문제

(가) 구성요건의 형식　　필요적 공범은 구성요건상으로 당해 구성요건의 실현에 다수자의 관여를 전제로 하고 있다. 구성요건상으로는 단독으로 실행할 수 있는 형식으로 되어 있는데 단지 구성요건이 필요적 공범의 형태로 실행되는 경우에는 필요적 공범에 관한 법리가 적용되지 않는다.

대향범은 처벌규정의 구성요건 자체에서 2명 이상의 서로 대향된 행위의 존재를 필요로 하는 필요적 공범이다. 그러므로 대향범에 대하여는 공범에 관한 형법총칙 규정이 적용될 수 없다. 그렇지만 구성요건상으로는 단독으로 실행할 수 있는 형식으로 되어 있는데 단지 구성요건이 대향범의 형태로 실행되는 경우라면 대향범에 관한 법리가 적용되지 않는다.[2]

(나) 다수의 정범　　필요적 공범의 경우에 입법자는 당해 구성요건의 실현에 관여하는 다수자들에 대하여 개별적으로 형사처벌의 여부와 정도를 결정하고 있다. 다시 말하자면 다수관여자들을 각각 정범으로 설정하여 그에 대한 처벌 여부와 정도를 결정하는 것이다. 이러한 의미에서 필요적 공범의 다수관여자들은 각각 정범으로 파악된다.[3]

(다) 총칙규정의 배제　　필요적 공범에 관여하는 행위자는 각자의 행위가 범죄구성요건에 해당하면 그에 따른 처벌을 받을 뿐이고 반드시 협력자 전부에게 범죄가 성립해야 하는 것은 아니다.[4] 필요적 공범은 필요적 정범이다. 이러한 필요적 공범의 특성 때문에 필요적 공범관계에 있는 사람들 상호간에는 형법 제30조 이하에 규정된 임의적 공범의 조문들이 적용되지 않는다.[5][6]

예컨대 음화판매죄의 경우에 음화를 구입하려고 갑이 돈을 제시하자 음화판매상 을이 음화판매의 범행결의를 일으켜서 갑에게 음화를 판매하였다고 생각해 보자. 이 경우 음화

---

1) 2020. 6. 11. 2016도3048, 공 2020하, 1421 = 『기중기 대체근로자 사건』 ☞ 1192면.
2) 2022. 6. 30. 2020도7866, 공 2022하, 1542 = 『대마 대금 무통장입금 사건』 ☞ 1193면.
3) 2016. 10. 13. 2014도17211, 공 2016하, 1713 = 『명의신탁 특허권 이전 사건』 ☞ 1195면.
4) 2017. 11. 14. 2017도3449, 공 2017하, 2403 = 『포럼 특별회비 사건』 ☞ 1196면.
5) 2011. 4. 28. 2009도3642, 공 2011상, 1212 = 분석 각론 『체포영장 명단 누출 사건』.
6) 2011. 10. 13. 2011도6287, 공 2011하, 2398 = 분석 총론 『타미플루 대량 구입 사건』.

판매상 을이 음화판매죄로 처벌되는 것은 분명하다. 그런데 여기에서 한 걸음 더 나아가 음화를 판매하도록 먼저 제의한 갑을 음화판매죄의 교사범으로 처벌할 수 있을 것인지 문제된다. 그러나 형법 제243조의 처벌대상에서 제외된 음화구매자를 음화판매자에 대한 교사범으로 처벌하는 것은 허용되지 않는다. 음화판매죄는 필요적 공범이어서 필요적 공범관계에 있는 사람들 사이에 형법 제31조의 교사범규정을 적용할 수 없기 때문이다.

그런데 필요적 공범관계에 있는 사람들 사이에도 임의적 공범의 성립을 긍정하는 견해가 있다. 이 입장에서는 예컨대 음란물의 구매자가 단순히 수동적으로 이를 구매함에 그친 때에는 불가벌이지만, 적극적인 가담으로써 음화판매자를 교사·방조하여 이를 구매한 경우에는 음화판매죄의 교사범·방조범이 될 수 있다고 주장한다.[1] 그러나 이 견해는 수동적 가담과 적극적 가담의 구별기준이 불분명할 뿐만 아니라 원래 입법자가 정범으로 설정하였던 사람을 공범으로 전환시키는 무리가 있어서 지지하기 곤란하다. 대법원도 전면적으로 처벌을 불허하는 입장을 취하고 있다.[2]

(라) 공소시효　　필요적 공범의 법리는 형사소송법의 영역에도 적용된다. 형사소송법은 제253조 제1항에서 "시효는 공소의 제기로 진행이 정지되고 공소기각 또는 관할위반의 재판이 확정된 때로부터 진행한다."고 규정하면서, 같은 조 제2항에서 "공범의 1인에 대한 전항의 시효정지는 다른 공범자에 대하여 효력이 미치고 당해 사건의 재판이 확정된 때로부터 진행한다."고 규정하고 있다. 판례는 형소법 제253조 제2항의 '공범'에는 뇌물공여죄와 뇌물수수죄 사이와 같은 대향범 관계에 있는 자는 포함되지 않는다는 입장을 취하고 있다. 그 결과 필요적 공범의 일방(뇌물수수자)에 대한 공소제기로 발생한 시효정지는 다른 필요적 공범(뇌물공여자)의 공소시효 진행에 영향을 미치지 않는다.[3]

(3) 필요적 공범과 외부자 사이의 공범 규정 적용문제

외부에 있는 자가 필요적 공범관계에 있는 자의 범죄실현에 관여하는 경우에는 일단 형법 제30조 이하에 규정된 임의적 공범규정의 적용이 가능하게 된다. 외부에 위치하는 제3자는 필요적 공범에 속하지 않는다. 이 때문에 "필요적 공범 상호간에는 형법 제30조 이하의 규정이 적용되지 않는다."는 제한이 작용하지 않는다. 따라서 대향범의 일방이 처벌받는 경우에 그에 공범으로 가공한 자는 처벌된다.[4] 그러나 대향범의 일방이 처벌받지 않는 경우에는 그에 가공한 자도 공범으로 처벌되지 않는다. 정범이 성립하지 아니하므로 그에

---

1) 김일수·서보학, (제11판), 637면.
2) 2001. 12. 28. 2001도5158, 공 2002, 440 = 백선 총론 96. 참고판례 1. 『염산날부핀 판매 사건』.
3) 2015. 2. 12. 2012도4842, 공 2015상, 500 = 『체비지 뇌물사범 도피 사건』 ☞ 1197면.
4) 1982. 9. 14. 80도2566, 공 1982, 917 = 『기념사업회 기금 마련 사건』 ☞ 1199면.

종속하는 공범도 처벌되지 않는 것이다.[1] [2]

(4) 필요적 공범과 외부자 사이의 공동정범 규정 적용문제

필요적 공범관계의 외부에 있는 자가 필요적 공범에 공동정범으로 관여할 수 있는지 문제된다. 필요적 공범은 실질에 있어서 필요적 정범인데 여기에 다시 외부자가 정범으로 관여할 수 있겠는가 하는 것이 문제의 초점이다. 외부자에 대한 공동정범의 성립 여부를 놓고 전면적 긍정설, 부분적 긍정설, 전면적 부정설이 대립하고 있다.

(가) 전면적 긍정설   필요적 공범에 대해 외부자가 제한 없이 공동정범으로 가담할 수 있다고 보는 견해이다.[3] 즉 필요적 공범의 유형이 집합범인가 대향범인가에 관계없이 항상 공동정범의 성립을 긍정하는 것이다. 이에 따르면 필요적 공범에 관여한 외부자에 대해서는 공동정범, 교사범, 방조범이 모두 성립 가능하게 된다. 다만 전면적 긍정설을 취하는 입장에서도 내란죄(법87)와 같이 관여자에 대한 처벌이 세분화되어 있는 경우에는 예외적으로 임의적 공범규정의 적용을 부정하는 견해가 제시되고 있다.

(나) 부분적 긍정설   집합범의 경우에는 공동정범을 부정하고 대향범의 경우에는 공동정범을 긍정하는 견해이다.[4] 집합범의 경우에는 행위주체, 즉 정범이 처음부터 집합범의 구성원으로 한정되어 있는데 대하여 대향범의 경우에는 그러한 제한이 없다는 것이 그 이유이다. 부분적 긍정설에 따르면 집합범의 경우에는 외부 가담자에 대해 교사범·방조범만 성립가능하고, 대향범의 경우에는 공동정범을 포함하여 교사범·방조범의 성립이 모두 가능하게 된다.

(다) 전면적 부정설   필요적 공범의 경우에 집합범과 대향범을 가리지 않고 공동정범의 성립을 모두 부정하는 견해이다.[5] 전면적 부정설에 따르면 집합범 및 대향범 모두에 대해 교사범과 방조범의 성립만 가능하게 된다.

(라) 사 견   생각건대 필요적 공범관계의 외부자에 대한 공동정범의 성립은 전면적으로 부정하는 것이 타당하다고 본다. 필요적 공범의 경우에 입법자는 필요적 공범관계에 있는 사람들만을 정범으로 파악하고 있다. 따라서 외부에 위치하는 사람은 필요적 공범과 공동정범의 관계에 설 수 없다. 공동정범은 정범의 일종이기 때문이다.

---

1) 2014. 1. 16. 2013도6969, 공 2014상, 425 = 분석 총론 『법조 브로커 소개 사건』 ☞ 1200면.
2) 2011. 10. 13. 2011도6287, 공 2011하, 2398 = 분석 총론 『타미플루 대량 구입 사건』.
3) 김성돈, 570면(내란죄 공동정범 제외); 배종대, 398면; 손동권·김재윤, 496면.
4) 권오걸, 506면; 성낙현, 616면; 오영근, 441면; 이재상·장영민·강동범, 436면; 임웅, 431면; 정성근·정준섭, 254면; 정영일, 373면.
5) 이정원, 324면.

'필요적 공범'이라는 성질은 특별한 인적 표지(즉 신분)라고 볼 수도 없어서 형법 제33조를 매개로 공동정범의 성립범위를 확장할 수도 없다. 그리하여 필요적 공범의 외부에 위치하는 제3자는 필요적 공범의 교사범 또는 방조범으로만 처벌된다. 나아가 형법 제34조 제1항에 따라 교사 또는 방조의 예에 의하여 처벌되는 간접정범이 성립할 가능성도 있다.

그런데 형법 제33조에 의하여 비신분자가 필요적 공범의 공동정범으로 처벌되는 경우가 있다. 예컨대 필요적 공범의 하나로 분류되는 뇌물수수죄(법129①)의 경우에 비신분자인 제3자가 신분자인 공무원의 뇌물수수행위에 공동정범으로 관여하는 상황을 생각할 수 있다. 이 경우에 공무원의 신분을 가지지 아니한 제3자는 필요적 공범인 뇌물수수죄의 공동정범으로 처벌된다.[1] 이러한 경우는 일견 필요적 공범에 공동정범이 인정된 예처럼 생각될 수 있다.

그러나 이러한 경우가 발생하는 것은 '필요적 공범' 자체에 대해 형법 제30조의 공동정범이 인정되었기 때문이 아니다. 형법 제33조에 의하여 필요적 공범의 외부에 있는 비신분자에게 '공무원'이라는 신분이 확장되었기 때문이다. 다시 말하자면 필요적 공범에 공동정범이 인정된 것이 아니라 필요적 공범이 신분범인 상황에서 비신분자인 외부자에게 신분이 확장된 결과이다.

〈사례 해설〉 위의 〔사례 110〕을 살펴본다. 이 사례에서 문제된 「관세법」의 규정은 면세물품의 판매행위를 처벌대상으로 설정하고 있다. 면세물품의 판매행위에는 양도인과 양수인이 반드시 등장한다. 따라서 문제된 「관세법」의 조문은 필요적 공범을 규정한 것이다. 그런데 이 조문에는 '양수인'만이 처벌대상으로 규정되어 있을 뿐 '양도인'에 대해서는 언급이 없다. 그렇다면 〔사례 110〕에서 양수인인 부유층 자제 을은 「관세법」 위반죄로 처벌되지만 양도인인 대사관직원 갑은 처벌대상에서 제외된다.

이제 양도인 갑에 대해 형법 제30조 이하의 임의적 공범규정을 적용하여 처벌할 수 있을 것인지 살펴본다. 그런데 필요적 공범관계에 등장하는 각각의 행위자 사이에는 형법총칙의 임의적 공범규정이 적용되지 않는다. 각각의 행위자는 원래 정범으로 설정되어 있기 때문이다(필요적 정범). 따라서 양도인 갑을 양수인 을의 공동정범이나 교사범·방조범으로 처벌하는 것은 가능하지 않다.

이제 필요적 공범관계의 바깥에 위치하는 브로커 병의 형사책임을 본다. 이 경우 병에 대한 공범성립의 범위를 놓고 의견이 나뉜다. 전면적 긍정설에 의하면 병에 대해 공동정범, 교사범, 방조범의 가능성을 모두 인정한다. 대향범에 대해 공동정범을 긍정하는 부분적 긍정설도 동일한 결론에 이른다. 그러나 전면적 부정설의 입장에서는 외부자 병에 대해 교사범

---

1) 1992. 8. 14. 91도3191, 공 1992, 2706 = 백선 총론 91. 『과장대리급 사건』.

또는 방조범의 성립만 가능하다고 본다.

그런데 위의 〔사례 110〕 사안을 보면 외부자 병이 임의적 공범으로 범행의 실현에 관여한 필요적 공범자는 P국 대사관직원 갑이다. 이 갑은 「관세법」 위반죄의 처벌대상이 되지 않는다. 「관세법」의 관계조문이 규정한 '양수인'이 아니기 때문이다. 따라서 위의 어느 견해에 따르더라도 병을 처벌할 수는 없다. 공동정범, 교사범 또는 방조범 성립의 전제인 정범이 존재하지 않기 때문이다.

여기에서 병을 형법 제34조 제1항의 간접정범으로 처벌할 수는 없을 것인가 하는 의문이 제기된다. 〔사례 110〕에서 대사관직원 갑은 '어느 행위로 인하여 처벌되지 아니하는 자'이며 병은 갑을 방조하여 「관세법」 위반죄의 행위를 하게 한 것으로 볼 여지가 있기 때문이다. 그러나 형법 제34조 제1항이 설정한 또 다른 요건은 '범죄행위의 결과를 발생하게 하는 것'이다. 「관세법」의 관계조문과 관련해서 보면 이 경우 범죄행위의 결과는 면세물품의 '양수행위'이다. 브로커 병은 대사관직원 갑의 '양도행위'에 조력하였을 뿐이므로 형법 제34조 제1항으로도 브로커 병을 처벌할 수 없다는 결론에 이른다.

한편 〔사례 110〕에서 브로커 병을 양수인 을에 대한 교사범으로 처벌할 수는 없겠는가 하는 의문을 제기할 수 있다. 그러나 〔사례 110〕의 사안에서 병이 관여하는 범죄는 대사관직원 갑의 양도행위에 한정된다. 만일 병이 을의 양수행위에 대해서도 관여하였다면 병은 을의 양수행위에 대한 교사범으로 처벌될 것이다. 그렇지만 〔사례 110〕의 사실관계 자체는 을의 양수행위에 대한 병의 관여행위를 나타내고 있지 않다.

제2 합동범

【사례 111】 소위 삐끼주점의 지배인 갑은 종업원 을 및 병과 함께 술 취한 손님 A로부터 신용카드를 빼앗았다. 지배인 갑은 종업원 을과 병을 시켜서 이웃에 있는 M편의점에서 손님 A로부터 알아낸 비밀번호와 신용카드를 이용하여 현금을 인출해 오도록 하였다.

이 경우 갑, 을, 병의 죄책은? (신용카드 강취의 점은 논의에서 제외함) (1998. 5. 21. 98도321, 공 1998. 1829 = 백선 총론 95-1. 『삐끼주점 사건』)

---

1. 합동범의 의의

(1) 합동범의 의미와 해당범죄

(가) 합동범　　필요적 공범과 관련하여 논할 것으로 합동범이 있다. 합동범이란 두 명 이상이 합동하여 범할 것을 요건으로 하는 범죄유형이다. 합동범은 한 개의 범죄를 반드

시 두 명 이상이 실현시킨다는 점에서 필요적 공범과 유사한 측면을 갖는다. 이 경우 합동이란 두 명 이상이 한 개의 범죄를 실현함에 있어서 시간적·장소적으로 서로 협동관계에 있다는 것을 말한다.[1]

우리 형법전은 특수도주죄(법146), 특수절도죄(법331② 후단), 특수강도죄(법334② 후단)를 합동범으로 규정하고 있다. 특별법의 경우에는 「성폭력범죄의 처벌 등에 관한 특례법」이 특수강간죄(동법4①), 특수강제추행죄(동조②), 특수준강간·준강제추행죄(동조③)를 합동범으로 규정하고 있다.

(나) 공동범　　「폭력행위 등 처벌에 관한 법률」(폭처법)은 '2명 이상이 공동하여' 일정한 폭력범죄를 범한 경우에 형법 각 해당 조항에서 정한 형의 2분의 1까지 가중하기로 하고 있다(동법2② 참조). 또한 「도로교통법」은 자동차의 운전자는 도로에서 '2명 이상이 공동으로' 위험행위를 한 사람을 위험운전죄로 처벌하고 있다.[2] 이와 같이 '2명 이상이 공동하여'라는 표지가 추가된 일정한 범죄를 가리켜서 공동범이라고 한다.

판례는 폭처법이 규정한 '2명 이상이 공동하여'의 의미를 "여러 명이 동일한 장소에서 동일한 기회에 상호 다른 사람의 범행을 인식하고 이를 이용하여 범행을 한 경우"라는 뜻으로 새기고 있다.[3] '2명 이상이 공동하여'의 의미를 이와 같이 '동일한 장소에서 동일한 기회'에 다수자가 관여하는 형태로 새기게 되면 폭처법이나 「도로교통법」이 규정하는 소위 공동범은 합동범과 같은 의미를 가지게 된다.

(2) 합동범과 공동정범의 구별

(가) 공통점　　합동범이나 공동범은 모두 공동정범의 특수한 형태이다. 공동정범은 두 명 이상이 공동의 의사연락하에 공동으로 범죄실현에 관여하는 범죄유형이다. 주관적인 측면에서 보면 합동범이나 공동범은 일반적인 공동정범과 마찬가지로 두 명 이상의 사람이 한 개의 범죄를 공동으로 실현시킨다는 의사연락을 가지고 있다.

(나) 차이점　　합동범이나 공동범이 일반적인 공동정범과 구별되는 점은 객관적 측면에 있다. 공동정범의 객관적 요건은 실행행위의 분담이다. 실행행위의 분담방법은 다양하다. 그런데 합동범이나 공동범은 일반적인 공동정범의 경우와 달리 공동으로 범죄를 실현함에 있어서 두 명 이상의 공모자가 반드시 시간적·장소적으로 협동관계에 있어야 한다. 이러한 점에서 합동범이나 공동범은 시간적으로나 장소적으로 공동실현에 전혀 관여하지

---

1) 1992. 7. 28. 92도917, 공 1992, 2696 = 백선 총론 94.『3인조 식칼강도 사건』.
2) 2021. 10. 14. 2018도10327, 공 2021하, 2217 =『공항고속도로 롤링 레이스 사건』☞ 1201면.
3) 1994. 4. 12. 94도128, 공 1994, 1552 = 백선 총론 95.『창당방해 사건』.

아니하고 공동의 의사연락만으로 공동정범으로 인정되는 공모공동정범과 정반대의 위치에 서게 된다.

합동범의 본질에 대해서는 견해가 나뉘고 있다. 합동범의 본질 내지 구조에 관한 학설로 공모공동정범설, 가중적 공동정범설, 현장설, 현장적 공동정범설 등이 제시되고 있다.

2. 합동범의 본질

(1) 공모공동정범설

(가) 공모공동정범설의 내용   공모공동정범설이란 합동범을 두 명 이상의 관여자들 사이에 공동의 의사연락만 있어도 공동정범이 인정되는 범죄유형이라고 보는 견해이다.[1] 이 견해는 우리 형법 제30조가 규정한 공동정범은 원칙적으로 실행공동정범만을 대상으로 한 것이라고 본다. 그런데 특정한 구성요건의 경우에는 입법자가 공동정범의 범위를 확장하기 위하여 공모만 있더라도 공동정범의 성립을 인정하기로 하는 예가 있는데 그것이 바로 합동범 내지 공동범이라는 것이다.

(나) 공모공동정범설에 대한 비판   그러나 '2명 이상이 합동하여'라는 표지나 '2명 이상이 공동하여'라는 표지가 추가된 구성요건을 '두 명 이상의 의사연락만 있어도'라고 의미를 줄여서 읽는 것은 문리해석의 범위를 크게 넘어서는 것이라고 본다. 그리고 기본적인 공동정범의 요건을 객관적인 측면에서 완화하면서 오히려 형벌은 일반적인 공동정범에 비하여 가중하는 것 또한 논리적으로 모순이다.

나아가 우리 대법원은 공동정범의 일반적인 형태로 공모공동정범을 인정하고 있다. 구성요건의 형태를 가리지 아니하고 공모공동정범을 인정하는 현재의 형사실무에 비추어 볼 때 '2명 이상이 합동하여'라는 표지나 '2명 이상이 공동하여'라는 표지가 붙어 있는 구성요건에 대해서만 공모공동정범을 인정하는 것은 현실을 도외시한 해석론이라고 생각된다. 현재 공모공동정범설은 학설사적 의미만을 가지고 있으며 실제로 이 견해를 주장하는 학자는 없다.

(2) 가중적 공동정범설

(가) 가중적 공동정범설의 내용   합동범의 본질에 대한 두 번째의 견해로 가중적 공동정범설이 있다. 가중적 공동정범설이란 합동범을 일반적인 공동정범과 아무런 구조적 차이가 없다고 보되 다만 집단범죄의 위험에 대처하기 위하여 형벌만을 가중하는 범죄유형이라고 보는 견해이다.[2] 즉 합동범이나 공동범 모두 통상의 공동정범이지만 두 명 이상이

---

1) 김종수, "공모공동정범과 합동범", 김종수, 형사법연구 (상), 93면 이하 참조.
2) 성낙현, 580면; 정성근·정준섭, 253면.

합동하거나 두 명 이상이 공동하여 범죄를 실현시키는 경우에는 위험성이 증대되기 때문에 일반적인 공동정범에 비해 형을 가중하여 처벌한다는 것이다.

(나) 가중적 공동정범설에 대한 비판   가중적 공동정범설에 대해서는 책임주의에 반한다는 비판이 제기되고 있다. 합동범의 구조적 특성이나 불법의 실체를 밝히지 아니한 채 단순히 집단범죄의 위험에 대처한다는 형사정책적 필요성만을 내세워서 형을 가중하는 것은 책임주의에 저촉된다는 것이다.

(3) 현장설

합동범의 본질에 관한 세 번째의 견해로 현장설이 있다. 현장설은 합동범을 공동정범의 주관적 요건인 공모 이외에 범행현장에서 수행하는 실행행위의 분담까지도 있어야만 성립하는 범죄라고 보는 견해이다.[1] 현장설에 따르면 합동범은 공모 이외에 범행현장에서의 실행행위 분담까지 요구된다. 이 점에서 합동범은 공모공동정범과 정면으로 대비되는 범죄유형이다.

현장설은 대법원이 그 동안 지속적으로 취해오던 견해이다. 대법원은 현장설을 취하여 "합동범은 주관적 요건으로서 공모 외에 객관적 요건으로서 현장에서의 실행행위의 분담을 요한다."고 판시하고 있다. 그러나 동시에 대법원은 현장에서 이루어지는 실행행위의 분담을 다소 완화하여 이해하고 있다. 즉 합동범의 객관적 요소인 실행행위의 분담은 반드시 동시에 동일장소에서 실행행위를 특정하여 분담하는 것만을 뜻하는 것이 아니라 시간적으로나 장소적으로 다수관여자들이 서로 협동관계에 있다고 볼 수 있으면 충분하다고 보는 것이다.[2]

(4) 현장적 공동정범설

(가) 현장적 공동정범설의 의미   현장설과 비슷하면서도 구별해야 할 견해로 현장적 공동정범설이 있다. 현장적 공동정범설은 일단 현장설의 입장에서 합동범을 파악하면서도 기능적 역할분담이 합동범의 결정요소가 된다고 보는 견해이다.[3] 현장에서의 실행행위분담이 합동범의 결정요소가 되지 않는 대신에 기능적 역할분담으로 족하다는 것이다. 요컨대 '현장적 공동정범설'에서 현장적이라 함은 반드시 현장에서의 실행행위분담의 요건을 갖출 필요는 없다는 의미이다.

(나) 현장적 공동정범설과 기능적 행위지배   현장설에 의하면 합동범은 두 명 이상

1) 권오걸, 562면; 김성돈, 630면; 김성천·김형준, 395면; 김혜정 외 4인, 331면; 박상기, 283면; 배종대, 431면; 손동권·김재윤, 557면; 오영근, 444면; 임웅, 473면; 정영일, 400면.
2) 1992. 7. 28. 92도917, 공 1992, 2696 = 백선 총론 94. 『3인조 식칼강도 사건』.
3) 김일수·서보학, 468면.

이 공모하여 범행현장에서 실행행위를 분담하여 수행할 때 성립하는 범죄유형이다. 그런데 현장적 공동정범설의 입장에서는 설사 범행현장에서 실행행위를 분담하여 수행하지 아니하였다고 하더라도 합동범이 성립할 수 있는 여지를 인정한다. 범행현장에서 실행행위를 분담하지 않더라도 범행의 기회에 범죄실현을 배후에서 실질적으로 계획하고 조종하는 자는 그의 강력한 기능적 행위지배로 인하여 예외적으로 합동범이 된다는 것이다.

한편 현장적 공동정범설의 입장에서는 설사 범행현장에서 실행행위를 분담하여 수행한 자라고 할지라도 정범에게 요구되는 정도의 역할분담을 수행하지 못하고 단지 종속적인 기능만을 담당하였을 때에는 합동범의 성립을 부정한다. 현장적 공동정범설은 일단 현장설을 기준으로 하면서도 범행실현에 관여하는 자의 역할과 비중에 따라서 합동범의 성립범위를 조절하려는 입장이다. 근래에 대법원은 소위 『삐끼주점 사건』을 통하여 현장적 공동정범설의 입장을 천명한 바 있다.[1]

(다) 현장성의 포기와 법적 불안정성　　현장적 공동정범설은 합동범이 실현되는 현장에서 실질적으로 기여하는 정도에 따라 합동범의 성립범위를 조절하려는 견해이다. 그러나 이 견해는 '현장성'의 표지를 출발점으로 삼으면서도 이 표지를 수시로 포기하는 단점을 안고 있다.

합동범은 통상의 공동정범에 비하여 형벌이 크게 가중되는 범죄유형이다. 이 합동범의 성립범위가 어디까지 미치는가는 객관적 · 형식적으로 분명하게 제시되지 않으면 안 된다. '현장성'의 표지를 수시로 바꾸게 되면 합동범의 성립범위를 예측할 수 없게 되어 시민생활의 법적 안정성을 크게 해칠 우려가 있다.

(라) 기능적 행위지배의 이중평가　　현장적 공동정범설은 합동범의 성립범위를 기능적 행위지배라는 표지를 통하여 적절히 조절하려고 한다. 그러나 이러한 시도에는 기능적 행위지배를 이중으로 평가하는 문제점이 있다.

현재 많은 사람들이 소위 기능적 행위지배설에 의하여 공동정범의 정범성을 설명하고 있다. 범행목적을 달성하기 위한 수단에 불과할지라도 그 수단의 투입 여하에 따라서 범죄실현을 좌우하기 때문에 행위지배를 가지게 되며, 이러한 기능적 행위지배를 가지는 자가 정범이 된다는 것이다. 이와 같이 기능적 행위지배라는 기준은 공동정범의 성립에 관한 일반적 판단기준이다.

이에 반해 합동범은 일반적인 공동정범에 대해 현장성이라는 특수표지를 추가함으로써 예외적으로 가중처벌되는 공동정범이다. 즉 합동범은 공동정범의 일반적 판단기준에 현장성의 요건을 추가하여 가중처벌을 함과 동시에 그 처벌범위를 제한하려고 안출된 개념이

---

1) 1998. 5. 21. 98도321, 공 1998, 1829 = 백선 총론 95-1. 『삐끼주점 사건』 ☞ 1202면.

다. 이와 같은 합동범의 특성을 다시 공동정범의 일반적 판단기준의 하나인 기능적 행위지 배설의 차원으로 후퇴시키는 것은 합동범의 본질에 반하는 것이라고 하지 않을 수 없다.

(마) 사 견   생각건대 합동범의 본질은 현장설의 관점에서 파악하는 것이 타당하다고 본다. 합동범은 두 명 이상이 주관적으로 공동의 의사연락을 가질 뿐만 아니라 범행현장에서 시간적·장소적으로 협동관계에 서서 범죄실행을 분담하는 범죄유형이다. 이러한 관점에 비추어 볼 때 합동범은 필요적 공범이라고 생각된다. 우리 입법자는 합동범의 구성요건 실현에 반드시 두 명 이상이 등장하도록 요구하고 있기 때문이다.

3. 합동범의 공동정범

(1) 논쟁의 실익

지금까지 합동범에 관한 여러 학설을 분석해 보았다. 그런데 여기에서 이와 같은 학설대립의 실익이 무엇인가를 살펴볼 필요가 있다. 합동범의 본질에 관한 학설대립의 구체적 실익은 합동범의 외부에 있는 자가 합동범에 임의의 공범으로 관여할 수 있는가 하는 점에 있다. 그리고 임의적 공범 가운데에서도 외부자가 공동정범으로 관여할 수 있는가 하는 점이 논쟁의 핵심이다.

이 문제에 대하여 가중적 공동정범설과 현장적 공동정범설은 합동범에 대하여 외부자가 공동정범으로 관여하는 것을 긍정한다. 이에 대하여 현장설의 입장에서는 합동범을 필요적 공범이라고 보아 외부자가 합동범에 공동정범으로 관여하는 것을 인정하지 않는다.

(2) 학설의 개관

(가) 가중적 공동정범설의 입장   가중적 공동정범설의 입장에서는 합동범을 가리켜서 단순히 형을 가중하기 위하여 마련된 범죄유형이라고 본다. 이 입장에서는 '2명 이상이 합동하여'라는 표지가 존재하지 않더라도 행위자에게는 기본범죄인 단순도주죄, 단순절도죄, 단순강도죄, 단순강간죄, 단순강제추행죄, 단순준강간·준강제추행죄 등이 성립한다고 본다. 이러한 기본범죄에 '2명 이상이 합동하여'라는 표지가 추가될 때 합동범으로 가중처벌된다는 것이다.

가중적 공동정범설의 입장에서는 '2명 이상이 합동하여'라는 표지는 단순히 형을 가중하는 표지일 뿐이며 필요적 공범을 규정한 것이 아니라고 본다. 이렇게 새기게 되면 외부자는 필요적 공범에 공동정범으로 개입할 수 없다는 제한을 전혀 받지 않아도 된다.[1][2]

---

1) 성낙현, 583면.
2) 정성근·정준섭, 286면은 가중적 공동정범설을 취하면서도 현장협동이 없는 합동범과 그 공동정범은

(나) 현장적 공동정범설의 입장   이에 대하여 현장적 공동정범설의 입장에서는 일단 현장설의 표지에 의하여 합동범의 기본적인 성립범위를 확정하면서도 기능적 행위지배의 유무에 따라서 '2명 이상이 합동하여'의 표지를 갖추지 아니한 사람도 합동범의 공동정범이 될 수 있다고 본다.[1] 대법원은 소위 『삐끼주점 사건』에서 현장적 공동정범설의 관점에 서서 합동범의 공동정범을 인정하는 쪽으로 판례변경을 단행한 바 있다.[2]

(다) 현장설의 입장   현장설의 입장에서는 합동범의 공동정범을 인정하지 않는다.[3] 합동범은 범행현장에서 시간적·장소적으로 협동하여 범죄를 실현시키는 데에 그 중점이 있으므로 이러한 협동관계의 외부에 위치하는 제3자는 공동정범이라는 '정범'의 형태로 관여할 수 없다는 것이다.[4]

(3) 판례의 입장

소위 『삐끼주점 사건』 판례에서 대법원은 합동범의 공동정범이 문제되는 사안을 실행행위자의 인원수를 기준으로 경우를 나누어 판단하였다.

(가) 합동범의 1명이 실행한 경우   대법원이 검토한 첫 번째의 유형은 2명 이상의 범인이 합동범의 범행을 공모한 후 그중 1명의 범인이 단독으로 합동범의 실행행위를 한 경우이다. 이 경우에는 2명 이상이 현장에서 실행행위를 분담해야 한다는 합동범의 객관적 요건이 갖추어지지 아니하였으므로 아예 합동범이 성립하지 않는다고 본다.

(나) 합동범의 2명 이상이 실행한 경우   대법원이 합동범의 공동정범 여부를 문제삼은 두 번째의 유형은 3명 이상이 합동범의 범행을 공모한 후 적어도 2명 이상의 범인이 범행현장에서 시간적·장소적으로 협동관계를 이루면서 합동범의 실행행위를 분담하여 범죄를 실행한 경우이다.

이 경우에 대하여 대법원은 공모에는 참여하였으나 현장에서 합동범의 실행행위를 직접 분담하지 아니한 다른 범인에 대하여 그에게 합동범의 정범성 표지가 인정된다면 합동범의 공동정범을 긍정할 수 있다고 본다. 합동범의 정범성과 관련하여 대법원은 국외자(局外者)가 현장에서 합동범을 실행한 2명 이상의 범인의 행위를 자기의 의사실현의 수단으로

부정하고 있다.

1) 김일수·서보학, 470면.

2) 1998. 5. 21. 98도321, 공 1998, 1829 = 백선 총론 95-1. 『삐끼주점 사건』.

3) 권오걸, 562면; 김혜정 외 4인, 332면; 박상기, 283면; 배종대, 433면; 오영근, 444면; 임웅, 473면; 정영일, 402면.

4) 김성돈, 632면; 손동권·김재윤, 559면은 현장설을 취하면서도 기능적 행위지배를 이유로 합동범의 공동정범을 긍정한다.

삼아 당해 합동범을 범하였다고 평가할 수 있는 경우이면 그 국외자에게 합동범의 정범성
표지가 인정된다고 본다.

(4) 사 견

(가) 학설구성의 문제점　　생각건대 합동범의 공동정범은 대법원의 판례와 달리 이를
부정하는 것이 타당하다고 본다. 가중적 공동정범설이 형사정책적 필요성을 내세워 합동범
의 구조나 불법의 실체를 도외시하는 흠이 있다는 점은 앞에서 설명하였다. 나아가 현장적
공동정범설 또한 공동정범의 일반적 판단기준인 '기능적 행위지배'의 요건을 가중하기 위하
여 '현장성'의 요건을 추가한 것이 합동범임에도 불구하고 다시 일반기준인 '기능적 행위지
배'의 요건을 동원하여 합동범의 공동정범을 인정하였다는 점에서 전후 모순의 흠이 있다
고 하지 않을 수 없다.

(나) 합동범의 구조적 특성　　입법자는 합동범의 구성요건을 설정하면서 현장에서
시간적·장소적으로 협동관계에 서서 범죄실현을 분담하는 두 명 이상의 사람을 예정하고
있다. 이것은 입법자가 합동범을 필요적 공범의 구조를 가지는 범죄유형으로 설정한 것이
라고 할 수 있다. 합동범에 관여하는 개개의 행위자들은 다른 행위자들에 대하여 필요적
공범의 관계에 있다. 이렇게 볼 때 우선 합동범에 정범으로 관여하는 1명을 다른 관여자에
대한 공범(넓은 의미의 공범)으로 처벌하는 것은 허용되지 않는다.

합동범을 필요적 공범으로 보게 되면 합동범의 외부에 위치하는 사람은 합동범의 공동
정범이 될 수 없다. 필요적 공범의 경우에 입법자는 필요적 공범관계에 있는 사람들만을
정범으로 파악하고 있기 때문이다. 그렇지만 필요적 공범의 범죄실현에 대하여 외부자가
교사범 또는 방조범으로 관여하는 것은 얼마든지 가능하다. 이 점에 비추어 볼 때 합동범의
경우에도 교사범과 방조범은 충분히 성립할 수 있다고 본다.

(다) 처벌확장의 위험성　　대법원판례가 현장적 공동정범설을 취하여 합동범의 공동
정범을 인정한 것은 합동범으로 가중처벌되는 사람의 범위를 명확하게 구분하지 못하는 흠
을 안고 있다. 특히 판례와 같이 합동범의 공모공동정범까지 인정하는 경우에는 법적 안정
성을 해칠 위험이 매우 크다.

합동범의 공동정범은 이를 인정할 필요가 없다. 현장설에 기초하여 합동범의 공동정범
을 부인하더라도 국외자를 합동범에 대한 교사범이나 방조범으로 처벌하는 것은 얼마든지
가능하다. 또한 실질적 주모자 등을 가중처벌하려면 합동범의 공동정범보다는 합동범의 특
수교사·방조로 처벌하는 것이 보다 효율적이다(법34② 참조). 합동범이 '현장성'의 표지를
통하여 제시하는 법적 안정성의 기능을 공모공동정범의 형태로 무너뜨리려는 시도는 극력

경계하지 않으면 안 된다.

〈사례 해설〉 위의 〔사례 111〕에서 종업원 을과 병은 손님 A의 신용카드와 비밀번호를 이용하여 함께 현금인출기에서 현금을 인출해 내고 있다. 따라서 을과 병은 '2명 이상이 합동하여' 현금인출기 내의 현금을 절취한 절도죄를 범한 것이다. 즉 을과 병의 행위는 합동범인 특수절도죄(법331② 후단)에 해당한다. 문제는 삐끼주점 지배인 갑을 어떻게 처벌할 것인가 하는 점이다.

지배인 갑은 현금을 인출하는 현장에 있지 아니하므로 특수절도죄의 합동범으로 처벌할 수 없다. 이 경우 우선 생각할 수 있는 방안은 갑을 합동범인 특수절도죄의 공동정범으로 처벌하는 방법이다. 대법원은 〔사례 111〕의 기초가 된 사안에서 현장적 공동정범설의 관점을 취하여 특수절도죄(합동절도)를 배후에서 조종한 지배인 갑에게 합동범의 정범에 해당할 정도로 강력한 기능적 행위지배가 있다고 보아 갑을 특수절도죄의 공동정범으로 처벌한 바 있다.

그러나 특수절도죄(합동절도)는 '2명 이상이 합동하여' 절도죄를 범하는 범죄형태로서 필요적 공범의 구조를 갖는다. 현장설의 입장에서 보게 되면 현장에서 시간적·장소적으로 협동관계에 서서 절도죄를 범하는 사람들만이 합동범인 특수절도죄의 정범이 될 수 있다.

〔사례 111〕에서 현장성의 표지를 갖춘 사람은 종업원 을과 병뿐이다. 지배인 갑은 현장성의 표지를 가지고 있지 않다. 현장설에 의할 때 갑은 특수절도죄의 공동정범이 될 수 없다. 국외자 갑은 합동범의 정범인 을과 병을 교사한 자로서 특수절도죄에 대한 보통의 교사범으로 처벌하면 족하다. 한편 사안의 내용에 따라서는 지배인 갑을 종업원 을과 병을 지휘·감독하는 자로서 특수절도죄에 대한 특수교사범(법34②, 56ⅱ)으로 가중처벌할 수도 있을 것이다.

제9장 죄수론

제1절 죄수론의 기초지식

제1 죄수론의 의의와 임무

【사례 112】 서적 외판원 갑은 세일즈를 위하여 이곳저곳을 다니고 있었다. 2월 12일 갑은 거주자 확인조사차 나왔다고 거짓말을 하면서 앞을 잘 보지 못하는 80세의 할머니 A(월수입 10만원)에게 20권짜리 대백과사전 주문서에 도장을 찍도록 하였다. 2월 16일 갑은 다시 동일한 수법을 B노인에게 구사하였다. 2월 22일 갑은 가정주부 C의 집에 여성잡지의 구독을 권유하러 갔다가 C가 잠깐 자리를 비운 사이에 부엌서랍에서 만원짜리 지폐 두 장을 몰래 훔쳤다.

【사례 113】 불량배 을은 사이가 나쁜 다른 불량배 D를 향하여 권총을 쏘았다. 탄환은 먼저 D의 집 유리창을 깨고 다음으로 창문 뒤에 서있던 D에게 명중하였다. D는 그 자리에서 사망하였다.

---

1. 문제의 소재

(1) 사안의 분석

위의 〔사례 112〕와 〔사례 113〕에서 일어난 사건을 법적으로 평가해 보면 갑과 을 두 행위자는 각각 여러 개의 형벌법규를 위반하고 있다. 〔사례 112〕에서는 모두 3개의 범죄행위가 존재하고 있다. 세 가지 행위는 서로 독립한 범죄를 이룬다. 왜냐하면 그 범죄들은 행위자 갑이 각각 새로운 범행결의를 가지고 서로 다른 사람들에게 순차적으로 실현시킨 것이기 때문이다. 한편 〔사례 113〕을 보면 을은 일견 손괴죄와 살인죄라는 두 개의 구성요건을 실현시키고 있는 것처럼 보인다. 그런데 〔사례 112〕와 비교해 볼 때 〔사례 113〕의 사안에 있어서 을은 두 개의 구성요건을 한 개의 행위에 의하여 실현시키고 있다.

〔사례 112〕의 범인 갑과 〔사례 113〕의 범인 을에게 형사책임을 묻는다고 할 때 갑과 을이 실현시킨 개개의 구성요건들을 중심으로 범죄성립을 검토해야 함은 분명하다. 그런데

갑과 을에 대하여 각각 여러 개의 범죄가 인정된다고 할 때 법적 효과인 형벌부과의 면에서 갑과 을을 어떻게 처리해야 할 것인가 하는 문제가 생긴다.

(2) 여러 개의 범죄와 형벌조정의 필요성

법규범은 법률요건 부분과 법률효과 부분으로 구성된다. 형벌법규의 경우에 법률요건은 구성요건이다. 구성요건을 넓은 의미로 새기게 되면 범죄가 성립하기 위하여 갖추어야 할 조건을 의미한다. 어느 행위가 구성요건에 해당하고 위법하며 유책하다고 판단되면 범죄가 인정된다. 범죄가 성립하기 위하여 갖추어야 할 조건을 총칭하여 범죄구성요건이라고 부르기도 한다.

한 개의 범죄구성요건이 갖추어지면 그에 상응하여 한 개의 법적 효과가 발생한다. 형벌법규의 경우에 인정되는 법적 효과는 형벌이다. 따라서 한 개의 범죄구성요건이 갖추어지면 한 개의 형벌이 발생하는 것이 원칙이다. 그런데 한 사람의 행위자가 여러 개의 범죄구성요건을 실현시키는 경우가 있다. 이러한 경우에는 각각의 범죄구성요건별로 각각의 형벌이 발생한다고 생각할 수 있다.

여기에서 형벌의 계산과 관련하여 생각할 점이 있다. 발생한 개개의 형벌을 단순히 합산하여 구체적 행위자에 대한 형벌을 최종 결정할 것인가, 아니면 단순합산이 지나치게 가혹한 결과를 가져올 수 있으므로 다른 방법을 사용하여 형벌의 준엄성을 완화할 것인가 하는 문제가 생기는 것이다.

2. 죄수론의 의의와 임무

(1) 죄수론의 의미

한 사람의 범인이 여러 개의 범죄구성요건을 실현시켰을 때 인정된 범죄 상호간의 관계를 고려하여 형벌을 산정하는 기준을 가리켜서 죄수론이라고 한다. 또 이 기준을 모색하는 이론적 검토작업을 죄수론이라고 부르기도 한다.

죄수론은 한 사람이 여러 개의 범죄구성요건을 실현시킨 상황을 전제로 한다. 한 사람이 한 개의 범죄구성요건만 실현시킨 경우에는 특별히 죄수론을 논할 필요가 없다. 이 경우에는 그 사람에게 부과할 한 개의 형벌이 당해 형벌법규에 이미 제시되어 있기 때문이다.

(2) 죄수론의 임무

여러 개의 범죄구성요건이 동일한 행위자에 의하여 실현된 경우가 있다. 이 경우에는 그 행위자에 대하여 발생한 여러 개의 형벌을 일정한 기준에 따라 계산하여 최종적인 형량을 결정할 필요가 있다. 이 형량계산의 기초단위를 모색하는 것이 죄수론의 임무이다.

죄수론에 필요한 판단기준은 범세계적으로 보편타당한 것이 아니다. 각국의 입법자는 나름대로의 역사적 경험과 사법제도의 특성들을 고려하여 독자적인 기준을 마련하고 있다. 입법자는 여러 개의 범죄구성요건에서 발생하는 형벌을 단순합산하는 것이 지나치게 무거운 처벌인가 아닌가를 판단한다. 나아가 단순합산이 지나치다고 판단할 때 어느 정도의 완화책을 마련할 것인가 하는 문제에 대하여 기준을 제시한다. 이와 같은 입법적 결단은 각국의 입법자가 그들이 속하는 법공동체의 정의감과 법의식을 고려하여 판단한다. 우리 입법자는 형법 제37조에서부터 제40조에 걸쳐서 죄수론의 기준을 제시하고 있다.

제2 죄수론의 기본단위

1. 죄수 판단의 기본요소

【사례 114】 갑은 밤중에 A의 상점을 털려고 막 들어가던 참이었다. 그때 마침 경찰 순찰차가 다가왔다. 이 순간 갑은 근처에 있던 기둥 뒤로 숨었다. 경찰순찰차는 갑을 발견하지 못하고 그냥 지나갔다. 이에 갑은 다시금 A의 상점을 털려고 새롭게 마음을 먹었다. 이어서 갑은 A의 상점에 들어갔다. 갑은 이번에는 아무런 방해도 받지 않고 A의 상점에 있던 현금을 훔쳐 가지고 나왔다.

〔사례 114〕의 사안을 보면 다음과 같은 의문이 제기된다. 이 사안의 경우 갑을 야간주거침입절도죄의 미수범(법330, 342)과 야간주거침입절도죄(법330)의 기수범이라는 두 개의 범죄로 처벌할 것인가, 아니면 단순히 야간주거침입절도죄(법330)의 기수범 하나만으로 처벌할 것인가?

위의 사례에서 보는 것처럼 죄수론을 분석할 때에는 죄의 개수를 판단하는 기본단위가 필요하다. 죄수론은 한 명의 범인에게 여러 개의 범죄가 인정될 때 이들 여러 개의 죄 상호간의 관계를 따져서 형량을 산정하는 기준을 마련하는 작업이기 때문이다.

범죄란 구성요건에 해당하고 위법하며 유책한 행위이다. 구성요건은 법익을 보호하기 위하여 설정된 위법행위의 정형이다. 이와 같이 생각해 보면 범죄의 개수를 결정하는 기본단위로 행위, 보호법익, 구성요건 등을 생각해 볼 수 있다. 한편 행위란 행위자의 의사가 신체동작을 통하여 외부에 표현된 것이다. 그렇다면 죄수론의 기본적인 결정단위로서 신체동작을 기준으로 하는 행위표준설, 행위자의 의사를 기준으로 하는 의사표준설, 구성요건이 보호하려는 법익을 기준으로 하는 법익표준설, 구성요건이 설정한 위법행위의 정형을 기준으로 하는 구성요건표준설 등을 각각 상정해 볼 수 있다.

2. 죄수 판단에 관한 학설

(1) 행위표준설

죄수의 판단을 위한 기본요소를 행위자의 행위에서 구하여 행위가 한 개일 때 한 개의 죄를, 행위가 여러 개일 때 여러 개의 죄를 인정하는 견해를 가리켜서 행위표준설이라고 한다. 원래의 행위표준설은 객관적으로 나타나는 신체동작의 개수를 기준으로 죄수를 결정한다. 그런데 근래에는 사회적 · 법적 관점에서 평가되는 행위의 개수를 기준으로 죄수를 판단하려는 견해도 행위표준설의 하나로 제시되고 있다.[1]

그러나 신체동작을 극단적으로 세분화하게 되면 근육의 움직임이 일어날 때마다 한 개의 죄를 인정해야 한다는 식의 무리가 따르게 된다. 또한 역으로 입법자가 여러 개의 신체동작을 한 개의 범죄로 파악하는 경우가 있다. 예컨대 강간죄(법297)는 폭행 또는 협박이라는 행위와 사람(피해자)의 의사에 반하는 성행위라는 두 가지 행위를 예정하고 있다. 따라서 행위표준설에 의하여 죄수의 개수를 결정하기는 곤란하다.

(2) 의사표준설

행위표준설과 정반대의 관계에 있는 것이 의사표준설이다. 의사표준설이란 행위자가 실현하려는 범죄의사의 개수에 따라서 죄의 개수를 결정하려는 견해이다. 의사표준설에 따르면 행위자에게 한 개의 범죄의사가 있으면 한 개의 죄를, 여러 개의 범죄의사가 있으면 여러 개의 죄를 각각 인정하게 된다. 의사표준설은 행위의 정형보다는 행위자의 악성에 주목하는 주관주의적 범죄론을 취하는 입장에서 주장되는 견해이다.

그러나 의사표준설은 행위자의 의사에 주목하는 나머지 행위의 정형성을 무시하는 폐단이 있다. 또 행위자의 내심에 있는 의사의 개수를 따지는 것도 쉽지 않다. 예컨대 아버지의 원수를 갚기 위하여 갑이 A를 살해하는 경우를 생각해 본다. 갑이 A를 살해하기 위하여 암시장에서 불법총기를 구입한 뒤 이 총으로 A를 저격한 후 미리 대기시켜 놓은 자동차를 타고 과속으로 도주하였다고 해보자. 이 경우 갑의 범행의사는 아버지의 원수 A를 살해하는 것 하나뿐이다. 따라서 의사표준설에 의하면 1죄만을 인정하게 될 것이다.

그렇지만 형법적으로 보면 불법무기의 구입은 「총포 · 도검 · 화약류 등의 안전관리에

---

1) 성낙현, 669면; 임웅, 605면.

관한 법률」 위반죄가 되며, 을을 저격한 행위는 살인죄로, 도주하기 위하여 과속으로 질주하는 행위는 「도로교통법」 위반죄에 각각 해당한다. 또 보기에 따라서는 이 경우에 행위자의 의사가 불법무기구입, 살인, 과속운전 등 여러 개로 파악될 여지도 있다.

(3) 법익표준설

죄수론의 판단기준으로서 규범적 색채를 보다 강하게 가지고 있는 것이 법익표준설이다. 법익표준설은 한 사람의 행위자가 실현시킨 범죄실현의 과정에서 몇 개의 보호법익이 침해 또는 위태롭게 되었는가를 기준으로 죄의 개수를 판단하자는 견해이다. 법익표준설의 관점에서는 예컨대 개인적 법익이 침해된 경우에는 법익의 귀속주체를 중심으로 죄의 개수를 결정한다. 이에 대하여 사회적 법익이나 국가적 법익의 경우에는 불특정한 다수인이나 국가 자체를 법익의 주체로 예정하고 있기 때문에 한 개의 죄를 인정하게 된다.

법익표준설은 행위표준설이나 의사표준설이 순수하게 비법률적인 관점에서 죄의 개수를 결정하는 폐단을 극복하기 위하여 법익이라는 표지를 기준으로 사용한다. 법익은 법질서가 보호하는 생활이익이다. 법익의 개념 뒤에는 법질서가 보호를 필요로 할 만한 가치가 있는 이익인가 아닌가 하는 규범적 판단이 깃들어 있다. 그렇지만 보호법익은 외형적으로 포착이 가능한 실체가 아니라 관념적인 이익 내지 가치이다. 따라서 법익을 중심으로 죄수 판단의 객관적 기준을 수립하는 작업은 결코 용이하지 않다.

(4) 구성요건표준설

규범적 표지를 유지하면서 죄수론의 판단기준으로 제시된 것이 구성요건표준설이다. 구성요건표준설은 구성요건이 한 차례 실현되었을 때 한 개의 죄를, 구성요건이 여러 차례 실현되었을 때 여러 개의 죄를 인정하자는 견해이다.[1] 구성요건은 위법행위의 정형이다. 구성요건은 입법자가 설정해 놓은 것으로서 법질서의 유지를 위하여 형벌을 동원해서라도 금지 또는 준수를 요구하는 행위의 틀이다. 따라서 구성요건은 위법행위의 정형이라는 객관적인 기준을 제시하고 있다.

구성요건은 관념적 이익이나 가치로서의 법익을 전제로 하면서 이 법익을 침해 또는 위태롭게 하는 행위의 정형을 입법자가 설정해 놓은 것이다. 구성요건표준설은 객관적 판단기준과 법질서가 고려하는 규범적 요소를 함께 반영하는 장점이 있다.

---

1) 김성돈, 713면; 김혜정 외 4인, 380면; 오영근, 454면; 이용식, 191면; 이재상 · 장영민 · 강동범, 533면; 정성근 · 정준섭, 383면; 정영일, 463면.

(5) 종합고려설

구성요건표준설에 대해서는 구성요건이 한 차례 충족되었는가 여러 차례 충족되었는가 하는 점을 판단하기가 쉽지 않다는 비판이 제기되고 있다. 그리하여 죄수론의 기본척도로 행위, 의사, 법익, 구성요건 등의 여러 요소를 종합적으로 고려해야 한다는 주장이 제기되고 있다.[1] 이와 같이 여러 요소를 종합적으로 고려하여 죄수판단을 행해야 한다고 주장하는 견해를 가리켜서 종합고려설이라고 한다. 판례는 "실질적으로 1죄인가 또는 수죄인가는 구성요건적 평가와 보호법익의 측면에서 고찰하여 판단하여야 한다."고 하여 종합고려설의 입장을 취하고 있다.[2]

그러나 종합고려설적 접근방법은 모든 경우를 망라하기 위한 기준을 얻기 위하여 죄수론 판단의 기본척도를 지나치게 추상화하는 단점이 있다. 과도하게 망라적이고 추상적인 기준을 가지고는 죄수론의 분석에 나아갈 수 없다. 여기에서 입법자가 설정해 놓은 위법행위의 정형을 일단 죄수론 분석의 출발점으로 설정하면서 입법자의 의도를 살펴서 구성요건 충족의 횟수를 판단하는 것이 타당하다고 본다. 아래에서는 먼저 구성요건이 한 차례 충족되어 한 개의 형벌권이 발생하는 경우인 단순일죄를 살펴보기로 한다.

제 2 절 죄수론의 단위

제1 단순일죄

【사례 115】 갑은 자기와 사이가 나쁜 A를 혼내주어야 하겠다고 생각하였다. 갑은 A를 외딴 곳에 있는 자기 집 지하실에 가두었다. 얼마 후 갑은 A가 지하실 문을 부수고 도망하려는 것을 발견하였다. 이에 갑은 A에게 수갑을 채워 수도관에 묶어 두었다.
　　이 경우 갑에게는 한 개의 감금죄가 성립하는가 두 개의 감금죄가 성립하는가?

1. 협의의 단순일죄와 포괄일죄

구성요건표준설에 따르면 한 개의 구성요건이 실현되었을 때 한 개의 죄가, 여러 개의 구성요건이 실현되었을 때 여러 개의 죄가 인정된다. 여기에서 한 개의 구성요건이 실현되

---

1) 권오걸, 648면; 김일수·서보학, 513면; 배종대, 540면; 손동권·김재윤, 632면; 이정원, 466면.
2) 2011. 11. 24. 2010도8568, 공 2012상, 83 = 분석 총론 『경제자유구역 형질변경 사건』.

어 한 개의 죄가 성립하는 경우를 가리켜서 단순일죄라고 한다. 단순일죄는 다시 협의의 단순일죄와 포괄일죄로 구분된다.

협의의 단순일죄는 행위나 법익침해의 성질 등에 의하여 구성요건의 한 차례 충족이 객관적으로 판단되는 경우를 말한다. 이에 대하여 **포괄일죄**는 각각의 행위들이 각각 한 개의 구성요건을 충족할 수 있지만 그 행위들이 일정한 기준하에 한 개로 묶인 결과 한 개의 구성요건을 충족하는 경우를 말한다.

2. 협의의 단순일죄

(1) 협의의 단순일죄의 형태

(가) 일행위일죄   단순일죄는 여러 가지 형태로 나타난다. 보통의 경우 구성요건은 한 개의 행위를 예상하여 설정된다. 예컨대 보통살인죄(법250①)를 보면 "사람을 살해한다."는 한 개의 행위를 할 때 한 개의 구성요건이 실현된다. 이와 같이 한 개의 행위로 한 개의 구성요건이 실현되는 경우를 가리켜서 일행위일죄라고 한다.

(나) 결합범   단순일죄는 한 개의 행위뿐만 아니라 여러 개의 행위가 있는 경우에도 인정될 수도 있다. 여기에 해당하는 예로 우선 결합범을 들 수 있다. 결합범이란 여러 개의 행위가 합쳐서 한 개의 구성요건을 실현시키는 경우를 말한다. 결합범의 경우에 등장하는 여러 개의 행위는 그 자체로 각각 한 개의 구성요건을 실현시킬 수도 있지만 이들 여러 개의 행위가 한 개의 구성요건으로 묶여서 일죄를 이룬다.

예컨대 강도죄(법333)는 폭행 또는 협박으로 타인의 재물을 강취하거나 재산상의 이익을 취득할 때 성립하는 범죄이다. 강도죄의 구성요건 속에는 폭행 또는 협박이라는 한 개의 행위와 재물의 취거 또는 재산상 이익의 취득이라는 또 한 개의 행위가 예정되어 있다. 이 때 폭행은 폭행죄(법260①)의 구성요건을, 협박은 협박죄(법283①)의 구성요건을 각각 실현시킬 수 있다. 한편 강도죄에 있어서 재물의 취거는 그 자체로 절도죄(법329)의 구성요건을 실현시킬 수도 있다.

결합범은 이와 같이 여러 개의 행위가 여러 개의 구성요건을 실현시킬 여지가 있지만 입법자가 한 개의 구성요건으로 묶어 놓은 범죄유형이다. 결합범의 예로는 강도죄 외에도 강도살인죄(법338), 강도강간죄(법339) 등을 들 수 있다.

(다) 계속범   단순일죄의 한 유형으로 계속범이 있다. 계속범이란 최초의 위법상태 야기행위와 이 위법상태의 유지에 기여하는 이후의 행위들이 모여서 한 개의 구성요건을 실현시키는 범죄유형을 말한다. 계속범의 주요한 예로는 감금죄(법276), 주거침입죄(법319) 등을 들 수 있다. 감금죄는 계속범이므로 위의 〔사례 115〕에서 행위자 갑에게는 한 개의

감금죄만 성립한다.

(라) 상태범　　계속범과 구별되는 것으로 상태범이 있다. 상태범이란 최초의 위법상태 야기행위가 구성요건을 실현하게 되며 이후에 계속되는 위법상태는 독자적 가벌성을 갖지 아니하는 범죄유형을 말한다. 상태범의 경우에는 최초의 위법상태 야기행위가 그 범죄의 불법내용을 구성한다. 최초행위로 인한 위법상태의 유지나 계속은 죄수론의 판단에 있어서 더 이상 중요하지 않다.[1]

(2) 불가벌적 사후행위

(가) 불가벌적 사후행위의 의미　　상태범의 전형적인 예로 절도죄(법329)를 들 수 있다. 예컨대 절도범이 자기앞수표를 절취하여 이 수표를 은행에서 현금으로 바꾸는 경우를 생각해 본다. 이 사안에서 절도죄의 불법내용은 자기앞수표를 절취한 행위 그 자체에 의하여 완전히 포착된다. 훔친 자기앞수표를 은행에서 바꾸는 행위를 보면 그 자체로 사기죄가 성립할 여지가 있다. 그러나 자기앞수표의 환금행위는 도품의 처분행위로서 수표를 훔치는 행위를 법적으로 평가할 때 이미 그 속에 포함되어 있다. 따라서 훔친 자기앞수표의 환전행위는 절도범에 대해 별개의 죄를 구성하지 않는다.[2]

이와 같이 선행행위의 법적 평가에 이미 포함되었기 때문에 후행행위가 별도로 처벌되지 않는 경우를 가리켜서 불가벌적 사후행위라고 한다.[3] 그러나 후행행위가 선행행위의 법적 평가를 넘어설 정도로 과도하게 법익을 침해하는 경우 또는 후행행위가 전혀 새로운 법익을 침해하는 경우에는 그 후행행위는 불가벌적 사후행위의 대상에서 제외된다.[4]

(나) 불가벌적 사후행위의 특성　　불가벌적 사후행위의 경우에 행위자(정범)가 처벌되

---

1) 즉시범, 계속범, 상태범의 구별실익에 관하여는 전술 513면 이하 참조.

2) 1982. 7. 27. 82도822, 공 1982, 887 = 백선 총론 98-2. 참고판례 4. 『자기앞수표 환금 사건』.

3) "공동의 사기 범행으로 인하여 얻은 돈을 공범자끼리 수수한 행위가 공동정범들 사이의 그 범행에 의하여 취득한 돈이나 재산상 이익의 내부적인 분배행위에 지나지 않는 것이라면 그 돈의 수수행위가 따로 배임수증재죄를 구성한다고 볼 수는 없다."

2016. 5. 24. 2015도18795, 공 2016하, 900 = 『낙찰정보 대가 제공 사건』.

4) "전기통신금융사기(이른바 보이스피싱 범죄)의 범인이 피해자를 기망하여 피해자의 자금을 사기이용계좌로 송금·이체받으면 사기죄는 기수에 이르고, /

범인이 피해자의 자금을 점유하고 있다고 하여 피해자와의 어떠한 위탁관계나 신임관계가 존재한다고 볼 수 없을 뿐만 아니라, 그 후 범인이 사기이용계좌에서 현금을 인출하였다고 하더라도 이는 이미 성립한 사기범행이 예정하고 있던 행위에 지나지 아니하여 새로운 법익을 침해한다고 보기도 어려우므로, 위와 같은 인출행위는 사기의 피해자에 대하여 별도의 횡령죄를 구성하지 아니한다. /

이러한 법리는 사기범행에 이용되리라는 사정을 알고서 자신 명의 계좌의 접근매체를 양도함으로써 사기범행을 방조한 종범이 사기이용계좌로 송금된 피해자의 자금을 임의로 인출한 경우에도 마찬가지로 적용된다."

2017. 5. 31. 2017도3894, 공 2017하, 1452 = 『명의대여자 임의인출 사건』.

지 않는 것은 선행행위에 대한 법적 평가 속에 행위자의 사후행위가 이미 포함되어 있기 때문이다. 그런데 본범(정범)의 사후행위에 제3자가 개입하는 경우에는 이러한 포함관계가 성립하지 않는다. 그리하여 본범의 사후행위는 제3자에 대한 관계에서 독자적인 형벌권의 발생근거가 된다. 요컨대 불가벌적 사후행위에 관여하는 제3자는 본범에 대한 공범 또는 장물범으로 처벌된다.[1]

(다) 새로운 법익의 침해   불가벌적 사후행위는 선행행위를 통하여 후행행위의 불법이 이미 평가된 경우에 인정된다. 그러나 후행행위가 별도의 법익을 침해하거나 위태롭게 한 경우에는 후행행위가 별개의 죄를 구성한다. 이와 관련된 몇 가지 사례를 본다.

절도범이 예금통장을 절취한 후 은행원에게 자신이 예금주인 것처럼 속여서 예금을 인출하였다면 이 때에는 은행 또는 예금주의 재산이라는 새로운 법익이 침해된다. 이 경우에는 절도범의 예금인출행위가 별도로 사기죄를 구성하게 된다.[2] 훔친 예금통장을 이용한 예금인출행위는 자기앞수표의 환금행위와 달리 법익과 관련한 형법적 평가에 있어서 독자성이 인정되기 때문이다.

적법한 명의신탁으로 타인의 부동산을 보관 중인 자가 불법영득의사를 가지고 그 부동산에 근저당권설정등기를 경료하면 일단 그 횡령행위는 기수에 이른다. 그런데 부동산 보관자가 그 후 같은 부동산에 별개의 근저당권을 설정하면 새로운 법익침해의 위험을 추가하여 법익침해의 위험을 증가시킨 것이 된다. 또한 부동산 보관자가 해당 부동산을 매각함으로써 기존의 근저당권과 관계없이 법익침해의 결과를 발생시켰다면 이는 당초의 근저당권 실행을 위한 임의경매에 의한 매각 등 그 근저당권으로 인해 당연히 예상될 수 있는 범위를 넘어 새로운 법익침해의 위험을 추가시키거나 법익침해의 결과를 발생시킨 것이 된다. 그리하여 횡령 이후 해당 부동산에 별개의 근저당권을 설정하거나 해당 부동산을 매각하는 행위는 특별한 사정이 없는 한 불가벌적 사후행위로 볼 수 없고, 별도로 횡령죄를 구성한다.[3]

회사의 대표이사는 회사에 대하여 타인의 사무를 처리하는 자의 지위에 있다. 회사의 대표이사가 임무에 위배하는 행위로써 회사로 하여금 대표이사 개인의 채무에 관하여 연대

---

[1] "제3자뇌물수수죄에서 제3자란 행위자와 공동정범 이외의 사람을 말하고, 교사자나 방조자도 포함될 수 있다. /
그러므로 공무원 또는 중재인이 부정한 청탁을 받고 제3자에게 뇌물을 제공하게 하고 그 제3자가 그러한 공무원 또는 중재인의 범죄행위를 알면서 방조한 경우에는 그에 대한 별도의 처벌규정이 없더라도 방조범에 관한 형법총칙의 규정이 적용되어 제3자뇌물수수방조죄가 인정될 수 있다."
2017. 3. 15. 2016도19659, 공 2017상, 826 =『건축사 상대 물품판매 사건』.

[2] 1974. 11. 26. 74도2817, 공 1975, 8242 = 백선 총론 98-2. 참고판례 5.『예금통장 절취 사건』.

[3] 2013. 2. 21. 2010도10500 전원합의체 판결, 공 2013상, 599 = 분석 총론『적성면 종중 땅 사건』.

보증채무를 부담하게 하면 배임죄가 성립한다(법355②). 이후 대표이사가 회사의 금전을 보관하는 자의 지위에서 회사의 이익을 위한 것이 아니라 자신의 개인 채무를 변제하려는 의사를 가지고 회사의 자금을 자기의 소유인 경우와 같이 임의로 인출한 후 개인채무의 변제에 사용한 경우에 별도로 횡령죄(법355①)가 성립할 것인지 문제된다.

이 경우 회사의 자금을 개인채무의 변제를 위하여 사용한 행위는 연대보증채무 부담으로 인한 배임죄와 다른 새로운 보호법익을 침해하는 행위이다. 따라서 그 행위는 배임 범행의 불가벌적 사후행위가 되는 것이 아니라 별죄인 횡령죄를 구성한다. 횡령행위로 인출한 자금이 선행 임무위배행위로 인하여 회사가 부담하게 된 연대보증채무의 변제에 사용되었다 하더라도 달리 볼 것은 아니다.[1]

3. 포괄일죄

(1) 협의의 포괄일죄

(가) 협의의 포괄일죄의 개념　　　단순일죄의 하나로 포괄일죄가 있다. 포괄일죄(包括一罪)란 여러 개의 자연적인 행위가 일정한 기준하에 한 개의 죄로 묶이는 범죄유형을 말한다. 포괄일죄는 처음부터 여러 개의 행위를 예정하고 있다는 점에서 한 개의 행위를 출발점으로 하여 논의되는 전형적인 단순일죄와 다소 차이가 있다. 그러나 한 개의 구성요건을 실현시킨다는 점에서 포괄일죄는 여전히 단순일죄의 영역에 속한다.

포괄일죄는 여러 개의 행위를 일죄로 묶는 기준 여하에 따라서 다시 협의의 포괄일죄와 광의의 포괄일죄로 나뉜다. 협의의 포괄일죄는 당해 구성요건에 내재하는 특성 때문에 여러 개의 행위가 한 개의 죄로 포괄되는 범죄유형이다.[2][3] 이에 대하여 광의의 포괄일죄는 여러 개의 행위가 당해 구성요건이 설정한 행위정형 이외의 다른 공통적 특성에 의하여 한 개의 구성요건으로 묶이는 범죄유형을 말한다.

포괄일죄는 원래 여러 개의 행위가 각각 구성요건을 충족할 수 있지만 공통의 성질 때

---

1) 2011. 4. 14. 2011도277, 공 2011상, 974 = 분석 각론 『연대보증 후 현금 지급 사건』.
2) "범죄단체의 구성이나 가입은 범죄행위의 실행 여부와 관계없이 범죄단체 구성원으로서의 활동을 예정하는 것이고, /
범죄단체 구성원으로서의 활동은 범죄단체의 구성이나 가입을 당연히 전제로 하는 것이므로, /
양자는 모두 범죄단체의 생성 및 존속·유지를 도모하는, 범죄행위에 대한 일련의 예비·음모 과정에 해당한다는 점에서 그 범의의 단일성과 계속성을 인정할 수 있을 뿐만 아니라 피해법익도 다르지 않다. /
따라서 범죄단체를 구성하거나 이에 가입한 자가 더 나아가 구성원으로 활동하는 경우 이는 포괄일죄의 관계에 있다고 봄이 타당하다."
2015. 9. 10. 2015도7081, 공 2015하, 1581 = 『조폭 통장갈취 사건』.
3) 협의의 포괄일죄의 성립요건에 관하여는, 후술 817면 이하 참조.

문에 단순일죄로 묶이는 경우이다. 따라서 포괄일죄의 공소시효는 최종의 범죄행위가 종료한 때로부터 진행한다.[1]

(나) 협의의 포괄일죄의 사례   협의의 포괄일죄에 해당하는 예로 수뢰죄를 들 수 있다. 형법 제129조 제1항은 공무원이나 중재인이 그 직무에 관하여 '뇌물을 수수, 요구 또는 약속하는 행위'를 뇌물죄의 실행행위로 규정하고 있다.

이해를 돕기 위하여 예컨대 P건설공사를 감독하는 공무원 갑과 시공업자 을 사이에 일어난 다음의 사안을 생각해 본다. 「공무원 갑이 시공업자 을에게 뇌물을 달라고 요구하자 업자 을이 뇌물을 주겠다는 제안을 하였고 공무원 갑은 이를 받기로 약속하였다. 이후 공무원 갑은 합의한 바에 따라 업자 을로부터 실제로 뇌물을 교부받았다.」

이 사안에서 공무원 갑은 뇌물요구, 뇌물약속, 뇌물수수의 행위를 순차적으로 행하고 있다. 이 행위들을 개별적으로 보면 각각의 행위가 형법 제129조 제1항의 수뢰죄 구성요건을 실현시키고 있는 것처럼 보인다. 그렇지만 각각의 개별행위마다 뇌물죄가 성립하지는 않는다.

입법자는 동일한 법익을 보호하기 위하여 형법 제129조 제1항이라는 동일조문에 뇌물요구, 뇌물약속, 뇌물수수 등의 관련행위를 병렬적으로 규정하고 있다. 이러한 입법자의 결단 때문에 뇌물요구, 뇌물약속, 뇌물수수라는 일련의 행위들은 한 개의 구성요건에 포괄되어 일죄를 구성하게 된다.

(다) 접속범   협의의 포괄일죄 가운데 하나로 접속범이 있다. 접속범이란 일련의 행위들이 시간적으로 잇따라 범해질 것을 예정하고 있는 범죄유형이다. 접속범의 전형적인 예로 횡령죄(법355①)를 들 수 있다. 예컨대 A 소유의 상점에서 현금출납업무를 담당하는 갑이 유흥비에 사용하기 위하여 매일 일정액의 현금을 꺼내어 쓰는 경우를 생각해 본다. 이러한 행위가 1개월 가량 반복되던 중에 갑의 행위가 발각되었다고 해보자. 행위 자체를 보면 현금의 무단인출행위는 약 30여회에 달한다. 그렇지만 이러한 사안에서 30개의 횡령죄가 성립하는 것은 아니다.

횡령죄는 타인의 재물을 보관하는 자가 그 재물을 횡령할 때 성립하는 범죄이다(법355①). 횡령죄에서 '타인의 재물을 보관한다'고 할 때 그 보관은 위탁신임관계에 기초하여 재물에 대한 점유를 가지고 있다는 의미이다. 보관개념의 핵심적 요소 가운데 하나는 위탁신임관계이다. 즉 '믿고 맡겼다'는 점이 횡령죄의 핵심적 요소를 이룬다.

위의 사례에서 갑의 30여회에 걸친 현금인출행위는 상점주인 A와 현금출납직원 갑 사이에 존재하는 한 개의 동일한 위탁신임관계를 침해하는 행위라고 볼 수 있다. 이 경우 한

---

1) 2015. 9. 10. 2015도7081, 공 2015하, 1581 = 『조폭 통장갈취 사건』.

개의 동일한 위탁신임관계가 30여회의 현금인출행위를 한 개의 구성요건으로 묶어 주는 계기가 된다.[1] 이와 같이 당해 구성요건의 특성이 여러 개의 행위를 한 개의 구성요건으로 묶어 준다는 점에서 접속범은 협의의 포괄일죄로 분류된다.

(라) **특별법상의 포괄일죄**   우리 입법자는 형법전에 규정된 일정범죄를 보다 엄하게 규율하기 위하여 각종 특별법으로 그 범죄의 형량을 가중시키는 방법을 사용하고 있다. 「특정범죄 가중처벌 등에 관한 법률」, 「특정경제범죄 가중처벌 등에 관한 법률」, 「폭력행위 등 처벌에 관한 법률」 등이 그 대표적인 예들이다. 그런데 이 가운데 범행을 통하여 취득한 금액을 기준으로 형을 가중하는 경우가 있다. 「특정범죄 가중처벌 등에 관한 법률」이 규정한 뇌물죄의 가중처벌규정(동법2 참조)과 「특정경제범죄 가중처벌 등에 관한 법률」이 규정한 사기죄, 공갈죄, 횡령죄, 배임죄 등의 가중처벌규정(동법3)이 여기에 해당하는 경우이다.[2]

여기에서 가중처벌의 기준이 되는 뇌물액수나 이득액수의 산정방법이 문제된다. 이 문제에 대하여 판례는 협의의 포괄일죄 이론을 발전시키고 있다. 즉 판례는 여러 개의 부분행위들을 좁은 의미의 포괄일죄로 묶을 수 있는가 아닌가를 검토한다. 여러 개의 부분행위들이 포괄일죄의 관계에 있다고 판단되면 포괄일죄로 묶이는 행위들로 인하여 취득된 뇌물액수나 이득액수를 합산한다. 그리고 이렇게 해서 얻어진 총액을 기준으로 가중처벌규정의 적용 여부를 결정한다.[3]

이러한 판단과정의 출발점으로 여러 개의 행위들을 포괄일죄로 묶을 수 있는가를 판단하는 기준이 필요하게 된다. 우리 판례는 이 기준으로 독일 판례에서 발전된 소위 연속범의 이론을 원용하고 있다. 이에 대해서는 후술하는 독일 형법상의 연속범 이론과 관련하여 상론하기로 한다.[4]

---

1) 1990. 10. 10. 90도1580, 공 1990, 2329 = 백선 총론 98-3. 참고판례 1.『새마을금고 이사장 사건』 참조.

2) "[특정경제범죄 가중처벌 등에 관한 법률] 제3조 제1항은 특정재산범죄를 범한 자가 그 범죄행위로 인하여 취득하거나 제3자로 하여금 취득하게 한 재물 또는 재산상 이익의 가액(이하 '이득액'이라 한다)이 5억원 이상인 때에 가중처벌하고 있는데, /
여기서 말하는 '이득액'은 단순일죄의 이득액이나 혹은 포괄일죄가 성립되는 경우의 이득액의 합산액을 의미하는 것이고 경합범으로 처벌될 수죄에 있어서 그 이득액을 합한 금액을 의미하는 것은 아니다."
"한편 수개의 업무상횡령 행위가 포괄하여 1죄로 되기 위해서는 그 피해법익이 단일하고, 범죄의 태양이 동일하며, 단일 범의의 발현에 기인하는 일련의 행위라고 인정되어야 한다."
2011. 7. 28. 2009도8265, 공 2011하, 1865 = 분석 총론『에너지 연구원 횡령 사건』.

3) 예컨대 2005. 9. 28. 2005도3929, 공2005, 1731 = 백선 총론 98-3. 참고판례 2.『학교회계 전출 사건』 참조.

4) 후술 814면 이하 참조.

(2) 광의의 포괄일죄

포괄일죄의 두 번째 유형은 광의의 포괄일죄이다. 광의의 포괄일죄란 여러 개의 행위가 당해 구성요건이 설정한 행위정형 이외의 다른 공통적 특성에 의하여 한 개의 구성요건으로 묶이는 범죄유형을 말한다. 광의의 포괄일죄는 여러 개의 행위를 예정하고 있으나 협의의 포괄일죄와 마찬가지로 단순일죄로 파악된다. 광의의 포괄일죄에 해당하는 예로 상습범, 영업범, 직업범 등을 들 수 있다.

(가) 상습범　　행위자에게 존재하는 범죄의 습벽이 구성요건의 핵심을 이루는 범죄유형을 가리켜서 상습범이라고 한다. 상습성이란 범죄를 습관적으로 범하는 행위자의 인격적 특성이다. 상습성은 위법행위의 정형에 나타나는 행위의 특성이 아니라 행위자의 인격에 깃들어 있는 속성이다.

범죄의 습벽 유무를 판단함에 있어서는 범죄의 전과가 중요한 판단자료가 된다. 그러나 전과가 없다고 하더라도 범행의 횟수, 수단과 방법, 동기 등 제반 사정을 참작하여 범행의 습벽이 인정되는 경우에는 상습성이 긍정된다.[1] [2]

상습범의 사례로서 예컨대 갑이 3월 1일 서울에서 A 소유의 자동차를 훔치고, 5월 15일 부산에서 B 소유의 지갑을 훔친 후, 6월 30일 대전에서 C 소유의 디지털 카메라를 훔쳤다고 생각해 보자. 만일 이러한 세 가지 절도범행이 행위자 갑의 인격에 내재하고 있는 절도습벽의 발로라고 한다면 이 세 가지 행위는 합쳐서 상습절도죄(법332)라는 한 개의 구성요건을 실현시키게 된다. 이 경우 세 가지 행위는 절도의 상습성이라는 공통의 표지를 통하여 한 개의 죄로 묶인다는 점에서 포괄일죄이다.[3] 그렇지만 절도범행의 상습성은 절도죄라는 위법행위의 정형 바깥에 위치하는 행위자의 인격적 특성이기 때문에 상습절도죄는 광의의 포괄일죄로 분류된다.

상습범은 상습성이라는 행위자적 속성을 갖추었다고 인정되는 경우에 이를 가중처벌 사유로 삼고 있는 범죄유형을 가리킨다. 상습범이 포괄일죄로 파악되려면 그에 대한 근거 규정이 있어야 한다. 상습성이 있는 자가 같은 종류의 죄를 반복하여 저질렀다 하더라도 상습범을 별도의 범죄유형으로 처벌하는 규정이 없는 한 그 각 죄는 원칙적으로 별개의 범죄로서 경합범으로 처단된다.

예컨대 「저작권법」은 일정한 저작권침해 범죄를 친고죄로 규정하면서도(동법140 본문) 영리를 목적으로 또는 상습적으로 저작권침해 범행을 한 경우에는 고소가 없어도 공소를

---

1) 2009. 9. 10. 2009도5075, 공 2009, 1710 = 분석 총론 『다단계 상품권 사건』.
2) 상습범과 누범의 구별에 관하여는, 후술 877면 이하 참조.
3) 1985. 9. 24. 85도1686, 공 1985, 1464 = 백선 총론 98-3. 『군인 떼강도 사건』 참조.

제기할 수 있다고 규정하고 있다(동조 단서 i). 한편 「저작권법」은 양벌규정을 두고 있다(동법 141). 「저작권법」상 양벌규정을 적용할 때에는 행위자인 법인의 대표자나 법인 또는 개인의 대리인 · 사용인 그 밖의 종업원의 저작재산권 침해행위 습벽 유무에 따라 친고죄인지 여부를 판단해야 한다.[1]

그런데 「저작권법」은 상습으로 일정한 저작재산권침해 범행을 한 경우를 가중처벌한다는 규정을 따로 두고 있지 않다. 따라서 여러 차례에 걸쳐 저작권침해 범행을 한 것이 상습성의 발현에 따른 것이라고 하더라도, 이는 원칙적으로 경합범으로 보아야 하고, 한 개의 죄로 처단되는 상습범으로 볼 것은 아니다.[2]

(나) 영업범 · 직업범   광의의 포괄일죄에 속하는 또 다른 예로 영업범과 직업범이 있다. 영업범은 영리를 목적으로 하여 일련의 행위를 계속적 · 반복적으로 행하는 범죄유형이다.[3] 직업범은 '업(業)'으로서 일련의 행위를 계속적 · 반복적으로 행하는 범죄유형이다. 직업범은 반드시 영리를 목적으로 할 필요가 없다는 점에서 영업범과 구별된다.

영업범이나 직업범은 개별행위의 구체적 특성이 아니라 여러 개의 행위가 영리를 목적으로 또는 업무로서 계속적 · 반복적으로 행하여진다는 점을 공통의 표지로 하여 한 개의 구성요건으로 묶이는 경우이다. 개별행위의 특성이 아니라 영리의 목적이나 업무라는 외부적 특성에 의하여 한 개의 죄로 묶인다는 점에서 영업범과 직업범은 광의의 포괄일죄로 분류된다.[4]

(3) 일사부재리의 효력

포괄일죄는 그 내부에 여러 개의 개별행위들을 포함하고 있다. 이러한 여러 개의 행위는 공통의 요소를 통하여 한 개의 구성요건으로 묶이게 되고 한 개의 죄로 판단된다. 죄가 한 개인가 여러 개인가는 우선 형벌부과의 관점에서 중요한 의미를 갖는다. 그러나 그 의미

---

1) 2013. 9. 26. 2011도1435, 공 2013하, 2014 = 분석 총론 『영화 불법 다운로드 사건』.

2) 2012. 5. 10. 2011도12131, 공 2012상, 1042 = 분석 총론 『파일공유 사이트 사건』.

3) "무면허 의료행위는 그 범죄구성요건의 성질상 동종 범죄의 반복이 예상되는 것이므로, 영리를 목적으로 무면허 의료행위를 업으로 하는 자가 반복적으로 여러 개의 무면허 의료행위를 단일하고 계속된 범의 아래 일정 기간 계속하여 행하고 그 피해법익도 동일한 경우라면 이들 각 행위를 통틀어 포괄일죄로 처단하여야 할 것이다."

2014. 1. 16. 2013도11649, 공 2014상, 444 = 분석 총론 『무면허 필러 시술 사건』.

4) "수개의 등록상표에 대하여 상표법 제93조 소정의 상표권침해 행위가 계속하여 행하여진 경우에는 각 등록상표 1개마다 포괄하여 1개의 범죄가 성립하므로, 특별한 사정이 없는 한 상표권자 및 피장이 동일하다는 이유로 등록상표를 달리하는 수개의 상표권침해 행위를 포괄하여 하나의 죄가 성립하는 것으로 볼 수 없다."

2011. 7. 14. 2009도10759, 공 2011하, 1669 = 분석 총론 『페레가모 샌들 사건』.

는 여기에서 그치지 않는다. 소위 일사부재리의 효력과 관련하여 소송법적으로 중요한 기능을 발휘하기 때문이다.

헌법 제13조 제1항은 "모든 국민은 …… 동일한 범죄에 대하여 거듭 처벌받지 아니한다."고 규정하고 있다. 이를 받아서 형사소송법 제326조 제1호는 어느 형사사건이 기소되었을 때 그 피고사건에 대해 확정판결이 있은 때에는 면소판결로써 당해 절차를 종결하도록 하고 있다. 어느 형사사건에 대해 확정판결이 있을 때 후소(後訴)법원이 거듭 판단하지 못하도록 하는 소송법적 효과를 가리켜서 일사부재리의 효력이라고 한다. 일사부재리의 효력은 또한 이미 한번 재판받은 사건에서 발생하는 효력이라는 의미에서 기판력(旣判力)이라고도 한다. 일사부재리의 효력은 거듭 처벌받을지 모른다는 국민의 불안감을 해소하기 위한 헌법적 안전장치이다.

(4) 포괄일죄와 일사부재리의 효력

일사부재리의 효력은 원래 피고인을 보호하기 위한 장치이지만 법원의 관점에서 보면 한 개의 재판으로 처리할 수 있는 사건의 범위를 결정하는 기준이 된다. 일사부재리의 효력이 미치는 범위는 기본적으로 죄수론과 맥을 같이 한다. 일단 형벌부과의 가능성이 있었던 범위 내에서 일사부재리의 효력이 인정된다. 형벌부과의 가능성은 형벌의 개수 및 그 전제인 죄수의 개수를 결정하는 기준(즉 죄수론)과 밀접불가분의 관계에 있다.

법원의 관점에서 보면 일사부재리의 효력이 미치는 범위가 넓을수록 그에 비례하여 후소(後訴)로 인한 사건의 부담을 덜 수 있다. 피고인의 관점에서 보면 일사부재리의 효력이 미치는 범위가 클수록 다시 처벌받을 위험에서 해방되는 범위가 크다. 이러한 관점에서 크게 주목되는 것이 포괄일죄의 법리이다.

포괄일죄는 원래 여러 개의 행위가 각각 구성요건을 충족할 수 있는 경우이다. 만일 공통의 성질로 묶이지 않았더라면 여러 개의 행위에 대해 법원은 여러 번의 판단을 해야 할 것이다. 피고인은 피고인대로 각각의 행위에 대해 새롭게 재판을 받아야 할 것이다. 포괄일죄의 법리는 이러한 부담을 덜어준다. 포괄일죄는 단순일죄이므로 한 개의 절차에서 판단해야 한다. 만일 그 절차에서 심리되지 아니한 개별행위들이 있다고 해도 포괄일죄로서 판단되었다면 다시 판단할 수 없다. '동일한 범죄'에 대해 이미 판단이 내려졌기 때문이다.

(5) 확정판결과 포괄일죄의 분리

(가) 같은 종류 죄의 확정판결　　포괄일죄의 경우에는 확정판결의 효력범위가 넓게 미치게 된다. 그러나 일련의 행위로 구성된 포괄일죄의 중간에 같은 종류의 죄에 관한 확정

판결이 있는 경우에는 그 확정판결에 의하여 포괄일죄는 확정판결을 전후한 두 개의 포괄일죄로 분리된다.[1] 같은 종류의 죄에 대한 확정판결이 있는 경우 전소(前訴)법원은 확정판결 이전의 부분 행위에 대해서는 심판할 수 있었으나 확정판결 이후의 부분 행위를 심판할 수 있는 가능성이 없으므로 포괄일죄가 확정판결의 전후로 분리되는 것이다.

포괄일죄의 관계에 있는 범행 일부에 대하여 판결이 확정된 경우에는 전소(前訴)법원의 사실심 판결선고 시를 기준으로 하여 그 이전에 이루어진 범행에 대해 확정판결의 기판력이 미친다. 따라서 후소(後訴)법원은 이 부분에 대해 면소판결(형소법326 ii)을 선고해야 한다.[2]

예컨대 무면허의료행위(의료법27, 87① ii)는 영업범 내지 직업범으로서 포괄일죄에 해당한다. 갑이 A, B, C의 세 가지 무면허의료행위를 하였고, 이 가운데 B행위에 대해서만 확정판결이 내려졌다고 생각해 본다. 검사가 잔여 범죄인 A행위와 C행위에 대해 갑을 「의료법」 위반죄로 기소했다면 후소(後訴)법원은 A행위 부분에 대해 확정판결(B행위)이 있음을 이유로 면소판결을 선고해야 하며, C행위에 대해서만 유무죄 판단을 내려야 한다.

A행위와 B행위는 동일한 무면허의료행위로서 같은 종류의 죄에 해당한다. 전소(前訴)법원은 B행위에 대해 재판할 때 A행위에 대해서도 판단할 가능성을 가지고 있었다. 이 때문에 B행위에 대한 확정판결의 효력은 A행위에 대해서도 미치며, 후소법원은 이러한 사정을 존중하여 A행위 부분에 대해 면소판결을 선고하지 않으면 안 된다.

(나) 다른 종류 죄의 확정판결　　이에 반해 포괄일죄로 묶이게 되는 개개의 범죄행위가 다른 종류인 죄의 확정판결 전후에 걸쳐서 행하여진 때에는 그 죄는 두 죄로 분리되지 않고 확정판결 후인 최종 범죄행위 시점에 완성된다.[3]

형법 제114조나 「폭력행위 등 처벌에 관한 법률」 제4조 등은 범죄단체조직죄를 규정하고 있다. 범죄단체조직죄는 한 개의 구성요건 안에 범죄단체의 조직, 가입, 활동이 함께 규정되어 있어서 협의의 포괄일죄에 해당한다. 갑이 P폭력단체에 가입(A행위)하여 활동(C행위)하던 도중에 을에 대해 공갈죄(B행위)를 범하였다는 사안을 생각해 본다. 그리고 A, B, C의 행위 가운데 B행위에 대해 확정판결이 있었다고 하자. 검사가 잔여 부분인 A행위와 C행위를 기소하였다고 할 때 후소법원의 판단이 문제된다.

A행위와 C행위는 범죄단체조직죄의 구성요건에 함께 규정되어 있는 행위들이므로 양자는 포괄일죄의 관계에 있다. 공소시효는 최종행위인 C행위가 종료했을 때부터 진행한다. 이에 대해 B행위(공갈)는 범죄단체의 조직, 가입이나 활동과 무관한 별개의 행위이다.[4] B

---

1) 2011. 3. 10. 2010도9317, 공 2011상, 785 = 분석 신형소Ⅱ『공익요원 무단결근 사건』.
2) 2014. 1. 16. 2013도11649, 공 2014상, 444 = 분석 총론『무면허 필러 시술 사건』.
3) 2015. 9. 10. 2015도7081, 공 2015하, 1581 =『조폭 통장갈취 사건』.
4) "범죄단체 가입행위 또는 범죄단체 구성원으로서 활동하는 행위와 사기 행위는 각각 별개의 범죄구성

행위(공갈)를 재판하던 전소법원의 입장에서 보면 A행위(범죄단체가입)에 대해 판단할 수 있는 가능성이 없었다. 따라서 B행위에 대한 확정판결의 효력은 A행위에 미치지 않는다. 결론적으로 B행위에 대한 확정판결은 포괄일죄 관계에 있는 A행위와 C행위를 분리할 수 없다. 후소법원은 A행위와 C행위를 한 개의 포괄일죄로 묶어서 유무죄 판단을 내려야 한다.

(6) 상습범과 일사부재리의 효력

포괄일죄의 범위를 확장하게 되면 일사부재리의 효력이 미치는 범위도 늘어나게 된다. 일사부재리의 효력이 미치는 범위를 지나치게 확대하게 되면 후소(後訴)법원은 실제로는 판단되지 아니하였던 부분행위들에 대해서도 다시 판단을 할 수 없다는 제약을 받게 된다. 피고인이 고의로 범죄사실을 감추어서 법원이 판단을 할 수 없었던 경우에도 후소는 금지된다. 이러한 상황은 피고인의 보호를 지나치게 강조하는 나머지 형사재판의 정의를 도외시하는 것이다.

이처럼 범죄행위가 인정됨에도 불구하고 처벌을 할 수 없다는 것은 불합리하다. 이러한 불합리성은 특히 행위자의 인격적 특성에 착안하여 여러 개의 행위를 한 개의 구성요건으로 묶어내는 광의의 포괄일죄의 경우에 두드러진다. 종전의 대법원판례를 보면 특히 사기죄의 경우에 그러한 예가 많이 발견되었다.

(7) 상습사기와 대법원의 판례변경

예컨대 여러 개의 사기범행을 저지른 피고인이 자신의 범행을 감추고 있는 상황에서 한 개의 사기범행에 대해서만 단순사기죄(법347)로 유죄판결을 받고 확정되었다고 하자. 이후 다른 피해자들이 속속 밝혀지면서 그 범인의 상습성이 확인되어 검사가 피고인을 상습사기죄로 기소하였다고 하자.

종전에는 이러한 경우에 후소법원이 피고인에 대해 면소판결을 선고하지 않으면 아니되었다. 그 이론적 근거는 다음과 같다. 「여러 개의 사기범행들은 '상습성'이라는 행위자의 인격적 특성으로 인해 한 개의 포괄일죄로 묶인다. '상습사기죄'라는 한 개의 동일한 범죄에 대해 일단 재판이 있었으므로 일사부재리의 효력에 의하여 거듭 처벌할 수 없다. 이제 후소법원은 면소판결을 선고하지 않으면 안 된다.」

2004년 대법원은 이러한 문제상황에 대처하기 위하여 판례변경을 단행하였다. 대법원

요건을 충족하는 독립된 행위라고 보아야 하고 서로 보호법익도 달라 법조경합 관계로 목적된 범죄인 사기죄만 성립한다고 볼 수 없다."

2017. 10. 26. 2017도8600, 공 2017하, 2232 =『보이스피싱 조직 사기 사건』.

이 판례변경을 행한 판례는 인천 신공항 건설과 관련하여 여러 개의 사기범행이 문제된 소위 『신공항 사기범 사건』이다.[1] 전원합의체 판결인 이 판례에서 대법원 다수의견은 여러 개의 사기범행이 상습성을 근거로 해서 포괄일죄로 묶인다는 점을 재차 확인하였다. 그러나 다수의견은 '동일한 범죄'로 거듭 처벌받지 않으려면 먼저 재판된 사기범행 부분이 '상습사기죄'로 기소되었어야 한다고 판단하였다. 피고인이 종전에 '단순사기죄'로 기소되었다면 단순사기죄로 기소된 그 부분범행에 대해서만 확정판결의 효력이 미친다는 것이다. 다수의견은 그 이유로 "뒤에 드러난 다른 범죄사실이나 그 밖의 사정을 부가하여 전의 확정판결의 효력을 검사의 기소내용보다 무거운 범죄유형인 상습범에 대한 판결로 바꾸어 적용하는 것은 형사소송의 기본원칙에 비추어 적절하지 않다."고 판시하였다.

대법원의 새로운 판례는 포괄일죄에 관한 판단기준을 그대로 유지하면서 소송법적 측면에서 일사부재리의 효력을 제한한 것이라고 할 수 있다. 대법원 다수의견은 단순사기죄의 확정판결을 그보다 무거운 상습사기죄의 확정판결로 바꾸는 것은 적절하지 않다고 판시하고 있다. 일견 피고인보호를 위한 것처럼 보이지만, 실제적으로는 포괄일죄의 법리가 지나치게 확대적용되는 것을 소송법적 측면에서 제한하기 위한 논리구성이라고 할 수 있다.

그러나 상습범에 대한 일사부재리 효력의 제한이론은 영업범이나 직업범과 같은 포괄일죄에는 적용되지 않는다. 예컨대 무면허 의료행위에 대한 확정판결의 범죄사실이 「보건범죄 단속에 관한 특별조치법」 제5조 제1호 위반죄가 아니라 단순히 「의료법」 제27조 제1호 위반죄로 공소제기된 경우라고 하여도 확정판결의 기판력이 미치며, 후소법원은 면소판결을 선고하여야 한다.[2]

제2 법조경합

【사례 116】 갑은 A와 동거하던 중 A에게 돈을 빌려주었다(㉠금전채권). 갑과 A는 동거관계를 끝내면서 금전 관계를 정산하기로 하였다. 갑은 이 과정에서 "㉠금전채권을 갚지 않으면 동거사실을 사람들에게 폭로하여 망신을 주겠다."고 말하는 등 심한 폭언을 하였다. A는 갑을 수사기관에 고소하였다. 검사는 갑을 협박죄로 기소하였다. 협박죄는 반의사불벌죄이다(법283①·③). 친고죄나 반의사불벌죄의 고소는 제1심 판결선고 전까지 취소할 수 있다(형소법232①). 제1심 공판절차가 진행되던 중 A는 갑에

---

[1] 2004. 9. 16. 2001도3206 전원합의체 판결, 공 2004, 1684 = 백선 총론 98-4. 『신공항 사기범 사건』.
[2] 2014. 1. 16. 2013도11649, 공 2014상, 444 = 분석 총론 『무면허 필러 시술 사건』.

대한 고소를 취소하였다. 검사는 공소장변경(형소법298①)을 신청하여 갑을 일반 범죄
인 공갈미수죄(법350① · 352)로 처벌해 줄 것을 재판부에 요청하였다.

위의 사안에서 재판부는 갑을 공갈미수죄로 처벌할 수 있겠는가. (1996. 9. 24. 96
도2151, 공 1996, 3265 = 분석 신형소 Ⅱ『협박죄 고소취소 사건』)

1. 법조경합의 의미

(1) 사례의 분석

위의 〔사례 116〕에서 갑의 행위는 일견 협박죄(법283①)와 공갈미수죄(법350① · 352)의
구성요건에 모두 해당되고 있는 것처럼 보인다. 즉 두 개의 구성요건이 실현되어 병존하고
있는 것처럼 생각된다. 둘 이상의 구성요건에 해당하는 행위가 병렬적으로 존재하고 있을
때 이를 가리켜서 경합이라고 한다.

이러한 관점에서 볼 때 〔사례 116〕의 경우에는 협박죄와 공갈미수죄가 경합한다고 말
할 수 있다. 그러나 이 경우 형법 제283조 제1항을 한 편으로 하고 형법 제350조 제1항
및 제352조를 다른 한 편으로 하는 두 구성요건의 경합은 외관상의 것에 불과하다. 양자의
관계를 자세히 살펴보면 소(小)와 대(大)의 관계가 성립하고 있음을 알 수 있기 때문이다.

갑은 A에게 ⑦금전채권을 갚지 않으면 A의 명예에 좋지 않은 결과가 발생할 것이라는
해악을 고지하고 있다. 상대방에게 겁을 먹게 하는 해악의 고지를 가리켜서 협박이라고 한
다. 갑의 행위는 협박죄의 구성요건을 충족시키고 있다. 갑은 여기에서 한 걸음 더 나아가
그 협박을 통하여 A로 하여금 금전을 교부하도록 강제하고 있다. 이렇게 보면 갑의 행위는
공갈죄의 구성요건에도 해당한다.

그런데 협박에서 공갈에 이르는 일련의 과정을 보면 협박은 공갈의 수단으로서 공갈죄
에 흡수될 뿐 별도로 협박죄를 구성하지 않는다. 따라서 A가 협박죄의 고소를 취소하였다
고 하여도 그 고소취소는 반의사불벌죄가 아닌 공갈죄에는 미치지 않는다. 그 결과 재판부
는 갑을 공갈미수죄로 처벌할 수 있다.[1]

(2) 법조경합의 개념

위의 [사례 116]에서 보는 바와 같이, 외관상으로는 여러 개의 죄가 경합하지만 구성요
건 상호간의 논리적 관계 때문에 한 개의 죄만 인정되는 경우를 가리켜서 법조경합이라고
한다. 법조경합의 경우에는 외관상 여러 개의 구성요건이 실현된 것처럼 보이더라도 논리적

---

1) 1996. 9. 24. 96도2151, 공 1996, 3265 = 분석 형소 Ⅱ『협박죄 고소취소 사건』.

으로 한 개의 구성요건만 실현되고 있다. 따라서 법조경합은 단순일죄의 영역에 위치한다.

앞에서 살펴본 포괄일죄의 법리는 여러 개의 행위가 현실적으로 존재할 때 이를 한 개의 단순일죄로 포착하기 위한 이론적 분석도구이다. 이에 대해 법조경합의 법리는 일견 여러 개의 단순일죄가 병존하고 있는 것처럼 보이지만 실제로는 한 개의 단순일죄만 성립하는 경우에 나머지 죄를 단순일죄에서 배제하기 위한 논리적 분석도구이다. 전자가 적극적·포섭적 접근방법이라면 후자는 소극적·배제적 접근방법이라고 할 수 있다.

2. 법조경합의 종류

(1) 법조경합의 판단방법

법조경합의 여부에 대하여 형법은 아무런 판단기준을 제시하고 있지 않다. 법조경합 여부는 해석을 통하여 결정해야 한다. 법조경합의 유무를 따지려면 구체적 사실관계를 추상적 법규범에 대입하는 포섭의 과정을 통하여 적용가능하다고 생각되는 여러 개의 구성요건을 먼저 확인해 두어야 한다.

이 여러 개의 구성요건을 놓고 그 상호관계를 비교하여 한 개의 구성요건이 다른 구성요건을 논리적으로 배제시키는 것인가 아닌가를 검토해야 한다. 만일 한 개의 구성요건이 다른 구성요건을 배제한다고 판단되면 이들 구성요건은 서로 법조경합의 관계에 있다. 법조경합은 크게 보아 네 가지 유형으로 나누어진다.

(2) 특별관계

법조경합의 첫 번째 유형은 특별관계이다. 특별관계는 일반법과 특별법의 관계에서 나타나는 법조경합의 유형이다. 특별관계의 예로 보통살인죄(법250①)와 존속살해죄(법250②)의 관계를 들 수 있다.

보통살인죄는 '사람을 살해하는 행위'를 구성요건으로 설정하고 있다. 이에 대하여 존속살해죄는 '자기 또는 배우자의 직계존속을 살해하는 행위'를 구성요건으로 설정하고 있다. 존속살해죄의 구성요건은 보통살인죄의 구성요건표지를 전부 포함하면서 여기에 '자기 또는 배우자의 직계존속'이라는 표지를 추가하고 있다.

이와 같이 일반법적 구성요건에 여분의 표지를 추가하여 구성요건이 설정되는 경우를 가리켜서 특별관계라고 한다.[1] 특별관계에 서 있는 두 개의 구성요건이 있으면 일반법적

---

1) "법조경합의 한 형태인 특별관계란 어느 구성요건이 다른 구성요건의 모든 요소를 포함하는 이외에 다른 요소를 구비하여야 성립하는 경우로서 특별관계에 있어서는 특별법의 구성요건을 충족하는 행위는 일반법의 구성요건을 충족하지만 반대로 일반법의 구성요건을 충족하는 행위는 특별법의 구성요건을 충족하

지위에 있는 구성요건은 후퇴하고 여분의 표지가 추가된 특별구성요건 하나만 실질적으로 존재하게 된다.

(3) 흡수관계

법조경합의 두 번째 유형은 흡수관계이다. 흡수관계란 한 개의 구성요건을 충족하면 다른 구성요건이 통상적으로 여기에 흡수되는 경우를 말한다. 흡수관계의 예로 살인죄(법250①)와 상해죄(법257①)의 관계를 들 수 있다.

예컨대 갑이 A를 살해하기 위하여 칼로 A를 찔러 절명하게 하는 경우를 생각해 보자. 이 경우 갑의 행위는 A가 향유하는 신체의 완전성을 해치는 것이므로 상해죄의 구성요건을 실현시킨다. 동시에 갑의 행위는 A의 생명을 침해한 것이므로 살인죄의 구성요건을 실현시킨다. 그런데 살인행위의 실현과정에는 상해행위가 통상적으로 수반된다. 이 때문에 상해행위는 별도의 죄로 포착되지 않는다. 상해죄에 대한 판단은 살인죄에 흡수되어 버린다.

흡수관계는 특별관계와 구별된다. 특별관계의 경우에는 일반법적 구성요건의 표지가 반드시 특별관계에 있는 구성요건 속에 전부 포함되어 있다. 그러나 흡수관계의 경우에는 반드시 그러한 관계가 성립하는 것은 아니며 예외도 인정될 여지가 있다. 예컨대 살인죄와 상해죄의 경우를 보면 상해죄가 반드시 살인죄에 포함되는 것은 아니다. 살인죄는 폭행이나 기타 방법을 수단으로 하여 실현될 수도 있기 때문이다.

흡수관계에서 행위자가 특정한 죄를 범하면 비록 논리 필연적인 것은 아니지만 일반적·전형적으로 다른 구성요건을 충족하게 된다. 이때 다른 구성요건의 불법이나 책임의 내용이 주된 범죄에 비하여 경미하기 때문에 처벌이 별도로 고려되지 않는 행위를 가리켜서 불가벌적 수반행위라고 한다.[1]

(4) 보충관계

법조경합의 세 번째 유형으로 보충관계가 있다. 보충관계란 원래의 구성요건을 적용할 수 없는 경우에 대비하여 보충적으로 구성요건이 마련된 경우를 말한다. 보충관계에 서있

지 못한다."

1997. 6. 27. 97도1085, 공 1997, 2241 = 백선 총론 98-2. 참고판례 2.『고급차량 집착 사건』.

1) "업무방해죄와 폭행죄는 그 구성요건과 보호법익을 달리하고 있고, 업무방해죄의 성립에 일반적·전형적으로 사람에 대한 폭행행위를 수반하는 것은 아니며, 폭행행위가 업무방해죄에 비하여 별도로 고려되지 않을 만큼 경미한 것이라고 할 수도 없으므로, 설령 피해자에 대한 폭행행위가 동일한 피해자에 대한 업무방해죄의 수단이 되었다고 하더라도 그러한 폭행행위가 이른바 '불가벌적 수반행위'에 해당하여 업무방해죄에 대하여 흡수관계에 있다고 볼 수는 없다."

2012. 10. 11. 2012도1895, 공 2012하, 1862 = 분석 총론『택시부회 공동폭행 사건』.

는 구성요건은 원래의 구성요건을 적용할 수 없는 경우에 한하여 비로소 적용된다. 보충관계의 전형적인 예로 방화죄를 들 수 있다.

방화죄의 가장 주된 구성요건은 현주건조물방화죄(법164①)이다. 현주건조물방화죄는 사람이 현주(現住) 또는 현존(現存)하는 건조물 등에 방화를 하는 경우에 성립한다. 그런데 '사람의 현주' 또는 '사람의 현존'이라는 표지가 구비되지 아니하는 방화범의 경우에 대비하여 입법자는 보충적으로 공용건조물에 대한 방화죄(법165)를 규정해 놓고 있다. 입법자는 또 공용건조물방화죄의 구성요건표지가 충족되지 아니하는 경우에 대비하여 일반건조물방화죄(법166①)를, 일반건조물방화죄의 표지가 충족되지 아니하는 경우에 대비하여 다시 일반물건방화죄(법167①)의 구성요건을 마련해 놓고 있다.

따라서 현주건조물방화죄가 성립하게 되면 보충관계에 있는 공용건조물방화죄, 일반건조물방화죄, 일반물건방화죄 등은 독립된 죄로서의 지위를 상실한다. 이 경우에는 현주건조물방화죄의 1죄만 성립하게 된다.

보충관계에 서있는 예로는 그 밖에도 기수범의 구성요건에 대한 미수범의 구성요건, 정범의 구성요건에 대한 공범의 구성요건, 교사범의 구성요건에 대한 방조범의 구성요건 등을 생각할 수 있다.

(5) 택일관계

(가) 택일관계의 의미　　법조경합의 네 번째 유형으로 택일관계가 있다. 택일관계란 두 개의 구성요건이 논리적으로 상호배척의 관계에 있어서 한 개의 구성요건만 성립할 수 있는 경우이다.

(나) 택일관계의 인정 여부　　우리 형법의 해석으로 택일관계를 법조경합의 하나로 볼 필요가 없다는 견해가 있다.[1] 택일관계는 두 개의 구성요건 가운데 어느 하나에만 해당하는 것이기 때문에 같은 행위가 동시에 여러 개의 법조에 해당하는 것으로 보이는 법조경합과 구별된다는 것이다. 그러나 택일관계는 행위가 택일관계에 있는 어느 구성요건에도 해당할 여지가 있다고 보이는 경우를 가리킨다. 그것은 여러 개의 법조에 해당하는 것으로 보이는 상황이므로 결국 법조경합의 개념 속에 포함된다고 하지 않을 수 없다.[2] 판례 또한 택일관계를 인정하고 있는 것으로 보인다.[3]

---

1) 김성돈, 721면; 김일수·서보학, 524면; 박상기, 339면; 배종대, 546면; 손동권·김재윤, 640면; 이재상·장영민·강동범, 537면; 정성근·정준섭, 386면.
2) 권오걸, 661면; 오영근, 462면; 임웅, 617면.
3) "외형상으로는 공소사실의 기초가 되는 피고인의 일련의 행위가 여러 개의 범죄에 해당되는 것 같지만 그 일련의 행위가 합쳐져서 하나의 사회적 사실관계를 구성하는 경우에 그에 대한 법률적 평가는 하나밖

(다) 택일적 확정의 문제　　택일관계를 부인하는 견해는 독일 형법학의 영향을 받은
것으로 생각된다. 독일은 판례를 통하여 소위 택일적 확정의 법리를 인정하고 있다. 택일적
확정(Wahlfeststellung)이란 어느 행위가 택일적 관계에 있는 여러 개의 구성요건을 충족시
킬 가능성이 있으나 어느 한 개의 구성요건으로 확정하지 못하는 경우에 보다 가벼운 구성
요건을 적용하여 처리하는 기법을 말한다. 예컨대 사체손괴죄와 살인죄의 두 죄 가운데 어
느 하나임은 분명하지만 합리적 의심의 여지가 없을 정도로 두 죄 가운데 어느 한 개의 죄
로 확정하지 못한다면 가벼운 사체손괴죄의 성립을 인정하는 것이다.[1]

이와 같이 택일적으로 확정하는 기법을 사용하게 되면 처음부터 적용대상이 되는 구성
요건은 하나만 남게 되어 법조경합의 문제는 일어나지 않는다. 그러나 우리 형법의 해석론
으로 택일적 확정의 법리는 인정되어 있지 않다. 따라서 택일관계를 법조경합의 하나로 인
정해야 할 필요성은 여전히 존재한다.

(라) 택일관계의 사례　　우리 실정법의 해석상 택일관계를 인정해야 할 경우가 적지
않다. 택일관계의 예로 살인죄와 사체손괴죄의 관계를 생각할 수 있다. 살인죄(법250①)는 '사
람'을 살해하는 행위를 구성요건으로 설정하고 있다. 이에 대하여 사체손괴죄(법161①)는
'사체'를 손괴하는 행위를 구성요건으로 설정하고 있다. '사람'은 생명이 있는 자연인이며
'사체'는 더 이상 생명기능이 없는 사망자의 시체이다. 생명의 유무라는 관점에서 볼 때 '사
람'과 '사체'는 양립할 수 없는 개념이다. 따라서 한 개의 객체에 대하여 살인죄와 사체손괴
죄는 동시에 성립할 수 없으며 어느 한 개의 구성요건이 실현되면 논리적으로 다른 구성요
건은 배제된다.

(마) 횡령죄와 배임죄의 관계　　택일관계의 또 다른 예로 횡령죄와 배임죄의 관계를
들 수 있다. 횡령죄(법355①)와 배임죄(법355②)는 모두 다른 사람이 행위자에게 일정한 일을
믿고 맡겼다는 점에 공통적인 특징이 있다. 횡령죄의 경우에 믿고 맡긴 일은 '재물의 보관'이
다. 이에 대하여 배임죄의 경우에 믿고 맡긴 일은 '재산에 관한 사무의 처리'이다. 횡령죄는
다른 사람이 행위자에게 재물의 보관을 믿고 맡긴 경우에 그 '재물'을 함부로 영득하는 경우
에 성립한다. 이에 대하여 배임죄는 다른 사람이 행위자에게 재산에 관한 사무의 처리를 믿
고 맡긴 경우에 그 임무에 위배하여 '재산상 이익'을 함부로 취득함으로써 성립한다.

재산범죄에 있어서 공통의 상위개념은 '재산'이다. 이 '재산'은 다시 개개의 물건(민법98

에 성립되지 않는 관계, 즉 일방의 범죄가 성립되는 때에는 타방의 범죄는 성립할 수 없고, 일방의 범죄가
무죄로 될 경우에만 타방의 범죄가 성립할 수 있는 비양립적인 관계가 있을 수 있다."

2011. 5. 13. 2011도1442, 공 2011상, 1260 = 분석 신형소Ⅱ 『인테리어 공사업자 사건』.

1) 자세한 내용은, Jescheck/Weigend, Lehrbuch des Strafrechts Allgemeiner Teil, 5. Auflage,
(1996), S. 147 ff.

참조)을 기본적 단위로 하는 '재물'(법346 참조)과 그 밖의 것을 내용으로 하는 '재산상 이익'
으로 나누어진다. '재물'과 '재산상 이익'은 공통의 상위개념인 '재산'을 분할한 하위개념이
다. 이 때문에 동일한 객체에 대하여 이루어지는 한 개의 행위가 '재물'과 '재산상 이익'이
라는 두 가지 표지를 동시에 충족할 수는 없다. 따라서 한 개의 객체에 대하여 횡령죄가
성립하면 논리적으로 배임죄는 배제되고, 배임죄가 성립하면 횡령죄는 논리적으로 존재할
수 없다는 관계에 서게 된다.

　이러한 택일관계에 주목하여 대법원은 횡령죄의 사안을 배임죄로 판단하더라도(또한 역
의 경우도 마찬가지이다) 그 잘못은 '판결에 영향을 미친 위법'(형소법361의5 i , 383 i 참조)에
해당하지 아니하여 상소이유가 될 수 없다고 판단하고 있다.[1]

　현재 학계에서는 일본 형법학의 영향을 받아 횡령죄를 배임죄의 특별관계로 보는 견해
가 유력하다. 일본 형법의 경우에 횡령죄는 단순 횡령의 경우 5년 이하의 징역(동법252①)으
로, 업무상 횡령의 경우 10년 이하의 징역(동법253)으로 처벌된다. 이에 반하여 배임죄는 5년
이하의 징역 또는 벌금(동법247)으로 처벌되며, 업무상 배임에 대한 가중처벌 규정이 없다.
요컨대 일본 형법하에서는 횡령죄가 배임죄에 비하여 중하게 처벌된다. 이와 같은 형의 경
중과 처벌범위의 차이 때문에 일본 형법의 해석론으로 횡령죄가 배임죄에 대하여 특별관계
에 있다는 이론구성이 가능하다. 그러나 우리 형법은 횡령죄(법355①)와 배임죄(법355②) 및
업무상 횡령죄(법356) 및 업무상 배임죄(법356)를 동일한 형으로 처벌하고 있으며, 미수범처
벌도 동일하다(법359). 형의 경중이 전혀 없는 상황에서 횡령죄와 배임죄 사이에 특별관계
를 논하는 것은 적절하지 않다고 생각된다.[2] [3]

제3 과형상 일죄

한국형법	의용형법
제40조 〔상상적 경합〕 한 개의 행위가 여러 개의 죄에 해당하는 경우에는 가장 무거운 죄에 대하여 정한 형으로 처	**제54조** ① 일개의 행위로서 수개의 죄명에 해당하거나 또는 범죄의 수단 혹은 결과 되는 행위로서 다른 죄명에 해당

1) 1990. 3. 27. 89도1083, 공 1990, 1015 = 백선 총론 98-2. 참고판례 3. 『2분의 1 명의신탁 사건』.
2) 횡령죄와 배임죄를 특별관계로 보아야 한다는 것이 현재 다수 학자의 견해이다. 이에 대한 반론으로,
신동운, "횡령죄와 배임죄의 관계", 유일당 오선주 교수 정년기념논문집 한국형사법학의 새로운 지평, (2001),
315면 참조 바람.
3) 신동운, 형법각론, 제3판, (2023), 1277면 이하 참조.

한국형법	의용형법
벌한다.	하는 때에는 그 가장 중한 형으로 처단한다. ② 제49조 제2항(몰수의 병과; 저자 주)의 규정은 전항의 경우에 이를 적용한다.
(해당 조항 없음)	**제55조** 연속한 수개의 행위로서 동일한 죄명에 해당하는 때에는 일죄(一罪)로서 이를 처단한다. (1947년 일본형법 일부개정으로 이 규정은 삭제됨; 저자 주)
1953년 형법 부칙 제4조〔1개의 죄에 대한 신구법의 적용례〕 ① 1개의 죄가 본법 시행 전후에 걸쳐서 행하여진 때에는 본법 시행 전에 범한 것으로 간주한다. ② 연속범 또는 견련범이 본법 시행 전후에 걸쳤을 때에는 본법 시행 전에 범한 것만을 일죄로 한다.	**1947년 일본형법 부칙 제4조** 이 법률 시행 전의 행위에 관하여는 형법 제55조, ……의 개정규정에 불구하고 또한 종전의 예에 의한다.

【**사례 117**】 A의 가게 옆방에 세든 갑은 가게 안에 가득 쌓인 소주병을 보고 매주 주말마다 한 병씩 훔쳐서 마시기 시작하였다. 갑이 10번째 소주병을 훔쳤을 때 갑은 주인 A에게 발각되었다.

　　이 경우 갑은 10건의 절도죄로 처벌될 것인가 아니면 1건의 절도죄로 처벌될 것인가?

1. 과형상 일죄의 의의

(1) 과형상 일죄의 의미

　　단순일죄와 구별되는 것으로 과형상 일죄가 있다. 범죄가 성립하였다고 인정되면 법원은 형을 선고하여야 한다. 이론적으로 볼 때 여러 개의 범죄가 성립하였다고 판단되면 법원은 여러 개의 형을 선고해야 하는 것이 원칙이다. 그런데 입법자는 일정한 경우에 여러 개의 범죄가 성립하였음에도 불구하고 형을 선고할 때 한 개의 형을 선고하도록 요구하는 경우가 있다.

실질적으로 여러 개의 범죄임에도 불구하고 한 개의 형을 선고해야 하는 경우를 가리켜서 과형상 일죄라고 한다. '과형상 일죄'라는 표현에서 과형상이라 함은 구체적인 형사절차에서 형을 선고할 때 사용되는 단위임을 나타내기 위함이다. 구체적인 형사절차에서 사용되는 단위라는 관점에서 과형상 일죄를 소송법상 일죄라고 부르기도 한다.

(2) 과형상 일죄와 법조경합의 구별

과형상 일죄는 실질적으로 여러 개의 범죄가 존재하지만 형을 선고하는 절차에서는 한 개의 형을 과하는 경우이다. 과형상 일죄는 법조경합과 구별된다. 법조경합은 외관상 여러 개의 범죄가 존재하는 것처럼 보이지만 여러 개의 죄 사이의 논리적 상호관계 때문에 한 개의 죄만 성립하는 경우이다. 이에 대하여 과형상 일죄의 경우에는 실체법상 여러 개의 죄가 존재하고 있다. 다만 과형의 측면에서 한 개의 형이 선고될 뿐이다.[1]

2. 과형상 일죄의 설정기준

(1) 과형상 일죄의 입법형식

실체법적으로 여러 개의 죄가 존재함에도 불구하고 한 개의 형만을 선고하도록 할 것

---

1) "수개의 등록상표에 대하여 상표법 제230조의 상표권 침해행위가 계속하여 이루어진 경우에는 등록상표마다 포괄하여 1개의 범죄가 성립한다. /
  그러나 하나의 유사상표 사용행위로 수개의 등록상표를 동시에 침해하였다면 각각의 상표법 위반죄는 상상적 경합의 관계에 있다."
  2020. 11. 12. 2019도11688, 공 2021상, 55 =『코세정기 등록상표 사건』:
  「상표법」은 상표권 침해행위를 처벌하고 있다. P회사는 ㉠코세정기를 제조·판매하고 있다. P회사는 '코크린' 상표와 'Coclean' 상표를 등록상표로 가지고 있다. Q회사는 ㉡코세정기를 제조·판매하고 있다. 갑은 Q회사의 대표이사이다. Q회사는 13개월에 걸쳐 ㉡코세정기에 '코코크린' 상표와 'kokoClean' 상표를 부착하여 인터넷 쇼핑몰 등에서 판매하였다.
  검사는 갑을 「상표법」 위반죄로, Q회사를 「상표법」의 양벌규정으로 기소하였다. 제1심을 거친 후, 항소심은 갑과 Q회사에 상표권 침해를 인정하였다. 항소심은 갑의 행위를 한 개의 포괄일죄에 해당한다고 판단하여 갑과 Q회사에 각각 벌금 300만원을 선고하였다. 갑과 Q회사는 불복 상고하였다.
  대법원은 위의 법리를 제시하면서 다음과 같이 판단하여 상고를 기각하였다. (가) 위 법리에 따르면, 이 사건 공소사실 중 이 사건 제1 등록상표['코크린']의 침해로 인한 상표법 위반죄와 이 사건 제2 등록상표 ['Coclean']의 침해로 인한 상표법 위반죄는 각각 포괄일죄의 관계에 있다. (나) 피고인 갑은 하나의 유사상표 사용행위로 이 사건 제1 등록상표와 이 사건 제2 등록상표를 동시에 침해하였으므로, 이들 포괄일죄 상호간에는 형법 제40조의 상상적 경합범 관계에 있다. (다) 따라서 원심이 각 등록상표에 대한 침해행위를 포괄하여 하나의 죄가 성립하는 것으로 본 것은 잘못이다. (라) 그러나 형법 제40조에 따라 각 상표법 위반죄 중 가장 중한 죄에 정한 형으로 처벌을 한다고 하더라도, 원심이 정한 처단형과 결과적으로 처단형의 범위에 아무런 차이가 없으므로, 원심의 이러한 죄수 평가의 잘못이 판결 결과에 영향을 미쳤다고 보기 어렵다.

인가 아니면 각 죄별로 형을 선고하여 이를 합산할 것인가 하는 문제는 각 법공동체의 입법자들이 결정할 사항이다. 이 문제는 여러 개의 죄가 존재할 때 각 죄별로 여러 개의 형을 선고하도록 하는 것이 어느 정도 준엄하게 느껴지는가 하는 입법자의 인식 여하에 따라서 그 해답이 달라진다.

한국 형법, 독일 형법, 일본 형법의 3자를 횡적으로 비교해 보면 실체법적으로 여러 개의 죄임에도 불구하고 과형상 일죄로 파악해야 할 경우로서 상상적 경합범, 연속범, 견련범의 세 가지 형태가 거론되고 있음을 알 수 있다.

(가) 상상적 경합   한 개의 행위가 여러 개의 죄에 해당하는 경우를 말한다. 상상적 경합의 관계에 있는 여러 개의 죄를 가리켜서 상상적 경합범이라고 한다. 상상적 경합에서 말하는 '한 개의 행위'란 전(前)법률적 · 자연적 관점에서 파악되는 한 개의 행위를 말한다. 일반인의 생활경험에 비추어 볼 때 한 개의 행위라고 파악되는 경우에는 비록 그 행위가 실체법상 여러 개의 죄에 해당한다고 할지라도 한 개의 형을 선고하는 것이 자연스럽다는 것이다.

(나) 연속범   일정한 시간적 간격을 두고 실현된 여러 개의 죄를 말한다. 시간적 간격을 두고 실현된 여러 개의 죄가 동일한 전체고의 아래 같은 종류의 법익을 같은 종류의 행위방식에 의하여 침해하는 경우에 이것을 과형상 일죄로 묶어서 한 개의 형을 선고하자는 것이 연속범의 취지이다.

(다) 견련범   목적과 수단의 관계로 맺어진 여러 개의 죄를 말한다. 예컨대 방화를 목적으로 사람의 주거에 침입한 경우에는 현주건조물방화죄(법164①)와 주거침입죄(법319①)의 두 가지 죄가 성립한다. 그런데 목적과 수단의 관계에 있는 두 개의 범죄는 불가분리적 관계에 있으므로 양죄를 묶어서 과형상 한 개의 형을 선고해야 한다는 것이 견련범의 취지이다.

(2) 한국 형법의 태도

한국, 독일, 일본의 3국을 비교해 보면 과형상 일죄의 단위로 상상적 경합범, 연속범, 견련범 등이 거론되고 있다. 그런데 후술하는 바와 같이 3국의 입법자는 공통의 기준을 사용하지 아니하고 각각 독자적인 결단하에 과형상 일죄의 인정범위를 정하고 있다. 우리 입법자는 과형상 일죄의 세 가지 유형 가운데 연속범과 견련범의 단위는 취하지 않기로 하고 (1953년 형법부칙4② 참조) 상상적 경합범만을 과형상 일죄로 규정하고 있다(법40).

실체법상 여러 개의 죄가 과형상 일죄로 묶이게 되면 이 과형상 일죄는 구체적인 형사절차에서 한 개의 심판대상으로 취급된다. 따라서 공소제기의 효력범위(형소법248②), 공소장변경신청의 허가범위(형소법298), 확정판결의 효력범위(형소법326ⅰ) 등은 과형상 일죄를 최대한의 기본단위로 하여 결정된다. 과형상 일죄보다 좁은 범위에서 인정되는 단위가 단순일죄이다. 포괄일죄를 포함한 일련의 단순일죄가 형사절차에서 한 개의 심판대상으로 취급되는 것은 물론이다.

3. 과형상 일죄의 연혁

(1) 일제하의 과형상 일죄

(가) 의용형법과 과형상 일죄　　과형상 일죄는 기본적으로 입법자에 의하여 그 단위가 설정된다. 또 때로는 판례를 통하여 실무상 과형상 일죄의 기준이 새롭게 발전되기도 한다. 여기에서 현행 형법에 나타난 과형상 일죄의 기본구상을 점검하기 위하여 잠시 우리의 법제사를 돌아볼 필요가 있다.

일제하에 강제로 적용되었고 해방 후 1953년 우리 형법이 제정·실시되기 전까지 효력을 가지고 있었던 형법전을 가리켜서 구형법 또는 의용형법(依用刑法)이라고 한다. 이 의용형법은 과형상 일죄의 단위로 상상적 경합범 이외에 연속범과 견련범의 개념을 인정하고 있었다(의용형법54①, 55).

의용형법에 의하면 예컨대 위의 〔사례 117〕에서 보는 바와 같이 수일의 간격을 두고 잇따라서 물건을 훔쳐오는 일련의 행위는 연속범으로 파악되었다. 또한 절도범행을 하기 위하여 타인의 주거에 침입하는 행위는 그 행위와 목적·수단의 관계에 있는 절도죄와 합하여 견련범으로 파악되었다. 이와 같이 연속범과 견련범은 과형상 일죄로 묶여서 법원이 한 개의 형을 선고해야 하는 계기가 되었을 뿐만 아니라 형사절차상으로도 한 개의 심판대상으로 취급되었다.

그런데 일제(日帝)는 연속범과 견련범이라는 과형상 일죄의 유형을 우리 민족을 탄압하고 식민통치를 공고히 하는 수단으로 악용하였다. 연속범과 견련범의 악용사례는 두 가지 형태로 나타났다.

(나) 심판범위의 확장　　첫째로, 일제의 법원은 피고인에 대한 공판 단계에서 연속범·견련범이 과형상 일죄를 이룬다는 이유로 심판범위를 마음대로 확장하였다. 연속범이나 견련범에 속하는 일부의 범죄만 기소되어도 일제의 법원은 피고인에게 방어의 기회를 주지 아니하고 마음대로 심판범위를 확장하였다. 연속범 또는 견련범 관계에 있는 여러 개의 범죄는 한 개의 동일한 심판대상에 속한다는 것이 그 이유였다.

이 때 일제의 법원은 심판범위를 마음대로 확장하면서 피고인에게 방어준비를 할 수 있는 아무런 절차도 허용하지 아니하였다. 또한 심판범위를 확장하는 과정에서 피고인에 대한 미결구금을 무제한적으로 연장하였다.

(다) 수사상 미결구금의 확장   다음으로, 일제는 수사절차상 인신구속의 효력범위와 관련하여 과형상 일죄의 법리에 일대 변형을 가하였다. 수사상 인신구속에 대해서는 형사절차의 심판대상을 기준으로 그 효력범위가 결정되는 것이 원칙이다. 심판대상을 결정하는 최대한의 기본단위는 과형상 일죄이다. 그런데 일제는 식민통치의 편의를 위하여 실무상 질의 · 회신이라는 형식을 통하여 변칙을 인정하였다.[1]

이 변칙은 수사상 인신구속의 기간을 계산함에 있어서 원래 과형상 일죄로 묶여야 할 연속범의 개념을 해체하는 형태로 나타났다. 그 결과 일제의 수사기관은 원래 연속범으로 묶이던 각개의 부분행위를 독자적인 계산단위로 삼아 순차적으로 인신구속을 할 수 있었다. 그리고 이를 통하여 피의자에 대산 신체구속을 무기한 연장해 갈 수 있었던 것이다.[2]

(2) 일제의 극복과 과형상 일죄

이와 같은 일제의 만행을 체험한 우리 입법자는 식민치하의 폐해를 극복하기 위하여 두 가지 정반대의 조치를 취하였다.

(가) 연속범 · 견련범의 폐지   첫째로 우리 입법자는 연속범과 견련범의 개념을 형법전에서 완전히 배제하였다(1953년 형법부칙4② 참조). 이제 대한민국의 법원은 연속범이나 견련범이라는 구실을 붙여서 피고인에 대한 심판의 범위를 마음대로 확장할 수 없게 되었다. 종래 연속범과 견련범으로 묶였던 여러 개의 행위는 해체되어 각각 독자적인 지위를 가지게 되었다. 그리고 이에 따라 검사의 추가기소가 없는 한 법원은 기소되지 아니한 부분에 대하여 마음대로 심리를 확장할 수 없게 되었다. 이제 법원은 불고불리의 원칙에 따른 제한을 받게 되기 때문이다.

연속범 · 견련범의 폐지와 함께 우리 입법자는 형사소송법에 공소장변경제도(형소법298)를 도입하였다. 법원이 과형상 일죄의 범위 내에서 심판범위를 확장하는 경우에도 피고인에게 방어의 기회를 부여하기 위하여 법원은 공소장변경절차를 취하여야 한다는 것이다.

(나) 재구속금지의 원칙   두 번째로, 우리 입법자는 수사상 인신구속의 효력범위와 관련하여 일제하의 변칙을 근본적으로 배제하는 장치를 마련하였다. 우리 형사소송법 제208조는 재구속금지의 법리를 규정하고 있다. 우리 입법자는 형소법 제208조 제2항에서 "1개의 목적을 위하여 동시 또는 수단 · 결과의 관계에서 행하여진 행위는 동일한 범죄사실

---

1) 법원도서관, 국역 조선형사령석의, (2005), 78면 참조.
2) 신동운, "일제하의 형사절차에 관한 연구", 박병호 교수 환갑기념(Ⅱ) 한국법사학논총, (1991), 401면 이하, 특히 413면 이하 참조.

로 간주한다."고 규정하여 재구속금지의 범위를 확장하고 있다.

여기에서 '한 개의 목적을 위하여 동시에 행하여진 [여러 개의] 행위'는 연속범을 가리킨다. 이 때 '동시에'라는 표현은 '시간적으로 연속하여'라는 의미로 이해된다. 그리고 '한 개의 목적을 위하여 수단·결과의 관계에서 행하여진 [여러 개의] 행위'는 바로 견련범을 가리킨다.

일제의 사법관료들은 이 땅에서 연속범을 일부 해체함으로써 수사상 인신구속의 범위를 사실상 무제한으로 확장하였다. 우리 입법자는 이러한 폐단을 반성하여 실체법상 여러 개의 죄로 파악되는 죄들 가운데 연속범·견련범으로 묶이는 죄에 대해서는 수사상 인신구속과 관련되는 한도 내에서 과형상 일죄로 파악하기로 하였다. 그리하여 연속범이나 견련범으로 묶이는 여러 개의 죄는 수사절차상 인신구속과 관련하여 한 개의 심판대상으로 취급되게 되었고, 수사상 인신구속의 기간은 이 심판대상을 단위로 산정되기에 이르렀다. 우리 입법자의 이러한 입법조치에 의하여 수사상 인신구속의 기간은 대폭적으로 제한되게 되었다.

4. 과형상 일죄에 대한 비교법적 고찰

(1) 독일 형법과 과형상 일죄

여기에서 과형상 일죄의 단위와 관련하여 독일과 일본의 경우를 비교법적으로 잠시 검토하고자 한다.

(가) 독일 제국법원의 판례　　먼저 독일의 경우를 보면 나치스 등장 이전의 독일 제국법원은 판례를 통하여 소위 포괄일죄(Sammelstraftat)의 개념을 발전시켰다. 포괄일죄란 원래 여러 개의 죄로 파악되어야 할 다수의 행위들을 한 개의 죄로 묶어서 일죄로 취급하는 것을 말한다. 이와 같이 여러 개의 행위를 포괄일죄로 파악하게 되면 여러 개의 행위는 단순일죄가 된다. 이렇게 되면 확정판결에 대한 기판력(소위 일사부재리의 효력)은 포괄일죄로 묶인 부분행위들 전체에 미치게 된다. 독일 제국법원은 포괄일죄의 법리를 확대적용함으로써 한 번의 재판으로 사실상 여러 개의 사건을 동시에 해결하는 소송경제의 효과를 도모할 수 있었다.

그러나 범죄필벌의 기치를 내건 나치스 정권의 영향을 받아 독일 제국법원은 1938년에 접어들어 포괄일죄를 해체하는 판례변경을 단행하였다. 기판력에 의하여 범죄인이 지나치게 보호받고 국가의 형벌권이 무력하게 되는 사태를 방지한다는 것이 판례변경의 배후에 작용하였던 취지이었다. 그리하여 종래 포괄일죄의 개념하에 한 개의 심판대상으로 파악되던 여러 개의 부분행위들은 실체법상으로는 물론 과형상으로도 다수의 죄로 분해되기에 이

르렀다.[1]

(나) 독일 연방대법원의 판례　2차대전 후 독일의 법원은 실무상의 필요에서 연속범 (fortgesetzte Handlung)의 개념을 적극 활용하기에 이르렀다. 독일 연방대법원은 판례를 통하여 (가) 같은 종류의 법익, (나) 같은 종류의 행위태양, (다) 전체고의라는 세 가지 표지를 사용하여 연속범의 개념을 과형상 일죄의 기준으로 발전시켰다.

여러 개의 실체법적 행위가 이 세 가지 표지를 공통적으로 갖추게 되면 독일 법원은 이들 여러 개의 죄를 과형상 일죄로 묶어서 한 개의 심판대상으로 취급하였다. 따라서 연속범의 관계에 있는 여러 개의 행위에 대하여 확정판결이 있게 되면 실제로 심리판단되지 아니한 나머지 부분행위들에 대해서도 일사부재리의 효력이 미치게 되었다.

그러나 1994년 독일 연방대법원은 우리나라의 전원합의체 판결에 해당하는 대연합부 판결[2]을 통하여 연속범개념을 해체하는 일대 판례변경을 단행하였다. 독일 법원이 판례변경을 단행하게 된 배경에는 연속범 형태를 통하여 지나치게 많은 부분행위들이 과형상 일죄로 묶이게 됨으로써 적정한 형사처벌의 확보와 피고인보호에 많은 문제가 제기되고 있다는 실무상의 인식이 크게 작용하였다.

(다) 연속범 판례의 폐기　예컨대 수년간에 걸쳐서 의붓아버지와 딸 사이에 강간행위가 계속되었다고 생각해 보자. 이 경우 연속범의 개념을 사용하게 되면 수십 차례의 강간행위가 한 개의 과형상 일죄로 파악된다. 그리하여 수십 차례의 강간행위가 범해졌음에도 불구하고 법원은 한 개의 강간죄에 정해진 법정형의 범위 내에서만 형을 선고하여야 한다.

역으로, 수년간에 걸쳐서 다수의 강간행위가 이루어졌음에도 불구하고 연속범으로 묶이게 되면 마지막 행위를 기준으로 공소시효를 결정하지 않으면 안 된다. 법원은 수년 전의 강간행위를 일일이 심판해야 할 뿐만 아니라 피고인도 공소시효완성의 혜택을 받을 수 없게 된다.

이러한 여러 문제점들을 감안하여 독일 연방대법원은 1994년 소위 『의붓아버지 강간사건』에서 전원합의체 판결을 통하여 판례를 변경하였다. 그 결과 그 때까지 판례를 통하여 과형상 일죄의 기준으로 인정되어 왔던 연속범의 개념이 폐기되기에 이르렀다.

(2) 일본 형법과 과형상 일죄

일본의 경우를 보면 2차대전 후 일본 형사소송법이 영미식으로 전면 개정되면서 소위

---

1) Schmidt, Eberhard, Lehrkommentar zur Strafprozeßordnung und zum Gerichtsverfassungsgesetz, Teilband I, 2. Auflage, (1964), Nr. 309 ff.

2) BGHSt 40, 138.

소인(訴因)의 개념이 도입되었다. 소인이란 공소제기의 원인되는 사실을 말한다. 소인은 구체적 사실관계를 구성요건에 대입하여 재구성해 낸 사실이다. 즉 사실과 규범의 결합체이다. 이 소인개념의 도입을 통하여 일본에서는 형사절차상 공격방어의 초점이 축소·집약되는 효과가 나타났다.

한편 일본의 신형사소송법은 수사절차상 인신구속의 기간을 대폭 단축하였다. 그러나 기판력의 범위는 종래와 다름이 없었으므로 공격방어의 현실적 대상이 되지 아니한 부분사실에까지 기판력이 미쳐서 범죄인이 부당하게 보호받을 우려가 있었다. 여기에서 일본의 입법자는 종래의 연속범개념을 폐지하여 부분행위들에 독자적 지위를 부여함으로써 기판력 확장에 따른 폐단을 방지하기로 하였다.[1] 그러나 견련범의 개념은 그대로 유지하는 것으로 하였다.

(3) 한국 형법과 연속범

이상과 같이 우리나라, 독일, 일본의 3국을 비교해 볼 때 과형상 일죄의 기본단위는 각국의 입법자나 법원의 판례에 의하여 각각 독자적으로 발전되어 가고 있음을 알 수 있다. 이해를 돕기 위하여 이를 도표로 표시하면 아래와 같다.

	연속범	견련범
한 국	×	×
독 일	○ ⇒ ×	×
일 본	×	○

현재 우리나라의 일부 학자는 우리 형법상으로도 연속범 개념이 인정되고 있는 것으로 해석하고 있다.[2] 원래 연속범은 여러 개의 범죄행위가 과형상 일죄로 인정되는 것을 말한다. 그러나 독일 연방대법원도 근래에 들어 연속범의 개념을 포기하였을 뿐만 아니라, 우리 형법의 연혁적 이유에 비추어 보아도 이러한 해석은 타당하지 않다고 생각된다.[3]

1949년 말 법전편찬위원회는 형법초안을 성안하여 정부에 제출하였다. 법전편찬위원회는 이 초안에 대한 입법취지를 설명하기 위하여 「형법초안 이유설명에 가름하여」라는 문건을 형법초안에 첨부하였다. 이 이유서는 총칙부분에서 새로이 채택한 제도를 설명하면서

---

1) 平野龍一, 刑法總論 Ⅱ, (1979), 419頁.

2) 김성천·김형준, 461면; 김일수·서보학, 527면; 박상기, 344면; 배종대, 548면; 성낙현, 684면; 손동권·김재윤, 643면; 오영근, 467면; 이재상·장영민·강동범, 546면; 임웅, 619면; 정성근·정준섭, 392면.

3) 권오걸, 668면; 김성돈, 733면; 이정원, 477면.

제14번 항목으로 "연속범에 관한 조문을 두지 아니한 것"을 들고 있다.[1] 이것은 의용형법 상의 연속범 조문을 우리 형법이 채택하지 않는다는 것을 의미한다.

일부 학자들은 우리 판례가 연속범의 개념을 인정하고 있다고 설명한다. 그러나 이들 학자가 제시하는 판례들은 연속범 자체를 인정한 판례가 아니라 포괄일죄(包括一罪)의 법리 를 인정한 것들이다. 그것도 뇌물죄나 횡령죄의 경우에 찾아볼 수 있는 협의의 포괄일죄에 속하는 것이다. 판례가 직접 연속범이라는 용어를 사용한 경우는 찾아보기 어렵다.

일찍이 우리 대법원은 "신형법의 경합범에 있어서는 상상적 경합범을 제외하고 연속범, 견련범을 막론하고 일체 이를 인정하지 아니하고 그 행위를 수개의 죄로 하여 경합가중하 는 것이다."라고 판시하여 연속범 개념을 인정하지 않음을 분명히 밝힌 바 있다.[2] 우리 형 법에 나타난 입법자의 결단에 비추어 볼 때 죄수의 단위로 '연속범'이라는 표현은 사용하지 않는 것이 바람직하다고 생각된다.

〈사례 해설〉 이상에서 설명한 것처럼 우리 형법은 연속범의 개념을 채택하고 있지 않다. 따라서 위의 〔사례 117〕 사안에서 범인 갑에게는 10건의 절도죄가 성립하 게 된다. 다만 범인 갑이 절도의 상습성 때문에 이 10건의 절도범행을 하였다고 인정된다면 갑에게는 상습절도죄라는 1건의 포괄일죄가 성립한다. 이 경우 상습절도죄는 범죄인의 범죄 습벽이라는 상습성의 표지에 의하여 한 개의 죄로 묶인 단순일죄라는 점에 특히 유의할 필 요가 있다. 그러나 이것이 연속범을 의미하는 것은 결코 아니다.

5. 포괄일죄와 연속범의 관계

(1) 검토의 계기

앞에서도 언급한 바와 같이 우리 입법자는 연속범과 견련범을 과형상 일죄의 단위로 채택하지 아니하였다(1953년 형법 부칙4② 참조). 그런데 우리나라 학계에서는 연속범이 법원 의 판례를 통하여 채택되고 있다는 설명이 제시되고 있다. 원래 포괄일죄는 실체법상으로 단순일죄이다. 이에 대하여 의용형법이 인정하였던 연속범은 실체법상 여러 개의 죄에 해 당하지만 형을 선고하는 절차에서 한 개의 죄로 취급되는 과형상 일죄의 하나였던 것이다 (의용형법55 참조).

이와 같은 차이에도 불구하고 현재 학계에서는 마치 연속범이 우리 형법상 독자적인 죄수론의 단위인 것처럼 소개되고 있다. 이러한 해석론은 독일 법원이 2차대전 후 판례를

---

1) 신동운 편저, 형법 제·개정 자료집, 한국형사정책연구원, (2009), 37면.
2) 1955. 8. 19. 55도157, 집 2⑤, 형28 = 백선 총론 99-1. 『신형법 경과규정 사건』.

통하여 발전시킨 연속범이론에 영향을 받은 것이라고 생각된다.

(2) 독일의 연속범 이론과 한국의 포괄일죄 법리

이와 같은 학계의 상황을 감안하여 아래에서는 독일 형법학계에서 논의되어 왔던 연속범의 성립요건을 자세히 소개하기로 한다. 다만 아래에 소개하는 독일 형법의 연속범이론은 1994년 독일 연방대법원의 대연합부 판결[1]에 의하여 더 이상 유지될 수 없게 되었다는 점을 염두에 두면서 이 이론을 음미할 필요가 있다.

그런데 여기에서 한 가지 더 유념할 사항이 있다. 포괄일죄의 항목에서 설명한 바와 같이 우리나라 법원은 포괄일죄의 범위를 확장해 가는 추세를 보이고 있다.[2] 그 가운데에서도 협의의 포괄일죄와 관련한 부분에서 그러한 발전추세가 주목된다. 그것은 특히 우리 입법자가 각종 특별법을 통하여 일정금액을 기준으로 형을 가중하는 특별구성요건을 양산하고 있기 때문이다.

예컨대 「특정범죄 가중처벌 등에 관한 법률」은 일정액수 이상의 뇌물죄를 가중처벌하고 있다(동법2 참조). 또 「특정경제범죄 가중처벌 등에 관한 법률」은 사기죄, 공갈죄, 횡령죄, 배임죄 등에서 취득한 이익의 액수가 일정금액 이상이 되면 가중처벌을 하고 있다(동법3 참조). 이와 같이 금액을 기준으로 가중처벌하는 형벌법규에 있어서 그 금액의 산정기준이 문제된다. 우리 판례는 이 금액의 산정기준을 산정함에 있어서 한 차례 범행시의 취득금액을 기준으로 하지 아니하고 협의의 포괄일죄 관계에 있는 여러 개 범행을 기준으로 하고 있다. 즉 협의의 포괄일죄 관계에 있는 여러 개의 부분범행을 통하여 취득한 뇌물이나 이익의 총액을 기준으로 가중처벌 여부를 결정하는 것이다.

이와 같이 여러 개의 부분범행을 묶는 기준으로 협의의 포괄일죄가 중요하게 되는데 이 기준으로 아래에서 검토하는 독일의 연속범이론이 중요한 지침을 제공하고 있다. 그런데 앞에서도 언급한 바와 같이 독일의 연속범 개념은 과형상 일죄의 관점에서 발전한 것임에 대하여 우리 판례가 발전시킨 포괄일죄의 법리는 단순일죄의 성질을 갖는다. 독일 형법에서 논의되었던 연속범 요건은 그것이 곧바로 우리 형법상 협의의 포괄일죄를 결정하는 기준이 되고 있다는 점에서 실천적 의미가 있다.

(3) 한국 형법상 포괄일죄의 성립요건

독일 형법상 연속범의 성립요건으로 (가) 같은 종류의 보호법익, (나) 같은 종류의 행위

---

1) BGHSt 40, 138.
2) 전술 794면 이하 참조.

태양, (다) 전체고의의 세 가지가 요구되었다. 이 요건은 또한 우리 형법상 좁은 의미의 포괄일죄를 결정하는 기준으로 채택되고 있다.

판례는 포괄일죄와 실체적 경합범의 관계에 대해 다음과 같은 기준을 제시하고 있다. "동일 죄명에 해당하는 수개의 행위를 단일하고 계속된 범의 아래 일정 기간 계속하여 행하고 그 피해법익도 동일한 경우에는 이들 각 행위를 통틀어 포괄일죄로 처단하여야 할 것이나, 범의의 단일성과 계속성이 인정되지 아니하거나 범행방법이 동일하지 않은 경우에는 각 범행은 실체적 경합범에 해당한다."[1]

(가) **같은 종류의 보호법익**   포괄일죄의 첫 번째 요건은 여러 개의 구성요건 실현행위가 같은 종류의 보호법익을 침해 또는 위태롭게 하는 것이어야 한다는 점이다.

여러 개의 행위들이 같은 종류의 범죄구성요건을 실현시키는 경우에는 같은 종류의 보호법익이 침해의 대상으로 등장한다. 따라서 이들 행위는 포괄일죄로 포착될 수 있다. 여러 개의 행위가 다른 종류의 구성요건을 실현시키고 있지만 같은 종류의 보호법익을 전제하고 있다면 예외적으로 포괄일죄가 성립할 여지가 있다. 그러나 이 경우 포괄일죄가 인정되려면 다른 종류의 구성요건들을 비교할 때 그 내용이 매우 유사하여 이들이 본질적인 면에서 동일한 범죄의 동일한 실현형태라고 볼 수 있을 정도에 이르러야 한다.

생명, 신체의 완전성, 자유, 명예, 성적 자기결정권, 사생활의 비밀 등과 같은 고도의 일신전속적 법익의 경우에는 여러 개의 죄가 동일한 법익주체를 상대로 실행되어야 이들 여러 개의 죄가 포괄일죄로 포착된다. 비(非)일신전속적 법익의 경우에는 상이한 법익주체에 대하여 범죄가 행해지더라도 포괄일죄로 인정될 여지가 있다.

(나) **같은 종류의 행위태양**   포괄일죄의 두 번째 요건은 여러 개의 구성요건 실현행위가 동질적인 행위태양을 나타내고 있어야 한다는 점이다. 여러 개의 행위가 근접한 일시 · 장소에서 유사한 방법으로 행하여지는 경우에는 같은 종류의 행위태양이 인정된

---

1) "비의료인이 의료기관을 개설하여 운영하는 도중 개설자 명의를 다른 의료인 등으로 변경한 경우에는 그 범의가 단일하다거나 범행방법이 종전과 동일하다고 보기 어렵다. 따라서 개설자 명의별로 별개의 범죄가 성립하고 각 죄는 실체적 경합범의 관계에 있다고 보아야 한다."

2018. 11. 29. 2018도10779, 공 2019상, 248 =『치위생사 치과의원 개설 사건』:

의료법은 "의료인 아닌 사람이 의료기관을 개설하거나 운영하는 행위"를 처벌하고 있다(㉮규정). 갑은 치위생사이다. 갑은 치과의사 A의 명의로 P치과의원을 개설하여 운영하였다. 갑은 이후 P치과의원의 개설자 명의를 B로 변경하여 운영하다가, 다시 개설자 명의를 C로 변경하여 운영하였다. 갑은 ㉮규정 위반죄로 기소되었다.

제1심을 거친 후, 항소심은 A, B, C 명의로 순차 개설신고를 하고 운영한 행위 전체를 포괄일죄로 파악하여 갑에게 형을 선고하였다. 이에 대해 대법원은 개설자 명의를 A, B, C로 순차 변경하면서 각각 A, B, C 명의로 운영한 기간 동안 각 개설자 A, B, C 명의 별로 포괄하여 일죄(무면허 운영행위)가 성립하고, 각 개설자 A, B, C 명의의 별개 범죄(무면허 개설행위)는 실체적 경합범 관계에 있다고 판단하였다.

다.[1] 그러나 같은 종류의 행위태양이라는 요건은 굳이 엄격하게 요구할 필요는 없다.

예컨대 ㉠물건을 절취하기 위하여 그에 필요한 ㉡연장을 절취하고 원래 목표로 한 도품 ㉠물건을 운반하기 위하여 ㉢차량을 절취하는 경우를 생각해 본다. 이 경우 ㉠, ㉡, ㉢ 세 가지 도품을 대상으로 하는 세 번의 절도죄(작위범) 사이에는 행위의 동질성이 인정되어 세 가지 절도죄는 포괄일죄로 파악될 여지가 있다.

그러나 작위에 의한 구성요건의 실현행위와 부작위에 의한 구성요건의 실현행위 사이에는 행위의 동질성이 인정되지 아니한다. 따라서 이 경우 두 죄는 포괄일죄로 묶이지 않는다.

(다) 전체고의   포괄일죄의 세 번째 요건은 여러 개의 구성요건 실현행위 사이에 전체고의가 인정되어야 한다는 점이다. 전체고의란 계획된 일련의 범행을 놓고 볼 때 행위자가 이들 전체범행의 실행과정에 대하여 가지고 있는 인식과 의욕(인용)을 말한다. 전체고의는 적어도 최초의 부분행위를 실행하는 시점에 존재하고 있어야 한다. 또한 모든 부분행위는 처음부터 함께 전체고의의 대상이 되어야 한다.

전체고의에 있어서 침해의 대상이 되는 법익과 그 법익의 주체는 어느 정도 확정되어 있어야 한다. 또 범죄의 시간과 장소, 행위방식 등도 어느 정도 명확해야 한다. 기회가 있을 때마다 이를 이용하여 같은 종류의 범죄를 범하겠다는 의사는 너무 추상적이어서 이 의사를 전체고의로 보기는 어렵다. 전체고의가 요구되고 있기 때문에 과실범의 경우에는 포괄일죄가 인정되지 않는다.

(4) 포괄일죄의 법적 효과

앞에서도 말한 바와 같이 우리 대법원은 포괄일죄의 법리를 폭넓게 활용하고 있다. 여기에서 독일 형법상 연속범의 이론과 맥을 같이 하는 우리 판례의 포괄일죄 법리를 정리해 보기로 한다. 같은 종류의 법익, 같은 종류의 행위태양, 전체고의의 세 가지 요건으로 구성되는 포괄일죄의 법적 효과와 관련하여 판례에서 논의되는 사항을 몇 가지 살펴보면 다음과 같다.

(가) 포괄일죄와 가중처벌   여러 개의 업무상 횡령행위라 하더라도 피해법익이 단일하고, 범죄의 태양이 동일하며, 단일범의의 발현에 기인하는 일련의 행위라고 인정될 때에

---

1) "[건설산업기본법의 벌칙]규정에 위반하는 무등록 건설업 영위 행위는 그 범죄의 구성요건의 성질상 동종 행위의 반복이 예상된다 할 것이고, 그와 같이 반복된 수개의 행위가 단일하고 계속된 범의하에 근접한 일시·장소에서 유사한 방법으로 행하여지는 등 밀접한 관계가 있어 그 전체를 1개의 행위로 평가함이 상당한 경우에는 이들 각 행위를 통틀어 포괄일죄로 처벌하여야 할 것이다. /
그리고 포괄일죄의 공소시효는 최종의 범죄행위가 종료한 때로부터 진행한다."
2014. 7. 24. 2013도12937, 공 2014하, 1705 =『무등록 건설업 영위 사건』.

는 포괄하여 1개의 범죄로 파악된다.[1] 포괄일죄로 인정되는 경우에 여러 개의 횡령행위로 인하여 취득한 액수의 총액이 「특정경제범죄 가중처벌 등에 관한 법률」 제3조가 규정한 이 득금액 이상이 되면 이 법에 의한 가중처벌을 받게 된다.

포괄일죄를 인정하면 일사부재리의 효력이 미치는 범위가 넓어져서 피고인 보호에 유 리하다고 볼 여지가 있다. 그러나 이득금액을 기준으로 가중처벌하는 경우에는 포괄일죄의 법리가 오히려 피고인에게 불리하게 작용한다. 따라서 포괄일죄의 법리가 피고인에게 반드 시 유리한 것만은 아니다.

(나) 포괄일죄와 공모관계의 이탈　　행위자가 포괄일죄의 관계에 있는 범행의 일부를 실행한 후 공범관계에서 이탈하였으나 다른 공범자에 의하여 나머지 범행이 이루어진 경우 에는 행위자는 원칙적으로 관여하지 않은 부분에 대하여도 죄책을 부담한다.[2] [3]

(다) 포괄일죄와 법령의 변경　　특별법 가운데에는 취득한 뇌물이나 재물의 가액을 기준으로 가중처벌하는 경우가 많다. 그런데 포괄일죄를 구성하는 일련의 행위들이 진행되 는 도중에 법령이 변경되는 일이 있는데, 이 경우 기준이 되는 법령과 금액의 산정방법이 문제된다. 형벌불소급의 원칙(헌법13①)과 범죄의 성립과 처벌은 행위시의 법률에 의한다고 규정한 행위시법주의(법1①)에 비추어 볼 때, 포괄일죄의 범행이 변경된 규정의 시행 전후에 걸쳐 행해진 경우 가중처벌의 기준이 되는 법령은 변경 후의 법률이며, 산정대상이 되는 금 액은 변경된 규정 이후에 취득한 금액으로 한정된다.[4]

이 기준에 비추어 볼 때 포괄일죄로 범해진 뇌물범죄의 진행 도중에 뇌물범죄에 대해 벌금을 병과하도록 하는 개정이 이루어졌다면, 개정 이후에 수수한 금액을 기준으로 개정 된 규정의 적용 여부를 결정해야 한다.[5] 상습으로 사기의 범죄행위를 되풀이 한 경우에 그 중간에 「특정경제범죄 가중처벌 등에 관한 법률」(특경가법)이 시행되었다면, 특경가법 시행 이후의 범행으로 인하여 취득한 재물의 가액이 특경가법이 규정한 가중적 구성요건을 충족 할 때 상습사기의 범행 중 법정형이 무거운 특경가법 위반죄에 나머지 행위를 포괄시켜 특 경가법 위반죄로 처단하여야 한다.[6]

(라) 포괄일죄와 실체적 경합범의 구별　　동일 죄명에 해당하는 여러 개의 행위 혹은 연속된 행위를 단일하고 계속된 범의하에 일정 기간 계속하여 행하고 그 피해법익도 동일

---

1) 2005. 9. 28. 2005도3929, 공 2005, 1731 = 백선 총론 98-3. 참고판례 2. 『학교회계 전출 사건』.

2) 2011. 1. 13. 2010도9927, 공 2011상, 376 = 분석 총론 『시세조종 공모이탈 사건』.

3) 포괄일죄와 공모관계의 이탈 문제에 대해서는, 전술 625면 참조.

4) 2011. 6. 10. 2011도4260, 공 2011하, 1433 = 분석 각론 『특가법 벌금 병과 사건』.

5) 2011. 6. 10. 2011도4260, 공 2011하, 1433 = 분석 각론 『특가법 벌금 병과 사건』.

6) 1986. 7. 22. 86도1012 전원합의체 판결, 공 1986, 1153 = 백선 총론 98-3. 참고판례 4. 『계주 상습사 기 사건』.

한 경우에는 이들 각 행위를 통틀어 포괄일죄로 처단해야 한다. 그러나 범의의 단일성과 계속성이 인정되지 아니하거나 범행방법이 동일하지 않은 경우에는 각 범행은 실체적 경합범에 해당한다.[1] [2] 따라서 새로운 범행결의에 의하여 행한 같은 종류의 행위로 유죄의 확정판결을 받았더라도 종전의 범행결의에 의하여 행해진 같은 종류의 행위에 대해서는 일사부재리의 효력이 미치지 않는다.

(마) 저작권법 위반죄와 상습성　　「저작권법」은 저작권 침해범죄를 친고죄로 규정하면서 영리의 목적 또는 상습적으로 범하는 저작권 침해범죄를 비친고죄로 하고 있다(동법 140 참조). 그런데 「저작권법」은 상습적으로 저작권 침해범죄를 저지른 경우를 가중처벌한다는 규정은 따로 두고 있지 않다. 따라서 여러 차례에 걸쳐 저작권 침해범죄를 범한 것이 상습성의 발현에 따른 것이라고 하더라도 이는 원칙적으로 경합범으로 보아야 하며, 한 개의 포괄일죄로 처단되는 상습범으로 볼 수는 없다.[3]

또한 저작재산권 침해행위는 저작권자가 같더라도 저작물별로 침해되는 법익이 다르므로 각각의 저작물에 대한 침해행위는 원칙적으로 각 별개의 죄를 구성한다. 다만 단일하고도 계속된 범의 아래 동일한 저작물에 대한 침해행위가 일정기간 반복하여 행하여진 경우에는 포괄하여 한 개의 저작권 침해범죄가 성립한다.[4]

제 4　상상적 경합

한국형법	독일형법
제40조〔상상적 경합〕 한 개의 행위가 여러 개의 죄에 해당하는 경우에는 가장	**제52조**〔행위단일체〕 ① 동일한 행위가 여러 개의 형벌법률을 위반하거나 동

---

1) 2005. 9. 30. 2005도4051, 공 2005, 1757 = 백선 총론 98-3. 참고판례 3. 『라이브클럽 PC방 사건』.
2) "변호사가 아니면서 금품·향응 또는 그 밖의 이익을 받거나 받을 것을 약속하고 또는 제3자에게 이를 공여하게 하거나 공여하게 할 것을 약속하고 법률사건에 관하여 감정·대리·중재·화해·청탁·법률상담 또는 법률 관계 문서 작성, 그 밖의 법률사무를 취급하거나 이러한 행위를 알선하는 변호사법 제109조 제1호 위반행위에서 /
　당사자와 내용을 달리하는 법률사건에 관한 법률사무 취급은 각기 별개의 행위라고 할 것이므로, /
　변호사가 아닌 사람(이하 '비변호사'라 한다)이 각기 다른 법률사건에 관한 법률사무를 취급하여 저지르는 위 변호사법위반의 각 범행은 특별한 사정이 없는 한 실체적 경합범이 되는 것이지 포괄일죄가 되는 것이 아니다."
　2015. 1. 15. 2011도14198, 공2015상, 275 = 『비변호사 법률사무 사건』.
3) 2013. 9. 26. 2011도1435, 공 2013하, 2014 = 분석 총론 『영화 불법 다운로드 사건』.
4) 2013. 9. 26. 2011도1435, 공 2013하, 2014 = 분석 총론 『영화 불법 다운로드 사건』.

한국형법	독일형법
무거운 죄에 대하여 정한 형으로 처벌한다.	일한 형법법률을 여러 차례 위반한 경우에는 한 개의 형만을 선고한다. ② 여러 개의 형벌법률이 위반된 경우에 그 형은 가장 무거운 형을 규정한 법률에 따라서 결정한다. 그 형벌은 적용 가능한 다른 법률이 허용한 것보다 더 가벼운 것이어서는 안 된다. ③ (생략) ④ (생략)

【사례 118】 무정부주의자 갑은 10명의 정치인이 모여 있는 자리에 폭탄을 투척하여 열 사람이 모두 사망하였다.

【사례 119】 갑은 P회사에 근무하는 직원이다. P회사는 Q회사로부터 ㉠사업 건으로 계약금 5억원을 받았으나 이후 사업이 무산되었다. 책임 소재와 관련하여 두 회사 사이에 다툼이 있는 가운데 Q회사는 P회사에 대해 계약금 5억원의 반환과 위약금 5억원을 요구하였다. Q회사의 직원 A는 Q회사의 요구사항이 담긴 ㉡합의서를 가지고 P회사를 찾아왔다. 갑은 P회사 대표이사의 승낙을 받지 아니한 채 ㉡합의서에 P회사의 인감을 날인해 주었다. ㉡합의서로 인하여 P회사는 위약금 5억원을 Q회사에 지급해야 할 처지에 놓이게 되었다.

P회사는 갑을 수사기관에 고소하였다. 검사 B는 갑에 대해 사문서위조죄(법231) 및 위조사문서행사죄(법234)의 공소사실로 약식명령을 청구하였다. 관할법원은 벌금 50만원의 ㉢약식명령을 발하여 확정되었고, 갑은 벌금을 완납하였다.

「특정경제범죄 가중처벌 등에 관한 법률」(특경가법) 제3조에 따르면 업무상 배임죄(법356)를 범한 사람은 그 범죄로 인하여 취득하거나 제3자로 하여금 취득하게 한 재물 또는 재산상 이익의 가액이 5억원 이상 50억원 미만일 때 3년 이상의 유기징역으로 처벌된다. 검사 C는 갑에 대한 벌금형이 지나치게 가볍다고 판단하여 갑을 특경가법 위반죄의 공소사실로 관할법원에 다시 기소하였다(㉣공소제기).

위의 사안에서 관할법원의 담당 재판부는 갑에게 어떠한 판단을 내려야 할 것인가? (2009. 4. 9. 2008도5634, 공 2009상, 682 = 분석 신형소 II 『10억원 합의서 날인 사건』)

1. 상상적 경합의 의미

(1) 상상적 경합의 의미와 종류

우리 형법상 과형상 일죄로 인정되고 있는 죄수의 단위는 상상적 경합 한 가지뿐이다. 상상적 경합이란 한 개의 행위가 여러 개의 죄에 해당하는 경우를 말한다(법40). 상상적 경합의 관계에 있는 여러 개의 죄를 가리켜서 상상적 경합범이라고 부를 수 있다. '상상적 경합범'이라는 표현에서 상상적이라 함은 머릿속으로 그려본다는 뜻이다. 외관상 한 개의 행위로 보이지만 머릿속으로 그려볼 때 여러 개의 행위로 보인다는 의미를 나타낸 것이다. 그래서 상상적 경합을 다른 말로 관념적 경합이라고도 한다.

상상적 경합은 같은 종류의 상상적 경합과 다른 종류의 상상적 경합으로 나누어 볼 수 있다. 같은 종류의 상상적 경합이란 한 개의 행위가 같은 종류의 구성요건을 여러 차례 실현시키는 경우이다. 위의 〔사례 118〕은 동종의 상상적 경합에 해당하는 예다. 이에 대하여 다른 종류의 상상적 경합이란 한 개의 행위가 서로 다른 구성요건을 여러 차례 실현시키는 경우이다. 위의 〔사례 119〕는 다른 종류의 상상적 경합에 해당한다.

(2) 상상적 경합과 형법 제40조

형법 제40조는 상상적 경합의 처리방법에 대하여 규정하고 있다. 상상적 경합이 성립하려면 여러 개의 구성요건이 한 개의 행위에 의하여 실현되어야 한다(법40). 여기에서 한 개의 행위라 함은 법적 평가를 떠나 사회관념상 행위가 사물자연의 상태로서 한 개로 평가되는 것을 의미한다.[1] 일반인의 생활경험에 비추어 볼 때 단일하고 동일한 행위에 의하여 여러 개의 구성요건이 실현되었다면 실체법상 여러 개의 죄가 성립한다고 하더라도 과형상으로는 한 개의 형을 선고해야 마땅하다는 것이 상상적 경합의 취지이다.[2]

상상적 경합은 한 개의 행위가 전법률적·자연적 의미에서 하나로 파악되기 때문에 여러 개의 구성요건 실현행위가 과형상 일죄로 취급되는 경우이다. 그렇지만 상상적 경합관계에 있는 여러 개의 죄는 실체법상으로는 여전히 별개의 죄로서 독립한 지위를 갖는다.[3]

---

1) 2017. 9. 21. 2017도11687, 공 2017하, 2058 =『원푸드 업무방해 사건』.

2) "동일한 공무를 집행하는 여럿의 공무원에 대하여 폭행·협박 행위가 이루어진 경우에는 공무를 집행하는 공무원의 수에 따라 여럿의 공무집행방해죄가 성립하고, 위와 같은 폭행·협박 행위가 동일한 장소에서 동일한 기회에 이루어진 것으로서 사회관념상 1개의 행위로 평가되는 경우에는 여럿의 공무집행방해죄는 상상적 경합의 관계에 있다고 할 것이다."

2009. 6. 25. 2009도3505, 공 2009, 1265 = 분석 총론 『제지 경찰관 폭행 사건』.

3) "1개의 기망행위에 의하여 여러 피해자로부터 각각 재물을 편취한 경우에는 피해자별로 수개의 사기죄가 성립하고, 그 사이에는 상상적 경합의 관계에 있는 것으로 보아야 한다."

상상적 경합관계를 인정하기 위해서 '한 개의 행위'가 각각의 구성요건을 남김없이 실현시킬 필요는 없다. 각 구성요건을 실현할 때 실행행위의 한 부분에 동질성이 인정되는 것으로 족하다.[1]

〈사례 해설〉 위의 〔사례 119〕에 있어서 P회사의 직원 갑은 ⓛ합의서에 P회사의 인감을 함부로날인하여 P회사에 거액의 손해를 입히고 있다. 이와 관련하여 갑은 사문서위조죄(법231) 및 위조사문서행사죄(법234)로 벌금 50만원의 가벼운 형으로 처벌받았는데, 특경가법 위반죄로 인한 형벌(3년 이상의 유기징역)이 누락되었다는 것이 검사 C의 판단이다. 여기에서 확정된 ⓒ약식명령으로 인한 일사부재리의 효력이 ⓔ공소제기에 미칠 것인지 문제된다. 만일 일사부재리의 효력이 인정된다면 담당 재판부는 갑에 대해 면소판결을 선고해야 한다(형소법326 i).

일사부재리의 효력은 피고인이 동일하고 범죄사실이 동일한 한도에 미친다(형소법248 ① · ②). ⓒ약식명령과 ⓔ공소제기는 모두 동일인 갑에 대한 것이므로, 이제 ⓒ약식명령에서 인정된 범죄사실과 ⓔ공소제기에서 주장되고 있는 범죄사실(공소사실)이 동일한가를 살펴보아야 한다. 그런데 여기에서 중요한 판단기준은 "형법 제40조의 상상적 경합관계의 경우에는 그중 한 개의 죄에 대한 확정판결의 기판력은 다른 죄에 대하여도 미친다."는 점이다.[2]

이제 문제는 사문서위조죄 · 위조사문서행사죄와 특경가법 위반죄(배임)가 상상적 경합관계에 있는가 하는 점으로 옮아가게 된다. 만일 양쪽의 죄가 실체적 경합관계에 선다면 검사 C의 공소제기는 적법하여 담당 재판부는 갑에게 유죄를 인정하여 형을 선고해야 한다. 그렇지만 양쪽의 죄가 상상적 경합관계에 있다면 ⓒ약식명령의 기판력이 ⓔ공소제기에 미쳐서 담당 재판부는 면소판결을 선고해야 한다.

〔사례 119〕의 기초가 된 사안에서 대법원은 "[형법 제40조에서] 한 개의 행위라 함은 법적 평가를 떠나 사회관념상 행위가 사물자연의 상태로서 한 개로 평가되는 것을 의미한다."고 판시하면서, ⓒ약식명령이 확정된 사문서위조죄 및 위조사문서행사죄의 범죄사

2011. 1. 13. 2010도9330, 공 2011상, 373 = 분석 각론 『몰래 카메라 도박 사건』.

1) "(전략) 이 사건 업무방해의 점과 확정판결 중 업무방해죄의 범죄사실은 그 범행일시와 장소가 동일하다. 범행시간에 근소한 차이가 있으나 같은 시간대에 있었던 일이라고 보아도 무리가 없다. 각 범행내용 역시 이 사건 업무방해의 점은 '직원들을 상대로 행패를 부렸다'는 것이고, 확정판결의 범죄사실은 '직원들이 근무를 하고 있는데도 욕설을 하는 등 큰소리를 지르고 돌아다녔다'는 것으로 본질적으로 다르지 않다. 결국 이 사건 업무방해의 점과 확정판결의 범죄사실은 동일한 기회에, 동일한 장소에서 다수의 피해자를 상대로 한 위력에 의한 업무방해행위로서 사회관념상 1개의 행위로 평가할 여지가 충분하다. 그렇다면 양자는 상상적 경합 관계에 있고, 확정판결의 기판력은 이 사건 업무방해의 점에도 미친다고 보아야 한다."
2017. 9. 21. 2017도11687, 공 2017하, 2058 = 『원푸드 업무방해 사건』.
2) 2009. 4. 9. 2008도5634, 공 2009상, 682 = 분석 신형소 II 『10억원 합의서 날인 사건』.

실과 같이 ⓛ합의서를 임의로 작성·교부하여 P회사에 재산상 손해를 가하였다는 ⓔ공소
사실은 그 객관적 사실관계가 하나의 행위라고 할 것이어서 한 개의 행위가 여러 개의 죄
에 해당하는 경우로서 형법 제40조에 정해진 상상적 경합관계에 있다고 판단하였다.[1] 대
법원의 판단기준에 따르면 이제 〔사례 119〕의 담당 재판부는 ⓔ공소제기에 대해 갑에게
면소판결을 선고해야 한다.

2. 상상적 경합과 형의 범위

(1) 같은 종류의 상상적 경합과 다른 종류의 상상적 경합

상상적 경합관계에 있는 여러 개의 죄는 과형상 일죄로 취급된다. 형법 제40조는 "한 개
의 행위가 여러 개의 죄에 해당하는 경우에는 가장 무거운 죄에 대하여 정한 형으로 처벌한
다."고 규정하여 과형상 일죄로 처리되어야 할 상상적 경합범의 취급방법을 제시하고 있다.

상상적 경합범의 취급방법에 대하여 독일 형법은 같은 종류의 상상적 경합과 다른 종
류의 상상적 경합을 달리 규정하고 있다(독일형법52① 참조). 이에 대하여 우리 입법자는 같
은 종류인가 다른 종류인가를 가리지 않고 상상적 경합은 모두 '가장 무거운 죄에 대하여
정한 형으로 처벌한다'고 규정하여 단일한 기준을 제시하고 있다. 그러나 같은 종류의 상상
적 경합과 다른 종류의 상상적 경합 사이에 취급상 차이가 나타나는 점은 없다. 같은 종류
의 상상적 경합인 경우에는 동일한 구성요건을 실현시키고 있으며 각각의 죄를 모두 '가장
무거운 죄'라고 볼 수 있기 때문이다.

(2) 상상적 경합과 형량의 조정

형법 제40조가 규정한 '가장 무거운 죄'의 표지는 특히 다른 종류의 상상적 경합에 대
하여 실질적 의미가 있다. 같은 종류의 상상적 경합의 경우에는 동일한 구성요건을 실현시
키고 있어서 과형의 기준이 되는 법정형이 동일하기 때문이다. 다른 종류의 상상적 경합과
관련하여 볼 때 형법 제40조에서 말하는 '가장 무거운 죄'란 일차적으로 형의 상한을 비교
하여 가장 무거운 형을 규정한 죄를 기준으로 삼는다는 의미이다.

예컨대 서로 다른 A죄와 B죄가 상상적으로 경합한다고 할 때 A죄의 법정형이 1년 이
상 10년 이하의 유기징역으로, B죄의 법정형이 3년 이상 7년 이하의 유기징역으로 각각
규정되어 있다고 해 보자. 이 경우 '가장 무거운 죄'를 무거운 형을 기준으로 판단하면 일단
A죄가 과형의 기준이 된다.

그런데 여기에서 한 가지 더 고려해야 할 사항이 있다. 상상적 경합의 경우에는 형의

---

1) 2009. 4. 9. 2008노5634, 공 2009상, 682 = 분석 신형소Ⅱ 『10억원 합의서 날인 사건』.

하한도 무거운 것을 기준으로 삼는다. 여기에서 형의 하한을 비교하게 되면 형의 하한은 보다 무거운 B죄의 법정형을 기준으로 삼게 된다. 이렇게 하여 원래 기준이 되었던 A죄의 하한은 B죄의 법정형 하한만큼 상향조정되게 된다. 대법원판례는 형법 제40조가 규정한 '가장 무거운 죄'를 판단할 때 형의 상한과 하한을 모두 비교하여 결정하도록 판시하고 있다.[1] 따라서 A죄와 B죄가 상상적으로 경합할 때 법원이 피고인에게 과할 수 있는 형의 범위는 3년 이상 10년 이하의 징역이 된다.

3. 상상적 경합의 기타 효과

(1) 절차법적 효과

상상적 경합관계에 있는 여러 개의 죄는 과형상 일죄로 처리되어 한 개의 형이 선고된다. 여기에서 과형상 일죄란 형을 과하는 절차에서 한 개의 죄로 취급된다는 의미를 갖는다. 상상적 경합관계에 있는 여러 개의 죄는 실체법상으로 여러 개의 죄이지만 형사절차에 있어서는 단일한 사건으로서 한 개의 심판대상을 이룬다. 따라서 공소제기의 효력이나 확정판결의 효력은[2] 상상적 경합관계에 있는 여러 개의 죄 전부에 통일적으로 미친다(형소법 247② 참조).

과형상 일죄의 취지는 한 개의 행위가 여러 개의 죄에 해당하는 경우에 이를 형사절차상 한 개의 형으로 처벌한다는 것이다. 이와 관련하여 주의할 것이 공소시효의 계산이다. 공소시효를 적용할 때에는 상상적 경합관계에 있는 각 죄마다 따로 공소시효 완성 여부를 따져야 한다.[3] 공소시효제도는 국가의 형벌권 발동과 관련을 맺고 있어서 형사절차에서도 여전히 실체법적 성격을 부인할 수 없기 때문이다.

(2) 실체법적 효과

절차법적 측면과 달리 실체법적으로 볼 때 상상적 경합범은 어디까지나 여러 개의 죄

---

1) 1984. 2. 28. 83도3160, 공 1984, 558 = 백선 총론 99. 참고판례 1.『강도강간 미수감경 사건』.

2) "상상적 경합 관계의 경우에는 그중 1죄에 대한 확정판결의 기판력은 다른 죄에 대하여도 미친다." 2017. 9. 21. 2017도11687, 공 2017하, 2058 = 『원푸드 업무방해 사건』.

3) "1개의 행위가 여러 개의 죄에 해당하는 경우 형법 제40조는 이를 과형상 일죄로 처벌한다는 것에 지나지 아니하고, 공소시효를 적용함에 있어서는 각 죄마다 따로 따져야 할 것인바, /
공무원이 취급하는 사건에 관하여 청탁 또는 알선을 할 의사와 능력이 없음에도 청탁 또는 알선을 한다고 기망하여 금품을 교부받은 경우에 성립하는 사기죄와 변호사법 위반죄는 상상적 경합의 관계에 있으므로, 변호사법 위반죄의 공소시효가 완성되었다고 하여 그 죄와 상상적 경합관계에 있는 사기죄의 공소시효까지 완성되는 것은 아니다."
2006. 12. 8. 2006도6356, [미간행] = 『상상적 경합 공소시효 사건』.

이다. 이러한 관점에서 볼 때 친고죄나 반의사불벌죄의 고소나 고소취소는 상상적 경합관계에 있는 다른 범죄에 영향을 미치지 않는다.

친고죄는 피해자 등 고소권자의 고소가 있을 때 비로소 공소를 제기할 수 있는 범죄이다(형소법327v 참조). 반의사불벌죄는 피해자가 처벌을 원하지 않는다는 의사를 표시하면 형사절차를 더 이상 진행할 수 없는 범죄이다(형소법327vi 참조). 친고죄나 반의사불벌죄는 법익이 사소하거나 법익주체의 명예를 보호해야 한다는 등의 사정을 고려하여 실체형법이 규정해 놓은 범죄유형이다. 이 때문에 법익주체인 피해자의 의사를 특별히 존중할 필요가 있다. 친고죄나 반의사불벌죄의 경우에 법익주체가 누구인지는 실체형법의 관점에서 파악된다.

예컨대 기자 갑이 한 번의 기사로 살아 있는 사람 A와 사망한 사람 B 사이의 관계에 대해 허위사실을 적시하여 명예를 훼손한 경우를 생각해 본다. 이 경우 갑의 행위는 A에 대한 관계에서 출판물에 의한 허위사실적시 명예훼손죄(법309②)에 해당하며, B에 대한 관계에서 사자에 대한 명예훼손죄(법308)에 해당한다. 두 죄는 한 개의 자연적 행위에 의하여 이루어졌으므로 상상적 경합관계에 있다.

그런데 출판물에 의한 허위사실적시 명예훼손죄는 반의사불벌죄이며(법312②), 사자에 대한 명예훼손죄는 친고죄이다(법312①). 이러한 상황에서 사망한 사람 B의 유족이 갑에 대해 고소를 하였다가 취소한다고 하더라도 B의 유족의 고소취소는 갑의 A에 대한 범죄에 영향을 미치지 않는다. 출판물에 의한 허위사실적시 명예훼손죄와 사자에 대한 명예훼손죄는 실체법상 독립한 범죄이어서 한쪽 법익주체의 의사표시가 다른 법익주체에 대한 범죄에 영향을 미칠 수 없기 때문이다.

제 5   실체적 경합

【사례 120】 갑은 3월 21일 부산에서 야간주거침입절도죄를 범하였다. 4월 18일 갑은 대구에서 A를 강간하였다. 5월 1일 갑은 광주에서 불량배 B와 싸우다가 B를 칼로 찔러 중상을 입혔다. 6월 15일 갑은 서울에서 음란물건을 판매하던 중 검거되었다.
이러한 경우에 법원은 갑에 대한 형의 선고를 어떻게 해야 할 것인가?

1. 실체적 경합의 의미와 종류

(1) 실체적 경합의 의미

실체법적으로 여러 개의 죄이면서 과형상으로도 여러 개의 죄로 취급되는 경우를 가리켜서 실체적 경합이라고 한다. 실체적 경합관계에 있는 여러 개의 죄를 가리켜서 경합범이라고 부른다. 일반적으로 실체법상 여러 개의 죄가 있으면 과형상으로도 여러 개의 죄로 취급되는 일이 많다. 이 점에서 실체적 경합관계에 있는 여러 개의 죄를 아무런 수식어를 붙이지 아니하고 단순히 '경합범'이라고 지칭한다.[1]

(2) 실체적 경합의 유형

형법 제37조는 "판결이 확정되지 아니한 수개의 죄 또는 금고 이상의 형에 처한 판결이 확정된 죄와 그 판결확정 전에 범한 죄를 경합범으로 한다."고 규정하고 있다. 형법 제37조에 따를 때 경합범은 '판결이 확정되지 아니한 수개의 죄'가 경합하는 경우와 '금고 이상의 형에 처한 판결이 확정된 죄와 그 판결확정 전에 범한 죄'가 경합하는 경우의 두 가지로 나누어진다.

이 가운데 전자를 가리켜서 형법 제37조 전단의 경합범, 후자를 가리켜서 형법 제37조 후단의 경합범이라고 부르며, 이를 줄여서 전단 경합범, 후단 경합범으로 표현하기도 한다. 또한 전자의 경우는 여러 개의 죄가 아직 재판을 받지 아니하여 동시에 재판을 받을 가능성이 있다는 의미에서 동시적 경합범이라고도 한다. 이에 대해 후자의 경우는 어느 죄에 대하여 이미 확정판결이 있으나 그 판결 당시 다른 죄를 동시에 심판할 가능성이 있었다는 의미에서 사후적 경합범이라고도 부른다. '사후적 경합범'이라는 용어에서 사후적이라는 표현은 "동시에 심판할 가능성이 있었다."는 과거의 상태를 나타내기 위한 것이다.

〈사례 해설〉 위의 [사례 120]에서 갑은 일련의 독립된 범죄를 범하고 있다. 각각의 범죄는 새로운 범행결의에 기초하고 있으며 다른 범죄들과 완전히 구별된다. 갑이 범한 범죄 가운데 어느 것도 아직 확정판결을 받은 것이 없다. 그렇다면 [사례 120]의 경합범은 형법 제37조 전단의 경합범에 해당한다. 또한 동시적 경합범이라고 할 수 있다.

2. 동시적 경합범

(1) 동시적 경합범의 취지

범인을 범행 즉시 검거하여 재판하고 그때그때 형을 집행할 수만 있다면 경합범의 문

---

[1] "(전략) 위와 같이 음주로 인한 「특정범죄 가중처벌 등에 관한 법률」 위반(위험운전치사상)죄와 도로교통법 위반(음주운전)죄는 입법취지와 보호법익 및 적용영역을 달리하는 별개의 범죄로서 양 죄가 모두 성립하는 경우 두 죄는 실체적 경합관계에 있는 것으로 보아야 할 것이다."
2008. 11. 13. 2008도7143, 공 2008, 1723 = 분석 총론 『위험운전 대 음주운전 사건』.

제는 일어나지 않을 것이다. 그러나 보통의 경우 어느 한 가지 범죄를 계기로 범인을 검거한 다음에 수사과정에서 여죄가 밝혀지고 이어서 이들 여러 개의 죄 전부에 대하여 공소가 제기되는 일이 많다. 이러한 경우에는 형법 제37조 전단이 규정한 바 '판결이 확정되지 아니한 수개의 죄'가 실체적으로 경합하게 된다. 이 때에는 이들 여러 개의 죄를 동시에 재판할 가능성이 생긴다. 그리고 이러한 가능성에 주목하여 이 경우를 동시적 경합범이라고도 부른다.

판결이 확정되지 아니한 여러 개의 죄가 실체적으로 경합하는 경우에는 과형상으로도 여러 개의 죄가 존재한다. 따라서 이론적으로만 본다면 여러 개의 형을 선고하여 순차적으로 이를 집행해 나가면 될 것이다. 그러나 형을 거듭하여 집행하는 것은 단순히 형을 산술적으로 합산한다는 의미를 넘어서서 훨씬 더 가중된 위력을 지니게 된다. 형의 순차적 집행이 수형자에 대하여 가지는 가중적 위력은 부인할 수 없는 현실이다. 이러한 점을 감안하여 우리 입법자는 형법 제37조 이하에서 과형상 여러 개의 죄의 형량산정 방식에 약간의 변형을 가하고 있다.

(2) 동시적 경합범의 처리기준

판결이 확정되지 아니한 여러 개의 죄가 실체적으로 경합하는 경우에 대비하여 우리 입법자가 마련한 기준으로 형법 제38조가 있다. 형법 제38조는 판결이 확정되지 아니한 과형상 여러 개의 죄의 형량결정에 관하여 흡수주의, 가중주의, 병과주의라는 세 가지 방식을 제시하고 있다.

(가) 흡수주의　　　가장 무거운 죄의 형에 나머지 경합범의 형을 흡수시켜버리는 방법이다. 이 경우 흡수된 경합범에 대해서는 독자적으로 형을 선고하지 않는다. 형법 제38조는 가장 무거운 죄에 대하여 정한 형이 사형, 무기징역, 무기금고인 경우에는 가장 무거운 죄에 대하여 정한 형으로 처벌하기로 하고 있다(법38① i). 우리 입법자는 사형, 무기징역, 무기금고가 선고되는 경우에는 나머지 경합범에 대한 형의 선고가 별다른 의미를 가지지 못한다고 보아 한 개의 형만을 선고하도록 한 것이다.

(나) 가중주의　　　가장 무거운 죄를 기준으로 형을 산정하면서 나머지 경합범의 형량을 기준이 되는 죄의 형에 일정 부분 가중하여 처벌하는 방식이다. 가중주의는 여러 개의 죄에 같은 종류의 형이 부과되는 경우에 사용되는 방식이다. 징역과 금고는 원래 다른 종류의 형이다. 그렇지만 실체적 경합범의 형량을 결정하는 과정에서는 징역과 금고를 같은 종류의 형으로 보아 징역형으로 처벌한다(법38②).[1]

---

1) 2013. 12. 12. 2013도6608, 공 2014상, 217 = 분석 신형소 Ⅲ, 『무보험 차량 교통사고 사건』.

형법 제38조는 각 죄에 대하여 정한 형이 사형, 무기징역, 무기금고 외의 같은 종류의 형인 경우에는 가장 무거운 죄에 대하여 정한 형의 장기 또는 다액(多額)에 그 2분의 1까지 가중하여 형을 선고하기로 하고 있다(법38①ii 본문 전단). 그러나 가중된 형은 각 죄에 대하여 정한 형의 장기 또는 다액을 합산한 형기나 액수를 초과할 수 없다(법38①ii 본문 후단). 이 경우에는 합산한 형기 또는 액수의 범위 내에서 형을 선고해야 한다.

형법 제38조 제1항 제2호는 가중주의의 상한을 설정하고 있다. 그런데 이 상한이 특별법에 의하여 제거되는 경우가 있다. 「조세범 처벌법」 제20조는 일정한 조세범칙행위를 한 자에 대해서, 「관세법」 제278조는 「관세법」 위반죄를 범한 자에 대해서 각각 "형법 제38조 제1항 제2호 중 벌금경합에 관한 제한가중규정을 적용하지 아니한다."고 규정하고 있다. 「조세범 처벌법」 위반죄와 「관세법」 위반죄가 이욕범이라는 점을 감안하여 벌금형의 실효성을 높이기 위한 특칙이다.

(다) 병과주의   실체적 경합관계에 있는 여러 죄에 대하여 각각 형을 선고하고 이를 순차적으로 집행하는 방법이다. 이론상으로만 본다면 병과주의는 실체적 경합범의 경우에 형을 결정하는 원칙적 형태라고 할 수 있다. 그러나 우리 형법 제38조는 각 죄에 대하여 정한 형이 무기징역, 무기금고 외의 다른 종류의 형인 경우에 형을 병과하기로 하고 있다(법38①iii). 무기징역이나 무기금고를 선고할 때에는 흡수주의가, 같은 종류의 형을 선고할 때에는 가중주의가 각각 적용되므로 병과주의는 나머지 경우에 적용된다.

한편 같은 종류의 형이 규정된 죄들이 실체적으로 경합하는 경우에도 그 형이 경미한 것이어서 형벌의 가중적 위력이 그다지 크지 않다고 인정되는 경우에는 예외적으로 형을 병과한다. 이러한 관점에서 우리 형법은 과료와 과료, 몰수와 몰수는 같은 종류의 형임에도 불구하고 이를 병과할 수 있도록 하고 있다(법38①ii 단서).

(3) 동시적 경합범의 분리

동시적 경합범은 한 개의 주문으로 처리되는 것이 원칙이다. 그런데 이 원칙에 대해 특별법에 의하여 예외가 인정되는 경우가 있다.

(가) 국가공무원법   「국가공무원법」 제33조는 (가) 공무원으로 재직기간 중 직무와 관련하여 「형법」 제355조(횡령·배임) 및 제356조(업무상 횡령·배임)에 규정된 죄를 범한 자로서 300만원 이상의 벌금형을 선고받고 그 형이 확정된 후 2년이 지나지 아니한 자(국가공무원법33 vi의2)와 (나) 「성폭력범죄의 처벌 등에 관한 특례법」 제2조(각종 성폭력범죄)에 규정된 죄를 범한 사람으로서 100만원 이상의 벌금형을 선고받고 그 형이 확정된 후 3년이 지나지 아니한 사람(국가공무원법33 vi의3)을 공무원으로 임용될 수 없도록 규정하고 있다. 횡

령·배임의 죄와 성폭력범죄의 경우에는 벌금형을 선고받더라도 공무원에 임용할 수 없도록 한 것이다.

「국가공무원법」제33조의2는 "형법 제38조에도 불구하고 제33조 제6호의2(횡령·배임, 업무상 횡령·배임) 또는 제6호의3(각종 성폭력범죄)에 규정된 죄와 다른 죄의 경합범에 대하여 벌금형을 선고하는 경우에는 이를 분리 선고하여야 한다."고 규정하고 있다. 벌금형의 분리 선고를 규정함으로써 벌금형의 공무원 임용결격사유로서의 실효성을 보장하도록 한 것이다.

(나) 공직선거법   「공직선거법」에 따르면 (가) 일정한 선거 관련 범죄의 경우와 (나) 대통령·국회의원·지방의회의원·지방자치단체의 장으로서 그 재임 중의 직무와 관련하여 각종 뇌물죄나 알선수재죄를 범한 경우에는 선거권 및 피선거권이 제한된다(동법18①iii, 19). (가)와 (나)의 경우 이들 범죄의 양형에 다른 범죄가 유리하게 영향을 미치는 사태를 최소화할 필요가 있다. 이를 위하여 「공직선거법」제18조 제3항은 "형법 제38조에도 불구하고 제1항 제3호(선거범죄, 뇌물범죄)에 규정된 죄와 다른 죄의 경합범에 대하여는 이를 분리 선고[한다]"고 규정하고 있다.[1]

예컨대 선출직 공무원이 재임 중에 뇌물 관련 범죄(A죄)와 그 밖의 범죄(B죄)를 범한 경우에 법원으로서는 양자를 분리하여 뇌물 관련 범죄(A죄)에 대한 형벌과 그 밖의 범죄(B죄)에 대한 형벌로 나누어서 형을 정해야 한다. 경합범의 분리는 선출직 공무원이 이미 「공직선거법」위반죄로 유죄의 확정판결을 받아 선거권과 피선거권이 제한된 자이라거나 기소된 범죄에 「공직선거법」위반죄가 포함되어 있지 않다고 하여 달라지지 않는다.[2]

〈사례 해설〉　위의 〔사례 120〕에서 갑은 야간주거침입절도죄(법330), 강간죄(법297), 상해죄(법257①), 음란물판매죄(법243)의 네 가지 죄를 범하고 있다. 이들 범죄는 서로 실체적 경합의 관계에 있으며 어느 죄에 대해서도 아직 확정판결이 내려진 바 없다. 그렇다면 이들 범죄는 형법 제37조 전단의 경합범 내지 동시적 경합범에 해당한다.

이들 범죄의 형을 보면, 야간주거침입절도죄는 10년 이하의 징역, 강간죄는 3년 이상 30년 이하의 징역(법42 본문 참조), 상해죄는 7년 이하의 징역, 10년 이하의 자격정지 또는 1천만원 이하의 벌금, 음란물판매죄는 1년 이하의 징역 또는 500만원 이하의 벌금으로 각각 처벌된다.

만일 경합범처벌에 관한 규정이 없다면 법관은 각 범죄에 규정된 형기의 범위 내에서 여러 개의 형을 선고하고 검사는 이와 같이 선고된 여러 개의 형을 모아서 순차적으로 집행

---

1) 2011. 10. 13. 2011도9584, 공 2011하, 2415 = 분석 총론 『지자체 조명공사 사건』.
2) 2011. 10. 13. 2011도9584, 공 2011하, 2415 = 분석 총론 『지자체 조명공사 사건』.

하게 될 것이다. 그렇지만 이러한 형의 집행은 범인에게 너무 중하게 느껴질 것이기 때문에 법원은 경합범의 규정을 적용하여 형의 강도를 완화하게 된다.

형법 제37조 전단의 경합범에 대하여 형량산정의 기준을 제시하고 있는 조문은 형법 제38조이다. 형법 제38조를 적용하려면 먼저 각 범죄별로 선고할 형의 종류를 선택하여야 한다. 이 경우 선택되는 형을 가리켜서 선택형이라고 한다. 위의 〔사례 120〕에서 상해죄의 경우를 보면 7년 이하의 징역, 10년 이하의 자격정지 또는 1천만원 이하의 벌금이라는 세 가지 종류의 형이 규정되어 있다. 여기에서 형을 선고하는 법관은 어느 한 가지 형을 선택하여야 한다. 이러한 사정은 실체적 경합관계에 있는 다른 범죄에 대해서도 마찬가지이다.

위의 〔사례 120〕에서 각 범죄에 대하여 각각 징역형을 선택하였다고 생각해 보자. 각 죄의 형량을 보면 야간주거침입절도죄는 10년 이하의 징역, 강간죄는 3년 이상 30년 이하의 징역, 상해죄는 7년 이하의 징역, 음란물판매죄는 1년 이하의 징역이다. 각각의 형은 모두 같은 종류의 것이므로 형법 제38조 제1항 제2호가 적용된다. 그렇다면 가중주의에 따라서 가장 무거운 죄인 강간죄를 기준으로 하여 그 장기의 2분의 1까지 가중하게 된다.

〔사례 120〕에서 갑에게 선고할 수 있는 형기의 범위는 일단 3년 이상 45년 이하가 된다. 네 가지 범죄에 규정된 징역형의 장기를 모두 합하면 48년이 된다. 45년은 48년보다 낮은 형기이므로 결국 법관이 선고할 수 있는 징역형의 범위는 3년 이상 45년 이하가 된다. 이와 같이 상한과 하한이 최종적으로 판단된 형을 가리켜서 처단형이라고 한다. 그리고 처단형의 범위 내에서 구체적으로 결정되어 선고된 형을 가리켜서 선고형이라고 한다.

3. 사후적 경합범

(1) 확정판결의 의미

범인이 실체적 경합관계에 있는 여러 개의 죄를 범한 경우에 그중 어느 죄에 대하여 이미 확정판결이 내려진 경우가 있다. 예컨대 갑이 A, B, C죄를 순차적으로 범하였으나 C죄에 대해서만 자백하여 C죄에 대해서만 M법원의 판결이 내려져 확정되었다고 해보자. 그런데 그 후 공범이 검거되어 A, B의 여죄가 밝혀져서 N법원이 갑을 재판한다고 하자. 원래 A, B, C죄는 각각 실체적 경합관계에 있는 범죄들이다. 그런데 N법원은 A, B, C죄를 동시에 심판할 수가 없다. 이미 C죄에 대하여 M법원의 확정판결이 내려져 있기 때문이다.

이 경우 확정판결이라 함은 상소 등 통상의 불복방법으로 다툴 수 없게 된 상태의 재판을 말한다. 확정판결에 해당하는 재판에는 더 이상 상급심에서 다툴 수가 없게 된 유죄판결(형소법321), 무죄판결(형소법325), 면소판결(형소법326), 약식명령(형소법457), 즉결심판(즉결심판에관한절차법16) 등이 있다.[1] 이러한 확정판결에는 일사부재리의 효력이 부여된다. 그러나

---

1) 확정판결의 형태에 관하여는, 신동운, 간추린 신형사소송법, 제15판, (2023), 851면 이하 참조.

후술하는 것처럼 사후적 경합범을 결정하는 확정판결은 '금고 이상의 형에 처한' 확정판결
로 한정된다(법37 후단).

(2) 경합범의 사례 분석

여러 개의 실체적 경합범에 대하여 법원이 형을 선고하려고 할 때 그 가운데 어느 죄에
확정판결이 이미 내려져 있는 경우가 있다. 위의 A, B, C죄의 사례에서 C죄에 대하여 M법
원으로부터 금고 이상의 형에 처하는 확정판결이 내려져 있다면 형법 제37조 후단의 경합
범이 문제된다. 이 사례에서 A, B, C 세 개의 범죄는 M법원이 C죄를 심판할 때 동시에
재판할 가능성이 있었다. 그래서 이 A, B, C 세 개의 범죄는 A, B죄를 심판하는 N법원이
특별히 취급할 필요가 있다. 이와 같이 확정판결 당시 동시에 재판할 가능성이 '있었던' 여러
개의 범죄를 가리켜서 사후적 경합범이라고 한다.

이에 대하여 M법원의 C죄 재판 이후에 갑이 D, E죄를 범하였다면 D, E죄는 애당초
M법원이 심판할 가능성이 전혀 없었던 범죄이다. D, E죄에 대해서는 N법원이 새로이 심
판을 하여야 한다. 이와 관련하여 N법원은 D, E 두 죄를 동시에 심판할 가능성을 가지고
있다. 이와 같이 새로운 절차에서 동시에 심판할 가능성이 '있는' 경합범을 가리켜서 동시적
경합범이라고 한다. D, E 두 죄는 동시적 경합범에 해당한다.

(3) 형법 제37조 후단과 형법 제39조의 규율내용

(가) 조문의 내용　　　사후적 경합범의 처리와 관련하여 형법 제37조 및 제39조가 형을
선고하는 기준을 제시하고 있다. 형법 제37조 후단은 "금고 이상의 형에 처한 판결이 확정
된 죄와 그 판결확정 전에 범한 죄를 경합범으로 한다."고 규정하고 있다. 이 경우 '판결확
정 전에 범한 죄'라 함은 그 범죄가 판결확정 전에 성립하여 종료된 것을 말한다.[1] 그리고
형법 제39조 제1항은 "경합범 중 판결을 받지 아니한 죄가 있는 때에는 그 죄와 판결이
확정된 죄를 동시에 판결할 경우와 형평을 고려하여 그 죄에 대하여 형을 선고한다. 이 경
우 그 형을 감경 또는 면제할 수 있다."고 규정하고 있다.

(나) 조문의 구체화　　　일견 보아 형법 제37조 후단과 형법 제39조는 대단히 복잡한
조문처럼 보인다. 두 조문의 규율내용을 명확히 하기 위하여 위의 A, B, C, D, E 죄의 사
례를 이용하여 조문의 내용을 재구성해 보기로 한다.

형법 제37조 후단은 "금고 이상의 형에 처한 판결이 확정된 죄(C죄)와 그 판결확정 전
에 범한 죄(A, B죄)를 경합범으로 한다."는 형태로 재구성된다. 그리고 형법 제39조 제1항

---

1) 2007. 1. 25. 2004도45, 공 2007, 378 = 백선 총론 99-2. 참고판례 1.『기획부동산 사건』.

은 "경합범 중 판결을 받지 아니한 죄(A, B죄)가 있는 때에는 그 죄(A, B죄)와 판결이 확정된 죄(C죄)를 동시에 판결할 경우와 형평을 고려하여 그 죄(A, B죄)에 대하여 형을 선고한다. 이 경우 그 형을 감경 또는 면제할 수 있다."라고 재구성된다.

(다) 나머지 범죄에 대한 판단   사후적 경합범의 사례에서는 언제나 '금고 이상의 형에 처한' 확정판결이 존재한다. 한편 금고 이상의 형에 처한 판결이 확정된 죄(C죄)와 함께 심판할 가능성이 있었으나 심판되지 아니한 죄(A, B죄)는 동시적 경합범의 예(법38①)에 따라서 형이 결정된다. 이 형은 심판되지 아니한 죄(A, B죄)에 대한 유죄판결의 주문에 표시된다.

이에 반해 금고 이상의 형에 처한 확정판결(C죄) 이후에 일어난 범죄(D, E죄)는 형법 제37조 후단 및 형법 제39조의 규율내용에 포함되지 않는다. 금고 이상의 형에 처한 판결이 확정된 죄(C죄)와 동시에 심판할 가능성이 전혀 없기 때문이다. 금고 이상의 형에 처한 확정판결(C죄) 이후에 범해진 범죄(D, E죄)는 통상의 동시적 경합범으로 처리된다. 이 경우에도 형을 선고하는 주문이 나오게 된다. 결국 위의 A, B, C, D, E 죄의 사례에서는 형을 선고한 주문이 세 개 나타나게 된다.[1]

(4) 사후적 경합범의 취지

우리 입법자가 형법 제37조 후단과 제39조 제1항을 통하여 '금고 이상의 형에 처한' 확정판결이 개입한 실체적 경합범을 특별히 취급하는 이유는 무엇인가? 그 이유는 다음의 두 가지 점에서 찾아 볼 수 있다. 하나는 이미 다른 법원에 의하여 '금고 이상의 형에 처한' 확정판결이 내려져 있다는 사실이다. 이미 다른 법원에 의하여 형이 선고된 부분에 대해서는 뒤의 법원이 그 부분에 대하여 경합범처리 등을 이유로 다시 형을 정할 수 없다. 일사부재리의 효력이 미치기 때문이다.

다른 하나는 만일에 이미 '금고 이상의 형에 처한' 확정판결이 내려진 죄(C죄)와 확정판결이 내려지기 전에 범한 죄(A, B죄)가 함께 재판되었더라면(동시적 경합범) 형법 제38조의 경합범 처벌례에 의하여 형이 완화될 여지가 있었다는 점이다. 형법 제38조의 경합범처벌례에 의하면 실체적 경합관계에 있는 여러 개의 죄(A, B, C죄)가 동시에 재판될 경우에 흡

---

1) "원심은, 이 사건 각 죄의 중간에 피고인에 대한 2009. 8. 28.자 확정판결이 존재하여 2009. 8. 26.자 및 2009. 8. 27.자 마약류관리에 관한 법률 위반(향정)죄와 2009. 9. 17.자 마약류관리에 관한 법률 위반(향정)죄는 서로 경합범 관계에 있지 않게 되었으므로, 형법 제39조 제1항에 따라 2개의 주문으로 형을 선고하여야 함에도 '피고인을 징역 10개월 및 벌금 1,000만원에 처한다'는 하나의 병과형을 선고하였으니, 원심판결에는 경합범에 관한 법리를 오해한 위법[이] 있다."

2010. 11. 25. 2010도10985, 공 2011상, 78 = 분석 신형소Ⅱ『공무방해 마약사범 사건』.

수주의 또는 가중주의에 의하여 형을 결정할 수 있다. 특히 가중주의에 의하면 가장 무거운 형의 2분의 1을 넘지 못하므로 병과주의에 의하여 여러 개의 형을 단순합산하는 것보다 형이 가벼워지는 효과가 발생한다. 그런데 확정판결(C죄)이 있으면 사후적 경합범 관계에 있는 죄(A, B죄)에 대하여 이러한 사실상의 감경효과를 얻을 수 없다.

이러한 문제점에 대비하기 위하여 마련된 조문이 형법 제37조 후단과 형법 제39조이다. 그런데 근래에 우리 입법자는 피고인을 보다 두텁게 보호하기 위하여 이 두 조문에 중요한 수정을 가하였다. 형법 제37조 후단은 2004년에, 그리고 형법 제39조는 2005년에 각각 개정되었다. 이 개정조문의 취지를 파악하려면 먼저 종전 조문의 규율내용을 확인할 필요가 있다.

(5) 개정 전 조문의 규율내용

개정 전의 조문에 의할 때 우리 입법자는 두 가지 측면에서 대책을 제시하고 있었다. 하나는 판결이 확정된 죄(C죄)와 그 판결확정 전에 범한 죄(A, B죄)를 경합범으로 처리하되, 판결을 받지 아니한 죄(A, B죄)를 분리하여 그 죄(A, B죄)에 대해서만 형을 선고하도록 한 것이다(개정전 형법37 후단, 39①). 이것은 이미 내려져 있는 확정판결을 존중하기 위함이다.

다른 하나는 이렇게 하여 선고된 여러 개의 형을 집행단계에서 경합범처벌의 예에 준하여 집행하게 함으로써 형의 효과를 완화한 것이다. 그 방법은 판결이 확정된 죄(C죄)에 선고된 형과 그 판결확정 전에 범한 죄(A, B죄)에 선고된 형을 형법 제38조의 경합범 처벌례에 따라서 집행하는 것이다. 이러한 사정을 개정 전 형법 제39조 제2항은 "전항에 의한 수개의 판결이 있는 때에는 전조의 예에 따라서 집행한다."라고 표현하고 있었다.

이 경우 '전항에 의한 수개의 판결'이란 형법 제37조 후단의 경합범에 대하여 형이 선고된 여러 개의 판결(C죄 및 A, B죄)을 가리킨다. 그리고 '전조의 예에 의하여 집행한다' 함은 형법 제37조 전단의 경합범에 대한 처벌례를 규정한 형법 제38조의 기준에 따라 흡수주의, 가중주의, 병과주의를 적용하여 여러 개의 형을 집행한다는 의미이다.

그런데 이 때 주의할 점이 있다. '형법 제38조의 예에 의하여 집행한다'고 할 때 그 기준이 되었던 것은 여러 개의 확정판결(C죄 및 A, B죄)에 선고된 구체적 선고형이 아니라 그 선고형의 출발점이 되었던 법정형이었다는 점이다. '형법 제38조의 예에 의하여 집행한다' 함은 각 확정판결이 선고한 형기를 기준으로 삼아 형법 제38조의 예에 의하여 감경집행한다는 취지가 아니었던 것이다.

특히 같은 종류의 형이 여러 개의 확정판결에 의하여 선고된 경우에 '형법 제38조의 예에 의하여 집행한다'는 말은 여러 개의 확정판결에 선고된 선고형을 합산한 후 그 합산한 형기를 그 경합범 중 가장 무거운 죄에 정해진 법정형의 장기에 그 2분의 1을 가중한 형기의 범위 내에서 집행한다는 의미이다.[1] 그런데 이것은 사실상 병과주의나 다름이 없다.

(6) 형법 제39조 제1항의 개정 취지

동시에 심판할 가능성이 있는 경합범이 동시적 경합범이다. 동시에 심판할 가능성이 있었으나 동시에 심판하지 못한 경우가 사후적 경합범이다. 양자는 확정판결이 있었는가 없었는가에 의하여 구별된다. 동시적 경합범의 경우에는 같은 종류의 형을 과할 때 가중주의에 의하여 피고인을 위한 배려가 가능하다. 장기 또는 다액의 2분의 1까지만 가중하도록 하는 안전장치가 가동되기 때문이다.

사후적 경합범은 동시에 심판할 가능성이 있었다는 점에 주목하여 인정된 경합범의 유형이다. 가능하면 동시적 경합범에 준하여 취급하자는 것이 사후적 경합범을 인정한 원래의 취지일 것이다. 그런데 확정판결이 있어서 사후적 경합범으로 되기만 하면 가중주의는 배제되고 사실상 병과주의가 지배한다. 이러한 사정은 명백히 불합리하다. 이를 감안하여 우리 입법자는 사후적 경합범에 대해 두 가지 수정을 가하였다. 하나는 사후적 경합범과 관련한 확정판결의 범위를 대폭 축소하는 것이다. 다른 하나는 사후적 경합범의 양형에서 배려를 해주는 것이다.

(7) 형법 제39조 제1항의 내용

(가) 확정판결의 범위축소　　먼저 확정판결의 범위와 관련한 개정내용을 본다. 확정판결의 범위가 축소되면 사후적 경합범의 범위는 그만큼 줄어들고 동시적 경합범의 사례가 늘어난다. 그리고 그만큼 가중주의에 의한 혜택도 증가한다. 이러한 점을 고려하여 우리 입법자는 형법 제37조 후단의 확정판결을 '금고 이상의 형에 처한 판결'로 한정하였다.

종전에는 유죄·무죄를 가리지 아니하고 모든 확정판결이 사후적 경합범의 기준이 되었다. 심지어 약식명령이나 즉결심판도 모두 확정판결에 해당하였다. 그러나 개정법에 의하면 무죄판결이나 면소판결은 '금고 이상의 형에 처한 판결'이 아니므로 사후적 경합범과 관련하여 확정판결에 해당하지 않는다. 유죄판결의 경우에도 자격정지 이하의 형이 선고된 경우는 확정판결에 포함되지 않는다. 약식명령(벌금)이나 즉결심판(20만원 이하의 벌금, 구류 또는 과료)도 확정판결에 해당하지 않는다. 결국 이상의 확정판결들은 '금고 이상의 형에 처한 판결'이 아니어서 사후적 경합범을 결정하는 기준에서 제외되므로 이들 확정판결이 있는 사건을 제외한 나머지 사건들은 모두 동시적 경합범으로 처리된다.

---

1) 1967. 3. 6. 67초6, 집 15①, 형37 = 분석 신형소 I 『소년수 15개월 복역 사건』.

(나) 양형 단계의 배려　　한편 확정판결의 범위를 '금고 이상의 형에 처한' 확정판결로 축소하더라도 여전히 사후적 경합범의 영역에 남아있는 사건들이 있다. 종전의 입법자는 사후적 경합범에 대해 형집행 단계에서 약간의 배려를 가하였다. 그러나 개정법은 형집행 단계에서의 배려방식을 폐기하였다. 형법 제39조 제2항을 삭제한 것이 그것이다. 개정법에 의하면 사후적 경합범에 대한 배려는 양형 단계에서 이루어진다.

이 점과 관련하여 개정된 형법 제39조 제1항은 "경합범 중 판결을 받지 아니한 죄가 있는 때에는 그 죄와 판결이 확정된 죄를 동시에 판결할 경우와 형평을 고려하여 그 죄에 대하여 형을 선고한다. 이 경우 그 형을 감경 또는 면제할 수 있다."고 규정하고 있다. 이 조문의 취지는 사후적 경합범을 동시적 경합범으로 처리한다고 가정할 때 얻어지는 형량의 범위를 사후적 경합범 판결에도 참고하라는 것이다. '동시에 판결할 경우와 형평을 고려하여'라는 표현은 바로 이 점을 나타낸다.

(다) 형의 감경과 면제　　형법 제39조 제1항은 사후적 경합범에 대한 배려의 정도를 형의 임의적 감경 또는 면제로 규정하고 있다. 먼저, 형의 감경의 경우를 본다. 형의 감경에는 법률상 감경(법55)과 재판상 감경인 정상참작감경(법53)이 있다. 형법 제39조 제1항에 따른 형의 감경은 법률상 감경에 해당한다.[1] 법정형의 하한이 설정된 사후적 경합범에 대해 형법 제39조 제1항에 따라 형을 감경할 때 유기징역의 경우 형법 제55조 제1항 제3호를 적용하여 그 형기의 2분의 1 범위 내에서만 감경할 수 있다.[2]

다음으로, 형의 면제는 범죄가 성립하여 형벌권은 발생하였으나 일정한 사유로 형벌을 과하지 않는 것을 말한다. 즉 형의 면제는 유죄판결이지만 형을 선고하지 않는 것이다. 형의 면제는 처단형이 '0'인 경우가 아니다. 형의 면제는 아예 형을 선고하지 않는 것이다. 이에 대해 처단형의 획정은 형 선고를 하기 전의 단계에서 이루어진다. 그러므로 형의 면제를 처단형의 일부로 보아 처단형이 '0'인 경우라고 말할 수 없다.[3]

(라) 양형상 배려의 정도　　사후적 경합범에 대하여 심판하는 법원은 판결이 확정된 죄(C죄)와 사후적 경합범의 죄(A, B죄)를 동시에 판결할 경우와 형평을 고려하여 사후적 경합범(A, B죄)의 처단형 범위 내에서 사후적 경합범(A, B죄)의 선고형을 정할 수 있다. 이 경우 사후적 경합범의 죄(A, B죄)와 판결이 확정된 죄(C죄)에 대한 선고형의 총합이 두 죄(A, B죄 및 C죄)에 대하여 형법 제38조를 적용하여 산출한 처단형의 범위 내에 속하도록 사후적 경합범(A, B죄)에 대한 형을 정해야 하는 것은 아니다. 사후적 경합범(A, B죄)에 대

---

1) 2019. 4. 18. 2017도14609 전원합의체 판결, 공 2019상, 1134 = 『마약사범 분리기소 사건』 ☞ 1131면.
2) 2019. 4. 18. 2017도14609 전원합의체 판결, 공 2019상, 1134 = 『마약사범 분리기소 사건』.
3) 2019. 4. 18. 2017도14609 전원합의체 판결, 공 2019상, 1134 = 『마약사범 분리기소 사건』.

한 형을 감경 또는 면제할 것인지는 원칙적으로 그 죄(A, B죄)에 대하여 심판하는 법원이 재량에 따라 판단할 수 있다.[1]

그렇지만 사후적 경합범(A, B죄)에 대하여 심판하는 법원의 재량이 무제한적이라 할 수는 없다. 사후적 경합범(A, B죄)에 해당한다는 이유만으로 특별히 형평을 고려해야 할 사정이 존재하지 아니함에도 형법 제39조 제1항 후문을 적용하여 형을 감경 또는 면제하는 것은 허용되지 않는다. 특별히 형평을 고려해야 할 사정이 존재하지 아니함에도 형의 감경 또는 면제를 허용하는 것은 판결이 확정된 죄(C죄)와 사후적 경합범(A, B죄)을 동시에 판결할 경우와 형평에 맞지 아니할 뿐만 아니라 책임에 상응하는 합리적이고 적절한 선고형이 될 수 없기 때문이다.[2]

(마) 형평성 판단   형법 제39조 제1항 후문의 '감경' 또는 '면제'는 판결이 확정된 죄(C죄)의 선고형에 비추어 사후적 경합범(A, B죄)에 대하여 처단형을 낮추거나 형을 추가로 선고하지 않는 것이 형평을 실현하는 것으로 인정되는 경우에만 적용할 수 있다.

형법 제39조 제1항 후문을 적용하여 사후적 경합범(A, B죄) 자체에 대한 처단형을 낮추어 선고형을 정하는 경우에 그러한 조치가 판결이 확정된 죄(C죄)와 사후적 경합범(A, B죄)을 동시에 판결할 경우와 형평에 맞는 정당한 것인지 여부는 판결이 확정된 죄(C죄)의 선고형과 사후적 경합범(A, B죄)에 대하여 선고할 형의 각 본형을 기준으로 판단한다.[3]

사후적 경합범(A, B죄)에 대한 형의 집행을 유예하는 등 다른 처분을 부과할 경우에는 그 처분을 비롯한 관련 제반 사정을 종합하여 판결이 확정된 죄(C죄)와 동시에 판결할 경우와 형평에 맞는 정당한 것인지 여부를 전체적, 실질적으로 판단하여야 한다.[4]

(8) 형법 제39조 제1항의 적용 배제

(가) 선고유예 여부   앞에서도 언급한 바와 같이 위의 A, B, C, D, E 죄의 사례에서는 형의 선고와 관련하여 세 가지 주문(主文)이 존재하게 된다. 개정법은 이 가운데 사후적 경합범의 관계에 있는 A, B죄에 대하여 양형상 특별한 배려를 가하고 있다. 만일에 먼저 확정판결이 내려진 C죄에 대하여 상당한 형이 확보되었다면 법원은 A, B죄의 처단형 범위 내에서 그 형을 감경할 수 있다. 만일에 C죄에 대하여 충분한 형이 확보되었다면 형의 면제까지도 허용할 수 있다. 그런데 판례는 형의 선고유예를 허용하지 않는다.

판례는 '금고 이상의 형에 처한 판결'이 확정된 죄(C죄)가 선고유예 결격사유(법59①)인

---

1) 2008. 9. 11. 2006도8376, 공 2008, 1398 = 백선 총론 99-2. 『무기징역 두목 사건』.
2) 2011. 9. 29. 2008도9109, 공 2011하, 2271 = 분석 총론 『소년시절 강도상해 사건』.
3) 2011. 9. 29. 2008도9109, 공 2011하, 2271 = 분석 총론 『소년시절 강도상해 사건』.
4) 2011. 9. 29. 2008도9109, 공 2011하, 2271 = 분석 총론 『소년시절 강도상해 사건』.

'자격정지 이상의 형을 받은 전과'에 해당한다고 보아 선고유예를 할 수 없다는 입장을 취하고 있다.[1] 그러나 형법 제39조 제1항이 '형의 면제'까지 허용하고 있다는 점에 비추어볼 때 그보다 무거운 '형의 선고유예'를 원천적으로 배제하는 판례의 태도는 적절하지 않다고 생각된다.[2] 선고유예까지 포함하여 후소법원이 재량으로 판단하면 족하다고 본다.

(나) 이중의 확정판결　A, B, C, D, E, F, G 죄가 범해진 경우에 B죄와 E죄에 대하여 금고 이상의 형에 처한 확정판결이 있는 경우처럼 금고 이상의 형에 처한 확정판결이 거듭하여 존재하는 경우가 있다. 이때 E죄에 대한 금고 이상의 형에 처한 확정판결에 의하여 A, B, C, D죄와 F, G죄는 사후적 경합범과 동시적 경합범으로 분리된다. 그런데 A죄와 C, D죄 사이에는 다시 B죄에 대한 금고 이상의 형에 처한 확정판결이 존재한다고 해 보자.

이러한 경우에는 B죄에 대한 금고 이상의 형에 처한 확정판결의 개입 때문에 A죄와 C, D죄를 사후적 경합범으로 묶어서 판결할 수 없다. 아직 판결을 받지 아니한 A죄는 중간의 B죄에 대한 금고 이상의 형에 처한 확정판결 때문에 C, D죄와 달리 이미 판결이 확정된 E죄와 '동시에 판결할 수 있었던 때'에 해당하지 않는다. 그 결과 A죄에 대해서는 형법 제39조 제1항이 적용되지 않으며, 따라서 E죄에 대한 금고 이상의 형에 처한 확정판결과 동시에 판결할 경우와 형평을 고려하여 형을 선고하거나 그 형을 감경 또는 면제할 수 없다.[3][4]

(다) 재심의 확정판결　A죄에 대해 M법원으로부터 금고 이상의 형에 처한 확정판결이 있은 후 B, C죄가 순차적으로 일어난 경우를 생각해 본다. B, C죄는 A죄의 금고 이상의 형에 처한 확정판결 후에 일어난 범죄이므로 A, B, C죄는 사후적 경합범에 해당하지 않는다. 그런데 A죄에 대해 재심이 허용되어 M법원의 재심심판절차에서 금고 이상의 형에 처한 판결이 선고되어 확정된 경우가 있다. 이러한 경우 A, B, C죄를 사후적 경합범으로 볼 수는 없는가 하는 의문이 제기된다. A죄를 재심심판절차에서 심판한 M법원이 B, C죄를 동시에 심판할 수 있었다고 볼 여지가 있기 때문이다. 만일 A, B, C죄를 사후적 경합범으로 본다면 이후 B, C죄를 심판하는 N법원은 형법 제39조 제1항에 따라 형의 감

1) "형법 제39조 제1항에 의하여 형법 제37조 후단 경합범 중 판결을 받지 아니한 죄에 대하여 형을 선고하는 경우에 있어서 형법 제37조 후단에 규정된 금고 이상의 형에 처한 판결이 확정된 죄의 형도 형법 제59조 제1항 단서에서 정한 '자격정지 이상의 형을 받은 전과'에 포함된다고 봄이 상당하다."
　2010. 7. 8. 2010도931, 공 2010하, 1604 = 분석 총론 『사후적 경합범 선고유예 사건』.
　2) 형의 면제와 형의 선고유예의 관계에 관하여는, 후술 896면 이하 참조.
　3) 2012. 9. 27. 2012도9295, 공 2012하, 1799 = 분석 총론 『여주 조폭 정통망법 사건』.
　4) 2011. 6. 10. 2011도2351, 공 2011하, 1431 = 분석 총론 『자금조달 처조카 사건』.

경 또는 면제를 인정할 수 있다.

그러나 M법원의 재심심판절차에서 금고 이상의 형에 처한 판결이 확정된 경우, B, C죄를 심판하는 N법원은 형법 제39조 제1항에 의한 형의 감경 또는 면제를 할 수 없다. 사후적 경합범에 대한 형의 감경 또는 면제를 인정하려면 사후적 경합범(A, B, C죄)을 동시에 심판할 수 있었어야 한다. 그런데 재심심판절차에서 A죄를 심판한 M법원은 B, C죄를 A죄와 함께 동시에 심판할 수가 없다. A죄에 대한 재심판결이 확정되기 전까지는 A죄에 대해 금고 이상의 형에 처한 원래의 확정판결(원판결, 재심대상판결)이 여전히 유효하게 존재하고 있기 때문이다.[1] 그러므로 이후 B, C죄를 심판하는 N법원은 A죄에 대한 M법원의 금고 이상의 형에 처한 재심 확정판결이 있더라도 형법 제39조 제1항에 기한 형의 감경 또는 면제를 인정할 수 없다.[2]

형법 제37조 후단 및 제39조 제1항이 규정하고 있는 사후적 경합범은 '금고 이상의 형에 처한 확정판결'이 존재함을 전제로 한다. 그런데 재심대상판결이 '금고 이상의 형에 처한 판결'이었더라도, 재심판결에서 무죄 또는 금고 미만의 형이 확정되었다면 재심대상판결 이전의 범죄는 더 이상 '금고 이상의 형에 처한 판결'의 확정 이전에 범한 죄에 해당하지 않는다.[3]

예컨대 갑이 A, B, C죄를 순차적으로 범하였으나 B죄만 적발되어 금고 이상의 형에 처하는 확정판결을 받았다고 해 보자. 이후 B죄에 대해 재심절차가 개시되어 재심법원이 B죄에 대해 무죄 또는 금고 미만의 형을 선고하여 확정되었다고 해 보자. 그리고 이후 여죄인 A죄와 C죄가 발각되어 갑이 관할법원에 기소되었다고 해 보자. 이러한 경우 재심대상판결 이전의 A죄와 재심대상판결 이후의 C죄 중 어느 것도 이미 재심판결이 확정된 B죄와 사이에 형법 제37조 후단 경합범 관계에 있지 않다. B죄에 대한 확정판결이 '금고 이상의 형에 처한 확정판결'에 해당하지 않기 때문이다. 이러한 경우 A죄와 C죄는 형법 제37조 전단의 '판결이 확정되지 아니한 수개의 죄'에 해당한다. 그러므로 관할법원은 A죄와 C죄에 대해 형법 제38조의 경합범 가중을 거쳐 하나의 형을 선고하여야 한다.[4]

(라) 선거범죄   「공직선거법」은 선거범죄와 다른 죄의 경합범에 대해서는 이를 분리 선고하도록 규정하고 있다(동법18③ 전단). 따라서 판결이 확정된 선거범죄와 확정되지 아니한 다른 죄는 동시에 판결할 수 없었던 경우에 해당한다. 그리하여 형법 제39조 제1

---

1) 원래의 확정판결(원판결, 재심대상판결)은 재심심판절차에서 선고된 판결(재심판결)이 확정될 때 비로소 효력을 잃는다. 재심판결이 확정되기 전까지는 원래의 확정판결이 확정판결로서 여전히 유효하다.

2) 2023. 11. 16. 2023도10545, 공 2024상, 74 = 『금고 미만 확정판결 재심 사건』 ☞ 1203면.

3) 전술 837면 참조.

4) 2023. 11. 16. 2023도10545, 공 2024상, 74 = 『금고 미만 확정판결 재심 사건』 ☞ 1203면.

항에 따라 동시에 판결할 경우와의 형평을 고려하여 형을 선고하거나 그 형을 감경 또는 면제할 수가 없다.[1]

4. 경합범의 형집행

실체적 경합범의 경우에는 여러 개의 형이 선고되는 경우가 많다. 동시적 경합범의 사안에서 흡수주의(법38① i) 또는 가중주의(법38① ii)에 의하는 경우에는 형선고의 주문이 하나이므로 그 주문대로 형을 집행하면 된다. 병과주의(법38① iii)에 의하는 경우에는 선고되는 형이 둘 이상이 되지만 집행은 동시에 하면 된다.

사후적 경합범의 경우에는 반드시 둘 이상의 형선고 주문이 존재한다. 이 경우 형의 집행방법이 문제된다. 2005년의 형법 일부개정에서 입법자는 사후적 경합범에 대한 형집행 단계에서의 배려를 완전히 배제하였다. 사후적 경합범에 대해 여러 개의 판결이 있을 때 형법 제38조의 예에 의하여 집행하도록 한 개정 전 형법 제39조 제2항을 완전히 삭제하였기 때문이다. 개정법에 의하면 형을 선고한 여러 개의 주문이 있는 경우에 이를 전부 순차적으로 집행하지 않으면 안 된다.

앞의 A, B, C, D, E 죄의 사례에서 보면 A, B죄에 대한 형선고의 주문, C죄에 대한 형선고의 주문, D, E죄에 대한 형선고의 주문이 각각 존재한다. 이 세 개의 형선고 주문은 순차적으로 집행된다. 이렇게 보면 사후적 경합범의 형집행에 대해 일종의 합산주의가 채택되었다고 말할 수 있다.

5. 경합범의 사면 및 형집행면제

(1) 형법 제39조 제3항

(가) 입법취지   경합범의 경우 실체적 경합관계에 있는 여러 개의 죄에 대해 흡수주의(법38① i)나 가중주의(법38① ii)에 의하여 한 개의 형이 선고되는 일이 많다. 한 개의 형이 선고된 경합범 사안에서 어느 한 죄에 대해 일반사면이 있거나 형의 집행이 면제되는 일이 있다.[2]

예컨대 실체적 경합관계에 있는 A, B 두 죄 가운데 A죄에 대해 일반사면이 이루어지면 A죄에 대한 형벌권이 소멸한다. 형의 선고는 일반사면의 대상이 되지 않은 B죄에 대해서만 유효하게 된다. 그런데 한 개의 형이 선고되어 있으므로 A죄에 대해 어느 정도의 형이 소멸하고 B죄에 대해 어느 정도의 형이 남아 있는지 알 수가 없다. 이 때문에 형벌권이

---

1) 2021. 10. 14. 2021도8719, 공 2021하, 2227 = 『공직선거법위반죄 사후적 경합범 사건』. ☞ 1205면.
2) 형법 제39조 제3항에 대한 구판(제10판), 785면 이하의 설명을 폐기하고 본서의 서술로 대체한다.

소멸한 A죄를 제외하고 나머지 B죄에 대해 법원이 다시 형을 정할 필요가 생긴다.

이러한 경우에 대비하여 마련된 조문이 형법 제39조 제3항이다. 형법 제39조 제3항은 사후적 경합범에 관한 조문에 위치하고 있으나 실질은 한 개의 형이 선고된 경합범, 즉 동시적 경합범을 규율대상으로 하고 있다. 경합범이라고 할지라도 각각의 죄 별로 형이 선고되거나 다른 종류의 형이 병과되어 형이 분리되어 있는 경우에는 형법 제39조 제3항이 적용되지 않는다.

(나) 사 면　　형법 제39조 제3항은 경합범에 의한 판결의 선고를 받은 자가 (가) 사면을 받거나, (나) 형의 집행이 면제된 때에 법원으로 하여금 다른 죄에 대하여 다시 형을 정하도록 하고 있다.

형법 제39조 제3항의 사면은 일반사면을 가리킨다. 일반사면은 대통령이 죄의 종류를 정하여 일반적으로 형벌권의 실현을 배제하는 조치이다(사면법8 전단). 일반사면은 '죄의 종류'를 정하여 행하는 것이므로 한 개의 형이 선고된 경합범 사안에서 일부 '죄'에 대해 일반사면이 있다면 형을 다시 정할 필요가 있다.

이에 대해 특별사면은 형법 제39조 제3항의 적용대상이 되지 않는다. 특별사면은 형의 집행만을 면제하는 사면이다(사면법5① ii). 특별사면은 선고된 한 개의 형을 대상으로 그 집행만을 면제하는 것이므로 한 개의 형을 분리해야 할 필요가 없다.

(다) 형집행면제　　형의 집행면제는 특정한 범인에게 잔여 형기의 집행을 면제해 주는 조치이다. 형집행면제의 사유로는 특별사면(사면법5① ii), 재판확정후의 법령개폐(법1③), 형의 시효완성(법77) 등이 있다. 그런데 앞에서 언급한 것처럼 특별사면의 경우에는 한 개의 형을 분리할 필요가 없다. 형의 시효완성의 경우도 한 개의 형을 전제로 그 형의 집행권 소멸을 논하는 것이므로 형의 분리를 생각할 필요가 없다.

형법 제1조 제3항은 "재판이 확정된 후 법률이 변경되어 그 행위가 범죄를 구성하지 아니하게 된 경우에는 형의 집행을 면제한다."고 규정하고 있다. 이 경우 형의 집행면제 여부는 '범죄'를 단위로 결정된다. 한 개의 형이 선고된 경합범의 경우에도 형의 집행면제는 '죄'를 단위로 판단해야 하는 것이다. 결국 형법 제39조 제3항에서 말하는 형의 집행면제 사유는 재판확정후의 법령개폐(법1③)만을 의미하게 된다.

예컨대 실체적 경합관계에 있는 A, B 두 죄 가운데 A죄에 대해 확정판결이 있은 후 해당 법률이 폐지되면 A죄에 대해 형집행면제의 효과가 발생한다. 이제 형의 선고는 해당 법률이 폐지되지 않은 B죄에 대해서만 유효하게 된다. 그런데 한 개의 형이 선고되어 있는 상황에서 A죄에 대해 어느 정도 형의 집행이 면제되고 B죄에 대해 어느 정도의 형을 집행해야 하는지 알 수가 없다. 이 때문에 형의 집행이 면제된 A죄를 제외한 나머지 B죄에 대해 법원은 다시 형을 정해야 한다.

(2) 새로운 형의 결정과 집행

형법 제39조 제3항에 따라 형을 정해야 할 경우 검사는 그 범죄사실에 대해 최종판결을 한 법원에 이를 청구해야 한다(형소법336①).[1] 새로이 형을 정하는 법원은 분리된 나머지 죄의 사실인정 및 법령적용에 대해 기존의 확정판결과 다른 판단을 할 수 없다. 양형판단의 기초가 되는 사정도 분리된 나머지 죄에 대해 기존의 확정판결이 기초로 하였던 제반사정을 기준으로 삼아야 한다.

형법 제39조 제3항에 의하여 법원이 다시 형을 정하면 검사는 새로 정해진 형을 집행해야 한다. 이 경우 검사는 새로운 형을 집행함에 있어서 이미 집행한 형기를 통산하여야 한다(법39④).

---

1) 형사소송법 제336조 제2항은 형법 제39조 제4항을 지시하고 있으나 형법 제39조 제3항의 오기이다.

제 3 편 형사제재론

제 1 장 형 벌 론
제 2 장 보안처분론

제1장 형 벌 론

제1절 서   설

제1 형사제재와 유사제재

1. 형벌의 의의와 성질

형법은 범죄와 형벌에 관한 법규범이다. 범죄는 구성요건에 해당하고 위법하며 유책한 행위이다. 범죄는 법률요건이다. 범죄가 성립하면 그 법적 효과로서 형벌권이 발생한다. 형벌권은 형벌을 과할 수 있는 공적 권리이다. 형벌권은 국가가 보유한다. 형벌은 범죄인에 대한 해악의 부과이다. 해악이란 법익의 침해 내지 박탈이다. 우리 형법은 사형을 인정하고 있다(법41 ⅰ). 우리나라에서 형벌은 생명, 자유, 명예, 재산 등의 법익을 침해하거나 박탈하는 국가의 강제조치이다.

형벌은 범죄에 대하여 가해지는 법적 효과의 하나이다. 형벌은 과거의 잘못을 돌이켜 보면서 그 잘못에 상응하는 해악을 가하는 강제조치이다. 따라서 형벌은 응보적 내지 억압적인 법적 효과이다. 형벌의 고유한 성질을 파악하려면 형벌과 유사한 다른 제재방법들을 형벌과 비교해 볼 필요가 있다.

형벌법규에 위반한 사람은 형을 선고받는다. 형의 선고가 있으면 기본적으로 형의 집행이 이루어진다. 이 때 형의 집행을 받는 사람을 가리켜서 수형인이라고 한다. 수형인은 형벌의 집행대상이 될 뿐만 아니라 형의 집행을 받은 후에도 전과자로 되어 사회생활상 여러 가지 불이익을 받게 된다.

2. 과태료와 범칙금

(1) 형벌과 과태료

형벌법규가 초래하는 전과자의 양산을 우려하여 근래에는 형벌법규를 비형벌법규로 대체하려는 움직임이 활발하다. 형벌법규의 비범죄화에 있어서 크게 주목되는 것은 과태료 규정의 활용이다. 과태료는 행정기관이 규범위반자에게 가하는 금전적 제재이다(예컨대 병역법95 참조). 과태료는 상대방에게 금전적 불이익을 부과하는 것이지만 형벌의 일종인 벌금 자체는 아니다. 이 점에서 과태료납부자는 수형자가 아니며 따라서 전과자로도 되지 않는다. 역으로 과태료납부가 있었다고 하여 형사사건에서 일사부재리의 효력(헌법13① 후단)이 발생하지도 않는다.[1]

과태료는 형벌의 일종인 벌금과 엄밀히 구별된다. 과태료는 어디까지나 행정상의 제재 처분이기 때문이다. 그러나 금전적 불이익을 과한다는 점에서는 형사처벌과 유사한 점이 적지 않다. 과태료의 이러한 특징을 고려하여 2008년부터 「질서위반행위규제법」이 시행되고 있다. 「질서위반행위규제법」은 법률상 의무의 효율적인 이행을 확보하고 국민의 권리와 이익을 보호하기 위하여 질서위반행위의 성립요건과 과태료의 부과·징수 및 재판 등에 관한 사항을 규정하는 것을 목적으로 하여 제정된 법률이다(동법1). 이 법률이 규율하는 '질서 위반행위'란 법률(지방자치단체의 조례 포함)상의 의무를 위반하여 과태료가 부과되는 행위를 말한다(동법2 i).

과태료는 질서위반행위를 요건으로 하며 그 구체적 실현절차는 「질서위반행위규제법」이 규율한다. 이와 달리 벌금은 형벌의 일종으로서(법41 vi). 범죄를 요건으로 하며 그 선고 와 집행은 형사소송법에 따라 이루어진다.

(2) 형벌과 범칙금

형벌법규에 따라서는 완전한 비범죄화가 아니라 중간 정도의 완화책이라고 할 수 있는 범칙금제도가 사용되기도 한다. 범칙금이란 범칙행위를 범한 사람에게 행정기관이 통고처 분을 발하여 국고(國庫)에 납부하도록 명한 금전을 말한다. 범칙금제도를 사용하는 예로서 「도로교통법」과 「경범죄 처벌법」을 들 수 있다(도로교통법162 이하, 경범죄처벌법6 이하). 「도로 교통법」이나 「경범죄 처벌법」은 도로교통이나 일상생활에서 발생하는 경미한 위법행위들 을 처벌하는 벌칙규정들을 두고 있다. 이 벌칙규정들은 형벌의 일종인 벌금이나 구류 또는 과료를 규정하고 있어서 형벌법규에 해당한다. 벌금·구류·과료는 형벌의 일종이다. 따라 서 벌금·구류·과료를 부과하려면 형사소송절차나 즉결심판절차를 거쳐서 법관이 이를 선고해야 하는 것이 원칙이다.

그런데 범칙금제도에 의하면 행정기관이 발하는 통고처분에 따라 상대방이 일정한 금액 을 국고에 납부하기만 하면 굳이 형사절차를 경료하지 아니하여도 형사절차를 종료한 것과 같이 취급되고 일사부재리의 효력이 발생한다(헌법13① 후단, 도로교통법164③, 경범죄처벌법8③

---

1) 1992. 2. 11. 91도2536, 공 1992, 1074 = 분석 신형소 I 『옥내주차장 불법전용 사건』.

참조). 이 경우 일사부재리의 효과는 범칙행위에 한정된다.[1] 범칙금제도는 형벌법규를 완전히 비범죄화한 것은 아니지만 법관이 주재하는 형사절차를 생략하게 한다는 점에서 사실상 비범죄화와 비슷한 기능을 발휘한다.

3. 질서벌과 징계벌

(1) 형벌과 질서벌

형벌과 구별되는 또 다른 제재로 각종 소송절차상의 질서벌이 있다. 소송절차상의 질서벌은 소송절차의 진행과 관련하여 부과되는 제재장치이다. 증인에 대한 감치·구인(형소법151②·152, 민소법311②·312)과 과태료(형소법151, 민소법311), 심리방해자 등에 대한 감치처분(법원조직법61) 등이 그 예이다.

소송절차상의 질서벌은 검사의 개입 없이 법관이 곧바로 부과하는 제재장치이지만 형벌에 대하여 인정되는 일사부재리의 효력(헌법13① 후단)은 발생하지 않는다. 예컨대 재판진행 도중에 법관을 향하여 욕설을 퍼붓는 방청객에 대해서 당해 재판부는 법원조직법 제61조에 의하여 감치처분을 할 수 있다. 한편 검사가 법정모욕죄(법138)로 문제의 방청객을 기소하면 법원은 형벌을 선고할 수도 있다.

(2) 형벌과 징계벌

형벌과 구별되는 또 다른 제재조치로 징계벌이 있다. 징계벌은 특수영역에 종사하는 사람들을 상대로 규범이 마련되어 있는 경우에 이들이 준수해야 할 규범에 위반할 때 규범위반자에게 부과되는 제재이다. 공무원의 비위행위에 대하여 가해지는 파면, 해임, 정직, 감봉, 견책 등의 징계처분이 징계벌의 대표적인 예이다(국가공무원법78 이하 참조). 그 밖에 의사, 약사, 변호사 등 특정 전문직 종사자들의 경우에 이들이 소속한 전문단체가 그들 나름의 전문직역을 감안하여 자체 징계처분을 행하는 경우도 있다. 이러한 경우의 자체 징계도 넓은 의미의 징계벌에 포함시킬 수 있다(예컨대 변호사법90 이하 참조).

형벌은 일반국민을 대상으로 중요한 법익을 보호하기 위하여 부과되는 제재이다. 이에 대하여 징계벌은 공무원 또는 전문직역 종사자에 한정하여 부과되는 제재로서 파면, 감봉, 정직, 제명 등의 특수한 형태를 취한다는 점에서 구별된다. 징계벌에 대해서는 헌법 제13조 제1항 후단에 근거한 일사부재리의 효력이 발생하지 않는다. 따라서 징계벌이 부과된 사건에 대해 형사처벌을 가하는 것은 금지되지 않는다.

---

1) 자세한 내용은, 신동운, 간추린 신형사소송법, 제15판, (2023), 852면 참조.

제2 형사제재의 체계

1. 응보형론과 재사회화론

형사제재의 큰 줄거리를 세우고 여기에 구체적인 내용을 채워가는 작업은 어디까지나 입법자에게 부과된 임무이다. 법공동체에 알맞는 형사제재장치를 확보하는 일은 입법자의 임무 가운데에서도 가장 어려운 과제의 하나로 꼽힌다.

형벌의 목적을 어디에서 구해야 할 것인가 하는 문제를 놓고 여러 가지 견해들이 제시되어 왔다. 근자에는 재사회화론이 유력해지고 있다. 재사회화론이란 형벌의 목적을 범죄인의 재사회화에서 구하는 견해를 말한다. 재사회화론에서 말하는 재사회화란 범죄인으로 하여금 정상적인 구성원으로 사회에 복귀하게 하는 것을 말한다. 종래에는 응보형론이 유력하였다. 응보형론이란 형벌의 본질을 응보라고 보는 견해를 말한다. 응보란 과거회귀적으로 고찰하여 이미 발생한 범죄에 대하여 이를 상쇄할 만한 해악을 부과하는 것을 말한다. 재사회화이론은 형벌의 목적을 보다 전향적으로 설정하여 형벌을 장래의 범법행위를 방지하는 조치로 파악하려 하고 있다.

재사회화이론이 합리성과 타당성을 가지고 있는 것은 부인할 수 없다. 그러나 그렇다고 해서 형벌에서 속죄사상을 완전히 도외시할 수는 없다. 범죄의 직접적인 피해자는 물론 사회 일반인들도 형벌법규의 실효성을 확인하기 위하여 범죄에 대한 응보를 요구하고 있다. 또한 범죄자 자신도 도덕적으로 아주 둔감해지지 않는 한 일정한 행위를 통하여 자신이 죄를 뉘우치고 있음을 사회구성원들에게 표시하려는 속죄의 욕구를 가지고 있다. 이러한 점에 비추어 볼 때 형벌의 본질적 속성이 응보에 있음은 부인할 수 없다.

2. 형벌과 보안처분

(1) 보안처분의 의미

우리 형법은 제41조부터 제86조에 걸쳐서 형벌에 관한 여러 규정들을 마련하고 있다. 이 규정들은 기본적으로 형벌이 응보적 성격을 갖는다는 인식에서 출발하고 있다. 그런데 이 규정들과 함께 고려하지 않으면 안 되는 것은 보안처분에 관한 규정들이다. 보안처분에 관한 대표적인 법률로「치료감호 등에 관한 법률」을 들 수 있다. 한편 최근 들어 각종 특별법에 의하여 다양한 형태의 보안처분이 도입되고 있다.[1]

---

1) 각종 보안처분의 형태에 대해서는, 후술 948면 이하 참조.

보안처분은 '보안과 개선의 처분'을 줄여서 표현한 말이다. 보안처분은 재범의 위험성이 있는 범죄인으로부터 사회를 안전하게 지키고(보안) 재범의 위험성을 안고 있는 범죄인을 교화(矯化)하여 정상적인 시민으로 만들기 위한(개선) 조치이다. 독일 형법은 교화적 측면을 보다 강조하기 위하여 '개선과 보안의 처분'이라는 표현을 사용하고 있다(독일형법61 이하 참조).

(2) 이원주의와 근거법률

우리 입법자는 범죄에 대한 제재장치로 형벌과 보안처분을 모두 인정하고 있다(헌법12 ① 참조). 범죄에 대한 국가의 대응장치를 가리켜서 형사제재라고 한다. 형사제재의 체계에 있어서 형벌 이외에 보안처분을 함께 사용하는 입법태도를 가리켜서 형벌·보안처분 이원주의라고 한다. 우리 입법자는 형사제재의 체계를 이원주의에 입각하여 구성하고 있다. 형벌의 근거법률은 「형법」이다. 이에 대해 치료감호를 위시한 각종 보안처분의 근거법률은 「치료감호 등에 관한 법률」을 위시한 그 밖의 특별법이다.

제3 책임주의와 양형조건

1. 책임주의의 의의와 법적 근거

(1) 책임주의의 의의

우리 형법전에는 명문의 규정이 없지만 우리 형법의 기본원칙으로 책임주의가 채택되고 있다는 점에 대해서는 학자들 사이에 거의 견해가 일치되고 있다.[1] 책임주의란 책임 없으면 형벌을 과할 수 없고 형벌을 과하는 경우에도 책임의 한도를 넘지 못한다는 원칙을 말한다.

책임주의에서 논하는 책임은 두 가지 의미로 이해된다. 하나는 비난가능성으로서의 책임이다. 이 경우 책임은 구성요건해당성과 위법성에 이어서 범죄성립의 요건으로 요구되는 것이다. 이에 대하여 양형의 기초로서의 책임이 있다. 구성요건에 해당하고 위법하며 책임이 인정되어 범죄가 성립하게 되면 이제 형벌을 부과하게 된다. 이 때 형벌부과의 근거와 한계를 제시하는 책임을 가리켜서 양형책임이라고 한다. 양형책임은 구성요건에 해당하고 위법하며 유책한 행위 전체를 대상으로 한다. 요컨대 양형책임은 사회윤리적 관점에서 내리는 "옳지 않다."는 판단의 경중을 결정하는 요소의 총체를 의미한다. 책임주의에 의할 때

---

1) 다만 배종대, 591면은 양형의 기초로 비례성원칙을 제시하고 있다.

양형책임에 상응하지 아니한 형벌은 일절 허용되지 않는다.

(2) 책임주의의 실정법적 근거

우리 입법자는 형법전에서 책임주의에 관한 명문의 규정을 두고 있지 않다. 그렇지만 인간의 존엄과 가치를 규정한 헌법 제10조, "누구든지 법률과 적법한 절차에 의하지 아니하고는 …… 처벌받지 아니한다."고 규정한 헌법 제12조 제1항 제2문 후단, 그리고 기본권 제한의 본질적 한계를 규정한 헌법 제37조 제2항 등에 비추어 볼 때 우리나라 법체계에서도 책임주의가 인정되어 있다고 보아야 할 것이다. 헌법재판소는 책임의 정도에 비례하는 법정형을 요구하는 것은 과잉금지원칙을 규정하고 있는 헌법 제37조 제2항으로부터 도출된다고 판시하고 있다.[1] 우리 헌법의 체계에 비추어 볼 때 책임주의는 헌법적 지위를 향유하고 있다. 책임주의에 반하는 법률은 위헌 무효로 된다.

2. 책임주의와 형벌목적

(1) 책임과 형벌목적

책임주의는 책임의 한도 내에서 형벌을 과할 수 있다는 원칙이다. 이 때 책임은 사회윤리적 비난을 토대로 하는 도의적 책임개념에 입각하고 있다. 이러한 책임개념은 과거의 범죄행위에 대한 비난가능성에 초점이 맞추어져 있다. 이에 반하여 형벌을 통하여 범죄인이나 사회일반인에게 일정한 예방효과를 거두려고 하는 것을 가리켜서 형벌목적이라고 한다. 형벌목적은 다시 특정한 범죄인에게 재차 범죄를 범하지 않도록 하는 목적과 사회일반인에게 범죄를 범하지 않도록 하는 목적으로 나누어진다. 이 때 전자를 특별예방, 후자를 일반예방이라고 한다.

여기에서 과거의 범죄에 대한 비난가능성(즉 책임)과 장래에 대한 형벌목적의 상호관계가 문제된다. 생각건대 특별예방과 일반예방의 관점은 책임주의의 기본적 테두리 내에서 고려되어야 한다. 책임주의와 일반예방·특별예방의 상호관계는 형법 제51조의 양형조건 속에 간접적으로 나타나고 있다.

(2) 책임주의와 양형조건

형법 제51조는 형을 정함에 있어서 (가) 범인의 연령, 성행, 지능과 환경, (나) 피해자에 대한 관계, (다) 범행의 동기, 수단과 결과, (라) 범행 후의 정황을 참작하도록 규정하고 있

---

1) 2007. 11. 29. 2005헌가10, 헌공 2007, 1289(1292) = 백선 총론 10-2.『치과기공소 직원 사건』.

다. 형을 정함에 있어서 참작해야 할 사항을 양형조건이라고 한다. 형법 제51조의 양형조건은 널리 형의 양정에 관한 법원의 재량사항에 속한다. 양형조건은 열거적이 아니라 예시적이다.[1]

원래 형법 제51조의 양형조건은 의용형사소송법(依用刑事訴訟法)이 규정하였던 기소유예의 준칙을 상당부분 채택한 것이다(동법279 참조).[2] 그런데 의용형사소송법상의 기소유예는 특별예방의 관점이 강하게 반영되어 입법화되었던 것이다. 우리 입법자는 이 기소유예의 기준을 발전시켜서 형법 제51조에 양형조건으로 구체화하였다. 그리고 이 양형조건은 단순히 형량을 결정하는 기준을 넘어서서 선고유예(법59①), 집행유예(법62①), 기소유예(형소법247)의 기준으로 설정되고 있다. 선고유예, 집행유예, 기소유예는 범죄인의 재사회화를 촉진하기 위하여 특별예방의 관점에서 마련된 장치라는 점에서 공통된다.

이와 같은 연혁적 이유 때문에 특별예방의 관점이 우리 형법 제51조의 양형조건 규정에 비교적 강하게 부각되고 있다. 그렇지만 앞에서 살펴본 것처럼 책임주의는 헌법 제10조를 통해 헌법적 위치를 차지하고 있다. 따라서 책임주의와 형벌목적의 상호관계는 책임을 상한으로 하면서 그 범위 내에서 특별예방 및 일반예방의 관점을 반영하는 선에서 조화를 모색하여야 할 것이다.

(3) 양형위원회와 양형기준

양형의 합리화와 과학화는 형사사법의 신뢰성을 좌우하는 중요한 요인이다. 우리 입법자는 법관이 형을 정함에 있어 국민의 건전한 상식을 반영하고 국민이 신뢰할 수 있는 공정하고 객관적인 양형을 실현하기 위하여 대법원에 양형위원회를 설치하였다(법원조직법81의2①). 양형위원회는 양형기준을 설정·변경하고, 이와 관련된 양형정책을 연구·심의하는 기구이다(동조②). 양형위원회는 법관이 합리적인 양형을 도출하는 데 참고할 수 있는 구체적이고 객관적인 양형기준을 설정하거나 변경한다(법원조직법81의6①). 양형위원회는 양형기준을 공개하여야 한다(동조④).[3]

양형위원회는 양형기준을 설정·변경함에 있어 (가) 범죄의 죄질 및 범정(犯情)과 피고인의 책임의 정도를 반영할 것, (나) 범죄의 일반예방 및 피고인의 재범 방지와 사회복귀를 고려할 것, (다) 동종 또는 유사한 범죄에 대하여는 고려하여야 할 양형요소에 차이가 없는

---

1) 2017. 8. 24. 2017도5977 전원합의체 판결, 공 2017하, 1887 =『필리핀 무죄 미결구금 사건』.

2) **의용형사소송법 제279조** 범인의 성격, 연령 및 환경과 범죄의 정상 및 범죄 후의 정황에 의하여 소추를 필요치 않을 때는 공소를 제기하지 않을 수 있다.

3) 양형위원회는 살인, 뇌물, 성범죄, 강도, 횡령·배임, 위증·무고 등 각종 범죄유형 별로 양형기준을 결정해 가고 있다. 대법원 홈페이지 양형위원회 사이트 참조.

한 양형에 있어 상이하게 취급하지 아니할 것, (라) 피고인의 국적·종교 및 양심·사회적 신분 등을 이유로 양형상 차별을 하지 아니할 것의 네 가지 원칙을 준수하여야 한다(법원조직법81의6②).

양형위원회는 양형기준을 설정·변경함에 있어서 (가) 범죄의 유형 및 법정형, (나) 범죄의 중대성을 가중하거나 감경할 수 있는 사정, (다) 피고인의 연령, 성행, 지능과 환경, (라) 피해자에 대한 관계, (마) 범행의 동기·수단 및 결과, (바) 범행 후의 정황, (사) 범죄전력, (아) 그 밖에 합리적인 양형을 도출하는 데 필요한 사항이라는 여덟 가지 항목을 고려하여야 한다(법원조직법81의6③).[1]

법관은 형의 종류를 선택하고 형량을 정함에 있어서 양형기준을 존중하여야 한다. 다만, 양형기준은 법적 구속력을 갖지 아니한다(법원조직법81의7①). 양형기준은 법관의 양형에 존중이 요구되는 것일 뿐이므로 양형기준이 발효되기 전에 공소가 제기된 사건에 대해 법원이 양형기준을 참고자료로 삼았다고 하여도 소급효금지의 원칙이 적용되지 않는다.[2] 법원이 양형기준을 벗어난 판결을 하는 경우에는 판결서에 양형의 이유를 기재하여야 한다. 다만, 약식절차 또는 즉결심판절차에 의하여 심판하는 경우에는 그러하지 아니하다(동조②).

제2절 형 벌

제1 형벌의 종류와 경중

우리 형법은 형의 종류로 (가) 사형, (나) 징역, (다) 금고, (라) 자격상실, (마) 자격정지, (바) 벌금, (사) 구류, (아) 과료, (자) 몰수의 아홉 가지를 규정하고 있다(법41). 형의 경중은 위에 나열된 순서에 따른다(법50① 본문, 41). 다만, 무기금고와 유기징역은 금고를 무거운 것으로 하고, 유기금고의 장기가 유기징역의 장기를 초과하는 때에는 유기금고를 무거운 것으로 한다(법50① 단서).

같은 종류의 형은 장기가 긴 것과 다액이 많은 것을 무거운 것으로 하고, 장기 또는 다

---

1) "대법원 양형위원회 제정 양형기준상 특별감경인자인 '처벌불원'이란 피고인이 자신의 범행에 대하여 진심으로 뉘우치고 합의를 위한 진지한 노력을 기울여 피해에 대한 상당한 보상이 이루어졌으며, 피해자가 처벌불원의 법적·사회적 의미를 정확히 인식하면서 이를 받아들여 피고인의 처벌을 원하지 않는 경우를 의미한다."

2020. 8. 20. 2020도6965, 공 2020하, 1829 =『친딸 강간 처벌불원 사건』.

2) 2009. 12. 10. 2009도11448, 공 2010상, 193 = 분석 신형소 II『양형기준 소급적용 사건』.

액이 같은 경우에는 단기가 긴 것과 소액이 많은 것을 무거운 것으로 한다(법50②). 이상의 기준을 제외하고는 죄질과 범정(犯情)을 고려하여 경중을 정한다(법50③).

형벌은 주형과 부가형으로 나누어진다. 주형이란 독자적으로 부과할 수 있는 형벌을 말한다. 이에 대하여 부가형은 다른 주형에 부가하여서만 부과되는 형벌을 말한다. 우리 형법은 사형, 징역, 금고, 자격상실, 자격정지, 벌금, 구류, 과료의 여덟 가지 형벌을 주형으로, 몰수를 부가형으로 각각 규정하고 있다(법41, 49).

제 2 주형의 내용

우리 형법은 주형으로 사형, 징역, 금고, 자격상실, 자격정지, 벌금, 구류, 과료의 여덟 가지 형을 인정하고 있다(법41, 49). 주형은 입법자가 형벌법규를 제정하면서 법정형을 규정할 때 사용하는 형벌을 말한다. 한편 우리 입법자는 주형에 부수하는 법적 효과로서 일정한 자격의 제한을 규정하고 있다.

1. 사   형

(1) 사형선고시 고려사항

사형은 수형자의 생명을 박탈하는 형벌이다(법66 참조). 헌법재판소는 사형이 헌법 제37조 제2항이 규정한 비례의 원칙을 침해하는 형벌이 아니라고 판시하여 사형의 합헌성을 인정하고 있다.[1] [2] 그러나 사형은 사람의 생명을 박탈하는 마지막 형벌이므로 사형의 선고는 신중에 신중을 기하지 않으면 안 된다. 이 점과 관련하여 대법원은 다음과 같이 판시한 바 있다.[3]

「우리 법이 사형제도를 두고 있지만, 사형은 사람의 목숨을 빼앗는 마지막 형벌이므로, 사형의 선고는 범행에 대한 책임의 정도와 형벌의 목적에 비추어 그것이 정당화될 수 있는 특별한 사정이 있는 경우에만 허용될 수 있다. 따라서 사형을 선고함에 있어서는 범인의 연령, 직업과 경력, 성행, 지능, 교육정도, 성장과정, 가족관계, 전과의 유무, 피해자와의 관

---

1) 1996. 11. 28. 95헌바1, 헌집 8-2, 537 = 백선 총론 100.『사형제도 헌법소원 사건』.

2) 2010. 2. 25. 2008헌가23, 헌집 22-1상, 36 = 분석 총론『사형제도 재차 헌법소원 사건』:
   갑은 2회에 걸쳐 4명을 살해하고 그중 3명의 여성을 추행한 범죄사실로 구속기소되어 제1심에서 사형을 선고받은 후 항소하였다. 갑은 항소심 재판 계속 중 사형제도를 규정한 형법 제41조 제1호에 대하여 위헌법률심판제청신청을 하였고, 항소법원은 위헌법률심판제청결정을 하였다. 1996년의 95헌바1 사건에서 헌법재판소는 7 대 2로 사형제도에 대해 합헌결정을 내린 바 있었다. 2010년의 본 사건에서 헌법재판소는 5 대 4의 의견으로 사형에 대한 합헌결정을 내렸다.

3) 2000. 7. 6. 2000도1507, 공 2000, 1907 = 백선 총론 100. 참고판례 1.『젊은 남녀 살해 사건』.

계, 범행의 동기, 사전계획의 유무, 준비의 정도, 수단과 방법, 잔인하고 포악한 정도, 결과
의 중대성, 피해자의 수와 피해감정, 범행 후의 심정과 태도, 반성과 가책의 유무, 피해회복
의 정도, 재범의 우려 등 양형의 조건이 되는 모든 사항을 참작하여 위와 같은 특별한 사정
이 있음을 명확히 밝혀야 한다.」

(2) 사형의 부수효과

사형 판결을 받은 자는 (가) 공무원이 되는 자격, (나) 공법상의 선거권과 피선거권, (다)
법률로 요건을 정한 공법상의 업무에 관한 자격, (라) 법인의 이사, 감사 또는 지배인 기타
법인의 업무에 관한 검사역이나 재산관리인이 되는 자격을 상실한다(법43①).

2. 징역과 금고

(1) 징역과 금고의 종류

징역은 수형자를 교정시설에 수용하여 집행하며, 정해진 노역(勞役)에 복무하도록 하는
형벌이다(법67). 금고도 수형자를 교정시설에 수용하여 집행하는 형벌이지만 정해진 노역에
복무하게 하지 않는다는 점에서 징역과 구별된다(법68).

징역 또는 금고는 무기 또는 유기로 하고, 유기는 1개월 이상 30년 이하로 한다. 단,
유기징역 또는 유기금고에 대하여 형을 가중하는 때에는 50년까지로 한다(법42 본문·단서).
2010년 입법자는 형법을 일부 개정하여 유기징역·유기금고의 상한을 종래의 2배인 30년
으로 상향조정하였다.

(2) 무기징역·무기금고의 부수효과

무기징역 또는 무기금고의 판결을 받은 자는 (가) 공무원이 되는 자격, (나) 공법상의 선
거권과 피선거권, (다) 법률로 요건을 정한 공법상의 업무에 관한 자격, (라) 법인의 이사,
감사 또는 지배인 기타 법인의 업무에 관한 검사역이나 재산관리인이 되는 자격을 상실한
다(법43①).

(3) 유기징역·유기금고의 부수효과

(가) 자격의 정지   유기징역 또는 유기금고의 판결을 받은 자는 그 형의 집행이 종료
하거나 면제될 때까지 (가) 공무원이 되는 자격, (나) 공법상의 피선거권, (다) 법률로 요건
을 정한 공법상의 업무에 관한 자격이 정지된다(법43②·① i, ii, iii). (라)의 법인의 이사, 감
사 또는 지배인 기타 법인의 업무에 관한 검사역이나 재산관리인이 되는 자격(법43① iv)은

부수적 효과로서의 자격정지 대상에 포함되지 않는다. 유기징역 또는 유기금고의 판결을 받은 자에는 실형을 선고받은 사람과 집행유예를 선고받은 사람이 모두 포함된다.

(나) 공법상 선거권 제한 여부   1953년 제정 이래 형법 제43조 제2항은 유기징역 또는 유기금고의 판결을 받은 사람에 대해 '공법상의 피선거권' 이외에 '공법상의 선거권'도 제한하고 있었다. 그러나 2014년 헌법재판소는 유기징역 또는 유기금고의 판결을 받은 사람에게 일률적으로 공법상의 선거권을 제한하는 것은 과잉금지원칙과 평등원칙에 위반된다고 판단하였다.[1]

2015년 입법자는 「공직선거법」상의 선거권 제한규정을 개정하여 제한 대상자를 "1년 이상의 징역 또는 금고의 형의 선고를 받고 그 집행이 종료되지 아니하거나 그 집행을 받지 아니하기로 확정되지 아니한 사람. 다만, 그 형의 집행유예를 선고받고 유예기간 중에 있는 사람은 제외한다."라고 규정하였다(동법18① ii 본문·단서).

그 결과 유기징역 또는 유기금고의 판결을 받은 사람이라 할지라도 (가) 1년 미만의 징역 또는 금고의 실형을 선고받은 사람과 (나) 1년 이상의 징역 또는 금고의 형을 선고받고 형의 집행유예 기간 중에 있는 사람에 대해서는 '공법상의 선거권'이 인정된다.

2016년 입법자는 헌법재판소의 판단과 「공직선거법」의 개정을 반영하여 형법 제43조 제2항에 "다만, 다른 법률에 특별한 규정이 있는 경우에는 그 법률에 따른다."는 단서를 추가하였다. 형법 제43조 제2항 본문에 따르면 종전과 같이 유기징역 또는 유기금고의 판결을 받은 사람에 대해서는 '공법상의 피선거권' 이외에 '공법상의 선거권'도 제한된다. 그러나 신설된 형법 제43조 제2항 단서에 따라 다른 법률에 특별한 규정이 있는 경우에는 그 법률에 따른다. 이 경우 '다른 법률'의 대표적인 예는 「공직선거법」이다.

3. 자격상실과 자격정지

(1) 자격상실

자격상실은 수형자에게 일정한 자격을 자동적으로 상실하게 하는 형벌을 말한다. 자격상실에 의하여 상실되는 자격은 (가) 공무원이 되는 자격, (나) 공법상의 선거권과 피선거권, (다) 법률로 요건을 정한 공법상의 업무에 관한 자격, (라) 법인의 이사, 감사 또는 지배인 기타 법인의 업무에 관한 검사역이나 재산관리인이 되는 자격이다(법43①).

우리 입법자는 형법 총칙에서 자격상실을 독자적인 주형으로 규정하고 있다(법41 iv). 그러나 입법자가 개별 형벌법규에서 자격상실을 법정형으로 규정한 예는 찾아 볼 수 없다. 현

---

1) 2014. 1. 28. 2012헌마409·510, 2013헌마167(병합), 헌공 208, 337 = 분석 총론 『형법 제43조 위헌 결정 사건』.

재 자격상실은 사형, 무기징역 또는 무기금고라는 주형에 대한 부수적 효과로서의 성질만을 가지고 있다(법43①).

(2) 자격정지

자격정지는 수형자에게 일정한 자격을 일정한 기간 동안 정지시키는 형벌을 말한다. 자격정지의 대상이 되는 자격은 (가) 공무원이 되는 자격, (나) 공법상의 피선거권, (다) 법률로 요건을 정한 공법상의 업무에 관한 자격, (라) 법인의 이사, 감사 또는 지배인 기타 법인의 업무에 관한 검사역이나 재산관리인이 되는 자격의 전부 또는 일부이다(법44① 참조). 유기징역·유기금고의 부수적 효과(법43② 본문)로 부과되는 경우와 달리 자격정지가 주형으로 부과되는 경우에는 (라)의 자격도 포함된다.

우리 입법자는 자격상실의 경우와 달리 자격정지를 총칙 조문(법41 v)에서 주형으로 규정할 뿐만 아니라 개별 형벌법규에서 독자적인 법정형으로 규정하고 있다. 예컨대 형법 제122조 이하에 규정된 각종 공무원의 직무에 관한 죄의 경우에는 징역 등과 함께 선택적 또는 필요적으로 자격정지가 법정형으로 규정되어 있다.

자격정지는 자격상실의 대상이 되는 자격(법43①)의 전부 또는 일부를 정지하는 것이다(법44①). 이에 따르면 '공법상의 선거권'과 '공법상의 피선거권'이 모두 자격정지의 대상이 되는 것처럼 보인다(법44①, 43① ii). 그런데 자격정지는 징역이나 금고보다 가벼운 형벌이다(법41 참조). 그러므로 앞에서 본 「공직선거법」 제18조 제1항 제2호 및 형법 제43조 제2항 단서에 따라 '공법상의 선거권'은 자격정지에서 정지되는 자격에 포함되지 않는다.

'공법상의 선거권'을 제외하면 자격정지의 경우 정지될 수 있는 자격의 범위는 자격상실의 경우에 상실되는 자격의 범위와 같다. 그러나 자격정지의 적용은 신축적이다. 자격정지는 자격상실과 달리 위의 (가) 내지 (라)의 자격 전부에 대하여 선고하거나 또는 그 가운데 일부에 대해서만 선고할 수 있기 때문이다. 이때 자격정지의 기간은 1년 이상 15년 이하로 한다(법44①).

주형으로서 자격정지는 법정형에 단순히 선택적으로 규정되는 경우와 유기징역·유기금고와 함께 병과적으로 규정되는 경우가 있다. 유기징역·유기금고에 자격정지를 병과한 때에는 징역 또는 금고의 집행을 종료하거나 면제된 날부터 정지기간을 기산한다(법44②).

(3) 입법론

우리 형법은 자격상실과 자격정지를 총칙에서 주형으로 규정하고 있다(법41 iv, v). 이러한 입법태도는 독일 형법이나 일본 형법에서 찾아볼 수 없는 것으로서, 1931년에 발표된 일본의 개정형법가안 총칙의 영향을 받고 있다. 개정형법가안은 자격상실과 자격정지를 형의 일종으로 도입한 취지에 대해 "상당한 지위·신분이 있는 자에 대하여는 도의적 견지에서 형으로서 효과를 나타내기에 충분할 뿐만 아니라 경제적 견지에서 감옥에 구금하여 행형에 다액의 비용을 지출하는 것을 피할 수 있다."는 이유를 제시하였다.[1]

1953년 우리 형법을 제정할 때 주형으로서의 자격상실과 자격정지는 정부원안에 규정되어 있었다. 그러나 국회 본회의 심의과정에서 자격상실 및 자격정지를 삭제하자는 수정안이 제출되었다. 자격상실 및 자격정지를 주형이자 독립형으로 규정하는 것에 대해 형의 실효성을 둘러싸고 강력한 의문이 제기되었기 때문이다. 그러나 신속하게 형법전을 제정해야 한다는 현실적 필요성 때문에 정부원안이 가결되었다.

비교법적으로 볼 때 형법전의 총칙에서 자격상실과 자격정지를 주형으로 규정한 실정법의 예는 찾아보기 어렵다. 자격상실과 자격정지는 1930년대의 일본 사회를 배경으로 '상당한 지위·신분이 있는 자'를 우대하려고 하였던 일본 개정형법가안의 입법의도와 무관하지 않다. 입법론적으로 볼 때 자격상실이나 자격정지는 징역이나 금고에 대한 부수효과로 규정하면 족하다. 자격상실과 자격정지를 주형이자 독립형으로 규정한 현행 형법의 입법태도는 극복되는 것이 바람직하다.[2]

4. 벌금, 구류, 과료

(1) 벌 금

벌금은 범죄인에 대하여 일정한 금액의 지급의무를 강제적으로 부담시키는 형벌이다. 벌금은 5만원 이상으로 한다. 다만 감경하는 경우에는 5만원 미만으로 할 수 있다(법45 본문·단서). 경제사정의 변동에 따라 벌금액을 조정하기 위하여 「벌금 등 임시조치법」이 마련되어 있다. 이에 따르면 이 법률 또는 다른 법령에 따라 산출되거나 다른 법령에 규정된 벌금의 다액이 10만원 미만일 때에는 그 다액을 10만원으로 한다(동법3).

벌금은 판결확정일로부터 30일내에 납입하여야 한다. 벌금을 선고할 때에는 동시에 그 금액을 완납할 때까지 노역장에 유치할 것을 명할 수 있다(법69① 본문·단서). 벌금을 납입하지 아니한 자는 1일 이상 3년 이하의 기간 노역장에 유치하여 작업에 복무하게 한다(동조②).

---

1) (일본 사법성), 형법개정안이유서, (1931), 23면 이하.
2) 자격상실과 자격정지를 주형(主刑)으로 도입하게 된 경위와 자격형제도의 폐지 논란에 대해서는, 신동운, "자격상실과 자격정지 형의 존폐에 대하여", 서울대학교 법학, 제47권 제4호, (2006. 12.), 200면 이하 참조.

벌금을 선고할 때에는 이를 납입하지 아니하는 경우의 노역장 유치기간을 정하여 동시에 선고하여야 한다(법70①). 벌금의 선고를 받은 사람이 그 금액의 일부를 납입한 경우에는 벌금액과 노역장 유치기간의 일수(日數)에 비례하여 납입금액에 해당하는 일수를 뺀다(법71).

2014년 입법자는 소위 황제노역의 폐해를 방지할 목적으로 형법 제70조 제2항을 신설하여 노역장유치기간의 하한을 명시하였다. 즉, 선고하는 벌금이 (가) 1억원 이상 5억원 미만인 경우에는 300일 이상, (나) 5억원 이상 50억원 미만인 경우에는 500일 이상, (다) 50억원 이상인 경우에는 1천일 이상의 노역장 유치기간을 정하여야 한다.[1]

2014년 형법 일부개정 당시 관련 부칙조항은 형법 제70조 제2항의 시행일(2014년 5월 14일) 이전에 행해진 범죄행위에 대해서도 공소제기의 시기가 형법 제70조 제2항의 시행일 이후이면 이를 적용하도록 하고 있었다. 헌법재판소는 이 부칙조항이 범죄행위 당시보다 불이익한 법률을 소급 적용하도록 하는 것으로서 헌법상 형벌불소급원칙에 위반된다고 판단하였다.[2] 헌법재판소의 위헌결정 선고로 관련 부칙조항은 「헌법재판소법」 제47조 제3항 본문에 따라 그 효력을 상실하였다. 따라서 형법 제70조 제2항의 시행일(2014년 5월 14일) 전에 행해진 피고인의 범죄행위에 대해 형법 제70조 제2항을 적용하여 노역장유치기간을 정하는 것은 허용되지 않는다.[3]

「벌금 미납자의 사회봉사 집행에 관한 특례법」은 벌금 미납자에 대한 노역장 유치를 사회봉사로 대신하여 집행할 수 있는 특례와 절차를 규정하고 있다. 이 법률은 경제적인 이유로 벌금을 낼 수 없는 사람의 노역장 유치로 인한 구금을 최소화하여 그 편익을 도모함을 목적으로 하고 있다(동법1 참조).

(2) 구 류

구류는 수형자를 교정시설에 수용하여 집행하는 단기간의 자유형이다(법68). 구류는 1일 이상 30일 미만으로 한다(법46).

즉결심판절차에서 선고되는 구류는 경찰서유치장에서도 집행할 수 있다(즉결심판에관한절차법18② 참조). 즉결심판절차에서 판사가 구류를 선고할 때 피고인이 일정한 주거가 없거나 또는 도망할 염려가 있을 때에는 5일을 초과하지 아니하는 기간 경찰서유치장에 유치할 것을 명령할 수 있다. 다만 유치기간은 선고기간을 초과할 수 없다(즉결심판에관한절차법17① 본문·단서).

---

1) 2014년에 신설된 형법 제70조 제2항의 입법취지에 대해서는, 전술 38면 이하 참조.
2) 2017. 10. 26. 2015헌바239, 헌집 29-2하, 17 = 『노역장유치 부칙 위헌 사건』.
3) 2018. 2. 13. 2017도17809, 공 2018상, 620 = 『조세범 노역상유치 사건』.

(3) 과 료

과료는 2천원 이상 5만원 미만의 경미한 재산형이다(법47). 과료는 재산형의 일종으로 수형자에게 일정한 금액의 지급의무를 발생하게 하는 점에서 벌금과 같지만 그 액수가 2천원 이상 5만원 미만의 소액이라는 점에서 구별된다.

과료는 판결확정일로부터 30일내에 납입하여야 한다(법69①). 과료를 납입하지 아니한 자는 1일 이상 30일 미만의 기간 노역장에 유치하여 작업에 복무하게 한다(동조②). 과료를 선고할 때에는 이를 납입하지 아니하는 경우의 노역장 유치기간을 정하여 동시에 선고하여야 한다(법70①). 과료의 선고를 받은 사람이 그 금액의 일부를 납입한 경우에는 과료액과 노역장 유치기간의 일수(日數)에 비례하여 납입금액에 해당하는 일수를 뺀다(법71).

제 3 부 가 형

1. 몰수의 의의

(1) 부가형으로서의 몰수

(가) 부가형으로서의 몰수   부가형이란 다른 주형에 부가하여서만 과해지는 형벌을 말한다. 이에 반해 주형은 그 자체로서 독립하여 과해지는 형벌이다. 부가형은 주형이 선고될 때 부가하여 과해지는 것이 원칙이지만, 주형의 형이 면제되는 경우에는 부가형만 과해지는 상황도 생길 수 있다. 우리 형법이 인정한 유일한 부가형은 몰수이다(법49 본문).

(나) 독립몰수   형법 제49조 단서는 "행위자에게 유죄의 재판을 아니할 때에도 몰수의 요건이 있는 때에는 몰수만을 선고할 수 있다."고 규정하고 있다. 형법 제49조 단서의 문언만을 보면 일견 유죄판결 없이(따라서 주형의 선고 없이) 몰수를 독자적으로 과할 수 있는 것처럼 보인다.[1] 유죄의 재판을 하지 아니하고 몰수만 선고되는 경우는 엄밀한 의미에서 형의 선고라고 할 수 없다. 행위자에게 범죄성립을 인정하는 재판을 하지 아니할 때에는 형의 선고도 할 수 없기 때문이다.

유죄의 재판 없이 선고되는 몰수를 독립몰수라고 한다. 독립몰수가 필요한 상황으로는, 심신상실을 이유로 피고인에게 무죄를 선고하는 경우, 피고인이 재판 도중 사망하여 공소

---

[1] 1953년 형법 제정 이전에 시행되었던 의용형법(일본형법)은 몰수를 부가형으로만 규정하고 있었다(동법9). 이에 대해 정부가 제2대 국회에 제출한 형법원안은 몰수를 독자적으로 부과할 수 있도록 규정하였다. 그러나 국회 법제사법위원회는 형법안 심의과정에서 몰수를 종전처럼 부가형으로 하는 수정을 가하였고, 이 과정에서 법사위수정안과 정부초안이 형법 제49조 본문과 단서로 각각 자리잡게 되었다. 신동운 편저, 형법 제·개정 자료집, 한국형사정책연구원, (2009), 37면, 163면 이하 참조.

기각결정을 하는 경우를 상정할 수 있다. 한편 피고인에 대해 형의 선고유예를 하거나 형의 면제를 하는 경우는 '유죄의 재판'을 하는 경우이므로(형소법322) 엄밀한 의미에서 형법 제49조 단서의 적용범위에 포함되지 않는다. 그렇지만 형의 선고유예[1]나 형 면제의 경우에 주형의 선고 없이 몰수가 가능하다는 점에서 보면 형법 제49조 단서의 독립몰수 대상에 포함시킬 수 있다.[2] 다만 주형에 대해 선고를 유예하지 아니하면서 이에 부가할 몰수·추징에 대하여서만 선고를 유예할 수는 없다.[3]

현재 우리 법제상으로 공소제기 없이 별도로 몰수만을 선고할 수 있는 제도는 마련되어 있지 않다. 이러한 까닭에 형법 제49조 단서에 근거하여 몰수를 선고하려면 몰수의 요건이 공소제기된 범죄사실과 관련을 맺고 있지 않으면 안 된다. 공소사실이 인정되지 않는 경우에 이와 별개로 공소가 제기되지 아니한 범죄사실을 법원이 인정하여 그에 관하여 몰수를 선고하는 것은 불고불리의 원칙에 반하여 허용되지 않는다.[4] 몰수를 선고하려면 몰수

---

1) 1973. 12. 11. 73도1133 전원합의체 판결, 공 1974, 7641 =『파월 군인 관세포탈 사건』:
갑은 월남 파견 군인이다. 갑은 월남에서 쓰던 ㉠물품을 [관세법에 따른 신고 없이] 국내로 가지고 들어왔다. 갑은 관세포탈죄로 기소되었다. 제1심을 거친 후, 항소심은 갑에게 주형(징역 1년)의 선고를 유예하면서 부가형으로 관세포탈로 인하여 취득한 ㉠물품의 몰수를 선고하였다. 갑은 불복 상고하였다. 대법원은 [주형이 선고될 때에만 몰수를 선고할 수 있다고 판단한] 종전 판례를 폐기하고, 본문에 소개한 법리에 따라 갑의 상고를 기각하였다.

2) 독립몰수 규정의 성립경위에 대해서는, 신동운, 형법 제49조 단서의 독립몰수에 대하여, 학술원논문집(인문·사회과학편) 제62집 2호 (2023) 209~249면 참조.

3) 1988. 6. 21. 88도551, 공 1988, 1051 = 백선 총론 100-1. 참고판례 2.『추징 선고유예 사건』:
갑은 ㉠재산을 국외로 도피하여 처분하였다. 갑은 특정가법위반죄(재산국외도피)로 기소되었다. 특정가법상 도피재산은 필요적 몰수 대상이다(㉮규정). 제1심을 거친 후, 항소법원은 갑에게 다음의 주문의 유죄판결을 선고하였다. (가) 징역 2년 6개월에 3년간 집행유예를 선고한다. (나) ㉠재산은 ㉮규정에 따라 몰수하여야 할 것이나 이미 처분되어 몰수할 수 없으므로 그 가액을 추징할 것이로되, 정상을 참작하여 추징은 형법 제59조를 적용하여 선고를 유예한다.
대법원은 다음의 이유를 제시하여 원심판결을 파기환송하였다. (가) 형법 제59조에 의하더라도 몰수는 선고유예의 대상으로 규정되어 있지 않다. (나) 몰수 또는 이에 가름하는 추징은 부가형적 성질을 띠고 있어 주형에 대하여 선고를 유예하는 경우에는 그 부가할 몰수 추징에 대하여도 선고를 유예할 수 있다. (다) 주형에 대하여 선고를 유예하지 아니하면서 이에 부가할 몰수 추징에 대하여서만 선고를 유예할 수는 없다.

4) "형법 제49조 단서는 행위자에게 유죄의 재판을 하지 아니할 때에도 몰수의 요건이 있는 때에는 몰수만을 선고할 수 있다고 규정하고 있으므로 몰수뿐만 아니라 몰수에 갈음하는 추징도 위 규정에 근거하여 선고할 수 있다고 할 것이나, /
우리 법제상 공소의 제기 없이 별도로 몰수나 추징만을 선고할 수 있는 제도가 마련되어 있지 아니하므로 위 규정에 근거하여 몰수나 추징을 선고하기 위하여서는 몰수나 추징의 요건이 공소가 제기된 공소사실과 관련되어 있어야 하고, /
공소사실이 인정되지 않는 경우에 이와 별개의 공소가 제기되지 아니한 범죄사실을 법원이 인정하여 그에 관하여 몰수나 추징을 선고하는 것은 불고불리의 원칙에 위반되어 불가능하고, /
이러한 법리는 형법 제48조의 몰수·추징 규정에 대한 특별규정인 범죄수익은닉의 규제 및 처벌 등에 관

의 요건이 공소가 제기된 범죄사실과 관련되어 있어야 한다. 그러므로 법원으로서는 범죄사실에서 인정되지 아니한 사실에 관하여는 몰수를 선고할 수 없다.[1][2]

(2) 몰수의 법적 성질

몰수는 범죄행위와 관련된 일정한 물건의 소유권을 국가에 강제로 귀속시키는 처분이다. 몰수는 물건에 대한 소유권의 박탈을 내용으로 하는 형벌이지만 동시에 점유(소지)의 이전도 함께 일어난다. 몰수의 대상이 되는 물건은 형법 제48조에 규정되어 있다. 몰수는 범죄가 반복되는 것을 방지하거나 범죄에 의하여 생기는 부정한 이득을 차단하기 위하여 부과된다.

원래 몰수는 이중적 성격을 가지고 있다. 몰수가 행위자나 공범자 등 범죄관여자에 대하여 과해질 때에는 일종의 형벌로 이해된다. 이 경우의 몰수는 범죄인에 대한 법적 제재로서의 의미를 가지기 때문이다. 그러나 몰수가 당해 물건의 위험성 자체를 이유로 과해지거나 제3자 소유의 물건을 대상으로 과해지는 경우에는 그 몰수는 대물적 보안처분으로서의 성질을 가진다고 볼 수 있다. 책임비난의 대상이 되는 행위자가 존재하지 않기 때문이다. 다만 현재 우리 법제상으로 공소제기 없이 별도로 몰수만을 선고할 수 있는 제도가 마련되어 있지 않다는 점은 전술한 바와 같다.

형법 제48조 제1항은 '몰수할 수 있다'는 표현을 사용하여 임의적 몰수를 원칙으로 하고 있다. 이에 대해 각종 뇌물성 범죄(법134, 357③)나 「관세법」 등 특별법 위반죄(관세법282①·② 참조)의 경우에는 필요적 몰수가 규정되어 있다. 필요적 몰수는 범죄행위로 인한 이득의 박탈을 목적으로 하는 것이 아니라 징벌적인 성질을 가지는 처분으로 부가형으로서의 성격을 띠고 있다. 따라서 이 경우 몰수는 주형 등에 부가하여 한 번에 선고되고 이와 일체를 이루어 동시에 확정되어야 한다.[3]

한 법률 제8조 내지 제10조의 규정에 의한 몰수 또는 추징의 경우에도 마찬가지로 적용된다고 할 것이다."
　2008. 11. 13. 2006도4885, 공 2008, 1707 = 분석 총론 『CD 담보 주식매매 사건』.
　1) 2016. 12. 15. 2016도16170, 공 2017상, 200 = 『불상량 마약 몰수 추징 사건』.
　2) 2022. 11. 17. 2022도8662, 공 2023상, 100 = 『보이스피싱 피해금 독립몰수 사건』. ☞ 1208면.
　3) "[필요적 몰수·추징의] 요건에 해당하는 한 법원은 반드시 몰수를 선고하거나 추징을 명하여야 하고, /
　위와 같은 몰수 또는 추징은 범죄행위로 인한 이득의 박탈을 목적으로 하는 것이 아니라 징벌적인 성질을 가지는 처분으로 부가형으로서의 성격을 띠고 있어, /
　이는 피고사건 본안에 관한 판단에 따른 주형 등에 부가하여 한 번에 선고되고 이와 일체를 이루어 동시에 확정되어야 하고 본안에 관한 주형 등과 분리되어 이심되어서는 아니 되는 것이 원칙이므로, /
　피고사건의 주위적 주문과 몰수 또는 추징에 관한 주문은 상호 불가분적 관계에 있어 상소불가분의 원칙이 적용되는 경우에 해당한다."
　2008. 11. 20. 2008도5596 전원합의체 판결, 공 2008, 1817 = 분석 신형소Ⅱ 『향정의약품 매매 알선 사건』.

2. 몰수의 대상과 요건

(1) 몰수대상물의 범위

몰수의 대상은 원칙적으로 물건이다(법48①). 몰수는 물건의 소유권을 강제로 국가에 귀속시키는 형벌이기 때문이다. 물건에는 동산과 부동산이 모두 포함된다. 형법 제48조는 몰수의 대상을 '물건'으로 한정하고 있다. 이 점은 범죄행위에 의하여 생긴 재산 및 범죄행위의 보수로 얻은 재산을 범죄수익으로 몰수할 수 있도록 한 「범죄수익은닉의 규제 및 처벌 등에 관한 법률」이나 범죄행위로 취득한 재산상 이익의 가액을 추징할 수 있도록 한 형법 제357조 등의 규정과 구별된다.[1]

어느 물건이 몰수의 대상이 되려면 인적 요건과 물적 요건을 모두 충족하여야 한다. 몰수대상물의 인적 요건은 몰수대상물과 그 물건의 귀속주체와의 관계에 관한 것이다. 이에 대하여 몰수대상물의 물적 요건은 몰수대상물 자체의 특정한 성질에 관한 것이다.

(2) 몰수대상물의 인적 요건

(가) 소유권 요건　　몰수대상물의 인적 요건 가운데 첫 번째 유형은 '범인 외의 자의 소유에 속하지 아니하는' 물건이다. 몰수의 요건을 규정한 형법 제48조 제1항의 '범인' 속에

---

1) 2021. 10. 14. 2021도7168, 공 2021하, 2224 =『불법사이트 매각대금 추징 사건』:

갑을 공범 을과 함께 인터넷에 ㉠웹사이트를 개설하였다. 갑은 이용자를 늘리기 위하여 ㉠웹사이트에 음란 사이트 링크배너와 도박 사이트 홍보배너를 게시하였다. 갑은 ㉠웹사이트를 1년가량 운영하다가 성명불상자에게 5천만원을 받고 ㉠웹사이트를 매각하였다.

검사는 갑을 정보통신망을 통하여 음란한 화상 또는 영상을 배포하고, S체육진흥공단의 수탁업자가 아님에도 체육복권 유사행위를 홍보하였다는 공소사실로 기소하였다. 제1심법원은 갑에게 유죄를 인정하고, 1억 8천 9백만원의 추징을 명하였다. 갑은 불복 항소하였다. 항소법원은 갑에게 유죄를 인정하였다. 항소법원은 제1심이 추징을 명한 1억 8천 9백만원 가운데 9천 4백만원은 공범 을에게 분배되었다고 보고 나머지 9천 5백만원을 갑으로부터 추징하였다. 갑은 불복 상고하였다. 갑은 상고이유로, 추징액이 위법하게 산정되었다고 주장하였다.

대법원은 몰수 대상물에 대해 다음과 같이 판단하였다. (가) 형법 제48조는 몰수의 대상을 '물건'으로 한정하고 있다. (나) 이는 범죄행위에 의하여 생긴 재산 및 범죄행위의 보수로 얻은 재산을 범죄수익으로 몰수할 수 있도록 한 「범죄수익은닉의 규제 및 처벌 등에 관한 법률」이나 범죄행위로 취득한 재산상 이익의 가액을 추징할 수 있도록 한 형법 제357조 등의 규정과는 구별된다. (다) 민법 제98조는 물건에 관하여 '유체물 및 전기 기타 관리할 수 있는 자연력'을 의미한다고 정의하고 있다. (라) 형법이 민법이 정의한 '물건'과 다른 내용으로 '물건'의 개념을 정의하고 있다고 볼 만한 사정도 존재하지 아니한다.

대법원은 갑의 행위에 대해 다음과 같이 판단하였다. (가) ㉠웹사이트는 이 사건 각 범죄행위에 제공된 무형의 재산에 해당할 뿐이다. (나) ㉠웹사이트는 형법 제48조 제1항 제2호에서 정한 '범죄행위로 인하여 생겼거나 취득한 물건'에 해당하지 않는다. (다) 따라서 갑이 ㉠웹사이트 매각을 통해 취득한 대가는 형법 제48조 제1항 제2호, 제2항이 규정한 추징의 대상에 해당하지 않는다. 대법원은 원심판결을 파기하고 자판(自判)하여 갑으로부터 ㉠웹사이트 매각대금 5천만원을 제외한 4천 5백만원의 추징을 명하였다.

는 공범자도 포함된다. 따라서 범인 자신의 소유물은 물론 공범자의 소유물도 공범자의 소추 여부를 불문하고 몰수할 수 있다.[1] [2] 공범자에는 공동정범, 교사범, 방조범에 해당하는 자는 물론 필요적 공범관계에 있는 자도 포함된다.

형법 제48조 제1항은 '범인 외의 자의 소유에 속하지 아니하는'이라는 이중부정의 표현을 사용하고 있다. 형법이 이와 같이 이중부정의 표현을 사용한 것은 범인 이외의 사람이 대상물건의 소유권이나 기타 물권을 가지고 있는 경우에 그 물건을 몰수할 수 없다는 점을 분명히 하기 위함이다. 그러나 범인 외의 자가 대상물건에 대하여 단순히 채권만을 가지고 있는 것은 몰수에 아무런 지장을 주지 않는다.

'범인 외의 자의 소유에 속하지 아니하는 물건' 속에는 범인 또는 공범자의 소유에 속하는 물건은 물론 무주물이나 소유자 불명의 물건도 포함된다.

(나) 지정(知情) 요건　　　몰수대상물의 인적 요건 가운데 두 번째 유형은 범죄 후 범인 외의 자가 사정을 알면서 당해 물건을 취득하는 경우이다(법48① 후단). 원래 범인 외의 자가 소유권이나 기타 물권을 취득한 물건은 몰수의 대상이 되지 않는다(법48① 전단). 그렇지만 물건의 취득자가 그 물건이 범죄와 일정한 관련이 있다는 사정을 알면서 취득한 경우에는 그 취득자를 보호할 필요가 없으므로 취득한 물건은 몰수의 대상에 포함된다.

(3) 몰수대상물의 물적 요건

몰수대상물의 물적 요건은 물건 자체의 성질에 관한 것이다. 몰수를 과하려면 대상물건이 (가) 범죄행위에 제공하였거나 제공하려고 한 물건, (나) 범죄행위로 인하여 생겼거나 취득한 물건, (다) 앞의 (가) 및 (나)의 대가로 취득한 물건 가운데 어느 하나에 속해야 한다(법48① i 내지 iii).

(가) 제공물건　　　'범죄행위에 제공한 물건'은 범죄의 실행행위에 직접 사용된 물건뿐만 아니라 실행행위와 밀접한 관계가 있는 행위에 사용된 물건을 포함한다. 범죄행위에 제공한 물건은 살인행위에 사용한 칼 등 범죄의 실행행위 자체에 사용한 물건에만 한정되는 것이 아니며, 실행행위 착수 전의 행위 또는 실행행위 종료 후의 행위에 사용한 물건이더라도 그것이 범죄행위의 수행에 실질적으로 기여하였다고 인정되는 한 범죄행위에 제공된 물건에 포함된다.[3]

'범죄행위에 제공하려고 한 물건'은 범죄행위에 사용할 목적으로 준비하였으나 현실적

---

1) 2006. 11. 23. 2006도5586, 공 2007, 90 = 백선 총론 100-1. 『1억원 매수 사건』.
2) 2013. 5. 23. 2012도11586, 공 2013하, 1172 = 분석 총론 『성매매 건물 몰수 사건』.
3) 2006. 9. 14. 2006도4075, 공 2006, 1774 = 백선 총론 100-1. 참고판례 1. 『계산완료스티커 사건』.

으로 사용하지 아니한 물건을 말한다. 예컨대 살인을 공모하고 범행의 도구로 준비한 식칼이 여기에 해당한다.

　(나) 생성물건　'범죄행위로 인하여 생긴 물건'이란 범죄행위로 인하여 새로이 존재하게 된 물건을 말한다. 예컨대 각종 문서위조죄에 있어서 위조된 문서가 여기에 해당한다.

　(다) 취득물건　'범죄행위로 인하여 취득한 물건'이란 해당 범죄행위로 인하여 결과적으로 취득한 물건을 말한다.[1] 여기에 해당하는 것은 범죄행위 당시에 이미 존재하고 있었던 것으로서 범인이 범죄행위로 인하여 직접 취득하거나 그 보수로 취득한 물건을 말한다. 예컨대 도박으로 얻은 금품이나 범행의 보수로 받은 금품이 여기에 해당한다. 한편 뇌물죄나 배임수재죄의 경우에 취득한 금품 등은 필요적 몰수의 대상이 된다(법134, 357③).

　(라) 대가물건　'제1호 또는 제2호의 대가로 취득한 물건'이란 몰수대상물을 처분하

---

[1] 2021. 7. 21. 2020도10970, 공 2021하, 1651 =『불법처리 폐기물 대금 사건』:

P회사는 폐기물처리(재활용)업체이다. Q회사는 사업장폐기물배출업체이다. P회사는 Q회사로부터 ㉠대금을 받고 ㉡사업장폐기물을 인수한다. P회사는 인수한 ㉡사업장폐기물을 정상적으로 재활용처리하여 반출한다. 갑은 P회사를 운영하고 있다. 갑이 ㉡폐기물을 인수하고 Q회사로부터 받은 ㉠대금은 3억 7천 5백만원에 달하였다. 갑은 인수한 ㉡사업장폐기물을 정상적으로 재활용처리하여 반출하면 비용이 많이 든다고 판단하였다. M농지는 폐기물처리시설이 있는 장소가 아니다. 을은 성토재로 사용할 수 없는 폐기물 등을 받아 M농지에 매립하여 처리해 주는 일명 '사토장' 관리자이다. 갑은 ㉡사업장폐기물을 을이 관리하는 M농지에 매립하였다.

검사는 갑을 폐기물관리법위반죄로 기소하였다. 갑의 피고사건은 제1심을 거친 후, 항소심에 계속되었다. 항소법원은 갑에게 징역 2년을 선고하면서 3억 7천 5백만원의 추징을 명하였다. 갑은 불복 상고하였다. 갑은 상고이유로, 추징금이 위법하게 산정되었다고 주장하였다.

대법원은 몰수·추징의 대상에 관하여 다음과 같은 판단기준을 제시하였다. (가) 형벌법규의 해석은 엄격하여야 하고 명문규정의 의미를 피고인에게 불리한 방향으로 지나치게 확장해석하거나 유추해석하는 것은 죄형법정주의의 원칙에 어긋나는 것으로서 허용되지 아니한다. (나) 형법 제48조가 규정하는 몰수·추징의 대상은 범인이 범죄행위로 인하여 취득한 물건을 뜻한다. (다) 여기서 '취득'이란 해당 범죄행위로 인하여 결과적으로 이를 취득한 때를 말한다고 제한적으로 해석함이 타당하다.

대법원은 갑의 범죄행위에 대해 다음과 같이 판단하였다. (가) 원심에서 유죄로 인정된 갑의 범죄행위는 갑이 Q사업장폐기물배출업체로부터 인수받은 ㉡폐기물을 폐기물관리법에 따라 허가 또는 승인을 받거나 신고한 폐기물처리시설이 아닌 곳에 매립하였다는 점이다. (나) 갑이 Q사업장폐기물배출업체로부터 받은 ㉠돈을 형법 제48조 소정의 몰수·추징의 대상으로 보기 위해서는 ㉠돈이 갑의 위와 같은 범죄행위로 인하여 취득하였다는 점이 인정되어야만 한다. (다) 즉, 갑이 ㉡폐기물을 불법적으로 매립할 목적으로 Q사업장폐기물배출업체로부터 ㉠돈을 지급받고 폐기물을 인수하였다는 정도를 넘어 ㉠돈이 갑과 Q사업장폐기물배출업체 사이에 갑의 범죄행위를 전제로 수수되었다는 점이 인정되어야 한다.

대법원은 항소법원의 판단에 대해 다음과 같이 위법사항을 지적하고, 원심판결을 파기 환송하였다. (가) 이 사건에서 갑은 Q사업장폐기물배출업체로부터 정상적인 절차에 따라 폐기물이 처리되는 것을 전제로 ㉠돈을 받았다고 주장하고 있다. (나) 그러함에도 원심은 위와 같은 사정에 관하여 심리하지 아니한 채 막연히 갑이 폐기물을 불법적으로 매립할 목적으로 ㉠돈을 받고 ㉡폐기물을 인수하였다는 사정만을 근거로 ㉠돈이 범죄행위로 인하여 생겼거나 취득한 것이라고 판단하였다. (다) 이러한 원심판결에는 몰수·추징에 관한 법리를 오해하고 필요한 심리를 다하지 아니함으로써 판결에 영향을 미친 잘못이 있다.

여 범인이 그 대가로 취득한 물건을 말한다. 원래의 몰수대상물에 대하여 제3자가 선의취득(민법249) 등의 방법으로 소유권을 획득하였다면 국가는 그 몰수대상물에 대한 소유권을 강제로 취득할 수 없다. 이러한 상황에 대비하여 범인이 원래 몰수대상물의 대가로 취득한 물건을 몰수하도록 한 것이다.

　(마) 전자기록 몰수　　전자기록은 일정한 저장매체에 전자방식이나 자기방식에 의하여 저장된 기록으로서 저장매체를 매개로 존재하는 물건이다. 전자기록도 형법 제48조 제1항에 정한 사유가 있는 때에는 이를 몰수할 수 있다. 가령 휴대전화의 동영상 촬영기능을 이용하여 피해자를 촬영한 행위 자체가 범죄에 해당하는 경우, (가) 휴대전화는 '범죄행위에 제공된 물건', (나) 촬영되어 저장된 동영상은 휴대전화에 저장된 전자기록으로서 '범죄행위로 인하여 생긴 물건'에 각각 해당한다. 이러한 경우 법원이 휴대전화를 몰수하지 않고 동영상만을 몰수하는 것도 가능하다.[1]

　(4) 몰수의 비례성 요건

　형법 제48조 제1항 제1호에 의한 몰수는 임의적인 것이다. 그러므로 몰수의 요건에 해당되는 물건이라도 이를 몰수할 것인지의 여부는 일단 법원의 재량에 맡겨져 있다. 그렇지만 몰수는 형벌 일반에 적용되는 비례의 원칙에 따른 제한을 받는다.[2]

　몰수가 비례의 원칙에 위반되는 여부를 판단하기 위하여는 몰수 대상 물건이 범죄 실행에 사용된 정도와 범위 및 범행에서의 중요성, 물건의 소유자가 범죄 실행에서 차지하는 역할과 책임의 정도, 범죄 실행으로 인한 법익 침해의 정도, 범죄 실행의 동기, 범죄로 얻은 수익, 물건 중 범죄 실행과 관련된 부분의 별도 분리 가능성, 물건의 실질적 가치와 범죄와의 상관성 및 균형성, 물건이 행위자에게 필요불가결한 것인지 여부, 물건이 몰수되지 아니할 경우 행위자가 그 물건을 이용하여 다시 동종 범죄를 실행할 위험성 유무 및 그 정도 등 제반 사정이 고려되어야 한다.[3]

　예컨대 휴대전화의 동영상 촬영기능을 이용하여 피해자를 촬영한 행위 자체가 범죄에 해당하는 경우, (가) 휴대전화는 '범죄행위에 제공된 물건', (나) 촬영되어 저장된 동영상은 휴대전화에 저장된 전자기록으로서 '범죄행위로 인하여 생긴 물건'에 각각 해당한다. 이러한 경우 법원이 휴대전화를 몰수하지 않고 동영상만을 몰수하는 것도 가능하다. 휴대전화는 사적 정보저장매체로서 해당 범죄와 무관한 개인의 사생활의 비밀과 자유, 정보에 대한

---

1) 2024. 1. 4. 2021도5723, 공 2024상, 394 = 『중국동포 휴대폰 몰수 사건』 ☞ 1210면.
2) 2013. 5. 23. 2012도11586, 공 2013하, 1172 = 분석 총론 『성매매 건물 몰수 사건』.
3) 2013. 5. 23. 2012도11586, 공 2013하, 1172 = 분석 총론 『성매매 건물 몰수 사건』.

자기결정권 등 인격적 법익에 관한 모든 것이 저장되어 있다. 동영상만을 몰수하는 것도 가능한 상황에서 휴대전화 자체를 몰수함으로써 피고인에게 미치는 불이익의 정도가 지나치게 크다면 비례의 원칙상 휴대전화의 몰수는 제한된다.[1]

3. 몰수의 효과

몰수는 범죄행위와 관련된 일정한 물건의 소유권을 국가에 강제로 귀속시키는 처분이다. 몰수의 효과는 대상물건의 소유권이 범인(공범 포함)에게 있는 경우와 범인과 무관한 제3자에게 있는 경우로 나누어서 살펴볼 필요가 있다.

먼저, 범인(공범 포함) 소유의 물건에 대해 몰수의 선고가 있으면 대상물건의 소유권은 국가에 귀속된다. 몰수는 강제처분이므로 범인이 가지고 있던 대상물건의 소유권은 범인의 의사와 관계없이 소멸한다. 몰수는 몰수대상물의 소유권이 강제로 국가에 귀속된다는 점에서 일정한 금액의 지급의무를 부과하는 벌금형과 구별된다.

문서, 도화(圖畵), 전자기록(電磁記錄) 등 특수매체기록 또는 유가증권의 일부가 몰수의 대상이 된 경우에는 그 부분을 폐기한다(법48③). 예를 들어 위조수표의 경우 수표의 소유권을 국가에 귀속시키면 위조수표와 관련된 권리자가 권리행사를 할 수 없다. 그리하여 위조된 부분만을 폐기함으로서 권리자의 권리행사를 가능하도록 한 것이다.

다음으로, 피고인 이외의 제3자의 소유에 속하는 물건이 몰수대상물이 되는 경우가 있다. 이러한 경우 몰수를 선고한 판결의 효력은 원칙적으로 몰수의 원인이 된 사실에 관하여 유죄의 판결을 받은 피고인에 대한 관계에서 그 물건을 소지하지 못하게 하는 데 그친다. 몰수를 선고한 판결이 그 사건에서 재판을 받지 아니한 제3자의 소유권에 어떤 영향을 미치는 것은 아니다.[2]

4. 추   징

몰수대상물건을 몰수할 수 없을 때에는 그 가액을 추징한다(법48②). 추징은 몰수에 갈음하여 그 가액의 납부를 명하는 사법행정처분이다. 형법 제41조는 추징을 형벌의 종류로 명시하고 있지 않다. 따라서 추징을 형벌의 일종이라고 볼 수는 없다. 그러나 추징은 몰수에 대신하는 처분이므로 몰수형에 준하여 취급되어야 한다.

몰수는 범죄에 의한 이득의 박탈을 그 목적으로 한다. 추징은 이러한 몰수의 취지를 관철하기 위한 장치이다. 몰수할 수 없을 때에 추징하여야 할 가액은 범인이 그 물건을 보유

---

1) 2024. 1. 4. 2021도5723, 공 2024상, 394 = 『중국동포 휴대폰 몰수 사건』☞ 1210면.
2) 2017. 9. 29. 2017모236, 공 2017하, 2152 = 『도난 렌터카 밀수출 사건』.

하고 있다가 몰수의 선고를 받았더라면 잃게 될 이득상당액을 의미한다. 추징해야 할 가액이 몰수의 선고를 받았더라면 잃게 될 이득상당액을 초과하여서는 안 된다.[1]

　추징은 부정한 이익을 박탈하여 이를 보유하지 못하게 함에 목적이 있다. 여러 사람이 공동으로 범죄행위를 하여 이익을 얻은 경우에는 분배받은 금원, 즉 실질적으로 귀속된 이익금을 개별적으로 추징하여야 한다.[2] 한편 범죄수익을 얻기 위해 범인이 지출한 비용은 그것이 범죄수익으로부터 지출되었더라도 범죄수익을 소비하는 방법에 지나지 않으므로 추징할 범죄수익에서 공제할 것은 아니다.[3]

　형법 제49조 단서는 "행위자에게 유죄의 재판을 하지 아니할 때에도 몰수의 요건이 있는 때에는 몰수만을 선고할 수 있다."고 규정하고 있다. 추징은 몰수에 준하는 처분이므로 추징도 이 규정에 근거하여 선고할 수 있는 것처럼 보인다. 그러나 우리 법제상 공소제기 없이 별도로 몰수나 추징만을 선고할 수 있는 제도가 마련되어 있지 않다. 형법 제49조 단서에 근거하여 추징을 선고하려면 추징의 요건이 기소된 공소사실(A죄)과 관련되어 있어야 한다. 공소사실이 인정되지 않는 경우에 이와 별개의 기소되지 아니한 범죄사실(B죄)을 법원이 인정하여 그에 관하여 추징을 선고하는 것은 불고불리의 원칙에 반한다.[4] [5]

5. 몰수 · 추징의 범위

(1) 뇌물과 부수비용

　공무원이 뇌물을 받는 데에 필요한 경비를 지출한 경우 그 경비는 뇌물수수의 부수적 비용에 불과하여 뇌물의 가액 및 추징액에서 공제할 항목에 해당하지 않는다. 뇌물로 금품을 수수한 자가 독자적인 판단에 따라 금품의 전부 또는 일부를 뇌물수수의 경비로 사용하였다면 이는 범인이 취득한 재물을 소비한 것에 불과하므로 그 경비 상당액도 뇌물수수자로부터 추징하여야 한다.[6]

(2) 공범과 몰수 · 추징

　공범자 중 1인 소유에 속하는 물건에 대한 몰수는 개별적으로 선고하여야 한다. 몰수는 부가형인 형벌로서, 형벌은 공범자 전원에 대하여 각기 별도로 선고해야 하기 때문이

---

1) 2017. 9. 21. 2017도8611, 공 2017하, 2052 =『미추천 수입 녹두 사건』.
2) 2020. 5. 28. 2020도2074, 공 2020하, 1302 =『스포츠복권 대포통장 사건』☞ 1207면.
3) 2020. 5. 28. 2020도2074, 공 2020하, 1302 =『스포츠복권 대포통장 사건』.
4) 2008. 11. 13. 2006도4885, 공 2008, 1707 = 분석 총론『CD 담보 주식매매 사건』.
5) 2022. 12. 29. 2022도8592, 공 2023상, 411 =『도박장 개설범 도박 참여 사건』☞ 1207면.
6) 2011. 11. 24. 2011도9585, 공 2012상, 92 = 분석 총론『정비사업체 뇌물수수 사건』.

다.[1] 여러 사람이 공동으로 뇌물을 수수한 경우에 그 가액을 추징하려면 실제로 분배받은 금품만을 개별적으로 추징하여야 하고, 수수금품을 개별적으로 알 수 없을 때에는 평등하게 추징하여야 한다.[2]

공동수수자에는 공동정범뿐 아니라 교사범 또는 종범도 뇌물의 공동수수자에 해당할 수 있다. 그러나 공동정범이 아닌 교사범 또는 종범의 경우에는 정범과의 관계, 범행 가담 경위 및 정도, 뇌물 분배에 관한 사전약정의 존재 여부, 뇌물공여자의 의사, 종범 또는 교사범이 취득한 금품이 전체 뇌물수수액에서 차지하는 비중 등을 고려하여 공동수수자에 해당하는지를 판단하여야 한다.[3]

뇌물을 수수한 자가 공동수수자가 아닌 교사범 또는 종범에게 뇌물 중의 일부를 사례금 등의 명목으로 교부하였다면 이는 뇌물을 수수하는 데에 따르는 부수적 비용의 지출이나 뇌물의 소비행위에 지나지 아니하므로, 뇌물수수자로부터 그 수뢰액 전부를 추징하여야 한다.[4]

필요적 몰수 및 추징은 범죄행위로 인한 이득의 박탈을 목적으로 하는 것이 아니라 징벌적 성질의 처분이므로 그 범행으로 인하여 이득을 취득한 바 없다 하더라도 법원은 그 가액의 추징을 명하여야 한다. 이 경우 추징의 범위에 관하여는, 죄를 범한 자가 여러 사람일 때에는 각자에 대하여 그가 취급한 범위 내에서 몰수품 가액 전액의 추징을 명하여야 한다.[5]

6. 재산의 몰수

몰수는 개개의 물건을 대상으로 한다. 물건은 유체물 및 전기 기타 관리할 수 있는 자연력을 말한다(민법98). 형법은 재산범죄의 객체가 되는 물건을 가리켜서 재물이라고 지칭하고 있다. 재물에 대립하는 개념으로 재산상 이익이 있다. 재산상 이익은 추상적 권리를 가리킨다. 재물과 재산상 이익을 합친 경제적 가치의 총체를 재산이라고 한다. 몰수는 개개의 물건을 대상으로 하기 때문에 추상적 권리인 재산상 이익이나 재물과 재산상 이익의 총체인 재산 자체를 몰수의 객체로 설정할 수 없다.

그런데 우리 입법자는 특별법을 통하여 재산 자체에 대한 몰수제도를 도입하고 있다. 재산 자체에 대한 몰수제도는 특정범죄로 인한 불법수익과 그로 인한 파생적 이익을 전부 박탈함으로써 범죄의 동기를 근원적으로 차단하려는 목적을 갖는다. 현재 재산 자

---

1) 2013. 5. 23. 2012도11586, 공 2013하, 1172 = 분석 총론 『성매매 건물 몰수 사건』.
2) 2011. 11. 24. 2011도9585, 공 2012상, 92 = 분석 총론 『정비사업체 뇌물수수 사건』.
3) 2011. 11. 24. 2011도9585, 공 2012상, 92 = 분석 총론 『정비사업체 뇌물수수 사건』.
4) 2011. 11. 24. 2011도9585, 공 2012상, 92 = 분석 총론 『정비사업체 뇌물수수 사건』.
5) 2010. 8. 26. 2010도7251, 공 2010하, 1852 = 분석 총론 『마약대금 필요적 추징 사건』.

체에 대한 몰수를 규정한 특별법으로는 「공무원범죄에 관한 몰수특례법」(동법3 이하 참조), 「마약류불법거래방지에 관한 특례법」(동법13 이하 참조), 「범죄수익은닉의 규제 및 처벌 등에 관한 법률」(동법8 이하 참조),[1] 「부패재산의 몰수 및 회복에 관한 특례법」(동법3), 「특정경제범죄 가중처벌 등에 관한 법률」(동법10 참조) 등이 있다.

재산에 대한 몰수도 형벌 일반에 적용되는 비례의 원칙의 제한을 받는다.[2] 재산에 대한 몰수는 형법 제48조가 규정한 물건에 대한 몰수의 특수한 형태라고 할 수 있다. 따라서 물건을 둘러싼 몰수·추징에 관한 법리는 재산에 대한 몰수에도 마찬가지로 적용된다.[3] 그리하여 재산에 대한 몰수의 요건은 기소된 공소사실과 관련되어 있어야 한다. 공소사실이 인정되지 않는 경우에 이와 별개로 공소가 제기되지 아니한 범죄사실을 법원이 인정하여 그에 대해 재산의 몰수나 추징을 과하는 것은 불고불리의 원칙에 반하여 허용되지 않는다.[4]

제3절 형의 양정

제1 양형의 단계

1. 형의 양정과정

피고인에 대하여 범죄의 증명이 있고 죄의 개수가 결정되면 법원은 그에 대한 법적 효과로서 형을 선고하여야 한다. 피고인에 대하여 선고할 형은 일련의 계산과정을 거쳐서 구체적으로 결정된다. 이와 같이 선고할 형을 구체화해 가는 작업을 가리켜서 형의 양정이라고 한다. 형의 양정은 법정형, 선택형, 처단형, 선고형의 단계를 거쳐서 진행된다.

(1) 법정형

어느 범죄에 대하여 입법자가 미리 종류와 범위를 결정해 놓은 형을 말한다. 입법자가

---

1) "(전략) 위와 같은 범죄수익은닉규제법의 입법 취지 및 법률 규정의 내용을 종합하여 보면, 범죄수익은닉규제법에 정한 중대범죄에 해당하는 범죄행위에 의하여 취득한 것으로 재산적 가치가 인정되는 무형재산도 몰수할 수 있다."
   2018. 5. 30. 2018도3619, 공 2018하, 1244 = 『비트코인 몰수 사건』.
2) 2013. 5. 23. 2012도11586, 공 2013하, 1172 = 분석 총론 『성매매 건물 몰수 사건』.
3) 2022. 12. 29. 2022도8592, 공 2023상, 411 = 『도박장 개설범 도박 참여 사건』 ☞ 1207면.
4) 2008. 11. 13. 2006도4885, 공 2008, 1707 = 분석 총론 『CD 담보 주식매매 사건』.

법률로써 어느 범죄에 대하여 구체적인 형을 특정해 놓는 일은 극히 드물다. 형법전의 경우를 보면 여적죄(법93)가 유일한 예이다. 여적죄(與敵罪)에는 사형 하나만이 규정되어 있기 때문이다.

　보통의 경우에 입법자는 법률을 통하여 일정한 종류와 범위의 법정형을 규정해 놓는다. 법관은 이 법정형을 출발점으로 삼아 형의 가중 · 감경을 행한 다음 최종적으로 형법 제51조의 양형조건에 따라 선고형을 결정하게 된다.

(2) 선택형

　법관이 법정형에 규정되어 있는 여러 종류의 형벌 가운데 어느 하나를 선택한 결과 특정된 형을 말한다. 예컨대 형법 제250조 제1항은 보통살인죄의 법정형을 '사형, 무기 또는 5년 이상의 징역'으로 규정하고 있다. 여기에는 (가) 사형, (나) 무기징역, (다) 5년 이상 30년 이하(법42 본문 참조)의 유기징역이라는 세 가지 선택가능성이 제시되어 있다. 만일 이 가운데 법관이 무기징역의 형을 택한다면 이 무기징역이 선택형이 된다.

(3) 처단형

　선택형을 보다 구체화해 가는 과정에서 상한과 하한으로 산출된 형을 말한다. 예컨대 확정판결이 없는 상태에서 단순명예훼손죄와 특수절도죄가 실체적으로 경합하는 경우를 생각해 본다. 확정판결이 없는 실체적 경합의 경우(소위 동시적 경합범)에는 형법 제38조에 의하여 경합범 가중을 행하게 된다. 단순명예훼손죄와 특수절도죄의 법정형을 비교해 보면, 단순명예훼손죄(법307①)는 2년 이하의 징역이나 금고 또는 500만원 이하의 벌금으로 처벌됨에 대하여 특수절도죄(법331①)는 1년 이상 10년 이하의 징역으로 처벌된다.

　단순명예훼손죄와 특수절도죄를 모두 징역형으로 처벌한다고 할 때(선택형) 두 죄를 비교해 보면 형의 상한에서 특수절도죄가 더 무거운 죄이다. 이 경우 법원은 특수절도죄의 상한인 10년에 2분의 1을 가중한 15년의 징역형으로 처벌하는 것을 생각할 수 있다. 그런데 이 형은 단순명예훼손죄와 특수절도죄의 상한을 합친 12년을 넘고 있다. 따라서 법원은 12년의 범위 내에서 징역형을 선고할 수 있을 뿐이다(법38① ii 본문 전단 · 후단). 한편 경합가중의 기본이 된 특수절도죄의 하한은 1년의 징역형이다. 결국 단순명예훼손죄와 특수절도죄가 실체적으로 경합하는 경우에 유기징역형을 선택하면 법원은 1년 이상 12년 이하의 징역형을 선고할 수 있게 된다. 이와 같이 상한과 하한으로 계산되어 선고할 수 있는 형의 범위를 나타낸 것이 처단형이다.

(4) 선고형

처단형이 결정되면 이제 남는 것은 피고인에게 선고해야 할 형을 구체적으로 결정하는 일이다. 이 때 법원이 피고인에게 구체적으로 특정하여 선고하는 형을 가리켜서 선고형이라고 한다. 법원은 피고인에 대한 선고형을 정함에 있어서 일정한 사항을 반드시 참작하여야 한다. 형을 선고함에 있어서 법관이 반드시 참작해야 할 사유를 가리켜서 양형조건이라고 한다. 양형조건은 형법 제51조에 규정되어 있다.

형법 제51조는 양형조건으로 (가) 범인의 연령, 성행, 지능과 환경, (나) 피해자에 대한 관계, (다) 범행의 동기, 수단과 결과, (라) 범행 후의 정황을 들고 있다. 형법 제51조의 양형조건은 열거적이 아니라 예시적이다.[1] 형법 제51조는 피고인을 중심으로 여러 양형인자들을 거론하고 있다. 양형조건을 규정하면서 책임주의의 원칙을 명시하지 아니한 것은 우리 형법의 특색 가운데 하나이다.

그러나 앞에서 검토한 것처럼 인간의 존엄과 가치(헌법10), 적법절차의 원칙(헌법12①), 과잉금지의 원칙(헌법37②) 등을 규정한 우리 헌법체계하에서 책임주의는 양형의 기본원칙으로 전제되어 있다고 보아야 할 것이다.[2] 우리 입법자는 책임주의가 형사법에 있어서 자명한 대원칙이라고 보아 책임주의를 굳이 양형조건에 명시하지 아니한 것이라고 생각된다.

위에서 검토한 형의 양정과정 가운데에서 형법이 규정한 사유로 누범가중과 자수감경이 있다. 누범가중과 자수감경은 처단형 산정단계에서 검토 대상이 되므로 여기에서 설명하기로 한다.

2. 누범가중

(1) 누범의 의의와 요건

(가) 누범의 의미 누범(累犯)이란 글자 그대로의 의미에서 보면 거듭하여 죄를 범하는 것이다. 그러나 좀더 엄밀하게 말한다면 누범이란 전과 있는 사람이 다시 죄를 범하는 것을 가리킨다. 이 경우 전과사실의 기초가 된 죄를 전범, 새로이 범한 죄를 후범이라고 한다. 전범과 후범의 관계에서 새로이 범한 죄를 누범이라 하고 전과자로서 새로이 죄를 범한 사람을 가리켜서 누범자라고 한다. 우리 형법은 누범의 형을 그 죄에 대하여 정한 형의 장기의 2배까지 가중하기로 하고 있다(법35②).

(나) 누범의 요건 우리 입법자는 형이 가중되는 누범의 범위를 제한하고 있다. 형법 제35조 제1항은 누범의 요건과 관련하여 "금고(禁錮) 이상의 형을 선고받아 그 집행이 종료

1) 2017. 8. 24. 2017도5577 전원합의체 판결, 공 2017하, 1887 = 『필리핀 무죄 미결구금 사건』 ☞ 1014면.
2) 전술 852면 이하 참조.

되거나 면제된 후 3년 내에 금고 이상에 해당하는 죄를 지은 사람은 누범(累犯)으로 처벌한다."고 규정하고 있다. '형의 집행종료'나 '형의 집행면제'와 결합되어 있는 전범을 요하므로 누범이 되기 위한 전과는 실형전과여야 한다. 외국에서 받은 형의 집행(법7)은 누범의 요건에 해당하지 않는다.

형법 제35조 제1항에서 '금고 이상의 형을 선고받아'라고 함은 금고 이상의 형의 선고를 받아 확정되었다는 의미이다. 판결이 확정되어야만 집행을 논할 수 있기 때문이다(형소법 459 참조). '그 집행이 종료되었다' 함은 금고 이상의 형을 선고한 유죄판결이 확정된 후 선고된 형의 집행이 실제로 종료하였음을 의미한다.

가석방의 처분을 받은 후 그 처분이 실효 또는 취소되지 아니하고 가석방기간을 경과한 때에는 형의 집행을 종료한 것으로 본다(법76①). 따라서 가석방 기간 경과 후에 범한 범죄(후범)는 누범에 해당하지만, 가석방 기간 중에 범한 범죄는 누범에 해당하지 않는다. 전범에 대한 집행유예 기간 중에 범한 범죄(후범)도 마찬가지이다.

'그 집행이 면제되었다' 함은 금고 이상의 형을 선고한 유죄판결이 확정된 후 선고된 형이 집행 단계에 들어갔으나 일정한 사유로 인하여 형의 집행이 면제된 것을 말한다. 형의 집행이 면제되는 사유로는 (가) 재판이 확정된 후 법률이 변경되어 그 행위가 범죄를 구성하지 아니하게 된 경우(법1③), (나) 형의 시효가 완성된 경우(법77), (다) 특별사면이 있는 경우(사면법5① ii 본문) 등을 들 수 있다.[1]

(다) 누범의 기준시점   누범은 금고 이상의 실형전과(전범) 있는 자가 형의 집행이 종료되거나 형의 집행이 면제된 후 3년 내에 다시 금고 이상의 형에 해당하는 죄(후범)를 범할 때 인정된다. 이 경우 다시 금고 이상에 해당하는 죄(후범)를 범하였는지 여부는 그 범죄의 실행행위를 하였는지 여부를 기준으로 결정해야 한다. 따라서 3년의 기간 내에 후범의 실행의 착수가 있으면 족하고, 그 기간 내에 기수에까지 이르러야 되는 것은 아니다.[2]

두 개 이상의 금고형 내지 징역형을 선고받아 각 형을 연이어 집행받음에 있어 하나의 형(A죄)의 집행을 마치고 다른 형(B죄)의 집행을 받던 중 먼저 집행된 형(A죄)의 집행종료일로부터 3년 내에 금고 이상에 해당하는 죄(C죄)를 저지른 경우가 있다. 이 경우 집행 중인 형(B죄)에 대한 관계에 있어서는 누범에 해당하지 않지만, 앞서 집행을 마친 형(A죄)에 대한 관계에 있어서는 누범에 해당한다.[3] 이 점은 형법 제37조 후단 경합범에 해당

---

1) 형 면제와 형의 집행면제는 구별된다. 이에 대해서는 후술 896면 참조.

2) 2006. 4. 7. 2005도9858, 공 2006, 2106 = 분석 총론 『변호사 소개 누범가중 사건』.

3) 2021. 9. 16. 2021도8764, 법률신문 2021. 10. 13.자 = 『옆방 수용자 기망 사건』 : 갑은 ㉮사기죄와 ㉯사기죄를 범하였다. ㉮사기죄와 ㉯사기죄는 사후적 경합범 관계에 있다. ㉮죄에 대해

해 두 개 이상의 금고형 내지 징역형을 선고받아 각 형을 연이어 집행받은 경우에도 마찬가지이다.[1]

금고 이상의 실형을 선고한 판결이 확정된 후 재심이 이루어져 재심판결이 선고되어 확정되는 경우가 있다. 이러한 경우 원래의 확정판결은 확정된 재심판결에 의하여 당연히 효력을 상실한다. 따라서 원래의 확정판결(원판결, 즉 재심대상판결)에 따른 형의 집행을 종료하거나 형의 집행을 면제받은 시점은 3년의 누범가중 기준시점이 될 수 없다.[2]

(라) 누범의 사후 발각　　판결선고 후 누범인 것이 발각된 때에는 법원은 그 선고한 형을 통산하여 다시 형을 정할 수 있다(법36 본문). 다만 후범에 대하여 선고된 형의 집행이 이미 종료되었거나 그 집행이 면제된 경우에는 예외로 한다(동조 단서). 누범발각을 이유로 형을 다시 정할 경우에는 검사는 그 범죄사실에 대한 최종판결을 한 법원에 이를 청구하여야 한다(형소법336① 본문).

이 경우 '최종판결을 한 법원'은 형의 선고를 한 법원을 말한다. 제1심법원이 형을 선고하고, 제1심판결이 항소기각, 상고기각 등에 의하여 유지된 경우에는 제1심법원이, 제1심판결을 파기하고 항소심이 파기자판하여 형을 선고한 경우에는 항소법원이 각각 최종판결을

서는 징역 3년이, ㉯죄에 대해서는 징역 1년이 각각 확정되었다. 갑은 ㉮죄에 대한 3년 징역의 형집행이 종료된 후 이어서 ㉯죄에 대한 1년 징역의 형을 복역하고 있었다. 이 기간 중에 갑은 옆방 수용자 A에게 ㉰사기죄를 범하였다.

검사는 갑을 ㉰사기죄로 기소하였다. 제1심법원은 누범가중 제도의 취지 등을 고려할 때 형법 제37조 후단 경합범(사후적 경합범)의 존재로 인해 하나의 판결에서 두 개의 형이 선고되는 경우에는 누범가중에 있어서는 하나의 형을 선고한 것과 같이 취급하는 것이 타당하기 때문에 누범에 해당하지 않는다고 판단하였다. 검사는 불복 항소하였다. 항소법원은 항소를 기각하고, 제1심판결을 유지하였다. 검사는 불복 상고하였다. 대법원은 본문 소개의 법리를 제시하면서 원심판결을 파기 환송하였다.

1) 2021. 9. 16. 2021도8764, 법률신문 2021. 10. 13.자 =『옆방 수용자 기망 사건』.

2) 2017. 9. 21. 2017도4019, 공 2017하, 2042 =『특수손괴 재심 사건』:

갑은 2015년 ㉮폭처법위반죄(특수손괴)로 M법원에서 징역 8개월을 선고받았다(㉠원판결, 재심대상판결). ㉠판결은 확정되었고, 갑은 ㉠판결의 형 집행을 종료하였다(㉮전과). 2015년 9월 헌법재판소는 형법과 동일한 구성요건임에도 불구하고 법정형만을 가중하는 폭처법조항들에 대해 위헌결정을 내렸다. 여기에는 특수손괴죄가 포함되어 있었다. 2016년 갑은 폭처법조항(특수손괴)에 위헌결정이 있었음을 이유로 M법원에 재심을 청구하였고, M법원으로부터 재심개시결정이 있었다. ㉮사건에 대한 재심심판절차에서 M재심법원은 형법상 특수손괴죄를 인정하여 갑에게 다시 징역 8개월을 선고하였고(㉡재심판결) ㉡재심판결은 2017년 7월 확정되었다.

한편 갑은 ㉠판결에 따른 형의 복역 후 1년이 되지 아니한 2016년에 ㉯상해죄를 범하였다. 검사는 갑을 ㉯상해죄로 N법원에 기소하였다. ㉯상해죄의 제1심법원은 ㉮전과를 이유로 갑을 누범으로 가중처벌하였고, 항소법원도 이를 유지하였다. 갑은 불복 상고하였다. 2017년 9월 대법원은 판결을 선고하였다.

대법원은 다음의 이유를 들어서 원심판결을 파기환송하였다. (가) ㉡재심판결이 확정되었을 때(2017년 7월) 원래의 ㉠확정판결은 당연히 효력을 상실하였다. (나) 그러므로 [2016년의] ㉯상해죄가 ㉠확정판결 후 3년 내에 이루어졌다고 할 수 없다.

한 법원이 된다.

(2) 누범의 본질

누범의 형은 그 죄에 대하여 정한 형의 장기의 2배까지 가중한다(법35②). 여기에서 누범의 형을 가중하는 이유가 무엇인가 하는 의문이 제기된다. 이에 대해서는 세 가지 관점에서 누범가중의 근거가 제시되고 있다.

(가) 행상책임가중설　　전범이 있었음에도 불구하고 다시 죄를 범하였다는 범죄인의 생활태도에 주목하는 견해이다. 사람의 생활태도를 행상(行狀)이라고 한다. 범죄인이 생활을 통하여 구축한 법적대적 인격형성을 비난의 근거로 하는 책임을 가리켜서 행상책임이라 한다. 행상책임설의 입장에서는 범인이 전범의 형벌에 의하여 주어진 기왕의 경고에 유념하지 아니하고 다시 범죄를 저질렀다는 범인의 생활태도가 책임가중의 사유로 작용하여 누범이 가중처벌된다고 본다.

(나) 행위책임가중설　　후범에 대한 범인의 범죄추진력이 강화되었기 때문에 형이 가중된다고 보는 견해이다. 이 입장에 따르면 범인이 전범으로 인한 형벌의 경고기능을 무시한 채 다시 범죄를 범한 것은 범죄추진력이 새로이 강화되었기 때문이다. 그리하여 강화된 범죄추진력을 바탕으로 행해진 후범은 행위책임이 가중되어 무겁게 처벌된다고 본다.

(다) 형사정책적 가중설　　행상책임이나 행위책임과 관계없이 재범의 방지(再犯의 防止)라는 형사정책적 목표를 달성하기 위하여 재차 죄를 범한 자를 가중처벌한다는 견해이다. 헌법재판소는 위의 세 가지 논거를 전부 포괄하여 누범가중의 근거로 삼고 있다.[1] [2]

(라) 사　견　　위의 세 가지 견해 가운데 누범의 본질을 가장 분명하게 드러내는 것은 후범시 행위책임이 가중된다고 보는 행위책임가중설이라고 생각된다. 우선 재범의 방지라는 형사정책적 목표를 달성하기 위하여 누범을 가중처벌한다는 형사정책적 가중설은 사회방위라는 목적을 달성하기 위한 수단으로 누범자를 가중처벌한다는 점에서 책임주의에 반하는 흠이 있다. 다음으로 누범자의 생활태도를 이유로 가중처벌한다는 행상책임가중설은 행위자의 인격적 특성에 주목하는 것으로서 누범과 상습범을 제대로 구별하지 못하는 흠이 있다.

---

1) 1995. 2. 23. 93헌바43, 헌집 7-1, 222 = 백선 총론 98-1. 『형법 제35조 위헌소원 사건』.
2) "누범을 가중처벌하는 것은 범죄인이 전범에 대한 형벌에 의하여 주어진 경고기능을 무시하고 후범의 실현을 통하여 범죄추진력이 보다 강화되어 행위책임이 가중되기 때문이고, 나아가 재범예방이라는 형사정책적 목적을 달성하기 위한 것이므로 이 사건 법률조항이 행위책임을 근간으로 하는 책임주의에 반한다고 할 수 없다."
2011. 5. 26. 2009헌바63, 헌공 2100, 808 = 분석 총론 『형법 제35조 재차 헌법소원 사건』.

누범의 가중처벌은 행위책임의 관점에서 그 근거를 구해야 한다고 본다. 전범에 대한 실형의 집행을 통하여 가시화된 형벌의 경고기능에도 불구하고 이를 극복할 정도의 강력한 범죄추진력을 가지고 범인이 후범을 범하였다는 점에서 행위책임의 증가를 포착할 수 있기 때문이다.

(3) 누범과 상습범의 구별

(가) 상습범 가중처벌규정　　　누범은 전범의 전과사실을 이유로 형이 가중되는 경우이다. 전범으로 인하여 형이 가중되는 경우로는 누범 이외에 상습범이 있다. 우리 형법은 누범의 경우와 달리 총칙에서 상습범에 관한 규정을 두고 있지 않다. 그렇지만 형법 각칙에서 각종의 상습범 가중처벌규정을 두고 있다. 상습도박(법246②), 상습폭행(법264), 상습상해(법264), 상습강간(법305의2), 상습절도(법332), 상습강도(법341), 상습사기(법351), 상습공갈(법351) 등은 상습범을 가중처벌하는 예의 일부이다.

(나) 상습범과 누범의 비교　　　상습범은 범죄의 습벽이라는 행위자의 인격적 특성에 주목하는 범죄유형이다. 상습범을 가중처벌하는 이유는 범죄를 습관적으로 범하게 된 범죄인의 생활태도 때문에 행상책임이 가중되는 점에 있다. 즉 상습이란 범죄자의 어떤 버릇, 범죄의 경향을 의미하는 것으로서 행위의 본질을 이루는 성질이 아니고, 행위자의 특성을 이루는 성질을 의미한다. 상습성의 유무는 피고인의 연령·성격·직업·환경·전과사실, 범행의 동기·수단·방법 및 장소, 전에 범한 범죄와의 시간적 간격, 그 범행의 내용과 유사성 등 여러 사정을 종합하여 판단해야 한다.[1]

이에 대하여 누범은 전범에 대한 확정판결(즉 전과)이 존재한다는 형식적 사유를 근거로 형이 가중되는 경우이다. 누범은 상습범과 달리 형법총칙에 일반규정이 마련되어 있다. 누범에 대한 가중처벌의 실질적 근거는 범죄추진력의 강화에 근거한 행위책임의 가중에 있다. 이에 대하여 상습범의 가중처벌은 범죄의 습벽을 가지게 된 행위자의 생활태도를 탓하는 행상책임에 근거한다.

이와 같이 누범의 가중처벌과 상습범의 가중처벌이 서로 근거를 달리하고 있기 때문에 누범에 해당된다고 하여 반드시 상습범이 되는 것이 아니며, 반대로 상습범에 해당된다고 하여 반드시 누범이 성립되는 것도 아니다. 그 결과 상습범가중과 누범가중이 거듭하여 이루어질 수도 있다.

상습범의 경우 범죄의 습벽 유무를 판단함에 있어서는 범죄의 전과가 중요한 판단자료가 된다. 그러나 전과가 없다고 하더라도 범행의 횟수, 수단과 방법, 동기 등 제반 사정을

---

1) 2006. 5. 11. 2004도6176, 공 2006, 1086 = 백선 총론 98-1. 참고판례 1. 『부부싸움 상해 사건』.

참작하여 범행의 습벽이 인정되는 경우에는 상습성이 긍정된다.[1] 한편 사안에 따라서는 누범의 책임이 상습범의 경우보다 더 무거운 경우도 있을 수 있다.[2]

(4) 누범의 효과

(가) 형법상 누범 가중   금고 이상의 형을 선고받아 그 집행이 종료되거나 면제된 후 3년 내에 금고 이상에 해당하는 죄를 지은 사람은 누범으로 처벌한다(법35①). 누범의 형은 그 죄에 대하여 정한 형의 장기(長期)의 2배까지 가중한다(동조②). '장기의 2배까지 가중한다'는 표현에 비추어 볼 때 누범으로 가중처벌되는 후범(後犯)은 유기징역 또는 유기금고가 규정되어 있는 경우로 한정된다.

누범은 그 형의 상한이 2배로 확장된다. 이 경우 유기징역 또는 유기금고에 대하여 형을 가중하는 때에는 50년까지로 한다는 형법 제42조 단서의 제한에 유의할 필요가 있다. 그러나 후범이 누범에 해당하더라도 형의 하한에는 가중이 일어나지 않는다.

(나) 특별법상 누범 가중   「특정강력범죄의 처벌에 관한 특례법」(특강법) 제3조는 특정강력범죄로 형을 선고받고 그 집행이 끝나거나 면제된 후 3년 이내에 다시 특정강력범죄를 범한 경우에는 그 죄에 대하여 정하여진 형의 장기 및 단기의 2배까지 가중하도록 규정하고 있다. 형법상의 누범가중이 형의 장기를 가중하는 것임에 대하여 단기까지 2배 가중한다는 점에 특강법의 특징이 있다. 단기 가중은 형법 제53조가 규정하고 있는 법관의 정상참작감경권을 입법적으로 상쇄시키는 의미를 갖는다.

다만, 형법 제337조(강도상해·치상)의 죄 및 그 미수의 죄를 범하여 「특정범죄 가중처벌 등에 관한 법률」 제5조의5에 따라 가중처벌되는 경우는 특강법 제3조의 적용대상에서 제외된다.[3] 「특정범죄 가중처벌 등에 관한 법률」(특가법) 제5조의5는 "형법 제337조[강도상해·치상]·제339조[강도강간]의 죄 또는 그 미수죄로 형을 선고받고 그 집행이 끝나거나 면제된 후 3년 내에 다시 이들 죄를 범한 사람은 사형, 무기 또는 10년 이상의 징역에 처한다."고 규정하고 있다.

(다) 특정범죄가중법 제5조의4   「특정범죄 가중처벌 등에 관한 법률」(특정범죄가중법) 제5조의4 제5항은 일정한 형태의 누범을 특별히 무겁게 처벌하는 구성요건을 창설하고 있다. 가중처벌의 대상이 되는 범죄유형은 (가) 형법 제329조부터 제331조까지의 죄(각종

---

1) 2009. 9. 10. 2009도5075, 공 2009, 1710 = 분석 총론 『다단계 상품권 사건』.

2) 2007. 8. 23. 2007도4913, 공 2007, 1517 = 백선 총론 98-1. 참고판례 2.『폭처법 누범가중 사건』.

3) 2008. 12. 26. 2007헌가10, 2007헌가16(병합), 헌집 20-2하, 523(536) = 분석 총론 『특강법 제3조 강도상해 사건』 참조.

절도죄, 미수범 포함), (나) 형법 제333조부터 제336조까지의 죄 및 제340조 제1항의 죄(각종 강도죄, 미수범 포함), (다) 형법 제362조의 죄(각종 장물죄) 세 가지이다.

(가), (나), (다) 범죄유형의 죄 또는 그 미수죄로 세 번 이상 징역형을 받은 사람이 다시 각각 (가), (나), (다)의 같은 종류의 죄를 범하여 누범으로 처벌하는 경우에는 (가)의 경우(절도) 2년 이상 20년 이하의 징역으로, (나)의 경우(강도) 무기 또는 10년 이상의 징역으로, (다)의 경우(장물)는 2년 이상 20년 이하의 징역으로 각각 가중처벌된다. 이 경우 '같은 종류의 죄'는 (가)의 절도죄, (나)의 강도죄, (다)의 장물죄를 각각 의미한다. 같은 종류의 죄이면 족하고, 앞의 범행과 동일한 범죄일 필요는 없다. 강도죄는 절도죄와 같은 종류의 죄에 해당하지 않는다. 그리하여 (나)의 강도죄의 전과는 (가)의 절도죄 누범을 판단할 때 포함되지 않는다.[1]

특정범죄가중법 제5조의4 제5항이 가중처벌의 대상으로 삼는 사람은 '3회 이상의 전과가 있는 자'가 아니라 '3회 이상 징역형을 받은 자'이다. 징역형의 집행유예를 받은 사람이 집행유예기간을 무사히 경과한 경우에는 형 선고의 효력이 소멸된다. 그리하여 집행유예기간이 경과한 확정판결은 특정범죄가중법 제5조의4 제5항에서 정한 '징역형'에 해당하지 않는다.[2] [3]

집행유예기간이 경과한 확정판결에 적용된 형벌규정에 대해 위헌결정이 내려진 경우가 있다. 이때 위헌결정 취지에 따른 재심판결에서 다시 징역형의 집행유예가 선고·확정된 후 유예기간이 경과되지 않은 경우가 있다. 그러한 경우에는 특정범죄가중법 제5조의4 제5항의 입법 취지에 비추어 징역형의 집행유예를 선고한 재심판결은 특정범죄가중법 제5조의4 제5항에서 정한 "징역형을 받은 것"에 포함되지 않는다.[4]

특정범죄가중법 제5조의4 제5항은 형법 제35조의 누범규정과는 별개로 (가), (나), (다) 유형의 죄를 범하여 세 번 이상 징역형을 받은 사람이 그 누범기간 중에 다시 같은 종류의 죄를 저지른 경우에 형법보다 무겁게 처벌한다는 내용으로 창설된 새로운 구성요건이다. 따라서 특정범죄가중법 제5조의4 제5항에 해당하는 죄의 형을 정할 때에는 특정범죄가중법 제5조의4 제5항에 정한 법정형에 다시 형법 제35조의 누범가중을 한 형기범위 내에서 처단형을 정하여야 한다.[5]

---

1) 2024. 1. 25. 2023도14307, 판례속보 = 『절도범 준강도 전과 사건』 ☞ 1212면.
2) 2022. 7. 28. 2020도13705, 공 2022하, 1812 = 『집행유예 종료 후 재심판결 사건』 ☞ 1215면.
3) 2023. 12. 21. 2023도12852, 공 2024상, 260 = 『강도상해 집행유예기간 경과 사건』 ☞ 1213면.
4) 2022. 7. 28. 2020도13705, 공 2022하, 1812 = 『집행유예 종료 후 재심판결 사건』.
5) 2020. 5. 14. 2019도18947, 공 2020하, 1139 = 『특가법 대 형법 누범가중 사건』 :
갑은 ㉮, ㉯, ㉰절도죄로 3차례에 걸쳐 징역형을 선고받고 2018년 그 형의 집행을 종료하였다. 2019년 갑

(5) 가중처벌규정의 정비 필요성

누범과 상습범을 가중처벌하는 것은 우리 형법의 특색 가운데 하나이다. 누범과 상습범을 가중처벌하게 된 것은 1953년 우리 형법이 제정될 당시에 보안처분제도가 도입되지 아니하였던 사정과 밀접한 관련이 있다고 생각된다. 재범자에 대한 사회방위처분으로서 보안처분이 도입되지 아니한 당시의 상황에서 누범의 가중처벌과 상습범의 가중처벌은 사회방위를 위하여 실제로 중요한 기능을 담당하였던 것이다.

그렇지만 동일한 범죄사실을 계기로 유사한 자유박탈 장치를 거듭 사용하는 지금의 입법태도는 헌법 제37조 제2항이 금지하는 과잉입법의 흠을 적지 않게 안고 있다. 특히 「폭력행위 등 처벌에 관한 법률」(동법3 참조)과 「특정강력범죄의 처벌에 관한 특례법」(동법3 참조) 등 각종 특별법에서 상습범과 누범에 대한 가중처벌규정이 양산되고 있는 것은 우려할 만한 현상이다. 이 점에서 볼 때 헌법재판소가 「특정범죄 가중처벌 등에 관한 법률」(특가법) 제5조의4 가운데 상습절도죄 및 상습장물죄 가중처벌 부분에 대해 위헌결정을 내린 것과[1] 이에 따라 입법자가 상습절도죄, 상습강도죄, 상습장물죄를 가중처벌하였던 특가법 제5조의4 제1항, 제3항, 제4항을 삭제한 것은 지극히 환영할 만한 일이다. 입법론적으로 볼 때 누범가중 규정과 상습범가중 규정을 삭제함으로써 우리 형법을 책임형법으로 순화하는 작업이 시급하다고 할 것이다.

3. 자수와 자복

(1) 자수의 의의

자수란 죄를 지은 후 범인이 수사기관에 범죄사실을 신고하여 처벌을 구하는 의사표시를 말한다. 피해자나 그 밖의 고소권자가 수사기관에 범죄사실을 신고하여 범인의 처벌을 구하는 의사표시를 고소라 하고, 범인과 고소권자 이외의 제삼자가 수사기관에 범죄사실을 신고하여 범인의 처벌을 구하는 의사표시를 고발이라고 한다.

은 다시 ⓓ절도죄를 범하였다. 검사는 ⓓ절도죄에 대해 특가법 제5조의4 제5항을 적용하여 갑을 기소하였다. 제1심을 거친 후, 항소법원은 특가법 제5조의4가 누범가중에 관한 특별규정에 해당한다는 이유로 특가법위반죄(절도)에 대해 형법 제35조의 누범가중을 하지 않았다. 대법원은 특가법 제5조의4 제5항 범죄의 경우 형법 제35조의 누범가중을 해야 한다는 취지로 판단하여 원심판결을 파기환송하였다.

1) "결국, 상습 절도 및 장물취득 행위에 대하여 특별히 형을 가중할 필요가 있다는 사정이 인정된다고 할지라도, 형법 조항과 똑같은 구성요건을 규정하면서 법정형만 상향 조정한 심판대상조항은 형사특별법으로서 갖추어야 할 형벌체계상의 정당성과 균형을 잃은 것이다. 따라서 심판대상조항은 인간의 존엄성과 가치를 보장하는 헌법의 기본원리에 위배될 뿐만 아니라 그 내용에 있어서도 평등원칙에 위반된다."
2015. 2. 26. 2014헌가16, 헌공 221, 346 = 『특가법 상습범 위헌결정 사건』.

(2) 자수의 요건

죄를 지은 후 범인이 수사기관에 자수한 경우에는 형을 감경하거나 면제할 수 있다(법 52①). 자수는 범인이 자발적으로 자신의 범죄사실을 수사기관에 신고하여 소추를 구하는 의사표시를 함으로써 성립한다. 범행이 발각된 후에 수사기관에 자진 출석하여 범죄사실을 자백한 경우도 자수에 포함된다. 일단 자수가 성립한 이상 자수의 효력은 확정적으로 발생하고 그 후에 범인이 번복하여 수사기관이나 법정에서 범행을 부인한다고 하여 일단 발생한 자수의 효력이 소멸하는 것은 아니다.[1]

수사기관에의 신고가 자발적이라고 하더라도 신고의 내용이 자기의 범행을 명백히 부인하는 것이어서 자기의 범행으로서 범죄성립요건을 갖추지 아니한 사실일 경우에는 자수가 성립하지 않는다. 일단 자수가 성립하지 아니한 이상 그 이후의 수사과정이나 재판과정에서 범인이 범행을 시인하였다고 하더라도 새롭게 자수가 성립할 여지는 없다.[2]

자수란 범인이 스스로 수사기관에 자기의 범행을 자발적으로 신고하고 그 처분을 구하는 의사표시이다. 그러므로 수사기관의 직무상 질문이나 조사에 응하여 범죄사실을 진술하는 것은 자백일 뿐 자수로는 되지 않는다. 자수는 범인이 수사기관에 의사표시를 함으로써 성립하는 것이므로 내심적 의사만으로는 부족하고 외부로 표시되어야 이를 인정할 수 있다.[3]

자수는 형의 임의적 감경 또는 면제의 사유이다. 범인이 자수하였다 하더라도 법원은 자수한 사람에 대하여 임의로 형을 감경하거나 면제할 수 있을 뿐이다. 법원이 자수감경을 하지 아니하였다거나 자수감경 주장에 대하여 판단을 하지 아니하였다고 하여 위법하다고 할 수 없다.[4]

(3) 자복의 의의와 효과

자복은 범인이 피해자에게 범죄사실을 알려서 피해자의 용서를 구하는 의사표시이다. 자복(自服)은 수사기관이 아닌 피해자에 대한 의사표시라는 점에서 고소, 고발, 자수와 구별된다. 피해자의 의사에 반하여 처벌할 수 없는 범죄의 경우에는 범인이 피해자에게 자복(自服)하였을 때에도 형을 감경하거나 면제할 수 있다(법52②).

---

1) 2011. 12. 22. 2011도12041, 공 2012상, 211 = 분석 신형소Ⅱ『차용금 주장 번복 사건』.
2) 2011. 12. 22. 2011도12041, 공 2012상, 211 = 분석 신형소Ⅱ『차용금 주장 번복 사건』.
3) 2011. 12. 22. 2011도12041, 공 2012상, 211 = 분석 신형소Ⅱ『차용금 주장 번복 사건』.
4) 2011. 12. 22. 2011도12041, 공 2012상, 211 = 분석 신형소Ⅱ『차용금 주장 번복 사건』.

제 2   처단형의 계산방법

1. 처단형의 산정과 유죄판결의 기재사항

(1) 처단형의 산정순서

구체적으로 형을 선고하는 단계에 이르면 법관은 여러 양형조건들을 종합적으로 고려한다. 그런데 선고형의 결정은 처단형이 제시하는 형의 상한과 하한의 범위 내에서 이루어지지 않으면 안 된다.[1] 이 처단형의 범위는 선고형의 결정과 달리 입법자가 제시한 객관적 기준에 따라 기계적으로 계산된다.

처단형의 결정은 법정형을 출발점으로 삼아 한편으로는 형을 가중하고 다른 한편으로는 형을 감경하는 방식으로 이루어진다. 형법 제56조는 형을 가중·감경할 사유가 경합하는 경우에 이를 처리하는 순서에 관하여 규정하고 있다. 형법 제56조는 (가) 각칙 조문에 따른 가중, (나) 형법 제34조 제2항에 따른 가중, (다) 누범 가중, (라) 법률상 감경, (마) 경합범 가중, (바) 정상참작감경의 순서에 따라 처단형을 계산해 내도록 정하고 있다.

(2) 유죄판결의 기재사항

형사소송법 제323조 제1항은 유죄판결을 선고할 경우에 법원으로 하여금 판결이유에 범죄될 사실, 증거의 요지, 법령의 적용을 각각 명시하도록 규정하고 있다. 이 가운데 '법령의 적용'을 기재함에는 당해 사건에 적용된 특별구성요건이 규정되어 있는 형벌법규를 적시해야 할 뿐만 아니라 구체적인 선고형의 도출과정에서 적용된 법령도 함께 표시해야 한다. 이 때 선고형의 도출과정에 적용될 법령의 순서를 제시한 것이 형법 제56조이다.

형사재판의 실무에서는 형법 제56조의 순서에 몇 가지를 요소를 더 추가·보완하여 다음과 같은 순서로 적용법령을 기재하도록 하고 있다.[2]

(1) 구성요건 및 법정형을 표시하는 규정의 적용

(2) 각칙 조문에 따른 가중

(3) 형법 제34조 제2항에 따른 가중

(4) 과형상 일죄(상상적 경합범)의 처리

---

1) 2021. 1. 21. 2018도5475 전원합의체 판결, 공 2021상, 420 = 『특수상해미수 임의적 감경 사건』 ☞ 1216면.

2) 사법연수원, 형사판결서작성실무, (2009), 154면.

  (5) 형의 종류의 선택

  (6) 누범 가중

  (7) 법률상 감경

  (8) 경합범 가중

  (9) 정상참작감경

 (10) 선고형의 결정

아래에서는 양형과 관련한 적용법령의 기재순서에 관하여 살펴보기로 한다.

2. 양형에 관련된 적용법령의 기재순서

(1) 구성요건 및 법정형의 근거규정 표시

형을 양정함에 있어서는 무엇보다도 적용되는 특별구성요건과 법정형의 근거조문을 밝혀야 한다. 따라서 유죄판결이유에 적용법령을 표시할 때 첫 번째로 기재되는 것은 특별구성요건 및 법정형을 규정한 구체적인 조문이다.

(2) 각칙 조문에 따른 가중

법정형은 구성요건과 함께 동일한 조문에서 제시되는 것이 보통이다. 그런데 형벌법규 가운데에는 예컨대 공무원의 직무상 범죄에 대한 형의 가중을 규정한 형법 제135조, 상습상해죄를 가중처벌하는 형법 제264조의 경우와 같이 '그 죄에 정한 형의 2분의 1까지 가중한다'는 식으로 법정형에 일정비율만을 가중하는 조문들이 있다. 이 때에는 법정형의 근거조문 적시(摘示)에 이어서 형법 각칙 조문에서 형의 가중을 규정한 조문을 기재해야 한다.

그런데 상습성 등의 표지가 단순히 형의 가중사유가 아니라 가중적 구성요건의 표지로 구성요건 자체에 들어가 있는 경우가 있다. 이러한 경우에는 이 가중적 구성요건을 규정한 조문이 위에서 말한 법정형의 기준조문이 된다. 예컨대 형법 제246조 제2항을 보면 상습도박죄를 규정하면서 "상습으로 제1항의 죄(단순도박죄)를 범한 사람은 3년 이하의 징역 또는 2천만원 이하의 벌금에 처한다."라고 규정하고 있다. 이러한 경우에는 상습성이 단순한 형의 가중사유를 넘어서서 가중적 구성요건의 핵심적 표지를 이루고 있다. 이 때에는 이 가중적 구성요건이 바로 법정형 결정의 기준이 된다.

(3) 형법 제34조 제2항에 따른 가중

자기의 지휘·감독을 받는 자를 교사 또는 방조하여 범죄행위의 결과를 발생하게 한 자는 교사인 때에는 정범에 정한 형의 장기 또는 다액에 그 2분의 1까지 가중하고 방조인 때에는 정범의 형으로 처벌한다(법34②, ① 참조). 형법 제34조 제2항은 교사범 및 방조범 처벌에 대한 특칙이다. 이 규정은 또한 간접정범의 경우에도 적용된다. 간접정범을 규정한 형법 제34조 제1항이 간접정범을 '교사 또는 방조의 예에 의하여' 처벌하도록 규정하고 있기 때문이다.

특수교사의 경우에는 정범에 정한 형의 장기 또는 다액에 그 2분의 1까지 가중하게 되는데, 정범에 정한 형에 선택형이 규정되어 있으면 각 선택형 별로 형의 장기 또는 다액에 그 2분의 1까지 가중하게 된다. 특수방조의 경우에는 정범에 정한 형으로 처벌한다. 방조범에 대한 형의 필요적 감경(법32②)은 인정되지 않는다.

(4) 과형상 일죄의 처리

여러 개의 단순일죄를 한 개의 과형상 일죄로 묶어서 처리해야 할 경우가 있다. 우리 형법상 과형상 일죄로 인정되는 것은 상상적 경합(법40) 한 가지뿐이다. 형법 제40조에 의하면 상상적 경합의 경우에는 실체법상으로 인정되는 여러 개의 죄 가운데 가장 무거운 죄에 정한 형으로 처벌한다.

이 경우 '무거운 죄에 정한 형'이란 여러 개의 죄의 상한을 비교하여 상한이 무거운 죄에 정해진 형을 말한다. 그러나 다른 죄에 대하여 규정된 형의 하한이 기준형의 하한보다 무거운 경우에는 기준이 되는 형의 하한은 그만큼 상향조정된다. 결과적으로 상상적 경합에서 '무거운 죄에 정한 형'은 여러 개의 죄의 상한과 하한을 각각 비교하여 상한이 가장 무거운 죄에 정한 형을 상한으로, 하한이 가장 무거운 죄에 정한 형을 하한으로 하여 결정된 형을 말한다.

(5) 형의 종류의 선택

개별구성요건의 법정형 확인으로부터 과형상 일죄의 처리단계에 이를 때까지는 형의 종류가 여러 가지로 나타날 수 있다. 예컨대 일반물건방화죄(법167①)와 보통살인죄(법250①)가 상상적으로 경합한다고 생각해 보자. 이 경우 일반물건방화죄의 법정형은 1년 이상 10년 이하의 징역이다. 이에 대하여 보통살인죄의 법정형은 사형, 무기 또는 5년 이상의 징역이다. 두 죄를 상상적으로 경합시키게 되면 사형, 무기 또는 5년 이상의 징역으로 형의 범위가 조정된다. 이 경우 선택가능한 형은 (가) 사형, (나) 무기징역, (다) 5년 이상 30년 이하의 유기징역 세 가지이다.

과형상 일죄의 처리단계를 지나면 이제 형의 종류를 선택하게 된다. 형법 제54조는 이와 관련하여 "한 개의 죄에 정한 형이 여러 종류인 때에는 먼저 적용할 형을 정하고 그 형을 감경한다."고 규정하고 있다. 이 경우 '한 개의 죄'란 과형상 일죄까지의 죄를 말한다. 우리 형법상 과형상 일죄는 상상적 경합 한 가지뿐이다. 단순일죄는 실체법적으로 일죄이므로 형법 제54조에서 말하는 '한 개의 죄'에 당연히 포함된다. 형법 제54조는 형을 감경하는 경우에 대해서만 규정하고 있지만 앞에서 말한 가중례를 제외한 나머지 사유로 형을 가중하는 경우에도 형법 제54조는 적용된다.

과형상 일죄를 최대한의 단위로 하여 선택할 수 있는 형의 종류가 확인된다. 형의 종류가 확인되면 그 가운데에서 일정한 형을 선택하게 된다. 일단 특정한 형을 선택하게 되면 이제 구체적인 형의 종류와 범위가 확정된다. 이렇게 선택된 형을 가리켜서 선택형이라고 한다. 그리고 이 선택형을 기준으로 그 형에 대한 가중 또는 감경이 이루어지게 된다. 예컨대 위의 일반물건방화죄와 살인죄의 상상적 경합 사례에서 법원이 유기징역의 형을 선택한다면 일단 5년 이상 30년 이하의 징역이 기준으로 설정된다. 이 기준을 놓고 이어서 형의 가중·감경의 작업이 진행된다.

(6) 누범가중

금고 이상의 형을 선고받아 그 집행이 종료되거나 면제된 후 3년 내에 금고 이상에 해당하는 죄를 지은 사람은 누범으로 가중처벌된다(법35①). 누범의 형은 그 죄에 대하여 정한 형의 장기의 2배까지 가중한다(법35②). 형법상 누범가중은 '형의 장기'를 기준으로 가중하므로 유기징역이나 유기금고의 형이 선택형으로 지정되었을 때 이루어진다.

한편 특별법을 통하여 누범요건이 별도로 구성요건요소에 포함되는 경우가 있다. 「특정범죄 가중처벌 등에 관한 법률」(동법5의4⑤), 「폭력행위 등 처벌에 관한 법률」(동법2③, 3④) 등은 그 예이다. 이러한 경우에는 가중적 구성요건에 정해진 법정형에 다시 형법 제35조의 누범가중을 한 형기범위 내에서 처단형을 정하여야 한다.[1]

형법상 누범가중은 유기징역이나 유기금고의 장기를 2배까지 가중하는 형태로 이루어진다. 단기에 대해서는 형의 가중이 일어나지 않는다. 다만 「특정강력범죄의 처벌에 관한 특례법」은 특정강력범죄의 누범에 대해 형의 장기뿐만 아니라 단기도 2배까지 가중한다(동법3).

유기징역 또는 유기금고에 대하여 형을 가중할 때에는 상한이 50년까지로 제한된다는 점에 유의할 필요가 있다(법42 단서). 나아가 누범가중은 형의 종류가 선택된 이후에 이루어진다는 점에도 주목할 필요가 있다. 형법상 누범가중의 의의와 요건에 대해서는 앞에서 설명하였다.[2]

---

1) 2020. 5. 14. 2019도18947, 공 2020하, 1139 = 『특가법 대 형법 누범가중 사건』.

2) 전술 873면 이하 참조.

(7) 법률상 감경

형법은 형을 감경할 수 있는 경우로 여러 가지 사유들을 규정하고 있다. 법률상 감경할 사유가 여러 개 있는 때에는 거듭 감경할 수 있다(법55②).

(가) 감경의 기준 형법 제55조 제1항은 법률상 형을 감경하는 기준에 관하여 다음과 같이 규정하고 있다.

① 사형을 감경할 때에는 무기 또는 20년 이상 50년 이하의 징역 또는 금고로 한다(1호).

② 무기징역 또는 무기금고를 감경할 때에는 10년 이상 50년 이하의 징역 또는 금고로 한다(2호).

③ 유기징역 또는 유기금고를 감경할 때에는 그 형기의 2분의 1로 한다(3호).

④ 자격상실을 감경할 때에는 7년 이상의 자격정지로 한다(4호).

⑤ 자격정지를 감경할 때에는 그 형기의 2분의 1로 한다(5호).

⑥ 벌금을 감경할 때에는 그 다액의 2분의 1로 한다(6호).

⑦ 구류를 감경할 때에는 그 장기의 2분의 1로 한다(7호).

⑧ 과료를 감경할 때에는 그 다액의 2분의 1로 한다(8호).

형법 제55조 제1항 제6호는 벌금을 감경할 때 그 '다액'의 2분의 1을 감경하도록 규정하고 있다. 그런데 특별법의 경우 벌금을 기준액의 '2배 내지 5배' 등과 같이 규정하는 경우가 있다. 이러한 경우에 '다액'을 기준으로 감경한다면 벌금형의 하한이 너무 높아서 감경을 하는 의미가 없어지는 상황이 발생하게 된다. 또한 '1억원' 등과 같은 정액(定額) 벌금의 경우에는 상한과 하한의 구별이 불가능하다. 이러한 문제점을 고려하여 판례는 형법 제55조 제1항 제6호의 '다액'을 '금액'으로 새겨서 벌금을 감경할 때 그 상한과 함께 하한까지도 내려가는 것으로 해석하고 있다.[1]

---

[1] 1978. 4. 25. 78도246 전원합의체 판결, 공 1978, 10832 =『다액 대 금액 사건』:

특가법은 조세포탈범을 가중처벌하고 있다. 갑의 조세포탈 행위 당시 특가법 제8조 제1항은 (가) 포탈세액이 연간 1천만원(현행법은 10억원) 이상인 때에는 무기 또는 5년 이상의 징역으로(1호), (나) 포탈세액이 연간 5백만원(현행법은 5억원) 이상 1천만원(현행법은 10억원) 미만인 때는 무기 또는 3년 이상의 징역으로(2호) 조세포탈범을 가중처벌하고 있었다. 또한 당시 특가법 제8조 제2항은 (가), (나)의 경우에 포탈세액의 2배 이상 5배 이하에 상당하는 벌금을 병과하고 있었다(현행법도 같음).

갑은 해당 연도에 9백만원의 조세를 포탈하였다. 검사는 갑을 특가법위반죄로 기소하였다. 제1심은 특가법 제8조 제1항 제2호와 제8조 제2항을 적용하였다. 제1심은 3년 이상의 유기징역과 포탈세액(9백만원)의 2배 이상 5배 이하의 형을 기준으로 정하였다. 제1심은 기준이 되는 형에 대해 정상참작감경을 하였다. 제1심은 형법 제55조 제1항 제6호의 '다액'을 '금액'으로 해석하여 벌금형의 상한뿐만 아니라 하한도 감경할 수 있다고 판단하였다. 제1심은 갑에게 징역 2년 6개월 및 벌금 910만원을 선고하였다.

검사는 불복 항소하였다. 항소심은 형법 제55조 제1항 제6호의 '다액'을 글자 그대로 해석하여 벌금형의 상한만을 감경할 수 있다고 판단하였다. 항소심은 제1심판결을 파기하고 갑에게 징역 2년 6개월과 벌금

한편 형법 제55조 제1항 제8호는 과료를 감경할 때 그 '다액'의 2분의 1을 감경하도록 하고 있다. 과료를 감경할 때의 '다액'은 벌금의 경우와 달리 글자 그대로 '다액'의 감경만을 의미한다. 과료는 2천원 이상 5만원 미만의 형벌로서 하한을 감경한다는 것은 실질적으로 의미가 없기 때문이다.[1]

(나) 총칙상 감경례　　형법총칙이 규정한 법률상 감경의 예로는 과잉방위(법21②), 과잉긴급피난(법22③), 과잉자구행위(법23②), 심신미약(법10②), 청각 및 언어장애인(법11), 장애미수(법25②), 중지범(법26), 불능범(법27), 방조범(법32②), 사후적 경합범(법39① 후문),[2] 자수(법52①), 자복(법52②)[3] 등을 들 수 있다.

총칙상 감경례에 준하는 일반적 감경례로「소년법」상의 감경이 있다(동법60②).[4]「특정범죄신고자 등 보호법」은 범죄신고등을 함으로써 그와 관련된 자신의 범죄가 발견된 경우 그 범죄신고자등에 대하여 형을 감경하거나 면제할 수 있다고 규정하고 있다(동법16). 여기에서 범죄신고등이라 함은 특정범죄에 관한 신고·진정·고소·고발 등 수사 단서의 제공, 진술 또는 증언이나 그 밖의 자료제출행위 및 범인검거를 위한 제보 또는 검거활동을 말한다(동법2ⅱ).

(다) 각칙상 감경례　　형법각칙이 법률상 감경을 규정한 예로는 내란예비·음모죄의 자수(법90① 단서), 외환예비·음모죄의 자수(법101① 단서), 범죄단체조직죄(법114 단서), 폭발물사용예비·음모죄의 자수(법120① 단서), 위증죄의 자백·자수(법153), 허위감정죄등의 자백·자수(법154), 무고죄의 자백·자수(법157), 방화예비·음모죄의 자수(법175 단서), 통화위조예비·음모죄의 자수(법213 단서), 약취·유인·인신매매·이송죄의 사후중지(법295의2), 인질강요죄 등의 사후중지(법324의6), 장물죄에 있어서 본범과 장물범 사이의 친족관계(법365② 본문) 등을 들 수 있다.

(라) 필요적 감경례　　내란예비·음모죄의 자수(법90① 단서), 외환예비·음모죄의 자수(법101① 단서), 폭발물사용예비·음모죄의 자수(법120① 단서), 위증죄의 자백·자수(법153), 허위감정죄등의 자백·자수(법154), 무고죄의 자백·자수(법157), 방화예비·음모죄의 자수(법175 단서), 통화위조예비·음모죄의 자수(법213 단서), 장물죄에 있어서 본범과 장물

1,820만원을 선고하였다. 갑은 불복 상고하였다.

대법원은 9 대 7로 견해가 나뉘었다. 다수의견은 '다액'을 '금액'으로 해석해야 한다고 주장하였다. 소수의견은 '다액'을 글자 그대로 '다액'으로 해석해야 한다고 주장하였다. 대법원은 다수의견에 따라 원심판결을 파기환송하였다. (지면 관계로 다수의견의 상세한 논지 소개는 생략함.)

[1] 1978. 4. 25. 78도246 전원합의체 판결, 공 1978, 10832 =『다액 대 금액 사건』 참조.
[2] 전술 838면 이하 참조.
[3] 전술 880면 참조.
[4] 후술 929면 참조.

범 사이의 친족관계(법365② 본문) 등의 사유는 형의 필요적 감면사유이다.

청각 및 언어 장애인(법11), 중지범(법26), 방조범(법32②)은 형의 필요적 감경사유이다. 심신미약자에 대한 감경은 2018년 형법 일부개정에 의하여 필요적 감경에서 임의적 감경으로 변경되었다(법10②).

(마) 임의적 감경례   과잉방위(법21②), 과잉긴급피난(법22③), 과잉자구행위(법23②), 불능미수(법27), 사후적 경합범(법39①), 자수·자복(법52)는 형의 임의적 감면사유이다.

심신미약(법10②), 장애미수(법25②), 범죄단체조직(법114), 피약취자 석방(법324의6)은 형의 임의적 감경사유이다.

(바) 정상참작감경의 제외   정상참작감경도 형의 감경사유에 해당하지만(법53) 정상참작감경은 오로지 법관의 재량에 의해 형을 감경하는 것이다. 이에 반해 법률상 감경은 형법이 정한 감경사유가 인정되는 경우 형을 감경하는 것이다.[1] 정상참작감경은 형법 제56조 제4호가 규정한 법률상 감경사유에서 제외된다.

(8) 경합범 가중

지금까지 검토한 형의 양정과정은 과형상 일죄를 최대의 단위로 한 것이었다. 그런데 실제의 형사재판을 보면 과형상 여러 개의 죄가 한 개의 형사절차에서 심판되는 일이 적지 않다. 이러한 경우에는 각 과형상 일죄를 최대의 단위로 삼아 계산한 형을 하나로 종합할 필요가 생긴다. 이에 대해서는 형법 제37조 이하에 규정이 있다.[2]

(가) 경합범의 종류   과형상 여러 개의 죄가 경합하고 있을 때 이들 여러 개의 죄를 가리켜서 실체적 경합범 또는 단순히 경합범이라고 한다. 실체적 경합범은 각각 경합하고 있는 여러 개의 죄가 모두 확정판결을 받지 아니한 경우(법37 전단)와 경합하고 있는 여러 개의 죄 가운데 어느 죄에 금고 이상의 형에 처한 확정판결이 내려져 있는 경우(법37 후단)로 나누어 볼 수 있다. 이 때 전자를 가리켜서 동시적 경합범이라 하고 후자를 사후적 경합범이라고 부른다. 여러 개의 죄 가운데 금고보다 가벼운 자격정지나 벌금 등의 형에 처한 확정판결이 내려져 있는 경우 이들 확정판결을 제외한 나머지의 죄들은 동시적 경합범 관계에 서게 된다.

형의 양정과정과 관련하여 형법 제56조 제5호가 규정한 '경합범 가중'은 원칙적으로 동시적 경합범의 경우를 가리킨다. 판결이 확정되지 아니한 여러 개의 죄(법37 전단)를 동시에

---

1) 2021. 1. 21. 2018도5475 전원합의체 판결, 공 2021상, 420 = 『특수상해미수 임의적 감경 사건』 ☞ 1216면.

2) 상세한 계산방법에 관하여는 전술 828면 이하 참조.

판결하는 과정에서 형량을 산정하는 것이기 때문이다.

사후적 경합범의 경우에 금고 이상의 형에 처한 판결이 확정된 죄는 이미 형이 선고되어 있다. 사후적 경합범의 경우에 경합범 중 판결을 받지 아니한 죄가 있는 때에는 그 죄와 판결이 확정된 죄를 동시에 판결할 경우와 형평을 고려하여 그 죄에 대하여 형을 선고한다. 이 경우 그 형을 감경 또는 면제할 수 있다(법39①).

(나) 동시적 경합범의 가중기준   동시적 경합범을 처리하는 기준에 관하여 형법 제38조 제1항이 규정하고 있다. 형법 제38조 제1항의 기준을 적용할 때 징역과 금고는 같은 종류의 형으로 보아 징역형으로 처벌한다(법38②).[1] 형법 제38조 제1항이 제시하는 기준은 다음과 같다.

① 가장 무거운 죄에 대하여 정한 형이 사형, 무기징역, 무기금고인 경우에는 가장 무거운 죄에 대하여 정한 형으로 처벌한다 (1호).

② 각 죄에 대하여 정한 형이 사형, 무기징역, 무기금고 외의 같은 종류의 형인 경우에는 가장 무거운 죄에 대하여 정한 형의 장기 또는 다액(多額)에 그 2분의 1까지 가중하되 각 죄에 대하여 정한 형의 장기 또는 다액을 합산한 형기 또는 액수를 초과할 수 없다. 다만, 과료와 과료, 몰수와 몰수는 병과(倂科)할 수 있다 (2호).

③ 각 죄에 대하여 정한 형이 무기징역, 무기금고 외의 다른 종류의 형인 경우에는 병과한다 (3호).

위의 2호를 적용할 경우 유기징역 또는 유기금고에 대하여 형을 가중할 때 50년을 넘지 못한다는 제한에 유의할 필요가 있다(법42 단서).

(9) 정상참작감경

법관은 범죄의 정상(情狀)에 참작할 만한 사유가 있는 경우에는 그 형을 감경할 수 있다(법53). 이 경우 형의 감경을 정상참작감경이라고 부른다. 종전에는 이를 작량감경(酌量減輕)이라고 하였으나 형법조문의 평이화 차원에서 정상참작감경으로 명칭이 바뀌었다.

정상참작감경은 재판상 감경이다. 정상참작감경은 법률상 감경을 다하고도 그 처단형보다 낮은 형을 선고해야 할 때에 법관이 최후에 하는 감경으로서 법정형이나 법률상 가중·감경을 마친 처단형이 지나치게 가혹한 경우 이를 시정하기 위한 장치로 기능하고 있다.[2]

정상참작감경은 선고형을 결정하기 직전에 행하는 양형작업이다. 정상참작감경은 위에

---

1) 2013. 12. 12. 2013도6608, 공 2014상, 217 = 분석 신형소 Ⅲ, 『무보험 차량 교통사고 사건』.
2) 2021. 1. 21. 2018도5475 전원합의체 판결, 공 2021상, 420 =『특수상해미수 임의적 감경 사건』.

서 본 법률상 감경이 행해진 후에 이루어진다. 법률상 감경은 형법이 정한 감경사유가 인정되는 경우 형을 감경하는 것이다. 이에 대해 정상참작감경은 오로지 법관의 재량에 의해 형을 감경하는 것이다.[1] 정상참작감경에 따른 형의 감경은 법률상 형의 감경례(법55)에 따른다.[2][3] 한 개의 죄에 대하여 징역형과 벌금형을 병과하는 경우에 특별한 규정이 없는 한 징역형에만 정상참작감경을 하고 벌금형에는 정상참작감경을 하지 않는 것은 위법하다.[4]

(10) 선고형의 결정

(가) 선고형과 양형조건　　 법관은 법정형, 선택형, 처단형의 순으로 형의 종류와 범위를 구체화한 후 최종적으로 구체적인 형을 결정하게 된다. 구체적인 형의 선고와 관련하여 형법 제51조는 양형조건을 규정해 놓고 있다. 형법 제51조의 양형조건은 널리 형의 양정에 관한 법원의 재량사항에 속하며, 열거적인 것이 아니라 예시적인 것이다.[5] 법관은 형의 종류를 선택하고 형량을 정할 때 양형위원회가 정한 양형기준을 존중하여야 한다. 다만, 양형기준은 법적 구속력을 갖지 않는다(법원조직법87① 본문·단서).[6]

(나) 이중평가의 금지　　 한편 형법 제51조에 규정된 사유라 하더라도 이미 특별구성요건의 요소로 규정되어 있는 경우에는 그 사유를 양형시에 고려해서는 안 된다. 이미 평가된 양형사유를 재차 양형사유로 고려하지 못하도록 하는 것을 가리켜서 이중평가금지의 원칙이라고 한다. 예컨대 형법 제267조 과실치사죄의 양형을 하면서 특히 사람의 생명이 파괴되었다는 점을 중시하여 무겁게 양형을 하는 것은 허용되지 않는다. 형법 제267조는 바로 생명보호 때문에 규정된 것이기 때문이다.

(다) 폭의 이론　　 형벌은 책임에 근거하여 과해지는 해악이다. 그러나 책임에 상응하는 형벌은 정밀하게 확정되어 있지 않다. 이와 관련하여 소위 폭(幅)의 이론이 주목된다. 폭의 이론이란 책임을 기준으로 양형의 폭이 결정된다고 보는 견해이다.

폭의 이론에 의하면 양형의 상한은 '그 정도까지는 아직도' 책임에 상응하는 형벌이라고 볼 수 있는 범위 내에 머물러 있어야 한다. 그 이상을 초과하는 양형은 허용되지 않는다.

---

1) 2021. 1. 21. 2018도5475 전원합의체 판결, 공 2021상, 420 =『특수상해미수 임의적 감경 사건』.
2) 2019. 4. 18. 2017도14609 전원합의체 판결, 공 2019상, 1134 =『마약사범 분리기소 사건』☞ 1131면.
3) 2021. 1. 21. 2018도5475 전원합의체 판결, 공 2021상, 420 =『특수상해미수 임의적 감경 사건』.
4) 2009. 2. 12. 2008도6551, [미간행] = 분석 총론『시세조종 작량감경 사건』.
5) 2017. 8. 24. 2017도5977 전원합의체 판결, 공 2017하, 1887 =『필리핀 무죄 미결구금 사건』☞ 1014면.
6) 전술 853면 참조.

이에 대하여 양형의 하한은 책임에 상응한다고 생각되는 형벌의 범위에 머물러 있어야 하며 이 범위를 '더 이상은' 내려갈 수 없다. 폭의 이론에 의할 때 구체적으로 선고할 형벌(선고형)은 책임을 기준으로 한 상한과 하한의 범위 내에서 개별 사안에 따라 특별예방 또는 일반예방의 관점을 고려하여 결정하게 된다.

(라) 양형부당과 법령위반   구체적인 피고인에게 형의 종류와 양을 특정하여 선고하는 형을 가리켜서 선고형이라고 한다. 선고형을 둘러싼 형의 양정과정을 가리켜서 특히 양형이라고 부르기도 한다. 양형은 확정된 사실관계를 전제로 하므로 사실심법관이 행하게 된다. 사실심법관이란 증거를 통하여 구체적인 사실관계를 확정하고 이를 추상적인 형벌법규에 대입시켜서 당해사건에 대한 판단을 내리는 법관을 말한다. 사실심법관의 양형판단은 합리적 재량의 영역에 속하는 사항이다.

적정한 형벌을 양정하는 것은 사실심법관에게 부여된 책무 가운데 가장 어려운 과제의 하나이다. 우리 형사소송법은 양형판단의 중요성을 감안하여 대법원이 법률심임에도 불구하고 이례적으로 중형사건에 대해 대법원으로 하여금 양형판단의 적정성을 심사하도록 하고 있다.

사형, 무기 또는 10년 이상의 징역이나 금고가 선고된 사건에 있어서 형의 양정이 심히 부당하다고 인정할 현저한 사유가 있는 때에는 대법원은 예외적으로 하급법원의 양형판단에 대하여 심사할 수 있다(형소법383iv). 이와 같은 예외의 인정은 피고인을 보호하기 위한 것이므로 양형부당을 이유로 한 상고는 피고인만 가능하다. 검사는 무기 또는 10년 이상의 징역이나 금고가 선고된 사건에서 양형이 지나치게 가볍다는 이유로 대법원에 상고할 수 없다.[1]

대법원의 통제라는 관점에서 볼 때 선고형 결정단계의 오류는 단순한 양형부당의 사유에 해당하여 원칙적으로 상고이유로 되지 않는다. 그러나 선고형의 결정 이전 단계에서 진행되는 법정형·선택형·처단형의 결정과정은 양형부당과는 다른 척도에 의하여 심사된다. 처단형 산정에 이르기까지의 과정에 오류가 개입하는 경우는 단순한 양형부당이 아니라 법령위반의 상고이유(형소법383 i)에 해당한다.

---

1) 1994. 8. 12. 94도1705, 공 1994, 2321 = 분석 신형소 I 『카센타 주인 살해 사건』.

제 4 절 유죄판결의 구조

제 1 유죄판결과 형의 선고

1. 유죄선고와 형의 선고

(1) 유죄판결과 유죄선고

범죄성립의 확인과 형의 선고는 구체적인 형사절차를 통하여 이루어진다. 검사는 범죄의 혐의가 있다고 판단되면 공소를 제기한다(형소법246). 이 때 검사에 의하여 공소가 제기된 형사사건을 피고사건, 공소가 제기된 사람을 피고인이라고 한다. 한편 20만원 이하의 벌금, 구류, 과료에 처할 즉결심판사건의 경우에는 관할 경찰서장이 즉결심판을 청구한다. 이 때 즉결심판이 청구된 사람도 피고인에 해당한다(즉결심판에관한절차법3 참조).

법원은 먼저 피고사건에 대하여 사실관계의 존부를 확인한다. 사실관계가 존재한다고 인정되면 법원은 그 사실관계를 형벌법규에 대입하여 범죄의 성립 여부를 판단한다. 사실관계가 실체형법의 요건을 충족시킨다고 판단할 때 법원은 범죄의 성립을 인정하게 된다. 이 때 법원이 피고인에게 범죄의 성립이 인정된다고 판단하는 공적 선언을 가리켜서 유죄선고(Schuldspruch)라고 한다.

유죄선고는 범죄성립이라는 법률요건이 구비되었음을 확인하는 공권적 의사표시이다. 유죄선고의 공권적 의사표시는 판결이라는 재판형식을 통하여 이루어진다. 이 경우 범죄의 성립을 인정하는 재판을 가리켜서 유죄판결이라고 한다. 유죄선고는 언제나 유죄판결의 형식을 취하게 된다.

(2) 판결공시제도

(가) 유죄판결의 공시   유죄판결은 범죄의 성립을 인정하는 법원의 공권적 의사표시이다. 이 유죄판결은 '범죄의 성립'이라는 법률요건이 구비되었음을 확인하는 의사표시이다. 범죄가 성립하였음을 인정하는 유죄의 선고는 그 의미가 단순히 형벌의 전제조건이 갖추어졌음을 확인하는 것에 그치지 않는다. 범죄는 구성요건에 해당하고 위법하며 유책한 행위이다. 범죄가 성립되었다는 공권적 의사표시에는 그 범죄에 대한 사회윤리적 비난이 동시에 수반된다.

유죄선고에 따르는 사회윤리적 비난의 효과를 높이기 위하여 우리 입법자는 판결공시의 제도를 마련하고 있다. 판결공시란 판결의 내용을 관보나 법원소재지의 신문지 등에 공고하는 것을 말한다(형소법440 참조). 법원은 피해자의 이익을 위하여 필요하다고 인정한 때에는 피해자의 청구가 있는 때에 한하여 피고인의 부담으로 판결공시의 취지를 선고할 수 있다(법58①).

(나) 무죄·면소판결의 공시　　한편 입법자는 유죄선고를 받지 아니한 피고인에게 불필요한 사회윤리적 비난이 가해지는 것을 방지하기 위하여 피고인을 위한 판결공시의 제도도 마련하고 있다.

피고사건에 대하여 무죄의 판결을 선고하는 경우 법원은 무죄판결공시의 취지를 선고하여야 한다. 다만, 무죄판결을 받은 피고인이 무죄판결공시 취지의 선고에 동의하지 아니하거나 피고인의 동의를 받을 수 없는 경우에는 그러하지 아니하다(법58② 본문·단서). 피고사건에 대하여 면소의 판결을 선고하는 경우 법원은 면소판결공시의 취지를 선고할 수 있다(동조③).

형법이 인정한 무죄·면소판결의 공시는 법원의 직권에 의한 것으로서 피고인에게 청구권이 부여되어 있지 않다. 이 점을 보완하기 위하여 「형사보상 및 명예회복에 관한 법률」은 피고인에게 무죄·면소재판서 게재청구권을 인정하고 있다. 이에 따라 무죄·면소재판을 받아 확정된 사건의 피고인은 무죄·면소재판이 확정된 때부터 3년 이내에 확정된 무죄·면소재판사건의 재판서를 법무부 인터넷 홈페이지에 게재하도록 해당 사건을 기소한 검사가 소속된 지방검찰청에 청구할 수 있다(동법30 이하, 34 참조).

(3) 유죄판결과 형 선고의 관계

'범죄성립'이라는 법률요건이 구비되면 '형벌'이라는 법적 효과가 발생하게 된다. 따라서 유죄판결에는 원칙적으로 법적 효과에 대한 공권적 의사표시가 따르게 된다. 법원은 범죄의 증명이 있는 때에는 원칙적으로 형을 선고하여야 한다(형소법321①). 형의 선고는 판결의 형식을 취하여야 한다(형소법321①). 법원이 유죄선고에 근거하여 범죄의 법적 효과로서 형을 공적으로 선언하는 의사표시를 가리켜서 형의 선고(Strafespruch)라고 한다.

유죄선고와 형의 선고는 별도로 행해지지 않고 불가분리적으로 이루어진다. 외형적으로는 형의 선고라는 한 개의 공권적 의사표시가 선언되더라도 그 이면에는 범죄가 성립하였음을 확인하는 유죄선고가 전제되어 있다. 형의 선고는 유죄판결의 가장 전형적인 모습이다.

우리 입법자는 유죄의 선고와 형의 선고의 구별을 암묵적으로 전제하고 있다. 예컨대 입법자는 "유죄의 선고를 받은 자에 대하여 무죄 또는 면소를, 형의 선고를 받은 자에 대하여 형의 면제 또는 원판결이 인정한 죄보다 경한 죄를 인정할 명백한 증거가 새로 발견된 때"를 재심사유의 하나로 규정하고 있다(형소법420 v). '유죄의 선고를 받은 자'와 '형의 선고를 받은 자'를 구별하고 있는 것이다.

2. 유죄판결과 형의 선고

(1) 형의 선고와 형의 집행유예

형을 선고하는 유죄판결이 확정되면 국가기관은 선고된 형을 현실적으로 집행해야 한다. 그런데 법원이 피고인에게 형을 선고하면서 일정기간 그 형의 집행을 유예하기로 하는 경우가 있다. 이와 같이 일정기간 형의 집행을 유예하는 법원의 공권적 의사표시를 가리켜서 형의 집행유예라고 한다.

형의 집행을 유예하는 법원의 공적 의사표시는 형의 선고와 병렬적으로 이루어진다. 형의 집행유예는 형의 선고와 동시에 판결로써 선고하여야 한다(형소법321②). 형의 집행유예는 일단 형을 선고하면서 그의 집행만을 일정기간 유예한다는 점에서 후술하는 형의 선고유예와 구별된다. 형의 선고유예의 경우에는 형의 선고 자체가 유예된다.

(2) 실형선고의 의미

형의 선고는 집행유예가 함께 선고되는 경우와 집행유예 없이 형이 선고되는 경우로 나누어진다. 형법적으로 볼 때 집행유예가 붙어서 형이 선고된 경우나 집행유예 없이 형이 선고된 경우나 양자 모두 '형'이 실제로 '선고'되었다는 점에는 변함이 없다. 그리하여 이를 '형의 선고'라고 한다(법59①, 62① 본문 참조).

'형의 선고' 가운데 집행유예 없이 형이 선고되는 경우를 가리켜서 실형선고라고 부른다(법63 참조). '실제로 집행해야 할 형이 선고되었다'는 의미에서 이 경우의 형의 선고를 '실형'의 선고라고 한다.

「특정범죄 가중처벌 등에 관한 법률」은 각종 상습절도죄로 두 번 이상 실형을 선고받고 그 집행이 끝나거나 면제된 후 3년 이내에 다시 상습적으로 각종 절도죄를 범한 사람을 3년 이상 25년 이하의 징역에 처하도록 규정하고 있다(동법5의4⑥ 참조). 이와 같이 가중처벌을 가능하게 하는 요건은 두 번 이상의 '실형' 전과이다. 이와 관련하여 형의 집행유예를 선고받은 후 집행유예가 실효되거나 취소된 경우는 특가법 제5조의4 제6항이 정하는 '실형을 선고'받은 경우에 포함되지 않는다.[1] 설사 형의 집행유예가 실효되거나 취소되어 실제

---

1) 2011. 5. 26. 2011도2749, 공 2011하, 1365 = 분석 총론 『집행유예 실효 누범 사건』.

로 형의 집행이 일어난다고 할지라도 집행유예가 붙은 형의 선고는 '실형'의 선고가 아니기 때문이다.

(3) 판결전 구금일수의 산입

판결선고 전의 구금은 그 자체로 형벌은 아니다. 그러나 신체의 자유를 박탈하여 고통을 주는 효과면에서는 실질적으로 자유형의 집행과 유사하다. 2014년 말 개정에 의하여 형법 제57조 제1항은 "판결선고전의 구금일수는 그 전부를 유기징역, 유기금고, 벌금이나 과료에 관한 유치 또는 구류에 산입한다."로 변경되었다. 개정전 형법 제57조 제1항 중 미결구금일수 일부산입 부분이 적법절차원칙 및 무죄추정원칙에 반한다는 헌법재판소의 위헌결정을 반영한 개정이다.[1] 상소제기기간 및 상소제기 후 판결선고전 구금일수도 전부 산입된다(형소법482 참조).[2] [3]

형사소송법은 형을 선고하는 경우에 그와 동시에 판결 전 구금일수의 산입을 판결로써 선고하도록 규정하고 있다(형소법321②). 그러나 판결선고 전 미결구금일수 전부를 본형에 산입하게 되었으므로 형을 선고할 때 별도로 미결구금일수 산입에 관한 사항을 판단할 필요가 없다.[4] 미결구금일수의 산입은 형의 집행단계에서 이루어진다. 판결선고전 구금일수의 1일은 징역, 금고, 벌금이나 과료에 관한 유치 또는 구류 등의 기간의 1일로 계산된다(법57② 참조).

(4) 외국에서 집행된 형의 산입

형법 제7조는 "죄를 지어 외국에서 형의 전부 또는 일부가 집행된 사람에 대해서는 그 집행된 형의 전부 또는 일부를 선고하는 형에 산입한다."라고 규정하고 있다. 형법 제7조는 외국에서 형사처벌을 과하는 확정판결을 받은 피고인이 동일한 행위에 관하여 우리나라 형벌법규에 따라 다시 처벌받는 경우에 생길 수 있는 실질적인 불이익을 완화하기 위하여 마련된 규정이다.

형법 제7조에서 '외국에서 형의 전부 또는 일부가 집행된 사람'이란 '외국 법원의 유죄판결에 의하여 자유형이나 벌금형 등 형의 전부 또는 일부가 실제로 집행된 사람'을 말한다. 형사사건으로 외국 법원에 기소되었다가 무죄판결을 받은 사람은, 설령 그가 무죄판결

---

1) 2009. 6. 25. 2007헌바25, 헌공 2009, 1244 = 분석 신형소Ⅱ『형법 57조 위헌결정 사건』.

2) 2009. 12. 29. 2008헌가13 헌집 21-2하, 710 = 분석 신형소Ⅱ『형소법 482조 헌법불합치결정 사건』.

3) 상소기간 및 상소제기 후 미결구금일수의 전부 산입에 대해서는, 신동운, 간추린 신형사소송법, 제15판, (2023), 1000면 이하 참조.

4) 2009. 12. 10. 2009도11448, 공 2010, 193 = 분석 신형소Ⅱ『양형기준 소급적용 사건』.

을 받기까지 상당 기간 미결구금되었더라도 이를 유죄판결에 의하여 형이 실제로 집행된 것으로 볼 수는 없다. 외국 법원에 기소되었다가 무죄판결을 받은 사람은 '외국에서 형의 전부 또는 일부가 집행된 사람'에 해당한다고 볼 수 없으므로 그의 외국 법원에서의 미결구금 기간은 형법 제7조에 의한 산입의 대상이 되지 않는다.[1]

3. 형의 면제와 형의 선고유예

(1) 형의 면제

(가) 형면제의 의미   유죄판결이 내려질 때에는 형의 선고가 행해지는 것이 원칙이다. 그런데 유죄판결이면서도 예외적으로 형이 선고되지 않는 경우가 있다. 형의 면제와 형의 선고유예가 그것이다.

형의 면제는 피고사건에 대하여 범죄의 증명이 있음에도 불구하고 형의 선고를 하지 않는 것이다(형소법321①, 322). 형의 면제는 처단형이 '0'인 경우가 아니다. 처단형의 확정은 형 선고의 전 단계에서 행해진다. 형의 면제는 범죄가 성립하여 형벌권은 발생하였으나 일정한 사유로 형벌을 과하지 않는 것, 즉 유죄판결이지만 형을 선고하지 않는 것이므로 처단형을 전제로 하지 않는다.[2]

형의 면제는 법원이 피고인에 대하여 처음부터 형을 선고하지 아니하는 경우로서 피고인의 입장에서 보면 사실상 무죄판결에 준하는 의미를 갖는다. 그러나 형면제의 판결은 범죄의 증명이 있다는 법원의 공권적 판단(유죄선고)을 전제로 하므로 어디까지나 유죄판결의 일종이다.

(나) 형면제의 사유   우리 입법자는 형의 면제에 관하여 통칙적인 규정을 두고 있지 않다. 입법자는 형법총칙에서 형면제의 사유로 과잉방위(법21②), 과잉긴급피난(법22③), 과잉자구행위(법23②), 중지범(법26), 불능범(법27), 사후적 경합범(법39①), 자수(법52①), 자복(법52②) 등을 규정하고 있다.

형법각칙이 인정한 형면제의 사유로는 내란예비·음모죄의 자수(법90①), 외환예비·음모죄의 자수(법101① 단서), 폭발물사용예비·음모죄의 자수(법120① 단서), 위증죄의 자백·자수(법153), 허위감정죄등의 자백·자수(법154), 무고죄의 자백·자수(법157), 방화예비·음모죄의 자수(법175 단서), 통화위조예비·음모죄의 자수(법213 단서) 등을 들 수 있다.

종래 재산범죄의 경우에 적용되는 친족상도례(親族相盜例)가 형면제의 대표적인 예로 주목되었다(법328①, 344, 354, 361, 365① · ②). 2024년 헌법재판소는 일률적으로 형 면제를

---

1) 2017. 8. 24. 2017도5977 전원합의체 판결, 공 2017하, 1887 = 『필리핀 무죄 미결구금 사건』☞ 1014면.
2) 2019. 4. 18. 2017도14609 전원합의체 판결, 공 2019상, 1134 = 『마약사범 분리기소 사건』☞ 1131면.

규정하고 있는 형법 제328조 제1항에 대해 형사피해자의 재판절차진술권을 침해한다는 이유로 헌법불합치결정을 내렸다. 법원 기타 국가기관 및 지방자치단체는 2025년 12월 31일을 시한으로 입법자가 개정할 때까지 형법 제328조 제1항의 적용을 중지하여야 한다.[1] [2]

특별법상 형 면제 사유를 규정한 예로 「경찰관 직무집행법」이 주목된다. 2022년 입법자는 「경찰관 직무집행법」 제11조의5로 경찰관의 직무수행과 관련하여 형을 감경 또는 면제하는 규정을 신설하였다.[3]

(다) 형 집행면제와의 구별　　형의 면제는 형의 집행면제와 구별된다. 형의 면제는 '형의 선고' 자체를 면제하는 것이다. 형의 선고 자체를 면제하므로 집행할 형이 없게 된다. 이에 대해 형의 집행면제는 '형의 선고'를 전제로 하면서 선고된 형의 집행만을 면제하는 것이다. 형의 면제는 사법부에 의한 유죄판결의 선고 시점에서 논의되는 것이지만, 형의 집행면제는 유죄의 확정판결에 기하여 행정부가 행하는 형의 집행단계에서 문제된다.[4]

(2) 형의 선고유예

형의 선고유예는 피고사건에 대하여 범죄의 증명이 있을 때 법원이 내부적으로 선고할 형을 미리 결정해 두고 일정기간 그 형의 선고만을 유예하는 것이다(형소법321①, 322). 유죄의 선고는 있으나 형의 선고를 일정기간 유예하는 것이다.

형의 선고유예는 현실적으로 형이 선고되지 않는다는 점에서 형의 면제와 비슷하다. 그러나 형의 선고유예의 경우에는 선고할 형이 이미 결정되어 유죄판결의 이유부분에 표시되고 있다. 이 점에서 형의 선고유예는 처음부터 조건 없이 형을 선고하지 않기로 하는 형의 면제와 구별된다. 한편 형의 선고유예는 형의 선고 자체를 유예한다는 점에서 일단 형을 선고한 후 선고된 형의 집행만을 유예하는 형의 집행유예와 구별된다.

---

1) 2024. 6. 27. 2020헌마468, 헌공 333, 1182 =『친족상도례 형면제 헌법불합치 사건』☞ 1218면.

2) 전술 501면 참조.

3) 경찰관 직무집행법 제11조의5(직무 수행으로 인한 형의 감면) 다음 각 호의 범죄가 행하여지려고 하거나 행하여지고 있어 타인의 생명·신체에 대한 위해 발생의 우려가 명백하고 긴급한 상황에서, 경찰관이 그 위해를 예방하거나 진압하기 위한 행위 또는 범인의 검거 과정에서 경찰관을 향한 직접적인 유형력 행사에 대응하는 행위를 하여 그로 인하여 타인에게 피해가 발생한 경우, 그 경찰관의 직무수행이 불가피한 것이고 필요한 최소한의 범위에서 이루어졌으며 해당 경찰관에게 고의 또는 중대한 과실이 없는 때에는 그 정상을 참작하여 형을 감경하거나 면제할 수 있다.

1. 형법 제2편 제24장 살인의 죄, 제25장 상해와 폭행의 죄, 제32장 강간과 추행의 죄 중 강간에 관한 범죄, 제38장 절도와 강도의 죄 중 강도에 관한 범죄 및 이에 대하여 다른 법률에 따라 가중처벌하는 범죄

2. 「가정폭력범죄의 처벌 등에 관한 특례법」에 따른 가정폭력범죄, 「아동학대범죄의 처벌 등에 관한 특례법」에 따른 아동학대범죄

4) 후술 933면 참조.

형의 선고유예에 대해서는 형의 면제와 달리 형법 총칙에 일반적인 규정이 마련되어 있다. 형의 집행유예에 대해서도 마찬가지이다. 형의 선고유예와 형의 집행유예에 대해서는 항을 바꾸어 살펴보기로 한다.

제2 형의 선고유예

1. 형의 선고유예와 유죄판결의 선고유예

형의 선고유예란 범죄의 증명이 있을 때 법원이 내부적으로 형을 결정해 놓고 외부적으로 그 선고만을 일정기간 유예하는 것을 말한다. 우리 형법은 형의 선고만을 유예할 뿐 미국법에서와 같이 유죄판결의 선고 자체를 유예하는 방식은 취하고 있지 않다.

유죄판결의 선고 자체를 유예하는 것을 가리켜서 유죄판결의 선고유예라고 한다. 유죄판결의 선고유예는 '유죄의 선고'에 수반하는 사회윤리적 낙인을 피하면서 피고인을 사회에 복귀시키도록 하려는 취지에서 마련된 장치이다. 양자의 비교에서 알 수 있듯이 형의 선고유예는 어디까지나 유죄판결의 일종이다(형소법321①, 322).

우리 입법자는 형의 선고유예라는 형태를 택하였다.[1] 형의 선고유예는 개전의 정상이 현저한 피고인에게 일정기간 형의 선고를 유예함으로써 범인의 조속한 사회복귀를 촉진하기 위하여 마련된 장치이다. 형의 선고유예는 피고인에게 굳이 '형의 선고를 받은 사람'이라는 낙인을 찍지 않는다. 그리하여 선고유예는 유죄판결을 받은 사람이 형선고에 따르는 불이익을 입지 아니하고 조속히 정상적인 시민으로 사회에 복귀할 수 있게 하는 장점을 가지고 있다.

2. 형의 선고유예의 요건

(1) 선고형의 범위

(가) 선고형의 기준과 범위   형법 제59조는 형의 선고유예의 요건에 관하여 규정하고 있다. 법원은 1년 이하의 징역이나 금고, 자격정지 또는 벌금의 형을 선고할 경우에 형법 제51조의 사항(양형의 조건)을 고려하여 뉘우치는 정상이 뚜렷할 때에는 그 형의 선고를 유예할 수 있다(법59① 본문).

선고유예의 기준이 되는 '1년 이하의 징역이나 금고, 자격정지 또는 벌금의 형'은 최종

---

1) 우리 형법의 선고유예 입법경위에 대해서는, 엄상섭, "우리 형법전에 나타난 형법민주화의 조항", 신동운·허일태 편저, 효당 엄상섭 형법논집, (2003), 78면 이하 참조.

적인 선고형을 의미한다. 형을 병과할 경우에도 형의 전부 또는 일부에 대하여 선고를 유예할 수 있다(법59②).

(나) 구류·과료와 선고유예   벌금보다 가벼운 구류·과료에 대하여 형의 선고를 유예할 수 있는지 문제된다. 판례는 형법 제59조가 선고유예 가능한 형의 종류를 한정하고 있다는 이유를 들어서 부정적인 입장을 취하고 있다.[1]

생각건대 구류나 과료는 벌금보다 가벼운 형벌이며, 범인의 사회복귀라는 측면에서도 선고유예제도의 확대운용은 바람직하다. 피고인을 위하여 유리한 유추해석이라는 관점에서 볼 때 구류·과료에 대한 형의 선고유예를 인정하는 해석론이 타당하다고 본다.

(다) 몰수와 선고유예   형법 제59조는 몰수를 선고유예의 대상으로 명시하고 있지 않다. 여기에서 구류·과료의 경우와 마찬가지 문제가 발생한다.

판례는 몰수가 선고유예의 대상으로 규정되어 있지 않고 나아가 몰수가 부가형적 성질을 띠고 있다는 점에 주목한다. 그리하여 주형에 대해 선고를 유예하는 경우에는 그 형에 부가할 몰수·추징에 대하여도 선고를 유예할 수 있다는 입장이다. 그러나 주형에 대해 선고를 유예하지 아니하면서 이에 부가할 몰수·추징에 대하여서만 선고를 유예할 수는 없다고 본다.[2] 한편, 판례는 몰수의 부가형 원칙을 다소 완화하여 주형에 대한 선고를 유예하면서 몰수·추징만을 선고할 수 있다는 입장을 취하고 있다.[3]

(2) 선고유예의 결격사유

(가) 전과의 의미   형의 선고유예와 관련하여 우리 입법자는 전과(前科)에 특별한 의미를 두고 있다. 즉 '자격정지 이상의 형을 받은 전과가 있는 사람'은 처음부터 선고유예의 대상에서 제외된다(법59① 단서). 원래 전과란 유죄의 확정판결을 받은 경력을 가리킨다. 유죄판결은 유죄의 선고와 형의 선고로 구별된다. 따라서 전과도 확정판결에 의하여 유죄의 선고를 받았다는 경력과 확정판결에 의하여 형의 선고까지 받았다는 경력으로 나누어 볼 수 있다.

우리 입법자가 전과에 특별한 의미를 둔 것은 확정판결에 의하여 '형의 선고'까지 받은 사람이 '형의 선고'에 따르는 경고에 귀를 기울이지 않았다는 점에 주목하였기 때문이다. 즉 확정판결에 의하여 '형의 선고'를 받은 사람은 그 경력에 비추어서 뉘우칠 가능성이 낮다고 판단한 것이다.

---

1) 1993. 6. 22. 93오1, 공 1993, 2191 = 백선 총론 100-2. 참고판례 1.『구류형 선고유예 사건』.
2) 1988. 6. 21. 88도551, 공 1988, 1051 = 백선 총론 100-1. 참고판례 2.『추징 선고유예 사건』.
3) 1973. 12. 11. 73도1133 전원합의체 판결, 공 1974, 7641 =『파월 군인 관세포탈 사건』.

판례는 사후적 경합범(법37 후단) 중 판결을 받지 아니한 죄에 대하여 형을 선고하는 경우(법39①)에 형법 제37조 후단에 규정된 '금고 이상의 형에 처한 판결이 확정된 죄'의 형도 형법 제59조 제1항 단서에서 정한 '자격정지 이상의 형을 받은 전과'에 포함된다고 보고 있다.[1][2]

(나) 자격정지 이상의 전과   형법 제59조 제1항 단서는 선고유예의 결격사유를 규정하면서 문제되는 전과를 '자격정지 이상의 형을 받은 전과'로 한정하고 있다. 즉 확정판결에 의하여 자격정지 이상의 형의 선고를 받은 경력이 있는 사람에 한하여 선고유예를 하지 못하도록 한 것이다. 따라서 확정판결에 의하여 벌금형 이하의 형의 선고가 있었던 경우(즉 벌금형 이하의 전과)에는 형의 선고유예가 가능하다.

전범으로 형의 선고유예 판결이 확정되어 2년의 유예기간중에 있는 사람이 후범을 범한 경우에 다시 형의 선고유예를 할 수 있을 것인지 문제된다. 형의 선고유예는 유죄판결의 일종이다.[3] 확정된 선고유예 판결은 유죄의 확정판결을 받았다는 경력으로서 '전과'에는 해당한다. 그러나 '형을 받은 전과'에는 해당하지 않는다. 따라서 전범에 대한 형의 선고유예 판결은 후범에 대한 선고유예의 결격사유로 되지 않는다.

(다) 집행유예와 전과   형의 집행유예를 선고받은 사람이 집행유예기간을 무사히 경과한 경우에 그 사람을 '자격정지 이상의 형을 받은 전과가 있는 사람'이라고 볼 수 있는지 문제된다. 이와 같은 의문이 제기되는 것은 형법 제65조가 집행유예기간이 무사히 경과한 경우 "형의 선고는 효력을 잃는다."고 규정하고 있기 때문이다.

생각건대 형법 제59조 제1항 단서가 규정한 '자격정지 이상의 형을 받은 전과'라 함은 자격정지 이상의 형을 선고받은 범죄경력 자체를 의미한다. "형의 선고가 있었다."는 사실 자체가 중요한 것이므로 집행유예기간이 경과한 사람에 대하여는 선고유예를 할 수 없다. 집행유예의 경우에는 3년 이하의 징역 또는 금고라는 '형의 선고'가 존재한다(법62① 참조). 따라서 설사 집행유예기간의 종료로 인해 그 형의 효력이 상실되었더라도(법63 참조) '자격정지 이상의 형을 받은 전과'는 남는다.[4]

(라) 형의 실효와 전과   「형의 실효 등에 관한 법률」에 의하면 수형인이 자격정지 이상의 형을 받지 아니하고 형의 집행을 종료하거나 그 집행이 면제된 날부터 일정한 기간이 경과한 때에는 그 형은 실효된다(동법7① 본문 참조). 자격정지 이상의 형의 경우를 보면 3년을 초과하는 징역·금고의 경우에는 10년, 3년 이하의 징역·금고의 경우에는 5년의

---

1) 2010. 7. 8. 2010도931, 공 2010하, 1604 = 분석 총론 『사후적 경합범 선고유예 사건』.
2) 사후적 경합범과 선고유예의 허용 여부에 대하여는, 전술 839면 이하 참조.
3) 2014. 11. 13. 2014도3564, 공 2014하, 2396 = 『선고유예 신상정보 제출 사건』.
4) 2003. 12. 26. 2003도3768, 공 2004, 294 - 분석 총론 『맛사지 종업원 폭행 사건』.

기간이 경과하면 형이 실효된다. 여기에서 자격정지 이상의 형을 선고받았으나 「형의 실효 등에 관한 법률」에 의하여 형이 실효된 경우를 선고유예의 결격사유로 볼 것인지 문제된다. 생각건대 형법 제59조 제1항 단서에서 정한 '자격정지 이상의 형을 받은 전과'는 자격정지 이상의 형을 선고받은 범죄경력 자체를 의미한다. 따라서 그 형의 효력이 상실되었는지 여부는 묻지 않는다.

「형의 실효 등에 관한 법률」 제7조 제1항이 '그 형이 실효된다'고 규정한 취지는 집행유예에 대해 '유예기간이 경과한 때에는 형의 선고는 효력을 잃는다'고 규정한 형법 제65조와 마찬가지로 그저 형의 선고의 법률적 효과가 없어진다는 의미일 뿐, 형의 선고가 있었다는 기왕의 사실 자체의 모든 효과까지 소멸한다는 뜻은 아니다. 따라서 일단 자격정지 이상의 형을 선고받은 이상 그 후 그 형이 「형의 실효 등에 관한 법률」 제7조에 따라 추후 실효되었다 하여도 이는 선고유예 결격사유인 '자격정지 이상의 형을 받은 전과'가 있는 경우에 해당한다.[1]

선고유예의 결격사유는 '자격정지 이상의 형을 받은 전과'이다. '전과'는 형의 선고가 있었다는 기왕의 사실 자체이다. 한편 「폭력행위 등 처벌에 관한 법률」(폭처법)은 각종 상습폭력범죄나 특수폭력범죄를 범하여 2회 이상 징역형을 받은 사람이 다시 일정한 폭력범죄를 범하여 누범으로 처벌하는 경우에 형을 가중하고 있다(동법2③ 참조). 이 경우 가중처벌의 요건은 '2회 이상 징역형을 받았다'는 사실이다. 그런데 폭처법은 가중사유를 규정하면서 '전과'라는 표현을 사용하고 있지 않다. 대법원은 「형의 실효 등에 관한 법률」에 따라 형이 실효된 경우에는 형의 선고에 의한 법적 효과가 장래를 향하여 소멸하므로 형이 실효된 후에는 그 전과를 폭처법 제2조 제3항에서 말하는 '징역형을 받은 경우'라고 할 수 없다는 입장을 취하고 있다.[2]

(3) 뉘우치는 정상

(가) 뉘우치는 정상이 뚜렷할 때   형의 선고유예는 뉘우치는 정상(情狀)이 뚜렷하여 사회복귀의 가능성이 아주 높은 피고인에게 인정된다. 형법 제59조 제1항은 이 점을 밝혀서 '[형법] 제51조(양형의 조건)의 사항을 고려하여 뉘우치는 정상이 뚜렷할 때' 선고유예를 할 수 있다고 규정하고 있다. 형법 제51조는 양형조건을 규정한 것으로서 특별예방의 관점이 강하게 부각되어 있다 함은 앞에서 설명하였다.[3]

---

1) 2004. 10. 15. 2004도4869, [미간행] = 백선 총론 100-3. 『주택조합 투표함 사건』.
2) 2016. 6. 23. 2016도5032, 공 2016하, 1096 =『폭처법 형실효 사건』.
3) 전술 852면 참조.

선고유예의 요건 중 '뉘우치는 정상이 뚜렷할 때'라 함은 반성의 정도를 포함하여 널리 형법 제51조가 규정하는 양형의 조건을 종합적으로 참작하여 볼 때 형을 선고하지 않더라도 피고인이 다시 범행을 저지르지 않으리라는 사정이 뚜렷하게 기대되는 경우를 가리킨다.[1]

(나) 뉘우치는 정상과 반성 여부   '뉘우치는 정상이 뚜렷할 때'의 요건과 관련하여 종전의 대법원판례는 피고인이 죄를 깊이 뉘우치는 경우를 전제하면서 피고인이 범죄사실을 자백하지 않고 부인하는 경우에는 선고유예를 할 수 없다고 해석하였다. 그러나 대법원은 판례를 변경하여 '뉘우치는 정신이 뚜렷할 때'가 반드시 피고인이 죄를 깊이 뉘우치는 경우만을 뜻하는 것으로 제한하여 해석하거나, 피고인이 범죄사실을 자백하지 않고 부인할 경우에는 언제나 선고유예를 할 수 없다고 해석할 것은 아니라는 입장으로 선회하였다.[2]

대법원은 판례변경의 근거로 형의 선고유예가 주로 범정(犯情)이 경미한 초범자에 대하여 형을 부과하지 않고 자발적인 개선과 갱생을 촉진시키고자 하는 제도라는 점, 형법 제59조의2가 형의 선고를 유예하는 경우에 재범방지를 위하여 지도 및 원호가 필요한 때에는 보호관찰을 받을 것을 명할 수 있다고 규정한 점, 형법 제61조가 선고유예의 실효사유로 새로운 유죄판결의 확정이나 전과의 발각 또는 보호관찰 준수사항 위반을 규정하고 있다는 점에 주목하였다.

요컨대 대법원은 형의 선고유예제도를 범인의 재사회화를 지향하면서 범인의 과거에 대한 반성보다 미래를 향한 개선가능성에 유념한 장치라고 본 것이다. 대법원의 태도는 선고유예제도가 범인의 재사회화를 위한 장치라는 점을 명확히 지적하고 선고유예제도의 활용가능성을 넓혔다는 점에서 타당한 방향전환이라고 생각된다.

(다) 뉘우치는 정상과 양형부당   형의 선고유예를 하려면 형법 제51조의 양형조건을 고려하여 뉘우치는 정상이 뚜렷하여야 한다(법59① 본문). 이 때 형법 제51조의 양형조건에 대한 판단과 뉘우치는 정상이 뚜렷한지 여부에 관한 사항이 양형판단의 대상인지 법률판단의 대상인지 문제된다. 양형판단의 대상이 되면 이 요건을 다투는 것은 양형부당의 사유가 되어 상고법원에의 상고가 제한된다(형소법383iv). 이에 반해 법률판단의 대상이 되면 법령위반으로서 상고법원에의 상고가 허용된다(형소법383 i).[3]

종래 대법원은 뉘우치는 정상과 관련한 선고유예의 요건을 법령위반의 문제로 파악하였다. 그러나 이후 대법원은 판례를 변경하여 형법 제51조의 양형사항과 뉘우치는 정상이

---

1) 2003. 2. 20. 2001도6138 전원합의체 판결, 공 2003, 876 = 백선 총론 100-2. 『학력 허위공표 사건』.
2) 2003. 2. 20. 2001도6138 전원합의체 판결, 공 2003, 876 = 백선 총론 100-2. 『학력 허위공표 사건』
3) 처단형의 계산과 관련한 전술 890면 이하 참조.

뚜렷한지 여부에 관한 사항을 널리 형의 양정에 관한 법원의 재량사항에 속한다고 판단하였다.[1]

생각건대 대법원의 판례변경은 타당한 것이라고 본다. 형법 제51조의 양형조건은 선고형을 결정할 때 사실심법관이 고려해야 할 사항이다. 이 양형판단은 사실심법관이 행사하는 합리적 재량의 영역에 속한다. 따라서 형법 제59조 제1항이 형법 제51조의 사항을 고려하여 판단하도록 한 '뉘우치는 정상이 뚜렷할 때'의 요건도 형의 양정에 관한 재량사항에 속한다고 보아야 할 것이다.

형사소송법 제383조 제4호에 의하면 상고법원은 사형·무기 또는 10년 이상의 징역이나 금고가 선고된 사건에 대해서만 양형부당의 상고이유를 판단한다. 따라서 10년 미만의 징역이나 금고 등이 선고된 사건에 대해서는 양형부당을 이유로 상고하지 못한다. 선고유예는 1년 이하의 징역이나 금고 등의 형을 선고할 것을 예상하면서 그 형의 선고를 일단 유예하는 것이다. 이러한 점에 비추어 볼 때 상고법원은 형법 제51조의 양형사항과 뉘우치는 정상이 뚜렷한지 여부에 대한 하급심판단의 당부를 심판할 수 없다. 이러한 사정은 가령 하급심법원의 판단이 현저하게 잘못되었다고 하더라도 달리 볼 것이 아니다.[2]

3. 형의 선고유예의 부수처분

(1) 선고유예와 보호관찰

형의 선고유예제도는 범죄인의 재사회화를 촉진하기 위한 장치이다. 1995년 개정형법은 선고유예제도의 효율적인 운용을 위하여 보호관찰제도를 도입하였다. 따라서 형의 선고유예는 보호관찰이 붙지 않은 선고유예와 보호관찰이 붙은 선고유예로 나누어진다.

형의 선고를 유예할 때 법원은 재범방지를 위하여 지도 및 원호가 필요하다고 판단하면 피고인에게 보호관찰을 받을 것을 명할 수 있다(법59의2①). 이 경우 보호관찰의 기간은 1년이다(법59의2②). 재판장은 판결을 선고함에 있어서 피고인에게 보호관찰을 명하는 경우에는 그 취지 및 필요하다고 인정하는 사항이 적힌 서면을 교부하여야 한다(형소규칙147의2①).

성범죄자에 대해 선고유예를 하는 경우에 필요적으로 보호관찰을 명해야 하는 경우가 있다(성폭력처벌법16① 단서). 성범죄자에 대한 보호관찰에 대하여는 성범죄자에 대한 보안처분의 항목에서 설명하기로 한다.[3]

---

1) 2003. 2. 20. 2001도6138 전원합의체 판결, 공 2003, 876 = 백선 총론 100-2. 『학력 허위공표 사건』.
2) 2003. 2. 20. 2001도6138 전원합의체 판결, 공 2003, 876 = 백선 총론 100-2. 『학력 허위공표 사건』.
3) 후술 962면 참조.

(2) 보호관찰의 의미와 내용

(가) 보호관찰의 의미   보호관찰이란 범인의 재범방지를 위하여 국가가 사회 내에서 범인에게 과하는 지도 및 원호의 조치를 말한다. 보호관찰은 사회내 처우를 위한 장치라는 점에 특색이 있다. 보호관찰에 관한 기본법률로 「보호관찰 등에 관한 법률」이 제정되어 있다.

「보호관찰 등에 관한 법률」은 그 목적에 관하여 "이 법은 죄를 지은 사람으로서 재범 방지를 위하여 보호관찰, 사회봉사, 수강 및 갱생보호 등 체계적인 사회 내 처우가 필요하다고 인정되는 사람을 지도하고 보살피며 도움으로써 건전한 사회 복귀를 촉진하고, 효율적인 범죄예방 활동을 전개함으로써 개인 및 공공의 복지를 증진함과 아울러 사회를 보호함을 목적으로 한다."고 규정하고 있다(동법1). 보호관찰은 필요하고도 적절한 한도 내에서 이루어져야 하며, 가장 적합한 방법으로 실시되어야 한다(동법4 참조). 보호관찰은 대상자가 준수할 수 있고 그 자유를 부당하게 제한하지 아니하는 범위 내에서 구체적으로 부과되어야 한다(동법 시행령19 viii 참조).[1]

(나) 보호관찰의 내용   보호관찰은 보호관찰소가 관장하는 사무에 속한다(보호관찰법 15 i). 보호관찰대상자는 보호관찰관의 지도·감독을 받으며 준수사항을 지키고 스스로 건전한 사회인이 되도록 노력하여야 한다(동법32①). 보호관찰대상자의 준수사항은 일반적 준수사항과 특별준수사항으로 구별된다.

(다) 일반적 준수사항   일반적 준수사항은 (가) 주거지에 상주하고 생업에 종사할 것, (나) 범죄로 이어지기 쉬운 나쁜 습관을 버리고 선행을 하며 범죄를 저지를 염려가 있는 사람들과 교제하거나 어울리지 말 것, (다) 보호관찰관의 지도·감독에 따르고 방문하면 응대할 것, (라) 주거를 이전하거나 1개월 이상 국내외 여행을 할 때에는 미리 보호관찰관에게 신고할 것 등으로 이루어져 있다(보호관찰법32②).

(라) 특별준수사항   특별준수사항은 일반적 준수사항 이외에 범죄의 내용과 종류 및 본인의 특성 등을 고려하여 필요하다고 판단할 때 보호관찰기간의 범위에서 기간을 정하여 특별히 지켜야 할 사항으로 따로 부과되는 준수사항을 말한다.

특별준수사항은 (가) 야간 등 재범의 기회나 충동을 줄 수 있는 특정 시간대의 외출제한, (나) 재범의 기회나 충동을 줄 수 있는 특정 지역·장소의 출입금지, (다) 피해자 등 재범의 대상이 될 우려가 있는 특정인에 대한 접근금지, (라) 범죄행위로 인한 손해를 회복하기 위하여 노력할 것, (마) 일정한 주거가 없는 자에 대한 거주장소 제한, (바) 사행행위에 빠지지 아니할 것, (사) 일정량 이상의 음주를 하지 말 것, (아) 마약 등 중독성 있는 물질을 사용하지 아니할 것, (자) 「마약류관리에 관한 법률」상의 마약류 투약, 흡연, 섭취 여부에

---

1) 2010. 9. 30. 2010도6403, 공 2010하, 2040 = 분석 총론 『노조지부장 출마제한 사건』.

관한 검사에 따를 것, (차) 그 밖에 보호관찰 대상자의 재범 방지를 위하여 필요하다고 인정되어 대통령령으로 정하는 사항 등으로 구성된다(보호관찰법32③).

위의 특별준수사항들 가운데 (라)의 '범죄행위로 인한 손해를 회복하기 위하여 노력할 것'이라는 특별준수사항의 범위가 문제된다. 판례는 범죄행위로 인한 손해를 회복하기 위하여 노력할 것을 넘어 일정 기간 내에 원상회복할 것을 명하는 것은 특별준수사항은 물론 일반적 준수사항으로도 허용되지 않는다는 입장을 취하고 있다.[1] [2]

특별준수사항을 부과하는 경우에 법원은 대상자의 생활력, 심신의 상태, 범죄 또는 비행의 동기, 거주지의 환경 등 대상자의 특성을 고려하여 대상자가 준수할 수 있다고 인정되고 자유를 부당하게 제한하지 아니하는 범위 내에서 개별화하여 부과하여야 한다.[3]

보호관찰대상자가 일반적 준수사항 또는 특별준수사항을 위반하거나 사정변경의 상당한 이유가 있는 경우에는 법원은 보호관찰소의 장의 신청 또는 검사의 청구에 따라 준수사항의 전부 또는 일부를 추가, 변경하거나 삭제할 수 있다(보호관찰법32④).

(3) 보호관찰의 법적 성질

(가) 문제의 소재   보호관찰의 법적 성질이 문제된다. 이 문제는 특히 보호관찰을 도입한 개정형법의 소급효와 관련하여 제기되었다. 보호관찰을 형벌에 준하는 것으로 보면 보호관찰제도가 없었던 개정전 형법(행위시법)과 보호관찰제도를 도입한 개정후 형법(재판시법) 사이에는 불이익한 변경이 일어나고 있다. 즉 신법이 구법에 비하여 행위자에게 불리한 것이다. 그리하여 행위자에게 불리한 신법은 소급효가 금지되어 피고인에게 적용할 수 없게 된다.

이에 대하여 보호관찰을 보안처분의 일종이라고 보게 되면 재판시법인 신법을 적용할 수 있다. 보안처분은 재범의 위험성 있는 범죄인이 장래에 범할 범죄로부터 사회를 방위하고 범죄인을 개선하는 처분이다. 이와 같이 보안처분은 장래에 일어날 재범의 위험성에 대처하기 위한 장치이므로 소급효금지의 문제는 발생하지 않는다. 따라서 보호관찰을 도입한 신법 또한 재판시법으로 적용할 수 있게 된다.

(나) 판례의 입장   대법원은 선고유예와 관련한 보호관찰을 보안처분으로 보고 있다. 형법 제62조의2 제1항에서 말하는 보호관찰은 형벌이 아닌 보안처분의 성격을 갖는 것으로서, 과거의 불법에 대한 책임에 기초하고 있는 제재가 아니라 장래의 위험성으로부터 행

---

1) 2020. 11. 5. 2017도18291, 공 2020하, 2343 =『그린벨트 원상회복 명령 사건』.
2) 후술 921면 참조.
3) 2020. 11. 5. 2017도18291, 공 2020하, 2343 =『그린벨트 원상회복 명령 사건』.

위자를 보호하고 사회를 방위하기 위한 합목적적인 조치라는 것이다.[1]

보호관찰에 대해 대법원은 장래의 위험성으로부터 행위자를 보호하고 사회를 방위한다는 형사정책적 견지에서, 때로는 본래 개인의 자유에 맡겨진 영역이거나 또는 타인의 이익을 침해하는 법상 금지된 행위가 아니더라도, 보호관찰 대상자의 특성, 그가 저지른 범죄의 내용과 종류 등을 구체적·개별적으로 고려하여 일정기간 동안 보호관찰 대상자의 자유를 제한하는 내용의 준수사항을 부과함으로써 대상자의 교화·개선을 통해 범죄를 예방하고 재범을 방지하려는 데에 그 제도적 의의가 있다고 본다.[2]

보호관찰을 보안처분으로 보는 대법원의 관점에 따르면 보호관찰에는 소급효가 인정될 것이다. 대법원은 집행유예와 관련한 보호관찰에 대해 보안처분의 성격을 인정하여 보호관찰을 도입한 개정형법에 소급효를 인정한 바가 있다.[3]

(다) 사 견   생각건대 보호관찰의 법적 성질은 구체적인 경우를 나누어 개별적으로 판단해야 한다고 본다. 보안처분을 형식적으로 고찰하게 되면 형법전이 규정하고 있는 형벌 이외에 범죄인에 대해 가해지는 일체의 조치를 보안처분으로 파악하게 된다. 그러나 실질적 관점에서 보면 보안처분은 재범의 위험성이 인정되는 자에 대해 사회방위의 관점에서 부과되는 조치라고 할 수 있다.

선고유예나 집행유예에 붙게 되는 보호관찰은 뉘우치는 정상이 양호한 사람을 대상으로 과해지는 것이다. 원래 형을 선고하거나 선고된 형을 집행해야 할 사람이지만 정상적인 사회인으로 돌아올 가능성이 높기 때문에 형의 선고를 유예하거나 형의 집행을 유예하는 것이다. 이러한 경우 보호관찰은 특별예방을 지향하는 선고유예나 집행유예의 부수조치로서의 성질을 갖는다.

집행유예의 경우에 우리 입법자는 형법 제62조의2 제1항에서 보호관찰과 수강명령·사회봉사명령을 대등하게 규정하고 있다. 대법원은 집행유예와 관련한 사회봉사명령에 대해서는 자유형의 집행을 대체하기 위한 것이라는 이유로 형벌에 준하는 성격을 인정하였고,[4]「가정폭력범죄의 처벌 등에 관한 특례법」이 정한 보호처분 가운데 하나인 사회봉사명령(동법40① iv)에 대해서도 형벌불소급의 원칙을 적용한 바가 있다.[5][6] 그러므로 선고유예 또는 집행유예와 관련한 보호관찰에 대해서도 형벌법규 소급효금지의 원칙(헌법13① 전

---

1) 2010. 9. 30. 2010도6403, 공 2010하, 2040 = 분석 총론『노조지부장 출마제한 사건』.
2) 2010. 9. 30. 2010도6403, 공 2010하, 2040 = 분석 총론『노조지부장 출마제한 사건』.
3) 1997. 6. 13. 97도703, 공 1997, 2109 = 백선 총론 100-5.『보호관찰 소급효 사건』.
4) 2008. 4. 11. 2007도8373, 공 2008, 710 = 백선 총론 100-6.『재벌총수 사회봉사 사건』.
5) 2008. 7. 24. 2008어4, 공 2008, 1489 = 분석 총론『가정폭력 사회봉사 사건』.
6) 전술 47면 참조.

단)에 따라 보호관찰을 도입한 신법의 소급효는 금지된다고 보아야 할 것이다.

이에 반하여 가석방 기간중의 보호관찰(법73의2②, 보호관찰등에관한법률3①iii, 30iii)이나 치료감호의 가종료나 만료 후에 가해지는 보호관찰(치료감호법32 참조, 보호관찰등에관한법률 3①v, 30vi)은 보안처분으로서의 성질을 갖는다고 생각된다. 이 때의 대상자들은 형집행 기간 중에 있거나 심신장애사유 등이 완전히 제거되지 아니하여 '재범의 위험성'이 있다고 판단되는 사람들이다. 이 경우의 보호관찰은 장래에 발생할 재범의 위험성에 대처하기 위하여 사회 내에서 이들을 지도·감독하는 조치이다. 따라서 이러한 경우의 보호관찰에 대해서는 일반 보안처분과 마찬가지로 소급효금지의 원칙이 적용되지 않는다고 본다.

(4) 선고유예와 치료명령

「치료감호 등에 관한 법률」(치료감호법)은 사회내 처우의 일환으로 치료명령제도를 규정하고 있다. 치료명령대상자는 통원치료를 받을 필요가 있고 재범의 위험성이 있는 자로서, (가) 형법 제10조 제2항(심신미약)에 따라 형을 감경할 수 있는 심신장애인으로서 금고 이상의 형에 해당하는 죄를 지은 자, (나) 알코올을 식음하는 습벽이 있거나 그에 중독된 자로서 금고 이상의 형에 해당하는 죄를 지은 자, (다) 마약·향정신성의약품·대마, 그 밖에 대통령령으로 정하는 남용되거나 해독을 끼칠 우려가 있는 물질을 식음·섭취·흡입·흡연 또는 주입받는 습벽이 있거나 그에 중독된 자로서 금고 이상의 형에 해당하는 죄를 지은 자이다(치료감호법2의3 i, ii, iii).

법원은 치료명령대상자에 대하여 형의 선고를 유예하는 경우에는 치료기간을 정하여 치료를 받을 것을 명할 수 있다(치료감호법44의2①). 법원의 이러한 조치를 가리켜서 치료명령이라고 한다. 치료를 명하는 경우에는 보호관찰을 병과하여야 한다(동조②). 보호관찰기간은 1년이다(동조③ 본문 전단). 치료명령에 따른 치료기간은 보호관찰기간을 초과할 수 없다(동조④).

치료명령을 받은 사람은 (가) 보호관찰관의 지시에 따라 성실히 치료에 응할 것과 (나) 보호관찰관의 지시에 따라 인지행동 치료 등 심리치료 프로그램을 성실히 이수할 것이라는 두 가지 사항을 준수하여야 한다(치료감호법44의5).

치료명령은 검사의 지휘를 받아 보호관찰관이 집행한다(치료감호법44의6①). 치료명령은 정신건강의학과 전문의의 진단과 약물 투여, 상담 등 치료 및 「정신건강증진 및 정신질환자 복지서비스 지원에 관한 법률」에 따른 정신건강전문요원 등 전문가에 의한 인지행동 치료 등 심리치료 프로그램의 실시 등의 방법으로 집행한다(동조②).

4. 형의 선고유예의 효과

(1) 선고유예기간 경과의 일반적 효과

형법은 법원이 형의 선고를 유예하는 경우에 유예할 수 있는 기간을 특별히 명시하고 있지 않다. 그 대신 형법은 피고인이 형의 선고유예를 받은 날로부터 2년을 경과한 때에는 면소된 것으로 간주한다고 규정하고 있다(법60). 원래 형의 선고유예 판결은 유죄판결의 일종이다(형소법321①, 322). 그런데 2년의 유예기간을 무사히 경과한 형의 선고유예 판결은 마치 면소판결(형소법326)이 선고된 것과 같이 취급하겠다는 것이다. '면소 간주'의 효과는 당해 사건에 대한 효과와 후소(後訴)사건에 대한 효과로 나누어 볼 수 있다.

먼저, 당해 사건에 대한 효과를 본다. 판례는 '면소 간주'를 2년의 선고유예기간이 경과함으로써 면소된 것으로 간주된 후에는 '실효시킬 선고유예의 판결이 존재하지 않는다'는 뜻으로 새기고 있다. 그리하여 판례는 선고유예기간이 경과함으로써 면소된 것으로 간주된 후에는 실효시킬 선고유예의 판결이 존재하지 아니하므로 법원은 선고유예 실효결정 및 선고가 유예되었던 형을 선고하는 결정을 할 수 없다는 입장을 취하고 있다.[1]

다음으로 후소사건과의 관계를 보면, 검사가 동일한 범죄사실에 대해 별건으로 다시 공소를 제기하였다면 후소법원은 확정판결이 있은 때에 해당한다고 보아 면소판결을 선고해

---

1) 2007. 6. 28. 2007모348, 공 2007, 1220 =『선고유예 실효 즉시항고 사건』:

갑은 ㉮사기죄로 징역 1년의 형에 대한 선고유예 판결을 선고받았고, ㉮판결은 2005. 2. 24. 확정되었다. 이후 갑은 ㉯무고죄로 징역 6개월에 집행유예 2년을 선고받았고, ㉯판결은 2005. 10. 28. 확정되었다. 2006. 11. 13. 검사는 갑에게 2년의 선고유예기간 중에 자격정지 이상의 형에 처한 ㉯판결이 확정되었다는 이유로 ㉮판결의 선고유예 실효 청구를 하였다(㉰청구).

2006. 12. 6. 제1심법원은 갑에게 선고유예 실효결정을 하고 유예한 형 징역 1년을 선고하였다(㉱실효결정). 갑은 ㉱실효결정에 불복하여 즉시항고하였다. 2007. 5. 4. 항고법원은 갑의 즉시항고를 기각하였다(㉲기각결정). 갑은 ㉲기각결정에 불복하여 대법원에 재항고하였다. 즉시항고 및 재항고(대법원에의 즉시항고)에는 집행정지의 효력이 있다(형소법 제410조). 2007. 6. 28.[㉮판결이 확정된 후 2년이 경과한 시점이다.] 대법원은 "원심결정을 파기한다. 제1심결정을 취소하고, 이 사건 청구[검사의 ㉰청구]를 기각한다."는 주문의 결정을 내렸다. 대법원의 판단기준은 다음과 같다.

"형법 제60조, 제61조 제1항, 형사소송법 제335조, 제336조 제1항의 각 규정에 의하면, 형의 선고유예를 받은 자가 유예기간 중 자격정지 이상의 형에 처한 판결이 확정되더라도 검사의 청구에 의한 선고유예 실효의 결정에 의하여 비로소 선고유예가 실효되는 것이고, /

또한 형의 선고유예의 판결이 확정된 후 2년을 경과한 때에는 형법 제60조가 정하는 바에 따라 면소된 것으로 간주되고, 그와 같이 유예기간이 경과됨으로써 면소된 것으로 간주된 후에는 실효시킬 선고유예의 판결이 존재하지 아니하므로 선고유예 실효의 결정(선고유예된 형을 선고하는 결정)을 할 수 없다 할 것이며, /

이는 원결정에 대한 집행정지의 효력이 있는 즉시항고 또는 재항고로 인하여 아직 그 선고유예 실효 결정의 효력이 발생하기 전 상태에서 상소심에서 절차 진행 중에 그 유예기간이 그대로 경과한 경우에도 마찬가지라 할 것이다."

야 한다(형소법326 i).

(2) 선고유예기간 경과의 기타 효과

형의 선고유예는 유죄판결의 일종이다. 「성폭력범죄의 처벌 등에 관한 특례법」은 일정한 성범죄로 유죄판결을 받아 확정된 자를 신상정보 등록대상자로 규정하고 있다(동법42① 참조). 그러나 신상정보 등록의 원인이 된 성범죄로 형의 선고를 유예받은 사람이 선고유예를 받은 날부터 2년이 경과하여 형법 제60조에 따라 면소된 것으로 간주되면 신상정보 등록이 면제된다(동법45의2①).

형의 선고유예는 유죄판결의 일종이지만 형의 선고는 아니다. 각종 특별법에서 범죄로 처벌받았던 사유를 각종 자격의 취소나 제한 사유로 규정하는 경우가 있다. 예컨대 「영유아보육법」은 '아동학대관련범죄로 처벌받은 경우'를 어린이집의 원장 또는 보육교사 자격의 취소 요건으로 규정하고 있다(동법48① iii). 그런데 여기에서 '처벌'은 과벌(科罰)에 해당하는 형의 선고가 있음을 전제로 한다. 선고유예의 확정판결이 있었다는 사정만으로는 '처벌'에 해당한다고 볼 수 없다.[1]

(3) 형의 선고유예와 공무원 결격사유

형의 선고유예는 유죄판결의 일종이다. 「국가공무원법」은 형의 선고유예를 공무원의 임용 및 퇴직과 관련된 사유로 규정하고 있는데, 「지방공무원법」 등 다른 공무원 관련 법률에도 유사한 규정들이 마련되어 있다.

먼저, 금고 이상의 형의 선고유예를 받은 경우에 그 선고유예 기간 중에 있는 자는 공무원으로 임용될 수 없다(국가공무원법33 v).

「소년법」 제67조는 소년범에 대해 자격에 관한 법령을 적용할 때 장래에 향하여 형의 선고를 받지 아니한 것으로 보도록 규정하고 있다. 이에 따르면 소년이었을 때 범한 죄에 의하여 형의 선고유예를 선고받은 경우 자격에 관한 법령을 적용할 때 장래에 향하여 형의 선고를 받지 아니한 것으로 본다(소년법67① ii). 따라서 공무원으로 임용되는 데에도 제한을 받지 않는다.

다음으로, 재직중인 공무원은 금고 이상의 형의 선고유예를 받아 그 선고유예 기간 중에 있더라도 「국가공무원법」상 당연퇴직(동법69 참조) 사유에는 해당하지 않는다. 이 점에서 형의 선고유예는 공무원의 당연퇴직 사유에 해당하는 형의 집행유예(동법69, 33 iv)와 큰 차이가 있다.

---

1) 2018. 4. 26. 2016두64371, 공 2018상, 992 = 『보육교사 자격취소 사건』.

그러나 (가) 각종 뇌물죄(형법 제129조부터 제132조의 죄), (나) 각종 성범죄(「성폭력범죄의 처벌 등에 관한 특례법」 제2조, 「아동·청소년의 성보호에 관한 법률」 제2조 제2호의 죄), (다) 직무와 관련하여 횡령죄 또는 배임죄(형법 제355조 또는 제356조의 죄)를 범한 사람으로서 금고 이상의 형의 선고유예를 받은 공무원은 당연히 퇴직한다(국가공무원법69ⅰ 단서).

5. 형의 선고유예의 실효절차

(1) 선고유예의 실효절차

선고유예의 실효사유가 있게 되면 법원은 유예해 두었던 형을 선고하는 절차에 들어가야 한다. 형을 선고하는 절차가 필요하다는 점에서 선고유예의 실효는 집행유예의 실효와 구별된다. 집행유예가 실효되는 경우에는 유죄판결의 주문에 형이 선고되어 있어서 별도의 절차 없이 바로 형의 집행에 들어가게 된다(법63 참조). 이에 대해 형의 선고유예가 실효되면 법원은 유예되었던 형을 선고해야 한다.

(2) 형 선고의 절차

선고유예의 실효로 인하여 법원이 유예되었던 형을 선고하려면 검사의 청구가 필요하다.[1] 검사는 그 범죄사실에 대한 최종판결을 한 법원에 청구를 하여야 한다(형소법336① 본문). 이 경우 '최종판결을 한 법원'은 형의 선고유예를 한 법원을 말한다. 제1심법원이 형의 선고를 유예하고, 제1심판결이 항소기각, 상고기각 등에 의하여 유지된 경우에는 제1심법원이, 제1심판결을 파기하고 항소심이 파기자판하여 형의 선고를 유예한 경우에는 항소법원이 각각 최종판결을 한 법원이 된다.

법원은 유예한 형을 선고할 때 형 선고의 유죄판결을 하는 방식(형소법323)에 의하여야 하며 선고유예를 해제하는 이유를 명시하여야 한다(형소법336① 단서).

(3) 선고유예의 실효사유

형의 선고유예는 범죄가 증명되었음을 공적으로 확인하고 선고할 형도 내용적으로 결정해 놓았지만 그 형을 외부적으로 선고하는 것만을 유예하는 것이다. 그런데 선고유예가 실효되면 유예되었던 형이 현실적으로 다시 선고된다. 선고유예의 실효사유는 형선고판결의 확정, 전과사실의 발견, 보호관찰의 준수사항 위반이 그것이다.

(가) 형선고판결의 확정　　형의 선고유예를 받은 자에 대하여 유예기간 중 자격정지

---

1) 2007. 6. 28. 2007모348, 공 2007, 1220 =『선고유예 실효 즉시항고 사건』.

이상의 형에 처한 판결이 확정된 때에는 법원은 유예한 형을 선고한다(법61① 전단). 새로운 범죄로 인하여 자격정지 이상의 형이 선고되는 경우에 대비한 것이다. 새로운 범죄는 선고유예 시점 이전에 발생한 것이라도 상관없다. 형에 처한 판결이 선고유예기간 중에 확정되기만 하면 된다.

형의 선고유예는 형을 내부적으로 결정해 놓고 그 형을 외부적으로 선고하는 것만을 유예한 것이다. 그러므로 형의 선고유예를 받은 자가 유예기간 중 자격정지 이상의 형에 처한 판결이 확정되더라도 검사의 청구에 의한 법원의 선고유예 실효결정에 의하여 비로소 선고유예가 실효된다.[1] 단순히 자격정지 이상의 형을 선고하는 새로운 유죄판결이 확정되었다는 사실만으로 형의 선고가 자동적으로 회복되는 것은 아니다.

(나) 전과의 발견 자격정지 이상의 형을 받은 전과가 있는 사람에 대해서는 형의 선고를 유예할 수 없다(법59① 단서). 그런데 형의 선고유예를 받은 사람에게 자격정지 이상의 형을 받은 전과가 있었음이 뒤늦게 발견되는 경우가 있다. 이 때에도 법원은 유예해 두었던 형을 선고한다(법61① 후단). 여기에서 자격정지 이상의 형을 받은 전과의 발견은 선고유예판결이 확정된 후에 밝혀진 것을 말한다.[2]

선고유예 판결확정 전에 자격정지 이상의 형을 받은 전과가 발견된 경우에는 선고유예를 취소할 수 없다. 선고유예 판결확정 전에 전과가 발견된 경우에는 검사가 명확하게 전과의 결격사유를 안 경우뿐만 아니라 당연히 그 결격사유를 알 수 있는 객관적 상황이 존재함에도 부주의로 이를 알지 못한 경우도 포함된다.[3]

(다) 보호관찰 위반 보호관찰이 붙은 형의 선고유예를 받은 자가 보호관찰기간 중에 준수사항을 위반하고 그 정도가 무거운 때에는 법원은 유예한 형을 선고할 수 있다(법61②). 이 경우의 형의 선고는 새로운 범죄가 범해졌거나 전과가 발각된 경우와 달리 필요적이 아니라 임의적으로 행해진다. 임의적 선고유예의 실효는 검사가 보호관찰소의 장의 신청을 받아 법원에 청구한다(보호관찰법47①).

(라) 치료명령 위반 치료명령이 부가된 선고유예를 받은 사람이 정당한 사유 없이 치료기간 중에 「치료감호 등에 관한 법률」이 규정한 준수사항(치료감호법44의5 참조)을 위반하고 그 정도가 무거운 때에는 유예한 형을 선고할 수 있다(동법44의8①).

---

1) 2007. 6. 28. 2007모348, 공 2007, 1220 = 『선고유예 실효 즉시항고 사건』.
2) 2008. 2. 14. 2007모845, 공 2008, 802 = 백선 총론 100-2. 참고판례 2. 『근로기준법 선고유예 사건』.
3) 2008. 2. 14. 2007모845, 공 2008, 802 = 백선 총론 100-2. 참고판례 2. 『근로기준법 선고유예 사건』.

제 3 형의 집행유예

1. 형의 집행유예와 보호관찰 등의 장치

(1) 형의 집행유예의 의의

(가) 집행유예의 의의   형의 집행유예는 형을 선고하면서 그 집행만을 일정기간 유예하기로 하는 법원의 공권적 의사표시이다. 집행유예는 유죄의 선고와 형의 선고가 모두 일어난다는 점에서 형의 선고유예와 구별된다. 형의 집행유예는 형의 선고라는 법원의 공권적 의사표시와 동시에 행해지는 별도의 공권적 의사표시이다(형소법321②).

형의 집행유예는 주로 자유형의 집행으로 인한 악성의 감염을 방지함으로써 피고인의 사회복귀에 도움을 주기 위하여 마련된 장치이다. 자유형의 폐해를 방지하려는 취지는 우리 형법이 '3년 이하의 징역이나 금고의 형'을 선고할 경우에 집행유예를 인정하고 있다는 점에서 확인할 수 있다.

2016년 입법자는 형법 일부개정을 통해 벌금형에 대한 집행유예를 도입하였다. 도입의 이유로 다음의 점들이 제시되었다. 첫째로, 징역형에 대해 인정되는 집행유예가 징역형보다 상대적으로 가벼운 형벌인 벌금형에 인정되지 않는 것은 합리적이지 않다. 둘째로, 벌금 납부능력이 부족한 서민의 경우 벌금형을 선고받아 벌금을 납부하지 못할 때 노역장에 유치되는 것을 우려하여 징역형의 집행유예 판결을 구하는 예가 빈번히 나타났다.

다만, 입법자는 고액 벌금형의 집행유예를 인정하는 것에 대해 비판적인 법감정이 있다는 점 등을 고려하여 500만원 이하의 벌금형을 선고하는 경우에만 집행유예를 선고할 수 있도록 하였다.

(나) 선고유예와의 차이   집행유예의 경우에는 형의 선고 자체에 따르는 불이익을 면할 수 없다. 따라서 집행유예기간이 경과한 사람은 '자격정지 이상의 형을 받은 전과가 있는 사람'(법59① 단서)으로서 선고유예의 결격사유에 해당하게 된다. 이와 같이 집행유예는 형의 선고에 수반되는 불이익을 피할 수 없다는 점에서 형의 선고유예와 큰 차이가 있다.[1]

(2) 집행유예와 보호관찰 등의 도입

집행유예제도는 범인을 구금시설에 수용하지 않고 사회내에서 처우하도록 함으로써 범죄인을 적극적으로 재사회화하려는 취지를 가지고 있다. 이러한 집행유예제도는 특히 범죄

---

1) 2003. 12. 26. 2003도3768, 공 2004, 294 = 분석 총론 『맛사지 종업원 폭행 사건』.

기회의 유혹에 빠지기 쉬운 소위 기회범죄인에게 형사정책적인 의미가 크다. 그런데 종래에는 집행유예의 취지를 구현할 수 있는 제도적 장치가 갖추어지지 아니하여 집행유예의 효율성이 크게 의문시되었다.

1995년 개정형법은 집행유예의 실효성을 제고하기 위하여 적극적인 재사회화의 조치들을 강구하였다. 그리하여 개정형법은 선고유예의 경우와 마찬가지로 보호관찰제도를 집행유예에 도입하였을 뿐만 아니라 한 걸음 더 나아가 사회봉사명령, 수강명령 등의 장치를 추가로 마련하였다(법62의2).

2. 형의 집행유예의 요건

(1) 선고형의 범위

법원은 피고인에게 3년 이하의 징역이나 금고 또는 500만원 이하의 벌금의 형을 선고할 경우에 형법 제51조가 규정한 양형사항을 검토하여 그 정상에 참작할 만한 사유가 있는 때에는 1년 이상 5년 이하의 기간 선고한 형의 집행을 유예할 수 있다(법62① 본문).

집행유예의 기준이 되는 '3년 이하의 징역이나 금고 또는 500만원 이하의 벌금의 형'은 최종적인 선고형을 의미한다. 형을 병과할 경우에 법원은 그 형의 일부에 대하여 집행을 유예할 수 있다(법62②). 판례는 형을 '병과'할 경우에만 일부집행유예가 허용된다는 이유를 들어서 한 개의 형을 선고하는 경우에는 일부집행유예를 허용하지 않는다는 입장을 취하고 있다.[1]

(2) 집행유예의 결격사유

(가) 결격사유의 취지　　형의 집행유예는 범죄인에게 참작할 만한 정상이 있어서 사회내 처우가 가능하다고 판단될 때 인정된다. 참작할 만한 정상이 좋지 않다고 생각되는 경우에는 집행유예가 인정되지 않는다. 형법 제62조 제1항 단서는 "다만, 금고 이상의 형을 선고한 판결이 확정된 때부터 그 집행을 종료하거나 면제된 후 3년까지의 기간에 범한 죄에 대하여 형을 선고하는 경우에는 그러하지 아니하다."고 규정하여 집행유예 결격사유를 규정하고 있다. 이 결격사유는 2005년의 형법 일부개정에 의하여 재구성된 것이다.

집행유예 결격사유를 파악하려면 그 전제로 먼저 처벌받은 죄(전범)가 있고 다음으로 집행유예 여부를 판단해야 할 나중의 죄(후범)가 있어야 한다. 전범으로 형을 선고받았던 전과자가 후범으로 다시 형을 선고받게 된 경우에 집행유예를 허용해서는 안 된다는 것이 집행유예 결격제도의 기본취지이다. 이미 처벌받은 받은 사실이 있는 사람, 즉 전과 있는

---

1) 2007. 2. 22. 2006도8555, 공 2007, 523 = 분석 총론 『커터 칼 상해 사건』.

사람에 대해 일정기간 집행유예를 허용해서는 안 된다는 것이다.

(나) 개정전의 결격사유　　집행유예의 결격사유와 관련하여 2005년 개정전의 형법은 "단, 금고 이상의 형의 선고를 받아 집행을 종료한 후 또는 집행이 면제된 후로부터 5년을 경과하지 아니한 자에 대하여는 예외로 한다."고 규정하고 있었다(개정전 형법62① 단서). 개정전 결격사유의 내용을 풀어서 적어보면, 전범으로 금고 이상의 형을 선고받았던 전과자는 전범에 대한 형의 집행을 종료하거나 그 형의 집행이 면제된 후로부터 5년을 경과하지 아니하면 후범에 대해 집행유예를 선고받을 수 없다는 의미로 이해된다. 이 경우 후범의 발생시점은 전범의 전후를 묻지 않는다. 전범의 전과사실만을 중시하기 때문이다.

그러나 개정전의 집행유예 결격사유에 대해서는 집행유예제도의 취지를 고려하지 않은 것으로서 지나치게 기계적이라는 비판이 제기되었다. 단기자유형의 집행으로 인한 폐해를 방지하고 피고인에게 형의 집행을 받지 않으면서 스스로 사회에 복귀할 수 있는 길을 열어주는 장치가 집행유예제도이다. 이러한 집행유예의 본질에 비추어 볼 때 후범이 범해진 시기와 관계없이 금고 이상의 형의 선고가 있었다는 전범의 전과만을 이유로 후범의 집행유예를 허용하지 않는 것은 전범에 대한 판결 이후의 재범방지에 그 목적이 있는 집행유예제도와 정면으로 상충한다는 것이 비판의 핵심이었다.[1]

(다) 개정후의 결격사유　　2005년의 형법 일부개정시에 입법자는 종전의 집행유예 결격사유가 안고 있던 경직성을 수정하기 위하여 집행유예 결격사유를 재구성하였다. 그리하여 집행유예 결격사유에 대해 "다만, 금고 이상의 형을 선고한 판결이 확정된 때부터 그 집행을 종료하거나 면제된 후 3년까지의 기간에 범한 죄에 대하여 형을 선고하는 경우에는 그러하지 아니하다."고 규정하였다(법62① 단서). 새로운 결격사유를 풀어서 적어보면, 전범에 대해 금고 이상의 형을 선고한 판결이 확정된 때부터 그 형의 집행을 종료하거나 그 형의 집행이 면제된 후 3년까지의 기간 내에 범한 후범에 대하여 형을 선고하는 경우에는 집행유예를 할 수 없다는 의미로 이해된다.

(라) 개정된 결격사유의 특징　　개정된 결격사유에서 주목되는 것은 두 가지이다. 하나는 집행유예의 선고가 금지되는 후범을, 전범 전과 있는 자가 전범의 전후를 가리지 않고 후범을 범한 경우로 일반화하지 않고, 전범에 대해 형을 선고하는 판결이 확정된 이후에 후범을 범한 경우로 한정하였다는 점이다. 2005년 개정형법은 전범에 대해 '금고 이상의 형이 확정된 때'를 결격사유의 기준시점으로 명시하였다. '형이 확정된 때'를 기준으로 설정한 것은 유죄판결이 확정되기 전까지는 무죄추정의 원칙(헌법27④)에 의하여 피고인이 무죄로 추정되기 때문이다.

---

1) 법제사법위원회, 형법중개정법률안 심사보고서, (2005. 6.), 3면 이하 참조.

개정된 결격사유에서 주목되는 다른 하나는 집행유예 결격기간을 종전의 5년으로부터 3년으로 단축하였다는 점이다. 집행유예제도는 범인의 재사회화를 위한 장치이다. 입법자가 결격기간을 3년으로 단축한 것은 집행유예제도의 활성화를 촉진하기 위한 조치라고 생각된다.

(마) **결격기간의 계산**　　2005년 개정형법은 3년의 결격기간을 산정함에 있어서 그 기산점을 전범에 대해 '금고 이상의 형을 선고한 판결이 확정된 때부터 그 집행을 종료하거나 면제된 [시점]'으로 설정하고 있다. 전범에 대해 형을 선고한 판결이 확정되면 그 때부터 선고된 형을 집행할 수 있게 된다(형소법459 참고). 집행유예 결격사유와 관련하여 볼 때 전범에 대한 형의 집행형태는 (가) 형의 집행을 종료하는 경우와 (나) 형의 집행이 면제되는 경우로 나누어진다.

이 가운데 (가)의 '형의 집행을 종료한 때'란 전범에 대한 형을 실제로 복역하여 만기출소한 경우와 만기 전 가석방되어 가석방기간이 무사히 경과한 경우(법76① 참조)를 말한다. 만기출소의 경우 형집행종료일은 출소 당일이 된다(법86 참조). 따라서 3년의 결격기간은 출소 다음날로부터 진행된다(민법157 본문 참조).

(나)의 '형의 집행을 면제받은 때'란 재판이 확정된 후 법률이 변경되어 그 행위가 범죄를 구성하지 아니하게 되어 형의 집행이 면제되는 경우(법1③), 형의 시효가 완성되어 형의 집행이 면제된 경우(법77), 특별사면으로 형의 집행이 면제된 경우(사면법5① 본문) 등을 말한다.

(바) **특별법에 의한 결격사유**　　특별법에 의하여 집행유예 결격사유가 강화되는 경우가 있다. 「특정강력범죄의 처벌에 관한 특례법」 제5조는 이 법률이 규정한 특정강력범죄(동법2 참조)에 대해 "특정강력범죄로 형을 선고받고 그 집행이 끝나거나 면제된 후 10년이 지나지 아니한 사람이 다시 특정강력범죄를 범한 경우에는 형의 집행을 유예하지 못한다."고 규정하여 집행유예 불허기간을 대폭 연장하고 있다.

(3) 집행유예 기간중의 집행유예

(가) **문제의 소재**　　2005년의 형법개정에 의하여 집행유예 결격사유는 대폭 축소되었다. 그러나 입법자의 개정노력에도 불구하고 종전에 논란이 많았던 집행유예 기간 중의 집행유예 허용문제는 여전히 논점으로 남아 있다. 집행유예기간 중의 집행유예 문제란 전범에 대해 집행유예를 선고한 판결이 확정되어 유예기간 중에 있는 사람이 후범을 범한 경우에 후범에 대해 다시 집행유예를 선고할 수 있는가 하는 문제를 말한다. 집행유예 결격사유를 규정한 형법 제62조 제1항 단서는 전범에 대해 '형의 집행을 종료한 경우'와 '형의 집행

이 면제된 경우'만을 언급하고 있을 뿐 '형의 집행이 유예되고 있는 경우'에 대해서는 침묵하고 있다. 이 때문에 후범에 대한 집행유예의 허용 여부는 여전히 학설과 판례의 몫으로 남겨져 있다.

(나) 전범 집행유예기간의 경과   집행유예기간 중의 집행유예 문제를 검토하기에 앞서서 먼저 정리해 두어야 할 사항이 있다. 우선, 집행유예기간 중의 집행유예 문제는 전범에 대한 집행유예기간이 진행 중인 상황에서 일어난다. 전범에 대한 집행유예기간이 경과하면 설사 후범이 집행유예기간 중에 일어났다고 하여도 후범에 대한 집행유예 선고에 지장이 없다. 전범에 대한 유예기간의 경과로 형의 선고가 효력을 상실하여 집행할 형이 없어지기 때문이다.[1]

(다) 전범 집행유예의 취소   한편 집행유예 기간 중의 집행유예 문제는 전범에 대한 집행유예가 취소되면 더 이상 논란되지 않는다. 전과가 발견되어 집행유예가 취소되는 경우(법64①) 또는 보호관찰 등의 준수사항 불이행으로 집행유예가 취소되는 경우(동조②)에는 전범에 대해 유예되었던 형의 집행이 일어나게 된다. 이 때에는 유예되었던 형의 집행을 종료하거나 면제된 때로부터 3년이 경과하지 않으면 후범에 대해 집행유예를 할 수 없다(법62① 단서). 그리하여 전범의 집행유예가 취소되면 전범의 집행유예기간 중에 범해진 후범에 대해 집행유예를 할 수 없다는 결론에 이르게 된다.

(라) 학설의 개관   이제 문제의 초점은 전범의 집행유예기간 중에 범해진 후범에 대해 전범의 집행유예기간이 유효하게 진행되는 도중에 재판을 해야 하는 상황으로 좁혀진다. 이에 대해서는 종래 (가) 집행유예의 결격사유가 되는 전범의 전과를 실형전과로 한정하고 집행유예 전과의 경우에는 후범의 집행유예를 허용해야 한다는 실형전과설, (나) 실형전과와 집행유예 전과를 모두 포함하여 집행유예 결격사유로 보아야 한다는 단순전과설, 그리고 (다) 단순전과설에서 출발하면서도 후범이 집행유예가 선고된 전범과 함께 동시적 경합범으로 처리될 가능성이 있었던 경우에만 예외적으로 후범에 대해 집행유예를 허용하자는 경합범전과설 등이 제시되어 왔다.[2]

그러나 이제 개정된 형법 제62조 제1항 단서가 '금고 이상의 형을 선고한 판결이 확정된 때부터 그 집행을 종료하거나 면제된 후 3년까지의 기간에 범한 죄'에 한정하여 이를 집행유예 결격사유로 인정함에 따라 (다)의 경합범전과설은 의미를 상실하게 되었다. 이미 집행유예를 선고한 전범과 전범의 집행유예기간 중에 범해진 후범을 동시적 경합범으로 처단할 수 있는 경우란 논리적으로 불가능하기 때문이다.

---

1) 형선고의 효력상실에 대하여는, 후술 923면 이하 참조.
2) 2005년 형법개정 이전의 논의에 대해서는, 본서 구판(초판), 747면 이하 참조.

(마) 판례의 태도   이제 검토대상으로 남는 것은 (가)의 실형전과설과 (나)의 단순전과설이다. 이에 대해 대법원은 "형법 제62조 제1항 단서에서 규정한 '금고 이상의 형을 선고한 판결이 확정된 때'는 실형뿐 아니라 형의 집행유예를 선고한 판결이 확정된 경우도 포함된다고 해석[된다.]"고 판시하여 원칙적으로 단순전과설을 지지하는 판례를 내어놓았다.[1]

그 이유에 대해 판례는 "형의 집행유예를 선고받은 자가 형법 제65조에 의하여 그 선고가 실효 또는 취소됨이 없이 정해진 유예기간을 무사히 경과하여 형의 선고가 효력을 잃게 되었다고 하더라도, 형의 선고의 법률적 효과가 없어진다는 것일 뿐, 형의 선고가 있었다는 기왕의 사실 자체까지 없어지는 것은 아니라 할 것이고, 더구나 집행유예 기간 중에 죄를 범하였다는 역사적 사실마저 소급적으로 소멸되는 것은 아니다."라는 논거를 제시하였다. '형의 선고가 있었다는 기왕의 사실'(즉 전과) 자체에 주목할 때 전범의 집행유예기간 중에 범한 후범에 대해서는 집행유예가 허용되지 않는다는 결론에 이르게 된다.

그런데 판례는 예외적으로 후범에 대해 집행유예가 허용되는 경우를 인정한다. 전범에 대한 집행유예기간이 무사하게 경과되었다면 후범에 대한 집행유예가 가능하다는 것이다. 판례는 그 이유로 첫째, 전범의 집행유예가 실효 또는 취소됨이 없이 유예기간을 경과한 때에는 전범에 대한 형의 선고가 이미 그 효력을 잃게 되어 '금고 이상의 형을 선고'한 경우에 해당한다고 보기 어렵고, 둘째, 전범에 대한 집행유예기간의 경과로 집행의 가능성이 더 이상 존재하지 아니하여 형법 제62조 제1항 단서가 규정하고 있는 '형의 집행종료'나 '형의 집행면제'의 개념을 상정하기 어렵다는 점을 들고 있다. 나아가 판례는 전범의 집행유예 기간 중에 범한 후범에 대해 공소가 제기된 후 그 재판 도중에 전범의 집행유예기간이 경과한 경우에도 동일한 결론에 이른다고 판시하고 있다.

요컨대 판례는 일단 단순전과설의 입장에서 출발하면서 전범의 집행유예기간이 경과한 경우에는 후범의 집행유예가 가능하다는 태도를 취하고 있다. 그러나 판례는 집행유예기간 경과의 경우를 제외한 나머지 경우에는 후범에 대한 집행유예를 허용하지 않는다. 그리하여 판례는 전범의 집행유예기간 중에 범한 후범에 대해 집행유예가 허용되지 않는 경우로 (가) 이미 전범의 집행유예가 실효 또는 취소된 경우[2]와, (나) 후범에 대한 재판의 선고 시점에 아직 전범의 유예기간이 경과하지 아니하여 전범에 대한 형 선고의 효력이 실효되지 아니한 채로 남아 있는 경우의 두 가지를 들고 있다.

(바) 실형전과설의 지지   판례의 태도는 종전에 비하여 후범에 대한 집행유예의 가능성을 확장하였다는 점에서 환영할 만하다. 그러나 판례의 태도는 여전히 단순전과설에서

---

1) 2007. 2. 8. 2006도6196, 공 2007, 461 = 백선 총론 100-4. 『병역법위반죄 집행유예 사건』.
2) 2007. 7. 27. 2007도768, 공 2007, 1433 = 분석 총론 『보호관찰 집행유예취소 사건』.

출발하고 있다는 점에서 비판의 소지를 안고 있다.

우선, 판례에 따르면 후범에 대한 재판진행의 완급에 따라 집행유예의 가능성이 달라지는 모순이 발생한다. 전범의 집행유예기간이 경과되는 것을 기다려서 후범에 대해 집행유예를 선고할 것인지 아니면 전범의 집행유예기간 내에 후범에 대한 재판을 선고함으로써 집행유예의 가능성을 원천봉쇄할 것인지는 전적으로 재판부의 재량에 좌우된다. 단순히 재판진행의 완급에 따라 후범에 대한 집행유예의 가능성이 뒤바뀌는 것은 지극히 비합리적이다.

다음으로, 판례의 태도는 2005년 개정형법에 나타난 입법자의 의도를 제대로 반영하지 못하는 흠이 있다. 우리 입법자는 2005년의 형법개정을 통하여 집행유예의 적용범위를 확대하려고 노력하고 있다. 그 표현은 두 가지로 나타나고 있는데 하나는 집행유예 결격사유 및 결격기간의 축소이고 다른 하나는 집행유예 실효사유의 축소이다.

개정된 형법 제63조는 집행유예의 실효사유를 "집행유예의 선고를 받은 자가 유예기간 중 고의로 범한 죄로 금고 이상의 실형을 선고받아 그 판결이 확정된 때에는 집행유예의 선고는 효력을 잃는다."고 규정하고 있다. 이 개정조문은 집행유예의 실효사유를 고의범으로 한정할 뿐만 아니라 그 고의범에 대해 금고 이상의 실형이 선고될 것을 요구하고 있다. 이 경우 '실형'이란 '실제로 복역해야 하는 형'으로서 집행유예가 붙은 형을 제외한 것이다. 입법자가 집행유예의 실효요건으로 '실형'을 설정한 것은 범죄인의 사회복귀를 최대한 촉진하기 위하여 집행유예의 활용가능성을 넓혀놓은 것이라고 할 수 있다.

2005년 형법개정의 취지에 비추어 볼 때 형법 제62조 제1항 단서가 집행유예 결격사유로 규정한 '금고 이상의 형을 선고한 판결이 확정된 때'의 요건은 '금고 이상의 실형을 선고한 판결이 확정된 때'로 새겨야 한다고 본다. 그리고 이렇게 새기는 것이 곧 이어서 나오는 '그 집행을 종료하거나 면제된 후'라는 요건과도 맥락이 통하는 해석이라고 생각된다. '형의 집행종료'나 '형의 집행면제'는 실형이 선고되는 경우에만 상정할 수 있는 상황이기 때문이다.

이렇게 볼 때 2005년의 형법개정에 의하여 집행유예 기간 중의 집행유예 문제는 실형전과설의 관점에서 입법적으로 해결되었다고 생각된다. 판례는 '형의 선고'라는 문구에만 주목하면서 '형의 선고'에는 '집행유예가 붙은 형의 선고'도 포함된다고 새기고 있다. 그러나 판례는 '형의 선고'라는 표현에만 집착하여 집행유예의 활용가능성을 확대하려는 입법자의 의도를 외면하고 있다. 후범에 대한 재판의 완급에 따라 집행유예 가능성이 뒤바뀌는 모순을 제거하고 집행유예의 활용가능성을 높이기 위하여 전범의 집행유예기간 중에 후범에 대한 집행유예는 전면적으로 허용된다고 보아야 할 것이다.

(4) 집행유예 기간 중의 법적 효과

집행유예는 3년 이하의 징역이나 금고 또는 500만원 이하의 벌금의 형을 선고할 경우에 할 수 있다(법62①). 집행유예를 선고받은 사람 가운데 유기징역 또는 유기금고의 판결을 선고받은 사람은 집행유예 기간이 무사히 경과하여 형이 실효될 때까지 (가) 공무원이 되는 자격, (나) 공법상의 피선거권, (다) 법률로 요건을 정한 공법상의 업무에 관한 자격이 정지된다(법43① · ② 본문). 그러나 유기징역 또는 유기금고의 판결을 선고받아 집행유예 기간 중에 있는 사람에 대해서는 '공법상의 선거권'이 제한되지 않는다(법43② 단서, 공직선거법18① ii 단서).[1]

집행유예를 선고받은 사람 가운데 500만원 이하의 벌금의 형을 선고받은 사람에 대해서는 부수적 효과로서의 자격정지 규정(법42① · ②)이 적용되지 않는다.

3. 집행유예의 선고와 보호관찰 · 사회봉사명령 · 수강명령

(1) 집행유예의 기간

집행유예의 기간은 1년 이상 5년 이하이다(법62① 본문). 집행유예 기간의 시기(始期)는 집행유예 판결의 확정일이다.[2] 이 점은 집행유예 결격기간의 시기가 금고 이상의 형을 선

---

1) 전술 856면 참조.

2) 2019. 2. 28. 2018도13382, 공 2019상, 835 = 『재심 집행유예 기산점 사건』:

갑은 ㉮폭처법 위반죄(흉기상해, 특수손괴 등)로 기소되어 징역 1년에 집행유예 2년을 선고받았고(㉮판결), ㉮판결은 확정되었다. ㉮판결의 집행유예 기간 중에 갑은 ㉯특가법 위반죄(보복협박등)로 징역 6개월을 선고받았고, ㉯판결은 확정되었다. ㉯확정판결에 의하여 ㉮판결의 집행유예가 실효되어 갑에 대해 ㉮판결의 형이 집행되었다. ㉮판결의 형 집행 도중에 ㉮판결에 적용되었던 폭처법 해당조문(특수손괴)에 대해 헌법재판소로부터 형법에 동일한 구성요건이 있어서 검사의 자의적인 공소권행사가 우려된다는 이유로 위헌결정이 있었다.

갑은 헌법재판소법 제47조에 근거하여 ㉮판결에 대한 재심을 청구하였다(㉮재심대상판결). ㉮재심대상판결의 형 선고 법원은 재심개시결정을 하였고, 이어서 재심심판절차에 임하였다. 재심심판법원은 갑의 ㉮폭력행위에 대해 형법의 특수상해죄, 특수손괴죄 등을 적용하여 ㉮재심대상판결과 동일하게 징역 1년에 집행유예 2년을 선고하였다(㉯재심판결). 재심심판법원은 ㉯재심판결이 선고한 집행유예의 기산점은 ㉯재심판결이 확정되는 날이라고 판단하였다.

검사는 ㉯재심판결에 불복하여 항소하였다. 검사는 항소이유로 다음의 점을 주장하였다. (가) ㉯재심판결은 집행유예의 기산일을 ㉮재심대상판결 확정일이 아니라 ㉯재심판결 확정일로 하였다. (나) 그 결과 ㉯확정판결에 따른 ㉮판결 집행유예 실효가 취소되어 피고인에 대한 형 집행 근거가 사라지게 되었다. (다) 이는 형벌 집행의 안정성을 침해하여 위법하다. (라) ㉯재심판결이 집행유예의 기산일을 ㉯재심판결 확정일로 하는 것은 ㉮재심대상판결보다 피고인에게 불리하여 불이익변경금지원칙에 반한다. 항소법원은 검사의 상고를 기각하였다. 검사는 불복 상고하였다. 검사의 상고이유는 항소이유와 같다.

대법원은 항소법원의 다음과 같은 판단을 그대로 받아들여 상고를 기각하였다. (가) ㉯재심판결에서 피고인에게 또다시 집행유예를 선고할 경우 그 집행유예 기간의 시기는 ㉮재심대상판결의 확정일이 아니라 ㉯재심판결의 확정일로 보아야 한다. (나) 그로 인하여 ㉮재심대상판결이 선고한 집행유예의 실효 효과까지

고한 판결이 확정된 때부터 그 집행을 종료하거나 면제된 시점(법62① 단서)인 것과 구별된다.

(2) 보호관찰·사회봉사명령·수강명령의 상호관계

형의 집행유예는 형의 선고와 동시에 판결로써 하여야 한다(형소법321②). 형의 집행을 유예하는 경우에 법원은 피고인에게 보호관찰을 받을 것을 명하거나 사회봉사 또는 수강을 명할 수 있다(법62의2①).

보호관찰, 사회봉사명령·수강명령은 당해 대상자의 교화·개선 및 범죄예방을 위하여 필요하고도 상당한 한도 내에서 이루어져야 하고, 당해 대상자의 연령·경력·심신상태·가정환경·교우관계 기타 모든 사정을 충분히 고려하여 가장 적합한 방법으로 실시되어야 한다.[1]

보호관찰·사회봉사명령·수강명령은 둘 이상 병과할 수 있다(형소규칙147의2④). 사회봉사명령·수강명령이 보호관찰에 병과하여 부과된 때에는 보호관찰 기간내에 이를 집행하여야 한다(동조⑤). 보호관찰·사회봉사명령·수강명령의 집행사무는 보호관찰소가 관장한다(보호관찰등에관한법률15 i).

보호관찰과 사회봉사명령·수강명령은 내용에 있어서 서로 구별된다. 보호관찰명령은 보호관찰기간 동안 바른 생활을 영위할 것을 요구하는 추상적 조건의 부과이거나 악행을 하지 말 것을 요구하는 소극적인 부작위조건의 부과이다. 이에 대해 사회봉사명령·수강명령은 일정한 시간 범위 내에서 시간 단위로 특정한 일이나 근로활동을 부과하는 것과 같이 적극적인 작위의무를 부과하는 데 그 특징이 있다.[2] [3]

보호관찰, 사회봉사, 수강명령은 각각 독립적으로 병과되는 조치이다. 따라서 사회봉사 또는 수강명령의 이행 여부는 보호관찰자 준수사항 위반 여부나 그 정도를 평가하는 결정적인 요소가 되지 않는다.[4]

(3) 보호관찰의 내용

보호관찰의 내용은 일반적 준수사항과 특별준수사항으로 구별된다(보호관찰등에관한법률

없어진다고 하더라도, 이는 재심판결이 확정되면 재심대상판결은 효력을 잃게 되는 재심의 본질상 당연한 결과이다. (다) ⓓ재심판결에서 정한 형이 ⓐ재심대상판결의 형보다 중하지 않은 이상 불이익변경금지의 원칙이나 이익재심의 원칙에 반하지 않는다.

1) 2020. 11. 5. 2017도18291, 공 2020하, 2343 =『그린벨트 원상회복 명령 사건』.
2) 2009. 3. 30. 2008모1116, 공 2009상, 677 = 분석 총론『준법운전 수강명령 사건』.
3) 2020. 11. 5. 2017도18291, 공 2020하, 2343 =『그린벨트 원상회복 명령 사건』.
4) 2010. 5. 27. 2010모446, 공 2010하, 1323 = 분석 총론『수강명령 미이행 사건』.

32 참조). 보호관찰의 경우 보호관찰기간은 원칙적으로 집행을 유예한 기간으로 하되, 법원이 예외적으로 유예기간의 범위 내에서 보호관찰기간을 정할 수 있다(법62의2② 본문·단서). 집행유예시 보호관찰의 내용과 법적 성질은 선고유예의 보호관찰 항목에서 설명한 바와 같다.[1]

법원은「전자장치 부착 등에 관한 법률」이 규정하는 특정범죄(성폭력범죄, 미성년자 대상 유괴범죄, 살인범죄, 강도범죄)(동법2 참조)를 범한 자에 대하여 형의 집행을 유예하면서 보호관찰을 받을 것을 명할 때에는 보호관찰기간의 범위 내에서 기간을 정하여 준수사항의 이행 여부 확인 등을 위하여 전자장치를 부착할 것을 명할 수 있다(동법28①).

(4) 사회봉사명령의 내용

(가) 사회봉사명령의 성질   법원이 형의 집행을 유예하는 경우에 명할 수 있는 사회봉사는 다른 법률에 특별한 규정이 없는 한 500시간 내에서 시간 단위로 부과될 수 있는 일 또는 근로활동을 의미한다.[2] 법원은 사회봉사명령 대상자가 사회봉사를 할 분야와 장소 등을 지정할 수 있다(보호관찰등에관한법률59②). 사회봉사명령은 500시간을 초과할 수 없다. 다만 다른 법률에 특별한 규정이 있는 경우에는 그 법률에서 정하는 바에 따른다(동조① 본문·단서). 사회봉사명령은 집행유예기간 내에 이를 집행한다(법62의2③).

사회봉사명령에 의하여 부과되는 사회봉사는 자유형의 집행을 대체하기 위한 것으로서 일정 시간 내에 부과될 수 있는 일 또는 근로활동이다.[3] 사회봉사명령은 재범의 위험성에

---

1) 전술 904면 이하 참조.
2) 2020. 11. 5. 2017도18291, 공 2020하, 2343 =『그린벨트 원상회복 명령 사건』:
갑은 영리를 목적으로 관할관청의 허가 없이 개발제한구역 내에서 7건의 개발행위를 하였다는 공소사실로 기소되었다. 제1심법원은「개발제한구역의 지정 및 관리에 관한 특별조치법」위반죄의 성립을 인정하였다. 제1심법원은 갑에 대해 징역형의 집행을 유예하였다. 제1심법원은 그와 동시에 120시간의 사회봉사를 명하면서 "[특정 시점]까지 이 사건 개발제한행위 위반에 따른 건축물 등을 모두 원상복구할 것"이라는 내용의 특별준수사항을 부과하였다. 갑은 불복 항소하였다. 항소법원은 항소를 기각하고, 제1심판결을 유지하였다. 갑은 불복 상고하였다.
대법원은 다음의 판단을 제시하여 원심판결을 파기환송하였다. (가) 형법과 보호관찰법 및 보호관찰법 시행령은 시간 단위로 부과될 수 있는 일 또는 근로활동만을 사회봉사명령의 방법으로 정하고 있다. (나) 사회봉사명령에 부수하여 부과할 수 있는 특별준수사항도 사회봉사명령 대상자의 교화·개선 및 자립을 유도하기 위한 보안처분적인 것만을 규정하고 있을 뿐이다. (다) 사회봉사명령이나 그 특별준수사항으로 범죄에 대한 응보 및 원상회복을 도모하기 위한 것은 허용하지 않고 있다. (라) 따라서 법원이 사회봉사명령의 특별준수사항으로 피고인에게 범행에 대한 원상회복을 명하는 것은 법률이 허용하지 아니하는 피고인의 권리와 법익에 대한 제한과 침해에 해당하므로 죄형법정주의 또는 보안처분 법률주의에 위배된다. (마) 이 사건 특별준수사항도 피고인의 범행에 대한 원상회복을 명하는 것이므로 현행법에 의한 사회봉사명령의 특별준수사항으로 허용될 수 없다.
3) 2008. 4. 11. 2007도8373, 공 2008, 710 = 백선 총론 100-6.『재벌총수 사회봉사 사건』.

대처하기 위한 실질적 의미의 보안처분이 아니라 뉘우치는 정상이 양호한 범죄인에 대해 사회복귀를 촉진하기 위한 조치로 파악된다. 그러므로 사회봉사명령의 경우에는 형벌에 준하여 소급효금지의 원칙과 유추해석금지의 원칙이 적용된다고 보아야 할 것이다. 사회봉사명령을 근거로 금전의 출연이나 계몽강연 등을 명하는 것은 허용되지 않는다.[1]

(나) 특별준수사항 허용 여부   「보호관찰 등에 관한 법률」(보호관찰법)은 사회봉사·수강명령 대상자에게 일반적 준수사항과 특별준수사항을 부과하고 있다(보호관찰법62②·③). 보호관찰법은 사회봉사·수강명령 대상자에 대한 특별준수사항을 보호관찰 대상자에 대한 특별준수사항과 동일한 내용으로 규정하고 있다. 특별준수사항에는 '손해를 회복하기 위하여 노력할 것'이 들어 있다(동법32③ iv).

그러나 사회봉사명령·수강명령 대상자에 대한 특별준수사항은 보호관찰 대상자에 대한 것과 같을 수 없다. 보호관찰명령은 보호관찰기간 동안 바른 생활을 영위할 것을 요구하는 등 소극적인 부작위조건의 부과이다. 이에 대해 사회봉사명령·수강명령은 특정한 일이나 근로활동을 부과하는 적극적인 작위의무의 부과이다. 따라서 보호관찰 대상자에 대한 특별준수사항을 사회봉사명령·수강명령 대상자에게 그대로 적용하는 것은 적합하지 않다. 특별준수사항은 보호관찰 대상자에 한해 부과할 수 있을 뿐, 사회봉사명령·수강명령 대상자에 대해서는 부과할 수 없다.[2]

(5) 수강명령의 내용

수강명령은 특정 시간 동안 적극적인 작위의무를 부과하는 조치이다.[3] 법원은 수강명령 대상자가 수강할 분야와 장소 등을 지정할 수 있다(보호관찰등에관한법률59②). 수강명령은 200시간을 초과할 수 없다. 다만 다른 법률에 특별한 규정이 있는 경우에는 그 법률에서 정하는 바에 따른다(동조① 본문·단서). 수강명령은 집행유예기간 내에 이를 집행한다(법62의2③). 수강명령에 의한 수강도 사회봉사와 마찬가지로 적극적인 작위의무를 내용으로 하고 있으므로 사회봉사명령의 경우와 같이 소급효금지의 원칙과 유추해석금지의 원칙이 적용된다고 볼 것이다.

수강명령의 일종으로 성폭력 치료 프로그램의 이수를 명하는 이수명령이 있다. 이수명령에 대해서는 성범죄자에 대한 보안처분의 항목에서 살펴보기로 한다.[4]

---

1) 2008. 4. 11. 2007도8373, 공 2008, 710 = 백선 총론 100-6.『재벌총수 사회봉사 사건』.
2) 2020. 11. 5. 2017도18291, 공 2020하, 2343 =『그린벨트 원상회복 명령 사건』.
3) 2009. 3. 30. 2008모1116, 공 2009상, 677 = 분석 총론『준법운전 수강명령 사건』.
4) 후술 962면 참조.

4. 집행유예의 선고와 치료명령

「치료감호 등에 관한 법률」(치료감호법)은 사회내 처우의 일환으로 치료명령제도를 규정하고 있다. 치료명령대상자는 통원치료를 받을 필요가 있고 재범의 위험성이 있는 자로서, (가) 심신미약(법10②)으로 형이 감경되는 심신장애인으로서 금고 이상의 형에 해당하는 죄를 지은 자, (나) 알코올을 식음하는 습벽이 있거나 그에 중독된 자로서 금고 이상의 형에 해당하는 죄를 지은 자, (다) 마약·향정신성의약품·대마, 그 밖에 대통령령으로 정하는 남용되거나 해독을 끼칠 우려가 있는 물질을 식음·섭취·흡입·흡연 또는 주입받는 습벽이 있거나 그에 중독된 자로서 금고 이상의 형에 해당하는 죄를 지은 자이다(치료감호법2의3 i, ii iii).

법원은 치료명령대상자에 대하여 형의 집행을 유예하는 경우에는 치료기간을 정하여 치료를 받을 것을 명할 수 있다(치료감호법44의2①). 법원의 이러한 조치를 가리켜서 치료명령이라고 한다. 치료를 명하는 경우에는 보호관찰을 병과하여야 한다(동조②). 보호관찰기간은 집행유예의 유예기간으로 한다. 다만, 법원은 집행유예기간의 범위에서 보호관찰기간을 정할 수 있다(동조③ 본문·단서). 치료명령에 따른 치료기간은 보호관찰기간을 초과할 수 없다(동조④).

치료명령을 받은 사람은 (가) 보호관찰관의 지시에 따라 성실히 치료에 응할 것과 (나) 보호관찰관의 지시에 따라 인지행동 치료 등 심리치료 프로그램을 성실히 이수할 것이라는 두 가지 사항을 준수하여야 한다(치료감호법44의5).

치료명령은 검사의 지휘를 받아 보호관찰관이 집행한다(치료감호법44의6①). 치료명령은 정신건강의학과 전문의의 진단과 약물 투여, 상담 등 치료 및 「정신건강증진 및 정신질환자 복지서비스 지원에 관한 법률」에 따른 정신건강전문요원 등 전문가에 의한 인지행동 치료 등 심리치료 프로그램의 실시 등의 방법으로 집행한다(동조②).

5. 집행유예기간 경과의 효과

(1) 장래적 효과

집행유예의 선고를 받은 후 그 선고가 실효 또는 취소되지 않고 유예기간을 경과한 때에는 형의 선고는 효력을 잃는다(법65). 여기에서 '형의 선고가 효력을 잃는다'는 의미는 형의 선고에 의한 법적 효과가 장래를 향하여 소멸한다는 취지이다.[1] '형의 선고'가 장래를

---

1) 2010. 9. 9. 2010도8021, 공 2010하, 1963 = 분석 총론 『절도누범 징역형 사건』.

향하여 효력을 잃게 되므로 집행유예기간이 경과한 사람에 대해서는 선고된 형을 집행할 수 없다. 형의 선고가 실효되어 앞으로 집행할 형이 없어졌기 때문이다.

그리하여 집행유예기간이 경과한 사람은 「특정범죄 가중처벌 등에 관한 법률」 제5조의 4 제5항 및 「폭력행위 등 처벌에 관한 법률」 제2조 제3항이 가중처벌의 사유로 규정한 '징역형을 받은 사람'에 해당하지 않는다.[1] [2]

(2) 전과 자체의 효과

집행유예기간이 경과하여 형의 선고가 효력을 잃게 되어도 그것은 장래를 향하여 형의 선고의 '법률적 효과'가 없어진다는 것일 뿐이다. '형의 선고가 있었다는 기왕의 사실' 자체까지 없어지는 것은 아니다.[3] 그러므로 '전과(前科)' 자체를 기준으로 하는 불이익에서는 자유로울 수가 없다. 전과는 유죄의 선고 또는 형의 선고가 있었다는 기왕의 경력 자체에 관한 것이기 때문이다.

(가) 선고유예 결격사유　　형법 제59조 제1항 단서는 '자격정지 이상의 형을 받은 전과'를 선고유예 결격사유로 규정하고 있다. 이 경우는 '전과'라는 기왕의 경력을 문제 삼고 있다. 그렇기 때문에 집행유예 기간이 경과하였다고 하여도 그 전과가 '자격정지 이상의 형을 받은 전과'(법59① 단서)에 해당한다면 형의 선고유예는 허용되지 않는다.[4]

(나) 집행유예 결격사유　　형법 제62조 제1항 단서는 집행유예 결격사유를 규정하고 있다. 앞에서 본 것처럼 집행유예기간이 경과하더라도 기왕의 '전과' 자체가 없어지는 것은 아니다. 그렇지만 형법 제62조 제1항 단서는 '전과'라는 표현을 사용하고 있지 않다. 그 대신에 "금고 이상의 형을 선고한 판결이 확정된 때부터 그 집행을 종료하거나 면제된 후"라는 요건을 설정하고 있다. 전범의 집행유예기간이 경과한 경우는 형법 제62조 제1항 단서가 규정한 '형의 집행을 면제받은 때'에 해당하지 않는다. 형의 집행을 면제하는 것은 실형을 복역하는 경우에만 가능하기 때문이다. 집행유예기간이 무사히 경과된 경우는 처음부터 집행유예 결격사유에 해당할 여지가 없다.[5]

(3) 집행유예와 공무원의 자격

금고 이상의 형을 선고받고 그 집행유예 기간이 끝난 날부터 2년이 지나지 아니한 자

---

1) 2010. 9. 9. 2010도8021, 공 2010하, 1963 = 분석 총론 『절도누범 징역형 사건』.
2) 2022. 7. 28. 2020도13705, 공 2022하, 1812 =『집행유예 종료 후 재심판결 사건』 ☞ 1215면.
3) 2012. 11. 29. 2012도10269, 공 2013상, 112 = 분석 총론 『음주운전자 가중처벌 사건』.
4) 2003. 12. 26. 2003도3768, 공 2004, 294 = 분석 총론 『맛사지 종업원 폭행 사건』.
5) 2007. 2. 8. 2006도6196, 공 2007, 461 = 백선 총론 100-4. 『병역법위반죄 집행유예 사건』.

는 공무원으로 임용될 수 없다(국가공무원법33 iv). 재직중인 공무원이 금고 이상의 형의 집행 유예를 받은 경우에는 당연퇴직한다(동법69 i, 33 iv). 공무원이 금고 이상의 형의 집행유예를 받은 경우에는 그 이후 집행유예 기간의 경과로 형법 제65조에 따라 형의 선고가 효력을 잃게 되었다 하더라도 이미 발생한 당연퇴직의 효력에 영향이 없다.[1]

「소년법」 제67조는 소년범에 대해 자격에 관한 법령을 적용할 때 장래에 향하여 형의 선고를 받지 아니한 것으로 보도록 규정하고 있다. 이 규정은 소년이었을 때 범한 죄로 인하여 소년이 자포자기에 빠지지 않도록 공직 등 사회 진출에 제약을 가하지 아니하고 재기의 기회를 부여하기 위하여 마련된 특례조항이다.[2] 「소년법」 제67조에 따르면 소년 이었을 때 범한 죄에 의하여 형의 집행유예를 선고받은 경우 자격에 관한 법령을 적용할 때 장래에 향하여 형의 선고를 받지 아니한 것으로 본다(동조① ii). 따라서 공무원으로 임 용되는 데에도 제한을 받지 않는다.

6. 집행유예의 취소와 실효

(1) 집행유예의 취소

(가) 필요적 집행유예 취소   형의 집행유예는 3년 이하의 징역이나 금고 또는 500만 원 이하의 벌금의 형을 선고할 경우에 형법 제51조의 양형사항을 참작하여 피고인의 정상 에 참작할 만한 사유가 있을 때에 인정된다(법62① 본문). 이와 관련하여 입법자는 집행유예 결격사유를 규정해 놓고 있다.

법원은 금고 이상의 형이 확정된 때로부터 그 집행을 종료하거나 면제된 후 3년까지의 기간 사이에 죄를 범한 자에 대하여는 처음부터 집행유예를 선고할 수 없다(법62① 단서). 벌 금 이하의 형을 선고하여 확정된 경우는 집행유예의 결격사유에 해당하지 않는다. 「특정강 력범죄의 처벌에 관한 특례법」이 적용되는 경우에는 집행유예 불허기간이 10년으로 연장 된다(동법5). 만일 집행유예의 선고가 있은 후 이러한 결격사유가 발각된 때에는 법원은 집 행유예의 선고를 취소한다(법64①). 이 경우 집행유예의 취소는 필요적이다.

(나) 임의적 집행유예 취소   형의 집행을 유예하는 경우에 법원은 피고인에게 보호 관찰을 받을 것을 명하거나 사회봉사 또는 수강을 명할 수 있다(법62의2①). 보호관찰, 사회 봉사명령 또는 수강명령이 붙은 집행유예를 받은 자가 준수사항이나 명령에 위반하고 그 정도가 무거운 때에는 법원은 집행유예의 선고를 취소할 수 있다(법64②). 이 경우의 집행유 예취소는 임의적이다. 임의적 집행유예의 취소는 검사가 보호관찰소의 장의 신청을 받아

---

1) 2011. 3. 24. 2008다92022, 공 2011상, 799 = 분석 총론 『철도공무원 뺑소니 사건』.
2) 2018. 1. 25. 2017헌가7, 헌집 30-1상, 1 =『구 소년법 67조 헌법불합치 사건』.

법원에 청구한다(보호관찰등에관한법률47①).

「치료감호 등에 관한 법률」에 따른 치료명령(동법44의2)이 부가된 집행유예를 받은 사람이 정당한 사유 없이 치료기간 중에 치료감호법상의 준수사항(동법44의5)을 위반하고 그 정도가 무거운 때에는 법원은 집행유예의 선고를 취소할 수 있다(동법44의8②).

(다) 집행유예 취소절차　　집행유예의 취소는 검사의 청구에 의하여 법원이 행한다. 집행유예를 취소할 경우에는 검사는 피고인의 현재지 또는 최후의 주거지를 관할하는 법원에 청구하여야 한다(형소법335①). 법원에 의하여 형의 집행유예가 취소되면 유죄판결에는 '형의 선고'만 남게 된다. 이 경우 선고된 형은 검사의 지휘에 의하여 집행에 들어가게 된다.

(라) 집행유예 취소의 시간적 한계　　집행유예 선고의 취소는 '집행유예 기간 중'에만 가능하다. 집행유예 취소청구 사건의 심리 도중에 집행유예 기간이 경과하면 형의 선고는 효력을 잃는다. 그렇기 때문에 관할법원은 더 이상 집행유예의 선고를 취소할 수 없고 취소청구를 기각할 수밖에 없다. 이 점은 집행유예 선고에 대한 취소결정에 대해 즉시항고 또는 재항고를 한 상태에서 집행유예 기간이 경과한 때에도 같다.[1]

(2) 집행유예의 실효

(가) 집행유예 실효사유　　집행유예의 선고를 받은 자가 유예기간 중 새로이 범죄를 범하는 경우가 있다. 집행유예의 선고를 받은 자가 유예기간 중 고의로 범한 죄로 금고 이상의 실형을 선고받아 그 판결이 확정된 때에는 종전의 범죄에 대한 집행유예의 선고는 효력을 잃는다(법63).

(나) 실효사유의 개정　　2005년 개정 전의 형법 제63조는 집행유예의 실효사유를 '유예기간 중 금고 이상의 형의 선고를 받아 그 판결이 확정된 때'로 규정하고 있었다. 그러나 이후 입법자는 집행유예제도의 폭넓은 활용을 위하여 집행유예의 실효사유를 대폭 제한하였다. 우선 실효사유의 근거가 되는 범죄는 '고의범'으로 한정되었다. 다음으로 단순히 '금고 이상의 형의 선고'를 하는 경우를 넘어서서 '금고 이상의 실형을 선고'하는 경우로 요건이 강화되었다. 따라서 금고 이상의 형을 선고하더라도 집행유예를 함께 선고하는 경우는 집행유예의 실효사유에서 제외되었다.

(다) 집행유예의 실효와 형집행　　집행유예의 실효는 집행유예기간 중의 새로운 범죄에 대하여 금고 이상의 실형을 선고하는 판결이 확정될 때 일어난다. 금고 이상의 형을 선고하는 판결이 있었더라도 상소 등에 의하여 재판이 아직 확정되지 아니한 때에는 집행유예의 실효가 일어나지 않는다.

---

1) 2023. 6. 29. 2023모1007, 공 2023하, 1417 = 『집행유예 종료 당일 재항고 사건』 ☞ 1220면.

집행유예의 선고를 받은 자가 유예기간 중 고의범으로 실형을 선고받아 그 판결이 확정되면 집행유예의 선고는 자동으로 실효된다. 검사의 청구나 법원의 결정을 기다리지 않는다. 이 점이 집행유예의 실효가 집행유예의 취소와 구별되는 부분이다.

선고유예의 경우에는 형의 선고유예를 받은 자에게 유예기간 중 자격정지 이상의 형에 처한 판결이 확정되더라도 검사의 청구에 의한 법원의 선고유예 실효결정이 있을 때 비로소 선고유예가 실효된다.[1] 이에 반해 집행유예의 경우 집행유예의 실효는 검사의 청구나 법원의 결정을 기다리지 않고 자동으로 이루어진다. 집행유예가 실효되면 집행유예와 함께 선고되었던 형이 곧바로 집행된다. 집행유예의 선고가 실효되었으므로 형의 선고만 유죄판결에 남게 되기 때문이다.

제 5 절   소년법상의 특례

제1   소년에 대한 보호처분

1. 소년법의 구조

「소년법」은 반사회성이 있는 소년의 환경 조정과 품행 교정(矯正)을 위한 보호처분 등의 필요한 조치를 하고, 형사처분에 관한 특별조치를 함으로써 소년이 건전하게 성장하도록 돕는 것을 목적으로 제정된 법률이다(동법1). 「소년법」에서 말하는 소년은 19세 미만의 자를 말한다(소년법2). '소년'인지의 여부는 소년사건의 심판시, 즉 사실심판결 선고시를 기준으로 판단되어야 한다.[2]

「소년법」은 소년에 대한 보호처분을 규정하는 한편 형사처분에 관한 특례도 함께 규정하고 있다. 형사사건과 관련한 「소년법」의 특칙을 일별하기로 한다.

2. 소년보호처분

검사는 소년에 대한 피의사건을 수사한 결과 보호처분에 해당하는 사유가 있다고 인정한 경우에는 사건을 관할 소년부에 송치하여야 한다(소년법49①). 법원은 소년에 대한 피고사건을 심리한 결과 보호처분에 해당할 사유가 있다고 인정하면 결정으로써 사건을 관할

---

1) 2007. 6. 28. 2007모348, 공 2007, 1220 = 『선고유예 실효 즉시항고 사건』.
2) 2009. 5. 28. 2009도2682, 공 2009, 1077 = 분석 총론 『소년연령 인하 사건』.

소년부에 송치하여야 한다(동법50). 소년부판사는 심리의 결과 보호처분의 필요가 있다고 인정한 때에는 결정으로 일정한 내용의 소년보호처분을 하여야 한다(동법32① 참조).

「소년법」이 규정한 소년보호처분은 장래지향적 관점에서 소년의 건전한 육성을 꾀할 목적으로 강구되는 조치이다. 형벌 이외의 조치로서 장래지향적이라는 점에서 「소년법」상의 보호처분은 형식적 의미의 보안처분으로 파악할 수 있다. 그러나 「소년법」상의 보호처분은 소년의 인격형성에 대한 낙관적 전망에 기초하고 있다. 이 점에서 「소년법」상의 보호처분은 재범의 위험성이 있는 범죄인으로부터 사회를 보호하겠다는 사회방위적 구상에 입각하여 마련된 실질적 의미의 보안처분과 구별된다. 「소년법」상의 보호처분은 유죄의 확정판결을 받은 경우에 해당하지 않는다.[1]

제2 소년에 대한 형사처벌

1. 소년법의 특징

「소년법」이 규정한 형사처벌의 특칙을 살펴본다. 형사처벌과 관련하여 볼 때 우리 「소년법」은 소년에게만 적용되는 특별구성요건을 설정하고 있지 않다. 비교법적으로 볼 때 미국법에서는 소위 신분범죄(status offender)라고 하여 소년에게만 적용되는 특별한 비행구성요건이 마련되어 있다. 그러나 우리 「소년법」은 구성요건의 측면이 아니라 법적 효과인 형벌의 측면에서 소년에 대한 몇 가지 특칙을 마련하고 있다.

가정법원소년부 또는 지방법원소년부(소년법3②)는 조사 또는 심리한 결과 금고 이상의 형에 해당하는 범죄사실이 발견된 경우 그 동기와 죄질이 형사처분을 할 필요가 있다고 인정하면 결정으로써 사건을 관할 지방법원에 대응한 검찰청 검사에게 송치하여야 한다(동법7①).

2. 소년형사사건과 사형·무기징역

죄를 범할 당시 18세 미만인 소년에 대하여 사형 또는 무기형으로 처벌할 경우에는 15년의 유기징역으로 한다(소년법59). 다만 특정강력범죄의 경우에는 형이 20년의 유기징역으로 상향 조정된다(특정강력범죄의처벌에관한특례법4①). 사형 또는 무기형에 대한 감경의 특례를 인정한 것은 소년에게 교정 교화의 기회를 주어 장래의 여망을 기대하기 위함이다.[2]

---

1) 2012. 3. 22. 2011도15057, 2011전도249 전원합의체 판결, 공 2012상, 722 = 분석 총론 『소년보호 전력 부착명령 사건』.

2) 1960. 9. 30. 4293형상509, 집8, 형75 = 분석 총론 『소년양형 구별 사건』.

3. 소년감경의 특례

소년의 특성에 비추어 상당하다고 인정되는 때에는 법원은 그 형을 감경할 수 있다(소년법60②). 소년의 특성에 비추어서 행하는 형의 감경례를 소년감경이라고 부른다. 소년감경의 대상이 되는 '소년'인지의 여부는 심판시, 즉 사실심판결 선고시를 기준으로 판단하여야 한다. 소년감경은 소년의 특성 때문에 현재 소년이라는 상태를 중시하여 소년의 건전한 육성을 기하려는 취지에서 인정된 특례이기 때문이다.[1] [2]

4. 소년형사사건과 부정기형

「소년법」은 소년에 대하여 부정기형을 인정하고 있다. 소년이 법정형으로 장기 2년 이상의 유기형에 해당하는 죄를 범한 경우에는 그 형의 범위에서 장기와 단기를 정하여 선고한다. 다만, 장기는 10년, 단기는 5년을 초과하지 못한다(소년법60①). 한편 특정강력범죄의 경우에는 부정기형의 범위가 장기는 15년, 단기는 7년으로 상향 조정된다(특정강력범죄의처벌에관한특례법4②).

소년이 사형 또는 무기형이 규정된 죄를 범하였으나 감경사유가 있어 사형 또는 무기형을 감경한 결과 유기형으로 감면되는 경우가 있다. 그러나 이 경우는 원래 장기 2년 이상 법정형에 해당하는 경우가 아니므로 부정기형을 과할 수 없다.[3]

법정형의 장기가 2년 미만의 경우는 소년범이라 할지라도 정기형이 부과된다. 또한 법정형의 장기가 2년 이상이어서 부정기형을 선고해야 하는 경우라고 할지라도 소년에 대하여 형의 집행유예나 형의 선고유예를 선고할 때에는 정기형을 선고하여야 한다(소년법60③ 참조).

소년법 제60조 제1항에 정한 '소년'은 소년법 제2조에 정한 19세 미만인 자를 의미한다. 이에 해당하는지는 사실심판결 선고 시를 기준으로 판단해야 한다. 그러므로 제1심에서 부정기형을 선고받은 피고인이 항소심 선고 이전에 19세에 도달하는 경우 항소법원은 정기형을 선고해야 한다. 이 경우 피고인만이 항소하거나 피고인을 위하여 항소하였다면 불이익변경금지원칙(형소법368)이 적용되어 항소법원은 제1심판결의 부정기형보다 무거운 정기형을 선고할 수 없다.

이 때 부정기형과 실질적으로 동등하다고 평가될 수 있는 정기형은 부정기형의 장기

---

1) 1991. 12. 10. 91도2393, 공 1992, 556 = 분석 총론 『범행시 소년 감경 사건』.
2) 2009. 5. 28. 2009도2682, 공 2009, 1077 = 분석 총론 『소년연령 인하 사건』.
3) 1960. 9. 30. 4293형상509, 집8, 형75 = 분석 총론 『소년양형 구별 사건』.

와 단기의 정중앙에 해당하는 형이다. 예컨대 제1심법원이 징역 장기 15년, 단기 7년의 부정기형 대신 항소법원이 정기형을 선고할 때 불이익변경금지 원칙 위반 여부를 판단하는 기준은 부정기형의 장기인 15년과 단기인 7년의 중간형, 즉 징역 11년[= (15 + 7)/2]이 된다.[1]

5. 소년형사사건과 전과

(1) 소년법 제67조의 입법취지

소년은 성인에 비하여 개선가능성이 크고 사회의 비행으로부터 보호해야 할 필요가 있다. 이 때문에 입법자는 소년을 특별히 「소년법」으로 규율하고 있다. 「소년법」 중에서도 제67조는 자격에 관한 법령의 적용에 관하여 규정하고 있다. 「소년법」 제67조는 소년이었을 때 범한 죄로 인하여 소년이 자포자기에 빠지지 않도록 공직 등의 사회진출에 제약을 가하지 아니하고 재기의 기회를 부여하기 위한 특례조항으로 주목된다. 「소년법」 제67조는 소년이 비록 범죄를 저지른 전과가 있다 하더라도 주체적 인격과 사회적 책임을 가지고 건전한 시민으로서 살아갈 수 있도록 특별히 배려를 하고 있다.[2]

2018년 개정 전의 「소년법」 제67조는 소년이었을 때 범한 죄에 의하여 형을 선고받은 자가 그 집행을 종료하거나 면제받은 경우만을 특례 대상으로 명시하고 있었다. 그런데 소년범이 집행유예를 받은 경우에는 자격제한이 완화되지 아니하여 집행유예 기간이 경과하더라도 일정 기간 동안 자격제한을 받았다.[3] 2018년 헌법재판소는 개정 전 「소년법」 제67조에 대해 헌법불합치결정을 내렸고,[4] 입법자는 같은 해 「소년법」 제67조를 개정하여 특례규정의 적용범위를 확장하였다.

(2) 소년법 제67조의 적용범위

(가) 실형선고   소년이었을 때 범한 죄에 의하여 형을 선고받은 자가 그 집행을 종료하거나 면제받은 경우에는 자격에 관한 법령을 적용할 때 장래에 향하여 형의 선고를 받지 아니한 것으로 본다(소년법67① i).

(나) 집행유예   소년이었을 때 범한 죄에 의하여 형의 집행유예를 선고받은 경우에는 자격에 관한 법령을 적용할 때 장래에 향하여 형의 집행유예를 선고받지 아니한 것으로

---

1) 2020. 10. 22. 2020도4140 전원합의체 판결, 공 2020하, 2206 =『소년범 정기형 변경 사건』☞ 1221면.
2) 2018. 1. 25. 2017헌가7, 헌집 30-1상, 1 =『구 소년법 67조 헌법불합치 사건』.
3) 전술 923면 참조.
4) 2018. 1. 25. 2017헌가7, 헌집 30-1상, 1 =『구 소년법 67조 헌법불합치 사건』.

본다(소년법67① ii). 그러나 형의 집행유예가 실효·취소된 때에는 그 때에 형을 선고받은 것으로 본다(동조②).

(다) 선고유예   소년이었을 때 범한 죄에 의하여 형의 선고유예를 선고받은 경우에는 자격에 관한 법령을 적용할 때 장래에 향하여 형의 선고유예를 받지 아니한 것으로 본다(소년법67① ii). 그러나 형의 선고유예가 실효된 때에는 그 때에 형을 선고받은 것으로 본다(동조②).

(3) 소년법 제67조의 효과

「소년법」 제67조가 자격에 관한 법령의 적용에 특례를 인정한 것은 소년범의 경우에 형의 실효시점을 앞당기기 위함이다. 형법 제81조나 「형의 실효 등에 관한 법률」 제7조에 의한 형의 실효는 일정기간이 경과해야 비로소 가능하다.[1]

그러나 소년범의 경우에는 (가) 형의 집행을 종료하거나 집행을 면제받은 때, (나) 형의 집행유예를 선고받은 때, (다) 형의 선고유예를 선고받은 때에 각각 즉시 장래에 향하여 형의 선고 등을 받지 않은 것으로 취급된다. 이것은 소년에게 전과사실을 이유로 불이익을 가하지 못하도록 하려는 정책적 배려의 표현이다. 그러나 누범가중에 관한 형법 제35조는 자격에 관한 법령에 해당하지 않는다.[2]

제 6 절 형의 집행

제 1 형의 집행

1. 형집행의 의의와 방법

(1) 형집행의 의미

형집행이란 확정판결을 통하여 선고된 형을 권한 있는 국가기관이 구체적으로 실현시키는 작용을 말한다. 형집행의 예로 예컨대 자유형의 집행을 위한 수형자의 소환·수감이나 재산형의 집행 등을 생각할 수 있다. 형의 집행기관은 검사이다(형소법460, 검찰청법4①iv). 재판의 집행 일반에 관하여는 형사소송법 제459조 이하에 규정이 마련되어 있다.

---

1) 형의 실효에 관하여는, 전술 939면 참조.
2) 1993. 2. 23. 93도69, 공 1993, 1117 = 분석 총론 『소년전과 누범 사건』.

형집행 가운데 특히 자유박탈을 수반하는 징역형, 금고형, 노역장유치와 구류형의 집행을 가리켜서 행형이라고 한다. 자유형의 집행을 특별히 규율하기 위하여 단행법률로「형의 집행 및 수용자의 처우에 관한 법률」이 제정되어 있다.

형법은 형집행의 방법에 관하여 제66조 이하에 몇 가지 기본적인 규정을 마련하고 있다. 또한 형법 제69조 내지 제71조는 벌금 및 과료의 납입과 관련한 환형처분으로 노역장유치를,「즉결심판에 관한 절차법」제17조는 구류의 집행확보를 위한 유치명령제도를 각각 규정하고 있다.

(2) 형집행의 방법

(가) 형벌의 집행방법　　　사형은 교정시설 안에서 교수(絞首)하여 집행한다(법66). 징역은 수형자를 교정시설에 수용하여 집행하며, 정해진 노역(勞役)에 복무하게 한다(법67). 금고와 구류는 수형자를 교정시설에 수용하여 집행한다(법68). 벌금과 과료는 판결확정일로부터 30일 내에 납입하여야 한다(법69① 본문).

(나) 벌금과 노역장유치　　　벌금은 판결확정일로부터 30일 내에 납입하여야 한다(법69① 본문). 벌금을 납입하지 아니한 자는 1일 이상 3년 이하의 기간 노역장에 유치하여 작업에 복무하게 한다(동조②). 벌금의 선고를 받은 사람이 그 금액의 일부를 납입한 경우에는 벌금액과 노역장 유치기간의 일수(日數)에 비례하여 납입금액에 해당하는 일수를 뺀다(법71). 법원은 벌금을 선고할 때에는 동시에 그 금액을 완납할 때까지 노역장에 유치할 것을 명할 수 있다(법69① 단서). 법원은 벌금을 선고할 때 이를 납입하지 아니하는 경우의 유치기간을 정하여 동시에 선고하여야 한다(법70①). 벌금형의 노역장유치와 관련한 법관의 재량권남용을 방지하기 위하여 입법자는 2014년 형법 일부개정으로 노역장유치기간에 대한 기준을 설정하였다. 즉, 법원은 선고하는 벌금이 (가) 1억원 이상 5억원 미만인 경우에는 300일 이상, (나) 5억원 이상 50억원 미만인 경우에는 500일 이상, (다) 50억원 이상인 경우에는 1천일 이상의 노역장 유치기간을 정하여야 한다(동조②).

(다) 과료와 노역장유치　　　과료는 판결확정일로부터 30일 내에 납입하여야 한다(법69① 본문). 과료를 납입하지 아니한 자는 1일 이상 30일 미만의 기간 노역장에 유치하여 작업에 복무하게 한다(동조②). 법원은 과료를 선고할 때 이를 납입하지 아니하는 경우의 노역장유치기간을 정하여 동시에 선고하여야 한다(법70①). 과료의 선고를 받은 사람이 그 금액의 일부를 납입한 경우에는 과료액과 노역장 유치기간의 일수(日數)에 비례하여 납입금액에 해당하는 일수를 뺀다(법71).

(3) 형기의 계산방법

형법은 자유형의 집행과 관련하여 형기계산의 기준을 몇 가지 제시하고 있다. 연(年) 또는 월(月)로 정한 기간은 연 또는 월 단위로 계산한다(법83). 형기는 판결이 확정된 날로부터 기산한다(법84①). 징역, 금고, 구류와 유치에 있어서는 구속되지 아니한 일수는 형기에 산입하지 아니한다(동조②). 형집행의 초일은 시간을 계산함이 없이 1일로 산정한다(법85). 석방은 형기종료일에 하여야 한다(법86).

판결선고전의 구금일수는 그 전부를 유기징역, 유기금고, 벌금이나 과료에 관한 유치 또는 구류에 산입한다(법57①). 이 경우 구금일수의 1일은 징역, 금고, 벌금이나 과료에 관한 유치 또는 구류의 기간의 1일로 계산한다(동조②).

2. 형의 집행종료와 형의 집행면제

집행유예 없는 형(실형)이 선고되고 그 재판이 확정되면 확정판결의 효력에 기하여 형집행력이 발생한다(형소법459 참조). 실형을 선고한 확정판결이 있으면 검사는 형집행기관으로서 형을 집행하게 된다(형소법460). 형이 선고된 내용에 따라 현실적으로 실현되었을 때 이를 가리켜서 형의 집행종료라고 한다.

한편 형의 집행이 종료되기 전에 형의 집행을 중도에 멈추는 경우가 있다. 집행되던 형을 도중에 중지하고 더 이상 형의 집행을 하지 않기로 하는 조치를 가리켜서 형의 집행면제라고 한다. 형의 집행면제는 '실형의 선고'를 전제로 하면서 그 집행만을 면제하는 것이다. 이 점에서 형의 집행면제는 '형의 선고' 자체를 면제하는 형의 면제와 구별된다.[1]

형의 집행면제는 세 가지 경우에 나타난다. 하나는 형을 선고한 재판이 확정된 이후에 적용법률이 변경되는 경우이다. 재판이 확정된 후 법률이 변경되어 그 행위가 범죄를 구성하지 아니하게 된 경우에는 형의 집행을 면제한다(법1③). 다른 하나는 형의 시효의 완성이다. 형을 선고받은 사람에 대해서는 시효가 완성되면 그 집행이 면제된다(법77). 세 번째로 특별사면이 있다. 특별사면은 형의 선고를 받고 재판이 확정된 사람을 대상으로 한다(사면법3ⅱ 참조). 특별사면이 있으면 형의 집행이 면제된다(사면법5①ⅱ 본문).

3. 가 석 방

(1) 가석방의 의의 및 심사절차

징역이나 금고의 집행 중에 있는 사람이 행상(行狀)이 양호하여 뉘우침이 뚜렷한 때에

---

1) 전술 896면 참조.

는 무기형은 20년, 유기형은 형기의 3분의 1이 지난 후 행정처분으로 수형자를 가석방할 수 있다(법72①). 이 경우 벌금이나 과료가 병과되어 있는 때에는 그 금액을 완납하여야 한다(동조②).

가석방은 행정처분이므로 법원의 판단을 거치지 않는다. 형법 제72조에 따른 가석방의 적격 여부를 심사하기 위하여 법무부장관 소속으로 가석방심사위원회가 설치되어 있다(「형의 집행 및 수용자의 처우에 관한 법률」 119). 가석방을 하려면 먼저 교정시설의 장이 형법 제72조 제1항의 가석방요건기간이 지난 수형자에 대해 가석방심사위원회에 가석방 적격심사를 신청하여야 한다(동법121①). 가석방심사위원회는 수형자의 나이, 범죄동기, 죄명, 형기, 교정성적, 건강상태, 가석방 후의 생계능력, 생활환경, 재범의 위험성, 그 밖에 필요한 사정을 고려하여 가석방의 적격 여부를 결정한다(동조②). 가석방심사위원회는 가석방 적격결정을 하였으면 5일 이내에 법무부장관에게 가석방허가를 신청하여야 한다(동법122①). 법무부장관은 가석방심사위원회의 가석방 허가신청이 적정하다고 인정하면 가석방을 허가할 수 있다(동조②).

가석방을 하는 경우 형기에 산입된 판결선고 전 구금일수는 집행한 기간에 산입한다(법73①). 벌금이나 과료가 병과되어 있는 경우에 벌금이나 과료에 관한 노역장 유치기간에 산입된 판결선고 전 구금일수는 그에 해당하는 금액이 납입된 것으로 본다(동조②).

(2) 가석방의 기간 및 보호관찰

가석방이 허가될 경우에 가석방 기간은 무기형에 있어서는 10년으로 하고, 유기형에 있어서는 남은 형기로 하되, 그 기간은 10년을 초과할 수 없다(법73의2①). 가석방된 자는 가석방기간 중 보호관찰을 받는다(동조② 본문). 다만 가석방을 허가한 행정관청이 필요가 없다고 인정한 때에는 그러하지 아니하다(동항 단서).

「전자장치 부착 등에 관한 법률」(전자장치부착법)이 규정하는 특정범죄(성폭력범죄, 미성년자 대상 유괴범죄, 살인범죄, 강도범죄)의 경우(동법2 참조)에는 검사가 법원에 위치추적 전자장치의 부착을 청구할 수 있다(동법5①). 법원은 부착명령 청구가 이유 있다고 인정하는 때에는 일정한 기간의 범위 내에서 부착기간을 정하여 판결로 부착명령을 선고하여야 한다(동법9①).

위의 위치추적 전자장치 부착명령 판결을 선고받지 아니한 특정범죄자로서 형의 집행 중 가석방되어 보호관찰을 받게 되는 자는 준수사항 이행 여부 확인 등을 위하여 가석방기간 동안 전자장치를 부착하여야 한다. 다만, 보호관찰심사위원회가 전자장치 부착이 필요하지 아니하다고 결정한 경우에는 그러하지 아니하다(전자장치부착법22① 본문·단서).

보호관찰심사위원회는 특정범죄 이외의 범죄로 형의 집행 중 가석방되어 보호관찰을 받는 사람의 준수사항 이행 여부 확인 등을 위하여 가석방 예정자의 범죄내용, 개별적 특성 등을 고려하여 가석방 기간의 전부 또는 일부의 기간을 정하여 전자장치를 부착하게 할 수 있다(전자장치부착법22②).

(3) 가석방의 실효와 취소

가석방 기간 중 고의로 지은 죄로 금고 이상의 형을 선고받아 그 판결이 확정된 경우에는 가석방 처분은 효력을 잃는다(법74). 가석방처분을 받은 자가 감시에 관한 규칙을 위배하거나 보호관찰의 준수사항을 위반하고 그 정도가 무거운 때에는 가석방처분을 취소할 수 있다(법75).

(4) 가석방의 효과

가석방처분을 받은 후 그 처분이 실효 또는 취소되지 아니하고 가석방기간을 경과한 때에는 형의 집행을 종료한 것으로 본다(법76①). 가석방이 실효되거나 취소된 경우에는 다시 형을 집행하여야 한다. 이 경우에는 가석방 중의 일수는 형기에 산입하지 아니한다(동조②).

제2 형의 시효

1. 형의 시효의 의의

형을 선고하는 유죄판결이 확정되면 검사는 형집행기관으로서 형벌을 집행하게 된다(형소법460①). 그런데 국가기관이 형벌을 집행하지 아니한 상태로 일정기간이 경과하면 국가는 형벌의 집행권을 상실하게 된다. 이와 같이 일정한 기간의 경과로 인하여 형벌의 집행권이 소멸되는 장치를 가리켜서 형의 시효제도라고 한다.

2023년 입법자는 형법을 일부 개정하여 형의 시효 완성으로 집행이 면제되는 형에서 사형을 제외하였다. 형 집행의 공백을 방지하기 위한 개정이다.[1] 형(사형은 제외한다)의 선고를 받은 사람에 대해서는 시효가 완성되면 그 집행이 면제된다(법77). 이 경우 '형의 선고를 받은 사람'이란 형을 선고한 유죄판결이 확정되어 형집행의 대상이 된 사람을 말한다. 형의 시효가 완성되더라도 그 법적 효과는 형의 집행면제에 그친다. 따라서 '형의 선고' 자체에 따르는 전과는 그대로 남게 된다.

---

1) 사형에 대한 형의 시효 삭제는 개정 법률이 공포된 2023년 8월 8일부터 시행되었다.

2. 형의 시효기간

형의 시효는 형을 선고하는 재판이 확정된 후 그 집행을 받지 아니하고 다음의 기간이 지나면 완성된다(법78).

① 사형 : 삭제(개정전 30년) (1호)

② 무기의 징역 또는 금고 : 20년 (2호)

③ 10년 이상의 징역 또는 금고 : 15년 (3호)

④ 3년 이상의 징역이나 금고 또는 10년 이상의 자격정지 : 10년 (4호)

⑤ 3년 미만의 징역이나 금고 또는 5년 이상의 자격정지 : 7년 (5호)

⑥ 5년 미만의 자격정지, 벌금, 몰수 또는 추징 : 5년 (6호)

⑦ 구류 또는 과료 : 1년 (7호)

형의 시효기간의 초일은 시간을 계산함이 없이 1일로 산정한다(법85). 2017년 입법자는 형의 시효기간을 일부 조정하여 제5호의 3년 미만의 징역이나 금고 또는 5년 이상의 자격정지에 대한 형의 시효를 종전의 5년에서 7년으로 연장하고, 제6호의 5년 미만의 자격정지, 벌금, 몰수 또는 추징에 대한 형의 시효를 종전의 3년에서 5년으로 연장하였다. 형의 경중에 따라 시효를 단계적으로 규정하여 형 집행의 실효성을 높이고 형법상 형의 시효와 형사소송법상 공소시효(형소법249) 간의 균형을 맞추려는 것이 개정의 이유이다.

3. 형의 시효의 정지 · 중단 · 배제

(1) 형의 시효의 정지

형의 시효는 형의 집행유예나 형의 집행정지 또는 가석방 기타 집행할 수 없는 기간 동안은 진행되지 아니한다(법79①). 형의 시효는 또한 형이 확정된 후 그 형의 집행을 받지 아니한 사람이 형의 집행을 면할 목적으로 국외에 있는 기간 동안은 진행되지 아니한다(동조②). 해외도피 사유는 형사소송법에 공소시효정지의 사유로 규정되어 있다(형소법253③). 공소시효의 경우와 균형을 맞추기 위하여 입법자는 2014년 형법 일부개정을 통하여 해외도피를 형의 시효정지 사유로 추가하였다.

형의 시효정지는 형의 시효가 진행되지 않는 것을 가리킨다. 시효정지의 경우에는 그 사유가 있는 동안 시효의 진행이 멈추는 효과가 발생한다. 그러나 이미 진행된 시효기간에는 영향이 없다.

(2) 형의 시효중단

형의 시효는 징역, 금고 및 구류의 경우에는 수형자를 체포한 때, 벌금, 과료, 몰수 및 추징의 경우에는 강제처분을 개시한 때에 중단된다(법80). 진행되었던 형의 시효가 전부 무효로 돌아가는 것을 가리켜서 형의 시효중단이라고 한다. 시효중단의 효력이 발생하기 위하여 집행행위가 종료되거나 성공하였음을 요하지 않는다.[1] 형의 시효가 중단되면 이미 진행되었던 시효기간이 전부 무(無)로 돌아간다. 따라서 형의 시효는 처음 상태로부터 다시 시작하여 새로이 진행된다.

(3) 형의 시효배제

형의 시효가 배제되는 경우가 있다. 「국제형사재판소 관할 범죄의 처벌 등에 관한 법률」은 집단살해죄, 인도에 반한 죄, 각종 전쟁범죄 등을 규정하면서(동법8~16 참조) 이 범죄들에 대해서는 "형법 제77조부터 제80조까지의 규정에 따른 형의 시효에 관한 규정을 적용하지 아니한다."고 규정하여 형의 시효를 배제하고 있다(동법6). 형의 시효가 배제되는 범죄의 경우에는 아무리 시간이 경과하더라도 형벌의 집행권이 소멸하지 않는다.

제 3 전과의 의의와 효과

1. 수형인과 전과

(1) 수형인과 수형자

피고인에 대하여 형을 선고하는 유죄판결이 확정되면 이 때부터 형을 집행할 수 있다(형소법459 참조). 즉 유죄의 확정판결에 의하여 형의 집행력이 발생한다. 형을 선고한 유죄판결이 확정되면 피고인은 이제 수형인이 된다. 수형인이란 형의 집행을 받게 된 사람을 말한다. 「형의 실효 등에 관한 법률」은 수형인을 "형법 제41조에 규정된 형을 받은 자를 말한다."라고 규정하고 있다(동법2 i).

한편 「형의 집행 및 수용자의 처우에 관한 법률」은 징역형·금고형 또는 구류형의 선고를 받아 그 형이 확정되어 교정시설에 수용된 사람과 벌금 또는 과료를 완납하지 아니하여 노역장 유치명령을 받아 교정시설에 수용된 사람을 수형자로 지칭하고 있다(동법2 ii).

---

[1] 2009. 6. 25. 2008모1396, 공 2009하, 1451 = 분석 총론 『벌금 20억원 노역장유치 사건』.

(2) 전과의 의의와 법적 효과

어느 사람에 대해 확정판결로써 '유죄의 선고' 또는 '형의 선고'가 내려졌다는 사실을 가리켜서 전과라고 한다. 전과는 어느 사람이 가지고 있는 범죄의 경력을 말한다. 전과는 "형이 선고된 사실이 있다."는 것뿐만 아니라 "유죄가 선고된 사실이 있다."는 것도 포함한다. 따라서 '유죄의 선고'에만 그치고 있는 '형의 면제'나 '형의 선고유예'도 전과의 대상에 포함된다. 형의 선고가 있었으나 일반사면(사면법5① i)[1] 또는 특별사면(동항 ii 단서)에 의하여 형 선고의 효력이 상실된 경우도 전과에 포함된다.

전과는 법적 생활에 있어서 여러 가지 불이익을 발생시킨다. 공무원의 임용제한(국가공무원법33, 69 참조),[2] 피선거권의 제한(공직선거법19 ii) 등은 그 예이다. 형법총칙에 나타나는 불이익의 예로는 누범가중(법35), 선고유예의 제한(법59① 단서, 61① 후단),[3] 집행유예의 제한(법62① 단서, 64①)[4] 등을 들 수 있다. 전과가 발생시키는 법적 효과 중 누범가중의 문제는 형의 양정에 관한 항목에서 상세히 검토한 바가 있다.[5]

2. 형의 실효 등에 관한 법률과 전과기록

(1) 수사자료표

전과와 관련된 사항을 확인하기 위하여 여러 가지 기록이 작성된다. 전과와 관련된 기록의 관리를 규율하는 법률로 「형의 실효 등에 관한 법률」(형실효법)이 제정되어 있다. 전과와 관련하여 국가기관이 관리하는 기록은 크게 보아 경찰이 관리하는 것과 검찰이 관리하는 것으로 나누어 볼 수 있다.

사법경찰관은 피의자에 대한 수사자료표를 작성하여 경찰청에 송부하여야 한다(형실효법5① 본문). 다만 (가) 즉결심판대상자 및 (나) 사법경찰관이 수리한 고소 또는 고발 사건 중 불송치결정(형소법245의5 ii 참조) 사유에 해당하는 사건의 피의자에 대하여는 수사자료표를 작성하지 않는다(형실효법5① 단서).

(가) 수사자료표   수사기관이 피의자의 지문을 채취하고 피의자의 인적사항과 죄명 등을 기재한 표로서 경찰청에서 관리하는 것을 말한다. 수사자료표에는 전산입력되어 관리되거나 자기테이프, 마이크로필름 그 밖에 이와 유사한 매체에 기록·저장된 표가 포함된다(형실효법2iv). 수사자료표는 범죄경력자료와 수사경력자료로 이루어진다.

---

1) 2012. 11. 29. 2012도10269, 공 2013상, 112 = 분석 총론 『음주운전자 가중처벌 사건』.
2) 2011. 3. 24. 2008다92022, 공 2011상, 799 = 분석 총론 『철도공무원 뺑소니 사건』.
3) 전술 899면 이하 참조.
4) 전술 913면 이하 참조.
5) 전술 873면 이하 참조.

(나) 범죄경력자료   수사자료표 중 (가) 벌금 이상의 형의 선고, 면제 및 선고유예, (나) 보호감호, 치료감호, 보호관찰, (다) 선고유예의 실효, (라) 집행유예의 취소, (마) 벌금 이상의 형과 함께 부과된 몰수, 추징, 사회봉사명령, 수강명령 등의 선고 또는 처분에 관한 자료를 말한다(형실효법2ⅴ).

(다) 수사경력자료   수사자료표 중 벌금 미만의 형의 선고, 사법경찰관의 불송치결정 및 검사의 불기소처분에 관한 자료 등 범죄경력자료를 제외한 나머지 자료를 말한다(형실효법2ⅵ).

(2) 전과기록

전과를 확인하기 위하여 작성된 기록을 전과기록이라고 한다. 전과가 있는 사람에 대해서는 전과기록이 작성된다. 전과기록은 수형인명부, 수형인명표, 범죄경력자료로 구성된다(형실효법2ⅶ).

(가) 수형인명부   자격정지 이상의 형을 받은 수형인을 기재한 명부로서 검찰청 및 군검찰부에서 관리하는 것을 말한다(동법2ⅱ).

(나) 수형인명표   자격정지 이상의 형을 받은 수형인을 기재한 명표로서 수형인의 등록기준지 시·구·읍·면 사무소에서 관리하는 것을 말한다(동법2ⅲ).

(다) 범죄경력자료   범죄경력자료는 수사자료표 중 (가) 벌금 이상의 형의 선고, 면제 및 선고유예, (나) 보호감호, 치료감호, 보호관찰, (다) 선고유예의 실효, (라) 집행유예의 취소, (마) 벌금 이상의 형과 함께 부과된 몰수, 추징, 사회봉사명령, 수강명령 등의 선고 또는 처분에 관한 자료를 말한다(형실효법2ⅴ).

제4 형의 실효

1. 형의 실효의 의의

형이 선고되고 실제로 집행되면 형선고의 효력은 달성된 것이다. 그런데 형이 선고되고 집행되었다는 사실 자체를 근거로 일정한 불이익이 과해지는 경우가 있다. 누범가중(법35)은 형법전이 규정한 불이익의 예이다. 공무원의 임용제한(국가공무원법33 참조), 피선거권의 제한(공직선거법18, 19 참조) 등은 형의 선고 및 집행이라는 사실이 불이익의 사유로 규정된 예로 주목된다. 그 밖에도 기업체의 취업제한 등도 형의 선고 및 집행의 사실에 따른 불이익의 일종으로 생각할 수 있다.

그런데 형의 선고에 따라 형을 집행받았음에도 불구하고 계속 불이익을 받게 된다면 수형자의 사회복귀에 적지 않은 지장이 발생하게 된다. 이러한 문제점에 대비하여 우리 입법자는 형의 선고가 있었다는 사실에 따르는 장래의 불이익을 제거하는 장치로 형의 실효제도를 인정하고 있다.

형의 실효란 형의 선고가 있었다는 사실에 따르는 불이익을 소멸시키는 제도이다. 형의 선고에 따르는 불이익을 소멸시키는 제도라는 의미에서 형의 실효를 형의 소멸이라고도 부른다. 한 가지 유의해야 할 점은 형의 실효가 있더라도 유죄판결 또는 형의 선고가 있었다는 기왕의 사실 자체, 즉 전과에 따른 제한에는 영향이 없다는 사실이다.[1]

형의 실효는 신청에 의하는 경우와 법률상 당연히 발생하는 경우로 나누어 볼 수 있다. 신청에 의한 형의 실효는 형법전이 규정하고 있으며, 법률상 당연히 발생하는 형의 실효는 「형의 실효 등에 관한 법률」 및 「사면법」이 규정하고 있다.

2. 형법상 형의 실효와 복권

(1) 재판의 실효

징역 또는 금고의 집행을 종료하거나 집행이 면제된 자가 피해자의 손해를 보상하고 자격정지 이상의 형을 받음이 없이 7년을 경과한 때에는 법원은 본인 또는 검사의 신청에 의하여 그 재판의 실효를 선고할 수 있다(법81). 이 경우 재판의 실효란 전과를 이유로 한 불이익을 배제하는 것을 말한다. 즉 '유죄의 선고' 및 '형의 선고' 자체를 실효시키는 것이 아니라 형의 선고 및 집행이 있었다는 사실을 계기로 발생하는 불이익을 장래를 향하여 배제하는 것이다.

형법 제81조가 규정한 재판의 실효는 징역 또는 금고의 형을 선고받아 그 집행을 종료하거나 집행이 면제된 사람을 대상으로 한다. '형의 선고'가 있고 형집행종료 또는 형집행면제가 있는 자를 대상으로 한다는 점에서 '재판의 실효'보다는 '형의 실효'가 더 정확한 표현이라고 할 수 있다.

(2) 복 권

재판의 실효와 비슷한 것으로 복권이 있다. 복권(復權)이란 '형의 선고'로 인하여 제한되었던 자격을 다시 회복하는 것을 말한다. 자격정지의 형을 선고받은 자가 피해자의 손해를 보상하고 자격정지 이상의 형을 받음이 없이 정지기간의 2분의 1을 경과한 때에는 법원은 본인 또는 검사의 신청에 의하여 자격의 회복을 선고할 수 있다(법82). 복권은 선고된 형

---

1) 전술 924면 참조.

자체에 규정된 자격정지를 회복시킨다는 점에서 '형의 선고'가 있었다는 사실 자체로 인한 불이익을 배제하는 '재판의 실효'와 구별된다.

3. 형의 실효 등에 관한 법률과 형의 실효

(1) 형의 자동실효

형법 제81조가 규정한 재판의 실효나 복권은 본인이나 검사의 신청을 기다려서 법원이 선고해야 비로소 그 효력이 발생한다. 형법이 규정한 재판의 실효는 신청이라는 절차를 거쳐야 할 뿐만 아니라 7년의 기간이 경과되어야 제도의 이용이 가능하다는 점에서 불편이 적지 않다. 이러한 사정을 감안하여 입법자는 본인의 신청을 기다리지 않고 비교적 짧은 기간의 경과가 있으면 자동적으로 형의 실효를 인정하도록 하는 법률을 제정하였는데, 이 법률이 「형의 실효 등에 관한 법률」(형실효법)이다.

(2) 형의 실효기간

「형의 실효 등에 관한 법률」은 형법 제41조에 규정된 형을 받은 자를 수형인이라고 지칭하고 있다(동법2 i). 형실효법은 수형인이 자격정지 이상의 형을 받지 아니하고 형의 집행을 종료하거나 그 집행이 면제된 날부터 일정한 기간이 경과하면 그 형이 실효되는 것으로 규정하고 있다.

이를 구체적으로 보면, (가) 3년을 초과하는 징역·금고의 경우에는 10년, (나) 3년 이하의 징역·금고의 경우에는 5년, (다) 벌금의 경우에는 2년의 기간이 각각 경과한 때에 그 형이 실효된다. 이에 대하여 (라) 구류·과료는 형의 집행을 종료하거나 그 집행이 면제된 때에 그 형이 실효된다(형실효법7① 본문·단서).

한 개의 판결로 여러 개의 형이 선고된 경우에는 각 형의 집행을 종료하거나 그 집행이 면제된 날부터 가장 무거운 형에 대한 위의 실효기간이 경과한 때에 형의 선고는 효력을 잃는다. 다만 징역과 금고에 대한 실효기간을 계산할 때 징역과 금고는 같은 종류의 형으로 보고 각 형기를 합산한다(형실효법7② 본문·단서).

형실효법의 입법취지에 비추어 볼 때, 2번 이상의 징역형을 받은 자가 자격정지 이상의 형을 받음이 없이 마지막 형의 집행을 종료한 날부터 형실효법에서 정한 기간을 경과한 때에는 그 마지막 형에 앞서는 형도 모두 실효되는 것으로 보아야 한다.[1]

---

1) 2023. 11. 30. 2023도10699, 공 2024상, 158 = 『형실효 전과범 누범 사건』 ☞ 1223면.

(3) 형의 실효의 효과

형이 실효된 경우에는 형의 선고에 의한 법적 효과가 장래를 향하여 소멸된다. 따라서 형이 실효된 전과는「특정범죄 가중처벌 등에 관한 법률」제5조의4 제5항의 가중처벌 요건인 '징역형을 받은 경우',[1] 같은 조 제6항의 가중처벌 요건인 '실형을 선고받은 경우',[2] 「폭력행위 등 처벌에 관한 법률」제2조 제3항의 가중처벌 요건인 '징역형을 받은 경우'[3]로 각각 볼 수 없다.

또한「형의 실효 등에 관한 법률」의 입법취지에 비추어 볼 때, 2번 이상의 징역형을 받은 사람이 자격정지 이상의 형을 받음이 없이 마지막 형의 집행을 종료한 날부터 이 법률이 정한 기간을 경과한 때에는 그 마지막 형에 앞서는 형도 모두 실효되는 것으로 보아야 한다.[4]

(4) 형의 실효와 전과기록

형법전이나「형의 실효 등에 관한 법률」에 의하여 형이 실효된 때에는 수형인명부의 해당란을 삭제하고 수형인명표를 폐기한다(형실효법8① i). 수형인명표 및 수형인명부는 범죄경력자료와 함께 전과기록을 구성한다(동법2vii). 전과기록에서 전과사실을 삭제함으로써 수형인이 전과를 이유로 사회생활에서 불이익을 받지 않도록 하려는 것이 형의 실효제도의 취지이다.

4. 사면법과 형의 실효

「사면법」은 사면, 감형 및 복권을 규정하고 있다. 사면은 일반사면과 특별사면으로 나누어진다(사면법2). 일반사면은 일정한 죄의 종류를 정하여 그 죄를 범한 자 전반에 대하여 사면하는 것이며(동법3 i), 특별사면은 확정판결에 의하여 형을 받은 특정한 사람에 대한 사면이다. 일반사면은 대통령령으로 하며(동법8), 국회의 동의를 얻어야 한다(헌법79②). 특별사면은 대통령이 하며(사면법9), 국회의 동의를 얻을 필요가 없다.

일반사면의 대상자는 (가) 아직 기소되지 아니한 사람, (나) 기소되어 재판 중인 사람, (다) 재판이 확정되어 형 집행중인 사람으로 나누어 볼 수 있다. 특별한 규정이 없는 한, 일반사면에 의하여 (가) 아직 기소되지 아니한 사람과 (나) 기소되어 재판 중인 사람에 대해서

---

1) 2010. 9. 9. 2010도8021, 공 2010하, 1963 = 분석 총론『절도누범 징역형 사건』.
2) 2015. 1. 29. 2014도13805, 공 2015상, 416 =『특가법 실형전과 사건』.
3) 2016. 6. 23. 2016도5032, 공 2016하, 1096 =『폭처법 형실효 사건』.
4) 2010. 9. 9. 2010도8021, 공 2010하, 1963 = 분석 총론『절도누범 징역형 사건』.

는 공소권이 상실되며(사면법5①ⅰ 본문 후단), (다) 형이 확정된 사람에 대해서는 형 선고의 효력이 상실된다(사면법5①ⅰ 본문 전단).

위에서 검토한 것처럼 (다)의 형이 확정된 사람에 대해 일반사면이 있으면 형 선고의 효력이 상실된다. 이때 형 선고의 효력상실은 형의 실효를 의미한다. 그러나 형의 선고에 따른 기성(旣成)의 효과는 사면, 감형 및 복권으로 인하여 변경되지 않는다(사면법5②). 형이 확정된 사람에 대한 일반사면은 형의 선고의 법률적 효과가 없어진다는 것일 뿐 형의 선고가 있었다는 기왕의 사실 자체의 모든 효과까지 소멸하지는 않는다.[1]

---

1) 2012. 11. 29. 2012도10269, 공 2013상, 112 = 분석 총론 『음주운전자 가중처벌 사건』 참조.

제2장 보안처분론

제1절 보안처분

한국법	독일법
헌법 제12조 ① 모든 국민은 신체의 자유를 가진다. 누구든지 법률에 의하지 아니하고는 체포·구속·압수·수색 또는 심문을 받지 아니하며, 법률과 적법한 절차에 의하지 아니하고는 처벌·보안처분 또는 강제노역을 받지 아니한다.	**독일기본법 제103조** ② 어느 행위가 행하여지기 전에 법률로 그의 가벌성(可罰性)이 특정되지 아니하면 그 행위를 처벌할 수 없다.
(해당 조항 없음)	**독일형법 제2조** ⑥ 보안처분에 관하여는 법률에 특별한 규정이 없을 경우 재판 시에 유효한 법률에 의하여 이를 선고한다.

제1 보안처분의 의의

1. 보안처분과 개선처분

보안처분이란 '보안과 개선의 처분'을 줄인 말이다. 넓은 의미의 보안처분은 범죄인에 대하여 국가가 가하는 제재로서 형벌 이외의 조치를 말한다. 보안처분은 죄를 범한 자로서 재범의 위험성이 있는 자에 대하여 과해지는 처분이다.

보안처분은 양면성을 갖는다. 하나는 사회방위조치로서의 보안처분이다. 죄를 범한 자로서 재범의 위험성이 있는 자에 대비하여 사회를 안전하게 지키기 위한 처분을 가리켜서 좁은 의미의 보안처분이라고 한다. 보안처분의 또 다른 측면은 범죄인을 위한 개선처분이다. 죄를 범한 자로서 재범의 위험성이 있는 자에게 특수한 교육·개선 및 치료조치를 행함으로써 그 사람의 사회복귀를 촉진하는 처분을 가리켜서 개선처분이라고 부른다. 일반적으로 사용되는 보안처분의 용어는 좁은 의미의 보안처분과 개선처분을 합하여 약칭한 것이다.

보안처분의 양면성은 「치료감호 등에 관한 법률」(치료감호법)에 잘 나타나 있다. 치료감호법은 목적규정인 제1조에서 "이 법은 심신장애 상태, 마약류·알코올이나 그 밖의 약물중독 상태, 정신성적(精神性的) 장애가 있는 상태 등에서 범죄행위를 한 자로서 재범의 위험성이 있고 특수한 교육·개선 및 치료가 필요하다고 인정되는 자에 대하여 적절한 보호와 치료를 함으로써 재범을 방지하고 사회복귀를 촉진하는 것을 목적으로 한다."고 규정하고 있다. 이 목적조항은 보안처분이 가지는 협의의 보안처분성과 개선처분성을 동시에 표현하고 있다.

2. 형사제재 이원주의

(1) 이원주의의 내용

우리 입법자는 형사제재의 수단으로 형벌과 보안처분을 함께 사용하고 있다(헌법12① 참조). 이와 같이 형벌과 보안처분을 형사제재장치로 병행하는 입법태도를 가리켜서 형벌·보안처분 이원주의라고 한다. 우리 입법자는 형벌과 보안처분의 이원주의를 실체법의 측면에서뿐만 아니라 절차법의 측면에서도 일관되게 유지하고 있다.

실체법적 측면에서 볼 때 우리 입법자는 형벌의 종류와 내용에 대해서는 형법전에서, 보안처분의 종류와 내용에 대해서는 「치료감호 등에 관한 법률」을 위시한 각종의 특별법에서 각각 규정하고 있다. 절차법적 측면에서 볼 때 우리 입법자는 형벌의 부과절차에 관하여 형사소송법을 제정해 놓고 있다. 이에 대하여 보안처분의 부과절차는 「치료감호 등에 관한 법률」이나 그 밖의 특별법에 따르도록 하고 있다. 절차법의 측면에서도 형벌과 보안처분의 부과절차를 달리하는 것은 우리 법체계의 특색이라고 할 수 있다.

(2) 특별법에 의한 보안처분의 확장

보안처분에 대해서는 형법 이외의 단행 법률들이 규정하고 있는데, 다양한 형태의 보안처분이 각종 특별법에 의하여 점차 확대되는 추세에 있다. 「치료감호 등에 관한 법률」은 심신장애 상태, 마약류·알코올이나 그 밖의 약물중독 상태, 정신성적(精神性的) 장애가 있는 상태 등에서 범죄행위를 한 자에 대한 보안처분의 일반법이라고 할 수 있다.

「전자장치 부착 등에 관한 법률」은 수사·재판·집행 등 형사사법 절차에서 전자장치를 효율적으로 활용하여 불구속재판을 확대하고, 범죄인의 사회복귀를 촉진하며, 범죄로부터 국민을 보호함을 목적으로 하고 있다(동법1).

「보안관찰법」은 국가의 안전에 관련된 특정범죄(동법2 참조)를 범한 자에 대하여 재범의 위험성을 예방하고 건전한 사회복귀를 촉진하기 위하여 보안관찰처분을 함으로써 국가의 안전과 사회의 안녕을 유지함을 목적으로 하여 제정된 법률이다(동법1).

특히 근래에는 성폭력범죄자에 대한 보안처분이 강화되고 있다. 「성폭력범죄의 처벌 등에 관한 특례법」은 일정한 성폭력범죄(동법2 참조)로 유죄판결을 받은 자 등에 대한 신상정보 등록을 규정하고 있다(동법42 이하 참조).

「아동·청소년의 성보호에 관한 법률」은 유죄판결이 확정된 성범죄자의 등록신상정보에 대한 공개명령, 고지명령, 취업제한명령 등을 규정하고 있다(동법49 이하 참조).

「성폭력범죄자의 성충동 약물치료에 관한 법률」은 사람에 대하여 성폭력범죄(동법2 ii 참조)를 저지른 성도착증 환자(동조 i)로서 성폭력범죄를 다시 범할 위험성이 있다고 인정되는 사람에 대하여 성충동 약물치료를 실시하여 성폭력범죄의 재범을 방지하고 사회복귀를 촉진하는 것을 목적으로 제정된 법률이다(동법1).

3. 보안처분법정주의

(1) 보안처분법정주의의 의미

우리 헌법 제12조 제1항 제2문은 "누구든지 법률과 적법한 절차에 의하지 아니하고는 …… 보안처분 …… 을 받지 아니한다."고 규정하고 있다. 이 조문은 보안처분법정주의를 선언한 것이다. 성문법률에 의해야 한다는 점에서 보안처분은 형벌과 유사한 원리에 의하여 규율된다.

보안처분은 형벌과 마찬가지로 신체의 자유를 중대하게 침해하는 제재장치이다. 따라서 보안처분의 요건과 효과 또한 국회가 제정한 성문의 법률로써 엄격하게 규율되지 않으면 안 된다. 이러한 점에서 보안처분에는 형벌의 죄형법정주의에 준하여 보안처분법정주의의 원칙이 지배한다. 따라서 보안처분에 관한 법규는 문언에 따라 엄격하게 해석·적용하여야 하고 피고인에게 불리한 방향으로 지나치게 확장해석하거나 유추해석하여서는 안 되는 것이 원칙이다.[1]

---

1) 2012. 3. 22. 2011도15057, 2011전도249 전원합의체 판결, 공 2012상, 722 = 분석 총론 『소년보호 전력 부착명령 사건』.

(2) 책임주의와 비례의 원칙

그러나 보안처분은 형벌과 달리 책임주의가 아니라 비례의 원칙에 지배된다는 점에서 본질적인 차이를 나타낸다.[1] 형벌은 책임이 없으면 부과할 수 없다. 또한 책임의 한도 내에서만 형벌이 부과된다. 이에 반해 보안처분은 사회방위 및 범인의 개선을 달성하기 위하여 필요한 한도 내에서 부과할 수 있다. 목적의 달성을 위하여 필요한 만큼 부과할 수 있는 것이 보안처분이다.

보안처분은 재범의 위험성이 있는 사람으로부터 사회를 방위하고 재범의 위험성이 있는 사람을 교육·개선·치료하기 위한 처분이다. 이 점에서 보안처분은 과거회귀적인 형벌과 달리 장래지향적인 성질을 갖는다. 이와 같은 특성 때문에 보안처분에는 형벌과 다른 몇 가지 차이점이 나타난다.

(3) 보안처분과 재판시법주의

보안처분의 부과에는 원칙적으로 행위시법이 아니라 재판시법이 기준으로 작용하게 된다(독일형법2⑥ 참조). 다만, 보안처분이라 하더라도 형벌적 성격이 강하여 신체의 자유를 박탈하거나 박탈에 준하는 정도로 신체의 자유를 제한하는 경우에는 형벌불소급원칙이 적용된다.[2]

형벌법규와 달리 보안처분을 규율하는 법률에는 소급효금지의 원칙이 적용되지 않는 것이 원칙이다.[3] 따라서 보안처분을 규정하는 법률이 제정되기 전에 발생한 사실을 고려하여 보안처분을 과하는 것도 허용된다.[4]

다만, 입법자가 소급효에 관하여 명시적인 경과규정을 두고 있는 경우에는 이에 따르며, 경과규정이 명시하지 아니한 보안처분에 대해서는 소급효가 인정되지 않는다.[5][6] 한편 대법원은 보안처분의 요건 자체에 대해 착오의 이론이 적용되지 않는다는 입장을 취하고 있다.[7]

---

1) 1989. 7. 14. 88헌가5, 8, 89헌가44(병합), 헌집 1, 69 = 백선 총론, (구판) 100.『필요적 보호감호 사건』 참조.

2) 2017. 10. 26. 2015헌바239, 헌집 29-2하, 17 = 『노역장유치 부칙 위헌 사건』.

3) 2011. 4. 14. 2011도453, 2011전도12, 공 2011상, 980 = 분석 신형소Ⅱ『공개명령 부칙 확대실시 사건』.

4) 1983. 6. 28. 83도1070, 83감도208, 공 1983, 1159 = 백선 총론, (구판) 100-1. 비교판례『사회보호법 이전 전과 사건』.

5) 2014. 3. 27. 2013도13095, 공 2014상, 990 = 분석 총론『15세 때 카메라촬영 사건』.

6) 2013. 4. 11. 2013도1525, 공 2013상, 911 = 분석 총론『준강간죄 수강명령 사건』.

7) 2011. 7. 28. 2011도5813, 공 2011하, 1897 = 분석 총론『17세 미만자 간음 사건』.

제2 보안처분의 종류

1. 보호감호의 폐지

(1) 사회보호법의 시행과 폐지

(가) 보안처분의 분류　　보안처분은 재범(再犯)의 위험성이 있는 범죄인을 개선·교화하여 그가 범할 가능성이 있는 범죄로부터 사회를 방위하기 위하여 부과되는 처분이다. 이러한 보안처분은 시설내 보안처분과 사회내 보안처분으로 나누어 볼 수 있다. 시설내 보안처분에는 보호감호와 치료감호가, 사회내 보안처분에는 보호관찰과 그 밖의 처분이 있다.

(나) 사회안전법과 보안처분　　보안처분제도를 최초로 도입한 법률은 소위 유신헌법 체제 시절인 1975년에 제정된 「사회안전법」이었다. 이 법률은 국가의 안전에 관련된 특정 범죄(동법2 참조)와 관련하여 "이 법은 특정범죄를 다시 범할 위험성을 예방하고 사회복귀를 위한 교육개선이 필요하다고 인정되는 자에 대하여 보안처분을 함으로써 국가의 안전과 사회의 안녕을 유지함을 목적으로 한다."고 규정하여 '보안처분'이라는 용어를 처음으로 사용하였다. 「사회안전법」은 보안처분의 종류로 보호관찰처분, 주거제한처분, 보안감호처분을 규정하고 있었는데, 보안감호처분은 시설내 보안처분이었다.

「사회안전법」은 이후 1989년에 「보안관찰법」으로 대체되었다. 「보안관찰법」은 시설내 보안처분인 보안감호처분을 폐지하고 사회내 보안처분으로 보안관찰처분을 도입하여 현재에 이르고 있다. 그런데 「사회안전법」 및 「보안관찰법」은 분단국가 상황을 전제로 하는 특수한 범죄유형을 대상으로 하는 것이어서 본격적인 보안처분 입법이라고 보기에는 한계가 있다.

(다) 사회보호법의 도입과 폐지　　일반범죄를 대상으로 보안처분을 본격적으로 도입한 법률은 1980년 말부터 시행된 「사회보호법」이었다. 1980년 비민선(非民選)의 비상입법 기구에서 제정되었던 「사회보호법」은 "이 법은 죄를 범한 자로서 재범의 위험성이 있고 특수한 교육·개선 및 치료가 필요하다고 인정되는 자에 대하여 보호처분을 함으로써 사회복귀를 촉진하고 사회를 보호함을 목적으로 한다."고 규정하면서(동법1), 보호감호, 치료감호, 보호관찰이라는 세 가지 종류의 보안처분을 도입하였다. 이 가운데 보호감호는 재범의 위험성이 있는 전과자를 수용시설에 수용하여 감호·교화하고, 사회복귀에 필요한 직업훈련과 근로를 과하는 처분이었다.

그런데 「사회보호법」의 시행상황을 보면, 형벌의 집행과 보호감호의 집행은 그 실태에 있어서 거의 차이가 없었다. 양자 모두 신체의 자유를 박탈한다는 점에서 공통되었을 뿐만 아니라 보호감호가 구금 위주의 형벌과 거의 다름없이 시행되었기 때문이다. 여기에서 보호감호에 대하여 이중처벌이라는 비난이 제기되고 있었다.[1] 2005년 우리 입법자는 보호감호의 근거가 되었던 종전의 「사회보호법」을 폐지하였다. 이 법률이 그 제정단계에서 민주적 정당성을 결여하였을 뿐만 아니라 권위주의적 사회방위사상에 입각하고 있다는 점이 폐지의 주된 근거가 되었다.

(2) 사회보호법 폐지 후의 변화

(가) 치료감호법의 시행   보호감호와는 달리 심신장애 또는 마약류·알코올 그 밖에 약물중독 상태 등에서 범죄행위를 한 자에게 재범의 위험성이 있는 경우 이들의 범죄로부터 사회를 방위해야 할 필요성은 계속 인정되었다. 그리하여 「사회보호법」의 대체입법으로 2005년에 「치료감호법」이 제정되었다. 「사회보호법」으로부터 「치료감호법」으로 이행하는 과정에서 보호감호는 폐지되었다. 한편 2008년 「치료감호법」 개정에 의하여 소아성기호증이나 성적가학증 등 성적 성벽(性癖) 있는 정신성적(精神性的) 장애인도 치료감호의 대상에 포함되었다. 「치료감호법」은 2016년 「치료감호 등에 관한 법률」로 개편되었다.

(나) 특정범죄가중법의 개정   입법자는 「사회보호법」을 폐지하면서 재범의 위험성이 있는 범죄자에 대한 보호감호 대신에 전과자에 대한 형사처벌을 강화하는 입법형식을 취하였다. 2005년 입법자는 「특정범죄 가중처벌 등에 관한 법률」(특가법) 제5조의4 제6항을 신설하여 상습절도 등으로 2회 이상 실형을 받아 그 집행을 종료하거나 면제받은 후 3년 이내에 다시 같은 종류의 죄를 범한 때에는 그 죄에 정한 형의 단기의 2배까지 가중하도록 하였다.

2015년 헌법재판소는 특가법 제5조의4 제6항에 대해 죄형법정주의의 내용인 형벌법규의 명확성원칙에 위배된다는 이유로 위헌결정을 내렸다.[2] 2016년 입법자는 이 조항을 개정하여 상습절도죄 등으로 두 번 이상 실형을 선고받고 그 집행이 끝나거나 면제된 후 3년 이내에 다시 상습적으로 절도죄를 범한 경우에는 3년 이상 25년 이하의 징역에 처하도록 하였다.

(다) 보안처분의 확대   보안처분에 대해서는 형법 이외의 단행 법률들이 규정하고 있는데, 이들 특별법을 통하여 다양한 형태의 보안처분이 단계적으로 도입되고 있다.

「전자장치 부착 등에 관한 법률」은 특정범죄(성폭력범죄, 미성년자 대상 유괴범죄, 살인범

---

1) 1989. 7. 14. 88헌가5, 8, 89헌가44(병합), 헌집 1, 69 = 백선 총론, (구판) 100.『필요적 보호감호 사건』참조.

2) 2015. 11. 26. 2013헌바343, 헌집 27-2하, 174 =『특가법 5조의4 6항 위헌 사건』.

죄, 강도범죄)를 저지른 사람의 재범방지를 위하여 이들이 형기를 마친 뒤에 보호관찰 등을 행하고, 위치추적 전자장치를 신체에 부착하게 하는 전자감시제도를 도입하고 있다.

특히 근래 입법자는 「성폭력범죄의 처벌 등에 관한 특례법」, 「아동·청소년의 성보호에 관한 법률」, 「성폭력범죄자의 성충동 약물치료에 관한 법률」 등의 입법을 통해 성폭력 범죄자에 대한 일련의 보안처분을 강화해 가고 있다. 이 부분은 우리나라 형사정책의 주요한 특징을 이루고 있다.

2. 치료감호 및 치료명령

(1) 치료감호 및 치료명령의 의의

「치료감호 등에 관한 법률」(치료감호법)은 심신장애 등의 상태에서 범죄행위를 한 사람에 대한 보안처분으로서 치료감호와 치료명령을 규정하고 있다. 치료감호는 시설내 보안처분임에 대하여 치료명령은 사회내 보안처분이다. 치료명령제도는 비교적 경미한 범죄자에 대한 통원치료 방안으로 2015년 치료감호법 개정시에 도입되어 2016년부터 시행되고 있다.

치료감호 및 치료명령은 심신장애 상태, 마약류·알코올이나 그 밖의 약물중독 상태, 정신성적(精神性的) 장애가 있는 상태 등에서 범죄행위를 한 자로서 재범의 위험성이 있고 특수한 교육·개선 및 치료가 필요하다고 인정되는 자에 대하여 가하는 보호와 치료의 처분이다(치료감호법1 참조).

(2) 치료감호 대상자

치료감호대상자는 다음의 사유의 어느 하나에 해당하는 자로서 치료감호시설에서 치료를 받을 필요가 있고 재범의 위험성이 있는 자를 말한다(동법2①).

(가) 심신장애인   치료감호의 첫 번째 대상자는 심신상실(법10①)로 벌하지 아니하거나 심신미약(동조②)으로 형을 감경할 수 있는 심신장애인으로서 금고 이상의 형에 해당하는 죄를 지은 자이다(치료감호법2① i). 심신장애인에 대한 치료감호시설에의 수용은 15년을 초과할 수 없다(동법16② i).

(나) 약물중독자 등   치료감호의 두 번째 대상자는 마약·향정신성의약품·대마. 그 밖에 남용되거나 해독을 끼칠 우려가 있는 물질이나 알코올을 식음·섭취·흡취·흡연 또는 주입받는 습벽이 있거나 그에 중독된 자로서 금고 이상의 형에 해당하는 죄를 지은 자이다(치료감호법2① ii). 약물중독자 등을 치료감호시설에 수용하는 기간은 2년을 초과할 수 없다(동법16② ii).

(다) 정신성적 장애인　　치료감호의 세 번째 대상자는 소아성기호증(小兒性嗜好症), 성적가학증(性的加虐症) 등 성적 성벽(性癖)이 있는 정신성적(精神性的) 장애인으로서 금고 이상의 형에 해당하는 일정한 성폭력범죄를 지은 자이다(치료감호법2①ⅲ, 2의2 참조). 정신성적 장애인에 대한 치료감호시설에의 수용기간은 15년을 초과할 수 없다(동법16② i).

(라) 살인범죄와 기간 연장　　「전자장치 부착 등에 관한 법률」 제2조 제3호의2에 따른 살인범죄를 저질러 치료감호를 선고받은 피치료감호자가 살인범죄를 다시 범할 위험성이 있고 계속 치료가 필요하다고 인정되는 경우에는 법원은 치료감호시설의 장의 신청에 따른 검사의 청구로 3회까지 매회 2년의 범위에서 치료감호법 제16조 제2항 각 호의 기간을 연장하는 결정을 할 수 있다(치료감호법16③).

(3) 치료감호의 집행과 종료

(가) 치료감호의 집행　　치료감호를 선고받은 자에 대하여는 치료감호시설에 수용하여 치료를 위한 조치를 한다(치료감호법16①). 치료감호시설은 (가) 국립법무병원, (나) 국가가 설립·운영하는 국립정신의료기관 중 법무부장관이 지정하는 기관이다(동법16의2①).

치료감호의 집행은 검사가 지휘한다(치료감호법17①). 치료감호와 형이 병과된 경우에는 치료감호를 먼저 집행한다. 이 경우 치료감호의 집행기간은 형기에 포함한다(동법18). 소위 대체방식을 채택한 것이다. 대체방식이란 보안처분의 집행을 형벌의 집행으로 갈음할 수 있도록 허용하는 방식을 말한다.

치료감호의 선고를 받은 자는 그 치료감호의 집행이 종료되거나 면제될 때까지 (가) 공무원이 될 자격, (나) 공법상의 선거권과 피선거권, (다) 법률로 요건을 정한 공법상 업무에 관한 자격이 정지된다(치료감호법47).

(나) 치료감호의 종료　　치료감호는 치료감호심의위원회의 심사·결정에 의하여 종료된다. 치료감호심의위원회는 「치료감호 등에 관한 법률」에 의하여 법무부에 설치된 위원회이다(치료감호법37①). 치료감호심의위원회는 (가) 피치료감호자에 대한 치료감호시설 간 이송에 관한 사항, (나) 피치료감호자에 대한 치료의 위탁·가종료 및 그 취소와 치료감호 종료 여부에 관한 사항, (다) 피보호관찰자에 대한 준수사항의 부과 및 준수사항 전부 또는 일부의 추가·변경 또는 삭제에 관한 사항, (라) 피치료감호자에 대한 치료감호기간 만료 시 보호관찰 개시에 관한 사항, (마) 그 밖에 위의 사항과 관련된 사항을 심사·결정한다(동조③).

치료감호심의위원회는 피치료감호자에 대하여 치료감호 집행을 시작한 후 매 6개월마다 치료감호의 종료 또는 가종료 여부를 심사·결정하고, 가종료 또는 치료위탁된 피치료감호자에 대하여는 가종료 또는 치료위탁 후 매 6개월마다 종료 여부를 심사·결정한다 (치료감호법22).

(4) 치료명령의 대상자와 집행방법

치료명령대상자는 (가) 형법 제10조 제2항에 따라 형을 감경할 수 있는 심신장애인으로 서 금고 이상의 형에 해당하는 죄를 지은 자, (나) 알코올을 식음하는 습벽이 있거나 그에 중독된 자로서 금고 이상의 형에 해당하는 죄를 지은 자, (다) 마약·향정신성의약품·대 마, 그 밖에 대통령령으로 정하는 남용되거나 해독을 끼칠 우려가 있는 물질을 식음·섭 취·흡입·흡연 또는 주입받는 습벽이 있거나 그에 중독된 자로서 금고 이상의 형에 해당 하는 죄를 지은 자의 어느 하나에 해당하는 자로서 통원치료를 받을 필요가 있고 재범의 위험성이 있는 자를 말한다(치료감호법2의3).

법원은 치료명령대상자에 대하여 형의 선고 또는 집행을 유예하는 경우에는 치료기간 을 정하여 치료를 받을 것을 명할 수 있다(치료감호법44의2①). 치료를 명하는 경우 법원은 보호관찰을 병과하여야 한다(동조②). 보호관찰기간은 선고유예의 경우에는 1년, 집행유예 의 경우에는 그 유예기간으로 한다. 다만, 법원은 집행유예 기간의 범위에서 보호관찰기간 을 정할 수 있다(동조③ 본문·단서). 치료기간은 보호관찰기간을 초과할 수 없다(동조④).

치료명령은 검사의 지휘를 받아 보호관찰관이 집행한다(치료감호법44의6①). 치료명령은 정신건강의학과 전문의의 진단과 약물 투여, 상담 등 치료 및 「정신건강증진 및 정신질환 자 복지서비스 지원에 관한 법률」에 따른 정신건강전문요원 등 전문가에 의한 인지행동 치 료 등 심리치료 프로그램의 실시 등의 방법으로 집행한다(동법44의6②).

치료명령을 받은 사람은 (가) 보호관찰관의 지시에 따라 성실히 치료에 응할 것, (나) 보호관찰관의 지시에 따라 인지행동 치료 등 심리치료 프로그램을 성실히 이수할 것이라는 두 가지 사항을 준수하여야 한다(치료감호법44의5).

3. 보호관찰

(1) 보호관찰의 의의와 성질

(가) 보호관찰의 의의   넓은 의미에서의 보호관찰은 범죄인을 사회 내에서 지도·감 독하는 일체의 처분을 가리킨다. 이에 대해 좁은 의미에서의 보호관찰은 재범의 위험성이 있는 범죄인을 사회 내에서 지도·감독하는 사회내의 처분이다.

(나) 보호관찰의 법적 성질   보호관찰의 법적 성질을 어떻게 파악할 것인지 문제된 다. 판례는 선고유예와 관련한 보호관찰을 보안처분으로 보고 있다. 과거의 불법에 대한 책

임에 기초하고 있는 제재가 아니라 장래의 위험성으로부터 행위자를 보호하고 사회를 방위하기 위한 합목적적인 조치라는 것이다.[1] 판례 가운데에는 집행유예시의 보호관찰에 대해 재판시법주의를 적용하여 소급효를 인정한 예가 있다.[2] 역시 보호관찰을 보안처분의 일종으로 보는 태도라고 할 수 있다.

그러나 개별 보호관찰의 법적 성질은 해당 근거법률의 입법취지에 따라 달리 파악할 필요가 있다고 본다. 보호관찰의 집행에 대해서는 「보호관찰 등에 관한 법률」이 통일적으로 규율하고 있으나, 이 법률은 보호관찰의 집행방법을 규정한 것일 뿐 각각의 보호관찰이 가지고 있는 법적 성질까지 변화시키는 것은 아니다.

예컨대 형법이 형의 선고유예 및 형의 집행유예와 관련하여 도입한 보호관찰이나 「소년법」 또는 「가정폭력범죄의 처벌 등에 관한 특례법」이 보호처분의 일환으로 규정한 보호관찰은 사회복귀의 가능성이 높다는 긍정적 판단 아래 이루어지는 것으로서 범죄인의 재사회화를 위하여 범죄인을 지도하고 보살피며 도움을 주는 데에 중점이 있다. 이에 대해 형법상 가석방과 관련하여 이루어지는 보호관찰이나 「치료감호 등에 관한 법률」상의 보호관찰 및 「보안관찰법」이 규정한 보안관찰처분은 재범의 위험성이 있다는 부정적 판단 아래 범죄인으로부터 사회를 방위하는 데에 무게중심이 놓여 있다.

이렇게 볼 때 보호관찰의 법적 성질은 개개 보호관찰의 입법취지와 관련하여 개별적으로 판단하지 않으면 안 된다. 성질상의 차이에 비추어 볼 때 예컨대 「치료감호 등에 관한 법률」이 규정한 보호관찰과 같이 실질적으로 보안처분의 성질을 가지는 경우에는 재판시법주의가 적용되지만, 형법상 선고유예 또는 집행유예시에 부과되는 보호관찰에는 행위시법주의가 적용된다고 보아야 할 것이다.[3]

(다) 보호관찰의 근거법령   형법은 선고유예(법59의2①), 집행유예(법62의2①), 가석방(법73의2②)과 관련하여 보호관찰을 규정하고 있으며, 「소년법」은 보호처분의 일종으로서 보호관찰(동법32① iv, v)을, 「치료감호 등에 관한 법률」은 치료감호 및 치료명령과 관련된 보호관찰(동법32, 44의2②)을, 「가정폭력범죄의 처벌 등에 관한 특례법」은 가정보호사건에 대한 보호처분의 일환으로 보호관찰(동법40① v)을, 「스토킹범죄의 처벌 등에 관한 법률」(동법19②)은 집행유예기간 내의 보호관찰을 각각 규정하고 있다.

한편 「보안관찰법」은 특정한 보안관찰범죄에 대해 보안관찰 해당범죄를 다시 범할 위험성이 있다고 인정할 충분한 이유가 있어 재범의 방지를 위한 관찰이 필요한 자에 대하여

---

1) 2010. 9. 30. 2010도6403, 공 2010하, 2040 = 분석 총론 『노조지부장 출마제한 사건』.
2) 1997. 6. 13. 97도703, 공 1997, 2109 = 백선 총론 100-5. 『보호관찰 소급효 사건』.
3) 전술 904면 이하 참조.

보안관찰처분을 규정하고 있는데, 이것도 보호관찰의 일종으로 볼 수 있다(동법4①).

입법자는 「전자장치 부착 등에 관한 법률」을 통하여 형의 집행을 마친 사람들에 대한 보호관찰명령 청구제도를 도입하고 있다. 이에 대하여는 항목을 바꾸어서 설명한다.

(2) 보호관찰명령 청구제도

(가) 보호관찰명령의 청구　　2012년 입법자는 「전자장치 부착 등에 관한 법률」(전자장치부착법) 개정을 통하여 보호관찰명령 청구제도를 도입하였다. 종전의 보호관찰이 형벌이나 다른 보안처분에 부수되는 형태의 것이었음에 대하여 보호관찰 청구제도는 형 집행을 마친 사람에 대해 검사가 독립하여 보호관찰명령을 법원에 청구할 수 있다는 점에서 큰 차이가 있다.

(나) 청구대상　　검사는 다음 각 호의 어느 하나에 해당하는 사람에 대하여 형의 집행이 종료된 때부터 「보호관찰 등에 관한 법률」에 따른 보호관찰을 받도록 하는 명령(보호관찰명령)을 법원에 청구할 수 있다(전자장치부착법21의2).

① 성폭력범죄를 저지른 사람으로서 성폭력범죄를 다시 범할 위험성이 있다고 인정되는 사람 (1호)

② 미성년자 대상 유괴범죄를 저지른 사람으로서 미성년자 대상 유괴범죄를 다시 범할 위험성이 있다고 인정되는 사람 (2호)

③ 살인범죄를 저지른 사람으로서 살인범죄를 다시 범할 위험성이 있다고 인정되는 사람 (3호)

④ 강도범죄를 저지른 사람으로서 강도범죄를 다시 범할 위험성이 있다고 인정되는 사람 (4호)

⑤ 스토킹범죄를 저지른 사람으로서 스토킹범죄를 다시 범할 위험성이 있다고 인정되는 사람 (5호)

(다) 보호관찰명령의 선고　　법원은 보호관찰명령 대상자(동법21의2①)에 해당하는 사람이 금고 이상의 선고형에 해당하고 보호관찰명령의 청구가 이유 있다고 인정하는 때에는 2년 이상 5년 이하의 범위에서 기간을 정하여 보호관찰명령을 선고하여야 한다(전자장치부착법21의3①).

법원은 부착명령 청구가 이유 없다고 인정하여 부착명령 청구를 기각하는 경우일지라도 보호관찰명령 대상자(전자장치부착법21의2①)의 어느 하나에 해당하여 보호관찰명령을 선고할 필요가 있다고 인정하는 때에는 직권으로 2년 이상 5년 이하의 범위에서 기간을 정하여 보호관찰명령을 선고할 수 있다(동법21의3②).

(라) 준수사항   법원은 보호관찰명령을 선고하는 경우 다음의 준수사항 중 하나 이 상을 부과할 수 있다(전자장치부착법21의4① 본문, 9의2①). 다만, 제4호(특정범죄 치료 프로그램 의 이수)의 준수사항은 500시간의 범위에서 그 기간을 정하여야 한다(동법21의4① 단서).

① 야간, 아동ㆍ청소년의 통학시간 등 특정 시간대의 외출제한 (1호)

② 어린이 보호구역 등 특정지역ㆍ장소에의 출입금지 및 접근금지 (2호)

③ 주거지역의 제한 (2의2호)

④ 피해자 등 특정인에의 접근금지 (3호)

⑤ 특정범죄 치료 프로그램의 이수 (4호)

⑥ 마약 등 중독성 있는 물질의 사용금지 (5호)

⑦ 그 밖에 부착명령을 선고받는 사람의 재범방지와 성행교정을 위하여 필요한 사항 (6호)

법원은 19세 미만의 사람에 대해서 성폭력범죄를 저지른 사람에 대해 보호관찰명령(전 자장치부착법21의3)을 선고하는 경우에는 제3호(피해자 등 특정인에의 접근금지)를 포함하여 준 수사항을 부과하여야 한다(동법21의4②). 이 경우 준수사항의 부과는 필요적이다.

(마) 보호관찰명령의 집행   보호관찰명령은 특정범죄사건(성폭력범죄, 미성년자 대상 유괴범죄, 살인범죄, 강도범죄)에 대한 형의 집행이 종료되거나 면제ㆍ가석방되는 날 또는 치 료감호 집행이 종료ㆍ가종료되는 날부터 집행한다(전자장치부착법21의5 본문).

다만, 보호관찰명령의 원인이 된 특정범죄사건이 아닌 다른 범죄사건으로 형이나 치료 감호의 집행이 계속될 경우에는 보호관찰명령의 원인이 된 특정범죄사건이 아닌 다른 범죄 사건에 대한 형의 집행이 종료되거나 면제ㆍ가석방되는 날 또는 치료감호의 집행이 종료ㆍ 가종료되는 날부터 집행한다(전자장치부착법21의5 단서).

보호관찰대상자는 특정범죄사건에 대한 형의 집행이 종료되거나 면제ㆍ가석방되는 날 부터 10일 이내에 주거지를 관할하는 보호관찰소에 출석하여 서면으로 신고하여야 한다(전 자장치부착법21의6①). 보호관찰대상자는 주거를 이전하거나 7일 이상의 국내여행을 하거나 출국할 때에는 미리 보호관찰관의 허가를 받아야 한다(동조②).

보호관찰대상자가 정당한 사유 없이 준수사항(전자장치부착법21의4, 보호관찰법32)을 위반 하거나 주거지신고 등 의무(전자장치부착법21의6)를 위반한 때에는 법원은 보호관찰소의 장 의 신청에 따른 검사의 청구로 (가) 1년의 범위에서 보호관찰 및 전자장치 부착기간의 연 장하거나 (나) 준수사항(동법21의4)의 추가 또는 변경의 결정을 할 수 있다(동법21의7①). 이 처분은 병과할 수 있다(동조②).

위의 사항 외의 사정변경이 있는 경우에도 법원은 상당한 이유가 있다고 인정하면 보호관찰소의 장의 신청에 따른 검사의 청구로 준수사항(동법21의4)을 추가, 변경 또는 삭제하는 결정을 할 수 있다(전자장치부착법21의7③).

(3) 치료감호와 보호관찰

「치료감호 등에 관한 법률」(치료감호법)에 따르면 (가) 피치료감호자에 대한 치료감호가 가종료되었을 때, (나) 피치료감호자가 치료감호시설 외에서의 치료를 위하여 법정대리인 등에게 위탁되었을 때, (다) 치료감호기간이 만료되는 피치료감호자에 대하여 치료감호심의위원회가 심사하여 보호관찰이 필요하다고 결정한 경우로서 치료감호기간이 만료되었을 때의 어느 하나에 해당하게 되면 「보호관찰 등에 관한 법률」에 따른 보호관찰이 시작된다(치료감호법32①). 보호관찰의 기간은 3년이다(동조②).

보호관찰은 (가) 보호관찰기간이 끝났을 때, (나) 보호관찰기간이 끝나기 전이라도 치료감호심의위원회의 치료감호 종료결정이 있을 때, (다) 보호관찰기간이 끝나기 전이라도 피보호관찰자가 다시 치료감호 집행을 받게 되어 재수용되었을 때 종료된다(치료감호법32③).

피보호관찰자가 보호관찰기간 중 새로운 범죄로 금고 이상의 형의 집행을 받게 된 때에는 보호관찰은 종료되지 아니하며, 해당 형의 집행기간 동안 피보호관찰자에 대한 보호관찰기간은 계속 진행된다(치료감호법32④). 피보호관찰자에 대하여 새로운 범죄로 인한 금고 이상의 형의 집행이 종료·면제되는 때 또는 피보호관찰자가 가석방되는 때에 보호관찰기간이 아직 남아있으면 그 잔여기간 동안 보호관찰을 집행한다(동조⑤).

피보호관찰자는 「보호관찰 등에 관한 법률」이 규정한 준수사항(동법32② 참조)을 성실히 이행하여야 한다(치료감호법33①). 치료감호심의위원회는 피보호관찰자의 특성을 고려하여 위의 준수사항 외에 일정한 사항을 보호관찰기간 동안 특별히 지켜야 할 준수사항으로 부과할 수 있다(동조② 참조).

치료감호심의위원회는 피보호관찰자가 준수사항을 위반하거나 상당한 사정변경이 있는 경우에는 직권 또는 보호관찰소의 장의 신청에 따라 준수사항 전부 또는 일부의 추가·변경 또는 삭제에 관하여 심사하고 결정할 수 있다(동법33③).

(4) 보호관찰의 집행

보호관찰의 집행을 통괄하는 법률로 「보호관찰 등에 관한 법률」(보호관찰법)이 있다. 보호관찰법은 "죄를 지은 사람으로서 재범 방지를 위하여 보호관찰, 사회봉사, 수강 및 갱생보호 등 체계적인 사회 내 처우가 필요하다고 인정되는 사람을 지도하고 보살피며 도움으로써 건전한 사회 복귀를 촉진하고, 효율적인 범죄예방 활동을 전개함으로써 개인 및 공공의 복지를 증진함과 아울러 사회를 보호함"을 목적으로 하고 있다(동법1).

보호관찰, 사회봉사, 수강 또는 갱생보호는 해당 대상자의 교화, 개선 및 범죄예방을 위하여 필요하고도 적절한 한도 내에서 이루어져야 하며, 대상자의 나이, 경력, 심신상태, 가정환경, 교우관계, 그 밖의 모든 사정을 충분히 고려하여 가장 적합한 방법으로 실시되어야 한다(보호관찰법4).

「보호관찰 등에 관한 법률」은 구체적인 보호관찰의 종류에 따라 여러 가지 형태의 보호관찰방법과 절차를 규정하고 있다(보호관찰법 제3장 참조). 보호관찰 대상자의 준수사항은 일반적 준수사항(동법32②)과 특별준수사항(동법32③)으로 구별된다.[1] 보호관찰은 보호관찰 대상자의 주거지를 관할하는 보호관찰소 소속 보호관찰관이 담당한다(동법31).

4. 전자장치 부착제도

(1) 전자장치 부착제도의 의의와 근거법률

(가) 전자장치 부착제도   우리 입법자는 결과가 중대하고 반복될 개연성이 높은 특정범죄에 대해 위치추적 전자장치 부착제도를 도입하였다. 재범의 가능성이 높다고 객관적으로 인정되는 특정범죄자에게 출소 후 위치를 확인할 수 있는 전자장치를 부가적으로 부착함으로써 그의 행적을 추적할 수 있게 하여 같은 범죄가 다시 발생하는 것을 예방하려는 것이다.

전자장치 부착제도의 근거법률은 순차적으로 확대 개편되었다. 전자장치 부착제도는 2007년 4월에 제정된 「특정 성폭력범죄자에 대한 위치추적 전자장치 부착에 관한 법률」에 의하여 2008년 9월부터 시행되었다. 2009년 5월에는 근거법률이 「특정 범죄자에 대한 위치추적 전자장치 부착 등에 관한 법률」로 개편되면서 적용대상이 미성년자 대상 유괴범죄로 확대되었고(2009년 8월부터 시행), 이후 살인범죄가 추가되었다(2010년 7월부터 시행). 이어서 2012년 12월에 「특정 범죄자에 대한 보호관찰 및 전자장치 부착 등에 관한 법률」로 재차 확대개편되면서 적용대상에 강도범죄가 추가되었고(2014년 6월부터 시행), 아울러 출소자에 대한 독자적 보호관찰 실시의 법적 근거가 마련되었다. 이후 2020년 입법자는 「특정 범죄자에 대한 위치추적 전자장치 부착 등에 관한 법률」을 「전자장치 부착 등에 관한 법률」(전자장치부착법)로 개칭하였다.

전자장치 부착제도는 성폭력범죄, 미성년자 대상 유괴범죄, 살인범죄, 강도범죄, 스토킹범죄 등(전자장치부착법2 참조) 재범의 위험성이 특별히 높은 특정범죄에 대한 대비책이라는 점에서 실질적 의미의 보안처분에 해당한다. 따라서 전자장치 부착제도의 실시에는 소급효

---

1) 상세한 내용은 전술 903면 이하 참조.

가 인정되며(동법 부칙2 참조), 일사부재리의 원칙[1]이나 불이익변경금지의 원칙[2]이 적용되지 않는다.

(나) 재범의 위험성　　전자장치 부착 요건으로서 재범의 위험성은 재범할 가능성만으로는 부족하고 대상자가 장래에 다시 대상 범죄를 범하여 법적 평온을 깨뜨릴 상당한 개연성이 있음을 의미한다.[3] 재범의 위험성 유무는 대상자의 직업과 환경, 당해 범행 이전의 행적, 그 범행의 동기, 수단, 범행 후의 정황, 개전의 정 등 여러 사정을 종합적으로 평가하여 객관적으로 판단하여야 한다. 이러한 판단은 장래에 대한 가정적 판단이므로 판결 시를 기준으로 삼아야 한다.[4]

법원이 치료감호와 부착명령을 함께 선고할 경우에는 치료감호의 요건으로서의 재범의 위험성과는 별도로 치료감호를 통한 치료 경과에도 불구하고 부착명령의 요건으로서의 재범의 위험성이 인정되는지를 따져보아야 한다.[5]

(다) 위치추적전자장치　　「전자장치 부착 등에 관한 법률」이 규정한 위치추적 전자장치란 전자파를 발신하고 추적하는 원리를 이용하여 위치를 확인하거나 이동경로를 탐지하는 일련의 기계적 설비로서 대통령령으로 정하는 것을 말한다(전자장치부착법2ⅳ). 위치추적 전자장치의 부착은 법원의 부착명령에 의한 경우와 그 밖의 경우로 나누어 볼 수 있다.

(2) 법원의 부착명령에 의한 전자장치 부착

(가) 대상범죄　　전자장치 부착명령의 대상범죄는 성폭력범죄, 미성년자 대상 유괴범죄, 살인범죄, 강도범죄, 스토킹범죄이다. 2023년 입법자는 전자장치부착법을 개정하여 스토킹범죄를 전자장치 부착명령의 대상범죄에 추가하였다.

① 성폭력범죄　　검사는 (가) 성폭력범죄로 징역형의 실형을 선고받은 사람이 그 집행을 종료한 후 또는 집행이 면제된 후 10년 이내에 성폭력범죄를 저지른 때, (나) 성폭력범죄로 전자장치를 부착받은 전력이 있는 사람이 다시 성폭력범죄를 저지른 때, (다) 성폭력범죄를 2회 이상 범하여(유죄의 확정판결을 받은 경우를 포함한다) 그 습벽이 인정된 때, (라) 19세 미만의 사람에 대하여 성폭력범죄를 저지른 때, (마) 신체적 또는 정신적 장애가 있는 사람에 대하여 성폭력범죄를 저지른 때의 어느 하나에 해당하고, 성폭력범죄를 다시 범할 위험성이 있다고 인정되는 사람에 대하여 전자장치를 부착하도록 하는 명령(이하 부착명령으

1) 2009. 9. 10. 2009도6061, 2009전도13, 공 2009, 1726 = 분석 총론 『10년 동안 부착명령 사건』.
2) 2011. 4. 14. 2010도16939, 2010전도159, 공 2011상, 972 = 분석 신형소Ⅱ 『친딸이라는 이유』 사건』.
3) 2012. 5. 10. 2012도2289, 2012감도5, 2012전도51, 공 2012상, 1052 = 분석 총론 『함께 죽기 방화 사건』.
4) 2012. 5. 10. 2012도2289, 2012감도5, 2012전도51, 공 2012상, 1052 = 분석 총론 『함께 죽기 방화 사건』.
5) 2012. 5. 10. 2012도2289, 2012감도5, 2012전도51, 공 2012상, 1052 = 분석 총론 『함께 죽기 방화 사건』.

로 약칭함)을 법원에 청구할 수 있다(전자장치부착법5①).

② **미성년자 유괴범죄**   검사는 미성년자 대상 유괴범죄를 저지른 사람으로서 미성년자 대상 유괴범죄를 다시 범할 위험성이 있다고 인정되는 사람에 대하여 부착명령을 법원에 청구할 수 있다. 다만, 유괴범죄로 징역형의 실형 이상의 형을 선고받아 그 집행이 종료 또는 면제된 후 다시 유괴범죄를 저지른 경우에는 부착명령을 청구하여야 한다(전자장치부착법5② 본문 · 단서).

③ **살인범죄**   검사는 살인범죄를 저지른 사람으로서 살인범죄를 다시 범할 위험성이 있다고 인정되는 사람에 대하여 부착명령을 법원에 청구할 수 있다. 다만, 살인범죄로 징역형의 실형 이상의 형을 선고받아 그 집행이 종료 또는 면제된 후 다시 살인범죄를 저지른 경우에는 부착명령을 청구하여야 한다(전자장치부착법5③ 본문 · 단서).

④ **강도범죄**   검사는 (가) 강도범죄로 징역형의 실형을 선고받은 사람이 그 집행을 종료한 후 또는 집행이 면제된 후 10년 이내에 다시 강도범죄를 저지른 때, (나) 강도범죄로 전자장치를 부착하였던 전력이 있는 사람이 다시 강도범죄를 저지른 때, (다) 강도범죄를 2회 이상 범하여(유죄의 확정판결을 받은 경우를 포함한다) 그 습벽이 인정된 때의 어느 하나에 해당하고 강도범죄를 다시 범할 위험성이 있다고 인정되는 사람에 대하여 부착명령을 법원에 청구할 수 있다(전자장치부착법5④).

⑤ **스토킹범죄**   검사는 (가) 스토킹범죄로 징역형의 실형을 선고받은 사람이 그 집행을 종료한 후 또는 집행이 면제된 후 10년 이내에 다시 스토킹범죄를 저지른 때, (나) 스토킹범죄로 전자장치부착법에 따른 전자장치를 부착하였던 전력이 있는 사람이 다시 스토킹범죄를 저지른 때, (다) 스토킹범죄를 2회 이상 범하여(유죄의 확정판결을 받은 경우를 포함한다) 그 습벽이 인정된 때의 어느 하나에 해당하고 스토킹범죄를 다시 범할 위험성이 있다고 인정되는 사람에 대하여 부착명령을 법원에 청구할 수 있다(전자장치부착법5⑤).

(나) 부착명령의 청구   전자장치 부착명령의 청구는 공소가 제기된 특정범죄사건의 항소심 변론종결시까지 하여야 한다(전자장치부착법5⑤). 법원은 공소가 제기된 특정범죄사건을 심리한 결과 부착명령을 선고할 필요가 있다고 인정하는 때에는 검사에게 부착명령의 청구를 요구할 수 있다(동조⑥). 특정범죄사건에 대하여 판결의 확정 없이 공소가 제기된 때부터 15년이 경과한 경우에는 부착명령을 청구할 수 없다(동조⑦).

(다) 부착명령의 선고   법원은 부착명령 청구가 이유 있다고 인정하는 때에는, (가) 법정형의 상한이 사형 또는 무기징역인 특정범죄에 경우에는 10년 이상 30년 이하, (나) 법정형 중 징역형의 하한이 3년 이상의 유기징역인 특정범죄의 경우에는 3년 이상 20년 이하, (다) 법정형 중 징역형의 하한이 3년 미만의 유기징역인 특정범죄의 경우에는 1년 이상 10년

이하의 기간 범위 내에서 부착기간을 정하여 판결로 부착명령을 선고하여야 한다. 다만, 19세 미만의 사람에 대하여 특정범죄를 저지른 경우에는 부착기간의 하한을 2배로 한다(전자장치부착법9① 본문·단서 참조). 부착명령을 선고받은 사람은 부착기간 동안 「보호관찰 등에 관한 법률」에 따른 보호관찰을 받는다(동조③).

(라) 준수사항의 부과   법원은 부착명령(전자장치부착법9①)을 선고하는 경우 부착기간의 범위에서 준수기간을 정하여 다음 각 호의 준수사항 중 하나 이상을 부과할 수 있다(동법9의2① 본문). 이 경우 법원은 부착기간의 범위 내에서 준수기간을 정하여야 한다.[1] 다만, 제4호(특정범죄 치료 프로그램의 이수)의 준수사항은 500시간의 범위에서 그 기간을 정하여야 한다(동법9의2① 단서).

① 야간, 아동·청소년의 통학시간 등 특정 시간대의 외출제한 (1호)
② 어린이 보호구역 등 특정지역·장소에의 출입금지 및 접근금지 (2호)
③ 주거지역의 제한 (2의2호)
④ 피해자 등 특정인에의 접근금지 (3호)
⑤ 특정범죄 치료 프로그램의 이수 (4호)
⑥ 마약 등 중독성 있는 물질의 사용금지 (5호)
⑦ 그 밖에 부착명령을 선고받는 사람의 재범방지와 성행교정을 위하여 필요한 사항 (6호)

(마) 집행유예와 부착명령   특정범죄사건(성폭력범죄, 미성년자 유괴 범죄, 살인범죄, 강도범죄)에 대하여 선고유예 또는 집행유예를 선고하는 때에는 법원은 판결로 부착명령 청구를 기각하는 것이 원칙이다(전자장치부착법9④ iv).[2] 그러나 법원은 특정범죄를 범한 자에 대하여 형의 집행을 유예하면서 보호관찰을 받을 것을 명할 때에는 보호관찰기간의 범위 내에서 기간을 정하여 준수사항의 이행 여부 확인 등을 위하여 전자장치를 부착할 것을 명할 수 있다(동법28①). 이 경우 법원은 전자장치 부착명령기간 중 소재지 인근 의료기관에서의 치료, 지정 상담시설에서의 상담치료 등 대상자의 재범방지를 위하여 필요한 조치들을 과할 수 있다(동조②).

특정범죄자에 대하여 집행유예를 선고할 경우에 보호관찰을 받을 것을 함께 명할지 여부 및 그 구체적인 준수사항의 내용, 전자장치의 부착을 명할지 여부 및 그 기간 등에 대한

---

1) 2012. 5. 24. 2012도1047, 2012전도26, 공 2012하, 1187 = 분석 총론 「도우미 강간치상 사건」.

2) "「특정 범죄자에 대한 위치추적 전자장치 부착 등에 관한 법률」에 의하면 법원이 특정범죄를 범한 자에 대하여 형의 집행을 유예하면서 보호관찰을 받을 것을 명하는 때에만 전자장치를 부착할 것을 명할 수 있다[.]"
    2011. 2. 24. 2010오1, 2010전오1, 공 2011상, 696 = 분석 신형소Ⅱ 「보호관찰 밖 부착명령 사건」.

법원의 판단은 그 전제가 되는 집행유예의 선고와 일체를 이루는 것으로서 형의 집행유예를 선고하는 것과 마찬가지로 법원의 재량사항에 속한다.[1]

(바) 부착명령의 집행　　전자장치 부착명령은 검사의 지휘를 받아 보호관찰관이 집행한다(전자장치부착법12①). 부착명령은 특정범죄사건에 대한 형의 집행이 종료되거나 면제·가석방되는 날 또는 치료감호의 집행이 종료·가종료되는 날 석방 직전에 피부착명령자의 신체에 전자장치를 부착함으로써 집행한다(동법13① 본문).

부착명령의 원인이 된 특정범죄사건이 아닌 다른 범죄사건으로 형이나 치료감호의 집행이 계속될 경우에는 부착명령의 원인이 된 특정범죄사건이 아닌 다른 범죄사건에 대한 형의 집행이 종료되거나 면제·가석방되는 날 또는 치료감호의 집행이 종료·가종료되는 날부터 집행한다(전자장치부착법13① 단서 i). 피부착명령자가 부착명령 판결 확정 시 석방된 상태이고 미결구금일수 산입 등의 사유로 이미 형의 집행이 종료된 경우에는 부착명령 판결 확정일부터 부착명령을 집행한다(동법13① 단서 ii).

보호관찰관은 피부착자의 재범방지와 건전한 사회복귀를 위하여 필요한 지도와 원호를 한다(전자장치부착법15①). 보호관찰관은 전자장치 부착기간 중 피부착자의 소재지 인근 의료기관에서의 치료, 상담시설에서의 상담치료 등 피부착자의 재범방지를 위하여 필요한 조치를 할 수 있다(동조②).

(사) 부착명령의 종료　　법원이 선고한 전자장치 부착명령은 (가) 부착명령기간이 경과한 때, (나) 부착명령과 함께 선고한 형이 사면되어 그 선고의 효력을 상실하게 된 때, (다) 부착명령이 임시해제된 자가 그 임시해제가 취소됨이 없이 잔여 부착명령기간을 경과한 때의 어느 하나에 해당하는 때에 그 집행이 종료된다(전자장치부착법20).

(3) 그 밖의 전자장치 부착

위치추적 전자장치의 부착은 법원의 부착명령 판결에 의하여 이루어지는 것이 원칙이다. 그렇지만 법원의 부착명령 판결 없이 전자장치 부착이 이루어지는 경우도 있다. 가석방과 치료감호 가종료·가퇴원의 경우가 그것이다.

(가) 가석방　　법원의 부착명령 판결을 선고받지 아니한 특정범죄자(성폭력범죄, 미성년자 대상 유괴범죄, 살인범죄, 강도범죄를 범한 사람)로서 형의 집행 중 가석방되어 보호관찰을 받게 되는 자는 준수사항 이행 여부 확인 등을 위하여 가석방기간 동안 전자장치를 부착하여야 한다. 다만, 보호관찰심사위원회가 전자장치 부착이 필요하지 아니하다고 결정한 경우에는 그러하지 아니하다(전자장치부착법22① 본문·단서).

---

1) 2012. 8. 30. 2011도14257, 2011전도233, 공 2012하, 1639 = 분석 총론 『부착명령 보호관찰 사건』.

보호관찰심사위원회는 특정범죄 이외의 범죄로 형의 집행 중 가석방되어 보호관찰을 받는 사람의 준수사항 이행 여부 확인 등을 위하여 가석방 예정자의 범죄내용, 개별적 특성 등을 고려하여 가석방 기간의 전부 또는 일부의 기간을 정하여 전자장치를 부착하게 할 수 있다(전자장치부착법22②).

(나) 치료감호 가종료 등 「치료감호 등에 관한 법률」에 따른 치료감호심의위원회는 법원의 전자장치 부착명령 판결을 선고받지 아니한 특정범죄자(성폭력범죄, 미성년자 대상 유괴범죄, 살인범죄, 강도범죄를 범한 사람)로서 치료감호의 집행 중 가종료 또는 치료위탁되는 피치료감호자나 보호감호의 집행 중 가출소되는 피보호감호자에 대하여 「치료감호법」 또는 「사회보호법」(법률 제7656호로 폐지되기 전의 법률을 말한다)에 따른 준수사항 이행 여부 확인 등을 위하여 보호관찰기간의 범위에서 기간을 정하여 전자장치를 부착하게 할 수 있다(전자장치부착법23①).

5. 성폭력범죄자에 대한 보안처분

(1) 성폭력범죄자에 대한 보안처분의 개관

성폭력범죄는 성충동에 의한 재범의 위험성이 높은 범죄이다. 우리 입법자는 성폭력범죄에 효율적으로 대처하기 위하여 각종 특별법을 통해 새로운 형태의 보안처분제도를 지속적으로 도입하고 있다.

성폭력범죄에 대처하기 위하여 입법자가 마련한 보안처분의 형태는 신상정보 공개명령 및 고지명령, 취업제한명령, 성충동 약물치료명령, 치료감호, 위치추적 전자장치 부착명령, 보호관찰명령, 수강명령·이수명령 등으로 다양하다. 아울러 그 법적 근거도 「성폭력범죄의 처벌 등에 관한 특례법」(성폭력처벌법), 「아동·청소년의 성보호에 관한 법률」(청소년성보호법), 「성폭력범죄자의 성충동 약물치료에 관한 법률」(성충동약물치료법), 「치료감호 등에 관한 법률」(치료감호법), 「전자장치 부착 등에 관한 법률」(전자장치부착법) 등 여러 법률에 걸치고 있다. 아래에서는 성폭력범죄에 대한 보안처분의 개관이라는 관점에서 관련 내용을 정리하기로 한다.

(2) 성폭력범죄의 처벌 등에 관한 특례법

(가) 보호관찰 법원이 성폭력범죄를 범한 사람에 대하여 형의 선고를 유예하는 경우에는 1년 동안 보호관찰을 받을 것을 명할 수 있다. 다만, 성폭력범죄를 범한 「소년법」 제2조에 따른 소년에 대하여 형의 선고를 유예하는 경우에는 반드시 보호관찰을 명하여야 한다(성폭력처벌법16①).

(나) 수강명령과 이수명령   법원이 성폭력범죄를 범한 사람에 대하여 유죄판결(선고유예는 제외한다)을 선고하거나 약식명령을 고지하는 경우에는 500시간의 범위에서 재범예방에 필요한 수강명령 또는 성폭력 치료프로그램의 이수명령을 병과하여야 한다. 다만, 수강명령 또는 이수명령을 부과할 수 없는 특별한 사정이 있는 경우에는 그러하지 아니하다(성폭력처벌법16② 본문·단서). 수강명령 또는 이수명령은 (가) 일탈적 이상행동의 진단·상담, (나) 성에 대한 건전한 이해를 위한 교육, (다) 그 밖에 성폭력범죄를 범한 사람의 재범예방을 위하여 필요한 사항을 내용으로 한다(동조⑦).

성폭력범죄를 범한 자에 대한 수강명령은 형의 집행을 유예할 경우에는 그 집행유예기간 내에서 병과하고, 이수명령은 벌금 이상의 형을 선고하거나 약식명령을 고지할 경우에 병과한다. 다만, 이수명령은 성폭력범죄자가 「전자장치 부착 등에 관한 법률」에 따른 이수명령(전자장치부착법9의2① iv)을 부과받은 경우에는 병과하지 아니한다(성폭처벌법16③ 본문·단서).

법원이 성폭력범죄를 범한 사람에 대하여 형의 집행을 유예하는 경우에는 수강명령(성폭력처벌법16②) 외에 그 집행유예기간 내에서 보호관찰 또는 사회봉사 중 하나 이상의 처분을 병과할 수 있다(동조④).

수강명령 또는 이수명령은 (가) 형의 집행을 유예할 경우에는 그 집행유예기간 내에, (나) 벌금형을 선고하거나 약식명령을 고지할 경우에는 형 확정일부터 6개월 이내에, (다) 징역형 이상의 실형을 선고할 경우에는 형기 내에 각각 집행한다. 다만, 수강명령 또는 이수명령은 성폭력범죄를 범한 사람이 「아동·청소년의 성보호에 관한 법률」에 따른 수강명령 또는 이수명령(청소년성보호법21)을 부과받은 경우에는 병과하지 아니한다(성폭력처벌법16⑤ 본문·단서).

수강명령 또는 이수명령(성폭력처벌법16②)이 벌금형 또는 형의 집행유예와 병과된 경우에는 보호관찰소의 장이 이를 집행한다. 수강명령 또는 이수명령(성폭력처벌법16②)이 징역형 이상의 실형(치료감호와 징역형 이상의 실형이 병과된 경우를 포함한다)과 병과된 경우에는 교정시설의 장 또는 치료감호시설의 장이 집행한다. 다만, 징역형 이상의 실형과 병과된 이수명령을 모두 이행하기 전에 석방 또는 가석방되거나 미결구금일수 산입 등의 사유로 형을 집행할 수 없게 된 경우에는 보호관찰소의 장이 남은 이수명령을 집행한다(성폭력처벌법16⑥).

성폭력범죄를 범한 사람으로서 형의 집행 중에 가석방된 사람은 가석방기간 동안 보호관찰을 받는다. 다만, 가석방을 허가한 행정관청이 보호관찰을 할 필요가 없다고 인정한 경우에는 그러하지 아니하다(성폭력처벌법16⑧ 본문·단서).

보호관찰, 사회봉사, 수강명령 및 이수명령에 관하여 「성폭력범죄의 처벌 등에 관한 특례법」에서 규정한 사항 외의 사항에 대하여는 「보호관찰 등에 관한 법률」을 준용한다(성폭력처벌법16⑨).

(다) 신상정보의 등록　　「성폭력범죄의 처벌 등에 관한 특례법」(성폭력처벌법)은 성범죄자의 신상정보등록에 관하여 규정하고 있다. 2015년 헌법재판소는 범죄의 경중에 관계없이 획일적으로 신상정보 등록을 규정한 부분에 대해 헌법불합치결정을 내렸다.[1] 이를 반영하여 입법자는 2016년 성폭력처벌법을 개정하여 신상정보 등록제도를 정비하였다. 이에 대해서는 항을 바꾸어서 자세히 설명하기로 한다.

(3) 전자장치 부착 등에 관한 법률

검사는 일정한 성범죄자로서 성폭력범죄를 다시 범할 위험성이 있다고 인정되는 사람에 대하여 전자장치를 부착하도록 하는 명령을 법원에 청구할 수 있다(전자장치부착법5① 참조). 또한 검사는 성폭력범죄를 저지른 사람으로서 성폭력범죄를 다시 범할 위험성이 있다고 인정되는 사람에 대하여 형의 집행이 종료된 때부터 「보호관찰 등에 관한 법률」에 따른 보호관찰을 받도록 하는 보호관찰명령을 법원에 청구할 수 있다(전자장치부착법21의2①). 전자장치 부착명령과 보호관찰명령에 대하여는 앞에서 설명하였다.[2]

(4) 성폭력처벌법과 신상정보 등록제도

(가) 등록대상자　　등록대상 성범죄(성폭력처벌법42① 참조)로 유죄판결이나 약식명령이 확정된 자 또는 별도로 공개명령(청소년성보호법49① ⅳ)이 확정된 자는 신상정보 등록대상자가 된다(성폭력처벌법42① 본문).

다만, (가) 성적 목적을 위한 공공장소 침입행위(성폭력처벌법12), (나) 통신매체를 이용한 음란행위(성폭력처벌법13) 및, (다) 아동·청소년이용음란물 배포·전시 등(청소년성보호법11③), (라) 아동·청소년이용음란물소지(청소년성보호법11⑤)의 범죄로 벌금형을 선고받은 자는 등록대상자에서 제외된다(성폭력처벌법42① 단서).

등록대상 신상정보는 (가) 성명, 주민등록번호 등 일정한 인적사항 및 사진(성폭력처벌법43 각항 참조), (나) 출입국 신고(동법43의2 참조), (다) 등록대상 성범죄 경력정보(동법44① ⅰ), (라) 성범죄 전과사실(죄명, 횟수)(동항 ⅱ), (마) 「전자장치 부착 등에 관한 법률」에 따른 전자장치 부착 여부에 관한 정보(동항 ⅲ) 등으로 이루어진다(성폭력처벌법44①).

---

1) 2015. 7. 30. 2014헌마340, 헌법재판소 사건검색 = 『신상정보 등록기간 헌법불합치 사건』.
2) 전술 957면 참조.

(나) 신상정보의 등록   등록대상자는 등록대상 성범죄로 유죄판결이나 약식명령이 확정된 날부터 30일 이내에 성명, 주민등록번호, 주소, 연락처 등 일련의 기본신상정보를 자신의 주소지를 관할하는 경찰관서의 장에게 제출하여야 한다. 등록대상자가 교정시설 또는 치료감호시설에 수용된 경우에는 그 교정시설의 장 또는 치료감호시설의 장에게 기본신상정보를 제출함으로써 이를 갈음할 수 있다(성폭력처벌법43① 본문ㆍ단서).

관계기관은 제출받거나 수집한 등록대상자의 신상정보를 법무부장관에게 송달하여야 한다(성폭력처벌법43⑤, 43의2③ 참조). 송달된 등록대상자 신상정보는 법무부장관이 등록한다(동법44①). 법무부장관은 등록된 정보를 등록대상자가 정보통신망을 이용하여 열람할 수 있도록 하여야 한다. 다만, 등록대상자가 신청하는 경우에는 등록한 정보를 등록대상자에게 통지하여야 한다(동조② 본문ㆍ단서).

법무부장관은 등록대상자가 신상정보를 정당한 사유 없이 제출하지 아니한 경우에는 신상정보의 등록에 필요한 사항을 관계 행정기관의 장에게 조회를 요청하여 등록할 수 있다. 이 경우 법무부장관은 등록일자를 밝혀 등록대상자에게 신상정보를 등록한 사실 및 등록한 신상정보의 내용을 통지하여야 한다(성폭력처벌법44④).

법무부장관은 등록대상 성범죄와 관련한 범죄예방 및 수사에 활용하게 하기 위하여 검사 또는 각급 경찰관서의 장에게 등록정보를 배포할 수 있다(성폭력처벌법46①).

(다) 신상정보 등록기간   신상정보 등록기간은 범죄의 경중에 따라 차등화된다. 법무부장관은 다음의 구분에 따른 등록기간 동안 등록정보를 보존ㆍ관리하여야 한다(성폭력처벌법45① 본문).

① 신상정보 등록의 원인이 된 성범죄로 사형, 무기징역ㆍ무기금고형 또는 10년 초과의 징역ㆍ금고형을 선고받은 사람: 30년 (1호)

② 신상정보 등록의 원인이 된 성범죄로 3년 초과 10년 이하의 징역ㆍ금고형을 선고받은 사람: 20년 (2호)

③ 신상정보 등록의 원인이 된 성범죄로 3년 이하의 징역ㆍ금고형을 선고받은 사람 또는 「아동ㆍ청소년의 성보호에 관한 법률」 제49조제1항제4호에 따라 공개명령이 확정된 사람: 15년 (3호)

④ 신상정보 등록의 원인이 된 성범죄로 벌금형을 선고받은 사람: 10년 (4호)

다만, 법원이 등록기간을 정한 경우(성폭력처벌법45④)에는 그 기간 동안 등록정보를 보존ㆍ관리하여야 한다(동조① 단서). 등록대상자가 교정시설이나 치료감호시설에 수용된 기간은 위의 등록기간에 포함되지 않는다(동조⑤ 참조).

(라) 신상정보 등록면제   신상정보등록이 면제되는 경우가 있다. 먼저, 신상정보 등

록의 원인이 된 성범죄로 형의 선고를 유예받은 사람이 선고유예를 받은 날부터 2년이 경과하여 형법 제60조에 따라 면소된 것으로 간주되면 신상정보 등록을 면제한다(성폭력처벌법45의2①).

다음으로, 등록대상자는 신상정보 등록의 면제를 신청할 수 있다. 등록대상자는 (가) 등록기간이 30년인 경우에는 최초등록일부터 20년, (나) 등록기간이 20년인 경우에는 최초등록일부터 15년, (다) 등록기간이 15년인 경우에는 최초등록일부터 10년, (라) 등록기간이 10년인 경우에는 최초등록일부터 7년이 각각 경과한 경우에 법무부장관에게 신상정보 등록의 면제를 신청할 수 있다(성폭력처벌법45의2②).

(마) 신상정보 등록의 종료　　신상정보의 등록은 (가) 신상정보 등록기간이 지난 때(성폭력처벌법45①) 또는 (나) 신상정보 등록이 면제된 때(동법45의2)에 종료된다(동법45의3①). 법무부장관은 등록이 종료된 신상정보를 즉시 폐기하여야 한다(동법45의3②). 법무부장관은 등록정보를 폐기하는 경우에는 등록대상자가 정보통신망을 이용하여 폐기된 사실을 열람할 수 있도록 하여야 한다. 다만, 등록대상자가 신청하는 경우에는 폐기된 사실을 통지하여야 한다(동조③ 본문·단서).

(바) 등록정보의 공개와 고지　　성범죄자에 대한 신상정보의 등록과 관리는 법무부장관이 행한다(성폭력처벌법44, 45 참조). 성범죄자에 대한 신상정보가 등록되었다고 해도 등록정보가 곧바로 외부에 공개되는 것은 아니다. 등록정보는 법원의 공개명령 및 고지명령이 있을 때 외부에 공개된다.

등록정보에 대한 공개명령과 고지명령의 집행은「아동·청소년의 성보호에 관한 법률」에 따라 여성가족부장관이 행한다(성폭력처벌법47①·② 참조). 법무부장관은 등록정보의 공개에 필요한 정보를 여성가족부장관에게 송부하여야 한다(동조③).

(5) 아동·청소년의 성보호에 관한 법률

(가) 관련 법령의 정비　　「아동·청소년의 성보호에 관한 법률」(청소년성보호법)은 성범죄자의 신상에 관한 등록정보의 공개 및 고지에 관하여 규정하고 있다. 종래 아동·청소년 상대 성폭력범죄에 대한 등록정보의 공개 및 고지에 관하여 근거법령이「성폭력범죄의 처벌 등에 관한 특례법」인지「아동·청소년의 성보호에 관한 법률」인지 논란되었다.

입법자는 2012년 12월의「성폭력범죄의 처벌 등에 관한 특례법」및「아동·청소년의 성보호에 관한 법률」개정을 통하여 모든 성범죄자에 대한 등록정보의 공개 및 고지의 법적 근거를「아동·청소년의 성보호에 관한 법률」로 통일하였다. 그와 함께 등록정보의 등록과 관리는 법무부장관의 소관사항으로, 등록정보의 공개와 고지에 관한 사항은 여성가족부장관의 소관사항으로 정리하였다.

(나) 등록정보 공개명령   일정한 성범죄자에 대하여 공개하도록 제공되는 등록정보를 공개정보라고 하며(청소년성보호법49③), 법원이 공개정보를 일정한 등록기간(성폭력처벌법45①) 동안 정보통신망을 이용하여 공개하도록 하는 명령을 공개명령이라고 한다(청소년성보호법49①).

법원은 일정한 성범죄자에 대하여 공개명령을 등록대상 사건의 판결과 동시에 선고하여야 한다. 다만, 피고인이 아동·청소년인 경우, 그 밖에 신상정보를 공개하여서는 아니될 특별한 사정이 있다고 판단하는 경우에는 그러하지 아니하다(청소년성보호법49① 본문·단서). 공개명령 및 후술하는 고지명령의 예외사유로 되어 있는 '피고인이 아동·청소년인 경우'에 해당하는지 여부는 사실심 판결의 선고시를 기준으로 판단하여야 한다.[1]

등록정보 공개명령의 대상이 되는 성범죄자는 (가) 아동·청소년대상 성범죄를 저지른 자, (나)「성폭력범죄의 처벌 등에 관한 특례법」상의 일정한 범죄를 저지른 자, (다) 위의 (가) 또는 (나)에 해당하는 죄를 범하였으나 형법 제10조 제1항에 따라 처벌할 수 없는 자로서 위의 (가) 또는 (나)의 죄를 다시 범할 위험성이 있다고 인정되는 자이다(청소년성보호법49①).

등록정보의 공개기간은「형의 실효 등에 관한 법률」제7조에 따른 기간을 초과하지 못한다(청소년성보호법49②). 이에 따라 등록정보의 공개기간은 (가) 3년을 초과하는 징역·금고의 경우에는 10년, (나) 3년 이하의 징역·금고의 경우에는 5년, (다) 벌금의 경우에는 2년을 초과하지 못한다(형의실효등에관한법률7①). 등록정보의 공개기간은 판결이 확정된 때부터 기산한다(청소년성보호법49②). 다만, 교정시설 또는 치료감호시설에 수용된 기간 등 공개기간에서 제외되는 경우가 있다(동조③ 각호 참조).

공개하도록 제공되는 등록정보는 (가) 성명, (나) 나이, (다) 주소 및 실제거주지, (라) 신체정보, (마) 사진, (바) 등록대상 성범죄 요지, (사) 성폭력범죄 전과사실(죄명 및 횟수), (아) 전자장치 부착 여부 등이다(청소년성보호법49③ 참조).

공개명령은 여성가족부장관이 정보통신망을 이용하여 집행한다(청소년성보호법52①). 공개정보를 정보통신망을 이용하여 열람하고자 하는 자는 실명인증 절차를 거쳐야 한다(동법49⑥).

(다) 등록정보 고지명령   등록정보 공개대상자 중 일정한 성범죄자에 대해 법원이 판결로 공개명령 기간(청소년성보호법49) 동안 일정한 고지정보를 일정한 사람들에 대하여 고지하도록 하는 명령을 고지명령이라고 한다(동법50① 본문).

---

1) 2012. 5. 24. 2012도2763, 공 2012하, 1198 = 분석 총론『얼짱 사이트 사건』.

고지명령의 대상이 되는 성범죄자는 (가) 아동·청소년대상 성범죄를 저지른 자, (나) 「성폭력범죄의 처벌 등에 관한 특례법」상의 일정한 범죄를 저지른 자, (다) 위의 (가) 또는 (나)의 죄를 범하였으나 형법 제10조 제1항에 따라 처벌할 수 없는 자로서 위의 (가) 또는 (나)의 죄를 다시 범할 위험성이 있다고 인정되는 자이다(청소년성보호법50①).

법원은 등록대상 성범죄 사건의 판결과 동시에 고지명령을 선고하여야 한다. 다만, 피고인이 아동·청소년인 경우, 그 밖에 신상정보를 고지하여서는 아니 될 특별한 사정이 있다고 판단하는 경우에는 그러하지 아니하다(청소년성보호법50① 본문·단서). 고지명령을 선고받은 자는 공개명령을 선고받은 자로 본다(동조②).

고지명령은 (가) 집행유예를 선고받은 고지대상자는 신상정보 최초 등록일부터 1개월 이내, (나) 금고 이상의 실형을 선고받은 고지대상자는 출소 후 거주할 지역에 전입한 날부터 1개월 이내, (다) 고지대상자가 다른 지역으로 전출하는 경우에는 변경정보 등록일부터 1개월 이내에 하여야 한다(청소년성보호법50③).

고지명령에 따라 고지해야 하는 고지정보는 (가) 고지대상자가 이미 거주하고 있거나 전입하는 경우에는 공개명령의 대상인 공개정보(청소년성보호법49③)(다만, 주소 및 실제거주지는 상세주소를 포함한다), (나) 고지대상자가 전출하는 경우에는 고지정보와 그 대상자의 전출정보이다(동법50④).

고지정보는 고지대상자가 거주하는 읍·면·동의 아동·청소년의 친권자 또는 법정대리인이 있는 가구, 어린이집의 원장, 유치원의 장, 초·중등학교의 장, 읍·면사무소와 동 주민자치센터의 장, 학교교과교습학원의 장과 지역아동센터 및 청소년수련시설의 장에게 고지한다(청소년성보호법50⑤ 참조).

고지명령의 집행은 여성가족부장관이 한다(청소년성보호법51①). 여성가족부장관은 고지정보를 관할구역에 거주하는 아동·청소년의 친권자 또는 법정대리인이 있는 가구, 어린이집의 원장 및 유치원의 장과 초·중등학교의 장, 읍·면사무소와 동 주민자치센터의 장, 학교교과교습학원의 장과 지역아동센터 및 청소년수련시설의 장에게 우편으로 송부하고, 읍·면 사무소 또는 동 주민자치센터 게시판에 30일간 게시하는 방법으로 고지명령을 집행한다(동조④).

여성가족부장관은 고지명령의 집행에 관한 업무 중 우편송부 및 게시판 게시 업무를 고지대상자가 실제 거주하는 읍·면사무소의 장 또는 동 주민자치센터의 장에게 위임할 수 있다(청소년성보호법51⑥). 여성가족부장관의 위임을 받은 읍·면사무소의 장 또는 동 주민자치센터의 장은 우편송부 및 게시판 게시 업무를 집행하여야 한다(동조⑦). 여성가족부장관은 우편송부 및 게시판 게시에 따른 고지 외에도 그 밖의 방법에 의하여 고지명령을 집행할 수 있다(동조⑧).

(라) 취업제한명령　　　법원은 성범죄로 형이나 치료감호를 선고하는 경우에는 판결로 아동·청소년 관련기관에의 취업제한명령을 성범죄 사건의 판결과 동시에 선고하여야 한다. 다만, 재범의 위험성이 현저히 낮은 경우, 그 밖에 취업을 제한하여서는 아니 되는 특별한 사정이 있다고 판단하는 경우에는 그러하지 아니하다(청소년성보호법56① 본문·단서 참조). 취업제한 기간은 10년을 초과하지 못한다(동조②).

취업제한명령은 성범죄로 그 형 또는 치료감호의 전부 또는 일부의 집행을 종료하거나 집행이 유예·면제된 날(벌금형을 선고받은 경우에는 그 형이 확정된 날)부터 일정 기간 각종 아동·청소년 관련기관을 운영하거나 아동·청소년 관련기관에 취업하거나 또는 사실상 노무를 제공할 수 없도록 하는 것이다(청소년성보호법56① 본문 참조). 취업제한명령의 대상이 되는 아동·청소년 관련기관은 「아동·청소년의 성보호에 관한 법률」 제56조 제1항 각호에 열거되어 있다.

(마) 공무원 결격사유 등　　　「국가공무원법」 제33조는 처음부터 공무원으로 임용될 수 없는 결격사유를 규정하고 있다. 이 가운데에는 (가) 금고 이상의 실형을 선고받고 그 집행이 종료되거나 집행을 받지 아니하기로 확정된 후 5년이 지나지 아니한 자, (나) 금고 이상의 형을 선고받고 그 집행유예 기간이 끝난 날부터 2년이 지나지 아니한 자, (다) 금고 이상의 형의 선고유예를 받은 경우에 그 선고유예 기간 중에 있는 자가 포함된다(동조ⅲ, ⅳ, ⅴ). 여기에 성범죄를 범한 자가 포함됨은 물론이다.

성범죄자의 경우에는 위의 일반적인 경우를 넘어서 결격사유의 범위가 확장된다. 즉, (라) 「성폭력범죄의 처벌 등에 관한 특례법」 제2조에 규정된 죄를 범한 사람으로서 100만 원 이상의 벌금형을 선고받고 그 형이 확정된 후 3년이 지나지 아니한 사람, (마) 미성년자에 대해 (ㄱ) 「성폭력범죄의 처벌 등에 관한 특례법」 제2조에 따른 성폭력범죄나 (ㄴ) 「아동·청소년의 성보호에 관한 법률」 제2조 제2호에 따른 아동·청소년대상 성범죄를 저질러 파면·해임되거나 형 또는 치료감호를 선고받아 그 형 또는 치료감호가 확정된 사람(집행유예를 선고받은 후 그 집행유예기간이 경과한 사람을 포함한다)도 공무원 결격사유의 범위에 포함된다(국가공무원법33 ⅵ의3, ⅵ의4).

「국가공무원법」 제69조는 재직 중인 공무원의 당연퇴직 사유를 규정하고 있다. 당연퇴직 사유는 원칙적으로 위의 공무원임용 결격사유(국가공무원법33 각호)와 같다(동법69 ⅰ 본문). 다만, 선고유예의 경우에는 「성폭력범죄의 처벌 등에 관한 특례법」 제2조, 「아동·청소년의 성보호에 관한 법률」 제2조 제2호에 규정된 죄를 범한 사람으로서 금고 이상의 형의 선고유예를 받은 경우만 당연퇴직사유에 해당한다(국가공무원법69 ⅰ 단서).

「국가공무원법」의 임용결격사유 및 당연퇴직사유는 「지방공무원법」 등 다른 공무원 관련 법률의 기준이 된다는 점에서 중요한 의미를 가진다.

(6) 치료감호 등에 관한 법률

소아성기호증(小兒性嗜好症), 성적가학증(性的加虐症) 등 성적 성벽(性癖)이 있는 정신성적 장애인으로서 금고 이상의 형에 해당하는 일정한 성폭력범죄를 지은 자에 대해서는 「치료감호 등에 관한 법률」에 근거하여 치료감호가 행해진다(치료감호법2① iii, 2의2 참조). 이 경우 성폭력범죄자에 대한 치료감호기간은 15년을 초과할 수 없다(동법16② i). 치료감호의 내용은 앞에서 설명하였다.[1]

(7) 성폭력범죄자의 성충동 약물치료에 관한 법률

(가) 성충동 약물치료의 특성   「성폭력범죄자의 성충동 약물치료에 관한 법률」(성충동약물치료법)은 사람에 대하여 성폭력범죄를 저지른 성도착증 환자로서 성폭력범죄를 다시 범할 위험성이 있다고 인정되는 사람에 대하여 성충동 약물치료를 실시하여 성폭력범죄의 재범을 방지하고 사회복귀를 촉진하는 것을 목적으로 하여 제정된 법률이다(성충동약물치료법1).

성충동 약물치료란 비정상적인 성적 충동이나 욕구를 억제하기 위한 조치로서 성도착증 환자에게 약물 투여 및 심리치료 등의 방법으로 도착적인 성기능을 일정기간 동안 약화 또는 정상화하는 치료(동법2 iii)로서 보안처분의 일종이다.[2] 성충동 약물치료는 원칙적으로 형집행 종료 이후 신체에 영구적인 변화를 초래할 수도 있는 약물의 투여를 피청구자의 동의 없이 강제적으로 상당 기간 실시하게 된다는 점에서 헌법이 보장하고 있는 신체의 자유와 자기결정권에 대한 가장 직접적이고 침익적(侵益的)인 처분에 해당한다.[3]

(나) 약물치료명령의 요건   성충동 약물치료는 (가) 비정상적 성적 충동이나 욕구를 억제하거나 완화하기 위한 것으로서 의학적으로 알려진 것일 것, (나) 과도한 신체적 부작용을 초래하지 아니할 것, (다) 의학적으로 알려진 방법대로 시행될 것이라는 세 가지 요건을 모두 갖추어야 허용된다(성충동약물치료법3).

성충동 약물치료명령의 내용 및 특성과 최소침해성의 원칙 등을 요건으로 하는 보안처

---

1) 전술 950면 참조.
2) 2014. 2. 27. 2013도12301, 2013전도252, 2013치도2, 공 2014상, 815 = 분석 총론 『이불째 약취 강간 사건』.
3) 2014. 2. 27. 2013도12301, 2013전도252, 2013치도2, 공 2014상, 815 = 분석 총론 『이불째 약취 강간 사건』.

분의 성격 등에 비추어 장기간의 형 집행 및 그에 부수하여 전자장치 부착 등의 처분이 예정된 사람에 대해서는 형 집행 및 전자장치 부착처분에도 불구하고 재범의 방지와 사회복귀의 촉진 및 국민의 보호를 위한 추가적인 조치를 취할 필요성이 인정되는 불가피한 경우에 한하여 약물치료명령을 부과하여야 한다.[1] [2]

(다) 약물치료명령의 청구　　　검사는 사람에 대하여 성폭력범죄를 저지른 성도착증 환자로서 성폭력범죄를 다시 범할 위험성이 있다고 인정되는 19세 이상의 사람에 대하여 약물치료명령을 법원에 청구할 수 있다(성충동약물치료법4①). 검사는 치료명령 청구대상자에 대하여 정신과 전문의의 진단이나 감정을 받은 후 약물치료명령을 청구하여야 한다(동조②).

약물치료명령의 요건으로 '성폭력범죄를 다시 범할 위험성'이라 함은 재범할 가능성만으로는 부족하고 피청구자가 장래에 다시 성폭력범죄를 범하여 법적 평온을 깨뜨릴 상당한 개연성을 의미한다.[3] 비록 피청구자가 성도착증 환자로 진단받았다고 하더라도 그러한 사정만으로 바로 피청구자에게 성폭력범죄에 대한 재범의 위험성이 있다고 단정할 것이 아니라, 약물치료명령의 집행시점에도 여전히 약물치료가 필요할 만큼 피청구자에게 성폭력범죄를 다시 범할 위험성이 있고 피청구자의 동의를 대체할 수 있을 정도의 상당한 필요성이 인정되는 경우에 한하여 비로소 약물치료명령의 요건을 갖춘 것으로 보아야 한다.[4] [5]

(라) 약물치료명령의 선고　　　법원은 약물치료명령 청구가 이유 있다고 인정하는 때에는 15년의 범위에서 치료기간을 정하여 판결로 약물치료명령을 선고하여야 한다(성충동약물치료법8①). 약물치료명령을 선고받은 사람은 치료기간 동안 「보호관찰 등에 관한 법률」에 따른 보호관찰을 받는다(동조②).

---

1) 2014. 2. 27. 2013도12301, 2013전도252, 2013치도2, 공 2014상, 815 = 분석 총론 『이불째 약취 강간 사건』.

2) '치료명령'이라는 용어는 '약물치료명령'의 경우 이외에 '치료감호'에 대응한 '치료명령'의 경우에도 사용되고 있다. 본서에서는 용어의 혼란을 피하기 위하여 성충동 약물치료와 관련한 치료명령을 '약물치료명령'으로 표기하기로 한다. 「치료감호 등에 관한 법률」상의 치료명령에 대해서는, 전술 950면 이하 참조.

3) 2014. 2. 27. 2013도12301, 2013전도252, 2013치도2, 공 2014상, 815 = 분석 총론 『이불째 약취 강간 사건』.

4) 2014. 2. 27. 2013도12301, 2013전도252, 2013치도2, 공 2014상, 815 = 분석 총론 『이불째 약취 강간 사건』.

5) "(전략) 치료감호와 [약물]치료명령이 함께 청구된 경우에는, 치료감호를 통한 치료에도 불구하고 [약물]치료명령의 집행시점에도 여전히 약물치료가 필요할 만큼 피청구자에게 성폭력범죄를 다시 범할 위험성이 있고 피청구자의 동의를 대체할 수 있을 정도의 상당한 필요성이 인정되는 경우에 한하여 치료감호와 함께 [약물]치료명령을 선고할 수 있다고 보아야 한다."

2014. 12. 11. 2014도6930, 2014감도25, 2014전도126, 2014치도3, 공 2015상, 157 = 『여죄 발견 약물치료 사건』.

약물치료명령을 받은 사람은 치료기간 동안 「보호관찰 등에 관한 법률」 소정의 준수사항 이외에 (가) 보호관찰관의 지시에 따라 성실히 약물치료에 응할 것, (나) 보호관찰관의 지시에 따라 정기적으로 호르몬 수치 검사를 받을 것, (다) 보호관찰관의 지시에 따라 인지 행동 치료 등 심리치료 프로그램을 성실히 이수할 것 등의 준수사항을 이행하여야 한다(성충동약물치료법10①).

(마) 약물치료명령 집행면제   징역형과 함께 약물치료명령을 받은 사람 및 그 법정 대리인은 주거지 또는 현재지를 관할하는 지방법원(지원 포함)에 약물치료명령이 집행될 필요가 없을 정도로 개선되어 성폭력범죄를 다시 범할 위험성이 없음을 이유로 약물치료 명령의 집행 면제를 신청할 수 있다. 다만, 징역형과 함께 약물치료명령을 받은 사람이 치료감호의 집행 중인 경우에는 약물치료명령의 집행 면제를 신청할 수 없다(성충동약물치료법8의2① 본문·단서).

약물치료명령 집행면제신청은 약물치료명령의 원인이 된 범죄에 대한 징역형의 집행이 종료되기 전 12개월부터 9개월까지의 기간에 하여야 한다. 다만, 약물치료명령의 원인이 된 범죄가 아닌 다른 범죄를 범하여 징역형의 집행이 종료되지 아니한 경우에는 그 징역형의 집행이 종료되기 전 12개월부터 9개월까지의 기간에 하여야 한다(성충동약물치료법8의2② 본문·단서).

법원은 집행면제신청을 받은 경우 징역형의 집행이 종료되기 3개월 전까지 약물치료명령의 집행 면제 여부를 결정하여야 한다(성충동약물치료법8의2④). 법원은 집행 면제 여부를 결정하기 위하여 필요한 때에는 치료명령을 받은 사람에 대하여 정신건강의학과 전문의의 진단이나 감정을 받게 할 수 있다(동조⑥).

치료감호심의위원회는 피치료감호자 중 약물치료명령을 받은 사람(피치료감호자 중 징역형과 함께 약물치료명령을 받은 사람의 경우 형기가 남아 있지 아니하거나 9개월 미만의 기간이 남아 있는 사람에 한정한다)에 대하여 치료감호의 종료·가종료 또는 치료위탁 결정을 하는 경우에 약물치료명령의 집행이 필요하지 아니하다고 인정되면 약물치료명령의 집행을 면제하는 결정을 하여야 한다(성충동약물치료법8의3① 참조). 치료감호심의위원회는 집행 면제 여부에 대한 결정을 하기 위하여 필요한 경우에는 약물치료명령을 받은 사람에 대하여 정신건강의학과 전문의의 진단이나 감정을 받게 할 수 있다(동조②).

(바) 약물치료명령의 집행   약물치료명령은 검사의 지휘를 받아 보호관찰관이 집행한다(성충동약물치료법13①). 약물치료명령은 「의료법」에 따른 의사의 진단과 처방에 의한 약물 투여, 「정신건강증진 및 정신질환자 복지서비스 지원에 관한 법률」에 따른 정신보건 전문요원 등 전문가에 의한 인지행동 치료 등 심리치료 프로그램의 실시 등의 방법으로

집행한다(동법14①). 보호관찰관은 약물치료명령을 받은 사람에게 약물치료명령을 집행하기 전에 약물치료의 효과, 부작용 및 약물치료의 방법·주기·절차 등에 관하여 충분히 설명하여야 한다(동조②).

(사) 약물치료명령의 종료   법원이 선고한 약물치료명령은 (가) 치료기간이 지난 때, (나) 약물치료명령과 함께 선고된 형이 사면되어 그 선고의 효력을 상실하게 된 때, (다) 약물치료명령이 임시해제된 사람이 그 임시해제가 취소됨이 없이 잔여 치료기간을 지난 때의 어느 하나에 해당하는 때에 그 집행이 종료된다(성충동약물치료법20).

부　록

일러두기

○ 교과서 본문 각주에 ☞가 붙은 판례들을 분석하였다.

○ 기존의 판례교재에 수록되지 아니한 최신 판례를 주로 하되 필요한 경우 기존에 분석된 판례도 다시 정리·수록하였다.

○ 판례의 배열은 『형법총론』 제15판의 체계에 따랐다.

○ 독자에게 가독성을 높이기 위하여 판례 본문을 과감하게 각색하였다.

○ 판례 데이터베이스에서 사용되는 피고인, 피해자, 공소외 1 등의 익명표시는 갑, A, B 등으로 전환하여 표시하였다.

○ 판례 원문에 제시된 조문 번호는 의미 이해에 지장을 주지 않는 한 ㉮, ㉯, ㉰규정 또는 ⓐ, ⓑ, ⓒ규정 등으로 전환하여 표시하였다.

○ 판결문에 등장하는 장문의 복문(複文)은 다수의 단문(單文)으로 재구성하였고, 단문들 앞에 (가), (나), (다) 등의 부호를 부여하였다.

○ 단문으로 구성된 문장이라 할지라도 의미 이해에 필요하다고 판단하면 (ㄱ), (ㄴ), (ㄷ) 등의 표시를 부여하였다.

○ 공소사실이나 범죄사실의 특정을 위한 일시, 장소 등의 구체적인 사항은 내용 파악에 지장이 없는 한 과감하게 생략하였다.

○ 부록에 소개된 판례들은 어디까지나 강학상의 관점에서 독자를 위하여 정리한 것이다. 판례의 정확한 이해를 위하여 판례원문을 반드시 확인할 것을 권한다.

○ 법률명칭은 정식명칭을 사용하지 않고 관용적으로 사용되는 것에 따랐다.

○ 몇 가지 예를 들어 본다.

• 게임법	게임산업진흥에 관한 법률
• 공공기관운영법	공공기관의 운영에 관한 법률
• 공정거래법	독점규제 및 공정거래에 관한 법률
• 교원노조법	교원의 노동조합 설립 및 운영 등에 관한 법률
• 교특법, 교통사고처리법	교통사고처리 특례법
• 노동조합법	노동조합 및 노동관계조정법
• 마약류관리법	마약류 관리에 관한 법률
• 범죄수익은닉규제법	범죄수익은닉의 규제 및 처벌 등에 관한 법률
• 보건범죄단속법	보건범죄 단속에 관한 특별조치법
• 부동산가격공시법	부동산 가격공시 및 감정평가에 관한 법률
• 산업기술보호법	산업기술의 유출방지 및 보호에 관한 법률
• 성폭력처벌법	성폭력범죄의 처벌 등에 관한 특례법
• 아동학대처벌법	아동학대범죄의 처벌 등에 관한 특례법
• 전자장치부착법	전자장치 부착 등에 관한 법률
• 정보통신망법	정보통신망 이용촉진 및 정보보호 등에 관한 법률
• 집시법	집회 및 시위에 관한 법률
• 청소년성보호법	아동·청소년의 성보호에 관한 법률
• 폭처법, 폭력행위처벌법	폭력행위 등 처벌에 관한 법률
• 퇴직급여법	근로자퇴직급여 보장법
• 특가법, 특정범죄가중법	특정범죄 가중처벌 등에 관한 법률
• 특경가법, 특정경제범죄법	특정경제범죄 가중처벌 등에 관한 법률

제1장 서 론

제2절 형법의 해석

2015도13103

2016. 8. 30. 2015도13103, 공 2016하, 1577 =『임시마약류 알킬 니트리트 수입 사건』:

마약류관리법은 향정신성의약품을 그 유해성 정도에 따라 ㉠, ㉡, ㉢, ㉣물질의 네 가지 유형으로 나누고 있다. 마약류관리법은 가장 유해한 ㉠물질의 수입을 포함한 일련의 행위를 일반적으로 금지하고 있다(㉮규정). 마약류관리법은 ㉠, ㉡, ㉢, ㉣물질의 종류와 사용, 수출입, 매매 등 행위 유형에 따라 처벌을 달리 규정하고 있다. ㉠물질의 수입 행위는 무기 또는 5년 이상의 징역으로 가장 무겁게 처벌된다(㉯규정). 마약류관리법에 따르면 마약류 대용으로서 그 오남용으로 인한 보건상 위해가 우려되는 물질은 임시마약류로 지정된다. 임시마약류로 지정되면 누구든지 이를 수입하는 행위가 금지된다. 임시마약류를 수입하는 행위에 대한 직접적 처벌규정은 없다. 그 대신 "마약류에 관한 ㉮규정을 임시마약류의 취급 및 처분에 준용한다."는 준용규정이 있다(㉰규정).

알킬 니트리트는 흥분제로서 일명 '러쉬'로 불리고 있다. 알킬 니트리트는 임시마약류로 지정되어 있다. 갑은 알킬 니트리트를 국내에 가지고 들어왔다. 검사는 ㉰준용규정을 근거로 ㉯규정을 적용하여 갑을 기소하였다. 제1심법원은 무죄를 선고하였다. 검사는 불복 항소하였다. 항소법원은 항소를 기각하고, 제1심판결을 유지하였다. 검사는 불복 상고하였다. 검사는 상고이유로 다음의 점을 주장하였다. (가) ㉰준용규정에 의하여 임시향정신성의약품은 ㉠물질과 같이 취급된다. (나) 알킬 니트리트는 임시향정신성의약품의 일종이다. (다) 알킬 니트리트의 수입은 ㉠물질의 수입에 해당한다. (라) 따라서 갑은 ㉯규정의 처벌대상이 된다.

대법원은 다음의 이유를 제시하여 상고를 기각하였다.

대법원은 ㉰준용규정에 대해 다음과 같이 헌법합치적 해석을 먼저 시도하였다.

(가) 임시향정신성의약품이라고 하여 모두 향정신성의약품 중 가장 중독성과 위해성이 강한 ㉠향정신성의약품에 준하는 것이라고 일률적으로 단정할 수는 없다. (나) 임시향정신성의약품을 수입하는 금지행위를 한 데 대한 처벌에 ㉠향정신성의약품에 대한 처벌규정을 준용하는 것은, 형벌이 죄질과 책임에 상응하도록 적절한 비례성을 지켜야 한다는 헌법상의 일반원칙에 부합한다고 볼 수 없다. (다) 어떤 법률 규정을 문면 그대로 적용하면 위헌적 결과가 초래될 수 있는 경우에 그 적용요건이나 효력범위를 제한하여 해석함으로써 헌법의 규범 질서에 합치되도록 할 수 있다면, 헌법을 최고규범으로 하는 통일적인 법질서의 형성을 위하여 헌법에 합치되는 해석을 택하여야 한다. (라) 이에 의하여 위헌인 결과가 될 해석은 배제하면서 합헌적이고 긍정적인 면은 살려야 한다는 것이 헌법의 일반원리이기도 하다.

대법원은 이어서 준용규정과 형벌법규의 해석의 관계에 대하여 다음과 같이 설시하였다.

(가) 법령의 어느 조항이 특정 사항에 관하여 규율하고 있는 다른 조항을 준용한다고 규정할 때가 있다. (나) 이때 그 '준용'한다는 취지는, 특정 사항에 관한 다른 조항을 기계적으로 그대로 적용한다는 뜻이 아니라 규율의 내용과 성질에 반하지 않는 범위 안에서 그 다른 조항을 적용한다는 의미로 새겨야 한다. (다) 특히 그 준용 규정이 형벌법규와 관련된 경우 그 해석은 엄격하여야 하며 피고인에게 불리한 방향으로 확장 해석

하거나 유추 해석하는 것은 죄형법정주의의 원칙에 어긋나는 것으로서 허용되지 않는다.

대법원은 임시마약류 준용규정의 해석에 대해 다음과 같이 설시하였다.

(가) 임시향정신성의약품에 대하여 향정신성의약품에 준하여 취급·관리할 필요가 있다고 보아 일반 행위를 금지하는 ㉮규정을 준용하는 데에서 더 나아가, 임시향정신성의약품으로 지정·공고된 물질을 수입한 자에 대하여 ㉠향정신성의약품에 대한 관련 규정 위반행위와 마찬가지로 보아 그 법정형이 무기 또는 5년 이상의 징역인 ㉯규정 위반죄로 처벌하기 위하여는 그 임시향정신성의약품이 실질적으로 ㉠향정신성의약품에 준하는 물질에 해당하여야 한다고 제한적으로 해석함이 타당하다. (나) 임시향정신성의약품이라 하여도 ㉠향정신성의약품과 마찬가지로 중추신경계에 작용하고 오용하거나 남용할 경우 심한 신체적 또는 정신적 의존성이 있거나 적어도 그럴 우려가 충분하다는 요건을 갖추어야 ㉯규정이 적용될 수 있다. (다) 그 요건에 대한 증명이 없는 경우에는 ㉯규정에 의하여 처벌할 수 없다고 보아야 한다.

대법원은 사실관계의 분석을 토대로 갑이 수입한 알킬 니트리트가 ㉠물질에 준하는 정도의 유해성이 증명되지 않았다고 판단하였다.

2019도9044

2022. 3. 17. 2019도9044, 공 2022상, 737 = 『어린이집 원장 영상정보 훼손 사건』:

개인정보보호법은 '안전성 확보에 필요한 조치를 하지 아니하여 개인정보를 분실·도난·유출·위조·변조 또는 훼손당한 자'를 처벌하는 규정을 두고 있다(㉮규정). 개인정보보호법은 '정당한 권한 없이 또는 허용된 권한을 초과하여 다른 사람의 개인정보를 훼손·멸실·변경·위조 또는 유출한 자'를 처벌하는 규정을 별도로 두고 있다(㉯규정).

영유아보육법은 "어린이집을 설치·운영하는 자는 아동학대 방지 등 영유아의 안전과 어린이집의 보안을 위하여 개인정보 보호법 및 관련 법령에 따른 폐쇄회로 텔레비전을 설치·관리하여야 한다."라고 규정하고 있다(㉰규정). 영유아보육법은 "어린이집을 설치·운영하는 자는 ㉰규정[폐쇄회로 텔레비전]의 영상정보가 분실·도난·유출·변조 또는 훼손되지 아니하도록 내부 관리계획의 수립, 접속기록 보관 등 대통령령으로 정하는 바에 따라 안전성 확보에 필요한 기술적·관리적 및 물리적 조치를 하여야 한다."라고 규정하고 있다(㉱규정). 영유아보육법은 "㉱규정에 따른 안전성 확보에 필요한 조치를 하지 아니하여 영상정보를 분실·도난·유출·변조 또는 훼손당한 자는 2년 이하의 징역 또는 2천만원 이하의 벌금에 처한다."라고 규정하고 있다(㉲규정).

갑은 P어린이집의 원장이다. P어린이집에는 ㉠CCTV가 설치되어 있다. ㉠CCTV의 영상은 ㉡컴퓨터 하드디스크에 녹화·저장되어 있다. P어린이집에 대해 아동학대와 관련한 ㉢혐의가 제기되었다. 갑은 ㉡컴퓨터 하드디스크를 내다버렸다.

검사는 갑을 영유아보육법 ㉲규정을 적용하여 기소하였다. 갑에 대한 공소사실의 요지는 다음과 같다. "갑은 어린이집을 운영하면서 어린이집 사무실에 설치된 폐쇄회로 화면 저장장치에 저장된 영상정보가 훼손되지 않도록 안전성을 확보하기 위한 아무런 조치를 하지 않고 영상정보가 기록되어 있는 저장장치를 은닉하여 녹화영상정보가 전부 삭제되도록 하였다. 이로써 갑은 폐쇄회로 텔레비전의 녹화영상정보가 훼손되게 하였다." 갑의 피고사건은 제1심을 거친 후, 항소심에 계속되었다. 항소법원은 공소사실을 유죄로 인정하였다. 갑은 불복 상고하였다.

대법원은 다음의 이유를 제시하여 원심판결을 파기환송하였다.

대법원은 영유아보육법의 ㉰, ㉱, ㉲규정을 확인한 후, 다음과 같이 설시하였다.

(가) 영유아보육법 ㉲규정의 처벌의 대상이 되는 자 중 '영상정보를 훼손당한 자'란 어린이집을 실지·운

영하는 자로서 영유아보육법 ㉺규정에서 정한 폐쇄회로 영상정보에 대한 안전성 확보에 필요한 조치를 하지 않았고 그로 인해 영상정보를 훼손당한 자를 뜻한다. (나) 영상정보를 삭제·은닉 등의 방법으로 직접 훼손하는 행위를 한 자는 ㉺규정의 처벌대상이 아니다. (다) 행위자가 어린이집을 설치·운영하는 자라고 해도 마찬가지이다.

대법원은 이와 같이 판단한 것에 대해 다음의 이유를 제시하였다.

대법원은 먼저 죄형법정주의에 대해 다음과 같이 설시하였다.

(가) 죄형법정주의는 국가형벌권의 자의적인 행사로부터 개인의 자유와 권리를 보호하기 위해 범죄와 형벌을 법률로 정할 것을 요구한다. (나) 그러므로 형벌법규의 해석은 엄격해야 하고 문언의 가능한 의미를 벗어나 피고인에게 불리한 방향으로 해석하는 것은 죄형법정주의의 내용인 확장해석금지에 따라 허용되지 않는다. (다) 법률을 해석할 때 입법 취지와 목적, 제정·개정 연혁, 법질서 전체와의 조화, 다른 법령과의 관계 등을 고려하는 체계적·논리적 해석방법을 사용할 수 있다. (라) 그러나 문언 자체가 비교적 명확한 개념으로 구성되어 있다면 원칙적으로 이러한 해석방법은 활용할 필요가 없거나 제한될 수밖에 없다. (마) 죄형법정주의 원칙이 적용되는 형벌법규의 해석에서는 더욱 그러하다.

대법원은 영유아보육법 ㉺규정의 문언에 대해 다음과 같이 판단하였다.

(가) '당한 자'라는 문언은 타인이 어떠한 행위를 하여 그로부터 위해 등을 입는 것을 뜻하고 스스로 어떠한 행위를 한 자를 포함하는 개념이 아니다. (나) 형사법은 고의범과 과실범을 구분하여 구성요건을 정하고 있는데, 위와 같은 문언은 과실범을 처벌하는 경우에 사용하는 것으로 볼 수 있다. (다) 따라서 '영상정보를 훼손당한 자'를 처벌하는 ㉺규정은 (ㄱ) 폐쇄회로 영상정보의 안전성 확보에 필요한 조치를 할 의무가 있는 자가 (ㄴ) 그러한 조치를 하지 않아 (ㄷ) 타인이 영상정보를 훼손하거나 그 밖의 다른 이유로 영상정보가 훼손된 경우 위와 같은 폐쇄회로 영상정보의 안전성 확보에 필요한 조치를 하지 않은 어린이집 설치·운영자를 처벌하는 규정으로 해석되어야 한다. (라) 폐쇄회로 영상정보를 직접 훼손한 어린이집 설치·운영자가 '영상정보를 훼손당한 자'에 포함된다고 해석하는 것은 문언의 가능한 범위를 벗어나는 것으로서 받아들이기 어렵다.

대법원은 영유아보육법 ㉺규정의 입법취지에 대해 다음과 같이 설시하였다.

(가) 영유아보육법 ㉺규정은 "영상정보가 분실·도난·유출·변조 또는 훼손되지 아니하도록" 하기 위해 안전성 확보에 필요한 조치를 취할 의무를 정한 조항이다. (나) 영유아보육법 ㉺규정은 그러한 의무를 위반한 경우에 대한 처벌조항이다. (다) 어린이집 폐쇄회로 텔레비전 설치 규정은 어린이집에서 발생하는 안전사고와 보육교사 등에 의한 아동학대를 방지하기 위한 것이다. (라) 그렇지만 안전성 확보에 필요한 조치를 취할 의무와 그 위반에 대한 처벌을 정한 ㉺규정은 어린이집 내 폐쇄회로 텔레비전 설치·녹화로 인한 원장, 보육교사와 영유아의 사생활 노출을 최소화하고 침해를 방지하기 위한 규정이다. (마) 따라서 영유아보육법 ㉺규정에 따라 처벌되는 자는 안전성 확보에 필요한 조치를 취할 의무를 위반하여 영상정보가 훼손당하는 등으로 결과적으로 원장, 보육교사와 영유아의 사생활을 노출시키지 않을 의무를 위반한 자를 가리킨다. (바) 여기에 스스로 영상정보를 훼손한 자까지 포함한다고 보는 것은 규정 체계나 취지에 비추어 보더라도 받아들이기 어렵다.

대법원은 개인정보호보법과 영유아보육법의 규정체계를 다음과 같이 비교하였다.

(가) 개인정보보호법 ㉮규정은 영유아보육법 ㉺, ㉺규정과 유사하게 '안전성 확보에 필요한 조치를 하지 아니하여 개인정보를 분실·도난·유출·위조·변조 또는 훼손당한 자'를 처벌하는 규정을 두고 있다. (나) 그리고 개인정보보호법은 ㉯규정에서 '정당한 권한 없이 또는 허용된 권한을 초과하여 다른 사람의 개인정보를 훼손·멸실·변경·위조 또는 유출한 자'를 처벌하는 규정을 별도로 두고 있다. (다) 그러나 영유아보육법은 ㉺규정에서 ㉺규정을 위반하여 폐쇄회로 텔레비전을 설치하지 않거나 설치·관리의무를 위반한 자에 대해서는 과태료를 부과하는 규정을 두고 있을 뿐이다. (라) 영유아보육법은 개인정보보호법 ㉯규정과 같이 '다

른 사람의 개인정보를 훼손·멸실·변경·위조 또는 유출한 자'를 처벌하는 명시적인 규정을 두고 있지 않다. (마) 이러한 영유아보육법의 규정 태도는 '영상정보를 스스로 훼손·멸실·변경·위조 또는 유출한 자'에 대해서 형사처벌을 하려는 것은 아니라고 볼 수 있다.

대법원은 갑의 행위에 대해 다음과 같이 판단하였다.

(가) 이 사건 공소사실의 핵심적인 부분은 어린이집을 운영하는 갑이 폐쇄회로 영상정보가 저장된 저장장치를 '은닉'하는 방법으로 '영상정보를 훼손하였다.'는 것이다. (나) 위에서 본 법리에 비추어 보면 이러한 사실만으로는 영유아보호법 ㉺규정, ㉻규정에서 정한 '영상정보를 훼손당한 자'에 해당한다고 할 수 없다.

┌─────────────┐
│ **2023도13333** │
└─────────────┘

2024. 4. 16. 2023도13333, 공 2024상, 827 =『**상관명예훼손 유추해석 사건**』:

P신문 인터넷 게시판에 A기자가 작성한 "안장 마친 M국군 유해, ○○○[B]가 '다른 국적 가능성' 묵살"이라는 제목의 ㉠기사가 게시되었다. ㉠기사에는 다수의 찬성 댓글과 반대 댓글이 달렸다. 갑은 ㉠기사에 다음 내용의 댓글을 달았다(㉡댓글). (가) 제보자 C씨로 추정되는 인물은 해당 사안의 □□□로서 현재 성희롱, 갑질, 인사비리, 고발사주 등으로 검찰조사를 받고 있습니다. (나) 업무상 취득한 공적 자료를 보안성 검토 없이 무단으로 기사에 제공하고 악의적으로 내용을 왜곡하여 묵묵히 임무를 수행하고 있는 △△△유해발굴감식단의 많은 직원들과 기관의 명예를 크게 훼손시키고 있습니다. (다) △△△유해발굴감식단과 미DPAA에 사실관계를 확인해 보면 무엇이 진실인지 알게 될 것입니다. (라) 이런 악의적인 제보와 기사는 무엇에도 도움이 되지 않을 것입니다.

갑은 △△△유해발굴감식단에 근무하는 군무원이다. C는 같은 근무처에 근무하는 갑의 상사이다. 군무원에게는 군형법이 적용된다. 군검사는 갑을 군형법상의 상관명예훼손죄로 기소하였다. 제1심법원은 유죄를 인정하였다. 갑은 불복 항소하였다. 갑은 항소이유로 다음의 점을 주장하였다. (가) ㉡댓글은 진실한 사실로서 오로지 공공의 이익에 관한 때에 해당한다. (나) 갑의 행위는 형법 제310조에 따라 위법성이 조각되어 죄가 되지 않는다. 군검사는 다음과 같이 주장하였다. (가) 군형법상 상관명예훼손죄에는 형법 제310조와 같은 위법성조각사유가 규정되어 있지 않다. (나) 갑의 행위는 위법성이 조각되지 않는다. 항소법원은 형법 제310조를 군형법상 상관명예훼손죄에 유추적용할 수 있다고 판단하였다. 항소법원은 갑의 항소를 받아들여 제1심판결을 파기하고 무죄를 선고하였다. 군검사는 불복 상고하였다.

대법원은 다음의 이유를 제시하여 상고를 기각하였다.

대법원은 유추해석의 허용 여부에 대해 다음과 같이 판단하였다.

(가) 군형법은 제64조 제3항에서 '공연히 사실을 적시하여 상관의 명예를 훼손한 경우'에 대해 형법 제307조 제1항의 사실적시에 의한 명예훼손죄보다 형을 높여 처벌하도록 규정하고 있다. (나) 군형법은 이에 대해 형법 제310조와 같이 공공의 이익에 관한 때에는 처벌하지 아니한다는 규정을 별도로 두지 않았다. (다) 그러나 입법에도 불구하고 입법자가 의도하지 않았던 규율의 공백이 있는 사안에 대하여 법규범의 체계, 입법 의도와 목적 등에 비추어 정당하다고 평가되는 한도 내에서 그와 유사한 사안에 관한 법규범을 적용할 수 있다. (라) 형법 제307조 제1항의 행위에 대한 위법성조각사유를 규정한 형법 제310조는 군형법 제64조 제3항의 행위에 대해 유추적용된다고 보아야 한다.

대법원은 유추해석을 허용하는 이유를 다음과 같이 제시하였다.

(가) 군형법상 상관명예훼손죄는 (ㄱ) 상관에 대한 사회적 평가, 즉 외부적 명예 외에 (ㄴ) 군 조직의 질서 및 통수체계 유지 역시 보호법익으로 한다. (나) 그런데 군형법 제64조 제3항의 상관명예훼손죄는 행위의 상대방이 '상관'이라는 점에서 형법 제307조 제1항의 명예훼손죄와 구별되는 것일 뿐 구성요건적 행위인 명예

훼손을 형법상의 개념과 다르게 해석할 이유가 없다. (다) 따라서 군형법상 상관명예훼손죄와 형법상 명예훼손죄의 불법내용에 본질적인 차이가 있다고 보기 어렵다. (라) 문제 되는 행위가 '공공의 이익에 관한 때'에 해당하는지를 심사할 때에 상관명예훼손죄가 보호하고자 하는 군의 통수체계와 위계질서에 대한 침해 위험 등을 추가적으로 고려함으로써 위법성조각사유의 해당 여부를 판단하면 충분하다.

대법원은 갑의 피고사건에 대해 다음과 같이 판단하였다.

(가) 원심은 같은 취지에서 군형법 제64조 제3항의 사실적시 상관명예훼손죄에 형법 제310조를 유추적용할 수 있다고 보았다. (나) 앞서 본 법리에 비추어 원심판결 이유를 살펴보면 원심의 판단은 정당하고, 거기에 상고이유 주장과 같이 형법 제310조의 적용 범위 등에 관한 법리를 오해한 잘못이 없다.

제 2 장 죄형법정주의

제 2 절 헌법 제12조와 죄형법정주의

2015도16014

2017. 2. 16. 2015도16014 전원합의체 판결, 공 2017상, 665 =『당직의료인 시행령 사건』:

(행위시의 의료법에 의함.) 의료법은 "각종 병원에는 응급환자와 입원환자의 진료 등에 필요한 당직의료인을 두어야 한다."는 규정을 두고 있다(㉮규정). 의료법은 ㉮규정에 위반한 사람을 3백만원 이하의 벌금으로 처벌하고 있다(㉯규정). ㉮규정은 각종 병원에 두어야 하는 당직의료인의 수와 자격에 아무런 제한을 두고 있지 않다. ㉮규정은 이를 하위 법령에 위임하고 있지도 않다. 의료법 시행령은 "㉮규정에 따라 각종 병원에 두어야 하는 당직의료인의 수는 입원환자 200명까지는 의사 · 치과의사 또는 한의사의 경우에는 1명, 간호사의 경우에는 2명을 두되, 입원환자 200명을 초과하는 200명마다 의사 · 치과의사 또는 한의사의 경우에는 1명, 간호사의 경우에는 2명을 추가한 인원 수로 한다."라고 규정하고 있다(㉰규정).

갑은 P병원을 운영하고 있다. 갑은 ㉰규정이 정한 당직의료인을 두지 않았다. 검사는 의료법 ㉯, ㉮규정을 적용하여 갑을 기소하였다. 제1심법원은 유죄를 인정하였다. 갑은 불복 항소하였다. 항소법원은 제1심판결을 파기하고 무죄를 선고하였다. 검사는 불복 상고하였다.

대법원은 다음의 이유를 제시하여 검사의 상고를 기각하였다.

대법관들은 상고를 기각하는 점에 견해가 일치하였다. 그러나 ㉮규정의 해석범위에 대해 의견이 대립하였다. (이하 다수의견을 '대법원'으로 표시하여 소개함.)

대법원은 형벌법규와 시행령의 관계에 대해 다음과 같이 설시하였다.

(가) 법률의 시행령은 모법인 법률의 위임 없이 법률이 규정한 개인의 권리 · 의무에 관한 내용을 변경 · 보충하거나 법률에서 규정하지 아니한 새로운 내용을 규정할 수 없다. (나) 특히 법률의 시행령이 형사처벌에 관한 사항을 규정하면서 법률의 명시적인 위임 범위를 벗어나 그 처벌의 대상을 확장하는 것은 죄형법정주의의 원칙에도 어긋나는 것이므로, 그러한 시행령은 위임입법의 한계를 벗어난 것으로서 무효이다.

대법원은 ㉮, ㉯, ㉰규정의 내용을 살핀 후 다음과 같이 판단하였다.

(가) 의료법 ㉮규정은 "환자의 진료 등에 필요한 당직의료인을 두어야 한다."라고 규정하고 있을 뿐이다. (나) 그런데도 ㉰시행령 조항은 그 당직의료인의 수와 자격 등 배치기준을 규정하고 이를 위반하면 의료법 ㉯규정에 의한 처벌의 대상이 되도록 함으로써 형사처벌의 대상을 신설 또는 확장하였다. (다) 그러므로 ㉰시행령 조항은 위임입법의 한계를 벗어난 것으로서 무효이다.

(이후 입법자는 ㉮규정을 개정하여 당직의료인의 수를 보건복지부령으로 정하도록 하는 조항을 추가하였다.)

2019헌바446

2021. 11. 25. 2019헌바446, 헌집 33권 2집 587 = 『음주 2회 가중처벌 위헌 사건』:

도로교통법은 음주운전을 금지하고 있다(㉮규정). 도로교통법은 ㉮규정 위반자를 혈중알코올농도에 따라 (ㄱ) 1년 이하 징역·벌금, (ㄴ) 1년 이상 2년 이하 징역·벌금, (ㄷ) 2년 이상 5년 이하 징역·벌금으로 처벌하고 있다(벌금 액수 생략함)(㉯규정). 음주운전이 사회적인 문제로 대두되었다. 입법자는 음주운전의 처벌을 강화하기 위하여 도로교통법을 개정하였다. 개정 도로교통법은 '㉮규정을 2회 이상 위반한 사람'을 2년 이상 5년 이하의 징역·벌금으로 처벌하는 규정을 신설하였다(㉰규정).

갑은 음주운전죄로 4회 처벌받은 전력이 있다. 갑은 음주운전 상태에서 운전하다가 적발되었다. 검사는 도로교통법 ㉰규정을 적용하여 갑을 기소하였다(㉠사건). ㉠사건 제1심법원은 갑에게 징역 1년을 선고하였다. 갑은 불복 항소하였다. 갑은 항소법원에 ㉰규정에 대한 위헌법률심판제청신청을 하였다. 항소법원은 갑의 신청을 기각하였다. 갑은 헌법재판소에 헌법소원심판을 청구하였다.

헌법재판소는 다음의 이유를 제시하여 도로교통법 ㉰규정이 헌법에 위반된다고 판단하였다.

헌법재판소는 첫 번째 쟁점을 다음과 같이 정리하였다.

(가) ㉰규정은 '2회 이상 위반'이라는 가중처벌 요건을 규정하고 있다. (나) '위반'이라는 표현이 불명확하다는 주장이 있다. (다) ㉰규정이 죄형법정주의 명확성원칙을 위반하는지 문제된다.

헌법재판소는 두 번째 쟁점을 다음과 같이 정리하였다.

(가) 가중요건이 되는 과거 음주운전 금지규정 위반행위와 처벌대상이 되는 재범 음주운전 금지규정 위반행위 사이에 아무런 시간적 제한이 없다. (나) 과거 위반행위가 형의 선고나 유죄의 확정판결을 받은 전과일 것을 요구하지도 않는다. (다) ㉰규정이 책임과 형벌 간의 비례원칙을 위반하는지 문제된다.

헌법재판소는 죄형법정주의의 명확성원칙에 대해 다음과 같이 설시하였다.

(가) 죄형법정주의에서 파생되는 명확성원칙은 (ㄱ) 법률에서 처벌하고자 하는 행위가 무엇이며 (ㄴ) 그에 대한 형벌이 어떠한 것인지를 누구나 예견할 수 있고, 그에 따라 자신의 행위를 결정할 수 있도록 구성요건을 명확하게 규정할 것을 요구한다. (나) 그러나 처벌법규의 구성요건이 명확하여야 한다고 하여 모든 구성요건을 단순한 서술적 개념으로 규정하여야 하는 것은 아니다. (다) 다소 광범위하여 법관의 보충적인 해석을 필요로 하는 개념을 사용하였다고 하더라도 통상의 해석방법에 의하여 건전한 상식과 통상적인 법감정을 가진 사람이면 당해 처벌법규의 보호법익과 금지된 행위 및 처벌의 종류와 정도를 알 수 있도록 규정하였다면 헌법이 요구하는 처벌법규의 명확성에 배치되는 것이 아니다.

(라) 이때 법규범이 명확한지 여부는 (ㄱ) 그 법규범이 수범자에게 법규의 의미내용을 알 수 있도록 공정한 고지를 하여 예측가능성을 주고 있는지 여부 및 (ㄴ) 그 법규범이 법을 해석·집행하는 기관에게 충분한 의미내용을 규율하여 자의적인 법해석이나 법집행이 배제되는지 여부, 다시 말하면 예측가능성 및 자의적 법집행 배제가 확보되는지 여부에 따라 이를 판단할 수 있다. (마) 법규범의 의미내용은 그 문언뿐만 아니라 입법목적이나 입법취지, 입법연혁, 그리고 법규범의 체계적 구조 등을 종합적으로 고려하는 해석방법에 의하여 구체화하게 된다. (바) 그러므로 결국 법규범이 명확성원칙에 위반되는지 여부는 위와 같은 해석방법에 의하여 그 의미내용을 합리적으로 파악할 수 있는 해석기준을 얻을 수 있는지 여부에 달려 있다.

헌법재판소는 ㉰규정의 입법연혁, 판례의 태도 등을 분석하였다(내용 소개는 생략함.)

헌법재판소는 ㉰규정과 명확성원칙의 관계에 대해 다음과 같이 판단하였다.

(가) 결국 ㉰심판대상조항의 '㉮규정을 2회 이상 위반한 사람'은 법원의 통상적인 해석 작용을 통하여 '㉮규정을 위반한 전력이 있는 사람으로서, 다시 ㉮규정을 위반한 사람'의 의미로 확인될 수 있다. (나) ㉰심판대상조항의 입법목적과 연혁, 관련 규정의 내용, 형식 및 대법원의 해석 등에 비추어 볼 때 법을 해석·적용하는 기관의 자의에 따라 심판대상조항의 해석이 좌우될 가능성이 있다고 보기 어렵다.

헌법재판소는 ㉰규정이 책임과 형벌 간의 비례원칙을 위반하는지에 대해 판단하였다.

헌법재판소는 형사법상 책임원칙에 대해 다음과 같이 설시하였다.

(가) 형사법상 책임원칙은 (ㄱ) 형벌은 범행의 경중과 행위자의 책임 사이에 비례성을 갖추어야 하고, (ㄴ) 특별한 이유로 형을 가중하는 경우에도 형벌의 양은 행위자의 책임의 정도를 초과해서는 안 된다는 것을 의미한다. (나) 형사법상 범죄행위의 유형이 다양한 경우에는 그 다양한 행위 중에서 특히 죄질이 불량한 범죄를 무겁게 처벌해야 한다는 것은 책임주의의 원칙상 당연히 요청된다. (다) 그렇지만 그 다양한 행위 유형을 하나의 구성요건으로 포섭하면서 법정형의 하한을 무겁게 책정하여 죄질이 가벼운 행위까지를 모두 엄히 처벌하는 것은 책임주의에 반한다.

헌법재판소는 재범자를 가중처벌하는 여타의 형벌법규에 대해 분석하였다(내용 소개는 생략함.)

헌법재판소는 ㉰규정에 대해 다음과 같은 문제점을 지적하였다.

(가) ㉰심판대상조항은 음주운전 금지규정 위반 전력을 가중요건으로 삼으면서 해당 전력과 관련하여 형의 선고나 유죄의 확정판결을 받을 것을 요구하지 않는다. (나) 그런데다 ㉰심판대상조항은 아무런 시간적 제한도 두지 않은 채 재범에 해당하는 음주운전행위를 가중처벌하도록 하고 있다. (다) 예컨대 10년 이상의 세월이 지난 과거 위반행위를 근거로 재범으로 분류되는 음주운전 행위자에 대해서는 책임에 비해 과도한 형벌을 규정하고 있다고 하지 않을 수 없다.

헌법재판소는 ㉰규정을 적용할 때 발생하는 실무상 문제점을 지적하였다(내용 소개는 생략함).

헌법재판소는 ㉰규정에 대해 다음과 같이 판단하였다.

(가) ㉰심판대상조항은 구성요건과 관련하여 아무런 제한도 두지 않은 채 법정형의 하한을 징역 2년, 벌금 1천만원으로 정하고 있다. (나) ㉰심판대상조항은 음주운전 금지의무 위반 전력이나 혈중알코올농도 수준 등을 고려할 때 비난가능성이 상대적으로 낮은 음주운전 재범행위까지 가중처벌 대상으로 하면서 법정형의 하한을 과도하게 높게 책정하여 죄질이 비교적 가벼운 행위까지 지나치게 엄히 처벌하도록 한 것이다. (다) 그러므로 ㉰심판대상조항에 책임과 형벌 사이의 비례성을 인정하기 어렵다.

2008도4762

2010. 9. 30. 2008도4762, 공 2010하, 2025 = 분석 신형소Ⅱ『리니언시 고발 사건』:

공정거래법은 부당공동행위를 처벌하고 있다(㉮규정). ㉮규정 위반죄는 공정거래위원장의 고발이 있어야 검사가 공소를 제기할 수 있다(㉯규정). 공정거래위원회는 내부자의 제보를 촉진하기 위하여 제보자를 고발 대상에서 제외하는 리니언시 제도를 시행하고 있다. 형사소송법은 제233조에서 친고죄와 관련하여 고소불가분의 원칙을 규정하고 있다.

갑, 을, 병, 정은 ㉠제품을 판매하는 업자들이다. 갑은 ㉠제품의 시장지배력이 가장 강한 업자이다. 갑, 을, 병, 정은 ㉠제품의 가격조정을 위하여 ㉡부당공동행위를 하였다. ㉡행위에 대해 당국의 조사가 임박하였다. 갑은 먼저 공정거래위원회에 ㉡부당공동행위에 관한 제보를 하였다. 공정거래위원회는 리니언시 제도에 따라 갑을 제외한 을, 병, 정만을 고발하였다. 검사는 시장지배력이 가장 강한 갑이 처벌대상에서 제외된다는 것은 부당하다고 판단하였다. 검사는 친고죄에 대해 고소불가분의 원칙을 규정한 형소법 제233조를 원용하여 갑, 을, 병, 정 모두를 공정거래법 위반죄로 기소하였다.

제1심법원은 갑에 대해 소추요건의 결여로 공소의 제기가 법률의 규정에 위반하여 무효인 경우에 해당한다는 이유로 공소기각판결(형소법 제327조 제2호)을 선고하였다. 검사는 불복 항소하였다. 항소법원은 항소를 기각하고, 제1심판결을 유지하였다. 검사는 불복 상고하였다.

대법원은 다음의 이유를 제시하여 상고를 기각하였다.

대법원은 유추해석 금지의 범위에 관하여 다음과 같이 설시하였다.

(가) 형벌법규의 해석에 있어서 법규정 문언의 가능한 의미를 벗어나는 경우에는 유추해석으로서 죄형법정주의에 위반하게 된다. (나) 이러한 유추해석금지의 원칙은 모든 형벌법규의 구성요건과 가벌성에 관한 규정에 준용된다. (다) 위법성 및 책임의 조각사유나 소추조건 또는 처벌조각사유인 형면제 사유에 관하여도 그 범위를 제한적으로 유추적용하게 되면 행위자의 가벌성의 범위는 확대되어 행위자에게 불리하게 된다. (라) 이는 가능한 문언의 의미를 넘어 범죄구성요건을 유추적용하는 것과 같은 결과가 초래되므로 죄형법정주의의 파생원칙인 유추해석금지의 원칙에 위반하여 허용될 수 없다.

대법원은 공정거래법의 관련 조항에 관하여 다음과 같이 판단하였다.

(가) 공정거래법 ⒩규정은 "⑦규정의 부당한 공동행위를 한 죄는 공정거래위원회의 고발이 있어야 공소를 제기할 수 있다'고 규정함으로써 그 소추조건을 명시하고 있다. (나) 공정거래법은 공정거래위원회가 법 위반행위자 중 일부에 대하여만 고발을 한 경우에 그 고발의 효력이 나머지 법 위반행위자에게도 미치는지 여부 즉, 고발의 주관적 불가분원칙의 적용 여부에 관하여는 명시적으로 규정하고 있지 않다. (다) 형사소송법도 제233조에서 친고죄에 관한 고소의 주관적 불가분원칙을 규정하고 있을 뿐이다. (라) 형사소송법은 고발에 대하여 그 주관적 불가분의 원칙에 관한 규정을 두고 있지 않고 또한 형사소송법 제233조를 준용하고 있지도 않다. (마) 이와 같이 명문의 근거규정이 없을 뿐만 아니라 소추요건이라는 성질상의 공통점 외에 그 고소·고발의 주체와 제도적 취지 등이 상이하다.

(바) 그러함에도 불구하고 친고죄에 관한 고소의 주관적 불가분원칙을 규정하고 있는 형사소송법 제233조가 공정거래위원회의 고발에도 유추적용된다고 해석한다면 이는 공정거래위원회의 고발이 없는 행위자에 대해서까지 형사처벌의 범위를 확장하는 것으로서, 결국 피고인에게 불리하게 형벌법규의 문언을 유추해석한 경우에 해당하므로 죄형법정주의에 반하여 허용될 수 없다.

2004도4049

2004. 11. 11. 2004도4049, 공 2004, 2065 =『공선법 '다른 처벌규정' 사건』:

(공직선거법의 규정을 판례의 사안에 맞추어 축약하여 소개함.) 공직선거법은 다음의 규정을 두고 있다.

(가) 제254조(선거운동기간위반죄) ②선거운동기간 전에 방송·신문·통신 또는 잡지 기타 간행물을 이용하여 선거운동을 한 자는 이 법에 다른 규정이 있는 경우를 제외하고는 2년 이하의 징역 또는 400만원 이하의 벌금에 처한다(ⓐ규정). (나) ③제2항에 규정된 방법 외의 방법으로 선거운동기간 전에 선거운동을 한 자는 1년 이하의 징역 또는 200만원 이하의 벌금에 처한다(ⓑ규정). (다) 제255조(부정선거운동죄) ②제93조 제1항의 규정에 위반하여 문서를 게시한 자는 2년 이하의 징역 또는 400만원 이하의 벌금에 처한다(ⓒ규정). (라) 제93조(탈법방법에 의한 문서 게시 금지) ①누구든지 선거일전 180일부터 선거일까지 선거에 영향을 미치게 하기 위하여 이 법의 규정에 의하지 아니하고는 후보자의 성명을 나타내는 문서를 게시할 수 없다(ⓓ규정).

제17대 국회의원 선거일이 임박하였다. 2004. 2. 16.부터 2. 19.까지는 선거운동기간 전이다. 갑은 이 기간 중에 총 7회에 걸쳐 P신문 등의 인터넷 게시판에 입후보예정자 A의 지지를 호소하는 내용의 문서를 게시하였다(⑦행위).

검사는 갑을 공직선거법 ⓒ·ⓓ규정(부정선거운동죄) 및 ⓑ규정(보통선거운동기간위반죄)의 상상적 경합범으로 기소하였다. 제1심법원은 다음과 같이 판단하였다. (가) 공직선거법 ⓒ·ⓓ규정(부정선거운동죄) : 유죄. (나) 공직선거법 ⓑ규정(보통선거운동기간위반죄) : 무죄. 제1심법원은 무죄 부분에 대해 다음과 같은 이유를 제시하였다.

(가) 공선법 ⓐ규정(가중선거운동기간위반죄)의 경우 어떠한 행위에 대하여 '공선법에 별도의 처벌규정[ⓒ·ⓓ규정]을 두고 있는 경우'에는 그 처벌규정[ⓒ·ⓓ규정]에 의하여 처벌할 수 있을 뿐이고 ⓐ규정에 정한 가중사전선거운동죄로 처벌할 수 없다. (나) 동일한 행위가 ⓐ규정(가중선거운동기간위반죄)과 ⓒ·ⓓ규정(부정선거운동죄)의 상상적 경합범으로 기소되었다면 ⓐ규정(가중선거운동기간위반죄) 부분은 무죄로 판단된다. (다) ⓑ규정(보통선거운동기간위반죄)을 해석함에 있어서도 ⓐ규정(가중선거운동기간위반죄)과 마찬가지로 해석해야 한다. (라) 어떠한 행위에 대하여 '공선법에 별도의 처벌규정[ⓒ·ⓓ규정]을 두고 있는 경우'에는 그 처벌규정[ⓒ·ⓓ규정]에 의하여 처벌할 수 있을 뿐이고 ⓑ규정에 정한 보통선거운동기간위반죄로 처벌할 수 없다고 보아야 한다. (마) 그렇게 해석하지 않으면 공선법 ⓐ규정(가중선거운동기간위반죄)에 해당하는 행위가 다른 공선법의 처벌규정[ⓒ·ⓓ규정]에 해당하는 경우에는 다른 처벌규정[ⓒ·ⓓ규정]에 따라 처벌될 뿐이지만 그보다 경한 공선법 ⓑ규정(보통선거운동기간위반죄)에 해당하는 행위는 오히려 다른 처벌규정[ⓒ·ⓓ규정]과 상상적 경합으로 처벌하게 되는 불합리한 결과가 초래된다. (바) 갑의 ㉮행위에 대하여 공선법 ⓒ·ⓓ규정에 별도의 처벌규정이 있다. (사) 그러한 이상 공선법 ⓑ규정(보통선거운동기간위반죄) 위반죄는 별도로 성립할 수 없다. 검사는 불복 항소하였다. 항소법원은 항소를 기각하고, 제1심판결을 유지하였다. 검사는 불복 상고하였다.

대법원은 다음의 이유를 제시하여 원심판결을 파기환송하였다.

대법원은 유리한 유추해석의 한계에 대해 다음과 같이 설시하였다.

(가) 형벌법규의 해석에 있어서 유추해석이나 확장해석도 피고인에게 유리한 경우에는 가능한 것이다. (나) 그러나 문리를 넘어서는 이러한 해석은 그렇게 해석하지 아니하면 그 결과가 현저히 형평과 정의에 반하거나 심각한 불합리가 초래되는 경우에 한하여야 할 것이다. (다) 그렇지 아니하는 한 입법자가 그 나름대로의 근거와 합리성을 가지고 입법한 경우에는 입법자의 재량을 존중하여야 한다.

대법원은 공선법의 관련 규정들을 다음과 같이 분석하였다.

(가) 선거운동기간위반죄를 규정하고 있는 공선법 제254조[ⓐ규정, ⓑ규정]는 사전선거운동에 관한 처벌규정이다. (나) 공선법 제254조는 기본적 구성요건에 해당하는 제3항[ⓑ규정]과 사전선거운동 중 특정 유형의 행위에 관한 가중적 구성요건에 해당하는 제2항[ⓐ규정]을 두고 있다. (다) 그 중 제2항[ⓐ규정]에만 '이 법에 다른 규정이 있는 경우를 제외하고는'이라는 보충문구를 두어 공선법에 별도의 처벌규정이 있는 경우에는 위 제2항[ⓐ규정] 위반으로 처벌할 수 없도록 하고 있다. (라) 제3항[ⓑ규정]에는 위와 같은 보충문구를 두고 있지 않다. (마) 이는 위법한 선거운동에 대한 규제를 주체, 기간, 행위별로 나누어 규정하고 있는 공선법의 체제 및 처벌의 균형을 감안한 입법자의 합목적적 선택의 결과이다. (바) 그러므로 특별한 사정이 없는 한 법원으로서는 이를 존중하여야 한다.

(사) 나아가 공선법 제254조 제3항[ⓑ규정]에 해당하는 행위가 공선법 소정의 다른 처벌규정[ⓒ·ⓓ규정]에 해당하는 경우 이를 일반 법리에 따라 상상적 경합범으로 처벌한다고 하자. (아) 그렇다고 하더라도 형법 제40조에 의하여 중한 죄에 정한 하나의 형으로만 처벌하게 될 뿐이다. (자) 그러므로 공선법 제254조 제2항[ⓐ규정]에 해당하는 행위가 공선법 소정의 다른 처벌규정[ⓒ·ⓓ규정]에 해당하는 경우와 비교하여 그 결과가 현저히 형평과 정의에 반한다거나 심각한 불합리가 초래된다고 보이지도 아니한다. (차) 그렇다면 공선법 제254조 제3항[ⓑ규정]에 해당하는 행위가 공선법 소정의 다른 처벌규정[ⓒ·ⓓ규정]에 해당하는 경우 이는

상상적 경합관계에 있다고 보아야 한다.

제 3 절 헌법 제13조와 소급효금지의 원칙

<u>2014도14166</u>

2016. 11. 25. 2014도14166, 공 2017상, 58 =『운전면허관리단 이양 사건』:

공공기관운영법은 형법상 수뢰죄의 적용에 있어서 그 임직원을 공무원으로 의제하는 준정부기관을 지정하고 있다(㉮규정). 2007. 4. 7. 도로교통공단은 공공기관운영법에 따라 준정부기관으로 지정되었다. 갑은 도로교통공단에 근무하는 임직원이다. 1999. 7. 15.부터 2012. 2. 8.까지 갑은 도로교통공단 교육사업본부 교재개발팀에 근무하면서 교통안전 교육교재 개발 및 제작을 담당하였다. 을은 P조합의 영업사원이다. P조합은 도로교통공단으로부터 교통안전 교육교재의 인쇄 등 제작을 수주받아 책자를 제작하여 이를 도로교통공단에 납품하는 업무를 하고 있다. 2010. 2.경 갑은 교재 납품과 관련하여 을로부터 부정한 청탁을 받고 ㉠금품을 수수하였다. 2010. 7.경 국가에서 주관하던 운전면허시험관리단의 업무가 도로교통공단으로 이양되었다. 2010. 7. 23. 도로교통법이 개정되었다. 개정 도로교통법은 운전면허시험 관리업무에 대한 공공성을 유지하기 위하여 형법이나 그 밖의 법률에 따른 벌칙을 적용하는 경우까지 모두 포함하여 그 관련 업무를 담당한 임직원을 공무원으로 의제하는 규정을 신설하였다(㉯규정). 갑은 도로교통공단에서 운전면허시험 관리업무를 담당하고 있지 않다.

2013년 검사는 갑을 배임수재죄로 기소하였다. 제1심법원은 유죄를 인정하였다. 갑은 불복 항소하였다. 항소심에서 검사는 배임수재죄를 뇌물수수죄로 변경하는 공소장변경신청을 하였다. 항소법원은 공소장변경신청을 허가하고, 뇌물죄 공소사실을 유죄로 인정하였다. 갑은 불복 상고하였다. 갑은 상고이유로 다음의 점을 주장하였다. (가) 행위시법에 의하면 갑은 공공기관운영법 ㉮규정에 의하여 공무원으로 의제된다. (나) 재판시법에 의하면 갑은 도로교통법 ㉯규정에 의하여 공무원으로 의제되는 범위에서 제외된다. (다) 도로교통법 ㉯규정은 공공기관운영법 ㉮규정에 대하여 특별법과 일반법의 관계에 있다. (라) 도로교통법 ㉯규정은 공공기관운영법 ㉮규정에 대하여 신법과 구법의 관계에 있다. (마) 재판시법인 도로교통법 ㉯규정에 의할 때 갑을 공무원으로 의제하여 뇌물수수죄로 처벌할 수 없다.

대법원의 다음의 이유를 제시하여 갑의 상고를 기각하였다.

대법원은 공공기관운영법 ㉮규정과 도로교통법 ㉯규정을 분석하였다(내용 소개는 생략함.).

대법원은 이어서 일반법과 특별법의 관계, 신법과 구법의 관계에 대해 다음과 같이 설시하였다.

(가) 일반적으로 특별법이 일반법에 우선하고 신법이 구법에 우선한다는 원칙은 동일한 형식의 성문법규인 법률이 상호 모순·저촉되는 경우에 적용된다. (나) 이때 법률이 상호 모순·저촉되는지 여부는 법률의 입법목적, 규정사항 및 적용범위 등을 종합적으로 검토하여 판단하여야 한다.

대법원은 공공기관운영법의 입법목적 등에 대해 다음과 같이 설시하였다.

(가) 공공기관운영법은 공공기관의 운영에 관한 기본적인 사항과 자율경영 및 책임경영체제의 확립에 관하여 필요한 사항을 정하여 경영을 합리화하고 운영의 투명성을 제고함으로써 공공기관의 대국민 서비스 증진에 기여함을 목적으로 하고 있다(제1조). (나) 공공기관운영법은 공기업·준정부기관과 기타공공기관으로 구분하여 지정·고시된 공공기관을 적용대상으로 한다(제2조 제1항, 제4조 내지 제6조). (다) 공공기관운영법 제53조(㉮규정)는 공공기관운영법이 2007. 1. 19. 법률 제8258호로 제정될 때부터 있던 조항이다. (라) ㉮규정은 공기업·준정부기관 임직원 등은 그 신분의 특성에 비추어 공무원에 버금가는 고도의 청렴성과 업무의 불가매수성이 요구되므로 이를 보장하려는 취지에서 담당업무의 성격을 불문하고 형법상 뇌물죄 규정을 적용

할 때에 한정하여 공무원으로 보도록 규정하고 있다.

대법원은 도로교통법의 입법목적 등에 대해 다음과 같이 설시하였다.

(가) 도로교통법은 도로에서 일어나는 교통상의 모든 위험과 장해를 방지하고 제거하여 안전하고 원활한 교통을 확보함을 목적으로 하고 있다(제1조). (나) 도로교통법은 도로에서의 교통안전에 관한 교육·홍보·연구·기술개발과 운전면허시험의 관리 등을 통하여 교통질서를 확립하고 교통의 안전성을 높임으로써 도로에서 일어나는 교통상의 위험과 장해를 예방하는 데에 이바지하기 위하여 도로교통공단을 설립하도록 하고 있다(제120조). (다) 그리고 도로교통법 제129조의2(㉯규정)는 도로교통법이 국가행정기관인 운전면허시험관리단에서 담당하던 운전면허시험 및 적성검사 업무를 도로교통공단으로 이양하는 등의 목적으로 2010. 7. 23. 법률 제10382호로 개정되면서 신설된 조항이다. (라) 이는 도로교통공단의 임직원이 위와 같이 이양된 업무를 비롯하여 공무의 성격을 가지는 일정한 업무를 담당하는 경우 그 업무의 특성에 비추어 공공성과 공정성을 보장하려는 취지에서, 도로교통공단이 공공기관운영법에 따라 공공기관으로 지정·고시되었는지 여부를 불문하고 형법이나 그 밖의 법률에 따른 벌칙을 적용할 때 뇌물수수죄 등에 한정하지 아니하고 공무원으로 보도록 규정하고 있다.

대법원은 공공기관운영법 ㉮규정과 도로교통법 ㉯규정을 비교하여 다음과 같이 판단하였다.

(가) 이와 같이 공공기관운영법 제53조(㉮규정)와 도로교통법 제129조의2(㉯규정)는 입법목적, 입법연혁, 규정사항 및 적용범위 등을 달리하여 서로 모순·저촉되는 관계에 있다고 볼 수 없다. (나) 따라서 공공기관운영법에 따른 준정부기관인 도로교통공단의 임직원에 대하여 도로교통법 제129조의2(㉯규정가 특별법 내지 신법으로 우선하여 적용되고 공공기관운영법 제53조(㉮규정)의 적용이 배제된다고 볼 수 없다.

2020도16420

2022. 12. 22. 2020도16420 **전원합의체 판결**, 공 2023상, 318 = **『전동킥보드 음주운전 사건』**:

(갑은 보이스피싱범이다. 갑은 보이스피싱범죄로 인한 사기죄 외에 여러 건의 공소사실로 기소되었다. 다음에 분석하는 도로교통법 위반죄(음주운전)는 그 가운데 일부이다. 아래에서는 도로교통법 위반죄(음주운전) 부분을 중심으로 살펴본다.)

갑은 도로교통법 위반(음주운전)죄로 4회 처벌받은 전력이 있다. 2020. 1. 5. 갑은 혈중알코올농도 0.209%의 술에 취한 상태로 ⓐ전동킥보드를 운전하였다. 행위 당시 도로교통법은 다음의 규정을 두고 있었다. (가) 제44조 ① 누구든지 술에 취한 상태에서 자동차등(…), 노면전차 또는 자전거를 운전하여서는 아니 된다(㉮규정). (나) 제148조의2 ① 제44조 제1항…을 2회 이상 위반한 사람(자동차등 또는 노면전차를 운전한 사람으로 한정한다)은 2년 이상 5년 이하의 징역이나 1천만원 이상 2천만원 이하의 벌금에 처한다(㉯규정). (다) 제156조(벌칙) 다음 각 호의 어느 하나에 해당하는 사람은 20만원 이하의 벌금이나 구류 또는 과료(科料)에 처한다. 11. 제44조 제1항을 위반하여 술에 취한 상태에서 자전거를 운전한 사람(㉰규정). 행위 당시 도로교통법에 의하면 전동킥보드는 ㉯규정의 '자동차등'에 해당한다. 검사는 갑을 도로교통법 위반죄(음주운전)로 기소하였다.

2020. 6. 9. 도로교통법이 개정되었다. 개정 도로교통법은 다음의 정의규정을 신설하였다. (가) 제2조(정의) 이 법에서 사용하는 용어의 뜻은 다음과 같다. (나) 19의2. "개인형 이동장치"란 제19호 나목의 원동기장치자전거 중 시속 25킬로미터 이상으로 운행할 경우 전동기가 작동하지 아니하고 차체 중량이 30킬로그램 미만인 것으로서 행정안전부령으로 정하는 것을 말한다. (다) 21의2. "자전거등"이란 자전거와 개인형 이동장치를 말한다. 개정 도로교통법은 제156조의 벌칙조항을 다음과 같이 규정하였다. (가) 제156조(벌칙) 다음 각 호의 어느 하나에 해당하는 사람은 20만원 이하의 벌금이나 구류 또는 과료(科料)에 처한다. (나) 11. 제44조

제1항을 위반하여 술에 취한 상태에서 자전거 등을 운전한 사람(㉯규정). 개정 도로교통법에 따르면 전동킥보드는 ㉯규정의 '자전거 등'에 해당한다. 개정 도로교통법은 경과규정을 두지 않았다. 개정 도로교통법 부칙은 개정법률이 공포 후 6개월이 경과한 날(2020. 12. 10.)부터 시행된다고 규정하였다.

2020. 6. 23. 제1심법원은 다른 공소사실까지 포함하여 유죄를 인정하고 징역 2년 10개월을 선고하였다. 갑은 불복 항소하였다. 2020. 11. 5. 항소법원은 판결을 선고하였다. 항소법원은 도로교통법 위반죄(음주운전)와 무관한 다른 사유를 들어서 제1심판결을 파기하고, 갑에게 징역 2년 10개월을 선고하였다. 갑은 불복 상고하였다. 2020. 12. 10. 개정 도로교통법이 시행되었다.

2022. 12. 22. 대법원은 판결을 선고하였다. 대법원은 원심판결을 파기해야 한다는 데에는 견해가 일치하였다. 그러나 결론에 이르는 논지 구성에 대해서는 9 대 4로 견해가 나뉘었다. 종전의 대법원판례는 동기설을 취하고 있었다. 다수의견은 동기설을 폐기하면서, 법률의 변경 여부에 대해 일련의 유형들과 그에 대한 판단 방법을 제시하였다. 다수의견은 일련의 유형 가운데 한시법의 경우에 대해 추급효를 인정하였다. 별개의견(2명)은 동기설을 폐기하는 원칙만을 천명하여야 하고, 구체적 유형과 판단기준을 미리 제시하는 것은 적절하지 않다고 주장하였다. 별개의견(2명)은 동기설을 폐기하는 원칙을 한시법의 경우에도 일관되게 적용하여야 한다고 주장하였다. (이하 다수의견을 저자의 각색 없이 그대로 전재하여 소개함. 가독성을 높이기 위하여 긴 문장은 '/'로 나눔.)

1. 사건의 개요와 쟁점

가. 이 사건 공소사실 중 도로교통법 위반(음주운전) 부분(이하 '이 부분 공소사실'이라고 한다)의 요지

피고인[갑]은 도로교통법 위반(음주운전)죄로 4회 처벌받은 전력이 있음에도 2020. 1. 5. 혈중알코올농도 0.209%의 술에 취한 상태로 전동킥보드를 운전하였다.

나. 원심 판단

원심은 구 도로교통법(2020. 6. 9. 법률 제17371호로 개정되어 2020. 12. 10. 시행되기 전의 것, 이하 같다) 제148조의2 제1항[㉯규정], 도로교통법 제44조 제1항[㉮규정]을 적용하여 이 부분 공소사실을 유죄로 판단하였다.

다. 이 사건 법률 개정

구 도로교통법이 2020. 6. 9. 법률 제17371호로 개정되어 원심판결 선고[2020. 11. 5.] 후인 2020. 12. 10. 개정 도로교통법이 시행되면서 /

제2조 제19호의2 및 제21호의2에서 이 사건 전동킥보드와 같은 '개인형 이동장치'와 이를 포함하는 '자전거 등'에 관한 정의규정을 신설하였다. /

이에 따라 개인형 이동장치는 자전거 등에 해당하게 되었으므로, /

자동차 등 음주운전 행위를 처벌하는 제148조의2[㉯규정]의 적용 대상에서 개인형 이동장치를 운전하는 경우를 제외하는 한편, /

개인형 이동장치 음주운전 행위에 대하여 자전거 등 음주운전 행위를 처벌하는 제156조 제11호[㉯규정]를 적용하도록 규정하였다(이하 '이 사건 법률 개정'이라고 한다).

그 결과 이 부분 공소사실과 같이 도로교통법 제44조 제1항 위반 전력이 있는 사람이 다시 술에 취한 상태로 전동킥보드를 운전한 행위에 대하여, /

이 사건 법률 개정 전에는 구 도로교통법 제148조의2 제1항[㉯규정]을 적용하여 2년 이상 5년 이하의 징역이나 1천만 원 이상 2천만 원 이하의 벌금으로 처벌하였으나, /

이 사건 법률 개정 후에는 도로교통법 제156조 제11호[㉯규정]를 적용하여 20만 원 이하의 벌금이나 구류 또는 과료로 처벌하게 되었다. /

이 사건 법률 개정은 이러한 내용의 신법 시행 전에 이루어진 구 도로교통법 제148조의2 제1항[㉮규정] 위반행위에 대하여 종전 법령을 그대로 적용할 것인지에 관하여 별도의 경과규정을 두고 있지 아니하다.

　라. 이 사건의 쟁점

　이 사건의 쟁점은 이 사건 법률 개정과 같이 범죄 후 법령의 변경에 의하여 그 행위가 범죄를 구성하지 아니하게 되거나 형이 가벼워진 경우 형법 제1조 제2항과 형사소송법 제326조 제4호를 적용하여 피고인에게 유리하게 변경된 신법에 따를 것인지 여부이다.

　종래 대법원은 이러한 쟁점의 해결을 위하여 법령의 변경에 관한 입법자의 동기를 고려하여 형법 제1조 제2항과 형사소송법 제326조 제4호의 적용 범위를 제한적으로 해석하는 입장을 견지해 왔다. /

즉, 형벌법규 제정의 이유가 된 법률이념의 변경에 따라 종래의 처벌 자체가 부당하였다거나 또는 과형이 과중하였다는 반성적 고려에서 법령을 변경하였을 경우에만 형법 제1조 제2항과 형사소송법 제326조 제4호가 적용된다고 해석하여, /

이러한 경우가 아니라 그때그때의 특수한 필요에 대처하기 위하여 법령을 변경한 것에 불과한 때에는 이를 적용하지 아니하고 행위 당시의 형벌법규에 따라 위반행위를 처벌하여야 한다는 판례 법리를 확립하여 오랜 기간 유지하여 왔다 /

(대법원 1963. 1. 31. 선고 62도257 판결, 대법원 1978. 2. 28. 선고 77도1280 판결, 대법원 1980. 7. 22. 선고 79도2953 판결, 대법원 1982. 10. 26. 선고 82도1861 판결, 대법원 1984. 12. 11. 선고 84도413 판결, 대법원 1997. 12. 9. 선고 97도2682 판결, 대법원 2003. 10. 10. 선고 2003도2770 판결, 대법원 2010. 3. 11. 선고 2009도12930 판결, 대법원 2013. 7. 11. 선고 2013도4862, 2013전도101 판결, 대법원 2016. 10. 27. 선고 2016도9954 판결 등, /

이하 '종래 대법원판례'라고 한다). /

　결국 이 사건의 쟁점은 이와 같은 종래 대법원판례 법리를 그대로 유지할 것인지에 관한 문제이다.

2. 이 사건의 쟁점에 관한 판단

　가. 범죄 후 법률이 변경되어 그 행위가 범죄를 구성하지 아니하게 되거나 형이 구법보다 가벼워진 경우에는 신법에 따라야 하고(형법 제1조 제2항), /

범죄 후의 법령 개폐로 형이 폐지되었을 때는 판결로써 면소의 선고를 하여야 한다(형사소송법 제326조 제4호). /

이러한 형법 제1조 제2항과 형사소송법 제326조 제4호의 규정은 입법자가 법령의 변경 이후에도 종전 법령 위반행위에 대한 형사처벌을 유지한다는 내용의 경과규정을 따로 두지 않는 한 그대로 적용되어야 한다.

　따라서 범죄의 성립과 처벌에 관하여 규정한 형벌법규 자체 또는 그로부터 수권 내지 위임을 받은 법령의 변경에 따라 범죄를 구성하지 아니하게 되거나 형이 가벼워진 경우에는, /

종전 법령이 범죄로 정하여 처벌한 것이 부당하였다거나 과형이 과중하였다는 반성적 고려에 따라 변경된 것인지 여부를 따지지 않고 /

원칙적으로 형법 제1조 제2항과 형사소송법 제326조 제4호가 적용된다. /

형벌법규가 대통령령, 총리령, 부령과 같은 법규명령이 아닌 고시 등 행정규칙·행정명령, 조례 등(이하 '고시 등 규정'이라고 한다)에 구성요건의 일부를 수권 내지 위임한 경우에도 /

이러한 고시 등 규정이 위임입법의 한계를 벗어나지 않는 한 형벌법규와 결합하여 법령을 보충하는 기능을 하는 것이므로, /

그 변경에 따라 범죄를 구성하지 아니하게 되거나 형이 가벼워졌다면 마찬가지로 형법 제1조 제2항과 형사소송법 제326조 제4호가 적용된다.

그러나 해당 형벌법규 자체 또는 그로부터 수권 내지 위임을 받은 법령이 아닌 다른 법령이 변경된 경우 형법 제1조 제2항과 형사소송법 제326조 제4호를 적용하려면, /

해당 형벌법규에 따른 범죄의 성립 및 처벌과 직접적으로 관련된 형사법적 관점의 변화를 주된 근거로 하는 법령의 변경에 해당하여야 하므로, /

이와 관련이 없는 법령의 변경으로 인하여 해당 형벌법규의 가벌성에 영향을 미치게 되는 경우에는 형법 제1조 제2항과 형사소송법 제326조 제4호가 적용되지 않는다.

한편 법령이 개정 내지 폐지된 경우가 아니라, 스스로 유효기간을 구체적인 일자나 기간으로 특정하여 효력의 상실을 예정하고 있던 법령이 그 유효기간을 경과함으로써 더 이상 효력을 갖지 않게 된 경우도 / 형법 제1조 제2항과 형사소송법 제326조 제4호에서 말하는 법령의 변경에 해당한다고 볼 수 없다.

나. 구체적인 이유는 아래와 같다.

1) 법문언에 따른 정당한 해석

가) 형법 제1조 제2항은 "범죄 후 법률이 변경되어 그 행위가 범죄를 구성하지 아니하게 되거나 형이 구법보다 가벼워진 경우에는 신법에 따른다."라고 규정하고, /

형사소송법 제326조 제4호는 "범죄 후의 법령 개폐로 형이 폐지되었을 때"는 판결로써 면소의 선고를 하여야 한다고 규정하고 있다. /

이와 같이 형법 제1조 제2항과 형사소송법 제326조 제4호는 범죄 후 피고인에게 유리하게 법령이 변경된 경우 행위시법이 아니라 피고인에게 유리한 재판시법을 적용한다는 취지임이 문언상 명백하다.

법은 원칙적으로 불특정 다수인에 대하여 동일한 구속력을 갖는 사회의 보편타당한 규범이므로 법의 표준적 의미를 밝혀 객관적 타당성이 있도록 해석하여야 하고, 가급적 모든 사람이 수긍할 수 있는 일관성을 유지함으로써 법적 안정성이 손상되지 않도록 하여야 한다. /

그러기 위해서는 가능한 한 법률에 사용된 문언의 통상적인 의미에 충실하게 해석하는 것을 원칙으로 하여야 한다. /

한편 법률의 문언 자체가 비교적 명확한 개념으로 구성되어 있다면 원칙적으로 더 이상 다른 해석방법은 활용할 필요가 없거나 제한될 수밖에 없고, /

어떠한 법률의 규정에서 사용된 용어에 관하여 그 법률 및 규정의 입법취지와 목적을 중시하여 문언의 통상적 의미와 다르게 해석하려 하더라도 당해 법률 내의 다른 규정들 및 다른 법률과의 체계적 관련성 내지 전체 법체계와의 조화를 무시할 수 없으므로, 거기에는 일정한 한계가 있을 수밖에 없다(대법원 2021. 3. 18. 선고 2018두47264 전원합의체 판결 등 참조).

종래 대법원판례는 형법 제1조 제2항과 형사소송법 제326조 제4호의 적용 범위를 제한적으로 해석하여, /

개별 사건에서 해당 법령 변경의 동기를 두 가지 유형으로 준별하고 법령 변경의 동기가 종래의 처벌 자체가 부당하였다거나 또는 과형이 과중하였다는 반성적 고려에 따른 경우에만 재판시법을 적용하였다. /

그러나 앞서 본 법리에 비추어 보면 형법 제1조 제2항과 형사소송법 제326조 제4호에서 말하는 법령의 변경에 관하여 문언의 명확한 개념과 다르게 종래 대법원판례와 같이 반성적 고려에 따른 것인지에 따라 그 해당 여부를 달리하여야 하는 근거를 찾기가 어렵다.

나) 법령 변경의 동기가 반성적 고려에 따른 경우에만 형법 제1조 제2항과 형사소송법 제326조 제4호를 적용하는 해석론은 결국 법문에 없는 추가적인 적용 요건을 설정하는 것으로서 목적론적 축소해석에 해당한다고 볼 수 있다.

그러나 법문을 기초로 한 엄격해석의 원칙은 형사법 해석의 기본 원칙으로서 최대한 존중되어야 하고, 목적론적 해석도 문언의 통상적인 의미를 벗어나서는 아니 된다. /

특히 형법 제1조 제2항과 형사소송법 제326조 제4호의 적용 여부는 개별 사건에서 해당 피고인에 대한 형사처벌 여부와 법정형을 곧바로 결정하는 중요한 문제이다. /

피고인에게 유리한 형법 제1조 제2항과 형사소송법 제326조 제4호를 축소해석하는 것은 결국 처벌 범위의 확장으로 이어지게 되므로, 목적론적 관점에서 이를 제한적으로 해석하는 것에는 신중을 기하여야 한다.

나아가 이 사건의 쟁점은 형벌법규의 시적 적용 범위에 관한 것으로서 행위시법과 재판시법 사이에서 형사재판의 적용법조를 결정하는 문제이므로, 형사절차의 명확성과 안정성, 예측가능성을 담보하기 위하여 가장 기초가 되는 사항이다. /

따라서 형사법의 체계상으로도 법문에 충실한 해석의 필요성이 무엇보다 큰 영역에 해당하므로, 형법 제1조 제2항과 형사소송법 제326조 제4호에 관한 목적론적 축소해석은 법률문언의 가능한 의미를 기초로 하여 불가피하고 합리적인 범위 내로 최대한 제한되어야 한다.

다) 독일의 경우 독일 형법 제2조 제4항이 한시법에 대하여 원칙적으로 추급효를 인정하는 명문규정을 두고 있기 때문에 그 해석·적용과 관련하여 판례와 다수 학설이 종래 대법원판례와 유사한 태도를 취하고 있다. /

그러나 우리 형법 제1조는 그와 같은 규정을 두고 있지 않아 법률해석의 기초가 되는 법문 자체가 상이하므로 독일에서의 논의를 우리 형사법의 해석에 그대로 원용하기는 어렵다.

2) 입법자의 의사를 실현하는 경과조치의 가능성

가) 범죄 후 피고인에게 유리하게 법령이 변경된 경우라도 입법자는 경과규정을 둠으로써 재판시법의 적용을 배제하고 행위시법을 적용하도록 할 수 있다. /

피고인에게 유리하게 형벌법규를 개정하면서 부칙에서 신법 시행 전의 범죄에 대하여는 종전 형벌법규를 적용하도록 규정한다고 하여 헌법상의 형벌불소급의 원칙이나 신법우선주의에 반한다고 할 수 없다(대법원 1999. 7. 9. 선고 99도1695 판결, 대법원 2011. 7. 14. 선고 2011도1303 판결 등 참조).

따라서 입법자가 법령의 변경 후에도 종전 법령 위반행위에 대한 처벌을 그대로 유지하고자 할 경우 이에 상응한 조치를 할 수 있는 법적 수단이 이미 마련되어 있다. /

입법자는 구성요건을 규정한 형벌법규 자체의 부칙조항에 경과규정을 두거나, 형벌법규가 하위 법령에 구성요건의 일부를 수권 내지 위임한 경우 그 수권의 범위 내에서 하위 법령에 경과규정을 두는 등으로 위임입법의 한계를 벗어나지 않는 한 다양한 입법기술을 활용하여 경과조치를 할 수 있다.

나) 종래 대법원판례가 형법 제1조 제2항과 형사소송법 제326조 제4호의 적용 범위를 제한적으로 해석한 배경에는 형벌법규의 상당 부분이 하위 법령에 대한 수권 내지 위임을 통하여 규정되는 방대한 형벌법령 체계의 개폐 과정에서 적절한 경과규정이 누락되어 처벌의 공백이 발생할 수 있다는 현실적 고려도 있었다고 보인다.

그러나 종래 대법원판례가 최초 판시된 1960년대 이후로 우리 사회 전반에 걸쳐 상당한 법제도적·기술적 발전이 있었고, 국회 또는 행정부의 입법절차와 입법환경에서 많은 개선과 정비가 이루어졌으며, 입법과정에서 법률전문가가 조력·관여할 수 있는 기회도 크게 확대됨으로써, /

입법자가 종전 법령 위반행위에 대한 처벌의 유지 여부를 숙고하여 변경 대상 법령의 취지와 형식에 따라 적법하고 적절한 형태로 경과규정을 둘 수 있는 여건이 충분히 갖추어졌다고 보인다.

다) 입법자는 형벌법규 자체 또는 그로부터 수권 내지 위임을 받은 법령을 변경하는 과정에서, 이로 인하여 해당 형벌법규에 따른 범죄를 구성하지 아니하게 되거나 형이 가벼워진 경우 형법 제1조 제2항과 형사소송법 제326조 제4호에 따라 피고인에게 유리한 신법이 적용되고, 결국 행위 시 범죄를 구성하는 행위였음에도 처벌을 받지 않게 되거나 가벼운 처벌을 받게 된다는 사정을 충분히 예견할 수 있다. /

따라서 입법자는 법령의 변경 과정에서 종전 법령에 따른 처벌을 유지할 필요성이 있는지 여부를 스스로 면밀히 검토하여야 하고, 그러한 필요성이 인정된다면 법령의 변경과 동시에 적절한 경과조치를 취하여야 한다.

그럼에도 입법자가 별도의 경과규정을 두지 않았다면, 특별한 사정이 없는 한 입법자의 의사는 형법 제1조 제2항과 형사소송법 제326조 제4호의 명문규정에 따라 종전 법령 위반행위에 대하여 더 이상 처벌을 하지 않거나 형이 가벼워진 신법을 적용하려는 것이라고 해석할 수 있다.

3) '법령의 변경'의 의미

가) 형법 제1조 제1항은 "범죄의 성립과 처벌은 행위 시의 법률에 따른다."라고 하여 행위시법주의의 원칙을 규정하고, /

형법 제1조 제2항은 "범죄 후 법률이 변경되어 그 행위가 범죄를 구성하지 아니하게 되거나 형이 구법보다 가벼워진 경우에는 신법에 따른다."라고 하여 행위시법주의의 예외로 재판시법주의를 규정하고 있다. /

이러한 형법 제1조의 문언과 입법취지 등을 종합하여 보면, 형법 제1조 제2항과 형사소송법 제326조 제4호에서 말하는 법령의 변경은 해당 형벌법규에 따른 범죄의 성립 및 처벌과 직접 관련된 것이어야 하고, /

이는 결국 해당 형벌법규의 가벌성에 관한 형사법적 관점의 변화를 전제로 한 법령의 변경을 의미하는 것이다.

나) 구성요건을 규정한 형벌법규 자체 또는 그로부터 수권 내지 위임을 받은 법령의 변경에 따라 범죄를 구성하지 아니하게 되거나 형이 가벼워진 경우에는, 당연히 해당 형벌법규에 따른 범죄의 성립 및 처벌과 직접적으로 관련된 형사법적 관점의 변화에 근거한 것으로 인정할 수 있으므로, 형법 제1조 제2항과 형사소송법 제326조 제4호가 그대로 적용된다.

형벌법규가 헌법상 열거된 법규명령이 아닌 고시 등 규정에 구성요건의 일부를 수권 내지 위임한 경우에도 그 고시 등 규정이 위임입법의 한계를 벗어나지 않는 한 모법인 형벌법규와 결합하여 형사처벌의 근거가 되는 것이므로, 고시 등 규정이 변경되는 경우에도 마찬가지로 형법 제1조 제2항과 형사소송법 제326조 제4호에서 말하는 법령의 변경에 해당한다.

다) 그러나 해당 형벌법규 자체 또는 그로부터 수권 내지 위임을 받은 법령이 아닌 다른 법령이 변경되어 결과적으로 해당 형벌법규에 따른 범죄가 성립하지 아니하게 되거나 형이 가벼워진 경우에는, 문제 된 법령의 변경이 해당 형벌법규에 따른 범죄의 성립 및 처벌과 직접적으로 관련된 형사법적 관점의 변화를 주된 근거로 하는 것인지 여부를 면밀히 따져 보아야 한다.

해당 형벌법규의 가벌성과 직접적으로 관련된 형사법적 관점의 변화가 있는지 여부는 종래 대법원판례가 기준으로 삼은 반성적 고려 유무와는 구별되는 것이다. /

이는 입법자에게 과거의 처벌이 부당하였다는 반성적 고려가 있었는지 여부를 추단하는 것이 아니라, /

법령의 변경이 향후 문제 된 형사처벌을 더 이상 하지 않겠다는 취지의 규범적 가치판단을 기초로 한 것인지 여부를 판단하는 것이다. /

이는 입법자의 내심의 동기를 탐지하는 것이 아니라, 객관적으로 드러난 사정을 기초로 한 법령해석을 의미한다.

즉, 해당 형벌법규에 따른 범죄 성립의 요건과 구조, 형벌법규와 변경된 법령과의 관계, 법령 변경의 내용 · 경위 · 보호목적 · 입법취지 등을 종합적으로 고려하여, /

법령의 변경이 해당 형벌법규에 따른 범죄의 성립 및 처벌과 직접적으로 관련된 형사법적 관점의 변화를 주된 근거로 한다고 해석할 수 있을 때 /

형법 제1조 제2항과 형사소송법 제326조 제4호를 적용할 수 있다. /

따라서 해당 형벌법규와 수권 내지 위임관계에 있지 않고 보호목적과 입법취지를 달리하는 민사적 · 행정적 규율의 변경이나, 형사처벌에 관한 규범적 가치판단의 요소가 배제된 극히 기술적인 규율의 변경 등에 따라 간접적인 영향을 받는 것에 불과한 경우는 /

형법 제1조 제2항과 형사소송법 제326조 제4호에서 말하는 법령의 변경에 해당한다고 볼 수 없다.

한편 입법자는 해당 형벌법규와 직접 관련이 없는 다른 법령을 변경할 때에도 해당 형벌법규에 따른 범죄의 성립 및 처벌에 대하여 신법을 적용한다는 취지의 경과규정을 둘 수 있다. /

이로써 법령의 변경이 해당 형벌법규에 관한 형사법적 관점의 변화에 근거하는 것이라는 취지를 분명하게 밝혀 신법에 따르도록 할 수 있으므로, /

입법자는 그 스스로도 입법 목적을 얼마든지 관철시킬 수 있다.

라) 법령 제정 당시부터 또는 폐지 이전에 스스로 유효기간을 구체적인 일자나 기간으로 특정하여 효력의 상실을 예정하고 있던 법령이 그 유효기간을 경과함으로써 더 이상 효력을 갖지 않게 된 경우도 /

형법 제1조 제2항과 형사소송법 제326조 제4호의 적용 대상인 법령의 변경에 해당한다고 볼 수 없다.

이러한 법령 자체가 명시적으로 예정한 유효기간의 경과에 따른 효력 상실은 일반적인 법령의 개정이나 폐지 등과 같이 애초의 법령이 변경되었다고 보기 어렵고, /

어떠한 형사법적 관점의 변화 내지 형사처벌에 관한 규범적 가치판단의 변경에 근거하였다고 볼 수도 없다. /

유효기간을 명시한 입법자의 의사를 보더라도 유효기간 경과 후에 형사처벌 등의 제재가 유지되지 않는다면 유효기간 내에도 법령의 규범력과 실효성을 확보하기 어려울 것이므로, 특별한 사정이 없는 한 유효기간 경과 전의 법령 위반행위는 유효기간 경과 후에도 그대로 처벌하려는 취지라고 보는 것이 합리적이다.

3. 판례의 변경

이와 달리 형법 제1조 제2항과 형사소송법 제326조 제4호는 형벌법규 제정의 이유가 된 법률이념의 변경에 따라 종래의 처벌 자체가 부당하였다거나 또는 과형이 과중하였다는 반성적 고려에서 법령을 변경하였을 경우에만 적용된다고 한 /

앞서 1.의 라.에서 본 대법원판결을 비롯한 같은 취지의 대법원판결들은 이 판결의 견해에 배치되는 범위 내에서 모두 변경하기로 한다.

4. 이 사건에 대한 구체적 판단

앞서 본 법리에 비추어 원심의 판단을 살펴본다.

이 부분 공소사실과 같이 도로교통법 제44조 제1항 위반 전력이 있는 사람이 다시 술에 취한 상태로 전동 킥보드를 운전한 행위는, /

이 사건 법률 개정 전에는 구 도로교통법 제148조의2 제1항[⑷규정]이 적용되어 2년 이상 5년 이하의 징역이나 1천만 원 이상 2천만 원 이하의 벌금으로 처벌되었으나, /

이 사건 법률 개정 후에는 도로교통법 제156조 제11호[㉺규정]가 적용되어 20만 원 이하의 벌금이나 구류 또는 과료로 처벌되게 되었다.

이러한 이 사건 법률 개정은 구성요건을 규정한 형벌법규 자체의 개정에 따라 형이 가벼워진 경우에 해당함이 명백하므로, /

종전 법령이 반성적 고려에 따라 변경된 것인지 여부를 따지지 않고 형법 제1조 제2항을 적용하여야 한다. /

결국 이 부분 공소사실 기재 행위는 형법 제1조 제2항에 따라 /

행위시법인 구 도로교통법 제148조의2 제1항[⑷규정], 도로교통법 제44조 제1항[㉮규정]으로 처벌할 수 없고, /

원심판결 후 시행된 이 사건 법률 개정을 반영하여 신법인 도로교통법 제156조 제11호[㉺규정], 제44조 제1항[㉮규정]으로 처벌할 수 있을 뿐이므로, /

원심판결 중 이 부분 공소사실에 관한 부분은 형사소송법 제383조 제2호의 "판결 후 형의 변경이 있는 때"에 해당하여 더 이상 유지될 수 없다.

| 2022도4610 |

2023. 2. 23. 2022도4610, 공 2023상, 636 =『개인파산 법무사법 개정 사건』:

갑은 법무사이다. 갑은 A 등으로부터 보수를 받고 개인의 파산사건 및 개인회생사건 신청의 대리행위를 하였다(㉮행위로 통칭함). 변호사법은 다음의 규정을 두고 있다(ⓐ규정). (가) 제109조(벌칙) 다음 각 호의 어느 하나에 해당하는 자는 7년 이하의 징역 또는 5천만원 이하의 벌금에 처한다. 이 경우 벌금과 징역은 병과(倂科)할 수 있다. (나) 1. 변호사가 아니면서 금품·향응 또는 그 밖의 이익을 받거나 받을 것을 약속하고 또는 제3자에게 이를 공여하게 하거나 공여하게 할 것을 약속하고 다음 각 목의 사건에 관하여 감정·대리·중재·화해·청탁·법률상담 또는 법률 관계 문서 작성, 그 밖의 법률사무를 취급하거나 이러한 행위를 알선한 자. (다) 가. 소송 사건, 비송 사건, 가사 조정 또는 심판 사건.

검사는 갑을 변호사법 위반죄로 기소하였다. 2018. 10. 24. 제1심법원은 유죄를 인정하였다. 갑은 불복 항소하였다. 2020. 2. 4. 법무사법이 개정되었다. 개정 법무사법은 법무사의 업무에 개인의 파산사건 및 개인회생사건 신청의 대리를 추가하였다. 개정 규정의 내용은 다음과 같다(ⓑ규정). (가) 제2조(업무) ① 법무사의 업무는 다른 사람이 위임한 다음 각 호의 사무로 한다. (나) 6.「채무자 회생 및 파산에 관한 법률」에 따른 개인의 파산사건 및 개인회생사건 신청의 대리. 다만, 각종 기일에서의 진술의 대리는 제외한다.

갑의 피고사건은 제1심을 거친 후, 항소심에 계속되었다. 항소심 공판절차에서 갑은 다음과 같이 주장하였다. (가) 2020. 2. 4. 개정된 법무사법 ⓑ규정에 의하여 개인의 파산사건 및 개인회생사건 신청의 대리가 법무사의 업무로 추가되었다. (나) 그러므로 갑의 피고사건은 범죄 후 법령의 개폐로 형이 폐지된 때로서 면소판결 대상이 된다. 2022. 4. 7. 항소법원은 판결을 선고하였다. 항소법원은 갑의 항소이유를 배척하고, 변호사법 위반죄를 인정하였다. 갑은 불복 상고하였다. 상고이유는 항소이유와 같다.

2023. 2. 23. 대법원은 판결을 선고하였다.

대법원은 다음의 이유를 제시하여 상고를 기각하였다.

대법원은 형법 제1조 제2항의 '법률의 변경'에 대해 2022년 선고된 2020도16420 전원합의체 판결의 법리를 다음과 같이 확인하였다.

대법원은 형법법령의 변경에 대해 다음과 같이 설시하였다.

(가) 범죄 후 법률이 변경되어 그 행위가 범죄를 구성하지 아니하게 되거나 형이 구법보다 가벼워진 경우에는 신법에 따라야 한다(형법 제1조 제2항). (나) 범죄 후의 법령 개폐로 형이 폐지되었을 때는 판결로써 면소의 선고를 하여야 한다(형사소송법 제326조 제4호). (다) 이러한 형법 제1조 제2항과 형사소송법 제326조 제4호의 규정은 (ㄱ) 입법자가 법령의 변경 이후에도 종전 법령 위반행위에 대한 형사처벌을 유지한다는 내용의 경과규정을 따로 두지 않는 한 (ㄴ) 그대로 적용되어야 한다. (라) 따라서 범죄의 성립과 처벌에 관하여 규정한 형벌법규 자체 또는 그로부터 수권 내지 위임을 받은 법령의 변경에 따라 범죄를 구성하지 아니하게 되거나 형이 가벼워진 경우에는, (ㄱ) 종전 법령이 범죄로 정하여 처벌한 것이 부당하였다거나 과형이 과중하였다는 반성적 고려에 따라 변경된 것인지 여부를 따지지 않고 (ㄴ) 원칙적으로 형법 제1조 제2항과 형사소송법 제326조 제4호가 적용된다.

대법원은 형벌법규가 아닌 다른 법령의 변경에 대해 다음과 같이 설시하였다.

(가) 그러나 해당 형벌법규 자체 또는 그로부터 수권 내지 위임을 받은 법령이 아닌 다른 법령이 변경된 경우 형법 제1조 제2항과 형사소송법 제326조 제4호를 적용하려면, 해당 형벌법규에 따른 범죄의 성립 및

처벌과 직접적으로 관련된 형사법적 관점의 변화를 주된 근거로 하는 법령의 변경에 해당하여야 한다. (나) 그러므로 이와 관련이 없는 법령의 변경으로 인하여 해당 형벌법규의 가벌성에 영향을 미치게 되는 경우에는 형법 제1조 제2항과 형사소송법 제326조 제4호가 적용되지 않는다.

(다) 즉, 해당 형벌법규 자체 또는 그로부터 수권 내지 위임을 받은 법령이 아닌 다른 법령이 변경된 경우에는 (ㄱ) 해당 형벌법규에 따른 범죄 성립의 요건과 구조, 형벌법규와 변경된 법령과의 관계, 법령 변경의 내용·경위·보호목적·입법 취지 등을 종합적으로 고려하여, (ㄴ) 법령의 변경이 해당 형벌법규에 따른 범죄의 성립 및 처벌과 직접적으로 관련된 형사법적 관점의 변화를 주된 근거로 한다고 해석할 수 있을 때 (ㄷ) 형법 제1조 제2항과 형사소송법 제326조 제4호를 적용할 수 있다.

대법원은 변호사법의 ⓐ규정과 법무사법 ⓑ규정의 관계에 대해 다음과 같이 설시하였다.

(가) 이 사건 법률 개정[법무사법 ⓑ규정]은 판시 범죄사실의 해당 형벌법규 자체인 변호사법 제109조 제1호[ⓐ규정] 또는 그로부터 수권 내지 위임을 받은 법령이 아닌 별개의 다른 법령의 개정에 불과하다. (나) 변호사법 제109조 제1호[ⓐ규정] 위반죄의 성립 요건과 구조를 살펴보더라도 법무사법 제2조[ⓑ규정]의 규정이 보충규범으로서 기능하고 있다고 보기 어렵다.

(다) 법무사법 제2조[ⓑ규정]는 법무사의 업무범위에 관한 규정으로서 기본적으로 형사법과 무관한 행정적 규율에 관한 내용이다. (라) 따라서 그 변경은 문제 된 형벌법규의 가벌성에 간접적인 영향을 미치는 경우에 해당할 뿐이므로, 원칙적으로 형법 제1조 제2항과 형사소송법 제326조 제4호의 적용 대상인 형사법적 관점의 변화에 근거한 법령의 변경에 해당한다고 볼 수 없다. (마) 법무사법 제2조[ⓑ규정]가 변호사법 제109조 제1호[ⓐ규정] 위반죄와 불가분적으로 결합되어 그 보호목적과 입법 취지 등을 같이한다고 볼 만한 특별한 사정도 없다.

| 2011도1303 |

2011. 7. 14. 2011도1303, [미간행] =『세금체납 처벌규정 폐지 사건』:

갑은 1회계연도에 3회 이상 세금을 체납하였다(㉮행위). 갑의 ㉮행위 당시 조세범 처벌법은 다음의 처벌규정을 두고 있었다(ⓐ규정). "조세범 처벌법 제10조 납세의무자가 정당한 사유없이 1회계연도에 3회이상 체납하는 경우에는 그 1년 이하의 징역 또는 체납액에 상당하는 벌금에 처한다." 검사는 갑에게 ⓐ규정을 적용하여 기소하였다.

2010. 1. 1. 입법자는 조세범 처벌법을 전면 개정하였다. 개정 내용 가운데에는 단순 행정질서벌 성격의 위반행위는 과태료로 전환한다는 내용이 들어 있었다. 비범죄화 조치의 일환으로 조세범 처벌법 제10조[ⓐ규정]가 폐지되었다. 2010년 개정 조세범 처벌법은 부칙에서 다음 내용의 경과규정을 두었다(ⓑ규정). "이 법 시행 전의 행위에 대한 벌칙의 적용은 종전의 규정에 따른다."

갑의 피고사건은 제1심을 거친 후, 항소심에 계속되었다. 2011. 7. 14. 항소법원은 판결을 선고하였다. 항소법원은 갑에게 조세범 처벌법 제10조[ⓐ규정]를 적용하여 유죄를 인정하였다. 갑은 불복 상고하였다. 갑은 상고이유로 다음의 점을 주장하였다. (가) 조세범 처벌법 제10조가 폐지되었다. (나) 이는 형법 제1조 제2항의 '법률의 변경'에 해당한다. (다) 이는 형사소송법 제326조 제4호의 '법령개폐'에 해당한다. (라) 원심판결에는 갑에게 면소판결을 선고하지 아니한 위법이 있다.

대법원은 다음의 이유를 제시하여 상고를 기각하였다.

대법원은 경과규정의 효력에 대해 다음과 같이 설시하였다.

(가) 형법 제1조 제2항 및 제8조에 의하면 [다음과 같다.] (나) 범죄 후 법률의 변경에 의하여 형이 구법보다 가벼운 때에는 원칙적으로 신법에 따라야 한다. (다) 그렇지만 신법에 경과규정을 두어 이러한 신법의 적

용을 배제하는 것도 허용된다. (라) 형을 종전보다 가볍게 형벌법규를 개정하면서 그 부칙에서 개정된 법의 시행 전의 범죄에 대하여는 종전의 형벌법규를 적용하도록 규정한다 하여 형벌불소급의 원칙이나 신법우선의 원칙에 반한다고 할 수 없다. (마) (동기설에 관한 부분은 생략함.)

대법원은 갑의 상고이유에 대해 다음과 같이 판단하였다.

(가) 조세범 처벌법이 2010. 1. 1. … 전부 개정되면서 갑의 판시 조세범 처벌법 위반죄의 처벌 근거규정인 구 조세범 처벌법(…) 제10조를 삭제하였다. (나) 그러나 개정된 조세범 처벌법 부칙 제2조에서 이 법 시행 전의 행위에 대한 벌칙의 적용은 종전의 규정에 따른다고 규정하고 있다. (다) (동기설 부분 생략함.) (라) 원심이 구 조세범 처벌법 시행 당시에 행하여진 이 사건 각 조세범 처벌법 위반의 범행[㉮행위]에 대하여 구 조세범 처벌법 제10조를 적용하여 처벌한 것은 정당하고 거기에 법리오해의 잘못이 없다.

2015도1362

2015. 5. 28. 2015도1362, 공 2015하, 933 =『장애인 준강간 공소시효 사건』:

(이해를 돕기 위하여 법률명의 변경에도 불구하고 이하에서는 전부 성폭력처벌법으로 지칭한다.) 성폭력처벌법은 장애인에 대한 준강간죄를 규정하고 있다(㉮규정). 2006. 5.경 갑은 장애인 A에게 성폭력처벌법 상의 장애인 준강간죄를 범하였다. 행위시의 법률에 따를 때 ㉮규정 위반죄의 공소시효는 7년이다. 이후 입법자는 성폭력처벌법을 개정하여 미성년자에 대한 성폭력범죄와 관련한 공소시효 정지·연장규정을 신설하였다(㉯규정). 입법자는 ㉯규정을 공소시효가 아직 완성되지 아니한 경우에 소급적용하는 부칙규정을 두었다. 이후 입법자는 성폭력처벌법을 개정하여 장애인 여자에 대해 준강간죄를 범한 경우에 대해 공소시효 배제조항을 신설하였다(㉰규정). 입법자는 ㉰규정에 대해 소급효에 관한 부칙규정을 두지 않았다.

검사는 행위시로부터 7년이 경과한 시점에 성폭력처벌법 ㉮규정을 적용하여 갑을 기소하였다. 제1심법원은 유죄를 인정하였다. 갑은 불복 항소하였다. 항소법원은 다음의 이유를 들어서 면소판결을 선고하였다. (가) (전략) 공소시효가 피고인에게 불리하게 변경되는 경우에는 피고인에게 유리한 종전 규정을 적용하여야 한다. (나) ㉰규정에는 소급적용에 관한 명시적인 경과규정이 없다. (다) 이 사건 장애인 준강간의 점에 대하여는 ㉰규정을 소급하여 적용할 수 없다. (라) 갑의 범행에 대한 공소가 범죄행위 종료일부터 7년이 경과한 후에 제기되어 공소시효가 완성되었다. 검사는 불복 상고하였다.

대법원은 다음의 이유를 제시하여 상고를 기각하였다.

대법원은 경과규정 없는 공소시효 규정의 소급효 여부에 대해 다음과 같이 설시하였다.

(가) 법원이 어떠한 법률조항을 해석·적용함에 있어서 한 가지 해석방법에 의하면 헌법에 위배되는 결과가 되고 다른 해석방법에 의하면 헌법에 합치하는 것으로 볼 수 있을 때에는 위헌적인 해석을 피하고 헌법에 합치하는 해석방법을 택하여야 한다. (나) 이는 입법방식에 다소 부족한 점이 있어 어느 법률조항의 적용 범위 등에 관하여 불명확한 부분이 있는 경우에도 마찬가지라 할 것이다. (다) 이러한 관점에서 보면 공소시효를 정지·연장·배제하는 내용의 특례조항을 신설하면서 소급적용에 관한 명시적인 경과규정을 두지 아니한 경우에 그 조항을 소급하여 적용할 수 있다고 볼 것인지에 관하여는 이를 해결할 보편타당한 일반원칙이 존재할 수 없다. (라) 그러한 터이므로 적법절차원칙과 소급금지원칙을 천명한 헌법 제12조 제1항과 제13조 제1항의 정신을 바탕으로 하여 법적 안정성과 신뢰보호원칙을 포함한 법치주의 이념을 훼손하지 아니하도록 신중히 판단하여야 한다.

대법원은 성폭력처벌법의 관련 규정들을 분석한 다음, 원심판결이 정당하다고 판단하였다.

2016. 9. 28. 2016도7273, 공 2016하, 1650 =『아동학대처벌법 공소시효 사건』:

A는 2001. 3. 25.생이다. 2008. 8.경 갑은 아동 A에 대해 신체적 학대행위를 하였다. 당시 아동복지법과 형사소송법에 따르면 신체적 학대행위에 대한 공소시효는 7년이다. 2014. 9. 29. 아동학대처벌법이 시행되었다. 아동학대처벌법은 아동에 대한 신체적 학대행위를 아동학대죄로 처벌하고 있다(㉮규정). 아동학대처벌법은 아동학대범죄의 공소시효를 해당 아동학대범죄의 피해아동이 성년에 달한 날부터 진행한다고 규정하고 있다(㉯규정). 아동학대처벌법은 ㉯규정에 대한 경과규정을 두고 있지 않다.

2015. 10. 27. 검사는 아동학대처벌법 ㉮규정을 적용하여 갑을 기소하였다. 기소 당시 A는 아직 미성년자이다. 제1심법원은 갑에게 유죄를 인정하였다. 갑은 불복 항소하였다. 항소법원은 공소시효가 완성되었다고 판단하여 제1심판결을 파기하고 면소판결을 선고하였다. 검사는 불복 상고하였다.

대법원은 다음의 이유를 제시하여 원심판결을 파기환송하였다.

대법원은 공소시효 규정에 경과규정이 없는 경우의 소급효 여부에 대해 다음과 같이 설시하였다.

(가) 공소시효를 정지·연장·배제하는 내용의 특례조항을 신설하면서 소급적용에 관한 명시적인 경과규정을 두지 아니한 경우가 있다. (나) 이 경우에 그 조항을 소급하여 적용할 수 있다고 볼 것인지에 관하여는 보편타당한 일반원칙이 존재하지 않는다. (다) 이 경우에는 적법절차원칙과 소급금지원칙을 천명한 헌법 제12조 제1항과 제13조 제1항의 정신을 바탕으로 하여 법적 안정성과 신뢰보호원칙을 포함한 법치주의 이념을 훼손하지 아니하는 범위 내에서 신중히 판단하여야 한다.

대법원은 아동학대처벌법의 관련 규정들을 분석하였다.

대법원은 아동학대처벌법의 공소시효 규정에 대해 다음과 같이 설시하였다.

(가) 아동학대처벌법은 신체적 학대행위를 비롯한 아동학대범죄로부터 피해아동을 보호하기 위한 것이다. (나) 아동학대처벌법의 ㉯규정 역시 아동학대범죄가 피해아동의 성년에 이르기 전에 공소시효가 완성되어 처벌대상에서 벗어나지 못하도록 그 진행을 정지시킴으로써 보호자로부터 피해를 입은 18세 미만 아동을 실질적으로 보호하려는 취지로 보인다. (다) 이러한 아동학대처벌법의 입법 목적 및 아동학대처벌법 ㉯규정의 취지를 앞에서 본 공소시효를 정지하는 특례조항의 신설·소급에 관한 법리에 비추어 본다. (라) 아동학대처벌법은 ㉯규정의 소급적용 등에 관하여 명시적인 경과규정을 두고 있지는 않다. (마) ㉯규정은 완성되지 아니한 공소시효의 진행을 일정한 요건 아래에서 장래를 향하여 정지시키는 것이다. (바) ㉯규정은 그 시행일인 2014. 9. 29. 당시 범죄행위가 종료되었으나 아직 공소시효가 완성되지 아니한 아동학대범죄에 대하여도 적용된다고 해석함이 타당하다.

대법원은 사실관계를 분석하였다.

대법원은 갑의 행위에 대해 다음과 같이 판단하였다.

(가) 공소사실 행위에 관하여는 아동학대처벌법 ㉯규정의 시행일 당시 아직 7년의 공소시효가 완성되지 아니한 상태여서 공소시효가 정지되었다. (나) 이 사건 공소가 제기된 2015. 10. 27.까지 피해자 A가 성년에 달하지 아니하여 공소시효의 기간이 경과되지 아니하였음이 명백하다. (다) 그러므로 결국 이 부분 공소는 형사소송법 제326조 제3호에 규정된 '공소의 시효가 완성되었을 때'에 해당하지 아니한다.

2021. 2. 25. 2020도3694, 공 2021상, 728 =『아동학대처벌법 공소시효 사건 2』:

갑과 A는 재혼한 부부 사이이다. B는 A와 전남편 사이의 아들이다. 갑은 B를 친양자 입양하였다. 2008. 3. 2.경 갑은 B에게 신체적 학대행위를 하였다. 아동복지법은 신체적 학대행위를 처벌하고 있다(㉮규정). 행위 당시 ㉮규정 위반행위에 대한 공소시효는 7년이었다. 2014. 9. 29. 아동학대처벌법이 시행되었다. 아동학대처벌법은 아동복지법 ㉮규정 위반행위를 아동학대범죄로 규정하고 있다. 아동학대처벌법은 "아동학대범죄의 공소시효는 형사소송법 제252조에도 불구하고 해당 아동학대범죄의 피해아동이 성년에 달한 날부터 진행한다."라고 규정하고 있다(㉯규정). ㉯규정에 대한 경과규정은 없다.

2017. 10. 18. 검사는 아동복지법 ㉮규정을 적용하여 갑을 기소하였다. 공소제기 당시 B는 아직 미성년자이었다. 갑의 피고사건은 제1심을 거친 후, 항소심에 계속되었다. 항소심 판단 당시 대법원은 경과규정 없는 공소시효 정지·연장·배제 규정의 소급효에 대해 두 가지 상반된 판례를 내어놓고 있었다. 2015년 2015도1362 판결에서 대법원은 성폭력처벌법 상의 공소시효 규정에 대해 소급효를 부정하였다. 2016년 2016도7273 판결에서 대법원은 아동학대처벌법 상의 공소시효 규정에 대해 소급효를 인정하였다. 갑의 피고사건에서 항소법원은 아동학대처벌법의 ㉯공소시효 규정에 대해 소급효를 부정하였다. 항소법원은 갑에게 공소시효 완성을 이유로 면소판결을 선고하였다. 검사는 불복 상고하였다.

대법원은 다음의 이유를 제시하여 원심판결을 파기환송하였다.

대법원은 경과규정 없는 공소시효 정지·연장·배제 규정의 소급효에 대해 다음과 같은 기존의 판단기준을 재확인하였다.

(가) 공소시효를 정지·연장·배제하는 특례조항을 신설하면서 소급적용에 관한 명시적인 경과규정을 두지 않은 경우가 있다. (나) 공소시효를 정지·연장·배제하는 특례조항을 소급하여 적용할 수 있는지에 관해서는 보편타당한 일반원칙이 존재하지 않는다. (다) 공소시효를 정지·연장·배제하는 특례조항을 소급하여 적용할 수 있는지에 관해서는 적법절차원칙과 소급금지원칙을 천명한 헌법 제12조 제1항과 제13조 제1항의 정신을 바탕으로 하여 법적 안정성과 신뢰보호원칙을 포함한 법치주의 이념을 훼손하지 않는 범위에서 신중히 판단해야 한다.

대법원은 아동학대처벌법 공소시효 규정의 소급효 여부에 대해 다음과 같이 설시하였다.

(가) 아동학대처벌법은 ㉯공소시효 규정의 소급적용에 관하여 명시적인 경과규정을 두고 있지는 않다. (나) 아동학대처벌법 ㉯규정의 문언과 취지, 아동학대처벌법의 입법 목적, 공소시효를 정지하는 특례조항의 신설·소급에 관한 법리에 비추어 본다. (다) 아동학대처벌법 ㉯규정은 완성되지 않은 공소시효의 진행을 일정한 요건에서 장래를 향하여 정지시키는 것이다. (라) 아동학대처벌법 ㉯규정은 그 시행일인 2014. 9. 29. 당시 범죄행위가 종료되었으나 아직 공소시효가 완성되지 않은 아동학대범죄에 대해서도 적용된다고 봄이 타당하다. (마) 2015. 5. 28. 선고된 2015도1362 대법원판결은 공소시효의 배제를 규정한 성폭력처벌법의 공소시효 규정에 대한 것이다. (바) 2015년 대법원판결은 공소시효의 적용을 영구적으로 배제하는 것이 아니고 공소시효의 진행을 장래에 향하여 정지시키는 데 불과한 아동학대처벌법 ㉯규정의 위와 같은 해석·적용에 방해가 되지 않는다.

대법원은 갑의 아동복지법 ㉮규정 위반행위에 대해 다음과 같이 판단하였다.

(가) 이 부분 공소사실에 기재된 행위에 관해서는 아동학대처벌법 ㉯규정 시행일 당시 아직 7년의 공소시효가 완성되지 않은 상태여서 공소시효가 정지되었다. (나) 이 사건 공소가 제기된 2017. 10. 18.까지 피해자 A는 성년에 달하지 않아 공소시효의 기간이 지나지 않았음이 명백하다. (다) 따라서 이 부분 공소는 형사소송법 제326조 제3호에 정해진 '공소의 시효가 완성되었을 때'에 해당하지 않는다.

```
2014도3363
```

2014. 8. 21. 2014도3363 전원합의체 판결, 공 2014하, 1923 = 『대물변제예약 배임죄 사건』:

갑은 A로부터 3억원을 차용하였다. M부동산은 갑의 어머니 B의 소유이다. B가 사망하면 갑은 M부동산에 대해 ㉠유증상속분을 받게 된다. 갑은 A에게 차용금 3억원을 변제하지 못할 경우 M부동산에 대한 ㉠유증 상속분을 대물변제하기로 약정하였다. B가 사망하였다. 갑은 유증을 원인으로 M부동산에 관한 소유권이전등 기를 갑 명의로 마쳤다. 갑은 A에 대한 대물변제예약에도 불구하고 M부동산을 누나 C와 자형 D에게 매도하 였다.

대법원은 대물변제예약을 위반하여 담보 부동산을 임의로 처분하는 행위를 배임죄로 처벌해 오고 있었다. 검사는 갑을 배임죄로 기소하였다. 제1심법원은 유죄를 인정하였다. 갑은 불복 항소하였다. 항소법원은 항소 를 기각하고, 제1심판결을 유지하였다. 갑은 불복 상고하였다.

대법원은 다음의 이유를 제시하여 원심판결을 파기환송하였다.

대법원은 9 대 4의 전원합의체 판결을 통하여 기존 판례를 변경하였다.

(이하 다수의견을 '대법원'으로 표시하여 소개함.)

대법원은 배임죄의 주체에 대해 다음과 같이 설시하였다.

(가) 배임죄는 타인의 사무를 처리하는 자가 그 임무에 위배하는 행위로 재산상 이익을 취득하여 사무의 주체인 타인에게 손해를 가함으로써 성립하는 것이다. (나) 그러므로 배임죄의 주체는 타인의 사무를 처리하 는 지위에 있어야 한다. (다) 여기에서 '타인의 사무'를 처리한다고 하려면 당사자 관계의 본질적 내용이 단순 한 채권채무 관계를 넘어서 그들 간의 신임관계에 기초하여 타인의 재산을 보호 또는 관리하는 데 있어야 한다. (라) 그 사무가 타인의 사무가 아니고 자기의 사무라면 그 사무의 처리가 타인에게 이익이 되어 타인에 대하여 이를 처리할 의무를 부담하는 경우라도 그는 타인의 사무를 처리하는 자에 해당하지 아니한다.

다수의견은 대물변제예약과 배임죄의 관계에 대해 다음과 같이 판단하였다.

(가) 채무자가 채권자에 대하여 소비대차 등으로 인한 채무를 부담하고 이를 담보하기 위하여 장래에 부 동산의 소유권을 이전하기로 하는 내용의 계약이 대물변제예약이다. (나) 대물변제예약에서 그 약정의 내용에 좇은 이행을 하여야 할 채무는 특별한 사정이 없는 한 '자기의 사무'에 해당하는 것이 원칙이다. (다) (대물변 제예약에 대한 분석 부분; 생략함.) (라) 그러므로 채권 담보를 위한 대물변제예약 사안에서 채무자가 대물로 변제하기로 한 부동산을 제3자에게 처분하였다고 하더라도 형법상 배임죄가 성립하는 것은 아니다. (마) 이와 달리 채권 담보를 위한 대물변제예약 사안에서 배임죄의 성립을 인정한 대법원 2000. 12. 8. 선고 2000도 4293 판결 등은 이를 폐기하기로 한다.

대법원은 원심판결의 당부에 대해 다음과 같이 판단하였다.

(가) 갑이 대물변제예약에 따라 A에게 M부동산의 소유권이전등기를 마쳐 줄 의무는 민사상의 채무에 불 과할 뿐 타인의 사무라고 할 수 없다. (나) 그러므로 갑이 '타인의 사무를 처리하는 자'의 지위에 있다고 볼 수 없다. (다) 그런데도 원심은 갑이 이에 해당된다고 전제하여 이 사건 공소사실을 유죄로 판단하였으니, 이 러한 원심판결에는 배임죄에 있어서 '타인의 사무를 처리하는 자'의 의미에 관한 법리를 오해한 위법이 있다.

| 2015도15398 |

2017. 5. 30. 2015도15398, 공 2017하, 1411 = 『대물변제 허위고소 사건』 :

갑은 P회사의 이사이다. A는 Q회사의 대표이다. P회사는 Q회사로부터 도급을 받아 M빌라 내부마감공사 를 시공하였다(M공사). M공사대금의 지급을 둘러싸고 분쟁이 발생하였다. 갑은 M공사와 관련하여 A를 사 기 혐의로 고소하였다(㉠고소). 갑은 ㉠고소사건과 관련하여 수사기관에서 M공사대금이 5억원이라고 주장하 였다. 검사는 A를 사기죄로 기소하였다(㉮사기사건). ㉮사기사건 재판에서 갑이 받을 공사금액은 650만원에 불과하다는 사실이 밝혀졌다. A는 무죄를 선고받았고, 이 판결은 이후 확정되었다(㉮확정판결).

㉮판결 후 4년이 경과한 시점에 갑은 A를 상대로 다시 고소를 하였다(㉡고소). ㉡고소의 내용은 다음과

같다. (가) P회사는 Q회사로부터 도급을 받아 M빌라 내부마감공사를 시공하였다(M공사). (나) M공사의 기성금은 1억 5천만원이다. (다) P회사는 A와 공사대금을 9천만원으로 합의한 사실이 있다. (라) P회사는 9천만원의 변제방법으로 M빌라 1호실과 2호실 두 채를 분양받았다. (마) 그런데도 A는 이를 갑에게 이전해 주지 않고 다른 사람에게 매도하였다. (바) 그러므로 A를 배임죄로 처벌해 달라.

A는 갑의 ㉡고소에 따라 수사기관에서 피의자로 조사를 받았다. 이후 조사에서 다음 사항이 확인되었다. (가) 갑은 A와 M공사에 따른 공사대금을 9,000만원으로 합의하고 A가 이를 지급하지 못할 경우 대신 M빌라 두 채를 분양받기로 하였다고 주장한다. (나) (중략) (다) 갑은 A로부터 공사대금 650만원을 모두 지급받아 둘 사이의 채권·채무관계가 모두 정산된 것으로 보인다.

㉡고소와 조사 당시의 대법원 판례는 "채권담보로 부동산에 관한 대물변제예약을 체결한 채무자가 대물로 변제하기로 한 부동산을 처분한 경우 배임죄가 성립한다."는 입장이었다(2000. 12. 8. 2000도4293 참조), 2014. 8. 21. 대법원은 전원합의체 판결로 판례를 변경하여 위와 같은 경우에 배임죄가 성립하지 않는다고 판시하였다(위의 2014도3363 전원합의체 판결).

이후 검사는 ㉡고소 부분에 대해 갑을 무고죄로 기소하였다(㉰무고사건). ㉰무고사건 제1심법원은 변경된 2014도3363 대법원판례를 근거로 무죄를 선고하였다. 검사는 불복 항소하였다. 항소법원은 다음의 이유로 제1심판결을 파기하고 공소사실을 유죄로 판단하였다. (가) 갑의 ㉡고소내용은 허위의 사실에 해당한다. (나) 갑도 이러한 사정을 알고 있었다. (다) ㉡고소행위 당시 갑에 의해 신고된 사실 자체가 배임죄에 해당하여 형사처분의 원인이 될 수 있었다.

갑은 불복 상고하였다. 갑은 상고이유로 다음의 점을 주장하였다. (가) ㉡고소 당시의 판례에 의하면 ㉡고소사실은 배임죄에 해당한다. (나) ㉰무고사건의 재판시 판례에 의하면 ㉡고소사실은 배임죄에 해당하지 않는다. (다) 재판시 판례가 행위시 판례에 비하여 피고인에게 유리하다. (라) 따라서 기준이 되는 판례는 재판시의 판례이다. (마) 재판시 판례에 의하면 ㉡고소사실은 형사처벌의 대상이 되지 않는다. (바) 갑은 형사처벌의 대상이 되지 않는 사실을 신고하였으므로 무고죄는 성립하지 않는다.

대법원은 다음의 이유를 제시하여 상고를 기각하였다.

대법원은 무고죄의 보호법익에 대해 다음과 같이 설시하였다.

(가) 타인으로 하여금 형사처분 또는 징계처분을 받게 할 목적으로 공무소 또는 공무원에 대하여 허위의 사실을 신고하는 때에 무고죄가 성립한다(형법 제156조). (나) 무고죄는 부수적으로 개인이 부당하게 처벌받거나 징계를 받지 않을 이익도 보호하나, 국가의 형사사법권 또는 징계권의 적정한 행사를 주된 보호법익으로 한다. (다) 타인에게 형사처분을 받게 할 목적으로 '허위의 사실'을 신고한 행위가 무고죄를 구성하기 위해서는 신고된 사실 자체가 형사처분의 대상이 될 수 있어야 한다.

대법원은 유리한 판례변경과 무고죄의 관계에 대해 다음과 같이 설시하였다.

(가) 가령 허위의 사실을 신고하였다고 하더라도 신고 당시 그 사실 자체가 형사범죄를 구성하지 않으면 무고죄는 성립하지 않는다. (나) 그러나 허위로 신고한 사실이 무고행위 당시 형사처분의 대상이 될 수 있었던 경우에는 국가의 형사사법권의 적정한 행사를 그르치게 할 위험과 부당하게 처벌받지 않을 개인의 법적 안정성이 침해될 위험이 이미 발생하였으므로 무고죄는 기수에 이른다. (다) 이후 그러한 사실이 형사범죄가 되지 않는 것으로 판례가 변경되었다고 하더라도 특별한 사정이 없는 한 이미 성립한 무고죄에는 영향을 미치지 않는다.

대법원은 사실관계를 분석한 다음, 원심판결을 그대로 유지하였다.

제 3 장 형법의 적용범위

제 1 절 형법의 시간적 적용범위

2022. 12. 29. 2022도10660, 공 2023상, 414 = 『상습성착취물제작 공소장변경 사건』:

청소년성보호법은 제11조 제1항에서 다음과 같이 규정하고 있다(ⓐ규정). "아동·청소년성착취물을 제작·수입 또는 수출한 자는 무기징역 또는 5년 이상의 유기징역에 처한다." 2020. 6. 2. 입법자는 청소년성보호법 제11조 제7항을 신설·공포하였다. 개정 청소년성보호법은 부칙에서 개정 법률은 공포한 날부터 시행한다고 정하였다. 청소년성보호법 제11조 제7항의 내용은 다음과 같다(ⓑ규정). "상습적으로 제1항의 죄를 범한 자는 그 죄에 대하여 정하는 형의 2분의 1까지 가중한다." 신설된 ⓑ규정에 따르면 아동·청소년성착취물을 제작한 자는 무기징역 또는 7년 6개월 이상 45년 이하의 유기징역으로 처벌된다. 이 경우 법정형의 하한이 7년 6개월이므로 정상참작감경으로 2분의 1을 감경하더라도 3년을 초과하여 집행유예가 허용되지 않는다(형법 제62조 제1항). 요컨대 상습으로 아동·청소년성착취물을 제작한 자에게는 집행유예가 허용되지 않는다.

갑은 미성년자를 상대로 일련의 성범죄를 범하였다. 다음은 그 범행들 가운데 일부분이다. 갑은 다음의 성범죄로 적발되었다(㉮행위로 통칭함). "2020. 11. 3.부터 2021. 2. 10.까지 갑은 상습으로 아동·청소년인 피해자[A 등] 3명에게 신체의 전부 또는 일부를 노출한 사진을 촬영하도록 하여 총 19개의 아동·청소년성착취물인 사진 또는 동영상을 제작하였다." 검사는 ㉮행위에 대해 ⓑ규정을 적용하여 갑을 청소년성보호법 위반죄(상습성착취물제작·배포등)로 기소하였다.

갑의 피고사건은 제1심을 거친 후, 항소심에 계속되었다. 그 사이에 갑의 여죄들이 밝혀졌다. 여죄들의 내용은 다음과 같다(㉯행위로 통칭함). "2015. 2. 28.부터 2021. 1. 21.까지 갑은 상습으로 아동·청소년인 피해자[B 등] 121명에게 신체의 전부 또는 일부를 노출한 사진을 촬영하도록 하여 총 1,910개의 아동·청소년성착취물인 사진 또는 동영상을 제작하였다." 항소심 공판절차에서 검사는 ㉮공소사실에 ㉯공소사실을 추가하는 공소장변경신청을 하였다. 항소법원은 ㉮행위와 ㉯행위가 모두 상습성착취물제작죄(ⓑ규정)에 해당한다고 판단하였다. 항소법원은 검사의 공소장변경신청을 허가하였다. 항소법원은 ㉮공소사실에 ㉯공소사실 전부를 유죄로 판단하였다. 갑은 불복 상고하였다. 갑은 상고이유로, 원심법원이 ㉯공소사실을 추가하는 공소장변경신청을 허가한 것은 위법하다고 주장하였다.

대법원은 다음의 이유를 제시하여 원심판결을 파기환송하였다.

대법원은 포괄일죄와 법령개정의 관계에 대해 다음과 같이 설시하였다.

(가) 청소년성보호법은 제11조 제1항에서 아동·청소년성착취물을 제작하는 행위를 처벌하는 규정[ⓐ규정]을 두고 있다. (나) 청소년성보호법이 2020. 6. 2. 법률 제17338호로 개정되면서 상습으로 아동·청소년성착취물을 제작하는 행위를 처벌하는 조항인 제11조 제7항[ⓑ규정]을 신설하고 그 부칙에서 개정 법률은 공포한 날부터 시행한다고 정하였다.

(다) 포괄일죄에 관한 기존 처벌법규에 대하여 (ㄱ) 그 표현이나 형량과 관련한 개정을 하는 경우가 아니라 (ㄴ) 애초에 죄가 되지 않던 행위를 구성요건의 신설로 포괄일죄의 처벌대상으로 삼는 경우에는 (ㄷ) 신설된 포괄일죄 처벌법규가 시행되기 이전의 행위에 대하여는 신설된 법규를 적용하여 처벌할 수 없다(형법 제1조 제1항). (라) 이는 신설된 처벌법규가 상습범을 처벌하는 구성요건인 경우에도 마찬가지이다.

대법원은 공소장변경의 허용한계에 대해 다음과 같이 설시하였다.

(가) 공소장변경은 공소사실의 동일성이 인정되는 범위 내에서만 허용된다. (나) 공소사실의 동일성이 인정되지 않는 범죄사실을 공소사실로 추가하는 취지의 공소장변경신청이 있는 경우 법원은 그 변경신청을 기각하여야 한다(형사소송법 제298조 제1항). (다) 공소사실의 동일성은 그 사실의 기초가 되는 사회적 사실관계가 기본적인 점에서 동일하면 그대로 유지된다. (라) 이러한 기본적 사실관계의 동일성을 판단할 때에는 (ㄱ) 그 사실의 동일성이 갖는 법률적 기능을 염두에 두고 (ㄴ) 피고인의 행위와 그 사회적인 사실관계를 기본으로 하되 (ㄷ) 규범적 요소도 아울러 고려하여야 한다.

대법원은 사실관계를 분석하였다.

대법원은 공소장변경 허가의 적법 여부에 대해 다음과 같이 판단하였다.

(가) ㉮, ㉯공소사실 중 ⓑ개정규정이 시행되기 전인 2015. 2. 28.부터 2020. 5. 31.까지 아동·청소년성착취물 제작으로 인한 청소년성보호법 위반 부분이 있다. (나) 이 부분에 대하여는 ⓑ개정규정을 적용하여 청소년성보호법 위반(상습성착취물제작·배포등)죄로 처벌할 수 없다. (다) 이 부분에 대하여는 행위시법[ⓐ규정]에 기초하여 청소년성보호법 위반([단순]성착취물제작·배포등)죄로 처벌할 수 있을 뿐이다. (라) 2015. 2. 28.부터 2020. 5. 31.까지 부분은 청소년성보호법 위반(상습성착취물제작·배포등)죄로 처벌될 수 없다. (마) 그러므로 청소년성보호법 위반(상습성착취물제작·배포등)죄로 처벌되는 그 이후의 부분과 포괄일죄의 관계에 있지 않고 실체적 경합관계에 있게 된다. (바) 그런데 실체적 경합관계에 있는 부분은 종전 공소사실과 기본적 사실관계가 동일하다고 볼 수 없다. (사) 그러므로 2015. 2. 28.부터 2020. 5. 31.까지 부분을 추가하는 공소장변경은 허가될 수 없고 이 사건에서 심판의 대상이 되지 못한다[…].

대법원은 원심판결의 당부에 대해 다음과 같이 판단하였다.

(가) 따라서 원심으로서는 검사의 공소장변경허가신청을 그대로 허가하여서는 안 된다. (나) 원심으로서는 다시 개정규정 이후의 부분만을 추가하는 새로운 공소장변경허가신청이 있는 경우에만 이를 허가하였어야 한다. (다) (개정규정 이전의 부분은 추가 기소의 방법으로 해결할 수밖에 없다.) (라) 그런데도 원심은 이 부분 공소사실이 전부 상습범에 해당하는 포괄일죄라는 전제 아래 검사의 공소장변경허가신청을 그대로 허가한 뒤 포괄하여 청소년성보호법 제11조 제7항[ⓑ규정], 제1항[ⓐ규정]을 적용하여 전부 유죄로 판단하였다. (마) 이러한 원심판결에는 상습범과 형법 제1조 제1항의 적용 및 공소장변경에 관한 법리를 오해하여 판결에 영향을 미친 잘못이 있다.

2020도7307

2020. 10. 15. 2020도7307, 공 2020하, 2203 = 『법무사법 필요적 몰수 사건』:

갑은 법무사이다. 을은 법무사 사무소 직원이다. 법무사법은 법무사 등록증을 빌려주거나 빌리는 행위를 처벌하고 있다(㉮규정). 갑은 2014. 1.경부터 2018. 4. 9.경까지 을에게 법무사 등록증을 빌려주었고, 을은 자신의 계산으로 법무사로서의 업무를 처리하였다. 이 기간 중 갑은 을로부터 4천 1백만원을 받았다.

2017. 12. 12. 법무사법이 개정되어 법무사 등록증을 빌린 사람 등이 취득한 금품이나 그 밖의 이익은 몰수하고 이를 몰수할 수 없을 때에는 그 가액을 추징한다는 규정이 신설되었다(㉯규정). 개정 법무사법은 "㉯개정규정은 이 법 시행 후 최초로 법무사 등록증을 다른 사람에게 빌려준 경우부터 적용한다."는 부칙규정을 두고 있다(㉰부칙규정). 검사는 법무사법 ㉮규정을 적용하여 갑을 기소하였다. 제1심법원은 갑에게 유죄를 인정하면서, 4천 1백만원의 추징을 명하였다. 갑은 불복 항소하였다. 항소법원은 항소를 기각하고, 제1심판결을 유지하였다. 갑은 불복 상고하였다.

대법원은 다음의 이유를 제시하여 원심판결을 파기환송하였다.

대법원은 추징금 부분에 대해 다음과 같이 판단하였다.

(가) 개정된 법무사법 ㉯규정, 부칙 ㉰규정, 헌법 제13조 제1항 전단과 형법 제1조 제1항에서 정한 형벌법규의 소급효 금지 원칙에 비추어 본다. (나) 법무사가 등록증을 다른 사람에게 빌려주거나 법무사의 등록증을 빌린 행위가 개정된 법무사법 시행 이전부터 계속되어 온 경우가 있다. (다) 이 경우에는 개정된 법무사법이 시행된 이후의 행위로 취득한 금품 그 밖의 이익만이 개정된 법무사법 ㉯규정에 따른 몰수나 추징의 대상이 된다고 보아야 한다.

대법원은 갑의 행위에 대해 다음과 같이 판단하였다.

(가) 이 사건 공소사실에는 개정된 법무사법 시행 이전인 2017. 12. 12. 이전의 범행이 포함되어 있다. (나) 그러므로 원심으로서는 그 기간을 포함한 전체 공소사실 기재 기간의 이득에 대하여 개정된 법무사법 ㉯규정에 따른 추징을 할 수는 없다. (다) 원심으로서는 개정된 법무사법 ㉯규정이 적용되는 부분을 심리하여 추징액을 산정하거나, 위 법조항이 적용되지 않는 부분에 대해 다른 법령에 따른 추징이 가능한지 여부에 관하여 심리·판단하였어야 한다.

| 2022도15319 |

2023. 3. 16. 2022도15319, [미간행] =『성착취물소지죄 개정 사건』:

2020. 6. 2. 개정 전 청소년성보호법은 다음의 규정을 두고 있었다. (가) 제2조 제5호 : "아동·청소년이용음란물"이란 아동·청소년 또는 아동·청소년으로 명백하게 인식될 수 있는 사람이나 표현물이 등장하여 제4호의 어느 하나에 해당하는 행위를 하거나 그 밖의 성적 행위를 하는 내용을 표현하는 것으로서 필름·비디오물·게임물 또는 컴퓨터나 그 밖의 통신매체를 통한 화상·영상 등의 형태로 된 것을 말한다. (나) 제11조 제5항 : 아동·청소년이용음란물임을 알면서 이를 소지한 자는 1년 이하의 징역 또는 2천만원 이하의 벌금에 처한다(이상 ⓐ규정으로 통칭함).

2020. 6. 2. 청소년성보호법이 개정되었다. 개정법률은 공포 즉시 시행되었다. 개정 청소년성보호법은 다음의 규정을 두고 있다. (가) 제2조 제5호 : "아동·청소년성착취물"이란 아동·청소년 또는 아동·청소년으로 명백하게 인식될 수 있는 사람이나 표현물이 등장하여 제4호 각 목의 어느 하나에 해당하는 행위를 하거나 그 밖의 성적 행위를 하는 내용을 표현하는 것으로서 필름·비디오물·게임물 또는 컴퓨터나 그 밖의 통신매체를 통한 화상·영상 등의 형태로 된 것을 말한다. (나) 제11조 제5항 : 아동·청소년성착취물을 구입하거나 아동·청소년성착취물임을 알면서 이를 소지·시청한 자는 1년 이상의 징역에 처한다(이상 ⓑ규정으로 통칭함).

아동청소년성착취물(음란물)을 소지한 자는 종전에는 ⓐ규정에 따라 1년 이하의 징역이나 벌금을 처벌되었다. 그러나 개정 법률 시행 이후에는 ⓑ규정에 따라 1년 이상의 징역으로 처벌되며, 벌금형으로 처벌하는 것은 허용되지 않는다.

2019. 5.경 갑은 ㉠아동·청소년성착취물을 복제·저장하였다. 2020. 6. 2. 개정 청소년성보호법이 시행되었다. 2020. 8. 11.까지 갑은 ㉠아동·청소년성착취물을 소지하였다(이상 ㉮행위).

검사는 개정된 ⓑ규정을 적용하여 갑을 아동청소년성착취물을 소지죄로 기소하였다. 제1심법원은 유죄를 인정하였다. 갑은 불복 항소하였다. 항소법원은 항소를 기각하고, 제1심판결을 유지하였다. 갑은 불복 상고하였다.

대법원은 다음의 이유를 제시하여 상고를 기각하였다.

대법원은 계속범과 행위시법의 관계에 대해 다음과 같이 설시하였다.

(가) 청소년성보호법(2020. 6. 2. 법률 제17338호로 개정되어 같은 날 시행된 것) 제11조 제5항[ⓑ규정]에서 정한 소지란 아동·청소년성착취물을 자기가 지배할 수 있는 상태에 두고 지배관계를 지속시키는 행위를

말한다. (나) 청소년성보호법위반(성착취물소지)죄는 아동·청소년성착취물임을 알면서 소지를 개시한 때부터 지배관계가 종료한 때까지 하나의 죄로 평가되는 이른바 계속범이다. (다) 원칙적으로 계속범에 대해서는 실행행위가 종료되는 시점의 법률이 적용된다.

대법원은 원심판결의 당부에 대해 다음과 같이 판단하였다.

(가) 원심은, 갑이 2019. 5.경 아동·청소년성착취물을 복제·저장한 다음 2020. 8. 11.까지 소지하였다는 이 사건 공소사실에 대하여 위 죄가 계속범이라는 이유로 실행행위가 종료되는 시점에 시행되던 청소년성보호법[ⓑ규정]을 적용한 제1심판결을 그대로 유지하였다. (나) 원심판결 이유를 앞서 본 법리에 비추어 살펴보면, 원심의 판단에 상고이유 주장과 같이 계속범에 관한 법리를 오해한 잘못이 없다.

2023도2836

2024. 1. 4. 2023도2836, 공 2024상, 417 =『마스크 매점매석 사건』:

물가안정법은 다음의 규정을 두고 있다. (가) 제7조(매점매석 행위의 금지) 사업자는 폭리를 목적으로 물품을 매점(買占)하거나 판매를 기피하는 행위로서 기획재정부장관이 물가의 안정을 해칠 우려가 있다고 인정하여 매점매석 행위로 지정한 행위를 하여서는 아니 된다. (나) 제26조(벌칙) 제7조를 위반하여 매점매석 행위를 한 자는 3년 이하의 징역 또는 1억원 이하의 벌금에 처한다. (다) 제30조(양벌규정) (내용 생략함). 물가안정법 시행령은 다음의 규정을 두고 있다. (가) 제14조(매점매석행위의 지정) ①기획재정부장관이 법 제7조의 규정에 의하여 매점매석행위를 지정할 때에는 모든 사업분야에 공통적으로 적용되는 매점매석행위와 특정 사업분야에만 적용되는 매점매석행위를 구분하여 지정할 수 있다. (나) ②기획재정부장관이 제1항의 규정에 의하여 매점매석행위를 지정한 때에는 이를 고시하여야 한다.

2020. 1. 신종 코로나바이러스 사태가 발생하였다. 신종 코로나바이러스 감염증 전파 예방을 위한 필수품인 마스크, 손소독제의 품귀현상으로 국민적 우려가 지속되었다. 2020. 2. 5. 기획재정부고시로「보건용 마스크 및 손소독제 매점매석 행위 금지 등에 관한 고시」가 제정·시행되었다(ⓐ고시). ⓐ고시는 다음과 같이 규정하고 있다. (가) 제4조(매점매석행위 등 금지) ① 사업자는 보건용 마스크나 손소독제를 폭리를 목적으로 과다하게 보유하여서는 아니된다. (나) ② 사업자는 보건용 마스크나 손소독제를 폭리를 목적으로 판매를 기피하여서는 아니된다. (다) 제5조(매점매석행위여부 판단기준) ① 제4조에 따른 매점매석행위 판단기준은 다음과 같다. (ㄱ) 1. 2019년 1월 1일 이전부터 영업을 한 사업자의 경우 조사 당일을 기준으로 2019년 1월 1일부터 2019년 12월 31일까지의 월평균 판매량의 150%를 초과하여 5일 이상 보관하는 행위(㉠유형). (ㄴ) 2. 2019년 1월 1일 이후 신규로 영업을 한 사업자의 경우 영업 시작일부터 조사 당일까지의 월평균 판매량의 150%를 초과하여 5일 이상 보관하는 행위(㉡유형). (ㄷ) 3. 2020년 1월 1일 이후 신규로 영업을 한 사업자의 경우 매입한 날부터 10일 이내 반환·판매하지 않는 행위(㉢유형). (라) ⓐ고시는 부칙에서 "이 고시는 2020년 4월 30일까지 효력을 가진다."고 규정하였다.

2020. 3. 6. 기획재정부고시로「마스크 및 손소독제 매점매석 행위 금지 등에 관한 고시」가 제정·시행되었다(ⓑ고시). ⓑ고시는 적용대상을 '보건용 마스크'에서 '마스크'로 확대한 것으로서 매점매석의 판단기준은 ⓐ고시와 같다. ⓑ고시는 부칙에서 "이 고시는 2020년 6월 30일까지 효력을 가진다."고 규정하였다. 마스크의 수급이 원활해졌다. 2021. 7. 7. ⓑ고시는 폐지되었다.

2019. 2. 27. P회사(대표 갑)는 실내건축 공사업 등을 목적사업으로 하여 설립되었다. 2019. 5. 16. P회사는 '방진마스크, 보건용 마스크'에 대하여 국가종합전자조달시스템 경쟁입찰참가자격을 등록하였다. 2019. 9. 24. P회사는 '마스크 판매업' 등을 목적사업으로 추가하는 내용의 등기를 마쳤다. 2019. 10.경 P회사는 나라장터 종합쇼핑몰에 M마스크를 판매한다는 내용의 물품 등록을 하였다. 2019. 12. 31.까지 P회사는 마스크

매출이 없었다. 2020. 1. 신종 코로나바이러스 사태가 발생하였다. 그 당시 국가가 80%를 공적 물량으로 수거해가면서 P회사는 물량을 M마스크 제조사로부터 공급받지 못하여 판매 중단되었다. 당시 마스크 대란으로 P회사는 마스크 재고를 가지고 있지 못하였다. 이에 P회사는 나라장터의 판매등록도 취소하였다.

2020. 3.경부터 마스크 판매와 관련한 관계 기관의 수사가 개시되었다. 2020. 4. 24.경부터 2020. 4. 27.경까지 P회사는 Q회사로부터 '올가드 황사마스크(KF94)' 총 32,000개를 매입하여 판매하였다. P회사는 위 마스크 중 12,000장을 10일 이내에 반환·판매하지 않고 2020. 7. 14.경까지 그 사무실에 77일간 보관하였다(㉮행위). ㉮행위가 수사기관에 적발되었다.

(2021. 7. 7. ⓑ고시는 폐지되었다. ⓑ고시의 폐지일자가 미리 규정되어 있었으므로 ⓑ고시 폐지 후에도 ⓑ고시 위반행위는 처벌대상이 된다.) 검사는 P회사 대표 갑을 물가안정법위반(매점매석)죄로 기소하였다. 검사는 P회사를 물가안정법의 양벌규정을 적용하여 기소하였다. 갑과 P회사의 피고사건은 제1심을 거친 후, 항소심에 계속되었다. 2023. 2. 8. 항소법원은 다음과 같이 판단하여 유죄를 선고하였다. (가) P회사는 매점매석행위 금지 고시[ⓑ고시]상 '2020. 1. 1. 이후부터 신규로 영업을 한 사업자'에 해당한다. (나) P회사의 ㉮행위는 ⓑ고시에서 정한 '2020년 1월 1일 이후 신규로 영업을 한 사업자의 경우 매입한 날로부터 10일 이내 반환·판매하지 않는 행위'(ⓒ유형)로서 매점매석 행위에 해당한다. 갑과 P회사는 불복 상고하였다. 갑과 P회사는 상고이유로 다음의 점을 주장하였다. (가) ㉮행위 자체는 인정한다. (나) P회사는 2020. 1. 1. 이전에 영업을 개시하였다. (다) P회사의 ㉮행위는 ⓒ유형의 매점매석행위에 해당하지 않는다. (라) 갑과 P회사에 폭리 목적이 없었다.

대법원은 다음의 이유를 제시하여 원심판결을 파기환송하였다.

대법원은 물가안정법과 관련 고시의 내용을 분석하였다(내용 생략함).

대법원은 고시의 성질에 대해 다음과 같이 설시하였다.

(가) 행정규칙인 고시가 법령의 수권에 따라 법령을 보충하는 사항을 정한 경우에 근거 법령규정과 결합하여 대외적으로 구속력이 있는 법규명령으로서 성질과 효력을 가지게 된다. (나) 물가안정법 제7조와 ⓑ고시 제5조가 결합하여 물가안정법 제26조, 제7조 위반죄의 실질적 구성요건을 이루는 보충규범으로 작용한다.

대법원은 물가안정법 위반죄의 구성요건요소에 대해 다음과 같이 설시하였다.

(가) 물가안정법 제26조, 제7조 위반죄는 초과 주관적 위법요소인 '폭리 목적'을 범죄성립요건으로 하는 목적범이다. (나) 그러므로 '폭리 목적'은 고의와 별도로 요구됨은 물론 엄격한 증명의 대상이 된다. (다) '폭리 목적'에 대한 증명책임도 검사에게 있다. (라) 행위자가 ⓑ고시 제5조에서 정한 매점매석행위를 하였다는 사실만으로 폭리 목적을 추정할 수는 없다. (마) 다만 행위자에게 폭리 목적이 있음을 증명할 직접증거가 없는 경우에도 (ㄱ) 피고인이 해당 물품을 매입한 시점·경위, (ㄴ) 판매를 위한 노력의 정도, (ㄷ) 판매에 이르지 못한 사정, (ㄹ) 해당 물품의 시가 변동 및 시장 상황, (ㅁ) 매입 및 판매 형태·수량 등 간접사실을 종합적으로 고려하여 판단할 수 있다.

(바) ⓑ고시 제5조 제1항에서 정한 '영업'은 (ㄱ) 해당 사업자에게 실제로 판매 또는 생산의 결과가 발생한 경우만을 의미하는 것이 아니라, (ㄴ) 사업자가 직접적·구체적으로 판매 또는 생산행위에 착수한 경우는 물론 (ㄷ) 객관적으로 보아 판매 또는 생산을 위한 준비행위를 한 경우라면 널리 이에 포함된다고 봄이 타당하다.

대법원은 사실관계를 다음과 같이 분석하였다.

(가) (전략) 피고인들이 직접 취득한 이윤 또는 이득의 규모가 미미한 수준에 불과한 것은 물론 피고인들의 판매 형태·수량 및 시가 변동·시장 상황에 비추어 보더라도 이는 '폭리 목적'과는 상당히 배치되는 정황이다. (나) (중략) 즉, P회사는 2019. 5. 16.부터 마스크 판매 영업을 실질적으로 개시하였거나 객관적으로 해

당 영업의 준비행위를 시작한 것으로 보인다. (다) 특히 2019. 10.경 다수공급자계약 방식의 조달계약을 체결함으로써 구체적·직접적인 영업행위를 시작하였다고 볼 여지가 많고, 단지 예상하지 못한 외부적 요인으로 인하여 실제 판매에 이르지 못하였다고 볼 수 있다. (라) 따라서 P회사가 ⓑ고시 제5조 제1항 제3호에서 정한 '2020. 1. 1. 이후 신규 영업을 한 사업자'(ⓒ유형)에 해당한다고 단정하기 어렵다. (마) 오히려 ⓑ고시 제5조 제1항 제2호에서 정한 '2019. 1. 1. 이후 신규로 영업을 한 사업자'(ⓛ유형)에 해당한다고 볼 여지가 상당히 있어 보인다.

(바) 그럼에도 원심은 판시와 같은 이유만으로 피고인들에 대한 이 부분 공소사실을 유죄로 판단하였다. (사) 이러한 원심의 판단에는 물가안정법 제7조의 '폭리 목적' 및 ⓑ고시 제5조 제1항의 '영업' 개시시점에 관한 법리를 오해함으로써 판결에 영향을 미친 잘못이 있다.

제 2 절 형법의 장소적 적용범위

91도3317

1992. 9. 22. 91도3317, 공 1992, 3038 = 『국시 논쟁 사건』 :

갑은 P정당 소속 국회의원이다. 갑은 정기국회 본회의에서의 정치분야 대정부 질문자로 내정되어 질문 원고를 작성하였다. 갑은 우리 나라의 통일정책과 관련하여 통일을 위해서라면 공산화 통일도 용인하여야 한다는 취지를 담은 ㉠원고를 완성하였다. ㉠원고에는 다음의 내용이 들어 있었다. (가) 이 나라의 국시는 반공이 아니라 통일이어야 한다. (나) 통일이나 민족이라는 용어는 공산주의나 자본주의보다 그 위에 있어야 한다. 갑은 발언하기로 예정된 회의시작 30분 전에 ㉠원고 복사본을 국회의사당 내 기자실에서 국회 출입기자들에게 배포하였다(㉮행위).

검사는 갑을 국가보안법 위반죄(반국가단체 동조)로 기소하였다. 갑의 피고사건은 제1심을 거친 후, 항소심에 계속되었다. 항소법원은 다음과 같이 판단하여 공소기각판결을 선고하였다. (가) 갑이 국회 본회의에서 질문한 원고를 사전에 배포한 행위는 국회의원의 면책특권의 대상이 되는 직무부수행위에 해당한다. (나) 이와 같은 경우는 형사소송법 제327조 제1호의 "피고인에 대하여 재판권이 없는 때"에 해당한다. 검사는 불복 상고하였다.

대법원은 다음의 이유를 제시하여 상고를 기각하였다.

대법원은 면책특권의 법적 효과에 관하여 다음과 같이 설시하였다.

(가) 국회의원의 면책특권에 속하는 행위에 대하여는 공소를 제기할 수 없다. (나) 이에 반하여 공소가 제기된 것은 결국 공소권이 없음에도 공소가 제기된 것이 되어 형사소송법 제327조 제2호의 "공소제기의 절차가 법률의 규정에 위반하여 무효인 때"에 해당된다고 보아야 한다. (다) 이와 같은 경우에는 위 규정에 따라 공소를 기각하여야 한다.

대법원은 원심판결의 당부에 대해 다음과 같이 판단하였다.

(가) 원심은 갑의 행위가 면책특권의 대상이 되는 직무부수행위에 해당한다고 판단하면서도 이와 같은 경우에는 형사소송법 제327조 제1호의 "피고인에 대하여 재판권이 없는 때"에 해당한다고 보아 이를 이유로 이 사건 공소를 기각하였다. (나) 이와 같은 견해는 국회의원의 면책특권에 해당하는 경우에는 재판권의 일부가 입법부에 속하는 것으로 파악됨을 전제로 한 것이 되어 재판권행사에 관한 현행법체계하에서는 채용할 수 없다. (다) 이 점에서 원심의 판단은 잘못이라 하겠다. (라) 그러나 어차피 이 사건 공소를 기각한 결론에 있어서는 정당하므로 위 잘못은 판결결과에는 영향이 없다.

[2010도15350]

2011. 4. 28. 2010도15350, 공 2011상, 1107 = 분석 각론『미국 리스차량 사건』:

ⓐ차량은 대한민국 국민 A가 미국 캘리포니아주에서 미국 리스회사와 미국 캘리포니아주의 법에 따라 체결한 ㉠리스계약의 목적물이다. ⓑ차량은 외국인 B가 미국 캘리포니아주에서 미국 리스회사와 미국 캘리포니아주의 법에 따라 체결한 ㉡리스계약의 목적물이다. ㉠, ㉡리스계약에 따르면 리스회사는 기간을 정하여 리스이용자에게 차량을 사용하게 하고 그 대가로 리스이용자로부터 매달 일정액의 리스료를 지급받도록 되어 있다. A는 ⓐ차량을 리스기간 중에 임의로 처분하였다. B는 ⓑ차량을 리스기간 중에 임의로 처분하였다. 갑은 이러한 사실을 알면서 ⓐ차량과 ⓑ차량을 수입하였다.

검사는 갑을 장물취득죄로 기소하였다. 갑의 피고사건은 제1심을 거친 후, 항소심에 계속되었다. 항소법원은 유죄를 인정하였다. 갑은 불복 상고하였다. 갑은 첫 번째 상고이유로 다음의 점을 주장하였다. (가) 장물죄로 처벌하려면 본범에게 영득범죄가 성립해야 한다. (나) 대한민국 국민 A가 ⓐ차량을 임의처분한 행위는 미국법상 횡령죄에 해당하지 않는다. (다) 외국인 B가 ⓑ차량을 임의처분한 행위는 미국법상 횡령죄에 해당하지 않는다. (라) 본범이 처벌되지 않으므로 갑에게 장물죄가 성립하지 않는다. 갑은 두 번째 상고이유로 다음의 점을 주장하였다. (가) ㉠, ㉡리스계약은 환매특약부 매매계약 내지 소유권유보부 매매계약이다. (나) ㉠, ㉡리스계약에 따르면 ⓐ차량은 A의 소유, ⓑ차량은 B의 소유에 속한다. (다) A와 B의 행위는 자기 소유의 물건을 처분한 것이므로 횡령죄에 해당하지 않는다.

대법원은 다음의 이유를 제시하여 상고를 기각하였다.

대법원은 장물죄의 성립요건에 대해 다음과 같이 설시하였다.

(가) 장물이라 함은 재산죄인 범죄행위에 의하여 영득된 물건을 말한다. (나) 장물은 절도·강도·사기·공갈·횡령 등 영득죄에 의하여 취득된 물건이어야 한다. (다) 여기에서의 범죄행위는 절도죄 등 본범의 구성요건에 해당하는 위법한 행위일 것을 요한다. (라) 본범의 행위에 대하여 우리 형법이 적용되지 아니하는 경우가 있다. (마) 그러한 경우에도 본범의 행위에 관한 법적 평가는 우리 형법을 기준으로 하여야 하고 또한 이로써 충분하다. (바) 본범의 행위가 우리 형법에 비추어 절도죄 등의 구성요건에 해당하는 위법한 행위라고 인정되는 이상 이에 의하여 영득된 재물은 장물에 해당한다.

대법원은 횡령죄의 성립요건에 대해 다음과 같이 설시하였다.

(가) 횡령죄가 성립하기 위하여는 그 주체가 "타인의 재물을 보관하는 자"이어야 한다. (나) 타인의 재물인가 또는 그 재물을 보관하는가의 여부는 민법·상법 기타의 민사실체법에 의하여 결정되어야 한다. (다) 타인의 재물인가 등과 관련된 법률관계에 당사자의 국적·주소, 물건 소재지, 행위지 등이 외국과 밀접하게 관련되어 있어서 국제사법 제1조 소정의 '외국적 요소'가 있는 경우가 있다. (라) 이 경우에는 다른 특별한 사정이 없는 한 국제사법의 규정에 좇아 정하여지는 준거법을 1차적인 기준으로 하여 당해 재물의 소유권의 귀속관계 등을 결정하여야 한다.

대법원은 A에 대한 ㉠리스계약의 성질에 관하여 다음과 같이 판단하였다.

(가) ㉠리스계약상 리스이용자는 대한민국 국민이다. (나) (국제사법 관련 설시 부분 생략함.) (다) 이 경우에는 리스회사의 소재지법인 미국 캘리포니아주의 법이 ㉠리스계약과 가장 밀접한 관련이 있는 법으로서 준거법이 된다. (라) 그러므로 이에 따라 ㉠리스계약의 내용과 효력을 판단하여야 한다.

대법원은 B에 대한 ㉡리스계약의 성질에 관하여 다음과 같이 판단하였다.

(가) ㉡리스계약상 리스이용자는 외국인이다. (나) 이 경우에는 그 계약당사자나 행위지 모두가 우리나라와 아무런 관련이 없어 우리 민사법이 적용될 여지가 없다. (다) 이 경우에는 리스계약 당사자의 소재지이자 리스계약이 행하여진 미국 캘리포니아주의 법에 좇아 ㉡리스계약의 내용과 효력을 판단하여야 한다.

대법원은 ㉠, ㉡리스계약에 따른 차량의 소유권에 대해 다음과 같이 판단하였다.

(가) 미국 캘리포니아주의 법에 따라 체결된 ㉠, ㉡리스계약에 의하면, ⓐ, ⓑ차량들의 소유권은 리스회사에 속한다. (나) 리스이용자는 일정 기간 차량의 점유·사용의 권한을 이전받을 뿐(a transfer of right to possession and use of goods for a term)이다(미국 캘리포니아주 상법 제10103조 제a항 제10호도 참조). (다) 갑의 주장과 같이 ㉠, ㉡리스계약을 환매특약부 매매 내지 소유권유보부 매매로 볼 것은 아니다.

대법원은 갑의 행위에 대해 다음과 같이 판단하였다.

(가) 리스이용자 A, B는 리스회사에 대한 관계에서 ⓐ, ⓑ차량들에 관한 보관자로서의 지위에 있었다. (나) 리스이용자 A, B가 ⓐ, ⓑ차량들을 임의로 처분한 행위는 형법상 횡령죄의 구성요건에 해당하는 위법한 행위로 평가된다. (다) 이에 의하여 영득된 ⓐ, ⓑ차량들은 장물에 해당한다.

99도3403

2000. 4. 21. 99도3403, 공 2000, 1333 = 『미국변호사 병역 청탁 사건』:

갑은 미국 국적을 가진 외국인으로서 미국 변호사자격을 가지고 있다. 갑은 A로부터 다음의 연락을 받았다. (가) A의 아들 B가 도미하여 체류하다가 유학비자를 연장받지 못하여 현재 불법 체류상태에 있다. (나) 대한민국 병무청에서 병역의무의 이행을 위하여 B에게 귀국하도록 독촉하고 있다. (다) 주미 한국대사관 영사에게 연락하여 병역을 연기하는 등 시급한 병역문제를 해결하여 달라. 갑은 이를 승낙하고, 그 경비 명목으로 미화 2만 2천 달러를 교부받았다(㉮행위).

변호사법은 공무원이 취급하는 사무에 관하여 알선한다는 명목으로 금품을 받는 자를 처벌하고 있다(ⓐ규정). 검사는 변호사법 ⓐ규정을 적용하여 갑을 기소하였다. 제1심을 거친 후, 갑의 피고사건은 항소심에 계속되었다. 항소법원은 유죄를 인정하였다. 갑은 불복 상고하였다. 갑은 상고이유로 다음의 점을 주장하였다. (가) 갑은 주미 한국대사관에 근무하는 대한민국 공무원에게 알선하려고 금품을 수수하였다. (나) 갑의 알선행위지는 미국이다. (다) 미국인 변호사가 미국에서 알선하는 행위는 외국인의 국외범에 해당한다. (라) 외국인의 국외범에 대하여 대한민국의 형벌법규인 변호사법 ⓐ규정을 적용할 수 없다.

대법원은 다음의 이유를 제시하여 상고를 기각하였다.

(가) 대한민국 공무원에게 알선한다는 명목으로 금품을 수수하는 행위가 대한민국 영역 내에서 이루어졌다. (나) 그러한 이상 비록 금품수수의 명목이 된 알선행위를 하는 장소가 대한민국 영역 외라 하더라도 대한민국 영역 내에서 죄를 범한 것이다. (다) 그러므로 미국 국적을 가진 외국인인 갑의 ㉮행위에 대하여도 형법 제2조에 의하여 대한민국의 형벌법규인 변호사법 ⓐ규정이 적용되어야 한다.

2022도6462

2022. 11. 30. 2022도6462, 공 2023상, 223 = 『해외 도박사이트 방조범 사건』:

국민체육진흥법은 다음의 규정을 두고 있다. (가) 제26조 제1항 : 서울올림픽기념국민체육진흥공단과 수탁사업자가 아닌 자는 체육진흥투표권 또는 이와 비슷한 것을 발행(정보통신망에 의한 발행을 포함한다)하여 결과를 적중시킨 자에게 재물이나 재산상의 이익을 제공하는 행위(이하 "유사행위"라 한다)를 하여서는 아니 된다(ⓐ규정). (나) 제47조 제2호 : 다음 각 호의 어느 하나에 해당하는 자는 7년 이하의 징역이나 7천만원 이하의 벌금에 처한다. 2. 제26조 제1항[ⓐ규정]을 위반한 자(ⓑ규정). (다) 제48조 제3호 : 다음 각 호의 어느 하나에 해당하는 자는 5년 이하의 징역이나 5천만원 이하의 벌금에 처한다. 3. 제26조 제1항의 금지행위를 이용하여 도박을 한 자(ⓒ규정).

갑은 M사이트를 운영하면서 불특정 다수인으로부터 원화를 지급받고 전자지갑의 일종인 넷텔러

(NETELLER)에 미국 달러를 입금해주는 일을 하여 왔다. N사이트는 해외에서 적법하게 개설된 사설 스포츠 도박 사이트이다. N사이트의 운영자는 외국인 A이다. B는 내국인이다. 갑은 B가 N사이트를 이용하여 사설 스포츠토토 도박을 하려고 한다는 것을 알았다. 2018. 4. 23.경부터 2018. 12. 24.경까지 갑은 넷텔러 계정을 이용하여 B에게 합계 71억원을 원화에서 미국 달러로 바꿔주거나 미국 달러에서 원화로 바꿔주었다. 2018. 5. 26.경 갑은 B에게 N사이트의 ID와 비밀번호를 제공하였다. 2018. 5. 30.경 갑은 B에게 N사이트의 ID와 연동된 전자지갑 넷텔러 ID와 비밀번호 등을 제공하였다.

검사는 갑을 국민체육진흥법위반(도박)방조죄로 기소하였다. 제1심법원은 유죄를 인정하였다. 갑은 불복 항소하였다. 갑은 항소이유로 다음의 점을 주장하였다. (가) A의 행위는 외국인의 국외범이다. (나) A의 N도박 사이트는 해당 외국에서 적법하게 개설된 것이다. (다) A에게 국민체육진흥법 ⓐ, ⓑ, ⓒ규정은 적용되지 않는다. (라) 정범에게 범죄가 성립하지 아니하므로 갑에게 방조범이 성립하지 않는다. 검사는 양형이 지나치게 가볍다는 이유로 항소하였다.

항소법원은 다음의 이유를 들어서 갑의 항소를 기각하였다. (가) 해외에서 적법하게 개설된 사설 스포츠 도박 사이트의 운영자(A)에게 국민체육진흥법 제26조 제1항(ⓐ규정)이 미치는지 여부를 불문한다. (나) 유사행위를 이용하여 도박을 한 내국인은 국민체육진흥법 제48조 제3호(ⓒ규정)에 따라 처벌된다(속인주의). 항소법원은 검사의 항소이유를 받아들여 원심판결을 파기하고 형을 선고하였다. 갑은 불복 상고하였다. 갑은 상고이유는 항소이유와 같다.

대법원은 다음의 이유를 제시하여 상고를 기각하였다.

대법원은 국민체육진흥법의 ⓐ, ⓑ, ⓒ규정을 분석하였다.

대법원은 국민체육진흥법 ⓒ규정의 입법취지를 다음과 같이 설시하였다.

(가) 국민체육진흥법은 유사행위를 금지하고(ⓐ규정) 이를 위반한 행위를 처벌하는 데서(ⓑ규정) 나아가 2012년 개정으로 금지된 유사행위를 이용하여 도박을 한 자를 처벌하는 규정(ⓒ규정)을 신설하였다. (나) 국민체육진흥법이 ⓒ규정을 신설한 취지는 정당한 체육진흥투표권 발행사업자가 아닌 자의 스포츠 도박 사업 운영에 참여하여 도박을 하는 행위를 근절함으로써 사행성이 높은 불법적인 스포츠 도박 행위를 규제하고 체육진흥투표권 발행사업의 안정성과 공정성을 확보하려는 데에 있다.

(다) 한편 정보통신망을 이용하는 스포츠 도박 사업은 장소적 제약을 뛰어넘어 규제 정도가 낮은 국가의 정보통신망과 연동함으로써 쉽게 자국의 규제를 회피할 수 있다. (라) 정보통신망을 이용하는 스포츠 도박 사업은 스포츠 도박이 합법화된 국가의 정보통신망을 이용하여 이루어지는 경우도 많다.

대법원은 갑의 행위에 대해 다음과 같이 판단하였다.

(가) 위와 같은 국민체육진흥법 규정의 내용, 유사행위 금지규정과 이를 이용한 도박 행위에 대한 처벌규정의 신설 경위, 정보통신망을 통한 스포츠 도박의 현황 등을 종합하여 본다. (나) 대한민국 영역 내에서 해외 스포츠 도박 사이트에 접속하여 베팅을 하는 방법으로 체육진흥투표권과 비슷한 것을 정보통신망을 이용하여 발행받은 다음 결과를 적중시킨 경우 재산상 이익을 얻는 내용의 도박을 [한 경우가 있다.] (다) [그러한 경우라면], 그 스포츠 도박 사이트를 통한 도박 행위는 국민체육진흥법 제26조 제1항(ⓐ규정)에서 금지하고 있는 유사행위를 이용한 도박 행위에 해당하므로, 제48조 제3호(ⓒ규정)에 따라 처벌할 수 있다(속지주의). (라) 이는 그 스포츠 도박 사이트의 운영이 외국인에 의하여 대한민국 영역 외에서 이루어진 것이라고 하더라도 마찬가지이다.

대법원은 원심판결의 당부에 대해 다음과 같이 판단하였다.

(가) 원심은, (ㄱ) 해외에서 적법하게 개설된 사설 스포츠 도박 사이트의 운영자에게 국민체육진흥법 제26조 제1항(ⓐ규정)이 미치는지 여부를 불문하고 (ㄴ) 유사행위를 이용하여 도박을 한 내국인은 국민체육진흥

법 제48조 제3호(ⓒ규정)에 따라 처벌된다는 이유로 갑에 대한 공소사실(…)을 유죄로 판단하였다. (나) 원심 판결 이유를 위 법리와 적법하게 채택된 증거에 비추어 살펴보면, 원심의 설시에 일부 부적절한 부분[속인주 의 부분]이 있다. (다) 그러나 그 판단에 (중략) 판결에 영향을 미친 잘못은 없다.

2019도19130

2020. 4. 29. 2019도19130, 공 2020상, 1049 =『베트남 무면허의료 사건』:

갑은 의료인이 아니다. 갑은 베트남국 하노이 시에 있는 M병원에서 그곳을 찾은 여성 A에게 주름을 펴 는 실리프팅 시술을 하였다. 검사는 갑을 의료법 위반죄(무면허의료행위)로 기소하였다. 제1심법원은 유죄를 인정하였다. 갑은 불복 항소하였다. 항소법원은 제1심판결을 파기하고, 무죄를 선고하였다. 검사는 불복 상 고하였다.

대법원은 다음의 이유를 제시하여 상고를 기각하였다.

대법원은 의료법의 관련 규정들을 다음과 같이 분석하였다.

(가) 의료법은 의료인 아닌 사람의 의료행위를 처벌하고 있다(㉮규정). (나) 의료법이 이와 같이 의료인이 되는 자격에 대한 엄격한 요건을 규정하면서 보건복지부장관의 면허를 받은 의료인에게만 의료행위 독점을 허용하는 것은 국민의 건강을 보호하고 증진하려는 목적(의료법 제1조)을 달성하기 위한 것이다. (다) 의료 법은 '외국의 의료인 면허를 가진 자로서 국내에 체류하는 자'에 대하여 '보건복지부령으로 정하는 범위에서 의료행위를 할 수 있다'고 규정하고 있다(㉯규정). (라) 그러나 의료법은 외국의 의료인 면허를 가진 자에 대 하여 대한민국 영역 외에서의 의료행위를 허용하는 규정은 두고 있지 않다. (마) 의료법은 '의료인은 이 법에 따른 의료기관을 개설하지 아니하고는 의료업을 할 수 없다'고 규정하면서, 의료기관을 개설하려는 자는 시 장·군수·구청장에게 신고하거나, 시·도지사의 허가를 받아야 한다고 규정하고 있다(㉰규정). (바) 의료법 은 의료기관이 대한민국 영역 내에 소재하는 것을 전제로 개설의 절차 및 요건을 정하고 있다.

대법원은 의료법 ㉮규정의 적용범위에 대해 다음과 같이 판단하였다.

(가) 이와 같은 의료법의 목적, 우리나라 보건복지부장관으로부터 면허를 받은 의료인에게만 의료행위 독 점을 허용하는 입법 취지 및 관련 조항들의 내용 등을 종합해 본다. (나) 의료법상 의료제도는 대한민국 영역 내에서 이루어지는 의료행위를 규율하기 위하여 체계화된 것으로 이해된다. (다) 그렇다면 의료법 ㉮규정이 대한민국 영역 외에서 의료행위를 하려는 사람에게까지 보건복지부장관의 면허를 받을 의무를 부과하고 나아 가 이를 위반한 자를 처벌하는 규정이라고 보기는 어렵다. (라) 따라서 내국인이 대한민국 영역 외에서 의료 행위를 하는 경우에는 의료법 ㉮규정의 구성요건 해당성이 없다.

2016도17465

2017. 3. 22. 2016도17465, 공 2017상, 911 =『홍콩 특수목적법인 사건』:

(사실관계를 축약하여 소개함.) 갑은 중화인민공화국 국민이다. 갑 등은 대한민국에 P회사를 설립하였다. 갑 등은 P회사를 통해 홍콩에서 M빌딩 사업을 추진하였다. 갑은 P회사의 공동대표이사이다. Q회사는 홍콩 에 설립된 외국 법인이다. P회사는 Q회사의 지분 전부를 보유하고 있다. 갑은 Q회사의 대표이사이다. P회사 는 M빌딩사업을 위하여 국내 금융기관들로부터 3,800억원의 PF대출을 받았다(㉠PF대출금). P회사는 국내 R은행의 자금관리를 받는다. 갑은 홍콩의 Q회사에서 근무하고 있었다. R은행의 임직원 A 등이 홍콩에 왔다. 갑은 R은행 측의 협조를 얻기 위하여 A 등에게 향응을 제공하였다(㉮행위). 갑은 R은행의 승인을 받아 ㉠자 금을 P회사로부터 Q회사로 송금하였다. 갑은 Q회사 계좌에 입금된 ㉠자금을 홍콩 소재 S, T회사 계좌로 순

차 이체시킨 다음 임의로 인출하여 소비하였다(㉯행위).

검사는 ㉮행위를 특정경제범죄법위반죄(증재), ㉯행위를 특정경제범죄법위반죄(횡령)로 기소하였다. 갑은 ㉮, ㉯행위는 외국인의 국외범으로서 형법 제6조의 적용대상이 되지 않아 대한민국 법원이 재판할 수 없다고 주장하였다. 검사는 ㉮, ㉯행위가 형법 제6조 단서에 해당하지 않아 대한민국 법원에 재판권이 있다고 주장하였다. (이하 ㉮행위와 ㉯행위를 나누어서 소개함.)

갑의 ㉮행위 피고사건은 제1심을 거친 후, 항소심에 계속되었다. 검사는 항소법원에 ㉮행위에 대한 행위지의 처벌법령으로 중국 형법 제164조를 제시하였다. 항소법원은 갑의 ㉮행위에 대해 다음과 같이 판단하였다. (가) 중국에서 외국은행의 임직원에 대한 재물 공여행위가 중국 국내법에 의해 범죄를 구성한다고 단정하기 어렵다. (나) ㉮행위가 중국의 법률에 의하여도 범죄를 구성한다는 점이 합리적 의심의 여지 없이 증명되었다고 보기 부족하다. (다) ㉮행위 부분 공소사실은 갑에 대하여 재판권이 없는 경우에 해당하므로 공소를 기각한다. 검사는 불복 상고하였다.

대법원은 다음의 이유를 제시하여 상고를 기각하였다.

대법원은 형법 제6조 본문과 단서의 관계에 대해 다음과 같이 설시하였다.

(가) 형법 제6조 본문에 의하여 외국인이 대한민국 영역 외에서 대한민국 국민에 대하여 범죄를 저지른 경우 우리 형법이 적용된다. (나) 그렇지만 형법 제6조 단서에 의하여 행위지의 법률에 의하여 범죄를 구성하지 아니하거나 소추 또는 형의 집행을 면제할 경우에는 우리 형법을 적용하여 처벌할 수 없다. (다) 이 경우 행위지의 법률에 의하여 범죄를 구성하는지 여부에 대해서는 엄격한 증명에 의하여 검사가 증명하여야 한다.

대법원은 ㉮행위 부분에 대한 원심법원의 판단이 정당하다고 판단하였다.

갑의 ㉯행위 피고사건은 제1심을 거친 후, 항소심에 계속되었다. 항소법원은 ㉯행위에 대해 다음과 같이 판단하였다. (가) 엄격히 용도가 정해진 법인의 자금을 보관하는 대표이사가 이를 개인적 용도로 사용하였다면 위 행위는 홍콩 형법상 '절도죄'로 처벌받을 수 있다. (나) 홍콩 형법은 홍콩 영역 내에서 이루어진 횡령 범행에 대해서 범행 주체나 피해자의 국적을 불문하고 행위자를 처벌하고, 소추나 형의 집행을 면제하지 않고 있다. (다) 위 사정에 비추어 보면, 갑의 ㉯횡령 범행에 대해서는 우리 형법 제6조 본문에 의하여 재판권을 행사할 수 있다. 갑은 불복 상고하였다.

대법원은 다음의 이유를 제시하여 상고를 기각하였다.

대법원은 PF자금과 횡령죄의 관계에 대해 다음과 같이 판단하였다.

(가) 법인 소유의 자금에 대한 사실상 또는 법률상 지배·처분 권한을 가지고 있는 대표자 등은 법인에 대한 관계에서 그 자금의 보관자 지위에 있다. (나) 법인이 특정 사업의 명목상의 주체로 특수목적법인을 설립하여 그 명의로 자금 집행 등 사업진행을 하면서도 자금의 관리·처분에 관하여는 실질적 사업주체인 법인이 의사결정권한을 행사하면서 특수목적법인 명의로 보유한 자금에 대하여 현실적 지배를 하고 있는 경우가 있다. (다) 이러한 경우에는 사업주체인 법인의 대표자 등이 특수목적법인의 보유 자금을 정해진 목적과 용도 외에 임의로 사용하면 위탁자인 법인에 대하여 횡령죄가 성립할 수 있다.

대법원은 PF자금과 관련된 외국인의 국외범에 대해 다음과 같이 설시하였다.

(가) 이상의 법리는 법인의 대표자 등이 외국인인 경우에도 마찬가지이다. (나) 내국 법인의 대표자인 외국인이 그 내국 법인이 외국에 설립한 특수목적법인에 위탁해 둔 자금을 정해진 목적과 용도 외에 임의로 사용한 데 따른 횡령죄의 피해자는 당해 금전을 위탁한 내국 법인이라고 보아야 한다. (다) 따라서 그 행위가 외국에서 이루어진 경우에도 행위지의 법률에 의하여 범죄를 구성하지 아니하거나 소추 또는 형의 집행을 면제할 경우가 아니라면 그 외국인에 대해서도 우리 형법이 적용되어(형법 제6조), 우리 법원에 재판권

이 있다.

대법원은 갑의 ④행위에 대해 다음과 같이 판단하였다.

(가) (사실관계 분석; 생략함.) (나) P회사의 공동대표이사인 갑은 P회사에 대한 관계에서 계속하여 ㉠PF 대출금을 보관하는 지위에 있다. (나) 이를 정해진 목적과 용도 외에 임의로 사용하여 횡령하였다면 P회사가 피해자가 된다고 보아야 한다. (다) 원심이 같은 취지로 판단한 것은 정당하다.

2011도6507

2011. 8. 25. 2011도6507, 공 2011하, 1987 = 분석 신형소Ⅱ『캐나다 교포 선물투자 사건』:

갑은 캐나다 시민권자이다. ㉠문서는 갑이 캐나다 브리티시 콜롬비아주 금융감독원(BCSC)의 로고가 찍힌 종이에 '갑 명의의 Bank Of Montreal 계좌, TD Canada Trust 계좌, 한국외환은행 계좌는 BCSC 의 감독 아래 있고 위 계좌와 관련된 거래는 BCSC에 보고된다'는 취지가 기재된 BCSC 수석검사 명의의 문서이다. 그런데 ㉠문서는 위조문서이다. ㉠문서를 누가 위조하였는지는 밝혀지지 않았다. 한국 형법상 ㉠ 문서는 위조사문서에 해당한다. 갑은 캐나다에서 대한민국 국민 A 등에게 ㉠문서를 보여주면서 M선물투 자를 권유하였다(㉮행위). 갑은 A 등으로부터 캐나다에서 M선물투자사업에 대한 투자금을 수령하였다(㉯ 행위).

검사는 ㉮행위를 위조사문서행사죄로, ㉯행위를 특정경제범죄법위반죄(사기)로 기소하였다. 갑은 ㉮, ㉯ 행위가 모두 외국인의 국외범이므로 대한민국 법원에 재판권이 없다고 주장하였다. 제1심법원은 ㉮, ㉯행위 모두에 대해 유죄를 인정하였다. 갑을 불복 항소하였다. 항소법원은 항소를 기각하고, 제1심판결을 유지하 였다. 갑은 불복 상고하였다.

대법원은 다음의 이유를 제시하여 원심판결을 파기환송하였다.

대법원은 갑의 ㉮위조사문서행사 행위에 대해 다음과 같이 판단하였다.

(가) 형법 제5조, 제6조의 각 규정에 의하면, 외국인이 외국에서 죄를 범한 경우에는 (ㄱ) 형법 제5조 제1 호 내지 제7호에 열거된 죄를 범한 때와 (ㄴ) 형법 제5조 제1호 내지 제7호에 열거된 죄 이외에 대한민국 또 는 대한민국 국민에 대하여 죄를 범한 때에만 대한민국 형법이 적용되어 우리나라에 재판권이 있게 된다. (나) 여기서 '대한민국 또는 대한민국 국민에 대하여 죄를 범한 때'라 함은 대한민국 또는 대한민국 국민의 법익이 직접적으로 침해되는 결과를 야기하는 죄를 범한 경우를 의미한다. (다) 그런데 형법 제234조의 위조 사문서행사죄는 형법 제5조 제1호 내지 제7호에 열거된 죄에 해당하지 않는다. (라) 위조사문서행사 행위를 형법 제6조의 대한민국 또는 대한민국 국민의 법익을 직접적으로 침해하는 행위라고 볼 수도 없다. (마) 그러 므로 이 사건 공소사실 중 캐나다 시민권자인 갑이 캐나다에서 위조사문서를 행사한 ㉮행위에 대하여는 우리 나라에 재판권이 없다.

대법원은 형법 제6조의 적용요건에 대해 다음과 같이 설시하였다.

(가) 형법 제6조 본문에 의하여 외국인이 대한민국 영역 외에서 대한민국 국민에 대하여 범죄를 저지른 경우 우리 형법이 적용된다. (나) 그렇지만 형법 제6조 단서에 의하여 행위지의 법률에 의하여 범죄를 구성 하지 아니하거나 소추 또는 형의 집행을 면제할 경우에는 우리 형법을 적용하여 처벌할 수 없다. (다) 이 경 우 행위지의 법률에 의하여 범죄를 구성하는지 여부에 대해서는 엄격한 증명에 의하여 검사가 이를 입증하 여야 한다.

대법원은 ㉯특정경제범죄법위반(사기) 행위에 대해 다음과 같이 판단하였다.

(가) 이 부분 공소사실 중에는 캐나다 시민권자인 갑이 캐나다에 거주하는 대한민국 국민을 기망하여 캐 나다에서 직접 또는 현지 은행계좌로 투자금을 수령한 경우가 다수 포함되어 있음을 알 수 있다. (나) 그러므

로 이 경우에 해당하는 공소사실은 외국인이 대한민국 영역 외에서 대한민국 국민에 대하여 범죄를 저지른 경우에 해당한다.

(다) 따라서 원심으로서는 이 경우에 해당하는 공소사실이 행위지인 캐나다 법률에 의하여 범죄를 구성하는지 여부 및 소추 또는 형의 집행이 면제되는지 여부를 심리하였어야 한다. (라) 원심으로서는 해당 부분 공소사실이 행위지의 법률에 의하여 범죄를 구성하고 그에 대한 소추나 형의 집행이 면제되지 않는 경우에 한하여 우리 형법을 적용하였어야 한다. (마) 그럼에도 불구하고 원심은 이에 관하여 아무런 입증이 없는 상황에서 이 부분 공소사실 전부를 유죄로 인정한 제1심판결이 옳다고 보아 이를 유지하였다. (바) 이 부분 원심판결에도 재판권 인정에 관한 법리를 오해하여 심리를 다하지 않은 위법이 있다.

2016도11429

2018. 10. 25. 2016도11429, 공 2018하, 2288 =『미국 군무원 뇌물수수 사건』:

A는 미국 육군공병대 소속 군무원이다. 갑은 A의 한국인 내연녀이다. P회사는 미국회사이다. P회사는 [미군 당국과] ㉠보안영상연결망 계약을 체결하였다. A는 미국에서 P회사로부터 ㉠보안영상연결망 계약 체결 대가로 ㉡금품을 제공받았다. ㉡뇌물의 일부는 다음의 방식으로 적법한 돈인 것처럼 가장하여 한국에 있는 A의 내연녀 갑에게 전달되었다. (가) Q회사 대표 B가 갑에게 ㉢돈을 전달한다. (나) 갑은 ㉢돈으로 M카페를 인수한다. (다) 이후 P회사가 Q회사에 ㉢돈에 상응한 돈을 이체한다.

범죄수익은닉규제법은 특정범죄로 인한 범죄수익을 은닉·가장하는 행위를 처벌하고 있다(㉮규정). 범죄수익은닉규제법은 ㉮규정의 적용대상이 되는 특정범죄를 (ㄱ) 중요범죄와 (ㄴ) 그 밖의 범죄로 분류하고 있다(㉯규정). ㉯규정에 따르면 형법상 뇌물죄는 (ㄱ) 중요범죄의 하나로 규정되어 있다. 범죄수익은닉규제법은 "외국인이 대한민국 영역 밖에서 한 행위가 대한민국 영역 안에서 행하여졌다면 ㉯규정의 특정범죄에 해당하고 행위지의 법령에 따라 죄에 해당하는 경우 그 죄를 포함한다."는 규정을 두고 있다(㉰규정).

검사는 범죄수익은닉규제법 ㉮규정(범죄수익가장)을 적용하여 갑을 기소하였다. A의 뇌물수수행위는 외국인의 국외범이다. A의 행위에 대해 ㉰규정을 적용할 수 있는지 문제되었다. 제1심법원은 ㉰규정이 정한 쌍방가벌성 요건을 충족하지 못한다는 이유로 무죄를 선고하였다. 검사는 불복 항소하였다. 항소법원은 ㉰규정이 정한 쌍방가벌성 요건을 충족하였다고 판단하였다. 항소법원은 제1심판결을 파기하고, 갑에게 유죄를 인정하였다. 갑은 불복 상고하였다.

대법원은 다음의 이유를 제시하여 상고를 기각하였다.

대법원은 범죄수익은닉규제법의 입법취지와 해석방법에 대해 다음과 같이 설시하였다.

(가) 범죄수익은닉규제법은 국제적 기준에 맞는 자금세탁방지 제도를 마련하고 범죄수익의 몰수·추징에 관한 특례를 규정함으로써 특정범죄를 조장하는 경제적 요인을 근원적으로 제거하여 건전한 사회질서의 유지에 이바지함을 목적으로 제정된 법률이다. (나) 범죄수익은닉규제법은 특정범죄를 직접 처벌하는 형법 등을 보충함으로써 중대범죄를 억제하기 위한 형사법 질서의 중요한 일부를 이루고 있다. (다) 형벌법규의 해석에서도 문언의 가능한 의미 안에서 입법 취지와 목적 등을 고려한 법률 규정의 체계적 연관성에 따라 문언의 논리적 의미를 분명히 밝히는 체계적·논리적 해석방법은 규정의 본질적 내용에 가장 접근한 해석을 위한 것으로서 죄형법정주의의 원칙에 부합한다.

대법원은 ㉰규정의 적용범위에 관하여 다음과 같이 설시하였다.

(가) 범죄수익은닉규제법은 범죄수익등의 은닉 및 가장죄를 처벌하는 ㉮규정을 별도로 두고 있다. (나) 범죄수익은닉규제법은 외국인의 국외범에 대해 ㉰규정을 두고 있다. (다) ㉰규정에 따라 대한민국 법률에 따라 처벌할 수 없는 특정범죄에 대하여도 그 범죄수익등을 은닉하거나 가장하는 행위를 하게 되면 제한적인 범위

내에서 범죄수익은닉규제법 위반죄에 해당한다. (라) ㉘규정의 체계적 · 논리적 해석, ㉘규정과 유사한 문언의 해석, 범죄수익은닉규제법의 입법 취지, 다른 범죄와 뇌물범죄와의 형평성과 범죄수익등의 은닉과 가장을 규제할 필요성, 국제형사사법 공조와의 조화 등을 종합적으로 고려하여 본다. (마) ㉘규정은 외국인이 대한민국 영역 밖에서 한 행위가 그대로 대한민국 법률에 따라 특정범죄에 해당하는 경우에만 특정범죄로 보는 것이 아니다. (바) ㉘규정은 그 행위를 대한민국에서의 행위로 가정적으로 구성하여 평가하면 대한민국 법률에 따라 특정범죄에 해당하는 경우에도 특정범죄로 보는 것이라고 해석하는 것이 타당하다.

대법원은 원심판결의 당부에 대해 다음과 같이 판단하였다.

(가) 원심은 A의 미국에서의 뇌물수수행위가 대한민국 영역 안에서 행하여졌다면 범죄수익은닉규제법상 중대범죄인 형법상 뇌물죄에 해당한다고 보아 갑의 행위가 범죄수익등 은닉 · 가장죄를 구성한다고 판단하였다. (나) 원심판결 이유를 위 법리에 비추어 살펴보면, 원심의 판단에 범죄수익은닉규제법에서 정하고 있는 '중대범죄'에 관한 법리를 오해하거나 죄형법정주의를 위반하여 법률을 해석한 잘못이 없다.

⎡ **2017도5977** ⎤

2017. 8. 24. 2017도5977 전원합의체 판결, 공 2017하, 1887 =『필리핀 무죄 미결구금 사건』:

(2020년 형법 개정에 의하여 형법 제53조의 제목이 '작량감경'으로부터 '정상참작감경'으로 변경되었다. 아래의 판례 원문 가운데 '작량감경'은 '정상참작감경'으로 바꾸어 소개한다.) 갑은 도박빚으로 생활고를 겪고 있었다. 갑은 A의 권유와 도움으로 필리핀에 가서 관광가이드 일을 하며 A의 집에서 같이 거주해 왔다. 갑은 술을 마시고 새벽에 집에 들어와 자고 있던 A를 깨워 사소한 말다툼 끝에 A를 부엌칼로 찔러 살해하였다(㉮범행). 2005. 10. 5. 갑은 ㉮범행으로 필리핀 경찰에 체포되었다. 2005. 10. 6. 갑은 필리핀 경찰서 유치장에 수감되었다. 2005. 10. 20. 갑은 필리핀 관할 법원에 살인죄로 기소되어 구금상태에서 재판을 받았다. 2010. 10. 21. 필리핀 관할 법원은 증거불충분으로 검사의 기소를 기각하는 판결을 선고하였다(㉮판결). 2010. 10. 26.경 갑은 석방되었다. 갑의 필리핀 관할 법원에서의 미결구금 기간은 5년여에 이르렀다.

이후 5년의 시간이 경과한 시점에 갑은 귀국하였다. 1954년 제정 이래 형법 제7조는 외국에서 형의 집행을 받은 사람에 대해 '형을 감경 또는 면제할 수 있다'고 규정하고 있었다. 2015. 5. 28. 헌법재판소는 형법 제7조에 대해 헌법불합치결정을 내렸다. [2016년 경] 검사는 갑을 살인죄로 기소하였다. 2016. 11. 8. 제1심법원은 갑에게 유죄를 인정하고, 징역 10년을 선고하였다. 제1심법원은 필리핀에서의 미결구금일수 5년을 형기에 산입하지 않았다. 갑은 불복 항소하였다. 2016. 12. 20. 헌법재판소의 헌법불합치결정의 취지에 따라 외국에서 집행된 형의 전부 또는 일부를 산입하도록 형법 제7조가 개정되었다.

2017. 4. 21. 항소법원은 항소를 기각하고, 제1심판결을 유지하였다. 갑은 불복 상고하였다. 갑은 상고이유로 다음의 점을 주장하였다. (가) 형법 제7조는 외국에서의 유죄판결로 집행된 형의 전부 또는 일부를 국내 법원이 선고하는 형에 산입한다고 규정하고 있다. (나) 필리핀 관할 법원에서의 무죄판결에 이르기까지의 미결구금일수 5년은 국내 법원이 선고하는 형에 산입되어야 한다. (다) 이러한 해석은 형법 제7조를 피고인에게 유리하게 유추해석하는 것으로서 허용된다.

대법원은 다음의 이유를 제시하여 상고를 기각하였다.

대법원은 형법 제7조의 유추적용 여부를 둘러싸고 8 대 3으로 견해가 나뉘었다. 다수의견은 유추해석을 불허하였다. 소수의견은 유추해석을 허용해야 한다고 주장하였다. (이하 다수의견을 '대법원'으로 표시하여 소개함.)

대법원은 외국에서 확정된 유죄판결과 형법 제7조의 관계에 대해 다음과 같이 설시하였다.

(가) 형법 제7조는 "죄를 지어 외국에서 형의 전부 또는 일부가 집행된 사람에 대해서는 그 집행된 형의

전부 또는 일부를 선고하는 형에 산입한다."라고 규정하고 있다. (나) 형사판결은 국가주권의 일부분인 형벌권 행사에 기초한 것이다. (다) 피고인이 외국에서 형사처벌을 과하는 확정판결을 받았더라도 그 외국 판결은 우리나라 법원을 기속할 수 없고 우리나라에서는 기판력도 없어 일사부재리의 원칙이 적용되지 않는다.

대법원은 외국에서 확정된 무죄판결과 형법 제7조의 관계에 대해 다음과 같이 설시하였다.

(가) 형법 제7조의 취지는 피고인이 동일한 행위에 관하여 우리나라 형벌법규에 따라 다시 처벌받는 경우에 생길 수 있는 실질적인 불이익을 완화하려는 것이다. (나) 그런데 여기서 '외국에서 형의 전부 또는 일부가 집행된 사람'이란 그 문언과 취지에 비추어 '외국 법원의 유죄판결에 의하여 자유형이나 벌금형 등 형의 전부 또는 일부가 실제로 집행된 사람'을 말한다고 해석하여야 한다. (다) 형사사건으로 외국 법원에 기소되었다가 무죄판결을 받은 사람은, 설령 그가 무죄판결을 받기까지 상당 기간 미결구금되었더라도 이를 유죄판결에 의하여 형이 실제로 집행된 것으로 볼 수는 없다. (라) 그러므로 형사사건으로 외국 법원에 기소되었다가 무죄판결을 받은 사람은 '외국에서 형의 전부 또는 일부가 집행된 사람'에 해당한다고 볼 수 없다. (마) 형사사건으로 외국 법원에 기소되었다가 무죄판결을 받은 사람의 미결구금 기간은 형법 제7조에 의한 산입의 대상이 될 수 없다.

대법원은 외국에서의 미결구금일수를 형법 제57조 제1항에 따라 전부 산입해야 하는지에 대해 다음과 같이 판단하였다.

(가) 미결구금은 공소의 목적을 달성하기 위하여 어쩔 수 없이 피고인 또는 피의자를 구금하는 강제처분이어서 형의 집행은 아니지만 신체의 자유를 박탈하는 점이 자유형과 유사하다. (나) 이 때문에 형법 제57조 제1항은 인권 보호의 관점에서 미결구금일수의 전부를 본형에 산입한다고 규정하고 있다. (다) 그러나 외국에서 무죄판결을 받고 석방되기까지의 미결구금은, 국내에서의 형벌권 행사가 외국에서의 형사절차와는 별개의 것인 만큼 우리나라 형벌법규에 따른 공소의 목적을 달성하기 위하여 필수불가결하게 이루어진 강제처분으로 볼 수 없다. (라) 외국에서 무죄판결을 받고 석방되기까지의 미결구금은, 유죄판결을 전제로 한 것이 아니어서 해당 국가의 형사보상제도에 따라 그 구금 기간에 상응하는 금전적 보상을 받음으로써 구제받을 성질의 것에 불과하다. (마) 또한 형사절차에서 미결구금이 이루어지는 목적, 미결구금의 집행 방법 및 피구금자에 대한 처우, 미결구금에 대한 법률적 취급 등이 국가별로 다양하여 외국에서의 미결구금으로 인해 피고인이 받는 신체적 자유 박탈에 따른 불이익의 양상과 정도를 국내에서의 미결구금이나 형의 집행과 그 효과 면에서 서로 같거나 유사하다고 단정할 수도 없다. (바) 따라서 위와 같이 외국에서 이루어진 미결구금을 형법 제57조 제1항에서 규정한 '본형에 당연히 산입되는 미결구금'과 같다고 볼 수 없다.

(사) 결국 미결구금이 자유 박탈이라는 효과 면에서 형의 집행과 일부 유사하다는 점만을 근거로, 외국에서 형이 집행된 것이 아니라 단지 미결구금되었다가 무죄판결을 받은 사람의 미결구금일수를 형법 제7조의 유추적용에 의하여 그가 국내에서 같은 행위로 인하여 선고받는 형에 산입하여야 한다는 것은 허용되기 어렵다.

대법원은 형법 제7조를 적용하는 것이 피고인에게 유리한 유추해석인지 여부에 대해 다음과 같이 판단하였다.

(가) 양형의 조건에 관하여 규정한 형법 제51조의 사항은 널리 형의 양정에 관한 법원의 재량사항에 속하고, 이는 열거적인 것이 아니라 예시적인 것이다. (나) 피고인이 외국에서 기소되어 미결구금되었다가 무죄판결을 받은 이후 다시 그 행위로 국내에서 처벌받는 경우가 있다. (다) 이 경우 공판 과정에서 외국에서의 미결구금 사실이 밝혀진다면, 양형에 관한 여러 사정들과 함께 그 미결구금의 원인이 된 사실과 공소사실의 동일성의 정도, 미결구금 기간, 해당 국가에서 이루어진 미결구금의 특수성 등을 고려하여 필요한 경우 형법 제53조의 정상참작감경 등을 적용할 수 있다. (라) 나아가 이를 [형법 제51조] 양형의 조건에 관한 사항으로 참작

하여 최종의 선고형을 정함으로써 적정한 양형을 통해 피고인의 미결구금에 따른 불이익을 충분히 해소할 수 있다. (마) 형법 제7조를 유추적용하여 외국에서의 미결구금을 확정된 형의 집행 단계에서 전부 또는 일부 산입한다면 이는 위 미결구금을 고려하지 아니하고 형을 정함을 전제로 한다. (바) 그러므로 오히려 위와 같이 미결구금을 양형 단계에서 반영하여 그에 상응한 적절한 형으로 선고하는 것에 비하여 피고인에게 더 유리하다고 단정할 수 없다.

제 3 장 구성요건

제 1 절 구성요건 일반론

2008도9581

2008. 12. 24. 2008도9581 = 분석 총론『불안감 문자 발송 사건』:

정보통신망법은 정보통신망을 통하여 공포심이나 불안감을 유발하는 말, 음향, 글, 화상 또는 영상을 반복적으로 상대방에게 도달하게 한 자를 처벌하고 있다(㉮규정). 갑은 A의 휴대전화로 ㉠문자메세지 등을 반복적으로 보냈다. 검사는 정보통신망법 ㉮규정을 적용하여 갑을 기소하였다. 갑의 피고사건은 제1심을 거친 후, 항소심에 계속되었다. 항소법원은 유죄를 인정하였다. 갑은 불복 상고하였다. 갑은 상고이유로 다음의 점을 주장하였다. (가) ㉮규정은 '불안감'이라는 표현을 사용하고 있다. (나) '불안감'의 내용이 불명확하다. (다) ㉮규정은 죄형법정주의에서 파생하는 명확성의 원칙에 반하여 무효이다.

대법원은 다음의 이유를 제시하여 상고를 기각하였다.

(가) 일반적으로 법규는 그 규정의 문언에 표현력의 한계가 있을 뿐만 아니라 그 성질상 어느 정도의 추상성을 가지는 것은 불가피하다. (나) 정보통신망법의 ㉮규정에서 규정하는 '불안감'은 평가적 · 정서적 판단을 요하는 규범적 구성요건요소이다. (다) '불안감'이란 개념은 사전적으로 "마음이 편하지 아니하고 조마조마한 느낌"이라고 풀이되고 있어 이를 불명확하다고 볼 수는 없다. (라) 그러므로 ㉮규정 자체가 죄형법정주의 및 여기에서 파생된 명확성의 원칙에 반한다고 볼 수 없다.

제 2 절 행위주체

2012도14130

2014. 5. 29. 2012도14130, 공 2014하, 1360 =『여행사 렌터카 예약 사건』:

여객자동차 운수사업법에 따르면 자동차 대여사업자는 대여약관을 정하여 시 · 도지사에게 신고하여야 한다(㉮규정). 여객자동차 운수사업법에 따르면 자동차 대여사업자가 신고한 대여약관을 이행하지 아니하면 처벌된다(㉯규정). 여객자동차 운수사업법은 양벌규정을 두고 있다(㉰양벌규정). ㉯규정은 ㉰양벌규정의 적용대상에 포함된다.

P렌터카 회사는 M지역에서 영업을 하고 있는 자동차 대여사업자이다. P회사는 렌터카 대여요금으로 ㉠금액을 관계 당국에 신고하였다. 갑은 Q여행사를 운영하고 있다. P회사와 Q여행사는 다음과 같은 업무협정을 맺었다. (가) Q여행사는 P회사의 자동차에 관한 대여를 알선해 준다. (나) P회사는 Q여행사에 ㉡수수료를 지급한다. Q여행사는 손님을 유치하기 위하여 다음의 행위를 하였다. (가) 여행객 A에게 ㉢금액만큼 할인된 요금으로 P회사의 렌터카를 예약해 준다. (나) 여행객 A는 M지역에 가서 ㉢금액만큼 할인된 요금으로 P회사와 렌터카 계약을 한다. (다) 이후 Q여행사는 ㉡수수료에서 ㉢할인금액이 공제된 금액을 P회사로부터 받는다.

검사는 Q여행사가 P렌터카 회사의 대리인에 해당한다고 판단하였다. 검사는 여객자동차운수사업법의 ㉯

규정과 ㉒양벌규정을 적용하여 갑을 기소하였다. 갑의 피고사건은 제1심을 거친 후, 항소심에 계속되었다. 항소법원은 다음의 이유를 들어서 유죄를 인정하였다. (가) 갑의 렌터카 예약행위는 여행객 A와 P렌터카 회사 사이의 자동차대여계약을 사실상 대리한 것이다. (나) 갑은 ㉒양벌규정에서 규정하고 있는 '법인의 대리인'에 해당한다. (다) 따라서 ㉒양벌규정을 적용하여 갑을 ㉱규정으로 처벌할 수 있다.

갑은 불복 상고하였다. 갑의 상고이유는 다음과 같다. (가) 갑의 렌터카 예약행위는 여행객 A와 P렌터카 회사 사이의 자동차 대여계약을 알선한 것이다. (나) 갑은 ㉒양벌규정에서 규정하고 있는 '법인의 대리인'에 해당하지 않는다. (다) 따라서 갑에게 ㉒양벌규정을 적용하여 ㉱규정으로 처벌할 수 없다.

대법원은 다음의 이유를 제시하여 원심판결을 파기환송하였다.

대법원은 여객자동차운수사업법의 관련 규정들을 분석하였다.

대법원은 여행업자의 지위에 대해 다음과 같이 판단하였다.

(가) ㉮규정에 따라 신고된 대여약관을 이행하지 아니하여 ㉱규정, ㉒양벌규정에 의하여 처벌대상이 되는 대리인, 사용인, 그 밖의 종업원은 본인인 자동차 대여사업자를 대리 또는 대행하여 자동차 대여계약을 체결하는 등 자동차를 대여하는 행위를 한 자를 말한다. (나) 여행업자로서 단순히 자동차 대여계약을 중개 또는 알선함에 그친 경우에는 그 대리인 등에 해당한다고 볼 수 없다.

대법원은 여행사와 렌터카 회사의 관계에 대해 다음과 같이 설시하였다.

(가) 여행업자인 여행사는 여행객에게 여행과 관련된 시설 등의 이용에 관한 알선을 하고 여행 편의를 제공하는 것을 영업으로 한다. (나) 여행업자인 여행사는 자동차 대여에 관하여도 알선을 할 수 있다. (다) 여행객이 여행사와 사이에 자동차 대여에 관한 예약을 하였어도 실제 자동차를 대여받기 위하여는 렌터카 회사와 사이에 직접 자동차 대여계약을 체결하여야 한다. (라) 여행객과 여행사 사이에 예약이 되어 있다는 점만으로 여행객과 렌터카 회사가 각각 상대방에 대하여 위 예약내용대로 자동차 대여계약의 성립을 주장하거나 그 계약 체결을 강제할 수 있다고 보이지는 않는다.

대법원은 갑의 행위에 대해 다음과 같이 판단하였다.

(가) 갑(여행사)이 여행객 A로부터 자동차 대여에 관한 예약을 받았다고 하여 이를 렌터카 회사의 대리인으로서 자동차 대여행위를 한 것이라고 볼 수는 없다. (나) 갑(여행사)이 여행객 A로부터 받은 자동차 대여에 관한 예약은 여행사의 영업의 일환으로 한 자동차 대여의 알선행위에 해당한다. (다) 여행사가 여행객과 예약을 하면서 렌터카 대여요금으로 렌터카 회사에서 신고한 대금에서 여행사가 받을 수수료 중 일부를 감액하여 제시하였다고 하자. (라) 그렇다고 하여 이를 여행사가 렌터카 회사의 대리인으로서 신고된 대여약관을 불이행하는 행위를 한 것이라고 볼 수는 없다.

2021도2761

2023. 7. 13. 2021도2761, 판례속보 = 『어린이집 위탁경영 사건』:

인천광역시 서구청(구청장 A)은 M직장어린이집을 설립하였다. 갑은 정원 300인 미만 어린이집 원장자격증을 보유하고 있다. 영유아보육법 제24조는 '직장어린이집을 설치한 사업주는 이를 법인·단체 또는 개인에게 위탁하여 운영할 수 있다'고 규정하고 있다(ⓐ규정). 인천광역시 서구청은 ⓐ규정에 따라 갑에게 M어린이집 운영 전반을 위탁하기로 하였다.

갑은 인천광역시 서구청장 A와 M어린이집 운영전반에 관한 위·수탁관리 협약을 체결하였다(㉠협약). ㉠협약서에 기재된 사항은 다음과 같다. (가) 갑은 위탁기간인 3년 내에 M어린이집을 직접 운영한다. (나) 갑은 M어린이집 운영에 필요한 비용의 전부 또는 일부를 부담한다. (다) 갑은 보육교직원의 임면 및 지휘·감독을 부담한다. (라) 갑은 보조금 및 보육료의 사용·관리에 관한 책임을 부담한다. (마) 갑은 어린이집 관리·운영상 제반사고에 관한 민·형사 책임을 부담한다. (바) 갑은 예산편성시 인천 서구 국·공립어린이집 예산편성 지침을 준수한다.

영유아보육법에 따르면 어린이집 원장은 다음의 의무를 부담한다(ⓑ규정으로 통칭함). (가) 보육교직원 지도·감독 의무(제18조). (나) 보육교직원 임면사항 보고의무(제19조). (다) 급식 및 위생 관리의무(제33조 및 제33조의4). 영유아보육법 제46조 제3항은 다음과 같이 규정하고 있다(ⓒ규정). (가) 어린이집의 원장의 지도·감독 하에 있는 자가 다음 각 호의 어느 하나에 해당하는 행위를 한 경우에는 어린이집의 원장이 한 행위로 본다(어린이집 원장의 자격정지에 관한 사항으로 한정한다). 다만, 어린이집의 원장이 그 행위를 방지하기 위하여 상당한 주의와 감독을 게을리하지 아니한 경우에는 그러하지 아니한다. (나) 2. 「아동복지법」 제3조 제7호[아동학대]에 따른 아동학대 행위를 하여 [영유아보육법 제46조] 제1항 제1호 가목[영유아의 생명을 해치거나 신체 또는 정신에 중대한 손해를 입힌 경우]에 해당하게 된 경우.

M어린이집의 인가증에는 다음과 같은 내용이 기재되었다(ⓛ인가증). (가) 종류 : 직장어린이집. (나) 대표자 성명 : 인천광역시 서구청장 A. (다) 원장 : 갑. 갑은 관할세무서가 발행한 고유번호증 등에 M어린이집의 대표자로 등재되었다.

㉠협약서에는 갑에게 지급할 보수나 수수료에 관한 내용이 구체적으로 규정되어 있지 않다. 갑은 '보육교직원 인건비 지급기준표'에 따라 매달 정해진 급여를 수령하였다. M어린이집의 보육교사들은 인천광역시 서구청 총무과 총무팀장, 인천서구육아종합지원센터장 등이 함께 참여한 면접을 거쳐 채용되었다. 갑은 M어린이집 운영 보조금을 지급받기 위해 매년 인천광역시 서구청에 매 회계연도의 사업계획서 및 예산서를 제출하였다. 갑은 보조금 사용내역을 분기별로 정산하여 연말에 보조금 정산서를 제출하면서, 운영비로 지출되고 남은 보조금이 있을 경우에는 인천광역시 서구청에 반납하였다.

M어린이집은 인천광역시 서구청 가정보육과 담당공무원으로부터 영유아보육법에 따른 지도 및 감독을 받았다. M어린이집은 대표인인 인천광역시 서구청장의 지시에 따라 인천광역시 서구청 총무과 소속 공무원들로부터 특별 안전점검 등을 받기도 하였다.

을은 M어린이집에 채용된 보육교사이다. B 등은 M어린이집에 다니는 아동들이다. 을은 B 등에게 아동학대행위를 하였다. 검사는 을을 아동복지법위반죄로 기소하였다. 검사는 갑에게 아동복지법의 양벌규정을 적용하여 기소하였다. (이하 갑을 중심으로 분석함.) 갑의 피고사건은 제1심을 거친 후, 항소심에 계속되었다. 갑은 다음과 같이 주장하였다. (가) M어린이집의 대표는 인천광역시 서구청장 A이다. (나) 갑은 M어린이집의 원장으로서 급여를 받을 뿐이다. (다) 갑은 급여를 받는 종업원에 지나지 않는다. (라) 사업주가 아닌 갑에게 아동복지법의 양벌규정을 적용할 수 없다.

항소법원은 사실관계를 분석하였다(내용 생략함). 항소법원은 다음의 이유를 들어서 무죄로 판단하였다. (가) 아동복지법 제74조의 양벌규정은 어린이집의 운영자가 수익달성에 치중하여 아동학대 행위 등을 묵인하거나 방치하지 않도록 그 규범력을 실질적으로 확보하기 위한 것이다. (나) 아동복지법 제74조 양벌규정에서의 '법인 또는 개인'은 단지 형식상의 사업주가 아니라 자기의 계산으로 사업을 경영하는 실질적인 사업주를 의미한다. (다) 검사가 제출한 증거만으로는 갑이 M어린이집을 자신의 계산으로 운영하는 사업주라고 인정하기 어렵고, 달리 이를 인정할 증거가 없다. (라) 갑은 정해진 급여만 받을 뿐이어서 M어린이집 운영에 관한 경제적 이해관계가 없다. (마) 갑은 아동복지법 제74조의 수범자에 해당하지 않는다. 검사는 불복 상고하였다.

대법원은 다음의 이유를 제시하여 원심판결을 파기환송하였다.

대법원은 사실관계를 분석하였다(내용 생략함.)

대법원은 갑에 대해 다음과 같이 판단하였다.

(가) 원심 판단과 같이 갑이 단순히 정해진 급여만 받았을 뿐이라고 보기 어렵다. (나) 갑은 M어린이집을

실제 운영·관리하면서 ㉠협약 또는 관련 약정에 따른 보수 상당액을 지급받았다. (다) 갑은 위탁운영으로 인한 M어린이집 원장으로서의 지위를 실질적으로 가진 것이라고 볼 가능성이 많다. (라) 반면 원심이 든 사정들은 대부분 갑이 ㉠협약 또는 영유아보육법에 따라 수탁자 또는 어린이집 원장으로서 의무를 이행한 것에 불과하다. (마) 보육교사들 면접에 위탁자 측에서 참여한 것만으로 갑이 아닌 위탁자인 인천광역시 서구청이 직접 보육교사들을 채용한 것으로 보기도 어렵다. (바) 사정이 이러하다면 갑이 M어린이집 원장으로서 어린이집 운영에 관한 양벌규정의 수범자 지위에 있다고 볼 여지가 크다. (사) 그럼에도 갑이 M어린이집을 자신의 계산으로 운영하는 사업주라고 인정할 수 없다고 보아 갑에게 무죄를 선고한 원심의 판단에는 아동복지법 제74조에 관련된 법리를 오해하고 필요한 심리를 다하지 아니하여 판결에 영향을 미친 잘못이 있다.

2018도12973

2021. 5. 7. 2018도12973, 공 2021하, 1211 = 『보호의무자 확인서류 사건 양벌규정 부분』:

정신보건법은 "정신의료기관 등의 장은 정신질환자의 보호의무자 2인의 동의가 있고 정신건강의학과 전문의가 입원이 필요하다고 판단한 경우에 한하여 당해 정신질환자를 입원 등을 시킬 수 있으며, 입원을 할 때 당해 보호의무자로부터 입원 동의서 및 보호의무자임을 확인할 수 있는 서류를 받아야 한다."고 규정하고 있다(㉮규정). 정신보건법은 ㉮규정을 위반하여 입원동의서 또는 보호의무자임을 확인할 수 있는 서류를 받지 아니한 자를 처벌한다(㉯규정). 정신보건법은 ㉰양벌규정을 두고 있다. ㉯규정은 ㉰양벌규정의 적용대상이다.

갑은 P정신병원의 원장이다. 을은 P정신병원 소속 전문의이다. P정신병원 측은 환자 A를 보호의무자 B와 C의 동의를 받아 입원시켰다. 이 과정에서 P병원 소속 전문의 을이 환자 A에 대한 진단을 하였다. P병원 측은 환자 A를 입원시키는 과정에서 B와 C가 보호의무자임을 확인할 수 있는 서류를 받지 않았다.

검사는 정신보건법의 ㉯규정과 ㉰양벌규정을 적용하여 P병원 소속 전문의 을을 기소하였다. 제1심법원은 다음의 점을 들어서 을에게 무죄를 선고하였다. (가) ㉮규정의 내용, P병원에서 이루어지는 보호의무자에 의한 입원 과정, 정신의료기관 등의 실제 업무 관행 등을 종합해 본다. (나) 을은 P병원 소속 정신건강의학과 전문의로서 정신질환자에 대한 입원 필요성 여부를 의학적으로 진단하는 역할을 할 뿐이다. (다) 을이 실제로 보호의무자임을 확인할 수 있는 서류를 받는 업무를 수행하는 자에 해당한다고 보기 어렵다.

검사는 불복 항소하였다. 항소법원은 제1심판결을 그대로 유지하였다. 검사는 양벌규정에 관한 법리오해가 있다고 주장하여 상고하였다. 대법원은 제1심판결을 유지한 원심의 판단에 법리오해의 위법이 없다고 판단하여 검사의 상고를 기각하였다.

2013도6962

2018. 4. 12. 2013도6962, 공 2018상, 932 = 『물량 잠그기 투자자문 사건』:

자본시장법은 상장증권의 시세조종행위를 처벌하고 있다(㉮규정). 자본시장법은 양벌규정을 두고 있다(㉯양벌규정). ㉮규정은 ㉯양벌규정의 적용대상이다. P회사는 유사투자자문업 신고를 한 회사이다. 갑은 P회사의 대표이사이다. P회사는 갑이 사실상 주식을 모두 가지고 있는 1인회사이다. 갑은 ㉠증권을 다량 매수하여 소위 물량 잠그기 형태의 시세조종행위를 하였다.

검사는 자본시장법 ㉮규정을 적용하여 갑을 기소하였다. 검사는 자본시장법 ㉮규정과 ㉯양벌규정을 적용하여 P회사를 기소하였다. 갑과 P회사의 피고사건은 제1심을 거친 후, 항소심에 계속되었다. 항소법원은 갑과 P회사에 대해 각각 유죄를 인정하였다. 항소법원은 갑과 P회사의 행위 각각에 대하여 형을 따로 정하여 처벌하였다. 갑과 P회사는 불복 상고하였다. 갑과 P회사는 상고이유로 다음의 점을 주장하였다. (가) P회사는 갑의 사실상 1인회사이다. (나) 갑에 대한 형사처벌 외에 P회사에 대해 ④양벌규정에 의한 벌금형을 부과하는 것은 이중처벌에 해당하여 위법하다.

대법원은 다음의 이유를 제시하여 갑과 P회사의 상고를 기각하였다.

(가) 자본시장법 ④규정은 법인의 대표자 등이 그 법인의 업무에 관하여 제443조부터 제446조까지(㉮규정)의 어느 하나에 해당하는 위반행위를 하면 그 행위자를 벌하는 외에 그 법인에게도 해당 조문의 벌금을 과하는 양벌규정을 두고 있다. (나) 자본시장법에서 ④양벌규정을 따로 둔 취지는, (ㄱ) 법인은 기관을 통하여 행위하므로, 법인이 대표자를 선임한 이상 그의 행위로 인한 법률효과와 이익은 법인에게 귀속되어야 하고, (ㄴ) 법인 대표자의 범죄행위에 대하여는 법인 자신이 책임을 져야 하는바, 법인 대표자의 법규위반행위에 대한 법인의 책임은 법인 자신의 법규위반행위로 평가될 수 있는 행위에 대한 법인의 직접책임이기 때문이다. (다) 주식회사의 주식이 사실상 1인의 주주에 귀속하는 1인회사의 경우에도 회사와 주주는 별개의 인격체로서, 1인회사의 재산이 곧바로 1인주주의 소유라고 할 수 없기 때문에, 양벌규정에 따른 책임에 관하여 달리 볼 수 없다.

> **2015도10388**

2018. 8. 1. 2015도10388, 공 2018하, 1886 =『무허가 의료기기 광고 사건』:

의료기기법은 수입허가를 받지 아니하거나 수입신고를 하지 아니한 의료기기의 효능에 관하여 광고하는 행위를 처벌하고 있다(㉮규정). 의료기기법은 수입허가를 받지 아니하거나 수입신고를 하지 아니한 의료기기의 사용을 금지하며, 이에 위반하는 행위를 처벌하고 있다(④규정). 의료기기법은 양벌규정을 두고 있다(④양벌규정). ㉮, ④규정은 ④양벌규정의 적용대상이다.

㉠기구는 외국산 저주파자극기이다. ㉠기구는 수입허가를 받거나 수입신고를 하지 않은 제품이다. 갑과 을은 P회사 설립계획을 세웠다. P회사는 체육시설 운영업을 목적으로 하는 법인이다. (이하 연도 생략함.) 1. 10.경 을은 인터넷 검색창에 "㉠기구는 근력 향상과 근육 생성 / 다이어트와 셀룰라이트 제거 / 허리 통증 완화 및 재활치료 피부 개선 혈액 순환 개선 골다공증 예방 / 전문 운동 선수의 운동 능력 향상에 효과적입니다."라는 글을 게시하였다(㉡글). (연도 생략) 1. 16. P회사가 설립되었다. 갑은 P회사의 대표이사가 되었다. 을은 P회사의 M지점 본부장이 되었다. 갑과 을은 M지점에서 회원들로 하여금 ㉠기구를 사용하여 운동하게 하였다(㉢사용).

검사는 ㉡글, ㉢사용 행위에 대해 의료기기법 ㉮, ④규정을 적용하여 갑과 을을 기소하였다. 검사는 ㉮, ④규정, ④양벌규정을 적용하여 P회사를 기소하였다. 갑, 을, P회사의 피고사건은 제1심을 거친 후, 항소심에 계속되었다. 항소법원은 갑, 을, P회사에 전부 유죄를 인정하였다. 갑, 을, P회사는 불복 상고하였다. 갑, 을, P회사는 상고이유로 다음의 점을 주장하였다. (가) ㉠기구는 의료기기가 아니라 단순한 운동기구이다. (나) ㉠기구에 대한 광고는 의료기기의 광고가 아니다. (다) ㉮규정, ④규정이 적용되지 않으므로 ④양벌규정도 적용할 수 없다.

대법원은 다음의 이유를 제시하여 P회사에 대한 원심의 유죄판결 부분 전부를 파기환송하였다.

대법원은 다음의 이유를 제시하여 갑과 을에 대한 원심의 유죄판결 부분(㉮광고금지 위반, ④사용금지 위반)에 대해 갑과 을의 상고를 모두 기각하였다.

대법원은 ㉠기구가 의료기기이며 ㉠기구의 광고는 의료기기의 광고에 해당한다고 판단하였다(상세한 분석은 생략함).

대법원은 ④양벌규정의 적용 여부에 대해 다음과 같이 판단하였다.

(가) 의료기기법은 ④양벌규정을 규정하고 있다. (나) 일반적으로 자연인이 법인의 기관으로서 범죄행위를

한 경우에도 행위자인 자연인이 그 범죄행위에 대한 형사책임을 지는 것이다. (다) 다만 법률이 그 목적을 달성하기 위하여 특별히 규정하고 있는 경우에만 그 행위자를 벌하는 외에 법률효과가 귀속되는 법인에 대하여도 벌금형을 과할 수 있다. (라) 법인이 설립되기 이전에 어떤 자연인이 한 행위의 효과가 설립 후의 법인에게 당연히 귀속된다고 보기 어렵다. (마) 양벌규정에 의하여 사용자인 법인을 처벌하는 것은 형벌의 자기책임 원칙에 비추어 위반행위가 발생한 그 업무와 관련하여 사용자인 법인이 상당한 주의 또는 관리감독 의무를 게을리한 선임감독상의 과실을 이유로 하는 것이다. (바) 법인이 설립되기 이전의 자연인의 행위에 대하여는 법인에게 어떠한 선임감독상의 과실이 있다고 할 수 없다. (사) 특별한 근거규정이 없는 한 법인이 설립되기 이전에 자연인이 한 행위에 대하여 양벌규정을 적용하여 법인을 처벌할 수는 없다고 봄이 타당하다.

대법원은 P회사의 양벌규정 적용 여부에 대해 다음과 같이 판단하였다.

(가) 을은 (연도 생략) 1. 10.경 네이버 지식인 사이트에 의료기기인 ㉠기구의 효능을 광고하는 취지의 ㉡글을 올렸다. (나) P회사는 그 이후인 (연도 생략) 1. 16. 설립되었다. (다) 이러한 사실관계를 위 법리에 비추어 살펴본다. (라) 을이 ㉡글을 올린 시점은 P회사가 설립되기 이전이므로 을의 행위를 이유로 ㉮규정, ㉰양벌규정을 적용하여 P회사를 처벌할 수는 없다. (마) 이는 (연도 생략) 1. 10. 당시 이미 P회사의 설립이 예정되어 있었고, 을의 행위가 실질적으로 조만간 설립예정인 P회사의 영업을 위하여 한 것이라고 하더라도 마찬가지이다.

대법원은 이상의 판단을 토대로 원심판결 가운데 P회사에 대한 ㉮규정(광고금지), ㉰양벌규정 적용 부분에 법리오해의 위법이 있다고 인정하였다. 대법원은 P회사에 대한 ㉯규정(사용금지), ㉱양벌규정 적용 부분은 원심법원의 판단을 수긍하였다. P회사에 대한 ㉮규정(광고금지), ㉰양벌규정 적용 부분과 ㉯규정(사용금지), ㉱양벌규정에 대해 원심법원은 두 죄를 동시적 경합범으로 보아 한 개의 형을 선고한 바가 있었다. 대법원은 P회사에 대한 원심의 유죄판결 부분 전부를 파기환송하였다. 대법원은 갑과 을에 대한 원심의 유죄판결 부분 (㉮광고금지 위반, ㉯사용금지 위반)에 대해서는 갑과 을의 상고를 모두 기각하였다.

2015도464

2018. 7. 12. 2015도464, 공 2018하, 1670 =『디스플레이 광학검사장비 사건』:

(양벌규정 면책규정의 적용이 인정된 사안이다.) 산업기술보호법은 부정한 방법으로 취득한 산업기술의 사용·공개행위를 처벌하고 있다(㉮규정). 산업기술보호법은 ㉯양벌규정을 두고 있다. ㉮규정은 ㉯양벌규정의 적용대상이다. P회사는 TV용 디스플레이 패널을 개발하고 있다. P회사는 이를 위하여 M광학검사장비를 구입하였다. M검사장비의 제조원은 외국의 Q회사이다. R회사는 Q회사의 한국 내 지사이다. 갑은 R회사 소속 직원이다. 갑은 M장비의 유지 보수를 위하여 P회사에 출입하였다. 갑은 P회사에 영업비밀보호각서를 제출하였다. 갑은 M장비의 유지 보수와 관련하여 P회사의 N패널 관련 ㉠이미지가 필요하였다. 갑은 ㉠이미지를 P회사 측에 요청하였으나 거절당하였다. 이후 갑은 소지한 ㉡USB에 ㉠이미지를 복사하여 반출하였다. 갑은 ㉠이미지 자료를 본사인 Q회사의 직원들과 공유하였다.

검사는 산업기술보호법 ㉮규정을 적용하여 갑을 기소하였다. 검사는 산업기술보호법 ㉮규정, ㉯양벌규정을 적용하여 R회사를 기소하였다. 제1심법원은 ㉮규정을 적용하여 갑에게 유죄를 인정하였다. 제1심법원은 ㉯양벌규정과 관련한 선임감독위반 여부에 대해 상세한 분석을 전개하였다(내용은 생략함). 제1심법원은 R회사에게 갑에 대한 선임감독의무 위반이 없다고 판단하여 무죄를 선고하였다. 검사는 R회사에 대한 무죄 부분에 불복하여 항소하였다. 항소법원은 갑에 대해 ㉮규정의 적용을 인정하였다. 항소법원은 R회사가 갑에 대해 선임감독의무를 다하지 않았음을 검사가 증명하지 못하였다고 판단하였다. 항소법원은 검사의 항소를 기각하고, 제1심판결을 유지하였다. 검사는 불복 상고하였다.

대법원은 다음의 이유를 제시하여 상고를 기각하였다.

대법원은 산업기술보호법 ⓝ양벌규정이 정한 선임감독의무에 대해 다음과 같이 판단하였다.

(가) 형벌의 자기책임원칙에 비추어 볼 때 산업기술보호법 ⓝ양벌규정은 법인이 사용인 등에 의하여 위반행위가 발생한 그 업무와 관련하여 상당한 주의 또는 관리감독 의무를 게을리한 때에 한하여 적용된다. (나) ⓝ양벌규정에 따라 법인은 위반행위가 발생한 그 업무와 관련하여 법인이 상당한 주의 또는 관리·감독 의무를 게을리한 과실로 인하여 처벌된다. (다) 구체적인 사안에서 법인이 상당한 주의 또는 관리·감독을 게을리하였는지 여부는 당해 위반행위와 관련된 모든 사정, 즉 당해 법률의 입법 취지, 처벌조항 위반으로 예상되는 법익 침해의 정도, 위반행위에 관하여 양벌규정을 마련한 취지 등은 물론 위반행위의 구체적인 모습과 그로 인하여 실제 야기된 피해 또는 결과의 정도, 법인의 영업 규모 및 행위자에 대한 감독가능성이나 구체적인 지휘·감독 관계, 법인이 위반행위 방지를 위하여 실제 행한 조치 등을 전체적으로 종합하여 판단하여야 한다.

대법원은 R회사에 대한 ⓝ양벌규정의 적용에 대해 다음과 같이 판단하였다.

(가) 제1심은 현장 엔지니어인 갑의 산업기술 부정사용 및 공개행위를 방지하기 위하여 R회사가 상당한 주의 또는 관리·감독을 게을리하였다는 점에 대한 증명이 부족하다고 보아 무죄를 선고하였다. (나) 원심은 그 판시와 같은 이유를 들어 무죄를 선고한 제1심을 그대로 유지하였다. (다) 원심의 판단은 수긍할 수 있다.

┌─────────────┐
│ **2019도3595** │
└─────────────┘

2021. 9. 30. 2019도3595, 공 2021하, 2144 =『주택조합 감정평가 부정 사건』:

(양벌규정 면책규정의 적용이 인정되지 않은 사안이다.) 부동산가격공시법은 감정평가업자가 업무를 행할 때 고의 또는 중대한 과실로 잘못된 평가를 하여서는 아니 된다고 규정하고 있다(ⓐ규정). ⓐ규정 위반행위자는 처벌된다(ⓝ규정). 부동산가격공시법은 ⓑ양벌규정을 두고 있다. ⓝ규정은 ⓑ양벌규정의 적용대상이다.

M아파트는 민간임대주택이다. 임대기간 종료 후 M아파트의 분양이 임박하였다. M아파트의 적정 가격에 대해 감정평가가 실시되게 되었다. M아파트 입주자들은 분양가격전환과 관련하여 ㉠대책회의를 구성하였다. A는 ㉠대책회의의 대표자이다. M아파트에 대한 감정평가를 P감정평가회사가 담당하게 되었다. 갑은 P회사의 대표이사이자 감정평가사이다. 을은 P회사 소속 감정평가사이다. 갑과 을은 A의 부탁을 받고 고의적으로 M아파트 측에 유리한 ㉡감정평가를 하였다.

검사는 부동산가격공시법 ⓝ규정을 적용하여 갑과 을을 기소하였다. 검사는 ⓝ규정과 ⓑ양벌규정을 적용하여 P회사를 기소하였다. 제1심법원은 갑과 을에 대해 유죄를 인정하였다. 제1심법원은 P회사가 대표이사인 갑과 소속 감정평가사 을이 잘못된 감정평가를 하는 것에 대하여 이를 방지하기 위한 상당한 주의와 감독을 다하였다고 보기 어렵다고 판단하여 유죄를 인정하였다. 갑, 을, P회사는 불복 항소하였다. 항소법원은 갑, 을, P회사의 항소를 기각하고, 제1심판결을 유지하였다. 갑, 을, P회사는 불복 상고하였다. P회사는 상고이유로, 다음의 점을 주장하였다. (가) P회사는 소속 감정평가사들의 위반행위를 방지하기 위하여 가격심의위원회 등의 내부적인 절차를 마련하는 등 해당 업무에 관한 상당한 주의와 감독을 게을리 하지 않았다. (나) 을의 허위감정은 매우 이례적인 일이어서 P회사로서는 이를 인식할 수 없었다. (다) 그러므로 ⓑ양벌규정의 단서 조항이 적용되어야 한다.

대법원은 다음의 이유를 제시하여 상고를 기각하였다.

대법원은 부동산가격공시법 ⓐ, ⓝ규정과 ⓑ양벌규정의 내용을 확인하였다.

대법원은 양벌규정의 사업자 책임에 대해 다음과 같이 판단하였다.

(가) 부동산가격공시법 ㉐양벌규정에 따라 사용자인 법인 또는 개인을 처벌하는 것은 형벌의 자기책임 원칙에 비추어 위반행위가 발생한 그 업무와 관련하여 사용자인 법인 또는 개인이 상당한 주의 또는 감독 의무를 게을리한 과실이 있기 때문이다. (나) 이때 사용자인 법인 또는 개인이 상당한 주의 또는 감독 의무를 게을리하였는지는 해당 위반행위와 관련된 모든 사정, 즉 법률의 입법 취지, 처벌조항 위반으로 예상되는 법익 침해의 정도, 그 위반행위에 관하여 양벌조항을 마련한 취지 등은 물론 위반행위의 구체적인 모습과 그로 인하여 실제 야기된 피해 또는 결과의 정도, 법인 또는 개인의 영업 규모, 행위자에 대한 감독가능성 또는 구체적인 지휘감독 관계, 법인 또는 개인이 위반행위 방지를 위하여 실제 행한 조치 등을 전체적으로 종합하여 판단해야 한다.

대법원은 P회사의 책임에 관한 제1심법원의 판단과 이를 유지한 항소법원의 판단에 위법이 없다고 판단하였다.

2017도3005

2017. 6. 29. 2017도3005, 공 2017하, 1598 = 『불법 외국인 근로자 사건』 :

출입국관리법은 누구든지 대통령령으로 정하는 바에 따라 취업활동을 할 수 있는 체류자격을 받지 아니한 외국인을 고용하여서는 아니 된다고 규정하고 있다(㉮규정). 출입국관리법은 "㉮규정을 위반하여 취업활동을 할 수 있는 체류자격을 가지지 아니한 사람을 고용한 사람"을 처벌하도록 규정하고 있다(㉯규정). 출입국관리법은 ㉰양벌규정을 두고 있다. ㉯규정은 ㉰양벌규정의 적용대상에 포함된다.

P회사는 ㉠다세대주택 신축공사를 시작하였다. 갑은 P회사의 대표이사이다. A는 P회사의 부사장으로서 ㉠공사 현장소장이다. P회사는 ㉠공사를 시작할 때부터 Q인력업체(Q인력)로부터 인력을 공급받아 왔다. P회사는 Q인력을 통해 ㉠공사 이전에도 외국인 근로자를 고용한 적이 있다. P회사는 Q인력으로부터 공급받은 근로자들의 주민등록번호 또는 외국인등록번호 등에 관한 정보를 제공받았다. ㉠공사 현장에서 외국인 근로자 B가 사망하는 사고가 발생하였다(㉡사고). B가 단순 노무활동에 종사할 수 있는 체류자격을 가지고 있지 않은 불법체류자임이 밝혀졌다.

검사는 갑을 출입국관리법 ㉯, ㉮규정을 적용하여 기소하였다. 제1심법원은 B를 고용한 사람이 갑이라고 볼 수 없다는 이유로 갑에 대하여 무죄를 선고하였다. 검사는 불복 항소하였다. 항소법원은 다음의 이유를 들어서 제1심판결을 파기하고 유죄를 인정하였다. (가) 갑은 P회사의 대표이사이다. (나) 갑은 대표이사로서 단순 노무활동에 종사할 수 있는 체류자격을 가지지 아니한 B를 고용하는 행위에 대하여 미필적 고의가 인정된다. 갑은 불복 상고하였다.

대법원은 다음의 이유를 제시하여 원심판결을 파기환송하였다.

대법원은 출입국관리법의 관련 규정들을 다음과 같이 분석하였다.

(가) 출입국관리법은 ㉯규정에서 "㉮규정을 위반하여 취업활동을 할 수 있는 체류자격을 가지지 아니한 사람을 고용한 사람"을 처벌하도록 규정하고 있다. (나) 출입국관리법은 ㉮규정에서 누구든지 대통령령으로 정하는 바에 따라 취업활동을 할 수 있는 체류자격을 받지 아니한 외국인을 고용하여서는 아니 된다고 규정하고 있다. (다) 출입국관리법은 ㉯규정의 "고용한 사람"은 외국인 근로자에 관한 사항에 대하여 사업주를 위하여 행위하는 자를 모두 포함한다는 별도의 규정을 두고 있지 않다. (라) 출입국관리법은 ㉯규정에서 취업활동을 할 수 있는 체류자격을 가지지 아니한 외국인을 고용한 행위의 이익귀속주체인 사업주를 처벌하는 양벌규정을 두고 있다. (마) 그렇지만 주식회사의 경우 대표이사가 아니라 회사가 ㉰양벌규정의 적용대상이다. (바) 죄형법정주의의 원칙상 형벌법규는 특별한 사정이 없는 한 문언에 따라 엄격하게 해석하여야 한다. (사) 출입국관리법의 입법 취지와 외국인 근로자의 고용을 제한하는 규정을 두게 된 입법경위 등이 있다. (아)

이상의 점들을 종합하면, 주식회사의 종업원이 취업활동을 할 수 있는 체류자격을 가지지 아니한 외국인을 고용한 행위와 관련하여, 그 대표이사가 종업원의 그와 같은 행위를 알 수 있는 지위에 있었다는 사정만으로 출입국관리법 ⓐ규정에서 정한 "고용한 사람"에 해당한다고 볼 수 없다.

대법원은 원심판결이 인정한 사실관계 외에 다음의 사실관계를 인정하였다.

(가) 갑이 P회사의 대표이사로서 ㉠공사현장을 전반적으로 관리·감독하기는 하였다. (나) 그러나 갑은 일용직 근로자의 수급에는 직접 관여하지 않았다. (다) P회사의 부사장 A 또는 그를 대리하여 현장소장으로 일했던 직원이 일용직 근로자들을 모집하여 일을 시켰다. (라) 갑은 일반적으로 근로자들의 임금을 지급할 때 비로소 그 인적사항을 구체적으로 확인하였다.

대법원은 이상의 사실관계를 토대로 다음과 같이 판단하였다.

(가) 외국인인 B가 단순 노무활동에 종사할 수 있는 체류자격을 받지 아니한 채 P회사의 다세대주택 신축공사현장에서 근로를 제공하였다. (나) 갑은 P회사의 대표이사로서 이를 알 수 있는 지위에 있었다. (다) 그러나 이러한 사정만으로 갑을 출입국관리법 ⓐ규정에서 정한 "고용한 사람"에 해당한다고 볼 수 없다. (라) 원심으로서는 B가 P회사의 공사현장에서 근로를 제공하게 된 경위와 갑이 이에 관여한 구체적인 내용을 심리하여, 갑이 B를 고용한 사람에 해당한다는 점이 증명되었는지 여부에 대하여 판단했어야 했다.

2017도7492

2017. 11. 14. 2017도7492, 공 2017하, 2413 =『폐기물매립장 전무이사 사건』:

폐기물관리법은 폐기물처리업의 허가를 받았거나 받으려는 자 외의 자가 폐기물처리시설을 설치하려면 환경부장관의 승인을 받아야 한다고 규정하고 있다(㉮규정). 폐기물관리법은 폐기물처리시설을 설치·운영하는 자는 환경부령으로 정하는 관리기준에 따라 그 시설을 유지·관리하여야 한다고 규정하고 있다(㉯규정). 폐기물관리법은 ㉯규정에 따른 관리기준에 적합하지 아니하게 폐기물처리시설을 유지·관리하여 주변환경을 오염시킨 경우를 처벌하고 있다(㉰규정). 폐기물관리법은 양벌규정을 두고 있다. ㉰규정은 ㉱양벌규정의 적용대상에 포함된다.

P회사는 M폐기물매립장을 설치·운영하고 있다. M매립장은 환경부장관의 승인을 받은 폐기물처리시설이다. 갑은 P회사의 전무이사이다. 갑은 M매립장과 관련된 행정과 운영·관리업무를 담당하고 있다. 갑은 M매립장 내 바닥과 경사면에 대한 정비공사를 하였다(㉠공사). 갑은 ㉠공사 중 정비대상 지역에 설치되어 있던 차수(遮水) 시트를 걷어 내게 하였다. 이로 인해 매립물이 무너지면서 차수 시트가 없는 지면을 통해 매립장 하부로 침출수가 유출되었다. 유출된 침출수는 지하수와 함께 지하수 배제정(排除井)으로 유입되었다. 지하수 배제정에서 허용기준을 초과하는 오염물질이 검출되었다.

검사는 ㉰규정을 적용하여 갑을 기소하였다. 검사는 ㉰규정과 ㉱양벌규정을 적용하여 P회사를 기소하였다. 갑과 P회사의 피고사건은 제1심을 거친 후, 항소심에 계속되었다. 항소법원은 다음과 같이 판단하여 갑과 P회사에 유죄를 인정하였다. (가) 갑은 P회사의 전무이사로 행정과 운영·관리업무를 실제로 담당한 위반행위자이다. (나) 폐기물관리법 ㉯규정의 '폐기물처리시설을 설치·운영하는 자'는 실제로 폐기물처리시설을 설치하거나 운영하는 행위를 한 자를 의미한다. (다) 갑에게 ㉰, ㉯규정을 적용한다. (라) P회사에 ㉱, ㉰, ㉯규정을 적용한다. 갑과 P회사는 불복 상고하였다. 갑과 P회사는 상고이유로, 폐기물관리법 ㉯규정의 '폐기물처리시설을 설치·운영하는 자'에 관한 법리오해의 위법이 있다고 주장하였다.

대법원은 다음의 이유를 제시하여 갑과 P회사의 상고를 기각하였다.

대법원은 폐기물관리법의 관련 규정에 다음과 같이 설시하였다.

(가) 폐기물관리법 ㉯규정은 '폐기물처리시설을 설치·운영하는 자는 환경부령으로 정하는 관리기준에 따

라 그 시설을 유지·관리하여야 한다.'고 정하여 폐기물처리시설의 설치·운영자에게 일정한 관리기준에 따른 시설 유지·관리의무를 부과하고 있다. (나) ㉯규정은 '㉰규정에 따른 관리기준에 적합하지 아니하게 폐기물처리시설을 유지·관리하여 주변환경을 오염시킨 경우'를 처벌하고 있다. (다) 따라서 폐기물관리법 ㉯, ㉰규정의 위반행위의 주체는 '폐기물처리시설을 설치·운영하는 자'에 한정된다고 보아야 한다. (라) 폐기물관리법 ㉱양벌규정의 취지는 위 ㉰규정 등의 벌칙 규정이 적용되는 폐기물처리시설의 설치·운영자가 아니면서 그러한 업무를 실제로 집행하는 자가 있을 때 벌칙 규정의 실효성을 확보하기 위하여 적용대상자를 해당 업무를 실제로 집행하는 자까지 확장하여 그 행위자도 아울러 처벌하려는 데 있다. (마) ㉱양벌규정은 해당 업무를 실제로 집행하는 자에 대한 처벌의 근거 규정이 된다.

대법원은 원심판결의 위법을 다음과 같이 지적하였다.

(가) 원심은 갑이 P회사의 전무이사로 행정과 운영·관리업무를 실제로 담당한 위반행위자임을 인정하였다. (나) 원심은 그러면서 폐기물관리법 ㉯규정의 '폐기물처리시설을 설치·운영하는 자'는 실제로 폐기물처리시설을 설치하거나 운영하는 행위를 한 자를 의미한다고 보았다. (다) 원심은 갑에 대한 처벌 근거 규정에 해당하는 양벌규정인 ㉱규정을 누락하고 ㉯, ㉰규정만 적용하였다. (라) 원심의 판단은 폐기물관리법 ㉯, ㉰규정에서 정한 폐기물처리시설을 설치·운영하는 자와 ㉱양벌규정에 관한 법리를 오해한 잘못이 있다.

그러나 대법원은 다음과 같은 이유를 들어서 갑과 P회사의 상고이유를 배척하였다.

(가) 갑은 직접 폐기물관리법 ㉯, ㉰규정을 위반한 '폐기물처리시설을 설치·운영하는 자'가 아니다. (나) 갑은 ㉱양벌규정에서 정한 '행위자'로서 죄책을 부담한다. (다) 이 점에서만 차이가 있을 뿐 갑이 유죄로 인정되는 범죄사실이 동일하다. (라) 또한 나머지 적용법조(㉯, ㉰규정)나 갑에 대한 벌금형의 법정형도 같다. (마) 원심의 판단에 법리를 오해하고 법령을 잘못 적용함으로써 판결에 영향을 미친 위법이 있다고 보기는 어렵다.

2019헌마1135

2021. 5. 27. 2019헌마1135, [결정문] =『비의료인 병원 인수 사건』:

의료법은 의료인 아닌 자의 의료기관 개설을 금지하고 있다(㉮규정). 이에 위반하면 5년 이하의 징역이나 5천만원 이하의 벌금으로 처벌된다(㉯규정). 의료법은 ㉰양벌규정을 두고 있다. ㉯규정은 ㉰양벌규정의 적용대상에 포함된다. 의료법인인 P의료재단이 있다. 갑은 P의료재단의 대표자이다. 갑은 의료인이 아니다. 갑은 M병원을 인수하여 P의료재단 명의로 이를 운영하였다. 2013. 9. 10. M병원은 폐업하였다. 검사는 갑과 P의료재단을 의료법 위반죄로 조사하였다. 검사는 의료법 ㉯규정을 적용하여 갑을 기소하였다. (이후 진행된 형사재판에서 최종적으로 갑에게 무죄판결이 확정되었다.)

2018. 10. 10. 검사는 P의료재단에 대하여 의료법 ㉯규정과 ㉰양벌규정을 적용하여 기소유예처분을 내렸다. P의료재단은 검사의 기소유예처분에 불복하여 헌법소원을 제기하였다. 헌법재판소는 양벌규정의 공소시효에 대해 다음과 같이 판단하여 검사의 기소유예처분을 취소하였다.

(가) M병원에 관한 피의사실은 2013. 9. 10. M의료기관의 폐업으로 그 행위가 종료되었다. (나) M병원에 관한 피의사실은 2013. 9. 10. 시점부터 공소시효가 기산된다. (다) P의료재단에 대한 처벌조항은 ㉰양벌규정이다. (라) ㉰양벌규정은 벌금형만 정하고 있으므로 공소시효 기간은 5년이다(형소법 제249조 제1항 제5호). (마) P의료재단에 대한 기소유예처분은 공소시효 기산일로부터 5년이 지난 2018. 10. 10. 이루어졌다. (바) P의료재단의 의료법위반 행위에 대한 공소시효는 이미 완성되었다. (사) 따라서 M병원 부분 피의사실에 대하여는 공소권이 없다.

2017도13982

2017. 12. 28. 2017도13982, 공 2018상, 463 = 『교회 창고 증축 사건』 :

건축법은 건물을 증축하기 위해서는 관계 당국의 허가를 받아야 한다고 규정하고 있다(㉮요건규정). 건축법은 ㉮규정에 의한 허가 없이 건물을 증축하면 형사처벌한다(㉯벌칙규정). ㉯벌칙규정에 대해서는 양벌규정이 적용된다. 건축법의 양벌규정은 사업주가 법인인 경우의 양벌규정(㉰양벌규정)과 사업주가 개인인 경우의 양벌규정(㉱양벌규정)으로 나누어져 있다. P교회가 있다. P교회는 법인격 없는 사단이다. P교회의 대표자는 A이다. 갑은 P교회 총회 건설부장이다. P교회 소유로 M건물이 있다. 갑은 관계 당국의 허가 없이 M건물의 옥상층에 창고시설을 지었다.

검사는 갑을 건축법위반죄로 기소하였다. 검사는 갑에 대한 적용법조로 ㉮, ㉯규정 및 ㉱개인양벌규정을 기재하였다. 갑의 피고사건은 제1심을 거친 후, 항소심에 계속되었다. 항소법원은 다음의 이유를 들어서 갑에게 유죄를 인정하였다. (가) P교회의 대표자는 A이다. (나) 갑은 A에 의하여 고용된 종업원이다. (다) 갑은 ㉮, ㉯규정을 위반한 실제 행위자이다. (라) 갑의 행위는 ㉱양벌규정, 즉 개인 사업주와 종업원의 관계에 해당한다. 갑은 불복 상고하였다.

대법원은 다음의 이유를 제시하여 원심판결을 파기환송하였다.

대법원은 건축법의 관련 규정에 대해 다음과 같이 분석하였다.

(가) 건축법의 ㉯규정은 ㉮규정에 의한 허가를 받지 아니하고 건축물을 건축한 건축주를 처벌한다고 규정하고 있다. (나) 건축법의 ㉱개인양벌규정은 "개인의 대리인, 사용인, 그 밖의 종업원이 그 개인의 업무에 관하여 ㉯규정에 따른 위반행위를 하면 행위자를 벌할 뿐만 아니라 그 개인에게도 해당 조문의 벌금형을 과한다."라고 규정하고 있다. (다) 그러나 법인격 없는 사단에 고용된 사람이 위반행위를 하였더라도 법인격 없는 사단의 구성원 개개인이 ㉱양벌규정 소정의 "개인"의 지위에 있다 하여 그를 처벌할 수는 없다.

대법원은 갑의 행위에 대해 다음과 같이 판단하였다.

(가) P교회는 A를 대표자로 한 법인격 없는 사단이다. (나) 갑은 P교회에 고용된 사람이다. (다) 이러한 사실관계를 앞서 본 법리에 비추어 살펴본다. (라) A를 건축법 ㉱개인양벌규정의 "개인"의 지위에 있다고 보아 갑을 ㉱규정에 의하여 처벌할 수는 없다. (마) 원심의 판단에는 건축법 ㉱양벌규정에 관한 법리를 오해하여 판결에 영향을 미친 위법이 있다. (바) 또한 P교회는 법인격 없는 사단이므로 갑에게는 ㉰법인양벌규정도 적용될 수 없음을 아울러 지적하여 둔다.

2008도11040

2009. 5. 14. 2008도11040, 공 2009상, 930 = 분석 신형소Ⅱ 『비례대표 공천헌금 사건』 :

공직선거법은 누구든지 정당이 특정인을 후보자로 추천하는 일과 관련하여 금품이나 그 밖의 재산상의 이익 또는 공사의 직을 제공하거나 제공을 받을 수 없다고 규정하고 있다(㉮규정). 공직선거법은 ㉮규정을 위반한 자를 5년 이하의 징역 또는 1천만원 이하의 벌금으로 처벌하고 있다(㉯규정). 정치자금법은 누구든지 공직선거에 있어서 특정인을 후보자로 추천하는 일과 관련하여 정치자금을 기부하거나 받을 수 없다고 규정하고 있다(㉰규정). 정치자금법은 "이 법에 정하지 아니한 방법으로 정치자금을 기부하거나 기부받은 자(정당·후원회·법인 그 밖에 단체에 있어서는 그 구성원으로서 당해 위반행위를 한 자를 말한다. 이하 같다)는 5년 이하의 징역 또는 1천만원 이하의 벌금에 처한다."는 규정을 두고 있다(㉱규정).

P정당의 비례대표 국회의원 추천이 임박하였다. P정당의 대표는 갑이다. 을은 P정당 국회의원 후보 제1순위로 추천받았다. 을은 P정당에 17억원을 무상으로 제공하였다(㉠돈). 검사는 갑과 을을 공직선거법 ㉮, ㉯규정과 정치자금법 ㉰, ㉱규정을 적용하여 기소하였다. 갑과 을의 피고사건은 제1심을 거친 후, 항소심에 계

속되었다. 항소법원은 갑과 을의 공직선거법 ㉮, ㉯규정 위반죄와 정치자금법 ㉰, ㉱규정 위반죄가 상상적 경합관계에 있다고 판단하였다. 항소법원은 갑과 을에게 유죄를 인정하였다.

갑과 을은 불복 상고하였다. 갑은 상고이유로 다음의 점을 주장하였다. (가) 을이 제공한 ㉠돈은 P정당이 수수하였다. (나) 갑은 ㉠돈을 수수하지 않았다. (다) 갑은 공직선거법 ㉮, ㉯규정의 적용대상이 되지 않는다. (라) 공직선거법 ㉮, ㉯규정은 정치자금법 ㉰, ㉱규정에 대하여 특별관계에 있으므로 정치자금법 ㉰, ㉱규정은 적용되지 않는다.

대법원은 다음의 이유를 제시하여 상고를 기각하였다.

대법원은 법인격 없는 단체의 범죄능력에 대해 다음과 같이 판단하였다.

(가) 법인격 없는 사단과 같은 단체는 법인과 마찬가지로 법률에 명문의 규정이 없는 한 그 범죄능력은 없다. (나) 법인격 없는 사단과 같은 단체는 법인과 마찬가지로 그 단체의 업무는 단체를 대표하는 자연인인 기관의 의사결정에 따른 대표행위에 의하여 실현될 수밖에 없다. (다) 공직선거법 ㉮규정에 의하여 정당이 특정인을 후보자로 추천하는 일과 관련하여 금품이나 그 밖의 재산상의 이익을 제공받은 당사자가 정당인 경우에는 자연인인 기관이 그 업무를 수행하는 것이다. (라) 그러므로 공직선거법 ㉯규정에서 ㉮규정에 위반한 자라 함은 정당인 경우 업무를 수행하는 정당의 기관인 자연인을 의미한다. (마) 이와 같은 법리에서 원심이 P정당이 을을 비례대표 국회의원 후보로 추천하는 행위와 관련하여 을로부터 합계 17억원을 제공받은 P정당의 대표인 갑에게 공직선거법의 매수 및 이해유도죄를 인정한 것은 결론에 있어서 정당하다.

대법원은 공직선거법상 매수 및 이해유도죄와 정치자금법상 정치자금부정수수죄 사이의 죄수관계에 관하여 다음과 같이 판단하였다.

(가) 공직선거법 ㉯규정, ㉮규정에서 규정하고 있는 매수 및 이해유도죄는 선거와 관련한 부정 방지 및 공정한 선거의 시행을 그 보호법익으로 한다. (나) 반면에 정치자금법 ㉰규정, ㉱규정에서 규정하고 있는 정치자금부정수수죄는 정치자금의 투명성을 확보하고 정치자금과 관련한 부정의 방지를 통한 민주정치의 발전을 목적으로 하고 있어 그 보호법익이 같다고 할 수 없다. (다) 공직선거법의 매수 및 이해유도죄는 행위의 주체에 제한을 두지 않는 대신 정당이 후보자 추천하는 일과 관련하여 금품이나 그 밖의 재산상 이익뿐만 아니라 공사의 직을 제공하는 등의 행위를 구성요건으로 한다. (라) 반면에 정치자금부정수수죄는 공직선거 후보자 추천의 주체가 누구든 상관없이 이와 관련하여 정치자금을 기부하거나 받는 행위를 구성요건으로 하고 있어 그 구성요건의 내용도 어느 한쪽이 다른 한쪽을 전부 포함한다고 할 수 없다. (마) 그러므로 위 두 죄는 보호법익 및 구성요건의 내용이 서로 다른 별개의 범죄로서 상상적 경합의 관계에 있다.

───

96도524

1997. 1. 24. 96도524, 공 1997, 698 = 백선 총론 9-1. 참고판례 3. 『캔버러타운 사건』:

건축법은 건축물의 소유자 또는 관리자는 그 건축물을 건축법이 정하는 기준에 적합하도록 유지·관리하여야 한다는 규정을 두고 있다(㉮규정). 건축법은 ㉮규정에 위반하는 행위를 처벌하고 있다(㉯규정). '캔버러 총괄관리단'이라는 단체는 법인격 없는 사단이다(P단체). P단체의 대표는 갑이다. P단체는 M건물을 건축한 후 임대업을 하고 있다. P단체 측은 M건물을 건축법의 허가기준에 맞지 않게 관리하는 행위를 하였다(㉠행위).

검사는 건축법 ㉯규정을 적용하여 갑을 기소하였다. 갑의 피고사건은 제1심을 거친 후, 항소심에 계속되었다. 항소법원은 유죄를 인정하였다. 갑은 불복 상고하였다. 갑은 상고이유로 다음의 점을 주장하였다. (가) 건축법 ㉮규정에 의하여 건축물의 유지·관리의무를 지는 자는 건축물의 소유자 또는 관리자이다. (나) M건물의 소유자·관리자는 P단체이다. (다) 갑은 M건물의 소유자·관리자가 아니므로 건축법 ㉯규정의 적용대상이 아니다.

대법원은 다음의 이유를 제시하여 상고를 기각하였다.

대법원은 법인격 없는 단체의 범죄능력에 대해 다음과 같이 설시하였다.

(가) 법인격 없는 사단과 같은 단체는 법인과 마찬가지로 사법상의 권리의무의 주체가 될 수 있다. (나) 이 점을 별론으로 하더라도 법인격 없는 사단과 같은 단체는 법률에 명문의 규정이 없는 한 범죄능력이 없다. (다) 법인격 없는 사단과 같은 단체의 업무는 단체를 대표하는 자연인인 대표기관의 의사결정에 따른 대표행위에 의하여 실현될 수밖에 없다. (라) 건축법 ㉮규정에 의하여 건축물의 유지·관리의무를 지는 '소유자 또는 관리자'가 법인격 없는 사단인 경우에는 자연인인 대표기관이 그 업무를 수행하는 것이다. (마) 그러므로 건축법 ㉯규정에서 ㉮규정에 위반한 자라 함은 법인격 없는 사단의 대표기관인 자연인을 의미한다.

대법원은 갑의 행위에 대해 다음과 같이 판단하였다.

(가) 갑은 M건물을 관리하는 법인격 없는 사단인 P단체의 대표자인 사실이 인정된다. (나) 원심이 P단체의 대표자인 갑이 M건물의 관리자로서 M건축물의 유지·관리의무를 위반한 사실을 인정한 후 건축법 ㉯, ㉮규정 위반죄의 주체로 판단한 것은 정당하다.

2022두44354

2022. 10. 27. 2022두44354, 공 2022하, 2324 =『그룹 회장 취업제한 사건』:

특정경제범죄법 제14조 제1항은 다음과 같이 규정하고 있다. (가) 본문 : 특정경제범죄법 제3조 등에 따라 유죄판결을 받은 사람은 일정 기간 동안 유죄판결된 범죄행위와 밀접한 관련이 있는 기업체에 취업할 수 없다. (나) 단서 : 대통령령으로 정하는 바에 따라 법무부장관의 승인을 받은 경우에는 그러하지 아니하다. 특정경제범죄법 제14조 제1항이 규정한 취업제한기간은 다음과 같다. (가) 징역형의 집행이 종료되거나 집행을 받지 아니하기로 확정된 날부터 5년(제1호). (나) 징역형의 집행유예기간이 종료된 날부터 2년(제2호). (다) 징역형의 선고유예기간[2년](제3호). 특정경제범죄법 시행령은 취업제한대상 기업체를 규정하고 있다.

P, Q, R, S회사 등은 K그룹에 속한 회사들이다. 갑은 K그룹의 회장이다. 을은 갑의 아들이다. P회사는 K그룹의 모회사이다. P회사는 Q회사의 주식 100%를 보유하고 있다. P회사는 R회사의 주식 50%를 보유하고 있다. 을은 P회사의 주식 7.17%를 보유하고 있다. 갑은 P, Q, R회사의 대표이사로 근무하고 있었다. 갑은 S회사의 등기이사로 근무하고 있었다.

2014. 10. 24. 갑은 특정경제범죄법위반죄(배임)로 징역 3년에 집행유예 5년을 선고받았다(㉮판결). 갑에게 인정된 범죄사실은 다음과 같다. "갑은 S회사 대표이사 등과 공모하여 재산상태와 변제능력 등에 대한 적정한 심사 없이 채권 회수 방안을 마련하지 아니한 채 갑의 아들인 을에게 S회사의 자금을 대여하여 재산상 이득을 취득하게 하고, S회사에 재산상 손해를 가하였다." 2018. 11. 29. ㉮판결이 확정되었다.

갑은 특정경제범죄법 제14조 제1항에 따른 취업제한대상자에 해당한다. 갑에 대한 취업제한기간은 징역형의 집행유예기간이 종료된 날부터 2년(제2호)이다. 갑에 대한 집행유예 기간중이다. 2019. 3. 26. 갑은 Q, R회사의 각 대표이사로 중임하여 취임하였다. 2019. 3. 29. 갑은 P회사의 대표이사로 중임하여 취임하였다. P, Q, R회사는 특정경제범죄법 시행령에 따른 취업제한대상 기업체에 해당한다.

2020. 2. 28. 갑은 법무부장관에게 특정경제범죄법 제14조 제1항 단서에 따라 취업제한대상 기업체인 P, Q, R회사들의 대표이사 취업승인을 신청하였다. 2020. 5. 26. 법무부장관은 갑에게 다음 내용의 통지를 하였다(㉰거부처분). "갑의 연령·성행·지능과 환경, 피해자에 대한 관계, 범행의 동기·수단과 결과, 범행 후의 정황, 그 밖의 공공의 이익 등을 고려하여 취업을 불승인한다."

갑은 법무부장관을 상대로 ㉰거부처분의 취소를 구하는 행정소송을 제기하였다(㉱행정소송). 갑의 ㉱행정소송 사건은 제1심을 거친 후, 항소심에 계속되었다. 갑은 항소심에서 다음과 같이 주장하였다. (가) 특정경제범죄법 제14조 제1항 제2호는 취업제한기간을 "징역형의 집행유예기간이 종료된 날부터 2년"이라고 규정하고 있다. (나) 갑은 아직 집행유예기간이 종료하지 않았다. (다) 집행유예 기간중에 있는 갑에 대해 내려진 ㉯거부처분은 위법하다.

항소법원은 다음의 이유를 들어서 ㉯거부처분이 위법하다고 판단하였다. (가) 특정경제범죄법 제14조 제1항에 따른 취업제한기간에 집행유예기간이 포함된다고 해석할 수 없다. (나) 갑은 집행유예기간 중에 있다. (다) 갑은 특정경제범죄법 제14조 제1항에 따른 취업제한기간 중에 있는 사람에 해당하지 않는다. (라) 그러므로 ㉯거부처분은 위법하다. 법무부장관은 불복 상고하였다.

대법원은 다음의 이유를 제시하여 원심판결을 파기환송하였다.

대법원은 집행을 유예하는 기간이 취업을 제한하는 기간에 포함되는지 여부가 쟁점으로 설정하였다. 대법원은 법규의 해석방법에 대해 설시하였다(내용 생략함).

대법원은 특정경제범죄법 제14조 제1항 제2호의 해석에 대해 다음과 같이 설시하였다.

(가) 특정경제범죄법 제14조 제1항 제2호의 규정 내용과 체계, 입법 취지와 목적 등을 종합하면, 특정경제범죄법 제14조 제1항 제2호의 '징역형의 집행유예기간이 종료된 날부터 2년'은 취업제한기간의 종기를 규정한 것으로 볼 것이고, 집행유예기간은 취업제한기간에 포함된다고 해석하는 것이 타당하다. (나) 그 구체적인 이유는 다음과 같다.

(다) 특정경제범죄법 제14조 제1항 본문은 취업제한대상자를 '유죄판결을 받은 사람'이라고 정하고 있다. (라) 그러므로 취업제한기간의 시기는 '유죄판결을 받은 때', 즉 '유죄판결이 확정된 때'로 보고, 각호는 취업제한기간의 종기에 관하여 규정한 것으로 해석할 수 있다. (마) 이와 같이 해석하더라도 문언의 통상적인 의미 범위를 벗어난다고 볼 수 없고 오히려 자연스럽다.

(바) 특정경제범죄법 제14조 제1항은 선고형의 종류와 경중에 따라 취업제한기간을 달리 정하고 있는 것으로 이해된다. (사) 그런데 형법 제60조는 형의 선고유예를 받은 날로부터 2년이 지나면 면소된 것으로 간주한다고 정하고 있다. (아) 그러므로 만약 특정경제범죄법 제14조 제1항 각호에서 취업제한기간의 시기와 종기를 모두 정한 것으로 보면 징역형의 집행유예(제2호)와 선고유예(제3호)의 경우 취업제한기간이 모두 2년으로 동일하게 되는 결과를 가져와 이를 구분하여 따로 정한 취지에 맞지 않다.

(자) 또한 피고인별로 징역형의 실형이나 집행유예의 기간을 달리하여 유죄판결이 선고·확정된 경우에도 취업제한기간은 형의 경중과 무관하게 실형의 경우 일률적으로 5년, 집행유예의 경우 일률적으로 2년으로 같게 되어 형의 경중에 따라 취업제한기간을 달리 정한 취지에도 맞지 않다.

(차) 특정경제범죄법은 건전한 국민경제윤리에 반하는 거액 경제범죄에 대한 법정형을 대폭 강화하여 가중 처벌함과 아울러 범법자들의 경제활동을 제한함으로써 경제질서의 확립을 도모하고 나아가 국민경제의 발전에 이바지하려는 데 그 취지가 있다. (카) 그런데 만약 특정경제범죄법 제14조 제1항 제1호, 제2호에서 취업제한기간의 시기와 종기를 모두 정한 것으로 보게 되면, (ㄱ) 유죄판결이 확정된 때부터 실형 집행기간 또는 집행유예기간이 종료될 때까지는 아무런 제한 없이 취업제한대상 기관이나 기업체에 취업이 가능하였다가 (ㄴ) 위 기간이 경과한 후에야 비로소 취업이 제한된다는 결론에 이르게 되는데, 이는 취업제한 제도의 입법 취지를 훼손할 뿐만 아니라 객관적으로 타당한 해석론으로 볼 수도 없다. (타) 오히려 실형 집행기간 또는 집행유예기간 중의 취업을 제한하는 것이 제도의 취지에 더 부합한다.

대법원은 원심판결의 당부에 대해 다음과 같이 판단하였다.

(가) 그런데도 원심은 그 판시와 같은 이유로 이 사건 조항이 취업제한기간의 시기와 종기를 함께 정한 것이어서 집행유예기간이 취업제한기간에 포함되지 않는다고 본 나머지 원고가 취업제한기간 중에 있는 사람

에 해당하지 않는다고 판단하였다. (나) 이러한 원심판단에는 특정경제범죄법 제14조 제1항의 취업제한기간에 관한 법리를 오해하여 판결에 영향을 미친 잘못이 있고, 이를 지적하는 상고이유 주장은 이유 있다.

[2023도3509]

2023. 12. 14. 2023도3509, 판례속보 = 『영업비밀 부정사용 미수범 사건』:

부정경쟁방지법 제18조 제2항은 부정한 이익을 얻거나 영업비밀 보유자에게 손해를 입힐 목적으로 영업비밀을 국내에서 취득·사용하는 행위를 처벌하고 있다. 부정경쟁방지법 제18조의2는 제18조 제2항의 미수범을 처벌하고 있다. 부정경쟁방지법은 다음 내용의 양벌규정을 두고 있다. (가) 제19조(양벌규정) 법인의 대표자나 법인 또는 개인의 대리인, 사용인, 그 밖의 종업원이 그 법인 또는 개인의 업무에 관하여 제18조 제1항부터 제4항까지의 어느 하나에 해당하는 위반행위를 하면 그 행위자를 벌하는 외에 그 법인 또는 개인에게도 해당 조문의 벌금형을 과(科)한다. (나) 다만, 법인 또는 개인이 그 위반행위를 방지하기 위하여 해당 업무에 관하여 상당한 주의와 감독을 게을리하지 아니한 경우에는 그러하지 아니하다.

갑은 P회사의 상무이다. 갑은 부정한 이익을 얻을 목적으로 Q회사의 ㉠영업비밀을 부정사용하려다가 미수에 그쳤다(㉮행위). 검사는 갑을 부정경쟁방지법 제18조, 제18조의2를 적용하여 기소하였다. 검사는 P회사를 부정경쟁방지법 제19조의 양벌규정을 적용하여 기소하였다. 갑과 P회사의 피고사건은 제1심을 거친 후, 항소심에 계속되었다. 항소법원은 갑과 P회사에 유죄를 선고하였다. 갑과 P회사는 불복 상고하였다.

대법원은 갑의 상고를 기각하였다.

대법원은 P회사의 상고를 받아들여 원심판결을 파기환송하였다.

대법원은 파기환송 부분에 대해 다음의 이유를 제시하였다.

(가) [행위시] 부정경쟁방지법 제19조는 '법인의 대표자나 법인 또는 개인의 대리인, 사용인, 그 밖의 종업원이 그 법인 또는 개인의 업무에 관하여 제18조 제1항부터 제4항까지의 어느 하나에 해당하는 위반행위를 하면 그 행위자를 벌하는 외에 그 법인 또는 개인에게도 해당 조문의 벌금형을 과한다.'고 규정한다. (나) 이에 따르면 위 양벌규정은 사용인 등이 영업비밀의 취득 및 부정사용에 해당하는 제18조 제1항부터 제4항까지의 위반행위를 한 경우에 적용될 뿐이다. (다) 사용인 등이 영업비밀의 부정사용에 대한 미수범을 처벌하는 제18조의2에 해당하는 위반행위를 한 경우에는 위 양벌규정이 적용될 수 없다. (라) 그렇다면 P회사의 사용인 갑이 Q회사의 ㉠영업비밀을 부정사용하려다가 미수에 그친 쟁점 공소사실에 대하여 구 부정경쟁방지법 제19조의 양벌규정을 적용하여 P회사를 처벌할 수는 없다.

제 3 절 부 작 위

[2010도11631]

2011. 11. 10. 2010도11631, 공 2011하, 2597 = 분석 총론 『크레인 게임기 사건』:

게임법은 "청소년게임제공업 또는 인터넷컴퓨터게임시설제공업을 영위하고자 하는 자는 문화체육관광부령이 정하는 시설을 갖추어 시장·군수·구청장에게 등록하여야 한다."고 규정하고 있(㉮규정). 게임법은 '㉮규정을 위반하여 허가를 받지 아니하거나 등록을 하지 아니하고 영업을 한 자'를 처벌하고 있다(㉯규정). ㉠크레인게임기는 게임법상 청소년게임물에 해당한다. ㉠게임기는 게임법상 등록 대상 게임물이다. 갑은 M가게를 운영하고 있다. 을은 갑에게 M가게 옆에 ㉠게임기를 설치할 장소와 전력 제공을 부탁하였다. 갑은 대가를 받고 M가게 옆에 ㉠게임기를 설치할 장소와 전력을 제공하였다. 을은 M가게 옆에 ㉠게임기를 설치하여 영업하였다.

검사는 갑을 게임법 ㉯규정 위반죄의 공모공동정범으로 기소하였다. 갑의 피고사건은 제1심을 거친 후, 항소심에 계속되었다. 항소법원은 다음의 이유를 제시하여 무죄를 선고하였다. (가) 게임법 ㉯규정 위반죄는 구성요건이 부작위에 의하여서만 실현될 수 있는 진정부작위범에 해당한다. (나) ㉠게임기를 소유하고 설치·관리하면서 불특정 다수인이 게임을 이용할 수 있도록 제공하고 그로 인한 수익을 얻는 자, 즉 ㉠게임기를 통한 영업상 권리의무가 귀속되는 주체는 을이다. (다) 갑은 을의 부탁을 받아 갑이 운영하는 가게 옆에 ㉠게임기를 설치할 장소와 전력을 제공하고 그 대가를 받는 자에 불과하다. (라) 그리하여 갑은 위 영업상 권리의무의 귀속주체가 아니다. (마) 그러므로 갑에게 게임법 ㉮규정의 등록의무가 부여된다고 보기 어렵다. (바) 갑이 을에게 ㉠게임기의 설치장소 및 이용전력을 제공하고 그 대가를 받았다는 점만으로는 갑이 을과 무등록 청소년게임제공업을 영위하기로 공모하였다고 인정하기에 부족하고 달리 이를 인정할 증거가 없다. 검사는 불복 상고하였다.

대법원은 다음의 이유를 제시하여 상고를 기각하였다.

대법원은 게임법 ㉯규정 위반죄가 진정부작위범에 해당하는지에 대해 다음과 같이 판단하였다.

(가) 게임법 ㉮, ㉯규정의 규정형식 및 취지에 비추어 본다. (나) 게임법 ㉯규정 위반죄는 청소년게임제공업 등을 영위하고자 하는 자가 등록의무를 이행하지 아니하였다는 것만으로 구성요건이 실현되는 것은 아니고, 나아가 영업을 하였다는 요건까지 충족되어야 비로소 구성요건이 실현되는 것이다. (다) 그러므로 게임법 ㉯규정 위반죄를 진정부작위범으로 볼 것은 아니다.

대법원은 게임법 ㉯규정 위반죄의 공동정범 성립요건에 관하여 다음과 같이 판단하였다.

(가) 게임법 ㉮규정에서 '청소년게임제공업 등을 영위하고자 하는 자'라 함은 청소년게임제공업 등을 영위함으로 인한 권리의무의 귀속주체가 되는 자(이하 '영업자'라고 한다)를 의미한다. (나) 그러므로 영업활동에 지배적으로 관여하지 아니한 채 (ㄱ) 단순히 영업자의 직원으로 일하거나 (ㄴ) 영업을 위하여 보조한 경우, 또는 (ㄷ) 영업자에게 영업장소 등을 임대하고 그 사용대가를 받은 경우 등에는 게임법 ㉯규정 위반에 대한 본질적인 기여를 통한 기능적 행위지배를 인정하기 어려워, 이들을 방조범으로 처벌할 수 있는지는 별론으로 하고 공동정범으로 처벌할 수는 없다.

대법원은 원심판결의 당부에 대해 다음과 같이 판단하였다.

(가) 원심이 게임법 ㉯규정 위반죄를 진정부작위범으로 본 데에는 진정부작위범에 관한 법리를 오해한 잘못이 있다. (나) 그렇지만 ㉠게임기를 설치할 장소와 전력을 제공하고 그 대가를 받은 갑이 영업상 권리의무의 귀속주체가 될 수 없다. (다) 갑의 위와 같은 행위만으로 갑을 게임법 ㉯규정 위반죄의 공모공동정범으로 보기 어렵다고 판단한 결론은 정당하다.

2012도5862

2012. 8. 17. 2012도5862, 공 2012하, 1570 = 분석 총론『전자장치 분실 방치 사건』:

전자장치부착법은 위치추적 전자장치의 피부착자가 부착기간 중 전자장치를 신체에서 임의로 분리·손상, 전파 방해 또는 수신자료의 변조, 그 밖의 방법으로 그 효용을 해한 행위를 처벌하고 있다(㉮규정). 갑은 ㉠위치추적 전자장치를 부착하고 있다. 갑은 술을 마시다가 ㉠전자장치의 구성 부분인 휴대용 추적장치를 분실하였다. 갑은 이후 3일간 보호관찰소에 분실신고도 하지 아니한 채 선배와 함께 낚시를 하러 다니는 등의 행위를 하였다(㉯행위).

검사는 전자장치부착법 ㉮규정을 적용하여 갑을 기소하였다. 제1심법원은 다음과 같이 판단하여 유죄를 인정하였다. (가) 갑의 ㉯행위는 전자장치의 효용을 해한 것이다. (나) 갑에게 고의가 인정된다. 갑은 불복 항소하였다. 항소법원은 항소를 기각하고, 제1심판결을 유지하였다. 갑은 불복 상고하였다. 갑은 상고이유로 다음의 점을 주장하였다. (가) 갑은 ㉠전자장치를 임의로 분리·손상한 사실이 없다. (나) 갑에게 고의가 없었다.

대법원은 다음의 이유를 제시하여 상고를 기각하였다.

대법원은 전자장치 효용 침해 여부에 대해 다음과 같이 판단하였다.

(가) 전자장치부착법 ㉮규정은 위치추적 전자장치(이하 '전자장치'라 한다)의 피부착자가 부착기간 중 전자장치를 신체에서 임의로 분리·손상, 전파 방해 또는 수신자료의 변조, 그 밖의 방법으로 그 효용을 해한 행위를 처벌하고 있다. (나) ㉮규정에서 그 효용을 해하는 행위는 전자장치를 부착하게 하여 위치를 추적하도록 한 전자장치의 실질적인 효용을 해하는 행위를 말한다. (다) 효용을 해하는 행위에는 전자장치 자체의 기능을 직접적으로 해하는 행위뿐 아니라 전자장치의 효용이 정상적으로 발휘될 수 없도록 하는 행위도 포함된다. (라) 부작위라고 하더라도 고의적으로 그 효용이 정상적으로 발휘될 수 없도록 한 경우에는 ㉮규정에 의하여 처벌된다고 해석된다.

대법원은 갑의 행위에 대하여 다음과 같이 판단하였다.

(가) 갑의 ㉯행위는 휴대용 추적장치의 분실을 넘어서서 상당한 기간 동안 휴대용 추적장치가 없는 상태를 임의로 방치하여 전자장치의 효용이 정상적으로 발휘될 수 없는 상태를 이룬 것이다. (나) 갑의 ㉯행위를 전자장치의 효용을 해한 행위로 본 제1심의 판단에 전자장치부착법을 위반한 위법이 있다고 할 수 없다. (다) 갑의 ㉯행위에 관하여 갑에게 고의가 있었음을 전제로 하여 유죄로 인정한 제1심판결에 논리와 경험의 법칙에 반하여 자유심증주의의 한계를 벗어나거나 고의, 증명책임 등에 관한 법리 등을 위반한 위법이 없다.

2010도4940

2010. 10. 14. 2010도4940, 공 2010하, 2130 = 분석 각론 『음성유도기 입찰 사건』:

P, Q, R, S회사는 각각 시각장애인용 음성유도기 등을 제조·판매해 왔다. P, Q, R, S회사의 대표는 갑, 을, 병, 정이다. M시도시철도공사에서는 시각장애인용 음성유도기를 발주할 예정이다(㉠입찰). 갑, 을, 병, 정 사이에 ㉠입찰에 관하여 다음 내용의 담합이 논의되었다(㉡담합). (가) Q회사가 낙찰을 받는다. (나) Q회사는 나머지 3사에게 1천만원씩을 지급한다. (다) 다음 입찰부터는 순차로 낙찰을 받는다. 갑이 ㉡담합을 거절하여 갑, 을, 병, 정은 합의에 이르지 못하였다. ㉠입찰 전날 다시 다음 내용의 담합이 논의되었다(㉢담합). (가) Q회사는 1억원 아래로 입찰한다. (나) 나머지 3사는 1억원 이상으로 입찰한다. 이후 ㉠입찰이 실시되었다. Q회사는 9천 7백만원에 입찰하였다. R회사는 1억 1천만원에, S회사는 1억 6백만원에 각각 입찰하였다. 그런데 P회사는 제일 늦게 9천 2백만원에 입찰을 하였다.

검사는 갑을 형법 제315조의 입찰방해죄로 기소하였다. 제1심법원은 유죄를 인정하였다. 갑은 불복 항소하였다. 항소법원은 항소를 기각하고, 제1심판결을 유지하였다. 갑은 불복 상고하였다. 갑은 상고이유로 다음의 점을 주장하였다. (가) 갑은 담합에 가담하기로 하였다가 자신이 낙찰받기 위하여 당초의 합의에 따르지 아니하였다. (나) P회사는 Q회사보다 저가로 입찰하였다. (다) ㉠입찰의 발주처인 M시도시철도공사는 오히려 이익을 보았다. (라) 갑이 ㉠입찰 발주처의 입찰을 방해한 사실이 없다.

대법원은 다음의 이유를 제시하여 상고를 기각하였다.

대법원은 입찰방해죄의 법적 성질에 대해 다음과 같이 설시하였다.

(가) 입찰방해죄는 위태범이다. (나) 입찰방해죄는 결과의 불공정이 현실적으로 나타나는 것을 요하지 않는다. (다) 입찰방해죄의 행위에는 가격을 결정하는 데 있어서 뿐 아니라, 적법하고 공정한 경쟁방법을 해하는 행위도 포함된다. (라) 입찰자들 상호간에 특정업체가 낙찰받기로 하는 담합이 이루어진 상태에서 그 특정업체를 포함한 다른 입찰자들은 당초의 합의에 따라 입찰에 참가하였으나 일부 입찰자는 자신이 낙찰받기

위하여 당초의 합의에 따르지 아니한 채 오히려 낙찰받기로 한 특정업체보다 저가로 입찰하는 경우가 있다. (마) 이 경우 이러한 일부 입찰자의 행위는 위와 같은 담합을 이용하여 낙찰을 받은 것이라는 점에서 적법하고 공정한 경쟁방법을 해한 것이 된다. (바) 따라서 이러한 일부 입찰자의 행위 역시 입찰방해죄에 해당한다.

대법원은 갑의 행위에 대해 다음과 같이 판단하였다.

(가) 갑은 담합에 가담하기로 하였다가 자신이 낙찰받기 위하여 당초의 합의에 따르지 아니한 채 Q회사보다 저가로 입찰하였다. (나) 그렇다고 하더라도 이러한 갑의 행위 역시 앞서 본 법리에 따라 입찰방해죄에 해당하는 것이다. (다) 그러므로 같은 취지에서 이 사건 공소사실을 유죄로 인정한 원심의 조치는 정당하다.

96도312

1996. 10. 11. 96도312, 공 1996, 3368 =『송달주소 허위신고 사건』:

M부동산은 A의 소유이다. A가 사망하였다. B는 A의 상속인이다. 갑은 A로부터 M부동산을 매수하였다고 주장하면서 상속인 B를 상대로 소유권이전등기청구 소송을 제기하였다. 갑은 소장에 피고 B의 주소를 갑의 여동생 C의 ⓐ주소로 허위 기재하였다. 재판부는 여동생의 ⓐ주소로 재판관계 서류를 송달하였다. 갑은 여동생 C로 하여금 B인양 가장하여 B에게 송달된 ㉠변론기일소환장의 영수인란에 서명하게 하였다. ㉠변론기일소환장 영수증은 재판부에 제출되었다. 피고 B는 재판에 출석할 수 없었다. 재판부는 송달이 적법하게 이루어진 것으로 믿었다. 재판부는 B의 불출석으로 인한 의제자백(민사소송법 제150조 제3항)에 근거하여 갑에게 승소판결을 선고하였다.

검사는 갑을 사문서위조죄, 위조사문서행사죄, 위계에 의한 공무집행방해죄 등으로 기소하였다. 제1심법원은 사문서위조죄, 위조사문서행사죄를 유죄로 인정하였다. 제1심법원은 위계에 의한 공무집행방해죄에 대해 무죄를 선고하였다. 제1심법원은 무죄의 이유로 다음의 점을 제시하였다. (가) 갑은 소송 상대방의 주소를 허위로 기재하여 그 주소로 재판관계 서류를 송달하게 하였다. (나) 갑의 행위는 송달업무의 적정성을 침해하기는 하였지만 이로써 송달업무 또는 재판업무 그 자체를 방해하였다고 볼 수 없다. 검사는 무죄 부분에 불복하여 항소하였다. 항소법원은 항소를 기각하고, 제1심판결을 유지하였다. 검사는 불복 상고하였다.

대법원은 다음의 이유를 제시하여 상고를 기각하였다.

(가) 민사소송을 제기함에 있어 피고의 주소를 허위로 기재하여 법원공무원으로 하여금 변론기일소환장 등을 허위주소로 송달케 하였다는 사실만으로는 이로 인하여 법원공무원의 구체적이고 현실적인 어떤 직무집행이 방해되었다고 할 수는 없다. (나) 그러므로 이로써 바로 위계에 의한 공무집행방해죄가 성립한다고 볼 수는 없다.

2014도13345

2015. 3. 26. 2014도13345, 공 2015상, 662 =『신호대기 중 목조르기 사건』:

특정범죄가중법 제5조의10 제1항은 "운행 중인 자동차의 운전자를 폭행하거나 협박한 사람은 5년 이하의 징역 또는 2천만원 이하의 벌금에 처한다."고 규정하고 있다. 특정범죄가중법 제5조의10 제2항은 "제1항의 죄를 범하여 사람을 상해에 이르게 한 경우에는 3년 이상의 유기징역에 처하고, 사망에 이르게 한 경우에는 무기 또는 5년 이상의 징역에 처한다."고 규정하고 있다.

A는 [대리운전을 하는] 기사이다. (일자 생략함) 23:10경 A는 ⓐ그랜저 승용차 뒷좌석에 술에 취한 승객 갑을 태웠다. A는 M건물 앞 도로에서 신호대기를 위하여 정차 중이었다. M건물 앞 도로는 차량의 통행이 잦은 넓은 도로이다. 갑은 별다른 이유 없이 화를 내며 손으로 A의 얼굴을 때리고 목을 졸라 A에게 14일간의 치료가 필요한 상해를 입혔다(㉮행위).

검사는 주위적으로 특정범죄가중법 제5조의10 제2항(운전자폭행치상)을, 예비적으로 형법 제257조 제1항(상해)을 적용하여 갑을 기소하였다. 갑의 피고사건은 제1심을 거친 후, 항소심에 계속되었다. 항소법원은 특정범죄가중법 제5조의10 제1항(운전자폭행)의 죄를 구체적 위험범으로 파악하였다. 항소법원은 주위적 공소사실(운전자폭행치상) 부분에 대해 다음과 같이 판단하였다. (가) 특정범죄가중법 제5조의10 제2항은 운전자에 대한 폭행·협박으로 인하여 교통사고의 발생 등과 같은 구체적 위험을 초래하는 중간 매개원인이 유발되고 그 결과로써 불특정 다중에게 상해나 사망의 결과를 발생시킨 경우에만 적용될 수 있을 뿐이다. (나) 특정범죄가중법 제5조의10 제2항은 교통사고 등의 발생 없이 직접적으로 운전자에 대한 상해의 결과만을 발생시킨 경우에는 적용되지 않는다. 항소법원은 주위적 공소사실(운전자폭행치상)은 무죄로, 예비적 공소사실(상해)을 유죄로 인정하였다. 검사는 무죄 부분에 불복하여 상고하였다.

대법원은 다음의 이유를 제시하여 원심판결을 파기환송하였다.

대법원은 법 해석의 일반원칙에 대해 다음과 같이 설시하였다.

(가) 법 해석은 법적 안정성을 해치지 아니하는 범위 내에서 구체적 타당성을 찾는 방향으로 이루어져야 한다. (나) 이를 위하여는 가능한 한 원칙적으로 법률에 사용된 문언의 통상적인 의미에 충실하게 해석하는 것을 원칙으로 하면서, 법률의 입법 취지와 목적, 제정·개정 연혁, 법질서 전체와의 조화, 다른 법령과의 관계 등을 고려하는 체계적·논리적 해석방법을 추가적으로 동원함으로써 타당성 있는 법 해석의 요청에 부응하여야 한다.

대법원은 특정범죄가중법 제5조의10 제1항과 제2항의 문언을 확인하였다.

대법원은 특정범죄가중법 제5조의10 제1항과 제2항의 해석에 대해 다음과 같이 설시하였다.

(가) 특가법 제5조의10 제1항과 제2항의 규정들은 운행 중인 자동차의 운전자를 폭행하거나 협박하여 운전자나 승객 또는 보행자 등의 안전을 위협하는 행위를 엄중하게 처벌함으로써 교통질서를 확립하고 시민의 안전을 도모하려는 목적에서 특정범죄가중법 2007. 1. 3. 법률 제8169호로 개정되면서 신설된 것이다. (나) 앞서 본 법리에 따라 법률에 사용된 문언의 통상적인 의미에 기초를 두고 입법 취지와 목적, 보호법익 등을 함께 고려하여 살펴본다.

대법원은 특정범죄가중법의 운전자폭행죄에 대해 다음과 같이 설시하였다.

(가) 특정범죄가중법 제5조의10의 죄는 제1항, 제2항 모두 운행 중인 자동차의 운전자를 대상으로 하는 범행이 교통질서와 시민의 안전 등 공공의 안전에 대한 위험을 초래할 수 있다고 보아 이를 가중처벌하는 이른바 추상적 위험범에 해당한다. (나) 그중 특정범죄가중법 제5조의10 제2항은 제1항의 죄를 범하여 사람을 상해나 사망이라는 중한 결과에 이르게 한 경우 제1항에 정한 형보다 중한 형으로 처벌하는 결과적 가중범 규정으로 해석할 수 있다. (다) 따라서 운행 중인 자동차의 운전자를 폭행하거나 협박하여 운전자나 승객 또는 보행자 등을 상해나 사망에 이르게 하였다면 이로써 특정범죄가중법 제5조의10 제2항의 구성요건을 충족한다고 봄이 타당하다.

대법원은 갑의 ㉮행위에 대해 다음과 같이 판단하였다.

(가) 갑의 ㉮행위 사실관계를 앞서 본 법리에 비추어 살펴본다. (나) 갑이 운행 중인 자동차의 운전자인 A를 폭행하여 A가 상해를 입게 되었으므로 갑의 행위는 특정범죄가중법 제5조의10 제2항의 구성요건을 충족한다고 볼 여지가 있다. (다) 원심은 특정범죄가중법 제5조의10 제2항은 운전자에 대한 폭행·협박으로 인하여 교통사고의 발생 등과 같은 구체적 위험을 초래하는 중간 매개원인이 유발되고 그 결과로써 불특정 다중에게 상해나 사망의 결과를 발생시킨 경우에만 적용될 수 있을 뿐이라고 본다. (라) 원심은 교통사고 등의 발생 없이 직접적으로 운전자에 대한 상해의 결과만을 발생시킨 경우에는 특정범죄가중법 제5조의10 제2항이 적용되지 아니한다고 보았다. (마) 원심판결에는 특정범죄가중법 제5조의10 제2항의 적용범위에 관한 법

리를 오해하여 판결 결과에 영향을 미친 위법이 있다.

2020도15529

2021. 5. 27. 2020도15529, 공 2021하, 1265 =『개발계획 변경 직후 사임 사건』:

M시에 N지구가 있다. N지구에 공공개발사업이 진행되고 있다. N지구의 주민들은 P조합을 결성하였다. P조합은 N개발사업이 성공하면 L구역에 환지를 받는다. 이를 위하여 ㉠환지계획이 작성되었다. ㉠환지계획에 따라 P조합의 조합원들에게 청산금이 지급된다. P조합의 업무를 Q회사가 대행하고 있다. 갑은 Q회사의 대표이사이다.

환지 대상인 L구역은 대로와 떨어져 있다. L구역은 대로변 토지에 비해 낮은 가격으로 평가되어 있다. 갑의 지인 A 등은 낮은 가격으로 L구역의 토지를 환지받게 되었다. 2011년 N지구 개발계획이 변경되었다. 이를 통해 L구역이 대로를 면하게 되었다. 이로써 L구역의 토지가격이 상승하였다. P조합은 상승된 토지가격을 반영하여 청산금을 받을 수 있다. 이를 위해서는 P조합의 종전 ㉠환지계획을 변경해야 한다.

갑은 2011년 N지구 개발계획이 변경된 직후 Q회사의 대표이사직을 사임하였다. 갑은 대표이사 직을 사임하면서 N지구 개발계획 변경에 대해 P조합 측에 아무런 말도 하지 않았다. Q회사의 임직원 B와 C는 N지구 개발계획이 변경됨에 따라 ㉠환지계획의 변경이 필요하게 되었다는 사정을 알고 있었다. P조합 측은 뒤늦게 N지구 개발계획 변경 사실을 알게 되었다. P조합 측은 새로이 ㉡환지계획을 작성하였다. 이를 통해 P조합 측은 L구역의 토지평가액을 높게 받을 수 있었다. P조합 측은 N지구 개발계획 변경 사실을 알리지 않고 대표이사 직을 사임한 갑을 배임죄로 고소하였다.

검사는 갑이 지인 A 등에게 재산상 이익을 주고 P조합에 손해를 입게 하려고 하였다고 판단하였다. 검사는 갑을 업무상 배임죄의 미수범으로 기소하였다. 제1심법원은 무죄를 선고하였다. 검사는 불복 항소하였다. 항소법원은 다음의 이유를 들어서 제1심판결을 파기하고 유죄를 선고하였다. (가) 갑은 P조합을 대행하여 이 사건 사업에 관한 업무를 수행하던 사람이다. (나) 갑은 아무런 조치를 취하지 않은 채 Q회사에서 퇴사하였다. (다) 이로써 P조합이 L구역 재평가의 필요성을 수년간 인지하지 못하여 청산절차를 제대로 거치지 못할 위험이 발생하였다. (라) 갑의 이러한 부작위는 사업요지에 집중적으로 환지를 받은 본인과 친인척, 지인에게 경제적 이익이 되고 P조합에는 손해가 될 수 있다는 점을 인식하고 이루어진 것이다. (마) 따라서 갑이 업무상배임죄의 실행에 착수하였다고 인정함이 옳다. 갑은 불복 상고하였다.

대법원은 다음의 이유를 제시하여 원심판결을 파기환송하였다.

대법원은 배임죄가 부작위에 의해서도 성립할 수 있음을 확인하였다.

대법원은 이어서 부작위가 배임죄의 실행의 착수로 인정되기 위한 요건을 다음과 같이 제시하였다.

(가) 작위의무가 이행되지 않으면 사무처리의 임무를 부여한 사람이 재산권을 행사할 수 없으리라고 객관적으로 예견되는 등으로 구성요건적 결과 발생의 위험이 구체화한 상황에서 부작위가 이루어져야 한다. (나) 행위자는 부작위 당시 자신에게 주어진 임무를 위반한다는 점과 그 부작위로 인해 손해가 발생할 위험이 있다는 점을 인식하였어야 한다.

대법원은 사실관계를 분석하였다.

대법원은 갑의 행위에 대해 다음과 같이 판단하였다.

(가) 2011년 실시계획의 인가 당시 환지계획의 변경을 서두르지 않을 경우 조만간 환지처분이 이루어져 조합원들 사이의 권리 관계가 확정될 급박한 상황이었다고 보기는 어렵다. (나) 갑에게는 2011년 실시계획의 인가에 따른 후속 조치를 할 작위의무가 인정된다. (다) 그렇다고 하더라도 P조합이 이 사건 환지예정지[L구역]의 가치상승을 청산절차에 반영하지 못할 위험이 구체화한 상황에서 갑이 그러한 작위의무를 위반하였다

고 보기는 어렵다. (라) 그러므로 갑이 부작위로써 업무상배임죄의 실행에 착수하였다고 볼 수 없다.

☐ **2015도6809**

2015. 11. 12. 2015도6809 전원합의체 판결, 공 2015하, 1915 =『세월호 사건 살인죄 부분』:

선박 S호는 인천에서 제주 사이를 운항하는 여객선이다. 갑은 S호의 선장이다. 을은 1등 항해사이다. 1등 항해사는 사망·질병 또는 부상 등 부득이한 사유로 선장이 직무를 수행할 수 없을 때 선장의 직무를 대신하고, 평상시에는 선장의 지휘에 따라 여객과 화물을 목적지까지 안전하게 운송하는데 필요한 항해 및 화물의 적재, 고박 업무에 종사한다. 병은 2등 항해사이다. 2등항해사는 선장의 지휘에 따라 운항관리, 각종 항해장비, 통신기 점검 등의 업무에 종사한다.

항해 중이던 S호가 기울어져 멈춘 후 침몰하고 있는 상황에 처하였다. 을은 관련 기관에 구조요청을 하였다. 갑은 병에게 '승객들로 하여금 구명조끼를 입고 그 자리에 대기하라'는 방송만을 지시하였다. 승객들은 안내방송을 믿고 대피하지 않은 채 선내에 대기하고 있었다. 이후 갑, 을, 병은 승객들에 대해 아무런 구조조치를 취하지 않고 퇴선하였다. 배에 남아 있던 승객 A 등 304명은 익사하였다. 나머지 승객 B 등 152명은 구조되었다. (이하 A 등 사망자에 대한 살인죄 기수 부분만 발췌하여 정리함. 이해를 돕기 위하여 선장 갑에 대한 분석과 1등 항해사 을, 2등 항해사 병에 관한 분석을 나누어서 진행함.)

검사는 A 등 사망자에 대한 부분에 대해 갑을 살인죄로 기소하였다. 제1심법원은 갑에게 살인의 고의가 없었다고 판단하였다. 제1심법원은 갑에게 유기치사죄를 인정하였다. 검사는 불복 항소하였다. 항소법원은 갑에게 미필적 고의를 인정하여 부작위에 의한 살인죄를 인정하였다. 갑은 불복 상고하였다. 갑은 상고이유로 다음의 점을 주장하였다. (가) 갑의 부작위는 작위에 의한 살인의 실행행위와 동등한 형법적 가치가 있다고 볼 수 없다. (나) 갑은 승객 등의 안전에 대한 선장으로서의 임무를 나름대로 수행하였으므로 살인의 미필적 고의가 부정된다. (다) 갑의 부작위와 A 등의 사망 결과 사이에 인과관계가 있다고 보기도 어렵다.

대법원은 다음의 이유를 제시하여 상고를 기각하였다.

대법원은 일반적인 부작위범의 법리에 대해 다음과 같이 설시하였다.

(가) 범죄는 보통 적극적인 행위에 의하여 실행되지만 때로는 결과의 발생을 방지하지 아니한 부작위에 의하여도 실현될 수 있다. (나) 형법 제18조는 "위험의 발생을 방지할 의무가 있거나 자기의 행위로 인하여 위험발생의 원인을 야기한 자가 그 위험발생을 방지하지 아니한 때에는 그 발생된 결과에 의하여 처벌한다." 라고 하여 부작위범의 성립 요건을 별도로 규정하고 있다.

(다) 자연적 의미에서의 부작위는 거동성이 있는 작위와 본질적으로 구별되는 무(無)에 지나지 아니하다. (라) 그렇지만 형법 제18조에서 말하는 부작위는 법적 기대라는 규범적 가치판단 요소에 의하여 사회적 중요성을 가지는 사람의 행태가 되어 법적 의미에서 작위와 함께 행위의 기본 형태를 이루게 되는 것이다. (마) 그러므로 특정한 행위를 하지 아니하는 부작위가 형법적으로 부작위로서의 의미를 가지기 위해서는, (ㄱ) 보호법익의 주체에게 해당 구성요건적 결과발생의 위험이 있는 상황에서 (ㄴ) 행위자가 구성요건의 실현을 회피하기 위하여 요구되는 행위를 현실적·물리적으로 행할 수 있었음에도 (ㄷ) 하지 아니하였다고 평가될 수 있어야 한다.

대법원은 이어서 부진정 부작위범의 법리에 대해 다음과 같이 설시하였다.

(가) 살인죄와 같이 일반적으로 작위를 내용으로 하는 범죄를 부작위에 의하여 범하는 이른바 부진정 부작위범의 경우에는 (ㄱ) 보호법익의 주체가 그 법익에 대한 침해위협에 대처할 보호능력이 없고, (ㄴ) 부작위 행위자에게 그 침해위협으로부터 법익을 보호해 주어야 할 법적 작위의무가 있을 뿐 아니라, (ㄷ) 부작위행위자가 그러한 보호적 지위에서 법익침해를 일으키는 사태를 지배하고 있어 그 작위의무의 이행으로 결과발생

을 쉽게 방지할 수 있어야 그 부작위로 인한 법익침해가 작위에 의한 법익침해와 동등한 형법적 가치가 있는 것으로서 범죄의 실행행위로 평가될 수 있다. (나) 여기서의 작위의무는 법령, 법률행위, 선행행위로 인한 경우는 물론, 신의성실의 원칙이나 사회상규 혹은 조리상 작위의무가 기대되는 경우에도 인정된다.

대법원은 부진정 부작위범의 고의에 관하여 다음과 같이 설시하였다.

(가) 부진정 부작위범의 고의는 반드시 구성요건적 결과발생에 대한 목적이나 계획적인 범행 의도가 있어야 하는 것은 아니다. (나) 법익침해의 결과발생을 방지할 법적 작위의무를 가지고 있는 자가 (ㄱ) 그 의무를 이행함으로써 그 결과발생을 쉽게 방지할 수 있었음을 예견하고도 (ㄴ) 결과발생을 용인하고 이를 방관한 채 그 의무를 이행하지 아니한다는 인식을 하면 족하다. (다) 이러한 작위의무자의 예견 또는 인식 등은 확정적인 경우는 물론 불확정적인 경우이더라도 미필적 고의로 인정될 수 있다.

(라) 이때 작위의무자에게 이러한 고의가 있었는지는 작위의무자의 진술에만 의존할 것이 아니라, 작위의무의 발생근거, 법익침해의 태양과 위험성, 작위의무자의 법익침해에 대한 사태지배의 정도, 요구되는 작위의무의 내용과 그 이행의 용이성, 부작위에 이르게 된 동기와 경위, 부작위의 형태와 결과발생 사이의 상관관계 등을 종합적으로 고려하여 작위의무자의 심리상태를 추인하여야 한다.

대법원은 선박 조난사고와 관련한 선장의 구조의무(작위의무)에 대해 다음과 같이 설시하였다.

(가) (관련 규정 분석; 생략함.) (나) 이러한 선장의 권한이나 의무, 해원의 상명하복체계 등에 관한 규정들은 모두 선박의 안전과 선원 관리에 관한 포괄적이고 절대적인 권한을 가진 선장을 수장으로 하는 효율적인 지휘명령체계를 갖추어 항해 중인 선박의 위험을 신속하고 안전하게 극복할 수 있도록 하기 위한 것이다. (다) 그러므로 선장은 승객 등 선박공동체의 안전에 대한 총책임자로서 선박공동체가 위험에 직면할 경우 그 사실을 당국에 신고하거나 구조세력의 도움을 요청하는 등의 기본적인 조치뿐만 아니라 위기상황의 태양, 구조세력의 지원 가능성과 그 규모, 시기 등을 종합적으로 고려하여 실현가능한 구체적인 구조계획을 신속히 수립하고 선장의 포괄적이고 절대적인 권한을 적절히 행사하여 선박공동체 전원의 안전이 종국적으로 확보될 때까지 적극적·지속적으로 구조조치를 취할 법률상 의무가 있다. (라) (선장 및 승무원의 구조의무 부분; 생략함.)

대법원은 선박 조난사고와 관련한 부작위범 동가치성 판단과 인과관계에 관하여 다음과 같이 설시하였다.

(가) 선박침몰 등과 같은 조난사고로 승객이나 다른 승무원들이 스스로 생명에 대한 위협에 대처할 수 없는 급박한 상황이 발생한 경우가 있다. (나) 이러한 경우에는 선박의 운항을 지배하고 있는 선장이나 갑판 또는 선내에서 구체적인 구조행위를 지배하고 있는 선원들은 적극적인 구호활동을 통해 보호능력이 없는 승객이나 다른 승무원의 사망 결과를 방지하여야 할 작위의무가 있다. (다) (ㄱ) 법익침해의 태양과 정도 등에 따라 요구되는 개별적·구체적인 구호의무를 이행함으로써 사망의 결과를 쉽게 방지할 수 있음에도 (ㄴ) 그에 이르는 사태의 핵심적 경과를 그대로 방관하여 사망의 결과를 초래하였다면, 그 부작위는 작위에 의한 살인행위와 동등한 형법적 가치를 가진다. (라) 이와 같이 작위의무를 이행하였다면 그 결과가 발생하지 않았을 것이라는 관계가 인정될 경우에는 그 작위를 하지 않은 부작위와 사망의 결과 사이에 인과관계가 있는 것으로 보아야 한다.

대법원은 선장 갑의 퇴선조치 불이행이 부작위에 의한 살인죄에 해당하는가에 관하여 (가) 부작위의 동가치성, (나) 부작위에 의한 살인의 고의, (다) 부작위와 결과발생 사이의 인과관계 순으로 판단하였다.

대법원은 먼저 갑의 부작위가 작위에 의한 살인행위와 동등한 형법적 가치를 가지는 것으로 평가될 수 있는지에 관하여 판단하였다.

대법원은 사태의 지배가능성 요건에 대해 다음과 같이 판단하였다.

(가) 갑은 승객 등의 구조를 위한 가장 핵심적인 역할을 수행하여야 할 선장으로서, (ㄱ) 퇴선명령 등을

통하여 적극적으로 선내 대기 상태에 있는 승객 등의 사망 결과를 방지하여야 할 의무가 있을 뿐 아니라 (ㄴ) 승객 등의 퇴선 여부 및 그 시기와 방법을 결정하고 선원의 비상임무 배치를 지시하는 등 승객 등의 인명구조를 위한 조치를 지휘·통제할 수 있는 법률상·사실상 유일한 권한을 가진 지위에 있었다. (나) 당시 갑은 2등 항해사 병에게 승객으로 하여금 구명조끼를 입고 선내에 대기하라는 방송을 지시하여 S호 승무원들이 갑의 다음 지시를 기다리고 있었다. (다) 한편 승객 등은 이 사건 사고로 S호가 침몰할 수 있는 상황에서 각자의 인식과 판단에 따라 스스로 탈출할 가능성이 있었음에도, 선장인 갑의 지시에 의한 선내 대기 안내방송에 따라 기울어져 가는 S호 선내에서 해경 등 구조세력을 기다리며 마냥 대기하고 있었다. (라) 그러므로 갑은 당시 사태의 변화를 지배하고 있었다.

대법원은 결과발생 방지 가능성 요건 및 부작위 요건에 대해 다음과 같이 판단하였다.

(가) 당시 S호가 상당한 정도로 기울어져 좌현과 우현 간의 이동이 자유롭지 아니하였다는 점을 감안하더라도 주어진 상황에서 승객 등에 대한 구조활동이 얼마든지 가능하였고, 무엇보다 적절한 시점의 퇴선에 대비한 대피명령이나 퇴선명령만으로도 상당수 피해자들의 탈출 및 생존이 가능하고, 이러한 대피명령이나 퇴선명령은 조타실 내의 장비이용 등 비교적 간단하고 쉬운 방법으로 충분히 이행할 수 있었다. (나) 그러므로 갑은 적어도 승객 등이 선내 대기 안내방송에 따라 침몰하는 S호 선내에 계속 대기하다가 탈출 자체에 실패하여 사망에 이르게 되는 상황만큼은 쉽게 방지할 수 있었음을 알 수 있다. (다) 그럼에도 갑은 선내 대기 중인 승객 등에 대한 퇴선조치 없이 갑판부 선원들과 함께 해경 경비정으로 퇴선하였을 뿐 아니라 퇴선 이후에도 아무런 조치를 취하지 아니하여 승객 등이 스스로 S호에서 탈출하는 것이 불가능하게 되는 결과를 초래하였다.

대법원은 결론적으로 갑의 부작위의 동가치성에 대해 다음과 같이 판단하였다.

(가) 갑의 이러한 퇴선조치의 불이행은 승객 등을 적극적으로 물에 빠뜨려 익사시키는 행위와 다름없다. (나) 그렇다면 갑의 위와 같은 부작위는 작위에 의한 살인의 실행행위와 동일하게 평가할 수 있고, 승객 등의 사망의 결과는 작위행위에 의해 결과가 발생한 것과 규범적으로 동일한 가치가 있다.

대법원은 갑에게 부작위에 의한 살인의 고의가 있었는지에 관하여 다음과 같이 판단하였다.

(가) 갑은 승선경험이 풍부한 선장으로서 포괄적이고 절대적인 권한을 행사하여 S호의 승객 등의 안전이 종국적으로 확보될 때까지 적극적·지속적으로 구조조치를 다할 의무가 있음을 잘 알고 있었다. (나) 뿐만 아니라 갑은 당시 S호의 침몰상황이나 구조세력과의 교신내용 등을 통하여 지체할 경우 자신의 명령에 따라 선내 대기 중인 승객 등이 S호에서 빠져나오지 못하고 익사할 수밖에 없다는 것을 충분히 예상하였다. (다) 그럼에도 갑은 승객의 안전에 관하여 아무런 논의나 설명도 없이 해경 등 구조세력의 수차례에 걸친 퇴선요청마저 묵살하고 승객 등을 선실 내에 계속 대기하도록 내버려 둔 채 해경 경비정이 도착하자 승객 등보다 먼저 퇴선하였다. (라) 그러므로 이는 구조작업이나 승객 등의 안전에 대한 선장으로서의 역할을 의식적이고 전면적으로 포기한 것으로 보아야 한다. (마) 나아가 갑은 퇴선 직전이라도 선내 대기 중인 승객 등에게 직접 또는 다른 선원을 통하여 쉽게 퇴선상황을 알려 피해를 줄일 수 있었음에도 그것마저도 하지 아니한 채 퇴선하였다. (바) 뿐만 아니라 갑은 해경 경비정에 승선한 후에도 구조세력에게 선내 상황에 대한 정보를 제공하지 아니하는 등 승객 등의 안전에 대하여 철저하게 무관심한 태도로 일관하면서 선내 대기 중인 승객 등의 탈출 가능성이 점차 희박해져 가는 상황을 그저 방관하였음을 알 수 있다. (사) 갑의 이와 같은 행태는 자신의 부작위로 인하여 승객 등이 사망에 이를 수 있음을 예견하고도 이를 용인하는 내심의 의사에서 비롯되었다고 할 것이므로, 부작위에 의한 살인의 미필적 고의가 인정된다.

대법원은 갑의 부작위와 승객의 사망 결과 사이에 인과관계가 있는지에 관하여 다음과 같이 판단하였다.

(가) 갑이 해경 등 구조세력의 퇴선요청에 따라 퇴선 대피 안내방송을 실시하고 승객 등을 퇴선하기 좋은

외부 갑판으로 유도하거나 구호장비를 작동시키는 등 승객 등에 대한 구조조치를 하였다면, 적어도 승객 등이 사망에 이르지는 아니하였을 것으로 보인다. (나) 갑의 부작위와 익사자 303명의 사망 결과 사이에 인과관계가 인정된다.

이상의 분석을 토대로 대법원은 갑의 상고이유를 배척하였다.

(이어서 1등 항해사 을, 2등 항해사 병에 대한 대법원의 판단을 살펴본다. 사실관계 및 부작위범의 법리는 선장 갑에 대한 분석과 같다.)

검사는 A 등 사망자에 대한 부분에 대해 을, 병을 살인죄로 기소하였다. 제1심법원은 을, 병에게 살인의 고의가 없었다고 판단하였다. 제1심법원은 을, 병에게 유기치사죄를 인정하였다. 검사는 불복 항소하였다. 항소법원은 을, 병에게 부작위에 의한 살인의 고의를 인정하기 어렵다는 이유로 무죄로 판단하였다. 검사는 을, 병에 대한 살인죄 무죄 부분에 불복하여 상고하였다. 검사는 상고이유로 다음의 점을 주장하였다. (가) 을, 병은 1등 항해사, 2등 항해사로서 선장 갑의 지휘만을 받는 것이 아니라 다른 선원들을 지휘할 지위에 있으므로 갑과 달리 취급할 수 없다. (나) 을, 병은 구조세력과의 교신을 주도하면서 필요한 사항을 갑에게 알리고 진행하는 등 당시 상황을 지배하였다. (다) 그러므로 을, 병은 살인의 미필적 고의로 갑의 부작위에 의한 살인행위에 공모 가담한 것이다.

대법원은 을과 병의 살인죄 성립 여부에 대해 10 대 3으로 견해가 나뉘었다. 대법원은 다수의견에 따라 살인죄 성립을 부정하였다. (이하 다수의견을 '대법원'으로 표시하여 소개한다. 대법원은 일반적인 부작위범의 법리 및 부진정 부작위범에 관한 법리를 설시하였다. 이 부분은 위에서 소개하였다. 대법원이 부작위범의 법리에 대해 설시한 부분은 선장 갑 외에 1등 항해사 을, 2등 항해사 병에게 공통된다.)

대법원은 선박 조난사고와 관련한 선장 및 승무원의 구조의무(작위의무)에 대해 다음과 같이 설시하였다.

(가) 선장이나 승무원은 수난구호법 제18조 제1항 단서에 의하여 조난된 사람에 대한 구조조치의무를 부담한다. (나) 선장이나 승무원은 해당 선박의 해상여객운송사업자와 승객 사이의 여객운송계약에 따라 승객의 안전에 대하여 계약상 보호의무를 부담한다. (다) 모든 승무원은 선박 위험 시 서로 협력하여 조난된 승객이나 다른 승무원을 적극적으로 구조할 의무가 있다.

대법원은 선박 조난사고와 관련한 부작위범의 법리에 대해 다음과 같이 설시하였다.

(가) 선박침몰 등과 같은 조난사고로 승객이나 다른 승무원들이 스스로 생명에 대한 위협에 대처할 수 없는 급박한 상황이 발생한 경우가 있다. (나) 이러한 경우에는 선박의 운항을 지배하고 있는 선장이나 갑판 또는 선내에서 구체적인 구조행위를 지배하고 있는 선원들은 적극적인 구호활동을 통해 보호능력이 없는 승객이나 다른 승무원의 사망 결과를 방지하여야 할 작위의무가 있다. (다) (ㄱ) 법익침해의 태양과 정도 등에 따라 요구되는 개별적·구체적인 구호의무를 이행함으로써 사망의 결과를 쉽게 방지할 수 있음에도 (ㄴ) 그에 이르는 사태의 핵심적 경과를 그대로 방관하여 사망의 결과를 초래하였다면, 그 부작위는 작위에 의한 살인행위와 동등한 형법적 가치를 가진다. (라) 이와 같이 작위의무를 이행하였다면 그 결과가 발생하지 않았을 것이라는 관계가 인정될 경우에는 그 작위를 하지 않은 부작위와 사망의 결과 사이에 인과관계가 있는 것으로 보아야 한다.

대법원은 을과 병의 살인죄 성립 여부에 대해 다음과 같이 판단하였다.

(가) 을과 병은 간부 선원들로서 선장을 보좌하여 승객 등을 구조하여야 할 지위에 있음에도 별다른 구조조치를 취하지 아니한 채 사태를 방관하여 결과적으로 선내 대기 중이던 승객 등이 탈출에 실패하여 사망에 이르게 한 잘못은 있다. (나) 그러나 그렇다고 하여 그러한 부작위를 작위에 의한 살인의 실행행위와 동일하게 평가하기 어렵다. (다) 또한 살인의 미필적 고의로 갑의 부작위에 의한 살인행위에 공모 가담하였다고 단정하기도 어렵다.

대법원은 사실관계를 분석한 다음 을, 병에 대해 부작위에 의한 살인죄가 성립하지 않는 이유를 제시하였다. 대법원은 부작위의 동가치성 요건과 관련하여 다음과 같이 판단하였다.

(가) 승객 등의 퇴선을 위한 선장의 아무런 지휘·명령이 없는 상태에서 을, 병이 단순히 비상임무 현장에 미리 가서 추가 지시에 대비하지 아니한 채 선장과 함께 조타실에 있었다는 사정만으로, 선장과 마찬가지로 선내 대기 중인 승객 등의 사망 결과나 그에 이르는 사태의 핵심적 경과를 계획적으로 조종하거나 저지·촉진하는 등 사태를 지배하는 지위에 있었다고 보기 어렵다. (나) 선박 위험 시 퇴선조치는 선박 위험의 태양과 정도, 선박의 내부구조와 승선자의 선내 위치 및 규모, 수온·조류·기상상황 등 자연조건, 구명장비·구조세력 등에 의한 생존 또는 구조 가능성 등을 종합적으로 고려할 때 승선자로 하여금 사고 선박에 계속 머물게 하는 것보다 퇴선하게 하는 것이 오히려 안전하다고 판단되는 최악의 비상상황에서 선박공동체의 안전을 위하여 부득이하게 행하여지는 극단의 조치이다. (다) 그러므로 퇴선조치의 필요성이나 시기·방법 등은 선박공동체의 총책임자인 선장의 전문적인 판단과 지휘에 따라야 하고, 다른 선원들이 함부로 이를 방해하거나 간섭하여서는 아니 된다.

대법원은 을, 병의 살인죄 고의 여부에 대해 다음과 같이 판단하였다.

(가) 을, 병은 구조세력과의 교신과정이나 선내 대기 안내방송 등을 통하여 승객 등에 대한 퇴선조치의 필요성을 어느 정도 인식할 수 있었다. (나) 그렇다고 하더라도 선장으로서의 경험이 풍부하고 연륜이 깊은 갑을 중심으로 한 지휘명령체계가 그대로 유지되고 다른 승무원들과 마찬가지로 그 지휘체계에 편입되어 선장의 상황 판단과 지휘 내용에 의존하면서 후속 임무를 수행하여야 하는 지위에 있었을 뿐 아니라, 갑이 명시적으로 퇴선조치에 대한 거부의사를 밝힌 것도 아니었던 당시 상황을 고려하여야 한다. (다) 그렇다면 을과 병이 선장의 전문적인 판단과 지휘명령체계를 무시하면서까지 결과책임이 따를 수 있는 퇴선조치를 독단적으로 강행하여야 할 만큼 비정상적인 상황이 전개되고 있음을 쉽게 인식할 수 있었다고 단정할 수 없다. (라) 을, 병은 조타실에 있던 나머지 선원들과 마찬가지로 구조세력에 구조요청을 하면서 대기하다가 해경 경비정 등 구조세력이 사고현장에 도착하여 해경을 중심으로 한 체계적인 구조작업이 개시된 후에야 갑의 선원들에 대한 퇴선명령이나 해경의 구조유도에 따라 S호에서 퇴선하였다. (마) 그 과정에서 을과 병은 특별히 갑의 지시에 불응하고 상황 판단에 혼란을 주거나 혹은 다른 승무원들의 승객 등에 대한 구조활동을 방해 또는 제지하지 아니하였다. (바) 그럼에도 을과 병이 상대적으로 간부 선원의 지위에 있었다고 하여 승객 등에 대한 유기의 고의를 넘어 살인의 미필적 고의를 가지고 갑의 범행에 가담하였다고 단정하기도 어렵다.

| 2009도12109 |

2010. 1. 14. 2009도12109, [공보불게재] = 분석 총론 『모텔 방 화재 사건』:

갑은 M모텔에 투숙하였다. 갑은 모텔 방에 투숙하여 담배를 피운 후 재떨이에 담배를 끄게 되었다. 갑은 담뱃불이 완전히 꺼졌는지 여부를 확인하지 않은 채 불이 붙기 쉬운 휴지를 재떨이에 버리고 잠을 잤다. 담뱃불이 휴지와 옆에 있던 침대시트에 옮겨 붙어 화재가 발생하였다(㉮화재). 갑은 ㉮화재 발생 사실을 안 상태에서 M모텔을 빠져나오면서도 모텔 주인이나 다른 투숙객들에게 ㉮화재발생 사실을 알리지 아니하였다. ㉮화재로 인하여 M모텔의 투숙객 A 등이 사망하였다.

검사는 갑을 부작위에 의한 현주건조물방화치사죄로 기소하였다. 갑의 피고사건은 제1심을 거친 후, 항소심에 계속되었다. 항소법원은 현주건조물방화치사죄 공소사실을 무죄로 판단하였다. 항소법원은 갑에게 중과실치사죄, 중실화죄로 유죄를 인정하였다. 검사는 불복 상고하였다.

대법원은 다음의 이유를 제시하여 상고를 기각하였다.

대법원은 부진정 부작위범의 성립요건에 대해 다음과 같이 판단한 원심판단을 수긍하였다.

(가) ㉮화재를 일으킨 갑의 과실은 중대한 과실에 해당한다. (나) 부작위에 의한 현주건조물방화치사죄가 성립하기 위하여는, (ㄱ) 피고인에게 법률상의 소화의무가 인정되는 외에 (ㄴ) 소화의 가능성 및 용이성이 있었음에도 (ㄷ) 피고인이 그 소화의무에 위배하여 이미 발생한 화력을 방치함으로써 (ㄹ) 소훼의 결과를 발생시켜야 한다.

대법원은 이어서 갑의 행위에 대해 다음과 같이 판단한 원심판단을 수긍하였다.

(가) ㉮화재는 갑의 중대한 과실 있는 선행행위로 발생하였다. (나) 그러한 이상 갑에게 ㉮화재를 소화할 법률상 의무가 있다. (다) 갑은 ㉮화재 발생 사실을 안 상태에서 모텔을 빠져나오면서도 모텔 주인이나 다른 투숙객들에게 이를 알리지 아니하였다. (라) 그러나 그러한 사정만으로는 갑이 ㉮화재를 용이하게 소화할 수 있었다고 보기 어렵다. (마) 달리 갑이 ㉮화재를 용이하게 소화할 수 있었음을 인정할 만한 증거가 없다.

2017도13211

2017. 12. 22. 2017도13211, 공 2018상, 402 =『형틀 방치 업무방해 사건』:

갑은 A와 M토지 지상에 창고를 신축하는 데 필요한 ㉠형틀공사 계약을 체결하였다. 갑은 ㉠공사를 완료하였다. A는 공사대금을 지급하지 않았다. 갑은 A가 공사대금을 주지 않는다는 이유로 M토지에 쌓아 둔 ㉡건축자재를 치우지 않았다. 갑이 치우지 않는 ㉡건축자재 때문에 공사현장이 막혀 A의 창고 신축 공사에 지장이 초래되었다.

검사는 갑을 위력에 의한 업무방해죄로 기소하였다. 갑에 대한 공소사실은 다음과 같다. "A가 공사대금을 주지 않는다는 이유로 M토지에 쌓아 둔 건축자재를 치우지 않고 공사현장을 막는 방법으로 A의 창고 신축 공사를 방해함으로써 위력으로써 A의 업무를 방해하였다." 갑의 피고사건은 제1심을 거친 후, 항소심에 계속되었다. 항소법원은 다음의 이유를 들어서 유죄를 인정하였다. (가) 갑이 A의 추가 공사를 방해하기 위하여 일부러 건축자재를 치우지 않았다. (나) 그로 인하여 A가 추가 공사를 진행할 수 없었다. 갑은 불복 상고하였다.

대법원은 다음의 이유를 제시하여 원심판결을 파기환송하였다.

(가) 업무방해죄와 같이 작위를 내용으로 하는 범죄를 부작위에 의하여 범하는 부진정 부작위범이 성립하기 위해서는 부작위를 실행행위로서의 작위와 동일시할 수 있어야 한다. (나) 갑이 일부러 건축자재를 A의 토지 위에 쌓아 두어 공사현장을 막은 것이 아니다. (다) 갑이 당초 자신의 공사를 위해 쌓아 두었던 건축자재를 공사 완료 후 치우지 않은 것에 불과하다. (라) 갑이 공사대금을 받을 목적으로 건축자재를 치우지 않았다고 하자. (마) 그렇다고 하더라도 갑이 자신의 공사를 위하여 쌓아 두었던 건축자재를 공사 완료 후에 단순히 치우지 않은 행위가 위력으로써 피해자의 추가 공사 업무를 방해하는 업무방해죄의 실행행위로서 A의 업무에 대하여 하는 적극적인 방해행위와 동등한 형법적 가치를 가진다고 볼 수는 없다.

2017도1405

2017. 4. 26. 2017도1405, 공 2017상, 1222 =『교통사고 후 보험가입 사건』:

2011년경 갑은 상해 통원치료 실비보험을 비롯한 4건의 보험계약을 체결하였다(㉮보험계약). 2011년 말경부터 갑은 ㉮보험사고로 약 40회 이상 치료를 받았다. 2013. 12. 3. 갑은 ㉯교통사고를 당하였다. 갑은 ㉯교통사고로 MRI 검사와 입원치료를 받았다. 2014. 1. 10. 갑은 입원일수 등 담보사항(입원 1일당 4만원)에 따라 보험금을 받을 수 있는 ㉰보험계약을 P보험회사와 체결하였다. 갑은 ㉰보험계약을 체결하면서 보험가입청약서의 '계약 전 알릴 의무사항'란에 '최근 약물 복용이나 진찰, 검사 등의 의료행위를 받은 사실이 없다'는 취지로 기재하였다. ㉰보험계약 체결 이후인 2014. 1. 13.경까지 갑은 ㉮보험계약에 따른 보험사고로 Q대학병원에서 치료를 받았다. 2014. 8. 17.부터 2015. 2. 16.까지 갑은 ㉯보험계약에 따른 4건의 보험사고를 신고하였다(㉯보험사고). 갑은 ㉯보험사고로 총 95일간의 입원치료를 받았다. 2014. 10. 6.경부터 2015. 3. 23.경까지 갑은 ㉯보험사고로 P보험회사로부터 4회에 걸쳐 합계 380만원(95일 x 4만원)의 보험금을 수령하였다(이상 ㉯보험금).

검사는 ㉯보험금 수령과 관련하여 갑을 사기죄로 기소하였다. 갑의 피고사건은 제1심을 거친 후, 항소심에 계속되었다. 항소법원은 다음과 같이 판단하여 유죄를 인정하였다. (가) 갑은 ㉯보험계약 체결 당시 이미 발생한 교통사고 등으로 생긴 '요추, 경추, 사지' 부분의 질환과 관련하여 입·통원치료를 받고 있었다. (나) 뿐만 아니라 그러한 기왕증으로 인해 향후 추가 입원치료를 받거나 유사한 상해나 질병으로 보통의 경우보다 입원치료를 더 받게 될 개연성이 농후하다는 사정을 인식하고 있었다. (다) 그러함에도 불구하고 갑은 자신의 과거 병력과 치료이력을 모두 묵비한 채 ㉯보험계약을 체결함으로써 P보험회사로 보험금을 편취하였다. 갑은 불복 상고하였다.

대법원은 다음의 이유를 제시하여 상고를 기각하였다.

대법원은 부작위에 의한 사기죄의 성립요건을 다음과 같이 설시하였다.

(가) 사기죄의 요건인 기망에는 재산상의 거래관계에서 서로 지켜야 할 신의와 성실의 의무를 저버리는 모든 적극적 또는 소극적 행위가 포함된다. (나) 소극적 행위로서의 부작위에 의한 기망은 법률상 고지의무 있는 자가 일정한 사실에 관하여 상대방이 착오에 빠져 있음을 알면서도 이를 고지하지 아니하는 것을 말한다.

대법원은 보험계약상 고지의무 불이행과 부작위에 의한 기망의 관계에 대해 다음과 같이 설시하였다.

(가) 부작위에 의한 기망은 보험계약자가 보험자와 보험계약을 체결하면서 상법상 고지의무를 위반한 경우에도 인정될 수 있다. (나) 다만 보험계약자가 보험자와 보험계약을 체결하더라도 우연한 사고가 발생하여야만 보험금이 지급되는 것이다. (다) 그러므로 고지의무 위반은 '보험사고의 우연성'이라는 보험의 본질을 해할 정도에 이르러야 비로소 보험금 편취를 위한 고의의 기망행위에 해당한다고 할 수 있다.

(라) 고지의무 위반이 보험금 편취를 위한 고의의 기망행위에 해당하는 경우로는 (ㄱ) 보험사고가 이미 발생하였음에도 이를 묵비한 채 보험계약을 체결하거나 (ㄴ) 보험사고 발생의 개연성이 농후함을 인식하면서도 보험계약을 체결하는 경우 또는 (ㄷ) 보험사고를 임의로 조작하려는 의도를 가지고 보험계약을 체결하는 경우 등이 있다. (마) 특히 상해·질병보험계약을 체결하는 보험계약자가 (ㄴ)의 보험사고 발생의 개연성이 농후함을 인식하였는지 여부는 보험계약 체결 전 기왕에 입은 상해의 부위 및 정도, 기존 질병의 종류와 증상 및 정도, 상해나 질병으로 치료받은 전력 및 시기와 횟수, 보험계약 체결 후 보험사고 발생 시까지의 기간과 더불어 이미 가입되어 있는 보험의 유무 및 종류와 내역, 보험계약 체결의 동기 내지 경과 등을 두루 살펴 판단하여야 한다.

대법원은 갑의 기존 치료경력에 관한 사실관계를 다음과 같이 분석하였다(사실관계 분석 축약함).

(가) 2013. 12. 3. 갑은 ㉮교통사고를 당해 그 무렵 병원에서 MRI 검사와 입원치료를 받았다. (나) 2013. 12. 27.경부터 2014. 1. 10. ㉯보험계약 체결 이후 2014. 1. 15.경까지 갑은 '요추 긴장' 등의 진단을 받아 치료를 받았다. (다) 갑은 총 4건의 ㉯보험사고와 관련하여 주로 '요추, 경추, 사지' 부분의 상해를 이유로 입원치료를 받았다. (라) 갑은 2013. 12. 3.의 ㉮교통사고로 인한 치료를 제외하고도 2011년 말경부터 ㉮교통사고 전까지 약 2년간 '요추의 염좌 및 긴장' 등의 질환으로 약 40회 이상 치료를 받았다. (마) 갑은 ㉯보험계약 체결 이후부터 2014. 8. 17.경 첫 번째 보험사고 발생 전까지 약 7개월간 '요통, 요천부' 등의 질환으로 약 20회 이상의 치료를 받았다.

대법원은 갑의 ㉯보험사고에 관한 사실관계를 다음과 같이 분석하였다.

(가) 갑에게 발생한 4건의 보험사고는 길에서 넘어지거나 차량을 타고 가다가 가벼운 접촉사고를 당한 것이다. (나) 4건의 보험사고는 기왕증이 없는 일반인이라면 단기간의 입원이나 간단한 통원치료만으로도 치료가 가능한 정도로 보인다. (다) 그런데도 갑은 총 95일간의 장기적인 입원치료를 받았다. (라) 갑은 이미 발생한 ④교통사고와 관련하여 지속적인 입·통원치료를 받던 중에 갑 스스로 P보험회사에 전화하여 ㉯보험계약 체결을 요청하였다. (마) 갑은 그 과정에서 보험설계사 A에게 여러 담보사항 중 입원일수와 관련한 보험금을 강조하여 확인하였다. (바) 갑은 종전에 상해 통원치료 실비보험을 비롯한 4건의 보험계약을 체결한 경험이 있었다. (사) 그러면서도 갑은 ㉯보험계약의 청약서를 작성할 당시 A가 '계약 전 알릴 의무사항'란의 내용을 모두 읽어주었지만 병원에 다닌 적이나 과거 병력이 없다는 취지로 진술하였다.

대법원은 앞에서 제시한 법리와 사실관계에 비추어 원심의 유죄 인정은 정당한 것으로 수긍이 된다고 판단하였다.

제 4 절 인과관계

| 2010도17512 |

2011. 2. 24. 2010도17512, 공 2011상, 692 = 분석 총론『목디스크 보험사기 사건』:

2003. 10. 초순경 갑은 남편 A가 목을 잡고 세게 흔들어 목을 다쳤다(㉮상해). 2003. 10. 13. 11:00경 을이 운전하는 ⓐ그랜저 승용차와 B가 운전하는 ⓑ오토바이와의 사이에 교통사고가 발생하였다(㉯교통사고). 갑은 ㉯교통사고 당시 ⓐ차량에 동승하지 않았다.

2003. 10. 13. 갑은 P병원에서 경추간판의 외상성 파열 등 ㉠진단서를 발급받았다. 2003. 10. 20. 갑은 Q병원에서 상기 진단명으로 경추간 유합술 등 ㉡시술을 시행받았다. 2003. 10. 27. 갑은 Q병원에서 경추간판 탈출증 등의 병명으로 다시 ㉢진단서를 발급받았다. 2004. 5. 12. 갑은 R병원에서 경추에 24%의 영구장해와 경수에 32%의 영구장해가 있다는 내용의 ㉣후유장해진단서를 발급받았다. 이 기간 중 갑은 ㉮상해로 3차에 걸쳐 입원하였다. 갑은 S, T, U 등 보험회사에 각각 보험을 가입하고 있었다. 갑은 S, T, U 등 보험회사에 ㉠, ㉢, ㉣서류를 제출하여 보험금을 청구하였다. 갑은 S, T, U 등 보험회사로부터 합계 1억원의 보험금을 받았다.

검사는 갑을 사기죄로 기소하였다. 갑의 피고사건은 제1심을 거친 후, 항소심에 계속되었다. 항소법원은 다음의 이유를 들어서 유죄를 인정하였다. (가) 갑은 ㉯교통사고 당시 ⓐ차량에 탑승하고 있지 않았다. (나) 갑의 ㉮상해는 ㉯교통사고로 인한 것이 아니다. 갑은 불복 상고하였다.

대법원은 다음의 이유를 제시하여 원심판결을 파기환송하였다.

대법원은 보험사기에 대해 다음과 같이 설시하였다.

(가) 피고인이 보험금을 편취할 의사로 허위로 보험사고를 신고하거나 고의적으로 보험사고를 유발한 경우 보험금에 관한 사기죄가 성립한다. (나) 설령 피고인이 보험사고에 해당할 수 있는 사고로 인하여 경미한 상해를 입었다고 하더라도 이를 기화로 보험금을 편취할 의사로 그 상해를 과장하여 병원에 장기간 입원하고 이를 이유로 실제 피해에 비하여 과다한 보험금을 지급받는 경우에는 그 보험금 전체에 대해 사기죄가 성립한다. (다) 사기죄는 타인을 기망하여 착오에 빠뜨리고 그 처분행위를 유발하여 재물을 교부받거나 재산상 이익을 얻음으로써 성립하는 것으로서, 기망, 착오, 재산적 처분행위 사이에 인과관계가 있어야 한다.

대법원은 원심법원이 인정한 사실관계 외에 다음의 사실관계를 확인하였다.

(가) 갑은 2003. 10. 초순경 남편 A가 목을 잡고 세게 흔들어 목을 다쳤을 뿐 2003. 10. 13. ㉯교통사고로 인하여 목을 다친 것이 아니다. (나) 갑은 2003. 10. 13. P신경외과의원에서 경수의 진탕 및 부종(C5-6), 경추

제 2 편 범 죄 론 **1045**

간판의 외상성 파열(C4-5, C5-6)이라는 진단서를 발급받았다. (다) 갑은 2003. 10. 20. Q병원에서 상기 진단 명으로 전방경유 수핵제거술 및 경추간 유합술을 시행받았다. (라) 갑은 2003. 10. 27. Q병원에서 경추간판탈 출증(제5-6 경추간 파열형) 및 경척수손상(급성좌상, 제5-6 경추간)의 병명으로 다시 진단서를 발급받았다. (마) 갑은 2004. 5. 12. R의과대학병원에서 경추에 24%의 영구장해와 경수에 32%의 영구장해가 있다는 내 용의 후유장해진단서를 발급받았다. (바) 검찰에 제출된 건강보험심사평가원장의 입원진료 적정성 여부 심사 의뢰에 대한 회신에는 갑의 위 상해로 인한 3차에 걸친 입원(2003. 10. 13.부터 10. 18.까지, 2003. 10. 18.부 터 10. 27.까지, 2003. 10. 27.부터 2004. 1. 14.까지) 등은 적정한 것으로 보인다고 기재되어 있다. (사) 갑이 가입한 보험 중 일부는 교통재해와 교통재해 이외의 일반재해를 구분하지 아니하고 상해 등에 대하여 동일하 게 보장하여 주는 보험이다. (아) 일반적으로 상해보험약관상 상해의 개념에는 '타인의 가해에 의한 상해'가 포함되고 있다.

대법원은 원심판결의 당부에 대해 다음과 같이 판단하였다.

(가) 사실관계가 이와 같다면, 갑이 ㉮상해를 입고 수술을 받았으나 후유장해가 남은 것은 사실이다. (나) 이는 일반재해에 해당된다. (다) 갑이 교통재해를 이유로 한 보험금청구가 보험회사에 대한 기망에 해당할 수 있으려면 (ㄱ) 각 보험약관상 교통재해만이 보험사고로 규정되어 있을 뿐 일반재해는 보험사고에 해당하 지 않는 경우에 해당하거나 (ㄴ) 교통재해의 보험금이 일반재해의 보험금보다 다액으로 규정되어 있는 경우 에 해당한다는 점이 전제되어야 한다. (라) 그런데 기록을 살펴보아도 이 점을 분명하게 알 수 있는 자료를 찾기 어렵다.

(마) 그럼에도 불구하고, 원심은 (ㄱ) 갑이 가입한 각 보험의 보험사고가 무엇인지 및 (ㄴ) 그 각 보험회사 들이 갑에게 보험금을 지급한 것이 갑의 기망으로 인한 것인지 등에 대하여 상세히 심리·판단하지 아니한 채 갑의 보험금청구가 기망행위에 해당한다고 쉽사리 단정하여 위 공소사실을 유죄로 인정하고 말았다. (바) 원심판결에는 사기죄에 있어서의 기망행위 또는 인과관계에 관한 법리를 오해하였거나 필요한 심리를 다하지 아니하여 사실을 오인함으로써 판결에 영향을 미친 위법이 있다.

2022도16120

2023. 3. 9. 2022도16120, 공 2023상, 680 =『분리수거장 옆 담배꽁초 사건』:

(이하 연도 생략함.) 갑과 을은 P회사의 M공장에서 근무하는 사람들이다. M공장동 건물 외벽에는 재활용 박스를 모아두는 ㉠분리수거장이 설치되어 있었다. 갑과 을은 ㉠분리수거장 옆에서 담배를 피우게 되었다. 당시는 ㉠분리수거장 방향으로 바람이 상당히 강하게 불고 있었다. ㉠분리수거장에는 불이 붙기 쉬운 종이로 된 재활용 박스 등이 쌓여 있었다. 갑과 을은 ㉠분리수거장 옆에서 함께 담배를 피웠다.

갑과 을은 담배를 다 피웠다. 3. 19. 17:22:02경 갑은 ㉠분리수거장 인근에 ⓐ담배꽁초 불씨를 손가락으로 튕긴 후 담배꽁초를 ㉠분리수거장 바로 옆 바닥에 놓여있던 쓰레기봉투에 던져 버렸다. 3. 19. 17:22:25경 을 도 ㉠분리수거장 인근에 ⓑ담배꽁초 불씨를 손가락으로 튕긴 후 담배꽁초를 ㉠분리수거장을 향해 던져 버렸 다. 갑과 을이 떠난 직후 갑과 을이 버린 담배 꽁초 불씨에서 ㉠분리수거장 안에 쌓여 있던 재활용 박스 등에 불이 붙었다. 그 불은 M공장동으로 번졌다. M공장동은 전소되었다(㉡화재). M공장의 수리에 약 6억 5천만 원이 소요될 정도의 피해가 발생하였다.

㉡화재의 발화가 갑의 ⓐ담배꽁초 불씨에서 직접 발화된 것인지, 을의 ⓑ담배꽁초에서 발화된 것인지는 확인되지 않았다. 그러나 ⓐ담배꽁초 또는 ⓑ담배꽁초의 어느 하나에 의하여 직접 발화가 된 것은 확실하다. 그리하여 두 가지 상황이 상정 가능하다. (가) 갑이 던진 ⓐ담배꽁초 불씨에서 직접 발화되었는데(작위범), 을이 이를 보고도 그냥 현장을 떠났다(부작위범). (나) 을이 던진 ⓑ담배꽁초 불씨에서 직접 발화되었는데(작

위범), 을이 이를 보고도 그냥 현장을 떠났다(부작위범).

검사는 갑과 을을 실화죄의 공동정범으로 기소하였다. 제1심법원은 갑과 을을 각 단독범으로 하여 유죄로 판단하였다. 갑과 을은 불복 항소하였다. 항소심 공판절차에서 검사는 다음과 같이 공소장변경신청을 하여 허가를 받았다. (가) 주위적 공소사실 : 실화죄 공동정범, 형법 제170조 제1항, 제164조, 제30조. (나) 예비적 공소사실 : 실화죄 단독정범, 형법 제170조 제1항, 제164조.

항소법원은 사실관계 인정 부분에 대해 다음과 같이 판단하였다. (가) 항소심과 제1심이 적법하게 채택하여 조사한 증거들을 종합하여 알 수 있는 다음과 같은 사정들이 있다. (나) 즉 CCTV 영상에 의하면, 갑이 분리수거장 방향으로 손가락으로 담뱃불을 튕겨서 끄고, 을은 창고동 방향으로 담뱃불을 튕겨서 끄는 모습이 확인되기는 한다. (다) 당시 바람이 분리수거장 방향으로 강하게 불었기 때문에 을의 담뱃불도 분리수거장으로 날아갔을 가능성을 배제할 수 없다. (라) 갑과 을 모두 담배꽁초를 분리수거장 또는 그 부근에 버렸는데 당시 담배꽁초에 불씨가 남아 있었을 수도 있다. (마) 그리고 누구의 담배꽁초에서 발화가 시작되었는지 알 수 없다. (바) 이러한 점 등에 비추어 보면, 제출된 증거들만으로 ⓒ화재가 갑과 을 중 누구의 행위에 의한 것인지 인정하기에 부족하고 달리 이를 인정할 증거가 없다.

항소법원은 사실관계를 분석하였다(내용 생략함). 항소법원은 갑과 을에게 상호 간 그 불씨가 살아있는지를 확인하고 이를 완전히 제거하는 등의 조치를 취하지 아니한 과실을 물을 수 있다고 판단하였다.

항소법원은 주위적 공소사실(실화죄의 공동정범) 부분에 대해 다음과 같이 판단하였다.

(가) 과실범의 공동정범은 행위자들 사이에 공동의 목표와 의사연락이 있는 경우에 성립하는 것이다. (나) 함께 담배를 피웠을 뿐인 갑과 을에게는 '공동의 목표'가 있었다고 보기 어려워 위와 같은 공동정범의 법리가 적용될 수는 없다. (다) 과실범의 공동정범으로 형법 제30조를 적용한 주위적 공소사실에 관한 검사의 주장은 이유 없다.

항소법원은 예비적 공소사실(실화죄의 단독정범) 부분에 대해 다음과 같이 판단하였다.

(가) 공동의 과실이 경합되어 화재가 발생한 경우에 적어도 각 과실이 화재의 발생에 대하여 하나의 조건이 된 이상은 그 공동적 원인을 제공한 각자에 대하여 실화죄의 죄책을 물어야 함이 마땅하다. (나) 살피건대, 앞서 살핀 바와 같이 누구의 행위로 인한 것인지 밝힐 수는 없다. (다) 그렇지만 갑과 을 중 한 명은 ⓒ화재 발생의 직접적 원인이 되는 행위를 한 과실이 있다. (라) 적어도 다른 한 명은 위와 같이 충분히 예견이 가능함에도 불구하고 그 불씨가 살아있는지를 확인하고 이를 완전히 제거하는 등의 조치를 취하지 않은 채 만연히 현장을 떠난 과실이 있다. (마) 이들 갑과 을 각자의 과실이 경합하여 ⓒ화재를 일으켰다고 봄이 상당하다. (바) 그러므로 예비적 공소사실에 관한 검사의 주장은 이유 있다. 항소법원은 다음과 같이 판단하였다. (가) 주위적 공소사실 : 실화죄 공동정범, 형법 제170조 제1항, 제164조, 제30조 무죄. (나) 예비적 공소사실 : 실화죄 단독정범, 형법 제170조 제1항, 제164조 유죄.

갑과 을은 유죄 부분에 불복하여 상고하였다. 갑과 을은 상고이유로 다음의 점을 주장하였다. (가) 원심은 "ⓒ화재가 갑과 을 중 누구의 행위에 의한 것인지 인정하기에 부족하다."고 판시하고 있다. (나) 그러므로 갑과 을 중 누구의 행위로 인하여 화재가 발생한 것인지 여부도 입증되지 않았다. (다) 갑과 을은 과실범의 미수에 해당하여(형법 제19조) 처벌할 수 없다. (라) 갑의 ⓐ담배꽁초 불씨로 ⓒ화재가 발화하였다면 을의 ⓑ담배꽁초 불씨는 ⓒ화재의 발화원인이 되지 않는다. (마) 을의 ⓑ담배꽁초 불씨로 ⓒ화재가 발화하였다면 갑의 ⓐ담배꽁초 불씨는 ⓒ화재의 발화원인이 되지 않는다. (바) 결국 적어도 갑 또는 을 가운데 한 사람은 실화죄의 책임을 지지 않는다.

대법원은 다음의 이유를 제시하여 갑과 을의 상고를 모두 기각하였다.

대법원은 실화죄의 부작위범과 인과관계에 대해 다음과 같이 판단하였다.

第2편 범죄론 **1047**

(가) (ㄱ) 형법이 금지하고 있는 법익침해의 결과발생을 (ㄴ) 방지할 법적인 작위의무를 지고 있는 자가 (ㄷ) 그 의무를 이행함으로써 결과발생을 쉽게 방지할 수 있는데도 (ㄹ) 결과발생을 용인하고 방관한 채 (ㅁ) 의무를 이행하지 아니한 것이 (ㅂ) 범죄의 실행행위로 평가될 만한 것이라면 (ㅅ) 부작위범으로 처벌할 수 있다.

(나) (ㄱ) 실화죄에 있어서 공동의 과실이 경합되어 화재가 발생한 경우 (ㄴ) 적어도 각 과실이 화재의 발생에 대하여 하나의 조건이 된 이상은 (ㄷ) 그 공동적 원인을 제공한 사람들은 각자 실화죄의 책임을 면할 수 없다.

대법원은 다음과 같은 원심의 판단을 그대로 수긍하였다.

(가) 갑과 을은 분리수거장 방향으로 담배꽁초를 던져 버렸다. (나) 갑과 을은 각자 본인 및 상대방이 버린 담배꽁초 불씨가 살아 있는지를 확인하고 이를 완전히 제거하는 등 화재를 미리 방지할 주의의무가 있음에도 이를 게을리 한 채 만연히 현장을 떠난 과실이 인정된다. (다) 이러한 갑과 을 각자의 과실이 경합하여 ⓛ화재를 일으켰다. (라) 갑과 을에게 각자의 실화죄 책임이 인정된다. (마) 갑과 을에 대한 예비적 공소사실을 유죄로 판단한다.

대법원은 과실범의 독립행위 경합 주장에 대해 다음과 같이 판단하였다.

(가) 원심판단 중 ⓛ화재가 갑과 을 중 누구의 행위에 의한 것인지 인정하기에 부족하다는 취지의 부분은 결과발생의 원인행위가 판명되지 않았다는 뜻으로 오해할 여지가 있기는 하다. (나) 그러나 이는 '갑과 을 중 누구의 담배꽁초(ⓐ 또는 ⓑ)로 인하여 ⓛ화재가 발생하였는지 인정할 증거가 부족하다.'는 의미로 선해(善解)할 수 있다.

(다) 이는 갑과 을의 근무내용, 화재 발생 시간과 장소 및 경위, 법익침해 방지를 위한 행위의 용이성 등을 고려할 때, (ㄱ) 갑과 을이 각자 본인 및 상대방의 담뱃불로 인하여 화재가 발생할 수 있음을 충분히 예견할 수 있어 (ㄴ) 상호 간에 담배꽁초 불씨가 남아 있는지를 확인하고 이를 완전히 제거할 주의의무가 있음에도 (ㄷ) 이를 위반한 채 분리수거장 부근에서 담배꽁초 불씨를 튕기고 담배꽁초를 던져 버린 후 아무런 조치 없이 현장을 떠났고 (ㄹ) 이러한 갑과 을의 각 주의의무 위반과 이 ⓛ화재의 발생 사이에 인과관계가 인정된다는 취지의 부가적 판단이다.

(라) 그러므로 이와 다른 전제에서 '원인행위가 불명이어서 갑과 을은 실화죄의 미수로 불가벌에 해당하거나 적어도 갑과 을 중 일방은 실화죄가 인정될 수 없다.'는 취지의 갑과 을의 주장은 받아들이기 어렵다.

제5절 고　의

2016도21389

2017. 6. 8. 2016도21389, 공 2017하, 1499 =『동업자 나체사진 전송 사건』:

성폭력처벌법 제13조는 통신매체이용음란죄를 규정하고 있다. 성폭력처벌법 제13조에 따르면 자기 또는 다른 사람의 성적 욕망을 유발하거나 만족시킬 목적으로 전화 등 통신매체를 통하여 성적 수치심이나 혐오감을 일으키는 그림을 상대방에게 도달하게 한 사람은 처벌된다. 갑은 A와 M식당을 동업하면서 A를 알게 되었다. A의 남편은 B이다. ㉠사진은 갑이 A와 성관계를 하면서 찍은 A의 나체사진이다. ㉠사진은 A의 동의 하에 촬영된 것이다. ㉠사진은 인터넷 상의 ⓛ드롭박스에 저장되어 있다. ⓛ드롭박스의 인터넷 주소는 ⓐ주소이다. A는 남편 B와 대화를 하는 중이었다. 갑은 A에게 휴대전화 카카오톡 메신저를 이용하여 ⓛ드롭박스의 ⓐ링크 주소를 전송하였다.

검사는 갑의 행위가 갑의 성적 욕망을 유발하거나 만족시킬 목적으로 통신매체를 통하여 성적 수치심이나 혐오감을 일으키는 그림을 상대방에게 도달하게 한 것에 해당한다고 판단하였다. 검사는 성폭력처벌법 제13조를 적용하여 갑을 기소하였다. 제1심법원은 유죄를 인정하였다. 갑은 불복 항소하였다. 항소법원은 제1심판결을 파기하고 무죄를 선고하였다. 항소법원은 무죄 판단의 이유로 다음의 점을 제시하였다. (가) 갑은 ㉠사진의 영상을 직접 전송한 것이 아니라 ⓐ주소를 링크하였을 뿐이다. (나) 갑이 ㉠사진을 전송한 것은 A의 동의 아래에 촬영된 ㉠사진을 보여주려는 목적이 있었을 뿐이다. (다) 갑에게 이를 넘어 A로 하여금 성적 수치심을 느끼게 하려는 목적은 없었다. 검사는 불복 상고하였다.

대법원은 다음의 이유를 제시하여 원심판결을 파기환송하였다.

대법원은 통신매체이용음란죄의 보호법익에 대해 다음과 같이 설시하였다.

(가) 성폭력처벌법 제13조에서 정한 '통신매체이용음란죄'는 '성적 자기결정권에 반하여 성적 수치심을 일으키는 그림 등을 개인의 의사에 반하여 접하지 않을 권리'를 보장하기 위한 것이다. (나) 통신매체이용음란죄는 성적 자기결정권과 일반적 인격권의 보호, 사회의 건전한 성풍속 확립을 보호법익으로 한다.

대법원은 성적 욕망의 유발·만족의 목적과 관련한 증명방법에 대해, 피고인과 피해자의 관계, 행위의 동기와 경위, 행위의 수단과 방법, 행위의 내용과 태양, 상대방의 성격과 범위 등 여러 사정을 종합하여 사회통념에 비추어 합리적으로 판단하여야 한다고 설시하였다.

대법원은 전송되는 그림 등이 성적 수치심이나 혐오감을 일으키는 것인지 여부에 대해 다음과 같은 판단기준을 제시하였다.

(가) '성적 수치심이나 혐오감을 일으키는 것'은 (ㄱ) 피해자에게 단순한 부끄러움이나 불쾌감을 넘어 (ㄴ) 인격적 존재로서의 수치심이나 모욕감을 느끼게 하거나 싫어하고 미워하는 감정을 느끼게 하는 것으로서 (ㄷ) 사회 평균인의 성적 도의관념에 반하는 것을 의미한다. (나) 이와 같은 성적 수치심 또는 혐오감의 유발 여부는 일반적이고 평균적인 사람들을 기준으로 하여 판단함이 타당하다. (다) 특히 성적 수치심의 경우 피해자와 같은 성별과 연령대의 일반적이고 평균적인 사람들을 기준으로 하여 그 유발 여부를 판단하여야 한다.

대법원은 통신매체이용음란죄에서 '상대방에게 도달하게 한다'는 의미에 대해 다음과 같이 설시하였다.

(가) 성폭력처벌법 제13조에서 '성적 수치심을 일으키는 그림 등을 상대방에게 도달하게 한다'라는 것은 '상대방이 성적 수치심을 일으키는 그림 등을 직접 접하는 경우뿐만 아니라 상대방이 실제로 이를 인식할 수 있는 상태에 두는 것'을 의미한다. (나) 따라서 행위자의 의사와 그 내용, 웹페이지의 성격과 사용된 링크기술의 구체적인 방식 등 모든 사정을 종합하여 볼 때 상대방에게 성적 수치심을 일으키는 그림 등이 담겨 있는 웹페이지 등에 대한 인터넷 링크(internet link)를 보내는 행위를 통해 (ㄱ) 그와 같은 그림 등이 상대방에 의하여 인식될 수 있는 상태에 놓이고 (ㄴ) 실질에 있어서 이를 직접 전달하는 것과 다를 바 없다고 평가되고, (ㄷ) 이에 따라 상대방이 이러한 링크를 이용하여 별다른 제한 없이 성적 수치심을 일으키는 그림 등에 바로 접할 수 있는 상태가 실제로 조성되었다면, 그러한 행위는 전체로 보아 성적 수치심을 일으키는 그림 등을 상대방에게 도달하게 한다는 구성요건을 충족한다고 보아야 한다.

대법원은 사실관계를 분석하였다.

대법원은 갑의 행위에 대해 다음과 같이 판단하였다.

(가) ㉠사진은 갑이 A와 성관계를 하면서 찍은 A의 나체 사진이다. (나) ㉠사진은 A뿐만 아니라 A와 같은 성별과 연령대의 일반적이고 평균적인 사람들의 성적 도의관념에 비추어 성적 수치심이나 혐오감을 일으키는 그림이나 영상에 해당한다. (다) 갑이 A에게 ㉠사진을 보낼 당시 같이 보낸 휴대폰 문자메시지와 카카오톡 메시지의 내용에 비추어 본다. (라) 갑은 당시 단순히 A에게 ㉠사진을 보여주려는 목적만을 가지고 있었다고 보기 어렵다. (마) 갑은 사이가 나빠진 A에게 둘이 성관계를 한 사진을 보유하고 있다는 사실을 알리

고 A에게 자신과 내연관계에 있었다는 사실을 상기시킴으로써 자신의 성적 욕망을 만족시키거나 A에게 보복이나 고통을 줄 목적으로 A에게 ㉠사진을 보낸 것으로 보인다. (바) 갑이 휴대전화로 ㉠사진이 저장된 ㉡인터넷 링크를 A에게 보낸 것은, (ㄱ) 이를 통해 A가 ㉠사진을 바로 접하여 인식할 수 있는 상태가 조성되었고 (ㄴ) 실질적으로 ㉠사진을 직접 전달하는 것과 같으므로, 성적 수치심을 일으키는 그림 등을 상대방에게 도달하게 한 경우에 해당한다.

2018도16002

2019. 3. 28. 2018도16002 전원합의체 판결, 공 2019상, 1005 =『준강간 불능미수 사건 고의 부분』:

A는 갑의 처이고, B는 A의 친구이다. (연월일 생략함.) 22:30경 갑은 자신의 집에서 A, B와 함께 술을 마셨다. 다음 날 01:00경 갑의 처 A가 먼저 잠이 들었다. 02:00경 B도 안방으로 들어가자 갑은 B를 따라 들어갔다. 갑은 누워 있는 B의 옆에서 B에게 성적 행위를 하다가 간음하였다.

검사는 갑을 강간죄로 기소하였다. 검사는 강간죄의 구성요건요소인 폭행, 협박을 증명하지 못하였다. 공소장변경절차를 거친 후, 제1심법원을 갑에게 준강간죄의 기수범을 인정하였다. 갑은 불복 항소하였다. 공소장변경절차를 거친 후, 항소법원은 다음의 이유를 들어서 갑에게 준강간죄의 불능미수범을 인정하였다. (가) B는 실제로는 반항이 불가능할 정도로 술에 취하지 아니하였다. (나) B는 항거불능의 상태에 있는 피해자가 아니다. (다) 객관적으로 갑은 B를 준강간 형태로 강간할 수 없다. (라) 갑은 B가 술에 만취하여 항거불능의 상태에 있다고 오인하였다. (마) 주관적으로 갑은 B의 항거불능 상태를 이용하여 B를 강간하려는 고의를 가지고 행위하였다. (바) 갑의 행위는 준강간죄의 미수에 그친 것이다. 갑은 항소심판결에 불복하여 상고하였다. 갑은 상고이유로 다음의 두 가지 점을 주장하였다. (가) 갑은 이미 B와 간음하였으므로 준강간죄의 미수범은 성립하지 않는다. (나) 갑은 B의 묵시적 동의가 있었다고 생각하였으므로 준강간죄의 고의가 없다.

대법원은 다음의 이유를 제시하여 상고를 기각하였다.

대법원은 준강간죄의 고의에 대해 다음과 같이 설시하였다.

(가) 형법 제297조는 "폭행 또는 협박으로 사람을 강간한 자는 3년 이상의 유기징역에 처한다."라고 규정하고 있다. (나) 형법 제299조는 "사람의 심신상실 또는 항거불능의 상태를 이용하여 간음 또는 추행을 한 자는 제297조, 제297조의2 및 제298조의 예에 의한다."라고 규정하고 있다. (다) 형법은 폭행 또는 협박의 방법이 아닌 심신상실 또는 항거불능의 상태를 이용하여 간음한 행위를 강간죄에 준하여 처벌하고 있다. (라) 그러므로 준강간의 고의는 피해자가 심신상실 또는 항거불능의 상태에 있다는 것과 그러한 상태를 이용하여 간음한다는 구성요건적 결과 발생의 가능성을 인식하고 그러한 위험을 용인하는 내심의 의사를 말한다.

대법원은 고의의 입증방법에 대해 다음과 같이 설시하였다.

(가) 피고인이 범죄구성요건의 주관적 요소인 고의를 부인하는 경우, 그 범의 자체를 객관적으로 증명할 수는 없다. (나) 그러므로 사물의 성질상 범의와 관련성이 있는 간접사실 또는 정황사실을 증명하는 방법으로 범의를 증명할 수밖에 없다. (다) 이때 무엇이 관련성이 있는 간접사실 또는 정황사실에 해당하는지를 판단할 때에는 정상적인 경험칙에 바탕을 두고 치밀한 관찰력이나 분석력으로 사실의 연결상태를 합리적으로 판단하는 방법으로 하여야 한다.

대법원은 미필적 고의의 입증방법에 대해 다음과 같이 설시하였다.

(가) 고의의 일종인 미필적 고의는 범죄사실의 발생 가능성에 대한 인식이 있고 나아가 범죄사실이 발생할 위험을 용인하는 내심의 의사가 있어야 한다. (나) 행위자가 범죄사실이 발생할 가능성을 용인하고 있었는지 여부는 행위자의 진술에 의존하지 않고 외부에 나타난 행위의 형태와 행위의 상황 등 구체적인 사정을 기초로 일반인이라면 해당 범죄사실이 발생할 가능성을 어떻게 평가할 것인지를 고려하면서 행위자의 입장에

서 그 심리상태를 추인하여야 한다.

대법원은 원심판결의 당부에 대해 다음과 같이 판단하였다.

(가) 갑과 갑의 처, 그리고 B가 함께 술을 마신 경위, 갑과 B가 마신 각 술의 양, B가 심신상실 또는 항거불능의 상태에 이르지 않았더라도 장시간 주량을 초과하는 술을 마셔 취한 상태로 안방에 들어가 누워 있던 상황, 갑이 준강간의 범행에 착수할 당시 B의 상태, 범행 후 갑과 B가 주고받은 문자메시지의 내용 등을 살펴본다. (나) 원심이 갑에게 준강간의 고의를 인정한 것은 정당하다.

 2021도15080

2024. 4. 4. 2021도15080, 공 2024상, 751 =『범혈구감소증 사망진단서 사건』:

(이하 연도 생략함.) A는 사건 당시 생후 6개월의 환자이다. 10. 13.경부터 A는 발열 등의 증상으로 P병원에 입원하였다. 10. 20. A에 대한 혈액검사상 헤모글로빈 7.6g/dl, 혈소판 50,000/μL의 빈혈, 혈소판감소증의 상태가 확인되었다. 10. 20. 그 원인을 확인하기 위하여 A는 Q병원 응급실에 내원하였다. 갑은 A의 주치의이다. 을은 A의 담당의이다. 10. 20. Q병원에서 시행한 혈액 검사결과 헤모글로빈은 7.5g/dl, 혈소판은 11,000/μL으로 확인되었다. 위와 같은 혈소판의 감소뿐만 아니라 백혈구, 적혈구 등도 함께 감소되어 있는 범혈구감소증의 상태가 확인되었다. 그 원인을 진단하기 위해 주치의 갑은 담당의 을에게 A에 대한 골수검사를 지시하였다.

10. 21. A는 골수검사를 받게 되었다. 담당의 을은 골수검사를 위한 골수채취 중 A에 대한 마취가 제대로 되지 않자 최면진정제와 전신마취제를 각각 다섯 차례에 걸쳐 반복 투여하였다. 당시 9.1kg인 A에게 투여된 최면진정제·전신마취제는 미다졸람 총 2.68mg, 케타민 총 26.8mg이다. 그러던 중 A의 산소포화도가 75%로 떨어졌다. 담당의 을은 골수채취를 중단시킨 다음 최면진정제의 길항제인 플루마제닐을 투여하고 기관삽관과 앰부백(Ambu bag)을 이용한 수동 인공호흡 등의 조치를 통해 기도를 개방하여 산소를 공급하였다. 10. 21.경 A는 사망하였다.

주치의 갑은 A의 사망의 종류를 '병사'로, 직접사인을 '호흡정지'로, 중간선행사인을 '범혈구감소증'으로 사망진단서를 기재하도록 담당의 을에게 지시하였다. 담당의 을은 주치의 갑의 지시에 따라 위와 같은 취지로 ㉠사망진단서를 작성하였다. 이후 B의사에 의하여 A에 대한 부검이 실시되었다. 11. 7.자로 A에 대해 다음 내용의 ㉡부검감정서가 작성되었다. (가) A는 의인성 손상에 의한 혈복강으로 사망하였다. (나) 이는 골수채취 중 골수채취 바늘이 장골을 관통하여 총장골동맥을 파열시켜 발생한 것으로 보인다.

검사는 갑과 을을 허위진단서작성죄와 업무상과실치사죄의 공동정범으로 기소하였다. 담당의 을은 수사기관과 법정에서 다음과 같이 진술하였다. (가) A가 범혈구감소증에 따른 파종성혈관장애, 다발성장기부전 등의 원인으로 사망에 이르렀다고 생각하였다. (나) 주치의 갑과 상의한 후에는 A가 진정제 부작용에 따른 호흡부전으로 사망하였을 가능성이 높다고 생각하여 ㉠사망진단서를 작성하였다. 주치의 갑은 수사기관과 법정에서 다음과 같이 진술하였다. (가) ㉠사망진단서에 직접사인으로 기재된 '호흡정지'는 진정제 부작용으로 발생한 호흡정지를 의미한다. (나) A가 진정제 투여 때문에 사망하였다고 생각하여 이와 같이 기재하였다. A를 부검한 부검의 B, 대한의사협회, 한국의료분쟁조정중재원의 감정의는 일치하여 갑과 을이 A에 대한 골수채취 당시 동맥파열로 출혈이 발생하였을 것을 예측하는 것은 쉽지 않았을 것이라는 의견을 밝혔다.

제1심법원은 갑과 을의 공소사실에 대해 다음과 같이 판단하였다. (가) 허위진단서작성죄 : 유죄. (나) 업무상과실치사죄 : 무죄. 갑과 을은 유죄 부분에 불복하여 항소하였다. 검사는 무죄 부분에 불복하여 항소하였다. 항소법원은 피고인들과 검사의 항소를 모두 기각하였다. 갑과 을은 유죄 부분에 불복하여 상고하였다. 검사는 무죄 부분에 불복하여 상고하였다.

대법원은 검사의 무죄 부분에 대한 상고를 기각하였다.

대법원은 다음의 이유를 제시하여 갑과 을에 대한 유죄 부분을 파기환송하였다.

대법원은 허위진단서작성죄의 고의에 대해 다음과 같이 설시하였다.

(가) 형법 제233조의 허위진단서작성죄가 성립하기 위하여서는 (ㄱ) 진단서의 내용이 객관적으로 진실에 반할 뿐 아니라 (ㄴ) 작성자가 진단서 작성 당시 그 내용이 허위라는 점을 인식하고 있어야 한다. (나) (ㄱ) 주관적으로 진찰을 소홀히 한다든가 (ㄴ) 착오를 일으켜 오진한 결과로 진실에 반한 진단서를 작성하였다면 허위진단서 작성에 대한 인식이 있다고 할 수 없으므로 허위진단서작성죄가 성립하지 않는다.

대법원은 미필적 고의에 대해 다음과 같이 설시하였다.

(가) 고의의 일종인 미필적 고의는 중대한 과실과는 달리 (ㄱ) 범죄사실의 발생 가능성에 대한 인식이 있고 (ㄴ) 나아가 범죄사실이 발생할 위험을 용인하는 내심의 의사가 있어야 한다. (나) 행위자가 범죄사실이 발생할 가능성을 용인하고 있었는지 여부는 (ㄱ) 행위자의 진술에 의존하지 않고 (ㄴ) 외부에 나타난 행위의 형태와 행위의 상황 등 구체적인 사정을 기초로 (ㄷ) 일반인이라면 해당 범죄사실이 발생할 가능성을 어떻게 평가할 것인지를 고려하면서 (ㄹ) 행위자의 입장에서 그 심리상태를 추인하여야 한다.

대법원은 허위진단서작성죄의 미필적 고의 증명에 대해 다음과 같이 설시하였다.

(가) (ㄱ) 의사 등이 사망진단서를 작성할 당시 기재한 사망 원인이나 사망의 종류가 허위인지 여부 또는 (ㄴ) 의사 등이 그러한 점을 인식하고 있었는지 여부는 임상의학 분야에서 실천되고 있는 의료 수준 및 사망진단서 작성현황에 비추어 사망진단서 작성 당시까지 작성자가 진찰한 환자의 구체적인 증상 및 상태 변화, 시술, 수술 등 진료 경과 등을 종합하여 판단하여야 한다. (나) 특히 부검을 통하지 않고 사망의 의학적 원인을 정확하게 파악하는 데에는 한계가 있다. (다) 그러므로 부검 결과로써 확인된 최종적 사인이 이보다 앞선 시점에 작성된 사망진단서에 기재된 사망 원인과 일치하지 않는다는 사정만으로 (ㄱ) 사망진단서의 기재가 객관적으로 진실에 반한다거나, (ㄴ) 작성자가 그러한 사정을 인식하고 있었다고 함부로 단정하여서는 안 된다.

대법원은 사실관계를 분석하였다(내용 생략함).

대법원은 갑과 을의 행위에 대해 다음과 같이 판단하였다.

(가) (전략) 갑과 을은 A가 골수검사를 위한 골수채취 중 산소포화도가 급격하게 저하되고 상태가 악화되자 진정제 투여 부작용에 관한 치료를 우선적으로 시행하였다. (나) 그 과정에서 A가 사망에 이르게 되자 진정제 투여에 따른 부작용으로 호흡곤란이 발생하여 사망한 것으로 인식하고 사망진단서에 사망의 종류를 '병사'로, 직접사인을 '호흡정지'로 기재하였을 가능성을 배제하기 어렵다.

(다) 부검 결과 확인된 A의 사인과 사망진단서에 기재된 사망 원인이 일치하지 않고 있다. (라) 갑과 을이 대한의사협회의 「진단서 등 작성·교부지침」의 내용과 다르게 사망진단서를 작성한 사정이 있기는 하다. (마) 그러나 위 지침은 법률상 구속력 있는 규범으로 보기 어렵다. (바) 뿐만 아니라, 그 내용상 (ㄱ) 사망 원인에 다양한 견해가 있을 수 있다는 점이나 (ㄴ) 부검이 실시된 경우 사망진단서에 기재된 사망 원인과 부검 결과에 따른 사인이 다를 수 있다는 점을 전제한 것으로 보인다.

(사) 의사 등은 사망진단서 작성 당시까지 드러난 환자의 임상 경과를 고려하여 가장 부합하는 사망 원인과 사망의 종류를 자신의 의학적인 판단에 따라 사망진단서에 기재할 수 있다. (아) 그러므로 부검 이전에 작성된 사망진단서에 기재된 사망 원인이 부검으로 밝혀진 사망 원인과 다르다고 하여 갑과 을에게 허위진단서 작성의 고의가 있다고 곧바로 추단할 수는 없다.

2024. 1. 4. 2023도13081, 공 2024상, 430 =『전동차 안 상동행위 사건』 :

(일자 생략) 23:15경 갑은 M방향 지하철 전동차에서 앉아 있었다. 갑의 맞은 편에는 A(여, 19세)가 앉아 있었다. 갑은 자리를 옮겨 A의 두 칸 옆 자리에 앉았다. A와 갑 사이에 앉은 학생이 내렸다. 갑은 A의 바로 옆 자리로 이동하였다. A는 갑이 A의 왼팔 상박 맨살에 갑의 오른팔 상박 맨살을 비빈다(㉮행위)고 생각하였다. A는 ㉮행위를 피해 옆 좌석으로 이동하였다. 그러자 갑은 재차 A의 옆 자리로 이동하여 ㉮행위를 반복하였다. A의 맞은편에 앉은 목격자 B는 갑의 행동이 이상하다고 생각하여 사진을 찍었다. B는 지하철에서 내리는 A에게 사진을 교부하였다.

A는 갑이 자신을 전동차 안에서 추행하였다고 신고하였다. 수사 과정에서 갑이 자폐성 장애 및 2급 지적장애인임이 밝혀졌다. 갑은 자신의 자리 이동경로나 경위를 전혀 기억하지 못하였다. 자폐성 장애의 증상 가운데 하나로 '정해진 절차를 엄격하게 고집하는 경향'이 있다. 자폐성 장애의 주된 특성은 '제한적이고 반복적인 행동'이다(상동행동). 상동행동은 특정한 순서에 따른 행동이나 의례적인 행동에 융통성 없이 집착하는 모습으로 나타난다.

검사는 갑에게 A에 대한 추행의 미필적 고의가 인정된다고 판단하였다. 검사는 갑을 성폭력처벌법위반(공중밀집장소에서의 추행)죄로 기소하였다. 갑은 추행의 고의가 없었다고 주장하였다. 제1심법원은 유죄를 선고하였다. 갑은 불복 항소하였다. 항소법원은 다음의 이유를 들어서 공소사실을 유죄로 판단하였다. (가) 갑의 지하철 내에서의 이동경로 및 신체적 접촉 정도 등에 관한 A 및 목격자 B의 진술이 있다. (나) 갑이 제출한 소견서 등만으로는 자폐성 장애에 따른 '상동행동'으로서 추행의 고의가 없었다고 단정하기 어렵다. (다) 갑에 대한 심리평가결과와 수사과정에서의 일부 질문에 대한 답변 내용에 비추어, 갑의 지적 또는 의지적 상태가 자신이 한 행동의 사회적 의미를 전혀 이해하지 못하는 수준의 상태에 해당한다고 볼 정도는 아니다. (라) 갑이 A의 맞은편에 앉아 있다가 A의 옆으로 옮겨 앉은 후 ㉮행위를 한 점에 비추어 자폐성 장애로 인한 상동행동에 기인한 것이라고 보기 어렵다. 갑은 불복 상고하였다.

대법원은 다음의 이유를 제시하여 상고를 기각하였다.

대법원은 공중밀집장소 추행죄의 고의에 대해 다음과 같이 설시하였다.

(가) 성폭력처벌법 제11조의 '공중 밀집 장소에서의 추행죄'의 '추행'이란 (ㄱ) 일반인을 기준으로 (ㄴ) 객관적으로 성적 수치심이나 혐오감을 일으키게 하고 (ㄷ) 선량한 성적 도덕관념에 반하는 행위로서 (ㄹ) 피해자의 성적 자기결정권을 침해하는 것을 의미한다. (나) 성폭력처벌법 제11조 위반죄가 성립하기 위해서는 주관적 구성요건으로서 (ㄱ) 추행을 한다는 인식을 전제로 (ㄴ) 적어도 미필적으로나마 이를 용인하는 내심의 의사가 있어야 한다.

(다) 피고인이 추행의 고의를 부인하는 경우에는 고의와 상당한 관련성이 있는 간접사실을 증명하는 방법에 따를 수밖에 없다. (라) 이 경우 (ㄱ) 피고인의 나이·지능·지적능력 및 판단능력, (ㄴ) 직업 및 경력, (ㄷ) 피고인이 공소사실 기재 행위에 이르게 된 경위와 동기, (ㄹ) 피고인과 피해자의 관계, (ㅁ) 구체적 행위 태양 및 행위 전후의 정황, (ㅂ) 피고인의 평소 행동양태·습관 등 객관적 사정을 종합하여 판단해야 한다. (마) 그리고 피고인이 고의로 추행을 하였다고 볼 만한 징표와 어긋나는 사실의 의문점이 해소되어야 한다.

(바) 이는 피고인이 자폐성 장애인이거나 지적장애인에 해당하는 경우에도 마찬가지이다. (사) 외관상 드러난 피고인의 언행이 비장애인의 관점에서 이례적이라거나 합리적이지 않다는 이유만으로 함부로 고의를 추단하거나 이를 뒷받침하는 간접사실로 평가하여서는 아니 된다. (아) 전문가의 진단이나 감정 등을 통해 피고인의 장애 정도, 지적·판단능력 및 행동양식 등을 구체적으로 심리한 후 (ㄱ) 피고인이 공소사실 기재 행위 당시 (ㄴ) 특정 범행의 구성요건 해당 여부에 관한 인식을 전제로 (ㄷ) 이를 용인하는 내심의 의사까지 있었

다는 점에 관하여 합리적인 의심을 할 여지가 없을 정도의 확신에 이르러야 한다.

대법원은 성범죄와 관련한 검사의 증명책임에 대해 설시하였다(내용이 방대하여 분석 생략함).

대법원은 갑에게 추행의 고의를 인정한 원심의 판단이 다음과 같은 이유에서 수긍하기 어렵다고 판단하였다.

(가) 원심이 갑에 대하여 추행의 고의를 인정한 가장 중요한 간접사실은 갑이 A를 따라간 것처럼 계속 자리를 이동하였다는 점에 있다. (나) 그러나 이에 관해서는 "자폐성 장애로 인한 '빈자리 채워 앉기에 관한 강박 증상'의 발현에 불과하다."는 갑의 주장 및 장애 상태와 이를 뒷받침하는 객관적 발현 증상에 관한 이론적 근거도 존재하는 것으로 보인다. (다) (중략.) (라) 검사는 갑의 장애 정도와 지적·판단능력 및 행동양식 등에 관한 주장을 배척할 만한 전문가의 진단 등 객관적 증거를 전혀 제출하지도 않았다.

(마) 이러한 상황에서 외관상 보이는 갑의 자리 이동방식이나 이동경로가 비장애인의 관점에서 이례적이거나 이상하더라도 그 행동이 '빈자리 채워 앉기에 대한 강박행동'일 가능성을 배제한 채 함부로 추행의 고의를 추단하거나 오히려 이를 고의에 의한 추행사실을 뒷받침하는 간접사실로 인정하는 것은 형사 증명책임의 원칙상 허용될 수 없다. (바) A가 갑이 상박 중 일부를 고의로 비볐다고 생각한 것은 자폐성 장애로 인하여 갑이 의식하지 못한 채 별다른 의미 없이 팔을 위 아래로 움직이는 '상동행동'의 일환일 가능성을 배제하기 어렵다. (사) (중략.)

(아) 원심은 '피고인이 제출한 증거만으로는 자폐성 장애에 따른 상동행동으로서 추행의 고의가 없었다고 단정하기는 어렵다.'고 판단하였다. (자) 이러한 원심의 판단은 헌법상 무죄추정의 원칙은 물론 형사소송법상 증거재판주의 및 검사의 증명책임에 반한다고 볼 여지가 크다. (차) (후략.)

제 **1** 절 과 실

| 2008도8606 |

2010. 10. 28. 2008도8606, 공 2010하, 2200 『활력징후 검사 사건』:

출혈의 초기단계에서는 맥박수 증가 등 활력징후의 이상이 먼저 나타나고, 출혈이 어느 정도 진행된 이후에야 다른 증상이 나타난다. 그렇기 때문에 출혈 여부를 미리 알고 대처하기 위하여 수술 직후에는 활력징후를 자주 측정한다. A는 P대학병원에서 췌장 종양 수술을 받을 환자이다. B는 A의 진료를 담당한 일반외과 전공의이다.

B는 환자 A의 수술 전에 미리 활력징후 관련 지시(오더)를 컴퓨터에 입력해 놓았다. 여기에는 'V/S q 15min till stable, then q 1hr(×4) → q 4hr'라고 적혀 있었다(㉠지시). ㉠지시의 의미는 다음과 같다. (가) 활력징후가 안정될 때까지 15분 간격으로 측정한다(화살표 이전 부분). (나) 활력징후가 안정되면 1시간 간격으로 4회 측정한다(화살표 이전 부분). (다) 그 후 4시간 간격으로 측정한다(화살표 이후 부분).

㉠지시의 아래에는 추가적으로 'V/S check q 1hr'라고 기재되어 있다(㉡지시). ㉡지시의 의미는 활력징후를 한 시간 간격으로 측정한다는 것이다. ㉡지시와 함께 "만약 수축기 혈압이 90㎜Hg 이하이거나 160㎜Hg 이상인 경우 및 이완기 혈압이 60㎜Hg 이하이거나 100㎜Hg 이상인 경우에는 의사에게 알려 달라."는 내용이 기재되어 있다. 전공의 B는 ㉠, ㉡지시에 대해 다음과 같이 진술하였다. (가) ㉠지시 중 화살표 이전 부분(활력징후가 안정될 때까지 15분 간격으로 측정하고, 안정되면 1시간 간격으로 4회 측정)은 일반병실과 중환자실 모두 동일하게 적용된다. (나) ㉠지시 중 화살표 이후 부분 중 4시간 간격 측정은 일반병실에서 적용된다. (다) 그 아래 ㉡지시에 기재된 1시간 간격 측정은 중환자실에서 적용된다.

(이하 연월일 생략함.) 환자 A는 췌장 종양 절제술(PPPD)을 받고 회복실에서 약 1시간 40분 정도 있었

다. 20:15경 A는 일반병실로 옮겨졌다. 일반병실에서 환자 A의 간호를 담당하는 간호사는 갑과 을이다. 갑의 근무시간은 23:00까지이다. 을의 근무시간은 23:00부터이다. 갑은 컴퓨터를 통하여 전공의 B가 내린 ㉠, ㉡지시를 확인하였다. 갑은 A가 일반병실에 입원한 20:15 즉시 활력징후를 측정하였다. 21:30경 갑은 A의 활력징후를 측정하였다. 22:30 이후 갑은 A의 활력징후를 측정하지 않았다. 23:00부터 을이 A의 간호를 담당하게 되었다. 을은 21:00경 미리 출근하여 컴퓨터를 통하여 전공의 B의 ㉠, ㉡지시 및 그 수행 여부를 확인하였다. 23:00 을은 A의 병실에 들어가 상태를 관찰하였으나 활력징후는 측정하지 않았다.

23:10 갑은 보호자들의 요청에 의하여 A를 관찰하였다. 당시 A는 호흡곤란 증상을 보여 보호자들이 A에게 심호흡을 시키고 있었다. 갑은 특별한 이상이 없다는 취지로 말하고 돌아갔다. A의 의식수준이 떨어지면서 잠을 자려는 태도를 보였다. 보호자들은 다시 갑을 찾아와 재워도 되느냐고 물어보았다. 갑은 괜찮다는 취지로 답변하고 퇴근하였다. 23:40경 A의 가족들은 A가 숨을 쉬지 않는 것을 발견하고 을 등 간호사들에게 알렸다. 의료진은 A에게 심폐소생술을 시행하는 한편, 출혈로 인한 쇼크로 판단하고 지혈을 위한 개복수술을 시행하였다. 수술 결과 A에게 동맥 출혈은 없었으나 장간막 등에서 전반적으로 피가 스며 나오는 양상으로 출혈이 있었다. 출혈량은 복강 내에 약 3L, 기관지 삽관부위에 약 1L 정도였다. 다음날 02:49경 A는 출혈로 사망하였다.

A의 사망과 관련하여 다음의 사실들이 확인되었다. (가) 췌장 종양 제거수술의 주요 부작용은 출혈이다. (나) A는 췌장 종양 제거수술 직후까지 출혈성 경향이 없었다. (다) 출혈이 진행되어 비가역적인 상태에 이르면 치료에도 불구하고 출혈 경향이 유지되기도 한다. (라) 갑과 을이 근무하는 P대학병원에서 활용하는 외과 간호사를 위한 지침서에는 췌장암 수술 후 활력징후는 4시간 간격으로 측정한다고 되어 있다(㉢지침서). (마) P대학병원 간호부장은 ㉢업무지침서가 의사의 지시보다 앞설 수는 없다고 진술하였다.

검사는 간호사 갑과 을을 업무상과실치사죄로 기소하였다. 갑과 을의 피고사건은 제1심을 거친 후, 항소심에 계속되었다. 항소법원은 다음의 이유를 들어서 무죄로 판단하였다. (가) 갑과 을이 1시간 간격으로 A의 활력징후를 측정하지 않았고 A가 그 후 사망하였다는 사정만으로 업무상과실이 있다고 단정하기 어렵다. (나) 갑과 을의 활력징후 측정 미이행 행위와 A의 사망 사이에 인과관계가 있다고 단정하기 어렵다. 검사는 불복 상고하였다.

대법원은 다음의 이유를 제시하여 원심판결을 파기환송하였다.

대법원은 의사의 주의의무에 대해 다음과 같이 설시하였다.

(가) 인간의 생명과 건강을 담당하는 의사에게는 그의 업무의 성질에 비추어 보아 위험방지를 위하여 필요한 최선의 주의의무가 요구된다. (나) 따라서 의사로서는 환자의 상태에 충분히 주의하고 진료 당시의 의학적 지식에 입각하여 그 치료방법의 효과와 부작용 등 모든 사정을 고려하여 최선의 주의를 기울여 그 치료를 실시하지 않으면 안된다. (다) 이러한 주의의무의 기준은 진료 당시의 이른바 임상의학의 실천에 의한 의료수준에 의하여 결정되어야 한다. (라) 그러나 그 의료수준은 규범적으로 요구되는 수준으로 파악되어야 하고, 당해 의사나 의료기관의 구체적 상황에 따라 고려되어서는 안된다.

대법원은 간호사의 진료보조 의무에 대해 다음과 같이 설시하였다.

(가) 의료법은 제2조에서 의사는 의료에 종사하고, 간호사는 간호 또는 진료의 보조 등에 종사한다고 규정하고 있다. (나) 그러므로 간호사가 의사의 진료를 보조할 경우에는 특별한 사정이 없는 한 의사의 지시에 따라 진료를 보조할 의무가 있다.

대법원은 A의 사망과 관련된 사실관계를 확인한 후, 다음과 같이 판단하였다.

(가) 활력징후가 안정된 후 1시간 간격으로 4회 측정하라는 의사의 ㉠지시는 일반병실에서도 적용되는 것이다. (나) ㉠지시는 일반병실 간호사인 갑과 을에게 명시적으로 전달되었다. (다) 출혈의 초기단계에서는 활

력징후 변화 이외에 임상증상이 잘 나타나지 않기 때문에 환자의 임상증상 관찰로써 활력징후 측정을 대체할 수는 없다. (라) 이러한 점에 비추어 보면 ㉠지시가 잘못된 내용이라고 볼 수 없다. (마) 갑과 을이 1시간 간격으로 활력징후를 측정하였더라면 출혈을 조기에 발견하여 수혈, 수술 등 치료를 받고 사망하지 않았을 가능성이 충분하다고 보인다. (바) 갑과 을이 근무하는 P대학병원에서 활용하는 외과 간호사를 위한 ㉡지침서에 췌장암 수술 후 활력징후는 4시간 간격으로 측정한다고 되어 있다. (사) 그렇다고 하여도 위 내용은 수술 후 활력징후가 어느 정도 안정된 다음 측정하는 간격에 대한 것이지, 안정되는 과정에서 측정하는 간격에 대한 것은 아니다. (아) 이 사건에서 P대학병원 간호부장 역시 ㉢업무지침서가 의사의 지시보다 앞설 수는 없다는 견해를 피력하고 있다. (자) 그러므로 췌장암 수술을 받고 일반병실에 입원한 환자의 경우 활력징후가 완전히 안정되기 전에도 항상 4시간 간격으로 활력징후를 측정하는 것이 (ㄱ) 임상관행이라고 볼 수 없을 뿐만 아니라 (ㄴ) 임상의학의 실천에 의한 의료수준이라고 볼 수도 없다.

대법원은 갑과 을의 주의의무위반에 대해 다음과 같이 판단하였다.

(가) 갑은 (ㄱ) 일반병실에 올라온 A에 대하여 1시간 간격으로 4회에 걸쳐 활력징후를 측정할 의무가 있음에도, (ㄴ) 3회차 활력징후 측정시각인 22:30경 이후 활력징후를 측정하지 아니한 업무상과실이 있다고 보아야 한다. (나) 을 역시 (ㄱ) 자신의 근무교대시각이 되었으면 의사의 지시내용 중 수행되지 않은 것이 어떤 것이 있는지 살펴 1시간 간격 활력징후 측정 등 시급한 내용이 수행되지 않은 경우 ㉠지시를 먼저 수행할 의무가 있음에도, (ㄴ) 23:00경 A를 관찰하고도 활력징후를 측정하지 않았고, 그 후에도 만연히 다른 업무를 보면서 4회차 측정시각인 23:30경까지도 활력징후를 측정하지 아니한 업무상과실이 있다고 보아야 한다.

대법원은 원심판결의 당부에 대해 다음과 같이 판단하였다.

(가) 그럼에도 불구하고 원심판결은 갑과 을이 1시간 간격으로 A의 활력징후를 측정하지 않았고 A가 그 후 사망하였다는 사정만으로 업무상과실이 있거나, 갑과 을의 활력징후 측정 미이행 행위와 A의 사망 사이에 인과관계가 있다고 단정하기 어렵다는 이유로, 이 사건 공소사실이 무죄라고 판단하였다. (나) 원심판결은 간호사에게 요구되는 업무상 주의의무 또는 상당인과관계에 대한 법리를 오해하여 판결에 영향을 미친 위법이 있다.

2016도21034

2017. 5. 31. 2016도21034, 공 2017하, 1440 =『오리 상하차 작업 사건』:

교통사고처리 특례법은 교통사고를 낸 운전자가 교통사고 보험에 가입되어 있으면 검사가 공소를 제기할 수 없도록 하는 특례를 규정하고 있다. A는 M오리농장을 운영하고 있다. 갑은 P축산회사의 작업팀장이다. 갑은 오리의 상하차 업무를 담당하고 있다. 을은 ⓐ트럭의 운전자이다. 을은 P회사의 직원이 아니다. ⓐ트럭에는 오리를 상차하기 위한 ㉠케이지가 고박되어 있다. ⓐ트럭은 교통사고 보험에 가입되어 있다.

갑은 M오리농장 축사 5동 앞에서 A가 사육한 오리를 을이 운전한 ⓐ트럭 적재함의 ㉠오리케이지에 상차하는 작업을 하였다. ⓐ트럭 운전자 을은 추가로 오리를 상차하기 위하여 ⓐ트럭을 축사 4동 앞으로 10m 정도 이동하여 정차하였다. 을은 아직 ⓐ트럭의 시동을 끄지 아니한 채 운전석에 앉아 있었다. 그런데 ⓐ트럭이 좌우가 경사진 곳에 정차한 것이 원인이 되어 ㉠케이지의 고박이 풀려 넘어졌다. 풀린 ㉠케이지로 인해 때마침 ⓐ트럭 앞으로 다가서던 농장주 A가 상해를 입었다(㉮사고).

검사는 갑과 을을 형법 제268조 업무상 과실치상죄로 기소하였다. 제1심법원은 다음과 같은 이유로 갑과 을에게 공소기각판결을 선고하였다. (가) ㉮사고 당시 ⓐ트럭이 완전히 정차되어 있었다고 하자. (나) 그렇다고 하더라도 ㉮사고는 ⓐ트럭의 이동과 정차 과정에서 발생한 것으로 교통사고처리 특례법 제2조 제2호에서 정한 교통사고에 해당한다. (다) 을은 ⓐ트럭의 운전자로서 교통사고로 인하여 형법 제268조의 죄를 범하였다. (라) 갑은 을과 공동하여 교통사고로 인하여 형법 제268조의 죄를 범하였다. (마) 결국 이 사건 공소사실은 교통사고처리 특례법 제3조 제1항에 해당하는 죄이다. (바) 교통사고처리 특례법 제4조 제1항에 의하여 교통사고를 일으킨 차가 같은 항에서 정한 보험에 가입한 경우에는 공소를 제기할 수 없다. (사) ⓐ트럭이 교통사고처리 특례법 제4조 제1항에서 정한 보험에 가입한 사실이 인정된다. (아) 그러므로 이 사건 공소는 형소법 제327조 제2호 공소제기의 절차가 법률의 규정에 따라 무효인 때에 해당한다. 검사는 불복 항소하였다. 항소법원은 항소를 기각하고, 제1심판결을 유지하였다. 검사는 불복 상고하였다.

대법원은 다음의 이유를 제시하여 ⓐ트럭의 운전자 을에 대한 상고를 기각하였다.

대법원은 다음의 이유를 제시하여 원심판결 중 P회사 작업팀장 갑에 대한 부분을 파기환송하였다.

대법원은 교통사고처리 특례법이 정한 특례에 대해 다음과 같이 설시하였다.

(가) 교통사고처리 특례법 제1조는 업무상과실 또는 중대한 과실로 교통사고를 일으킨 운전자에 관한 형사처벌 등의 특례를 정함으로써 교통사고로 인한 피해의 신속한 회복을 촉진하고 국민생활의 편익을 증진함을 목적으로 한다고 규정하고 있다. (나) 교통사고처리 특례법 제4조 제1항 본문은 차의 교통으로 업무상과실치상죄 등을 범하였을 때 교통사고를 일으킨 차가 교통사고처리 특례법 제4조 제1항에서 정한 보험 또는 공제에 가입된 경우에는 그 차의 운전자에 대하여 공소를 제기할 수 없다고 규정하고 있다. (다) 따라서 교통사고처리 특례법 제4조 제1항 본문은 차의 운전자에 대한 공소제기의 조건을 정한 것이다. (라) 교통사고처리 특례법 제2조 제2호는 '교통사고'란 차의 교통으로 인하여 사람을 사상하거나 물건을 손괴하는 것을 말한다고 규정하고 있다. (마) 여기서 '차의 교통'은 차량을 운전하는 행위 및 그와 동일하게 평가할 수 있을 정도로 밀접하게 관련된 행위를 모두 포함한다.

대법원은 ⓐ트럭의 운전자 을에 대하여 다음과 같이 판단하였다.

(가) 제1심판결은 ㉮사고가 교통사고처리 특례법 제2조 제2호에서 정한 교통사고에 해당한다고 보아 교통사고 특례법 제4조 제1항을 적용하여 공소를 기각하였다. (나) 제1심판결 및 이를 유지한 원심의 결론은 수긍할 수 있다.

대법원은 P회사의 작업팀장 갑에 대해 다음과 같이 판단하였다.

(가) 갑에 대한 공소사실은 다음과 같다. (나) "갑은 P회사의 작업팀장으로서 오리의 상하차 업무를 담당하면서, M오리농장 내 공터에서 A가 사육한 오리를 을이 운전한 트럭 적재함의 오리케이지에 상차하는 작업을 하였는데, 트럭이 경사진 곳에 정차하였음에도 트럭을 안전한 장소로 이동하게 하거나 오리케이지를 고정하는 줄이 풀어지지 않도록 필요한 조치를 하지 아니한 채 작업을 진행하게 한 업무상의 과실로 ㉮사고가 발생하였다."

(다) 갑은 ⓐ트럭을 운전하지 아니하였다. (라) 갑은 을이 속하지 아니한 회사의 작업팀장으로서 ⓐ트럭의 이동·정차를 비롯한 오리의 상하차 업무 전반을 담당하면서 상하차 작업 과정에서 사고가 발생하지 않도록 필요한 조치를 제대로 하지 아니한 업무상의 과실을 이유로 기소되었다. (마) 이러한 공소사실이 인정된다면 갑이 담당하는 업무 및 그에 따른 주의의무와 과실의 내용이 을의 경우와 달라 갑은 교통사고처리 특례법이 적용되는 운전자라 할 수 없다. (바) 갑은 형법 제268조에서 정한 업무상과실치상의 죄책을 진다.

| 2009도12671 |

2011. 4. 28. 2009도12671, 공 2011상, 1092 = 분석 총론 『횡단보도 바깥 보행자 사건』 :

교통사고처리 특례법은 교통사고로 피해자에게 상해를 입히더라도 피해자와 합의를 보면 검사가 공소를 제기할 수 없도록 규정하고 있다(교특법 제3조 제2항; ㉮특례규정). 교통사고처리 특례법은 교통사고로 피해자에게 상해를 입히더라도 보험이나 공제에 의하여 피해보상이 확보되면 검사가 공소를 제기할 수 없도록 규정하고 있다(교특법 제4조 제1항; ㉯특례규정). ㉮, ㉯특례규정에도 불구하고 검사가 공소를 제기하면 법원은 형사소송법 제327조 제2호에 따라 공소기각판결을 선고한다. 교통사고처리 특례법은 ㉮, ㉯특례규정을 일정한 형태의 중대과실의 경우에는 적용하지 않도록 규정하고 있다(관련 규정을 ㉰배제규정으로 통칭함). 도로교통법은 횡단보도에서의 보행자 보호의무를 규정하고 있다(㉱규정). ㉱규정 위반행위는 교통사고처리 특례법 ㉰배제규정에 포함되어 있다.

A는 B를 부축하여 ㉠횡단보도를 건너고 있었다. A는 ㉠횡단보도 안쪽에, B는 ㉠횡단보도 바깥에 위치하고 있었다. 갑은 ⓐ자동차를 운전하고 가다가 ㉠횡단보도를 안쪽을 통행하는 A를 충격하였다. A에 대한 충격으로 ㉠횡단보도 바깥에서 통행하고 있던 B가 밀려 넘어져 상해를 입었다.

검사는 B의 상해 부분에 대해 갑을 업무상과실치상죄로 기소하였다. 제1심법원은 다음의 이유를 들어서 공소기각판결을 선고하였다. (가) 교통사고처리특례법 ㉰배제규정과 도로교통법 ㉱규정의 입법취지에는 차를 운전하여 횡단보도를 지나는 운전자의 (ㄱ) 보행자에 대한 주의의무뿐만 아니라 (ㄴ) 횡단보도를 통행하는 보행자의 생명·신체의 안전을 두텁게 보호하기 위한 목적까지도 포함된 것이다. (나) 갑이 운전하는 자동차가 ㉠횡단보도를 통행하는 A를 충격하고, 그로 인하여 A가 부축하던 B가 밀려 넘어져 상해를 입게 되었다. (다) 그렇다고 하더라도 B가 횡단보도 밖에서 통행하고 있었다. (라) 그러한 이상 B는 교통사고처리특례법 ㉰배제규정 및 도로교통법 ㉱규정에 의한 보호대상이 될 수 없다. 검사는 불복 항소하였다. 항소법원은 항소를 기각하고, 제1심판결을 유지하였다. 검사는 불복 상고하였다.

대법원은 다음의 이유를 제시하여 원심판결을 파기환송하였다.

대법원은 교통사고처리특례법 ㉰배제규정의 적용범위에 대해 다음과 같이 설시하였다.

(가) 교통사고처리 특례법 ㉰배제규정은 '도로교통법 ㉱규정에 의한 횡단보도에서의 보행자 보호의무를 위반하여 운전하는 행위로 인하여 업무상과실치상의 죄를 범한 때'를 교통사고처리특례법 ㉮, ㉯특례 조항이 적용되지 않는 경우로 규정하고 있다. (나) 도로교통법 ㉱규정은 모든 차의 운전자는 "보행자가 횡단보도를 통행하고 있는 때에는 그 횡단보도 앞에서 일시 정지하여 보행자의 횡단을 방해하거나 위험을 주어서는 아니 된다."라고 규정하고 있다. (다) 따라서 차의 운전자가 도로교통법 ㉱규정에 따른 횡단보도에서의 보행자에 대한 보호의무를 위반하고 이로 인하여 상해의 결과가 발생하면 그 운전자의 행위는 교통사고처리특례법 ㉰배제규정에 해당하게 된다. (라) 이때 횡단보도 보행자에 대한 운전자의 업무상 주의의무 위반행위와 그 상해의 결과 사이에 직접적인 원인관계가 존재하는 한 위 상해가 횡단보도 보행자 아닌 제3자에게 발생한 경우라 해도 ㉰배제규정에 해당함에는 지장이 없다.

대법원은 원심판결의 당부에 대해 다음과 같이 판단하였다.

(가) 이 사건 사고는 도로교통법 ㉱규정에 따른 횡단보도 보행자인 A에 대하여 갑이 그 주의의무를 위반하여 운전한 업무상 과실로써 야기된 것이다. (나) B의 상해는 이를 직접적인 원인으로 하여 발생한 것으로 보아야 한다. (다) 그러한 이상 앞서 본 법리에 비추어 이는 교통사고처리특례법 ㉰배제규정에서 정한 횡단보도 보행자 보호의무의 위반행위에 해당한다.

2022도1499

2022. 12. 1. 2022도1499, 공 2023상, 231 =『장정결 시행 승인 사건』:

갑은 의사이다. 갑은 P종합병원 소화기내과 위장관 파트의 임상조교수이다. 갑은 소속 전공의를 지휘·감독하며 그 전공의들과 함께 환자를 진료하고 있다. 을은 의사이다. 을은 P병원 내과 2년차 전공의이다. 을은 소화기내과 위장관 파트에서 근무하면서 갑의 지휘·감독 하에 환자를 진료하고 있다.

(이하 연도 생략함.) 6. 25. 갑은 환자 A(82세)를 신경과로부터 전원 받았다. A는 대장암이 의심되는 환자

인데, 부분 장폐색이 있었다. 6. 25. 12:00경 회진시, 갑은 환자 A에게 다음과 같이 설명하였다. (가) 부분 장폐색을 일으킨 원인을 감별하기 위해 대장 내시경이 필요하다. (나) 다만 그 진행은 추후 A의 상태를 보아 진행할 것이다. 갑은 A에게 가족들과 시술의 진행 여부에 대하여 상의해 볼 것을 권유하였다.

6. 26. 09:00경 을은 이학적 검사를 통해 A의 복부 상태를 파악하고 배변이 진행되고 있음을 확인하여 대장 내시경 검사가 가능하다고 판단하였다. 을은 출근하지 않고 집에 있던 갑에게 전화로 그 취지를 설명하고 A 및 가족들의 동의도 받았다고 보고하였다. 갑은 을에게 다음날 대장 내시경 검사를 위한 준비절차로서 장정결 시행을 승인하였다.

부분 장폐색이 있는 환자에게 장정결제를 투여할 때 일반적인 방식으로 장정결제를 투여하면 장파열의 우려가 있다. 그러므로 장정결제를 감량하여 1L를 시험적으로 투여하고 배변 양상을 살펴 진행이 확인되면 추가 투여를 시도해야 한다. 을은 검사 전날 저녁 장정결제 쿨프렙 1L, 검사 당일 아침 쿨프렙 1L를 각 투여하도록 처방하였어야 한다. 그러나 을은 착오로 의사지시기록상 총 4L 투여 처방을 내렸다(㉠처방). 을은 당직 전공의 B에게 A에 대한 구체적인 사항을 인계하지 않고 퇴근하였다.

6. 26.(일) 20:00경부터 약 3시간에 걸쳐, P병원 간호사 등은 ㉠처방전에 따라 쿨프렙 투여에 따른 A의 신체 변화를 제대로 점검하지 않은 채 통상인에 대한 것과 같은 방법으로 A의 비위관(鼻胃管)을 통해 500cc 들이 쿨프렙 4봉지를 물에 타서 연속으로 투여하였다. 간호사 등은 500cc가 다 투여되면 바로 다시 연결해서 연속적으로 4번에 걸쳐 총 2L를 투여하였다. 그러나 A의 장폐색으로 인해 쿨프렙 투여로 인한 가스와 장내 분변 등이 제대로 체외로 배출되지 못한 채 대장 내 팽압 증가로 장벽이 얇어졌다. 6. 27. 01:00경 이후 A에게 장천공이 발생하여 장내 분변 등이 체내로 유출되었다. 이에 따라 A에게 호흡곤란, 혈액 내 산소포화도 감소 등의 부작용이 발생하였다. 6. 27. 21:37경 A는 다발성 장기 부전으로 인하여 사망에 이르렀다.

검사는 갑과 을을 업무상 과실치사죄로 기소하였다. 갑과 을의 피고사건은 제1심을 거친 후, 항소심에 계속되었다. 항소법원은 다음과 같이 판단하였다. (가) 을의 주의의무위반이 인정된다. (나) 갑은 을을 지휘·감독하는 지위에 있다. (다) 갑은 장정결제 처방과 장정결로 발생할 수 있는 위험성에 관한 설명에 대하여 책임이 있다. 항소법원은 갑과 을에게 유죄를 인정하였다. 갑과 을은 불복 상고하였다.

대법원은 원심판결 중 갑에 대한 유죄 부분을 파기환송하였다.

대법원은 을의 상고를 기각하였다.

대법원은 갑에 대한 유죄 부분의 파기환송에 대해 다음의 이유를 제시하였다.

대법원은 의사의 주의의무에 대해 기존의 대법원판례를 확인하였다(내용 생략함).

대법원은 의료인들 사이의 수평적 분업관계에서의 주의의무에 대해 다음과 같이 설시하였다.

(가) (ㄱ) 의사가 환자에 대하여 주된 의사의 지위에서 진료하는 경우라도, (ㄴ) 자신은 환자의 수술이나 시술에 전념하고 마취과 의사로 하여금 마취와 환자 감시 등을 담당토록 하거나, (ㄷ) 특정 의료영역에 관한 진료 도중 환자에게 나타난 문제점이 자신이 맡은 의료영역 내지 전공과목에 관한 것이 아니라 그에 선행하거나 병행하여 이루어진 다른 의사의 의료영역 내지 전공과목에 속하는 등의 사유로 다른 의사에게 그 관련된 협의진료를 의뢰한 경우처럼 (ㄹ) 서로 대등한 지위에서 각자의 의료영역을 나누어 환자 진료의 일부를 분담하였다면, (ㅁ) 진료를 분담받은 다른 의사의 전적인 과실로 환자에게 발생한 결과에 대하여는 책임을 인정할 수 없다.

대법원은 수련병원의 전문의와 전공의 사이의 수직적 분업관계에서의 주의의무에 대해 다음과 같이 설시하였다.

대법원은 먼저 원칙적인 기준에 대해 다음과 같은 종전 판례를 확인하였다.

(가) 수련병원의 전문의와 전공의 등의 관계처럼 의료기관 내의 직책상 주된 의사의 지위에서 지휘·감독

관계에 있는 다른 의사에게 특정 의료행위를 위임하는 수직적 분업의 경우가 있다. (나) 수직적 분업의 경우에는 (ㄱ) 그 다른 의사에게 전적으로 위임된 것이 아닌 이상 (ㄴ) 주된 의사는 자신이 주로 담당하는 환자에 대하여 다른 의사가 하는 의료행위의 내용이 적절한 것인지 여부를 확인하고 감독하여야 할 업무상 주의의무가 있다. (다) 만약 의사가 이와 같은 업무상 주의의무를 소홀히 하여 환자에게 위해가 발생하였다면 주된 의사는 그에 대한 과실 책임을 면할 수 없다.

대법원은 이어서 예외적인 경우에 대해 다음과 같이 설시하였다.

(가) 이때 그 의료행위가 지휘·감독 관계에 있는 다른 의사에게 전적으로 위임된 것으로 볼 수 있는지 여부는 (ㄱ) 위임받은 의사의 자격 내지 자질과 평소 수행한 업무, 위임의 경위 및 당시 상황, 그 의료행위가 전문적인 의료영역 및 해당 의료기관의 의료 시스템 내에서 위임하에 이루어질 수 있는 성격의 것이고 실제로도 그와 같이 이루어져 왔는지 여부 등 여러 사정에 비추어 (ㄴ) 해당 의료행위가 위임을 통해 분담 가능한 내용의 것이고 (ㄷ) 실제로도 그에 관한 위임이 있었다면, (ㄹ) 그 위임 당시 구체적인 상황하에서 위임의 합리성을 인정하기 어려운 사정이 존재하고 이를 인식하였거나 인식할 수 있었다고 볼 만한 다른 사정에 대한 증명이 없는 한, (ㅁ) 위임한 의사는 위임받은 의사의 과실로 환자에게 발생한 결과에 대한 책임이 있다고 할 수 없다.

대법원은 수직적 분업관계에서의 의사의 설명의무에 대해 다음과 같이 설시하였다.

(가) 의료행위에 앞서 환자에게 그로 인하여 발생할 수 있는 위험성 등을 구체적으로 설명하여야 하는 주체는 (ㄱ) 원칙적으로 주된 지위에서 진료하는 의사라 할 것이나 (ㄴ) 특별한 사정이 없는 한 다른 의사를 통한 설명으로도 충분하다.

(나) 따라서 이러한 경우 다른 의사에게 의료행위와 함께 그로 인하여 발생할 수 있는 위험성에 대한 설명까지 위임한 주된 지위의 의사의 주의의무 위반에 따른 책임을 인정하려면, (ㄱ) 그 위임사실에도 불구하고 (ㄴ) 위임하는 의사와 위임받는 의사의 관계 및 지위, 위임하는 의료행위의 성격과 그 당시의 환자 상태 및 그에 대한 각자의 인식 내용, 위임받은 의사가 그 의료행위 수행에 필요한 경험과 능력을 보유하였는지 여부 등에 비추어 (ㄷ) 위임의 합리성을 인정하기 어려운 경우에 해당하여야 한다.

대법원은 사실관계를 분석하였다(분량이 방대하여 내용 생략함).

대법원은 갑의 관여 부분에 대해 다음과 같이 판단하였다.

(가) 갑으로서는 대장암이 의심되는 A에게 부분 장폐색을 일으킨 원인을 감별하기 위해 대장 내시경이 필요한데, 추후 A의 상태에 따라 진행할 것이라는 취지를 A와 가족들에게 설명한 바 있다. (나) 담당 전공의 을은 그와 같은 사정에 대한 인식을 공유하였다. (다) 갑은 을에게 A의 상태에 대한 관찰 및 구체적인 장정결제 투여 업무를 위임하였다. (라) 갑은 위임을 받은 담당 전공의인 을로부터 A의 가족들에게 대장 내시경 시행과 관련한 설명을 이행한 것으로 보고받아 이를 전제로 장정결 시행을 승인하였다.

(마) 따라서 갑이 직접 관여한 부분은 A의 상태에 대한 진단 및 대장 내시경 검사의 필요성 여부 판단과 그 시행 여부 결정 부분에 한정된다. (바) 갑은 그 판단 및 결정에 따른 구체적인 준비절차로서 장정결제 투여 조치와 그에 관한 설명은 대장 내시경 시행을 맡은 을에게 위임하였을 뿐 이에 직접 관여한 적은 없다. (사) 나아가 원심의 사실인정과 같이 을의 A 측에 대한 설명 중 기망적인 요소가 일부 포함되었다는 부분에도 갑이 관여한 부분이 없음은 마찬가지이다.

대법원은 을의 관여 부분에 대해 다음과 같이 판단하였다.

(가) 전공의는 수련을 받는 지위에 있기도 하지만, 그와 동시에 의사면허를 받은 전문 의료인으로서 처방 권한을 보유하고 있다. (나) 수련병원에서 시시각각으로 변화하는 환자의 상태를 파악하고 이에 상응하는 구체적인 처방도 해당 의료영역에서 통상 허용되는 범위 내에서는 상당 부분 전공의에 의해서 이루어지고 있다.

(다) 을은 내과 2년차 전공의로 이미 1년 반가량 내과 입원환자의 진찰과 처방을 담당해온 경력이 있다. (라) 이 사건 당시 을은 신경과로부터 전원 받은 A를 직접 진찰하여 구체적인 상태를 파악한 상황이었다. (마) 사건 당일 대장 내시경을 위한 준비절차로서 장정결제 투여를 진행하게 된 것도 그에 앞서 갑이 A를 진찰한 결과 대장 내시경 검사의 필요성을 인정하고 이를 시행하기로 결정한 다음 을에게 장정결제 투여 등 그에 관한 세부적인 절차를 위임한 데 이어 을로부터 그 절차에 착수하겠다는 보고를 받고 이를 승인한 데 따른 것이다.

(바) 대장 내시경 검사를 앞둔 환자에게 장정결을 시행하는 것 자체가 이례적이거나 내과 전공의가 통상적으로 담당ㆍ경험하기 어려운 경우 또는 장정결의 세부 시행방법이 전문의의 구체적ㆍ개별적ㆍ직접적인 지시를 필요로 할 정도로 고도의 의학적 지식ㆍ경험이 필요한 의료행위에 해당한다고 할 수 없다.

대법원은 갑과 을의 관계에 대해 다음과 같이 판단하였다.

(가) 앞서 본 갑과 을의 직책 및 관계, 대장 내시경 검사에 앞서 필요한 장정결 실시의 의료적 의미에 [다음의 점들을 더하여 본다.] (나) A에 대해 부분 장폐색 증상이 있기는 하지만 이 사건 의료행위의 목적이었던 장폐색의 원인 감별을 위해 대장 내시경 검사가 필요하다는 의료적 진단이 이미 내려진 상태여서, 그 진단 및 조치에는 잘못이 없었다.

(다) 완전 장폐색의 경우와 달리 부분 장폐색 증상이 있는 경우에는 장정결 실시에 보다 주의를 요하는 것일 뿐 금기시되는 것은 아니고, 오히려 그 시기를 지나 완전 장폐색으로 전환될 경우에는 장폐색의 원인 감별에 필요한 대장 내시경 검사의 기회마저 잃게 될 수도 있었다.

(라) 갑과 을은 모두 환자의 상태를 잘 파악하고 서로 상의하면서 구체적인 실행 시기만 남겨둔 상황에서 갑으로부터 업무를 위임받은 을이 환자의 배변 진행 상태 확인 등 경과에 비추어 대장 내시경 검사 및 이를 위한 사전절차로서 장정결을 시행할 시기가 도래하였고 A 측의 동의도 받았다는 보고까지 하였다.

(마) 이 사건 장정결 시행 과정에서 발생한 사고는 을의 의료적 지식 내지 경험 부족 때문이라기보다는 단순 착오에 의한 것으로 볼 여지가 많다. (바) 갑이 이러한 상황에서 A에 대한 장정결 시행 등의 의료적 처치를 을에게 위임ㆍ분담하는 것이 특별히 불합리하다고 볼 만한 사정이 보이지 않는다.

대법원은 원심판결의 당부에 대해 다음과 같이 판단하였다.

(가) 그렇다면 을이 분담한 의료행위에 관하여 갑에게도 주의의무 위반에 따른 책임을 인정하려면, 원심으로서는 (ㄱ) 부분 장폐색 환자에 대한 장정결 시행의 빈도와 처방 내용의 의학적 난이도, (ㄴ) 을이 내과 2년차 전공의임에도 소화기내과 위장관 부분 업무를 담당한 경험이 미흡하였거나 기존 경력에 비추어 보아 적절한 업무수행을 기대하기 어렵다는 등의 특별한 사정이 있었는지 여부 등을 구체적으로 심리하여 (ㄷ) 을에게 장정결 처방 및 그에 관한 설명을 위임한 것이 합리적이지 않았다는 사실에 대한 증명이 있었는지를 판단하였어야 한다.

(나) 그럼에도 원심은 갑이 을을 지휘ㆍ감독하는 지위에 있다는 사정만으로 직접 수행하지 않은 장정결제 처방과 장정결로 발생할 수 있는 위험성에 관한 설명에 대하여 책임이 있다고 단정하고 말았다. (다) 거기에는 의사의 의료행위 분담에 관한 법리를 오해하고 필요한 심리를 제대로 하지 아니함으로써 판결에 영향을 미친 잘못이 있다.

2010도10104

2011. 4. 14. 2010도10104, 공 2011상, 960 = 분석 총론 『봉독 검사 사건』:

봉침(蜂針)시술을 하기 전에 알레르기 반응검사(skin test)를 실시한다. 알레르기 반응검사는 봉독액 0.05cc 정도를 팔뚝에 피내주사한 다음 10분 내지 15분 후에 피부반응 등을 살피는 방식으로 한다. 최초의 알레르기 반응검사에서 이상반응이 없음이 확인된 경우에는 통상 시술 시마다 알레르기 반응검사를 하지는 않는다.

(이하 연도 생략함.) 4. 13. A는 P한방병원에서 봉독액 알레르기 반응검사를 받았으나 이상반응이 없어 봉침시술을 받았다. 시술 후 별 반응은 없었다. 4. 16. 이후 5. 8.까지 A는 P한방병원에서 약 8회에 걸쳐 시술 전 알레르기 반응검사를 받지 않은 채 봉침시술을 받았다. 시술 후 별 반응은 없었다. 다음 해 12. 1. A는 '경추염좌'로 경추 부위에 10% 농도의 봉침시술을 받기도 하였다. 이 때에도 시술 후 별 반응은 없었다.

갑은 Q한의원의 한의사이다. 12. 13. A가 목디스크 치료를 위해 Q한의원에 내원하였다. 갑은 A에게 문진을 하였다. A는 과거에 봉침을 맞았으나 별다른 이상반응이 없었다고 답하였다. 갑은 봉침(蜂針)시술을 하기 전에 실시하는 알레르기 반응검사(skin test)를 하지 않았다. 갑은 봉침시술을 하기 전에 A에게 별다른 설명을 하지 않았다. 갑은 환부인 A의 목 부위에 1 : 8,000의 농도인 봉독액 0.1cc를 1분 간격으로 모두 4회에 걸쳐 봉침을 시술하였다. 갑이 시술한 봉침액 투여량은 알레르기 반응검사를 할 때 통상적으로 사용하는 투여량과 같은 정도였다. A는 봉침시술을 받고 5~10분 후 온몸이 붓고 가려우며 호흡을 제대로 할 수 없는 등 아나필락시 쇼크반응을 나타냈다. A는 응급처치를 받았다. 이후 A는 R대학병원에서 향후 3년간 벌독에 대한 면역치료가 필요하다는 진단을 받았다.

아나필락시 쇼크는 봉침시술에 따라 나타날 수 있는 과민반응 중 전신 · 즉시형 과민반응으로서 10만 명당 2~3명의 빈도로 발생한다. 아나필락시 쇼크는 봉독액 용량과 반응관계가 성립하지 않는 경우도 많다. 아나필락시 쇼크는 알레르기 반응검사에서 이상반응이 없더라도 이후 봉침시술과정에서 쇼크가 발생할 수도 있는 등 사전에 예측하는 것이 상당히 어렵다.

검사는 한의사 갑을 업무상과실치상죄로 기소하였다. 갑의 피고사건은 제1심을 거친 후, 항소심에 계속되었다. 항소법원은 갑의 업무상 과실로 인하여 A에게 아나필락시 쇼크가 발생하고 벌독에 대한 면역치료를 받아야 되는 상해가 발생하였다고 볼 수 없다고 판단하여 무죄를 선고하였다. 검사는 불복 상고하였다. 검사는 상고이유로 다음의 점을 주장하였다. (가) 갑은 봉침 시술 전 알레르기 반응검사(skin test)를 하지 아니한 과실이 있다. (나) 갑은 봉침액을 과다하게 투여한 과실이 있다. (다) 갑은 설명의무를 다하지 아니한 과실이 있다.

대법원은 다음의 이유를 제시하여 상고를 기각하였다.

대법원은 한의사의 주의의무에 대해 다음과 같이 설시하였다.

(가) 의료사고에 있어서 의사의 과실을 인정하기 위해서는 의사가 (ㄱ) 결과발생을 예견할 수 있었음에도 불구하고 그 결과발생을 예견하지 못하였고 (ㄴ) 그 결과발생을 회피할 수 있었음에도 불구하고 그 결과발생을 회피하지 못한 과실이 검토되어야 한다. (나) 의사의 과실 유무를 판단함에는 같은 업무와 직무에 종사하는 보통인의 주의정도를 표준으로 하여야 한다. (다) 이에는 사고 당시의 일반적인 의학의 수준과 의료환경 및 조건, 의료행위의 특수성 등이 고려되어야 한다. (라) 이러한 법리는 한의사의 경우에도 마찬가지이다.

대법원은 사실관계를 확인한 후, 갑의 과실 여부에 대해 다음과 같이 판단하였다.

(가) A는 과거 알레르기 반응검사에서 이상반응이 없었다. (나) A는 갑이 시술하기 약 12일 전의 봉침시술에서도 이상반응이 없었다. (다) 그러한 A를 상대로 다시 알레르기 반응검사를 실시할 의무가 있다고 보기는 어렵다. (라) 설령 다시 알레르기 반응검사를 실시할 의무가 있다고 하자. (마) 그렇다고 하더라도 갑이 4회에 걸쳐 투여한 봉독액의 양이 알레르기 반응검사에서 일반적으로 사용되는 양과 비슷하다. (바) 이러한 점에 비추어 보면 갑이 봉침시술 과정에서 알레르기 반응검사를 제대로 시행하지 않은 채 봉독액을 과다하게 투여한 경우라고 볼 수도 없다.

대법원은 갑의 과실과 인과관계의 문제에 대해 다음과 같이 판단하였다.

(가) 아나필락시 쇼크는 항원인 봉독액 투여량과 관계없이 발생하는 경우가 대부분이다. (나) 투여량에 의존하여 발생하는 경우에도 쇼크증상은 누적투여량이 일정 한계(임계치)를 초과하는 순간 발현하게 될 것이다. (다) 그런데 알레르기 반응검사 자체에 의하여 한계를 초과하여 쇼크가 발생할 수 있다. (라) 또는 알레르기 반응검사까지의 누적량이 한계를 초과하지 않더라도 그 이후 봉침시술로 인하여 한계를 초과하여 쇼크가 발생할 수 있다. (마) 이러한 점을 고려하면 갑이 알레르기 반응검사를 하지 않은 점과 A의 아나필락시 쇼크 내지 3년간의 면역치료를 요하는 상태 사이에 상당인과관계를 인정하기도 어렵다.

대법원은 설명의무위반과 인과관계의 문제에 대해 다음과 같이 설시하였다.

(가) 의사가 설명의무를 위반한 채 의료행위를 하였고 피해자에게 상해가 발생하였다고 하자. (나) 그렇다고 하더라도 의사가 업무상 과실로 인한 형사책임을 지기 위해서는 피해자의 상해와 의사의 설명의무 위반 내지 승낙취득 과정에서의 잘못 사이에 상당인과관계가 존재하여야 한다. (다) 이는 한의사의 경우에도 마찬가지이다.

대법원은 갑의 설명의무 위반과 인과관계의 문제에 대해 다음과 같이 판단하였다.

(가) A는 이전에도 여러 차례 봉침시술을 받아왔다. (나) 봉침시술로 인하여 아나필락시 쇼크 및 면역치료가 필요한 상태에 이르는 발생빈도가 낮다. (다) 이러한 점 등에 비추어 갑이 봉침시술에 앞서 A에게 설명의무를 다하였다 하더라도 A가 반드시 봉침시술을 거부하였을 것이라고 볼 수 없다. (라) 그러므로 갑의 설명의무 위반과 A의 상해 사이에 상당인과관계를 인정하기는 어렵다.

2022다219427

2023. 8. 31. 2022다219427, 공 2023하, 1731 =『마취의사 수술실 이탈 사건 - 민사』:

(이하 민사판결과 형사판결을 종합하여 사실관계를 정리함.) (이하 연도 생략함.) A는 사건 당시 73세의 남자이다. A는 고혈압 및 항혈전제 플라빅스를 복용 중인 상태였다. 12. 28. A는 오른손으로 바닥을 짚으며 넘어진 후 팔을 올릴 수 없었다. 12. 29. A는 P병원에 입원하였다. P병원 의료진은 MRI 검사 등을 거쳐 '오른쪽 어깨 전층 회전근개파열과 어깨충돌 증후군 소견'으로 진단하였다. P병원 의료진은 전신마취 및 국소마취(이하 ㉮마취) 아래 관절경을 이용한 견봉하 감압술과 이두건 절개술(이하 ㉯수술)을 계획하였다. 수술 전 검사결과 A의 폐기능은 47%로 저하되어 있었다.

갑은 P병원 소속 마취과 전문의이다. B는 간호사이다. B는 마취간호사가 아니다. B는 마취간호 업무를 시작한 지 2~3개월밖에 되지 않았다. 12. 30.은 A에 대한 수술 날짜이다. (이하는 같은 날에 일어난 일이다.) 10:10경 A의 혈압은 약 110/65㎜Hg였다. 10:15경 갑은 수술실에서 A에게 아네폴(프로포폴) 정맥 주사로 전신마취를 유도하고, 세보레, 아산화질소로 전신마취를 유지하였다. 갑은 상완신경총 차단술 시행을 위하여 A의 목 부위에 리도카인, 로피바카인을 혼합 투여하여 국소마취를 하였다. 10:25경 A의 혈압이 70/42㎜Hg로 저하되었다가 에페드린 10㎎ 정맥 주사에 의해 약 140/85㎜Hg로 회복되었다.

10:42경 갑은 간호사 B에게 A의 상태를 지켜보도록 지시한 후 수술실에서 나왔다. 갑은 환자 A에게 마취가 진행되는 동안 B에게 환자의 감시 업무를 맡긴 채 다른 수술실로 옮겨 다니며 다른 환자들에게 마취시술을 하였다. 10:42경 간호사 B는 활력징후 감시장치 경보음을 듣고 의사 갑에게 전화를 하였다. 갑은 전화를 받아 11초간 통화하면서 B로부터 활력징후 감시장치에 표시된 각종 수치에 관한 보고를 받고 에페드린 10㎎을 투여할 것을 지시하였다. 10:45경 75/55㎜Hg로 저하되었던 A의 혈압이 에페드린 10㎎ 정맥 주사에 의해 약 95/65㎜Hg로 회복되었다.

11:00경, 간호사 B는 활력징후 감시장치 경보음을 듣고 의사 갑에게 전화를 하였다. 갑은 간호사 B의 전화를 받지 않았다. 갑은 환자 A의 활력징후 감시장치 경보음을 들은 B로부터 호출을 받고도 신속히 수술실

제2편 범죄론 **1063**

로 가지 않고 휴식을 취하였다. 11:00경 약 80/55㎜Hg로 저하되었던 A의 혈압이 에페드린 5㎎ 정맥 주사에 의해 약 98/63㎜Hg으로 회복되었다. A의 산소포화도는 97%로 안정적으로 유지되었다.

11:00경 수술이 시작되었다. 11:13경, 간호사 B는 활력징후 감시장치 경보음을 듣고 의사 갑에게 전화를 하였다. 갑은 B의 전화를 받아 11초간 통화하였다. 11:15경 A의 산소포화도가 89%로 급격히 하강하였다. 11:17경 간호사 B는 활력징후 감시장치 경보음을 듣고 의사 갑에게 전화를 하였다. 갑은 B의 전화를 받아 7초간 통화한 후 수술실로 돌아와 A의 상태를 확인하였다. 11:20경 갑은 혈압상승제인 에피네프린 등을 투여하였다. 그럼에도 A의 상태가 회복되지 않자 갑은 수술을 중단시켰다. 갑은 A를 앉은 자세에서 바로 누운 자세로 변경한 후 심폐소생술(CPR)을 시행하였다.

P병원 의료진은 A를 Q대학병원으로 전원하였다. 13:33경 Q대학병원 응급실 도착 당시 A는 심정지 상태였고, 그 무렵 사망하였다. 이후 A에 대한 부검이 이루어졌다. 부검에도 불구하고 A의 사인은 명확히 밝혀지지 않았다. A의 사망을 둘러싸고 민사소송과 형사재판이 동시에 진행되었다.

A의 유족(원고)은 P병원(의료재단, 피고)을 상대로 손해배상 청구소송을 제기하였다(㉮민사소송). ㉮민사소송은 제1심을 거친 후, 항소심에 계속되었다. 항소법원은 다음과 같이 판단하였다. (가) 갑에게 마취 중 A에 대한 감시 업무를 소홀히 하여 응급상황에서 간호사 B의 호출에 즉시 대응하지 못함으로써 제때 심폐소생술을 시행하지 못한 잘못이 인정된다(㉠과실). (나) ㉠과실과 A의 사망 사이에 인과관계가 인정된다(㉡인과관계). 항소법원은 원고승소판결을 선고하였다. P병원(의료재단, 피고)은 불복 상고하였다. P병원은 상고이유로 다음의 점을 주장하였다. (가) P병원 의사 갑에게 주의의무위반 사실이 없다. (나) 설사 갑에게 주의의무위반 사실이 인정되더라도 A의 사망 사이에 상당인과관계가 없다.

(대법원은 A의 사망과 관련한 민사소송과 형사재판의 상고심 판결을 같은 날 선고하였다.)

대법원은 다음의 이유를 제시하여 P병원(의료재단, 피고)의 상고를 기각하였다.

대법원은 P병원 의사 갑에게 ㉠과실을 인정한 원심의 판단을 유지하였다.

대법원은 의료과실 민사재판에서의 인과관계 증명에 대해 다음과 같이 설시하였다.

(가) 진료상 과실로 인한 손해배상책임이 성립하기 위해서는 다른 경우와 마찬가지로 (ㄱ) 손해가 발생하는 것 외에 (ㄴ) 주의의무 위반, (ㄷ) 주의의무 위반과 손해 사이의 인과관계가 인정되어야 한다. (나) 그러나 의료행위는 고도의 전문적 지식을 필요로 하는 분야로서 환자 측에서 의료진의 과실을 증명하는 것이 쉽지 않다. (다) 현대의학지식 자체의 불완전성 등 때문에 진료상 과실과 환자 측에게 발생한 손해(기존에 없던 건강상 결함 또는 사망의 결과가 발생하거나, 통상적으로 회복가능한 질병 등에서 회복하지 못하게 된 경우 등) 사이의 인과관계는 환자 측뿐만 아니라 의료진 측에서도 알기 어려운 경우가 많다.

(라) 이러한 증명의 어려움을 고려하면, 환자 측이 (ㄱ) 의료행위 당시 임상의학 분야에서 실천되고 있는 의료수준에서 통상의 의료인에게 요구되는 주의의무의 위반 즉 진료상 과실로 평가되는 행위의 존재를 증명하고, (ㄴ) 그 과실이 환자 측의 손해를 발생시킬 개연성이 있다는 점을 증명한 경우에는, 진료상 과실과 손해 사이의 인과관계를 추정하여 인과관계 증명책임을 완화하는 것이 타당하다. (마) 여기서 손해 발생의 개연성은 자연과학적, 의학적 측면에서 의심이 없을 정도로 증명될 필요는 없다.

(바) 그러나 (ㄱ) 해당 과실과 손해 사이의 인과관계를 인정하는 것이 의학적 원리 등에 부합하지 않거나 (ㄴ) 해당 과실이 손해를 발생시킬 막연한 가능성이 있는 정도에 그치는 경우에는 손해 발생의 개연성이 증명되었다고 볼 수 없다. (사) 한편 진료상 과실과 손해 사이의 인과관계가 추정되는 경우에도 의료행위를 한 측에서는 환자 측의 손해가 진료상 과실로 인하여 발생한 것이 아니라는 것을 증명하여 추정을 번복시킬 수 있다.

대법원은 의사 갑의 의료과실과 환자 A의 사망 사이의 인과관계 여부에 대해 다음과 같이 판단하였다.

(가) 갑에게는 응급상황에서 간호사 B의 호출에 즉시 대응하지 못한 진료상 과실이 있다. (나) 제반 사정을 고려하면 만약 갑이 간호사 B의 호출에 대응하여 신속히 혈압회복 등을 위한 조치를 하였더라면 저혈압 등에서 회복하였을 가능성도 상당하다고 보인다. (다) 그러므로 갑의 진료상 ㉠과실은 A의 사망을 발생시킬 개연성이 있다고 볼 수 있다. (라) 따라서 피고(P병원, 의료재단) 측에서 A의 사망이 진료상 과실로 인하여 발생한 것이 아니라 다른 원인으로 인하여 발생한 것이라는 점을 증명하지 아니하는 이상, 진료상 과실과 사망 사이의 인과관계를 추정할 수 있다. (마) 원심이 마취과 전문의 갑의 ㉠과실과 망인 A의 사망 사이에 인과관계가 인정된다고 판단한 것은 수긍할 수 있다.

2021도1833

2023. 8. 31. 2021도1833, 공 2023하, 1764 = 『마취의 수술실 이탈 사건 - 형사』:

(사실관계는 2022다219427 민사판결의 사실관계와 같다.) 검사는 갑을 업무상과실치사죄로 기소하였다(㉬형사재판). 갑의 ㉮피고사건은 제1심을 거친 후, 항소심에 계속되었다. 항소법원은 다음과 같이 판단하여 유죄를 선고하였다. (가) 갑에게 마취유지 중 환자감시 및 신속한 대응 업무를 소홀히 한 업무상과실이 있다(㉠과실). (나) 갑의 업무상과실과 A의 사망 사이에 상당인과관계가 있다(㉡인과관계). 갑은 불복 상고하였다. (대법원은 A의 사망과 관련한 ㉮민사소송과 ㉯형사재판의 상고심 판결을 같은 날 선고하였다.)

대법원은 다음의 이유를 제시하여 원심판결을 파기환송하였다.

대법원은 의료과실 형사재판에서의 인과관계 증명에 대해 다음과 같이 설시하였다.

(가) 의사에게 의료행위로 인한 업무상과실치사상죄를 인정하기 위해서는, (ㄱ) 의료행위 과정에서 공소사실에 기재된 업무상과실의 존재는 물론 (ㄴ) 그러한 업무상과실로 인하여 환자에게 상해 · 사망 등 결과가 발생한 점에 대하여도 엄격한 증거에 따라 합리적 의심의 여지가 없을 정도로 증명이 이루어져야 한다. (나) 따라서 검사는 공소사실에 기재한 업무상과실과 상해 · 사망 등 결과 발생 사이에 인과관계가 있음을 합리적인 의심의 여지가 없을 정도로 증명하여야 한다. (다) 의사의 업무상과실이 증명되었다는 사정만으로 인과관계가 추정되거나 증명 정도가 경감되는 것은 아니다. (라) 이처럼 형사재판에서는 인과관계 증명에 있어서 '합리적인 의심이 없을 정도'의 증명을 요하므로 그에 관한 판단이 동일 사안의 민사재판과 달라질 수 있다.

대법원은 사실관계를 분석하였다(내용 생략함).

대법원은 갑의 ㉮피고사건에 대해 다음과 같이 판단하였다.

(가) A는 반복적인 혈압상승제 투여에도 불구하고 알 수 없는 원인으로 계속적으로 혈압 저하 증상을 보이다가 사망하였다. (나) 검사가 제출한 증거만으로는 (ㄱ) 갑이 직접 A를 관찰하거나 간호사의 호출을 받고 신속히 수술실에 가서 대응하였다면 구체적으로 어떤 조치를 더 할 수 있는지, (ㄴ) 그러한 조치를 취하였다면 A가 심정지에 이르지 않았을 것인지 알기 어렵다. (다) 그리고 A에게 심정지가 발생하였을 때 갑이 A를 직접 관찰하고 있다가 심폐소생술 등의 조치를 하였더라면 A가 사망하지 않았을 것이라는 점에 대한 증명도 부족하다. (라) 결국 이 사건에서 갑의 ㉠업무상과실로 A가 사망하게 되었다는 점이 합리적인 의심의 여지가 없을 정도로 증명되었다고 보기 어렵다.

제 8 절 결과적 가중범

2014도6206

2014. 7. 24. 2014도6206, 공 2014하, 1759 = 분석 총론 『고속도로 급정차 사건』:

M고속도로는 편도 2차선의 도로이다. M고속도로의 N지점 1 · 2차로에 차량들이 정상 속도로 꾸준히 진

행하고 있었다. N지점 1차로에는 A가 운전하는 ⓐ차량이 진행하고 있었다. ⓐ차량 뒤에는 ⓑ승용차, ⓒ승용차, ⓓ트럭, ⓔ5톤 카고트럭이 진행하고 있었다. 갑은 ⓕ차량을 운전하여 N지점 2차로를 진행하고 있었다. (갑은 ⓐ차량이 정상 속도로 1차선을 주행하고 있는 것에 화가 났다.) 갑은 2차로를 따라 ⓕ차량을 시속 110~120km 정도로 진행하여 1차로를 진행하던 A의 ⓐ차량 앞에 급하게 끼어든 후 곧바로 제동하여 약 6초 만에 정차하였다(㉮행위). 뒤따르던 B의 ⓑ차량과 이어서 ⓒ승용차 및 ⓓ트럭은 급하게 제동하여 정차하였다. 그러나 그 뒤에 따라오던 E가 운전하는 ⓔ5톤 카고트럭은 이를 피하거나 정차하지 못하고 갑의 ⓐ차량 정차 후 약 5~6초 만에 앞서 정차하여 있던 맨 뒤의 ⓓ트럭을 들이받았다. 그 충격으로 차량들이 차례로 앞으로 밀리면서 연쇄적으로 추돌하였다(㉯사고). ㉯사고로 ⓔ5톤 카고트럭을 운전하던 E가 사망하였다. ㉯사고로 나머지 ⓑ, ⓒ, ⓓ차량의 운전자들이 상해를 입었다(㉰결과발생). 사고 후 조사과정에서 갑은 다음과 같이 진술하였다. "차를 세우면서 '사고가 나면 어떻게 하지'라는 생각을 했다."(㉠진술).

고속도로에서 주행 중 갑자기 정차하여 고속도로 주행을 방해하는 것은 형법 제185조의 일반교통방해죄에 해당한다. 검사는 갑을 형법 제188조의 일반교통방해치사상죄로 기소하였다. 제1심법원은 유죄를 인정하였다. 갑은 불복 항소하였다. 항소법원은 항소를 기각하고, 제1심판결을 유지하였다. 갑은 불복 상고하였다. 갑은 상고이유로 다음의 점을 주장하였다. (가) E에게 전방주시, 차간거리 유지 등 주의의무를 다하지 아니한 과실이 있다. (나) 설령 갑에게 주의의무를 위반한 과실이 있다고 하자. (다) 그렇다고 하더라도 갑의 ㉮정차행위와 E의 사망 또는 B, C, D의 상해의 결과 사이에 E의 과실이 개입하여 인과관계가 단절되었다. (라) 갑은 ㉮정차 당시 차량을 서서히 정차하였고 후행차량들이 완전히 정차하는 것을 확인하여 교통사고가 나지 않을 것으로 생각하였다. (마) 갑은 E, B, C, D에 대한 사상의 결과가 발생할 것을 예견하지 못하였다.

대법원은 다음의 이유를 제시하여 상고를 기각하였다.

대법원은 제1심판결과 이를 유지한 원심판단이 정당한 것으로 수긍하였다.

대법원이 수긍한 제1심판결의 내용은 다음과 같다.

(가) E가 주의의무를 다하지 못한 과실이 있다고 섣불리 인정하기 어렵다. (나) 설령 E에게 주의의무를 위반한 과실이 있다고 하자. (다) 그렇다고 하더라도 그러한 사정만으로 갑의 일반교통방해의 범행과 E, B, C, D의 사상의 결과 사이에 인과관계가 단절되었다고 볼 수 없다. (라) 갑의 ㉠진술 등에 비추어 갑에게 사상의 결과 발생에 대한 예견가능성도 있다.

대법원은 갑의 ㉮정차행위와 E, B, C, D의 사상이라는 ㉰결과발생 사이에 상당인과관계가 없다는 갑의 주장에 대해 다음과 같이 판단하였다.

(가) 당시 갑은 1·2차로에 차량들이 정상 속도로 꾸준히 진행하고 있었는데도 2차로를 따라 시속 110~120km 정도로 진행하여 1차로의 A 차량 앞에 급하게 끼어든 후 곧바로 제동하여 약 6초 만에 정차하였다. (나) B의 차량 및 이를 뒤따르던 차량 두 대가 연이어 급제동하여 정차하기는 하였다. (다) 그러나 그 뒤를 따라오던 E가 운전하던 차량은 미처 추돌을 피하지 못하였고 그 추돌 시각은 갑의 차량 정차로부터 겨우 5~6초 후이다. (라) 그렇다면 스스로 편도 2차로의 고속도로 추월차로인 1차로 한가운데에 정차한 갑으로서는 현장의 교통상황이나 일반인의 운전 습관·행태 등에 비추어 고속도로를 주행하는 다른 차량 운전자들이 제한속도 준수나 안전거리 확보 등의 주의의무를 완전하게 다하지 않을 수도 있다는 점을 알았거나 충분히 알 수 있었다. (마) 그러므로 설령 이 사건에서 E, B, C, D의 사상의 결과 발생에 E의 과실이 어느 정도 개재되었다 하더라도, 갑의 정차 행위와 그와 같은 결과 발생 사이에 상당인과관계가 없다고 할 수 없다. (바) 비록 갑 차량 정차 후 세 대의 차량이 급정차하여 겨우 추돌을 피하기는 하였으나, 그것만으로 통상의 운전자라면 E가 처했던 상황에서 추돌을 피할 수 있었다는 개연성을 인정할 만한 특별한 사정이 있다고 보기는 어렵고, 달리 그럴 만한 자료를 찾을 수도 없다.

대법원은 갑이 E, B, C, D에 대한 사상의 결과가 발생할 것을 예견하지 못했다는 주장에 대해 다음과 같이 판단하였다.

(가) 예견가능성이 없었다는 상고이유 주장은 차를 세우면서 '사고가 나면 어떻게 하지'라는 생각을 했다는 피고인의 검찰 ㉠진술 등에 의할 때 받아들이기 어렵다. (나) 뿐만 아니라, 그와 같은 예견가능성은 일반인을 기준으로 객관적으로 판단되어야 한다. (다) 갑이 한 것과 같은 행위로 뒤따르는 차량들에 의하여 추돌 등의 사고가 야기되어 사상자가 발생할 수 있을 것이라는 점은 누구나 쉽게 예상할 수 있다. (라) 설령 갑이 정차 당시 사상의 결과 발생을 구체적으로 예견하지는 못하였다고 하더라도, 그와 같은 교통방해 행위로 인하여 실제 그 결과가 발생한 이상 교통방해치사상죄의 성립에는 아무런 지장이 없다.

2008도7311

2008. 11. 27. 2008도7311, 공 2008, 1849 = 백선 총론 33. 참고판례 2. 『경찰관 들이받기 사건』:

2016년 개정 전 폭력행위처벌법은 흉기 기타 위험한 물건을 휴대하여 폭행한 자를 3년 이상의 유기징역으로 처벌하고 있었다(㉮규정). 2016년 폭력행위처벌법이 개정되어 ㉮규정이 폐지되었다. ㉮규정 폐지 후 흉기 기타 위험한 물건을 휴대하여 폭행한 자에게는 형법 제261조의 특수폭행죄가 적용된다. 형법 제261조는 위험한 물건을 휴대하여 폭행죄를 범한 때에는 5년 이하의 징역 또는 1천만원 이하의 벌금으로 처벌한다. 형법 제144조 제2항은 특수공무집행방해치상죄를 규정하고 있다. 형법 제144조 제2항은 위험한 물건을 휴대하여 공무원을 상해에 이르게 한 때에는 3년 이상의 징역에 처한다.

아래의 사안은 2016년 폭력행위처벌법이 개정되기 전에 일어난 것이다. 행위시의 폭력행위처벌법 ㉮규정과 형법 제144조 제2항의 특수공무집행방해죄의 법정형은 모두 3년 이상의 유기징역으로 동일하다. 현재는 특수공무집행방해치상죄의 법정형이 특수폭행죄의 법정형보다 무겁기 때문에 부진정결과적가중범의 상상적 경합 문제는 발생하지 않는다. 그러나 부진정결과적가중범의 상상적 경합 문제라는 일반적 논점이 동일하므로 본 판례를 소개한다.

자동차는 폭행에 이용될 경우 위험한 물건에 해당한다. 갑은 승용차를 운전하던 중 음주단속을 피하기 위하여 승용차로 단속 경찰관 A를 들이받았다. A는 이로 인해 상해를 입었다. 검사는 갑을 ㉮특수공무집행방해치상죄와 ㉯폭력행위처벌법위반죄(특수폭행)의 상상적 경합범으로 기소하였다. 갑의 피고사건은 제1심을 거친 후, 항소심에 계속되었다. 항소법원은 ㉮특수공무집행방해치상죄에 대해 유죄를 인정하였다. 항소법원은 ㉯폭력행위처벌법위반죄(특수폭행)에 대해서는 ㉯폭력행위처벌법위반죄(특수폭행)가 ㉮특수공무집행방해치상죄에 흡수되어 별도로 죄를 구성하지 않는다는 이유로 무죄를 선고하였다. 검사는 무죄 부분에 불복하여 상고하였다.

대법원은 다음의 이유를 제시하여 상고를 기각하였다.

대법원은 부진정결과적가중범과 상상적 경합의 관계에 대해 다음과 같이 설시하였다.

(가) 기본범죄를 통하여 고의로 중한 결과를 발생하게 한 경우에 가중 처벌하는 것이 부진정결과적가중범이다. (나) 부진정결과적가중범에 있어서 (ㄱ) 고의로 중한 결과를 발생하게 한 행위가 별도의 구성요건에 해당하고 (ㄴ) 그 고의범에 대하여 결과적가중범에 정한 형보다 더 무겁게 처벌하는 규정이 있는 경우에는 그 고의범과 결과적가중범이 상상적 경합관계에 있다고 보아야 한다.

(다) 그렇지만 부진정결과적가중범에 있어서 (ㄱ) 고의로 중한 결과를 발생하게 한 행위가 별도의 구성요건에 해당하고 (ㄴ) 위와 같이 고의범에 대하여 더 무겁게 처벌하는 규정이 없는 경우에는 결과적가중범이 고의범에 대하여 특별관계에 있다고 해석되므로 결과적가중범만 성립한다. (라) 이와 법조경합의 관계에 있는 고의범에 대하여는 별도로 죄를 구성한다고 볼 수 없다.

(마) 따라서 직무를 집행하는 공무원에 대하여 위험한 물건을 휴대하여 고의로 상해를 가한 경우에는 특수공무집행방해치상죄만 성립할 뿐이다. (바) 이와는 별도로 폭력행위 등 처벌에 관한 법률 위반(집단·흉기 등 상해)죄를 구성한다고 볼 수 없다.

제 4 장 위 법 성

제 1 절 구성요건해당성과 위법성의 관계

2014도2477

2016. 1. 28. 2014도2477, 공 2016상, 392 =『로트와일러 전기톱 살해 사건』:

(이하 동물보호법 관련 규정은 현행법 규정으로 대체하여 소개함.) 동물보호법은 다음의 금지규정을 두고 있다(현행법에 의함). (가) 제10조(동물학대 등의 금지) ① 누구든지 동물을 죽이거나 죽음에 이르게 하는 다음 각 호의 행위를 하여서는 아니 된다. (나) 1. 목을 매다는 등의 잔인한 방법으로 죽음에 이르게 하는 행위(㉮규정). (다) 2. 노상 등 공개된 장소에서 죽이거나 같은 종류의 다른 동물이 보는 앞에서 죽음에 이르게 하는 행위. (라) 3. 동물의 습성 및 생태환경 등 부득이한 사유가 없음에도 불구하고 해당 동물을 다른 동물의 먹이로 사용하는 행위. (마) 4. 그 밖에 사람의 생명·신체에 대한 직접적인 위협이나 재산상의 피해 방지 등 농림축산식품부령으로 정하는 정당한 사유 없이 동물을 죽음에 이르게 하는 행위(㉯규정). 동물보호법은 다음의 벌칙규정을 두고 있다. (가) 제97조(벌칙) ① 다음 각 호의 어느 하나에 해당하는 자는 3년 이하의 징역 또는 3천만원 이하의 벌금에 처한다. (나) 1. 제10조 제1항 각 호의 어느 하나를 위반한 자(㉰규정).

갑은 P황토방을 운영하고 있다. 갑은 ⓐ진돗개를 키우고 있다. 이웃에 Q요양원이 있다. Q요양원에는 ⓑ, ⓒ로트와일러 2마리가 있다. P황토방 앞에는 개사육장이 있었다. 갑은 ㉠엔진톱을 이용해 나무를 자르는 작업을 하고 있었다. 갑은 ⓐ진돗개를 나무에 묶어 놓았다. ⓑ, ⓒ로트와일러가 묶여 있는 ⓐ진돗개를 물어뜯는 등 공격을 하였다. ⓑ, ⓒ로트와일러는 갑을 공격하지는 않았다. 갑은 ⓑ, ⓒ로트와일러를 쫓아버리기 위해 ㉠엔진톱으로 ⓑ로트와일러를 위협하였다.

㉠기계톱은 시동이 걸려 있어도 엑셀을 당기지 않으면 돌아가지 않는다. 갑은 처음에 시동이 걸린 채로 ⓑ로트와일러를 툭툭 치며 위협하였다. 갑은 ⓑ로트와일러가 몸을 돌릴 때 ㉠전기톱의 엑셀을 당겼다. ⓑ로트와일러는 등 쪽이 절단되어 내장이 겉으로 드러난 상태로 피를 흘리다 죽었다. ⓐ진돗개가 묶여있었던 장소나, 갑이 ⓑ로트와일러를 ㉠기계톱으로 내리친 사건 장소는 갑 소유의 땅이 아니었다. 갑은 ⓐ진돗개의 목줄을 풀어 다른 곳으로 피하게 하거나 데려갈 수도 있었다.

검사는 갑을 손괴죄와 「동물보호법」 위반죄(㉮, ㉯규정)의 상상적 경합범으로 기소하였다. 제1심법원은 다음과 같이 판단하였다. (가) 손괴죄 : 무죄 (형법 제22조 제3항 책임조각적 과잉긴급피난 인정.) (나) 동물보호법위반죄 : 유죄. 검사는 무죄 부분에 불복하여 항소하였다. 항소법원은 다음과 같이 판단하였다. (가) 손괴죄 : 유죄 (형법 제22조 제3항 책임조각적 과잉긴급피난 불인정.) (나) 동물보호법위반죄 : 무죄 (구성요건해당성조각사유 인정.)

갑은 유죄 부분에 불복하여 상고하였다. 갑은 상고이유로, 긴급피난이 인정된다고 주장하였다. 검사는 무죄 부분에 불복하여 상고하였다. 검사는 상고이유로 다음의 점을 주장하였다. (가) 동물보호법의 ㉮, ㉯규정은 단순히 '잔인한 방법으로 동물을 죽음에 이르게 하는 행위'를 하면 처벌하고 있다. (나) ㉮규정은 ㉯규정과 달리 '정당한 사유 없이'라는 구성요건해당성조각사유를 규정하고 있지 않다.

대법원은 다음의 이유를 제시하여 원심판결을 파기환송하였다.

대법원은 먼저 다음의 이유를 제시하여 갑의 상고를 기각하였다.

대법원은 긴급피난의 요건을 다음과 같이 설시하였다.

(가) 형법 제22조 제1항의 긴급피난이란 자기 또는 타인의 법익에 대한 현재의 위난을 피하기 위한 상당한 이유 있는 행위를 말한다. (나) 여기서 '상당한 이유 있는 행위'에 해당하려면, (ㄱ) 피난행위는 위난에 처한 법익을 보호하기 위한 유일한 수단이어야 하고, (ㄴ) 피해자에게 가장 경미한 손해를 주는 방법을 택하여야 하며, (ㄷ) 피난행위에 의하여 보전되는 이익은 이로 인하여 침해되는 이익보다 우월해야 하고, (ㄹ) 피난행위는 그 자체가 사회윤리나 법질서 전체의 정신에 비추어 적합한 수단일 것을 요하는 등의 요건을 갖추어야 한다.

대법원은 다음과 같이 판단한 원심판단을 그대로 수용하였다.

(가) 갑으로서는 자신의 ⓐ진돗개를 보호하기 위하여 몽둥이나 기계톱 등을 휘둘러 Q요양원의 개들(ⓑ, ⓒ로트와일러)을 쫓아버리는 방법으로 자신의 재물을 보호할 수 있었을 것이다. (나) 그러므로 ⓑ로트와일러를 ㉠기계톱으로 내리쳐 등 부분을 절개한 것은 피난행위의 상당성을 넘은 행위로서 형법 제22조 제1항에서 정한 긴급피난의 요건을 갖춘 행위로 보기 어렵다. (다) 뿐만 아니라 그 당시 ⓑ로트와일러가 갑을 공격하지도 않았고 ⓑ로트와일러가 평소 공격적인 성향을 가지고 있었다고 볼 자료도 없다. (라) 그러한 이상 형법 제22조 제3항에서 정한 책임조각적 과잉피난에도 해당하지 않는다.

대법원은 검사의 상고이유에 대해 다음과 같이 판단하였다.

대법원은 동물보호법의 관련 규정들을 분석하였다.

대법원은 동물보호법 제10조 제1항 제1호(㉮규정)의 성립요건에 대해 다음과 같이 설시하였다.

(가) 위와 같은 동물보호법의 목적과 입법 취지, 동물보호법 제10조 제1항 각 호의 문언 및 체계 등을 종합하여 본다. (나) 동물보호법 제10조 제1항 제1호(㉮규정)가 규정하는 '잔인한 방법으로 죽음에 이르게 하는 행위'는, 같은 항 제4호(㉯규정)의 경우와는 달리 '정당한 사유'를 구성요건요소로 규정하고 있지 아니하여 '잔인한 방법으로 죽음에 이르게 하는 행위'를 하는 것 자체로 그 구성요건을 충족한다. (다) 설령 그 행위를 정당화할 만한 사정 또는 행위자의 책임으로 돌릴 수 없는 사정이 있다 하더라도, 이로 인해 위법성이나 책임이 조각될 수 있는지는 별론으로 하고 구성요건해당성이 조각된다고 볼 수는 없다.

대법원은 갑의 행위에 대해 다음과 같이 판단하였다.

(가) (사실관계 생략함.) (나) 위와 같이 ⓑ로트와일러를 죽이게 된 경위, ⓑ로트와일러를 죽이는 데 사용한 도구 및 방법, 행위 태양 및 그 결과를 앞서 본 법리에 비추어 본다. (다) 위와 같은 갑의 행위는 동물보호법 제10조 제1항 제1호(㉮규정)에 의하여 금지되는 '목을 매다는 등의 잔인한 방법으로 죽음에 이르게 하는 행위'에 해당한다고 봄이 상당하다. (라) 나아가 갑의 행위에 위법성조각사유 또는 책임조각사유가 있다고 보기도 어렵다.

대법원은 원심판결의 당부에 대해 다음과 같이 판단하였다.

(가) 그럼에도 원심은 이와 달리 동물보호법 제10조 제1항 제1호(㉮규정)에서 정한 '잔인한 방법으로 동물을 죽음에 이르게 하는 행위'란 '정당하고 합리적인 이유 없이' 동물을 잔인한 방법으로 죽음에 이르게 하는 행위라는 잘못된 해석을 하고 있다. (나) 원심은 이러한 잘못된 해석을 전제로, 자신의 ⓐ진돗개를 공격하던 ⓑ로트와일러를 쫓아버리기 위하여 ㉠엔진톱으로 ⓑ로트와일러를 위협하다가 죽이게 된 사정을 고려할 때 갑의 이러한 행위는 동물복지법 제10조 제1항 제1호(㉮규정)에서 규정한 구성요건을 충족하지 못한다는 이유로 이 사건 공소사실 중 동물보호법 위반의 점을 무죄로 판단하였다. (다) 그러므로 이러한 원심의 판단에는

그 판결 이유에 모순이 있거나 동물보호법 제10조 제1항 제1호(㉮규정)에서 정한 구성요건의 해석에 관한 법리를 오해함으로써 판결에 영향을 미친 잘못이 있다.

| 2016도10912 |

2018. 11. 1. 2016도10912 전원합의체 판결, 공 2018하, 2401 = 『양심적 병역거부 무죄 사건』 :

병역법 제88조 제1항에 따르면 현역입영 통지서를 받은 사람이 '정당한 사유 없이' 입영일로부터 3일의 기간이 지나도 입영하지 아니한 경우에는 3년 이하의 징역으로 처벌된다. 갑은 현역병 입영대상자이다. 갑은 여호와의 증인 신도인 아버지의 영향으로 만 13세 때 침례를 받고 그 신앙에 따라 생활해 왔다. 갑은 최초 입영통지를 받은 이래 15년이 경과한 시점까지 신앙을 이유로 입영을 거부하고 있었다. 과거 갑의 아버지는 물론 최근 갑의 동생도 같은 이유로 병역을 거부하여 병역법 위반으로 수감되었다. 갑은 부양해야 할 가족으로 배우자, 어린 딸과 갓 태어난 아들이 있다. 갑은 이러한 상태에서 형사처벌의 위험을 감수하면서도 종교적 신념을 이유로 병역거부 의사를 유지하고 있다.

검사는 병역법 제88조 제1항을 적용하여 갑을 기소하였다. 제1심법원은 유죄를 인정하고, 징역 1년 6개월을 선고하였다. 갑은 불복 항소하였다. 항소법원은 항소를 기각하고, 제1심판결을 유지하였다. 갑은 불복 상고하였다.

대법원은 다음의 이유를 제시하여 원심판결을 파기환송하였다.

대법원은 종래 양심적 병역거부는 병역법 제88조 제1항의 '정당한 사유'에 해당하지 않는다는 입장을 취하고 있었다. 대법원은 종전 판례를 변경할 것인가를 놓고 심의하였다. 2018년 11월 1일 대법원은 판결을 선고하였다. 대법원은 9(다수의견) 대 1(별개의견) 대 3(소수의견)으로 견해가 나뉘었다. 대법원은 다수의견에 따라 판례를 변경하였다.

다수의견의 논의 전개 구조는 다음과 같다.

1. 사건의 경위와 쟁점
2. 병역법 제88조 제1항의 '정당한 사유'
3. 양심적 병역거부와 병역법 제88조 제1항의 '정당한 사유'
   가. 헌법상 양심의 자유와 그 제한
   나. 양심적 병역거부가 병역법상 '정당한 사유'에 해당하는지 여부
   다. 대체복무제의 도입 문제와 양심적 병역거부에 대한 형사처벌 여부
4. 진정한 양심적 병역거부의 심리와 판단
5. 이 사건의 해결
6. 결론

(이하 다수의견을 '대법원'으로 표시하여 발췌 소개함.)

대법원은 병역법 제88조 제1항의 내용을 다음과 같이 분석하였다.

(가) (헌법 규정 소개; 생략함.) (나) 병역법 제88조 제1항은 헌법이 규정한 국방의 의무를 실현하기 위하여 현역입영 또는 소집통지서를 받고도 정당한 사유 없이 이에 응하지 않은 사람을 처벌함으로써 입영기피를 억제하고 병력구성을 확보하기 위한 규정이다. (다) 병역법 제88조 제1항에 따르면 정당한 사유가 있는 경우에는 피고인을 벌할 수 없다.

대법원은 병역법 제88조 제1항의 '정당한 사유'에 대해 다음과 같이 설시하였다.

(가) 병역법 제88조 제1항에서 정당한 사유는 구성요건해당성을 조각하는 사유이다. (나) 이는 형법상 위법성조각사유인 정당행위나 책임조각사유인 기대불가능성과는 구별된다. (다) 정당한 사유는 구체적인 사안

에서 법관이 개별적으로 판단해야 하는 불확정개념이다. (라) 정당한 사유는 실정법의 엄격한 적용으로 생길 수 있는 불합리한 결과를 막고 구체적 타당성을 실현하기 위한 것이다. (마) 병역법 제88조 제1항에서 정한 정당한 사유가 있는지를 판단할 때에는 병역법의 목적과 기능, 병역의무의 이행이 헌법을 비롯한 전체 법질서에서 가지는 위치, 사회적 현실과 시대적 상황의 변화 등은 물론 피고인이 처한 구체적이고 개별적인 사정도 고려해야 한다.

대법원은 병역법의 관련 규정들을 분석하였다(내용 소개 생략함.)

대법원은 이어서 병역의무자의 구체적·개별적 사정에 대해 다음과 같이 설시하였다.

(가) 병역의무의 부과와 구체적 병역처분 과정에서 고려되지 않은 사정이라 하더라도, 입영하지 않은 병역의무자가 처한 구체적이고 개별적인 사정이 그로 하여금 병역의 이행을 감당하지 못하도록 한다면 병역법 제88조 제1항의 '정당한 사유'에 해당할 수 있다고 보아야 한다. (나) 설령 그 사정이 단순히 일시적이지 않다거나 다른 이들에게는 일어나지 않는 일이라 하더라도 마찬가지이다.

대법원은 양심적 병역거부와 병역법 제88조 제1항의 '정당한 사유'의 관계에 대해 설시하였다.

대법원은 먼저 헌법상 양심의 자유와 그 제한에 관하여 검토하였다(내용 소개는 생략함).

대법원은 다음과 같은 소결론을 제시하였다.

(가) (전략) 내면적 양심을 포기하거나 스스로 인격적 존재가치를 파멸시키게 하고, 내면적 양심과 자신의 인격적 존재가치를 지키고자 하면 형사처벌 등 제재를 감수하도록 하는 것은 기본권에 대한 과도한 제한이 되거나 기본권의 본질적 내용에 대한 위협이 될 수 있다. (나) 소극적 부작위에 의한 양심실현의 자유는 내면적 양심의 자유와 밀접하게 관련되므로 그에 대한 제한에는 더욱 세심한 배려와 신중한 접근이 필요하다.

대법원은 양심적 병역거부 주장을 다음과 같이 정리하였다.

(가) 양심에 따른 병역거부, 이른바 양심적 병역거부는 종교적·윤리적·도덕적·철학적 또는 이와 유사한 동기에서 형성된 양심상 결정을 이유로 집총이나 군사훈련을 수반하는 병역의무의 이행을 거부하는 행위를 말한다. (나) 양심을 포기하지 않고서는 집총이나 군사훈련을 수반하는 병역의무를 이행할 수 없고 병역의무의 이행이 자신의 인격적 존재가치를 스스로 파멸시키는 것이기 때문에 병역의무의 이행을 거부한다는 것이다. (다) 결국 양심을 포기할 수 없고 자신의 인격적 존재가치를 스스로 파멸시킬 수도 없기 때문에 불이행에 따르는 어떠한 제재라도 감수할 수밖에 없다고 한다.

대법원은 양심적 병역거부가 병역법 제88조 제1항의 '정당한 사유'에 해당할 수 있는지 여부에 대해 다음과 같이 판단하였다.

(가) (중간 논의과정; 생략함.) (나) 요컨대, 자신의 내면에 형성된 양심을 이유로 집총과 군사훈련을 수반하는 병역의무를 이행하지 않는 사람에게 형사처벌 등 제재를 해서는 안 된다. (다) 양심적 병역거부자에게 병역의무의 이행을 일률적으로 강제하고 그 불이행에 대하여 형사처벌 등 제재를 하는 것은 양심의 자유를 비롯한 헌법상 기본권 보장체계와 전체 법질서에 비추어 타당하지 않을 뿐만 아니라 소수자에 대한 관용과 포용이라는 자유민주주의 정신에도 위배된다. (라) 따라서 진정한 양심에 따른 병역거부라면, 이는 병역법 제88조 제1항의 '정당한 사유'에 해당한다. (마) 이와 달리 양심적 병역거부가 병역법 제88조 제1항에서 정한 '정당한 사유'에 해당하지 않는다고 판단한 종전 판결들은 이 판결의 견해에 배치되는 범위에서 이를 모두 변경하기로 한다.

대법원은 대체복무제의 도입 문제와 양심적 병역거부에 대한 형사처벌 여부는 관련이 없다는 점을 확인하였다(내용 소개는 생략함).

대법원은 진정한 양심적 병역거부를 인정하기 위한 세 가지 요건에 대해 다음과 같이 설시하였다.

(가) 정당한 사유로 인정할 수 있는 양심적 병역거부를 심리하여 판단하는 것은 중요한 문제이다. (나) 양심적 병역거부에서 말하는 양심은 그 신념이 깊고, 확고하며, 진실하여야 한다. (다) 신념이 깊다는 것은 그것이 사람의 내면 깊이 자리잡은 것으로서 그의 모든 생각과 행동에 영향을 미친다는 것을 뜻한다. 삶의 일부가 아닌 전부가 그 신념의 영향력 아래 있어야 한다. (라) 신념이 확고하다는 것은 그것이 유동적이거나 가변적이지 않다는 것을 뜻한다. 반드시 고정불변이어야 하는 것은 아니지만, 그 신념은 분명한 실체를 가진 것으로서 좀처럼 쉽게 바뀌지 않는 것이어야 한다. (마) 신념이 진실하다는 것은 거짓이 없고, 상황에 따라 타협적이거나 전략적이지 않다는 것을 뜻한다. 설령 병역거부자가 깊고 확고한 신념을 가지고 있다고 하더라도 그 신념과 관련한 문제에서 상황에 따라 다른 행동을 한다면 그러한 신념은 진실하다고 보기 어렵다.

대법원은 진정한 양심적 병역거부인지를 판단하는 방법에 대해 다음과 같이 설시하였다.

(가) 구체적인 병역법위반 사건에서 피고인이 양심적 병역거부를 주장할 경우, 그 양심이 과연 위와 같이 깊고 확고하며 진실한 것인지 가려내는 일이 무엇보다 중요하다. (나) 인간의 내면에 있는 양심을 직접 객관적으로 증명할 수는 없으므로 사물의 성질상 양심과 관련성이 있는 간접사실 또는 정황사실을 증명하는 방법으로 판단하여야 한다. (다) (예시적으로 제시한 종교적 신념에 따른 병역거부 주장에 대한 판단방법; 생략함.)

대법원은 정당한 사유의 존부에 대한 거증책임에 대해 다음과 같이 설시하였다.

(가) 정당한 사유가 없다는 사실은 범죄구성요건이므로 검사가 증명하여야 한다. (나) 다만 진정한 양심의 부존재를 증명한다는 것은 마치 특정되지 않은 기간과 공간에서 구체화되지 않은 사실의 부존재를 증명하는 것과 유사하다. (다) 위와 같은 불명확한 사실의 부존재를 증명하는 것은 사회통념상 불가능한 반면 그 존재를 주장·증명하는 것이 좀 더 쉬우므로, 이러한 사정은 검사가 증명책임을 다하였는지를 판단할 때 고려하여야 한다.

(라) 따라서 양심적 병역거부를 주장하는 피고인은 (ㄱ) 자신의 병역거부가 그에 따라 행동하지 않고서는 인격적 존재가치가 파멸되고 말 것이라는 절박하고 구체적인 양심에 따른 것이며 (ㄴ) 그 양심이 깊고 확고하며 진실한 것이라는 사실의 존재를 수긍할 만한 (ㄷ) 소명자료를 제시하여야 한다. (마) 검사는 제시된 자료의 신빙성을 탄핵하는 방법으로 진정한 양심의 부존재를 증명할 수 있다. (바) 이때 병역거부자가 제시해야 할 소명자료는 적어도 검사가 그에 기초하여 정당한 사유가 없다는 것을 증명하는 것이 가능할 정도로 구체성을 갖추어야 한다.

대법원은 갑의 입영거부에 대해 다음과 같이 판단하였다.

(가) (갑의 입영거부에 이르는 사실관계 분석; 생략함.) (나) 위에서 본 법리에 비추어 보면, 갑의 입영거부 행위는 진정한 양심에 따른 것으로서 병역법 제88조 제1항에서 정한 정당한 사유에 해당할 여지가 있다.

| 2019도17322 |

2020. 7. 9. 2019도17322, 공 2020하, 1622 = 『침례 안한 여호와의 증인 사건』:

병역법 제88조 제1항에 따르면 현역입영 통지서를 받은 사람이 '정당한 사유 없이' 입영일로부터 3일의 기간이 지나도 입영하지 아니한 경우에는 3년 이하의 징역으로 처벌된다. 갑은 현역병 입영대상자이다. 갑의 어머니 A는 독실한 여호와의 증인 신도이다. 갑은 자신이 이른바 '모태신앙'으로서 양심적 병역거부자라고 주장하였다. 갑은 입영통지서를 수령하였음에도 입영일부터 3일이 경과한 날까지 입영하지 않았다.

검사는 병역법 제88조 제1항을 적용하여 갑을 기소하였다. 갑의 피고사건은 제1심(징역 1년 6개월), 환송 전 항소심(항소기각), 상고심(파기환송), 환송 후 항소심의 순서로 진행되었다. 환송 전 항소심(항소기각)과 상고심(파기환송) 사이에 양심적 병역거부를 병역법 제88조 제1항의 '정당한 사유'로 인정하는 대법원 전원합의체 판결(2016도10912)이 있었다. 환송 후 항소심은 갑의 병역거부가 신앙 또는 내심의 가치관·윤리적 판단에 근거하여 형성된 진지한 양심의 결정에 따른 것으로서 병역법 제88조 제1항이 정한 정당한 사유에 해당한다고 판단하였다. (환송 후 항소심 판단의 근거는 소개를 생략함.) 환송 후 항소심은 제1심판결을 파기하고, 갑에게 무죄를 선고하였다. 검사는 불복 상고하였다.

대법원은 다음의 이유를 제시하여 원심판결을 파기환송하였다.

대법원은 양심적 병역거부의 법적 성질에 대해 다음과 같이 설시하였다.

(가) 양심에 따른 병역거부, 이른바 양심적 병역거부는 종교적·윤리적·도덕적·철학적 또는 이와 유사한 동기에서 형성된 양심상 결정을 이유로 집총이나 군사훈련을 수반하는 병역의무의 이행을 거부하는 행위를 말한다. (나) 양심적 병역거부자에게 병역의무의 이행을 일률적으로 강제하고 그 불이행에 대하여 형사처벌 등 제재를 하는 것은 양심의 자유를 비롯한 헌법상 기본권 보장체계와 전체 법질서에 비추어 타당하지 않을 뿐만 아니라 소수자에 대한 관용과 포용이라는 자유민주주의 정신에도 위배된다. (다) 따라서 진정한 양심에 따른 병역거부라면, 이는 병역법 제88조 제1항의 '정당한 사유'에 해당한다.

대법원은 양심적 병역거부의 판단기준에 대해 다음과 같이 설시하였다.

(가) 구체적인 병역법 위반 사건에서 피고인이 양심적 병역거부를 주장할 경우, 그 양심이 과연 깊고 확고하며 진실한 것인지를 가려내는 일이 무엇보다 중요하다. (나) 인간의 내면에 있는 양심을 직접 객관적으로 증명할 수는 없으므로 사물의 성질상 양심과 관련성이 있는 간접사실 또는 정황사실을 증명하는 방법으로 판단하여야 한다.

대법원은 종교적 신념에 따른 양심적 병역거부 사안에서 양심과 관련성이 있는 간접사실 또는 정황사실의 증명방법을 예시하였다(자세한 내용 소개는 생략함).

대법원은 정당한 사유의 존부에 관한 거증책임에 대해 다음과 같이 설시하였다.

(가) 정당한 사유가 없다는 사실은 범죄구성요건이므로 검사가 증명하여야 한다. (나) 다만 진정한 양심의 부존재를 증명한다는 것은 마치 특정되지 않은 기간과 공간에서 구체화되지 않은 사실의 부존재를 증명하는 것과 유사하다. (다) 위와 같은 불명확한 사실의 부존재를 증명하는 것은 사회통념상 불가능한 반면 그 존재를 주장·증명하는 것이 좀 더 쉬우므로, 이러한 사정은 검사가 증명책임을 다하였는지를 판단할 때 고려하여야 한다. (라) 따라서 양심적 병역거부를 주장하는 피고인은 (ㄱ) 자신의 병역거부가 그에 따라 행동하지 않고서는 인격적 존재가치가 파멸되고 말 것이라는 절박하고 구체적인 양심에 따른 것이며 (ㄴ) 그 양심이 깊고 확고하며 진실한 것이라는 사실의 존재를 수긍할 만한 (ㄷ) 소명자료를 제시하여야 한다. (마) 검사는 제시된 자료의 신빙성을 탄핵하는 방법으로 진정한 양심의 부존재를 증명할 수 있다. (바) 이때 병역거부자가 제시하여야 할 소명자료는 적어도 검사가 그에 기초하여 정당한 사유가 없다는 것을 증명하는 것이 가능할 정도로 구체성을 갖추어야 한다.

대법원은 갑이 제시한 소명자료에 대해 다음과 같이 판단하였다.

(가) 이러한 법리에 따라 이 사건 공소사실의 유무죄를 가림에 있어서는 갑으로부터 병역거부에 이르게된 그의 양심이 깊고 확고하며 진실한 것이라는 사실의 존재를 수긍할 만한 구체적인 소명자료를 제출받아 이를 자세히 심리할 필요가 있다.

(나) 모든 종교는 각각의 교리에 맞는 고유한 의식을 가지기 마련이고, 이러한 의식은 어느 한 종교를 다른 종교들과 구분하는 기준이 되거나 그 종교만의 독자적인 정체성을 형성하는 요소 중의 하나인 것이며, 신도들로 이루어진 공동체에 의하여 대대로 유지·계승된다는 특징을 갖는다. (다) 따라서 어느 종교의 신도들이 그 고유의 의식에 참여한다는 것은 종교생활에서 적지 않은 비중을 차지하고, 이는 여호와의 증인의 경우도 마찬가지라고 볼 수 있다.

(라) 갑은 자신이 이른바 '모태신앙'으로서 여호와의 증인의 신도인 어머니의 영향하에 어렸을 때부터 해당 종교를 신봉하여 왔다고 주장한다. (마) 그러면서도 위 종교의 공적 모임에서 자신의 신앙을 고백하고 그 종교의 다른 신도들로부터 공동체 구성원으로 받아들여지는 중요한 의식인 침례를 병역거부 당시는 물론이고 원심 변론종결 당시까지도 받지 아니하였다. (바) (중간 검토 사항; 생략함.) (사) 그러므로 갑이 병역거부에 이르게 된 원인으로 주장하는 '양심'이 (ㄱ) 과연 그 주장에 상응하는 만큼 깊고 확고하며 진실한 것인지, (ㄴ) 종교적 신념에 의한 것이라는 갑의 병역거부가 실제로도 그에 따라 행동하지 않고서는 인격적 존재가치가 파멸되고 말 것이라는 절박하고 구체적인 양심에 따른 것으로서 병역법 제88조 제1항의 정당한 사유에 해당하는지에 대하여는 여전히 의문이 남는다.

2021도9680

2021. 12. 30. 2021도9680, 공 2022상, 303 = 『입주자회의 공고문 훼손 사건』:

갑은 M아파트 입주자대표회의 회장이다. A 등 4명은 M아파트의 동대표들이다. A 등 동대표들은 갑에 대한 동대표 회장 해임 안건을 제안하였다. 갑은 해당 안건제안이 절차와 규정에 맞지 않는다는 이유로 A 등의 제안을 거절하였다. A 등은 M아파트 관리소장 B에게 요구하여 입주자대표회의를 개최한다는 ㉠공고문을 아파트 입구 게시판에 게시하게 하였다. ㉠공고문에는 회의개최 일시 · 장소 및 안건(동대표 회장 해임 포함)이 기재되어 있었다. ㉠공고문에는 통상적인 공고문과 달리 '입주자대표회의 회장' 중 '회장' 부분을 삭제하고, 회장의 직인에서도 '장' 자 부분을 가려 '입주자대표회의'라고 날인되어 있었다. 갑은 회의 개최 전날 ㉠공고문을 발견하였다. 갑은 게시판에서 ㉠공고문을 뜯어내어 버렸다.

검사는 갑을 재물손괴죄로 기소하였다. 제1심법원은 갑의 행위가 정당행위(사회상규)에 해당한다는 이유로 무죄를 선고하였다. 검사는 불복 항소하였다. 항소법원은 갑의 행위가 정당행위(사회상규)에 해당하지 않는다는 이유로 제1심판결을 파기하고 유죄를 인정하였다. 갑은 불복 상고하였다.

대법원은 다음의 이유를 제시하여 원심판결을 파기환송하였다.

대법원은 먼저 사회상규의 개념정의와 법적 효과에 대해 다음과 같이 설시하였다.

(가) 형법 제20조에 정하여진 '사회상규에 위배되지 아니하는 행위'라 함은, 법질서 전체의 정신이나 그 배후에 놓여 있는 사회윤리 내지 사회통념에 비추어 용인될 수 있는 행위를 말한다. (나) 어떤 행위가 그 행위의 동기나 목적의 정당성, 행위의 수단이나 방법의 상당성, 보호이익과 침해이익의 법익 균형성, 긴급성, 그 행위 이외의 다른 수단이나 방법이 없다는 보충성 등의 요건을 갖춘 경우에는 정당행위에 해당한다. (다) 어떠한 행위가 범죄구성요건에 해당하지만 정당행위라는 이유로 위법성이 조각된다는 것은 그 행위가 적극적으로 용인, 권장된다는 의미가 아니라 단지 특정한 상황하에서 그 행위가 범죄행위로서 처벌대상이 될 정도의 위법성을 갖추지 못하였다는 것을 의미한다.

대법원은 사실관계를 분석하였다.

대법원은 갑의 행위에 대해 다음과 같이 판단하였다.

(가) 입주자대표회의 회장인 갑이 정당한 소집권자인 회장의 동의나 승인 없이 위법하게 게시된 ㉠공고문을 발견하고 이를 제거하는 방법으로 손괴하였다. (나) 갑의 ㉠공고문 손괴 조치는 그에 선행하는 위법한 공고문 작성 및 게시에 따른 위법상태의 구체적 실현이 임박한 상황하에 그 행위의 효과가 귀속되는 주체의 적법한 대표자 자격에서 그 위법성을 바로잡기 위한 조치의 일환이다. (다) 갑의 ㉠공고문 손괴 조치는 사회통념상 허용되는 범위를 크게 넘어서지 않는 행위라고 볼 수 있다.

제 2 절 위법성조각사유의 체계

2017도15226

2018. 12. 27. 2017도15226, 공 2019상, 420 =『포교활동 메신저 대화 사건』:

정보통신망법은 "누구든지 정당한 접근권한 없이 또는 허용된 접근권한을 넘어 정보통신망에 침입하여서는 아니 된다."고 규정하고 있다(㉮규정). ㉮규정은 정보통신망에 대한 보호조치를 침해하거나 훼손할 것을 구성요건으로 하지 않고 '정당한 접근권한 없이 또는 허용된 접근권한을 넘어' 정보통신망에 침입하는 행위를 금지하는 규정이다. 정보통신망법은 "누구든지 정보통신망에 의하여 처리·보관 또는 전송되는 타인의 정보를 훼손하거나 타인의 비밀을 침해·도용 또는 누설하여서는 아니 된다."라고 규정하고 있다(㉯규정). 정보통신망법은 "㉮규정 또는 ㉯규정을 위반하여 타인의 정보를 훼손하거나 타인의 비밀을 침해·도용 또는 누설한 자는 5년 이하의 징역 또는 5천만원 이하의 벌금에 처한다.'고 규정하고 있다(㉰규정).

갑은 P회사의 일반직원이다. A와 B는 갑의 동료직원이다. P회사 내에서 A와 B가 특정 종교의 포교활동을 한다는 소문이 돌았다. A와 B의 포교활동에 대하여 회사 차원의 면담·조사가 진행되고 있었다. A와 B는 P회사의 메신저 프로그램을 이용하여 대화를 하였다(㉠대화내용). A가 PC에 자신의 계정을 이용해 P회사의 메신저 프로그램을 실행시킨 채 잠시 자리를 비웠다. 갑은 그 사이에 A 몰래 P회사의 메신저 프로그램을 사용하여 보관함에 접속한 다음 저장되어 있던 ㉠대화내용을 열람·복사하여 C의 컴퓨터에 전송하였다.

검사는 갑의 행위가 정보통신망에 의하여 처리·보관 또는 전송되는 타인의 비밀을 침해·누설한 것에 해당한다고 판단하였다. 검사는 ㉯, ㉰규정을 적용하여 갑을 기소하였다. 제1심법원은 유죄를 인정하였다. 갑은 불복 항소하였다. 항소법원은 항소를 기각하고, 제1심판결을 유지하였다. 갑은 불복 상고하였다. 갑은 첫 번째 상고이유로 다음의 점을 주장하였다. (가) 갑의 행위는 A의 컴퓨터 하드디스크에 저장되어 있던 ㉠전자파일을 열어본 것에 불과하다. (나) 이미 컴퓨터 하드디스크에 저장되어 있는 ㉠전자파일을 '정보통신망에 의하여 처리·전송·보관'되는 타인의 비밀이라 볼 수 없다. (다) 타인의 비밀을 침해하는 행위는 정보통신망에 침입하는 등 부정한 수단·방법으로 타인의 비밀을 취득하는 것이다. (라) 갑의 행위를 정보통신망 '정보통신망에 침입'하는 등 부정한 수단·방법으로 타인의 비밀을 취득한 것이라고 볼 수 없다. 갑은 두 번째 상고이유로 다음의 점을 주장하였다. (가) 갑은 ㉠전자파일을 열어 A와 B 사이의 메신저 대화 내용을 취득하게 되었다. (나) 갑의 행위는 A와 B의 포교활동 및 괴롭힘으로부터 벗어나기 위해 한 행동이다. (다) 갑의 행위는 관리자인 P회사의 추정적 승낙, 정당방위 또는 정당행위의 경우에 해당되어 위법성이 조각된다.

대법원은 다음의 이유를 제시하여 상고를 기각하였다.

대법원은 첫 번째 상고이유에 대해 판단하였다.

대법원은 정보통신망법의 관련규정을 분석하였다(내용 소개는 생략함).

대법원은 '정보통신망에 의해 처리·보관 또는 전송되는 타인의 비밀'의 범위에 대해 다음과 같이 설시하였다.

(가) 정보통신망법 제49조(㉯규정) 위반행위의 객체인 '정보통신망에 의해 처리·보관 또는 전송되는 타인의 비밀'에는 (ㄱ) 정보통신망으로 실시간 처리·전송 중인 비밀, (ㄴ) 나아가 정보통신망으로 처리·전송이 완료되어 원격지 서버에 저장·보관된 것으로 통신기능을 이용한 처리·전송을 거쳐야만 열람·검색이 가능한 비밀이 포함됨은 당연하다. (나) 그러나 이에 한정되는 것은 아니다. (다) (ㄷ) 정보통신망으로 처리·전송이 완료된 다음 사용자의 개인용 컴퓨터(PC)에 저장·보관되어 있더라도, 그 처리·전송과 저장·보관이 서로 밀접하게 연계됨으로써 정보통신망과 관련된 컴퓨터 프로그램을 활용해서만 열람·검색이 가능한 경우 등

정보통신체제 내에서 저장·보관 중인 것으로 볼 수 있는 비밀도 여기서 말하는 '타인의 비밀'에 포함된다. (라) 이러한 결론은 정보통신망법 제49조(㉯규정)의 문언, 정보통신망법상 정보통신망의 개념, 구성요소와 기능, 정보통신망법의 입법목적 등에 비추어 도출할 수 있다.

대법원은 정보통신망법 상의 '타인의 비밀', '침해', '누설'의 개념에 대해 다음과 같이 설시하였다.

(가) 정보통신망법 제49조(㉯규정)에서 말하는 '타인의 비밀'이란 일반적으로 알려져 있지 않은 사실로서 이를 다른 사람에게 알리지 않는 것이 본인에게 이익이 되는 것을 뜻한다. (나) 정보통신망법 제49조(㉯규정)에서 말하는 타인의 비밀 '침해'란 정보통신망에 의하여 처리·보관 또는 전송되는 타인의 비밀을 정보통신망에 침입하는 등 부정한 수단 또는 방법으로 취득하는 행위를 말한다. (다) 타인의 비밀 '누설'이란 타인의 비밀에 관한 일체의 누설행위를 의미하는 것이 아니다. (라) 타인의 비밀 '누설'은 정보통신망에 의하여 처리·보관 또는 전송되는 타인의 비밀을 (ㄱ) 정보통신망에 침입하는 등의 부정한 수단 또는 방법으로 취득한 사람이나 (ㄴ) 그 비밀이 위와 같은 방법으로 취득된 것임을 알고 있는 사람이 그 비밀을 아직 알지 못하는 타인에게 이를 알려주는 행위만을 의미한다.

대법원은 타인의 비밀을 침해하거나 누설하는 방법에 대해 다음과 같이 설시하였다.

(가) 정보통신망법 제48조 제1항(㉮규정)은 정보통신망에 대한 보호조치를 침해하거나 훼손할 것을 구성요건으로 하지 않고 '정당한 접근권한 없이 또는 허용된 접근권한을 넘어' 정보통신망에 침입하는 행위를 금지하고 있다. (나) 정보통신망법 제49조(㉯규정)는 제48조(㉮규정)와 달리 정보통신망 자체를 보호하는 것이 아니라 정보통신망에 의하여 처리·보관 또는 전송되는 타인의 정보나 비밀을 보호대상으로 한다. (다) 따라서 정보통신망법 제49조(㉯규정)의 '타인의 비밀 침해 또는 누설'에서 요구되는 '정보통신망에 침입하는 등 부정한 수단 또는 방법'에는 (ㄱ) 부정하게 취득한 타인의 식별부호(아이디와 비밀번호)를 직접 입력하거나 (ㄴ) 보호조치에 따른 제한을 면할 수 있게 하는 부정한 명령을 입력하는 등의 행위에 한정되지 않는다. (라) 이러한 행위가 없더라도 (ㄷ) 사용자가 식별부호를 입력하여 정보통신망에 접속된 상태에 있는 것을 기화로 정당한 접근권한 없는 사람이 사용자 몰래 정보통신망의 장치나 기능을 이용하는 등의 방법으로 타인의 비밀을 취득·누설하는 행위도 포함된다. (마) 그와 같은 해석이 죄형법정주의에 위배된다고 볼 수는 없다.

대법원은 이상의 법리를 토대로 갑의 첫 번째 상고이유를 배척하였다.

대법원은 갑의 두 번째 상고이유 가운데 추정적 승낙 주장에 대해 다음과 같이 판단하였다.

(가) A와 B가 이용한 메신저 프로그램의 서비스제공자는 P회사이다. (나) P회사는 징계조사나 영업비밀 보호 등을 위하여 메신저 대화내용을 열람·확인할 수 있다. (다) 그렇다고 메신저 프로그램 운영 업무와 관련 없는 갑에게 ㉠대화내용을 열람·확인할 권한은 없다. (라) P회사가 갑과 같은 일반 직원에게 그러한 행위를 하는 것을 승낙하였을 것으로 보기도 어렵다.

대법원은 두 번째 상고이유 가운데 정당행위와 정당방위 주장에 대해 다음과 같이 판단하였다.

(가) 어떠한 행위가 위법성조각사유로서 정당행위나 정당방위가 되는지 여부는 구체적인 경우에 따라 합목적적·합리적으로 가려야 한다. (나) 또 행위의 적법 여부는 국가질서를 벗어나서 이를 가릴 수 없다. (다) 정당행위로 인정되려면 첫째 행위의 동기나 목적의 정당성, 둘째 행위의 수단이나 방법의 상당성, 셋째 보호법익과 침해법익의 법익균형성, 넷째 긴급성, 다섯째 그 행위 이외의 다른 수단이나 방법이 없다는 보충성의 요건을 모두 갖추어야 한다. (라) 그리고 정당방위가 성립하려면 침해행위에 의하여 침해되는 법익의 종류, 정도, 침해의 방법, 침해행위의 완급과 방위행위에 의하여 침해될 법익의 종류, 정도 등 일체의 구체적 사정들을 참작하여 방위행위가 사회적으로 상당한 것이어야 한다.

대법원은 사실관계를 분석하여 정당행위 또는 정당방위의 주장을 배척한 원심의 판단을 수긍하였다.

제 3 절 정당방위

| 2013도2168 |

2017. 3. 15. 2013도2168, 공 2017상, 802 =『접견요구 변호사 체포 사건』:

(2013도16162 판결과 2013도2168 판결을 종합하여 사실관계를 정리함.) P자동차회사에 Q노동조합 P회사 지부가 있다. P회사와 Q노조 사이에 노동쟁의가 발생하였다. Q노조 측은 P회사의 M공장을 점거하여 파업투쟁중이다. 전투경찰대가 출동하여 농성장 주변에서 만일의 사태에 대비하였다. 갑은 근무경력 20년 이상인 경찰관이다. 갑은 M공장 점거농성 현장에서 전투경찰대를 지휘하는 지휘관이다. 을은 변호사이다. 을은 Q노조 P회사 지부를 관할하는 R노동위원회 위원장이다. A, B, C 등은 노조원들이다. K는 Q노조 위원장이다.

(이하 연도 생략함.) 6. 22. 을은 K로부터 "Q노동조합 P자동차지부 파업투쟁으로 인한 대량 연행자 발생시 신속한 변호사 접견이 이루어질 수 있도록 적절한 조치를 취해 줄 것을 부탁한다."는 내용의 ㉠공문을 받았다. 6. 26. 을은 Q노조와 P회사 측 및 전투경찰이 대치하고 있는 현장으로 갔다. 조합원 A, B 등 6명은 경찰과 부식 반입 문제를 협의하거나 기자회견장 촬영을 위해 M공장 밖으로 나왔다. 전투경찰대원 D 등은 '고착관리'라는 명목으로 A 등 6명의 조합원을 방패로 에워싸 30분 내지 40분 동안 이동하지 못하게 격리하였다. 이 과정에서 전투경찰대원 D 등은 A 등에 대해 '고착관리'의 이유를 알려주지 않았다.

을은 변호사임을 밝혔다. 을은 경찰관들에게 이의를 제기하면서 A, B 등에 대한 접견을 요구하였다. M공장으로부터 다시 C가 바깥으로 나왔다. 경찰은 C를 둘러싸고 10분 동안 이동하지 못하게 격리하였다. 을은 이의를 제기하였다. 을은 변호사 신분증을 손에 들고 변호사임을 밝히면서 A, B, C 등과의 접견을 요구하였다. 현장 지휘관 갑은 이에 대해 아무런 반응을 보이지 않았다. 전투경찰대원들은 A 등 조합원들을 체포하는 과정에서 체포의 이유 등을 제대로 고지하지 않다가 30~40분이 지난 후 을 등의 항의를 받고 나서야 비로소 체포의 이유 등을 고지하였다.

전투경찰대원들은 C를 둘러싼 채 연행하여 ⓐ승합차에 태웠다. 을은 A, B, C 등과의 접견을 계속하여 요청하면서 체포된 C가 탑승한 ⓐ승합차를 막아섰다. 전투경찰대원들은 방패로 을을 강하게 밀어내었다. 을은 위법한 공무집행이라고 항의하면서 전투경찰대원들의 방패를 손으로 잡아당기거나 전투경찰대원들을 발로 차고 몸으로 밀었다(㉮폭행). 이 과정에서 전투경찰대원 D와 E가 상해를 입었다(㉯상해). 현장 지휘관 갑은 을의 접견요청을 받은 때로부터 2, 3분 만에 을을 경찰의 체포·호송에 관한 공무집행을 방해한 현행범인으로 체포하였다.

검사는 변호사 을을 공무집행방해죄 및 상해죄로 기소하였다. 을은 현장 지휘관 갑을 직권남용권리행사방해죄 및 직권남용체포죄로 고발하였다. 검사는 경찰관 갑에 대해 불기소처분을 하였다. 을은 관할 고등법원에 재정신청을 하였다. 재정신청법원은 을의 재정신청을 받아들여 공소제기를 명하였고, 이후 재정결정은 확정되었다. 검사는 갑을 직권남용권리행사방해죄 및 직권남용체포죄로 기소하였다. 경찰관 갑에 대한 피고사건(2013도16162 판결 부분)과 별도로 변호사 을에 대한 피고사건(2013도2168 판결 부분)이 진행되었다. (이하 을의 피고사건을 중심으로 정리함.)

검사는 변호사 을의 전투경찰대원 D, E에 대한 ㉮폭행 부분을 공무집행방해죄로, 변호사 을의 전투경찰대원 D, E에 대한 ㉯상해 부분을 상해죄로 각각 기소하였다. 제1심법원은 을에게 무죄를 선고하였다(구체적인 내용은 후술함).

검사는 불복 항소하였다. 항소법원은 항소를 기각하고, 제1심판결을 유지하였다. 검사는 불복 상고하였다. 검사는 상고이유로 다음의 점을 주장하였다. (가) 공무집행방해죄는 적법하게 공무를 집행하는 공무원에게 폭행·협박을 가할 때 성립한다. (나) 을의 연행은 경찰관 직무집행법 제6조에 따른 범죄의 예방·제지 조치로서 적법하다. (다) 을의 연행은 형소법 제212조에 따른 현행범체포로서 적법하다. (라) 을은 적법한 공무집행을 폭행으로 방해하였다. (마) 을은 적법하게 공무집행 중인 경찰관에게 상해를 가하였다.

대법원은 다음의 이유를 제시하여 상고를 기각하였다.

대법원은 먼저 ㉮폭행에 대한 공무집행방해죄의 성립 여부에 대해 판단하였다.

대법원은 경찰관의 범죄예방조치가 적법하기 위한 요건을 다음과 같이 설시하였다.

(가) 경찰관직무집행법은 경찰관이 수행하는 직무 중 하나로 '범죄의 예방'을 정하고 있다(제2조 제2호). (나) 경찰관직무집행법은 "경찰관은 범죄행위가 목전에 행하여지려고 하고 있다고 인정될 때에는 이를 예방하기 위하여 관계인에게 필요한 경고를 하고, 그 행위로 인하여 인명·신체에 위해를 끼치거나 재산에 중대한 손해를 끼칠 우려가 있어 긴급을 요하는 경우에는 그 행위를 제지할 수 있다."라고 규정하고 있다(제6조). (다) 경찰관직무집행법에 따라 범죄를 예방하기 위한 경찰관의 제지 조치가 적법한 직무집행으로 평가될 수 있기 위해서는 (ㄱ) 형사처벌의 대상이 되는 행위가 눈앞에서 막 이루어지려고 하는 것이 객관적으로 인정될 수 있는 상황이고, (ㄴ) 그 행위를 당장 제지하지 않으면 곧 생명·신체에 위해를 미치거나 재산에 중대한 손해를 끼칠 우려가 있는 상황이어서, (ㄷ) 직접 제지하는 방법 외에는 위와 같은 결과를 막을 수 없는 절박한 사태가 있어야 한다.

대법원은 현행범체포가 적법하기 위한 요건을 다음과 같이 설시하였다.

(가) 검사 또는 사법경찰관리가 현행범인을 체포하는 경우에는 반드시 피의사실의 요지, 체포의 이유와 변호인을 선임할 수 있음을 말하고 변명할 기회를 주어야 한다(형사소송법 제213조의2, 제200조의5). (나) 이와 같은 고지는 체포를 위한 실력행사에 들어가기 전에 미리 하는 것이 원칙이다. (다) 그러나 달아나는 피의자를 쫓아가 붙들거나 폭력으로 대항하는 피의자를 실력으로 제압하는 경우에는 (ㄱ) 붙들거나 제압하는 과정에서 고지하거나, (ㄴ) 그것이 여의치 않은 경우에는 일단 붙들거나 제압한 후에 지체없이 고지하여야 한다.

대법원은 공무집행방해죄의 성립요건인 공무집행의 적법성 요건에 대해 다음과 같이 설시하였다.

(가) 형법 제136조가 규정하는 공무집행방해죄는 공무원의 직무집행이 적법한 경우에 한하여 성립한다. (나) 이때 적법한 공무집행은 (ㄱ) 그 행위가 공무원의 추상적 권한에 속할 뿐 아니라 (ㄴ) 구체적 직무집행에 관한 (ㄷ) 법률상 요건과 방식을 갖춘 경우를 가리킨다. (다) 그러므로 경찰관이 적법절차를 준수하지 않은 채 실력으로 현행범인을 연행하려 하였다면 적법한 공무집행이라고 할 수 없다.

대법원은 ㉮폭행 부분의 공무집행방해죄의 성립 여부에 관하여 다음과 같이 판단한 제1심판결 및 원심판결의 정당성을 수긍하였다.

(가) P자동차 주식회사 M공장을 점거하여 농성 중이던 Q노동조합 P자동차지부 조합원인 A 등이 (연도 생략) 6. 26. 경찰과 부식 반입 문제를 협의하거나 기자회견장 촬영을 위해 공장 밖으로 나왔다. (나) 전투경찰대원들은 '고착관리'라는 명목으로 A 등 6명의 조합원을 방패로 에워싸 이동하지 못하게 하였다. (다) A 등 조합원들이 어떠한 범죄행위를 목전에서 저지르려고 하거나 이들의 행위로 인하여 인명·신체에 위해를 미치거나 재산에 중대한 손해를 끼칠 우려 등 긴급한 사정이 있는 경우가 아니었다. (라) 그런데도 방패를 든 전투경찰대원들이 A 등 조합원들을 둘러싸고 이동하지 못하게 가둔 행위는 경찰관 직무집행법 제6조(범죄의 예방과 제지)에 근거한 제지 조치라고 볼 수 없고, 이는 형사소송법상 체포에 해당한다. (마) 전투경찰대원들이 A 등 조합원들을 체포하는 과정에서 체포의 이유 등을 제대로 고지하지 않다가 30~40분이 지난 후을 등의 항의를 받고 나서야 비로소 체포의 이유 등을 고지하였다. (바) 이것은 형사소송법상 현행범인 체포의 적법한 절차를 준수한 것이 아니므로 적법한 공무집행이라고 볼 수 없다. (사) 을이 위와 같은 위법한 공무

집행에 항의하면서 공소사실과 같이 전투경찰대원들의 방패를 손으로 잡아당기거나 전투경찰대원들을 발로 차고 몸으로 밀었다고 하더라도 공무집행방해죄가 성립할 수 없다.

대법원은 이어서 ⒁상해에 대한 정당방위의 성립 여부에 대해 판단하였다.

대법원은 정당방위의 성립요건에 대해 다음과 같이 설시하였다.

(가) 어떠한 행위가 정당방위로 인정되려면 그 행위가 자기 또는 타인의 법익에 대한 현재의 부당한 침해를 방어하기 위한 것으로서 상당성이 있어야 한다. (나) 위법하지 않은 정당한 침해에 대한 정당방위는 인정되지 않는다. (다) 이때 방위행위가 사회적으로 상당한 것인지 여부는 침해행위에 의해 침해되는 법익의 종류와 정도, 침해의 방법, 침해행위의 완급, 방위행위에 의해 침해될 법익의 종류와 정도 등 일체의 구체적 사정들을 참작하여 판단하여야 한다. (라) 또한 자기의 법익뿐 아니라 타인의 법익에 대한 현재의 부당한 침해를 방위하기 위한 행위도 상당한 이유가 있으면 형법 제21조의 정당방위에 해당하여 위법성이 조각된다.

대법원은 ⒁상해에 대하여 다음과 같이 정당방위 성립을 긍정한 제1심판결 및 원심판결이 정당하다고 수긍하였다.

(가) 앞에서 보았듯이 전투경찰대원들이 A 등 6명의 조합원을 체포한 행위는 형사소송법에서 정한 체포절차를 준수하지 못한 것으로서 위법하다. (나) 을은 R노동위원회 위원장으로서 (연도 생략) 6. 22. Q노동조합 위원장으로부터 'P자동차지부 파업투쟁으로 대량 연행자가 발생할 경우 변호사 접견이 신속하게 이루어질 수 있도록 적절한 조치를 취해 줄 것을 부탁한다'는 요청을 받았다. (다) 그 후 을은 (연도 생략) 6. 26. 이 사건 현장을 방문하여 A 등 조합원들이 불법적으로 체포되는 것을 목격하고 이에 항의하면서 전투경찰대원들의 불법 체포 행위를 제지하였다. (라) 전투경찰대원들은 방패로 을을 강하게 밀어내었다. (마) 을은 전투경찰대원들의 위와 같은 유형력 행사에 저항하여 전투경찰대원인 D와 E가 들고 있던 방패를 당기고 밀어 D와 E에게 상해를 입혔다. (바) 비록 E가 입은 상해의 정도가 가볍지는 않지만, 을이 D와 E에게 행사한 유형력은 전투경찰대원들의 불법 체포 행위로 A 등 조합원들의 신체의 자유가 침해되는 것 방위하기 위한 수단으로 그 정도가 전투경찰대원들의 을에 대한 유형력의 정도에 비해 크다고 보이지 않는다.

2020도6874

2023. 4. 27. 2020도6874, 공 2023상, 968 = 『라벨스티커 회사 폭행 사건』:

P회사는 라벨스티커를 제작하는 회사이다. 갑은 P회사의 대표이사이다. 을(여)은 P회사 포장부 소속 근로자이다. (연도 생략함.) 11. 27.경 갑은 매출 감소 등을 이유로 을을 비롯한 포장부 소속 근로자들을 영업부로 전환배치하고 포장 업무를 외주화하였다. 이에 을 등 근로자들은 포장부에서 근속한 중년의 여성 근로자들을 업무 성격이 다른 영업부에 배치하는 것은 실질적으로 고용보장을 침해하는 부당노동행위라고 반발하여 노사 갈등이 격화되었다.

다음 해 1. 23.경 갑은 포장부 작업장을 폐쇄한 다음 을 등 근로자들에게 포장 업무를 위한 시설이 갖추어지지 않은 P회사 본사 사무실로 출근할 것을 통보하였다. 갑은 그 이후 수시로 근로자들에게 영업교육 수강을 종용하면서 '수강 거부 시 근로의사가 없는 것으로 간주하여 노무 수령을 거부하고 임금을 지급하지 않겠다.'라고 말하여, 근로자들과 갑 사이에 마찰이 있어 왔다.

3. 21. 갑은 본사 사무실에 나와 대기하는 20여 명의 근로자들에게 '근무의사가 없으면 집으로 돌아가라.'는 취지로 말하면서 자료 확보를 위해 근로자들의 모습을 촬영하였다. 근로자들은 갑에게 '찍지 말라.'고 항의하였다. 갑은 전환배치 관련 근로자들의 요구조건에 대하여 회사 측이 아무런 답변을 하지 않고 있다는 지적에 제대로 답변하지 않았다. 그리고 갑은 '영업교육을 받으러 나오지 않으면 작업 거부로 간주하겠다.'라고

말하며 사무실 밖으로 나가려고 하였다.

본사 사무실 곳곳에는 근로자들이 앉거나 서 있었다. B가 을 등과 함께 회사 측의 조속한 답변을 요구하며 갑의 진행방향 앞쪽에 서 있다가 양팔을 벌려 이동하는 갑을 막으려고 하였다. 특히 출입구로 나가는 좁은 길목 바닥에 A를 비롯한 근로자 3명이 다리를 모으지 않은 채 앉아 있어, 갑이 근로자들을 지나쳐 빠져나가는 것이 쉽지 않았다.

갑은 B 등을 피해 사무실 출입구로 걸어가면서 출입구 앞에 앉아 있던 A의 옆구리를 1회 걷어차고, 오른쪽 허벅지를 1회 밟은 뒤, B의 어깨를 손으로 밀었다(㉮행위). 그 과정에서 B가 넘어지고 갑도 뒤엉켜 뒤로 넘어지면서 B를 깔고 앉게 되었다. 을을 비롯한 다수의 근로자들이 그 주변으로 몰려들었고, B는 고통을 호소하며 비명을 질렀다. 그 직후 갑이 그 자리에서 바로 일어나지 못하고 '내 몸에 손대지 마.'라고 소리를 지르는 상황이 전개되었다. 이 상황에서 을은 B를 깔고 앉아 있는 갑의 어깨 쪽 옷을 잡았다. 다른 남성 근로자가 갑을 일으켜 세우자 을은 힘을 주어 갑의 옷을 잡고 흔들었다(㉯행위).

검사는 갑과 을을 각각 폭행죄로 기소하였다. 이 가운데 을에 대한 공소사실은 다음과 같다. "을은 (연도 생략) 3. 21. P회사 대표이사인 갑이 을을 포함한 직원들의 항의를 무시하고 사무실 밖으로 빠져나가려 한다는 이유로, 사무실 현관까지 갑을 따라가 양손으로 갑의 어깨를 잡고 수회 흔들어 폭행하였다."

제1심법원은 갑과 을에게 각각 유죄를 인정하였다. 갑과 을은 각각 불복 항소하였다. (이하 을을 중심으로 분석함.) 을은 항소이유로 자신의 ㉯행위가 정당방위였다고 주장하였다. 항소법원은 다음의 이유를 들어서 항소를 기각하고, 제1심판결을 유지하였다. (가) 을이 양손으로 갑의 어깨를 흔들 당시 갑의 A 등에 대한 가해행위가 이미 종료된 상태였다. (나) 을의 ㉯행위는 소극적인 저항행위를 넘어서는 적극적인 공격행위이다. (다) 그러므로 이를 두고 위법성이 조각되는 정당방위로 볼 수 없다. 을은 불복 상고하였다.

대법원은 다음의 이유를 제시하여 원심판결을 파기환송하였다.

대법원은 정당방위의 현재성 요건에 대해 다음과 같이 설시하였다.

(가) 형법 제21조 제1항은 "현재의 부당한 침해로부터 자기 또는 타인의 법익을 방위하기 위하여 한 행위는 상당한 이유가 있는 경우에는 벌하지 아니한다."라고 규정하여 정당방위를 위법성조각사유로 인정하고 있다. (나) 이때 '침해의 현재성'이란 (ㄱ) 침해행위가 형식적으로 기수에 이르렀는지에 따라 결정되는 것이 아니라 (ㄴ) 자기 또는 타인의 법익에 대한 침해상황이 종료되기 전까지를 의미하는 것이다. (다) 그러므로 (ㄱ) 일련의 연속되는 행위로 인해 침해상황이 중단되지 아니하거나 (ㄴ) 일시 중단되더라도 추가 침해가 곧바로 발생할 객관적인 사유가 있는 경우에는 그중 일부 행위가 범죄의 기수에 이르렀더라도 (ㄷ) 전체적으로 침해상황이 종료되지 않은 것으로 볼 수 있다.

대법원은 방위행위의 유형과 상당한 이유의 요건에 대해 다음과 같이 설시하였다. (가) 정당방위의 성립요건으로서의 방어행위에는 순수한 수비적 방어뿐 아니라 적극적 반격을 포함하는 반격방어의 형태도 포함된다. (나) 다만 정당방위로 인정되기 위해서는 자기 또는 타인의 법익침해를 방어하기 위한 행위로서 상당한 이유가 있어야 한다. (다) 방위행위가 상당한 것인지는 (ㄱ) 침해행위에 의해 침해되는 법익의 종류와 정도, (ㄴ) 침해의 방법, (ㄷ) 침해행위의 완급, (ㄹ) 방위행위에 의해 침해될 법익의 종류와 정도 등 일체의 구체적 사정들을 참작하여 판단하여야 한다.

대법원은 사실관계를 분석하였다.

대법원은 원심판결의 당부에 대해 다음과 같이 판단하였다.

(가) 원심은 정당방위를 부정하면서 그 이유로 '갑의 가해행위가 이미 종료되었다.'고 보았다. (나) 그러나 앞서 본 바와 같이 (ㄱ) 일련의 연속되는 행위로 인해 침해상황이 중단되지 아니하거나 (ㄴ) 일시 중단되더라도 추가 침해가 곧바로 발생할 객관적인 사유가 있는 경우라면 그중 일부 행위가 외형상 범죄의 기수에 이르

렀더라도 (ㄷ) 전체적으로 침해상황이 종료되지 않은 것으로 볼 수 있다.

(다) 원심이 판단한 바와 같이 갑이 이미 넘어진 후 을이 갑의 옷을 잡았고 자리에서 일어난 이후에도 갑의 어깨를 흔들었으므로 원심과 같이 가해행위가 이미 종료되었다고 볼 여지도 없는 것은 아니다. (라) 그러나 당시 갑은 근로자들과 장기간 노사갈등으로 마찰이 격화된 상태에서 사무실 밖으로 나가기 위하여 좁은 공간에서 다수의 근로자들을 헤치거나 피하면서 앞쪽으로 움직이던 중 출입구 직전에서 B와 엉켜 넘어졌으므로 근로자들 중 일부인 A에 대한 가해행위만을 두고 침해상황의 종료를 판단하는 데에는 한계가 있다.

대법원은 방위행위의 유형과 상당한 이유의 요건에 대해 다음과 같이 판단하였다.

(가) 원심은 '가해행위 종료 이후의 행위라면 적극적인 공격행위'라고 보았다. (나) 그러나 앞서 본 바와 같이 정당방위에서 방위행위의 상당성은 (ㄱ) 침해행위에 의해 침해되는 법익의 종류와 정도, (ㄴ) 침해의 방법, (ㄷ) 침해행위의 완급, (ㄹ) 방위행위에 의해 침해될 법익의 종류와 정도 등 일체의 구체적 사정을 참작하여 종합적으로 판단하여야 한다.

(다) 을은 좁은 공간으로 사람들이 몰려드는 어수선한 상황에서 바닥에 깔려 있는 B를 구하기 위해 갑을 일으켜 세울 필요가 있어 '내 몸에 손대지 마.'라고 소리를 지르며 신체 접촉에 강하게 거부감을 보이는 갑을 직접 일으켜 세우는 대신 손이 닿는 대로 어깨 쪽 옷을 잡아 올림으로써 무게를 덜고 갑이 일어서도록 한 것으로 볼 여지가 있다.

(라) 원심은 위 법리에 따라 양쪽의 사정들을 좀 더 심리한 다음, 정당방위에 해당하는지를 판단하였어야 한다. (마) 그렇다면 을의 행위가 정당방위에 해당하지 않는다고 본 원심의 판단에는 정당방위의 현재성, 상당성, 공격방위의 가능성 등에 관한 법리를 오해하여 필요한 심리를 다하지 않음으로써 판결에 영향을 미친 잘못이 있다.

| 2010도16970 |

2011. 5. 13. 2010도16970, 공 2011상, 1244 =『**부동산중개소 폭행 사건**』:

공인중개사법은 '중개업'을 영위하려는 자는 중개사무소를 두려는 지역을 관할하는 시장·군수 또는 구청장에게 중개사무소의 개설등록을 하여야 한다고 규정하고 있다(㉮규정). 공인중개사법은 중개사무소의 개설등록을 하지 아니하고 '중개업'을 하는 행위를 처벌하고 있다(㉯규정). 공인중개사법은 '중개업'을 다른 사람의 의뢰에 의하여 일정한 보수를 받고 중개를 업으로 행하는 것을 말한다고 규정하고 있다(㉰규정).

갑은 공인중개사 자격이 없이 다른 공인중개사 K의 명의를 빌려 중개업을 하였다. 갑은 A로부터 전원주택 부지 매입에 관한 중개를 의뢰받았다. 갑은 M토지를 소개하여 갑과 A가 M토지를 확인하였다. 그 후 A는 M토지가 전원주택 부지로 부적합하다는 이유로 갑에게 M토지를 매수하지 않겠다는 의사를 표시하였다. 갑은 A를 위해 중개알선을 위한 노력을 했음에도 A가 갑의 그러한 노력을 알아주지 않고 일방적으로 자신이 중개한 부동산을 매수하지 않겠다고 하여 화가 났다. 갑은 A에게 불안감을 유발하는 ㉠문자메세지를 반복적으로 보냈다. 갑이 A에게 ㉠문자메세지를 반복적으로 보낸 것과 관련하여 갑과 A 사이에 다툼이 발생하였다. 갑은 자신의 사무실에서 A에게 폭행을 가하여 상해를 입혔다.

검사는 갑을 공인중개사법 위반죄, 정보통신망법 위반죄, 상해죄 등으로 기소하였다. 제1심법원은 공소사실 전부를 유죄로 인정하였다. 갑은 불복 항소하였다. 항소법원은 항소를 기각하고, 제1심판결을 유지하였다. 갑은 불복 상고하였다. 갑은 상고이유로 다음의 점을 주장하였다. (가) 공인중개사법 적용에 법리오해의 위법이 있다. (나) ㉠불안문자를 반복적으로 보낸 행위는 자신의 법익에 대한 현재의 부당한 침해를 방위하기 위한 상당한 이유가 있는 정당방위이거나 사회상규에 위배되지 않는 정당행위에 해당한다. (다) A에 대한 상해

행위는 단순한 방어수단으로서 정당방위에 해당하거나 A의 일방적인 폭행행위에 대응한 소극적 저항행위로서 사회상규에 위배되지 않는 정당행위에 해당한다.

대법원은 다음의 이유를 제시하여 원심판결을 파기환송하였다.

대법원은 공인중개사법의 ㉮, ㉯, ㉰규정을 분석한 후, 다음과 같이 설시하였다.

(가) 중개대상물의 거래당사자들로부터 보수를 현실적으로 받지 아니하고 단지 보수를 받을 것을 약속하거나 거래당사자들에게 보수를 요구하는 데 그친 경우에는 ㉰규정 소정의 '중개업'에 해당한다고 할 수 없어 ㉯규정에 의한 처벌대상이 아니다. (나) 공인중개사법에는 중개대상물의 거래당사자들로부터 보수를 약속·요구하는 행위를 별도로 처벌하는 규정이 없다. (다) 공인중개사법에는 ㉯규정 위반죄의 미수범을 처벌하는 규정도 존재하지 않는다. (라) 그러므로 죄형법정주의의 원칙상 중개사무소 개설등록을 하지 아니하고 부동산거래를 중개하면서 그에 대한 보수를 약속·요구하는 행위를 공인중개사법 위반죄로 처벌할 수는 없다.

대법원은 공인중개사법 위반죄 부분에 대해 다음과 같이 판단하여 갑의 상고이유를 받아들였다.

(가) 원심은 갑이 관할관청에 중개사사무소의 개설등록을 하지 아니하고 매수인의 의뢰에 따라 보수를 현실적으로 받지 아니한 상태에서 부동산매매를 알선하기만 한 사실을 인정하였다. (나) 원심은 그러면서도 공인중개사법 ㉯규정, ㉰규정을 적용하여 이를 유죄로 판단하였다. (다) 원심의 판단에는 공인중개사법 위반죄에 관한 법리를 오해하여 판결에 영향을 미친 위법이 있다.

대법원은 정보통신망법 위반죄 부분에 대해 다음과 같이 판단하였다.

(가) 형법 제20조 소정의 '사회상규에 위배되지 아니하는 행위'라 함은 법질서 전체의 정신이나 그 배후에 놓여 있는 사회윤리 내지 사회통념에 비추어 용인될 수 있는 행위를 말한다. (나) 어떠한 행위가 사회상규에 위배되지 아니하는 정당한 행위로서 위법성이 조각되는 것인지는 구체적인 사정 아래서 합목적적, 합리적으로 고찰하여 개별적으로 판단되어야 한다. (다) 이와 같은 정당행위를 인정하려면 첫째 그 행위의 동기나 목적의 정당성, 둘째 행위의 수단이나 방법의 상당성, 셋째 보호이익과 침해이익과의 법익 균형성, 넷째 긴급성, 다섯째 그 행위 외에 다른 수단이나 방법이 없다는 보충성 등의 요건을 갖추어야 한다. (라) 형법 제21조 소정의 정당방위가 성립하려면 침해행위에 의하여 침해되는 법익의 종류, 정도, 침해의 방법, 침해행위의 완급과 방위행위에 의하여 침해될 법익의 종류, 정도 등 일체의 구체적 사정들을 참작하여 방위행위가 사회적으로 상당한 것이어야 한다.

대법원은 정보통신망법과 관련한 갑의 행위에 대해 다음과 같이 판단하였다.

(가) 갑이 불안감을 유발하는 문언이 포함된 문자메시지를 반복적으로 A에게 도달하게 한 것은 그 행위의 목적이 정당하다고 할 수 없을 뿐만 아니라 그 행위의 수단 역시 상당한 범위를 벗어났다고 할 것이다. (나) 그러므로 갑의 위와 같은 행위가 정당방위 또는 정당행위로서 위법성이 없다는 이 부분 상고이유의 주장은 받아들일 수 없다.

대법원은 폭행 및 상해 부분에 대한 갑의 행위에 대해 다음과 같이 판단하였다.

(가) 가해자의 행위가 피해자의 부당한 공격을 방위하기 위한 것이라기보다는 서로 공격할 의사로 싸우다가 먼저 공격을 받고 이에 대항하여 가해하게 된 것이라고 봄이 상당한 경우가 있다. (나) 이 경우에는 그 가해행위는 방어행위인 동시에 공격행위의 성격을 가지므로 정당방위라고 볼 수 없다. (다) 갑이 A에게 폭행 또는 상해를 가한 것은 A와 싸우는 과정에서 A의 부당한 공격에 대한 소극적인 방어의 한도를 넘어 적극적인 반격으로서 공격행위의 성격을 가진다고 봄이 상당하고, 그 행위의 수단이 상당한 범위를 벗어났다고 할 것이다. (라) 그러므로 갑의 위와 같은 행위가 정당방위 또는 정당행위로서 위법성이 없다는 이 부분 상고이유의 주장은 받아들일 수 없다.

제 4 절 위법성조각사유로서의 긴급피난

2015. 11. 12. 2015도6809 전원합의체 판결, 공 2015하, 1915 =『세월호 사건 긴급피난 부분』:

선박 S호는 인천에서 제주 사이를 운행하는 여객선이다. 갑은 S호의 선장이다. 을은 1등 항해사이다. 1등 항해사는 사망·질병 또는 부상 등 부득이한 사유로 선장이 직무를 수행할 수 없을 때 선장의 직무를 대신하고, 평상시에는 선장의 지휘에 따라 여객과 화물을 목적지까지 안전하게 운송하는데 필요한 항해 및 화물의 적재, 고박 업무에 종사한다. 병은 2등 항해사이다. 2등 항해사는 선장의 지휘에 따라 운항관리, 각종 항해장비, 통신기 점검 등의 업무에 종사한다.

항해 중이던 S호가 기울어져 멈춘 후 침몰하고 있는 상황에 처하였다. 을은 관련 기관에 구조요청을 하였다. 갑은 병에게 '승객들로 하여금 구명조끼를 입고 그 자리에 대기하라'는 방송만을 지시하였다. 승객들은 안내방송을 믿고 대피하지 않은 채 선내에 대기하고 있었다. 이후 갑, 을, 병은 승객들에 대해 아무런 구조조치를 취하지 않고 퇴선하였다. 배에 남아 있던 승객 A 등 304명은 익사하였다. 나머지 승객 B 등 152명은 구조되었다. (이하 A 등 사망자에 대한 부분만 발췌하여 정리함.)

검사는 A 등 사망자에 대한 부분에 대해 갑, 을, 병을 살인죄로 기소하였다. 제1심법원은 갑, 을, 병에게 살인의 고의가 없었다고 판단하였다. 제1심법원은 갑, 을, 병에게 유기치사죄를 인정하였다. 검사는 불복 항소하였다. 항소심에서 갑, 을, 병은 다음의 점을 주장하였다. (가) 갑, 을, 병의 퇴선행위는 긴급피난에 해당한다. (나) 갑, 을, 병은 사고 당시에 당황한 상태에 있어서 A 등에 대한 구호조치 등의 적법행위에 대한 기대가능성이 없었다. 항소법원은 갑, 을, 병의 주장에 대해 다음과 같이 판단하였다. (가) 갑, 을, 병이 승객 등에 대한 구호조치를 전혀 취하지 않고 S호를 탈출하여 승객 등으로 하여금 사상에 이르게 한 행위는 형법 제22조 제1항의 '상당한 이유 있는 행위'에 해당한다고 볼 수 없다. (나) 당시 이 사건 사고로 인하여 당황한 상태에 있었다고 하더라도 승객 등에 대한 구호조치 등의 적법행위에 대한 기대가능성이 없었다고 보기 어렵다. 항소법원은 갑에게 미필적 고의를 인정하여 부작위에 의한 살인죄를 인정하였다. 항소법원은 을, 병에게 유기치사죄를 인정하였다. 갑, 을, 병은 불복 상고하였다. 갑, 을, 병은 상고이유로 긴급피난과 기대가능성 없음을 주장하였다.

대법원은 다음의 이유를 제시하여 갑, 을, 병의 상고를 기각하였다.

대법원은 긴급피난과 관련하여 다음과 같이 설시하였다.

(가) 형법 제22조 제1항의 '긴급피난'이란 자기 또는 타인의 법익에 대한 현재의 위난을 피하기 위한 상당한 이유 있는 행위를 말한다. (나) 형법 제22도 제1항에서 '상당한 이유 있는 행위'에 해당하려면, 첫째 피난행위는 위난에 처한 법익을 보호하기 위한 유일한 수단이어야 하고, 둘째 피해자에게 가장 경미한 손해를 주는 방법을 택하여야 하며, 셋째 피난행위에 의하여 보전되는 이익은 이로 인하여 침해되는 이익보다 우월해야 하고, 넷째 피난행위는 그 자체가 사회윤리나 법질서 전체의 정신에 비추어 적합한 수단일 것을 요하는 등의 요건을 갖추어야 한다.

대법원은 기대가능성 요건에 대해 "피고인에게 적법행위를 기대할 가능성이 있는지 여부를 판단하기 위해서는 (ㄱ) 행위 당시의 구체적인 상황하에 (ㄴ) 행위자 대신에 사회적 평균인을 두고 (ㄷ) 이 평균인의 관점에서 그 기대가능성 유무를 판단하여야 한다."고 설시하였다.

대법원은 위의 법리를 토대로 원심판단의 정당성을 수긍하였다.

제 5 절 자구행위

2017도9999

2017. 9. 7. 2017도9999, 공 2017하, 1937 =『재건축아파트 직시 탈환 사건』:

M아파트 ㉠동 ⓐ호는 P재건축정비사업조합의 사업대상에 속한다. P재건축조합의 조합장은 A이다. 재건축 대상 아파트들에 대한 이주 작업이 시작되었다. 갑은 Q회사의 대표이사이다. Q회사는 M아파트 ㉠동 ⓐ호에 소유권이전등기청구권을 보유하고 있다. 갑은 유치권을 주장하면서 M아파트 ㉠동 ⓐ호를 점거하고 있었다. P조합의 조합장 A는 집행채권자로서 M아파트 ㉠동 ⓐ호에 대한 인도집행을 관할 법원에 신청하였다. M아파트 ㉠동 ⓐ호에 대한 인도집행이 실시되었다. (이하 일자 생략함.) 12:30경 집행관은 M아파트 ㉠동 ⓐ호에서 유치권을 주장하는 갑을 퇴거하게 하였다. 14:20경 집행관은 M아파트 ㉠동 ⓐ호에 대한 인도집행을 완료하였다. A는 M아파트 ㉠동 ⓐ호의 출입문 잠금 장치를 교체하였다. 15:00경 갑은 드라이버와 망치를 사용하여 M아파트 ㉠동 ⓐ호 출입문을 휘게 하고 잠금 장치를 훼손한 후 M아파트 ㉠동 ⓐ호에 들어갔다. 이후 갑은 M아파트 ㉠동 ⓐ호에서 계속 거주하였다.

검사는 갑을 재물손괴죄 및 건조물침입죄로 기소하였다. 제1심법원은 유죄를 인정하였다. 갑은 불복 항소하였다. 항소법원은 항소를 기각하고, 제1심판결을 유지하였다. 갑은 불복 상고하였다. 갑은 상고이유로 다음의 점을 주장하였다. (가) 갑이 출입문 등을 훼손하고 들어간 M아파트 ㉠동 ⓐ호는 갑이 대표이사로서 운영하는 Q회사 소유이다. (나) 집행관이 인도집행으로부터 30분이 경과한 시점에는 P조합 측에 아직 점유가 확립되지 않았다. (다) 갑의 행위는 직시(直時) 실시된 민법상 자력구제에 해당하여 위법하지 아니하다.

대법원은 다음의 이유를 제시하여 상고를 기각하였다.

대법원은 민법상 자력구제의 요건에 대해 다음과 같이 설시하였다.

(가) 민법 제209조 제2항 전단은 '점유물이 침탈되었을 경우에 부동산일 때에는 점유자는 침탈 후 직시(直時) 가해자를 배제하여 이를 탈환할 수 있다'고 하여 자력구제권 중 부동산에 관한 자력탈환권에 관하여 규정하고 있다. (나) 여기에서 '직시(直時)'란 '객관적으로 가능한 한 신속히' 또는 '사회관념상 가해자를 배제하여 점유를 회복하는 데 필요하다고 인정되는 범위 안에서 되도록 속히'라는 뜻이다. (다) 자력탈환권의 행사가 '직시'에 이루어졌는지 여부는 (ㄱ) 물리적 시간의 장단은 물론 (ㄴ) 침탈자가 확립된 점유를 취득하여 자력탈환권의 행사를 허용하는 것이 오히려 법적 안정 내지 평화를 해하거나 자력탈환권의 남용에 이르는 것은 아닌지 함께 살펴 판단하여야 한다.

대법원은 다음과 같은 원심법원의 판단을 수긍하였다.

(가) 갑이 M아파트 ㉠동 ⓐ호에 들어갈 당시에는 이미 집행채권자가 집행관으로부터 아파트를 인도받은 후 출입문의 잠금 장치를 교체하는 등으로 그 점유가 확립된 상태였다. (나) 그리하여 점유권 침해의 현장성 내지 추적가능성이 있다고 보기 어렵다. (다) 점유를 실력에 의하여 탈환한 갑의 행위는 민법상 자력구제에 해당하지 않는다.

제 6 절 피해자의 승낙

2010도14587

2011. 9. 29. 2010도14587, 공 2011하, 2280 = 분석 각론『결혼정보회사 월급통장 사건』:

갑은 P결혼정보회사에 근무하고 있었다. (이하 연도 생략함.) 갑은 1. 26. P회사 모르게 Q결혼정보회사로 직장을 옮겼다는 혐의를 받았다. P회사는 갑을 해고하였다. 4. 1. 갑은 다른 직장에 출근하고 있다고 하면서 P회사를 그만두었다. 5. 26. P회사는 갑을 형사고소하면서 갑을 상대로 손해배상청구소송을 제기하였다. 갑은 P회사를 상대로 해고무효확인 등의 소송을 반소로 제기하였다(㉮민사소송). 갑이 반소로 청구한 청구취지는 (ㄱ) 1. 26.부터 3. 31.까지는 P회사에서 종전에 지급받던 급여인 380만원의 비율에 의한 금원 및 (ㄴ) 4. 1.부터는 380만원의 100분의 70에 해당하는 금원을 지급하라는 것이었다.

㉮민사소송에서 P회사는 다음과 같이 주장하였다. (가) 갑은 1. 25. P회사를 그만두고 2. 중순경부터 다른 결혼정보회사인 Q회사에 근무하기 시작하였다. (나) 갑이 Q회사에 근무할 것을 염두에 두고 P회사를 그만둔 것이기 때문에 부당해고가 아니다. (다) 결혼정보회사의 급여는 근무하기 시작한 다음달 말경에 지급하는 것이 관행이다. (라) 그러므로 갑이 4. 25. Q회사에서 급여를 수령한 경우 3.경부터 Q회사에서 근무를 시작한 것으로 보아야 한다.

㉮민사소송에서 갑은 4. 25. Q회사에서 받은 급여는 제외한 채 5. 25.부터 수령한 급여내역을 ⓐ표로 정리하여 이것을 재판부에 을 제7호증으로 제출하였다. 이를 통해 갑은 5. 25.경 첫월급을 받았다는 인상을 주었다. ㉮민사소송에서 갑이 P회사로부터 4월분 급여를 받았는지가 문제되었다. 갑은 R은행이 발행한 갑 명의 ㉠통장을 가지고 있다. ㉠통장에는 '(연도 생략) 4. 26. Q회사 270만원'이라는 내역이 기장되어 있다(ⓛ부분). 갑은 ⓛ부분에서 'Q회사' 부분을 화이트테이프로 지우고 ㉠통장을 복사하였다. 그 결과 ⓛ부분은 '(연도 생략) 4. 26. 270만원'으로 변경되었다(ⓒ부분). 갑은 ⓒ부분이 기재된 ㉠통장사본을 재판부에 을 제8호증으로 제출하였다(이상 ㉯행위).

㉮민사소송에서 P회사의 요구에 따라 갑은 1월부터 3월까지 R은행 통장의 거래내역을 추가로 제출하였다. 추가로 제출한 거래내역에서 갑이 Q회사로부터 3. 22.경 125만원, 3. 24. 42,900원을 입금받은 사실이 밝혀졌다. 이에 대해 갑은 다음과 같이 주장하였다. (가) 위의 돈은 Q회사로부터 급여로 받은 것이 아니라 연체된 카드대금 변제 명목으로 일종의 스카우트비용을 받은 것이다. (나) 또한 Q회사에서는 당월 지급 방식으로 급여를 지급받는다.

검사는 ㉯행위에 대해 갑을 사문서변조죄 및 변조사문서행사죄로 기소하였다(㉯사건). 갑의 피고사건 제1심법원은 다음의 점에 주목하였다. (가) 갑은 ⓒ부분 기재 외관을 창출하였다(㉯행위). (나) 갑의 ㉯행위는 단순히 입금자가 누군지 알 수 없는 상태를 초래한 것일 뿐이다. (다) 계속하여 기장된 다른 거래의 기장내역과 비교하여 보면 ⓒ기재 공란 부분은 입금자의 명의가 기재되는 부분임을 누구라도 쉽게 알 수 있다. (라) 갑은 외관을 변경한 ㉠통장사본을 제출할 당시 스스로 4. 1.부터 Q회사에 근무하고 있음을 인정하고 있었다. (마) P회사도 법원의 제출명령을 통하여 이를 확인하였다. (바) 갑이 가린 부분이 통장의 잔액 부분과 달리 공동명의인인 R은행장에게 중요한 의미가 있는 사항은 아니었다. 제1심법원은 이상의 점들을 근거로 다음과 같이 판단하였다. (가) 갑의 ㉯행위로 "공공적 신용을 해할 정도의 새로운 증명력"이 작출되었다고는 볼 수 없다. (나) 갑의 ㉯행위에 대해 ㉠통장사본의 공동명의자인 R은행장의 승낙이 추정된다. (다) 갑에게 문서위조죄의 범의를 인정하기도 어렵다. 이상의 판단을 토대로 ㉯사건 제1심법원은 검사의 공소사실에 대해 무죄를 선고하였다. 검사는 불복 항소하였다. 항소법원은 항소를 기각하고, 제1심판결을 유지하였다. 검사는 불복 상고하였다.

대법원은 다음의 이유를 제시하여 원심판결을 파기환송하였다.

대법원은 사문서변조죄에 대해 다음과 같이 설시하였다.

(가) 사문서변조죄는 권한 없는 자가 이미 진정하게 성립된 타인 명의의 문서내용에 대하여 동일성을 해하지 않을 정도로 변경을 가하여 새로운 증명력을 작출케 함으로써 공공적 신용을 해할 위험성이 있을 때 성립한다. (나) 사문서의 위·변조죄는 작성권한 없는 자가 타인 명의를 모용하여 문서를 작성하는 것을 말한

다. (다) 그러므로 사문서를 작성·수정함에 있어 그 명의자의 명시적이거나 묵시적인 승낙이 있었다면 사문서의 위·변조죄에 해당하지 아니한다. (라) 행위 당시 명의자의 현실적인 승낙은 없었지만 행위 당시의 모든 객관적 사정을 종합하여 명의자가 행위 당시 그 사실을 알았다면 당연히 승낙했을 것이라고 추정되는 경우 역시 사문서의 위·변조죄가 성립하지 않는다. (마) 그러나 명의자의 명시적인 승낙이나 동의가 없다는 것을 알고 있으면서도 명의자가 문서작성 사실을 알았다면 승낙하였을 것이라고 기대하거나 예측한 것만으로는 그 승낙이 추정된다고 단정할 수 없다.

대법원은 ㉮민사사건에서의 P회사 주장과 갑의 행위와 주장을 분석하였다.

대법원은 갑의 ㉯행위에 대해 다음과 같이 판단하였다.

(가) ㉮민사소송에서 갑이 언제부터 Q회사에서 급여를 받았는지가 중요한 사항이었다. (나) 갑은 4. 25.자 입금자 명의를 가리고 복사하여 이를 증거로 제출하였다. (다) 이렇게 함으로써 갑이 5. 25.부터 Q회사에서 급여를 수령하였다는 새로운 증명력이 작출되어 공공적 신용을 해할 위험성이 있었다고 볼 수 있다. (라) 한편 위에서 본 모든 객관적 사정을 종합하면 ㉠통장의 명의자인 R은행장이 갑의 ㉯행위 당시 그 사실을 알았다면 당연히 이를 승낙했을 것으로 추정된다고 볼 수 없다. (마) 갑은 ㉮민사소송에서 쟁점이 되는 부분을 가리고 복사함으로써 문서내용에 변경을 가하고 이를 민사소송의 증거자료로 제출하였다. (바) 그러한 이상 갑에게 사문서변조 및 변조사문서행사의 고의가 없었다고 할 수도 없다.

| 2019도3341 |

2019. 6. 13. 2019도3341, 공 2019하, 1413 =『필로폰 후 성적 학대 사건』:

A는 고등학교에 재학 중인 16세의 여학생이다. 갑은 A와 성매매를 하기로 하였다. 갑은 A와 함께 모텔 방에 들어간 다음 필로폰 주사를 권하였다. A는 갑의 제안을 묵시적으로 받아들였다. 갑은 필로폰에 취한 상태에 있는 A에게 가학적인 성추행 행위를 하였다. 이후 갑은 A에게 30만원을 지급하였다.

검사는 갑에 대한 수사에 임하였다. (이하 성범죄 부분만 검토함.) 청소년성보호법 제13조 제1항은 아동·청소년의 성을 사는 행위를 한 자를 1년 이상 10년 이하의 징역 또는 2천만원 이상 5천만원 이하의 벌금으로 처벌하고 있다. 갑은 A에 대한 행위 당시 A가 아동·청소년에 해당하는지 몰랐다고 주장하였다. 형법 제302조는 심신미약자에 대하여 위력으로써 추행한 자를 5년 이하의 징역으로 처벌하고 있다.

검사는 갑을 심신미약자추행죄로 기소하였다. 심신미약자추행죄에서 '위력'은 피해자의 성적 자유의사를 제압하기에 충분한 세력으로서 유형적이든 무형적이든 묻지 않으며, 폭행·협박뿐 아니라 행위자의 사회적·경제적·정치적인 지위나 권세를 이용하는 것도 가능하다. 제1심법원은 갑의 행위가 '위력'에 해당한다고 보아 유죄를 인정하였다. 갑은 불복 항소하였다. 항소법원은 다음의 이유를 들어서 무죄로 판단하였다. (가) A가 성매매에 합의하였다. (나) A가 필로폰 투약에 묵시적으로 동의하였다. (다) 그러므로 갑이 심신미약자를 '위력'으로 추행하였다고 보기 어렵다. 검사는 불복 상고하였다.

대법원은 다음의 이유를 제시하여 원심판결을 파기환송하였다.

대법원은 성폭력범죄에서 피해자의 동의에 대해 다음과 같이 설시하였다.

(가) 성폭력 범죄에서 피해자의 동의가 있었다고 할 때에는 보통 그 의미를 '다른 사람의 행위를 승인하거나 시인'한다는 뜻으로 사용한다. (나) 성폭력 범죄의 피해자에게 이루어진 행위에 대하여 피해자의 동의가 있다는 이유로 범죄의 성립을 부정하는 이유는 그러한 행위는 피해자의 성적 자유 또는 성적 자기결정권을 침해한 것으로 보지 않기 때문이다. (다) 피해자가 사전에 성매매에 동의하였다 하더라도 피해자는 여전히 그 동의를 번복할 자유가 있다. (라) 뿐만 아니라 피해자는 자신이 예상하지 않았던 성적 접촉이나 성적 행위에 대해서는 이를 거부할 자유를 가진다. (마) 성폭력 범죄의 피해자에 대하여 이루어진 행위에 대하여 피해

자의 동의가 있었는지 여부는 그 행위의 경위 및 태양, 피해자의 연령, 범행 당시의 정황 등 여러 사정을 종합적으로 고려하여 볼 때 그 행위로 인하여 피해자의 성적 자유 또는 성적 자기결정권이 침해되었는지를 기준으로 삼아 구체적·개별적으로 판단하여야 한다.

대법원은 갑의 행위에 대하여 다음과 같이 판단하였다.

(가) 갑의 행위는 그 경위 및 태양, A의 연령 등에 비추어 볼 때 A와 같은 처지에 있는 일반적·평균적 사람이 예견하기 어려운 가학적인 행위이다. (나) 갑의 행위는 성적 수치심이나 혐오감을 일으키는 데에서 더 나아가 성적 학대라고 볼 수 있다. (다) A가 성매매에 합의하였다 하더라도 이와 같은 성적 학대 행위가 있을 것으로 예상하였다거나 또는 이에 대하여 사전 동의를 하였다고 보기 어렵다. (라) 또한 A가 필로폰 투약에 동의하였다 하여 이를 들어 A에게 어떠한 성적 행위를 하여도 좋다는 승인을 하였다고 볼 수도 없다. (마) A는 수사기관 및 원심법정에서 필로폰 투약을 한 상태에서 갑의 행위에 적극적으로 저항할 수 없었다고 진술하고 있다. (바) 심신미약의 상태에 있는 A가 원치 않는 성적 접촉 또는 성적 행위에 대하여 거부의사를 명확히 밝히지 않았다 하여 동의를 한 것으로 쉽게 단정해서는 안 된다. (사) 결국 갑의 행위는 A에 대하여 위력으로써 추행을 한 경우에 해당한다고 볼 여지가 충분하다.

2011도6223

2011. 9. 29. 2011도6223, 공 2011하, 2284 = 분석 총론 『망부 명의 위임장 사건』 :

M부동산은 갑의 아버지 A의 소유이다. B는 M부동산의 임차인이다. B가 임대차보증금 반환청구소송을 제기하여 승소하였다(⑳판결). B는 ⑳판결의 집행력 있는 정본에 기하여 M부동산에 대한 강제경매를 신청하였다. (이하 연도 생략함) 12. 9. 관할 법원으로부터 강제경매 개시결정이 내려졌다. 다음 해 2. 4. A는 M부동산의 매매에 관한 권한 일체를 아들 갑에게 위임하였다. 2. 4. 갑은 M부동산을 C 외 1인에게 매매대금 1억 3,500만원으로 정하여 매도하였다(⑮매매계약). ⑮매매계약서에는 '대리인'란에 갑의 이름이 기재되어 있고, 갑 명의의 도장도 날인되어 있다. 갑은 C로부터 매매대금 중 4,000만원을 교부받았다. 2. 10. 갑은 B에게 임대차보증금반환 채권액 3,470만원을 입금하여 주었다. 그에 따라 B는 M부동산에 대한 강제경매를 취하하였다.

2. 11. A가 갑자기 사망하였다. 2. 24. 갑은 매수인들에게 M부동산에 관한 소유권이전등기를 마쳐주는 데에 사용할 목적으로 관할 주민센터를 방문하였다. 갑은 ㉠인감증명 위임장과 ㉡법정대리인 동의서에 (ㄱ) 위임자 A, 주민등록번호 ⓐ, 주소 ⓑ, (ㄴ) A의 성명 앞에 A의 도장 날인, (ㄷ) 위임사유로 '병환 중임'이라고 기재하였다(⑭행위). 갑은 이렇게 작성된 ㉠인감증명 위임장과 ㉡법정대리인 동의서를 관할 주민센터 직원에게 제출하였다(⑮행위). 갑은 관할 주민센터 직원으로부터 ㉢인감증명을 발급받아 이를 C에게 주었다.

검사는 ⑭행위를 사문서위조죄로, ⑮행위를 위조사문서행사죄로 의율하여 갑을 기소하였다. 갑의 피고사건은 제1심을 거친 후, 항소심에 계속되었다. 항소법원은 다음의 이유를 들어서 무죄를 선고하였다. (가) 갑의 아버지 A가 사망하기 전에 갑에게 M부동산의 매매에 관한 일체의 권한을 위임하였다. (나) 갑은 이에 따라 ㉠인감증명 위임장을 작성하였다. (다) 그러므로 갑에 대하여 사문서위조죄 및 위조사문서행사죄는 성립하지 않는다. (라) 설령 A의 사망으로 인하여 그 위임관계가 종료되어 갑이 A의 명시적이거나 현실적인 승낙이 없이 ㉠인감증명 위임장을 작성하였다고 하자. (마) 그렇다고 하더라도 갑에게 M부동산의 매매에 관한 일체의 대리권을 수여하였던 A에게 ㉠인감증명 위임장 작성에 대한 묵시적이거나 추정적인 승낙이 있었다고 보아야 한다. 검사는 불복 상고하였다.

대법원의 다음의 이유를 제시하여 원심판결을 파기환송하였다.

대법원은 사문서작성과 명의인의 승낙의 관계에 대해 다음과 같이 설시하였다.

(가) 사문서위조죄는 작성권한 없는 자가 타인 명의를 모용하여 사문서를 작성하는 것을 말한다. (나) 그러므로 (ㄱ) 문서명의인이 문서작성자에게 사전에 문서작성이 포함된 사무를 처리할 권한을 포괄적으로 위임하였고, (ㄴ) 문서작성자가 위임된 권한의 범위 내에서 그 사무처리를 위하여 문서를 작성한 것이라면, 비록 문서작성자가 개개의 문서작성에 관하여 문서명의인으로부터 승낙을 받지 않았다 하더라도 사문서위조죄는 성립하지 않는다. (다) 그렇지만 그와 같은 포괄적인 명의사용의 근거가 되는 위임관계 내지 대리관계가 종료된 경우에는 특단의 사정이 없는 한 더 이상 위임받은 사무의 처리와 관련하여 위임인의 명의를 사용하는 것이 허용된다고 볼 수 없다.

대법원은 사망자 명의 문서의 위조 여부에 대해 다음과 같이 설시하였다.

(가) 문서위조죄는 문서의 진정에 대한 공공의 신용을 그 보호법익으로 한다. (나) 그러므로 행사할 목적으로 작성된 사문서가 일반인으로 하여금 당해 명의인의 권한 내에서 작성된 문서라고 믿게 할 수 있는 정도의 형식과 외관을 갖추고 있으면 사문서위조죄가 성립한다. (다) 위와 같은 요건을 구비한 이상 그 명의인이 문서의 작성일자 전에 이미 사망하였다 하더라도 그러한 문서 역시 공공의 신용을 해할 위험성이 있으므로 사문서위조죄가 성립한다. (라) 위와 같이 사망한 사람 명의의 사문서에 대하여도 그 문서에 대한 공공의 신용을 보호할 필요가 있다는 점을 고려하면, (ㄱ) 문서명의인이 이미 사망하였는데도 문서명의인이 생존하고 있다는 점이 문서의 중요한 내용을 이루거나 (ㄴ) 그 점을 전제로 문서가 작성되었다면 이미 그 문서에 관한 공공의 신용을 해할 위험이 발생하였다 할 것이다. (마) 그러므로 그러한 내용의 문서에 관하여 사망한 명의자의 승낙이 추정된다는 이유로 사문서위조죄의 성립을 부정할 수는 없다.

대법원은 갑과 A의 관계에 대해 다음과 같이 판단하였다.

(가) 원심이 인정한 사실관계에 의할지라도, 갑이 M부동산의 매매에 관한 포괄적인 권한을 갖게 된 것은 A의 2. 4.자 위임 내지 대리권 수여에 기한 것이다. (나) 그런데 A가 2. 11. 사망함으로써 포괄적인 명의사용의 근거가 되는 M부동산 매매에 관한 위임관계 내지 포괄적인 대리관계는 종료된 것으로 보아야 한다. (다) 그러므로 특별한 사정이 없는 한 갑은 더 이상 위임받은 사무의 처리와 관련하여 A의 명의를 사용하는 것이 허용된다고 볼 수 없다. (라) 또한 기록을 살펴보아도 갑이 사망한 A의 명의를 모용한 인감증명 위임장을 작성하여 인감증명서를 발급받아야 할 급박한 사정이 있었다고 볼 만한 사정도 없다.

대법원은 ㉠인감증명 위임장에 대한 A의 추정적 승낙 여부에 대해 다음과 같이 판단하였다.

(가) 인감증명 위임장은 본래 생존한 사람이 타인에게 인감증명서 발급을 위임한다는 취지의 문서라는 점을 고려한다. (나) 그렇다면 이미 사망한 A가 '병안 중'이라는 사유로 갑에게 인감증명서 발급을 위임한다는 취지의 인감증명 위임장이 작성됨으로써 그 문서에 관한 공공의 신용을 해할 위험성이 발생하였다. (다) 갑이 명의자인 A가 승낙하였을 것이라고 기대하거나 예측한 것만으로는 그러한 내용의 문서에 관하여 사망한 A의 승낙이 추정된다고 단정할 수 없다.

| 2014도11501 |

2015. 2. 12. 2014도11501, 공 2015상, 505 =『아동 동의 음란물 제작 사건』:

(청소년성보호법은 종래 '아동·청소년이용음란물'이라는 개념을 사용하고 있었다. 이후 '아동·청소년이용음란물'은 '아동·청소년성착취물'이라는 용어로 변경되었다. 판례 사안의 행위시법은 개정 전 청소년성보호법이다. 내용 파악에 지장이 없으므로 '아동·청소년성착취물'이라는 용어를 사용하여 판례를 분석·정리한다.)

청소년성보호법은 19세 미만의 자를 '아동·청소년'으로 규정하고 있다. 다만, 19세에 도달하는 연도의 1월 1일을 맞이한 자는 제외한다(㉮규정). 청소년성보호법은 '아동·청소년성착취물'에 관한 정의조항을 두고 있다(ⓓ규정). ⓓ규정에 따르면 '아동·청소년성착취물'은 아동·청소년 또는 아동·청소년으로 명백하게 인식될 수 있는 사람이나 표현물이 등장하여 성적 행위를 하는 내용을 표현하는 것으로서 필름·비디오물·게임물 또는 컴퓨터나 그 밖의 통신매체를 통한 화상·영상 등의 형태로 된 것을 말한다. 청소년성보호법은 '아동·청소년성착취물'을 제작·수입 또는 수출한 자를 처벌하고 있다(ⓔ규정).

갑은 30대의 기혼인 초등학교 교사이다. A와 B는 청소년성보호법상의 아동·청소년들이다. 갑은 A와 B가 아동·청소년임을 처음부터 알고 있었다. 갑은 A와 B에게 성적 행위를 목적으로 접근하여 스마트폰 채팅 애플리케이션을 통하여 몇 차례 연락하고 만났다. 갑은 A를 만나 성적 행위를 하고 이를 동영상으로 촬영하여 보관하였다. A는 갑의 성적 행위와 동영상 촬영에 동의하였다. 갑은 B를 만나 성적 행위를 하고 동영상을 찍어 보관하였다. B는 사진을 찍지 말라고 몇 번이나 만류하였다. 갑은 B의 만류를 무시하고 계속하여 동영상을 촬영하였다.

검사는 청소년성보호법 ⓔ규정(아동·청소년성착취물제조)을 적용하여 갑을 기소하였다. 갑의 피고사건은 제1심을 거친 후, 항소심에 계속되었다. 항소심은 유죄를 인정하였다. 갑은 불복 상고하였다. 갑은 상고이유로 다음의 점을 주장하였다. (가) A에 대한 동영상 촬영은 A의 동의에 의한 것이다. (나) A에 대한 촬영 부분은 피해자의 승낙 법리에 따라 위법성이 조각된다.

대법원은 다음의 이유를 제시하여 상고를 기각하였다.

대법원은 아동·청소년성착취물 제작행위에 원칙적으로 피해자의 승낙 법리가 적용되지 않는다는 점에 대해 다음과 같이 설시하였다.

(가) 청소년성보호법 ⓓ, ⓔ규정에다가 (ㄱ) 아동·청소년을 대상으로 성적 행위를 한 자를 엄중하게 처벌함으로써 성적 학대나 착취로부터 아동·청소년을 보호하는 한편 아동·청소년이 책임 있고 건강한 사회구성원으로 성장할 수 있도록 하려는 청소년성보호법의 입법 목적과 취지, (ㄴ) 정신적으로 미성숙하고 충동적이며 경제적으로도 독립적이지 못한 아동·청소년의 특성, (ㄷ) 아동·청소년성착취물은 그 직접 피해자인 아동·청소년에게는 치유하기 어려운 정신적 상처를 안겨줄 뿐 아니라, 이를 시청하는 사람들에게까지 성에 대한 왜곡된 인식과 비정상적 가치관을 조장하므로 이를 그 제작 단계에서부터 원천적으로 차단함으로써 아동·청소년을 성적 대상으로 보는 데서 비롯되는 잠재적 성범죄로부터 아동·청소년을 보호할 필요가 있는 점, (ㄹ) 인터넷 등 정보통신매체의 발달로 인하여 음란물이 일단 제작되면 제작 후 사정의 변경에 따라, 또는 제작자의 의도와 관계없이 언제라도 무분별하고 무차별적으로 유통에 제공될 가능성을 배제할 수 없는 점 등을 더하여 본다. (나) 제작한 영상물이 객관적으로 아동·청소년이 등장하여 성적 행위를 하는 내용을 표현한 영상물에 해당하는 한 대상이 된 아동·청소년의 동의하에 촬영한 것이라거나 사적인 소지·보관을 1차적 목적으로 제작한 것이라고 하여 청소년성보호법 ⓔ규정의 '아동·청소년성착취물'에 해당하지 아니한다거나 이를 '제작'한 것이 아니라고 할 수 없다.

대법원은 아동·청소년성착취물의 제작행위에 예외적으로만 피해자의 승낙 법리가 적용될 수 있음을 인정하면서 다음과 같이 설시하였다.

(가) 다만 (ㄱ) 아동·청소년인 행위자 본인이 사적인 소지를 위하여 자신을 대상으로 '아동·청소년성착취물'에 해당하는 영상 등을 제작하거나 (ㄴ) 그 밖에 이에 준하는 경우로서, (ㄷ) 영상의 제작행위가 헌법상 보장되는 인격권, 행복추구권 또는 사생활의 자유 등을 이루는 사적인 생활 영역에서 (ㄹ) 사리분별력 있는 사람의 자기결정권의 정당한 행사에 해당한다고 볼 수 있는 예외적인 경우에는 위법성이 없다고 볼 수 있다. (나) 아동·청소년은 성적 가치관과 판단능력이 충분히 형성되지 아니하여 성적 자기결정권을 행사하고 자신을 보호할 능력이 부족한 경우가 대부분이다. (다) 그러므로 영상의 제작행위가 위법성이 없는 경우에 해당하는지 여부는 (ㄱ) 아동·청소년의 나이와 지적·사회적 능력, (ㄴ) 제작의 목적과 그 동기 및 경위, (ㄷ) 촬영

과정에서 강제력이나 위계 혹은 대가가 결부되었는지 여부, (ㄹ) 아동·청소년의 동의나 관여가 자발적이고 진지하게 이루어졌는지 여부, (ㅁ) 아동·청소년과 영상 등에 등장하는 다른 인물과의 관계, (ㅂ) 영상 등에 표현된 성적 행위의 내용과 태양 등을 종합적으로 고려하여 신중하게 판단하여야 한다.

대법원은 사실관계를 분석하였다.

대법원은 갑의 행위에 대해 다음과 같이 판단하였다.

(가) 갑이 A와 B의 동영상을 각 촬영한 행위는 청소년성보호법 ㉯규정에서 정하는 아동·청소년성착취물의 제작에 해당한다. (나) 설령 갑이 이에 대하여 A의 동의를 받았다고 하더라도 사리분별력이 충분한 아동·청소년이 성적 행위에 관한 자기결정권을 자발적이고 진지하게 행사한 것으로 보기 어려우므로 예외적으로 위법성이 조각되는 사유에 해당하지 아니한다.

2016도16031

2017. 10. 26. 2016도16031, 공 2017하, 2229 =『표지갈이 사건』:

저작권법은 저작자 아닌 자를 저작자로 하여 실명·이명을 표시하여 저작물을 공표한 자를 처벌하고 있다 (㉮규정). 갑, 을, 병은 각각 P, Q, R대학교의 교수들이다. A는 S출판사 영업직원이다. 갑은 ㉠서적 개정판 원고를 집필하였다. S출판사에서 ㉠서적의 출간이 임박하였다. A는 갑에게 ㉠서적 개정판의 저자로 다른 교수들을 공저자로 추가해 달라고 요청하였다. 공저자가 많아지면 교재 채택 등을 통해 판매부수가 늘어날 수 있다. 갑은 A의 요청을 수락하였다. 갑은 을과 병에게 ㉠서적 개정판의 공저자로 참여해 달라고 요청하였다. 을과 병은 갑의 요청을 수락하였다. ㉠서적 개정판은 갑, 을, 병을 공저자로 하여 S출판사에서 출간되었다. (이와 같은 출판 관행을 가리켜서 '표지갈이'라고 한다.)

검사는 저작권법 ㉮규정을 적용하여 갑, 을, 병을 기소하였다. 제1심법원은 갑, 을, 병의 행위가 '공표'에 해당하지 않는다는 이유로 무죄를 선고하였다. 검사는 불복 항소하였다. 항소법원은 제1심판결을 파기하고 유죄를 인정하였다. 갑, 을, 병은 불복 상고하였다. 갑, 을, 병은 상고이유로 다음의 점을 주장하였다. (가) 갑, 을, 병의 행위는 저작권법 ㉮규정의 '공표'에 해당하지 않는다. (나) ㉠서적의 저작권자는 갑이다. (다) 을, 병을 공저자로 표시한 것은 저작권자 갑의 승낙에 의한 것이므로 위법성이 조각된다.

대법원은 다음의 이유를 제시하여 갑, 을, 병의 상고를 기각하였다.

대법원은 저작권법 ㉮규정과 피해자의 승낙의 관계에 대해 다음과 같이 설시하였다.

(가) 저작권법 ㉮규정은 저작자 아닌 자를 저작자로 하여 실명·이명을 표시하여 저작물을 공표한 자를 형사처벌한다고 규정하고 있다. (나) 저작권법 ㉮규정은 (ㄱ) 의사에 반하여 타인의 저작물에 저작자로 표시된 저작자 아닌 자의 인격적 권리와 (ㄴ) 의사에 반하여 자신의 저작물에 저작자 아닌 자가 저작자로 표시된 실제 저작자의 인격적 권리뿐만 아니라 (ㄷ) 저작자 명의에 관한 사회 일반의 신뢰도 보호하려는 데 그 목적이 있다. (다) 이와 같은 입법 취지 등을 고려하면, 저작자 아닌 자를 저작자로 표시하여 저작물을 공표한 이상 저작권법 ㉮규정에 따른 범죄는 성립한다. (라) 사회 통념에 비추어 사회 일반의 신뢰가 손상되지 않는다고 인정되는 특별한 사정이 있는 경우가 아닌 한 그러한 공표에 저작자 아닌 자와 실제 저작자의 동의가 있었다 하더라도 달리 볼 것은 아니다.

대법원은 저작권법 ㉮규정의 '공표' 개념에 대해 다음과 같이 설시하였다.

(가) 저작권법상 공표는 저작물을 공연, 공중송신 또는 전시 그 밖의 방법으로 공중에게 공개하는 것과 저작물을 발행하는 것을 뜻한다(저작권법 제2조 제25호). (나) 이러한 공표의 문언적 의미와 앞서 본 저작권법 ㉮규정의 입법 취지 등에 비추어 본다. (다) 저작자를 허위로 표시하는 대상이 되는 저작물이 이전에 공표된 적이 있다고 하더라도 저작권법 ㉮규정에 따른 범죄의 성립에는 영향이 없다.

2010도9962

2011. 5. 13. 2010도9962, [미간행] =『인테리어 공사 도끼 사건』:

A는 M상가건물의 소유자이다. B는 A의 어머니이다. (이하 연도 생략함.) 2. 8. 갑은 B로부터 M상가 지층 및 1층을 다음의 조건으로 임차하였다(㉮계약). (가) 임대차보증금 1,500만원, 차임 월 139만원으로 한다. (나) 임대차보증금 중 계약금 300만원은 계약 당일에 지급한다. (다) 잔금 1,200만원은 3. 31. 지급하기로 한다. 갑은 ㉮임대차계약 체결 당시 B로부터 잔금 지급기일 전에 인테리어 공사를 할 수 있도록 승낙을 받았다(㉠승낙). 갑은 B의 승낙에 따라 M상가 지층 및 1층의 인테리어 공사를 하면서 설치된 시설물의 대부분을 철거하였다. 4. 11.까지 갑은 B로부터 M상가 지층 및 1층 전부를 인도받았다. 갑은 A와 B의 지급 요구에도 임대차보증금 잔금을 지급하지 않았다. 4. 13. 갑은 B에게 임대차보증금 잔금 지급을 일주일 유예하여 달라고 요청하여 B로부터 승낙을 받았다. 4. 20.까지 갑은 B의 지급 요구에도 임대차보증금 잔금을 지급하지 않았다.

4. 22. 갑은 M상가 1층에서 공사 인부들과 함께 고기를 구워먹고 있었다. 그러다가 A와 B로부터 임대차보증금 잔금을 지급하지 않았으므로 즉시 공사를 중단하고 M상가에서 퇴거하여 달라는 요구를 받았다(㉡퇴거요구). 이에 갑은 화가 나서 인근 바닥에 있던 도끼를 집어 던져 M상가 1층 유리창을 손괴하였다(㉯행위). 4. 23. A는 갑에게 임대차보증금의 잔금 지급을 지체하였다는 등을 이유로 임대차계약을 해지한다는 의사표시가 기재된 내용증명 우편을 발송하였다(㉢해지).

검사는 ㉯행위에 대해 갑을 재물손괴죄로 기소하였다. 제1심법원은 유죄를 인정하였다. 갑은 불복 항소하였다. 항소법원은 다음의 이유를 들어서 제1심판결을 파기하고 무죄를 선고하였다. (가) 갑이 손괴한 유리창은 B로부터 인테리어 공사를 하도록 승낙을 받은 것으로서 철거가 예정되어 있던 것이다. (나) 그러므로 유리창 손괴에 대하여 B의 사전 승낙이 있었다고 봄이 상당하다. (다) 갑의 ㉯손괴행위가 ㉢임대차계약 해지 전에 행해졌으므로 B의 ㉠동의가 철회되었다고 보기 어렵다. (라) 결국 갑의 ㉯손괴행위는 피해자의 승낙이 있었던 것으로서 형법 제24조에 따라 위법성이 조각된다. (마) 그리하여 이 사건 공소사실은 범죄로 되지 않는 경우에 해당한다. 검사는 불복 상고하였다.

대법원은 다음의 이유를 제시하여 원심판결을 파기환송하였다.

대법원은 피해자의 승낙의 철회에 대해 다음과 같이 설시하였다.

(가) 위법성조각사유로서의 피해자의 승낙은 언제든지 자유롭게 철회할 수 있다. (나) 피해자의 승낙의 철회 방법에는 아무런 제한이 없다.

대법원은 갑의 ㉯행위에 대해 다음과 판단하였다.

(가) B는 갑의 ㉯유리창 손괴행위 전에 갑에게 임대차보증금 잔금 미지급을 이유로 하여 M상가에서의 공사 중단 및 퇴거를 요구하는 취지의 ㉡의사표시를 하였다. (나) 그렇다면 이로써 B는 ㉮임대차계약을 체결하면서 갑에게 한 M상가 지층 및 1층의 시설물 철거에 대한 ㉠동의를 철회하였다고 봄이 상당하다. (다) B의 4. 23.자 ㉢임대차계약 해지의 의사표시가 기재된 내용증명 우편이 갑에게 도달되기 전이라 하여 M상가 지층 및 1층의 시설물 철거에 대한 동의를 철회하는 의사표시가 효력이 없다고 볼 것은 아니다.

79도1387

1980. 9. 24. 79도1387, 공 1980, 13244 = 분석 각론『여호와의 증인 수혈거부 사건』:

A는 만11세 남짓한 여자 아이다. 갑은 A의 생모이다. 갑은 여호와의 증인 신도이다. A가 전격성 간염에 걸려 장내출혈의 증세까지 생겼다. 갑은 A를 데리고 P병원으로 갔다. P병원 의사들은 당시의 의료기술상 최선의 치료방법이라고 하면서 수혈을 권유하였다. 갑은 자신이 믿는 종교인 여호와의 증인의 교리에 어긋난다

는 이유로 시종일관 수혈을 완강히 거부하는 언동을 하였다. A 또한 생모 갑과 마찬가지로 수혈을 거부하였다. A는 장내출혈 때문에 실혈사하였다.

검사는 갑을 유기치사죄로 기소하였다. 제1심을 거친 후, 갑의 피고사건은 항소심에 계속되었다. 항소법원은 유죄를 인정하였다. 갑은 불복 상고하였다. 갑은 상고이유로 다음의 점을 주장하였다. (가) 수혈 거부는 A의 생모로서 보호자인 갑의 정당한 권리에 속한다. (나) A 스스로 수술을 거부하였으므로 피해자의 승낙에 해당한다.

대법원은 다음의 이유를 제시하여 상고를 기각하였다.

(가) 갑이 질병으로 인하여 보호를 요하는 딸을 병원에 입원시켜 놓고 의사가 그 당시 국내의 의료기술상 최선의 치료방법이라는 수혈을 하려 하여도 이를 완강하게 거부하고 방해하였다면 이는 결과적으로 요부조자를 위험한 장소에 두고 떠난 것이나 다름이 없다고 할 것이어서 그 행위의 성질로 보면 치거(置去)에 해당된다. (나) 비록 그 환자의 증세로 보아 회복의 가망성이 희박한 상태(그렇다고 하여 처음부터 회복의 전망이 전혀 없다고 단정하기에 족한 증거자료도 없다)이어서 의사가 권하는 최선의 치료방법인 수혈이라도 하지 않으면 그 환자가 사망할 것이라는 위험이 예견가능한 경우에 아무리 생모라고 할지라도 자신의 종교적 신념이나 후유증 발생의 염려만을 이유로 환자에 대하여 의사가 하고자 하는 수혈을 거부하여 결과적으로 그 환자로 하여금 의학상 필요한 치료도 제대로 받지 못한 채 사망에 이르게 할 수 있는 정당한 권리가 있다고는 할 수 없다. (다) 그때에 사리를 변식할 지능이 없다고 보아야 마땅할 11세 남짓의 환자 본인이 가사 그 생모와 마찬가지로 수혈을 거부한 일이 있다고 하여도 이것이 갑의 수혈거부 행위가 위법한 것이라고 판단하는데 어떠한 영향을 미칠만한 사유가 된다고 볼 수는 없다.

> ### 2015도6480

2015. 8. 27. 2015도6480, 공 2015하, 1454 =『동의 아동매매 사건』:

아동복지법은 '아동'을 18세 미만인 사람으로 규정하고 있다(㉮규정). 아동복지법은 아동을 매매하는 행위를 금지하고 있다(㉯규정). 아동복지법은 ㉯규정에 해당하는 행위를 한 자를 처벌하고 있다(㉰규정). ㉰규정 위반죄의 미수범은 처벌된다(㉱규정).

A는 가출한 13세의 중학교 1학년생이다. 갑은 A를 자신의 아는 형 B의 집에 수일간 머무르게 하면서 숙박과 식사를 제공하였다. 갑은 그러던 중 인터넷으로 물색한 다른 사람 C로부터 돈을 받기로 하고 M장소에서 C에게 A를 넘기려고 하였다. A는 자신이 다른 사람의 집에 가게 된다는 사정을 알고 이에 대하여 갑에게 특별한 반대의 의사표시를 하지 않고 갑을 따라 나섰다. 당시 A는 갑이 대가를 받기로 한 점은 몰랐다. 갑은 M장소에서 경찰관에게 체포되었다.

검사는 아동복지법 ㉰, ㉱규정을 적용하여 갑을 기소하였다. 갑의 피고사건은 제1심을 거친 후, 항소심에 계속되었다. 항소법원은 유죄를 인정하였다. 갑은 불복 상고하였다. 갑은 상고이유로 다음의 점을 주장하였다. (가) 갑이 A를 인계할 당시 폭행·협박을 가한 사실이 없다. (나) A는 다른 사람의 집으로 옮겨가는 것에 대하여 동의하였다. (다) 갑의 행위는 피해자의 승낙 법리에 의하여 위법성이 조각된다.

대법원은 다음의 이유를 제시하여 상고를 기각하였다.

대법원은 아동복지법의 아동매매죄와 피해자의 승낙과의 관계에 대해 다음과 같이 설시하였다.

(가) 아동복지법 ㉰규정의 '아동을 매매하는 행위'는 '보수나 대가를 받고 아동을 다른 사람에게 넘기거나 넘겨받음으로써 성립하는 범죄'이다. (나) '아동'은 아동복지법 ㉮규정에 의하면 18세 미만인 사람을 말한다. (다) 아동은 (ㄱ) 아직 가치관과 판단능력이 충분히 형성되지 아니하여 자기결정권을 자발적이고 진지하게 행사할 것을 기대하기가 어렵고, (ㄴ) 자신을 보호할 신체적·정신적 능력이 부족할 뿐 아니라, (ㄷ) 보호자 없

이는 사회적·경제적으로 매우 취약한 상태에 있으므로, 이러한 처지에 있는 아동을 마치 물건처럼 대가를 받고 신체를 인계·인수함으로써 아동매매죄가 성립한다. (라) 설령 위와 같은 행위에 대하여 (ㄱ) 아동이 명시적인 반대 의사를 표시하지 아니하거나 더 나아가 (ㄴ) 동의·승낙의 의사를 표시하였다 하더라도 이러한 사정은 아동매매죄의 성립에 아무런 영향을 미치지 아니한다.

대법원은 사실관계를 분석하였다.

대법원은 갑의 행위에 대해 다음과 같이 판단하였다.

(가) 갑의 행위는 아동복지법에서 정한 '아동을 매매하는 행위'에 해당한다. (나) 갑이 A를 인계할 당시 폭행·협박을 사용하지 않았다거나, 피해 아동이 다른 사람의 집으로 옮겨 가는 것에 대하여 동의하였다는 이유만으로 위 죄의 성립에 영향을 미치는 것은 아니다.

2020도12419

2022. 7. 28. 2020도12419, 공 2022하, 1809 = 『아동 음란 영상통화 사건』 :

갑은 군인이다. A는 14세 여자 아동이다. 갑은 A와 이전에 합의하에 성관계를 한 일이 있었다(㉮행위). 갑은 A와 휴대전화로 영상통화를 하던 중 A에게 "네 가슴을 보고 싶다."고 말하였다. 갑은 A로 하여금 영상통화 화면에 가슴을 보이도록 하고 이를 보면서 갑이 자위행위를 하는 장면을 보여주었다. 갑의 그러한 행위는 총 5회에 걸쳐 이루어졌다(㉯행위로 통칭함).

군검사는 갑을 아동복지법 위반죄(성적 학대행위)로 기소하였다. 제1심법원은 다음의 이유를 들어서 무죄로 판단하였다. (가) (성적 학대행위 판단기준을 제시한 대법원판례를 제시함.) (나) '성적 학대행위'는 피해아동의 건강·복지를 해치거나 정상적인 발달을 저해할 수 있는 성적 폭력 또는 가혹행위를 말한다. (다) A는 성적 자기결정권 행사에 미숙한 것으로 보이지 않는다. (라) 갑의 행위를 '성적 학대행위'라고 단정하기 어렵다. 군검사는 불복 항소하였다.

항소법원은 제1심판결을 수긍하였다. 항소법원은 여기에 다음의 점을 이유로 추가하였다. (가) A가 ㉯행위 이전 갑과 합의하에 성관계를 한 사실(㉮행위)이 있다. (나) ㉯행위의 영상통화가 A 아동의 의사에 반한다고 볼 사정이 없다. 항소법원은 검사의 항소를 기각하고, 제1심판결을 유지하였다. 군검사는 불복 상고하였다.

대법원은 다음의 이유를 제시하여 원심판결을 파기환송하였다.

대법원은 성적 학대행위의 판단기준에 대해 다음과 같이 설시하였다.

(가) 성적 학대행위에 해당하는지 여부는 행위자 및 피해아동의 의사·성별·연령, 피해아동이 성적 자기결정권을 제대로 행사할 수 있을 정도의 성적 가치관과 판단능력을 갖추었는지 여부, 행위자와 피해아동의 관계, 행위에 이르게 된 경위, 구체적인 행위 태양, 그 행위가 피해아동의 인격 발달과 정신 건강에 미칠 수 있는 영향 등의 구체적인 사정을 종합적으로 고려하여 그 시대의 건전한 사회통념에 따라 객관적으로 판단하여야 함은 원심이 지적한 바와 같다. (나) 그러나 원심이 A 아동의 갑과의 성관계(㉮행위) 및 이 사건[㉯행위]과 성관계 당시 A 아동의 언행 등을 이유로 A 아동이 성적 자기결정권을 행사하였음을 들어 판단한 부분은 그대로 수긍하기 어렵다.

대법원은 아동복지법 위반죄와 아동의 동의의 관계에 대해 다음과 같이 설시하였다.

(가) 국가와 사회는 아동·청소년에 대하여 다양한 보호의무를 부담한다. (나) 법원은 아동·청소년이 피해자인 사건에서 아동·청소년이 특별히 보호되어야 할 대상임을 전제로 판단해왔다. (다) 아동복지법상 아동에 대한 성적 학대행위에 해당하는지 판단함에 있어 아동이 명시적인 반대의사를 표시하지 아니하였더라도 성적 자기결정권을 행사하여 자신을 보호할 능력이 부족한 상황에 기인한 것인지 가려보아야 한다. (라) 아동복지법상 아동매매죄에 있어서는 설령 아동 자신이 동의하였더라도 유죄가 인정된다. (마) 아동·청소년이 자

신을 대상으로 음란물을 제작하는 데에 동의하였더라도 원칙적으로 「아동·청소년의 성보호에 관한 법률」상 아동·청소년이용 음란물 제작죄를 구성한다.

대법원은 아동·청소년의 성적 자기결정권 행사 여부에 대해 다음과 같이 설시하였다.

(가) 아동·청소년은 사회적·문화적 제약 등으로 아직 온전한 성적 자기결정권을 행사하기 어렵다. (나) 뿐만 아니라, 아동·청소년은 인지적·심리적·관계적 자원의 부족으로 타인의 성적 침해 또는 착취행위로부터 자신을 방어하기 어려운 처지에 있다. (다) 또한 아동·청소년은 성적 가치관을 형성하고 성 건강을 완성해가는 과정에 있으므로 아동·청소년에 대한 성적 침해 또는 착취행위는 아동·청소년이 성과 관련한 정신적·신체적 건강을 추구하고 자율적 인격을 형성·발전시키는 데에 심각하고 지속적인 부정적 영향을 미칠 수 있다. (라) 따라서 (ㄱ) 아동·청소년이 외관상 성적 결정 또는 동의로 보이는 언동을 하였다 하더라도, (ㄴ) 그것이 타인의 기망이나 왜곡된 신뢰관계의 이용에 의한 것이라면, (ㄷ) 이를 아동·청소년의 온전한 성적 자기결정권의 행사에 의한 것이라고 평가하기 어렵다.

대법원은 원심판결의 당부에 대해 다음과 같이 판단하였다.

(가) 원심으로서는 위와 같은 법리를 기초로 A 아동이 성적 자기결정권을 제대로 행사할 수 있을 정도의 성적 가치관과 판단능력을 갖추었는지 여부 등을 신중하게 판단하였어야 한다. (나) 그러한데도 그 판시와 같은 사정만을 들어 A 아동이 성적 자기결정권을 행사하였음을 전제로 성적 학대행위에 해당하지 않는다고 판단하였다. (다) 원심의 판단에는 아동복지법 제17조 제2호가 정한 성적 학대행위에 관한 법리를 오해한 잘못 등이 있다.

2021다265010

2022. 1. 27. 2021다265010, 공 2022상, 446 =『설명 30분 후 수술 사건』:

갑은 P병원을 운영하고 있다. A는 척추관협착증을 앓고 있는 환자이다. B는 환자 A의 보호자이다. C는 P병원의 내과 의사, D는 P병원의 마취과 의사이다. (이하 연도를 생략함.) 6. 7. A는 P병원에 수술을 받으려고 입원하였다. 6. 11. 10:30 내과 의사 C가 A에 대해 경동맥 및 심장 초음파 검사를 하였다. 내과의사 C는 보호자 B에게 환자 A가 동맥경화가 없는 사람들에 비하여 뇌졸중의 위험이 상대적으로 높다는 사정을 설명하였다. 설명이 있은 후 30분이 지난 6. 11. 11:00 마취과 의사 D는 A에 대하여 척추관협착증 수술을 위한 마취를 시작하였다. 그로부터 얼마 지나지 않아 척추관협착증 수술이 시작되었다(㉮수술). 환자 A는 ㉮수술을 받은 후 자발적으로 의사표현을 하지 못하고 좌측 상하지 근력이 저하되었다.

6. 11. 18:50 환자 A에 대한 뇌 CT 검사를 통하여 뇌경색이 발견되었다. 6. 11. 19:30 A는 Q병원으로 전원되었다. 6. 25. A는 R병원으로 전원되었다. 이후 A는 뇌경색에 따른 좌측 편마비가 있어 모든 생활을 하는 데 타인의 도움을 받아야 하고, 인지장애로 인해 의사소통이 되지 않으며, 스스로 대소변 조절과 관리를 할 수 없는 상태에 있다.

환자 A는 갑을 상대로 의료과실에 의한 손해배상을 청구하였다. 제1심을 거친 후, A의 손해배상 청구사건은 항소법원에 계속되었다. 항소법원은 P병원 측에 주의의무 위반이 없다고 판단하여 원고 A의 청구를 기각하였다. A는 불복 상고하였다. A는 상고이유로 다음의 점을 주장하였다. (가) P병원의 의사들은 척추관협착증에 대한 ㉮수술 자체에 대해 주의의무를 다하지 않았다. (나) P병원 의사들은 ㉮수술과 관련하여 설명의무를 다하지 아니하였다.

대법원은 다음의 이유를 제시하여 원심판결을 파기환송하였다.

대법원은 P병원의 의사들이 척추관협착증에 대한 ㉮수술 자체에 대해서는 주의의무를 다하였다고 판단하였다.

대법원은 의사의 설명의무에 대해 다음과 같이 설시하였다.

(가) 의료법 제24조의2 제1항, 제2항은 (ㄱ) 의사·치과의사 또는 한의사가 사람의 생명 또는 신체에 중대한 위해를 발생하게 할 우려가 있는 수술, 수혈, 전신마취를 하는 경우, ① 환자에게 발생하거나 발생 가능한 증상의 진단명, ② 수술 등의 필요성, 방법과 내용, ③ 환자에게 설명을 하는 의사, 치과의사 또는 한의사 및 수술 등에 참여하는 주된 의사, 치과의사 또는 한의사의 성명, ④ 수술 등에 따라 전형적으로 발생이 예상되는 후유증 또는 부작용, ⑤ 수술 등 전후 환자가 준수하여야 할 사항 등 5가지 사항을 환자(환자가 의사결정능력이 없는 경우 환자의 법정대리인)에게 설명하고 서면으로 그 동의를 받아야 한다고 정하고, (ㄴ) 다만 설명 및 동의 절차로 인하여 수술 등이 지체되면 환자의 생명이 위험해지거나 심신상의 중대한 장애를 가져오는 경우는 예외로 하고 있다.

(나) 이처럼 의사는 (ㄱ) 응급환자의 경우나 그 밖에 특별한 사정이 없는 한 (ㄴ) 환자에게 수술 등 인체에 위험을 가하는 의료행위를 할 경우 그에 대한 승낙을 얻기 위한 전제로서 (ㄷ) 환자에게 질병의 증상, 치료방법의 내용 및 필요성, 발생이 예상되는 생명, 신체에 대한 위험과 부작용 등에 관하여 당시의 의료수준에 비추어 환자가 의사결정을 함에 있어 중요하다고 생각되는 사항을 구체적으로 설명하여 (ㄹ) 환자로 하여금 수술 등의 의료행위에 응할 것인지 스스로 결정할 기회를 가지도록 할 의무가 있다.

대법원은 의사의 환자 A에 대한 설명의무 준수 여부에 대해 다음과 같이 판단하였다.

(가) 환자 A로서는 ㉮수술로 자신에게 나타날 수 있는 후유증 등 ㉮수술에 관한 위험성을 충분히 숙고하지 못한 채 수술에 나아갔을 가능성이 있다. (나) 이는 환자 A가 ㉮수술에 응할 것인지 선택할 기회가 침해된 것으로, 환자 A에게 충분한 시간을 주지 않은 P병원 의사들에게는 설명의무를 위반한 사정이 있다고 볼 여지가 있다. (다) 따라서 원심으로서는 P병원 의사들의 설명과 ㉮수술 사이에 적절한 시간적 여유가 있었는지, 환자 A가 숙고를 거쳐 ㉮수술을 결정하였는지 심리하여 P병원 의사들의 설명의무가 이행되었는지를 판단하였어야 한다.

제 **7** 절 정당행위

2017도10634

2021. 10. 14. 2017도10634, 공 2021하, 2208 =『산양삼 감정평가 사건』:

부동산가격공시법은 감정평가업자 아닌 자가 타인의 의뢰에 의하여 일정한 보수를 받고 감정평가를 업으로 행하는 것을 처벌하는 규정을 두고 있다(㉮규정). 여기에서 '감정평가업자'는 감정평가사와 감정평가법인을 말한다(㉯규정). A는 M토지의 소유자이다. M토지에는 ㉠산양삼이 재배되고 있다. L토지주택공사가 M토지를 수용하였다. M토지의 ㉠산양삼 손실보상금을 놓고 A와 L토지주택공사 사이에 분쟁이 발생하였다. A는 ㉠산양삼에 대한 손실보상금의 증액을 청구하는 민사소송을 제기하였다(㉰사건). 갑은 감정평가사가 아니다. 갑은 법원행정처 특수분야 전문가 명단에 농업 분야 전문가로 등재되어 있다. ㉰사건 담당 재판부는 갑을 감정인으로 선정하였다. 갑은 M토지에 대한 표본 조사를 한 후 담당 재판부에 ㉠산양삼에 대한 감정서를 제출하였다. (감정평가사 단체는 갑을 부동산가격공시법 ㉮규정 위반죄로 고발하였다.)

검사는 부동산가격공시법 ㉮규정을 적용하여 갑을 기소하였다. 제1심법원은 갑에게 유죄를 인정하였다. 갑은 불복 항소하였다. 항소법원은 항소를 기각하고 제1심판결을 유지하였다. 갑은 불복 상고하였다.

대법원은 다음의 이유를 제시하여 원심판결을 파기환송하였다.

대법원은 감정에 대해 다음과 같이 설시하였다.

(가) 소송의 증거방법 중 하나인 감정은 법관의 지식과 경험을 보충하기 위하여 특별한 학식과 경험을 가진 제3자에게 그 전문적 지식이나 이를 구체적 사실에 적용하여 얻은 판단을 법원에 보고하게 하는 것이다. (나) 감정신청의 채택 여부를 결정하고 감정인을 지정하거나 단체 등에 감정촉탁을 하는 권한은 법원에 있다 (민사소송법 제335조, 제341조 제1항 참조). (다) 행정소송사건의 심리절차에서 「공익사업을 위한 토지 등의 취득 및 보상에 관한 법률」상 토지 등의 손실보상액에 관하여 감정을 명할 경우 그 감정인으로 반드시 감정평가사나 감정평가법인을 지정하여야 하는 것은 아니다.

대법원은 감정에 관한 법원의 권한에 대하여 다음과 같이 설시하였다.

(가) 법원은 소송에서 쟁점이 된 사항에 관한 전문성과 필요성에 대한 판단에 따라 감정인을 지정하거나 감정촉탁을 한다. (나) 법원은 감정결과에 대하여 당사자에게 의견을 진술할 기회를 준 후 이를 종합하여 그 결과를 받아들일지 여부를 판단한다. (다) 법원이 감정인이나 감정촉탁을 받은 사람의 자격을 감정평가사로 제한하지 않더라도 이러한 절차를 통하여 감정의 전문성, 공정성 및 신뢰성을 확보하고 국민의 재산권을 보호할 수 있기 때문이다. (라) 그렇다면 민사소송법 제335조에 따른 법원의 감정인 지정결정 또는 민사소송법 제341조 제1항에 따른 법원의 감정촉탁을 받은 경우에는 감정평가업자가 아닌 사람이더라도 그 감정사항에 포함된 토지 등의 감정평가를 할 수 있다. (마) 이러한 행위는 법령에 근거한 법원의 적법한 결정이나 촉탁에 따른 것으로 형법 제20조의 정당행위에 해당하여 위법성이 조각된다고 보아야 한다.

2018도12270

2021. 3. 11. 2018도12270, 공 2021상, 780 = 『분대장 상관모욕 사건』:

갑과 A는 M부대 ㉠분대 소속의 병(兵)들이다. A는 상병으로 분대장이다. 갑은 분대원이다. 갑은 분대장 A에게 모욕에 해당하는 욕설을 하였다. 검사는 갑을 군형법상 상관모욕죄로 기소하였다. 제1심법원은 다음의 이유를 들어서 무죄를 선고하였다. (가) A는 갑이 소속된 분대의 분대장 지위에 있었다. (나) A는 상병으로 병(兵)에 해당한다. (다) 병(兵)은 상관모욕죄의 상관으로 볼 수 없다. 검사는 불복 항소하였다. 항소법원은 항소를 기각하고, 제1심판결을 유지하였다. 검사는 불복 상고하였다.

대법원은 다음의 이유를 제시하여 원심판결을 파기환송하였다.

대법원은 상관모욕죄의 상관 개념에 대해 다음과 같이 설시하였다.

(가) 군형법 제64조 제1항은 "상관을 그 면전에서 모욕한 사람은 2년 이하의 징역이나 금고에 처한다."라고 규정하고 있다. (나) 군형법 제2조 제1호는 "'상관'이란 명령복종 관계에서 명령권을 가진 사람을 말한다. 명령복종 관계가 없는 경우의 상위 계급자와 상위 서열자는 상관에 준한다."라고 규정하고 있다. (다) 군형법 제64조 제1항에서 규정한 상관모욕죄는 상관의 명예 등의 개인적 법익뿐만 아니라 군 조직의 위계질서 및 통수체계 유지도 보호법익으로 한다. (라) '명령복종 관계'는 구체적이고 현실적인 관계일 필요까지는 없으나 법령에 의거하여 설정된 상하의 지휘계통 관계를 말한다. (마) 명령복종의 관계에 있는지를 따져 명령권을 가지면 상관이고 이러한 경우 계급이나 서열은 문제가 되지 아니한다. 군의 직무상 하급자가 명령권을 가질 수도 있기 때문이다. (바) (국방부 훈령인 부대관리훈령과 육군규정 120 병영생활규정 검토 부분; 생략함.)

대법원은 분대장과 분대원의 관계에 대해 다음과 같이 설시하였다.

(가) 이러한 군형법 등 제반 규정의 취지, 내용 등을 종합해 본다. (나) 부대지휘 및 관리, 병영생활에 있어 분대장과 분대원은 명령복종 관계이다. (다) 분대장은 분대원에 대해 명령권을 가진 사람 즉 상관에 해당한다. (라) 이는 분대장과 분대원이 모두 병(兵)이라 하더라도 달리 볼 수 없다.

대법원은 갑의 행위에 대해 다음과 같이 판단하였다.

(가) 갑은 M부대 소속의 분대원이다. (나) A는 중대장으로부터 ㉠분대의 분대장으로 임명받았다. (다) 갑

과 A는 모두 병(兵)이었다. (라) A는 분대장으로서 분대원인 갑에 대하여 상관의 지위에 있었다.

2022도1718

2022. 10. 27. 2022도1718, [미간행] = 『중학생 머리 체벌 사건』:

아동복지법은 다음의 규정들을 두고 있다. (가) '아동'은 18세 미만의 사람을 말한다(ⓐ규정). (나) '아동학대'는 보호자를 포함한 성인이 아동의 건강 또는 복지를 해치거나 정상적 발달을 저해할 수 있는 신체적·정신적·성적 폭력이나 가혹행위를 하는 것 등을 말한다(ⓑ규정). (다) '보호자'에는 아동을 보호·양육·교육하거나 그러한 의무가 있는 자 또는 업무·고용 등의 관계로 사실상 아동을 보호·감독하는 자가 포함된다(ⓒ규정). (라) 누구든지 아동의 신체에 손상을 주거나 신체의 건강 및 발달을 해치는 신체적 학대행위를 하여서는 아니 된다(ⓓ규정). (마) ⓓ규정 위반행위를 한 자는 10년 이하의 징역에 처한다(ⓔ규정).

「아동학대범죄의 처벌 등에 관한 특례법」(아동학대처벌법)은 다음의 규정을 두고 있다. (가) 「초·중등교육법」 제2조에 따른 학교의 장과 그 종사자는 아동학대범죄를 신고할 의무가 있다.(ⓕ규정). (나) ⓕ규정에 따른 아동학대 신고의무자가 보호하는 아동에 대하여 아동학대범죄를 범한 때에는 그 죄(ⓔ규정)에 정한 형의 2분의 1까지 가중한다(ⓖ규정).

갑은 P중학교 교사이다. A, B, C는 P중학교 학생들이다. A, B, C는 13세 내지 14세이다. 갑은 6개월 동안 A, B, C에 대해 다음 내용의 체벌행위를 하였다. (가) A는 수업시간 종이 울렸는데도 교실 뒤쪽에 서 있었다. (나) 갑은 A 학생이 교칙을 준수하지 않았기 때문에 훈육의 필요가 있다고 판단하여 [A의 머리를 때렸다](㉮행위). (다) B는 교실에 출입할 때 뒷문을 사용하지 않고 앞문으로 들어왔다. (라) 갑은 B 학생이 교칙을 준수하지 않았기 때문에 훈육의 필요가 있다고 판단하여 [B의 머리를 때렸다](㉯행위). (마) C는 지각을 하여 교무실 앞에 서 있었다. (바) 갑은 C 학생에 대하여 복장 불량을 이유로 C의 머리를 때렸다(㉰행위).

검사는 갑에게 아동복지법 ⓔ규정과 아동학대처벌법 ⓖ규정을 적용하여 기소하였다. 공소사실의 요지는 다음과 같다. "P중학교 교사인 피고인(갑)은 P학교에서 3회에 걸쳐 아동인 A, B, C에게 신체의 건강 및 발달을 해치는 신체적 학대행위를 하였다." [공판절차에서] 학생 A는 갑의 행위에 대하여 "굉장히 기분이 안 좋고, 짜증나고 무안하고 화가 났다."라고 진술하였다.

갑의 피고사건은 제1심을 거친 후, 항소심에 계속되었다. 항소법원은 다음의 이유를 들어서 무죄를 선고하였다. (가) 갑은 A, B, C가 학생으로서 지켜야 할 학칙 또는 규범을 준수하지 아니한 경우 이를 훈육하기 위한 취지에서 ㉮, ㉯, ㉰행위를 하였다고 주장한다. (나) 갑의 행위로 인해 A, B, C 학생들이 다소간 기분이 상하는 정도를 넘어서 A, B, C 학생들의 신체적 건강 및 발달상태가 불량하게 변경되었다고 볼 여지는 없어 보인다. (다) 갑의 ㉮, ㉯, ㉰행위가 A, B, C 학생들을 상대로 악의적으로 반복된 것으로 보이지도 않는다. (라) 갑이 행위를 한 동기와 경위, 행위의 정도와 태양에 관한 A, B, C 학생의 진술 및 갑의 유형력 행사의 횟수가 피해자 별로 1회에 그친 점 등을 고려한다. (마) 갑의 행위가 아동의 신체에 상해에 준할 정도로 부정적인 변화를 가져오는 것이라고 보기 어렵다. (바) 갑의 행위가 아동의 신체 건강 및 정상적인 발달을 해칠 정도 또는 그러한 결과를 초래할 위험을 발생시킬 정도에 이른다고 보기도 어렵다. 검사는 불복 상고하였다.

대법원은 다음의 이유를 제시하여 원심판결을 파기환송하였다.

대법원은 「초·중등교육법」의 관련 규정들을 다음과 같이 분석하였다.

(가) 초·중등교육법 제18조 제1항 본문은 '학교의 장은 교육을 위하여 필요한 경우에는 법령과 학칙으로 정하는 바에 따라 학생을 징계하거나 그 밖의 방법으로 지도할 수 있다'고 규정하고 있다. (나) 그 위임에 따른 초·중등교육법 시행령 제31조 제8항은 '법 제18조 제1항 본문에 따라 지도를 할 때에는 학칙으로 정하는 바에 따라 훈육·훈계 등의 방법으로 하되, 도구, 신체 등을 이용하여 학생의 신체에 고통을 가하는 방법을

사용해서는 아니 된다'고 규정하고 있다. (다) P중학교의 생활지도 규정 제12조 제5항도 '징계지도시 도구, 신체 등을 사용하는 체벌은 금지한다'고 규정하고 있다.

대법원은 위 규정의 분석을 바탕으로 다음과 같이 판단하였다. "따라서 갑이 P중학교 교사로서 학생들에게 초·중등교육법 시행령과 학교의 생활지도 규정에서 금지하는 수단과 방법을 사용하여 체벌을 하였다면 훈육 또는 지도 목적으로 행하여졌다고 할지라도 허용될 수 없다."

대법원은 아동학대방지법 및 아동학대처벌법의 관련 규정들을 분석하였다(내용 생략함).

대법원은 갑의 행위에 대해 다음과 같이 판단하였다.

(가) 위 규정들을 종합하면, 13세 내지 14세의 중학생인 A, B, C에 대하여, 중학교 교사인 갑이 한 ㉮, ㉯, ㉰행위가 아동학대처벌법이 가중처벌하는 '아동의 신체에 손상을 주거나 신체의 건강 및 발달을 해치는 신체적 학대행위'에 해당하는지를 판단함에 있어서도 초·중등교육법 시행령과 그 학교의 생활지도 규정이 적용된다. (나) 따라서 위 법령과 규정에서 금지하는 수단과 방법을 사용하여 체벌을 하였다면 훈육 또는 지도 목적으로 행하여졌다고 할지라도 신체적 학대행위에 해당한다.

대법원은 신체적 학대행위 여부에 대한 판단기준을 다음과 같이 설시하였다. "신체적 학대행위에 해당하는지 판단함에 있어서는 (ㄱ) 행위가 발생한 장소와 시기, (ㄴ) 행위에 이른 동기와 경위, (ㄷ) 행위의 정도와 태양, (ㄹ) 아동의 반응 등 구체적인 행위 전후의 사정과 더불어 (ㅁ) 아동의 연령 및 건강 상태, (ㅂ) 행위자의 평소 성향이나 유사 행위의 반복성 여부 및 기간까지도 고려하여 종합적으로 판단하여야 한다."

대법원은 갑의 행위에 대해 다음과 같이 판단하였다.

(가) ㉮, ㉯, ㉰행위들은 수업시간 및 그 직전 등에, 교실 내부 또는 교무실 부근에서 행하여졌다. (나) 갑은 당시 A, B, C 학생들이 교칙을 준수하지 않았기 때문에 훈육의 필요가 있었다고 주장하였다. (다) 그러나 갑이 주장하는 A, B, C 학생들의 잘못된 행위 중 수업시간 종이 울렸는데도 교실 뒤쪽에 서 있는 행위(㉮행위), 교실에 출입할 때 뒷문을 사용하지 않고 앞문으로 들어온 행위(㉯행위)가 교칙 위반인지, 위반이라면 훈육을 위하여 어떤 지도가 필요하였는지 심리된 바는 없다. (라) 또한 지각을 하여 교무실 앞에 서 있는 학생에 대하여 복장 불량을 이유로 머리를 때린 행위(㉰행위)가 교칙 위반에 대한 훈육에 포함되는지 역시 의문이다.

(마) A 학생은 갑의 행위에 대하여 "굉장히 기분이 안 좋고, 짜증나고 무안하고 화가 났다."라고 진술하였다. (바) A 학생은 신체적·정신적으로 미성숙한 13세의 나이로 교사인 갑의 행위에 대하여 피해 정도를 표현하는 데에 한계가 있었을 것이다. (사) 나머지 B, C 학생들 또한 마찬가지였을 것이다. (아) 그런데 위의 진술을 두고 '기분이 상하는 정도'에 불과하다고 단정할 것은 아니다. (자) 갑은 6개월여 동안, ㉮, ㉯, ㉰ 3회의 체벌을 하였다. (차) 따라서 갑의 ㉮, ㉯, ㉰행위가 A, B, C 학생 별로는 1회씩의 행위라고 할지라도 갑의 행위는 단기간 반복적으로 이루어졌다. (카) 그럼에도 원심이 판시와 같은 이유로 갑의 행위가 신체적 학대행위에 포함되지 않는다고 본 것은 아동학대처벌법이 가중처벌하는 신체적 학대행위와 체벌의 관계, 신체적 학대행위에 관한 법리를 오해하여 필요한 심리를 다하지 않음으로써 판결에 영향을 미친 잘못이 있다.

2017도2478

2020. 7. 29. 2017도2478, 공 2020하, 1748 =『산업안전 증거수집 사건』:

갑과 을은 P노동조합 소속 간부들이다. Q회사의 M공장에서 안전사고가 발생하였다. 갑과 을은 P회사의 산업안전보건법 위반 사실의 증거수집 등을 할 목적으로 M공장에 들어갔다. 그 이전에도 P노조 N지부 소속 간부들이 같은 목적으로 M공장을 방문하여 관리자 측의 별다른 제지 없이 현장순회를 해왔던 사실이 있었다. 갑과 을은 M공장의 시설이나 설비를 작동시키지 않은 채 단지 그 상태를 눈으로 살펴보았고, 그 시간은 30분 내지 40분 정도였다. 갑과 을은 현장순회 과정에서 P회사 측을 폭행·협박하거나 강제적인 물리력을 행사한 바 없었다. 갑과 을이 근무 중인 근로자들의 업무를 방해하거나 소란을 피운 사실도 없었다.

검사는 갑과 을을 폭력행위처벌법 위반죄(공동주거침입)로 기소하였다. 제1심법원은 다음의 이유를 제시하여 무죄를 선고하였다. (가) 갑과 을의 행위는 근로조건의 유지·개선을 위한 조합활동으로서의 필요성이 인정된다. (나) 갑과 을의 활동으로 인하여 P회사 측의 시설관리권의 본질적인 부분을 침해하였다고 볼 수 없다. 검사는 불복 항소하였다. 항소법원은 항소를 기각하고, 제1심판결을 유지하였다. 검사는 불복 상고하였다. 검사는 상고이유로 형법 제20조의 정당행위에 관한 법리 오해의 위법이 있다고 주장하였다.

대법원은 다음의 이유를 제시하여 상고를 기각하였다.

대법원은 노동조합 활동에 대해 다음과 같이 설시하였다.

(가) 노동조합의 조합활동은 근로자가 가지는 결사의 자유 내지 노동3권에 바탕을 둔 것이다. (나) 노동조합 및 노동관계조정법(이하 '노동조합법'이라고 한다) 제1조의 목적을 달성하기 위하여 정당한 행위에 대하여는 민형사상 면책이 된다(노동조합법 제4조, 형법 제20조).

대법원은 노동조합 활동이 정당행위로 인정되기 위한 요건을 다음과 같이 설시하였다.

(가) 첫째 주체의 측면에서 행위의 성질상 노동조합의 활동으로 볼 수 있거나 노동조합의 묵시적인 수권 혹은 승인을 받았다고 볼 수 있는 것이어야 한다. (나) 둘째 목적의 측면에서 근로조건의 유지·개선과 근로자의 경제적 지위의 향상을 도모하기 위하여 필요하고 근로자들의 단결 강화에 도움이 되는 행위이어야 한다. (다) 셋째 시기의 측면에서 취업규칙이나 단체협약에 별도의 허용규정이 있거나 관행이나 사용자의 승낙이 있는 경우 외에는 원칙적으로 근무시간 외에 행하여져야 한다. (라) 넷째 수단·방법의 측면에서 사업장 내 조합활동에서는 사용자의 시설관리권에 바탕을 둔 합리적인 규율이나 제약에 따라야 하며 폭력과 파괴행위 등의 방법에 의하지 않는 것이어야 한다.

(마) 이 중에서 시기·수단·방법 등에 관한 요건은 조합활동과 사용자의 노무지휘권·시설관리권 등이 충돌할 경우에 그 정당성을 어떠한 기준으로 정할 것인지 하는 문제이다. (바) 그러므로 시기·수단·방법 등에 관한 요건을 갖추었는지 여부를 판단할 때에는 조합활동의 필요성과 긴급성, 조합활동으로 행해진 개별 행위의 경위와 구체적 태양, 사용자의 노무지휘권·시설관리권 등의 침해 여부와 정도, 그 밖에 근로관계의 여러 사정을 종합하여 충돌되는 가치를 객관적으로 비교·형량하여 실질적인 관점에서 판단하여야 한다.

대법원은 사실관계를 분석하였다.

대법원은 원심판결의 당부에 대해 다음과 같이 판단하였다.

(가) 원심은 갑과 을의 조합활동으로 말미암아 기업운영이나 업무수행, 시설관리 등에 실질적으로 지장이 초래되었다고 볼 수 없다는 취지에서 갑과 을에 대한 공소사실 기재 행위를 정당행위로 보아 무죄로 판단하였다. (나) 원심이 판단한 데에 상고이유 주장과 같이 산업별 노동조합 조합활동의 정당성, 형법 제20조의 정당행위에 관한 법리 등을 오해하여 판결에 영향을 미친 잘못이 없다.

2019도10516

2022. 10. 27. 2019도10516, 공 2022하, 2338 = 『노조 방송실 무단사용 사건』:

P철도시설공단(P공단)에 Q노동조합(Q노조)이 설립되어 있다. P공단은 성과연봉제를 도입하였다. 2016년 중반 무렵 Q노조는 성과연봉제에 반대하여 단체교섭을 진행하였으나 교섭이 결렬되었다. Q노조는 중앙노동위원회에 조정신청을 하였으나 조정도 결렬되었다. 이에 Q노조는 파업에 관한 찬반투표를 거쳐 조합원 과반수의 찬성으로 쟁의행위를 가결하였다.

P공단 내부규정에는 방송실 사용을 위해 '사전에 사용신청서 작성·제출 및 총무부장의 승인'이라는 절차

가 마련되어 있다. P공단은 Q노조에 대해 이를 엄격하게 적용하지 않았다. 그리하여 구두 사용신청이나 사용 통지 후 별다른 제한 없이 방송실을 사용하는 것을 허용하는 노사관행이 계속되어 왔다. P공단과 Q노조 사이에 체결된 단체협약에는 '노동조합은 정해진 절차에 따라 사내방송을 이용할 수 있다.'고 하여 노동조합의 방송시설 이용권을 보장하고 있다. 2016. 9. 9. P공단 측은 일방적으로 Q노조의 방송실 사용을 불허하였다가 이를 번복하여 다시 승인하기도 하였다.

2016. 9. 19.부터 Q노조는 피켓 시위 및 천막 농성 등을 시작하였다. Q노조는 총파업을 앞두고 다음과 같이 중식간담회를 개최하기로 하였다. (가) 일시 : 2016. 9. 22. 11:30부터 같은 날 12:00까지. (나) 장소 : 천막 농성장 앞. 2016. 9. 21. Q노조는 P공단 측에 간담회 개최 일시·장소 등을 미리 공문으로 통보하였다. 2016. 9. 22. 10:42경 (간담회 당일) 간담회 개최 직전이다. P공단은 "쟁의행위에 돌입한 2016. 9. 19. 이후 시행하는 총회·간담회는 실질적으로 쟁의행위이므로 무노동 무임금 원칙을 적용할 예정이다.'라는 취지의 공지를 하였다.

갑은 Q노조의 위원장이다. A는 Q노조 부위원장이다. B는 Q노조 기획선전국장이다. 2016. 9. 22. 11:17경 갑은 A, B 등 노조 간부 7명과 함께 24층 경영노무처 ㉠사무실로 찾아갔다. ㉠사무실에는 ㉡방송실이 있다. ㉡방송실은 대규모 방송시설이 설치된 독립적인 공간이 아니다. ㉡방송실은 공단 직원들이 상주하면서 통상적인 업무를 수행하는 공간도 아니다. ㉡방송실은 ㉠사무실 내의 회의용 공간 또는 그 주변에 칸막이를 하여 마이크 등이 설치된 소규모 공간이다. ㉡방송실의 관리자는 경영노무처 소속 총무부장 C이다. ㉡방송실의 관리직원은 총무부 차장 D이다.

갑이 경영노무처 ㉠사무실에 들어갔을 때 방송실 사용승인권자인 총무부장 C는 자리를 비운 상태였다. 갑이 경영노무처 ㉠사무실에 들어갔을 때 달리 다른 방송이 진행 중이거나 예정되어 있지 않았다. 갑은 경영노무처 ㉠사무실에 있던 직원들에게 "방송 좀 하겠다."라고 이야기하였다. 갑은 C의 승인이 없었음에도 B와 함께 무단으로 ㉡방송실 안으로 들어가 문을 잠갔다. D는 갑의 방송을 제지하려고 하였다. A 등 Q노조 간부들은 ㉡방송실 출입문 밖에서 D 등이 방송을 제지하려 한다는 이유로 약 4~5분 동안 D 등이 방송실에 들어가지 못하도록 막았다. 갑은 간담회가 시작되기 약 10분 전부터 약 2분가량 방송을 하였다. 갑의 방송 내용은 곧 시작 예정인 간담회가 단체협약에 보장된 적법한 조합 활동임을 조합원들에게 알리면서 참석을 독려하는 것이었다.

검사는 갑을 다음의 공소사실로 기소하였다. (가) 폭력행위처벌법 위반죄(공동주거침입) : 갑은 Q노동조합 간부 7명과 공모하여 C 등이 관리하는 ㉡방송실에 침입하였다. (나) 업무방해죄 : 갑은 위력으로 ㉡방송실 관리직원들의 방송실 관리업무를 방해하였다. 갑의 피고사건은 제1심을 거친 후, 항소심에 계속되었다. 항소법원은 다음과 같이 판단하였다. (가) 폭력행위처벌법 위반죄(공동주거침입) 유죄. (나) 업무방해죄 유죄. 갑은 불복 상고하였다.

대법원은 다음의 이유를 제시하여 원심판결을 파기환송하였다.

대법원은 쟁의행위의 정당행위 요건에 대해 다음과 같이 설시하였다.

(가) 근로자의 쟁의행위가 형법상 정당행위에 해당하려면, (ㄱ) 주체가 단체교섭의 주체로 될 수 있는 자이어야 하고, (ㄴ) 목적이 근로조건의 향상을 위한 노사 간의 자치적 교섭을 조성하는 데에 있어야 하며, (ㄷ)사용자가 근로자의 근로조건 개선에 관한 구체적인 요구에 대하여 단체교섭을 거부하였을 때 개시하되 특별한 사정이 없는 한 조합원의 찬성결정 등 법령이 규정한 절차를 거쳐야 하고, (ㄹ) 수단과 방법이 사용자의 재산권과 조화를 이루어야 함은 물론 폭력의 행사에 해당되지 아니하여야 한다는 조건을 모두 구비하여야 한다.

(나) 이러한 기준은 쟁의행위의 목적을 알리는 등 적법한 쟁의행위에 통상 수반되는 부수적 행위가 형법상 정당행위에 해당하는지 여부를 판단할 때에도 동일하게 적용된다.

대법원은 갑의 행위와 쟁의행위의 관계에 대해 다음과 같이 판단하였다.

(가) 원심판결 이유 및 원심이 적법하게 채택한 증거에 따른 아래의 사정을 관련 법리에 비추어 살펴본다. (나) 갑의 공소사실 기재 행위는 외견상 그 각 구성요건[공동주거침입, 위력업무방해]에 해당한다고 볼 여지가 있다. (다) 그러나 갑의 공소사실 기재 행위는 그 주체와 목적의 정당성이 인정되고 절차적 요건을 갖추어 적법하게 개시된 쟁의행위의 목적을 공지하고 이를 준비하기 위한 부수적 행위이다.

(라) 갑의 공소사실 기재 행위는 그와 관련한 절차적 요건의 준수 없이 관행적으로 실시되던 방식에 편승하여 이루어진 행위로서, 전체적으로 수단과 방법의 적정성을 벗어난 것으로 보이지 않는다. (마) 갑의 공소사실 기재 행위는 형법상 정당행위에 해당하여 위법성이 조각된다고 봄이 타당하다.

대법원은 갑의 방송행위에 대해 다음과 같이 판단하였다.

(가) (사실관계 분석; 생략함.) (나) 갑과 노동조합 간부들은 사무실을 돌아다니며 간담회 참석을 독려하던 중 경영노무처 사무실에 이르러 그 안에 설치된 방송실에 들어가 방송을 하게 되었다. (다) 이와 같은 갑의 행위는 적법한 쟁의행위가 시작된 이후 그 목적인 '성과연봉제 폐지'에 대한 간담회를 홍보하기 위한 것으로, 성질상 정당한 쟁의행위에 통상 수반되는 부수적 행위에 해당한다고 볼 수 있다. (라) (중략)

(마) 설령 갑이 [방송실] 사용절차를 준수하지 않은 것으로 보더라도 방송실의 사용 경위·목적·시간·태양 및 방송 내용 등에 비추어, 그와 같은 절차상의 흠결을 이유로 갑의 행위가 적법한 쟁의행위에 통상 수반되어 위법성을 인정하기 어려운 부수적 행위로서의 한계를 벗어난 것이라고 단정하기 어려움은 아래에서 보는 바와 같다.

(바) (사실관계 분석 ; 생략함.) (사) 이처럼 갑이 방송실을 사용한 시간·목적·내용·태양에다가 앞서 본 바와 같은 방송실 사용에 관한 노사관행 등에 비추어 갑의 ㉡방송실 사용과 관련한 일련의 행위로 인한 공단의 방송실 등 시설관리권 등 침해의 정도는 미미한 수준에 그친 것으로 볼 수 있다.

(아) 그렇다면 비록 방송실 사용승인권자 또는 그 권한을 대신하는 책임 있는 자의 승인을 거쳐 이를 사용함이 원칙이기는 하나, 갑의 공소사실 기재 행위로 인하여 공단의 시설관리권 또는 그 본질적인 부분이 침해되었다거나 법익균형성의 측면에서 용인될 수 없는 정도에 이르렀다고까지 보기는 어렵다.

2015도1927

2020. 9. 3. 2015도1927, 공 2020하, 2044 =『청소용역 근로자 파업 사건』:

공기업인 M공사가 있다. M공사는 수급업체와 용역위탁계약을 체결하여 시설관리업무, 청소미화업무 등을 수행해 왔다. 수급업체에 고용된 대부분의 근로자들은 수급업체가 변경되더라도 신규 수급업체로 고용이 승계되어 M공사 사업장에서 동일한 업무를 담당하면서 계속 근무해 왔다. (이하 청소 용역업체 부분으로 축소하여 정리함.) P회사는 청소 용역업체이다. M공사는 P회사와 청소 용역위탁계약을 체결하였다. 갑은 P회사의 근로자이다. Q노동조합총연맹 R노동조합 S지부 M공사 지회가 있다(M지회). 갑은 M지회 소속 조합원으로 지회장이다.

M지회 측은 경찰에 파업을 위한 집회신고를 하면서 P회사와 관련된 ㉠장소를 집회장소로 신고하였다. 지회장 갑을 포함한 M지회 소속 조합원 등 30~40명은 파업 당일 (이하 일자 생략함) 09:50경부터 M공사 사업장 내 본관 ㉡건물과 ㉢건물 사이 인도에 모였다. 갑 등은 차량에 설치된 확성기를 틀어놓고 P회사에 대하여 임금인상, 성실교섭 촉구 등을 요구하며 구호를 외치고 율동과 함께 노동가를 제창하였다(㉮집회). 11:00경 M공사 관계자들이 ㉮집회 현장에 나타났다. 갑은 M공사 관계자 A로부터 "여기는 M공사의 사업장으로 집회신고 장소가 아니다. 집회신고 장소로 나가라."라고 수회에 걸쳐 구두상으로 퇴거를 요구받았다. 12:30까지 갑은 M공사 관계자 A의 퇴거요구에 불응하고 ㉮집회를 계속하였다(㉯행위).

P회사의 조합원들이 파업에 들어가자 P회사 측은 M공사 건물 각 층의 화장실 청소 및 쓰레기 수거 업무를 위하여 P회사 소속 직원 B 등 5명을 대체 인력으로 투입하였다. 15:00경 갑과 다른 조합원들은 B 등의 앞을 막은 채 청소를 그만 두고 밖으로 나가라며 욕설 및 고함을 지르고, 이들이 청소를 하지 못하게 방해하고, 이들이 수거했던 쓰레기를 건물 복도에 버렸다(㉯행위).

검사는 ㉯행위를 퇴거불응죄로, ㉰행위를 업무방해죄로 의율하여 갑을 기소하였다. 제1심법원은 ㉯행위, ㉰행위를 전부 유죄로 인정하였다. 갑은 불복 항소하였다. 항소법원은 ㉯행위, ㉰행위가 모두 노동조합법상의 정당한 쟁의행위에 해당한다고 판단하였다. 항소법원은 제1심판결을 파기하고 무죄를 선고하였다. 검사는 불복 상고하였다.

대법원은 다음의 이유를 제시하여 상고를 기각하였다.

대법원은 사용자인 수급인(P회사)에 대한 쟁의행위가 도급인(M공사)의 사업장에서 이루어지는 경우에 대해 다음과 같이 설시하였다.

(가) 단체행동권은 헌법 제33조 제1항에서 보장하는 기본권으로서 최대한 보장되어야 하지만 헌법 제37조 제2항에 의하여 국가안전보장·질서유지 또는 공공복리 등의 공익상의 이유로 제한될 수 있고 그 권리의 행사가 정당한 것이어야 한다는 내재적인 한계가 있다. (나) 쟁의행위가 정당행위로 위법성이 조각되는 것은 사용자에 대한 관계에서 인정되는 것이므로, 제3자의 법익을 침해한 경우에는 원칙적으로 정당성이 인정되지 않는다. (다) 도급인은 원칙적으로 수급인 소속 근로자의 사용자가 아니다. (라) 그러므로 수급인 소속 근로자의 쟁의행위가 도급인의 사업장에서 일어나 도급인의 형법상 보호되는 법익을 침해한 경우에는 사용자인 수급인에 대한 관계에서 쟁의행위의 정당성을 갖추었다는 사정만으로 사용자가 아닌 도급인에 대한 관계에서까지 법령에 의한 정당한 행위로서 법익 침해의 위법성이 조각된다고 볼 수는 없다.

대법원은 사용자인 수급인(P회사)에 대한 쟁의행위가 도급인(M공사)의 사업장에서 이루어지는 경우라 하여도 수급인 소속 근로자들이 집결하여 함께 근로를 제공하는 장소가 도급인의 사업장인 때에 대하여 다음과 같이 설시하였다.

(가) 수급인 소속 근로자들이 집결하여 함께 근로를 제공하는 장소로서 도급인의 사업장은 수급인 소속 근로자들의 삶의 터전이 되는 곳이고, 쟁의행위의 주요 수단 중 하나인 파업이나 태업은 도급인의 사업장에서 이루어질 수밖에 없다. (나) 도급인은 비록 수급인 소속 근로자와 직접적인 근로계약관계를 맺고 있지는 않지만, 수급인 소속 근로자가 제공하는 근로에 의하여 일정한 이익을 누리고, 그러한 이익을 향수하기 위하여 수급인 소속 근로자에게 사업장을 근로의 장소로 제공하였으므로 그 사업장에서 발생하는 쟁의행위로 인하여 일정 부분 법익이 침해되더라도 사회통념상 이를 용인하여야 하는 경우가 있을 수 있다. (다) 따라서 사용자인 수급인에 대한 정당성을 갖춘 쟁의행위가 도급인의 사업장에서 이루어져 형법상 보호되는 도급인의 법익을 침해한 경우, 그것이 항상 위법하다고 볼 것은 아니고, 법질서 전체의 정신이나 그 배후에 놓여있는 사회윤리 내지 사회통념에 비추어 용인될 수 있는 행위에 해당하는 경우에는 형법 제20조의 '사회상규에 위배되지 아니하는 행위'로서 위법성이 조각된다. (라) 이러한 경우에 해당하는지 여부는 쟁의행위의 목적과 경위, 쟁의행위의 방식·기간과 행위 태양, 해당 사업장에서 수행되는 업무의 성격과 사업장의 규모, 쟁의행위에 참여하는 근로자의 수와 이들이 쟁의행위를 행한 장소 또는 시설의 규모·특성과 종래 이용관계, 쟁의행위로 인해 도급인의 시설관리나 업무수행이 제한되는 정도, 도급인 사업장 내에서의 노동조합 활동 관행 등 여러 사정을 종합적으로 고려하여 판단하여야 한다.

대법원은 갑의 ㉯행위(퇴거불응)에 대해 다음과 같이 판단하였다.

(가) (원심판결에 나타난 사실관계 분석 부분; 생략함.) (나) (대법원이 주목한 사실관계 부분; 생략함.) (다) 갑은 M공사 지회 조합원들과 함께 M공사 사업장에서 ㉮집회를 개최하였다고 하더라도 이러한 행위는

사회상규에 위배되지 아니하는 정당행위로서 위법성이 조각된다.

대법원은 대체근로 저지와 관련한 업무방해 부분(㉯행위)에 대해 다음과 같이 설시하였다.

(가) 사용자는 쟁의행위 기간 중 그 쟁의행위로 중단된 업무의 수행을 위하여 당해 사업과 관계없는 자를 채용 또는 대체할 수 없다(노동조합 및 노동관계조정법 제43조 제1항). (나) 사용자가 당해 사업과 관계없는 자를 쟁의행위로 중단된 업무의 수행을 위하여 채용 또는 대체하는 경우, 쟁의행위에 참가한 근로자들이 위법한 대체근로를 저지하기 위하여 상당한 정도의 실력을 행사하는 것은 쟁의행위가 실효를 거둘 수 있도록 하기 위하여 마련된 위 규정의 취지에 비추어 정당행위로서 위법성이 조각된다. (다) 위법한 대체근로를 저지하기 위한 실력 행사가 사회통념에 비추어 용인될 수 있는 행위로서 정당행위에 해당하는지는 그 경위, 목적, 수단과 방법, 그로 인한 결과 등을 종합적으로 고려하여 구체적인 사정 아래서 합목적적·합리적으로 고찰하여 개별적으로 판단하여야 한다.

대법원은 갑의 ㉯행위에 대해 다음과 같이 판단한 원심판단의 정당성을 수긍하였다.

(가) M공사의 청소업무 수급업체인 P회사가 M공사 본사 본관 건물에 B 등 대체근로자들을 투입한 행위는 위법한 대체근로에 해당한다. (나) (원심의 사실관계 분석 부분; 생략함.) (다) 갑이 B 등 대체근로자들의 작업을 방해한 것은 위법한 대체근로자 투입에 대항하기 위해 상당한 범위 내에서 실력 행사가 이루어진 정당행위에 해당한다. (라) 갑이 B 등 대체근로자들의 작업을 방해한 것은 P회사에 대한 관계에서뿐만 아니라 B 등 대체근로자들이나 M공사에 대한 관계에서도 마찬가지로 위법성이 조각된다. (마) ㉯행위 부분 공소사실에 대해 무죄를 선고한다.

2017도2760

2023. 5. 18. 2017도2760, 공 2023하, 1103 =『구재단 총장 사퇴 요구 사건』:

P대학교는 Q학교법인에 소속되어 있다. A는 Q학교법인의 이사장이었다. 1994. 4.경 A는 P대학교의 부정입학과 관련된 금품수수 등의 혐의로 구속되었다. Q학교법인은 교육인적자원부장관이 선임한 임시이사들에 의하여 운영되었다. 그후 종전 이사 체제 시 학교 운영에 관여했던 이른바 '구재단' 측과 임시이사 체제 시 학교 운영에 관여해 온 학내구성원 측의 갈등이 계속되었다.

2014. 8. 14.경 A가 P대학교 총장으로 선임되었다. P대학교 교수협의회와 총학생회는 총장 퇴진 운동을 벌이면서 A 등 구재단 측과 갈등을 빚게 되었다. A의 비위행위 이후로 P대학교 운영과 관련한 갈등이 약 20년간 봉합되지 않던 중 구재단 측을 상징하는 A의 복귀로 갈등이 악화되었다. 이로 인해 P대학교 운영의 파행이 학생들의 피해로 돌아가 학생들의 교육받을 권리가 침해될 상황이 되었다.

갑 등은 P대학교 총학생회 간부들이다. 2014. 9.경부터 갑 등은 대학 운영의 정상화를 위하여 갈등을 재점화한 A와 대화를 꾸준히 요구하였다. 그러나 학교 측의 소극적인 태도로 인해 면담이 실질적으로 성사되지 않았다. 2014. 9. 24. 14:00경 갑과 을은 학교 총장과 면담을 요구하면서 총장실 입구에서 진입을 시도하였다. 2014. 9. 29. 15:30경 갑과 을은 회의실에 들어가 총장의 사퇴를 요구하면서 이를 막는 P대학교 교직원들과 실랑이를 벌였다.

검사는 갑과 을을 위력에 의한 업무방해죄로 기소하였다. 제1심법원은 유죄를 인정하였다. 갑과 을은 불복 항소하였다. 항소법원은 갑과 을의 행위가 형법 제20조에서 정한 정당행위에 해당된다고 판단하였다. 항소법원은 제1심판결을 파기하고 무죄를 선고하였다. 검사는 불복 상고하였다.

대법원은 다음의 이유를 제시하여 상고를 기각하였다.

대법원은 형법 제20조의 사회상규에 대해 다음과 같이 설시하였다.

(가) 형법 제20조는 '사회상규에 위배되지 아니하는 행위'를 정당행위로서 위법성이 조각되는 사유로 규정

하고 있다. (나) 형법 제20조의 규정에 따라 사회상규에 의한 정당행위를 인정하려면, (ㄱ) 그 행위의 동기나 목적의 정당성, (ㄴ) 행위의 수단이나 방법의 상당성, (ㄷ) 보호이익과 침해이익과의 법익균형성, (ㄹ) 긴급성, (ㅁ) 그 행위 외에 다른 수단이나 방법이 없다는 보충성 등의 요건을 갖추어야 한다. (다) 위 '목적·동기', '수단', '법익균형', '긴급성', '보충성'은 불가분적으로 연관되어 하나의 행위를 이루는 요소들로 종합적으로 평가되어야 한다.

대법원은 사회상규의 판단요소 상호관계에 대해 다음과 같이 설시하였다.

(가) (ㄱ) '목적의 정당성'과 (ㄴ) '수단의 상당성' 요건은 행위의 측면에서 사회상규의 판단 기준이 된다. (나) 사회상규에 위배되지 아니하는 행위로 평가되려면 (ㄱ) 행위의 동기와 목적을 고려하여 그것이 법질서의 정신이나 사회윤리에 비추어 용인될 수 있어야 한다. (다) 사회상규에 위배되지 아니하는 행위로 평가되려면 (ㄴ) 수단의 상당성·적합성도 고려되어야 한다. (라) 또한 (ㄷ) 보호이익과 침해이익 사이의 법익균형은 결과의 측면에서 사회상규에 위배되는지를 판단하기 위한 기준이다.

(마) 이에 비하여 (ㄹ) 행위의 긴급성과 (ㅁ) [행위의] 보충성은 수단의 상당성을 판단할 때 고려요소의 하나로 참작하여야 하고 이를 넘어 독립적인 요건으로 요구할 것은 아니다. (바) 또한 (ㄹ) 행위의 긴급성과 (ㅁ) [행위의] 보충성의 내용 역시 다른 실효성 있는 적법한 수단이 없는 경우를 의미한다. (사) (ㄹ) 행위의 긴급성과 (ㅁ) [행위의] 보충성의 내용 역시 '일체의 법률적인 적법한 수단이 존재하지 않을 것'을 의미하는 것은 아니라고 보아야 한다.

대법원은 이렇게 판단하는 이유를 다음과 같이 제시하였다.

(가) 형법 제20조의 '사회상규에 위배되지 아니하는 행위'는 우리 형법의 독특한 규정이다. (나) 형법 제20조의 '사회상규에 위배되지 아니하는 행위'는 구성요건에 해당하는 행위가 형식적으로 위법하더라도 사회가 내리는 공적 평가에 의하여 사회상규성이 인정된다면 그 행위를 실질적으로 위법한 것으로는 평가할 수 없다는 취지에서 제정 형법 시 도입되었다. (다) '사회상규에 위배되지 아니하는 행위'는 형법 제21조부터 제24조까지의 개별적 위법성조각사유가 인정되지 않고, 법령이나 업무로 인한 행위로 포섭되기 어려운 경우 적용되는 일반적 위법성조각사유이다.

(라) 따라서 정당행위를 인정하기 위한 기준은 (ㄱ) 이와 같이 다른 개별적 위법성조각사유에 해당하지 않는 경우에 사회상규에 의한 위법성조각사유 규정이 보충적으로 적용되도록 정한 형법의 규율체계, (ㄴ) 법령에 정해지지 않았더라도 사회통념과 건전한 상식에 기초한 일반적 위법성조각사유를 별도로 인정하는 입법 취지에 부합하도록 해석되어야 한다.

(마) 이는 특히 (ㄱ) 법률관계를 규율할 입법이 마련되지 않아 제도적 뒷받침이 없을 때 (ㄴ) 현행 법령체계 안에서 법률적인 방법으로는 실효성 있는 손해보전이 불가능한 상황에서 한 행동에 대하여 (ㄷ) 설령 개별적 위법성조각사유에 해당하지 않더라도 (ㄹ) 사회통념과 전체 법질서의 관점에서 평가하여 사회상규에 의한 정당행위를 수긍할 여지가 있는지 판단할 때 중요하게 고려되어야 한다.

대법원은 사회상규의 판단기준에 대해 다음과 같이 설시하였다.

(가) 사회상규에 위배되지 아니하는 행위는 일응 범죄구성요건에 해당된다고 보이는 경우에도 (ㄱ) 극히 정상적인 생활형태의 하나로서 역사적으로 생성된 사회생활질서의 범위 안에 있는 것으로 볼 수 있는 경우 또는 (ㄴ) 법질서 전체의 정신이나 그 배후의 지배적인 사회윤리 내지 사회통념에 비추어 용인될 수 있는 행위를 의미한다.

(나) (ㄱ) 목적의 정당성, (ㄴ) 수단의 상당성, (ㄷ) 피해법익과 보호법익의 균형, (ㄹ) 긴급성과 (ㅁ) 보충성의 요건들은 위 일반원칙으로서 추상적이고 포괄적인 요건인 '사회상규'의 의미를 구체화하여 사회상규가 통일적이고 예측 가능한 재판규범으로 기능하는 역할을 할 수 있도록 하는 기준이지 '사회상규'의 의미를 축소

하거나 적용 범위를 제한하기 위한 것이 아니다.

대법원은 사회상규 여부가 문제된 대법원판례들을 다음과 같이 분석하였다.

(가) 대법원은 구체적인 사건에서 사회상규에 위반되는지를 개별적으로 심리하여 앞서 본 판단 기준들을 포함하여 종합적으로 정당행위 여부를 판단하여야 한다고 여러 차례 판시하여 왔다.

(나) 즉, 수급인 소속 근로자의 쟁의행위가 도급인에 대한 관계에서 '사회상규에 위배되지 아니하는 행위'에 해당하는지는 쟁의행위의 목적과 경위, 쟁의행위의 방식·기간과 행위 태양, 해당 사업장에서 수행되는 업무의 성격과 사업장의 규모, 쟁의행위에 참여하는 근로자의 수와 이들이 쟁의행위를 행한 장소 또는 시설의 규모·특성과 종래 이용관계, 쟁의행위로 인해 도급인의 시설관리나 업무수행이 제한되는 정도, 도급인 사업장 내에서의 노동조합 활동 관행 등 여러 사정을 종합적으로 고려하여 판단하여야 한다(2020. 9. 3. 2015도1927 등 참조).

(다) 집회·시위의 경우 그 장소, 태양, 내용, 방법 및 결과 등에 비추어 목적 달성에 필요한 합리적인 범위에서 사회통념상 용인될 수 있는 다소간의 피해를 발생시킨 경우에 불과하다면 정당행위로서 위법성이 조각될 수 있다(2009. 7. 23. 2009도840 등 참조).

(라) 또한 일반인의 인식이 관용적 입장에 기울어져 있는 수지침 시술은 시술의 동기, 목적, 방법, 횟수, 시술에 대한 지식수준, 시술경력, 피시술자의 나이, 체질, 건강상태, 시술행위로 인한 부작용 내지 위험발생 가능성 등을 종합적으로 고려하여 정당행위로 인정할 수 있고, 그 경우 시술방법, 부작용의 위험성 정도에 비추어 긴급성이나 보충성 요건은 엄격한 적용이 요청되지 않는다(2000. 4. 25. 98도2389 등 참조).

(마) 그 밖에 업무방해 행위(2009. 8. 20. 2009도4523 등 참조), 모욕적 발언(2008. 7. 10. 2008도1433 등 참조)에서도 마찬가지이다.

대법원은 갑 등의 행위에 대해 다음과 같이 판단하였다.

(가) 헌법은 국민의 기본권으로 학습권을 규정하고 있다(제31조 제1항). (나) 교육기본법은 국민의 교육받을 권리를 명시하면서(제3조), 학생을 포함한 학습자의 기본적 인권이 학교교육 과정에서 존중되고 보호되어야 함을 규정하고 있다(제12조).

(다) 학교를 운영하는 학교법인이 재학생의 학습권 및 교육권을 침해할 경우 위자료 등의 손해배상 책임을 부담할 수 있는 것(2022. 6. 16. 2022다204708 등 참조)은 별론으로 한다. (라) [학습권 존중 요청]에도 불구하고 학교를 운영하는 학교법인이 재학생의 학습권 및 교육권을 침해할 경우 학생들이 학사일정이 원활하게 진행되어 학습권을 보장받을 수 있도록 적극적이고 실효적인 조치를 요구할 수 있는 실체적, 절차적 법령 근거는 존재하지 아니한다.

(마) (사실관계 분석 부분; 생략함.) (바) 위와 같은 목적, 경위 등에 비추어 본다. (사) 갑 등이 분쟁의 중심에 있는 A를 직접 찾아가 면담하는 이외에는 다른 방도가 없다는 판단 아래 A와 면담을 추진하는 과정에서 갑 등을 막아서는 사람들과 길지 않은 시간 동안 실랑이를 벌인 것은 (ㄱ) 동기와 목적의 정당성, (ㄴ) 행위의 수단이나 방법의 상당성이 인정되고, (ㄷ) 갑 등의 학습권이 헌법에 의하여 보장되는 권리라는 측면에 비추어 법익균형성도 충분히 인정된다.

(아) 나아가 (ㄹ) 학습권 침해가 예정된 이상 긴급성이 인정되고, (ㅁ) 갑 등이 선택할 수 있는 법률적 수단이 더 이상 존재하지 않는다거나 다른 구제절차를 모두 취해본 후에야 면담 추진 등이 가능하다고 할 것은 아니므로 보충성도 인정된다.

(자) 그렇지 않고 (ㄹ) 긴급성·(ㅁ) 보충성을 별도로 갖추지 않았다는 이유로 정당행위 성립을 부정한다면 일반적·보충적 위법성조각사유로서의 정당행위를 규정한 입법 취지 및 사회상규의 의미에 배치될 수 있다. (차) 그렇다면 원심판단에 일부 적절하지 않은 부분이 있으나, 갑 등의 행위가 정당행위로 인정될 수 있다

는 이유로 이 사건 공소사실을 무죄로 판단한 원심의 결론은 정당하고, 정당행위의 성립에 관한 법리오해 등의 위법이 없다.

98도2389

2000. 4. 25. 98도2389, 공 2000, 1345 =『수지침 사건』:

수지침 시술행위는 손등과 손바닥에만 하는 것으로서 피부에 침투하는 정도가 아주 경미하여 부작용이 생길 위험이 극히 적다. (아직까지 부작용이 보고된 예는 보이지 아니한다.) 수지침시술은 1971년경 A에 의하여 연구, 발표된 이래 국민건강요법으로 이용되어 왔다. 수지침을 연구하는 사람들의 모임인 P수지요법학회는 전국 160개 지부를 통하여 전국에 걸쳐 수지침을 통한 의료봉사활동을 하고 있다. 수지침시술은 누구나 쉽게 배워 스스로를 진단하여 자신의 손에 시술할 수 있다. 또한 실제로 많은 사람들이 민간요법으로 이용하고 있다.

갑은 수지침의 전문가이다. 갑은 P학회의 M시 지회를 운영하면서 일반인들에게 수지침요법을 보급하고, 수지침을 통한 무료의료봉사활동을 하여 왔다. B는 스스로 수지침(침의 총길이 1.9~2.3㎝, 침만의 길이 약 0.7~1㎜) 한 봉지를 사 가지고 갑을 찾아와서 수지침 시술을 부탁하였다. 갑은 B의 맥을 짚어 보고 그 병명을 진단한 후 수지침을 시술하였다(㉮행위). 갑은 아무런 대가를 받지 않았다.

검사는 갑을 의료법 위반죄(무면허의료행위)로 기소하였다. 제1심법원은 유죄를 인정하였다. 갑은 불복 항소하였다. 항소법원은 다음과 같이 판단하였다. (가) (사실관계 분석; 생략함.) (나) 수지침시술로 인한 부작용의 발생 가능성이 극히 적다. (다) 수지침시술이 우리 사회에 민간요법으로서 광범위하게 행하여지고 있다. (라) 갑이 ㉮행위에 이르게 된 경위 등 제반 사정에 비추어 본다. (마) 갑의 ㉮행위는 사회통념상 허용될 만한 정도의 상당성이 있다. (바) 갑의 ㉮행위는 형법 제20조 소정의 정당행위에 해당하여 범죄로 되지 아니한다. 항소법원은 제1심판결을 파기하고 갑에 대하여 무죄를 선고하였다. 검사는 불복 상고하였다.

대법원은 다음의 이유를 제시하여 상고를 기각하였다.

대법원은 사회상규의 의미에 대해 다음과 같이 설시하였다.

(가) 형법 제20조 소정의 '사회상규에 위배되지 아니하는 행위'라 함은 법질서 전체의 정신이나 그 배후에 놓여 있는 사회윤리 내지 사회통념에 비추어 용인될 수 있는 행위를 말한다. (나) 어떠한 행위가 사회상규에 위배되지 아니하는 정당한 행위로서 위법성이 조각되는 것인지는 구체적인 사정 아래서 합목적적, 합리적으로 고찰하여 개별적으로 판단되어야 한다. (다) 사회상규에 위배되지 아니하는 정당행위를 인정하려면 (ㄱ) 그 행위의 동기나 목적의 정당성, (ㄴ) 행위의 수단이나 방법의 상당성, (ㄷ) 보호이익과 침해이익과의 법익균형성, (ㄹ) 긴급성, (ㅁ) 그 행위 외에 다른 수단이나 방법이 없다는 보충성 등의 요건을 갖추어야 한다.

대법원은 수지침 시술행위와 사회상규의 관계에 대해 다음과 같이 설시하였다.

(가) 일반적으로 면허 또는 자격 없이 침술행위를 하는 것은 의료법 제25조[현행법 제27조 제1항]의 무면허 의료행위(한방의료행위)에 해당되어 같은 법 제66조[현행법 제87의2 제2항 제2호]에 의하여 처벌되어야 한다. (나) 수지침 시술행위도 위와 같은 침술행위의 일종으로서 의료법에서 금지하고 있는 의료행위에 해당한다. (다) 이러한 수지침 시술행위가 광범위하고 보편화된 민간요법이고, 그 시술로 인한 위험성이 적다는 사정만으로 그것이 바로 사회상규에 위배되지 아니하는 행위에 해당한다고 보기는 어렵다.

(라) 그러나 수지침은 위와 같이 시술부위나 시술방법 등에 있어서 예로부터 동양의학으로 전래되어 내려오는 체침의 경우와 현저한 차이가 있다. (마) 일반인들의 인식도 이에 대한 관용의 입장에 기울어져 있다. (바) 이러한 사정과 함께 시술자의 시술의 동기, 목적, 방법, 횟수, 시술에 대한 지식수준, 시술경력, 피시술자의 나이, 체질, 건강상태, 시술행위로 인한 부작용 내지 위험발생 가능성 등을 종합적으로 고려해 본다.

(사) 그리하여 수지침 시술행위가 구체적인 경우에 있어서 개별적으로 보아 법질서 전체의 정신이나 그 배후에 놓여 있는 사회윤리 내지 사회통념에 비추어 용인될 수 있는 행위에 해당한다고 인정되는 경우에는 형법 제20조 소정의 사회상규에 위배되지 아니하는 행위로서 위법성이 조각된다.

대법원은 원심판결의 당부에 대해 다음과 같이 판단하였다.

(가) 원심판결 이유를 기록에 비추어 살펴보면, 원심이 위 인정한 사실관계 아래서 갑의 수지침 시술행위가 형법 제20조 소정의 사회상규에 위배되지 아니하는 정당행위에 해당한다고 판단한 것은 그 설시에 있어 다소 부적절한 점이 없는 것은 아니나 전체적으로는 위에서 본 법리에 따른 것으로서 정당한 것으로 수긍이 된다. (나) (중략.) (다) 또 이 사건의 경우에는 위에서 본 정당행위의 요건 중 긴급성이나 보충성 등의 요건도 수지침의 시술방법, 시술에 따른 부작용의 위험성 정도 등에 비추어 그 엄격한 적용이 요청되는 경우는 아니다.

2017도10007

2022. 12. 29. 2017도10007, 공 2023상, 401 =『호스피스 간호사 사망진단서 사건』:

(2014. 1. 1.부터 2015. 5. 20.까지 사이에 있었던 일이다.) P의료법인은 Q의원을 운영하고 있다. Q의원은 말기암환자들에게 호스피스 완화의료를 시행하는 의료기관이다. 갑은 Q의원의 의사이다. 을 등은 Q의원의 간호사들이다(을로 통칭함). 의사 갑이 외래진료, 퇴근으로 인해 부재중인 상태에서 입원환자가 사망하는 경우들이 있었다(입원환자를 A로 통칭함). 의사 갑은 간호사 을에게 환자 A의 사망여부를 확인하도록 한 후, 갑 명의로 사망진단서를 작성하고 이를 유족들에게 발급하도록 하였다. 이렇게 한 것은 환자 유족들의 원활한 장례절차를 위하여 검안 및 사망진단서를 신속하게 발급하기 위함이었다. 입원환자 A가 사망하였다. 간호사 을은 직접 환자 A의 사망 여부를 확인하였다. 간호사 을은 의사 갑이 외래진료나 퇴근을 하면서 환자 진료일지에 미리 기재한 사망원인을 살펴보았다. 간호사 을은 의사 갑 명의로 ㉠사망진단서를 대리 작성하여 사망한 환자 A의 유족들에게 사망진단서를 발급해 주었다.

(이하 조문은 행위 당시의 의료법에 의함.) 의료법 제17조 제1항은 의료업에 종사하고 직접 진찰하거나 검안한 의사 …가 아니면 검안서·증명서 등을 작성하여 사망한 환자의 직계존속·비속, 배우자 …에게 교부하지 못하도록 규정하고 있다(㉮규정). 의료법 제89조는 제17조 제1항(㉮규정)에 위반한 자를 1년 이하의 징역이나 500만원(현행법 1천만원) 이하의 벌금으로 처벌하고 있다(㉯규정). 의료법 제27조 제1항 본문은 의료인이 아니면 누구든지 의료행위를 할 수 없으며 의료인도 면허된 것 이외의 의료행위를 할 수 없다고 규정하고 있다(㉰규정). 의료법 제87조 제1항[현행법 제2항]은 제27조 제1항(㉰규정)을 위반한 자를 5년 이하의 징역이나 2천만원[현행법 5천만원] 이하의 벌금으로 처벌하고 있다(㉱규정). 의료법 제91조는 양벌규정을 두고 있다(㉲규정).

검사는 다음의 공소사실로 기소하였다. (가) 갑 : 의료법위반죄(무자격자 검안서작성) 교사. (나) 을 : 의료법위반죄(무자격자 검안서작성). (다) P의료재단 : 양벌규정. 제1심법원은 갑, 을의 행위에 대해 사회상규에 위배되지 아니하는 행위라고 판단하였다. 제1심법원은 갑, 을, P의료재단에 대해 무죄를 선고하였다. 검사는 불복 항소하였다. 검사는 항소심 공판절차에서 다음과 같이 공소장변경을 신청하여 허가를 받았다. (가) 갑 : 의료법위반죄(무면허의료행위) 교사. (나) 을 : 의료법위반죄(무면허의료행위). (다) P의료재단 : 양벌규정.

항소법원은 다음과 같이 판단하였다. (가) 간호사인 을이 환자에 대한 사망의 징후를 확인하는 등의 행위를 할 수 있다고 하자. (나) 그렇다고 하더라도, 이러한 행위는 사체검안 행위의 보조행위로서 의사가 사망 당시 또는 사후에라도 현장에 입회하여 환자의 사망의 징후를 직접 확인하는 것을 전제로 하는 행위라고 보아야 한다. (다) 따라서 의사인 갑이 간호사인 을로부터 전화를 받았다고 하더라도, 간호사 을이 의사인 갑이 입회하지 아니한 채 '환자의 사망의 징후를 확인하고, 이를 바탕으로 환자의 유족들에게 사망진단서 등을 작성·발급한 행위'는 사망을 진단하는 행위, 즉 사체검안을 구성하는 일련의 행위에 해당하므로 이를 포괄하여 무면허 의료행위에 해당한다고 봄이 타당하다. 항소법원은 제1심판결을 파기하고 유죄를 인정하였다. 항소법원은 갑, 을, P의료재단에 대해 형의 선고를 유예하였다.

갑, 을, P의료재단은 불복 상고하였다. 갑, 을, P의료재단은 상고이유로 다음의 점을 주장하였다. (가) 의사 갑의 위임이 있으므로 간호사 을도 사체검안을 할 수 있다. (나) 을의 행위는 사회상규에 위배되지 아니하는 행위이다. (다) 설사 그렇지 않다고 하더라도 사회상규에 위배되지 아니하는 행위로 오인한 데에 정당한 이유가 있다.

대법원은 다음의 이유를 제시하여 상고를 기각하였다.

대법원은 무면허의료행위에 대해 다음과 같이 설시하였다.

(가) 의료법 제27조 제1항(㉮규정)은 의료인에게만 의료행위를 허용하고, 의료인이라고 하더라도 면허된 의료행위만 할 수 있도록 하여, 무면허 의료행위를 엄격히 금지하고 있다. (나) 여기서 '의료행위'라 함은 (ㄱ) 의학적 전문지식을 기초로 하는 경험과 기능으로 (ㄴ) 진찰, 검안, 처방, 투약 또는 외과적 시술을 시행하여 하는 질병의 예방 또는 치료행위 및 (ㄷ) 그 밖에 의료인이 행하지 아니하면 보건위생상 위해가 생길 우려가 있는 행위를 말한다.

대법원은 의사와 간호사의 관계에 대해 다음과 같이 설시하였다.

(가) 의사·치과의사 또는 한의사(이하 '의사 등'이라 한다)가 간호사로 하여금 의료행위에 관여하게 하는 경우에도 그 의료행위는 의사 등의 책임 아래 이루어지는 것이고 간호사는 그 보조자이다. (나) 간호사가 의사 등의 진료를 보조하는 경우 모든 행위 하나하나마다 항상 의사 등이 현장에 입회하여 일일이 지도·감독하여야 한다고 할 수는 없다. (다) 경우에 따라서는 의사 등이 진료의 보조행위 현장에 입회할 필요 없이 일반적인 지도·감독을 하는 것으로 충분한 경우도 있을 수 있다. (라) 그러나 이는 어디까지나 의사 등이 그의 주도로 의료행위를 실시하면서 그 의료행위의 성질과 위험성 등을 고려하여 그중 일부를 간호사로 하여금 보조하도록 지시 내지 위임할 수 있다는 것을 의미하는 것에 그친다.

(마) 이와 달리 (ㄱ) 의사 등이 간호사에게 의료행위의 실시를 개별적으로 지시하거나 위임한 적이 없음에도 (ㄴ) 간호사가 그의 주도 아래 전반적인 의료행위의 실시 여부를 결정하고 (ㄷ) 간호사에 의한 의료행위의 실시과정에도 의사 등이 지시·관여하지 아니한 경우라면, 이는 의료법 제27조 제1항(㉮규정)이 금지하는 무면허 의료행위에 해당한다.

대법원은 사망진단서의 작성권한에 대해 다음과 같이 설시하였다.

(가) 환자가 사망한 경우 사망진단 전에 이루어지는 사망징후관찰은 [2015. 12. 29. 개정전] 의료법 제2조 제2항 제5호에서 간호사의 임무로 정한 '상병자 등의 요양을 위한 간호 또는 진료 보조'에 해당한다고 할 수 있다. (나) [2015. 12. 29. 개정법은 가. 환자의 간호요구에 대한 관찰, 자료수집, 간호판단 및 요양을 위한 간호, 나. 의사, 치과의사, 한의사의 지도하에 시행하는 진료의 보조, 다. 간호 요구자에 대한 교육·상담 및 건강증진을 위한 활동의 기획과 수행, 그 밖의 대통령령으로 정하는 보건활동을 간호사의 임무로 규정하고 있다.]

(다) 그러나 사망의 진단은 의사 등이 환자의 사망 당시 또는 사후에라도 현장에 입회해서 직접 환자를 대면하여 수행하여야 하는 의료행위이다. (라) 간호사는 의사 등의 개별적 지도·감독이 있더라도 사망의 진단을 할 수 없다. (마) 사망의 진단은 사망 사실과 그 원인 등을 의학적·법률적으로 판정하는 의료행위이다. (바) 의료법 제17조 제1항(㉠규정)은 사망의 진단 결과에 관한 판단을 표시하는 사망진단서의 작성·교부 주체를 의사 등으로 한정하고 있다. (사) 사망 여부와 사망 원인 등을 확인·판정하는 사망의 진단은 사람의

생명 자체와 연결된 중요한 의학적 행위이며, 그 수행에 의학적 전문지식이 필요하기 때문이다.

대법원은 무면허 의료행위와 사회상규의 관계에 대해 다음과 같이 설시하였다.

(가) 의료행위에 해당하는 어떠한 시술행위가 무면허로 행하여졌을 때에는 (ㄱ) 그 시술행위의 위험성 정도, (ㄴ) 일반인들의 시각, (ㄷ) 시술자의 시술 동기, 목적, 방법, 횟수, 시술에 대한 지식수준, 시술경력, (ㄹ) 피시술자의 나이, 체질, 건강상태, (ㅁ) 시술행위로 인한 부작용 내지 위험발생 가능성 등을 종합적으로 고려하여야 한다. (나) 그리하여 어떠한 무면허 시술행위가 법질서 전체의 정신이나 그 배후에 놓여 있는 사회윤리 내지 사회통념에 비추어 용인될 수 있는 행위에 해당한다고 인정되는 경우에만 사회상규에 위배되지 아니하는 행위로서 위법성이 조각된다.

대법원은 형법 제16조 금지착오에 대해 다음과 같이 설시하였다.

(가) 형법 제16조는 자기가 행한 행위가 법령에 의하여 죄가 되지 않는 것으로 오인한 행위는 그 오인에 정당한 이유가 있는 때에 한하여 벌하지 않는다고 규정하고 있다. (나) 이는 일반적으로 범죄가 성립하지만 자신의 특수한 사정에 비추어 법령에 따라 허용된 행위로서 죄가 되지 않는다고 그릇 인식하고 그러한 인식에 정당한 이유가 있는 경우에는 벌하지 않는다는 취지이다. (다) 이때 정당한 이유는 행위자에게 자기 행위의 위법 가능성에 대해 심사숙고하거나 조회할 수 있는 계기가 있어 자신의 지적 능력을 다하여 이를 회피하기 위한 진지한 노력을 하였더라면 스스로의 행위에 대하여 위법성을 인식할 수 있는 가능성이 있었는데도 이를 다하지 못한 결과 자기 행위의 위법성을 인식하지 못한 것인지에 따라 판단하여야 한다. (라) 이러한 위법성의 인식에 필요한 노력의 정도는 구체적인 행위정황과 행위자 개인의 인식능력 그리고 행위자가 속한 사회집단에 따라 달리 평가되어야 한다.

원심판결은 "간호사인 을이 환자에 대한 사망의 징후를 확인하는 등의 행위를 할 수 있다고 하더라도, 이러한 행위는 사체검안 행위의 보조행위로서 의사가 사망 당시 또는 사후라도 현장에 입회하여 환자의 사망의 징후를 직접 확인하는 것을 전제로 하는 행위라고 보아야 한다."고 판시하였다. 이에 대해 대법원은 "사망의 진단은 의사 등이 환자의 사망 당시 또는 사후라도 현장에 입회해서 직접 환자를 대면하여 수행하여야 하는 의료행위이고, 간호사는 의사 등의 개별적 지도·감독이 있더라도 사망의 진단을 할 수 없다."고 판단하였다.

대법원은 원심판결의 당부에 대해 다음과 같이 판단하였다.

(가) 원심판결 이유를 앞서 본 법리에 비추어 살펴보면, 원심의 이유 설시에 일부 부적절한 점이 있다. (나) 그렇지만 원심이 그 채택 증거를 종합하여 그 판시와 같은 사실을 인정한 다음, 간호사인 을의 행위가 전체적으로 의사 등이 하여야 하는 사망의 진단에 해당한다고 보아 갑, 을, P의료법인을 유죄로 인정한 조치는 정당하다.

2012도13352

2017. 10. 26. 2012도13352, 공 2017하, 2217 = 『심의위원 블로그 사건』 :

정보통신망법은 "누구든지 정보통신망을 통하여 음란한 부호·문언·음향·화상 또는 영상을 배포·판매·임대하거나 공공연하게 전시하는 내용의 정보를 유통하여서는 아니 된다."고 규정하고 있다(㉮규정). 정보통신망법은 "㉮규정을 위반하여 음란한 부호·문언·음향·화상 또는 영상을 배포·판매·임대하거나 공공연하게 전시한 자는 1년 이하의 징역 또는 1천만원 이하의 벌금에 처한다."고 규정하고 있다(㉯규정).

갑은 K대학교 법학전문대학원 교수이다. 갑은 인터넷 상에 M블로그를 개설하여 자신의 연구에 필요한 자료를 모아두는 용도로 활용하였다. 갑은 방송통신심의위원회 심의위원으로 활동을 시작하였다. 갑은 M블로그에 '검열자의 일기'라는 디렉토리를 만들었다(ⓐ디렉토리). 갑은 ⓐ디렉토리에 방송통신심의위원회의 심의 과정에서 자신이 느낀 소회 등을 글로 작성하여 게재하였다.

A는 인터넷 상에 N블로그를 개설하였다. A는 N블로그에 남성의 발기된 성기사진을 게시하였다(㉠사진). A가 게시한 ㉠사진이 음란정보에 해당하는지 문제되었다. 이 문제를 심의하기 위하여 방송통신심의위원회가 개최되었다. 갑을 포함한 3인의 심의위원은 ㉠사진이 심의규정에 위반되지 않는다는 의견을 제시하였다. 나머지 6명의 심의위원들은 음란물에 해당되어 심의규정에 위반된다는 의견을 제시하였다. 방송통신심의위원회는 ㉠사진에 대하여 이용해지 또는 삭제의 시정요구를 하는 것으로 의결하였다. 일 주일 후 갑은 자신의 M블로그 ⓐ디렉토리에 ㉠사진, 정보통신에 관한 ㉡심의규정, "성행위에 진입하지 않은 그리고 성행위에 관한 서사가 포함되지 않은 성기 이미지 자체를 음란물로 보는 것은 표현의 자유나 심의규정에 비추어 부당하다."라는 ㉢의견의 순서로 구성된 게시물을 게시하였다(㉣게시물).

검사는 정보통신망법 ㉕규정을 적용하여 갑을 기소하였다. 공소사실은 다음과 같다. "방송통신심의위원회 심의위원인 갑이 자신의 인터넷 블로그에, 방송통신심의위원회에서 음란정보로 의결한 남성의 발기된 성기사진을 게시함으로써, 정보통신망을 통하여 음란한 화상 또는 영상인 사진을 공공연하게 전시하였다." 갑의 피고사건은 제1심을 거친 후, 항소심에 계속되었다. 항소법원은 다음의 이유를 들어서 무죄를 선고하였다. (가) ㉣게시물의 전체적인 맥락에서 ㉠사진을 본다. (나) ㉠사진이 음란물에 해당한다고 단정할 수 없다. 검사는 불복 상고하였다.

대법원은 다음의 이유를 제시하여 상고를 기각하였다.

대법원은 '음란'의 판단기준에 대해 다음과 같이 설시하였다.

(가) 정보통신망법 ㉕, ㉕규정에서 '음란'이라 함은 (ㄱ) 사회통념상 일반 보통인의 성욕을 자극하여 성적 흥분을 유발하고 (ㄴ) 정상적인 성적 수치심을 해하여 성적 도의관념에 반하는 것을 말한다. (나) 음란성에 관한 논의는 자연스럽게 형성·발전되어 온 사회 일반의 성적 도덕관념이나 윤리의식 및 문화적 사조와 직결되고, 아울러 개인의 사생활이나 행복추구권 및 다양성과도 깊이 연관되는 문제로서, 국가 형벌권이 지나치게 적극적으로 개입하기에 적절한 분야가 아니다. (다) 이러한 점을 고려할 때, 특정 표현물을 형사처벌의 대상이 될 음란 표현물이라고 하기 위하여는 그 표현물이 단순히 성적인 흥미에 관련되어 저속하다거나 문란한 느낌을 준다는 정도만으로는 부족하다.

(라) 사회통념에 비추어 (ㄱ) 전적으로 또는 지배적으로 성적 흥미에만 호소할 뿐 (ㄴ) 하등의 문학적·예술적·사상적·과학적·의학적·교육적 가치를 지니지 아니한 것으로서, (ㄷ) 과도하고도 노골적인 방법에 의하여 성적 부위나 행위를 적나라하게 표현·묘사함으로써, (ㄹ) 존중·보호되어야 할 인격체로서의 인간의 존엄과 가치를 훼손·왜곡한다고 볼 정도로 평가될 수 있어야 한다. (마) 나아가 이를 판단할 때에는 표현물 제작자의 주관적 의도가 아니라 사회 평균인의 입장에서 그 전체적인 내용을 관찰하여 건전한 사회통념에 따라 객관적이고 규범적으로 평가하여야 한다.

대법원은 소위 결합 표현물의 경우 '음란'의 성질을 가지고 있더라도 위법성이 조각될 수 있다는 점에 대해 다음과 같이 설시하였다.

(가) 음란물이 그 자체로는 하등의 문학적·예술적·사상적·과학적·의학적·교육적 가치를 지니지 아니하더라도, 앞서 본 음란성에 관한 논의의 특수한 성격 때문에, 그에 관한 논의의 형성·발전을 위해 문학적·예술적·사상적·과학적·의학적·교육적 표현 등과 결합되는 경우가 있다. (나) 이러한 경우 음란 표현의 해악이 (ㄱ) 이와 결합된 위와 같은 표현 등을 통해 상당한 방법으로 해소되거나 (ㄴ) 다양한 의견과 사상의 경쟁메커니즘에 의해 해소될 수 있는 정도라는 등의 특별한 사정이 인정되는 경우가 있다. (다) 그러한 사정이 있다면, 이러한 결합 표현물에 의한 표현행위는 공중도덕이나 사회윤리를 훼손하는 것이 아니어서, 법질서 전체의 정신이나 그 배후에 놓여 있는 사회윤리 내지 사회통념에 비추어 용인될 수 있는 행위로서 형법 제20조

에 정하여진 '사회상규에 위배되지 아니하는 행위'에 해당된다.

대법원은 갑의 ㉣게시물이 ㉠사진과 음란물에 관한 논의의 형성·발전을 위한 학술적, 사상적 표현 등이 결합된 결합 표현물이라고 판단하였다. 대법원은 사실관계를 분석하였다. 대법원은 ㉠사진이 단순히 성적인 흥미를 불러일으켜 저속하다거나 문란한 느낌을 준다는 정도를 넘어, 사회통념에 비추어 전적으로 또는 지배적으로 성적 흥미에만 맞춰져 있을 뿐 하등의 문학적·예술적·사상적·과학적·의학적·교육적 가치를 지니지 아니한 것으로서, 과도하고도 노골적인 방법에 의하여 성적 부위를 적나라하게 표현함으로써 인간의 존엄과 가치를 왜곡하는 음란물에 해당한다고 판단하였다.

대법원은 ㉠사진의 음란성에도 불구하고 그로 인한 해악이 결합된 학술적, 사상적 표현 등을 통해 해소됨으로써, ㉣게시물에 의한 표현행위가 형법 제20조에 정하여진 '사회상규에 위배되지 아니하는 행위'에 해당하는지에 관하여 판단하였다. 대법원은 상세한 분석과 논증을 제시한 후(내용 소개는 생략함), ㉠사진의 음란성으로 인한 해악은 ㉠사진에 결합된 학술적, 사상적 표현들과 비판 및 논증에 의해 해소되었다고 판단하였다.

대법원은 원심판결에 대해 다음과 같이 판단하였다.

(가) 이상을 종합하면, 결합 표현물인 ㉣게시물을 통한 ㉠사진의 게시는 목적의 정당성, 그 수단이나 방법의 상당성, 보호법익과 침해법익 간의 법익균형성이 인정되므로, 법질서 전체의 정신이나 그 배후에 놓여 있는 사회윤리 내지 사회통념에 비추어 용인될 수 있는 행위에 해당한다. (나) 달리 ㉣게시물을 통한 ㉠사진의 게시가 위법하다고 볼 만한 증명이 충분히 이루어졌다고 할 수 없다.

(다) 원심은, ㉠사진이 발기된 남성 성기를 적나라하게 노출하고 있고, 저속하거나 문란한 느낌을 주기는 하나, 갑이 별도의 성적인 설명 또는 평가를 부가하지 아니하고, 그 바로 아래에 심의규정을 소개하면서 ㉠사진을 음란물로 판단한 방송통신심의위원회의 다수 의견에 대한 비판적 견해를 피력한 이상, ㉣게시물의 전체적 맥락에서 ㉠사진이 음란물에 해당한다고 단정할 수 없다면서, 이 사건 공소사실에 대하여 범죄의 증명이 없다는 이유로 무죄를 선고하였다.

(라) 앞서 본 법리에 비추어 보면, 원심의 위와 같은 판단에는 정보통신망법 ㉮, ㉯규정이 규정하는 '음란'에 관한 법리를 오해한 잘못이 있다. (마) 그러나 이 사건 공소사실에 대하여 무죄로 판단한 것은 결론적으로 정당하므로, 원심의 위와 같은 잘못은 판결 결과에 영향이 없다.

2015도6008

2017. 4. 28. 2015도6008, 공 2017상, 1236 =『지방의원 식사대접 사건』:

공직선거법에 따르면 당해 선거구안에 있는 자에 대하여 금전·물품 기타 재산상 이익을 제공하는 행위는 기부행위의 하나에 해당한다(㉮규정). 공직선거법은 ㉮규정에 불구하고 (ㄱ) 통상적인 정당활동과 관련한 행위, (ㄴ) 의례적 행위, (ㄷ) 구호적·자선적 행위, (ㄹ) 직무상 행위, (ㅁ) 그 밖의 법령의 규정에 근거하여 금품 등을 제공하는 행위, (ㅂ) 그 밖에 중앙선거관리위원회의 규칙으로 정하는 행위는 기부행위로 보지 않는다(㉯규정). ㉯규정의 (ㄹ) 직무상 행위 가운데에는 '법령에 의한 금품제공행위' 또는 '대상·방법·범위 등을 구체적으로 정한 당해 지방자치단체의 조례에 의한 금품제공행위'가 포함된다. 공직선거법에 따르면 지방의회의원은 당해 선거구안에 있는 자나 기관·단체·시설에 기부행위를 할 수 없다(㉰규정). 공직선거법은 ㉰규정 위반행위를 처벌하고 있다(㉱규정).

지방자치단체장의 업무추진비 지출은 ㉯규정 (ㄹ) 직무상 행위에 해당한다. 지방자치단체장의 업무추진비에 대해서는 ⓐ집행기준과 ⓑ집행방법이 마련되어 있다. 지방의회의원의 업무추진비에 관하여는 집행기준이 명시되어 있지 않고, ⓒ집행방법이 마련되어 있을 뿐이었다. ⓒ집행방법은 지방자치단체장의 업무추진비에 관한 ⓑ집행방법과 거의 같다. 업무추진비 담당 직원은 지방의회의원의 업무추진에 관하여 지방자치단체장의 업무추진에 관한 ⓐ집행기준을 유추적용하고 ⓒ집행방법에 따라 처리하는 관행이 있었다.

갑은 M광역시 N구청의 구의회 의장이다. 갑은 N구청 공무원들과 간담회를 개최한 다음 30회에 걸쳐 N구청 공무원들에게 합계 4백만원 상당의 식사를 제공하였다(㉠행위). 지방자치단체장은 ⓐ집행근거에 따라 '업무추진비'를 사용할 수 있다. 갑의 ㉠행위 당시 지방의회의원에게는 '업무추진비'를 사용할 수 있는 집행근거가 명시되어 있지 않았다. N구의회 담당 직원은 갑이 ㉠행위에 사용한 돈을 지방의회의 예산에 편성되어 있는 업무추진비에서 예산집행절차를 거쳐 지급하였다.

검사는 갑의 ㉠행위에 대해 조례에 집행근거 없이 돈이 집행되었다고 판단하였다. 검사는 갑의 ㉠행위가 공직선거법이 금지하는 기부행위에 해당한다고 판단하였다. 검사는 공직선거법 ㉺규정을 적용하여 갑을 기소하였다. 갑의 피고사건은 제1심을 거친 후, 항소심에 계속되었다. 항소법원은 유죄를 인정하였다. 갑은 불복 상고하였다. 갑은 상고이유로 다음의 점을 주장하였다. (가) 갑의 ㉠행위에 대한 돈이 집행근거 없이 집행된 것은 사실이다. (나) 그러나 갑의 ㉠행위는 사회상규에 위배되지 않는 행위로서 위법성이 조각된다.

대법원은 다음의 이유를 제시하여 원심판결을 파기환송하였다.

대법원은 공직선거법상 금지되는 금품제공행위가 위법성이 조각될 수 있는 경우에 대해 다음과 같이 설시하였다.

(가) 공직선거법 ㉮규정에 해당하는 금품 등 제공행위가 공직선거법 ㉯규정에 규정된 (ㄴ) 의례적 행위나 (ㄹ) 직무상 행위에 해당하지 않더라도, 그것이 지극히 정상적인 생활형태의 하나로서 역사적으로 생성된 사회질서의 범위 안에 있는 것이라면 의례적 행위나 직무상의 행위로서 사회상규에 위배되지 아니하여 위법성이 조각된다. (나) 지방의회의원이 음식물 등 제공에 사용한 돈이 지방의회의 예산에 편성되어 있는 업무추진비에서 예산집행절차를 거쳐 지급된 경우가 있다. (다) 이 경우 그 지급이 공직선거법 ㉯규정 (ㄹ) 직무상 행위에서 '법령에 의한 금품제공행위' 또는 '대상·방법·범위 등을 구체적으로 정한 당해 지방자치단체의 조례에 의한 금품제공행위'에 해당하지 않는다면 원칙적으로는 사회상규에 위배되지 않는다는 이유로 위법성이 조각될 수 없다.

대법원은 지방의회의원의 업무추진비에 관한 관련 규정들을 다음과 같이 분석하였다(요지만 축약함).

(가) (업무추진비 집행기준에 관한 관련 규정의 내용과 개정 경과 분석; 생략함.) (나) 지방자치단체장의 업무추진비에 대해서는 ⓐ집행기준과 ⓑ집행방법이 마련되어 있다. (다) 지방의회의원의 업무추진비에 대해서는 집행기준 없이 ⓑ집행방법과 거의 같은 ⓒ집행방법이 마련되어 있다.

대법원은 기부행위가 사회상규에 위배되지 않기 위한 요건을 다음과 같이 설시하였다.

(가) 이러한 지방자치단체의 장과 지방의회의원의 업무추진비 관련 법령의 제정과 개정 경위, 각 법령의 취지 등에 비추어 살펴본다. (나) 지방의회의원의 업무추진비는 직무수행에 드는 비용을 보전해 주기 위한 것이다. (다) 지방의회의원의 업무추진비는 예산편성 시 그 용도를 공적 업무와 관련하여 지출하도록 포괄적으로 정하고 있을 뿐 지급대상이나 범위를 명확하게 한정하지 아니한 경우에 해당한다. (라) 지방의회의원의 업무추진비 집행기준을 규정한 법령이 없어서 이와 유사하다고 볼 수 있는 지방자치단체의 장의 업무추진비에 관한 규정[ⓐ집행근거]을 유추적용하는 내부적인 사무처리 준칙이 있었다. (마) 그렇다고 한다면 단순히 그와 같은 사무처리 준칙[ⓐ집행근거]이 당해 지방자치단체의 조례에 명시적으로 규정되어 있지 않다는 이유만으로 사회상규에 위배되지 않는다는 갑의 주장을 함부로 배척할 수 없다.

(바) 지방의회의원의 업무추진비 사용에 관하여 지방자치단체의 장에 대한 규정을 유추적용할 수 있는지 여부가 명확하지 아니하였던 기간 동안 지방의회의원이 업무추진비를 사용하여 음식물 등을 제공한 행위가 있다. (사) 이러한 행위가 지극히 정상적인 생활형태의 하나로서 역사적으로 생성된 사회질서의 범위 안에

있는 것인지 여부를 판단함에 있어서는, (ㄱ) 업무추진비의 사용처가 관련 법령에서 정한 지방의회의원의 직무수행에 포함되는지 여부, (ㄴ) 갑이 내부적인 사무처리 준칙상 그 회계처리에 유추적용되었다고 주장하는 규정[ⓐ집행근거]에 의하면 그와 같은 업무추진비의 사용이 정당하다고 할 수 있는지 여부, (ㄷ) 형식적으로 지방의회의원의 직무에 속하는 업무에 관하여 지방자치단체장에 대한 규정을 유추적용하였다고 주장하고 있을 뿐 실제로는 그 직무수행과 관련 없이 개인적인 이익을 위하여 지출하거나 또는 그 직무수행과 관련된다고 하더라도 합리적인 범위를 넘어 지나치게 과다하게 지출한 것인지 여부 등을 구체적·종합적으로 고려하되, (ㄹ) 공직선거법 ㉮규정에 해당하는 금품 등 제공행위를 금지하는 공직선거법의 입법 취지가 몰각되지 않도록 신중하게 판단해야 한다.

대법원은 갑의 ㉠행위에 대해 다음과 같이 판단하였다.

(가) (대법원은 사실관계를 분석하여 갑의 ㉠행위가 위에 제시한 (ㄱ), (ㄴ), (ㄷ) 요건을 충족한다는 점을 확인하였다.) (나) (포섭의 구체적인 내용은 소개를 생략함). (다) 갑이 간담회를 개최한 다음 M광역시 N구청 소속 공무원들에게 식사를 제공한 행위는, 지극히 정상적인 생활형태의 하나로서 역사적으로 생성된 사회질서의 범위 안에 있고 직무상의 행위로서 사회상규에 위배되지 아니하여 위법성이 조각된다고 볼 여지가 있다.

제 5 장 책   임

제 3 절 책임능력

2014도17346

2015. 3. 20. 2014도17346, 공 2015상, 659 =『장애 아동 간음 사건』:

(현행 청소년성보호법을 기준으로 정리함. 종전의 '아동·청소년이용음란물'은 '아동·청소년성착취물'로 용어가 변경되었다. 아래에서는 판례 원문의 '아동·청소년이용음란물'을 '아동·청소년성착취물'로 변경하여 정리함.)

청소년성보호법은 "'아동·청소년'이란 19세 미만의 자를 말한다. 다만, 19세에 도달하는 연도의 1월 1일을 맞이한 자는 제외한다."는 규정을 두고 있다(ⓐ규정). 청소년성보호법은 19세 이상의 사람이 13세 이상의 장애 아동·청소년을 간음하는 경우에는 3년 이상의 유기징역에 처한다(ⓑ규정). 청소년성보호법은 '13세 이상의 장애 아동·청소년'을 장애인복지법 제2조 제1항에 따른 장애인으로서 신체적인 또는 정신적인 장애로 사물을 변별하거나 의사를 결정할 능력이 미약한 아동·청소년을 말한다고 규정하고 있다(ⓒ규정). 장애인복지법 제2조 제1항은 "'장애인'이란 신체적·정신적 장애로 오랫동안 일상생활이나 사회생활에서 상당한 제약을 받는 자를 말한다."고 규정하고 있다.

청소년성보호법은 아동·청소년성착취물을 제작·수입 또는 수출한 자를 무기징역 또는 5년 이상의 유기징역으로 처벌하고 있다(ⓓ규정). 청소년성보호법은 '아동·청소년성착취물'을 아동·청소년 또는 아동·청소년으로 명백하게 인식될 수 있는 사람이나 표현물이 등장하여 일정한 성적 행위를 하는 내용을 표현하는 것으로서 필름·비디오물·게임물 또는 컴퓨터나 그 밖의 통신매체를 통한 화상·영상 등의 형태로 된 것이라고 정의하고 있다(ⓔ규정).

갑은 20대 중반의 회사원이다. A는 중학교 3학년생인 아동·청소년이다. A는 지적 장애 3급으로서 사물을 분별하거나 의사를 결정할 능력이 미약하다. 갑은 처음부터 A가 중학교 3학년생인 아동·청소년이며, 지적 장애 3급으로서 사물을 분별하거나 의사를 결정할 능력이 미약하다는 점을 알았다. 갑은 자신의 나이를 속이면서 단지 성적 행위를 목적으로 A에게 인터넷 채팅을 통해 접근하였다. 갑은 A와 몇 차례 만나 성관계를 가졌다(㉮행위). 갑은 성관계를 가지면서 A의 나체 사진을 촬영하였다(㉯행위). A는 촬영 당시 순간적으로 거부감을 표시하기도 하였다. A는 갑의 계속된 요청에 할 수 없이 소극적으로 촬영에 응하였다. A는 일부 사진에 대해서는 지워 달라고 요청하기도 하였다. 갑은 그 후 얼마 안 되어 다른 아동·청소년을 만나 성관계를 가지면서 유사한 방법으로 사진을 촬영하여 보관하였다.

검사는 갑의 ㉮간음행위에 대해 청소년성보호법 ⓑ규정을, ㉯촬영행위에 대해 청소년성보호법 ⓓ규정을 적용하여 갑을 기소하였다. 갑의 피고사건은 제1심을 거친 후, 항소심에 계속되었다. 항소법원은 갑에게 유죄를 인정하였다. 갑은 불복 상고하였다. 갑은 상고이유로 다음의 점을 주장하였다. (가) A는 인식능력과 기억능력이 분명하여 지적 장애인이라고 볼 수 없다. (나) 갑은 A와 동의 하에 성관계를 가졌으므로 청소년성보호법 ⓑ규정의 구성요건해당성이 없다. (다) 갑은 A의 동의 아래 사진을 촬영하였으므로 ㉯사진촬영행위는 위법성이 조각된다.

대법원은 다음의 이유를 제시하여 상고를 기각하였다.

대법원은 지적 장애 아동·청소년의 범위에 대해 다음과 같이 설시하였다.

(가) 청소년성보호법 ⓑ규정에서 말하는 '사물을 변별할 능력'이란 사물의 선악과 시비를 합리적으로 판단하여 정할 수 있는 능력을 의미한다. (나) 청소년성보호법 ⓑ규정에서 말하는 '의사를 결정할 능력'이란 사물을 변별한 바에 따라 의지를 정하여 자기의 행위를 통제할 수 있는 능력을 의미한다. (다) 사물변별능력이나 의사결정능력은 판단능력 또는 의지능력과 관련된 것으로서 사실의 인식능력이나 기억능력과는 반드시 일치하는 것은 아니다.

(라) 사물변별능력이나 의사결정능력이 미약한지 여부는 전문가의 의견뿐 아니라 그 아동·청소년의 평소 언행에 관한 제3자의 진술 등 객관적 증거, 공소사실과 관련된 아동·청소년의 언행 및 사건의 경위 등 여러 사정을 종합하여 판단할 수 있다. (마) 이때 해당 연령의 아동·청소년이 통상 갖추고 있는 능력에 비하여 어느 정도 낮은 수준으로서 그로 인하여 성적 자기결정권을 행사할 능력이 부족하다고 판단되면 충분하다.

대법원은 다음과 같은 원심판단의 정당성을 수긍하였다.

(가) A는 정신적인 장애로 사물을 변별하거나 의사를 결정할 능력이 미약한 상태에 있었다. (나) 갑은 ㉮간음행위와 ㉯촬영행위 당시 A가 위와 같은 상태에 있음을 인식하였다.

대법원은 청소년성착취물의 범위에 대해 다음과 같은 판단기준을 설시하였다.

(가) 청소년성보호법 ⓓ규정은 아동·청소년성착취물을 제작·수입 또는 수출한 자를 처벌하고 있다. (나) 객관적으로 아동·청소년이 등장하여 성적 행위를 하는 내용을 표현한 영상물을 제작하는 한, (ㄱ) 대상이 된 아동·청소년의 동의하에 촬영한 것이라거나 (ㄴ) 사적인 소지·보관을 1차적 목적으로 제작한 것이라고 하여 ⓓ규정의 '아동·청소년성착취물'에 해당하지 아니한다거나 이를 '제작'한 것이 아니라고 할 수 없다.

(다) 다만 (ㄱ) 아동·청소년인 행위자 본인이 사적인 소지를 위하여 자신을 대상으로 '아동·청소년성착취물'에 해당하는 영상 등을 제작하거나 그 밖에 이에 준하는 경우로서, (ㄴ) 영상의 제작행위가 헌법상 보장되는 인격권, 행복추구권 또는 사생활의 자유 등을 이루는 사적인 생활 영역에서 (ㄷ) 사리분별력 있는 사람의 자기결정권의 정당한 행사에 해당한다고 볼 수 있는 예외적인 경우에는 위법성이 없다고 볼 수 있다.

(라) 영상의 제작행위가 이에 해당하는지 여부는 아동·청소년의 나이와 지적·사회적 능력, 제작의 목적과 그 동기 및 경위, 촬영 과정에서 강제력이나 위계 혹은 대가가 결부되었는지 여부, 아동·청소년의 동의나 관여가 자발적이고 진지하게 이루어졌는지 여부, 아동·청소년과 영상 등에 등장하는 다른 인물과의 관계, 영상 등에 표현된 성적 행위의 내용과 태양 등을 종합적으로 고려하여 신중하게 판단하여야 한다.

대법원은 사실관계를 분석하였다.

대법원은 갑의 행위에 대해 다음과 같이 판단하였다.

(가) 갑이 ㉯사진을 촬영한 행위는 청소년성보호법 ⓒ규정에서 규정하는 아동·청소년성착취물의 제작에 해당한다. (나) 설령 A의 묵시적 동의가 있었다고 볼 여지가 있더라도 사리분별력이 충분한 아동·청소년이 성적 행위에 관한 자기결정권을 자발적이고 진지하게 행사한 것으로 보기 어렵다. (다) 그러므로 갑이 ㉯사진을 촬영한 행위는 예외적으로 위법성이 조각되는 사유에 해당하지 아니한다.

2018도7658

2018. 9. 13. 2018도7658, 공 2018하, 2024 = 『변장 사진 살인 사건』 :

갑은 고등학교 중퇴 후 검정고시 준비중이다. 을은 재수생이다. 갑과 을은 온라인 상의 M커뮤니티에서 만나게 되었다. M커뮤니티는 두 마피아 그룹이 대립하는 내용을 역할극으로 표현하는 것이었다. 갑과 을은 역할극의 주체를 자기 자신으로 표현하여 자신이 과거에 실제로 사람을 죽여 본 경험이 있다는 등의 대화를 종종 나누었다. 갑은 이른바 가상 세계를 전제로 하는 '사냥'을 현실 세계에서도 해보기로 마음먹었다.

범행 전날 갑은 '사냥을 나간다'라는 내용과 함께 변장한 사진을 을에게 문자메시지로 전송하였다. 을은 '옷 예쁘게 입었네, 화려하네.'라며 갑에게 답장하였다. 갑은 자신의 아파트 집 주변 초등학교 부근을 배회하면서 범행 대상을 물색하였다. 갑은 A(7세)를 자신의 집으로 유인하였다. 갑은 A를 살해하고 사체를 훼손하였다. 갑이 A를 살해하는 도중에 갑과 을은 A의 상태와 관련한 문자메세지를 주고 받았다. 갑은 A의 사체를 유기하였다. 이후 갑은 을을 만나 훼손된 사체의 일부를 을에게 주었다. 을은 갑으로부터 받은 사체의 일부를 아파트 단지 쓰레기 통에 버렸다.

검사는 갑과 을을 특정범죄가중법위반죄(미성년자유괴살해)의 공동정범 등으로 기소하였다. 갑과 을의 피고사건은 제1심을 거친 후, 항소심에 계속되었다. 항소법원은 갑에게 특정범죄가중법위반죄(미성년자유괴살인)와 사체손괴죄의 유죄를 인정하였다. 항소법원은 을에게 살인방조죄와 사체유기죄의 유죄를 인정하였다. (전자장치 부착명령 등 보안처분 부분은 검토를 생략함.)

검사는 불복 상고하였다. 검사는 상고이유로, 을에게 살인의 공동정범이 인정된다고 주장하였다. 갑은 불복 상고하였다. 갑은 상고이유로 다음의 점을 주장하였다. (가) 갑은 이른바 '아스퍼거 증후군' 등을 앓고 있는 미성년자이다. (나) (아스퍼거 증후군은 경도의 자폐 스펙트럼 장애로 사회와의 교류에 있어서 어려움이 있는 것을 주된 특징으로 한다.) (다) 이 사건 범행 당시 갑은 정신장애로 인해 사물을 변별하거나 의사를 결정할 능력이 미약한 상태에 있었다. (라) 원심판결에는 형법상 심신미약 감경을 인정하지 아니한 잘못이 있다. 을은 불복 상고하였다. 을은 상고이유로, 살인의 공모사실은 물론 방조사실도 없었다고 주장하였다.

대법원은 다음의 이유를 제시하여 검사와 갑, 을의 상고를 모두 기각하였다.

대법원은 을이 살인죄의 공모공동정범에 해당한다는 검사의 주장에 대해 다음과 같이 판단하였다.

(가) 형법 제30조의 공동정범은 2인 이상이 공동하여 죄를 범하는 것이다. (나) 공동정범이 성립하기 위하여는 주관적 요건인 공동가공의 의사와 객관적 요건인 공동의사에 의한 기능적 행위지배를 통한 범죄의 실행사실이 필요하다. (다) 여기서 공동가공의 의사는 타인의 범행을 인식하면서도 이를 제지하지 아니하고 용인하는 것만으로는 부족하다. (라) 공동가공의 의사는 (ㄱ) 공동의 의사로 특정한 범죄행위를 하기 위하여 일체가 되어 (ㄴ) 서로 다른 사람의 행위를 이용하여 (ㄷ) 자기의 의사를 실행에 옮기는 것을 내용으로 하여야 한다.

(마) 공모공동정범의 성립 여부는 범죄 실행의 전 과정을 통하여 각자의 지위와 역할, 공범에 대한 권유내용 등을 구체적으로 검토하고 이를 종합하여 위와 같은 상호이용의 관계가 합리적인 의심을 할 여지가 없을

정도로 증명되어야 한다. (바) 그와 같은 증명이 없다면 설령 피고인에게 유죄의 의심이 간다고 하더라도 피고인의 이익으로 판단할 수밖에 없다,

원심법원은 갑과 을이 이 사건 범행 당일 새벽까지 대화를 나눌 때까지는 을이 갑의 실제 살인 범행 실행에 대한 가능성을 진지하게 인식하면서 이를 지시하거나 범행계획을 모의하는 등의 방법으로 공모하였다고 보기 어렵다고 판단한 바가 있었다. 대법원은 원심법원의 판단이 정당하다고 수긍하였다.

대법원은 살인의 방조범도 성립되지 않는다고 주장한 을의 상고이유에 대해 판단하였다.

대법원은 방조의 성립범위에 관하여 다음과 같이 설시하였다.

(가) 형법상 방조행위는 정범이 범행을 한다는 정을 알면서 그 실행행위를 용이하게 하는 직접·간접의 모든 행위를 가리킨다. (나) 유형적, 물질적인 방조뿐만 아니라 정범에게 범행의 결의를 강화하도록 하는 것과 같은 무형적, 정신적 방조행위까지도 방조행위에 해당한다. (다) 종범은 정범의 실행행위 중에 이를 방조하는 경우뿐만 아니라, 실행 착수 전에 장래의 실행행위를 예상하고 이를 용이하게 하는 행위를 하여 방조한 경우에도 성립한다.

대법원은 방조범의 이중고의에 대해 다음과 같이 설시하였다.

(가) 형법상 방조행위는 정범이 범행을 한다는 정을 알면서 그 실행행위를 용이하게 하는 직접·간접의 행위를 말하므로, 방조범은 정범의 실행을 방조한다는 이른바 방조의 고의와 정범의 행위가 구성요건에 해당하는 행위인 점에 대한 정범의 고의가 있어야 한다. (나) 이와 같은 고의는 내심적 사실이므로 피고인이 이를 부정하는 경우에는 사물의 성질상 고의와 상당한 관련성이 있는 간접사실을 증명하는 방법에 의하여 증명할 수밖에 없다. (다) 이때 무엇이 상당한 관련성이 있는 간접사실에 해당할 것인가는 정상적인 경험칙에 바탕을 두고 치밀한 관찰력이나 분석력에 의하여 사실의 연결상태를 합리적으로 판단하여야 한다. (라) 방조범에서 요구되는 정범의 고의는 정범에 의하여 실현되는 범죄의 구체적 내용을 인식할 것을 요하는 것은 아니고 미필적 인식이나 예견으로 족하다.

대법원은 다음과 같은 원심법원의 판단에 잘못이 없다고 판단하였다.

(가) 을은 갑이 '사냥'을 나간다고 하면서 셀프카메라 방식으로 촬영한 변장사진을 보낸 시점 이후부터는 갑이 실제로 살인행위를 한다는 것을 미필적으로나마 인식하였다. (나) 그러면서 을은 갑이 살인 범행 대상을 용이하게 선정하도록 하고 살인 범행의 결의를 강화하거나 유지할 수 있도록 정신적으로 돕는 행위를 하였다.

대법원은 심신미약을 주장한 갑의 상고이유에 대해 다음과 같이 판단하였다.

(가) 형법 제10조에 규정된 심신장애는 (ㄱ) 생물학적 요소로서 정신병 또는 비정상적 정신상태와 같은 정신적 장애가 있는 외에 (ㄴ) 심리학적 요소로서 이와 같은 정신적 장애로 말미암아 사물에 대한 변별능력과 그에 따른 행위통제능력이 결여되거나 감소되었음을 요한다. (나) 그러므로 정신적 장애가 있는 자라고 하여도 범행 당시 정상적인 사물변별능력이나 행위통제능력이 있었다면 심신장애로 볼 수 없다. (다) 심신장애의 유무는 법원이 형벌제도의 목적 등에 비추어 판단하여야 할 법률문제이다. (라) 심신장애의 유무 판단에 전문감정인의 정신감정결과가 중요한 참고자료가 되기는 하나, 법원이 반드시 그 의견에 구속되는 것은 아니다. (마) 법원은 전문감정인의 감정결과뿐만 아니라 범행의 경위, 수단, 범행 전후의 피고인의 행동 등 기록에 나타난 여러 자료 등을 종합하여 독자적으로 심신장애의 유무를 판단하여야 한다.

대법원은 다음과 같은 원심법원의 판단에 잘못이 없다고 판단하였다.

(가) 갑이 자폐성 스펙트럼 장애의 일종인 아스퍼거 증후군을 갖고 있었다고 하자. (나) 그렇다고 하더라도, 그것이 갑의 범행 당시 사물변별능력이나 의사결정능력에 영향을 미쳤다고 볼 수 없다. (다) 갑의 심신미약 주장을 받아들이지 않는다.

2018도9781

2021. 2. 4. 2018도9781, 공 2021상, 567 =『블랙아웃 대 패싱아웃 사건』:

형법 제299조는 "사람의 심신상실 또는 항거불능의 상태를 이용하여 간음 또는 추행을 한 자"를 준강간·준강제추행죄로 처벌하고 있다. 형법 제299조에서 규정하는 '심신상실'은 형법 제10조 제1항의 '심신상실' 개념과 내용이 동일하다. (이하 사실관계를 대폭 축소하여 소개함.) 갑은 술에 취하여 몸을 가누지 못하는 A(여)를 발견하였다. 갑과 A는 서로 알지 못하는 사이이다. 갑은 A를 모텔 방으로 데리고 갔다. 갑은 A의 몸을 만지던 중 신고를 받고 A를 찾던 경찰관에게 발견되었다.

검사는 갑을 준강제추행죄로 기소하였다. 공소사실의 요지는 다음과 같다. "갑은 A의 심신상실 상태를 이용하여 추행하였다." 갑은 자신의 행위가 A의 동의 하에 이루어진 일이라고 주장하였다. A는 술에 취하여 아무런 기억이 나지 않는다고 진술하였다. 갑은 A가 동의하였으나 소위 알코올 블랙아웃 때문에 기억을 하지 못하는 것이라고 주장하였다. 제1심법원은 유죄를 인정하였다. 갑은 불복 항소하였다. 항소법원은 다음의 점에 주목하였다. (가) CCTV 화면에 A가 정신을 잃었다거나 심신상실 상태에 이르렀다고 단정할 만한 장면은 없다. (나) 모텔 종업원은 A와 갑 둘이 객실로 나란히 편안하게 들어갔다고 진술하고 있다. (다) A가 의식이 있는 상태에서 스스로 행동한 부분도 기억하지 못할 가능성이 있다(소위 '블랙아웃'). 항소법원은 A의 상태가 심신상실 상태에 이르렀다고 단정할 수 없다고 판단하였다. 항소법원은 제1심판결을 파기하고 무죄를 선고하였다. 검사는 불복 상고하였다. 검사는 상고이유로, 갑의 범행 당시 A가 심신상실 상태에 있었다고 주장하였다.

대법원은 다음의 이유를 제시하여 원심판결을 파기환송하였다.

대법원은 준강간·준강제추행죄의 성립요건을 다음과 같이 설시하였다.

(가) 형법 제299조는 '사람의 심신상실 또는 항거불능의 상태를 이용하여 추행을 한 자'를 처벌하도록 규정한다. (나) 준강제추행죄는 정신적·신체적 사정으로 인하여 성적인 자기방어를 할 수 없는 사람의 성적 자기결정권을 보호해 주는 것을 보호법익으로 하며, 그 성적 자기결정권은 원치 않는 성적 관계를 거부할 권리라는 소극적 측면을 말한다. (다) 준강간죄에서 '심신상실'이란 정신기능의 장애로 인하여 성적 행위에 대한 정상적인 판단능력이 없는 상태를 의미한다. (라) 준강간죄에서 '항거불능'의 상태라 함은 심신상실 이외의 원인으로 심리적 또는 물리적으로 반항이 절대적으로 불가능하거나 현저히 곤란한 경우를 의미한다. (마) 이는 준강제추행죄의 경우에도 마찬가지이다.

(바) 피해자가 (ㄱ) 깊은 잠에 빠져 있거나 (ㄴ) 술·약물 등에 의해 일시적으로 의식을 잃은 상태에 있었다면 준강간죄 또는 준강제추행죄에서의 심신상실 상태에 해당한다. (사) 또는 (ㄷ) 완전히 의식을 잃지는 않았더라도 술·약물등의 사유로 정상적인 판단능력과 대응·조절능력을 행사할 수 없는 상태에 있었다면 준강간죄 또는 준강제추행죄에서의 항거불능 상태에 해당한다.

대법원은 알코올 블랙아웃과 패싱아웃 개념에 대해 다음과 같이 설시하였다.

(가) 의학적 개념으로서의 '알코올 블랙아웃(black out)'은 중증도 이상의 알코올 혈중농도, 특히 단기간 폭음으로 알코올 혈중농도가 급격히 올라간 경우 그 알코올 성분이 외부 자극에 대하여 기록하고 해석하는 인코딩 과정(기억형성에 관여하는 뇌의 특정 기능)에 영향을 미침으로써 행위자가 일정한 시점에 진행되었던 사실에 대한 기억을 상실하는 것을 말한다. (나) 알코올 블랙아웃은 인코딩 손상의 정도에 따라 단편적인 블랙아웃과 전면적인 블랙아웃이 모두 포함한다. (다) 알코올 블랙아웃은 알코올의 심각한 독성화와 전형적으로 결부된 형태로서의 의식상실의 상태, 즉 알코올의 최면진정작용으로 인하여 수면에 빠지는 의식상실(passing out)과 구별되는 개념이다.

대법원은 피해자가 음주 후 준강간 또는 준강제추행을 당하였음을 호소하는 경우에 대해 다음의 판단기준을 설시하였다.

(가) 피해자가 음주 후 준강간 또는 준강제추행을 당하였음을 호소하는 경우가 있다. (나) 이러한 경우 범행 당시 알코올이 위의 기억형성의 실패만을 야기한 알코올 블랙아웃 상태였다면 피해자는 기억장애 외에 인지기능이나 의식 상태의 장애에 이르렀다고 인정하기 어렵다. (다) 그렇지만 이에 비하여 피해자가 술에 취해 수면상태에 빠지는 등 의식을 상실한 패싱아웃 상태였다면 심신상실의 상태에 있었음을 인정할 수 있다. (라) 피해자가 의식상실 상태에 빠져 있지는 않지만 알코올의 영향으로 의사를 형성할 능력이나 성적 자기결정권 침해행위에 맞서려는 저항력이 현저하게 저하된 상태였다면 '항거불능'에 해당한다. (마) 이러한 항거불능 피해자에 대한 성적 행위 역시 준강간죄 또는 준강제추행죄를 구성할 수 있다.

대법원은 피고인이 알코올 블랙아웃을 주장하는 상황에 대한 판단방법을 다음과 같이 설시하였다.

(가) 법의학 분야에서는 알코올 블랙아웃이 '술을 마시는 동안에 일어난 중요한 사건에 대한 기억상실'로 정의되기도 한다. (나) 일반인 입장에서는 알코올 블랙아웃이 '음주 후 발생한 광범위한 인지기능 장애 또는 의식상실'까지 통칭하기도 한다. (다) 음주로 심신상실 상태에 있는 피해자에 대하여 준강간 또는 준강제추행을 하였음을 이유로 기소된 피고인이 '피해자가 범행 당시 의식상실 상태가 아니었고 그 후 기억하지 못할 뿐이다.'라는 취지에서 알코올 블랙아웃을 주장하는 경우가 있다. (라) 이 경우 법원은 피해자의 범행 당시 음주량과 음주 속도, 경과한 시간, 피해자의 평소 주량, 피해자가 평소 음주 후 기억장애를 경험하였는지 여부 등 피해자의 신체 및 의식 상태가 범행 당시 알코올 블랙아웃인지 아니면 패싱아웃 또는 행위통제능력이 현저히 저하된 상태였는지를 구분할 수 있는 사정들과 더불어 CCTV나 목격자를 통하여 확인되는 당시 피해자의 상태, 언동, 피고인과의 평소 관계, 만나게 된 경위, 성적 접촉이 이루어진 장소와 방식, 그 계기와 정황, 피해자의 연령·경험 등 특성, 성에 대한 인식 정도, 심리적·정서적 상태, 피해자와 성적 관계를 맺게 된 경위에 대한 피고인의 진술 내용의 합리성, 사건 이후 피고인과 피해자의 반응을 비롯한 제반 사정을 면밀하게 살펴 범행 당시 피해자가 심신상실 또는 항거불능 상태에 있었는지 여부를 판단해야 한다.

(마) 또한 (ㄱ) 피해사실 전후의 객관적 정황상 피해자가 심신상실 등이 의심될 정도로 비정상적인 상태에 있었음이 밝혀진 경우 혹은 (ㄴ) 피해자와 피고인의 관계 등에 비추어 피해자가 정상적인 상태하에서라면 피고인과 성적 관계를 맺거나 이에 수동적으로나마 동의하리라고 도저히 기대하기 어려운 사정이 인정되는데도, 피해자의 단편적인 모습만으로 피해자가 단순히 '알코올 블랙아웃'에 해당하여 심신상실 상태에 있지 않았다고 단정하여서는 안 된다.

대법원은 사실관계를 상세히 분석하였다(내용 소개는 생략함).

대법원은 원심판결의 당부에 대해 다음과 같이 판단하였다.

(가) 원심은 CCTV 화면에 나타난 A의 모습 등과 같은 사정만을 들어 이 사건 공소사실에 대하여 무죄를 선고하였다. (나) 이러한 원심판결에는 준강제추행죄의 구성요건인 '심신상실 상태'에 관한 법리를 오해하여 필요한 심리를 다하지 아니한 잘못이 있다.

95도826

1995. 6. 13. 95도826, 공 1995, 2434 = 분석 각론 『야간 주취운전 사건』:

특정범죄가중법 제5조의3은 교통사고를 낸 운전자가 피해자를 구호하지 않고 도주한 후에 피해자가 사망한 경우를 무기 또는 5년 이상의 징역으로 처벌하고 있다(ⓐ규정). 갑은 자신의 차를 운전하여 술집에 가서 술을 마신 후 운전을 하였다. 갑은 야간에 비가 내려 전방주시가 힘든 상황에서 혈중알콜농도 0.18%의 음주 상태로 속도를 줄이거나 전방을 잘 살피지 아니하고 멋대로 차량을 운전하다가 A를 치었다(㉮사고). 갑은 A를 구조하지 않고 현장을 떠나버렸다. 이후 A는 사망하였다.

검사는 갑을 특정범죄가중법위반죄(도주차량)로 기소하였다. 갑의 피고사건은 제1심을 거친 후, 항소심에 계속되었다. 항소법원은 유죄를 인정하였다. 갑은 불복 상고하였다. 갑은 상고이유로 다음의 점을 주장하였다. (가) ㉮사고 당시 갑은 술에 만취하여 사고 사실을 몰랐기 때문에 사고 후 도주한 것이라고 할 수 없다. (나) ㉮사고 당시 갑은 술에 만취하여 심신미약 상태에 있었다. (다) 갑에 대해 심신미약으로 인한 형의 감경을 인정하지 않은 것은 위법하다.

대법원은 다음의 이유를 제시하여 상고를 기각하였다.

(가) 원심이 갑이 ㉮사고 당시 주취상태에 있었으나 ㉮사고사실을 알고도 도주한 것이고, ㉮사고 및 도주 당시 사물을 변별할 능력이나 의사를 결정할 능력이 없었거나 미약한 상태에 있지 않았다고 판단한 조치는 수긍할 수 있다. (나) 가사 갑이 소론과 같이 심신미약 상태에 있었다고 하더라도 형법 제10조 제3항에 의하면 "위험의 발생을 예견하고 자의로 심신장애를 야기한 자의 행위에는 전 2항의 규정을 적용하지 아니한다."고 규정하고 있다. (다) 갑이 자신의 차를 운전하여 술집에 가서 술을 마신 후 운전을 하다가 ㉮사건 교통사고를 일으킨 사실을 인정할 수 있다. (라) 이는 갑이 음주할 때 교통사고를 일으킬 수 있다는 위험성을 예견하고도 자의로 심신장애를 야기한 경우에 해당하여 심신미약으로 인한 형의 감경을 할 수 없다.

제 5 절 금지착오

2014도12773

2017. 3. 15. 2014도12773, 공 2017상, 806 = 『외국인학교 교비 대여 사건』 :

사립학교법에 따르면 학교법인의 회계 중 학교에 속하는 회계는 교비회계와 부속병원회계(부속병원이 있는 경우에 한한다)로 구분된다(㉮규정). 사립학교법에 따르면 교비회계에 속하는 수입은 다른 회계에 전출하거나 대여할 수 없다(㉯규정). 사립학교법은 사립학교경영자가 ㉯규정에 위반한 때에는 처벌한다(㉰규정). 사립학교 교원의 자격·임면·복무·신분보장 및 사회보장·징계에 관하여는 일정한 규정들이 적용된다(㉱규정으로 통칭함). 사립학교법에 따르면 외국인학교에 대해서는 ㉱규정이 적용되지 않는다. ㉱규정 안에는 ㉯규정이 명시적으로 포함되어 있지 않다. 초·중등교육법은 국·공립의 초등학교·중학교·고등학교 및 특수학교에 학교회계를 설치하여야 한다고 규정하고 있다(㉲규정). 초·중등교육법은 외국인학교에 대하여는 ㉲규정이 적용되지 않는다고 규정하고 있다(㉳).

M학교는 사립 외국인학교이다. 갑은 외국인이다. 갑은 H도, L시와 'H도가 건축비를 지원하고, L시가 학교부지를 무상임대하며, 갑이 학교를 운영한다'는 내용의 M학교 설립·운영협약을 체결하였다. 갑은 H도교육감으로부터 M학교의 설립인가를 받아 총감으로서 학교를 경영하였다. N사립 외국인학교가 있다. M학교와 N학교는 각각 설립인가를 받은 별개의 학교이다. 갑은 N학교의 교사를 신축·이전하는 사업을 추진하다가 공사자금이 부족하게 되었다. M학교 이사회는 'M학교가 한국법의 기준에 따라 재정적으로 가능한 범위 내에서 N학교에 ㉠자금을 대여한다'는 결의를 하였다. 갑은 ㉠자금 대여가 적법한지에 관하여 H도교육청에 질의하여 회신을 받거나 법률전문가에게 자문을 받은 적은 없다.

갑은 M학교의 교비회계에 속하는 ㉠자금(수입 114억원)을 N학교에 대여하였다. 갑은 관할청인 H도와 L시 소속 공무원들이 참석한 M학교 운영위원회에서 ㉠자금 대여 사실을 보고하였다. 관할청 공무원들은 특별한 이의를 제기하지 않았다. 담당 회계법인도 M학교를 감사한 후 N학교에 대한 ㉠자금 대여가 관계 법령을 위반한 것으로 지적하지 않았다. 다른 사안에서 서울특별시교육청의 담당공무원이 제3자에게 '사립학교법 ㉯규정은 외국인학교에 적용되지 않는다'는 취지로 민원 회신을 한 사실이 있다.

검사는 사립학교법 ⑭규정을 적용하여 갑을 기소하였다. 갑의 피고사건은 제1심을 거친 후, 항소심에 계속되었다. 항소법원은 다음의 이유를 들어서 무죄를 선고하였다. (가) 갑은 관할청인 H도와 L시 소속 공무원들이 참석한 M학교 운영위원회에서 ㉠자금 대여 사실을 보고하였다. (나) 관할청 공무원들은 특별한 이의를 제기하지 않았다. (다) 담당 회계법인도 M학교를 감사한 후 N학교에 대한 자금 대여가 관계 법령을 위반한 것으로 지적하지 않았다. (라) 갑으로서는 일반학교들 사이의 자금 대여가 위법할 수 있지만 외국인학교들 사이의 자금 대여는 법령에 따라 허용된 행위로서 죄가 되지 않는다고 그릇 인식하였다. (마) 갑은 자기 행위의 위법 가능성을 회피하기 위한 진지한 노력을 다하였다고 평가할 수 있으므로 그 위법성을 인식하지 못한 것에 정당한 이유가 있다. 검사는 불복 상고하였다.

대법원은 다음의 이유를 제시하여 원심판결을 파기환송하였다.

대법원은 형법 제16조와 관련한 종래의 판단기준을 다음과 같이 재확인하였다.

(가) 형법 제16조는 자기가 행한 행위가 법령에 의하여 죄가 되지 않는 것으로 오인한 행위는 그 오인에 정당한 이유가 있는 때에 한하여 벌하지 않는다고 규정하고 있다. (나) 이는 (ㄱ) 일반적으로 범죄가 성립하지만 (ㄴ) 자신의 특수한 사정에 비추어 법령에 따라 허용된 행위로서 죄가 되지 않는다고 그릇 인식하고 (ㄷ) 그러한 인식에 정당한 이유가 있는 경우에는 벌하지 않는다는 취지이다.

(다) 이때 정당한 이유는 (ㄱ) 행위자에게 자기 행위의 위법 가능성에 대해 심사숙고하거나 조회할 수 있는 계기가 있어 (ㄴ) 자신의 지적 능력을 다하여 이를 회피하기 위한 진지한 노력을 다하였더라면 스스로의 행위에 대하여 위법성을 인식할 수 있는 가능성이 있었는데도 (ㄷ) 이를 다하지 못한 결과 자기 행위의 위법성을 인식하지 못한 것인지 여부에 따라 판단하여야 한다. (라) 이러한 위법성의 인식에 필요한 노력의 정도는 (ㄱ) 구체적인 행위정황과 (ㄴ) 행위자 개인의 인식능력 그리고 (ㄷ) 행위자가 속한 사회집단에 따라 달리 평가되어야 한다.

대법원은 사립학교법의 관련 규정들을 분석한 후, 이 규정들의 문언·체계와 사립학교법의 입법 목적 등을 종합하면, 사립 외국인학교를 경영하는 사립학교경영자가 교비회계에 속하는 수입을 다른 회계에 전출하거나 대여할 경우에는 처벌받는다고 판단하였다.

대법원은 갑의 행위에 대해 다음과 같이 판단하였다.

(가) 사실관계와 관계 법령의 내용을 앞에서 본 법리에 비추어 본다. (나) M학교와 N학교는 각각 설립인가를 받은 별개의 학교이다. (다) 그러므로 M학교의 교비회계에 속하는 수입을 N학교에 대여하는 것은 사립학교법 ⑭규정에 따라 금지된다. (라) 갑은 ㉠자금의 대여행위가 적법한지에 관하여 관할청인 H도교육청의 담당공무원에게 정확한 정보를 제공하고 회신을 받거나 법률전문가에게 자문을 구하는 등의 조치를 취하지 않았다.

(마) 갑이 외국인으로서 국어에 능숙하지 못하였다거나 M학교 설립·운영협약의 당사자에 불과한 H도, L시 소속 공무원들이 참석한 M학교 학교운영위원회에서 N학교에 대한 자금 대여 안건을 보고하였다는 것만으로는 갑이 자신의 지적 능력을 다하여 행위의 위법 가능성을 회피하기 위한 진지한 노력을 다하였다고 볼 수 없다. (바) 또한 N학교에 대한 자금 대여가 끝난 후에 회계법인이 그 위법함을 지적하지 않았다거나 서울특별시교육청의 담당공무원이 제3자에게 '사립학교법 ⑭규정은 외국인학교에 적용되지 않는다'는 취지로 민원 회신을 하였다는 등의 사정만으로 이를 달리 볼 수도 없다. (사) 그러므로 갑이 M학교의 교비회계에 속하는 수입을 N학교에 대여한 행위가 법률상 허용되는 것으로서 죄가 되지 않는다고 그릇 인식하고 있었다고 하더라도 그와 같이 그릇된 인식에 정당한 이유가 있다고 볼 수 없다.

2021도10903

2021. 11. 25. 2021도10903, 공 2022상, 135 =『불법사이트 링크 착오주장 사건』:

해외 인터넷 사이트에는 영화 등을 불법적으로 복제하여 게시하는 것들이 있다(㉠사이트 등으로 통칭함). 해외의 불법사이트를 국내 사이트에 링크로 소개하는 것이 저작권법 위반에 해당하는지에 대해 논란이 있었다. 갑은 인터넷 검색(구글링)을 통해 해외 불법사이트에 링크를 설정하는 것은 불법이 아니라는 정보를 얻었다. 그러나 갑이 관련 기관에 질의하여 회신을 받거나 법률전문가에게 자문을 받은 적은 없다.

2014. 4. 11. 갑은 인터넷에 ㉡사이트를 개설하였다. 갑은 ㉠사이트 등에 연결하는 링크를 작성하여 ㉡사이트에 게시하였다. ㉡사이트의 이용자들이 게시된 링크를 클릭하면 팝업창이 뜨면서 ㉠사이트의 불법 복제물을 볼 수 있었다. 갑은 ㉡사이트에 광고를 게재하여 수익을 얻었다. 이후 해외의 불법사이트에 링크를 걸어 놓는 행위가 저작권법위반죄의 방조범에 해당하는지가 본격적으로 문제되었다. 2015. 3. 12. 대법원은 2012도13748 판결을 통해 저작권법위반죄의 방조범이 성립하지 않는다고 판단하였다(2015년 ㉮판결). 갑의 ㉡사이트 운영은 계속되었다.

검사는 갑을 저작권위반죄의 방조범으로 기소하였다. 제1심법원은 갑에게 무죄를 선고하였다. 검사는 불복 항소하였다. 2021. 7. 23. 항소법원은 다음의 이유를 들어서 검사의 항소를 기각하고, 제1심판결을 유지하였다. (가) 2015년 ㉮판결에 따를 때 링크 게시행위는 저작권위반죄의 방조범에 해당하지 않는다. (나) 가령 링크 게시행위가 저작권위반죄의 방조범에 해당한다고 하자. (다) 갑은 2015년 ㉮판결을 신뢰하였다. (라) 갑은 자신의 행위가 법령에 의하여 죄로 되지 아니하는 것으로 오인하였고, 그 오인에 정당한 이유가 있다. 검사는 불복 상고하였다.

대법원은 갑의 피고사건과는 별도의 사건에서 2021. 9. 9. 2017도19025 전원합의체 판결로 2015년의 ㉮판결을 변경하였다. 대법원은 변경된 2021년 판결을 통해 링크 게시행위에 대해 저작권위반죄의 방조범을 인정하였다(2021년 ㉯판결; 방조범 항목에서 소개함).

2021. 11. 25. 대법원은 갑의 피고사건에 대해 판결을 선고하였다.

대법원은 다음의 이유를 제시하여 원심판결을 파기환송하였다.

대법원은 먼저 2021년 ㉯판례에 따라 갑에게 공중송신권 침해의 방조범이 성립할 수 있음을 인정하였다. 이어서 대법원은 갑의 착오주장에 정당한 이유가 있는지를 검토하였다.

대법원은 형법 제16조의 적용기준에 대해 다음과 같은 종전의 입장을 재확인하였다.

(가) 형법 제16조는 '법률의 착오'라는 제목으로 자기가 한 행위가 법령에 따라 죄가 되지 않는 것으로 오인한 행위는 그 오인에 정당한 이유가 있는 때에 한하여 벌하지 않는다고 정하고 있다. (나) 이는 (ㄱ) 일반적으로 범죄가 성립하지만 (ㄴ) 자신의 특수한 사정에 비추어 법령에 따라 허용된 행위로서 죄가 되지 않는다고 그릇 인식하고 (ㄷ) 그러한 인식에 정당한 이유가 있는 경우에는 벌하지 않는다는 것이다.

(다) 이때 정당한 이유는 (ㄱ) 행위자에게 자기 행위의 위법 가능성에 대해 심사숙고하거나 조회할 수 있는 계기가 있어 (ㄴ) 자신의 지적 능력을 다하여 이를 회피하기 위한 진지한 노력을 다하였더라면 스스로의 행위에 대하여 위법성을 인식할 수 있는 가능성이 있었는데도 (ㄷ) 이를 다하지 못한 결과 자기 행위의 위법성을 인식하지 못한 것인지 여부에 따라 판단해야 한다. (라) 이러한 위법성의 인식에 필요한 노력의 정도는 (ㄱ) 구체적인 행위정황과 (ㄴ) 행위자 개인의 인식능력 그리고 (ㄷ) 행위자가 속한 사회집단에 따라 달리 평가하여야 한다.

대법원은 2015년 ㉮판결 이전의 갑의 행위에 대해 다음과 같이 판단하였다.

(가) 갑은 2014. 4. 11.경 ㉡사이트를 개설하면서 인터넷 검색(구글링)을 통해 링크를 설정하는 것은 불법이 아니라는 정보를 얻은 적이 있다. (나) 그러나 갑이 관련 기관에 질의하여 회신을 받거나 법률전문가에게

자문을 받은 적은 없다. (다) 저작권자의 공중송신권을 침해하는 웹페이지 등으로 링크를 하는 행위만으로는
공중송신권 침해의 방조행위에 해당하지 않는다는 2015년 ㉮판례가 선고된 시기는 갑이 저작권 침해물 링크
사이트인 ㉡사이트를 운영하기 시작한 이후이다. (라) 갑이 2015년 ㉮판례를 신뢰하여 공소사실 기재 범행을
하였다고 보기 어렵다. (마) 갑이 자신의 행위가 법령에 따라 죄가 되지 않는 것으로 오인하였다거나 그와
같이 오인한 데에 정당한 이유가 있다고 볼 수 없다.

대법원은 2015년 ㉮판결 이후의 갑의 행위에 대해 다음과 같이 판단하였다.

(가) 갑이 ㉡사이트를 운영하던 도중에 2015년 ㉮판결이 선고되었다. (나) 2015년 ㉮판결은 2021년 ㉯전
원합의체 판결로 변경되었다. (다) 법률 위반 행위 중간에 일시적으로 판례에 따라 그 행위가 처벌대상이 되
지 않는 것으로 해석되었던 적이 있었다고 하더라도 그것만으로 자신의 행위가 처벌되지 않는 것으로 믿은
데에 정당한 이유가 있다고 할 수 없다.

제 6 절 책임조각사유

2014도12753

2015. 2. 12. 2014도12753, 공 2015상, 510 =『임금체불 책임조각 사건』:

근로기준법에 따르면 임금은 통화(通貨)로 직접 근로자에게 그 전액을 지급해야 하며, 매월 1회 이상 일정
한 날짜를 정하여 지급하여야 한다(㉮규정). 근로기준법은 ㉮규정을 위반한 자를 처벌한다(㉯규정). ㉯규정을
위반한 자에 대하여는 피해자의 명시적인 의사와 다르게 공소를 제기할 수 없다(㉰규정). 퇴직급여법에 따르
면 사용자는 근로자가 퇴직한 경우에는 그 지급사유가 발생한 날부터 14일 이내에 퇴직금을 지급하여야 한다
(㉱규정). 퇴직급여법은 ㉱규정을 위반한 자를 처벌한다(㉲규정). ㉲규정을 위반한 자에 대하여는 피해자의
명시적인 의사와 다르게 공소를 제기할 수 없다(㉳규정).

P회사가 있다. P회사의 실질 사주는 A이다. P회사는 자금난으로 근로자 B, C 등 다수에 대한 임금이 체
불된 상황이었다. P회사는 부채가 자산을 두 배 가까이 초과하는 등 파산에 이르게 될 염려가 있었다. 갑은
P회사의 총괄사장에 취임하였다. 갑은 각종 구조조정의 시행, P회사의 채무 변제를 위한 개인재산 약 13억원
의 출연 등 P회사의 경영 및 재정 상황의 정상화를 위해 노력하였다. 그럼에도 불구하고 P회사는 매출채권
등 자산에 대한 유동화가 어렵게 되는 등 심각한 유동성 위기를 겪게 되었다. P회사는 관할 법원에 회생절차
개시신청을 하였다. 관할 회생법원은 P회사에 대한 회생절차개시결정을 하면서 이해관계인의 의견을 들어 갑
을 관리인으로 선임하였다.

갑은 관할 회생법원에 근로자의 임금 및 퇴직한 근로자의 퇴직금 지급 허가를 요청하였다. 관할 회생법원
은 P회사의 재정적 상황과 다른 채권자와의 형평 등의 이유로 근로자 본인이 사망한 경우나 그 가족이 질병
을 앓고 있는 등 특별한 사정이 있는 경우에만 갑에게 임금 지급이나 퇴직금 지급 허가를 하였다. 갑은 미지
급 임금 및 퇴직금을 5년에 걸쳐 분할 변제하는 등의 방식으로 자금수급계획을 세웠다. 갑은 이를 토대로 한
회생계획안에 대한 이해관계인들의 결의를 거쳐 회생법원으로부터 회생계획 인가결정을 받았다. 회생계획 인
가결정을 받은 이후에야 P회사는 근로자들에 대한 미지급 임금이나 퇴직 근로자들에 대한 퇴직금을 상당 부
분 변제할 수 있게 되었다. 임금을 받지 못한 근로자 및 퇴직금을 받지 못한 퇴직 근로자 B, C 등 다수 가운
데에는 C 등 갑의 처벌을 원하지 않는 사람들이 상당수 있다.

검사는 근로자 및 퇴직 근로자 B 등에 대한 임금이나 퇴직금 미지급 부분에 대해 P회사의 관리인 갑을
기소하였다. 갑에 대한 적용법조는 근로기준법 ㉯규정과 퇴직급여법 ㉲규정이다. 제1심법원은 P회사의 관리
인이었던 갑이 그 업무수행 과정에서 근로자의 임금이나 퇴직 근로자의 퇴직금을 기일 안에 지급할 수 없었

던 불가피한 사정이 있다고 판단하였다. 제1심법원은 갑에게 무죄를 선고하였다. 검사는 불복 항소하였다. 항소법원은 항소를 기각하고, 제1심판결을 유지하였다. 검사는 불복 상고하였다.

대법원은 다음의 이유를 제시하여 상고를 기각하였다.

대법원은 임금이나 퇴직금 미지급 행위에 대해 책임조각사유가 인정될 수 있는 경우에 대해 다음과 같이 설시하였다.

(가) 기업이 불황이라는 사유만으로 사용자가 근로자에 대한 임금이나 퇴직금을 체불하는 것은 허용되지 않는다. (나) 그렇지만 모든 성의와 노력을 다했어도 임금이나 퇴직금의 체불이나 미불을 방지할 수 없었다는 것이 사회통념상 긍정할 정도가 되어 사용자에게 더 이상의 적법행위를 기대할 수 없거나 불가피한 사정이었음이 인정되는 경우가 있다. (다) 그러한 사유는 근로기준법이나 근로자퇴직급여 보장법에서 정하는 임금 및 퇴직금 등의 기일 내 지급의무 위반죄의 책임조각사유로 된다.

대법원은 회생절차가 개시된 회사의 관리인이 임금이나 퇴직금을 지급하지 못한 경우 책임조각사유를 인정할지 여부에 대한 판단기준을 제시하였다.

대법원은 먼저 회생절차가 개시된 회사와 관리인의 관계에 대해 다음과 같이 설시하였다.

(가) 기업에 대하여 회생절차개시결정이 있는 때에는 채무자의 업무의 수행과 재산의 관리 및 처분을 하는 권한은 관리인에게 전속한다(채무자회생법 제56조 제1항). (나) 그러나 관리인은 채무자나 그의 기관 또는 대표자가 아니고 채무자와 그 채권자 등으로 구성되는 이른바 이해관계인 단체의 관리자로서 일종의 공적 수탁자에 해당한다. (다) 관리인은 채권자·주주·지분권자 등 이해관계인의 법률관계를 조정하여 채무자 또는 그 사업의 효율적인 회생을 도모하기 위하여 업무수행 등을 하는 것이다. (라) 관리인은 재산의 처분이나 금전의 지출 등의 일정 행위에 대하여 미리 법원의 허가를 받아야 하거나(채무자회생법 제61조 등 참조), 채무자의 업무와 재산의 관리상태 등을 법원에 보고하여야 하는 등 다양한 방법으로 법원의 감독을 받게 된다(채무자회생법 제91조 내지 제93조 등 참조).

대법원은 회생절차에서 관리인의 업무수행에 대해 책임조각사유가 인정될 수 있는 경우를 다음과 같이 설시하였다.

(가) 관리인이 채무자회생법 등에 따라 이해관계인의 법률관계를 조정하여 채무자 또는 그 사업의 효율적인 회생을 도모하는 업무를 수행하는 과정에서 자금 사정의 악화나 관리인의 업무수행에 대한 법률상의 제한 등에 따라 불가피하게 근로자의 임금 또는 퇴직금을 지급기일 안에 지급하지 못한 것이라면 임금 및 퇴직금 등의 기일 내 지급의무 위반죄의 책임조각사유로 되는 하나의 구체적인 징표가 될 수 있다. (나) 나아가 관리인이 그 업무수행 과정에서 임금이나 퇴직금을 지급기일 안에 지급할 수 없었던 불가피한 사정이 있었는지 여부는 채무자가 회생절차의 개시에 이르게 된 사정, 법원이 관리인을 선임한 사유, 회생절차개시결정 당시 채무자의 업무 및 재산의 관리상태, 회생절차개시결정 이후 관리인이 채무자 또는 그 사업의 회생을 도모하기 위하여 한 업무수행의 내용과 근로자를 포함한 이해관계인과의 협의 노력, 회생절차의 진행경과 등 제반 사정을 종합하여 개별·구체적으로 판단하여야 한다.

이상의 법리를 토대로 대법원은 사실관계를 분석하였다.

대법원은 원심의 판단이 정당하다고 수긍하였다.

───
[**2015도6809**]

2015. 11. 12. 2015도6809 전원합의체 판결, 공 2015하, 1915 = 『세월호 사건 수난구호법 부분』 :

선박 S호의 조난사건이 발생하였다. 갑은 S호 선장이다. 을, 병 등은 S호의 간부급 선원들이다. 검사는 선장 갑과 선원 을, 병 등을 여러 가지 죄명으로 기소하였다. 이 가운데에는 수난구호법 위반죄가 있다. (이하 수난구호법 위반죄 부분에 한정하여 정리함.)

특정범죄가중법 제5조의12는 선박의 교통으로 인하여 업무상과실·중과실치사상죄를 범한 해당 선박의 선장 또는 승무원이 피해자를 구호하는 등 수난구호법 제18조 제1항 단서에 따른 조치를 하지 아니하고 도 주한 경우를 가중처벌하고 있다. 수난구호법 제18조 제1항 본문은 "조난현장의 부근에 있는 선박등의 선장·기장 등은 조난된 선박등이나 구조본부의 장 또는 소방관서의 장으로부터 구조요청을 받은 때에는 가능한 한 조난된 사람을 신속히 구조할 수 있도록 최대한 지원을 제공하여야 한다."고 규정하고 있다. 수난구호법 제18조 제1항 단서는 "조난사고의 원인을 제공한 선박의 선장 및 승무원은 요청이 없더라도 조난된 사람을 신속히 구조하는 데 필요한 조치를 하여야 한다."고 규정하고 있다. 수난구호법 제43조는 제18조 제1항 단서 에 해당하는 자를 7년 이하의 징역 또는 5천만원 이하의 벌금으로 처벌하고 있다.

검사는 선장 갑과 선원 을, 병 등을 특정범죄가중법 제5조의12를 적용하여 기소하였다. 갑 등의 피고사건 은 제1심을 거친 후, 항소심에 계속되었다. 항소법원은 유죄를 인정하였다. 갑 등은 불복 상고하였다. 갑 등은 상고이유로 다음의 점을 주장하였다. (가) 수난구호법 제18조 제1항 단서는 조난사고의 원인을 제공한 선박 의 선장 및 승무원을 의무의 주체로 규정하고 있다. (나) 조난사고를 당한 선박의 선장 및 승무원은 수난구호 법 제18조 제1항 단서의 의무주체에 해당하지 않는다. (다) 따라서 갑 등에게는 특정범죄가중법 제5조의12를 적용할 수 없다.

대법원은 8 대 5로 견해가 나뉘었다. 다수의견은 수난구호법 제18조 제1항 단서의 주체에 사고를 당한 선박의 선장 또는 승무원이 포함된다고 해석하였다. 소수의견은 수난구호법 제18조 제1항 본문과의 관계에 비추어 볼 때 제18조 제1항 단서의 주체에 사고를 당한 선박의 선장 또는 승무원은 포함되지 않는다고 주장 하였다. (이하 다수의견을 '대법원'으로 표시하여 소개함.)

대법원은 특정범죄가중법상 도주선박죄의 성립요건에 대해 다음과 같이 설시하였다.

(가) 수난구호법의 관련 규정의 체계, 내용 및 취지 등을 고려하면, 특정범죄가중법 제5조의12 위반죄는 형법 제268조의 업무상과실치사상죄 및 중과실치사상죄를 기본범죄로 하여 수난구호법 제18조 제1항 단서 위반행위 및 도주행위를 결합하여 가중 처벌하는 일종의 결합범이다. (나) 특정범죄가중법 제5조의12 위반죄 는 선박의 교통으로 인하여 형법 제268조의 죄를 범한 해당 선박의 선장 또는 승무원이 수난구호법 제18조 제1항 단서에 규정된 의무를 이행하기 이전에 사고현장을 이탈한 때에 성립하는 것이다.

(다) 특정범죄가중법 제5조의12 위반죄는 '선박 간의 충돌사고'나 '조타상의 과실'로 형법 제268조의 죄를 범한 경우에 한하여 성립하는 것으로 볼 수 없다. (라) 수난구호법 제18조 제1항 단서에 따라 사고를 낸 선장 또는 승무원이 취하여야 할 조치는 사고의 내용과 피해의 정도 등 구체적 상황에 따라 건전한 양식에 비추어 통상 요구되는 정도로 적절히 강구되어야 한다. (마) 그러한 조치를 취하기 전에 도주의 범의로써 사고현장을 이탈한 것인지 여부를 판정함에 있어서는 그 사고의 경위와 내용, 피해자의 생명·신체에 대한 위험의 양상 과 정도, 선장 또는 승무원의 과실 정도, 사고 후의 정황 등을 종합적으로 고려하여야 한다.

다수의견의 보충의견은 수난구호법 제18조 제1항 본문과 수난구호법 제18조 제1항 단서는 형식상 본문·단서의 구조를 취하고 있지만, 내용은 별개의 규정이라고 주장하였다. 다수의견의 보충의견이 제시한 논거는 다음과 같다.

(가) 수난구호법 제18조 제1항 본문과 단서의 입법의 연혁 및 경위, 조난사고로부터 국민의 생명과 재산을 보호하는 것을 목적으로 하는 수난구호법의 취지 등에 비추어 볼 때, 수난구호법 제18조 제1항 단서는 그 본 문과는 별개의 입법목적을 가진 내용을 규정한 것이다(구체적인 논증 과정은 소개를 생략함.). (나) 그러므로 '조난된 선박의 선장과 승무원'도 수난구호법 제18조 제1항 단서에서 정한 구조조치의무의 귀속주체인 '조난 사고 원인 제공자'에 해당한다.

대법원은 원심판결의 당부에 대해 다음과 같이 판단하였다.

(가) 수난구호법 제18조 제1항 단서의 '조난사고의 원인을 제공한 선박의 선장 및 승무원'에는 조난사고의 원인을 스스로 제공하여 '조난된 선박의 선장 및 승무원'도 포함된다. (나) 갑 등이 특정범죄가중법 제5조의12 위반죄의 주체가 될 수 있음을 전제로 유죄로 인정한 원심의 결론은 정당하다.

| 2023도10768 |

2023. 11. 2. 2023도10768, 공 2023하, 2156 =『복싱클럽 몸싸움 사건』:

(연월일 생략함.) 갑은 P복싱클럽에서 코치로 근무하고 있다. A는 P복싱클럽 관장이다. B(17세)는 P복싱클럽 회원이다. B는 회원 등록을 취소하는 과정에서 관장 A로부터 "어른에게 눈 그렇게 뜨고 쳐다보지 말라"라는 질책을 들었다. 19:00경 (1시간 후) B는 P복싱클럽으로 다시 왔다. B는 P복싱클럽 내에서 "내가 눈을 어떻게 떴냐"라며 A에게 항의하였다. A는 항의하는 B의 멱살을 잡아당기면서 다리를 걸어 넘어뜨리려고 하였다. A는 B를 출입문 밖 복도로 밀고 나간 후 B의 몸통을 양팔로 꽉 껴안아 들어 올리고, 몸을 밀어 바닥에 세게 넘어뜨린 후 목을 조르거나, 누르고, 옆 굴리기를 하였다.

코치 갑은 위 일시, 장소에서 A와 B가 몸싸움하던 것을 지켜보고 있었다. 그러던 중 B가 왼손을 주머니에 넣어 무엇인가 물건을 움켜쥐었다. 갑은 B가 움켜쥔 물건이 호신용 작은 칼과 같은 것이라고 생각하였다. 갑은 B에게 손을 펴라고 요구하였다. B는 갑의 요구를 거부하였다. 갑은 B의 왼손을 잡아 쥐고 있는 주먹을 강제로 펴게 하였다(㉮행위). B가 움켜쥐고 있던 물건은 휴대용 녹음기였다. 갑의 ㉮행위로 B는 약 4주간의 치료가 필요한 좌 제4수지 중위지골 골절상을 입었다.

검사는 갑을 상해죄로 기소하였다. 제1심법원은 다음의 이유를 들어서 무죄를 선고하였다. (가) 갑에게 상해의 고의 및 갑의 행위와 B의 부상 사이에 인과관계를 인정할 수 있다. (나) 갑이 B가 주머니에 손을 넣어 녹음기를 꺼내어 움켜쥐자 이를 위험한 물건으로 착각하여 이를 빼앗기 위해 B의 주먹을 강제로 펴게 하려다가 B에게 상해의 결과를 초래한 사실이 인정된다. (다) 만일 갑이 인식한 대로 B가 손에 흉기를 쥐고 있었다면, A가 B의 몸을 누르는 등 서로 근접해 있는 상태여서 A는 생명 또는 신체의 완전성에 대하여 중대한 침해를 당할 위험에 처해 있었다. (라) 따라서 손을 펴라는 갑의 요구를 거부하는 B로부터 강제로라도 흉기를 빼앗기 위해서는 B의 손을 강제로 펼치는 방법 외에 다른 수단이 없었다고 보인다. (마) 그러므로 갑이 위법성조각사유(정당방위)의 전제사실이 있는 것으로 오인한 데에 정당한 이유가 있었다고 보아야 한다. (바) 그러므로 형법 제16조에 의하여 갑을 처벌할 수 없다.

검사는 불복 항소하였다. 항소법원은 다음의 이유를 들어서 제1심판결을 파기하고 유죄를 선고하였다. (가) 갑의 행위 당시 B는 이미 A에 의하여 제압당한 상태였다. (나) 갑이 B에게 상해를 가한 사실이 인정된다. (다) 갑의 행위가 죄가 되지 않는 것으로 오인한 데 정당한 이유가 있다고 볼 수 없다. 갑은 불복 상고하였다.

대법원은 다음의 이유를 제시하여 원심판결을 파기환송하였다.

대법원은 갑의 ㉮행위 당시의 객관적 정황에 대해 다음과 같이 판단하였다.

(가) 관장 A, 코치 갑의 나이와 직업, B의 나이·지위 등에 다소 차이가 있기는 하나, 공소사실 기재 당시 A와 B는 외형상 신체적 차이가 크지 않았던 것으로 보인다. (나) 또한 갑이 B의 왼손 주먹을 강제로 펴게 할 당시에 A가 B를 제압한 상태였다고 보더라도, B도 복싱클럽에 다닌 경험이 있는 등 상당한 정도의 물리력을 행사할 수 있는 능력이 있었고, 그 직전까지도 A와 상호간 몸싸움을 하는 등 급박한 상황이 계속되고 있었다. (다) 그 경위를 보더라도 B가 A로부터 질책을 들은 다음 약 1시간이 경과된 후 복싱클럽을 다시 찾아와 강하게 항의하는 과정에서 A와 몸싸움까지 하게 된 것이다. (라) A와 B 사이의 몸싸움은 일시적·우발

적으로 발생한 것이라기보다는 B가 A에 대한 항의 내지 보복의 감정을 가진 상태에서 계획적·의도적으로 다시 찾아옴에 따라 발생한 것으로 볼 수 있다.

(마) 더구나 갑은 당시 P복싱클럽의 코치로서 관장과 회원 사이의 시비를 말리거나 더 커지는 것을 막아야 하는 위치에 있었다. (바) 갑의 입장에서는, 둘 사이의 몸싸움이 격화되는 과정에서 B가 왼손을 주머니에 넣어 특정한 물건을 움켜쥔 채 꺼내는 것을 목격하고서, 이를 B가 상대방의 생명·신체에 위해를 가하려는 것으로 충분히 오인할 만한 객관적인 정황이 있었던 것으로 보인다.

대법원은 갑의 주관적 인식에 대해 다음과 같이 판단하였다.

(가) 갑의 수사기관부터 원심 법정에 이르기까지 일관된 진술도 'B가 호신용 작은 칼 같은 흉기를 꺼내는 것으로 오인하여 이를 확인하려고 하였다.'는 취지이다. (나) B 역시 수사과정에서 '갑이 상해를 입힐 의도가 있었다고 생각하지는 않는다. 내가 쥐고 있던 물건이 무엇인지 확인하기 위해서였다고 생각한다.'라고 같은 취지로 진술하였다. (다) 실제로 B가 가지고 있었던 '휴대용 녹음기'와 갑이 착각하였다고 주장하는 '호신용 작은 칼'은 크기·길이 등 외형상 큰 차이가 없어 이를 쥔 상태의 주먹이나 손 모양만으로는 양자를 구별하는 것이 쉽지 않았다.

(라) 당시 갑은 B의 주먹이나 손 모양만으로 그가 움켜쥔 물건이 무엇인지조차 알기 어려웠던 것으로 보인다. (마) 특히 쌍방 모두 상당한 물리력을 행사할 수 있는 육체적 능력을 가진 A와 B가 엉켜 몸싸움을 하는 급박한 상황에서 열세에 놓인 B가 굳이 주머니에서 불상의 물건을 꺼내어 갑에 의해 강제로 왼손 주먹을 펼 때까지 이를 움켜쥐고 있었다. (바) 이 점에다가 B가 A와의 시비 차원에서 계획적·의도적으로 다시 복싱클럽을 찾아왔고 갑도 그와 같은 일련의 경위를 알고 있었던 사정까지 종합해 본다. (사) 그렇다면 갑의 입장에서는 B가 움켜쥔 물건을 육안으로 확인하기 전까지는 그것이 A에게 치명적인 손상을 가할 수 있는 위험한 물건에 해당할지도 모른다고 생각할 만한 합리적인 이유가 있었던 것으로 보인다.

대법원은 객관적 정황이 인정되지 아니할 경우를 상정하여 다음과 같이 판단하였다.

(가) 위와 같은 사정은 당시 B가 A에 의하여 신체적으로 제압되어 물리력을 행사하기 곤란한 상태였다고 보더라도 마찬가지이다. (나) B 스스로 진술한 바와 같이 당시 왼손으로 휴대용 녹음기를 움켜쥔 상태에서 이를 활용함에 별다른 장애가 없었던 것으로 보인다. (다) 만일 A와 B가 몸싸움을 하느라 신체적으로 뒤엉킨 상황에서 B가 실제로 위험한 물건을 꺼내어 움켜쥐고 있었다면, 그 자체로 A의 생명·신체에 관한 급박한 침해나 위험이 초래될 우려가 매우 높은 상황이었다고 봄이 타당하다. (라) (중략.)

대법원은 사회상규에 위배되지 아니하는 행위의 법리와 대비하여 다음과 같은 판단을 제시하였다.

(가) 이러한 판단은 형법 제20조의 정당행위에 관한 판례의 법리에 비추어 보아도 그러하다. (나) 형법 제20조의 정당행위에 관한 판례의 법리, 즉 사회상규에 의한 정당행위를 인정하려면, (ㄱ) 행위의 동기나 목적의 정당성, (ㄴ) 행위의 수단이나 방법의 상당성, (ㄷ) 보호이익과 침해이익과의 법익균형성, (ㄹ) 긴급성, (ㅁ) 그 행위 외에 다른 수단이나 방법이 없다는 보충성 등의 요건을 갖추어야 한다.

(다) 위 '목적·동기', '수단', '법익균형', '긴급성', '보충성'은 불가분적으로 연관되어 하나의 행위를 이루는 요소들로 종합적으로 평가되어야 한다. (라) 그 중 행위의 긴급성과 보충성은 다른 실효성 있는 적법한 수단이 없는 경우를 의미하는 것이지 '일체의 법률적인 적법한 수단이 존재하지 않을 것'을 의미하는 것은 아니다. (마) 이 사건 당시 갑의 행위는 적어도 주관적으로는 그 정당성에 대한 인식 하에 이루어진 것이라고 보기에 충분하다.

제 7 장 미 수 범

제 1 절 구성요건의 수정형식과 미수범

[2007도6703]

2009. 4. 16. 2007도6703 전원합의체 판결, 공 2009, 775 = 분석 총론 『농지전용 공소시효 사건』 :

농지법은 '농지의 전용'을 농지를 농작물의 경작이나 다년생식물의 재배 등 농업생산 또는 대통령령으로 정하는 농지개량 외의 용도로 사용하는 것을 말한다고 규정하고 있다(ⓐ규정). 농지법에 따르면 농지를 전용하려는 자는 원칙적으로 농림축산식품부장관의 허가를 받아야 한다(ⓑ규정). 농지법에 따르면 관계 행정기관은 ⓑ규정에 따른 허가를 받지 않고 농지를 전용한 자에게 원상회복을 명할 수 있다(ⓒ규정). 농지법은 ⓑ규정에 위반한 자를 처벌한다(ⓓ규정). ⓓ규정 위반죄의 공소시효는 3년이다(ⓔ규정).

M토지는 지목이 전(田)으로 되어 있다. 2001년경 A는 관계 당국의 허가 없이 M토지에 잡석 등을 깔아 정지작업을 하였다. 이로써 M토지는 사실상 전(田)으로의 원상회복이 어렵게 되었다(㉮행위). 이후 갑은 M토지에 대한 이용권을 획득하였다. 2003년 갑은 관계 당국의 허가 없이 M토지에 폐차할 자동차들을 쌓아 놓았다(㉯행위).

㉮행위가 있던 2001년으로부터 기산하여 3년이 경과한 시점이다. 검사는 갑의 ㉯행위에 대해 농지법 ⓓ규정을 적용하여 기소하였다. 제1심법원은 다음의 이유를 들어서 면소판결을 선고하였다. (가) M토지는 A가 2001년경 잡석 등을 깔아 정지작업을 함으로써(㉮행위) 사실상 원상회복이 어렵게 되었다. (나) 이 경우 무허가 농지전용죄는 위 정지작업(㉮행위)과 동시에 범죄가 완성되어 그때부터 공소시효가 진행된다. (다) 이 사건 공소는 ㉮행위 시점으로부터 3년이 훨씬 지난 시점에 제기되어 공소시효가 완성되었다. 검사는 불복 항소하였다. 항소법원은 항소를 기각하고, 제1심판결을 유지하였다. 검사는 불복 상고하였다.

대법원은 다음의 이유를 제시하여 원심판결을 파기환송하였다.

대법원은 12 대 1로 견해가 나뉘었다. 다수의견은 농지전용죄의 형태에 즉시범과 계속범의 두 가지가 있다고 판단하였다. 소수의견은 농지전용죄의 형태에는 계속범 한 가지만 있다고 주장하였다. 다수의견과 소수의견은 원심판결을 파기환송해야 한다는 점에는 견해가 일치하였다. (이하 다수의견을 '대법원'으로 표기하여 소개함.)

대법원은 전용의 객체가 되는 농지의 범위에 대해 다음과 같이 설시하였다.

(가) 어떠한 토지가 농지인지 여부는 공부상의 지목 여하에 불구하고 당해 토지의 사실상의 현상에 따라 가려야 하는 것이다. (나) 따라서 그 토지가 공부상 지목이 전으로 되어 있다고 하여도 농지로서의 현상을 상실하고 그 상실한 상태가 일시적이라고 볼 수 없다면 그 토지는 더 이상 '농지'에 해당하지 않게 된다. (다) 그 결과 그 토지는 농지법에 따른 농지전용허가의 대상이 되는 것도 아니다.

대법원은 농지전용의 형태와 법적 성질에 대해 다음과 같이 설시하였다.

(가) 농지법에서 말하는 '농지의 전용'이 이루어지는 태양은 두 가지이다. (나) 첫째로 농지에 대하여 (ㄱ) 절토, 성토 또는 정지를 하거나 또는 (ㄴ) 농지로서의 사용에 장애가 되는 유형물을 설치하는 등으로 농지의 형질을 외형상으로뿐만 아니라 사실상 변경시켜 원상회복이 어려운 상태로 만드는 경우가 있다. (다) 둘째로 농지에 대하여 (ㄱ) 외부적 형상의 변경을 수반하지 않거나 또는 (ㄴ) 외부적 형상의 변경을 수반하더라도 사회통념상 원상회복이 어려운 정도에 이르지 않은 상태에서 그 농지를 다른 목적에 사용하는 경우 등이 있을 수 있다.

(라) 전자의 경우와 같이 농지전용행위 자체에 의하여 당해 토지가 농지로서의 기능을 상실하여 그 이후 그 토지를 농업생산 등 외의 목적으로 사용하는 행위가 더 이상 '농지의 전용'에 해당하지 않는다고 할 때에는, 허가 없이 그와 같이 농지를 전용한 죄는 그와 같은 행위가 종료됨으로써 즉시 성립하고 그와 동시에 완성되는 즉시범이라고 보아야 할 것이다.

(마) 그러나 후자의 경우와 같이 당해 토지를 농업생산 등 외의 다른 목적으로 사용하는 행위를 여전히 농지전용으로 볼 수 있는 때에는 허가 없이 그와 같이 농지를 전용하는 죄는 계속범으로서 그 토지를 다른 용도로 사용하는 한 가벌적인 위법행위가 계속 반복되고 있는 계속범이라고 보아야 할 것이다.

대법원은 원심판결의 당부에 대해 다음과 같이 판단하였다.

(가) 원심이 M토지가 그 형질이 변경됨으로써 농지로서의 현상을 상실하였고 사회통념상 그 원상회복도 어렵게 되어 그 시점(㉮행위)에 농지전용행위가 완료되었다고 본 것은 정당하다. (나) 그러나 공소사실 자체에 의하더라도 갑에 대한 이 사건 농지전용죄(㉯행위)는 A의 농지전용행위(㉮행위)가 종료되기 전에 그 실행에 착수된 것이 아님이 분명하다. (다) 그러한 이상 원심으로서는 갑이 이 사건 공소 범행(㉯행위) 당시 농지로서의 현상을 상실한 M토지를 사용한 것이 농지전용죄를 구성하는지 여부를 먼저 살피고, 농지전용죄를 구성한다면 공소시효의 기산점이 언제인지 따로 판단하였어야 한다.

(라) 그럼에도 불구하고, 만연히 A의 농지전용행위(㉮행위)의 종료시점을 갑의 이 사건 공소사실(㉯행위)에 대한 공소시효의 기산점으로 하여 면소판결을 선고한 제1심판결을 유지한 것은 농지전용죄 및 공소시효의 기산점에 관한 법리를 오해하였다고 할 것이다.

2017도21249

2018. 2. 28. 2017도21249, 공 2018상, 665 = 『엘리베이터 쫓아가기 사건』:

A(여)는 갑의 집에 있었다. 갑은 73kg의 건장한 체격이고 A는 50kg의 마른 체격이다. 갑은 A를 침대에 던지듯이 눕히고 A의 양손을 A의 머리 위로 올린 후 갑의 팔로 누르고 갑의 양쪽 다리로 A의 양쪽 다리를 누르는 방법으로 A를 제압하였다(㉮행위). A는 갑으로부터 ㉮행위를 당한 후 갑의 집에서 나가려고 하였다. 갑은 A가 나가지 못하도록 현관에서 거실 쪽으로 A를 세 번 밀쳤다. A가 갑을 뿌리치고 현관문을 열고 나와 엘리베이터를 누르고 기다리는데 갑이 팬티 바람으로 쫓아 나왔다. A가 엘리베이터를 탔는데도 갑이 A의 팔을 잡고 끌어내리려고 해서 A는 이를 뿌리쳤다. 갑이 닫히는 엘리베이터 문을 손으로 막으며 엘리베이터로 들어오려고 하였다. A는 엘리베이터 버튼을 누르고 손으로 갑의 가슴을 밀어냈다(이상 ㉯행위).

검사는 ㉮행위를 강간미수죄로, ㉯행위를 체포미수죄로 의율하여 갑을 기소하였다. 갑의 피고사건은 제1심을 거친 후, 항소심에 계속되었다. 항소법원은 유죄를 인정하였다. 갑은 불복 상고하였다. 갑은 상고이유로 다음의 점을 주장하였다. (가) A는 갑의 집으로부터 쉽게 벗어날 수 있었다. (나) 그러므로 갑의 ㉮행위는 강간죄의 폭행에 해당하지 않는다. (다) 갑의 ㉯행위는 단순한 폭행에 해당할 수는 있어도 체포의 실행의 착수에는 해당하지 않는다.

대법원은 다음의 이유를 제시하여 상고를 기각하였다.

대법원은 강간죄의 폭행·협박 여부에 대해 다음과 같이 설시하였다.

(가) 강간죄가 성립하기 위한 가해자의 폭행·협박이 있었는지 여부는 그 폭행·협박의 내용과 정도는 물론 유형력을 행사하게 된 경위, 피해자와의 관계, 행위 당시와 그 후의 정황 등 모든 사정을 종합하여 피해자가 당시 처하였던 구체적인 상황을 기준으로 판단하여야 한다. (나) 사후적으로 보아 피해자가 범행 현장을 벗어날 수 있었다거나 피해자가 사력을 다하여 반항하지 않았다는 사정만으로 가해자의 폭행·협박이 피해자의 항거를 현저히 곤란하게 할 정도에 이르지 않았다고 섣불리 단정하여서는 안 된다.

대법원은 다음과 같은 원심의 판단에 법리오해의 위법이 없다고 판단하였다.

(가) 갑은 당시 A를 침대에 던지듯이 눕히고 A의 양손을 A의 머리 위로 올린 후 갑의 팔로 누르고 갑의 양쪽 다리로 A의 양쪽 다리를 누르는 방법으로 A를 제압하였다. (나) 갑은 73kg의 건장한 체격이고 A는 50kg의 마른 체격으로서 상당한 신체적 차이가 있다. (다) 당시 갑과 A가 있던 곳은 갑의 집이었으므로 A가 갑을 피하여 도망쳐 나오거나 다른 사람에게 구조를 요청하기가 쉽지 않았을 것으로 보인다. (라) 이상을 종합할 때 갑은 A의 반항을 억압하거나 현저히 곤란하게 할 정도의 유형력을 행사하였다.

대법원은 체포미수죄에서의 유형력의 행사에 대해 다음과 같이 설시하였다.

(가) 형법 제276조 제1항의 체포죄에서 말하는 '체포'는 사람의 신체에 대하여 직접적이고 현실적인 구속을 가하여 신체활동의 자유를 박탈하는 행위를 의미하는 것으로서 그 수단과 방법을 불문한다. (나) 체포죄는 계속범으로서 체포의 행위에 확실히 사람의 신체의 자유를 구속한다고 인정할 수 있을 정도의 시간적 계속이 있어야 한다. (다) 체포죄는 체포의 고의로써 타인의 신체적 활동의 자유를 현실적으로 침해하는 행위를 개시한 때 체포죄의 실행에 착수하였다고 볼 것이다.

대법원은 원심의 다음과 같은 판단에 법리오해의 위법이 없다고 판단하였다.

(가) (사실관계 분석; 생략함.) (나) 갑은 A의 신체적 활동의 자유를 박탈하려는 고의를 가지고 A의 신체에 대한 유형력의 행사를 통해 일시적으로나마 A의 신체를 구속하였다.

2017도11408

2018. 1. 24. 2017도11408, 공 2018상, 539 =『불법집회 추가 참가자 사건』:

(이하 일자 생략함.) 14:00경부터 18:50경까지 M도로 상에서 ㉠시위가 있었다. 15:00 이전에 경찰은 M도로에 차벽을 설치하여 그 부근의 교통이 완전히 차단된 상태였다. 갑은 ㉠집회에 참가하였다. 검사는 갑을 일반교통방해죄로 기소하였다. 갑에 대한 공소사실의 요지는 다음과 같다. "갑은 (일자 생략) 14:00경부터 18:50경까지 M도로에서 열린 ㉠시위의 다른 참가자들과 공모하여 육로를 불통하게 하는 방법으로 교통을 방해하였다." 갑은 ㉠시위의 사전집회에는 참가하지 못하였고 15:00경 ㉠시위에 합류하여 16:00경까지 M도로에 있었다고 주장하였다. 검사는 갑이 14:00경부터 18:50경까지 M도로 상에서 ㉠시위에 참가하였다는 사실을 증명하지 못하였다. 제1심법원은 다음의 이유를 들어서 유죄를 인정하였다. (가) 시위대가 금지된 행진을 시작함으로써 도로의 교통을 현저하게 곤란하게 하는 상태가 발생되었다. (나) 차벽은 갑 등 집회참가자들이 신고된 행진경로를 현저히 벗어나 진행함으로써 초래된 결과이다. 갑은 불복 항소하였다.

항소법원은 제1심판결을 파기하고, 무죄를 선고하였다. 항소법원은 무죄 판단의 첫 번째 이유로 다음의 점을 제시하였다. (가) 갑은 사전집회에는 참가하지 못하였고 15:00경 ㉠시위에 합류하였다고 주장한다. (나) 당시는 이미 경찰이 도로에 차벽을 설치하여 그 부근의 교통이 완전히 차단된 것으로 보인다. (다) 그러므로 갑이 시위대에 합류하기 이전에 갑이 행진한 장소 부근에서 차량의 교통은 완전히 통제되었을 가능성이 크다. (라) 이미 교통의 흐름이 완전히 차단된 상태의 도로를 다수인이 행진하여 점거하는 것은 교통방해의 추상적 위험조차 발생시키지 않는다고 보아야 한다. (마) 교통의 흐름이 완전히 차단된 상태에서 갑이 도로에 걸어 나간 것만으로는 교통방해의 위험을 발생시켰다고 볼 수 없다. 항소법원은 무죄 판단의 두 번째 이유로 다음의 점을 제시하였다. (가) 집회참가자들의 도로점거 이후 시위에 합류한 갑에게 차벽 설치 전 다른 집회참가자들이 한 도로점거에 대한 책임을 물을 수 없다. (나) 갑이 다른 집회참가자들과 도로점거를 사전에 공모하였다는 증거가 없는 이상 공모공동정범의 죄책을 물을 수도 없다. 검사는 불복 상고하였다.

대법원은 다음의 이유를 제시하여 상고를 기각하였다.

대법원은 집회·시위와 일반교통방해죄의 관계에 대해 다음과 같이 설시하였다.

(가) 형법 제185조는 일반교통방해죄에 관하여 "육로, 수로 또는 교량을 손괴 또는 불통하게 하거나 기타 방법으로 교통을 방해한 자는 10년 이하의 징역 또는 1천 500만원 이하의 벌금에 처한다."라고 정하고 있다. (나) 일반교통방해죄는 일반 공중의 교통안전을 보호법익으로 하는 범죄로서 육로 등을 손괴 또는 불통하게 하는 경우뿐만 아니라 그 밖의 방법으로 교통을 방해하여 통행을 불가능하게 하거나 현저하게 곤란하게 하는 일체의 행위를 처벌하는 것을 목적으로 한다. (다) 집회와 시위의 자유는 헌법상 보장된 국민의 기본권이므로 형법상의 일반교통방해죄를 집회와 시위의 참석자에게 적용할 경우에는 집회와 시위의 자유를 부당하게 제한하는 결과가 발생할 우려가 있다.

(라) 그러나 일반교통방해죄에서 교통을 방해하는 방법을 위와 같이 포괄적으로 정하고 있는 데다가 도로에서 집회와 시위를 하는 경우 일반 공중의 교통안전을 직접적으로 침해할 위험이 있는 점을 고려하면, 집회나 시위로 교통방해 행위를 수반할 경우에 특별한 사정이 없는 한 일반교통방해죄가 성립할 수 있다. (마) 집회 및 시위에 관한 법률(집시법)에 따라 적법한 신고를 마친 집회 또는 시위라고 하더라도 (ㄱ) 당초에 신고한 범위를 현저히 벗어나거나 (ㄴ) 집시법 제12조에 따른 조건을 중대하게 위반하여 도로 교통을 방해함으로써 통행을 불가능하게 하거나 현저하게 곤란하게 하는 경우에는 형법 제185조의 일반교통방해죄가 성립한다.

(바) 그러나 이때에도 참가자 모두에게 당연히 일반교통방해죄가 성립하는 것은 아니고, (ㄱ) 실제로 참가자가 위와 같이 신고 범위를 현저하게 벗어나거나 조건을 중대하게 위반하는 데 가담하여 교통방해를 유발하는 직접적인 행위를 하였거나, (ㄴ) 참가자의 참가 경위나 관여 정도 등에 비추어 그 참가자에게 공모공동정범의 죄책을 물을 수 있는 경우라야 일반교통방해죄가 성립한다.

대법원은 일반교통방해죄의 법적 성질에 대해 다음과 같이 설시하였다.

(가) 일반교통방해죄는 이른바 추상적 위험범으로서 교통이 불가능하거나 또는 현저히 곤란한 상태가 발생하면 바로 기수가 되고 교통방해의 결과가 현실적으로 발생하여야 하는 것은 아니다. (나) 또한 일반교통방해죄에서 교통방해 행위는 계속범의 성질을 가지는 것이어서 교통방해의 상태가 계속되는 한 가벌적인 위법상태는 계속 존재한다. (다) 신고 범위를 현저히 벗어나거나 집시법 제12조에 따른 조건을 중대하게 위반함으로써 교통방해를 유발한 집회에 참가한 경우 참가 당시 이미 다른 참가자들에 의해 교통의 흐름이 차단된 상태였다고 하자. (라) 그렇다고 하더라도 교통방해를 유발한 다른 참가자들과 암묵적·순차적으로 공모하여 교통방해의 위법상태를 지속시켰다고 평가할 수 있다면 일반교통방해죄가 성립한다.

대법원은 원심이 무죄 판단의 이유로 제시한 첫 번째 점에 대해, 갑이 교통의 흐름이 차단된 상태에서 시위대에 합류하였다고 해서 공모공동정범이 성립하지 않는다고 한 원심판결 이유는 적절하지 않다고 판단하였다. 대법원은 원심이 무죄 판단의 이유로 제시한 두 번째 점에 대해, 갑에게 사전에 공모가 없었다고 해서 공모공동정범이 성립하지 않는다고 한 원심판결 이유는 적절하지 않다고 판단하였다. 그러나 대법원은 갑에 대하여 일반교통방해죄의 공모공동정범으로서의 죄책을 물을 수 없다고 판단한 원심의 결론은 수긍할 수 있다고 판단하였다.

| 2009도9667 |

2009. 12. 24. 2009도9667, 공 2010상, 292 = 분석 각론『주간 시정장치 손괴 사건』:

형법 제331조는 세 가지 유형의 특수절도를 규정하고 있다. 첫 번째 유형은 야간에 문이나 담 그 밖의 건조물의 일부를 손괴하고 사람의 주거, 관리하는 건조물, 선박, 항공기 또는 점유하는 방실(房室)에 침입하여 타인의 재물을 절취하는 경우이다(제1항; ㉮유형). 두 번째 유형은 흉기를 휴대하여 타인의 재물을 절취하는 경우이다(제2항 전단; ㉯유형). 세 번째 유형은 2명 이상이 합동하여 타인의 재물을 절취하는 경우이다(제2항 후단; ⑭유형). 형법 제342조는 형법 제331조의 미수범을 처벌하고 있다.

갑과 을은 절도를 모의하였다. 갑과 을은 (일자 생략) 12:00경 A가 거주하는 M아파트에 이르러, 육각렌치로 출입문 시정장치를 손괴한 다음 M아파트 안에 사람이 있는지를 확인하려다 마침 귀가하던 A에게 발각되어 도주하였다. 검사는 형법 제331조, 제342조를 적용하여 갑과 을을 기소하였다. 제1심법원은 유죄를 인정하였다. 갑은 불복 항소하였다. 항소법원은 갑과 을에게 특수절도죄의 실행의 착수가 없었다는 이유로 제1심판결을 파기하고, 무죄를 선고하였다. 검사는 불복 상고하였다.

대법원은 다음의 이유를 제시하여 상고를 기각하였다.

대법원은 특수절도죄의 실행의 착수 시점에 대해 다음과 같이 설시하였다.

(가) 형법 제331조 제2항의 특수절도(⑭, ⑭유형)에 있어서 주거침입은 그 구성요건이 아니다. (나) 형법 제331조 제2항의 특수절도(⑭, ⑭유형)에 있어서 절도범인이 그 범행수단으로 주거침입을 한 경우에 그 주거침입행위는 절도죄에 흡수되지 아니하고 별개로 주거침입죄를 구성하여 절도죄와는 실체적 경합의 관계에 있게 된다. (다) 2인 이상이 합동하여(⑭유형) 야간이 아닌 주간에 절도의 목적으로 타인의 주거에 침입하였다 하여도 아직 절취할 물건의 물색행위를 시작하기 전이라면 특수절도죄의 실행에는 착수한 것으로 볼 수 없는 것이어서 그 미수죄가 성립하지 않는다.

2014도16920

2015. 3. 20. 2014도16920, 공 2015상, 657 =『필로폰 대금 명목 사건』:

마약류관리법에 의하면 마약류취급자가 아닌 자는 향정신성의약품을 매매해서는 안 된다(㉮규정). ㉮규정을 위반하여 향정신성의약품을 매매한 자는 처벌한다(⑭규정). ⑭규정 위반죄의 미수범은 처벌한다(⑭규정). 갑은 전에 필로폰을 판매한 전력이 있다. 갑은 A로부터 필로폰을 구해 달라는 부탁을 받고 그 대금 명목으로 200만원을 송금받은 일이 있다. 갑은 당시 필로폰을 소지 또는 입수하였거나 곧바로 입수 가능한 상태에 있지 않았다. 갑은 필로폰을 구하지 못하여 필로폰을 A에게 제공하지 못하였다. 검사는 마약류관리법 ⑭, ⑭규정을 적용하여 갑을 기소하였다. 갑의 피고사건은 제1심을 거친 후, 항소심에 계속되었다. 항소법원은 유죄를 인정하였다. 갑은 불복 상고하였다.

대법원은 다음의 이유를 제시하여 원심판결을 파기환송하였다.

대법원은 향정신성의약품 판매죄의 실행의 착수 시점에 대해 다음과 같이 설시하였다.

(가) 필로폰을 매수하려는 자로부터 필로폰을 구해 달라는 부탁과 함께 금전을 지급받았다고 하자. (나) 이 경우 당시 피고인이 필로폰을 소지 또는 입수한 상태에 있었거나 그것이 가능하였다는 등 매매행위에 근접·밀착한 상태에서 그 대금을 지급받은 것이라면 필로폰 매매행위의 실행의 착수에 이른 것이다. (다) 그러한 경우가 아니라 피고인이 단순히 필로폰을 구해 달라는 부탁과 함께 대금 명목으로 금전을 지급받은 것에 불과한 경우에는 필로폰 매매행위의 실행의 착수에 이른 것이라고 볼 수 없다.

대법원은 갑의 행위에 대해 다음과 같이 판단하였다.

(가) 갑은 (연도 생략) 2. 중순경 A로부터 필로폰을 구해 달라는 부탁을 받고 그 대금 명목으로 200만원을 송금받은 사실을 알 수 있다. (나) 그러나 그 당시 갑이 필로폰을 소지 또는 입수하였거나 곧바로 입수 가능한 상태에 있었다고 볼 만한 아무런 증거가 없다. (다) 그러므로 비록 갑이 그 전에 필로폰을 판매한 적이 있었음을 고려하더라도 갑이 단순히 필로폰을 구해 달라는 부탁과 함께 금전을 지급받았다는 것만으로는 필로폰 매매행위의 실행의 착수에 이른 것이라고 보기 어렵다.

제2절 중 지 범

2017도14609

2019. 4. 18. 2017도14609 전원합의체 판결, 공 2019상, 1134 = 『마약사범 분리기소 사건』 :

(2020년 형법 개정에 의하여 형법 제53조의 제목이 '작량감경'으로부터 '정상참작감경'으로 변경되었다. 이하의 분석에서는 판례 원문의 '작량감경'을 '정상참작감경'으로 변경하여 표현한다.) 마약류관리법은 향정신성의약품을 매매한 사람을 무기 또는 5년 이상의 징역으로 처벌하고 있다(ⓐ규정). 마약류관리법은 ⓐ규정 위반죄의 미수범을 처벌하고 있다(ⓑ규정). 2015. 3. 11.부터 2015. 8. 7.까지 갑은 총 33회에 걸쳐 향정신성의 약품을 판매하였다(㉮사건으로 총칭함). 2015. 10. 초순 갑은 향정신성의약품을 1회 판매하였다(㉯사건). 2015. 11. 8. 갑은 향정신성의약품을 1회 판매하려다 미수에 그쳤다(㉰사건).

검사는 ㉮사건에 대해 마약류관리법 위반죄로 갑을 기소하였다. ㉮사건 피고사건은 제1심을 거친 후, 항소심에 계속되었다. 2016. 11. 22. 검사는 ㉯사건과 ㉰사건에 대해 갑을 별도로 기소하였다. 2016. 12. 9. ㉮사건 항소법원은 ㉮사건의 유죄를 인정하여 갑에게 징역 4년을 선고하였다(㉮판결). (이 시점에는 ㉮사건 항소 법원이 ㉯사건과 ㉰사건을 ㉮사건과 함께 심판할 가능성이 있었다.) 2017. 2. 10. ㉮사건에 대해 징역 4년을 선고한 ㉮판결이 확정되었다(㉮확정판결).

2017. 3. 8. ㉯, ㉰사건 제1심법원은 유죄를 인정하였다.

㉯, ㉰사건에 대한 제1심법원은 다음의 단계를 거쳐 선고형을 정하였다.

(가) ㉯사건에 대해 마약류관리법 ⓐ규정이 정한 법정형에서 유기징역을 선택한다(5년 이상 30년 이하 징역). (나) ㉰사건에 대해 마약류관리법 ⓐ규정이 정한 법정형에서 유기징역을 선택한다(5년 이상 30년 이하 징역).

(다) 확정판결이 있는 ㉮사건과 ㉯, ㉰사건은 형법 제37조 후단의 경합범, 즉 사후적 경합범에 해당한다. (라) 사후적 경합범에 형의 임의적 감경 또는 면제를 규정한 형법 제39조 제1항을 적용한다. (마) 형법 제39 조 제1항은 법률상 감경규정이다. (바) 법률상 감경은 형법 제55조 제1항에 따른다. (사) 유기징역에 대한 법 률상 감경은 그 형기의 2분의 1로 한다. (아) ㉯사건의 유기징역을 감경하면 2년 6개월 이상 15년이 된다. (자) ㉰사건의 유기징역을 감경하면 2년 6개월 이상 15년이 된다.

(차) ㉯사건과 ㉰사건은 형법 제37조 전단의 동시적 경합범 관계에 있다. (카) 동시적 경합범은 형법 제38 조에 의하여 가중한다. (타) 동종 유기징역의 경우 중한 죄의 장기에 2분의 1을 가중한다. (파) ㉯사건(매매) 은 ㉰사건(매매미수)보다 무겁다. (하) ㉯사건을 기준으로 하여 가중하면 유기징역은 2년 6개월 이상 22년 6개월이 된다.

(거) 갑에게 형법 제53조가 규정한 정상참작감경을 하기로 한다. (너) 정상참작감경은 형법 제55조 제1항 이 규정한 법률상 감경의 예에 따른다. (더) 유기징역을 감경할 경우에는 형기의 2분의 1로 한다. (러) 최종적 으로 갑에 대한 처단형은 1년 3개월 이상 11년 3개월이 된다. (머) 이 처단형의 범위 내에서 갑을 징역 1년 6개월에 처한다.

갑은 불복 항소하였다. (항소법원은 총 33건의 향정신성의약품 판매행위(㉮사건)에 대해 4년의 형이 선고 된 것에 주목하였다. 항소법원은 ㉯, ㉰사건 단 두 건에 대해 제1심법원이 징역 1년 6개월을 선고한 것에 주 목하였다. 항소법원은 ㉯, ㉰사건이 ㉮사건과 함께 동시적 경합범으로 재판을 받았더라면 징역 4년 6개월 정 도의 형이 적당할 것이라고 판단하였다. 항소법원은 ㉯, ㉰사건 제1심법원이 선고한 1년 6개월의 징역형이 지나치다고 판단하였다.)

항소법원은 다음의 단계를 거쳐 선고형을 결정하였다.

(가) 사후적 경합범에 대해 형의 임의적 감경 또는 면제를 규정한 형법 제39조 제1항은 법률상 감경을 규정한 조문이 아니다. (나) 사후적 경합범에 대해 형법 제39조 제1항을 적용하여 형을 감경할 때에는 법률상 감경을 규정한 형법 제55조 제1항은 적용되지 않는다. (다) 사후적 경합범에 대해 형법 제39조 제1항을 적용하여 형을 감경할 때에는 감경 한도에 제한을 두어서는 안 된다.

(라) 사후적 경합범에 대해 형법 제39조 제1항을 적용하여 형을 감경할 때에는 형법 제37조 전단의 동시적 경합범으로 처벌되는 경우와 형평을 고려하여 공평하고 적절한 형을 정하여야 한다. (마) ㉯사건에 대해 유기징역을 선택한다(5년 이상 30년 이하 징역). (바) ㉰사건에 대해 유기징역을 선택한다(5년 이상 30년 이하 징역). (사) ㉯, ㉰사건에 대해 동시적 경합범으로 무거운 형의 장기의 2분의 1을 가중한다(5년 이상 45년 이하).

(아) ㉯, ㉰사건은 확정판결 있는 ㉮사건과 사후적 경합범 관계에 있다. (자) 사후적 경합범에 대해 형의 임의적 감경 또는 면제를 규정한 형법 제39조 제1항에 따라 형을 감경한다. (차) 형법 제39조 제1항은 법률상 감경이 아니므로 하한에 제한이 없다(0년 이상 45년 이하).

(카) 이어서 정상참작감경을 한다(0년 이상 22년 6개월). (타) 이상의 처단형 범위 내에서 갑을 징역 6개월에 처한다.

검사는 불복 상고하였다. 검사는 상고이유로, 형법 제37조 후단 경합범(사후적 경합범)에 대하여 형법 제39조 제1항 후문에 따라 형을 감경할 때에는 형법 제55조 제1항의 법률상의 감경 방식에 따라야 한다고 주장하였다.

대법원은 다음의 이유를 제시하여 원심판결을 파기환송하였다.

대법원은 이 사건의 쟁점을 다음과 같이 정리하였다.

(가) 법정형의 하한이 설정된 형법 제37조 후단 경합범(사후적 경합범)에 대하여 형법 제39조 제1항 후문에 따라 형을 감경할 때가 있다. (나) 이때 유기징역의 경우 형법 제55조 제1항 제3호를 적용하여 그 형기의 2분의 1 범위 내에서만 감경할 수 있다고 볼 것인가? (제1심법원의 견해.) (다) 이때 유기징역의 경우 형법 제55조 제1항 제3호의 적용을 배제하여 그 형기의 2분의 1 미만으로도 감경할 수 있다고 볼 것인가? (항소법원의 견해.) (라) 기존 대법원판례는 형법 제55조 제1항을 적용한다는 입장이다.

대법원은 9 대 4로 견해가 나뉘었다. 소수의견은 다시 3 대 1로 입장이 나뉘었다. 제1 소수의견은 형법 제39조 제1항을 적용할 때 하한의 제한을 두지 않는 것이 피고인에게 유리하다고 주장하였다. 제2 소수의견은 형법 제39조 제1항이 형의 임의적 감경 또는 면제를 인정하고 있는데, 형의 면제는 형이 '0'에 해당하는 경우이므로 형법 제39조 제1항을 적용할 때 형의 하한에 제한을 두지 않을 수 있다고 주장하였다.

다수의견은 제1 소수의견에 대해 형법 제39조 제1항을 적용할 때 하한에 제한을 두더라도 양형이 부당하다고 판단하면 형의 면제를 선고할 수 있는데, 이것은 형의 하한에 제한을 두지 않고 형을 감경하는 것에 비하여 피고인에게 유리하다고 주장하였다. 다수의견은 제2 소수의견에 대해 형의 면제는 형이 '0'에 해당하는 경우가 아니라고 주장하였다. 대법원은 다수의견에 따라 원심판결을 파기환송하였다.

대법원 다수의견은 아래와 같은 논증과정을 제시하였다. (이하 다수의견을 '대법원'으로 표시하여 소개함.)

대법원은 형의 양정과정에 대해 다음과 같이 설시하였다.

(가) 형의 양정은 법정형 확인, 처단형 확정, 선고형 결정 등 단계로 구분된다. (나) 법관은 형의 양정을 할 때 법정형에서 형의 가중·감경 등을 거쳐 형성된 처단형의 범위 내에서만 양형의 조건을 참작하여 선고형을 결정하여야 한다. (다) 이는 형법 제37조 후단 경합범(사후적 경합범)의 경우에도 마찬가지이다.

대법원은 법률상 감경과 정상참작감경을 하더라도 감경된 법정형의 하한이 유지되는 경우를 다음과 같이 분석하였다.

(가) 형법 제56조는 형을 가중·감경할 사유가 경합된 경우 가중·감경의 순서를 '1. 각칙 조문에 의한 가중, 2. 제34조 제2항의 가중, 3. 누범가중, 4. 법률상감경, 5. 경합범가중, 6. 정상참작감경' 순으로 하도록 정하고 있다. (나) 법률상 감경을 먼저 하고 마지막으로 정상참작감경을 하도록 되어 있으므로 법률상 감경 사유가 있을 때에는 정상참작감경에 앞서 하여야 하고, 정상참작감경은 이와 같은 법률상 감경을 다하고도 그 처단형의 범위를 완화하여 그보다 낮은 형을 선고하고자 할 때에 한다. (다) 법정형의 하한이 설정된 범죄에 대하여 형법 제55조, 제56조가 적용되면 법률상 감경과 정상참작감경을 거치더라도 감경된 하한이 유지된다.

대법원은 형법 제39조 제1항이 법률상 감경에 해당한다는 점을 다음과 같이 논증하였다.

(가) 위와 같은 형법 규정에 비추어 보면, 처단형은 선고형의 최종적인 기준이 되므로 그 범위는 법률에 따라서 엄격하게 정하여야 한다. (나) 별도의 명시적인 규정이 없는 이상 형법 제56조에서 열거하고 있는 가중·감경할 사유에 해당하지 않는 다른 성질의 감경 사유를 인정할 수는 없다. (다) 형의 감경에는 법률상 감경과 재판상 감경인 정상참작감경이 있다. (라) 정상참작감경 외에 법률의 여러 조항에서 정하고 있는 감경은 모두 법률상 감경이라는 하나의 틀 안에 놓여 있다. (마) 따라서 형법 제39조 제1항 후문에서 정한 감경도 당연히 법률상 감경에 해당한다. (바) 형법 제39조 제1항 후문의 "그 형을 감경 또는 면제할 수 있다."라는 규정 형식도 다른 법률상의 감경 사유들과 다르지 않다.

(사) 이와 달리 형법 제39조 제1항이 새로운 감경을 설정하였다고 하려면 그에 대하여 일반적인 법률상의 감경과 다른, 감경의 폭이나 방식이 제시되어야 하고 감경의 순서 또한 따로 정했어야 할 것인데 이에 대하여는 아무런 정함이 없다. (아) 감경의 폭이나 방식, 순서에 관해 달리 정하고 있지 않은 이상 형법 제37조 후단 경합범에 대하여도 법률상 감경 방식에 관한 총칙규정인 형법 제55조, 제56조가 적용된다고 보는 것이 지극히 자연스럽다.

대법원은 형법 제39조 제1항의 입법취지를 다음과 같이 분석하였다.

(가) 형법 제37조 후단 경합범(사후적 경합범)의 문제는 그 죄와 판결이 확정된 죄에 대하여 형법 제37조 전단 경합범(동시적 경합범)으로 동시에 판결할 수 있었음에도 그렇게 하지 못함으로 인하여 동시에 판결한 경우에 비하여 피고인에게 불리할 수 있기 때문에 생기는 것이다. (나) 그렇지만 형법 제37조 후단 경합범을 어떻게 처리하여야 하는지는 기본적으로 입법정책에 달려 있다. (다) 형 선고 단계에서 이를 고려할 것인지 말 것인지, 형 집행 단계에서 이를 고려할 것인지 말 것인지, 형 선고 단계나 형 집행 단계에서 이를 고려할 때 어떠한 방식으로 이를 고려할 것인지 모두 입법자의 의사에 따라야 하는 것이다.

(라) 형법 제39조는 형법 제정 당시부터 2005. 7. 29. 법률 제7623호로 현재와 같이 개정될 때까지 제1항에서 "경합범 중 판결을 받지 아니한 죄가 있는 때에는 그 죄에 대하여 형을 선고한다.", 제2항에서 "전항에 의한 수개의 판결이 있는 때에는 전조의 예에 의하여 집행한다."라고 규정하고 있었다.

(마) 현행 형법 제39조 제1항은 형법 제37조 후단 경합범과 전단 경합범 사이에 처벌의 불균형이 없도록 하고자 하면서도, 경합범 중 판결을 받지 아니한 죄가 있는 때에는 '그 죄와 판결이 확정된 죄에 형법 제38조를 적용하여 산출한 처단형의 범위 내에서 전체형을 정한 다음 그 전체형에서 판결이 확정된 죄에 대한 형을 공제한 나머지를 판결을 받지 아니한 죄에 대한 형으로 선고한다.'고 하지 않았다. (바) 현행 형법 제39조 제1항은 형법 제37조 후단 경합범과 전단 경합범 사이에 처벌의 불균형이 없도록 하고자 하면서도, '그 죄와 판결이 확정된 죄에 대한 선고형의 총합이 두 죄에 대하여 형법 제38조를 적용하여 산출한 처단형의 범위 내에 속하도록 판결을 받지 아니한 죄에 대한 형을 선고한다.'고 하지 않았다.

(사) 현행 형법 제39조 제1항은 형법 제37조 후단 경합범과 전단 경합범 사이에 처벌의 불균형이 없도록 하고자 하면서, "그 죄와 판결이 확정된 죄를 동시에 판결할 경우와 형평을 고려하여" 판결을 받지 아니한

죄에 대하여 형을 선고한다고 규정하였다. (아) 이렇게 정한 취지는, 앞선 두 경우와 같은 방법으로 전체형을 정하거나 처단형의 범위를 제한하게 되면, 이미 판결이 확정된 죄에 대하여 다시 심판하는 것이 되어 일사부재리 원칙에 반할 수 있음을 감안한 것이다.

(자) 현행 형법 제39조 제1항이 이렇게 정한 취지는, 또한 먼저 판결을 받은 죄에 대한 형이 확정됨에 따라 뒤에 판결을 선고받는 형법 제37조 후단 경합범에 대하여 선고할 수 있는 형의 범위가 지나치게 제한되어 책임에 상응하는 합리적이고 적절한 선고형의 결정이 불가능하거나 현저히 곤란하게 될 우려가 있음을 감안한 것이다. (차) 그리하여 형법 제39조 제1항은 법원으로 하여금 합리적이고 적절한 선고형을 결정할 수 있도록 하는 유연한 입법 형식을 취한 것이다.

대법원은 형법 제39조 제1항의 입법경위를 다음과 같이 분석하였다.

(가) 형법 제39조의 개정 과정에서 현행 형법 제39조 제1항의 내용에 '형법 제55조 제1항의 감경 한도 이하로도 감경할 수 있다.'는 내용을 포함시켜 하한이 없는 감경을 가능하게 하려던 수정제안이 있었으나 최종적으로 채택되지 않았다. (나) 즉 입법과정에서 형법 제37조 후단 경합범에 대한 감경에 있어 형법 제55조 제1항의 적용을 배제하려는 의견이 제시되었으나 받아들여지지 않은 것이다.

(다) 이에 비추어 보면 형법 제37조 후단 경합범에 따른 감경을 새로운 유형의 감경이 아니라 일반 법률상 감경의 하나로 보고, 형법 제37조 후단 경합범에 대한 감경에 있어 형법 제55조 제1항에 따라야 한다고 보는 것은 문언적·체계적 해석에 합치될 뿐 아니라 입법자의 의사와 입법연혁 등을 고려한 목적론적 해석에도 부합한다.

대법원은 형법 제39조 제1항이 규정한 '형평을 고려하여 형을 선고한다'는 의미를 다음과 같이 해석하였다.

(가) 형법 제39조 제1항 전문이 "경합범 중 판결을 받지 아니한 죄가 있는 때에는 그 죄와 판결이 확정된 죄를 동시에 판결할 경우와 형평을 고려하여 그 죄에 대하여 형을 선고한다."라고 규정하고 있다. (나) 이것은 기존에 형법 제37조 후단 경합범에 대하여 형의 집행단계에서 전단 경합범과 형평을 고려해 오던 것을 형의 선고단계에서 형평을 고려하여 형을 정한다는 취지를 밝힌 것일 뿐이다. (다) 이것을 형법 제37조 후단 경합범에 대하여 동시에 판결할 경우와 완벽하게 형평을 기할 수 있도록 감경 한도의 제한 없이 감경할 수 있다는 뜻을 선언하는 것으로 볼 수는 없다.

(라) 즉 형법 제37조 후단 경합범에 대하여 동시에 판결할 경우와 형평을 고려하여 형을 선고한다고 정한 것은 법원이 판결이 확정된 죄와 형법 제37조 후단 경합범을 동시에 판결할 경우와 형평을 고려하여 형법 제37조 후단 경합범에 대한 처단형의 범위 내에서 형을 선고한다는 원칙을 선언함으로써 형의 양정(형법 제51조)에 관한 추가적인 고려사항을 제시한 것이다. (마) 이는 형법 제37조 후단 경합범의 경우에 형의 양정 과정에서 판결이 확정된 죄와 형법 제37조 후단 경합범을 함께 처벌할 경우와 비교하여 형평에 맞지 않는다고 판단되는 경우에는 형법 제39조 제1항 후문이 정한 바에 따라 형의 감경 또는 면제 등을 통하여 최대한 형평에 맞도록 하여야 한다는 의미이다.

(바) 양형재량에 비추어 형의 감경만으로는 도저히 형평에 맞는 결과를 이끌어 낼 수 없다고 보이는 경우에는 형을 면제하면 족하다. (사) 형법 제37조 후단 경합범에 대한 형을 감경할 것인지 면제할 것인지는 원칙적으로 그 죄에 대하여 심판하는 법원이 재량에 따라 판단할 수 있다.

(아) 따라서 법정형의 하한이 있는 범죄에서 감경을 하더라도 일정한 하한을 유지해야 한다는 중대한 원칙에 반하여 처단형의 하한을 벗어난 형을 선고할 수 있다고 보아야 할 필요도 크지 않다. (자) 이를 두고 법관의 양형재량이 중대하게 침해되었다거나 적절한 양형이 불가능하게 되었다고 보기도 어렵다.

대법원은 어떠한 해석방법이 피고인에게 더 이익이 되는 것인가에 대해 다음과 같이 판단하였다.

(가) 형법 제37조 후단 경합범에 대한 형의 감경에 있어 형기에 하한을 두는 것이 피고인에게 불이익하

고, 형기에 하한을 두지 않는 것이 피고인에게 이익이 된다고 일률적으로 말할 수 없다. (나) 형의 하한을 없애어 형의 면제에 이르기까지 처단형이 연속되도록 한 후 형을 정한다면, 형법 제37조 후단 경합범에 대하여 판결이 확정된 죄와 함께 처벌할 경우와 형평을 고려하여 그 죄에 대하여 형을 선고하도록 하면서 형의 감경뿐 아니라 면제까지도 할 수 있게 한 법의 취지에 어긋나고 오히려 피고인에게 불리한 결과를 가져올 수도 있다.

(다) 형법 제37조 후단 경합범에 대한 감경에 형법 제55조 제1항을 적용하면, 감경을 한 후 처단형의 범위 내에서, 즉 형기의 하한이 있는 상태에서 형을 정하게 된다. (라) 이때 판결이 확정된 죄와 함께 처벌할 경우와 비교하여 형평에 맞지 않는다고 보이면 형의 선고가 아니라 형의 면제를 선택하게 될 것이다. (마) 이 형의 면제가 처단형의 하한을 없앤 형의 선고보다 피고인에게 유리하기 때문이다.

대법원은 형의 면제의 법적 성질에 대해 다음과 같이 설시하였다.

(가) 형의 면제는 처단형이 '0'인 경우가 아니다. (나) 처단형의 획정은 형 선고의 전 단계에서 행해진다. (다) 형의 면제는 범죄가 성립하여 형벌권은 발생하였으나 일정한 사유로 형벌을 과하지 않는 것, 즉 유죄판결이지만 형을 선고하지 않는 것이다. (라) 형의 면제가 처단형이 '0'인 경우가 아닌 이유는 형의 면제는 처단형을 전제로 하지 않기 때문이다.

(마) 또한 형법 제37조 후단 경합범에 관한 형법 제39조 제1항 후문은 "이 경우 형을 감경 또는 면제할 수 있다."라고 정하고 있지 '이 경우 형을 감경 및 면제할 수 있다.'고 정하고 있지 않아 형의 감경과 면제는 양립할 수 없는 것임이 문언상 명확하다. (바) 따라서 형의 감경을 선택하면서 형 면제의 결과를 반영할 수는 없는 것이다. (사) 그런데 형의 감경에 하한이 없다고 본다면 형의 감경 외에 형의 면제를 독자적으로 규정하고 있는 의미를 찾을 수 없게 된다.

대법원은 원심판결의 당부에 대해 다음과 같이 판단하였다.

(가) 이러한 법리에 비추어 살펴본다. (나) 원심은 법정형인 무기 또는 5년 이상의 징역 중에서 유기징역을 선택하고 형법 제37조 후단 경합범에 대한 감경과 정상참작감경을 하기로 하였다. (다) 그러한 원심으로서는 형법 제56조가 정한 가중·감경의 순서에 따라 형법 제39조 제1항에 따른 감경(제56조 제4호), 경합범 가중(제56조 제5호), 정상참작감경(제56조 제6호)의 순서로 가중·감경을 하되, 그 감경은 형법 제55조 제1항 제3호에 따라 '그 형기의 2분의 1'로 하여야 한다. (라) 그러므로 원심으로서는 그 처단형인 징역 1년 3개월부터 11년 3개월까지의 범위 내에서 갑에 대한 형을 정했어야 했다.

(마) 그런데도 이와 달리 원심은 형법 제37조 후단 경합범에 대하여 형법 제39조 제1항에서 정한 감경을 할 때에는 형법 제55조 제1항이 적용되지 않는다는 잘못된 전제에서 위와 같은 법률상 처단형의 하한을 벗어난 징역 6개월을 선고하였다. (바) 이러한 원심의 판단에는 형법 제39조 제1항에서 정한 형의 감경에 관한 법리를 오해하여 판결에 영향을 미친 잘못이 있다.

 2010도7525

2010. 9. 30. 2010도7525, 공 2010하, 2052 = 분석 각론 『종전 선서 위증 사건』:

A는 ㉮형사사건으로 재판을 받고 있었다. 갑은 A의 동생이다. 갑은 ㉮사건을 수사기관에 제보한 을을 만났다. 갑은 을에게 허위증언을 하도록 교사하였다. 을은 ㉮형사사건 제9회 공판기일에 증인으로 출석하였다. 을은 증인으로 선서하였다. 을은 이날 진행된 공판기일에서 ㉠허위진술을 하였다. 을의 ㉠허위진술이 철회·시정된 바 없이 을에 대한 증인신문절차가 같은 날 그대로 종료되었다. 이후 을은 ㉮형사사건 재판에 증인으로 다시 신청되어 채택되었다. 을은 ㉮형사사건 제21회 공판기일에 다시 출석하였다. 을은 재판장으로부터 종전 선서의 효력이 유지됨을 고지받고 증언을 하였다. 을은 제9회 공판기일에 한 ㉠진술이 허위진술임을 시

인하고 이를 철회하는 ㉃진술을 하였다.

검사는 갑을 위증교사죄로 기소하였다. 갑에 대한 위증교사죄 피고사건 제1심법원은 다음의 이유를 들어서 무죄를 선고하였다. (가) 을이 증인으로 선서한 후 일단 기억에 반하는 허위의 진술을 하였다가 ㉠형사사건의 재판절차가 끝나기 전에 이를 철회·시정하였다. (나) 그러한 이상 을에 대해서는 위증죄가 성립하지 않는다. (다) 정범인 을에 대하여 위증죄가 성립하지 않는 이상 교사범인 갑에 대한 위증교사죄 역시 성립할 여지가 없다. 검사는 불복 항소하였다. 항소법원은 항소를 기각하고, 제1심판결을 유지하였다. 검사는 불복 상고하였다.

대법원은 다음의 이유를 제시하여 원심판결을 파기환송하였다.

대법원은 증인이 진술을 철회한 경우 위증죄의 성립 여부에 대해 다음과 같이 설시하였다.

(가) 증인의 증언은 그 전부를 일체로 관찰·판단하는 것이다. (나) 그러므로 선서한 증인이 일단 기억에 반하는 허위의 진술을 하였더라도 그 신문이 끝나기 전에 그 진술을 철회·시정한 경우 위증이 되지 아니한다. (다) 그러나 증인이 1회 또는 수회의 기일에 걸쳐 이루어진 1개의 증인신문절차에서 허위의 진술을 하고 그 진술이 철회·시정된 바 없이 그대로 증인신문절차가 종료된 경우 그로써 위증죄는 기수에 달한다.

(라) 그 후 별도의 증인 신청 및 채택 절차를 거쳐 그 증인이 다시 신문을 받는 과정에서 종전 신문절차에서의 진술을 철회·시정한다 하더라도 그러한 사정은 형법 제153조가 정한 형의 감면사유에 해당할 수 있을 뿐, 이미 종결한 종전 증인신문절차에서 행한 위증죄의 성립에 어떤 영향을 주는 것은 아니다. (마) 위와 같은 법리는 증인이 별도의 증인신문절차에서 새로이 선서를 한 경우뿐만 아니라 종전 증인신문절차에서 한 선서의 효력이 유지됨을 고지받고 진술한 경우에도 마찬가지로 적용된다.

대법원은 사실관계를 확인하였다.

대법원은 을의 행위에 대해 다음과 같이 판단하였다.

(가) 을이 ㉠형사사건 제9회 공판기일에 증인으로 출석하여 허위의 진술을 하고 그 신문절차가 그대로 종료됨으로써 을의 위증죄는 이미 기수에 이른 것으로 보아야 한다. (나) 그 후 을이 다시 증인으로 신청·채택되어 제21회 공판기일에 출석하여 종전 신문절차에서 한 허위 진술을 철회하였다 하더라도 이미 성립한 위증죄에 영향을 미친다고 볼 수는 없다.

2004도8259

2005. 2. 25. 2004도8259, [미간행] =『텐트 속 강간 중지 사건』:

갑과 을은 A를 텐트 안으로 끌고 간 후 을, 갑의 순으로 성관계를 하기로 하였다. 갑은 텐트 밖으로 나와 주변에서 망을 보았다. 을은 A의 옷을 모두 벗기고 A의 반항을 억압한 후 A를 강간하였다. 이어 갑이 텐트 안으로 들어가 A를 강간하려 하였다. 그러자 A가 반항을 하며 강간을 하지 말아 달라고 사정을 하였다. 갑은 강간을 하지 않았다.

검사는 갑을 성폭력처벌법의 특수강간죄(합동강간)의 기수범으로 기소하였다. 제1심은 유죄를 인정하였다. 갑은 불복 항소하였다. 항소법원은 항소를 기각하고, 제1심판결을 유지하였다. 갑은 불복 상고하였다. 갑은 상고이유로 다음의 점을 주장하였다. (가) 갑은 A의 사정을 듣고 강간행위에 나아가지 않았다. (나) 갑은 중지미수에 해당한다.

대법원은 다음의 이유를 제시하여 상고를 기각하였다.

(가) 다른 공범의 범행을 중지하게 하지 아니한 이상 자기만의 범의를 철회, 포기하여도 중지미수로는 인정될 수 없다. (나) (사실관계; 생략함.) (다) 앞서 본 법리에 비추어 보면 을이 갑과의 공모하에 강간행위에 나아간 이상 비록 갑이 강간행위에 나아가지 않았다 하더라도 중지미수에 해당하지는 않는다.

제3절 불능범

2024. 6. 27. 2021도2340, 판례속보 = 『가처분 소송비용 청구 사건』 :

민사소송법은 소송비용결정에 대해 다음과 같은 규정을 두고 있다.

(가) 제110조(소송비용액의 확정결정) ①소송비용의 부담을 정하는 재판에서 그 액수가 정하여지지 아니한 경우에 제1심 법원은 그 재판이 확정되거나, 소송비용부담의 재판이 집행력을 갖게된 후에 당사자의 신청을 받아 결정으로 그 소송비용액을 확정한다. (나) ②제1항의 확정결정을 신청할 때에는 비용계산서, 그 등본과 비용액을 소명하는 데 필요한 서면을 제출하여야 한다. (다) 제115조(법원사무관등에 의한 계산) 제110조 제1항의 신청이 있는 때에는 법원은 법원사무관등에게 소송비용액을 계산하게 하여야 한다.

갑은 P법인을 상대로 임시총회개최금지가처분신청을 하였다(㉮가처분사건). 관할법원은 ㉮가처분사건을 인용하였다. ㉮가처분사건은 확정되었다. 갑은 ㉮가처분사건에 소요된 소송비용을 받아내기 위하여 ㉮사건 관할법원에 소송비용액확정결정신청을 하였다(㉯신청). 소송비용확정결정을 신청할 때에는 (ㄱ) 비용계산서, (ㄴ) 그 등본과 (ㄷ) 비용액을 소명하는 데 필요한 서면을 제출하여야 한다. 갑은 ㉯소송비용액확정신청을 하면서 ㉠소송비용액계산서를 제출하였다. 갑은 ㉠소송비용액계산서에 '변호사비: 5,000,000원'이라고 기재하였다. 갑은 ㉠소송비용계산서를 제출하면서 기왕에 납부한 인지대의 ㉡영수증, 송달료에 관한 ㉢영수증을 소명자료로 제출하였다. 갑은 변호사 비용에 관하여는 아무런 소명자료를 제출하지 않았다. P법인은 ㉯소송비용액확정신청에 대해 이의제기를 하였다. 이 과정에서 갑이 ㉮가처분사건에서 변호사를 선임한 사실이 없었음이 밝혀졌다.

검사는 갑을 사기미수죄로 기소하였다. 제1심법원은 유죄를 선고하였다. 갑은 불복 항소하였다. 항소법원은 항소를 기각하고, 제1심판결을 유지하였다. 갑은 불복 상고하였다.

대법원은 다음의 이유를 제시하여 원심판결을 파기환송하였다.

대법원은 소송비용부담의 재판에 대해 다음과 같이 설시하였다.

(가) 소송비용부담의 재판은 소송비용상환의무의 존재를 확정하고 그 지급을 명하는 데 그친다. (나) 구체적인 소송비용의 액수는 민사소송법 제110조 제1항에 의한 소송비용액확정결정을 통하여 확정된다. (다) 소송비용의 상환을 구하는 자는 소송비용액확정결정에 집행문을 부여받아 그 확정된 소송비용액에 관하여 강제집행을 할 수 있다. (라) 허위 내용으로 법원을 기망하여 자기에게 유리한 소송비용액확정결정을 받는 행위는 사기죄를 구성할 수 있다.

(마) 한편 소송비용액확정결정을 신청할 때에는 비용계산서, 그 등본과 비용액을 소명하는 데 필요한 서면을 제출하여야 한다(민사소송법 제110조 제2항). (바) 그러므로 당사자가 단순히 실제 사실과 다른 비용액에 관한 주장만 한 경우를 사기죄로 인정하는 것에는 신중하여야 한다. (사) 소송비용 중 당사자 등이 소송 기타 절차를 수행하기 위하여 법원에 납부하는 인지액 및 민사예납금 등 이른바 '재판비용'은 관할법원이 스스로 보존하고 있는 재판서 및 소송기록 등에 의하여 계산할 것이 예정되어 있다. (아) 당사자가 소송 등 수행을 위하여 제3자에게 직접 지출하는 이른바 '당사자비용'은 신청인이 반드시 소명하여야 한다. (자) 그러므로 소명자료 등을 조작하거나 허위의 소명자료 등을 제출함이 없이 단지 실제 사실과 다른 비용액에 관한 주장만 하는 경우에는 특별한 사정이 없는 한 법원을 기망하였다고 단정하기 어렵다.

대법원은 사실관계를 분석하였다(내용 생략함).

대법원은 갑의 ㉯행위에 대해 다음과 같이 판단하였다.

(가) 갑이 ㉮가처분사건에서 변호사를 신임한 적이 없음에도 ㉯소송비용액확정신청을 하면서 ㉠소송비용

액계산서의 비용항목에 사실과 다르게 변호사비용을 기재하기는 하였다. (나) 그러나 이와 관련하여 소명자료 등을 조작하거나 허위의 소명자료를 제출하지는 않았다. (다) 갑의 ㉴소송비용액확정신청이 객관적으로 법원을 기망하기에 충분하다고 보기는 어렵다. (라) 그러므로 이를 사기죄의 기망행위라고 단정할 수 없다.

2018도16002

2019. 3. 28. 2018도16002 전원합의체 판결, 공 2019상, 1005 =『준강간 불능미수 사건 – 심신상실 부분』:

갑은 A(처), B(여)와 함께 술을 마셨다. (일자 생략함) 01:00경 A가 먼저 잠이 들었다. 02:00 B도 안방으로 들어갔다. 갑은 B를 따라 들어간 뒤 술에 취하여 누워 있는 B를 간음하였다. 범행 당시 갑은 B가 술에 만취하여 항거불능의 상태에 있다고 생각하였다. 그런데 간음 당시 B는 항거불능의 상태에 있지는 않았다.

검사는 갑을 강간죄로 기소하였다. 검사는 강간죄의 수단인 폭행·협박을 증명할 수 없었다. 검사는 예비적 공소사실로 준강간죄(기수범)를 추가하는 공소장변경을 신청하여 허가를 받았다. 제1심법원은 강간죄는 무죄로 판단하고, 준강간죄의 기수범을 인정하였다. 갑은 불복 항소하였다. 갑은 항소이유로 다음의 점을 주장하였다. (가) B는 이 사건 당시 술에 만취하지 않아서 심신상실 내지 항거불능의 상태에 있지 않았다. (나) 갑은 B와 묵시적 합의에 의하여 성관계를 한 것이지 B의 심신상실 내지 항거불능의 상태를 인식하고 이를 이용하여 B를 간음한 사실이 없다. 검사는 B가 실제로 반항이 불가능할 정도로 술에 취하였는지를 증명할 수 없었다. 검사는 예비적 공소사실로 준강간죄의 미수범을 추가하는 공소장변경신청을 하여 허가를 받았다. 항소법원은 준강간죄의 기수범은 무죄로 판단하고, 준강죄의 미수범(불능미수)을 인정하였다. 갑은 불복 상고하였다. 갑은 상고이유로, 준강간죄의 불능미수가 성립하지 않는다고 주장하였다.

대법원은 다음의 이유를 제시하여 상고를 기각하였다.

대법원은 10 대 3으로 견해가 나뉘었다.

다수의견은 다음의 이유를 들어서 준강간죄의 불능미수가 인정된다고 주장하였다.

(가) 피고인이 피해자가 심신상실 또는 항거불능의 상태에 있다고 인식하고 그러한 상태를 이용하여 간음할 의사로 피해자를 간음하였으나 피해자가 실제로는 심신상실 또는 항거불능의 상태에 있지 않은 경우가 있다. (나) 이러한 경우에는 실행의 수단 또는 대상의 착오로 인하여 준강간죄에서 규정하고 있는 구성요건적 결과의 발생이 처음부터 불가능하였고 실제로 그러한 결과가 발생하였다고 할 수 없다. (다) 피고인이 준강간의 실행에 착수하였으나 범죄가 기수에 이르지 못하였으므로 준강간죄의 미수범이 성립한다. (라) 피고인이 행위 당시에 인식한 사정을 놓고 일반인이 객관적으로 판단하여 보았을 때 준강간의 결과가 발생할 위험성이 있었으므로 준강간죄의 불능미수가 성립한다.

소수의견은 다음의 이유를 들어서 불능미수가 성립하지 않는다고 주장하였다.

(가) 강간죄나 준강간죄는 구성요건결과의 발생을 요건으로 하는 결과범이자 보호법익의 현실적 침해를 요하는 침해범이다. (나) 그러므로 강간죄나 준강간죄에서 구성요건결과가 발생하였는지 여부는 간음이 이루어졌는지, 즉 그 보호법익인 개인의 성적 자기결정권이 침해되었는지 여부를 기준으로 판단하여야 한다. (다) 이 사건에서 제1심 및 원심 모두 강간죄 및 준강간죄의 구성요건결과인 간음이 행하여졌다는 사실을 인정하고 있다. (라) 그리고 간음으로 인하여 피해자의 성적 자기결정권이 침해되었다는 점에 대해서는 의문이 없다. (마) 그렇다면 이 사건은 형법 제27조에서 말하는 '결과의 발생이 불가능'한 경우, 즉 '범죄행위의 성질상 결과 발생 또는 법익침해의 가능성이 절대로 있을 수 없는 경우'에 해당하지 않는다. (바) 이 사건은 미수범의 영역에서 논의할 문제가 아니다.

대법원은 다수의견에 따라 갑의 상고를 기각하였다.

다수의견은 갑의 행위가 준강간죄의 불능미수가 되는 이유를 자세히 설시하였다. (이하 다수의견을 '대법원'으로 표시하여 소개함.)

대법원은 불능미수의 법적 성질에 대해 다음과 같이 설시하였다.

(가) 형법 제27조에서 규정하고 있는 불능미수는 (ㄱ) 행위자에게 범죄의사가 있고 (ㄴ) 실행의 착수라고 볼 수 있는 행위가 있지만 (ㄷ) 실행의 수단이나 대상의 착오로 처음부터 구성요건이 충족될 가능성이 없는 경우이다. (나) 다만 결과적으로 구성요건의 충족은 불가능하지만, 그 행위의 위험성이 있으면 불능미수로 처벌한다. (다) 불능미수는 행위자가 실제로 존재하지 않는 사실을 존재한다고 오인하였다는 측면에서 존재하는 사실을 인식하지 못한 사실의 착오와 다르다.

대법원은 장애미수, 중지미수, 불능미수의 차이점을 다음과 같이 설시하였다.

(가) 형법은 제25조 제1항에서 "범죄의 실행에 착수하여 행위를 종료하지 못하였거나 결과가 발생하지 아니한 때에는 미수범으로 처벌한다."라고 하여 장애미수를 규정하고 있다. (나) 형법은 제26조에서 "범인이 자의로 실행에 착수한 행위를 중지하거나 그 행위로 인한 결과의 발생을 방지한 때에는 형을 감경 또는 면제한다."라고 하여 중지미수를 규정하고 있다. (다) 장애미수 또는 중지미수는 범죄의 실행에 착수할 당시 실행행위를 놓고 판단하였을 때 행위자가 의도한 범죄의 기수가 성립할 가능성이 있었으므로 처음부터 기수가 될 가능성이 객관적으로 배제되는 불능미수와 구별된다.

대법원은 불능미수의 요건을 다음과 같이 설시하였다.

(가) 형법 제27조에서 정한 '실행의 수단 또는 대상의 착오'는 행위자가 시도한 행위방법 또는 행위객체로는 결과의 발생이 처음부터 불가능하다는 것을 의미한다. (나) 그리고 '결과 발생의 불가능'은 실행의 수단 또는 대상의 원시적 불가능성으로 인하여 범죄가 기수에 이를 수 없는 것을 의미한다고 보아야 한다. (다) 한편 불능범과 구별되는 불능미수의 성립요건인 '위험성'은 피고인이 행위 당시에 인식한 사정을 놓고 일반인이 객관적으로 판단하여 결과 발생의 가능성이 있는지 여부를 따져야 한다.

대법원은 준강간죄의 성립요건에 대해 다음과 같이 설시하였다.

(가) 형법 제299조에서 정한 준강간죄는 사람의 심신상실 또는 항거불능의 상태를 이용하여 간음함으로써 성립하는 범죄이다. (나) 형법 제299조에서 정한 준강간죄는 정신적·신체적 사정으로 인하여 성적인 자기방어를 할 수 없는 사람의 성적 자기결정권을 보호법익으로 한다. (다) 심신상실 또는 항거불능의 상태는 피해자인 사람에게 존재하여야 하므로 준강간죄에서 행위의 대상은 '심신상실 또는 항거불능의 상태에 있는 사람'이다. (라) 그리고 구성요건에 해당하는 행위는 그러한 '심신상실 또는 항거불능의 상태를 이용하여 간음'하는 것이다. (마) 심신상실 또는 항거불능의 상태에 있는 사람에 대하여 그 사람의 그러한 상태를 이용하여 간음행위를 하면 구성요건이 충족되어 준강간죄가 기수에 이른다.

(바) 피고인이 피해자가 심신상실 또는 항거불능의 상태에 있다고 인식하고 그러한 상태를 이용하여 간음할 의사를 가지고 간음하였으나, 실행의 착수 당시부터 피해자가 실제로는 심신상실 또는 항거불능의 상태에 있지 않았다면, 실행의 수단 또는 대상의 착오로 준강간죄의 기수에 이를 가능성이 처음부터 없다고 볼 수 있다. (사) 이 경우 피고인이 행위 당시에 인식한 사정을 놓고 일반인이 객관적으로 판단하여 보았을 때 정신적·신체적 사정으로 인하여 성적인 자기방어를 할 수 없는 사람의 성적 자기결정권을 침해하여 준강간의 결과가 발생할 위험성이 있었다면 불능미수가 성립한다.

대법원은 갑의 행위에 대해 다음과 같이 판단하였다.

(가) 이 사건은 갑이 준강간의 고의로 B를 간음하였으나, B가 실제로는 심신상실 또는 항거불능의 상태에 있지 않아 실행의 수단 또는 대상의 착오로 인하여 준강간의 결과 발생이 불가능한 경우에 해당한다. (나) 갑이 인식한 사정을 놓고 일반인이 객관적으로 판단하여 보았을 때 결과 발생의 가능성이 있으므로 위험성이 인정된다.

제5절 예비·음모죄

2017도7687

2017. 9. 21. 2017도7687, 공 2017하, 2047 =『폭처법 우범자 규정 사건』:

폭력행위처벌법 제7조는 "정당한 이유 없이 이 법에 규정된 범죄에 공용될 우려가 있는 흉기나 그 밖의 위험한 물건을 휴대하거나 제공 또는 알선한 사람은 3년 이하의 징역 또는 300만원 이하의 벌금에 처한다."라 고 규정하고 있다. 종래 폭력행위처벌법은 형법에 규정된 일정한 폭력범죄에 '2명 이상이 공동하여', '야간', '상습', '흉기 기타 위험한 물건 휴대' 등의 요건이 추가되면 가중처벌하고 있었다. 헌법재판소는 이 가운데 '야간', '상습', '흉기 기타 위험한 물건 휴대'를 요건으로 하는 가중처벌 규정에 대해 일련의 위헌결정을 내렸 다. 헌법재판소의 위헌결정 취지를 반영하기 위하여 2016년 폭력행위처벌법이 다음과 같이 개정되었다. (가) 상습폭행 등 상습폭력범죄에 대한 가중처벌규정(@규정으로 통칭함)을 삭제한다. (나) 흉기휴대폭행 등 특수 폭력범죄에 대한 가중처벌규정(ⓑ규정으로 통칭함)을 삭제한다. (다) '2인 이상이 공동하여'의 요건을 요하는 공동폭력범죄 가중처벌 규정(ⓒ규정으로 통칭함)을 정비한다. (라) 누범 가중처벌 규정(ⓓ규정으로 통칭함)을 정비한다. 종래 폭력행위처벌법으로 처벌되던 각종 폭력범죄는 이제 형법상 특수폭행, 특수상해, 특수협박, 특 수공갈, 특수손괴 등의 죄로 처벌된다.

갑은 폭력범죄로 여러 차례 처벌받은 전력이 있다. 갑은 (일자 생략) 12:20경 A가 사용하던 칼을 빼앗 으려 하였다. 갑은 여의치 않자 자신의 집으로 가 과도(칼날 길이 22cm)를 들고 왔다(㉮행위). 검사는 갑의 ㉮행위에 대해 폭력행위처벌법 제7조를 적용하여 기소하였다. 공소사실의 요지는 다음과 같다(㉯공소사실). "갑은 (일자 생략) 12:20경 A가 사용하던 칼을 빼앗으려 하다가 여의치 않자 자신의 집으로 가 위험한 물 건인 과도(칼날 길이 22cm)를 들고 와 정당한 이유 없이 위험한 물건을 휴대하였다." 제1심법원은 유죄를 인정하였다. 갑은 불복 항소하였다. 항소법원은 항소를 기각하고, 제1심판결을 유지하였다. 갑은 불복 상고 하였다.

대법원은 다음의 이유를 제시하여 원심판결을 파기환송하였다.

대법원은 죄형법정주의의 취지를 다음과 같이 설시하였다.

(가) 죄형법정주의는 국가형벌권의 자의적인 행사로부터 개인의 자유와 권리를 보호하기 위하여 범죄와 형벌을 법률로 정할 것을 요구한다. (나) 그러한 취지에 비추어 보면 형벌법규의 해석은 엄격하여야 하고, 명 문의 형벌법규의 의미를 피고인에게 불리한 방향으로 지나치게 확장해석하거나 유추해석하는 것은 죄형법정 주의의 원칙에 어긋나는 것으로서 허용되지 아니한다.

대법원은 폭력행위처벌법에 대한 헌법재판소의 위헌결정과 폭처법 개정 상황을 분석하였다(내용 소개는 생략함.)

대법원은 폭력행위처벌법 제7조의 입법취지에 대해 다음과 같이 설시하였다.

(가) 폭력행위처벌법 제7조는 "정당한 이유 없이 이 법에 규정된 범죄에 공용될 우려가 있는 흉기나 그 밖의 위험한 물건을 휴대하거나 제공 또는 알선한 사람은 3년 이하의 징역 또는 300만원 이하의 벌금에 처한 다."라고 규정하고 있다. (나) 폭력행위처벌법 제7조는 집단 또는 상습 및 특수폭력범죄 등을 저지를 우려가 있는 사람을 처벌함으로써 공공의 안녕과 질서를 유지하기 위한 규정으로 법률 제정 시부터 현재까지 실질적 인 내용의 변경 없이 그대로 유지되어 왔다.

(다) 이러한 폭력행위처벌법위반(우범자)죄는 대상범죄인 '이 법에 규정된 범죄'의 예비죄로서의 성격을 지니고 있다. (라) 이러한 형벌규정 해석에 관한 일반적인 법리와 폭력행위처벌법의 개정경위와 내용, 폭력행 위처벌법 제7조의 입법 취지와 문언의 체계, 폭력행위처벌법위반(우범자)죄의 성격과 성립요건 등을 종합하

여 본다. (마) 그렇게 보면, 폭력행위처벌법 제7조에서 말하는 '이 법에 규정된 범죄'라고 함은 '폭력행위처벌법에 규정된 범죄'만을 의미한다고 해석함이 타당하다.

대법원은 폭력행위처벌법 제7조의 요건 가운데 '위험한 물건의 휴대'에 관하여 다음과 같이 설시하였다.

(가) 폭력행위처벌법 제7조에서 말하는 위험한 물건의 '휴대'라 함은 범죄현장에서 사용할 의도 아래 위험한 물건을 몸 또는 몸 가까이에 소지하는 것을 말한다. (나) 정당한 이유 없이 폭력행위처벌법에 규정된 범죄에 공용될 우려가 있는 흉기를 휴대하고 있었다면 다른 구체적인 범죄행위가 없다고 하더라도 그 휴대행위 자체에 의하여 폭력행위처벌법위반(우범자)죄의 구성요건을 충족하는 것이다.

(다) 그렇지만 흉기나 그 밖의 위험한 물건을 소지하고 있다는 사실만으로 폭력행위처벌법에 규정된 범죄에 공용될 우려가 있는 것으로 추정된다고 볼 수는 없다. (라) 형사재판에서 공소가 제기된 범죄의 구성요건을 이루는 사실에 대한 증명책임은 검사에게 있다. (마) 따라서 피고인이 폭력행위처벌법에 규정된 범죄에 공용될 우려가 있는 흉기나 그 밖의 위험한 물건을 휴대하였다는 점은 검사가 증명하여야 한다.

대법원은 검사의 공소사실과 관련된 사실관계를 다음과 같이 분석하였다.

(가) 검사는 ⓐ공소사실이 폭력행위처벌법 제7조에 해당함을 이유로 기소하였다. (나) 그러나 ⓐ공소사실에는 갑이 폭력행위처벌법 중 어떠한 범죄에 사용할 의도로 과도를 휴대하였는지에 대하여 아무런 기재가 없다. (다) 갑은 수사기관에서부터 원심 법정에 이르기까지 당시 과도를 소지한 사실은 인정하였다. (라) 그러나 갑은 구체적으로 폭력행위처벌법 중 어떠한 범죄에 사용할 의도로 과도를 소지하였는지에 대하여는 아무런 진술도 하지 않았다. (마) 갑이 A와 다툰 직후 자신의 집에서 과도를 가지고 와 이를 소지하게 되었으나, 더 나아가 당시 갑이 폭력행위처벌법에 규정된 범죄를 실제로 범할 의도가 있었다고 보이지는 않는다. (바) 갑은 과거에 현행 폭력행위처벌법이 규정하고 있는 범죄를 저질러 처벌받은 전력도 없다.

대법원은 갑의 ⓐ행위에 대해 다음과 같이 판단하였다.

(가) 이러한 사정을 앞서 본 법리에 비추어 살펴본다. (나) 검사가 제출한 증거들만으로는 갑이 정당한 이유 없이 폭력행위처벌법에 규정된 범죄에 공용될 우려가 있는 위험한 물건을 휴대하였음이 합리적 의심 없이 증명되었다고 볼 수 없다. (다) 갑이 당시 형법상의 폭력범죄에 사용할 의도로 과도를 소지하였다고 하자. (라) 그렇다고 하더라도 형법상의 폭력범죄는 2016. 1. 6. 법률개정에 따라 더 이상 폭력행위처벌법 제7조에서 말하는 '이 법에 규정된 범죄'가 될 수 없다.

```
2014도10978
```

2015. 1. 22. 2014도10978 전원합의체 판결, 공 2015상, 357 = 『당원집회 내란음모 사건』:

갑은 P정당의 비례대표 국회의원이다. 갑은 P정당의 지도자이다. 을은 P정당의 간부이다. 병 등은 P정당의 M도당 조직원들이다. 갑, 을, 병 등 130여명이 비밀리에 N강당에 모였다(ⓐ회합). 갑은 이 자리에 모인 조직원들을 상대로 강연을 하였다. 을은 이 자리에서 사회를 보았다. 갑은 이 자리에서 다음과 같은 내용의 발언을 하였다. "'전쟁 상황'으로 도래한 혁명의 결정적 시기를 맞이하여 (중략) 최후에는 '군사적으로 결정'될 수밖에 없으므로 '한 자루 권총 사상'으로 무장하여 물질적·기술적 준비를 철저히 함으로써 '조국통일, 통일혁명'을 완수하자."(ⓐ발언). 갑의 강연 후 병 등은 지역별·권역별로 토론을 진행하였다. 병 등은 갑의 발언에 호응하여 선전전, 정보전, 국가기간시설 파괴 등을 논의하였다. 갑은 마무리 발언을 통하여 "총공격의 명령이 떨어지면 속도전으로 일체화된 강력한 집단적 힘을 통하여 각 동지가 자기 초소에 놓여 있는 물질기술적 조치를 하자."는 내용의 발언을 하였다(이상 ⓐ행위).

검사는 갑의 ⓐ발언이 내란선동에 해당한다고 판단하였다. 검사는 갑, 을, 병 등의 ⓐ행위가 내란음모에 해당한다고 판단하였다. 검사는 갑을 내란선동죄 및 내란음모죄로 기소하였다. 검사는 을을 내란 선동죄의 공동정범 및 내란음모죄로 기소하였다. 검사는 병 등을 내란음모죄로 기소하였다. 갑 등의 피고사건은 제1심을 거친 후, 항소심에 계속되었다. 항소법원은 갑과 을에게 내란선동죄로 유죄를 인정하였다. 항소법원은 갑, 을, 병 등에 대한 내란음모죄에 대해 무죄로 판단하였다. 갑과 을은 유죄 부분에 불복하여 상고하였다. 검사는 무죄 부분에 불복하여 상고하였다.

대법원은 다음의 이유를 제시하여 상고를 모두 기각하였다.

내란선동죄 부분에 대해 대법원은 10 대 3으로 견해가 나뉘었다. 다수의견은 내란 선동죄 부분에 대해 유죄를 인정하였다. 소수의견은 내란선동죄와 내란음모죄가 위험성의 정도를 같이 하므로 내란음모죄가 성립하지 않는 것과 같이 내란선동죄도 성립하지 않는다고 주장하였다. 대법원은 다수의견에 따라 내란선동죄 부분에 대한 갑과 을의 상고를 기각하였다.

내란음모죄 부분에 대해 대법원은 9 대 4로 견해가 나뉘었다. 다수의견은 내란음모죄에 실질적 위험성이 인정되어야 한다는 이유로 무죄로 판단하였다. 소수의견은 내란음모죄의 실질적 위험성을 판단할 때 외부적 사정을 함께 고려해야 한다는 이유로 유죄를 주장하였다. 대법원은 다수의견에 따라 검사의 상고를 기각하였다. (이하 다수의견을 '대법원'으로 표시하여 소개함.)

대법원은 내란선동죄의 입법취지에 대해 다음과 같이 설시하였다.

(가) 우리 헌법은 국민주권주의, 자유민주주의, 국민의 기본권보장, 법치주의 등을 국가의 근본이념 및 기본원리로 하고 있다. (나) 이러한 헌법질서 아래에서 헌법이 정한 민주적 절차가 아니라 폭력 등의 수단에 의하여 헌법기관의 권능행사를 불가능하게 하거나 헌법의 기능을 소멸시키는 행위는 어떠한 경우에도 용인될 수 없다. (다) 일단 국헌문란을 목적으로 한 폭동이 발생하면 이로 인하여 막대한 인명과 재산상의 피해 및 사회적 혼란이 초래될 것은 명백하고, 혹시라도 내란이 성공하여 국민적 합의로 성립한 현재의 헌법질서가 폭력에 의하여 무너지게 되면, 이를 원래대로 회복한다는 것은 대단히 어려운 일이 될 것이므로, 그러한 내란 행위는 사전에 차단하는 것이 필요하다. (라) 따라서 직접적인 폭력행위 등의 방법으로 헌법질서를 전복할 것을 선동하는 것 역시 정치적 표현의 자유의 한계를 현저히 일탈한 것으로서 허용될 수 없다.

(마) 이에 따라 형법은 국가의 기본조직을 폭력적으로 변혁할 것을 목적으로 하는 집단적 행위로부터 국가의 존립과 헌법질서를 보호하기 위하여 다음의 규정을 두고 있다. (바) 형법은 제87조에서 "국토를 참절하거나 국헌을 문란할 목적으로 폭동한 자"를 내란죄로 처벌한다고 규정하고 있다. (사) 형법은 제90조 제1항 및 제2항에서 내란 목적으로 예비 또는 음모한 자와 내란을 선동 또는 선전한 자를 모두 3년 이상의 유기징역 또는 유기금고에 처한다고 규정하고 있다.

대법원은 내란선동죄의 법적 성질에 대해 다음과 같이 설시하였다.

(가) 내란선동죄는 내란이 실행되는 것을 목표로 선동함으로써 성립하는 독립한 범죄이다. (나) 내란선동죄는 선동으로 말미암아 피선동자들에게 반드시 범죄의 결의가 발생할 것을 요건으로 하지 않는다. (다) 내란선동은 주로 내란행위의 외부적 준비행위에도 이르지 않은 단계에서 이루어진다. (라) 그렇지만 내란선동은 다수인의 심리상태에 영향을 주는 방법으로 내란의 실행욕구를 유발 또는 증대시킴으로써 집단적인 내란의 결의와 실행으로 이어지게 할 수 있는 파급력이 큰 행위이다. (마) 따라서 내란을 목표로 선동하는 행위는 그 자체로 내란예비·음모에 준하는 불법성이 있다고 보아 내란예비·음모와 동일한 법정형으로 처벌되는 것이다.

대법원은 내란선동죄의 국헌문란 목적에 대해 다음과 같이 설시하였다.

(가) 내란선동죄에서 '국헌을 문란할 목적'이라 함은 (ㄱ) "헌법 또는 법률에 정한 절차에 의하지 아니하고 헌법 또는 법률의 기능을 소멸시키는 것(형법 제91조 제1호)" 또는 (ㄴ) "헌법에 의하여 설치된 국가기관을 강압에 의하여 전복 또는 그 권능행사를 불가능하게 하는 것(형법 제91조 제2호)"을 말한다. (나) 국헌문란의

목적은 범죄 성립을 위하여 고의 외에 요구되는 초과주관적 위법요소로서 엄격한 증명사항에 속한다. (다) 국헌문란의 목적은 확정적 인식임을 요하지 아니하며, 다만 미필적 인식이 있으면 족하다. (라) 국헌문란의 목적이 있었는지 여부는 피고인들이 이를 자백하지 않는 이상 외부적으로 드러난 피고인들의 행위와 그 행위에 이르게 된 경위 등 사물의 성질상 그와 관련성 있는 간접사실 또는 정황사실을 종합하여 판단하면 된다. (마) 선동자의 표현 자체에 공격대상인 국가기관과 그를 통해 달성하고자 하는 목표, 실현방법과 계획이 구체적으로 나타나 있어야만 인정되는 것은 아니다.

대법원은 내란선동죄의 요건인 폭동에 대해 다음과 같이 설시하였다.

(가) 형법상 내란죄의 구성요건인 폭동의 내용으로서의 폭행 또는 협박은 일체의 (ㄱ) 유형력의 행사나 (ㄴ) 외포심을 생기게 하는 해악의 고지를 의미하는 최광의의 폭행·협박을 말하는 것으로서, (ㄷ) 이를 준비하거나 보조하는 행위를 전체적으로 파악한 개념이다. (나) 형법상 내란죄의 구성요건인 폭동의 내용으로서의 폭행 또는 협박은 그 정도가 한 지방의 평온을 해할 정도의 위력이 있음을 요한다.

대법원은 내란선동죄에서 선동의 의미에 대해 다음과 같이 설시하였다.

(가) 내란선동이라 함은 내란이 실행되는 것을 목표로 하여 피선동자들에게 내란행위를 결의, 실행하도록 충동하고 격려하는 일체의 행위를 말한다. (나) 내란선동은 주로 언동, 문서, 도화 등에 의한 표현행위의 단계에서 문제되는 것이므로 내란선동죄의 구성요건을 해석함에 있어서는 국민의 기본권인 표현의 자유가 위축되거나 그 본질이 침해되지 아니하도록 죄형법정주의의 기본정신에 따라 엄격하게 해석하여야 한다. (다) 따라서 내란을 실행시킬 목표를 가지고 있다 하여도 단순히 특정한 정치적 사상이나 추상적인 원리를 옹호하거나 교시하는 것만으로는 내란선동이 될 수 없다.

(라) 선동의 내용은 내란에 이를 수 있을 정도의 폭력적인 행위를 선동하는 것이어야 한다. (마) 나아가 피선동자의 구성 및 성향, 선동자와 피선동자의 관계 등에 비추어 피선동자에게 내란 결의를 유발하거나 증대시킬 위험성이 인정되어야만 내란선동으로 볼 수 있다. (바) 언어적 표현행위는 매우 추상적이고 다의적일 수 있으므로 그 표현행위가 위와 같은 내란선동에 해당하는지를 가림에 있어서는 선동행위 당시의 객관적 상황, 발언 등의 장소와 기회, 표현 방식과 전체적인 맥락 등을 종합하여 신중하게 판단하여야 한다. (사) 다만 선동행위는 선동자에 의하여 일방적으로 행해지고, 그 이후 선동에 따른 범죄의 결의 여부 및 그 내용은 선동자의 지배영역을 벗어나 피선동자에 의하여 결정될 수 있다. (아) 내란선동을 처벌하는 근거는 선동행위 자체의 위험성과 불법성에 있다.

(자) 이러한 점 등을 전제하면, 내란선동에 있어 시기와 장소, 대상과 방식, 역할분담 등 내란 실행행위의 주요 내용이 선동 단계에서 구체적으로 제시되어야 하는 것은 아니다. (차) 또 선동에 따라 피선동자가 내란의 실행행위로 나아갈 개연성이 있다고 인정되어야만 내란선동의 위험성이 있는 것으로 볼 수도 없다.

대법원은 사실관계를 분석하였다(내용 소개 생략함).

대법원은 사실관계의 분석을 토대로 '폭동' 여부에 대해 다음과 같이 판단하였다.

(가) 갑, 을이 발언의 목적으로 한 것은 단순히 정치적 사상이나 원리에 대한 옹호가 아니다. (나) 갑, 을이 발언의 목적으로 한 것은 한반도 내 전쟁 발발시에 ㉠회합 참석자 130여 명 이상이 조직적으로 전국적 범위에서 통신·유류·철도·가스 등 주요 국가기간시설을 파괴하는 행위, 선전전, 정보전 등 다양한 수단을 실행하는 행위이다. (다) 이는 다수인이 결합하여 폭행, 협박하는 것으로서 내란죄의 성립에 필요한 '한 지방의 평온을 해할 정도의 폭동'에 해당한다.

대법원은 사실관계의 분석을 토대로 '국헌문란의 목적'에 대해 다음과 같이 판단하였다.

(가) 전쟁 상황에서 갑과 을이 촉구한 행위가 실행되었을 경우에는 주요 기간시설 파괴로 인하여 해당 지역의 통신·유류·철도·가스 등의 공급에 장애가 생긴다. (나) 이에 따른 혼란 등으로 인해 대한민국 정부의

전쟁에 대한 대응 기능이 무력화되어 대한민국 체제의 전복에 이를 수 있다. (다) 그러므로 갑과 을이 발언의 목표로 한 것은 헌법이 정한 정치적 기본조직을 불법으로 파괴하는 것에 해당하여 '국헌문란을 목적'으로 하는 것이라고 할 수 있다.

대법원은 갑, 을의 행위가 '선동'에 해당하는지에 관하여 다음과 같이 판단하였다.

(가) 갑과 을의 발언은 한반도에서 전쟁이 발발하는 상황을 전제한 것이었다. (나) 비록 그렇다고 하여도 아직 전쟁 위기가 완전히 해소된 상태가 아니고 북한의 도발이 계속되는 ㉠회합 당시의 상황에서 갑과 을의 발언은 그 회합 참석자들에게 특정 정세를 전쟁 상황으로 인식하고 가까운 장래에 구체적인 내란의 결의를 유발하거나 증대시킬 위험성이 충분하였다고 판단된다. (다) 따라서 갑, 을의 행위는 그 자체로 위험성이 있는 내란 선동행위에 해당한다.

대법원은 내란음모죄의 법리에 대해 다음과 같이 설시하였다.

(가) 내란음모죄도 내란시도를 사전에 차단하여 국가의 존립과 헌법질서를 보호하는 것을 입법목적으로 함은 내란선동죄와 마찬가지이다. (나) 음모는 실행의 착수 이전에 2인 이상의 자 사이에 성립한 범죄실행의 합의이다. (다) 합의 자체는 행위로 표출되지 않은 합의 당사자들 사이의 의사표시에 불과한 만큼 실행행위로서의 정형이 없고, 따라서 합의의 모습 및 구체성의 정도도 매우 다양하게 나타날 수밖에 없다. (라) 그런데 (ㄱ) 어떤 범죄를 실행하기로 막연하게 합의한 경우나 (ㄴ) 특정한 범죄와 관련하여 단순히 의견을 교환한 경우까지 모두 범죄실행의 합의가 있는 것으로 보아 음모죄가 성립한다고 한다면 음모죄의 성립범위가 과도하게 확대되어 국민의 기본권인 사상과 표현의 자유가 위축되거나 그 본질이 침해되는 등 죄형법정주의 원칙이 형해화될 우려가 있다. (마) 그러므로 음모죄의 성립범위도 이러한 확대해석의 위험성을 고려하여 엄격하게 제한하여야 할 것이다.

대법원은 내란음모를 엄격하게 해석하는 것과 관련하여 다음과 같이 설시하였다.

(가) 내란죄의 주체는 국토를 참절하거나 국헌을 문란할 목적을 이룰 수 있을 정도로 조직화된 집단으로서 다수의 자이어야 하고, 그 역할도 수괴, 중요한 임무에 종사한 자, 부화수행한 자 등으로 나뉜다(형법 제87조 각호 참조). (나) 내란죄의 실행행위인 폭동행위는 살상, 파괴, 약탈, 단순 폭동 등 여러 가지 폭력행위가 혼합되어 있고, 그 정도가 한 지방의 평온을 해할 정도의 위력이 있음을 요한다.

(다) 2인 이상의 자 사이에 어떠한 폭동행위에 대한 합의가 있는 경우에도 공격의 대상과 목표가 설정되어 있지 않고, 시기와 실행방법이 어떠한지를 알 수 없으면 그것이 '내란'에 관한 음모인지를 알 수 없다. (라) 내란음모가 성립하였다고 하기 위해서는 개별 범죄행위에 관한 세부적인 합의가 있을 필요는 없다. (마) 그러나 내란음모가 성립하였다고 하기 위해서는 공격의 대상과 목표가 설정되어 있고, 그 밖의 실행계획에 있어서 주요 사항의 윤곽을 공통적으로 인식할 정도의 합의가 있어야 한다.

(바) 나아가 합의는 실행행위로 나아간다는 확정적인 의미를 가진 것이어야 하고, 단순히 내란에 관한 생각이나 이론을 논의한 것으로는 부족하다. (사) 또한, 내란음모가 단순히 내란에 관한 생각이나 이론을 논의 내지 표현한 것인지 실행행위로 나아간다는 확정적인 의미를 가진 합의인지를 구분하기가 쉽지 않다.

(아) 이러한 점을 고려하면, 내란음모죄에 해당하는 합의가 있다고 하기 위해서는 단순히 내란에 관한 범죄결심을 외부에 표시 · 전달하는 것만으로는 부족하다. (자) 내란음모죄에 해당하는 합의가 있다고 하기 위해서는 객관적으로 내란범죄의 실행을 위한 합의라는 것이 명백히 인정되고, 그러한 합의에 실질적인 위험성이 인정되어야 한다. (차) 그리고 내란음모가 실질적 위험성이 있는지 여부는 합의 내용으로 된 폭력행위의 유형, 내용의 구체성, 계획된 실행시기와의 근접성, 합의 당사자의 수와 합의 당사자들 사이의 관계, 합의의 강도, 합의 당시의 사회정세, 합의를 사전에 준비하였는지 여부, 합의의 후속 조치가 있었는지 여부 등을 종합적으로 고려하여 판단하여야 한다.

대법원은 사실관계를 분석하였다.

대법원은 갑 등의 행위에 대해 다음과 같이 판단하였다.

(가) 갑, 을, 병 등을 비롯한 ㉠회합 참석자들이 전쟁 발발시 대한민국의 체제를 전복하기 위하여 구체적인 물질적 준비방안을 마련하라는 갑의 발언에 호응하여 선전전, 정보전, 국가기간시설 파괴 등을 논의하기는 하였다. (나) 그러나 갑, 을, 병 등을 비롯한 ㉠회합 참석자들이 1회적인 토론의 정도를 넘어서 더 나아가 내란의 실행행위로 나아가겠다는 확정적인 의사의 합치에 이르렀다고 보기는 어렵다. (다) 그러한 만큼 갑, 을, 병 등을 비롯한 ㉠회합 참석자들이 형법상 내란음모죄의 성립에 필요한 '내란범죄 실행의 합의'를 하였다고 할 수는 없다.

2016헌가13

2019. 2. 28. 2016헌가13, 헌집 31-1, 1 =『특가법 밀수입예비죄 위헌 사건』:

관세법 제269조는 밀수출입죄를 규정하고 있다(ⓐ규정). 관세법 제271조는 밀수출입죄를 교사하거나 방조한 자를 정범에 준하여 처벌한다(ⓑ규정). 관세법 제271조는 밀수출입죄의 미수범을 본죄에 준하여 처벌한다(ⓒ규정). 관세법 제271조는 밀수출입죄를 저지를 목적으로 그 예비를 한 자를 본죄의 2분의 1을 감경하여 처벌한다(ⓓ규정). 특정범죄가중법 제6조는 제1항에서 제6항에 걸쳐 밀수출입한 물품의 가액이 고가일 경우 그 가액의 정도에 따라 가중처벌하고 있다(ⓔ규정으로 총칭함). 특정범죄가중법 제6조 제7항은 관세법 제271조 위반죄를 범한 사람을 ⓔ가중처벌 규정의 정범 또는 본죄에 준하여 처벌한다고 규정하고 있다(ⓕ규정). 특정범죄가중법 ⓕ규정에 따르면 밀수입 예비죄도 밀수입 기수와 동일한 기준 아래 가중처벌된다.

갑은 을과 ㉠위조상품을 정상 상품으로 위장하여 수입하기로 공모하였다. 갑은 시가 30억원 상당의 ㉠위조상품을 적입한 ㉡컨테이너를 인천항에 반입하면서 ㉢면봉을 수입하는 것처럼 적하목록을 제출하였다. 갑이 수입신고를 하기 전에 ㉡컨테이너가 세관직원들에 의해 적발되었다.

검사는 갑을 밀수입 예비죄로 기소하였다(㉮형사사건). ㉮형사사건 제1심법원은 특정범죄가중법 ⓔ, ⓕ규정, 관세법 ⓐ, ⓓ규정을 적용하여 유죄를 인정하였다. ㉮형사사건 제1심법원은 갑에게 징역 3년, 집행유예 4년 및 벌금 19억원에 처하고 압수품은 몰수한다는 판결을 선고하였다. 갑은 불복 항소하였다. ㉮형사사건 항소법원은 갑에게 적용된 특정범죄가중법 ⓕ규정이 헌법에 위반된다는 이유로 직권으로 헌법재판소에 위헌법률심판제청을 하였다.

헌법재판소는 다음의 이유를 제시하여 특정범죄가중법 ⓕ규정을 위헌으로 선언하였다.

헌법재판소는 관세법상 예비죄의 처벌규정과 특가법 ⓕ규정의 입법연혁을 검토하였다(내용 소개는 생략함).

헌법재판소는 법정형에 대한 입법형성권의 범위와 한계에 대해 다음과 같이 설시하였다.

(가) 형벌은 인간의 존엄과 가치를 해하지 아니하고 죄질과 책임에 상응하도록 비례성을 갖추어야 한다(책임과 형벌 사이의 비례성). (나) 형벌은 전체 형벌체계상 지나치게 가혹하지 아니할 것이 요구된다(형벌체계상의 균형성과 평등원칙). (다) 이에 위반되는 법정형을 규정한 조항은 형벌법규의 법정형에 대한 입법형성권의 한계를 일탈한 것으로서 헌법에 위반된다.

헌법재판소는 먼저 특정범죄가중법 ⓕ규정이 책임과 형벌 사이의 비례원칙을 위반하는지 여부에 대해 판단하였다. 헌법재판소는 특정범죄가중법 ⓕ규정의 입법목적에 대해 정당성을 인정하였다(내용 소개 생략함).

헌법재판소는 예비죄의 법적 성질에 대해 다음과 같이 설시하였다.

(가) 형법 제28조는 "범죄의 음모 또는 예비행위가 실행의 착수에 이르지 아니한 때에는 법률에 특별한 규정이 없는 한 벌하지 아니한다."라고 규정하여 원칙적으로 예비행위를 처벌하지 않는다. (나) 예비행위란 아직 실행의 착수조차 이르지 아니한 준비단계로서, 이미 실질적인 법익에 대한 침해 또는 위험한 상태의 초래라는 결과가 발생한 기수와는 그 행위태양이 다르고 그에 따른 법익침해가능성과 위험성도 다르다. (다) 다만 예비행위라도 범죄의 완성에 상당하는 실질적인 위험성을 가지는 경우에는 예외적으로 특별한 규정을 두어 처벌할 수 있다. (라) 그러나 형법은 예비행위를 처벌하는 경우에도 본범에 대한 처벌조항과는 별도로 보다 가벼운 처벌조항을 두고 있다. (마) 이는 예비행위가 법익침해의 결과 또는 위험을 초래한 기수와는 형사상 책임이 동일할 수 없고, 그 가벌성도 달리 평가되기 때문이다.

헌법재판소는 밀수입 예비행위와 밀수입 기수가 동일하게 평가할 수 있는지에 대해 다음과 같이 판단하였다.

(가) 심판대상조항(특정범죄가중법 ⓕ규정)이 적용되는 밀수입 예비행위와 기수가 행위불법과 결과불법이라는 측면에서 동일하게 평가될 수 있는 범죄인지에 관하여 본다. (나) 비록 관세범에 있어서 수입신고 이전 단계인 예비나, 수입신고 후 수입 이전 단계인 미수, 수입 이후 단계인 기수가 모두 일련의 절차로서 연속선상에 있는 행위이기는 하나, 이러한 측면만으로 예비와 미수, 기수의 법익침해가능성이나 위험성을 동일선상에 놓고 판단하는 것은 타당하지 아니하다. (다) 실행의 착수에 이르지 아니한 준비단계인 예비행위와 실행의 착수에 이른 미수는 '수입신고' 등의 구체적인 행위의 존부로 구별되고, '수입'이라는 실질적인 법익에 대한 침해 또는 위험한 상태의 초래라는 결과가 발생한 기수와도 준별된다. (라) 즉 심판대상조항(특정범죄가중법 ⓕ규정)에 의해 가중처벌되는 밀수입의 예비행위 역시 형법상의 일반적인 예비행위와 본질적인 차이가 있다고 보기 어렵다.

(마) 따라서 심판대상조항(특정범죄가중법 ⓕ규정)이 규율하는 밀수입 예비죄도 미수, 기수와 행위태양이 다르며 법익침해가능성과 위험성도 다르다고 할 것이므로, 이에 따른 불법성과 책임의 정도 역시 다르게 평가되어야 한다. (바) 그러므로 밀수입 등의 예비행위가 본죄와 비교하여 불법성과 책임의 정도가 다름에도 예비행위를 본죄에 준하여 처벌하도록 하고 있는 심판대상조항(특정범죄가중법 ⓕ규정)은 합리성을 잃은 지나치게 과중한 형벌이라고 하지 않을 수 없다.

헌법재판소는 특정범죄가중법 ⓕ규정이 적용될 경우 발생하는 문제점에 대해 분석하였다(내용 소개를 생략함).

헌법재판소는 관세범 규율체계를 분석하였다(내용 소개를 생략함).

헌법재판소는 이를 토대로 관세범의 특성에 대응하기 위하여 반드시 밀수입 예비행위를 본죄에 준하여 처벌하여야 할 필요성이 도출된다고는 볼 수 없다고 판단하였다.

헌법재판소는 위와 같은 여러 사정들에 비추어 볼 때, 심판대상조항(특정범죄가중법 ⓕ규정)은 구체적 행위의 개별성과 고유성을 고려한 양형판단의 가능성을 배제하는 가혹한 형벌로서 책임과 형벌 사이의 비례성의 원칙에 위배된다고 판단하였다.

헌법재판소는 이어서 특정범죄가중법 ⓕ규정이 형벌체계상의 균형성과 평등원칙을 위반하였는지 여부에 대해 판단하였다.

헌법재판소는 형벌체계상의 균형성 및 평등원칙에 대해 다음과 같이 설시하였다.

(가) 형벌체계상의 균형성 및 평등원칙이란, 죄질과 보호법익 등이 유사한 범죄는 합리적인 범위 내에서 비슷한 법정형으로 처벌되어야 하고, 반대로 행위불법과 결과불법이 다른 범죄에 대해서는 동일하게 평가하여서는 아니 된다는 것을 말한다. (나) 따라서 법정형의 종류와 범위를 정함에 있어서 고려해야 할 사항 중 가장 중요한 것은 당해 범죄의 보호법익과 죄질로서 보호법익이 다르면 법정형의 내용이 다를 수 있고, 보호

법익이 같다고 하더라도 죄질이 다르면 또 그에 따라 법정형의 내용이 달라질 수밖에 없다.

(다) 신고를 하였으나 해당 수입물품과 다른 물품으로 신고하여 수입하는 죄를 범할 목적으로 예비행위를 한 경우가 있다. (라) 이 경우 수입하려던 물품의 원가가 2억원 미만인 때에는 관세법 제269조 제2항 제1, 2호, 관세법 제271조 제3항에 따라 5년 이하의 징역 또는 관세액의 10배와 물품원가 중 높은 금액 이하에 상당하는 벌금에 대하여 2분의 1을 감경한 범위에서 처벌을 받게 된다.

(마) 반면에 물품원가가 2억원 이상인 경우에는 심판대상조항(특정범죄가중법 ⓕ규정)에 따라 기수죄와 동일하게 처벌됨으로써, 물품원가가 2억원 이상 5억원 미만의 경우에는 3년 이상의 유기징역과 물품원가의 2배에 해당하는 벌금이 병과되고(특정범죄가중법 제6조 제2항 제2호, 제6항 제2호), 5억원 이상인 경우에는 무기 또는 5년 이상의 징역과 물품원가의 2배에 해당하는 벌금이 병과되는(특정범죄가중법 제6조 제2항 제1호, 제6항 제2호) 가중처벌을 받게 된다.

(바) 밀수입의 금액에 따라 특정범죄가중법으로 가중처벌하는 것과는 별론으로 물품원가가 2억원 미만인지, 아니면 2억원 이상인지 여부에 따라 동일한 예비행위임에도 전자의 경우에는 본죄의 2분의 1을 감경하여 처벌하면서 후자의 경우에는 본죄에 준하여 처벌하는 것은 합리적인 이유를 찾기 어렵다.

헌법재판소는 불법무역 관련 관세범과 기타 관세사범의 예비죄 단속에 관한 내용을 비교 분석하였다(내용 소개 생략함).

헌법재판소는 특정범죄가중법 ⓕ규정과 형법의 예비죄 규정들을 다음과 같이 비교하였다.

(가) 나아가 형법상 가장 중한 법정형을 규정한 범죄인 내란수괴죄(형법 제87조 제1호), 내란목적살인죄(형법 제88조)는 사형, 무기징역 또는 무기금고를, 외환유치죄(제92조)는 사형 또는 무기징역을, 여적죄(형법 제93조)는 사형만을 규정하고 있다. (나) 그러나 위 각 죄에 대한 예비죄의 법정형을 살펴보면, 내란과 내란목적살인의 예비죄는 3년 이상의 유기징역이나 유기금고(형법 제90조)에, 외환유치와 여적의 예비죄는 2년 이상의 유기징역(형법 제101조)에 처하도록 규정되어 있고, 자수한 때에는 감경, 면제하는 규정도 두고 있다. (다) 위 각 죄에 대한 예비죄의 법정형은 심판대상조항(특정범죄가중법 ⓕ규정)의 적용으로 무기 또는 5년 이상의 징역에 물품원가 또는 포탈금액의 2배 내지 10배의 벌금이 병과되는 밀수입 예비죄의 법정형에 비하여 도리어 가볍다.

(라) 또한 살인죄의 법정형은 사형, 무기 또는 5년 이상의 징역(형법 제250조)이고 그 예비죄는 10년 이하의 징역(형법 제255조)으로서, 사형을 제외하면 살인죄의 법정형은 심판대상조항(특정범죄가중법 ⓕ규정)이 적용되는 밀수입 예비죄의 법정형과 동일하고, 살인 예비죄의 법정형은 밀수입 예비죄의 법정형보다 가볍게 된다. (마) 그러나 내란, 외환, 여적 예비죄나 살인 예비죄의 불법성과 책임이 심판대상조항(특정범죄가중법 ⓕ규정)이 적용되는 밀수입 예비죄보다 결코 가볍다고 볼 수 없는 점에 비추어 심판대상조항(특정범죄가중법 ⓕ규정)이 예정하고 있는 법정형은 형평성을 상실하여 지나치게 가혹하다.

헌법재판소는 이러한 점들을 종합하여 심판대상조항(특정범죄가중법 ⓕ규정)이 형벌체계의 균형성에 반하여 헌법상 평등원칙에 어긋나는 것으로 판단하였다.

헌법재판소는 결론적으로 특정범죄가중법 제6조 제7항(ⓕ규정)이 지나치게 과중한 형벌을 규정함으로써 책임과 형벌 간의 비례원칙에 반하고 형벌체계상의 균형성 및 평등원칙에 비추어보아도 합리적인 입법근거를 찾을 수 없어 헌법에 위반된다고 판단하였다.

제 8 장 공 범 론

제 1 절 단독정범과 다수자의 관여형태

| 2010도13433 |

2012. 5. 10. 2010도13433, 공 2012상, 1037 = 분석 총론 『타인 명의 세금계산서 사건』 :

조세범 처벌법은 부가가치세법의 규정에 의한 재화 또는 용역을 공급하지 아니하고 부가가치세법의 규정에 의한 세금계산서를 교부하는 행위를 처벌하고 있다(ⓐ규정). 조세범 처벌법은 부가가치세법의 규정에 의한 재화 또는 용역을 공급받지 아니하고 부가가치세법의 규정에 의한 세금계산서를 교부받는 행위를 처벌하고 있다(ⓑ규정). 조세범 처벌법은 부가가치세법의 규정에 의한 재화 또는 용역을 공급하거나 공급받지 아니하고 부가가치세법의 규정에 의한 매출·매입처별 세금계산서 합계표를 허위기재하여 정부에 제출하는 행위를 처벌하고 있다(ⓒ, ⓓ규정).

갑은 의류 임가공을 하는 업자이다. 갑은 사업자등록이 없다. A는 M편물 대표이다. A는 사업자등록이 있다. 갑은 A의 위임을 받아 M편물의 세금 신고를 처리해 왔다. 갑은 P회사에 ㉠의류를 공급하였다. 갑은 작성일자 '2007. 2. 25.', 공급가액 '28,0379,600원', 공급자 'M편물', 공급받는 자 'P회사'라고 기재된 세금계산서를 P회사 앞으로 교부하였다. 갑은 같은 방식으로 총 30회에 걸쳐 공급가액 5억원 상당의 매출세금계산서를 P회사 앞으로 교부하였다(㉠세금계산서로 통칭함). 갑은 Q회사로부터 ㉡의류를 공급받았다. B는 Q회사의 대표이다. 갑은 B로부터 작성일자 '2007. 10. 31.', 공급가액 '5,060,000원', 공급자 'Q회사', 공급받는 자 'M편물'이라고 기재된 세금계산서 1장을 교부받았다. 갑은 같은 방식으로 공급가액 5백만원의 세금계산서 1장을 받았다(㉡세금계산서로 통칭함). 갑은 관할 세무서에 M편물의 부가가치세 확정 신고를 하였다. M편물은 R업체로부터 재화나 용역을 제공받은 사실이 없었다. 갑은 M편물이 13,000,000원 상당의 재화나 용역을 공급받은 것처럼 매입처별세금계산서합계표를 허위기재한 뒤 이를 세무서 담당공무원에게 제출하였다(㉢매입처별세금계산서합계표).

검사는 갑을 조세범 처벌법 위반죄로 기소하였다. 제1심법원은 ㉠매출세금계산서 부분에는 조세범 처벌법 ⓐ규정을, ㉡매입세금계산서 부분에는 조세범 처벌법 ⓑ규정을, ㉢매입처별세금계산서합계표 부분에는 조세범처벌법 ⓓ규정을 각각 적용하여 유죄를 인정하였다. 갑은 불복 항소하였다. 갑은 항소이유로 다음의 점을 주장하였다. (가) 갑이 M편물 명의의 세금계산서를 교부하거나 수취한 사실은 있다. (나) 그러나 이는 갑이 실물거래를 하면서 사업자등록이 없어 부득이 M편물 대표인 A의 동의를 받아 그 명의를 빌린 것에 불과하다. (다) 갑이 실제 거래한 내용에 대한 세금을 모두 납부하였으므로, 갑에게 조세범처벌법위반의 고의가 있었다고 볼 수 없다.

항소법원은 다음의 이유를 들어서 갑의 항소를 기각하였다. (가) 갑이 사업자등록 없이 의류임가공업을 하면서 P, Q, R회사 등과 거래를 한 사실이 인정된다. (나) 갑은 위 거래에 관하여 M편물이 위 거래처들과 거래를 한 것처럼 기재된 세금계산서를 교부하거나 교부받고, 매입처별세금계산서합계표를 작성한 사실이 인정된다. (다) 따라서 갑은 M편물이 이 사건 재화(㉠, ㉡의류)를 공급하거나 공급받은 사실이 없음에도 이와 같은 내용의 허위의 세금계산서 등을 작성·교부하였음을 충분히 인정할 수 있다. (라) 갑이 주장하는 M편물의 대표로부터 동의를 받았다거나, 갑이 실제 거래한 내용에 대한 세금을 모두 납부하였다는 사정만으로는 죄의 성립에 방해가 되지 아니한다. 갑은 불복 상고하였다. 갑의 상고이유는 항소이유와 같다.

대법원은 다음의 이유를 제시하여 원심판결을 파기환송하였다.

대법원은 조세범처벌법 ⓐ, ⓑ, ⓒ, ⓓ규정의 행위주체에 대해 다음과 같이 설시하였다.

(가) 조세범처벌법 ⓐ, ⓑ, ⓒ, ⓓ 각 규정의 내용과 입법 취지를 종합해 본다. (나) 조세범처벌법 ⓐ규정은 재화 또는 용역을 공급하지 아니한 자가 자신을 공급하는 자로 기재한 세금계산서를 교부한 행위를 대상으로 하고 있다. (다) 조세범처벌법 ⓑ규정은 재화 또는 용역을 공급받지 아니한 자가 자신이 공급받는 자로 기재된 세금계산서를 교부받은 행위를 대상으로 하고 있다. (라) 조세범처벌법 ⓒ, ⓓ규정은 재화 또는 용역을 공급하거나 공급받지 아니한 자가 그 재화 또는 용역의 공급에 관한 세금계산서 합계표를 허위로 작성하여 정부에 제출한 행위를 그 대상으로 한다.

(마) 그런데 재화 또는 용역을 공급하거나 공급받은 자가 제3자의 위임을 받아 제3자의 사업자등록을 이용하여 (ㄱ) 그 제3자를 공급하는 자로 기재한 세금계산서를 교부하거나 (ㄴ) 그 제3자가 공급받는 자로 기재된 세금계산서를 교부받은 경우 및 (ㄷ) 그 제3자의 명의로 그 재화 또는 용역의 공급에 관한 세금계산서 합계표를 작성하여 정부에 제출한 경우가 있다. (바) 이러한 경우에는 제3자가 위 세금계산서 수수 및 세금계산서 합계표 작성·제출행위를 한 것으로 볼 수 있다. (사) 그러므로 그 제3자가 재화 또는 용역을 공급하거나 공급받지 아니한 이상 조세범처벌법 ⓐ, ⓑ, ⓒ, ⓓ규정 범행의 정범이 된다. (아) 재화 또는 용역을 공급하거나 공급받은 자는 가담 정도에 따라 조세범처벌법 ⓐ, ⓑ, ⓒ, ⓓ규정 범행의 공동정범이나 방조범이 될 수 있을 뿐 조세범처벌법 ⓐ, ⓑ, ⓒ, ⓓ규정 범행의 단독정범이 될 수 없다.

대법원은 원심판결의 당부에 대해 다음과 같이 판단하였다.

(가) 의류를 공급하거나 공급받지 아니한 A가 자신의 사업자등록을 이용하여 (ㄱ) 자신을 그 의류의 공급자로 기재한 세금계산서를 교부하거나 (ㄴ) 자신이 그 의류의 공급받는 자로 기재된 세금계산서를 교부받는 것과 (ㄷ) 자신의 명의로 그에 관한 매입처별 세금계산서 합계표를 작성하여 정부에 제출하는 것을 갑에게 위임한 경우가 있다. (나) 이러한 경우에는 A가 조세범처벌법 ⓐ, ⓑ, ⓒ, ⓓ규정 범행의 정범이 되고 갑은 A와 함께 공동정범이 되거나 그 방조범이 될 수 있을 뿐이다. (다) A가 갑에게 그와 같은 위임을 하지 아니한 경우가 있다. (라) 이러한 경우에는 갑에게 형법상 문서위조죄 등의 죄책을 물을 수 있다. (마) 이 점을 별론으로 하고 A나 갑이 조세범처벌법 ⓐ, ⓑ, ⓒ, ⓓ규정 범행의 정범이 된다거나 갑이 A에 의한 위 범행의 공범이 된다고 할 수 없다.

(바) 그럼에도 원심은 A가 갑에게 위와 같은 위임을 하였는지를 심리하지 아니한 채 그에 상관없이 갑이 조세범처벌법 ⓐ, ⓑ, ⓒ, ⓓ규정 범행의 단독정범에 해당한다고 판단하였다. (사) 원심의 이와 같은 판단에는 조세범처벌법 ⓐ, ⓑ, ⓒ, ⓓ규정에 관한 법리 등을 오해하여 필요한 심리를 다하지 아니함으로써 판결 결과에 영향을 미친 위법이 있다.

제 **2** 절 공동정범

2015도5355

2015. 10. 29. 2015도5355, 공 2015하, 1850 = 『Y일병 사망 사건』 :

갑, 을, 병, 정은 함께 M부대 의무대 내무반에서 생활해 왔다. 갑은 입대일이 가장 빠른데다 나이도 4~5살이나 더 많아 의무반 내 선임병 역할을 담당하였다. (이하 연도 생략함.) 3. 초순경 A가 의무반으로 전입해 왔다. 갑은 A가 행동이 느리고 엉뚱한 대답을 한다는 등의 사소한 이유로 A에 대한 폭행을 주도하였다. 을, 병, 정도 갑의 지시나 권유 등으로 폭행에 가담하였다.

4. 6. 00:00경 전후로 갑은 A로부터 '갑의 아버지가 조폭이었다는 사실이 가장 감명 깊었다'는 말을 듣고 이에 화가 났다. 그 무렵부터 갑의 A에 대한 폭행이나 가혹행위의 정도가 급격히 강해졌다. 4. 6. 오전경 을과

병은 A의 가슴에 멍이 있는 것을 발견하고 갑에게 A가 많이 맞아서 숨도 헐떡이고 있는데 진료를 받게 해야 하는 것 아니냐고 물어보았다. 갑은 큰일 났으면 벌써 났을 것이라고 하며 대수롭지 않게 생각하였다.

4. 6. 16:07경부터 같은 날 16:32경까지 냉동식품을 먹는 시간이었다. 갑은 냉동식품을 먹는 동안에도 전날 A가 갑의 아버지가 조폭이었다는 이야기를 꺼냈다는 이유를 비롯하여 A가 대답을 늦게 하거나 반말을 했다는 등의 갖은 이유로 주먹, 손바닥, 발, 무릎 등으로 A의 얼굴, 옆구리, 복부 부위를 약 30회 이상 때렸다. 같은 시간 을은 손바닥으로 A의 머리를 때리고 갑이 폭행할 때 A의 양팔을 잡거나 출입문에서 망을 보았다. 병은 손바닥이나 주먹으로 A의 정수리, 뺨, 가슴 부위를 때리거나 갑과 함께 발로 A의 배 부위를 10회가량 걷어찼다. 정은 갑의 지시로 A에게 엎드려 뻗쳐를 시킨 후 발로 복부 부위를 걷어차거나 출입문에서 망을 보았다. 을과 정은 거듭된 폭행으로 쓰러져 있는 A를 부축하고 오줌에 젖은 속옷을 갈아입히고 물을 먹이려 하였다. 갑은 발로 A가 뒤로 밀려나갈 정도로 복부 부위를 강하게 걷어찼고 이어 폭행을 계속하고자 하였다. 그러나 병이 만류하여 더 이상의 폭행은 가하지 못하였다.

그 무렵 A가 정신을 잃었다. 정은 산소포화도 측정기로 산소와 맥박의 수치를 측정하였다. 이어 을과 병은 심폐소생술을 시도하기도 하였다. 그럼에도 상황이 호전되지 아니하였다. 갑, 을, 병, 정은 의무반 구급차를 이용하여 A를 P의료원으로 후송하였다. 갑은 구급차를 운전하였다. 을과 병은 구급차에 동승하여 번갈아가며 심폐소생술을 실시하면서 A에게 '일어나라'고 소리치는 한편, 을은 후송 내내 울먹거렸다. 4. 6. 16:32경 갑, 을, 병, 정은 P의료원에 도착하였다. 4. 7. 16:20경 A는 사망하였다.

검사는 갑, 을, 병, 정을 살인죄의 공동정범으로 기소하였다. 제1심을 거친 후, 갑, 을, 병, 정의 피고사건은 항소법원에 계속되었다. 항소법원은 갑에게 살인의 미필적 고의가 인정된다고 판단하였다. 항소법원은 다음의 이유를 들어서 을, 병, 정에게 살인의 미필적 고의를 인정하였다. (가) 을, 병, 정은 (연도 생략) 3. 초순경부터 직접 A를 폭행하거나 갑이 A를 폭행할 때 망을 보기도 하는 등의 방법으로 갑의 폭행에 지속적으로 가담해 왔다. (나) 을, 병, 정은 위 폭행으로 인해 A가 입은 상해의 정도와 A의 위중한 건강 상태를 잘 알고 있었다. (다) 을, 병, 정은 사건 당일인 (연도 생략) 4. 6. 냉동식품을 먹는 동안에도 갑의 폭행 및 가혹행위에 가담하여 망을 보거나 발로 A의 배 부위를 차거나 밟기도 하였다. (라) 이를 종합하면 을, 병, 정도 갑과 마찬가지로 A가 사망할 수도 있다는 결과 발생의 가능성 또는 위험성을 인식하거나 예견하였고 나아가 그 결과 발생을 용인한 것으로 볼 수 있다.

항소법원은 다음의 이유를 들어서 을, 병, 정에게 살인죄의 공동정범을 인정하였다. (가) 갑이 폭행을 주도하였다는 등의 사정만으로는 을, 병, 정에 대하여 살인죄의 공동정범을 인정하는 데에 아무런 장애가 되지 않는다. (나) 갑, 을, 병, 정이 살인의 범행에 관련된 각자의 역할을 분담하였다. (다) 갑, 을, 병, 정 중 누구도 다른 사람의 범행을 만류하지 아니하였다. 갑, 을, 병, 정은 불복 상고하였다. 갑, 을, 병, 정은 상고이유로 다음의 점을 주장하였다. (가) A의 사망에 대해 살인의 미필적 고의도 없었다. (나) 갑, 을, 병, 정은 상해치사죄의 공동정범에 그칠 뿐이다.

대법원은 다음의 이유를 제시하여 갑의 상고를 기각하였다.

대법원은 다음의 이유를 제시하여 원심판결 중 을, 병, 정에 관한 부분을 파기환송하였다.

대법원은 살인의 미필적 고의를 판단하는 방법에 대해 다음과 같이 설시하였다.

(가) 살인의 고의는 반드시 살해의 목적이나 계획적인 살해의 의도가 있어야만 인정되는 것은 아니다. (나) 살인의 고의는 자기의 폭행 등 행위로 인하여 타인의 사망이라는 결과를 발생시킬 만한 가능성 또는 위험이 있음을 인식하거나 예견하였다면 고의가 있다고 할 수 있다. (다) 피고인이 범행 당시 살인의 고의는 없었고 단지 상해 또는 폭행의 고의만 있었을 뿐이라고 다투는 경우가 있다. (라) 이러한 경우에 피고인에게 범행 당시 살인의 고의가 있었는지는 피고인이 범행에 이르게 된 경위, 범행의 동기, 준비된 흉기의 유무·종

류·용법, 공격의 부위와 반복성, 사망의 결과발생 가능성 정도, 범행 후 결과 회피행동의 유무 등 범행 전후의 객관적인 사정을 종합하여 판단할 수밖에 없다.

대법원은 다음과 같이 판단하여 갑의 상고를 기각하였다.

(가) 원심은 (사실관계 분석; 생략함) 등을 종합해 볼 때 갑은 무차별적인 계속된 폭행으로 A가 사망할 수도 있다는 결과 발생의 가능성 또는 위험성을 인식하거나 예견하였고 나아가 그 결과 발생을 용인한 것으로 볼 수 있다는 이유로 살인의 미필적 고의를 인정할 수 있다고 보아 이 부분 공소사실을 유죄로 판단하였다. (나) 원심판결 이유를 앞서 본 법리와 원심이 적법하게 채택한 증거들에 비추어 살펴보면, 원심의 위와 같은 판단은 정당한 것으로 수긍할 수 있다.

대법원은 을, 병, 정의 상고이유에 대해 판단하였다.

대법원은 살인의 미필적 고의 판단방법에 대해 다음과 같이 설시하였다.

(가) 을, 병, 정은 이 사건에서 범행 당시 살인의 고의가 없었다고 주장하고 있다. (나) 이 사건에서 을, 병, 정에게 범행 당시 살인의 고의가 있었는지는 앞서 본 바와 같이 피고인들이 범행에 이르게 된 경위, 범행의 동기, 준비된 흉기의 유무·종류·용법, 공격의 부위와 반복성, 사망의 결과발생 가능성 정도, 범행 후 결과 회피행동의 유무 등 범행 전후의 객관적인 사정을 종합하여 판단하여야 한다. (다) 그런데 공소가 제기된 범죄사실의 주관적 요소인 고의의 존재에 대한 입증책임 역시 검찰관에게 있다. (라) 유죄의 인정은 법관으로 하여금 합리적인 의심을 할 여지가 없을 정도로 공소사실이 진실한 것이라는 확신을 가지게 하는 증명력을 가진 증거에 의하여야 한다. (마) 그러므로 그러한 증거가 없다면 설령 피고인들에게 유죄의 의심이 간다고 하더라도 피고인들의 이익으로 판단하여야 한다. (바) 나아가 형벌법규의 해석과 적용은 엄격하여야 한다.

(사) 비록 범행 결과가 매우 중대하고 범행 동기나 방법 및 범행 정황에 비난 가능성이 크다는 사정이 있더라도, 이를 양형에 불리한 요소로 고려하여 그 형을 무겁게 정하는 것은 별론, 그러한 사정을 이유로 살인의 고의를 쉽게 인정할 것은 아니다. (아) 살인의 고의를 인정함에 있어서는 앞서 본 법리에 따라 신중을 기하여야 한다.

대법원은 공동정범의 성립요건에 대해 다음과 같이 설시하였다.

(가) 형법 제30조의 공동정범은 2인 이상이 공동하여 죄를 범하는 것이다. (나) 공동정범이 성립하기 위해서는 주관적 요건으로서 공동가공의 의사와 객관적 요건으로서 공동의사에 기한 기능적 행위지배를 통한 범죄의 실행사실이 필요하다. (다) 공동가공의 의사는 타인의 범행을 인식하면서도 이를 제지하지 아니하고 용인하는 것만으로는 부족하다. (라) 공동가공의 의사는 (ㄱ) 공동의 의사로 특정한 범죄행위를 하기 위해 일체가 되어 (ㄴ) 서로 다른 사람의 행위를 이용하여 자기의 의사를 실행에 옮기는 것을 내용으로 하는 것이어야 한다. (마) 따라서 공동정범이 성립한다고 판단하기 위해서는 범죄실현의 전 과정을 통하여 행위자들 각자의 지위와 역할, 다른 행위자에 대한 권유 내용 등을 구체적으로 검토하고 이를 종합하여 위와 같은 공동가공의 의사에 기한 상호 이용의 관계가 합리적인 의심을 할 여지가 없을 정도로 증명되어야 한다.

대법원은 사실관계를 분석하였다(내용 생략함).

대법원은 사실관계와 기록에 의하여 다음과 같은 사정들을 추단할 수 있다고 판단하였다.

(가) 을, 병, 정으로서는 선임병 역할을 하면서 의무반 내 분위기를 주도하는 갑의 눈치를 볼 수밖에 없어 평소 갑의 적극적·소극적인 지시나 권유에 따라 폭행에 가담한 것으로 보이고, 폭행의 정도나 횟수도 갑에 비해 훨씬 덜하였다. (나) 갑은 (이하 연도 생략) 4. 6. 00:00경 전후로 A로부터 자신의 아버지가 조폭이었다는 사실이 가장 감명 깊게 들은 말이라는 이야기를 듣고 A에 대한 분노를 심하게 느꼈고, 이러한 분노는 같은 날 오후 냉동식품을 먹는 동안 A에 대한 심한 폭행의 동기로도 작용하였던 반면, 을, 병, 정에게는 4. 6. 사건 당일은 물론 그 전후로도 A의 사망이라는 결과를 용인하는 의사를 형성할 만한 동기가 될 수 있는 별다

른 정황을 찾을 수 없다. (다) 4. 6. 16:07경 이후부터의 폭행 내용을 살펴보면, 갑은 주먹과 발, 무릎 등으로 A의 옆구리, 복부, 가슴 등의 신체 주요 부위를 무차별적으로 가격한 반면, 을, 병, 정은 위와 같이 폭행이 이루어지는 동안 망을 보거나 손바닥 등으로 머리, 뺨 등을 때리거나 갑의 지시로 발로 복부 부위를 걷어찬 것에 그치고 그 폭행 횟수도 갑에 비해 현격하게 적은데, 이에 미루어 볼 때 갑과 달리 을, 병, 정의 폭행 수단이나 방법 또는 그 행위 태양 자체만으로는 일반적으로 사망의 결과를 발생시킬 수 있는 가능성이나 그러한 위험을 내포하고 있는 행위라고 평가하기는 어렵다. (라) A는 계속된 폭행에 못 이겨 침상에 쓰러졌고 의식이 불분명한 상태에서 소변이 나왔는데, 이러한 경우 사망의 결과를 인식 · 의도하지 아니한 사람이라면 보통 A의 건강 상태를 당장 확인하거나 추가적인 폭행을 그만두는 것이 일반적이라 할 것인데, 갑은 꾀병을 부린다는 이유로 A의 복부 부위를 다시 한 번 강하게 걷어차고 더 나아가 추가적인 폭행을 계속하려 하였던 반면, 을, 병, 정은 A가 쓰러지자 더 이상의 폭행을 중단하고 A에게 물을 먹이려 하거나 오줌에 젖은 속옷을 갈아입히고 나아가 갑의 폭행을 적극적으로 제지하기까지 하였다. (마) 을, 병, 정은 A가 쓰러진 직후 곧바로 산소와 맥박의 수치를 측정하거나 심폐소생술을 시도하기도 하였고, 특히 을은 피해자를 의료원으로 후송하는 과정에서 시종일관 일어나라며 울먹거리기도 하였는데, A를 살리려고 노력한 이러한 일련의 행동을 사망의 결과 발생을 인식하거나 용인한 살인범의 행동으로는 도저히 보기 어렵다.

대법원은 이상의 분석을 토대로 을, 병, 정에 대해 다음과 같이 판단하였다.

(가) 위와 같은 사실관계와 사정들을 앞서 본 법리에 비추어 본다. (나) 을, 병, 정이 갑의 상식을 벗어난 폭행 · 가혹행위에 일부 가담하기는 하였다. (다) 그러나 을, 병, 정이 A의 사망이라는 결과 발생의 가능성 또는 위험이 있음을 미필적으로라도 인식하거나 예견하고도 이를 무시한 채 가해행위로 나아갔다고 보기는 어렵다. (라) 뿐만 아니라 그 각 범행 가담 정도 등에 비추어 볼 때 을, 병, 정이 갑과 일체가 되어 그의 행위를 이용하여 살인의 의사를 실행에 옮기고자 하는 공동가공의 의사나 상호 이용의 관계가 있었다고 보기도 어렵다.

2018도20415

2023. 12. 21. 2018도20415, 판례속보＝『코스피 200지수 조종 사건』:

(사실관계 불명. 임의로 보충함.) 갑 등은 코스피200 지수 하락 시 이익을 얻는 투기적 포지션을 구축하고 코스피200 지수를 조종하였다(㉮행위). 갑 등의 ㉮시세조종행위가 관계 당국에 적발되었다. ㉮시세조종행위에 사용된 증권거래 계좌 가운데 을의 ⓐ계좌가 들어 있었다.

검사는 을이 ㉮시세조종행위에 가담하였다고 판단하였다. 검사는 갑 등을 자본시장과금융투자업에관한법률위반죄로 기소하였다. 검사는 을을 자본시장과금융투자업에관한법률위반죄의 공동정범으로 기소하였다. 을은 자신의 ⓐ계좌가 갑 등의 ㉮시세조종행위에 이용되었음을 알지 못하였다고 주장하였다. 제1심법원은 을의 주장을 배척하고 유죄를 인정하였다. 을은 불복 항소하였다. 항소법원은 제1심판결을 파기하고, 무죄를 선고하였다. 검사는 불복 상고하였다.

대법원은 다음의 이유를 제시하여 검사의 상고를 기각하였다.

대법원은 공동정범의 공모 입증에 대해 다음과 같이 설시하였다.

(가) 형법 제30조의 공동정범은 2인 이상이 공동하여 죄를 범하는 것이다. (나) 공동정범이 성립하기 위해서는 (ㄱ) 주관적 요건인 공동가공의 의사와 (ㄴ) 객관적 요건인 공동의사에 의한 기능적 행위 지배를 통한 범죄의 실행사실이 필요하다. (다) 여기서 공동가공의 의사는 타인의 범행을 인식하면서도 이를 제지하지 아니하고 용인하는 것만으로는 부족하다. (라) 공동가공의 의사는 (ㄱ) 공동의 의사로 (ㄴ) 특정한 범죄행위를 하기 위하여 일체가 되어 (ㄷ) 서로 다른 사람의 행위를 이용하여 (ㄹ) 자기의 의사를 실행에 옮기는 것을 내용으로 하여야 한다.

(마) 따라서 공동정범으로 인정하려면 범죄 실행의 전 과정을 통하여 각자의 지위와 역할, 공범에 대한 권유내용 등을 구체적으로 검토하고 이를 종합하여 위와 같은 상호이용의 관계가 합리적인 의심을 할 여지가 없을 정도로 증명되어야 한다. (바) 그와 같은 증명이 없다면 설령 피고인에게 유죄의 의심이 간다 하더라도 피고인의 이익으로 판단할 수밖에 없다.

대법원은 다음과 같이 판단한 원심판결을 그대로 유지하였다.

(가) 검사가 제출한 증거만으로 갑 등이 코스피200 지수 하락 시 이익을 얻는 투기적 포지션을 구축하고 코스피200 지수를 조종한다는 사실을 을이 인식·용인하고, 갑 등과 공동의 의사로 투기적 포지션을 구축하거나 시세조종행위에 필요한 아이디어 제공 등 범행에 대한 본질적인 기여를 통한 기능적 행위 지배를 하였다는 점이 합리적인 의심의 여지가 없을 정도로 충분히 증명되었다고 보기 어렵다.

| **2013도12592** |

2017. 4. 26. 2013도12592, 공 2017상, 1208 =『자기무고 공동정범 사건』:

A와 B는 부부 사이이다. 갑은 A, B와 친구 사이이다. 갑은 A에게 신용불량 문제 때문에 갑의 명의로 사업자등록을 할 수 없으니 명의를 빌려달라는 부탁을 하였다. A는 갑의 부탁을 승낙하였다. 갑은 P기업이라는 상호로 건설업의 사업자등록을 하였다. 그 후 명의대여자에 불과한 A에게 P기업의 영업에 대한 부가세가 계속 부과되었다. A, B, 갑은 문제를 해결하기 위하여 모였다. A, B, 갑은 P기업의 사업자등록을 갑 명의로 변경하기 위한 수단으로 A가 갑을 사문서위조죄 등으로 허위 고소하기로 하였다. A, B, 갑은 수사기관에서 조사를 받을 때 예상되는 질문에 대한 대답을 준비하였다. A는 관할 경찰서 민원실에서 "피고소인 갑이 고소인 A의 사업자등록 명의를 임의로 사용하여 ㉠도급계약서를 위조하여 다른 업체와 계약을 체결하였으니 처벌하여 달라."는 취지의 ㉡고소장을 작성하여 제출하였다. 그러나 사실은 A가 갑에게 명의를 빌려주었으므로 갑이 A 명의의 ㉠도급계약서를 위조한 사실이 없었다.

검사는 "A, B, 갑이 공모하여 갑을 무고하였다."는 요지의 공소사실로 갑을 무고죄로 기소하였다. 제1심 법원은 자기무고는 무고죄의 구성요건에 해당하지 않는다는 이유로 무죄를 선고하였다. 검사는 불복 항소하였다. 항소법원은 항소를 기각하고, 제1심판결을 유지하였다. 검사는 불복 상고하였다.

대법원은 다음의 이유를 제시하여 상고를 기각하였다.

대법원은 공동정범의 성립요건에 대해 다음과 같이 설시하였다.

(가) 형법 제30조에서 정한 공동정범은 공동으로 범죄를 저지르려는 의사에 따라 공범자들이 협력하여 범행을 분담함으로써 범죄의 구성요건을 실현한 경우에 각자가 범죄 전체에 대하여 정범으로서의 책임을 지는 것이다. (나) 이러한 공동정범이 성립하기 위해서는 (ㄱ) 주관적 요건으로서 공동가공의 의사와 (ㄴ) 객관적 요건으로서 공동의사에 의한 기능적 행위지배를 통한 범죄의 실행사실이 필요하다. (다) 이때 공동가공의 의사는 (ㄱ) 공동의 의사로 특정한 범죄행위를 하기 위하여 일체가 되어 (ㄴ) 서로 다른 사람의 행위를 이용하여 자기의 의사를 실행에 옮기는 것을 내용으로 하는 것이어야 한다. (라) 따라서 범죄의 실행에 가담한 사람이라고 할지라도 그가 공동의 의사에 따라 다른 공범자를 이용하여 실현하려는 행위가 자신에게는 범죄를 구성하지 않는다면, 특별한 사정이 없는 한 공동정범의 죄책을 진다고 할 수 없다.

대법원은 무고죄의 성립요건에 대해 다음과 같이 설시하였다.

(가) 형법 제156조에서 정한 무고죄는 타인으로 하여금 형사처분 또는 징계처분을 받게 할 목적으로 허위의 사실을 신고하는 것을 구성요건으로 하는 범죄이다. (나) 자기 자신으로 하여금 형사처분 또는 징계처분을 받게 할 목적으로 허위의 사실을 신고하는 행위, 즉 자기 자신을 무고하는 행위는 무고죄의 구성요건에 해당하지 않아 무고죄가 성립하지 않는다. (다) 따라서 자기 자신을 무고하기로 제3자와 공모하고 이에 따라 무고

행위에 가담하였다고 하더라도 이는 자기 자신에게는 무고죄의 구성요건에 해당하지 않아 범죄가 성립할 수 없는 행위를 실현하고자 한 것에 지나지 않아 무고죄의 공동정범으로 처벌할 수 없다.

2008도4852

2008. 10. 23. 2008도4852, 공 2008하, 1647 = 『자기무고 방조 사건』 :

갑은 P회사의 실질적 운영자이다. 을은 P회사의 대표이사이다. 갑은 A로부터 P회사의 운영자금을 차용하였다(㉠차용금). 갑은 A에게 ㉠차용금의 담보명목으로 액면 1억 7천만원의 ㉡약속어음을 발행해 주었다. 갑은 이때 을의 사전 승낙하에 을을 ㉡약속어음의 공동발행인으로 기재하였다. A는 ㉠차용금에 대한 추가담보를 제공하라고 요구하였다. 병은 ㉡약속어음 표면에 보증의 의사로 병의 주소를 기재한 후 서명날인하였다. A는 관계인들로부터 미리 받아둔 위임장으로 공증사무소에서 ㉡약속어음금의 지급을 지체할 경우 즉시 강제집행을 받더라도 이의가 없음을 인낙한다는 취지의 공정증서를 받아두었다. ㉠차용금 채무가 변제기에 이행되지 않았다. A는 ㉠차용금 채무의 불이행을 이유로 ㉡약속어음 공정증서를 집행권원으로 하여 병 소유의 M부동산에 대해 강제경매를 신청하였다.

갑, 을, 병은 한자리에 모여서 대책을 논의하였다. 이 자리에서 을은 다음과 같이 말하였다. (가) A로부터 병의 집에 경매가 들어왔는데, 일단 경매를 연기시켜 놓자. (나) 병으로 하여금 갑에게 재차 투자하도록 종용하겠다. (다) 갑은 ⓐ시인서와 ⓑ확인서를 작성해 달라. (라) 경찰서에 한 15일 정도 있으면 빼주겠다. (마) 피해가 없고 합의가 되면 나오니 걱정하지 말라. 을의 말을 듣고 갑은 다음 내용의 ⓐ확인서를 써주었다. (가) ㉡약속어음에 대하여 본인(갑)이 P회사 대표이사 을의 회사인감을 소지하고 있음을 기화로 대표이사인 을의 승낙 없이 임의 사용한 것이다. (나) 또한 을의 개인인감을 소지하고 있음을 기화로 을의 승낙 없이 임의도용 날인한 사실을 시인한다. 갑은 A가 병의 Q은행 계좌에 돈을 입금시켜준다고 하고는 차일피일 미루면서 ㉡약속어음 기재 돈을 입금시킨 사실이 전혀 없다는 내용의 ⓑ시인서도 써주었다. 그런데 갑이 작성한 ⓐ확인서와 ⓑ시인서의 내용은 모두 사실이 아니었다.

을은 다음 내용의 ⓒ고소장을 작성하였다. (가) 갑이 P회사의 법인 도장과 을의 개인 인감을 보관하고 있음을 기화로 을의 승낙 없이 임의로 ㉡약속어음에 날인을 하였다. (나) A는 병에게 1억 5천만원을 입금시켜주는 조건으로 병으로부터 ㉡약속어음에 서명날인을 받았다. (다) 그럼에도 불구하고 A는 한푼도 입금하지 아니하고 연기하여 오더니 ㉡약속어음으로 강제경매를 신청한 것이다. 을은 ⓒ고소장에 ⓐ확인서와 ⓑ시인서를 첨부하였다. 병은 관할 검찰청 민원실에 ⓐ확인서와 ⓑ시인서를 첨부한 ⓒ고소장을 제출하였다. ⓒ고소장의 피고소인은 갑과 A이다. 병은 ⓒ고소장을 첨부하여 A의 강제경매신청에 대해 청구이의의 소를 제기하였다. (이하 무고죄 부분에 한정하여 고찰함.)

검사는 갑, 을, 병을 무고죄로 기소하였다. 제1심법원은 A에 대한 허위고소 부분에 대해 갑, 을, 병에게 유죄를 인정하였다. 제1심법원은 갑에 대한 허위고소 부분에 대해 을, 병에게 유죄를 인정하였다. 제1심법원은 갑에 대한 허위고소 부분에 대해 갑에게 자기무고는 죄가 되지 않는다는 이유로 무죄를 선고하였다. 검사는 무죄 부분에 불복하여 항소하였다. 검사는 항소이유로 갑에게 무고방조죄가 성립한다고 주장하였다. 항소법원은 다음의 이유를 제시하여 항소를 기각하고, 제1심판결을 유지하였다. (가) 무고죄는 '타인으로 하여금' 형사처분 또는 징계처분을 받게 할 목적이 있어야 성립한다. (나) 스스로 본인을 무고하는 자기무고는 무고죄를 구성하지 않는다. (다) 자기무고가 무고죄를 구성하지 아니하는 이상 이를 방조하였다 하여 무고방조죄가 성립한다고 할 수 없다. 검사는 불복 상고하였다. 검사의 상고이유는 항소이유와 같다.

대법원은 다음의 이유를 제시하여 갑에 대한 원심판결의 무죄 부분을 파기환송하였다.

대법원은 자기무고의 범죄성립 여부에 대해 다음과 같이 설시하였다.

(가) 형법 제156조의 무고죄는 국가의 형사사법권 또는 징계권의 적정한 행사를 주된 보호법익으로 하는 죄이다. (나) 그러나 스스로 본인을 무고하는 자기무고는 무고죄의 구성요건에 해당하지 아니하여 무고죄를 구성하지 않는다. (다) 그러나 피무고자의 교사·방조 하에 제3자가 피무고자에 대한 허위의 사실을 신고한 경우 제3자의 행위는 무고죄의 구성요건에 해당하여 무고죄를 구성한다. (라) 제3자를 교사·방조한 피무고자에 대하여도 교사·방조범으로서의 죄책을 부담게 함이 상당하다.

대법원은 원심판결의 당부에 대해 다음과 같이 판단하였다.

(가) 원심은 갑이 을, 병의 갑에 대한 무고범행을 방조하였다는 범죄사실이 죄가 되지 않는 경우에 해당한다고 판단하였다. (나) 원심판결에는 무고죄 내지 방조범에 관한 법리를 오해하여 판결에 영향을 미친 위법이 있다.

| 2018도2236 |

2020. 1. 30. 2018도2236 전원합의체 판결, 공 2020상, 545 =『문화예술계 지원배제 사건』:

「문화예술진흥법」과 관련규정은 한국문화예술위원회(예술위)로 하여금 직무상 외부의 간섭을 받지 않고 문화예술계 분야의 지원에 관한 사항을 결정하도록 하고 있다. 「영화 및 비디오물의 진흥에 관한 법률」과 관련규정은 영화진흥위원회(영진위)로 하여금 직무상 외부의 간섭을 받지 않고 영화계 분야의 지원에 관한 사항을 결정하도록 하고 있다. 「출판문화산업 진흥법」과 관련규정은 한국출판문화산업진흥원(출판진흥원)로 하여금 직무상 외부의 간섭을 받지 않고 출판계 분야의 지원에 관한 사항을 결정하도록 하고 있다. 이는 헌법에서 정한 문화국가원리, 표현의 자유, 평등의 원칙 등을 보장하기 위함이다. 예술위, 영진위, 출판진흥원 직원들은 공무원이 아니다. 예술위, 영진위, 출판진흥원 직원들은 유관 공공기관의 임직원이다.

갑은 대통령이다. 을은 대통령비서실의 비서실장이다. 병 등은 수석비서관 또는 비서관들이다. 대통령 갑은 비서실장 을에게 "문화예술계가 좌편향 되어 있어 이에 대한 시정이 필요하다."고 말하였다. 비서실장 을은 비서실에 '문제단체 조치내역 및 관리방안'과 '건전 문화예술 생태계 진흥 및 지원방안', '건전 문화예술 생태계 진흥 세부 실행계획'을 마련하도록 지시하였다. 이에 따라 다음 내용의 지시사항이 마련되었다. (가) 문화예술진흥기금 등의 정부 지원이 있다. (나) 정부 지원은 문화예술계, 영화계, 출판계 별로 이루어지고 있다. (다) 각 분야 별로 각각 한국문화예술위원회(예술위), 영화진흥위원회(영진위), 한국출판문화산업진흥원(출판진흥원)에 의하여 지원사업이 수행되고 있다. (라) 이들 기관에 지원을 신청한 개인·단체 가운데 이념적 성향이나 정치적 견해가 좌편향된 경우가 있다. (마) 분야별로 예술위, 영진위, 출판진흥원이 각각 수행하는 각종 사업에서 좌파 등에 대한 지원을 배제한다. 을의 지원배제 지시는 청와대에서 문체부 공무원을 통하여 예술위, 영진위, 출판진흥원에 각각 하달되었다.

을의 지시를 받은 문체부 공무원은 예술위, 영진위, 출판진흥회 직원들로 하여금 다음의 행위를 하도록 하였다. (가) 예술위원장, 예술위원에게 배제 지시를 전달하는 행위. (나) 지원배제 방침이 관철될 때까지 사업진행 절차를 중단하는 행위. (다) (중략.) (라) 상영불가 통보 행위. (마) 책임심의위원 후보자 명단, 공모사업 신청자 및 각 단계별 심의 통과자 명단을 문체부 공무원에게 송부하는 행위. (바) 공모사업 진행 중 문체부 공무원에게 수시로 심의 진행 상황을 보고하는 행위. {위의 행위 가운데 (가) 내지 (라)행위를 ㉮행위로 통칭함.} {위의 행위 가운데 (마), (바) 행위를 ㉯행위로 통칭함.} ㉮, ㉯행위는 ⓐ시점부터 ⓒ시점 사이에 이루어졌다. ⓐ시점과 ⓒ시점의 중간인 ⓑ시점에 을은 대통령 비서실장에서 사임하였다.

특별검사는 갑, 을, 병으로부터 문체부 공무원에 이르기까지의 사람들이 공모하여 직권남용죄를 범하였다고 판단하였다. 특별검사는 을, 병 등을 직권남용죄의 공동정범으로 기소하였다. (이하 을을 중심으로 검토함.) 을의 피고사건은 제1심을 거친 후, 항소심에 계속되었다. 항소법원은 다음의 이유를 들어서 유죄를 인정하였다. (가) 을은 (전)대통령, 정무수석, 교문수석, 문체부 공무원 등과 공모하여 대통령, 비서실장, 정무수석, 교문수석, 문체부 장관 등의 직권을 남용하였다. (나) 을 등과 공모한 문체부 공무원은 예술위, 영진위, 출판진흥회 직원들로 하여금 ㉮, ㉯행위라는 의무없는 일을 하게 하였다. (다) 을의 단일 지시에 의하여 이루어진 ㉮, ㉯행위는 전부가 하나의 포괄일죄를 구성한다. (라) 을은 ⓑ시점에 비서실장에서 퇴임하였다. (마) 그러나 공범(병 등)에 의하여 포괄일죄 관계에 있는 나머지 범행이 이루어졌으므로 을은 그 부분에 대하여도 공범으로서 죄책을 부담한다. (바) 결국 을은 ㉮, ㉯행위 전부에 대해 직권남용권리행사방해죄가 인정된다. 을은 불복 상고하였다.

대법원은 다음의 이유를 제시하여 원심판결을 파기환송하였다.

대법원은 먼저 을의 행위가 직권남용에 해당하는지를 판단하였다.

대법원은 직권남용의 '남용' 부분에 대해 다음과 같이 설시하였다.

(가) 직권남용권리행사방해죄는 (ㄱ) 공무원이 (ㄴ) 일반적 직무권한에 속하는 사항에 관하여 (ㄷ) 직권을 행사하는 모습으로 (ㄹ) 실질적, 구체적으로 위법·부당한 행위를 한 경우에 성립한다. (나) '직권남용'이란 공무원이 일반적 직무권한에 속하는 사항에 관하여 그 권한을 위법·부당하게 행사하는 것을 뜻한다. (다) 남용에 해당하는가를 판단하는 기준은 (ㄱ) 구체적인 공무원의 직무행위가 본래 법령에서 그 직권을 부여한 목적에 따라 이루어졌는지, (ㄴ) 직무행위가 행해진 상황에서 볼 때 필요성·상당성이 있는 행위인지, (ㄷ) 직권행사가 허용되는 법령상의 요건을 충족했는지 등을 종합하여 판단하여야 한다. 대법원은 을의 행위가 직권남용에 해당한다고 판단하였다.

대법원은 이어서 을의 행위가 '사람으로 하여금 의무 없는 일을 하게 하였는지'에 대해 판단하였다.

대법원은 '의무 없는 일을 하게 하다'라는 요건의 의미에 대해 다음과 같이 설시하였다.

(가) 직권남용권리행사방해죄는 단순히 공무원이 직권을 남용하는 행위를 하였다는 것만으로 곧바로 성립하는 것이 아니다. (나) 직권을 남용하여 현실적으로 다른 사람이 법령상 의무 없는 일을 하게 하였거나 다른 사람의 구체적인 권리행사를 방해하는 결과가 발생하여야 하고, 그 결과의 발생은 직권남용 행위로 인한 것이어야 한다. (다) '사람으로 하여금 의무 없는 일을 하게 한 것'과 '사람의 권리행사를 방해한 것'은 형법 제123조가 규정하고 있는 객관적 구성요건요소인 '결과'로서 둘 중 어느 하나가 충족되면 직권남용권리행사방해죄가 성립한다. (라) 이는 '공무원이 직권을 남용하여'와 구별되는 별개의 범죄성립요건이다. (마) 따라서 공무원이 한 행위가 직권남용에 해당한다고 하여 그러한 이유만으로 상대방이 한 일이 '의무 없는 일'에 해당한다고 인정할 수는 없다.

(바) '의무 없는 일'에 해당하는지는 직권을 남용하였는지와 별도로 상대방이 그러한 일을 할 법령상 의무가 있는지를 살펴 개별적으로 판단하여야 한다. (사) 직권을 남용한 행위가 위법하다는 이유로 곧바로 그에 따른 행위가 의무 없는 일이 된다고 인정하면 '의무 없는 일을 하게 한 때'라는 범죄성립요건의 독자성을 부정하는 결과가 되고, '권리행사를 방해한 때'의 경우와 비교하여 형평에도 어긋나게 된다.

대법원은 '의무 없는 일을 하게 한 때'의 판단기준에 대해 다음과 같이 설시하였다.

(가) (ㄱ) 직권남용 행위의 상대방이 일반 사인인 경우 (ㄴ) 특별한 사정이 없는 한 (ㄷ) 직권에 대응하여 따라야 할 의무가 없으므로 (ㄹ) 그에게 어떠한 행위를 하게 하였다면 (ㅁ) '의무 없는 일을 하게 한 때'에 해당할 수 있다. (나) 그러나 (ㄱ) [직권남용 행위의] 상대방이 공무원이거나 법령에 따라 일정한 공적 임무를 부여받고 있는 공공기관 등의 임직원인 경우에는 (ㄴ) 법령에 따라 임무를 수행하는 지위에 있으므로 (ㄷ) 그가 직권에 대응하여 어떠한 일을 한 것이 의무 없는 일인지 여부는 (ㄹ) 관계 법령 등의 내용에 따라 개별적으로 판단하여야 한다.

(다) (중략) 다른 공무원, 부서 또는 유관기관 등과의 협조 또는 의견교환 등은 행정의 효율성을 높이기

위하여 필요하고, 동등한 지위 사이뿐만 아니라 상하기관 사이, 감독기관과 피감독기관 사이에서도 이루어질 수 있다. (라) 이러한 관계에서 (ㄱ) 일방이 상대방의 요청을 청취하고 자신의 의견을 밝히거나 협조하는 등 요청에 응하는 행위를 하는 것은 (ㄴ) 특별한 사정이 없는 한 (ㄷ) 법령상 의무 없는 일이라고 단정할 수 없다.

(마) 결국 (ㄱ) 공무원이 직권을 남용하여 사람으로 하여금 어떠한 일을 하게 한 때에 (ㄴ) 상대방이 공무원 또는 유관기관의 임직원인 경우에는 (ㄷ) 그가 한 일이 형식과 내용 등에 있어 직무범위 내에 속하는 사항으로서 (ㄹ) 법령 그 밖의 관련 규정에 따라 직무수행 과정에서 준수하여야 할 원칙이나 기준, 절차 등을 위반하지 않는다면 (ㅁ) 특별한 사정이 없는 한 (ㅂ) 법령상 의무 없는 일을 하게 한 때에 해당한다고 보기 어렵다.

대법원은 관련 규정들을 분석하였다(내용 생략함).

대법원은 을의 행위에 대해 다음과 같이 판단하였다.

(가) 예술위·영진위·출판진흥원과 관련된 법령들의 내용에 비추어 보면, (ㄱ) 예술위·영진위·출판진흥원 직원들은 (ㄴ) 위 각 법인의 위원들의 직무상 독립을 보장하고 (ㄷ) 각 법인이 자율적으로 사업목적을 수행할 수 있도록 보조하는 업무를 수행할 (ㄹ) 법령상 의무가 있다. (나) 따라서 이러한 법령에서 정한 직무범위를 벗어나거나 법령에서 정한 의무에 위배되는 행위를 하게 하였다면 형법 제123조에서 정한 '의무 없는 일을 하게 한 때'에 해당할 수 있다. (다) (ㄱ) 문체부 공무원이 예술위·영진위·출판진흥원 직원들로 하여금 ㉮행위를 하게 한 것은 (ㄴ) 모두 위원들의 독립성을 침해하고 자율적인 절차진행과 운영을 훼손하는 것으로서 (ㄷ) 위에서 본 예술위·영진위·출판진흥원 직원들이 준수해야 하는 법령상 의무에 위배되므로 (ㄹ) '의무 없는 일을 하게 한 때'에 해당한다.

(라) 을 등이 공모하여 예술위·영진위·출판진흥원 직원들에게 지시한 ㉮, ㉯행위는 직권을 남용한 것이다. (마) 그런데 예술위·영진위·출판진흥원 직원들이 그 지시에 따라서 한 일이 의무 없는 일인지를 판단할 때에는 직원들에게 그 일이 법령상 의무 없는 일인지를 독자적으로 따져야 한다. (바) 예술위·영진위·출판진흥원은 사업의 적정한 수행에 관하여 문체부의 감독을 받으므로 일반적으로 지원사업의 진행 상황을 보고하는 등 문체부의 지시에 협조할 의무가 있다. (사) 그렇다면 예술위·영진위·출판진흥원 직원들의 ㉯행위는 의무 없는 일에 해당하기 어렵다고 볼 여지도 있다.

대법원은 직권남용죄의 죄수 판단에 대해 다음과 같이 설시하였다.

(가) (ㄱ) 동일 죄명에 해당하는 수개의 행위 또는 연속된 행위를 (ㄴ) 단일하고 계속된 범의 아래 (ㄷ) 일정 기간 계속하여 행하고 (ㄹ) 그 피해법익도 동일한 경우에는 (ㅁ) 이들 각 행위를 통틀어 포괄일죄로 처단하여야 한다. (나) 그러나 범의의 단일성과 계속성이 인정되지 아니하거나 범행방법이 동일하지 않은 경우에는 각 범행은 실체적 경합범에 해당한다.

대법원은 을의 행위에 대한 포괄일죄 여부에 대해 다음과 같이 판단하였다.

(가) ㉮, ㉯행위는 을의 지시로 마련된 계획에 따라 이루어졌다[전체고의]. (나) 그러나 ㉮, ㉯행위는 예술위·영진위·출판진흥원이라는 서로 다른 공공기관을 통하여 각 기관이 주관하는 사업별로 별도로 실행되었다. (다) (중략.) (라) 각 사업수행자별 사업 사이 및 각 연도별 사업 사이에서는 범의의 단일성과 방법의 동일성을 인정하기 어렵다. (마) 따라서 원심이 들고 있는 사정[을의 지시; 전체고의]을 고려하더라도 ㉮, ㉯행위의 직권남용권리행사방해죄 전부를 포괄일죄로 볼 수는 없다.

대법원은 직권남용죄와 공모관계 이탈의 관계에 대해 다음과 같이 판단하였다.

(가) 직권남용권리행사방해죄는 공무원에게 직권이 존재하는 것을 전제로 하는 범죄이다. (나) 직권은 국가의 권력 작용에 의해 부여되거나 박탈되는 것이므로, 공무원이 국가의 명에 따라 공직에서 퇴임하면 해당 직무에서 벗어나고 대외적으로도 공표된다. (다) 을이 ⓑ시점에 비서실장에서 퇴임한 이후에는 위와 같은 직권이 존재하지 않는다. (라) 그러므로 을이 퇴임 후에도 실질적 영향력을 행사하는 등으로 퇴임 전 공모한

범행에 관한 기능적 행위지배가 계속되었다고 인정할 만한 특별한 사정이 없는 한, 퇴임 후의 범행에 관하여는 공범으로서 책임을 지지 않는다고 보아야 한다. (마) 원심으로서는 위와 같은 사정에 관하여 심리한 다음 을의 공모와 기능적 행위지배가 미치는 범위를 확정하였어야 한다.

2016도15470

2017. 1. 12. 2016도15470, 공 2017상, 427 = 『장애인 특기장학생 사건』:

갑은 P학교재단의 이사장이다. P학교법인은 Q대학교를 운영하고 있다. 을은 Q대학교 총장이다. 병은 장애인체육특기생을 모집하고 입학생들의 학업이수 등을 관리해 왔다. 교육부는 재학생 충원율 등 일정한 기준에 미달한 대학에 대해 학자금대출을 제한하여 퇴출시키는 정책을 시행하였다. Q대학교는 학자금대출 제한 대학에 포함되었다. Q대학교는 각 지방 체육회를 중심으로 장애인 체육특기생을 적극적으로 모집하였다. Q대학교 측은 수업료 전부를 국가장학금 또는 교내장학금으로 납부하는 조건으로 장애인체육특기생을 유치하였다. (이하 장애인체육특기생들을 A로 통칭하여 서술함.) Q대학교 측은 유치한 A에 대해 출석관리, 시험관리 등 학사관리를 부실하게 하였다. A는 C+ 이상의 학점을 받았다. A는 정상적으로 학사과정을 이수하려고 등록한 학생도 아니고 실제로 정상적으로 학점을 이수하지도 않아 국가장학금을 신청할 자격이 없었다. 그러나 A는 형식적으로 자격요건을 갖춰 H장학재단으로부터 국가장학금을 신청·교부받았다. A가 수령한 국가장학금은 Q대학교의 수업료로 납부되었다.

검사는 갑, 을, 병이 공모하여 장애인특기생유치의 편법으로 H장학재단으로부터 국가장학금을 편취하였다는 요지의 공소사실로 기소하였다. 갑 등의 피고사건은 제1심을 거친 후, 항소심에 계속되었다. 항소법원은 갑, 을, 병에게 유죄를 인정하였다. 갑, 을, 병은 불복 상고하였다. 갑, 을, 병은 상고이유로 다음의 점을 주장하였다. (가) 학자금을 편취하려는 고의가 없었다. (나) 공동정범의 성립요건이 구비되지 않았다.

대법원은 다음의 이유를 제시하여 상고를 기각하였다.

대법원은 고의의 입증방법에 대해 다음과 같이 설시하였다.

(가) 피고인이 범죄구성요건의 주관적 요소인 고의를 부인하는 경우, 그 범의 자체를 객관적으로 증명할 수는 없으므로 사물의 성질상 범의와 관련성이 있는 간접사실 또는 정황사실을 증명하는 방법으로 이를 증명할 수밖에 없다. (나) 이때 무엇이 관련성이 있는 간접사실 또는 정황사실에 해당하는지는 정상적인 경험칙에 바탕을 두고 치밀한 관찰력이나 분석력으로 사실의 연결상태를 합리적으로 판단하는 방법에 의하여 판단하여야 한다.

(다) 고의의 일종인 미필적 고의는 중대한 과실과는 달리 범죄사실의 발생 가능성에 대한 인식이 있고 나아가 범죄사실이 발생할 위험을 용인하는 내심의 의사가 있어야 한다. (라) 행위자가 범죄사실이 발생할 가능성을 용인하고 있었는지 여부는 행위자의 진술에 의존하지 않고 외부에 나타난 행위의 형태와 행위의 상황 등 구체적인 사정을 기초로 일반인이라면 해당 범죄사실이 발생할 가능성을 어떻게 평가할 것인지를 고려하면서 행위자의 입장에서 그 심리상태를 추인하여야 한다.

대법원은 공동정범의 성립요건에 대해 다음과 같이 설시하였다.

(가) 형법 제30조의 공동정범은 2인 이상이 공동하여 죄를 범하는 것이다. (나) 공동정범이 성립하기 위해서는 (ㄱ) 주관적 요건으로서 공동가공의 의사와 (ㄴ) 객관적 요건으로서 공동의사에 기한 기능적 행위지배를 통한 범죄의 실행사실이 필요하다. (다) 공동가공의 의사는 (ㄱ) 공동의 의사로 특정한 범죄행위를 하기 위하여 일체가 되어 (ㄴ) 서로 다른 사람의 행위를 이용하여 자기의 의사를 실행에 옮기는 것을 내용으로 하는 것이어야 한다. (라) 공모자 중 구성요건에 해당하는 행위 일부를 직접 분담하여 실행하지 않은 사람도 전체 범죄에서 그가 차지하는 지위, 역할이나 범죄 경과에 대한 지배나 장악력 등을 종합해 볼 때, 단순한 공모자

에 그치는 것이 아니라 범죄에 대한 본질적 기여를 통한 기능적 행위지배가 존재하는 것으로 인정되는 경우 이른바 공모공동정범으로서의 죄책을 질 수 있다.

대법원은 원심판결의 판단내용을 분석하였다(상세한 내용은 생략함.)

대법원은 원심판결의 당부에 대해 다음과 같이 판단하였다.

(가) 갑은 이사장 내정자의 지위에서 장애인체육특기생 모집계획을 보고받고 직접 지시하였다. (나) 을, 병은 위 계획에 따라 특기생들을 모집하고 출석과 시험 등 전반적인 학업이수를 관리해 왔다. (다) 신입생 모집 당시의 여건이나 준비상황에 비추어 정상적인 학사일정 진행이 어려운 상황이었고, 특기생들은 등록금 이나 학비를 자비로 부담하지 않는 것을 조건으로 모집된 것으로 보인다. (라) 이후 학사관리가 파행적으로 이루어지는 가운데 특기생들이 국가장학금을 신청하였다. (마) 이상의 점 등을 종합하면, 갑, 을, 병에 대하여 사기죄의 공동정범을 인정한 원심의 판단은 정당하다.

2010도7412

2010. 12. 23. 2010도7412, 공 2011상, 271 = 분석 총론 『외부인 지휘부 참가 사건』 :

갑은 P노동조합총연맹 정책기획국장 등의 직책을 맡아 활동하였다. Q자동차회사 M공장이 있다. M공장 에는 P노동조합 M지회가 구성되어 있다. Q자동차회사 M공장에 구조조정과 관련하여 대형 노사분규가 발생 하였다. 갑은 M지회의 총파업투쟁(일명 옥쇄파업)을 지원하기로 하였다. 갑은 M지회 사무실에서 M지회의 집행부 을 등과 총파업 방법을 논의하고 실행계획을 수립하는 데에 참가하였다(㉮행위). 갑은 경찰 진입에 대비하여 M지회 노조원 600명과 함께 M공장에 윤활유와 철판조각을 미리 뿌려 놓았다(㉯행위). 이후 M공 장에 경찰력이 투입되어 강제해산이 실시되었다. 이 과정에서 경찰관 A 등이 윤활유에 미끄러지고 철판조각 에 찔려서 상해를 입었다.

검사는 ㉮행위와 ㉯행위에 대해 갑을 특수공무집행방해치상, 폭력행위처벌법위반죄(공동상해), 업무방해 죄 등으로 기소하였다. 제1심법원은 ㉮행위와 ㉯행위에 대해 모두 유죄를 인정하였다. 갑은 불복 항소하였다. 항소법원은 항소를 기각하고, 제1심판결을 유지하였다. 갑은 불복 상고하였다. 갑은 상고이유로 다음의 점을 주장하였다. (가) 갑이 을 등과 파업에 대해 논의한 사실은 있다. (나) 그러나 그것은 업무방해에 대한 공모에 지나지 않는다. (다) 상해죄나 특수공무집행방해죄 부분에 대해서는 공모가 없었다. (라) 그럼에도 상해죄나 특수공무집행방해죄의 공동정범을 인정한 것은 위법하다.

대법원은 다음의 이유를 제시하여 원심판결 가운데 갑의 ㉯행위 부분을 파기환송하였다.

대법원은 공동정범과 기능적 행위지배의 관계에 대해 다음과 같이 설시하였다.

(가) 형법 제30조의 공동정범은 (ㄱ) 공동가공의 의사와 (ㄴ) 그 공동의사에 기한 기능적 행위지배를 통한 범죄 실행이라는 주관적·객관적 요건을 충족함으로써 성립한다. (나) 공모자 중 구성요건 행위 일부를 직접 분담하여 실행하지 않은 자라도 경우에 따라 이른바 공모공동정범으로서의 죄책을 질 수도 있다. (다) 공모공 동정범으로서 죄책을 지기 위해서는 전체 범죄에 있어서 그가 차지하는 지위, 역할이나 범죄 경과에 대한 지 배 내지 장악력 등을 종합해 볼 때, 단순한 공모자에 그치는 것이 아니라 범죄에 대한 본질적 기여를 통한 기능적 행위지배가 존재하는 것으로 인정되는 경우여야 한다.

대법원은 이어서 파생범죄에 대한 기능적 행위지배에 대해 다음과 같이 설시하였다.

(가) 범죄에 대한 본질적 기여를 통한 기능적 행위지배가 존재하는 것으로 인정되는 경우가 있다. (나) 이 경우 범죄의 수단과 태양, 가담하는 인원과 그 성향, 범행 시간과 장소의 특성, 범행과정에서 타인과의 접촉 가능성과 예상되는 반응 등 제반 상황에 비추어, (ㄱ) 공모자들이 그 공모한 범행을 수행하거나 목적 달성을 위해 나아가는 도중에 부수적인 다른 범죄가 파생되리라고 예상하거나 충분히 예상할 수 있는데도 (ㄴ) 그러

한 가능성을 외면한 채 이를 방지하기에 족한 합리적인 조치를 취하지 아니하고 공모한 범행에 나아갔다가 (ㄷ) 결국 그와 같이 예상되던 범행들이 발생하였다면, (ㄹ) 비록 그 파생적인 범행 하나하나에 대하여 개별적인 의사의 연락이 없었다 하더라도 당초의 공모자들 사이에 그 범행 전부에 대하여 암묵적인 공모는 물론 그에 대한 기능적 행위지배가 존재한다고 보아야 할 것이다.

대법원은 갑의 ㉮행위에 대해 다음과 같이 판단하여 갑의 주장을 배척하였다.

(가) 갑은 노조원들의 폭행, 상해, 특수공무집행방해치상 등 범죄행위들에 대하여 구체적으로 모의하거나 이를 직접 분담하여 실행한 바 없었다. (나) 그렇다고 하더라도 ㉯행위(특수공무집행방해치상 부분)를 제외한 나머지 이 사건 각 범행에 대하여 갑에게 암묵적인 공모는 물론 그 범행들에 대한 본질적 기여를 통한 기능적 행위지배가 있었다. (다) 원심이 갑을 위 각 범행의 공모공동정범으로 의율한 제1심판결을 유지한 것은 정당한 것으로 수긍이 간다.

대법원은 특수공무집행방해죄와 폭행의 관계에 대해 다음과 같이 설시하였다.

(가) 형법 제144조 제2항의 특수공무집행방해치상죄는 단체 또는 다중의 위력을 보이거나 위험한 물건을 휴대하여 직무를 집행하는 공무원에 대하여 폭행 또는 협박하여 공무원을 상해에 이르게 함으로써 성립하는 범죄이다. (나) 특수공무집행방해죄에서의 폭행은 유형력을 행사하는 것을 말한다.

대법원은 갑의 ㉯행위에 대해 다음과 같이 판단하였다.

(가) 경찰관 A 등은 갑 등이 미리 바닥에 뿌려 놓은 윤활유에 미끄러져 넘어지거나 미리 뿌려 놓은 철판조각에 찔려 다쳤다. (나) 갑 등이 윤활유나 철판조각을 경찰관 A 등의 면전에서 그들의 공무집행을 방해할 의도로 뿌린 것이라는 등의 특별한 사정이 있는 경우는 별론으로 한다. (다) 갑 등이 윤활유나 철판조각을 경찰관 A 등이 M공장에 진입할 경우에 대비하여 그들의 부재 중에 미리 뿌려 놓은 것에 불과하다면, 이를 가리켜 경찰관 A 등에 대한 유형력의 행사, 즉 폭행에 해당하는 것으로 볼 수 없다.

2017도14322

2018. 4. 19. 2017도14322 전원합의체 판결, 공 2018상, 1002 =『국정원 댓글 사건』:

공직선거법은 공무원의 선거개입을 처벌하고 있다(㉮규정). 국가정보원법은 국정원 직원의 선거개입을 처벌하고 있다(㉯규정). (이하 사실관계를 축약하기 위하여 사용한 ㉠댓글, 직원 A 등은 통칭을 의미함.) 인터넷 상에 ㉠댓글이 떠돌았다. ㉠댓글의 내용은 대통령선거를 앞두고 야당을 비판하고 여당을 지지하는 내용이었다. ㉠댓글의 작성자가 국정원 직원 A라는 사실이 밝혀졌다. 직원 A는 사이버 여론전을 담당하는 심리전단 소속이다. 갑은 국정원장이다. 을은 국정원 차장이다. 병은 국정원 심리전단장이다.

검사는 갑, 을, 병을 공직선거법 ㉮규정, 국가정보원법 ㉯규정을 적용하여 기소하였다. 갑 등의 피고사건은 제1심, 항소심, 상고심(파기환송), 환송후 항소심으로 진행되었다. 환송후 항소심은 갑, 을, 병에게 공직선거법 위반죄와 국가정보원법 위반죄의 공동정범으로 유죄를 인정하였다. 갑, 을, 병은 불복 상고하였다. 갑, 을, 병은 상고이유로 다음의 점을 주장하였다. (가) 공직선거법 위반죄와 국가정보원법 위반죄의 실행정범은 A이다. (나) 갑, 을, 병은 A의 범행에 직접 관여한 바가 없다. (다) 갑, 을, 병은 A와 범행을 공모한 바가 없다.

대법원은 다음의 이유를 제시하여 갑, 을, 병의 상고를 기각하였다.

대법원은 11 대 2로 견해가 나뉘었다. 견해가 대립한 부분은 갑과 을에 대해 공직선거법 ㉮규정을 적용할 수 있는가 하는 점이었다. 대법원은 다수의견에 따라 공직선거법 ㉮규정의 적용을 인정하였다. (이하 다수의견을 '대법원'으로 표시하여 소개함.)

대법원은 공동정범의 성립요건에 대해 다음과 같이 설시하였다.

(가) 형법 제30조의 공동정범은 (ㄱ) 공동가공의 의사와 (ㄴ) 그 공동의사에 의한 기능적 행위지배를 통한

범죄 실행이라는 주관적·객관적 요건을 충족함으로써 성립한다. (나) 그러므로 공모자 중 구성요건행위를 직접 분담하여 실행하지 않은 사람도 위 요건의 충족 여부에 따라 이른바 공모공동정범으로서의 죄책을 질 수 있다. (다) 구성요건행위를 직접 분담하여 실행하지 않은 공모자가 공모공동정범으로 인정되기 위해서는 전체 범죄에서 그가 차지하는 지위·역할, 범죄 경과에 대한 지배나 장악력 등을 종합하여 그가 단순한 공모자에 그치는 것이 아니라 범죄에 대한 본질적 기여를 통한 기능적 행위지배가 존재한다고 인정되어야 한다. (라) 공모공동정범의 경우 범죄의 수단과 모습, 가담하는 인원과 그 성향, 범행 시간과 장소의 특성, 범행과정에서 타인과의 접촉 가능성과 예상되는 반응 등 여러 상황에 비추어, (ㄱ) 공모자들이 공모한 범행을 수행하거나 목적을 달성하고자 나아가는 도중에 부수적인 다른 범죄가 파생되리라고 예상하거나 충분히 예상할 수 있는데도 (ㄴ) 그러한 가능성을 외면한 채 이를 방지하기에 충분한 합리적인 조치를 취하지 않고 공모한 범행에 나아갔다가 (ㄷ) 결국 그와 같이 예상되던 범행들이 발생하였다면, (ㄹ) 비록 그 파생적인 범행 하나하나에 대하여 개별적인 의사의 연락이 없었더라도 당초의 공모자들 사이에 그 범행 전부에 대하여 암묵적인 공모는 물론 그에 대한 기능적 행위지배가 존재한다고 보아야 한다.

대법원은 공모의 내용과 증명방법에 대해 다음과 같이 설시하였다.

(가) 2인 이상이 범죄에 공동 가공하는 공범관계에서 공모는 법률상 어떤 정형을 요구하는 것이 아니고 2인 이상이 공모하여 범죄에 공동 가공하여 범죄를 실현하려는 의사의 결합만 있으면 충분하다. (나) 비록 전체의 모의과정이 없더라도 여러 사람 사이에 순차적으로 또는 암묵적으로 의사의 결합이 이루어지면 공모관계가 성립한다. (다) 이러한 공모관계를 인정하기 위해서는 엄격한 증명이 요구된다. (라) 그렇지만 피고인이 범죄의 주관적 요소인 공모관계를 부인하는 경우에는 사물의 성질상 이와 상당한 관련성이 있는 간접사실 또는 정황사실을 증명하는 방법으로 이를 증명할 수밖에 없다. (마) 이때 무엇이 상당한 관련성이 있는 간접사실에 해당할 것인지는 정상적인 경험칙에 바탕을 두고 치밀한 관찰력이나 분석력으로 사실의 연결 상태를 합리적으로 판단하는 방법으로 하여야 한다.

대법원은 사실관계를 분석하였다(내용 소개는 생략함).

대법원은 병의 공모관계 존재에 대해 다음과 같이 판단한 원심판결을 수긍하였다.

(가) 병은 심리전단장으로 재직하면서 업무매뉴얼 등을 통하여 사이버팀 직원들을 직접 지시·감독하고, 일종의 세부 업무 지침으로서 '이슈와 논지'의 작성에 관여하면서 사이버팀 직원들에게 이를 전달하였다. (나) 사이버팀 직원들이 병의 지시에 해당하는 심리전단의 업무매뉴얼과 '이슈와 논지'를 바탕으로 인터넷 게시글 등을 작성하였으므로, 병은 이 사건 사이버 활동에서 필요불가결한 역할을 하였다. (다) 병은 사이버팀의 각 팀장, 파트장들을 통하여 이 사건 사이버 활동 내역을 보고받아 파악하고 있었고, 이를 승인한 다음 순차로 을, 갑에게 그 내용을 보고하였다. (라) 병은 다시 갑, 을의 지시를 받아 사이버팀에 전달함으로써 지시사항을 이행하는 데 중요한 역할을 담당하였다. (마) 이러한 병의 지위와 역할이나 구체적인 행위 내용에 비추어 본다. (바) 병은 이 사건 사이버 활동에 의한 정치관여 행위는 물론, 선거운동의 범죄 실행의 핵심적 경과를 계획적으로 조종하거나 촉진하는 등으로 기능적 행위지배를 하였다. (사) 병과 사이버팀 직원들과의 공모관계도 넉넉히 인정된다. (아) 다만 병의 심리전단장 취임 전에 사이버팀 직원들에 의해 이루어진 범행 부분에 대해서는 공모관계를 인정할 수 없다.

대법원은 을의 공모관계 존재에 대해 다음과 같이 판단한 원심판결을 수긍하였다.

(가) 을은 3차장에 취임한 다음 직속인 심리전단 산하 사이버팀의 업무 내용을 파악하고 있었다. (나) 을은 부하 직원인 병으로부터 사이버팀의 활동 내역을 보고받고 이를 승인한 다음 갑에게 보고하였다. (다) 을은 갑의 지시를 받아 병을 통해 심리전단과 사이버팀에 전달하는 등 지시사항을 이행하는 데 중요한 역할을 하였다. (라) 이러한 을의 지위와 역할이나 구체적인 행위 내용에 비추어 본다. (마) 을은 사이버팀 직원들에

의한 범행의 핵심적 경과를 계획적으로 조종하거나 촉진하는 등으로 기능적 행위지배를 하였다고 인정된다. (바) 비록 을과 사이버팀 직원들 사이에 직접적인 모의가 없었더라도, 심리전단장인 병의 지시와 보고를 통하여 순차 공모를 한 이상 을에 대해서도 사이버팀 직원들의 범행에 대한 공모관계를 인정할 수 있다. (사) 다만 을의 3차장 취임 전에 사이버팀 직원들에 의해 이루어진 범행에 대해서는 공모관계를 인정할 수 없다.

대법원은 갑의 공모관계 존재에 대해 다음과 같이 판단한 원심판결을 수긍하였다.

(가) 갑은 국가정보원의 수장으로서 취임 당시부터 사이버팀의 업무 내용을 인식하고 있었다. (나) 뿐만 아니라 갑은 이후 지휘 계통에 따라 심리전단장인 병, 3차장인 을을 거쳐 사이버팀의 활동 상황을 수시로 보고 받았고, 때로는 특정한 사안에 관한 심리전단의 활동을 직접 지시하여 그 이행 상황을 보고받기도 하였다. (다) 갑은 전(全)부서장회의에서 인터넷 사이버 공간에서의 적극적인 활동을 여러 차례 지시하면서 트위터만을 전담하는 안보5팀을 창설하기도 하는 등 사이버팀의 조직을 적극적으로 확대 개편하였다. (라) 특히 갑은 집권여당의 정책적 성과를 홍보하고 과거 정권이나 이와 연계된 야당 또는 그 소속 정치인의 주장을 비판하면서 이들을 공박하도록 여러 차례에 걸쳐 지속적으로 지시하였다. (마) 이러한 지시사항은 사이버팀의 '이슈와 논지'에 충실히 반영되어 결국 사이버팀 직원들이 사이버 활동을 하는 데 기본 지침이 되었다. (바) 이러한 사정과 국가정보원의 엄격한 상명하복 관계에서 그 수장인 갑이 가지는 조직 장악력 등을 종합해 본다. (사) 갑이 비록 개별적 범행을 지시하지 않았더라도, 사이버팀의 활동 내역을 보고받으면서 활동을 승인하고 나아가 사이버팀 조직을 관리·확대하면서 사이버 활동의 구체적 내용에까지 막대한 영향을 미쳤다. (아) 그러한 이상 갑은 범행의 핵심적 경과를 계획적으로 조종하거나 촉진하는 등으로 기능적 행위지배를 하였다고 인정할 수 있다. (자) 또한 갑과 사이버팀 직원들 사이에 직접적인 접촉이나 모의가 없었더라도, 심리전단장인 병과 실행행위자인 사이버팀 직원들의 직접적인 공모관계가 있었고 갑이 지휘 계통에 따라 을을 거쳐 병과 지시·보고를 통하여 순차 공모한 이상, 갑에 대해서도 사이버팀 직원들의 범행에 대한 공모관계를 인정할 수 있다.

2018도12973

2021. 5. 7. 2018도12973, 공 2021하, 1211 =『보호의무자 확인서류 사건 공동정범 부분』:

정신보건법은 다음의 규정들을 두고 있다. 정신의료기관 등의 장은 정신질환자의 보호의무자 2인의 동의가 있고 정신건강의학과 전문의가 입원이 필요하다고 판단한 경우에 한하여 당해 정신질환자를 입원을 시킬 수 있으며, 입원을 할 때 당해 보호의무자로부터 입원 동의서 및 보호의무자임을 확인할 수 있는 서류를 받아야 한다(㉮규정). ㉮규정을 위반하여 입원동의서 또는 보호의무자임을 확인할 수 있는 서류를 받지 아니한 자는 처벌한다(㉯규정).

갑은 P정신병원의 병원장이다. 을은 P정신병원 소속 전문의이다. P정신병원 측은 환자 A를 보호의무자 B 등의 동의를 받아 입원시켰다. 이 과정에서 P병원 소속 전문의 을이 환자 A에 대해 입원에 필요한 진단을 하였다. P병원 측은 환자 A를 입원시키는 과정에서 B 등이 보호의무자임을 확인할 수 있는 서류를 받지 않았다. 검사는 갑과 을을 정신보건법 ㉯규정 위반죄의 공동정범으로 기소하였다. (이하 을을 중심으로 고찰함.) 제1심법원은 을에게 무죄를 선고하였다. 검사는 불복 항소하였다. 항소법원은 항소를 기각하고, 제1심판결을 유지하였다. 검사는 불복 상고하였다.

대법원은 다음의 이유를 제시하여 상고를 기각하였다.

대법원은 정신보건법 ㉯규정과 공동정범의 관계에 대해 다음과 같이 판단하였다.

(가) ㉯규정의 형식과 취지에 비추어 보면, 보호의무자 확인 서류 등 수수 의무 위반으로 인한 정신보건법 위반죄는 구성요건이 부작위에 의해서만 실현될 수 있는 진정부작위범에 해당한다. (나) 진정부작위범인 보호

의무자 확인 서류 등 수수 의무 위반으로 인한 정신보건법 위반죄의 공동정범은 그 의무가 수인에게 공통으로 부여되어 있는데도 수인이 공모하여 전원이 그 의무를 이행하지 않았을 때 성립할 수 있다. (다) ⒝규정에 따르면 보호의무자 확인 서류 등의 수수 의무는 '정신의료기관 등의 장'에게만 부여되어 있다. (라) 정신의료기관 등의 장이 아니라 그곳에 근무하고 있을 뿐인 정신건강의학과 전문의는 ⒝규정에서 정하는 보호의무자 확인 서류 등의 수수 의무를 부담하지 않는다.

대법원은 을의 공동정범 성립 여부에 대해 다음과 같이 판단한 원심판결을 수긍하였다.

(가) P병원에 근무하는 정신건강의학과 전문의인 을은 보호의무자 확인 서류 등 수수 의무의 귀속주체가 아니다. (나) 정신건강의학과 전문의인 을에게 보호의무자 확인 서류 등의 수수 의무가 공통으로 부여되어 있다고 할 수 없다. (다) 따라서 을은 보호의무자 확인 서류 등의 수수 의무 위반으로 인한 정신보건법 위반죄의 공동정범이 될 수 없다.

| 2005도8822 |

2007. 10. 26. 2005도8822, 공 2007하, 1891 =『이중 교통사고 사건』:

갑은 ⓐ승용차를 운전하는 운전자이다. (일자 생략) 12:25경 갑은 업무로 ⓐ승용차를 운전하여 ㉠지점 편도 2차로의 1차로를 M시에서 N시 쪽으로 진행하고 있었다. 갑은 시속 70킬로미터로 A(48세)가 운전하는 ⓑ포터 화물차 뒤쪽에서 진행하였다. 같은 시간 을은 ㉠지점 도로의 반대편 1차로에서 N시에서 M시 쪽을 ⓒ승합차를 시속 70킬로미터로 진행해 오고 있었다. 그러던 중 을은 중앙선을 침범하여 반대방향에서 오던 A 운전의 ⓑ포터 화물차 전면 부분을 ⓒ승합차의 뒷부분으로 들이받았다.

당시 비가 내려 노면이 젖어 있었다. 갑은 A의 ⓑ포터 승합차와 30~40미터 거리로 근접하여 진행하고 있었다. 이 때문에 ⓑ포터 화물차와 ⓒ승합차가 충돌한 직후 바로 A의 ⓑ포터 화물차 뒷적재함 부분을 ⓐ승용차의 앞범퍼 부분으로 들이받았다. 이 연쇄충돌 후 A는 병원으로 후송되었다. 13:00 병원으로 후송되던 도중 A는 사망하였다. 의사 B는 A의 사체를 검안한 후 다음과 같이 진술하였다. (가) A의 사인은 두부 손상 및 흉부 손상으로 추정된다. (나) 그러나 정확한 사인은 알 수 없다.

검사는 ⓒ승합차 운전자 을을 교통사고처리특례법 위반죄로 기소하였다. 검사는 ⓐ승용차 운전자 갑을 교통사고처리특례법 위반죄로 기소하였다. 제1심법원은 을에게 유죄를 선고하였다. 제1심법원은 갑에 무죄를 선고하였다. 검사는 무죄 부분에 불복하여 항소하였다. 항소심절차에서 검사는 다음 내용으로 공소장변경신청을 하였다. (가) 갑에 대한 공소사실을 갑의 과실과 을의 과실이 더하여져서 A가 사망에 이르게 되었다는 내용으로 변경한다. (나) 갑에 대한 적용법조에 형법 제30조(공동정범)를 추가한다. 항소법원은 검사의 공소장변경신청을 허가하였다.

항소법원은 공소장변경에 따라 제1심판결을 파기하고, 무죄를 선고하였다. 항소법원은 다음의 이유를 들어서 검사의 주장을 배척하였다. (가) 과실범의 공동정범은 (ㄱ) 2인 이상 행위자가 상호 의사연락 하에 과실행위를 공동으로 하거나, (ㄴ) 특정한 공동의 목표가 있고 그에 대한 의사연락이 있는 다수인이 저지른 각자의 과실이 합쳐져서 동일한 사고의 원인이 된 경우에 인정된다. (나) 이 사건에서는 (ㄱ) 을이 중앙선을 침범한 과실로 A 운전의 ⓑ차량을 정면에서 충격한 것[선행사고]과 (ㄴ) 갑이 A 운전의 ⓑ차량 후방에서 진행하면서 안전거리를 충분히 확보하지 아니한 과실로 위 선행사고를 당한 A 운전의 ⓑ차량 후면을 충격한 것은 전혀 별개의 과실로 인한 별개의 사고이다. (다) 을과 갑에게 어떠한 공동의 목표가 있어 그에 대한 의사연락이 있었다고 볼 여지가 없다. (라) 그러므로 이 사건에서 을의 과실로 인한 결과에 대하여 갑에게 공동책임을 물을 수는 없다.

항소법원은 독립행위로서 갑의 과실행위와 A의 사망 사이의 인과관계에 대해 다음과 같이 판단하였다.

(가) 갑은 을의 선행사고 직후에 곧바로 갑의 ⓐ차량 본네트가 완전히 파손될 정도의 충격으로 A의 ⓑ차량 후미를 충격하였다. (나) 그러나 A의 사체를 검안한 의사 B의 진술은 A의 사인은 두부 손상 및 흉부 손상으로 추정되나 정확한 사인은 알 수 없다는 것이다. (다) 이 사건 교통사고 발생경위, 갑의 ⓐ차량과 A의 ⓑ차량의 충돌 시기, 충격 부위 및 정도만으로는 갑의 과실로 인한 제2차 충돌로 A가 사망하였다는 점을 인정하기에 부족하고, 달리 이를 인정할 증거가 없다. 검사는 불복 상고하였다.

대법원은 다음의 이유를 제시하여 상고를 기각하였다.

(가) 선행 교통사고와 후행 교통사고 중 어느 쪽이 원인이 되어 피해자가 사망에 이르게 되었는지 밝혀지지 않은 경우가 있다. (나) 이러한 경우 후행 교통사고를 일으킨 사람의 과실과 피해자의 사망 사이에 인과관계가 인정되기 위해서는 후행 교통사고를 일으킨 사람이 주의의무를 게을리하지 않았다면 피해자가 사망에 이르지 않았을 것이라는 사실이 입증되어야 한다. (다) 그리고 그 입증책임은 검사에게 있다.

(라) 원심은 피고인의 과실행위로 인하여 피해자를 사망에 이르게 하였다고 단정할 증거가 없다는 이유로 이 사건 공소사실에 대하여 피고인에게 무죄를 선고하였다. (마) 위 법리와 기록에 비추어 보면 원심의 판단은 정당하고, 거기에 과실범의 인과관계에 관한 법리오해 등의 위법은 없다.

제3절 협의의 공범

2006도3591

2007. 9. 6. 2006도3591, 공 2007, 1596 = 『소송사기 간접정범 사건』 :

P회사는 M상가건물을 신축하면서 분양받을 사람들을 모집하였다. P회사의 대표이사는 A이다. B는 M건물 내의 ⓐ점포에 대해 P회사와 분양계약을 체결하였다. B는 그 분양대금의 계약금 및 중도금 명목으로 P회사에 2,500만원을 지급하였다. M건물의 공사가 지연되었다. 1996. 5. 29.경 M건물의 공사가 지연됨에 따른 분양계약 해제 및 분양대금 반환 문제와 관련하여 B는 회사대표 A와 말다툼하다가 폭행을 당하여 상해를 입었다(㉮폭행사건). 1998. 4. 16. B는 ㉮폭행사건을 이유로 관할 법원에 P회사를 상대로 한 손해배상 청구소송을 제기하였다(㉯민사사건).

(갑은 A 다음에 취임한 P회사의 대표이사이다.) C는 B의 남편이다. 1998. 8. 20. 갑은 B를 대리한 C에게 2,000만원을 교부하였다. 갑은 C로부터 다음 내용이 기재된 ㉠차용증을 받았다. "금액: 일금 2,000만원정. 상기 금액을 P회사로부터 정히 차용함. 1998. 8. 20. 차용인: B. P회사 대표이사 귀하" 갑은 또한 C로부터 "위 2,000만원에 대하여 ⓐ점포를 담보로 제공한다."는 내용의 B 명의의 ㉡이행각서를 작성·교부받았다. 1998. 12. 11. ㉯민사소송에서 "P회사는 B에게 180,000,000원(B의 가족에 대한 위자료까지 포함한 금액이다) 및 이에 대한 법정지연손해금을 지급하라."는 판결이 선고되었다(㉯판결). 1999. 1. 6. 항소기간의 도과로 ㉯판결은 그대로 확정되었다. 이후에도 갑과 B 사이에는 ㉯확정판결에 기한 손해배상금의 지급문제, B가 M건물의 부지와 일부 점포에 대하여 설정해 놓은 가압류의 해제 문제 등을 둘러싸고 분쟁이 지속되었다.

㉠차용증이 작성된 이후인 어느 날이다. 갑은 C에게 2,000만원을 원을 교부함에 있어 이 2,000만원에 대한 이자를 지급받기로 C나 B와 약정한 사실이 없었다. 그럼에도 갑은 B 또는 C의 동의 없이 (일자 미상) "월 2부의 이자 및 ⓐ점포를 차용금에 대한 담보로 제공한다는 내용을 기재한 B 명의의 ㉢차용증을 작성하였다(㉰행위). 갑의 처 D는 인테리어 사업과 관련하여 E에게 3,500만원의 채무를 부담하고 있었다. 2003. 9. 1.경 갑은 E에게 ㉢차용증을 보여주며 다음과 같이 말하였다. "B가 전 대표이사로부터 폭행당하여 병원에 입원하게 되었을 때 병원비가 없다고 하므로 갑이 C에게 2,000만원을 빌려 주면서 ㉢차용증을 받아두었다. 이렇게 B로부터 돈을 받을 것이 있으니 나의 채권을 양도받아서 소송을 제기하여서라도 돈을 받으라." 갑은

ⓒ차용증상의 채권원리금 4,500만원(원금 2,000만원 + 약정이자 2,500만원)을 양도하는 내용의 ⓔ채권양도계약서를 작성하여 주고 ⓒ차용증을 E에게 교부하였다. 2003. 11. 29.경 갑은 B에게 ⓔ채권양도의 통지를 하였다. 그 무렵 갑은 E와 함께 Q법무법인의 F변호사를 찾아가서 B를 상대로 소송을 제기하는 문제를 상담하였다. 이때 변호사 F는 "B가 ㉮손해배상채권에 기한 상계처리 주장을 하게 되면 소송을 제기해 보아야 돈을 받을 길이 없다고 하면서 소송을 제기하지 말라"는 취지로 만류하였다. 그럼에도 갑은 소송을 강행하여 달라고 요구하였다.

E는 갑과의 친분관계상 B에 대한 권리를 주장하는 갑의 말과 ⓒ차용증의 기재 내용을 그대로 믿었다. 그래서 E는 B에게 ⓒ차용증 내용의 진위를 확인해 보거나 ⓔ채권양수금의 지급을 요구하여 보지도 않았다. 2003. 12. 12. E는 갑으로부터 양도받은 ⓔ채권에 기초하여 B를 상대로 양수금 청구소송을 제기하였다(㉯소송사건). ㉯소송에서 E가 지급을 요구한 돈은 (ㄱ) 원금 2,000만원, (ㄴ) 약정이자 2,500만원, (ㄷ) 법정지연이자 세 가지 부분으로 구성되어 있다. 얼마 후 변호사 F가 E의 대리인으로 선임되어 ㉯소송을 수행하였다. B는 ㉯소송에 응소하였다. 2004. 5. 7. E는 ㉯소송에 대한 소취하서를 법원에 제출하였다.

검사는 ㉯소송제기에 대해 사기미수죄로, ⓒ차용증을 작성한 ㉰행위에 대해 사문서위조죄로 갑을 기소하였다. 갑이 1998. 8. 20. C에게 2,000만원을 교부한 이유에 대해 갑과 B의 진술이 엇갈렸다. 갑은 "B가 P회사의 전 대표이사에게 폭행당한 이후로 병원치료비도 없고 카드사용대금도 갚지 못하는 등으로 생계가 막막하다고 C가 읍소하면서 돈을 빌려달라고 사정하여 2,000만원을 대여한 것이다."라고 주장하였다. B와 C는 "㉮손해배상채권의 보전을 위하여 M건물 내 점포에 대하여 가압류를 하려고 하였더니 갑이 하지 말라고 하면서 소송비용 보전 명목으로 교부한 돈인데, 당시 갑이 법인 내부의 회계처리상의 편의를 위하여 차용 형식으로 서류를 해 달라고 요청하여 ㉠차용증과 ㉡이행각서를 작성해 준 것이다."라고 주장하였다.

갑의 피고사건은 제1심을 거친 후, 항소심에 계속되었다. 항소법원은 ⓒ차용증 작성시기가 구체적으로 증명되지 않았다는 이유로 갑의 사문서위조죄 부분(㉰행위)에 대해 무죄를 선고한 제1심판결을 유지하였다. 항소법원은 E가 자신(E)의 이익을 위하여 ㉯양수금 청구소송을 제기하고 자신(E)이 선임한 변호사를 통해 당사자로서의 소송을 수행하여 승소판결을 얻으려 한 것이라는 이유로 갑의 사기미수죄 부분(㉯소송제기)에 대해 무죄를 선고하였다. 검사는 불복 상고하였다.

대법원은 다음의 이유를 제시하여 원심판결을 파기환송하였다.

대법원은 소송사기의 법리에 대해 다음과 같이 설시하였다.

(가) 소송사기는 법원을 속여 자기에게 유리한 판결을 얻음으로써 상대방의 재물 또는 재산상 이익을 취득하는 범죄이다. (나) 소송사기를 쉽사리 유죄로 인정하게 되면 누구든지 자기에게 유리한 주장을 하고 소송을 통하여 권리구제를 받을 수 있는 민사재판제도의 위축을 가져올 수밖에 없다. (다) 그러므로 (ㄱ) 피고인이 그 범행을 인정한 경우 외에는 (ㄴ) 그 소송상의 주장이 사실과 다름이 객관적으로 명백하고 (ㄷ) 피고인이 그 주장이 명백히 거짓인 것을 인식하였거나 (ㄹ) 증거를 조작하려고 하였음이 인정되는 때와 같이 범죄가 성립되는 것이 명백한 경우가 아니면 이를 유죄로 인정하여서는 아니 된다.

(라) 단순히 사실을 잘못 인식하였다거나 법률적 평가를 잘못하여 존재하지 않는 권리를 존재한다고 믿고 제소한 행위는 사기죄를 구성하지 않는다. (마) 소송상 주장이 다소 사실과 다르더라도 존재한다고 믿는 권리를 이유 있게 하기 위한 과장표현에 지나지 아니하는 경우 사기의 범의가 있다고 볼 수 없다.

(바) 또한 소송사기에서 말하는 증거의 조작이란 (ㄱ) 처분문서 등을 거짓으로 만들어내거나 (ㄴ) 증인의 허위 증언을 유도하는 등으로 객관적 · 제3자적 증거를 조작하는 행위를 말한다.

대법원은 간접정범 형태의 소송사기에 대해 다음과 같이 설시하였다.

(가) 간접정범에 관하여 규정한 형법 제34조 제1항에 의하면, 어느 행위로 인하여 처벌되지 아니하는 자

또는 과실범으로 처벌되는 자를 교사 또는 방조하여 범죄행위의 결과를 발생하게 한 자는 교사 또는 방조의 예에 의하여 처벌하도록 되어 있다. (나) 그러므로 범죄사실의 인식이 없는 타인을 이용하여 범죄를 실행하게 한 자는 형법 제34조 제1항 소정의 "어느 행위로 인하여 처벌되지 아니하는 자를 교사한 자"에 해당하여 간접정범으로서 단독으로 그 죄책을 부담한다. (다) 따라서 자기에게 유리한 판결을 얻기 위하여 소송상의 주장이 사실과 다름이 객관적으로 명백하거나 증거가 조작되어 있다는 정을 인식하지 못하는 제3자를 이용하여 그로 하여금 소송의 당사자가 되게 하고 법원을 기망하여 소송 상대방의 재물 또는 재산상 이익을 취득하려 하였다면 간접정범의 형태에 의한 소송사기죄가 성립하게 된다. (라) (사실관계 분석; 내용 생략함.) (마) 사실관계가 이와 같다면, E 명의로 제기된 ㉯양수금 청구소송은 갑이 P회사와 B 사이의 실체적 권리관계에 대하여 갑의 말을 전적으로 믿고 있는 E를 원고로 내세워 제기한 것으로 볼 수 있다.

대법원은 ㉯소송의 청구금액 중 원금 2,000만원 부분의 소송사기 여부에 대해 다음과 같이 판단하였다.

(가) 위 2,000만원이 교부된 명목에 관하여 B 측의 진술을 받아들인다고 하자. (나) 그렇다고 하더라도 이는 P회사가 B에게 지급하여야 할 손해배상금 또는 소송비용을 판결확정 전에 미리 지급한 성격의 금원이다. (다) 이는 궁극적으로는 P회사가 B에게 지급하여야 할 채무액에서 공제되어야 할 금액이다. (라) 이와 같이 P회사가 적어도 B에 대하여 그 손해배상채무액에서 위 2,000만원의 공제를 주장할 권리를 가지고 있었다. (마) 그러한 이상 ㉯양수금 청구소송에서의 청구금액 중 위 2,000만원을 구하는 부분은 갑이 법률적 평가를 잘못하여 대여금채권으로 주장하도록 한 것으로, 그 본질에 있어서 자신의 정당한 권리행사의 일환으로 이루어진 것이다.

(바) ㉯양수금 청구소송에서의 청구금액 중 위 2,000만원을 구하는 부분이 허구의 주장과 증거조작을 통하여 법원을 기망하려고 시도한 것으로 소송상의 주장이 사실과 다름이 객관적으로 명백하여 소송사기를 구성한다고는 보기 어렵다. (사) 뿐만 아니라, 갑에게 P회사의 B에 대한 그 주장과 같은 권리가 존재하지 않았다는 사실을 잘 알면서도 허위의 주장과 입증으로 법원을 기망한다는 인식이 있었다고 할 수도 없다. (아) 그러므로 위 원금 2,000만원 부분에 대하여 간접정범에 의한 소송사기죄가 성립하지 않는다고 본 원심판결은 그 결론에 있어서 정당하다.

대법원은 약정이자 및 지연이자의 지급을 구하는 부분에 대해 다음과 같이 판단하였다.

(가) ㉯양수금 청구소송에서의 청구금액 중 약정이자로 2,500만원 및 그에 대한 2003. 9. 1.부터 월 2푼의 비율에 의한 금원의 지급을 구하는 부분에 관하여 본다. (나) 갑은 ㉢차용증이 위조된 것이고 ㉢차용증의 기재 내용 중 적어도 약정이자에 관한 부분은 허위라는 정을 명백히 인식하고서 그러한 인식이 전혀 없는 E를 도구로 이용하여 B를 상대로 ㉯소송을 제기한 것으로 충분히 인정할 수 있다. (다) 다만, 만일 갑이 B 측에게 교부한 위 2,000만원의 권원이 대여금과 같이 P회사에게 그 반환청구권을 유보시킨 것이라면, 약정이자 명목으로 청구하는 금원 중 적어도 법정지연손해금에 상당하는 금원에 관하여는 허위의 주장과 조작된 증거에 의하여 법원을 기망하는 소송사기의 대상에 해당한다고 볼 수 없다. (라) 그러므로 이 경우에는 약정이자 명목으로 구하는 금원 중 법정지연손해금을 초과하는 부분에 한하여 소송사기가 성립할 뿐이라고 보아야 한다.

대법원은 원심판결의 당부에 대해 다음과 같이 판단하였다.

(가) 따라서 원심으로서는 위 2,000만원이 어떠한 명목으로 교부된 것인지에 대한 사실관계를 확정한 다음 이에 기초하여 ㉯양수금 청구소송에서 약정이자로 청구하는 금원 부분 중 소송사기에 해당하는 부분이 전부인지 일부인지를 가렸어야 한다. (나) 그러함에도, 원심은 위 약정이자청구 부분 전부에 대하여 간접정범의 형태에 의한 소송사기죄가 성립하지 않는다고 단정하고 말았다. (다) 원심판결에는 간접정범 및 소송사기에 관한 법리를 오해한 나머지 필요한 심리를 다하지 아니하거나 채증법칙에 위배하여 사실을 오인함으로써

판결에 영향을 미친 위법이 있다.

제 4 절 교 사 범

2009도13151

2011. 7. 14. 2009도13151, [미간행] =『조합 회계서류 폐기 사건』:

갑은 P노동조합 Q지부장이다. 갑은 업무상횡령 혐의로 조합원들로부터 고발을 당하였다. 갑은 을과 공동하여 P조합의 ㉠회계서류를 무단으로 폐기하였다(㉮행위). 갑은 을에게 ㉠회계서류의 폐기에 정당한 근거가 있는 것처럼 P조합의 ㉡회의록을 조작하여 수사기관에 제출하라고 지시하였다(㉯행위). 을은 갑의 지시대로 P조합의 ㉡회의록을 조작하여 수사기관에 제출하였다(㉰행위).

검사는 을의 ㉮행위에 대해 문서손괴죄로, 을의 ㉰행위에 대해서는 사문서변조·변조사문서행사, 증거변조·변조증거사용의 죄로 기소하였다. 검사는 갑을 업무상횡령죄로 기소하는 동시에 갑의 ㉮행위에 대해 문서손괴죄로, 갑의 ㉯행위에 대해서는 사문서변조교사·변조사문서행사교사, 증거변조교사·변조증거사용교사의 죄로 기소하였다. 갑과 을의 피고사건은 제1심을 거친 후, 항소심에 계속되었다. 항소법원은 갑의 업무상횡령죄 부분에 대해 유죄를 인정하였다. 항소법원은 ㉠회계서류의 폐기 부분에 대해 갑과 을을 문서손괴죄의 공범으로 유죄를 인정하였다. 항소법원은 ㉡회의록 조작 및 제출 부분에 대해 을에게 사문서변조·변조사문서행사의 죄를 인정하였다. 항소법원은 ㉡회의록 조작 및 제출 지시 부분에 대해 갑에게 사문서변조교사·변조사문서행사교사의 죄를 인정하였다. 항소법원은 ㉡회의록 조작 및 제출 부분에 대한 증거변조·변조증거사용의 죄 부분에 대해서는 을에게 무죄를 선고하였다. 항소법원은 ㉡회의록 조작 및 제출 지시 부분에 대한 증거변조교사·변조증거사용교사의 죄 부분에 대해서는 갑에게 무죄를 선고하였다. 검사는 갑과 을의 무죄 부분에 불복하여 상고하였다.

대법원은 다음의 이유를 제시하여 상고를 기각하였다.

대법원은 증거변조죄에 대한 원심의 다음과 같은 판단을 정당한 것으로 수긍하였다.

(가) ㉠회계서류의 폐기 행위(㉮행위)는 갑과 을이 공범관계에 있는 문서손괴죄에 해당한다. (나) ㉡회의록은 갑과 을이 공범관계에 있는 문서손괴죄의 증거에 해당한다. (다) 을의 ㉡회의록 변조·사용(㉰행위)은 ㉠회계서류 폐기에 정당한 근거가 존재하는 양 꾸며냄으로써 갑과 을이 공범관계에 있는 문서손괴죄의 형사사건에 관한 증거를 변조·사용한 것으로 볼 수 있다. (라) 을은 자신의 형사사건에 관한 증거를 변조·사용한 것이다. (마) 따라서 을에 대한 증거변조 및 변조증거사용은 무죄이다. (바) 공범종속성의 법리에 따라 갑에 대한 증거변조교사 및 변조증거사용교사의 점도 무죄이다.

대법원은 갑을 증거변조 및 변조증거사용죄의 간접정범으로도 처벌할 수 없다고 한 원심의 다음과 같은 판단을 정당한 것으로 수긍하였다.

(가) 간접정범도 정범의 일종이다. (나) 그러한 이상 증거변조죄 및 변조증거사용죄의 정범으로 처벌되지 아니하는 갑을 같은 죄의 간접정범으로 처벌할 수는 없다.

대법원은 공범관계에 있는 자가 다른 공범자에게 증거인멸을 교사하는 경우에 처벌되지 않는 이유를 다음과 같이 제시한 원심의 판단을 정당한 것으로 수긍하였다.

(가) 비록 자기(갑)의 형사사건에 관한 증거를 변조·사용하기 위하여 타인(을)을 교사하여 증거를 변조·사용하도록 하였더라도 피교사자인 타인(을)이 같은 형사사건(문서손괴죄)의 공범에 해당하면 증거변조죄 및 변조증거사용죄로 처벌되지 않는다. (나) 이 점은 증거변조죄 및 변조증거사용죄의 교사범을 처벌하는 취지와 다른 부분이다. (다) 증거변조죄 및 변조증거사용죄의 교사범을 처벌하는 취지는 자기 방어권 행사를 위해

제3자로 하여금 새로운 범죄를 저지르게 함으로써 자기 방어권의 한계를 일탈하여 새로이 국가의 형사사법기능을 침해한 경우이기 때문이다.

2010도15986

2011. 2. 10. 2010도15986, 공 2011상, 610 = 분석 각론『풍어제 의혹 사건』:

갑은 P수산업협동조합 조합장을 7년 이상 역임해 왔다. 2009. 1. 30.경 갑에 대해 풍어제 관련 기부금 횡령 의혹을 제기하는 뉴스가 방송되었다(㉮횡령사건). 갑은 P조합 직원 A에게 1,300만원 상당의 기부금을 풍어제 관련 식비로 사용하였다는 것을 입증할 수 있는 증거를 만들라고 지시하였다. A는 그 무렵 2005. 4. 21.자 '05년 풍어제 행사 지원비 집행(안)'(㉠공문), 2005. 6. 27.자 '05년 풍어제 행사 지원비 사용 내역'(㉡공문) 등 공문 2장을 그 일자를 소급해서 허위로 작성하였다. 2009. 2. 25.경 갑은 ㉮기부금 횡령 사건에 관하여 조사를 받았다. 이후 갑은 A로 하여금 허위 작성된 ㉠, ㉡공문 2장을 검찰청에 제출하게 하였다. 갑은 나중에 ㉮기부금 횡령 사건에 관하여 불기소처분을 받았다. (이후 ㉠, ㉡공문의 내용이 허위임이 밝혀졌다.)

검사는 갑을 증거위조교사 및 위조증거사용교사의 죄로 기소하였다. 갑의 피고사건은 제1심을 거친 후, 항소심에 계속되었다. 항소법원은 유죄를 인정하였다. 갑은 불복 상고하였다. 갑은 상고이유로 다음의 점을 주장하였다. (가) ㉠, ㉡공문은 내용이 허위일 뿐 작성명의는 P조합이다. (나) 따라서 ㉠, ㉡공문은 위조공문서에 해당하지 않는다. (다) ㉠, ㉡공문은 위조문서가 아니므로 증거위조죄 및 증거위조교사죄는 성립하지 않는다.

대법원은 다음의 이유를 제시하여 상고를 기각하였다.

대법원은 증거위조죄의 성립요건에 대해 다음과 같이 설시하였다.

(가) 형법 제155조 제1항의 증거위조죄에서 타인의 형사사건이란 증거위조 행위시에 아직 수사절차가 개시되기 전이라도 장차 형사사건이 될 수 있는 것까지 포함한다. (나) 그 형사사건이 기소되지 아니하거나 무죄가 선고되더라도 증거위조죄의 성립에 영향이 없다. (다) 증거위조죄에서의 '위조'란 문서에 관한 죄에 있어서의 위조 개념과는 달리 새로운 증거의 창조를 의미하는 것이다. (라) 그러므로 존재하지 아니한 증거를 이전부터 존재하고 있는 것처럼 작성하는 행위도 증거위조에 해당한다. (마) 증거가 문서의 형식을 갖는 경우 증거위조죄에 있어서의 증거에 해당하는지 여부가 그 작성권한의 유무나 내용의 진실성에 좌우되는 것은 아니다. (바) 또한 자기의 형사사건에 관한 증거를 위조하기 위하여 타인을 교사하여 죄를 범하게 한 자에 대하여는 증거위조교사죄가 성립한다.

대법원은 원심판결의 당부에 대해 다음과 같이 판단하였다.

(가) 기부금 횡령 사건의 수사가 개시되기 전이라도 장차 형사사건이 될 수 있는 상태에서 풍어제 경비 지출 관련 공문을 허위로 작성한 행위는 ㉠, ㉡공문 작성일자로 기재된 날에 실제 존재하지 아니한 문서를 그 당시 존재하는 것처럼 작출하는 것이다. (나) 이러한 행위는 문서의 작성 명의, 내용의 진위 여부에 불구하고 증거위조 행위에 해당한다. (다) 갑이 자신의 형사사건(업무상횡령)에 관하여 A에게 증거위조 및 위조증거의 사용을 교사한 이상 나중에 기부금 횡령 사건에 관하여 불기소처분을 받았다고 하더라도 증거위조교사죄 및 위조증거사용교사죄가 성립된다. (라) 원심이 이와 같은 취지에서, 갑의 증거위조교사 및 위조증거사용교사의 공소사실을 유죄로 인정한 것은 정당하다.

2007도10804

2008. 3. 13. 2007도10804, 공 2008상, 549 =『군수 함정 뇌물 사건』:

M군 지방선거와 관련하여 갑과 A는 경쟁관계에 있다. 갑은 M군 군수에 당선되었다. A는 갑을 공직에서 배제하기 위하여 은밀한 방법으로 B와 연락하여 B로 하여금 갑에게 1억원의 뇌물을 제공하게 하였다(㉠뇌

물). 갑은 B가 제공한 ㉠뇌물을 수수하였다. 검사는 갑을 특정범죄가중법위반죄(뇌물수수)로 기소하였다. 갑의 피고사건은 제1심을 거친 후, 항소심에 계속되었다. 항소법원은 유죄를 인정하였다. 갑은 불복 상고하였다. 갑은 상고이유로 다음의 점을 주장하였다. (가) 갑의 ㉠뇌물 수수는 A와 B의 함정교사에 의한 것이므로 뇌물수수죄가 성립하지 않는다. (나) 뇌물공여죄와 뇌물수수죄는 필요적 공범 관계에 있다. (다) A와 B의 ㉠뇌물 제공은 순전히 함정교사에 의한 것이므로 뇌물공여의사가 없어서 뇌물공여죄에 해당하지 않는다. (라) A와 B에게 뇌물공여죄가 성립하지 않는다면 갑에게도 뇌물수수죄가 성립하지 않는다.

대법원은 다음의 이유를 제시하여 상고를 기각하였다.

대법원은 함정수사의 법리에 대해 다음과 같이 설시하였다.

(가) 본래 범의를 가지지 아니한 자에 대하여 수사기관이 사술이나 계략 등을 써서 범의를 유발케 하여 범죄인을 검거하는 함정수사는 위법하다. (나) 구체적인 사건에 있어서 위법한 함정수사에 해당하는지 여부는 해당 범죄의 종류와 성질, 유인자의 지위와 역할, 유인의 경위와 방법, 유인에 따른 피유인자의 반응, 피유인자의 처벌 전력 및 유인행위 자체의 위법성 등을 종합하여 판단하여야 한다. (다) 따라서 유인자가 수사기관과 직접적인 관련을 맺지 아니한 상태에서 피유인자를 상대로 단순히 수차례 반복적으로 범행을 교사하였을 뿐, 수사기관이 사술이나 계략 등을 사용하였다고 볼 수 없는 경우는, 설령 그로 인하여 피유인자의 범의가 유발되었다 하더라도 위법한 함정수사에 해당하지 아니한다.

대법원은 다음과 같은 원심법원의 판단을 수긍하였다.

(가) (원심법원의 사실관계 분석; 생략함.) (나) B가 갑에게 공여한 1억원의 ㉠뇌물은 A와의 사전 약속에 따라 제공된 것이다. (다) 적어도 A와 B 사이에서는 갑을 함정에 빠뜨린다는 점에 관하여 상호 의사의 연락이 있었던 것으로 보인다. (라) 그러므로 갑의 ㉠뇌물수수는 A와 B의 함정교사에 의한 것이다. (마) 그러나 갑의 ㉠뇌물 수수가 A와 B의 함정교사에 의한 것이라는 사정은 [수사기관에 의한 것이 아니므로] 갑의 책임을 면하게 할 사유가 되지 못한다.

대법원은 다음으로 뇌물수수죄와 필요적 공범의 관계에 대해 다음과 같이 설시하였다.

(가) 뇌물공여죄와 뇌물수수죄는 필요적 공범관계에 있다. (나) 필요적 공범이라는 것은 법률상 범죄의 실행이 다수인의 협력을 필요로 하는 것을 가리킨다. (다) 필요적 공범의 범죄의 성립에는 행위의 공동을 필요로 하는 것에 불과하고 반드시 협력자 전부가 책임이 있음을 필요로 하는 것은 아니다. (라) 그러므로 오로지 공무원을 함정에 빠뜨릴 의사로 직무와 관련되었다는 형식을 빌려 그 공무원에게 금품을 공여한 경우에도 공무원이 그 금품을 직무와 관련하여 수수한다는 의사를 가지고 받아들이면 뇌물수수죄가 성립한다. (마) 따라서 같은 취지에서 원심이 A와 B의 ㉠뇌물 공여가 갑을 함정에 빠뜨리기 위하여 이루어진 것이라고 인정하면서도 갑에 대한 뇌물수수의 공소사실을 유죄로 인정한 조치는 옳은 것으로 수긍이 간다.

제 5 절 방 조 범

<pre>2017도19025</pre>

2021. 9. 9. 2017도19025 전원합의체 판결, 공 2021하, 1881 =『불법사이트 링크 판례변경 사건』:

(사안을 단순화하여 소개함.) 저작권법은 저작재산권을 공중이 수신하게 할 목적으로 유·무선의 방법에 의하여 이용에 제공하는 사람을 처벌하고 있다(㉮규정). ㉮규정에 해당하는 전형적인 예로 공중의 구성원이 이용할 수 있는 상태로 저작물 등을 인터넷 웹사이트 서버에 업로드하는 행위를 들 수 있다. ㉠사이트는 해외에 서버가 있는 동영상 공유사이트이다. 성명불상자들이 ㉠사이트에 저작권으로 보호되는 영화 등을 임의로 업로드하였다(M영화로 통칭함). 업로드된 M영화는 ㉠사이트에 게시되었다. 이용자들은 ㉠사이트에 접속하

여 무료로 M영화를 시청할 수 있었다. 갑은 국내에서 ⓛ사이트를 개설하였다. 갑은 M영화를 무료로 볼 수 있는 ㈀사이트의 인터넷 주소(URI)를 찾았다. 갑은 ⓛ사이트에 ㈀사이트의 URI를 게시하여 링크를 걸어두었다. 갑은 같은 방식으로 다른 영화들을 볼 수 있는 불법 사이트들의 주소를 링크하였다. 갑의 링크 행위는 450여 회에 이르렀다. 다수의 이용자들이 ⓛ사이트에 게시된 링크를 통하여 M영화 등을 공짜로 시청하였다. 갑은 ⓛ사이트에 광고를 게재하여 수익을 올렸다.

검사는 갑을 저작권법 ㉮규정 위반죄의 방조범으로 기소하였다. ㈀사이트에 M영화를 업로드한 성명불상자가 저작물을 인터넷 상으로 '이용에 제공'한 것이 되어 저작권법 ㉮규정 위반죄의 정범이 되는 것은 분명하다. 갑은 ㈀사이트를 통하여 저작물을 '이용에 제공'한 것이 아니어서 저작권법 ㉮규정 위반죄의 정범이 될 수 없는 것 또한 분명하다. 불법사이트에 링크를 걸어두는 행위가 저작권법 ㉮규정 위반죄의 방조범이 될 수 있는지 문제되었다.

2015년 대법원은 방조범이 성립될 수 없다는 판례를 내어 놓은 바가 있다. 2015년 판례의 골자는 다음과 같다. (가) 형법상 방조행위는 정범의 실행을 용이하게 하는 직접, 간접의 모든 행위를 가리킨다. (나) 링크를 하는 행위 자체는 인터넷에서 링크하고자 하는 웹페이지 등의 위치 정보나 경로를 나타낸 것에 불과하다. (다) 인터넷 이용자가 링크 부분을 클릭하면 저작권자로부터 이용 허락을 받지 아니한 저작물을 게시하여 저작권자의 공중송신권을 침해하는 웹페이지 등에 직접 연결된다. (라) 그렇다고 하더라도 링크를 하는 행위 자체가 저작권자의 공중송신권을 침해하는 행위의 실행 자체를 용이하게 한다고 할 수는 없다. (마) 그러므로 이러한 링크 행위만으로는 저작재산권 침해행위(공중송신권 침해)의 방조행위에 해당한다고 볼 수 없다.

2017. 6. 14. 갑의 피고사건 제1심법원은 2015년 대법원판례에 따라 갑에게 무죄를 선고하였다. 검사는 불복 항소하였다. 2017. 11. 3. 항소법원은 2015년 대법원판례에 따라 항소를 기각하고, 제1심판결을 유지하였다. 항소법원은 항소기각의 이유로 다음의 점을 제시하였다. (가) 정범의 실행행위는 불법적으로 영화를 업로드하는 것이다. (나) 갑은 정범의 불법적인 영화 업로드 행위를 조력하지 않았다. (다) 갑의 링크 행위는 정범에 의하여 공중송신권이 침해되고 있는 상태를 이용한 것에 지나지 않는다. 검사는 불복 상고하였다.

2021. 9. 9. 대법원은 판결을 선고하였다.

대법원은 다음의 이유를 제시하여 원심판결을 파기환송하였다.

대법원은 10 대 3의 전원합의체 판결로 2015년 판례를 변경하였다.

다수의견은 판례변경을, 소수의견은 종전 판례의 유지를 각각 주장하였다.

다수의견은 다음의 차례에 따라 논지를 전개하였다.

1. 사건의 개요와 쟁점
2. 저작권법상 공중송신권과 그에 대한 침해
3. 링크 행위의 의미와 한계
4. 침해 게시물 등에 연결되는 링크를 한 행위가 공중송신권 침해에 해당하는지 여부
5. 침해 게시물 등에 연결되는 링크를 영리적 · 계속적으로 한 행위가 공중송신권 침해의 방조에 해당하는지 여부
6. 침해 게시물 등에 연결되는 링크를 한 행위에 대한 방조범 성립의 한계 설정
7. 판례 변경
8. 이 사건에 대한 판단
9. 결론

(이하 방조범의 법리를 중심으로 다수의견을 '대법원'으로 표시하여 축약 소개함.)

대법원은 저작권의 하나인 공중송신권에 주목하였다.

대법원은 공중전송권과 관련하여 다음과 같이 설시하였다.

(가) 공중송신권에는 전송(電送)이 포함된다. (나) 공중송신 중 전송은 '공중의 구성원이 개별적으로 선택한 시간과 장소에서 접근할 수 있도록 저작물 등을 이용에 제공하는 것'이다. (다) 공중송신 중 전송의 전형적인 예로는, 공중의 구성원이 이용할 수 있는 상태로 저작물 등을 인터넷 웹사이트 서버에 업로드하는 경우를 들 수 있다. (라) 공중의 구성원에게 저작물 등을 실제로 송신하지 않더라도 저작물 등을 업로드하여 접근할 수 있도록 하는 행위 자체만으로도 전송에 해당한다.

대법원은 저작재산권자의 이용허락이 없는데도 고의로 저작물을 공중송신하는 경우에는 원칙적으로 공중송신권 침해행위가 되어 저작권법 ㉝벌칙규정이 적용된다는 점을 확인하였다.

대법원은 저작권법 위반죄의 정범에 대해 다음과 같이 설시하였다.

(가) 정범이 침해 게시물을 인터넷 웹사이트 서버 등에 업로드하여 공중의 구성원이 개별적으로 선택한 시간과 장소에서 접근할 수 있도록 이용에 제공하면, 공중에게 침해 게시물을 실제로 송신하지 않더라도 공중송신권 침해는 기수에 이른다. (나) 정범이 침해 게시물을 서버에서 삭제하는 등으로 게시를 철회하지 않으면 침해 게시물을 공중의 이용에 제공하는 가벌적인 위법행위가 계속 반복된다. (다) 그리하여 정범의 공중송신권 침해 범죄행위는 종료되지 않았다. (라) 종료되지 아니한 정범의 범죄행위는 방조의 대상이 될 수 있다.

대법원은 이어서 방조범의 성립범위에 대해 다음과 같이 설시하였다.

(가) 형법 제32조 제1항은 "타인의 범죄를 방조한 자는 종범으로 처벌한다."라고 정하고 있다. (나) 방조란 (ㄱ) 정범의 구체적인 범행준비나 범행사실을 알고 그 실행행위를 가능·촉진·용이하게 하는 지원행위 또는 (ㄴ) 정범의 범죄행위가 종료하기 전에 정범에 의한 법익 침해를 강화·증대시키는 행위로서, (ㄷ) 정범의 범죄 실현과 밀접한 관련이 있는 행위를 말한다. (다) 방조범은 (ㄱ) 정범의 실행을 방조한다는 이른바 방조의 고의와 (ㄴ) 정범의 행위가 구성요건에 해당하는 행위인 점에 대한 정범의 고의가 있어야 한다.

대법원은 방조범의 인과관계에 대해 다음과 같이 설시하였다.

(가) 방조범은 정범에 종속하여 성립하는 범죄이므로 방조행위와 정범의 범죄 실현 사이에는 인과관계가 필요하다. (나) 방조범이 성립하려면 (ㄱ) 방조행위가 정범의 범죄 실현과 밀접한 관련이 있고 (ㄴ) 정범으로 하여금 구체적 위험을 실현시키거나 범죄 결과를 발생시킬 기회를 높이는 등으로 정범의 범죄 실현에 현실적인 기여를 하였다고 평가할 수 있어야 한다. (다) 정범의 범죄 실현과 밀접한 관련이 없는 행위를 도와준 데 지나지 않는 경우에는 방조범이 성립하지 않는다.

대법원은 링크 행위와 저작권법 위반죄 방조범의 관계에 대해 다음과 같이 설시하였다.

(가) 요컨대, 저작권 침해물 링크 사이트에서 침해 게시물에 연결되는 링크를 제공하는 경우 등과 같이, (ㄱ) 링크 행위자가 정범이 공중송신권을 침해한다는 사실을 충분히 인식하면서 (ㄴ) 그러한 침해 게시물 등에 연결되는 링크를 인터넷 사이트에 영리적·계속적으로 게시하는 등으로 (ㄷ) 공중의 구성원이 개별적으로 선택한 시간과 장소에서 침해 게시물에 쉽게 접근할 수 있도록 하는 정도의 링크 행위를 한 경우에는 침해 게시물을 공중의 이용에 제공하는 정범의 범죄를 용이하게 하므로 공중송신권 침해의 방조범이 성립한다. (나) 이러한 링크 행위는 (ㄱ) 정범의 범죄행위가 종료되기 전 단계에서 (ㄴ) 침해 게시물을 공중의 이용에 제공하는 정범의 범죄 실현과 밀접한 관련이 있고 (ㄷ) 그 구성요건적 결과 발생의 기회를 현실적으로 증대함으로써 정범의 실행행위를 용이하게 하고 공중송신권이라는 법익의 침해를 강화·증대하였다고 평가할 수 있다. (다) 링크 행위자에게 방조의 고의와 정범의 고의도 인정할 수 있다.

대법원은 링크 행위에 대한 방조범이 확장되지 않아야 한다는 점을 다음과 같이 설시하였다.

(가) 요컨대, 저작권 침해물 링크 사이트에서 침해 게시물로 연결되는 링크를 제공하는 경우 등과 같이,

링크 행위는 그 의도나 양태에 따라서는 공중송신권 침해와 밀접한 관련이 있는 것으로서 그 행위자에게 방조 책임의 귀속을 인정할 수 있다. (나) 이러한 경우 인터넷에서 원활한 정보 교류와 유통을 위한 수단이라는 링크 고유의 사회적 의미는 명목상의 것에 지나지 않는다. (다) 다만 행위자가 링크 대상이 침해 게시물 등이라는 점을 명확하게 인식하지 못한 경우에는 방조가 성립하지 않는다. (라) 침해 게시물 등에 연결되는 링크를 영리적·계속적으로 제공한 정도에 이르지 않은 경우 등과 같이 방조범의 고의 또는 링크 행위와 정범의 범죄 실현 사이의 인과관계가 부정될 수 있다. (마) 또는 법질서 전체의 관점에서 살펴볼 때 사회적 상당성을 갖추었다고 볼 수 있는 경우에는 공중송신권 침해에 대한 방조가 성립하지 않을 수 있다.

대법원은 갑의 행위와 관련하여 사실관계를 다음과 같이 정리하였다.

(가) 성명불상자들이 저작재산권자의 이용허락 없이 해외 인터넷 동영상 공유사이트인 ㉠사이트 등에 영화·드라마·예능프로그램 등인 M영상저작물을 업로드하여 게시하였다. (나) 성명불상자들의 위와 같은 행위는 저작재산권자의 허락 없이 공중의 구성원이 개별적으로 선택한 시간과 장소에서 접근할 수 있도록 M영상저작물을 이용에 제공하는 공중송신권 침해에 해당한다. (다) 성명불상자들이 위와 같이 업로드한 M영상저작물을 삭제하지 않는 한 공중의 구성원이 개별적으로 선택한 시간과 장소에서 M영상저작물을 접근할 수 있도록 이용에 제공하는 공중송신권 침해의 범죄행위는 종료되지 않았다.

(라) 갑은 성명불상자들의 M영상저작물에 대한 공중송신권 침해행위 도중에 그러한 범행을 충분히 인식하면서 총 450회에 걸쳐 M영상저작물로 연결되는 링크를 ㉡사이트에 게시하였다. (마) ㉡사이트의 이용자들은 갑이 게시한 링크를 통해 M영상저작물에 용이하게 접근할 수 있고, 갑은 그러한 사실을 충분히 알고 있었다. (바) ㉡사이트는 갑이 광고 수익을 얻기 위한 목적으로 개설하여 계속적으로 운영하는 저작권 침해물 링크 사이트이다. (사) 갑은 불특정 다수의 이용자들이 M영상저작물에 대한 링크를 손쉽게 찾을 수 있도록 링크를 영화·드라마·예능프로그램 등의 유형별로 구분하여 게시하고 이에 대한 검색기능을 제공하였다.

대법원은 갑의 행위에 대해 다음과 같이 판단하였다.

(가) 위와 같은 사실관계를 위에서 본 법리에 비추어 살펴본다. (나) 갑은 (ㄱ) 성명불상자들의 공중송신권 침해행위 도중에 (ㄴ) 그 범행을 충분히 인식하면서 (ㄷ) 그러한 침해 게시물 등에 연결되는 링크를 M사이트에 영리적·계속적으로 게시하여 (ㄹ) 공중의 구성원이 개별적으로 선택한 시간과 장소에서 침해 게시물에 쉽게 접근할 수 있도록 하는 정도의 링크 행위를 하여 (ㅁ) 침해 게시물을 공중의 이용에 제공하는 성명불상자들의 범죄를 용이하게 하였으므로 공중송신권 침해의 방조범이 성립할 수 있다. (다) 한편 이 사건에서 방조범인 갑은 영리를 목적으로 또는 상습적으로 저작재산권 침해행위를 방조하였으므로, 이 사건 공소사실에 대한 공소는 저작권법 제140조 단서 제1호에 따라 고소가 필요하지 않아, 이 사건 공소제기는 적법하다고 볼 수 있다.

대법원은 원심판결의 당부에 대해 다음과 같이 판단하였다.

(가) 원심은 갑의 이 사건 링크 행위가 단지 공중송신권이 침해되고 있는 상태를 이용한 것에 지나지 않아 공중송신권 침해의 방조행위가 될 수 없다는 이유로 이 사건 공소사실을 무죄로 판단하였다. (나) 원심판단에는 공중송신권 침해의 방조에 관한 법리를 오해하여 판결에 영향을 미친 잘못이 있다.

▣2015도12632▣

2021. 9. 16. 2015도12632, 공 2021하, 2073 =『생산라인 점거 방조 사건』:

P자동차회사의 M공장이 있다. M공장에는 금속노조 P회사 비정규직지회가 구성되어 있다(M지회). 갑은 M지회의 조합원이다. 을은 금속노조 미조직비정규국장이다. (이하 연도를 생략함.) 11. 15. 14:00경 M지회 조합원 50여 명은 사내하청 근로자의 정규직 전환 등을 요구하며 M공장 자동차 문짝 탈부착 생산라인(CTS

라인)을 점거하였다(㉠생산라인). M비정규직지회는 조합원들에게 M공장으로 집결하도록 투쟁 지침을 시달하여 900여 명의 조합원들이 ㉠생산라인을 점거하였다(㉠점거). 11. 16. 07:00경 M지회는 쟁의대책위원회를 개최하였다. M지회는 'M공장 점거를 계속한다.'는 결정을 하였다. 12. 9.경까지 25일간 M지회는 M공장을 점거하고 농성하였다. ㉠생산라인 점거로 M공장의 생산라인은 가동이 중단되고 자동차를 조립할 수 없었다. 이로 인해 P회사는 2천 5백억원의 손해를 입었다(이상 ㉮행위).

㉠생산라인 점거가 계속되던 시점이다. P회사 정문 앞에서는 M지회의 ㉠생산라인 점거를 지원하는 집회가 개최되었다(㉡집회). 금속노조 간부 을은 이 기간 중에 다음의 행위를 하였다. (가) 을은 5회에 걸쳐 ㉡집회에 참가하여 사회를 보거나 기자회견을 하였다(㉰행위). (나) 을은 ㉠생산라인 점거 현장에 들어가 농성 중인 M지회 조합원들을 독려하였다(㉱행위). (다) 을은 금속노조 공문을 M지회에 전달하였다(㉲행위).

검사는 ㉮행위에 대해 갑을 업무방해죄로 기소하였다. 검사는 ㉰, ㉱, ㉲행위에 대해 을을 업무방해죄의 방조범으로 기소하였다. (이하 을을 중심으로 소개함.) 을의 피고사건은 제1심을 거친 후, 항소심에 계속되었다. 항소법원은 을에게 유죄를 인정하였다. 을은 불복 상고하였다. 을은 상고이유로 다음의 점을 주장하였다. (가) 을의 ㉰, ㉱, ㉲행위는 M지회의 노동쟁의행위를 도운 것이다. (나) M지회의 ㉠생산라인 점거는 정당한 쟁의행위이다. (다) 정범의 정당한 쟁의행위를 상급노조의 입장에서 도운 것이므로 정당행위로서 방조범이 성립하지 않는다. (라) 설사 정범의 쟁의행위가 정당하지 않다고 하더라도 을의 ㉰, ㉱, ㉲행위는 M지회 측의 ㉮업무방해에 대해 인과관계가 없다.

대법원은 다음의 이유를 제시하여 원심판결 가운데 을의 업무방해죄 방조 부분을 파기환송하였다.

대법원은 점거농성과 관련한 쟁의행위의 한계에 대해 다음과 같이 설시하였다.

(가) 직장 또는 사업장시설의 점거가 적극적인 쟁의행위의 한 형태로서 이루어지는 경우 (ㄱ) 그 점거의 범위가 직장 또는 사업장시설의 일부분이고 (ㄴ) 사용자 측의 출입이나 관리지배를 배제하지 않는 병존적인 점거에 지나지 않을 때에는 정당한 쟁의행위로 볼 수 있다. (나) 이와 달리 (ㄱ) 직장 또는 사업장시설을 전면적, 배타적으로 점거하여 조합원 이외의 자의 출입을 저지하거나 (ㄴ) 사용자 측의 관리지배를 배제하여 업무의 중단 또는 혼란을 야기케 하는 것과 같은 행위는 이미 정당성의 한계를 벗어나 업무방해죄를 구성한다.

대법원은 쟁의행위와 방조범의 관계에 대해 다음과 같이 설시하였다.

(가) 쟁의행위가 업무방해죄에 해당하는 경우 제3자가 그러한 정을 알면서 쟁의행위의 실행을 용이하게 한 경우에는 업무방해 방조죄가 성립할 수 있다. (나) 다만 헌법 제33조 제1항이 규정하고 있는 노동3권을 실질적으로 보장하기 위해서는 근로자나 노동조합이 노동3권을 행사할 때 제3자의 조력을 폭넓게 받을 수 있도록 할 필요가 있다. (다) 나아가 근로자나 노동조합에 조력하는 제3자도 헌법 제21조에 따른 표현의 자유나 헌법 제10조에 내재된 일반적 행동의 자유를 가지고 있다. (라) 그러므로 위법한 쟁의행위에 대한 조력행위가 업무방해방조에 해당하는지 판단할 때는 헌법이 보장하는 위와 같은 기본권이 위축되지 않도록 업무방해 방조죄의 성립 범위를 신중하게 판단하여야 한다.

대법원은 방조범의 인과관계에 대해 다음과 같이 설시하였다.

(가) 방조범은 정범에 종속하여 성립하는 범죄이므로 방조행위와 정범의 범죄 실현 사이에는 인과관계가 필요하다. (나) 방조범이 성립하려면 (ㄱ) 방조행위가 정범의 범죄 실현과 밀접한 관련이 있고 (ㄴ) 정범으로 하여금 구체적 위험을 실현시키거나 범죄결과를 발생시킬 기회를 높이는 등으로 정범의 범죄 실현에 현실적인 기여를 하였다고 평가할 수 있어야 한다. (다) 정범의 범죄 실현과 밀접한 관련이 없는 행위를 도와준 데 지나지 않는 경우에는 방조범이 성립하지 않는다.

대법원은 을의 ㉱농성장 독려행위에 대해 다음과 같이 판단하였다.

(가) 을의 M공장 농성현장 독려 행위는 위법한 업무방해행위가 계속되고 있던 ㉠생산라인 점거 현장에서 직접 이루어진 것이다. (나) 을의 M공장 농성현장 독려 행위는 그 당시 을의 노동조합 내 지위와 영향력이나 현장에서의 구체적인 발언 내용 등에 비추어 볼 때 정범의 범죄 실현과 밀접한 관련성을 가지고 있다. (다) 그리고 을의 M공장 농성현장 독려 행위는 현실적으로 범행을 실행하고 있던 정범으로 하여금 그 범행을 더욱 유지·강화시킨 행위에 해당한다. (라) 그러므로 이를 쟁의행위에 대한 조력행위라거나 산업별 노동조합의 통상적인 조합활동으로서 정당하다고 볼 수는 없다. (마) 따라서 을의 ㉰농성장 독려행위를 업무방해방조로 인정한 원심판단에는 관련 법리를 오해하는 등의 잘못이 없다.

대법원은 을의 ㉡집회참석(㉲행위)에 대해 다음과 같이 판단하였다.

(가) ㉡집회는 비정규직지회의 쟁의행위 목적인 비정규직 근로자의 정규직 전환과 하청업체 근로자들의 직접 고용을 지지하기 위해 P회사 정문 앞에서 개최된 것이다. (나) ㉡집회에서 을이 사회를 보거나 기자회견을 함으로써 P회사 M공장 내에서 생산라인을 점거하고 있던 조합원들에게 일정 정도의 영향력을 미쳤다. (다) 그렇다고 하더라도, 이는 쟁의행위의 목적 자체를 지지하는 과정에서 발생한 간접적이고 부수적인 결과에 불과하다.

대법원은 을의 공문전달(㉳행위)에 대해 다음과 같이 판단하였다.

(가) ㉳공문전달행위 역시 산업별 노동조합인 금속노조 내에서 미조직비정규국장으로서의 통상적인 활동에 해당하는 것이다. (나) 공문 작성 경위 및 그 내용에 비추어 을이 공문 전달을 통해 비정규직지회에 ㉠생산라인 점거 자체를 직접 독려하거나 지지하였다고 보기는 어렵다.

대법원은 을의 ㉲, ㉳행위와 방조범의 관계에 대해 다음과 같이 판단하였다.

(가) 위와 같은 사정에다가 비정규직지회의 ㉠생산라인 점거(㉮행위) 경위와 그 행위 태양, 진행 경과 등을 종합하여 본다. (나) 을의 ㉡집회 참가 및 ㉳공문 전달 행위가 비정규직지회의 집단적 노무제공 거부를 포함한 쟁의행위를 전체적으로 보아 거기에 일부 도움을 준 측면이 있었다. (다) 그렇다고 하더라도 업무방해 정범의 실행행위에 해당하는 ㉠생산라인 점거로 인한 범죄 실현과 밀접한 관련성이 있다고는 단정하기 어렵다. (라) 따라서 을의 ㉲, ㉳와 같은 조력행위는 방조범의 성립을 인정할 정도로 업무방해행위와 인과관계가 있다고 볼 수 없다.

대법원은 이상의 판단을 토대로 원심판결 가운데 상급노조 간부 을의 ㉲집회참가 및 ㉳공문전달 행위로 인한 업무방해죄 방조 부분을 파기환송하였다.

2017도9835

2023. 6. 29. 2017도9835, [미간행] = 『조명탑 농성 지원 사건』:

P철도공사에 Q철도노조가 설립되어 있다. 갑과 을은 Q노조 조합원들이다. 병 등은 Q노조 간부들이다(병으로 통칭함). P철도공사는 직원들의 순환전보를 시행하기로 하였다. Q노조는 P철도공사의 순환전보 방침에 반대하는 투쟁을 준비하고 있었다. M차량사업소에는 높이 15m 가량의 ㉠조명탑이 설치되어 있다. (이하 연도 생략함.) 4. 9. 06:20경부터 갑과 을은 ㉠조명탑 중간 대기 장소에 올라갔다. 갑과 을은 2인용 텐트를 설치한 후, "단 한 명도 못 보낸다. 강제전출 철회"라고 쓴 현수막을 걸고 점거하였다(㉮농성). 갑과 을의 ㉠조명탑 점거는 Q노조의 사전 계획과 무관하게 이루어진 것이었다.

4. 9. 08:35경부터 P철도공사는 갑과 을의 안전을 위해 ㉠조명탑의 전원을 차단하였다. Q노조 간부 병 등은 갑과 을의 ㉮농성을 지지하고자 ㉠조명탑 아래 ㉡천막을 설치하였다. 병 등은 ㉡천막 앞에서 ㉮농성 지지 집회를 개최하였다(㉯집회). ㉯집회에서는 갑과 을의 ㉠조명탑 점거행위를 지지하는 발언이 일부 있었다. 첨거 첫날 병 등은 ㉠조명탑에 올라가 갑과 을을 위로하였다(㉰위로행위). 병 등은 음식물, 책 등 갑과 을이 필

요로 하는 물품을 제공하였다(ⓐ물품제공). P철도공사는 병 등이 갑과 을에게 물품을 제공할 때마다 그 내용을 확인한 후 전달을 허용하였다. 5. 2. 갑과 을의 ㉮농성이 해제되었다. 5. 2. 13:00경부터 P철도공사는 ㉠조명탑의 전원을 연결하였다. 갑과 을의 ㉮농성 기간 동안 P철도공사는 조명용도인 ㉠조명탑 본연의 기능을 사용할 수 없었다.

검사는 병 등 Q노조 간부들을 업무방해방조죄로 기소하였다. 검사는 정범 갑과 을의 공소사실을 다음과 같이 기재하였다. "Q노조원인 갑과 을은 (중략) P철도공사로 하여금 (연도 생략) 4. 9. 08:35경부터 (같은 해) 5. 2. 13:00경까지 갑과 을의 안전을 위해 ㉠조명탑의 전원을 차단하게 하여 위 기간 동안 조명용도인 조명탑 본연의 기능을 사용할 수 없게 함으로써, 위력으로 P철도공사의 야간 입환 업무를 방해하였다."

검사는 방조범 병 등의 공소사실을 다음과 같이 기재하였다. "이에 Q노조 간부들인 병 등은 갑과 을의 ㉮농성을 지지하고자 조명탑 아래 천막을 설치하고, 지지집회를 개최하고, 음식물, 책 등 갑과 을이 필요로 하는 물품을 제공하거나 ㉠조명탑에 올라 이들을 위로하는 방법으로 갑과 을의 업무방해 범행을 용이하게 함으로써, 이를 방조하였다."

병 등의 피고사건은 제1심을 거친 후, 항소심에 계속되었다. 항소법원은 유죄를 인정하였다. 병 등은 불복 상고하였다.

대법원은 다음의 이유를 제시하여 원심판결을 파기환송하였다.

대법원은 방조범의 인과관계에 대해 다음과 같이 설시하였다.

(가) 형법 제32조 제1항은 "타인의 범죄를 방조한 자는 종범으로 처벌한다."라고 정하고 있다. (나) 방조란 (ㄱ) 정범의 구체적인 범행준비나 범행사실을 알고 그 실행행위를 가능·촉진·용이하게 하는 지원행위 또는 (ㄴ) 정범의 범죄행위가 종료하기 전에 정범에 의한 법익 침해를 강화·증대시키는 행위로서, (ㄷ) 정범의 범죄 실현과 밀접한 관련이 있는 행위를 말한다.

(다) 방조범은 정범에 종속하여 성립하는 범죄이므로 방조행위와 정범의 범죄 실현 사이에는 인과관계가 필요하다. (라) 방조범이 성립하려면 (ㄱ) 방조행위가 정범의 범죄 실현과 밀접한 관련이 있고 (ㄴ) 정범으로 하여금 구체적 위험을 실현시키거나 범죄 결과를 발생시킬 기회를 높이는 등으로 정범의 범죄 실현에 현실적인 기여를 하였다고 평가할 수 있어야 한다. (마) 정범의 범죄 실현과 밀접한 관련 없는 행위를 도와준 데 지나지 않는 경우에는 방조범이 성립하지 않는다.

대법원은 위법한 쟁의행위와 제3자의 지원행위와의 관계에 대해 다음과 같이 설시하였다.

(가) 쟁의행위가 업무방해죄에 해당하는 경우 제3자가 그러한 정을 알면서 쟁의행위의 실행을 용이하게 한 경우에는 업무방해방조죄가 성립할 수 있다. (나) 다만 헌법 제33조 제1항이 규정하고 있는 노동3권을 실질적으로 보장하기 위해서는 근로자나 노동조합이 노동3권을 행사할 때 제3자의 조력을 폭넓게 받을 수 있도록 할 필요가 있다. (다) 나아가 근로자나 노동조합에 조력하는 제3자도 헌법 제21조에 따른 표현의 자유나 헌법 제10조에 내재된 일반적 행동의 자유를 가지고 있다. (라) 그러므로 위법한 쟁의행위에 대한 조력행위가 업무방해방조에 해당하는지 판단할 때는 헌법이 보장하는 위와 같은 기본권이 위축되지 않도록 업무방해방조죄의 성립 범위를 신중하게 판단하여야 한다.

대법원은 병 등의 행위와 정범인 갑, 을의 업무방해죄의 실현 사이에 인과관계를 인정하기 어려우므로 병 등의 행위가 업무방해방조죄를 구성한다고 볼 수 없다고 판단하였다. 대법원은 그러한 판단의 이유로 다음의 점들을 제시하였다.

대법원은 조명탑 점거행위 자체에 대한 방조 여부에 대해 다음과 같이 판단하였다.

(가) Q노조는 P철도공사의 순환전보 방침에 반대하는 투쟁을 준비하고 있었다. (나) 갑과 을은 Q노조의 사전 계획과 무관하게 조명탑을 점거하였던 것으로 보인다. (다) 갑과 을이 점거행위를 개시하게 된 데에 병

등이 관여하였다고 보이지 아니한다.

대법원은 조명탑 아래에서의 집회행위의 방조 여부에 대해 다음과 같이 판단하였다.

(가) 병 등이 ⓒ천막을 설치하고 ㉯집회를 개최한 행위는 기본적으로 회사의 순환전보 방침에 반대하는 의사를 표명하고 그 방침을 철회시키려는 노동조합 활동의 일환에서 이루어진 것이다. (나) ㉯집회에서 ㉠조명탑 점거행위를 지지하는 발언이 일부 있었다고 하더라도 그 내용과 경위 등에 비추어 그러한 언행이 표현의 자유, 일반적 행동의 자유나 단결권의 보호 영역을 벗어났다고 볼 수 없다. (다) ㉯집회에서 ㉠조명탑 점거행위를 지지하는 발언이 일부 있었다고 하더라도 갑과 을의 조명탑 점거행위를 통한 범죄 실현에 현실적인 기여를 하였다고 보기 어렵다.

대법원은 갑과 을에 대한 물품제공행위의 방조 여부에 대해 다음과 같이 판단하였다.

(가) 병 등이 갑과 을에게 제공한 물품의 내용, 제공의 횟수, 시기 및 경위, 점거 장소의 특성 등을 고려하여 볼 때, 병 등이 음식물 등을 제공한 것은 고공에 설치된 좁은 공간에 장시간 고립되어 음식을 제공받을 수 있는 다른 경로가 없는 상황에 있던 갑과 을의 생존과 안전을 위해 요구되는 행위임을 부정할 수 없다. (나) 그러기에 회사도 병 등이 물품을 제공할 때마다 그 내용을 확인한 후 전달을 허용한 것으로 보인다. (다) 그리고 병이 점거 첫날 밤 조명탑에 올라가 갑과 을을 만난 행위는 그들의 안위를 확인하는 차원에서 이루어진 것으로 볼 여지가 충분하다.

대법원은 이상의 판단을 종합하여 다음의 결론을 도출하였다.

(가) 위와 같은 사정을 종합하여 보면, (ㄱ) 병 등의 행위가 전체적으로 보아 ㉠조명탑 점거에 일부 도움이 된 측면이 있었다고 하더라도, (ㄴ) 조명탑 본연의 기능을 사용할 수 없게 함으로써 야간 입환 업무를 방해한다는 정범들의 범죄에 대한 (ㄷ) 지원행위 또는 그 법익 침해를 강화·증대시키는 행위로서 (ㄹ) 정범들의 범죄 실현과 밀접한 관련이 있는 행위에 해당한다고 단정하기 어렵다. (나) 따라서 병 등의 행위는 방조범의 성립을 인정할 정도로 업무방해 행위와 인과관계가 있다고 볼 수 없다.

[2020도12563]

2022. 10. 27. 2020도12563, 공 2022하, 2346 = 『보이스피싱 차명거래 방조 사건』:

「금융실명거래 및 비밀보장에 관한 법률」(금융실명법)은 '실지명의(실명)에 의한 금융거래를 실시하고 그 비밀을 보장하여 금융거래의 정상화를 꾀함으로써 경제정의를 실현하고 국민경제의 건전한 발전을 도모함'을 목적으로 한다(제1조). 금융실명법에는 다음의 규정들이 있다. (가) 금융거래란 금융회사 등이 금융자산을 수입, 매매, 환매 등을 하는 행위를 말한다(제2조 제3호). (나) 실명이란 주민등록표상의 명의, 사업자등록증상의 명의 등을 말한다(제2조 제4호). (다) 탈법행위를 목적으로 타인의 실명으로 금융거래를 하여서는 안 된다(제3조 제3항)(ⓐ규정). (라) 탈법행위를 목적으로 하는 금융거래는 (ㄱ) 불법재산의 은닉, (ㄴ) 자금세탁행위, (ㄷ) 공중협박자금조달행위, (ㄹ) 강제집행의 면탈, (ㅁ) 그 밖의 행위를 목적으로 하는 금융거래를 말한다. (마) 탈법행위를 목적으로 하는 금융거래 가운데 (ㄱ) 불법재산의 은닉, (ㄴ) 자금세탁행위, (ㄷ) 공중협박자금조달행위의 구체적인 내용은 「특정 금융거래정보의 보고 및 이용 등에 관한 법률」(특정금융정보법) 제2조에 규정되어 있다. (바) 탈법행위(ⓐ규정)를 목적으로 타인의 실명으로 금융거래를 하는 행위를 처벌한다(제6조 제1항)(ⓑ규정).

(이하 연도 생략함.) 1. 22. 무렵 을은 성명불상자(갑)로부터 보이스톡으로 다음의 말을 들었다. (가) 우리 회사는 마카오에 본사가 있고, 한국에 체인점이 있다. (나) 우리 회사는 한국에 있는 고객들을 상대로 환전해 주는 업무를 한다. (다) 10:00부터 16:00까지 일하고, 월 400~600만 원을 지급하겠다. (라) 고객이 입금한 돈 940만 원을 인출하여 우리가 보내는 환전소 직원에게 건네줘라. 을은 성명불상자(갑)의 말을 듣고 이를 승낙

하였다.

1. 22. (같은 날) 을은 보이스톡으로 성명불상자(갑)에게 갑 명의의 신협 ㉠계좌를 알려주었다. 1. 29. 무렵 성명불상자(갑)는 전화금융사기 범행을 통해 A로부터 940만 원을 을 명의 신협 ㉠계좌로 송금받았다(㉡돈). 을은 ㉡돈을 인출하여 M시에 있는 N우편취급국에서 수수료 15만 원을 제한 나머지 925만 원을 성명불상자(갑)에게 건네주었다.

검사는 을을 금융실명법 ⓐ, ⓑ규정 위반죄의 방조범으로 기소하였다. 을에 대한 공소사실의 요지는 다음과 같다. "(전략) 을은 성명불상자(갑)가 탈법행위를 목적으로 타인인 을의 실명으로 금융거래를 하는 것을 용이하게 하여 이를 방조하였다." 제1심법원은 다음의 이유를 들어서 무죄로 판단하였다. (가) '고객이 입금한 돈을 인출하여 환전소 직원에게 전달하여 주는 업무'가 구체적으로 어떤 법률에 의한 규제를 회피하기 위한 탈법행위인지 특정되지 않았다. (나) 검사가 제출한 증거만으로는 성명불상자(갑)가 '고객이 입금한 돈'을 인출하여 달라고 요구하였다는 점을 인정하기에 부족하다. (다) 을에게 정범인 성명불상자(갑)가 탈법행위를 목적으로 을의 실명으로 금융거래를 한다는 점에 관한 고의가 있었음이 인정되지 않는다.

검사는 불복 항소하였다. 검사는 항소이유로 다음의 점을 주장하였다. (가) 을이 인식한 정범(갑)의 행위는 외국환거래법 위반행위이다. (나) 외국환거래법 위반행위는 금융실명법상의 탈법행위에 해당한다. 항소법원은 제1심판결의 이유를 그대로 유지하였다. 항소법원은 여기에 덧붙여 다음의 점을 이유로 제시하였다. (가) 검사의 주장대로 을이 인식한 정범(갑)의 행위가 외국환거래법 위반행위라고 하자. (나) 그렇다고 하더라도 정범인 성명불상자(갑)는 외국환거래법 위반행위를 한 것이 아니라 전화금융사기 범행을 하였을 뿐이다. (다) 그러므로 을은 성명불상자(갑)가 어떤 탈법행위를 실행하였는지 알기 어렵다. 항소법원은 항소를 기각하고, 제1심판결을 유지하였다. 검사는 불복 상고하였다.

대법원은 다음의 이유를 제시하여 원심판결을 파기환송하였다.

대법원은 금융실명법의 관련 규정들을 분석하였다.

대법원은 금융실명법 ⓐ규정의 '그 밖의 탈법행위'에 대해 다음과 같이 설시하였다.

(가) 금융실명법의 입법 목적과 그 내용을 종합해 본다. (나) 금융실명법 ⓐ, ⓑ규정이 불법·탈법적 목적에 의한 타인 실명의 금융거래를 처벌하는 것은 이러한 금융거래를 범죄수익의 은닉이나 비자금 조성, 조세포탈, 자금세탁 등 불법·탈법행위나 범죄의 수단으로 악용하는 것을 방지하는 데에 목적이 있다.

(다) 금융실명법 ⓐ, ⓑ규정에서 말하는 '그 밖의 탈법행위'라 함은, 단순히 우회적인 방법으로 금지규정의 제한을 피하려는 행위 전반을 의미하는 것이 아니다. (라) 금융실명법 ⓐ, ⓑ규정에서 말하는 '그 밖의 탈법행위'라 함은, ⓐ, ⓑ규정에 구체적으로 열거된 (ㄱ) 불법재산의 은닉, (ㄴ) 자금세탁, (ㄷ) 공중협박자금조달 및 (ㄹ) 강제집행의 면탈과 같이 형사처벌의 대상이 되는 행위에 준하는 정도에 이르러야 한다. (마) 여기에 해당하는지 여부는 앞서 본 ⓐ, ⓑ규정의 입법 목적 등을 충분히 고려하여 판단해야 한다.

대법원은 방조범의 고의에 대해 다음과 같이 실시하였다.

(가) 형법상 방조행위는 정범이 범행을 한다는 정을 알면서 그 실행행위를 용이하게 하는 직접·간접의 행위를 말한다. (나) 그러므로 방조범은 (ㄱ) 정범의 실행을 방조한다는 이른바 방조의 고의와 (ㄴ) 정범의 행위가 구성요건에 해당하는 행위인 점에 대한 정범의 고의가 있어야 한다. (다) 그러나 방조범에서 정범의 고의는 정범에 의하여 실현되는 범죄의 구체적 내용을 인식할 것을 요하는 것은 아니고 미필적 인식 또는 예견으로 족하다.

(라) 금융실명법 ⓑ규정 위반죄는 이른바 초과주관적 위법요소로서 '탈법행위의 목적'을 범죄성립요건으로 하는 목적범이다. (마) 그러므로 방조범에게도 정범이 위와 같은 탈법행위를 목적으로 타인 실명 금융거래를 한다는 점에 관한 고의가 있어야 한다. (바) 그러나 그 목적의 구체적인 내용까지 인식할 것을 요하는 것은

아니다.

대법원은 사실관계를 분석하였다.

대법원은 보이스피싱 사기범에 의한 타인 명의 금융거래의 법적 성질에 대해 다음과 같이 설시하였다.

(가) 전기통신금융사기의 범인이 사기 범행을 통한 편취금을 자신이 아닌 타인 명의 금융계좌로 송금받는 이유는 범죄수익을 은닉하고 범인의 신원을 은폐하기 위한 것이다. (나) 전기통신금융사기의 범인이 사기 범행을 통한 편취금을 자신이 아닌 타인 명의 금융계좌로 송금받는 행위는 타인 실명의 금융거래를 범죄의 수단으로 악용하는 전형적인 경우이다. (다) 그러므로 전기통신금융사기의 범인이 사기 범행을 통한 편취금을 자신이 아닌 타인 명의 금융계좌로 송금받는 행위는 금융실명법 ⓐ, ⓑ규정이 말하는 '탈법행위'를 목적으로 한 타인 실명 금융거래에 해당한다.

대법원은 외국환관리법상 무등록 환전행위의 법적 성질에 대해 다음과 같이 설시하였다.

(가) 외국환거래법은 외국환업무에 해당하는 환전 영업을 하기 위해서는 일정한 요건을 갖추어 등록을 하도록 하고(제8조), 등록을 하지 않고 외국환업무를 한 자를 처벌하도록 규정하고 있다(제27조의2 제1항 제1호). (나) 무등록 환전 영업은 그 자체로 범죄행위일 뿐 아니라 불법적인 자금의 세탁, 조세포탈, 횡령 등 다른 범죄의 수단이 되기도 하는 행위이다. (다) 그러므로 무등록 환전 영업을 위하여 타인의 금융계좌를 이용하여 금융거래를 하는 것은 금융실명법 ⓐ, ⓑ규정이 말하는 '탈법행위'를 목적으로 한 타인 실명 금융거래에 해당한다.

대법원은 을의 행위에 대해 다음과 같이 판단하였다.

(가) 을은 정범인 성명불상자(갑)가 금융실명법 ⓐ, ⓑ규정에서 말하는 '탈법행위'에 해당하는 무등록 환전 영업을 하기 위하여 타인 명의로 금융거래를 하려고 한다고 인식하였음에도 이러한 범행을 돕기 위하여 자신 명의의 금융계좌 정보를 제공하였다. (나) 정범인 성명불상자(갑)는 이를 이용하여 전기통신금융사기 범행을 통한 편취금을 송금받아 탈법행위를 목적으로 타인 실명의 금융거래를 하였다. (다) 그렇다면 을에게는 금융실명법 ⓑ규정 위반죄의 방조범이 성립한다. (라) 을이 정범인 성명불상자(갑)가 목적으로 삼은 탈법행위의 구체적인 내용이 어떤 것인지를 정확히 인식하지 못하였다고 하더라도 범죄 성립에는 영향을 미치지 않는다.

대법원은 원심판결의 당부에 대해 다음과 같이 판단하였다.

(가) 그런데도 원심은 그 판시와 같은 이유만으로 공소사실을 무죄로 판단한 제1심판결을 그대로 유지하였다. (나) 이러한 원심판단에는 금융실명법 ⓐ규정에서 말하는 '탈법행위'의 의미와 방조범의 '정범의 고의'에 관한 법리를 오해하여 판결에 영향을 미친 위법이 있다.

제 6 절 간접정범

2017도3894

2017. 5. 31. 2017도3894, 공 2017하, 1452 =『보이스피싱 이중기망 사건』:

갑은 보이스피싱 조직원이다. 을은 보이스피싱 범행에 사용될 것임을 알면서 성명불상자에게 ㉠통장을 매도하였다. 갑은 성명불상자로부터 ㉠통장을 구입하였다. 갑은 A에게 자신이 금융감독원 직원이라고 사칭하였다. 갑은 A에게 B의 ㉡계좌로 1,400만원을 입금하라고 말하였다. 갑은 B에게 자신이 금융감독원 직원이라고 사칭하였다. 갑은 B에게 B의 ㉡계좌로 입금된 1,400만원을 포함하여 1,880만원을 특정 공공기관의 지정계좌로 입금하게 하였다. 그런데 갑이 알려준 지정계좌는 실제로는 을의 ㉠계좌이었다.

검사는 갑을 다음과 같은 두 건의 사기죄 공소사실로 기소하였다. (가) "갑은 피해자 A에게 금융감독원 직원 등을 사칭하면서 B의 계좌에 1,400만원을 입금하라고 하고, B에게도 같은 취지로 거짓말하여 입금된 돈을 찾아서 전달하도록 하여 피해자 A로부터 1,400만원을 편취하였다." (나) "갑은 피해자 B에게 금융감독원 직원 등을 사칭하면서 거짓말하여 피해자 B로 하여금 1,880만원을 인출하여 전달하게 함으로써 피해자 B로부터 1,880만원을 편취하였다." 갑의 피고사건은 제1심을 거친 후, 항소심에 계속되었다. 항소법원은 두 건의 사기죄 공소사실에 대해 모두 유죄를 인정하였다. 갑은 불복 상고하였다.

대법원은 다음의 이유를 제시하여 원심판결을 파기환송하였다.

대법원은 간접정범의 피이용자에 대한 범죄성립 여부에 대해 다음과 같이 설시하였다.

(가) 간접정범을 통한 범행에서 피이용자는 간접정범의 의사를 실현하는 수단으로서의 지위를 가질 뿐이다. (나) 그러므로 피해자에 대한 사기범행을 실현하는 수단으로서 타인을 기망하여 그를 피해자로부터 편취한 재물이나 재산상 이익을 전달하는 도구로서만 이용한 경우에는 편취의 대상인 재물 또는 재산상 이익에 관하여 피해자에 대한 사기죄가 성립할 뿐 도구로 이용된 타인에 대한 사기죄가 별도로 성립한다고 할 수 없다.

대법원은 갑의 행위에 대해 다음과 같이 판단하였다.

(가) B가 인출하여 전달한 1,880만원 중 1,400만원은 A가 입금한 돈이다. (나) B는 갑을 금융감독원으로 알고 자신의 계좌번호를 제공한 후 그 계좌에 입금된 위 돈을 공공기관에 전달하는 것으로 인식한 상태에서 이를 전달하였을 뿐이다. (다) B에 대한 사기의 점 중 A가 B의 계좌에 입금한 1,400만원 부분에 대하여는 B가 갑의 기망에 따라 단지 A에 대한 사기범행을 실현하기 위한 도구로 이용되었을 뿐이다. (라) 그러므로 A가 B의 계좌에 입금한 1,400만원 부분에 대하여는 A에 대한 사기죄가 성립할 뿐 B에 대한 사기죄가 별도로 성립한다고 보기 어렵다.

2016도17733

2018. 2. 8. 2016도17733, 공 2018상, 593 =『자기 촬영 후 전송 사건』:

A는 청소년성보호법 상의 아동·청소년에 해당한다. 갑은 스마트폰 채팅 애플리케이션을 통하여 A를 알게 되었다. 갑은 A로부터 은밀한 신체 부위가 드러난 ⊙사진을 전송받은 사실이 있다. 갑은 A의 개인정보와 A의 지인에 대한 인적사항을 알게 되었다. 갑은 이를 기화로 A에게 시키는 대로 하지 않으면 기존에 전송받았던 ⊙신체 사진과 개인정보 등을 유포하겠다고 협박하였다. 갑은 협박으로 겁을 먹은 A로 하여금 스스로 가슴 사진, 성기 사진, 가슴을 만지는 동영상을 촬영하도록 하였다(ⓛ동영상). 갑은 A가 촬영한 ⓛ동영상을 A로부터 전송받았다. 갑은 동일한 수법으로 성인 B로부터 ⓒ동영상을 전송받았다.

검사는 ⓛ동영상 부분에 대해서는 청소년성보호법 위반죄(강제추행)로, ⓒ동영상 부분에 대해서는 형법의 강제추행죄로 기소하였다. 갑의 피고사건은 제1심을 거친 후, 항소심에 계속되었다. 항소법원은 다음의 이유를 들어서 무죄를 선고하였다. (가) 갑의 행위는 A, B로 하여금 스스로 성적 행위를 하게 한 것이다. (나) 갑은 A, B의 신체를 직접 접촉하는 행위를 하지 않았다. (다) 갑의 행위를 A, B의 신체에 대한 접촉이 있는 경우와 동등한 정도로 성적 수치심 내지 혐오감을 주거나 성적 자기결정권을 침해하는 것이라고 보기 어렵다. 검사는 불복 상고하였다.

대법원은 다음의 이유를 제시하여 원심판결을 파기환송하였다.

대법원은 강제추행죄에서 추행의 판단방법에 대해 다음과 같이 설시하였다.

(가) 강제추행죄에서 추행은 (ㄱ) 객관적으로 일반인에게 성적 수치심이나 혐오감을 일으키게 하고 (ㄴ) 선량한 성적 도덕관념에 반하는 행위로서 (ㄷ) 피해자의 성적 자유를 침해하는 것을 의미한다. (나) 강제추행죄에서 추행에 해당하는지 여부는 피해자의 의사, 성별, 나이, 행위자와 피해자의 이전부터의 관계, 그 행위에 이르게 된 경위, 구체적 행위태양, 주위의 객관적 상황과 그 시대의 성적 도덕관념 등을 종합적으로 고려하여

신중히 결정되어야 한다.

대법원은 사실관계를 분석하였다(상세한 내용은 생략함).

대법원은 강제추행죄와 간접정범의 관계에 대해 다음과 같이 설시하였다.

(가) 강제추행죄는 사람의 성적 자유 내지 성적 자기결정의 자유를 보호하기 위한 죄이다. (나) 강제추행죄는 정범 자신이 직접 범죄를 실행하여야 성립하는 자수범이라고 볼 수 없다. (다) 그러므로 강제추행죄는 처벌되지 아니하는 타인을 도구로 삼아 피해자를 강제로 추행하는 간접정범의 형태로도 범할 수 있다. (라) 여기서 강제추행에 관한 간접정범의 의사를 실현하는 도구로서의 타인에는 피해자도 포함될 수 있다고 봄이 타당하다. (마) 그러므로 피해자를 도구로 삼아 피해자의 신체를 이용하여 추행행위를 한 경우에도 강제추행죄의 간접정범에 해당할 수 있다.

대법원은 갑의 행위에 대해 다음과 같이 판단하였다.

(가) 갑은 A, B를 협박하여 겁을 먹은 A, B로 하여금 어쩔 수 없이 나체나 속옷만 입은 상태가 되게 하여 스스로를 촬영하게 하거나, 성기에 이물질을 삽입하거나 자위를 하는 등의 행위를 하게 하였다. (나) 그렇다면 이러한 행위는 A, B를 도구로 삼아 A, B의 신체를 이용하여 그 성적 자유를 침해한 행위이다. (다) 그 행위는 행위의 내용과 경위에 비추어 일반적이고도 평균적인 사람으로 하여금 성적 수치심이나 혐오감을 일으키게 하고 선량한 성적 도덕관념에 반하는 행위라고 볼 여지가 충분하다. (라) 갑의 위와 같은 행위들은 A, B를 이용하여 강제추행의 범죄를 실현한 것으로 평가할 수 있다. (마) 갑이 직접 위와 같은 행위들을 하지 않았다거나 A, B의 신체에 대한 직접적인 접촉이 없었다고 하더라도 달리 볼 것은 아니다.

2016도13912

2017. 5. 17. 2016도13912, 공 2017상, 1331 = 『전투비행단 체력단련장 사건』:

M전투비행단에는 N체력단련장이 있다. 갑은 N체력단련장의 관리사장으로 근무하고 있다. 갑은 N체력단련장 시설의 관리·운영 업무를 총괄하였다. M전투비행단은 P회사와 다음 내용의 합의서를 작성하였다(㉠합의서). (가) P회사는 M전투비행단에 전자유도 전동카트시스템을 기부 채납한다. (나) M전투비행단이 P회사에 지불하는 원금상환액의 총액이 시설투자비 10억원에 금융비용을 포함한 액수에 이를 때까지 P회사가 N체력단련장을 사용·수익한다. 갑은 부대복지관리위원회 심의의결 없이 컴퓨터를 이용하여 ㉠합의서 내용 중 시설투자비 '10억원'을 '11억원'으로 임의로 변경한 ㉡수정합의서를 작성하여 출력하였다. 갑은 부대 행정실에서 M전투비행단장의 결재를 받지 않았는데도 결재를 받은 것처럼 단장 명의 직인 담당자 A를 기망하여 A로 하여금 ㉡수정합의서에 날인하도록 하였다. 갑은 ㉡수정합의서를 P회사 대표 B에게 마치 진정하게 작성된 문서인 것처럼 교부하였다.

검사는 갑을 업무상배임, 공문서위조, 위조공문서행사의 죄로 기소하였다. 갑의 피고사건은 제1심을 거친 후, 항소심에 계속되었다. 갑의 행위는 허위의 내용이 기재된 ㉡수정합의서를 기안하여 그 사실을 알지 못하는 단장 명의 직인 담당자 A로부터 직인을 날인받은 것이다. 항소법원은 갑이 허위의 내용이 기재된 ㉡수정합의서를 기안하여 작성권한 있는 자의 결재를 받은 것으로 판단하였다. 항소법원은 갑에 대한 공소사실 중 공문서위조 부분과 위조공문서행사 부분을 무죄라고 판단하였다. 검사는 무죄 부분에 불복하여 상고하였다.

대법원은 다음의 이유를 제시하여 원심판결을 파기환송하였다.

대법원은 공문서위조죄와 허위공문서작성죄의 관계에 대해 다음과 같이 설시하였다.

(가) 허위공문서작성죄의 주체는 그 문서를 작성할 권한이 있는 명의인인 공무원에 한한다. (나) 문서를 작성할 권한이 있는 공무원의 문서작성을 보조하는 직무에 종사하는 공무원은 허위공문서작성죄의 주체가 될

수 없다. (다) 따라서 보조 직무에 종사하는 공무원이 허위공문서를 기안하여 허위임을 모르는 작성권자의 결재를 받아 공문서를 완성한 때에는 허위공문서작성죄의 간접정범이 된다.

(라) 이러한 결재를 거치지 않고 임의로 작성권자의 직인 등을 부정 사용함으로써 공문서를 완성한 때에는 공문서위조죄가 성립한다. (마) 이는 공문서의 작성권한 없는 사람이 허위공문서를 기안하여 작성권자의 결재를 받지 않고 공문서를 완성한 경우에도 마찬가지이다. (바) 나아가 작성권자의 직인 등을 보관하는 담당자는 일반적으로 작성권자의 결재가 있는 때에 한하여 보관 중인 직인 등을 날인할 수 있을 뿐이다. (사) 이러한 경우 다른 공무원 등이 작성권자의 결재를 받지 않고 직인 등을 보관하는 담당자를 기망하여 작성권자의 직인을 날인하도록 하여 공문서를 완성한 때에도 공문서위조죄가 성립한다.

대법원은 갑의 행위에 대해 다음과 같이 판단하였다.

(가) 갑은 허위의 내용이 기재된 ⓒ수정합의서를 기안하여 작성권자인 M전투비행단장의 결재를 받지 않고 이를 모르는 단장 명의 직인 담당자로부터 단장의 직인을 날인받아 ⓒ수정합의서를 완성하였다. (나) 이러한 갑의 행위는 형법 제225조에서 정한 공문서위조죄에 해당한다. (다) 이러한 문서를 행사한 행위는 형법 제229조에서 정한 위조공문서행사죄에 해당한다.

│2011도1415│

2011. 5. 13. 2011도1415, 공 2011상, 1250 =『검토조서 대 검토보고 사건』 :

M군청에 건설재난관리과가 있다. 건설재난관리과에는 교통행정계가 있다. 교통행정계는 자동차등록 업무를 처리하고 있다. 갑은 교통행정계의 일선 직원이다. 을은 교통행정계의 계장이다. 병은 건설재난관리과의 과장이다. 자동차등록에 관한 권한은 과장 병에게 있다. 자동차 관련 법령에 의하면 화물용 차량을 등록하려면 일정한 주차면적이 필요하다. P회사는 화물자동차운송회사이다. P회사의 대표는 A이다. A는 ⓐ화물차량을 증차하여 M군청에 등록하려고 하였다. 그러나 주차면적이 부족하여 ⓐ차량은 등록요건에 미달하였다. A는 갑과 을에게 부탁하였다.

A는 M군청에 ⓐ차량에 대한 '화물자동차운송업변경(증차)허가 신청'을 위하여 관련 서류를 제출하였다. 교통행정계 직원 갑은 ⓐ화물차량에 대해 주차면적이 충족된다는 검토조서를 허위로 작성하였다(ⓕ검토조서). 이어서 갑은 '화물자동차운송업변경(증차)허가 신청 검토보고'라는 문건을 작성하였다(ⓒ검토보고). 갑은 ⓒ검토보고에 ⓕ검토조서를 첨부하여 결재를 상신하였다. 교통행정계장 을은 ⓕ검토조서가 허위임을 알면서 결재를 하였다. 건설재난관리과장인 병은 ⓕ검토조서가 허위임을 알지 못하면서 결재를 하였다. 이에 따라 같은 날 P회사에 대해 ⓐ차량을 증차하는 내용의 화물자동차운송사업 변경허가가 이루어졌다.

검사는 갑과 을을 허위공문서작성죄의 공동정범으로 기소하였다. 갑과 을의 피고사건은 제1심을 거친 후, 항소심에 계속되었다. 항소법원은 갑과 을에 대해 허위공문서작성죄의 공동정범을 인정하였다. 갑은 상고하지 않았다. 을은 불복 상고하였다.

대법원은 다음의 이유를 제시하여 상고를 기각하였다.

대법원은 허위공문서작성죄의 성립요건에 대해 다음과 같이 설시하였다.

(가) 허위공문서작성의 주체는 직무상 그 문서를 작성할 권한이 있는 공무원에 한한다. (나) 작성권자를 보조하는 직무에 종사하는 공무원은 허위공문서작성죄의 주체가 되지 못한다. (다) 다만 (ㄱ) 공문서의 작성권한이 있는 공무원의 직무를 보좌하는 사람이 (ㄴ) 그 직위를 이용하여 (ㄷ) 행사할 목적으로 (ㄹ) 허위의 내용이 기재된 문서 초안을 그 정을 모르는 상사에게 제출하여 결재하도록 하는 등의 방법으로 작성권한이 있는 공무원으로 하여금 허위의 공문서를 작성하게 한 경우에는 허위공문서작성죄의 간접정범이 성립한다.

대법원은 다음과 같이 사실관계를 분석하였다.

(가) 갑은 ㉠검토조서를 작성한 다음 이를 '화물자동차운송사업변경(증차)허가 신청 검토보고'(㉡검토보고)에 첨부하여 결재를 상신하였다. (나) M군청 건설재난관리과 교통행정계장인 을과 건설재난관리과장인 병이 차례로 ㉡검토보고에 결재를 하여, 이에 따라 같은 날 화물자동차운송사업 변경허가가 이루어졌음을 알 수 있다.

대법원은 원심판결의 당부에 대해 다음과 같이 판단하였다.

(가) 위와 같은 ㉠검토조서 및 ㉡검토보고의 각 내용과 형식, 관계 및 작성 목적, 이를 토대로 같은 날 변경허가가 이루어진 점 등을 종합하여 본다. (나) ㉠검토조서는 공문서인 ㉡검토보고의 첨부서류로서 그 내용 중 일부에 불과하다. (다) ㉠검토조서를 포함한 ㉡검토보고의 작성자는 최종 결재권자인 병이라고 보아야 한다. (라) 그렇다면 ㉡검토보고의 내용 중 일부에 불과한 ㉠검토조서의 작성자인 갑은 물론 병의 업무상 보조자이자 그 중간 결재자인 을은 이 사건 허위공문서작성죄의 주체가 될 수 없다. (마) 그러함에도 이와 달리 을과 갑이 허위공문서작성죄의 공동정범이 된다고 본 원심의 판단은 잘못이다.

대법원은 갑과 을의 행위에 대해 다음과 같이 판단하였다.

(가) 원심의 사실인정 및 그 채용증거에 의하면, 병은 을이 중간 결재를 한 ㉡검토보고가 허위인 사실을 알지 못한 채 최종 결재를 한 것임을 알 수 있다. (나) 을이나 갑도 같은 취지로 진술하고 있다. (다) 그러한 이상 을과 갑의 행위는 그 허위의 정을 모르는 작성권자로 하여금 허위의 공문서를 결재·작성하게 한 경우에 해당하여 허위공문서작성죄의 간접정범이 된다.

대법원은 허위공문서작성죄의 간접정범과 허위공문서작성죄의 공동정범이 동일한 형으로 처벌된다는 점에 주목하였다. 결론적으로 대법원은 다음과 같이 판단하였다.

(가) 허위공문서작성죄 간접정범의 경우 간접정범은 형법 제34조 제1항, 제31조 제1항에 의하여 죄를 실행한 자와 동일한 형으로 처벌된다. (나) 그러므로 원심법원이 허위공문서작성죄의 공동정범을 인정한 잘못은 판결에 영향을 미친 위법이 되지 못한다.

제 7 절 공범과 신분

| 2008도7312 |

2010. 1. 28. 2008도7312, 공 2010상, 471 = 분석 총론 『광역수사대 사건이첩 사건』:

(사실관계가 불명하여 임의로 일부 보완함.) 경찰관 갑은 M지방경찰청 소속 광역수사대 단장이다. M지방경찰청 산하 N경찰서 관내에서 관내 유력인사 K와 관련된 ㉮형사사건이 발생하였다. N경찰서 소속 경찰관 A 등은 ㉮사건의 수사에 착수하였다. 광역수사대장 갑은 유력인사 K와 평소 친밀한 관계에 있었다. K는 갑에게 사건의 선처를 부탁하였다. 갑은 지휘라인에 있는 을, 병, 정을 통하여 N경찰서의 ㉮사건 수사를 중단시켰다(㉠수사방해). 갑은 지휘라인에 있는 을, 병, 정을 통하여 ㉮사건을 M지방경찰청 광역수사대에 이첩하도록 하였다(㉡사건이첩). M지방경찰청 광역수사대 소속 경찰관 B 등은 ㉮사건의 수사에 착수하였다. 갑은 다시 ㉮사건을 N경찰서에 이첩하도록 하였다. N경찰서에서는 다른 경찰관 C 등이 수사를 담당하게 되었다.

검사는 갑의 ㉠수사방해 부분을 권리행사방해에 의한 직권남용권리행사방해죄로 기소하였다(㉠죄). 검사는 갑의 ㉡사건이첩 부분을 의무 없는 일 강요에 의한 직권남용권리행사방해죄(㉡죄)로 기소하였다. 갑의 피고사건은 제1심을 거친 후, 항소심에 계속되었다. 항소법원은 범죄사실을 갑과 K의 공동정범으로 파악하였다. 항소법원은 ㉠수사방해(㉠죄) 부분을 유죄로 판단하였다. 항소법원은 ㉡사건이첩(㉡죄) 부분을 무죄로 판단하였다. 갑은 유죄 부분에 불복 상고하였다. 갑은 상고이유로 다음의 점을 주장하였다. (가) 경찰관 A, B

등은 상사의 명에 따랐으므로 권리행사가 방해되었다고 할 수 없다. (나) 공무원 갑과 일반인 K의 관계를 공동정범으로 인정한 것은 위법하다. 검사는 무죄 부분에 불복 상고하였다. 검사는 상고이유로, ㉠죄와 ㉡죄 모두 유죄로 인정되어야 한다고 주장하였다.

대법원은 다음의 이유를 제시하여 갑과 검사의 상고를 모두 기각하였다.

대법원은 갑의 상고이유에 대해 판단하였다.

대법원은 권리행사방해죄에 대해 다음과 같이 설시하였다.

(가) 형법 제123조는 "공무원이 그 직권을 남용하여 사람으로 하여금 의무없는 일을 하게 하거나 사람의 권리행사를 방해한 때에는 5년 이하의 징역, 10년 이하의 자격정지 또는 1천만원 이하의 벌금에 처한다."라고 규정하고 있다. (나) 형법 제123조에서 말하는 '권리'는 법률에 명기된 권리에 한하지 않고 법령상 보호되어야 할 이익이면 족한 것으로서, 공법상의 권리인지 사법상의 권리인지를 묻지 않는다고 봄이 상당하다. (다) 원심이 경찰관 직무집행법의 관련 규정을 근거로 경찰관은 범죄를 수사할 권한을 가지고 있다고 인정한 다음, 이러한 범죄수사권은 직권남용권리행사방해죄에서 말하는 '권리'에 해당한다고 인정한 것은 위와 같은 법리에 따른 것으로서 정당하다.

대법원은 비신분자도 직권남용권리행사방해죄의 공동정범이 될 수 있는지에 대해 다음과 같이 설시하였다.

(가) 형법 제30조의 공동정범은 (ㄱ) 공동가공의 의사와 (ㄴ) 그 공동의사에 기한 기능적 행위지배를 통한 범죄 실행이라는 주관적 · 객관적 요건을 충족함으로써 성립한다. (나) 공모자 중 일부가 구성요건 행위 중 일부를 직접 분담하여 실행하지 않는 경우라고 할지라도 전체 범죄에 있어서 그가 차지하는 지위, 역할이나 범죄 경과에 대한 지배 내지 장악력 등을 종합해 볼 때, 단순히 공모자에 그치는 것이 아니라 범죄에 대한 본질적 기여를 통한 기능적 행위지배가 존재하는 것으로 인정된다면 이른바 공모공동정범으로서의 죄책을 면할 수 없다. (다) 이러한 법리는 공무원이 아닌 자가 공무원과 공모하여 직권남용권리행사방해죄를 범한 경우에도 마찬가지이다. (라) 원심이 갑에 대하여 직권남용권리행사방해죄의 공동정범으로서의 책임을 인정한 것은 위와 같은 법리에 따른 것으로서 정당하다.

대법원은 검사의 상고이유에 대해 다음과 같이 판단하였다.

(가) 이 사건과 같이 상급 경찰관이 직권을 남용하여 부하 경찰관들의 수사를 중단시키거나 사건을 다른 경찰관서로 이첩하게 한 경우가 있다. (나) 이러한 경우 일단 (ㄱ) '부하 경찰관들의 수사권 행사를 방해한 것'에 해당함과 아울러 (ㄴ) '부하 경찰관들로 하여금 수사를 중단하거나 사건을 다른 경찰관서로 이첩할 의무가 없음에도 불구하고 수사를 중단하게 하거나 사건을 이첩하게 한 것'에도 해당된다고 볼 여지가 있다. (다) 그러나 이는 어디까지나 하나의 사실을 각기 다른 측면에서 해석한 것에 불과한 것으로서, (ㄱ) 권리행사를 방해함으로 인한 직권남용권리행사방해죄와 (ㄴ) 의무 없는 일을 하게 함으로 인한 직권남용권리행사방해죄가 별개로 성립하는 것이라고 할 수는 없다.

(라) 따라서 위 두 가지 행위 태양에 모두 해당하는 것으로 기소된 경우, (ㄱ) 권리행사를 방해함으로 인한 직권남용권리행사방해죄만 성립하고 (ㄴ) 의무 없는 일을 하게 함으로 인한 직권남용권리행사방해죄는 따로 성립하지 아니하는 것으로 봄이 상당하다. (마) 다만 공소제기권자인 검사는 위와 같은 사안에 있어 재량에 따라 의무 없는 일을 하게 함으로 인한 직권남용권리행사방해죄로 공소를 제기할 수도 있다. (바) 그러므로 그 경우 법원이 그 공소범위 내에서 직권남용권리행사방해죄로 인정하여 처벌하는 것은 가능하다. (사) 원심이 이 사건 공소사실 중 '권리행사를 방해하였다'는 부분(㉠죄)은 유죄로 인정하고, '의무 없는 일을 하게 하였다'는 부분(㉡죄)은 무죄라고 판단한 것은 위와 같은 법리에 따른 것으로서 정당하다.

2017도4578

2017. 5. 30. 2017도4578, 공 2017하, 1433 = 『사실혼 배우자 에쿠우스 사건』 :

갑과 A는 사실혼 관계에 있다. 갑은 P자동차대리점에서 A 명의로 ⓐ에쿠우스 승용차량을 구입하였다. 갑은 이를 위해 Q회사로부터 6천만원을 대출받았다. 갑은 그 담보로 ⓐ차량에 Q회사를 저당권자로 한 채권가액 4천 5백만원의 근저당권을 설정하였다. 갑은 P회사 권리의 목적인 ⓐ승용차를 친구 B에게 1천 8백만원을 빌린 후 담보로 제공하여 넘겨주었다. 그리하여 P회사는 ⓐ승용차를 찾을 수 없었다.

검사는 갑과 A가 공모하여 범행한 것으로 판단하였다. 검사는 갑과 A를 권리행사방해죄의 공동정범으로 기소하였다(㉮사건). A에 대한 권리행사방해죄가 ㉮사건에서 분리되었다(㉯사건). ㉯사건 제1심법원은 A에게 유죄를 인정하여 벌금 2백만원을 선고하였다. A는 불복 항소하였다. ㉯사건 항소법원은 다음의 이유를 들어서 A에게 무죄를 선고하였다. (가) 이 사건 권리행사방해 범행은 갑이 A의 동의 없이 임의로 저지른 것이다. (나) A가 갑의 범행에 공모하였다는 점에 관한 증명이 부족하다. 검사는 ㉯사건 항소심판결에 불복하여 상고하였다. 대법원은 검사의 상고를 기각하였다. ㉯사건 항소심 무죄판결은 확정되었다.

㉮사건 제1심법원은 갑과 A가 공모하여 권리행사방해죄를 범하였다는 범죄사실로 갑에게 유죄를 인정하였다. 갑은 불복 항소하였다. ㉮사건 항소법원은 다음의 이유로 제1심판결을 파기하고 갑에게 무죄를 선고하였다. (가) 갑은 ⓐ차량의 소유자가 아니다. (나) 갑은 형법 제33조 본문에 따라 그 소유자인 A의 권리행사방해 범행에 가공하여서만 A의 공범이 될 수 있다. (다) 공동정범으로 기소된 A가 무죄인 이상, 갑 단독으로는 더 이상 권리행사방해죄의 주체가 될 수 없다. (라) 또한 달리 갑이 ⓐ차량의 소유자임을 인정할 증거가 없다. 검사는 무죄 판결에 불복하여 상고하였다.

대법원은 다음의 이유를 제시하여 상고를 기각하였다.

대법원은 권리행사방해죄와 공범의 관계에 대해 다음과 같이 설시하였다.

(가) 형법 제323조의 권리행사방해죄는 타인의 점유 또는 권리의 목적이 된 자기의 물건을 취거, 은닉 또는 손괴하여 타인의 권리행사를 방해함으로써 성립한다. (나) 그러므로 그 취거, 은닉 또는 손괴한 물건이 자기의 물건이 아니라면 권리행사방해죄가 성립할 수 없다. (다) 물건의 소유자가 아닌 사람은 형법 제33조 본문에 따라 소유자의 권리행사방해 범행에 가담한 경우에 한하여 그의 공범이 될 수 있을 뿐이다. (라) 그러나 권리행사방해죄의 공범으로 기소된 물건의 소유자에게 고의가 없는 등으로 범죄가 성립하지 않는다면 공동정범이 성립할 여지가 없다.

대법원은 원심의 판단이 위 법리에 비추어 타당하다고 판단하였다.

2010도14409

2012. 6. 14. 2010도14409, 공 2012하, 1246 = 분석 총론 『별정직 공무원 집단행위 사건』 :

지방공무원법은 지방자치단체의 공무원을 경력직공무원과 특수경력직공무원으로 구분하고 있다. 경력직공무원은 실적과 자격에 따라 임용되고 그 신분이 보장되는 공무원이다. 특수경력직공무원은 경력직공무원 외의 공무원이다. 지방공무원법은 지방공무원법의 일정한 규정들 외에는 지방공무원법과 그 밖의 법률에 특별한 규정이 없으면 지방공무원법의 규정들을 특수경력직공무원에게 적용하지 아니한다고 규정하고 있다(㉮규정). 지방공무원법은 공무원의 집단행동을 금지하고 있다(㉯규정). 지방공무원법상 ㉯규정 위반행위는 징계의 대상이다(㉰규정). 지방공무원법상 ㉯규정 위반행위는 형사처벌의 대상이다(㉱규정). 징계처분에 관한 ㉰규정을 특수경력직공무원에게 준용하는 규정이 있다(㉲규정). 형사처분에 관한 ㉱규정을 특수경력직공무원에게 준용하는 규정은 없다.

갑은 P시청에 근무하는 별정직 6급 지방공무원이다. 갑은 전국공무원노동조합 P시 지부장이다. (연월일 생략함.) 서울역 광장에서 "교사·공무원 시국선언 탄압 규탄대회"가 열렸다(㉠집회). ㉠집회에는 야당 정치인, 노조 지도자 등 외에 ⓐ, ⓑ, ⓒ, ⓓ노동조합 조합원 1,400여 명이 참석하였다. ㉠집회에 참석한 연설자들은 '교사·공무원 시국선언 탄압 규탄대회'의 목적이 국가공무원법 등에서 금지하는 전교조의 시국선언에 대한 정부의 고발·징계 조치의 철회 및 현 정부 심판임을 밝혔다. 갑은 A, B, C, D 등 다른 전공노 간부들과 함께 서울역 광장 등지에서 구호를 제창하는 방법 등으로 ㉠집회에 참가하였다.

검사는 지방공무원법 ㉺, ㉻규정(집단행위금지)을 적용하여 갑을 기소하였다. 제1심법원은 다음의 이유를 들어서 무죄를 선고하였다. (가) 지방공무원법 ㉻규정은 모든 지방공무원에 대해 집단행위를 금지하고 있다. (나) 지방공무원법 ㉺규정은 집단행위를 처벌하고 있다. (다) 집단행위 금지 위반행위에 대한 처벌규정은 경력직공무원에게만 적용된다. (라) 특수경력직공무원에게 적용되는 처벌규정은 없다. 검사는 불복 항소하였다. 검사는 항소이유로, 형법 제33조 본문에 의하여 갑은 처벌대상이 된다고 주장하였다. 항소법원은 지방공무원법의 입법취지와 죄형법정주의에 비추어 볼 때 형법 제33조 본문은 적용되지 않는다고 판단하였다. 항소법원은 항소를 기각하고, 제1심판결을 유지하였다. 검사는 불복 상고하였다. 검사의 상고이유는 항소이유와 같다.

대법원은 다음의 이유를 제시하여 원심판결을 파기환송하였다.

대법원은 지방공무원법의 ㉺~㉻규정을 분석하였다.

대법원은 ㉺~㉻규정의 적용범위에 대해 다음과 같이 설시하였다.

(가) 위와 같은 지방공무원법의 체계와 관련 조항의 내용과 아울러 형벌 조항은 구체적이고 명확하여야 한다는 죄형법정주의의 원칙 등을 종합해 본다. (나) 특수경력직공무원에 대하여는 공무 외의 집단행위를 금지하는 지방공무원법 ㉻규정은 적용되나 그 위반행위에 대한 형사처벌 조항인 지방공무원법 ㉺규정은 적용되지 않는다고 보아야 한다. (다) 원심이 지방공무원법상 특수경력직공무원 신분인 갑에게 지방공무원법 ㉻규정 위반행위에 대한 형사처벌 조항인 지방공무원법 ㉺규정이 그대로 적용될 수 없다고 판단한 것은 위와 같은 법리에 따른 것으로서 정당하다.

대법원은 형법 제33조 본문의 적용범위에 대하여 다음과 같이 설시하였다.

(가) 형법 제33조 본문은 "신분관계로 인하여 성립될 범죄에 가공한 행위는 신분관계가 없는 자에게도 전3조의 규정을 적용한다."고 규정하고 있다. (나) 그러므로 비신분자라 하더라도 신분범의 공범으로 처벌될 수 있다. (다) 지방공무원법 ㉻규정이 그 주체를 지방공무원으로 제한하고 있기는 하다. (라) 그렇지만 ㉻규정에 의하여 금지되는 '노동운동이나 그 밖에 공무 외의 일을 위한 집단행위'의 태양이 (ㄱ) 행위자의 신체를 수단으로 하여야 한다거나 (ㄴ) 행위자의 인격적 요소가 중요한 의미를 가지는 것은 아니다. (마) 그러므로 집단행위를 처벌하는 지방공무원법 ㉺규정이 지방공무원이 스스로 집단행위를 한 경우만을 처벌하려는 것으로 볼 수는 없다. (바) 따라서 지방공무원의 신분을 가지지 아니하는 사람도 지방공무원법 ㉻규정을 위반하여 지방공무원법 ㉺규정에 따라 처벌되는 지방공무원의 범행에 가공한다면 형법 제33조 본문에 의해서 공범으로 처벌받을 수 있다.

(사) 위 법리에 비추어 보면, 지방공무원법 ㉺규정이 적용되지 않는 지방공무원법상 특수경력직공무원의 경우에도 지방공무원법 ㉺규정을 위반한 경력직공무원의 범행에 가공한다면 역시 형법 제33조 본문에 의해서 공범으로 처벌받을 수 있다고 보아야 한다. (아) 특수경력직공무원에 대하여 지방공무원법 ㉺규정이 직접 적용되지 않는다는 이유만으로 달리 볼 것은 아니다.

대법원은 원심판결의 당부에 대해 다음과 같이 판단하였다.

(가) 원심은 이와 달리 지방공무원법상 특수경력직공무원에 대하여는 지방공무원법 ㉺규정이 직접 적용되지 않는다는 이유만으로 형법 제33조 본문조차 적용되지 않아 경력직공무원과의 공동정범도 성립할 수 없다

고 인정하였다. (나) 그러므로 이 부분 원심판단에는 신분범과 공범에 관한 법리를 오해하여 판결 결과에 영향을 미친 위법이 있다.

2018도2738

2019. 8. 29. 2018도2738 전원합의체 판결, 공 2019하, 1853 =『승마지원 요구 사건』:

갑은 대통령이다. 을은 P재벌그룹의 총수이다. A는 갑의 지인이다. B는 A의 딸이다. B는 독일에서 승마훈련 중이다. A는 갑을 만났다. A는 갑에게 B의 승마훈련에 대한 지원을 부탁하였다. 이후 갑은 을을 독대(獨對)하였다. 당시 을에게는 P재벌그룹의 경영승계가 중요한 문제로 대두되고 있었다. 을이 갑을 만났을 때 경영승계와 관련한 청탁을 하였는지는 분명하지 않다. 또한 경영승계와 관련한 청탁이 부정한 청탁인지도 분명하지 않다. 갑은 을을 만난 자리에서 을에게 A의 딸 B에 대한 승마지원을 부탁하였다. 을은 이를 승낙하고 B에 대한 일련의 승마지원 행위를 하였다(㉠승마지원으로 통칭함).

형법 제129조(뇌물수수죄)는 공무원이 그 직무에 관하여 뇌물을 수수하면 처벌한다. 형법 제130조(제3자뇌물수수죄)는 공무원이 그 직무에 관하여 부정한 청탁을 받고 제3자에게 뇌물을 공여하게 하면 처벌한다. 단순뇌물죄와 제3자뇌물수수죄는 법정형이 같다. 특정범죄가중법 제2조는 뇌물 액수에 따라 뇌물죄를 가중처벌하고 있다. 특정범죄가중법 제2조는 뇌물수수죄와 제3자뇌물수수죄를 동일하게 가중처벌하고 있다. 뇌물수수죄와 제3자뇌물수수죄의 중요한 차이점은 '부정한 청탁을 받고'라는 부분이다.

검사는 갑과 A를 특정범죄가중법위반죄(뇌물수수)의 공동정범으로, 을을 뇌물공여죄로 기소하였다. 갑, A, 을에 대한 심리는 각각 별도로 진행되었다. (이하 을을 중심으로 고찰함.) 을의 피고사건은 제1심을 거친 후, 항소심에 계속되었다. 항소법원은 다음과 같이 판단하여 유죄를 인정하였다. (가) 갑은 을에게 B에 대한 ㉠승마지원 뇌물을 요구하였다. (나) A는 승마 지원을 통한 ㉠뇌물수수 범행에 이르는 핵심 경과를 조종하거나 저지·촉진하는 등으로 갑과 A 자신의 의사를 실행에 옮기는 정도에 이르렀다. (다) B에 대한 승마 지원과 관련된 ㉠뇌물은 비공무원인 A에게 모두 귀속되었다. (라) 그렇다고 하더라도 공무원인 갑과 비공무원인 A 사이에는 뇌물수수죄의 공동정범이 성립한다.

을은 불복 상고하였다. 을은 상고이유로 다음의 점을 주장하였다. (가) ㉠승마지원 뇌물은 독일에서 승마훈련 중인 B에게만 필요한 것이다. (나) ㉠승마지원 뇌물은 공무원 갑에게 전혀 귀속될 수 없는 것이다. (다) 이러한 상황에서는 공무원 갑과 비공무원 A 사이에 뇌물수수죄의 공동정범이 성립할 수 없다. (라) 갑에게는 제3자뇌물수수죄가 성립할 여지가 있다. (마) 그러나 '부정한 청탁'의 요건이 구비되지 않으면 갑을 제3자뇌물수수죄로 처벌할 수 없다. (바) 갑에게 뇌물죄가 성립하지 않는다면 을에게도 뇌물공여죄가 성립하지 않는다.

대법원은 다음의 이유를 제시하여 을의 상고를 기각하였다.

대법원은 9 대 4로 견해가 나뉘었다. 소수의견 가운데 1명은 별개의견이라는 형태로 견해를 제시하였다. 그러나 중요한 내용은 나머지 3명의 의견과 같다. 다수의견은 뇌물이 공무원에게 전혀 귀속될 수 없는 경우에도 뇌물수수죄의 공동정범이 성립한다고 주장하였다. 소수의견은 뇌물이 공무원에게 전혀 귀속될 수 없는 경우에는 제3자뇌물수수죄가 성립하는 것은 별론으로 하고 뇌물수수죄의 공동정범은 성립하지 않는다고 주장하였다. (아래에서는 다수의견을 먼저 소개하고, 이어서 소수의견을 소개한다.)

다수의견은 형법 제33조의 공범과 신분 규정과 뇌물수수죄의 공동정범의 관계에 대해 다음과 같이 설시하였다.

(가) 신분관계가 없는 사람이 신분관계로 인하여 성립될 범죄에 가공한 경우에는 신분관계가 있는 사람과 공범이 성립한다(형법 제33조 본문 참조). (나) 이 경우 신분관계가 없는 사람에게 (ㄱ) 공동가공의 의사와

(ㄴ) 이에 기초한 기능적 행위지배를 통한 범죄의 실행이라는 주관적·객관적 요건이 충족되면 공동정범으로 처벌한다. (ㄷ) 공동가공의 의사는 (ㄱ) 공동의 의사로 특정한 범죄행위를 하기 위하여 일체가 되어 (ㄴ) 서로 다른 사람의 행위를 이용하여 (ㄷ) 자기의 의사를 실행에 옮기는 것을 내용으로 한다. (ㄹ) 따라서 비공무원이 공무원과 공동가공의 의사와 이를 기초로 한 기능적 행위지배를 통하여 공무원의 직무에 관하여 뇌물을 수수하는 범죄를 실행하였다면 공무원이 직접 뇌물을 받은 것과 동일하게 평가할 수 있다. (ㅁ) 그러므로 공무원과 비공무원에게 형법 제129조 제1항에서 정한 뇌물수수죄의 공동정범이 성립한다.

다수의견은 제3자뇌물수수죄와 뇌물수수죄의 관계에 대해 다음과 같이 설시하였다.

(가) 형법은 제130조에서 제129조 제1항 뇌물수수죄와는 별도로 공무원이 그 직무에 관하여 뇌물공여자로 하여금 제3자에게 뇌물을 공여하게 한 경우에는 부정한 청탁을 받고 그와 같은 행위를 한 때에 뇌물수수죄와 법정형이 동일한 제3자뇌물수수죄로 처벌하고 있다. (나) 제3자뇌물수수죄에서 뇌물을 받는 제3자가 뇌물임을 인식할 것을 요건으로 하지 않는다.

(다) 그러나 위에서 본 것처럼 공무원이 뇌물공여자로 하여금 공무원과 뇌물수수죄의 공동정범 관계에 있는 비공무원에게 뇌물을 공여하게 한 경우에는 공동정범의 성질상 공무원 자신에게 뇌물을 공여하게 한 것으로 볼 수 있다. (라) 공무원과 공동정범 관계에 있는 비공무원은 제3자뇌물수수죄에서 말하는 제3자가 될 수 없다. (마) 공무원과 공동정범 관계에 있는 비공무원이 뇌물을 받은 경우에는 공무원과 함께 뇌물수수죄의 공동정범이 성립하고 제3자뇌물수수죄는 성립하지 않는다.

(바) 뇌물수수죄의 공범들 사이에 직무와 관련하여 금품이나 이익을 수수하기로 하는 명시적 또는 암묵적 공모관계가 성립하고 공모 내용에 따라 공범 중 1인이 금품이나 이익을 주고받았다면, 특별한 사정이 없는 한 이를 주고받은 때 금품이나 이익 전부에 관하여 뇌물수수죄의 공동정범이 성립한다. (사) 금품이나 이익의 규모나 정도 등에 대하여 사전에 서로 의사의 연락이 있거나 금품 등의 구체적 금액을 공범이 알아야 공동정범이 성립하는 것은 아니다.

(아) 금품이나 이익 전부에 관하여 뇌물수수죄의 공동정범이 성립한 이후에 뇌물이 실제로 공동정범인 공무원 또는 비공무원 중 누구에게 귀속되었는지는 이미 성립한 뇌물수수죄에 영향을 미치지 않는다. (자) (ㄱ) 공무원과 비공무원이 사전에 뇌물을 비공무원에게 귀속시키기로 모의하였거나 (ㄴ) 뇌물의 성질상 비공무원이 사용하거나 소비할 것이라고 하더라도 이러한 사정은 뇌물수수죄의 공동정범이 성립한 이후 뇌물의 처리에 관한 것에 불과하므로 뇌물수수죄가 성립하는 데 영향이 없다.

다수의견은 뇌물공여자의 고의에 대해 다음과 같이 설시하였다.

(가) 형법 제133조 제1항, 제129조 제1항에서 정한 뇌물공여죄의 고의는 '공무원에게 그 직무에 관하여 뇌물을 공여한다'는 사실에 대한 인식과 의사를 말하고, 미필적 고의로도 충분하다. (나) 공여자가 공무원의 요구에 따라 비공무원에게 뇌물을 공여한 경우 공무원과 비공무원 사이의 관계는 형법 제129조 제1항 뇌물수수죄의 공동정범에 해당한다. (다) 공여자가 이러한 사실을 인식하였다면 공여자에게 형법 제133조 제1항, 제129조 제1항에서 정한 뇌물공여죄의 고의가 인정된다.

다수의견은 이상의 논지를 토대로 원심의 유죄 판단을 수긍하였다.

(이제 소수의견을 본다. 편의상 별개의견도 소수의견에 포함하여 소개한다.)

소수의견은 뇌물수수죄의 공동정범이 성립하는 범위에 대해 다음과 같이 주장하였다.

(가) 공무원과 비공무원이 (ㄱ) 공동가공의 의사와 (ㄴ) 이를 기초로 한 기능적 행위지배를 통하여 공무원의 직무에 관하여 뇌물을 수수하는 범죄를 실행하였다면 공무원과 비공무원에게 형법 제129조 제1항에서 정한 뇌물수수죄의 공동정범이 성립할 수 있다.

(나) 그러나 (ㄱ) 공무원과 비공무원이 뇌물을 받으면 뇌물을 비공무원에게 귀속시키기로 미리 모의하거나

(ㄴ) 뇌물의 성질에 비추어 비공무원이 전적으로 사용하거나 소비할 것임이 명백한 경우에 공무원이 증뢰자로 하여금 비공무원에게 뇌물을 공여하게 하였다면 형법 제130조의 제3자뇌물수수죄의 성립 여부가 문제될 뿐이며, 공무원과 비공무원에게 형법 제129조 제1항의 뇌물수수죄의 공동정범이 성립한다고 할 수는 없다. (다) 이러한 점에서 다수의견에 동의하기 어렵다.

소수의견은 뇌물수수죄와 제3자뇌물수수죄의 관계에 대해 다음과 같이 주장하였다.

(가) 형법은 뇌물의 귀속주체에 따라 제129조 제1항의 뇌물수수죄와 제130조의 제3자뇌물수수죄를 구별하고 있고, 각 범죄의 구성요건도 달리 정하고 있다. (나) 형법 제130조의 제3자뇌물수수죄를 형법 제129조 제1항의 뇌물수수죄와 비교하여 보면, 공무원이 직접 뇌물을 받지 않고 증뢰자로 하여금 제3자에게 뇌물을 공여하도록 하고 그 제3자로 하여금 뇌물을 받도록 한 경우에는 부정한 청탁을 받고 그와 같은 행위를 한 경우에 한하여 뇌물수수죄와 같은 형으로 처벌하며, 만일 부정한 청탁을 받은 일이 없다면 이를 처벌하지 않는다는 취지이다.

(다) 공무원이 직접 뇌물을 받지 않고 증뢰자로 하여금 다른 사람에게 뇌물을 공여하도록 한 경우에는 그 다른 사람이 공무원의 사자(使者) 또는 대리인으로서 뇌물을 받은 경우 등과 같이 사회통념상 그 다른 사람이 뇌물을 받은 것을 공무원이 직접 받은 것과 같이 평가할 수 있는 관계가 있는 경우에 한하여 형법 제129조 제1항의 뇌물수수죄가 성립한다.

소수의견은 공무원과 비공무원이 뇌물수수죄의 공동정범이 되는 경우에 대해 다음과 같이 주장하였다.

(가) 공동정범에서 공동가공의 의사는 (ㄱ) 공동의 의사로 특정한 범죄행위를 하기 위하여 일체가 되어 (ㄴ) 서로 다른 사람의 행위를 이용하여 (ㄷ) 자기의 의사를 실행에 옮기는 것을 내용으로 한다. (나) 뇌물수수죄와 제3자뇌물수수죄를 구별하여 규정하고 있는 형법의 태도를 고려하면, 뇌물수수죄의 공동정범에서 공동가공 의사의 내용인 '특정한 범죄행위'는 '공무원이 전적으로 또는 비공무원과 함께 뇌물을 수수하기로 하는 범죄행위'를 말한다.

(다) 그런데 공동가공 의사와 실행행위의 내용이나 뇌물의 성질에 비추어 (ㄱ) 비공무원이 사용하거나 소비할 것이 공모되거나 예정되어 있고 (ㄴ) 실제로 비공무원이 뇌물을 모두 수수한 경우에는 공무원이 뇌물을 전혀 수수한 적이 없다. (라) 그러므로 '공무원이 증뢰자로 하여금 제3자에게 뇌물을 공여하게 하는 범죄행위', 즉 제3자뇌물수수죄가 성립할 수 있을 뿐이고 형법 제129조 제1항의 뇌물수수죄의 공동정범은 성립할 수 없다.

소수의견은 사실관계에 대해 다음과 같이 분석하였다.

(가) 이 사건 공소사실에 의하면 갑이 을에게 요구한 것은 A의 딸 B가 독일에서 지내는 동안 필요로 하는 승마에 대한 지원이다. (나) 이 사건 기록상 갑과 A가 사전에 모의한 내용과 공동하여 실행한 내용 및 을이 공여한 내용도 모두 B에 대한 승마지원뿐이다. (다) '독일에 있는 B에 대한 승마 지원'이라는 뇌물은 그 성질상 갑이 필요로 하거나 사용 또는 향유할 수 있는 이익이 전혀 아니다. (라) 갑은 을에게 A 또는 B에 대한 'B 승마 지원'이라는 뇌물을 제공하도록 요구하였을 뿐이고 자신에 대한 어떠한 뇌물도 요구하지 않았다. (마) 실제로 뇌물을 수수한 것은 A 또는 B이고 갑이 이익을 취했다고 드러난 것이 없다. (바) 갑과 A 사이에 A 또는 B가 뇌물을 수수한 것을 사회통념상 공무원인 갑이 받은 것과 같이 평가할 수 있는 관계에 있다고 보기도 어렵다.

(사) '독일에 있는 B에 대한 승마 지원'이라는 뇌물의 성질상 갑과 A의 인식이나 의사는 갑이 뇌물을 수수하는 형법 제129조 제1항의 뇌물수수죄가 아니라 갑이 제3자인 A 또는 B로 하여금 뇌물을 수수하게 하는 형법 제130조의 제3자뇌물수수죄의 고의로 보는 것이 자연스럽다. (아) 공무원인 갑과 비공무원인 A 사이에 뇌물을 모두 A 또는 B가 수수하기로 공모하고 또 뇌물의 성질상 갑이 수수할 수 없고 A 또는 B만 수수할

수 있는 이 사건에서는 갑에게 형법 제130조의 제3자뇌물수수죄만 성립한다고 보아야 하고, A에게 제3자뇌물수수죄의 교사범이나 방조범이 성립한다고 보는 것이 타당하다. (자) 여기서 형법 제130조의 제3자뇌물수수죄는 '부정한 청탁'이 없다면 처벌할 수 없으므로, 갑과 을 사이에 부정한 청탁을 인정할 수 없다면 갑을 제3자뇌물수수죄로 처벌할 수 없다.

소수의견은 을의 형사책임에 대해 다음과 같이 주장하였다.

(가) 만일 갑이 을에게 국내에서 사용될 금품 등과 같이 갑과 A 중 누가 사용하거나 소비하는지 알 수 없는 성질의 뇌물을 A에게 공여하도록 하였다면, 을은 갑이 뇌물을 수수할 수 있다는 사정을 미필적이나마 인식하면서도 A에게 뇌물을 공여한 것으로 볼 수 있다. (나) 그러므로 을에게 형법 제133조 제1항, 제129조 제1항의 뇌물공여죄의 고의를 인정할 수 있다.

(다) 그러나 갑은 을에게 '독일에 있는 B에 대한 승마 지원'이라는 갑이 전혀 수수할 수 없는 뇌물을 A 또는 B에게 대하여 공여하도록 하였다. (라) 을은 갑의 요구에 따라 A 또는 B에게 그 뇌물을 공여하였다. (마) 따라서 을은 갑에게 뇌물을 공여하는 것이 아니라 갑의 요구에 따라 제3자인 A 또는 B에게 뇌물을 공여한다는 인식과 의사를 갖고 있었다고 보는 것이 자연스럽다. (바) 을에게는 오직 형법 제133조 제1항, 제130조의 뇌물공여죄의 고의를 인정할 수 있을 뿐이고, 형법 제133조 제1항, 제129조 제1항의 뇌물공여죄의 고의를 인정할 수 있는 여지가 없다. (사) 이 경우 갑과 을 사이에 부정한 청탁이 있었다고 인정할 수 없다면 을이 A 또는 B에게 'B 승마 지원'을 하였다고 하더라도 을을 형법 제133조 제1항, 제130조의 뇌물공여죄로는 처벌할 수 없다고 보아야 한다.

소수의견은 원심법원의 판단에 대해 다음과 같은 결론을 주장하였다.

(가) 범죄 또는 공동정범의 성립과 처벌은 해당 피고인의 고의와 공모의 내용 및 실행행위의 내용에 따라 결정된다. (나) 그런데 원심은 갑과 A 사이에 있었던 공동가공의 의사와 실행행위의 내용 및 이에 대한 을의 고의를 도외시한 채 B 승마 지원 중 용역대금과 말들 및 차량들의 사용이익 부분(㉠승마지원뇌물)에 대하여 형법 제129조 제1항의 뇌물수수죄의 공동정범을 인정하고 이를 전제로 을에게 형법 제133조 제1항, 제129조 제1항의 뇌물공여죄를 인정하였다. (다) 이러한 원심의 판단에는 공무원과 비공무원이 뇌물수수죄의 공동정범이 될 수 있는 범위 및 제3자뇌물수수죄에 관한 법리를 오해한 잘못이 있다.

2017도378

2017. 4. 7. 2017도378, 공 2017상, 1065 = 『무면허 의료기관 개설 사건』:

의료법은 비의료인의 의료기관 개설행위를 금지하고 있다(ⓐ규정). 의료법은 ⓐ규정 위반행위를 처벌하고 있다(ⓑ규정). 보건범죄단속법은 영리를 목적으로 무면허 의료행위를 업으로 하는 자를 처벌하고 있다(ⓒ규정). 갑은 의료인이다. 을, A, B는 모두 비의료인이다. 갑과 을은 동업자의 지위에서 P병원의 인수와 개설·운영을 주도하였다(㉮행위). 갑과 을은 P병원을 요양기관으로 하여 관계 기관에 급여비용을 청구하였다. P병원은 국민건강보험공단으로부터 16억원을 지급받았다. P병원은 지방자치단체들로부터 합계 2억원을 지급받았다(이상 ㉯행위). 갑과 을은 의사가 아닌 A가 P병원 안에서 피부비만센터를 운영하게 하였다(㉰행위). 갑과 을은 의사가 아닌 B를 직원으로 채용하여 내원한 환자들을 대상으로 피부와 비만 관련 시술을 하도록 하였다(㉱행위).

검사는 갑과 을을 의료법 ⓑ규정과 보건범죄단속법 ⓒ규정을 적용하여 기소하였다. 갑과 을의 피고사건은 제1심을 거친 후, 항소심에 계속되었다. 항소법원은 유죄를 인정하였다. 갑과 을은 불복 상고하였다. 갑과 을은 상고이유로 다음의 점을 주장하였다. (가) 을은 의료인 갑에게 고용되어 P병원의 직원으로 근무한 것이다. (나) 그렇지 않다고 한다면 갑과 을은 합법적으로 P병원을 동업으로 운영한 것이다. (다) 의료법 ⓑ규정은 비의료인의 의료기관 개설행위를 처벌하고 있다. (라) 갑은 의료인이므로 의료법 ⓑ규정의 처벌대상이 되지 않는다. (마) 갑은 의료인이므로 무면허 의료기관 개설행위나 무면허 의료행위의 공동정범으로도 처벌할 수 없다.

대법원은 다음의 이유를 제시하여 상고를 기각하였다.

대법원은 무면허 의료기관 개설행위의 공동정범에 대해 다음과 같이 설시하였다.

(가) 의료법 ⓐ규정에 의하여 금지되는 의료기관 개설행위는 의료인의 자격이 없는 일반인(비의료인)이 그 의료기관의 시설과 인력의 충원·관리, 개설신고, 의료업의 시행, 필요한 자금의 조달, 그 운영성과의 귀속 등을 주도적인 입장에서 처리하는 것을 의미한다. (나) 비의료인이 이미 개설된 의료기관의 의료시설과 의료진을 인수하고 개설자의 명의변경절차 등을 거쳐 그 운영을 지배·관리하는 등 종전 개설자의 의료기관 개설·운영행위와 단절되는 새로운 개설·운영행위를 한 것으로 볼 수 있는 경우에도 의료법에서 금지하는 비의료인의 의료기관 개설행위에 해당한다.

(다) 한편 비의료인과 의료인이 동업 등의 약정을 하여 의료기관을 개설한 행위가 의료법에 의하여 금지되는 비의료인의 의료기관 개설행위에 해당하는지 여부는 동업관계의 내용과 태양, 실제 의료기관의 개설에 관여한 정도, 의료기관의 운영 형태 등을 종합적으로 고려하여 누가 주도적인 입장에서 의료기관의 개설·운영 업무를 처리해 왔는지 여부를 판단하여야 한다. (라) 이에 따라 형식적으로만 적법한 의료기관의 개설로 가장한 것일 뿐 실질적으로는 비의료인이 주도적으로 의료기관을 개설·운영한 것으로 평가될 수 있는 경우에는 의료법에 위반된다고 봄이 타당하다. (마) 또한 의료인이 비의료인의 의료기관 개설행위에 공모하여 가공하면 의료법 ⓑ규정, ⓐ규정 위반죄의 공동정범에 해당한다.

대법원은 갑과 을의 ㉮행위에 대해 다음과 같이 이유로 의료법 ⓑ규정의 적용을 인정한 원심판단을 수긍하였다.

(가) 비의료인인 을은 단순히 의료인인 갑에게 고용되어 P병원의 직원으로 근무한 것이 아니다. (나) 을은 적어도 갑과 동업자의 지위에서 P병원의 인수와 개설·운영을 주도하였다. (다) 갑은 비의료인인 을의 의료기관 개설행위에 공모하여 가공하였다.

대법원은 ㉯행위에 대해 다음의 이유로 갑에게 특가법위반죄(사기)를 인정한 원심판단을 수긍하였다.

(가) 갑은 을과 공모하여 의료법 ⓐ규정을 위반하여 설립한 P병원이 마치 의료법에 따라 적법하게 개설된 요양기관인 것처럼 기망하고 급여비용을 청구하였다. (나) 갑은 을과 공모하여 국민건강보험공단으로부터 16억원을 편취하였다. (다) 갑과 을은 공모하여 지방자치단체들로부터 합계 2억원을 편취하였다.

대법원은 ㉰행위에 대해 다음과 같이 판단하여 갑과 을에게 보건범죄단속법 위반죄(부정의료업자)를 인정한 원심판단을 수긍하였다.

(가) 갑과 을은 A와 공모하여 의사가 아닌 A가 P병원 안에서 피부비만센터를 운영하게 하였다. (나) 이렇게 함으로써 갑과 을은 A와 공모하여 영리의 목적을 가지고 무면허 의료행위를 업으로 하였다.

대법원은 ㉱행위에 대해 다음과 같이 판단하여 갑에게 보건범죄단속법 위반죄(부정의료업자)를 인정한 원심판단을 수긍하였다.

(가) 갑은 을과 공모하여 의사가 아닌 B를 직원으로 고용하여 내원한 환자들을 대상으로 피부와 비만 관련 시술을 하도록 하였다. (나) 이렇게 함으로써 갑은 을과 공모하여 영리를 목적으로 무면허 의료행위를 업으로 하였다.

제8절 다수관여자의 특수형태

2017도4240

2017. 6. 19. 2017도4240, 공 2017하, 1590 =『정보통신망 비밀누설 사건』:

정보통신망법은 "누구든지 정보통신망에 의하여 처리·보관 또는 전송되는 타인의 정보를 훼손하거나 타인의 비밀을 침해·도용 또는 누설하여서는 아니 된다."라고 규정하고 있다(㉮규정). 정보통신망법은 ㉮규정을 위반하여 타인의 정보를 훼손하거나 타인의 비밀을 침해·도용 또는 누설한 자'를 처벌하고 있다(㉯규정).

(이하의 사실관계 정리에서 뇌물죄 부분은 생략함.) 갑은 M세무서 조사과 조사팀장인 세무공무원이다. 을은 P전기공사 업체를 운영하고 있다. 을은 갑을 만나 다음의 부탁을 하였다. (가) 허위로 실적을 부풀려 공사 입찰을 하는 업체들이 있으니 도와달라. (나) Q, R, S, T 4개 업체의 5년간 매출처별세금계산서합계표를 조회하여 그 내역을 달라. 갑은 자신의 아이디와 비밀번호를 입력하여 국세청에서 운영하는 홈텍스시스템에 접속하였다. 갑은 Q, R, S회사의 매출처별세금계산서합계표를 조회하여 출력하였다(㉠자료). 갑은 부하직원 A를 시켜 T회사의 매출처별세금계산서합계표를 조회, 출력하도록 한 다음 출력한 자료를 건네받았다(㉡자료). 갑은 ㉠, ㉡자료를 을에게 건네주었다.

B는 전기공사업체 컨설팅 업무를 하는 사람이다. C는 전기공사 관련 N협회에 근무하는 직원이다. 을은 B에게 H전력공사가 발주하는 공사에 1순위로 선정된 27개 업체들의 공사실적내역자료를 구해줄 것을 부탁하였다. B는 C에게 을이 부탁한 자료를 다시 부탁하였다. C는 자신의 사원번호와 비밀번호를 이용하여 N협회의 종합관리시스템에 접속하여 일부 업체의 전기공사실적 내역을 조회, 출력하였다(㉢자료). C는 D의 사원번호와 비밀번호를 이용하여 N협회의 종합관리시스템에 접속하여 나머지 업체의 전기공사실적 내역을 조회, 출력하였다(㉣자료). ㉢, ㉣자료는 C, B를 거쳐 을에게 전달되었다. 을은 ㉠, ㉡, ㉢, ㉣자료를 H전력공사 및 법원에 업체선정 관련 이의제기나 공사계약체결금지 가처분신청을 하는 데에 증거자료로 제출하였다.

검사는 ㉠, ㉡자료 부분에 대해 갑과 을을 정보통신망법 ㉮, ㉯규정을 적용하여 기소하였다. 검사는 ㉢, ㉣자료 부분에 대해 을을 정보통신망법 ㉮, ㉯규정을 적용하여 기소하였다. 제1심법원은 ㉠, ㉡자료 부분에 대해 갑과 을을 정보통신망법 위반죄의 공동정범으로 처벌하였다. 제1심법원은 ㉢, ㉣자료 부분에 대해 을, B, C가 정보통신망법 위반죄의 공동정범에 해당한다고 판단하여 을을 처벌하였다. 갑과 을은 불복 항소하였다. 항소법원은 ㉠, ㉡자료 부분에 대해 갑과 을에게 무죄를 선고하였다. 항소법원은 ㉢, ㉣자료 부분에 대해 을에게 무죄를 선고하였다. (항소법원의 무죄 판단 이유는 대법원의 판단 부분에서 소개함.) 검사는 불복 상고하였다.

대법원은 다음의 이유를 제시하여 상고를 기각하였다.

대법원은 정보통신망법의 관련 규정에 대해 다음과 같이 설시하였다.

(가) 정보통신망법 ㉮규정에 규정된 '정보통신망에 의하여 처리·보관 또는 전송되는 타인의 비밀 누설'이란 타인의 비밀에 관한 일체의 누설행위를 의미하는 것이 아니다. (나) 정보통신망법 ㉮규정에 규정된 '정보통신망에 의하여 처리·보관 또는 전송되는 타인의 비밀 누설'이란 정보통신망에 의하여 처리·보관 또는 전송되는 타인의 비밀을 (ㄱ) 정보통신망에 침입하는 등의 부정한 수단 또는 방법으로 취득한 사람이나, (ㄴ) 그 비밀이 위와 같은 방법으로 취득된 것임을 알고 있는 사람이 그 비밀을 아직 알지 못하는 타인에게 이를 알려주는 행위만을 의미하는 것으로 제한하여 해석함이 타당하다. (다) 이러한 해석이 형벌법규의 해석 법리, 정보통신망법의 입법 목적과 규정 체제, 정보통신망법 ㉮규정의 입법 취지, 비밀 누설행위에 대한 형사법의 전반적 규율 체계와의 균형과 개인정보 누설행위에 대한 정보통신망법 제28조의2 제1항과의 관계 등 여러

사정에 비추어 정보통신망법 ㉮규정의 본질적 내용에 가장 근접한 체계적·합리적 해석이기 때문이다.

대법원은 대향범의 법리에 대해 다음과 같이 설시하였다.

(가) 2인 이상의 서로 대향된 행위의 존재를 필요로 하는 대향범에 대하여는 공범에 관한 형법총칙 규정이 적용될 수 없다. (나) 형법 제127조는 공무원 또는 공무원이었던 자가 법령에 의한 직무상 비밀을 누설하는 행위만을 처벌하고 있을 뿐 직무상 비밀을 누설받은 상대방을 처벌하는 규정이 없는 점에 비추어, 직무상 비밀을 누설받은 자에 대하여는 공범에 관한 형법총칙 규정이 적용될 수 없다고 보아야 한다. (다) 위와 같은 법리는 정보통신망법 ㉮규정의 경우에도 마찬가지로 적용된다.

대법원은 ㉠, ㉡자료 부분에 대한 원심법원의 다음 판단을 정당한 것으로 수긍하였다.

(가) 갑이 정보통신망을 이용하여 부정한 수단 또는 방법으로 과세정보자료를 취득하였다고 보기 어렵다. (나) 갑이 위와 같이 취득한 과세정보자료를 유출하더라도 정보통신망에 의하여 처리·보관 또는 전송되는 타인의 비밀을 누설하는 경우에 해당한다고 보기 어렵다. (다) 그 이유는 다음과 같다. (라) 세무공무원인 갑이나 부하직원 A가 ㉠, ㉡과세정보자료를 취득하기 위하여 정보통신망인 국세청의 홈텍스시스템이나 자료상 연계분석시스템 등에 접속할 당시 접근권한이 있었다. (마) 세무공무원인 갑이나 부하직원 A가 관리자의 승낙 없이 위와 같은 행위를 한 것이 아니다. (바) 관리자가 접근을 금지하는 조치를 취한 적이 없다. (사) 갑과 A가 취득한 과세정보자료는 정보통신망법 ㉮규정의 입법 목적인 정보통신망의 안정성과 정보의 신뢰성 확보와 무관하다. (아) 갑으로부터 ㉠, ㉡과세자료를 제공받은 을의 경우, 그 전제가 되는 갑의 ㉠, ㉡과세정보자료의 취득과 누설 행위가 정보통신망법 ㉮규정에 위반된다고 보기 어렵다. (자) 뿐만 아니라 세무공무원인 갑이 과세정보자료를 누설한 행위와 을이 갑으로부터 그 비밀을 누설받은 행위는 대향범 관계에 있다. (차) 그러므로 을을 정보통신망법 ㉮규정 위반죄의 공동정범으로 처벌할 수 없다.

대법원은 ㉢, ㉣자료 부분에 대한 원심법원의 다음과 같은 판단을 정당한 것으로 수긍하였다.

(가) N협회 직원인 C가 자신의 접속권한에 기하여 정보통신망인 종합관리시스템에 접속한 후 ㉢전기공사실적내역자료을 조회·출력한 것은 부정한 수단 또는 방법으로 취득하였다고 보기 어렵다. (나) ㉢자료를 B를 거쳐 을에게 유출하였다고 하더라도 을에게 정보통신망법 ㉮규정 위반죄가 성립한다고 보기 어렵다. (다) C가 D의 사원번호와 비밀번호를 이용하여 종합관리시스템에 접속하여 ㉣전기공사실적내역자료를 조회·출력한 다음 B를 거쳐 을에게 유출한 행위는 정보통신망에 의하여 처리·보관 또는 전송되는 타인의 비밀을 누설하는 경우에 해당한다. (라) 그러나 C가 ㉣전기공사실적내역자료를 누설한 행위와 을이 B를 거쳐 그 비밀을 누설받은 행위는 대향범 관계에 있다. (마) 그러므로 을을 정보통신망법 ㉮규정 위반죄의 공동정범으로 처벌할 수 없다.

2016도3048

2020. 6. 11. 2016도3048, 공 2020하, 1421 = 『기중기 대체근로자 사건』 :

노동조합법은 사용자가 쟁의행위 기간 중 그 쟁의행위로 중단된 업무의 수행을 위하여 당해 사업과 관계없는 자를 채용 또는 대체할 수 없고, 이를 위반한 자를 1년 이하의 징역 또는 1천만원 이하의 벌금으로 처벌하는 규정을 두고 있다(㉮규정). 노동조합법은 ㉮규정으로 처벌되는 '사용자'를 사업주, 사업의 경영담당자 또는 그 사업의 근로자에 관한 사항에 대하여 사업주를 위하여 행동하는 자를 말한다고 규정하고 있다(㉯규정).

P업체는 중장비 임대사업자이다. 갑 등은 P업체 소속 근로자이다. 갑 등은 Q노동조합 소속 조합원이다. P업체와 Q노조 사이에 단체교섭이 결렬되었다. Q노조는 파업에 돌입하였다. 갑 등은 P업체의 기중기 운행을 중단하였다. 파업기간 중 P업체는 R회사의 M공장에 기중기를 제공하기로 하였다. A는 P업체의 직원이 아니

다. A는 P업체의 지시를 받고 M공장에 가 P업체의 기중기를 운전하여 작업을 하였다. 갑 등은 A가 기중기 작업을 하는 것을 발견하였다. 갑 등은 A에게 다가가 "우리는 어렵게 투쟁을 하고 있는데 너 혼자 잘 먹고 잘 살겠다고 대체근로를 하느냐, 잠시 얘기 좀 하자."라고 말하며 A의 양팔을 붙잡았다. A는 갑 등을 뿌리치며 공장 안쪽으로 도망을 갔다. 갑 등은 도망가는 A를 뒤쫓아가 붙잡으려고 하였다. 이 과정에서 A는 전치 4주의 상해를 입었다.

검사는 갑 등을 폭력행위처벌법위반죄(공동상해)와 집시법위반죄(준수사항위반)의 상상적 경합범으로 기소하였다. 갑 등에 대한 재판에서 갑 등이 M공장에서 대체근로 중이던 A를 붙잡으려고 하다가 A를 다치게 한 행위가 현행범 체포로서 법령에 의한 행위에 해당하여 위법성이 조각되는지가 문제되었다. 제1심법원은 유죄를 인정하였다. 갑 등은 불복 항소하였다. 항소법원은 제1심판결을 파기하고, 무죄를 선고하였다. 검사는 불복 상고하였다.

대법원은 다음의 이유를 제시하여 원심판결을 파기환송하였다.

대법원은 대향범과 대체근로자 처벌의 관계에 대해 다음과 같이 설시하였다.

(가) 노동조합법 ㉯, ㉮규정은 사용자의 대체근로자 사용행위를 처벌하도록 규정하고 있다. (나) 그러므로 사용자에게 채용 또는 대체되는 자에 대하여 ㉯, ㉮규정을 바로 적용하여 처벌할 수 없음은 문언상 분명하다. (다) 나아가 채용 또는 대체하는 행위와 채용 또는 대체되는 행위는 2인 이상의 서로 대향된 행위의 존재를 필요로 하는 관계에 있음에도 채용 또는 대체되는 자를 따로 처벌하지 않는 노동조합법 문언의 내용과 체계, 법 제정과 개정 경위 등을 통해 알 수 있는 입법 취지에 비추어 본다. (라) 쟁의행위 기간 중 그 쟁의행위로 중단된 업무의 수행을 위하여 당해 사업과 관계없는 자를 채용 또는 대체하는 사용자에게 채용 또는 대체되는 자의 행위에 대하여는 일반적인 형법 총칙상의 공범 규정을 적용하여 공동정범, 교사범 또는 방조범으로 처벌할 수 없다고 판단된다.

대법원은 갑의 행위에 대해 다음과 같이 판단하였다.

(가) A는 P업체 소속 근로자들의 쟁의행위로 중단된 업무를 수행하기 위하여 P업체에 채용된 근로자에 불과하다. (나) A는 대향범 관계에 있는 행위 중 '사용자'만 처벌하는 노동조합법 ㉯ ㉮규정의 단독정범이 될 수 없다. (다) A를 형법 총칙상 공범 규정을 적용하여 공동정범 또는 방조범으로 처벌할 수도 없다. (라) 결국 A는 노동조합법 ㉯, ㉮규정 위반에 따른 현행범인이 아니다. (마) 갑 등이 A를 체포하려던 당시 상황을 기초로 보더라도 현행범인 체포의 요건을 갖추고 있었다고 할 수 없다.

2020도7866

2022. 6. 30. 2020도7866, 공 2022하, 1542 = **『대마 대금 무통장입금 사건』**:

「마약류 불법거래 방지에 관한 특례법」(마약거래방지법)은 다음의 규정을 두고 있다. "제7조 ① 마약류범죄의 발견 또는 불법수익등의 출처에 관한 수사를 방해하거나 불법수익등의 몰수를 회피할 목적으로 불법수익등의 성질, 소재(所在), 출처 또는 귀속(歸屬) 관계를 숨기거나 가장(假裝)한 자는 7년 이하의 징역 또는 3천만원 이하의 벌금에 처하거나 이를 병과할 수 있다."

갑은 대마를 판매하는 자이다. 을은 대마를 매수하려는 자이다. 갑은 A 명의의 ⓐ차명계좌를 가지고 있다. 갑은 [텔레그람으로] 을에게 대마 매매대금을 제3자 명의로 ⓐ차명계좌에 무통장입금하라고 말하였다. 을은 4회에 걸쳐서 갑으로부터 대마를 매수하면서 대금을 B 명의로 ⓐ차명계좌에 입금하였다. (을은 검거되었다.)

검사는 을을 마약거래방지법위반방조죄로 기소하였다. 을에 대한 공소사실의 요지는 다음과 같다. (가) 을은 갑이 수사기관의 추적을 피하기 위하여 속칭 '대포통장'을 이용한다는 사정을 알았다. (나) 을은 갑의 요청에 따라 차명계좌에 제3자 명의로 대마 매매대금을 무통장 입금하는 방법으로 4회에 걸쳐 대마를 매수하였다. (다) 을은 갑이 마약류범죄의 발견에 관한 수사를 방해할 목적으로 불법수익 등의 출처와 귀속관계를 숨기는 행위를 방조하였다. 제1심법원은 유죄를 인정하였다. 갑은 불복 항소하였다.

항소법원은 제1심판결을 파기하고, 무죄로 판단하였다.

항소법원은 다음의 이유를 제시하였다.

(가) 마약거래방지법 제7조 제1항에서 정한 '불법수익 등의 은닉 및 가장' 범행의 유형이 있다. (나) '불법수익 등의 은닉 및 가장' 범죄유형에서 범행이 실행되기 위해 다른 사람의 대향적 행위가 반드시 필요한 경우가 있다. (다) 이때 대향적 관계에 있는 사람이 '불법수익 등의 은닉 및 가장' 범행의 전 과정에 관여하는 등으로 정범의 범행에 적극 가담하거나 범행을 교사하는 경우에 교사범 또는 공동정범이 될 수 있음은 별론으로 한다. (라) 그러나 이때 단순히 '불법수익 등의 은닉 및 가장' 범행의 범인(정범)의 요구 등에 따라 대향적 행위를 한 경우에 그친 경우에는 형법 총칙의 공범 규정을 적용하여 '불법수익 등의 은닉 및 가장' 행위를 실행한 범인(정범)과 공범으로 처벌할 수 없다.

(마) 마약 매수인인 을의 대향적 행위(대마를 매수하면서 매매대금을 대포통장에 입금)는 갑의 '불법수익 등의 은닉 및 가장' 범행에 필수불가결한 요소이다. (바) 그러므로 을의 행위에 대하여 형법 총칙의 공범 규정을 적용하여 정범이자 마약 매도인인 갑과 같이 처벌하는 것은 타당하지 않다. (사) 을이 갑의 마약거래방지법 위반 범행에 적극 가담하였다고 볼 만한 사정도 보이지 않는다. 검사는 불복 상고하였다.

대법원은 다음의 이유를 제시하여 원심판결을 파기환송하였다.

대법원은 대향범의 공범규정 적용 여부에 대해 다음과 같이 설시하였다.

(가) 2인 이상의 서로 대향된 행위의 존재를 필요로 하는 대향범에 대하여 공범에 관한 형법 총칙 규정이 적용될 수 없다. (나) 이러한 법리는 해당 처벌규정의 구성요건 자체에서 2인 이상의 서로 대향적 행위의 존재를 필요로 하는 필요적 공범인 대향범을 전제로 한다. (다) 구성요건상으로는 단독으로 실행할 수 있는 형식으로 되어 있는데 단지 구성요건이 대향범의 형태로 실행되는 경우에도 대향범에 관한 법리가 적용된다고 볼 수는 없다.

대법원은 마약거래방지법 제7조 제1항의 성질에 대해 다음과 같이 설시하였다.

(가) 마약거래방지법 제7조 제1항은 '마약류범죄의 발견 또는 불법수익 등의 출처에 관한 수사를 방해하거나 불법수익 등의 몰수를 회피할 목적으로 불법수익 등의 성질, 소재, 출처 또는 귀속관계를 숨기거나 가장한 자'를 불법수익 등의 은닉 및 가장죄로 형사처벌하고 있다. (나) 그중 '불법수익 등의 출처 또는 귀속관계를 숨기거나 가장'하는 행위는 (ㄱ) 불법수익 등을 정당하게 취득한 것처럼 취득 원인에 관한 사실을 숨기거나 가장하는 행위 또는 (ㄴ) 불법수익 등이 귀속되지 않은 것처럼 귀속에 관한 사실을 숨기거나 가장하는 행위를 뜻한다.

(다) 따라서 마약거래방지법 제7조 제1항에서 정한 '불법수익 등의 출처 또는 귀속관계를 숨기거나 가장하는 행위'는 처벌규정의 구성요건 자체에서 2인 이상의 서로 대향된 행위의 존재를 필요로 하지 않는다. (라) 그러므로 정범의 '불법수익 등의 출처 또는 귀속관계를 숨기거나 가장하는 행위'에 가담하는 행위에는 형법 총칙의 공범 규정이 적용된다.

대법원은 방조범의 성립요건에 대해 다음과 같이 설시하였다.

(가) 형법 제32조 제1항은 "타인의 범죄를 방조한 자는 종범으로 처벌한다."라고 정하고 있다. (나) 방조란 (ㄱ) 정범의 구체적인 범행준비나 범행사실을 알고 그 실행행위를 가능·촉진·용이하게 하는 지원행위 또는 (ㄴ) 정범의 범죄행위가 종료하기 전에 정범에 의한 법익 침해를 강화·증대시키는 행위로서, (ㄷ) 정범의 범죄 실현과 밀접한 관련이 있는 행위를 말한다. (다) 또한 방조범은 (ㄱ) 정범의 실행을 방조한다는 이른바 '방

조의 고의'와 (ㄴ) 정범의 행위가 구성요건에 해당하는 행위인 점에 대한 '정범의 고의'가 있어야 한다.

대법원은 마약류거래방지법 제7조 제1항 위반죄의 방조범 성립요건에 대해 다음과 같이 설시하였다.

(가) 정범의 마약거래방지법상 '불법수익 등의 은닉 및 가장' 범행의 방조범 성립에 요구되는 방조의 고의와 정범의 고의에 관하여 본다. (나) 예컨대 [마약매수의 경우] 마약매수인이 정범인 마약매도인으로부터 마약을 매수하면서 마약매도인의 요구로 차명계좌에 제3자 명의로 마약 매매대금을 입금하면서 그 행위가 정범의 범행 실행을 방조하는 것으로 불법성이 있다는 것을 인식해야 한다는 것을 뜻한다. (다) 물론 방조범에서 요구되는 정범 등의 고의는 정범에 의하여 실현되는 범죄의 구체적 내용을 인식해야 하는 것은 아니고 미필적 인식이나 예견으로 충분하다. (라) 그렇지만 이는 정범의 범행 등의 불법성에 대한 인식이 필요하다는 점과 모순되지 않는다.

대법원은 원심판결의 당부에 대해 다음과 같이 판단하였다.

(가) 원심은 을의 행위가 정범인 갑의 마약거래방지법 제7조 제1항에서 정한 '불법수익 등의 출처 또는 귀속관계를 숨기거나 가장'하는 행위로 인한 마약거래방지법 위반 범행을 방조하는 행위에 해당하는지, 을에게 방조의 고의가 인정되는지에 관하여 심리했어야 한다. (나) 그런데도 원심은 대마를 매수하면서 매매대금을 대포통장으로 무통장 입금을 한 을에게 형법 총칙의 공범 규정이 적용되지 않는다고 보아 무죄로 판단하였다. (다) 원심판결에는 불법수익 등의 은닉 및 가장행위로 인한 마약거래방지법 위반죄 방조범의 성립 등에 관한 법리를 오해하고 필요한 심리를 다하지 않아 판결에 영향을 미친 잘못이 있다.

2014도17211

2016. 10. 13. 2014도17211, 공 2016하, 1713 = 『명의신탁 특허권 이전 사건』 :

㉠특허권은 A와 B의 공동소유에 속한다. ㉠특허권의 시가는 미정이다. A와 B는 ㉠특허권을 갑에게 명의신탁하였다. 을은 갑에게 대금 1천만원을 지급하고 ㉠특허권을 을 앞으로 이전등록하였다. 이때 을은 ㉠특허권이 갑의 소유가 아니라는 점을 알고 있었다.

검사는 "갑과 을이 공모하여 업무상 임무에 위배하여 을에게 시가 불상의 ㉠특허권 상당의 이익을 취하게 하고, A와 B에게 같은 금액 상당의 손해를 가하였다."는 공소사실로 갑과 을을 배임죄의 공동정범으로 기소하였다. 갑과 을의 피고사건은 제1심을 거친 후, 항소심에 계속되었다. 항소법원은 다음의 이유를 들어서 갑과 을을 유죄로 판단하였다. (가) 을은 ㉠특허권이 갑의 소유가 아니라는 것을 잘 알고 있었거나 적어도 충분히 알 수 있었다. (나) 그럼에도 을은 갑에게 ㉠특허권을 이전해 달라고 적극적으로 제의하였다. (다) 이러한 사정에 비추어 볼 때 을은 갑의 배임행위에 적극 가담하였다. 을은 불복 상고하였다.

대법원은 다음의 이유를 제시하여 원심판결을 파기환송하였다.

대법원은 배임죄와 필요적 공범의 관계에 대해 다음과 같이 설시하였다.

(가) 거래상대방의 대향적 행위의 존재를 필요로 하는 유형의 배임죄에서 거래상대방은 기본적으로 배임행위의 실행행위자와 별개의 이해관계를 가지고 반대편에서 독자적으로 거래에 임한다. (나) 이러한 점을 고려하면, 업무상 배임죄의 실행으로 인하여 이익을 얻게 되는 수익자는 배임죄의 공범이라고 볼 수 없는 것이 원칙이다. (다) 업무상 배임죄의 실행으로 인하여 이익을 얻게 되는 수익자는 (ㄱ) 실행행위자의 행위가 피해자 본인에 대한 배임행위에 해당한다는 점을 인식한 상태에서 (ㄴ) 배임의 의도가 전혀 없었던 실행행위자에게 배임행위를 교사하거나 또는 (ㄷ) 배임행위의 전 과정에 관여하는 등으로 배임행위에 적극 가담한 경우에 한하여 배임의 실행행위자에 대한 공동정범으로 인정할 수 있다.

대법원은 을의 행위에 대해 다음과 같이 판단하였다.

(가) 을이 ㉠특허권이 갑의 소유가 아니라는 사정을 알 수 있었던 상황에서 갑에게 특허권을 이전하라고

제의하였다고 하자. (나) 그렇다고 하더라도, 을은 배임행위의 실행행위자인 갑과는 별개의 이해관계를 가지고 대향적 지위에서 독자적으로 거래하면서 자신의 이익을 위하여 ㉠특허권을 이전받은 것으로 보인다. (다) 원심이 든 사정만으로 을이 배임의 의사가 없었던 갑에게 배임의 결의를 하게 하여 교사하였다거나 배임행위의 전 과정에 관여하는 등 배임행위에 적극 가담하였다고 단정하기 어렵다.

2017도3449

2017. 11. 14. 2017도3449, 공 2017하, 2403 =『포럼 특별회비 사건』:

정치자금법은 이 법에 정하지 않은 방법으로 정치자금을 기부하거나 기부받은 자를 처벌하도록 규정하고 있다(㉮규정). M광역시장 선거가 예정되어 있었다. 갑은 국회의원 선거에서 낙선한 후 재기를 모색하던 중이었다. 을은 갑의 국회의원 보좌관을 지냈던 사람이다. 병은 선거 관련 전문가이다. 병은 A, B 등과 함께 S포럼을 설립하였다. 갑은 을로부터 제안을 받아 S포럼에 고문으로 참석하였다. 갑은 을과 함께 S포럼의 설립절차 진행이나 이사장 영입, 특별회비 모금 등의 과정에 관여하였다. 병은 사무총장, A는 행정실장, B는 행정팀장으로 S포럼 사무실에 상근하면서 행사의 기획과 진행, 자금의 집행과 관리 등 업무를 담당하고 S포럼으로부터 급여를 받았다. (S포럼의 활동 내용 분석은 생략함.) S포럼 측은 C 등 여러 회원들로부터 특별회비 명목으로 합계 1억 6천만을 받았다.

검사는 정치자금법 ㉮규정을 적용하여 갑, 을, 병을 기소하였다. 갑, 을, 병에 대한 공소사실의 요지는 다음과 같다. "갑, 을, 병은 공모하여 C 등 67명으로부터 S포럼 특별회비 등 명목으로 16억원을 받아 정치자금법에서 정하지 않은 방법으로 정치자금을 기부받았다." 갑, 을, 병의 피고사건은 제1심을 거친 후, 항소심에 계속되었다. 항소법원은 공소사실을 유죄로 인정하였다.

갑, 을, 병은 불복 상고하였다. 갑, 을, 병은 상고이유로 다음의 점을 주장하였다. (가) C 등이 납입한 특별회비는 정치자금이 아니다. (나) C 등이 납입한 특별회비가 정치자금이라고 하자. (다) 정치자금법 ㉮규정은 정치자금법에 정하지 않은 방법으로 정치자금을 기부한 사람과 기부받은 사람을 모두 처벌하고 있다. (라) S포럼에 특별회비를 제공한 회원 C 등은 그 특별회비가 정치자금에 해당하는 것으로 인식하지 않았다. (마) 특별회비를 납입한 회원 C 등에게는 정치자금법 ㉮규정 위반죄가 성립하지 않는다. (바) 그러므로 C 등으로부터 특별회비를 받은 갑, 을, 병에게도 정치자금법 ㉮규정 위반죄가 성립하지 않는다.

대법원은 다음의 이유를 제시하여 갑, 을, 병의 상고를 기각하였다.

대법원은 C 등이 납입한 특별회비가 정치자금에 해당한다고 판단하였다(자세한 내용은 생략함.)

대법원은 정치자금법 ㉮규정 위반죄의 법적 성질에 대해 다음과 같이 설시하였다.

(가) 정치자금법 ㉮규정의 정치자금을 기부한 자와 기부받은 자는 이른바 대향범(對向犯)인 필요적 공범관계에 있다. (나) 이러한 필요적 공범관계는 행위자들이 서로 대향적 행위를 하는 것을 전제로 한다. (다) 필요적 공범관계는 각자의 행위가 범죄구성요건에 해당하면 그에 따른 처벌을 받을 뿐이고 반드시 협력자 전부에게 범죄가 성립해야 하는 것은 아니다. (라) 정치자금을 기부하는 자의 범죄가 성립하지 않더라도 정치자금을 기부받는 자가 정치자금법이 정하지 않은 방법으로 정치자금을 제공받는다는 의사를 가지고 받으면 정치자금부정수수죄가 성립한다.

대법원은 사실관계를 분석하였다.

대법원은 갑, 을, 병의 행위에 대하여 다음과 같이 판단하였다.

(가) S포럼의 인적·물적 조직이 갑의 인지도와 긍정적 이미지를 높여 M광역시장 선거에서 갑의 당선에 필요하거나 유리한 활동을 하는 데 실질적으로 이용되었다. (나) 따라서 S포럼은 M광역시장 선거를 대비해 갑의 정치적 기반을 다지기 위한 목적으로 설립되어 활동한 단체로 평가할 수 있다. (다) 위와 같이 공지선

거에 입후보하려는 특정 정치인의 정치적 기반을 다지기 위한 S포럼의 각종 행사는 위 단체의 정치활동으로 볼 수 있다. (라) 결국 S포럼은 정치자금법 ㉮규정에서 열거된 사람 또는 단체에 준하여 '그 밖에 정치활동을 하는 자'에 해당한다.

(마) 따라서 갑, 을, 병이 공모하여 자신들이 속한 S포럼의 활동과 운영에 필요한 비용으로 사용하기 위해서 불특정 다수의 사람들로부터 특별회비 명목의 금품을 받은 행위는 위 단체의 정치활동을 위하여 제공된 금품이나 그 정치활동에 드는 비용, 즉 정치자금을 기부받은 것으로 보아야 한다. (바) 특별회비를 제공한 사람들이 그 특별회비가 정치자금에 해당함을 인식하지 못하더라도 달리 볼 것은 아니다.

대법원은 이어서 정치자금법㉮규정의 입법취에 대해 설시하였다(내용은 생략함).

대법원은 원심이 갑, 을, 병의 정치자금법 위반 부분의 공소사실을 유죄로 판단한 것은 정당하다고 판단하였다.

 2012도4842

2015. 2. 12. 2012도4842, 공 2015상, 500 =『체비지 뇌물사범 도피 사건』:

형사소송법 제253조 제1항은 "시효는 공소의 제기로 진행이 정지되고 공소기각 또는 관할위반의 재판이 확정된 때로부터 진행한다."고 규정하고 있다. 형사소송법 제253조 제2항은 "공범의 1인에 대한 전항의 시효정지는 다른 공범자에게 대하여 효력이 미치고 당해 사건의 재판이 확정된 때로부터 진행한다."고 규정하고 있다. 형사소송법 제249조 제1항은 공소시효 기간을 규정하고 있다. 2007년 입법자는 형소법 제249를 개정하여 공소시효 기간을 연장하였다. 2007. 12. 21. 공포된 개정법에 의하여 '장기 10년 미만의 징역 또는 금고에 해당하는 범죄의 공소시효 기간이 5년에서 7년으로 연장되었다. 형법 제133조 제1항은 뇌물공여죄를 5년 이하의 징역 또는 2천만원 이하의 벌금에 처한다고 규정하고 있다. 형법 제133조 제2항 전단은 제3자뇌물교부죄를, 형법 제133조 제2항 후단은 제3자뇌물취득죄를 각각 규정하고 있는데, 법정형은 형법 제133조 제1항 뇌물공여죄와 같다. 형법 제133조 제1항 뇌물공여죄는 개정 전 공소시효 규정에 의하면 공소시효가 5년이다. (아래의 사실관계는 2011년 공소가 제기된 사안으로, 공소시효 기간은 5년이다.)

M시는 N지역에 토지를 개발하고, 그 비용을 충당하기 위하여 N지역의 일부 토지를 체비지(替費地)로 매각하고 있다. 정은 M시의 체비지 담당 공무원이다. (체비지 담당공무원이 뒷돈을 받고 체비지를 싸게 매각한다는 소문이 돌았다.) 2005. 2. 3. 갑과 을은 6천만을 마련하여 중간 전달자 병에게 교부하면서 ⓐ체비지를 싸게 매입할 수 있도록 담당공무원 정에게 전달해 달라고 말하였다. 체비지 매각과 관련하여 수사기관의 수사가 시작되었다. 갑은 도피하였다.

2006. 1. 10 검사는 을을 형법 제133조 제2항 전단의 제3자뇌물교부죄로, 중간 전달자 병을 형법 제133조 제2항 후단의 제3자뇌물취득죄로, 공무원 정을 특정범죄가중법위반죄(뇌물)로 각각 기소하였다. 을, 병, 정의 피고사건은 제1심을 거친 후, 항소심에 계속되었다. 2007. 4. 20. 항소법원은 교부자 을에게 징역 1년(㉮판결), 전달자 병에게 징역 1년 6개월(㉯판결), 공무원 정에게 징역 3년(㉰판결)의 유죄판결을 선고하였다. 2007. 4. 27. 을에 대한 ㉮유죄판결은 상고기간 경과로 확정되었다. 병과 정은 각각 ㉯, ㉰유죄판결에 불복하여 상고하였다. 2007. 7. 27. 대법원은 병과 정의 상고를 기각하여 ㉯, ㉰유죄판결은 확정되었다. (이후 도피 중이던 갑이 검거되었다.)

2011. 6. 29. 검사는 갑을 형법 제133조 제2항 전단의 제3자뇌물교부죄로 기소하였다. 갑에 대한 공소사실은 다음과 같다. "갑은 을과 공모하여 2005. 2. 3. 병에게 ⓐ체비지를 싸게 매입할 수 있도록 M시청 체비지 담당공무원 정에게 전달해 달라며 6천만원을 교부하였다." 갑의 피고사건은 제1심을 거친 후, 항소심에 계속되었다. 항소법원은 아래와 같은 판단을 토대로 갑에게 면소판결을 선고하였다.

항소법원은 갑의 범행종료 시점과 검사의 공소시효 제기시점의 간격을 다음과 같이 확인하였다. (가) 갑에 대한 적용법조는 형법 제133조 제2항 전단 제3자뇌물교부죄이다. (나) 제3자뇌물교부죄의 공소시효는 5년이다. (다) 갑의 범행 종료시점은 2005. 2. 3.이다. (라) 갑에 대한 공소제기 시점은 2011. 6. 29.이다. (마) 범행 종료시점으로부터 6년 4개월 26일 후에 공소가 제기되었다(㉠기간).

항소법원은 갑과 을의 관계에 대해 다음과 같이 판단하였다. (가) 갑과 을은 공동정범이다. (나) 을은 갑에 대해 임의적 공범이다. (다) 을에 대한 재판은 2006. 1. 10. 시작되었다. (라) 을에 대한 재판이 확정된 것은 2007. 4. 27.이다. (마) 을의 재판에 소요된 기간은 1년 3개월 16일이다(㉡기간). (바) 형소법 제253조 제2항에 따라 ㉠기간에서 ㉡기간을 공제한다. (사) 남은 기간은 5년 1개월 10일이다. (아) 검사의 갑에 대한 공소제기는 5년의 공소시효 기간을 경과한 후에 이루어졌다. (자) 공소시효가 완성되었으므로 형소법 제326조 제3호에 따라 면소판결을 선고한다.

항소법원은 갑과 병, 정의 관계에 대해 다음과 같이 판단하였다. (가) 갑은 뇌물교부자, 병은 뇌물전달자, 정은 뇌물수수자이다. (나) 갑과 병, 갑과 정은 각각 대향범으로서 필요적 공범에 해당한다. (다) 병과 정의 재판은 2006. 1. 10. 시작되었다. (라) 병과 정의 재판은 2007. 7. 27. 확정되었다. (마) 병과 정의 재판에 소요된 기간은 1년 6개월 17일이다(㉢기간). (바) ㉠기간(6년 4개월 27일)에서 ㉢기간을 공제하면 4년 10개월 10일이 된다. (사) 그러나 갑과 병, 갑과 정은 서로 필요적 공범이므로 ㉠기간에서 ㉢기간을 공제할 수 없다. 검사는 항소법원의 면소판결에 불복하여 상고하였다. 검사는 상고이유로 필요적 공범의 재판에 소요된 ㉢기간을 ㉠기간에서 공제해야 한다고 주장하였다.

대법원은 다음의 이유를 제시하여 상고를 기각하였다.

대법원은 공소시효 정지와 관련된 공범의 범위에 대해 다음과 같이 설시하였다.

(가) 형사소송법은 제248조 제1항에서 "공소는 검사가 피고인으로 지정한 사람 외의 다른 사람에게는 그 효력이 미치지 아니한다."고 규정하고 있다. (나) 형사소송법은 제253조 제1항에서 "시효는 공소의 제기로 진행이 정지되고 공소기각 또는 관할위반의 재판이 확정된 때로부터 진행한다."고 규정하고 있다. (다) 형사소송법은 제253조 제2항에서 "공범의 1인에 대한 전항의 시효정지는 다른 공범자에 대하여 효력이 미치고 당해 사건의 재판이 확정된 때로부터 진행한다."고 규정하고 있다. (라) 이와 같이 형사소송법은 공범 사이의 처벌에 형평을 기하기 위하여 공범 중 1인에 대한 공소의 제기로 다른 공범자에 대하여도 공소시효가 정지되도록 규정하고 있다.

(마) 그런데 형사소송법은 위 공범의 개념이나 유형에 관하여는 아무런 규정을 두고 있지 아니하다. (바) 따라서 형사소송법 제253조 제2항의 공범을 해석함에 있어서는 공범 사이의 처벌의 형평이라는 위 조항의 입법 취지, 국가형벌권의 적정한 실현이라는 형사소송법의 기본이념, 국가형벌권 행사의 대상을 규정한 형법 등 실체법과의 체계적 조화 등의 관점을 종합적으로 고려하여야 할 것이다. (사) 특히 형사소송법 제253조 제2항은 공소제기 효력의 인적 범위를 확장하는 예외를 마련하여 놓은 것이므로 원칙적으로 엄격하게 해석하여야 하고 피고인에게 불리한 방향으로 확장하여 해석해서는 아니 된다.

대법원은 필요적 공범과 공소시효 정지의 관계에 대해 다음과 같이 설시하였다.

(가) 뇌물공여죄와 뇌물수수죄 사이와 같은 이른바 대향범 관계에 있는 자는 강학상으로는 필요적 공범이라고 불리고 있다. (나) 그러나 필요적 공범은 서로 대향된 행위의 존재를 필요로 할 뿐 각자 자신의 구성요건을 실현하고 별도의 형벌규정에 따라 처벌되는 것이다. (다) 그래서 2인 이상이 가공하여 공동의 구성요건을 실현하는 공범관계에 있는 자와는 본질적으로 다르다. (라) 대향범 관계에 있는 자 사이에서는 각자 상대방의 범행에 대하여 형법 총칙의 공범규정이 적용되지 아니한다. (마) 이러한 점들에 비추어 보면 형사소송법 제253조 제2항에서 말하는 '공범'에는 뇌물공여죄와 뇌물수수죄 사이와 같은 대향범 관계에 있는 자는 포함되

지 않는다고 해석할 것이다.

대법원은 원심판결의 당부에 대해 다음과 같이 판단하였다.

(가) 사실관계에 따르면, 이 사건 공소는 갑의 범행이 종료된 때부터 6년 147일 만에 제기된 것이다. (나) 갑과 공범 관계인 을에 대한 유죄판결 확정일을 기준으로 계산한 공소시효 정지기간인 1년 107일을 제외하더라도 이 사건 범죄의 공소시효 기간인 5년이 지나서 제기된 것이 된다. (다) 그러므로 갑에 대한 이 사건 공소가 갑의 범행이 종료된 때부터 공범인 을에 대한 공소제기로 인하여 공소시효가 정지된 기간을 제외하고도 이미 5년이 지난 후에 제기된 것이라고 본 원심의 판단은 앞서 본 법리에 따른 것으로서 정당하다.

80도2566

1982. 9. 14. 80도2566, 공 1982, 917 =『기념사업회 기금 마련 사건』:

변호사법은 변호사 아닌 자가 금품을 받고 공무원이 처리하는 사건에 관하여 청탁을 할 수 없다고 규정하고 있다(㉮규정). 변호사법은 ㉮규정 위반행위를 처벌하고 있다(㉯규정). (다음 사안은 금품 수수자에 대한 방조범의 사례이다.)

A는 M기념사업회의 사무국장으로 있다. A는 M기념사업회를 재단법인으로 발족시키려 하고 있다. 이를 위해 설립기금 2억원이 필요하다(㉠기금). B는 P회사의 대표이사이다. B는 N시에서 ㉡복개상가 건축을 추진하고 있었다. A는 ㉠기금을 마련하기 위하여 B를 만났다. A와 B는 다음과 같이 약속하였다. (가) A는 M기념사업회에 관계하는 저명인사들을 통하여 ㉡복개상가 건축사업허가를 행정당국으로부터 받아주도록 한다. (나) B는 A에게 ㉠기금을 제공한다. 이후 P회사가 ㉡복개상가 건축사업을 수행할 자금과 능력이 없는 것으로 판명되었다.

C는 Q회사의 대표이사이다. A는 C가 자금과 능력이 있는 사람이라고 판단하였다. (이하 연도를 생략함.) 11. 말경 A는 갑에게 C와 ㉠설립기금 문제를 교섭해 달라는 부탁을 하였다. 갑은 다시 C와 친분이 있는 을에게 부탁하였다. 수일 후 갑과 을은 C를 만났다. 갑과 을은 C를 상대로 다음의 교섭을 하였다. (가) A는 M기념사업회에 관계하는 저명인사들을 통하여 ㉡복개상가 건축사업허가를 행정당국으로부터 받아주도록 한다. (나) C는 A에게 ㉠기금을 제공한다. 12. 초 갑과 을은 P회사 대표 B와 Q회사 대표 C를 만나게 하였다. B와 C 사이에 다음의 약정이 성립하였다. (가) B가 P회사 명의로 ㉡복개상가 건축사업허가를 받아준다. (나) C는 2억원을 M기념사업회 설립기금조로 제공한다. 12. 8. C는 B와 약정한 2억원의 이행을 담보하는 취지로 ㉢예금통장사본을 갑과 을에게 교부하였다. 갑과 을은 ㉢예금통장사본을 B에게 전달하였다.

검사는 변호사법 ㉯규정을 적용하여 A, B, C, 갑, 을을 기소하였다. 제1심법원은 A를 변호사법 ㉯규정 위반죄의 정범으로, B, C, 갑, 을을 변호사법 ㉯규정 위반죄의 방조범으로 인정하였다. A, B, C, 갑, 을은 불복 항소하였다. 항소법원은 항소를 기각하고, 제1심판결을 유지하였다. 갑과 을은 불복 상고하였다. A, B, C는 상고하지 않았다.

대법원은 다음의 이유를 제시하여 상고를 기각하였다.

대법원은 방조행위의 성립범위에 대해 다음과 같이 설시하였다.

(가) 형법상 방조행위는 정범이 범행을 한다는 정을 알면서 그 실행행위를 용이하게 하는 행위이다. (나) 방조행위는 정범의 실행에 대하여 물질적 방법(예컨대 흉기의 대여, 사기를 기도함을 알면서 범인을 피해자에게 소개하는 행위 등)이건, 정신적 방법(예컨대 정범에 대한 조언, 격려 등)이건, 직접적이건, 간접적이건(간접방조의 경우) 가리지 아니한다.

대법원은 갑과 을의 행위에 대해 다음과 같이 판단하였다.

(가) 위와 같은 사실관계 하에서는 갑과 을이 정범인 A가 위 변호사법 위반행위를 하려 한다는 정을 알면

서, C를 소개하고 교섭하는 등 정범에 가담, 조력한 것임이 명백하여 갑과 을에게 본건 방조의 범의와 방조행위가 있었다. (나) 갑과 을에 대하여 방조범의 성립을 인정한 원심판단은 정당하다.

2013도6969

2014. 1. 16. 2013도6969, 공 2014상, 425 = 분석 총론 『법조 브로커 소개 사건』 :

변호사법은 변호사 아닌 자가 금품을 받고 공무원이 처리하는 사건에 관하여 청탁을 할 수 없다고 규정하고 있다(㉮규정). 변호사법은 ㉮규정 위반행위를 처벌하고 있다(㉯규정). (다음 사안은 금품 제공자에 대한 방조범 사례이다.)

갑은 P정당의 당직자이다. 을은 문자발송 업무를 수행하는 Q업체의 대표이다. 갑은 을에게 P정당의 당원명부를 제공하는 등 을과 밀접한 관계에 있다. A에 대한 ㉮형사사건의 수사가 진행되었다. 갑은 A와 ㉮형사사건의 공범관계에 있다. 갑은 을과 ㉮사건에 대해 상의하였다. 을은 자신의 사업에 영향이 갈 것을 우려하였다. 을은 ㉮사건의 수사 진행을 막아주고 그 대가로 금품을 수수할 사람을 갑에게 소개해 주려고 마음먹었다.

을은 갑을 만났다. 이 자리에서 을은 갑에게 법조브로커 B를 소개해 주었다. 을은 갑에게 "B를 통해 검찰 등 수사기관에 청탁하여 ㉮사건에 대한 관할 지검의 수사 상황을 알아봐주고, 수사를 중단시켜 줄 테니 B에게 건네줄 금품이 필요하다."고 말하였다. 이후 갑은 을의 차명계좌로 5천만원을 송금하였다(㉠금품). 을은 송금받은 ㉠금품을 현금으로 인출하였다. B는 을로부터 청탁과 함께 청탁의 대가로 ㉠금품을 수수하였다. B는 갑에 대한 압수수색이 진행되자 수사 상황 등을 확인하여 을을 통해 이를 갑에게 알려주었다.

검사는 을을 변호사법 ㉯규정 위반죄의 방조범으로 기소하였다. 제1심법원은 다음의 이유를 들어서 유죄를 인정하였다. (가) 을은 B가 공무원이 취급하는 사건에 관하여 청탁을 한다는 명목으로 갑으로부터 금품을 받는 사정을 알면서도 갑을 B에게 소개하여 주었다. (나) 을은 자신의 차명계좌를 통해 갑으로부터 ㉠돈을 송금받은 후 이를 현금으로 찾아 은밀하게 B에게 전달해 주었다. (다) 을은 이러한 방법으로 B의 변호사법위반 범행을 용이하게 하여 이를 방조하였다. 을은 불복 항소하였다.

항소법원은 다음의 이유를 들어서 제1심판결을 파기하고 무죄를 선고하였다. (가) 을이 처벌 대상이 아닌 갑의 행위, 즉 갑의 B에 대한 금품 제공행위를 용이하게 할 의사를 갖고 B를 갑에게 소개하는 등의 행위를 하였다면 을을 방조범으로 처벌할 수는 없다. (나) 검사가 제출한 증거들만으로는 을이 B의 변호사법 위반의 범행, 즉 B가 공무에 대한 청탁 명목으로 갑으로부터 금품을 받는 범행을 용이하게 하는 행위를 하였다고 단정할 수 없다. (다) 을의 변호사법 위반 방조의 점에 관하여 범죄의 증명이 없다. 검사는 불복 상고하였다.

대법원은 다음의 이유를 제시하여 상고를 기각하였다.

대법원은 대향범에 대한 형법총칙 규정의 적용 여부에 대해 다음과 같이 설시하였다.

(가) 금품 등의 수수와 같이 2인 이상의 서로 대향된 행위의 존재를 필요로 하는 관계에 있어서는 공범이나 방조범에 관한 형법총칙 규정의 적용이 있을 수 없다. (나) 따라서 금품 등을 공여한 자에게 따로 처벌규정이 없는 이상, 그 공여행위는 그와 대향적 행위의 존재를 필요로 하는 상대방의 범행에 대하여 공범관계가 성립되지 아니한다. (다) 오로지 금품 등을 공여한 자의 행위에 대하여만 관여하여 그 공여행위를 교사하거나 방조한 행위도 상대방의 범행에 대하여 공범관계가 성립되지 아니한다.

대법원은 이상의 법리를 토대로 원심의 판단을 정당하다고 수긍하였다.

[2018도10327]

2021. 10. 14. 2018도10327, 공 2021하, 2217 =『공항고속도로 롤링 레이스 사건』:

　도로교통법은 일정한 교통법규 위반행위를 지속적 또는 반복적으로 범하는 사람을 난폭운전죄로 처벌하고 있다(1년 이하 징역 또는 벌금). 도로교통법은 '2명 이상이 공동으로' 위험운전 행위를 하는 사람을 공동위험운전죄로 더 무겁게 처벌하고 있다(2년 이하 징역 또는 벌금). 공동위험운전 행위의 내용은 난폭운전 행위와 내용이 거의 같다. 그러나 난폭운전죄 규정이 공동위험운전 규정의 구성요건요소를 전부 포함하고 있는 것은 아니다. 따라서 공동위험운전 규정은 난폭운전 규정에 대하여 법조경합관계(특별관계)에 있지 않다. '2명 이상이 공동으로' 난폭운전 행위를 하면 난폭운전죄와 공동위험운전죄가 동시에 성립한다. 이 경우 난폭운전죄와 공동위험운전죄는 상상적 경합관계에 있다.

　갑은 람보르기니 차량을, 을은 BMW 차량을 운전하여 인천공항 고속도로에서 심야에 소위 롤링 레이스라는 난폭운전 행위를 하였다. 검사는 갑을 난폭운전죄의 공동정범 및 공동위험운전죄로 기소하였다. 갑의 피고사건은 제1심을 거친 후, 항소심에 계속되었다. 항소법원은 갑에게 난폭운전죄의 공동정범을 인정하였다. 항소법원은 공동위험운전죄 부분에 대하여 갑에게 고의가 인정되지 않는다는 이유로 무죄를 선고하였다. 검사는 무죄 부분에 불복하여 상고하였다.

　대법원은 다음의 이유를 제시하여 원심판결을 파기환송하였다.

　대법원은 공동위험운전죄의 고의에 대하여 다음과 같이 설시하였다.

　(가) 도로교통법 위반(공동위험행위) 범행에서는 '2명 이상이 공동으로' 범행에 가담하는 것이 구성요건의 내용을 이룬다. (나) 그렇기 때문에 행위자의 고의의 내용으로서 '공동의사'가 필요하다. (다) 도로교통법 위반(공동위험행위) 범행에서의 공동의사는 반드시 위반행위에 관계된 운전자 전부 사이의 의사의 연락이 필요한 것은 아니다. (라) 도로교통법 위반(공동위험행위) 범행에서의 공동의사는 다른 사람에게 위해를 끼치거나 교통상의 위험을 발생하게 하는 것과 같은 사태의 발생을 예견하고 그 행위에 가담할 의사로 족하다. (마) 또한 그 공동의사는 사전 공모뿐 아니라 현장에서의 공모에 의한 것도 포함된다.

　대법원은 공동의사의 입증방법에 대해 다음과 같이 설시하였다.

　(가) 피고인이 범죄구성요건의 주관적 요소인 공동의사를 부인하는 경우가 있다. (나) 이 경우 그 공동의사 자체를 객관적으로 증명할 수는 없다. (다) 그러므로 사물의 성질상 공동의사와 관련성이 있는 간접사실 또는 정황사실을 증명하는 방법으로 이를 증명할 수밖에 없다. (라) 이때 무엇이 관련성이 있는 간접사실 또는 정황사실에 해당하는지를 판단할 때에는 정상적인 경험칙에 바탕을 두고 치밀한 관찰력이나 분석력으로 사실의 연결상태를 합리적으로 판단하는 방법으로 하여야 한다.

　대법원은 사실관계의 특성을 분석하였다(소개를 생략함.)

　대법원은 갑의 행위에 대해 다음과 같이 판단하였다.

　(가) 갑은 을과 공동으로 2대의 자동차를 정당한 사유 없이 앞뒤로 또는 좌우로 줄지어 통행하면서 속도제한위반 등의 행위를 하여 다른 사람에게 위해를 끼치거나 교통상의 위험을 발생하게 하는 '공동 위험행위'를 하였다. (나) 갑은 자신이 급가속을 하면서 속도제한을 위반하여 주행하면 함께 주행하던 을도 이에 편승하여 자신을 따라올 것을 충분히 예견할 수 있었다. (다) 갑은 실제로 을이 자신과 같이 속도제한을 위반하여 주행하고 있는 것을 인식하였다고 보인다. (라) 을 역시 앞서가는 갑의 행위를 인식하고서 이에 동참하여 위와 같은 행위를 하였다고 보인다. (마) 그러므로 갑과 을에게는 공동 위험행위에 관한 공동의사가 있었다고 봄이 상당하다.

```
98도321
```

1998. 5. 21. 98도321 전원합의체 판결, 공 1998, 1829 =『삐끼주점 사건』:

P주점은 손님을 호객하는 속칭 삐끼주점이다. 갑은 P주점의 지배인이다. 을은 P주점의 업주이다. 병, 정은 P주점의 삐끼들이다. A는 P주점에 들어온 손님이다. 갑은 A에게 상해를 가하면서 술값을 요구하였다. 손님 A는 항거불능의 상태에서 ㉠신용카드를 갑에게 주었다. 갑은 항거불능의 A로부터 ㉠신용카드의 비밀번호를 알아내었다(㉮강취행위). 갑 등은 다음과 같이 공모하였다. (가) 갑은 P삐끼주점 내에서 A를 계속 붙잡아 두면서 감시한다. (나) 을, 병, 정은 그동안 ㉠신용카드를 이용하여 현금자동지급기에서 현금을 인출한다. (다) 인출한 돈은 삐끼주점의 분배관례에 따라 분배한다. (연월일 생략함.) 04:08경 을, 병, 정은 Q편의점의 ㉡현금지급기에서 현금 480만원(㉢돈)을 인출하였다(㉯인출행위). 을, 병, 정이 ㉢돈을 인출하는 동안 갑은 A를 계속 감시하고 있었다.

㉠신용카드의 소유자는 A이다. ㉠신용카드 부분에 대해서는 강도죄가 성립한다. ㉢돈은 ㉡현금지급기 관리자의 소유이다. ㉢돈 부분에 대해서는 별도로 절도죄가 성립한다. 검사는 갑, 을, 병을 다음의 공소사실로 기소하였다. (정은 공소외임.) (가) ㉮강취행위 : 강도상해죄 공동정범. (나) ㉯인출행위 : 특수절도죄 공동정범. 갑 등의 피고사건은 제1심을 거친 후, 항소심에 계속되었다. 항소법원은 유죄를 인정하였다.

갑은 불복 상고하였다. 을과 병은 상고하지 않았다. 갑은 상고이유로 다음의 점을 주장하였다. (가) 특수절도죄 가운데 합동절도는 필요적 공범이다. (나) 합동절도의 성립에는 절도현장에서의 협동관계가 필요하다. (다) 합동절도의 경우 공모공동정범이 성립하지 않는다는 것이 기존 판례의 입장이다. (라) 갑은 ㉢돈의 절취현장(Q편의점)에 있지 않았다. (마) 갑에게 특수절도(합동절도)의 공동정범을 인정한 것은 위법하다.

대법원은 다음의 이유를 제시하여 상고를 기각하였다.

대법원은 전원합의체의 일치된 의견으로 종전의 판례를 변경하기로 하였다.

대법원은 합동절도의 성질에 대해 다음과 같이 설시하였다.

(가) 형법 제331조 제2항 후단의 '2인 이상이 합동하여 타인의 재물을 절취한 자'(이하 '합동절도'라고 한다)에 관한 규정이 있다. (나) 이 규정은 2인 이상의 범인이 범행현장에서 합동하여 절도의 범행을 하는 경우는 범인이 단독으로 절도 범행을 하는 경우에 비하여 그 범행이 조직적이고 집단적이며 대규모적으로 행하여져 그로 인한 피해도 더욱 커지기 쉬운 반면 그 단속이나 검거는 어려워지고, 범인들의 악성도 더욱 강하다고 보아야 할 것이기 때문에 그와 같은 행위를 통상의 단독 절도범행에 비하여 특히 무겁게 처벌하기 위한 것이다. (다) 합동절도가 성립하기 위하여는 (ㄱ) 주관적 요건으로 2인 이상의 범인의 공모가 있어야 하고, (ㄴ) 객관적 요건으로 2인 이상의 범인이 현장에서 절도의 실행행위를 분담하여야 하며, (ㄷ) 그 실행 행위는 시간적, 장소적으로 협동관계가 있음을 요한다.

대법원은 공모공동정범에 대해 다음과 같이 설시하였다.

(가) 2인 이상이 공동의 의사로서 (ㄱ) 특정한 범죄행위를 하기 위하여 일체가 되어 서로가 다른 사람의 행위를 이용하여 각자 자기의 의사를 실행에 옮기는 내용의 공모를 하고, (ㄴ) 그에 따라 범죄를 실행한 [경우가 있다.] (나) [그러한] 사실이 인정되면 그 공모에 참여한 사람은 (ㄱ) 직접 실행행위에 관여하지 아니하였더라도 (ㄴ) 다른 사람의 행위를 자기 의사의 수단으로 하여 범죄를 하였다는 점에서 (ㄷ) 자기가 직접 실행행위를 분담한 경우와 형사책임의 성립에 차이를 둘 이유가 없다(형법 제30조).

대법원은 합동절도의 공모공동정범에 대해 다음과 같이 설시하였다.

(가) 이와 같은 공동정범 이론을 형법 제331조 제2항 후단의 합동절도와 관련하여 살펴본다. (나) 2인 이상의 범인이 합동절도의 범행을 공모한 후 1인의 범인만이 단독으로 절도의 실행행위를 한 경우에는 합동절도의 객관적 요건을 갖추지 못하여 합동절도가 성립할 여지가 없다.

(다) 그렇지만 3인 이상의 범인이 합동절도의 범행을 공모한 후 적어도 2인 이상의 범인이 범행 현장에서 시간적, 장소적으로 협동관계를 이루어 절도의 실행행위를 분담하여 절도 범행을 한 경우에는 [다르다.] (라) [이러한 경우에는] 위와 같은 공동정범의 일반 이론에 비추어 (ㄱ) 그 공모에는 참여하였으나 현장에서 절도의 실행행위를 직접 분담하지 아니한 다른 범인에 대하여도 (ㄴ) 그가 현장에서 절도 범행을 실행한 위 2인 이상의 범인의 행위를 자기 의사의 수단으로 하여 합동절도의 범행을 하였다고 평가할 수 있는 정범성의 표지를 갖추고 있다고 보여지는 한 (ㄷ) 그 다른 범인에 대하여 합동절도의 공동정범의 성립을 부정할 이유가 없다.

(마) 형법 제331조 제2항 후단의 규정[합동절도]이 위와 같이 3인 이상이 공모하고 적어도 2인 이상이 합동절도의 범행을 실행한 경우에 대하여 공동정범의 성립을 부정하는 취지라고 해석할 이유가 없다. (바) 만일 공동정범의 성립가능성을 제한한다면 직접 실행행위에 참여하지 아니하면서 배후에서 합동절도의 범행을 조종하는 수괴는 그 행위의 기여도가 강력함에도 불구하고 공동정범으로 처벌받지 아니하는 불합리한 현상이 나타날 수 있다.

(사) 그러므로 합동절도에서도 공동정범과 교사범·종범의 구별기준은 일반원칙에 따라야 하고, 그 결과 범행현장에 존재하지 아니한 범인도 공동정범이 될 수 있다. (아) 반대로 상황에 따라서는 장소적으로 협동한 범인도 방조만 한 경우에는 종범으로 처벌될 수도 있다.

(자) 이와 다른 견해를 표명하였던 1976. 7. 27. 75도2720 판결 등은 이를 변경하기로 한다.

대법원은 사실관계를 분석하였다.

대법원은 갑의 행위에 대해 다음과 같이 판단하였다.

(가) 갑은 범행 현장에 간 일이 없다. (나) 비록 그렇다고 하더라도 위와 같은 사실관계하에서라면 갑이 합동절도의 범행을 현장에서 실행한 을, 병, 정과 공모한 것만으로서도 그들의 행위를 자기 의사의 수단으로 하여 합동절도의 범행을 하였다고 평가될 수 있는 합동절도 범행의 정범성의 표지를 갖추었다. (다) 따라서 위 합동절도 범행에 대하여 공동정범으로서의 죄책을 면할 수 없다. (라) 같은 취지의 원심의 판단은 정당하고, 여기에 논하는 바와 같은 법리오해의 위법이 있다고 할 수 없다.

제 9 장 죄 수 론

제 2 절 죄수론의 단위

┌─────────────┐
│ **2023도10545** │
└─────────────┘

2023. 11. 16. 2023도10545, 공 2024상, 74 = 『금고 미만 확정판결 재심 사건』 :

2019. 10.말경 갑은 필로폰 투약 등 범행을 하였다(㉮범행). 갑은 이전에 음주운전 범행을 범한 사실이 있다. 입법자는 음주운전행위를 엄벌하기 위하여 2회 이상 음주운전 범행을 한 운전자를 가중처벌하는 규정을 도로교통법에 신설하였다(ⓐ규정). 2019. 12. 21. 갑은 2회 이상에 해당하는 음주운전 범행을 범하였다(㉯범행). 2020. 4. 17. 관할 M법원은 ㉯범행에 도로교통법 ⓐ규정을 적용하여 갑에게 징역 1년, 집행유예 2년의 유죄판결을 선고하였다(㉰판결). 2020. 4. 25. ㉰판결이 확정되었다(㉱재심대상판결). 2020. 5. 11. 갑은 필로폰 투약 등 범행을 하였다(㉲범행).

2021. 11. 25. 헌법재판소는 도로교통법 ⓐ규정이 헌법에 위반된다고 판단하였다(ⓑ위헌결정). 갑은 헌법

재판소의 ⓑ위헌결정을 근거로 ⓓ재심대상판결에 대하여 재심을 청구하였다. 재심법원(M법원)은 ⓓ재심대상판결에 대해 재심개시 결정을 하였다. 재심법원은 ⓓ범행에 대해 재심심판절차를 진행하였다. 재심법원은 적용법조를 위헌결정이 난 ⓐ규정에서 기존의 ⓒ음주운전처벌조항으로 변경하는 공소장변경을 허가하였다. 2023. 5. 18. 재심법원은 갑에게 징역 1년, 집행유예 2년의 유죄판결을 선고하였다(ⓓ-1재심판결). 2023. 5. 26. ⓓ-1재심판결이 확정되었다.

ⓓ범행에 대한 재심절차가 진행되는 도중에 갑의 ㉮범행과 ㉯범행이 발각되었다. 검사는 ㉮범행과 ㉯범행에 대해 갑을 관할법원에 각각 마약류관리법위반죄로 기소하였다. ㉮, ㉯범행에 대한 피고사건은 제1심을 거친 후, 항소심에 계속되었다. 항소법원(N법원)은 다음과 같이 판결하였다. (가) ㉮범행 : 징역 1년. (나) ㉯범행 : 징역 1년. 갑은 불복 상고하였다. 갑은 상고이유로 다음의 점을 주장하였다. (가) [일자 불명] 2020. 4. 25. 확정된 ⓓ재심대상판결에 대해 재심을 신청하였다. (나) 2023. 3. 31. 재심개시결정이 내려졌다. (다) 2023. 5. 18. 징역 1년에 집행유예 2년 등의 ⓓ-1판결이 선고되어, 그 무렵 그대로 확정되었다(ⓓ-1재심판결). (라) ⓓ-1재심판결이 선고되어 확정됨으로써 종전의 확정판결(ⓓ재심대상판결)은 당연히 효력을 상실한다. (마) 그러므로 ㉮범행의 죄와 ㉯범행의 죄는 모두 ⓓ-1재심확정판결과 형법 제37조 후단 경합범의 관계에 있다. (바) 따라서 ㉮범행의 죄와 ㉯범행의 죄는 형법 제39조 제1항에 따라 분리되지 않고 하나의 형이 선고되어야 한다.

대법원은 다음의 이유를 제시하여 갑의 상고를 기각하였다.

ⓓ범행에 대해서는 ⓓ재심대상판결과 이후에 이루어진 ⓓ-1재심판결이 있다. 대법원은 ⓓ재심대상판결을 기준으로 그 이전 시점을 제1구간, 그 이후 시점을 제2구간으로 나누었다. 대법원은 ㉮, ⓓ, ㉯범행을 다음과 같이 표시하였다. (가) ㉮범행 : 제1구간 범죄. (나) ⓓ범행 : 선행범죄(㉯범행과의 관계에서 그러함). (다) ㉯범행 : 제2구간 범죄. (이하 이해를 돕기 위하여 사실관계의 ㉮, ⓓ, ㉯범행을 괄호 속에 부기하여 소개함.)

대법원은 재심사건과 경합범의 관계에 대해 다음과 같이 설시하였다.

(가) 재심의 대상이 된 범죄(이하 '선행범죄'[ⓓ죄]라 한다)에 관한 유죄 확정판결(이하 '[ⓓ]재심대상판결'이라 한다)에 대하여 재심이 개시되어 [ⓓ-1]재심판결에서 다시 금고 이상의 형이 확정된 경우가 있다. (나) 그렇게 되었다면, [ⓓ]재심대상판결 이전 [㉮]범죄와 [ⓓ]재심대상판결 이후 [㉯]범죄 사이에는 형법 제37조 전단의 경합범 관계가 성립하지 않으므로, 그 각 범죄에 대해 별도로 형을 정하여 선고하여야 한다.

대법원은 그 이유에 대해 다음과 같이 설시하였다.

대법원은 ㉮죄와 ㉯죄의 관계에 대해 다음과 같이 판단하였다.

(가) 형법 제37조 후단 경합범은 금고 이상의 형에 처한 판결이 확정되기 이전에 범한 죄가 이미 판결이 확정된 죄와 동시에 판결을 받아 하나의 형을 선고받을 수 있었던 경우에 한하여 성립한다. (나) 그에 대하여는 형법 제39조 제1항에 따라 판결이 확정된 죄와 동시에 판결할 경우와의 형평을 고려하여 하나의 형이 선고되어야 한다.

(다) [ⓓ]재심대상판결 이전 [㉮]범죄는 [ⓓ-1]재심판결이 확정되기 이전에 범한 죄일 뿐만 아니라 [ⓓ]재심대상판결이 확정되기 이전까지 선행범죄[ⓓ죄]와 함께 기소되거나 이에 병합되어 동시에 판결을 받아 하나의 형을 선고받을 수 있었다. (라) 따라서 [ⓓ]재심대상판결 이전 [㉮]범죄는 선행범죄[ⓓ죄]와 형법 제37조 후단의 경합범 관계에 있고, 형법 제39조 제1항에 따라 하나의 형이 선고되어야 한다.

대법원은 ⓓ죄와 ㉯죄의 관계에 대해 다음과 같이 판단하였다.

(가) 반면, [ⓓ]재심대상판결 이후 [㉯]범죄는 비록 [ⓓ-1]재심판결 확정 전에 범하여졌더라도 [ⓓ-1]재심판결이 확정된 선행범죄[ⓓ죄]와 사이에 형법 제37조 후단의 경합범이 성립하지 않는다. (나) [ⓓ]재심대상판결 이후 [㉯]범죄가 종료하였을 당시 선행범죄[ⓓ죄]에 대하여 이미 [ⓓ]재심대상판결이 확정되어 있었다.

(다) 그에 관한 비상구제절차인 재심심판절차에서는 별개의 형사사건인 [㉯]재심대상판결 이후 [㉰]범죄 사건을 병합하여 심리하는 것이 허용되지 않는다. (라) [㉯]재심대상판결 이후 [㉰]범죄는 처음부터 선행범죄[㉯죄]와 함께 심리하여 동시에 판결을 받음으로써 하나의 형을 선고받을 수 없기 때문이다.

대법원은 ㉮죄, ㉯죄, ㉰죄의 관계에 대해 다음과 같이 판단하였다.

(가) 결국 [㉯]재심대상판결 이전 [㉮]범죄는 선행범죄[㉯죄]와 형법 제37조 후단의 경합범 관계에 있지만, [㉯]재심대상판결 이후의 [㉰]범죄는 선행범죄[㉯죄]와 형법 제37조 후단의 경합범 관계에 있지 않다. (나) 그러므로 [㉯]재심대상판결 이전 [㉮]범죄와 [㉯]재심대상판결 이후 [㉰]범죄는 형법 제37조 전단의 경합범 관계로 취급할 수 없어 형법 제38조가 적용될 수 없는 이상 별도로 형을 정하여 선고하여야 한다.

(다) 다만, 이러한 결론은 [㉯-1]재심판결이 확정되더라도 [㉯]재심대상판결이 여전히 유효하다거나 선행범죄[㉯죄]에 대하여 두 개의 확정판결이 인정된다는 의미는 아니다. (라) [㉯-1]재심판결이 '금고 이상의 형에 처한 판결'에 해당하는 경우, [㉯]재심대상판결 이전 [㉮]범죄는 선행범죄[㉯죄]와 형법 제37조 후단 경합범 관계에 해당하므로 하나의 형이 선고되어야 하고, 그렇지 않은 [㉯]재심대상판결 이후 [㉰]범죄에 대하여는 별도의 형이 선고되어야 한다는 의미일 뿐이다.

대법원은 '금고 미만의 형에 처한 확정판결'과 사후적 경합범의 관계에 대해 다음과 같이 설시하였다.

(가) 한편, [㉯]재심대상판결이 '금고 이상의 형에 처한 판결'이었더라도, [㉯-1]재심판결에서 무죄 또는 금고 미만의 형이 확정된 경우가 있다. (나) 이러한 경우에는 [㉯]재심대상판결 이전 [㉮]범죄가 더 이상 '금고 이상의 형에 처한 판결'의 확정 이전에 범한 죄에 해당하지 않아 선행범죄[㉯죄]와 사이에 형법 제37조 후단 경합범에 해당하지 않는다. (다) 이 경우에는 [㉯]재심대상판결 이전 [㉮]범죄와 [㉯]재심대상판결 이후 [㉰]범죄 중 어느 것도 이미 [㉯-1]재심판결이 확정된 선행범죄[㉯죄]와 사이에 형법 제37조 후단 경합범 관계에 있지 않아 형법 제37조 전단의 '판결이 확정되지 아니한 수개의 죄'에 해당한다. (라) 그러므로 이 경우에는 형법 제38조의 경합범 가중을 거쳐 하나의 형이 선고되어야 한다.

대법원은 최종적으로 다음과 같이 판단하였다.

(가) (사실관계 분석 생략함.) (나) 원심판결은 제1구간 범행[㉮범행]과 제2구간 범행[㉰범행] 사이에 형법 제37조 전단 경합범 관계가 성립하지 않는다고 보아 제1구간 ㉮범행과 제2구간 ㉰범행에 대하여 별도로 형을 정하여 선고하였다. (다) 원심의 판단에 죄수에 관한 법리를 오해한 잘못이 없다.

2021도8719

2021. 10. 14. 2021도8719, 공 2021하, 2227 =『공직선거법위반죄 사후적 경합범 사건』:

갑은 ㉮업무방해죄, ㉯재물손괴죄, ㉰공직선거법 위반죄, ㉱전자장치부착법 위반죄를 범하였다. 갑은 먼저 ㉮업무방해죄와 ㉰공직선거법 위반죄로 기소되었다. 공직선거법 제18조 제3항에 따르면 형법 제38조에도 불구하고 일정한 선거범과 다른 죄의 경합범에 대하여는 이를 분리 선고하여야 한다. 관할 법원은 ㉮업무방해죄와 ㉰공직선거법 위반죄를 유죄로 인정하고, 각각 형을 선고하였다. ㉮업무방해죄와 ㉰공직선거법 위반죄의 유죄판결은 확정되었다.

검사는 나머지 ㉯재물손괴죄와 ㉱전자장치부착법 위반죄로 갑을 기소하였다. 갑의 피고사건은 제1심을 거친 후, 항소심에 계속되었다. 항소법원은 ㉯재물손괴죄와 ㉱전자장치부착법 위반죄 공소사실을 유죄로 인정하였다. 항소법원은 ㉯재물손괴죄와 ㉱전자장치부착법 위반죄가 유죄가 확정된 ㉮업무방해죄와 사후적 경합범 관계에 있다고 보아 형법 제39조 제1항에 따른 형의 감경을 인정하였다. 항소법원은 ㉯재물손괴죄와 ㉱전자장치부착법 위반죄에 대해 유죄가 확정된 ㉰공직선거법위반죄와의 관계에서 형법 제39조 제1항을 적용할 수 없다고 판단하였다. 갑은 불복 상고하였다.

대법원은 다음의 이유를 제시하여 상고를 기각하였다.

(가) 형법 제37조 후단 및 제39조 제1항의 문언, 입법 취지 등에 비추어 본다. (나) 아직 판결을 받지 아니한 죄가 이미 판결이 확정된 죄와 동시에 판결할 수 없었던 경우에는 형법 제39조 제1항에 따라 동시에 판결할 경우와 형평을 고려하여 형을 선고하거나 그 형을 감경 또는 면제할 수 없다. (다) 공직선거법 제18조 제1항 제3호에 규정된 선거범죄와 다른 죄의 경합범에 대하여는 이를 분리 선고하여야 한다(공직선거법 제18조 제3항 전단). (라) 따라서 판결이 확정된 선거범죄와 확정되지 아니한 다른 죄는 동시에 판결할 수 없었던 경우에 해당한다. (마) 그러므로 형법 제39조 제1항에 따라 동시에 판결할 경우와의 형평을 고려하여 형을 선고하거나 그 형을 감경 또는 면제할 수 없다.

제 1 장 형 벌 론

제 2 절 형   벌

2020도2074

2020. 5. 28. 2020도2074, 공 2020하, 1302 = 『**스포츠복권 대포통장 사건**』 :

국민체육진흥법은 무허가 스포츠복권 발매행위를 처벌하고 있다(ⓐ규정). 무허가 스포츠복권 발매행위로 얻은 재물은 몰수하며, 재물을 몰수하기 불가능한 때에는 그 가액을 추징한다(ⓑ규정). 갑과 을은 도박 사이트의 운영에 필요한 대포통장을 제공하는 일을 하였다. 병과 정은 불법 스포츠 토토 도박사이트인 M사이트를 개설·운영하였다. 갑과 을은 병과 정에게 M도박 사이트에 이용될 대포통장을 제공하였다. 갑과 을은 대포통장 제공의 대가로 병과 정으로부터 14억원을 받았다.

검사는 갑을 국민체육진흥법 위반죄와 도박공간개설죄의 공소사실로 기소하였다. 제1심법원은 유죄를 인정하였다. 제1심법원은 갑과 을이 받은 14억 가운데 갑에게 4억원이 분배되었다고 판단하였다. 제1심법원은 국민체육진흥법의 ⓑ규정에 근거하여 갑에게 4억원의 추징을 명하였다. 갑은 불복 항소하였다. 항소법원은 항소를 기각하고, 제1심판결을 유지하였다. 갑은 불복 상고하였다.

대법원은 다음의 이유를 제시하여 원심판결을 파기환송하였다.

대법원은 추징의 범위에 대해 다음과 같이 설시하였다.

(가) 국민체육진흥법 제47조 제2호(ⓐ규정)에 따라 처벌받는 자가 유사행위를 통하여 얻은 재물은 국민체육진흥법 제51조 제1항 및 제3항(ⓑ규정)에 의하여 추징의 대상이 된다. (나) 위 추징은 부정한 이익을 박탈하여 이를 보유하지 못하게 함에 목적이 있다. (다) 그러므로 수인이 공동으로 유사행위를 하여 이익을 얻은 경우에는 분배받은 금원, 즉 실질적으로 귀속된 이익금을 개별적으로 추징하여야 한다. (라) 한편 범죄수익을 얻기 위해 범인이 지출한 비용은 그것이 범죄수익으로부터 지출되었더라도 범죄수익을 소비하는 방법에 지나지 않으므로 추징할 범죄수익에서 공제할 것은 아니다.

대법원은 사실관계를 분석하였다.

대법원은 갑에 대한 추징의 범위에 대해 다음과 같이 판단하였다.

(가) 14억원은 갑과 을이 도박 사이트 운영자들에게 접근매체를 양도한 뒤 그 접근매체 수에 일정 금액을 곱한 비율로 받은 것으로 보인다. (나) 14억원은 도박 사이트 운영자들이 범행을 위해 지출한 비용이자 갑과 을 등이 전자금융거래법 위반 행위로 얻은 이익으로 봄이 타당하다. (다) 14억원은 갑과 을이 도박 사이트 운영자들과 공동으로 국민체육진흥법 위반(도박개장등) 범행을 저지른 뒤 그 이익을 분배받은 것으로 보기는 어렵다. (라) 결국 갑으로부터 국민체육진흥법 ⓑ규정에 따른 추징을 하는 것은 허용되지 않는다.

2022도8592

2022. 12. 29. 2022도8592, 공 2023상, 411 = 『**도박장 개설범 도박 참여 사건**』 :

M사이트는 인터넷 도박사이트이다. M사이트의 도박에 참여하려면 ⓜ계좌를 이용해야 한다. 2019. 12. 23. 갑은 M도박사이트의 N지점을 개설하였다(㉮행위). 갑은 A 명의의 ⓐ계좌를 사용하고 있다. 갑은 자기

명의의 ⓑ계좌도 사용하고 있다. 2019. 12. 30.부터 2020. 5. 25.까지 기간 동안 M도박사이트의 ⓜ계좌에서 갑 명의 ⓑ계좌 및 갑이 사용하던 A 명의의 ⓐ계좌로 합계 2억 7천만원이 입금되었다(㉠돈). 2020. 1. 20.경 부터 2020. 4. 8.경까지 갑은 M도박사이트의 ⓜ계좌에 1,280만원을 입금하여 투자하였다(㉡돈). 갑은 ㉡돈 투자로 1천만원 정도를 수익하였다(㉢돈).

검사는 갑의 ㉮행위에 대해 도박공간개설죄(형법 제247조)로 기소하였다. 제1심법원은 유죄를 인정하였 다. 제1심법원은 ㉠돈 2억 7천만에 전부에 대해 추징을 명하였다. 갑은 불복 항소하였다. 갑은 항소이유로 다음의 점을 주장하였다. (가) 공소사실과 관련성이 없는 범죄수익은 추징할 수 없다. (나) 갑이 M도박사이트 에서 직접 도박에 참가하여 얻은 수익을 도박공간개설로 얻은 범죄수익으로 보아 이에 대하여 추징을 명한 원심판결에는 법리오해의 위법이 있다. 항소법원은 갑의 항소이유를 받아들였다. 항소법원은 제1심판결을 파 기하고, 247,200,000원의 추징을 명하였다. (항소법원의 판단은 후술함.) 검사는 불복 상고하였다.

대법원은 다음의 이유를 제시하여 상고를 기각하였다.

대법원은 몰수·추징의 법적 근거에 대해 다음과 같이 설시하였다.

(가) 형법 제49조 단서는 '행위자에게 유죄의 재판을 하지 아니할 때에도 몰수의 요건이 있는 때에는 몰수 만을 선고할 수 있다.'고 규정하고 있다. (나) 그러므로 몰수는 물론 이에 갈음하는 추징도 형법 제49조 단서 의 규정에 근거하여 선고할 수 있다.

(다) 그러나 우리 법제상 공소제기 없이 별도로 몰수·추징만을 선고할 수 있는 제도가 마련되어 있지 않 다. (라) 그러므로 형법 제49조 단서의 규정에 근거하여 몰수·추징을 선고하려면 몰수·추징의 요건이 공소 가 제기된 공소사실과 관련되어 있어야 한다. (마) 공소가 제기되지 아니한 별개의 범죄사실을 법원이 인정하 여 그에 관하여 몰수·추징을 선고하는 것은 불고불리의 원칙에 위배되어 허용되지 않는다.

(바) 이러한 법리는 형법 제48조의 몰수·추징 규정에 대한 특별규정인 「범죄수익은닉의 규제 및 처벌 등 에 관한 법률」 제8조 내지 제10조의 규정에 따른 몰수·추징의 경우에도 마찬가지로 적용된다.

대법원은 다음과 같이 판단한 원심판결을 그대로 유지하였다.

(가) 형법 제247조의 도박개장죄는 영리의 목적으로 스스로 주재자가 되어 그 지배 아래 도박장소를 개설 함으로써 성립하는 범죄이다. (나) 형법 제247조의 도박개장죄는 [형법 제246조] 도박죄와 별개의 독립된 범 죄이다. (다) 도박공간을 개설한 자가 도박에 참가하여 얻은 수익은 도박공간개설을 통하여 간접적으로 얻은 이익에 당연히 포함된다고 보기도 어렵다. (라) 그러므로 도박공간을 개설한 자가 도박에 참가하여 얻은 수익 을 도박공간개설로 얻은 범죄수익으로 몰수하거나 추징할 수는 없다.

(마) M도박사이트에 제공된 ⓜ계좌에서 갑 명의 ⓑ계좌 및 갑이 사용하던 ⓐ계좌로 송금된 2억 7천만원 (㉠돈) 중 갑이 M도박사이트에서 사이트에서 직접 도박에 참가하기 위하여 송금하였거나 직접 도박에 참가 하여 얻은 수익에 해당하는 22,280만원(㉡돈, ㉢돈)은 도박공간개설로 얻은 범죄수익이 아니다. (바) 그러므 로 2,280만원(㉡돈, ㉢돈)은 M도박공간개설의 범죄로 인한 추징 대상에서 제외되어야 한다. (사) 갑으로부터 그 차액인 247,200,000원을 추징한다.

2022도8662

2022. 11. 17. 2022도8662, 공 2023상, 100 = 『보이스피싱 피해금 독립몰수 사건』:

「부패재산의 몰수 및 회복에 관한 특례법」(부패재산몰수법) 제2조 제1항은 '불법 또는 부당한 방법으로 물질적·사회적 이득을 얻거나 다른 사람으로 하여금 얻도록 도울 목적으로 범한 죄로서 별표에 규정된 죄' 를 부패범죄로 규정하고 있다. 부패재산몰수법의 별표에 의하면 사기죄는 부패범죄에 포함된다. 부패재산몰 수법은 다음의 규정을 두고 있다. (가) 제3조(부패재산의 몰수) ① 부패재산은 몰수할 수 있다. 다만, 다른 법령에 따라 부패재산을 몰수하여야 하는 경우에는 그 법령에 따라 몰수한다. (나) 제6조(범죄피해재산의 특례) ① 제3조의 재산이 범죄피해재산으로서 범죄피해자가 그 재산에 관하여 범인에 대한 재산반환청구권 또는 손해배상청구권 등을 행사할 수 없는 등 피해회복이 심히 곤란하다고 인정되는 경우에는 몰수·추징할 수 있다. (다) ② 이 법에 따라 몰수·추징된 범죄피해재산은 피해자에게 환부(還付)한다. 부패재산몰수법 제3조에 의한 '부패재산 몰수'는 해당 재산을 국고에 귀속시킨다. 부패재산법 제6조에 의한 '범죄피해재산 몰수'는 해당 재산을 피해자에 환부하기 위한 장치이다.

K는 보이스피싱 조직원 A에게 기망을 당하였다. K는 금융감독원 직원으로 행세한 B(현장 수금책)에게 ㉠여행용 가방에 담긴 현금 2억원을 교부하였다. B는 400만원(수고료로 생각됨)을 뺀 나머지 현금 1억 9,600만원을 ㉠여행용 가방과 함께 갑(중간전달책)에게 전달하였다. 갑은 전달받은 현금 1억 9,600만원에 소지하고 있던 현금 400만원을 더하여 2억원을 C(조직내 수금책)에게 전달하였다. 그 무렵 갑은 공범 을(또다른 중간전달책)과 다음 내용의 문자대화를 하였다. (가) 갑 : 보면서 세어도 문제 없지, 39 묶음 5만은 조금 이따 사무실로 가져갈게. (나) 을 : 얼마야. (다) 갑 : 1억 9600. (라) 갑 : 11305+870+19600-20000=11775. 이 문자대화 가운데 (라) 부분은 "기존에 현금 1억 1,305만원과 870만원을 보관하고 있는데 이에 더하여 K의 피해금품 1억 9,600만원을 전달받았다. 이 가운데 현금 2억원을 C에게 전달하여 나머지 현금 1억 1,775만원을 보관하고 있다."는 것을 보고하는 내용이다.

갑은 B로부터 전달받은 ㉠여행용 가방을 자신의 주거지로 가지고 갔다. K가 관할 경찰서에 사기피해를 신고하여 수사가 개시되었다. 갑은 자신의 집에서 긴급체포되었다. 체포될 당시 갑은 고무줄로 수 개의 묶음으로 묶여 검정색 비닐봉투에 싼 1억 3,630만원을 보관하고 있었다(㉡보관현금). 갑은 ㉡보관현금이 비합법적인 환금업무를 하기 위하여 B로부터 차용한 돈이라고 주장하였다. 수사기관은 갑의 체포 현장에서 ㉠여행용 가방과 ㉡보관현금(1억 3,630만원)을 압수하였다.

검사는 갑과 을을 A에 대한 사기죄로 기소하였다. (이하 갑에 대해서만 고찰함.) 제1심법원은 공소사실을 유죄로 판단하였다. 제1심법원은 갑에게 징역 4년을 선고하면서, 압수되어 있던 ㉠여행용 가방과 ㉡압수현금(1억 3,630만원)을 몰수하였다. 갑은 불복 항소하였다. 갑은 항소이유로 다음의 점을 주장하였다. (가) 전달받은 돈이 보이스피싱 사기범행으로 취득한 것임을 인식하지 못하였다. (나) ㉡압수현금(1억 3,630만원)은 범죄피해재산에 해당하지 않으므로 몰수는 위법하다. (다) ㉡압수현금은 피고인 갑에게 환부되어야 한다.

항소법원은 갑에게 보이스피싱 사기범행의 고의와 공모사실이 인정된다고 판단하였다. 항소법원은 ㉡압수현금(1억 3,630만원)이 범죄피해재산에 해당한다고 판단하였다. 항소법원은 다음의 이유를 들어서 갑의 항소를 기각하였다. (가) ㉡압수현금은 보이스피싱 범죄로 취득된 것이다. (나) 부패재산몰수법의 입법취지와 부패재산몰수법 제2조 제3[호][범죄피해재산], 제6조 제1항[범죄피해재산 몰수], 형법 제49조[부가형, 독립몰수] 등의 규정을 종합해 본다. (다) 법원은 기소된 당해 피고인이 범한 부패범죄의 범죄피해재산에 대해서는 당해 사건에서 기소되지 아니한 범행의 피해재산인 경우에도 몰수할 수 있다고 봄이 상당하다. (라) 형법 제49조 단서[독립몰수]의 규정에 근거하여 몰수나 추징을 선고하기 위하여서는 몰수나 추징의 요건이 공소가 제기된 공소사실과 관련되어 있어야 한다. (마) 부패재산몰수법의 경우 기소된 공소사실과 압수된 피해재산의 전제가 되는 범죄사실이 같은 피고인에 의한 부패범죄 범행인 경우 '범죄피해재산'으로서 몰수나 추징이 가능하다고 해석된다. (바) 부패재산몰수법 제2조 제3호[범죄피해재산] 소정의 '그 피해자'를 '기소된 공소사실 기재 피해자'로 한정하여 해석할 것은 아니다. 갑은 불복 상고하였다. 갑의 상고이유는 항소이유와 같다.

대법원은 다음의 이유를 제시하여 원심판결을 파기환송하였다.

대법원은 갑에 대해 피해자 K에 대한 사기죄 공소사실을 유죄로 인정하였다.

대법원은 ㉡압수현금(1억 3,630만원)의 몰수를 위한 법적 근거에 대해 판단하였다. 대법원은 원심판결이

ⓒ압수현금을 몰수할 수 있는 법적 근거의 하나로 독립몰수를 규정한 형법 제49조 단서를 제시하였다는 점에 주목하였다.

대법원은 독립몰수에 대해 다음과 같이 설시하였다.

(가) 형법 제49조 단서는 "행위자에게 유죄의 재판을 아니할 때에도 몰수의 요건이 있는 때에는 몰수만을 선고할 수 있다."라고 규정하고 있다. (나) 그러나 우리 법제상 공소의 제기 없이 별도로 몰수만을 선고할 수 있는 제도가 마련되어 있지 않다. (다) 그러므로 형법 제49조 단서에 근거하여 몰수를 선고하기 위해서는 몰수의 요건이 공소가 제기된 공소사실과 관련되어 있어야 한다. (라) 공소가 제기되지 않은 별개의 범죄사실을 법원이 인정하여 그에 관하여 몰수나 추징을 선고하는 것은 불고불리의 원칙에 위반되어 허용되지 않는다.

대법원은 부패재산몰수법상의 범죄피해재산 여부에 대해 다음과 같이 설시하였다.

(가) 부패재산몰수법 제6조 제1항[범죄피해재산 몰수], 제3조 제1항[부패재산 몰수], 제2조 제3호[범죄피해재산]에서 정한 몰수·추징의 원인이 되는 범죄사실은 공소제기된 범죄사실에 한정된다. (나) '범죄피해재산'은 그 공소제기된 범죄사실 피해자로부터 취득한 재산 또는 그 재산의 보유·처분에 의하여 얻은 재산에 한정된다. (다) 공소제기된 범죄사실 피해자의 피해회복이 심히 곤란하다고 인정되는 경우에만 몰수·추징이 허용된다고 보아야 한다.

대법원은 ⓒ압수현금(1억 3,630만원)에 대한 몰수 여부에 대해 다음과 같이 판단하였다.

(가) ⓒ압수현금이 (ㄱ) 갑에 대하여 공소제기된 피해자 K에 대한 사기 범행으로 인하여 갑이 취득한 현금이거나 그 현금의 처분에 의하여 얻은 현금으로서 '범죄피해재산'에 해당하고, (ㄴ) 피해자 K의 피해회복이 심히 곤란한 경우에 해당한다고 인정되어야 ⓒ압수현금에 대하여 부패재산몰수법에 따른 몰수가 허용된다. (나) 그런데도 원심은 공소제기되지 않은 범죄사실[피해자 L, M, N 부분]이라도 부패재산몰수법 제6조[범죄피해재산 몰수]에서 정하고 있는 특정 범죄행위에 해당한다고 인정되기만 하면 '범죄피해재산'이 될 수 있다는 전제를 설정하였다. (다) 원심은 이러한 전제 아래 ⓒ압수현금이 피해자 K에 대한 범죄사실과 관련되어 있는지 여부를 명확히 밝히지 않고, 피해자 K뿐 아니라 갑의 다른 보이스피싱 사기 범행의 피해자들[L, M, N 등]과의 관계에서 피해회복이 심히 곤란하다고 보아, 갑으로부터 ⓒ압수현금을 몰수할 수 있다고 판단하였다. (라) 이러한 원심판결에는 부패재산몰수법상 '범죄피해재산'과 몰수의 요건 등에 관한 법리를 오해함으로써 필요한 심리를 다하지 않아 판결에 영향을 미친 잘못이 있다.

 ▏2021도5723▕

2024. 1. 4. 2021도5723, 공 2024상, 394 =『중국동포 휴대폰 몰수 사건』:

2018. 9.경 갑은 ㉮범죄로 복역한 후 형기만료로 출소하였다. 갑은 자기 명의로는 휴대전화를 개통할 수 없는 상황이었다. 2019. 2.경 갑은 자신의 할머니 명의로 ⓐ휴대전화를 개통하였다. 갑의 아내와 딸은 중국에 거주하고 있다. 갑은 ⓐ휴대전화로 가족과 연락하고 있었다. 2020. 8. 5. 갑은 ㉠대마 수수와 ㉡필로폰 수수 범행으로 체포되었다. 수사기관은 ⓐ휴대전화를 압수하였다. ⓐ휴대전화 압수는 범행일시 특정을 위해 문자메시지와 통화내역 등에 관한 확인이 필요하여 이루어졌다.

ⓐ휴대전화에서 다음 내용이 확인되었다. (가) 2020. 2.경부터 2020. 3.경까지 갑은 문자메시지나 카카오톡 메신저로 A에게 우편으로 대마를 보내달라는 수 개의 메시지를 발송하였다. (나) 2020. 3. 23. 갑은 대마를 보냈다는 A의 메시지를 수신하였다. (다) (2020. 3. 24. 갑은 ㉠대마를 수수하였다.) (라) 2020. 6. 12. 01:35~01:47경 갑이 M장소에서 A와 통화한 기록이 있다. (마) (이후 시점에 갑은 ㉡필로폰을 수수하였다.) (바) ㉡필로폰 수수 장소와 관련된 장소가 촬영된 ⓑ사진이 저장되어 있다. 갑은 ㉠대마 수수, ㉡필로폰 수수의 범행사실을 모두 자백하였다.

검사는 갑을 마약류관리법위반죄로 기소하였다. 제1심 공판절차가 진행되었다. 제1심법원은 공판절차 도중에 압수를 계속할 필요성이 보이지 않는다는 이유로 ⓐ휴대전화에 대한 가환부 결정을 하였다. 2021. 1. 7. 제1심법원은 갑에게 다음 주문의 판결을 선고하였다. (가) 징역 1년에 처한다. (나) ⓐ휴대전화를 몰수한다. 갑은 불복 항소하였다. 항소법원은 항소를 기각하였다. 갑은 불복 상고하였다. 갑은 상고이유로 다음의 점을 주장하였다. (가) ⓐ휴대전화는 ⓑ필로폰 수수의 공소사실에 관한 수사 당시 그 수수 장소를 특정하기 위하여 ⓐ휴대전화에 촬영된 ⓑ사진이 이용된 것에 불과하다. (나) ⓐ휴대전화는 공소사실 범행에 직접 제공하거나 사용한 물건이 아니다. (다) ⓐ휴대전화는 몰수 대상물에 해당하지 않는다.

대법원은 다음의 이유를 제시하여 원심판결을 파기환송하였다.

대법원은 몰수의 요건에 대해 다음과 같이 설시하였다.

(가) 형법 제48조 제1항 제1호의 '범죄행위에 제공한 물건'은 (ㄱ) 범죄의 실행행위 자체에 사용한 물건만 의미하는 것이 아니라 (ㄴ) 실행행위 착수 전 또는 실행행위 종료 후 행위에 사용한 물건 중 범죄행위의 수행에 실질적으로 기여하였다고 인정되는 물건까지도 포함한다.

(나) 형법 제48조 제1항에 따른 몰수는 임의적인 것이어서 그 요건에 해당되더라도 실제로 이를 몰수할 것인지 여부는 법원의 재량에 맡겨져 있다. (다) 그러나 형법 제48조 제1항에 따른 몰수도 형벌 일반에 적용되는 비례의 원칙에 따른 제한을 받는다. (라) 몰수가 비례의 원칙에 위반되는 여부를 판단하기 위해서는, (ㄱ) 몰수 대상 물건이 범죄 실행에 사용된 정도와 범위 및 범행에서의 중요성, (ㄴ) 물건의 소유자가 범죄 실행에서 차지하는 역할과 책임의 정도, (ㄷ) 범죄 실행으로 인한 법익 침해의 정도, (ㄹ) 범죄 실행의 동기, (ㅁ) 범죄로 얻은 수익, 물건 중 범죄 실행과 관련된 부분의 별도 분리 가능성, (ㅂ) 물건의 실질적 가치와 범죄와의 상관성 및 균형성, (ㅅ) 물건이 행위자에게 필요불가결한 것인지 여부, (ㅇ) 몰수되지 아니할 경우 행위자가 그 물건을 이용하여 다시 동종 범죄를 실행할 위험성 유무 및 그 정도 등 제반 사정이 고려되어야 한다.

대법원은 전자기록의 몰수에 대해 다음과 같이 설시하였다.

(가) 전자기록은 일정한 저장매체에 전자방식이나 자기방식에 의하여 저장된 기록으로서 저장매체를 매개로 존재하는 물건이다. (나) 전자기록도 형법 제48조 제1항에 정한 사유가 있는 때에는 이를 몰수할 수 있다. (다) 가령 휴대전화의 동영상 촬영기능을 이용하여 피해자를 촬영한 행위 자체가 범죄에 해당하는 경우, (ㄱ) 휴대전화는 '범죄행위에 제공된 물건', (ㄴ) 촬영되어 저장된 동영상은 휴대전화에 저장된 전자기록으로서 '범죄행위로 인하여 생긴 물건'에 각각 해당한다. (라) 이러한 경우 법원이 휴대전화를 몰수하지 않고 동영상만을 몰수하는 것도 가능하다.

대법원은 ⓐ휴대전화와 범죄와의 관련성에 대해 다음과 같이 판단하였다.

(가) ① 제1심과 원심이 몰수를 명한 ⓐ휴대전화는 갑이 2019. 2.경 자신의 할머니 명의로 개통한 것이다. (나) 갑은 그 경위에 관하여, 종전 형사처벌 전력에 따른 형 집행 과정에서 신용불량자가 되어 2018. 9.경 형기만료 후 자기 명의로는 휴대전화를 개통할 수 없는 불가피한 상황이어서 할머니 명의로 개통·사용하였다고 수사 및 공판 과정에서 일관되게 진술하였고, 그와 달리 볼 만한 사정도 존재하지 않는다.

(다) ② 이 사건 범죄사실과 관련하여 ⓐ휴대전화가 사용된 것으로 보이는 정황은, (ㄱ) 갑이 대마 수수·흡연 범행과 관련하여 2020. 3. 23.경 A와 문자메시지를 몇 차례 주고받은 것과 (ㄴ) 필로폰 수수·투약 범행과 관련하여 2020. 6. 12.경 A와 1회 통화한 것이 전부이다. (라) 그러므로 마약 등의 수수 및 흡연(투약)을 본질로 하는 이 사건 범죄의 실행행위 자체 또는 범행의 직접적 도구로 사용된 것은 아니다.

(마) ③ 이와 같은 타인 명의 휴대전화의 개통 경위·목적·사용기간·사용내역 등에 비추어, 갑은 2020. 8. 5. 이 사건 범행으로 체포되기까지 약 1년 6개월 동안 이 사건 휴대전화를 일상적인 생활도구로 사용하던

중 이 사건 범죄사실과 관련하여 상대방과의 연락 수단으로 일시적으로 이용한 것일 뿐이다. (바) ⓐ휴대전화는 이 사건 범행의 직접적이고 실질적인 목적·수단·도구로 사용하기 위하여 또는 그 과정에서 범행·신분 등을 은폐하기 위한 부정한 목적으로 타인 명의로 개통하여 사용한 것으로 보이지는 않는다. (사) ⓐ휴대전화는 이 사건 범죄와의 상관성은 매우 낮은 편이어서 이를 몰수되지 않으면 다시 이를 직접적이고 실질적인 범행의 목적·수단·도구로 이용하여 동종 범행을 저지를 가능성이나 위험성이 높다고 보기 어렵다.

(아) ④ ⓐ휴대전화의 압수 조치는, 이 사건 범죄사실의 각 범행일시 특정을 위해 문자메시지와 통화내역 등에 관한 확인이 필요하여 이루어진 것으로 보이나, 갑이 이 사건 범죄사실을 모두 자백하고 있어 압수를 계속할 필요성이 보이지 않는다. (자) 제1심 역시 같은 이유로 가환부 결정을 하였다. (차) ⓐ휴대전화의 증거가치 혹은 관련·동종의 범행 예방 차원에서 피고인의 점유 내지 소유권을 박탈할 필요성이 높아 보이지 않는다.

(카) ⑤ 갑은 3세에 부모 이혼 후 조부모 아래에서 성장하였고, 현재 아내와 딸은 중국에 거주하지만 그들을 비롯한 친인척과는 교류가 거의 없이 단지 ⓐ휴대전화로 중국 메신저(위챗)를 통해 연락을 취하는 것으로 보인다. (타) ⓐ휴대전화는 단순히 금전적·경제적 가치를 넘어 갑이 해외에 거주하는 가족과 연락할 수 있는 수단이자 지인의 연락처·금융거래 및 각종 계정 등 다수의 개인정보와 전자정보가 저장된 장치로서 갑에게는 일상생활과 경제활동 등에 필수불가결한 물건으로 보인다.

(파) 이러한 점들을 종합하면, ⓐ휴대전화는 (ㄱ) 비록 최초 압수 당시에는 몰수 요건에 형식적으로 해당한다고 볼 수 있었다 하더라도 (ㄴ) 그 후 수사 및 재판의 진행 경과와 이를 통해 밝혀진 사실관계에 비추어 이 사건 범죄 수행에 실질적으로 기여한 것이라고 단정하기 어려운 사정이 밝혀진 것으로 봄이 타당하다.

대법원은 ⓐ휴대전화 몰수의 비례성원칙 준수 여부에 대해 다음과 같이 판단하였다.

(가) 뿐만 아니라, 이 사건 범죄 실행에 사용된 정도·범위·횟수·중요성 등 범죄와의 상관성·관련성에 비추어, 범죄와 무관한 개인의 사생활의 비밀과 자유, 정보에 대한 자기결정권 등 인격적 법익에 관한 모든 것이 저장되어 있는 사적 정보저장매체로서의 ⓐ휴대전화가 갖는 인격적 가치·기능이 이를[범죄와의 상관성·관련성을] 현저히 초과한다고 볼 수 있다. (나) ⓐ휴대전화의 몰수로 인하여 갑에게 미치는 불이익의 정도가 지나치게 큰 편이라는 점에서도 비례의 원칙상 몰수가 제한되는 경우에 해당한다고 볼 여지가 많다.

제3절 형의 양정

2023도14307

2024. 1. 25. 2023도14307, 판례속보 =『절도범 준강도 전과 사건』:

특가법 제5조의4 제5항은 다음과 같이 규정하고 있다. (가) ⑤ 형법 제329조부터 제331조까지[절도], 제333조부터 제336조까지 및 제340조[강도]·제362조[장물]의 죄 또는 그 미수죄로 세 번 이상 징역형을 받은 사람이 다시 이들 죄를 범하여 누범(累犯)으로 처벌하는 경우에는 다음 각 호의 구분에 따라 가중처벌한다. (나) 1. 형법 제329조부터 제331조까지의 죄[절도](미수범을 포함한다)를 범한 경우에는 2년 이상 20년 이하의 징역에 처한다.

갑에게는 여러 번의 전과가 있다. 갑의 전과기록 내용은 다음과 같다. (가) 2007. 8. 28. 특가법위반(절도)죄 등으로 징역 3년. (나) 2012. 5. 31. 특가법위반(절도)죄로 징역 2년. (다) 2015. 5. 6. 상습절도죄로 징역 1년 6월. (라) 2018. 10. 26. 준강도죄(유죄), 특가법위반(절도)죄(이유 무죄)로 징역 2년. (마) 2019. 12. 12. 징역 2년 형의 집행 종료. 2022. 9. 24.경, 2022. 9. 28.경 갑은 총 8회에 걸쳐 야간방실침입절도죄 및 절도죄를 범하였다(㉮, ㉯절도범행).

검사는 갑을 특가법 제5조의4 제5항 제1호를 적용하여 기소하였다. 갑의 피고사건은 제1심을 거친 후, 항소심에 계속되었다. 항소법원은 갑에게 절도 전과가 세 번 이상 있었다고 판단하였다. 항소법원은 유죄를 인정하였다(형량 불명. 최소 2년 이상의 징역). 갑은 불복 상고하였다.

대법원은 다음의 이유를 제시하여 원심판결을 파기환송하였다.

(가) 특가법 제5조의4 제5항의 규정 취지는 (ㄱ) 같은 항 각호에서 정한 죄 가운데 (ㄴ) 동일한 호에서 정한 죄를 3회 이상 반복 범행하고, (ㄷ) 다시 그 반복 범행한 죄와 동일한 호에서 정한 죄를 범하여 (ㄹ) 누범에 해당하는 경우에는 동일한 호에서 정한 법정형으로 처벌한다는 뜻으로 보아야 한다. (나) 그러므로 특가법 제5조의4 제5항 제1호 중 '다시 이들 죄를 범하여 누범으로 처벌하는 경우' 부분에서 '이들 죄'라 함은, (ㄱ) 앞의 범행과 동일한 범죄일 필요는 없으나, (ㄴ) 특가법 제5조의4 제5항 각호에 열거된 모든 죄가 아니라 (ㄷ) 앞의 범죄와 동종의 범죄, 즉 형법 제329조 내지 제331조의 죄[절도] 또는 그 미수죄를 의미하고 (ㄹ) 누범관계에 있는 앞의 범행이 '이들 죄'[절도]와 동종의 범죄일 것을 요한다.

대법원은 원심판결을 분석하였다(내용 생략함.)

대법원은 갑의 행위에 대해 다음과 같이 판단하였다.

(가) 갑은 2018. 10. 26. 서울고등법원에서 준강도미수죄로 징역 2년을 선고받았고, 특가법위반(절도) 부분은 이유에서 무죄로 판단되었음을 알 수 있다. (나) 준강도미수죄는 형법 제329조부터 제331조까지의 죄[절도] 또는 그 미수죄에 해당하지 않는다. (다) 기록에 의하여 확인되는 갑의 다른 전과를 살펴보더라도, 갑이 형법 제329조부터 제331조까지의 죄[절도] 또는 그 미수죄를 범하여 그 누범 기간[3년] 내에 ㉮, ㉯절도범행을 저지른 것이라고 보이지 않는다. (라) 그런데도 원심판결은 갑에게 특가법 제5조의4 제5항을 적용하여 이 사건 공소사실을 모두 유죄로 판단하였다. (마) 원심판결에는 특가법 제5조의4 제5항에서 정한 '다시 이들 죄를 범하여 누범으로 처벌하는 경우'의 해석 등에 관한 법리를 오해하여 필요한 심리를 다하지 아니함으로써 판결에 영향을 미친 잘못이 있다.

| 2023도12852 |

2023. 12. 21. 2023도12852, 공 2024상, 260 = 『강도상해 집행유예기간 경과 사건』:

특가법 제5조의4 제5항은 다음과 같이 규정하고 있다.

(가) ⑤ 형법 제329조부터 제331조까지[절도], 제333조부터 제336조까지 및 제340조[강도]·제362조[장물]의 죄 또는 그 미수죄로 세 번 이상 징역형을 받은 사람이 다시 이들 죄를 범하여 누범(累犯)으로 처벌하는 경우에는 다음 각 호의 구분에 따라 가중처벌한다. (나) 1. 형법 제329조부터 제331조까지의 죄[절도](미수범을 포함한다)를 범한 경우에는 2년 이상 20년 이하의 징역에 처한다. (다) 2. 형법 제333조부터 제336조까지의 죄 및 제340조 제1항의 죄[강도](미수범을 포함한다)를 범한 경우에는 무기 또는 10년 이상의 징역에 처한다. (라) 3. 형법 제362조의 죄[장물]를 범한 경우에는 2년 이상 20년 이하의 징역에 처한다.

갑에게는 다음의 전과가 있다.

(가) 1983. 8. 20. 강도상해죄로 징역 2년에 집행유예 3년 (강도전과).

(나) 1993. 7. 30. 절도죄 등으로 징역 10월에 집행유예 2년 (절도전과).

(다) 1999. 10. 20. 특가법위반(절도)죄 등으로 징역 1년 6월 (절도전과).

(라) 2002. 8. 13. 특가법위반(절도)죄 등으로 징역 1년 및 징역 4월 (절도전과).

(마) 2004. 2. 6. 특가법위반(절도)죄 등으로 징역 1년 6월 (절도전과).

(바) 2010. 2. 2. 특가법위반(절도)죄 등으로 징역 1년 6월 (절도전과).

(사) 2011. 10. 27. 특가법위반(절도)죄 등으로 징역 3년 (절도전과).

(아) 2015. 12. 8. 강도치상죄와 준강도죄로 징역 7년 (강도전과).

(자) 2022. 8. 8. 강도치상죄와 준강도죄 형의 집행을 종료.

2022. 10. 31. 갑은 준특수강도미수죄를 범하였다(㉮행위). 검사는 특가법 제5조의4 제5항의 '세 번 이상 징역형을 받은 사람'의 의미를 절도죄, 강도죄로 세 번 이상 징역형을 받은 사람으로 해석하였다. 검사는 ㉮행위에 특가법 제5조의4 제5항 제2호[강도]를 적용하여 갑을 기소하였다. 제1심법원은 유죄를 인정하여 갑에게 징역 10년을 선고하였다. 갑을 불복 항소하였다. 항소법원은 항소를 기각하고, 제1심판결을 유지하였다. 갑은 불복 상고하였다.

대법원은 다음의 이유를 제시하여 원심판결을 파기환송하였다.

대법원은 특가법 제5조4 제5항 누범의 요건에 대해 다음과 같이 설시하였다.

(가) 1. 특가법 제5조의4 제5항은 '형법 제329조부터 제331조까지[절도], 제333조부터 제336조까지 및 제340조[강도]·제362조[장물]의 죄 또는 그 미수죄로 세 번 이상 징역형을 받은 사람이 다시 이들 죄를 범하여 누범으로 처벌하는 경우에는 다음 각호의 구분에 따라 가중처벌한다.'라고 규정하고 있다. (나) 그러면서 제2호에서 '형법 제333조부터 제336조까지의 죄 및 제340조 제1항의 죄[강도](미수범을 포함한다)를 범한 경우'에 가중처벌한다고 정하고 있다.

(다) 이러한 특정범죄가중법 제5조의4 제5항의 규정 취지는 (ㄱ) 같은 항 각호에서 정한 죄 가운데 (ㄴ) 동일한 호에서 정한 죄를 3회 이상 반복 범행하고, (ㄷ) 다시 그 반복 범행한 죄와 동일한 호에서 정한 죄를 범하여 (ㄹ) 누범에 해당하는 경우에는 (ㅁ) 동일한 호에서 정한 법정형으로 처벌한다는 뜻으로 보아야 한다.

(라) 그러므로 특정범죄가중법 제5조의4 제5항 제2호[강도] 중 '이들 죄를 범하여 누범으로 처벌하는 경우' 부분에 '이들 죄'라 함은, (ㄱ) 앞의 범행과 동일한 범죄일 필요는 없으나, (ㄴ) 특정범죄가중법 제5조의4 제5항 각호에 열거된 모든 죄[절도, 강도, 장물]가 아니라 (ㄷ) 앞의 범죄와 동종의 범죄, 즉 형법 제333조 내지 제336조의 죄 및 제340조 제1항의 죄[강도] 또는 그 미수죄를 의미한다.

대법원은 사실관계를 분석하였다(내용 생략함.)

대법원은 갑의 강도죄 전과에 대해 다음과 같이 판단하였다.

(가) 그러나 기록에 의하면, 갑이 특정범죄가중법 제5조의4 제5항 제2호[강도]에 규정된 죄로 징역형을 선고받은 전력으로는 2015. 12. 8. 강도치상죄와 준강도죄 등으로 징역형을 선고받은 것이 유일하다. (나) 판시 범죄전력 중 절도죄는 특정범죄가중법 제5조의4 제5항 제2호[강도]에 규정된 죄가 아님이 명백하다.

(다) 강도상해죄나 강도치상죄도 비록 형법 제333조 등의 강도를 주체로 하는 죄이기는 하나 형법 제337조에 별도로 규정되어 있으므로 위 제2호에 열거된 형법 제333조 내지 제336조의 죄 및 제340조 제1항의 죄 또는 그 미수죄에 포함되지 않음이 명백하다. (라) 따라서 갑은 특정범죄가중법 제5조의4 제5항 제2호[강도]에 규정된 죄로 세 번 이상 징역형을 받은 사람에 해당하지 않는다.

대법원의 집행유예기간이 경과한 전과에 대해 다음과 같이 설시하였다.

(가) 또한 집행유예의 효과에 관한 형법 제65조에서 '형의 선고가 효력을 잃는다.'는 의미는 「형의 실효 등에 관한 법률」에 의한 형의 실효와 같이 형의 선고에 의한 법적 효과가 장래에 향하여 소멸한다는 취지이다. (나) 그러므로 형법 제65조에 따라 형의 선고가 효력을 잃는 경우 그 전과 자체를 특정범죄가중법 제5조의4 제5항에서 정한 '징역형을 받은 경우'로 볼 수 없다. (다) 판시 범죄전력란에 기재된 전과 중 1983. 8. 20. 강도상해죄 전과는 기록상 그 집행유예가 실효 또는 취소되지 않고 유예기간이 경과하였다고 보이므로 그러한 점에서도 특정범죄가중법 제5조의4 제5항을 적용할 수 없다.

(라) 그럼에도 원심은 피고인에게 특정범죄가중법 제5조의4 제5항 제2호를 적용하여 처단한 제1심판결을 그대로 유지하였다. (마) 원심의 판단에는 특정범죄가중법 제5조의4 제5항 제2호에서 징한 '세 번 이상 징역

형을 받은 사람'의 해석 등에 관한 법리를 오해하여 판결에 영향을 미친 잘못이 있다.

2020도13705

2022. 7. 28. 2020도13705, 공 2022하, 1812 = 『집행유예 종료 후 재심판결 사건』 :

형법 제332조는 상습절도죄를 각 절도죄에 정한 형의 2분의 1까지 가중하여 처벌하고 있다. 2016년 개정 전 특정범죄가중법 제5조의4 제1항은 상습절도죄를 무기 또는 3년 이상의 징역으로 처벌하고 있었다.

1997.경 갑은 상습절도죄를 범하였다(㉠사건). 검사는 갑을 (행위시법) 특정범죄가중법 제5조의4 제1항, 형법 제329조[상습절도] 등을 적용하여 기소하였다. 1997. 9. 12. 갑은 관할법원에서 징역 2년에 집행유예 3년을 선고받았다(㉠유죄판결). 1997. 9. 20. ㉠유죄판결은 확정되었다(㉠확정판결; ㉠재심대상판결). 갑에 대한 집행유예 선고의 취소 또는 실효 없이 3년의 유예기간이 경과하였다. 갑은 다시 절도죄를 범하였다(㉡사건). 2010. 1. 14. 갑은 관할법원에서 특정범죄가중법 위반(절도)죄 등으로 징역 3년을 선고받았다. (갑은 형의 집행을 마쳤다.)

2015. 2. 26. 헌법재판소는 (행위시법) 특정범죄가중법 제5조의4 제1항 중 형법 제329조에 관한 부분 등이 헌법에 위반된다고 결정하였다. 구성요건이 동일한 상습절도죄를 적용법조만 달리하여 형의 차이를 두는 것은 평등원칙에 위반된다는 것이 위헌결정의 이유였다. 2016. 1. 6. 입법자는 (행위시법) 특정범죄가중법 제5조의4 제1항(상습절도)을 삭제하였다.

갑은 다시 절도죄를 범하였다(㉢사건). 2016. 3. 25. 갑은 관할법원에서 상습절도죄 등으로 징역 4년 6개월을 선고받았다.

형벌법규가 위헌으로 판단되면 재심사유로 인정된다(헌법재판소법 제47조 제4항). 갑은 ㉠재심대상판결에 대한 재심을 관할법원에 청구하였다. 2016. 10. 26. 관할법원은 헌법재판소의 위헌결정 취지에 따라 재심개시 결정을 하였다. 2017. 2. 9. 관할법원은 갑에게 형법의 상습절도죄 등으로 징역 2년에 집행유예 3년을 선고하였다(㉠재심판결). 2017. 2. 17. ㉠재심판결은 확정되었다.

2017. 10. 10. 갑은 ㉢사건에 대한 형의 집행을 마쳤다(㉢형집행). ㉢형집행 종료일로부터 3년이 경과하지 아니한 시점이다. 2020. 1. 7. 00:01경 갑은 A 소유의 현금 약 2,770만 원이 들어있는 200만 원 상당의 손가방을 절취하였다(㉣사건).

특정범죄가중법 제5조의4 제5항은 절도죄로 세 번 이상 징역형을 받은 사람이 다시 절도죄를 죄를 범하여 누범으로 처벌하는 경우 2년 이상 20년 이하의 징역으로 처벌하고 있다. 검사는 갑이 절도죄로 세 번 이상 징역형을 받고 누범기간에 다시 A의 재물을 절취하였다(㉣사건)고 판단하였다. 검사는 갑의 ㉣사건에 대해 특정범죄가중법 제5조의4 제5항을 적용하여 기소하였다.

갑의 피고사건은 제1심을 거친 후, 항소심에 계속되었다. 항소법원은 다음의 이유를 들어서 유죄를 인정하였다. (가) ㉠재심대상판결의 형이 유예기간(3년)의 경과로 실효되었다. (나) 그렇다고 하더라도, 그 후 ㉠재심판결이 선고되어 확정되었다. (다) 그러한 이상 ㉠재심판결의 전과는 특정범죄가중법 제5조의4 제5항에서 정한 '징역형을 받은 경우'에 해당한다. 갑은 불복 상고하였다.

대법원은 다음의 이유를 제시하여 원심판결을 파기환송하였다.

대법원은 특정범죄가중법 누범가중 규정에 대해 다음과 같이 설시하였다.

(가) 특정범죄가중법 제5조의4 제5항은 "형법 제329조부터 제331조까지, 제333조부터 제336조까지 및 제340조·제362조의 죄 또는 그 미수죄로 세 번 이상 징역형을 받은 사람이 다시 이들 죄를 범하여 누범으로 처벌하는 경우에는 다음 각호의 구분에 따라 가중처벌한다."라고 규정하고 있다. (나) 특정범죄가중법 제5조의4 제5항 제1호는 "형법 제329조부터 제331조까지의 죄(미수범을 포함한다)를 범한 경우에는 2년 이상 20

년 이하의 징역에 처한다."라고 규정한다.

(다) 징역형의 집행유예를 선고한 판결이 확정된 후 유예기간을 경과하면 형 선고의 효력이 소멸된다. (라) 집행유예기간이 경과한 확정판결은 특정범죄가중법 제5조의4 제5항에서 정한 "징역형"에 해당하지 않는다.

(마) 집행유예기간이 경과한 확정판결에 적용된 형벌 규정에 대해 위헌결정이 내려진 경우가 있다. (바) 이 경우 위헌결정 취지에 따른 재심판결에서 다시 징역형의 집행유예가 선고·확정된 후 유예기간이 경과되지 않은 경우가 있다. (사) 그러한 경우라면, 특정범죄가중법 제5조의4 제5항의 입법 취지에 비추어 위 재심판결은 특정범죄가중법 제5조의4 제5항에서 정한 "징역형"에 포함되지 아니한다.

대법원은 이러한 판단의 이유로 다음의 점을 제시하였다.

(가) 특정범죄가중법 제5조의4 제5항 제1호는 동종 범행으로 세 번 이상 징역형을 받은 사람이 다시 누범기간 내에 범한 절도 범행의 불법성과 비난가능성을 무겁게 평가하여 징벌의 강도를 높여 범죄를 예방하여야 한다는 형사정책적 판단에 따른 것이다. (나) 특정범죄가중법 제5조의4 제5항 제1호는 반복적으로 범행을 저지르는 절도범에 관한 법정형을 강화하기 위하여 새로운 구성요건을 창설한 것이다.

(다) 형의 집행을 유예하는 판결을 선고받아 선고의 실효 또는 취소 없이 유예기간을 도과함에 따라 특정범죄가중법 제5조의4 제5항의 구성요건인 "징역형"에 해당하지 않게 된다. (라) 그런데 그렇게 되었음에도, 그 확정판결에 적용된 형벌 규정에 대한 위헌결정에 따른 재심절차에서 다시 징역형의 집행유예가 선고되었다는 우연한 사정변경만으로 (ㄱ) 위 조항의 구성요건에 해당한다거나 (ㄴ) 그 입법 취지에 저촉되는 불법성·비난가능성이 새로 발생하였다고 볼 수는 없다.

(마) 특정범죄가중법 제5조의4 제5항의 구성요건에 포함되지 않던 징역형의 집행유예 전과가 재심절차를 거쳤다는 이유만으로 특정범죄가중법 제5조의4 제5항의 "징역형"을 받은 경우에 포함된다고 해보자. (바) 만일 그렇게 된다면, (ㄱ) 헌법에 위반된 형벌 규정으로 처벌받은 피고인으로 하여금 재심청구권의 행사를 위축시키게 되거나 (ㄴ) 검사의 청구로 인하여 재심절차가 개시된 피고인에게 예상치 못한 부당한 결과를 초래하게 될 것이고, 이로 인해 위헌 법령이 적용된 부당한 상태를 사실상 존속시키거나 이를 강제하게 될 여지도 있다.

대법원은 원심판결의 당부에 대해 다음과 같이 판단하였다.

(가) ㉮재심대상판결에서 징역 2년에 집행유예 3년을 선고받은 후 선고의 실효 또는 취소됨이 없이 유예기간이 경과하였다. (나) 그러므로 ㉮재심대상판결에 적용된 구 특정범죄가중법 제5조의4 제1항 중 형법 제329조에 관한 위헌결정의 취지를 반영하여 ㉮재심판결에서 다시 징역 2년에 집행유예 3년을 선고받고 유예기간이 경과하지 않았더라도, 이는 특정범죄가중법 제5조의4 제5항의 "징역형을 받은 경우"에 해당하지 않는다.

(다) 그럼에도 원심은 ㉮재심판결이 특정범죄가중법 제5조의4 제5항의 "징역형을 받은 경우"에 해당함을 전제로 갑이 세 번 이상 징역형을 받고 누범기간에 다시 A의 재물을 절취하였다고 판단하였다. (라) 원심판결에는 특정범죄가중법 제5조의4 제5항이 정한 구성요건의 해석에 관한 법리를 오해하여 판결에 영향을 미친 위법이 있다.

2018도5475

2021. 1. 21. 2018도5475 전원합의체 판결, 공 2021상, 420 =『특수상해미수 임의적 감경 사건』:

검사는 갑을 다음의 공소사실로 기소하였다. (가) ㉮폭행죄 : 2016. 12. 23.경 갑은 A를 폭행하였다. (나) ㉯특수상해미수죄 : 2016. 12. 23.경 갑은 위험한 물건인 식칼로 B의 가슴을 찔렀으나 B가 손으로 갑의 손을 밀쳐 B의 옷만 찢어지게 하여 미수에 그쳤다. 폭행죄와 특수상해죄의 법정형은 다음과 같다. (가) 형법 제260조 제1항(폭행) : 2년 이하의 징역, 500만원 이하의 벌금, 구류 또는 과료. (나) 형법 제258조의2 제1항(특수상해) : 1년 이상 10년 이하의 징역.

제1심법원은 ㉮폭행의 점에 대해서 형법 제260조 제1항을 적용하여 유죄로 인정하면서 징역형을 선택하였다. 제1심법원은 ㉯특수상해미수의 점에 대해서는 형법 제258조의2 제3항[미수범처벌], 제1항[특수상해], 제257조 제1항[상해]을 적용하여 유죄로 인정하였다. 제1심법원이 선택한 폭행죄의 법정형은 '2년 이하의 징역'이다. 제1심법원이 적용해야 하는 특수상해미수죄의 법정형은 '1년 이상 10년 이하의 징역'이다. 제1심법원은 특수상해미수죄에 대해 형법 제25조 제2항[미수감경], 제55조 제1항 제3호[법률상 감경 중 유기징역 감경]에 따라 감경하였다. (이로써 특수상해미수죄의 형기가 징역 6개월 이상 5년 이하로 되었다.) 제1심법원은 형이 더 높은 특수상해미수죄에 정한 형에 경합범가중을 하기로 하였다. 그런데 특수상해미수죄의 장기의 2분의 1을 가중한 형기(7년 6개월)보다 특수상해미수죄와 폭행죄의 장기를 합산한 형기(7년)가 낮다. 그리하여 제1심법원은 특수상해미수죄와 폭행죄의 장기를 합산한 형기(7년) 범위 내에서 처단형(징역 6개월 이상 7년 이하)을 결정하였다. 제1심법원은 처단형의 범위 내에서 갑에게 징역 8개월, 집행유예 2년을 선고하였다. 제1심법원은 동시에 보호관찰 및 120시간의 사회봉사를 명하였다. 제1심판결에 대해 갑은 양형부당을 이유로 항소하였다. 항소법원은 갑의 항소를 기각하였다. 갑은 불복 상고하였다.

대법원은 다음의 이유를 제시하여 상고를 기각하였다.

대법원은 상고를 기각한다는 점에는 결론이 일치하였다. 그러나 결론에 이르는 논지 구성에는 12 대 1로 견해가 나뉘었다. 종래의 판례와 실무의 해석에 따르면 임의적 감경사유의 존재가 인정되고 법관이 그에 따라 징역형에 대해 법률상 감경을 하는 이상 형법 제55조 제1항 제3호에 따라 상한과 하한을 모두 2분의 1로 감경하고 있었다. 다수의견은 종래의 판례와 실무 해석을 그대로 유지해야 한다고 주장하였다. 별개의견은 법정형의 상한은 그대로 두고 법정형의 하한만 2분의 1로 감경해야 한다고 주장하였다. (이하 다수의견을 '대법원'으로 표시하여 소개함.)

대법원은 미수범의 임의적 감경 의미에 대해 다음과 같이 설시하였다.

(가) 형의 양정은 법정형 확인, 처단형 확정, 선고형 결정 등 단계로 구분된다. (나) 법관은 형의 양정을 할 때 법정형에서 형의 가중·감경 등을 거쳐 형성된 처단형의 범위 내에서만 양형의 조건을 참작하여 선고형을 결정해야 한다.

(다) 형법 제25조는 범죄의 실행에 착수하여 행위를 종료하지 못하였거나 결과가 발생하지 아니한 때에는 미수범으로 처벌하고(제1항), 미수범의 형은 기수범보다 감경할 수 있다(제2항)고 규정하고 있다. (라) 형법 제25조 제2항에 따른 형의 감경은 법률상 감경의 일종으로서 재판상 감경인 작량감경(형법 제53조)과 구별된다.

대법원은 필요적 감경과 임의적 감경의 의미에 대해 다음과 같이 설시하였다.

(가) 법률상 감경에 관하여 형법 제55조 제1항은 형벌의 종류에 따른 감경의 방법을 규정하고 있다. (나) 법률상 감경사유가 무엇인지와 그 사유가 인정될 때 반드시 감경을 하여야 하는지는 형법과 특별법에 개별적이고 구체적으로 규정되어 있다. (다) 이와 같은 감경 규정들은 법문상 형을 '감경한다.'라거나 형을 '감경할 수 있다.'라고 표현되어 있는데, '감경한다.'라고 표현된 경우를 필요적 감경, '감경할 수 있다.'라고 표현된 경우를 임의적 감경이라 한다. (라) 형법 제25조 제2항에 따른 형의 감경은 임의적 감경에 해당한다.

(마) 필요적 감경의 경우에는 감경사유의 존재가 인정되면 반드시 형법 제55조 제1항에 따른 법률상 감경을 하여야 한다. (바) 이에 반해 임의적 감경의 경우에는 감경사유의 존재가 인정되더라도 법관이 형법 제55조 제1항에 따른 법률상 감경을 할 수도 있고 하지 않을 수도 있다. (사) 나아가 임의적 감경사유의 존재가

인정되고 법관이 그에 따라 징역형에 대해 법률상 감경을 하는 이상 형법 제55조 제1항 제3호에 따라 상한과 하한을 모두 2분의 1로 감경한다. (아) 이러한 현재 판례와 실무의 해석은 여전히 타당하다.

대법원은 임의적 감경의 경우에도 상한과 하한을 모두 2분의 1로 감경하는 이유에 대해 설시하였다. (지면 관계상 소제목들만 소개함. 원문의 일독을 권함.)

가. 형법은 법률상 감경의 방법, 내용, 사유를 구체적으로 규정하고 있고 그 의미도 명확하다.

나. 죄형법정주의 원칙에 비추어 볼 때, 임의적 감경에 관한 현재 판례 및 실무의 해석은 법문에 충실하고 형법의 체계와 부합한다.

다. 형법은 임의적 감경과 필요적 감경을 구별하고 있고, 판례 및 실무는 양자의 구별을 명확히 한다.

라. 처단형의 하한을 낮출 필요가 없다면 굳이 임의적 감경을 할 필요가 없다는 현재 실무 관행을 잘못이라고 볼 수 없다.

마. 유죄 인정 후 선고형을 결정하기까지 법관에게 많은 재량이 주어져 있고, 임의적 감경에 관한 법관의 재량은 그중 하나로서 부당하다고 볼 수 없다.

바. 임의적 감경에 따른 법률효과를 획일적으로 정할 필요가 없다.

대법원은 원심판결의 당부에 대해 다음과 같이 판단하였다.

(가) 제1심은 그 판시와 같은 이유로 폭행죄와 특수상해미수죄를 모두 유죄로 인정하였다. (나) 제1심은 특수상해미수죄에 대하여 형법 제25조 제2항에 따라 미수감경을 하면서 형법 제55조 제1항 제3호에 따라 그 형기의 상한과 하한 모두 2분의 1로 감경한 뒤 경합범가중을 거쳐 처단형을 결정하였다. (다) 원심은 제1심판결을 그대로 유지하였다. (라) 앞서 본 법리에 비추어 보면, 위와 같은 원심의 조치는 적법하다.

2020헌마468

2024. 6. 27. 2020헌마468, 헌공 333, 1182 = 『친족상도례 형면제 헌법불합치 사건』:

형법 제328조는 다음 내용으로 친족상도례를 규정하고 있다. (가) 제328조(친족간의 범행과 고소) ①직계혈족, 배우자, 동거친족, 동거가족 또는 그 배우자간의 제323조의 죄는 그 형을 면제한다. (나) ②제1항 이외의 친족간에 제323조의 죄를 범한 때에는 고소가 있어야 공소를 제기할 수 있다. (다) ③전 2항의 신분관계가 없는 공범에 대하여는 전 2항을 적용하지 아니한다. 형법 제328조는 절도죄, 사기죄, 횡령죄, 배임죄에 준용된다. 형법 제328조는 강도죄와 손괴죄에는 준용되지 않는다.

A는 지적장애 3급의 장애인이다. A는 동거하는 삼촌 갑을 준사기, 횡령 혐의로 고소하였다(㉮고소사건). 검사는 다음과 같이 판단하였다. (가) 삼촌 갑은 A의 동거친족이다. (나) 삼촌 갑은 형법 제328조[친족상도례] 제1항에 따라 형면제 대상이 된다. (다) 형면제 사유가 인정되므로 갑에게 공소권없음의 불기소처분을 내린다. A는 형법 제328조[친족상도례] 제1항, 제354조[사기, 공갈 준용규정], 제361조[횡령, 배임 준용규정]에 대하여 헌법재판소에 헌법소원심판을 청구하였다.

헌법재판소는 형면제 사유를 규정한 형법 제328조 제1항을 심판대상으로 설정하였다.

헌법재판소는 형사피해자의 재판절차진술권에 대해 다음과 같이 설시하였다.

(가) 헌법 제27조 제5항은 "형사피해자는 법률이 정하는 바에 의하여 당해 사건의 재판절차에서 진술할 수 있다."라고 규정하여 형사피해자의 재판절차진술권을 보장하고 있다. (나) 다만, 형사피해자의 재판절차진술권을 어떠한 내용으로 구체화할 것인가에 관하여는 입법자에게 입법형성의 자유가 부여되고 있다. (다) 그러므로 그것이 재량의 범위를 넘어 명백히 불합리한 경우에 비로소 위헌의 문제가 생길 수 있다.

헌법재판소는 형법 제328조 제1항이 형사피해자의 재판절차진술권을 침해하는지 여부에 대해 다음과 같이 판단하였다.

(가) 친족상도례의 규정 취지는, (ㄱ) 가정 내부의 문제는 국가형벌권이 간섭하지 않는 것이 바람직하다는 정책적 고려와 함께 (ㄴ) 가정의 평온이 형사처벌로 인해 깨지는 것을 막으려는 데에 있다. (나) 가족·친족 관계에 관한 우리나라의 역사적·문화적 특징이나 재산범죄의 특성, 형벌의 보충성을 종합적으로 고려할 때, 경제적 이해를 같이하거나 정서적으로 친밀한 가족 구성원 사이에서 발생하는 수인 가능한 수준의 재산범죄에 대한 형사소추 내지 처벌에 관한 특례의 필요성은 수긍할 수 있다.

(다) 형법 제328조 제1항은 재산범죄의 가해자와 피해자 사이의 일정한 친족관계를 요건으로 하여 일률적으로 형을 면제하도록 규정하고 있다. (라) 형법 제328조 제1항은 (ㄱ) 직계혈족이나 배우자에 대하여 실질적 유대나 동거 여부와 관계없이 적용되고, (ㄴ) 또한 8촌 이내의 혈족, 4촌 이내의 인척에 대하여 동거를 요건으로 적용되며, (ㄷ) 그 각각의 배우자에 대하여도 적용된다. (마) 이처럼 넓은 범위의 친족간 관계의 특성은 일반화하기 어려움에도 일률적으로 형을 면제할 경우, 경우에 따라서는 형사피해자인 가족 구성원의 권리를 일방적으로 희생시키는 것이 되어 본래의 제도적 취지와는 어긋난 결과를 초래할 우려가 있다.

(바) 형법 제328조 제1항은 강도죄와 손괴죄를 제외한 다른 모든 재산범죄에 준용되는데, 이러한 재산범죄의 불법성이 일반적으로 경미하여 피해자가 수인 가능한 범주에 속한다거나 피해의 회복 및 친족간 관계의 복원이 용이하다고 단정하기 어렵다. (사) 예컨대, 「특정경제범죄 가중처벌 등에 관한 법률」상 횡령이나 업무상 횡령으로서 이득액이 50억 원 이상인 경우 '무기 또는 5년 이상의 징역'으로 가중처벌될 수 있는 중한 범죄이다. (아) 피해자의 임의의사를 제한하는 정도의 폭행이나 협박(공갈), 흉기휴대 내지 2인 이상 합동 행위(특수절도) 등을 수반하는 재산범죄의 경우 일률적으로 피해의 회복이나 관계의 복원이 용이한 범죄라고 보기 어렵다. (자) 피해자가 독립하여 자유로운 의사결정을 할 수 있는 사무처리능력이 결여된 경우에 형법 제328조 제1항을 적용 내지 준용하는 것은 가족과 친족 사회 내에서 취약한 지위에 있는 구성원에 대한 경제적 착취를 용인하는 결과를 초래할 염려가 있다.

(차) 그런데 형법 제328조 제1항은 위와 같은 사정들을 전혀 고려하지 아니한 채 법관으로 하여금 형면제 판결을 선고하도록 획일적으로 규정하여, 거의 대부분의 사안에서는 기소가 이루어지지 않고 있고, 이에 따라 형사피해자는 재판절차에 참여할 기회를 상실하고 있다. (카) 예외적으로 기소가 되더라도, '형의 면제'라는 결론이 정해져 있는 재판에서는 형사피해자의 법원에 대한 적절한 형벌권 행사 요구는 실질적 의미를 갖기 어렵다.

(타) 로마법 전통에 따라 친족상도례의 규정을 두고 있는 대륙법계 국가들의 입법례를 살펴보더라도, 일률적으로 광범위한 친족의 재산범죄에 대해 필요적으로 형을 면제하거나 고소 유무에 관계없이 형사소추할 수 없도록 한 경우는 많지 않다. (파) 그 경우에도 대상 친족 및 재산범죄의 범위 등이 우리 형법이 규정한 것보다 훨씬 좁다.

(하) 위와 같은 점을 종합하면, 형법 제328조 제1항은 형사피해자가 법관에게 적절한 형벌권을 행사하여 줄 것을 청구할 수 없도록 하는바, 이는 입법재량을 명백히 일탈하여 현저히 불합리하거나 불공정한 것으로서 형사피해자의 재판절차진술권을 침해한다.

헌법재판소는 형법 제328조 제1항의 적용 여부에 대해 다음과 같이 판단하였다.

(가) 형법 제328조 제1항의 위헌성은 일정한 친족 사이의 재산범죄와 관련하여 형사처벌의 특례를 인정하는 데 있지 않다. (나) 형법 제328조 제1항의 위헌성은 '일률적으로 형면제'를 함에 따라 구체적 사안에서 형사피해자의 재판절차진술권을 형해화할 수 있다는 데 있다. (다) 형법 제328조 제1항의 위헌성을 제거하는 데에는, 여러 가지 선택가능성이 있을 수 있으며, 입법자는 충분한 사회적 합의를 거쳐 그 방안을 강구할 필요가 있다.

(라) 따라서 형법 제328조 제1항에 대하여 단순위헌결정을 하는 대신 헌법불합치결정을 선고하되 [본 헌

법불합치결정일인 2024. 6. 27.부터] 그 적용을 중지한다. (마) 입법자는 가능한 한 빠른 시일 내에, 늦어도 2025. 12. 31.까지 개선입법을 하여야 할 의무가 있다. (바) 2025. 12. 31.까지 개선입법이 이루어지지 않으면 형법 제328조 제1항은 2026. 1. 1.부터 효력을 상실한다.

2023모1007

2023. 6. 29. 2023모1007, 공 2023하, 1417 =『집행유예 종료 당일 재항고 사건』:

2021. 4.경 갑은 관할법원에서 상해죄 등으로 사회봉사명령이 부과된 징역 10개월 및 집행유예 2년의 형을 선고받았다(㉮판결). 2021. 4. 21. ㉮판결이 확정되었다. 갑은 사회봉사명령을 이행하지 않았다. 2022. 12.경 검사는 관할법원에 집행유예 취소청구를 하였다(형소법 제335조 제1항)(㉯취소청구). 2023. 1.경 관할 제1심법원은 갑의 의견을 들은 다음(형소법 제335조 제2항) 갑이 사회봉사명령을 이행하지 않는 등 사회봉사명령 대상자의 준수사항이나 명령을 위반하였고 그 위반의 정도가 무겁다는 이유로 ㉮집행유예의 선고를 취소하였다(㉰취소결정).

집행유예 취소결정에 대해서는 즉시항고할 수 있다(형소법 제335조 제3항). 즉시항고의 경우 즉시항고의 제기기간 내와 그 제기가 있는 때에는 재판의 집행이 정지된다(형소법 제410조). 갑은 ㉰취소결정에 불복하여 즉시항고하였다. 2023. 2.경 항고법원은 갑의 즉시항고를 기각하였다(㉱기각결정). 갑은 ㉱기각결정에 불복하여 대법원에 재항고하였다. 대법원에 제기하는 재항고는 즉시항고의 일종이다(형소법 제415조).

2023. 3.경 대법원(재항고심)은 다음의 이유를 들어서 ㉱기각결정(환송 전 원심결정)을 파기하고 환송하였다(㉲파기환송결정). (가) 항고법원(환송전 원심)은 갑에게 소송기록접수통지서가 송달도 되기 전에 갑의 즉시항고를 기각하였다. (나) 이것은 당사자에게 항고에 관하여 의견을 진술하고 유리한 증거를 제출할 기회를 부여한 것으로 볼 수 없다.

환송 후 항고법원은 갑의 변호인에게 소송기록접수통지서를 송달하였다. 2023. 4. 6. 환송 후 항고법원은 갑의 즉시항고에 대하여 기각결정을 하였다(㉳기각결정). 2023. 4. 21. ㉮판결이 선고한 2년의 집행유예기간이 종료하는 날이다. 2023. 4. 21. 갑은 ㉳기각결정에 불복하여 대법원에 다시 재항고하였다.

2023. 6. 29. 대법원은 다음 주문의 결정을 내렸다. (가) 원심결정(㉳기각결정)을 파기한다. (나) 제1심결정(㉰취소결정)을 취소한다. (다) [검사의] 집행유예 취소청구(㉯취소청구)를 기각한다.

대법원은 위 주문의 판단에 대해 다음의 이유를 제시하였다.

대법원은 집행유예 취소가 가능한 기간에 대해 다음과 같이 설시하였다.

(가) 검사는 보호관찰이나 사회봉사 또는 수강을 명한 집행유예를 받은 자가 준수사항이나 명령을 위반하고 그 정도가 무거운 경우 보호관찰소장의 신청을 받아 집행유예의 선고 취소청구를 할 수 있다(보호관찰 등에 관한 법률 제47조 제1항, 형법 제64조 제2항).

(나) 그 심리 도중 집행유예 기간이 경과하면 형의 선고는 효력을 잃기 때문에 더 이상 집행유예의 선고를 취소할 수 없고 취소청구를 기각할 수밖에 없다. (다) 집행유예의 선고 취소결정에 대한 즉시항고 또는 재항고 상태에서 집행유예 기간이 경과한 때에도 같다. (라) 이처럼 집행유예의 선고 취소는 '집행유예 기간 중'에만 가능하다는 시간적 한계가 있다.

대법원은 집행유예 취소절차에 대해 다음과 같이 설시하였다.

(가) 법원은 집행유예 취소 청구서 부본을 지체없이 집행유예를 받은 자에게 송달하여야 한다(형소규칙 제149조의3 제2항). (나) 법원은 원칙적으로 집행유예를 받은 자 또는 그 대리인의 의견을 물은 후에 결정을 하여야 한다(형소법 제335조 제2항). (다) 항고법원은 (ㄱ) 항고인이 그의 항고에 관하여 이미 의견진술을 한 경우 등이 아니라면 (ㄴ) 원칙적으로 항고인에게 소송기록접수통지서를 발송하고 (ㄷ) 그 송달보고서를 통해

송달을 확인한 다음 항고에 관한 결정을 하여야 한다.

대법원은 집행유예 취소 사안의 신속진행 필요성에 대해 다음과 같이 설시하였다.

(가) 이와 같이 (ㄱ) 집행유예 선고 취소 결정이 가능한 시적 한계와 더불어 (ㄴ) 제1심과 항고심 법원은 각기 당사자에게 의견 진술 및 증거제출 기회를 실질적으로 보장하여야 한다는 원칙이 적용된다. (나) 그 결과, 법원은 관련 절차를 신속히 진행함으로써 (ㄱ) 당사자의 절차권 보장과 (ㄴ) 집행유예 판결을 통한 사회 내 처우의 실효성 확보 및 적정한 형벌권 행사를 조화롭게 달성하도록 유의할 필요가 있다.

대법원은 갑에 대한 집행유예 취소청구에 대해 다음과 같이 판단하였다.

(가) 앞서 본 사실관계를 위 법리에 비추어 살펴본다. (나) 갑에 대한 집행유예의 선고를 취소한 ㉺제1심 결정이 갑의 즉시항고와 이를 기각한 원심결정에 대한 재항고로 인하여 아직 확정되기 전에 [㉮판결의] 집행유예 기간이 경과하였다. (다) 그러므로 갑에 대한 형의 선고가 효력을 잃게 되어 ㉯집행유예취소 청구를 더 이상 받아들일 수 없게 되었다.

(라) 그러므로 ㉴원심결정은 더 이상 유지될 수 없어 재항고이유에 관한 판단을 생략한 채 원심결정을 파기한다. (마) 이 사건은 이 법원이 직접 재판하기에 충분하므로 ㉺제1심결정을 취소하고 ㉯집행유예 취소 청구를 기각하기로 하여, 관여 대법관의 일치된 의견으로 주문과 같이 결정한다.

제 5 절 소년법상의 특례

┌─────────────┐
│ **2020도4140** │
└─────────────┘

2020. 10. 22. 2020도4140 전원합의체 판결, 공 2020하, 2206 =『소년범 정기형 변경 사건』:

소년법은 19세 미만의 소년에 대하여 부정기형을 선고하는 경우에 장기는 10년, 단기는 5년을 초과하지 못한다고 규정하고 있다(제2조, 제60조 제1항 단서). 「특정강력범죄의 처벌에 관한 특례법」(특정강력범죄법)은 살인죄 등 특정강력범죄를 범한 소년에 대하여 부정기형을 선고할 때에는 위 소년법 규정에도 불구하고 장기는 15년, 단기는 7년을 초과하지 못한다고 규정하고 있다(제4조 제2항).

갑은 살인죄 및 사체유기죄로 공소제기되었다. 제1심법원은 공소사실을 모두 유죄로 인정하였다. 제1심판결 당시 갑은 18세였다. 제1심법원은 다음과 같이 판단하였다. (가) 갑은 19세 미만이므로 소년에 해당한다. (나) 갑은 특정강력범죄에 해당하는 살인죄를 범하였다. (다) 갑에게 소년법 제60조 제1항 단서에 대한 특칙에 해당하는 특정강력범죄법 제4조 제2항을 적용한다. (라) 갑에게 특정강력범죄법에서 정한 장기와 단기의 최상한인 징역 장기 15년, 단기 7년의 부정기형을 선고한다. 갑을 불복 항소하였다. 검사는 항소하지 않았다. 항소법원이 판결을 선고하기 전에 갑은 19세가 되었다.

항소법원은 제1심과 마찬가지로 갑에 대한 공소사실을 모두 유죄로 인정하였다. 항소법원은 갑이 항소심 판결 선고 이전에 소년에 해당하지 않게 되었다는 이유로 직권으로 제1심판결을 파기하였다. 항소법원은 다음의 이유를 들어서 갑에게 징역 7년을 선고하였다. (가) 갑만이 항소하였으므로 불이익변경금지원칙(형사소송법 제368조)이 적용된다. (나) 종전 대법원판결에 따르면 부정기형과 정기형 사이의 경중을 가리는 경우에는 부정기형의 단기와 정기형을 비교해야 한다(단기형설). (다) 제1심이 선고한 부정기형의 단기인 징역 7년을 초과하는 징역형을 선고할 수 없다. 검사는 불복 상고하였다. 검사는 상고이유로 다음의 점을 주장하였다. (가) 부정기형과 정기형 사이에 불이익변경금지 원칙을 적용하는 경우 부정기형의 장기를 기준으로 정기형과의 경중을 비교하는 것이 타당하다(장기형설). (나) 원심은 제1심이 선고한 부정기형의 장기인 15년을 상한으로 하여 선고형을 결정하였어야 한다.

대법원은 다수의견[중간형설] 8명, 별개의견[장기형설] 3명, 반대의견[단기형설] 2명으로 대법관들의 의견이 나뉘었다. 대법원은 다수의견에 따라 종래 판례를 변경하였다. 대법원은 변경된 판례(중간형설)에 따라 원심판결을 파기환송하였다.

대법원은 불이익변경금지 원칙 위반 여부를 판단하는 기준에 대해 다음과 같이 설시하였다.

(가) 피고인만이 항소한 사건에서 항소심은 제1심판결의 형보다 중한 형을 선고할 수 없다(형사소송법 제368조). (나) 불이익변경금지 원칙은 선고되는 형에 있어서의 불이익이 금지되는 중형금지의 원칙임이 법문상 분명하므로, 불이익한지 여부는 선고된 형에 의하여 객관적으로 비교·판단되어야 한다. (다) 또한 선고된 형이 피고인에게 불이익하게 변경되었는지 여부는 형법상 형의 경중을 기준으로 하되 이를 개별적·형식적으로 고찰할 것이 아니라 주문을 전체적으로 고려하여 피고인에게 실질적으로 불이익한지 여부에 따라 판단하여야 한다.

대법원은 소년법상 부정기형의 선고에 대해 다음과 같이 설시하였다.

(가) 소년법은 (ㄱ) 인격이 형성되는 과정에 있기에 그 개선가능성이 풍부하고 심신의 발육에 따르는 특수한 정신적 동요상태에 놓여 있는 소년의 특수성을 고려하여 (ㄴ) 소년의 건전한 성장을 돕기 위해 형사처분에 관한 특별조치로서 (ㄷ) 제60조 제1항에서 소년에 대하여 부정기형을 선고하도록 정하고 있다. (나) 다만 소년법 제60조 제1항에 정한 '소년'은 소년법 제2조에 정한 19세 미만인 자를 의미하는 것으로 이에 해당하는지는 사실심판결 선고 시를 기준으로 판단하여야 한다. (다) 그러므로 제1심에서 부정기형을 선고받은 피고인이 항소심 선고 이전에 19세에 도달하는 경우 정기형이 선고되어야 한다. (라) 이 경우 피고인만이 항소하거나 피고인을 위하여 항소하였다면 형사소송법 제368조가 규정한 불이익변경금지 원칙이 적용되어 항소심은 제1심판결의 부정기형보다 무거운 정기형을 선고할 수 없다.

대법원은 부정기형과 정기형의 비교 기준에 대해 다음과 같이 설시하였다.

(가) 그런데 부정기형은 장기와 단기라는 폭의 형태를 가지는 양형인 반면 정기형은 점의 형태를 가지는 양형이므로 불이익변경금지 원칙의 적용과 관련하여 양자 사이의 형의 경중을 단순히 비교할 수 없는 특수한 상황이 발생한다. (나) 결국 피고인이 항소심 선고 이전에 19세에 도달하여 부정기형을 정기형으로 변경해야 할 경우 불이익변경금지 원칙에 반하지 않는 정기형을 정하는 것은 부정기형과 실질적으로 동등하다고 평가될 수 있는 정기형이 부정기형의 장기와 단기 사이의 어느 지점에 존재하는지를 특정하는 문제로 귀결된다.

(다) 이는 정기형의 상한으로 단순히 부정기형의 장기와 단기 중 어느 하나를 택일적으로 선택하는 문제가 아니라, 단기부터 장기에 이르는 수많은 형 중 어느 정도의 형이 불이익변경금지 원칙 위반 여부를 판단하는 기준으로 설정되어야 하는지를 정하는 '정도'의 문제이다. (라) 따라서 부정기형과 실질적으로 동등하다고 평가될 수 있는 정기형을 정할 때에는 형의 장기와 단기가 존재하는 특수성으로 인해 발생하는 요소들, 즉 부정기형이 정기형으로 변경되는 과정에서 피고인의 상소권 행사가 위축될 우려가 있는지 여부, 소년법이 부정기형 제도를 채택한 목적과 책임주의 원칙이 종합적으로 고려되어야 한다.

대법원은 부정기형과 정기형의 비교 기준을 다음과 같이 새롭게 설시하였다(중간형설).

(가) 이러한 법리를 종합적으로 고려하면, 부정기형과 실질적으로 동등하다고 평가될 수 있는 정기형은 부정기형의 장기와 단기의 정중앙에 해당하는 형(예를 들어 징역 장기 4년, 단기 2년의 부정기형의 경우 징역 3년의 형이다. 이하 '중간형'이라 한다)이라고 봄이 적절하다. (나) 그러므로 피고인이 항소심 선고 이전에 19세에 도달하여 제1심에서 선고한 부정기형을 파기하고 정기형을 선고함에 있어 불이익변경금지 원칙 위반 여부를 판단하는 기준은 부정기형의 장기와 단기의 중간형이 되어야 한다. (다) (대법원의 상세한 이유 제시 부분은 소개를 생략함.)

대법원은 갑의 사건에 대해 다음과 같이 판단하였다.

(가) 원심은, 제1심판결 선고 당시 소년이었던 갑이 원심에 이르러 성인이 되었음을 이유로 갑에 대하여

징역 장기 15년, 단기 7년의 부정기형을 선고한 제1심판결을 파기한 다음, 종전 대법원판결과 같이 갑만이 항소를 하고 검사는 항소를 하지 않았으므로 불이익변경금지 원칙에 따라 제1심이 선고한 부정기형 중 단기인 징역 7년을 초과하는 징역형을 선고할 수 없다는 이유로 갑에게 징역 7년을 선고하였다.

(나) 그러나 앞서 본 법리에 비추어 보면, 원심이 제1심에서 선고한 징역 장기 15년, 단기 7년의 부정기형 대신 정기형을 선고함에 있어 불이익변경금지 원칙 위반 여부를 판단하는 기준은 부정기형의 장기인 15년과 단기인 7년의 중간형, 즉 징역 11년[= (15 + 7)/2]이 되어야 한다. (다) 그렇다면 제1심에서 선고한 부정기형의 단기인 징역 7년을 기준으로 불이익변경금지 원칙 위반 여부를 판단한 원심판결에는 불이익변경금지 원칙에 대한 법리를 오해하여 판결에 영향을 미친 잘못이 있다.

제 6 절 형의 집행

2023도10699

2023. 11. 30. 2023도10699, 공 2024상, 158 =『형실효 전과범 누범 사건』:

특가법 제5조의4 제5항은 다음과 같이 규정하고 있다. (가) ⑤ 형법 제329조부터 제331조까지[절도], 제333조부터 제336조까지 및 제340조[강도]·제362조[장물]의 죄 또는 그 미수죄로 세 번 이상 징역형을 받은 사람이 다시 이들 죄를 범하여 누범(累犯)으로 처벌하는 경우에는 다음 각 호의 구분에 따라 가중처벌한다. (나) 1. 형법 제329조부터 제331조[절도]까지의 죄(미수범을 포함한다)를 범한 경우에는 2년 이상 20년 이하의 징역에 처한다.

갑은 여러 건의 전과가 있다. 갑의 전과기록 내역은 다음과 같다.

(가) 2005. 12. 22. 절도죄 등으로 징역 8월에 집행유예 2년 (제1절도전과).

(나) 2006. 5. 17. 절도죄로 징역 8월 (제2절도전과).

(다) 2007. 9. 4. 특정범죄가중법위반(절도)죄로 징역 1년 6월 (제3절도전과).

(라) 2009. 2. 1. 형 집행 종료.

(마) 2009. 5. 27. 특정범죄가중법위반(상습절도)죄로 징역 2년 (제4절도전과).

(바) 2012. 11. 14. 특정범죄가중법위반(상습절도)죄로 징역 3년 6월 (제5절도전과).

(사) 2016. 6. 13. 특수강도죄로 징역 3년.

(아) 2021. 4. 16. 절도죄로 징역 1년 6월 (제6절도전과).

(자) 2022. 2. 23. 형 집행 종료.

2015. 2. 26. 형법상 상습절도죄와 별도로 상습절도죄를 가중처벌하는 특가법 제5조의4 제1항에 대해 헌법재판소는 위헌결정을 하였다. 이후 특가법 제5조의4는 헌법재판소의 위헌결정 취지에 따라 개정되었다. 갑은 제4전과 확정판결(재심대상판결)에 대해 원판결법원에 재심을 청구하였다. 갑은 제5전과 확정판결(재심대상판결)에 대해 원판결법원에 재심을 청구하였다.

2021. 12. 14. 제4전과의 확정판결(재심대상판결)에 대하여 재심개시결정이 내려졌다. 2022. 5. 11. 제4전과 재심법원은 갑에게 징역 2년을 선고하였다(제4전과 재심판결). 2023. 6. 9. 제4전과 재심판결은 확정되었다. 2022. 8. 18. 제5전과의 확정판결(재심대상판결)에 대하여 재심개시결정이 내려졌다. 2022. 12. 2. 제5전과 재심법원은 갑에게 징역 3년 6월을 선고하였다(제5전과 재심판결). 2023. 4. 20. 제5전과 재심판결은 확정되었다.

2022. 9. 10. 21:50경부터 2022. 9. 16. 21:10경까지 사이에 갑은 총 3회에 걸쳐 절도범행을 하였다(㉮절도범행으로 통칭함). 검사는 ㉮절도범행에 대해 특가법 제5조의4 제5항 제1호를 적용하여 갑을 기소하였다.

2023. 2. 2. ㉮피고사건 제1심법원은 2년 6월을 선고하였다. 갑은 불복 항소하였다.

2022. 9. 16. 23:45경 갑은 ㉯절도범행을 하였다. 검사는 ㉯절도범행에 대해 특가법 제5조의4 제5항 제1호를 적용하여 갑을 기소하였다. 2023. 4. 20. ㉯피고사건 제1심법원은 1년 6월을 선고하였다. 갑은 불복 항소하였다.

항소심절차에서 갑의 ㉮피고사건과 ㉯피고사건이 병합되었다. 항소법원은 갑이 절도죄로 세 번 이상 징역형을 받고도 누범기간에 다시 ㉮, ㉯절도죄를 범하였다고 판단하였다. 항소법원은 ㉮, ㉯피고사건이 병합되었음을 이유로 원심판결을 파기하고 자판하여 징역 3년을 선고하였다. 갑은 불복 상고하였다.

대법원은 다음의 이유를 제시하여 원심판결을 파기환송하였다.

대법원은 재심판결의 효력에 대해 다음과 같이 설시하였다.

(가) 유죄의 확정판결에 대하여 재심개시결정이 확정되어 법원이 그 사건에 대하여 다시 심판을 한 후 재심판결을 선고하고 그 재심판결이 확정된 때에는 종전의 확정판결[재심대상판결]은 당연히 효력을 상실한다. (나) 그러므로 재심판결이 확정됨에 따라 원판결[재심대상판결]이나 그 부수처분의 법률적 효과가 상실되고 형 선고가 있었다는 기왕의 사실 자체의 효과가 소멸한다.

대법원은 형실효의 효과에 대해 다음과 같이 설시하였다.

(가) 「형의 실효 등에 관한 법률」(형실효법) 제7조 제1항은 '수형인이 자격정지 이상의 형을 받음이 없이 형의 집행을 종료하거나 그 집행이 면제된 날부터 같은 항 각 호에서 정한 기간이 경과한 때에는 그 형은 실효된다'고 정하고 있다. (나) 형실효법 제7조 제1항 제2호에서 3년 이하의 징역·금고형의 경우는 형 실효 기간을 5년으로 정하고 있다. (다) 형실효법 제7조 제1항에 따라 형이 실효된 경우에는 형의 선고에 의한 법적 효과가 장래에 향하여 소멸된다. (라) 그러므로 그 전과를 특가법 제5조의4 제5항에서 정한 "징역형을 받은 경우"로 볼 수 없다.

(마) 한편 형실효법의 입법취지에 비추어 보면, 2번 이상의 징역형을 받은 자가 자격정지 이상의 형을 받음이 없이 마지막 형의 집행을 종료한 날부터 형실효법에서 정한 기간을 경과한 때에는 그 마지막 형에 앞서는 형도 모두 실효되는 것으로 보아야 한다.

대법원은 갑의 전과에 대해 다음과 같이 판단하였다.

(가) 제4전과 재심판결 및 제5전과 재심판결이 선고되어 확정되었다. (나) 이로써 제4전과 확정판결[재심대상판결] 및 제5전과 확정판결[재심대상판결]은 종국적으로 효력을 상실하여 형의 선고가 있었다는 기왕의 사실 자체의 효과가 소멸하였다. (다) 그러므로 제4전과 및 제5전과는 형실효법 제7조 제1항에서 정한 '자격정지 이상의 형'을 받은 경우에 해당하지 않는다.

(라) 갑이 제3전과에 의한 형의 집행을 종료한 2009. 2. 1.부터 그 후 특수강도죄로 징역형을 선고받은 2016. 6. 13.까지 형실효법 제7조 제1항 제2호에서 정한 5년의 기간이 경과하였음은 역수상 분명하다. (마) 그러므로 이로써 제1전과 내지 제3전과는 위 실효기간이 경과한 때에 모두 실효되었다.

(바) 그렇다면 갑의 전과 중 형법 제329조부터 제331조까지[절도]의 죄 또는 그 미수죄로 징역형을 받은 전과는 제6전과만 남게 된다. (사) 그러므로 갑은 특가법 제5조의4 제5항 제1호에서 정한 '세 번 이상 징역형을 받은 사람'에 해당하지 않는다. (아) 그런데도 원심은 갑에게 특가법 제5조의4 제5항 제1호를 적용하여 유죄를 선고하였다. (자) 이러한 원심판결에는 특정범죄가중법 제5조의4 제5항 제1호에서 정한 '세 번 이상 징역형을 받은 사람'의 해석에 관한 법리를 오해하는 등으로 판결에 영향을 미친 잘못이 있다.

선고일자 판례색인

사건번호 색인

사건명 색인

사항 색인